O que há de Novo em
Processo do Trabalho

Coordenadores
Luiz Otávio Linhares Renault
Márcio Túlio Viana
Isabela Márcia de Alcântara Fabiano
Fernanda Carolina Fattini
Raquel Betty de Castro Pimenta

O que há de Novo em Processo do Trabalho

Homenagem ao Professor Aroldo Plínio Gonçalves

LTr

LTr EDITORA LTDA.
© Todos os direitos reservados

Rua Jaguaribe, 571
CEP 01224-001
São Paulo, SP – Brasil
Fone: (11) 2167-1101
www.ltr.com.br
Agosto, 2015

Versão impressa: 5182.3 – ISBN 978-85-361-8588-0
Versão digital: 8793.9 – ISBN 978-85-361-8563-7

Dados Internacionais de Catalogação na Publicação (CIP)
(Câmara Brasileira do Livro, SP, Brasil)

O Que há de novo em processo do trabalho : homenagem ao professor Aroldo Plínio Gonçalves / coordenadores Luiz Otávio Linhares Renault ... [et al.]. — São Paulo : LTr, 2015

Outros coordenadores: Márcio Túlio Viana, Isabela Márcia de Alcântara Fabiano, Fernanda Carolina Fattini, Raquel Betty de Castro Pimenta.

Vários colaboradores.
Bibliografia.

1. Direito processual do trabalho — Brasil 2. Direito processual do trabalho — Leis e legislação — Brasil 3. Gonçalves, Aroldo Plínio I. Renault, Luiz Otávio Linhares. II. Viana, Márco Túlio. III. Fabiano, Isabela Márcia de Alcântara IV. Fattini, Fernanda Carolina. V. Pimenta, Raquel Betty de Castro.

15-06476	CDU-347.9:331(81)

Índices para catálogo sistemático:

1. Brasil : Direito processual do trabalho   347.9:331(81)
2. Brasil : Processo do trabalho : Direito do trabalho   347.9:331(81)

Colaboradores

Adélia Procópio Camilo — Mestra em Direito pela PUC Minas. Professora Universitária e de Cursos Preparatórios para Concursos. Advogada.

Adriana Campos de Souza Freire Pimenta — Juíza do Trabalho do Tribunal Regional do Trabalho da 3ª Região, Titular da 34ª Vara do Trabalho de Belo Horiozonte/MG; Juíza Auxiliar da Presidência do Tribunal Superior do Trabalho; Especialista em Direito e Processo do Trabalho pela Universidade Mackenzie/SP; Mestre em Direito Político e Econômico pela Universidade Mackenzie/SP.

Adriana Goulart de Sena Orsini — Professora Doutora da Faculdade de Direito da UFMG. Professora do Corpo Permanente do Programa de Pós-Graduação da Faculdade de Direito da UFMG. Juíza Federal do Trabalho. Coordenadora do Programa RECAJ UFMG. Mestre (1999) e Doutora (2006) em Direito pela Faculdade de Direito da Universidade Federal de Minas Gerais.

Amanda Quintão Neubert — Mestra em Direito pela PUC Minas. Servidora do TRT da 15ª Região.

Ana Carolina Gonçalves Vieira — Doutoranda e mestra em Direito do Trabalho pela PUC MINAS. Professora de Direito do Trabalho e Processo do Trabalho.

Ana Cláudia Nascimento Gomes — Procuradora do Trabalho em Belo Horizonte/MG (PRT da 3ª Região). Professora Concursada da PUC MINAS.

Anemar Pereira Amaral — Desembargador do Trabalho – Tribunal Regional do Trabalho da 3ª Região (MG – Brasil). Ex-membro do Ministério Público do Trabalho (Brasil). Especialista em Direito de Estado (PUC/MG). Doutorando em Ciências Jurídicas e Sociais (UMSA – Argentina).

Andréa Aparecida Lopes Cançado — Mestra em Direito do Trabalho pela PUC Minas. Especialista em Direito Processual do Trabalho pela UGF/RJ. Servidora do TRT 3ª Região. Professora universitária. Professora no curso preparatório BMG.

Antônio Álvares da Silva — Graduado em Direito pela Universidade Federal de Minas Gerais (1965). Doutor em Direito pela Universidade Federal de Minas Gerais (1976). Atualmente é desembargador federal do Trabalho aposentado do Tribunal Regional do Trabalho 3ª Região e professor titular da Universidade Federal de Minas Gerais.

Antônio Gomes de Vasconcelos — Juiz do Trabalho do TRT da 3ª Região. Professor adjunto da Faculdade de Direito da UFMG. Coordenador do Programa Universitário de Apoio às Relações de Trabalho e à Administração da Justiça da Faculdade de Direito da UFMG – PRUNART-UFMG. Mestre e doutor em Direito Constitucional (UFMG). Membro do Comitê Estadual de Cooperação Judiciária do Conselho Nacional de Justiça em Minas Gerais.

Bruno Alves Rodrigues — Juiz do Trabalho do TRT da 3ª Região. Mestre em Filosofia do Direito pela UFMG.

Bruno Ferraz Hazan — Bacharel em Direito pela Universidade FUMEC/MG. Mestre em Direito do Trabalho pela Pontifícia Universidade Católica de Minas Gerais. Doutorando em Direito Privado pela Pontifícia Universidade Católica de Minas Gerais. Advogado e professor universitário.

Camila Gomes Mendonça — Advogada e Especialista em Direito do Trabalho.

Carlos Rafael Godinho Delgado — Formado em Engenharia Elétrica pela Universidade Federal de Juiz de Fora — UFJF, com especialização em Engenharia de Segurança do Trabalho também pela UFJF e em Engenharia Sanitária e Ambiental pela UFMG. Licenciado em Matemática pelo Centro de Ensino Superior de Juiz de Fora. Perito na Justiça do Trabalho desde 1991 (perícias de insalubridade, periculosidade e acidente do trabalho).

Carolina Pereira Lins Mesquita — Professora Assistente da Faculdade Nacional de Direito da Universidade Federal do Rio de Janeiro – UFRJ. Doutoranda em Direito e Sociologia pela Universidade Federal Fluminense – UFF. Mestre em Direito pela Universidade Federal de Minas Gerais – UFMG. Associada do Instituto de Ciências Jurídicas e Sociais.

César P. S. Machado Jr. — Desembargador do TRT da 3ª Região e autor do *Manual de Direito Processual do Trabalho*, entre outros livros publicados pela LTr Editora.

Cláudio Jannotti da Rocha — Doutorando e mestre em Direito do Trabalho pela PUC/MG. Especialista em Direito do Trabalho pela Faculdade Pitágoras/MG. Graduado em Direito pela UVV/ES. Membro do Instituto de Ciências Jurídicas e Sociais. Professor e Advogado. Bolsista CAPES.

Cleber Lúcio de Almeida — Doutor em Direito pela Faculdade de Direito da UFMG. Mestre em Direito das Relações Sociais — Direito do Trabalho — pela PUC/SP. Graduado em Direito pela Faculdade de Direito da UFMG. Juiz do Trabalho. Professor do Programa de pós-graduação da PUC Minas.

Cristiana Soares Campos — Juíza do Trabalho do TRT da 3ª Região.

Cristiano Daniel Muzzi — Juiz do Trabalho substituto, auxiliar da 22ª Vara do Trabalho de Belo Horizonte, do Núcleo de Pesquisa Patrimonial e da Secretaria de Execuções e Precatórios.

Cynthia Lessa Costa — Professora Assistente na Universidade Federal de Juiz de Fora. Mestre em Direito (Pontifícia Universidade Católica de Minas Gerais). Doutoranda em Direito (Augsburg Universität e Universidade Federal de Minas Gerais).

Daniel Botelho Rabelo — Bacharel em Direito pela PUC MG. Especialista em Políticas Públicas pela UFMG. Mestre em Direito do Trabalho pela PUC-MG. Pesquisador da Escola Judicial do Tribunal Regional do Trabalho da 3ª Região. Professor Universitário. Autor do livro *O Consórcio de Empregadores no Direito Brasileiro*, publicado pela LTr Editora.

Daniela Muradas Reis — Professora adjunta de Direito do Trabalho da UFMG. Mestra em Filosofia do Direito pela UFMG. Doutora em Direito pela UFMG.

Dárlen Prietsch Medeiros — Professora de Direito do Trabalho e Prática Trabalhista na UFSC. Professora de Segurança do Trabalho na Escola Técnica Advance e Energia Concursos. Mestra em Direito do Trabalho pela PUC Minas. Especialista em Direito do Trabalho e Previdenciário pela UGF/RJ. Bacharela em Direito pela UFPel. Advogada.

Davidson Malacco Ferreira — Possui graduação em Direito (2001), especialização em Direito do Trabalho, Processual do Trabalho e Previdenciário(2002), e mestrado em Direito do Trabalho pela PUC-MG (2004). Tem experiência na área de Direito, com ênfase em Direito do Trabalho, atuando como Advogado – Sócio do Escritório de Advocacia Ferreira e Chagas. Professor da PUC-MG, nos cursos de Graduação e Pós Graduação. Examinador da Ordem dos Advogados do Brasil – OAB Federal e Professor/Palestrante da Escola Superior de Advocacia - OAB/MG.

Deoclécia Amorelli Dias — Desembargadora presidenta do Tribunal Regional do Trabalho da 3ª Região no biênio 2012/2013. Bacharela em Direito pela UFMG. Ex-juíza de Direito do Estado de Minas Gerais. Ex-procuradora do Trabalho. Desembargadora do Tribunal Regional do Trabalho da 3a Região desde 1993.

Dierle Nunes — Doutor em Direito Processual (PUC MINAS/Università degli Studi di Roma "La Sapienza"). Mestre em Direito Processual (PUCMINAS). Professor adjunto na Universidade Federal de Minas Gerais (UFMG), Faculdade de Direito do Sul de Minas (FDSM) e na Pontifícia Universidade Católica de Minas Gerais (PUC MINAS). Membro do Instituto Brasileiro de Direito Processual (IBDP) e do Instituto dos Advogados de Minas Gerais (IAMG). Advogado e sócio do Escritório Camara, Rodrigues, Oliveira & Nunes Advocacia.

Eduardo Simões Neto — Advogado. Mestre em Direito do Trabalho pela PUC MG com a distinção Magna Cum Laude. Pesquisador da CAPES (modalidade de bolsas do PROSUP — Programa de Suporte à Pós-Graduação de Instituições de Ensino Particulares). Especialista em Direito do Trabalho pela Universidade Gama Filho — CEPAC. Professor convidado do Curso de Especialização em Direito do Trabalho Ítalo-Brasileiro Faculdade de Direito da UFMG e da Università degli Studi di Roma Tor Vergata. Professor da Pós-Graduação *lato sensu* e do Curso de Extensão da FAMINAS/Muriaé. Professor da Pós-Graduação *lato sensu* em Direito do Trabalho Corporativo da UNI-BH. Professor da Pós-Graduação *lato sensu* em Direito do Trabalho e Processo do Trabalho do Curso *Pro Labore*. Professor universitário com ampla experiência (UFMG, Unipac, Ibhes, Unifenas, Facemg). Professor homenageado pelos formandos do curso de Direito da UFMG em 2010. Publicou artigos no Brasil e no exterior.

Elaine Noronha Nassif — Procuradora do Trabalho. Mestra e doutora em Direito Processual pela PUC Minas e Università La Sapienza de Roma.

Emerson José Alves Lage — Desembargador Federal do Trabalho do Tribunal Regional do Trabalho da 3ª Região.

Érica Aparecida Pires Bessa — Juíza do Trabalho do TRT da 3ª Região.

Fabiano de Abreu Pfeilsticker — Bacharel em Direito. Juiz do trabalho do TRT da 3ª Região. Juiz integrante do Comitê Regional de Implantação do PJe no TRT da 3ª Região. Juiz integrante do Grupo de Negócios do PJe no Conselho Superior da Justiça do Trabalho.

Fernanda Carolina Fattini — Servidora do TRT 3ª Região. Especialista em Direito do Trabalho e Processo do Trabalho pela Faculdade de Direito Milton Campos. Mestre em Direito do Trabalho pela Pontifícia Universidade Católica de Minas Gerais – PUC/MG.

Flávia Cristina Rossi Dutra — Juíza do Trabalho do TRT da 3ª Região.

Florença Dumont Oliveira — Graduada em direito pela Universidade Federal de Minas Gerais. Mestra em Direito do Trabalho pela Pontifícia Universidade Católica de Minas Gerais. Procuradora do Trabalho.

Geraldo Magela Melo — Juiz do Trabalho do Tribunal Regional do Trabalho da Terceira Região. Mestre em Direito Privado, com ênfase em Direito do Trabalho, pela Pontifícia Universidade Católica de Minas Gerais. Pós-graduado em Direito Tributário e Finanças Públicas pelo Instituto Brasiliense de Direito Público. Professor Universitário e de pós-graduação. Ex-auditor fiscal da Previdência Social e da Receita Federal do Brasil.

Graça Maria Borges de Freitas — Juíza do Trabalho, titular da Vara do Trabalho de Ouro Preto. Graduada em Pedagogia e Direito pela Universidade Federal da Bahia (UFBA). Mestra em Direito Constitucional pela Universidade Federal de Minas Gerais (UFMG). Especialista e mestranda em Argumentação Jurídica pela Universidade de Alicante – Espanha.

Isabela Márcia de Alcântara Fabiano — Mestra em Direito do Trabalho pela PUC Minas. Especialista em Direito do Trabalho e Processo do Trabalho pelo IEC PUCMinas. Bacharel em Direito pela UFMG. Professora de Processo do Trabalho em cursos de pós-graduação *lato sensu* e em cursos preparatórios para concursos públicos. Servidora e formadora do TRT da 3ª Região.

Isabelle Carvalho Curvo — Graduanda em Direito pela Universidade Federal de Minas Gerais (UFMG).

Janaína Alcântara Vilela — Professora de Direito do Trabalho. Mestranda em Direito do Trabalho da PUC Minas. Bolsista CAPES/Prosup. Pesquisadora junto à PUC Minas. Especialista em Direito de Empresa pelo IEC – Instituto de Educação Continuada – PUC Minas. Especialista em Direito e Processo do Trabalho pela FGV. Advogada.

Jeovane Estéfenson Vilela — Bacharela em Direito, graduada pela PUC MG. Servidora do Tribunal Regional do Trabalho da 3ª Região, no cargo de analista judiciário desde 1993.

João Alberto de Almeida — Professor doutor Adjunto III da FDUFMG. Juiz do Trabalho no TRT da 3ª Região. Ex-procurador do Estado de Minas Gerais.

José Caldeira Brant Neto — Bacharel em Direito pela Faculdade de Direito da UFMG em 10.12.1970. Sócio do escritório de advocacia Brant e Barros Sociedade de Advogados. Advogado empregado do Sindicato dos Trabalhadores Metalúrgicos de Belo Horizonte e Contagem. Advogado empregado da Federação dos Trabalhadores Metalúrgicos do Estado de Minas Gerais. Advogado do Sindicato dos Trabalhadores Metalúrgicos de João Monlevade. Advogado do Sindicato dos Trabalhadores no Serviço Público Municipal de João Monlevade. Membro da Comissão de Concurso para Juiz do Trabalho do TRT de Minas Gerais, indicado pela OAB/MG.

José Eduardo de Resende Chaves Júnior — Desembargador Federal do Trabalho no TRT-MG. Foi juiz auxiliar da Presidência do Conselho Nacional de Justiça (CNJ) no biênio 2010/2012. Atualmente é vice-presidente da Rede Latino-Americana de Juízes (REDLAJ) e presidente do Conselho Deliberativo da Escola Judicial da América Latina. Doutor em Direitos Fundamentais pela Universidad Carlos III de Madrid. Coordenador do GEDEL — Grupo de Estudos Justiça e Direito Eletrônicos da Escola Judicial do TRT-MG. Membro do Instituto Brasileiro de Direito Eletrônico — IBDE. Coordenador da obra *"Comentários à Lei do Processo Eletrônico"* (LTr, 2010).

José Murilo de Morais — Bacharel em Direito pela Universidade Federal de Minas Gerais em 1977. Ingressou na magistratura trabalhista em 1980, por concurso público, tendo sido promovido em 1987 a Juiz do Trabalho Titular. Em 2001, foi empossado como Juiz do Tribunal, promovido por merecimento. Exerceu a direção da Escola Judicial no biênio 2004/2005. Eleito e empossado 1º Vice-Presidente do TRT-MG para o biênio 2014/2015.

José Roberto Freire Pimenta — Ministro do Tribunal Superior do Trabalho. Doutor em Direito Constitucional pela UFMG. Professor adjunto III da PUC MG, na área de Pós-Graduação (Mestrado e Doutorado) em Direito do Trabalho.

Juliana Augusta Medeiros de Barros — Doutora em Direito do Trabalho e da Seguridade Social pela USP. Mestra em Direito do Trabalho pela PUC/MG. Servidora assistente de desembargador do Trabalho do TRT-3ª Região. Professora de Direito e Processo do Trabalho.

Juliana Rodrigues de Morais — Bacharel em Direito pela Universidade FUMEC em 2004. Especialista em Direito e Processo do Trabalho pela Faculdade de Direito Milton Campos em 2009. Mestre em Direito Privado pela Pontifícia Universidade Católica de Minas Gerais em 2012. Servidora Pública Federal do TRT 3ª Região, por concurso público. Professora Universitária e em cursos preparatórios para concurso público.

Julio Bernardo do Carmo — Desembargador Federal do Trabalho. Presidente da 4ª Turma e 2º SDI do Tribunal Regional do Trabalho da 3ª Região.

Júlio Corrêa de Melo Neto — Juiz do Trabalho da 3ª Região. Mestre em Direito do Trabalho pela Pontifícia Universidade Católica de Minas Gerais. Especialista em Processo pelo Instituto de Educação Continuada (IEC).

Lamartino França de Oliveira — Mestre em Direito do Trabalho pela PUC-MG. Especialista em Direito e Processo do Trabalho pela PUC-MG. Graduado em Direito pela Universidade Federal de Mato Grosso (1998). Licenciado em Letras — Língua e Literatura Espanhola e Hispano-Americana pela Universidade Federal de Mato Grosso (1996). Licenciado em Letras — Literatura Portuguesa pela Universidade Federal de Mato Grosso (1992). Atualmente é professor da ESUD — Escola Superior de Direito do Estado de Mato Grosso — da EJUD — Escola Judicial do TRT da 23ª Região — e juiz Titular da Vara do Trabalho de Nova Mutum — Tribunal Regional do Trabalho da 23ª Região — MT.

Laudenicy Moreira de Abreu — Bacharela em Direito junto à Faculdade de Direito Milton Campos. Exerceu a advocacia até 30.6.1994. Aprovada no concurso para o cargo de juíza do Trabalho substituta junto ao TRT da 9ª Região, nele ingressando em 7.7.1994 e permanecendo até 20.10.1994. Aprovada no concurso para o cargo de juíza do Trabalho Substituta junto ao TRT da 3a Região, nele ingressando em 21.10.1994. É atualmente juíza Titular em Belo Horizonte (MG). Exerceu o cargo de professora de Legislação Social junto à UNA em Belo Horizonte.

Laura Diamantino Tostes — Mestranda em Instituições Sociais, Direito e Democracia pela Universidade Fumec. Especialista em Direito Material e Processual do Trabalho – FDMC. Professora de Direito do Trabalho e Prática Trabalhista do curso de graduação e no Núcleo de Assistência da Faculdade de Direito Milton Campos. Advogada trabalhista.

Leonardo Tibo Barbosa Lima — Mestre e doutorando em Direito do Trabalho pela PUC Minas. Especialista em Direito Público pela UGF/RJ. Juiz do Trabalho substituto do TRT da 3ª Região. Professor universitário.

Lívia Mendes Moreira Miraglia — Professora adjunta de Direito do Trabalho na Universidade Federal de Minas Gerais (UFMG). Doutora em Direito do Trabalho pela UFMG. Mestra em Direito do Trabalho pela PUC Minas. Advogada. Autora de livros e artigos jurídicos.

Lorena Carolina Silva Couto Ventura — Advogada. Bacharela em Direito pela Universidade FUMEC. Estagiária no Tribunal Regional do Trabalho da 3ª Região no período de 20.9.2010 a 31.7.2012.

Lorena Vasconcelos Porto — Procuradora do Trabalho. Doutora em Autonomia Individual e Autonomia Coletiva pela Universidade de Roma II. Mestra em Direito do Trabalho pela PUC MG. Especialista em Direito do Trabalho e Previdência Social pela Universidade de Roma II. Bacharel em Direito pela UFMG.

Luciana Costa Poli — Bacharela em Direito pela Pontifícia Universidade Católica de Minas Gerais. Mestra em Direito e Instituições Políticas pela Universidade FUMEC/MG. Doutora em Direito Privado pela Pontifícia Universidade Católica de Minas Gerais. Pós-Doutoranda pela UNESP. Bolsista da CAPES. Advogada e professora universitária.

Luciano Damásio Soares — Analista Judiciário do TRT da 3ª Região.

Lucilde D'Ajuda Lyra de Almeida — Desembargadora do Trabalho do TRT da 3ª Região. Mestra em Direito do Trabalho pela PUC/MG.

Luiz Guilherme Marinoni — Professor Titular da UFPR. Pós-Doutor pela Universidade de Milão. Visiting Scholar na Columbia University.

Luiz Olympio Brandão Vidal — Juiz do Trabalho Substituto do TRT da 3ª Região. Especialista em Direito do Trabalho: Materialidade, Instrumentalidade e Efetividade pela PUC-MINAS. Especialista em Tutela dos Direitos Subjetivos pela Faculdade de Direito da Universidade de Itaúna (MG).

Luiz Otávio Linhares Renault — Professor dos cursos de graduação e de pós-graduação, mestrado e doutorado, da Pontifícia Universidade Católica de Minas Gerais, com admissão por concurso externo. Aprovado em primeiro lugar no concurso público de provas e títulos para o cargo de professor adjunto da Faculdade de Direito da UFMG, área de conhecimento: Direito do Trabalho e Direito Processual do Trabalho. Desembargador do TRT/3ª Região. 2º vice-Presidente, diretor da Escola Judicial e ouvidor do TRT 3ª Região.

Luiz Ronan Neves Koury — Desembargador do Tribunal Regional do Trabalho da 3ª Região. Mestre em Direito Constitucional pela UFMG. Professor de Direito Processual do Trabalho da Faculdade de Direito Milton Campos.

Luiza Berlini Dornas Ribeiro Moreira — Mestranda em Direito pela Universidade Federal de Minas Gerais — UFMG. Bolsista FAPEMIG. Graduada em Direito pela Universidade Federal de Minas Gerais — UFMG. Membro do Programa de Resolução de Conflitos e Acesso à Justiça — RECAJ UFMG. Orientadora na Divisão de Assistência Judiciária da UFMG — DAJ.

Lutiana Nacur Lorentz — Procuradora do Ministério Público do Trabalho na 3ª Região. Doutora e mestra em Direito Processual pela PUC MINAS, professora da Universidade FUMEC, na graduação e no mestrado.

Maíra Neiva Gomes — Assessora jurídica e de formação política do Sindicato dos Metalúrgicos de Belo Horizonte, Contagem e Região. Assessora jurídica da Federação dos Trabalhadores Metalúrgicos de Minas Gerais — FEM-CUT-MG. Especialista em Direito Material e Processual do Trabalho pela Faculdade Pitágoras. Mestra em Direito do Trabalho, Modernidade e Democracia pela PUC MG. Professora Universitária. Presidenta da Associação de Pós-Graduandos da PUC Minas — APG PUC Minas. Membro da Comissão de Direito Sindical da OAB/MG e membro colaborador da Comissão de Direitos Humanos da OAB/MG.

Marcelo Marcondes Pedrosa — Juiz do Trabalho Substituto do Eg.TRT/3ª Região. Especialista em Direito do Trabalho e Previdenciário.

Márcio Flávio Salem Vidigal — Desembargador do Tribunal Regional do Trabalho da 3ª Região. Doutor em Autonomia Individual e Autonomia Coletiva pela Faculdade de Direito da Universidade de Roma II – Tor Vergata, Itália.

Márcio Túlio Viana — Professor nas Faculdades de Direito da UFMG e da PUC Minas. Juiz do Trabalho aposentado.

Marcos Neves Fava — Juiz do Trabalho Titular da 89ª Vara de São Paulo. Mestre e doutor em Direito do Trabalho pela Faculdade de Direito da Universidade de São Paulo. Membro do Instituto Brasileiro de Direito Processual. Auxiliar da presidência do Tribunal Superior do Trabalho na gestão do ministro João Oreste Dalazen, entre setembro de 2011 e março de 2013.

Margarida Barreto de Almeida — Auditora Fiscal do Trabalho em Minas Gerais. Mestra em Direito do Trabalho.

Maria Cecília Alves Pinto — Desembargadora do TRT da 3ª Região. Mestra em "Derechos Humanos, Interculturalidad y Desarrollo" pela Universidad Pablo de Olavide – Sevilla (ES).

Maria Cecília Máximo Teodoro — Pós-Doutora em Direito do Trabalho pela Universidad Castilla La-Mancha, com bolsa de pesquisa da Capes. Doutora em Direito do Trabalho e da Seguridade Social pela USP. Mestra em Direito do Trabalho pela PUC/MG. Professora do Mestrado e da Graduação da PUC/MG.

Maria Cristina Diniz Caixeta — Juíza do Trabalho em Belo Horizonte (MG). Mestra em Processo pela PUC MINAS. Professora Universitária.

Maria Isabel Franco Rios — Advogada. Mestra em Direito do Trabalho pela Pontifícia Universidade Católica de Minas Gerais.

Marina França Santos — Procuradora do Município de Belo Horizonte. Professora de Direito Processual Civil e Constitucional.

Maristela Íris da Silva Malheiros — Desembargadora do TRT da 3ª Região.

Martha Halfeld Furtado de Mendonça Schmidt — Juíza do Trabalho titular da 3ª Vara do Trabalho de Juiz de Fora-MG. Conselheira da ENAMAT — Escola Nacional de Formação e Aperfeiçoamento de Magistrados do Trabalho e da Escola Judicial do TRT-MG. Doutora em Direito pela Université de Paris II (Panthéon-Assas) e UFMG. Professora de cursos de pós-graduação.

Matheus Campos Caldeira Brant — Bacharel em Direito pela Faculdade de Direito da UFMG em dezembro de 2008. Mestre em Direito pelo Programa de Pós-Graduação da Faculdade de Direito da UFMG em agosto de 2012 com a dissertação "As dimensões esquecidas pelo Direito do Trabalho: composições e reflexões a partir de Hannah Arendt". Sócio do escritório de advocacia Brant e Barros Sociedade de Advogados. Advogado do Sindicato dos Trabalhadores Metalúrgicos de João Monlevade. Advogado do Sindicato dos Trabalhadores no Serviço Público Municipal de João Monlevade. Músico, compositor. Lançou o disco *"A semana"* em dezembro de 2012.

Mauro Cesar Silva — Juiz Titular da 1ª Vara do Trabalho de Betim. Especialista em Direito Constitucional pela FDUMG.

Mirella Karen de Carvalho Bifano Muniz — Mestre em Direito do Trabalho pela PUC/MG, Especialista em Processo do Trabalho e Direito do Trabalho pela Universidade Cândido Mendes, Analista do TRT 3ª Região, Professora do Centro Universitário Newton Paiva.

Mirna Savoi Silveira Boson — Mestra em Direito do Trabalho pela Pontifícia Universidade Católica de Minas Gerais — PUC Minas. Professora. Analista Judiciário do TRT da 3ª Região.

Mônica de Mendonça Guelber — Analista Judicial do TRT da 3ª Região e assessora.

Mônica Sette Lopes — Desembargadora do Tribunal Regional do Trabalho da 3ª Região. Professora associada da Faculdade de Direito da UFMG. Doutora em Filosofia do Direito.

Nayara Campos Catizani Quintão — Especialista em Direito Processual pelo IEC PUCMinas. Advogada. Bacharel em Direito pela Universidade FUMEC.

Patrícia Santos de Sousa Carmo — Graduada em Direito pela UFMG. Mestra em Direito do Trabalho pela PUC/MG, sob a orientação de Márcio Túlio Viana. Professora de Direito do Trabalho.

Paula Oliveira Cantelli — Desembargadora do TRT da 3ª Região. Mestra e doutoranda em Direito do Trabalho pela PUC Minas. Professora de Direito do Trabalho e Prática Trabalhista no programa de graduação, pós-graduação e no Núcleo de Assistência Judiciária da Faculdade de Direito Milton Campos. Coordenadora da área de Direito do Trabalho da Escola Superior de Advocacia da OAB/MG no biênio 2010/2012. Associada fundadora do Instituto de Ciências Jurídicas e Sociais.

Paulo Eduardo Queiroz Gonçalves — Juiz do Trabalho Titular da 1ª Vara de Sete Lagoas/MG.

Paulo Merçon *(In memoriam)* — Juiz do Trabalho do TRT da 3ª Região. Mestre em Direito pela PUC Minas. Professor na pós-graduação em Direito do Trabalho da PUC Minas. Poeta.

Paulo Roberto Sifuentes Costa — Desembargador do TRT da 3ª Região. Professor da PUC MG.

Raquel Betty de Castro Pimenta — Doutoranda pela Università di Roma Tor Vergata (Itália) em cotutela internacional com a Universidade Federal de Minas Gerais; Mestre em Direito do Trabalho pela Pontifícia Universidade Católica de Minas Gerais; Especialista em Direito do Trabalho Ítalo Brasileiro pela Università di Roma Tor Vergata (Itália) e Universidade Federal de Minas Gerais; Servidora do Tribunal Regional do Trabalho da 3ª Região; Professora de Direito Material e Processual do Trabalho.

Renata Caldas Fagundes — Advogada. Ex-Assessora de Desembargador no TRT 3ª Região. Mestra em Direito do Trabalho pela PUC Minas.

Ricardo José Macêdo de Britto Pereira — Procurador Regional do Trabalho. Coordenador da Coordenadoria Nacional de Promoção da Liberdade Sindical. Mestre pela Universidade de Brasília. Doutor pela Universidade Complutense de Madri.

Ricardo Silva Estevanovic — Especialista em Direito e Processo do Trabalho pelo IEC PUC-MG. Servidor do Tribunal Regional do Trabalho da 3ª Região.

Roberta Dantas de Mello — Mestra em Direito Privado com ênfase em Direito do Trabalho pela PUC Minas sob orientação acadêmica de Mauricio Godinho Delgado. Especialista em Direito do Trabalho e em Direito Previdenciário. Especialista em Direito Processual Constitucional. Pesquisadora da CAPES (2010-2012). Professora de Direito do Trabalho. Advogada.

Rodrigo Cândido Rodrigues — Mestre em Direito do Trabalho – PUC/MG. Professor de Pós-Graduação em Direito do Trabalho – PUC/MG. Juiz do Trabalho da 3ª Região.

Rubens Goyatá Campante — Doutor em Sociologia. Pesquisador do Núcleo de Pesquisas da Escola Judicial do TRT da 3ª Região.

Sara Costa Benevides — Doutoranda e mestra em Direito do Trabalho pela PUCMinas. Especialista em Direito Civil pelo IEC PUCMinas. Bacharel em Direito pela PUCMinas. Professora de Direito e Processo do Trabalho em cursos de graduação e pós-graduação *lato sensu* e em cursos preparatórios para concursos públicos. Advogada.

Sara Lúcia Moreira de Cerqueira — Assessora Jurídica no Ministério Público do Trabalho (Procuradoria Regional do Trabalho da 3ª Região). Especialista em Direito do Trabalho. Bacharel em Direito pela Universidade Federal de Minas Gerais.

Sebastião Geraldo de Oliveira — Desembargador do TRT da 3ª Região. Mestre em Direito pela UFMG. Autor do livro *Indenizações por acidentes do trabalho ou doenças ocupacionais*, publicado pela LTr Editora, que já se encontra na 7ª edição.

Sielen Barreto Caldas de Vilhena — Professora adjunta de Direito do Trabalho na Universidade Federal de Minas Gerais (UFMG). Bacharela em Direito pela UFMG. Mestra em Direito do Trabalho pela PUC Minas e doutora em Direito pela UFMG.

Solange Barbosa de Castro Coura — Mestra em Direito do Trabalho pela PUC Minas. Especialista em Direito do Trabalho e Processo do Trabalho pelo IEC PUC Minas. Juíza do Trabalho Substituta da 3ª Região.

Thaís Campos Silva — Mestranda em Direito do Trabalho pela PUC MG; Advogada. Graduada pela Faculdade de Direito Milton Campos, onde foi bolsista da Fapemig em iniciação científica.

Thais Macedo Martins Sarapu — Juíza do Trabalho do TRT da 3ª Região. Mestra em Direito do Trabalho pela Pontifícia Universidade Católica de Minas Gerais.

Vicente de Paula Maciel Júnior — Doutor em Direito pela UFMG. Pós-Doutor em Direito Processual pela Università di Roma – La Sapienza. Professor adjunto de direito processual civil da Pontifícia Universidade Católica de Minas Gerais, nos cursos de graduação e pós-graduação. Juiz do Trabalho titular em Belo Horizonte.

Virgínia Leite Henrique — Procuradora do Trabalho do Ministério Público do Trabalho. Mestra em Direito do Trabalho pela PUC Minas, em Direitos Sociais pela Universidade de Castilla-La Mancha — Espanha e em Política Social pela Universidade Federal de Mato Grosso. Doutora em Direitos Sociais pela Universidade de Castilla-La Mancha — Espanha. Doutoranda em Direito do Trabalho pela PUC Minas.

Vitor Salino de Moura Eça — Pós-doutor em Direito Processual Comparado – UCLM – Espanha. Doutor em Direito Processual e mestre em Direito do Trabalho – PUC Minas. Especialista em Direito do Trabalho – UBA. Especialista em Direito Empresarial – UGF. Professor Permanente no PPGD – PUC-Minas. Membro da Sociedade Internacional de Direito do Trabalho e Seguridade Social. Juiz do Trabalho em Belo Horizonte/MG, onde atua como formador na Escola Regional e Nacional de Magistratura Trabalhista.

Walmer Costa Santos — Mestrando em Direito Empresarial pela Faculdade Direito Milton Campos. Pós-graduado em Direito Processo Civil pela PUC-MG. Professor da Faculdade Milton Campos. Advogado.

Wânia Guimarães Rabêllo de Almeida — Advogada. Especialista em Direito de Empresa pela Fundação Dom Cabral. Mestra e doutoranda em Direito do Trabalho pela PUC MG. Professora de Direito Individual e Coletivo do Trabalho.

Wilmeia da Costa Benevides — Mestra em Direito do Trabalho pela UFMG. Juíza do TRT da 3ª Região titular em Belo Horizonte.

Sumário

Sobre o professor Aroldo Plínio Gonçalves — *Paulo Eduardo Queiroz Gonçalves* 19

PARTE 1 — O QUE HÁ DE NOVO NA LEGISLAÇÃO PROCESSUAL A PARTIR DE 2005

Lei n. 11.187/2005: Decisões Interlocutórias no Processo Civil e no Processo do Trabalho: o Tempo, o Costume e a Experiência Jurídica — *Mônica Sette Lopes e Marina França Santos* 23

Lei n. 11.232/2005: Aplicação Subsidiária à Execução Trabalhista — *Thais Macedo Martins Sarapu* 28

Lei n. 11.276/2006: Alterações e Compatibilidade com o Processo do Trabalho — *Maria Cecília Máximo Teodoro* .. 35

Lei n. 11.277/2006: Aplicabilidade do art. 285-A do CPC no Processo do Trabalho — *Júlio Corrêa de Melo Neto* ... 38

Lei n. 11.280/2006: as Alterações no Código de Processo Civil e sua Aplicação no Âmbito do Processo do Trabalho — *Daniel Botelho Rabelo* 44

Lei n. 11.341/2006: O Recurso Extraordinário na Justiça do Trabalho e a Prova da Divergência Jurisprudencial por Mídias Eletrônicas — *Dárlen Prietsch Medeiros e Isabela Márcia de Alcântara Fabiano* 51

Lei n. 11.382/2006: A sua Repercussão no Processo do Trabalho — *Luiz Ronan Neves Koury* 54

Lei n. 11.418/2006: Impactos da Repercussão Geral do Recurso Extraordinário no Processo do Trabalho — *Adélia Procópio Camilo e Amanda Quintão Neubert* 58

Lei n. 11.419/2006: Breves Comentários sobre a Informatização do Processo e a Recente Implantação do Pje — *Fernanda Carolina Fattini* 65

Lei n. 11.969/2009: Altera a Redação do Art. 40, § 2º, do CPC (Prazo Comum — Retirada dos Autos) — *Mauro Cesar Silva e Luciano Damásio Soares* 68

Lei n. 12.008/2009: Os Impactos na Justiça do Trabalho — *Davidson Malacco Ferreira e Camila Gomes Mendonça* . 70

Lei n. 12.322/2010: Agravo nos PrópriosAutos na Justiça do Trabalho — *Raquel Betty de Castro Pimenta e Sara Lúcia Moreira de Cerqueira* 74

Lei n. 12.527/2011: Reflexos no Processo do Trabalho — *Leonardo Tibo Barbosa Lima* 79

Lei n. 12.682/2012: Breve Comentário — *Rodrigo Cândido Rodrigues* 82

PARTE 2 — O QUE HÁ DE NOVO NA LEGISLAÇÃO TRABALHISTA A PARTIR DE 2005

Lei n. 11.457/2007: A Lei n. 11.457, de 16 de Março de 2007, e a Execução Trabalhista — *José Murilo de Morais e Juliana Rodrigues de Morais* 87

Lei n. 11.495/2007: Ação Rescisória. Depósito Prévio — *Wânia Guimarães Rabêllo de Almeida* 92

Lei n. 11.496/2007, Súmulas ns. 353 e 433 do TST e OJs ns. 336 e 378 da SDI-1 do TST: Recurso de Embargos no TST — *Paula Oliveira Cantelli e Laura Diamantino Tostes* 97

Lei n. 11.925/1990 e os Novos Arts. 830 e 895 da CLT — *Eduardo Simões Neto* 103

Lei n. 12.275/2010: Agravo de Instrumento no Processo do Trabalho — *João Alberto de Almeida* 105

Lei n. 12.405/2011: O Novo § 6º do Art. 879 da CLT e a(s) Hipótese(s) de Liquidação por Arbitramento no Processo do Trabalho — *Isabela Márcia de Alcântara Fabiano* 108

Lei n. 12.966/2014: Proteção da Honra e da Dignidade de Grupos Raciais, Étnicos ou Religiosos em Ação Civil Pública Trabalhista — *Isabela Márcia de Alcântara Fabiano* 112

Lei n. 13.015/2014: Primeiras Notas sobre as Mudanças Introduzidas no Sistema Recursal Trabalhista — *Sara Costa Benevides, Isabela Márcia de Alcântara Fabiano e Nayara Campos Catizani Quintão* 114

PARTE 3 — O QUE HÁ DE NOVO NA JURISPRUDÊNCIA A PARTIR DE 2005

O que há de Novo na Jurisprudência do TST — *Marcos Neves Fava* 129

Parte 3.1 — Súmulas Vinculantes do Supremo Tribunal Federal com Repercussão no Direito Processual do Trabalho

Súmula Vinculante n. 01 do STF: Repercussões no Processo do Trabalho — *Paulo Merçon* 136

Súmula Vinculante n. 08 do STF: Aplicação nos Tribunais do Trabalho — *Mirella Karen de Carvalho Bifano Muniz* 139

Súmula Vinculante n. 10 do STF e o Controle Judicial de Constitucionalidade — *Martha Halfeld Furtado de Mendonça Schmidt* 142

Súmula Vinculante n. 17 do STF — *Cristiana Soares Campos e Flávia Cristina Rossi Dutra* 160

Súmula Vinculante n. 22 do STF: Solução de Uma Longa Polêmica — *Sebastião Geraldo de Oliveira* 164

Súmula Vinculante n. 23 do STF — *Márcio Flávio Salem Vidigal e Andréa Aparecida Lopes Cançado* 171

Súmula Vinculante n. 25 do STF — *Luiz Olympio Brandão Vidal* 173

Parte 3.2 — Súmulas e Orientações Jurisprudenciais do Tribunal Superior do Trabalho relacionadas ao Direito Processual do Trabalho

Súmulas ns. 25, 219 e 459 e Cancelamento das OJs ns. 104, 115, 186 e 305 da SDI-I do TST: Alterações Feitas pelo TST em 12 de Maio de 2015 — *Isabela Márcia de Alcântara Fabiano* 179

Súmula n. 74 do TST: A Confissão Ficta, sua Ocorrência e os Limites à Produção e Consideração das Provas — *Ana Carolina Gonçalves Vieira* 183

Súmulas ns. 83, 99, 100, 192, 194 (Cancelamento), 299, 397, 398, 399, 400, 401, 402, 403, 404, 405, 406, 407, 408, 409, 410, 411, 412 e 413, OJ n. 6, 7, 12, 21, 25, 28 (Cancelamento), 30, 84, 97, 123, 147 (Cancelamento), 150, 151, 152, 154, 155, 157 e 158 da SDI-2 e OJ n. 33 (Cancelamento) da SDC do TST: Ação Rescisória — Análise Sistêmica das Súmulas e OJs do TST Publicadas após 2005 — *Juliana Augusta Medeiros de Barros* 187

Súmulas ns. 106, 389, 392, 419, 454 e OJ n. 149 da SDI-2 do TST: O que há de Novo no Processo do Trabalho Sobre Competência — *Cleber Lúcio de Almeida* 207

Súmula n. 122 e OJ n. 152 da SDI-1 do TST: Configuração, Afastamento e Amplitude Subjetiva da Revelia — *Ana Carolina Gonçalves Vieira* 212

Súmulas ns. 128, 214, 426 e 434 do TST e OJs ns. 104, 140, 389 e 409 da SDI-1 do TST: Pressupostos Recursais Genéricos — *César P. S. Machado Junior* 216

Súmula n. 207 do TST (Cancelamento): O Regime Jurídico Aplicável ao Trabalhador Expatriado — *Martha Halfeld Furtado de Mendonça Schmidt* 225

Súmula n. 219, III, e OJ n. 359 da SBDI-1 do TST: Efetividade da Tutela Jurisdicional Trabalhista e Substituição Processual Sindical: Análise da Recente Evolução da Jurisprudência do Tribunal Superior do Trabalho — *José Roberto Freire Pimenta e Raquel Betty de Castro Pimenta* 229

Súmulas ns. 219 e 329 do TST e OJs ns. 348 e 421 da SDI-1 do TST: Honorários Advocatícios na Justiça do Trabalho — *Maria Cristina Diniz Caixeta* 238

Súmulas ns. 221, 296 e 337 do TST e OJs ns. 111, 115 e 147 da SDI-1 do TST: Recurso de Revista — Alterações Jurisprudenciais Mais Recentes — *Sara Costa Benevides* 242

Súmulas ns. 262 e 385 do TST: O Tempo e o Processo, suas Regras e seus Paradoxos — *Carolina Pereira Lins Mesquita* 249

Súmula n. 303 do TST e a Remessa Oficial — *Lívia Mendes Moreira Miraglia* 254

Súmula n. 321 (Cancelamento) e OJ n. 11 do Tribunal Pleno do TST: Recursos Contra Atos Administrativos Proferidos pelos TRTs — *Juliana Augusta Medeiros de Barros* 257

Súmulas ns. 365, 414, 415, 416, 417, 418, 419 e OJs ns. 54, 87, 98, 138, 144, 151, 152, 153 da SDI-II do TST: O Mandado de Segurança na Justiça do Trabalho — *Solange Barbosa de Castro Coura e Isabela Márcia de Alcântara Fabiano* . 260

Súmula n. 368 do TST: O Imposto de Renda e as Condenações da Justiça do Trabalho — *Geraldo Magela Melo* . 271

Súmulas ns. 377, 383, 395, 427, 456 e OJs ns. 7, 52, 75, 110, 200, 286, 349, 371 e 374 da SDI-1 do TST: O que há de Novo em Processo do Trabalho sobre Representação Processual — *Cléber Lúcio de Almeida* 274

Súmula n. 387, IV, Súmula n. 422 e OJ n. 120 da SDI-1 do TST: Admissibilidade Recursal Trabalhista — *Daniel Botelho Rabelo* 283

Súmula n. 392 do TST: Competência da Justiça do Trabalho para Julgar Ações de Indenização por Danos Morais e Materiais — *Raquel Betty de Castro Pimenta e Thaís Campos Silva* 288

Súmula n. 393 do TST: O Efeito Devolutivo dos Recursos — *Maria Cecília Máximo Teodoro* 291

Súmula n. 394 do TST: Fato Superveniente e Algumas Questões sobre sua Aplicação — *Graça Maria Borges de Freitas* 298

Súmula n. 419 do TST: Competência para Julgamento dos Embargos de Terceiro — *Paulo Roberto Sifuentes Costa e Mônica de Mendonça Guelber* 301

Súmula n. 420 do TST: O Conflito de Competência à Luz da Súmula — *Maria Cecília Alves Pinto* 303

Súmula n. 421, OJ n. 142 e 377 da SDI-1 do TST: Um Breve Ensaio sobre os Embargos de Declaração na Seara do Direito do Trabalho — *Patrícia Santos de Sousa Carmo* 307

Súmula n. 424 do TST e Súmula Vinculante n. 21 do STF: Questões Relevantes sobre as Ações Relativas às Penalidades Administrativas Impostas aos Empregadores pelos Órgãos de Fiscalização do Ministério do Trabalho — *Lucilde D'Ajuda Lyra de Almeida* 310

Súmula n. 425 do TST: A Limitação Necessária do *Jus Postulandi* como Garantia de Acesso à Justiça — *Marcelo Marcondes Pedrosa* 315

Súmula n. 435 do TST: A Aplicabilidade do Art. 557 do CPC no Processo do Trabalho — *Cláudio Jannotti da Rocha* 318

Súmula n. 436 do TST: Instrumento de Mandato — *Isabelle Carvalho Curvo* 321

Súmula n. 442 do TST e Orientação Jurisprudencial n. 405 da SDI-1 do TST: Recurso de Revista e de Embargos em Procedimento Sumaríssimo — *Antônio Álvares da Silva* 322

Súmula n. 457 do TST: Honorários Periciais e Justiça Gratuita — Responsabilidade da União — *Wilmeia da Costa Benevides e Sara Costa Benevides* 324

Súmula n. 458 do TST e Arts. 894 e 896 da CLT: Embargos no TST depois da Lei n. 13.015/04 — *Antônio Álvares da Silva* 327

Parte 3.3 — Orientações Jurisprudenciais e Precedentes Normativos do Tribunal Superior do Trabalho Relacionadas ao Direito Processual do Trabalho

3.3.1. OJs da Subseção de Dissídios Individuais do TST

OJ n. 26 da SDI-1 do TST: Competência da Justiça do Trabalho para Apreciar e Julgar Demanda Versando sobre Pensão Devida à Viúva de Ex-Empregado — *Maristela Íris da Silva Malheiros* 335

OJ n. 36 da SDI-1 do TST — *Eduardo Simões Neto* 339

OJs ns. 62 e 119 da SDI-1 do TST: Prequestionamento — *Andréa Aparecida Lopes Cançado* 340

OJ n. 205 da SDI-1 do TST (Cancelamento): A Competência da Justiça do Trabalho e o Cancelamento da OJ n. 205 pelo Tribunal Superior do Trabalho — *Adriana Campos de Souza Freire Pimenta* 343

OJ n. 215 da SDI-1 do TST (Cancelamento): Vale-Transporte e Ônus da Prova — *Roberta Dantas de Mello* 349

OJ n. 226 da SDI-1 do TST: Uma Análise Crítica — *Virgínia Leite Henrique* 352

OJ n. 227 da SDI-1 do TST (Cancelamento): A Denunciação da Lide no Processo do Trabalho — *Érica Aparecida Pires Bessa* 361

OJ n. 290 da SDI-1 do TST (Cancelamento): A Competência da Justiça do Trabalho para a Ação de Cumprimento Relativa às Contribuições Destinadas ao Sindicato Patronal — *Lorena Vasconcelos Porto* e *Ricardo José Macêdo de Britto Pereira* 365

OJ n. 300 da SDI-1 do TST: Execução — Correção Monetária e Juros — *Laudenicy Moreira de Abreu* 368

OJ n. 350 da SDI-1 do TST: Nulidade do Contrato de Trabalho Formulado com Ente Público — Arguição pelo MPT — Possibilidade — *Ana Cláudia Nascimento Gomes* 372

OJ n. 391 da SDI-1 do TST — *Andréa Aparecida Lopes Cançado* 377

OJ n. 412 da SDI-1 do TST: Agravo Regimental e Agravo do Art. 557 do CPC — Uma Análise Explicativa da Orientação Jurisprudencial n. 412 — *Paulo Eduardo Queiroz Gonçalves* 380

OJ n. 414 da SDI-1 do TST: O SAT e a Competência da Justiça do Trabalho — *Geraldo Magela Melo* 384

OJ n. 416 da SDI-1 do TST: Imunidade de Jurisdição, Organização ou Organismo Internacional — *Vitor Salino de Moura Eça* e *Janaína Alcântara Vilela* 387

3.3.2. OJs da Subseção 2 de Dissídios Individuais do TST

OJ n. 68 da SDI-2 do TST: A Definição Monocrática de Tutela de Urgência, em Matérias Sujeitas à Competência Colegiada, e o Princípio do Juiz Natural — *Bruno Alves Rodrigues* 393

OJ n. 130 da SDI-2 do TST: Ação Civil Pública como Instrumento de Efetividade dos Direitos e Interesses Difusos e Coletivos do Trabalho. Perspectiva no Direito Brasileiro e no Argentino — *Anemar Pereira Amaral* 397

OJ n. 143 da SDI-2 do TST: Infidelidade do Depositário de Coisa Futura e Incerta. Cabimento de *Habeas Corpus* — *Luiz Olympio Brandão Vidal* 408

OJ n. 149 da SDI-2 do TST: Incompetência Relativa e Impossibilidade de Arguição de Ofício pelo Juiz — *Florença Dumont Oliveira* 410

OJ n. 156 da SDI-2 do TST: *Habeas Corpus* Originário no TST — *Sielen Barreto Caldas de Vilhena* 414

OJ n. 157 da SDI-2 do TST: Ação Rescisória, Impugnação Recursal e Defesa da Coisa Julgada — *Julio Bernardo do Carmo* 419

3.3.3. OJs da Seção de Dissídios Coletivos do TST

OJ n. 4 da SDC do TST (Cancelamento): A Evolução Jurisprudencial da Competência para o Julgamento das Disputas por Representação Sindical Após a EC n. 45/2004: em Busca da Coerência Sistêmica da Competência da Justiça do Trabalho — Obstáculos Jurisprudenciais e o Tardio Cancelamento da OJ n. 4 — *Antônio Gomes de Vasconcelos* 422

OJ n. 12 da SDC do TST: A Legitimidade Ativa dos Sindicatos Profissionais para a Instauração do Dissídio Coletivo de Greve — *Bruno Ferraz Hazan* e *Luciana Costa Poli* 428

OJs ns. 19 e 22 da SDC do TST: A Legitimidade dos Sindicatos para a Instauração do Dissídio Coletivo — *Bruno Ferraz Hazan* e *Luciana Costa Poli* 431

OJ n. 37 da SDC do TST (Cancelamento): Impossibilidade de Ajuizamento de Dissídio Coletivo por Empregados de Entidades Sindicais — *Maíra Neiva Gomes* 434

3.3.4. Orientações Jurisprudenciais do Tribunal Pleno do TST

OJs ns. 6, 8, 9, 10, 12 e 13 do Tribunal Pleno do TST: Precatório e Requisição de Pequeno Valor — *Mirna Savoi Silveira Boson* 437

OJs n. 7 do Tribunal Pleno do TST e OJ n. 382 da SDI-1 do TST: Juros de Mora Aplicáveis nas Condenações da Fazenda Pública — *Luiz Otávio Linhares Renault, Raquel Betty de Castro Pimenta e Ricardo Silva Estevanovic*   447

PARTE 4 — PROJETOS DE LEI EM ANDAMENTO NA ÁREA PROCESSUAL

Projeto de Lei n. 5.101/2013: *Jus Postulandi*... Finalmente o Fim? — *Cynthia Lessa Costa* 455

PARTE 5 — TEMAS FUNDAMENTAIS SOBRE O QUE HÁ DE NOVO EM PROCESSO DO TRABALHO

A Aplicação da Antecipação de Tutela no Processo de Execução — *Vicente de Paula Maciel Júnior* 461

A Legitimidade da Atuação do Juiz a Partir do Direito Fundamental à Tutela Jurisdicional Efetiva — *Luiz Guilherme Marinoni* 477

A Litigância Habitual nos Juizados Especiais em Telecomunicações: A Questão do "Excesso de Acesso" — *Adriana Goulart de Sena Orsini e Luiza Berlini Dornas Ribeiro* 485

A Nova Competência para Julgar as Causas Atinentes à Complementação de Aposentadoria e Pensões — *Lamartino França de Oliveira* 500

A PEC Peluso e a Reforma do Judiciário — *Antônio Álvares da Silva* 503

Breves Notas sobre a Ação Rescisória no Processo do Trabalho — *Emerson José Alves Lage* 509

Considerações sobre a Sustentação Oral no Processo do Trabalho — *Renata Caldas Fagundes* 512

Elementos para Uma Nova Teoria do Processo em Rede — *José Eduardo de Resende Chaves Júnior* 516

Ferramentas Eletrônicas no Processo do Trabalho — *Fabiano de Abreu Pfeilsticker* 530

Novas Perspectivas em Processo do Trabalho — *Deoclécia Amorelli Dias e Jeovane Estéfenson Vilela* 538

O Fundo de Garantia de Indenizações Trabalhistas — *Antônio Álvares da Silva* 541

O Modelo Cooperativo e o Processo do Trabalho — *Luiz Ronan Neves Koury* 550

O Papel dos Núcleos de Apoio à Execução na Efetividade da Tutela Jurisdicional Trabalhista — *Cristiano Daniel Muzzi* 555

Os Paradoxos da Conciliação: Quando a Ilusão da Igualdade Formal Esconde Mais Uma Vez a Desigualdade Real — *Márcio Túlio Viana* 558

Os Paradoxos da Prescrição: Quando o Trabalhador se faz Cúmplice Involuntário da Perda de seus Direitos — *Márcio Túlio Viana* 569

Passados do Futuro — Onde Nasceu e para Onde Vai o Processo do Trabalho? — *Luiz Otávio Linhares Renault e Maria Isabel Franco Rios* 576

A Desconsideração Inversa da Personalidade Jurídica e a Efetividade da Execução na Seara Trabalhista — *Luiz Otávio Linhares Renault e Maria Isabel Franco Rios* 591

Direitos Humanos e o Bloqueio do FGTS para fins de Alimentos — *Walmer Costa Santos* 607

PARTE 6 — O QUE É SER... AS VÁRIAS FACES DA JUSTIÇA DO TRABALHO

A Função Judicante: Entre a Racionalidade Taylorista e a Pós-Modernidade — *Márcio Túlio Viana* 619

Entre Perguntas e Respostas: O Trabalho do Advogado — *José Caldeira Brant Neto e Matheus Campos Caldeira Brant* 627

O Que é Ser Auditora Fiscal do Trabalho — *Margarida Barreto de Almeida* 630

O Que é Ser Estagiária na Justiça do Trabalho — *Lorena Carolina Silva Couto Ventura* 635

O Que é Ser Perito na Justiça do Trabalho — *Carlos Rafael Godinho Delgado* 638

O Que é Ser Procuradora do Trabalho — *Lutiana Nacur Lorentz* 641

O Que é Ser Servidor da Justiça do Trabalho — *Rubens Goyatá Campante* 648

PARTE 7 — O NOVO CÓDIGO DE PROCESSO CIVIL: IMPACTOS NO PROCESSO DO TRABALHO

As Ações Coletivas e o Incidente de Resolução de Demandas Repetitivas do Novo Código de Processo Civil — *Adriana Campos de Souza Freire Pimenta* 657

A Coletivização de Demandas na Lei n. 13.105/2015 (Novo CPC) — *Elaine Noronha Nassif* 672

O Direito Civil, o Direito do Trabalho e o CPC Renovado: Caminhos que se Cruzam — *Elaine Noronha Nassif* e *Márcio Túlio Viana* 679

O Novo Código de Processo Civil: Perspectivas Tópicas de Interface com o Direito Processual do Trabalho — *Daniela Muradas Reis* 686

O Novo CPC e o Incidente de Resolução de Demandas Repetitivas — *Dierle Nunes* 691

PARTE 8 — PÁGINAS DE UM MESTRE: ENTRELAÇANDO PRESENTE E FUTURO

Processo Civil e Processo do Trabalho: Possibilidades e Limites da Aplicação Subsidiária — *Aroldo Plínio Gonçalves* ... 701

Sobre o professor Aroldo Plínio Gonçalves

Paulo Eduardo Queiroz Gonçalves[*]

A homenagem que é prestada a Aroldo Plínio Gonçalves, com a publicação deste livro, expressa o quanto ele é admirado e querido.

O fato de que os organizadores da obra me hajam convidado para abri-la, com algumas palavras sobre o homenageado, revela o cuidado que tiveram de preservar, junto ao reconhecimento da importância de sua contribuição para a cultura jurídica e para o Direito, os laços de afeto que sempre estiveram no âmago das relações cultivadas ao longo de sua vida.

É, por certo, um encargo auspicioso para mim, mas é também de uma gravidade perturbadora. Tudo que eu puder dizer será pouco para retratá-lo e o pouco que disser poderá parecer excesso aos seus olhos.

Direi, portanto, o que todos que com ele conviveram, que desfrutaram de seu magistério, suas obras e atuações no mundo jurídico já sabem. Será, certamente, menos do que consta em seu currículo, mas, com certeza, mais do que se encontra no plano das doutrinas e das teorias.

Retratar um pouco de sua personalidade torna-se um motivo de grande júbilo e de uma indizível honra que os organizadores da obra me concederam.

Meu pai sempre foi o grande exemplo que tive de tenacidade, confiança nos frutos do trabalho e dedicação. O maior motivo de orgulho e a inspiração de conduta. Com ele aprendi a importância do amor e do trabalho. E que esses dois valores compareçam unidos no ato da criação, e devem permanecer unidos até o fim da existência humana.

Conta-se que durante a graduação permanecia a maior parte do dia na Biblioteca da Faculdade de Direito da UFMG. Para conciliar os devotados estudos com o namoro com minha mãe, inveterada fumante, guardava consigo um maço de cigarros. Assim, quando ela ia encontrá-lo na Biblioteca, era presenteada com o maço, que, além de expressão do afeto, rendia-lhe mais alguns momentos de concentrada atenção aos livros.

Os que com meu pai trabalharam conservam a admiração e a amizade nutridas no relacionamento profissional para toda a vida.

Seus antigos funcionários relatam que, quando ele era presidente de Junta de Conciliação e Julgamento, mostrava grande vocação para a solução negociada do litígio, que fazia dele um conciliador nato.

Certa vez, ao se acirrar uma discussão entre as partes, levantou-se, foi até o final da sala e voltou com um copo de café. Comentou que não sabia qual era a marca daquele café, mas era, com certeza, o melhor café que já bebera na vida. As partes deram sua opinião sobre marcas de café e concordaram entre si. Encontraram um ponto de acordo. Iniciou-se, ali, a conciliação.

Em sala de aula, entre lições de Direito Processual, do contraditório, dos direitos e das garantias das partes, gostava de relembrar que a sentença vem de "sentire". E que nas entrelinhas do processo aflora o drama humano, onde vicejam esperanças no Direito e fé na atuação da Justiça.

(*) Juiz do Trabalho, filho.

Seus alunos, entre os quais tenho o gáudio de me incluir, guardam na memória lições indeléveis de Direito Processual, gravadas pelo entusiasmo e pela vivacidade com que eram proferidas suas aulas, expressão de profundo amor ao magistério.

Sua atuação nos domínios do Direito deixou marcas permanentes no mundo acadêmico e na magistratura. Ao longo dos muitos percursos, ajudou a formar gerações de juristas que dão testemunho de suas lições como fruto de um incansável trabalho pelo aprimoramento do Direito Processual Civil, com profundas raízes na disponibilidade, na generosidade e na integridade que norteiam sua vida.

A homenagem que lhe prestam seus colegas, grandes expoentes do Direito Processual, do Direito do Trabalho, da Magistratura e do Magistério, deixa entrever o quanto é admirado como jurista e o quanto é estimado como figura humana.

As sementes que plantou pelos caminhos frutificaram em muitas obras que guardam suas preciosas lições sobre os compromissos da jurisdição com os jurisdicionados, a conciliação da harmonia entre a celeridade das decisões, os direitos e garantias das partes no processo e a constante busca pela correta solução do litígio.

Em tempos mais recentes, começo a ter com ele uma nova experiência que se converterá, provavelmente, em aprendizado para o futuro. Quando o vejo contar histórias para os dois netos, me surpreendo ao perceber que são três crianças que se divertem, lançando-se na aventura de recriar o mundo, misturando realidades e fantasias.

Sou grato aos organizadores dessa obra pela homenagem que lhe prestam e também por me permitirem dela compartilhar, com as breves palavras que pretendem somente lhe dizer obrigado, pelo seu nome, pela sua história e pelo seu legado.

Parte 1

O Que há de Novo na Legislação Processual a Partir de 2005

Lei n. 11.187/2005: Decisões Interlocutórias no Processo Civil e no Processo do Trabalho: o Tempo, o Costume e a Experiência Jurídica

Mônica Sette Lopes e Marina França Santos

"Nunca me esquecerei desse acontecimento na vida de minhas retinas tão fatigadas. Nunca me esquecerei que no meio do caminho tinha uma pedra".

(Carlos Drummond de Andrade.
No meio do caminho)

No protesto, a palavra vira pedra. A voz apedreja no corte da ação. Qualquer juiz do trabalho, após um dia de 16/20 audiências, reafirmará o sentido dessa sensação inaudita na tradição teórica de juridicidade. Entretanto, o que há nela de estranho no mundo das fórmulas do direito, exala a passada dinâmica que perpassa o cotidiano das salas de audiência. A impugnação das decisões interlocutórias, abreviadas no pedido de se fazer *constar o protesto*, para discussão quando da interposição do recurso cabível da decisão definitiva, ganha tons muito variados a depender da maneira como partes, advogados e juízes interagem na cena aberta do processo vivenciado concreta e oralmente. São as vozes, são os corpos, são as pessoas em viva correspondência.

Na contrapartida do processo civil, a impugnabilidade das decisões interlocutórias faz-se tradicionalmente por meio da versão escrita canalizada no agravo de instrumento, cujo principal efeito é o de constituir-se numa *pedra no meio do caminho* do processo. A interposição do recurso aparece então como uma *carta na manga* capaz de interromper, a qualquer momento, o curso regular do procedimento e legar aos sujeitos processuais apenas a ansiedade da espera de um resultado no aleatório do tempo imprevisto.

Ambas as situações são *acontecimentos* nas *retinas sempre fatigadas* dos que lidam com os caminhos reais da aplicação do direito. Entendê-las comparativamente é essencial para a construção do processo como lugar de efetividade do acesso à justiça. E, por isso, traduzir as sensações, que ficam escondidas num cotidiano que parece não ter valor para o direito, é fundamental quando se propõe uma abordagem comparativa entre o processo do trabalho e a reforma realizada pela Lei n. 11.187/2005, que alterou a redação do § 3º do art. 523 do CPC.

Cuidando do modo como a lei e o tempo institucionalizam o direito, principalmente quando se trata de reforma legislativa, François Ost reporta-se ao peso da experiência passada e sintetiza a ideia fundamental: "do mesmo modo que ninguém começa a linguagem a partir do zero, ninguém começa absolutamente a instituição"[1].

A fundação do processo, como instituição, portanto, não se faz a partir de um começo absoluto. A sua refundação, pela reforma, não pode instalar-se sem a avaliação dos costumes cultivados pelos sujeitos que o vivenciam e sem a compreensão da anterioridade de experiências como é a do processo especial do trabalho naquilo em que tangencia (ou não) a teoria e a prática do processo civil.

O recurso de agravo tem sua origem em Portugal, onde, inicialmente, era admitida a apelação, indistintamente, contra todas as decisões de primeira instância, sentenças ou interlocutórias. Do amplo cabimento dos recursos decorreu o abuso pelas partes, o que levou Afonso IV, no século XIV, à restrição do cabimento da apelação contra decisão interlocutória. A proibição, no entanto, ensejou a criação, pelas partes, do instrumento do agravo, por meio do qual reclamavam diretamente ao rei, a quem pediam a cassação das interlocutórias que se tornaram irrecorríveis[2].

No Brasil, a história se repetiu. O Código de Processo Civil brasileiro de 1939 não consagrou a livre recorribilidade das decisões interlocutórias, apenas a admitindo em casos estritamente previstos. A ausência do meio de impugnação, no entanto, não levou à almejada marcha mais célere do processo, pois substituíram-no as partes por mecanismos como a correição parcial e, principalmente, o mandado de segurança. Em resposta a essas circunstâncias, o Código de 1973 instituiu o cabimento do agravo de instrumento contra todas as decisões interlocutórias.

Alfredo Buzaid explicitou as causas da previsão na Exposição de Motivos do então novo código processual:

> A aplicação deste princípio [a irrecorribilidade das decisões interlocutórias] entre nós provou que os litigantes, impacientes de qualquer demora no julgamento do recurso, acabaram por engendrar esdrúxulas formas de impugnação. Podem ser lembradas, a título de exemplo, a correição parcial e o mandado

---

(1) OST, 2005, p. 69.
(2) Cf. LASPRO, 1995, p. 65.

de segurança. Não sendo possível modificar a natureza das coisas, o projeto preferiu admitir agravo de instrumento de todas as decisões interlocutórias. É mais uma exceção. O projeto a introduziu para ser fiel à realidade da prática nacional.

Mas a solução pragmática do CPC de 1973 tampouco afastou os problemas: a permissibilidade do uso dos agravos de instrumento gerou o abuso de impugnações e, mais uma vez, não se alcançou a simplificação e a celeridade do sistema processual civil. A aporia vem gerando, desde então, uma série de reformas legislativas[3], que culminou na sua mais recente alteração por meio da Lei n. 11.187, de 18 de outubro de 2005. A reforma, seguindo lógica exatamente inversa à que inspirou o Código de 1973, prescreveu a excepcionalidade da utilização do agravo de instrumento e estabeleceu, como regra, o agravo retido para a impugnação das decisões interlocutórias. Como reforço, determinou a obrigatoriedade da conversão em retido do agravo de instrumento, indevidamente utilizado, e tornou tal decisão irrecorrível, assim como aquelas que concederem ou negarem efeito suspensivo ao recurso.

O objetivo do legislador, conforme expresso na justificação do projeto (PL n. 4.727/2004), foi "conferir racionalidade e celeridade ao serviço de prestação jurisdicional, sem, contudo, ferir o direito ao contraditório e à ampla defesa". Buscou-se aproximar a sistemática processual cível de impugnação de decisões interlocutórias daquela aplicada no processo trabalho. Não se eliminou a possibilidade de impugnação, mas também não se admitiu que ela fosse imediatamente apreciada pelo juízo competente.

Em pesquisa realizada por equipe da UFMG e da UFBA, destinada a subsidiar o Ministério da Justiça na avaliação do impacto das modificações no regime do recurso de agravo[4], verificou-se, no entanto, que a expectativa do legislador parece ter se frustrado em alguma medida.

O volume de agravos de instrumento interpostos no Tribunal de Justiça de Minas Gerais de 2001 a 2009 cresceu em 317%, com a identificação de leve declínio apenas no ano de 2006, logo após a promulgação da Lei n. 11.187/2005, e a retomada de crescimento considerável nos anos subsequentes. Nem o maior volume de recursos, nem o estímulo legal à interposição do agravo retido, no entanto, foram suficientes para a elevação do número de conversões do agravo de instrumento em retido. De 2008 a 2010, por exemplo, a taxa de conversões identificada foi de ínfimos 2,74% dos agravos de instrumento interpostos. Conclui-se que, a despeito da possibilidade prevista na Lei n. 11.187/2005, o tribunal manteve inalterada sua interpretação em relação ao recurso de agravo de instrumento.

A explicação para o confronto entre a expectativa do legislador e os dados da realidade foi identificada empiricamente por meio de entrevistas realizadas com juízes, advogados e servidores. Ela está na cultura e na experiência. A livre recorribilidade das decisões interlocutórias sempre foi associada, no processo civil, à ampla defesa e à segurança do julgamento. O alto índice de provimento dos agravos de instrumento[5] reforça essa dinâmica, demonstrando aos advogados que há utilidade em se buscar a impugnação imediata das decisões interlocutórias.

A fase qualitativa da pesquisa demonstrou que os agravos de instrumento são vistos, tanto pelos advogados, quanto pelo Tribunal, em Minas Gerais, como o meio natural e desejável de impugnação de decisões, havendo, então, toda uma estrutura formal preparada para autuá-los, recebê-los e submetê-los a julgamento.

O agravo retido é pouco usado e sua apropriação exige que o tribunal crie e se adapte a uma nova rotina de trabalho, demandando mais esforço dos desembargadores e servidores, investimento em requalificação e, eventualmente, aumento do quadro de pessoal, esbarrando em questões de gestão, conveniência política, recursos humanos e orçamentários. A decisão de converter o agravo de instrumento em retido não pode ser feita sem o exame da lide, tornando mais fácil, por vezes, julgar desde logo o recurso do que postergar a sua decisão.

A inclusão do sistema diferido de impugnação de decisões interlocutórias é vista como fator que pode prejudicar a celeridade do processo, seja por permitir a futura anulação de todo processo, com prejuízo dos atos já praticados, seja até por inviabilizar a apreciação de apelações semelhantes, apresentando-se o agravo retido como um entrave à padronização desses julgamentos.

O contundente paradoxo entre a justificação da lei e a realidade no processo civil torna ainda mais relevante o

---

(3) Pela Lei n. 9.139 de 1995, o agravo de instrumento passou a ser ajuizado diretamente no tribunal, possibilitando-se ao relator a atribuição de efeito suspensivo ao recurso. A Lei n. 9.756 de 1998 atribuiu ao relator o poder de negar seguimento liminarmente ao agravo descabido e de julgá-lo monocraticamente, quando manifestamente inadmissível ou improcedente. Em 2001, a Lei n. 10.352 conferiu ao relator a faculdade de converter o agravo de instrumento em agravo retido, quando ausente perigo de lesão grave e de difícil ou incerta reparação.

(4) Pesquisa denominada "Avaliação do impacto das modificações no regime do recurso de agravo e proposta de simplificação do sistema recursal do CPC" executada pelos Programas de Pós-Graduação em Direito da Universidade Federal de Minas Gerais e da Universidade Federal da Bahia, a partir de Edital e financiamento do Ministério da Justiça. Relatório final pode ser encontrado no Ministério da Justiça, Projeto n. 16.281, Carta-Acordo n. 10.360/2010 – MJ/PNUD.

(5) 30,46% na média da última década no Tribunal de Justiça de Minas Gerais.

conhecimento das especificidades da experiência no processo do trabalho não apenas no que concerne à regulação e ao costume construído para sua interpretação e aplicação, mas também no que diz respeito à natureza das questões discutidas antes da prolação da sentença.

Na raiz do processo do trabalho está uma Justiça que não era Justiça, ou seja, que, na sua implantação em 1941, não integrava o Poder Judiciário e a cujos juízes não se outorgavam as mesmas garantias. Esta é uma história que se teceu para o bem e para o mal. Se a questão da independência e das nomeações do juiz foi uma mácula no processo originário, na Justiça que não era da Justiça e em que não havia cartórios, mas sim Secretarias, o ritmo do controle dos processos sempre teve orientação diversa: o processo do trabalho foi estruturado para ser célere. Assim, desde a origem, o processo do trabalho funda-se em uma teleologia geral que se alastra pelos princípios da concentração, da oralidade e da instância única. E uma das formas de revelação deste destino é justamente a previsão da norma fundadora da Justiça do Trabalho de que "os incidentes do processo serão resolvidos pelo próprio órgão ou tribunal julgador, não cabendo recurso das decisões interlocutórias" (Art. 72 do Decreto-lei n. 1.237/39).

Cabe, então, à parte que se sente lesada por uma decisão interlocutória, arguir a nulidade no primeiro momento que lhe couber falar nos autos (em audiência ou por petição, em cinco dias, quando for dela intimada), sob pena de preclusão. O exame das questões impugnadas será realizado, em regra, de forma concentrada e diferida, apenas no recurso interposto da decisão que encerrar o exercício de jurisdição naquela fase e naquela instância (a sentença ou a decisão de embargos de executado, por exemplo).

Os mandados de segurança, por sua vez, não se transformaram em um sucedâneo do agravo de instrumento, pela manutenção coesa de um posicionamento jurisprudencial rígido (Súmula n. 214 do TST e OJ-SDI-2 n. 92) no sentido da impossibilidade de seu uso quando haja recurso previsto (recurso ordinário, agravo de petição, especialmente), ainda que diferido. Assim, a interposição de mandado de segurança (e especialmente o seu deferimento) faz-se num campo interpretativo restrito[6]. Se a parte pode arguir a nulidade da decisão (mediante o chamado *protesto*) e, depois de prolatada a sentença, renovar a impugnação num recurso, o mandado de segurança será normalmente indeferido pelo relator de forma monocrática.

A pesquisa de dados no Tribunal Regional do Trabalho da 3ª Região revelou ser insignificante o volume de acolhimento da arguição de nulidades comparado ao total dos recursos interpostos. De 203.967 ações propostas e de 54.761 recursos interpostos (recurso ordinário, recurso ordinário em procedimento sumaríssimo e agravo de petição — recurso típico da execução) no ano de 2009, a nulidade teria sido suscitada em apenas 432 processos e somente 506 processos foram devolvidos à primeira instância para novo julgamento, situação que abrange essa e outras causas[7].

Do ponto de vista da substância da análise das arguições de nulidade, há um dado relevante, que é a avaliação da impugnação conjugada com os demais elementos do processo, seja porque realizados de outro modo preencheram a finalidade essencial (art. 154 do CPC), seja porque houve o aproveitamento dos atos praticados, ou mesmo porque a questão foi superada pelo próprio teor da decisão.

A outra base de dados pesquisada é a da Seção Especializada que julga apenas mandados de segurança. Os dados apontam um volume significativo de mandados de segurança indeferidos liminarmente e de agravos regimentais não providos (assim considerados os que não foram conhecidos, os desprovidos e outras causas que explicam a manutenção da decisão que indeferiu o processamento do mandado de segurança), o que sinaliza o caráter restritivo de sua assimilação, ainda que se considere a impugnação por meio deles de liminares/antecipações de tutela deferidas em primeiro grau antes da prolação da sentença.

A fase qualitativa da pesquisa na Justiça do Trabalho revelou que, na base desses números, há uma percepção praticamente unânime, independentemente da categoria profissional do entrevistado, que é a da importância dos princípios da concentração dos atos processuais e da oralidade para a eficiência e a efetividade do processo trabalhista. A análise dos depoimentos de advogados, servidores e juízes indica a consolidação de uma cultura da não impugnação no processo do trabalho que se baseia, fundamentalmente, no reconhecimento do caráter alimentar das ações judiciais e na certeza de que a não recorribilidade das decisões interlocutórias é fator de celeridade e de efetividade.

A cultura é retroalimentada por fatores como a gestão, os mutirões, a conciliação e a informatização, que garantem que as audiências sejam marcadas com a maior rapidez

---

(6) Veja-se o teor da Súmula n. 414 do TST, de que se cuidará a seguir.

(7) Alguns fatores devem ser considerados na interpretação dos dados: a) não há um controle rigoroso do registro dos temas e pode ter havido arguição de nulidade que não tenha sido indicada para fins estatísticos; b) o controle estatístico faz-se a partir do retorno dos autos à origem, o que pode decorrer de outros fatores (afastamento da prescrição, reconhecimento da competência ou da relação de emprego), que não coincidem com o reconhecimento de nulidade ou com questão que, no processo civil, poderia justificar a impugnação por meio do agravo de instrumento.

possível. A principiologia do direito e do processo do trabalho foi absorvida pela cultura nos procedimentos e usos.

Talvez se possa afirmar que a doutrina processual trabalhista apropriou-se de forma menos estrita a influência das concepções teóricas do chamado processualismo[8]. Enquanto o processo civil se esmerou no desenvolvimento da forma, como garantia dos litigantes, o processo do trabalho embrenhou-se numa construção oral, que consolidou um padrão costumeiro na interpretação das normas processuais, voltadas predominantemente para a satisfação dos direitos trabalhistas. Esse fator, combinado com a conformação histórica dessa Justiça, permitiu que o processo do trabalho buscasse sempre mecanismos simples e objetivos para a prestação da tutela jurisdicional e criasse uma cultura judicial trabalhista.

Além disso, o direito processual do trabalho não compartimentou o processo em *fases*, o que favoreceu a manutenção e o desenvolvimento de técnicas que tornam concretos os princípios da oralidade e da concentração dos atos processuais.

A análise comparativa entre as jurisdições comum e trabalhista permite observar que os sujeitos atuantes no direito processual do trabalho convivem bem com a falta de um recurso típico para atacar as interlocutórias porque valorizam a concentração dos atos processuais.

Não é possível desprezar, porém, um dado da experiência: a Justiça do Trabalho é reconhecidamente uma *Justiça de Desempregados* e não há um volume significativo de pedidos de liminar ou de antecipação de tutela, pretensões deduzidas preponderantemente em situações em que se pleiteia reintegração/readmissão[9] ou o restabelecimento de prestação paga continuamente. Na Justiça Estadual e na Justiça Federal, a realidade é diversa, no que concerne ao volume de liminares. Para justificar esta afirmação basta analisar o teor da Súmula 414 do TST, que admite expressamente o mandado de segurança na hipótese de deferimento de liminar antes da sentença, e da Súmula 418, que não o admite quando se tratar de indeferimento da liminar e de homologação de acordo.

Como já havia notado Barbosa Moreira, um sistema processual que privilegia a concentração dos atos na primeira instância, valorizando de forma bastante acentuada o princípio da oralidade, pode efetuar uma drástica restrição dos recursos cabíveis — notadamente contra as interlocutórias —, porque a própria estrutura do sistema garante a coincidência, ou uma grande proximidade, entre o momento em que são apreciadas questões periféricas/incidentais e o mérito da causa[10].

Não é esse, todavia, o caso do direito processual civil, em que é considerável o lapso temporal entre o momento em que são resolvidas as questões incidentais por meio de decisões interlocutórias e aquele em que se profere o provimento final. O tempo do processo e a natureza das decisões interlocutórias tornam agudo o interesse na impugnação imediata como forma de afastar da parte prejuízos de difícil ou incerta reparação.

Sistemas desconcentrados como o brasileiro tendem a adotar recursos específicos para as decisões interlocutórias, com regras mais rígidas de preclusão na fase cognitiva, como historicamente vem ocorrendo[11].

Chiovenda observa essa necessidade de completa inter-relação entre os elementos que compõem as relações no âmbito da oralidade:

> "convém registrar como uma perigosa ilusão a ideia de que é possível retirar do processo oral institutos singulares para inseri-los, tais e quais, no processo escrito (...). Se destacado do processo oral, o instituto permanece com todos os seus defeitos, sem as vantagens do sistema de que faz parte"[12].

A comparação entre a realidade processual na Justiça do Trabalho e na Justiça Estadual demonstra, portanto, que construção legislativa de seus institutos não prescinde da consideração da cultura jurídica processual predominante em cada um dos sistemas e da compreensão da natureza das questões nele enfrentadas.

O mero transplante de institutos não é eficaz se não se aproveitam e se exploram as experiências buscando a compreensão da cultura e da história vivenciadas pelos sujeitos e pelas instituições na conformação dos sistemas.

Para o alcance da efetividade dos instrumentos de impugnação das decisões interlocutórias do processo civil é indispensável retomar a perspectiva anunciada por Ost, que é o *fundo de interação já dado* na multiplicidade das experiências. Para a retirada das pedras do caminho, *as retinas, mesmo cansadas*, têm que se esforçar por localizá-las,

---

(8) O processualismo científico, concebido, em 1868, por von Bülow, "partiu da conceituação publicística do processo civil e da ideia de autonomia do direito de ação, para infundir, em seguida, maior precisão sistemática ao estudo das categorias processuais, submetendo-as a rigoroso método científico." (MARQUES, 1966, p. 109).

(9) Considere-se, pela relevância do tema da reintegração, nas poucas hipóteses em que pode ser suscitado, o teor da OJ n. 142 da SDI-2 do TST.

(10) BARBOSA MOREIRA, 2008, p. 486.

(11) Sobre o tema, ainda que não tratando diretamente da preclusão em face da impugnação das interlocutórias, TUCCI, 2009, p. 19.

(12) CHIOVENDA, 1993, p. 201-202. Tradução livre.

compreendê-las e escandir os seus porquês. Do cansaço do juiz do trabalho que enfrenta a veemência da voz rascante a pedir que se conste o protesto (com ou sem razão) às urgências que se interpõem no processo civil para a revisão de decisões liminares, tudo isso são passadas obrigatórias na cognição da experiência jurídica.

Referências bibliográficas

BARBOSA MOREIRA, José Carlos. *Comentários ao código de processo civil*. v. 5, 14. ed. Forense: Rio de Janeiro, 2008.

BATALHA, Wilson de Souza Campos. *Tratado de direito judiciário do trabalho*. São Paulo: LTr, 1972.

CAMBI, Eduardo. Neoconstitucionalismo e neoprocessualismo. *Revista Panóptica*, ano 01, n. 6, fev. 2007. Disponível em: <http://www.panoptica.org/fevereiro2007pdf/1Neoconstitucionalismoeneoprocessualismo.pdf>. Acesso em: 14.11.2010.

CASTRO, Araújo. *Justiça do Trabalho*. Rio de Janeiro: Freitas Bastos, 1941.

CHIOVENDA, Giuseppe. *Saggi di diritto processuale civile* (1894-1937). v. II. Milano: Giuffré, 1993.

DIDIER Jr., Fredie. *Curso de direito processual civil*. v. 1, 11. ed. Salvador: JusPodivm, 2009.

FERREIRA, Waldemar Martins. *Princípios de legislação social e direito judiciário do trabalho*. São Paulo: São Paulo Editora, 1938.

LASPRO, Oreste Nestor de Souza. *Duplo grau de jurisdição no direito processual civil*. São Paulo: RT, 1995.

MARQUES, José Frederico. *Instituições de Direito Processual Civil*. Rio de Janeiro: Forense, 1966. v. I.

MARTINS FILHO, Ives Gandra. Breve história da Justiça do Trabalho. *In:* NASCIMENTO, Amauri Mascaro; FERRARI, Irany; MARTINS FILHO, Ives Gandra da Silva. *História do trabalho, do direito do trabalho e da Justiça do Trabalho*. Homenagem a Armando Casimiro Costa. 3. ed. São Paulo: LTr, 2011.

OST, François. *O tempo do direito*. Trad. Élcio Fernandes. Bauru: Edusc, 2005.

RUSSOMANO, Mozart Victor. *Comentários à Consolidação das Leis do Trabalho*. 9. ed. Rio de Janeiro: Forense, 1982.

SÜSSEKIND, Arnaldo; LACERDA, Dorval; VIANA, J. de Segadas. *Direito brasileiro do trabalho*. Rio de Janeiro: A Noite/Livraria Jacinto, 1943.

_____. *Comentários à Consolidação das Leis do Trabalho e à Legislação Complementar*. Rio de Janeiro: Freitas Bastos, 1960.

TUCCI, José Rogério Cruz e. *A causa petendi no processo civil*. 3. ed. São Paulo: Revista dos Tribunais, 2009.

Lei n. 11.232/2005: Aplicação Subsidiária à Execução Trabalhista

Thais Macedo Martins Sarapu

1. Introdução

O presente trabalho tem por objeto o exame da aplicação subsidiária das alterações promovidas pela Lei n. 11.232/05 à execução trabalhista.

Por questão didática, esclarece-se que a abordagem se restringirá às alterações de maior relevância, assim entendidas como aquelas que suscitam maior discussão doutrinária e jurisprudencial e cuja aplicação ao processo do trabalho produz maior efeito prático.

Nesse contexto, serão examinadas as regras atinentes à aplicação de multa de 10% (dez por cento) em caso de descumprimento espontâneo da obrigação contida no título executivo, à forma de intimação do executado quanto ao início da execução e quanto à penhora, ao processamento da execução provisória e à forma de insurgência do executado, encerrando-se o trabalho com a análise de outras alterações genéricas.

A finalidade é demonstrar que a aplicação subsidiária das reformas promovidas pela Lei n. 11.232/05 à execução trabalhista constitui medida essencial para reverter o quadro atual de ineficácia desta e assegurar efetivamente o direito à efetividade da prestação jurisdicional consagrado no art. 5º, inciso XXXV, da Constituição Federal (CF) de 1988.

2. Análise das alterações promovidas pela Lei n. 11.232/05

2.1. A multa do art. 475-J do CPC

No que tange à fase de cumprimento de sentença, a primeira grande alteração promovida pela Lei n. 11.232/05 que se aplica ao processo do trabalho é a incidência da multa de 10% (dez por cento) prevista no art. 475-J do Código de Processo Civil (CPC) caso o devedor não cumpra espontaneamente a obrigação consubstanciada no título executivo, evidenciando-se, nesse aspecto, a presença de ambos os requisitos previstos no art. 769 da CLT, isto é, omissão da legislação trabalhista e compatibilidade com os princípios que norteiam o processo do trabalho, sobretudo o princípio da proteção.

Com efeito, embora o art. 883 da CLT preveja a penhora como consequência da ausência de pagamento, esse dispositivo não trata de multa, o que também se verifica com o art. 7º da Lei n. 6.830/80, vislumbrando-se, assim, a existência de omissão da CLT e daquele diploma legal nesse tocante.

Além disso, não se verifica qualquer incompatibilidade entre a regra contida no art. 883 da CLT e aquela contida no art. 475-J do CPC. Explica-se: o art. 883 da CLT regula o início da fase de execução, pressupondo que o devedor não cumpriu espontaneamente a obrigação contida no título executivo. O art. 475-J do CPC, por sua vez, refere-se à fase precedente à execução, que já se inicia com o acréscimo da multa em apreço.

É certo que a intenção do legislador com essa alteração foi conscientizar o devedor de que ele deve cumprir espontaneamente a obrigação por quantia certa que lhe foi imposta no título executivo judicial e, se não o fizer, que será penalizado com o acréscimo automático de 10% (dez por cento) sobre o valor total da condenação.

Portanto, essa medida inquestionavelmente aumenta a chance de efetividade da fase de execução, atuando como fator de inibição ao descumprimento, pelo devedor, da obrigação contida no título executivo. Se não bastasse, contribui para inverter os ônus pela demora do processo, favorecendo o credor pela espera no recebimento do crédito com a elevação de seu valor.

Em suma, entende-se que a multa prevista no art. 475-J do CPC é aplicável ao processo do trabalho, podendo sua cominação ser determinada em sentença ou após a fase de liquidação, antes da expedição do mandado executivo, quando o executado for intimado a satisfazer a sua obrigação. Há ainda a possibilidade de incluir-se no mandado executivo a advertência de que, transcorrido o prazo para pagamento da dívida, incidirá a multa em apreço.

Aliás, quanto ao prazo para pagamento, entende-se que, no processo do trabalho, a multa prevista no art. 475-J do CPC incide após o prazo de 48 (quarenta e oito) horas previsto no *caput* do art. 880 da CLT, tendo-se em vista a celeridade que caracteriza esse ramo processual decorrente da natureza do crédito sobre o qual versa. Repare-se que normalmente os prazos, na esfera trabalhista, são inferiores aos do processo civil, incluindo os prazos para apresentar defesa e para recorrer, sendo certo que o prazo de 15 (quinze) dias previsto no art. 475-J do CPC é quase duas vezes maior do que o prazo para interposição de recursos na esfera trabalhista, isto é, 8 (oito) dias.

Além disso, não se pode esquecer que a fase de execução é dirigida à satisfação do interesse do credor, conforme expressamente previsto no art. 612 do CPC, regra que não pode ser ignorada em favor da aplicação do princípio da não prejudicialidade do executado consagrado no art. 620 do CPC[1], o qual tem aplicação mitigada no processo do trabalho, aplicando-se apenas na hipótese de haver mais de um meio de execução, quando deverá se optar por aquele menos gravoso ao devedor.

Outro aspecto relevante que merece análise é a possibilidade de aplicação de ofício, o que se defende, porquanto a prerrogativa do impulso oficial expressamente outorgada ao juiz do Trabalho não se restringe ao ato que dá início à fase de execução, abrangendo todos os outros atos que se fizerem necessários para assegurar a efetividade dessa fase.

E essa medida pode ser adotada mesmo em se tratando de descumprimento de acordo judicial, pois a multa estipulada pelas partes em sede de acordo não exclui a multa prevista no art. 475-J do CPC, tendo-se em vista que possuem justificativa, natureza e origens distintas, tratando-se esta de multa decorrente de imposição legal, de natureza processual, e aquela de multa decorrente da composição entre as partes.

Por último, registre-se que o fato de a Lei n. 11.457/07, que alterou a redação do art. 880 da CLT para incluir a exigência de pagamento das contribuições sociais devidas à União no mandado executivo, não mencionar a aplicação da multa prevista no art. 475-J do CPC, embora seja posterior à Lei n. 11.232/05, não enfraquece a posição ora defendida, pois essa Lei cuida especificamente das contribuições sociais, sendo compreensível, portanto, a ausência de menção à multa em apreço.

2.2. Intimação do executado acerca do início da execução e da penhora

A segunda novidade prevista no art. 475-J do CPC que se entende aplicar-se subsidiariamente ao processo do trabalho é a forma de comunicação ao devedor acerca do início da execução e da penhora, observando-se as adaptações necessárias para compatibilizar o novo procedimento previsto na legislação processual civil com as características do processo do trabalho.

Na execução civil, diante das alterações promovidas pela Lei n. 11.232/05, não é mais necessária a expedição de mandado de citação para o devedor, além do que sua intimação acerca da penhora deve realizar-se, preferencialmente, na pessoa de seu advogado, podendo ser efetuada por via postal, em caso de intimação pessoal.

Ocorre que a execução trabalhista apresenta uma peculiaridade: a possibilidade de impulso oficial. Dessa forma, a fim de evitar a surpresa do executado, faz-se necessária a intimação do devedor, por meio de seu advogado, para que satisfaça a sua obrigação, sob pena de penhora e de aplicação da multa prevista no art. 475-J do CPC, caso se opte por comunicar ao devedor a possibilidade da incidência daquela multa nesse momento.

Aplicando-se a alteração operada no CPC, essa intimação não precisa ser pessoal, devendo ser realizada na pessoa do advogado do executado, por publicação no Diário Oficial. E, caso a intimação seja pessoal, pode ser realizada via postal, acelerando-se o procedimento executivo e reduzindo-se os custos do processo, o que constitui a finalidade e a razão de ser da alteração em apreço.

Corroborando esse posicionamento, cita-se que a Lei de Executivos Fiscais (Lei n. 6.830/80) também elege a via postal como principal forma de citação na fase de execução (inciso I do art. 8º), inclusive quanto à intimação da penhora (§ 3º do art. 12).

Na realidade, a prática trabalhista demanda essa solução. Isso porque, felizmente, no âmbito da Justiça do Trabalho, a penhora *on line* é amplamente utilizada há algum tempo. Considerando-se que o dinheiro é o primeiro bem arrolado na ordem de preferência contida no art. 655 do CPC (seja na redação antiga desse dispositivo, seja na redação atual dada pela Lei n. 11.382/06), mesmo na hipótese de ser penhorado outro bem pelo Oficial de Justiça em cumprimento ao mandado executivo, efetua-se a penhora *on line*, intimando-se, em seguida, o executado acerca de eventual penhora efetuada, conforme recomendação expressa do TST.

Ocorre que, se a penhora *on line* obtiver êxito integral, a penhora anterior perde efeito, inutilizando-se ato processual dispendioso e, muitas vezes, de difícil realização,

---

(1) Registre-se que esse posicionamento não é unânime, havendo entendimentos favoráveis à aplicação do prazo de 8 (oito) dias que equivale ao prazo para interposição de Recurso Ordinário, citando-se, a título de exemplo, Paulo Henrique Tavares da Silva (Minha nova execução trabalhista. In: CHAVES, Luciano Athayde (Org.). *Direito processual do trabalho:* reforma e efetividade. São Paulo: LTr, 2007. p. 184). Por outro lado, há autores que defendem a aplicação do prazo de 15 (quinze) dias previsto no CPC, como Rosiris Rodrigues de Almeida Amado Ribeiro (A (in)aplicabilidade da multa do art. 475-J do CPC na execução trabalhista. In: SANTOS, José Aparecido (Coord.). *Execução trabalhista:* homenagem aos 30 anos da AMATRA IX. São Paulo: LTr, 2008. p. 151), Mauro Schiavi (*Execução no processo do trabalho*. São Paulo: LTr, 2008. p. 168) e Luciano Athayde Chaves (*A recente reforma no processo comum e seus reflexos no direito judiciário do trabalho*. 3. ed. rev. e ampl. São Paulo: LTr, 2007. p. 65). Por fim, Leonardo Borges e Edilton Meireles (A incidência da multa de 10% do art. 475-J do CPC no processo do trabalho. In: CHAVES, Luciano Athayde (Org.). Direito processual do trabalho: reforma e efetividade. São Paulo: LTr, 2007. p. 194) entendem que o prazo é de 8 (oito) dias, em se tratando de sentença líquida ou quando for instaurado o contraditório na fase de liquidação, enquanto, na hipótese de ser adotada a regra contida no art. 475-B do CPC (apresentação de contas pelo credor), esse prazo corresponde ao prazo para interposição de embargos à execução, até o limite de 15 (quinze) dias.

haja vista a sabida dificuldade de localização de bens penhoráveis do devedor e de formalização da penhora, ainda mais após a edição da Súmula Vinculante n. 25, pelo Supremo Tribunal Federal (STF), que veda a prisão do depósito fiel.

Em contrapartida, com a adoção da regra contida no CPC, procedendo-se à intimação do executado para pagamento em 48 (quarenta e oito) horas, sob pena de penhora, evita-se a prática de ato processual desnecessário, pois, findo esse prazo, primeiro realiza-se a penhora *on line* para, em seguida, em caso de frustração dessa medida, expedir-se o mandado de penhora e avaliação visando à constrição de outros bens.

Saliente-se que essa prática não representa qualquer prejuízo para o executado, a quem deve ser dada ciência acerca da penhora imediatamente após a efetivação da penhora *on line*, assegurando-lhe o prazo para interposição de embargos à execução.

Por tudo isso, defende-se a interpretação do art. 880 da CLT, no que tange à necessidade de expedição de mandado de citação do devedor, de acordo com o princípio da celeridade e com o direito à efetividade da prestação jurisdicional, adotando-se a regra mais favorável introduzida na legislação processual civil.

2.3. Execução provisória

O art. 475-O do CPC[2] trata da execução provisória, instituto existente em nosso ordenamento jurídico desde o Regulamento n. 737/50, cujo art. 652 previa a possibilidade de concessão de efeito apenas devolutivo para a apelação[3].

No sistema atual instituído pelo dispositivo legal em exame, prevê-se a possibilidade de realização de atos de alienação na execução provisória, inclusive levantamento de dinheiro, mediante caução, arbitrada pelo juiz e prestada nos próprios autos, a qual fica dispensada em caso de crédito de natureza alimentar, até o valor de 60 (sessenta) salários mínimos, e se comprovado o estado de necessidade do exequente, bem como em caso de crédito decorrente de ato ilícito ou na hipótese de estar pendente apenas o julgamento de agravo perante o STJ ou o STF, sem restrição quantitativa.

Entende-se que esse dispositivo é aplicável à execução trabalhista, pois, a exemplo do que ocorre com as regras examinadas nos tópicos anteriores, nesse aspecto, estão presentes ambos os requisitos previstos no suprarreferido art. 769 da CLT.

Quanto ao primeiro, isto é, omissão legislativa, entende-se que o *caput* art. 899 da CLT, segundo o qual a execução provisória processa-se até a penhora, é de natureza genérica, enquanto a regra prevista no CPC trata de situações específicas, ou seja, quando o crédito objeto da execução for de até 60 (sessenta) salários mínimos e tiver natureza alimentar, quando for decorrente de ato ilícito ou quando estiver pendente apenas o julgamento de agravo junto ao STF ou ao STJ.

De acordo com um dos métodos clássicos de solução de conflitos de normas previstos pela hermenêutica jurídica, a norma especial prevalece sobre a norma geral, observando-se que, na situação em foco, não se trata sequer de exclusão da regra geral (*caput* art. 899 da CLT), mas sim de sua desconsideração em situações específicas, aplicando-se a regra especial (art. 475-O do CPC).

No que tange ao segundo requisito previsto no art. 769 da CLT, qual seja, compatibilidade com os princípios trabalhistas, tem-se que os princípios que norteiam o processo do trabalho autorizam e até mesmo exigem a aplicação da regra em apreço, sendo inegável que a execução provisória constitui instrumento de agilização da prestação jurisdicional, o que é de suma importância na esfera trabalhista, haja vista a possibilidade de alteração da condição financeira do executado.

Diante dessas premissas, adotar entendimento contrário à aplicação subsidiária do art. 475-O do CPC ao

---

(2) "Art. 475-O. A execução provisória da sentença far-se-á, no que couber, do mesmo modo que a definitiva, observadas as seguintes normas:

I – corre, por iniciativa, conta e responsabilidade do exequente, que se obriga, se a sentença for reformada, a reparar os danos que o executado haja sofrido;

II – fica sem efeito, sobrevindo acórdão que modifique ou anule a sentença objeto da execução, restituindo-se as partes ao estado anterior e liquidados eventuais prejuízos nos mesmos autos, por arbitramento;

III – o levantamento de depósito em dinheiro e a prática de atos que importem alienação de propriedade ou dos quais possa resultar grave dano ao executado dependem de caução suficiente e idônea, arbitrada de plano pelo juiz e prestada nos próprios autos.

§ 1º [...]

§ 2º A caução a que se refere o inciso III do *caput* deste artigo poderá ser dispensada:

I – quando, nos casos de crédito de natureza alimentar ou decorrente de ato ilícito, até o limite de sessenta vezes o valor do salário-mínimo, o exequente demonstrar situação de necessidade;

II – nos casos de execução provisória em que penda agravo perante o Supremo Tribunal Federal ou o Superior Tribunal de Justiça (art. 544), salvo quando da dispensa possa manifestamente resultar risco de grave dano, de difícil ou incerta reparação. [...]".

(3) SOUZA, Karlla Patrícia. *O processo do trabalho e a execução provisória, rumo à efetividade do processo*. São Paulo: LTr, 2008. p. 79.

processo do trabalho significa inverter a lógica dos ônus da demora do processo, favorecendo o executado, embora as estatísticas demonstrem que o percentual de êxito nos recursos é muito pequeno, principalmente no que tange à possibilidade de reforma integral da sentença proferida pelo juiz de primeira instância[4]. Lembre-se que as ações trabalhistas quase sempre englobam grande número de pedidos e versam sobre questões fáticas, que demandam a produção de provas, o que é feito pelo juiz monocrático.

Esse contrassenso fica ainda mais evidente se for considerado que os recursos trabalhistas não possuem efeito suspensivo, o que possibilita a utilização disseminada do instituto da execução provisória nessa seara.

Se não bastasse, há de se considerar que na execução provisória já se manifesta a posição de proeminência do exequente, pois já recebeu um pronunciamento oficial do Estado a seu favor, mesmo que não seja definitivo, sendo certo que, para julgar, o juiz examina as provas produzidas nos autos fundamentando sua decisão, conforme determina o inciso IX do art. 93 da CF/88[5].

Outro benefício evidente da execução provisória é o de evitar a interposição de recursos com intenção meramente protelatória. Explica-se: a prática de atos executórios, mesmo antes do trânsito em julgado da sentença, neutraliza a vantagem advinda do ganho de tempo com a interposição do recurso, ainda mais quando, para tanto, é necessária a realização de depósito recursal, que eventualmente será liberado para o exequente ainda em sede de execução provisória.

Por isso, não é admissível negar-se ao empregado, hipossuficiente na relação material e na relação processual que a instrumentaliza, o direito de receber seu crédito até o limite previsto no inciso I do § 2º do art. 475-O do CPC enquanto estiver pendente o julgamento do recurso, não obstante seu direito (ou parte dele) tenha sido reconhecido em primeira instância.

E considerando-se que a exigência de caução pode se configurar em obstáculo intransponível para a execução provisória diante da incapacidade financeira do exequente em prestá-la, o que é mais evidente na esfera trabalhista, em que normalmente o empregado encontra-se desempregado ou trabalhando informalmente, dentre as regras instituídas pelo art. 475-O do CPC, sobressaem aquelas referentes à dispensa de caução previstas no § 2º daquele dispositivo.

Em relação à segunda hipótese prevista no inciso I do referido § 2º do art. 475-O do CPC (crédito decorrente de ato ilícito) e à hipótese prevista no inciso II desse mesmo dispositivo (pendência de agravo para o STJ ou para o STF), não se evidencia grande dificuldade para sua aplicação na seara trabalhista, adotando-se interpretação extensiva para abranger os agravos de instrumento pendentes de julgamento perante o TST, órgão que equivale ao STJ na Justiça Comum.

Quanto a essa última hipótese, ressalte-se apenas que a possibilidade de provimento ao Agravo de Instrumento pelo Tribunal Superior do Trabalho não caracteriza risco de grave dano, de difícil ou incerta reparação mencionado no dispositivo em exame, pois a possibilidade de provimento do recurso é inerente à medida, ainda que seja pouco provável, conforme se extrai das estatísticas nesse aspecto, uma vez que não é possível se antecipar o resultado de um julgamento, salvo quando exista Súmula vinculante a respeito da matéria debatida no recurso[6].

A maior dificuldade reside na aplicação ao processo do trabalho da primeira hipótese prevista no § 2º do art. 475-O do CPC, ou seja, quando se tratar de crédito de natureza alimentar, até o limite de 60 (sessenta) salários mínimos, e desde que haja prova do estado de necessidade.

Evidentemente, não há dúvida de que o crédito trabalhista tem natureza alimentar.

Por sua vez, a limitação quantitativa é objetiva, salientando-se que, na hipótese de o crédito executado ultrapassar o valor de 60 (sessenta) salários mínimos, a solução mais coerente com os princípios que norteiam o processo do trabalho é a liberação do valor correspondente àquele limite, independentemente de caução, com o prosseguimento da execução provisória quanto ao restante, mediante exigência de caução[7].

Em contrapartida, quanto ao requisito do estado de necessidade, por se tratar de conceito jurídico indeterminado, é de difícil definição.

Entende-se que o estado de necessidade é presumido quanto ao empregado, haja vista a hipossuficiência econômica, técnica e cultural que o caracteriza na relação de

---

(4) Antônio Álvares da Silva informa que, em seu antigo gabinete no Tribunal Regional do Trabalho (TRT) da 3ª Região, mantinha 99% (noventa e nove por cento) das sentenças de 1º grau, acreditando que a reforma dificilmente supere 10% (dez por vento) em outros Tribunais (*Execução provisória trabalhista depois da reforma do CPC*. São Paulo: LTr, 2007. p. 37).

(5) SILVA, Antônio Álvares da. *Execução provisória trabalhista depois da reforma do CPC*. São Paulo: LTr, 2007. p. 29.

(6) SILVA, Antônio Álvares da. *Execução provisória trabalhista depois da reforma do CPC*. São Paulo: LTr, 2007. p. 100.

(7) Esse também é o posicionamento de Karlla Patrícia Souza (*O processo do trabalho e a execução provisória, rumo à efetividade do processo*. São Paulo: LTr, 2008. p. 101).

trabalho e diante da natureza do crédito que pleiteia[8]. Trata-se de presunção relativa, passível de ser afastada, exigindo-se, contudo, prova robusta em sentido contrário.

A única ressalva que deve ser feita quanto à aplicação do art. 475-O do CPC ao processo do trabalho refere-se à determinação contida no início do inciso I desse dispositivo, no sentido de que a execução provisória corre por iniciativa do credor. Isso porque, na esfera trabalhista, adota-se o impulso oficial, pelo juiz, na fase de execução, a quem incumbe praticar todas as medidas necessárias para assegurar a efetividade daquela fase, dentre as quais sobressai a medida que ora se examina[9], embora esse posicionamento não seja unânime[10].

Importa salientar que o executado não ficou completamente desprotegido na execução provisória, na medida em que o legislador atribuiu ao exequente a responsabilidade de reparar quaisquer danos que o executado haja sofrido, liquidando-se eventuais prejuízos nos mesmos autos, por arbitramento (incisos I e II do art. 475-O do CPC)[11]. Trata-se de responsabilidade objetiva, conforme salienta Mauro Schiavi[12].

2.4. Forma de insurgência do executado na fase de execução

Na parte final do § 1º do art. 475-J e a partir do art. 475-L do CPC evidenciam-se as mudanças relativas à forma de insurgência do devedor na fase de execução. No atual sistema introduzido pela Lei n. 11.232/05, a insurgência do devedor faz-se por meio de mera impugnação sem efeito suspensivo (salvo na hipótese excepcional referida no *caput* do art. 475-M do CPC), recorrível, no processo civil, por meio de agravo de instrumento.

No processo do trabalho, no entanto, o *caput* do art. 884 da CLT prevê a interposição de embargos à execução, aos quais se dá efeito suspensivo.

Percebe-se claramente que há um descompasso entre o processo civil e o processo do trabalho nesse aspecto, com a superioridade daquele em termos de celeridade e de efetividade da prestação jurisdicional, porquanto a concessão de efeito suspensivo aos embargos atrasa sobremaneira a fase de execução, contribuindo para sua ineficácia.

Não se pode admitir que essa situação se perpetue, pois o processo do trabalho foi instituído com a finalidade de ser mais ágil, simples e eficaz do que o processo civil, tendo-se em vista a origem e a razão de ser do direito do trabalho, ramo do direito material que se instrumentaliza por meio do processo do trabalho.

Por isso, é imperioso adotar-se interpretação evolutiva do art. 769 da CLT, admitindo-se a aplicabilidade da regra instituída pelo CPC no que tange à exclusão do efeito suspensivo dos embargos à execução como regra[13], para admiti-lo apenas excepcionalmente. Por outro lado, deve-se preservar a regra da CLT no que tange ao prazo para interposição dos embargos à execução (cinco dias, conforme o *caput* do art. 884 da CLT), devido à sua maior celeridade, que é nota característica do processo do trabalho.

Além disso, mantém-se a via recursal prevista na CLT, ou seja, o agravo de petição (alínea "a" do art. 897 do CPC), uma vez que o sistema recursal trabalhista é completamente distinto do processual civil, admitindo-se o cabimento do recurso de agravo de instrumento apenas em face das decisões que denegam a interposição de outros recursos. Ressalte-se que essa situação não se mostra desfavorável

---

(8) Nesse sentido manifestam-se Mauro Schiavi (*Execução no processo do trabalho*. São Paulo: LTr, 2008. p. 149), Luciano Athayde Chaves (*A recente reforma no processo comum e seus reflexos no direito judiciário do trabalho*. 3. ed. rev. e ampl. São Paulo: LTr, 2007. p. 46) e Antônio Álvares da Silva (*Execução provisória trabalhista depois da reforma do CPC*. São Paulo: LTr, 2007. p. 82-87), o qual sustenta ser suficiente a declaração de estado de necessidade prestada pelo empregado para que seja cumprido o requisito legal em apreço, a exemplo do que se passa com o benefício da justiça gratuita.

(9) Esse entendimento é compartilhado por Wolney de Macedo Cordeiro (Da releitura do método de aplicação subsidiária das normas de direito processual comum ao processo do trabalho. *In:* CHAVES, Luciano Athayde (Org.). *Direito processual do trabalho:* reforma e efetividade. São Paulo: LTr, 2007. p. 48) e por Antônio Álvares da Silva (*Execução provisória trabalhista depois da reforma do CPC*. São Paulo: LTr, 2007. p. 55).

(10) Karlla Patrícia Souza, por exemplo, sustenta a aplicação desse dispositivo ao processo do trabalho (*O processo do trabalho e a execução provisória, rumo à efetividade do processo*. São Paulo: LTr, 2008. p. 94).

(11) Antônio Álvares da Silva defende que esse dispositivo não é aplicável ao processo do trabalho, ao argumento de que a execução provisória é faculdade atribuída ao exequente pelo legislador, o que afasta a prática de qualquer ato ilícito, pressuposto para a indenização por danos (*Execução provisória trabalhista depois da reforma do CPC*. São Paulo: LTr, 2007. p. 56). Entende-se que a reparação mencionada pelo legislador refere-se ao ressarcimento do executado dos valores que tiverem sido adiantados ao exequente em sede de execução provisória, na hipótese de reforma ou anulação da sentença, o que significa reconhecer que o exequente não tinha direito a receber qualquer valor e o executado não tinha obrigação de pagar. Portanto, não havendo esse ressarcimento, estar-se-ia admitindo o enriquecimento ilícito do exequente. Tanto é assim que, na mesma obra acima referida, aquele autor reconhece a faculdade do executado de responsabilizar a parte contrária, isto é, o exequente, pelo prejuízo sofrido ou de requerer a devolução do dinheiro levantado.

(12) SCHIAVI, Mauro. *Execução no processo do trabalho*. São Paulo: LTr, 2008. p. 147.

(13) Mauro Schiavi também defende a aplicabilidade do art. 475-M do CPC ao processo do trabalho no que tange à exclusão do efeito suspensivo dos embargos à execução (*Execução no processo do trabalho*. São Paulo: LTr, 2008. p. 226).

ao credor trabalhista, pois o agravo de petição não possui efeito suspensivo (art. 899 da CLT).

Por último, conserva-se a obrigatoriedade de garantia integral da execução, como prevê o parágrafo primeiro do art. 16 da Lei n. 6.830/80, por ser essa regra compatível com o direito fundamental à efetividade da prestação jurisdicional, na medida em que inverte os ônus pela demora do processo que recaem sobre as partes, ressalvando-se apenas a possibilidade de penhora parcial quando o executado não tiver outros bens, fato devidamente certificado nos autos pelo oficial de Justiça, revestido de fé pública.

Finalizando a análise dos dispositivos que versam sobre a forma de insurgência do executado na fase de execução, registre-se que a inovação prevista no § 2º do art. 475-L do CPC, referente à obrigação de o executado indicar, na impugnação, o valor que entende correto em caso de alegação de excesso de execução, não se trata de novidade no processo do trabalho, no qual há determinação expressa nesse mesmo sentido no parágrafo primeiro do art. 897 da CLT.

2.5. Outras reformas introduzidas pela Lei n. 11.232/05

No que tange à possibilidade de a intimação da parte ser realizada na pessoa do advogado, o que se denomina de segunda alteração do art. 475-A do CPC, trata-se de inovação perfeitamente aplicável ao processo do trabalho, segundo os critérios tradicionais do art. 769 da CLT, diante da omissão da legislação trabalhista e da compatibilidade com os princípios que norteiam o processo do trabalho, especialmente com os princípios da simplificação e da celeridade, na medida em que essa conduta evita eventuais e costumeiras dificuldades para a promoção da intimação pessoal do reclamado.

A inovação contida no parágrafo terceiro do art. 475-A do CPC, relativa à imposição de que seja proferida sentença líquida, é perfeitamente aplicável ao processo do trabalho diante da omissão da CLT e da Lei n. 6.830/80 nesse aspecto e da total compatibilidade com os princípios que norteiam o processo trabalhista, sobretudo com o princípio da celeridade, salientando-se que, em caso de omissão do juiz quanto à liquidação de sentença, o remédio cabível, na esfera trabalhista, também é a interposição de embargos de declaração.

Ainda no que tange ao art. 475-J do CPC, a possibilidade de indicação de bens à penhora pelo credor prevista no § 3º do art. 475-J do CPC é perfeitamente aplicável ao processo do trabalho, na medida em que amplia a chance de êxito da execução, especialmente para assegurar a observância da ordem de preferência contida no art. 655 do CPC. Isso não exclui, contudo, a possibilidade de o executado indicar bens à penhora, embora não goze mais de faculdade expressa nesse sentido[14].

Versando sobre a competência para o processamento da execução, o art. 475-P do CPC inovou ao permitir que a execução se processe no local onde se encontram bens sujeitos à expropriação ou no local do atual domicílio do devedor.

Não obstante o art. 877 da CLT atribua ao juiz ou presidente do Tribunal que tiver conciliado ou julgado originalmente o dissídio a competência para execução das decisões, entende-se que esse dispositivo é aplicável ao processo do trabalho, por força da interpretação evolutiva do art. 769 da CLT. Isso porque a possibilidade de processamento da execução no local em que se encontram os bens do devedor ou onde ele reside representa medida de grande efetividade para a execução, uma vez que propicia a redução de tempo e de custos, potencializando a chance de êxito da penhora.

É inquestionável que o juiz que conduz a execução tem melhores condições e maior aptidão para acompanhar todos os atos processuais praticados nessa fase, se empenhando com mais afinco para a satisfação integral da obrigação contida no título executivo. Portanto é salutar que a penhora se efetue no mesmo local em que se processa a execução e não por meio de carta precatória que, muitas vezes, envolve uma série de idas e vindas entre o juízo deprecante e o juízo deprecado (o retorno dos autos ao juízo deprecante é necessário, por exemplo, em caso de interposição de embargos à execução, haja vista que é dele a competência para julgá-los, salvo quando versar sobre vícios da penhora, remetendo-se os autos novamente ao juízo deprecado em caso de julgamento de improcedência dos embargos).

Não se pode admitir que o processo do trabalho permaneça defasado em relação ao processo civil, embora seja aquele o ramo processual instituído com a finalidade de facilitar o acesso do trabalhador à Justiça e garantir que ele receba seu crédito de natureza alimentar[15].

Por último, as regras referentes à constituição de capital em caso de condenação ao pagamento de indenização por

---

(14) Nesse mesmo sentido manifesta-se Mauro Schiavi (*Execução no processo do trabalho*. São Paulo: LTr, 2008. p. 174).

(15) Registre-se que mesmo Manoel Antonio Teixeira Filho, que preconiza a interpretação literal do art. 769 da CLT, é favorável à aplicação do parágrafo único do art. 475-P do CPC ao processo do trabalho, com fundamento no art. 612 do CPC, segundo o qual a execução se processa em favor do interesse do credor (O cumprimento da sentença no processo do trabalho. In: SANTOS, José Aparecido (Coord.). Execução trabalhista: homenagem aos 30 anos da AMATRA IX. São Paulo: LTr, 2008, p. 61). Essa também é a opinião externada por Luciano

ato ilícito que inclua prestação de alimentos aplicam-se ao processo do trabalho, diante da omissão da CLT e da Lei n. 6.830/80 a respeito dessa matéria e da inequívoca compatibilidade com os princípios que norteiam o processo do trabalho. Reitera-se, apenas, a questionável constitucionalidade da regra que possibilita a fixação dos alimentos com base no salário mínimo (parágrafo quarto do art. 475-Q do CPC), haja vista a vedação contida na parte final do inciso IV do art. 7º da CF/88, reforçada pela Súmula Vinculante n. 04 do STF.

3. Conclusão

Diante do contexto de litigiosidade crescente e ineficácia da prestação jurisdicional na fase executiva, o legislador, através das recentes reformas da execução civil, esforçou-se no sentido de assegurar maior efetividade à fase de execução, tornando-a capaz de alcançar o fim único a que se destina: a satisfação rápida e integral do direito do credor, que tem direito a receber exatamente aquilo que teria caso seu direito material tivesse sido espontaneamente cumprido.

Nesse contexto, a Lei n. 11.232/05, que, sem prejuízo do princípio da segurança jurídica e dos princípios do contraditório e da ampla defesa, inverteu o foco de proteção até então predominante na fase de execução, reconhecendo, efetivamente, a posição de preeminência do credor, como já estava previsto na Exposição de Motivos do CPC de 1973 e no próprio art. 612 desse Código.

Em razão de sua origem e das características do direito material que instrumentaliza, o direito processual do trabalho sempre se destacou em face do direito processual civil como ramo processual mais célere, simples e efetivo, propiciando, com maior efetividade, a concretização do direito de acesso à Justiça.

Entretanto, nos últimos anos, inverteu-se essa situação, em nosso país, diante das reformas realizadas no processo civil a partir de 1994, com a edição da Lei n. 8.952, que instituiu a tutela antecipada e a tutela específica.

Dessa forma, enquanto as reformas na seara trabalhista não se concretizam, a solução que se impõe é a aplicação, ao processo do trabalho, dos avanços verificados no processo civil, pois seria um contrassenso admitir que esse ramo processual seja mais célere e efetivo do que aquele, cujo objeto são créditos de natureza alimentar e, ao mesmo tempo, a concretização de direitos fundamentais sociais.

Ressalte-se que a aplicação subsidiária do processo civil ao processo do trabalho não significa o enfraquecimento do processo do trabalho ou seu desaparecimento como ramo processual autônomo. Ao contrário, a sobrevivência desse ramo processual pressupõe a sua capacidade de cumprir os fins em razão dos quais foi instituído, isto é, propiciar o amplo acesso do trabalhador à Justiça, mediante a adoção de um procedimento simples, célere e eficaz.

Assim, a aplicação subsidiária das reformas do processo civil à execução trabalhista constitui uma medida viável e indispensável para a concretização do direito à efetividade da prestação jurisdicional.

Referências bibliográficas

CHAVES, Luciano Athayde. *A recente reforma no processo comum e seus reflexos no direito judiciário do trabalho*. 3. ed., rev. e ampl. São Paulo: LTr, 2007.

CORDEIRO, Wolney de Macedo. Da releitura do método de aplicação subsidiária das normas de direito processual comum ao processo do trabalho. *In:* CHAVES, Luciano Athayde (Org.). *Direito processual do trabalho:* reforma e efetividade. São Paulo: LTr, 2007.

MEIRELES, Edilton; BORGES, Leonardo. A incidência da multa de 10% do art. 475-J do CPC no processo do trabalho. *In:* CHAVES, Luciano Athayde (Org.). *Direito processual do trabalho:* reforma e efetividade. São Paulo: LTr, 2007.

RIBEIRO, Rosiris Rodrigues de Almeida Amado. A (in)aplicabilidade da multa do art. 475-J do CPC na execução trabalhista. *In:* SANTOS, José Aparecido (Coord.). *Execução trabalhista:* homenagem aos 30 anos da AMATRA IX. São Paulo: LTr, 2008.

SCHIAVI, Mauro. *Execução no processo do trabalho*. São Paulo: LTr, 2008.

SILVA, Antônio Álvares da. Execução provisória trabalhista depois da reforma do CPC. São Paulo: LTr, 2007.

SILVA, Paulo Henrique Tavares da. Minha nova execução trabalhista. *In:* CHAVES, Luciano Athayde (Org.). *Direito processual do trabalho:* reforma e efetividade. São Paulo: LTr, 2007

SOUTO MAIOR, Jorge Luiz. Reflexos das alterações do Código de Processo Civil no processo do trabalho. *Revista LTr*, São Paulo, ano 70, p. 920-928, ago. 2006.

SOUZA, Karlla Patrícia. *O processo do trabalho e a execução provisória, rumo à efetividade do processo*. São Paulo: LTr, 2008.

TEIXEIRA FILHO, Manoel Antonio. O cumprimento da sentença no processo do trabalho. *In:* SANTOS, José Aparecido (Coord.). *Execução trabalhista:* homenagem aos 30 anos da AMATRA IX. São Paulo: LTr, 2008.

Athayde Chaves (*A recente reforma no processo comum e seus reflexos no direito judiciário do trabalho*. 3. ed., rev. e ampl. São Paulo: LTr, 2007. p. 94) e por Mauro Schiavi (*Execução no processo do trabalho*. São Paulo: LTr, 2008. p. 46), o qual destaca as dificuldades enfrentadas pelo credor trabalhista quando os bens do executado estão em local diverso daquele em que tramita a execução e salienta que a alteração de competência é faculdade do credor, não podendo ser determinada de ofício pelo juiz, com o que se concorda, haja vista a redação do dispositivo em apreço, que se trata de regra de caráter excepcional, demandando interpretação restritiva.

Lei n. 11.276/2006: Alterações e Compatibilidade com o Processo do Trabalho

Maria Cecília Máximo Teodoro

1. Introdução

A Lei n. 11.276/2006 foi publicada como mais uma medida da Reforma do Judiciário iniciada pela Emenda Constitucional n. 45 de 2004, respondendo ao Pacto de Estado em Favor de um Judiciário mais Rápido e Republicano.

O art. 5º, inciso LXXVIII, da Constituição Federal passou a garantir ao jurisdicionado a duração razoável do processo e a referida lei, em obediência à Constituição e munida do mote da celeridade, alterou a redação do inciso III e do parágrafo único do art. 506; incluiu o § 4º ao art. 515 e o § 2º ao art. 518, todos do CPC.

2. As mudanças do art. 506: refinamento terminológico

Através da mudança trazida pela Lei n. 11.276/2006, o art. 506, III, do CPC passou a prever que deve ser publicado na imprensa oficial apenas a parte do dispositivo do acórdão para efeito de contagem do prazo recursal. Em verdade tal alteração foi apenas de ordem gramatical, substituindo a expressão *súmula do acórdão*, que se encontrava na redação anterior, para *dispositivo do acórdão*.

De fato, ocorreu um refinamento da terminologia, uma vez que a palavra *súmula*, no sentido em que era empregada, significava um resumo, quando é certo que, no sentido jurídico correto, significa um enunciado sobre a jurisprudência dominante num determinado tribunal. Portanto, justificável a modificação.

Todavia, os efeitos dessa mudança não foram substanciais, considerando sua finalidade meramente gramatical. Assim, apesar de também ser aplicável ao processo do trabalho, sua repercussão não alcança os objetivos de celeridade da prestação jurisdicional.

3. A introdução do § 4º ao art. 515 do CPC, o princípio da economia processual e a supressão de instância

O novo § 4º do art. 515 do CPC tem a seguinte redação:

> § 4º Constatando a ocorrência de nulidade sanável, o tribunal poderá determinar a realização ou renovação do ato processual, intimadas as partes; cumprida a diligência, sempre que possível prosseguirá o julgamento da apelação.

O referido dispositivo foi inserido no CPC pela Lei n. 11.275/2006 e inovou o ordenamento jurídico processual, na medida em que não havia dispositivo similar anteriormente. Como dito, tais modificações fazem parte de uma série de reformas no CPC que buscaram garantir a celeridade no julgamento dos processos e a efetividade das decisões proferidas pelo Poder Judiciário.

Pelos termos do novo dispositivo, o relator do processo no Tribunal tem a possibilidade de ordenar a realização de diligências pelas partes, para que se promova o saneamento de nulidade relativa. Trata-se de medida de economia processual, uma vez que permite a repetição ou retificação do ato processual viciado. A um só tempo, o referido dispositivo responde à celeridade e à economia dos atos processuais.

No processo justrabalhista essa celeridade possui maior relevância em razão da natureza alimentar das verbas pleiteadas. De fato, em que pese a importância vital do duplo grau de jurisdição para o sistema processual, sua aplicação prática não pode acarretar óbice à entrega da prestação jurisdicional com celeridade, sob pena de torná-la ineficiente. Notadamente no processo trabalhista, a demora na prestação jurisdicional pode acarretar danos irreparáveis ao jurisdicionado.

Em atenção ao Princípio da Economia Processual a norma visa permitir ao relator, enquanto condutor do processo, a possibilidade de renovação ou repetição do ato sanável, com a abreviação do procedimento, evitando, assim, o retorno desnecessário e dispendioso do processo à instância inferior.

Ademais, representa medida de elogio à atuação dos Tribunais, impedindo que este se torne um mero órgão para a análise de nulidades. Ou seja, permite ao Tribunal prolatar uma solução definitiva de mérito, ao mesmo tempo em que evita o desperdício de dinheiro e tempo pelo Estado-Juiz no desempenho de sua função jurisdicional.

Ressalte-se que não são todas as nulidades que são passíveis de saneamento diretamente pelo Tribunal, sem o retorno ao órgão prolator da decisão. Um ato inquinado de nulidade é aquele que fere norma jurídica e cria a possibilidade de ser privado de seus efeitos ou, se caso já tiver surtido efeitos, tê-los destituídos.

Segundo Mauro Schiavi[1], os atos podem ser absolutamente nulos, relativamente nulos ou até mesmo inexistentes.

O ato terá nulidade absoluta quando infringir norma de ordem pública e/ou interesse social, devendo ser declarado de ofício e não se sujeitando a preclusão.

Pode, porém, estar inquinado de nulidade relativa. Assim o será quando não violar norma de ordem pública e, consequentemente, é alcançado pelos efeitos da preclusão e não podem ser declarados de ofício, exigindo iniciativa das partes.

E será inexistente o ato que sequer tem aptidão para produzir efeitos (embora produza) em razão da presença de vício acentuado. Ressalte-se que mesmo os atos inexistentes precisam ter seus efeitos cassados por decisão judicial.

Ocorre que a própria norma jurídica prevê a possibilidade de alguns atos praticados em desconformidade com a norma produzirem efeitos normalmente, sendo aproveitados. Isso ocorre em razão do Princípio da Instrumentalidade das Formas.

Ou seja, a norma, embora preveja uma forma para a realização do ato, coaduna com a permanência de seus efeitos, caso ele atinja a sua finalidade e desde que não haja previsão de sanção pelo seu descumprimento.

O § 4º do art. 515 do CPC prevê a possibilidade de o ato inquinado de nulidade sanável, portanto, relativa, ser aproveitado ou repetido. Mas cabe a discussão acerca da possibilidade da aplicação do referido preceito às nulidades absolutas e aos atos inexistentes.

Impera aqui o Princípio do Prejuízo, segundo o qual, não havendo prejuízo para as partes, o ato poderá ser repetido ou aproveitado. Assim, mesmo em se tratando de nulidade absoluta, caso seu saneamento não gere prejuízo às partes e, lado outro, efetive o direito, gere economia e celeridade processual, poderá ser aproveitado ou repetido por ordem do Tribunal.

O preceito em tela, há de se notar, mostra-se totalmente compatível com o processo do trabalho, que prima pela sua instrumentalidade em relação ao direito material. Assim, os atos nulos estão, sim, sujeitos à ratificação, ao aproveitamento ou à repetição pelo Tribunal, desde que não gerem prejuízos às partes.

Cabe discutir, ainda, se a nulidade, para ser reconhecida, deve ser arguida pela parte ou pode ser feita de ofício pelo tribunal.

Nos estritos termos da lei, conforme dito, somente o ato inquinado de nulidade relativa pode ser repetido ou reaproveitado. O Princípio da Convalidação informa que a parte prejudicada deve arguir a nulidade na primeira oportunidade que tiver de se manifestar aos autos, sob pena de preclusão.

Assim, somente as nulidades absolutas poderiam ser reconhecidas de ofício pelo julgador, devendo as relativas ser arguidas pela parte para serem reconhecidas.

Todavia, é assente o entendimento de que os Princípios da Finalidade e do Aproveitamento dos Atos processuais prevalecem sobre o Princípio da Convalidação[2].

Luiz Guilherme Marinoni ressalta ainda que, inobstante a previsão legal de que o juiz *poderá* sanar os defeitos do ato, na verdade, não se trata de uma faculdade da corte, mas uma imposição legal, ditada em nome do princípio da instrumentalidade[3].

Assim, mesmo que a parte não suscite a nulidade do ato, o Tribunal deve reconhecê-la de ofício e determinar seu aproveitamento ou sua repetição, efetivando uma prestação jurisdicional célere e eficaz.

4. O § 2º do art. 518 do CPC: súmula obstativa do seguimento da apelação

A nova lei aqui tratada alterou o texto do antigo parágrafo único do art. 518 do CPC e introduziu um novo parágrafo, cuja redação destaca-se:

> Art. 518. Interposta a apelação, o juiz, declarando os efeitos em que a recebe, mandará dar vista ao apelado para responder.
>
> § 1º O juiz não receberá o recurso de apelação quando a sentença estiver em conformidade com súmula do Superior Tribunal de Justiça ou do Supremo Tribunal Federal.
>
> § 2º Apresentada a resposta, é facultado ao juiz, em cinco dias, o reexame dos pressupostos de admissibilidade do recurso.

O Código processual já previa a hipótese de o relator negar seguimento ao recurso quando estivesse em confronto com súmulas ou jurisprudências do STF ou do STJ. Agora, essa possibilidade se estende ao juiz de primeira instância, com algumas modificações.

---

(1) SCHIAVI, Mauro. *Saneamento das nulidades processuais na esfera recursal e a aplicabilidade do § 4º do art. 515 do CPC no Processo do Trabalho*. p. 2. Disponível em: <http://www.lacier.com.br/artigos/periodicos/saneamento%20das%20nulidades%20no%20recurso%20e%20o%20processo%20do%20trabalho.pdf>. Acesso em: 26 fev. 2013.

(2) OLIVEIRA, Carmela Mottecy; OLIVEIRA, Carolina Mottecy; MATIOTTI NETO, Jorge. *Das nulidades dos atos processuais e seus efeitos*. Disponível em: <http://jus.com.br/revista/texto/784/das-nulidades-dos-atos-processuais-e-seus-efeitos>. Acesso em: 7 mar. 2013.

(3) MARINONI, Luiz Guilherme; ARENHART, Sérgio Cruz. *Processo de Conhecimento*. vol. 2. 10. ed. São Paulo: Revista dos Tribunais, 2011.

O juiz pode rejeitar o seguimento do recurso quando a sentença estiver em conformidade com súmula do STF ou do STJ, seja quando da interposição, seja posteriormente à sua resposta.

A finalidade da reforma foi evitar a interposição excessiva e repetitiva do recurso de apelação, quando já existente um entendimento uniforme sobre a matéria. Com isso, busca-se desafogar os tribunais e alcançar o objetivo da celeridade processual.

Contudo, cabe a discussão sobre a conformidade dessa alteração com a garantia do duplo grau de jurisdição e com o Princípio da Inafastabilidade da jurisdição, que pregam a liberdade do jurisdicionado em acionar o Poder Judiciário para a tutela de seus direitos, utilizando-se dos recursos legalmente previstos. Como dito, o duplo grau de jurisdição e o Princípio da Inafastabilidade da jurisdição e sua aplicação prática não pode acarretar óbice à entrega da prestação jurisdicional com celeridade, sob pena de torná-la ineficiente.

Repita-se que a celeridade dos atos processuais possui maior relevância no processo trabalhista em razão da natureza das verbas pleiteadas, que estão jungidas ao aspecto da dignidade humana em seu sentido mais profícuo.

Além disso, não existe norma semelhante na CLT, sendo autorizada e amplamente recomendada a aplicação subsidiária dessa norma processual civil à seara trabalhista, conforme autorizado pelo art. 769 da CLT. Carlos Henrique Bezerra Leite adota o mesmo entendimento.

Na verdade, a modificação está coerente com o princípio da celeridade processual e teve em mira a valorização da jurisprudência sumulada. De tal arte, por analogia, parece-nos que as novas regras quanto ao juízo de admissibilidade da apelação (e do recurso ordinário) podem (e devem) ser aplicadas no processo do trabalho (CLT, art. 769), tendo em vista que o TST, como tribunal superior, também edita súmulas[4].

Assim, tem-se como perfeitamente consoante com os princípios e objetivos do processo justrabalhista todas as reformas trazidas pela Lei n. 11.276/2006.

Referências bibliográficas

BEZERRA LEITE, Carlos Henrique. *Curso de Direito Processual do Trabalho*. 6. ed. São Paulo: LTr, 2008.

MARINONI, Luiz Guilherme; ARENHART, Sérgio Cruz. *Processo de Conhecimento*. vol. 2. 10. ed. São Paulo: Revista dos Tribunais, 2011.

OLIVEIRA, Carmela Mottecy; OLIVEIRA, Carolina Mottecy; MATIOTTI NETO, Jorge. Das nulidades dos atos processuais e seus efeitos. Disponível em: <http://jus.com.br/revista/texto/784/das-nulidades-dos-atos-processuais-e-seus-efeitos>. Acesso em: 7 mar. 2013.

SCHIAVI, Mauro. *Saneamento das nulidades processuais na esfera recursal e a aplicabilidade do § 4º do art. 515 do CPC no Processo do Trabalho*. Disponível em: <http://www.lacier.com.br/artigos/periodicos/saneamento%20das%20nulidades%20no%20recurso%20e%20o%20processo%20do%20trabalho.pdf>. Acesso em: 26 fev. 2013.

---

(4) BEZERRA LEITE, Carlos Henrique. *Curso de Direito Processual do Trabalho*. 6. ed. São Paulo: LTr, 2008. p. 736.

Lei n. 11.277/2006: Aplicabilidade do art. 285-A do CPC no Processo do Trabalho

Júlio Corrêa de Melo Neto

1. O novel instituto (sentença liminar de total improcedência)

Na dinâmica de reforma do Código de Processo Civil, a introdução do art. 285-A pela Lei n. 11.277/2006 visa tornar mais célere a prestação de tutela jurisdicional, prestigiando a garantia que exsurge dos incs. XXXV e LXXVIII do art. 5º da Constituição Republicana de 1988 (CR/88). Com o advento desse novel instituto processual, surge a importância de investigar os seus contornos, requisitos e sua finalidade, a sua constitucionalidade e aplicabilidade ao Processo do Trabalho.

Por força do art. 285-A do CPC, faculta-se ao juiz proferir sentença de total improcedência sem a citação do réu quando a matéria for unicamente de direito, e outros casos idênticos já tiverem sido decididos nesse sentido. O *caput* do referido artigo possui a seguinte redação: "Quando a matéria controvertida for unicamente de direito e no juízo já houver sido proferida sentença de total improcedência em outros casos idênticos, poderá ser dispensada a citação e proferida sentença, reproduzindo-se o teor da anteriormente prolatada."

Se o autor recorrer da decisão, dentro de cinco dias o juiz poderá reconsiderar. Caso não mantenha a sentença de total improcedência, dará seguimento ao processo, com a citação do réu para apresentação de resposta. É o que decorre do § 1º do art. 285-A: "Se o autor apelar[1], é facultado ao juiz decidir, no prazo de 5 (cinco) dias, não manter a sentença e determinar o prosseguimento da ação". Se, contudo, for mantida a sentença, proceder-se-á à citação do réu não para apresentar resposta, mas para contra-arrazoar o recurso do autor (§ 2º, art. 285-A, CPC[2]).

Esse instituto em análise visa, então, à economia de atos e à racionalização da atividade jurisdicional diante de demandas repetitivas, o que, por conseguinte, significa maior celeridade processual. Para o réu, pode representar economia de tempo e de dinheiro.

2. Requisitos

A decisão liminar de total improcedência prevista no art. 285-A do CPC pode ser adotada pelo juiz se a matéria for unicamente de direito e desde que, no juízo, já tenha sido proferida decisão dessa natureza em outros casos idênticos.

Em relação à *matéria unicamente de direito*, é importante consignar que não é fácil vislumbrar qual matéria, de pronto, apresenta essa feição. O que ordinariamente sucede é de constatar, em determinando momento do rito processual, que apenas resta o exame da matéria de direito. Aliás, para o julgamento antecipado do mérito, na forma do inc. I do art. 330 do CPC[3], há um requisito formulado com expressão semelhante à do art. 285-A. Aquele vale-se da fórmula *questão de mérito unicamente de direito*, enquanto este, de *matéria controvertida unicamente de direito*. Questão, na verdade, é ponto controvertido, de sorte que as expressões são, realmente, semelhantes. Analisando o art. 330 do CPC, Luiz Guilherme Marinoni e Sérgio Cruz Arenhart[4] observam que um dos casos de *questão unicamente de direito* ocorre quando "a contestação limita-se a negar as consequências jurídicas que são afirmadas na petição inicial", esclarecendo que "nessa hipótese é possível dizer que a matéria de mérito é unicamente de direito, pois não há controvérsia sobre os fatos". Outra expressão semelhante se encontra no § 3º do art. 515 do CPC, acrescido pela Lei n. 10.352, de 26.12.2001: "Nos casos de extinção do processo sem julgamento do mérito (art. 267), o tribunal pode julgar desde logo a lide, se a causa versar questão exclusivamente de direito e estiver em condições de imediato julgamento". Entende-se, nesse caso, que *questão exclusivamente de direito* significa que o processo já está em condições de julgamento, vale dizer, resta apenas aplicar o direito, não depende da produção de prova[5].

Teria, então, o texto do art. 285-A do CPC o mesmo significado das expressões tratadas acima? É necessário

---

(1) No Processo do Trabalho, cabe o recurso ordinário.

(2) CPC, art. 285-A, § 2º – Caso seja mantida a sentença, será ordenada a citação do réu para responder ao recurso.

(3) CPC, art. 330, I – quando a questão de mérito for unicamente de direito, ou, sendo de direito e de fato, não houver necessidade de produzir prova em audiência.

(4) MARINONI, Luiz Guilherme; ARENHART, Sérgio Cruz. *Manual do processo de conhecimento*: a tutela jurisdicional através do processo de conhecimento. São Paulo: Revista dos Tribunais, 2001. p. 242.

(5) Nesse sentido José Rogério Cruz e Tucci (*Lineamentos da nova reforma do CPC*. 2 ed. São Paulo: Revista dos Tribunais, 2002), Luiz Rodrigues Wambier e Teresa Arruda Alvim Wambier (*Breves comentários à 2ª fase da reforma do código de processo civil*. 2 ed. São Paulo: Revista dos Tribunais, 2002) e Cândido Rangel Dinamarco (*A reforma da reforma*. 4 ed. São Paulo: Malheiros, 2003). Este último esclarece que (p. 156-157):

enxergar uma amplitude maior na fórmula *matéria controvertida unicamente de direito*, porque o julgamento ocorre sem a citação do réu. Vislumbram-se três situações distintas: (i) como o juiz dispensa a citação do réu, a ocorrência de *matéria controvertida unicamente de direito*, na verdade, tem de ser presumida, considerando que já houve julgamentos de total improcedência em casos idênticos, ou seja, o juiz sabe que nesses casos anteriores apenas ocorreu controvérsia sobre a matéria de direito; (ii) o juiz, pela narrativa exordial, já entenda que pode julgar o mérito de pronto, sem citação do réu, porque as consequências jurídicas pretendidas pelo autor, sob o seu entendimento, não devem ser acolhidas; (iii) o fato é notório e, portanto, independe de prova (inc. I, art. 334, CPC). De toda forma, em qualquer hipótese, além da matéria controvertida unicamente de direito, exige-se que haja casos idênticos julgados anteriormente com improcedência total.

Assentadas essas balizas, pode suceder de o autor ajuizar a ação, trazendo a sua carga de alegações e pedidos e o réu não impugnar a existência do fato indicado como constitutivo, mas sem a necessidade de realização de prova documental ou oral, porque, *ex. gr.*, apesar de não negar a existência do fato que o autor alega constitutivo do seu direito, discorda dos efeitos jurídicos por ele pretendidos. De se pensar, então, no caso de prestação de serviços para a Administração Pública, sem o respectivo concurso e fora da hipótese do inc. IX do art. 37 da CR/88[6], em que o autor postula sua reintegração no emprego público. O réu pode reconhecer que houve a prestação de serviços, mas afirmar que não é possível acolher o efeito jurídico pretendido pelo autor, por força do inc. II e do § 2º do art. 37 da CR/88(7). Cogitar-se-ia, em tal situação, de matéria unicamente de direito, mas, normalmente, antes da defesa, isso apenas pode ser presumido. Antes de oferecer a oportunidade de resposta ao réu, a rigor, é difícil enxergar uma matéria unicamente de direito, porque, em tese, o réu poderá, quase sempre[8], impugnar a própria existência do fato que o autor alega ser constitutivo do seu direito (defesa direita[9]) e não apenas opor outros fatos (impeditivo, motificativo ou extintivo — defesa indireta). Então, mesmo nesse caso em exame, o réu pode afirmar que o autor nunca lhe prestou serviços, ou seja, pode trazer uma defesa direta, negando a própria existência do fato alegado como constitutivo do direito. Cite-se, ainda o caso de uma ação do sindicato profissional em face do empregador porque não está fazendo o desconto da contribuição assistencial dos empregados não sindicalizados. Em tese, poder-se-ia imaginar que, aí, sim, ter-se-ia, de pronto, uma matéria unicamente de direito, bastando ao juiz examinar se essa contribuição é ou não devida quanto a empregado não sindicalizado e, portanto, se o empregador teria ou não o dever de fazer os descontos em folha de pagamento com o repasse para o sindicato. Ocorre que, verdadeiramente, o réu pode alegar e ter de provar que o sindicato autor sequer representa os seus empregados (uma questão de enquadramento sindical), antes mesmo de sustentar que não é devida a contribuição assistencial de empregado não sindicalizado e que isso ofende o direito de liberdade de associação (inc. V, art. 8º, CR/88 c/c Precedente/TST n. 119).

Logo, essas hipóteses parecem retratar matéria unicamente de direito, constatável *ab initio*, mas, a rigor, não se afigura que assim seja, muito menos antes da defesa, salvo se, conforme sugerido acima, entender-se que essa matéria ocorrerá quando: (i) o juiz dispensar a citação do réu, presumindo, ante os casos idênticos anteriores, que a matéria controvertida é unicamente de direito; (ii) o juiz, pela narrativa exordial, já entenda que pode julgar o mérito de pronto, sem citação do réu, porque as consequências jurídicas pretendidas pelo autor, sob o seu entendimento,

---

"Razoavelmente, e com plena fidelidade ao sistema do Código de Processo Civil e às garantias constitucionais do processo, entenda-se que a locução *se a causa versar exclusivamente questão de direito* foi posta no novo parágrafo com o objetivo único de impedir o salto de grau jurisdicional quando, havendo questões de fato, ainda não hajam sido produzidas todas as provas admissíveis no caso. Ela deve, portanto, ser lida pelo avesso, assim: *se não houver questões de fato ainda dependentes de prova*".

(6) CR/88, art. 37, inc. IX – a lei estabelecerá os casos de contratação por tempo determinado para atender a necessidade temporária de excepcional interesse público.

(7) CR/88, art. 37, inc. II – a investidura em cargo ou emprego público depende de aprovação prévia em concurso público de provas ou de provas e títulos, de acordo com a natureza e a complexidade do cargo ou emprego, na forma prevista em lei, ressalvadas as nomeações para cargo em comissão declarado em lei de livre nomeação e exoneração; CR/88, art. 37, § 2º – A não observância do disposto nos incisos II e III – implicará a nulidade do ato e a punição da autoridade responsável, nos termos da lei.

(8) Parece que apenas não seria o caso de poder, razoavelmente, negar a existência do fato que o autor alega constitutivo do seu direito quando se tratar de fato notório e desde que haja notoriedade quanto à relação do autor com esse fato que dispensa prova (inc. I, art. 334, CPC). Mas é bom ponderar que o réu pode, até mesmo, negar a própria notoriedade do fato e ter interesse em provar isso.

(9) A respeito da defesa material direta, Marinoni e Arenhart (*Manual do processo de conhecimento: a tutela jurisdicional através do processo de conhecimento*. São Paulo: Revista dos Tribunais, 2001. p. 2.001) lecionam que a "forma intuitiva de se defender no processo é, evidentemente, negando-se a ocorrência dos fatos constitutivos trazidos pelo autor ou, então, negando-se que tais fatos produzam as consequências jurídicas sustentadas pelo requerente" e aduzem que "em tais casos têm-se as exceções [defesas] substanciais diretas, sendo que a atitude do réu não amplia, em nada, o conteúdo fático da demanda inicial."

não devem ser acolhidas; (iii) o fato é notório e, portanto, independe de prova (inc. I, art. 334, CPC).

É pertinente, aqui, recordar os exemplos já analisados anteriormente, ou seja, de ação com pedido de reintegração em emprego público sem o respectivo concurso e de postulação de contribuição assistencial em razão de o empregador não ter feito o desconto no salário dos empregados não sindicalizados. Nesses casos, considerando apenas as alegações trazidas com a exordial, em tese, já pode o juiz julgar totalmente improcedente, por entender que as alegações não conduzem ao efeito jurídico pretendido (conforme hipótese "i" indicada acima), ou, também, presumir, pelo conhecimento das causas idênticas anteriormente julgadas, que a controvérsia que normalmente se instaura é unicamente de direito (hipótese "ii").

É necessário refletir sobre a finalidade do instituto do julgamento liminar de improcedência total, para conferir-lhe utilidade, sob o prisma da efetividade da tutela. Assim, o juiz deve ter cuidado ao utilizar o art. 285-A do CPC, conhecendo bem as demandas repetitivas que ensejam a sua adoção, mesmo porque, pelos próprios termos da lei, a sua aplicação é facultativa.

O segundo requisito é o de que, no juízo, já tenha sido proferida *sentença de total improcedência em outros casos idênticos*. É pertinente destacar, aqui, a referência a "Juízo", à total improcedência e a casos idênticos.

Com relação à utilização do vocábulo "juízo" (órgão jurisdicional), afigura-se mais razoável entender que é possível a aplicação do art. 285-A do CPC quando há decisões de total improcedência, em casos idênticos, no órgão jurisdicional em que o juiz está atuando (determinada Vara), mas, também, quando o próprio juiz já julgou nesse sentido, ainda que em outros juízos. O mais importante é que o juiz já tenha decidido o caso, com total improcedência, e constate que se trata de demanda repetitiva.

A Lei refere-se, ainda, a "total improcedência". Esse requisito se apresenta quando a pretensão já foi julgada improcedente em outros casos. Não importa que, nos casos anteriores, a sentença tenha sido parcialmente procedente, desde que, na parte que interessa para aplicação do art. 285-A do CPC, o resultado seja de improcedência. É o que ocorrerá caso tenha sido ajuizada uma ação com o pedido "Y" e, em demandas anteriores, tenha havido a postulação de "X" e "Y", mas sempre com sentença improcedente quanto ao pedido "Y". Já que "Y" sempre foi improcedente, é possível que haja sentença liminar de total improcedência, quando, na ação, apenas esse pedido é formulado.

Respeitante à alusão legal a "casos idênticos", é de se entender que se refere à mesma causa de pedir e pedido, não abrangendo, pois, a mesma parte. Se houvesse tríplice identidade (de causa de pedir, de pedido e de partes), seria hipótese de coisa julgada ou de litispendência, levando à extinção do processo, sem resolução do mérito (inc. V, art. 267, CPC).

3. Constitucionalidade do art. 285-A do CPC

A inconstitucionalidade do artigo em comento está sendo arguida pelo Conselho Federal da Ordem dos Advogados do Brasil, na ADI n. 3.695/DF. Não houve, contudo, ainda, julgamento.

Assiste-se a uma recorrente tendência de inovação legislativa muito preocupada com a celeridade processual, mas é relevante ressaltar que a tutela efetiva é a que ostenta os predicativos *adequada, justa e célere*. O constituinte não ofereceu, no inc. XXXV do art. 5º da CR/88, uma promessa mistificadora. Assim, se a lei não excluirá da apreciação do Poder Judiciário lesão ou ameaça a direito, se Constituição Republicana de 1988 conferiu a garantia de inafastabilidade da jurisdição, não pode ter oferecido outra modalidade de jurisdição senão a efetiva. Já estava inserida no inciso supracitado a ideia de celeridade, mas, em reforço, com a Emenda Constitucional n. 45/2004, acentuou-se esse valor, assegurando a todo jurisdicionado um processo em tempo razoável (inc. LXXVIII, art. 5º, CR/88).

O tempo, então, urge e impõe suas marcas. Atribui-se elevada importância à celeridade, às vezes, em prejuízo da qualidade da tutela jurisdicional, que, além de célere, deve ser adequada e justa (apropriada para tutelar os variados direitos e em consonância com os valores protegidos no sistema jurídico). De toda forma, apesar de haver uma preocupação magnetizadora pela celeridade processual, não há como negar que ela é um importante pilar da efetividade da tutela jurisdicional, juntamente com a adequação e justiça. Logo, é importante imprimir celeridade, mas sem perder de vista a adequação e a justiça da tutela e, também, os princípios do contraditório e da ampla defesa.

Em relação ao art. 285-A do CPC, afirma-se, recorrentemente, que o contraditório e a ampla defesa não estariam ofendidos, mas apenas diferidos. A oportunidade de contribuir para o convencimento do juiz (pensando em isonomia de tratamento entre os litigantes), igualmente, não seria malferida, ante a decisão de improcedência total e porque a eventual carga de argumentação poderia ser conduzida em contrarrazões recursais. Aliás, *mutatis mutandis*, no sistema jurídico, admite-se, até mesmo, antecipação de tutela, antes da oitiva da parte contrária, quando a citação e o aguardo da resposta puder importar perecimento do direito que se colima proteger.

Não basta, contudo, dizer que o contraditório e a ampla defesa serão diferidos, ou seja, reservados para um outro momento, e que o réu não terá prejuízo, sustentando que a sentença será de improcedência total. Para que se reconheça a constitucionalidade do instituto em foco, são necessários alguns ajustes, uma interpretação sistêmica conforme. Apesar de, em tese, não haver prejuízo para o réu, na prática e dependendo do caso, ele pode, sim, encontrar-se em uma situação processual desfavorável, por aplicação do art. 285-A do CPC, de tal sorte que insta assegurar-lhe direito de recorrer, quando entender que não se trata de hipótese de adoção instituto em foco. Ilustrativamente, o art. 285-A do CPC pode fragilizar o contraditório e a amplitude de defesa quando o réu, a despeito do julgamento totalmente improcedente, constata que a decisão de primeira instância é frágil e que tem prova a fazer[10]. De se imaginar, então, que houve o julgamento totalmente improcedente, mas assentado em jurisprudência bastante minoritária e que o réu tinha interesse e necessidade de fazer prova, negando, por exemplo, a própria existência do fato que o autor indica como constitutivo de seu direito.

Quando se tratou dos requisitos do art. 285-A do CPC, observou-se a dificuldade de encontrar uma *matéria unicamente de direito*, demonstrando-se dois casos que podem se encaixar na moldura desse artigo. O primeiro foi de ação na qual se postula a reintegração em emprego público sem que tenha havido aprovação em concurso público. Em tese, adotando o art. 285-A do CPC, o juiz poderia julgar totalmente improcedente o pedido, com fundamento no inc. II e no § 2º, ambos do art. 37 da CR/88. Mas, no específico caso, pode ocorrer de o autor sequer ter prestado serviços para o ente público, que, então, poderia impugnar a própria existência do fato que autor entende constitutivo de seu direito e, inclusive, necessitar de prova nesse sentido. Assim, para assegurar o contraditório e o amplo direito de defesa, insta reconhecer ao réu o direito de não apenas contra-arrazoar o recurso do reclamante (o § 2º do art. 285-A do CPC), como também recorrer, sustentando que, por eventualidade, caso não prevaleça o entendimento de manutenção da sentença de 1ª instância (julgamento totalmente improcedente), que, então, seja reconhecida a inaplicabilidade circunstancial do art. 285-A do CPC, diante da necessidade de prova por parte do réu da inocorrência do fato que o autor indica como constitutivo de seu direito. O mesmo sucederia no outro exemplo lembrado, ou seja, de um sindicato ajuizar ação cobrando as contribuições assistências que o empregador não descontou de seus empregados não sindicalizados. O juiz, neste caso, poderia adotar o entendimento de que não é possível forçar o desconto de contribuição assistencial dos empregados não sindicalizados porque ninguém é obrigado a associar-se (inc. V, art. 8º, CR/88 c/c Precedente n. 119 e OJSDC n. 17 do TST), mas, para assegurar o contraditório e a amplitude de defesa e, então, a isonomia de tratamento das partes, é forçoso admitir que o réu poderá recorrer, para, se necessário for, realizar a prova de que o sindicato postulante não representa os seus empregados (*i.e.*, discutir e provar a ausência de enquadramento sindical).

Cabe examinar, ainda, a situação em que há julgamento totalmente improcedente e o autor não recorre dessa decisão. Poder-se-ia afirmar, nesse caso, que inexiste qualquer vulneração ao contraditório e à ampla defesa, vez que ausente prejuízo para o réu. O resultado da decisão será, realmente, de improcedência total, mas, pelos contornos desse instituto, não há previsão sequer de cientificação do réu dessa decisão (não consta do *caput* nem dos §§ 1º e 2º do art. 285-A do CPC). Para assegurar o direito de informação ao réu e, pois, também, de adequado contraditório e amplitude de defesa em eventual outra ação ajuizada, insta dar-lhe ciência da decisão de improcedência total, até mesmo para que possa arguir coisa julgada[11] posteriormente, se for o caso.

Dessarte, desde que sejam tomados os cuidados realçados acima, é possível enxergar a constitucionalidade do instituto da sentença liminar de improcedência total.

---

(10) Nesse sentido, é bem pertinente a ementa a seguir, na qual se constata a utilização inadequada do art. 285-A do CPC, uma vez que, entre as matérias, uma dependia de prova. Eis o seu teor: CONTRIBUIÇÃO SINDICAL - Art. 285-A DO CPC - Afirma o recorrente a nulidade da r. sentença pela inaplicabilidade do art. 285-A do CPC, uma vez que não estariam presentes seus pressupostos autorizadores. No caso concreto, consta da demanda dois pedidos, quais sejam, o referente à contribuição assistencial e o pertinente à contribuição sindical. Assim, em tese, poderia haver a aplicação do art. 285-A do CPC em relação ao pedido da ação de cumprimento, consubstanciado na exigibilidade da contribuição assistencial, diante de alguns julgados já proferidos pela Justiça do Trabalho acerca do tema. Todavia, no que concerne à ação de cobrança relativa à contribuição sindical, notadamente, face ao pedido de declaração de enquadramento sindical, não se pode equiparar à situação acima narrada. O pedido referente à declaração de enquadramento sindical não comporta a aplicação do art. 285-A do CPC, isso porque exige notificação da parte contrária, ampla produção de provas acerca da atividade econômica da Ré. Portanto, a nulidade da r. sentença que julgou o feito, sem a necessária fase instrutória, é patente. Por tais fundamentos, acolhe-se a arguição de nulidade da r. sentença, devendo ocorrer a baixa dos autos à Vara de origem. Prejudicados os demais pedidos elaborados pela parte. (TRT/SP - 00009932920105020061 - RO - Ac. 12ªT 20120285058 - Rel. FRANCISCO FERREIRA JORGE NETO - DOE 23.3.2012).

(11) E veja que a coisa julgada, *in casu*, tem de operar, tornando imutável a sentença, até mesmo para se reconhecer alguma utilidade no art. 285-A do CPC. Dessa forma, a intimação do réu, para ciência da decisão, mesmo a de improcedência total, sem recurso do autor, permite adequar, dentro do possível, à regra de que a sentença faz coisa julgada entre as partes da relação jurídica processual (art. 472, CPC).

Concluindo, pois, para reconhecer-se a constitucionalidade do artigo em comento (questionada por meio da ADI N. 3.695), afigura-se que seja necessário: i) cientificar o réu, mesmo que o autor não recorra da sentença totalmente improcedente, a fim de que tenha ciência e possa se valer dessa vantagem em eventual ulterior ação; ii) facultar que o réu argua a inaplicabilidade do art. 285-A do CPC, em recurso, ante a necessidade de prova, quando for citado, na oportunidade do § 2º do art. 285-A, CPC.

4. Aplicabilidade do art. 285-A ao Processo do Trabalho

A diretriz de aplicabilidade do Direito Processual Civil ao Processo do Trabalho encontra-se no art. 769 da CLT. Exigem-se omissão e compatibilidade. O primeiro requisito significa que não existe, no Processo do Trabalho, regra semelhante; o segundo, que a regra que se pretende aplicar na seara trabalhista deve harmonizar-se ao sistema em que irá atuar, i. e., deve afinar-se aos seus princípios.

O requisito da omissão está preenchido quanto ao art. 285-A do CPC, porque não existe regra semelhante no Processo do Trabalho.

A compatibilidade, igualmente, se apresenta[12]. Não é empecilho o fato de o juiz não despachar a petição inicial. O afinamento ao sistema processual trabalhista não se detém tão só no exame de normas que dimanam da CLT e da legislação processual extravagante, mas, outrossim e com maior razão, da própria Constituição de 1988. Conquanto não baste assegurar tão só a celeridade da prestação de tutela jurisdicional, é indiscutível que o processo em tempo razoável é um fundamental pilar da efetividade dessa tutela. Logo, não se afigura incompatível com o Processo do Trabalho, ainda que a CLT determine, no seu art. 841[13], que a notificação (citação) seja remetida pelo diretor de secretaria (escrivão ou secretário, na dicção da lei), enquanto, no processo civil, a petição é despachada pelo juiz, que ordena a citação do réu (art. 285[14]). Basta então que no Processo do Trabalho o juiz determine que, em determinados casos repetitivos, marcados por pretensão idêntica, com sentença de total improcedência, antes da notificação (citação), sejam conclusos os autos para os fins do art. 285-A do CPC. Não pode causar qualquer estranheza esse procedimento. A exemplo do que ocorre com a antecipação de tutela, sem oitiva da parte contrária, estranho seria entender inaplicável essa tutela de urgência, mesmo *inaudita altera parte*, em casos de risco grave de perecimento do direito (risco de dano irreparável ou de difícil reparação), às vezes, envolvendo coletividades de trabalhadores, cujas vidas podem estar em estado de periclitância. Essa tutela de urgência é possível porque, reafirme-se, a tutela deve ser efetiva (adequada, justa e célere) e, na hipótese, fustigaria a ideia normativa de oferecer tutela adequada, se postergado para outro momento – significaria, então, vazio de tutela. Na hipótese do art. 285-A do CPC, a compatibilidade busca apoio no pilar "celeridade". Logo, ainda que, ordinariamente, o juiz do trabalho não despache a petição inicial, por força dos incs. XXXV e LXXVIII do art. 5º da CR/88, é admissível que, nos casos pertinentes, os autos lhe sejam conclusos para a medida necessária, que pode ser o julgamento liminar de total improcedência.

Não configura, igualmente, incompatibilidade o fato de o Processo do Trabalho estar intensamente impregnado do princípio da conciliação, porquanto, no Código de Processo Civil há, também, realce à conciliação (p. exs., arts. 277, 331 e 447). A par disso, o art. 285-A do CPC faz referência a casos idênticos nos quais o julgamento foi

---

(12) Pontue-se, contudo, que há divergência jurisprudencial a respeito da aplicabilidade do art. 285-A do CPC. Eis as seguintes ementas: APLICABILIDADE DO ART. 285-A DO CPC AO RITO DESCRITO NA CLT. POSSIBILIDADE. Em decorrência da disposição contida no art. 285-A do CPC, pode o Juiz, quando a matéria abordada nos autos for exclusivamente de direito, julgar de plano a lide dispensando a citação do réu, desde que já tenha proferido sentença de improcedência em outras ações em que se verifique identidade na causa de pedir. Assim, como o artigo em comento evita a execução de atos processuais dispensáveis quando o Magistrado já tenha se pronunciado pela improcedência da pretensão em ações anteriores, garantindo a celeridade e economia processual, bem como não é incompatível com as regras processuais trabalhistas, pode ele ser aplicado de forma subsidiária na Justiça do Trabalho, segundo dicção do art. 769 da CLT. Ac. 3ª T. Proc. RO02716-2007-026-12-00-3. Unânime, 8.1.2008. Relª Juíza Gisele Pereira Alexandrino. Disp. TRT-SC/DOE 20.2.2008. Data de Publ. 21.2.2008. Pela inaplicabilidade: APLICAÇÃO DO ART. 285-A DO CPC NO PROCESSO DO TRABALHO – IMPOSSIBILIDADE – O art. 285-A, do Código de Processo Civil, não tem aplicação no processo trabalhista diante dos princípios fundamentais deste, conforme prevê o art. 8º da CLT, em especial a necessidade da tentativa de conciliação. Sentença anulada. (TRT/SP – 00013888120105020041 (01388201004102000) – RO – Ac. 15ª T. 20111401695 – Rel. JONAS SANTANA DE BRITO – DOE 8.11.2011). Há, também, divergência entre os autores. Por todos, cite-se, reconhecendo a compatibilidade, Mauro Schiavi (*Manual de Direito Processual do Trabalho*. 2 ed. São Paulo: LTr, 2009) e, entendendo inaplicável, Jorge Luís Souto Maior (Reflexos das alterações do código de processo civil no processo do trabalho. In: Revista LTr, 70-08, p. 927-928, 2006).

(13) CLT, art. 841 – Recebida e protocolada a reclamação, o escrivão ou secretário, dentro de 48 (quarenta e oito) horas, remeterá a segunda via da petição, ou do termo, ao reclamado, notificando-o ao mesmo tempo, para comparecer à audiência do julgamento, que será a primeira desimpedida, depois de 5 (cinco) dias.

(14) CPC, art. 285. Estando em termos a petição inicial, o juiz a despachará, ordenando a citação do réu, para responder; do mandado constará que, não sendo contestada a ação, se presumirão aceitos pelo réu, como verdadeiros, os fatos articulados pelo autor.

de total improcedência e a sua adoção é facultativa (vale dizer, segundo o prudente arbítrio do juiz), pelo que, nesse quadro de realidade, não se vislumbra que haja comprometimento do princípio da oralidade ou da conciliação, que continuam prestigiados. O que não se justifica é que, sendo o caso de sentença totalmente improcedente, na moldura do art. 285-A do CPC, seja dilatado o rito. O reconhecimento da compatibilidade não afasta, de caso a caso, que se proceda às adequações necessárias para assegurar o contraditório e a ampla defesa, como já examinado.

5. Extinção do processo, sem resolução do mérito

O art. 285-A impõe o julgamento, com resolução de mérito (inc. I do art. 269 do CPC). Pontuada a sua aplicabilidade ao Processo do Trabalho, insta reconhecer que, uma vez conclusos os autos, por se tratar de matéria idêntica à já julgada com sentença totalmente improcedente, caberá ao juiz, primeiro, examinar as questões de ordem pública, na forma do art. 267 do CPC, no que couber, pelo que, se for o caso, antes, deverá proferir julgamento de extinção do processo, sem resolução do mérito.

6. Conclusão

Conclui-se que a Lei n. 11.277/2006 trouxe ao sistema jurídico mais um instituto visando imprimir celeridade processual, em harmoniza com o quadro de reformas que vem sendo implementado, de maneira que se admite o proferimento liminar de sentença de total improcedência, sem a citação do réu, quando já houver decisões anteriores nesse sentido.

A constitucionalidade desse instituto erige, apesar de questionada por ofensa, notadamente, ao contraditório e à ampla defesa, uma vez que essas garantias serão diferidas. É necessário, contudo, assegurar ao réu não apenas "responder ao recurso" (§ 2º, art. 285-A, CPC), mas também interpor recurso, quando entender que a decisão pode ser reformada (*ex. gr.*, em razão de sua fragilidade) e que necessita de realizar prova, sendo imprescindível, ainda, com a finalidade de harmonização constitucional, que o réu tenha ciência da sentença de total improcedência, mesmo que o autor não recorra (§ 1º, art. 285-A, CPC).

Por fim, a aplicabilidade ao Processo do Trabalho se afirma, ante a existência de omissão e à mingua de incompatibilidade, ajustando-se, pois, à regra do art. 769 da CLT.

Referências bibliográficas

DINAMARCO, Cândido Rangel. *A reforma da reforma*. 4. ed. São Paulo: Malheiros, 2003.

MARINONI, Luiz Guilherme; ARENHART, Sérgio Cruz. *Manual do processo de conhecimento:* a tutela jurisdicional através do processo de conhecimento. São Paulo: Revista dos Tribunais, 2001.

SCHIAVI, Mauro. *Manual de Direito Processual do Trabalho*. 2. ed. São Paulo: LTr, 2009.

SOUTO MAIOR, Jorge Luiz. Reflexos das alterações do código de processo civil no processo do trabalho. *In: Revista LTr*, 70-08, p. 927-928, 2006.

TUCCI, José Rogério Cruz e. *Lineamentos da nova reforma do CPC*. 2. ed. São Paulo: Revista dos Tribunais, 2002.

WAMBIER, Luiz Rodrigues; WAMBIER, Tersa Arruda Alvim. *Breves comentários à 2ª fase da reforma do Código de Processo Civil*. 2 ed. São Paulo: Revista dos Tribunais, 2002.

Lei n. 11.280/2006: As Alterações no Código de Processo Civil e sua Aplicação no Âmbito do Processo do Trabalho

Daniel Botelho Rabelo

Introdução

Nos últimos anos, foi iniciada uma série de reformas legislativas no Código de Buzaid de 1973[1] com o intuito de modernização do Direito Processual Civil brasileiro, adequando-o à nova sistemática constitucional, introduzida pela Emenda 45/2004, de ênfase nos princípios da duração razoável do processo e da efetividade da tutela jurisdicional[2].

Conforme Elaine Nassif, para tal conjunto de alterações do CPC, promovido por iniciativa do Instituto Brasileiro de Direito Processual (IBDP) e encabeçado pelos juristas Athos Gusmão Carneiro e Sálvio de Figueiredo Teixeira, utilizou-se da estratégia de se apresentar pequenas leis reformadoras, em lugar de um Projeto de Lei que reunisse todas elas. A justificativa para tal procedimento foi se evitar a demora excessiva na apreciação da reforma pelas Casas Legislativas do Congresso Nacional, como ocorreu com o Projeto do Código Civil de 2002, que levou décadas para ser aprovado[3].

Fazendo parte dessa série de alterações legislativas do Código de Processo Civil, realizadas na primeira década do século XXI, a Lei n. 11.280/2006 alterou seus arts. 112, 114, 154, 219, 253, 305, 322, 338, 489 e 555, trazendo novas disposições sobre os assuntos de incompetência relativa, meios eletrônicos, prescrição, distribuição por dependência, exceção de incompetência, revelia, cartas precatória e rogatória, ação rescisória e pedido de vista dos autos.

O presente texto tem o intuito de apresentar cada uma dessas alterações, bem como de analisar a possibilidade de aplicação desses novos dispositivos no âmbito do Direito Processual do Trabalho, tendo em vista a autorização legal do art. 769 da CLT de aplicação subsidiária das normas do processo comum na seara trabalhista.

Da declinação de competência por declaração de nulidade da cláusula de eleição de foro nos contratos de adesão

Com a Lei n. 11.280/2006, houve a inclusão do parágrafo único no art. 112 do CPC, que passou a vigorar com a seguinte redação:

> Art. 112. Argúi-se, por meio de exceção, a incompetência relativa.
>
> Parágrafo único. A nulidade da cláusula de eleição de foro, em contrato de adesão, pode ser declarada de ofício pelo juiz, que declinará de competência para o juízo de domicílio do réu[4].

Tal dispositivo tratou de incluir na sistemática do Código de Processo Civil brasileiro, como uma exceção a regra geral do *caput* do art. 112, a possibilidade de o juiz, de ofício, declarar a nulidade da cláusula de eleição de foro nos contratos de adesão e, consequentemente, declinar da competência para o juízo de domicílio do réu.

Na realidade, como aponta Gustavo Filipe Barbosa Garcia[5], a jurisprudência e a doutrina já vinham seguindo este entendimento, ora positivado na norma legal, a respeito do tema nulidade de cláusula de eleição de foro em contratos de adesão, quando a cláusula seja considerada abusiva ou represente obstáculo de acesso ao Judiciário. Neste caso, por se tratar de norma de ordem pública, esta nulidade pode ser declarada de ofício pelo juiz da causa e não viola o disposto na Súmula n. 33 do STJ[6].

Apesar de o art. 651 da CLT trazer disposição expressa sobre a competência territorial, a maioria da doutrina defende a aplicação do parágrafo único do art. 112 do CPC em âmbito trabalhista. Isso ocorrerá sempre que o empregador ajuizar a ação em face do empregado e o contrato de trabalho que deu origem à demanda for de adesão e contenha cláusula de eleição de foro que esteja em desconformidade com o disposto no § 1º do referido art. 651.

---

(1) Chamada de terceira onda de reformas do processo civil.
(2) FELICIANO, Guilherme Guimarães. *O novíssimo processo civil e o processo do trabalho*. Disponível em: <http://jus.com.br/revista/texto/9182/o--novissimo-processo-civil-e-o-processo-do-trabalho>. Acesso em: 24 jan. 2013.
(3) NASSIF, Elaine Noronha. As novas reformas do código de processo civil: reflexos no processo do trabalho? *Revista Anamatra*, v. 18, n. 50, p. 57-58, 1º sem. 2006, p. 57.
(4) BRASIL. Código de Processo Civil. In: *Vademecum Saraiva*, São Paulo, Saraiva, 14. ed., p. 365, 2º sem. 2012.
(5) GARCIA, Gustavo Filipe Barbosa. Lei n. 11.280/2006: novas reflexões sobre o foro de eleição e a competência territorial no processo do trabalho. *Jornal Trabalhista*, v. 23, n. 1.130, p. 8-11. jul. 2006, p. 9.
(6) Súmula n. 33 do STJ: A incompetência relativa não pode ser declarada de ofício.

Da prorrogação da competência

No que tange a disciplina da prorrogação da competência, a Lei n. 11.208/2006 alterou a redação original do art. 114 do Código de Processo Civil.

A nova redação dada pela Lei n. 11.280/2006 passou a ser a seguinte:

> Art. 114. Prorrogar-se-á a competência se dela o juiz não declinar na forma do parágrafo único do art. 112 desta Lei ou o réu não opuser exceção declinatória nos casos e prazos legais[7].

Tal alteração veio para compatibilizar os termos do parágrafo único[8] do art. 112 do Código de Processo Civil às antigas disposições do art. 114, ampliando os poderes do Juiz na condução do processo, com base no interesse de melhor e mais célere prestação jurisdicional. Para tal, cria-se nova possibilidade de reconhecimento da incompetência em razão do lugar, anteriormente limitada ao oferecimento da respectiva exceção pelo réu, ao fixar a possibilidade de o magistrado declarar de ofício a incompetência territorial.

Quanto à sua aplicação no âmbito jus laboral, tem razão Jorge Luiz Souto Maior ao afirmar que o art. 114 do CPC é plenamente aplicável ao processo do trabalho[9].

Nesse sentido, Souto Maior ensina que sua aplicação:

> Se justifica no processo do trabalho, sobretudo em jurisdições limítrofes, em que as partes, muitas vezes, sabendo do procedimento adotado por um juiz, especialmente quanto aos critérios de homologação de acordo, direcionam-se à Vara vizinha para obter lá o resultado que não aufeririam no local de sua competência originária[10].

Da prática de atos processuais por meios eletrônicos

A Lei n. 11.280/2006 incluiu no capítulo do CPC que trata da forma dos atos processuais o parágrafo único do art. 154, o que trouxe a possibilidade de disciplina pelos Tribunais da prática e comunicação de atos do processo civil por meio eletrônico.

Assim, o art. 154 passou a ter a seguinte redação:

> Art. 154. Os atos e termos processuais não dependem de forma determinada senão quando a lei expressamente a exigir, reputando-se válidos os que, realizados de outro modo, lhe preencham a finalidade essencial.
>
> Parágrafo único. Os tribunais, no âmbito da respectiva jurisdição, poderão disciplinar a prática e a comunicação oficial dos atos processuais por meios eletrônicos, atendidos os requisitos de autenticidade, integridade, validade jurídica e interoperabilidade da Infra-Estrutura de Chaves Públicas Brasileira — ICP — Brasil[11].

Importante lembrar, que em dezembro de 2006 foi publicada a Lei n. 11.419/2006, que disciplinou de forma detalhada a informatização do processo judicial, criando as bases para a implantação ampla do Processo Judicial Eletrônico nos vários órgãos do Poder Judiciário Brasileiro.

Se por um lado a Lei n. 11.419/2006 trouxe vários avanços no que tange a informatização dos atos processuais, por outro criou um problema de validade do novo parágrafo único do art. 154, incorporado por força da Lei n. 11.280/2006.

Conforme Milhoranza, a Lei n. 11.419/2006 apresentou um veto ao parágrafo único do art.154 do CPC[12].

Segundo a autora, "no mesmo dia em que a Lei n. 11.419/2006 entrou em vigor vetando o parágrafo único, foi publicada no mesmo Diário Oficial a Mensagem n. 1.147 de dezembro de 2006 da Presidência da República vetando o veto publicado na Lei n. 11.419/06"[13].

Em sua justificativa, a referida mensagem estabelece que

> o parágrafo único do art. 154 do Código de Processo Civil não está vetado como consta do Projeto de Lei, mas em vigor e produzindo efeitos. A norma já em vigor é de suma importância por deixar expressa a obrigatoriedade de uso da ICP-Brasil na prática de atos processuais. Não havendo o veto, poderão surgir controvérsias sobre a revogação ou não do parágrafo único do art. 154, incluído pela Lei n. 11.280/2006, causando grande insegurança jurídica[14].

Dessa forma, manteve-se em vigor o parágrafo único do art. 154, consertando-se o equívoco anterior.

---

(7) BRASIL. Código de Processo Civil. In: *Vademecum Saraiva*, São Paulo, Saraiva, 14. ed., p. 365, 2º sem. 2012.

(8) Analisado no tópico anterior.

(9) SOUTO MAIOR, Jorge Luiz apud MILHORANZA, Mariângela Guerreiro. Estudos sobre a aplicabilidade das alterações promovidas pela Lei n. 11.280/2006 na Justiça do Trabalho. *Revista Justiça do Trabalho*, Porto Alegre, v. 25, n. 295. p. 61-71, jul. 2008, p. 64.

(10) *Idem*.

(11) BRASIL. Código de Processo Civil. In: *Vademecum Saraiva*, São Paulo, Saraiva, 14. ed., p. 368, 2º sem. 2012.

(12) MILHORANZA, Mariângela Guerreiro. Estudos sobre a aplicabilidade das alterações promovidas pela Lei n. 11.280/2006 na Justiça do Trabalho. Revista Justiça do Trabalho, Porto Alegre, v. 25, n. 295. p. 61-71, jul. 2008, p. 64.

(13) *Idem*.

(14) *Ibidem*, p. 65.

No que se refere a sua aplicabilidade no âmbito do Direito Processual do Trabalho, é pacífica a doutrina em defender sua plena aplicação.

Aliás, em 2007, o Tribunal Superior do Trabalho editou a Resolução n. 140/2007 e em 2012 o Conselho Superior da Justiça do Trabalho editou a Resolução n. 94/2012 para regulamentar a utilização dos meios eletrônicos, em especial aqueles disciplinados pela Lei n. 11.419/2006. Tais instrumentos normativos tiveram o intuito de adaptar os preceitos do Processo Judicial Eletrônico da Justiça Comum (PJe) às peculiaridades da Justiça do Trabalho, ao instituir o Processo Judicial Eletrônico da Justiça do Trabalho (PJe-JT) como sistema de processamento de informações e prática de atos processuais em sua jurisdição, além de disciplinar seu funcionamento[15].

Do reconhecimento de ofício da prescrição

Com a nova redação do § 5º do art. 219 do CPC, dada pela Lei n. 11.280/2006, passou o juiz a ter a possibilidade de pronunciar de ofício a prescrição.

José Antônio Ribeiro de Oliveira Silva aduz que a Lei n. 11.280/2006 não instituiu mera faculdade para o magistrado, mas, sim, norma de conduta obrigatória, caso presentes os elementos caracterizadores da prescrição[16].

Segundo o autor,

> Quer numa interpretação gramatical do texto, quer numa interpretação sistemática do Código de Processo, a disposição leva à conclusão de se tratar de um poder-dever do juiz. A norma é cogente: o juiz deve, no processo comum, declarar a prescrição de ofício[17].

No entanto, parcela da doutrina processualista defende que o réu, parte beneficiada pela eventual declaração da prescrição, deve ser ouvido antes do exercício deste poder--dever do juiz. Isso se justifica para se compatibilizar tal dispositivo ao art. 191 do Código Civil, que dispõe sobre a renúncia da prescrição. Nesse caso, seria necessária a consulta quando o juiz entendesse ser cabível a prescrição.

Assim, ensinam Edilton Meireles e Leonardo Dias Borges que o juiz não poderá acolher a prescrição se a parte a ser beneficiada por ela a ela renunciar[18].

Em âmbito trabalhista, podem ser identificados dois posicionamentos sobre a aplicação da norma esculpida no § 5º do art. 219 do CPC.

De um lado, há os que, minoritariamente, defendem que a norma deve ser aplicada na seara trabalhista, pois está em plena consonância com o princípio da duração razoável do processo, com previsão constitucional expressa trazida pela Emenda n. 45/2004 e aplicável a todos os ramos jurídicos.

De outro lado, há o posicionamento majoritário pela não aplicação do referido dispositivo tendo em vista a sua incompatibilidade com os princípios do Direito do Trabalho, em especial o princípio basilar da proteção. Segundo seus defensores, sua aplicação encontra obste no disposto no parágrafo único do art. 8º da CLT.

Nesse sentido, explica Oliveira Silva que "de nada adiantam belos tratados sobre proteção do trabalhador, que permeiam praticamente todas as normas do direito do trabalho, se quando ele precisar ir a juízo buscar a satisfação de seu direito material violado não se lhe der essa apregoada proteção"[19].

Nesse particular parece ter razão a maioria, pois, como assevera o autor, "é no processo do trabalho que deve ser implementada a proteção porque o processo não passa de um instrumento de concretização do direito material. O processo do trabalho sem o referido princípio deixa de atender o escopo da Justiça especializada"[20].

Da distribuição por dependência

A Lei n. 11.280/2006 deu nova redação ao inciso II do art. 253 do Código de Processo Civil e acrescentou o seu inciso III, restando da seguinte forma os seus textos:

> Art. 253 Distribuir-se-ão por dependência as causas de qualquer natureza:
>
> II – quando, tendo sido extinto o processo, sem julgamento de mérito, for reiterado o pedido, ainda que em litisconsórcio

---

(15) Segundo dados do Tribunal Superior do Trabalho, a primeira Vara do Trabalho a operar, exclusivamente, com o PJe-JT foi a de Navegantes (SC), inaugurada em dezembro de 2011. Ao longo de 2012, mais de 240 Varas nas 24 Regiões trabalhistas receberam o sistema. No primeiro grau, quase 50 mil novos processos deram entrada pelo PJe-JT, e, destes, 3.157 foram objeto de recurso para os TRTs – que foram equipados com o módulo de segundo grau para recebê-los.

(16) SILVA, José Antônio Ribeiro de Oliveira. As recentes alterações do CPC e sua aplicação no processo do trabalho. *Revista LTr*, São Paulo, v. 70, n. 12. p. 1.483, dez. 2006.

(17) Idem.

(18) MEIRELES, Edilton; BORGES, Leonardo Dias. *A nova reforma processual e seu impacto no processo do trabalho*. São Paulo: LTr, 2007. p. 279.

(19) SILVA, José Antônio Ribeiro de Oliveira. As recentes alterações do CPC e sua aplicação no processo do trabalho. *Revista LTr*, São Paulo, v. 70, n. 12, p. 1.483-1.489, dez. 2006, p. 1.484.

(20) Idem.

com outros autores ou que sejam parcialmente alterados os réus da demanda;

III – quando houver ajuizamento de ações idênticas, ao juízo prevento;[21]

O objetivo dessas alterações legislativas foi fortalecer o princípio do Juiz Natural ao ampliar as possibilidades de distribuição por dependência, vinculando-se a demanda ao juízo que primeiro tomou conhecimento dela.

Com a nova redação, o inciso II, que anteriormente previa somente a hipótese de reiteração de pedido no caso de anterior desistência, passou a estender sua disciplina a todos os casos de reiteração de pedido, quando o processo anterior tenha sido extinto sem julgamento do mérito.

Já o inciso III passou a prever hipótese de aplicação do critério da prevenção no caso de verificação de litispendência. Nesta situação, deve o juiz extinguir sem julgamento do mérito o processo posteriormente iniciado.

Conforme Meireles e Borges, a regra do art. 253 do CPC tem plena aplicação no processo do trabalho, inclusive nas ações da nova competência da Justiça Especializada[22], pois está em clara sintonia com princípio tuitivo trabalhista.

Do peticionamento da exceção de incompetência

Foi incluído, pela Lei n. 11.280/2006, o parágrafo único do art. 305 do CPC.

Tal dispositivo trouxe a possibilidade de a petição da exceção de incompetência ser protocolizada no juízo do domicilio do réu, com requerimento de remessa imediata ao juízo que determinou a citação.

A inclusão do parágrafo único do art. 305 veio para ampliar o acesso do jurisdicionado ao Poder Judiciário, evitando gastos desnecessários para a parte com o deslocamento do advogado.

Não há dúvida que esta previsão legal é plenamente aplicável na Justiça do Trabalho[23]. Aliás, com a utilização do protocolo integrado no âmbito do Judiciário brasileiro, as possibilidades de peticionamento foram ampliadas ainda mais, não se limitando ao caso em análise.

Do termo inicial da contagem de prazos processuais para o revel sem patrono nos autos

Seguindo a linha doutrinária que defende a mitigação dos efeitos da revelia no campo do processo comum, a Lei n. 11.280/2006 deu nova redação ao art. 322 do CPC, que passou a vigorar com o seguinte texto:

> Art. 322. Contra o revel que não tenha patrono nos autos, correrão os prazos independentemente de intimação, a partir da publicação de cada ato decisório. Parágrafo único: O revel poderá intervir no processo em qualquer fase, recebendo-o no estado em que se encontrar[24].

A primeira modificação tratou de restringir o efeito da revelia insculpido no art. 322, para o revel que não possua advogado constituído nos autos.

Assim, conforme leciona Humberto Theodoro Júnior, "se o réu se apresenta como revel, por não ter contestado a ação mas tem advogado nos autos, os efeitos de sua revelia só atuam no plano da presunção de veracidade dos fatos arrolados na inicial"[25].

Mauro Schiavi considera que tal alteração

> Veio em boa hora, atendendo aos reclamos da moderna doutrina em propiciar uma maior participação do revel na relação processual, a fim de prestigiar os princípios constitucionais do acesso real à justiça, do efetivo contraditório e à ordem jurídica justa[26].

A segunda alteração fixou expressamente que os prazos para o revel que não tenha patrono nos autos correm a partir da publicação de cada ato decisório.

Leandro Vieira afirma que a Lei n. 11.280/2006, neste aspecto, trouxe maior transparência ao enfatizar a publicidade dos atos processuais, prescrevendo que sejam publicadas as deliberações judiciais em processos de revel sem patrono nos autos, ainda que o advogado do autor tenha sido intimado no balcão da Secretaria da Vara[27].

Quanto à sua aplicação no processo do trabalho, pode-se considerar inaplicável o art. 322, tendo em vista a disposição expressa do art. 852 da CLT quanto à notificação das decisões judiciais para o revel. Não há, assim, omissão

---

(21) BRASIL. Código de Processo Civil. In: Vademecum Saraiva, São Paulo, Saraiva, 14. ed., p. 374, 2º sem. 2012.
(22) MEIRELES, Edilton; BORGES, Leonardo Dias. A nova reforma processual e seu impacto no processo do trabalho. São Paulo: LTr, 2007. p. 287.
(23) Ibidem, p. 288.
(24) BRASIL. Código de Processo Civil. In: Vademecum Saraiva, São Paulo, Saraiva, 14. ed., p. 381, 2º sem. 2012.
(25) THEODORO JUNIOR, Humberto. As novas reformas do Código de Processo Civil. 2. ed. Rio de Janeiro: Forense, 2007. p 36.
(26) SCHIAVI, Mauro. A nova redação do art. 322 do CPC, da pela Lei n. 11.280/2006 e seus reflexos no direito processual do trabalho. LTr Suplemento Trabalhista, São Paulo, v. 42, n. 139, p. 585-591. 2006. p. 588.
(27) VIEIRA, Leandro. A Lei n. 11.280/06 e as alterações esparsas do CPC. Disponível em: <http://www.nacionaldedireito.com.br/doutrina/285/a--lei-11280-06-e-as-altera-es-esparsas-do-cpc>. Acesso em: 24 jan. 2013.

legislativa que autorize a invocação do art. 769 da CLT para aplicação supletiva do direito processual comum.

Da suspensão do processo tendo sido requerida a produção de provas via precatória ou rogatória

A nova redação do art. 338 do Código de Processo Civil, dada pela Lei n. 11.280/2006, veio apenas para estabelecer que só será suspenso o processo, no caso de requerimento de produção de provas via precatória ou rogatória, se requerida a prova antes do saneamento e se a sua produção for imprescindível.

Apesar de inaplicável tal dispositivo ao direito processual do trabalho, pois inexiste nele previsão de etapa de saneamento do processo, verifica-se que em diversas Regiões da Justiça do Trabalho não suspende o processo a simples remessa de carta precatória ou rogatória para a produção de provas[28].

Da ação rescisória

Prescreve o novo texto do art. 489 do CPC, dado pela Lei n. 11.280/2006:

> Art. 489. O ajuizamento da ação rescisória não impede o cumprimento da sentença ou acórdão rescindendo, ressalvada a concessão, caso imprescindíveis e sob os pressupostos previstos em lei, de medidas de natureza cautelar ou antecipatória de tutela[29].

Com tal alteração, a referida norma passou a prever expressamente, em sua segunda parte, uma exceção à regra de que o ajuizamento da ação rescisória não suspende os efeitos da decisão transitada em julgado. Em seu novo conteúdo, o art. 489 prevê a possibilidade de concessão de medidas cautelares ou antecipatórias de tutela na ação rescisória, caso sejam imprescindíveis e se respeitados os pressupostos legais.

Como bem explicam Eduardo Arruda Alvim e Angélica Arruda Alvim, a possibilidade de antecipação de tutela com vistas à suspensão da execução ou da utilização de medidas cautelares atreladas à ação rescisória, hoje prevista no art. 489, decorre do sistema, e, nesse sentido, pode-se dizer que a Lei n. 11.280/2006 veio a acolher aquilo que boa parte da doutrina já entendia, na linha de inúmeros precedentes do STJ[30].

Para Mariângela Guerreiro Milhoranza, por representar um retrocesso na prestação jurisdicional ao trabalhador, tal exceção incorporada ao Código de Processo Civil não se aplica no âmbito do Direito Processual do Trabalho[31].

Do pedido de vista do magistrado em julgamentos nas câmaras ou turmas dos Tribunais

A Lei n. 11.280/2006 alterou a redação do § 2º e incluiu o § 3º no art. 555 do CPC, que passou a prescrever que:

> Art. 555. No julgamento de apelação ou de agravo, a decisão será tomada, na câmara ou turma, pelo voto de 3 (três) juízes.
>
> (...)
>
> § 2º Não se considerando habilitado a proferir imediatamente seu voto, a qualquer juiz é facultado pedir vista do processo, devendo devolvê-lo no prazo de 10 (dez) dias, contados da data em que o recebeu; o julgamento prosseguirá na 1ª (primeira) sessão ordinária subsequente à devolução, dispensada nova publicação em pauta.
>
> § 3º No caso do § 2º deste artigo, não devolvidos os autos no prazo, nem solicitada expressamente sua prorrogação pelo juiz, o presidente do órgão julgador requisitará o processo e reabrirá o julgamento na sessão ordinária subsequente, com publicação em pauta[32].

No § 2º a referida lei inovou fixando o prazo de dez dias[33] para devolução dos autos em caso de pedido de vista pelo desembargador ou juiz convocado em sessões de câmara ou turma de Tribunal. Além disso, estabeleceu que o julgamento do processo retirado de pauta pelo pedido de vista do magistrado prosseguirá na primeira sessão a que se seguir, automaticamente, sem necessidade de nova publicação em pauta.

Já o § 3º trouxe a possibilidade de o presidente do órgão julgador requisitar os autos, se não devolvidos pelo juiz no prazo fixado pelo §2º, respeitado eventual pedido expresso de prorrogação.

Humberto Theodoro Júnior assevera que nos julgamentos de apelação e agravo, que ordinariamente se realizam semanalmente, a quebra da sistemática anterior de suspensão

---

(28) MEIRELES, Edilton; BORGES, Leonardo Dias. *A nova reforma processual e seu impacto no processo do trabalho*. São Paulo: LTr, 2007. p. 290.
(29) BRASIL. Código de Processo Civil. In: *Vademecum Saraiva*. 14. ed. São Paulo: Saraiva., p. 395, 2º sem. 2012.
(30) ALVIM, Eduardo Arruda; ALVIM, Angélica Arruda. *A ação rescisória e a suspensão da efetivação do julgado rescindendo, à luz da Lei n. 11.280/2006*. Disponível em: <http://www.arrudaalvimadvogados.com.br/visualizar-artigo.php?artigo=5&data=29/01/2011&titulo=a-acao-rescisoria-e-a-suspensao-da-efetivacao-do-julgado-rescindendo-a-luz-da-lei-11-280-06>. Acesso em: 24 jan. 2013.
(31) MILHORANZA, Mariângela Guerreiro. Estudos sobre a aplicabilidade das alterações promovidas pela Lei n. 11.280/2006 na Justiça do Trabalho. *Revista Justiça do Trabalho*, Porto Alegre, v. 25, n. 295. p. 61-71, jul. 2008, p. 69.
(32) BRASIL. Código de Processo Civil. In: *Vademecum Saraiva*. 14. ed. São Paulo: Saraiva, p. 401-402, 2º sem. 2012.
(33) Contados da data que o juiz de tribunal recebeu os autos.

pelo intervalo de uma sessão quando pedida a vista dos autos por algum dos julgadores, não contribuirá em nada para o escopo da celeridade processual. Pelo contrário, longa e de difícil controle será a dilatação do julgamento colegiado provocado pelo pedido de vista, uma vez que o *dies a quo* do novo prazo fica na dependência de um ato de Secretaria posterior à suspensão do julgamento[34].

Em sentido contrário, Jesualdo Eduardo de Almeida Júnior pondera que a Lei n. 11.280/2006, neste particular, trouxe modificações importantes para a dinâmica dos Tribunais. Segundo o autor, há relatos de processos que demoram mais de três anos com vistas aos desembargadores ou ministros sem que tenham proferido seu voto. Com a alteração em análise, descumprido o prazo de dez dias, o presidente do órgão julgador requisitará os autos, reabrindo o seu julgamento na sessão ordinária subsequente, com publicação em pauta[35].

As regras dos §§ 2º e 3º do art. 555 do CPC, por buscarem a realização do princípio da duração razoável do processo, são plenamente aplicáveis na Justiça do Trabalho, feitas as devidas adaptações à dinâmica recursal que lhe é própria[36].

Conclusão

O processo do trabalho sempre teve vocação para a celeridade. A razão para tal fato é a natureza alimentar do crédito trabalhista, que sempre demandou uma resposta rápida e efetiva do Judiciário Trabalhista.

Talvez por isso, boa parte dos dispositivos trazidos pela terceira onda de reformas do Código de Processo Civil, que objetivou imprimir mais celeridade e efetividade na prestação jurisdicional, teve aplicação no âmbito da Justiça do Trabalho.

Hoje, já passados alguns anos da entrada em vigor das várias leis reformadoras, dentre elas a Lei n. 11.280/2006, pode-se perceber bons resultados em todos os ramos do Poder Judiciário em que elas foram aplicadas. Aliados a isso, a política de metas do Conselho Nacional de Justiça e o compromisso dos vários Tribunais do País com uma gestão judiciária mais eficiente têm gerado mudanças expressivas na dinâmica da prestação jurisdicional.

No que tange à Justiça do Trabalho, o esforço conjunto do Conselho Superior da Justiça do Trabalho, do Tribunal Superior do Trabalho e dos 24 Regionais hoje existentes tem trazido melhora significativa na satisfação das partes e dos advogados em temas como prazo para a conclusão dos processos, interesse em atender o público, acesso à informação e facilidade de encaminhar sugestões, denúncias e reclamações[37].

Enfim, espera-se que os resultados da reforma no Direito Processual Civil inspirem o legislador nacional a buscar também a atualização e a reforma do Direito Adjetivo Trabalhista, necessidade há muito tempo anunciada pela doutrina e jurisprudência pátria para o contínuo processo de aprimoramento da prestação jurisdicional.

Referências bibliográficas

ALMEIDA JUNIOR, Jesualdo Eduardo de. A terceira onda de reforma do Código de Processo Civil — Leis ns. 11.232, de 22 de dezembro de 2005, 11.277, 11.276, ambas de 7 de fevereiro de 2006, e Lei n. 11.280, de 16 de fevereiro de 2006. *Revista Juris Plenum*, v. 2, n. 9, p. 29-62, maio 2006.

ALVIM, Eduardo Arruda; ALVIM, Angélica Arruda. *A ação rescisória e a suspensão da efetivação do julgado rescindendo, à luz da Lei n. 11.280/2006*. Disponível em: <http://www.arrudaalvimadvogados.com.br/visualizar-artigo.php?artigo=5&data=29/01/2011&titulo=a-acao-rescisoria-e-a-suspensao-da-efetivacao-do-julgado-rescindendo-a-luz-da-lei-11-280-06>. Acesso em: 24 jan. 2013.

BRASIL. Código de Processo Civil. *In: Vademecum Saraiva*, São Paulo, Saraiva, 14. ed., 2º sem. 2012.

FELICIANO, Guilherme Guimarães. *O novíssimo processo civil e o processo do trabalho*. Disponível em: <http://jus.com.br/revista/texto/9182/o-novissimo-processo-civil-e-o-processo-do-trabalho>. Acesso em: 24 jan. 2013.

GARCIA, Gustavo Filipe Barbosa. Lei n. 11.280/2006: novas reflexões sobre o foro de eleição e a competência territorial no processo do trabalho. *Jornal Trabalhista*, v. 23, n. 1.130, p. 8-11, jul. 2006.

MEIRELES, Edilton; BORGES, Leonardo Dias. *A nova reforma processual e seu impacto no processo do trabalho*. São Paulo: LTr, 2007.

MILHORANZA, Mariângela Guerreiro. Estudos sobre a aplicabilidade das alterações promovidas pela Lei n. 11.280/2006 na Justiça do Trabalho. *Revista Justiça do Trabalho*, Porto Alegre, v. 25, n. 295, p. 61-71, jul. 2008.

NASSIF, Elaine Noronha. As novas reformas do código de processo civil: reflexos no processo do trabalho? *Revista Anamatra*, v. 18, n. 50, p. 57-58, 1º sem. 2006, p. 57.

---

(34) THEODORO JUNIOR, Humberto. *As novas reformas do Código de processo Civil*. 2. ed. Rio de Janeiro: Forense, 2007. p. 41.

(35) ALMEIDA JUNIOR, Jesualdo Eduardo de. A terceira onda de reforma do Código de Processo Civil — Leis ns. 11.232, de 22 de dezembro de 2005, 11.277, 11.276, ambas de 7 de fevereiro de 2006, e Lei n. 11.280, de 16 de fevereiro de 2006. *Revista Juris Plenum*, v. 2, n. 9, p. 29-62, maio 2006, p. 57.

(36) O recurso correspondente à apelação no processo do trabalho é o recurso ordinário. Assim, caberia a aplicação destas normas em julgamentos de recursos ordinários e agravos, conforme adaptação do texto do *caput* do art. 555 do CPC ao processo do trabalho.

(37) Conforme Relatório da Pesquisa de Satisfação da Justiça Brasileira. Disponível em: <http://www.tst.jus.br/documents/10157/bd3c3296-30b4-4851-b03b-b5057b8be0d4>. Acesso em: 11 fev. 2013.

SCHIAVI, Mauro. A nova redação do art. 322 do CPC, da pela Lei n. 11.280/2006 e seus reflexos no direito processual do trabalho. *LTr Suplemento Trabalhista,* São Paulo, v. 42, n. 139, p. 585-591, 2006.

SILVA, José Antônio Ribeiro de Oliveira. As recentes alterações do CPC e sua aplicação no processo do trabalho. *Revista LTr,* São Paulo, v. 70, n. 12, p. 1.483-1.489, dez. 2006

THEODORO JUNIOR, Humberto. *As novas reformas do Código de processo Civil.* 2 ed. Rio de Janeiro: Forense, 2007.

TRIBUNAL SUPERIOR DO TRABALHO. Relatório da Pesquisa de Satisfação da Justiça Brasileira. Disponível em: <http://www.tst.jus.br/documents/10157/bd3c3296-30b4-4851-b03b-b5057b8be0d4>. Acesso em: 11 fev. 2013.

VIEIRA, Leandro. A Lei n. 11.280/06 e as alterações esparsas do CPC. Disponível em: <http://www.nacionaldedireito.com.br/doutrina/285/a-lei-11280-06-e-as-altera-es-esparsas-do-cpc>. Acesso em: 24 jan. 2013.

Lei n. 11.341/2006: O Recurso Extraordinário na Justiça do Trabalho e a Prova da Divergência Jurisprudencial por Mídias Eletrônicas

Dárlen Prietsch Medeiros e Isabela Márcia de Alcântara Fabiano

1. Cabimento do recurso extraordinário no processo do trabalho

De acordo com os incisos I a IV do art. 893 da Consolidação das Leis do Trabalho (CLT), os recursos trabalhistas são embargos, recurso ordinário, recurso de revista e agravo.

Atendidas, porém, as condições estabelecidas em normas constitucionais (art. 102, inciso III, e § 3º da Constituição Federal) e infraconstitucionais (arts. 543-A e 543-B do CPC, de aplicação subsidiária ao processo do trabalho por força do art. 769 da CLT), é admissível a interposição de recurso extraordinário em dissídios trabalhistas, destacando-se seu caráter excepcional e a sua aplicabilidade a todos os tipos de processo[1].

Ademais, o § 2º do art. 893 da CLT refere-se, ainda que brevemente, à interposição de recurso ao Supremo Tribunal Federal (STF), enquanto a Súmula n. 505 do STF esclarece:

> SÚMULA N. 505 DO STF — CONTRARIEDADE À CONSTITUIÇÃO — CABIMENTO — RECURSO PARA O STF — DECISÕES DA JUSTIÇA DO TRABALHO. Salvo quando contrariarem a Constituição, não cabe recurso para o Supremo Tribunal Federal, de quaisquer decisões da Justiça do Trabalho, inclusive dos presidentes de seus tribunais.

Em apertada síntese, o recurso extraordinário, na esfera trabalhista, será cabível se acórdão do Tribunal Superior do Trabalho (TST) for contrário à CF[2], já que "(...) sua finalidade é manter, dentro do sistema federal e da descentralização do poder judiciário, a autoridade e a unidade da Constituição"[3].

Apenas será admissível a interposição de recurso extraordinário quando já houver o julgamento da causa em última ou única instância com decisão final do mérito; assim, na esfera trabalhista, é necessário que todos os recursos tenham sido esgotados, não se admitindo interposição prematura nem *per saltum*, independentemente do rito a ser seguido[4].

Considerando que o processo tem que chegar até o TST, a mais alta Corte trabalhista funcionará como última instância (quando da apreciação de recurso de revista ou de embargos) ou como única instância (na hipótese de predominar sua competência originária).

"A questão apreciável pela via do recurso extraordinário somente pode ser uma questão de direito, isto é, um ponto controvertido que envolva diretamente a interpretação e aplicação da lei"[5] (grifo acrescido). Por conseguinte, o meio impugnatório ora em estudo não serve para a revisão de matéria fática. Nesse sentido, o entendimento sedimentado na Súmula n. 279 do STF: "Para simples reexame de prova não cabe recurso extraordinário".

Além disso, a questão constitucional não pode ser suscitada apenas no recurso extraordinário; ela deve

---

(1) CORREA, Cláudia Giglio Veltri; GIGLIO, Wagner D. *Direito processual do trabalho*. 16. ed., rev., ampl. atual. e adaptada. São Paulo: Saraiva, 2007. p. 441.

(2) Oportuno lembrar que o recurso extraordinário também pode ser interposto quando, em única ou última instância, a decisão recorrida julgar válida lei local contestada em face de lei federal. Essa hipótese encontra-se prevista na alínea "d" do inciso III do art. 102 da CF, acrescentada pela Emenda Constitucional n. 45/2004.

(3) THEODORO JÚNIOR, Humberto. *Curso de direito processual civil*: teoria geral do direito processual civil e processo de conhecimento. v. I, 52. ed. Rio de Janeiro: Forense, 2011. p. 655.

(4) Nesse sentido, é a jurisprudência atual, notória e pacífica do STF: EMENTA: RECURSO EXTRAORDINÁRIO — JUSTIÇA DO TRABALHO — CAUSA DE ALÇADA (LEI N. 5.584/70, ART. 2º, § 4º) — AUSÊNCIA DE ESGOTAMENTO DAS VIAS RECURSAIS ORDINÁRIAS — DESCABIMENTO DO APELO EXTREMO — SÚMULA N. 281/STF — DIRETRIZ JURISPRUDENCIAL FIRMADA PELO SUPREMO TRIBUNAL FEDERAL — RECURSO IMPROVIDO — O prévio esgotamento das instâncias recursais ordinárias constitui pressuposto de admissibilidade do recurso extraordinário. Súmula n. 281/STF — No âmbito do processo trabalhista, somente decisões emanadas do Tribunal Superior do Trabalho revelam-se passíveis de impugnação mediante recurso extraordinário. Mesmo que haja discussão de matéria constitucional em sede de dissídios individuais, e ainda que se trate de causa de alçada (Lei n. 5.584/70, art. 2º, § 4º), não se mostra lícito interpor recurso extraordinário "per saltum", incumbindo, a quem recorre, exaurir, previamente, perante os órgãos competentes da Justiça do Trabalho, as vias recursais definidas pela legislação processual trabalhista, sob pena de a inobservância desse pressuposto recursal específico tornar insuscetível de conhecimento o apelo extremo deduzido. Precedentes (STF). (grifos acrescidos) (RE n. 638.224 AgR/SP – Relator(a): Min. Celso de Mello. Publicação DJe-118. Divulg. 20.6.2011. Public. 21.6.2011. Disponível em: <http://www.stf.jus.br/portal/jurisprudencia/listarJurisprudencia.asp?s1=%28recurso+e+trabalho+e+per+e+saltum+e+justi%E7a%29&base=baseAcordaos&url=http://tinyurl.com/mgsrfws>. Acesso em: 10 jun. 2013).

(5) THEODORO JÚNIOR, Humberto. *Op. cit.*

ser prequestionada desde a origem. Noutras palavras, é imperioso que a decisão recorrida tenha apreciado a tese jurídica debatida nos autos. Desta, o juízo *a quo* pode ter discordado ou não. O importante é que tenha se manifestado expressamente a respeito[6].

É imprescindível, outrossim, a existência de uma controvérsia acerca de aplicação constitucional[7] ou, como definido mais recentemente, de validade de lei local contestada em face de lei federal, nos termos da alínea "*d*" do § 3º do art. 102 da CF, acrescentada pela Emenda Constitucional n. 45/2004.

Pressuposto específico de admissibilidade do recurso extraordinário é a demonstração da repercussão geral da questão debatida, matéria que se encontra regulamentada pelos arts. 543-A e 543-B do Código de Processo Civil (CPC), conceituando o primeiro dispositivo retromencionado, o que é legalmente considerado repercussão geral[8][9].

No que diz respeito à interposição e ao processamento do recurso extraordinário, eles são disciplinados pela lei processual comum, ou seja, pelo art. 541 e seguintes do CPC e pelas Leis ns. 8.950/94 e 8.038/90. No âmbito do TST, devem ser observados os arts. 266 a 268 do seu Regimento Interno[10].

O recurso deve ser interposto no prazo de 15 dias (art. 508 do CPC), perante o presidente ou o vice-presidente do Tribunal recorrido, em petição da qual devem constar: a) a exposição do fato e do direito; b) a demonstração do cabimento do recurso; c) as razões do pedido de reforma da decisão recorrida (art. 541 do CPC), assim como a demonstração, em preliminar, da repercussão geral das questões constitucionais discutidas no caso, nos termos da lei, a fim de que o STF examine a admissibilidade do recurso, somente podendo recusá-lo pela manifestação de dois terços de seus membros (art. 102, § 3º, da CF)[11].

2. A prova da divergência jurisprudencial por mídias eletrônicas

O art. 541 do CPC, com alterações inseridas pela Lei n. 11.341 de 2006, passou a admitir as decisões disponíveis em mídia eletrônica, inclusive na internet, entre as suscetíveis de prova de divergência jurisprudencial, como se vê abaixo:

> Art. 541 do CPC. (...)
>
> Parágrafo único. Quando o recurso fundar-se em dissídio jurisprudencial, o recorrente fará a prova da divergência mediante certidão, cópia autenticada ou pela citação <u>do repositório de jurisprudência, oficial ou credenciado, inclusive em mídia eletrônica</u>, em que tiver sido publicada a decisão divergente, <u>ou ainda pela reprodução de julgado disponível na Internet, com indicação da respectiva fonte, mencionando, em qualquer caso, as circunstâncias que identifiquem ou assemelhem os casos confrontados</u>. (grifo acrescido)

Já a antiga redação do parágrafo único do art. 541 do CPC exigia maior formalidade:

> Art. 541 do CPC (...)
>
> Parágrafo único. Quando o recurso fundar-se em dissídio jurisprudencial, o recorrente fará a prova da divergência <u>mediante certidão, cópia autenticada ou pela citação do repositório de jurisprudência, oficial ou credenciado, em que tiver sido publicada a decisão divergente</u>, mencionando as circunstâncias que identifiquem ou assemelhem os casos confrontados. (grifo acrescido)

A comprovação da divergência, nos moldes primitivos, deveria ocorrer mediante a juntada de certidões ou de cópias autenticadas dos acórdãos divergentes em inteiro teor. Ainda poderia ser feita a comprovação pela citação

---

(6) Nesse sentido, a Súmula n. 282 do STF: "É inadmissível o recurso extraordinário, quando não ventilada, na decisão recorrida, a questão federal suscitada".

(7) A Súmula n. 636 do STF, aprovada em Sessão Plenária de 24.9.2003 (anterior, portanto, à Emenda Constitucional n. 45/2004), reforça o entendimento de que a matéria controvertida deve ser constitucional. A saber: SÚMULA N. 636 DO STF – CABIMENTO – RECURSO EXTRAORDINÁRIO – CONTRARIEDADE AO PRINCÍPIO DA LEGALIDADE – REVISÃO DA INTERPRETAÇÃO DADA A NORMAS INFRACONSTITUCIONAIS PELA DECISÃO RECORRIDA. Não cabe recurso extraordinário por contrariedade ao princípio constitucional da legalidade, quando a sua verificação pressuponha rever a <u>interpretação dada a normas infraconstitucionais</u> pela decisão recorrida. (grifo acrescido)

(8) Art. 543-A do CPC. (...) § 1º Para efeito da repercussão geral, será considerada a existência, ou não, de questões relevantes do ponto de vista econômico, político, social ou jurídico, que ultrapassem os interesses subjetivos da causa. (...).

(9) Apenas a título de informação, elencam-se alguns recursos extraordinários com repercussão geral reconhecida que discutem questões afetas ao direito material ou processual do trabalho: (des)vinculação do adicional de insalubridade ao salário mínimo; responsabilidade da Administração Pública em casos terceirizações; isonomia de direitos trabalhistas em decorrência da terceirização; (in)validade da dispensa imotivada operada pela Empresa de Correios e Telégrafos; competência para julgar pedidos de complementação de aposentadoria; (des)necessidade de o empregador conhecer o estado gravídico de sua empregada; descabimento da prisão civil de depositário infiel; competência para julgar pedidos de recuperação judicial; legitimidade ativa para pleitear pedido indenizatório decorrente de acidente de trabalho. Até o presente momento, o STF julgou o mérito somente de alguns casos acima narrados. Para maiores detalhes, consultar o site do Supremo – item Repercussão Geral – Estatísticas e Relatórios, disponível em: <http://www.stf.jus.br/portal/cms/verTexto.asp?servico=jurisprudenciaRepercussaoGeral&pagina=listas_rg>. Acesso em: 10 jun. 2013.

(10) Nesse sentido, BEZERRA LEITE, Carlos Henrique. *Curso de direito processual do trabalho*. São Paulo: LTr, 2011. p. 767.

(11) Nesse sentido, ALMEIDA, Cléber Lúcio de. *Direito processual do trabalho*. 2. ed., rev. e atual. Belo Horizonte: Del Rey, 2008. p. 631.

do repositório de jurisprudência em que a decisão confrontante tivesse sido publicada.

Com o novo texto, passou a ser admitida a prova da divergência obtida por mídia eletrônica em que tiver sido publicada a decisão. Também há a possibilidade de o recorrente apresentar a reprodução de julgado disponível na internet, desde que apresente a respectiva fonte — o que representa verdadeiro avanço legislativo e adequação à nova realidade advinda da inserção de novas tecnologias no Judiciário. Esse progresso é reforçado, sobremaneira, pela implementação do Diário de Justiça Eletrônico (DJE), do **Diário Eletrônico da Justiça do Trabalho** (DEJT) e do próprio processo eletrônico (PJe).

A redação da Súmula n. 291 do STF[12] poderia, em tese, suscitar dúvida quanto à interpretação do novo parágrafo único do art. 541 do CPC, uma vez que o seu texto foi aprovado em 1963 e é silente em relação aos meios eletrônicos:

> SÚMULA N. 291 DO STF — No recurso extraordinário pela letra "d" do art. 101, III, da Constituição, a prova do dissídio jurisprudencial far-se-á por certidão ou mediante indicação do "Diário da Justiça" ou de repertório de jurisprudência autorizado, com a transcrição do trecho que configure a divergência, mencionadas as circunstâncias que identifiquem ou assemelhem os casos confrontados. (grifo nosso)

Todavia, o Regimento Interno do STF[13] tem sido periodicamente atualizado e demonstra acompanhar, em parte, as inovações tecnológicas acolhidas pelo sistema jurídico brasileiro. Isso porque os seus arts. 321 a 329, que tratam do recurso extraordinário, nada dispõem acerca de mídias eletrônicas. A seu turno, o art. 331 do mesmo Regimento, ao se referir aos embargos de divergência, é explícito na aceitação de repositório de jurisprudência oficial ou credenciado por intermédio de mídia eletrônica ou, ainda, pela reprodução de julgado disponível na internet, com indicação da respectiva fonte. Destaca-se o art. 99, que aponta quais são os repositórios oficiais de jurisprudência do tribunal[14].

3. Uma possível conclusão

A tendência do STF tem sido dificultar a admissibilidade do recurso extraordinário, estreitando cada vez mais as possibilidades de sua interposição. Diante da crescente adoção de filtros de contenção para dificultar o conhecimento e o exame de recursos pelos tribunais de superposição brasileiros com vistas à uniformização jurisprudencial, o que se pode esperar no tocante à interpretação do novo parágrafo único do art. 541 do CPC?

Analisando os diplomas acima citados, percebe-se a possibilidade, em tese, de compreensão literal do conteúdo da Súmula n. 291 do STF, com imediato desprezo à alteração implantada pela Lei n. 11.341 de 2006.

Todavia esse não parece ser o melhor caminho.

Pela leitura do Regimento Interno do STF e, mesmo assim, dentro de uma visão extremamente restritiva, a única forma eletrônica de comprovação de divergência jurisprudencial seria a publicação no DJE, uma vez que este meio de comunicação substituiu o Diário de Justiça, que se encontra elencado na lista de repositórios oficiais do STF.

Sob um viés mais ampliativo (que, espera-se, predomine sobre os demais), os repositórios credenciados e oficiais que mantêm versões eletrônicas também devem ser aceitos como prova de divergência, porquanto essa é a interpretação mais consentânea com o processo moderno e com a garantia fundamental de acesso à ordem jurídica justa. Logo, prefere-se a interpretação sistemática, teleológica e evolutiva à interpretação gramatical e inflexível.

Referências bibliográficas

ALMEIDA, Cléber Lúcio de. *Direito processual do trabalho*. 2. ed rev. atual. Belo Horizonte: Del Rey, 2008.

BEBBER, Júlio César. *Recursos no processo do trabalho*: teoria geral dos recursos. São Paulo: LTr, 1999.

BEZERRA LEITE, Carlos Henrique. *Curso de direito processual do trabalho*. São Paulo: LTr, 2011.

BRASIL. Supremo Tribunal Federal. *RE 638224 AgR/SP*. Relator Min. Celso de Mello. Publicação DJe-118. Divulg. 20.6.2011. Public. 21.6.2011. Disponível em: <http://www.stf.jus.br/portal/jurisprudencia/listarJurisprudencia.asp?s1=%28recurso+e+trabalho+e+per+e+saltum+e+justi%E7a%29&base=baseAcordaos&url=http://tinyurl.com/mgsrfws>. Acesso em: 10 jun. 2013.

BRASIL. Supremo Tribunal Federal. *Regimento Interno atual*. Disponível em: <http://www.stf.jus.br/arquivo/cms/legislacaoRegimentoInterno/anexo/RISTF_Maio_2013_versao_eletronica.pdf>. Acesso em: 1º jun. 2013.

BRASIL. Supremo Tribunal Federal. *Repercussão Geral – Estatísticas e Relatórios*. Disponível em: <http://www.stf.jus.br/portal/cms/verTexto.asp?servico=jurisprudenciaRepercussaoGeral&pagina=listas_rg>. Acesso em: 10 jun. 2013.

CORREA, Cláudia Giglio Veltri; GIGLIO, Wagner D. *Direito processual do trabalho*. 16. ed., rev., ampl., atual e adaptada. São Paulo: Saraiva, 2007.

MANCUSO. Rodolfo. *Recurso extraordinário e recurso especial*. 11. ed. São Paulo: Revista dos Tribunais. 2010.

THEODORO JÚNIOR, Humberto. *Curso de direito processual civil*: teoria geral do direito processual civil e processo de conhecimento. v. I, 52. ed. Rio de Janeiro: Forense, 2011.

---

(12) Oportuno registrar que a Súmula n. 291 do STF foi aprovada em Sessão Plenária de 13.12.1963.

(13) Regimento Interno do STF. Disponível em: <http://www.stf.jus.br/arquivo/cms/legislacaoRegimentoInterno/anexo/RISTF_Maio_2013_versao_eletronica.pdf>. Acesso em: 1º jun. 2013.

(14) O repositório oficial de jurisprudências do STF pode ser consultado em: <http://www.stf.jus.br/arquivo/cms/jurisprudenciaRepositorio Jurisprudencia/anexo/ListadosRepositoriosdeJurisprudenciaCMS.pdf>.

Lei n. 11.382/2006: A sua Repercussão no Processo do Trabalho

Luiz Ronan Neves Koury

A Lei n. 11.382 de 6.12.2006, com vigência a partir de 21.1.2007, trouxe alterações em dispositivos do Código de Processo Civil, em especial na execução, visando a garantir a efetividade do provimento judicial, servindo como instrumento para concretização da previsão constitucional de duração razoável do processo, positivada no art. 5º LXXVIII da Constituição Federal.

O legislador criou mecanismos para agilizar a execução como o acréscimo de multas; o detalhamento de mais uma hipótese de ato atentatório à dignidade da justiça; a impenhorabilidade de quantia depositada em caderneta de poupança até determinado valor; a ênfase na adjudicação e a alienação por iniciativa particular como modalidades prioritárias de expropriação, entre outras alterações.

Sem a pretensão de analisar todas as modificações introduzidas pela nova lei, serão destacados os artigos que apresentam maior relevância para execução trabalhista, deixando de lado as alterações pontuais operadas em artigos da fase de conhecimento.

Inicialmente deve ser mencionada a modificação no *caput* do art. 600 do CPC e no inciso IV do mesmo artigo, que discrimina os atos atentatórios à dignidade da justiça, deixando evidenciada a preocupação do legislador em tornar efetiva a execução.

Como reconhece grande parte da doutrina, o art. 600 do CPC consagra o *contempt of court*, mecanismo existente no sistema do *common law*, que procura assegurar o cumprimento das determinações judiciais, com fundamento na autoridade do Poder Judiciário[1].

Alterou-se o *caput* com a utilização do termo *executado* no lugar de *devedor*, que é o mais adequado tecnicamente na execução, especialmente porque se trata de ato atentatório à dignidade da Justiça praticado nessa fase processual.

A nova redação do inciso IV determina que o executado, intimado, deverá indicar em cinco dias os bens que deverão ser penhorados, o local em que se encontram e os seus respectivos valores, e não apenas indicar os bens sujeitos à execução, como constava na redação anterior.

A determinação legal alterada agiliza a execução, pois facilita a penhora dos bens e compromete o executado com o seu desfecho, uma vez que o descumprimento da norma poderá ser capitulado como ato atentatório à dignidade da justiça com as respectivas consequências processuais.

No processo do trabalho impõe-se a aplicação do referido dispositivo legal, com alterações mencionadas, uma vez que é na execução trabalhista que se torna indispensável a repressão às atitudes de desrespeito e de protelação no cumprimento dos provimentos judiciais.

Configurada a situação prevista no inciso citado, em especial no processo do trabalho, deve ser aplicada de imediato a multa prevista no art. 601 do CPC, porque subjacente se encontra o desrespeito ao dever de lealdade processual, imposição de um processo publicizado como o nosso.

O art. 615-A trata da publicidade da execução com a sua averbação em registros públicos bem como a identificação dos elementos que a compõem, tornando ineficaz eventual alienação que possa comprometê-la. Procura garantir o êxito no cumprimento da obrigação prevista no título judicial.

Depois de iniciada a execução, procedida a sua averbação, como faculdade do exequente, a alienação de bens acarreta a presunção de fraude à execução, independentemente de se configurar a insolvência.

Como esclarece importante setor da doutrina, a finalidade do referido dispositivo legal é antecipar o marco a partir do qual se considera que alienações ou onerações realizadas pelo executado levam à configuração da fraude na execução, que deverá coincidir com a data da averbação[2].

Tem inteira aplicação ao processo do trabalho em que não se exige a propositura da ação de execução como ocorria no processo civil, mas a prática de atos processuais que marcam o seu início.

O art. 647 do CPC, com remissão ao art. 685 – A do CPC, procedeu à modificação na ordem de expropriação dos bens, priorizando a adjudicação, que não é mais uma exclusividade do exequente, criando a alienação por iniciativa particular.

---

(1) REIS, Juliana Bastone. *Limites na aplicação da pena cominatória judicial no direito brasileiro*. Dissertação de Mestrado em Direito Processual Civil. Belo Horizonte: Faculdade Mineira de Direito, PUC, MG. 2000. p. 40.

(2) MARINONI, Luiz Guilherme, MITIDIERO, Daniel. *Código de Processo Civil comentado artigo por artigo*. São Paulo: Revista dos Tribunais, 2008. p. 621.

A adjudicação sempre teve como pressuposto a realização de praça ou leilão, conforme se verifica da antiga redação do 714 do CPC, que condicionava a adjudicação ao término da praça sem lançador. Essa também é a redação do art. 888, §§ 1º e 3º da CLT, que vinculam a adjudicação à arrematação, havendo ou não licitantes.

É controvertida a sua aplicação na execução trabalhista, em que pese o objetivo de favorecer o desfecho mais rápido da execução, porquanto o art. 888, § 3º, da CLT condiciona a adjudicação à praça, óbice que apenas poderia ser superado com a revogação do referido dispositivo celetista.

Há quem entenda que o nosso sistema jurídico autoriza a expropriação independente de hasta pública — citando a legislação que dispõe sobre os juizados especiais e o próprio art. 24, I da Lei n. 6830/80, de aplicação subsidiária no processo do trabalho, que permite à Fazenda Pública adjudicar bens antes mesmo do leilão — como forma de compatibilizar o processo do trabalho com os avanços da processualística, considerando também os anacronismos de determinados institutos e procedimentos da legislação processual trabalhista[3].

A alienação por iniciativa particular, prevista no art. 685-C do CPC, é também de controvertida aplicação no processo do trabalho, dependendo da posição que for adotada em relação ao momento processual em que se admite a adjudicação.

Aqueles que entendem que a adjudicação tem como pressuposto a hasta pública não aplicam a alienação por iniciativa particular ao processo do trabalho, porque se trata de procedimento sucessivo à ausência de adjudicação, na forma prioritária de expropriação de bens prevista no art. 647 do CPC. A outra posição é aquela que desvincula a alienação por iniciativa particular do procedimento previsto nos arts. 647 e 685 do CPC, admitindo a sua utilização no processo do trabalho desde que não realizada a adjudicação dos bens.

O art. 649 do CPC, que prevê a impenhorabilidade absoluta de bens, teve os seus incisos alterados, com acréscimo e complemento de novos tipos legais, ampliando o rol de bens beneficiados pela impossibilidade de constrição judicial.

Ainda que mereça elogios a referência, contida no inciso II do art. 649 do CPC, à impenhorabilidade absoluta de determinados bens da residência do executado como forma de preservar a sua dignidade e de sua família, não deixa de ser relevante a exceção nele prevista quanto aos bens que ultrapassarem um médio padrão de vida, conceito indeterminado que deverá adquirir conteúdo por construção jurisprudencial.

Na Justiça do Trabalho há entendimento prevalecente quanto à possibilidade de penhora de eletrodomésticos, desde que existente mais de um, ou aparelho com grau de sofisticação tal que supera o que de ordinário se exige de um padrão médio de vida, especialmente estando em jogo a quitação de crédito trabalhista, de natureza alimentar, podendo ser pautada a valoração judicial com base na previsão contida nos arts. 335 e 598 do CPC.

Cabe também registrar a atualização do inciso IV do referido artigo, englobando as inúmeras formas de rendimento independente de sua origem, não se limitando a salários e vencimentos.

A impenhorabilidade nas hipóteses descritas no inciso IV do art. 649 do CPC deverá ser flexibilizada, pois em se tratando de execução trabalhista que tem por objeto o crédito trabalhista, de inegável natureza alimentar, tem aplicação o § 2º do mesmo artigo, que abre uma exceção no que se refere às prestações alimentícias, sem prejuízo de ser preservada a condição econômica do executado, em analogia com a penhora sobre o faturamento prevista na OJ n. 93 da SBDI-II do TST.

Criticando o dispositivo legal na forma em que a matéria restou positivada, a melhor doutrina processual trabalhista sustenta que o apego à tradição como fundamento para manutenção da impenhorabilidade, com a amplitude fixada pelo legislador, na forma contida na exposição de motivos da lei, encontra-se em desarmonia com os mais variados sistemas jurídicos e não se compatibiliza com a ordem de valores prevista na Constituição Federal[4].

Essa matéria no âmbito trabalhista restou praticamente superada com a adoção de entendimento diverso pela jurisprudência majoritária no TST, ao argumento de que ofende direito líquido e certo a penhora em conta salário em face da imperatividade da norma e também porque o art. 649, § 2º trata de espécie e não gênero de crédito de natureza alimentícia, não englobando o crédito trabalhista, como se vê da Orientação Jurisprudencial n. 153 da SBDI-II.

O inciso X do art. 649 do CPC preserva a quantia de 40 salários mínimos depositados em caderneta de poupança como impenhorável, referindo-se apenas a essa modalidade de investimento.

---

(3) CHAVES, Luciano Athayde. As reformas processuais e o processo do trabalho. In: Revista Trabalhista, Rio de Janeiro: Forense, x. XXI, p. 182, 2007.

(4) MALLET, Estêvão. Anotações à Lei n. 11.382, de 6 de dezembro de 2006. In: Revista do Tribunal Superior do Trabalho, v. 73, n. 1, p. 79-80, jan./mar. 2007.

A norma não tem aplicação ao processo do trabalho, pois é incompatível com a finalidade e o espírito da legislação processual trabalhista, não se justificando a preservação de investimento, seja de que natureza for, em detrimento da satisfação do crédito trabalhista.

Há, todavia, posição contrária, entendendo pela aplicação da norma com a invocação dos arts. 769 e 889 da CLT.

O art. 655 do CPC teve alterado o seu caput em dois aspectos. O primeiro diz respeito à impossibilidade de nomeação de bens pelo executado e o segundo refere-se à possibilidade de flexibilização na observância da gradação legal, com a utilização do advérbio preferencialmente, significando com isso que, na hipótese de justificativa plausível, a ordem legal poderá ser subvertida.

O art. 882 da CLT trata da matéria, referindo-se à possibilidade de nomeação de bens pelo executado e a uma ordem de preferência a ser observada no art. 655 do CPC, razão pela qual a alteração do caput do art. 655 do CPC não tem qualquer influência no processo do trabalho.

O inciso VII do art. 655 do CPC acrescentou a possibilidade de penhora sobre o faturamento da empresa. Essa modalidade de penhora já estava consagrada na jurisprudência trabalhista, como se vê da OJ n. 93 da SBDI-II do TST, editada em 27.5.2002, anteriormente mencionada, deixando claro que a constrição deverá recair sobre parte do faturamento, e não a sua totalidade, desde que não inviabilize a atividade econômica da empresa.

A penhora *on line*, já adotada na jurisprudência trabalhista antes mesmo da alteração legislativa, representa um mecanismo processual de extrema importância para garantir a efetividade da execução. A resistência a ela não se justifica porque, como ensina Antônio Álvares da Silva, a penhora *on line* não constitui nenhum tipo ou modelo jurídico em si mesmo, tratando-se de uma penhora como outra qualquer, mas apenas se singularizando pelos aspectos procedimentais de sua efetivação[5].

Ainda em tema de penhora cabe registrar que duas hipóteses de substituição da penhora foram acrescentadas ao art. 656 do CPC, a saber, nos casos de incidência sobre bens de baixa liquidez e de fracasso na tentativa de alienação dos bens, conforme se verifica dos incisos V e VI do dispositivo em comento, de inteira aplicação ao processo do trabalho.

A lei em comento ampliou a possibilidade da utilização dos meios eletrônicos na realização de vários atos processuais, a exemplo da constrição judicial (art. 659, § 6º), divulgação da alienação judicial (art. 687, § 2º) e mesmo na execução das cartas precatórias (art.738, § 2º), antecipando medidas do processo judicial eletrônico, com previsão na Lei n. 11.419 de 19 de dezembro de 2006.

Quanto aos meios de defesa na execução, em especial os embargos à execução, é certo que as disposições do CPC não têm aplicação ao processo do trabalho, cuja matéria se encontra regulamentada no art. 884 da CLT. Há de ser reconhecido, no entanto, que as hipóteses previstas no art. 739 da CLT (intempestividade, inépcia da petição e embargos manifestamente protelatórios), pela ausência de disposição específica na CLT e notória compatibilidade, têm ampla aplicação no processo do trabalho.

Não há também qualquer impedimento para aplicação, no processo do trabalho, da multa de 20% sobre o valor da execução prevista no art. 740, parágrafo único do CPC, em se tratando de embargos protelatórios, uma vez que se encontram presentes os pressupostos do art. 769 da CLT, porque se trata de coibir medida processual que serve apenas para atrasar o desfecho da execução.

Por fim, cabe fazer referência ao art. 745-A do CPC, que estabelece a possibilidade de, comprovado o depósito de 30 % do valor em execução, o executado requerer o pagamento do restante em até seis parcelas mensais.

Para Humberto Theodoro Júnior, a inovação legal representa uma

> "espécie de moratória legal, como incidente da execução do título extrajudicial por quantia certa por meio da qual se pode obter o parcelamento da dívida. A medida tem o propósito de facilitar a satisfação do crédito ajuizado, com vantagens tanto para o executado como para o exequente".[6]

Condicionada à anuência do exequente, a inovação pode ter aplicação ao processo do trabalho. Assim compreendida, equipara-se à celebração de um acordo, única forma de admitir a sua utilização na execução trabalhista, porque em certas situações é preferível receber de forma parcelada do que nada receber, considerando a situação econômica e a boa-fé do executado.

No Projeto de Lei encaminhado ao Senado pelo TST, que recebeu o número 606/2011, figura dispositivo que guarda semelhança com o artigo em comento (art. 884-A), autorizando o parcelamento da dívida pelo devedor antes da expropriação dos bens, mediante o depósito prévio de 50% do valor total do débito, o que, de certa forma, aponta para sua adoção na execução trabalhista.

---

(5) ÁLVARES DA SILVA, Antônio. *Penhora on line*. Belo Horizonte: Editora RTM, dez. 2001. p. 6.
(6) THEODORO JÚNIOR, Humberto. *A reforma da execução do título extrajudicial*. Rio de Janeiro: Forense, 2007. p. 216.

O § 2º do art. 745-A — que decorre do descumprimento do pedido de parcelamento apresentado pelo executado e estabelece as punições para o não pagamento das prestações, traduzidas no vencimento das subsequentes, prosseguimento da execução, imposição de multa de 10% sobre o valor das prestações não pagas e a vedação de embargos – tem indiscutível aplicação na seara processual trabalhista.

Embora possa ser questionada a constitucionalidade da última medida adotada, ou seja, a impossibilidade de embargar, outra atitude não poderia ser adotada diante da possibilidade de o executado utilizar a inovação como expediente para protelar o desfecho da execução, não se admitindo que proponha uma forma de pagamento para quitação da obrigação e depois apresente embargos em relação à sua proposta, incidindo, na espécie, como entendido doutrinariamente, a preclusão lógica.

Em conclusão, a Lei n. 11.382/2006 trouxe mecanismos como a averbação da execução, prioridade para adjudicação, previsão de multas, flexibilidade na aplicação da gradação legal dos bens penhoráveis e de quitação parcelada da execução que, inegavelmente, agilizam a execução. A sua aplicação ao processo do trabalho — em que pese a existência de mecanismos de celeridade e simplicidade já utilizados no procedimento trabalhista — não deixa de ser um complemento importante para que seja superado um dos grandes problemas da Justiça do Trabalho, representado pela execução trabalhista.

Referências bibliográficas

ÁLVARES DA SILVA, Antônio. *Penhora* on line. Belo Horizonte: Editora RTM, dez. 2001.

ASSOCIAÇÃO BRASILEIRA DE NORMAS TÉCNICAS. *NBR 10520*: informação e documentação: citações em documentos: apresentação. Rio de Janeiro: ABNT, 2002.

ASSOCIAÇÃO BRASILEIRA DE NORMAS TÉCNICAS. *NBR 14724*: informação e documentação: trabalhos acadêmicos: apresentação. Rio de Janeiro: ABNT, 2011.

ASSOCIAÇÃO BRASILEIRA DE NORMAS TÉCNICAS. *NBR 6023*: informação e documentação: referências: elaboração. Rio de Janeiro: ABNT, 2002.

CHAVES, Luciano Athayde. As reformas processuais e o processo do trabalho. *In: Revista Trabalhista*, Rio de Janeiro, Forense, v. XXI, 2007.

MALLET, Estêvão. Anotações à lei n. 11.382, de 6 de dezembro de 2006. *In: Revista do Tribunal Superior do Trabalho*, v. 73, n. 1, jan./mar. 2007.

MARINONI, Luiz Guilherme, MITIDIERO, Daniel. *Código de Processo Civil comentado artigo por artigo*. São Paulo: Revista dos Tribunais, 2008.

REIS, Juliana Bastone. *Limites na aplicação da pena cominatória judicial no direito brasileiro*. Dissertação de Mestrado em Direito Processual Civil. Belo Horizonte: Faculdade Mineira de Direito, PUC, MG. 2000, p. 40.

THEODORO JÚNIOR, Humberto. *A reforma da execução do título extrajudicial*. Rio de Janeiro: Forense, 2007.

Lei n. 11.418/2006: Impactos da Repercussão Geral do Recurso Extraordinário no Processo do Trabalho

Adélia Procópio Camilo e Amanda Quintão Neubert

O recurso extraordinário (RE) é o remédio processual interponível para o Supremo Tribunal Federal (STF), na hipótese de causas decididas em única ou última instância. Ele pode ser manejado quando a decisão recorrida contrariar dispositivo da Constituição da República Federativa do Brasil (CR/1988); declarar a inconstitucionalidade de tratado ou lei federal; julgar válida lei ou ato de governo local contestado em face da CR/1988, julgar válida lei local contestada em face de lei federal (art. 102, III, "a", "b", "c" e "d", da CR/1988), e, também, quando as decisões do Tribunal Superior Eleitoral (TSE) contrariarem a CR/1988 (§ 3º do art. 121 da Norma Fundamental[1])[2].

A admissibilidade do RE, recurso dirigido à mais alta Corte brasileira, cuja atribuição precípua é a guarda da Constituição (art. 102 da CR/1988), já era por demais restrita. Ocorre que o STF, com o fim de limitar ainda mais o seu cabimento, passou a editar várias Súmulas, conhecidas como impeditivas de recurso, tais como as de ns. 187, 279, 281, 283, 284, 356, 454[3].

Tais medidas, contudo, não foram suficientes para desafogar o STF, tribunal composto de apenas 11 ministros e com jurisdição nacional. Assim, com o mesmo espírito de restringir o conhecimento do RE, o legislador constituinte derivado, por meio da Emenda Constitucional n. 45, publicada no Diário Oficial da União de 31.12.2004 (EC n. 45/2004), inseriu o § 3º ao art. 102 da CR/1988, criando mais um requisito de admissibilidade para o RE: a chamada demonstração da repercussão geral.

Nesse sentido, corrobora o Relatório do Gabinete da Presidência do STF, atualizado em 19.4.2010, ao dispor que a finalidade da repercussão geral é "Delimitar a competência do STF, no julgamento de recursos extraordinários, às questões constitucionais com relevância social, política, econômica ou jurídica, que transcendam os interesses subjetivos da causa" e "Uniformizar a interpretação constitucional, sem exigir que o STF decida múltiplos casos idênticos sobre a mesma questão constitucional."[4]

O § 3º do art. 102 da CRFB estabelece, *in verbis*:

> No recurso extraordinário o recorrente deverá demonstrar a repercussão geral das questões constitucionais discutidas no caso, nos termos da lei, a fim de que o Tribunal examine a admissão do recurso, somente podendo recusá-lo pela manifestação de dois terços de seus membros.

A Lei n. 11.418, de 19.12.2006, regulamentando o instituto, introduziu os arts. 543-A e 543-B ao Código de Processo Civil (CPC).

De acordo com o § 2º do art. 543-A do CPC, o STF somente conhecerá do recurso RE se o recorrente demonstrar, em preliminar, que a questão constitucional nele versada oferece repercussão geral, ou seja, que as questões discutidas são relevantes do ponto de vista econômico, político, social ou jurídico e ultrapassam os interesses subjetivos da causa (§ 1º do art. 543-A do CPC)[5].

Cabe esclarecer que a preliminar de repercussão geral é apreciada exclusivamente pelo STF (§ 2º do art. 543-A do CPC), cuja presidência recusará tanto os recursos que não apresentarem preliminar formal e fundamentada de repercussão geral quanto aqueles cuja matéria carecer de repercussão geral, segundo precedente do Tribunal, salvo se a tese tiver sido revista ou estiver em procedimento de revisão. Quando o recurso não tiver sido liminarmente recusado pela presidência, a competência caberá ao relator

---

(1) Constituição da República Federativa do Brasil. Disponível em: <http://www.planalto.gov.br/ccivil.03/Constituicao/Constituicao.htm>.

(2) Nesse sentido, o art. 321 do RI do STF estabelece, *in verbis*: Art. 321. O recurso extraordinário para o Tribunal será interposto no prazo estabelecido na lei processual pertinente, com indicação do dispositivo que o autorize, dentre os casos previstos nos arts. 102, 111, "a", "b", "c", e 121, § 3º, da Constituição Federal. § 1º Se na causa tiverem sido vencidos autor e réu, qualquer deles poderá aderir ao recurso da outra parte nos termos da lei processual civil. § 2º Aplicam-se ao recurso adesivo as normas de admissibilidade, preparo e julgamento do recurso extraordinário, não sendo processado ou conhecido, quando houver desistência do recurso principal, ou for este declarado inadmissível ou deserto. § 3º Se o recurso extraordinário for admitido pelo Tribunal ou pelo Relator do agravo de instrumento, o recorrido poderá interpor recurso adesivo juntamente com a apresentação de suas contrarrazões. § 4º O recurso extraordinário não tem efeito suspensivo.

3 Disponíveis em: <http://www.stf.jus.br/portal/cms/verTexto.asp?servicoNurisprudenciaSumula>. Acesso em: 4 set. 2011.

4 Disponível em: <http://www.stf.jus.br/arquivo/cms/jurisprudenciaRepercussaoGeralRelatorio/anexo/RelatorioRG_Mar2010.pdf>. Acesso em: 4 set. 2011.

5 O RI do STF esclarece, em seu art. 327: "A Presidência do Tribunal recusará recursos que não apresentem preliminar formal e fundamentada de repercussão geral, bem como aqueles cuja matéria carecer de repercussão geral, segundo precedente do Tribunal, salvo se a tese tiver sido revista ou estiver em procedimento de revisão. § 1º Igual competência exercerá o(a) Relator(a) sorteado(a), quando o recurso não tiver sido liminarmente recusado pela Presidência. § 2º Da decisão que recusar recurso, nos termos deste artigo, caberá agravo."

sorteado. Da decisão que recusar o recurso, caberá agravo (parágrafos do art. 327 do Regimento Interno do [RI] do STF).

O relator do recurso poderá admitir a manifestação de terceiros sobre a existência, ou não, da repercussão geral, desde que subscrita por procurador habilitado, nos termos do RI do STF[6] (§ 6º do art. 543-A do CPC). Vale ressaltar que procurador habilitado para o STF é o advogado legalmente constituído e cujo nome foi indicado para receber as intimações oriundas do Supremo[7].

Se a Turma decidir pela existência da repercussão geral por, no mínimo, quatro votos, a remessa do recurso ao plenário do Tribunal ficará dispensada (§ 4º do art. 543-A do CPC). Se o recurso impugnar decisão contrária à súmula ou jurisprudência dominante do STF, sempre será considerada existente a repercussão geral (§ 3º do art. 543-A do CPC).

Todavia, se a existência da repercussão geral for negada, a decisão será irrecorrível (art. 543-A, caput, do CPC) e valerá para todos os recursos sobre matéria idêntica, que serão indeferidos liminarmente, salvo em caso de revisão da tese, tudo nos termos do RI do STF (§ 5º do art. 543-A do CPC).

O art. 323 do RI do STF determina que, quando não for caso de inadmissibilidade do recurso por outra razão, o relator ou o presidente submeterá, por meio eletrônico, aos demais ministros cópia de sua manifestação sobre a existência, ou não, de repercussão geral. Os parágrafos do citado artigo estabelecem que, nos processos em que o presidente atuar como relator, sendo reconhecida a existência de repercussão geral, seguir-se-á livre distribuição para o julgamento de mérito, bem como que tal procedimento não terá lugar quando o recurso versar sobre questão cuja repercussão já foi reconhecida pelo Tribunal, ou quando impugnar decisão contrária à súmula ou à jurisprudência dominante, casos em que se presume a existência de repercussão geral.

A súmula da decisão sobre a repercussão geral constará de ata que será publicada no Diário Oficial e valerá como acórdão (§ 7º do art. 543-A do CPC).

Quando houver **multiplicidade de recursos com fundamento em idêntica controvérsia**, a análise da repercussão geral será processada nos termos do RI do STF (art. 543-B do CPC), cabendo ao Tribunal de origem selecionar um ou mais recursos representativos da controvérsia e encaminhá-lo(s) ao STF, sobrestando os demais até o pronunciamento definitivo (§ 1º do art. 543-A do CPC)[8].

Nos casos previstos no art. 543-B, *caput*, do CPC, o Tribunal de origem não emitirá juízo de admissibilidade sobre os REs já sobrestados, nem sobre os que venham a ser interpostos, até que o STF decida os selecionados. O Tribunal de origem também sobrestará os agravos de instrumento (AIs) contra decisões que não tenham admitido os REs, julgando-os prejudicados nas hipóteses do art. 543-B, § 2º, do CPC e quando coincidente o teor dos julgamentos (art. 543-B, § 3º, do CPC). Julgado o mérito do RE em sentido contrário ao dos acórdãos recorridos, o Tribunal de origem remeterá ao STF os agravos em que não se retratar (art. 328-A do RI do STF).

Negada a existência da repercussão geral, os recursos sobrestados serão automaticamente não admitidos (§ 2º do art. 543-B do CPC). No entanto, se julgado o mérito do RE, os recursos sobrestados serão apreciados pelos Tribunais, pelas Turmas de Uniformização ou Turmas Recursais, que poderão declará-los prejudicados ou se retratarem (§ 3º do art. 543-B do CPC).

Mantida a decisão e admitido o recurso, o STF poderá, conforme dispuser o seu RI, cassar ou reformar, liminarmente, o acórdão contrário à orientação firmada (§ 4º do art. 543-B do CPC).

O RI do STF disporá sobre as atribuições dos ministros, das Turmas e de outros órgãos na análise da repercussão geral (§ 5º do art. 543-B do CPC).

Além de o CPC fazer expressa remissão à disciplina contida no RI do STF, a Lei n. 11.418/2006 preceitua, em seu art. 3º, que cabe ao STF estabelecer em seu RI as normas necessárias à sua execução. Imprescindível, pois, a análise das normas regimentais do Supremo para se entender o iter procedimental da análise da repercussão geral.

A alínea "c" do inciso V do art. 13 do RI do STF estabelece que é atribuição do Presidente do STF despachar, como Relator, nos termos dos arts. 544, § 3º e 557, ambos do CPC, até eventual distribuição, os REs e petições ineptos ou de outro modo manifestamente inadmissíveis, inclusive por ausência de preliminar formal e fundamentada de repercussão geral, bem como aqueles cuja matéria

---

(6) Disponível em: <http://www.stf.jus.br/arquivo/cms/legislacaoRegimentoInterno/anexo/RISTF_Janeiro_2015_versao_eletronica.pdf>. Acesso em: 16 abr. 2015.

(7) Art. 1º da Resolução n. 404 do STF, de 7 de agosto de 2009.

(8) O parágrafo único do art. 328 do RI do STF disciplina: Quando se verificar subida ou distribuição de múltiplos recursos com fundamento em idêntica controvérsia, a Presidência do Tribunal ou o(a) Relator(a) selecionará um ou mais representativos da questão e determinará a devolução dos demais aos tribunais ou turmas de juizado especial de origem, para aplicação dos parágrafos do art. 543-B do Código de Processo Civil.

seja destituída desse pressuposto específico, conforme jurisprudência do Tribunal.

O julgamento de mérito de questões com repercussão geral, nos casos de reafirmação de jurisprudência dominante da Corte, também poderá ser realizado por meio eletrônico (art. 323-A do RI do STF). Recebida a manifestação do relator, os demais ministros encaminhar-lhe-ão, também por meio eletrônico, no prazo comum de vinte dias, manifestação sobre a questão da repercussão geral (art. 324 do RI do STF).

Decorrido o prazo sem manifestações do relator suficientes para a recusa do recurso, reputar-se-á existente a repercussão geral (§ 1º do art. 324 do RI), exceto se o relator declarar que a matéria é infraconstitucional, caso em que a ausência de pronunciamento no prazo será considerada como manifestação de inexistência de repercussão geral, autorizando a aplicação do art. 543-A, § 5º, do CPC, se alcançada a maioria de dois terços de seus membros (§ 2º do art. 324 do RI do STF).

A decisão de inexistência de repercussão geral deve ser comunicada pelo relator à Presidência do Tribunal, para recusa do recurso e para promover ampla e específica divulgação do teor da respectiva decisão, bem como para formação e atualização de banco eletrônico de dados pertinente (arts. 326, 327 e 329, todos do RI do STF). Compete também ao Relator formalizar e subscrever a decisão de recusa do recurso (art. 325 do RI do STF).

O RE, no julgamento realizado por meio eletrônico, se o Relator ficar vencido, a redação do acórdão competirá a Ministro sorteado na redistribuição, dentre aqueles que divergiram ou não se manifestaram, a quem competirá, também, a relatoria do recurso para exame do mérito e de incidentes processuais (§ 3º do art. 324 do RI do STF).

O relator juntará cópia das manifestações aos autos, quando não se tratar de processo informatizado e, uma vez definida a existência da repercussão geral, julgará o recurso ou pedirá dia para o seu julgamento, após vista ao procurador-geral, se necessário (art. 325 do RI do STF).

O teor da decisão preliminar sobre a existência da repercussão geral, que deve integrar a decisão monocrática ou o acórdão, constará sempre das publicações dos julgamentos no Diário Oficial, com menção clara à matéria do recurso (parágrafo único do art. 325 do RI do STF).

Nos casos de multiplicidade de recursos com fundamento em idêntica controvérsia, reconhecida a repercussão geral, serão distribuídos ou redistribuídos ao relator do recurso paradigma, por prevenção, os processos relacionados ao mesmo tema (art. 325-A do RI do STF).

Protocolado ou distribuído recurso cuja questão for suscetível de reproduzir-se em múltiplos feitos, a Presidência do Tribunal ou o relator, de ofício ou a requerimento da parte interessada, comunicará o fato aos Tribunais ou Turmas de Juizado Especial, a fim de que observem o disposto no art. 543-B do CPC, podendo pedir-lhes informações, que deverão ser prestadas em cinco dias, e sobrestar todas as demais causas com questão idêntica (art. 328 do RI do STF).

Por fim, o art. 329 do RI do STF preceitua que a Presidência do Tribunal promoverá ampla e específica divulgação do teor das decisões sobre repercussão geral, bem como formação e atualização de banco eletrônico de dados correspondente ao tema.

Breves notas sobre a Repercussão Geral e o Recuso de Revista

Ante a natureza de instância extraordinária do C. TST, cujo objetivo é garantir, ao Estado e à sociedade, a aplicação e a interpretação uniformes, em todo território nacional, da Constituição e das leis federais em matérias de competência da Justiça do Trabalho e com o intuito de reduzir o número de recursos a serem apreciados e, assim, otimizar a prestação jurisdicional por aquele Tribunal, a Medida Provisória (MP) n. 2.226[9], de 4.9.2001, incluiu, na CLT, o art. 896-A (objeto do art. 1º da MP), o qual introduziu um novo requisito de admissibilidade do recurso de revista — <u>a transcendência da causa com relação aos reflexos gerais de natureza econômica, política, social ou jurídica</u>.

O art. 2º da referida MP, por sua vez, dispôs que compete ao Tribunal Superior do Trabalho regulamentar, em seu regimento interno, o processamento da transcendência do recurso de revista, assegurando a apreciação da transcendência em sessão pública, com direito a sustentação oral e fundamentação da decisão.

Com o objetivo de estudar a viabilidade da regulamentação interna do quanto estabelecido pelo art. 896-A da CLT, o C. TST, através da Resolução Administrativa n. 1.360/2009[10], criou Comissão Temporária. Nesta, entretanto, não houve consenso sobre o processamento da transcendência, mas, a partir de seus trabalhos, surgiram importantes sugestões de alteração legislativa acerca do processamento dos recursos no âmbito da Justiça do Trabalho. Essas sugestões redundaram, por seu turno, no

---

(9) Os arts. 1º e 2º da MP n. 2.226 foram considerados constitucionais pela decisão liminar da ADIN 2527, publicada no DJ 23.11.2007. Disponível em: <http://www.stf.jus.br/portal/peticaoInicial/verPeticaoInicial.asp?>. Acesso em: 16 abr. 2015.

(10) Disponível em: <http://www.trtsp.jus.br/geral/tribunal2/TST/Resol/Res_Adm_1360_09.html>. Acesso em: 16 abr. 2015.

texto da Resolução Administrativa n. 1.451/2011[11], que aprovou e autorizou o encaminhamento de anteprojeto de lei ao Ministério da Justiça do qual se origem a Lei 13.015/2014.

Cabe destacar, outrossim, que o § 17 do art. 896-C da CLT, introduzido pela Lei 13.015/2014, estabelece que caberá revisão da decisão firmada em julgamento de recursos de revista repetitivos quando se alterar a situação econômica, social ou jurídica, caso em que será respeitada a segurança jurídica das relações firmadas sob a égide da decisão anterior, podendo o Tribunal Superior do Trabalho modular os efeitos da decisão que a tenha alterado.

Matéria intricada, os critérios de verificação e a regulamentação do processamento da transcendência, todavia, mesmo com a edição do Ato n. 491/SEGJUD.GP pelo C. TST, em 23 de setembro de 2014, que fixou parâmetros para efetividade das alterações do processamento do recurso de revista, introduzidas pela Lei 13.015/2014, ainda não foram regulamentados pela C. TST. Cabe esclarecer, ainda, que mesmo havendo entendimento, na doutrina, de que a questão somente pode ser regulamentada por lei ordinária, por ser competência privativa da União legislar sobre direito processual (art. 22, I, da CR/1988), fato é que a referida lei ainda não foi editada.[12] Inviabilizada, portanto, a aplicação da repercussão geral, recurso de revista.

Feitas essas considerações, passa-se a analisar alguns casos de análise da existência de repercussão geral pelo STF em matérias trabalhistas.

1. Responsabilidade civil do empregador

> EMENTA: DIREITO PROCESSUAL CIVIL E DO TRABALHO. JURISDIÇÃO E COMPETÊNCIA. RESPONSABILIDADE CIVIL DO EMPREGADOR. EXISTÊNCIA DE REPERCUSSÃO GERAL. RE n. 600.091. Relator(a): Min. Dias Toffoli. Data de julgamento: 25.5.2011. Data de publicação: 15.8.2011. A principal questão debatida nos autos refere-se à aplicabilidade do art. 114, VI, da CR/1988, com a nova redação dada pela EC n. 45/2004, às ações de indenização por danos morais e materiais ajuizadas por herdeiros de trabalhadores falecidos em razão de acidente de trabalho.

Em manifestação, o ministro Menezes Direito asseverou:

> A questão constitucional relativa à interpretação do art. 114, inciso VI, da Constituição Federal e à fixação da Justiça competente, especializada ou comum, para processar e julgar as ações de indenização por danos materiais e morais decorrentes de acidente do trabalho, propostas por terceiros alheios à relação de trabalho, possui relevância jurídica e extrapola os interesses subjetivos das partes, sendo pertinente aos demais processos em tramitação e aos que venham a ser ajuizados no país.[13]

No julgamento do RE, foi apresentada a seguinte ementa:

> EMENTA: Recurso extraordinário — Competência — Processual Civil e do Trabalho — Repercussão geral reconhecida — Ação de indenização decorrente de danos sofridos em acidente de trabalho — Demanda diretamente decorrente de relação de trabalho, sendo irrelevante, para fins de fixação da competência, o fato de ter sido ajuizada por sucessores do trabalhador falecido — Aplicação da norma do art. 114, inciso VI, da Constituição Federal, com a redação que a ela foi dada pela Emenda Constitucional n. 45/04 — Reconhecimento da competência da Justiça Federal do Trabalho para o processamento do feito — Recurso não provido.

Nesse panorama, observa-se que o STF reconheceu, por unanimidade de votos, a legitimidade dos sucessores do trabalhador falecido para ajuizar ações decorrentes diretamente de acidentes de trabalho. Manteve-se o posicionamento esposado no julgamento do CC 7204-1/MG[14], estendendo a legitimidade ativa aos sucessores do *de cujus*, já que é da relação de trabalho, lamentavelmente encerrada com o óbito do empregado, que decorre a ação. A causa de pedir continua sendo o acidente de trabalho sofrido durante a relação de emprego.

2. Execução de contribuições previdenciárias e alcance da norma do art. 114, inciso VIII, da Constituição Federal

Decisão de grande importância, no mesmo sentido da redação da Súmula n. 368 do TST, foi o reconhecimento de repercussão geral e posterior julgamento do mérito, relativo à discussão da competência da Justiça do Trabalho, para promover a execução de créditos de contribuições previdenciárias e à fixação do alcance da norma do art. 114, inciso VIII, da Constituição Federal.[15]

> EMENTA Recurso extraordinário. Repercussão geral reconhecida. Competência da Justiça do Trabalho. Alcance do art. 114, VIII, da Constituição Federal. 1. A competência

---

(11) Disponível em: <http://aplicacao.tst.jus.br/dspace/handle/1939/13018>. Acesso em: 16 abr. 2015.

(12) Vale lembrar que o Projeto de Lei n. 3.267/2000, que versava sobre o tema, foi arquivado na Câmara dos Deputados em 13.9.2001.

(13) Disponível em: <http://www.stfjus.br/portal/jurisprudenciaRepercussao/verPronunciamento.asp/pronunciamentoVi20736>. Acesso em: 4 set. 2011.

(14) Para maiores informações sobre esse julgamento importantíssimo para o ramo processual trabalhista, que, posteriormente, importou na edição da Súmula Vinculante n. 22 do STF, consulte: <http://redir.stf.jus.br/paginadorpub/paginador.jsp?docTP=AC&docID=25686>. Acesso em: 10 dez. 2005.

(15) Art. 114. Compete à Justiça do Trabalho processar e julgar: [...] VIII - a execução, de ofício, das contribuições sociais previstas no art. 195, I, "a", e II, e seus acréscimos legais, decorrentes das sentenças que proferir; [...].

da Justiça do Trabalho prevista no art. 114, VIII, da Constituição Federal alcança apenas a execução das contribuições previdenciárias relativas ao objeto da condenação constante das sentenças que proferir. 2. Recurso extraordinário conhecido e desprovido. RE 569056. Relator(a): Min. Menezes Direito. Data de julgamento: 28.2.2008. Data de publicação: 11.9.2008.

Na espécie, o STF definiu que o alcance da citada norma constitucional quanto à execução de ofício das contribuições sociais a que se refere deve ser somente no tocante àquelas devidas sobre os valores da prestação estipulada em condenação ou acordo, não alcançando as contribuições devidas no período da relação de trabalho que venha a ser reconhecida na decisão.

Manifestou-se o ministro relator:

> De início, é bom dizer que admitir, por exemplo, a execução de uma contribuição social atinente a um salário cujo pagamento foi determinado na sentença trabalhista, ou seja, juntamente com a execução do valor principal que lhe serve de base de cálculo, é bem diverso de admitir a execução de uma contribuição social atinente a um salário cujo pagamento não foi objeto de decisão, e que, portanto, não poderá ser executado e cujo valor é muitas vezes desconhecido.

Após esse entendimento, inclusive, prevaleceu válida a redação do item I da Súmula n. 368 do TST, com a alteração decorrente da Resolução n. 138, de 10 de novembro de 2005:

> DESCONTOS PREVIDENCIÁRIOS E FISCAIS. COMPETÊNCIA. RESPONSABILIDADE PELO PAGAMENTO. FORMA DE CÁLCULO (redação do item II alterada na sessão do Tribunal Pleno realizada em 16.04.2012) – Res. n. 181/2012, DEJT divulgado em 19, 20 e 23.4.2012
>
> I – A Justiça do Trabalho é competente para determinar o recolhimento das contribuições fiscais. A competência da Justiça do Trabalho, quanto à execução das contribuições previdenciárias, limita-se às sentenças condenatórias em pecúnia que proferir e aos valores, objeto de acordo homologado, que integrem o salário de contribuição. (ex-OJ n. 141 da SBDI-1 – inserida em 27.11.1998)

3. Competência para processar e julgar a forma de pagamento dos créditos previstos no quadro geral de credores do Plano de Recuperação Judicial

Em decisão importante para o Direito Processual do Trabalho, o STF reconheceu a repercussão geral relativa à definição do juízo competente para processar e julgar a forma de pagamento dos créditos previstos no quadro geral de credores do plano de recuperação judicial da VARIG Linhas Aéreas S/A e litisconsortes[16].

Segundo o relator: "(...) a questão constitucional controvertida acarreta significativo impacto no corpo social, dada sua relevância a ensejar pronunciamento definitivo desta Suprema Corte."

Com relação ao RE, o voto do relator foi acompanhado pela maioria dos ministros do STF.

> EMENTA: CONFLITO NEGATIVO DE COMPETÊNCIA. EXECUÇÃO DE CRÉDITOS TRABALHISTAS EM PROCESSOS DE RECUPERAÇÃO JUDICIAL. COMPETÊNCIA DA JUSTIÇA ESTADUAL COMUM, COM EXCLUSÃO DA JUSTIÇA DO TRABALHO. INTERPRETAÇÃO DO DISPOSTO NA LEI n. 11.101/05, EM FACE DO ART. 114 DA CF. RECURSO EXTRAORDINÁRIO CONHECIDO E IMPROVIDO. I – A questão central debatida no presente recurso consiste em saber qual o juízo competente para processar e julgar a execução dos créditos trabalhistas no caso de empresa em fase de recuperação judicial. II – Na vigência do Decreto-lei n. 7.661/1945 consolidou-se o entendimento de que a competência para executar os créditos ora discutidos é da Justiça Estadual Comum, sendo essa também a regra adotada pela Lei n. 11.101/05. III – O inc. IX do art. 114 da Constituição Federal apenas outorgou ao legislador ordinário a faculdade de submeter à competência da Justiça Laboral outras controvérsias, além daquelas taxativamente estabelecidas nos incisos anteriores, desde que decorrentes da relação de trabalho. IV – O texto constitucional não o obrigou a fazê-lo, deixando ao seu alvedrio a avaliação das hipóteses em que se afigure conveniente o julgamento pela Justiça do Trabalho, à luz das peculiaridades das situações que pretende regrar. V – A opção do legislador infraconstitucional foi manter o regime anterior de execução dos créditos trabalhistas pelo juízo universal da falência, sem prejuízo da competência da Justiça Laboral quanto ao julgamento do processo de conhecimento. VI – Recurso extraordinário conhecido e improvido. Relator(a): Min. Ricardo Lewandowski. Data de julgamento: 28.5.2009 Data de publicação: 28.8.2009.

Nessa decisão, a principal questão em debate consistiu em saber qual o juízo competente para processar e julgar a execução dos créditos trabalhistas no caso de empresa em fase de recuperação judicial.

O Ministério Público do Estado do Rio de Janeiro suscitou conflito de competência após a Justiça Estadual e a Justiça do Trabalho declararem-se incompetentes para processar e julgar ação proposta pelo Sindicato Nacional dos Aeronautas (SNA) e pela associação de comissários, mecânicos de voo e pilotos das empresas Varig e Nordeste linhas aéreas.[17]

---

(16) Disponível em: <http://redir.stf.jus.br/paginador/paginador.jsp?docTP=AC&docID=566209>. Acesso em: 26 jul. 2013.

(17) Maiores informações sobre o julgamento do Conflito de Competência originário estão disponíveis em: <http://www.stj.jus.br/webstj/processo/Justica/detalhe.asp?numreg=200600773837&pv=010000000000&tp=51 >. Acesso em: 26 jul. 2013.

No RE, alegou-se violação dos incisos I a IX do art. 114 da CR/1988.[18]

Quando da análise do caso[19], o STF decidiu, por maioria, que a EC n. 45/2004 e a Lei n. 11.101/2005 — esta trata da recuperação judicial, extrajudicial e falência do empresário e da sociedade empresária — não atribuíram competência à Justiça do Trabalho para executar créditos trabalhistas de empresa em recuperação judicial. Deve o interessado recorrer à Justiça Laboral para constituir eventual crédito trabalhista, que será habilitado, por sua vez, no juízo universal, nos autos do processo de recuperação judicial.

4. Complementação de aposentadoria

> EMENTA PREVIDÊNCIA PRIVADA. COMPLEMENTAÇÃO DE APOSENTADORIA. COMPETÊNCIA. EXISTÊNCIA DE REPERCUSSÃO GERAL. RE n. 586.453. Relator (a): Minª Ellen Gracie. Data de julgamento: 10.9.2009. Data de publicação: 2.10.2009.

Neste julgamento, o STF reconheceu a repercussão geral quanto à controvérsia relativa à competência para processar e julgar causas que envolvam complementação de aposentadoria por entidades de previdência privada.

Posicionou-se a relatora:[20]

> Verifico que a definição da competência para julgar causas envolvendo complementação de aposentadoria por entidades de previdência privada, questão de amplo alcance versada neste apelo extremo, possui relevância do ponto de vista econômico, político, social e jurídico, nos termos do § 1º do art. 543-A do Código de Processo Civil. Além disso, o assunto tem provocado decisões divergentes nesta Corte, sendo necessária a manifestação deste Supremo Tribunal para a definitiva pacificação da matéria.

No tocante ao julgamento do RE, tem-se a seguinte ementa, demonstrando o entendimento prevalecente de que, em regra, compete à Justiça Comum processar e julgar as causas que envolvam complementação de aposentadoria por entidades de previdência privada.

Além disso, foi conferida modulação aos efeitos do julgamento, para manter, na Justiça Federal do Trabalho, até o final da execução, todos os processos dessa espécie em que já tenha sido proferida sentença de mérito até o dia do julgamento do RE representativo, ou seja, até 20.2.2013.

Segue a ementa:

> EMENTA. Recurso extraordinário — Direito Previdenciário e Processual Civil — Repercussão geral reconhecida — Competência para o processamento de ação ajuizada contra entidade de previdência privada e com o fito de obter complementação de aposentadoria — Afirmação da autonomia do Direito Previdenciário em relação ao Direito do Trabalho — Litígio de natureza eminentemente constitucional, cuja solução deve buscar trazer maior efetividade e racionalidade ao sistema — Recurso provido para afirmar a competência da Justiça comum para o processamento da demanda — Modulação dos efeitos do julgamento, para manter, na Justiça Eederal do Trabalho, até final execução, todos os processos dessa espécie em que iá tenha sido proferida sentença de mérito, até o dia da conclusão do julgamento do recurso (20.2.2013). 1. A competência para o processamento de ações ajuizadas contra entidades privadas de previdência complementar é da Justiça comum, dada a autonomia do Direito Previdenciário em relação ao Direito do Trabalho. Inteligência do art. 202, § 2º, da Constituição Federal a excepcionar, na análise desse tipo de matéria, a norma do art. 114, inciso IX, da Magna Carta. 2. Quando, como ocorre no presente caso, o intérprete está diante de controvérsia em que há fundamentos constitucionais para se adotar mais de uma solução possível, deve ele optar por aquela que efetivamente trará maior efetividade e racionalidade ao sistema. 3. Recurso extraordinário de que se conhece e ao qual se dá provimento para firmar a competência da Justiça comum para o processamento de demandas ajuizadas contra entidades privadas de previdência buscando-se o complemento de aposentadoria. 4. Modulação dos efeitos da decisão para reconhecer a competência da Justiça Federal do Trabalho para processar e julgar, até o trânsito em julgado e a correspondente execução, todas as causas da espécie em que houver sido proferida sentença de mérito até a data da conclusão, pelo Plenário do Supremo Tribunal Federal, do julgamento do presente recurso (20.2.2013). 5. Reconhecimento, ainda, da inexistência de repercussão geral quanto ao alcance da prescrição de ação tendente a questionar as parcelas referentes à aludida complementação, bem como

---

(18) Art. 114. Compete à Justiça do Trabalho processar e julgar: I - as ações oriundas da relação de trabalho, abrangidos os entes de direito público externo e da administração pública direta e indireta da União, dos Estados, do Distrito Federal e dos Municípios; II - as ações que envolvam exercício do direito de greve; III - as ações sobre representação sindical, entre sindicatos, entre sindicatos e trabalhadores, e entre sindicatos e empregadores; IV - os mandados de segurança, habeas corpus e habeas data, quando o ato questionado envolver matéria sujeita à sua jurisdição; V - os conflitos de competência entre órgãos com jurisdição trabalhista, ressalvado o disposto no art. 102,1, "o"; VI - as ações de indenização por dano moral ou patrimonial, decorrentes da relação de trabalho; VII - as ações relativas às penalidades administrativas impostas aos empregadores pelos órgãos de fiscalização das relações de trabalho; VIII - a execução, de ofício, das contribuições sociais previstas no art. 195, 1, "a" e II, e seus acréscimos legais, decorrentes das sentenças que proferir; IX - outras controvérsias decorrentes da relação de trabalho, na forma da lei.

(19) Para maiores detalhes sobre o julgamento, consultar: <http://www.stf.jus.br/portal/jurisprudencia/listar_urisprudencia.asp?s1=0/o28RE°/o24. SCLA.+E+583955.NUME.0/o29+OU+%28RE.ACMS.+ADJ2+583955.ACMS.0/o29&base=baseAcordaos&url=http://tinyurl.com/cvd6l3l>. Acesso em: 26 jul. 2013.

(20) Disponível em: <http://www.stf.jus.br/portal/jurisprudenciaRepercussao/verPronunciamento.asp?pronunciamento=2962022>. Acesso em: 20 jul. 2013.

quanto à extensão de vantagem a aposentados que tenham obtido a complementação de aposentadoria por entidade de previdência privada sem que tenha havido o respectivo custeio, (grifos nossos).

Conclusão

A busca da celeridade e da efetividade no ordenamento jurídico brasileiro torna-se mais urgente a cada dia. Em uma sociedade de relações de massa, em que demandas assoberbam o Judiciário, faz-se necessário apresentar soluções válidas contra a morosidade judicial. Para Carnelutti, "[...] o tempo é um inimigo do direito, contra o qual o juiz deve travar uma guerra sem tréguas."[21]

Porém a repercussão geral deve ser analisada com cautela, pois, ao mesmo tempo em que busca subtrair da apreciação do STF recursos repetitivos e pouco relevantes do ponto de vista jurídico, econômico, político ou social imprimindo celeridade, na busca da duração razoável do processo, possui a importante função de determinar quais serão os temas dotados de relevante papel social.

Ademais, deve-se analisar se a adoção desse mecanismo, por si só, será suficiente para promover expressiva diminuição dos REs e a que preço isso ocorrerá, até porque nem sempre os casos apresentados são idênticos, podendo levar a uma crise de legitimação do Poder Judiciário no Estado Democrático de Direito.

E os riscos apresentados agigantam-se no processo do trabalho, onde litigam capital e trabalhadores hipossuficientes, devendo ser observado o princípio da proteção, de maneira a efetivar a concretização dos direitos sociais, preservando princípios como o da dignidade da pessoa do trabalhador.

Referências bibliográficas

BRASIL. *Constituição da República Federativa do Brasil, 5 de outubro de 1988*. Disponível em: <http://www.planalto.gov.br/ccivil_03/Constituicao/Constituicao.htm> Acesso: 4 ago. 2013.

BRASIL. *Lei n. 5.869, de 11 de janeiro de 1973*. Código de Processo Civil. Diário Oficial da União, Brasília, 17 jan. 1973. Disponível em: <http://www.planalto.gov.br/ccivil_03/_Ato2004-2006/2006/Lei/L11418.htm#art2>. Acesso em: 4 ago. 2013.

BRASIL. Supremo Tribunal Federal (STF). *Regimento Interno*: atualizado até maio de 2013. Disponível em: <http://www.stf.jus.br/arquivo/cms/legislacaoRegimentoInterno/anexo/RISTF_Maio_2013_versao_eletronica.pdf>. Acesso em: 4 ago. 2013.

CARNELUTTI, Francesco. *Diritto e processo*. Nápoles: Morano Lditore, 1958.

DONIZETTI, Elpídio. *Curso didático de direito processual civil*. 10. ed. Rio de Janeiro: Lumen Juris, 2008.

FABIANO, Isabela Márcia de Alcântara. Repercussão geral em matérias trabalhistas: últimas decisões do STF. *Suplemento Trabalhista LTr*, São Paulo, LTr, 064 11, ano 47, p. 321-329, 2011.

GARCIA, Gustavo Filipe Barbosa. Processo do Trabalho. A Lei 13.015/2014 e o Novo CPC. *Revista Ltr*, São Paulo, vol. 78, n. 10, p. 1.201-1.212, out. 2014.

MONTENEGRO FILHO, Misael. *Código de Processo Civil comentado e interpretado*. São Paulo: Atlas, 2008.

MALLET, Estevão. Reflexões sobre a Lei n. 13.015/2014. *Revista Ltr*, São Paulo, vol. 79, n. 01, p. 41-58, jan. 2015.

MARTINS FILHO, Ives Gandra. *O critério de transcendência no recurso de revista*. Projeto de Lei n. 3.267/00. Disponível em: <http://www.planalto.gov.br/ccivil_03/revista/rev_20/artigos/IvesGandra_rev20.htm>.

SOARES, Carlos Henrique; DIAS, Ronaldo Brêtas de Carvalho. *Manual elementar de processo civil*. Belo Horizonte: Del Rey, 2011.

WALD, Arnoldo; MARTINS FILHO, Inves Gandra. *Da transcendência do Recurso de Revista*. Disponível em: <http://www.planalto.gov.br/ccivil_03/revista/Rev_40/artigos/art_arnold.htm>.

---

(21) CARNELUTTI, Francesco. *Diritto e processo*. Nápoles, Morano Editore, 1958. p. 356.

Lei n. 11.419/2006: Breves Comentários sobre a Informatização do Processo e a Recente Implantação do Pje

Fernanda Carolina Fattini

> *Renova-te.*
> *Renasce em ti mesmo.*
> *Multiplica os teus olhos, para verem mais.*
> *Multiplica-se os teus braços para semeares tudo.*
> *Destrói os olhos que tiverem visto.*
> *Cria outros, para visões novas.*
> *Destrói os braços que tiverem semeado,*
> *Para se esquecerem de colher.*
> *Sê sempre o mesmo.*
> *Sempre outro. Mas sempre alto.*
> *Sempre longe.*
> *E dentro de tudo.*
>
> (Cecília Meireles)

1. Introdução

O Estado tem como objetivos fundamentais[1] criar uma sociedade livre, justa, solidária e promover o bem de todos sem preconceitos ou discriminações. Para alcançar esses objetivos, cria as normas reguladoras da convivência social e assume o compromisso de torná-las efetivas. A função do Estado que visa à atuação da vontade concreta da lei em substituição à atividade do particular, em prol da realização de seu interesse, por meio do processo, é chamada de jurisdição por Chiovenda[2] — enquanto tutela jurisdicional é "a técnica do processo a serviço do seu resultado"[3].

Na prática, não basta que o Estado garanta direitos se não disponibiliza formas de concreção útil, tempestiva e satisfatória desses direitos. O Direito Processual deve ser interpretado não como um fim em si mesmo, mas como meio de condução aos resultados práticos desejados tendo em vista o aspecto ético e sua conotação deontológica. Os valores tutelados pela ordem jurídica transpassam a natureza puramente técnica do processo.

Contudo, o processo compreendido como conjunto de atos interligados, sucessivos e coordenados, que constituem o procedimento por meio do qual o juiz exercerá sua função jurisdicional, somente é um instrumento legítimo se observar princípios constitucionais do contraditório, ampla defesa, fundamentação das decisões e devido processo legal — sendo razoável e inerente ao processo o dispêndio de um prazo na sua tramitação, a fim de que sejam garantidos os direitos fundamentais dos envolvidos.

No entanto essa demora há de ser razoável sob pena de se comprometer a própria efetivação da justiça no caso concreto, sendo necessária a adoção de medidas para combater o desperdício do tempo decorrente de causas exógenas, tais como procrastinação das partes, abarrotamento das secretarias causado pelo excesso de demandas ajuizadas — por sua vez decorrentes do excessivo descumprimento de obrigações trabalhistas, fomentado pela falta de efetividade do próprio processo na concretização do direito reconhecido, formando-se um ciclo vicioso. A efetividade do processo, portanto não se destina isoladamente à parte favorecida por uma decisão, mas está diretamente relacionada à própria estrutura do Estado.

O Direito à Razoável Duração do Processo e os meios que garantam a celeridade de sua tramitação foi promovido ao status de garantia constitucional pela Emenda à Constituição n. 45/2004. Em 2005 e 2006, na sequência da chamada pela doutrina "reforma do Judiciário", foram editadas algumas leis modificando o Código de Processo Civil, com a intenção de modernizar o processo, tornando-o não somente mais célere, mas principalmente mais efetivo. Dentre as alterações surgidas, em dezembro de 2006, foi publicada a Lei n. 11.419/2006, regulamentando a informatização do processo, objeto de análise nesse breve estudo.

2. A Informatização do Processo Judicial e o processo eletrônico

A implementação da informatização do processo e o surgimento do processo eletrônico representam, além da economia ambiental e financeira, decorrente do fim do desperdício de papel, otimização do tempo e da mão de obra despendidos com juntada de petições e envio de papelada, significativa economia de espaço físico nas secretarias das Varas e tempo gasto pelos advogados e peritos no deslocamento para retirar os autos em carga e obter cópias de petições.

No capítulo introdutório, a Lei n. 11.419/2006 dispõe que: o uso de meio eletrônico na tramitação de processos judiciais, na comunicação de atos e na transmissão de

---

(1) Art. 3º da Constituição da República.
(2) CHIOVENDA, Giuseppe. *Instituições de direito processual civil*. v. II; apud CÂMARA, Alexandre Freitas. *Lições de direito processual civil*. v. I. 16. ed. Rio de Janeiro: Lumen Juris, 2007. p. 70.
(3) BEDAQUE, José Roberto dos Santos. *Direito e processo*. São Paulo: Malheiros, 2005. p. 25.

peças judiciais será admitido, aplicando-se aos processos civil, penal, trabalhista e juizados especiais em qualquer grau de jurisdição. Os órgãos do Poder Judiciário poderão desenvolver sistemas eletrônicos de processamento de ações judiciais por meio de autos total ou parcialmente digitais, utilizando preferencialmente a rede mundial de computadores.

Conceitua meio eletrônico como qualquer forma de armazenamento ou tráfego de documentos e arquivos digitais e, transmissão eletrônica, como toda forma de comunicação a distância com a utilização de rede de comunicação, preferencialmente a internet.

Portanto não se confunde o peticionamento eletrônico com o processo digital. No primeiro caso, trata-se de um sistema para envio de petições pela internet, que pode ou não estar vinculada ao processo eletrônico, que é um sistema de armazenamento de dados integralmente digital, que elimina os autos de papel. Assim, antes mesmo da implementação do Processo Judicial Eletrônico — Pje, que será abordado mais adiante, tornou-se possível o envio eletrônico de petições pelo sistema *e-doc*, caso em que as petições são recebidas pela secretaria da Vara, impressas e autuadas nos autos de papel.

2.1. Requisitos práticos para acesso ao sistema

Todos os atos processuais do processo eletrônico, bem como as petições enviadas pelo sistema *e-doc*, serão assinados eletronicamente, sendo necessária, para tanto, a obtenção de certificado digital emitido por Autoridade Certificadora credenciada.

Por meio do certificado digital, o documento é eletronicamente assinado e enviado pela internet. É ele que garante a identidade daquele que acessou o sistema, bem como a integridade do documento enviado — garantia de que não foi modificado entre o momento em que foi enviado até o seu recebimento — conferindo autenticidade, integridade e validade ao sistema.

No caso dos advogados, o certificado deverá ser adquirido na OAB da sua subseção correspondente. Os dados do profissional estarão gravados em um dispositivo (cartão *smartcard* da OAB, apto a armazenar a tecnologia da certificação digital, ou Token). Caso o usuário opte pelo armazenamento em cartão deverá comprar uma leitora do dispositivo. Já no caso do Token, basta a utilização de uma entrada USB. Em ambos os casos é necessário baixar o programa específico para leitura dos dispositivos e o cadastramento no respectivo sistema que se pretende acessar, para se ter acesso ao banco de dados.

Após a aquisição do certificado e do dispositivo, o usuário deve agendar uma visita presencial junto à autoridade certificadora para validação do dispositivo e gravação de senha para posterior utilização. Esse sistema garante que terceiros não façam uso do nome e informações do assinante. Alguns sistemas, como o Tribunal Regional Federal da 1ª Região, por exemplo, dispensam o certificado digital desde que o advogado faça um cadastro no sistema do Tribunal e agende uma visita pessoal para validação do credenciamento.

Cada órgão, portanto, é responsável pela criação do seu próprio sistema de processo eletrônico que não é unificado. A diversidade dos procedimentos é alvo de crítica dos operadores do direito, que não atuam em uma única área e têm que se adaptar não somente a um novo sistema, mas a vários.

O processo eletrônico é, ainda, alvo de outras críticas. O acesso ao seu banco de dados só é possível em computadores cujo sistema operacional seja a partir da versão Windows XP e contenha a versão 7.7 ou seguintes do Java. Além disso, o usuário deve observar que o documento a ser enviado deve estar em uma resolução específica sob pena de não poder ser transmitido eletronicamente — resolução gráfica 200 dpi, tons de cinza, documento A4 formato PDF não superior a 3MB (JT 1,5 MB).

O acesso ao sistema depende da observância dessas especificidades o que, de certa forma, pode limitar e dificultar a atuação dos advogados com acesso restrito à tecnologia e também daqueles com maiores dificuldades de adaptação ao novo sistema, comprometendo sua atuação.

Apesar da necessidade de adaptação dos operadores do direito, que devem contar com o apoio das respectivas instituições de classe nesse período inicial, o processo eletrônico já é uma realidade em todos os Tribunais Regionais do país e representa um grande avanço na facilitação e efetividade da tramitação dos processos.

2.2. Comunicação eletrônica dos atos processuais

O segundo capítulo da lei trata da comunicação dos atos processuais. As citações, remessas, intimações e notificações, inclusive da Fazenda Pública, serão feitas por meio eletrônico em portal próprio aos que se cadastraram, dispensando-se a publicação no órgão oficial.

Contudo, o Conselho Superior da Justiça do Trabalho editou a Resolução n. 128/2013, em 4.10.2013, regulamentando a Lei n. 11.419/06, estabelecendo que, no âmbito da Justiça do Trabalho, as intimações endereçadas aos advogados nos módulos de primeiro e segundo graus, cuja ciência não exija vista pessoal, as inclusões em pautas de órgão julgador colegiado e a publicação de acórdãos deverão ser feitas por meio do Diário Eletrônico da Justiça do Trabalho, hipótese em que a contagem dos prazos reger-se-á na forma prevista nos §§ 3º e 4º do art. 4º da Lei.

Nesses casos, considera-se como data da publicação o primeiro dia útil seguinte ao da disponibilização da informação no Diário da Justiça Eletrônico e os prazos processuais terão início no primeiro dia útil que seguir ao considerado como data da publicação.

O PJe-JT está disponível 24 horas por dia ressalvados os períodos de manutenção que são previamente avisados, preferencialmente de 00h às 6h e 00h de sábado às 22h do domingo.

A postulação encaminhada será considerada tempestiva quando for recebida integralmente até as 24 horas do dia em que se encerra o prazo. Não será considerado o horário da conexão à internet, mas o horário do recebimento registrado no protocolo de envio.

A não obtenção de acesso ao sistema ou falha na transmissão não será considerada escusa para o descumprimento de prazo processual.

A indisponibilidade do sistema será considerada caso falte oferta ao público externo de um dos seguintes serviços: (i) consulta aos autos; (ii) transmissão eletrônica de atos; (iii) citações, intimações ou notificações. No caso de indisponibilidade do sistema, atestada pelo sistema de auditoria do Conselho Superior da Justiça do Trabalho, superior a 60 minutos (ininterruptos ou não, se ocorrida entre as 6h e as 23 horas) o prazo fica prorrogado para o primeiro dia útil seguinte. Da mesma forma se ocorrer indisponibilidade entre as 23 e as 24 horas, não produzindo o mesmo efeito aquelas ocorridas entre as 00h e as 6h e finais de semana.

3. A implementação do PJe na Justiça do Trabalho

Especificamente em relação à Justiça do Trabalho, em março de 2012, o Conselho Superior da Justiça do Trabalho editou a Resolução n. 94, posteriormente modificada pela Resolução n. 128 de outubro de 2013, para regulamentar o PJe, num esforço concentrado de oferecer um processo mais célere, seguro, econômico, acessível, transparente e efetivo a toda a coletividade, sem esquecer do aspecto ambiental, diretamente relacionado à promoção racional da tecnologia e diminuição da utilização do papel.

Os anos de 2012 e 2013 foram marcados pela implementação do Processo Judicial Eletrônico — PJe nos Tribunais Regionais do Trabalho de todo o país, que vem ocorrendo paulatinamente em conformidade com o cronograma estabelecido pelas comissões especialmente designadas para instalação do processo no âmbito dos órgãos respectivos.

Em linhas muito sucintas, o que muda com o Processo Judicial Eletrônico é a forma de armazenamento das informações que passarão do papel para o meio eletrônico, o que certamente acarreta muitas outras mudanças. Assim, deixam de existir os autos físicos de papel e as informações (petições, intimações, atas de audiência, pareceres, laudos periciais, decisões etc.) passam a ser transmitidas eletronicamente e armazenadas em uma base digital, acessível a todo o tempo — salvo os casos que tramitam sob segredo de justiça, que ficarão armazenados no sistema, mas indisponíveis à consulta pública.

No entanto, nessa primeira fase de instalação do sistema, é normal que surjam dúvidas e receios diante de tantas novidades que impõem a inclusão digital imediata dos operadores do direito — isso porque, apesar da implantação estar sendo paulatina, em muito pouco tempo os processos serão eletrônicos em todos os órgãos do Poder Judiciário. O receio é maior em relação aos advogados que atuam no mercado há mais tempo e que tiveram dificuldades em trocar a máquina de escrever pelo computador e agora se vêm diante de outra novidade que exige adaptação imediata. Nas Varas que já possuem o PJe instalado, só é possível distribuir ações bem como praticar atos subsequentes nesses processos de forma eletrônica.

"Modernizar faz parte do processo" e aqueles que não se adaptarem ficarão excluídos. As mudanças assustam, mas as expectativas de uma efetivação da prestação jurisdicional são animadoras. Nosso ordenamento jurídico possui boas leis, basta que sejam cumpridas mediante um processo célere, com a eficiência e utilidade necessárias para a garantia concreta e integral do direito tutelado.

4. Referências bibliográficas

BEDAQUE, José Roberto dos Santos. *Direito e processo*. São Paulo: Malheiros, 2005.

CHIOVENDA, Giuseppe. Instituições de direito processual civil. v. II; apud CÂMARA, Alexandre Freitas. *Lições de direito processual civil*. v. I. 16. ed. Rio de Janeiro: Lumen Juris, 2007.

GIGLIO, Wagner D. Informatização do processo judicial — acertos e desacertos — Lei n. 11.419, de 18.12.2006. *Revista LTr*, São Paulo, ano 71, n. 03, 2007.

MARINONI, Luiz Guilherme; ARENHART, Sérgio Cruz. *Processo de conhecimento*. v. II. 6. ed. São Paulo: Revista dos Tribunais, 2007.

Lei n. 11.969/2009: Altera a Redação do Art. 40, § 2º, do CPC (Prazo Comum — Retirada dos Autos)

Mauro Cesar Silva e Luciano Damásio Soares

O presente trabalho tem por escopo examinar a alteração do art. 40, § 2º, do CPC, à luz do Processo do Trabalho.

Cumpre, entretanto, anotar duas observações preliminares. Primeiro, não temos a intenção de esgotar o assunto, por óbvio. Trata-se apenas de simples contribuição para as eventuais discussões acerca da matéria. O tema se dirige especificamente ao procedimento escritural expresso em autos físicos, sob a guarda da Secretaria da Vara nos termos dos arts. 710, 711, 771 e 773 da CLT.

Ainda que possa parecer redundante, a segunda observação é feita tendo em vista o alvorecer do procedimento eletrônico (PJe) que promove abolição do método escritural e deposita os atos processuais em realidade virtual acessível aos litigantes em tempo real. Até que a novidade se torne realidade corriqueira, analisemos a regulação objeto de nosso tema.

Ao propor uma demanda, o autor aciona o Poder Judiciário, que, por sua vez, chama o demandado a integrar a relação jurídico-processual. Até então estamos tratando de um liame ideal. Regularmente formalizada a triangular ligação entre autor, Estado e réu, os atos por eles praticados se materializam nos autos do processo (art. 777 da CLT), que no âmbito juslaboral ficam a cargo das Secretarias das Varas do Trabalho seguindo a regra insculpida nos arts. 710 e 711 da CLT.

Excetuada a manifestação inicial do autor (reclamante) a provocar a jurisdição, o processo do trabalho segue à frente na sucessão de atos visando ao provimento final, que tanto pode ser a conciliação (art. 764 da CLT) quanto a decisão (art. 850 da CLT).

No curso desse procedimento, os autos ficam a cargo da Secretaria da Vara do Trabalho (art. 777 da CLT) e só poderão sair mediante solicitação dos advogados ou quando tiverem de ser remetidos a outros órgãos, na dicção do art. 778 da Consolidação. Nesse ponto, o Texto Consolidado a isso se resume; surgem, então, lacunas quando a questão é vista do ponto de vista prático, sobretudo nos casos em que o prazo de vista foi concedido de modo comum visando à celeridade do feito.

O pragmatismo do processo laboral prevê que nos casos omissos o direito processual comum servirá de fonte subsidiária, nos exatos termos do art. 769 consolidado.

Vem em socorro a esse hiato do processo laboral o art. 40 do CPC, *in verbis*:

Redação original:

Art. 40. O advogado tem direito de:

I – examinar, em cartório de justiça e secretaria de tribunal, autos de qualquer processo, salvo o disposto no art. 155;

II – requerer, como procurador, vista dos autos de qualquer processo pelo prazo de 5 (cinco) dias;

III – retirar os autos do cartório ou secretaria, pelo prazo legal, sempre que lhe competir falar neles por determinação do juiz, nos casos previstos em lei.

§ 1º Ao receber os autos, o advogado assinará carga no livro competente.

§ 2º Sendo comum às partes o prazo, só em conjunto ou mediante prévio ajuste por petição nos autos poderão os seus procuradores retirar os autos. (grifos nossos).

Evidentemente que a solução dada pelo direito processual civil veio suprir a falta de regulação específica da CLT facilitando o trabalho das Secretarias das Varas do Trabalho e dos advogados das partes nos casos em que o prazo a estas concedido fosse comum.

Considerando que a grande maioria das demandas propostas na Justiça do Trabalho contém inúmeros pedidos, é certo que as decisões, na idêntica proporção, são procedentes, em parte, o que resulta em prazo comum para recorrer.

Pela regra aqui reproduzida "só em conjunto ou mediante ajuste prévio por petição" os procuradores poderiam retirar os autos da secretaria. Apesar de abrir-se oportunidade de considerável avanço em relação ao vetusto texto consolidado a inovação promovida pela Lei n. 11.969/2009 foi mais além, como se pode constatar:

Texto alterado pela Lei n. 11.969/2009

§ 2º Sendo comum às partes o prazo, só em conjunto ou mediante prévio ajuste por petição nos autos, poderão os seus procuradores retirar os autos, ressalvada a obtenção de cópias para a qual cada procurador poderá retirá-los pelo prazo de 1 (uma) hora independentemente de ajuste. (Redação dada pela Lei n. 11.969, de 2009) (grifos nossos).

Pois bem. Percebe-se que a alteração legislativa acolheu a denominada "carga rápida", que já vinha sendo adotada na praxe forense.

Com efeito, no caso de prazo comum, ainda que não haja ajuste entre as partes, poderão os respectivos procuradores retirar os autos do processo por uma hora, para obtenção de cópias.

A alteração, no nosso sentir, é extremamente positiva, eis que a "carga rápida" em tudo se coaduna com a celeridade que se espera do processo, alçada ao nível constitucional, na clara dicção do art. 5º, inciso LXXVIII, da Constituição da República:

> A todos, no âmbito judicial e administrativo, são assegurados a razoável duração do processo e os meios que garantam a celeridade de sua tramitação.

Avulta ressaltar que o princípio da celeridade ganha contornos ainda mais importantes no âmbito da seara processual trabalhista, tendo em vista a natureza alimentar das parcelas normalmente postuladas.

Tanto assim que o C. TST já havia normatizado a matéria, antes mesmo da edição da lei. Trata-se do art. 44 da Consolidação dos Provimentos da Corregedoria Geral, publicado em 30.10.2008, que ora transcrevemos.

> Art. 44. Os autos dos processos da Justiça do Trabalho que não tramitam em sigilo poderão ser confiados em carga temporária de até 45 (quarenta e cinco) minutos a advogado mesmo sem procuração, para exame e obtenção de cópias, mediante exibição de documento de identificação profissional e registro no livro de carga (Lei n. 8.906/94, art. 7º, inciso XIII).
>
> Parágrafo único. Idêntica providência poderá ser adotada em favor de advogado regularmente constituído nos autos, no caso de prazo comum.

Na mesma esteira, o projeto do novo Código de Processo Civil, em tramitação no Congresso Nacional, também contempla a "carga rápida", conforme se verifica do art. 104, transcrito a seguir.

> Art. 104. O advogado tem direito a:
>
> I – examinar, em cartório de justiça e secretaria de tribunal, autos de qualquer processo, salvo nas hipóteses de segredo de justiça, nas quais apenas o advogado constituído terá acesso aos autos;
>
> II – requerer, como procurador, vista dos autos de qualquer processo pelo prazo de cinco dias;
>
> III – retirar os autos do cartório ou secretaria, pelo prazo legal, sempre que lhe couber falar neles por determinação do juiz, nos casos previstos em lei.
>
> § 1º Ao receber os autos, o advogado assinará carga no livro próprio.
>
> **§ 2º Sendo o prazo comum às partes, os procuradores poderão retirar os autos somente em conjunto ou mediante prévio ajuste por petição nos autos.**
>
> **§ 3º É lícito também aos procuradores, no caso do § 2º, retirar os autos pelo prazo de duas horas, para obtenção de cópias, independentemente de ajuste e sem prejuízo da continuidade do prazo.** (grifamos)
>
> § 4º No caso de não devolução dos autos no prazo de duas horas, o procurador perderá, no mesmo processo, o direito a que se refere o § 3º.

O reconhecimento legislativo de uma práxis consolidada no âmbito das Secretarias dos órgãos jurisdicionais aperfeiçoa-se agora na possibilidade punir aquele que exorbitar do prazo concedido, visando acima de tudo garantir o perfeito funcionamento do mecanismo criado.

Todo esse esforço tem o escopo de regular a tramitação dos feitos sob a guarda das Secretarias, porém garantindo a publicidade dos atos processuais e o mais amplo acesso aos autos até que venha definitivamente o procedimento eletrônico.

Por fim, reafirmamos que a alteração do art. 40, § 2º, do CPC foi positiva na medida em que simplifica o procedimento de carga dos autos e, consequentemente, facilita o trabalho dos advogados e dos serventuários da Justiça.

Essa é a nossa contribuição sobre o tema.

Lei n. 12.008/2009: Os Impactos na Justiça do Trabalho

Davidson Malacco Ferreira e Camila Gomes Mendonça

Introdução

Este artigo visa apresentar, de uma maneira geral, a prioridade de tramitação concedida a pessoas específicas, em uma análise mais recente, e qual a situação desses processos na Justiça do Trabalho.

Para tanto, será necessário fazer uma abordagem de maneira geral da primeira lei que acrescentou no Código de Processo Civil os artigos que passaram a prever tal condição para os idosos.

Depois, reforçando ainda mais essa previsão, tem-se o Estatuto do Idoso, que previa também essa prioridade de tramitação.

Por fim, será analisada a última modificação com relação a esse benefício a determinadas pessoas. E, ainda, qual a implicação que passa a ter na Justiça do Trabalho essa previsão de trâmite processual preferencial para idosos e pessoas com doenças graves que sejam partes no processo.

Primeiras previsões da prioridade do trâmite processual

A tramitação preferencial é um assunto que vem ganhando destaque no âmbito judicial. Tal preceito foi inserido primeiro pela Lei n. 10.173/01, que acrescentou três novos artigos ao Código de Processo Civil, na tentativa assim de proporcionar a determinadas pessoas maior celeridade na tramitação de suas ações.

Essa Lei, logo em seu preâmbulo, assim previa:

> Altera a Lei n. 5.869, de 11 de janeiro de 1973 — Código de Processo Civil, para dar prioridade de tramitação aos procedimentos judiciais em que figure como parte pessoa com idade igual ou superior a sessenta e cinco anos.

Assim, pessoas que tiverem 65 anos de idade ou mais passarão a ter a prioridade na tramitação dos procedimentos judiciais.

Sem dúvidas, o que levou à edição de tal lei foi a intenção de beneficiar pessoas idosas que muitas vezes, não conseguiam ver o desfecho das ações, não vendo assim o seu direito satisfeito. Pois, como se sabe, uma pessoa idosa tem menos expectativa de vida, e a demora na solução de seu litígio poderá não ser presenciada por ela, gerando assim uma frustação com relação à percepção de seu direito.

Em 2003 foi sancionada a Lei n. 10.741, que passou a dispor sobre o estatuto do idoso. E, em seu art. 71, prevê a prioridade de tramitação nos procedimentos judiciais:

> Art. 71. É assegurada prioridade na tramitação dos processos e procedimentos e na execução dos atos e diligências judiciais em que figure como parte ou interveniente pessoa com idade igual ou superior a 60 (sessenta) anos, em qualquer instância.

Em 2009 foi sancionada a Lei n. 12.008, alterando os arts. 1.211-A, 1.211-B e 1.211 –C do Código de Processo Civil, a fim de conceder prioridade de tramitação a determinadas pessoas conforme descrito nesses artigos.

A Lei n. 12.008/09 em um aspecto geral

O art. 1.211-A, que prevê a prioridade de tramitação e foi alterado pela Lei n. 12.008/09, passou a ter a seguinte redação:

> Art. 1.211-A. Os procedimentos judiciais em que figure como parte ou interessado pessoa com idade igual ou superior a 60 (sessenta) anos, ou portadora de doença grave, terão prioridade de tramitação em todas as instâncias.

Com a decretação dessa lei, as normas passaram a ser sistematizadas, não ficando apenas presentes em normas esparsas, como era antes. Como era anteriormente, uma vez que a Lei n. 10.173 previa a prioridade de tramitação para os idosos com 65 anos de idade ou mais, e depois em 2003, com a Lei n. 10.741, que prevê os direitos dos idosos, passou a prevêr a prioridade de tramitação para os idosos com 60 anos ou mais de idade. Logo, com o advento dessa lei, o Código de Processo Civil passou a estar em conformidade com o Estatuto do Idoso e com algumas decisões do STJ e do STF.

Com a Lei n. 12.008/09 ainda, não apenas os idosos terão direito à prioridade de tramitação, uma vez que a lei inovou ao prever a prioridade de tramitação nos procedimentos judiciais, em todas as instâncias, também para as pessoas portadoras de doença grave, os enfermos passam a ter assim a prioridade de tramitação nos processos judiciais.

Segundo Nelson Nery Junior, essa regra passa a garantir aos idosos e também aos enfermos:

> (...) prioridade na prática de qualquer ato e no andamento dos processos em que sejam parte. (...)
>
> Esse direito à preferência judicial tem lugar em qualquer jurisdição e em qualquer juízo ou tribunal.[1]

---

(1) NERY JUNIOR, Nelson. *Código de Processo Civil comentado e legislação extravagante*. 11. ed., rev., ampl. e atual. até 17.2.2010. São Paulo: Revista dos Tribunais, 2010. p. 1.346.

Assim sendo, mesmo com a previsão anterior, a Lei n. 12.008/09 surge para amenizar a demora na prestação jurisdicional, e agora não apenas para os idosos, mas também para as pessoas com alguma enfermidade grave, que a qualquer momento poderão vir a falecer, devendo assim ter sua ação tramitando mais rapidamente.

A Lei n. 12.008/09 e a Justiça do Trabalho

No que diz respeito à tramitação preferencial, de qualquer ato judicial, para idosos e pessoas com doenças graves, a CLT é omissa.

Em decorrência dessa omissão, como se trata de uma norma que beneficia o litigante, pode-se, assim, aplicar tal artigo em benefício dos mesmos.

O próprio artigo da CLT prevê a aplicação do Código de Processo Civil, de maneira subsidiária ao processo do trabalho, conforme redação do art. 769, que prevê:

> Art. 769. Nos casos omissos, o direito processual comum será fonte subsidiária do direito processual do trabalho, exceto naquilo em que for incompatível com as normas deste Título.

Assim, como se trata de uma norma que beneficia o litigante, que pode ter seu direito prejudicado pela demora, não há motivos para não aplicar subsidiariamente o Código de Processo Civil com relação a essa concessão de preferência na tramitação processual.

E, mesmo que a Justiça do Trabalho seja uma justiça mais célere, a demora em um julgamento de um recurso, por exemplo, poderá prejudicar o direito de uma pessoa idosa, ou mesmo enferma, que poderá, inclusive, ter sua doença agravada devido à demora em ver seu litígio solucionado.

A aplicação desse art. 1.211-A no âmbito da Justiça do Trabalho, alterado pela Lei em comento, ainda irá de encontro a um princípio previsto na Constituição da República de 1988, em seu art. 5º, inciso LXXVIII, que assegura a todos, no âmbito judicial, uma razoável duração do processo.

Os tribunais, inclusive no TST, já estão reconhecendo a necessidade da aplicação de tal artigo na tramitação dos processos em que a parte seja pessoa idosa ou enferma.

É possível observar o destaque dessa Lei, do art. 1.211-A do CPC, em algumas jurisprudências do Tribunal Superior do Trabalho, por exemplo, como se observa abaixo:

> RECURSO ORDINÁRIO EM MANDADO DE SEGURANÇA. PREFERÊNCIA DE EXEQUENTE IDOSO NA ORDEM DE PENHORA SOBRE CRÉDITO FUTURO DA EXECUTADA. ART. 71 DO ESTATUTO DO IDOSO E ART. 1.211-A DO CPC. ALCANCE. 1. Mandado de segurança pretendendo prioridade de tramitação processual de idoso na ordem de penhora. A reclamação trabalhista foi proposta em 1995 e o reclamante, ora impetrante, conta 78 anos de idade, sem perspectiva de satisfação do seu crédito. 2. No caso em exame, antes mesmo de um conflito aparente de normas, a controvérsia envolve uma colisão de princípios: de um lado, a proteção ao idoso, de outro, a anterioridade da penhora. Na esteira da doutrina perfilhada por Alexy, explicitada por Paulo Bonavides, a prevalência de determinado princípio não repercute no âmbito de validade do arcabouço legal amparado no outro postulado em colisão. A proteção ao idoso nada mais é que um corolário da dignidade da pessoa humana, diante da presunção de que o indivíduo idoso encontra-se em situação de vulnerabilidade, daí a merecer especial proteção do Estado. O princípio da razoável duração do processo e da garantia dos meios que assegurem a celeridade de sua tramitação, insculpido no art. 5º, LXXVIII, da Constituição Federal, comporta alcance diverso para o jurisdicionado idoso, em face da reduzida expectativa de vida que lhe resta, de modo que uma justiça em prazo razoável para um indivíduo comum talvez nunca seja uma justiça eficaz para o idoso, se já falecido. Assim, a interpretação a ser conferida ao art. 71 da Lei n. 10.741/2003, bem como ao art. 1.211-A do CPC, deve considerar as peculiaridades do seu destinatário, cotejando-se com a amplitude do princípio contido no inciso LXXVIII do art. 5º da Carta Magna. Dessa feita, a redação dos citados dispositivos, ao determinar a "prioridade na tramitação dos processos" e "na execução dos atos e diligências judiciais" alcança também a prioridade na ordem de penhora de créditos futuros da empresa executada, pois, no caso concreto, considerando a técnica de ponderação de valores e o escopo de obter-se a máxima efetividade dos princípios, exsurge a imperiosa prevalência do princípio da proteção ao idoso, como consectário, inclusive, do princípio da dignidade da pessoa humana. (BRASIL, Tribunal Superior do Trabalho, 2010).

Tem-se, ainda, um julgado do TRT da 3ª Região, que também trata da prioridade de tramitação:

> EMENTA — PRIORIDADE DE TRAMITAÇÃO — SITUAÇÃO DE TERCEIRO — INVIABILIDADE. O benefício da prioridade de tramitação, insculpido no art. 1.211-A do CPC, é direcionado à pessoa que figure como parte ou interessado no processo, com idade igual ou superior a 60 anos ou que seja portadora de doença grave (redação dada pela Lei n. 12.008, de 2009). Assim, condições pessoais de terceiro estranho ao feito, ainda que genitor do autor da demanda, não habilita a concessão da vantagem. (MINAS GERAIS, 2012).

Essas jurisprudências servem para ilustrar a aplicabilidade da prioridade de tramitação, nos processos em que figure como parte pessoas idosas ou com doenças graves.

Ressalta-se ainda que no TST já é possível ver tal aplicação, da Lei n. 12.008/09, de forma expressa na "Consolidação dos Provimentos da Corregedoria-Geral da Justiça do Trabalho", em seu art. 35, que prevê que os autos que estejam abarcados por tal benefício deverão constar na capa dos autos tal informação.

Portanto um idoso ou uma pessoa que esteja com uma doença grave poder ter prioridade na tramitação de sua ação, o que garante a estes, uma resposta mais rápida de seu direito.

O certo é que não está se concedendo privilégios para determinadas pessoas, mas sim dando a oportunidade de que elas possam também ver suas ações solucionadas, antes de falecer.

A celeridade na Justiça do Trabalho e o art. 1.211-A do CPC

A Justiça do Trabalho, por si só, já é uma justiça mais célere. Tanto que um de seus princípios que merecem destaque é o da oralidade, assim como a concentração de atos e o princípio da proteção. A Justiça do Trabalho sempre busca atender o direito dos litigantes o mais breve possível.

Amauri Mascaro Nascimento reconhece que no direito processual do trabalho a celeridade e a concentração dos atos ganham destaque:

> Relevo especial ganham no direito processual do trabalho, entre outros, a celeridade, que deve ser mais acentuada para que possa cumprir os seus fins; a maior concentração dos atos processuais, razão pela qual a audiência trabalhista assume importância especial (...).[2]

Com relação ao princípio da concentração, o mesmo é abordado inclusive nas ações civis, em que, nas palavras de Dierle Nunes[3], o princípio da concentração se dá na tentativa de um processo mais célere, que só será alcançado mediante a realização de poucas audiências ao longo do processo de conhecimento, fazendo com que o processo termine em tempo razoável.

Mauro Schiavi ainda vai mais longe ao dizer que o princípio da celeridade na Justiça do Trabalho é muito importante, pois o trabalhador postula um "crédito de natureza alimentar"[4].

A fim de entender a real aplicação, o peso que o art. 1.211-A do CPC passa a ter na Justiça do Trabalho, tem-se ainda outro princípio que merece destaque. É o princípio da proteção, que é defendido por muitos autores renomados, como Carlos Henrique Bezerra Leite, Sérgio Pinto Martins e Renato Saraiva.

Nas palavras de Renato Saraiva, tem-se que:

> Pelo princípio da proteção, o caráter tutelar, protecionista, tão evidenciado no direito material do trabalho, também é aplicável no âmbito do processo do trabalho, o qual é permeado de normas, que, em verdade, objetivam proteger o trabalhador, parte hipossuficiente da relação jurídica laboral.[5]

Carlos Henrique Bezerra Leite trata tal princípio da seguinte maneira:

> Podemos dizer que o princípio da proteção ou tutelar é peculiar ao processo do trabalho. Ele busca compensar a desigualdade existente na realidade socioeconômica com uma desigualdade jurídica em sentido oposto.
>
> O princípio da proteção deriva da própria razão de ser do processo do trabalho, o qual foi concebido para realizar o Direito do Trabalho, sendo este ramo da árvore jurídica criado exatamente para compensar a desigualdade real existente entre empregado e empregador, naturais litigantes do processo laboral[6]

A Justiça do Trabalho preocupa-se em oferecer uma resposta rápida aos litigantes, que até o processo judicial eletrônico já faz parte da realidade de seus trâmites processuais.

Ora, se cada vez mais os atos processuais vierem a ser realizados eletronicamente, com certeza a tendência é de que se tornem um processo mais rápido, com um desfecho a curto prazo. Mauro Schiavi, em sua sábias palavras, fala sobre o processo eletrônico:

> A recente Lei n. 11.419/06 disciplinou a utilização do sistema eletrônico para a prática de atos processuais, bem como de comunicação de tais atos. Mediante cadastro prévio nos Tribunais, com a certificação da assinatura digital, todos os atos processuais que não dependam do comparecimento da parte em juízo poderão ser praticados pela "internet", como distribuição da inicial, recursos, petições etc. Ficou assim instituído o chamado processo eletrônico, que muito contribuirá para a celeridade e efetividade do processo.
>
> (...)
>
> O processo eletrônico deve ser estimulado e impulsionado pelos tribunais do Trabalho e também utilizado pelos advogados e partes, como medidas

---

(2) NASCIMENTO, Amauri Mascaro. *Curso de direito processual do trabalho*. 24. ed. São Paulo: Saraiva, 2009. p. 109.
(3) NUNES, Dierle et al. *Curso de direito processual civil:* fundamentação e aplicação. Belo Horizonte: Fórum, 2011. p. 102-103.
(4) SCHIAVI, Mauro. *Manual de direito processual do trabalho*. 3. ed. São Paulo: LTr, 2010.
(5) SARAIVA, Renato. *Curso de direito processual do trabalho*. 6. ed. São Paulo: Método, 2009. p. 47.
(6) BEZERRA LEITE, Carlos Henrique. *Curso de direito processual do trabalho*. 7. ed. São Paulo: LTr, 2009. p. 79.

de celeridade, simplicidade, de desburocratização do procedimento.[7]

Assim, percebe-se que a Justiça do Trabalho já é uma Justiça que se preocupa em agilizar os conflitos que nela são interpostos, na tentativa de oferecer aos litigantes uma resposta mais rápida de seu direito. A aplicação do art. 1.211-A só irá corroborar para o feito a que a Justiça do Trabalho já se empenha a realizar.

O autor Cleber Lúcio de Almeida, em sua obra, conceitua celeridade, que condiz e justiça o porquê da aplicação do art. 1.211-A:

> Celeridade — o demandante deve ser satisfeito no menor espaço de tempo possível, para que a utilidade, individual e social, do direito que lhe reconhece e garante a ordem jurídica não se perca ou esvazie com o tempo. Por isso, a CLT impõe ao juiz o dever de velar pelo andamento rápido das causas (A. 765), ao passo que a Constituição Federal (art. 5º, LXXVIII) reconhece às partes o direito à razoável duração do processo e aos meios que garantam a celeridade de sua tramitação. Ao direito processual do trabalho cumpre criar as condições necessárias para a mais rápida solução dos dissídios decorrentes da relação de trabalho ou a ela conexos.[8]

Portanto, tudo o que for para transformar a Justiça do Trabalho em uma esfera mais célere, que atenda mais rapidamente aos interesses dos litigantes, será a ela aplicado. Uma prova disso é a implantação do processo eletrônico e, por óbvio, a aplicação do artigo em tela, ora abordado.

Considerações finais

A Lei n. 12.008/09, que alterou o artigo do Código de Processo Civil, que trata da tramitação preferencial de procedimentos judiciais para idosos e pessoas com doenças graves, vem para garantir aos litigantes uma satisfação do seu direito.

Não há motivos, assim, de negar sua aplicação no âmbito da Justiça do Trabalho, que, mesmo sendo uma justiça mais célere, precisa garantir ao litigante uma solução para o seu conflito antes que este venha a falecer.

E um dos pilares que move a Justiça do Trabalho, sem dúvida, é a preocupação com a celeridade, proporcionar aos litigantes uma resposta mais rápida aos seus conflitos.

O certo é que, para que isso venha a funcionar na prática, é necessário que haja uma cooperação entre os servidores da Justiça, e que tal lei seja de fato cumprida em todos os atos judiciais, desde um simples despacho até uma sentença final de um recurso.

Caberá ao advogado, então, que defende o direito de seu cliente, ficar atento ao real cumprimento ou não dessa norma.

Referências bibliográficas

ALMEIDA, Cleber Lúcio de. *Direito processual do trabalho*. 3.ed., rev., atual. e ampl. Belo Horizonte: Del Rey, 2009.

BEZERRA LEITE, Carlos Henrique. *Curso de direito processual do trabalho*. 7. ed. São Paulo: LTr, 2009.

BRASIL. Código de Processo Civil, Decreto-lei n. 5.869, de 11 de jan. de 1973. Diário Oficial da União, Brasília, 11 de jan. 1973. Disponível em: <http://www.planalto.gov.br/ccivil_03/leis/l5869compilada.htm>. Acesso em: 15 mar. 2013.

BRASIL. Consolidação das Leis do Trabalho, Decreto-lei n. 5.452, de 1º de maio de 1943. Diário Oficial da União, Brasília, 9 ago. 1943. Disponível em: <http://www.planalto.gov.br/ccivil_03/decreto-lei/Del5452compilado.htm>. Acesso em: 14 mar. 2013.

BRASIL. Constituição da República Federativa do Brasil de 1988. Diário Oficial da União, Brasília, 5 out. 1988. Disponível em: <http://www.planalto.gov.br/ccivil_03/constituicao/constitui%C3%A7ao.htm>. Acesso em: 16 mar. 2013.

BRASIL. Estatuto do Idoso. Lei n. 10.741/2003, Diário Oficial da União, Brasília, 1 out. 2003. Disponível em: <http://www.planalto.gov.br/ccivil_03/leis/2003/l10.741.htm>. Acesso em: 15 mar. 2013.

BRASIL. Tribunal Superior do Trabalho. Consolidação dos Provimentos da Corregedoria-Geral da Justiça do Trabalho. Brasília, 17 ago. 2012. Disponível em: <http://aplicacao.tst.jus.br/dspace/bitstream/handle/1939/25776/_%E2%98%852012_consolida_prov_cgjt.pdf?sequence=1>. Acesso em: 14 mar. 2013.

BRASIL. Superior Tribunal de Justiça. TST-ROMS-174300--50.2004.5.01.0000. SBDI- 2. Rel. Min. Emmanoel Pereira. DJ, Brasília, 29 jun. 2010.

MINAS GERAIS. Tribunal Regional do Trabalho 3ª Região. 0096100--54.1999.5.03.0095 AP. 3ª Turma. Rel. Emilia Facchini. DJ, Belo Horizonte, 30 mar. 2012.

NASCIMENTO, Amauri Mascaro. *Curso de direito processual do trabalho*. 24. ed. São Paulo: Saraiva, 2009.

NERY JUNIOR, Nelson. *Código de Processo Civil comentado e legislação extravagante*. 11. ed., rev., ampl. e atual. até 17.2.2010. São Paulo: Revista dos Tribunais, 2010.

NUNES, Dierle et al. *Curso de direito processual civil*: fundamentação e aplicação. Belo Horizonte: Fórum, 2011.

SARAIVA, Renato. *Curso de direito processual do trabalho*. 6. ed. São Paulo: Método, 2009.

SCHIAVI, Mauro. *Manual de direito processual do trabalho*. 3. ed. São Paulo: LTr, 2010.

---

(7) SCHIAVI, Mauro. *Manual de direito processual do trabalho*. 3. ed. São Paulo: LTr, 2010. p. 359- 360.
(8) ALMEIDA, Cleber Lúcio de. *Direito processual do trabalho*. 3. ed., rev., atual. e ampl. Belo Horizonte: Del Rey, 2009. p. 20.

Lei n. 12.322/2010: Agravo nos PrópriosAutos na Justiça do Trabalho

Raquel Betty de Castro Pimenta e Sara Lúcia Moreira de Cerqueira

1. Introdução

A Lei n. 12.322, de 9 de setembro de 2010, promoveu alteração no processamento do agravo contra decisão que não admite recurso extraordinário (RE) ou especial (REsp). A partir da vigência do referido diploma legal, cabe agravo nos próprios autos — sem a formação de instrumento apartado — o que levou o Supremo Tribunal Federal (STF) a aprovar, em sessão administrativa ocorrida em dezembro de 2010, a Resolução n. 450, instituindo nova classe processual denominada Recurso Extraordinário com Agravo (aRE)[1].

Em consequência da referida modificação, sofreram alterações outros dispositivos do Código de Processo Civil (CPC), que faziam referência à forma de interposição recursal suprimida, à faculdade de autenticação das peças pelo advogado, à nomenclatura, às decisões do relator e à possibilidade de agravo do agravo, entre outros.

A Consolidação das Leis do Trabalho (CLT) tem regulamentação própria quanto ao agravo de instrumento no âmbito da Justiça do Trabalho e, por isso, continua a regê-lo (art. 897, "b" e §§ 2º, 4º, 5º, 6º e 7º). Entretanto não há no diploma trabalhista norma específica sobre o agravo contra decisão que inadmite recurso extraordinário, razão pela qual é cabível a aplicação subsidiária do novo art. 544 do CPC, nos termos do art. 769 da CLT, o que será mais bem detalhado a seguir.

2. Breve remissão histórica e evolução legislativa do agravo na Justiça do Trabalho

O agravo de instrumento no processo do trabalho é o remédio processual cabível contra as decisões que denegarem a interposição de quaisquer recursos (art. 897, "b", da CLT).

Historicamente, desde as Ordenações Afonsinas, a formação de instrumento em autos apartados se justificou para viabilizar a impugnação de decisão interlocutória sem paralisar o processo, fazendo chegar à autoridade judiciária superior as razões da insurgência por meio de cópias fielmente transladadas[2].

Também no processo do trabalho, tradicionalmente, o agravo de instrumento se processou fora dos autos principais, com a apresentação de cópias de documentos extraídos do processo. Em um primeiro momento, os documentos considerados obrigatórios se restringiram à análise da validade da decisão que não admitiu o recurso; conhecido e provido o agravo, o juízo *ad quem* se limitava a determinar a subida do recurso que teve o seu seguimento trancado pelo juízo *a quo*[3].

Posteriormente, a Lei n. 9.756/98 inseriu os §§ 5º, 6º e 7º no art. 897 da CLT, exigindo a instrução do agravo e da contraminuta com documentos obrigatórios e facultativos de modo a permitir o julgamento imediato do recurso destrancado e, assim, ganhar em celeridade.

A Lei n. 12.275/10, por sua vez, ampliou o rol de documentos obrigatórios à instrução do agravo, alterando a redação do art. 897, § 5º, I, para adequá-lo à exigência instituída pelo recém-incluso § 7º do art. 899 da CLT (depósito recursal de 50% sobre o valor do depósito do recurso que se pretende destrancar).

Verifica-se, assim, que as inovações mencionadas, de fato, contribuíram para a celeridade processual; trouxeram, porém, alguns problemas de ordem procedimental, como os elevados custos de extração das cópias (principalmente nos casos em que foi concedida justiça gratuita), a responsabilidade da parte pela legibilidade e correta eleição das peças a serem copiadas, sob pena de não conhecimento do recurso, sem direito sequer à conversão em diligência, entre outras dificuldades.

Na tentativa de mitigar tais problemas, o Tribunal Superior do Trabalho (TST) chegou a alterar a redação de sua Instrução Normativa n. 16/99, que regulamenta o processamento do agravo de instrumento na Justiça do Trabalho, para permitir que o agravo fosse processado nos mesmos autos nas hipóteses previstas no item II, §§ 1º e 2º, da referida Instrução (Resolução TST n. 113/02)[4]. No entanto esses parágrafos foram revogados em 2003 pela Resolução Administrativa n. 930 do TST.

---

(1) Informação veiculada em notícia do STF do dia 8 de dezembro de 2010. Disponível em: <http://www.stf.jus.br/portal/cms/verNoticiaDetalhe.asp?idConteudo=167684>. Acesso em: 26 dez. 2012.

(2) CORTÊS, Osmar Mendes Paixão. O novo agravo sem instrumento para os Tribunais Superiores: antecedentes e perspectivas. *Revista de Processo*, São Paulo, v. 190, n. 35, p. 271-272, dez. 2010.

(3) BEZERRA LEITE, Carlos Henrique. *Curso de Direito Processual do Trabalho*. 7. ed. São Paulo: LTr, 2009. p. 734.

(4) A Resolução n. 113/02 do TST autorizava o processamento do agravo nos autos principais nas seguintes hipóteses: a) se o pedido houver sido julgado totalmente improcedente; b) se houver recurso de ambas as partes e denegação de um ou de ambos; c) mediante postulação

As principais críticas apontadas à época e que foram responsáveis pela mencionada revogação foram: a) dificuldade na execução provisória e na execução definitiva de parcelas não impugnadas; b) aumento dos pedidos de extração de carta de sentença (atuais autos complementares), impedindo a expedição em tempo e modo adequados; c) dificuldade no exame dos pressupostos extrínsecos, dado o número maior de volumes a serem compulsados; d) aumento do custo relativo à tramitação do agravo de instrumento nos autos principais[5].

3. O novo processamento do agravo no Supremo Tribunal Federal

A Lei n. 12.322/10 alterou a redação do art. 544 do CPC, passando a prever o processamento do agravo nos próprios autos quando se tratar de não admissão de recurso destinado ao STJ ou STF, mantido o prazo de dez dias para a sua interposição. A petição é direcionada ao Tribunal que houver denegado o seguimento do REsp ou RE, facultando-se a retratação, e a parte agravada é intimada para oferecer resposta no mesmo prazo (§ 2º). Em seguida os autos originais são remetidos ao Tribunal Superior, não havendo mais a antiga previsão de conversão do instrumento em recurso para julgamento do mérito (§ 3º).

Se houver mais de um recurso inadmitido, deve ser interposto um agravo para cada recurso, de acordo com a nova redação do § 1º do art. 544 do CPC (a redação antiga desse dispositivo trazia o rol de documentos indispensáveis para o conhecimento do agravo).

O § 1º do art. 544, em sua redação original, possibilitava ao advogado declarar autênticas as cópias dos documentos apresentados, sob sua responsabilidade pessoal, e o art. 475-O, § 3º, e o art. 736, parágrafo único, ambos do CPC, faziam referência direta a esse dispositivo. Assim, a Lei n. 12.322/10, por uma questão de compatibilidade lógica, ao alterar o art. 544, § 1º, alterou também os referidos dispositivos, autorizando de forma expressa a declaração de autenticidade dos documentos pelo advogado ao instruir a petição de requerimento de execução provisória e de embargos à execução, respectivamente.

No mais, a Lei n. 12.322/10 retirou a expressão "de instrumento" da referência ao agravo perante o STF no inciso II, do § 2º, do art. 475-O, do CPC, apenas para adequar a redação à nova dinâmica do agravo.

O novo § 4º do art. 544 amplia os poderes do relator do agravo, ao prever que, em decisão monocrática, poderá não conhecer de agravo manifestamente inadmissível ou que não tenha atacado especificamente os fundamentos da decisão agravada (inciso I), ou conhecer do recurso (inciso II). Neste caso, poderá negar-lhe provimento se correta a decisão que não admitiu o recurso (inciso II, "a"), ou se o agravo for manifestamente inadmissível, prejudicado ou em confronto com súmula ou jurisprudência dominante no tribunal (inciso II, "b"), ou dar-lhe provimento, se o acórdão recorrido estiver em confronto com súmula ou jurisprudência dominante no tribunal (inciso II, "c").

Nos termos da nova redação do art. 545, da decisão do relator que não conhecer do recurso, negar-lhe provimento, ou decidir desde logo o recurso não admitido na origem, caberá agravo, no prazo de cinco dias, ao órgão competente (trata-se do agravo interno ou regimental, dirigido às Turmas do STF). Neste caso, aplicam-se os §§ 1º e 2º do art. 557 do CPC, que tratam da possibilidade de retratação do relator e da aplicação de multa ao agravante no caso de agravo manifestamente inadmissível ou infundado, que pode ser arbitrada no importe entre um e dez por cento do valor corrigido da causa, a favor do agravado.

4. Pontos positivos e negativos da inovação à luz do direito processual do trabalho

Para muitos doutrinadores[6], a inovação trazida pela Lei n. 12.322/10 representa importante avanço no direito processual, em harmonia com a atual e irreversível tendência de informatização do processo e com a crescente preocupação ecológica, contribuindo, por fim, para a maior efetividade da prestação jurisdicional.

Nessa linha de raciocínio, a recente modalidade de agravo, sem instrumento, continua tendo efeito meramente devolutivo, conforme determina o art. 899 da CLT, podendo prosseguir normalmente a execução ou o cumprimento de sentença, ainda que de forma provisória (o próprio TST já consolidou o entendimento de que, enquanto houver recurso extraordinário pendente ou agravo

---

do agravante no prazo recursal, caso em que, havendo interesse do credor, será extraída carta de sentença, às expensas do recorrente, sob pena de não conhecimento do agravo.

(5) LEITE, Carlos Henrique Bezerra. *Ibidem*, p. 735-736.
(6) Por todos: NUNES, Jorge Amaury Maia. *Algumas considerações sobre o art. 544 do Código de Processo Civil, com a redação que lhe deu a lei n. 12.322, de 2010*. Blog do Professor Amaury. Disponível em: <http://professoramaury.blogspot.com.br/2011/07/algumas-consideracoes-sobre--o-art-544.html>. Acesso em: 15 jan. 2013; NADU, Amílcar. Lei n. 12.322/2010. Agravo nos Próprios Autos. Fim do Agravo de Instrumento Para o STF e o STJ. Alteração no CPC. Lei n. 12.322/10. Direito Integral. Disponível em: <http://www.direitointegral.com/2010/09/lei-12322--2010-agravo-instrumento-autos.html>. Acesso em: 15 jan. 2013; CORTÊS, Osmar Mendes Paixão. O novo agravo sem instrumento para os Tribunais Superiores: antecedentes e perspectivas. *Revista de Processo*, São Paulo, v. 190, n. 35, dez. 2010.

visando a destrancá-lo, a execução não é definitiva — OJ n. 56, SDI-II/TST)[7].

Conforme salienta Osmar Mendes Paixão Cortês, no agravo para destrancar recurso não há discussão a ser continuada no grau inferior enquanto os autos sobem para o Tribunal, não havendo prejuízo, portanto, com relação ao seguimento do processo. Além disso, em caso de eventual cumprimento ou execução provisória da sentença (ou até definitiva, com relação à parte não impugnada), bastaria à parte interessada instruir a petição da execução com os documentos necessários à continuidade do feito[8].

O principal ponto favorável da reforma é a possibilidade de reverter a cultura da "jurisprudência defensiva"[9], instituída pelos Tribunais Superiores na tentativa de conter o enorme contingente recursal a desaguar diariamente nas instâncias extraordinárias.

A tradição jurisprudencial antes da Lei n. 12.322/10 sempre foi a do apego ao formalismo quanto às cópias transladadas para o agravo de instrumento. Exigências como legibilidade de carimbos, cópias autenticadas e cópias não previstas expressamente em lei fizeram com que muitos recursos deixassem de ser conhecidos por razões não tão importantes quanto o mérito recursal[10].

Nesse sentido, o STF chegou a editar duas súmulas que deixam clara a rigidez na apreciação da admissibilidade do agravo de instrumento em relação às cópias que eram exigidas:

> Súmula n. 288 – Nega-se provimento a agravo para subida de recurso extraordinário, quando faltar no traslado o despacho agravado, a decisão recorrida, a petição de recurso extraordinário ou qualquer peça essencial à compreensão da controvérsia.
>
> Súmula n. 639 – Aplica-se a Súmula n. 288 quando não constarem do traslado do agravo de instrumento as cópias das peças necessárias à verificação da tempestividade do recurso extraordinário não admitido pela decisão agravada.

Ulderico Pires dos Santos ressaltava a importância da fiscalização, por parte do advogado, quando da formação do instrumento, alertando que a jurisprudência da Suprema Corte era invariável no sentido de caber ao advogado do agravante a responsabilidade pelo traslado dos documentos, mesmo quando as cópias eram realizadas pelas Secretarias das Varas[11].

Assim, a nova sistemática retirou pesado ônus da parte agravante com relação à correta formação do instrumento, principalmente considerando-se que qualquer falha na instrução da execução pode ser suprida através da intimação da parte para sanar o defeito, ao contrário do agravo de instrumento, em que a falta de uma peça essencial ou sua ilegibilidade condenava o recurso a não ser sequer conhecido.

Quando da edição da lei em análise, o próprio STF enalteceu a inovação legislativa, conforme se abstrai das notícias veiculadas pelo site do Supremo e pelas declarações dos ministros na imprensa. Conforme declaração do ministro Cezar Peluso, presidente do STF à época, a nova Lei do Agravo representa ganhos significativos em termos de celeridade (previsão de redução de seis meses até um ano na tramitação do agravo) e economia de recursos materiais e humanos ao Tribunal (antes era necessária a contratação de um software específico para o processamento dos agravos de instrumento, além da dedicação exclusiva de um grande número de servidores apenas na tramitação desse recurso), tornando a administração da Justiça mais racional[12].

Por fim, foi bastante elogiada a redução do impacto ambiental, na medida em que milhões de folhas de papel deixariam de ser utilizadas e descartadas em seguida[13].

Analisando-se as alterações promovidas pela Lei n. 12.322/10 por outra perspectiva, conclui-se, entretanto, que a inovação, em sua literalidade, parece privilegiar a recorribilidade em detrimento da execução provisória do

---

(7) Nesse sentido também caminha a doutrina processualista civil, que considera superada a antiga Súmula n. 228, do STF, que estabelecia não ser provisória a execução na pendência de recurso extraordinário – FERREIRA FILHO, Roberval Rocha; VIEIRA, Albino Carlos Martins; COSTA, Mauro José Gomes da. *Súmulas do Supremo Tribunal Federal organizadas por assunto, anotadas e comentadas*. Salvador: Jus Podivm, 2011. p. 319-320.

(8) CORTÊS, Osmar Mendes Paixão. *Op. cit.*, p. 273.

(9) Expressão encontrada em FERREIRA FILHO, Roberval Rocha; VIEIRA, Albino Carlos Martins; COSTA, Mauro José Gomes da. *Súmulas do Supremo Tribunal Federal organizadas por assunto, anotadas e comentadas*. Salvador: Jus Podivm, 2011. p. 372.

(10) CORTÊS, Osmar Mendes Paixão. *Op. cit.*, p. 274.

(11) SANTOS, Ulderico Pires dos. *Agravo de instrumento: doutrina, jurisprudência e prática*. São Paulo: Paumape, 1991. p. 59 e 147.

(12) Informação veiculada em notícia do STF do dia 20 de setembro de 2010. Disponível em: <http://www.stf.jus.br/portal/cms/verNoticiaDetalhe.asp?idConteudo=161919>. Acesso em: 27 dez. 2012.

(13) Só no STF, em 2009, os 42.189 agravos de instrumento processados na Suprema Corte somaram 20 milhões de folhas de papel. Informação veiculada em notícia do STF do dia 20 de setembro de 2010. Disponível em: <http://www.stf.jus.br/portal/cms/verNoticiaDetalhe.asp?idConteudo=161919>. Acesso em: 27 dez. 2012.

julgado, ferindo a teleologia protetiva do direito processual do trabalho, já que, na maioria dos casos, o exequente é o trabalhador hipossuficiente e sobre ele passou a recair um novo ônus referente à formação dos autos suplementares.

Aliás, é importante frisar que nesse aspecto, pelo menos no que for pertinente à Justiça do Trabalho, enquanto não houver a plena informatização dos processos, não haverá praticamente economia de papel, pois, na quase totalidade das vezes em que os autos principais forem remetidos à Corte Suprema, serão extraídas cópias (quase sempre integrais dos autos) para viabilizar a execução provisória na instância de origem, tendo em vista a urgência inata do crédito trabalhista.

A esse respeito, como ensina Antônio Álvares da Silva, a CLT, em seu art. 893, § 2º, dispõe que a interposição de recurso para o STF não prejudicará a execução do julgado. Além disso, nos termos do art. 475-O, § 2º, II, do CPC, a execução provisória deve se dar do mesmo modo que a definitiva, inclusive com a possibilidade de levantamento de depósito em dinheiro e a prática de outros atos executivos, sem necessidade de caução – o que importaria, segundo ele, em execução provisória com prestação definitiva[14].

Como se pode perceber, as críticas apontadas por Carlos Henrique Bezerra Leite quando da alteração da Instrução Normativa n. 16 do TST pela Resolução n. 113/02 (que permitiu o agravo nos próprios autos), conforme mencionado acima, têm cabimento também com relação à inovação trazida pela Lei n. 12.322/10, pois, certamente, caso os autos principais sejam remetidos à instância extraordinária para apreciação do agravo, haverá aumento dos pedidos de extração de cópias para formação de autos complementares, o que, além de tumultuar a tramitação nos tribunais superiores, impedirá a expedição em tempo e modo adequados, prejudicando o exequente. Não se pode esquecer também da maior dificuldade no exame dos pressupostos extrínsecos, dado o número maior de volumes a serem compulsados e o aumento do custo relativo à tramitação do agravo de instrumento nos autos principais[15].

Ao analisar o Regimento Interno do STF, percebe-se que ele ainda não foi atualizado nos termos da lei em estudo e, por outro lado, a implementação do processo eletrônico (Lei n. 11.419/06) ainda se encontra em andamento no âmbito da Suprema Corte. A Resolução interna do Supremo que regulamenta esse tema, em sua versão consolidada, delimita o rol de classes processuais que serão recebidas e processadas exclusivamente de forma eletrônica, deixando de mencionar os recursos (art. 19)[16].

Dessa forma, pode haver casos em que os autos principais serão remetidos fisicamente ao STF, já que nem sempre haverá a digitalização do agravo nos próprios autos. Nessa hipótese, conforme alertado acima, o procedimento estabelecido pela Lei n. 12.322/10 deve ser visto com cautela no âmbito trabalhista, tendo em vista as dificuldades que pode gerar ao exequente, que na maioria esmagadora das vezes é o reclamante, parte hipossuficiente da relação jurídica trabalhista.

Por outro lado, no caso dos processos que já tiverem sido digitalizados, o novo processamento será bem-vindo, na medida em que facilitará a interposição e apreciação do recurso sem prejudicar nem atrasar a execução provisória ou definitiva das parcelas não impugnadas, desde que os autos principais sejam devolvidos à Vara de Origem e possam ser utilizados para o prosseguimento da execução provisória.

5. Conclusão

A Lei n. 12.322/10 enfrentou as dificuldades trazidas pela linha de jurisprudência defensiva ao romper com as hipóteses de inadmissão do agravo por mera deficiência de traslado de peças, facilitando a vida de advogados e servidores da Justiça.

Para que seus efeitos positivos sobressaiam, entretanto, é indispensável que o novo processamento do agravo caminhe lado a lado com a evolução do processo eletrônico, ou mesmo da simples digitalização dos processos, pois, diante da eventual necessidade de envio dos autos originais à instância extraordinária, não há como fechar os olhos aos evidentes tumultos que essa remessa causará na satisfação do crédito trabalhista, sobrecarregando inclusive o próprio Judiciário.

O dilema que envolve o tema dos recursos é inerente à Justiça do Trabalho e, nas sábias palavras de Antônio Álvares da Silva, a solução cabe ao processo:

> O problema há de ser visto nos dois valores que informam a recorribilidade: se, por um lado, os recursos podem ser úteis para corrigir possíveis erros na instância inferior, por outro, retardam necessariamente a

---

(14) SILVA, Antônio Álvares da. *Execução Provisória Trabalhista depois da Reforma do CPC*. São Paulo: LTr, 2007. p. 102.

(15) *Vide* nota n. 5.

(16) "Regimento Interno do STF – Art. 19. As seguintes classes processuais serão recebidas e processadas, exclusivamente, de forma eletrônica: I – Ação Direta de Inconstitucionalidade; II – Ação Direta de Inconstitucionalidade por Omissão; III – Ação Declaratória de Constitucionalidade; IV – Arguição de Descumprimento de Preceito Fundamental; V – Reclamação; VI – Proposta de Súmula Vinculante; VII – Ação Rescisória; VIII – Ação Cautelar; IX – *Habeas Corpus*; X – Mandado de Segurança; XI – Mandado de Injunção; XII – Suspensão de Liminar; XIII – Suspensão de Segurança; XIV – Suspensão de Tutela Antecipada".

prestação jurisdicional. Equilibrar os dois interesses é missão do processo[17].

Assim, deve-se buscar o equilíbrio entre o exercício do direito de uma parte de se insurgir contra a decisão que inadmite o processamento de seu recurso e o direito da outra a ter a sua pretensão satisfeita, ou seja, à execução do julgado. Nesse ponto, a Lei n. 12.322/10, desde que associada à informatização dos processos, possibilita o início da execução do julgado, sem que o exame do recurso seja prejudicado por meras questões formais, oferecendo um importante passo na modernização do processo.

Referências bibliográficas

BEZERRA LEITE, Carlos Henrique. *Curso de Direito Processual do Trabalho*. 7. ed. São Paulo: LTr, 2009.

BRASIL. Supremo Tribunal Federal. *Notícias*. Disponível em: <http://www.stf.jus.br>. Acesso em: 27 dez. 2012.

CORTÊS, Osmar Mendes Paixão. O novo agravo sem instrumento para os Tribunais Superiores: antecedentes e perspectivas. *Revista de Processo*, São Paulo, v. 190, n. 35, dez. 2010.

DANI, Marcos Ulhoa. *Direito processual do trabalho no TST*: teoria e práticas modernas. São Paulo: Ltr, 2012.

FERREIRA FILHO, Roberval Rocha; VIEIRA, Albino Carlos Martins; COSTA, Mauro José Gomes da. *Súmulas do Supremo Tribunal Federal organizadas por assunto, anotadas e comentadas*. Salvador: Jus Podivm, 2011.

NADU, Amílcar. *Lei n. 12.322/2010*. Agravo nos Próprios Autos. Fim do Agravo de Instrumento Para o STF e o STJ. Alteração no CPC. Lei n. 12.322/10. Direito Integral. Disponível em: <http://www.direitointegral.com/2010/09/lei-12322-2010-agravo-instrumento-autos.html>. Acesso em: 15 jan. 2013.

NUNES, Jorge Amaury Maia. *Algumas considerações sobre o art. 544 do Código de Processo Civil, com a redação que lhe deu a lei n. 12.322, de 2010. Blog* do Professor Amaury. Disponível em: <http://professoramaury.blogspot.com.br/2011/07/algumas-consideracoes-sobre-o-art-544.html>. Acesso em: 15 jan. 2013.

SANTOS, Ulderico Pires dos. *Agravo de Instrumento*: doutrina, jurisprudência e prática. 2 ed. São Paulo: Paumape, 1991.

SILVA, Antônio Álvares da. *Execução Provisória Trabalhista depois da Reforma do CPC*. São Paulo: LTr, 2007.

---

(17) SILVA, Antônio Álvares. *Op. cit.*, p. 22.

Lei n. 12.527/2011: Reflexos no Processo do Trabalho

Leonardo Tibo Barbosa Lima

1. Introdução

Nas últimas décadas, a sociedade civil tem experimentado o sabor efervescente dos avanços tecnológicos da comunicação. Quase diariamente, um novo cardápio variado de aparelhos eletrônicos, todos multifuncionais e conectados à internet, é disponibilizado, em substituição aos que rapidamente se tornam obsoletos.

A sociedade até ganhou curiosos apelidos. Manuel Castells[1], por exemplo, a chama de "sociedade em rede", em função dos fenômenos tecnológicos, econômicos, ocupacionais, espaciais e culturais provocados pela globalização. Já Jeremy Rifkin[2] prefere a expressão "era do acesso", ao argumento de que o *direito ao acesso* (ou de "estar conectado", no sentido de pertencer ou interagir) substituiu o *direito à propriedade* como principal valor cultural da sociedade contemporânea.

O conteúdo dessa revolução na comunicação é a informação. É a ela que se pretende chegar pelo acesso. É para ela que estão voltados os sentidos dos sujeitos da sociedade civil.

2. A Lei n. 12.527/11 e o direito de acesso à informação

A sociedade política, formada por instituições públicas e estatais[3], também é influenciada pela necessidade social do acesso à informação. Apesar de o titular da informação relativa ao Estado ser o povo, porque é dele o poder que a origina (art. 1º da CF/88), sua posse é mantida pelo governo. Daí a necessidade de se clamar pelo acesso.

O acesso à informação atribui ao cidadão um papel ativo, para além das fronteiras do sufrágio universal, permitindo a participação nas coisas do Estado, na gestão administrativa e política propriamente, como protagonista. O hábito dessa participação é por certo a garantia de estabilidade e prosperidade do regime democrático. Para isso, a informação relativa à gestão da coisa pública deve ser franqueada, facilitada e incentivada a todos, com ou sem demonstração de interesse. A necessidade da informação deve ser uma demanda de todos os membros da sociedade, como condição[4] para a própria existência da cidadania.

Apesar disso, segundo a UNESCO, até 1990, apenas treze países haviam regulamentado o acesso à informação[5]. Na vanguarda, merecem destaque a Suécia, a Colômbia e os Estados Unidos da América, os quais, desde 1766, 1888 e 1966, respectivamente, possuem legislação específica. Entre os novos adeptos está o México, que, em 2002, aprovou uma lei que se tornou referência, em função da criação de sistemas eficazes e rápidos de acesso, supervisionados por um órgão independente.

O Brasil esteve submerso em uma sombria cultura do sigilo ditatorial, de 1964 até 1988, quando a novel Constituição da República restaurou o regime democrático, cujo texto expressamente fez referência ao acesso à informação como um direito fundamental (art. 5º, XXXIII) e um dever da Administração Pública (art. 37, §3º, II), franqueado a todos a quantos dela *necessitem*, ou seja, independentemente da comprovação de interesse ou finalidade (art. 216, § 2º).

Todavia, na prática, muito pouco mudou. Casos como o da "Guerrilha do Araguaia", ocorrida na década de 70, em que houve o desaparecimento forçado de setenta vítimas e a execução extrajudicial de Maria Lúcia Petit da Silva, continuaram a ser ocultados sem qualquer investigação destinada a julgar e punir os responsáveis, o que resultou na condenação do Brasil perante a Corte Interamericana de Direitos Humanos[6]. O Estado brasileiro passou a ser pressionado pelo Sistema Interamericano de Direitos Humanos e pela sociedade civil brasileira para pôr fim ao sigilo eterno de documentos públicos e informações em domínio do poder público[7].

---

(1) CASTELLS, Manuel. *A sociedade em rede*. 8. ed. São Paulo: Paz e Terra, 1999.

(2) RIFKIN, Jeremy. *A era do acesso*. São Paulo: Markron Books, 2002.

(3) DELGADO, Mauricio Godinho; DELGADO, Gabriela Neves. A matriz do trabalho na Constituição de 1988 e o atleta profissional de futebol. *In: Revista LTr*, São Paulo, LTr, vol. 76, n. 08, p. 903, 2012.

(4) A condição do acesso à informação para a existência da cidadania e da democracia está prevista expressamente, por exemplo, na Declaração Universal dos Direitos Humanos (art. 19), na Convenção das Nações Unidas contra a Corrupção (arts. 10 e 13), na Declaração Interamericana de Princípios de Liberdade de Expressão (item 4) e no Pacto Internacional dos Direitos Civis e Políticos (art. 19).

(5) TOBY, Mendel. *Liberdade de informação*: um estudo de direito comparado. 2. ed. Brasília: UNESCO, 2009.

(6) Caso Gomes Lund e outros vs Brasil, de 24.11.2010, da Corte Interamericana de Direitos Humanos.

(7) MÁXIMO, Marcela de Fátima Menezes; AOKI, Raquel Lima de Abreu; AOKI, William Ken. Do direito de acesso à informação pública em poder do Estado: a visão do Sistema Interamericano de Direitos Humanos. *In: Revista de Direito de Informática e Telecomunicações*, Belo Horizonte, Fórum, ano 10, n. 38, p. 116, jul./set. 2012.

Finalmente, em 18 de novembro de 2011, foi editada a Lei de Acesso à Informação — LAI (Lei n. 12.527/11), destinada a regular o acesso à informação previsto na Constituição da República e a inaugurar uma cultura democrática de controle e participação na gestão pública.

Nos termos da Lei n. 12.527/11, *informação* é um conteúdo de dados que podem ser utilizados para produção e transmissão de conhecimento, constante de qualquer meio, suporte ou formato (art. 4º, I da LAI). Ela deve ser objetiva, transparente, clara e ser transmitida em linguagem de fácil compreensão (art. 5º da LAI).

As informações de interesse coletivo ou geral devem ser divulgadas pelos órgãos e entidades públicas, de forma espontânea, independentemente de requerimentos, ao que se tem chamado de *transparência ativa* (art. 8º). É o caso, por exemplo, dos dados relativos à gestão financeira, com demonstrativo das receitas e despesas, que possibilitem a fiscalização pelo cidadão. As demais informações (*transparência passiva*) dependem de requerimento, que será recebido e atendido através de um procedimento administrativo específico, o qual prevê resposta em prazo não superior vinte dias, além de uma sistemática recursal, em caso de negativa (arts. 10 a 20).

O *acesso* deve ser ágil (art. 5º da LAI). Para esse fim, o desafio que mais se evidencia é o tecnológico, uma vez que implicará na construção e manutenção de um banco de dados suficientemente amplo, com possibilidade de pesquisa simplificada. Por isso, entre os muitos instrumentos possíveis, a LAI acabou definindo a internet como veículo obrigatório para a divulgação da transparência ativa (art. 8º, §2º da LAI), sem prejuízo de outros.

Na LAI, a publicidade é a regra e o sigilo, exceção. Esta ocorrerá através da proteção temporária contra a divulgação, podendo ser de duas espécies, quais sejam, as de caráter pessoal e as sigilosas (art. 6º, III). As primeiras são as relacionadas à pessoa natural identificada ou identificável (art. 4º, IV). As segundas, aquelas submetidas temporariamente à restrição de acesso público, em razão de sua imprescindibilidade para a segurança da sociedade e do Estado (art. 4º, III).

Ambas gozam, contudo, de proteção *temporária* contra a publicidade. Para as pessoais, durante o prazo máximo de 100 (cem) anos, a contar da produção, salvo previsão legal específica ou consentimento expresso da pessoa a que elas se referirem (art. 31, §1º). Já as sigilosas, por 25, 15 ou 5 anos, conforme sejam classificadas como ultrassecretas, secretas e reservadas, respectivamente (art. 24, § 1º).

Além disso, a Lei n. 12.527/11 ainda estabelece condutas ilícitas e a responsabilidade de agentes públicos (arts. 32 a 34).

3. Reflexos da LAI no Processo do Trabalho

A LAI subordina o seu regime aos órgãos públicos integrantes da administração direta, incluindo o Poder Judiciário e o Ministério Público (art. 1º, parágrafo único, I), razão pela qual a Justiça do Trabalho e o respectivo sistema processual estão inseridos no âmbito da eficácia da novel legislação, o que demanda análise especial.

O regime da transparência atinge a Justiça do Trabalho de duas formas. A primeira é relativa ao seu viés administrativo, considerando-a como um órgão do Poder Judiciário. Nessa perspectiva, as informações referem-se à gestão administrativa e financeira, com dados de recursos humanos (admissão, remuneração, concursos públicos etc.), passando pelos materiais (licitação, orçamento, despesas etc.) até os políticos (eleição dos membros da administração, práticas de nepotismo e corrupção, alocação e continência de recursos etc.). O Judiciário trabalhista obedecerá às mesmas normas relativas aos demais órgãos públicos, sem relevantes peculiaridades.

A outra forma está ligada à atividade jurisdicional, mais propriamente, ao Processo do Trabalho. Aqui está certamente o aspecto mais polêmico da aplicabilidade da LAI, uma vez que o conteúdo do processo é híbrido. Se, de um lado, a relação jurídica processual é pública, de outro, não se pode olvidar que ela é instrumental, porque se destina a tutelar bens jurídicos de uma relação material, geralmente de natureza privada.

Além disso, o Direito Processual do Trabalho é regido pelo princípio da proteção, que lhe é básico, sustentando toda a sua ideologia. Aliás, a própria ideia de se criar uma justiça especializada reside na necessidade de se estabelecer um sistema jurídico de proteção ao empregado[8]. Esse princípio atua como uma espécie de filtro, pelo qual devem passar todas as normas candidatas à aplicação subsidiária na seara processual trabalhista (art. 769 da CLT). O resultado dessa filtragem pode ser a aplicação integral, parcial ou, simplesmente, a não aplicação da norma importada.

Dentre as muitas consequências dessa filtragem, calha citar, por sua relevância, a preservação das informações

---

[8] "Não se trata de agir com desigualdade, mas, sim, de corrigi-la. É justamente para garantir a isonomia processual que a *lei protege o trabalhador*. Não fosse assim, as causas trabalhistas somente teriam um vencedor: o capital. É para promover justiça que o Direito Processual do Trabalho compensa a desigualdade da relação de trabalho, sendo, por exemplo, mais simples que a Justiça comum." (*in:* LIMA, Leonardo Tibo Barbosa. *Lições de Direito Processual do Trabalho.* Teoria e Prática. Rio de Janeiro: Lumen Juris, 2013. p. 25)

pessoais dos empregados, a fim de se evitar a volta da epidemia das listas negras de demandantes. Portanto as informações relativas aos nomes e à qualificação dos empregados devem estar blindadas à transparência, seja ativa ou passiva, inserindo-se na exceção do art. 6º, III, da LAI, por terem natureza eminentemente pessoal. Trata-se também de informação cujo sigilo é imprescindível à segurança da sociedade, porque evita a discriminação, enquadrando-se na exceção prevista pela própria Constituição (art. 5º, XXXIII).

Em relação aos empregadores, também é preciso preservar as informações pessoais. Todavia o interesse social pode residir na divulgação de determinadas informações, como, por exemplo, as relativas aos mais demandados, aos que fazem uso de trabalho escravo ou aos que têm dívidas trabalhistas (art. 642-A da CLT, que trata da Certidão Negativa de Débitos Trabalhistas). Estas listas já vêm sendo elaboradas pelos Tribunais e pelo Ministério do Trabalho, devendo ser mantidas, uma vez que atendem ao interesse público, o qual está acima do particular (art. 8º da CLT).

Outro grande desafio será traduzir para o cidadão a criativa linguagem jurídica, se bem que essa temática já é hoje motivo de preocupação e mobilização dos órgãos trabalhistas, desde seu advento, muito em função do *"jus postulandi"*, que permite a empregados e empregadores demandarem pessoalmente na Justiça do Trabalho (art. 791 da CLT). Em outras palavras, a Justiça especializada já está há muito acostumada com o atendimento aos leigos.

De toda sorte, será preciso promover avanços. Os andamentos processuais, por exemplo, devem preferir a clareza, às vezes explicando mais, à objetividade, que pode causar dúvidas aos menos habituados à consulta. Quanto ao teor dos autos, o processo eletrônico já é uma realidade e certamente será uma valiosa ferramenta de acesso à informação processual, a qual deve buscar aprimoramento contínuo, a fim de facilitar a assimilação e a compreensão, com preservação dos dados sigilosos. Acertadamente, o processo eletrônico cuidou de estabelecer muita intimidade com a rede mundial de computadores, estando em harmonia com a Lei n. 12.527/11. Juridicamente, qualquer conteúdo disponibilizado só será uma informação, quando for capaz de transmitir conhecimento. Caso contrário, não passará de mera abstração contemplativa.

4. Conclusão

Para o cidadão, o acesso à informação é um instrumento do exercício da cidadania. O franqueamento desse acesso e a eficácia de seu atendimento estabelecem, gradualmente, uma mudança social, uma vez que instituem e incentivam uma cultura democrática de controle e participação na gestão pública. O cidadão torna-se protagonista da democracia.

Todavia a aplicação de qualquer corpo normativo ao Processo do Trabalho deve passar pelo filtro imposto pelo princípio da proteção, uma vez que a razão de ser do Processo do Trabalho é justamente proteger o empregado. Essa tutela envolve, por via inversa, a divulgação dos empregadores inadimplentes ou que se utilizam de trabalho escravo, por exemplo.

O processo eletrônico certamente contribuirá no acesso à informação na seara processual trabalhista, mas sua eficácia estará condicionada à observância das diretrizes da Lei n. 12.527/11, especialmente em relação à simplificação da linguagem jurídica.

Referências bibliográficas

CASTELLS, Manuel. *A sociedade em rede*. 8. ed. São Paulo: Paz e Terra, 1999.

DELGADO, Mauricio Godinho; DELGADO, Gabriela Neves. A matriz do trabalho na Constituição de 1988 e o atleta profissional de futebol. *In Revista LTr,* São Paulo, LTr, vol. 76, n. 08, 2012.

LIMA, Leonardo Tibo Barbosa. *Lições de Direito Processual do Trabalho*. Teoria e Prática. Rio de Janeiro: Lumen Juris, 2013.

MÁXIMO, Marcela de Fátima Menezes; AOKI, Raquel Lima de Abreu; AOKI, William Ken. Do direito de acesso à informação pública em poder do Estado: a visão do Sistema Interamericano de Direitos Humanos. *In: Revista de Direito de Informática e Telecomunicações*, Belo Horizonte, Fórum, ano 10. n. 38, jul./set. 2012.

RIFKIN, Jeremy. *A era do acesso*. São Paulo: Markron Books, 2002.

TOBY, Mendel. *Liberdade de informação*: um estudo de direito comparado. 2. ed. Brasília: UNESCO, 2009.

Lei n. 12.682/2012: Breve Comentário

Rodrigo Cândido Rodrigues

Certo nível de burocracia é, ainda, imprescindível à segurança de muitas relações jurídicas. E nenhum meio físico acolheu esta burocracia por tanto tempo quanto o papel: em incontáveis toneladas, as pessoas, a todo tempo, registram fatos jurídicos (em lato sentido), e confiam que tais registros lhes servirão como prova, em caso de necessidade.

Em 1968, o legislador nacional sentiu a necessidade de regulamentar o uso de uma tecnologia inovadora de armazenamento de documentos, capaz de reduzir a frações o enorme espaço já tomado pela onipresente papelada e facilitar a busca e o uso de documentos específicos: a microfilmagem.

E, recentemente, nova tecnologia apresentou-se — a digital —, com a promessa de reduzir a nada o espaço e o uso de papéis e tornar a busca de um documento específico ainda mais simples.

Diante da possibilidade de digitalização de documentos, a Câmara dos Deputados foi audaz ao tentar, no PL n. 11 de 2007, transportar, da Lei n. 5.433/68 (Microfilmagens), regra que permitiria, aos documentos transmudados de um meio para outro, os mesmos efeitos jurídicos que os originais, tornando mais clara a possibilidade de destruição do documento original (exceto o de valor histórico), uma vez comprovado que o documento produzido teria a mesma integridade do documento original.

Isso, porém, foi vetado na Lei n. 12.682/12, que resultou do projeto acima citado. Nas razões do veto, a presidenta da República não escondeu a insegurança no procedimento, diante da falta de regulamentação — e quiçá crédito — em tecnologia que garantisse que o documento produzido pudesse substituir, por completo, o documento original.

Não obstante, permitiu que o documento produzido pudesse ser reconhecido como uma "cópia" autêntica do documento original, sendo que esta autenticidade do documento produzido digitalmente é atestada somente por meio de um certificado digital emitido no âmbito da Infraestrutura de Chaves Públicas Brasileira (ICP – Brasil).

A brevíssima redação da Lei n. 12.682/12 deixa muitas dúvidas quanto aos procedimentos, e também quanto à titularidade do detentor do certificado digital apto a declarar a autenticidade da "cópia digital" do documento, embora este último assunto seja evidente: apenas quem é investido de fé pública tem poderes para tanto.

Logo, é de se esperar daquele que busca obter, a partir de um documento físico, "cópia" digital autêntica, que o faça perante os órgãos públicos competentes — tal qual ocorre, atualmente, quando se busca autenticar uma cópia xerográfica de documento.

Na prática, a burocracia para o reconhecimento de autenticidade do documento permanecerá: se hoje o escrivão assina a declaração de autenticidade de determinada cópia, através do novo procedimento sugerido (embora não minuciado) pela Lei n. 12.682/12, ele continuará assinando a declaração de autenticidade, mas digitalmente, pelo uso de seu certificado ICP – Brasil (conforme MP 2.200-2 de 2001), e em um documento digital (ou seja, sem existência física).

E, uma vez reproduzido fisicamente (através de impressão), o documento digital autêntico perde seu valor de cópia autêntica — tal qual não é autêntica a simples cópia xerográfica de documento autenticado.

Porém — e aí a grande vantagem do uso do procedimento da Lei n. 12.682/12, para o povo — o *arquivo digital* que contém o documento digital autenticado pode ser copiado infinitamente, sem perder a integridade da assinatura digital (desde que, é claro, não seja adulterado digitalmente). Dessa maneira, desde que o documento sempre trafegue digitalmente, e que não seja adulterado (os validadores aferem com exatidão se o documento mantém todas as características de quando foi assinado), todas as suas cópias perfeitas manterão a certidão de autenticidade dada pelo detentor de fé pública, podendo ser utilizadas perenemente.

Para o direito processual, civil e do trabalho, a Lei n. 12.682/12 já nasceu sem grande peso, tendo em vista os procedimentos permitidos pela Lei n. 11.419/06.

Afinal, a Lei n. 12.682/12 interage com o inciso III do art. 365 do CPC: os documentos certificados por agente com fé pública adentram o processo digital assim como, na atualidade, adentram o processo físico as cópias de documentos que são autenticadas em cartório. Porém mesmo no processo "de papel" o citado inciso já se encontra em desuso: as Leis ns. 11.382/06 (no processo civil) e 11.925/09 (no processo do trabalho) já permitiam procedimento mais simples e desburocratizado, conferindo ao advogado poderes para declarar a autenticidade dos documentos que anexam aos autos (evidentemente, sob responsabilidade pessoal).

E, para o processo de trâmite digital, a Lei n. 11.419/06 já permitia, ao advogado — que não possui a exigência de fé pública que se presume deter o certificador de que trata a Lei n. 12.682/12 —, anexar aos autos cópia digitalizada de documento com o mesmo valor de prova que o original, bastando que mantenha os originais até o decurso do prazo de interposição de ação rescisória, nos termos do inciso VI e do § 1º do art. 365 do CPC.

Parte 2

O Que há de Novo na Legislação Trabalhista a Partir de 2005

Lei n. 11.457/2007: A Lei n. 11.457, de 16 de Março de 2007, e a Execução Trabalhista

José Murilo de Morais e Juliana Rodrigues de Morais

A Lei n. 11.457, de 16 de março de 2007, que criou a Receita Federal do Brasil, alcunhada de Super-Receita, alterou alguns dispositivos da CLT no concernente à execução das contribuições sociais não só para adequá-los a si própria, mas também para introduzir novidade, tendo, inclusive, melhorado a redação deles.

A primeira modificação se deu com o § 4º do art. 832, que passou a ter a seguinte redação:

> A União será intimada das decisões homologatórias de acordos que contenham parcela indenizatória, na forma do art. 20 da Lei n. 11.033, de 21 de dezembro de 2004, facultada a interposição de recurso relativo aos tributos que lhe forem devidos.

Para facilitar a compreensão, transcreve-se a redação anterior:

> O INSS será intimado, por via postal, das decisões homologatórias de acordos que contenham parcela indenizatória, sendo-lhe facultado interpor recurso relativo às contribuições que lhe forem devidas.

Como se vê, a referência ao INSS foi substituída para fazer constar a União, substituindo-se, também, a intimação via postal pela forma prevista no art. 20 da Lei n. 11.033, vale dizer, pessoalmente e mediante a entrega dos autos com vista.

Alteração substancial ocorreu com a substituição do vocábulo "contribuições" por "tributos", conduzindo à dedução de que a União pode se insurgir, em se tratando de decisão homologatória de acordo, não só em relação às contribuições sociais, como também em relação ao imposto de renda.

Aliás, a Lei estabelece no § 3º do seu art. 16 que compete à Procuradoria-Geral Federal representar judicial e extrajudicialmente a União, "*nos processos da Justiça do Trabalho relacionados com a cobrança de 'contribuições previdenciárias', de imposto de renda retido na fonte e de multas impostas aos empregadores pelos órgãos de fiscalização das relações do trabalho, mediante delegação da Procuradoria-Geral da Fazenda Nacional*".

Isso se deve ao fato de a Lei n. 10.833, de 29 de dezembro de 2003, dispor:

> Art. 28. Cabe à fonte pagadora, no prazo de 15 (quinze) dias da data da retenção de que trata o caput do art. 46 da Lei n. 8.541, de 23 de dezembro de 1992, comprovar, nos respectivos autos, o recolhimento do imposto de renda na fonte incidente sobre os rendimentos pagos em cumprimento de decisões da Justiça do Trabalho.
>
> § 1º Na hipótese de omissão da fonte pagadora relativamente à comprovação de que trata o caput, e nos pagamentos de honorários periciais, competirá ao Juízo do Trabalho calcular o imposto de renda na fonte e determinar o seu recolhimento à instituição financeira depositária do crédito.
>
> § 2º A não indicação pela fonte pagadora da natureza jurídica das parcelas objeto de acordo homologado perante a Justiça do Trabalho acarretará a incidência do imposto de renda na fonte sobre o valor total da avença.

Logo, no acordo deve haver especificação da natureza jurídica das parcelas que o compõem também para fins de incidência do imposto de renda, incidência que nem sempre coincide com a da "contribuição previdenciária".

No mesmo art. 832 foram acrescentados outros três parágrafos, a saber:

> § 5º Intimada da sentença, a União poderá interpor recurso relativo à discriminação de que trata o § 3º deste artigo.
>
> § 6º O acordo celebrado após o trânsito em julgado da sentença ou após a elaboração dos cálculos de liquidação de sentença não prejudicará os créditos da União.
>
> § 7º O Ministro de Estado da Fazenda poderá, mediante ato fundamentado, dispensar a manifestação da União nas decisões homologatórias de acordos em que o montante da parcela indenizatória envolvida ocasionar perda de escala decorrente da atuação do órgão jurídico.

O primeiro deles estabelece que, intimada da sentença, a União poderá interpor recurso relativo à discriminação de que trata o § 3º. Este, por sua vez, dispõe que "*as decisões cognitivas ou homologatórias deverão sempre indicar a natureza jurídica das parcelas constantes da condenação ou do acordo homologado, inclusive o limite de responsabilidade de cada parte pelo recolhimento da 'contribuição previdenciária', se for o caso*".

Essa novidade, totalmente desnecessária, é infeliz, porquanto obriga a que a União seja intimada de todas as sentenças, intimação que deve ser feita de forma pessoal, como salientado supra, e, como ela pode recorrer, ter-se-á de aguardar o decurso do seu prazo recursal, que é dobrado, a teor do item II do art. 1º do Decreto-lei n. 779, de 21 de agosto de 1969, específico para o processo trabalhista.

E esse recurso, mais um, não tem razão de ser, pois ao ser elaborado o cálculo de liquidação da sentença a União deve ser intimada para manifestação (art. 879, § 3º), oportunidade em que poderá impugnar tanto os valores apurados como também a natureza jurídica das parcelas objeto da condenação, forma de atualização do crédito, épocas da apuração, incidência de multa, etc., devendo o juiz julgar a sua impugnação juntamente com os embargos do devedor e a impugnação do credor trabalhista, se interpostos (art. 884, § 4º).

Observe-se que esse procedimento não afronta a autoridade da coisa julgada, uma vez que a União não participou da fase de conhecimento, e, segundo o art. 472 do CPC, a sentença faz coisa julgada às partes entre as quais é dada, não beneficiando nem prejudicando terceiros, assertiva corroborada pelo parágrafo único do art. 831 da CLT, ao ressalvar, expressamente, que o termo de conciliação vale como decisão irrecorrível, "*salvo para a Previdência Social quanto às contribuições que lhe forem devidas*".

De qualquer forma, diante da novidade, se a União não recorrer da sentença, a questão da natureza jurídica das parcelas nela estabelecida ficará preclusa (CPC, art. 183), não podendo mais ser atacada na sobredita impugnação.

O recurso cabível é o ordinário, consoante o art. 895, "a", da CLT, sendo que no concernente àquele outro previsto no § 4º do art. 832 ainda não se chegou a consenso, entendendo uns que deve ser o ordinário, pois não tendo o termo de conciliação força de decisão irrecorrível para a "Previdência Social", agora União, o processo, para ela, não teria passado para a fase de execução; outros, ao contrário, sustentam que com a realização do acordo a fase de cognição se exaure, tanto que não havendo cumprimento do avençado passa-se à execução da obrigação assumida, pelo que o recurso cabível seria o agravo de petição, que constitui o meio próprio para se atacar as decisões do juiz na execução, como previsto no art. 897, "a", da CLT.

Embora esse dispositivo faça remissão ao § 3º do art. 832, que, como visto, determina a especificação da natureza jurídica das parcelas constantes da condenação para fins de recolhimento da "contribuição previdenciária", se a sentença dispuser sobre a incidência do imposto de renda, como ocorre muitas vezes quando do deferimento de indenizações por danos morais e materiais decorrentes de acidente de trabalho, a União poderá recorrer também dessa matéria, tal como lhe foi facultado no caso de homologação de acordo.

Outrossim, se a sentença for silente acerca do imposto de renda e se for o caso de se aplicar o comando contido no § 1º do art. 28 da citada Lei n. 10.833, o juízo deverá abrir vista do cálculo à União, que poderá impugná-lo, uma vez que, tendo sido elaborado pela Justiça do Trabalho, não poderá ela questionar o executado, administrativa ou judicialmente, como ocorreria se o cálculo tivesse sido promovido por ele.

O segundo parágrafo dispõe que o acordo celebrado após o trânsito em julgado da sentença ou após a elaboração dos cálculos de liquidação da sentença não prejudicará os créditos da União. Assim, após o trânsito em julgado da sentença as partes não podem, em acordo, discriminar parcelas de natureza jurídica diversa daquelas nela estabelecidas, sendo que após a sua liquidação não podem sequer atribuir-lhes valor inferior àquele apurado, isso porque o crédito da União já estará constituído, obstando a que as partes transacionem sobre ele. Ressalte-se que a liquidação da sentença nele tratada deve ser entendida aquela devidamente acertada e não mais sujeita a impugnação.

A propósito, a Súmula n. 23 do Tribunal Regional da 3ª Região consagrou o entendimento de que no acordo judicial, firmado antes do trânsito em julgado da sentença, "*a fixação das parcelas integrantes do acordo judicial constitui objeto de negociação, em que as partes fazem concessões recíprocas para a solução do litígio*", afigurando-se "*inexigível, para fins de cálculo da contribuição previdenciária, a observância de proporcionalidade entre as verbas acordadas e as parcelas salariais e indenizatórias postuladas na inicial, sendo possível que apenas parte do pedido seja objeto da avença*", denotando, *a contrario sensu*, que, após o trânsito em julgado, as partes não mais têm liberdade para negociarem quais parcelas integrarão o acordo, como a Lei está a estabelecer.

Mais recentemente, o Tribunal Superior do Trabalho editou a Orientação Jurisprudencial n. 376 estabelecendo ser "*devida a contribuição previdenciária sobre o valor do acordo celebrado e homologado após o trânsito em julgado da decisão judicial, respeitada a proporcionalidade de valores entre as parcelas de natureza salarial e indenizatória deferidas na decisão condenatória e as parcelas objeto do acordo*".

O terceiro faculta ao ministro de Estado da Fazenda, mediante ato fundamentado, "dispensar a manifestação da União" nas decisões homologatórias de acordos em que o montante da parcela indenizatória envolvida ocasionar perda de escala decorrente da atuação do órgão jurídico. Há aí uma impropriedade, porquanto não é concedido à União oportunidade para se manifestar sobre as decisões homologatórias de acordos, lhe é, sim, facultada a interposição de recurso. Portanto, onde consta "dispensar a manifestação", deveria constar "dispensar a interposição de recurso".

A novidade é salutar, pois muitas vezes o montante envolvido é tão ínfimo que não compensa o custo para cobrá-lo. E o ministro de Estado da Fazenda vem baixando portarias estabelecendo e atualizando o valor considerado como mínimo de modo a "dispensar a manifestação", atualmente R$ 10.000,00, segundo a Portaria n. 435, de 8 de setembro de 2011.

O parágrafo único do art. 876 passou a fazer referência a "contribuições sociais" em substituição à expressão "créditos previdenciários", devidas em decorrência de decisões resultantes de condenação ou homologação de acordo, sendo acrescido da locução "*inclusive sobre os salários pagos durante o período contratual reconhecido*":

> Serão executadas *ex officio* as contribuições sociais devidas em decorrência de decisão proferida pelos Juízes e Tribunais do Trabalho, resultantes de condenação ou homologação de acordo, inclusive sobre os salários pagos durante o período contratual reconhecido.

A substituição, em um primeiro momento, levou alguns a pensar que a competência da Justiça do Trabalho para a execução teria sido elastecida, tendo em vista que a expressão "contribuições sociais", sem dúvida, é mais abrangente que "créditos previdenciários". Todavia, o enfoque é equivocado, dado que a intenção do legislador foi, tão somente, adequar a lei ordinária à terminologia da Constituição da República.

Com efeito, consta do art. 195 da Carta que:

> A seguridade social será financiada por toda a sociedade, de forma direta e indireta, nos termos da lei, mediante recursos provenientes dos orçamentos da União, dos Estados, do Distrito Federal e dos Municípios, e das seguintes <u>contribuições sociais</u>:
>
> I – do empregador, da empresa e da entidade a ela equiparada na forma da lei, incidentes sobre:
>
> a) a folha de salários e demais rendimentos do trabalho pagos ou creditados, a qualquer título, à pessoa física que lhe preste serviço, mesmo sem vínculo empregatício;
>
> b) receita ou o faturamento;
>
> c) sobre o lucro;
>
> II – do trabalhador e dos demais segurados da previdência social, não incidindo contribuição sobre aposentadoria e pensão concedidas pelo regime geral da previdência social de que trata o art. 201;
>
> III – sobre a receita de concursos de prognósticos;
>
> IV – do importador de bens ou serviços do exterior, ou de quem a lei a ele equiparar. (grifo acrescentado)

E, no seu art. 114, ao regrar a competência da Justiça do Trabalho, dispôs no inciso VIII que a ela compete "*a execução, de ofício, das contribuições sociais previstas no art. 195, I, 'a', e II, e seus acréscimos legais, decorrentes das sentenças que proferir*".

Até mesmo a Lei n. 8.212, de 24 de julho de 1991, que dispõe sobre a Organização da Seguridade Social e institui o Plano de Custeio, no parágrafo único do seu art. 11, cuida, corretamente, de "contribuições sociais", o que não poderia ser diferente, pois tais receitas não se destinam apenas ao custeio da previdência social, mas, sim, de toda a seguridade social, que envolve a previdência, a saúde e a assistência social.

Por oportuno, relembre-se o que já foi dito aqui acerca da competência da Procuradoria-Geral Federal, isto é, que a ela cabe representar, judicial e extrajudicialmente, a União, nos processos da Justiça do Trabalho relacionados com a cobrança de "contribuições previdenciárias", de imposto de renda retido na fonte e de multas impostas aos empregadores pelos órgãos de fiscalização das relações do trabalho (§ 3º do art. 16).

Ampliação se deu, sim, com a inclusão das contribuições sociais sobre os salários pagos durante o período contratual reconhecido, o que havia sido tentado com a inclusão do § 7º no art. 276 do Decreto n. 3.048, de 6 de maio de 1999 (Regulamento da Previdência Social), pelo Decreto n. 4.032, de 26 de novembro de 2001, que não vingou à míngua de previsão legal, pois o decreto regulamentador passou a prever o que a lei que ele regulamenta não previa.

Essa última circunstância levou o Tribunal Superior do Trabalho a imprimir nova redação à sua Súmula n. 368, exatamente para excluir a parte que dizia que "*A competência da Justiça do Trabalho para execução das contribuições previdenciárias alcança as parcelas integrantes do salário de contribuição, pagas em virtude de contrato de emprego reconhecido em juízo, ou decorrentes de anotação da Carteira de Trabalho e Previdência Social — CTPS, objeto de acordo homologado em juízo*".

A nova redação foi ratificada pelo Supremo Tribunal Federal no julgamento do Recurso Extraordinário n. 569.056/PA, o que levou o Tribunal Superior do Trabalho a mantê-la mesmo após a alteração da lei, sob o fundamento de que "*... a melhor interpretação à alteração introduzida pela Lei n. 11.457, de 15.3.2007, ao art. 876, parágrafo único, parte final, é a de que, efetivamente, a execução das contribuições sociais estaria adstrita aos salários pagos em decorrência de condenação em sentença ou de acordo homologado judicialmente que reconheça a relação de emprego, com isso, mantém-se, em sua totalidade, a aplicação dos institutos próprios do Direito do Trabalho*". Tal interpretação, *data venia*, não convence em absoluto. Era preferível declarar a inconstitucionalidade do dispositivo em apreço.

Ressalte-se que a competência não abrange as contribuições arrecadadas pelo INSS para repasse a terceiros (Sesc, Sesi, Senai, Sebrae etc.), até porque a Lei menciona os créditos da União, nos quais se inclui a contribuição para o Seguro de Acidente de Trabalho. Confiram-se, a propósito, a Súmula n. 24 do Tribunal Regional da 3ª Região e a Orientação Jurisprudencial n. 414 do Tribunal Superior do Trabalho.

A alteração do § 3º do art. 879 se deu apenas para que a intimação do cálculo de liquidação da sentença seja feita não mais por via postal, devendo sê-lo de forma pessoal e mediante entrega dos autos, e à União em vez de ao Instituto Nacional do Seguro Social (INSS), para manifestação, no prazo de dez dias, sob pena de preclusão.

Observe-se que a preclusão afeta a parte interessada, que é a União, mas não exime o juízo da execução de velar pela elaboração do cálculo no tocante às contribuições sociais, porquanto lhe couber, de ofício, promover a execução delas, no que se inclui a correta apuração de seus valores.

O § 5º, acrescentado ao art. 879, repete o que contém o § 7º introduzido no art. 832, valendo para ele o comentário que se fez a este outro.

O art. 880 recebeu nova redação:

> Requerida a execução, o juiz ou presidente do tribunal mandará expedir mandado de citação do executado, a fim de que cumpra a decisão ou o acordo no prazo, pelo modo e sob as cominações estabelecidas ou, quando se tratar de pagamento em dinheiro, inclusive de contribuições sociais devidas à União, para que o faça em 48 (quarenta e oito) horas ou garanta a execução, sob pena de penhora.

A redação anterior dispunha:

> O juiz ou presidente do Tribunal, requerida a execução, mandará expedir mandado de citação ao executado, a fim de que cumpra a decisão ou o acordo no prazo, pelo modo e sob as cominações estabelecidas, ou, em se tratando de pagamento em dinheiro, incluídas as contribuições sociais devidas ao INSS, para que pague em quarenta e oito horas, ou garanta a execução, sob pena de penhora.

Destarte, alteração de fundo deu-se apenas para substituir o INSS pela União, relevando notar que a referência a "contribuições sociais" já era corretamente feita na redação primitiva.

Aqui se afigura oportuno enfatizar que por ocasião das discussões travadas durante a tramitação legislativa dessa nova Lei, muito focadas na Emenda n. 3, que acrescentava o § 4º no seu art. 6º, no sentido de que "*No exercício das atribuições da autoridade fiscal de que trata esta Lei, a desconsideração da pessoa, ato ou negócio jurídico que implique reconhecimento de relação de trabalho, com ou sem vínculo empregatício, deverá ser precedida de decisão judicial*", parágrafo que acabou sendo vetado pelo presidente da República, as entidades classistas da Justiça do Trabalho perderam ótima oportunidade para introduzir uma reforma mais profunda nesse art. 880, fazendo com que regra semelhante à do art. 475-J do CPC fosse adotada.

Referido artigo determina que, "*caso o devedor, condenado ao pagamento de quantia certa ou já fixada em liquidação, não o efetue no prazo de quinze dias, o montante da condenação será acrescido de multa no percentual de dez por cento e, a requerimento do credor e observado o disposto no art. 614, inciso II, desta Lei, expedir-se-á mandado de penhora e avaliação*".

Os §§ 1º e 2º do art. 889-A foram mais bem redigidos, substituindo-se o INSS pela Secretaria da Receita Federal do Brasil.

O primeiro deles diz respeito à concessão de parcelamento da dívida, ficando sobrestada a execução da contribuição social correspondente até a quitação de todas as parcelas.

É relevante observar que a execução fica suspensa se o parcelamento envolver somente a contribuição social a que ela se refere. Se abranger outros débitos do executado, estranhos àquele de determinado processo, o negócio jurídico constitui novação, impondo a extinção da execução específica, devendo a União, em caso de inadimplência, propor a competente ação perante a Justiça Federal para fazer cumprir a obrigação assumida pelo devedor no termo de parcelamento. Nesse sentido é o entendimento cristalizado na Súmula n. 25 do Tribunal Regional da 3ª Região: "*A comprovada inclusão do débito previdenciário exequendo no Programa de Recuperação Fiscal — Refis, instituído pela Lei n. 9.964/00, extingue a sua execução na Justiça do Trabalho*".

Já o segundo parágrafo determina que as Varas do Trabalho encaminhem mensalmente à Secretaria da Receita Federal do Brasil informações sobre os recolhimentos efetivados nos autos, salvo se outro prazo for estabelecido em regulamento. Basicamente substituiu o INSS pela Secretaria da Receita Federal do Brasil e suprimiu a obrigação de se enviar cópias das guias relativas aos recolhimentos efetivados nos autos, limitando-a à prestação de informações sobre os recolhimentos.

Finalizando, cumpre lamentar que a Lei em comento não tenha uniformizado a terminologia fazendo com que todos os dispositivos da CLT relacionados com a execução das contribuições sociais fizessem-lhe a correta menção, permanecendo termos como "contribuição previdenciária" (§ 3º do art. 832), "contribuições previdenciárias" (§ 1º-A do art. 879), "contribuição previdenciária" (§ 1º-B do art. 879), além de "parte devida à Previdência Social" em vez de à União (art. 878-A), "credito devido à Previdência Social" (§ 4º do art. 879) e "credor previdenciário" (§ 4º do art. 884). Aliás, ela própria, indevidamente, no item II do § 3º do seu art. 16, refere-se a "contribuições previdenciárias".

Como assinalado alhures, as contribuições sociais destinam-se ao custeio da seguridade social e, dentre elas, algumas são utilizadas, com exclusividade, para o pagamento de benefícios do Regime Geral de Previdência Social e creditadas diretamente ao Fundo do Regime Geral de Previdência Social, como se vê do § 1º do art. 2º da Lei sob exame, sendo que a denominação "contribuição previdenciária", prevista na Constituição da República de 1967 e em leis ordinárias que lhe seguiram, constitui costume arraigado pelo uso ao longo de muito tempo e que continuou sendo usado mesmo após o advento da Constituição da República de 1988, tanto que a Lei n. 8.212 e o seu Decreto regulamentador, conquanto utilizem, de uma forma geral, a denominação "contribuições sociais", em algumas passagens empregam a denominação "contribuições previdenciárias". E o descuido do legislador chegou a tal ponto que, ao introduzir o § 11 no art. 201 da Constituição, o que se deu por meio da Emenda Constitucional n. 20, de 15 de dezembro de 1998, também usou o termo "contribuição previdenciária".

Referências bibliográficas

ALMEIDA, Cléber Lucio de. *Direito processual do trabalho*. Belo Horizonte: Del Rey, 2006.

BEZERRA LEITE, Carlos Henrique. *Curso de direito processual do trabalho*. 9. ed. São Paulo: LTr, 2011.

CASTRO, Carlos Alberto Pereira de. LAZZARI, João Batista. *Manual de direito previdenciário*. 6. ed. São Paulo: LTr, 2005.

MACHADO JUNIOR, Cesar P. S. *Manual de direito processual do trabalho*. São Paulo: LTr, 2011.

SOUZA, Marcelo Papaleo de. *Manual da execução trabalhista: expropriação*. São Paulo: LTr, 2011.

Lei n. 11.495/2007: Ação Rescisória. Depósito Prévio

Wânia Guimarães Rabêllo de Almeida

A ação rescisória constitui ação autônoma de impugnação de decisões judiciais de mérito passadas em julgado[1]. Sua propositura, portanto, faz surgir um novo processo, distinto daquele em que foi proferida a decisão impugnada.

A ação rescisória comporta, a princípio, três juízos: de admissibilidade (verificação da presença dos requisitos de admissibilidade da ação rescisória), de mérito (exame da procedência do pedido rescisório) e proferimento de novo julgamento da demanda, se for o caso.

A CLT, no art. 836, dispõe ser vedado aos órgãos da Justiça do Trabalho conhecer de questões já decididas, excetuados os casos nela expressamente previstos e a ação rescisória, que será admitida na forma do disposto no Capítulo IV do Título XI do CPC. Logo, não existem dúvidas quanto ao cabimento de ação rescisória no processo do trabalho, nas hipóteses elencadas no art. 485 do CPC.

O CPC estabelece, no art. 488, que "A petição inicial será elaborada com observância dos requisitos essenciais do art. 282, devendo o autor: I – cumular ao pedido de rescisão, se for o caso, o de novo julgamento da causa; II – depositar a importância de 5% (cinco por cento) sobre o valor da causa, a título de multa, caso a ação seja, por unanimidade de votos, declarada inadmissível, ou improcedente."

Nota-se, assim, que, no processo civil, o autor da ação rescisória deve instruir a petição inicial com o comprovante de depósito da importância de 5% (cinco por cento) sobre o valor da causa, a título de multa, caso a ação seja, por unanimidade de votos, declarada inadmissível, ou improcedente.

O art. 836 da CLT, na redação que lhe conferiu a Lei n. 7.351, de 27.8.1985, dispunha que estava "dispensado o depósito referido nos arts. 488, inciso II, e 494" do CPC.

Esclareça-se que o TST, por meio das Súmulas ns. 169 e 194, consagrou o entendimento de que nas ações rescisórias ajuizadas na Justiça do Trabalho era desnecessário o depósito prévio a que aludem os arts. 488, II, e 494 do CPC.

É neste contexto que veio à luz, em 22.6.2007, a Lei n. 11.495[2], conferindo nova redação ao art. 836 da CLT, que passou a ser a seguinte: "É vedado aos órgãos da Justiça do Trabalho conhecer de questões já decididas, excetuados os casos expressamente previstos neste Título e a ação rescisória, que será admitida na forma do disposto no Capítulo IV do Título IX da Lei n. 5.869, de 11 de janeiro de 1973 — Código de Processo Civil, sujeita ao depósito prévio de 20% (vinte por cento) do valor da causa, salvo prova de miserabilidade jurídica de autor"[3].

Destarte, o autor da ação rescisória ajuizada perante a Justiça do Trabalho, após a entrada em vigor da Lei n. 11.495/2007, deverá instruir a petição inicial com a comprovação da realização de depósito prévio, no importe correspondente a 20% (vinte por cento) do valor da causa, salvo prova da sua miserabilidade jurídica.

É esta a novidade que constitui objeto do presente ensaio.

Cumpre esclarecer que o Projeto de Lei n. 4.735-B/2004, que deu origem à Lei n. 11.496/2007, surgiu por sugestão apresentada ao ministro da Justiça pelos ministros do Tribunal Superior do Trabalho e foi elaborado com o intuito de reduzir a utilização das ações rescisórias de caráter meramente procrastinatório no âmbito trabalhista. Referido projeto de lei fez parte do Pacto de Estado por um Judiciário mais rápido e democrático, firmado pelos Chefes dos três Poderes, "com o objetivo de aprimorar a prestação jurisdicional, tornando-a mais eficiente e acessível à população"[4].

Pois bem. O CPC exige que a petição inicial da ação rescisória seja instruída com comprovante do depósito

---

(1) Conforme o art. 269 do CPC, a decisão será de mérito quando o juiz acolher ou rejeitar o pedido do autor, o réu reconhecer a procedência do pedido, as partes transigirem, o juiz pronunciar a decadência ou a prescrição ou o autor renunciar ao direito sobre que se funda a ação.

(2) A Confederação Nacional do Comércio – CNC ajuizou, no STF, Ação Direta de Inconstitucionalidade da Lei em comento (ADI n. 3995/07), que ainda não foi julgada.

(3) Por força deste dispositivo legal, o TST cancelou a Súmula n. 194.

(4) Voto do Deputado Vicentinho, relator do projeto de lei (n. 4.735-B/2004) na Comissão de Trabalho, de Administração e Serviço Público da Câmara dos Deputados. Destacou, ainda, o Relator que, "a análise da proposta em questão deve ser feita diante de seus objetivos primordiais: racionalizar o funcionamento da Justiça e impedir a utilização de mecanismos meramente protelatórios, que afetem o cumprimento das decisões judiciais, firmadas em processo que garantam o contraditório e a ampla defesa." No Senado Federal, o Relator do projeto na Comissão de Constituição, Justiça e Cidadania, o Senador João Batista Motta anotou que, "não é difícil entender a razão de tal iniciativa. Pela simples análise das últimas Súmulas do TST, verifica-se que todas as compreendidas entre a de n. 397 a n. 413 referem-se ao tema ação rescisória. Nota-se, portanto, um esforço do Poder Judiciário, em especial do Tribunal Superior do Trabalho, em conter o uso ilimitado da ação rescisória, que não pode ser utilizada como recurso judicial. De sua parte, o Poder Legislativo não pode se omitir em relação ao

da multa de 5%, ao passo que a CLT exige do autor da ação rescisória a comprovação do *depósito prévio* de 20% do valor da causa, salvo prova de miserabilidade jurídica de autor. Esta distinção é importante, na medida em que, por força dela, no processo do trabalho não poderá ser deferido ao autor prazo para emendar a petição inicial, para efeito de apresentar a comprovação do depósito dele exigido.

O CPC alude, no art. 488, à realização de depósito de percentual do valor da causa, a título de *multa*. A CLT não define a natureza do depósito, mas estabelece que a ação rescisória será admitida "na forma do disposto no Capítulo IV do Título IX da Lei n. 5.869, de 11 de janeiro de 1973 — Código de Processo Civil", o que permite afirmar que também no processo do trabalho o depósito é realizado a título de multa. A única distinção entre o direito processual civil e do trabalho, neste particular, está no percentual da multa. É neste sentido a Instrução Normativa n. 31/2007 do TST, cujo art. 5º prevê que "o valor do depósito será revertido em favor do réu, a título de multa, caso o pedido deduzido na ação rescisória seja julgado, por unanimidade de votos, improcedente ou inadmissível".

O depósito prévio constitui pressuposto de validade da relação jurídico-processual e condição prévia para o exame da ação rescisória, conforme tem decidido o TST e se vê das decisões seguintes:

> RECURSO ORDINÁRIO EM AÇÃO RESCISÓRIA. DEPÓSITO PRÉVIO. VALOR INSUFICIENTE. COMPLEMENTAÇÃO. IMPOSSIBILIDADE DE EMENDA À PETIÇÃO INICIAL. O depósito previsto no *caput* do art. 836 da CLT constitui pressuposto de validade da relação jurídico-processual e condição prévia para o exame da ação rescisória, de modo que sua realização integral deve ser comprovada no momento da protocolização da petição inicial da rescisória. A jurisprudência da SBDI-2 do TST segue firme no sentido da impossibilidade de concessão de prazo para ulterior comprovação do depósito, inclusive para sua complementação, quando efetuado a menor. No caso em exame, a Autora atribuiu à ação rescisória o mesmo valor fixado na condenação pela sentença proferida na fase de conhecimento que se pretende rescindir, sem a devida atualização, e somente recolheu a diferença do depósito prévio após o despacho saneador do Relator no TRT. Assim, não demonstrado o preenchimento do pressuposto processual no momento oportuno, impõe-se a extinção do processo sem a resolução do mérito. Precedentes. Processo extinto sem resolução do mérito.[5]

> AÇÃO RESCISÓRIA. PRELIMINAR DE EXTINÇÃO DA AÇÃO SUSCITADA DE OFÍCIO. DEPÓSITO PRÉVIO INSUFICIENTE. INSTRUÇÃO NORMATIVA N. 31 DE 2007. 1. De acordo com o art. 490, II, do CPC, o recolhimento do depósito prévio consiste num pressuposto de constituição e desenvolvimento válido e regular do processo, razão pela qual o Julgador, ao constatar a sua deficiência, deve extinguir o feito sem resolução do mérito, não cabendo a notificação da parte para que o regularize. 2. É cediço que, nos termos dos arts. 2º, II, e 4º da Instrução Normativa n. 31/2007 desta Corte, na hipótese da parte pretender desconstituir decisão proferida na fase de conhecimento, em que mantida a parcial procedência dos pedidos formulados na reclamação trabalhista, o valor da causa da ação rescisória corresponderá, -ao respectivo valor arbitrado à condenação-, devidamente reajustado pela variação cumulada do INPC do IBGE até a data do seu ajuizamento, de modo que o cálculo do depósito prévio deve incidir sobre o montante obtido. 3. *In casu*, tendo em vista que o valor recolhido a título de depósito prévio mostra-se aquém do devido, impõe-se o reconhecimento da ausência de pressuposto de constituição e de desenvolvimento válido e regular do feito, nos termos do art. 267, IV, do CPC. 4. Processo extinto sem resolução do mérito.[6]

O depósito prévio deverá ser realizado também no caso de ajuizamento de ação rescisória de ação rescisória[7].

O percentual da multa incide sobre o valor da causa, lembrando-se que ao juiz é vedado alterar de ofício o valor da causa, consoante a OJ n. 155 da SDI-II do TST.

A fixação do valor da causa deverá atender ao disposto na Instrução Normativa n. 31/2007 do TST. Nos termos dos arts. 2º, II, e 4º da Instrução Normativa n. 31/2007 do TST, na hipótese de a parte pretender desconstituir decisão proferida na fase de conhecimento, em que houve a total ou parcial procedência dos pedidos formulados na reclamação trabalhista, o valor a ser atribuído à causa na ação rescisória corresponderá "ao respectivo valor arbitrado

---

tema. Destaque-se, a propósito, que há um desejo incontestável dos membros desta Casa Legislativa para que o processo, de uma forma geral, seja mais célere. Exemplo disso é o esforço empreendido pelo eminente Senador JOSÉ JORGE, relator da Emenda Constitucional n. 45/2004, da Reforma do Judiciário. Ressalte-se, ainda, que a ação rescisória procrastinatória serve também para estimular os sonegadores da Previdência Social, que se valem do direito de ação para adiar o pagamento da obrigação tributária." (Disponíveis em: <http://redir.stf.jus.br/estfvisualizadorpub/jsp/consultarprocessoeletronico/ConsultarProcessoEletronico.jsf?seqobjetoincidente=2581660>. Acesso em: 18 jan. 2013).

(5) TST, ROAR - 21800-83.2008.5.18.0000. Rel. Min. Emmanoel Pereira, Subseção II Especializada em Dissídios Individuais. *DEJT* de 7.1.2013.

(6) TST, AR - 2028006-80.2008.5.00.0000. Rel. Min. Guilherme Augusto Caputo Bastos, Subseção II Especializada em Dissídios Individuais. *DEJT* de 23.11.2012.

(7) Segundo a Súmula n. 400 do TST: "Em se tratando de rescisória de rescisória, o vício apontado deve nascer na decisão rescindenda, não se admitindo a rediscussão do acerto do julgamento da rescisória anterior. Assim, não se admite rescisória calcada no inciso V do art. 485 do CPC, para discussão, por má aplicação dos mesmos dispositivos de lei, tidos por violados na rescisão anterior, bem como para arguição de questões inerentes à ação rescisória primitiva."

à condenação", devidamente reajustado pela variação cumulada do INPC do IBGE até a data do seu ajuizamento, sendo esta a base de cálculo do depósito prévio de 20%. No caso de rescisão de decisão proferida na fase de conhecimento que julgou improcedentes os pedidos, a base de cálculo do depósito prévio corresponderá ao valor dado à causa do processo originário ou àquele que for fixado pelo juiz, atualizado pela variação cumulada do INPC do IBGE até a data do ajuizamento desta rescisória. De outro lado, quando a decisão rescindenda tiver sido proferida na fase de execução[8], à causa será atribuído o valor dos cálculos de liquidação, sobre o qual incidirá o percentual de 20% a título de depósito prévio, conforme determina a Instrução Normativa n. 31 do TST, em seu art. 3º.

Da realização de depósito prévio são isentos a parte que comprove a sua miserabilidade jurídica (art. 836 da CLT), a União, suas autarquias e fundações, os Estados, os Municípios e o Ministério Público (art. 488, parágrafo único, do CPC e art. 24-A da Lei n. 9.028/1995), e o INSS (Súmula n. 175 do STJ).

Conforme o art. 6º da Instrução Normativa n. 31/2007 do TST, o "depósito prévio não será exigido da massa falida e quando o autor perceber salário igual ou inferior ao dobro do mínimo legal, ou declarar, sob as penas da lei, que não está em condições de pagar as custas do processo sem prejuízo do sustento próprio ou de sua família". Esta última previsão deixa transparecer que a intenção era favorecer o trabalhador (único que recebe salários e possui família), não alcançando, portanto, a pessoa jurídica. Contudo, em casos excepcionais, tem sido concedida a isenção ao empregador, mesmo pessoa jurídica, desde que haja comprovação da sua incapacidade econômica para arcar com as despesas do processo[9]. A propósito da concessão do benefício a todos os necessitados, observa José Carlos Barbosa Moreira que "Entender diversamente seria tolher aos necessitados o exercício da ação rescisória, com manifesta violação do art. 5º, n. XXXV, da Constituição da República. A garantia neste consagrada reduzir-se-ia a mero *flatus vocis* se se reputasse autorizado o legislador ordinário a estabelecer restrições que importem praticamente negá-la a uma classe de pessoas — e por motivo odioso, a carência de recursos financeiros. Urge sepultar as concepções puramente formalísticas das normas constitucionais que tutelam direitos; a única interpretação correta é a que lhes assegure, tanto quanto possível, a efetividade *in concreto*"[10].

Conforme dispõe o art. 494 do CPC, "julgando procedente a ação, o tribunal rescindirá a sentença, proferirá, se for o caso, novo julgamento e determinará a restituição do depósito; declarando inadmissível ou improcedente a ação, a importância do depósito reverterá a favor do réu, sem prejuízo do disposto no art. 20". Do tema trata o art. 5º da Instrução Normativa n. 31/2007 do TST, na redação que lhe conferiu a Resolução n. 254/2009, *in verbis*: "O valor depositado será revertido em favor do réu, a título de multa, caso o pedido deduzido na ação rescisória seja julgado, por unanimidade de votos, improcedente ou inadmissível".

O depósito prévio para o ajuizamento de ação rescisória não tem natureza jurídica de tributo, visto que, conforme se infere do art. 5º da Instrução Normativa n. 31/2007 e do art. 488, I, do CPC, será ele revertido ao autor ou ao réu, segundo o resultado do julgamento.

O depósito da multa tem dupla natureza:

a) coercitiva: a sua cominação atua sobre a vontade da parte, procurando evitar ou desestimular a propositura de ação rescisória protelatória;

---

(8) Dispõe o inciso II, da Súmula n. 399 do TST que: "A decisão homologatória de cálculos apenas comporta rescisão quando enfrentar as questões envolvidas na elaboração da conta de liquidação, quer solvendo a controvérsia das partes quer explicitando, de ofício, os motivos pelos quais acolheu os cálculos oferecidos por uma das partes ou pelo setor de cálculos, e não contestados pela outra."

(9) Neste sentido, é a decisão seguinte: "**GRATUIDADE DE JUSTIÇA – PESSOA JURÍDICA – POSSIBILIDADE**. 1. A Lei n. 1.060/50, que estabelece as normas para a concessão de assistência judiciária aos necessitados, não se aplica, em princípio, à pessoa jurídica, uma vez que se refere à parte cuja situação econômica não lhe permita custear as despesas do processo sem prejuízo do próprio sustento ou da família. 2. Excepcionalmente, a jurisprudência desta Corte tem admitido a possibilidade da extensão da gratuidade de justiça às pessoas jurídicas (mitigando-se a interpretação restritiva da Lei n. 1.060/50), desde que haja prova inequívoca, nos autos, da impossibilidade de se arcar com as custas processuais. A própria Lei Complementar n. 123/06 (Estatuto da Microempresa) admite essa possibilidade. 3. Ocorre que, na hipótese vertente, há registro, na decisão regional, de que a Reclamada não comprovou a alegada incapacidade financeira de arcar com as despesas do processo, o que inviabiliza a concessão dos benefícios da justiça gratuita. Agravo de instrumento desprovido." (TST, AIRR - 992-83.2010.5.09.0567. Rel. Min. Ives Gandra Martins Filho. 7ª T. *DEJT* de 2.3.2012)

Ainda sobre o assunto: "**ASSISTÊNCIA JUDICIÁRIA GRATUITA. BENEFÍCIO EXTENSÍVEL A PESSOA JURÍDICA. COMPROVAÇÃO DA SITUAÇÃO ECONÔMICA. DEFERIMENTO**. A jurisprudência do TST segue no sentido de deferir o benefício da assistência judiciária gratuita à pessoa jurídica, quando ficar comprovada a situação econômica que autorize a sua concessão. No caso, trata-se de associação civil sem fim lucrativo e que sobrevive, basicamente, de doações, o que autoriza o deferimento do benefício. Recurso de Revista conhecido e provido." (TST, RR - 176900-34.2007.5.12.0032. Rel. Min. Márcio Eurico Vitral Amaro, 8ª T. *DEJT* de 18.11.2011).

(10) MOREIRA, José Carlos Barbosa. *Comentários ao Código de Processo Civil, Lei n. 5.869, de 11 de janeiro de 1973*. 15. ed. v. V, arts. 476 a 565. Rio de Janeiro: Forense, 2009. p. 183.

b) punitiva: o depósito será convertido em multa e, por consequência, revertido ao réu, se a ação rescisória for considerada inadmissível ou julgada improcedente, à unanimidade de votos dos membros do colegiado (a exigência de unanimidade constitui fator de segurança jurídica).

Não se trata, porém, de uma multa prévia, mas de uma exigência de prévio depósito de quantia que somente será revertida ao réu se a ação for julgada inadmissível ou improcedente, à unanimidade de votos. O que se pretende é evitar ou desestimular a utilização indevida e infundada do instituto da ação rescisória na Justiça do Trabalho, em prejuízo da solução definitiva dos conflitos e mais rápida satisfação dos créditos trabalhistas de caráter eminentemente alimentar correspondentes a direitos assegurados aos trabalhadores como um mínimo necessário a uma vida digna.

Anota José Carlos Barbosa Moreira que:

> A exigência, que tem precedentes no direito comparado, inspira-se obviamente no propósito de desestimular a desmedida multiplicação de rescisórias, que poderia resultar da sensível ampliação do rol de fundamentos, em confronto com o sistema anterior. Ao contrário do que se dá com as condenações em custas e honorários advocatícios, a multa não tem caráter indenizatório, não visa a compensar a parte vencedora de possíveis prejuízos, mas a reprimir uma forma de abuso no exercício do direito de ação; por essa razão, de *iure condendo*, parece mais acertado, a exemplo de legislação estrangeiras, fazer reverter aos cofres públicos o depósito pedido [...]. Ao contrário do que ocorre com o reembolso das custas e o pagamento dos honorários de advogado, a entrega da quantia depositada ao réu não tem caráter de ressarcimento, não visa a compensá-lo de qualquer desfalque patrimonial. Por isso, para que o autor se sujeite à perda do depósito, é irrelevante o comportamento do réu: a sanção será aplicável mesmo que este haja ficado revel. O que se sanciona é o abuso no exercício do direito de ação; de lege ferenda, perdido o depósito, a importância deveria reverter sempre aos cofres públicos.[11]

Francisco Antônio de Oliveira afirma que "o valor exigido a título de depósito não tem a conotação conceitual de 'despesas processuais' e tem mesmo finalidade objetiva, qual seja a de dificultar o uso indiscriminado do remédio excepcional e prover para o ressarcimento de certos prejuízos causados pelo desconforto de responder a ação rescisória proposta, por vezes, com espírito de emulação"[12].

O STJ, por sua vez, tem decidido que:

> 1. O depósito inicial da ação rescisória tem dupla finalidade. Visa a reprimir excessivo ajuizamento de ações e sancionar o abuso do direito. Não assume, por conseguinte, caráter indenizatório (compensar o réu por eventuais prejuízos). 2. Esses dois fundamentos demonstram que o depósito inicial somente será perdido nas situações que a norma jurídica expressamente indicar como geradoras da sanção, o que demonstra serem taxativas as hipóteses da parte final do art. 494 do Código de Processo Civil.[13]

Como aduz o ilustre homenageado, "a noção geral da técnica é de conjunto de meios adequados para a consecução dos resultados desejados, de procedimentos idôneos para a realização de finalidade"[14]. A exigência do depósito prévio é um meio pelo qual é perseguido um fim, ou seja, uma técnica, que procura preservar a autoridade da coisa julgada[15] e assegurar a segurança jurídica nas relações sociais[16], lembrando-se que a coisa julgada é o pilar da segurança jurídica e, desta forma, base essencial da democracia.

---

(11) MOREIRA. José Carlos Barbosa. *Comentários ao Código de Processo Civil, Lei n. 5.869, de 11 de janeiro de 1973.* 15. ed. v. V, arts. 476 a 565. Rio de Janeiro: Forense, 2009. p. 182. Este Autor, em nota de rodapé, destaca as seguintes legislações no Direito Comparado: "Espanha: antiga *Ley de Enjuiciamiento Civil*, arts. 1703 e 1799; Estado do Vaticano: *Codice di procedura civile*. art. 418. Na Itália, a imposição, que constava dos arts. 364 e 398, 3ª alínea, do *Codice di procedura civile*, foi abolida pela Lei n. 793, de 18.10.1977". (*op. cit.*, p. 182 e 213).

(12) OLIVEIRA, Francisco Antonio de. *Ação rescisória*: enfoques trabalhistas. 2. ed. São Paulo: RT, 1996. p 122.

(13) STJ – REsp 754.254/RS. 2ª T. j. 21.5.2009. Rel. Min. Castro Meira, *DJe* 1º.6.2009.

(14) GONÇALVES, Aroldo Plínio. *Técnica Processual e Teoria do Processo*. 2. ed. Belo Horizonte: Del Rey, 2012. p. 16.

(15) Assevera Elio Fazzalari que "são essas as duas faces da irretratabilidade da sentença em sede judiciária: irretratabilidade que se torna um atributo da eficácia da mesma e que, ainda por tradição milenar, se chama 'autoridade da coisa julgada' ou 'coisa julgada' *tout court.*" (FAZZALARI, Elio. *Instituições de direito processual*. Trad. Elaine Nassif. 1 ed. Campinas: Bookseller. 2006. p. 541.

(16) Anota Ingo Wolfgang Sarlet que "a segurança jurídica coincide com uma das mais profundas aspirações do ser humano, viabilizando, mediante a garantia de uma certa estabilidade das relações jurídicas e da própria ordem jurídica como tal, tanto a elaboração de projetos de vida, bem como a sua realização, desde logo é perceptível o quanto a ideia de segurança jurídica encontra-se umbilicalmente vinculada à própria noção de dignidade da pessoa humana." (SARLET, Ingo Wolfgang. A eficácia do direito fundamental à segurança jurídica: dignidade da pessoa humana, direitos fundamentais e proibição de retrocesso social no direito constitucional brasileiro. *In: Revista Latino-Americana de Estudos Constitucionais*, n. 6, jul./dez. 2005. BONAVIDES, Paulo (dir). Belo Horizonte: Del Rey. p. 330.

O depósito prévio instituído com a Lei n. 11.495/2007 é uma técnica processual que privilegia a efetividade da tutela jurisdicional dos direitos, que foi criada para aperfeiçoar esta tutela, "para que os resultados obtidos possam ser postos à disposição da sociedade"[17].

Registre-se que "uma técnica é valorada segunda sua idoneidade para a realização de suas finalidades. Será uma boa ou má técnica, conforme seja hábil a cumprir os seus fins, ou conforme se revele ineficaz para esse objetivo. De qualquer modo, a avaliação deve ser feita pela ciência, como atividade consciente e capaz para a produção do conhecimento e a correção de seus pontos de estrangulamento. A responsabilidade da ciência do Direito Processual, em relação ao processo, não é, portanto, pequena"[18].

Daí a relevância do estudo das várias implicações da exigência em destaque e a justificativa para o presente ensaio.

Referências bibliográficas

BRASIL. CÂMARA DOS DEPUTADOS. Voto do Deputado Vicentinho, relator do projeto de lei (n. 4.735-B/2004) na Comissão de Trabalho, de Administração e Serviço Público da Câmara dos Deputados. Disponível em: <http://redir.stf.jus.br/estfvisualizadorpub/jsp/consultarprocessoeletronico/ConsultarProcessoEletronico.jsf?seqobjetoincidente=2581660>. Acesso em: 18 jan. 2013.

BRASIL. SENADO FEDERAL. Senador João Batista Motta, Relator do projeto de lie (n. 4.735-B/2004) na Comissão de Constituição, Justiça e Cidadania. Disponível em: <http://redir.stf.jus.br/estfvisualizadorpub/jsp/consultarprocessoeletronico/ConsultarProcessoEletronico.jsf?seqobjetoincidente=2581660>. Acesso em: 18 jan. 2013.

BRASIL. SUPERIOR TRIBUNAL DE JUSTIÇA. REsp n. 754.254/RS. 2ª T. j. 21.5.2009. Rel. Min. Castro Meira, DJe 1º.6.2009.

BRASIL. TRIBUNAL SUPERIOR DO TRABALHO. AIRR – 992-83.2010.5.09.0567. Rel. Min. Ives Gandra Martins Filho. 7ª T. DEJT de 2.3.2012.

BRASIL. TRIBUNAL SUPERIOR DO TRABALHO. AR - 2028006-80.2008.5.00.0000. Rel. Min. Guilherme Augusto Caputo Bastos, Subseção II Especializada em Dissídios Individuais. DEJT de 23.11.2012.

BRASIL. TRIBUNAL SUPERIOR DO TRABALHO. ROAR – 21800-83.2008.5.18.0000. Rel. Min. Emmanoel Pereira, Subseção II Especializada em Dissídios Individuais. DEJT de 7.1.2013.

BRASIL. TRIBUNAL SUPERIOR DO TRABALHO. RR – 176900-34.2007.5.12.0032. Rel. Min. Márcio Eurico Vitral Amaro, 8ª T. DEJT de 18.11.2011.

FAZZALARI, Elio. Instituições de direito processual. Trad. Elaine Nassif. 1. ed. Campinas: Bookseller, 2006.

GONÇALVES, Aroldo Plínio. Técnica Processual e Teoria do Processo. 2 ed. Belo Horizonte: Del Rey, 2012.

MOREIRA, José Carlos Barbosa. Comentários ao Código de Processo Civil, Lei n. 5.869, de 11 de janeiro de 1973. 15 ed. v. V, arts. 476 a 565. Rio de Janeiro: Forense, 2009.

OLIVEIRA, Francisco Antonio de. Ação rescisória: enfoques trabalhistas. 2. ed. São Paulo: RT, 1996.

SARLET, Ingo Wolfgang. A Eficácia do direito fundamental à segurança jurídica: dignidade da pessoa humana, direitos fundamentais e proibição de retrocesso social no direito constitucional brasileiro. In: Revista Latino-Americana de Estudos Constitucionais, n. 6 – jul./dez. 2005. BONAVIDES, Paulo (Dir.). Belo Horizonte: Del Rey.

---

(17) GONÇALVES, Aroldo Plínio. Técnica processual e teoria do processo. 2 ed. Belo Horizonte: Del Rey, 2012. p. 167.
(18) Ibidem, p. 148.

Lei n. 11.496/2007, Súmulas ns. 353 e 433 do TST e OJs ns. 336 e 378 da SDI-1 do TST: Recurso de Embargos no TST

Paula Oliveira Cantelli e Laura Diamantino Tostes

1. Fundamento legal

O regramento legal dos embargos, que é um recurso cabível, exclusivamente, no âmbito do TST, está expresso no art. 894 da Consolidação das Leis do Trabalho e nos arts. 2º, inciso II, alínea "c" e 3º, inciso III, alínea "b", da Lei n. 7.701/88[1].

Vale consignar que a Lei n. 11.496/2007 alterou a redação do art. 894 da Consolidação das Leis do Trabalho, bem como do art. 3º, inciso III, alínea "b", da Lei n. 7.701/88, modificando, substancialmente, o cabimento do recurso de embargos.

Assim, o dispositivo celetista passou a regulamentar o recurso de embargos, cujo prazo é de oito dias, com a seguinte redação:

> Art. 894. No Tribunal Superior do Trabalho cabem embargos, no prazo de 8 (oito) dias:
>
> I – de decisão não unânime de julgamento que:
>
> a) conciliar, julgar ou homologar conciliação em **dissídios coletivos** que excedam a competência territorial dos Tribunais Regionais do Trabalho e estender ou rever as sentenças normativas do Tribunal Superior do Trabalho, nos casos previstos em lei; e
>
> II – das decisões das Turmas que divergirem entre si, ou das decisões proferidas pela Seção de Dissídios Individuais, salvo se a decisão recorrida estiver em consonância com súmula ou orientação jurisprudencial do Tribunal Superior do Trabalho ou do Supremo Tribunal Federal. (original sem destaques).

Verifica-se, portanto, que o recurso de embargos previsto no art. 894, incisos I e II, da CLT pode ser subdividido em duas espécies recursais, que serão posteriormente examinadas, com hipóteses de cabimento e competência para julgamento distintas, quais sejam: embargos infringentes e embargos de divergência.

Antes da edição da Lei n. 11.496 de 2007 havia a possibilidade de interposição de três espécies de recurso de embargos: os infringentes, os de divergência e os de nulidade. Este último possibilitava o manejo do recurso nos casos em que houvesse violação de norma contida em lei federal ou em dispositivo constitucional. Com a modificação legislativa, conforme alhures mencionado, tal hipótese foi suprimida.

Vale lembrar que, caso a decisão do Tribunal Superior do Trabalho desafie recurso de embargos, deverão eles, nos termos do art. 102, III, da CR/88, obrigatoriamente, ser opostos, sob pena de não ser admitida a interposição de Recurso Extraordinário para o Supremo Tribunal Federal.

Destaca-se que o prazo para interposição do apelo é de oito dias, devendo, neste lapso temporal, também ser comprovado o preparo (pagamento das custas e do depósito recursal). Além disso, os embargos somente serão admitidos caso sejam preenchidos os pressupostos de admissibilidade (subjetivos e objetivos), exigíveis em relação aos apelos trabalhistas em geral.

Como é sabido, os pressupostos subjetivos podem ser classificados em legitimidade, capacidade e interesse.

Terá legitimidade aquele que tenha figurado como parte, ainda que revel, segundo o art. 499 do diploma processual civil. Ademais, terceiros prejudicados ou interessados poderão interpor recurso (sucessor ou herdeiro, empresa condenada solidária ou subsidiariamente, sócios de fato, litisconsortes ou assistentes, substituto processual)[2]. Já o pressuposto da capacidade será atendido se o recorrente for plenamente capaz, nos termos estabelecidos pelo Código Civil, nos arts. 3º, 4º e 5º. Por outro lado, o interesse em recorrer estará presente quando houver utilidade e necessidade, devendo ser aferido se a interposição do tipo recursal for realmente necessária, sendo este um meio imprescindível para evitar o prejuízo.

---

(1) "Art. 2º Compete à *seção especializada em dissídios coletivos,* ou seção normativa: [...]
  II – em última instância julgar: [...]
  c) os *embargos infringentes* interpostos contra decisão não unânime proferida em processo de *dissídio coletivo* de sua competência originária, salvo se a decisão atacada estiver em consonância com precedente jurisprudencial do Tribunal Superior do Trabalho ou da Súmula de sua jurisprudência predominante; [...]
  Art. 3º Compete à Seção de Dissídios Individuais julgar: [...]
  III – em última instância:
  b) os *embargos* das decisões das Turmas que divergirem entre si, ou das decisões proferidas pela Seção de Dissídios Individuais; [...] ". (Original sem destaques).

(2) BEZERRA LEITE, Carlos Henrique. *Curso de Direito Processual do Trabalho.* 9. ed. São Paulo: LTr, 2011. p. 735.

Quanto aos pressupostos objetivos, Carlos Henrique Bezerra Leite[3] os elenca no seguinte rol: recorribilidade do ato, adequação, tempestividade, representação e preparo.

Assim, há de ser a decisão proferida passível de impugnação por meio da espécie recursal. Partindo-se de tal pressuposto, deverá a parte interpor o recurso adequado e próprio, no prazo legal, devidamente representada, mediante instrumento de mandato e, se for o caso, devidamente recolhidas as custas e realizado o depósito, tudo em conformidade com a legislação vigente.

Passa-se, a seguir, à análise dos embargos de divergência e infringentes.

2. Embargos de divergência

A função primordial dos embargos de divergência é consagrar e efetivar a unidade do direito material e processual do trabalho, impedindo, assim, que a sua interpretação se dê de maneira disforme no Tribunal Superior do Trabalho — TST. Em outras palavras, os embargos de divergência visam à uniformização jurisprudencial dentro da Corte Superior Trabalhista. Pode-se afirmar se tratar de um meio de controle da legalidade da decisão.

Mauro Schiavi[4] ensina que o objetivo dos embargos de divergência é *"uniformizar a interpretação da legislação da competência do Tribunal Superior do Trabalho no âmbito da Seção de Dissídios Individuais, que julga os recursos referentes aos conflitos individuais trabalhistas"*.

Verifica-se, portanto, que o recurso de embargos de divergência tem natureza *extraordinária*, já que se destina a tutelar o direito objetivo, não havendo a possibilidade de se discutir matéria fática ou reexaminar fatos e provas — Súmula n. 126 do Tribunal Superior do Trabalho.

O art. 71 do Regimento Interno do TST, ao dispor sobre a competência da Seção Especializada em Dissídios Individuais, prevê que os embargos de divergência podem ser por ela julgados, em sua composição plena ou pela Subseção I, o que será definido em razão do tipo de divergência instaurada, nos seguintes termos:

> Art. 71. À Seção Especializada em Dissídios Individuais, em composição plena ou dividida em duas Subseções, compete:
>
> I – em composição plena, julgar, em caráter de urgência e com preferência na pauta, os processos nos quais tenha sido estabelecida, na votação, divergência entre as Subseções I e II da Seção Especializada em Dissídios Individuais, quanto à aplicação de dispositivo de lei federal ou da Constituição da República.
>
> II – à Subseção I:
>
> a) julgar os embargos interpostos contra decisões divergentes das Turmas, ou destas que divirjam de decisão da Seção de Dissídios Individuais, de Orientação Jurisprudencial ou de Súmula; e [...] (original sem destaques)

Desta forma, à luz da legislação vigente, bem como do Regimento Interno do TST, conclui-se que serão cabíveis embargos de divergência quando no acórdão atacado houver divergência entre as Subseções de Dissídios Individuais — SDI-I e II, no que se refere à aplicação de norma prevista em Constituição ou em lei federal. Neste caso a competência originária para julgamento do apelo é da SDI, em sua composição plena. Por outro lado, será também cabível o recurso de embargos e seu julgamento será de competência da Subseção de Dissídios Individuais — SBDI-1, quando no acórdão guerreado houver: 1. divergência entre duas ou mais Turmas do TST; e 2. divergência entre uma ou mais turmas do TST com decisões: a) da Seção de Dissídios Individuais, b) de Orientação Jurisprudencial da SDI ou SDC e c) de Súmula do TST.

Observa-se, pois, incabível o apelo ora abordado, se estiver a decisão atacada em consonância com entendimento jurisprudencial contido em súmula ou orientação do Tribunal Superior do Trabalho ou do Supremo Tribunal Federal. Logo, conclui-se pelo seu cabimento, em face das decisões *contrárias* à jurisprudência — sumulada ou não — dos Tribunais mencionados.

Cabe destaque a Orientação Jurisprudencial n. 336, da SBDI, do TST[5], cuja edição se deu em 2012, com o entendimento seguinte: ainda que envolva matéria constitucional, não caberão embargos se o objeto da decisão, com menção expressa ao dispositivo constitucional, já constar de uma Orientação Jurisprudencial — OJ. Nota-se, pois, ser uma hipótese restritiva de recursos, mesmo em casos de violação à norma contida na Constituição da República.

Noutro giro, a Orientação Jurisprudencial n. 378 da SBDI do TST[6] ilumina questão um tanto quanto controvertida e afirma ser incabível a interposição do recurso de embargos em face de decisão monocrática proferida

---

(3) BEZERRA LEITE, Carlos Henrique. *Op. cit*, p. 737.

(4) SCHIAVI, Mauro. *Manual de Direito Processual do Trabalho*. 2. ed. São Paulo: LTr, 2009. p. 733.

(5) Embargos interpostos anteriormente à vigência da Lei n. 11.496/2007. Recurso não conhecido com base em orientação jurisprudencial. Desnecessário o exame das violações de lei e da Constituição Federal alegadas no recurso de revista. (Redação alterada pelo Tribunal Pleno na sessão realizada em 6.2.2012)

(6) OJ n. 378. EMBARGOS. INTERPOSIÇÃO CONTRA DECISÃO MONOCRÁTICA. NÃO CABIMENTO. Não encontra amparo no art. 894 da CLT, quer na redação anterior quer na redação posterior à Lei n. 11.496, de 22.6.2007, recurso de embargos interposto à decisão monocrática

nos termos dos arts. 557 do CPC e 896, § 5º, da CLT, pois o comando legal restringe seu cabimento à pretensão de reforma de decisão colegiada proferida por Turma do Tribunal Superior do Trabalho.

Ademais, incabíveis embargos de divergência cujo esteio principal seja a violação à lei estadual ou municipal.

Destaca-se o entendimento de Leonardo Tibo[7] no sentido de que somente serão cabíveis embargos de divergência em face de decisões que contrariarem súmula e orientação jurisprudencial do TST que versarem sobre direito material do trabalho.

A decisão que contrariar súmula ou orientação jurisprudencial do TST desafiará Embargos de Divergência. Entretanto o conteúdo da súmula ou da OJ deve ser de direito material do trabalho, uma vez que o exame das divergências de direito processual equivaleria ao cotejo da decisão com o próprio dispositivo da lei processual.

Por outro lado, cumpre esclarecer que o entendimento jurisprudencial dominante, nos termos da Súmula n. 353, do TST[8], rechaça a possibilidade de se interpor o recurso de embargos em face de decisão de Turma proferida em Agravo, mas elenca exceções à regra geral. Os itens "a", "b" e "c" abordam a possibilidade de se interpor o recurso de embargos quando houver divergência em torno dos pressupostos extrínsecos de admissibilidade dos recursos.

Então a discussão a ser apresentada nas linhas recursais circundará a presença ou ausência dos seguintes elementos: a recorribilidade do ato, a adequação, a tempestividade, a representação e o preparo, desde que tenha existente a divergência[9].

Já os itens "d", "e" e "f" do entendimento jurisprudencial ora em comento asseveram ser cabível a interposição do recurso de embargos a fim de impugnar (i) o conhecimento do agravo de instrumento, (ii) a imposição de multas por embargos de declaração protelatórios ou por interposição de recursos manifestamente infundados e (iii) a decisão de Turma proferida em face de Agravo interposto de decisão monocrática do relator — art. 557, § 1º-A, do CPC.

Analisando a Súmula n. 353 do TST, Leonardo Tibo Barbosa Lima[10] ensina que recurso de embargos de divergência somente é cabível para atacar decisões proferidas em sede de Agravo de Instrumento e Regimental em hipóteses específicas, nos seguintes termos:

Em regra, os Embargos de Divergência terão lugar para atacar decisão do TST proferida no julgamento de Recurso de Revista, pelas Turmas, de maneira que não cabem contra decisões monocráticas do relator ou em sede de agravos. Entretanto é possível que o recurso seja interposto contra decisão proferida em sede de Agravo, seja de Instrumento ou Regimental. As hipóteses estão descritas na Súmula n. 353 do TST: a) da decisão que não conhece de Agravo de Instrumento ou de Agravo Regimental, pela ausência de seus próprios pressupostos extrínsecos (regularidade formal, tempestividade e preparo); b) da decisão que nega provimento a Agravo Regimental contra decisão monocrática do relator, em que se proclamou a ausência de pressupostos extrínsecos de Agravo de Instrumento (regularidade formal, tempestividade e preparo); c) para revisão dos pressupostos extrínsecos de admissibilidade do Recurso de Revista (regularidade formal, tempestividade e preparo) pela SDI-I, cuja ausência haja sido declarada originariamente pela Turma do TST, no julgamento do Agravo de Instrumento, quando então será obrigatório constar, expressamente, a ofensa ao art. 896 da CLT; d) para impugnar o conhecimento de Agravo de Instrumento

---

exarada nos moldes dos arts. 557 do CPC e 896, § 5º, da CLT, pois o comando legal restringe seu cabimento à pretensão de reforma de decisão colegiada proferida por Turma do Tribunal Superior do Trabalho.

(7) LIMA, Leonardo Tibo Barbosa. *Lições de Direito Processual do Trabalho – teoria e prática*. Rio de Janeiro: Lumen Juris. 2013. p. 291.

(8) **Súmula n. 353 do TST:**

EMBARGOS. AGRAVO. CABIMENTO (incorporada a Orientação Jurisprudencial n. 293 da SBDI-1 com nova redação como letra f) – Res. n. 171/2010, DEJT divulgado em 19, 22 e 23.11.2010.

Não cabem embargos para a Seção de Dissídios Individuais de decisão de Turma proferida em agravo, salvo:

a) da decisão que não conhece de agravo de instrumento ou de agravo pela ausência de pressupostos extrínsecos;

b) da decisão que nega provimento a agravo contra decisão monocrática do Relator, em que se proclamou a ausência de pressupostos extrínsecos de agravo de instrumento;

c) para revisão dos pressupostos extrínsecos de admissibilidade do recurso de revista, cuja ausência haja sido declarada originariamente pela Turma no julgamento do agravo;

d) para impugnar o conhecimento de agravo de instrumento;

e) para impugnar a imposição de multas previstas no art. 538, parágrafo único, do CPC, ou no art. 557, § 2º, do CPC.

f) contra decisão de Turma proferida em Agravo interposto de decisão monocrática do relator, baseada no art. 557, § 1º-A, do CPC. (ex-OJ n. 293 da SBDI-1 com nova redação).

(9) KLIPPEL, Bruno. *Direito sumular esquematizado*. 2. ed. São Paulo: Saraiva, 2012. p. 455.

(10) LIMA, Leonardo Tibo Barbosa. *Lições de Direito Processual do Trabalho – teoria e prática*. Rio de Janeiro: Lumen Juris. 2013. p. 290.

pela Turma do TST, por ausência de seus pressupostos; e) para impugnar a imposição de multas previstas no art. 538, parágrafo único, do CPC (Embargos Declaratórios protelatórios, no valor de 1% a 10% do valor da causa), ou no art. 557, § 2º do CPC (Agravo Regimental protelatório, no valor de 1% a 10% do valor da causa); f) contra decisão de Turma do TST proferida em agravo regimental interposto de decisão monocrática do relator, baseada no art. 557,§ 1º-A, do CPC (que dá provimento ao recurso, na hipótese de a decisão recorrida estar em manifesto confronto com súmula ou com jurisprudência dominante do STF ou do TST).

Outro ponto que merece destaque é o entendimento jurisprudencial esposado na Súmula n. 433 do TST[11]. Interessante analisar o panorama recursal trabalhista, na fase de execução, para entender o conteúdo da súmula. O art. 896, parágrafo segundo, da CLT somente autoriza a interposição do recurso de revista, em execução de sentença, caso a decisão proferida pelo Tribunal Regional do Trabalho ou por suas Turmas viole norma constitucional. É, então, um pressuposto específico de admissibilidade desta espécie recursal.

Neste contexto, vê-se que o entendimento do TST, expresso na Súmula n. 433, está de acordo com a previsão celetista, na medida em que o acórdão proferido em sede de recurso de revista somente poderia abordar afronta ao dispositivo da CR/88. Assim, caso tal decisão divirja de outra proferida por Turma do TST ou SDI, insista-se, quanto à interpretação de norma constitucional, cabível é a interposição dos embargos de divergência.

2.1. Processamento dos embargos de divergência

Uma vez publicada a decisão, terá a parte o prazo de oito dias para interpor o recurso de embargos, segundo a norma contida no *caput* do art. 894 da CLT e no art. 231[12] do Regimento Interno do TST, atentando-se ao benefício concedido à Fazenda Pública, pois o Decreto n. 779/69 estabelece o prazo em dobro para as entidades com personalidade jurídica de direito público.

Destaca-se que a capacidade postulatória das partes, ainda vigente no processo do trabalho, não alcança os recursos de competência do Tribunal Superior do Trabalho, segundo entendimento jurisprudencial consolidado na Súmula n. 425 do TST. Em razão da tecnicidade exigida nos procedimentos mais complexos, deverá a parte estar acompanhada de advogado legalmente habilitado.

Nos termos do art. 896, § 5º da CLT[13], se a decisão recorrida estiver em conformidade com Súmula do TST, poderá o ministro relator negar seguimento ao Recurso de Embargos. Será denegado seguimento ao Recurso nas hipóteses de intempestividade, deserção, falta de alçada e ilegitimidade de representação, cabendo a interposição de Agravo.

Quanto à comprovação da divergência apta a preencher a hipótese recursal em tela, o Tribunal Superior do Trabalho adota o entendimento expresso na Súmula n. 337[14], cuja redação informa que o recorrente deverá: a) juntar certidão ou cópia autenticada do acórdão paradigma ou

---

(11) **Súmula n. 433 do TST**. Embargos. Admissibilidade. Processo em fase de execução. Acórdão de turma publicado na vigência da Lei n. 11.496 de 26.6.2007. Divergência e interpretação de dispositivo constitucional. – Res. n. 177/2012, DEJT divulgado em 13, 14 e 15.2.2012. A admissibilidade do recurso de embargos contra acórdão de Turma em Recurso de Revista em fase de execução, publicado na vigência da Lei n. 11.496, de 26.6.2007, condiciona-se à demonstração de divergência jurisprudencial entre Turmas ou destas e a Seção Especializada em Dissídios Individuais do Tribunal Superior do Trabalho em relação à interpretação de dispositivo constitucional.

(12) **Art.** 231. Cabem embargos, por divergência jurisprudencial, das decisões das Turmas do Tribunal, no prazo de oito dias, contados de sua publicação, na forma da lei.

(13) **Art. 896**. [...] § 5º Estando a decisão recorrida em consonância com enunciado da Súmula da Jurisprudência do Tribunal Superior do Trabalho, poderá o Ministro Relator, indicando-o, negar seguimento ao Recurso de Revista, aos Embargos, ou ao Agravo de Instrumento. Será denegado seguimento ao Recurso nas hipóteses de intempestividade, deserção, falta de alçada e ilegitimidade de representação, cabendo a interposição de Agravo.

(14) **Súmula n. 337 do TST**. Comprovação de divergência jurisprudencial. Recurso de revista e de embargos. (redação do item IV alterada na sessão do Tribunal Pleno realizada em 14.9.2012) - Res. n. 185/2012, DEJT divulgado em 25, 26 e 27.9.2012.

I – Para comprovação da divergência justificadora do recurso, é necessário que o recorrente:

a) Junte certidão ou cópia autenticada do acórdão paradigma ou cite a fonte oficial ou o repositório autorizado em que foi publicado; e

b) Transcreva, nas razões recursais, as ementas e/ou trechos dos acórdãos trazidos à configuração do dissídio, demonstrando o conflito de teses que justifique o conhecimento do recurso, ainda que os acórdãos já se encontrem nos autos ou venham a ser juntados com o recurso.

II – A concessão de registro de publicação como repositório autorizado de jurisprudência do TST torna válidas todas as suas edições anteriores.

III – A mera indicação da data de publicação, em fonte oficial, de aresto paradigma é inválida para comprovação de divergência jurisprudencial, nos termos do item I, *"a"*, desta súmula, quando a *parte pretende demonstrar o conflito de teses mediante a transcrição de trechos que integram a fundamentação do acórdão divergente, uma vez que só se publicam o dispositivo e a ementa dos acórdãos;*

IV – É válida para a comprovação da divergência jurisprudencial justificadora do recurso a indicação de aresto extraído de repositório oficial na *internet*, desde que o recorrente:

citar a fonte oficial ou o repositório autorizado em que foi publicado; b) transcrever, nas razões recursais, as ementas e/ou os trechos dos acórdãos trazidos à configuração do dissídio, demonstrando o conflito de teses que justifique o conhecimento do recurso.

Cabe mencionar que as decisões justificadoras da interposição do recurso de embargos não podem estar ultrapassadas por iterativa, atual e notória jurisprudência do Tribunal Superior do Trabalho, sob pena de não conhecimento do apelo — Súmula n. 333 do TST.

Tais exigências têm por escopo principal demonstrar que as premissas de fato em que se encontram assentadas as decisões — recorrida e paradigma — são iguais, ou, ao menos, guardam uma similitude inafastável, surgindo daí um conflito interpretativo justificador do recurso de embargos.

3. Embargos infringentes

O recurso dos embargos infringentes destina-se a atacar acórdãos não unânimes julgados, originariamente, em sede de dissídio coletivo, pela Seção de Dissídio Coletivo — SDC — do Tribunal Superior do Trabalho —, excetuando-se as decisões que estiverem em consonância com precedente ou súmula do Tribunal Superior do Trabalho.

Assim, os embargos infringentes são cabíveis em face de decisão prolatada por maioria, no julgamento de dissídio coletivo, de competência originária da Seção Especializada em Dissídios Coletivos do Tribunal Superior do Trabalho — SDC do TST. Os embargos infringentes visam à prevalência do voto vencido.

Mauro Schiavi[15] esclarece que o recurso de embargos infringentes recebe esta denominação pois tem o objetivo de modificar decisão não unânime proferida nos dissídios coletivos no âmbito do TST:

... tem por objeto modificar a decisão proferida pelo TST em dissídios coletivos não unânimes, de sua competência originária: que são os que excedem a competência territorial dos Tribunais Regionais do Trabalho; ou dissídios de revisão ou de extensão.

Carlos Henrique Bezerra Leite conclui que os embargos infringentes são admissíveis *"de decisão não unânime da SDC, salvo se esta estiver em consonância com Precedente (ou OJ da SDC) ou Súmula do TST"*.

Além disso, Mauro Schiavi[16], citando Sérgio Pinto Martins, lembra que *"a falta de unanimidade de julgamento da SDC diz respeito a cada cláusula rediscutida no recurso, pois os embargos estarão restritos em última instância pela SDC"*.

Na hipótese em apreço, há uma peculiaridade prevista no Regimento Interno do Tribunal Superior do Trabalho, no art. 232[17], parágrafo único, pois, caso a divergência esteja relacionada a uma só cláusula, o conhecimento do recurso a esta se restringirá.

Ressalte-se que os embargos infringentes, além de serem admitidos nos dissídios coletivos de revisão e extensão, também têm sido admitidos pelo TST nos dissídios de greve.

Ao contrário dos embargos de divergência, o recurso de embargos infringentes tem natureza ordinária, admitindo-se, desta feita, a devolutibilidade ampla quanto à matéria fática e jurídica[18]. Entretanto tal efeito está adstrito tão somente à cláusula cujo julgamento não tenha sido unânime.

3.1. Processamento dos embargos infringentes

Já no que concerne aos embargos infringentes, nos termos do art. 70, II, alínea c, do RITST[19], compete à Seção Especializada em Dissídios Coletivos julgar o recurso, donde se conclui dever ser a peça recursal a este órgão endereçada.

---

    a) transcreva o trecho divergente;
    b) aponte o sítio de onde foi extraído; e
    c) decline o número do processo, o órgão prolator do acórdão e a data da respectiva publicação no Diário Eletrônico da Justiça do Trabalho.
(15) SCHIAVI, Mauro. *Manual de Direito Processual do Trabalho*. 2. ed. São Paulo: LTr, 2009. p. 732.
(16) *Ibidem*, p. 733.
(17) Art. 232. Cabem embargos infringentes das decisões não unânimes proferidas pela Seção Especializada em Dissídios Coletivos, no prazo de oito dias, contados da publicação do acórdão no órgão oficial, nos processos de Dissídios Coletivos de competência originária do Tribunal.
    Parágrafo único. Os embargos infringentes serão restritos à cláusula em que há divergência, e, se esta for parcial, ao objeto da divergência.
(18) BEZERRA LEITE, Carlos Henrique. *Op. cit.*, p. 854.
(19) Art. 70. À Seção Especializada em Dissídios Coletivos compete:
    I – originariamente: [...]
    II – em última instância, julgar: [...]
    c) os embargos infringentes interpostos contra decisão não unânime proferida em processo de dissídio coletivo de sua competência originária, salvo se a decisão embargada estiver em consonância com precedente normativo do Tribunal Superior do Trabalho, ou com Súmula de sua jurisprudência predominante; e. [...]

Nos termos dos arts. 233 e 234 do Regimento Interno do TST[20], recebido o recurso de embargos pela Secretaria da Seção, esta os processará com intimação da parte contrária para apresentação, caso queira, das contrarrazões no prazo de oito dias. Depois disso, o recurso será incluído em pauta para julgamento. E caso o relator denegue seguimento ao recurso de embargos infringentes, por não preenchimento dos pressupostos legais, cabível é a interposição de agravo regimental, nos termos do art. 234 do RITST.

4. Consideração final

Em breves linhas, são estas, regra geral, as principais alterações relativas às inovações trazidas pela Lei n. 11.496/2007 — que alterou o art. 894 da CLT — e o entendimento jurisprudencial dominante da Corte Superior Trabalhista acerca do assunto.

Referências bibliográficas

BEZERRA LEITE, Carlos Henrique. *Curso de Direito Processual do Trabalho*. 9. ed. São Paulo: LTr, 2011.

LIMA, Leonardo Tibo Barbosa. *Lições de Direito Processual do Trabalho — teoria e prática*. Rio de Janeiro: Lumen Juris. 2013.

KLIPPEL, Bruno. *Direito sumular esquematizado*. 2. ed. São Paulo: Saraiva, 2012.

SCHIAVI, Mauro. *Manual de Direito Processual do Trabalho*. 2. ed. São Paulo: LTr, 2009.

---

(20) **Art. 233.** Registrado o protocolo na petição a ser encaminhada à Secretaria do órgão julgador competente, esta juntará o recurso aos autos respectivos e abrirá vista à parte contrária, para impugnação, no prazo legal. Transcorrido o prazo, o processo será remetido à unidade competente, para ser imediatamente distribuído.

Art. 234. Não atendidas as exigências legais relativas ao cabimento dos embargos infringentes, o Relator denegará seguimento ao recurso, facultada à parte a interposição de agravo regimental.

Lei n. 11.925/1990 e os Novos Arts. 830 e 895 da CLT

Eduardo Simões Neto

Introdução

A Lei n. 11.925, de 17 de abril de 2009, imprimiu importantes alterações nos arts. 830 e 895 da Consolidação das Leis do Trabalho (CLT), aprovada pelo Decreto-lei n. 5.452, de 1º de maio de 1943. O presente artigo busca tecer breves comentários a essas alterações.

O novo art. 830

Ensina Carlos Henrique Bezerra Leite[1] que a CLT "não cuidou metodologicamente da prova documental, como fez o CPC de 1973", trazendo apenas algumas normas não sistematizadas sobre o assunto. Dentre essas normas esparsas a redação original do art. 830 determinava que só seria aceito o documento no original ou em cópia autêntica, exigência que, como explica Mauro Schiavi[2], já vinha sendo relativizada pela jurisprudência. A OJ n. 36 da SBDI-1, por exemplo, reconhece valor probante ao instrumento normativo juntado em cópia não autenticada, "desde que não haja impugnação ao seu conteúdo, eis que se trata de documento comum às partes".

Com a Lei n. 11.925/09, a redação do art. 830 foi alterada para reconhecer valor probante à cópia sem autenticação desde que declarada autêntica pelo advogado sob sua responsabilidade pessoal. Essa nova redação se afina com as tendências de informalidade, desburocratização do processo e ainda com o CPC, que prevê tal possibilidade no art. 365, IV.

A parte que optar por litigar sem advogado, nos termos do permissivo contido no art. 791 da CLT (*jus postulandi*), poderá declarar a autenticidade da cópia, eis que não existe dispositivo legal ou sumular impedindo que o faça. Ademais, a Súmula n. 425 de 2010 e, portanto, posterior à alteração legal, traz restrições ao *jus postulandi* sem mencionar a prerrogativa de invocar o art. 830[3].

É importante destacar que o novo art. 830 permite que o advogado declare a autenticidade das cópias juntadas "sob sua responsabilidade pessoal", o que tende a gerar acirrados debates, pois a praxe na advocacia moderna é a entrega de cópias dos documentos pelos clientes já digitalizados e por e-mail, havendo ainda, no art. 14, parágrafo único do CPC, a previsão de que os advogados se sujeitam exclusivamente ao estatuto da OAB. Entretanto a lei especial derrogará a lei geral, devendo ser mantida a responsabilidade pessoal do procurador. Idêntica conclusão está na obra de Carlos Henrique Bezerra Leite, que explica que o advogado responderá "pessoalmente no âmbito criminal, civil, administrativo e ético, devendo o juiz, de ofício ou a requerimento do interessado, noticiar o fato ao Ministério Público e à Ordem dos Advogados do Brasil, para a competente apuração e sanção".

E mais: apurada divergência entre a cópia juntada e os originais, além da penalização do advogado, deverá a parte ser condenada por litigância de má-fé.

A Lei n. 11.925/09 também inseriu um parágrafo único no art. 830 esclarecendo que, havendo impugnação da outra parte, a parte que produziu a prova deverá juntar cópia autenticada ou o original para conferência da autenticidade do serventuário.

Em primeiro lugar destacamos a imperatividade da norma: havendo impugnação, a parte que efetuou a juntada da cópia deve ser intimada para juntar o original ou a cópia autenticada. Não há faculdade.

Há no parágrafo omissão quanto ao prazo para que efetue a juntada, devendo o juiz determinar o prazo de acordo com a quantidade de documentos a ser apresentada (art. 177 do CPC c/c art. 769 da CLT). Entretanto, como o art. 841 da CLT prevê o prazo de cinco dias entre a notificação e a audiência, o que envolve atos muito mais complexos, o prazo para juntada dos originais ou das cópias autenticadas não deve ultrapassar cinco dias, sob pena de violentar a lógica processual e a celeridade do processo. Também justifica esse limite a simplicidade do ato — apresentar em juízo os originais.

O parágrafo único determina que caberá ao "serventuário competente proceder à conferência e certificar a conformidade entre esses documentos". A disposição deve ser vista com temperamentos. Documentos mais simples poderão ter sua autenticidade confirmada sem grandes dificuldades. Entretanto, pecou o legislador por ignorar o fato de que na rica e variada experiência dos tribunais também são juntados aos autos documentos com maior dificuldade de autenticação, como desenhos, fotos e

---

(1) BEZERRA LEITE, Carlos Henrique. *Curso de Direito Processual do Trabalho*. 10. ed. São Paulo: LTr, 2012. p. 630.
(2) SCHIAVI, Mauro. *Manual de Direito Processual do Trabalho*. 5. ed. São Paulo: LTr, 2012 p. 647.
(3) Em sentido contrário, Carlos Henrique Bezerra Leite defende que não há extensão de "tal prerrogativa à parte, ainda que litigue pessoalmente (*jus postulandi*)". BEZERRA LEITE, Carlos Henrique. *Curso de Direito Processual do Trabalho*. 5. ed. São Paulo: LTr, 2012. p. 632.

pinturas. Assim, nesses casos, deverá o juiz com base no art. 765 da CLT designar de ofício perícia para verificar a similaridade entre a cópia juntada e o original.

O novo art. 895

O art. 895 da CLT previa a possibilidade de a parte total ou parcialmente vencida interpor recurso ordinário "das decisões definitivas das Juntas e dos Juízos" ou "das decisões definitivas dos Tribunais Regionais em processos de sua competência originária" no prazo de oito dias.

A Lei n. 11.925/09 aprimorou a redação do dispositivo para esclarecer que o recurso ordinário será cabível "das decisões definitivas ou terminativas das Varas e Juízos" ou "das decisões definitivas ou terminativas dos Tribunais Regionais, em processos de sua competência originária" no prazo de oito dias.

Note-se que, com a nova redação, o art. 895 passa a referir-se às Varas e aos Juízos, e não mais às Juntas e aos Juízos, tornando-se afinado com a EC n. 24 de 9 de dezembro de 1999, que extinguiu a representação classista na Justiça do Trabalho.

A nova lei também inseriu no texto da CLT a possibilidade de recurso contra as "decisões terminativas", o que já era admitido mesmo antes da alteração redacional — a expressão "decisões definitivas" já era interpretada para abranger também as sentenças terminativas, ou seja, já se admitia a interposição de recurso ordinário tanto para combater a decisão que apreciava os pedidos formulados (sentença definitiva ou de mérito) como para insurgir contra a decisão que extinguia o processo por irregularidade processual, sem avaliar o mérito (sentença terminativa ou processual).

Como "a Consolidação das Leis do Trabalho não define o conceito de sentença (...) resta aplicável (...) a definição prevista no art. 162 do CPC"[4].

O rol do art. 895 não é exaustivo, mas sim exemplificativo, havendo a possibilidade de manejo de recurso ordinário em face de determinadas decisões interlocutórias, como a decisão que remete os autos a outro ramo do Judiciário[5] ou em face de decisões do TST em causas de sua competência originária[6].

Conclusão

A Lei n. 11.925/09 trouxe importantes alterações na CLT, tornando-a mais adequada aos princípios da celeridade e informalidade e afinada com as recentes alterações legais e constitucionais.

Referências bibliográficas

BEZERRA LEITE, Carlos Henrique. *Curso de Direito Processual do Trabalho*. 10. ed. São Paulo: LTr, 2012.

SCHIAVI, Mauro. *Manual de Direito Processual do Trabalho*. 5. ed. São Paulo: LTr, 2012.

---

(4) SCHIAVI, Mauro. *Manual de Direito Processual do Trabalho*. 5. ed. São Paulo: LTr, 2012. p. 800.
(5) BEZERRA LEITE, Carlos Henrique. *Curso de Direito Processual do Trabalho*. 10. ed. São Paulo: LTr, 2012. p. 825.
(6) Art. 225 do Regimento Interno do TST, conforme explica Mauro Schiavi. SCHIAVI, Mauro. *Manual de Direito Processual do Trabalho*. 10. ed. São Paulo: LTr, 2012. p. 803.

Lei n. 12.275/2010: Agravo de Instrumento no Processo do Trabalho

João Alberto de Almeida

O Agravo é, numa perspectiva mais abrangente do Direito Processual, o recurso cabível face às decisões interlocutórias que causem prejuízos às partes[1].

Particularmente, no âmbito do Direito Processual Civil, tem variada aplicação frente às decisões interlocutórias, por disposição do art. 522 do CPC. Tal dispositivo estabelece que o agravo será interposto, no prazo de 10 dias, em sua forma retida, cuja apreciação deverá ser reiterada na apelação, caso persista a situação que lhe deu origem. Entretanto, ainda segundo o art. 522 do CPC, na hipótese de a decisão "causar à parte lesão grave e de difícil reparação, bem como nos casos de inadmissão da apelação e nos relativos aos efeitos em que a apelação é recebida", admitir-se-á a interposição do agravo por instrumento.

É de se registrar que, nos dias que correm, na iminência de se concretizar a edição de um novo Código de Processo Civil, o agravo vem perdendo prestígio em nome do ideal de celeridade que se deseja imprimir ao processo, principalmente em sua modalidade por instrumento. Mesmo que se reconheça a necessidade de um processo mais célere, diante de uma atividade cognitiva ampla e que exige tempo, como a que se realiza e se realizará nos processos em tramitação perante os Juízos e Tribunais Cíveis, não há como eliminar, por completo, a possibilidade de as partes terem acesso à revisão de decisão interlocutória, que possa causar-lhes lesão grave e de difícil reparação.

Tais Juízos e Tribunais apreciam extensa e variada gama de matérias a bordo de assombroso número de feitos, proferindo decisões que muitas vezes podem conter equívocos e que devem sofrer reparo imediato, devido à gravidade dos efeitos. Por isso mesmo, não se deve dispensar a utilização do agravo, em qualquer de suas modalidades, sob pena de a prática judiciária criar outros meios para reapreciação de tais decisões, aí sim com maior prejuízo para a regular e célere tramitação dos processos.

Entretanto, no campo do Direito Processual do Trabalho, embora se admita a aplicação subsidiária do contido no art. 522 e seguintes do Código de Processo Civil, o agravo sofre adaptação em virtude dos princípios próprios e dos procedimentos adotados e tem aplicação mais restrita.

Não se deve perder de vista que os processos e procedimentos do trabalho sofrem direta influência dos princípios norteadores do direito do trabalho. A efetividade e a celeridade estão entre os objetivos inafastáveis do processo do trabalho. A natureza alimentar das parcelas trabalhistas objeto do processo e, em geral, a hipossuficiência de uma das partes levaram o legislador a estabelecer um procedimento simplificado, menos formal, com predominância da oralidade (partes sempre presentes às audiências), fases concentradas, com preclusão definida, realização de no máximo duas audiências para a cognição e decisão, além de forte presença do magistrado na condução do processo, reservando-lhe inclusive a iniciativa da execução. Tudo isso sem esquecer de que a impugnação das interlocutórias encontra-se fortemente mitigada, como se pode ver do estabelecido pelo art. 893 da CLT e da interpretação que o Tribunal Superior do Trabalho estabeleceu por meio da Súmula n. 214[2].

---

(1) Barbosa Moreira dá notícia histórica do recurso de agravo afirmando que "surgiu no velho direito português como uma reação da prática judiciária ante a restrição imposta por Afonso IV à faculdade de apelar contra as interlocutórias. Não se conformavam as partes com decisões desse tipo, que lhes causavam às vezes prejuízo irreparável. Insistiam em pleitear a imediata correção do *agravo* sofrido". Em seguida, aponta a origem do Juízo de retratação afirmando que "Para evitar inúteis perdas de tempo, determinou D. Duarte que as petições lhe subissem já acompanhadas da resposta do juiz que proferira a decisão impugnada; eis a origem do juízo de retratação. Assim se configuraram as chamadas "cartas testemunháveis" ou "instrumentos de agravo". "As Ordenações Manuelinas consagraram o agravo como recurso típico das decisões interlocutórias simples, e regularam duas modalidades: quando o órgão *ad quem* ficasse sediado no mesmo lugar do órgão *a quo*, o agravo subia por *petição*; na hipótese contrária por *instrumento*" (MOREIRA, José Carlos Barbosa. *Comentários ao Código de Processo civil*. vol. V, 7. ed. Rio de Janeiro: Forense, 1998. p. 477). Ver também detalhado histórico do agravo, inclusive do agravo de instrumento, em VILHENA, Paulo Emílio Ribeiro de. *Direito e processo do trabalho*. Belo Horizonte: Del Rey, 1994. p. 435 e seguintes, quando trata do "Agravo em Matéria Trabalhista". Ainda a respeito do significado da palavra agravo De Plácido e Silva diz: "Vocábulo que, derivado do verbo latino *aggravare*, tem várias acepções, consoante o sentido de sua própria origem etimológica: é injúria, é afronta, é ofensa, é injustiça. Mas na linguagem do direito processual, é tido para designar recurso interposto contra decisão interlocutória" (SILVA, De Plácio e. *Vocabulário Jurídico*. Atualizadores: SLAIBI Filho, Nagib; GOMES, Priscila Pereira Vasques. 29. ed. Rio de Janeiro: Forense, 2012. p. 81).

(2) "SÚMULA N. 214 – TST: DECISÃO INTERLOCUTÓRIA – IRRECORRIBILIDADE – NOVA REDAÇÃO – RES. N. 127/205, DJ 16.3.2005 – Na Justiça do Trabalho, nos termos do art. 893, § 1º, da CLT, as decisões interlocutórias não ensejam recurso imediato, salvo na hipótese de decisão: a) de Tribunal Regional do Trabalho contrária à Súmula ou Orientação Jurisprudencial do Tribunal Superior do Trabalho; b) suscetível de impugnação mediante recurso para o mesmo Tribunal; c) que acolhe exceção de incompetência territorial, com a remessa de

Anote-se que, por hábito instituído, das decisões proferidas no curso da instrução processual, admite-se e registra-se o "protesto" da parte. Este, na verdade, embora se assemelhe, em forma e natureza, ao agravo retido do processo civil, trata-se de ato que apenas evita a preclusão, não constituindo em meio de impugnação de interlocutórias; um recurso, portanto, segundo tem entendido a literatura especializada[3].

Na realidade, concebido em sua modalidade de instrumento, trata-se o agravo de recurso que visa a atacar decisão que indefere o seguimento de recurso interposto, nos termos do art. 897, "b", da CLT. Observe-se que o legislador insere, no mesmo dispositivo, outra modalidade de agravo, o de petição, com o objetivo de impugnar as decisões proferidas nas execuções, fora do alcance deste trabalho, que tem por objeto apenas o agravo de instrumento[4].

Grosso modo, pode-se afirmar que o agravo de instrumento é o recurso que, no processo do trabalho, tem como objeto "destrancar outro recurso" cujo seguimento foi denegado pelo Juízo prolator da decisão recorrida, a quem cabe o primeiro exame de admissibilidade recursal.

As decisões que admitem recurso não são recorríveis, pois não se admite impugnação das mesmas via agravo de instrumento. Neste caso, o Juízo de admissibilidade será realizado, em segunda oportunidade, pelo Tribunal que examinar o recurso principal.

O prazo para interposição e resposta ao agravo de instrumento é de oito dias, nos termos do art. 897, *caput*, da CLT, cabendo uma única exceção, ou seja, na hipótese do agravo dirigido ao Supremo Tribunal Federal, cujo prazo é de dez dias (art. 544 do CPC).

O agravo de instrumento não tem efeito suspensivo, como se depreende do estabelecido no art. 899 da CLT, que impõe aos recursos, em geral, efeito meramente devolutivo. Em outro dispositivo, confirmando essa característica, o legislador firmou que não suspende o curso do processo da execução o agravo de instrumento interposto face à decisão que não recebe o agravo de petição (art.897, § 2º, da CLT). Caso em que, se verificando a possibilidade de a parte sofrer dano irreparável, admite-se a utilização do processo cautelar para atribuir efeito suspensivo ao agravo de instrumento.

A competência para decidir o agravo de instrumento é do Tribunal que seria competente para julgar o recurso cujo seguimento foi denegado (art. 897, § 4º, da CLT). Como se vê, sua apreciação se dará apenas pelos tribunais, não cabendo aos juízes do trabalho.

O agravo de instrumento deve ser apresentado junto ao juízo que denegou seguimento ao recurso "principal", que poderá ser o recurso ordinário, o agravo de petição, o recurso de revista, o recurso adesivo. Quanto ao recurso extraordinário, não se pode esquecer o fato de haver sofrido alteração o art. 544 do CPC, através da Lei n. 12.322, de 9.9.2010, estabelecendo para a hipótese o "agravo nos próprios autos", no prazo de dez dias.

Admite-se, ainda, o agravo de instrumento em face da decisão que denegou seguimento a um agravo de instrumento anterior[5].

Assim, não se permite ao juízo agravado negar seguimento ao agravo de instrumento, chegando-se mesmo, como afirmado, a admitir o cabimento de outro agravo de instrumento, ou de outra medida processual em face de tal decisão. Por outra medida processual entenda-se o Processo Cautelar ou o Mandado de Segurança.

Não recebido o recurso, interposto o agravo de instrumento, a parte agravada será intimada para apresentar contrarrazões e juntar cópias das peças. Neste caso, se ainda não impugnado pelo agravado o recurso principal, lhe será também oferecida oportunidade para fazê-lo (§ 6º do art. 897 da CLT).

Registre-se que ao juízo agravado fica reservada a hipótese de retratação, quando poderá admitir o recurso principal e facultar à parte recorrida apresentar contrarrazões.

---

autos para Tribunal Regional distinto daquele a que se vincula o juízo excepcionado, consoante o disposto no art. 799, § 2º, da CLT". Carlos Henrique Bezerra Leite entende que a Súmula n. 214 não esgota as hipóteses em que se pode impugnar interlocutórias no processo do trabalho, afirmando que tal dispositivo não exaure o tema e que para tanto "Basta lembrar a decisão interlocutória que acolhe a preliminar de incompetência (absoluta) em razão da matéria ou da pessoa. Nesse caso trata-se de "decisão interlocutória terminativa do feito, pois o *processo* (ou melhor, os autos) *é remetido* para outro ramo do Poder Judiciário". E, em seguida, arremata: "De nossa parte, pensamos que o art. 799, § 2º, da CLT, a despeito da nova redação da Súmula n. 214, o TST continua permitindo a interposição imediata de recurso contra decisão interlocutória terminativa de feito" (BEZERRA LEITE, Carlos Henrique. *Curso de direito processual do trabalho*. 7. ed. São Paulo: LTr, 2009. p. 598).

(3) Neste sentido ver BEZERRA LEITE, Carlos Henrique. *Op. cit.*, p. 341); ALMEIDA, Cleber Lúcio de. *Direito processual do trabalho*. 4. ed. Belo Horizonte: Del Rey, 2012. p. 751.

(4) Neste mesmo sentido, Cleber Lúcio de Almeida afirma que "Agravo de Instrumento é o recurso destinado a impugnar decisão que denega seguimento a recurso interposto (daí a afirmação de que o agravo de instrumento visa a destrancar recurso), nos termos do art. 897, "b", da CLT" (ALMEIDA, Cleber Lúcio de. *Op. cit.*, p. 803).

(5) Neste mesmo sentido, ver SARAIVA, Renato. *Curso de direito processual do trabalho*. 8. ed. Rio de Janeiro: Forense, 2011. p. 483, e, ainda, confirmando tratar-se de entendimento há muito cristalizado, em VILHENA, Paulo Emílio Ribeiro de. *Op. cit.*, p. 458.

Admitido e provido o agravo, segundo o § 5º do art. 897 da CLT, deverá, em seguida, ser apreciado o recurso principal. Por isso mesmo, a lei determina que as partes, sob pena de não conhecimento do agravo, promovam a formação do instrumento juntando todas as peças processuais necessárias ao julgamento do recurso que teve seguimento anteriormente denegado.

Para que este objetivo seja alcançado, quando da interposição do recurso (agravo), estabeleceu-se que serão obrigatoriamente juntadas cópias da decisão agravada, da certidão de intimação, das procurações outorgadas aos advogados das partes, da petição inicial, da contestação, da decisão originária, do depósito recursal relativo ao recurso principal, da comprovação das custas e do depósito recursal específico do agravo de instrumento, bem como das peças que o agravante entender úteis à apreciação dos recursos, tudo nos termos dos itens I e II do § 5º do art. 897 da CLT.

A comprovação do depósito recursal previsto no § 7º do art. 899 da CLT será realizada no ato de interposição do agravo de instrumento, sob pena de deserção.

Não se pode esquecer que o Tribunal Superior do trabalho considera válida a juntada de peças essenciais também pelo agravado, sob o argumento de que a regular formação do instrumento incumbe às partes (OJ n. 283, SDI-1/TST).

A remessa do agravo de instrumento ao Tribunal competente, já acompanhada do recurso principal devidamente formalizado e acompanhado das contrarrazões, é medida que merece elogios, pois impulsiona e agiliza o processo. Assim, o legislador, através da Lei n. 12.275/10, trouxe a possibilidade de, provido o agravo de instrumento, passar o Tribunal ao julgamento do recurso principal.

É certo que na apreciação do agravo de instrumento não se admite a defesa oral. Mas, preservando o devido processo legal, o julgamento do recurso principal se dará na sessão seguinte, pois neste caso se admite a defesa oral. Há mesmo tribunais que já intimam as partes para a sessão em que será apreciado o agravo de instrumento, pois, provido este, de imediato será decidido o recurso principal, podendo as partes se utilizar da tribuna.

A juntada de peças pelas partes, quando do uso do Processo Judiciário Eletrônico em toda a Justiça do Trabalho, será automaticamente substituída pelo ato de indicação, pois o Tribunal que apreciar o agravo terá, de pronto, acesso a todos os termos e atos do processo. Também a autenticação das peças, ou a afirmação de sua autenticidade pelos advogados, será desnecessária.

O Tribunal Superior do Trabalho, há algum tempo (ver Res. n. 94/CSJT, de 23 de março de 2012, Institui o Sistema Processo Judicial Eletrônico na Justiça do Trabalho — PJe-JT), já vem recebendo processos na forma eletrônica; por isso mesmo cumpre ao agravante juntar a petição do recurso, tomando o cuidado de indicar as peças que entende necessárias e úteis à decisão do agravo e mesmo do recurso principal. Esta indicação não se trata de mero zelo, pois é obrigação imposta pela Lei e constitui pressuposto extrínseco do recurso, apesar de todos os termos e atos do processo estarem à disposição e ao alcance dos magistrados.

A Lei n. 12.275, de 29.6.2010, inseriu, ainda, o § 7º no art. 899 da CLT, para determinar que, até a interposição do agravo de instrumento, o agravante deverá providenciar o recolhimento do depósito recursal, no valor equivalente a 50% do valor do depósito do recurso a que se negou seguimento, tudo comprovado nos autos.

O Tribunal Superior do Trabalho, através do Órgão Especial, editou a Resolução n. 168, de 9.8.2010, com a finalidade de atualizar a Resolução n. 3, de 15.3.1993, e estabeleceu, em seu art. 1º, I, que o referido depósito não tem " natureza jurídica de taxa de recurso, mas de garantia do juízo recursal, que pressupõe decisão condenatória ou executória de obrigação de pagamento em pecúnia, com valor líquido ou arbitrado".

Referências bibliográficas

ALMEIDA, Cleber Lúcio de. *Direito processual do trabalho*. 4. ed. Belo Horizonte: Del Rey, 2012.

BEZERRA LEITE, Carlos Henrique. *Curso de direito processual do trabalho*. 7. ed. São Paulo: LTr, 2009.

MOREIRA, José Carlos Barbosa. *Comentários ao Código de Processo Civil*. Vol. V. 7. ed. Rio de Janeiro: Forense, 1998.

SARAIVA, Renato. *Curso de direito processual do trabalho*. 8. ed. Rio de Janeiro: Forense, 2011.

SILVA, De Plácio e. *Vocabulário Jurídico*. Atualizadores: SLAIBI Filho, Nagib; GOMES, Priscila Pereira Vasques. 29. ed. Rio de Janeiro: Forense, 2012.

VILHENA, Paulo Emílio Ribeiro de. *Direito e processo do trabalho*. Belo Horizonte: Del Rey, 1994.

Lei n. 12.405/2011: O Novo § 6º do Art. 879 da CLT e a(s) Hipótese(s) de Liquidação por Arbitramento no Processo do Trabalho

Isabela Márcia de Alcântara Fabiano

1. Liquidação: conceito e natureza jurídica

A liquidação consiste em uma fase preparatória e complementar situada entre a sentença que não fixou o valor da condenação e a fase executiva, esta caracterizada pela realização de atos materiais dirigidos à satisfação do crédito exequendo.

Definir a natureza jurídica da liquidação suscita discussão doutrinária e jurisprudencial. Para uma perspectiva interpretativa, trata-se de ação de conhecimento, de cunho constitutivo-integrativo, que pretende aperfeiçoar o título executivo, conferindo-lhe liquidez com a definição do *quantum debeatur*.[1]

Todavia, a partir da vigência da Lei n. 11.232/2005, que adotou o chamado sincretismo processual — aquele que reconhece a existência de um único processo, composto de diversas fases —, parece equivocado sustentar que a liquidação é uma ação autônoma em relação ao momento cognitivo de acertamento do direito que a precede ou uma demanda independente no tocante à execução forçada, que a sucede.

Pertinentes as colocações de Jorge Luiz Souto Maior no sentido de que

> (...) a liquidação, em verdade, passa a ser o <u>momento complementar da sentença</u> e necessário para se iniciar os demais atos executivos, quando a obrigação não esteja liquidada na sentença, o que é regra nas lides trabalhistas. <u>A liquidação se insere, portanto, no iter de mero incidente que não se resolve por sentença, já que não põe fim ao processo</u> e não pode ser atacada, a não ser por ocasião da interposição de embargos à execução, o que pressupõe, no caso do devedor, que tenha garantido o juízo.[2] (destaques acrescidos)

Realmente, ganha cada vez mais força o raciocínio de que a liquidação é um simples procedimento prévio à execução que define e aperfeiçoa a liquidez do título executivo judicial, tornando-o exequível, quando presentes os demais requisitos de certeza e exigibilidade.

2. Modalidades de liquidação

Dispõe o art. 879, *caput*, da CLT: "Sendo ilíquida a sentença exequenda, ordenar-se-á, previamente, a sua liquidação, que poderá ser feita por cálculo, por arbitramento ou por artigos."

Qualquer que seja o tipo de liquidação adotado, não poderá ser modificada, inovada nem discutida matéria pertinente à causa principal. Deverá ser obedecido o dispositivo exequendo e respeitada a coisa julgada.

As espécies previstas na CLT podem ser instauradas de ofício ou por iniciativa das partes, salvo a liquidação por artigos, que depende da articulação de "fatos novos" pelo litigante interessado (que pode ser tanto o credor quanto o devedor).

2.1. Por cálculo

Dá-se a liquidação por cálculos quando a determinação do valor da condenação depender apenas de cálculo aritmético (art. 475-B do CPC, de aplicação subsidiária ao processo do trabalho, por força dos arts. 769 e 889, ambos da CLT). Faz-se a memória discriminada e atualizada do valor devido ao credor. São incluídos os juros de mora e a correção monetária, independentemente de pedido expresso na exordial (Súmula n. 211 do TST). Também são computadas as contribuições previdenciárias devidas (art. 879, § 1º-A, CLT).

Na dicção do art. 879, § 3º, da CLT, podem elaborar os cálculos as partes ou os órgãos auxiliares da Justiça do Trabalho. Neste último grupo, inclui-se o serviço de contadoria do juízo ou da Justiça do Trabalho. A rigor, é muito raro cada Vara do Trabalho dispor de um servidor especializado para a elaboração de cálculos de liquidação de sentença, razão pela qual, em regra, são as próprias partes quem apresentam os valores que entendem devidos, reservando-se à Diretoria de Cálculos dos tribunais regionais a atualização do crédito exequendo, salvo quando a Administração Pública for parte em lide trabalhista, for deferida justiça gratuita ao litigante legalmente pobre, ou este exercer a faculdade do *jus postulandi*.[3]

---

(1) Nesse sentido, NERY JÚNIOR, Nelson; NERY, Rosa Maria de Andrade. *Código de Processo Civil comentado e legislação extravagante*. 9. ed. São Paulo: Revista dos Tribunais, 2006. p. 629, nota 3 ao art. 475-A do CPC.

(2) SOUTO MAIOR, Jorge Luiz. Teoria geral da execução forçada. *In*: NORRIS, Roberto (Coord.). *Execução trabalhista*: visão atual. Rio de Janeiro: Forense, 2001. p. 50.

(3) A respeito, *vide* art. 1º do Provimento n. 01/1993 do TRT/MG.

2.2. Por artigos

Como a CLT admite a liquidação por artigos, mas não a regula, devem ser aplicadas subsidiariamente as regras do CPC nesse particular, naquilo que for compatível com os princípios do processo do trabalho.

Nos termos do art. 475-E do CPC, tem-se a liquidação por artigos quando a fixação do valor da condenação depender de alegação e prova de fato novo. No que couber, será observado o procedimento comum (art. 475-F do CPC).

Mas o que significa alegar e provar fato novo?

Implica apenas e tão somente considerar fatos e circunstâncias que precisam ser mais detalhados na fase seguinte à de conhecimento.

Para José Augusto Rodrigues Pinto,

> (...) conceito de *fato novo* é, na verdade, impróprio, pois todo fato novo que se tentar investigar na liquidação implicará alteração dos limites da coisa julgada, expressamente proibida no § 1º do art. 879 da CLT. O que realmente ocorre é a presença de um fato cuja existência *já é reconhecida pela sentença* (logo, não é novo), mas incompletamente investigado, de modo a faltar algo, ainda, de sua exata dimensão. A investigação que se faz é apenas *complementar* da intensidade com que o fato contribui para a quantificação do crédito a ser exigido. (destaques originais)[4]

Nesse diapasão, quando a parte interessada demonstra fato, quer tornar possível a fixação do valor da dívida, nunca a existência de uma obrigação que deve ser cumprida por outrem — o que já foi devidamente esclarecido na fase anterior, de cognição plena e exauriente.

2.3. Por arbitramento (até a vigência da Lei n. 12.405/2011)

Ex vi do art. 475-C do CPC c/c arts. 769 e 889, ambos da CLT, far-se-á a liquidação por arbitramento quando:

a) a sentença assim determinar;

b) as partes assim convencionarem (mas, desde já, esclarece-se que o juiz do trabalho não é obrigado a aceitar esse acordo dos litigantes, quando as circunstâncias do caso concreto demonstrarem que outra modalidade de liquidação é a mais adequada para aquela lide, ou quando o magistrado se convencer de que houve coação, lide simulada ou outro vício no ajuste);

c) a natureza do objeto da liquidação assim exigir.

Quando forem necessários conhecimentos técnicos e específicos para a definição do *quantum debeatur*, será nomeado um perito judicial para esse fim na liquidação por arbitramento. O juiz, contudo, não estará adstrito à conclusão do *expert* (art. 436 do CPC c/c art. 769 da CLT).

Após a nomeação do perito e a fixação do prazo para a entrega do laudo, o juiz poderá:

a) decidir imediatamente com base no laudo pericial;

b) determinar a realização de outro laudo pericial, por divergir do primeiro;

c) designar audiência se entender necessário, para, então, com maiores elementos de convicção, decidir o valor liquidado.

Para Manoel Antonio Teixeira Filho[5], as partes podem indicar assistentes para o acompanhamento da perícia e, ainda, apresentar quesitos. No entanto o exercício de tais faculdades retardaria o andamento processual e violaria o princípio constitucional da duração razoável do processo — motivo pelo qual parece mais acertada a impossibilidade de praticar tais atos na liquidação por arbitramento. Nesse sentido sinaliza Wagner Giglio, com quem se comunga o mesmo entendimento.

Um exemplo de liquidação por arbitramento no processo do trabalho advém da sentença que reconhece a celebração de contrato de emprego. No entanto, como não foi estipulado salário pelas partes ou não há elementos de convicção suficientes nos autos para definir imediatamente a contraprestação pecuniária devida ao empregado, caberá ao perito, na liquidação por arbitramento, investigar quanto se paga para o exercício de função equivalente na mesma empresa ou quanto habitualmente o mercado oferece por serviço semelhante (art. 460/CLT).

2.3.1. Liquidação por arbitramento (a partir da vigência da Lei n. 12.405/2011)

Em 16 de maio de 2011 foi publicada a Lei n. 12.405, que acrescenta o § 6º ao art. 879 da Consolidação das Leis do Trabalho — CLT — para facultar a elaboração de cálculos de liquidação complexos por perito e autorizar o arbitramento da respectiva remuneração. *In verbis*:

> Art. 1º O art. 879 da Consolidação das Leis do Trabalho — CLT, aprovada pelo Decreto-lei n. 5.452, de 1o de maio de 1943, passa a vigorar acrescido do seguinte § 6º:
>
> Art. 879.
>
> (...)
>
> § 6º Tratando-se de cálculos de liquidação complexos, o juiz poderá nomear perito para a elaboração e fixará, depois da

---

(4) PINTO, José Augusto Rodrigues. *Execução trabalhista*: estática, dinâmica, prática. 11 ed. São Paulo: LTr, 2006. p. 163.

(5) TEIXEIRA FILHO, Manoel Antonio. *Execução no processo do trabalho*. 9. ed. São Paulo: LTr, 2005. p. 371.

conclusão do trabalho, o valor dos respectivos honorários com observância, entre outros, dos critérios de razoabilidade e proporcionalidade.

(...).

Da simples leitura da nova lei observa-se que a CLT menciona expressamente uma hipótese de cabimento de liquidação por arbitramento no processo trabalhista. Anteriormente, o Texto Consolidado era lacônico nesse particular, só trazendo disposições genéricas exclusivamente para a liquidação por cálculos – o que exigia a aplicação subsidiária do CPC, uma vez que a Lei n. 6.830/1980, que regula a execução fiscal, é silente nesse tópico.

Resta, agora, saber se as demais hipóteses constantes do art. 475-C do CPC (determinação em sentença, acordo das partes e natureza do objeto liquidado) continuam válidas no âmbito trabalhista ou se a liquidação por arbitramento será admissível apenas e tão somente na situação descrita no novo § 6º do art. 879 da CLT.

Ou seja, devem ser feitas as seguintes perguntas: as normas da CLT e do CPC se complementam ou prevalece a interpretação literal com aplicação exclusiva da regra celetista? Estamos diante da chamada lacuna axiológica — aquela proveniente do desencontro entre a norma expressa — portanto, existente — e o conceito de justiça? A aplicação cega da prescrição legal subsistente importa em solução satisfatória e justa para o caso concreto?

Luciano Athayde Chaves faz ponderações relevantes sobre a aplicação da teoria das lacunas normativas, axiológicas e ontológicas no processo do trabalho:

> (...) precisamos avançar na teoria das lacunas do direito (quer sejam estas de natureza normativa, axiológica ou ontológica), a fim de reconhecer como incompleto o microssistema processual trabalhista (ou qualquer outro) quando — ainda que disponha de regramento sobre determinado instituto — este não apresente fôlego para o enfrentamento das demandas contemporâneas, carecendo da supletividade de outros sistemas que apresentem institutos mais modernos e eficientes. Perceba o leitor que não estou tratando de forma simplista a questão da compatibilidade de institutos processuais integrantes de outros microssistemas com o Processo do Trabalho, como alude a parte final do art. 769 da CLT. Noutras palavras, não estou limitando a abordagem da heterointegração apenas quando existente a lacuna em seu sentido normativo, mas também nas frequentes hipóteses em que a norma processual trabalhista sofre de manifesto e indiscutível ancilosamento em face de institutos processuais semelhantes adotados em outras esferas da ciência processual, inequivocamente mais modernos e eficazes.[6]

Sem embargo aos posicionamentos divergentes, parece mais acertado sustentar que algumas situações que extrapolam a complexidade dos cálculos também podem tornar imprescindível a atuação do perito para o arbitramento do valor devido ao credor – o que importa em complementaridade e harmonia havida entre o novo § 6º do art. 879 da CLT e o art. 475-C do CPC.

De todo modo, o juízo, se entender viável, poderá designar uma audiência para tentativa de composição na fase liquidatória após a apresentação do laudo pericial. Isso porque o processo do trabalho é orientado por vários princípios, dentre eles o da conciliação, que não se resume à fase cognitiva, (*caput* do art. 764 da CLT), devendo os juízes e os tribunais do trabalho empregarem seus bons ofícios e persuasão no sentido de uma solução conciliatória dos conflitos (§ 1º do art. 764 da CLT).

3. Reflexões finais

A Lei n. 12.405/2011 traz uma novidade para o processo do trabalho que merece elogios, pois a CLT, paulatinamente, vai deixando de lado as omissões para regular situações afetas a quase todas as modalidades liquidatárias.

Nada obstante, entende-se possível combinar o novo § 6º do art. 879 da CLT com o art. 475-C do CPC, porquanto há obrigações e fatos jurídicos que ultrapassam a mera complexidade dos cálculos, exigindo a atuação do perito para o arbitramento do valor devido ao credor.

Ademais, sempre deve ser preferida a interpretação que confira maior efetividade e resultado útil ao processo, sobretudo ao trabalhista, que é um instrumento a serviço da concretização dos direitos fundamentais trabalhistas, de intrínseca natureza alimentar.

No tocante aos honorários periciais, eles devem ser fixados com parcimônia pelo julgador, levando-se em conta o zelo e a qualidade do laudo apresentado e de eventuais esclarecimentos prestados pelo *expert*, a maior ou menor complexidade dos cálculos e o tempo necessário para conclusão dos trabalhos.

Referências bibliográficas

CHAVES, Luciano Athayde. *A recente reforma no processo comum e seus reflexos no direito judiciário do trabalho*. São Paulo: LTr, 2006.

FABIANO, Isabela Márcia de Alcântara. *Curso de execução trabalhista*: teoria e prática. Apostila elaborada para o curso de execução trabalhista promovido pelo Tribunal Regional do Trabalho de Minas Gerais para a capacitação de seus técnicos e analistas judiciários. Belo

---

(6) CHAVES, Luciano Athayde. *A recente reforma no processo comum e seus reflexos no direito judiciário do trabalho*. São Paulo: LTr, 2006. p. 28-29.

Horizonte: Gráfica do Tribunal Regional do Trabalho de Minas Gerais, 2011.

MALTA, Christovão Piragibe Tostes. *Prática do processo trabalhista*. 30. ed. São Paulo: LTr, 2000.

NERY JÚNIOR, Nelson; NERY, Rosa Maria de Andrade. *Código de Processo Civil comentado e legislação extravagante*. 9. ed. São Paulo: Revista dos Tribunais, 2006.

PINTO, José Augusto Rodrigues. *Execução trabalhista*: estática, dinâmica, prática. 11. ed. São Paulo: LTr, 2006.

SOUTO MAIOR, Jorge Luiz. Teoria geral da execução forçada. *In*: NORRIS, Roberto (Coord.). *Execução trabalhista*: visão atual. Rio de Janeiro: Forense, 2001.

TEIXEIRA FILHO, Manoel Antonio. *Execução no processo do trabalho*. 9. ed. São Paulo: LTr, 2005.

Lei n. 12.966/2014: Proteção da Honra e da Dignidade de Grupos Raciais, Étnicos ou Religiosos em Ação Civil Pública Trabalhista

Isabela Márcia de Alcântara Fabiano

Em 24.4.2014 foi publicada e entrou em vigor a Lei n. 12.966, que, ao alterar a redação dos arts. 1º, 4º e 5º da Lei n. 7.347, de 24 de julho de 1985, que disciplina a ação civil pública, revelou um propósito bastante claro e direto: incluir, dentre os objetos defensáveis mediante tutela metaindividual, a proteção à honra e à dignidade de grupos raciais, étnicos ou religiosos.

O escopo é louvável, pois discriminações infundadas praticadas contra os direitos personalíssimos dos integrantes desses segmentos sociais não podem ser excluídas da adequada proteção legislativa, tampouco desprovidas de técnicas processuais úteis, céleres, satisfatórias e justas, caso o Judiciário venha a ser provocado para resolver eventual conflito a respeito.

As mudanças introduzidas pela nova lei são fruto de um debate iniciado em 1997, quando o senador Abdias Nascimento analisou a matéria e propôs o Projeto de Lei do Senado n. 114/1997 (PLS n. 114/1997), no qual defendeu a criação de "ação civil destinada ao cumprimento da obrigação de fazer ou não fazer, para a preservação da honra e dignidade de grupos raciais, étnicos e religiosos".[1]

Como se percebe, o intento do representante do Legislativo não era ampliar os pedidos que poderiam ser postulados via ação civil pública. A sua ideia era criar uma nova espécie de "ação civil", com rito especial, que se valeria do procedimento da ação civil pública apenas de forma subsidiária.

O PLS n. 114/1997 foi enviado para a Câmara dos Deputados, onde passou a tramitar como PL n. 4.800/1998, tendo o deputado pastor Manoel Ferreira apresentado substituto em 1º.7.2008, no qual sustentava a impropriedade da via processual proposta, já que a matéria poderia ser facilmente inserida no rol de questões discutidas em sede de ação civil pública, sendo extremamente recomendável fortalecer esse mecanismo processual "[...] que tem se mostrado da maior relevância em nosso ordenamento jurídico [....]."[2]

A par disso, seria evitada a repetição de vários dispositivos legais que, na verdade, já constavam da redação primitiva da Lei n. 7.347/1985.

Em 27.11.2008, a Comissão de Constituição e Justiça e de Cidadania aprovou o PL n. 4.800/1998 "[...] pela constitucionalidade, juridicidade, técnica legislativa [...]" e, no mérito, acolheu o substitutivo elaborado pelo deputado pastor Manoel Ferreira.

A redação final do aludido PL foi apresentada em 18.3.2009, mas somente em 24.4.2014 foi publicada a Lei n. 12.966, que fez pequenas, mas significativas, adaptações na Lei da Ação Civil Pública, a fim de incluir, em seu campo de incidência, situações fáticas que também têm natureza metaindividual, seja porque discriminar grupos raciais, étnicos ou religiosos é uma ofensa que atinge os valores que devem orientar toda a sociedade brasileira, que, embora dispersa no território nacional, deve agir de forma fraterna, pluralista e sem preconceitos; seja porque atos omissivos ou comissivos, antijurídicos, dirigidos a grupo, categoria ou classe de pessoas com a mesma raça, etnia ou religião atingem direitos coletivos em sentido estrito; seja porque a violação a direitos individuais homogêneos permite, acidentalmente, que esses interesses, a despeito de divisíveis e com titulares determinados, sejam protegidos pela tutela metaindividual.

Assim, se nas relações de trabalho contemporâneas — já marcadas por problemas de desemprego estrutural, alta rotatividade de mão de obra nos locais de trabalho, políticas de flexibilização e de desregulamentação das normas trabalhistas, precarização das condições de trabalho (sobretudo com o modismo e a expansão da terceirização) etc. — houver discriminação pautada em razões manifestamente arbitrárias que fira a honra e a dignidade de grupos raciais, étnicos ou religiosos, será incontestável a competência material da Justiça do Trabalho para apreciar e julgar a respectiva ação civil pública.

Exatamente por ter uma estrutura mais leve e ágil, essa ação coletiva configura método processual adequado, econômico e pedagógico capaz de evitar julgamentos contraditórios entre si para a resolução de litígios de ocorrência massificada, que causam malefícios uniformes e em bloco a número indeterminado, determinável ou determinado de indivíduos que o componham.

---

(1) Disponível em: <http://www.senado.gov.br/atividade/materia/getPDF.asp?t=68679&tp=1>. Acesso em: 13 ago. 2014.

(2) Disponível em: <http://www.camara.gov.br/proposicoesWeb/prop_mostrarintegra?codteor=581651&filename=SBT+1+CCJC+%3D%3E+PL+4800/1998>. Acesso em: 13 ago. 2014.

Como segue um "rito sem rosto"[3] e é ajuizada por partes processuais ideológicas, dotadas de mais liberdade, capacitação técnica e aparelhamento para postular direitos transindividuais, a ação civil pública tem o potencial de transformar a realidade empírica, servindo de instrumento mais econômico, isonômico e de maior peso político para a concretização dos fundamentos da Constituição da República de 1988, em que se destaca o respeito à dignidade e aos direitos personalíssimos do ser humano, que não os perde ao se tornar um trabalhador que disponibiliza sua mão de obra em proveito alheio.

O progressivo prestígio e a preferência dados à ação civil pública, combinados com um rito realmente mais célere, com resultado prático satisfatório e justo, que pode ser obtido mediante a fixação de indenização de danos morais coletivos em valores suficientes e compatíveis com a gravidade e extensão da lesão, com a capacidade econômica do infrator, com o caráter pedagógico da condenação, certamente, contribuirão para a eliminação ou, pelo menos, para a considerável redução de ocorrências lamentáveis[4] que não podem prosperar nem dentro nem fora dos ambientes de trabalho.

Referências bibliográficas

BRASIL. Câmara dos Deputados. Projeto de Lei n 4.800, de 1998. Dispõe sobre a ação civil destinada ao cumprimento da obrigação de fazer ou de não fazer, para a preservação da honra e dignidade dos grupos raciais, étnicos e religiosos. Disponível em: <Fedhttp://www.camara.gov.br/proposicoesWeb/prop_mostrarintegra?codteor=581651&filename=SBT+1+CCJC+%3D%3E+PL+4800/1998>. Acesso em: 13 ago 2014.

BRASIL. Senado Federal. Projeto de Lei n. 114, de 1997. Dispõe sobre a ação civil destinada ao cumprimento da obrigação de fazer ou de não fazer, para a preservação da honra e dignidade dos grupos raciais, étnicos e religiosos Disponível em: <http://www.senado.gov.br/atividade/materia/getPDF.asp?t=68679&tp=1>. Acesso em: 13 ago. 2014.

BRASIL. Tribunal Regional do Trabalho da 3ª Região. Recurso Ordinário n. 5.207/199. Relator (a): Washington Maia Fernandes; Data de Publicação: 19.5.2000. Disponível em: <https://as1.trt3.jus.br/juris/detalhe.htm?conversationId=4193>. Acesso em: 13 ago. 2014.

FABIANO. Isabela Márcia de Alcântara. *Mecanismos processuais para a solução de conflitos trabalhistas cumulados, massificados e repetitivos.* 2011. 213f. Dissertação (Mestrado em Direito do Trabalho) – Pontifícia Universidade Católica de Minas Gerais, Belo Horizonte.

FAVA, Marcos Neves. A classe no polo passivo da ação coletiva. *In*: HORTÊNCIO JÚNIOR, José et al. (Orgs.). *Ação coletiva na visão de juízes e procuradores.* São Paulo: LTr, 2006.

LENZA, Pedro. *Teoria geral da ação civil pública.* 2. ed. rev., atual. e ampl. São Paulo: Revista dos Tribunais, 2005.

PIMENTA, José Roberto Freire. A tutela metaindividual dos direitos trabalhistas: uma exigência constitucional. *In*: PIMENTA, José Roberto Freire; BARROS, Juliana Augusta Medeiros de; FERNANDES, Nadia Soraggi (Coords.). *A tutela metaindividual trabalhista.* São Paulo: LTr, 2009.

VIANA, Márcio Túlio. A proteção social do trabalhador no mundo globalizado: o direito do trabalho no limiar do século XXI. *In*: *Revista da Faculdade Mineira de Direito*, Belo Horizonte, v. 3, n. 5 e 6, p. 171-191, 1º/2º sem. 2000.

---

(3) A expressão é de Marcos Neves Fava.

(4) A título de ilustração, cita-se julgado, submetido aos trâmites do processo individual, cuja controvérsia central era a discriminação em função de raça. Mas, na vigência da Lei n. 12.966/2014, se a ofensa fosse repetida e viesse a atingir mais trabalhadores, em idênticas condições, a questão seria apreciada sob a ótica do processo coletivo do trabalho. "EMENTA: DISCRIMINAÇÃO NAS RELAÇÕES DE TRABALHO – RAÇA NEGRA – Por direito e lei, é firmemente repudiado em nosso país, qualquer ato de discriminação em função de cor, raça, sexo, idade, religião ou condições especiais e individuais que diferencie a pessoa. Nas relações de trabalho, especialmente, não se pode tolerar atos discriminatórios e humilhantes impingidos ao empregado de raça negra, com ofensas verbais assacadas contra sua pessoa em função exclusiva da cor de sua pele. Fatos como tais devem ser denunciados, sempre, a fim de que não se torne comum e usual a violação de um direito garantido constitucionalmente, reforçando preconceito e prática discriminatória inaceitável. RO a que se dá provimento para fixar indenização por danos morais, em função da violação da honra e do sentimento de dignidade própria do empregado, que, como qualquer outra pessoa, merece apreço e respeito de seus superiores hierárquicos, não podendo aceitar ou resignar-se com frases como 'negro safado', 'crioulo', ou 'se voltasse a escravidão eu iria te colocar no tronco'. O dano moral, íntimo, é irreparável, mas o ato discriminatório pode e deve ser estancado por esta Justiça." (TRT da 3ª Região; Processo: RO – 5.207/99; Data de Publicação: 19.5.2000; Órgão Julgador: Primeira Turma; relator: Washington Maia Fernandes; revisora: Maria Lucia Cardoso Magalhães; Divulgação: DJMG. Página 8. Disponível em: <https://as1.trt3.jus.br/juris/detalhe.htm?conversationId=4193>. Acesso em: 13 ago. 2014.

Lei n. 13.015/2014: Primeiras Notas sobre as Mudanças Introduzidas no Sistema Recursal Trabalhista

Sara Costa Benevides, Isabela Márcia de Alcântara Fabiano e Nayara Campos Catizani Quintão

1. Introdução

Como a morosidade da prestação jurisdicional é uma questão bastante tormentosa no cenário jurídico, foi publicada a Lei n. 13.015, de 21 de julho de 2014, que reforma o sistema recursal trabalhista, em busca de abreviar e racionalizar o procedimento; minorar o número de demandas protelatórias, conferindo mais qualidade à função judicante e reconquistar a confiança do jurisdicionado quanto à credibilidade do Estado-Juiz.

A aludida lei, decorrente de projeto de autoria do Deputado Valtenir Pereira (PROS-MT), foi elaborada a partir de sugestões do próprio Tribunal Superior do Trabalho (TST). As mudanças entraram em vigor 60 dias após a publicação do referido diploma legal.

Para a melhor compreensão da temática, o presente artigo analisará, de forma destacada, a nova redação conferida a vários artigos da CLT. Serão enfatizadas as alterações mais relevantes, sem a pretensão de esgotar o assunto, que exige o amadurecimento dos debates acadêmicos mediante contínuo aprofundamento dos estudos.

Esclarece-se, desde já, que modificações foram operadas no tocante aos embargos no TST; recurso de revista (as mais profundas e numerosas); embargos de declaração e agravo de instrumento.

As aludidas alterações e acréscimos na CLT levaram o TST, por meio de sua Secretaria-Geral Judiciária, a publicar, em 23/09/2014, o Ato n. 491/SEGJUD.GP[1], que estabelece procedimentos mínimos para dar efetividade à Lei n. 13.015/2014.

2. Embargos no TST

A redação original do art. 894 da CLT era a seguinte:

Art. 894. No Tribunal Superior do Trabalho cabem embargos, no prazo de 8 (oito) dias:

I – de decisão não unânime de julgamento que:

a) conciliar, julgar ou homologar conciliação em dissídios coletivos que excedam a competência territorial dos Tribunais Regionais do Trabalho e estender ou rever as sentenças normativas do Tribunal Superior do Trabalho, nos casos previstos em lei; e

b) (VETADO)

II – das decisões das Turmas que divergirem entre si, ou das decisões proferidas pela Seção de Dissídios Individuais, salvo se a decisão recorrida estiver em consonância com súmula ou orientação jurisprudencial do Tribunal Superior do Trabalho ou do Supremo Tribunal Federal.

Por força da Lei n. 13.015/2014, somente a hipótese de cabimento constante do inciso II foi alterada. Assim, a partir da vigência do multicitado diploma legal, poderão ser interpostos embargos ao TST, no octídio legal,

Art. 894. [...]

[...]

II – das decisões das Turmas que divergirem entre si ou das decisões proferidas pela Seção de Dissídios Individuais, ou contrárias a súmula ou orientação jurisprudencial do Tribunal Superior do Trabalho ou súmula vinculante do Supremo Tribunal Federal.

Cotejando os dois textos legais, percebe-se a manutenção das duas espécies de embargos no TST: os chamados "embargos infringentes" no inciso I, alíneas "a" e "b" do art. 894 da CLT, que estão correlacionados ao direito coletivo do trabalho e cujo regramento permanece intacto; os chamados "embargos de divergência", cujas novas hipóteses de cabimento foram objeto de técnica de redação mais simplificada.

Com a nova versão, portanto, ficou mais fácil entender que é admissível a interposição de embargos de divergência no TST, quando, por exemplo, a decisão da sua turma A contrariar a decisão da sua turma B, ou quando a decisão de uma de suas turmas colidir com o entendimento prevalecente em decisão proferida por sua Seção de Dissídios Individuais (SDI).

Considerando que os embargos são tipificados como recurso e têm a finalidade de evitar divergências jurisprudenciais dentro da mais alta Corte Trabalhista, eles não serão admitidos quando a decisão recorrida estiver em consonância com súmula ou orientação jurisprudencial (OJ) do próprio TST.

Tal vedação se impõe, porque o objetivo dos embargos é manter a uniformidade jurisprudencial. Se há OJ ou súmula do próprio TST sobre a matéria, esta está pacificada no cenário nacional. Admitir infindáveis questionamentos sobre o mesmo ponto importaria em morosidade processual, além de gerar insegurança jurídica e instabilidade socioeconômica.

---

(1) Disponível em: <http://aplicacao.tst.jus.br/dspace/bitstream/handle/1939/47829/2014_ato0491_rep02.pdf?sequence=7>. Acesso em: 2 fev. 2015.

Outra novidade que merece destaque é a menção específica às súmulas vinculantes do Supremo Tribunal Federal (STF) na parte final do novo inciso II do art. 896 da CLT[2]. Esse singelo detalhe produz um resultado considerável, porquanto implica a redução das hipóteses de cabimento dos embargos no TST. Para tanto, basta lembrar que o STF, até o presente momento, editou 736 súmulas[3] e 37 súmulas vinculantes[4].

A despeito de a matéria já ter sido objeto de súmula vinculante, se, eventualmente, a decisão recorrida colidir com o entendimento preponderante do STF, os embargos no TST serão cabíveis exatamente para garantir a estandardização jurisprudencial.

A respeito do novo § 2º do art. 894 da CLT[5], o legislador apenas transformou em norma jurídica uma orientação que, há anos, vem sendo seguida pelo TST em suas decisões.

Logo, se a tese suscitada pelo recorrente é "velha" e colidente com o entendimento sumulado pelo STF ou pelo TST, ou se é divergente de jurisprudência reiterada, atual e notória da mais alta Corte Trabalhista, haverá a inadmissibilidade dos embargos. Do contrário, esse meio impugnatório seria manejado com finalidade procrastinatória, fundando-se em razões recursais já superadas — o que feriria o princípio da celeridade processual.

No § 3º do art. 894 da CLT, o legislador reconheceu, de forma expressa, ao Ministro Relator dos embargos a realização de uma prática que já vem sendo adotada no âmbito do TST: o poder-dever de, monocraticamente, em decisão fundamentada, denegar seguimento a recurso,

Art. 894 [...]

§ 3º [...]

I - se a decisão recorrida estiver em consonância com súmula da jurisprudência do Tribunal Superior do Trabalho ou do Supremo Tribunal Federal, ou com iterativa, notória e atual jurisprudência do Tribunal Superior do Trabalho, cumprindo-lhe indicá-la;

II - nas hipóteses de intempestividade, deserção, irregularidade de representação ou de ausência de qualquer outro pressuposto extrínseco de admissibilidade.

A justificativa para o preceito retrotranscrito é impedir a demora patológica do processo e o abuso do direito de recorrer.

Considerando que o escopo dos embargos no TST é garantir a uniformização jurisprudencial naquele órgão, que tem jurisdição nacional, se a decisão judicial impugnada já está em conformidade com o entendimento do TST, não há motivos razoáveis para estimular a interposição de embargos na mais alta Corte Trabalhista, porque isso serviria apenas para conturbar a ordem estabelecida pela interpretação jurídica prevalente e procrastinar a tramitação do feito.

A par disso, se os embargos sequer preenchem um ou alguns dos pressupostos recursais genéricos, desde já, monocraticamente, o Ministro Relator deve negar-lhes seguimento.

Todavia, em respeito aos princípios constitucionais do contraditório e da ampla defesa, em face da decisão denegatória dos embargos, a parte interessada poderá interpor agravo, no prazo de 8 (oito) dias.

Não obstante o silêncio do § 4º do art. 894 da CLT, ora em exame, é possível cogitar na aplicação analógica do art. 557, § 1º, do CPC. Assim, acredita-se que o agravo será dirigido ao órgão competente para o julgamento dos embargos no TST, e, na hipótese de não retratação por parte do Ministro Relator, este apresentará o processo em mesa, proferindo voto. Provido o agravo, o recurso terá seu seguimento normalizado.[6]

3. Recurso de Revista

O recurso de revista está previsto nos arts. 896, 896-A, 896-B e 896-C, todos da CLT.

Trata-se de meio impugnatório extremamente técnico, de natureza excepcional, interposto contra acórdão proferido pelo TRT, em grau de recurso ordinário, em dissídio individual.

O recurso de revista não se presta a avaliar a justiça da decisão, tampouco a analisar fatos e provas. Nele, somente podem ser arguidas matérias de direito. Por isso, seus

---

(2) No texto anterior, previam-se, genericamente, súmulas do STF.

(3) Disponível em: <http://www.stf.jus.br/portal/cms/verTexto.asp?servico=jurisprudenciaSumula>. Acesso em: 2 fev. 2015.

(4) Das 37 súmulas vinculantes editadas até o presente momento, algumas têm relação direta ou indireta com o direito material e o direito processual do trabalho. Disponível em: <http://www.stf.jus.br/portal/cms/verTexto.asp?servico=jurisprudenciaSumulaVinculante&pagina=sumula_001_033>. Acesso em: 2 fev. 2015.

(5) Art. 894, § 2º, CLT. "A divergência apta a ensejar os embargos deve ser atual, não se considerando tal a ultrapassada por súmula do Tribunal Superior do Trabalho ou do Supremo Tribunal Federal, ou superada por iterativa e notória jurisprudência do Tribunal Superior do Trabalho."

(6) O Ato n. 491/SEGJUD.GP, em seu art. 2º, estendeu ao Presidente da Turma do TST o poder-dever de, monocraticamente, negar seguimento aos embargos no TST. *In verbis*: "Sem prejuízo da competência do Ministro Relator do recurso de embargos prevista no § 3º do art. 894 da CLT, o Presidente de Turma, na forma do Regimento Interno do Tribunal Superior do Trabalho, denegar-lhe-á seguimento nas hipóteses ali previstas e quando a divergência apresentada não se revelar atual, nos termos do § 2º do mesmo dispositivo legal."

objetivos específicos, em resumida síntese, são resguardar a interpretação e aplicação uniformes das normas constitucionais e trabalhistas e garantir a estandardização jurisprudencial.

A Lei n. 13.015/2014 modificou intensamente as normas que tratam do recurso de revista, seja alterando-as, seja criando novos dispositivos legais a respeito. Os propósitos do referido diploma foram conferir mais celeridade aos recursos trabalhistas, sobretudo ao recurso de revista e inibir a demora processual, que é tão lesiva aos feitos trabalhistas.

3.1. Recurso de Revista e Súmula Vinculante

A primeira novidade advém da possibilidade de interposição de recurso de revista nos casos em que a decisão recorrida estiver em contrariedade à súmula vinculante do STF, conforme acréscimo feito na parte final da alínea "a" do art. 896 da CLT.

Trata-se de adequação coerente ao art. 103-A da CR/1988, com redação dada pela Emenda Constitucional n. 45/2004, pois, se o Supremo Tribunal Federal aprova súmulas vinculantes para sintetizar reiteradas decisões relativas à matéria constitucional aplicáveis à área trabalhista, o recurso de revista é o expediente processual adequado para expungir interpretações divergentes ao entendimento da mais alta Corte brasileira.

Salienta-se que a hipótese ora mencionada também se aplica à alínea "b" do art. 896 da CLT[7], já que esta remete à alínea anterior.

3.2. Demonstração da divergência ou da violação da legislação nas razões recursais – Ônus do recorrente

Outra mudança introduzida pela Lei n. 13.015/2014 alude ao novo § 1º-A do art. 896 da CLT, que trouxe como ônus do recorrente a obrigatoriedade de expor, de maneira explícita, as razões da reforma pretendida. Veja-se:

> Art. 896. Cabe Recurso de Revista para Turma do Tribunal Superior do Trabalho das decisões proferidas em grau de recurso ordinário, em dissídio individual, pelos Tribunais Regionais do Trabalho, quando:
>
> [...]
>
> § 1º-A Sob pena de não conhecimento, é ônus da parte:
>
> I – indicar o trecho da decisão recorrida que consubstancia o prequestionamento da controvérsia objeto do recurso de revista;
>
> II – indicar, de forma explícita e fundamentada, contrariedade a dispositivo de lei, súmula ou orientação jurisprudencial do Tribunal Superior do Trabalho que conflite com a decisão regional;
>
> III – expor as razões do pedido de reforma, impugnando todos os fundamentos jurídicos da decisão recorrida, inclusive mediante demonstração analítica de cada dispositivo de lei, da Constituição Federal, de súmula ou orientação jurisprudencial cuja contrariedade aponte.

Tais exigências já estavam previstas de forma esparsa no ordenamento jurídico, em decisões judiciais reiteradas sobre o tema e em súmulas e OJs do próprio TST.[8]

Basta verificar, por exemplo, a Instrução Normativa n. 23 do TST, de 5.8.2003, que dispõe sobre as petições do recurso de revista. Nela, impõe-se que o recorrente demonstre o preenchimento dos pressupostos de admissibilidade intrínsecos desse meio impugnatório, indicando: a) o trecho da decisão recorrida que consubstancia o prequestionamento da controvérsia trazida no recurso; b) "qual o dispositivo de lei, súmula, orientação jurisprudencial do TST ou ementa (com todos os dados que permitam identificá-la) que atrita com a decisão regional."

Sobre o pressuposto de admissibilidade intrínseco do prequestionamento, é oportuno lembrar que a matéria estará prequestionada quando a decisão recorrida apreciar a tese jurídica debatida nos autos. Desta poderá discordar ou não. O importante é que se manifeste expressamente a respeito.

Ainda é ônus do recorrente, a partir da vigência da nova lei, impugnar todos os fundamentos jurídicos da decisão recorrida, fazendo a demonstração analítica de cada dispositivo da Constituição Federal, da lei, de súmula ou de OJ. Isso significa que o recorrente deverá comprovar a divergência jurisprudencial, indicando, de forma explícita, completa, fundamentada, item a item, as interpretações diversas que foram dadas ao mesmo artigo de lei ou questão jurídica.

Logo, quanto à forma de apresentação das razões recursais e quanto ao próprio conteúdo do recurso de revista, o recorrente deverá ser mais criterioso, pois o não preenchimento de um, alguns ou de todos esses pressupostos implica o não conhecimento do recurso.

Soma-se a isso a obrigatoriedade do recorrente de apontar a súmula regional aplicável à espécie, caso a matéria discutida nos autos tenha sido padronizada por

---

(7) Art. 896, CLT. "Cabe Recurso de Revista para Turma do Tribunal Superior do Trabalho das decisões proferidas em grau de recurso ordinário, em dissídio individual, pelos Tribunais Regionais do Trabalho, quando: [...] b) derem ao mesmo dispositivo de lei estadual, Convenção Coletiva de Trabalho, Acordo Coletivo, sentença normativa ou regulamento empresarial de observância obrigatória em área territorial que exceda a jurisdição do Tribunal Regional prolator da decisão recorrida, interpretação divergente, na forma da alínea 'a';" (grifos acrescidos)

(8) Vide, por exemplo, Súmula n. 297 do TST e OJs ns. 62 e 118, ambas da SDI-I do TST.

incidente de uniformização de jurisprudência instaurado pelo respectivo Tribunal Regional do Trabalho (TRT), conforme previsto no § 6º do art. 896 da CLT, tema que será tratado a seguir com mais vagar.

3.3. Incidente de uniformização de jurisprudência

A Lei n.13.015/2014 deu nova redação ao § 3º do art. 896 da CLT, referindo-se à obrigatoriedade dos TRTs de procederem à estandardização de seus julgados, valendo-se do incidente de uniformização de jurisprudência previsto no Capítulo I do Título IX do Livro I do atual Código de Processo Civil (CPC)[9].

O incidente de uniformização não é propriamente uma novidade. A previsão de instaurá-lo de forma compulsória já constava da CLT na redação original do seu art. 896, § 3º, embora esse mecanismo processual fosse reputado desnecessário ou ignorado por vários TRTs.

Para fins de comparação, destacam-se as redações primitiva e atual do citado dispositivo celetista, respectivamente:

> Art. 896 [...]
>
> § 3º Os Tribunais Regionais do Trabalho procederão, obrigatoriamente, à uniformização de sua jurisprudência, nos termos do Livro I, Título IX, Capítulo I do CPC, não servindo a súmula respectiva para ensejar a admissibilidade do Recurso de Revista quando contrariar Súmula da Jurisprudência Uniforme do Tribunal Superior do Trabalho.
>
> Art. 896 [...]
>
> § 3º Os Tribunais Regionais do Trabalho procederão, obrigatoriamente, à uniformização de sua jurisprudência e aplicarão, nas causas da competência da Justiça do Trabalho, no que couber, o incidente de uniformização de jurisprudência previsto nos termos do Capítulo I do Título IX do Livro I da Lei n. 5.869, de 11 de janeiro de 1973 (Código de Processo Civil).

Como se vê, o texto em vigor obriga a aplicação, na seara trabalhista, do expediente processual previsto nos artigos 476 a 479 do CPC atual, a fim de fomentar a criação de um repertório sumular nos próprios TRTs.

Todavia, antes da vigência da Lei n. 13.015/2014, a experiência referente ao incidente de uniformização de jurisprudência nos Regionais era de escasso sucesso. Os motivos apontados para essa parca aplicação eram: (i) as dificuldades de quórum para julgamento, já que muitos TRTs são compostos de dezenas de Desembargadores com entendimentos jurídicos divergentes e heterogêneos, o que, naturalmente, dificulta a padronização jurisprudencial

e (ii) a extensão do processo no tempo em caso de instauração do aludido incidente, que interpola mais atos processuais e decisões judiciais na tramitação do feito, já marcado pelo emaranhado cipoal de recursos trabalhistas.

Por isso, nem sempre, o magistrado que daria o voto na turma solicitava o pronunciamento prévio do respectivo TRT acerca da interpretação de determinada questão de direito, embora tivesse verificado que: i) havia divergência; ii) na decisão recorrida, a interpretação era diversa da que lhe fora dada por outra turma do próprio TRT.

No entanto, a partir da vigência da Lei n. 13.015/2014, os TRTs terão que uniformizar a sua própria jurisprudência. Assim, após a padronização das questões jurídicas nos diversos regionais, os recursos de revista serão conhecidos quando forem interpostos de decisão de TRT que uniformizou a sua jurisprudência, mediante súmula ou tese prevalente, mas de maneira divergente à de outro(s) TRT(s).

Quanto ao procedimento a ser utilizado no incidente de uniformização de jurisprudência, cada tribunal regulamentará a questão, valendo-se, é claro, das diretrizes constantes do CPC.

Veja-se que, no parágrafo seguinte do art. 896 da CLT, outra questão merece destaque:

> Art. 896 [...]
>
> § 4º Ao constatar, de ofício ou mediante provocação de qualquer das partes ou do Ministério Público do Trabalho, a existência de decisões atuais e conflitantes no âmbito do mesmo Tribunal Regional do Trabalho sobre o tema objeto de recurso de revista, o Tribunal Superior do Trabalho determinará o retorno dos autos à Corte de origem, a fim de que proceda à uniformização da jurisprudência.

Como é sabido, na Justiça do Trabalho, o TST é o órgão judiciário de maior escalonamento no plano vertical. Sua preponderância hierárquica é acompanhada de ampla jurisdição, com alcance nacional. Desse modo, na tentativa de reforçar a importância do cumprimento espontâneo da norma prevista no § 3º do art. 896 da CLT, no § 4º do mesmo dispositivo legal, aumentam-se os titulares que terão legitimidade ativa para realizar tal controle.

Em breve síntese, pode-se dizer que, se, no TRT, o incidente de uniformização de jurisprudência não for instaurado mediante solicitação de um de seus magistrados, um Ministro do TST, de ofício, poderá fazê-lo. Este ainda poderá contar com a colaboração das partes e do Ministério Público do Trabalho, que poderão levantar

---

(9) Em 17 de dezembro de 2014, o Senado Federal concluiu a votação do novo CPC, que, após receber a sanção presidencial, entrará em vigor 1 ano após a sua publicação. Adianta-se que, no novo CPC, o termo "incidente de uniformização de jurisprudência" foi substituído por "precedente judicial". Disponível em: <http://www.camara.gov.br/proposicoesWeb/prop_mostrarintegra;jsessionid=F556B253CA6671B1776A62E35160ED6E.proposicoesWeb1?codteor=1246935&filename=REDACAO+FINAL+-+PL+8046/2010>. Acesso em: 2 fev. 2015.

a existência de decisões conflitantes entre as turmas do mesmo Regional.

Convém enfatizar que o mencionado comando é imperativo. O uso do verbo "determinará" em vez de "poderá determinar" demonstra um poder-dever, e não uma mera faculdade do TST, implementando-se uma fiscalização bastante rigorosa, a fim de eliminar contradições regionais.

As mudanças continuam no parágrafo seguinte do art. 896 da CLT:

> Art. 896 [...]
>
> § 5º A providência a que se refere o § 4º deverá ser determinada pelo Presidente do Tribunal Regional do Trabalho, ao emitir juízo de admissibilidade sobre o Recurso de Revista, ou pelo Ministro Relator, mediante decisões irrecorríveis.

Criam-se, com isso, cada vez mais barreiras contra as colisões/divergências jurisprudenciais dentro de cada TRT, cujo respectivo Presidente, no momento de emitir o primeiro juízo de admissibilidade do recurso de revista, ao verificar a existência de teses jurídicas atuais e conflitantes sobre a mesma matéria, deverá determinar o pronunciamento prévio dos seus pares acerca da interpretação jurídica mais adequada para a temática, cujo entendimento será padronizado[10].

Nesse mister, o Presidente do TRT poderá contar com a contribuição do recorrente, que, nos termos do § 8º do art. 896 da CLT, com redação dada pela Lei n. 13.015/2014, tem o ônus de demonstrar a divergência jurisprudencial. Desse modo, é possível, por exemplo, que, em suas razões recursais, além de mencionar o dissenso pretoriano entre turmas de TRTs distintos ou entre a turma do TRT de origem e as decisões da SDI do TST, o recorrente também alegue e prove a existência, no âmbito do próprio TRT, de decisões diversas sobre a mesma matéria de direito, embora não seja obrigado a isso.

Suposto fracasso na primeira "garimpagem", que está a cargo do Presidente do TRT, não findará o assunto, pois a circunstância pode ser percebida pelo Ministro Relator do TST, a quem caberá emitir o segundo juízo de admissibilidade do recurso de revista. Convencendo-se da divergência jurisprudencial no âmbito do TRT de origem, ele determinará, em decisão irrecorrível, o retorno dos autos à instância *a qua* para a estandardização da jurisprudência regional.

Antes de comentar o novo § 6º do art. 896 da CLT, é preciso conhecê-lo:

> Art. 896 [...]
>
> § 6º Após o julgamento do incidente a que se refere o § 3º, unicamente a súmula regional ou a tese jurídica prevalecente no Tribunal Regional do Trabalho e não conflitante com súmula ou orientação jurisprudencial do Tribunal Superior do Trabalho servirá como paradigma para viabilizar o conhecimento do Recurso de Revista por divergência.

A rigor, o dispositivo acima transcrito fortifica a posição do TST de tribunal de superposição, na medida em que estimula a edição de súmulas ou teses jurídicas prevalecentes nos TRTs[11] que estejam sintonizadas com os verbetes da mais alta Corte trabalhista.

Com a nova regra, em relação às matérias submetidas ao incidente de uniformização de jurisprudência, tudo indica que o recurso de revista será remetido ao TST se TRTs distintos editarem súmulas ou teses jurídicas antagônicas entre si, cabendo ao TST optar pelo entendimento contido em uma delas.

Ainda sobre esse tema, parece possível cogitar que, se o recurso de revista for proveniente de dissenso pretoriano entre um TRT que ainda não padronizou a sua jurisprudência e outro TRT que já o tenha feito, o Ministro Relator determinará a remessa dos autos ao tribunal de origem que não seguiu, previamente, o procedimento do incidente de uniformização de jurisprudência.

A tendência é os TRTs aprovarem súmulas e teses prevalecentes harmônicas com o entendimento do TST, ao passo que este órgão judiciário conhecerá de recursos de revista interpostos de acórdãos regionais, proferidos no julgamento de recurso ordinário em dissídios individuais, cujo posicionamento divirja daquele externado anteriormente pela mais alta Corte Trabalhista. Essa admissibilidade recursal tem a finalidade de consagrar o entendimento do tribunal trabalhista de superposição para garantir a uniformização jurisprudencial em todo o país.

3.4. Comprovação do dissenso pretoriano

A Súmula n. 337 do TST estabelece:

> COMPROVAÇÃO DE DIVERGÊNCIA JURISPRUDENCIAL. RECURSOS DE REVISTA E DE EMBARGOS (redação do item IV alterada na sessão do Tribunal Pleno realizada em 14.9.2012) – Res. n. 185/2012, DEJT divulgado em 25, 26 e 27.9.2012

---

(10) Normalmente, essa competência é do Presidente do TRT. Mas, em alguns casos, ela pode ser delegada a outro órgão do tribunal regional nos termos do seu regimento interno.

(11) O art. 6º do Ato n. 491/SEGJUD.GP dispõe: "Os Tribunais Regionais do Trabalho deverão manter e dar publicidade a suas súmulas e teses jurídicas prevalecentes mediante banco de dados, organizando-as por questão jurídica decidida e divulgando-as, preferencialmente, na rede mundial de computadores." Essa medida torna-se imprescindível, diante do contínuo crescimento do movimento de jurisprudencialização do direito e das consequências daí advindas no sistema recursal trabalhista.

I – Para comprovação da divergência justificadora do recurso, é necessário que o recorrente:

a) Junte certidão ou cópia autenticada do acórdão paradigma ou cite a fonte oficial ou o repositório autorizado em que foi publicado; e

b) Transcreva, nas razões recursais, as ementas e/ou trechos dos acórdãos trazidos à configuração do dissídio, demonstrando o conflito de teses que justifique o conhecimento do recurso, ainda que os acórdãos já se encontrem nos autos ou venham a ser juntados com o recurso.

II – A concessão de registro de publicação como repositório autorizado de jurisprudência do TST torna válidas todas as suas edições anteriores.

III – A mera indicação da data de publicação, em fonte oficial, de aresto paradigma é inválida para comprovação de divergência jurisprudencial, nos termos do item I, "a", desta súmula, quando a parte pretende demonstrar o conflito de teses mediante a transcrição de trechos que integram a fundamentação do acórdão divergente, uma vez que só se publicam o dispositivo e a ementa dos acórdãos;

IV – É válida para a comprovação da divergência jurisprudencial justificadora do recurso a indicação de aresto extraído de repositório oficial na internet, desde que o recorrente:

a) transcreva o trecho divergente;

b) aponte o sítio de onde foi extraído; e

c) decline o número do processo, o órgão prolator do acórdão e a data da respectiva publicação no Diário Eletrônico da Justiça do Trabalho.

Tais determinações não são muito diferentes das exigências trazidas pelo novo § 8º do art. 896 da CLT. Veja-se:

Art. 896 [...]

§ 8º Quando o recurso fundar-se em dissenso de julgados, incumbe ao recorrente o ônus de produzir prova da divergência jurisprudencial, mediante certidão, cópia ou citação do repositório de jurisprudência, oficial ou credenciado, inclusive em mídia eletrônica, em que houver sido publicada a decisão divergente, ou ainda pela reprodução de julgado disponível na internet, com indicação da respectiva fonte, mencionando, em qualquer caso, as circunstâncias que identifiquem ou assemelhem os casos confrontados.

Assim, desde a vigência da lei, estão positivados os modos de comprovação e de demonstração da divergência jurisprudencial, que são ônus processuais do recorrente.

3.5. Possibilidade de corrigir ou ignorar vícios não considerados graves

O art. 896 da CLT, em seu novo § 11, possibilita que sejam desconsiderados ou sanados os vícios de recursos de revista tempestivos, desde que os equívocos sejam meramente formais e não graves.

O mencionado dispositivo prestigia os princípios do acesso à Justiça, da celeridade, da economia processual e da instrumentalidade das formas, pois, se o meio impugnatório for interposto a tempo, padecendo de vício de somenos relevância, o TST poderá desprezar essa pequena irregularidade (porque não é grave) ou determinar que seja corrigida, uma vez que não acarreta nulidade absoluta.

No entanto, se o TST entender pela gravidade do defeito de forma, não conhecerá do recurso de revista, porque não atendidos todos os seus pressupostos de admissibilidade.

3.6. Execução – Cabimento de Recurso de Revista – Análise dos §§ 2º e 10 do art. 896 da CLT

Dispõe o § 2º do art. 896 da CLT:

Art. 896 [...]

§ 2º Das decisões proferidas pelos Tribunais Regionais do Trabalho ou por suas Turmas, em execução de sentença, inclusive em processo incidente de embargos de terceiro, não caberá Recurso de Revista, salvo na hipótese de ofensa direta e literal de norma da Constituição Federal.

Como se vê, o dispositivo em tela responde à seguinte indagação: é possível interpor recurso de revista na execução de sentença?

Em regra, não. Pouco importa que, nela, um terceiro — que não é o exequente nem o executado — venha a ajuizar uma ação de conhecimento, chamada "embargos de terceiro", para sustentar que os bens penhorados são de sua propriedade (e não do devedor), razão pela qual requer que a constrição judicial incidente sobre o seu patrimônio seja declarada insubsistente com a respectiva liberação de seus bens.

Apenas em caráter excepcional, será adequado recurso de revista na execução de sentença, desde que a decisão recorrida ofenda direta e literalmente norma constitucional.

O § 10 do art. 896 da CLT amplia as hipóteses de cabimento do recurso de revista na execução:

— quando se cuidar de execução fiscal, aquela regida pela Lei n. 6.830/1980, já que a União, os Estados, o DF, os Municípios e suas respectivas autarquias são os credores de dívida ativa e

— nas controvérsias da execução que envolverem a Certidão Negativa de Débitos Trabalhistas — CNDT — documento que é conferido pela Justiça do Trabalho, gratuitamente, pela internet, a pedido do interessado, com validade de 180 dias contados da data da sua emissão, para comprovar a inexistência de débitos inadimplidos perante a Justiça Obreira (art. 642-A da CLT).

Nessas duas exceções — execução fiscal e controvérsia na execução relativa à CNDT —, caberá recurso de revista por violação a lei federal, por divergência jurisprudencial e por ofensa à Constituição Federal.

3.7. Recursos de Revista repetitivos na Justiça do Trabalho

Outro aspecto que só chega agora à Justiça do Trabalho é a possibilidade de aplicação no processo do trabalho, no que couber, das regras do CPC relativas aos recursos repetitivos, mais especificamente referentes aos recursos extraordinário e especial representativos.

Com efeito, o novo art. 896-B da CLT prevê: "Aplicam-se ao recurso de revista, no que couber, as normas da Lei n. 5.869, de 11 de janeiro de 1973 (Código de Processo Civil), relativas ao julgamento dos recursos extraordinário e especial repetitivos".

A técnica introduzida no sistema processual civil em 2006, que acrescentou o art. 543-B ao CPC, determina que apenas um ou alguns recursos extraordinários são escolhidos pelo tribunal de origem para representar a controvérsia. E, uma vez solucionada a questão pelo STF, a decisão é replicada, alcançando as causas isomórficas que ficaram sobrestadas, aguardando o pronunciamento judicial exarado no processo-piloto.

Segundo o novo texto legal, à esfera trabalhista deve ser aplicada a mesma metodologia. Portanto, se o TST, ao receber um recurso de revista, considerar que a matéria é repetitiva, todos os recursos que estiverem nos TRTs sobre o mesmo tema ficarão suspensos, esperando a decisão do chamado "recurso paradigma" ou "recurso representativo".

O *caput* e o § 1º do art. 896-C da CLT dispõem que caberá ao TST a escolha das questões de direito multiplicadas em diversos recursos de revista, bem como dos recursos representativos da controvérsia. *In verbis*:

> Art. 896-C. Quando houver multiplicidade de recursos de revista fundados em idêntica questão de direito, a questão poderá ser afetada à Seção Especializada em Dissídios Individuais ou ao Tribunal Pleno, por decisão da maioria simples de seus membros, mediante requerimento de um dos Ministros que compõem a Seção Especializada, considerando a relevância da matéria ou a existência de entendimentos divergentes entre os Ministros dessa Seção ou das Turmas do Tribunal.
>
> § 1º O Presidente da Turma ou da Seção Especializada, por indicação dos relatores, afetará um ou mais recursos representativos da controvérsia para julgamento pela Seção Especializada em Dissídios Individuais ou pelo Tribunal Pleno, sob o rito dos recursos repetitivos.

De acordo com o Ato n. 491/SEGJUD.GP, que regulamentou a nova lei, ao deparar-se com situação processual que leve à aplicação do instituto de julgamento de recursos repetitivos, o TST observará a seguinte diretriz:

> Art. 8º Nas hipóteses dos artigos 896-B e 896-C da CLT, somente poderão ser afetados recursos representativos da controvérsia que sejam admissíveis e que contenham abrangente argumentação e discussão a respeito da questão a ser decidida.

Para que seja realizada a escolha, o Ato n. 491/SEGJUD.GP, em atenção ao preconizado no art. 896-C, § 6º[12], da CLT, determina:

> Art. 9º Quando a Turma do Tribunal Superior do Trabalho entender necessária a adoção do procedimento de julgamento de recursos de revista repetitivos, seu Presidente deverá submeter ao Presidente da Subseção de Dissídios Individuais I a proposta de afetação do recurso de revista, para os efeitos do *caput* do art. 896-C da CLT.
>
> Parágrafo único. O Presidente da Subseção submeterá a proposta ao colegiado no prazo máximo de 30 dias de seu recebimento, após o que:
>
> I – acolhida a proposta, por maioria simples, o colegiado também decidirá se a questão será analisada pela própria SBDI-1 ou pelo Tribunal Pleno;
>
> II – na hipótese do inciso I, o processo será distribuído a um Relator e a um Revisor do órgão jurisdicional correspondente, para sua tramitação nos termos do art. 896-C da CLT;
>
> III – rejeitada a proposta, os autos serão devolvidos à Turma respectiva, para que o julgamento do recurso de revista prossiga regularmente.

Após a determinação para que seja seguido o rito dos recursos de revista repetitivos, o Presidente do TST oficiará os Presidentes dos TRTs para que suspendam os recursos interpostos em casos semelhantes que estejam em tramitação no âmbito do respectivo Regional até o pronunciamento definitivo do TST. Nesse sentido, o disposto no art. 896-C, § 3º, da CLT[13].

Nos termos do art. 896-C, § 5º, da CLT, o Relator no TST poderá determinar a suspensão dos recursos de revista ou dos embargos no próprio TST, que tenham como objeto controvérsia idêntica à do(s) recurso(s) afetado(s), porquanto seria contraproducente e temerário o mesmo órgão judiciário se pronunciar sobre a mesma matéria reiteradas vezes, sob o risco de decisões conflitantes.

A respeito da observância dos princípios do contraditório e da ampla defesa, duas críticas recebidas pela Lei n. 11.418/2006, que instituiu o rito de recursos repetitivos no CPC, referem-se à ausência de efetiva participação

---

(12) Art. 896-C, § 6º, CLT. "O recurso repetitivo será distribuído a um dos Ministros membros da Seção Especializada ou do Tribunal Pleno e a um Ministro revisor."

(13) Art. 896-C, § 3º, CLT. "O Presidente do Tribunal Superior do Trabalho oficiará os Presidentes dos Tribunais Regionais do Trabalho para que suspendam os recursos interpostos em casos idênticos aos afetados como recursos repetitivos, até o pronunciamento definitivo do Tribunal Superior do Trabalho."

de todos os interessados na técnica de julgamento por amostragem e à limitação quanto à matéria a ser arguida por eles.

Da simples leitura do § 6º do art. 543-A do CPC, verifica-se que o Ministro Relator no STF, a quem caberá o juízo de admissibilidade do recurso extraordinário representativo, poderá autorizar a manifestação de terceiro, subscrita por procurador habilitado, para a análise da repercussão geral, e não propriamente para o exame dos demais pontos levantados nos recursos selecionados e nos preteridos.

Ao que parece, a Lei n. 13.015/2014, ao acrescentar o § 8º ao art. 896-C da CLT, tentou expandir a participação dos interessados no rito dos recursos de revista repetitivos, uma vez que

> Art. 896-C [...]
>
> § 8º O relator poderá admitir manifestação de pessoa, órgão ou entidade com interesse na controvérsia, inclusive como assistente simples, na forma da Lei n. 5.869, de 11 de janeiro de 1973 (Código de Processo Civil).

Como o julgamento do(s) recurso(s) de revista representativo(s) irradiará efeitos nos demais que estiverem suspensos e que versarem sobre a mesma questão de direito, o Relator no TST, em respeito à democracia participativa e a fim de proferir uma decisão mais justa, tem a faculdade de admitir a manifestação de pessoa, órgão ou entidade com interesse na controvérsia, inclusive como assistente simples nos termos do CPC.

Se isso acontecer, além dos advogados das partes cujos recursos de revista foram escolhidos como representativos dos demais, poderão apresentar petições e, inclusive, fazer sustentação oral no TST sobre a matéria, por exemplo, pessoa com notório conhecimento sobre a controvérsia, órgão envolvido com a matéria (tal como um representante do Ministério do Trabalho e Emprego) ou entidade (tal como representante da OAB ou sindicato). A maior participação tende a garantir uma decisão mais consciente e correta.

De acordo com o § 9º do art. 896-C da CLT, a participação do Ministério Público é obrigatória nos recursos de revista repetitivos. Na espécie, ele age como fiscal da lei, considerando-se a necessidade de averiguar o fiel cumprimento das normas jurídicas e tendo em vista os impactos advindos de uma única decisão judicial, que será multiplicada para os casos idênticos até então suspensos — essa circunstância, em termos quantitativos e qualitativos, acaba constituindo ou se aproximando bastante do interesse público ou, no mínimo, tende a caracterizar interesses individuais homogêneos, que, sendo uma categoria de direitos metaindividuais, também clamam pela efetiva participação do Ministério Público.

Publicado o acórdão do TST no "recurso de revista piloto", todos os demais que estavam sobrestados na origem, nos termos do art. 896-C, § 11, inciso I, "[...]terão seguimento denegado na hipótese de o acórdão recorrido coincidir com a orientação a respeito da matéria no Tribunal Superior do Trabalho" ou, nos termos do inciso II, do mesmo dispositivo legal, "[....] serão novamente examinados pelo Tribunal de origem na hipótese de o acórdão recorrido divergir da orientação do Tribunal Superior do Trabalho a respeito da matéria."

O dispositivo ora em estudo é importantíssimo, pois define as consequências do julgamento do(s) recurso(s) de revista representativo(s) sobre os demais, com questão de direito idêntica, que ficaram sobrestados. A solução é diferente, de acordo com as conclusões do TST:

— como se vê no inciso I, se o acórdão do TST, ao julgar o(s) recurso(s) de revista paradigma(s), entender que o acórdão do TRT de origem, ao julgar o recurso ordinário, estava certo, porque o posicionamento adotado coincide com a orientação do próprio TST sobre a matéria, nenhum recurso de revista que estava suspenso será conhecido. Nesse sentido, o art. 21, I, do Ato n. 491/SEGJUD.GP.[14]

— mas, conforme se vê no inciso II, se o acórdão do TST, ao julgar o (s) recurso(s) de revista representativo(s), entender que o acórdão do TRT de origem, ao julgar o recurso ordinário, estava errado, porque colidente com a orientação do próprio TST sobre a matéria, o tribunal de origem reexaminará a questão, podendo se valer do juízo de retratação. Nesse sentido, o art. 21, II, do Ato n. 491/SEGJUD.GP.[15]

O § 12 do art. 896-C da CLT esclarece a parte final do parágrafo anterior, ao dispor:

> Art. 896-C[...]
>
> § 12. Na hipótese prevista no inciso II do § 11 deste artigo, mantida a decisão divergente pelo Tribunal de origem, far-se-á o exame de admissibilidade do recurso de revista.

Assim, se o TRT de origem, ao reexaminar os recursos suspensos, insistir em adotar entendimento colidente com a orientação do TST sobre a matéria, deverá demonstrar, fundamentadamente, a existência de distinção, por se

---

(14) Art. 21, I. "Publicado o acórdão paradigma: I - o Presidente ou Vice-Presidente do Tribunal de origem negará seguimento aos recursos de revista sobrestados na origem, se o acórdão recorrido coincidir com a orientação do Tribunal Superior do Trabalho;"

(15) Art. 21, II. "Publicado o acórdão paradigma: [...] II - o órgão que proferiu o acórdão recorrido, na origem, reexaminará a causa de competência originária ou o recurso anteriormente julgado, na hipótese de o acórdão recorrido contrariar a orientação do Tribunal Superior;"

tratar de caso particularizado por hipótese fática distinta ou por questão jurídica não examinada, a impor solução jurídica diversa (art. 21, § 1º, do Ato n. 491/SEGJUD.GP).

Mantido o acórdão divergente pelo tribunal de origem, o recurso de revista será remetido ao TST, após novo exame de sua admissibilidade pelo Presidente ou Vice-Presidente do TRT, nos termos do art. 21, § 2º do Ato n. 491/SEGJUD.GP.

Nesse caso, a remessa dos autos ao TST significa que o legislador deseja a uniformização jurisprudencial, mas, como o TRT se recusa a fazê-la em seu âmbito interno, a questão será levada à mais alta Corte Trabalhista, para que esta dê a sua palavra final sobre a controvérsia. Tudo indica, na maioria esmagadora das vezes, que a decisão do TST, finalmente, reformará a decisão ratificada pelo TRT.

Malgrado a Lei n. 13.015/2014 prestigie o rito de recursos de revista repetitivos, esse procedimento não será seguido, se restar demonstrado que a situação de fato ou de direito levantada em um processo é diferente daquela analisada e julgada em recurso(s) de revista repetitivo(s).

Em outras palavras: se a matéria não é idêntica; não há causas isomórficas; não há recurso(s)-modelo, tampouco decisão igual para todas as hipóteses, simplesmente porque as controvérsias são distintas. É esse o conteúdo do § 16 do art. 896-C da CLT.

Não obstante o silêncio da lei, sabe-se que compete ao advogado do litigante interessado demonstrar, a tempo e modo, que o processo do seu cliente não é igual aos demais — razão que o afastaria dos "moldes prontos" característicos dos julgamentos por amostragem. Tal responsabilidade é do causídico, seja porque ele é indispensável nos recursos interpostos para o TST ante a inadmissibilidade de *jus postulandi* nessa instância revisora, seja porque a questão é exclusivamente técnica, exigindo profissional habilitado para arguí-la em sede de preliminar.

A seu turno, o § 17 do art. 896-C prevê:

> Art. 896-C [...]
>
> § 17 Caberá revisão da decisão firmada em julgamento de recursos repetitivos quando se alterar a situação econômica, social ou jurídica, caso em que será respeitada a segurança jurídica das relações firmadas sob a égide da decisão anterior,

podendo o Tribunal Superior do Trabalho modular os efeitos da decisão que a tenha alterado.

O legislador, sabendo que as repercussões decorrentes do rito de recursos de revista repetitivos são muito intensas, admitiu a possibilidade de flexibilização dos seus efeitos no tempo. Por isso, previu que a decisão proferida no(s) recurso(s) representativo(s) não é imutável. Ela pode ser revista, quando a situação econômica, social ou jurídica for modificada.[16]

No entanto, para preservar o princípio da segurança jurídica, as relações que tiverem sido celebradas sob a sua égide (= sob o amparo, sob o escudo da decisão judicial anterior) continuarão a observá-la.

Mas, quando a decisão original não mais corresponder à realidade econômica, social ou jurídica, o TST, ao proferir nova decisão, poderá modular os seus efeitos. Com isso, a mais alta Corte Trabalhista tem a faculdade de determinar data a partir da qual a nova decisão será seguida. Esse termo inicial pode coincidir com a data do julgamento ou ser *pro futuro*.

A modulação de efeitos das decisões judiciais no tempo é prática comumente utilizada pelo STF e está expressamente prevista no art. 27 da Lei n. 9.868/1999, que trata do controle de constitucionalidade. Dessa feita, novamente, verifica-se, na esfera trabalhista, a adoção de expedientes processuais que, outrora, eram erroneamente considerados "privativos" do processo civil.

Esse intercâmbio normativo corretamente é fomentado pela Lei n. 13.015/2014, tendo em vista que a ciência processual deriva de uma origem comum, sistêmica e coerente. Ademais, os ramos jurídicos não são puros e isolados dos demais.

Daí fica fácil compreender que, havendo matéria constitucional-trabalhista, não ficará obstado o conhecimento de eventual recurso extraordinário para o STF. Mas, a partir de então, serão empregados os dispositivos do CPC sobre recursos representativos. Nesse sentido, o § 14 do art. 896-C da Lei n. 13.015/2014:

> Art 896-C[...]
>
> § 14 Aos recursos extraordinários interpostos perante o Tribunal Superior do Trabalho será aplicado o procedimento

---

(16) Nesse particular, o § 17 do art. 896-C da CLT lembra os conceitos que disciplinam a teoria da imprevisão, externalizada na cláusula *rebus sic stantibus* tão mencionada nas relações contratuais tratadas pelo Direito Civil: enquanto o estado das coisas é mantido, as condições ajustadas permanecem intocadas em respeito ao princípio do *pacta sunt servanda*. Todavia, em caso de fato superveniente, imprevisível e extraordinário, que abale o equilíbrio contratual, novos ajustes entre os contratantes são admitidos pelo ordenamento jurídico a fim de reestabelecer a justiça negocial. Na esfera trabalhista, considerando que o contrato de emprego decorre do acordo de vontades entre as partes envolvidas e tem trato sucessivo, a lei admite tanto o *jus variandi* do empregador quanto o direito adquirido do empregado, decorrente da habitualidade de condições de trabalho mais benéficas. Com esse mecanismo, além de outros, pretende-se assegurar o equilíbrio jurídico entre empregado e empregador. No plano processual trabalhista, a possibilidade de revisão do acórdão proferido em recurso(s) de revista-piloto também pretende a realização de justiça, não obstante o passar do tempo.

previsto no art. 543-B da Lei n. 5.869, de 11 de janeiro de 1973 (Código de Processo Civil), cabendo ao Presidente do Tribunal Superior do Trabalho selecionar um ou mais recursos representativos da controvérsia e encaminhá-los ao Supremo Tribunal Federal, sobrestando os demais até o pronunciamento definitivo da Corte, na forma do § 1º do art. 543-B da Lei n. 5.869, de 11 de janeiro de 1973 (Código de Processo Civil).

4. Embargos de declaração

Os embargos de declaração podem ser interpostos com o intuito de garantir as premissas básicas de qualquer decisão judicial: clareza (a sua ausência causa obscuridade), compatibilidade entre o relatório, os fundamentos e o dispositivo (a sua falta importa em contradição) e completude, caracterizada pela apreciação de todas as questões pertinentes à causa de pedir e a todos os pedidos formulados (a inobservância desse requisito gera omissão).

Na dicção do *caput* do art. 897-A da CLT, os embargos de declaração também podem ser interpostos, em caso de manifesto equívoco no exame dos pressupostos extrínsecos do recurso, quais sejam: recorribilidade do ato decisório; tempestividade; preparo; regularidade formal e inexistência de fato impeditivo ou extintivo do direito de recorrer.

Nas duas hipóteses mencionadas acima, observadas as particularidades de cada caso concreto, pode-se imprimir efeito modificativo à decisão embargada, como se verá, com mais detalhes, nos comentários ao § 2º do art. 897-A da CLT.

O § 1º do art. 897-A do Texto Consolidado somente ganhou nova numeração por força da Lei n. 13.015/2014. Não houve qualquer alteração de conteúdo. Desse modo, os erros materiais — aqueles aferíveis de imediato, que não se confundem com insurgências quanto aos critérios de julgamento explanados na decisão judicial — podem ser sanados, a requerimento das partes, mediante interposição de embargos de declaração, ou de ofício.

Porém, o diploma legal em estudo, ao acrescentar o § 2º ao art. 897-A da CLT, criou a seguinte condicionante: o efeito modificativo dos embargos de declaração, para ser válido, deverá, obrigatoriamente, ser precedido de abertura de vista para a parte contrária, no prazo de 5 dias.

A bem da verdade, essa providência, que traduz o respeito aos princípios constitucionais do contraditório e da ampla defesa, já vem sendo tomada nos foros trabalhistas brasileiros há anos. Logo, a sua "legalização" não chega a constituir surpresa na praxe forense. Pelo contrário, ela consagra o entendimento sedimentado no item I da OJ n. 142 da SDI-I do TST, a saber:

EMBARGOS DE DECLARAÇÃO. EFEITO MODIFICATIVO. VISTA À PARTE CONTRÁRIA. I – É passível de nulidade decisão que acolhe embargos de declaração com efeito modificativo sem que seja concedida oportunidade de manifestação prévia à parte contrária.

O que, talvez, aconteça em razão desse novo preceito legal seja o possível questionamento acerca da permanência, ou não, do item II da OJ n. 142 da SDI-I do TST, inserido por força da Resolução n. 178/2012, divulgada no Diário Eletrônico da Justiça do Trabalho em 13, 14 e 15 de fevereiro de 2012:

EMBARGOS DE DECLARAÇÃO. EFEITO MODIFICATIVO. VISTA À PARTE CONTRÁRIA. [....]. II – Em decorrência do efeito devolutivo amplo conferido ao recurso ordinário, o item I não se aplica às hipóteses em que não se concede vista à parte contrária para se manifestar sobre os embargos de declaração opostos contra sentença.

Ao que parece, o novo preceito legal gera uma aparente colisão entre os princípios do contraditório e da ampla defesa em face do princípio da instrumentalidade das formas.

É razoável sustentar a prevalência dos dois primeiros postulados em relação ao último, já que aqueles têm *status* constitucional, enquanto este tem natureza infraconstitucional. De todo modo, os enunciados convivem harmonicamente, sem extinção do princípio da instrumentalidade das formas, mas mero sacrifício momentâneo, pois, na ponderação de valores, predomina o movimento fomentador de filtros de contenção destinados a diminuir o número de recursos para as instâncias revisoras, sejam elas TRTs ou TST.

Oportuno registrar que o art. 897-A, § 2º, da CLT segue a linha adotada pelo Projeto de Lei n. 8.046/2010[17], que, dispondo sobre o novo CPC, preconiza, em seu art. 1.036, § 2º: "O órgão jurisdicional intimará o embargado para, querendo, manifestar-se sobre os embargos opostos no prazo de cinco dias caso seu eventual acolhimento implique a modificação da decisão embargada."

Dessa feita, pode-se concluir que a tendência estampada na redação final do projeto de lei do novo CPC acabou sendo antecipada, efetivamente, pela Lei n. 13.015/2014.

O § 3º do art. 897-A da CLT positivou um entendimento difundido por doutrina abalizada e jurisprudência notória, atual e iterativa: desde que conhecidos, os embargos de declaração interrompem o prazo recursal, recomeçando a sua contagem a partir do zero.

---

(17) Disponível em: <http://www.camara.gov.br/proposicoesWeb/prop_mostrarintegra;jsessionid=F556B253CA6671B1776A62E35160ED6E.proposicoesWeb1?codteor=1246935&filename=REDACAO+FINAL+-+PL+8046/2010>. Acesso em: 2 fev. 2015.

Todavia, o efeito acima citado não ocorrerá, se, nos embargos de declaração, faltarem os pressupostos da tempestividade (que é de 05 dias); da regularidade da representação da parte (que exige a demonstração, mediante juntada de procuração válida, da capacidade postulatória do advogado escolhido pelo litigante para representá-lo em juízo, salvo se se tratar de mandato tácito, ou de embargante exercente do *jus postulandi*) ou se a peça recursal carecer de assinatura (o que torna o ato processual inexistente).

5. Agravo de Instrumento

O agravo de instrumento está previsto no art. 897, alínea "*b*", da CLT e é interposto com a finalidade de obter o conhecimento de recurso anteriormente aviado, ao qual foi denegado seguimento.

Todavia, antes de atingir esse objetivo, o agravante deve satisfazer pressupostos de admissibilidade genéricos e específicos, dentre os quais se enfatiza: o depósito recursal corresponderá a 50% (cinquenta por cento) do valor do depósito do recurso que se pretende destrancar.

A Lei n. 13.015/2014, ao acrescentar o § 8º ao art. 899 da CLT, dispensa o pagamento do referido depósito, apenas e tão somente, se o agravo de instrumento for manejado com o ideal de destrancar recurso de revista interposto contra decisão que contraria a jurisprudência uniforme do TST, composta de súmulas e OJs.

O caráter exceptivo da norma reafirma a progressiva valorização dada à uniformização jurisprudencial no TST. Assim, só nessa hipótese, afasta-se o empecilho de natureza pecuniária para atingir essa meta, com o fito de que a mais alta Corte Trabalhista se manifeste sobre a matéria controvertida e dê o seu veredicto sobre a questão.[18]

6. Conclusão

Apresentar breves notas sobre as mudanças introduzidas no sistema recursal trabalhista pela Lei n. 13.015/2014 é uma tarefa, essencialmente, incipiente, que demanda complementações ao longo do tempo mediante o desenvolvimento e o aprofundamento de estudos alusivos às vantagens e desvantagens das técnicas de julgamento por amostragem — nas quais se insere o rito de recursos de revista repetitivos.

Ainda que o presente artigo acadêmico reconheça avanços advindos da publicação da Lei n. 13.015/2014, dentre os quais se destacam a simplificação do texto normativo e a positivação de práticas processuais reiteradamente desempenhadas no cotidiano forense, também se conclui que o referido diploma legal privilegia a intensificação dos chamados "filtros de contenção" que dificultam o conhecimento do recurso de revista, além de apoiar o movimento de "jurisprudencialização" do direito e a aproximação do *civil law* e do *commom law*.

Da análise da Lei n. 13.015/2014 também se infere que, independentemente de reforma constitucional, as súmulas e as OJs do TST vão se tornando, na prática, vinculantes, mesmo sem ostentar, expressa e formalmente, esse efeito, até porque isso seria inconstitucional nos termos do art. 103-A da Norma Fundamental.

Considerando que a decisão judicial proferida no rito de recursos de revista repetitivos pode atingir dezenas, centenas, milhares e até milhões de pessoas que se encontrarem na mesma situação jurídica que a examinada no(s) recurso(s)-paradigma, conclui-se que a atuação dos Presidentes dos TRTs e dos Ministros do TST se torna mais delicada, porquanto a escolha de recursos representativos frágeis para o proferimento de julgamento "em bloco" obstará a ótima aplicação da técnica de julgamento por amostragem dos recursos.

7. Referências bibliográficas

BRASIL. Câmara dos Deputados. *Redação Final do Projeto de Lei n. 8.046/2010*. Disponível em: <http://www.camara.gov.br/proposicoesWeb/prop_mostrarintegra;jsessionid=F556B253CA6671B1776A62E35160ED6E.proposicoesWeb1?codteor=1246935&filename=REDACAO+FINAL+-+PL+8046/2010>. Acesso em: 2 fev. 2015.

_____. *Decreto-lei n. 5.452/1943*. Aprova a Consolidação das Leis do Trabalho. Disponível em: <http://www.planalto.gov.br/ccivil_03/decreto-lei/del5452.htm>. Acesso em: 2 fev. 2015.

_____. Supremo Tribunal Federal. Súmulas. Disponível em: <http://www.stf.jus.br/portal/cms/verTexto.asp?servico=jurisprudenciaSumula>. Acesso em: 2 fev. 2015.

_____. Supremo Tribunal Federal. Súmulas Vinculantes. Disponível em: <http://www.stf.jus.br/portal/cms/verTexto.asp?servico=jurisprudenciaSumulaVinculante&pagina=sumula_001_033>. Acesso em: 2 fev. 2015

_____. Tribunal Superior do Trabalho. Ato n. 491/SEGJUD.GP, de 23 de setembro de 2014. Disponível em: <http://aplicacao.tst.jus.br/dspace/bitstream/handle/1939/47829/2014_ato0491_rep02.pdf?sequence=7>. Acesso em: 2 fev. 2015.

---

(18) Visando a resguardar a uniformização jurisprudencial, o art. 23 do Ato n. 491/SEGJUD.GP dispõe: "A dispensa de depósito recursal a que se refere o § 8º do art. 899 da CLT não será aplicável aos casos em que o agravo de instrumento se refira a uma parcela de condenação, pelo menos, que não seja objeto de arguição de contrariedade a súmula ou a orientação jurisprudencial do Tribunal Superior do Trabalho. Parágrafo único. Quando a arguição a que se refere o *caput* deste artigo revelar-se manifestamente infundada, temerária ou artificiosa, o agravo de instrumento será considerado deserto."

_____. Tribunal Superior do Trabalho. Livro de Súmulas, Orientações Jurisprudenciais e Precedentes Normativos. Disponível em: <http://www.tst.jus.br/livro-de-sumulas-ojs-e-pns>. Acesso em: 2 fev. 2015.

FABIANO. Isabela Márcia de Alcântara. *Mecanismos processuais para a solução de conflitos trabalhistas cumulados, massificados e repetitivos.* 2011. 213f. Dissertação (Mestrado em Direito do Trabalho) – Pontifícia Universidade Católica de Minas Gerais, Belo Horizonte.

GARCIA, Gustavo Filipe Barbosa. *Lei n. 13.015/2014 e inovações no processo do trabalho.* Disponível em: < http://www.migalhas.com.br/dePeso/16,MI204724,51045-Lei+1301514+e+inovacoes+no+processo+do+trabalho>. Acesso em: 15 ago. 2014.

Parte 3
O Que Há de Novo na Jurisprudência a Partir de 2005

O que há de Novo na Jurisprudência do TST

Marcos Neves Fava

Não é caro, nem tradicional, ao sistema judicial brasileiro o respeito aos precedentes. Até mesmo depois das reformas que resultaram, a partir da Emenda Constitucional n. 45/2004, no sistema de súmulas vinculantes e nos regimes de repercussão geral e de recursos repetitivos, as partes não se convencem das decisões abreviadas, que aplicam a jurisprudência sumulada ou que sobrestam/recusam recursos em razão do que já se decidiu/decidirá nos precedentes de repercussão ou repetitivos.

O sistema, entretanto, não vinga com base em decisões discrepantes.

Adotar o posicionamento sedimentado nos tribunais que têm a função de uniformização da jurisprudência[1] corresponde ao fortalecimento das decisões de primeiro e segundo graus. E, por conseguinte, do sistema como todo articulado.

Mesmo no âmbito das Turmas e Seções do Tribunal Superior do Trabalho[2], são constantes as ressalvas de entendimento pessoal, que precedem a aplicação da jurisprudência já solidificada. Disciplina que garante estabilidade.

Não defenderia, jamais, a cega obediência a qualquer transitória decisão superior que o juiz consiga rebater em argumentos ainda não enfrentados pelo Tribunal Superior. Há não muito tempo, no entanto, estou convencido de que as respostas já dadas pelas decisões uniformizadoras precisam prevalecer para prestígio do Poder Judiciário.

Na democracia tenra do Brasil, a estabilidade das relações jurídicas da sociedade exerce papel indispensável. Não é razoável que a Justiça confunda-se com uma loteria. Se caiu com juiz fulano, ou naquela turma, ou na seção tal, o processo tomará um resultado, enquanto se cair com beltrano, nesta turma e na seção qual, tomará outro, diametralmente oposto.

Experimentei, num período profícuo de substituição na Eg. 14ª Turma do TRT de São Paulo, decisões opostas sobre, por exemplo, honorários de advogado. Uma Turma desse Regional tem cinco juízes, mas apenas três votam em cada processo. Assim, a Turma acolhe, na verdade, cinco diferentes *grupos de juízes*. Numa única configuração, quando funcionávamos — raramente — eu e o desembargador Davi Furtado Meirelles, os honorários figuravam (ou eram mantidos) nas condenações. Significa dizer, muitas e muitas vezes, na mesma sessão, os jurisdicionados recebiam prestações diversas, diferentes, opostas. Nada pior. Esse tema, por acaso e em particular, já foi enfrentado nos argumentos, que adotávamos na "miniturma" da 14ª, pelo TST, que rejeitou a pretensão de indenização das despesas do reclamante com o advogado contratado para a causa que vence.

O Judiciário conforma-se e faz sentido na certeza que oferece às pessoas. Não pode converter-se em exercício de futurologia ou aposta, sorteio.

Nesse contexto, torna-se indispensável uma leitura crítica da jurisprudência do direito do trabalho que se constrói no Tribunal Superior do Trabalho. Em outra ocasião, recente, debrucei-me nessa atividade em companhia honrosa[3], apontando de modo aberto, direto e crítico diversas decisões que vilipendiam os mais elementares princípios e as mais caras garantias do direito social. Não faço qualquer ressalva ao que ali assentamos. Nem do ponto de vista da gravidade das decisões analisadas, em face das raízes do direito do trabalho, nem quanto à constante necessidade de revisitar esse espaço da jurisprudência — que é tudo, menos ciência — para acender o debate e provocar a reflexão.

A perspectiva deste escrito, no entanto, é diferente.

Procuro apresentar nas linhas que se seguem, como quadros numa exposição, recentes decisões do mesmo Tribunal que reforçam direitos, que prestigiam princípios e que avançam na tarefa de diuturnamente reconstruir esse braço do direito tão essencial quanto vilipendiado.

---

(1) Pessoalmente, tenho dúvidas teóricas acerca da utilidade da uniformização nacional da jurisprudência trabalhista, dadas as peculiaridades de um país continental. Não consigo me convencer da necessidade de aplicar a CLT da mesma forma num pequeno estabelecimento do interior de Roraima e numa montadora de veículos do ABC de São Paulo. A Constituição, no entanto, atribui essa função a dois tribunais superiores – o STJ e o TST – para suas áreas de atuação, além de conferir ao Supremo, em matéria constitucional, o denso poder das decisões vinculantes.

(2) Com este trecho exemplificativo de decisão do Ministro Godinho em tema delicado, o da prescrição total, confirmo o afirmado: "Sendo o pedido de reflexos formalizado em outra ação, ajuizada após o biênio posterior à jubilação, incide a prescrição total prevista na Súmula n. 326/TST. Precedentes da Corte. Observada a ressalva de entendimento, dá-se efetividade à jurisprudência do TST. Recurso de revista conhecido e provido". (TST-AIRR-79741-72.2008.5.04.0002)

(3) Publiquei, em companhia de Grijalbo Coutinho Fernandes, Jorge Souto Maior e Hugo Mello, o livro *O mundo do trabalho – leituras críticas da jurisprudência do TST, em defesa do direito do trabalho*. São Paulo: LTr, 2009.

Construo, agora, um mosaico com formas e cores diferentes, mas a uniformidade do material básico comum: a jurisprudência recentemente assentada pelo Tribunal Superior do Trabalho.

Semana do Tribunal Superior do Trabalho

Pela terceira vez[4], o TST experimentou uma parada metódica, para reflexão. Na chamada "semana do TST"[5], os 26 (havia, na ocasião, uma vaga em aberto) ministros da Casa suspenderam suas atividades judicantes ordinárias, não houve sessões de turmas ou seções especializadas, ou do órgão especial e do pleno, e todos assentaram-se para o debate sobre normas e sobre a jurisprudência do Tribunal.

A prática constitui, a meu ver, importante componente da gestão estratégica da função primordial da Justiça, a entrega da jurisdição. A análise dos temas circunscrita aos processos concretos não consegue ser tão rica. Um pouco, pelos limites objetivos do rigor das regras de admissibilidade e do caráter estreito da análise em sede de recurso extraordinário (em sentido amplo). Muito, pela avalanche de processos. O TST julgou até início de dezembro de 2012 — números ainda não definitivos, quando escrevo — 234.523 processos! Isso dividido por 24 ministros, porque os três dirigentes estão absolvidos de distribuição, resulta quase 10.000 por magistrado! Análise, leitura, decisão de tudo isso impede o aprofundamento adequado do debate.

Na "semana", os ministros dividem-se em dois grupos, que trabalham em jurisprudência e normatividade. Nos últimos dois dias, reúne-se o pleno, para analisar de forma definitiva as propostas de regras (alterações de regimento, propostas de leis etc.) e reforma da jurisprudência (mudança, revogação ou instituição de Orientações Jurisprudenciais e Súmulas).

Um espaço e um tempo disponíveis integralmente para o aberto, democrático e profundo debate.

Nesta última Semana, que ocorreu de 10 a 14 de setembro de 2012, a Corte recebeu centenas de sugestões de revisão de sua jurisprudência, por parte dos ministros da casa, de juízes, desembargadores, advogados, procuradores, entidades de classe etc. À presidência incumbiu o dever de selecionar quantidade que fosse compatível com as horas reservadas aos debates.

Apenas esse fato, em si, merece comemoração. Uma abertura democrática desconhecida da experiência de outros tribunais. Qualquer pessoa pôde apresentar propostas e críticas, para apreciação dos ministros.

Do quanto se discutiu no grupo de jurisprudência — repito, depois aprovado pelo pleno do Tribunal — houve avanços expressivos em defesa de importantes temas do direito do trabalho, por onde inicio a leitura a que me propus.

Proteção do trabalhador em matérias relacionadas à saúde

Um conjunto de modificações da jurisprudência do Tribunal volta-se à proteção da saúde do trabalhador. O tema grita a obviedade de sua importância. Quando a Lei limita a jornada, estabelece o dever de entrega de EPIs, cria adicionais de risco, insalubridade, penosidade e obriga a concessão de intervalos e férias, erige, na verdade, um sistema de proteção à saúde do trabalhador.

Pensando mais além, as condenações relativas aos assédios — sexual e moral — não guardam finalidade diferente: protegem a integridade da saúde do trabalhador.

A primeira a que me refiro é apenas o reconhecimento do que o Supremo[6] impôs e que se contrapunha à jurisprudência antes assentada no âmbito do Tribunal Superior do Trabalho.

A Súmula n. 244 teve seu inciso III reescrito para inverter o sinal. Dizia o texto vencido: "não há direito da empregada gestante à estabilidade provisória na hipótese de admissão mediante contrato de experiência (...)". A inovação guarda esta redação:

> III – a empregada gestante tem direito À estabilidade provisória prevista no art. 10, inciso II, alínea , do ADCT, mesmo na hipótese de admissão mediante contrato por tempo determinado.

Reconheceu o Tribunal que a proteção primordial da garantia do ADCT recobre o nascituro; depois, que não há distinção ontológica entre o contrato a prazo e o de tempo indeterminado, para fins de tutela da dignidade da trabalhadora; e, por fim, que os riscos econômicos do empreendimento, assumidos por definição pelo empregador, abrangem a hipótese de a trabalhadora engravidar no curso do contrato provisório.

Não passe sem menção recentíssima decisão da Seção de Dissídios Individuais 1, que reconheceu à doméstica, com base nos mesmos pressupostos, o direito à garantia

---

(4) A primeira foi na célebre gestão do ministro Francisco Fausto, as duas últimas, sob o comando do ministro João Oreste Dalazen, em sua ativíssima passagem pela presidência do Tribunal.

(5) A de 2011 foi regulamentada pela Resolução Administrativa n. 1.488/2011 e a de 2012, pela de n. 1.560/2012, disponíveis em: <www.tst.jus.br/legislação>.

(6) Por todas, esta decisão: RE n. 634093 AgR/DF – DISTRITO FEDERAL. AG.REG. NO RECURSO EXTRAORDINÁRIO. RELATOR MINISTRO CELSO MELLO. Julgamento 22.11.2011 – Segunda Turma – Dje 232 de 7.12.2011.

de emprego, mesmo antes da alteração legislativa que explicitou tal direito em 2006[7].

Nesse contexto de identificar a inexistência de distinção ontológica, para fins de proteção do trabalhador, entre o contrato a prazo e o que se dá por tempo indeterminado, registre-se a alteração da Súmula n. 378, que ganhou o inciso III desta dicção:

> O empregado submetido a contrato de trabalho por tempo determinado goza da garantia provisória de emprego, decorrente de acidente de trabalho, prevista no art. 118 da Lei n. 8.213/1991.

Outro notável avanço decorreu de proposição formulada pelo Ministério Público do Trabalho e se refere à aplicação do Anexo 3 da NR-15.

A jurisprudência pacífica da Corte estabeleceu-se no sentido de que o trabalho a sol aberto, *de per se*, não implicava direito ao recebimento de adicional de insalubridade, por ausência de expressa regra positiva. Dessa posição decorreu a redação da Orientação Jurisprudencial n. 173 da SBDI-1. O entendimento perfilhado pela Seção, no entanto, modificou-se, sob a ponderação de que, mesmo não existindo norma a garantir o adicional pelo trabalho exposto ao sol, laborar a céu aberto pode significar submissão à carga de raios solares suficiente para aumentar a temperatura corpórea além dos limites da NR-15, Anexo 3.

Dessa maneira, redigiu-se o novo inciso II da OJ n. 173 da SBDI-1, com a seguinte dicção:

> tem direito à percepção ao adicional de insalubridade o empregado que exerce atividade exposto ao calor acima dos limites de tolerância, inclusive em ambiente externo com carga solar, nas condições prevista no Anexo 3 da NR-15 da Portaria n. 3.214/78 do MTE.

O raciocínio que sustenta a mudança de orientação não apresenta complexidade. Uma coisa é dizer que a exposição a raios solares seja insalubre, quando a legislação não considera assim. Outra é ver que, mesmo diante da omissão quanto aos raios solares, o trabalho a céu aberto *pode* implicar aumento da temperatura do corpo do trabalhador além dos limites já expressos pelo Anexo 3 da NR-15.

Evolução também merecedora de registro encontra-se na publicação de nova súmula, que recebeu o número 438, com base em interpretação extensiva do art. 253 da CLT.

Como se sabe, referida norma prevê a observância de intervalos intrajornada, remunerados, em razão da exposição do trabalhador a ambiente artificialmente frio.

Em que pese a literariedade de a regra limitar-se à situação de trabalho em *câmara fria*, a realidade dos fatos e a evolução das condições de trabalho revelaram identidade entre tal situação e aquela do trabalhador que, mesmo sem entrar em ambiente classificado como 'câmara frigorífica', enfrenta as mesmas deletérias condições do labor exposto ao frio, segundo as faixas de temperatura do art. 253.

Eis o texto da nova súmula:

> o empregado submetido a trabalho contínuo em ambiente artificialmente frio, nos termos do parágrafo único do art. 253 da CLT, ainda que não labore em câmara frigorífica, tem direito ao intervalo interjornada previsto no *caput* do art. 253 da CLT.

Diga-se mais, na linha do que já assentavam verbetes precedentes, a sonegação do intervalo ultrapassa os limites da mera infração administrativa, gerando ao trabalhador o direito à percepção de horas extras.

Outra importante posição assumida pelo Tribunal na defesa da saúde do trabalhador revela-se na Súmula n. 440, que tem a seguinte dicção:

> Assegura-se o direito à manutenção de plano de saúde ou de assistência médica oferecido pela empresa ao empregado, não obstante suspenso o contrato de trabalho em virtude de auxílio-doença acidentário ou de aposentadoria por invalidez.

Desafia-se a qualificação ordinária das hipóteses de aposentadoria por invalidez e gozo de auxílio-doença acidentário como de suspensão contratual, para reconhecer a manutenção da obrigação patronal do plano de saúde ou de assistência médica preexistente.

Não são de difícil compreensão as razões que sustentavam os precedentes nesse sentido, todas relacionadas com a obviedade de que se aguça a necessidade de acesso ao plano de saúde ao trabalhador acometido por doença.

O cume, no entanto, dos avanços na área da saúde do trabalhador vem de se revelar pela adoção de nova súmula, erigida sobre firmes e seguidas decisões acerca da dispensa discriminatória de trabalhadores infectados pelo vírus HIV.

A Súmula n. 443 prevê:

> Presume-se discriminatória a despedida de empregado portador do vírus HIV ou de outra doença grave que suscite estigma ou preconceito. Inválido ato o empregado tem direito à reintegração no emprego.

A presunção de despedimento discriminatório[8] atribui ao empregador o ônus da prova do fato impeditivo do

---

(7) Cuida-se da decisão da SBDI-1, nos autos do processo n. 51122/2002-900-02-00.7, em 13.12.2012, com acórdão ainda pendente de publicação.

(8) Na legislação portuguesa, toda alegação de dispensa discriminatória corresponde à presunção idêntica, como se lê no art. 5º, item 5 do vigente Código do Trabalho: "Cabe a quem alega discriminação indicar o trabalhador ou os trabalhadores em relação a quem se considera discriminado, incumbindo ao empregador provar que a diferença de tratamento não assenta em qualquer factor de discriminação".

direito pleiteado. É dizer: alegada a discriminação em razão de doença grave ou estigmatizante — frise-se, a contaminação por HIV é, agora, meramente exemplificativa —, o empregador deve demonstrar pelas vias processuais admissíveis que *não houve* ato ilícito e, portanto, a dispensa decorreu de outro fato objetivo e concreto.

A jurisprudência consolidada amplia, ainda, a gama de hipóteses; ao referir conceito genérico — "outra doença grave, que suscite estigma ou preconceito"—, deixa a cargo da análise do caso concreto a apuração de discriminação. Conceito aberto, sujeito à construção pretoriana, ao sabor e sob influência das modernas técnicas legislativas.

Impedir a discriminação insere-se no rol de deveres impostos pela Convenção n. 111 da Organização Internacional do Trabalho, adotada pelo Brasil mediante o Decreto n. 62.150/1968. A enorme dificuldade de demonstração do perverso ato de discriminar, por parte da vítima, resolve-se com a presunção reconhecida pelo novo verbete.

Intervalo de repouso e alimentação não concedido: desdobramentos

Na "Semana", o Pleno do TST resolveu adotar ainda a Súmula n. 437, que resulta da conversão das Orientações Jurisprudenciais ns. 307, 342, 354, 380 e 381.

O tratamento que o tema recebia pelas OJs não se alterou, exceto num único aspecto. A redação anterior da OJ n. 342 da SBDI-1 permitia, no inciso II, a redução do intervalo de repouso e alimentação por meio de negociação coletiva, para a categoria dos trabalhadores na condução e cobrança de veículos rodoviários.

Eis a redação anterior, no inciso em destaque:

> II – Ante a natureza do serviço e em virtude das condições especiais de trabalho a que são submetidos estritamente os condutores e cobradores de veículos rodoviários, empregados em empresas de transporte público coletivo urbano, é válida cláusula de acordo ou convenção coletiva de trabalho contemplando a redução do intervalo intrajornada, desde que garantida a redução da jornada para, no mínimo, sete horas diárias ou quarenta e duas semanais, não prorrogada, mantida a mesma remuneração e concedidos intervalos para descanso menores e fracionados ao final de cada viagem, não descontados da jornada.

Esse entendimento não colidia, na ocasião em que assentado, com a intenção das categorias envolvidas, tanto profissional quanto econômica.

Ocorre que a Lei n. 12.619/2012, ao regulamentar a profissão dos motoristas, estampou o direito ao intervalo de refeição de no mínimo uma hora no art. 235-C da CLT.

Nesse quadro, os debates levaram à conclusão de que a antiga posição da OJ n. 342 da SBDI-1 não mais subsistiria sem violar frontalmente a Lei. A mudança enxugou a dicção do verbete, que passou a ter esta dicção:

> É inválida cláusula de acordo ou convenção coletiva de trabalho contemplando a supressão ou redução do intervalo intrajornada porque este constitui medida de higiene, saúde e segurança do trabalho, garantido por norma de ordem pública(art. 71 da CLT e art. 7º, XXII, da CF/88), infenso à negociação coletiva.

Não prevalece, a partir dessa nova posição, a negociação coletiva, para fins de redução do intervalo de refeição de todos os trabalhadores, inclusive os que atuam no ramo de transporte rodoviário.

Direito coletivo

Ainda no curso da Semana, duas alterações relevantes tomaram lugar no plano do Direito Coletivo.

A primeira diz respeito à importante garantia de emprego do sindicalista, reconhecida como *imunidade sindical*. Prevista pelo art. 543, § 3º da CLT, a estabilidade inicia-se com a inscrição do trabalhador para o pleito eleitoral e se encerra um ano depois do término do mandato.

Tão ululante, a relevância dessa garantia não merece mais do que um adjetivo: imprescindível! Num sistema normativo que deve ao trabalhador, já há mais de 25 anos, a garantia plena e universal no emprego, vez que o recalcitrante Congresso Nacional brasileiro não regulamenta o art. 7º, I, da Constituição da República, apenas a atribuição da certeza de que, qualquer que seja a atuação do dirigente sindical, seu emprego não se expõe a risco possibilita o efetivo trabalho em prol da categoria. Por mais que haja congruência nos interesses das classes trabalhadora e econômica, o labor do sindicato operário efetua-se, em regra, pelo confronto aos desígnios do capital.

O exercício da função converter-se-ia em formalidade inútil, não fora a observância de tal estabilidade.

A Lei, como se sabe, estabelece formalidade para a ciência do empregador do termo inicial da garantia de emprego. Assim se expressa o art. 543, § 5º, desde 1967:

> § 5º Para os fins deste artigo, a entidade sindical comunicará por escrito à empresa, dentro de 24 (vinte e quatro) horas, o dia e a hora do registro da candidatura do seu empregado e, em igual prazo, sua eleição e posse, fornecendo, outrossim, a este, comprovante no mesmo sentido. O Ministério do Trabalho e Previdência Social fará no mesmo prazo a comunicação no caso da designação referida no final do § 4º. (Incluído pelo Decreto-lei n. 229, de 28.2.1967)

A prática, no entanto, confirma que, muitas vezes, a notícia da candidatura do trabalhador chega ao empregador, ainda que não haja formal notícia por parte da entidade sindical.

O avanço aponta para duas facetas do problema: de um lado, a jurisprudência atual do TST superou o limite temporal, curto, estabelecido pelo texto da Lei, que era de 24 horas, quer para registro da candidatura, quer da eleição e da posse. De outro lado, a modificação ultrapassou a formalidade da comunicação exclusivamente por intermédio do sindicato, reconhecendo possível — para não dizer comum — que o patrão conheça o fato, ainda que não providenciada a emissão de comunicado "oficial". Eis a nova dicção do inciso I da Súmula n. 369:

> É assegurada a estabilidade provisória ao empregado dirigente sindical, ainda que a comunicação do registro da candidatura ou da eleição e da posse seja realizada fora do prazo previsto no art. 543, § 5º, da CLT, desde que a ciência ao empregador, por qualquer meio, ocorra na vigência do contrato de trabalho.

No universo do Direito Coletivo, entretanto, a mudança que merece maior destaque encontra-se na nova redação da Súmula n. 277 do TST.

A tradição do posicionamento jurisprudencial anterior limitava os direitos adquiridos por meio de negociação coletiva — acordos ou convenções — à data de validade do instrumento correspondente. O tormentoso debate doutrinário sobre a ultratividade das normas coletivas cessou com a redação do art. 1º, § 1º, da Lei n. 8.542/1992, que determinava que as condições fixadas mediante negociação coletiva vigorariam até que sobreviesse regra de mesma natureza a alterá-las. Revogada por meio de Medida Provisória, referida disposição foi barrada em liminar concedida pelo ministro Marco Aurélio, do Supremo Tribunal Federal, na ADI n. 1.849[9]. A Lei n. 10.192/2001, finalmente convertida da Medida Provisória n. 1.709, de 1995, extirpou, ao estabelecer os novos rumos da política salarial brasileira, o subsistema de garantia de efeitos ultrativos para as normas coletivas negociadas.

O Texto da Constituição, modificado pela Emenda Constitucional n. 45/2004, redesenhou o modelo do Dissídio Coletivo, ao mitigar e especificar os limites do Poder Normativo da Justiça do Trabalho[10]. Segundo a nova redação do art. 114, § 2º, ao decidir os dissídios econômicos, a Justiça do Trabalho "respeitadas as disposições mínimas legais de proteção ao trabalho, bem como as convencionadas anteriormente".

Em que pese a prevalência da disciplina judiciária, a impedir o surgimento de decisões conflitantes com a redação dada à Súmula n. 277 desde 2009[11], algumas manifestações jurisprudenciais no âmbito do próprio Tribunal Superior do Trabalho já prenunciavam a necessidade de reforma do entendimento sobre o tema[12]. Ao lado disso, a jurisprudência da Seção de Dissídios Coletivos já prestigiava a ultratividade, em decisões cada vez mais constantes, como se exemplifica pela seguinte ementa:

> CLÁUSULA PREEXISTENTE. CONQUISTA DA CATEGORIA. A Constituição da República, no art. 114, § 2º, com a redação introduzida pela Emenda Constitucional n. 45/04, dispõe que no julgamento do dissídio coletivo de natureza econômica, pode a Justiça do Trabalho decidir o conflito, respeitadas as disposições mínimas legais de proteção ao trabalho, bem como as convencionadas anteriormente. Na hipótese, a garantia de emprego ao empregado portador de doença profissional ou ocupacional é um direito reconhecido à categoria, conquistado desde 1985, conforme revela a prova produzida nos autos. Nesse contexto, em que pese a norma coletiva imediatamente anterior possuir natureza heterônoma (sentença normativa), é plausível, do ponto de vista social e jurídico, a manutenção da cláusula de garantia de emprego que vem sendo convencionada ao longo dos anos pelas partes, constando, inclusive, nas normas coletivas autônomas celebradas individualmente com integrantes da categoria econômica, sobretudo quando se constata que os sindicatos suscitados postulam a exclusão sem apresentar razões de cunho econômico, social ou mesmo operacional que inviabilizem a manutenção do direito. Precedentes. Recurso ordinário conhecido e não provido. (TST, Seção Especializada em Dissídios Coletivos, RODC 2010000-68.2008.5.02.0000, rel. Min. Walmir Oliveira da Costa, julgado em 12.4.2010, DEJT 30.4.2010)

Inegável que a regra de prevalência, até nova negociação coletiva, dos direitos havidos por essa fonte

---

(9) A Ação Direta de Inconstitucionalidade pereceu, no entanto, porque seu autor, entidade sindical, não aditou a inicial, para incluir as sucessivas Medidas Provisórias que se seguiram por reedição à primeira.

(10) Referi-me a este aspecto de forma mais detida no artigo "O esmorecimento do poder normativo: análise de um aspecto restritivo na ampliação da competência da Justiça do Trabalho". In: COUTINHO, Grijalbo Fernandes; FAVA, Marcos Neves (Coords.). Nova competência da Justiça do Trabalho. São Paulo: LTr, 2005. p. 276-291.

(11) Essa a dicção da Súmula antes da recente reforma: "SENTENÇA NORMATIVA. CONVENÇÃO OU ACORDO COLETIVOS. VIGÊNCIA. REPERCUSSÃO NOS CONTRATOS DE TRABALHO (redação alterada na sessão do Tribunal Pleno em 16.11.2009) - Res. n. 161/2009, DEJT 23, 24 e 25.11.2009. I – As condições de trabalho alcançadas por força de sentença normativa, convenção ou acordos coletivos vigoram no prazo assinado, não integrando, de forma definitiva, os contratos individuais de trabalho. II – Ressalva-se da regra enunciada no item I o período compreendido entre n. 23/12/1992 e 28.07.1995, em que vigorou a Lei n. 8.542, revogada pela Medida Provisória n. 1.709, convertida na Lei n. 10.192, de 14.2.2001."

(12) Como demonstram, com clareza e contundência, os Ministros Kátia Arruda, Maurício Godinho e Augusto César, o artigo "A Súmula n. 277 e a defesa da Constituição", disponível em: <http://aplicacao.tst.jus.br/dspace/bitstream/handle/1939/28036/2012_sumula_277_aclc_kma_mgd.pdf?sequence=1>.

normativa prestigia a própria negociação coletiva. Os atores assentam-se à mesa com mais responsabilidade e buscam, a todo custo, efetivar a solução consensual dos conflitos e das intenções opostas.

Sob a orientação anterior, a posição de quem concede avanços fortalecia-se frente ao outro ator, pois que, no máximo pelo prazo, quase sempre de um ano, de vigência do texto, as concessões prevaleciam. Depois disso, bastava **não negociar** para que os novos direitos desaparecessem do mundo jurídico.

Não se defende a perenização das regras auferidas com a negociação coletiva, característica própria da atuação legislativa. O que a nova redação da Súmula n. 277 alcança é a chamada "ultratividade condicional", por meio do que se garante a vigência para além do prazo de validade temporal do instrumento coletivo, mas subordinada, sempre, à vontade coletiva, se dela resultar a redução de direitos antes concedidos.

Nesse contexto, correta a conclusão dos ministros Kátia Arruda, Maurício Godinho e Augusto César, no artigo já citado:

> A ultra-atividade condicional, ou seja, aquela que faz a norma coletiva prevalecer até que a cláusula de interesse seja eventualmente derrogada por norma coletiva posterior, promove a harmonia entre os atores coletivos da relação laboral, impondo a negociação coletiva de trabalho como um modo necessário de rever conquistas obreiras, sem o artifício de tê-las suprimidas pela mera passagem do tempo.

Sem sombra de dúvidas, a nova posição jurisprudencial assumida pela redação agora vigente da Súmula n. 277 inaugura novos e melhores tempos para as relações coletivas de trabalho. Eis o novel texto:

> CONVENÇÃO COLETIVA DE TRABALHO OU ACORDO COLETIVO DE TRABALHO. EFICÁCIA. ULTRATIVIDADE. As cláusulas normativas dos acordos coletivos ou convenções coletivas integram os contratos individuais de trabalho e somente poderão ser modificadas ou suprimidas mediante negociação coletiva de trabalho.

Competência para as ações coletivas transregionais

Já no que toca às ações coletivas — na imprecisa nomenclatura legislativa brasileira, a ação civil pública e a ação civil pública coletiva —, também prevaleceu posição de avanço, a merecer destaque e comemoração.

Até setembro de 2012, a jurisprudência consolidada pela OJ n. 130 da SDI-2 do TST compreendia a regra do art. 93 do Código de Defesa do Consumidor como uma regra excludente da competência. Com efeito, a antiga orientação determinava que as ações coletivas cujo objeto transcendesse à competência de uma região deveriam ser julgadas pela vara do trabalho da capital do estado e, quando extrapolassem os limites de um estado da federação, por uma das varas do trabalho da capital federal.

A posição, *data venia*, aplicava equivocadamente o espírito proposto pelo legislador no CDC, que se voltava a ampliar as possibilidades de competência, não a restringi-las. Pela dicção do artigo em referência, os danos transregionais poderiam ser julgados pela varas da capital dos estados ou do distrito federal, indistintamente. Neste aspecto, a OJ n. 130 já reduzia o texto legal, para separar os danos locais — dentro de um mesmo estado — e os que ultrapassavam os limites da unidade da federação.

Além disso, o modelo do Código de Defesa do Consumidor considerava as características da Justiça local, que se organiza em entrâncias, de forma a que os juízes da capital, necessariamente, são os mais experientes e experimentados. Esse modelo, como se sabe, não encontra aplicação na Justiça da União.

Um último desvio constante da interpretação antes prevalente dizia respeito ao fato de que a Justiça do Trabalho organiza-se em regiões não correspondentes, necessariamente, a estados da Federação, na medida em que há regiões que abrangem vários estados — como a 8ª e a 11ª, por exemplo, enquanto o estado de São Paulo contém dois Tribunais do Trabalho, da 2ª e da 15ª. Daquela forma, um dissídio havido em três cidades do interior do estado de São Paulo, pela antiga OJ n. 130, seria julgado por um juiz de Tribunal diferente — o da 2ª Região — àquelas cidades.

Em boa hora, o TST reviu a orientação, atribuindo-lhe nova redação:

> AÇÃO CIVIL PÚBLICA. COMPETÊNCIA. LOCAL DO DANO. LEI N. 7.347/1985, ART. 2º. CÓDIGO DE DEFESA DO CONSUMIDOR, ART. 93 (redação alterada na sessão do Tribunal Pleno realizada em 14.9.2012)– Res. n. 186/2012, DEJT divulgado em 25, 26 e 27.9.2012. I – A competência para a Ação Civil Pública fixa-se pela extensão do dano. II – Em caso de dano de abrangência regional, que atinja cidades sujeitas à jurisdição de mais de uma Vara do Trabalho, a competência será de qualquer das varas das localidades atingidas, ainda que vinculadas a Tribunais Regionais do Trabalho distintos. III – Em caso de dano de abrangência suprarregional ou nacional, há competência concorrente para a Ação Civil Pública das varas do trabalho das sedes dos Tribunais Regionais do Trabalho. IV – Estará prevento o juízo a que a primeira ação houver sido distribuída.

Segundo a nova leitura jurisprudencial, qualquer das varas atingidas pelo dano, dentro do mesmo Regional, será competente para apreciar o litígio, sem deslocamentos para capitais, e, se o dano transbordar os limites de um Tribunal Regional do Trabalho, a competência será concorrentemente das varas das sedes de qualquer dos Tribunais envolvidos, sem preferências, resolvendo-se a litispendência por meio da prevenção fixada pela distribuição.

Avanço inegável, que traduz a razão de existir das próprias ações coletivas, voltadas à ampliação do acesso à Justiça.

Identidade física do juiz

O antigo pré-julgado número 7 do TST, estabelecido na época da existência das Juntas de Conciliação e Julgamento, preconizava não se aplicar ao processo do trabalho o princípio da identidade física do juiz.

Justificava-se tal posição, pela peculiaridade de se reunirem, numa Junta, juízes vitalícios e temporários, o que dificultava, senão inviabilizava, o julgamento pelos mesmos três magistrados, dos casos por eles instruídos.

O que não se justificava mais, *venia concessa*, era sua manutenção após a Emenda Constitucional 24 de 1999, que extinguiu, como se recorda, a representação classista na Justiça do Trabalho. A revisão das Súmulas havida em 2003, no entanto, segundo se lê na Resolução n. 121/2003, manteve a antiga dicção.

O proveito para a qualidade do julgamento exibe-se evidente e de fácil apreensão. Um processo substancialmente instruído pela prova oral, como é o do trabalho, melhor será julgado pelo juiz que diretamente colheu os depoimentos do que por outro, que a eles teve acesso pela ata de audiência. Ainda que transcrito com precisão, os depoimentos registrados em ata não traduzem as feições e as reações físicas da testemunha ao depor. O tom da voz, a busca dos olhos do advogado ou o titubeio podem dizer mais do que o próprio texto falado.

O processo comum já havia, de muito tempo, assumido a premissa da superioridade desse julgamento, ao adotar o regime do art. 132 do CPC.

Doravante, com o cancelamento da Súmula n. 136, que dizia: "não se aplica às varas do trabalho o princípio da identidade física do juiz", o artigo referido deverá ser observado com grande proveito para os jurisdicionados.

Atividade de teleatendimento para empresas de telecomunicação — proibição de terceirização

Fora do âmbito da Semana de setembro de 2012, outra relevante tomada de posição do Tribunal Superior do Trabalho, agora por sua Subseção 1 de Dissídios Individuais, prevaleceu recentemente.

Ao julgar os Embargos em Recurso de Revista 938-13.2010.5.12.0016, com relatoria do ministro Freire Pimenta, em voto consistente e que fixa histórica posição da Corte, a SBDI-1 concluiu que (a) a atividade de *call center*, para empresa que explora serviços de telecomunicações constitui atividade-fim, (b) nessa condição, veda-se a terceirização e (c) nem mesmo o teor dos § 1º do art. 25 da Lei n. 8.987/95 e o art. 94, inciso II, da Lei n. 9.472/97 pode autorizar a terceirização ilimitada de quaisquer operações.

O julgamento ocorreu em 8 de novembro de 2012, mas o acórdão ainda não foi publicado, em razão de a formulação de votos convergentes e divergentes ainda pender de solução.

Os valiosos fundamentos adotados indicam, como se pode sintetizar, importantes horizontes, dos quais se destacam (I) a reafirmação de que, por ausência de critério melhor, a diferenciação entre atividade-fim e atividade-meio, para apuração da licitude da prática da terceirização continua válida; (II) a tutela dos direitos trabalhistas, nesse aspecto, sobrepõe-se a eventual autorização legislativa para que tal ou qual atividade possa ser objeto de terceirização; e (III) não se torna necessária a declaração de inconstitucionalidade dos dispositivos da Lei de Telecomunicações — e, portanto, de outros semelhantes — para retirar do ordenamento, por interpretação sistêmica, conclusões sobre os limites de sua incidência.

A terceirização, que tantos transtornos cria para o direito do trabalho, em face das possibilidades que oferece de fragmentação da categoria e de precarização de direitos, deve ser lida de forma restritiva, como anunciou o referido e revolucionário julgado.

Eis, em linhas breves e não exaurientes, o que traz a recente jurisprudência do TST em avanço social e defesa dos princípios do Direito do Trabalho.

Referências bibliográficas

ARRUDA, Kátia; DELGADO, Mauricio Godinho; CARVALHO, Augusto César de. "A Súmula n. 277 e a defesa da Constituição", disponível em: <http://aplicacao.tst.jus.br/dspace/bitstream/handle/1939/28036/2012_sumula_277_aclc_kma_mgd.pdf?sequence=1>.

BRASIL. SUPREMO TRIBUNAL FEDERAL. RE n. 634093 AgR/DF – DISTRITO FEDERAL. AG.REG. NO RECURSO EXTRAORDINÁRIO. RELATOR MINISTRO CELSO MELLO. Julgamento 22.11.2011 – Segunda Turma – Dje 232 de 7.12.2011.

BRASIL. TRIBUNAL SUPERIOR DO TRABALHO. AIRR-79741-72.2008.5.04.0002.

BRASIL. TRIBUNAL SUPERIOR DO TRABALHO. Processo 51122/2002-900-02-00.7, Data de Julgamento: 13.12.2012.

FAVA, Marcos Neves. O esmorecimento do poder normativo: análise de um aspecto restritivo na ampliação da competência da Justiça do Trabalho. *In*: COUTINHO, Grijalbo Fernandes; FAVA, Marcos Neves (Coords.). *Nova competência da Justiça do Trabalho*. São Paulo, LTr, 2005.

FAVA, Marcos Neves; FERNANDES, Grijalbo Coutinho; MAIOR, Jorge Luiz Souto; MELLO, Hugo. *O mundo do trabalho — leituras críticas da jurisprudência do TST, em defesa do direito do trabalho*. São Paulo: LTr, 2009.

Parte 3.1
Súmulas Vinculantes do Supremo Tribunal Federal com Repercussão no Direito Processual do Trabalho

Súmula Vinculante n. 01 do STF: Repercussões no Processo do Trabalho

Paulo Merçon

> *O silêncio encheu-se de borbulhas.*
> Federico García Lorca

Súmula Vinculante n. 01 DO STF: Ofende a garantia constitucional do ato jurídico perfeito a decisão que, sem ponderar as circunstâncias do caso concreto, desconsidera a validez e a eficácia de acordo constante de termo de adesão instituído pela Lei Complementar n. 110/2001.

Introdução

A Súmula Vinculante n. 01 do E. STF, aprovada em Sessão Plenária do Supremo Tribunal Federal em 30.5.2007, assim dispõe:

> Ofende a garantia constitucional do ato jurídico perfeito a decisão que, sem ponderar as circunstâncias do caso concreto, desconsidera a validez e a eficácia de acordo constante de termo de adesão instituído pela Lei Complementar n. 110/2001.

Este breve estudo trata das possíveis repercussões da Súmula Vinculante n. 1 do STF no processo do trabalho.

1. As súmulas vinculantes

A lei, por natureza, é genérica e abstrata. Desse modo, como observa Antônio Álvares da Silva, está sempre em defasagem em relação aos fatos. A lei tenta apenas fotografar a vida em movimento[1].

Ou, na imagem de De Page, a lei é uma roupa feita, servindo a todos porque não assenta bem em ninguém. Mas a "justiça exige uma roupa sob medida"(2). A jurisprudência então, como o alfaiate, ajustaria o Direito às peculiaridades do caso concreto, permitindo que por seus poros respire a justiça[3].

A Emenda Constitucional n. 45 de 2004 adicionou o art. 103-A à Constituição da República, criando a figura da *súmula com efeito vinculante*[4]. Trata-se de um híbrido de lei e jurisprudência, com eficácia *erga omnes*, mas, ao mesmo tempo, sem vincular o Poder Legislativo ou o próprio STF, que pode rever ou cancelar a súmula vinculante.

Essa nova espécie de fonte formal do Direito mira dois alvos. Em primeiro plano, a *segurança jurídica*, buscando evitar que uma norma seja interpretada de formas distintas em situações fáticas idênticas. O segundo objetivo, ainda mais pragmático, é frear a multiplicação de processos envolvendo questão idêntica (§ 1º do art. 103-A da Constituição da República), ou seja, desafogar o STF do atoleiro de processos em que se encontra e reduzir o assombroso volume de processos que tramitam no Poder Judiciário.

A criação da Súmula Vinculante foi uma resposta, talvez inevitável, ao fenômeno da *judicialização*[5], que nos últimos anos vem agravando o problema da morosidade e ineficiência da Justiça no Brasil.

A dúvida que desponta é se a segurança jurídica e a necessidade de maior celeridade e eficiência do Poder Judiciário devem se sobrepor ao Direito e à própria justiça. Afinal, a súmula vinculante, tal qual a lei, é roupa sem medida especial ao caso concreto. Ao mesmo tempo, ao aplicar o Direito ao caso concreto (não se tratando de

---

(1) SILVA, Antônio Álvares da. Entrevista concedida à *Revista Amatra3*, edição especial 2012, p. 17.
(2) DE PAGE apud MARANHÃO, Délio. In: SÜSSEKIND, Arnaldo et al. *Instituições de direito do trabalho*. 15 ed. São Paulo: LTr, 1995. v. 1, p. 164.
(3) CARNELUTTI apud MARANHÃO, Délio. In: SÜSSEKIND, Arnaldo et al. *Instituições de direito do trabalho*. 15 ed. São Paulo: LTr, 1995, v. 1, p. 166.
(4) Nos termos da citada norma constitucional, a aprovação da Súmula Vinculante, por 2/3 dos membros do Supremo Tribunal Federal, pressupõe reiteradas decisões sobre matéria constitucional, e a súmula, a partir de sua publicação na imprensa oficial, terá efeito vinculante em relação aos demais órgãos do Poder Judiciário e à administração pública direta e indireta, nas esferas federal, estadual e municipal.
(5) Como anota Luís Roberto Barroso, o Poder Judiciário vive um momento de expressiva ascensão política e institucional, que resulta de diversos fatores, dentre os quais uma maior conscientização da sociedade e a criação de novos direitos e ações pela Constituição. Deriva daí uma expressiva judicialização das relações sociais, sobrecarregando o STF com questões particulares ou pormenores, tais como mensalidades de planos de saúde ou tarifas de serviços públicos. (BARROSO, Luís Roberto. Vinte anos da Constituição de 1988: a reconstrução democrática do Brasil. In: MONTESSO, Cláudio José; FREITAS, Marco Antônio de; STERN, Maria de Fátima Coêlho Borges (Orgs.). *Direitos sociais na Constituição de 1988.* Uma análise crítica vinte anos depois. São Paulo: LTr, 2008. v. 1, p. 327)

mero preceito abstrato), acaba abafando as incertezas e os contrastes da jurisprudência, obstruindo poros pelos quais o Direito deveria respirar a justiça.

2. A Súmula Vinculante n. 1

A Súmula Vinculante n. 1 do STF, aprovada na Sessão Plenária de 30.5.2007, e publicada em 6.6/2007, teve por precedentes os julgamentos dos RE n. 418.918, RE n. 427.801 AgR-ED e RE n. 431.363 Agr da Corte Suprema.

A referência legislativa da Súmula Vinculante 1 é a Lei Complementar n. 110/2001, que instituiu contribuição social suplementar, devida pelos empregadores em caso de dispensa sem justa causa do empregado, à alíquota de 10% sobre o montante dos depósito do FGTS relativos ao contrato de trabalho, acrescido das remunerações aplicáveis às contas vinculadas.

Os arts. 4º e 6º da referida lei autorizam a Caixa Econômica Federal a creditar nas contas vinculadas do FGTS, às expensas do próprio Fundo, o complemento de atualização monetária resultante da aplicação, cumulativa, dos percentuais de 16,64% e de 44,08%, sobre os saldos das contas mantidas, respectivamente, no período de 1º de dezembro de 1988 a 28 de fevereiro de 1989 e durante o mês de abril de 1990 — desde que o titular da conta vinculada firme Termo de Adesão nos termos do art. 6º da mesma lei.

Ocorre que o Termo de Adesão em questão implica em renúncia a direito por parte do titular da conta vinculada (o trabalhador), ao pressupor sua expressa concordância com a redução do complemento de que trata o art. 4º da Lei Complementar n. 110/2001. Como se não bastasse, o Termo de Adesão deverá conter declaração do trabalhador, sob as penas da lei, de que não ingressará em juízo discutindo os complementos de atualização monetária relativos a junho de 1987, ao período de 1º de dezembro de 1988 a 28 de fevereiro de 1989, a abril e maio de 1990 e a fevereiro de 1991. Ou, na hipótese de litígio judicial em curso, ao trabalhador será facultado receber aqueles créditos firmando transação, a ser homologada no juízo competente (*v.* arts. 6º, III e 7º da precitada lei).

Alguns órgãos julgadores não se curvaram ao caráter flagrantemente iníquo de tais disposições legais. Foi o caso das Turmas Recursais dos Juizados Especiais da Seção Judiciária do Rio de Janeiro (Justiça Federal), que editaram o Enunciado n. 21, preconizando a desconsideração do acordo firmado nos termos da Lei Complementar n. 110/2001.

O Supremo Tribunal Federal passou então a conhecer e prover recursos extraordinários declarando a inconstitucionalidade daquele Enunciado, ao fundamento de que caracterizaria afastamento, de ofício, de ato jurídico perfeito e acabado, em ofensa ao princípio inscrito no art. 5º, XXXVI, do Texto Constitucional. Sedimentado tal entendimento, em 30.5.2007 os ministros do STF aprovaram a Súmula Vinculante n. 1, transcrita no início deste artigo.

3. Possíveis repercussões da Súmula Vinculante n. 1 no processo do trabalho

Na contemporânea sociedade de massas, o contrato de trabalho, em geral, reduz-se a um *contrato de adesão* por parte do trabalhador às cláusulas impostas pelo empregador. No curso do contrato, essas cláusulas alteram-se também, no mais das vezes, por mera adesão do empregado.

Ainda que não discipline matéria envolvendo diretamente empregado e empregador[6], a Súmula Vinculante n. 1 do STF, ao desconsiderar a *hipossuficiência econômica* do trabalhador em relação ao Agente Operador do FGTS, pode incutir no juiz do trabalho a ideia de que, também no processo do trabalho, seria ônus do empregado comprovar nos autos o vício de vontade ou outro fato que porventura tenha maculado sua adesão à cláusula lesiva a direitos trabalhistas, imposta pelo empregador.

Desse modo, poderia o juiz vir a entender que a hipótese é de *fato constitutivo* do direito do autor, nos termos do art. 333, inciso I do CPC, aplicável de forma combinada ao art. 818 da CLT, cujo preceito é: "*A prova das alegações incumbe à parte que as fizer*".

O juiz do trabalho que assim entender estará desprezando as dificuldades de prova, no caso concreto, do vício de vontade ou outra forma de coação, direta ou indireta, que o empregador possa ter exercido sobre a pessoa do empregado — pressão esta inerente à própria relação de emprego, marcada pelo *poder* e pela *dominação* do detentor dos meios de produção sobre aquele que tem a ofertar apenas a própria força de trabalho.

Considerando essa realidade socioeconômica, a doutrina trabalhista engendrou a teoria da *inversão do ônus da prova* em favor do empregado, que acabou se incorporando à espinha dorsal do Direito Processual do Trabalho.

Trueba Urbina ressalta que aplicar as regras usuais do ônus da prova, sem cuidar de invertê-las, é "... desconhecer que a elaboração do Direito Processual do Trabalho se deve à necessidade de evitar que o litigante mais poderoso,

---

(6) A lei complementar n. 110/2001, como foi visto, regula a correção das contas vinculadas do FGTS, circunscrevendo-se à relação jurídica entre o trabalhador e a Caixa Econômica Federal.

economicamente falando, possa desviar e obstacular os fins da justiça social"(7).

No mesmo sentido, Márcio Túlio Viana propõe que se apliquem, nos casos mais nebulosos, e em favor do empregado, o princípio do *in dubio pro misero*, as máximas de experiência e o princípio da maior aptidão do empregador para a prova, além dos próprios princípios que regem o direito material do trabalho, como o da proteção em geral e o da continuidade do emprego em particular[8].

Que o juiz do trabalho não permita, portanto, que o espírito da Súmula Vinculante n. 1 do STF contamine os fundamentos e princípios do Direito Processual do Trabalho.

Referências bibliográficas

BARROSO, Luís Roberto. Vinte anos da Constituição de 1988: a reconstrução democrática do Brasil. *In*: MONTESSO, Cláudio José; FREITAS, Marco Antônio de; STERN, Maria de Fátima Coêlho Borges (Orgs.). *Direitos sociais na Constituição de 1988*. Uma análise crítica vinte anos depois. 1. ed. São Paulo: LTr, 2008. v. 1, p. 316-329.

SILVA, Antônio Álvares da. Entrevista concedida à Revista Amatra3, edição especial 2012.

SÜSSEKIND, Arnaldo *et al*. *Instituições de direito do trabalho*. 15 ed. São Paulo: LTr, 1995. vol. 1.

VIANA, Márcio Túlio. *Direito de resistência*: possibilidades de autodefesa do empregado em face do empregador. São Paulo: LTr, 1996.

---

(7) TRUEBA URBINA *apud* VIANA, Márcio Túlio. *Direito de resistência:* possibilidades de autodefesa do empregado em face do empregador. São Paulo: LTr, 1996. p. 416-417.

(8) VIANA, Márcio Túlio. *Direito de resistência:* possibilidades de autodefesa do empregado em face do empregador. São Paulo: LTr, 1996. p. 417.

Súmula Vinculante n. 08 do STF: Aplicação nos Tribunais do Trabalho

Mirella Karen de Carvalho Bifano Muniz

Súmula Vinculante 08: SÃO INCONSTITUCIONAIS O PARÁGRAFO ÚNICO DO ART. 5º DO DECRETO-LEI N. 1.569/1977 E OS ARTS. 45 E 46 DA LEI N. 8.212/1991, QUE TRATAM DE PRESCRIÇÃO E DECADÊNCIA DE CRÉDITO TRIBUTÁRIO.

1. Introdução

A morosidade da Justiça apresenta-se como um dos grandes problemas do Judiciário deste começo de novo século. Não foi à toa que a Reforma do Judiciário introduziu como direito fundamental no art. 5º, inciso LXXVIII, da Constituição Federal de 1988 o princípio da razoabilidade da duração do processo, tratando da celeridade processual.

A Súmula Vinculante foi introduzida no ordenamento jurídico brasileiro com a edição da Emenda Constitucional n. 45/2004, como uma das tentativas de garantir a razoável duração do processo, a efetividade na aplicação das leis e ainda reforçar a segurança jurídica, evitando a interposição de recursos repetitivos sobre temas de grande repercussão.

Efetividade, em suma, significa a realização do direito, o desempenho concreto de sua função social. Ela representa a materialização, no mundo dos fatos, dos preceitos legais e simboliza a aproximação, tão íntima quanto possível, entre o dever-ser normativo e o ser da realidade social[1].

A Súmula Vinculante está prevista na CF/88 nos seguintes dispositivos:

> Art. 103-A. O Supremo Tribunal Federal poderá, de ofício ou por provocação, mediante decisão de dois terços dos seus membros, após reiteradas decisões sobre matéria constitucional, aprovar súmula que, a partir de sua publicação na imprensa oficial, terá efeito vinculante em relação aos demais órgãos do Poder Judiciário e à administração pública direta e indireta, nas esferas federal, estadual e municipal, bem como proceder à sua revisão ou cancelamento, na forma estabelecida em lei.
>
> § 1º A súmula terá por objetivo a validade, a interpretação e a eficácia de normas determinadas, acerca das quais haja controvérsia atual entre órgãos judiciários ou entre esses e a administração pública que acarrete grave insegurança jurídica e relevante multiplicação de processos sobre questão idêntica.
>
> § 2º Sem prejuízo do que vier a ser estabelecido em lei, a aprovação, revisão ou cancelamento de súmula poderá ser provocada por aqueles que podem propor a ação direta de inconstitucionalidade.
>
> § 3º Do ato administrativo ou decisão judicial que contrariar a súmula aplicável ou que indevidamente a aplicar, caberá reclamação ao Supremo Tribunal Federal que, julgando-a procedente, anulará o ato administrativo ou cassará a decisão judicial reclamada, e determinará que outra seja proferida com ou sem a aplicação da súmula, conforme o caso.

A introdução da Súmula Vinculante ao ordenamento jurídico pátrio também é resultado das necessidades do Poder Judiciário, na tentativa de conferir maior credibilidade em relação à efetividade do processo e aplicação da lei.

A regulamentação da Emenda Constitucional veio com a Lei n. 11.417/2006, "disciplinando a edição, a revisão e o cancelamento de enunciado de Súmula Vinculante pelo Supremo Tribunal Federal" e que entrou em vigor somente três meses após sua publicação no Diário Oficial da União de 20 de dezembro de 2006.

2. A Súmula Vinculante n. 8

A Súmula Vinculante n. 8 foi estabelecida com a seguinte redação: "São inconstitucionais o parágrafo do art. 5º do Decreto-lei n. 1.569/1977 e os arts. 45 e 46 da Lei n. 8.212/1991, que tratam de prescrição e decadência de crédito tributário".

Os arts. 45 e 46 da Lei n. 8.212/91 estabelecem prazos decadenciais e prescricionais de 10 (dez) anos para as contribuições previdenciárias. Entretanto, o Código Tributário Nacional prevê em seus arts. 173 e 174 que são de 5 (cinco) anos os prazos prescricionais e decadenciais.

Ainda, o art. 146, III, "b", da CF/88 determina que cabe à lei complementar estabelecer normas gerais em matéria de legislação tributária, especialmente sobre prescrição e decadência tributários.

A Lei n. 8.212/91 que dispõe sobre a organização da Seguridade Social é uma lei ordinária, não podendo, assim, tratar de prazos prescricionais ou decadenciais. Contudo o Código Tributário Nacional, quando da sua criação, tinha o status de lei ordinária, mas foi recepcionado pela Constituição Federal de 1988 como lei complementar.

Destarte, levando em consideração o art. 146, III, "b", da CF/88, retirar do âmbito da lei complementar a definição

---

(1) BARROSO, Luis Roberto. Curso de Direito Constitucional Contemporâneo: os conceitos fundamentais e a construção do novo modelo. São Paulo: Saraiva, 2009. p. 220.

dos prazos e a possibilidade de definir as hipóteses de suspensão e interrupção da prescrição e da decadência é subtrair a própria efetividade da reserva constitucional.

Os arts. 45 e 46 da Lei n. 8.212/91 e o parágrafo único do art. 5º do Decreto-lei n. 1.569/77, ao versarem sobre normas gerais de Direito Tributário, invadiram conteúdo material sob reserva constitucional de lei complementar, resultam inconstitucionais.

Diante desse conflito, a Corte Especial do STJ decidiu:

> CONSTITUCIONAL, PROCESSUAL CIVIL E TRIBUTÁRIO. INCIDENTE DE INCONSTITUCIONALIDADE. DO ART. 45 DA LEI N. 8.212, DE 1991. OFENSA AO ART. 146, III, "B", DA CONSTITUIÇÃO.
>
> 1. As contribuições sociais, inclusive as destinadas a financiar a seguridade social (CF, art. 195), têm, no regime da Constituição de 1988, natureza tributária. Por isso mesmo, aplica-se também a elas o disposto no art. 146, III, "b", da Constituição, segundo o qual cabe à lei complementar dispor sobre normas gerais em matéria de prescrição e decadência tributárias, compreendida nessa cláusula inclusive a fixação dos respectivos prazos. Consequentemente, padece de inconstitucionalidade formal o art. 45 da Lei n. 8.212, de 1991, que fixou em dez anos o prazo de decadência para o lançamento das contribuições sociais devidas à Previdência Social.
>
> 2. Arguição de inconstitucionalidade julgada procedente (AI no REsp 616.348, Corte Especial, rel. Min. Teori Albino Zavascki. Publicação: 15.10.2007).

Finalmente, em 2008, o Supremo Tribunal Federal resolveu definitivamente a controvérsia sobre a matéria, quando, após vários casos concretos (REs ns. 556.664, 559.882, 560.626 e 559.943), adotou o mesmo posicionamento do STJ, editando a Súmula Vinculante n. 08.

Assim, como os demais tributos, as contribuições de Seguridade Social se sujeitam, entre outros, aos arts. 173 e 174 do CTN.

3. Modulação de efeitos pelo Supremo Tribunal Federal

Em relação aos efeitos da Súmula Vinculante n. 08, o Supremo Tribunal Federal decidiu pela sua modulação, aplicando o art. 4º da Lei n. 11.417/2006:

> Art. 4º: A súmula com efeito vinculante tem eficácia imediata, mas o Supremo Tribunal federal, por decisão de 2/3 (dois terços) dos seus membros, poderá restringir os efeitos vinculantes ou decidir que só tenha eficácia a partir de outro momento, tendo em vista razões de segurança jurídica ou de excepcional interesse público.

A esse respeito veja-se a ementa do RE n. 560.626:

> PRESCRIÇÃO E DECADÊNCIA TRIBUTÁRIAS. MATÉRIAS RESERVADAS A LEI COMPLEMENTAR. DISCIPLINA NO CÓDIGO TRIBUTÁRIO NACIONAL. NATUREZA TRIBUTÁRIA DAS CONTRIBUIÇÕES PARA A SEGURIDADE SOCIAL. INCONSTITUCIONALIDADE DOS ARTS. 45 E 46 DA LEI N. 8.212/91 E DO PARÁGRAFO UNICO DO ART. 5º DO DECRETO-LEI N. 1.569/77. RECURSO EXTRAORDINÁRIO NÃO PROVIDO. MODULAÇÃO DOS EFEITOS DA DECLARAÇÃO DE INCONSTITUCIONALIDADE.
>
> I. PRESCRIÇÃO E DECADÊNCIA TRIBUTÁRIAS. RESERVA DE LEI COMPLEMENTAR. As normas relativas à prescrição e à decadência tributárias têm natureza de normas gerais de direito tributário, cuja disciplina é reservada a lei complementar, tanto sob a Constituição pretérita (art. 18, § 1º, da CF de 1967/69) quanto sob a Constituição atual (art. 146, III, "b", da CF de 1988). Interpretação que preserva a força normativa da Constituição, que prevê disciplina homogênea, em âmbito nacional, da prescrição, decadência, obrigação e crédito tributários. Permitir regulação distinta sobre esses temas, pelos diversos entes da federação, implicaria prejuízo à vedação de tratamento desigual entre contribuintes em situação equivalente e à segurança jurídica.
>
> II. DISCIPLINA PREVISTA NO CÓDIGO TRIBUTÁRIO NACIONAL. O Código Tributário Nacional (Lei n. 5.172/1966), promulgado como lei ordinária e recebido como lei complementar pelas Constituições de 1967/69 e 1988, disciplina a prescrição e a decadência tributárias.
>
> III. NATUREZA TRIBUTÁRIA DAS CONTRIBUIÇÕES. As contribuições, inclusive as previdenciárias, têm natureza tributária e se submetem ao regime jurídico-tributário previsto na Constituição. Interpretação do art. 149 da CF de 1988. Precedentes.
>
> IV. RECURSO EXTRAORDINÁRIO NÃO PROVIDO. Inconstitucionalidade dos arts. 45 e 46 da Lei n. 8.212/91, por violação do art. 146, III, "b", da Constituição de 1988, e do parágrafo único do art. 5º do Decreto-lei n. 1.569/77, em face do § 1º do art. 18 da Constituição de 1967/69.
>
> V. MODULAÇÃO DOS EFEITOS DA DECISÃO. SEGURANÇA JURÍDICA. <u>São legítimos os recolhimentos efetuados nos prazos previstos nos arts. 45 e 46 da Lei n. 8.212/91 e não impugnados antes da data de conclusão deste julgamento.</u> (RE n. 560.626, Tribunal Pleno, rel. Min. Gilmar Mendes, 12.6.2008. Grifos nossos)

Portanto a decisão terá eficácia retroativa para aqueles contribuintes que já ajuizaram as respectivas ações judiciais ou solicitações administrativas discutindo a prescrição e a decadência previdenciária até a data do julgamento realizado pelo STF em 11.6.2008. Entretanto os recolhimentos efetuados nos prazos previsto nos arts. 45 e 46 da Lei n. 8.212/91 e não impugnados antes da conclusão do julgamento são legítimos e não mais poderão ser discutidos.

4. Aplicabilidade da Súmula Vinculante n. 08 nos Tribunais Trabalhistas

A partir da publicação do enunciado da súmula, ela terá efeito vinculante em relação aos demais órgãos do Poder Judiciário e à Administração Pública direta e indireta, nas esferas federal, estadual, distrital e municipal.

Com a fixação da competência da Justiça do Trabalho para processar e julgar a execução, de ofício, das contribuições sociais previstas no art. 195, I, "*a*", e II, e seus acréscimos legais, decorrentes das sentenças que proferir, pelo art. 114 da Constituição Federal, esta Justiça especializada também estará vinculada aos ditames da Súmula n. 08, como se infere dos seguintes julgados:

> EMENTA: EXECUÇÃO — CONTRIBUIÇÃO PREVIDENCIÁRIA — PRESCRIÇÃO E DECADÊNCIA DO CRÉDITO TRIBUTÁRIO — SÚMULA VINCULANTE N. 8 DO STF. A matéria da decadência e prescrição da contribuição previdenciária foi decidida, de forma integral, quando o Excelso Supremo Tribunal Federal publicou a Súmula Vinculante n. 8, do seguinte teor: "São inconstitucionais o parágrafo único do art. 5º do Decreto-lei n. 1.569/1977 e os arts. 45 e 46 da Lei n. 8.212/1991, que tratam de prescrição e decadência de crédito tributário". Portanto, os créditos não constituídos no quinquídio não podem ser objeto de execução judicial, pela decadência do direito da Autarquia Previdenciária. (TRT-3ª Região – AP 0024400-19.2009.5.03.0046 – Relator: Des. Jales Valadão Cardoso – 13.11.2012).

> AGRAVO DE INSTRUMENTO EM RECURSO DE REVISTA. 1. RECURSO DE REVISTA EM EXECUÇÃO FISCAL. INAPLICABILIDADE DA RESTRIÇÃO INSCRITA NO ART. 896, § 2º, DA CLT. Nas execuções fiscais que visam à cobrança de multas administrativas aplicadas pela fiscalização do trabalho, não existe prévio processo de conhecimento com vistas à formação do título executivo. Por esse motivo, a fase cognitiva é diferida para momento posterior à propositura da execução, facultando-se ao devedor a oposição de embargos, nos quais se permite discussão ampla de todas as matérias de defesa (art. 16, § 2º, da Lei n. 6.830/80). Em face dessas peculiaridades dos executivos fiscais, devem-se privilegiar os princípios do acesso à ordem jurídica justa, do contraditório, da ampla defesa e da segurança jurídica (art. 5º, XXXV, XXXVI e LV, da CF), os quais orientam no sentido de afastar a aplicação das restrições impostas pelo art. 896, § 2º, da CLT, regendo-se o cabimento do recurso de revista, nesse caso, pelas normas inscritas nas alíneas "*a*" a "*c*" do citado dispositivo. Assim, afastado o óbice imposto pelo primeiro juízo de admissibilidade ao seguimento do recurso de revista, prossegue-se na análise do apelo, conforme autoriza a OJ n. 282 da SDI-1 do TST. 2. EXECUÇÃO FISCAL. MULTA ADMINISTRATIVA. PRESCRIÇÃO. PRAZO. SUSPENSÃO. O parágrafo único do art. 5º do Decreto-lei n. 1.569/1977, no qual a União se baseia para afirmar que a prescrição foi suspensa, tendo em vista o valor reduzido dos débitos, teve sua inconstitucionalidade declarada pelo Supremo Tribunal Federal. Nesse sentido, foi editada a Súmula Vinculante n. 8. Assim, não há como se reconhecer a alegada violação do indigitado dispositivo e, por consequência, a suspensão do prazo prescricional, pois a declaração de inconstitucionalidade da norma retira da esfera jurídica o preceito nela contido. Ademais, não se sustenta a alegação da União de que subsiste a suspensão da prescrição para os créditos não tributários, caso dos autos. Isso porque os dispositivos declarados inconstitucionais tratam exatamente de prescrição e decadência de crédito tributário, conforme expressamente acentuado na Súmula Vinculante n. 8, ou seja, ainda que a norma não tivesse sido declarada inconstitucional, não se aplicaria à hipótese sob exame. Agravo de instrumento conhecido e não provido. (TST – AIRR 1699-03.2011.5.10.0013 – Relator: Min. Dora Maria da Costa – 7.1.2013)

5. Conclusão

À guisa de encerramento, registra-se que os ministros do STF sumularam o entendimento de que os dispositivos que tratam dos prazos de prescrição e decadência em matéria tributária são inconstitucionais.

Esse posicionamento determina que a Fazenda Pública não pode exigir as contribuições sociais com o aproveitamento dos prazos de dez anos previstos nos dispositivos, mas sim utilizando o prazo de cinco anos já fixado pelo CTN.

No entanto a decisão terá eficácia retroativa somente para aqueles que já ajuizaram as respectivas ações judiciais ou solicitações administrativas até a data do julgamento. Em razão disso, os recolhimentos efetuados nos prazos previstos nos arts. 45 e 46 da Lei n. 8.212/91 e não impugnados antes da conclusão do julgamento são legítimos.

A Justiça do Trabalho deverá respeitar o entendimento firmado pelo STF após a publicação da súmula vinculante, sob pena do cabimento de reclamação.

Referências bibliográficas

ALEXANDRE, Ricardo. *Direito Tributário esquematizado*. 6. ed. São Paulo: Método, 2012.

BARROSO, Luis Roberto. *Curso de Direito Constitucional Contemporâneo:* os conceitos fundamentais e a construção do novo modelo. São Paulo: Saraiva, 2009.

_____. *O direito Constitucional e a efetividade de suas normas*. Limites e possibilidades da Constituição Brasileira. 8. ed. Rio de Janeiro: Renovar, 2006.

BONAVIDES, Paulo. *Curso de Direito Constitucional*. 25. ed. São Paulo: Malheiros, 2010.

CARVALHO, Paulo de Barros. *Curso de Direito Tributário*. São Paulo: Saraiva, 2010.

COELHO, Sacha Calmon Navarro. *Curso de Direito Tributário*. Rio de Janeiro: Forense, 2010.

LENZA, Pedro. *Direito Constitucional esquematizado*. 16. ed. São Paulo: Saraiva, 2012.

MEDINA, José Miguel Garcia; WAMBIER, Luiz Rodrigues; WAMBIER, Teresa Arruda Alvim. A súmula vinculante, vista como meio legítimo para diminuir a sobrecarda de trabalho dos tribunais brasileiros. *Revista do Advogado*, São Paulo, v. 27, n. 92, p.7, jul. 2007.

MORAES, Alexandre. *Direito Constitucional*. 23. ed. São Paulo: Atlas, 2008.

NERY JUNIOR, Nelson. *Princípios do Processo na Constituição Federal*. 9. ed., São Paulo: RT. 2009.

ROCHA, José de Albuquerque. *Súmula Vinculante e democracia*. São Paulo: Atlas, 2009.

Súmula Vinculante n. 10 do STF e o Controle Judicial de Constitucionalidade

Martha Halfeld Furtado de Mendonça Schmidt

SÚMULA VINCULANTE N. 10 DO STF: VIOLA A CLÁUSULA DE RESERVA DE PLENÁRIO (CF, Art. 97) A DECISÃO DE ÓRGÃO FRACIONÁRIO DE TRIBUNAL QUE, EMBORA NÃO DECLARE EXPRESSAMENTE A INCONSTITUCIONALIDADE DE LEI OU ATO NORMATIVO DO PODER PÚBLICO, AFASTA SUA INCIDÊNCIA, NO TODO OU EM PARTE.

1. Introdução

Supremacia da constituição e nulidade da lei que contrarie a Constituição. Declaração de que é o Poder Judiciário o intérprete final da Constituição. São esses os três fundamentos justificadores da *judicial review*, o controle judicial de constitucionalidade.

O Direito Constitucional floresce em importância, reconhecimento, expansão científica. A Constituição requer aplicação direta ou indireta, mediata ou imediata. Todo intérprete opera mentalmente o controle de constitucionalidade ao aplicar um ato normativo, ao mesmo tempo em que deve fazê-lo buscando os fins constitucionais.

Mas o Direito vive de normas, sejam elas regras ou princípios. A tarefa de controle de constitucionalidade, pela importância de seu objeto e envergadura de seus efeitos, envolve pesada e ao mesmo tempo delicada atividade. Todo o mundo civilizado controla a constitucionalidade de suas normas, mas nem todos os países o fazem da mesma forma. O Brasil tem modelo próprio, misto, de inegável origem americana, mas com influências europeias e ainda temperos tropicais.

Afinal, qual é o nosso modelo de constitucionalidade: concentrado ou difuso? Inspirado na *Civil Law* ou na *common Law*? Valorizador da jurisprudência[1] ou do precedente vinculante[2]? Onde a jurisprudência é apenas mais uma fonte do Direito ou onde a decisão judicial constitui a principal fonte do Direito?

E mais: Súmula Vinculante ou *stare decisis*? Discricionariedade ou consequência? Introdução recente[3] ou desenvolvimento ao longo dos séculos[4]? Objetivo de desafogar o sistema judicial e evitar excesso de decisões conflitantes sobre determinadas matérias ou de deixar claro o que diz o Direito? Prerrogativa apenas das Cortes Constitucionais ou de todos os juízes e tribunais?

Essas são algumas das questões relevantes a serem analisadas para o melhor entendimento da matéria em exame. A existência de súmulas vinculantes e a cláusula da reserva de plenário se inserem naturalmente nesse contexto, filhas que são do controle de constitucionalidade, a primeira exclusiva do controle incidental; a segunda comum ao controle difuso e concentrado.

Neste estudo, apresentamos as linhas gerais do controle de constitucionalidade (item 2), antes de analisarmos as questões específicas ligadas à Súmula Vinculante e à cláusula de reserva de plenário (item 3).

2. O controle de constitucionalidade

Historicamente, o controle difuso surgiu antes do controle concentrado (item 2.1). No Brasil, o controle inicialmente difuso sofreu influência europeia e se tornou mais concentrado, mas conserva características próprias, sendo, pois, misto (item 2.2).

2.1. Os modelos difuso e concentrado

Entende-se por **controle difuso, incidental ou concreto**

"a competência para fiscalizar a constitucionalidade das normas... reconhecida a todos os tribunais — judiciais, administrativos, fiscais — que, quer por impugnação das partes, quer *ex officio* pelo juiz ou pelo ministério público, julgam e decidem a questão da inconstitucionalidade das normas aplicáveis ao caso concreto submetido a decisão judicial"[5].

Nesse sentido, "todos os tribunais, sem exceção, são *órgãos da justiça constitucional*", porque a competência não é conferida a um órgão específico.

Desde o célebre caso Marbury v. Madison (1803, juiz John Marshall, EUA), passou-se a admitir o controle judicial (*judicial review*) da constitucionalidade da lei: todo tribunal que decidir um **caso concreto** está obrigado, em virtude da sua vinculação à Constituição, a fiscalizar se

---

(1) Convergência de várias decisões sobre uma mesma matéria.
(2) Formado a partir de uma única decisão, que pode ser isolada.
(3) Emenda Constitucional n. 45/2004, que introduziu o art. 103-A na Constituição brasileira.
(4) Desde a Idade Média, com Alfredo, o Grande, e Guilherme da Normandia.
(5) CANOTILHO, J. J. Gomes. *Direito Constitucional e teoria da Constituição*. 7. ed., 10. reimp. Coimbra: Almedina, 2003. p. 917.

as normas jurídicas aplicáveis ao caso são ou não válidas. O modelo americano — modelo de controle concreto ou incidental — trata, de certo modo, do controle da atividade política do juiz, porque somente no caso concreto é que o Judiciário pode se pronunciar.

É preciso, assim, que os juízes e tribunais digam se o ato normativo é ou não constitucional para, em seguida, decidir o conflito, porque a competência não se defere a um órgão específico. O controle incidental supõe, portanto, uma ação submetida à apreciação dos tribunais, onde a questão da inconstitucionalidade do ato normativo, suficientemente relevante para a solução do caso concreto, surge por via de incidente. No magistério de Barroso, "*o controle incidental de constitucionalidade somente pode se dar na tutela de uma **pretensão subjetiva**. O objeto do pedido não é o ataque à lei, mas a proteção de um direito que seria por ela afetado*"[6], ou seja, a **inconstitucionalidade** desejada não é o objeto principal da causa, mas simples **questão prejudicial**.

Apesar de não serem tecnicamente tribunais, prevalece o entendimento de que os órgãos judiciais de primeiro grau também são investidos desse poder-dever de rejeitar o ato normativo conflitante com a Constituição. Paradoxalmente, o exercício dessa atividade pelo juízo monocrático de primeiro grau se desenvolve com mais plenitude e singeleza que o procedimento reservado aos tribunais, que são vinculados à observância de procedimento específico estabelecido pelo Código de Processo Civil (arts. 480 a 482) e ao princípio da reserva de plenário (art. 97 da Constituição Federal e Súmula Vinculante n. 10).

Merece destaque, no controle incidental, o efeito da sentença que resolve a controvérsia constitucional, a qual "*não conduz à anulação da lei, mas tão somente à sua não aplicação ao caso particular, objeto da demanda*"[7]. Aplica-se, aqui, o princípio da **relatividade da coisa julgada** e nada impede que a mesma lei, julgada inconstitucional em um caso, possa ser aplicada em outro caso semelhante.

Evidentemente, situações desse quilate poderiam impingir violação à segurança jurídica, o que não é conveniente para o Direito. Para afastar esse perigo, o direito estadunidense — onde nasceu o controle de constitucionalidade — instituiu a eficácia absoluta para a declaração de inconstitucionalidade proferida pela Corte Suprema (*veto judicial*), ainda que diante do caso concreto. No direito anglo-saxão, vigora, pois, a máxima latina *stare decisis, stand by decisions of past cases*, em que as decisões proferidas pelas cortes superiores vinculam as cortes inferiores, as quais são, por sua vez, vinculadas pelos próprios precedentes (decisões passadas), mas apenas quanto à *ratio decidendi*, o que pressupõe divulgação do inteiro teor da decisão, para que se possa apreciar a similitude de fatos da causa precedente com a causa presente[8].

No Brasil, foi instituída, desde a Constituição de 1934, a **comunicação da decisão ao Senado Federal**, que poderá suspender a execução da lei declarada inconstitucional[9]. A *fórmula do Senado* tem por objetivo atribuir efeito *erga*

---

(6) BARROSO, Luís Roberto. *O controle de constitucionalidade no direito brasileiro*: exposição sistemática da doutrina e análise crítica da jurisprudência. 3. ed., rev. e atual. São Paulo: Saraiva, 2008. p. 83.

(7) BONAVIDES, Paulo. *Curso de Direito Constitucional*. 24. ed., 1. tir. São Paulo: Malheiros, 2009. p. 302.

(8) MARTIN, Jacqueline. *The English Legal System*. 4. ed. London: Hodder Education, an Hachette UK Company, 2010. p. 7-8. Trata-se do princípio segundo o qual "courts are bound by their own prior decisions and by the decisions of higher courts". Segundo o advogado americano William Baynard Meissner, "(...) de acordo com a doutrina do stare decisis, um juízo de primeira instância não pode decidir uma matéria de forma diversa de uma decisão sua anterior a não ser que o faça com fortes motivos e um forte arrazoado explicando por que resolveu mudar de ideia (overrule). E uma decisão de qualquer tribunal obriga a todas as instâncias inferiores, determinando a sua aplicação e que seja seguida em todas as matérias semelhantes que venham a julgar. Todavia, se um juiz se convencer que o caso em julgamento, embora bem semelhante a um caso decidido por um tribunal superior, é, realmente, diferente em algum aspecto essencial, ele poderá não seguir o precedente e, ao contrário, decidir o caso conforme ele achar apropriado, sempre com um arrazoado explicando porque difere do precedente e porque essa diferença justifica uma decisão diferente. Neste caso, se a parte que perder apelar, caberá ao tribunal superior decidir se o caso merece, realmente, ser distinguido do precedente ou não. (...) A doutrina de stare decisis exige, necessariamente, votos, ou acórdãos (opinions), longos, detalhados e bem explicados, tanto para permitir que o cidadão possa entender os motivos de uma decisão específica quanto para abrir a possibilidade de o cidadão discordar de que seu caso seja igual – ou seja, para permitir a um litigante a possibilidade de distinguir seu caso do caso que seria o precedente vinculante. Em compensação, as súmulas vinculantes são declarações curtas e precisas, aplicáveis a um caso nitidamente específico. (...) A Súmula Vinculante é, por ora, muito mais focada e limitada. Sua formulação é opcional, restrita ao Supremo Tribunal Federal, e apenas para questões constitucionais. A súmula vinculante, enfim, é uma ferramenta nova e pragmática de que o STF dispõe desde 2004. (...) Por outro lado, nos países que adotam o *Common Law*, a doutrina do stare decisis se aplica o tempo todo, e em todas as instâncias. Stare decisis não é uma ferramenta nem uma opção: é uma maneira de raciocinar. (MEISSNER, William Baynard. *Súmula Vinculante: um olhar comparativo com o Stare Decisis*, disponível em: <http://www.bmfbovespa.com.br/juridico/noticias-e-entrevistas/Noticias/Sumula-vinculante-um-olhar-comparativo-com-o-stare-decisis.asp>. Acesso em: 22 dez. 2012).

(9) Essa intervenção do Senado manteve-se nas Constituições que se seguiram e está, atualmente, prevista no art. 52, X, da Constituição da República de 1988. O procedimento difere do previsto para as decisões proferidas em sede de controle concentrado, dotadas de efeito vinculante independentemente da atuação do Senado (art. 102, § 2º da Constituição, citado a seguir).

omnes à declaração incidental de inconstitucionalidade do Supremo Tribunal Federal[10].

A principal porta de acesso à *constitutional review*, no direito americano, é o *writ of certiorari*, embora o conhecimento do recurso esteja sujeito à plena discricionariedade da Suprema Corte. De fato, no ordenamento jurídico americano, não há direito subjetivo ao conhecimento do caso, mesmo preenchidas as condições de admissibilidade indicadas no Regimento Interno da Suprema Corte[11].

O objetivo do *certiorari* é a uniformização do direito vigente nos Estados Unidos, por meio da apreciação dos casos mais importantes, de acordo com o seu próprio julgamento, o que é verdadeiro desafio para a Suprema Corte dos Estados Unidos, composta de apenas nove ministros. Em certa medida, a restrição de discricionariedade imposta pelo *certiorari* ressalta o caráter político do papel da Suprema Corte, que não é instância máxima de revisão, mas sobretudo órgão autodefinidor da própria agenda de debates, os quais são fundamentalmente ligados a questões constitucionais controversas, cujas conclusões irão nortear a atuação dos demais poderes[12].

Neste diapasão, a conciliação do *writ of certiorari* com o fundamento da *judicial review* (poder-dever de cada juiz de controlar a constitucionalidade das leis) ocorreria naturalmente, especialmente em um sistema jurídico em que impera o controle difuso de constitucionalidade, já que o pronunciamento das instâncias inferiores seria suficiente e definitivo em alguns casos.

Por outro lado, o **controle concentrado, direto ou abstrato** dos atos normativos se contrapõe ao controle difuso, porque existe um órgão judicial para dirimir a controvérsia constitucional. Nesses casos, somente a Corte constitucional tem o poder de declarar a inconstitucionalidade de uma lei. Se o juiz, na análise de uma ação em que a questão da inconstitucionalidade é levantada, considera que a lei é mesmo inconstitucional, ele deve suspender aquele processo e remetê-lo à Corte Constitucional, que julga a questão relativa à arguição levantada de inconstitucionalidade e devolve em seguida o caso ao juiz para decidir o caso concreto.

O controle concentrado cuida do "*processo constitucional dirigido à fiscalização e decisão, com força obrigatória geral (força de lei), do desvalor formal ou material de uma norma jurídica*"[13]. Em alguns países, essa modalidade de controle é também denominada **controle por via de ação ou controle por via principal**, porque as questões de constitucionalidade são levantadas a título principal, diante de um Tribunal Constitucional, independentemente de qualquer litígio concreto. Trata-se de um processo eminentemente **objetivo**, porque desprovido de contraditório de partes e visando à defesa da Constituição.

Para Canotilho, a força obrigatória geral decorrente de uma sentença declarativa de constitucionalidade ou de inconstitucionalidade proferida por um Tribunal Constitucional compreende três aspectos: a) vinculação do legislador, que não poderá reeditar normas consideradas inconstitucionais; b) vinculação do próprio Tribunal Constitucional; c) vinculação de todos os tribunais[14].

O modelo concentrado também é conhecido como modelo **europeu, austríaco ou kelsianiano**, porque adotado

---

(10) A comunicação ao Senado Federal prevista no art. 52, X, da Constituição da República, é geralmente reproduzida nos regimentos internos dos tribunais de justiça inclusive para fins de comunicação à Assembleia Legislativa, em se tratando de ato normativo estadual ou municipal que afronte a Constituição Estadual. (SLAIBI FILHO, Nagib. *A arguição de inconstitucionalidade nos tribunais*: notas sobre a nova redação que a Lei n. 9756/98 deu ao art. 481 do CPC, disponível em: <http://jus.com.br/revista/texto/915/a-arguicao-de-inconstitucionalidade-nos--tribunais-notas-sobre-a-nova-redacao-que-a-lei-no-9756-98-deu-ao-art-481-do-cpc>.)

(11) A revisão de *certiorari* (palavra latina, que também está na origem de *certify the record*, autenticar as peças) é a via usual para um recurso chegar à Suprema Corte americana, embora apenas 1% dos *writs of certiorari* sejam conhecidos. (CLAPP, James E. *Dictionary of the Law*. New York: Random House Webster's, 2000. p. 75-76). O julgamento do pedido de *certiorari* é feito por todos os nove membros da Suprema Corte. Em consulta ao sítio eletrônico da Suprema Corte dos Estados Unidos na internet (www.supremecourt.gov), pudemos constatar que os dados mais recentes apontam para aproximadamente 10.000 recursos protocolados por ano, dos quais somente 75-80 são analisados. Não há necessidade de fundamentação, caso o *certiorari* seja negado (não conhecido). Nesse caso, a decisão da corte inferior é integralmente mantida. *Review on a writ of certiorari is not a matter of right, but of judicial discretion* (Revisão em *certiorari* não é questão de direito, mas de discricionariedade judicial), é a primeira anotação do "Regimento Interno" (*Rules*) da Suprema Corte dos Estados Unidos, que contém várias regras de direito processual (*PART III. JURISDICTION ON WRIT OF CERTIORARI, Rule 10. Considerations Governing Review on Certiorari*), disponível em http://www.supremecourt.gov/ctrules/2010RulesoftheCourt.pdf. Os dados estatísticos ainda apontam cerca 1.200 requerimentos de providência urgente por ano, analisados monocraticamente por ministros daquela Corte.

(12) Cf., a propósito, PINTO, José Guilherme Berman Corrêa. *O Writ of Certiorari*, artigo correspondente, com algumas modificações, ao Capítulo 3 da dissertação de mestrado defendida pelo autor no Programa de Pós-Graduação em Direito da PUC-Rio, em maio de 2006. Disponível em: <http://www.planalto.gov.br/ccivil_03/revista/Rev_86/artigos/JoseGuilherme_rev86.htm>. Acesso em: 28 dez. 2012.

(13) *Ibidem*, p. 918. Entre nós, foi introduzido o dispositivo que hoje figura no art. 102, § 2º da Constituição: "*As decisões definitivas de mérito, proferidas pelo Supremo Tribunal Federal, nas ações diretas de inconstitucionalidade e nas ações declaratórias de constitucionalidade produzirão eficácia contra todos e efeito vinculante, relativamente aos demais órgãos do Poder Judiciário e à administração pública direta e indireta, nas esferas federal, estadual e municipal*".

(14) *Ibidem*, p. 1.009/1.012.

em países daquele continente, por exemplo, Áustria, Alemanha, França, Itália e, a partir da década de 70, em países como Espanha, Portugal e, mais recentemente, em países da antiga URSS, tais como Polônia, Hungria e Rússia, e mesmo em países da América, como Chile e Colômbia[15].

A propósito, a partir da Constituição Federal de 1988, houve profunda modificação no instituto do controle concentrado de constitucionalidade no Brasil, com notável expansão dessa modalidade na ordem jurídica contemporânea. Com efeito, além da adoção de outros instrumentos tais como ação direta declaratória de constitucionalidade e de inconstitucionalidade, ação direta de inconstitucionalidade por omissão e arguição de descumprimento de preceito fundamental, promoveu-se a extinção do "monopólio da ação direta" outorgado ao procurador geral da República, com a adoção de ampla legitimação ativa para o ajuizamento das ações diretas de inconstitucionalidade e de constitucionalidade (art. 103 da Constituição), o que reflete a valorização do papel do Supremo Tribunal Federal como Corte Constitucional, responsável pelo controle concentrado e vinculante de constitucionalidade[16].

2.2. A evolução no Brasil. O sistema misto. O procedimento

Somente se pode falar em controle judicial de constitucionalidade no Brasil a partir da Proclamação da República. É bem verdade que, antes, havia um controle monárquico, mas era eminentemente dotado de caráter político e exercido pelo Parlamento ou pelo imperador por meio do Poder Moderador.

Seguindo a influência dos Estados Unidos da América, o primeiro modelo adotado no Brasil foi o **modelo difuso**. A Constituição de 1891 consolidou no Brasil o modelo difuso de controle de constitucionalidade, tipicamente americano, instituído pela Constituição provisória de 1890. Tinha ele perfil incidental, à vista da necessidade específica do caso concreto.

A partir de 1934, com o término da República Velha, começam a surgir **as ações diretas**, especialmente em razão das controvérsias federativas[17].

A **cláusula de reserva de plenário** — objeto de nosso estudo, pois tema da Súmula Vinculante n. 10 do Supremo Tribunal Federal — foi introduzida entre nós pela Constituição de 1934. Segundo o art. 179, então vigente, a declaração de inconstitucionalidade somente poderia ser realizada pela maioria da totalidade (maioria absoluta) dos membros dos tribunais. Houve então a instituição da *cisão funcional*: nos tribunais, as turmas, câmaras e seções — denominados órgãos fracionários, em oposição ao órgão pleno de cada tribunal — podem declarar a constitucionalidade da lei; mas a inconstitucionalidade só pode ser declarada pelo plenário ou, a partir da sua criação, pelo respectivo órgão especial.

O objetivo era evitar "*a insegurança jurídica decorrente das contínuas flutuações de entendimento nos tribunais*"[18]. Assim, se o órgão fracionário entende, ao decidir certa causa e em caráter incidental, pela inconstitucionalidade de algum ato normativo, ele deve suspender o processo e remeter a matéria para o plenário ou órgão especial, que decide essa questão em caráter irrecorrível, e devolve o processo ao órgão fracionário.

De outro lado, o texto da Constituição de 1934 fixava a **competência do Senado Federal** para "*suspender a execução, no todo ou em parte, de qualquer lei ou ato, deliberação ou regulamento, quando hajam sido declarados inconstitucionais pelo Poder Judiciário*", com a finalidade de emprestar efeito *erga omnes* à decisão, quando fosse proferida pelo Supremo Tribunal Federal. Isso porque o direito brasileiro, mesmo inspirado no direito estadunidense, não continha a cláusula do *stare decisis* (efeito vinculante). Ainda em 1934, não havia o controle direto de inconstitucionalidade, hoje existente no ordenamento jurídico.

A Carta de 1937 preservou o modelo difuso de controle, inclusive quanto à exigência de *quorum* especial para a declaração de inconstitucionalidade, mas estipulou que

---

(15) MENDES, Gilmar. *Controle de constitucionalidade*. Aulas proferidas.

(16) Art. 103. Podem propor a ação direta de inconstitucionalidade e a ação declaratória de constitucionalidade: I – o Presidente da República; II – a Mesa do Senado Federal; III – a Mesa da Câmara dos Deputados; IV – a Mesa de Assembleia Legislativa ou da Câmara Legislativa do Distrito Federal; V – o Governador de Estado ou do Distrito Federal; VI – o Procurador-Geral da República; VII – o Conselho Federal da Ordem dos Advogados do Brasil; VIII – partido político com representação no Congresso Nacional; IX – confederação sindical ou entidade de classe de âmbito nacional.

(17) A Constituição de 1934 já previa certa forma de "declaração de inconstitucionalidade para evitar a intervenção federal", conhecida como representação interventiva, de autoria do Procurador Geral da República, nas hipóteses de ofensa aos "princípios sensíveis", hoje elencados no art. 34 da CF/88. A respeito, veja-se a Súmula n. 360 do Supremo Tribunal Federal: NÃO HÁ PRAZO DE DECADÊNCIA PARA A REPRESENTAÇÃO DE INCONSTITUCIONALIDADE PREVISTA NO ART. 8º, PARÁGRAFO ÚNICO, DA CONSTITUIÇÃO FEDERAL. Edição: Imprensa Nacional, 1964. p. 156. Legislação Lei n. 2271/1954, art. 1º. Precedentes Rp n. 490.

(18) MENDES, Gilmar Ferreira *et alli*. *Curso de direito constitucional*. 2. ed., rev. e atual. São Paulo: Saraiva, 2008. p. 1.036. Também BARROSO, Luís Roberto, *op. cit.*, p. 120.

o presidente da República poderia — caso entendesse que a lei declarada inconstitucional fosse necessária ao bem-estar do povo, à promoção ou defesa de interesse nacional de alta monta — submetê-la novamente ao Congresso, o qual poderia tornar insubsistente a decisão do Tribunal por 2/3 de votos em cada uma das Câmaras.

A Constituição de 1946, já em novo contexto político, restaura a tradição do controle judicial no ordenamento jurídico pátrio, preservando, de um lado, a **exigência de maioria absoluta dos membros do Tribunal pleno** para a eficácia da decisão declaratória de inconstitucionalidade e, de outro lado, a **atribuição do Senado Federal** para suspender a execução da lei declarada inconstitucional pelo Supremo Tribunal Federal.

O **controle abstrato**, europeu, concentrado, somente foi genericamente introduzido no Brasil a partir de 1965. Com efeito, a Emenda 16 de 1965 estabeleceu o controle abstrato de constitucionalidade das normas estaduais e federais (representação de inconstitucionalidade em abstrato), **de iniciativa exclusiva do procurador-geral da República**[19]. A partir daí, todo o direito federal ou estadual poderia ser impugnado em face da Constituição Federal, sem qualquer conexão com qualquer outra causa remota. Esse controle foi mantido pela Constituição de 1967/1969, que também preservou o controle difuso, como existente. Essa ação direta não objetivava a declaração da constitucionalidade, mas tão somente da inconstitucionalidade.

Até a entrada em vigor da Constituição de 1988, o modelo difuso era a forma mais importante de controle de constitucionalidade de normas no Brasil e o recurso extraordinário era o mais importante processo de competência do Supremo Tribunal Federal[20].

A partir da Constituição de 1988, houve, porém, profunda alteração do sistema de controle, com a **valorização do controle abstrato de normas**. De um lado, houve extenso alargamento do rol dos legitimados ativos habilitados à propositura da ação direta de inconstitucionalidade, que não mais era monopólio de representação do Procurador Geral da República (até então *dominus litis*), mas se estendeu às pessoas indicadas no art. 103 da Carta Magna[21].

De outro lado, houve progressiva previsão de outros institutos de controle direto, tais como a ação direta de inconstitucionalidade por omissão (art. 103, § 2º), a arguição de descumprimento de preceito fundamental (art. 102, § 1º, relativamente a direito anterior à Constituição), a ação direta de constitucionalidade (Emenda Constitucional n. 3, de 1993)[22], além da manutenção da representação interventiva para preservar os princípios sensíveis (art. 34)[23].

É necessário, entretanto, enfatizar que, enquanto o **Supremo Tribunal Federal** tem competência originária para processar e julgar a "*ação direta de inconstitucionalidade de lei ou ato normativo federal ou estadual e a ação declaratória de constitucionalidade de lei ou ato normativo federal*", questionada em face da Constituição Federal (art. 102, I, "*a*", da CF/88), os **Tribunais de Justiça dos Estados** têm competência para julgar originariamente as ações diretas de "*inconstitucionalidade de leis ou atos normativos estaduais ou municipais em face da Constituição Estadual*", nos termos das Constituições Estaduais e nas leis de organização judiciária, "*vedada a atribuição da legitimação para agir a um único órgão*" (art. 125, § 2º, da CF/88), a fim de possibilitar ampla legitimação ativa para a ação, o que, de resto, também representa valorização do controle de constitucionalidade concentrado na esfera estadual.

---

(19) É bem verdade que a Constituição de 1934 já previra alguma forma de ação direta para preservar os "princípios sensíveis", hoje elencados no art. 34 da CF/88. Na esfera de competência dos Tribunais de Justiça para a ação direta para preservação da Constituição Estadual, veja-se, a respeito, a Súmula n. 614 do Supremo Tribunal Federal: somente o procurador-geral da Justiça tem legitimidade para propor ação direta interventiva por inconstitucionalidade de lei municipal. Fonte de Publicação DJ de 29.10.1984, p. 18.115; DJ de 30.10.1984, p. 18.203; DJ de 31.10.1984, p. 18.287. Legislação Emenda Constitucional n. 1/1969, art. 15, § 3º.

(20) Os primeiros "filtros" de admissibilidade, porém, já aparecem: Súmula n. 285 do STF: NÃO SENDO RAZOÁVEL A ARGUIÇÃO DE INCONSTITUCIONALIDADE, NÃO SE CONHECE DO RECURSO EXTRAORDINÁRIO FUNDADO NA LETRA "C" DO ART. 101, III, DA CONSTITUIÇÃO FEDERAL. Edição: Imprensa Nacional, 1964. p. 129. Precedentes RE n. 44.227 embargos, RE n. 44.053 embargos, RE n. 45.110 embargos, RE n. 8.514.

(21) Art. 103. Podem propor a ação direta de inconstitucionalidade e a ação declaratória de constitucionalidade: I – o Presidente da República; II – a Mesa do Senado Federal; III – a Mesa da Câmara dos Deputados; IV – a Mesa de Assembleia Legislativa ou da Câmara Legislativa do Distrito Federal; V – o Governador de Estado ou do Distrito Federal; VI – o Procurador-Geral da República; VII – o Conselho Federal da Ordem dos Advogados do Brasil; VIII – partido político com representação no Congresso Nacional; IX – confederação sindical ou entidade de classe de âmbito nacional.

(22) A Emenda Constitucional n. 3, de 1993, introduziu o § 2º no art. 102 da Carta de 1988, para **atribuir eficácia *erga omnes* e efeito vinculante** às decisões definitivas de mérito, proferidas pelo Supremo Tribunal Federal, nas ações diretas de inconstitucionalidade e nas ações declaratórias de constitucionalidade, relativamente aos demais órgãos do Poder Judiciário e à administração pública direta e indireta, nas esferas federal, estadual e municipal. Esta redação foi dada pela Emenda Constitucional n. 45, de 2004.

(23) Observe-se que, a partir daí, ADI e ADC (ações do controle direto de constitucionalidade) poderiam conter pedidos opostos (positivo ou negativo) e os resultados seriam perfeitamente intercambiáveis.

A Emenda Constitucional n. 45 de 2004 reforçou esta orientação ao introduzir dois novos institutos que importaram significativa reforma no controle incidental de constitucionalidade: a **repercussão geral** como requisito adicional de admissibilidade do Recurso Extraordinário (art. 102, § 3º)[24] e a **súmula vinculante**, para assegurar eficácia geral e vinculativa da decisão do Supremo Tribunal Federal em casos diversos, desde que aprovada por dois terços dos membros do tribunal (art. 103-A)[25].

Em certa medida, essa reforma aproxima (artificialmente?) o modelo brasileiro do modelo americano: com efeito, a Súmula Vinculante faz as vezes da doutrina do precedente vinculante (*stare decisis*), todavia com restrita oportunidade de *overruling* (estabelecimento de novo precedente, sob novos fundamentos) ou de *distinguising* (afastamento do precedente, em face da diferenciação dos fatos)[26]... Por outro lado, a repercussão geral faz lembrar o instituto do *writ of certiorari*, embora este último, para ser recebido, esteja sujeito à discricionariedade da Suprema Corte dos Estados Unidos.

Diante de tal evolução, em que convivem os modelos difuso e concentrado de constitucionalidade, considera-se que o Brasil tem **modelo híbrido ou misto** de controle, em que o **controle concreto passa a ser por via de exceção**.

Relativamente ao **procedimento nos tribunais para a declaração de inconstitucionalidade do ato normativo**, poderemos dizer que, no controle incidental, há uma *cisão funcional*, já que ele é realizado em etapas distintas. O Capítulo II do Título IX (Do Processo nos Tribunais) do Código de Processo Civil rege o Incidente de Inconstitucionalidade por meio dos arts. 480 a 482[27].

Em resumo, o procedimento é o seguinte: levantada a questão da incompatibilidade do ato normativo com a Constituição — o que pode ser realizado de ofício, pelos membros da turma, pela sessão ou câmara do tribunal, pelo Ministério Público ou pelas partes —, o órgão fracionário se manifesta e verifica se acolhe ou rejeita a alegação. Se rejeitar e reconhecer a constitucionalidade, prosseguirá normalmente no julgamento. Se acolher a alegação e reconhecer a inconstitucionalidade, deve redigir acórdão nesse sentido e encaminhar o tema para a apreciação do órgão especial ou para o plenário do respectivo tribunal.

Estando madura a instrução do incidente de inconstitucionalidade, será ele levado à apreciação do plenário

---

(24) No recurso extraordinário o recorrente deverá demonstrar a repercussão geral das questões constitucionais discutidas no caso, nos termos da lei, a fim de que o Tribunal examine a admissão do recurso, somente podendo recusá-o pela manifestação de dois terços de seus membros.

(25) Art. 103-A. O Supremo Tribunal Federal poderá, de ofício ou por provocação, mediante decisão de dois terços dos seus membros, após reiteradas decisões sobre matéria constitucional, aprovar súmula que, a partir de sua publicação na imprensa oficial, terá efeito vinculante em relação aos demais órgãos do Poder Judiciário e à administração pública direta e indireta, nas esferas federal, estadual e municipal, bem como proceder à sua revisão ou cancelamento, na forma estabelecida em lei. § 1º A súmula terá por objetivo a validade, a interpretação e a eficácia de normas determinadas, acerca das quais haja controvérsia atual entre órgãos judiciários ou entre esses e a administração pública que acarrete grave insegurança jurídica e relevante multiplicação de processos sobre questão idêntica. § 2º Sem prejuízo do que vier a ser estabelecido em lei, a aprovação, revisão ou cancelamento de súmula poderá ser provocada por aqueles que podem propor a ação direta de inconstitucionalidade. § 3º Do ato administrativo ou decisão judicial que contrariar a súmula aplicável ou que indevidamente a aplicar, caberá reclamação ao Supremo Tribunal Federal que, julgando-a procedente, anulará o ato administrativo ou cassará a decisão judicial reclamada, e determinará que outra seja proferida com ou sem a aplicação da súmula, conforme o caso.

(26) A propósito, a Lei n. 11.417, de 19 de dezembro de 2006 regulamenta o art. 103-A da Constituição Federal, a respeito da edição, da revisão e do cancelamento de enunciado de Súmula Vinculante pelo Supremo Tribunal Federal, o que somente poderá ser realizado de ofício ou por aqueles que podem propor a ação direta de inconstitucionalidade.

(27) Art. 480. Arguida a inconstitucionalidade de lei ou de ato normativo do poder público, o relator, ouvido o Ministério Público, submeterá a questão à turma ou câmara, a que tocar o conhecimento do processo.

Art. 481. Se a alegação for rejeitada, prosseguirá o julgamento; se for acolhida, será lavrado o acórdão, a fim de ser submetida a questão ao tribunal pleno.

Parágrafo único. Os órgãos fracionários dos tribunais não submeterão ao plenário, ou ao órgão especial, a arguição de inconstitucionalidade, quando já houver pronunciamento destes ou do plenário do Supremo Tribunal Federal sobre a questão. (Incluído pela Lei n. 9.756, de 17.12.1998)

Art. 482. Remetida a cópia do acórdão a todos os juízes, o presidente do tribunal designará a sessão de julgamento.

§ 1º O Ministério Público e as pessoas jurídicas de direito público responsáveis pela edição do ato questionado, se assim o requererem, poderão manifestar-se no incidente de inconstitucionalidade, observados os prazos e condições fixados no Regimento Interno do Tribunal.

§ 2º Os titulares do direito de propositura referidos no art. 103 da Constituição poderão manifestar-se, por escrito, sobre a questão constitucional objeto de apreciação pelo órgão especial ou pelo Pleno do Tribunal, no prazo fixado em Regimento, sendo-lhes assegurado o direito de apresentar memoriais ou de pedir a juntada de documentos.

§ 3º O relator, considerando a relevância da matéria e a representatividade dos postulantes, poderá admitir, por despacho irrecorrível, a manifestação de outros órgãos ou entidades.

(Os parágrafos desse artigo foram incluídos pela Lei n. 9.868, de 10.11.1999).

ou órgão especial do tribunal, mediante voto da maioria absoluta dos membros do colegiado. Esta decisão é irrecorrível (Súmula n. 513 do Supremo Tribunal Federal) e sua eventual impugnação poderá integrar as razões do recurso que vier a ser interposto contra o acórdão do órgão fracionário que decidir a lide concreta, ao qual deverá ser juntada a decisão do órgão plenário[28].

Após o julgamento do incidente, o processo voltará a exame do órgão fracionário, que prosseguirá no julgamento da causa específica, à luz da decisão do Plenário ou do Órgão Especial, a qual não poderá, aqui, ser questionada. Da decisão da câmara ou turma que completa o julgamento da causa cabe recurso extraordinário, devendo a parte sucumbente, como dito, juntar ao recurso a cópia da decisão do incidente, exarada pela *Full Court (Full Bench)*.

Uma última observação de procedimento quanto ao controle difuso de constitucionalidade: no Supremo Tribunal Federal, o Regimento Interno, em seus arts. 176 a 178, estabelece a tramitação. A questão é submetida ao Plenário independentemente de acórdão de qualquer das duas turmas, ouvido o procurador-geral da República. Julgada a prejudicial da inconstitucionalidade, o Plenário analisa diretamente a causa. Considerado inconstitucional o ato normativo, far-se-á comunicação, logo após a decisão, à autoridade ou ao órgão interessado[29], bem como, depois do trânsito em julgado, ao Senado Federal, para os efeitos do art. 52, X, da Constituição.

Já quanto ao denominado **controle concentrado de constitucionalidade**, em que a questão de constitucionalidade é a questão principal da lide, o **procedimento** é dado pelas disposições regimentais do Supremo Tribunal Federal (arts. 169 a 175) e dos Tribunais de Justiça.

Nesta modalidade de controle, a atividade dos tribunais reveste-se de evidente caráter legislativo, operando por si só com efeitos *erga omnes*, quer quando suspendem a eficácia da norma impugnada (como na ação direta de inconstitucionalidade e na representação de inconstitucionalidade), quer quando agregam à norma sob exame na ação declaratória de constitucionalidade a eficácia de se tornar imune ao controle incidental.[30]

No próximo tópico, examinaremos a questão específica da Súmula Vinculante e da cláusula de reserva de plenário no contexto do modelo misto brasileiro.

3. A Súmula Vinculante e a cláusula de reserva de plenário no modelo híbrido brasileiro

Aqui, trataremos de analisar os atos normativos (texto constitucional e súmula vinculante) relativos à cláusula de reserva de plenário (item 3.1), assim como o importante papel da jurisprudência no controle incidental, como método de inovação e dinamismo do Direito Constitucional (item 3.2).

3.1. A normatividade do modelo híbrido brasileiro: concentração excessiva?

Inserido no Capítulo III, Do Poder Judiciário, Seção I (Disposições Gerais) da Constituição Brasileira, assim está redigido o art. 97:

Art. 97. Somente pelo voto da maioria absoluta de seus membros ou dos membros do respectivo órgão especial poderão os tribunais declarar a inconstitucionalidade de lei ou ato normativo do Poder Público.

Como já se viu, a cláusula da reserva de plenário não é novidade da Constituição de 1988. Vigora ela no ordenamento jurídico brasileiro desde a Constituição de 1934, mantida desde então[31].

O espírito que levou o legislador constituinte a editar tal comando, na dicção de Pontes de Miranda, foi o fim político-técnico de prestigiar o ato do poder público, inclusive a *lei*, só admitindo a desconstituição daquele, ou dessa, por maioria absoluta de votos dos *tribunais*[32]. Espelha a reserva de plenário, pois o "princípio da presunção de constitucionalidade das leis, que para ser infirmado exige um *quorum* qualificado do tribunal"[33].

Por sua vez, eis o teor da Súmula Vinculante n. 10:

Viola a cláusula de reserva de plenário (CF, art. 97) a decisão de órgão fracionário de tribunal que, embora não declare

---

(28) **STF Súmula n. 513** – 3.12.1969 – DJ de 10.12.1969, p. 5.932; DJ de 11.12.1969, p. 5.948; DJ de 12.12.1969, p. 5.996. Republicação: DJ de 11.6.1970, p. 2.382; DJ de 12.6.1970, p. 2.406; DJ de 15.6.1970, p. 2.438. Interposição de Recurso Ordinário ou Extraordinário em Incidente de Inconstitucionalidade – Cabimento. A decisão que enseja a interposição de recurso ordinário ou extraordinário não é a do plenário, que resolve o incidente de inconstitucionalidade, mas a do órgão (câmaras, grupos ou turmas) que completa o julgamento do feito.

(29) Autoridade da qual tiver emanado o ato, bem como Congresso Nacional ou Assembleia Legislativa, se for o caso (art. 170 do Regimento Interno do STF).

(30) SLAIBI FILHO, Nagib, artigo citado.

(31) Constituição de 1934: Art 179 – Só por maioria absoluta de votos da totalidade dos seus Juízes, poderão os Tribunais declarar a inconstitucionalidade de lei ou ato do Poder Público. Constituição de 1967: Art. 111 – Somente pelo voto da maioria absoluta de seus membros, poderão os Tribunais declarar a inconstitucionalidade de lei ou ato do Poder Público.

(32) PONTES DE MIRANDA. *Comentários à Constituição de 1967, com a Emenda n. 1/69*. Rio de Janeiro: Forense, 1987. t. III, p. 611.

(33) BARROSO, Luís Roberto, *op. cit.*, p. 88.

expressamente a inconstitucionalidade de lei ou ato normativo do poder público, afasta sua incidência, no todo ou em parte.

Fonte de Publicação DJe n. 117 de 27.6.2008, p. 1. DOU de 27.6.2008, p. 1.

Referência Legislativa Constituição Federal de 1988, art. 97.

Precedentes RE n. 482.090, RE n. 240.096, RE n. 544.246, RE n. 319181, AI n. 472.897 AgR.

No *leading case* que levou à aprovação da Súmula Vinculante n. 10 — Recurso Extraordinário n. 240.096, julgamento 30.3.1999, Órgão Julgador Primeira Turma, publicado no DJ de 21 de maio de 1999, rel. Ministro Sepúlveda Pertence —, assim se estabeleceu:

EMENTA: I. Controle de constitucionalidade: reserva de plenário e *quorum* qualificado (Constituição, art. 99): **aplicação não apenas à declaração em via principal, quanto à declaração incidente de inconstitucionalidade,** para a qual, aliás, foram inicialmente estabelecidas as exigências. II. Controle de constitucionalidade; **reputa-se declaratório de inconstitucionalidade o acórdão que — embora sem o explicitar — afasta a incidência da norma ordinária pertinente à lide para decidi-la sob critérios diversos alegadamente extraídos da Constituição.**

Eis a ementa de outro precedente:

EMENTA: AGRAVO DE INSTRUMENTO (...) EXISTÊNCIA DE MATÉRIA CONSTITUCIONAL — QUESTÃO PREJUDICIAL DE CONSTITUCIONALIDADE (CPC, ARTS. 480 A 482) — POSTULADO DA RESERVA DE PLENÁRIO (CF, ART. 97) — INOBSERVÂNCIA, NA ESPÉCIE, DA CLÁUSULA CONSTITUCIONAL DO "FULL BENCH" — CONSEQUENTE NULIDADE DO JULGAMENTO EFETUADO POR ÓRGÃO MERAMENTE FRACIONÁRIO — RECURSO DE AGRAVO IMPROVIDO. DECLARAÇÃO DE INCONSTITUCIONALIDADE E POSTULADO DA RESERVA DE PLENÁRIO — A estrita observância, pelos Tribunais em geral, do postulado da reserva de plenário, inscrito no art. 97 da Constituição, atua como pressuposto de validade e de eficácia jurídicas da própria declaração jurisdicional de inconstitucionalidade dos atos do Poder Público. Doutrina. Jurisprudência. - A inconstitucionalidade de leis ou de outros atos estatais somente pode ser declarada, quer em sede de fiscalização abstrata (método concentrado), quer em sede de controle incidental (método difuso), pelo voto da maioria absoluta dos membros integrantes do Tribunal, reunidos em sessão plenária ou, onde houver, no respectivo órgão especial. Precedentes. - Nenhum órgão fracionário de qualquer Tribunal, em consequência, dispõe de competência, no sistema jurídico brasileiro, para declarar a inconstitucionalidade de leis ou atos emanados do Poder Público. Essa magna prerrogativa jurisdicional foi atribuída, em grau de absoluta exclusividade, ao Plenário dos Tribunais ou, onde houver, ao respectivo Órgão Especial. Essa extraordinária competência dos Tribunais é regida pelo princípio da reserva de plenário inscrito no art. 97 da Constituição da República. Suscitada a questão prejudicial de constitucionalidade perante órgão meramente fracionário de Tribunal (Câmaras, Grupos, Turmas ou Seções), a este competirá, em acolhendo a alegação, submeter a controvérsia jurídica ao Tribunal Pleno. EQUIVALÊNCIA, PARA OS FINS DO ART. 97 DA CONSTITUIÇÃO, ENTRE A DECLARAÇÃO DE INCONSTITUCIONALIDADE E O JULGAMENTO, QUE, SEM PROCLAMÁ-LA EXPLICITAMENTE, RECUSA APLICABILIDADE A ATO DO PODER PÚBLICO, SOB ALEGAÇÃO DE CONFLITO COM CRITÉRIOS RESULTANTES DO TEXTO CONSTITUCIONAL. Equivale à própria declaração de inconstitucionalidade a decisão de Tribunal, que, sem proclamá-la, explícita e formalmente, deixa de aplicar, afastando-lhe a incidência, determinado ato estatal subjacente à controvérsia jurídica, para resolvê-la sob alegação de conflito com critérios resultantes do texto constitucional. Precedentes (STF). AI 472897 AgR/PR – PARANÁ, AG. REG. NO AGRAVO DE INSTRUMENTO, relator(a): Min. CELSO DE MELLO, Julgamento: 18.9.2007, Órgão Julgador: Segunda Turma.

A reserva de plenário e o *quorum* de maioria absoluta mencionados se aplicam, portanto, tanto à declaração abstrata quanto à declaração incidental de inconstitucionalidade de leis, embora tenham sido, em sua origem, aplicáveis apenas a esta última hipótese.

Por outro lado, essa reserva deve ser observada mesmo no caso de afastamento implícito da incidência da norma ordinária pertinente à lide, a fim de "*decidi-la sob critérios diversos alegadamente extraídos da Constituição*". Devem, pois, os órgãos fracionários evitar declaração de inconstitucionalidade por via transversa (de forma implícita), da mesma forma que devem evitar essa declaração de maneira expressa.

É importante salientar que, *a contrario sensu*, o órgão fracionário do tribunal pode reconhecer a constitucionalidade do ato normativo. Da mesma forma, o órgão fracionário tem competência para estabelecer se a Constituição recepcionou ou não lei anterior à sua promulgação. Nesse caso, segundo a jurisprudência do Supremo Tribunal Federal, a questão se resolve no plano intertemporal e não no da validade da norma[34]. De outro lado, como já se salientou no curso deste estudo, a reserva de plenário não se aplica ao juízo monocrático de primeiro grau, que não são tecnicamente considerados "tribunais".

Há ainda uma exceção de ordem legal à observância da reserva de plenário, durante o controle incidental de constitucionalidade de atos normativos: se o plenário ou órgão especial daquele tribunal ou o plenário do Supremo Tribunal Federal já se manifestou, não há necessidade de suspensão do julgamento *pelo órgão fracionário, que deverá julgar de acordo com a posição manifestada pelo órgão plenário de seu tribunal ou do STF, a qual é considerada vinculativa.*[35] Observe-se que, sem dizê-lo expressamente,

---

(34) Cf., a propósito, BARROSO, Luís Roberto, *op. cit.*, p. 89.

(35) Alteração introduzida pela Lei n. 9.756, de 17.12.1998, que incluiu o parágrafo único ao art. 481 do Código de Processo Civil.

a novidade introduzida em 1998 significou dar eficácia vinculante às decisões do Supremo Tribunal Federal no reconhecimento <u>incidental</u> da inconstitucionalidade!

De outro lado, surge aqui a questão da admissibilidade do *amicus curiae*, que foi possibilitada pela Lei n. 9.868, de 1999, a qual introduziu o § 3º ao art. 481 do Código de Processo Civil. Com efeito, se o sistema tende a ser concentrado e se é complexa a mudança de posicionamento após a declaração de constitucionalidade ou de inconstitucionalidade, pode haver participação dos outros interessados no controle incidental.

O processo, mesmo de controle incidental, vai, assim, se ampliando para além do caso concreto, com vistas a solver não apenas a controvérsia concreta, mas toda a temática existente sobre a questão constitucional prejudicial, a qual poderá, pela via do recurso extraordinário, chegar ao Supremo Tribunal Federal, que resolverá incidentalmente a questão e, em se admitindo a inconstitucionalidade, comunicará a decisão ao Senado Federal, para os fins do art. 52, X, da Constituição Federal (suspensão da execução da lei inconstitucional).

Assim, é certo que todos os legitimados ativos para a ação direta perante o Supremo Tribunal Federal, bem como órgãos e entidades interessados (ex., parte em processo idêntico ou semelhante, pessoas que levem descoberta científica ou considerações de índole ética) podem se habilitar como "amicus curiae", nesse processo de controle incidental de constitucionalidade, que passa a ser plural e não se limita apenas a examinar aspectos atinentes à situação concreta.

Assistimos, pois, ao surpreendente crescimento da força dos precedentes no direito brasileiro, no qual impera a ... *Civil Law!* É bem verdade, porém, que a força dos precedentes, no direito brasileiro, não é muita novidade. A respeito, veja-se a seguinte passagem:

A súmula da jurisprudência dominante foi introduzida no Brasil na década de 1960 por obra do ministro Victor Nunes Leal, do Supremo Tribunal Federal, e adotou a tradição da Casa de Suplicação da monarquia portuguesa, sendo concebida como um instrumento facilitador de casos mais fáceis e suscetíveis de repetição. Seus enunciados são redigidos de forma abstrata e genérica, com pretensão universalizante, distanciando-se, assim, dos casos concretos que lhe deram origem.[36]

Aos poucos, porém, houve desenvolvimento da eficácia vinculante das súmulas dos tribunais superiores no ordenamento jurídico brasileiro[37] até a introdução do instituto da Súmula Vinculante no texto constitucional, sob o manto do art. 103-A, pela Emenda Constitucional 45 de 2004[38]. A mesma Emenda incluiu também o procedimento da reclamação ao Supremo Tribunal Federal contra "*ato administrativo ou decisão judicial que contrariar a súmula aplicável ou que indevidamente a aplicar*", o qual, "*julgando-a procedente, anulará o ato administrativo ou cassará a decisão judicial reclamada, e determinará que outra seja proferida com ou sem a aplicação da súmula, conforme o caso*"[39].

Alguns exemplos recentes de decisões proferidas em face de juízes de primeiro grau, em sede de Reclamação Constitucional diretamente no Supremo Tribunal Federal:

RECLAMAÇÃO. CONSTITUCIONAL. HIPÓTESES DE CABIMENTO. ARTS. 102, I, L, E 103-A, § 3º, AMBOS DA CONSTITUIÇÃO FEDERAL. DESCUMPRIMENTO DA Súmula Vinculante n. 14 NÃO VERIFICADO. ACESSO DOS ADVOGADOS AOS AUTOS DO INQUÉRITO, RESSALVADAS AS DILIGÊNCIAS EM ANDAMENTO. DEFESA PRÉVIA APRESENTADA COM BASE NAS PROVAS PRODUZIDAS ATÉ ENTÃO. IMPROCEDÊNCIA. I – A reclamação tem previsão constitucional para a preservação da competência do Supremo Tribunal Federal e garantia da

---

(36) Disponível em: <http://atualidadesdodireito.com.br/andreroque/2012/08/16/common-law-a-brasileira-e-o-anacronismo-das-sumulas/>.

(37) Alguns exemplos ilustram essa evolução: em 1995, uma primeira modificação na redação do art. 557 do Código de Processo Civil permitiu ao relator do recurso nos tribunais negar-lhe seguimento, quando for "manifestamente inadmissível, improcedente, prejudicado ou contrário à súmula do respectivo tribunal ou tribunal superior". Esta redação foi novamente alterada em 1998, para aumentar os casos de denegação não somente às hipóteses de contrariedade a súmula, mas também a "jurisprudência dominante do respectivo tribunal, do Supremo Tribunal Federal, ou de Tribunal Superior". A mesma lei de 1998 conferiu substancial poder ao relator, ao admitir o julgamento monocrático de recurso contra decisão que estiver em confronto com súmula ou jurisprudência dominante dos tribunais superiores. Por sua vez, em 2006, foi introduzido o instituto da "súmula obstativa de recurso", como ficou conhecido o § 1º do art. 518 do Código de Processo Civil (redação dada pela Lei n. 11.276, de 2006: "*O juiz não receberá o recurso de apelação quando a sentença estiver em conformidade com súmula do Superior Tribunal de Justiça ou do Supremo Tribunal Federal.*"). Logo em seguida, no mesmo ano, foi incluído o art. 285-A no mesmo Código, autorizando o juiz de primeiro grau a proferir sentença de improcedência, *inaudita altera pars*, "*quando a matéria controvertida for unicamente de direito e no juízo já houver sido proferida sentença de total improcedência em outros casos idênticos.*"

(38) A Lei n. 11.417/2006 disciplina o procedimento para edição, revisão e cancelamento de enunciado de Súmula Vinculante pelo Supremo Tribunal Federal.

(39) Art. 103-A, § 3º, da Constituição Federal. A propósito, veja-se também, o art. 102 da Constituição: "*Compete ao Supremo Tribunal Federal, precipuamente, a guarda da Constituição, cabendo-lhe: I - processar e julgar, originariamente: letra l) a reclamação para a preservação de sua competência e garantia da autoridade de suas decisões*".

autoridade de suas decisões (art. 102, I, l, da CF) ou, ainda, quando o ato administrativo ou decisão judicial contrariar a Súmula Vinculante aplicável ou que indevidamente a aplicar (art. 103-A, § 3º, da CF, incluído pela EC 45/2004). II – A decisão ora questionada está em perfeita consonância com o texto da Súmula Vinculante n. 14 desta Suprema Corte, que, como visto, autorizou o acesso dos advogados aos autos do inquérito, apenas resguardando as diligências ainda não concluídas. III – Acesso que possibilitou a apresentação de defesa prévia com base nos elementos de prova até então encartados, sendo certo que aquele ato não é a única e última oportunidade para expor as teses defensivas. Os advogados poderão, no decorrer da instrução criminal, acessar todo o acervo probatório, na medida em que as diligências forem concluídas. IV – A reclamação só pode ser utilizada para as hipóteses constitucionalmente previstas, não sendo meio idôneo para discutir procedimentos ou eventuais nulidades do inquérito policial. V – Reclamação improcedente. Rcl n. 10110/SC – SANTA CATARINA RECLAMAÇÃO. Relator(a): Min. RICARDO LEWANDOWSKI. Julgamento: 20.10.2011. Órgão Julgador: Tribunal Pleno.

AGRAVO REGIMENTAL NA RECLAMAÇÃO. EXECUÇÃO TRABALHISTA. PRESCRIÇÃO. ALEGAÇÃO DE DESCUMPRIMENTO DA SÚMULA VINCULANTE N. 8. AGRAVO REGIMENTAL AO QUAL SE NEGA PROVIMENTO. 1. A decisão reclamada observou a prescrição quinquenal: inexistência de descumprimento da Súmula Vinculante n. 8. 2. Não cabe Reclamação contra decisão com trânsito em julgado anterior ao seu ajuizamento (Súmula n. 734 do Supremo Tribunal Federal). 3. Impossibilidade da utilização da reclamação como sucedâneo de recurso. Precedentes. Rcl n. 7.971 AgR/PA – PARÁ, AG. REG. NA RECLAMAÇÃO, Relator(a): Minª. CÁRMEN LÚCIA, Julgamento: 25.11.2009 Órgão Julgador: Tribunal Pleno.

AGRAVO REGIMENTAL EM RECLAMAÇÃO CONTRA DECISÃO QUE NEGOU SEGUIMENTO AO PEDIDO, PREJUDICANDO O EXAME DE PEDIDO DE LIMINAR. 1. Argumentos insuficientes para alterar o que já havia sido decidido. Repetição dos já esposados na inicial. Não provimento do presente recurso. Art. 317, § 1º, do Regimento Interno do Supremo Tribunal Federal. Precedentes. 2. Não cabe Reclamação contra a decisão transitada em julgado proferida nos autos da Ação Civil Pública 02794-2003-001-12-008. Aplicabilidade do art. 449 do Código de Processo Civil; do art. 831, parágrafo único, da Consolidação das Leis do Trabalho e da Súmula n. 734 deste Supremo Tribunal. Precedentes. 3. Impossibilidade de utilização de Reclamação quando há recurso apropriado e cabível contra a decisão que julgou improcedentes os pedidos formulados pelo Reclamante. Precedentes 4. Caráter abusivo na utilização desta via recursal. Multa. Afronta direta ao art. 557, § 2º, do Código de Processo Civil. Descumprimento do dever de lealdade. Arts. 14, inc. II e III, e 17, inc. VII, do Código de Processo Civil. Precedentes. 5. Agravo regimental ao qual se nega provimento. Rcl n. 4.703 AgR / SC – SANTA CATARINA AG.REG.NA RECLAMAÇÃO Relator(a): Minª. CÁRMEN LÚCIA Julgamento: 2.3.2007 Órgão Julgador: Primeira Turma.

RECLAMAÇÃO. DESCUMPRIMENTO DA SÚMULA VINCULANTE N. 14 DO SUPREMO TRIBUNAL FEDERAL. EXERCÍCIO DO DIREITO DE DEFESA: AMPLO ACESSO AOS ELEMENTOS DE PROVA EM PROCEDIMENTO INVESTIGATÓRIO REALIZADO POR ÓRGÃO COM COMPETÊNCIA DE POLÍCIA JUDICIÁRIA. 1. Alegação de incompetência afastada. 2. Reclamação julgada procedente. Rcl n. 9.324/SP – SÃO PAULO RECLAMAÇÃO. Relator(a): Minª. CÁRMEN LÚCIA. Julgamento: 24.11.2011. Órgão Julgador: Tribunal Pleno.

Evidentemente, estas reclamações constitucionais têm o objetivo de restabelecer o direito vigente, segundo o entendimento do Supremo Tribunal Federal, sem qualquer conteúdo disciplinar ou correcional ao magistrado que proferiu a sentença cassada.

De todo o exposto, podemos extrair algumas reflexões: a cláusula de reserva de plenário e a Súmula Vinculante são formas de restringir o controle de constitucionalidade incidental dos órgãos fracionários (cuja declaração se limita à constitucionalidade das leis), mas também do controle incidental dos órgãos plenários (que deverão observar as súmulas vinculantes do Supremo Tribunal Federal, inclusive em matéria constitucional). Mas não é só: a cláusula de reserva de plenário se aplica também ao próprio Supremo Tribunal Federal, em sede de controle direto e concentrado, o qual também deverá seguir os ditames da lei, em caso de edição, revisão e cancelamento de enunciado de suas próprias súmulas vinculantes[40].

Esta constatação restaura a pergunta formulada anteriormente, relativa à aproximação — talvez artificial — do modelo brasileiro ao modelo americano de controle difuso, como em uma tentativa de resgate da primeira influência no ordenamento jurídico nacional. Com efeito, se o Brasil tem valorizado a experiência do controle concentrado — aproximando-se do modelo europeu, em que o controle direto é a via principal para a averiguação da conformidade do ato normativo com a Constituição da República —, como também justificar cientificamente a limitação crescente do controle difuso de constitucionalidade, que, por sua vez, já é considerado a vida de exceção de fiscalização da compatibilidade dos atos normativos com o texto constitucional?

Esse questionamento traz a lume a importância da ponderação dos modelos estrangeiros existentes com as particularidades nacionais. Nesse aspecto, a impressão que causa é que, de um lado, o modelo americano, de controle difuso, encontrou dupla forma de restringir a discussão, em seu sistema judicial: 1) adotando a força do precedente vinculante (*stare decisis*), o que resulta da tradição da *Common Law*; 2) adotando o sistema do *writ of certiorari*

---

(40) Lei n. 11.417, de 19 de dezembro de 2006.

como principal forma de acesso à Corte Suprema. Ora, ambas as fórmulas foram adotadas, com adaptações ao controle difuso brasileiro, por meio da Emenda Constitucional n. 45/2004, que instituiu a Súmula Vinculante e a repercussão geral.

De outro lado, já do modelo europeu e concentrado de controle de constitucionalidade dos atos normativos, o direito brasileiro tem herdado grande influência, seja com a instituição de novos mecanismos de ação direta, a partir da Constituição de 1988, como visto nos tópicos anteriores, seja com a já clássica reserva de plenário, a qual, embora também aplicável ao controle difuso, representa, em certa medida, a concentração do poder de declaração de inconstitucionalidade à composição plenária ou do órgão especial dos tribunais.

A conclusão inevitável a que se chega é que o modelo brasileiro misto atraiu, ao longo dos anos, o que há de mais concentrado em ambos os modelos — americano e europeu —, mitigando, de forma espetacular, o poder-dever de controle constitucional dos atos normativos pelas cortes inferiores.

3.2. A jurisprudência: abertura à inovação?

Com seu extraordinário poder de inovação e de renovação, a jurisprudência tem importante papel para o dinamismo do Direito Constitucional. Assim é que importantes Acórdãos do Supremo Tribunal Federal têm avançado no sentido de reconhecer, por exemplo,

> "que os **órgãos fracionários ou os membros julgadores dos tribunais, quando atuem monocraticamente**, rejeitem a arguição de invalidade dos atos normativos." (**RE n. 636.359-AgR-segundo**, rel. Min. **Luiz Fux**, julgamento em 3.112011, Plenário, DJE de 25.11.2011) – os grifos em todas as ementas não constam do original.

> "A orientação do STF admite, em situações extremas, o reconhecimento de efeitos meramente prospectivos à declaração incidental de inconstitucionalidade." (**AI 631.400-AgR**, rel. Min. Joaquim Barbosa, julgamento em 4.10.2011, Segunda Turma, DJE de 2.3.2012)

> "Alegação de contrariedade à Súmula Vinculante n. 10 do STF. (...) Indeferimento de medida cautelar não afasta a incidência ou declara a inconstitucionalidade de lei ou ato normativo. Decisão proferida em sede cautelar: desnecessidade de aplicação da cláusula de reserva de plenário estabelecida no art. 97 da CR." (**Rcl 10.864-AgR**, relª. Minª. **Cármen Lúcia**, julgamento em 24.3.2011, Plenário, DJE de 13.4.2011)

> "(...) resta evidente que não ocorreu violação à reserva de Plenário, pois o embasamento da decisão em princípios constitucionais não resulta, necessariamente, em juízo de inconstitucionalidade." (**RE n. 575.895-AgR**, voto da relª. Minª. **Ellen Gracie**, julgamento em 15.3.2011, Segunda Turma, DJE de 5.4.2011.)

> "Reconhecida a violação do art. 97 da Constituição, anulado o acórdão e determinado novo julgamento, com observância da reserva de Plenário, compete ao STJ dar o encaminhamento processual que entender adequado ao caso. Se, supervenientemente, o STJ firmou precedente sobre a matéria, observando o quanto disposto no art. 97 da Constituição, poderá ele aplicá-lo por seus órgãos fracionários, se a legislação assim o permitir no caso concreto." (**RE n. 516.814-ED**, rel. Min. **Joaquim Barbosa**, julgamento em 14.9.2010, Segunda Turma, DJE de 8.102010)

> "**Não há reserva de Plenário (art. 97 da Constituição) à aplicação de jurisprudência firmada pelo Pleno ou por ambas as Turmas desta Corte.** Ademais, não é necessária identidade absoluta para aplicação dos precedentes dos quais resultem a declaração de inconstitucionalidade ou de constitucionalidade. Requer-se, sim, que as matérias examinadas sejam equivalentes. Assim, cabe à parte que se entende prejudicada discutir a simetria entre as questões fáticas e jurídicas que lhe são peculiares e a orientação firmada por esta Corte. De forma semelhante, não se aplica a reserva de Plenário à constante rejeição, por ambas as Turmas desta Corte, de pedido para aplicação de efeitos meramente prospectivos à decisão." (**AI 607.616-AgR**, rel. Min. **Joaquim Barbosa**, julgamento em 31.8.2010, Segunda Turma, DJE de 1º.10.2010) **Vide: RE n. 361.829-ED**, relª. Minª. **Ellen Gracie**, julgamento em 2.3.2010, Segunda Turma, DJE de 19.3.2010.

> "A simples ausência de aplicação de uma dada norma jurídica ao caso sob exame não caracteriza, apenas por isso, violação da orientação firmada pelo STF. Para caracterização da contrariedade à Súmula Vinculante n. 10, do STF, é necessário que a decisão fundamente-se na incompatibilidade entre a norma legal tomada como base dos argumentos expostos na ação e a Constituição." (**Rcl 6.944**, Rel. Min. **Cármen Lúcia**, julgamento em 23-6-2010, Plenário, DJE de 13-8-2010.) **No mesmo sentido: AI 566.502-AgR**, relª. Minª. **Ellen Gracie**, julgamento em 1º.3.2011, Segunda Turma, DJE de 24.3.2011.

> "Inexistência de ofensa ao princípio da reserva de plenário, pois o acórdão recorrido analisou normas legais sem julgar inconstitucional lei ou ato normativo federal." (**RE n. 436.155-AgR**, relª. Minª. **Ellen Gracie**, julgamento em 24.3.2009, Segunda Turma, DJE de 24.4.2009.) **No mesmo sentido: AI 463.220-AgR**, rel. Min. **Ricardo Lewandowski**, julgamento em 15.2.2011, Primeira Turma, DJE de 4.3.2011; **RE n. 612.721-AgR**, relª. Minª. **Cármen Lúcia**, julgamento em 9.11.2010, Primeira Turma, DJE de 26.11.2010; **AI 799.809-AgR**, relª. Minª. **Cármen Lúcia**, julgamento em 9.11.2010, Primeira Turma, DJE de 25.11.2010.

> "O afastamento, pelo órgão fracionário do TRF 4ª Região, da incidência de norma prevista em lei federal aplicável à hipótese concreta, com base no art. 37 da CR, viola a cláusula de reserva de plenário. Súmula Vinculante n. 10 do STF." (**HC 92.438**, rel. Min. **Joaquim Barbosa**, julgamento em 19.8.2008, Segunda Turma, DJE de 19.12.2008.) **No mesmo sentido: RE n. 613.748-AgR**, rel. Min. **Ricardo Lewandowski**, julgamento em 11.10.2011, Segunda Turma, DJE de 26.10.2011.

> "O poder de que dispõe qualquer juiz ou tribunal para deixar de aplicar a lei inconstitucional a determinado processo (...) pressupõe a invalidade da lei e, com isso, a sua nulidade. A

faculdade de negar aplicação à lei inconstitucional corresponde ao direito do indivíduo de recusar-se a cumprir a lei inconstitucional, assegurando-se-lhe, em última instância, a possibilidade de interpor recurso extraordinário ao STF contra decisão judicial que se apresente, de alguma forma, em contradição com a Constituição (...) (Cf., a propósito, Rp n. 980, rel. Min. **Moreira Alves**, RTJ 96, p. 508). Tanto o poder do juiz de negar aplicação à lei inconstitucional quanto a faculdade assegurada ao indivíduo de negar observância à lei inconstitucional (mediante interposição de recurso extraordinário) demonstram que o constituinte pressupôs a nulidade da lei inconstitucional. Em certos casos, o efeito necessário e imediato da declaração de nulidade de uma norma, na declaração de inconstitucionalidade pelo STF ou pelos Tribunais de Justiça dos Estados, há de ser a exclusão de toda ultra-atividade da lei inconstitucional. A eventual eliminação dos atos praticados com fundamento na lei inconstitucional terá de ser considerada em face de todo o sistema jurídico, especialmente das chamadas fórmulas de preclusão. Na espécie, com a declaração de inconstitucionalidade, pelo tribunal local, dos atos normativos que conferiam pontuação extra a todos os servidores públicos municipais, quando submetidos a concurso público, atribuindo-lhes 40% da pontuação total das provas, entendo que o ato do Prefeito não violou direito líquido e certo dos impetrantes." (**RE n. 348.468**, voto do rel. Min. **Gilmar Mendes**, julgamento em 15.12.2009, Segunda Turma, DJE de 19.2.2010)

"Descabe cogitar, no caso, de reserva de plenário — art. 97 do referido Diploma —, especialmente quando a matéria de fundo se encontra sumulada." (**AI 555.254-AgR**, rel. Min. **Marco Aurélio**, julgamento em 11.3.2008, Primeira Turma, DJE de 2.5.2008.) **No mesmo sentido: AI 413.118-AgR**, rel. Min. **Joaquim Barbosa**, julgamento em 23.3.2010, Segunda Turma, DJE de 7.5.2010; **AI 348.800**, rel. Min. **Celso de Mello**, decisão monocrática, julgamento em 5.10.2009, DJE de 20.102009.

"Agravo de instrumento. Sociedade civil de prestação de serviços profissionais relativos ao exercício de profissão legalmente regulamentada — Cofins. Modalidade de contribuição social. Discussão em torno da possibilidade constitucional de a isenção outorgada por lei complementar (LC n. 70/1991) ser revogada por mera lei ordinária (Lei n. 9.430/1996). Exame da questão concernente às relações entre a lei complementar e a lei ordinária. Existência de matéria constitucional. Questão prejudicial de constitucionalidade (CPC, arts. 480 a 482). Postulado da reserva de plenário (CF, art. 97). Inobservância, na espécie, da cláusula constitucional do *full bench*. Consequente nulidade do julgamento efetuado por órgão meramente fracionário. Recurso de agravo improvido. Declaração de inconstitucionalidade e postulado da reserva de plenário. A estrita observância, pelos tribunais em geral, do postulado da reserva de plenário, inscrito no art. 97 da Constituição, atua como pressuposto de validade e de eficácia jurídicas da própria declaração jurisdicional de inconstitucionalidade dos atos do Poder Público. Doutrina. Jurisprudência. A inconstitucionalidade de leis ou de outros atos estatais somente pode ser declarada, quer em sede de fiscalização abstrata (método concentrado), quer em sede de controle incidental (método difuso), pelo voto da maioria absoluta dos membros integrantes do Tribunal, reunidos em sessão plenária ou, onde houver, no respectivo órgão especial. Precedentes. Nenhum órgão fracionário de qualquer Tribunal, em consequência, dispõe de competência, no sistema jurídico brasileiro, para declarar a inconstitucionalidade de leis ou atos emanados do Poder Público. Essa magna prerrogativa jurisdicional foi atribuída, em grau de absoluta exclusividade, ao plenário dos Tribunais ou, onde houver, ao respectivo órgão especial. Essa extraordinária competência dos Tribunais é regida pelo princípio da reserva de plenário inscrito no art. 97 da CR. Suscitada a questão prejudicial de constitucionalidade perante órgão meramente fracionário de Tribunal (Câmaras, Grupos, Turmas ou Seções), a este competirá, em acolhendo a alegação, submeter a controvérsia jurídica ao Tribunal Pleno. Equivalência, para os fins do art. 97 da Constituição, entre a declaração de inconstitucionalidade e o julgamento, que, sem proclamá-la explicitamente, recusa aplicabilidade a ato do Poder Público, sob alegação de conflito com critérios resultantes do texto constitucional. Equivale à própria declaração de inconstitucionalidade a decisão de Tribunal, que, sem proclamá-la, explícita e formalmente, deixa de aplicar, afastando-lhe a incidência, determinado ato estatal subjacente à controvérsia jurídica, para resolvê-la sob alegação de conflito com critérios resultantes do texto constitucional. Precedentes (STF)." (**AI 591.373-AgR**, rel. Min. **Celso de Mello**, julgamento em 18.9.2007, Segunda Turma, DJ de 11.10200.7.) No mesmo sentido: **AI 577.771-AgR**, rel. Min. **Celso de Mello**, julgamento em 18.9.2007, Segunda Turma, DJE de 16.5.2008; **RE n. 509.849-AgR**, rel. Min. **Celso de Mello**, julgamento em 4.12.2007, Segunda Turma, DJE de 1º.2.2008.

"Controle incidente de inconstitucionalidade: reserva de plenário (CF, art. 97). 'Interpretação que restringe a aplicação de uma norma a alguns casos, mantendo-a com relação a outros, não se identifica com a declaração de inconstitucionalidade da norma que é a que se refere o art. 97 da Constituição.' (cf. RE n. 184.093, **Moreira Alves**, DJ de 5.9.1997)." (**RE n. 460.971**, rel. Min. **Sepúlveda Pertence**, julgamento em 13.2.2007, Primeira Turma, DJ de 30.3.2007.) **No mesmo sentido: ARE n. 676.006-AgR**, rel. Min. **Luiz Fux**, julgamento em 22.5.2012, Primeira Turma, DJE de 6.6.2012.

"Vê-se, portanto, na linha de iterativa jurisprudência prevalecente nesta Suprema Corte e em outros tribunais (RTJ n. 82/44 – RTJ n. 99/544 – RTJ n. 124/415 – RTJ n. 135/32 – RT n. 179/922 – RT n. 208/197 – RT n. 231/665, *v.g.*), que a incompatibilidade entre uma lei anterior (como a norma ora questionada inscrita na Lei n. 691/1984 do Município do Rio de Janeiro/RJ, p. ex.) e uma Constituição posterior (como a Constituição de 1988) resolve-se pela constatação de que se registrou, em tal situação, revogação pura e simples da espécie normativa hierarquicamente inferior (o ato legislativo, no caso), não se verificando, por isso mesmo, hipótese de inconstitucionalidade (RTJ n. 145/339 – RTJ n. 169/763). Isso significa que a discussão em torno da incidência, ou não, do postulado da recepção — precisamente por não envolver qualquer juízo de inconstitucionalidade (mas, sim, quando for o caso, o de simples revogação de diploma pré-constitucional) — dispensa, por tal motivo, a aplicação do princípio da reserva de Plenário (CF, art. 97), legitimando, por isso mesmo, a possibilidade de reconhecimento, por órgão fracionário do Tribunal, de que determinado ato estatal não foi recebido pela nova ordem constitucional (RTJ n. 191/329-330), além de inviabilizar, porque incabível, a instauração do processo de fiscalização normativa abstrata (RTJ n. 95/980 – RTJ n. 95/993 – RTJ n. 99/544 – RTJ n. 143/355 – RTJ n. 145/339, *v.g.*)." (**AI 582.280 AgR**, voto do rel. Min. **Celso de Mello**, julgamento em 12.9.2006, Segunda Turma, DJ de 6.11.2006.) **No mesmo sentido: RE n. 495.370-AgR**, rel. Min. **Joaquim Barbosa**, julgamento em 10.8.2010, Segunda Turma, DJE de 1º.10.2010.

"**A regra da chamada reserva do plenário para declaração de inconstitucionalidade (art. 97 da CF) não se aplica, deveras, às turmas recursais de juizado especial**. Mas tal circunstância em nada atenua nem desnatura a rigorosa exigência de juntada de cópia integral do precedente que tenha, ali, pronunciado inconstitucionalidade de norma objeto de recurso extraordinário fundado no art. 102, III, "*b*", da Constituição da República, pela mesmíssima razão por que, a igual título de admissibilidade do recurso, não se dispensa juntada de cópia de acórdão oriundo de plenário." (**RE n. 453.744-AgR**, voto do rel. Min. **Cezar Peluso**, julgamento em 13.6.2006, Primeira Turma, DJ de 25.82006)

"O art. 481, parágrafo único, introduzido no CPC pela L. 9.756/1998 — que dispensa a submissão ao plenário, ou ao órgão especial, da arguição de inconstitucionalidade, quando já houver pronunciamento destes ou do plenário do STF sobre a questão — alinhou-se à construção jurisprudencial já então consolidada no Supremo Tribunal, que se fundara explicitamente na função outorgada à Corte de árbitro definitivo da constitucionalidade das leis." (**RE n. 433.101-AgR**, rel. Min. **Sepúlveda Pertence**, julgamento em 6.12.2005, Primeira Turma, DJ de 3.2.2006.) **No mesmo sentido: AI 413.118-AgR**, rel. Min. **Joaquim Barbosa**, julgamento em 23.3.2010, Segunda Turma, DJE de 7.5.2010; **AI 481.584-AgR**, relª. Minª. **Cármen Lúcia**, julgamento em 30.6.2009, Primeira Turma, DJE de 21.8.2009.

"A invocação das razões de Estado — além de deslegitimar-se como fundamento idôneo de justificação de medidas legislativas — representa, por efeito das gravíssimas consequências provocadas por seu eventual acolhimento, uma ameaça inadmissível às liberdades públicas, à supremacia da ordem constitucional e aos valores democráticos que a informam, culminando por introduzir, no sistema de direito positivo, um preocupante fator de ruptura e de desestabilização político-jurídica. Nada compensa a ruptura da ordem constitucional. Nada recompõe os gravíssimos efeitos que derivam do gesto de infidelidade ao texto da Lei Fundamental. A defesa da Constituição não se expõe, nem deve submeter-se, a qualquer juízo de oportunidade ou de conveniência, muito menos a avaliações discricionárias fundadas em razões de pragmatismo governamental. A relação do Poder e de seus agentes com a Constituição há de ser, necessariamente, uma relação de respeito. Se, em determinado momento histórico, circunstâncias de fato ou de direito reclamarem a alteração da Constituição, em ordem a conferir-lhe um sentido de maior contemporaneidade, para ajustá-la, desse modo, às novas exigências ditadas por necessidades políticas, sociais ou econômicas, impor-se-á a prévia modificação do texto da Lei Fundamental, com estrita observância das limitações e do processo de reforma estabelecidos na própria Carta Política. A defesa da CR representa o encargo mais relevante do STF. O STF — que é o guardião da Constituição, por expressa delegação do Poder Constituinte — não pode renunciar ao exercício desse encargo, pois, se a Suprema Corte falhar no desempenho da gravíssima atribuição que lhe foi outorgada, a integridade do sistema político, a proteção das liberdades públicas, a estabilidade do ordenamento normativo do Estado, a segurança das relações jurídicas e a legitimidade das instituições da República restarão profundamente comprometidas. O inaceitável desprezo pela Constituição não pode converter-se em prática governamental consentida. Ao menos, enquanto houver um Poder Judiciário independente e consciente de sua alta responsabilidade política, social e jurídico-institucional." (**ADI 2.010-MC**, rel. Min. **Celso de Mello**, julgamento em 30.9.1999, Plenário, DJ de 12.4.2002)

"Recurso extraordinário, a: acórdão recorrido de órgão fracionário do Tribunal *a quo*, fundado na afirmação incidente de constitucionalidade da lei discutida, já antes declarada pelo Plenário, em outro processo: hipótese em que, se o acórdão recorrido tem motivação própria, dispensa-se a documentação do teor da decisão plenária no mesmo sentido: revisão da jurisprudência anterior. **Cuidando-se de declaração incidente de constitucionalidade — e não de inconstitucionalidade — da lei, a competência, quando for o caso, será do órgão parcial a quem couber, segundo as normas gerais aplicáveis, julgar o caso concreto** (CF, art. 97; CPC, art. 481). Nessa hipótese — ao contrário do que sucede no caso de declaração de inconstitucionalidade —, o acórdão plenário que, decidindo incidente suscitado em outro processo, já houver resolvido, no mesmo sentido, a prejudicial de inconstitucionalidade é mero precedente de jurisprudência, que não integra, formalmente, porém, a decisão da Câmara ou da Turma. Certo, se a última se limita a reportar-se ao precedente do plenário, a juntada deste se fará necessária, quando da interposição do recurso extraordinário, para documentar os fundamentos da decisão recorrida e o prequestionamento dos temas ventilados no apelo constitucional. Não é o caso, porém, se — invocando ou não o precedente plenário — a decisão da Câmara ou da Turma contém, em si mesma, a motivação da declaração incidente de constitucionalidade. Revisão da jurisprudência em contrário." (**RE n. 149.478-AgR**, rel. Min. **Sepúlveda Pertence**, julgamento em 24.3.1993, Plenário, DJ de 23.4.1993)

Este estudo não pode terminar sem algumas reflexões de ordem prática de índole trabalhista em matéria constitucional. Com efeito, as decisões do Supremo Tribunal Federal têm impacto extraordinário em alguns temas de destaque no quotidiano forense trabalhista. Veja-se, a propósito, a notícia veiculada no sítio eletrônico do Tribunal Superior do Trabalho, a respeito da existência de 42 temas trabalhistas com repercussão geral reconhecida pelo Supremo Tribunal Federal, em total de 27.636 recursos extraordinários (números de março de 2012), os quais se encontram sobrestados na vice-presidência da mais alta Corte Trabalhista, aguardando que a Corte Constitucional defina seu entendimento sobre a matéria. Outros 2.313 casos se referiam a questões que ainda aguardavam a análise sobre a existência ou não de repercussão geral pelo Supremo Tribunal Federal[41].

Temas como a responsabilidade subsidiária da Administração Pública por encargos trabalhistas gerados pelo inadimplemento de empresa prestadora de serviço, ou a questão do recolhimento de FGTS em casos de contratação de servidor público sem aprovação em concurso público, são exemplos da amplitude das discussões trabalhistas em matéria constitucional. Notícia mais recente, de julho de 2012, traz números mais atualizados relativos aos processos com repercussão geral reconhecida pelo Supremo Tribunal Federal e com julgamento suspenso no âmbito do Tribunal Superior do Trabalho, aguardando a decisão a ser proferida pela Corte Suprema e que servirá de paradigma para os casos suspensos[42]. Eis o quadro demonstrativo:

Total de sobrestados até 30.6.2012: 36.166	
Quantidade	Tema
13.059	RE-603397/SC — Responsabilidade subsidiária — ente público.
6.798*	RE-596478/RR — Contrato nulo. FGTS. Lei n. 8.036.
5.599	RE-586453/SE — Complementação de aposentadoria
1.382	RE-590415 — Plano de Demissão Voluntária. Rescisão contratual.
1.001	RE-589998/PI — Correios. Dispensa. Motivação.
797	RE-812687 — Execução de sentença. Fraude à execução.
357	RE-635546 — Equiparação direito trabalhador terceirização X empregado público.
*	Tema já julgado pelo STF. Aguardando publicação de acórdão.

A propósito, a ementa a seguir reflete importante imbróglio causado na jurisprudência trabalhista e faz expressa referência à Súmula Vinculante n. 10, sobre a cláusula de reserva de plenário:

"Acórdão que entendeu ser aplicável ao caso o que dispõe o inciso IV da Súmula TST 331, sem a consequente declaração de inconstitucionalidade do art. 71, § 1º, da Lei n. 8.666/1993 com a observância da cláusula da reserva de Plenário, nos termos do art. 97 da CF. Não houve no julgamento do incidente de uniformização de jurisprudência (...) a declaração formal da inconstitucionalidade do art. 71, § 1º, da Lei n. 8.666/1993, mas apenas e tão somente a atribuição de certa interpretação ao mencionado dispositivo legal. (...) As disposições insertas no art. 71, § 1º, da Lei n. 8.666/1993 e no inciso IV da Súmula TST 331 são diametralmente opostas. O art. 71, § 1º, da Lei n. 8.666/1993 prevê que a inadimplência do contratado não transfere aos entes públicos a responsabilidade pelo pagamento de encargos trabalhistas, fiscais e comerciais, enquanto o inciso IV da Súmula TST n. 331 dispõe que o inadimplemento das obrigações trabalhistas pelo contratado implica a responsabilidade subsidiária da Administração Pública, se tomadora dos serviços. O acórdão impugnado, ao aplicar ao presente caso a interpretação consagrada pelo TST no item IV do Enunciado 331, esvaziou a força normativa do art. 71, § 1º, da Lei n. 8.666/1993. Ocorrência de negativa implícita de vigência ao art. 71, § 1º, da Lei n. 8.666/1993, sem que o Plenário do TST tivesse declarado formalmente a sua inconstitucionalidade. Ofensa à autoridade da Súmula Vinculante n. 10 devidamente configurada." (Rcl 8.150-AgR, Rel. p/ o ac. Minª. **Ellen Gracie**, julgamento em 24.11.2010, Plenário, DJE de 3.3.2011.) **No mesmo sentido: Rcl 7.517-AgR**, rel. Min. **Ricardo Lewandowski**, julgamento em 24.11.2010, Plenário, DJE de 14.4.2011. *Vide*: ADC 16, rel. Min. **Cezar Peluso**, julgamento em 24.11.2010, Plenário, DJE de 9.9.2011.

As decisões do Supremo Tribunal Federal — inclusive em sede de controle concentrado — quanto à responsabilidade subsidiária do ente público em hipótese de terceirização levaram o Tribunal Superior do Trabalho a adequar a súmula de sua jurisprudência, em especial o item V da Súmula n. 331, negritado abaixo[43].

Da mesma forma, o Tribunal Superior do Trabalho proferiu recentemente algumas decisões na matéria, dentre as quais citamos as seguintes:

---

(41) Disponível em: <http://www.tst.jus.br/busca-de-noticias?p_p_id=buscanoticia_WAR_buscanoticiasportlet_INSTANCE_xI8Y&p_p_lifecycle=0&p_p_state=normal&p_p_mode=view&p_p_col_id=column-2&p_p_col_count=2 &advanced-search-display=yes &articleId=1316002 &version=1.3 &groupId=10157 &entryClassPK=1316004>.

(42) Disponível em: <http://www.tst.jus.br/busca-de-noticias?p_p_state=normal&groupId=10157+&p_p_lifecycle=0&p_p_id=buscanoticia_WAR_buscanoticiasportlet_INSTANCE_xI8Y&p_p_col_count=2+&advanced-search-display=yes+&p_p_col_id=column--2&entryClassPK=2130064&p_p_mode=view&articleId=2130062+&version=1.0+>.

(43) **Redação atual da Súmula n. 331 do TST** — CONTRATO DE PRESTAÇÃO DE SERVIÇOS. LEGALIDADE (nova redação do item IV e inseridos os itens V e VI à redação) — Res. n. 174/2011, DEJT divulgado em 27, 30 e 31.5.2011.

I – A contratação de trabalhadores por empresa interposta é ilegal, formando-se o vínculo diretamente com o tomador dos serviços, salvo no caso de trabalho temporário (Lei n. 6.019, de 03.01.1974).

II – A contratação irregular de trabalhador, mediante empresa interposta, não gera vínculo de emprego com os órgãos da Administração Pública direta, indireta ou fundacional (art. 37, II, da CF/1988).

TERCEIRIZAÇÃO TRABALHISTA NO ÂMBITO DA ADMINISTRAÇÃO PÚBLICA. ART. 71, § 1º, DA LEI N. 8.666/93 E RESPONSABILIDADE SUBSIDIÁRIA DO ENTE PÚBLICO PELAS OBRIGAÇÕES TRABALHISTAS DO EMPREGADOR CONTRATADO. POSSIBILIDADE, EM CASO DE CULPA IN ELIGENDO DO ENTE OU ÓRGÃO PÚBLICO CONTRATANTE, NOS TERMOS DA DECISÃO DO STF PROFERIDA NA ADC N. 16-DF E POR INCIDÊNCIA DOS ARTS. 58, INCISO III, E 67, *CAPUT* E § 1º, DA MESMA LEI DE LICITAÇÕES E DOS ARTS. 186 E 927, *CAPUT*, DO CÓDIGO CIVIL. MATÉRIA INFRACONSTITUCIONAL E PLENA OBSERVÂNCIA DA SÚMULA VINCULANTE N. 10 E DA DECISÃO PROFERIDA PELO SUPREMO TRIBUNAL FEDERAL NA ADC N. 16-DF. SÚMULA N. 331, ITENS IV, V, E IV DO TRIBUNAL SUPERIOR DO TRABALHO. Conforme ficou decidido pelo Supremo Tribunal Federal, com eficácia contra todos e efeito vinculante (art. 102, § 2º, da Constituição Federal), ao julgar a Ação Declaratória de Constitucionalidade n. 16-DF, é constitucional o art. 71, § 1º, da Lei de Licitações (Lei n. 8.666/93), na redação que lhe deu o art. 4º da Lei n. 9.032/95, com a consequência de que o mero inadimplemento de obrigações trabalhistas causado pelo empregador de trabalhadores terceirizados, contratados pela Administração Pública, após regular licitação, para lhe prestar serviços de natureza contínua, não acarreta a esta última, de forma automática e em qualquer hipótese, sua responsabilidade principal e contratual pela satisfação daqueles direitos. No entanto, segundo também expressamente decidido naquela mesma sessão de julgamento pelo STF, isso não significa que, em determinado caso concreto, com base nos elementos fático-probatórios delineados nos autos e em decorrência da interpretação sistemática daquele preceito legal em combinação com outras normas infraconstitucionais igualmente aplicáveis à controvérsia (especialmente os arts. 54, § 1º, 55, inciso XIII, 58, inciso III, 66, 67, caput e seu § 1º, 77 e 78 da mesma Lei n. 8.666/93 e os arts. 186 e 927 do Código Civil, todos subsidiariamente aplicáveis no âmbito trabalhista por força do parágrafo único do art. 8º da CLT), não se possa identificar a presença de culpa in vigilando na conduta omissiva do ente público contratante, ao não se desincumbir satisfatoriamente de seu ônus de comprovar ter fiscalizado o cabal cumprimento, pelo empregador, daquelas obrigações trabalhistas, como estabelecem aquelas normas da Lei de Licitações e também, no âmbito da Administração Pública federal, a Instrução Normativa n. 2/2008 do Ministério do Planejamento, Orçamento e Gestão (MPOG), alterada por sua Instrução Normativa n. 03/2009. Nesses casos, sem nenhum desrespeito aos efeitos vinculantes da decisão proferida na ADC n. 16-DF e da própria Súmula Vinculante n. 10 do STF, continua perfeitamente possível, à luz das circunstâncias fáticas da causa e do conjunto das normas infraconstitucionais que regem a matéria, que se reconheça a responsabilidade extracontratual, patrimonial ou aquiliana do ente público contratante autorizadora de sua condenação, ainda que de forma subsidiária, a responder pelo adimplemento dos direitos trabalhistas de natureza alimentar dos trabalhadores terceirizados que colocaram sua força de trabalho em seu benefício. Tudo isso acabou de ser consagrado pelo Pleno deste Tribunal Superior do Trabalho, ao revisar sua Súmula n. 331, em sua sessão extraordinária realizada em 24.5.2011 (decisão publicada no Diário Eletrônico da Justiça do Trabalho de 27.5.2011, fls. 14 e 15), atribuindo nova redação ao seu item IV e inserindo-lhe o novo item V, nos seguintes e expressivos termos: SÚMULA N. 331. CONTRATO DE PRESTAÇÃO DE SERVIÇOS. LEGALIDADE. (...) IV – O inadimplemento das obrigações trabalhistas, por parte do empregador, implica a responsabilidade subsidiária do tomador dos serviços quanto àquelas obrigações, desde que haja participado da relação processual e conste também do título executivo judicial. V – Os entes integrantes da Administração Pública direta e indireta respondem subsidiariamente nas mesmas condições do item IV, caso evidenciada a sua conduta culposa no cumprimento das obrigações da Lei n. 8.666, de 21.6.1993, especialmente na fiscalização do cumprimento das obrigações contratuais e legais da prestadora de serviço como empregadora. A aludida responsabilidade não decorre de mero inadimplemento das obrigações trabalhistas assumidas pela empresa regularmente contratada. Na hipótese dos autos, verifica-se que o Tribunal de origem, com base no conjunto probatório, consignou, expressamente, que o ente público demandado não agiu com diligência na fiscalização do cumprimento do contrato de prestação de serviços, o que é suficiente, por si só, para caracterizar a culpa *in vigilando* e, consequentemente, manter a decisão que o condenou a responder, de forma subsidiária, pela satisfação da indenização por danos morais, decorrentes de acidente de trabalho. Agravo de instrumento desprovido.

RESPONSABILIDADE SUBSIDIÁRIA. ABRANGÊNCIA. INDENIZAÇÃO POR DANOS MORAIS, DECORRENTES DE ACIDENTE DE TRABALHO. A jurisprudência desta Corte pacificou-se no entendimento de que a responsabilização subsidiária, prevista na Súmula n. 331, item IV, do TST, implica o pagamento da totalidade dos débitos trabalhistas,

---

III – Não forma vínculo de emprego com o tomador a contratação de serviços de vigilância (Lei n. 7.102, de 20.06.1983) e de conservação e limpeza, bem como a de serviços especializados ligados à atividade-meio do tomador, desde que inexistente a pessoalidade e a subordinação direta.

IV – O inadimplemento das obrigações trabalhistas, por parte do empregador, implica a responsabilidade subsidiária do tomador dos serviços quanto àquelas obrigações, desde que haja participado da relação processual e conste também do título executivo judicial.

V – **Os entes integrantes da Administração Pública direta e indireta respondem subsidiariamente, nas mesmas condições do item IV, caso evidenciada a sua conduta culposa no cumprimento das obrigações da Lei n. 8.666, de 21.06.1993, especialmente na fiscalização do cumprimento das obrigações contratuais e legais da prestadora de serviço como empregadora. A aludida responsabilidade não decorre de mero inadimplemento das obrigações trabalhistas assumidas pela empresa regularmente contratada.**

VI – A responsabilidade subsidiária do tomador de serviços abrange todas as verbas decorrentes da condenação referentes ao período da prestação laboral.

inclusive as verbas rescisórias ou indenizatórias. Esse entendimento acabou sendo consagrado pelo Pleno deste Tribunal Superior do Trabalho que, em sessão extraordinária realizada em 24.5.2011, decidiu inserir o item VI na Súmula n. 331 da Corte, por intermédio da Resolução n. 174/2011 (decisão publicada no DEJT divulgado em 27, 30 e 31.5.2011), com a seguinte redação: — A responsabilidade subsidiária do tomador de serviços abrange todas as verbas. Dessa maneira, configurando-se a culpa *in vigilando* do ente público na fiscalização do contrato de prestação de serviços e não havendo limitação à sua responsabilidade subsidiária pelos débitos inadimplidos pela empresa prestadora de serviços, não há meios de se afastar a condenação do Estado do Rio Grande do Sul, de forma subsidiária, pelo pagamento de indenização por danos morais, em virtude de acidente de trabalho sofrido pela autora. Agravo de instrumento desprovido. Processo: AIRR – 141800-12.2008.5.04.0030 Data de Julgamento: 27.6.2012, relator Ministro: José Roberto Freire Pimenta, 2ª Turma, Data de Publicação: DEJT 3.8.2012.

AGRAVO DE INSTRUMENTO EM RECURSO DE REVISTA INTERPOSTO PELA FUFSCAR. RESPONSABILIDADE SUBSIDIÁRIA. ADMINISTRAÇÃO PÚBLICA. CULPA *IN VIGILANDO*. O Tribunal Regional decidiu a controvérsia em consonância com os arts. 186 e 927 do Código Civil, que prevêem a culpa *in vigilando*. Ademais, os arts. 58, III, e 67 da Lei n. 8.666/93 impõem à administração pública o dever de fiscalizar a execução dos contratos administrativos de prestação de serviços por ela celebrados. No presente caso, o ente público tomador dos serviços não cumpriu adequadamente essa obrigação, permitindo que a empresa prestadora contratada deixasse de pagar regularmente a seus empregados as verbas trabalhistas que lhes eram devidas. Saliente-se que tal conclusão não implica afronta ao art. 97 da CF e à Súmula Vinculante n. 10 do STF, nem desrespeito à decisão do STF na ADC n. 16, porque não parte da declaração de inconstitucionalidade do art. 71, § 1º, da Lei n. 8.666/93, mas da definição do alcance das normas inscritas nesta Lei, com base na interpretação sistemática. (...) Processo: AIRR - 177000-09.2009. 5.15.0008, Data de Julgamento: 27.6.2012, relatora Ministra: Dora Maria da Costa, 8ª Turma, Data de Publicação: DEJT 29.6.2012.

AGRAVO DE INSTRUMENTO. RECURSO DE REVISTA. PETROBRAS. RESPONSABILIDADE SUBSIDIÁRIA. CULPA *IN VIGILANDO*. Nega-se provimento ao agravo de instrumento em que a reclamada não consegue desconstituir os fundamentos da decisão proferida, quanto à responsabilidade subsidiária do ente da Administração Pública tomador de serviços, mantida por força do concreto descumprimento das obrigações da Lei n. 8.666/93, tendo sido constatada a culpa -*in vigilando*-. Revela-se, assim, a hipótese expressa na Súmula n. 331, V, desta Corte, em sintonia com a decisão proferida pelo STF na ADC 16/DF. Agravo de instrumento a que se nega provimento. Processo: AIRR – 55300-86.2009. 5.21.0012 Data de Julgamento: 20.6.2012, relator Ministro: Walmir Oliveira da Costa, 1ª Turma, Data de Publicação: DEJT 22.6.2012.

RESPONSABILIDADE SUBSIDIÁRIA. ENTE PÚBLICO. CULPA *IN VIGILANDO*. Nos termos do art. 71, § 1º, da Lei n. 8.666/93, a Administração Pública não responde pelo débito trabalhista apenas em caso de mero inadimplemento da empresa prestadora de serviço, o que não exclui sua responsabilidade em se observando a presença de culpa, mormente em face do descumprimento de outras normas jurídicas. Tal entendimento foi firmado pelo Supremo Tribunal Federal quando do julgamento da ADC n. 16 em 24.11.2010. Na hipótese dos autos, há registro expresso quanto à culpa do ente público a ensejar sua responsabilização subsidiária. Incidência da Súmula n. 331, IV e V. Agravo de instrumento a que se nega provimento. Processo: AIRR – 2397-85.2011. 5.11.0011 Data de Julgamento: 27.6.2012, relator Ministro: Guilherme Augusto Caputo Bastos, 2ª Turma, Data de Publicação: DEJT 3.8.2012.

1. RESPONSABILIDADE SUBSIDIÁRIA. ENTE PÚBLICO. CULPA *IN VIGILANDO*. INCIDÊNCIA DA SÚMULA N. 331, IV. NÃO PROVIMENTO. O excelso Supremo Tribunal Federal, ao julgar a ADC n. 16, ajuizada pelo Governador do Distrito Federal, declarou a constitucionalidade do art. 71, § 1º, da Lei n. 8.666/93. Ressalvou, contudo, que compete a esta colenda Corte Superior a análise de cada caso concreto, de modo a aplicar o entendimento consubstanciado na Súmula n. 331, nas hipóteses em que restar demonstrado que houve culpa da Administração na fiscalização das empresas contratadas no tocante ao pagamento dos encargos trabalhistas. Assim, expressamente consignado no acórdão recorrido a existência de culpa *in vigilando* e *in eligendo* da Caixa Econômica, incide ao caso o teor da Súmula n. 331, V, devendo o ente público, enquanto tomador dos serviços, responder subsidiariamente pelo adimplemento das obrigações trabalhistas deferidas no feito. Recurso de revista não conhecido. (...) Processo: RR – 302100-59.2009. 5.12.0039 Data de Julgamento: 27.6.2012, relator Ministro: Guilherme Augusto Caputo Bastos, 2ª Turma, Data de Publicação: DEJT 3.8.2012.

O tema da amplitude da legalidade de terceirizações em atividades econômicas também tem suscitado decisões trabalhistas que poderão vir a ser objeto de controle constitucional pelo Supremo Tribunal Federal. Veja-se, a propósito, recente notícia da notável decisão proferida pela Seção de Dissídios Individuais-1 do Tribunal Superior do Trabalho, na dicção do ministro autor da tese vencedora:

A Subseção de Dissídios Individuais-1, em composição plena, decidiu na sessão realizada hoje (8/11) que é irregular a terceirização das centrais de telemarketing pela empresa de telefonia Claro. Para o ministro José Roberto Freire Pimenta (foto), autor da divergência vencedora, esse "é um dos mais importantes casos destes últimos tempos no Tribunal Superior do Trabalho, porque se discutem, realmente, os limites da terceirização em uma atividade cada vez mais frequente e, também, controvertida".

O caso examinado foi o de uma empregada da TMKT Serviços de Telemarketing Ltda., que prestava serviços para a Claro S/A. A decisão proferida na SBDI-1 confirmou entendimento da Sexta Turma desta Corte, no sentido de reconhecer o vínculo de emprego da trabalhadora diretamente com a tomadora dos serviços.

Segundo o ministro Freire Pimenta, a legislação (§ 1º do art. 25 da Lei n. 8.987/95 e o art. 94, inciso II, da Lei n. 9.472/97) não autoriza as empresas de telecomunicações a terceirizarem suas atividades-fim. "Entendimento que, levado às suas últimas consequências, acabaria por permitir que essas desenvolvessem sua atividade empresarial sem ter em seus quadros nenhum empregado, e sim, apenas, trabalhadores terceirizados."

O magistrado destacou também que não procede o entendimento de que ao se conferir interpretação diversa da meramente literal dos dispositivos legais citados — para afastar a ilicitude desse tipo de terceirização das atividades-fim ou inerentes do serviço de telecomunicações — ofenderia o teor da Súmula Vinculante n. 10 do Supremo Tribunal Federal, ou a cláusula de reserva de Plenário prevista no art. 97 da Constituição da República à vista de diversos precedentes do Supremo Tribunal Federal.

A impossibilidade de distinção ou mesmo desvinculação da atividade de *call center* da atividade-fim da concessionária de serviços de telefonia dá-se em razão do fato de que é por meio da central de atendimento que o consumidor solicita serviços de manutenção, obtém informações, faz reclamações e até mesmo efetiva-se o reparo de possíveis defeitos sem a necessidade da visita de um técnico ao local. "A boa prestação desse serviço, assegurada no Código de Defesa de Consumidor, passa, necessariamente, pelo atendimento a seus usuários feito por meio das centrais de atendimento", ressaltou o magistrado.[44]

Como se vê, há claro entrelaçamento de matérias constitucionais e de índole trabalhista, o que justifica a aproximação do Direito Constitucional e do Direito do Trabalho. Talvez esse último seja mesmo o que mais concretize os princípios fundamentais da Constituição, mas deve fazê-lo com técnica e cientificidade.

Conclusão e perspectivas

A Constituição de 1988 ampliou o rol de instrumentos protetores dos direitos fundamentais, alargando-o para além do *habeas corpus* e do mandado de segurança e introduzindo o mandado de injunção, o *habeas data* e o mandado de segurança coletivo. Além disso, valorizou o controle de constitucionalidade concentrado, criando novos mecanismos, além da representação interventiva para proteção dos princípios sensíveis e da ação direta de inconstitucionalidade. Foram criadas a ação direta de constitucionalidade, a ação direta de inconstitucionalidade por omissão, a ação por descumprimento de preceito fundamental.

O controle de constitucionalidade incidental, por outro lado, também evoluiu para além da adoção da cláusula de reserva de plenário — condicionante para o legítimo exercício do controle de constitucionalidade no âmbito dos tribunais do judiciário brasileiro — para adotar mecanismos semelhantes aos utilizados nos países de regime jurídico da *Common Law*, tais como a repercussão geral e a súmula vinculante. A "importação" desses institutos em terras tropicais, porém, sofreu alterações.

O resultado desse complexo sistema de controle de constitucionalidade é um regime híbrido, misto, diferenciado, verdadeiro terceiro gênero, cuja evolução ainda é esperada, e que demonstra, atualmente, ter atraído o que há de mais concentrado em ambos os modelos — americano e europeu —, mitigando, de forma espetacular, o poder-dever de controle constitucional dos atos normativos pelas cortes inferiores.

A propósito, o Projeto de Lei n. 8046/2010, que cuida do novo Código de Processo Civil e tramita na Câmara dos Deputados, após aprovação no Senado Federal, trata da matéria, por exemplo, em seu art. 882:

> Art. 882. Os tribunais, em princípio, velarão pela uniformização e pela estabilidade da jurisprudência, observando-se o seguinte:
>
> I – sempre que possível, na forma e segundo as condições fixadas no regimento interno, deverão editar enunciados correspondentes à súmula da jurisprudência dominante;
>
> II – os órgãos fracionários seguirão a orientação do plenário, do órgão especial ou dos órgãos fracionários superiores aos quais estiverem vinculados, nesta ordem;
>
> III – a jurisprudência pacificada de qualquer tribunal deve orientar as decisões de todos os órgãos a ele vinculados;
>
> IV – a jurisprudência do Supremo Tribunal Federal e dos tribunais superiores deve nortear as decisões de todos os tribunais e juízos singulares do país, de modo a concretizar plenamente os princípios da legalidade e da isonomia;
>
> V – na hipótese de alteração da jurisprudência dominante do Supremo Tribunal Federal e dos tribunais superiores ou daquela oriunda de julgamento de casos repetitivos, pode haver modulação dos efeitos da alteração no interesse social e no da segurança jurídica.[45]

Parece, pois, que o novo Código de Processo Civil reflete a tendência concentradora da jurisprudência, alcançando

---

(44) 8.11.2012 - *TST decide que terceirização de call center na Claro é ilegal*, Processo: RR-E-RR-2938-13.2010.5.12.0016, notícia disponível em http://www.tst.jus.br/busca-de-noticias?p_p_id=buscanoticia_WAR_buscanoticiasportlet_INSTANCE_xl8Y&p_p_lifecycle=0&p_p_state=normal&p_p_mode=view&p_p_col_id=column-2&p_p_col_count=2&advanced-search-display=yes&articleId=3131528&version=1.7&groupId=10157&entryClassPK=3131530

(45) Disponível em: http://www.camara.gov.br/proposicoesWeb/fichadetramitacao?idProposicao=490267

não somente a matéria de índole constitucional, mas toda e qualquer matéria objeto de súmula ou jurisprudência dominante.

De outro lado, a criatividade judicial brasileira, de modo técnico e científico, vem promovendo evolução na jurisprudência, de modo a contribuir para vencer os desafios do sistema misto brasileiro, dentre os quais se encontram a aplicação exacerbada da "disciplina judiciária" e o risco do engessamento do Judiciário. Se o crescimento de importância do papel da jurisprudência é bem-vindo no contexto da *Civil Law*, em que as modificações legislativas nem sempre ocorrem com a celeridade adequada, ele não se revela livre de riscos.

Nesse contexto, a cláusula de reserva de plenário, inserida desde a Carta Constitucional de 1934, revela-se ajustado instrumento de controle de constitucionalidade dos atos normativos no âmbito dos tribunais, aplicável tanto ao modo difuso quanto ao modo concentrado.

Referências bibliográficas

BARROSO, Luís Roberto. *O controle de constitucionalidade no direito brasileiro*: exposição sistemática da doutrina e análise crítica da jurisprudência. 3. ed. rev. e atual. São Paulo: Saraiva, 2008.

BONAVIDES, Paulo. *Curso de Direito Constitucional*. 24. ed., 1. tir. São Paulo: Malheiros, 2009.

BRASIL. TRIBUNAL SUPERIOR DO TRABALHO. NOTÍCIAS. Disponível em: <www.tst.jus.br>.

CANOTILHO, J. J. Gomes. *Direito Constitucional e teoria da Constituição*. 7. ed., 10. reimp. Coimbra: Almedina, 2003.

CLAPP, James E. *Dictionary of the Law*. New York: Random House Webster's, 2000.

Common Law à brasileira e o anacronismo das súmulas. Disponível em: <http://atualidadesdodireito.com.br/andreroque/2012/08/16/common-law-a-brasileira-e-o-anacronismo-das-sumulas/>.

MARTIN, Jacqueline. *The English Legal System*. 4. ed. London: Hodder Education, an Hachette UK Company, 2010.

MEISSNER, William Baynard. *Súmula Vinculante*: um olhar comparativo com o *Stare Decisis*. Disponível em: <http://www.bmfbovespa.com.br/juridico/noticias-e-entrevistas/Noticias/Sumula-vinculante-um-olhar-comparativo-com-o-stare-decisis.asp>. Acesso em: 22.12.2012.

MENDES, Gilmar Ferreira *et alli*. *Curso de direito constitucional*. 2. ed., rev. e atual. São Paulo: Saraiva, 2008.

MENDES, Gilmar. *Controle de constitucionalidade*. Aulas proferidas no programa Saber Direito da TV Justiça. Disponível em 13 de abril de 2010, no sítio: <http://www.youtube.com/watch?v=3yl5Oj2TJNM>.

PART III. JURISDICTION ON WRIT OF CERTIORARI, Rule 10. Considerations Governing Review on Certiorari). Disponível em: <http://www.supremecourt.gov/ctrules/2010RulesoftheCourt.pdf>.

PINTO, José Guilherme Berman Corrêa. O *Writ of Certiorari*, artigo correspondente, com algumas modificações, ao Capítulo 3 da dissertação de mestrado defendida pelo autor no Programa de Pós-Graduação em Direito da PUC-Rio, em maio de 2006. Disponível em: <http://www.planalto.gov.br/ccivil_03/revista/Rev_86/artigos/JoseGuilherme_rev86.htm>. Acesso em: 28 dez. 2012.

PONTES DE MIRANDA. *Comentários à Constituição de 1967, com a Emenda n. 1/69*. Rio de Janeiro: Forense, 1987. t. III.

Projeto de Lei n. 8046/2010. Disponível em: <http://www.camara.gov.br/proposicoesWeb/fichadetramitacao?idProposicao=490267>.

SLAIBI FILHO, Nagib. *A arguição de inconstitucionalidade nos tribunais: notas sobre a nova redação que a Lei n. 9756/98 deu ao art. 481 do CPC*. Disponível em: <http://jus.com.br/revista/texto/915/a-arguicao-de-inconstitucionalidade-nos-tribunais-notas-sobre-a-nova-redacao-que-a-lei-no-9756-98-deu-ao-art-481-do-cpc>.

TST decide que terceirização de call center na Claro é ilegal. Processo: RR-E-RR-2938-13.2010.5.12.0016, notícia disponível em: <http://www.tst.jus.br/busca-de-noticias?p_p_id=buscanoticia_WAR_buscanoticiasportlet_INSTANCE_xI8Y&p_p_lifecycle=0&p_p_state=normal&p_p_mode=view&p_p_col_id=column-2&p_p_col_count=2 &advanced-search-display=yes &articleId=3131528 &version=1.7 &groupId=10157 &entryClassPK=3131530>.

Súmula Vinculante n. 17 do STF

Cristiana Soares Campos e Flávia Cristina Rossi Dutra

Súmula Vinculante n. 17 DO STF: Durante o período previsto no § 1º do art. 100 da Constituição Federal, não incidem juros de mora sobre os precatórios que nele sejam pagos (8.12.2011).

1. Breve histórico

Nasceu o precatório, nos idos do Império, inserido pela primeira vez na Constituição de 1934, como medida louvável e moralizadora da Administração Pública no Brasil, sendo necessária a tutela constitucional para que os precatórios fossem cumpridos. Antes, o pagamento da dívida pública dependia da boa vontade do Executivo para efetivá-lo e do Legislativo para abrir crédito correspondente. Com o precatório, passou-se a observar a ordem cronológica de apresentação dos mesmos para quitação, elidindo conchavos políticos e apadrinhamentos. Triunfou, portanto, como instituto democrático e constitucional representando segurança jurídica para as partes, para o fiel cumprimento das decisões judiciais exaradas contra a Fazenda Pública.

A sistemática de precatórios foi utilizada como instrumento de planejamento governamental, uma vez que o Poder Público brasileiro não teria condições de satisfazer aos direitos dos credores imediatamente, sem comprometer a realização de atividades e serviços públicos essenciais. Pela norma atual, o precatório emitido até 1º de julho de determinado ano deve ser incluído na Lei Orçamentária Anual (LOA) do ano seguinte (art. 100, § 1º).

Mas o que veio como medida moralizatória serviu para desvirtuar sua finalidade e favorecer o Poder Público ao extirpar das suas dívidas judiciárias a incidência dos juros de mora em período de 18 meses (da expedição do precatório em 1º de julho até 31 de dezembro do ano subsequente), quando a taxa de inflação do país, se hoje versa em torno de 0,6% ao mês, no passado se apresentou expressiva e crescente, minando o valor do crédito devido.

Nesse sentido, foi editada a Súmula Vinculante n. 17 do STF, que trata da contagem dos juros de mora no pagamento dos precatórios:

> 17 – "Durante o período previsto no § 1º do art. 100 da Constituição Federal, não incidem juros de mora sobre os precatórios que nele sejam pagos".

2. Antecedentes da Súmula Vinculante n. 17/ Jurisprudência STF e Tribunais

A proposta da Súmula Vinculante, encaminhada ao Plenário do STF, foi decidida no julgamento do RE n. 591.085-7, ficando vencido o ministro Marco Aurélio, cujo voto merece ser parcialmente transcrito:

> "— Repito, mais uma vez: qual é a natureza jurídica do precatório? É um documento que libera o devedor? É um documento que implica, muito embora submetido o fenômeno a uma condição resolutiva — não pagamento nos dezoito meses, a liberação do devedor? Qual é a consequência prática, econômica e financeira de dizer-se que a mora existe, a partir da citação, e que, uma vez transitado em julgado o título, englobando até mesmo de forma implícita os juros da mora, neste longo período em que o Estado tem para liquidar o débito — já que o particular tem vinte e quatro horas e o Estado, dezoito meses, e geralmente não o liquida, ele não responde, nesse período, pelos juros de mora? E se não liquidar nos dezoito meses, volar-se-á ao estado anterior para, aí sim, calcularam-se os juros de mora. (...)

> Para se ter uma ideia, o Estado de São Paulo, a maior unidade da Federação brasileira, não liquidou até hoje os precatórios alimentares de 1999, e, diria, de 1998, passados dez anos. Nesse caso, evidentemente, segundo a jurisprudência do Tribunal, haveria ocorrido a suspensão da incidência dos juros da mora e, posteriormente, o Estado teria se mostrado inadimplente mais uma vez, voltando o referido acessório a ser considerado.

> Presidente, repito, a inadimplência é originária. A inadimplência conduz ao ajuizamento da ação e a sua decisão condenatória, presente a obrigação, presente a obrigação de dar. A inadimplência persiste nesse caso — constitucional, realmente — de dezoito meses para a liquidação do débito. Interpretação diversa elastece, a meu ver, a mais não poder, as consequências nefastas do precatório. E numa interpretação que, repito, implica enriquecimento indevido do Estado, no que ele deixa de satisfazer, se liquidar o precatório — aí, a esperança do credor será não liquidar o precatório dentro dos dezoito meses, meio por cento ao mês do que devido ao credor."

E o ministro Marco Aurélio ainda confronta o entendimento da Corte com o art. 78 do Ato das Disposições Transitórias, que prevê expressamente que, durante o prazo para a liquidação das parcelas anuais alusivas ao precatório, dar-se-á a incidência dos juros de mora. Mas ficou vencido, como já visto, assim como o ministro Carlos Velloso, já aposentado.

E, em 8.12.2011, o STF editou a Súmula Vinculante n. 17.

Ao interpretar a Súmula Vinculante n. 17, o STF tem firmado entendimento no sentido de que, se a Fazenda Pública não efetuar o pagamento do precatório no prazo estipulado no § 1º do art.100 da CR (atual § 5º), os juros de mora devem incidir a partir da *data da inscrição do precatório* até o efetivo pagamento.

> RECURSO DE EMBARGOS. EXECUÇÃO. PRECATÓRIO. JUROS DE MORA. TERMO INICIAL. JUÍZO DE RETRATAÇÃO. Interposto recurso extraordinário contra acórdão desta SDI-I, o eminente ministro vice-presidente desta Casa, — tendo em vista a aparente contrariedade entre a decisão recorrida e a orientação firmada pelo Supremo Tribunal Federal, e antes de exercer juízo de admissibilidade sobre o Recurso Extraordinário, interposto e pendente de apreciação —, submeteu — a matéria — à — elevada consideração —, — para virtual emissão de juízo de retratação, por economia e celeridade processuais, em face do disposto no art. 543-B, § 3º, do Código de Processo Civil. Em hipóteses como a dos autos, em que não efetuado o pagamento integral da dívida no prazo previsto no art. 100, § 1º, da Carta Política, esta Corte Superior pacificou a jurisprudência no sentido de que incidem juros de mora a partir da data de expedição do precatório. Encontrando-se o acórdão recorrido em consonância com esse entendimento, descabe o exercício do juízo de retratação. (E-RR-185100-52.1992.5.03.0017, relatora Ministra Rosa Maria Weber, Subseção I Especializada em Dissídios Individuais, DEJT de 18.11.2011)

O Tribunal Pleno do TRT da 3ª Região fixou, inclusive, a *data da propositura da ação*, como termo para contagem dos juros de mora:

> EMENTA: PRECATÓRIO 3 PERÍODO CONSTITUCIONAL — SÚMULA VINCULANTE N. 17 — JUROS — PAGAMENTO FORA DO PRAZO — A teor da Súmula Vinculante n. 17/ STF não são devidos juros no período constitucional. Porém, se a Fazenda Pública não efetuar o pagamento no prazo estipulado, estes devem ser contados desde a data da propositura da ação. Veja-se a redação da referida súmula, *in verbis*: "Durante o período previsto no § 1º do art. 100 da Constituição, não incidem juros de mora sobre os precatórios que nele sejam pagos." Processo: 0002900-27.1990.5.03.0024 AgR – Processo (n. antigo): 00029-1990-024-03-00-0 AgR – pub: 26.11.2010 – Órgão Julgador: Tribunal Pleno – Relator: Jorge Berg de Mendonca.

3. As prerrogativas da Fazenda Pública e a modernização do processo, com o escopo de tornar a prestação jurisdicional mais eficiente e mais célere

Goza a Fazenda Pública de diversas prerrogativas em juízo, como o prazo em quádruplo para contestar, em dobro para recorrer (art. 188 CPC), em dobro para interpor agravo regimental (Súmula n. 116/STJ), a remessa *ex officio* (art. 475, § 1º, CPC), dentre outros.

No universo da modernização dos instrumentos do Direito, houve grande evolução nas normas de organização do processo judicial brasileiro e do direito processual, a fim de dar mais agilidade ao curso das ações judiciais no país, como o Processo Eletrônico Judicial, os Juizados Especiais, as Semanas da Conciliação criada pelo CNJ, a aplicação do art. 475, I, e ss. do CPC, que dispensa a citação do devedor na fase de execução, dentre inúmeras outras.

Mas, por outro lado, nada se fez para tornar mais eficiente e célere a tramitação das ações em que a Fazenda Pública figura como devedora. A execução por quantia certa contra a Fazenda Pública continua a ser balizada pelos arts. 730 e 731 do CPC e art. 100 da CR.

O juiz comunica o presidente do Tribunal, que faz a requisição à autoridade pública competente, sendo que o pagamento dos precatórios deverá observar a ordem cronológica, conforme data de apresentação, sendo que a quebra da ordem importará em sequestro. Primeira conclusão: subsiste, pois, a independência entre os processos de execução e de conhecimento (sendo necessária nova citação), não se aplicando à Fazenda Pública, portanto, o cumprimento da sentença com base no art. 475, I, e ss do CPC. Segunda conclusão: a execução por quantia certa contra a Fazenda Pública somente será possível com sentença transitada em julgado, ficando afastada a execução provisória (com a Emenda Constitucional n. 30, de 13.9.2000). Terceira: impenhorabilidade dos bens públicos e inexigência de depósito de reserva pecuniária para interposição de embargos (garantia da execução — art. 488 do CPC).

Tais prerrogativas se chocam com o princípio da isonomia (art. 5º, *caput*, da CR) e garantem ao Estado posição de primazia em relação ao particular, valendo lembrar que quem enfrenta o poderoso Estado, maior litigante judicial do Brasil, no polo ativo da relação processual é o cidadão — pobre, na maioria das vezes.

O art. 100 da CR garante a ordem cronológica para quitação dos precatórios, com obrigatoriedade de inclusão no orçamento das entidades de direito público, de verba necessária à quitação dos precatórios apresentados até 1º de julho, fazendo-se o pagamento até o final do ano subsequente.

Entretanto, já há muito tempo, essa previsão constitucional vem sendo desrespeitada pelos entes públicos devedores, gerando atraso incalculável no pagamento dos precatórios, o que motivou a edição da EC n. 62/2009, conhecida como a "Emenda do Calote". Importante observar que o legislador constitucional alterou a redação original do art. 100, por meio das Emendas ns. 30/2000, 37/2002 e 62/2009. Também assim foi acrescentado o art. 78 do ADCT, pela EC n. 30/2000, e o art. 97, pela EC n. 62/2009.

A EC n. 30/2000 deu nova redação ao § 1º do art. 100, acrescentando a previsão de atualização monetária dos valores do precatório quando de seu pagamento, sem expedição de precatório complementar, tornando mais clara a não incidência de juros moratórios.

Já a EC n. 62/2009 alterou significativamente o regime do precatório, beneficiando Estados e municípios devedores, instituindo limite anual para cumprimento de decisões judiciais, prazo de 15 anos para pagar credores e leilão de precatórios, que provocará deságio no valor da dívida. A emenda foi questionada na Corte por meio de quatro Ações Diretas de Inconstitucionalidade (ADIs ns. 4.357, 4.372, 4.400 e 4.425)[1].

4. Proposta de modificação da Súmula Vinculante n. 17 pelo Estado de São Paulo — Súmula Vinculante n. 59 do STF

A propósito, é importante alertar que a Fazenda Pública não se contentou com a suspensão da contagem dos juros de mora no período de 18 meses no pagamento do precatório. Propõe, agora, que não sejam computados juros, mesmo se esgotado o prazo (18 meses) sem a quitação da dívida. Já não basta a aplicação da Súmula Vinculante n. 17.

Assim, o Estado de São Paulo ingressou com Proposta de Modificação da Súmula Vinculante n. 59, perante o STF, visando modificar a Súmula Vinculante n.17, para propor a nova redação:

> "Durante o período previsto no parágrafo primeiro do art. 100 da Constituição, não incidem juros de mora, voltando a correr a partir do <u>vencimento</u> do precatório, caso não pago dentro daquele período" (grifamos).

O Conselho Federal da OAB ingressou com processo de defesa de todos os credores de precatórios, requerendo o sobrestamento de tal súmula, até prévia análise das ações diretas de *constitucionalidades ns. 4.357, 4.372, 4.400 e 4.425* propostas contra a EC n. 62/2009.

5. Violação expressa da Constituição da República/ Conclusão

É certo que, em uma sociedade ideal, o Estado, como personificação do poder político e jurídico, não necessitaria submeter-se a uma sistemática de execução para solver suas próprias dívidas. Mas se o precatório serve para moralização do sistema de pagamento dos débitos da Fazenda Pública, e fortalecimento do Estado de Direito, por homenagear os princípios da moralidade, impessoalidade e igualdade, e para isso foi criado, nada mais justo e salutar que não se desvirtue dos seus princípios constitucionais originários para ser usado como medida de legitimação de calote ou de usurpação de crédito de particular.

Assim, o credor do precatório tem direito de haver os juros contabilizados durante o trâmite do precatório, devendo ser reparado pela demora no cumprimento do seu precatório, com recebimento de seu crédito acrescido de atualização monetária e juros de mora, a contar da data da propositura da ação, ou, no mínimo, da data da expedição do precatório.

E por isso podemos concluir que o pagamento de dívida pública judiciária por precatório, com exclusão dos juros de mora no período de 1º de julho até o final do ano seguinte (18 meses ou um ano e meio), quebra o princípio isonômico entre as receitas cobradas do particular (corrigidas e atualizadas monetariamente, com juros contabilizados a partir da propositura da ação) e as dívidas do Poder Público (que são apenas atualizadas monetariamente, mas excluem a contagem dos juros de mora nos precatórios pagos no espaço de tempo entre sua expedição e o término do exercício subsequente — 18 meses).

E o que é pior. O Estado vem avançando na sistemática de beneficiar-se no cumprimento de suas obrigações, em detrimento do particular, visando à legitimação da modificação da Súmula Vinculante n. 17 do STF, para exclusão da contagem dos juros de mora mesmo quando o prazo constitucional para pagamento do precatório for descumprido, o que avilta ainda mais a dignidade da pessoa humana, como princípio central do Estado Democrático de Direito, que prevê como direito fundamental a efetividade do processo e sua duração razoável, o que inclui o modo de executar débitos contra a Fazenda Pública.

A *contrario sensu* da evolução normativa do precatório, o que se destaca é que os procedimentos administrativos para pagamento do precatório não podem ser utilizados como meio de eximir o ente público de quitar integralmente suas obrigações. Até porque, para se expedir o precatório, é necessário o reconhecimento de uma pretensão indevidamente resistida pela Fazenda Pública, depois de vencidos todos os questionamentos já realizados no processo de conhecimento e na própria execução.

---

(1) Quando do julgamento das Ações Direta de Inconstitucionalidade ns. 4.357 e 4.425, em sessão de julgamento ocorrida em 13.3.2013, o STF declarou inconstitucionais os dispositivos do art. 100 da Constituição Federal e do art. 97 do ADCT, alterados pela Emenda Constitucional n. 62/2009, que criaram o Regime Especial de pagamento. A decisão, contudo, ainda será sujeita a modulação de efeitos. Notícia: "STF declara inconstitucionais dispositivos da emenda dos precatórios", datada de 13 de março de 2013. Disponível em: <http://www.stf.jus.br/portal/cms/verNoticiaDetalhe.asp?idConteudo=233409>. Acesso em: 10 jul. 2013.

Propomos, portanto, a alteração da Súmula Vinculante n. 17 do STF para que passe a ter a seguinte redação, como medida de justiça e freamento à cobiça do Estado:

> *"Durante o período previsto no parágrafo 1º do art. 100 da Constituição Federal, **incidem juros de mora sobre os precatórios que nele sejam pagos, e assim até o efetivo pagamento**."*

Referências bibliográficas

BRAGA, Caroline Duarte. *Execução contra a Fazenda Pública:* Sistemática do Precatório. Dissertação de Mestrado em Direito Constitucional pela Universidade Federal do Ceará – UFC.

CIMARDI, Cláudia Aparecida. A Execução contra a Fazenda Pública no Projeto do CPC, *Revista Informação Legislativa*, v. 48, n. 190, t. 1, p. 123-139, abr./jun. 2011.

FONSECA, Ângelo Emílio de Carvalho. *Execução contra a Fazenda Pública:* a Sistemática dos Precatórios e a Emenda Constitucional n. 62/2009. Monografia Universidade Federal de Minas Gerais – UFMG 2011.

OLIVEIRA, Antônio Flávio. *Precatórios*. Belo Horizonte: Fórum, 2009.

THEODORO JUNIOR, Humberto. *Curso de Direito Processual Civil.* 44 ed. Rio de Janeiro: Forense, 2009. v. 2.

_____. *Processo de Execução e Curso de Sentença*. 26. ed. São Paulo: Leud, 2009.

VIANA, Juvêncio Vasconcelos. *Execução contra a Fazenda Pública*. São Paulo: Dialética, 1998.

"STF declara inconstitucionais dispositivos da emenda dos precatórios". Disponível em: <http://www.stf.jus.br/portal/cms/verNoticiaDetalhe.asp?idConteudo=233409>. Acesso em: 10 jul. 2013.

Súmula Vinculante n. 22 do STF: Solução de Uma Longa Polêmica

Sebastião Geraldo de Oliveira

SÚMULA VINCULANTE N. 22: A JUSTIÇA DO TRABALHO É COMPETENTE PARA PROCESSAR E JULGAR AS AÇÕES DE INDENIZAÇÃO POR DANOS MORAIS E PATRIMONIAIS DECORRENTES DE ACIDENTE DE TRABALHO PROPOSTAS POR EMPREGADO CONTRA EMPREGADOR, INCLUSIVE AQUELAS QUE AINDA NÃO POSSUÍAM SENTENÇA DE MÉRITO EM PRIMEIRO GRAU QUANDO DA PROMULGAÇÃO DA EMENDA CONSTITUCIONAL N. 45/04.

1. Introdução

Neste estudo vamos analisar a Súmula Vinculante n. 22 do Supremo Tribunal Federal (STF), aprovada na sessão plenária do dia 2 de dezembro de 2009, que pacificou uma longa controvérsia a respeito da competência material para julgamento das ações indenizatórias decorrentes dos acidentes do trabalho ou doenças ocupacionais. Vejam o teor da referida súmula:

> **Competência — Processo e Julgamento — Indenização por Danos Morais e Patrimoniais Decorrentes de Acidente de Trabalho.** A Justiça do Trabalho é competente para processar e julgar as ações de indenização por danos morais e patrimoniais decorrentes de acidente de trabalho propostas por empregado contra empregador, inclusive aquelas que ainda não possuíam sentença de mérito em primeiro grau quando da promulgação da Emenda Constitucional n. 45/04.

Além de relatar a evolução da polêmica doutrinária a respeito dessa competência, que durou mais de meio século, vamos analisar a abrangência da Súmula Vinculante n. 22 e as controvérsias que ainda podem ocorrer.

2. Histórico das controvérsias sobre a competência para julgamento das ações indenizatórias decorrentes de acidentes do trabalho

Após a promulgação da Constituição da República de 1988, a competência para processar e julgar as ações indenizatórias decorrentes dos acidentes do trabalho gerou polêmicas e decisões contraditórias que se tornaram mais acentuadas com a promulgação da Emenda Constitucional n. 45/2004.

A discussão sobre essa competência sempre esteve presente desde a criação da Justiça do Trabalho, ramo do Poder Judiciário brasileiro especializado na solução dos litígios entre o trabalhador e a empresa.

Quando do advento da Consolidação das Leis do Trabalho (CLT), em 1943, não havia dúvida a respeito dessa competência porque o Decreto n. 24.637/1934, que regulamentava o seguro de acidente do trabalho, expressamente excluía o cabimento da responsabilidade civil do empregador[1]. As demandas judiciais envolvendo acidente do trabalho somente versavam sobre os direitos assegurados na legislação da infortunística. Daí a ressalva indicada no art. 643, § 2º, da CLT: "As questões referentes a acidentes do trabalho continuam sujeitas à justiça ordinária, na forma do Decreto n. 24.637, de 10 de julho de 1934, e legislação subsequente."

Na Assembleia Constituinte de 1946, o projeto original, além de incluir a Justiça do Trabalho entre os órgãos do Poder Judiciário, atribuía-lhe a competência para julgar os dissídios relativos aos acidentes do trabalho, por se tratar de típica demanda decorrente da relação de emprego. Todavia, foi apresentada a Emenda n. 2.662 para excluir da Justiça do Trabalho a competência para julgamento das questões acidentárias, com o propósito, segundo a doutrina da época, de atender "aos interesses das companhias seguradoras privadas que temiam a benevolência dos órgãos da Justiça trabalhista em favor dos acidentados"[2]. Com efeito, na redação final do art. 123 da Constituição de 1946, que tratou da competência da Justiça do Trabalho, foi acrescido o § 1º, com ressalva expressa: "Os dissídios relativos a acidentes do trabalho são de competência da Justiça ordinária". Mesmo quando a seguradora era uma autarquia federal, o STF entendia que a competência para a ação de acidente do trabalho era da Justiça Comum[3].

De forma semelhante, o projeto original da Constituição de 1967, quando tratava da competência da Justiça do Trabalho, não excluía os litígios decorrentes dos acidentes do trabalho. No entanto a Emenda n. 820-2, de autoria do senador Gilberto Marinho, apoiada pela de n. 849-5, do senador Eurico Resende, indicou a inclusão de um parágrafo sob a alegação singela de que:

> Guanabara, São Paulo, Minas, Rio Grande, Pernambuco, Bahia e outros Estados, com suas Varas especializadas,

---

(1) Decreto n. 24.637, de 10 jul. 1934. Art. 12. "A indenização estatuída pela presente lei exonera o empregador de pagar à vítima, pelo mesmo acidente, qualquer outra indenização de Direito Comum."
(2) FERREIRA FILHO, Manoel Gonçalves. *Comentários à Constituição brasileira*. 4. ed. São Paulo: Saraiva, 1983. p. 526.
(3) STF. Súmula n. 235, de 16 dez. 1963 — "É competente para a ação de acidente do trabalho a justiça cível comum, inclusive em segunda instância, ainda que seja parte autarquia seguradora".

perfeitamente aparelhadas, processam e julgam no momento mais de cem mil causas relativas a acidentes do trabalho, o que torna facílimo prever as consequências de um hiato no sistema atual.[4]

Por conseguinte, a Constituição de 1967 e a Emenda Constitucional de 1969 mantiveram a mesma ressalva constante da Constituição de 1946. Com efeito, a competência para julgar as causas referentes à indenização por responsabilidade civil, decorrentes de acidente do trabalho era da Justiça Comum Estadual, uma vez que o art. 142, que fixava a competência da Justiça do Trabalho, contemplava uma exceção no § 2º, com o seguinte teor: "Os litígios relativos a acidentes do trabalho são de competência da justiça ordinária dos Estados, do Distrito Federal e dos Territórios, salvo exceções estabelecidas na Lei Orgânica da Magistratura Nacional".

Naquela época, contudo, já se discutia a responsabilidade civil do empregador por acidente do trabalho, porque a Súmula n. 229 do STF, publicada em 1963, fixara entendimento de que "a indenização acidentária não exclui a do Direito Comum, em caso de dolo ou culpa grave do empregador".

Quando a Lei n. 5.316/1967 integrou o seguro de acidente do trabalho na Previdência Social, o seu art. 16 dizia: "Os juízes federais são competentes para julgar os dissídios decorrentes da aplicação desta Lei". Esse artigo, porém, foi considerado inconstitucional porque estava em vigor a Constituição de 1967, cujo art. 142, acima mencionado, adotava ressalva expressa atribuindo à Justiça Comum a competência dos litígios relativos aos acidentes do trabalho. Diante desse entendimento, o STF adotou, em 1969, a Súmula n. 501, cujo enunciado esclarecia: "Compete à Justiça ordinária estadual o processo e o julgamento, em ambas as instâncias, das causas de acidente do trabalho, ainda que promovidas contra a União, suas autarquias, empresas públicas ou sociedades de economia mista."

Entretanto, desde a promulgação da Constituição da República de 1988, a questão da competência mereceu tratamento diverso. Em primeiro lugar, porque o art. 114 não repetiu a ressalva acima registrada, não devendo o intérprete criar distinção onde a Lei Maior não distinguiu; em segundo, porque a indenização a cargo do empregador, proveniente do acidente do trabalho, foi incluída expressamente no rol dos direitos dos trabalhadores (art. 7º, XXVIII).

Dessa forma, a interpretação que concluía pela competência da Justiça Comum incidia em visível equívoco, porque em vez de privilegiar a regra da competência ampla da Justiça do Trabalho, conforme previsto no art. 114 da Constituição, buscava solução por obscura via transversa numa exceção à competência da Justiça Federal. Ora, a ressalva do art. 109, I, da Carta Maior só indica que as causas de falência, de acidente do trabalho e as sujeitas à Justiça Eleitoral e à Justiça do Trabalho não são da competência da Justiça Federal, mesmo quando forem interessadas a União, a entidade autárquica ou a empresa pública federal. Assinala o professor Roland Hasson que:

> É por demais incoerente e forçado o entendimento de que a definição da competência entre a Justiça Estadual e a do Trabalho para as demandas acidentárias que envolvam a responsabilidade do empregador esteja contida não no art. 114, mas em dispositivo constitucional destinado a determinar a competência de um terceiro órgão jurisdicional, ou seja, destinado a tratar da Justiça Federal (art. 109, I).[5]

O art. 129 da Lei n. 8.213/1991, que dispõe sobre os Planos de Benefícios da Previdência Social, fixa a competência da Justiça Estadual para as causas decorrentes dos acidentes do trabalho apenas no que tange aos direitos acidentários, oriundos do seguro infortunístico, tanto que menciona as hipóteses de apreciação dos litígios na esfera administrativa ou na via judicial[6]. Esses litígios em que se postulam benefícios acidentários, ainda que provenientes da execução do contrato de trabalho, não têm o empregador no polo passivo, já que a ação é ajuizada pelo segurado em face da Previdência Social, que detém o monopólio do seguro de acidente do trabalho.

Como se depreende do exposto, a conclusão inarredável seria que, após a Constituição da República de 1988, os litígios referentes às indenizações por danos materiais, morais ou estéticos postuladas pelo acidentado em face do empregador, provenientes de acidente do trabalho, deveriam ser apreciados pela Justiça do Trabalho.

Apesar dessa sólida fundamentação, durante vários anos houve decisões contraditórias sobre o tema nos tribunais superiores, sendo que no ano de 2004 prevaleceu no STF e no STJ o entendimento de que a competência

---

(4) SARASATE, Paulo. *A Constituição do Brasil ao alcance de todos*. Rio de Janeiro: Freitas Bastos, 1967. p. 463.
(5) HASSON, Roland. *Acidente de trabalho & competência*. Curitiba: Juruá, 2002. p. 156.
(6) Art. 129. "Os litígios e medidas cautelares relativos a acidentes do trabalho serão apreciados: I – na esfera administrativa, pelos órgãos da Previdência Social, segundo as regras e prazos aplicáveis às demais prestações, com prioridade para a conclusão, e II – na via judicial, pela Justiça dos Estados e do Distrito Federal, segundo o rito sumaríssimo, inclusive durante as férias forenses, mediante petição instruída pela prova de efetiva notificação do evento à Previdência Social, através de Comunicação de Acidente do Trabalho – CAT".

era da Justiça Comum, enquanto no TST predominou a conclusão de que a competência era da Justiça do Trabalho. Aliás, a súmula n. 392 do Colendo TST, adotada em 2005, sintetiza o entendimento:

> **Dano moral. Competência da Justiça do Trabalho.** (conversão da Orientação Jurisprudencial n. 327 da SDI-1) – Res. n. 129/2005 – *DJ* 20.4.2005. Nos termos do art. 114 da CF/1988, a Justiça do Trabalho é competente para dirimir controvérsias referentes à indenização por dano moral, quando decorrente da relação de trabalho.

Vejam que essa súmula do TST menciona dano moral de forma genérica, não distinguindo se a causa tem como suporte acidente do trabalho ou a mera execução do contrato laboral.

A publicação da Súmula n. 736 pelo STF, em dezembro de 2003, sinalizou para a superação da controvérsia, porquanto foi adotado o entendimento de que "compete à Justiça do Trabalho julgar as ações que tenham como causa de pedir o descumprimento de normas trabalhistas relativas à segurança, higiene e saúde dos trabalhadores". Todavia os precedentes dessa súmula indicam que sua aplicação está mais voltada para os pedidos que envolvam preceitos cominatórios para exigir o cumprimento de normas de preservação do meio ambiente do trabalho. De qualquer forma, não pode passar despercebido que os acidentes ou as doenças ocupacionais normalmente decorrem do descumprimento de normas trabalhistas relativas à segurança, higiene e saúde do trabalhador.

A publicação da Emenda Constitucional n. 45, no apagar das luzes do ano de 2004, indicava que a controvérsia estaria solucionada. A nova redação do art. 114 estabeleceu expressamente que: "Compete à Justiça do Trabalho processar e julgar: [...] VI – as ações de indenização por dano moral ou patrimonial, decorrentes da relação de trabalho".

Se antes dessa Emenda a conclusão técnico-jurídica já apontava a competência da Justiça do Trabalho, depois, com o beneplácito da interpretação autêntica da Lei Maior, não restaria mais espaço para atribuir à Justiça Comum a competência para instruir e julgar as ações de indenização por danos morais, patrimoniais ou estéticos decorrentes da relação de trabalho, abrangendo os acidentes do trabalho e as doenças ocupacionais. Aliás, o principal e mais frequente pedido de dano moral ou patrimonial formulado pelo empregado em face do empregador aparece exatamente nas ações reparatórias decorrentes dos acidentes do trabalho ou doenças ocupacionais.

Poder-se-ia objetar que o dispositivo da Emenda Constitucional não menciona que estão abrangidos os danos provenientes do acidente do trabalho. Esse argumento, todavia, não vinga porque, de acordo com os princípios da hermenêutica, se o gênero está contemplado, não há necessidade de relacionar as espécies. Por conseguinte, todos os litígios relacionados aos danos morais ou patrimoniais decorrentes da relação de trabalho atraem a competência da Justiça do Trabalho.

Pela técnica de redação legal, quando é intenção do legislador excluir do gênero alguma de suas espécies, coloca-se ressalva expressa e explícita, mormente em se tratando de norma a respeito de competência material. Por outro lado, a ação para reparação dos danos provenientes dos acidentes do trabalho ou doenças ocupacionais é tipicamente trabalhista, envolvendo o empregado e o empregador. A Justiça do Trabalho é o ramo do Poder Judiciário que se encontra mais próximo do dia a dia dos trabalhadores, das relações do empregado com a empresa, das ocorrências habituais no meio ambiente do trabalho. Consequentemente está mais habilitada para verificar o cumprimento dos deveres do empregado e do empregador quanto às normas de segurança e saúde no local de trabalho, conforme previsto na Consolidação das Leis do Trabalho e nas normas regulamentares. Na trilha do ensinamento de Giuseppe Chiovenda, "quando a lei atribui a um juiz uma causa tendo em vista a natureza dela, obedece à consideração de ser esse juiz mais idôneo que outro para decidir; e essa consideração não tolera aos particulares parecer diferente"[7].

Com pensamento semelhante, assevera o ministro do TST João Oreste Dalazen, estudioso do tema:

> Não se pode ignorar também que o acidente de trabalho é um mero desdobramento do labor pessoal e subordinado prestado a outrem e, em decorrência, gera uma causa acessória e conexa da lide trabalhista típica. De sorte que não há mesmo razão jurídica ou lógica para que as lides decorrentes de acidente de trabalho entre empregado e empregador transcendam da competência da Justiça do Trabalho.[8]

Quando tudo indicava que a polêmica estaria pacificada de vez pela Emenda Constitucional n. 45, o STF, de forma surpreendente, ainda adotou entendimento diverso afirmando que a competência seria da Justiça Comum. Na sessão plenária do dia 9 de março de 2005, ao julgar o Recurso Extraordinário n. 438.639, interposto pela Mineração Morro Velho Ltda., entendeu a maioria dos ministros do STF que a Justiça Comum era a competente para instruir e julgar as ações indenizatórias decorrentes do

---

(7) CHIOVENDA, Giuseppe. *Instituições de direito processual civil*. 2. ed. Campinas: Bookseller, 2000. p. 187.
(8) DALAZEN, João Oreste. A reforma do Judiciário e os novos marcos da competência material da Justiça do Trabalho no Brasil. *In*: COUTINHO, Grijalbo Fernandes; FAVA, Marcos Neves (Coords.). *Nova competência da Justiça do Trabalho*. São Paulo: LTr, 2005. p. 173.

acidente do trabalho, mesmo com o advento da Emenda Constitucional n. 45/2004. Foram apontados como fundamentos da decisão o "princípio da unidade de convicção", "razões de ordem prática" e "a consistência de funcionalidade".

3. O julgamento do Conflito de Competência n. 7.204-1 pelo STF

A decisão no RE n. 438.639 acima mencionada causou surpresa e apreensão na seara trabalhista, em razão da clareza da mudança promovida pela Emenda Constitucional n. 45/2004, indicando a competência da Justiça do Trabalho.

Diante do inesperado entendimento da maioria do STF, a nosso ver equivocado, *data venia*, resolvemos apresentar pessoalmente aos ministros daquela Corte Suprema um memorial defendendo a competência da Justiça do Trabalho. Visitamos, com o apoio operacional da Associação Nacional dos Magistrados do Trabalho (ANAMATRA), todos os onze ministros da Corte, quando pudemos também expor sucintamente nosso ponto de vista. Paralelamente, em vários artigos doutrinários e manifestações públicas, diversos juízes do Trabalho e respectivas associações de classe apontavam o equívoco do primeiro julgamento, na esperança de que o STF adotasse o entendimento pela competência da Justiça do Trabalho.

O STF, ao perceber o equívoco da decisão anterior, teve a coragem, a grandeza intelectual e científica para mudar o entendimento, pouco mais de três meses após o julgamento ocorrido em março de 2005. Com efeito, no dia 29 de junho de 2005, ao julgar o Conflito de Competência n. 7.204-1, suscitado pelo Tribunal Superior do Trabalho em face do extinto Tribunal de Alçada do Estado de Minas Gerais, a Corte Maior, por unanimidade, decidiu pela competência da Justiça do Trabalho para julgamento das ações por danos morais e patrimoniais decorrentes de acidente do trabalho. Vejam a ementa do referido acórdão:

> Constitucional. Competência judicante em razão da matéria. Ação de indenização por danos morais e patrimoniais decorrentes de acidente do trabalho, proposta pelo empregado em face de seu (ex-)empregador. Competência da Justiça do Trabalho. Art. 114 da Magna Carta. Redação anterior e posterior à Emenda Constitucional n. 45/04. Evolução da jurisprudência do Supremo Tribunal Federal. Processos em curso na Justiça Comum dos Estados. Imperativo de política judiciária. 1. Numa primeira interpretação do inciso I do art. 109 da Carta de Outubro, o Supremo Tribunal Federal entendeu que as ações de indenização por danos morais e patrimoniais decorrentes de acidente do trabalho, ainda que movidas pelo empregado contra seu (ex-) empregador, eram da competência da Justiça comum dos Estados-Membros. 2. Revisando a matéria, porém, o Plenário concluiu que a Lei Republicana de 1988 conferiu tal competência à Justiça do Trabalho. Seja porque o art. 114, já em sua redação originária, assim deixava transparecer, seja porque aquela primeira interpretação do mencionado inciso I do art. 109 estava, em boa verdade, influenciada pela jurisprudência que se firmou na Corte sob a égide das Constituições anteriores. 3. Nada obstante, como imperativo de política judiciária - haja vista o significativo número de ações que já tramitaram e ainda tramitam nas instâncias ordinárias, bem como o relevante interesse social em causa, o Plenário decidiu, por maioria, que o marco temporal da competência da Justiça Trabalhista é o advento da EC n. 45/04. Emenda que explicitou a competência da Justiça Laboral na matéria em apreço. 4. A nova orientação alcança os processos em trâmite pela Justiça Comum Estadual, desde que pendentes de julgamento de mérito. É dizer: as ações que tramitam perante a Justiça Comum dos Estados, com sentença de mérito anterior à promulgação da EC n. 45/04, lá continuam até o trânsito em julgado e correspondente execução. Quanto àquelas cujo mérito ainda não foi apreciado, hão de ser remetidas à Justiça do Trabalho, no estado em que se encontram, com total aproveitamento dos atos praticados até então. A medida se impõe, em razão das características que distinguem a Justiça Comum Estadual e a Justiça do Trabalho, cujos sistemas recursais, órgãos e instâncias não guardam exata correlação. 5. O Supremo Tribunal Federal, guardião-mor da Constituição Republicana, pode e deve, em prol da segurança jurídica, atribuir eficácia prospectiva às suas decisões, com a delimitação precisa dos respectivos efeitos, toda vez que proceder a revisões de jurisprudência definidora de competência *ex ratione materiae*. O escopo é preservar os jurisdicionados de alterações jurisprudenciais que ocorram sem mudança formal do Magno Texto. 6. Aplicação do precedente consubstanciado no julgamento do Inquérito 687, Sessão Plenária de 25.8.1999, ocasião em que foi cancelada a Súmula n. 394 do STF, por incompatível com a Constituição de 1988, ressalvadas as decisões proferidas na vigência do verbete. 7. Conflito de competência que se resolve, no caso, com o retorno dos autos ao Tribunal Superior do Trabalho.[9]

Esse julgamento, além de registrar a mudança de posicionamento já mencionada, demonstra em diversas passagens uma nova e enriquecida visão dos ministros do órgão de cúpula do Poder Judiciário a respeito da Justiça do Trabalho e sua expansão no Brasil.

Essa decisão do STF representou um marco da ampliação da competência da Justiça do Trabalho e ficará na memória dos operadores jurídicos como um dos momentos fundamentais da emancipação institucional deste importante ramo do Poder Judiciário. O juiz do Trabalho, desde então, além de julgar o adicional de insalubridade, julga também a doença que o agente nocivo causou; quando julga o adicional de periculosidade, tem em mente os acidentes ocorridos nos trabalhos em condições

---

[9] STF. PLENO. Conflito de Competência n. 7.204-1-MG; rel.: Ministro Carlos Ayres Britto, *DJ* 9 dez. 2005.

perigosas; ao julgar as horas extras paradoxalmente chamadas de habituais, tem conhecimento da fadiga crônica, do estresse e de seus efeitos prejudiciais decorrentes das jornadas de trabalho exaustivas; enfim, não julga tão somente parcelas rescisórias ou verbas trabalhistas, visto que aprecia, em muitas ocasiões, a "sucata humana" que o trabalho produziu. Isso confere um sentido de unidade em questões aparentemente desconexas e maior coerência sistemática na proteção jurídica à saúde e integridade psicobiofísica dos trabalhadores.

4. Abrangência da Súmula Vinculante n. 22

Para consolidar de vez o entendimento adotado no julgamento do Conflito de Competência n. 7.204-1 e considerando que ainda ocorriam julgamentos conflitantes e resistências injustificáveis no âmbito da Justiça Comum e do Superior Tribunal de Justiça, o Supremo Tribunal Federal, em dezembro de 2009, editou a Súmula Vinculante n. 22, consagrando definitivamente a competência da Justiça do Trabalho para julgamento das ações indenizatórias decorrentes de acidente do trabalho, propostas pelos empregados lesados em face do empregador.

A inovação da súmula de natureza vinculante foi introduzida na Constituição da República pela Emenda Constitucional n. 45/2004 (art. 103-A), com o propósito de aumentar a segurança jurídica dos jurisdicionados e combater a morosidade dos julgamentos. Além disso, evita decisões contraditórias e impede a repetição de recursos sobre a mesma matéria nos Tribunais Superiores, deixando o STF mais liberado para cumprir a sua função precípua de guardião maior da Constituição da República.

Convém mencionar que a Súmula Vinculante n. 22 contempla somente o núcleo principal dessa competência, qual seja, a ação de empregado acidentado em face do empregador. Mas isso não induz à conclusão que estariam fora da competência da Justiça do Trabalho as ações correlatas, como aquelas ajuizadas pelos dependentes do acidentado morto em face do empregador ou das vítimas dos danos em ricochete provenientes do acidente do trabalho. Nesse sentido, vale mencionar decisão plenária do próprio STF de 13 de agosto de 2009 que atribuiu à Justiça do Trabalho competência para julgar ação de indenização por danos morais e materiais decorrentes de acidente do trabalho proposta pelos sucessores do empregado falecido. Vejam a ementa do referido acórdão:

> Ementa: Conflito de competência. Constitucional. Juízo Estadual de primeira instância e Tribunal Superior. Competência originária do Supremo Tribunal Federal para solução do conflito. Art. 102, I, "O", da CB/88. Justiça Comum e Justiça do Trabalho. Competência para julgamento da ação de indenização por danos morais e materiais decorrentes de acidente do trabalho proposta pelos sucessores do empregado falecido. Competência da Justiça Laboral. 1. Compete ao Supremo Tribunal Federal dirimir o conflito de competência entre Juízo Estadual de primeira instância e Tribunal Superior, nos termos do disposto no art. 102, I, "o", da Constituição do Brasil. Precedente [CC n. 7.027, relator o Ministro CELSO DE MELLO, DJ de 1.9.1995] 2. A competência para julgar ações de indenização por danos morais e materiais decorrentes de acidente de trabalho, após a edição da EC n. 45/04, é da Justiça do Trabalho. Precedentes [CC n. 7.204, relator o Ministro CARLOS BRITTO, DJ de 9.12.2005 e AgR-RE n. 509.352, relator o Ministro MENEZES DIREITO, DJe de 1º.8.2008]. 3. O ajuizamento da ação de indenização pelos sucessores não altera a competência da Justiça especializada. A transferência do direito patrimonial em decorrência do óbito do empregado é irrelevante. Precedentes. [ED-RE n. 509.353, relator o Ministro SEPÚLVEDA PERTENCE, DJ de 17.8.2007; ED-RE n. 482.797, relator o Ministro RICARDO LEWANDOWSKI, DJe de 27.6.2008 e ED-RE n. 541.755, relator o Ministro CÉZAR PELUSO, DJ de 7.3.2008]. Conflito negativo de competência conhecido para declarar a competência da Justiça do Trabalho.[10]

Mesmo não estando indicado expressamente na Súmula Vinculante n. 22 do STF, também são da competência da Justiça do Trabalho o julgamento das ações indenizatórias pelos danos sofridos em acidente envolvendo o trabalhador não empregado, tais como o autônomo, o empreiteiro, o cooperado, o estagiário, a diarista, o jardineiro e outros.

O conceito de acidente do trabalho propriamente dito, conforme previsto nos arts. 19 a 21 da Lei n. 8.213/1991, não abrange o acidente ocorrido com o prestador de serviço sem vínculo de emprego. Contudo, nos infortúnios sofridos por esses trabalhadores, também ocorrem danos materiais, morais ou estéticos passíveis de reparação pelo tomador dos serviços, quando estiverem presentes os pressupostos da responsabilidade civil.

Com a promulgação da EC n. 45/2004, a competência da Justiça do Trabalho foi ampliada para julgar as ações oriundas da relação de trabalho (gênero) e não somente aquelas decorrentes da relação de emprego (espécie). Além disso, prevê o art. 114, VI, da Constituição da República, com a nova redação, que compete à Justiça do Trabalho processar e julgar as "ações de indenização por dano moral ou patrimonial, decorrentes da relação de trabalho". Assim, não há dúvida de que a competência material para processar e julgar as ações indenizatórias em face do tomador de serviços, decorrentes de acidentes envolvendo trabalhadores com ou sem vínculo de emprego, é da Justiça do Trabalho.

Não vinga a objeção de que as relações de trabalho sem vínculo de emprego não são regidas pela CLT e que,

---

(10) STF. CC 7.545, rel.: Min. EROS GRAU, Tribunal Pleno, DJe 13 ago. 2009.

portanto, estariam fora da competência trabalhista. Ora, na antiga redação do art. 114 da Constituição de 1988, essa ponderação teria acolhimento porque a competência até então atribuída à Justiça do Trabalho era para conciliar e julgar os dissídios entre trabalhadores e empregadores. Após a Emenda Constitucional n. 45/2004, no entanto, a competência expandiu-se para abranger as "ações oriundas da relação de trabalho", pouco importando qual o direito material aplicável para solucionar a controvérsia.

Na linha desse entendimento, cabe citar os fundamentos utilizados pelo ministro do STF, Cezar Peluzo, no julgamento do Agravo de Instrumento n. 578.880/MG, quando asseverou:

> Ressalto que, mesmo que a causa decorra da relação de trabalho como sustenta o agravante, é velha e aturada a orientação da Corte no sentido de que compete à Justiça do Trabalho, como princípio ou regra geral, processar e julgar ação de indenização de danos, morais e materiais, decorrentes de relação de trabalho, pouco se dando, para esse fim, deva a controvérsia ser dirimida à luz do Direito Civil ou doutra província normativa. (cf. CJ n. 6.959, red. p/ o acórdão Min. Sepúlveda Pertence, RTJ n. 134/96; RE n. 238.737, rel. Min. Sepúlveda Pertence, DJU de 5.2.1999, e decisão monocrática no RE n. 409.699, rel.: Min. Carlos Velloso)

5. Ações que estavam em tramitação na Justiça Comum

Após a Emenda Constitucional n. 45/2004 e a mudança do posicionamento do STF, surgiram várias questões embaraçosas de direito intertemporal, especialmente sobre a competência para julgamento dos processos que se encontravam em andamento perante a Justiça Estadual. Algumas correntes defendiam que todos processos em tramitação deveriam ser remetidos à Justiça do Trabalho, inclusive aqueles que já se encontravam na fase da execução da sentença transitada em julgado. Por outro lado, havia o temor de que uma decisão dessa natureza provocasse uma série infindável de conflitos e decisões contraditórias, comprometendo a segurança jurídica, a celeridade da tramitação processual e a própria imagem do Poder Judiciário.

Antecipando-se a tais embaraços, o próprio STF, no julgamento do Conflito de Competência n. 7.204-1, decidiu, sem muito rigor técnico, mas como "imperativo de política judiciária" e "em prol da segurança jurídica", que a nova orientação que atribuiu a competência à Justiça do Trabalho alcança os processos em andamento na Justiça Comum Estadual, desde que pendentes de julgamento de mérito. Desse modo, todos os processos que no dia 1º de janeiro de 2005 — data do início da vigência da Emenda Constitucional n. 45/2004 — já tinham sentença proferida na Justiça Comum, lá deverão permanecer até o trânsito em julgado e sua respectiva execução; todos os demais passarão para a competência da Justiça do Trabalho, no estado em que se encontravam, com total aproveitamento dos atos. A ementa do acórdão do CC n. 7.204-1, no item 4, bem sintetiza a decisão do STF a esse respeito:

> A nova orientação alcança os processos em trâmite pela Justiça Comum Estadual, desde que pendentes de julgamento de mérito. É dizer: as ações que tramitam perante a Justiça Comum dos Estados, com sentença de mérito anterior à promulgação da EC n. 45/04, lá continuam até o trânsito em julgado e sua correspondente execução. Quanto àquelas cujo mérito ainda não foi apreciado, hão de ser remetidas à Justiça do Trabalho, no estado em que se encontram, com total aproveitamento dos atos praticados até então. A medida se impõe em razão das características que distinguem a Justiça Comum Estadual e a Justiça do Trabalho, cujos sistemas recursais, órgãos e instâncias não guardam exata correlação.

A Súmula Vinculante n. 22 ratificou também este entendimento quando acrescentou na parte final do verbete: "*inclusive aquelas que ainda não possuíam sentença de mérito em primeiro grau quando da promulgação da Emenda Constitucional n. 45/04*".

O ministro do STF Marco Aurélio ficou vencido argumentando que este acréscimo na parte final do verbete dizia respeito às ações nas quais, ao tempo da edição da súmula, ainda não havia sido proferida sentença de mérito em primeiro grau. Concluiu tratar-se de situações residuais de 2004 que já estavam ultrapassadas.

A solução adotada pelo STF pacificou o entendimento e prevalece até mesmo sobre decisões anteriores do STJ, atribuindo competência à Justiça Estadual, em processos que se encontram em andamento. Assim, todos os processos em tramitação que ainda não possuem sentença de mérito no primeiro grau, mesmo com decisão anterior do STJ no sentido da competência da Justiça Estadual, deverão ser remetidos à Justiça do Trabalho. Não cabe aqui aplicar a preclusão processual, diante do peso da interpretação constitucional emanada do Tribunal constitucional competente, ou seja, a Súmula Vinculante do STF sobrepaira de forma inexorável sobre decisões determinativas de competência, proferidas sob fundamento diverso, no âmbito infraconstitucional. Vejam acórdãos recentes do STJ nesse sentido:

> Conflito de competência. Acidente do trabalho. Indenização a parentes próximos de trabalhador falecido. Decisão em conflito anterior com trânsito em julgado. Superveniência da Súmula Vinculante n. 22 do Supremo Tribunal Federal

e julgamento com reconhecimento de repercussão geral. Nova apreciação do conflito em razão do 543-B, § 3º, do CPC. Retratação do julgado. Competência da justiça do trabalho declarada. 1. A determinação da competência da Justiça Estadual, no caso, diante da Súmula Vinculante n. 22-STF (Tribunal Pleno, 2.12.2009, DJe, 11.2.2009), sem dúvida dá-se em prol da Justiça do Trabalho — na relevante atribuição constitucional, aliás, de julgar as "ações oriundas da relação de trabalho" (CF, art. 114, I, com redação da Emenda Constitucional n. 45/2004, resultante de pleito de entidades representativas da própria Justiça do Trabalho). 2. Hipótese em que, no dia da promulgação da Emenda Constitucional n. 45/2004 (dia 8.12.2004), o processo em exame ainda "não possuía sentença de mérito em primeiro grau". 3. A interpretação constitucional, dada pelo Tribunal Competente para ela, ou seja, o E. STF, e em Súmula vinculante, sobrepaira sobre decisões determinativas de competência, proferidas sob fundamento diverso, no âmbito infraconstitucional. Assim, o argumento fundado na preclusão do julgamento desta Corte, com base em outros fundamentos, consubstanciado na decisão monocrática proferida em Conflito de Competência, cede diante do peso da interpretação constitucional vinculante emanada do Tribunal constitucional competente. 4. A interpretação do texto constitucional incide a partir da data do dispositivo constitucional em que se fundamenta, não havendo como subsistir preclusão processual que contrarie o texto constitucional anterior. 5. Retratando-se nos termos do § 3º do art. 543-B do CPC, conhece-se do Conflito de Competência para declarar a competência da Justiça do Trabalho.(11)

Reclamação. Ofensa à autoridade da decisão proferida em conflito de competência que declarou competente a Justiça Comum. Superveniência de Súmula Vinculante do Supremo Tribunal Federal declarando a competência da justiça trabalhista. Improcedência da reclamação. 1. A determinação da competência da Justiça Estadual, no caso, diante da Súmula Vinculante n. 22-STF (Tribunal Pleno, 2.12.2009, EJe, 11.2.2009), sem dúvida dá-se em prol da Justiça do Trabalho — na relevante atribuição constitucional, aliás, de julgar as "ações oriundas da relação de trabalho" (CF, art. 114, I, com redação da Emenda Constitucional 45/2004, resultante de pleito de entidades representativas da própria Justiça do Trabalho). 2. Hipótese em que, no dia da promulgação da Emenda Constitucional n. 45/2004 (dia 8.12.2004), o processo em exame ainda "não possuía sentença de mérito em primeiro grau". 3. A interpretação constitucional, dada pelo Tribunal Competente para ela, ou seja, o E. STF, e em Súmula vinculante, sobrepaira sobre decisões determinativas de competência, proferidas sob fundamento diverso, no âmbito infraconstitucional. Assim, o argumento fundado na preclusão do julgamento desta Corte, com base em outros fundamentos, consubstanciado na decisão monocrática proferida em Conflito de Competência, cede diante do peso da interpretação constitucional vinculante emanada do Tribunal constitucional competente. 4. A interpretação do texto constitucional faz retroagir à data do dispositivo constitucional em que se fundamenta, não havendo como subsistir preclusão processual que contrarie o texto constitucional anterior. 5. Pedido da Reclamação julgado improcedente.[12]

6. Conclusão

A Súmula Vinculante n. 22 do STF coloca ponto final numa longa controvérsia, consagrando definitivamente a competência da Justiça do Trabalho para julgar as ações indenizatórias decorrentes de acidente do trabalho ou doenças ocupacionais. Cabe registrar que a competência que era atribuída à Justiça Comum dos Estados para o julgamento de tais ações representava uma anomalia no sistema, de precária fundamentação e difícil aceitação.

É certo que a competência da Justiça do Trabalho não fica restrita somente às ações indenizatórias dos acidentados empregados, abrangendo também as demandas das vítimas que não atuam como empregados típicos. O teor da Súmula Vinculante n. 22 não impede nem veda essa interpretação. Com a promulgação da EC n. 45/2004, a competência da Justiça do Trabalho foi ampliada para julgar as ações oriundas da relação de trabalho (gênero) e não somente aquelas decorrentes da relação de emprego (espécie). Aliás, no art. 114, VI, da Constituição há menção expressa da competência para julgamento das "ações de indenização por dano moral ou patrimonial, decorrentes da relação de trabalho". Assim, não há dúvida de que a competência material para processar e julgar as ações indenizatórias em face do tomador de serviços, decorrentes de acidentes envolvendo trabalhadores com ou sem vínculo de emprego, é mesmo da Justiça do Trabalho.

A Justiça do Trabalho, vocacionada para solucionar os conflitos entre trabalhadores e os tomadores dos serviços, está habilitada para instruir e julgar essas demandas e a experiência dos últimos anos está demonstrando o acerto da decisão.

Referências bibliográficas

CHIOVENDA, Giuseppe. *Instituições de direito processual civil*. 2. ed. Campinas: Bookseller, 2000.

DALAZEN, João Oreste. A reforma do Judiciário e os novos marcos da competência material da Justiça do Trabalho no Brasil. *In:* COUTINHO, Grijalbo Fernandes; FAVA, Marcos Neves (Coords.). *Nova competência da Justiça do Trabalho*. São Paulo: LTr, 2005.

FERREIRA FILHO, Manoel Gonçalves. *Comentários à Constituição brasileira*. 4. ed. São Paulo: Saraiva, 1983.

HASSON, Roland. *Acidente de trabalho & competência*. Curitiba: Juruá, 2002.

SARASATE, Paulo. *A Constituição do Brasil ao alcance de todos*. Rio de Janeiro: Freitas Bastos, 1967.

---

(11) STJ, 2ª Seção, CC n. 115.983/BA, rel. Ministro Sidnei Beneti, DJe 25 maio 2012.
(12) STJ, 2ª Seção, Rcl. n. 7.122/SP, rel. Ministro Sidnei Beneti, DJe 7 maio 2012.

Súmula Vinculante n. 23 do STF

Márcio Flávio Salem Vidigal e Andréa Aparecida Lopes Cançado

Súmula Vinculante n. 23 DO STF: A Justiça do Trabalho é competente para processar e julgar as ações possessórias ajuizadas em decorrência do exercício do direito de greve pelos trabalhadores da iniciativa privada.

A Reforma do Judiciário, iniciada por intermédio da Emenda à Constituição n. 45/2005, dentre outras alterações, ampliou a competência do Poder Judiciário Trabalhista para processar e julgar "ações oriundas da relação de trabalho", inclusive as que "envolvam exercício do direito de greve", e instituiu a possibilidade do Supremo Tribunal Federal (STF) editar súmulas vinculantes para as demais instâncias da Justiça e da Administração Pública[1].

Em 2009, o Tribunal Pleno do Supremo Tribunal Federal recebeu, para aprovação, proposta de Súmula Vinculante sobre a competência da Justiça do Trabalho para julgar ação de interdito proibitório envolvendo o exercício do direito de greve, ante a controvérsia travada nos tribunais.

Um dos precedentes que ampararam a formulação da proposta da Súmula Vinculante n. 23, RE n. 579.648 MG, cuida de ação de interdito proibitório intentada pelo HSBC Bank Brasil S.A. — Banco Múltiplo —, que, com receio de sofrer turbação em suas agências, pediu a expedição de mandado proibitório liminar, a fim de que o Sindicato dos Empregados em estabelecimentos bancários em Belo Horizonte e Região se abstivesse de praticar atos de esbulho e turbação em sua propriedade.

Prevaleceu no colendo Superior Tribunal de Justiça (STJ) o posicionamento de que a pretensão deduzida em juízo não abarcava o exercício do direito de greve, mas tão somente o direito de resguardar a posse dos imóveis onde se localizavam as agências bancárias, diante da iminência de movimentos grevistas. Para o STJ, o pedido e a causa de pedir não envolveram matéria trabalhista, pois, em tese, o movimento poderia ser capitaneado por pessoas ligadas a outras instituições financeiras e não, necessariamente, por empregados do banco que ajuizou a ação. Por isso, a competência para processar e julgar o interdito proibitório seria da Justiça Comum Estadual. Esse posicionamento do STJ foi mantido mesmo após a edição da Emenda à Constituição n. 45, de 2004.

O STF, ao julgar o agravo de instrumento interposto em face da decisão mencionada, decidiu pela competência da Justiça do Trabalho. Argumentou-se que, na verdade, a turbação consistiu em piquete — a ocupação da agência bancária se deu exatamente em decorrência de um ato relativo à greve. A situação encontra-se regulamentada pela Lei n. 7.783, que disciplina o direito de greve. Logo, trata-se de ação que envolve o exercício do direito de greve, atraindo a competência constitucional da Justiça do Trabalho para cuidar dos feitos em que esse direito seja o fundamento da questão controvertida.

Fixou-se, corretamente, a competência da Justiça do Trabalho para processar e julgar não apenas as ações de interdito proibitório, mas todas as ações possessórias ajuizadas em decorrência do exercício do direito de greve.

No direito processual brasileiro, três são as ações tipicamente possessórias, porque têm como causa de pedir a posse: o interdito proibitório, para a ameaça ou o justo receio; a ação de manutenção de posse, para a turbação[2]; a ação de reintegração de posse, para o esbulho[3].

O art. 932 do Código de Processo Civil (CPC) prescreve o interdito possessório. O possuidor direto ou indireto que tiver justo receio de ser molestado na posse poderá impetrar ao juiz que o segure da turbação ou esbulho eminente, mediante mandado proibitório, com cominação de *astreintes* ao réu que porventura transgrida o preceito. Trata-se de modalidade de tutela inibitória ou preventiva.

> (...) dado o seu caráter preventivo, o interdito proibitório deverá ser intentado no contexto em que o possível esbulho ou turbação não se consumou, ou seja, naquele momento em que o empregador demonstre justo receio de que o movimento grevista venha a se materializar na forma de ocupação do estabelecimento.[4]

A ação de manutenção tem previsão no art. 926 do CPC[5] e possui, assim como o interdito proibitório, natureza predominantemente mandamental. Deve

---

(1) Arts. 114, I, II e 103-A, da Constituição Federal.
(2) Ato que dificulta, embaraça o exercício da posse, mas não o suprime. O possuidor permanece na posse do bem, mas é cerceado em seu exercício.
(3) Ato que importa a impossibilidade do exercício da posse pelo possuidor, o qual fica injustamente privado da posse.
(4) CESÁRIO. João Humberto. O direito constitucional fundamental de greve e a função social da posse: um olhar sobre os interditos possessórios na justiça do trabalho brasileira. *Revista LTr*, vol. 72, n. 03, p. 289, mar. 2008.
(5) Art. 926. O possuidor tem direito a ser mantido na posse em caso de turbação e reintegrado no de esbulho.

ser manejada na situação hipotética de os grevistas tomarem a empresa, sem, contudo, impedir o direito de ir e vir dos proprietários ou de qualquer outra pessoa.

Por sua vez, a ação de reintegração de posse deverá ser intentada quando o esbulho se concretizar, como, por exemplo, quando os trabalhadores que ocupam a fábrica impedem o acesso de pessoas ao local.

Em face de as situações de esbulho, turbação e justo receio serem bastante volúveis, o art. 920 do CPC assegura uma ampla fungibilidade entre as ações possessórias, permitindo que, na hipótese de se ajuizar uma ação e não outra mais adequada, o juiz conheça da ação e conceda a proteção à hipótese configurada nos autos.

Antes mesmo da promulgação da Constituição Federal de 1988, é reconhecida a competência da Justiça do Trabalho para julgar as ações possessórias relativas a bens móveis, desde que derivadas de um contrato de trabalho:

> Na prática, pouca ou nenhuma oposição é encontrada, na Justiça do Trabalho, aos pedidos possessórios referentes a bens móveis: retomada ou reintegração de posse de ferramentas, utensílios etc.[6]

Relativamente à ação possessória de bens imóveis, rara era a sua apresentação na Justiça do Trabalho antes da CRF de 1988. Dificilmente o empregador se dispunha a pagar a quantia devida ao empregado, em face do rompimento contratual antes da desocupação do imóvel e, por isso, sua escolha era formular o pedido de desocupação em ação de reconvenção. Quando havia necessidade de ajuizar ação de reintegração de posse, a opção do empregador era a Justiça Estadual Comum, em que não havia discussão preliminar acerca da competência.

Após a promulgação da vigente Constituição e principalmente após a edição da Emenda à Constituição n. 45/2004, definiu-se que todas as questões possessórias conexas a um contrato de emprego, a exemplo da moradia cedida pelo empregador ao empregado para melhor realização na prestação do trabalho, é da competência da Justiça do Trabalho, a teor do que dispõe o art. 114, I, da CRF[7].

O dissenso existente ao tempo da proposta da Súmula Vinculante n. 23 limitava-se à hipótese das ações possessórias ajuizadas em decorrência do exercício do direito de greve, porque extrapolavam os limites da relação jurídica havida entre empregado e empregador.

A própria definição da greve que vai além de um fato trabalhista, sendo também um fato social — que pode alcançar uma multiplicidade de controvérsias envolvendo terceiros que não participam do movimento paredista mas que têm direitos afetados em decorrência desse movimento[8] — explica a competência da Justiça do Trabalho para processar e julgar todas as ações possessórias decorrentes do exercício do direito de greve, ainda que envolvam terceiros ou ações possessórias entre sindicato e empregador.

A competência da Justiça do Trabalho para *processar e julgar as ações possessórias ajuizadas em decorrência do exercício do direito de greve* restringe-se à hipótese de a greve ser deflagrada *pelos trabalhadores da iniciativa privada,* considerando a competência da Justiça Comum para dirimir conflitos de servidores públicos.

Referências bibliográficas

CESÁRIO. João Humberto. O direito constitucional fundamental de greve e a função social da posse: um olhar sobre os interditos possessórios na justiça do trabalho brasileira. *Revista LTr*, vol. 72, n. 03, mar. 2008.

GIGLIO, Wagner D. *Direito processual do trabalho.* 6. ed. São Paulo: LTr, 1987.

SCHIAVI, Mauro. *Manual de direito processual do trabalho.* 3. ed. São Paulo: LTr, 2010.

---

(6) GIGLIO, Wagner D. *Direito processual do trabalho.* 6. ed. São Paulo: LTr, 1987. p. 254.
(7) Art. 114. Compete à Justiça do Trabalho processar e julgar: I – as ações oriundas da relação de trabalho (...).
(8) SCHIAVI, Mauro. *Manual de direito processual do trabalho.* 3. ed. São Paulo: LTr, 2010. p. 207.

Súmula Vinculante n. 25 do STF

Luiz Olympio Brandão Vidal

Súmula Vinculante N. 25: É ILÍCITA A PRISÃO CIVIL DE DEPOSITÁRIO INFIEL, QUALQUER QUE SEJA A MODALIDADE DO DEPÓSITO.[1]

A Súmula com efeito vinculante foi introduzida no ordenamento jurídico pátrio pela Emenda Constitucional n. 45/2004, a qual acrescentou à Constituição da República de 1988 o art. 103-A[2] e seus parágrafos. Seu enunciado tem por objeto assegurar a validade, a interpretação e a eficácia de normas determinadas acerca das quais haja controvérsia atual entre órgãos judiciários, ou entre esses e a administração pública, que acarrete grave insegurança jurídica e relevante multiplicação de processos sobre questão idêntica[3]. Sua discussão pode ser proposta, *ex officio*, pelo próprio Supremo Tribunal Federal ou provocada por aqueles legitimados a propor a ação direta de inconstitucionalidade e, uma vez aprovada por 2/3 dos membros da Corte Constitucional, tem efeito vinculante em relação aos demais órgãos do Poder Judiciário e à administração pública direta e indireta nas esferas federal, estadual e municipal.

A contrariedade ao enunciado de uma súmula vinculante, ou sua indevida aplicação, enseja reclamação ao Supremo Tribunal Federal que, em caso de procedência, anulará o ato administrativo ou cassará a decisão judicial, determinando que outra seja proferida com ou sem a aplicação da súmula, conforme a hipótese[4].

A Lei n. 11.417, de 19 de dezembro de 2006, regulamentou o art. 103-A da Constituição Federal, acrescentando os Tribunais Superiores, os Tribunais de Justiça de Estados ou do Distrito Federal e Territórios, os Tribunais Regionais Federais, os Tribunais Regionais do Trabalho, os Tribunais Regionais Eleitorais e os Tribunais Militares ao rol dos legitimados a propor a edição, a revisão ou o cancelamento de enunciado de súmula vinculante.

O procedimento de edição, revisão ou cancelamento de enunciado de súmula com efeito vinculante está disciplinado nos arts. 354-A e 354-G do Regimento Interno do Supremo Tribunal Federal. A matéria objeto da súmula poderá versar sobre questão com repercussão geral reconhecida, caso em que qualquer ministro, logo após o julgamento de mérito do processo, poderá apresentar a proposta de Súmula Vinculante para deliberação imediata do Tribunal Pleno na mesma sessão[5].

Em 16 de dezembro de 2009, o Plenário do Supremo Tribunal Federal aprovou a Súmula Vinculante n. 25, objeto deste estudo.

O depositário

O depósito é um contrato civil pelo qual o depositário recebe um bem móvel para guardar, até que o depositante o reclame. Além da obrigação de guardar e conservar a coisa depositada como se esta lhe pertencesse, o depositário também é obrigado a restituí-la quando o depositante o exigir[6]. Caso inadimplida esta última obrigação, o depositante, para reaver a coisa depositada, tem de promover a ação de depósito[7], através da qual o juiz ordena a expedição do mandado de entrega da coisa depositada ou do equivalente em dinheiro. Porventura descumprida a ordem judicial pelo depositário civil, este se torna depositário infiel, hipótese em que o juiz decretará sua prisão por período não excedente de um ano[8].

No sistema processual, a nomeação do depositário dos bens é um dos elementos essenciais do auto de penhora, a qual se materializa pelo desapossamento da *res pignorata* e se aperfeiçoa com o depósito desta, de modo que, sem depósito, não há que se falar em penhora perfeita e acabada[9].

Muitas vezes, o desapossamento é apenas indireto, vale dizer, o executado é o próprio depositário, conservando, assim, o domínio e a posse imediata do bem.

---

(1) Aprovada na Sessão Plenária de 16.12.2009. Publicada no DJe n. 238 de 23.12.2009, p. 1 e no DOU de 23.12.2009, p. 1.

(2) Art. 103-A. O Supremo Tribunal Federal poderá, de ofício ou por provocação, mediante decisão de dois terços dos seus membros, após reiteradas decisões sobre matéria constitucional, aprovar súmula que, a partir de sua publicação na imprensa oficial, terá efeito vinculante em relação aos demais órgãos do Poder Judiciário e à administração pública direta e indireta, nas esferas federal, estadual e municipal, bem como proceder à sua revisão ou cancelamento, na forma estabelecida em lei.

(3) Cf. § 1º do art. 103-A da Constituição Federal de 1988.

(4) Cf. § 3º do art. 103-A da Constituição Federal de 1988.

(5) Cf. art. 354-E do Regimento Interno do STF.

(6) Código Civil, art. 629.

(7) Código de Processo Civil, art. 901.

(8) Código de Processo Civil, art. 652.

(9) Código de Processo Civil, art. 665, IV.

O depositário judicial não se confunde com o depositário civil. Aquele é um auxiliar do Juízo[10] que não age no interesse do credor, muito menos como representante do devedor. Sua função é assegurar que os objetivos da execução sejam atingidos, mediante guarda e conservação de bens penhorados, arrestados, sequestrados ou arrecadados[11], agindo, para isso, com a diligência de um *bonus pater família*. Não pode dispor desses bens, nem fazer uso deles, nem mesmo locá-los, salvo em casos excepcionais consentidos pelo juiz, ou quando for da natureza desses bens o funcionamento constante, sob pena de avarias.

Quando o depositário judicial não cumpre a obrigação de apresentar os bens móveis confiados à sua guarda, caracteriza-se sua infidelidade, tornando-o passível de prisão civil, medida que encontra previsão na parte final do inciso LVII do art. 5º da Constituição brasileira de 1988.

O Código de Processo Civil prevê que a prisão do depositário judicial infiel pode ser decretada no próprio processo, independentemente de ação de depósito[12]. Esta medida privativa de liberdade não tem conotação apenatória, senão dissuasiva, visando à satisfação do crédito em execução.

A prisão civil por dívida

A prisão civil por dívidas está proibida pela Constituição Federal de 1988, cujo art. 5º, inciso LXVII, dispõe:

> Não haverá prisão civil por dívida, salvo a do responsável pelo inadimplemento voluntário e inescusável de obrigação alimentícia e a do depositário infiel.

Esta proibição é um princípio adotado em todos os países cujos sistemas constitucionais são construídos em torno do valor da dignidade humana, constando expressamente em textos constitucionais e em tratados e convenções internacionais de direitos humanos. A prisão civil por dívida não passa pelo crivo do princípio da proporcionalidade, visto como há desproporção entre a restrição da liberdade do indivíduo como meio de coerção ao pagamento da dívida e, ao mesmo tempo, como retribuição ao prejuízo causado ao credor.

Já o contrário acontece com a prisão do devedor civil do alimentante faltoso com as suas obrigações: a restrição da liberdade individual deste se justifica diante da importância do bem jurídico tutelado, ou seja, a assistência familiar. Não por outra razão, o art. 244 do Código Penal define como crime de abandono material deixar de prover a subsistência do cônjuge ou do filho menor.

A Convenção Americana sobre os Direitos do Homem — Pacto de São José da Costa Rica

A Convenção Americana de Direitos Humanos foi adotada na Conferência Especializada Interamericana de Direitos Humanos, de 22 de novembro de 1969, na cidade de San José da Costa Rica, e entrou em vigência em 18 de julho de 1978. Conhecida também como Pacto de São José da Costa Rica, é um tratado internacional entre os países-membros da Organização dos Estados Americanos, através do qual os Estados signatários se "comprometem a respeitar os direitos e liberdades nela reconhecidos e a garantir seu livre e pleno exercício a toda pessoa que está sujeita à sua jurisdição, sem qualquer discriminação". Visa a assegurar os direitos de primeira geração voltados à garantia da liberdade, à vida, ao devido processo legal, bem como o direito a um julgamento justo, a compensação em caso de erro judiciário, a privacidade, a liberdade de consciência e religião, a participação em um governo, a igualdade, a proteção judicial, entre outros. Em caso de desrespeito aos preceitos da Convenção, há dois órgãos legitimados para conhecer da denúncia: a Comissão Interamericana de Direitos Humanos e a Corte Interamericana de Direitos Humanos.

O Brasil subscreveu a Convenção por meio do Decreto Legislativo n. 27, de 26 de maio de 1992, aprovando o texto do instrumento internacional. Em 25 de setembro de 1992, o governo brasileiro depositou a Carta de Adesão na Organização dos Estados Americanos e, por meio do Decreto n. 678, de 6 de novembro de 1992, promulgou referida Convenção, em vigor desde então no ordenamento jurídico pátrio.

A Convenção de que se cuida estabelece, em seu art. 7º, n. 7, que:

> Ninguém deve ser detido por dívidas. Este princípio não limita os mandados de autoridade judiciária competente expedidos em virtude de inadimplemento de obrigação alimentar.[13]

O Brasil aderiu também ao Pacto Internacional de Direitos Civis e Políticos, adotado pela XXI Sessão da Assembleia Geral das Nações Unidas, em 16 de dezembro de 1996. Por aqui, seu texto foi aprovado por meio do Decreto Legislativo n. 226, de 12 de dezembro de 1991. A Carta de adesão ao referido Pacto foi depositada em 24 de janeiro de

---

(10) Código de Processo Civil, art. 139.
(11) Código de Processo Civil, art. 466, § 3º.
(12) Código de Processo Civil, art. 466, § 3º.
(13) *Nadie será detenido por deudas. Este principio no limita los mandatos de autoridad judicial competente dictados por incumplimientos de deberes alimentarios.*

1992 e sua promulgação ocorreu por meio do Decreto n. 592, de 6 de julho de 1992[14]. Reza seu art. 11 que:

> Ninguém poderá ser preso apenas por não poder cumprir com uma obrigação contratual.

A partir de então nasceu acirrado embate doutrinário e jurisprudencial acerca da revogação, pelos citados tratados internacionais, da parte final do inciso LXVII do art. 5º da Constituição Federal, qual seja, a exceção constitucional que permite a prisão civil do depositário infiel.

A cizânia assentou-se em torno do *status* normativo dos tratados e das convenções internacionais de direitos das gentes. Discutia-se em que ordem hierárquica estes tratados internacionais — notadamente a Convenção Americana de Direitos Humanos ou Pacto de São José da Costa Rica — estariam inseridos no ordenamento jurídico nacional: se com *status* de norma constitucional ou como lei ordinária, ante o disposto no § 2º do art. 5º da Constituição Federal de 1988, conforme o qual os direitos e garantias expressos na Constituição não excluem outros decorrentes dos tratados internacionais em que a República Federativa do Brasil seja parte[15].

Quatro correntes de pensamento digladiaram-se acerca da hierarquia dos tratados de proteção dos direitos humanos: a) a que reconhecia hierarquia supraconstitucional de tais tratados; b) a que reconhecia a hierarquia constitucional[16]; c) a que reconhecia a hierarquia infraconstitucional, mas supralegal; e d) e a que reconhecia a paridade hierárquica entre tratado e lei federal.

O Supremo Tribunal Federal, que entendia cabível prisão civil do depositário infiel, inclusive em casos de alienação fiduciária[17], mudou o posicionamento a partir da discussão gerada pelo papel dos tratados internacionais voltados para a proteção do ser humano, em especial o Pacto de São José da Costa Rica. A mudança de rumo da Corte Constitucional brasileira verificou-se nos julgamentos dos precedentes que deram origem à Súmula Vinculante n. 25, com especial profundidade nos Recursos Extraordinários ns. 349.703/RS[18] e 466.343/SP.

A corrente de pensamento que atribui o caráter supralegal aos tratados e as convenções sobre direitos humanos foi a que prevaleceu no embate travado no Supremo Tribunal Federal.

De fato, é a corrente mais consistente. Defende que os tratados e as convenções internacionais sobre direitos humanos anteriores à Emenda Constitucional n. 45/2004 são infraconstitucionais, mas, diante de seu caráter especial em relação aos outros tratados internacionais, também são dotados de um atributo de supralegalidade. Assim, eles não podem afrontar a supremacia da Constituição, mas têm um lugar privilegiado no ordenamento jurídico, de modo que equipará-los à lei ordinária implicaria subestimar sua importância[19].

---

(14) A aplicabilidade de tratados e convenções internacionais somente é possível a partir do momento em que cumpridos os requisitos solenes para a sua devida integração à ordem jurídico-constitucional: a) celebração da convenção internacional; b) aprovação pelo Parlamento; c) ratificação pelo Chefe de Estado, a qual se conclui com a expedição de decreto, de cuja edição derivam três efeitos básicos que lhe são inerentes: i) a promulgação do tratado internacional; ii) a publicação oficial de seu texto; iii) a executoriedade do ato internacional, que somente a partir desse momento passa a vincular e a obrigar no plano do direito positivo interno.

(15) Importante lembrar que a Convenção Americana de Direitos Humanos é anterior à Emenda n. 45/2004, que acrescentou o § 3º do art. 5º da Carta Magna dispondo que "os tratados e convenções internacionais sobre direitos humanos que forem aprovados, em cada Casa do Congresso Nacional, em dois turnos, por três quintos dos votos dos respectivos membros, serão equivalentes às emendas constitucionais". Por isso, não tem status constitucional, mas integra o ordenamento jurídico em posição especial, na forma do retromencionado § 2º do art. 5º da Constituição Federal.

(16) "Com o advento do § 3º do art. 5º surgem duas categorias de tratados internacionais de proteção de direitos humanos: a) os materialmente constitucionais; e b) os material e formalmente constitucionais. Frise-se: todos os tratados internacionais de direitos humanos são materialmente constitucionais, por força do § 3º do art. 5º. Para além de serem materialmente constitucionais, poderão, a partir do § 3º do mesmo dispositivo, acrescer a qualidade de formalmente constitucionais, equiparando-se às emendas à Constituição, no âmbito formal." (PIOVESAN, Flávia. *Direitos Humanos e Direito Constitucional Internacional*. 7. ed. São Paulo: Saraiva, 2006. p. 71)

(17) Cf. decisões proferidas nos processos RE n. 206.482, RE n. 253.071, HC n. 74.875, HC n. 75.925, HC n. 76.712, HC n. 77.387 e HC n. 79.9870, entre outros.

(18) PRISÃO CIVIL DO DEPOSITÁRIO INFIEL EM FACE DOS TRATADOS INTERNACIONAIS DE DIREITOS HUMANOS. INTERPRETAÇÃO DA PARTE FINAL DO INCISO LXVII DO ART. 5º DA CONSTITUIÇÃO BRASILEIRA DE 1988. POSIÇÃO HIERÁRQUICO-NORMATIVA DOS TRATADOS INTERNACIONAIS DE DIREITO HUMANOS NO ORDENAMENTO JURÍDICO BRASILEIRO. Desde a adesão do Brasil, sem qualquer reserva, ao Pacto Internacional dos Direitos Civis e Políticos (art. 11) e à Convenção Americana sobre Direitos Humanos — Pacto de San José da Costa Rica (art. 7º, 7), ambos no ano de 1992, não há mais base legal para prisão civil do depositário infiel, pois o caráter especial desses diplomas internacionais sobre direitos humanos lhes reserva lugar específico no ordenamento jurídico, estando abaixo da Constituição, porém acima da legislação interna. O status normativo supralegal dos tratados internacional de direitos humanos subscritos pelo Brasil torna inaplicável é legislação infraconstitucional com ele conflitante, seja ele anterior ou posterior ao ato de adesão. Assim ocorreu com o art. 1.287 do Código Civil de 1916 e com o Decreto-lei n. 911/69, assim como em relação ao art. 652 do Novo Código Civil (Lei n. 10.406/2002).

(19) CANÇADO TRINDADE, Antônio Augusto. *Tratado de Direito Internacional dos Direitos Humanos*. Porto Alegre: Sérgio Antônio Fabris, 2003. p. 515.

No julgamento do Recurso Extraordinário n. 466.343-1 SP[20], o ministro Carlos Brito justificou seu posicionamento do *status* supralegal da norma de tratado internacional de direitos humanos enfatizando que, quando uma lei ordinária vem para proteger um tema tratado pela Constituição como direito fundamental, essa lei se torna bifronte ou de dupla natureza. Ela é ordinária formalmente, porém materialmente constitucional, emergindo daí a teoria da proibição de retrocesso. É o que se passa, segundo o eminente ministro, com o Pacto de São José da Costa Rica, que entrou no direito brasileiro como norma supralegal: abaixo da Constituição, mas acima das leis comuns[21].

Alguns dos precedentes que deram origem à Súmula Vinculante n. 25 tinham por objeto a prisão do depositário infiel decorrente de contrato de alienação fiduciária. Outros tinham por objeto a prisão de depositário judicial. No julgamento do HC n. 90.172-7, por exemplo, a 2ª Turma do STF concedeu a ordem em processo em que se cuidava da prisão de depositário judicial, o qual havia aceitado o encargo de ser depositário de uma certa quantidade de aço galvanizado e que, após respectivo praceamento, verificou-se não mais existirem.

Simile modo, o Recurso Extraordinário n. 562.051 versa sobre a prisão de depositário judicial infiel a quem fora confiada a guarda de bens penhorados, com a obrigação de restituí-los. Quando intimado a tal, informou ao Oficial de Justiça que havia vendido tais bens. Foi no julgamento deste Recurso Extraordinário que o Supremo Tribunal Federal reconheceu ser a hipótese de repercussão geral da questão constitucional. Na ocasião, em razão de questão de ordem levantada, ficou resolvido que os ministros relatores decidiriam monocraticamente quando o recurso cuidasse desse tema. Assim, o relator ministro Cézar Peluso decidiu monocraticamente negar provimento ao recurso, ou seja, manteve a impossibilidade de prisão civil do depositário judicial infiel.

No julgamento do *Habeas Corpus* n. 93.435-8, o ministro César Peluso, invocando o precedente do RE, cassou a ordem de prisão e concedeu, *ex officio,* o contramandado em favor de um depositário judicial que não apenas deixou perecer parte dos bens que lhe foram confiados pela Justiça, como também vendeu outra parte desses bens. Asseverou o ministro não ser cabível a prisão civil do depositário infiel, qualquer que fosse a modalidade de depósito[22].

O *Habeas Corpus* n. 89.634-1, relatado pelo ministro Marco Aurélio, cuidava da prisão de depositário judicial de dez sacas de arroz em execução fiscal. A 1ª Turma do Supremo Tribunal Federal deferiu, por unanimidade, o *habeas corpus*[23].

No *Habeas Corpus* n. 95.967-9, a 2ª Turma do Supremo Tribunal Federal concedeu a ordem para cassar os efeitos do decreto de prisão civil de um depositário judicial de bem penhorado em ação de execução fiscal, fundando a decisão no argumento de que a única hipótese de prisão civil, no Direito brasileiro, em razão do disposto no Pacto de São José da Costa Rica, é a do devedor de alimentos.

O ministro Gilmar Mendes, em seu voto, explicou que, diante do inequívoco caráter especial dos tratados internacionais que cuidam da proteção dos direitos humanos, não é difícil entender que a sua internalização no ordenamento jurídico, por meio do procedimento de ratificação previsto na Constituição, tem o condão de paralisar a eficácia jurídica de toda e qualquer disciplina normativa infraconstitucional com ela conflitante. E concluiu:

> Neste sentido, é possível concluir que, diante da supremacia da Constituição sobre atos normativos internacionais, a previsão constitucional da prisão civil do depositário infiel (art. 5º, LXVII) não foi revogada pela adesão do Brasil ao Pacto Internacional dos Direitos Civis e Políticos (art. 11) e à Convenção Americana sobre Direitos Humanos — Pacto de São José da Costa Rica (art. 7º, 7) mas deixou de ter aplicabilidade diante do efeito paralisante desses tratados em relação à legislação infraconstitucional que disciplina a matéria, incluídos o art. 1.287 do Código Civil de 1916 e o Decreto-lei n. 911, de 1º.10.1969.
>
> Tendo em vista o caráter supralegal desses diplomas normativos internacionais, a legislação infraconstitucional posterior que com eles seja conflitante

---

(20) PRISÃO CIVIL. Depósito. Depositário infiel. Alienação fiduciária. Decretação da medida coercitiva. Inadmissibilidade absoluta. Insubsistência da previsão constitucional e das normas subalternas. Interpretação do art. 5º, inc. LXVII e §§ 1º, 2º e 3º, da CF, à luz do art. 7º, § 7, da Convenção Americana de Direitos Humanos (Pacto de San José da Costa Rica). Recurso improvido. Julgamento conjunto do RE n. 349.703 e dos HCs ns. 87.585 e 92.566. É ilícita a prisão civil de depositário infiel, qualquer que seja a modalidade do depósito.

(21) RE n. 466.343 – Voto do Ministro Carlos Brito.

(22) "PRISÃO CIVIL. Decretação em execução fiscal. Depósito judicial. Depositário infiel. Inadmissibilidade. Questão objeto do julgamento pendente do Plenário no RE n. 466.343. Inconstitucionalidade já reconhecida por nove (9) votos. Razoabilidade jurídica quanto à tese de constrangimento ilegal. HC não conhecido. Ordem concedida de ofício. O Supremo Tribunal Federal inclina-se a reconhecer a inconstitucionalidade das normas que autorizem decretação da prisão civil de depositário infiel, qualquer que seja a modalidade do depósito."

(23) DEPOSITÁRIO INFIEL – PRISÃO. A subscrição pelo Brasil do Pacto de São José da Costa Rica, limitando a prisão civil por dívida ao descumprimento inescusável de prestação alimentícia, implicou a derrogação das normas estritamente legais referentes à prisão do depositário infiel.

também tem sua eficácia paralisada. É o que ocorre, por exemplo, com o art. 652 do novo Código Civil (Lei n. 10.406/2002) que reproduz disposição idêntica ao art. 1.287 do Código Civil de 1916.

Enfim, desde a adesão do Brasil, no ano de 1992, ao Pacto Internacional dos Direitos Civis e Políticos (art. 11) e à Convenção Americana sobre Direitos Humanos — Pacto de São José da Costa Rica (art. 7º, 7), não há base legal para aplicação da parte final do art. 5º, LXVII, da Constituição, ou seja, para a prisão civil do depositário infiel.[24]

Prevalece, assim, no âmbito da Corte Constitucional brasileira o entendimento de que os tratados internacionais de direitos humanos anteriores à Emenda Constitucional n. 45/2004 a que o Brasil haja aderido estão na ordem jurídica pátria com *status* de normas supralegais, ou seja, abaixo da Constituição, mas acima das leis. Os tratados posteriores, desde que aprovados pelo *quorum* qualificado, entram no ordenamento jurídico com o *status* de emendas constitucionais. Então a proibição da prisão civil por dívida alcança todo e qualquer depósito, conforme enunciado da Súmula Vinculante n. 25.

O depositário infiel no processo do trabalho

De todos os precedentes que culminaram na edição da Súmula Vinculante n. 25, nenhum cuidou da questão à luz do Processo do Trabalho. Com efeito, o Supremo Tribunal Federal não considerou que, no caso de dívidas trabalhistas, a natureza alimentar do valor executado guarda similitude com a natureza alimentícia da pensão judicial, o que mereceria, por certo, uma ressalva na Súmula Vinculante para permitir a prisão do depositário judicial infiel no processo trabalhista.

A restrição à liberdade de locomoção do depositário judicial, em tais casos, não ocorre pela existência de uma dívida inadimplida, senão *ratione muneris*, isto é, em razão do descumprimento do dever inerente à função em que o devedor está investido.

É certo que o critério genérico de vedação à prisão civil de qualquer depositário infiel, seja judicial, seja contratual, não passou desapercebida no Supremo Tribunal Federal. No voto do ministro Menezes Direito proferido no RE n. 349.703, observa-se que há uma preocupação em se distinguir as hipóteses de prisão civil por dívida em origem contratual e a prisão civil do depositário judicial dos bens penhorados. Nesta última, consignou o eminente ministro que o depositário judicial não assume nenhuma dívida, mas, tão só, um encargo judicial, envolvendo a própria dignidade do processo judicial. Considerando essa peculiar condição jurídica do depositário judicial de bens penhorados, que não resulta de contrato nem representa uma dívida, não se poderia ter por incompatível a sua prisão civil com as normas de direito internacional acima referidas[25].

O ministro Cezar Peluzo, no mesmo julgamento[26], entendeu diversamente. Em voto prevalecente, consignou que o corpo humano, em qualquer hipótese, é sempre o mesmo. Por isso, o valor jurídico e a tutela que merece do ordenamento são também os mesmos, quer se trate de caso de depositário contratual, de depositário legal ou de depositário judicial. Ou seja, a modalidade do depósito é absolutamente irrelevante para o efeito do reconhecimento de que o uso de estratégia jurídica que, como técnica

---

(24) MENDES, Gilmar Ferreira; COELHO, Inocêncio Mártires; BRANCO, Paulo Gustavo Bonet. *Curso de Direito Constitucional*. São Paulo: Saraiva, 2007. p. 670-1.

(25) No seu voto, o ministro fundamenta: "Por força de consequência, tenho como suspensa a eficácia das normas internas ordinárias que estabelecem a prisão civil do depositário infiel tanto sob o regime da alienação fiduciária como sob o regime do puro contrato de depósito regulado pelo Código Civil. Não avanço, porém, nem é necessário fazê-lo, no caso, sobre a possibilidade de reconhecer-se a contrariedade à Constituição com base no princípio da proporcionalidade como pretende o ministro Gilmar Mendes. A tanto não vou. Fico no plano da aplicação dos atos internacionais relativos aos direitos humanos como categoria especial exclusivamente quanto ao depositário infiel no plano dos contratos de depósito e na possibilidade desses atos internacionais serem constitucionalizadas por força da utilização do § 3º do art. 5º da Constituição Federal pelo legislador brasileiro. Por essa razão, sequer incluo nesse cenário o depositário judicial, que, na minha avaliação, tem outra natureza jurídica apartada da prisão civil própria do regime dos contratos de depósito. Nesse caso específico, a prisão não é decretada com fundamento no descumprimento de uma obrigação civil, mas no desrespeito a um múnus público. Entre o Juiz e o depositário dos bens apreendidos judicialmente a relação que se estabelece é, com efeito, de subordinação hierárquica, já que este último está exercendo, por delegação, uma função pública. Anote-se: RHC n. 90.759/MG, Primeira Turma, relator o ministro Ricardo Lewsndowski, DJ de 22.6.2007; HC n. 82. 682/RS, Segunda Turma, relator o ministro Carlos Velloso, DJ de 30.5.2003; HC n. 68.609/DF, Tribunal Pleno, relator o ministro Sepúlveda Pertence, DJ de 30.8.1991; RHC n. 80.035/SC, Segunda Turma, relator o ministro Celso de Mello, DJ de 17.8.2001; e HC n. 92.541/PR, Primeira Turma, de que fui relator, DJE de 25.4.1008)".

(26) RE n. 349.703/RS – "De modo que não releva o título jurídico pelo qual se agride a dignidade humana, se por força de dívida de caráter contratual, se por força de dívida decorrente do múnus de depositário, dentro do processo, ou se ainda é decorrente de outro dever oriundo da incidência de norma que regula os chamados depósitos necessários. Em quaisquer desses casos, a meu ver a admissibilidade da prisão civil, subtendendo-se ressalva à hipótese constitucional do inadimplente de obrigação alimentar, seria sempre retorno e retrocesso ao tempo em que o corpo humano era *corpus vilis*, que, como tal, podia ser objeto de qualquer medida do Estado, ainda que aviltante, para constranger o devedor a saldar a sua dívida. Isso me parece incompatível com a atual concepção, qualquer que ela seja, da dignidade da pessoa humana."

coercitiva de pagamento, recaia sobre o corpo humano, é uma das mais graves ofensas à dignidade humana.

No entanto a questão foi analisada sob a luz do processo civil e não sob as peculiaridades do processo trabalhista, por meio do qual a prisão civil de um depositário judicial infiel é medida coercitiva sobremaneira eficaz para satisfação de débitos trabalhistas, como o tem demonstrado a praxe forense. E merece relevo o fato de que o Pacto de São José da Costa Rica não buscou resguardar apenas os direitos da pessoa humana, mas também deveres, tanto assim que em seu Capítulo V, intitulado "Deveres das Pessoas", está albergado o art. 32, cujo item 2 erige uma correlação entre deveres e direitos:

> Os direitos de cada pessoa são limitados pelos direitos dos demais, pela segurança de todos e pelas justas exigências do bem comum, em uma sociedade democrática.[27]

Não é desarrazoado afirmar que a satisfação de um débito trabalhista, dada a natureza jurídica alimentar que a parcela ostenta, porquanto destinada à subsistência do trabalhador, deve ser reputada como uma justa exigência do bem comum. Por isso mesmo, quando o depositário judicial infiel frustra a satisfação de um direito reconhecido judicialmente ao trabalhador, há inequívoca violação do item 2 do art. 32 do Pacto de São José da Costa Rica.

A Súmula Vinculante n. 25 não levou em conta esta importantíssima circunstância, pecando pela generalização ao tratar igualmente os desiguais, porquanto lançou, numa mesma quadra, o depositário infiel típico, ou seja, aquele devedor que dilapida os bens penhorados a cuja guarda estava obrigado para apresentação futura, bem como aquele devedor a quem, somente por ficção jurídica, é emprestada a qualificação de depositário, como o fizeram o Decreto-lei n. 911/69[28], ou a Lei n. 8.924/94[29], ou o Decreto-lei n. 167/67[30].

Nesta ordem, parece óbvio que o Pacto de São José da Costa Rica não almejou dar guarida a devedores/depositários judiciais desleais que, tendo bens para satisfação da dívida, não o fazem e preferem "dar de ombros" ao dever de guarda e conservação da *res pignorata*. A simples existência prévia da coisa penhorada sob a guarda do depositário judicial é a mais clara indicação de que a prisão civil, quando descumprida a ordem judicial de apresentação de tais bens, não é motivada pela inexistência dos bens, mas pela quebra do devedor de guarda e conservação a que estava jungido o devedor.

Resta agora ao Tribunal Superior do Trabalho, bem como a qualquer Tribunal Regional do Trabalho, na condição de colegitimados pela Lei n. 11.417/2006, propor a revisão do enunciado da Súmula Vinculante n. 25, visando a excetuar a hipótese de prisão civil do depositário infiel nas demandas trabalhistas, restabelecendo, com esta medida, a eficácia ao processo executivo.

Enquanto não revista a súmula em comento, não há mais a possibilidade de prisão civil, seja qual for o depositário, inclusive o judicial em processo trabalhista, sob pena de desrespeito ao verbete vinculativo.

Referências bibliográficas

CANÇADO TRINDADE, Antônio Augusto. *Tratado de Direito Internacional dos Direitos Humanos*. Porto Alegre: Sérgio Antônio Fabris, 2003.

MENDES, Gilmar Ferreira; COELHO, Inocêncio Mártires; BRANCO, Paulo Gustavo Bonet. *Curso de Direito Constitucional*. São Paulo: Saraiva, 2007.

PIOVESAN, Flávia. *Direitos Humanos e Direito Constitucional Internacional*. 7. ed. São Paulo: Saraiva, 2006.

---

(27) "Los derechos de cada persona están limitados por los derechos de los demás, por la seguridad de todos y por las justas exigencias del bien común, en una sociedad democrática".

(28) Considera o alienante ou devedor em possuidor direto e depositário com todas as responsabilidades e encargos que lhe incumbem de acordo com a lei civil e penal.

(29) Estabelece que o emitente ou terceiro prestador de garantia de penhor rural ou penhor mercantil responde pela guarda e conservação dos bens apenhados como fiel depositário.

(30) Dispõe, no art. 17, que os bens apenhados continuam na posse imediata do emitente ou do terceiro prestante da garantia real, que responde por sua guarda e conservação como fiel depositário, seja pessoa física ou jurídica.

Parte 3.2
Súmulas e Orientações Jurisprudenciais do Tribunal Superior do Trabalho relacionadas ao Direito Processual do Trabalho

Súmulas ns. 25, 219 e 459 e Cancelamento das OJs ns. 104, 115, 186 e 305 da SDI-I do TST: Alterações Feitas pelo TST em 12 de Maio de 2015

Isabela Márcia de Alcântara Fabiano

Súmula n. 25 do TST – CUSTAS PROCESSUAIS. INVERSÃO DO ÔNUS DA SUCUMBÊNCIA. (alterada a Súmula e incorporadas as Orientações Jurisprudenciais ns. 104 e 186 da SBDI-1) – Res. n. 197/2015 – DEJT divulgado em 14, 15 e 18.5.2015

I – A parte vencedora na primeira instância, se vencida na segunda, está obrigada, independentemente de intimação, a pagar as custas fixadas na sentença originária, das quais ficara isenta a parte então vencida;

II – No caso de inversão do ônus da sucumbência em segundo grau, sem acréscimo ou atualização do valor das custas e se estas já foram devidamente recolhidas, descabe um novo pagamento pela parte vencida, ao recorrer. Deverá ao final, se sucumbente, reembolsar a quantia; (ex-OJ n. 186 da SBDI-I)

III – Não caracteriza deserção a hipótese em que, acrescido o valor da condenação, não houve fixação ou cálculo do valor devido a título de custas e tampouco intimação da parte para o preparo do recurso, devendo ser as custas pagas ao final; (ex-OJ n. 104 da SBDI-I)

IV – O reembolso das custas à parte vencedora faz-se necessário mesmo na hipótese em que a parte vencida for pessoa isenta do seu pagamento, nos termos do art. 790-A, parágrafo único, da CLT.

Súmula n. 219 do TST – HONORÁRIOS ADVOCATÍCIOS. CABIMENTO. (incorporada a Orientação Jurisprudencial n. 305 da SBDI-1 ao item I) – Res. n. 197/2015, DEJT divulgado em 14, 15 e 18.5.2015

I – Na Justiça do Trabalho, a condenação ao pagamento de honorários advocatícios, nunca superiores a 15% (quinze por cento), não decorre pura e simplesmente da sucumbência, devendo a parte, concomitantemente: a) estar assistida por sindicato da categoria profissional; b) comprovar a percepção de salário inferior ao dobro do salário mínimo ou encontrar-se em situação econômica que não lhe permita demandar sem prejuízo do próprio sustento ou da respectiva família. (art. 14, § 1º, da Lei n. 5.584/1970). (ex-OJ n. 305da SBDI-I)

II – É cabível a condenação ao pagamento de honorários advocatícios em ação rescisória no processo trabalhista.

III – São devidos os honorários advocatícios nas causas em que o ente sindical figure como substituto processual e nas lides que não derivem da relação de emprego.

Súmula n. 459 do TST – RECURSO DE REVISTA. NULIDADE POR NEGATIVA DE PRESTAÇÃO JURISDICIONAL (conversão da Orientação Jurisprudencial n. 115 da SBDI-1) – Res. n. 197/2015, DEJT divulgado em 14, 15 e 18.05.2015

O conhecimento do recurso de revista, quanto à preliminar de nulidade por negativa de prestação jurisdicional, supõe indicação de violação do art. 832 da CLT, do art. 458 do CPC ou do art. 93, IX, da CF/1988.

1. Introdução

No dia 12 de maio de 2015, o Tribunal Superior do Trabalho (TST) aprovou alterações em súmulas e orientações jurisprudenciais, que tratam de recurso de revista, honorários advocatícios e custas processuais.

Para fins didáticos, as modificações serão examinadas destacadamente:

2. Custas processuais – Súmula n. 25 e incorporação das OJs ns. 104 e 186

A apreciação de lesão ou ameaça pelo Poder Judiciário é uma garantia constitucional (art. 5º, XXXV, da CR/1988).

Todavia, o processo gera despesas em sentido amplo, que compreendem, dentre outras espécies, as custas processuais previstas no art. 789 da CLT.

Conforme entendimento reiterado do Supremo Tribunal Federal (STF), as custas processuais são espécie tributária, mais especificamente taxas. Assim, nos termos do art. 145, inciso II, da CR/1988, são valores devidos ao Estado pela utilização, efetiva ou potencial, de serviços públicos — no caso em tela, serviços públicos relacionados à atividade jurisdicional.

As custas serão pagas pelo vencido, que, no processo do trabalho, pode ser tanto o reclamado, que perdeu a demanda, ainda que em parte ínfima (por exemplo: o reclamante formulou 8 pedidos; 7 foram acolhidos; 1 foi julgado improcedente), quanto o reclamante, que, por exemplo, teve o processo extinto sem resolução do mérito ou seus pedidos totalmente improcedentes.

Ao vencido caberá a responsabilidade pelo pagamento das custas processuais, que deverão ser quitadas após o trânsito em julgado da decisão, vale dizer, quando o dispositivo da decisão judicial se tornar imutável e indiscutível, porque contra ele não cabem mais recursos.

Se, no entanto, houver interposição recursal, a decisão não transitará em julgado. Nesse caso, as custas processuais deverão ser pagas pelo recorrente, comprovando-se o seu recolhimento dentro do prazo alusivo ao recurso.

Assentes esses aspectos, serão examinados os itens II a IV da Súmula n. 25 do TST, que constituem as novidades trazidas pelo Pleno da mais alta Corte Trabalhista em 12 de maio de 2015, já que o item I é a repetição da redação anterior da aludida súmula, que possuía um enunciado até então.

O item II da é resultado da incorporação da antiga OJ n. 186 da SBDI-I do TST.

Para compreendê-lo, basta pensar no seguinte exemplo: o reclamante (ex-empregado) foi vitorioso em primeiro grau, pois a sentença julgou procedentes os seus pedidos. Inconformado, o reclamado (ex-empregador) interpõe recurso ordinário. Para tanto, dentre outros pressupostos de admissibilidade, tem que fazer e comprovar o preparo (pagamento, a tempo e modo, de depósito recursal e das custas processuais). Tornando-se vitorioso em segunda instância, a rigor, o ex-empregador deveria ser reembolsado das custas processuais que recolheu. Ocorre que o reclamante, agora vencido, pode interpor recurso de revista, tentando reverter o julgamento do TRT no tocante ao recurso ordinário. Nessa hipótese, contanto que o acórdão regional não tenha acrescido, tampouco atualizado o valor das custas processuais e que estas já tenham sido devidamente recolhidas, a parte vencida, mesmo que inconformada e, por isso, agindo na qualidade de recorrente (interpõe recurso de revista para o TST), será dispensada de novo pagamento, porquanto o montante devido já foi recolhido. Ao final do processo, quando, efetivamente, restar definido quem é o vencedor, as custas serão reembolsadas a quem de direito.

No que diz respeito ao item III da Súmula n. 25 do TST, basta lembrar que a decisão recorrida pode ser modificada, implicando acréscimo do valor da condenação. Vale dizer, mais pedidos podem ser deferidos em favor de uma das partes, agravando a situação do outro litigante, que já tinha sido vencido no julgamento anterior. Isso pode acontecer tanto em sede de embargos de declaração com efeito modificativo interpostos de sentença, quanto em sede de outros recursos trabalhistas, tais como recurso ordinário, recurso de revista.

Porém, se o julgador deixar de fixar os novos valores das custas processuais, que deveriam incidir sobre o acréscimo do valor da condenação, e não comunicar, mediante intimação, a parte vencida para preparar corretamente o recurso, em privilégio aos princípios da instrumentalidade das formas e da economia processual, em vez de denegar seguimento, por deserção, a recurso cujo preparo contemplou o valor primitivo das custas processuais, deverá conhecê-lo (desde que, é claro, satisfeitos os pressupostos de admissibilidade). O "acerto" das custas processuais será feito ao final, não prejudicando o exame da matéria recorrida.

A compreensão do item IV da Súmula 25 do TST depende de prévia explicação ao art. 790-A da CLT. *In verbis*:

> Art. 790-A. São isentos do pagamento de custas, além dos beneficiários de justiça gratuita:
>
> I – a União, os Estados, o Distrito Federal, os Municípios e respectivas autarquias e fundações públicas federais, estaduais ou municipais que não explorem atividade econômica;
>
> II – o Ministério Público do Trabalho.
>
> Parágrafo único. A isenção prevista neste artigo não alcança as entidades fiscalizadoras do exercício profissional, nem exime as pessoas jurídicas referidas no inciso I da obrigação de reembolsar as despesas judiciais realizadas pela parte vencedora.

Além dos beneficiários da justiça gratuita, também são isentos do pagamento de custas processuais os entes públicos (União, Estados, DF, Municípios), porque, compondo o que se chama "Fazenda Pública", nessa qualidade, gozam dessa prerrogativa processual, cuja justificativa é evitar mais prejuízos aos cofres públicos.

A isenção dos entes públicos também se estende às suas autarquias e às suas fundações públicas, mas, para tanto, elas não podem explorar atividade econômica.

Sobre a primeira parte do parágrafo único do art. 790-A da CLT, basta saber que os conselhos que regulamentam e fiscalizam o exercício profissional, tais como Conselho Regional de Medicina (CRM), Conselho Regional de Odontologia (CRO) etc., são classificados, no Direito Administrativo, como autarquias especiais. Em razão dessas particularidades, não desfrutam da isenção das custas processuais.

As pessoas jurídicas descritas no inciso I do art. 790-A da CLT estão isentas do pagamento das custas processuais. Isso, contudo, não as desobriga do dever de restituir ao litigante vencedor as despesas judiciais que este teve ao longo do processo.

Por exemplo: a União Federal foi vencedora na primeira instância trabalhista, porque a sentença não reconheceu o vínculo de emprego entre ela e o reclamante. Insatisfeito, este interpôs recurso ordinário ao TRT e obteve a total reforma do julgado, tornando-se vencedor na lide. O acórdão proferido pelo TRT foi objeto de recurso de revista interposto pela União Federal e houve remessa necessária, porque o valor da condenação excede de 60 salários mínimos. Acontece que o TST não modificou o acórdão regional, que transitou em julgado. Não cabendo, nem sem interpostos mais recursos, as despesas judiciais que o reclamante arcou serão reembolsadas pela União Federal.

3. Honorários Advocatícios – Súmula n. 219 e cancelamento da OJ n. 305

A recente alteração feita no enunciado da Súmula n. 219 do TST restringe-se ao seu item I, no qual apenas foi inserido o advérbio "concomitantemente".

À primeira vista, a inclusão pareceria desnecessária, uma vez que a redação anterior era autoexplicativa.

Contudo, a fim de evitar desvios interpretativos, interposições recursais meramente protelatórias e de sedimentar a jurisprudência trabalhista nacional, o referido vocábulo foi adicionado, para explicitar as duas condições cumulativas, que devem ser preenchidas, simultaneamente, para a fixação de honorários advocatícios na Justiça do Trabalho: a parte deve estar assistida por sindicato da categoria profissional e, ao mesmo tempo, deve comprovar a percepção de salário inferior ao dobro do salário mínimo ou encontrar-se em situação econômica que não lhe permita demandar sem prejuízo do próprio sustento ou da respectiva família.

Com a inclusão do advérbio, tornou-se despicienda a OJ 305 do TST, já que sua ideia foi absorvida pela nova redação do item I da Súmula 219 do TST, cujos demais aspectos permaneceram intocados: insuficiência da mera sucumbência para amparar a fixação dos honorários advocatícios e percentual específico da verba honorária em montante nunca excedente de 15% na Justiça do Trabalho.

Embora alterações não tenham sido feitas nesse particular, é oportuno frisar que, em razão do "jus postulandi" no processo do trabalho, em regra, não há condenação ao pagamento de honorários advocatícios nesta Justiça Especializada.

Ademais, como o cliente mais assíduo da Justiça do Trabalho é o (ex)-empregado, ainda que ele venha a perder a ação (o que só acontece se todos os pedidos que postulou forem julgados totalmente improcedentes), não estará obrigado a pagar honorários em favor do advogado do seu adversário, porque isso feriria o princípio da proteção que orienta o Direito do Trabalho e o Direito Processual do Trabalho.

Nessa linha de raciocínio, em regra, as normas do art. 20, § 3º, do CPC, que tratam dos honorários advocatícios, não se aplicam ao processo do trabalho. Portanto, não se há falar em honorários advocatícios no percentual de 10% a 20%, tampouco que a sua fixação observa a mera sucumbência (art. 21 do CPC).

Em virtude das particularidades e do caráter social que norteiam o Direito do Trabalho e o Processo do Trabalho, a verba honorária nunca superará 15%.

4. Recurso de Revista – Súmula n. 459 e cancelamento da OJ n. 115

No tocante ao recurso de revista, a alteração aprovada pelo Pleno do TST não gerou alterações de conteúdo, uma vez que a OJ n. 115 da SBDI-I da mais alta Corte Trabalhista foi apenas convertida na Súmula n. 459.

Desse modo, prevalece o entendimento jurisprudencial no sentido de que o recorrente, em sede de recurso de revista, ao arguir, preliminarmente, a nulidade por negativa de prestação jurisdicional, deverá indicar violação aos arts. 832 da CLT, 458 do CPC e 93, IX, da CR/1988.

Logo, para ter a referida preliminar acolhida, o recorrente há de mencionar e demonstrar a ofensa aos aludidos dispositivos legais, sob o argumento de que o provimento jurisdicional guerreado padece de vício insanável, porque, não obstante a provocação feita pela parte interessada, o julgado manteve-se silente quanto a pontos questionados anteriormente.

Por exemplo: é comum a parte vencida interpor embargos de declaração em face de decisões anteriores. Normalmente, essa impugnação é meramente proletária e tem o intuito de interromper a contagem do prazo para futura interposição dos recursos seguintes.

Considerando que os embargos de declaração são, na maioria esmagadora das vezes, desprovidos, a parte inconformada, agora em sede de recurso ordinário, tende a arguir a nulidade por negativa de prestação jurisdicional. Contra o acórdão proferido pelo TRT, costuma repetir a preliminar acima em sede de recurso de revista.

Todavia, essa tese, raramente, é exitosa, porque o recorrente até chega a indicar, mas não consegue comprovar, com sucesso, o malferimento dos arts. 832 da CLT, 458 do CPC e 93, IX, da CR/1988, que, em breve síntese, dispõem sobre os requisitos essenciais de uma decisão judicial (relatório[1], fundamentação e conclusão), que deve manter coerência, completude e clareza no seu todo, seja em respeito aos próprios jurisdicionados, seja em respeito

---

(1) Lembrete: o relatório é dispensado, quando se tratar de ação individual trabalhista sujeita a rito sumaríssimo.

à sociedade em geral, tendo em vista que a exigência de fundamentação é uma forma de controlar externamente as atividades do Poder Judiciário.

A par disso, na maioria esmagadora das vezes, as decisões judiciais não são omissas, obscuras, nem contraditórias; no geral, elas atendem às formalidades legais e enfrentam as questões da lide, não estando o julgador obrigado a rebater todos os argumentos trazidos pelas partes.

Finalmente, cumpre acrescentar que alguns recorrentes, diante do fracasso de seu recurso de revista (porque a preliminar de nulidade por negativa da prestação jurisdicional não foi acolhida), ainda chegam a interpor embargos de divergência no TST.

No entanto, as hipóteses de cabimento desse meio impugnatório estão previstas no art. 894, II, da CLT: dissenso pretoriano entre decisões de turmas do próprio TST; entre decisões proferidas por uma Turma do TST e pela sua SDI; decisões contrárias à súmula ou à orientação jurisprudencial da mais alta Corte Trabalhista ou colidente com súmula vinculante do STF.

Como se vê, em nenhum momento, o conhecimento e o acolhimento dos embargos de divergência no TST supõem a indicação de violação aos arts. 832 da CLT, 458 do CPC e 93, IX, da CR/1988. Assim, o recorrente que trilha esse caminho, terá seu recurso denegado.

5. Conclusão

Algumas alterações comentadas acima foram singelas; outras, mais expressivas.

De qualquer modo, todas as mudanças demonstram a preocupação do TST em sedimentar seus entendimentos, tornando-os cada vez mais completos e explicativos, a fim de dar mais celeridade aos processuais e evitar a interposição de recursos procrastinatórios e infundados.

Independentemente da maior ou menor simpatia que os estudiosos do Direito nutrem em relação à existência, à aplicabilidade e aos efeitos das súmulas e orientações jurisprudenciais do TST, é inegável admitir que a mais alta Corte Trabalhista está em consonância com o movimento de "jurisprudencialização do direito" e de aproximação do *civil law* do *commom law*.

Por isso, observa-se a constante atuação do TST no intuito de buscar a tese jurídica que, no seu entender, é a mais adequada, justa, eficiente, rápida para os conflitos trabalhistas.

Referências bibliográficas

FABIANO, Isabela Márcia de Alcântara. Apostila "Recursos Trabalhistas" para curso promovido pelo TRT/MG para técnicos e analistas judiciários da instituição. Belo Horizonte. Gráfica do TRT/MG. 2011.

FABIANO, Isabela Márcia de Alcântara. Apostila "Processo do Trabalho" para para cursos preparatórios para concursos públicos. Belo Horizonte. 2014.

Súmula n. 74 do TST: A Confissão Ficta, sua Ocorrência e os Limites à Produção e Consideração das Provas

Ana Carolina Gonçalves Vieira

Súmula n. 74 do TST – CONFISSÃO. (nova redação do item I e inserido o item III à redação em decorrência do julgamento do processo TST-IUJEEDRR 801385-77.2001.5.02.0017) – Res. n. 174/2011, DEJT divulgado em 27, 30 e 31.5.2011

I – Aplica-se a confissão à parte que, expressamente intimada com aquela cominação, não comparecer à audiência em prosseguimento, na qual deveria depor. (ex-Súmula n. 74 – RA n. 69/1978, DJ 26.9.1978)

II – A prova pré-constituída nos autos pode ser levada em conta para confronto com a confissão ficta (art. 400, I, CPC), não implicando cerceamento de defesa o indeferimento de provas posteriores. (ex-OJ n. 184 da SBDI-1 – inserida em 8.11.2000)

III – A vedação à produção de prova posterior pela parte confessa somente a ela se aplica, não afetando o exercício, pelo magistrado, do poder/dever de conduzir o processo.

A confissão é instituto jurídico de grande pertinência para o Direito Processual. Seja a confissão real, seja a ficta, é indiscutível que sua configuração e seus efeitos no processo despertam amplo interesse na área jurídica. Acerca de seus efeitos, importa especialmente estabelecer quais são os limites e condutas impostos às partes e ao magistrado, no que tange à prova pré-constituída nos autos e à produção de provas posteriores.

Antes de analisar o posicionamento do Tribunal Superior do Trabalho (TST) acerca das questões acima suscitadas, é imperativa a necessidade de se conhecer algumas regras sobre o instituto. A confissão, de forma genérica, consiste "na declaração, com efeito probatório, de ciência de fatos, tidos como verídicos pelo confitente, e contrários ao seu interesse, sendo favorável à outra parte"[1].

Embora possa ocorrer extrajudicialmente, assume maior relevância a confissão ocorrida no bojo do processo (judicial). Sendo judicial a confissão, ainda podemos classificá-la de duas outras formas. Poderá ser espontânea ou provocada. Será espontânea se a parte espontaneamente confessar (a qualquer tempo) e provocada quando ocorrer no depoimento pessoal da parte autora ou ré. Poderá, ainda, ser expressa (real) ou tácita (presumida ou ficta). Real é a confissão feita expressamente sobre os fatos alegados pela parte contrária e presumida/ficta é a que decorre da revelia (art. 844, CLT), da falta de impugnação específica dos fatos (art. 302, CPC), da falta de comparecimento ou recusa de depor (343, § 2º, CPC) ou da recusa de exibir documento por determinação judicial (art. 359, CPC). Sendo ficta a confissão, estar-se-á diante de uma presunção relativa que, como tal, pode ser ilidida por prova em contrário.

Merece destaque, ainda, o fato de que a confissão, presumida ou real, não produz efeitos no processo que tratar sobre questões de direito indisponível ou quando, havendo litisconsórcio, apenas um ou alguns deles fizerem a confissão (arts. 48, 320, II, e 350 do CPC) e, finalmente, é certo que a confissão poderá ser anulada, via ação anulatória, se pendente o processo em que foi feita, ou por ação rescisória, caso tenha transitado em julgado a sentença, da qual constituiu o único fundamento, quando produzida por dolo, erro ou coação (art. 352, CPC).

Verificadas algumas noções básicas acerca da confissão, insta delimitar o tema, já que o presente artigo tem o objetivo específico de tratar da ocorrência e dos efeitos da modalidade ficta (ou presumida). Já restou demonstrado que não apenas a revelia (art. 844, CLT) induz à confissão ficta e o TST começa a sua consolidação jurisprudencial tratando da ausência da parte, devidamente intimada, à audiência em que deveria prestar depoimento pessoal. Em 26 de setembro de 1978 foi editada a Súmula n. 74, segundo a qual: "*Confissão. Aplica-se a pena de confissão à parte que, expressamente intimada com aquela cominação, não comparecer à audiência em prosseguimento, na qual deveria depor.*"

Frise-se, novamente, que a confissão não é medida a que o reclamante está imune, nem mesmo medida aplicável apenas ao revel. Assim, se o autor comparece à audiência inaugural, deixando de comparecer à próxima audiência em que deveria depor (devidamente intimado), não é mais caso de arquivamento, e sim de confissão ficta (Súmula n. 09, TST). Na mesma linha, o réu que comparece à audiência inaugural não é revel, porém, deixando de comparecer para posterior depoimento pessoal (devidamente intimado), ocorrerá igual confissão ficta.

No ano de 2000, no dia 8 de novembro, a Sessão de Dissídios Individuais I (SDI-1) do TST editou a OJ n. 184, na qual começa a delimitar o comportamento do juiz com relação às provas em caso de confissão ficta. Fica estabelecido seguinte entendimento: "*CONFISSÃO FICTA. PRODUÇÃO DE PROVA POSTERIOR. Somente a prova pré-constituída nos autos é que deve ser levada em conta para confronto com a confissão ficta (art. 400, I, CPC),*

---

(1) ALVIM, Arruda. *Manual de Direito Processual Civil.* v. 2. São Paulo: Revista dos Tribunais, 1997. p. 556.

não implicando cerceamento de defesa o indeferimento de provas posteriores."

Francisco Antônio de Oliveira discorda do entendimento do TST. Para o autor, o Tribunal estaria aplicando à confissão ficta regra destinada à confissão real, uma vez que:

> (...) direciona no sentido de que a confissão ficta somente poderá ser desprestigiada por prova já pré-constituída nos autos, não implicando cerceamento de defesa o indeferimento de provas posteriores. Estriba-se no art. 400, I, (já provados por documento ou confissão da parte). Referido preceito nada mais é do a repetição do art. 334, II (não dependem de prova os fatos afirmados por uma parte e confessados pela parte contrária). O entendimento ora esposado transforma a confissão ficta em 'confissão real', o que não está autorizado pela lei. Onde a lei não restringe, defeso ao intérprete fazê-lo; tem a parte relativamente confessa o direito de ouvir, inclusive, depoimento da parte adversa, que poderá confessar o fato de forma real (confissão real) e desprestigiar a ficta confessio; deve-se dar ênfase à busca da verdade real. A busca da celeridade deve conviver com o devido processo legal.[2]

Alguns anos depois (2005) a Súmula n. 74 sofre a primeira alteração. A rigor não há inovação no conteúdo, o TST apenas converte a OJ n. 184 em inciso II da Súmula. Vejamos:

> Confissão (incorporada a Orientação Jurisprudencial n. 184 da SBDI-1. Res. n. 129/2005, DJ 20, 22 e 25.4.2005).
>
> > I – Aplica-se a pena de confissão à parte que, expressamente intimada com aquela cominação, não comparecer à audiência em prosseguimento, na qual deveria depor. (ex-Súmula n. 74 – RA n. 69/1978, DJ 26.09.1978)
> >
> > II – A prova pré-constituída nos autos pode ser levada em conta para confronto com a confissão ficta (art. 400, I, CPC), não implicando cerceamento de defesa o indeferimento de provas posteriores. (ex-OJ n. 184 da SBDI-1 – inserida em 8.11.2000)

As controvérsias sobre os limites do poder do juiz subsistem. A interpretação do inciso II da Súmula parece dividir opiniões, mormente em casos de revelia. Poderia o próprio juiz determinar a realização de outras provas após a ocorrência da confissão? Seria possível que ele permitisse a produção de provas posteriores? Para o TST:

> (...) A confissão de que trata o art. 400, I, do CPC é distinta daquela prevista no art. 844 da CLT, uma vez que a primeira é absoluta e a segunda é relativa.

Na esteira dessa regra, a confissão ficta, por ser iuris tantum, pode ser confrontada com as provas dos autos, tenham elas sido produzidas posteriormente ou anteriormente à confissão ficta, o que fica a cargo do juízo, nos termos do art. 130 do CPC, bem como a valoração das provas, à luz do art. 131 do CPC.

Sobre esse tema, a indigitada Súmula n. 74, II, do TST, resultante da incorporação da Orientação Jurisprudencial 184 da SBDI-1 desta Corte, assim prevê: Súmula n. 74. CONFISSÃO. [...] II – A prova pré-constituída nos autos pode ser levada em conta para confronto com a confissão ficta (art. 400, I, CPC), não implicando cerceamento de defesa o indeferimento de provas posteriores.

<u>Conforme se depreende da simples leitura do referido dispositivo, não há nenhum impedimento de que as provas produzidas após a confissão ficta sejam com ela confrontadas, mas tão somente a orientação de que prova pré-constituída nos autos pode ser levada em conta para confronto com a confissão ficta, sem que o indeferimento de provas posteriores implique o cerceamento do direito de defesa.</u>

In casu, a decisão recorrida levou em consideração o depoimento da testemunha da Reclamante, após a confissão ficta da 1ª Reclamada, Ponto Arquitetura e Construções Ltda., para concluir que não houve labor extraordinário aos sábados.

De plano, verifica-se que a confissão ficta resultante da ausência da 1ª Reclamada à audiência inaugural seria o suficiente para comprovar a veracidade dos fatos alegados pela Obreira, relativamente à prestação extraordinária de serviços aos sábados. Entretanto, foi a própria Reclamante quem pleiteou a oitiva de sua testemunha em audiência posterior, ignorando a presunção de veracidade que havia surgido quanto às suas alegações, de forma que agora o depoimento de sua testemunha não pode ser invalidado tão somente por prejudicá-la.

Por outro lado, <u>sendo *iuris tantum* a confissão ficta, pode o juízo confrontá-la com as provas que julgar necessárias e idôneas, de acordo com o seu poder de discricionariedade de livre valoração das provas, nos termos dos arts. 130 e 131 do CPC, sem que isso importe na violação do art. 400, I, do CPC e na contrariedade à Súmula n. 74, II, do TST.</u> (DISTRITO FEDERAL, TST, AIRR 1862340-11.2004.5.09.0002, rel. Ives Gandra Martins Filho, 2009 — grifos acrescidos)

Sobre a conduta do juiz, reiteradamente a doutrina e a jurisprudência citam os arts. 765 da CLT ("os juízes e tribunais do trabalho terão ampla liberdade na direção do processo e velarão pelo andamento rápido das causas, podendo determinar qualquer diligência necessária ao esclarecimento delas") e 130 do CPC ("caberá ao juiz, de ofício ou a requerimento da parte, determinar as provas necessárias à instrução do processo, indeferindo as diligências inúteis ou meramente protelatórias") para, amparados no

---

(2) OLIVEIRA, Francisco Antonio de. *Comentários aos Precedentes Normativos e às Orientações Jurisprudenciais do Tribunal Superior do Trabalho.* São Paulo: RT, 2004. p. 327.

princípio inquisitório, destacarem que a limitação à produção de prova posterior pela parte confessa não atingiria o magistrado, a quem competiria buscar, especialmente no processo do trabalho, os elementos de sua convicção (ou até mesmo a proclamada "verdade real").

Mais recentemente, em 2011, a Súmula n. 74 sofre nova alteração. Retira-se do inciso I a expressão "pena", o que pouco altera seu sentido. Por outro lado, insere-se um novo inciso (III), o qual traduz posicionamento que ainda não era objeto de consolidação jurisprudencial.

> CONFISSÃO. (nova redação do item I e inserido o item III à redação em decorrência do julgamento do processo TST-IUJEEDRR 801385-77.2001.5.02.0017) – Res. n. 174/2011, DEJT divulgado em 27, 30 e 31.5.2011.
>
> I – Aplica-se a confissão à parte que, expressamente intimada com aquela cominação, não comparecer à audiência em prosseguimento, na qual deveria depor. (ex-Súmula n. 74 – RA n. 69/1978, DJ 26.9.1978)
>
> II – A prova pré-constituída nos autos pode ser levada em conta para confronto com a confissão ficta (art. 400, I, CPC), não implicando cerceamento de defesa o indeferimento de provas posteriores. (ex-OJ n. 184 da SBDI-1 – inserida em 8.11.2000)
>
> III – A vedação à produção de prova posterior pela parte confessa somente a ela se aplica, não afetando o exercício, pelo magistrado, do poder/dever de conduzir o processo.

O inciso III, por certo, surge como resposta eficaz a inúmeros debates acerca da Súmula n. 74 e dos poderes instrutórios do juiz (art. 765, CLT), em caso de confissão ficta. É inegável o reconhecimento pelo TST de que:

> Com efeito, há muito o juiz o juiz deixou de ser um convidado de pedra na relação jurídica processual. Na moderna teoria geral do processo, ao juiz cabe zelar pela dignidade do processo, pela busca da verdade real e por uma ordem jurídica justa.
>
> Isso não significa dizer que o juiz está negando vigência ao art. 844, da CLT, ou ao princípio de igualdade de tratamento às partes (art. 125 do CPC), está apenas, diante de situações especiais, garantindo a dignidade da justiça, da aplicação justa e equânime da lei e uma ordem jurídica justa. O entendimento acima ganha corpo no Direito Processual do Trabalho tem o princípio do inquisitivo no que tange à iniciativa probatória do juiz (art. 765, da CLT).[3]

No mesmo sentido é a bela lição de Calamandrei:

> O juiz é o guarda e a garantia de tudo quanto mais caro se tem no mundo. Nele se saúda a paz do lar, a honra e a liberdade. A vida de um homem, a felicidade inteira depende do seu resultado. É o juiz a testemunha corpórea da lei, de que depende a sorte dos homens terráqueos. O juiz possui, na verdade, como mago de fábula, o poder sobre-humano de fazer no mundo do Direito as mais monstruosas metamorfoses e dar às sombras as aparências eternas de verdade.[4]

A maior amplitude dos poderes do juiz também é defendida por Souto Maior[5], para quem a confissão presumida não deve conduzir à conclusão de que "o preto é branco ou o falso é verdadeiro". Ao magistrado é imposto o dever de zelar pela "justiça" e pelo acerto de suas decisões, devendo estar atento, em especial, a hipóteses em que os fatos narrados pela parte pareçam inverossímeis ou incompatíveis com os próprios termos da demanda.

Fica claro que em caso de confissão ficta resultante de revelia (por exemplo), apesar de estar o juiz autorizado a encerrar a instrução processual e proferir imediata sentença, é a ele assegurada a prerrogativa de persistir na busca da verdade real, tomando, exemplificativamente, o depoimento pessoal do reclamante, no intuito de formar efetivamente seu convencimento. Em tal situação, a tênue confissão ficta poderá ser reforçada pelo depoimento pessoal ou, até mesmo, afastada pela eventual confissão real do reclamante.

A amparar tal afirmativa, conforme Souto Maior[6], está a parte final do art. 20 da Lei dos Juizados Especiais (9099/95), segundo o qual: "não comparecendo o demandado à sessão de conciliação ou à audiência de instrução e julgamento, reputar-se-ão verdadeiros os fatos alegados no pedido inicial, salvo se o contrário resultar da convicção do juiz", cuja aplicação subsidiária ao Processo do Trabalho é permitida pelo art. 769 da CLT.

Assim, ao que parece, a nova redação da Súmula n. 74 consagra entendimento razoável do TST, permitindo ao magistrado o exercício de seus poderes/deveres instrutórios e reafirmando o interesse do Processo do Trabalho na busca da verdade real.

Referências bibliográficas

ALVIM, Arruda. *Manual de Direito Processual Civil*. v. 2. São Paulo: Revista dos Tribunais, 1997.

---

(3) SCHIAVI, Mauro. A revelia no processo do trabalho: legalidade justiça, equidade e princípio da proporcionalidade em confronto com as súmulas ns. 74 e 122 do C. TST. *Revista LTr: Legislação do Trabalho*, São Paulo, v. 70, n. 7, p. 830-838, jul. 2006, p. 836.
(4) CALAMANDREI *apud* DUARTE, Bento Herculano. *Poderes do juiz do trabalho*: direção e protecionismo Processual. São Paulo: LTr, 1999. p. 87.
(5) SOUTO MAIOR, Jorge Luiz. *Direito Processual do Trabalho*. São Paulo: LTr, 1998.
(6) *Idem*.

DUARTE, Bento Herculano. *Poderes do juiz do trabalho:* direção e protecionismo Processual. São Paulo: LTr, 1999.

MARTINS, Sérgio Pinto. *Comentários à CLT*. São Paulo: Atlas, 2011.

OLIVEIRA, Francisco Antonio de. *Comentários aos Precedentes Normativos e às Orientações Jurisprudenciais do Tribunal Superior do Trabalho*. São Paulo: RT, 2004.

SOUTO MAIOR, Jorge Luiz. *Direito Processual do Trabalho*. São Paulo: LTr, 1998.

SCHIAVI, Mauro. A revelia no processo do trabalho: legalidade justiça, equidade e princípio da proporcionalidade em confronto com as Súmulas ns. 74 e 122 do C. TST. *Revista LTr: Legislação do Trabalho*, São Paulo, v. 70, n. 7, jul. 2006.

_____. *Manual de Direito Processual do Trabalho*. São Paulo: LTr, 2010.

TEIXEIRA FILHO, Manoel Antonio. *A prova no Processo do Trabalho*. São Paulo: LTr, 2003.

Súmulas ns. 83, 99, 100, 192, 194 (Cancelamento), 299, 397, 398, 399, 400, 401, 402, 403, 404, 405, 406, 407, 408, 409, 410, 411, 412 e 413, OJ n. 6, 7, 12, 21, 25, 28 (Cancelamento), 30, 84, 97, 123, 147 (Cancelamento), 150, 151, 152, 154, 155, 157 e 158 da SDI-2 e OJ n. 33 (Cancelamento) da SDC do TST: Ação Rescisória — Análise Sistêmica das Súmulas e OJs do TST Publicadas após 2005

Juliana Augusta Medeiros de Barros

Súmula n. 83 do TST

AÇÃO RESCISÓRIA. MATÉRIA CONTROVERTIDA (incorporada a Orientação Jurisprudencial n. 77 da SBDI-2) – Res. n. 137/2005, DJ 22, 23 e 24.8.2005

I – Não procede pedido formulado na ação rescisória por violação literal de lei se a decisão rescindenda estiver baseada em texto legal infraconstitucional de interpretação controvertida nos Tribunais. (ex-Súmula n. 83 – alterada pela Res. n. 121/2003, DJ 21.11.2003)

II – O marco divisor quanto a ser, ou não, controvertida, nos Tribunais, a interpretação dos dispositivos legais citados na ação rescisória é a data da inclusão, na Orientação Jurisprudencial do TST, da matéria discutida. (ex-OJ n. 77 da SBDI-2 – inserida em 13.3.2002)

Súmula n. 99 do TST

AÇÃO RESCISÓRIA. DESERÇÃO. PRAZO (incorporada a Orientação Jurisprudencial n. 117 da SBDI-2) – Res. n. 137/2005, DJ 22, 23 e 24.8.2005

Havendo recurso ordinário em sede de rescisória, o depósito recursal só é exigível quando for julgado procedente o pedido e imposta condenação em pecúnia, devendo este ser efetuado no prazo recursal, no limite e nos termos da legislação vigente, sob pena de deserção. (ex-Súmula n. 99 – alterada pela Res. n. 110/2002, DJ 15.4.2002 – e ex-OJ n. 117 da SBDI-2 – DJ 11.8.2003)

Súmula n. 100 do TST

AÇÃO RESCISÓRIA. DECADÊNCIA (incorporadas as Orientações Jurisprudenciais ns. 13, 16, 79, 102, 104, 122 e 145 da SBDI-2) – Res. n. 137/2005, DJ 22, 23 e 24.8.2005

I – O prazo de decadência, na ação rescisória, conta-se do dia imediatamente subsequente ao trânsito em julgado da última decisão proferida na causa, seja de mérito ou não. (ex-Súmula n. 100 – alterada pela Res. n. 109/2001, DJ 20.4.2001)

II – Havendo recurso parcial no processo principal, o trânsito em julgado dá-se em momentos e em tribunais diferentes, contando-se o prazo decadencial para a ação rescisória do trânsito em julgado de cada decisão, salvo se o recurso tratar de preliminar ou prejudicial que possa tornar insubsistente a decisão recorrida, hipótese em que flui a decadência a partir do trânsito em julgado da decisão que julgar o recurso parcial. (ex-Súmula n. 100 – alterada pela Res. n. 109/2001, DJ 20.4.2001)

III – Salvo se houver dúvida razoável, a interposição de recurso intempestivo ou a interposição de recurso incabível não protrai o termo inicial do prazo decadencial. (ex-Súmula n. 100 – alterada pela Res. n. 109/2001, DJ 20.4.2001)

IV – O juízo rescindente não está adstrito à certidão de trânsito em julgado juntada com a ação rescisória, podendo formar sua convicção através de outros elementos dos autos quanto à antecipação ou postergação do *"dies a quo"* do prazo decadencial. (ex-OJ n. 102 da SBDI-2 – DJ 29.4.2003)

V – O acordo homologado judicialmente tem força de decisão irrecorrível, na forma do art. 831 da CLT. Assim sendo, o termo conciliatório transita em julgado na data da sua homologação judicial. (ex-OJ n. 104 da SBDI-2 – DJ 29.4.2003)

VI – Na hipótese de colusão das partes, o prazo decadencial da ação rescisória somente começa a fluir para o Ministério Público, que não interveio no processo principal, a partir do momento em que tem ciência da fraude. (ex-OJ n. 122 da SBDI-2 – DJ 11.8.2003)

VII – Não ofende o princípio do duplo grau de jurisdição a decisão do TST que, após afastar a decadência em sede de recurso ordinário, aprecia desde logo a lide, se a causa versar questão exclusivamente de direito e estiver em condições de imediato julgamento. (ex-OJ n. 79 da SBDI-2 – inserida em 13.3.2002)

VIII – A exceção de incompetência, ainda que oposta no prazo recursal, sem ter sido aviado o recurso próprio, não tem o condão de afastar a consumação da coisa julgada e, assim, postergar o termo inicial do prazo decadencial para a ação rescisória. (ex-OJ n. 16 da SBDI-2 – inserida em 20.9.2000)

IX – Prorroga-se até o primeiro dia útil, imediatamente subsequente, o prazo decadencial para ajuizamento de ação rescisória quando expira em férias forenses, feriados, finais de semana ou em dia em que não houver expediente forense. Aplicação do art. 775 da CLT. (ex-OJ n. 13 da SBDI-2 – inserida em 20.9.2000)

X – Conta-se o prazo decadencial da ação rescisória, após o decurso do prazo legal previsto para a interposição do recurso extraordinário, apenas quando esgotadas todas as vias recursais ordinárias. (ex-OJ n. 145 da SBDI-2 – DJ 10.11.2004)

Súmula n. 192 do TST

AÇÃO RESCISÓRIA. COMPETÊNCIA E POSSIBILIDADE JURÍDICA DO PEDIDO (inciso III alterado) – Res. n. 153/2008, DEJT divulgado em 20, 21 e 24.11.2008

I – Se não houver o conhecimento de recurso de revista ou de embargos, a competência para julgar ação que vise a rescindir a decisão de mérito é do Tribunal Regional do Trabalho, ressalvado o disposto no item II. (ex-Súmula n. 192 – alterada pela Res. n. 121/2003, DJ 21.11.2003)

II – Acórdão rescindendo do Tribunal Superior do Trabalho que não conhece de recurso de embargos ou de revista, analisando arguição de violação de dispositivo de lei material ou decidindo em consonância com súmula de direito material ou com iterativa, notória e atual jurisprudência de direito material da Seção de Dissídios Individuais (Súmula n. 333), examina o mérito da causa, cabendo ação rescisória da competência do Tribunal Superior do Trabalho. (ex-Súmula n. 192 – alterada pela Res. n. 121/2003, DJ 21.11.2003)

III – Em face do disposto no art. 512 do CPC, é juridicamente impossível o pedido explícito de desconstituição de sentença quando substituída por acórdão do Tribunal Regional ou superveniente sentença homologatória de acordo que puser fim ao litígio.

IV – É manifesta a impossibilidade jurídica do pedido de rescisão de julgado proferido em agravo de instrumento que, limitando-se a aferir o eventual desacerto do juízo negativo de admissibilidade do recurso de revista, não substitui o acórdão regional, na forma do art. 512 do CPC. (ex-OJ n. 105 da SBDI-2 – DJ 29.4.2003)

V – A decisão proferida pela SBDI, em sede de agravo regimental, calcada na Súmula n. 333, substitui acórdão de Turma do TST, porque emite juízo de mérito, comportando, em tese, o corte rescisório. (ex-OJ n. 133 da SBDI-2 – DJ 4.5.2004)

Súmula n. 194 do TST

AÇÃO RESCISÓRIA. JUSTIÇA DO TRABALHO. DEPÓSITO PRÉVIO (cancelada) – Res. n. 142/2007, DJ 10, 11 e 15.10.2007

As ações rescisórias ajuizadas na Justiça do Trabalho serão admitidas, instruídas e julgadas conforme os arts. 485 *"usque"* 495 do Código de Processo Civil de 1973, sendo, porém, desnecessário o depósito prévio a que aludem os respectivos arts. 488, II, e 494.

Súmula n. 299 do TST

AÇÃO RESCISÓRIA. DECISÃO RESCINDENDA. TRÂNSITO EM JULGADO. COMPROVAÇÃO. EFEITOS (incorporadas as Orientações Jurisprudenciais ns. 96 e 106 da SBDI-2) – Res. n. 137/2005, DJ 22, 23 e 24.8.2005

I – É indispensável ao processamento da ação rescisória a prova do trânsito em julgado da decisão rescindenda. (ex-Súmula n. 299 – Res. n. 8/1989, DJ 14, 18 e 19.4.1989)

II – Verificando o relator que a parte interessada não juntou à inicial o documento comprobatório, abrirá prazo de 10 (dez) dias para que o faça, sob pena de indeferimento. (ex-Súmula n. 299 – Res. n. 8/1989, DJ 14, 18 e 19.4.1989)

III – A comprovação do trânsito em julgado da decisão rescindenda é pressuposto processual indispensável ao tempo do ajuizamento da ação rescisória. Eventual trânsito em julgado posterior ao ajuizamento da ação rescisória não reabilita a ação proposta, na medida em que o ordenamento jurídico não contempla a ação rescisória preventiva. (ex-OJ n. 106 da SBDI-2 – DJ 29.4.2003)

IV – O pretenso vício de intimação, posterior à decisão que se pretende rescindir, se efetivamente ocorrido, não permite a formação da coisa julgada material. Assim, a ação rescisória deve ser julgada extinta, sem julgamento do mérito, por carência de ação, por inexistir decisão transitada em julgado a ser rescindida. (ex-OJ n. 96 da SBDI-2 – inserida em 27.9.2002)

Súmula n. 397 do TST

AÇÃO RESCISÓRIA. ART. 485, IV, DO CPC. AÇÃO DE CUMPRIMENTO. OFENSA À COISA JULGADA EMANADA DE SENTENÇA NORMATIVA MODIFICADA EM GRAU DE RECURSO. INVIABILIDADE. CABIMENTO DE MANDADO DE SEGURANÇA (conversão da Orientação Jurisprudencial n. 116 da SBDI-2) – Res. n. 137/2005, DJ 22, 23 e 24.8.2005

Não procede ação rescisória calcada em ofensa à coisa julgada perpetrada por decisão proferida em ação de cumprimento, em face de a sentença normativa, na qual se louvava, ter sido modificada em grau de recurso, porque em dissídio coletivo somente se consubstancia coisa julgada formal. Assim, os meios processuais aptos a atacarem a execução da cláusula reformada são a exceção de pré-executividade e o mandado de segurança, no caso de descumprimento do art. 572 do CPC. (ex-OJ n. 116 da SBDI-2 – DJ 11.8.2003)

Súmula n. 398 do TST

AÇÃO RESCISÓRIA. AUSÊNCIA DE DEFESA. INAPLICÁVEIS OS EFEITOS DA REVELIA (conversão da Orientação Jurisprudencial n. 126 da SBDI-2) – Res. n. 137/2005, DJ 22, 23 e 24.8.2005

Na ação rescisória, o que se ataca na ação é a sentença, ato oficial do Estado, acobertado pelo manto da coisa julgada. Assim sendo, e considerando que a coisa julgada envolve questão de ordem pública, a revelia não produz confissão na ação rescisória. (ex-OJ n. 126 da SBDI-2 – DJ 9.12.2003)

Súmula n. 399 do TST

AÇÃO RESCISÓRIA. CABIMENTO. SENTENÇA DE MÉRITO. DECISÃO HOMOLOGATÓRIA DE ADJUDICAÇÃO, DE ARREMATAÇÃO E DE CÁLCULOS (conversão das Orientações Jurisprudenciais ns. 44, 45 e 85, primeira parte, da SBDI-2) – Res. n. 137/2005, DJ 22, 23 e 24.8.2005

I – É incabível ação rescisória para impugnar decisão homologatória de adjudicação ou arrematação. (ex-OJs ns. 44 e 45 da SBDI-2 – inseridas em 20.9.2000)

II – A decisão homologatória de cálculos apenas comporta rescisão quando enfrentar as questões envolvidas na elaboração da conta de liquidação, quer solvendo a controvérsia das partes quer explicitando, de ofício, os motivos pelos quais acolheu os cálculos oferecidos por uma das partes ou pelo setor de cálculos, e não contestados pela outra. (ex-OJ n. 85 da SBDI-2 – primeira parte – inserida em 13.3.2002 e alterada em 26.11.2002).

Súmula n. 400 do TST

AÇÃO RESCISÓRIA DE AÇÃO RESCISÓRIA. VIOLAÇÃO DE LEI. INDICAÇÃO DOS MESMOS DISPOSITIVOS LEGAIS APONTADOS NA RESCISÓRIA PRIMITIVA (conversão da Orientação Jurisprudencial n. 95 da SBDI-2) – Res. n. 137/2005, DJ 22, 23 e 24.8.2005

Em se tratando de rescisória de rescisória, o vício apontado deve nascer na decisão rescindenda, não se admitindo a rediscussão do acerto do julgamento da rescisória anterior. Assim, não se admite rescisória calcada no inciso V do art. 485 do CPC para discussão, por má aplicação dos mesmos dispositivos de lei, tidos por violados na rescisória anterior, bem como para arguição de questões inerentes à ação rescisória primitiva. (ex-OJ n. 95 da SBDI-2 – inserida em 27.9.2002 e alterada DJ 16.4.2004)

Súmula n. 401 do TST

AÇÃO RESCISÓRIA. DESCONTOS LEGAIS. FASE DE EXECUÇÃO. SENTENÇA EXEQUENDA OMISSA. INEXISTÊNCIA DE OFENSA À COISA JULGADA (conversão da Orientação Jurisprudencial n. 81 da SBDI-2) – Res. n. 137/2005 – DJ 22, 23 e 24.8.2005

Os descontos previdenciários e fiscais devem ser efetuados pelo juízo executório, ainda que a sentença exequenda tenha sido omissa sobre a questão, dado o caráter de ordem pública ostentado pela norma que os disciplina. A ofensa à coisa julgada somente poderá ser caracterizada na hipótese de o título exequendo, expressamente, afastar a dedução dos valores a título de imposto de renda e de contribuição previdenciária. (ex-OJ n. 81 da SBDI-2 – inserida em 13.3.2002)

Súmula n. 402 do TST

AÇÃO RESCISÓRIA. DOCUMENTO NOVO. DISSÍDIO COLETIVO. SENTENÇA NORMATIVA (conversão da Orientação Jurisprudencial n. 20 da SBDI-2) – Res. n. 137/2005, DJ 22, 23 e 24.8.2005

Documento novo é o cronologicamente velho, já existente ao tempo da decisão rescindenda, mas ignorado pelo interessado ou de impossível utilização, à época, no processo. Não é documento novo apto a viabilizar a desconstituição de julgado:

a) sentença normativa proferida ou transitada em julgado posteriormente à sentença rescindenda;

b) sentença normativa preexistente à sentença rescindenda, mas não exibida no processo principal, em virtude de negligência da parte, quando podia e deveria louvar-se de documento já existente e não ignorado quando emitida a decisão rescindenda. (ex-OJ n. 20 da SBDI-2 – inserida em 20.9.2000)

Súmula n. 403 do TST

AÇÃO RESCISÓRIA. DOLO DA PARTE VENCEDORA EM DETRIMENTO DA VENCIDA. ART. 485, III, DO CPC (conversão das Orientações Jurisprudenciais ns. 111 e 125 da SBDI-2) – Res. n. 137/2005, DJ 22, 23 e 24.8.2005

I – Não caracteriza dolo processual, previsto no art. 485, III, do CPC, o simples fato de a parte vencedora haver silenciado a respeito de fatos contrários a ela, porque o procedimento, por si só, não constitui ardil do qual resulte cerceamento de defesa e, em consequência, desvie o juiz de uma sentença não condizente com a verdade. (ex-OJ n. 125 da SBDI-2 – DJ 9.12.2003)

II – Se a decisão rescindenda é homologatória de acordo, não há parte vencedora ou vencida, razão pela qual não é possível a sua desconstituição calcada no inciso III do art. 485 do CPC (dolo da parte vencedora em detrimento da vencida), pois constitui fundamento de rescindibilidade que supõe solução jurisdicional para a lide. (ex-OJ n. 111 da SBDI-2 – DJ 29.4.2003)

Súmula n. 404 do TST

AÇÃO RESCISÓRIA. FUNDAMENTO PARA INVALIDAR CONFISSÃO. CONFISSÃO FICTA. INADEQUAÇÃO DO ENQUADRAMENTO NO ART. 485, VIII, DO CPC (conversão da Orientação Jurisprudencial n. 108 da SBDI-2) – Res. n. 137/2005, DJ 22, 23 e 24.8.2005

O art. 485, VIII, do CPC, ao tratar do fundamento para invalidar a confissão como hipótese de rescindibilidade da decisão judicial, refere-se à confissão real, fruto de erro, dolo ou coação, e não à confissão ficta resultante de revelia. (ex-OJ n. 108 da SBDI-2 – DJ 29.4.2003)

Súmula n. 405 do TST

AÇÃO RESCISÓRIA. LIMINAR. ANTECIPAÇÃO DE TUTELA (conversão das Orientações Jurisprudenciais ns. 1, 3 e 121 da SBDI-2) – Res. n. 137/2005, DJ 22, 23 e 24.8.2005

I – Em face do que dispõe a MP N. 1.984-22/2000 e reedições e o art. 273, § 7º, do CPC, é cabível o pedido liminar formulado na petição inicial de ação rescisória ou na fase recursal, visando a suspender a execução da decisão rescindenda.

II – O pedido de antecipação de tutela, formulado nas mesmas condições, será recebido como medida acautelatória em ação rescisória, por não se admitir tutela antecipada em sede de ação rescisória. (ex-OJs ns. 1 e 3 da SBDI-2 – inseridas em 20.9.2000 – e 121 da SBDI-2 – DJ 11.8.2003)

Súmula n. 406 do TST

AÇÃO RESCISÓRIA. LITISCONSÓRCIO. NECESSÁRIO NO POLO PASSIVO E FACULTATIVO NO ATIVO. INEXISTENTE QUANTO AOS SUBSTITUÍDOS PELO SINDICATO (conversão das Orientações Jurisprudenciais ns. 82 e 110 da SBDI-2) – Res. n. 137/2005, DJ 22, 23 e 24.8.2005

I – O litisconsórcio, na ação rescisória, é necessário em relação ao polo passivo da demanda, porque supõe uma comunidade de direitos ou de obrigações que não admite solução díspar para os litisconsortes, em face da indivisibilidade do objeto. Já em relação ao polo ativo, o litisconsórcio é facultativo, uma vez que a aglutinação de autores se faz por conveniência e não pela necessidade decorrente da natureza do litígio, pois não se pode condicionar o exercício do direito individual de um dos litigantes no processo originário à anuência dos demais para retomar a lide. (ex-OJ n. 82 da SBDI-2 – inserida em 13.3.2002)

II – O Sindicato, substituto processual e autor da reclamação trabalhista, em cujos autos fora proferida a decisão rescindenda, possui legitimidade para figurar como réu na ação rescisória, sendo descabida a exigência de citação de todos os empregados substituídos, porquanto inexistente litisconsórcio passivo necessário. (ex-OJ n. 110 da SBDI-2 – DJ 29.4.2003)

Súmula n. 407 do TST

AÇÃO RESCISÓRIA. MINISTÉRIO PÚBLICO. LEGITIMIDADE "AD CAUSAM" PREVISTA NO ART. 487, III, "A" E "B", DO CPC. AS HIPÓTESES SÃO MERAMENTE EXEMPLIFICATIVAS (conversão da Orientação Jurisprudencial n. 83 da SBDI-2) – Res. n. 137/2005, DJ 22, 23 e 24.8.2005

A legitimidade "ad causam" do Ministério Público para propor ação rescisória, ainda que não tenha sido parte no processo que deu origem à decisão rescindenda, não está limitada às alíneas "a" e "b" do inciso III do art. 487 do CPC, uma vez que traduzem hipóteses meramente exemplificativas. (ex-OJ n. 83 da SBDI-2 – inserida em 13.3.2002)

Súmula n. 408 do TST

AÇÃO RESCISÓRIA. PETIÇÃO INICIAL. CAUSA DE PEDIR. AUSÊNCIA DE CAPITULAÇÃO OU CAPITULAÇÃO ERRÔNEA NO ART. 485 DO CPC. PRINCÍPIO "IURA NOVIT CURIA" (conversão das Orientações Jurisprudenciais ns. 32 e 33 da SBDI-2) – Res. n. 137/2005, DJ 22, 23 e 24.8.2005

Não padece de inépcia a petição inicial de ação rescisória apenas porque omite a subsunção do fundamento de rescindibilidade no art. 485 do CPC ou o capitula erroneamente em um de seus incisos. Contanto que não se afaste dos fatos e fundamentos invocados como causa de pedir, ao Tribunal é lícito emprestar-lhes a adequada qualificação jurídica ("iura novit curia"). No entanto, fundando-se a ação rescisória no art. 485, inc. V, do CPC, é indispensável expressa indicação, na petição inicial da ação rescisória, do dispositivo legal violado, por se tratar de causa de pedir da rescisória, não se aplicando, no caso, o princípio "iura novit curia". (ex-Ojs ns. 32 e 33 da SBDI-2 – inseridas em 20.9.2000)

Súmula n. 409 do TST

AÇÃO RESCISÓRIA. PRAZO PRESCRICIONAL. TOTAL OU PARCIAL. VIOLAÇÃO DO ART. 7º, XXIX, DA CF/1988. MATÉRIA INFRACONSTITUCIONAL (conversão da Orientação Jurisprudencial n. 119 da SBDI-2) – Res. n. 137/2005, DJ 22, 23 e 24.8.2005

Não procede ação rescisória calcada em violação do art. 7º, XXIX, da CF/1988 quando a questão envolve discussão sobre a espécie de prazo prescricional aplicável aos créditos trabalhistas, se total ou parcial, porque a matéria tem índole infraconstitucional, construída, na Justiça do Trabalho, no plano jurisprudencial. (ex-OJ n. 119 da SBDI-2 – DJ 11.8.2003)

Súmula n. 410 do TST

AÇÃO RESCISÓRIA. REEXAME DE FATOS E PROVAS. INVIABILIDADE (conversão da Orientação Jurisprudencial n. 109 da SBDI-2) – Res. n. 137/2005 DJ 22, 23 e 24.8.2005

A ação rescisória calcada em violação de lei não admite reexame de fatos e provas do processo que originou a decisão rescindenda. (ex-OJ n. 109 da SBDI-2 – DJ 29.4.2003)

Súmula n. 411 do TST

AÇÃO RESCISÓRIA. SENTENÇA DE MÉRITO. DECISÃO DE TRIBUNAL REGIONAL DO TRABALHO EM AGRAVO REGIMENTAL CONFIRMANDO DECISÃO MONOCRÁTICA DO RELATOR QUE, APLICANDO A SÚMULA N. 83 DO TST, INDEFERIU A PETIÇÃO INICIAL DA AÇÃO RESCISÓRIA. CABIMENTO (conversão da Orientação Jurisprudencial n. 43 da SBDI-2) – Res. n. 137/2005, DJ 22, 23 e 24.8.2005

Se a decisão recorrida, em agravo regimental, aprecia a matéria na fundamentação, sob o enfoque das Súmulas ns. 83 do TST e 343 do STF, constitui sentença de mérito, ainda que haja resultado no indeferimento da petição inicial e na extinção do processo sem julgamento do mérito. Sujeita-se, assim, à reforma pelo TST, a decisão do Tribunal que, invocando controvérsia na interpretação da lei, indefere a petição inicial de ação rescisória. (ex-OJ n. 43 da SBDI-2 – inserida em 20.9.2000)

Súmula n. 412 do TST

AÇÃO RESCISÓRIA. SENTENÇA DE MÉRITO. QUESTÃO PROCESSUAL (conversão da Orientação Jurisprudencial n. 46 da SBDI-2) – Res. n. 137/2005, DJ 22, 23 e 24.8.2005

Pode uma questão processual ser objeto de rescisão desde que consista em pressuposto de validade de uma sentença de mérito. (ex-OJ n. 46 da SBDI-2 – inserida em 20.9.2000)

Súmula n. 413 do TST

AÇÃO RESCISÓRIA. SENTENÇA DE MÉRITO. VIOLAÇÃO DO ART. 896, "A", DA CLT (conversão da Orientação Jurisprudencial n. 47 da SBDI-2) – Res. n. 137/2005, DJ 22, 23 e 24.8.2005

É incabível ação rescisória, por violação do art. 896, "a", da CLT, contra decisão que não conhece de recurso de revista, com base em divergência jurisprudencial, pois não se cuida de sentença de mérito (art. 485 do CPC). (ex-OJ n. 47 da SBDI-2 – inserida em 20.9.2000)

OJ N. 6 DA SDI-2 DO TST: AÇÃO RESCISÓRIA. CIPEIRO SUPLENTE. ESTABILIDADE. ADCT DA CF/88, ART. 10, II, "A". SÚMULA N. 83 DO TST (nova redação) – DJ 22.8.2005

Rescinde-se o julgado que nega estabilidade a membro suplente de CIPA, representante de empregado, por ofensa ao art. 10, II, "a", do ADCT da CF/88, ainda que se cuide de decisão anterior à Súmula n. 339 do TST. Incidência da Súmula n. 83 do TST.

OJ N. 7 DA SDI-2 DO TST: AÇÃO RESCISÓRIA. COMPETÊNCIA. CRIAÇÃO DE TRIBUNAL REGIONAL DO

TRABALHO. NA OMISSÃO DA LEI, É FIXADA PELO ART. 678, INC. I, "C", ITEM 2, DA CLT (nova redação) – DJ 22.8.2005

A Lei n. 7.872/89 que criou o Tribunal Regional do Trabalho da 17ª Região não fixou a sua competência para apreciar as ações rescisórias de decisões oriundas da 1ª Região, o que decorreu do art. 678, I, "c", item 2, da CLT.

OJ N. 12 DA SDI-2 DO TST: AÇÃO RESCISÓRIA. DECADÊNCIA. CONSUMAÇÃO ANTES OU DEPOIS DA EDIÇÃO DA MEDIDA PROVISÓRIA N. 1.577/97. AMPLIAÇÃO DO PRAZO (nova redação em decorrência da incorporação da Orientação Jurisprudencial n. 17 da SBDI-II) – DJ 22.8.2005

I – A vigência da Medida Provisória n. 1.577/97 e de suas reedições implicou o elastecimento do prazo decadencial para o ajuizamento da ação rescisória a favor dos entes de direito público, autarquias e fundações públicas. Se o biênio decadencial do art. 495 do CPC findou após a entrada em vigor da referida medida provisória e até sua suspensão pelo STF em sede liminar de ação direta de inconstitucionalidade (ADIn n. 1.753-2), tem-se como aplicável o prazo decadencial elastecido à rescisória. (ex-OJ n. 17 da SDI-2 – inserida em 20.9.2000)

II – A regra ampliativa do prazo decadencial para a propositura de ação rescisória em favor de pessoa jurídica de direito público não se aplica se, ao tempo em que sobreveio a Medida Provisória n. 1.577/97, já se exaurira o biênio do art. 495 do CPC. Preservação do direito adquirido da parte à decadência já consumada sob a égide da lei velha. (ex-OJ n. 12 da SDI-2 – inserida em 20.9.2000)

OJ N. 21 DA SDI-2 DO TST: AÇÃO RESCISÓRIA. DUPLO GRAU DE JURISDIÇÃO. TRÂNSITO EM JULGADO. INOBSERVÂNCIA. DECRETO-LEI N. 779/69, ART. 1º, V. INCABÍVEL (nova redação) – DJ 22.8.2005

É incabível ação rescisória para a desconstituição de sentença não transitada em julgado porque ainda não submetida ao necessário duplo grau de jurisdição, na forma do Decreto-lei n. 779/69. Determina-se que se oficie ao Presidente do TRT para que proceda à avocatória do processo principal para o reexame da sentença rescindenda.

OJ N. 25 DA SDI-2 DO TST: AÇÃO RESCISÓRIA. EXPRESSÃO "LEI" DO ART. 485, V, DO CPC. NÃO INCLUSÃO DO ACT, CCT, PORTARIA, REGULAMENTO, SÚMULA E ORIENTAÇÃO JURISPRUDENCIAL DE TRIBUNAL (nova redação em decorrência da incorporação da Orientação Jurisprudencial n. 118 da SBDI-II) – DJ 22.8.2005

Não procede pedido de rescisão fundado no art. 485, V, do CPC quando se aponta contrariedade à norma de convenção coletiva de trabalho, acordo coletivo de trabalho, portaria do Poder Executivo, regulamento de empresa e súmula ou orientação jurisprudencial de tribunal. (ex-OJ n. 25 da SDI-2, inserida em 20.9.2000 e ex-OJ n. 118 da SDI-2, DJ 11.8.2003)

OJ N. 28 DA SDI-2 DO TST: AÇÃO RESCISÓRIA. JUÍZO RESCISÓRIO. RESTITUIÇÃO DA PARCELA JÁ RECEBIDA. DEVE A PARTE PROPOR AÇÃO PRÓPRIA (cancelada) – Res. n. 149/2008, DEJT divulgado em 20, 21 e 24.11.2008

Inviável em sede de ação rescisória pleitear condenação relativa à devolução dos valores pagos aos empregados quando ultimada a execução da decisão rescindenda, devendo a empresa buscar por meio de procedimento próprio essa devolução.

OJ N. 30 DA SDI-2 DO TST: AÇÃO RESCISÓRIA. MULTA. ART. 920 DO CÓDIGO CIVIL DE 1916 (ART. 412 DO CÓDIGO CIVIL DE 2002) (nova redação em decorrência da incorporação da Orientação Jurisprudencial n. 31 da SBDI-II) – DJ 22.8.2005

Não se acolhe, por violação do art. 920 do Código Civil de 1916 (art. 412 do Código Civil de 2002), pedido de rescisão de julgado que:

a) em processo de conhecimento, impôs condenação ao pagamento de multa, quando a decisão rescindenda for anterior à Orientação Jurisprudencial n. 54 da Subseção I Especializada em Dissídios Individuais do TST (30.05.94), incidindo o óbice da Súmula n. 83 do TST; (ex-OJ n. 30 da SDI-2 inserida em 20.09.00)

b) em execução, rejeita-se limitação da condenação ao pagamento de multa, por inexistência de violação literal. (ex-OJ n. 31 da SDI-2 – inserida em 20.9.2000)

OJ N. 84 DA SDI-2 DO TST: AÇÃO RESCISÓRIA. PETIÇÃO INICIAL. AUSÊNCIA DA DECISÃO RESCINDENDA E/OU DA CERTIDÃO DE SEU TRÂNSITO EM JULGADO DEVIDAMENTE AUTENTICADAS. PEÇAS ESSENCIAIS PARA A CONSTITUIÇÃO VÁLIDA E REGULAR DO FEITO. ARGUIÇÃO DE OFÍCIO. EXTINÇÃO DO PROCESSO SEM JULGAMENTO DO MÉRITO. (alterado em 26.11.2002)

A decisão rescindenda e/ou a certidão do seu trânsito em julgado, devidamente autenticadas, à exceção de cópias reprográficas apresentadas por pessoa jurídica de direito público, a teor do art. 24 da Lei n. 10.522/02, são peças essenciais para o julgamento da ação rescisória. Em fase recursal, verificada a ausência de qualquer delas, cumpre ao Relator do recurso ordinário arguir, de ofício, a extinção do processo, sem julgamento do mérito, por falta de pressuposto de constituição e desenvolvimento válido do feito.

OJ N. 97 DA SDI-2 DO TST: AÇÃO RESCISÓRIA. VIOLAÇÃO DO ART. 5º, II, LIV E LV, DA CONSTITUIÇÃO FEDERAL. PRINCÍPIOS DA LEGALIDADE, DO DEVIDO PROCESSO LEGAL, DO CONTRADITÓRIO E DA AMPLA DEFESA (nova redação) – DJ 22.8.2005

Os princípios da legalidade, do devido processo legal, do contraditório e da ampla defesa não servem de fundamento para a desconstituição de decisão judicial transitada em julgado, quando se apresentam sob a forma de pedido genérico e desfundamentado, acompanhando dispositivos legais que tratam especificamente da matéria debatida, estes sim, passíveis de fundamentarem a análise do pleito rescisório.

OJ N. 123 DA SDI-2 DO TST: AÇÃO RESCISÓRIA. INTERPRETAÇÃO DO SENTIDO E ALCANCE DO TÍTULO EXECUTIVO. INEXISTÊNCIA DE OFENSA À COISA JULGADA (título alterado) – DJ 22.8.2005

O acolhimento da ação rescisória calcada em ofensa à coisa julgada supõe dissonância patente entre as decisões exequenda e rescindenda, o que não se verifica quando se faz necessária a interpretação do título executivo judicial para se concluir pela lesão à coisa julgada.

OJ N. 147 DA SDI-2 DO TST: AÇÃO RESCISÓRIA. VALOR DA CAUSA (cancelada) – Res. n. 142/2007, DJ 10, 11 e 15.10.2007

O valor da causa, na ação rescisória de sentença de mérito advinda de processo de conhecimento, corresponde ao valor da causa fixado no processo originário, corrigido monetariamente. No caso de se pleitear a rescisão de decisão proferida na fase de execução, o valor da causa deve corresponder ao montante da condenação.

OJ N. 150 DA SDI-2 DO TST: AÇÃO RESCISÓRIA. DECISÃO RESCINDENDA QUE EXTINGUE O PROCESSO SEM RESOLUÇÃO DE MÉRITO POR ACOLHIMENTO DA EXCEÇÃO DE COISA JULGADA. CONTEÚDO MERAMENTE PROCESSUAL. IMPOSSIBILIDADE JURÍDICA DO PEDIDO. (DEJT divulgado em 3, 4 e 5.12.2008)

Reputa-se juridicamente impossível o pedido de corte rescisório de decisão que, reconhecendo a configuração de coisa julgada, nos termos do art. 267, V, do CPC, extingue o processo sem resolução de mérito, o que, ante o seu conteúdo meramente processual, a torna insuscetível de produzir a coisa julgada material.

OJ N. 151 DA SDI-2 DO TST: AÇÃO RESCISÓRIA E MANDADO DE SEGURANÇA. IRREGULARIDADE DE REPRESENTAÇÃO PROCESSUAL VERIFICADA NA FASE RECURSAL. PROCURAÇÃO OUTORGADA COM PODERES ESPECÍFICOS PARA AJUIZAMENTO DE RECLAMAÇÃO TRABALHISTA. VÍCIO PROCESSUAL INSANÁVEL. (DEJT divulgado em 3, 4 e 5.12.2008)

A procuração outorgada com poderes específicos para ajuizamento de reclamação trabalhista não autoriza a propositura de ação rescisória e mandado de segurança, bem como não se admite sua regularização quando verificado o defeito de representação processual na fase recursal, nos termos da Súmula n. 383, item II, do TST.

OJ N. 152 DA SDI-2 DO TST: AÇÃO RESCISÓRIA E MANDADO DE SEGURANÇA. RECURSO DE REVISTA DE ACÓRDÃO REGIONAL QUE JULGA AÇÃO RESCISÓRIA OU MANDADO DE SEGURANÇA. PRINCÍPIO DA FUNGIBILIDADE. INAPLICABILIDADE. ERRO GROSSEIRO NA INTERPOSIÇÃO DO RECURSO. (DEJT divulgado em 3, 4 e 5.12.2008)

A interposição de recurso de revista de decisão definitiva de Tribunal Regional do Trabalho em ação rescisória ou em mandado de segurança, com fundamento em violação legal e divergência jurisprudencial e remissão expressa ao art. 896 da CLT, configura erro grosseiro, insuscetível de autorizar o seu recebimento como recurso ordinário, em face do disposto no art. 895, "b", da CLT.

OJ N. 154 DA SDI-2 DO TST: AÇÃO RESCISÓRIA. ACORDO PRÉVIO AO AJUIZAMENTO DA RECLAMAÇÃO. QUITAÇÃO GERAL. LIDE SIMULADA. POSSIBILIDADE DE RESCISÃO DA SENTENÇA HOMOLOGATÓRIA DE ACORDO APENAS SE VERIFICADA A EXISTÊNCIA DE VÍCIO DE CONSENTIMENTO. (DEJT divulgado em 9, 10 e 11.6.2010)

A sentença homologatória de acordo prévio ao ajuizamento de reclamação trabalhista, no qual foi conferida quitação geral do extinto contrato, sujeita-se ao corte rescisório tão somente se verificada a existência de fraude ou vício de consentimento.

OJ N. 155 DA SDI-2 DO TST: AÇÃO RESCISÓRIA E MANDADO DE SEGURANÇA. VALOR ATRIBUÍDO À CAUSA NA INICIAL. MAJORAÇÃO DE OFÍCIO. INVIABILIDADE. (DEJT divulgado em 9, 10 e 11.6.2010)

Atribuído o valor da causa na inicial da ação rescisória ou do mandado de segurança e não havendo impugnação, nos termos do art. 261 do CPC, é defeso ao Juízo majorá-lo de ofício, ante a ausência de amparo legal. Inaplicável, na hipótese, a Orientação Jurisprudencial da SBDI-2 n. 147 e o art. 2º, II, da Instrução Normativa n. 31 do TST.

OJ N. 157 DA SDI-2 DO TST: AÇÃO RESCISÓRIA. DECISÕES PROFERIDAS EM FASES DISTINTAS DE UMA MESMA AÇÃO. COISA JULGADA. NÃO CONFIGURAÇÃO. (DEJT divulgado em 12, 13 e 16.4.2012)

A ofensa à coisa julgada de que trata o art. 485, IV, do CPC refere-se apenas a relações processuais distintas. A invocação de desrespeito à coisa julgada formada no processo de conhecimento, na correspondente fase de execução, somente é possível com base na violação do art. 5º, XXXVI, da Constituição da República.

OJ N. 158 DA SDI-2 DO TST: AÇÃO RESCISÓRIA. DECLARAÇÃO DE NULIDADE DE DECISÃO HOMOLOGATÓRIA DE ACORDO EM RAZÃO DE COLUSÃO (ART. 485, III, DO CPC). MULTA POR LITIGÂNCIA DE MÁ-FÉ. IMPOSSIBILIDADE. (DEJT divulgado em 12, 13 e 16.4.2012)

A declaração de nulidade de decisão homologatória de acordo, em razão da colusão entre as partes (art. 485, III, do CPC), é sanção suficiente em relação ao procedimento adotado, não havendo que ser aplicada a multa por litigância de má-fé.

OJ N. 33 DA SDC DO TST: AÇÃO RESCISÓRIA. MINISTÉRIO PÚBLICO. LEGITIMIDADE RESTRITA. HIPÓTESES DO ART. 487, INCISOS I E III, DO CPC. (cancelada) – DJ 22.8.2005

A teor do disposto no art. 487, incisos I e III, do CPC, o Ministério Público apenas detém legitimidade para propor ação rescisória nas hipóteses em que tenha sido parte no processo no qual proferida a decisão rescindenda; nas quais deixou de manifestar-se ou intervir na lide, quando por previsão legal expressa deveria tê-lo feito, ou ainda naquelas em que a sentença resultou de colusão das partes, com o intuito de fraudar a lei.

O presente artigo tem como objetivo apresentar algumas considerações sobre as Súmulas e OJs do Tribunal Superior do Trabalho que tratam sobre o tema da ação rescisória e que foram publicadas, canceladas ou tiveram a redação alterada a partir do ano de 2005, ressaltando, de antemão, que não se pretende realizar uma análise pormenorizada de cada verbete sumular, mas um estudo sistêmico do instituto e de seus aspectos mais relevantes, partindo da definição do que seja a ação rescisória, passando pela legitimidade e pelo prazo legal para ajuizá-la, pela competência dos tribunais para julgá-la, pelos seus requisitos de admissibilidade, pelos trâmites de seu processamento e, finalizando, com os recursos cabíveis das decisões proferidas no curso dessa ação.

1. Ação rescisória: definição, previsão legal e depósito prévio – Cancelamento da Súmula n. 194 do TST

O estudo de qualquer instituto demanda, inicialmente, a sua definição, de modo a possibilitar a compreensão exata do tema a ser tratado neste artigo.

Segundo Cléber Lúcio de Almeida, ação rescisória é a ação autônoma por meio da qual é impugnada decisão de mérito transitada em julgado e pleiteada a sua rescisão[1]. Visa, portanto, desconstituir decisões que tenham gerado coisa julgada material, sendo a sua natureza de ação constitutiva negativa.

No processo do trabalho, a ação se encontra prevista no art. 836 da CLT, que estabelece como regra geral a impossibilidade de a Justiça do Trabalho conhecer de questões já decididas, salvo nos casos expressamente previstos na Consolidação e nas hipóteses de cabimento da ação rescisória, disciplinada no Capítulo IV do Título IX do Código de Processo Civil, sujeita ao depósito prévio de 20% do valor da causa[2], salvo prova de miserabilidade do autor.

O instituto se encontra regulado nos arts. 485 a 495 do CPC, aplicáveis ao processo do trabalho, com a peculiaridade do depósito no percentual previsto na CLT, sendo as demais questões importantes sobre a ação rescisória no processo laboral tratadas nas Súmulas e OJs do TST.

2. Competência para julgamento da ação rescisória – OJ n. 7 da SDI-2 e Súmula n. 192, I, II e V, do TST

A decisão de mérito proferida no processo originário é que vai delimitar a competência para o julgamento da ação rescisória. Os Tribunais Regionais do Trabalho têm competência para rescindir seus próprios julgamentos e as decisões de mérito proferidas pelas Varas do Trabalho a ele vinculadas. Já o Tribunal Superior do Trabalho tem competência para rescindir suas próprias decisões de mérito, quando decorrentes dos processos de sua competência originária ou quando derivados de sua competência recursal.

Em relação à competência para o julgamento da ação rescisória, a OJ n. 7 da SDI-2 do TST esclarece que a Lei n. 7.872/89, que criou o Tribunal Regional do Trabalho da 17ª Região, com circunscrição territorial abrangendo o Estado do Espírito Santo, reduziu a competência do TRT da 1ª Região, que anteriormente alcançava as demandas oriundas do Espírito Santo e as do Rio de Janeiro, essas últimas permanecendo sob a competência da 1ª Região. Essa Lei, contudo, não determinou qual tribunal seria o competente para desconstituir os acórdãos proferidos no TRT da 1ª Região. Assim, a questão foi resolvida pela aplicação da regra geral prevista no art. 678, I, alínea "c", item 2 da CLT, de que cabe ao tribunal rescindir os seus próprios julgados. Considerando que a competência original dos tribunais decorre de imposição legal, e sendo omissa a Lei n. 7.872/89 sobre a competência para rescindir os julgados anteriores originários do TRT da 1ª Região, é competente o TRT da 1ª Região para rescindir os acórdãos que proferiu, ficando a cargo do TRT da 17ª Região apenas a rescisão dos acórdãos que prolatou após a sua criação.

Desse modo, o TST somente terá competência para a ação rescisória derivada de julgamento de recurso de revista e de embargos quando proferir decisão de mérito, o que não ocorrerá se não conhecer tais recursos, caso em que a competência será do TRT (Súmula n. 192, I, do TST). A exceção ocorre quando o TST, embora não conheça do recurso de revista ou de embargos, analisa arguição de violação de dispositivo de lei material ou decide em consonância com súmula de direito material ou com iterativa, notória e atual jurisprudência de direito material da Seção de Direitos Individuais, caso em que a Corte será competente para julgar a ação rescisória, pois a decisão rescindenda adentrou o mérito da causa (item II).

Outra hipótese semelhante, diferenciando-se apenas quanto à decisão rescindível, ocorre quando os embargos interpostos para a SDI do TST não são conhecidos monocraticamente pelo relator, apresentando a parte, então, agravo regimental ao colegiado da SDI, que não o conhece por estar a decisão de não conhecimento dos embargos em consonância com o a orientação do TST (item V). Nesse caso, a decisão que não conhece do agravo regimental está, na realidade, negando provimento a tal

---

(1) ALMEIDA, Cléber Lúcio de. *Direito processual do trabalho*. 4 ed. rev., atual. e ampl. Belo Horizonte: Del Rey, 2012. p. 815.

(2) A Súmula n. 194 do TST, que eximia o autor da ação rescisória do depósito prévio previsto nos arts. 488, II e 494 do CPC, foi cancelada em outubro de 2007, em razão da alteração do art. 836 da CLT pela nova redação dada pela Lei n. 11.495/2007. O depósito prévio é um dos pressupostos de admissibilidade da ação rescisória e passou a ser exigido por lei como uma forma de inibir a utilização da ação rescisória abusivamente.

recurso, adentrando, portanto, no mérito, razão pela qual será ela passível de rescisão.

3. Hipóteses de impossibilidade jurídica do pedido no que tange à ação rescisória – Súmulas ns. 192, III e IV e 413 do TST

Noutro giro, havendo recurso ou reexame necessário da sentença proferida, a ação rescisória deverá se voltar contra o acórdão substitutivo do Tribunal Regional do Trabalho, e não contra a própria sentença, caso em que haveria a impossibilidade jurídica do pedido. O mesmo ocorre quando a sentença proferida na ação de origem for substituída por sentença homologatória de acordo (Súmula n. 192, III, do TST). Outra hipótese de impossibilidade jurídica do pedido na ação rescisória se dá quando a decisão do agravo de instrumento, que foi interposto para impugnar a decisão do juízo de admissibilidade *a quo*, se limita a aferir se houve desacerto ou não na admissibilidade do recurso de revista, pois, nesse caso, a decisão do agravo de instrumento não substitui o acórdão proferido pelo TRT, não sendo de mérito (item IV).

Nos termos da Súmula n. 413 do TST, também não é cabível ação rescisória por violação do art. 896, alínea *"a"*, da CLT contra decisão que não conhece recurso de revista, com base em divergência jurisprudencial, pois essa decisão não adentra no mérito. Melhor explicando, a divergência jurisprudencial tratada no dispositivo celetista é um pressuposto recursal intrínseco do recurso de revista, a ser analisado pelo juízo de admissibilidade. Ausente tal pressuposto, o recurso não será conhecido, não havendo, assim, decisão de mérito.

4. Legitimidade ativa e passiva na ação rescisória – OJ n. 33 da SDC e Súmulas ns. 406 e 407 do TST

Quanto à legitimidade para propor a ação rescisória, não há dúvida de que o Ministério Público, sendo parte no processo, poderá ajuizar essa ação, nos termos do art. 487, I, do CPC, em qualquer das hipóteses previstas no art. 485 do mesmo diploma. Quando o MP, todavia, atuar como fiscal da lei, existe divergência doutrinária sobre a possibilidade de ele ajuizar ação rescisória apenas nas hipóteses previstas no art. 487, III, do CPC — ou seja, quando não foi o MP ouvido no processo, mesmo sendo obrigatória a sua intervenção, ou quando a sentença é o resultado da colusão das partes com o objetivo de fraudar a lei — ou, então, se tem o MP legitimidade para atuar em todas as hipóteses do art. 485 do CPC.

José Carlos Barbosa Moreira, por exemplo, filia-se ao primeiro posicionamento, ao fundamento de que ao se admitir a atuação genérica do MP para ajuizar ação rescisória em todas as hipóteses, tornar-se-ia inócuo o dispositivo em análise.[3] No mesmo sentido era o posicionamento adotado pelo Tribunal Superior do Trabalho na OJ n. 33 da SDC, que foi cancelada em 22.08.2005.[4] Já outra parcela doutrinária e jurisprudencial, no qual se incluiu o atual entendimento sedimentado pelo Tribunal Superior do Trabalho, por meio da Súmula n. 407, admitem a ampla legitimidade do MP, quando não participou do processo, para o ajuizamento da ação rescisória, declinando que o art. 487, III, do CPC estabelece apenas algumas hipóteses exemplificativas. Para Élisson Miessa e Henrique Correia, o art. 127 da CF/88 incumbiu ao MP a defesa da ordem jurídica, do regime democrático e dos interesses sociais e individuais indisponíveis, não podendo a lei infraconstitucional restringir tais atribuições, sob pena de inconstitucionalidade. Assim, se a decisão rescindenda violou o ordenamento jurídico, o MP está legitimado a ajuizar ação rescisória.[5]

Ainda sobre a legitimidade para a propositura da ação rescisória, a Súmula n. 406 do TST trata da formação do litisconsórcio nos polos passivos e ativo da ação e o seu não cabimento quanto aos substituídos pelo Sindicato. Dispõe o item I da Súmula que o litisconsórcio, na ação rescisória, é necessário em relação ao polo passivo da demanda, ao fundamento expresso de que corresponde a uma comunidade de direitos ou de obrigações que não admite solução díspar para os litisconsortes, em face da indivisibilidade do objeto.

O litisconsórcio necessário é aquele que deve ser obrigatoriamente formado, independentemente da vontade das partes, seja por imposição legal ou pela própria natureza da relação jurídica, enquanto o litisconsórcio unitário ocorre quando o juiz é obrigado a decidir de maneira uniforme para todos os litisconsortes. Constata-se que o art. 47 do CPC confunde os conceitos de litisconsórcio necessário e unitário, misturando a obrigatoriedade com o

---

(3) MOREIRA, José Carlos Barbosa. *Comentários ao Código de Processo Civil*. 15 ed. Rio de Janeiro: Forense, 2010. v. 5, p. 173.

(4) A redação da OJ n. 33 da SDC era a seguinte: *"AÇÃO RESCISÓRIA. MINISTÉRIO PÚBLICO. LEGITIMIDADE RESTRITA. HIPÓTESES DO ART. 487, INCISOS I E III, DO CPC (CANCELADA) – DJ 22.8.2005. A teor do disposto no art. 487, incisos I e III do CPC, o Ministério Público apenas detém legitimidade para propor ação rescisória nas hipóteses em que tenha sido parte no processo no qual foi proferida a decisão rescindenda; nas quais deixou de manifestar-se ou intervir na lide, quando por previsão legal expressa deveria tê-lo feito, ou ainda naquelas em que a sentença resultou da colusão das partes, o intuito de fraudar a lei".*

(5) MIESSA, Élisson; CORREIA, Henrique. *Súmulas e Orientações Jurisprudenciais do TST comentadas e organizadas por assunto*. 3 ed. rev., ampl. e atual. Salvador: JusPodivm, 2013. p. 1.240.

resultado, passando a ideia de que todo litisconsórcio necessário é unitário. Porém, isso somente ocorrerá quando o litisconsórcio for necessário em decorrência da natureza da relação jurídica, pois essa é indivisível, impondo uma decisão idêntica para todos os litisconsortes. Já quando o litisconsórcio decorre da lei, pode ele ser unitário ou simples, desde que, nesse último caso, a decisão possa ser diferente para cada um dos litisconsortes.

No que tange ao polo passivo, Élisson Miessa e Henrique Correia esclarecem que o verbete está se referindo ao juízo rescindente, admitindo-o como unitário, pois a desconstituição do julgado deverá ser igual para todos os participantes do processo originário, e necessário, porque todos os integrantes do processo originário deverão participar da ação rescisória. Já no caso do juízo rescisório, não tratado pela Súmula, o litisconsórcio seguirá a mesma lógica do processo originário, porquanto a decisão dependerá dos pedidos da ação originária, podendo ser simples ou unitário.[6]

Em relação ao polo ativo, o TST estabelece que o litisconsórcio é facultativo, uma vez que a aglutinação de autores se faz pela conveniência e não pela necessidade decorrente da natureza do litígio, porquanto não se pode condicionar o exercício do direito individual de cada um dos litigantes no processo originário à anuência dos demais para retomar a lide. O litisconsórcio facultativo é aquele que é formado por opção das partes, sendo o entendimento adotado pelo TST no sentido de que não é possível o litisconsórcio ativo necessário, pois não se pode exigir que alguém proponha demanda sem a sua própria vontade e é prejudicial àquele que pretende ajuizar a ação, mas estará impossibilitado de fazê-lo por ausência de vontade do outro litisconsorte. Nesse caso, o sujeito que não quis participar do polo ativo da relação processual deve ser incluído no polo passivo, independentemente do polo que ocupa na relação material.

No item II da Súmula n. 406, o C. TST firmou o entendimento de que o Sindicato, quando atua como substituto processual e autor de reclamação trabalhista, em cujos foi proferida da decisão rescindenda, possui legitimidade para figurar como réu na ação rescisória, não havendo cabimento, contudo, na exigência de citação de todos os empregados substituídos, porquanto inexiste litisconsórcio passivo necessário.

A divergência doutrinária diz respeito à necessidade de todos os trabalhadores substituídos integraram o polo passivo da rescisória ou apenas o Sindicato na condição de substituto processual, pois, para parte da doutrina, o ente coletivo não pode participar do polo passivo, pois o art. 5º da Lei da Ação Civil Pública e o art. 82 do Código de Processo Civil autorizam somente a legitimidade ativa, e os beneficiários, quando não participaram do processo, deverão o fazer na forma do art. 103, § 1º, do CDC. Para outra vertente doutrinária, contudo, a qual se filou o TST, o sindicato pode atuar como legitimado passivo, independentemente da integração dos substituídos, pois o art. 8º, III, da CF/88 não faz nenhuma distinção sobre legitimidade ativa ou passiva e tal situação busca evitar decisões contraditórias, privilegiando a celeridade processual. Os substituídos, contudo, poderão, facultativamente, participar do processo, nos termos do art. 103, § 2º, do CDC[7].

Os autores ressaltam, contudo, que o Sindicato não precisará apresentar a lista de substituídos, pois a decisão judicial da rescisão de sentença de ação coletiva produz efeitos para todos os trabalhadores atingidos pela rescisória, sob pena de restaurar o entendimento da já cancela Súmula n. 310 do TST[8].

5. Prazo para o ajuizamento da ação rescisória – OJs n. 12 e 84 da SDI-2 e Súmulas ns. 100 e 299 do TST

O direito de propor a ação rescisória se extingue em dois anos, contados do trânsito em julgado da decisão. Trata-se de prazo de decadência, pois, se ultrapassado, a decisão, mesmo que contenha um dos vícios do art. 485 do CPC, não poderá ser mais rescindida, extinguindo-se o próprio direito à rescisão da decisão. A Súmula n. 100 do TST trata da contagem do prazo de ajuizamento da ação rescisória no processo do trabalho.

De acordo com o item I da Súmula, a ação rescisória deverá ser ajuizada no prazo de dois anos a contar do trânsito em julgado da última decisão proferida na causa, seja de mérito ou não. Élisson Miessa e Henrique Correia explicam que o TST acompanhou a doutrina que entende que o juízo de admissibilidade, na ação rescisória, é negativo de natureza constitutiva[9], produzindo, dessa forma, efeitos *ex nunc*, ou seja, o trânsito em julgado para efeitos de contagem do prazo decadencial corresponde à data do trânsito em julgado da última decisão, seja de mérito

---

(6) *Ibidem*, p. 1.243.
(7) *Ibidem*, p. 1.245.
(8) *Ibidem*, p. 1.245.
(9) A outra corrente doutrinária entende que o juízo de admissibilidade tem natureza declaratória, seja positivo, seja negativo, produzindo, portanto, efeitos *ex tunc*. Assim, se o recurso não for conhecido, ele não poderá afastar o trânsito em julgado da decisão recorrida, pois apenas declara algo que já existia. Desse modo, o termo inicial do prazo decadencial seria sempre do trânsito em julgado da decisão de mérito.

ou não. Enquanto houver possibilidade de recurso, o ajuizamento da ação rescisória estará inviabilizado pela ausência do trânsito em julgado. Assim, se o recurso não for admitido, é a partir da decisão do trânsito em julgado da decisão que não o admitir que começará a fluir o prazo decadencial da ação rescisória[10].

O item III da Súmula é uma exceção ao disposto no item I, pois, na hipótese de recurso manifestamente intempestivo ou no caso da interposição de recurso incabível, o TST entende que esses apelos são incapazes de postergar o trânsito em julgado da decisão, que já teria ocorrido quando os recursos foram interpostos, produzindo o juízo de admissibilidade efeitos *ex tunc*. Essa regra, no entanto, não será aplicada quando houver dúvida razoável sobre qual recurso é cabível ou qual o prazo para sua interposição, pois, nesses casos, é invocado o princípio da fungibilidade recursal.

O item IV da Súmula n. 100 deixa claro que juízo rescindente, quanto à observância do prazo inicial e final, não está necessariamente adstrito à certidão de trânsito em julgado juntada com o processo[11]. Com efeito, embora a OJ n. 84 da SDI-II do TST disponha que a petição inicial deva ser acompanhada da certidão do trânsito em julgado, a sua comprovação pode ser feita por outros meios idôneos, como, por exemplo, a certidão de publicação da decisão que negou seguimento ao recurso de revista e do vencimento do prazo para a interposição do agravo de instrumento.

Como o acordo homologado judicialmente tem força de decisão irrecorrível[12], nos termos do art. 831 da CLT, haverá formação da coisa julgada material na data da homologação judicial (item V da Súmula n. 100), sendo desnecessária a juntada de certidão comprobatória do trânsito em julgado.

Na hipótese de colusão das partes, ou seja, na utilização do processo pelas partes para praticar ato simulado ou atingir fim ilícito, prevista como causa de rescindibilidade judicial no art. 485, III, do CPC, o TST dispõe que o prazo para ajuizamento da ação rescisória flui para o Ministério Público apenas partir da ciência da fraude (item VI). Tal regra, que segundo o TST aplica-se apenas quando o Ministério Público não oficial nos autos, na visão de Élisson Miessa e Henrique Correia, deve ser aplicada, tenha ou não participado do Ministério Público do processo principal, pois em ambos os casos normalmente a colusão das partes só é evidenciada na fase executiva, ou seja, após o parecer ou o recurso do Ministério Público no processo de conhecimento[13].

Se houver recurso parcial da decisão, ou seja, de apenas alguns capítulos da sentença, o trânsito em julgado de cada parte da decisão ocorrerá em momentos e em órgãos judiciários diferentes[14], exceto se o recurso tratar de preliminar ou prejudicial que possa afetar toda a decisão recorrida, caso em que o prazo flui do trânsito em julgado do julgamento do recurso parcial (item II).

Em atenção ao art. 515, § 3º, do CPC, que versa sobre a possibilidade de o Tribunal julgar desde logo a lide, quando houver reversão da extinção do processo sem resolução de mérito e a questão versar sobre causa madura, dispôs o TST que não ofende o princípio do duplo grau de jurisdição

---

(10) *Ibidem*, p. 1.247.

(11) De acordo com o item I da Súmula n. 299 do C. TST, o documento comprobatório do trânsito em julgado da decisão rescindenda deverá ser juntado obrigatoriamente com a petição inicial, por se tratar de pressuposto processual indispensável ao ajuizamento da ação, nos termos do art. 283 do CPC.

Caso não tenha juntado tal documento, poderá o relator abrir prazo de dez dias para que a parte o faça, sob pena de indeferimento da inicial da rescisória, por ausência de interesse processual (item II). O TST, com acerto, reviu o posicionamento anterior exposto na Súmula n. 107, hoje cancelada, de que a ausência de comprovação do trânsito em julgado provocava o indeferimento liminar da rescisória. O novo entendimento está de acordo com a Súmula n. 263 do TST.

É importante salientar que se o trânsito em julgado ocorrer após o ajuizamento da ação, essa não se reabilita, pois o ordenamento jurídico não prevê a hipótese de ação rescisória preventiva (item III). Nesse caso, o TST entende que o vício não é suprimido e o processo será extinto sem resolução de mérito, seja liminarmente, seja após a instrução do feito, posicionamento com o qual não concordam Élisson Miessa e Henrique Correia, ao argumento de que se a petição não for indeferida liminarmente, nada impede que o interesse de agir surja no transcorrer do processo, devendo o Tribunal aproveitar os atos já praticados em razão dos princípios da celeridade e da efetividade processual. Acrescentam, ainda, que a ocorrência do trânsito em julgado no curso do processo é fato superveniente, nos termos do art. 462 do CPC. Cf. MIESSA, Élisson; CORREIA, Henrique. *Op. cit.*, p. 1.264-1.265.

Por fim, caso ocorra vício de intimação posterior à decisão que se pretende rescindir, ou seja, que as partes não sejam intimadas da decisão judicial, impedindo o início da contagem do prazo recursal, não haverá formação da coisa julgada material. Nesse caso, a ação rescisória proposta deverá ser extinta, sem julgamento de mérito, por carência de ação, face à ausência de interesse processual para o ajuizamento da demanda.

(12) A transação judicial é considerada umas das hipóteses em que há resolução do mérito (art. 269, III, do CPC).

(13) MIESSA, Élisson; CORREIA, Henrique. *Op. cit.*, p. 1.252-1.253.

(14) Esse entendimento diverge do adotado pela Súmula n. 401 do Superior Tribunal de Justiça, segundo a qual o prazo decadencial da ação rescisória deve ser apenas um, sendo o termo inicial contado depois de esgotada a possibilidade de qualquer recurso no processo, ou seja, não se admite o trânsito em julgado parcial.

a decisão do Tribunal que, após afastar a decadência em sede de recurso ordinário, aprecia desde logo a lide, se a causa versar sobre questão exclusivamente de direito e estiver em condições de imediato julgamento. Embora o pronunciamento da decadência resolva o mérito da causa (art. 269, V, do TST), o entendimento do TST se justifica, pois essa decisão não rejeita ou acolhe expressa e formalmente os pedidos da inicial. Na realidade, segundo lição de Fredie Didier, o entendimento de que a sentença apreciou o mérito, ao acolher a prescrição ou a decadência, não havendo supressão de instância ou violação ao princípio do duplo grau de jurisdição na apreciação da causa pelo Tribunal foi transportado para os casos de sentença terminativa, pelo art. 515, § 3º, do TST[15].

O item VIII da Súmula n. 100 do TST estabelece que a arguição de incompetência absoluta, por poder ser apresentada a qual tempo na instância ordinária, quando oposta no prazo recursal, porém por meio não adequado, não terá o condão de afastar a consumação da coisa julgada e, consequentemente, postergar o termo inicial do prazo decadencial para a ação rescisória. Somente o recurso cabível na hipótese tem o poder de afastar o trânsito em julgado da decisão recorrida. Élisson Miessa e Henrique Correia entendem que o item VIII também se aplica no caso de incompetência relativa, pois a interposição de exceção de incompetência, por meio de peça autônoma, no momento recursal, também é manifestamente incabível, não postergando a formação da coisa julgada[16].

Já o item IX da Súmula n. 100 permitiu que o termo final do prazo decadencial para interposição da ação rescisória seja prorrogado até o primeiro dia útil subsequente quando expirar em férias forenses, feriados, finais de semana ou em dia em que não houver expediente forense, abrindo exceção inexistente no art. 207 do CC, que dispõe que o prazo decadencial, salvo disposição legal em contrário, não poderá ser suspenso ou interrompido. O objetivo foi preservar a utilização integral do prazo decadencial, afastando qualquer prejuízo no exercício do direito de ação.

Finalmente, o item X da Súmula dispõe que o prazo para ajuizamento da ação rescisória terá início após o julgamento do recurso extraordinário apenas quando tiverem sido esgotadas todas as vias ordinárias. Se interposto equivocadamente recurso extraordinário, quando ainda existir possibilidade de interposição de outros recursos, a data do trânsito em julgado ocorrerá no dia do vencimento do prazo para a interposição do recurso cabível.

Ainda em relação ao prazo para ajuizamento da ação rescisória, a OJ n. 12 da SDI-2 trata do tema no que tange à Medida Provisória n. 1.577/1997 e suas reedições, que implicou o elastecimento para quatro anos do prazo do decadencial a favor dos entes de direito público, autarquias e fundações públicas. O item 1 da OJ esclarece que, se o prazo de dois anos previsto no art. 495 do CPC findou em data entre a entrada em vigor da referida medida provisória e sua suspensão pelo STF em sede de liminar na Ação Direta de Inconstitucionalidade n. 1.753, tem-se como aplicável o prazo decadencial elastecido à rescisória, contando-se porém o prazo já decorrido durante a lei antiga. Isso porque a concessão de medida cautelar na ADIn produz efeitos *ex nunc*, ou seja, não retroage, exceto se o Tribunal entender que deva lhe ser dada eficácia retroativa. Contudo, ao tempo em que sobreveio a Medida Provisória n. 1.577/1997, o biênio do art. 495 do CPC já havia se exaurido, não se beneficia a pessoa jurídica de direito público do prazo decadencial elastecido, em razão do direito adquirido da parte contrária à decadência já consumada sob a égide da lei anterior (item II da OJ n. 12).

6. Representação processual – OJ n. 151 da SDI-2 do TST

No que diz respeito à representação processual na ação rescisória, por se tratar ela de ação autônoma de impugnação, e não de recurso que é meio de impugnação que corre dentro do mesmo processo, o TST entende que o advogado constituído para a reclamação trabalhista, com poderes específicos para representar a parte nessa ação, não tem capacidade postulatória para atuar como representante da parte na ação rescisória. Ademais, não é possível a regularização da representação, quando verificado o defeito de representação na fase recursal, haja vista que o art. 13 do CPC somente é aplicável no primeiro grau de jurisdição (OJ n. 151 da SDI-2 do TST).

7. Requisitos da petição inicial – Súmula n. 408 e OJs n. 25 e 155 da SDI-2 do TST e cancelamento da OJ n. 147 da SDI-2 do TST

A petição inicial da ação rescisória deverá conter os fatos e os fundamentos jurídicos do pedido, ou seja, a demonstração de que os fatos narrados se enquadram em uma das hipóteses do art. 485 do CPC, não sendo necessária, entretanto, a indicação do inciso do artigo que fundamenta a ação rescisória, nem havendo prejuízo se o fato é capitulado erroneamente em um dos incisos, pois

---

(15) DIDIER JR., Fredie; CUNHA, Leonardo José Carneiro da. *Curso de direito processual civil*: meios de impugnação às decisões judiciais e processo nos tribunais. 8 ed. Salvador: JusPodivm, 2010. v. 3, p. 108.

(16) MIESSA, Élisson; CORREIA, Henrique. *Op. cit.*, p. 1.256.

é dever do magistrado conhecer a norma e subsumir os fatos alegados nos dispositivos legais pertinentes. Não obstante, em relação ao inciso V do art. 485 do CPC, que permite a rescisão do julgado que violar literal disposição de legal, a parte deverá necessariamente apresentar o dispositivo violado na inicial, pois, nesse caso, o dispositivo tido por violado é o próprio fato, a própria causa de pedir da rescisória. Esse é entendimento do TST esposado na Súmula n. 408.

A definição de lei disposta nesse verbete sumular dever ser interpretado de forma ampla como norma jurídica, englobando a Constituição, a lei complementar, ordinária ou delegada, os decretos executivo e legislativo, a resolução, entre outros. Não caberá ação rescisória, contudo, por violação à norma de convenção coletiva e acordo coletivo de trabalho, portaria do Poder Executivo, regulamento de empresa e súmula, ainda que se trate de súmula ou vinculante ou orientação jurisprudencial, segundo a OJ n. 25 da SDI-2 do TST. As convenções e acordos coletivos não se enquadrariam como "lei", como comando abstrato, genérico, emanado da função legislativa dos Poderes do Estado, pois são normas criadas pelas próprias partes. As portarias do Poder Executivo não constituem fonte formal de direito para o TST, porque lhes faltaria abstração, generalidade e impessoalidade. O regulamento empresarial seria diploma produzido pela vontade privada do empregador. E as orientações jurisprudenciais e súmulas, mesmo no caso de súmula vinculante, são a sedimentação da jurisprudência sobre a interpretação das normas, e não normas jurídicas.

Quanto ao valor da causa da ação rescisória, a Instrução Normativa n. 31 do TST estabelece os valores a serem adotados em caso de desconstituição da decisão na fase de conhecimento, quando houver procedência (valor dado à causa ou o fixado pelo juízo) ou improcedência do pedido (valor da condenação), e na fase de execução (valor apurada na liquidação de sentença)[17]. A ação rescisória possui rito especial, mas a ela se aplica a possibilidade de impugnação do valor da causa, pelo réu, nos termos do art. 261, parágrafo único, do CPC. Nessa esteira, segundo o entendimento do TST consignado na OJ n. 155 da SDI-2, inexistindo impugnação da parte contrária quanto ao valor atribuído à causa, presume-se aceito o valor indicado na exordial, não podendo o julgador alterado de ofício, por ausência de previsão legal. Assim, se o valor atribuído à ação não estiver correto, nos termos da IN n. 31 do TST, cabe réu impugná-lo, sob pena de presumi-lo aceito, pela impossibilidade de alteração *ex officio*.

Ainda em relação ao valor da causa, deve-se salientar que na ação rescisória, por ser tratar de ação autônoma com rito específico previsto originalmente no Código de Processo Civil, não se aplica a ela a alçada. Em outras palavras, mesmo que o valor da causa atribuído à rescisória seja de até dois salários mínimos, não tramitará ela pelo rito sumário previsto para as reclamações trabalhistas que se enquadrem nessa faixa de valor da causa, mas, sim, pelo rito especial do CPC, com expressa previsão nesse sentido no art. 836 da CLT.

8. Tutela de urgência aplicada à ação rescisória — Súmula n. 405 do TST

A Súmula n. 405 do TST trata da aplicação do instituto da tutela cautelar na ação rescisória. Diante da aplicabilidade à ação rescisória do poder geral de cautela de que trata o art. 798 do CPC, consoante dispõe a MP 1.984-22/2000, e da fungibilidade entre tutela cautelar e tutela antecipada, introduzida no § 7º do art. 273 do CPC, o TST sedimentou o entendimento de que é cabível o pedido liminar formulado na inicial da ação rescisória ou na fase recursal, visando a suspender a execução da decisão rescindenda (item I da Súmula). O TST entende que a medida cabível para a suspensão da execução do processo originário, quando ajuizada a ação rescisória, é a ação cautelar (OJs n. 76 e 131 da SDI-II), abalizada pela doutrina que não admite a concessão de tutela antecipada nas ações desconstitutivas, pelo fato da desconstituição somente ser admitida somente em juízo de certeza. Assim, no item II da Súmula dispôs o TST que o pedido de antecipação de tutela, formulada na inicial da rescisória ou na fase recursal, será recebida como medida acautelatória, por não se admitir tutela antecipada em sede de ação rescisória, em razão do princípio da fungibilidade.

Élisson Miessa e Henrique Correia entendem, contudo, que a suspensão da execução deve ser postulada por meio da tutela antecipada, pois tem ela a finalidade de antecipar os efeitos da sentença que, no caso da rescisória, são não apenas a desconstituição da decisão de mérito, mas, também, a suspensão da execução do processo originário, pois, sendo procedente a ação, fulminará a fase executiva do processo originário[18].

---

(17) A OJ n. 147 da SDI-2 do TST, cancelada pela Resolução n. 142/2007, com o intuito de sedimentar a obrigatoriedade e qual o valor da causa na ação rescisória, previa que na rescisória de sentença de mérito advinda de processo de conhecimento, o valor da causa correspondia ao valor da causa fixada no processo originário, corrigido monetariamente, enquanto no caso da rescisória de decisão proferida na fase de execução, o valor da causa devia corresponder ao montante da condenação. Hoje a matéria é regida pelos arts. 2º e 3º da Instrução Normativa n. 33 do TST.

(18) MIESSA, Élisson; CORREIA, Henrique. *Op. cit.*, p. 1.285.

9. Admissibilidade da ação rescisória: o pressuposto do trânsito em julgado da decisão de mérito — OJs n. 21 e 150 da SDI-2 e Súmulas ns. 399 e 412 do TST

Os pressupostos da ação rescisória são o trânsito em julgado da decisão de mérito e a presença de uma ou mais hipóteses de rescindibilidade expressas taxativamente no art. 485 do CPC.

A decisão transitada em julgado é aquela contra a qual não cabe mais qualquer recurso. Desse modo, em se tratando de sentença sujeita obrigatoriamente ao duplo grau de jurisdição na forma do Decreto-lei n. 779/69, apenas após o reexame necessário pelo TRT, sendo proferido acórdão substitutivo da sentença, é que se poderá ajuizar ação rescisória contra o acórdão. Por esse motivo, a OJ n. 21 da SDI-2 do TST estabelece que o juízo de origem oficie o Presidente do TRT para que esse proceda à avocatória do processo principal para o reexame da sentença.

Já a decisão de mérito ocorre nas hipóteses listadas no art. 269 do CPC, quais sejam, o acolhimento ou rejeição do pedido pelo juiz, o réu reconhecer a procedência do pedido, as partes transigirem, o juiz pronunciar a decadência ou a prescrição dos direitos sobre os quais se fundam os pedidos ou o autor renunciar ao direito sobre o qual se funda a ação.

Sem embargo, uma questão processual também pode ser objeto de ação rescisória, desde que consista em pressuposto de validade de uma sentença de mérito, consoante explicita a Súmula n. 412 do TST. Carlos Henrique Bezerra Leite esclarece que a *"ação rescisória só pode voltar-se contra decisão de mérito, mas o defeito procedimental (error in procedendo), contido na sentença de mérito, também pode dar ensejo à rescisória"*[19].

Certo é que apenas a sentença definitiva, que resolve o mérito, produz coisa julgada material, pois, após o trânsito em julgado, não poderá ser alterada em outro processo, enquanto a sentença terminativa, sem resolução de mérito, produz coisa julgada formal, pois, mesmo com o trânsito em julgado, poderá ser modificada com o ajuizamento de outra ação. Nesse último caso, não há necessidade em ajuizar ação rescisória, razão pela qual o TST, na OJ n. 150 da SDI-2, adotou o entendimento de que a decisão que acolhe a existência da coisa julgada, por se decisão meramente processual que extingue o processo sem resolução de mérito, nos termos do art. 267, V, do CPC, não se submete à ação rescisória, pela impossibilidade jurídica do pedido.

No entanto, Élisson Miessa e Henrique Correia defendem linha doutrinária diversa no sentido de que não seria o caso de impossibilidade jurídica do pedido, mas, sim, da falta de interesse de agir em rescindir decisão ausente de coisa julgada material. Em adição, embora a decisão que acolhe a coisa julgada seja terminativa do feito, o art. 268 do CPC impede que o autor intente novamente a ação, o que significa que a decisão atingirá inclusive o direito material. Dessa forma, para evitar que a decisão se torne imutável, mesmo padecendo dos vícios do art. 485 do CPC, os autores entendem que a OJ deve ser cancelada, permitindo-se a ação rescisória de decisão que acolhe a coisa julgada, quando presente qualquer dos vícios que ensejam a rescindibilidade[20].

Outra hipótese em que o TST prevê o não cabimento da ação rescisória é para impugnar decisão homologatória de adjudicação ou arrematação, nos termos da Súmula n. 399, I, pois tais decisões judiciais não são sentenças, estando submetidos à ação anulatória, consoante prescreve o art. 486 do CPC, de competência do juízo que proferiu a decisão impugnada[21].

Todavia, em se tratando de decisão homologatória de cálculo, o Tribunal Superior do Trabalho admite a ação rescisória, desde que a decisão enfrente as questões envolvidas na elaboração da conta de liquidação, quer solucionando a controvérsia das partes, quer explicitando, de ofício, os motivos pelos quais acolheu os cálculos oferecidos por uma das partes ou pelo setor de cálculo, não contestados pela outra parte (item II da Súmula n. 399). O TST embasa seu posicionamento no fato de que, embora tal decisão tenha natureza de decisão interlocutória, trata-se, na realidade, de pronunciamento equiparável a uma sentença, capaz de produzir coisa julgada material, pois a homologação, nessa hipótese, fixa os limites do aresto exequendo, apresentando os fundamentos utilizados para tal. Se a decisão, contudo, não adentrar na controvérsia dos cálculos de liquidação ela será somente homologatória, não suscetível de ação rescisória. Nesse sentido, tem-se a Súmula n. 298, I, do TST, segundo a qual a sentença homologatória, que silencia sobre os motivos de convencimento do juiz, não se mostra rescindível, por ausência de pronunciamento explícito.

---

(19) BEZERRA LEITE, Carlos Henrique. *Curso de direito processual do trabalho*. 9. ed. São Paulo: LTr, 2011. p. 1.255.
(20) MIESSA, Élisson; CORREIA, Henrique. *Op. cit.*, p. 1.269-1.270.
(21) SCHIAVI, Mauro. *Manual de direito processual do trabalho*. São Paulo: LTr, 2008. p. 893.

10. Admissibilidade da ação rescisória: hipóteses de cabimento da ação previstas no art. 485 do CPC – OJs n. 6, 25, 30, 97, 123, 154, 157 e 158 da SDI-2 e Súmulas ns. 83, 397, 401, 402, 403, 404, 409 e 410 do TST

Dentre as hipóteses de rescindibilidade previstas nos incisos do art. 485 do CPC, algumas merecem ser analisadas em razão das Súmulas e OJs que sobre elas foram publicadas a partir de 2005, reunindo entendimentos já previstos ou trazendo novas interpretações.

A Súmula n. 403 do TST fala sobre a hipótese tratada no inciso III do art. 485 do CPC, qual seja, o dolo da parte vencedora em detrimento da parte vencida. Barbosa Moreira, citado por Cleber Lúcio de Almeida, afirma que ocorre esse motivo de rescisão quando a parte vencedora, seja qual for, *"faltando ao dever de lealdade e boa-fé (art. 14, n. II), haja impedido ou dificultado a atuação processual do adversário, ou influenciado o juízo do magistrado, em ordem a afastá-lo da verdade"*[22]. Ademais, é necessário o nexo de causalidade entre o dolo e o pronunciamento judicial. Assim, o simples silêncio de uma das partes, inclusive sobre fato que lhe é prejudicial, não pode ser visto como ato de má-fé, por se tratar de técnica de defesa, e não dolo processual, não se constituindo como vício capaz de ensejar a ação rescisória (item I).

Em adição, se a decisão rescindenda é homologatória de acordo, não há parte vencida ou vencedora, razão pela qual não é possível a sua desconstituição com base o inciso III do art. 485 do CPC (item II).

Ainda no que tange a inciso III do art. 485 do CPC, também é prevista a hipótese de rescindibilidade quando for detectada a colusão entre as partes, a fim de fraudar a lei. Embora, nesse caso, parcela doutrinária seja favorável à aplicação da multa por litigância de má-fé na ação rescisória, já que seria o momento adequado para tal, por haver o processo originário transitado em julgado, o C. Tribunal Superior do Trabalho adotou posicionamento em sentido contrário, vedando a incidência da litigância de má-fé por ato decorrente do processo originário (OJ n. 158 da SDI-2). Entende o TST que, tratando-se de processos distintos a ação rescisória e o processo originário, os atos praticados nesse último não podem gerar litigância de má-fé na rescisória, porquanto a própria lei já definiu que o efeito gerado será a rescisão do julgado. Ademais, a colusão é analisada com base em indícios, enquanto a litigância de má-fé importa um fato concreto. Porém, se os atos de má-fé forem praticados no bojo da ação rescisória, será plenamente cabível a incidência da litigância de má-fé.

Em relação à hipótese de rescisão prevista no inciso IV do art. 485 do CPC, ou seja, quando a sentença de mérito transitada em julgada ofender a coisa julgada, é necessário tecer alguns comentários sobre as Súmulas ns. 397 e 401 e as OJ n. 123 e 157 da SDI-2 do TST.

O Tribunal Superior do Trabalho firmou o entendimento, consubstanciado na Súmula n. 397, de que não é admissível ação rescisória para desconstituir a decisão da ação de cumprimento, quando a sentença normativa, na qual se fundava, tiver sido reformada em grau de recurso, porquanto a decisão normativa faz apenas coisa julgada formal, podendo ser revista após um ano de sua vigência. Como somente a coisa julgada material é suscetível de ação rescisória, haverá ausência de interesse processual para o ajuizamento dessa ação.

Assim, segundo o TST, no caso de descumprimento do art. 572 do CPC, os meios processuais aptos para a parte prejudicada alegar tal conflito entre as decisões são, na própria execução da ação de cumprimento, por meio da exceção de pré-executividade, ou por meio da impetração de mandado de segurança, ante a violação de direito líquido e certo de ver a ação de cumprimento ser ajuizada e executada com base no comando da sentença normativa.

Élisson Miessa e Henrique Correia, entretanto, entendem que não seria o caso de invocar o art. 572 do CPC, que estabelece que, quando o juiz decidir relação jurídica sujeita a condição ou termo, o credor não poderá executar a sentença sem provar que se realizou a condição ou que ocorreu o termo. Para os autores, esse dispositivo impediria o início da execução antes de comprovada a condição, pois é dirigido à situação em que pende condição suspensiva, e não à condição resolutiva, que é o caso da ação de cumprimento[23].

Em relação à OJ n. 157 da SDI-2, o posicionamento adotado pelo TST é o de que, quando duas decisões transitadas em julgado entrarem em conflito, a segunda decisão transitada em julgado poderá ser objeto de rescisão, por ofensa à coisa julgada, quando tiver sido proferida em relação processual distinta da primeira decisão. Ou seja, o vício decorrente do pressuposto processual negativo, previsto no art. 267, IV, do CPC, pressupõe que as relações processuais sejam diversas. Porém, se a contradição entre as decisões transitadas em julgado ocorrer na mesma relação

---

(22) MOREIRA, José Carlos Barbosa. *Comentários ao Código de Processo Civil*. 11. ed. São Paulo: Forense, 1995. v. 5, p. 606 apud ALMEIDA, Cléber Lúcio de. *Op. cit.*, p. 830.

(23) MIESSA, Élisson; CORREIA, Henrique. *Op. cit.*, p. 1.299.

processual, por exemplo, na fase de conhecimento e na fase de execução, o vício de rescindibilidade não será a ofensa à coisa julgada, mas, sim, violação literal de disposição de lei, especificamente do art. 5º, XXXV da CF/88, previsto no inciso V do art. 485 do CPC.[24]

Élisson Miessa e Henrique Correia ressaltam que a diferenciação trazida pela OJ n. 157 da SDI-2 traz repercussões substanciais em se tratando de uma ou outra situação. Primeiro porque o vício de rescindibilidade previsto no inciso IV não exige o pronunciamento explícito da matéria, ao passo que na hipótese de violação literal de lei (inciso V) há exigência, na Súmula n. 298 do TST, de que a matéria seja explicitamente pronunciada na decisão que se busca rescindir. Segundo porque, na ofensa à coisa julgada, aplica-se o princípio segundo o qual "a parte dá os fatos e o juiz entrega o direito" (*iura novit cúria*), enquanto na violação literal de lei não se aplica esse princípio, sendo necessário que o dispositivo violado conste como causa de pedir da ação rescisória (Súmula n. 408). E terceiro porque a rescindibilidade por ofensa à coisa julgada pode decorrer de matéria controvertida, enquanto na violação literal de lei infraconstitucional não caberá ação rescisória se a matéria for de interpretação controvertida nos tribunais (Súmula n. 83), hipótese não aplicável quando houver afronta à norma constitucional. Assim, deverá a parte alegar afronta não apenas de leis infraconstitucionais, mas, principalmente, do art. 5º, inciso XXXVI, da CF/88, para não cair no entendimento da Súmula n. 83[25].

Na OJ n. 123 da SDI-2, o TST entende que somente caberá ação rescisória, por violação à coisa julgada, quando, havendo necessidade de interpretação de título executivo judicial, o descompasso entre a decisão exequenda e a decisão rescindenda, que efetuou a interpretação, for evidente, categórica e inequívoca. Em outras palavras, significa que em uma mesma relação jurídica processual, quando o juiz na fase de execução fizer mera interpretação do comando sentencial, não haverá violação à coisa julgada. Contudo, com base na nova OJ n. 157 da SDI-2, deve a OJ n. 123 ser relida, pois as contradições entre a sentença e a decisão tomada em fase posterior do mesmo processo não ensejam mais a rescisão em razão de ofensa à coisa julgada, mas por violação literal de lei, especificamente do art. 5º, XXXVI, da CF/88.

O C. Tribunal Superior do Trabalho, por meio da Súmula n. 401 do TST, deixa claro que a determinação pelo magistrado do recolhimento das contribuições previdenciárias e da retenção do imposto de renda deverá ser efetuada na fase de execução, mesmo que a sentença exequenda tenha sido omissa sobre a questão, em razão do caráter de ordem pública das normas que disciplinam esses descontos. Com efeito, no processo do trabalho é admitido o princípio da extrapetição, que permite ao juiz "*nos casos expressamente previstos em lei, condene o réu em pedidos não contidos na petição inicial, ou seja, autoriza o julgado a conceder mais do que o pleiteado, ou mesmo vantagem diversa da que foi requerida*"[26]. Assim, mesmo não havendo pedido na reclamação para que sejam efetuados os descontos previdenciários e fiscais, o juiz deverá determiná-los de ofício, inclusive na fase de execução, se a sentença não contiver tal comando, em razão das determinações legais nesse sentido. Entretanto o verbete sumular estabelece que, havendo manifestação expressa na sentença sobre a não aplicação dos descontos fiscais e previdenciários, sua inclusão ou modificação posterior violará a coisa julgada material, ensejando, para o TST, o ajuizamento de ação rescisória com base na violação literal de dispositivo de lei, por violação ao art. 5º, XXXVI, da CF/88 (OJ n. 157 da SDI-2).

No que diz respeito à hipótese de rescindibilidade prevista no art. 485, V, do CPC, ou seja, em razão de violação literal a dispositivo de lei, algumas Súmulas e OJs merecem ser comentadas.

A Súmula n. 409 do TST sedimentou o entendimento de que não cabe ação rescisória, com fundamento na violação do art. 7º, XXIX, da CF/88, quando o questionamento envolve a aplicação da prescrição parcial ou total aos créditos trabalhistas[27], porquanto essa matéria não tem base legal, tendo sido construída pela jurisprudência do Tribunal Superior do Trabalho. E conforme a OJ n. 25 da SDI-2 não comporta rescisória a violação de súmula ou orientação jurisprudencial, uma vez que esses

---

(24) Com base na redação da OJ n. 157 da SDI-2, é necessária a releitura da Súmula n. 401 e das OJs ns. 35, 101 e 123 da SDI-2 do TST, no sentido de que o confronto entre decisões diferentes de fases diversas de uma mesma relação processual não dá ensejo à ação rescisória com base no inciso IV do art. 485, mas, sim, com fundamento no inciso V, por violação ao art. 5º, XXXVI, da CF/88.

(25) MIESSA, Élisson; CORREIA, Henrique. *Op. cit.*, p. 1.300.

(26) SARAIVA, Renato. *Curso de direito processual do trabalho*. 3. ed. São Paulo: Método, 2006. p. 50-51.

(27) Com efeito, o TST criou a diferença entre prescrição e parcial por meio da Súmula n. 294 do TST, estabelecendo que quando se tratar de alteração no curso do contrato de trabalho de parcela com previsão legal aplicar-se-á a prescrição parcial, ou seja, o prazo para pleitear judicialmente a parcela é de cinco anos para trás contados do ajuizamento da ação, pois independentemente da data da lesão, essa se renova mês a mês, sempre que a parcela não for paga ou for quitada a menor. Quando a alteração for de parcela prevista em contrato de trabalho ou instrumento coletivo, a prescrição aplicável é a total, contando-se cinco anos a partir do ato único do empregador que efetuou a alteração.

instrumentos de sedimentação da jurisprudência não são fontes normativas.

Na OJ n. 97 da SDI-2, o TST estabelece que os princípios da legalidade, do devido processo legal, do contraditório e da ampla defesa, quando alegados genericamente e de forma reflexa, não servem como fundamento para desconstituir a coisa julgada material, sendo necessário que a parte indique os dispositivos legais infraconstitucionais violados que tratam especificamente sobre a matéria debatida. De todo modo, ainda que em relação aos outros princípios constitucionais e infraconstitucionais, a alegação da violação deve ser direta e categórica para o cabimento da ação rescisória.

O TST, por meio da Súmula n. 410, entende que a ação rescisória, que tem como fundamento a violação a dispositivo da lei, não admite o reexame de fatos e provas do processo que originou a decisão rescindenda, pois a rescisória, nesse caso, não tem como objetivo corrigir a injustiça da decisão por meio de reanálise de fatos e provas, o que deverá ser feito no próprio processo originário por meio dos recursos próprios no prazo legal devido, mas, sim, analisar tão somente a matéria de direito.

Na Súmula n. 298, o TST trata da questão da necessidade do pronunciamento explícito na decisão rescindenda sobre a matéria cuja discussão é o objeto da ação rescisória. No item I, a Corte Superior deixou claro que na decisão rescindenda deve haver pronunciamento explícito sobre a matéria veiculada na rescisória para a demonstração da ocorrência de violação literal a dispositivo de lei. A redação desse item foi alterada em 6.2.2012, pois, anteriormente, o TST exigia o prequestionamento da matéria para fins de interposição de ação rescisória. Porém, o conteúdo do verbete continua equivalente, pois o que se exige é que na decisão rescindenda haja pronunciamento[28] explícito da matéria, ou seja, tese jurídica apreciada e decidida que revele a violação à disposição legal.

No item II da Súmula, o TST esclarece que o pronunciamento explícito exigido em ação rescisória diz respeito ao pronunciamento pelo julgador acerca da matéria e ao enfoque específico a ela debatida no processo principal, e não necessariamente a referência ao dispositivo legal tido por violado. Ou seja, basta que o conteúdo da norma reputada como violada tenha sido abordado.

Já no item III, o C. TST explicita que, nas ações em que há reexame necessário[29] da sentença, a simples confirmação dessa decisão pelo Tribunal pelos seus próprios fundamentos serve para efeito de pronunciamento explícito sobre a matéria. Como o reexame necessário é exigido inclusive para formação da coisa julgada material, a simples confirmação da sentença pelo Tribunal já preenche a exigência do pronunciamento explícito, viabilizando a ação rescisória.

O item IV dispõe que a sentença meramente homologatória que não apresenta os motivos de convencimento do juiz, não é passível de rescisão, por ausência de pronunciamento explícito. Essa disposição tem como foco a decisão homologatória de cálculos e deve ser conjugada com a Súmula n. 399, II, do TST, não se confundindo com a situação expressa na Súmula n. 259 do TST, uma vez que a decisão que homologa acordo judicial é rescindível, por se tratar de decisão irrecorrível. Em síntese, quando a decisão que homologa cálculos de liquidação contiver os fundamentos da controvérsia decidida e os motivos de convencimento do juiz será rescindível por se tratar de decisão de mérito, em que preenchido o requisito do pronunciamento explícito, diversamente da decisão meramente homologatória dos cálculos de liquidação, que não comporta rescisão.

No item V, o Tribunal Superior do Trabalho apresenta uma situação em que seria desnecessário o pronunciamento explícito para a ação rescisória, com fundamento na violação de dispositivo de lei, qual seja, quando o vício que enseja a rescisória nasce no próprio julgamento por se caracterizar a sentença como *extra* (julgamento diferente do que foi pedido), *ultra* (julgamento superior ao que foi pedido) ou *infra petita* (não julgamento de pedido), não existindo necessidade de debate prévio sobre a matéria e o recurso, no processo originário, para declaração expressa da violação.

Ainda sobre a hipótese de rescindibilidade da decisão por violação literal de lei, o TST editou a Súmula n. 83, incorporando em 2005 a ex-OJ n. 77 da SDI-2 no item II, e mantendo a redação original no item I. No verbete sumular, o Tribunal esclarece que não quando a decisão rescindenda estiver baseada em texto legal infraconstitucional de interpretação controvertida nos tribunais, não procede o pedido de rescisão fundado em violação literal

---

(28) Para uma parcela doutrinária, entretanto, o pronunciamento explícito se diferencia do prequestionamento, pois o primeiro é a exigência de que a matéria conste da decisão proferida previamente, enquanto o segundo exigiria o debate prévio da matéria, antes do julgamento, independentemente de constar do julgamento ou o prévio debate da matéria e o seu julgamento. Cf. MIESSA, Élisson; CORREIA, Henrique. *Op. cit.*, p. 1.315.

(29) O reexame necessário ocorre nas decisões total ou parcialmente desfavoráveis à pessoa jurídica de direito público que não explore atividade econômica, nos termos do art. 1º, V, do Decreto-lei n. 779/1969 e importa na reanálise pelo Tribunal da decisão desfavorável, mesmo não havendo recurso das partes do processo, sob pena de tornar sem efeito a sentença, não produzindo a coisa julgada.

de lei. Ou seja, havendo divergência na jurisprudência sobre o conteúdo e o alcance de uma norma infraconstitucional, não se pode falar em violação literal de lei quando for adotada qualquer das interpretações existentes na jurisprudência, porquanto a violação literal é aquela que é clara e aberrante, que não comporta grandes questionamentos, justamente por se tratar a ação rescisória de ação excepcional, que somente deve ser admitida em casos graves.

Em se tratando, contudo, de norma constitucional, não basta que a interpretação seja razoável, devendo ser juridicamente correta, pois violar a Constituição *"equivale a atentar contra a base do sistema normativo. Cumpre, diante disso, preservar a supremacia da Constituição e, de resto garantir a autoridade das decisões do Supremo Tribunal Federal, enquanto guardião do texto constitucional"*[30]. Desse modo, em se tratando de norma constitucional, mesmo que a matéria seja controvertida na jurisprudência, poderá ser procedente pedido formulado na ação rescisória.

Nesse sentido, tem-se como exemplo a OJ n. 6 da SDI-2 do C. TST, com sua nova redação publicada em 22.8.2005, que prevê expressamente que o julgado que nega estabilidade a membro suplente da CIPA, representante de empregado, é rescindível, ante a ofensa literal do art. 10, II, "a", do ADCT da CF/88[31], ainda que se trate de decisão anterior à publicação da Súmula n. 339 do TST, que entendeu pela estabilidade do suplente da CIPA, representante de empregado, e tratou, ainda, da perda da estabilidade do cipeiro, quando é extinto o estabelecimento em que ele trabalha.

No item II da Súmula n. 83, o Tribunal ressalta que uma matéria controversa sobre dispositivo infraconstitucional pode deixar de sê-la, com a uniformização da jurisprudência, sendo o marco divisor para considerar controvertida ou não a interpretação de um dispositivo legal a data da inclusão da matéria discutida em orientação jurisprudencial do TST. Com a edição da OJ sobre a matéria, se uma decisão judicial violar disposição de lei já interpretada e pacificada na OJ, será procedente o pedido da rescisória, desde que preenchidos os demais requisitos dessa ação. Mas se a decisão a interpretar a lei no mesmo sentido da OJ, será improcedente o pedido da rescisória. Todavia, em se tratando de norma constitucional, mesmo as decisões proferidas antes da uniformização da matéria pelo TST são passíveis de rescisão.

A OJ n. 30 da SDI-2 do TST trata do cabimento da rescisão, por violação literal de lei, em relação ao art. 920 do CC, que estabelece que *"o valor da cominação imposta na cláusula penal não pode exceder o da obrigação principal"*, ante a edição da OJ n. 54 da SDI-1 que pacificou o entendimento de que o *"valor da multa estipulada em cláusula penal, ainda que diária, não poderá ser superior à obrigação principal corrigida, em virtude do art. 412 do Código Civil de 2002 (art. 920 do Código Civil de 1916)"*. Para o C. Tribunal Superior do Trabalho, se a alegação da violação ao art. 920 do CC, por decisão que condenou a reclamada a pagar multa prevista em instrumento coletivo em valor superior ao da obrigação principal, for feita na fase de conhecimento da reclamação, improcede o pedido de rescisão do julgado proferido antes do advento da OJ n. 54 da SDI-1, em razão da controvérsia existente sobre a matéria (alínea "a" da OJ n. 30 da SDI-2). Ademais, se a alegação da violação ao art. 920 do CC, por decisão que rejeitou a limitação da multa ao valor da obrigação principal, for apresentada na fase de execução, o TST entende que não se trata de caso de violação literal de lei a ensejar a rescindibilidade, pois o que ocorre no caso é a impossibilidade de discutir a matéria na fase executória, sob pena de violação à coisa julgada.

A Súmula n. 402 do TST trata da definição do que seja "documento novo", inclusive no que tange à decisão do recurso da sentença normativa, em razão da hipótese de rescisão prevista no inciso VII do art. 485 do CPC, qual seja, quando depois da sentença transitada em julgado *"o autor obtiver documento novo, cuja existência ignorava ou de que não pôde fazer uso, capaz, por si só, de lhe assegurar o pronunciamento favorável"*. O autor tratado no inciso é o da ação rescisória, aplicando-se a hipótese tanto para o autor quanto para o réu do processo em que foi proferida a decisão rescindenda.[32] E a situação prevista não visa desconstituir sentença válida, mas decisão em que ostenta uma injustiça a ser eliminada. Pois bem.

Nos termos do verbete sumular, documento novo não é aquele constituído depois da prolação do julgado rescindendo, mas, sim, aquele que, sendo cronologicamente velho, já existia ao tempo da decisão rescindenda, mas que o autor da rescisória ignore sua existência ou não possa fazer uso, por vontade alheia a sua, durante o trâmite do processo originário, sendo ainda necessário

---

(30) DIDIER JR., Fredie; CUNHA, Leonardo José Carneiro da. *Op. cit.*, p. 403.

(31) Na realidade, o art. 165 da CLT prevê a garantia provisória no empregado para os empregadores titulares da CIPA, sem mencionar os suplentes e o art. 10, II, "a", do ADCT estabelece a garantia provisória para os empregados eleitos para o cargo de direção da CIPA, desde o registro da candidatura até um ano após o término do mandato. Porém, a Súmula n. 339 do TST interpretou o artigo do ADCT no sentido de conferir também ao suplente a garantia provisória no emprego, já que ele também não deixa de ser eleito para a CIPA, e as intimidações do empregador poderiam intimidá-lo na sua atuação durante as substituições no cargo.

(32) ALMEIDA, Cléber Lúcio de. *Op. cit.*, p. 837.

que o documento consiga alterar, pela sua utilização, a conclusão da decisão rescindenda.

Na aliena *"a"* da Súmula n. 402, o TST veda a utilização da decisão do recurso da sentença normativa como documento novo para rescindir a sentença da ação de cumprimento que transitou em julgado antes do julgamento do recurso. Isso justamente porque a decisão do recurso, ou seja, o "documento" foi constituído posteriormente à decisão da ação de cumprimento que se busca rescindir.

Como o TST entende que a decisão da ação de cumprimento é proferida sob condição resolutiva, ou seja, produz efeitos enquanto não haja alteração da sentença normativa por recurso (OJ n. 277 da SDI-1), se houver reforma ou anulação da sentença normativa, a ação de cumprimento, mesmo depois de formada a coisa julgada, será atingida, devendo a parte invocar a alteração em mandado de segurança ou exceção de pré-executividade (Súmula n. 397).[33]

Na alínea *"b"*, a Súmula n. 402 aborda a situação inversa, ou seja, quando a decisão do recurso da sentença normativa é anterior à decisão da ação de cumprimento que se busca rescindir, caso em que a decisão do recurso sentença normativa será documento novo, desde que a parte não tenha juntado ele no processo principal, ou seja, no processo da ação de cumprimento, por realmente desconhecer a sua existência ou não poder utilizá-lo por vontade externa à sua. Todavia, não será considerado documento novo se a parte deixar de juntar aos autos o documento por desídia ou culpa sua, quando tinha conhecimento da decisão do recurso da sentença normativa antes da decisão rescindenda.

A OJ n. 154 da SDI-2 trata de hipótese de rescisão de decisão com fulcro no art. 485, VIII, do CPC, ou seja, *"quando houver fundamento para invalidar confissão, desistência ou transação, em que se baseou a sentença".*

Nos termos da OJ n. 154 da SDI-2, é possível a recisão do acordo homologado judicialmente desde que comprovada efetivamente a existência de fraude manejada por ambas as partes, hipótese de rescisão prevista no art. 485, III, do CPC, qual seja, colusão das partes com o objetivo de fraudar a lei.

O acordo prévio (transação) homologado judicialmente também pode ser invalidado em razão da manifestação de uma das partes de forma viciada, situação que consiste na denominada "lide simulada", ou seja, quando um empregado é dispensado e, por exigência de seu empregador, tem que ajuizar reclamação trabalhista como condição para receber suas verbas rescisórias, inclusive com o advogado indicado pela empresa, sendo, então, realizado acordo judicial dando quitação plena geral sem ressalvas não apenas dos pedidos da inicial, mas, também, do extinto contrato de trabalho e, consequentemente, prejudicando o trabalhador.[34]

No caso das "lides simuladas" é possível a rescisão do acordo homologado, com fulcro no vício de manifestação de vontade da parte que invalida a transação. Ocorre que a OJ n. 154 da SDI-2 exige a prova efetiva da existência do vício de consentimento (erro, dolo, coação, estado de perigo ou lesão) ou de fraude anterior à decisão homologatória, não sendo possível provas meramente indiciárias de que o empregador agiu de modo a fraudar a lei e prejudicar o trabalhador, o que normalmente são as mais viáveis de se obter. Ademais, o simples fato de o trabalhador comparecer espontaneamente à audiência que homologou o acordo realizado entre as partes afasta a existência de vício de consentimento[35].

Segundo Élisson Miessa e Henrique Correia esse entendimento *"foge à realidade existente nas Varas do Trabalho, afasta a ideia de hipossuficiência que vigora no Direito do Trabalho e, consequentemente, provoca reflexos no processo laboral. Alem disso, estimula a fraude dos direitos trabalhistas"*[36] e torna a Justiça do Trabalho mera homologadora de rescisões contratuais para obtenção de vantagem ilícita pelo empregador, razões pelas quais tais autores defendem o cancelamento dessa orientação jurisprudencial. A gravidade desse vício legitimaria o Ministério Público do Trabalho a ajuizar a ação rescisória para proteger o interesse público na proteção ao ordenamento jurídico e a segurança dos jurisdicionados, já que o MPT tem legitimidade para propor ações rescisórias, mesmo não sendo parte no processo que deu origem à decisão rescindenda, não estando, ademais, restrito às hipóteses das alíneas "a" e "b" do CPC, conforme estabelece a Súmula n. 407 do TST.

A Súmula n. 404 do TST também trata de hipótese de rescisão tratada no inciso VIII do art. 485 do CPC, mas especificamente do fundamento apto a invalidar a confissão em que se baseou a sentença transitada em julgado. Nos termos do verbete da Súmula, apenas existindo erro, dolo ou coação na confissão real é que se poderia buscar a rescisão da sentença que nela se fundou, não se aplicando a hipótese à confissão ficta resultante de revelia.

---

(33) MIESSA, Élisson; CORREIA, Henrique. *Op. cit.*, p. 1.351.
(34) Ibidem, p. 1.354.
(35) Ibidem, p. 1.355.
(36) Idem.

Tal entendimento se justifica porque apenas a confissão real — aquela que ocorre quando a parte expressamente admite, de forma voluntária, a verdade de um fato contrário ao seu interesse e favorável ao do adversário — possui manifestação de vontade que pode estar viciada, por erro, dolo ou coação. Na confissão ficta — aquela decorrente da ausência de apresentação de defesa pelo réu, do não comparecimento à audiência em prosseguimento para depor ou no caso de recusa para depor, em que são considerados verdadeiros os fatos declinados na exordial — há omissão das partes, não existindo manifestação de vontade a estar viciada.

11. Revelia e ação rescisória — Súmula n. 398 do TST

Em relação ao trâmite da ação rescisória, a Súmula n. 398 do TST, resultado da conversão da OJ n. 126 da SDI-2 em agosto de 2005, trata da impossibilidade de aplicação dos efeitos da revelia em caso de ausência de apresentação de defesa no curso da rescisória. Isso porque, para desconstituir a autoridade da coisa julgada material, é necessária a prova cabal dos vícios de consentimento elencados no art. 485 do CPC, não servindo a confissão ficta decorrente da revelia para comprová-los, haja vista que gera apenas efeito de presunção de veracidade dos fatos alegados, mas não comprova efetivamente tais fatos. Ademais, a coisa julgada é direito indisponível, o que impede a confissão ficta dos vícios que atingem a decisão rescindenda. Desse modo, ainda que haja revelia na ação rescisória, os efeitos dela decorrente como a presunção de veracidade não serão produzidos, permanecendo com o autor o ônus de provar os fatos alegados.

12. Recursos da sentença da ação rescisória — OJ n. 152 da SDI-2 e Súmulas ns. 99, 400 e 411 do TST

Quanto aos recursos que cabem da sentença proferida na ação rescisória, são tecidos comentários sobre a Súmula n. 99, 400 e 411 e OJ n. 152 da SDI-2 do TST.

Na OJ n. 152 da SDI-2, o Tribunal Superior do Trabalho basicamente prevê que interposição de recurso de revista de sentença proferida na ação rescisória, com fundamento em violação legal e divergência jurisprudencial, com remissão expressa ao art. 896 da CLT, configura erro grosseiro, insuscetível de autorizar o seu recebimento como recurso ordinário, haja vista que, por ser a ação rescisória de competência originária dos tribunais, quando proferida a decisão da rescisória no TRT, o recurso cabível indubitavelmente será o recurso ordinário, nos termos do art. 895, II, da CLT, não havendo que se falar no princípio da fungibilidade recursal do caso.

A Súmula n. 99 do TST estabelece que somente será exigível o depósito recursal como pressuposto de admissibilidade do recurso ordinário da sentença da rescisória, quando esta julgar procedente o pedido e impor condenação em pecúnia, caso em que o preparo deverá ser efetuado no prazo recursal, sob pena de deserção. Quando no julgamento da rescisória houver apenas o juízo rescindendo[37], ou seja, aquele que desconstitui a decisão transitada em julgado do processo principal, a decisão proferida terá natureza constitutiva negativa e a interposição de recurso ordinário dessa decisão não importará na necessidade de depósito recursal. Também não haverá necessidade de depósito recursal quando a rescisória for julgada improcedente, por ter a decisão natureza meramente declaratória. Porém, quando houver juízo rescindendo e juízo rescisório, ou seja, quando, além da desconstituição da decisão original transitada em julgado, for proferido novo julgamento sobre a matéria objeto de análise da sentença, tendo essa a mesma natureza da ação originária, caso seja ela condenatória, será exigível o depósito recursal.

Ademais, conforme entendimento sedimentado na Súmula n. 411 do TST, cabe agravo regimental, de competência do órgão colegiado do TRT, da sentença do relator da ação rescisória que indefere a petição inicial da ação e extingue o processo sem resolução de mérito. A decisão do agravo regimental poderá manter o indeferimento da petição, negando provimento ao recurso. Quando o indeferimento da petição inicial ocorre por ter o autor alegado violação literal a dispositivo de lei no julgado do processo originário, mas a interpretação do dispositivo legal não é pacífica, reconhecendo o relator da rescisória ou o órgão colegiado, no julgamento do agravo regimental, a divergência jurisprudencial sobre o tema, estará ele julgando o mérito da ação rescisória, pois estará afirmando que não há violação legal, o que corresponde à improcedência da rescisória, e não à equivocada extinção do processo sem resolução do mérito. Assim, se da decisão do agravo regimental for interposto recurso para o Tribunal Superior do Trabalho e este entender que a matéria não é controvertida, não aplicando a Súmula n. 83 do TST, poderá, desde já, adentrar no julgamento do mérito da ação rescisória, por se tratar de causa madura.

A Súmula n. 400 do TST trata da ação rescisória da sentença de ação rescisória, especificando que, nesse caso, o vício apontado na rescisória da rescisória deve nascer no julgamento da ação rescisória original, não se admitindo a rediscussão do acerto do julgamento da rescisória anterior, pois essa só poderá ser feito por meio do recurso

---

[37] Como, por exemplo, no caso da rescisória por violação à coisa julgada (art. 485, IV, do CPC).

próprio, qual seja, o recurso ordinário se a competência originária for do TRT e recurso extraordinário se a competência originária for do TST. Como consequência desse raciocínio, não será admitida nova rescisória, com base no inciso V do art. 485 da CLT, para discussão acerca da má aplicação dos mesmos dispositivos de lei alegados na rescisão anterior como violados, tomando por base os mesmos fundamentos relativos à decisão rescindenda original, bem como para arguição de questões atinentes à rescisória primitiva. Nada impede, porém, que a decisão do processo originário e a da rescisória original violem o mesmo dispositivo legal, desde que os vícios apontados surjam de decisões diversas.

13. Devolução de valores já recebidos por força da decisão rescindenda — Cancelamento da OJ n. 28 da SDI-2 do TST

Finalmente, em relação à restituição de parcelas já paga aos trabalhadores por força da decisão rescindenda, desconstituída posteriormente pelo juízo rescindente, a OJ n. 28 da SDI-2 do TST previa que se, com base na sentença rescindida os valores nela apontados como devidos chegaram a ser pagos, somente em ação autônoma é que poderia ser pleiteada a condenação à devolução de tais parcelas. A referida OJ foi cancelada em 17.11.2008, de modo que o entendimento a ser adotado, agora, é de que por força do princípio da economia processual, os valores pagos podem ser cobrados nos próprios autos da ação rescisória, devendo o autor dessa ação apresentar os pedidos de rescisão e de restituição de indébito[38].

O artigo, em síntese, procurou tratar das Súmulas e Orientações Jurisprudenciais publicadas a partir de 2005, analisando os seus aspectos mais importantes, por meio do esclarecimento do seu conteúdo, e abordando, sempre que possível, os fundamentos doutrinários que embasaram a sedimentação dos entendimentos sumulados ou dispostos nas OJs, além de, em alguns casos, serem tecidas críticas à redação dos verbetes. Contudo, tudo o que foi explanado é apenas um ponto de partida para um estudo mais pormenorizado, que cabe ao leitor, de cada Súmula ou OJ comentada, com base na doutrina e na aplicação dos verbetes pelos Tribunais Regionais do Trabalho.

Referências bibliográficas

ALMEIDA, Cléber Lúcio de. *Direito processual do trabalho*. 4. ed. rev., atual. e ampl. Belo Horizonte: Del Rey, 2012.

BEZERRA LEITE, Carlos Henrique. *Curso de direito processual do trabalho*. 9. ed. São Paulo: LTr, 2011.

DIDIER JR., Fredie; CUNHA, Leonardo José Carneiro da. *Curso de direito processual civil*: meios de impugnação às decisões judiciais e processo nos tribunais. 8. ed. Salvador: JusPodivm, 2010, v. 3.

MIESSA, Élisson; CORREIA, Henrique. *Súmulas e Orientações Jurisprudenciais do TST comentadas e organizadas por assunto*. 3. ed. rev., ampl. e atual. Salvador: JusPodivm, 2013.

MOREIRA, José Carlos Barbosa. *Comentários ao Código de Processo Civil*. 15. ed. Rio de Janeiro: Forense, 2010, v. 5.

SARAIVA, Renato. *Curso de direito processual do trabalho*. 3. ed. São Paulo: Método, 2006.

SCHIAVI, Mauro. *Manual de direito processual do trabalho*. São Paulo: LTr, 2008.

---

(38) ALMEIDA, Cléber Lúcio de. *Op. cit.*, p. 842.

Súmulas ns. 106, 389, 392, 419, 454 e OJ n. 149 da SDI-2 do TST: O que há de Novo no Processo do Trabalho Sobre Competência

Cleber Lúcio de Almeida

SUM. 106. APOSENTADORIA. FERROVIÁRIO. COMPETÊNCIA (cancelada) – Res. n. 157/2009, DEJT divulgado em 4, 8 e 9.9.2009. É incompetente a Justiça do Trabalho para julgar ação ajuizada em face da Rede Ferroviária Federal, em que ex-empregado desta pleiteie complementação de aposentadoria, elaboração ou alteração de folhas de pagamento de aposentados, se por essas obrigações responde órgão da previdência social.

SUM. 389. SEGURO-DESEMPREGO. COMPETÊNCIA DA JUSTIÇA DO TRABALHO. DIREITO À INDENIZAÇÃO POR NÃO LIBERAÇÃO DE GUIAS (conversão das Orientações Jurisprudenciais ns. 210 e 211 da SBDI-1) – Res. n. 129/2005, DJ 20, 22 e 25.4.2005. I – Inscreve-se na competência material da Justiça do Trabalho a lide entre empregado e empregador tendo por objeto indenização pelo não fornecimento das guias do seguro-desemprego. (ex-OJ n. 210 da SBDI-1 – inserida em 8.11.2000). II – O não fornecimento pelo empregador da guia necessária para o recebimento do seguro-desemprego dá origem ao direito à indenização. (ex-OJ n. 211 da SBDI-1 – inserida em 8.11.2000)

SUM. 392. DANO MORAL. COMPETÊNCIA DA JUSTIÇA DO TRABALHO (conversão da Orientação Jurisprudencial n. 327 da SBDI-1) – Res. n. 129/2005, DJ 20, 22 e 25.4.2005. Nos termos do art. 114 da CF/1988, a Justiça do Trabalho é competente para dirimir controvérsias referentes à indenização por dano moral, quando decorrente da relação de trabalho. (ex-OJ n. 327 da SBDI-1 – DJ 09.12.2003)

SUM. 419. COMPETÊNCIA. EXECUÇÃO POR CARTA. EMBARGOS DE TERCEIRO. JUÍZO DEPRECANTE (conversão da Orientação Jurisprudencial n. 114 da SBDI-2) – Res. n. 137/2005, DJ 22, 23 e 24.08.2005. Na execução por carta precatória, os embargos de terceiro serão oferecidos no juízo deprecante ou no juízo deprecado, mas a competência para julgá-los é do juízo deprecante, salvo se versarem, unicamente, sobre vícios ou irregularidades da penhora, avaliação ou alienação dos bens, praticados pelo juízo deprecado, em que a competência será deste último. (ex-OJ n. 114 da SBDI-2 – DJ 11.8.2003)

SUM 454. COMPETÊNCIA DA JUSTIÇA DO TRABALHO. EXECUÇÃO DE OFÍCIO. CONTRIBUIÇÃO SOCIAL REFERENTE AO SEGURO DE ACIDENTE DE TRABALHO (SAT). ARTS. 114, VIII, E 195, I, "A", DA CONSTITUIÇÃO DA REPÚBLICA. (conversão da Orientação Jurisprudencial n. 414 da SBDI-1). Compete à Justiça do Trabalho a execução, de ofício, da contribuição referente ao Seguro de Acidente de Trabalho (SAT), que tem natureza de contribuição para a seguridade social (arts. 114, VIII, e 195, I, "a", da CF), pois se destina ao financiamento de benefícios relativos à incapacidade do empregado decorrente de infortúnio no trabalho (arts. 11 e 22 da Lei n. 8.212/1991).

OJ n. 149 da SDI-2. CONFLITO DE COMPETÊNCIA. INCOMPETÊNCIA TERRITORIAL. HIPÓTESE DO ART. 651, § 3º, DA CLT. IMPOSSIBILIDADE DE DECLARAÇÃO DE OFÍCIO DE INCOMPETÊNCIA RELATIVA. (DEJT divulgado em 3, 4 e 5.12.2008). Não cabe declaração de ofício de incompetência territorial no caso do uso, pelo trabalhador, da faculdade prevista no art. 651, § 3º, da CLT. Nessa hipótese, resolve-se o conflito pelo reconhecimento da competência do juízo do local onde a ação foi proposta.

SUM. 106. APOSENTADORIA. FERROVIÁRIO. COMPETÊNCIA (cancelada) – Res. n. 157/2009, DEJT divulgado em 4, 8 e 9.9.2009. É incompetente a Justiça do Trabalho para julgar ação ajuizada em face da Rede Ferroviária Federal, em que ex-empregado desta pleiteie complementação de aposentadoria, elaboração ou alteração de folhas de pagamento de aposentados, se por essas obrigações responde órgão da previdência social.

Para um aprendiz do direito processual é uma grande honra homenagear um dos seus maiores expoentes, qual seja, Aroldo Plínio Gonçalves.

Antes de examinar a Súmula em questão, cumpre mencionar a respeito da competência da Justiça do Trabalho:

a) a Constituição Federal de 1937 estabeleceu, no art.139, que, para dirimir "os conflitos oriundos das relações entre empregadores e empregados, reguladas na legislação social, é instituída a Justiça do Trabalho, que será regulada em lei e à qual não se aplicam as disposições desta Constituição relativas à competência, ao recrutamento e às prerrogativas da Justiça Comum";

b) o art. 123 da Constituição Federal de 1946, primeira Constituição a incluir a Justiça do Trabalho entre os órgãos do Poder Judiciário, definiu como sua competência "conciliar e julgar os dissídios individuais e coletivos entre empregados e empregadores e as demais controvérsias oriundas de relações do trabalho regidas por legislação especial", ressalvando, porém, que os dissídios relativos a acidentes do trabalho seriam da competência da Justiça ordinária;

c) a Constituição Federal de 1967 estabeleceu, no art. 134, competir "à Justiça do Trabalho conciliar e julgar os dissídios individuais e coletivos entre empregados e empregadores e as demais controvérsias oriundas de relações de trabalho regidas por lei especial";

d) na sua redação original, o art. 114 da Constituição da República de 1988 reservava à Justiça do Trabalho a competência para "conciliar e julgar os dissídios individuais e coletivos entre trabalhadores e empregadores, abrangidos os entes de direito público externo e da administração pública direta e indireta dos Municípios, do Distrito Federal, dos Estados e da União, e, na forma da lei, outras controvérsias decorrentes da relação de trabalho, bem como os litígios que tenham origem no cumprimento de suas próprias sentenças, inclusive coletivas";

e) a Emenda Constitucional n. 45, de 31.12.2004, conferiu nova redação ao art. 114 da Constituição Federal, atribuindo à Justiça do Trabalho a competência para processar e julgar: I – as ações oriundas das relações de trabalho, abrangidos os entes de direito público externo e da administração pública direta e indireta da União, dos Estados, do Distrito Federal e dos Municípios; II – as ações que envolvam o exercício do direito de greve; III – as ações sobre representação sindical, entre sindicatos, entre sindicatos e trabalhadores, e entre sindicatos e empregadores; IV – os mandados de segurança, *habeas corpus* e *habeas data*, quando o ato questionado envolver matéria sujeita à sua jurisdição; V – os conflitos de competência entre órgãos com jurisdição trabalhista, ressalvado o disposto no art. 102, I, "*o*", da Constituição Federal; VI – as ações de indenização por dano moral ou patrimonial decorrentes da relação de trabalho; VII – as ações relativas às penalidades administrativas impostas aos empregadores pelos órgãos de fiscalização das relações de trabalho; VIII – a execução, de ofício, das contribuições sociais previstas no art. 195, I, a, e II, e seus acréscimos legais, decorrentes das sentenças que proferir; IX – outras controvérsias decorrentes da relação de trabalho, na forma da lei."

A Justiça do Trabalho, portanto, foi instituída para solucionar conflitos decorrentes da relação de emprego e, gradativamente, foi recebendo novas competências (art. 643, *caput* e § 3º; art. 652, III, da CLT), até que, com a Emenda Constitucional n. 45/2004, passou a ter competência para julgar dissídios decorrentes da relação de trabalho.

A relação de trabalho constitui gênero do qual a relação de emprego é apenas uma espécie. A relação de trabalho e a relação de emprego têm em comum o fato de ter por objeto o trabalho humano prestado pessoalmente em favor de outrem, mas a relação de emprego somente estará configurada quando o trabalho for prestado de forma subordinada. Relação de emprego é relação jurídica que tem por objeto o trabalho humano prestado pessoalmente a outrem, de forma onerosa, não eventual e com subordinação (isto é, a relação de trabalho subordinado). Tendo como parâmetro a relação de emprego, pode ser dito que a relação de trabalho corresponde ao vínculo jurídico em razão do qual uma pessoa física assume a obrigação de prestar serviços em favor de outra pessoa física ou jurídica, de forma pessoal, onerosa ou gratuita, eventual ou não eventual, subordinada ou autônoma.

É nesse contexto que deve ser entendido o cancelamento da Súmula n. 106 do TST, que diz respeito aos ex-empregados da Rede Ferroviária Federal, sociedade de economia mista criada pela Lei n. 3.115/57 e que foi sucedida pela União Federal.

O cancelamento da Súmula ocorreu por ocasião do julgamento do incidente de uniformização de jurisprudência suscitado nos autos do ROAR-613000-65.2002.5.09.0909, quando foi decidido, embora por maioria de votos, que "inscreve-se na competência material da Justiça do Trabalho, no exercício de jurisdição voluntária, apreciar pretensão de empregado aposentado e a Rede Ferroviária Federal S.A. tendo por objeto diferenças de complementação de aposentadoria em virtude de parcelas oriundas do contrato de trabalho, a despeito de a referida complementação de aposentadoria ser implementada por órgão oficial de previdência".

Registre-se que já existiam precedentes do Supremo Tribunal Federal no sentido da competência da Justiça do Trabalho para julgar as demandas em questão:

EMENTA: DIREITO CONSTITUCIONAL, PREVIDENCIÁRIO E PROCESSUAL CIVIL. JURISDIÇÃO. COMPETÊNCIA. COMPLEMENTAÇÃO DE PENSÃO OU DE PROVENTOS DE APOSENTADORIA, QUANDO DECORRENTE DO CONTRATO DE TRABALHO. COMPETÊNCIA DA JUSTIÇA DO TRABALHO. RECURSO EXTRAORDINÁRIO: PRESSUPOSTOS DE ADMISSIBILIDADE. PREQUESTIONAMENTO. AGRAVO. 1. Este é o teor da decisão agravada: "A questão suscitada no recurso extraordinário já foi dirimida por ambas as Turmas do Supremo Tribunal Federal, segundo as quais compete à Justiça do Trabalho o julgamento das questões relativas à complementação de pensão ou de proventos de aposentadoria, quando decorrente de contrato de trabalho (Primeira Turma, RE n. 135.937, rel. Ministro MOREIRA ALVES, DJU de 26.8.1994, e Segunda Turma, RE n. 165.575, rel. Ministro CARLOS VELLOSO, DJU de 29.11.1994). Diante do exposto, valendo-me dos fundamentos deduzidos nesses precedentes, nego seguimento ao agravo de instrumento (art. 21, § 1º, do RISTF, art. 38 da Lei n. 8.038, de 28.5.1990, e art. 557 do C.P.C.)." 2. E, no presente Agravo, não conseguiu o recorrente demonstrar o desacerto dessa decisão, sendo certo, ademais, que o tema do art. 202, § 2º, da C.F., não se focalizou no acórdão recorrido. 3. Agravo improvido" (STF, AI n. 198.260 AgR/MG – MINAS GERAIS, rel. Min. SYDNEY SANCHES, Primeira Turma, DJ 16.11.2001).

SUM. 389. SEGURO-DESEMPREGO. COMPETÊNCIA DA JUSTIÇA DO TRABALHO. DIREITO À INDENIZAÇÃO POR NÃO LIBERAÇÃO DE GUIAS (conversão das Orientações Jurisprudenciais ns. 210 e 211 da SBDI-1) – Res. n.

129/2005, DJ 20, 22 e 25.4.2005. I – Inscreve-se na competência material da Justiça do Trabalho a lide entre empregado e empregador tendo por objeto indenização pelo não fornecimento das guias do Seguro-Desemprego. (ex-OJ n. 210 da SBDI-1 – inserida em 8.11.2000). II – O não fornecimento pelo empregador da guia necessária para o recebimento do seguro-desemprego dá origem ao direito à indenização. (ex-OJ n. 211 da SBDI-1 – inserida em 8.11.2000)

A Constituição Federal de 1988 assegura aos trabalhadores o direito ao Seguro-Desemprego, em caso de desemprego involuntário (art. 7º, II).

O Seguro-Desemprego tem como razão de ser a necessidade de proteger o trabalhador contra os males do desemprego.

Ao dispensar o trabalhador, o empregador deve a ele fornecer o documento necessário ao recebimento do Seguro-Desemprego (CD/SD). Nesse sentido, dispõe o art. 24 da Lei n. 7.998/90 que os empregadores prestarão as informações necessárias, bem como atenderão as exigências para a concessão do Seguro-Desemprego, nos termos e prazos fixados pelo Ministério do Trabalho e Emprego.

Consoante prevê o art. 389 do Código Civil, aplicável ao processo do trabalho por força do parágrafo único do art. 8º da CLT, não cumprida a obrigação, responde o devedor por perdas e danos.

Destarte, se o empregador descumpre a obrigação de fornecer a CD/SD e, com isso, causa danos ao trabalhador, a sua condenação ao pagamento de indenização, correspondente, no caso, ao valor do Seguro-Desemprego não recebido, é medida que se impõe.

Negá-la ao trabalhador, sob o argumento de que a Lei n. 7.889/90 não estabelece a possibilidade de converter a obrigação de emissão e fornecimento da CD/SD em perdas e danos, é desconsiderar que o princípio da responsabilidade civil foi consagrado pela Constituição Federal (art. 5º, X) e também pela CLT (art. 462, § 1º, por exemplo) e, ainda, há a autorização, que é expressa (art. 8º, parágrafo único, da CLT), para a adoção do direito civil como fonte subsidiária do direito do trabalho.

O dissídio que tem por objeto o reconhecimento do direito à indenização de danos resultantes do não fornecimento da CD/SD ao trabalhador dispensado constitui típico dissídio decorrente da relação de emprego, o que atrai a incidência do art. 114, I, da Constituição Federal e, portanto, a competência da Justiça do Trabalho, como é afirmado na Súmula colocada em destaque.

SUM. 392. DANO MORAL. COMPETÊNCIA DA JUSTIÇA DO TRABALHO (conversão da Orientação Jurisprudencial n. 327 da SBDI-1) – Res. n. 129/2005, DJ 20, 22 e 25.4.2005. Nos termos do art. 114 da CF/1988, a Justiça do Trabalho é competente para dirimir controvérsias referentes à indenização por dano moral, quando decorrente da relação de trabalho. (ex-OJ n. 327 da SBDI-1 – DJ 9.12.2003).

Aquele que causa dano a outrem tem o dever de indenizá-lo. O dever de indenizar o dano causado a outrem nasce do ilícito praticado (responsabilidade subjetiva) ou da prática de ato que, embora lícito, é definido pela ordem jurídica como gerador de responsabilidade indenizatória (responsabilidade objetiva).

À Justiça do Trabalho do Trabalho compete julgar os dissídios oriundos da relação de trabalho (art. 114, I, da Constituição Federal), o que inclui aqueles em que é requerida indenização por danos morais (e também materiais e estéticos).

O inciso VI do art. 114 da Constituição Federal afasta qualquer dúvida a respeito, quando dispõe que à Justiça do Trabalho compete julgar as "ações de indenização por dano moral ou material, decorrentes da relação de trabalho".

A Súmula objeto de comentário encontra respaldo na jurisprudência do Supremo Tribunal Federal.

Com efeito, o STF já decidiu que:

AGRAVO REGIMENTAL NO AGRAVO DE INSTRUMENTO. CONSTITUCIONAL. COMPETÊNCIA DA JUSTIÇA DO TRABALHO. AÇÃO DE INDENIZAÇÃO DECORRENTE DA RELAÇÃO DE TRABALHO. REPERCUSSÃO GERAL NÃO FUNDAMENTADA. DECISÃO QUE SE MANTÉM POR SEUS PRÓPRIOS FUNDAMENTOS. 1. A repercussão geral é requisito de admissibilidade do apelo extremo, por isso que o recurso extraordinário é inadmissível quando não apresentar preliminar formal de transcendência geral ou quando esta não for suficientemente fundamentada. (Questão de Ordem no AI n. 664.567, Relator o Ministro Sepúlveda Pertence, DJ de 6.9.2007). 2. Deveras, o recorrente fundamenta a ocorrência da repercussão geral tão somente no fato de que o acórdão é contrário à jurisprudência do Superior Tribunal de Justiça. 3. A competência para processar e julgar as ações por danos morais e patrimoniais decorrentes da relação de trabalho é da Justiça Especializada, desde que não haja sentença de mérito prolatada pela Justiça Comum Estadual em período anterior à promulgação da EC n. 45/2004. Precedentes: CC 7.204, RCL n. 5.248 4. *In casu*, o acórdão recorrido assentou: Competência da Justiça do Trabalho. Autos remetidos à Justiça Trabalhista. Ação de indenização por danos materiais e imateriais ajuizada em face de ex-empregadoras do autor que deixaram de repassar as contribuições previdenciárias descontadas do seu salário durante o período do vínculo laboral, prejudicando seu pedido de aposentadoria por tempo de contribuição, pretensão de regularizar sua situação perante o INSS cumulada com pedido de indenização por dano imaterial. Causa de pedir e pedido afeitos à matéria cuja competência original pertence à Justiça Especializada (EC n. 45/2004), independentemente da aplicação de normas de direito civil para solução da lide.

Agravo desprovido. 5. Agravo regimental a que se nega provimento." (STF-AI 805567 AgR/SP. AG.REG. NO AGRAVO DE INSTRUMENTO, rel. Min. LUIZ FUX, Primeira Turma, DJe-048 7.3.2012. Destacamos).

SUM. 419. COMPETÊNCIA. EXECUÇÃO POR CARTA. EMBARGOS DE TERCEIRO. JUÍZO DEPRECANTE (conversão da Orientação Jurisprudencial n. 114 da SBDI-2) – Res. n. 137/2005, DJ 22, 23 e 24.8.2005. Na execução por carta precatória, os embargos de terceiro serão oferecidos no juízo deprecante ou no juízo deprecado, mas a competência para julgá-los é do juízo deprecante, salvo se versarem, unicamente, sobre vícios ou irregularidades da penhora, avaliação ou alienação dos bens, praticados pelo juízo deprecado, em que a competência será deste último. (ex-OJ n. 114 da SBDI-2 – DJ 11.8.2003)

A hipótese é de execução por carta, isto é, de atos de execução praticados fora da sede do juízo da execução.

Neste caso, os embargos de terceiro podem ser oferecidos no juízo deprecante ou no juízo deprecado.

Contudo a competência para julgá-los varia de acordo com o seu conteúdo:

a) como regra, compete ao juízo deprecante o julgamento dos embargos de terceiro;

b) versando os embargos de terceiro, unicamente, sobre vícios ou irregularidades da penhora, avaliação ou alienação dos bens praticados pelo juízo deprecado, cabe ao juízo deprecado o julgamento.

Assim, se nos embargos de terceiro são atacados atos do próprio juízo deprecado, a ele caberá o seu julgamento.

A Súmula n. 419 do TST corresponde ao disposto no art. 747 do CPC ("Na execução por carta, os embargos serão oferecidos no juízo deprecante ou deprecado, mas a competência para julgá-los é do juízo deprecante, salvo se versarem unicamente vícios ou defeitos da penhora, avaliação ou alienação de bens") e contém solução também adotada pelo Superior Tribunal de Justiça na sua Súmula n. 46 ("Na execução por carta, os embargos do devedor serão decididos no juízo deprecante, salvo se versarem unicamente vícios ou defeitos da penhora, avaliação ou alienação de bens").

Aponta nesse mesmo sentido o art. 2º da Lei n. 6.830/80 (fonte subsidiária do direito processual do trabalho — art. 889 da CLT), com ressalva apenas quanto ao juízo em que os embargos podem ser apresentados:

Art. 20. Na execução por carta, os embargos do executado serão oferecidos no juízo deprecado, que os remeterá ao juízo deprecante, para instrução e julgamento.

Parágrafo único. Quando os embargos tiverem por objeto vícios ou irregularidades de atos do próprio juízo deprecado, caber-lhe-á unicamente o julgamento desta matéria.

Embora a Súmula objeto destes comentários faça referência aos embargos de terceiro, a solução nela adotada alcança também os embargos à execução.

SUM. 454. COMPETÊNCIA DA JUSTIÇA DO TRABALHO. EXECUÇÃO DE OFÍCIO. CONTRIBUIÇÃO SOCIAL REFERENTE AO SEGURO DE ACIDENTE DE TRABALHO (SAT). ARTS. 114, VIII, E 195, I, "A", DA CONSTITUIÇÃO DA REPÚBLICA. (conversão da Orientação Jurisprudencial n. 414 da SBDI-1). Compete à Justiça do Trabalho a execução, de ofício, da contribuição referente ao Seguro de Acidente de Trabalho (SAT), que tem natureza de contribuição para a seguridade social (arts. 114, VIII, e 195, I, "a", da CF), pois se destina ao financiamento de benefícios relativos à incapacidade do empregado decorrente de infortúnio no trabalho (arts. 11 e 22 da Lei n. 8.212/1991).

De início, registre-se que o Supremo Tribunal Federal reconhece a constitucionalidade da cobrança do Seguro de Acidente de Trabalho. Nesse sentido:

Agravo regimental no agravo de instrumento. Contribuição ao Seguro de Acidente de Trabalho (SAT). Constitucionalidade. Precedentes. 1. O Pleno deste Supremo Tribunal Federal, na ocasião do julgamento do RE n. 343.446/SC, Relator o Ministro Carlos Velloso, DJ de 4.4.2003, afirmou a constitucionalidade da contribuição ao Seguro Acidente de Trabalho (SAT). 2. Agravo regimental não provido, com aplicação da multa prevista no art. 557, § 2º, do Código de Processo Civil. (STF, AI n. 654.716 AgR/GO, rel. Min. DIAS TOFFOLI, Primeira Turma, DJe-058 DIVULG 28.3.2011 PUBLIC 29.3.2011)

À Justiça do Trabalho compete promover, de ofício, a execução das contribuições sociais previstas no art. 195, I, "a", e II, e seus acréscimos legais, decorrentes das sentenças que proferir (art. 114, VIII, da Constituição Federal).

O art. 195, I, "a", da Constituição Federal diz respeito às contribuições devidas pelo empregador, incidentes na folha de salários e demais rendimentos pagos ou creditados, a qualquer título, à pessoa física que lhe preste serviços, mesmo sem vínculo empregatício.

Dentre as contribuições devidas pelo empregador está aquela destinada ao custeio dos benefícios relativos à incapacidade do empregado decorrente de acidente de trabalho (art. 22, II, da Lei n. 8.213/1991 e art. 18 da Lei n. 8.213/91).

Por consequência, compete à Justiça do Trabalho promover, de ofício, a execução de contribuição referente ao Seguro de Acidente de Trabalho (SAT), decorrente das sentenças que proferir.

OJ N. 149 DA SDI-2 DO TST. CONFLITO DE COMPETÊNCIA. INCOMPETÊNCIA TERRITORIAL. HIPÓTESE DO ART. 651, § 3º, DA CLT. IMPOSSIBILIDADE DE DECLARAÇÃO DE OFÍCIO DE INCOMPETÊNCIA RELATIVA. (DEJT divulgado em 3, 4 e 5.12.2008). Não cabe declaração de ofício de incompetência territorial no caso do uso, pelo trabalhador, da faculdade prevista no art. 651, § 3º, da CLT. Nessa hipótese, resolve-se o conflito pelo reconhecimento da competência do juízo do local onde a ação foi proposta.

A competência, segundo a disponibilidade das partes e do juiz sobre a sua fixação, é absoluta ou relativa.

Absoluta é a competência que não pode ser alterada pelo juiz ou pela vontade das partes (art. 111 do CPC e art. 795, § 1º, da CLT).

Absoluta, no processo do trabalho, é a competência determinada em razão da matéria, das pessoas e da função do órgão jurisdicional. A norma que a fixa tem natureza cogente, visto que leva em conta o interesse público para que a demanda seja julgada por determinado órgão do Poder Judiciário.

A competência é relativa quando o dissídio pode ser julgado, sem risco de nulidade fundada em incompetência, em juízo diverso do que deveria julgá-lo originalmente. A competência relativa é fixada atendendo, principalmente, aos interesses das partes, razão pela qual não pode ser declarada de ofício. Relativa, no processo do trabalho, é a competência territorial ou em razão do lugar.

A incompetência absoluta deve ser declarada de ofício pelo juiz (art. 113 do CPC e art. 795, § 1º, da CLT) e pode ser alegada pelas partes a qualquer tempo e grau de jurisdição, independentemente de exceção (arts. 113 e 301 do CPC e 799, § 1º, da CLT).

A competência do juízo constitui requisito de validade do provimento jurisdicional. Por isso a incompetência absoluta torna nulos os atos decisórios (art. 795, § 1º, da CLT).

A incompetência relativa deve ser arguida pela parte a quem aproveita a sua declaração, por meio de exceção (art. 112 do CPC).

A competência em razão do lugar será prorrogada se o réu não opuser exceção declinatória na forma e momento próprios (art. 114 do CPC e art. 799 da CLT). A hipótese é de prorrogação legal ou necessária da competência, porque imposta pela lei, o que justifica a Orientação Jurisprudencial em destaque.

Súmula n. 122 e OJ n. 152 da SDI-1 do TST: Configuração, Afastamento e Amplitude Subjetiva da Revelia

Ana Carolina Gonçalves Vieira

SÚMULA N. 122: REVELIA. ATESTADO MÉDICO (incorporada a Orientação Jurisprudencial n. 74 da SBDI-1) – Res. n. 129/2005, DJ 20, 22 e 25.4.2005

A reclamada, ausente à audiência em que deveria apresentar defesa, é revel, ainda que presente seu advogado munido de procuração, podendo ser ilidida a revelia mediante a apresentação de atestado médico, que deverá declarar, expressamente, a impossibilidade de locomoção do empregador ou do seu preposto no dia da audiência. (primeira parte – ex-OJ n. 74 da SBDI-1 – inserida em 25.11.1996; segunda parte – ex-Súmula n. 122 – alterada pela Res. n. 121/2003, DJ 21.11.2003)

OJ N. 152 DA SDI-1 DO TST: REVELIA. PESSOA JURÍDICA DE DIREITO PÚBLICO. APLICÁVEL. (ART. 844 DA CLT) (inserido dispositivo) – DJ 20.4.2005

Pessoa jurídica de direito público sujeita-se à revelia prevista no art. 844 da CLT.

É inegável o interesse prático (e teórico) que desperta o instituto jurídico da revelia em qualquer ramo processual. No Direito Processual do Trabalho, por certo, não é diferente. Portanto, importa definir quando ocorre a revelia, se é possível ilidi-la e se seus efeitos estendem-se a todos os tipos de réus, inclusive às pessoas jurídicas de direito público. O Tribunal Superior do Trabalho (TST) possui jurisprudência consolidada que, bem ou mal, regula ambas as situações, conforme ficará demonstrado no presente artigo.

Antes de analisar o entendimento do TST é imperativa a necessidade de se conceituar a revelia, dando particular destaque a suas nuances no Processo do Trabalho. Diz-se isso porque, certamente, o instituto em questão tem aplicação um tanto diferenciada no Processo Civil, em que os procedimentos não contemplam a regra de comparecimento pessoal das partes à audiência, exigindo formalmente a apresentação de resposta escrita, em momento legal oportuno.

A CLT determina no art. 844 que: "o não comparecimento do reclamante à audiência importa o arquivamento da reclamação e o não comparecimento do reclamado importa revelia, além de confissão, quanto à matéria de fato".

Assim, já se pode destacar que apenas estando presente o autor é que se pode falar em revelia, uma vez que ausente o reclamante ocorrerá a contumácia e a ação será arquivada. Pode-se afirmar também, se considerarmos a exata literalidade da lei, que a revelia no Processo do Trabalho está atrelada ao não comparecimento do réu a audiência, desde que regularmente notificado, não tendo a CLT feito qualquer menção a apresentação (ou mesmo intenção) de defesa.

Para Jorge Luiz Souto Maior:

No direito processual trabalhista a revelia advém do não comparecimento do reclamado à audiência e não propriamente do fato de não ter apresentado defesa ou não ter dado mostras de que pretendia se defender (art. 844, da CLT). Com efeito, revelia, embora seja palavra de origem duvidosa, mais provavelmente tem sua origem ligada à palavra espanhola "rebeldia". Assim, revelia "é o desatendimento ao chamamento citatório", que, no processo do trabalho, se faz pela notificação e tem como determinação principal o comparecimento à audiência, na qual o citado poderá, dentre outras medidas, oferecer defesa.[1]

Diante da regra celetista, a primeira grande questão diz respeito à forma através da qual a parte reclamada poderá afastar a ocorrência e, consequentemente, os efeitos da revelia, quando não comparece à audiência inaugural (ou una). Nesse sentido, a composição plena do TST editou a Súmula n. 122 em 6 de outubro de 1981, a qual originalmente dispunha que: *"para elidir a revelia o atestado médico deve declarar expressamente a impossibilidade de locomoção do empregador ou seu preposto, no dia da audiência.* RA n. 80/1981, DJ 6.10.1981".

Assim, já que é o comparecimento da parte ré que define a ocorrência (ou não) da revelia, é certo que a sua comprovada impossibilidade de estar em juízo deve importar em afastamento do instituto.

Interessante julgado do TST complementa as informações da Súmula, frisando que o atestado em questão deve atender a determinados requisitos:

ATESTADO MÉDICO. REVELIA. HORÁRIO DO ATENDIMENTO.

O atestado médico apto a elidir a revelia deve declarar expressamente não só a impossibilidade de locomoção do empregador ou do seu preposto no dia da audiência previamente designada, como também a hora do atendimento médico. Nesse passo, a exigência de consignação no atestado médico do horário de atendimento da parte não configura

---

(1) SOUTO MAIOR, Jorge Luiz. *Direito Processual do Trabalho*. São Paulo: LTr, 1998. p. 251-252.

contrariedade à Súmula n. 122 do TST. Recurso de revista não conhecido. (...)

O atestado médico, enquanto causa justificadora da elisão da revelia, deve conter não só a enfermidade que acometeu o preposto ou o próprio reclamado e a sua impossibilidade de locomoção, como também a hora de seu atendimento.

Tal ilação decorre da exegese do indigitado art. 844 consolidado. Ora, se na notificação ao demandado há indicação expressa do local, dia e hora de sua apresentação em Juízo para contestar o pedido do Autor, nada mais consentâneo que, impedido de comparecer à audiência em virtude de mal súbito ou outra doença que o impossibilite de locomover-se, e apresentando atestado médico com o fito de evitar que seja considerado revel, deve este conter as informações antes mencionadas.

Conquanto a Súmula n. 122 consigne, genericamente, que o atestado médico deve declarar expressamente a impossibilidade de locomoção do empregador ou de seu preposto à audiência, é indene de dúvida que a jurisprudência contida no referido verbete, a exemplo da exegese do art. 844 consolidado, aponta na direção da necessidade de indicação, no atestado, do dia, hora e local em que o reclamado foi vítima do infortúnio. Do contrário, resulta insatisfatoriamente comprovado o impedimento da parte em comparecer ao ato processual, impedimento este que deve ser rigorosamente contemporâneo ao momento em que prevista a sua realização.

(BRASIL, TST, RR 300162-31.1996.5.01.5555, rel. João Oreste Dalazen, 1999).

Ao contrário do que se poderia imaginar, a Súmula em questão não esgotava a discussão. Ainda pairava discussão acerca da situação em que o advogado da reclamada comparecia a audiência, apesar da ausência pessoal de seu constituinte, com procuração e almejando apresentar defesa e documentos. Seria essa circunstância capaz de afastar os efeitos da revelia, especialmente a confissão?

Nessa linha, a Sessão de Dissídios Individuais I (SDI-1) edita, em 25 de novembro de 1996, a OJ n. 74 dispondo que "REVELIA. AUSÊNCIA DA RECLAMADA. COMPARECIMENTO DE ADVOGADO. A reclamada, ausente à audiência em que deveria apresentar defesa, é revel, ainda que presente seu advogado munido de procuração".

É grande a insurgência da doutrina em relação ao verbete acima transcrito. A grande maioria dos autores contesta o entendimento do TST. Mauro Schiavi[2] e Martins[3] expressamente declaram sua discordância em relação ao verbete. Para os citados juízes do Trabalho, ao réu deveria ser dada a chance de juntar aos autos sua defesa e documentos, afastando os efeitos da revelia, já que a presença de advogado constituído demonstrou incontestável ânimo de defesa. Teixeira Filho[4] também diverge completamente da posição do TST, dizendo até mesmo ser ela "surrealista". Para o autor é absurdo desconsiderar a defesa a ser apresentada pelo advogado, munido de procuração, assim como surreal é aplicar a confissão ao réu quando ele nem deveria depor na audiência inaugural. Para Souto Maior[5] deveria ocorrer a juntada da defesa e documentos, estando consciente o magistrado de que a confissão ficta é mera presunção relativa, que pode ser afastada pela documentação apresentada, conforme o caso concreto. As soluções são semelhantes, para todos eles a presença do advogado, munido de procuração, teria o condão de afastar a confissão ficta decorrente da revelia.

Alguns anos depois, em 2003, a Súmula n. 122 passa por sutil alteração. O sentido de seu conteúdo não é efetivamente modificado e restringe-se o TST a adequar sua redação aos ditames da língua portuguesa. Se a redação originária usou a expressão "elidir", a atual preferiu o termo "ilidir": "*Atestado médico. Revelia. Para ilidir a revelia, o atestado médico deve declarar expressamente a impossibilidade de locomoção do empregador ou de seu preposto no dia da audiência*".

Sobre o sentido e as origens dos dois verbos é interessante a distinção apresentada por David Fares:

ELIDIR [do latim "elidere", "apertar com força"] significa "fazer desaparecer" ou "desaparecer completamente"; É o mesmo que ELIMINAR, SUPRIMIR, OMITIR, etc.

ILIDIR [do latim "illider", "bater contra"] significa "destruir refutando", "argumentar contra alguém ou alguma coisa". É o mesmo que CONTESTAR, REBATER, REFUTAR.[6]

Assim, como dito, na prática o TST não alterou o sentido da Súmula, que continuava a ter o mesmo efeito no Processo do Trabalho.

Por fim, no ano de 2005, o TST altera novamente a redação da Súmula n. 122, agora sim com ampliação de seu conteúdo. Não que estejamos diante de efetiva novidade, mas

---

(2) SCHIAVI, Mauro. A revelia no processo do trabalho: legalidade justiça, equidade e princípio da proporcionalidade em confronto com as Súmulas ns. 74 e 122 do C. TST. *Revista LTr: Legislação do Trabalho*, São Paulo, v. 70, n. 7, p. 830-833, jul. 2006.

(3) MARTINS, Sérgio Pinto. *Comentários à CLT*. São Paulo: Atlas, 2011.

(4) TEIXEIRA FILHO, Manoel Antonio. *A prova no Processo do Trabalho*. São Paulo: LTr, 2003.

(5) SOUTO MAIOR, Jorge Luiz. *Direito Processual do Trabalho*. São Paulo: LTr, 1998.

(6) FARES, David. *O correto emprego dos verbos Elidir e Ilidir*. 2011. Disponível em: <http://www.recantodasletras.com.br/gramatica/2765115>. Acesso em: 27 ago. 2012, p. 01.

a súmula passa a contemplar, a um só tempo, sua redação original e o texto da OJ n. 74, senão vejamos:

> SÚMULA N. 122 do TST. REVELIA. ATESTADO MÉDICO (incorporada a Orientação Jurisprudencial n. 74 da SBDI-1) – Res. n. 129/2005, DJ 20, 22 e 25.4.2005
>
> A reclamada, ausente à audiência em que deveria apresentar defesa, é revel, ainda que presente seu advogado munido de procuração, podendo ser ilidida a revelia mediante a apresentação de atestado médico, que deverá declarar, expressamente, a impossibilidade de locomoção do empregador ou do seu preposto no dia da audiência. (primeira parte – ex-OJ n. 74 da SBDI-1 – inserida em 25.11.1996; segunda parte – ex-Súmula n. 122 – alterada pela Res. n. 121/2003, DJ 21.11.2003)

Da leitura da redação atual da Súmula verifica-se que, apesar das críticas da doutrina com relação à antiga OJ n. 74 da SDI-1, o TST continua a aplicar tal entendimento aos processos trabalhistas. Desta feita, para o Tribunal, a presença do advogado não muda absolutamente nada para a configuração da revelia e aplicação de seus efeitos. Apenas o atestado médico teria o poder de ilidir a revelia (e ainda assim desde que o documento atenda aos requisitos já destacados)[7].

É pertinente também a discussão acerca do cabimento (ou não) da revelia e a aplicação plena de seus efeitos (confissão) quando a parte ré é pessoa jurídica de direito público. Observe-se que a disposição do art. 844 da CLT assim como o Decreto 779/69 (responsável pela determinação das prerrogativas processuais da administração pública no âmbito da Justiça do Trabalho) não excepcionam a ocorrência da revelia em relação aos entes da administração pública no Processo do Trabalho. Ademais, quando contrata através do regime celetista, a fazenda pública equipara-se ao empregador comum (art. 173, § 1º, II, CR/88), na visão da doutrina e da jurisprudência trabalhistas.

Sobre o tema, a Sessão de Dissídios Individuais I (SDI-1) do TST editou a OJ n. 152 em 27 de novembro de 1998 e, posteriormente, inseriu dispositivo legal (20 de abril de 2005): "*OJ n. 152. REVELIA. PESSOA JURÍDICA DE DIREITO PÚBLICO. APLICÁVEL. (ART. 844 DA CLT) (inserido dispositivo) – DJ 20.4.2005. Pessoa jurídica de direito público sujeita-se à revelia prevista no art. 844 da CLT.*"

Schiavi[8] analisa a questão indicando que alguns defendem a inocorrência da revelia aos entes públicos ao fundamento de que o interesse e o patrimônio públicos são indisponíveis. O autor questiona tais argumentos destacando que o simples fato de manter um vínculo de emprego com a administração pública não reveste de indisponibilidade a pretensão patrimonial do trabalhador que litiga na Justiça do Trabalho.

Muito se tem discutido sobre a possibilidade de se aplicarem à pessoa jurídica de direito público os efeitos da revelia. Muitos sustentam que não há essa possibilidade em razão da indisponibilidade do interesse público e também da indisponibilidade do patrimônio público. A esse entendimento, outros se opõem dizendo que, em juízo, devemos aplicar o princípio da isonomia (art. 5º, da CLT) e aplicar a regra do art. 844 da CLT também às pessoas jurídicas de Direito Público.

Sob outro enfoque, tanto o CPC como a CLT não preveem inaplicabilidade dos efeitos da revelia à pessoa jurídica de direito público, não obstante o art. 320, II, asseverar que não se aplicam os efeitos da revelia quando se tratar de direitos indisponíveis. No nosso sentir, o simples fato de um particular manter um contrato de trabalho, seja regido pela CLT, seja regido por Estatuto, e litigar contra a Administração Pública, pretendendo uma condenação pecuniária, não transforma a pretensão patrimonial em indisponível somente pelo fato de figurar no outro polo da relação jurídica processual uma pessoa jurídica de direito público. É preciso analisar efetivamente se a pretensão posta em juízo, sob enfoque do pedido e da causa de pedir para se aquilatar se o direito é indispensável ou não. Caso a pretensão seja um direito patrimonial disponível, não há por que não se aplicar os efeitos da revelia. Caso o direito postulado seja indisponível, aplicaremos o art. 320, II, do CPC.

O fato de a Pessoa Jurídica de Direito Público não poder dispor do patrimônio público, sem a observância da ordem dos precatórios, não gera a indisponibilidade do direito.[9]

Assim, correto o entendimento do TST que isonomicamente aplica os efeitos da revelia também aos entes públicos, já que não há qualquer restrição legal expressa, consagrando a regra constitucional do art. 173.

Referências Bibliográficas

FARES, David. *O correto emprego dos verbos Elidir e Ilidir*. 2011. Disponível em: <http://www.recantodasletras.com.br/gramatica/2765115>. Acesso em: 27 ago. 2012.

---

(7) Vale dizer, entretanto, que o Juiz do Trabalho, diante da confissão ficta, mantém seus poderes instrutórios e detém o poder de ouvir o depoimento pessoal do reclamante e determinar realização de outras provas, conforme o caso. Tal prerrogativa encontra-se assegurada pela Súmula n. 74, especialmente em seu item III. Sobre o tema pode ser consultado o outro artigo, de mesma autoria, presente nesta obra.
(8) SCHIAVI, Mauro. *Manual de Direito Processual do Trabalho*. São Paulo: LTr, 2010.
(9) SCHIAVI, Mauro. *Manual de Direito Processual do Trabalho*. São Paulo: LTr, 2010. p. 469-470.

MARTINS, Sérgio Pinto. *Comentários à CLT*. São Paulo: Atlas, 2011.

SCHIAVI, Mauro. A revelia no processo do trabalho: legalidade justiça, equidade e princípio da proporcionalidade em confronto com as súmulas ns. 74 e 122 do C. TST. *Revista LTr: Legislação do Trabalho*, São Paulo, v. 70, n. 7, jul. 2006.

_____. *Manual de Direito Processual do Trabalho*. São Paulo: LTr, 2010.

SOUTO MAIOR, Jorge Luiz Souto. *Direito Processual do Trabalho*. São Paulo: LTr, 1998.

TEIXEIRA FILHO, Manoel Antonio. *A prova no Processo do Trabalho*. São Paulo: LTr, 2003.

Súmulas ns. 128, 214, 426 e 434 do TST e OJs ns. 104, 140, 389 e 409 da SDI-1 do TST: Pressupostos Recursais Genéricos

César P. S. Machado Junior

SÚM. 128. DEPÓSITO RECURSAL (incorporadas as Orientações Jurisprudenciais ns. 139, 189 e 190 da SBDI-1) – Res. n. 129/2005, DJ 20, 22 e 25.4.2005

I – É ônus da parte recorrente efetuar o depósito legal, integralmente, em relação a cada novo recurso interposto, sob pena de deserção. Atingido o valor da condenação, nenhum depósito mais é exigido para qualquer recurso. (ex-Súmula n. 128 – alterada pela Res. n. 121/2003, DJ 21.11.2003, que incorporou a OJ n. 139 da SBDI-1 – inserida em 27.11.1998

II – Garantido o juízo, na fase executória, a exigência de depósito para recorrer de qualquer decisão viola os incisos II e LV do art. 5º da CF/1988. Havendo, porém, elevação do valor do débito, exige-se a complementação da garantia do juízo. (ex-OJ n. 189 da SBDI-1 – inserida em 8.11.2000)

III – Havendo condenação solidária de duas ou mais empresas, o depósito recursal efetuado por uma delas aproveita as demais, quando a empresa que efetuou o depósito não pleiteia sua exclusão da lide. (ex-OJ n. 190 da SBDI-1 – inserida em 8.11.2000)

SÚM. 214. DECISÃO INTERLOCUTÓRIA. IRRECORRIBILIDADE (nova redação) – Res. n. 127/2005, DJ 14, 15 e 16.3.2005

Na Justiça do Trabalho, nos termos do art. 893, § 1º, da CLT, as decisões interlocutórias não ensejam recurso imediato, salvo nas hipóteses de decisão: a) de Tribunal Regional do Trabalho contrária à Súmula ou Orientação Jurisprudencial do Tribunal Superior do Trabalho; b) suscetível de impugnação mediante recurso para o mesmo Tribunal; c) que acolhe exceção de incompetência territorial, com a remessa dos autos para Tribunal Regional distinto daquele a que se vincula o juízo excepcionado, consoante o disposto no art. 799, § 2º, da CLT.

SÚM. 426. DEPÓSITO RECURSAL. UTILIZAÇÃO DA GUIA GFIP. OBRIGATORIEDADE (editada em decorrência do julgamento do processo TST-IUJEEDRR 91700-09.2006.5.18.0006) – Res. n. 174/2011, DEJT divulgado em 27, 30 e 31.5.2011

Nos dissídios individuais, o depósito recursal será efetivado mediante a utilização da Guia de Recolhimento do FGTS e Informações à Previdência Social — GFIP, nos termos dos §§ 4º e 5º do art. 899 da CLT, admitido o depósito judicial, realizado na sede do juízo e à disposição deste, na hipótese de relação de trabalho não submetida ao regime do FGTS.

SÚM. 434. RECURSO. INTERPOSIÇÃO ANTES DA PUBLICAÇÃO DO ACÓRDÃO IMPUGNADO. EXTEMPORANEIDADE (conversão da Orientação Jurisprudencial n. 357 da SBDI-1 e inserção do item II à redação) – Res. n. 177/2012, DEJT divulgado em 13, 14 e 15.2.2012

I – É extemporâneo recurso interposto antes de publicado o acórdão impugnado. (ex-OJ n. 357 da SBDI-1 – inserida em 14.3.2008)

II – A interrupção do prazo recursal em razão da interposição de embargos de declaração pela parte adversa não acarreta qualquer prejuízo àquele que apresentou seu recurso tempestivamente.

OJ-SDI-1 N. 104. CUSTAS. CONDENAÇÃO ACRESCIDA. INEXISTÊNCIA DE DESERÇÃO QUANDO AS CUSTAS NÃO SÃO EXPRESSAMENTE CALCULADAS E NÃO HÁ INTIMAÇÃO DA PARTE PARA O PREPARO DO RECURSO, DEVENDO, ENTÃO, SER AS CUSTAS PAGAS AO FINAL (alterada) – Res. n. 150/2008, DEJT divulgado em 20, 21 e 24.11.2008

Não caracteriza deserção a hipótese em que, acrescido o valor da condenação, não houve fixação ou cálculo do valor devido a título de custas e tampouco intimação da parte para o preparo do recurso, devendo, pois, as custas ser pagas ao final.

OJ-SDI-1 N. 140. DEPÓSITO RECURSAL E CUSTAS. DIFERENÇA ÍNFIMA. DESERÇÃO. OCORRÊNCIA (nova redação) – DJ 20.4.2005

Ocorre deserção do recurso pelo recolhimento insuficiente das custas e do depósito recursal, ainda que a diferença em relação ao *"quantum"* devido seja ínfima, referente a centavos.

OJ-SDI-1 N. 389. MULTA PREVISTA NO ART. 557, § 2º, DO CPC. RECOLHIMENTO. PRESSUPOSTO RECURSAL. PESSOA JURÍDICA DE DIREITO PÚBLICO. EXIGIBILIDADE (DEJT divulgado em 9, 10 e 11.6.2010)

Está a parte obrigada, sob pena de deserção, a recolher a multa aplicada com fundamento no § 2º do art. 557 do CPC, ainda que pessoa jurídica de direito público.

OJ-SDI-1 N. 409. MULTA POR LITIGÂNCIA DE MÁ-FÉ. RECOLHIMENTO. PRESSUPOSTO RECURSAL. INEXIGIBILIDADE. (DEJT divulgado em 22, 25 e 26.10.2010)

O recolhimento do valor da multa imposta por litigância de má-fé, nos termos do art. 18 do CPC, não é pressuposto objetivo para interposição dos recursos de natureza trabalhista. Assim, resta inaplicável o art. 35 do CPC como fonte subsidiária, uma vez que, na Justiça do Trabalho, as custas estão reguladas pelo art. 789 da CLT.

1. Os pressupostos recursais genéricos

Os recursos podem ser conceituados como uma reiteração do direito de ação, através dos quais se pleiteia que o tribunal reveja as matérias decididas anteriormente pela decisão recorrida.

Porém o tribunal somente conhecerá das matérias impugnadas e levadas ao seu conhecimento quando o recurso apresentar o que denominamos de pressupostos recursais, ou seja, os requisitos para a sua admissibilidade. Estes se subdividem em pressupostos intrínsecos e extrínsecos.

Os pressupostos intrínsecos, que dizem respeito ao direito de recorrer[1], referem-se à capacidade, legitimidade, interesse e à inexistência de fato impeditivo ou extintivo.

Por sua vez, os pressupostos extrínsecos, que dizem respeito ao modo de exercer o direito de recorrer, referem-se à recorribilidade do ato decisório, adequação do recurso, tempestividade e ao seu preparo.

A inexistência desses pressupostos levará ao não conhecimento do recurso, isto é, à sua inadmissibilidade, quando a pretensão recursal não chegará a ser analisada pelo tribunal.

2. Os pressupostos recursais intrínsecos

Os pressupostos recursais intrínsecos dizem respeito ao direito de recorrer e se referem à capacidade, à legitimidade, ao interesse e à inexistência de fato impeditivo ou extintivo ao direito de recorrer.

A capacidade diz respeito a três aspectos, sendo eles: capacidade civil, processual e postulatória. Esta última do *jus postulandi*, devendo, igualmente, atentar-se para a validade da representação processual por intermédio de advogado. Nesse sentido, é indispensável a assinatura na petição recursal, não sendo aceito o recurso apócrifo[2].

A legitimidade se refere, abstratamente, ao titular do direito defendido através dessa medida judicial e, quanto ao terceiro interessado, que exista "nexo de interdependência entre o seu interesse de intervir e a relação jurídica submetida à apreciação judicial" (CLT, art. 499, § 1º).

Por esse aspecto, pela legitimidade, podem recorrer a parte vencida, o terceiro interessado, como também o Ministério Público do Trabalho, como indica o art. 499, § 2º, do CPC.

A sentença é proferida para as partes da relação processual, inclusive para os litisconsortes (CPC, art. 472); mas, também, há a intervenção de terceiros na lide, naquelas hipóteses de assistência, oposição, nomeação à autoria, denunciação da lide e chamamento ao processo, os quais também podem recorrer como partes do processo.

Por estarem na relação processual, podem recorrer os sucessores e herdeiros das partes (CLT, arts. 10 e 448), o tomador dos serviços condenado solidária ou subsidiariamente (Súmula n. 331), etc.

Há outros terceiros que podem ser prejudicados pela decisão, estando autorizados a também recorreram dela, na forma do art. 499 do CPC[3].

Esses outros terceiros podem se referir aos auxiliares do juízo, como peritos[4] e testemunhas[5], como também outros que participam dos atos processuais, como o arrematante do bem penhorado[6] ou o advogado que pretende elevação dos honorários advocatícios; contudo a jurisprudência não é pacífica a respeito[7].

Consideramos como legitimados todos aqueles que foram prejudicados diretamente pela decisão, inclusive testemunhas que, em inúmeros processos, são multadas por ausência à audiência ou sob fundamento de falso testemunho. Caso contrário, estaríamos permitindo lesão de direito com exclusão da apreciação judicial, o que é vedado pelo art. 5º, XXXV, da Constituição Federal.

---

(1) Adotamos a classificação dos pressupostos em intrínsecos e extrínsecos formulada por MOREIRA, José Carlos Barbosa. *Comentários ao Código de Processo Civil*. 11. ed. Rio de Janeiro: Forense, 2003. v. V, p. 262.

(2) OJ n. 120/SBDI-1/TST: "RECURSO. ASSINATURA DA PETIÇÃO OU DAS RAZÕES RECURSAIS. VALIDADE. O recurso sem assinatura será tido por inexistente. Será considerado válido o apelo assinado, ao menos, na petição de apresentação ou nas razões recursais".

(3) Art. 499 do CPC. O recurso pode ser interposto pela parte vencida, pelo terceiro prejudicado e pelo Ministério Público. § 1º Cumpre ao terceiro demonstrar o nexo de interdependência entre o seu interesse de intervir e a relação jurídica submetida à apreciação judicial. § 2º O Ministério Público tem legitimidade para recorrer assim no processo em que é parte, como naqueles em que oficiou como fiscal da lei".

(4) "AGRAVO DE PETIÇÃO. PERITO JUDICIAL. CAPACIDADE POSTULATÓRIA. O perito do Juízo detém, enquanto terceiro interessado, capacidade postulatória para recorrer das decisões que afetem os seus honorários, pois evidentes o interesse e a utilidade do recurso". (TRT da 3ª Reg., 1ª T., Proc. 00555-1993-102-03-00-4-AP, rel. Des. Fernando Luiz G. Rios Neto, Publicação: 23.10.2009)

(5) O TRT da 3ª Região conheceu de recurso de testemunhas que se insurgiram contra a fixação de multa por litigância de má-fé que lhes foi aplicada sob a alegação de que teriam faltado à verdade em seus depoimentos. (TRT 3ª Reg., Turma Recursal de Juiz de Fora, Proc. 00229-2008-049-03-00-0-RO, rel. Des. Heriberto de Castro, DJMG 10.9.2008)

(6) "AGRAVO DE PETIÇÃO. LEGITIMIDADE. ARREMATANTE. O arrematante é parte legítima para interpor recurso contra a decisão que declarou nula a arrematação, por se tratar de terceiro interessado, tal como dispõe o art. 499 do Código de Processo Civil". (TRT 3ª Região, Turma Recursal de Juiz de Fora, Proc. 01180-2005-038-03-00-6-AP, rel. Des. Marcelo Lamego Pertence, DJMG 27.5.2009)

(7) "RECURSO DE REVISTA. PERITO. ILEGITIMIDADE PARA RECORRER. O perito, como auxiliar do juízo, não adquire a condição de parte e sucumbente na demanda, pois não compõe a relação jurídica de direito material. Não é também terceiro interessado, na acepção do art. 499, § 1º, do Código de Processo Civil, pois inexiste nexo de interdependência entre o seu interesse de intervir e a relação jurídica submetida à apreciação judicial. O interesse do perito em recorrer é meramente econômico, cujo fundamento não encontra amparo na legislação a fim de lhe atribuir legitimidade para recorrer. Recurso de revista conhecido e provido. Prejudicada a análise do tema honorários periciais - condenação da União Federal ao pagamento". (TST, 2ª T., RR 26000-41.2003.5.12.0012, rel. Min. Renato de Lacerda Paiva, DEJT 12.3.2010)

O Ministério Público do Trabalho também possui legitimidade para recorrer de todas as decisões em que figure como parte ou como fiscal da lei (CPC, art. 499, § 2º).

Finalmente, para o conhecimento do recurso, a parte deve demonstrar interesse na reforma da decisão, considerada a utilidade do meio utilizado; assim, afasta-se a exigência da sucumbência, traduzida como gravame ou prejuízo advindo da decisão recorrida.

Como indica Araken de Assis[8],

> É óbvio que alguém recorre para obter uma vantagem. O recurso deve servir para alguma coisa. Por tal motivo, a noção de proveito do recurso expressa corretamente o requisito da utilidade que compõe o interesse, superando as dificuldades existentes na fórmula mais vulgar de sucumbência (prejuízo ou gravame).

O interesse na interposição do recurso, assim, é medido pela simples necessidade de se obter situação mais favorável do que aquela que decorreu da decisão recorrida. Nas palavras de José Carlos Barbosa Moreira[9], esse interesse

> (...) repousa sempre, a nosso ver, no binômio utilidade + necessidade: utilidade da providência judicial pleiteada, necessidade da via que se escolhe para obter essa providência. O interesse de recorrer, assim, resulta da conjugação de dois fatores: de um lado, é preciso que o recorrente possa esperar, da interposição do recurso, a consecução de um resultado a que corresponda situação mais vantajosa, do ponto de vista prático, do que a emergente da decisão recorrida; de outro lado, que lhe seja necessário usar o recurso para alcançar tal vantagem.

Assim, se a decisão recorrida não impôs ao recorrente qualquer prejuízo, ele não tem interesse no recurso, que não será admitido; ou seja, o recurso não terá condições de admissibilidade e não será conhecido.

Em outras palavras: o vencedor da lide, pelo mérito, não tem interesse recursal, mesmo naquelas hipóteses em que tenha sido vencido em alguma questão prejudicial, como a prescrição total[10]. Isso porque, se houve recurso do vencido no tema principal, o efeito devolutivo em profundidade dos recursos de natureza ordinária devolverá ao tribunal essa questão prejudicial, independentemente do recurso adesivo ou da alegação em contrarrazões.

Porém há interesse no recurso quando o processo é extinto sem resolução do mérito e o reclamado recorre objetivando uma sentença definitiva de improcedência, na tentativa de impedir o ajuizamento de nova ação[11]; embora não sendo vencido, na visão restritiva do art. 499 do CPC, é nítido o interesse recursal, pela possibilidade de obtenção de situação mais favorável do que aquela decorrente da decisão que tão somente solucionou o processo sem apreciação do mérito.

Também se caracteriza como pressuposto intrínseco a inexistência de fato impeditivo ou extintivo do direito de recorrer, como previsto nos arts. 501 e 502 do CPC.

O fato impeditivo ao recurso se caracteriza pela desistência daquele já interposto, sendo que essa desistência não fica condicionada à aceitação da parte contrária (CPC, art. 502). Tal desistência será de grande relevância quando a parte contrária interpuser recurso adesivo, que ficará prejudicado (CPC, art. 500).

O fato extintivo ao recurso se caracteriza pela renúncia ao direito de recorrer ou pela aceitação da sentença, que pode ocorrer de forma tácita ou expressa (CPC, art. 503).

3. Pressupostos recursais extrínsecos

Os pressupostos recursais extrínsecos dizem respeito ao modo de exercer o direito de recorrer e são os seguintes: a recorribilidade do ato decisório, a tempestividade e o preparo do recurso.

3.1. A recorribilidade do ato decisório

A recorribilidade do ato decisório se refere à possibilidade jurídica da interposição de um recurso, considerado adequado, para se obter outra decisão mais favorável do que a decisão recorrida. Essa previsibilidade recursal deve ser expressa, prevendo a legislação os tipos recursais adequados a cada tipo de decisão, relativamente a cada tipo de processo e de procedimento.

Para se chegar à recorribilidade do ato, é necessário que investiguemos a sua natureza, constante do art. 162 do CPC, pois os atos do juiz consistirão em despachos, decisões interlocutórias e sentenças.

Os despachos de mero expediente, que não contêm conteúdo decisório, não estão sujeitos a qualquer recurso.

Relativamente às decisões interlocutórias, na diretriz do art. 893, § 1º, da CLT, admite-se a "apreciação do merecimento das decisões interlocutórias somente em recurso

---

(8) ASSIS, Araken de. *Manual dos recursos*. 2. ed. São Paulo: Revista dos Tribunais, 2008. p. 158.
(9) MOREIRA, José Carlos Barbosa. *Comentários ao Código de Processo Civil*. 11. ed. Rio de Janeiro: Forense, 2003. v. V, p. 297.
(10) Em sentido contrário, BEZERRA LEITE, Carlos Henrique. *Curso de direito processual do trabalho*. 6. ed. São Paulo: LTr, 2008. p. 685.
(11) Nesse sentido, SARAIVA, Renato Saraiva. *Curso de Direito Processual do Trabalho*. 5. ed. São Paulo: Método, 2008. p. 519.

da decisão definitiva", com as exceções constantes da Súmula n. 214/TST[12]; ou seja, as decisões interlocutórias são irrecorríveis de imediato, devendo a parte interessada aguardar a decisão final para interpor o seu recurso.

Essas decisões interlocutórias, resolvendo questões incidentes, podem se referir tanto ao processo de conhecimento quanto ao processo de execução[13] e, exemplificativamente, são interlocutórias as decisões que apreciam pedido de tutela antecipada[14], rejeitam exceção de pré-executividade[15] ou aquelas que, reconhecendo a relação de emprego, determinam o regresso dos autos à primeira instância para a continuidade do julgamento[16].

O Tribunal Superior do Trabalho editou a Súmula n. 214[17], que contém algumas exceções ao princípio da irrecorribilidade das decisões interlocutórias, admitindo, desde logo, o recurso nas seguintes hipóteses:

• decisão de Tribunal Regional do Trabalho contrária à súmula ou orientação jurisprudencial do Tribunal Superior do Trabalho;

• decisão suscetível de impugnação mediante recurso para o mesmo Tribunal;

• decisão que acolhe exceção de incompetência territorial, com a remessa dos autos para Tribunal Regional distinto daquele a que se vincula o juízo excepcionado, consoante o disposto no art. 799, § 2º, da CLT.

Essa súmula bem orienta o intérprete quanto ao alcance da irrecorribilidade das decisões interlocutórias, que foi interpretada sob a óptica do princípio da duração razoável do processo.

Veja-se que a decisão interlocutória proferida pelo Tribunal Regional se sujeita a imediato recurso quando

---

(12) Súmula n. 214/TST. "DECISÃO INTERLOCUTÓRIA. IRRECORRIBILIDADE. Na Justiça do Trabalho, nos termos do art. 893, § 1º, da CLT, as decisões interlocutórias não ensejam recurso imediato, salvo nas hipóteses de decisão: a) de Tribunal Regional do Trabalho contrária à Súmula ou Orientação Jurisprudencial do Tribunal Superior do Trabalho; b) suscetível de impugnação mediante recurso para o mesmo Tribunal; c) que acolhe exceção de incompetência territorial, com a remessa dos autos para Tribunal Regional distinto daquele a que se vincula o juízo excepcionado, consoante o disposto no art. 799, § 2º, da CLT".

(13) "AGRAVO DE INSTRUMENTO. RECURSO DE REVISTA. EXECUÇÃO DE DECISÃO PROFERIDA EM AÇÃO RESCISÓRIA. RESTITUIÇÃO DE INDÉBITO. DECISÃO INTERLOCUTÓRIA. SÚMULA N. 214 DO TST. Contrariamente ao que alega o Agravante, a decisão interlocutória, prevista no art. 162, § 2º, do Código de Processo Civil, não é proferida apenas na fase de conhecimento, mas, também, na fase de execução de sentença, quando o juiz, no curso do processo, resolve questão incidente, sendo que o art. 598 do CPC preconiza a aplicação subsidiária à execução das disposições que regem o processo de conhecimento. Assim, possui natureza interlocutória, não impugnável de forma autônoma e de imediato, a decisão do Colegiado Regional que, provendo o agravo de petição interposto pelo Banco Exequente no processo em que proferida a sentença rescindida, determina o retorno dos autos à Vara do Trabalho de origem para julgamento do mérito dos embargos à execução opostos pelo devedor, nos termos do art. 893, § 1º, da CLT e da Súmula n. 214 do TST. Violação do art. 5º, II e XXXVI, da Constituição Federal não configurada. Agravo de instrumento a que se nega provimento". (TST, 1ª T., E-ED-AIRR 12941-65.1995.5.12.0044, rel. Min. Walmir Oliveira da Costa, DEJT 6.10.2008)

(14) "RECURSO ORDINÁRIO EM AGRAVO REGIMENTAL. AÇÃO RESCISÓRIA. RECURSO ORDINÁRIO CONTRA ACÓRDÃO EM AGRAVO REGIMENTAL INTERPOSTO EM FACE DE DECISÃO MONOCRÁTICA QUE INDEFERE PEDIDO DE TUTELA ANTECIPADA. INCABÍVEL. A decisão monocrática que apenas aprecia pedido de tutela antecipada não consiste em decisão definitiva, nem terminativa do feito, comportando típica natureza interlocutória e precária, porquanto se limita à solução de questão incidente no processo, não implicando nenhuma das situações previstas nos arts. 267 e 269 do CPC, a teor do que dispõem os §§ 1º e 2º do art. 162 do mesmo diploma processual. Idêntica natureza interlocutória se comunica ao acórdão proferido em agravo regimental manejado contra tal decisão, razão pela qual não desafia recurso ordinário, a teor do disposto no art. 895 da CLT. Inteligência da OJ n. 100/SBDI-2/TST. Recurso ordinário não conhecido". (TST, SBDI-2, ROAG 87440-30.2007.5.05.0000, rel. Min. Emmanoel Pereira, DEJT 14.5.2010)

(15) "AGRAVO DE PETIÇÃO. EXCEÇÃO DE PRÉ-EXECUTIVIDADE. PRELIMINAR DE NÃO CONHECIMENTO DO RECURSO POR INCABÍVEL. A exceção de pré-executividade é um mero incidente da execução de modo que a decisão que a rejeita tem natureza interlocutória (art. 893, § 1º da CLT e Súmula n. 214 do TST), não podendo ser impugnada de forma autônoma através de agravo de petição. Tal decisão desafia a interposição de embargos à execução depois de garantido o juízo, não se admitindo que seja atropelada essa fase processual, com a interposição precipitada do agravo de petição". (TRT 3ª Reg., 2ª T., Proc. 00620-2008-009-03-00-5-AP, rel. Des. Luiz Ronan Neves Koury, DEJT 7.4.2010)

(16) "DECISÃO QUE RECONHECE A RELAÇÃO DE EMPREGO. NATUREZA INTERLOCUTÓRIA. IRRECORRIBILIDADE IMEDIATA. A decisão de uma das Turmas do Tribunal que reconhece o vínculo de emprego e determina a remessa dos autos à origem, para a apreciação dos pedidos dela decorrentes, é interlocutória, a qual tem por característica, no Processo do Trabalho, a irrecorribilidade imediata, como se infere do art. 893, § 1º. A impugnação relativa ao vínculo de emprego deverá ser feita, quando se tornar definitivo o julgamento de todas as matérias dele decorrentes". (TRT 3ª Reg., 1ª T., Proc. 00862-2009-112-03-00-0-RO, rel. Des. Manuel Cândido Rodrigues, DEJT 28.5.2010)

(17) Súmula n. 214/TST. "DECISÃO INTERLOCUTÓRIA. IRRECORRIBILIDADE. Na Justiça do Trabalho, nos termos do art. 893, § 1º, da CLT, as decisões interlocutórias não ensejam recurso imediato, salvo nas hipóteses de decisão: a) de Tribunal Regional do Trabalho contrária à Súmula ou Orientação Jurisprudencial do Tribunal Superior do Trabalho; b) suscetível de impugnação mediante recurso para o mesmo Tribunal; c) que acolhe exceção de incompetência territorial, com a remessa dos autos para Tribunal Regional distinto daquele a que se vincula o juízo excepcionado, consoante o disposto no art. 799, § 2º, da CLT".

contrária à súmula ou orientação jurisprudencial do TST, o que acelera o trâmite recursal.

Admite-se também a recorribilidade imediata quando a decisão interlocutória é impugnada mediante agravo regimental, que é o recurso interposto contra as decisões monocráticas dos relatores nas ações originárias ou em recurso.

Nas ações originárias no TRT, o relator, ao apreciar a petição inicial, poderá indeferi-la, como também poderá conceder ou negar liminares; de todas essas decisões interlocutórias caberá agravo regimental para o colegiado a que pertence o relator, para que ele reaprecie a decisão monocrática[18].

Do mesmo modo, o art. 557, § 1º, do CPC previu agravo ao órgão competente para o julgamento do recurso quando o relator proferir decisão monocrática, nas hipóteses previstas no *caput* do referido art. 557.

No acolhimento da exceção de incompetência em razão do local, com remessa a outro órgão jurisdicional, sob jurisdição de outro Tribunal Regional, também há recurso imediato em face da extensão do gravame, que pode restringir o direito de defesa do reclamante.

Outra hipótese de recurso imediato de decisão interlocutória e não contemplada na Súmula n. 214/TST é a decisão que declara a incompetência da Justiça do Trabalho, em razão da matéria, remetendo o processo ao juízo competente e encerrando o trâmite processual na instância trabalhista. Essa decisão é recorrível por ter a natureza de decisão terminativa.

Quando se tratar de despacho denegatório do trâmite recursal, pelo próprio juízo recorrido, no exame de sua admissibilidade, típica decisão interlocutória, foi prevista a sua recorribilidade mediante o agravo de instrumento (CLT, art. 897, "b").

As decisões recorríveis, definidas como sentença, são aquelas que implicam algumas das situações previstas nos arts. 267 e 269 do CPC. Enquanto, no processo de conhecimento, a matéria não enseja muitas dúvidas, no processo de execução, a questão é sumamente controvertida em face do art. 897, "a", da CLT, que, laconicamente, menciona que caberá agravo nas decisões da execução, sem especificá-las.

Assim, para a típica sentença no processo de conhecimento, é cabível o recurso ordinário, sendo que, no processo de execução, é cabível o agravo de petição quando o recorrente almeja o conhecimento de seu apelo para a segunda instância trabalhista.

Podemos dizer, por consequência, que há um recurso adequado para cada decisão e, se o recorrente não observar essa diretriz, poderá ter o seu recurso não conhecido, salvo naquelas hipóteses restritivas de aplicação do princípio da fungibilidade recursal.

3.2. A tempestividade do recurso

Há uniformidade no prazo de oito dias para os recursos no processo trabalhista (Lei n. 5.584/70, art. 6º), com exceção dos embargos declaratórios, cujo prazo é de cinco dias (CLT, art. 897-A).

Quando os litisconsortes nomearem diferentes procuradores, o prazo não será contado em dobro, sendo inaplicável o art. 191 do CPC, em face de sua incompatibilidade com o processo do trabalho (OJ n. 310/SBDI-1/TST).

Por sua vez, tanto o Ministério Público do Trabalho (CPC, art. 188) quanto a Fazenda Pública (DL 779/69, art. 1º, III) têm prazo em dobro para recorrer.

Esse direito de recorrer, entretanto, tem um termo inicial e um termo final, que é o período de tempo em que se poderá interpor o recurso. Se esses termos inicial[19] e final não forem respeitados, tem-se a intempestividade, que é a preclusão temporal para o exercício desse direito.

A tempestividade será apurada com base na data do protocolo no juízo recorrido, sendo irrelevante a data em que postado o recurso nos Correios[20] ou o protocolo em local diverso[21].

---

(18) Por exemplo, o art. 166, IV, do RI do TRT da 3ª Região prevê agravo regimental "para as Turmas das decisões de seus membros que: a) indeferirem, liminarmente, a petição inicial ou decretarem a extinção do processo, sem exame do mérito; b) concederem ou denegarem liminares".

(19) Súmula n. 434/TST. "RECURSO. INTERPOSIÇÃO ANTES DA PUBLICAÇÃO DO ACÓRDÃO IMPUGNADO. EXTEMPORANEIDADE. I. É extemporâneo recurso interposto antes de publicado o acórdão impugnado. II. A interrupção do prazo recursal em razão da interposição de embargos de declaração pela parte adversa não acarreta qualquer prejuízo àquele que apresentou seu recurso tempestivamente".

(20) "INTEMPESTIVIDADE. ENCAMINHAMENTO VIA SEDEX. POSTAGEM NO ÚLTIMO DIA DO PRAZO LEGAL. INGRESSO NO TRIBUNAL APÓS VENCIDO O PRAZO. A jurisprudência desta Corte Superior, externada pelo Tribunal Pleno e pela SBDI-1, segue no sentido de que o fato de o recurso ter sido postado na Empresa Brasileira de Correios e Telégrafos – ECT – dentro do prazo legal não tem o condão de tornar o recurso tempestivo, na medida em que o meio apto à aferição da tempestividade do apelo é o protocolo do Tribunal Regional. Ou seja, a tempestividade do recurso deve ser verificada com base na data do protocolo da petição na secretaria do Tribunal, e não naquela em que o apelo foi postado no correio" (TST, 8ª T., RR 27700-07.2008.5.04.0010, Relª Min. Dora Maria da Costa, DEJT 28.6.2010).

(21) "INTERPOSIÇÃO DE RECURSO EM ÓRGÃO DIVERSO DAQUELE PROLATOR DA DECISÃO IMPUGNADA. INTEMPESTIVIDADE. A interposição de recurso se dá no juízo prolator da decisão recorrida. Se o recurso é interposto em órgão diverso, dentro do prazo, mas é recebido

Ultimamente, vemos a ampliação dos meios eletrônicos para o protocolo de petições, inclusive aquelas referentes aos recursos, sendo que o recorrente deve ficar atento às regras estabelecidas na regulamentação desses meios eletrônicos, em face da possibilidade de ser surpreendido por uma declaração de intempestividade[22].

3.3. O preparo do recurso

O preparo do recurso significa, genericamente, o pagamento das custas processuais e do depósito recursal; alguns dos recursos não se sujeitam a essas exigências, prevalecendo as regras específicas que lhes são aplicáveis.

Assim, devemos analisar a questão do preparo por dois aspectos:

• as custas processuais;

• o depósito recursal.

Quanto às custas processuais, no processo de conhecimento, estas devem ser pagas pelo vencido e, em caso de recurso, o recolhimento deve ser comprovado dentro do prazo recursal (CLT, art. 789, § 1º), pelo documento original ou autenticado (CLT, art. 830)[23]. Se o recorrente for beneficiário da assistência judiciária gratuita, ou seja, se o recorrente perceber salário igual ou inferior ao dobro do mínimo legal, ou declarar, sob as penas da lei, que não está em condições de pagar as custas do processo sem prejuízo do sustento próprio ou de sua família (CLT, art. 790, § 3º), então, ficará isento dessa obrigação.

A Instrução Normativa n. 27/TST unificou os procedimentos relativos às demandas advindas da competência trabalhista pela EC n. 45/2004, reiterando que as custas processuais serão pagas pelo vencido, após o trânsito em julgado da decisão (art. 3º, § 1º) e, na hipótese de interposição de recurso, as custas deverão ser pagas e comprovado seu recolhimento no prazo recursal (art. 3º, § 2º). Quanto às custas proporcionais, pelo princípio da sucumbência, aplicam-se tão somente nas lides não decorrentes da relação de emprego (art. 3º, § 3º).

O benefício da assistência judiciária gratuita era concedido habitualmente apenas ao empregado. Atualmente, a jurisprudência tem ampliado o benefício, estendendo a isenção das custas processuais aos empregadores pessoas físicas, inclusive empregadores domésticos, que comprovem a dificuldade econômica prevista no art. 790, § 3º, da CLT.

Quanto às isenções, a interpretação que prevalece é a restritiva e, assim, as entidades filantrópicas também não estão isentas do pagamento das custas processuais nem do depósito recursal[24].

Além desses beneficiários da justiça gratuita, também estão isentos do pagamento das custas (CLT, art. 790-A):

• a União, os Estados, o Distrito Federal, os Municípios e as respectivas autarquias e fundações públicas federais, estaduais ou municipais que não explorem atividade econômica;

• o Ministério Público do Trabalho.

As entidades fiscalizadoras do exercício profissional[25] não estão isentas do pagamento das custas processuais, porém terão de pagá-las somente ao final da demanda, e não na interposição do recurso.

---

pelo juízo competente depois de expirado o prazo de oito dias, será tido por intempestivo. Agravo interposto contra despacho desta Corte, aqui, deve ser tempestivamente protocolizado, não socorrendo ao recorrente a alegação de que fez uso do sistema de protocolo integrado, visto que essa faculdade é exercida apenas no âmbito dos Tribunais Regionais do Trabalho, em relação a recursos decorrentes das decisões que proferem. Agravo regimental não provido" (TST, OE, AgR-E-RR 50200-55.2006.5.03.0078, rel. Min. Milton de Moura França, DEJT 18.6.2010).

(22) "SISTEMAS DE PROTOCOLO DE PETIÇÕES. De uso facultativo, os sistemas de protocolo de petições prestam-se à agilidade e funcionalidade na prática de atos processuais. Assim é que existem os Sistemas de Protocolo Integrado (SPIC e SPICJ, de Protocolo Postal, de Transmissão de dados por fax e e-mail e o Sistema e-Doc. Nesse sentido, submete-se o usuário às regras do sistema de protocolo escolhido, sendo que a indisponibilidade de um sistema não possibilita que outro seja utilizado sem observância de suas regras específicas. Portanto, recurso ordinário enviado por e-mail, em virtude de indisponibilidade do Sistema e-Doc, tem-se por consolidado naquele momento, vez que operada a preclusão consumativa (art. 183/CPC) e sujeita-se à análise pela ótica da Resolução n. 02/2008 e Provimento-Geral Consolidado da Justiça do Trabalho da 3ª Região" (TRT 3ª Reg., 2ª T., Proc. 01301-2009-002-03-40-8-AIRO, rel. Des. Sebastião Geraldo de Oliveira, DEJT 7.7.2010).

(23) "AGRAVO DE INSTRUMENTO. GUIA PARA RECOLHIMENTO DE CUSTAS. AUTENTICAÇÃO. NECESSIDADE. ART. 830 DA CLT. Em razão do disposto no art. 830 da CLT, não é válida a comprovação do depósito recursal mediante fotocópia não autenticada. Ausência dos pressupostos de admissibilidade inscritos no art. 896 da CLT. Agravo de Instrumento a que se nega provimento" (TST, 5ª T., AIRR 102740-66.2006.5.03.0018, rel. Min. João Batista Brito Pereira, DEJT 26.6.2009).

(24) Esse é o teor da OJ n. 5 das Turmas do TRT da 3ª Região, com a seguinte redação: "ENTIDADE FILANTRÓPICA. JUSTIÇA GRATUITA. DEPÓSITO RECURSAL. A condição de entidade filantrópica não enseja à reclamada, pessoa jurídica de direito privado, a concessão dos benefícios da Justiça Gratuita ou a dispensa de realização do depósito recursal".

(25) "CONSELHOS DE FISCALIZAÇÃO PROFISSIONAL. RECURSO. NÃO RECOLHIMENTO DE CUSTAS. DESERÇÃO. NÃO OCORRÊNCIA. Os conselhos de fiscalização profissional têm a natureza de autarquias especiais (STF, ADIn n. 1.717/DF), uma vez que exercem típica atividade estatal, com poderes de polícia, de tributação e de punição no que diz respeito às atividades profissionais regulamentadas. Por isso é-lhes aplicável o DL n. 779/69, que, em seu art. 1º, estabelece os seguintes privilégios processuais: a) prazo recursal em dobro; b) dispensa

As custas processuais devem ser recolhidas em guia própria — DARF —, como previsto na Instrução Normativa n. 20/TST, que detalhou as particularidades do preenchimento da referida guia, sob pena de deserção. Esse é o termo utilizado quando não se conhece do recurso pelo não cumprimento de tal formalidade[26] e, também, pela não realização do depósito recursal.

O depósito recursal tem a natureza de garantia da execução e, assim, quando existir condenação em pecúnia (Súmula n. 161/TST), é obrigação do recorrente realizá-lo e comprovar esse recolhimento também no prazo alusivo ao recurso. A interposição antecipada do recurso não prejudica o termo final previsto para a comprovação do depósito recursal (Súmula n. 245/TST). A base de cálculo do referido depósito é o valor arbitrado para a condenação, com exclusão dos acessórios da condenação, como os honorários periciais e advocatícios[27], as multas por litigância de má-fé e pelo art. 557, § 2º, do CPC, inclusive quando se tratar de pessoa jurídica de direito público, na forma da OJ n. 389/SBDI-1[28].

A exigência do depósito recursal está prevista para o recurso ordinário, recurso de revista e para o agravo de instrumento.

Da mesma forma quanto às custas processuais, não estão sujeitos ao recolhimento do depósito recursal a União, os Estados, o Distrito Federal, os Municípios e as respectivas autarquias e fundações públicas federais, estaduais ou municipais, que não explorem atividade econômica, o Ministério Público do Trabalho, além da massa falida[29] e dos Correios[30].

O empregador, inclusive pessoa física, está sujeito a esse depósito como condicionante para o conhecimento de seu recurso, em face da natureza de garantia da execução, sendo que o deferimento da justiça gratuita, com isenção das custas processuais, é irrelevante para esse efeito[31]. Esse é o entendimento dominante, encontrando-se entendimento

---

do depósito recursal; c) pagamento de custas no final do processo. Tal contexto não se alterou com o advento do art. 790-A, parágrafo único, da CLT, que estabeleceu, tão somente, que a isenção de custas processuais não abrange as entidades fiscalizadoras do exercício profissional, porém, sem determinar o momento de pagamento das mesmas. A não isenção das custas processuais prevista nesse dispositivo é compatível com o art. 1º, VI, do DL n. 779/69, que prevê o pagamento das mesmas, tão somente, no final do processo. Aliás, dispõe o art. 2º, § 2º, da Lei de Introdução ao Código Civil que "A lei nova, que estabeleça disposições gerais ou especiais a par das já existentes, não revoga nem modifica a lei anterior". Desse modo, não havendo incompatibilidade entre o art. 790-A, parágrafo único, da CLT com o art. 1º, IV, do DL n. 779/69, os conselhos de fiscalização profissional continuam com o prazo em dobro para recurso, estando dispensados do depósito recursal e do pagamento das custas processuais para fins de conhecimento do recurso, arcando com as mesmas ao final do processo, na existência de sucumbência" (TRT da 3ª Reg., 3ª T., Proc. 00030-2007-003-03-00-3-RO, rel. Des. César Machado, DJMG 24.11.2007).

(26) "PREPARO DO RECURSO ORDINÁRIO OBREIRO. CUSTAS PROCESSUAIS. RECOLHIMENTO POR MEIO DE GUIA DE DEPÓSITO RECURSAL. INVALIDADE. DESERÇÃO CONFIGURADA. 1. A teor da Instrução Normativa 20/2002 do TST, o recolhimento das custas processuais deve ser feito em guia DARF. 2. Na hipótese, o Regional reputou deserto o recurso ordinário obreiro, pelo fato de que as custas processuais, em vez de terem sido recolhidas por meio da guia DARF, foram pagas mediante a utilização da guia de depósito recursal. 3. A decisão recorrida merece ser mantida, pois entendimento deste Tribunal tem se consolidado no sentido de considerar deserto o recurso, quando as custas não são recolhidas em guia DARF, incidindo sobre o apelo o óbice da Súmula n. 333 do TST. Recurso de revista não conhecido" (TST, 7ª T., RR 40700-12.2008.5.09.0018, relª. Minª. Maria Doralice Novaes, DEJT 28.6.2010).

(27) TST, 6ª T., RR 126640-03.2008.5.23.0002, rel. Min. Mauricio Godinho Delgado, DEJT 18.6.2010.

(28) OJ N. 389/SBDI-1. "MULTA PREVISTA NO ART. 557, § 2º, DO CPC. RECOLHIMENTO. PRESSUPOSTO RECURSAL. PESSOA JURÍDICA DE DIREITO PÚBLICO. EXIGIBILIDADE. Está a parte obrigada, sob pena de deserção, a recolher a multa aplicada com fundamento no § 2º do art. 557 do CPC, ainda que pessoa jurídica de direito público".

(29) SÚMULA N. 86/TST: "DESERÇÃO. MASSA FALIDA. EMPRESA EM LIQUIDAÇÃO EXTRAJUDICIAL. Não ocorre deserção de recurso da massa falida por falta de pagamento de custas ou de depósito do valor da condenação. Esse privilégio, todavia, não se aplica à empresa em liquidação extrajudicial".

(30) "RECURSO DE REVISTA. EMPREGADOS DA ECT. DISPENSA SEM MOTIVAÇÃO DO ATO. REINTEGRAÇÃO NO EMPREGO. A Empresa Brasileira de Correios e Telégrafos, embora empresa pública com personalidade jurídica de direito privado, responsável pelos serviços postais, equipara-se, nos termos do art. 12 do Decreto-lei n. 509/69, à Fazenda Pública, no que concerne às garantias processuais, ou seja, impenhorabilidade de seus bens, rendas e serviços, prazo em dobro para recorrer, recolhimento de custas processuais ao final e dispensa de depósito recursal. Nessa linha, também deve ter o mesmo tratamento destinado à Fazenda Pública, em relação à motivação do ato de despedida e à sua validade. Decisão recorrida em consonância com o item II da OJ n. 247 da SBDI-1. Recurso de que não se conhece" (TST, 5ª T., RR 124900-72.2003.5.05.0006, relª. Minª. Kátia Magalhães Arruda, DEJT 28.6.2010).

(31) "AGRAVO DE INSTRUMENTO. RECURSO DE REVISTA. ASSISTÊNCIA JUDICIÁRIA GRATUITA. EMPREGADOR. AUSÊNCIA DE DEPÓSITO RECURSAL. DESERÇÃO. A assistência judiciária gratuita prevista na Lei n. 1.060/50 configura benefício concedido às partes hipossuficientes, desde que comprovem sua miserabilidade. Todavia, mesmo que se admita que o empregador goze dos benefícios previstos na referida lei, não está ele dispensado do recolhimento do depósito recursal, porque o art. 3º da Lei n. 1.060/50 exime-o apenas do pagamento das despesas processuais, e o depósito recursal trata de garantia do juízo da execução. Precedentes desta Corte. Agravo de instrumento conhecido e não provido" (TST, 8ª T., AIRR 44841-41.2006.5.03.0138, relª. Minª. Dora Maria da Costa, DEJT 28.6.2010).

jurisprudencial minoritário que estende aos empregadores pessoa física a isenção, também, do depósito recursal[32].

A previsão legal do depósito recursal está no art. 899, §§ 1º e 4º, da CLT, sendo certo que as Instruções Normativas ns. 3, 18 e 26/TST também regulamentam a matéria. O depósito recursal deverá ser realizado na conta vinculada do FGTS do empregado e o recolhimento feito em guia própria, denominada GFIP (Guia de Recolhimento do FGTS e Informações à Previdência Social), na forma da Súmula n. 426/TST[33]. O recolhimento do depósito recursal, embora tempestivo, sem a observação dessas diretrizes, torna o recurso passível de não ser conhecido.

Tanto para as custas quanto para o depósito recursal, o valor deve ser depositado sem qualquer diferença, mesmo de centavos[34].

O TST, através da Instrução Normativa 3/93, regulamentou os procedimentos para o depósito recursal no processo do trabalho, indicando que referido depósito recursal tem a natureza de garantia do juízo, pressupondo decisão condenatória ou executória de obrigação de pagamento em pecúnia, com valor líquido ou arbitrado (art. 1º).

Depositado o valor total da condenação, nenhum depósito será exigido nos recursos das decisões posteriores, salvo se o valor da condenação vier a ser ampliado (IN n. 3/93/TST, art. 2º, "a").

Se o valor constante do primeiro depósito, efetuado no limite legal, é inferior ao da condenação, será devida complementação de depósito em recurso posterior, observado o valor nominal remanescente da condenação e/ou os limites legais para cada novo recurso (IN n. 3/93/TST, art. 2º, "b").

Havendo acréscimo ou redução da condenação em grau recursal, o juízo prolator da decisão arbitrará novo valor à condenação, quer para a exigibilidade das custas processuais, do depósito recursal ou da complementação do já depositado para o caso de recurso subsequente, quer para liberação do depósito recursal no valor que ultrapassar a condenação (IN n. 3/93/TST, art. 2º, "c").

Para as custas processuais, a não fixação do acréscimo na decisão proferida eximirá o recorrente de complementar o respectivo valor, não havendo que se falar em deserção nessa hipótese, na forma da Orientação Jurisprudencial n. 104/SBDI-1[35].

Com o trânsito em julgado da decisão que absolveu o demandado da condenação, ser-lhe-á autorizado o levantamento do valor depositado e seus acréscimos (IN n. 3/93/TST, art. 2º, "g").

Como é importante requisito de admissibilidade dos recursos, o depósito recursal é assunto de diversas súmulas, sendo que a Súmula n. 126/TST[36] trouxe importantes diretrizes nesse assunto.

---

(32) "RECURSO. ASSISTÊNCIA JUDICIÁRIA. EXTENSÃO AO EMPREGADOR PESSOA FÍSICA. INSUFICIÊNCIA ECONÔMICA. PAGAMENTO DAS CUSTAS PROCESSUAIS E DO DEPÓSITO RECURSAL. DESERÇÃO AFASTADA. No processo do trabalho, a concessão da assistência judiciária gratuita se restringe àqueles que percebem salário igual ou inferior ao dobro do mínimo legal ou comprovem situação econômica que não lhes permita demandar sem prejuízo do sustento próprio ou da família (Lei n. 5.584/70, art. 14), o que originariamente incluía tão somente os empregados. Passo a passo, porém, a jurisprudência trabalhista foi construindo interpretação ampliativa, incluindo os empregadores, pessoas físicas, que se encontram nessas mesmas condições econômicas, o que está em harmonia com a amplitude do acesso à Justiça, que todos os partícipes da relação jurídica processual devem ter (CF, art. 5º, LV). Contudo, a assistência judiciária gratuita não inclui tão somente o não pagamento das custas processuais, mas envolve também a isenção do depósito recursal como previsto na IN 3/TST, item X, do seguinte teor: "Não é exigido depósito recursal, em qualquer fase do processo ou grau de jurisdição, dos entes de direito público externo e das pessoas de direito público contempladas no Decreto-lei n. 779, de 21.8.1969, bem assim da massa falida, da herança jacente e da parte que, comprovando insuficiência de recursos, receber assistência judiciária integral e gratuita do Estado (art. 5º, LXXIV, CF)". Em consequência, ao empregador, pessoa física, que litiga sob os benefícios da assistência judiciária, não é exigível o pagamento das custas processuais e do depósito recursal para fins de conhecimento de seu recurso ordinário. Deserção que se afasta, conhecendo-se o recurso ordinário" (TRT 3ª Reg., 3ª T., Proc. 00762-2009-151-03-00-7-RO, rel. Des. César Machado, DEJT 13.9.2010).

(33) SÚMULA N. 426/TST. "DEPÓSITO RECURSAL. UTILIZAÇÃO DA GUIA GFIP. OBRIGATORIEDADE. Nos dissídios individuais, o depósito recursal será efetivado mediante a utilização da Guia de Recolhimento do FGTS e Informações à Previdência Social — GFIP, nos termos dos §§ 4º e 5º do art. 899 da CLT, admitido o depósito judicial, realizado na sede do juízo e à disposição deste, na hipótese de relação de trabalho não submetida ao regime do FGTS".

(34) "OJ n. 140/SBDI-1/TST: "DEPÓSITO RECURSAL E CUSTAS. DIFERENÇA ÍNFIMA. DESERÇÃO. OCORRÊNCIA. Ocorre deserção do recurso pelo recolhimento insuficiente das custas e do depósito recursal, ainda que a diferença em relação ao quantum devido seja ínfima, referente a centavos".

(35) OJ N. 104/SBDI-1. "CUSTAS. CONDENAÇÃO ACRESCIDA. INEXISTÊNCIA DE DESERÇÃO QUANDO AS CUSTAS NÃO SÃO EXPRESSAMENTE CALCULADAS E NÃO HÁ INTIMAÇÃO DA PARTE PARA O PREPARO DO RECURSO, DEVENDO, ENTÃO, SER AS CUSTAS PAGAS AO FINAL. Não caracteriza deserção a hipótese em que, acrescido o valor da condenação, não houve fixação ou cálculo do valor devido a título de custas e tampouco intimação da parte para o preparo do recurso, devendo, pois, as custas ser pagas ao final".

(36) SÚMULA N. 128/TST. "DEPÓSITO RECURSAL. I – É ônus da parte recorrente efetuar o depósito legal, integralmente, em relação a cada novo recurso interposto, sob pena de deserção. Atingido o valor da condenação, nenhum depósito mais é exigido para qualquer recurso. II – Garantido o juízo, na fase executória, a exigência de depósito para recorrer de qualquer decisão viola os incisos II e LV do art. 5º da CF/1988.

A interpretação da referida Súmula é relativamente simples, levando-se em conta que o depósito recursal tem a finalidade de garantir a execução futura do julgado e, assim, somente é passível de ser exigido nas condenações em pecúnia e ao vencido na lide. O reclamante empregado não tem a obrigação de realizar o depósito recursal, mesmo se condenado em pecúnia, por exemplo, no acolhimento de ação reconvencional, pois não há previsão legal para essa exigência.

O valor tem teto máximo, que é o valor da condenação; porém, considerado esse teto máximo, há ainda outro limite máximo de depósito, que é fixado periodicamente pelo Tribunal Superior do Trabalho, sendo que, a partir de 1º.8.14, os valores serão os seguintes, conforme ATO. SEGJUD.GP N. 372/2014:

• R$ 7.485,83, no caso de interposição de Recurso Ordinário;

• R$ 14.971,65, no caso de interposição de Recurso de Revista, Embargos e Recurso Extraordinário.

• R$ 14.971,65, no caso de interposição de Recurso em Ação Rescisória.

Assim, tomando como exemplo uma condenação no valor de R$ 10.000,00, para a interposição do recurso ordinário o recorrente deverá efetuar o recolhimento do depósito recursal no valor de R$ 7.485,83; caso pretenda interpor recurso de revista, terá de complementar o depósito recursal para atingir o valor da condenação, limitado o depósito ao valor de R$ 14.971,65.

Nos recursos na execução, como já se tem garantia pela penhora, não é necessária a efetivação do depósito recursal, salvo se o valor em execução tiver sido ampliado na segunda instância, quando, então, o recorrente terá de complementar o referido valor para a interposição do recurso de revista.

Em litisconsórcio passivo, efetuado o depósito por um dos condenados, esse valor a todos aproveita, salvo quando aquele que efetuou o depósito pretende a sua exclusão da lide, uma vez que, se for deferida a sua exclusão, o depósito recursal será levantado por ele, e o processo ficará sem a garantia de uma execução futura.

Julgado o recurso, o depósito recursal será devolvido ao recorrente quando do reconhecimento da improcedência do pedido ou da sua exclusão da lide; caso contrário, mantida a condenação, o depósito recursal será utilizado para o pagamento dos valores apurados em liquidação de sentença.

Havendo, porém, elevação do valor do débito, exige-se a complementação da garantia do juízo. III – Havendo condenação solidária de duas ou mais empresas, o depósito recursal efetuado por uma delas aproveita as demais, quando a empresa que efetuou o depósito não pleiteia sua exclusão da lide".

Súmula n. 207 do TST (Cancelamento): O Regime Jurídico Aplicável ao Trabalhador Expatriado

Martha Halfeld Furtado de Mendonça Schmidt

SÚMULA N. 207 – CONFLITOS DE LEIS TRABALHISTAS NO ESPAÇO – PRINCÍPIO DA *"LEX LOCI EXECUTIONIS"* (cancelada) – Res. n. 181/2012, DEJT divulgado em 19, 20 e 23.4.2012. A relação jurídica trabalhista é regida pelas leis vigentes no país da prestação de serviço e não por aquelas do local da contratação.

Introdução

Com a globalização crescente e a facilidade dos meios de comunicação e transporte, o deslocamento de empresas e de trabalhadores para diferentes partes do mundo tornou-se comum. O direito europeu, por exemplo, é rico em experiências de expatriação, inclusive voluntárias, sobretudo depois da instituição da União Europeia, que tem a mobilidade dos trabalhadores como um dos seus pilares.

No âmbito da Comunidade Econômica Europeia (CEE), vigora a Convenção de Roma, que dispõe sobre a lei aplicável às obrigações contratuais. Inicialmente assinada em 1980 pelos então nove Estados-Membros da Comunidade, ela foi algumas vezes revisada, a última em 2005, após a adesão dos dez novos Estados-Membros da União Europeia.

Na Convenção de Roma, o contrato individual do trabalho mereceu artigo específico, segundo o qual se aplica a lei do país onde o trabalhador presta normalmente o seu trabalho, mesmo que tenha sido temporariamente transferido para outro país. Se o trabalhador não executar habitualmente o seu trabalho no mesmo país, aplicar-se-á a lei do país onde se encontra o estabelecimento que o contratou, a não ser que resulte do conjunto das circunstâncias que o contrato de trabalho apresenta uma conexão mais estreita com um outro país, cuja lei será então aplicável (princípio da proximidade). Admite-se, todavia, a escolha de outra lei aplicável ao contrato pelos interessados, desde que mais favorável ao trabalhador.[1]

E no Brasil, qual lei é aplicável a um trabalhador nacional transferido por um ano para o exterior? E se essa transferência for por prazo de dois meses? As situações são iguais ou merecem tratamento distinto?

Essas e outras questões serão brevemente abordadas nesse trabalho, que tem também o objetivo de tecer considerações sobre o cancelamento da Súmula n. 207 do Tribunal Superior do Trabalho: possível motivação e consequências para a aplicação do Direito pelos tribunais do trabalho.[2]

Do direito anterior e sua evolução

A Súmula n. 207 do TST, editada em 1985, tinha aplicação prática quando o empregado era contratado no Brasil para prestar serviços em outro país. Tal entendimento jurisprudencial era embasado no Decreto n. 18.871/1929, que promulgou a Convenção de Direito Internacional Privado de Havana (Código Bustamante), cujo art. 198 impõe a prevalência da legislação do local da prestação de serviços (*lex loci executionis*) em detrimento daquela de onde foi tão somente celebrado o contrato de trabalho (*lex loci contractus*).

Essa regulamentação diferenciava o Direito do Trabalho do Direito Comum, para o qual vale a regra geral do art. 9º da Lei de Introdução às Normas do Direito Brasileiro (antiga Lei de Introdução ao Código Civil), segundo a qual "Para qualificar e reger as obrigações aplicar-se-á a lei do país em que se constituírem".

Para o Direito Trabalhista, portanto, não interessava o local de contratação, mas onde era ele executado. No entanto, já o direito anterior contemplava algumas exceções ao princípio da *lex loci executionis*.

A primeira exceção provinha da Lei n. 7.064 de 1982, que mandava aplicar, em regra geral, a norma mais favorável aos trabalhadores contratados ou transferidos para

---

(1) Art. 6º, da Convenção: Contrato individual de trabalho – 1. Sem prejuízo do disposto no art. 3º (liberdade de escolha), a escolha pelas partes da lei aplicável ao contrato de trabalho, não pode ter como consequência privar o trabalhador da proteção que lhe garantem as disposições imperativas da lei que seria aplicável, na falta de escolha, por força do n. 2 do presente artigo. 2. Sem prejuízo do disposto no art. 4º (lei aplicável na falta de escolha) e na falta de escolha feita nos termos do art. 3º, o contrato de trabalho é regulado: a) Pela lei do país em que o trabalhador, no cumprimento do contrato, presta habitualmente o seu trabalho, mesmo que tenha sido destacado temporariamente para outro país, ou b) Se o trabalhador não prestar habitualmente o seu trabalho no mesmo país, pela lei do país em que esteja situado o estabelecimento que contratou o trabalhador, a não ser que resulte do conjunto das circunstâncias que o contrato de trabalho apresenta uma conexão mais estreita com um outro país, sendo em tal caso aplicável a lei desse outro país.

(2) A Súmula n. 207 foi cancelada pelo art. 2º da Resolução n. 181, de 16 de abril de 2012, e dispunha assim: **SÚMULA N. 207**. CONFLITOS DE LEIS TRABALHISTAS NO ESPAÇO. PRINCÍPIO DA *"LEX LOCI EXECUTIONIS"* – A relação jurídica trabalhista é regida pelas leis vigentes no país da prestação de serviço e não por aquelas do local da contratação.

prestar serviços no exterior por empresas prestadoras de serviços de engenharia, consultoria, projetos, obras, montagens, gerenciamento e congêneres. Essa lei, que ficou conhecida como Lei Mendes Júnior, por causa dos negócios dessa empresa no Iraque à época, já continha preocupação de preservar os direitos dos trabalhadores brasileiros, em face da mobilidade internacional, e contempla duas situações: transferência para o exterior (capítulo II) e contratação por empresa estrangeira (capítulo III).[3]

A segunda exceção teve origem na jurisprudência. Já em 2007, a SDI-II do TST decidira no sentido de que "a regra contida no art. 14 da Lei n. 7.064/82 deve ser interpretada em conjugação com o art. 3º do mesmo diploma legal, onde se prevê que a empresa responsável pelo contrato de trabalho do empregado transferido para prestar serviços no exterior deve lhe assegurar a aplicação da legislação brasileira de proteção ao trabalho, (...), quando mais favorável do que a legislação territorial".[4] Nesse passo, a proteção não seria apenas dupla, mas também tripla, o que, com efeito, guarda coerência lógica com o tratamento igualitário de proteção que devem merecer os trabalhadores que são contratados ou já prestam serviços no Brasil e são, em seguida, transferidos para o exterior, por empresa brasileira ou estrangeira.

Também no que toca às transferências provisórias, a jurisprudência atuou de maneira decisiva para amainar o rigor do princípio da territorialidade, favorecendo a aplicação da lei brasileira, mais protetora, porque há expectativa de que o trabalhador retorne "e que as obrigações recíprocas voltem a ser adimplidas no Brasil em caráter permanente, pois aqui ocorre a fixação jurídica do vínculo de emprego. (...). Também o direito comparado reforça o entendimento de que o reclamante possui as garantias mínimas prevista na lei brasileira, pois o art. 6º da Convenção de Roma de 1980 determina a aplicação da lei do país onde o trabalhador efetua habitualmente o seu trabalho, ainda que esteja empregado temporariamente em outro país."[5]

As decisões do Tribunal Superior do Trabalho, nesse campo, se constituíram, pois, firmes há alguns anos, no sentido de declarar a unicidade contratual, quando houver trabalho em períodos sucessivos no Brasil, no exterior (às vezes, em vários países, considerando-se provisórias as transferências) e novamente no Brasil, sem solução de continuidade. Nesses casos, mesmo antes do cancelamento da Súmula em exame, entendia-se que não se cuidava de hipótese de sua aplicação, que era restrita aos casos de contratação de trabalhador em um país para prestar serviços em outro, diretamente. O seu cancelamento, pois, mais robustece a tese defendida de aplicação da legislação nacional.[6]

Progressivamente, de outro lado, a tendência observada no Tribunal Superior do Trabalho, em casos de expatriação de trabalhadores, foi no sentido de estender a aplicação da lei mais benéfica, na forma do disposto na Lei n. 7.064 de 1982, não somente às empresas prestadoras dos serviços ali mencionados, mas às outras empresas em geral.[7]

---

(3) No capítulo II, a lei considerou haver <u>transferência</u> quando o empregado é contratado ou presta serviços no Brasil e é removido para o exterior. Nessa hipótese, a empresa responsável pela transferência deverá observar uma tripla trama protetora do trabalhador: a lei do local da execução dos serviços, os direitos previstos na Lei n. 7.064/1982 e a legislação brasileira, quando mais favorável, no conjunto de normas e em relação a cada matéria (teoria do conglobamento ou conglobamento mitigado), salvo incompatibilidade com o disposto na Lei n. 7.064/1982. Já no capítulo III, a lei considerou haver <u>contratação por empresa estrangeira</u> quando o trabalhador não chega a prestar serviços no Brasil, mas aqui é contratado para trabalhar no exterior. Nessa hipótese, a proteção, nos termos da lei, é dupla: tanto são assegurados os direitos previstos na legislação do país da prestação de serviços, quanto os dispostos na Lei n. 7.064/1982. Em outras palavras, é aplicada a legislação estrangeira, respeitados os direitos mínimos previstos na Lei n. 7.064/1982. A jurisprudência modificou essa posição, como se verá, estendendo a proteção tripla proteção também para essa situação.

(4) ROAR - 55560/1999-000-01-00.0, relatora Ministra Kátia Magalhães Arruda, 2.10.2007, Subseção II Especializada em Dissídios Individuais, publicação em 26.10.2007.

(5) TST-RR-1071216-82.2003.5.04.0900, 7ª Turma, relator Ministro Guilherme Augusto Caputo Bastos, DEJT 13.2.2009.

(6) Em um caso, decidiu-se que "As vantagens porventura auferidas no exterior não têm o condão de afastar as obrigações e direitos resultantes da lei nacional." (RR – 152100-66.2004.5.06.0014, julgamento: 16.9.2009, relator Ministro Lelio Bentes Corrêa, 1ª Turma, DEJT 25.9.2009). Outras decisões nesse sentido: RR – 52740-28.1998.5.04.0014, julgamento: 7.4.2010, relator Ministro Mauricio Godinho Delgado, 6ª Turma, DEJT 16.4.2010; RR – 223200-47.2001.5.15.0043, julgamento: 5.5.2010, relatora Ministra Kátia Magalhães Arruda, 5ª Turma, DEJT 14.5.2010; E-ED-RR-186000-18.2004.5.01.0034, julgamento: 5.5.2011, relator Ministro Horácio Raymundo de Senna Pires, Subseção I Especializada em Dissídios Individuais, DEJT 13.5.2011. A autora deste artigo sentenciou o caso 00807-2010-037-03-00-2, de um trabalhador transferido provisoriamente para o exterior, decidindo pela aplicação da lei brasileira. A sentença foi mantida em 2º grau (Acórdão da lavra do Desembargador Rogério Valle Ferreira). Notícia a respeito do assunto se encontra disponível no *site* do TRT-3ª Região sob o título "Transferência provisória de empregado para o exterior não atrai a aplicação de normas estrangeiras (30.8.2010)", pelo *link*: <http://as1.trt3.jus.br/noticias/no_noticias.Exibe_Noticia?p_cod_noticia=4136&p_cod_area_noticia=ACS&p_txt_pesquisa=martha%20halfeld&p_cod_tipo_noticia=1>. Não foi admitido recurso de revista interposto pela empresa.

(7) Constituem exemplos as decisões exaradas nos processos RR-376707/1997.1, relatora Ministra Maria Cristina Irigoyen Peduzzi, 3ª Turma, DJ 5.4.2002; RR-129933/2004-900-01-00.2, 3ª Turma, relator Ministro Alberto Luiz Bresciani de Fontan Pereira, DEJT 12.6.2009; RR-219000-93.2000.5.01.0019, 4ª Turma, relatora Ministra Maria de Assis Calsing, DEJT 18.12.2009; TST-RR-55200-53.2009.5.03.0006, julgamento:

Do direito atual

Atento à evolução jurisprudencial e às demandas do mundo contemporâneo, onde a mobilidade dos trabalhadores alcança múltiplas atividades e serviços, o legislador, por meio da Lei n. 11.962 de 2009, elasteceu o campo de aplicação da Lei n. 7.064 de 1982, que dispõe sobre a situação de trabalhadores contratados ou transferidos para prestar serviços no exterior: se antes ela somente se referia aos trabalhadores de empresas de serviços de engenharia, consultoria, projetos, obras, montagens, gerenciamento e congêneres, agora não há essa limitação, abarcando todos os trabalhadores contratados no Brasil ou transferidos por seus empregadores para prestar serviço no exterior.

Manteve a nova ordem a exclusão da transitoriedade, considerando que a lei que rege o contrato de trabalho não será alterada pela transferência provisória até noventa dias, desde que o empregado tenha ciência expressa dessa transitoriedade e receba, além da passagem de ida e volta, diárias durante o período de trabalho no exterior. Essa ponderação tem em vista a prevalência de uma única legislação a todo o contrato de trabalho e, pois, a resposta à segunda pergunta posta na introdução seria a de que a legislação aplicável continuaria sendo a brasileira.

Por causa dessa alteração legislativa e seguindo a evolução jurisprudencial que já vinha se instalando em suas decisões, o Tribunal Superior do Trabalho, por meio da Resolução n. 181, de 16 de abril de 2012, cancelou a Súmula n. 207. Não houve indicação de precedentes na Resolução que cancelou a referida Súmula. Sabemos, contudo, que o *leading case* que levou à mudança de posição pelo Pleno do TST foi o caso n. RR-219000-93.2000.5.01.0019, cuja decisão unânime da SDI-1 concluiu, em magnífico Acórdão, que seria necessário encontrar uma coerência sistêmica que leve em consideração tanto os princípios mais fundamentais aplicáveis ao caso quanto à história institucional, refletida tanto na jurisprudência quanto na legislação.

A partir desses pressupostos, considero aplicável à hipótese a legislação mais favorável ao trabalhador — no caso, a brasileira, como fixado no acórdão embargado.

As recentes construções jurisprudenciais, que têm afastado a aplicação da Súmula n. 207 desta Eg. Corte, assim como as alterações legislativas que estenderam os direitos previstos na Lei n. 7.064/82 a todos os trabalhadores que passarem a prestar serviços no exterior, indicam a prevalência do princípio da norma mais favorável sobre o princípio da territorialidade. Essa tendência também tem sido verificada no ordenamento jurídico de outros países.[8]

Por meio desta decisão, foram assegurados direitos trabalhistas da lei brasileira ao trabalhador contratado no Brasil e que prestou serviços a subsidiária de empresa nacional no exterior, contrariando, assim, o entendimento da Súmula n. 207, que já se revelava insuficiente para resolver os conflitos dessa natureza. Poucos meses depois, em abril de 2012, a Súmula n. 207 seria então cancelada pela Resolução n. 181 do TST.

Significa esse cancelamento que o princípio da *lex loci executionis* foi abolido do Direito do Trabalho? Definitivamente, não! Em algumas situações, ele continua a ser aplicado. Exemplo disso é o caso de um trabalhador contratado em um país e que presta serviços nele. Não se cogitará, aqui, de aplicação de direito estrangeiro, ainda que mais favorável. Outro exemplo de aplicação do princípio da territorialidade, embora não se cuide de transferência para o exterior, é o do trabalhador contratado em um estado da federação brasileira para trabalhar em outro. Como regra geral, será aplicada a norma coletiva (convenção ou acordo coletivo) vigente no local da prestação de serviços.[9]

Contudo, a partir do cancelamento da referida Súmula, consagrou-se o entendimento de que o trabalhador contratado no Brasil e transferido para o estrangeiro será regido pela norma mais favorável, respeitado o conjunto de normas em relação a cada matéria (teoria do conglobamento mitigado).[10] Consequentemente, há aplicação

---

16.11.2011, relatora Ministra Dora Maria da Costa, 8ª Turma, DEJT 18.11.2011; RR-51300-47.2007.5.10.0003, julgamento: 7.3.2012, relator Desembargador Convocado Flavio Portinho Sirangelo, 3ª Turma, DEJT 16.3.2012; TST - RR-108600-78.2007.5.05.0011, relator Ministro Márcio Eurico Vitral Amaro, 8ª Turma, DEJT 13.4.2012.

(8) Perante a SDI-1 do TST, a relatora foi a ministra Maria Cristina Irigoyen Peduzzi (decisão publicada em outubro de 2011). O mesmo caso já havia sido apreciado pela 4ª Turma do TST, cujo Acórdão, da lavra da ministra Maria de Assis Calsing (decisão publicada em dezembro de 2009), foi mantido. A decisão transitou em julgado após ter sido inadmitido recurso extraordinário interposto pela empresa, entendendo-se que a matéria dependia da interpretação de dispositivos infraconstitucionais.

(9) O enquadramento sindical, no Brasil, ocorre, regra geral, em função do local da prestação de serviços, ressalvadas algumas situações. Nesse sentido **CATEGORIA PROFISSIONAL. ENQUADRAMENTO SINDICAL. CONVENÇÃO COLETIVA APLICÁVEL.** Processo: AIRR – 110700-93.2009.5.03.0139, julgamento 9.5.2012, relator ministro Alberto Luiz Bresciani de Fontan Pereira, 3ª Turma, DEJT 11.5.2012.

(10) Decisão recente com essa orientação manteve o Acórdão Regional, que concluíra pela natureza salarial do adicional de transferência previsto na Lei n. 7.064/82 (AIRR – 641-86.2010.5.03.0047, julgamento: 18.4.2012, relator desembargador convocado Flavio Portinho Sirangelo, 6ª Turma, DEJT 27.4.2012). Em outra decisão, há detalhado histórico da evolução da matéria na jurisprudência: AIRR – 1047-43.2010.5.03.0036, julgamento: 23.5.2012, relator ministro Mauricio Godinho Delgado, 3ª Turma, DEJT 25.5.2012.

da OJ n. 232 da SBDI-1 do TST, que cuida da incidência do FGTS durante o período de prestação de serviços de empregado transferido para o exterior.[11]

Conclusões e perspectivas

No mundo atual, cada vez mais empresas têm sede em outros países, se transformam em multinacionais e ainda passam por fusões e aquisições. Houve aumento na migração internacional de serviços, produtos, capitais e pessoas. Não causa estranheza um trabalhador ser contratado no Brasil, aqui prestar serviços durante certo tempo e, em seguida, ser transferido e trabalhar, em períodos sucessivos, para outras sedes da empresa no exterior, em vários países distintos.

O Direito do Trabalho brasileiro, sensível às mudanças sociais, deve se adaptar, se modernizar, sem perder o postulado de proteção, sua viga mestra. Nesse sentido, a alteração do art. 1º da Lei n. 7.064, ocorrida em 2009, outorga maior proteção a todos os trabalhadores transferidos do Brasil para o exterior, ao mesmo tempo em que reconhece maior soberania às normas brasileiras, embora admita, em alguns casos, a aplicação do direito alienígena, quando mais favorável.

O cancelamento da Súmula n. 207 do Tribunal Superior do Trabalho segue essa toada e consagra a jurisprudência que já vinha se afirmando naquela Corte, mesmo antes da mudança legislativa. Firmou-se assim o entendimento de que o trabalhador contratado no Brasil e transferido para o estrangeiro será regido pela norma mais favorável, respeitado o conjunto de normas em relação a cada matéria (teoria do conglobamento mitigado).

Algumas dúvidas permanecem, porém, para serem dirimidas. Um trabalhador que seja transferido provisoriamente para os Estados Unidos ou para a Europa teria direito ao pagamento do salário equivalente aos trabalhadores congêneres americanos ou europeus? Seria possível a aplicação da norma estrangeira e não a brasileira, quanto ao valor do salário, caso aquela se mostre mais favorável ao trabalhador? Seria essa uma prática salutar anti-*dumping social*? E, sendo afirmativa a resposta, a "equiparação" estaria no "conjunto de normas em relação a cada matéria" (proteção salarial) e, pois, teria que levar em conta os critérios alienígenas ou os brasileiros? Por outro lado, se deferido o pedido de diferenças salariais, seriam elas restritas ao período de prestação do serviço no exterior, ou seriam elas consideradas integradas ao salário e, pois, atrairiam a incidência do princípio da irredutibilidade salarial?

Outra ambiguidade prática que poderá ser objeto de exame dos tribunais se refere à questão da transferência permanente: se o empregado é transferido definitivamente para o exterior, aplica-se a Lei n. 7.064 (norma mais favorável), a legislação brasileira ou a legislação territorial? A partir da transferência ou vencidos os três anos previstos na letra *"a"* do parágrafo único do art. 7º da Lei n. 7.064? Haveria ruptura do contrato brasileiro e posterior formalização do contrato estrangeiro?

Por outro lado, aos altos empregados que trabalham no exterior seria possível negociar qual o direito aplicável aos respectivos contratos? Ou a eles também se aplicaria o princípio da irrenunciabilidade das normas trabalhistas? E se o empregado fosse eleito para ocupar cargo na administração da empresa no estrangeiro, como na hipótese tratada pela Súmula n. 265 do TST, haveria suspensão contratual ou estaria ele ainda protegido pela Lei n. 7.064?

Por fim, imprecisão remanesce quanto à aplicação do princípio da norma mais favorável aos empregados brasileiros contratados por empresas estrangeiras para trabalhar no exterior, diretamente, sem terem prestado serviços no Brasil. Estariam eles, em princípio, enquadrados na disciplina do art. 14 da Lei n. 7.064, mas poderiam se beneficiar do art. 3º da mesma lei?

Essas e outras controvérsias correlatas fogem ao objetivo enxuto desse artigo e, de qualquer forma, permanecerão à análise percuciente e dinâmica da doutrina e dos tribunais brasileiros!

---

(11) FGTS. INCIDÊNCIA. EMPREGADO TRANSFERIDO PARA O EXTERIOR. REMUNERAÇÃO (inserida em 20.6.2001) — O FGTS incide sobre todas as parcelas de natureza salarial pagas ao empregado em virtude de prestação de serviços no exterior. Nesse sentido, RR – 151200-27.2006.5.02.0046, julgamento: 2.5.2012, relator Ministro Fernando Eizo Ono, 4ª Turma, DEJT 18.5.2012.

Súmula n. 219, III, e OJ n. 359 da SBDI-1 do TST: Efetividade da Tutela Jurisdicional Trabalhista e Substituição Processual Sindical: Análise da Recente Evolução da Jurisprudência do Tribunal Superior do Trabalho[1]

José Roberto Freire Pimenta e Raquel Betty de Castro Pimenta

Súmula n. 219: HONORÁRIOS ADVOCATÍCIOS. HIPÓTESE DE CABIMENTO (nova redação do item II e inserido o item III à redação) – Res. n. 174/2011, DEJT divulgado em 27, 30 e 31.5.2011

(...)

III – São devidos os honorários advocatícios nas causas em que o ente sindical figure como substituto processual e nas lides que não derivem da relação de emprego.

OJ n. 359 DA SBDI-1 DO TST: SUBSTITUIÇÃO PROCESSUAL. SINDICATO. LEGITIMIDADE. PRESCRIÇÃO. INTERRUPÇÃO (DJ 14.3.2008)

A ação movida por sindicato, na qualidade de substituto processual, interrompe a prescrição, ainda que tenha sido considerado parte ilegítima *"ad causam"*.

1. Introdução

A Constituição de 1.988, em seu art. 8º, inciso III, consagra a substituição processual sindical de forma ampla. No entanto o Tribunal Superior do Trabalho manteve, até o ano de 2003, sua antiga Súmula n. 310, que restringia as possibilidades da substituição processual pelos sindicatos. A partir da jurisprudência do Supremo Tribunal Federal, que reiteradamente veio reconhecendo a amplitude da substituição processual sindical, o TST optou pelo simples cancelamento, em 25.8.2003, daquele enunciado jurisprudencial, deixando relativo vácuo interpretativo.

O maior perigo, em momentos como este, em que há uma espécie de vácuo jurisprudencial, é que acabe por prevalecer, no Poder Judiciário trabalhista, a postura que caracterize "procedimentos interpretativos de esterilização ou de bloqueio" das inovações normativas, utilizados pelos intérpretes de forma deliberada ou até mesmo inconsciente, ou uma "interpretação retrospectiva", em que a nova norma é lida como se não passasse de repetição da norma antiga que veio a substituir (ou seja, lê-se a norma nova como se fosse o espectro da anterior), impedindo-se qualquer mudança significativa que o legislador, constituinte ou não, pretendeu estabelecer[2].

É preciso, portanto, evitar que o mesmo espírito ou as mesmas soluções específicas consagradas nos vários incisos da antiga Súmula n. 310 do TST continuem a prevalecer nas decisões judiciais futuras, esvaziando por completo, como até recentemente aconteceu, a substituição processual sindical ampla que o legislador constituinte induvidosamente pretendeu consagrar em 1988.

Defende-se a amplitude da substituição processual sindical como forma de dar maior efetividade à tutela jurisdicional trabalhista, reafirmar o importante papel dos sindicatos na democracia brasileira e proporcionar um verdadeiro acesso à Justiça, entendido como o acesso a uma ordem jurídica justa.

O presente trabalho se propõe ao estudo do tema da substituição processual sindical analisando a recente evolução da jurisprudência do Tribunal Superior do Trabalho relativa ao tema, notadamente de sua Subseção I da Seção Especializada em Dissídios Individuais[3], especialmente a edição, em 2008, da Orientação Jurisprudencial 359 da SBDI-1 e a inserção, em 2011, do item III em sua Súmula n. 219. Serão registrados os importantes avanços, nestes últimos anos, no mesmo sentido inovador aqui preconizado. Por fim, foram identificados outros pontos polêmicos

---

(1) Adaptação de trechos do artigo "Efetividade da tutela jurisdicional trabalhista e substituição processual sindical: análise da recente evolução da jurisprudência do Tribunal Superior do Trabalho", publicado na *Revista do Tribunal Regional do Trabalho da 3ª Região*, Belo Horizonte, v. 54, n. 84, p. 157-177, jul./dez. 2011. Remetemos o leitor ao artigo completo, que trata do tema de forma mais abrangente, notadamente ao que se refere às bases sociológica, constitucional e processual da substituição processual sindical e à necessidade de ampliação do uso da tutela metaindividual para o combate à inefetividade da tutela jurisdicional atomizada.

(2) As expressões são de José Carlos Barbosa Moreira, em lúcido e premonitório trabalho que publicou logo após a promulgação da Constituição democrática de 1988 (O Poder Judiciário e a efetividade da nova Constituição. *Revista Forense*, Rio de Janeiro, v. 304, p. 151-155, dez. 1988). Neste trabalho, advertia para os perigos de que suas normas mais avançadas acabassem por tornar-se letra morta pela via hermenêutica.

(3) A SBDI-1 é o órgão fracionário do TST que, nos termos dos arts. 894, II, da CLT, 1º e 3º, III, "b", da Lei n. 7701/88 (na redação que lhe foi dada pela Lei n. 11.496/07) e 71, II, de seu Regimento Interno, é competente para uniformizar, em última instância, a sua jurisprudência, através do julgamento do recurso de embargos, interposto contra decisões divergentes de suas Turmas, ou destas que divirjam de decisão da Seção de Dissídios Individuais, de Orientação Jurisprudencial ou de Súmula.

ainda não dirimidos pela citada jurisprudência e que os operadores do Direito devem enfrentar de agora em diante, à luz dos princípios expostos.

2. Substituição processual sindical: aspectos processuais

O processo civil tradicional, de cunho individualista, sempre considerou absolutamente natural restringir a legitimação para agir, elevada à categoria de *condição da ação*, àquele que se afirme o titular do direito ou interesse que se busca tutelar através da demanda judicial por ele proposta.

A substituição processual, ao revés, consiste em se atribuir a alguém que não se afirma o titular daquele direito ou interesse esta legitimação *ad causam*, mas sempre no interesse daquele a quem se atribui a titularidade daquele bem da vida; ou seja, nela o substituto processual age em Juízo em nome próprio, mas na defesa de direito ou interesse alheio (do substituído processual).

Tal mecanismo, em um modelo processual individualista e que não cogita de qualquer forma de tutela metaindividual, só poderia mesmo ser visto como algo extraordinário e admissível apenas em casos excepcionais, como se reflete na redação do art. 6º do CPC (o qual, diga-se de passagem, parece ter influenciado a interpretação do preceito constitucional consagrado no inciso III do art. 8º da Constituição de 1988, numa inadequada inversão hermenêutica da pirâmide normativa).

Agora, com a priorização da tutela coletiva (ou metaindividual) sobre a tutela individual no próprio sistema processual comum, após as recentes reformas processuais civis (Lei da Ação Civil Pública, Código de Defesa do Consumidor e arts. 287 e 461 do CPC, especialmente), assiste-se ao abandono e à superação do paradigma da legitimação individual para a causa (vinculada àquele que se afirma o titular do direito vindicado em Juízo).

Assim, a substituição processual sindical desponta como o instrumento jurídico que confere legitimidade ativa ao sindicato profissional para defender em juízo os direitos individuais homogêneos (isto é, os que têm origem comum) dos trabalhadores da categoria, perante o empregador que eventualmente os esteja desrespeitando.

Note-se que tais direitos são apenas "acidentalmente coletivos" (e não "essencialmente ou ontologicamente coletivos", nas felizes expressões de José Carlos Barbosa Moreira[4]), recebendo tratamento processualmente unificado (metaindividual) exclusivamente por razões de economia processual e de política judiciária.

Os interesses individuais da categoria profissional têm, necessariamente, uma dimensão transindividual, causa de ser, aliás, do surgimento das entidades sindicais e de seu reconhecimento e sua valorização, nos Estados Democráticos de Direito; por isso mesmo, aliás, pode-se afirmar que a função institucional dos sindicatos na sociedade democrática constitui a fonte material da substituição processual trabalhista.

A consagração da substituição processual sindical no inciso III do art. 8º da Constituição teve vários e importantes significados.

A elevação ao patamar constitucional do preceito antes já estabelecido no art. 513, "a", da CLT obriga o intérprete a lhe fazer uma nova leitura, consentânea com o sistema e os demais princípios da nova ordem constitucional (por exemplo, com o primado do valor do trabalho, com a garantia da liberdade sindical e com o princípio da efetividade da tutela jurisdicional), que lhe amplie os efeitos e não os restrinja demasiadamente.

Trata-se, aqui, de dar expressão prática ao princípio da hermenêutica constitucional da máxima efetividade, pelo qual o intérprete, diante de várias possibilidades interpretativas, deve sempre optar por aquela que confira à norma constitucional a maior efetividade possível.

Ademais, essa consagração da substituição processual no plano constitucional também a transforma em verdadeira garantia constitucional, com todas as consequências hermenêuticas daí decorrentes (principalmente a necessidade de subordinar a interpretação de todas as demais normas infraconstitucionais ao sentido que empreste a esta norma constitucional o maior rendimento possível).

Não se pode mais considerar, em sede trabalhista, essa substituição processual uma modalidade de legitimação extraordinária ou anômala da entidade sindical: trata-se de uma legitimação *ad causam* ordinária e autônoma, a qual, se presentes os requisitos que autorizam a tutela metaindividual dos direitos por seu intermédio, será concorrente à legitimidade de agir do próprio trabalhador que se afirma o titular do direito trabalhista; trata-se, aqui, de uma nova concepção de legitimação ordinária.

Além disso, a substituição processual trabalhista não mais se confunde com a substituição processual civil (normalmente decorrente da interdependência entre o direito material do substituto que este indiretamente busca proteger através da defesa, em Juízo, do direito material do substituído). A entidade sindical não está, neste caso, protegendo qualquer direito material próprio;

---

(4) MOREIRA, José Carlos Barbosa. Ações coletivas na Constituição Federal de 1988. In: *Revista de Processo*, São Paulo, Revista dos Tribunais, v. 61, jan./mar. 1991, p. 187-200.

esta decorre diretamente de uma opção do legislador constituinte, claramente determinada *pelo interesse público de tutelar os direitos individuais homogêneos* da categoria dos trabalhadores representada pelo respectivo sindicato.

Por outro lado, a própria razão de ser da instituição da substituição processual sindical pelo inciso III do art. 8º da CR/88 (a necessidade de propiciar a tutela metaindividual dos direitos trabalhistas individuais dos integrantes da categoria representada pelo sindicato) afasta a possibilidade de que ela seja utilizada para a proteção de um único trabalhador ou de um número pouco expressivo deles e, por outro lado, para a defesa de direitos individuais absolutamente heterogêneos — é que, em tais casos, não haveria qualquer vantagem significativa, nem para a coletividade dos trabalhadores e nem para a maior efetividade da jurisdição.

2.1. A disciplina infraconstitucional da substituição processual sindical

Apesar do disposto no § 1º do art. 5º da Constituição (que estabelece que as normas definidoras dos direitos e das garantias fundamentais têm aplicação imediata), há aqueles que ainda exigem a existência de lei expressa autorizando a atuação dos sindicatos como substitutos processuais.

Basta indicar, então, o art. 3º da Lei n. 8.073, de 30.7.1990 (que estabelecia a política nacional de salário e dava outras providências), o único que não tratava de salários e não foi vetado pelo presidente da República de então: "Art. 3º. As entidades sindicais poderão atuar como substitutos processuais dos integrantes da categoria."

Se isso não bastar, é perfeitamente aplicável ao processo do trabalho, à luz dos critérios estabelecidos pelo art. 769 da CLT, o Código de Defesa do Consumidor, aprovado pela Lei n. 8.076/90.

Esse diploma legal conceitua, em seu art. 81 e seu parágrafo único, os direitos difusos, coletivos e individuais homogêneos, e estabelece, em seu art. 82, os legitimados a exercer a defesa metaindividual dos interesses dos titulares desses direitos, apontando, no inciso IV, as entidades destinadas à defesa dos interesses e direitos metaindividuais (categoria em que se enquadram os sindicatos).

Importante a previsão do art. 83, segundo a qual são admissíveis todas as espécies de ações capazes de propiciar a adequada e efetiva tutela dos direitos difusos, coletivos ou individuais homogêneos.

Também merecem destaque os arts. 91 a 100 (com adaptações), do seu Título III ("Da defesa do consumidor em Juízo"), que tratam das ações para a defesa de direitos individuais homogêneos.

A aplicação subsidiária do CDC às ações coletivas no âmbito trabalhista é de grande relevância e auxilia sobremaneira a atuação eficaz dos sindicatos como substitutos processuais dos trabalhadores que representa, em que pese a resistência doutrinária e jurisprudencial que ainda existe em relação a sua aplicabilidade ao processo trabalhista.

2.2. Pressupostos objetivos da substituição processual sindical

Para tornar possível a substituição processual sindical, são apontados alguns pressupostos objetivos.

O primeiro deles é a origem comum (de fato ou de direito) dos direitos individuais dos integrantes da categoria, que, segundo Watanabe[5], não significa uma unidade factual e temporal.

De acordo com Ada Pelegrini Grinover[6], a origem comum (causa) pode ser próxima ou remota; próxima, ou imediata, como no caso de um acidente de trabalho típico (uma explosão no ambiente de trabalho), que vitimou diversas pessoas; ou remota, mediata, como no caso de um dano à saúde do trabalhador, imputado a condições de trabalho nocivas, mas que pode ter tido como causa próxima as condições pessoais do trabalhador ou o uso inadequado dos equipamentos de proteção individual. Quanto mais remota for a causa, menos homogêneos serão os direitos.

A autora adverte que a origem comum — sobretudo se for remota — pode não ser suficiente para caracterizar a homogeneidade, já que não há homogeneidade entre situações de fato ou de direito sobre os quais as características pessoais de cada um atuam de modo completamente diferente (ex.: doenças profissionais legalmente equiparadas a acidentes de trabalho). Ainda, para caracterizar ou não a existência de *homogeneidade*, considera necessário estar presente a "prevalência dos interesses comuns e dos aspectos coletivos da demanda" ou a "prevalência das questões comuns sobre as individuais".

Em seguida, deve haver um número razoável de interessados, que justifique a tutela coletiva, por sua superioridade, ou seja, sua maior efetividade em relação às demandas individuais, aferida conforme os seguintes critérios: a *prevalência* das questões de direito e de fato

---

(5) WATANABE, Kazuo. Tutela antecipatória e tutela específica das obrigações de fazer e não fazer (arts. 273 e 461 do CPC). In: TEIXEIRA, Sálvio (Coord.). *Reforma do código de processo civil*. São Paulo: Saraiva, 1996.

(6) GRINOVER, Ada Pelegrini. Da *class action for damages* à ação de classe brasileira: os requisitos de admissibilidade. In: *Revista de Processo*, 101, p. 20-21, jan./mar. 2001.

comuns sobre as questões de direito ou de fato individuais; e a *superioridade* da tutela coletiva sobre a individual, em termos de justiça e de eficácia da sentença.

Ada Pelegrini Grinover esclarece que "o espírito geral da regra está informado pelo princípio do acesso à justiça, desdobrado em duas vertentes: facilitar o tratamento processual de causas pulverizadas, que seriam individualmente muito pequenas, e de obter a maior eficácia possível das decisões judiciárias. E, ainda, resguardar a economia de tempo, esforços e despesas e de assegurar a uniformidade das decisões."

3. Análise da jurisprudência do Tribunal Superior do Trabalho

Apesar de todo o avanço jurisprudencial na questão da amplitude da substituição processual sindical, a doutrina e a jurisprudência trabalhistas ainda resistem a essa interpretação ampla, por uma série de razões, listadas por Ben-Hur Silveira Claus[7].

De acordo com este autor, motivo importante para essa resistência é a vinculação à perspectiva liberal do processo civil clássico (individualista, do século XIX), que nem sequer existe mais hoje no Brasil, depois das amplas reformas processuais que se iniciaram na década de 80 do século passado.

Em seguida, temos o desvalor social do trabalho, na prática, em afronta ao princípio contrário constitucionalmente consagrado, aliado a um preconceito (velado) contra os sindicatos dos trabalhadores e as possibilidades de ampliação de sua atuação.

No mais, pode-se apontar a formação teórica dos doutrinadores e dos operadores do Direito em geral, que consideram ainda como *excepcional* a substituição processual, e as dificuldades procedimentais, nas fases de cognição, de liquidação e de execução.

Em decorrência desta resistência à amplitude da substituição processual sindical, é possível identificar na prática cotidiana questões polêmicas, que merecem atenção dos processualistas e dos magistrados trabalhistas.

Serão apontados problemas que ainda estão sendo discutidos no âmbito do TST, sem a pretensão de apresentar soluções, pretendendo apenas identificar as dificuldades que a prática judicante ainda está solucionando em ações de substituição processual.

3.1. Honorários advocatícios em favor dos substitutos

Até maio de 2011, a posição predominante na SBDI-1 do TST (embora contra o entendimento de uma expressiva minoria) era no sentido de que, para se assegurar ao sindicato substituto processual o direito à percepção de honorários advocatícios, não seria suficiente a mera sucumbência, mas deveria estar presente o requisito suplementar da insuficiência financeira dos substituídos, conforme ainda preconiza para os processos trabalhistas em geral, aliás, a OJ n. 305 da SbDI-I[8].

Dessa forma, entendia-se que, para fazer jus à percepção dos honorários assistenciais, o sindicato que optasse por não apresentar o rol de substituídos (até mesmo como forma de proteção aos trabalhadores) deveria indicá-los na fase de liquidação da sentença coletiva e genérica que lhe houvesse sido favorável na fase de conhecimento e, nessa ocasião, alegar a hipossuficiência dos substituídos[9].

Se, no entanto, o sindicato já houvesse trazido o rol dos substituídos junto com a petição inicial, deveria alegar a sua hipossuficiência ainda na fase de conhecimento (mesmo que não tivesse sido com a petição inicial, o deveria fazê-lo antes da sentença condenatória), sob pena de preclusão. A declaração da insuficiência financeira de todos ou de parte dos substituídos poderia ser feita pelo próprio advogado constituído pelo sindicato[10].

Em ambos os casos (com ou sem a apresentação do rol de substituídos na fase de conhecimento), não se exigia que o sindicato houvesse outorgado a seu advogado, na procuração respectiva, poderes especiais para fazer tal declaração de pobreza em nome dos trabalhadores substituídos.

Toda essa discussão, no entanto, foi superada em maio de 2011, após os amplos debates no âmbito interno do Tribunal Superior do Trabalho realizados na denominada

---

(7) CLAUS, Ben-Hur Silveira. *Substituição processual trabalhista:* uma elaboração teórica para o instituto. São Paulo: LTr, 2003. p. 88-101.

(8) Como exemplo, o RR – 649/2004-751-04-00, 4ª Turma do TST, de relatoria do Ministro Barros Levenhagen, DJ 4.4.2008. Disponível em: <www.tst.jus.br>. Acesso em: 20 abr. 2011.

(9) Como exemplo, os arestos da 2ª Turma do TST: RR – 74600-15.2005.5.03.0064, de lavra do Ministro Renato de Lacerda Paiva, DJ 8.9.2010; RR – 21100-14.2004.5.05.0161, de relatoria do Ministro Guilherme Augusto Caputo Bastos, DJ 6.10.2010; e RR – 65100-43.2007.5.03.0099, também de lavra do Ministro Guilherme Augusto Caputo Bastos, DJ 23.3.2011. Disponível em: <www.tst.jus.br>. Acesso em: 27 abr. 2011.

(10) O precedente que consagrou este entendimento foi a decisão proferida no processo E-ED-RR-118600-65.2003.5.02.0463, julgado no âmbito da SBDI-1, em acórdão de lavra do Ministro Horário Senna Pires, julgado em 8.4.2010. Neste mesmo sentido foram os subsequentes julgamentos da SBDI-1 E-RR-140100-85.2004.5.04.0403, de relatoria da Ministra Rosa Maria Weber, DJ 23.9.2010 e E-ED-RR-18643-09.2004.5.05.0161, de relatoria do Ministro Luiz Philippe Vieira de Mello Filho, DJ 29.6.2010. Disponíveis em: <www.tst.jus.br>. Acesso em: 27 abr. 2011.

"Semana do TST", e que resultaram na aprovação, em sessão plenária, de sua Resolução n. 174 de 2011, que inseriu o item III na Súmula n. 219 do TST, *in verbis*:

> Súmula n. 219 do TST
>
> **HONORÁRIOS ADVOCATÍCIOS. HIPÓTESE DE CABIMENTO** (nova redação do item II e inserido o item III à redação) – Res. n. 174/2011, DEJT divulgado em 27, 30 e 31.5.2011
>
> (...)
>
> III – São devidos os honorários advocatícios nas causas em que o ente sindical figure como substituto processual e nas lides que não derivem da relação de emprego.

Como se pode facilmente depreender da redação desse novo item da referida Súmula, o Tribunal Superior do Trabalho, em significativa alteração de sua jurisprudência predominante, passou a entender que, nas causas em que o ente sindical figure como substituto processual e ao contrário das demais ações trabalhistas, os honorários advocatícios em favor da parte vencedora passaram a ser considerados devidos pela pura e simples sucumbência da parte vencida, nos mesmos moldes do que já ocorre nos casos das lides que não derivem da relação de emprego que passaram à competência material da Justiça do Trabalho por força da alteração da redação do art. 114 da Constituição da República promovida pela Emenda Constitucional n. 45/2004 e exatamente como estabelecem o art. 20, *caput*, e seus §§ 3º e 4º do vigente Código de Processo Civil[11], tornando absolutamente desnecessária e irrelevante a afirmação e a discussão sobre a hipossuficiência econômica dos trabalhadores substituídos.

A clara intenção desse indiscutível avanço jurisprudencial, além de ampliar os casos de concessão dessa verba honorária e de simplificar as discussões sobre a matéria no âmbito de cada processo, foi incentivar a utilização do instituto da substituição processual pelas entidades sindicais de trabalhadores de nosso país, como instrumento de promoção e de facilitação do imediato acesso à justiça por parte daqueles que ainda estão no curso de seus contratos de trabalho sem que sejam expostos à possibilidade de dispensas imotivadas de cunho retaliatório, por parte de seus respectivos empregadores demandados, assegurando-lhes de forma praticamente automática e sem grandes formalidades ou obstáculos os meios necessários para fazê-lo, inclusive no tocante ao custeio das despesas do processo, nelas incluída a remuneração dos serviços dos advogados necessários à postulação em juízo[12].

Entendeu-se, portanto, ser imperioso conferir ao sindicato o direito de receber os honorários advocatícios nas demandas em que atuar como substituto processual,

---

(11) Constituição Federal (Redação dada pela Emenda Constitucional n. 45, de 2004):
Art. 114: Compete à Justiça do Trabalho processar e julgar:
I – as ações oriundas da relação de trabalho, abrangidos os entes de direito público externo e da administração pública direta e indireta da União, dos Estados, do Distrito Federal e dos Municípios;
II – as ações que envolvam exercício do direito de greve;
III – as ações sobre representação sindical, entre sindicatos, entre sindicatos e trabalhadores, e entre sindicatos e empregadores;
IV – os mandados de segurança, habeas corpus e habeas data, quando o ato questionado envolver matéria sujeita à sua jurisdição;
V – os conflitos de competência entre órgãos com jurisdição trabalhista, ressalvado o disposto no art. 102, I, *"o"*;
VI – as ações de indenização por dano moral ou patrimonial, decorrentes da relação de trabalho;
VII – as ações relativas às penalidades administrativas impostas aos empregadores pelos órgãos de fiscalização das relações de trabalho;
VIII – a execução, de ofício, das contribuições sociais previstas no art. 195, I, *"a"*, e II, e seus acréscimos legais, decorrentes das sentenças que proferir;
IX – outras controvérsias decorrentes da relação de trabalho, na forma da lei.
Código de Processo Civil:
Art. 20. A sentença condenará o vencido a pagar ao vencedor as despesas que antecipou e os honorários advocatícios. Esta verba honorária será devida, também, nos casos em que o advogado funcionar em causa própria. (...)
§ 3º Os honorários serão fixados entre o mínimo de dez por cento (10%) e o máximo de vinte por cento (20%) sobre o valor da condenação, atendidos:
a) o grau de zelo do profissional;
b) o lugar de prestação do serviço;
c) a natureza e importância da causa, o trabalho realizado pelo advogado e o tempo exigido para o seu serviço.
§ 4º Nas causas de pequeno valor, nas de valor inestimável, naquelas em que não houver condenação ou for vencida a Fazenda Pública, e nas execuções, embargadas ou não, os honorários serão fixados consoante apreciação equitativa do juiz, atendidas as normas das alíneas *"a"*, *"b"* e *"c"* do parágrafo anterior.
(12) Conforme fundamentação adotada pelo ministro relator Lelio Bentes Correa no RR-37100-48.2008.5.05.0194, julgado em 3.2.2010. No mesmo sentido, os demais precedentes que motivaram a alteração do item III da Súmula n. 219 do TST: E-RR-735863-65.2001.5.17.5555, relator ministro José Luciano de Castilho Pereira, Data de Julgamento: 10.2.2006; e RR-701011-49.2000.5.17.5555, relator ministro Luiz Philippe Vieira de Mello Filho, Data de Julgamento: 1º.12.2006. Disponível em: <www.tst.jus.br>. Acesso em: 31 mar. 2012.

independente da exigência de comprovação da hipossuficiência de cada um dos substituídos, pois essa exigência importaria em nítida contradição e inegável retrocesso em relação a tema já superado pelo cancelamento da Súmula n. 310 do TST e pela abolição da necessidade de apresentação do rol de substituídos no decorrer da fase de cognição da ação trabalhista movida pelo substituto processual.

3.2. Substituição processual e suspensão ou interrupção da prescrição

A questão, de repercussão prática bastante relevante, foi pacificada no âmbito do TST, pela edição da Orientação Jurisprudencial 359 da SBDI-1:

> OJ N. 359 DA SBDI-1 do TST: SUBSTITUIÇÃO PROCESSUAL. SINDICATO. LEGITIMIDADE. PRESCRIÇÃO. INTERRUPÇÃO (DJ 14.3.2008)
>
> A ação movida por sindicato, na qualidade de substituto processual, interrompe a prescrição, ainda que tenha sido considerado parte ilegítima "ad causam".

A interrupção da prescrição ocorre em situações em que o titular do direito não se mostrou inerte quanto ao exercício de sua pretensão, sem que se possa cogitar de sua negligência para a preservação de seu direito[13].

Nos casos em que o sindicato, na condição de substituto processual, atua em nome dos substituídos na defesa dos seus direitos e interesses, nos moldes do art. 8º, III, da Constituição, não há como se exigir que, mesmo depois do ajuizamento dessas ações metaindividuais, os trabalhadores ajuízem reclamações individuais para interromper o curso do prazo prescricional em relação a suas respectivas pretensões.

Com efeito, uma das finalidades da substituição processual é a preservação dos beneficiários do provimento jurisdicional perseguido contra as pressões que podem advir do evidente estado de hipossuficiência em que se encontram na relação de trabalho ainda em curso, no momento de ajuizamento da reclamação trabalhista necessária para a defesa de seus correspondentes direitos individuais homogêneos. Assim, como ressaltado nos precedentes que ensejaram a edição da OJ n. 359, a postulação, por intermédio da entidade de classe, desonera o trabalhador do ônus de enfrentar seu empregador em juízo, individualmente. Nesse sentido, a defesa coletiva de direitos deve ser incentivada, como meio de ampliar o acesso à justiça dos cidadãos-trabalhadores[14].

Seguindo a lógica já adotada na Súmula n. 268 do TST, segundo a qual a extinção do processo sem julgamento de mérito não prejudica a interrupção da prescrição, a OJ n. 359 da SBDI-1 do TST deixou claro que a prescrição é interrompida ainda que o sindicato, atuando como substituto processual, seja considerado parte ilegítima "ad causam".

3.3. A inexigibilidade do rol de substituídos

Após ampla polêmica jurisprudencial, e uma série de decisões exigindo, do sindicato autor, a exibição do rol de trabalhadores substituídos, hoje já se pode falar em um entendimento consensual no próprio Tribunal Superior do Trabalho (TST), pela inexigibilidade desta listagem. Isso porque a substituição processual, nos moldes do art. 8º, III, da Constituição, permite que o julgamento seja estendido a todos os membros da categoria, sendo prescindível a sua individualização[15].

Por outro lado, se a listagem constou dos autos, a maioria atual da Subseção I da Seção Especializada em Dissídios Individuais (SBDI-1) do TST[16] tem entendido (com quatro ou cinco votos divergentes) que não é viável a execução (ou seja, o transporte *in utilibus*) das parcelas objeto da condenação por trabalhadores que não tenham constado deste rol de substituídos.

A contradição, *data venia*, é flagrante e terá de ser sanada de um modo ou de outro: ou se volta a se considerar indispensável o rol de substituídos (retrocedendo no entendimento acerca da amplitude da substituição processual sindical) ou se adota o ponto de vista hoje minoritário, permitindo a extensão das parcelas da condenação a todos os trabalhadores da categoria, e não apenas em favor dos que constam nas listagens apresentadas.

---

(13) TEPEDINO, Gustavo; BARBOZA, Maria Helena; MORAES, Maria Celina Bodin de. *Código Civil interpretado conforme a Constituição da República*. Vol. I: Parte geral e obrigações. Rio de Janeiro: Renovar, 2004. p. 378.

(14) Conforme voto proferido pelo ministro relator Lelio Bentes Correa no E-RR-497368-82.1998.5.01.5555, julgado em 14.12.2007. Disponível em: <www.tst.jus.br>. Acesso em: 20 abr. 2011.

(15) Como exemplo, os julgamentos proferidos nos autos do RR – 5473/2006-011-09-40.6, de relatoria do ministro Walmir Oliveira da Costa, DJ 12.12.2008 e do RR – 252/2002-007-04-40, de relatoria do ministro Vieira de Mello Filho, DJ – 4.4.2008. Disponível em: <www.tst.jus.br>. Acesso em: 20 abr. 2011.

(16) A Subseção I da Seção Especializada em Dissídios Individuais do TST – SBDI-1 – é órgão proveniente de subdivisão interna do TST, responsável pela uniformização da jurisprudência trabalhista nacional, através do julgamento dos recursos de embargos interpostos contra decisões divergentes das Turmas, ou destas que divirjam de decisão da Seção de Dissídios Individuais, de Orientação Jurisprudencial ou de Súmula do TST, além dos agravos contra despachos exarados em processos de sua competência, sendo composta por quatorze ministros. Vide arts. 894, II e 896, "a", da CLT; arts. 1º e 3º da Lei n. 7.701/88; e arts. 65, § 2º, e 71 do Regimento Interno do TST.

3.4. Renúncias, desistências e transações pelos substituídos, sem a anuência dos substitutos

Estas questões não chegam, normalmente, ao TST, tendo em vista a limitação das hipóteses de cabimento do recurso de revista.

Trata-se da análise da compatibilidade ou não entre atos de disposição de direitos individualmente praticados e demanda coletiva, na qual surgem dois campos hermenêuticos. De um lado, estão os juristas que dão prevalência à manifestação da liberdade individual do substituído; de outro, os juristas que conferem primazia à expressão coletiva da vontade da categoria, representada pelo sindicato.

Sobre o tema, Nadia Soraggi Fernandes[17] esclarece que, para os juristas que admitem a validade dos atos de disposição de direitos praticados pelo substituído, trata-se de respeitar seu inalienável direito de deliberar sobre seus próprios interesses, sem apagar a individualidade dos interessados substituídos.

No segundo campo interpretativo, a autora explica que há juristas que recusam eficácia à desistência, renúncia ou transação pelo substituído apoiando-se, na esfera processual, no conceito de parte em sentido formal (já que o sindicato é o autor da ação). No âmbito substancial, argumentam que a vontade individual não deve sobrepor-se ao interesse coletivo, sob pena de fragmentar e fragilizar a atuação sindical, com prejuízo aos vários e elevados objetivos para cuja consecução a ação coletiva foi concebida: dar maior efetividade aos direitos sociais, possibilitar o acesso em massa à jurisdição, bem como assegurar a economia e celeridade processuais, a uniformidade das decisões e a utilidade dos atos processuais.

Ademais, outro importante argumento utilizado por esta corrente encontra-se fundamentado nos princípios da indisponibilidade e da irrenunciabilidade dos direitos trabalhistas, que restariam substancialmente esvaziados, na prática.

A solução mais consentânea com a natureza indisponível e alimentar dos direitos trabalhistas (em sua grande maioria, direitos fundamentais sociais) nos parece a seguinte: em princípio, não admitir a renúncia pura e simples dos direitos, antes do trânsito em julgado, e na fase de execução, admiti-la, mas prosseguir a execução em favor do FAT (Fundo de Amparo ao Trabalhador), por exemplo; não admitir a desistência, a não ser em casos excepcionais, e sempre só antes do trânsito em julgado da decisão condenatória; permitir a transação com muito cuidado, admitindo-se a homologação dos acordos dos substituídos após a oitiva e a concordância da entidade sindical que atua como substituto processual e com rigoroso controle da razoabilidade de seu conteúdo, para evitar acordos lesivos.

3.5. Litispendência e coisa julgada entre as ações coletivas e eventuais ações individuais dos substituídos

Em relação a este tema, o entendimento predominante, hoje, na SbDI-I do TST (embora com uma importante minoria divergente, de cinco a seis ministros), é no sentido de não aplicar a sistemática do art. 104 do CDC (*opt in* e *opt out*) e considerá-las sempre configuradas, se houver a tríplice identidade material (ou seja, não é relevante a diferença, apenas, do autor da ação metaindividual)[18].

Nas ações em que o sindicato substituto processual já apresentou o rol de substituídos, entende-se que o processo faz litispendência e coisa julgada em relação aos substituídos que constam do rol. Nestes casos, o TST não admite a inclusão de outros substituídos na fase de execução, por entender que se trataria de uma extrapolação dos limites subjetivos da lide[19].

3.6. Direitos individuais homogêneos

A discussão referente à legitimidade ativa dos sindicatos ou do Ministério Público do Trabalho para a defesa de direitos individuais homogêneos dos membros de uma categoria profissional é praticamente a mesma, já que ambos são entidades com atribuição legal de defesa dos direitos metaindividuais dos trabalhadores.

A SBDI-I do TST, por maioria, admite a possibilidade de atuação do Ministério Público do Trabalho, em sede de ação civil pública, para a defesa de direitos individuais homogêneos (em verdadeira substituição processual).

Muito se discutem os efeitos da coisa julgada decorrente de acordo já homologado ou decisão definitiva em ação coletiva sem rol de substituídos em oposição à manifestação individual de um trabalhador substituído dizendo

---

(17) FERNANDES, Nadia Soraggi. A substituição processual na esfera trabalhista. In: PIMENTA; José Roberto Freire et all. *Tutela metaindividual trabalhista – a defesa coletiva dos direitos dos trabalhadores em juízo*. São Paulo: LTr, 2009. p. 104-106.

(18) A questão ficou decidida a partir do julgamento do E-RR – 510846-11.1998.5.10.5555, pela SBDI-1, em sessão realizada em 27.11.2008, em acórdão de lavra do ministro Aloysio Corrêa da Veiga. No mesmo sentido, a decisão proferida no E-RR – 7769000-59.2003.5.02.0900, de relatoria da ministra Maria de Assis Calsing, DJ 2.4.2009. Disponível em: <www.tst.jus.br>. Acesso em: 27 abr. 2011.

(19) Como exemplo, o julgamento no E-ED-RR-9869540-32.2006.5.09.0011, em acórdão de relatoria da ministra Maria Cristina Irigoyen Peduzzi, DJ 20.5.2010. Disponível em: <www.tst.jus.br>. Acesso em: 27 abr. 2011.

que não concorda com o *quantum* objeto do acordo ou da decisão e deseja receber mais, conforme ação individual já ajuizada ou que pretende ajuizar, por advogado particular.

Neste caso, o acolhimento da litispendência ou da coisa julgada resolve o dilema, e o TST vem decidindo pela extinção sem resolução de mérito da ação ajuizada posteriormente, em relação ao trabalhador que individualmente se manifesta na ação coletiva, entendimento este contrário ao disposto nos arts. 103 e 104 do Código de Defesa do Consumidor.

4. Considerações finais: as vantagens concretas advindas da ampliação do uso da substituição processual sindical

Este trabalho destaca a importância e a necessidade da utilização ampla do instituto da substituição processual sindical, por trazer uma série de vantagens à concretização dos direitos trabalhistas em nosso país.

É possível afirmar que a ampliação do uso da substituição processual sindical acarreta na otimização da função jurisdicional, pela expressiva diminuição das múltiplas demandas individuais idênticas e repetitivas e pelo incentivo, a médio prazo, do cumprimento espontâneo das obrigações trabalhistas por seus destinatários.

No mais, promove o aumento da força prática e extraprocessual da decisão judicial metaindividual (se procedente, não há como o reclamado tentar explorar, em primeiro e em segundo graus, a existência de numerosas decisões judiciais divergentes; se improcedente, o precedente negativo desestimulará novas ações idênticas).

Com a utilização da substituição processual pelos sindicatos, há expressiva diminuição das vantagens, para os empregadores, do descumprimento maciço e reiterado das normas trabalhistas e o correspondente aumento do risco de uma condenação de valor expressivo, que abranja todos os lesados.

Com isso, ocorre o reforço da ação sindical em prol do pleno e tempestivo cumprimento das normas trabalhistas, preservando e acentuando o caráter democrático do Direito do Trabalho. A substituição processual sindical tem por escopo, exatamente, efetivar a garantia constitucional do acesso à Justiça na esfera trabalhista.

Ademais, torna-se concreta a possibilidade de se ajuizar reclamações trabalhistas contra lesões cometidas contra os trabalhadores quando estes ainda se encontram com seus contratos de trabalho em curso, com diminuição da pressão dos empregadores contra cada um deles (principalmente se for eliminada a possibilidade de desistência ou de renúncia no curso da demanda metaindividual).

Por fim, e em síntese, o uso amplo da substituição processual sindical permite a concretização do princípio da efetividade da tutela jurisdicional trabalhista, com significativos efeitos sobre o conteúdo real dos direitos trabalhistas constitucionais e infraconstitucionais consagrados no ordenamento jurídico brasileiro. Reconhecendo-se os importantes avanços registrados na jurisprudência do Tribunal Superior do Trabalho após o cancelamento de sua Súmula n. 310 e especialmente nos últimos anos, espera-se que esse processo de renovação continue e se aprofunde ainda mais, de forma a restaurar a sua posição tradicional de instrumento de preservação do Direito do Trabalho brasileiro e de concretizador dos direitos fundamentais sociais constitucionalmente prometidos a todos os trabalhadores de nosso país.

Referências bibliográficas

BATALHA, Wilson de Souza Campos. A substituição processual e o Enunciado TST n. 310. *In: Revista LTr*, São Paulo, v. 57, n. 6, p. 661, jun. 1993.

BRASIL. Câmara dos Deputados. *Projeto de Lei n. 8.046 de 2010*. Anteprojeto do Novo Código de Processo Civil. Disponível em: <www.camara.gov.br>. Acesso em: 24 abr. 2011.

BRASIL. Tribunal Superior do Trabalho. Processo: E-ED-RR-118600-65.2003.5.02.0463, relator Ministro Horário Senna Pires, Data de Julgamento: 8.4.2010. Disponível em: <www.tst.jus.br>. Acesso em: 27 abr. 2011.

BRASIL. Tribunal Superior do Trabalho. Processo: E-ED-RR-18643-09.2004.5.05.0161, relator Ministro Luiz Philippe Vieira de Mello Filho, Data de Julgamento: 29.6.2010. Disponível em: <www.tst.jus.br>. Acesso em: 27 abr. 2011.

BRASIL. Tribunal Superior do Trabalho. Processo: E-ED-RR-9869540-32.2006.5.09.0011, relatora Ministra Maria Cristina Irigoyen Peduzzi, Data de Julgamento: 20.5.2010. Disponível em: <www.tst.jus.br>. Acesso em: 27 abr. 2011.

BRASIL. Tribunal Superior do Trabalho. Processo: E-RR-140100-85.2004.5.04.0403, relatora Ministra Rosa Maria Weber, Data de Julgamento: 23.9.2010. Disponível em: <www.tst.jus.br>. Acesso em: 27 abr. 2011.

BRASIL. Tribunal Superior do Trabalho. Processo: E-RR-497368-82.1998.5.01.5555, relator Ministro Lelio Bentes Corrêa, Data de Publicação: 14.12.2007. Disponível em: <www.tst.jus.br>. Acesso em: 27 abr. 2011.

BRASIL. Tribunal Superior do Trabalho. Processo: E-RR-510846-11.1998.5.10.5555, relator Ministro Aloysio Corrêa da Veiga, Data do Julgamento: 27.11.2008. Disponível em: <www.tst.jus.br>. Acesso em: 27 abr. 2011.

BRASIL. Tribunal Superior do Trabalho. Processo: E-RR-735863-65.2001.5.17.5555, relator Ministro José Luciano de Castilho Pereira, Data de Julgamento: 10.2.2006. Disponível em: <www.tst.jus.br>. Acesso em: 31 mar. 2012.

BRASIL. Tribunal Superior do Trabalho. Processo: E-RR-7769000-59.2003.5.02.0900, relatora Ministra Maria de Assis Calsing, Data do Julgamento: 2.4.2009. Disponível em: <www.tst.jus.br>. Acesso em: 27 abr. 2011.

BRASIL. Tribunal Superior do Trabalho. Processo: RR-21100-14.2004.5.05.0161, relator Ministro Guilherme Augusto Caputo Bastos, Data do Julgamento: 6.10.2010. Disponível em: <www.tst.jus.br>. Acesso em: 27 abr. 2011.

BRASIL. Tribunal Superior do Trabalho. Processo: RR-252/2002-007-04-40, relator Ministro Luiz Philippe Vieira de Mello Filho, Data do Julgamento: 4.4.2008. Disponível em: <www.tst.jus.br>. Acesso em: 20 abr. 2011.

BRASIL. Tribunal Superior do Trabalho. Processo: RR-37100-48.2008.5.05.0194, relator Ministro Lelio Bentes Correa, Data de Julgamento: 3.2.2010. Disponível em: <www.tst.jus.br>. Acesso em: 31 mar. 2012.

BRASIL. Tribunal Superior do Trabalho. Processo: RR-5473/2006-011-09-40.6, relator Ministro Walmir Oliveira da Costa, Data do Julgamento: 12.12.2008. Disponível em: <www.tst.jus.br>. Acesso em: 20 abr. 2011.

BRASIL. Tribunal Superior do Trabalho. Processo: RR-649/2004-751-04-00, relator Ministro Barros Levenhagen, Data do Julgamento: 4.4.2008. Disponível em: <www.tst.jus.br>. Acesso em: 20 abr. 2011.

BRASIL. Tribunal Superior do Trabalho. Processo: RR-65100-43.2007.5.03.0099, relator Ministro Guilherme Augusto Caputo Bastos, Data do Julgamento: 23.3.2011. Disponível em: <www.tst.jus.br>. Acesso em: 27.4.2011.

BRASIL. Tribunal Superior do Trabalho. Processo: RR-701011-49.2000.5.17.5555, relator Ministro Luiz Philippe Vieira de Mello Filho, Data de Julgamento: 1º.12.2006. Disponível em: <www.tst.jus.br>. Acesso em: 31 mar. 2012.

BRASIL. Tribunal Superior do Trabalho. Processo: RR-74600-15.2005.5.03.0064, relator Ministro Renato de Lacerda Paiva, Data do Julgamento: 8.9.2010. Disponível em: <www.tst.jus.br>. Acesso em: 27 abr. 2011.

BRASIL. Tribunal Superior do Trabalho. Processo: RR-96400-40.2003.5.03.0074, relator Ministro Lelio Bentes Corrêa, Data do Julgamento: 9.4.2010. Disponível em: <www.tst.jus.br>. Acesso em: 20 abr. 2011.

CAPELLETI, Mauro; GARTH, Bryant. *Acesso à Justiça*. Trad. Ellen Gracie Northfleet. Porto Alegre: Sérgio Antônio Fabris, 1988.

CLAUS, Ben-Hur Silveira. *Substituição processual trabalhista: uma elaboração teórica para o instituto*. São Paulo: LTr, 2003.

FERNANDES, Nadia Soraggi. A substituição processual na esfera trabalhista. *In*: PIMENTA, José Roberto Freire; BARROS, Juliana Augusta Medeiro de; FERNANDES, Nadia Soraggi (Coords.). *Tutela metaindividual trabalhista*: a defesa coletiva dos direitos dos trabalhadores em juízo. São Paulo: LTr, 2009.

GRINOVER, Ada Pelegrini. Da *class action for damages* à ação de classe brasileira: os requisitos de admissibilidade. *Revista de Processo 101*, jan./mar. 2001.

LAURINO, Salvador Franco de Lima. A função social da Justiça do Trabalho na tutela dos interesses coletivos. *In: Cadernos Jurídicos da AMATRA II*, n. 4, de ago. 1999 e na *Revista do Ministério Público do Trabalho da 2ª Região*, abr. 1999.

MOREIRA, José Carlos Barbosa. Ações coletivas na Constituição Federal de 1988. *In: Revista de Processo*, São Paulo: Revista dos Tribunais, v. 61, jan./mar. 1991

PIMENTA, José Roberto Freire. A tutela metaindividual dos direitos trabalhistas: uma exigência constitucional. *In*: PIMENTA, José Roberto Freire; BARROS, Juliana Augusta Medeiro de; FERNANDES, Nadia Soraggi (Coords.). *Tutela metaindividual trabalhista*: a defesa coletiva dos direitos dos trabalhadores em juízo. São Paulo: LTr, 2009.

PIMENTA, José Roberto Freire; PIMENTA, Raquel Betty de Castro. Efetividade da tutela jurisdicional trabalhista e substituição processual sindical: análise da recente evolução da jurisprudência do Tribunal Superior do Trabalho. *In: Revista do Tribunal Regional do Trabalho da 3ª Região*, Belo Horizonte, v. 54, n. 84, jul./dez. 2011.

SILVA, Antônio Álvares da. A desjuridicização dos conflitos trabalhistas e o futuro da Justiça do Trabalho no Brasil. *In*: TEIXEIRA, Sálvio de Figueiredo (Coord.). *As garantias do cidadão na Justiça*. São Paulo: Saraiva, 1993.

TEPEDINO, Gustavo; BARBOZA, Maria Helena; MORAES, Maria Celina Bodin de. *Código Civil interpretado conforme a Constituição da República*. Vol. I: Parte geral e obrigações. Rio de Janeiro: Renovar, 2004.

WATANABE, Kazuo. Tutela antecipatória e tutela específica das obrigações de fazer e não fazer (arts. 273 e 461 do CPC). *In*: TEIXEIRA, Sálvio (Coord.) *Reforma do Código de Processo Civil*. São Paulo: Saraiva, 1996.

Súmulas ns. 219 e 329 do TST e OJs ns. 348 e 421 da SDI-1 do TST: Honorários Advocatícios na Justiça do Trabalho

Maria Cristina Diniz Caixeta

SÚMULA N. 219 do TST: HONORÁRIOS ADVOCATÍCIOS. HIPÓTESE DE CABIMENTO (nova redação do item II e inserido o item III à redação) – Res. n. 174/2011, DEJT divulgado em 27, 30 e 31.5.2011

I – Na Justiça do Trabalho, a condenação ao pagamento de honorários advocatícios, nunca superiores a 15% (quinze por cento), não decorre pura e simplesmente da sucumbência, devendo a parte estar assistida por sindicato da categoria profissional e comprovar a percepção de salário inferior ao dobro do salário mínimo ou encontrar-se em situação econômica que não lhe permita demandar sem prejuízo do próprio sustento ou da respectiva família. (ex-Súmula n. 219 – Res. n. 14/1985, DJ 26.9.1985)

II – É cabível a condenação ao pagamento de honorários advocatícios em ação rescisória no processo trabalhista.

III – São devidos os honorários advocatícios nas causas em que o ente sindical figure como substituto processual e nas lides que não derivem da relação de emprego.

SÚMULA N. 329 do TST: HONORÁRIOS ADVOCATÍCIOS. ART. 133 DA CF/1988 (mantida) – Res. n. 121/2003, DJ 19, 20 e 21.11.2003

Mesmo após a promulgação da CF/1988, permanece válido o entendimento consubstanciado na Súmula n. 219 do Tribunal Superior do Trabalho.

OJ N. 348 DA SDI-1 DO TST: HONORÁRIOS ADVOCATÍCIOS. BASE DE CÁLCULO. VALOR LÍQUIDO. LEI N. 1.060, DE 5.2.1950 (DJ 25.4.2007)

Os honorários advocatícios, arbitrados nos termos do art. 11, § 1º, da Lei n. 1.060, de 5.2.1950, devem incidir sobre o valor líquido da condenação, apurado na fase de liquidação de sentença, sem a dedução dos descontos fiscais e previdenciários.

OJ N. 421 DA SDI-1 DO TST: HONORÁRIOS ADVOCATÍCIOS. AÇÃO DE INDENIZAÇÃO POR DANOS MORAIS E MATERIAIS DECORRENTES DE ACIDENTE DE TRABALHO OU DE DOENÇA PROFISSIONAL. AJUIZAMENTO PERANTE A JUSTIÇA COMUM ANTES DA PROMULGAÇÃO DA EMENDA CONSTITUCIONAL N. 45/2004. POSTERIOR REMESSA DOS AUTOS À JUSTIÇA DO TRABALHO. ART. 20 DO CPC. INCIDÊNCIA. (DEJT divulgado em 1º, 4 e 5.2.2013).

A condenação em honorários advocatícios nos autos de ação de indenização por danos morais e materiais decorrentes de acidente de trabalho ou de doença profissional, remetida à Justiça do Trabalho após ajuizamento na Justiça comum, antes da vigência da Emenda Constitucional n. 45/2004, decorre da mera sucumbência, nos termos do art. 20 do CPC, não se sujeitando aos requisitos da Lei n. 5.584/1970.

1. Introdução

O presente artigo tem por objetivo analisar e interpretar a questão atinente ao tema "honorários advocatícios na Justiça do Trabalho", sob o atual entendimento do Tribunal Superior do Trabalho, consubstanciado nas Súmulas ns. 219 e 329 e Orientações Jurisprudenciais n. 348 e 421 da SBDI-1.

Pretende-se com essas reflexões possibilitar aos estudiosos e aos operadores de direito uma análise doutrinária e jurisprudencial acerca do tema, que é controvertido no Processo do Trabalho, em razão de sua especificidade.

O Tribunal Superior do Trabalho firmou entendimento no sentido de que não basta a simples sucumbência para a condenação em pagamento de honorários advocatícios, é necessário o implemento de outros requisitos que estão previstos na Súmula n. 219, cuja interpretação deve ser feita em conjunto com a Súmula n. 329 do mesmo tribunal.

Pacificou-se, ainda, na Corte Trabalhista, o entendimento de que a verba honorária deve ser arbitrada nos termos do art. 11, § 1º, da Lei n. 1.060, de 5.2.1950, incidindo sobre o valor líquido da condenação, apurado na fase de liquidação de sentença, sem a dedução dos descontos fiscais e previdenciários.

Recentemente, o TST editou a Orientação Jurisprudencial n. 421 da SBDI-1, que trata dos honorários advocatícios em ação de indenização por danos morais e materiais decorrentes de acidente de trabalho ou de doença profissional, cujo ajuizamento perante a Justiça Comum ocorreu antes da promulgação da EC n. 45/04, com posterior remessa dos autos para a Justiça do Trabalho, admitindo a condenação de honorários pela mera sucumbência.

A questão, em face de sua relevância, vem recebendo tratamento específico pelo TST, culminando com a edição das referidas súmulas e OJs que, por não conterem efeito vinculativo, ainda encontram resistência em sua aplicabilidade, na medida em que parte da doutrina traz argumentos jurídicos que autorizam uma reflexão constante sobre a matéria.

Nessa perspectiva, passa-se a análise das súmulas e orientações jurisprudenciais em referência.

2. Súmula n. 219 do TST

A Súmula n. 219 do TST, que analisa a condenação ao pagamento de honorários advocatícios na Justiça do Trabalho, obteve nova redação, por meio da Resolução n. 174/2011, publicada no DEJT, de 31 de maio de 2011, realçando importantes aspectos sobre o tema "honorários advocatícios".

Dispõe a Súmula n. 219 do TST que:

> HONORÁRIOS ADVOCATÍCIOS. HIPÓTESE DE CABIMENTO (nova redação do item II e inserido o item III à redação) – Res. n. 174/2011, DEJT divulgado em 27, 30 e 31.5.2011
>
> I – Na Justiça do Trabalho, a condenação ao pagamento de honorários advocatícios, nunca superiores a 15% (quinze por cento), não decorre pura e simplesmente da sucumbência, devendo a parte estar assistida por sindicato da categoria profissional e comprovar a percepção de salário inferior ao dobro do salário mínimo ou encontrar-se em situação econômica que não lhe permita demandar sem prejuízo do próprio sustento ou da respectiva família. (ex-Súmula n. 219 Res. n. 14/1985, DJ 26.9.1985).
>
> II – É cabível a condenação ao pagamento de honorários advocatícios em ação rescisória no processo trabalhista.
>
> III – São devidos os honorários advocatícios nas causas em que o ente sindical figure como substituto processual e nas lides que não derivem da relação de emprego.

Interpretando o texto acima, tem-se que, no item I, para a condenação de pagamento de verba honorária, nunca superior a 15% (quinze por cento), não basta a simples sucumbência, é necessário o implemento de outros requisitos, ou seja, a parte estar assistida pelo sindicato da categoria profissional (trabalhador) e comprovar percepção de salário inferior ao dobro do salário mínimo ou encontrar-se em situação econômica que não lhe permita demandar sem prejuízo de seu sustento ou de sua família.

De início, verifica-se que referido inciso se direciona apenas ao sindicato da categoria profissional que atua como assistente, ficando excluído o sindicato da categoria econômica, ainda que atuando na condição de assistente do empregador.

Nesse aspecto, o verbete reproduz o art. 14 da Lei n. 5.584/70, no que tange à assistência judiciária prestada pelo sindicato da categoria profissional e, quanto ao percentual, baseou-se no § 1º do art. 11 da Lei n. 1.060/50, sem qualquer inovação.

Contudo, importante alteração foi efetuada na Súmula n. 219. Na redação anterior, o entendimento do colendo TST era no sentido de ser incabível a condenação de verba honorária em ação rescisória, no processo do trabalho, salvo se preenchidos os requisitos da Lei n. 5.584/70 (ex--OJ n. 27 da SBDI-I/TST).

A nova redação do inciso II do verbete sumular passou a prever a condenação ao pagamento de honorários de sucumbência na ação rescisória, o que encontra ressonância na alteração prevista pelo legislador no art. 836 da CLT, que inseriu a exigência do depósito prévio de 20% do valor da causa, salvo prova de miserabilidade jurídica do autor.

A inserção do inciso III na referida súmula trouxe a previsão do pagamento de honorários advocatícios nas causas em que o ente sindical figure como substituto processual e nas lides em que não derive das relações de emprego.

Observa-se que a inserção desse inciso restaurou, em parte, o entendimento anteriormente previsto na Súmula n. 220 do TST, que foi cancelada pela Resolução n. 55/1996, com publicação no DJ de 19.4.1996. A novidade foi o acréscimo do pagamento da verba honorária que não derive da relação de emprego.

A nova redação destes incisos traz duas situações distintas: a primeira em que o sindicato atua como substituto processual (legitimação extraordinária), defendendo direitos da categoria, o que é avaliado pelo art. 8º, III da CR/88. A segunda hipótese se refere às lides decorrentes de relação de trabalho diversa da relação de emprego.

O fundamento para a inserção da parte final do inciso III à Súmula n. 219 assenta-se na Emenda Constitucional n. 45 de 2004, que ampliou a competência da Justiça do Trabalho. Após a Emenda, o TST editou a Instrução Normativa n. 27/2005, que "dispõe sobre normas procedimentais aplicáveis ao Processo do Trabalho em decorrência da competência da Justiça do Trabalho pela Emenda Constitucional n. 45/2004".

Destaca-se que, no art. 5º, a referida IN prevê "exceto nas lides decorrentes da relação de emprego, os honorários advocatícios são devidos pela mera sucumbência".

O colendo TST, ao inserir o inciso III à Súmula n. 219, apenas ajustou o que já vinha ocorrendo com a aplicação da IN n. 27/2005. Porém a interpretação do novo inciso do verbete sumular conduz ao entendimento de que não há necessidade do preenchimento dos requisitos da Lei n. 5.584/70 para o deferimento da verba honorária, permanecendo, contudo, a necessidade de ser observado o percentual máximo de 15% sobre o valor líquido da condenação, seguindo-se os parâmetros do inciso I da mesma Súmula.

3. Súmula n. 329 do TST

Apesar de consolidado o entendimento da Corte Trabalhista, por meio da Súmula n. 219 do TST, acerca do cabimento de condenação ao pagamento de honorários advocatícios na Justiça do Trabalho, remanescia, ainda, a controvérsia sobre a aplicação do art. 133 da CR/88, que prevê a indispensabilidade do advogado à Administração da Justiça, daí emergindo ilações de que o art. 791 da CLT (*jus postulandi*) não teria sido recepcionado pela nova Carta Constitucional. A questão foi objeto de análise pelo Supremo Tribunal Federal, pacificando-se o entendimento de que o artigo celetista foi recepcionado pela Constituição Federal, ensejando a edição, pelo TST, da Súmula n. 329, mantida pela Resolução n. 121/2003 do TST, cuja publicação se deu no DEJT de 21.11.2003, que assim dispõe:

> HONORÁRIOS ADVOCATÍCIOS. ART. 133 DA CF/1988 (mantida) – Res. n. 121/2003, DJ 19, 20 e 21.11.2003
>
> Mesmo após a promulgação da CF/1988, permanece válido o entendimento consubstanciado na Súmula n. 219 do Tribunal Superior do Trabalho.

O texto da súmula colocou, por ora, uma pá de cal sobre a polêmica jurisprudencial acerca do tema, prevalecendo a capacidade postulatória do reclamante e do reclamado na Justiça do Trabalho, sem a necessidade da presença do advogado, quando a demanda versar sobre questões inerentes ao contrato de emprego.

Assim, pelo que se extrai da análise jurisprudencial, os honorários advocatícios sucumbenciais na Justiça do Trabalho não seriam devidos pela existência de "lei específica" ou "legislação especial" regulando a matéria no âmbito do processo do trabalho, sobretudo a Lei n. 5.584/70, e ainda pelo fato de existência do *jus postulandi* da própria parte na Justiça do Trabalho.

4. Orientação Jurisprudencial n. 348 da SBDI-1 do TST. Base de cálculo

Em relação à base de cálculo dos honorários advocatícios, o TST editou a Orientação Jurisprudencial n. 348 (SBDI-1), que assim dispõe:

> HONORÁRIOS ADVOCATÍCIOS. BASE DE CÁLCULO. VALOR LÍQUIDO. LEI N. 1.060, DE 5.2.1950 (DJ 25.4.2007)
>
> Os honorários advocatícios, arbitrados nos termos do art. 11, § 1º, da Lei n. 1.060, de 5.2.1950, devem incidir sobre o valor líquido da condenação, apurado na fase de liquidação de sentença, sem a dedução dos descontos fiscais e previdenciários.

A interpretação sistemática da orientação jurisprudencial pacificou o entendimento de que a base de cálculo para o pagamento da verba honorária será o valor líquido da condenação, entendendo por "valor líquido" aquele apurado na fase de liquidação de sentença, englobando inclusive os valores atinentes a contribuições fiscais e previdenciárias relativas ao crédito do reclamante com exclusão do cômputo da cota patronal, já que esta parcela não representa crédito do trabalhador, mas de terceiros.

5. Orientação Jurisprudencial n. 421 da SBDI-1/TST

Tratando, ainda, dos honorários advocatícios, o col. TST publicou, no DEJT, em 1º.2.2013, a nova Orientação Jurisprudencial n. 421 da SBDI-1/TST, com o seguinte teor:

> HONORÁRIOS ADVOCATÍCIOS. AÇÃO DE INDENIZAÇÃO POR DANOS MORAIS E MATERIAIS DECORRENTES DE ACIDENTE DE TRABALHO OU DE DOENÇA PROFISSIONAL. AJUIZAMENTO PERANTE A JUSTIÇA COMUM ANTES DA PROMULGAÇÃO DA EMENDA CONSTITUCIONAL N. 45/2004. POSTERIOR REMESSA DOS AUTOS À JUSTIÇA DO TRABALHO. ART. 20 DO CPC. INCIDÊNCIA. (DEJT 1º.2.2013)
>
> A condenação em honorários advocatícios nos autos de ação de indenização por danos morais e materiais decorrentes de acidente de trabalho ou de doença profissional, remetida à Justiça do Trabalho após ajuizamento na Justiça comum, antes da vigência da Emenda Constitucional n. 45/2004, decorre da mera sucumbência, nos termos do art. 20 do CPC, não se sujeitando aos requisitos da Lei n. 5.584/1970.

O texto prevê a condenação em honorários advocatícios, por mera sucumbência, nas ações de indenização por danos morais e materiais provenientes de acidente de trabalho e/ou doença profissional, que tenham sido ajuizadas, perante a Justiça Comum, em data anterior à EC n. 45/04, cujos autos foram remetidos à Justiça do Trabalho, por força da ampliação de sua competência (inciso VI do art. 114 da CR/88).

O verbete amplia as hipóteses de condenação de honorários advocatícios na Justiça do Trabalho, tomando-se como parâmetro o procedimento adotado pela Justiça Comum, cuja condenação em honorários emerge da mera sucumbência, na forma do art. 20 do CPC, especificamente no seu *caput*, que assim dispõe: "*Art. 20. A sentença condenará o vencido a pagar ao vencedor as despesas que antecipou e os honorários advocatícios. Esta verba honorária será devida, também, nos casos em que o advogado funcionar em causa própria.*"

Os parágrafos do mesmo dispositivo legal dispõem sobre a forma e os requisitos para a aplicação do percentual de condenação.

O texto é expresso, ainda, no sentido de recomendar o pagamento da verba honorária em situações por ele definida, sem a observância dos requisitos da Lei n. 5.584/70.

De início, tem-se que a nova orientação jurisprudencial conflita com o regramento que vem sendo classicamente adotado na Justiça do Trabalho para as questões envolvendo condenação de honorários advocatícios, conforme já foi anteriormente detalhado.

O verbete sumular traz mais uma possibilidade de pagamento dos honorários por mera sucumbência na Justiça do Trabalho, além daquelas previstas nas referidas súmulas e na IN n. 27/TST, ainda que vigente o *jus postulandi* (art. 791 da CLT).

Note-se que a fundamentação para a autorização da condenação em honorários advocatícios escudou-se no art. 20 do CPC e restringiu a sua aplicação às ações ajuizadas perante a Justiça Comum (com pedido de indenização por danos morais e patrimoniais), antes da edição da EC n. 45/04, que deslocou para a Justiça Laboral a competência para solução dos litígios envolvendo essa modalidade de pedido.

Sem embargos, a edição da OJ, em comento, revela-se como um avanço na postura processual adotada até então pela Justiça do Trabalho.

Contudo o novo entendimento do TST deve ser interpretado de modo a harmonizá-lo com a recomendação contida nos demais verbetes sumulares que tratam da mesma matéria, a fim de se evitar juízo de exceção. Isso porque o recente posicionamento jurisprudencial cria a possibilidade de condenação ou não de pagamento de honorários advocatícios para a mesma situação fática, em ações contendo as mesmas causas de pedir e de pedido (indenização por danos morais e patrimoniais decorrentes de acidente de trabalho ou doença profissional).

Melhor esclarecendo, embora as ações tenham o contrato de trabalho como causa de pedir remota, a condenação em honorários somente contemplará aquelas que foram ajuizadas na Justiça Comum, em data anterior à EC n. 45/04, o que configura tratamento processual diferenciado em relação àquelas ações que, versando sobre a mesma matéria, foram, originariamente, ajuizadas na Justiça do Trabalho.

6. Conclusão

Apesar de a matéria referente ao pagamento de honorários advocatícios na Justiça do Trabalho estar pacificada por súmulas, orientações jurisprudenciais e pela IN n. 27 do col. TST, a própria Corte Superior vem dando sinais de avanço no sentido de admitir a sua incidência em lides trabalhistas, além daquelas restritas à atuação do sindicato da categoria profissional, tomando-se por base a evolução das relações laborais.

As Súmulas n. 219 e 329 do TST e a Orientação Jurisprudencial n. 348 da SBDI-1/TST, embora não contenham efeito vinculante, de certa forma, não recomendavam aos operadores do Direito uma interpretação elasticida, confrontando-se com a possibilidade de adoção de novos parâmetros para a condenação de honorários advocatícios.

O novo posicionamento do TST, consubstanciado na OJ n. 421 da SBDI-1/TST, abre novas perspectivas de interpretação para o pagamento dos honorários advocatícios na Justiça do Trabalho, além de incentivar a discussão acerca da possibilidade de se admitir amplamente o pagamento da verba honorária, na forma estabelecida pelo art. 20 do CPC.

A evolução jurisprudencial se impõe a fim de evitar tratamento processual desigual para situações processuais iguais, vez que a doutrina e a jurisprudência vêm admitindo ser o objeto da ação (matéria de mérito) o elemento definidor para o reflexo condenatório em honorários advocatícios, o que enseja reflexão sobre a limitação temporal imposta pela nova orientação do col. TST.

Espera-se que essas breves considerações possam contribuir para a evolução do panorama jurisprudencial trabalhista, no sentido de se uniformizar o tratamento processual envolvendo a atuação profissional do advogado na Justiça do Trabalho.

Súmulas ns. 221, 296 e 337 do TST e OJs ns. 111, 115 e 147 da SDI-1 do TST: Recurso de Revista – Alterações Jurisprudenciais Mais Recentes[1]

Sara Costa Benevides

Súmula n. 221 do TST – RECURSO DE REVISTA. VIOLAÇÃO DE LEI. INDICAÇÃO DE PRECEITO. (cancelado o item II e conferida nova redação na sessão do Tribunal Pleno realizada em 14.9.2012) – Res. n. 185/2012, DEJT divulgado em 25, 26 e 27.9.2012

A admissibilidade do recurso de revista por violação tem como pressuposto a indicação expressa do dispositivo de lei ou da Constituição tido como violado.

Súmula n. 296 do TST – RECURSO. DIVERGÊNCIA JURISPRUDENCIAL. ESPECIFICIDADE (incorporada a Orientação Jurisprudencial n. 37 da SBDI-1) – Res. n. 129/2005, DJ 20, 22 e 25.4.2005

I – A divergência jurisprudencial ensejadora da admissibilidade, do prosseguimento e do conhecimento do recurso há de ser específica, revelando a existência de teses diversas na interpretação de um mesmo dispositivo legal, embora idênticos os fatos que as ensejaram. (ex-Súmula n. 296 – Res. n. 6/1989, DJ 19.4.1989)

II – Não ofende o art. 896 da CLT decisão de Turma que, examinando premissas concretas de especificidade da divergência colacionada no apelo revisional, conclui pelo conhecimento ou desconhecimento do recurso. (ex-OJ n. 37 da SBDI-1 – inserida em 1º.2.1995)

Súmula n. 337 do TST – COMPROVAÇÃO DE DIVERGÊNCIA JURISPRUDENCIAL. RECURSOS DE REVISTA E DE EMBARGOS (redação do item IV alterada na sessão do Tribunal Pleno realizada em 14.9.2012) – Res. n. 185/2012, DEJT divulgado em 25, 26 e 27.9.2012

I – Para comprovação da divergência justificadora do recurso, é necessário que o recorrente:

a) Junte certidão ou cópia autenticada do acórdão paradigma ou cite a fonte oficial ou o repositório autorizado em que foi publicado; e

b) Transcreva, nas razões recursais, as ementas e/ou trechos dos acórdãos trazidos à configuração do dissídio, demonstrando o conflito de teses que justifique o conhecimento do recurso, ainda que os acórdãos já se encontrem nos autos ou venham a ser juntados com o recurso.

II – A concessão de registro de publicação como repositório autorizado de jurisprudência do TST torna válidas todas as suas edições anteriores.

III – A mera indicação da data de publicação, em fonte oficial, de aresto paradigma é inválida para comprovação de divergência jurisprudencial, nos termos do item I, "a", desta súmula, quando a parte pretende demonstrar o conflito de teses mediante a transcrição de trechos que integram a fundamentação do acórdão divergente, uma vez que só se publicam o dispositivo e a ementa dos acórdãos;

IV – É válida para a comprovação da divergência jurisprudencial justificadora do recurso a indicação de aresto extraído de repositório oficial na internet, desde que o recorrente:

a) transcreva o trecho divergente;

b) aponte o sítio de onde foi extraído; e

c) decline o número do processo, o órgão prolator do acórdão e a data da respectiva publicação no Diário Eletrônico da Justiça do Trabalho.

OJ N. 111 da SDI-I – RECURSO DE REVISTA. DIVERGÊNCIA JURISPRUDENCIAL. ARESTO ORIUNDO DO MESMO TRIBUNAL REGIONAL. LEI N. 9.756/98. INSERVÍVEL AO CONHECIMENTO (nova redação) – DJ 20.4.2005

Não é servível ao conhecimento de recurso de revista aresto oriundo de mesmo Tribunal Regional do Trabalho, salvo se o recurso houver sido interposto anteriormente à vigência da Lei n. 9.756/98.

OJ N. 115 da SDI-I – RECURSO DE REVISTA. NULIDADE POR NEGATIVA DE PRESTAÇÃO JURISDICIONAL (alterada em decorrência da redação do inciso II do art. 894 da CLT, incluído pela Lei n. 11.496/2007) – Res. n. 182/2012, DEJT divulgado em 19, 20 e 23.4.2012

O conhecimento do recurso de revista, quanto à preliminar de nulidade por negativa de prestação jurisdicional, supõe indicação de violação do art. 832 da CLT, do art. 458 do CPC ou do art. 93, IX, da CF/1988.

OJ N. 147 da SDI-I – LEI ESTADUAL, NORMA COLETIVA OU NORMA REGULAMENTAR. CONHECIMENTO INDEVIDO DO RECURSO DE REVISTA POR DIVERGÊNCIA JURISPRUDENCIAL (nova redação em decorrência da incorporação da Orientação Jurisprudencial n. 309 da SBDI-1) – DJ 20.4.2005

I – É inadmissível o recurso de revista fundado tão-somente em divergência jurisprudencial, se a parte não comprovar que a lei estadual, a norma coletiva ou o regulamento da empresa extrapolam o âmbito do TRT prolator da decisão recorrida. (ex-OJ n. 309 da SDI-1 – inserida em 11.8.03)

---

(1) **Nota dos coordenadores**: O presente artigo foi escrito antes da edição da Lei n. 13.015, de 21 de julho de 2014, que alterou dispositivos da Consolidação das Leis do Trabalho (CLT), para dispor sobre o processamento de recursos no âmbito da Justiça do Trabalho. Remetemos o leitor ao artigo *"Lei n. 13.015/2015: primeiras notas sobre as mudanças introduzidas no sistema recursal trabalhista"*, publicado nesta mesma obra coletiva.

II – É imprescindível a argüição de afronta ao art. 896 da CLT para o conhecimento de embargos interpostos em face de acórdão de Turma que conhece indevidamente de recurso de revista, por divergência jurisprudencial, quanto a tema regulado por lei estadual, norma coletiva ou norma regulamentar de âmbito restrito ao Regional prolator da decisão.

1. Introdução – Breves notas sobre o Recurso de Revista

O Recurso de Revista é um recurso de natureza extraordinária, ou seja, excepcional. Diversamente dos que possuem natureza ordinária (tal como o Recurso Ordinário) — e podem ser apresentados simplesmente para corrigir injustiças ou pelo mero inconformismo da parte sucumbente — o Recurso de Revista serve para tutelar o direito objetivo de forma que seja aplicado corretamente. Além disso, o Recurso de Revista tem a finalidade de uniformizar, no âmbito da Justiça do Trabalho, a jurisprudência dos seus diversos Tribunais Regionais.

De acordo com art. 896 da CLT, caberá o Recurso de Revista, direcionado para julgamento por Turma do Tribunal Superior do Trabalho, das decisões proferidas pelos Tribunais Regionais do Trabalho, em grau de recurso ordinário, em dissídio individual nas seguintes hipóteses:

a) derem ao mesmo dispositivo de lei federal interpretação diversa da que lhe houver dado outro Tribunal Regional, no seu Pleno ou Turma, ou a Seção de Dissídios Individuais do Tribunal Superior do Trabalho, ou a Súmula de Jurisprudência Uniforme dessa Corte;

b) derem ao mesmo dispositivo de lei estadual, Convenção Coletiva de Trabalho, Acordo Coletivo, sentença normativa ou regulamento empresarial de observância obrigatória em área territorial que exceda a jurisdição do Tribunal Regional prolator da decisão recorrida, interpretação divergente, na forma da alínea a;

c) proferidas com violação literal de disposição de lei federal ou afronta direta e literal à Constituição Federal. (...)[2]

Trata-se, portanto, de recurso bastante técnico, com fundamentação vinculada, hipóteses de cabimento expressamente enumeradas e que conta com pressupostos de conhecimento específicos. Não se pode deixar de lembrar algumas peculiaridades, como a exigência de prequestionamento e transcendência[3]; além da impossibilidade de revisão de fatos e provas.

Várias Súmulas e Orientações Jurisprudenciais demonstram o entendimento atual do Tribunal Superior do Trabalho sobre as essas peculiaridades do Recurso de Revista, o que será analisado em seguida, levando-se em consideração as principais alterações, desde 2005.

2. Divergência jurisprudencial – Súmula n. 296 do TST

Como já dito, uma das funções do Recurso de Revista é o nivelamento do entendimento adotado pelos Tribunais Regionais do Trabalho, garantindo que haja uma uniformidade das decisões provenientes das vinte e quatro regiões em que a Justiça do Trabalho é dividida. Por essa razão, as hipóteses de cabimento do apelo trazidas nas alíneas "a" e "b" do art. 896 da CLT se referem justamente à hipótese em que há posicionamentos distintos, diante de uma mesma situação jurídica. Ou seja, cabe recurso de revista caso dois tribunais de regiões diferentes tenham dado interpretação distinta, aplicando o regramento jurídico de forma destoante, em que pese se tratar de semelhante situação fática.

Claro é que para saber se há a chamada *"interpretação diversa"*, mencionada pela CLT, é preciso analisar se a situação no plano dos fatos é realmente a mesma[4]. Afinal, como exigir dos julgadores o mesmo entendimento se o quadro fático não for o mesmo?

Assim, ter-se-á, quando da interposição de Recurso de Revista, o acórdão recorrido e outro — de distinto Tribunal Regional do Trabalho — chamado de acórdão modelo ou paradigma, que devem apresentar soluções jurídicas distintas para situações fáticas idênticas. É o que autoriza o conhecimento do apelo extraordinário em análise, sob as alíneas "a" e "b" do art. 896 da CLT.

Diante disso, o item I do verbete esclarece que a divergência jurisprudencial que permite o conhecimento do recurso será a específica, assim entendida aquela que partindo de premissas idênticas interpretem os mesmos dispositivos legais e cheguem a conclusões distintas[5]. Já a

---

(2) Transcrição de trecho do art. 896 da CLT.
(3) A transcendência consiste na demonstração de que o recurso apresentado extrapola os limites dos interesses apresentados na lide, alcançando reflexos de natureza econômica, política, social ou jurídica. A exigência é prevista no art. 896-A da CLT, incluído em 2001. No entanto, carece de regulamentação por parte do Tribunal Superior do Trabalho.
(4) Acreditamos, assim como Élisson Miessa e Henrique Correia, que situações assemelhadas também poderiam ensejar o cabimento de recurso de revista, pois, o caso concreto pode trazer situações específicas que não impediriam a aplicação de um mesmo entendimento, caracterizando a divergência.
(5) Acórdão proferido pelo Ministro do TST Lelio Bentes Corrêa, nos autos n. TST-E-RR-5413200-14.2002.5.12.0900, publicado em 6.8.2010, Diário Eletrônico.

segunda parte da Súmula n. 296 do TST[6] é que apresenta uma especificidade. A redação, que aos mais recentes operadores do direito pode parecer desarrazoada, se justifica em razão do contexto legal da época.

Até 2007, existia no sistema recursal do Processo do Trabalho, a hipótese de Embargos no TST também em razão de contrariedade à lei federal. No entanto, com a nova redação dada ao art. 894 da CLT pela Lei n. 11.496, de 2007, as hipóteses de cabimento de Embargos ao TST atualmente se restringem a: a) embargos de divergência, havendo decisões conflitantes entre turmas, nos casos de dissídios individuais; e b) embargos infringentes, em caso de dissídios coletivos de competência originária do TST. Portanto, não há mais os Embargos ao TST calcados em violação de lei.

Antes da alteração legal, os recorrentes insistem na apresentação de Embargos ao TST, alegando violação ao art. 896 da CLT, em razão da análise procedida pelas Turmas julgadoras, quando da admissibilidade do Recurso de Revista, quanto à especificidade do acórdão paradigma. Assim, o item II da Súmula n. 296 do TST, atualmente, ao que parece, não tem aplicação.

3. Comprovação da divergência jurisprudencial – Súmula n. 337 do TST

As hipóteses de cabimento estampadas nas alíneas *"a"* e *"b"* do art. 896 da CLT, como já dito, tratam da existência de divergência entre Tribunais Regionais do Trabalho. Grande questão do Recurso de Revista é como demonstrar a divergência. Ou seja, como comprovar no apelo a existência e integridade do acórdão paradigma.

A Súmula n. 337 do TST é que esclarece como o recorrente deve proceder. O verbete, desde que foi publicado em 1994, já passou por algumas alterações. Inicialmente, teve como redação original o seguinte texto:

> Para comprovação da divergência justificadora do recurso, é necessário que o recorrente:
>
> I – Junte certidão ou cópia autenticada do acórdão paradigma ou cite a fonte oficial ou repositório autorizado em que foi publicado; e
>
> II – Transcreva, nas razões recursais, as ementas e/ou trechos dos acórdãos trazidos à configuração do dissídio, mencionando as teses que identifiquem os casos confrontados, ainda que os acórdãos já se encontrem nos autos ou venham a ser juntados com o recurso.

Assim, para demonstrar a divergência, era necessária a juntada de certidão obtida junto ao cartório da turma do Tribunal Regional ou a cópia autenticada da decisão modelo. Além disso, imperiosa, também, a transcrição nas razões de recurso da ementa ou trecho da decisão utilizada para demonstrar a divergência e, mais do que isso, mencionar as teses dos casos comparados para fins da divergência.

Em 2003, houve uma alteração pequena na redação, apenas para substituir "mencionando as teses que identifiquem os casos confrontados" por "demonstrando o conflito de teses que justifique o conhecimento do recurso". Assim, mais do que só fazer menção às teses era necessário, a partir de então, expor as diferenças.

O verbete ganhou o item II, em 2005, com a seguinte redação: "A concessão de registro de publicação como repositório autorizado de jurisprudência do TST torna válidas todas as suas edições anteriores". Em 2010, foram acrescidos mais dois itens:

> III – A mera indicação da data de publicação, em fonte oficial, de aresto paradigma é inválida para comprovação de divergência jurisprudencial, nos termos do item I, *"a"*, desta súmula, quando a parte pretende demonstrar o conflito de teses mediante a transcrição de trechos que integram a fundamentação do acórdão divergente, uma vez que só se publicam o dispositivo e a ementa dos acórdãos;
>
> IV – É válida para a comprovação da divergência jurisprudencial justificadora do recurso a indicação de aresto extraído de repositório oficial na internet, sendo necessário que o recorrente transcreva o trecho divergente e aponte o sítio de onde foi extraído com a devida indicação do endereço do respectivo conteúdo na rede (URL — Universal Resource Locator).

Finalmente, em 2012, a Súmula foi novamente alterada para a redação atual, já transcrita no início do texto. A grande alteração foi realizada no item IV, cuja nova redação incluiu a necessidade de se declinar "o número do processo, o órgão prolator do acórdão e a data da respectiva publicação no Diário Eletrônico da Justiça do Trabalho" e excluiu menção ao endereço na rede.

Vale transcrever o parágrafo único do art. 541 do CPC, que pode ser utilizado subsidiariamente, já que a CLT não tem regramento próprio a respeito desse assunto:

> Parágrafo único. Quando o recurso fundar-se em dissídio jurisprudencial, o recorrente fará a prova da divergência mediante certidão, cópia autenticada ou pela citação do repositório de jurisprudência, oficial ou credenciado, inclusive em mídia eletrônica, em que tiver sido publicada a decisão divergente, ou ainda pela reprodução de julgado disponível na Internet, com indicação da respectiva fonte, mencionando, em qualquer caso, as circunstâncias que identifiquem ou assemelhem os casos confrontados.

---

(6) Não é exatamente novidade. A Súmula n. 296 do TST foi publicada originalmente em 1989 e contemplava unicamente o verbete do item I. Em 2005, foi alterada para incluir o item II. Contudo, essa segunda parte era a Orientação Jurisprudencial n. 37, da SDI-I, datada de 1995.

Aliás, como se pode ver, o TST pelo texto da Súmula em questão aplicou os preceitos do CPC quanto ao tema[7].

Feitas essas considerações, passa-se ao que realmente interessa nesse tópico: como demonstrar a divergência jurisprudencial de forma válida?

Em resumo, para a escolha do acórdão divergente, apto a ensejar o conhecimento do recurso de revista, do ponto de vista formal, a parte recorrente deverá observar que a decisão deve ser proveniente de fonte oficial ou de repertório autorizado. Os *sites* oficiais do TST e TRTs independem de autorização. Assim, podem servir como fonte para a busca do acórdão paradigma, respeitando-se, os itens seguintes da Súmula, adiante analisados. Já os sites não oficiais só podem ser utilizados caso façam parte do repertório autorizado[8].

Quando utilizada decisão obtida nos sites oficiais dos tribunais, a parte recorrente deverá atentar para o seguinte:

> IV – É válida para a comprovação da divergência jurisprudencial justificadora do recurso a indicação de aresto extraído de repositório oficial na internet, desde que o recorrente:
>
> a) transcreva o trecho divergente;
>
> b) aponte o sítio de onde foi extraído; e
>
> c) decline o número do processo, o órgão prolator do acórdão e a data da respectiva publicação no Diário Eletrônico da Justiça do Trabalho.

A dúvida da nova redação do item "b" acima reside na necessidade de informar ou não o URL (Universal Resource Locator)[9] — na redação de 2010, era imprescindível apontá-lo, bem como também o site oficial. Vejamos a antiga redação:

> IV – É válida para a comprovação da divergência jurisprudencial justificadora do recurso a indicação de aresto extraído de repositório oficial na internet, sendo necessário que o recorrente transcreva o trecho divergente e aponte o sítio de onde foi extraído com a devida indicação do endereço do respectivo conteúdo na rede (URL — Universal Resource Locator).

Contudo, nem sempre os sites apontam o URL quando abrem o inteiro teor do acórdão.[10] A nova redação proveniente da mais recente alteração, ao que parece, torna desnecessária a citação do URL, tornando imprescindível apenas especificar o *site*[11].

Quanto à última exigência, transcrita na alínea "c" do item IV da súmula, diz respeito às informações essenciais à individualização do acórdão: número dos autos, turma julgadora e data de publicação no diário oficial.

Não é demais lembrar que o acórdão paradigma poderá ser apresentado a moda antiga: por meio de certidão obtida no cartório ou cópia autenticada[12].

Ou ainda, citando-se repertório autorizado, respeitando-se, nesse caso, a listagem do TST, que esclarece quais são essas fontes autorizadas. Registre-se que, nos termos do item II desta súmula, ainda que o repertório tenha sido reconhecido como autorizado posteriormente à publicação do acórdão, a fonte valerá desde sua primeira edição.

A citação da data da publicação no diário oficial, conforme elucida o item III da Súmula em comento, não é o suficiente para validar o acórdão para fins de divergência, salvo se o recorrente pretender a dissonância lastreando-se somente na ementa. Isso por que o Diário de Justiça, fonte oficial, publica, no âmbito da Justiça do Trabalho, tão somente as ementas, sem transcrição do texto completo das decisões. O recurso de revista que utiliza divergência em que os argumentos conflitantes não estejam na ementa somente, extrapolando para o texto do acórdão, não poderá informar a publicação no Diário Oficial simplesmente — afinal, não serviria para conferência da integridade da decisão paradigma ou modelo.

Além disso, o recorrente deverá expor, em suas razões de recurso, os argumentos que levam à conclusão da existência de teses distintas, reescrevendo trechos dos acórdãos que explicitem a divergência. A transcrição apenas da ementa do acórdão só será admitida se for possível a partir dela somente noticiar o conflito de entendimentos.

Por fim, destaca-se que o desrespeito a essas exigências objetivas resultam no não conhecimento do recurso de revista.

---

(7) MIESSA, Élisson; CORREIA, Henrique. *Súmulas e orientações jurisprudenciais do TST – Comentadas e organizadas por assunto*. 3. ed. Salvador: JusPodivm, 2013. p. 1.025.

(8) *Idem*.

(9) Para os leigos, como eu, é aquele enorme endereço que aparece na barra do navegador quando abrimos o *site* na internet.

(10) Aliás, falo disso por experiência própria. Muitas vezes, elaborando recurso de revista por divergência jurisprudencial, na tentativa de buscar o URL para citar em atenção à Súmula n. 337 do TST, deparava-me com sites de alguns tribunais regionais em que não havia como encontrar o endereço específico.

(11) MIESSA, Élisson; CORREIA, Henrique. *Súmulas e orientações jurisprudenciais do TST – Comentadas e organizadas por assunto*. 3. ed. Salvador: JusPodivm, 2013. p. 1.034.

(12) O art. 830 da CLT concede a prerrogativa de o próprio advogado autenticar os documentos. Assim, a autenticação em referência pode ser obtida por meio de cartório, na secretaria da turma julgadora ou a realizada pelo próprio advogado.

4. Divergência jurisprudencial – Orientação Jurisprudencial n. 111 da SDI-I do TST – Tribunais regionais distintos

Ainda quanto à demonstração de divergência jurisprudencial, não é demais relembrar o conteúdo da OJ n. 111 da SDI-I do TST, que assevera a obrigatoriedade de que os acórdãos sejam provenientes de tribunais distintos.

O verbete, publicado em 2005, se justifica em razão da alteração legislativa que ocorreu em razão da Lei n. 9.756 de 1998. A redação anterior do art. 896 da CLT permitia que o recurso de revista se baseasse em decisões de um mesmo tribunal:

> Art. 896 – Cabe Recurso de Revista das decisões de última instância para o Tribunal Superior do Trabalho, quando:
>
> a) derem ao mesmo dispositivo de lei federal interpretação diversa da que lhe houver dado o mesmo ou outro Tribunal Regional, através do Pleno ou de Turmas, ou a Seção de Dissídios Individuais do Tribunal Superior do Trabalho, salvo se a decisão recorrida estiver em consonância com enunciado da Súmula de Jurisprudência Uniforme do Tribunal Superior do Trabalho;
>
> b) derem ao mesmo disposto de lei estadual, Convenção Coletiva de Trabalho, Acordo Coletivo, sentença normativa ou regulamento empresarial de observância obrigatória em área territorial que exceda a jurisdição do Tribunal Regional prolator interpretação divergente, na forma da alínea a;
>
> (Redação dada pela lei n. 7.701, de1988)

Contudo, a partir de 1998, o art. 896 da CLT passou a ser categórico em somente permitir o cabimento do recurso de revista em caso de interpretações distintas conferidas por regionais diferentes. Lembrando que a divergência pode resultar de acórdão oriundo de outro Tribunal Regional, no seu Pleno ou Turma, ou da Seção de Dissídios Individuais do Tribunal Superior do Trabalho, ou, ainda, de Súmula do TST, nos termos da lei. Destaca-se que, de acordo com a OJ n. 219 da SDI-I, o entendimento atual do TST permite que orientações jurisprudenciais também sirvam para esse fim, desde que, das razões recursais, conste o seu número ou conteúdo.

O verbete, na verdade, apenas confirmou o que a lei já destacava de forma expressa, refutando a interpretação baseada em redação anterior do artigo, que previa divergências oriundas de um mesmo tribunal.

5. Divergência jurisprudencial fundada em lei estadual, convenção ou acordo coletivo, sentença normativa ou regulamento empresarial que extrapole a jurisdição do TRT – Orientação Jurisprudencial n. 147 da SDI-I do TST

Conforme frisado anteriormente, ao TST cabe a função de realizar a uniformização da jurisprudência nacional. Assim, conforme a redação dada pela Lei n. 9.756 de 1998, a alínea "b" do art. 896 da CLT prevê a seguinte hipótese de cabimento de recurso de revista:

> Art. 896 – Cabe Recurso de Revista para Turma do Tribunal Superior do Trabalho das decisões proferidas em grau de recurso ordinário, em dissídio individual, pelos Tribunais Regionais do Trabalho, quando:
>
> a) derem ao mesmo dispositivo de lei federal interpretação diversa da que lhe houver dado outro Tribunal Regional, no seu Pleno ou Turma, ou a Seção de Dissídios Individuais do Tribunal Superior do Trabalho, ou a Súmula de Jurisprudência Uniforme dessa Corte;
>
> b) derem ao mesmo dispositivo de lei estadual, Convenção Coletiva de Trabalho, Acordo Coletivo, sentença normativa ou regulamento empresarial de observância obrigatória em área territorial que exceda a jurisdição do Tribunal Regional prolator da decisão recorrida, interpretação divergente, na forma da alínea a;

Pela leitura do artigo acima transcrito não é difícil perceber que a divergência jurisprudencial que justifica a interposição do recurso de revista seria aquela proveniente de tribunais regionais distintos. Não bastasse isso, há ainda a necessidade de que a lei estadual[13], acordo ou convenção coletiva, sentença normativa ou regulamento da empresa tenha aplicação na jurisdição de mais de um Tribunal Regional do Trabalho. Isso, aliás, é o que nos informa o item I da OJ n. 147 da SDI-I do TST. Pois, de outra forma, não há cabimento do apelo de natureza extraordinária.

Quanto ao item II, ao que parece, merece revisão. Isso porque, já registrou-se anteriormente que os Embargos no TST com a redação atual, em casos de dissídios individuais, se limitam a caso de divergência entre as decisões de turmas do TST. Assim, não há mais que se falar em menção à violação de determinado artigo específico, se a hipótese desse tipo de cabimento foi extirpada do ordenamento jurídico.

O verbete contemplaria a situação em que a turma julgadora do recurso de revista no TST erra quanto ao âmbito de aplicação da norma discutida. Nesse caso, para alcançar o conhecimento dos embargos, seria necessário que o recorrente alegasse a violação ao art. 896 da CLT, o que não se justifica mais, em razão da atual redação do art. 894 da CLT.

---

(13) Atualmente, somente no estado de São Paulo teríamos a possibilidade de apresentar recurso de revista lastreada em divergência de interpretação de lei estadual, pois, é atualmente o único estado da federação que conta com dois tribunais de regiões diferentes, TRTs das 2ª e 15ª Regiões.

6. Violação literal de disposição de lei federal ou afronta direta e literal à Constituição Federal – Súmula n. 221 do TST

Outra hipótese de cabimento do Recurso de Revista está descrita na alínea "c" do art. 896 da CLT:

> Art. 896 – Cabe Recurso de Revista para Turma do Tribunal Superior do Trabalho das decisões proferidas em grau de recurso ordinário, em dissídio individual, pelos Tribunais Regionais do Trabalho, quando:
>
> (...)
>
> c) proferidas com violação literal de disposição de lei federal ou afronta direta e literal à Constituição Federal.

Caso a parte entenda que se deva recorrer do acórdão em razão de violação literal de disposição de lei federal ou afronta direta e literal à Constituição Federal, o recorrente deverá, nos termos da Súmula n. 221 do TST, apontar de forma expressa o dispositivo legal ou constitucional que entende ter sido violado.

Note-se que não há obrigatoriedade para que o acórdão registre de forma expressa os dispositivos legais, pois, segundo a OJ n. 118 da SDI-I do TST, entende-se prequestionada a matéria, se a tese for explícita, em que pese não haver a citação do dispositivo legal. Lado outro, ao contrário, o recorrente, ao elaborar o recurso de revista, deverá apresentar de forma explícita os artigos que entendem violados para fins de apontar a violação.

O verbete em questão trazia, desde sua redação original, a análise da chamada "*interpretação razoável*". O texto, publicado em 1985, tinha, originalmente, seguinte redação: "Interpretação razoável de preceito de lei, ainda que não seja a melhor, não dá ensejo à admissibilidade ou ao conhecimento dos recursos de revista ou de embargos com base, respectivamente, nas alíneas "*b*" dos arts. 896 e 894, da Consolidação das Leis do Trabalho. A violação há que estar ligada à literalidade do preceito". Desde a primeira publicação da Súmula, pequenas alterações ocorreram somente para adequar o número dos artigos de lei que se referem aos recursos de revista e de embargos.

Recentemente, em 2012, foi cancelado o item II da Súmula n. 221 do TST, que previa: *II – Interpretação razoável de preceito de lei, ainda que não seja a melhor, não dá ensejo à admissibilidade ou ao conhecimento de recurso de revista com base na alínea "c" do art. 896 da CLT. A violação há de estar ligada à literalidade do preceito.*

Cumpre registrar que o STF tem verbete muito similar ao ora cancelado: "Súmula n. 400 – Decisão que deu razoável interpretação à lei, ainda que não seja a melhor, não autoriza recurso extraordinário pela letra "*a*" do art. 101, III, da Constituição Federal".

Cancelamentos de verbete, de forma geral, sempre deixam a dúvida se o TST não tem mais aquele entendimento específico ou se realmente seria o surgimento do entendimento contrário[14].

Com relação aos artigos constitucionais, relatam Miessa e Corrêa que a doutrina já vinha descartando a hipótese de interpretação razoável. Isso porque, a interpretação Constituição Federal tem que ser não só razoável, mas, correta. Já no que se refere às leis infraconstucionais, parte da doutrina passou a não acatar a súmula quanto à inadmissibilidade do recurso de interpretação razoável, sob o argumento que dessa forma o TST estaria abdicando de sua função de guardião das leis[15].

7. Violação literal de disposição de lei federal ou afronta direta e literal à Constituição Federal – Negativa de Prestação Jurisdicional – Orientação Jurisprudencial n. 115 da SDI-I do TST

O nosso ordenamento jurídico consagrou o princípio constitucional de que todas as decisões sejam fundamentadas:

> Art. 93. Lei complementar, de iniciativa do Supremo Tribunal Federal, disporá sobre o Estatuto da Magistratura, observados os seguintes princípios:
>
> (...)
>
> IX todos os julgamentos dos órgãos do Poder Judiciário serão públicos, e fundamentadas todas as decisões, sob pena de nulidade, podendo a lei limitar a presença, em determinados atos, às próprias partes e a seus advogados, ou somente a estes, em casos nos quais a preservação do direito à intimidade do interessado no sigilo não prejudique o interesse público à informação;

Resumidamente, há negativa de prestação jurisdicional quando há omissão na decisão impugnada, deixando os julgadores de analisarem algum pedido, ou, quando a Turma se olvida de analisar alguma das teses da defesa[16]. Ou seja, quando falta à decisão fundamentação, ainda que em algum ponto específico somente.

---

(14) No dia a dia da advocacia, ao que parece, o entendimento permanece no sentido de se permitir as interpretações razoáveis, ou seja, não serem tais decisões ensejadoras da admissibilidade de recurso de revista por violação de lei.

(15) MIESSA, Élisson; CORREIA, Henrique. *Súmulas e orientações jurisprudenciais do TST – Comentadas e organizadas por assunto*. 3 ed. Salvador: JusPodivm, 2013. p. 1.038.

(16) Evidente que o juízo não está obrigado a analisar cada uma e todas as teses da defesa, mas, o julgador deve examinar todos os argumentos imprescindíveis ao deslinde da questão.

Os artigos mencionados na Súmula que devem ser noticiados como os violados retratam exatamente as disposições infraconstitucionais que exigem a fundamentação. Veja-se:

> CLT – Art. 832 – Da decisão deverão constar o nome das partes, o resumo do pedido e da defesa, a apreciação das provas, os fundamentos da decisão e a respectiva conclusão.
>
> CPC – Art. 458. São requisitos essenciais da sentença:
>
> I – o relatório, que conterá os nomes das partes, a suma do pedido e da resposta do réu, bem como o registro das principais ocorrências havidas no andamento do processo;
>
> II – os fundamentos, em que o juiz analisará as questões de fato e de direito;
>
> III – o dispositivo, em que o juiz resolverá as questões, que as partes lhe submeterem.

Ademais, não é demais lembrar que a parte deve oferecer embargos de declaração antes de interpor recurso de revista baseado na hipótese de violação de dispositivo legal por negativa de prestação jurisdicional, nos termos da Súmula n. 184 do TST, sob pena de preclusão.

8. Conclusão

As alterações verificadas na jurisprudência do TST quanto ao recurso de revista não foram significativas, como se pode ver. Afinal, as características e requisitos do apelo seguem os mesmos. Contudo, por ser um recurso técnico, o operador do direito deverá estar atento a todos os detalhes para permitir que o recurso de revista seja conhecido – e provido.

Referências bibliográficas

BRASIL, Código de Processo Civil (1973). Disponível em: <http://www.planalto.gov.br/ccivil_03/leis/l5869compilada.htm>. Acesso em: 20 abr. 2013.

BRASIL, Consolidação das Leis do Trabalho. Disponível em: <http://www.planalto.gov.br/ccivil_03/decreto-lei/del5452.htm>. Acesso em: 20 abr. 2013.

BRASIL, Constituição (1988). Disponível em: <http://www.planalto.gov.br/ccivil_03/Constituicao/Constituicao.htm>. Acesso em: 20 abr. 2013.

BRASIL, Tribunal Superior do Trabalho. Processo: TST-E-RR-5413200-14.2002.5.12.0900, relator Ministro do TST Lelio Bentes Corrêa. Disponível em: <http://aplicacao5.tst.jus.br/consultaunificada2/inteiroTeor.do?action=printInteiroTeor&format=html&highlight=true&numeroFormatado=E-RR-5413200-14.2002.5.12.0900&base=acordao&rowid=AAANGhAFAAAGUjAAG&dataPublicacao=06/08/2010&query=divergência and específicas>. Acesso em: 20 abr. 2013.

COSTA, Armando Casimiro; FERRARI, Irany; MARTINS, Melchíades Rodrigues. *Consolidação das Leis do Trabalho*. 39. ed. São Paulo: LTr, 2012.

MIESSA, Élisson; CORREIA, Henrique. *Súmulas e orientações jurisprudenciais do TST — Comentadas e organizadas por assunto*. 3. ed. Salvador: JusPodivm, 2013.

SCHIAVI, Mauro. *Manual de direito processual do trabalho*. 5. ed. São Paulo: LTr, 2012.

TEIXEIRA FILHO, Manoel Antonio. *Curso de direito processual do trabalho*. vol II. São Paulo: LTr, 2009.

Súmulas ns. 262 e 385 do TST: O Tempo e o Processo, suas Regras e seus Paradoxos

Carolina Pereira Lins Mesquita

"O tempo é relativo e não pode ser medido exatamente do mesmo modo e por toda parte."

(Albert Einstein)

Tempo de nascer e de morrer. Tempo de dizer, tempo de calar-se. Tempo de trabalhar, tempo de parar (lazer no nada fazer). Tempo do ir (e do vir). Tempo-espaço. Tempo do relógio, tempos de Chaplin (modernos).

Em *Nosso Tempo*, Drummond poetiza seu diagnóstico:

[...]

Esse é tempo de partido,

tempo de homens partidos.

Em vão percorremos volumes,

viajamos e nos colorimos.

A hora pressentida esmigalha-se em pó na rua.

Os homens pedem carne. Fogo. Sapatos.

As leis não bastam.

Os lírios não nascem da lei.

[...]

Esse é tempo de divisas,

tempo de gente cortada.

De mãos viajando sem braços,

obscenos gestos avulsos.

[...][1]

O processo também tem seu tempo, seu ritmo, seu andar próprio. Por vezes truncado, procrastinatório; em outros, célere em demasia.

O advogado lida com o tempo. Tempo, tempo, tempo, pedindo, como o faz Caetano, pelo movimento preciso.[2] Rogando pela movimentação das peças do xadrez com exatidão e segurança. Em processo do trabalho ainda mais, já que se lida com toda uma vida de labor (ou parte dela) de Josés e de Marias, e, por vezes, com a continuidade da própria vida da empresa.

Propriamente[3], o prazo processual vem medir exatamente isto: o interstício do poder-dever-agir das partes do processo (leia-se: de seu intercessor, quando aquele não no exercício do *jus postulandi*). Poder, porque constitui ônus, faculdade, a prática de determinado ato. Dever contratual e ético de defesa dos interesses do cliente. Agir, porque constitui a essência do processo um caminhar adiante com vistas ao seu final[4]; sequência de ações conscientes e idealmente bem intencionadas[5], ainda que a opção de ação constitua em sua abstenção.

Mas os atos processuais[6] não se restringem aos atos das partes (e de seus procuradores), estendendo-se aos do juiz e dos auxiliares da Justiça, que também têm seu agir fragmentado no tempo, contudo, de maneira *imprópria*[7], de certo modo, mais tolerante[8]. Quanto ao prazo, privilegiados, na Justiça do Trabalho, também o Estado (Fazenda

---

(1) ANDRADE, "Nosso Tempo", In: ANDRADE, *Reunião...*, 1977. p. 82-86.

(2) VELOSO, "Oração ao Tempo", In: VELOSO..., 1979. Faixa 2.

(3) Prazos processuais próprios são aqueles que têm como destinatários as próprias partes e são informados pelo fenômeno da preclusão. Normalmente são previstos em lei ou fixados pelo juiz.

(4) Objetivo do processo é a finalização da lide, seja por intermédio da sentença (na fase de conhecimento), seja por intermédio da satisfação do credito (na fase de execução).

(5) Prescreve o art. 14 do CPC, aplicável subsidiariamente na seara processual trabalhista: "São deveres das partes e de todos aqueles que de qualquer forma participam do processo: I – expor os fatos em juízo conforme a verdade; II – proceder com lealdade e boa-fé; III – não formular pretensões, nem alegar defesa, cientes de que são destituídas de fundamento; IV – não produzir provas, nem praticar atos inúteis ou desnecessários à declaração ou defesa do direito. V – cumprir com exatidão os provimentos mandamentais e não criar embaraços à efetivação de provimentos judiciais, de natureza antecipatória ou final".

(6) Ato processual pode ser conceituado como uma "espécie de ato jurídico que objetiva a constituição, a conservação, a modificação, o desenvolvimento ou a extinção da *relação processual*". SARAIVA, *Processo do trabalho...*, 2011. p. 93. "São acontecimentos voluntários que ocorrem no processo e dependem de manifestações dos sujeitos do processo". LEITE, *Curso de direito...*, 2011. p. 348.

(7) Os prazos processuais impróprios são aqueles legalmente previstos, que têm por destinatários os juízes e servidores. "Diz-se *impróprios* porque não são vulneráveis ao fenômeno da preclusão. Daí por que, mesmo praticados fora do prazo, são válidos". LEITE, *Curso de direito...*, 2011. p. 358.

(8) Claro que o reiterado descumprimento de prazos pelos juízes e servidores os sujeita a consequências, inclusive de ordem disciplinar, a cargo da respectiva Corregedoria.

Pública[9]) e o Ministério Público[10]. Eis a prova de que Newton estava errado, inclusive no processo: o tempo não passa da mesma maneira para todos.

Beneficiados, o sistema e seus dominantes. Prejudicados, os empregados e desempregados: sem defensores públicos; com sindicatos fracos; sem estabilidade; sujeitos à prescrição de seus créditos (e sem condições materiais de evitá-la); com juros visivelmente inferiores aos do mercado[11]; e sujeitando-se a conciliações que, em muitos casos, configuram verídicas renúncias aos direitos sociais trabalhistas. Avariadas, as empresas, quando posam de bode expiatório. Lesados, os advogados, sem honorários;[12] peritos, igualmente, quando em causas decorrentes de relação de emprego.[13]

Ao contrário do ato processual do juiz e dos serventuários, o da parte produz imediatamente a constituição, a modificação ou extinção de direitos processuais (art. 158/CPC) e, quando decorrido o prazo para tal prática, "extingue-se, independentemente de declaração judicial, o direito de praticar o ato" (art. 183/CPC). Trata-se do fenômeno da preclusão, só relativizado em hipóteses excepcionais, ditas de "justa causa".[14]

Os prazos têm o ritmo contínuo e irrelevável, podendo, entretanto, ser prorrogados pelo tempo estritamente necessário pelo juiz ou tribunal, ou em virtude de força maior, devidamente comprovada (art. 775/CLT). Aqui se distinguem os chamados prazos "peremptório" e os "dilatórios", aqueles não admitem sua alteração por vontade das partes, já estes podem ser modificados pelas partes, desde que autorizado pelo magistrado.

A regra da CLT é que o agir do processo deve ser público[15] e que se realizará nos dias úteis, das 6h às 20h, podendo-se, quanto à penhora, estender em dias não úteis, domingos e feriados, sempre que assim o juiz autorizar. Atos processuais são praticados mediante petições, mas podem sê-lo também oralmente, em audiência. De toda forma, deverão ser reduzidos a termo, escritos ou transmitidos eletronicamente, caso contrário, poderiam ser apagados...

Em novos tempos, de reviravoltas climáticas, de informatização do processo, de PJ-eJT, as promessas são de "uso racional e inteligente da tecnologia em prol de uma Justiça do Trabalho mais célere, acessível, econômica, eficiente e sintonizada com a importante temática da preservação ambiental".[16]

Com as novas promessas, o cumprimento dos prazos processuais (e as jornadas de trabalho de advogados, servidores e magistrados) estende-se de maneira "institucionalizada" até à meia noite (24 horas de seu último dia[17]). Se, por um lado, pode ser bom para a parte, para a

---

(9) Nos termos do Decreto-lei n. 779/69, art. 1º, incisos II e III, a União, os Estados, o Distrito Federal, os Municípios e as autarquias ou fundações de direito público federais, estaduais ou municipais que não explorem atividades econômicas, possuem o prazo em quádruplo para contestar (20 dias entre a notificação citatória e a realização da audiência trabalhista) e em dobro para recorrer.

(10) Art. 188/CPC: Computar-se-á em quádruplo o prazo para contestar e em dobro para recorrer quando a parte for a Fazenda Pública ou o Ministério Público.

(11) Os juros aplicados na Justiça do Trabalho são de 1% ao mês, enquanto a taxa de mercado é de, em média, 10%, só incididos a partir da data da proposição da ação. Dessa forma, os créditos trabalhistas transformam-se em capitais de giro ou capitais de investimento, durante todo o curso da ação, dizendo Álvares da Silva haver um "verdadeiro mercado de capitais com os direitos trabalhistas. ÁLVARES DA SILVA, Cinco estudos...., 2009. p. 22.

(12) Súmula n. 219/TST: "HONORÁRIOS ADVOCATÍCIOS. HIPÓTESE DE CABIMENTO (nova redação do item II e inserido o item III à redação – Res. n. 174/2011, DEJT 31.5.2011) I – Na Justiça do Trabalho, a condenação ao pagamento de honorários advocatícios, nunca superiores a 15% (quinze por cento), não decorre pura e simplesmente da sucumbência, devendo a parte estar assistida por sindicato da categoria profissional e comprovar a percepção de salário inferior ao dobro do salário mínimo ou encontrar-se em situação econômica que não lhe permita demandar sem prejuízo do próprio sustento ou da respectiva família. II – É cabível a condenação ao pagamento de honorários advocatícios em ação rescisória no processo trabalhista. III – São devidos os honorários advocatícios nas causas em que o ente sindical figure como substituto processual e nas lides que não derivem da relação de emprego".

(13) No processo civil, os honorários periciais serão pagos pela parte que requereu a prova. Não obstante, se a prova pericial for requerida por ambas ou determinada de ofício pelo juiz, as despesas serão suportadas pelo autor (art. 33/CPC). No processo do trabalho, são suportados pela parte sucumbente na pretensão objeto da perícia, salvo beneficiária da justiça gratuita (art. 790-B/CLT). De acordo com o TST, a exigência de adiantamento dos honorários periciais é ilegal para ações decorrentes de relação de emprego, cabendo, inclusive, mandado de segurança visando à realização da perícia, independentemente do depósito (cf. OJ n. 98/SDI-II/TST e IN n. 27/TST, art. 6º, parágrafo único).

(14) Considera-se de justa causa o evento processual imprevisto, alheio à vontade das partes, que as impediu ou a seus procuradores da prática do ato.

(15) Deixarão de ser públicos, quando o contrário determinar o "interesse social" (cf. art. 770/CLT).

(16) DALAZEN, Apresentação.... In: CONSELHO SUPERIOR DA JUSTIÇA DO TRABALHO...., 28.12.2012.

(17) Art. 3º, Lei n. 11.419/06: "Consideram-se realizados os atos processuais por meio eletrônico no dia e hora do seu envio ao sistema do Poder Judiciário, do que deverá ser fornecido protocolo eletrônico. Parágrafo único. Quando a petição eletrônica for enviada para atender prazo processual, serão consideradas tempestivas as transmitidas até as 24 (vinte e quatro) horas do seu último dia". (destacou-se).

celeridade na prestação jurisdicional e para a eliminação de custos e tempos desnecessários, por outro, mais uma vez, o homem vai se adequando à máquina, a seu expediente ininterrupto. "Tempo, tempo, tempo, tempo. Compositor de destinos. Tambor de todos os ritmos. Entro num acordo contigo"[18]. "Tempo, tempo, tempo mano velho, vai, vai, vai, vai, vai, vai, tempo amigo seja legal, conto contigo pela madrugada, só me derrube no final".[19]

A lei e o juiz determinam o lapso deste agir processual, o compasso para a prática ou omissão do ato. A jurisprudência vai interpretando essas regras, determinando outras.

Mas como marcar os tempos? Em música, são os pés que determinam o compasso. A cada compasso inicia-se um tempo. Não há que se ocupar em saber onde o tempo finda, o final de um tempo é o início de outro.

No processo não. O momento em que tempo acaba é tão importante (talvez até mais) quanto o seu início. Dia do começo (*dies a quo*), dia do fim (*dies ad quem*).

Para saber o seu exato fim, de antemão, deve-se distinguir o início *do prazo* e o início *da contagem* do prazo (a primeira das regras). Se o início do prazo corresponde à data da ciência pela parte, do recebimento da notificação, da publicação do edital, da afixação do edital na sede do juízo, da ciência do mandato[20]; o da contagem, ao dia útil seguinte. Assim o diz o Código de Processo Civil: "salvo disposição em contrário, computar-se-ão os prazos, excluindo o dia do começo e incluindo o do vencimento" (art. 185) e a Consolidação das Leis do Trabalho: "Os prazos estabelecidos neste Título contam-se com exclusão do dia do começo e inclusão do dia do vencimento [...]" (art. 775). A razão desta regra diretamente relaciona-se ao princípio da ampla defesa: não seria justo suprimir da parte um dia de seu lapso para ação, já que o dia da ciência não lhe é assegurado na integralidade, um dia por inteiro (terra em rotação).

Note-se a importância da publicação que, além de intimar as partes para conhecimento do andar processual, dos atos processuais que lhes incumbem praticar, é o marco inicial para a contagem da maioria dos prazos, determinando, inclusive, o seu final.

A segunda regra é que o início do prazo (isto é, data da notificação), não pode ser em dias de descanso, em dias em que não haja expediente forense (nem em sábados, domingos ou feriados). Quando acontecer, o seu início será considerado o primeiro dia útil subsequente e, a contagem, no dia depois. Exemplificando: publicada uma decisão no sábado (dia útil em que não há expediente forense), considerar-se-á como feita na segunda-feira e a contagem do prazo para apresentação do recurso iniciar-se-á na terça-feira, caso se tratem de dias úteis. É este o sentido da Súmula n. 262, I, do TST.[21]

Nessa mesma direção, a Súmula n. 1 do TST determina que "quando a intimação tiver lugar na sexta-feira, ou a publicação com efeito de intimação for feita nesse dia, o prazo judicial será contado da segunda-feira imediata, inclusive, salvo se não houver expediente, caso em que fluirá do dia útil que se seguir". Estabelece referida súmula que a contagem não pode ser no sábado, porque não há expediente forense (embora seja dia útil), tampouco no domingo (dia não útil), ou em segunda-feira, quando feriado.

Mas se o prazo vencer em sábado, domingo e feriado? É idêntica a lógica: prorroga-se para o primeiro dia útil subsequente. O que também vai acontecer se na data do vencimento for determinado o fechamento do fórum (ou da Justiça do Trabalho) e até mesmo se o expediente forense for encerrado antes da hora normal (art. 184/CPC[22]).

O item II da Súmula n. 262 do TST vem tratar do recesso forense que acontece entre o dia 20 de dezembro de um ano e o dia 6 de janeiro do ano seguinte, nos termos

---

(18) VELOSO, "Oração ao Tempo", In: VELOSO..., 1979. Faixa 2.
(19) OLHOA, "Sobre o Tempo". In: FU..., 1995. Faixa 7.
(20) Art. 774/CLT: "Salvo disposição em contrário, os prazos previstos neste Título contam-se, conforme o caso, a partir da data em que for feita pessoalmente, ou recebida a notificação, daquela em que for publicado o edital no jornal oficial ou no que publicar o expediente da Justiça do Trabalho, ou, ainda, daquela em que for afixado o edital na sede da Junta, Juízo ou Tribunal". A Lei n. 11.419/06 traz novas regras para a intimação: art. 5º "As intimações serão feitas por meio eletrônico em portal próprio aos que se cadastrarem na forma do art. 2º desta Lei, dispensando a publicação no órgão oficial, inclusive eletrônico. §1º. Considerar-se-á realizada a intimação no dia em que o intimando efetivar a consulta eletrônica ao teor da intimação, certificando-se nos autos a sua realização. § 2º Na hipótese do § 1º deste artigo, nos casos em que a consulta se dê em dia não útil, a intimação será considerada como realizada no primeiro dia útil seguinte. §3º. A consulta referida no § 2º deverá ser feita em até 10 dias corridos contados da data do envio da intimação, sob pena de considerar-se a intimação automaticamente realizada na data do término desse prazo. §4º. Em caráter informativo, poderá ser efetivada remessa de correspondência eletrônica comunicando o envio da intimação e a abertura automática do prazo processual, nos termos do § 3º, aos que manifestarem interesse por esse serviço".
(21) Súmula n. 262/TST: "PRAZO JUDICIAL. NOTIFICAÇÃO OU INTIMAÇÃO EM SÁBADO. RECESSO FORENSE (incorporada a OJ n. 209 da SBDI-1 - Res. n. 129/2005). I – Intimada ou notificada a parte no sábado, o início do prazo se dará no primeiro dia útil imediato e a contagem, no subsequente".
(22) Art. 184, parágrafo primeiro, do CPC: "Considera-se prorrogado o prazo até o primeiro dia útil se o vencimento cair em feriado ou em dia em que: I – for determinado o fechamento do fórum; II – o expediente forense for encerrado antes da hora normal".

do art. 62, I, da Lei n. 5.010/66[23]. Referido item sumular, cuja redação foi alterada em maio de 2014, por força da Resolução n. 194 do TST, estabelece: II – O recesso forense e as férias coletivas dos Ministros do Tribunal Superior do Trabalho suspendem os prazos recursais. (ex-OJ n. 209 da SBDI-1 – inserida em 8.11.2000)."

Uma distinção preliminar tem que ser feita quanto aos efeitos da *interrupção* e da *suspensão* do prazo. Na suspensão, paralisa-se a contagem do prazo processual; cessada sua causa, recomeça-se a contagem do prazo no estado em que parou, isto é, pelo interstício que lhe resta. Na interrupção também se paralisa a contagem do prazo e, cessada sua causa, recomeça-se a contagem do prazo, só que em sua integralidade, como se não tivesse iniciado o seu fluir.

Todo o problema que justificou a manifestação sumular do TST decorre da natureza jurídica atribuída a esses dias de descanso dos juízes, desembargadores, ministros da Justiça do Trabalho e seus servidores, bem como os efeitos processuais que desse enquadramento decorrem. Explica-se: a Lei n. 5.010/66 estabelece ser *feriado* na Justiça Federal (incluindo a Justiça do Trabalho, posto que também federal) os dias compreendidos entre 20 de dezembro e 6 de janeiro (art. 62, I) e, quanto aos efeitos, por um lado, *feriado* não tem o condão de interromper ou suspender os prazos (cf. art. 178 do CPC e art. 775 da CLT). Por outro, o art. 179 do CPC determina que as férias forenses suspendem o curso do prazo, sendo que o que lhe sobejar recomeça a correr do primeiro dia útil seguinte ao termo das férias.

Desse modo, se esses dias de descanso (do dia 20/12 a 06/01) forem considerados feriados, todos os prazos iniciados antes do dia 20/12 serão contados de forma ininterrupta, e tendem a finalizar no dia 07/01, caso dia útil (é o tratamento que recebem os dias 20/12 a 06/01 na Justiça Comum). Se, ao contrário, forem considerados como férias, todos os prazos iniciados antes do dia 20/12 terão sua contagem reiniciada, pelo tempo que lhe restarem, a partir do dia 07/01 (caso dia útil).

A Súmula n. 262, II, veio pacificar a divergência, optando por considerar os dias 20/12 a 06/01 como férias, o que implica a suspensão dos prazos processuais, inobstante a literalidade da Lei n. 5.010/66 que os considera feriado, para o âmbito da Justiça Comum. Eis mais uma prova de que Newton estava errado, inclusive no processo: o tempo não passa da mesma maneira para todos, tampouco em todos os lugares.

Por outro lado, a mesma Súmula n. 262, II, do TST (frisa-se: de 2005) afasta também a literalidade do art. 93, XII, da Constituição Federal (com redação dada pela EC n. 45/2004): "a atividade jurisdicional será ininterrupta, sendo vedado férias coletivas nos juízos e tribunais de segundo grau, funcionando, nos dias em que não houver expediente forense normal, juízes em plantão permanente". Desta vez, o TST ignora a vedação constitucional, sem maior construção jurídica ou enquadramentos, limitando-se a instituir o sistema de plantões.[24]

Advogado, sentinela, desconsidera essas interpretações "superiores" divergentes do texto da lei. Férias (ou feriados) lhes são benéficos, de "direito", enquanto trabalhador...

Já a Súmula n. 385, do TST, além de cuidar do tempo do recurso, cuida também do objeto da prova ("de o que provar?"), dispondo:

SÚMULA N. 385, TST — FERIADO LOCAL. AUSÊNCIA DE EXPEDIENTE FORENSE. PRAZO RECURSAL. PRORROGAÇÃO. COMPROVAÇÃO. NECESSIDADE. ATO ADMINISTRATIVO DO JUÍZO *"A QUO"* (redação alterada na sessão do Tribunal Pleno realizada em 14.9.2012 – Res. n. 185/2012, DEJT divulgado em 25, 26 e 27.9.2012)

I – Incumbe à parte o ônus de provar, quando da interposição do recurso, a existência de feriado local que autorize a prorrogação do prazo recursal.

II – Na hipótese de feriado forense, incumbirá à autoridade que proferir a decisão de admissibilidade certificar o expediente nos autos.

III – Na hipótese do inciso II, admite-se a reconsideração da análise da tempestividade do recurso, mediante prova documental superveniente, em Agravo Regimental, Agravo de Instrumento ou Embargos de Declaração.

Tal como previsto no Código de Processo Civil, constituem objeto de prova os fatos relevantes, pertinentes e controvertidos. Em regra, só os fatos devem ser provados, já que existe a presunção de que o juiz conhece o direito ("dai-me o fato, dar-te-ei o direito"). Mas o juiz não conhece "todo o direito", incidindo a presunção somente sobre as leis federais, devendo, pois, a parte provar o teor e a vigência do direito municipal, estadual, estrangeiro ou

---

(23) Art. 62, Lei n. 5.010/66: "Além dos fixados em lei, serão feriados na Justiça Federal, inclusive nos Tribunais Superiores: I – os dias compreendidos entre 20 de dezembro e 6 de janeiro, inclusive; [...]".

(24) De acordo com a Resolução n. 14/2005 do CSJT: "Art. 1º O recesso forense, compreendido no período de 20 de dezembro a 6 de janeiro, nos Tribunais Regionais do Trabalho, não foi extinto em face da Emenda Constitucional n. 45/04. Art. 2º Os Tribunais Regionais do Trabalho deverão garantir o atendimento aos jurisdicionados, nos casos urgentes, estabelecendo regime de plantão de Juízes nos dias em que não houver expediente forense normal. Art. 3º Os Tribunais regulamentarão o funcionamento dos plantões judiciários de modo a garantir o disposto no art. 93, inciso XII, da Constituição Federal. Parágrafo único. O sistema de plantões deve ser amplamente divulgado e fiscalizado pelos órgãos competentes".

consuetudinário (cf. art. 337/CPC[25]). Na seara processual trabalhista, embora sem previsão expressa, as partes devem fazer prova também das convenções e acordos coletivos de trabalho, sentenças normativas, regulamentos empresariais, porquanto não inclusos no rol de direitos de conhecimento presumidamente obrigatório pelo juiz.

Por essa razão, o inciso I, da Súmula n. 385 do TST, determina que a parte deve provar a existência de feriado local que implique a prorrogação de prazo recursal. Já na hipótese de feriado forense (situação de dia útil em que não há expediente), o TST alterou, no ano de 2012, seu entendimento (novas redações dos incisos II e III da Súmula em comento), determinando que a autoridade que proferir a decisão deverá, no exercício do primeiro juízo de admissibilidade, certificar tal fato nos autos. E, caso não o faça, a prova documental deste fato (feriado forense), pode ser superveniente (em agravo regimental, agravo de instrumento ou embargos de declaração). Entendimento anterior implicava em situações concretas de a parte ter seu recurso principal não conhecido, posto que supostamente intempestivo, quando, em verdade, tempestivo.

Deste modo, criando mais uma regra, distingue a Súmula n. 385 o dever de prova do *feriado local*, incumbindo de plano à parte o ônus de prová-lo quando da interposição do recurso; e, do *feriado forense* (dia útil sem expediente), incumbindo à autoridade decisória certificar tal fato nos autos e, caso não o faça, abrindo espaço para que o advogado suprima-lhe a falta, em nova sede recursal (agravo de instrumento, regimental ou embargos de declaração).

Mas o advogado precavido, evitando mais morosidade (e trabalho para si próprio e para os órgãos jurisdicionais), não faz essa distinção. Com a interposição de novo recurso já menciona o feriado local ou feriado forense (e colaciona sua prova), de plano, sem mais delongas.

Nota-se, assim, que o tempo também é relativo no processo, seja quanto a sua medida seja quanto ao seu lugar. Por outro lado, o agir no processo é dependente, seja do modo como as leis humanas ditam as regras do tempo, seja como as interpretam os tribunais.

Referências bibliográficas

ANDRADE, Carlos Drummond. Nossos tempos. *In: Reunião Drummond;* 10 livros de poesia. 8. ed. Rio de Janeiro: Livraria José Olympio, 1977.

ÁLVARES DA SILVA, Antônio. *Cinco estudos de direito do trabalho.* São Paulo: LTr, 2009.

BEZERRA LEITE, Carlos Henrique. *Curso de direito processual do trabalho.* 9. ed. São Paulo: LTr, 2011.

DALAZEN, João Orestes. Apresentação do PJe-JT. 24.6.2011. *In:* CONSELHO SUPERIOR DA JUSTIÇA DO TRABALHO. *O processo judicial eletrônico:* Justiça do Trabalho. Disponível em: <http://www.csjt.jus.br>. Acesso em: 28 dez. 2012.

OLHOA, João. Sobre o tempo. *In:* FU, Pato. *Gol de Quem.* São Paulo: BMG, 1995. Faixa 7.

ROCHA, Andréa Presas; ALVES NETO, João (Orgs). *Súmulas do TST comentadas.* Rio de Janeiro: Elsevier, 2011.

SARAIVA, Renato. *Processo do trabalho.* Coord. Misael Montenegro Filho. 7. ed. São Paulo: Método, 2011.

VELOSO, Caetano. Oração ao tempo. In: VELOSO, Caetano. *Cinema transcendental.* Rio de Janeiro: Universal, 1979. Faixa 2.

---

(25) Art. 337/CPC: "A parte, que alegar direito municipal, estadual, estrangeiro ou consuetudinário, provar-lhe-á o teor e a vigência, se assim o determinar o juiz".

Súmula n. 303 do TST e a Remessa Oficial

Lívia Mendes Moreira Miraglia

SÚMULA N. 303 do TST: FAZENDA PÚBLICA. DUPLO GRAU DE JURISDIÇÃO (incorporadas as Orientações Jurisprudenciais ns. 71, 72 e 73 da SBDI-1) – Res. n. 129/2005, DJ 20, 22 e 25.4.2005

I – Em dissídio individual, está sujeita ao duplo grau de jurisdição, mesmo na vigência da CF/1988, decisão contrária à Fazenda Pública, salvo:

a) quando a condenação não ultrapassar o valor correspondente a 60 (sessenta) salários mínimos;

b) quando a decisão estiver em consonância com decisão plenária do Supremo Tribunal Federal ou com súmula ou orientação jurisprudencial do Tribunal Superior do Trabalho. (ex-Súmula n. 303 – alterada pela Res. n. 121/2003, DJ 21.11.2003 – Lei n. 10.352, de 26.12.2001)

II – Em ação rescisória, a decisão proferida pelo juízo de primeiro grau está sujeita ao duplo grau de jurisdição obrigatório quando desfavorável ao ente público, exceto nas hipóteses das alíneas *"a"* e *"b"* do inciso anterior. (ex-OJ n. 71 da SBDI-1 – inserida em 3.6.1996)

III 2 Em mandado de segurança, somente cabe remessa *"ex officio"* se, na relação processual, figurar pessoa jurídica de direito público como parte prejudicada pela concessão da ordem. Tal situação não ocorre na hipótese de figurar no feito como impetrante e terceiro interessado pessoa de direito privado, ressalvada a hipótese de matéria administrativa. (ex-OJs ns. 72 e 73 da SBDI-1 – inseridas, respectivamente, em 25.11.1996 e 3.6.1996)

O Decreto-lei n. 779/69 determina, em seu art. 1º, inciso V, que nos processos sujeitos à Justiça do Trabalho em que seja parte a União, o Estado, o Distrito Federal, o Município ou suas autarquias ou fundações de direito público federais, estaduais ou municipais que não explorem atividade econômica, cabe "o recurso ordinário *'ex officio'* das decisões que lhe sejam total ou parcialmente contrárias".

A remessa obrigatória ou de ofício, a rigor, não é recurso, haja vista que não se trata de uma faculdade processual das partes, cabendo ao próprio juiz prolator da decisão submetê-la ao duplo grau de jurisdição, que, nesse caso, é obrigatório[1].

Segundo Schiavi, falta à remessa *ex officio* características próprias dos recursos como tipicidade, voluntariedade, tempestividade, dialeticidade, legitimidade, interesse em recorrer e preparo[2].

Em verdade, pode-se dizer que a remessa necessária é condição para a eficácia da sentença que somente produz efeitos depois de confirmada pelo tribunal. Sendo assim, não há dúvidas que a remessa obrigatória devolve e transfere ao Tribunal o conhecimento de toda a matéria fática e jurídica.

Aplicam-se à remessa *ex officio* os efeitos devolutivo e translativo em sua plenitude. Leite fundamenta seu entendimento em jurisprudência do Tribunal Superior do Trabalho que determinou que o "efeito devolutivo não inibe a decisão sobre as demais questões", cabendo ao tribunal analisar toda a matéria fática, ainda que não haja interposição de recurso voluntário pela parte beneficiada pela remessa oficial[3].

No que tange às questões de ordem pública e às que podem ser conhecidas de ofício, não há dúvidas quanto à competência do tribunal para conhecê-las e apreciá-las.

Nesse sentido é a decisão do Tribunal Regional do Trabalho da 21ª Região que, aplicando o "efeito translativo da remessa oficial, pelo qual são remetidas à superior instância (*rectius = o tribunal ad quem*) todas as questões suscitadas e debatidas na instância inferior, com precedência para as relativas aos pressupostos de constituição e desenvolvimento válido e regular da relação processual", afastou a preliminar de incompetência material da Justiça do Trabalho em face da superveniência de regime estatutário em substituição ao celetista[4].

De acordo com Schiavi, é inaplicável na remessa oficial a aplicação do princípio da vedação da *reformatio in pejus*[5]. Cumpre destacar, contudo que o próprio Tribunal Superior do Trabalho possui jurisprudência em sentido contrário:

RECURSO DE REVISTA. DIFERENÇAS SALARIAIS. REMESSA OFICIAL. *"REFORMATIO IN PEJUS"* PROVIMENTO. O privilégio instituído pelo Decreto-lei n. 779/69, relativamente às "decisões que lhe sejam total ou parcialmente contrárias" (inciso V) não pode servir de meio hábil a se promover o agravamento da condenação, não se admitindo,

---

(1) BEZERRA LEITE, Carlos Henrique. *Curso de Direito Processual do Trabalho.* 8. ed. São Paulo: LTr, 2010. p. 731.
(2) SCHIAVI, Mauro. *Manual de Direito Processual do Trabalho.* 2. ed. São Paulo: LTr, 2009. p. 655.
(3) BEZERRA LEITE, Carlos Henrique, *op. cit.*, p. 731.
(4) TRT 21ª Região – Acórdão n. 82.137 – Remessa De Ofício n. 01123-2007-021-21-00-9 – Juiz relator: Hermann de Araújo Hackradt – DEJT n. 243, 1º.6.2009 – Publicado 2.6.2009.
(5) SCHIAVI, Mauro, *op. cit.*, p. 655.

em sede de Remessa Oficial, que sejam deferidas diferenças a favor do Reclamante, que nem sequer cuidou de interpor Recurso contra a decisão que lhe foi desfavorável, sob pena de se incorrer em *"reformatio in pejus"*. Recurso conhecido e provido. (TST-RR-529.416/1999.0 – 1ª turma – Relª. Juíza convocada Maria de Assis Calsing – Data julgamento 26.5.2004)

Destaca-se que a proibição da *reformatio in pejus* é princípio consagrado pelo ordenamento jurídico processual brasileiro, de observância e aplicação obrigatórias.

Para alguns autores, a remessa obrigatória ofende o princípio da igualdade, consagrado no art. 5º da Constituição de 1988. Não obstante, entende-se que tal prerrogativa processual justifica-se em face dos princípios da segurança jurídica e da supremacia do interesse público sobre o interesse privado[6].

Ademais, encontra-se pacificado pela Súmula n. 303 do TST o entendimento de que o duplo grau de jurisdição subsiste mesmo após o advento da Constituição de 1988.

Cumpre destacar que a remessa *ex officio* não impede o ente público de interpor o recurso cabível. Aliás, a interposição de recurso ordinário pela parte é um dos requisitos indispensáveis para que possa interpor recurso de revista.

A Orientação Jurisprudencial n. 334 da SDI1 do TST determina ser "incabível recurso de revista de ente público que não interpôs recurso ordinário voluntário da decisão de primeira instância, ressalvada a hipótese de ter sido agravada, na segunda instância, a condenação imposta". Nesse sentido:

> RECURSO DE REVISTA. FAZENDA PÚBLICA. REMESSA NECESSÁRIA. EXISTÊNCIA DE RECURSO VOLUNTÁRIO DO ENTE PÚBLICO. INAPLICABILIDADE DA REGRA PREVISTA NA SÚMULA N. 303, I/TST. Ainda que o Regional não tenha aplicado corretamente o entendimento previsto na Súmula n. 303, I/TST, ao determinar equivocadamente a remessa *ex officio*, a interposição de recurso ordinário voluntário do ente público contra a decisão de primeira instância, no qual expressamente arguiu a prescrição, possibilitou o conhecimento do apelo pela instância revisora com fulcro no art. 515, *caput*, do CPC. Recurso de revista não conhecido. 515 CPC (TST – RR 112000-56.2004.5.04.0004 – Relator: Min. Mauricio Godinho Delgado, Data de Julgamento: 9.11.2011, 6ª Turma, Data de Publicação: DEJT 18.11.2011)

No caso de não haver interposição de recurso voluntário, deve-se determinar a expedição de ofícios ao Ministério Público (estadual ou federal), ao Ministério Público do Trabalho e à Ordem dos Advogados do Brasil para eventual apuração de responsabilidade dos procuradores dos entes públicos[7].

Acerca do alcance da remessa oficial na Justiça do Trabalho, o Tribunal Superior do Trabalho revisou, por meio da Resolução n. 121 de 21 de novembro de 2003, a Súmula n. 303, que passou a ter a seguinte redação:

> FAZENDA PÚBLICA. DUPLO GRAU DE JURISDIÇÃO. (incorporadas as Orientações Jurisprudenciais ns. 9, 71, 72 e 73 da SBDI-1) – Res. n. 129/2005 – DJ 20.4.2005.
>
> I – Em dissídio individual, está sujeita ao duplo grau de jurisdição, mesmo na vigência da CF/1988, decisão contrária à Fazenda Pública, salvo:
>
> a) quando a condenação não ultrapassar o valor correspondente a 60 (sessenta) salários mínimos; (ex-OJ n. 09 incorporada pela Res. n. 121/2003, DJ 21.11.2003)
>
> b) quando a decisão estiver em consonância com decisão plenária do Supremo Tribunal Federal ou com súmula ou orientação jurisprudencial do Tribunal Superior do Trabalho. (ex-Súmula n. 303 – Res. n. 121/2003, DJ 21.11.2003)
>
> II – Em ação rescisória, a decisão proferida pelo juízo de primeiro grau está sujeita ao duplo grau de jurisdição obrigatório quando desfavorável ao ente público, exceto nas hipóteses das alíneas "a" e "b" do inciso anterior. (ex-OJ n. 71 – Inserida em 3.6.1996)
>
> III – Em mandado de segurança, somente cabe remessa "*ex officio*" se, na relação processual, figurar pessoa jurídica de direito público como parte prejudicada pela concessão da ordem. Tal situação não ocorre na hipótese de figurar no feito como impetrante e terceiro interessado pessoa de direito privado, ressalvada a hipótese de matéria administrativa. (ex-OJs n. 72 – Inserida em 25.11.1996 e n. 73 – Inserida em 3.6.1996)

É de se ver que a Súmula n. 303 do TST pacificou qualquer controvérsia porventura existente acerca da aplicabilidade do art. 475 do Código de Processo Civil (CPC). A Lei n. 10.352 de 26 de dezembro de 2001 conferiu nova redação ao art. 475 do CPC, a fim de determinar os casos em que a sentença está sujeita ao duplo grau de jurisdição obrigatório[8]. Na Justiça do Trabalho, conforme visto anteriormente, existe lei própria regulamentando a matéria.

---

(6) BEZERRA LEITE, Carlos Henrique, *op. cit.*, p. 731.

(7) BEZERRA LEITE, Carlos Henrique, *op. cit.*, p. 734.

(8) Art. 475. Está sujeita ao duplo grau de jurisdição, não produzindo efeito senão depois de confirmada pelo tribunal, a sentença: (Redação dada pela Lei n. 10.352, de 26.12.2001)

I – proferida contra a União, o Estado, o Distrito Federal, o Município, e as respectivas autarquias e fundações de direito público; (Redação dada pela Lei n. 10.352, de 26.12.2001)

II – que julgar procedentes, no todo ou em parte, os embargos à execução de dívida ativa da Fazenda Pública (art. 585, VI).

§ 1º Nos casos previstos neste artigo, o juiz ordenará a remessa dos autos ao tribunal, haja ou não apelação; não o fazendo, deverá o presidente do tribunal avocá-los. (Incluído pela Lei n. 10.352, de 26.12.2001).

Não obstante, a nova redação do art. 475 do CPC trouxe algumas exceções ao duplo grau de jurisdição obrigatório:

> § 2º Não se aplica o disposto neste artigo sempre que a condenação, ou o direito controvertido, for de valor certo não excedente a 60 (sessenta) salários mínimos, bem como no caso de procedência dos embargos do devedor na execução de dívida ativa do mesmo valor. (Incluído pela Lei n. 10.352, de 26.12.2001)
>
> § 3º Também não se aplica o disposto neste artigo quando a sentença estiver fundada em jurisprudência do plenário do Supremo Tribunal Federal ou em súmula deste Tribunal ou do tribunal superior competente. (Incluído pela Lei n. 10.352, de 26.12.2001)

Fica evidente que as duas exceções consagradas pelo CPC foram incorporadas à Justiça do Trabalho, não se aplicando a remessa oficial obrigatória nas hipóteses de sentenças desfavoráveis à Fazenda Pública que não ultrapassem 60 salários mínimos ou que estejam em consonância com súmula ou orientação jurisprudencial do TST ou súmula ou decisão plenária do STF.

Nesse sentido:

> NÃO CONHECIMENTO DA REMESSA OFICIAL EM FACE DO DISPOSTO NO ART. 475, § 2º DO CPC. APLICAÇÃO DA SÚMULA N. 303 DO TST. Não se conhece da Remessa Oficial em face do disposto no art. 475, § 2º do CPC, que excepciona da obrigação ao duplo grau de jurisdição as condenações contra a Fazenda Pública, que tiver valor inferior a 60 (sessenta) salários mínimos, em conformidade com o entendimento consubstanciado na Súmula n. 303 do c. TST. Remessa Oficial não conhecida (TRT MA – RO 00791-2010-008-16-00-1 – Relator: Des. Américo Bedê Freire – Data de Julgamento: 24.1.2012 – Data de Publicação: 27.1.2012).

Cumpre destacar que há quem entenda, como Leite, que a parte final da alínea "b" do item I da Súmula n. 303 do TST é de "duvidosa legalidade". A referida súmula exclui do duplo grau de jurisdição obrigatório também a sentença fundada em orientação jurisprudencial do TST. Ressalta o autor que o § 3º do art. 475 do CPC utiliza o termo súmula de tribunal superior, sem qualquer referência à orientação jurisprudencial[9]. Contudo não é esse o entendimento que vem prevalecendo:

> REEXAME NECESSÁRIO. Adota-se o entendimento contido nos itens "a" e "b" da Súmula n. 303 do Tribunal Superior do Trabalho, no sentido de que, em dissídio individual, está sujeita ao duplo grau de jurisdição, mesmo na vigência da CF/1988, decisão contrária à Fazenda Pública, salvo quando a condenação não ultrapassar o valor correspondente a 60 (sessenta) salários mínimos, ou quando a decisão estiver em consonância com decisão plenária do Supremo Tribunal Federal, **ou com súmula ou orientação jurisprudencial do Tribunal Superior do Trabalho.** (RS 0000016-80.2011.5.04.0761, relator: LEONARDO MEURER BRASIL, Data de Julgamento: 1º.12.2011, Vara do Trabalho de Triunfo).

A Súmula n. 303 do TST consagra ainda a obrigatoriedade da remessa oficial na ação rescisória e no mandado de segurança, aplicando a regra geral do duplo grau de jurisdição obrigatório quando a decisão for contrária a ente público. Ressalva apenas as hipóteses já consagradas no item I da própria súmula e, no caso do mandado de segurança, quando a pessoa jurídica de direito público for impetrante ou quando pessoa jurídica de direito privado for terceiro interessado, salvo se se tratar de matéria administrativa.

Nessa esteira é a decisão do TST, que afastou o duplo grau de jurisdição em mandado de segurança impetrado por Município, nos termos da Súmula n. 303, III[10].

Por fim, conclui-se que, regra geral, estão sujeitas ao duplo grau de jurisdição obrigatório as sentenças que forem desfavoráveis à pessoa jurídica de direito público, salvo naqueles casos expressamente previstos na Súmula n. 303 do TST.

Referências bibliográficas

ALMEIDA, Cléber Lúcio. *Direito Processual do Trabalho*. 4. ed. Belo Horizonte: Del Rey, 2012.

BEZERRA LEITE, Carlos Henrique. *Curso de Direito Processual do Trabalho*. 8. ed. São Paulo: LTr, 2010.

SCHIAVI, Mauro. *Manual de Direito Processual do Trabalho*. 2. ed. São Paulo: LTr, 2009.

---

(9) BEZERRA LEITE, Carlos Henrique, *op. cit.*, p. 734.

(10) TST – RR 3005000-02.2010.5.02.0000, relator: Fernando Eizo Ono, Data de Julgamento: 8.5.2012, Órgão Especial, Data de Publicação: DEJT 18.5.2012.

Súmula n. 321 (Cancelamento) e OJ n. 11 do Tribunal Pleno do TST: Recursos Contra Atos Administrativos Proferidos pelos TRTs

Juliana Augusta Medeiros de Barros

SÚMULA N. 321: DECISÃO ADMINISTRATIVA. RECURSO (cancelada) – Res. n. 135/2005, DJ 5.7.2005

Das decisões proferidas pelos Tribunais Regionais do Trabalho, em processo administrativo, cabe recurso para o Tribunal Superior do Trabalho tão somente para o exame da legalidade do ato.

OJ N. 11 DO TRIBUNAL PLENO DO TST: RECURSO EM MATÉRIA ADMINISTRATIVA. PRAZO. ÓRGÃO COLEGIADO. OITO DIAS. ART. 6º DA LEI N. 5.584, DE 26.06.1970 (DJ 25.4.2007)

Se não houver norma específica quanto ao prazo para interposição de recurso em matéria administrativa de decisão emanada de órgão Colegiado do Tribunal Regional do Trabalho, aplica-se, por analogia, a regra geral dos prazos adotados na Justiça do Trabalho, ou seja, oito dias, conforme estabelecido no art. 6º da Lei n. 5.584, de 26.6.1970. O prazo de dez dias a que alude o art. 59 da Lei n. 9.784, de 29.1.1999, aplica-se somente à interposição de recursos de decisões prolatadas monocraticamente.

O presente artigo tem como objetivo apresentar algumas considerações acerca da Súmula n. 321 do Tribunal Superior do Trabalho, que estabelece o cabimento de recurso administrativo para a Corte Superior das decisões proferidas pelos Tribunais Regionais do Trabalho, em matéria administrativa, bem como sobre as razões para o seu cancelamento, além de fazer uma breve referência ao conteúdo da Orientação Jurisprudencial n. 11 do Tribunal Pleno também do TST.

A Súmula n. 321 decorre da revisão do Enunciado n. 302 do TST, apresentando como redação original aprovada em novembro de 1993 a seguinte: *"Das decisões proferidas pelos Tribunais Regionais, em processo administrativo, cabe recurso para o Tribunal Superior do Trabalho tão somente para exame da legalidade do ato."*

Conforme o entendimento esposado no verbete sumular, nos processos administrativos cujas decisões fossem de competência dos Tribunais Regionais do Trabalho, caberia recurso para o Tribunal Superior, cingindo-se a análise dos ministros no processamento e julgamento do recurso à legalidade do ato administrativo emanado.

Em outras palavras, a competência dos ministros do TST no julgamento do recurso somente poderia se circunscrever aos aspectos legais do ato administrativo[1] proferido pelos TRTs, englobando, portanto, a análise dos seguintes aspectos: se a autoridade que praticou o ato tem competência para tanto; se a finalidade do ato foi atingida; se foi observada a forma ou a solenidade para praticar o ato, quando estas estiverem previstas em lei; se a motivação externada corresponde aos verdadeiros motivos para a prática do ato; e se o objeto é lícito e possível.

Em se tratando de atos administrativos vinculados, ou seja, aqueles que devem ser executados em estrita conformidade com as delimitações previamente estabelecidas pela norma jurídica, permitindo ao agente público um único comportamento possível em face de uma situação concreta, pelo fato de o objeto estar prévia e objetivamente tipificado[2], o julgamento do recurso administrativo pelo TST poderia perpassar pela análise da legalidade de todos os elementos do ato administrativo emanado pelos TRTs, quais sejam: competência, objeto, finalidade, motivação quando externada e forma quando prevista em lei.

Um exemplo de ato administrativo vinculado que pode ser proferido pelos Tribunais Regionais do Trabalho é a aplicação de pena disciplinar ao servidor público federal que comete infração, sendo estritamente necessário que a pena aplicada ao servidor do TRT seja a prevista para o tipo de infração cometida, de acordo com as disposições previstas na Lei n. 8.112/90, que estabelece o regime jurídico dos servidores públicos civis da União, das autarquias e fundações públicas, haja vista que os servidores dos TRTs são vinculados à Administração Pública Direta Federal.

Outro exemplo de ato administrativo vinculado é a nomeação de candidatos aprovados em concurso público para o cargo de servidor público dos Tribunais Regionais do Trabalho, devendo ser observada a aprovação do candidato no certame, de acordo com todas as especificações contidas no Edital do concurso de provas ou provas e títulos, incluindo as habilitações legais necessárias para o exercício do cargo, bem como a ordem de classificação dos candidatos.

---

(1) Os atos administrativos possuem como elementos a competência, a finalidade, a forma, o objetivo e o motivo. A ausência de qualquer um destes requisitos torna o ato administrativo nulo.

(2) PIETRO, Maria Sylvia de Zanella Di. *Direito Administrativo*. 13 ed. São Paulo: Atlas, 2001. p. 196.

Já no que tange aos atos administrativos discricionários, ou seja, aqueles cujo objeto não se encontra delimitado expressamente pela norma jurídica, permitindo que sejam praticados de acordo com a conveniência e a oportunidade vislumbrada pelo agente público justamente por inexistir restrição ou delimitação de conduta estipulada por lei[3], o julgamento do recurso administrativo pelo TST somente poderia se limitar aos aspectos de legalidade do ato administrativo emanado, que, em geral, se circunscrevem à competência do agente para a prática do ato e se a finalidade do ato administrativo tiver sido atingida. Também poderia ser objeto de análise pelo TST a observância da forma para a prática do ato, se esta estiver expressamente prevista em lei, se os motivos externados (motivação) corresponderem aos verdadeiros motivos para realizar o ato administrativo e se o ato praticado for lícito e possível. Entretanto o TST jamais poderia se imiscuir no mérito do ato discricionário, ou seja, nas razões de oportunidade e de conveniência para a prática do ato administrativo pelos TRTs.

Exemplos típicos de atos administrativos discricionários são a nomeação e a exoneração de servidores públicos para cargos em comissão e funções de confiança do quadro dos Tribunais Regionais do Trabalho, situação em que a nomeação e a exoneração ocorrem de forma livre (*ad nutum*) pelas autoridades competentes, que se baseiam nos critérios de oportunidade e de conveniência para preencher os cargos em comissão e as funções de confiança existentes.

Ocorre que a Súmula n. 321 do Tribunal Superior do Trabalho foi cancelada pelo Pleno da Corte Superior, mediante a Resolução n. 135/2005, publicada no DJ em 5.7.2005. A razão do cancelamento se deve à criação do Conselho Superior da Justiça do Trabalho pela Emenda Constitucional n. 45 de 2004[4], que determinou ao respectivo órgão as competências para tratar da supervisão administrativa, orçamentária, financeira e patrimonial da Justiça do Trabalho de primeiro e segundo graus.

Dessa forma, a competência para processar e julgar recursos administrativos de atos administrativos emanados pelos Tribunais Regionais do Trabalho passou a ser do Conselho Superior da Justiça do Trabalho, razão pela qual não subsistiam mais motivos para a permanência da Súmula n. 321.

É importante salientar que, mesmo antes da criação do CSJT pela EC n. 45/04, a competência para examinar matérias administrativas emanadas pelo Tribunal Superior do Trabalho era do próprio Tribunal, permanecendo da mesma forma após a instalação do CSJT, tendo em vista que a competência do Conselho em relação à supervisão administrativa da Justiça do Trabalho se cinge ao primeiro e segundo graus de jurisdição, não alcançando a instância superior.

Assim sendo, quando do cancelamento da Súmula n. 321 também foi aprovada a ampliação de competência do Tribunal Pleno do TST para o exame de matérias administrativas, com o acréscimo das alíneas "*r*" e "*s*" ao art. 70, inciso II, do Regimento Interno do Tribunal, que estabelece a competência do Pleno para julgar recursos contra decisões ou atos do presidente do TST e também os recursos dos TRTs em processo administrativo disciplinar envolvendo magistrado, estritamente para o controle de legalidade.

Durante o período de transição até a instalação do Conselho Superior da Justiça do Trabalho, também ficou estabelecido que os recursos em matéria administrativa interpostos de decisões dos TRTs permaneceriam sob a competência residual da seção Administrativa do TST, ressalvadas as hipóteses previstas no art. 70, inciso II, alíneas "*r*" e "*s*", conforme o art. 310-A, inserido ao Regimento Interno da Corte Superior.

Em síntese, a competência para julgar recursos contra atos administrativos emanados pelos Tribunais Regionais do Trabalho passou a ser do Conselho Superior da Justiça do Trabalho, a partir da instalação do órgão, com exceção dos recursos contra sanção disciplinar aplicada a magistrado no âmbito dos TRTs, cujo estrito controle de legalidade continua a ser de competência do Pleno do TST.

De todo modo, a competência do Conselho Superior da Justiça do Trabalho no que tange ao julgamento dos recursos contra atos administrativos dos TRTs se restringe igualmente à legalidade do ato administrativo emanado, seja ele vinculado ou discricionário, não podendo o Conselho Superior se imiscuir, no último caso, nos aspectos de conveniência e de oportunidade para a prática do ato. Vale, portanto, para o CSJT a mesma análise realizada quanto aos aspectos legais do ato administrativo que podem ser objeto de discussão quando do processamento e julgamento do recurso.

Não obstante, há um aspecto deveras importante a ser levantado sobre a competência do CSJT para julgar recursos contra atos administrativos emanados dos TRTs.

---

(3) *Ibidem*, p. 196-197.
(4) Art. 111-A. § 2º Funcionarão junto ao Tribunal Superior do Trabalho:
    II – o Conselho Superior da Justiça do Trabalho, cabendo-lhe exercer, na forma da lei, a supervisão administrativa, orçamentária, financeira e patrimonial da Justiça do Trabalho de primeiro e segundo graus, como órgão central do sistema, cujas decisões terão caráter vinculante.

É que o art. 12, inciso IV, do Regimento Interno do CSJT estabeleceu como competência do Plenário o exercício, de ofício ou a requerimento de qualquer interessado, do *"controle de legalidade de ato legalidade de ato administrativo praticado por Tribunal Regional do Trabalho, cujos efeitos extrapolem interesses meramente individuais, quando contrariadas normas legais ou constitucionais, ou decisões de caráter normativo do Conselho Superior da Justiça do Trabalho e do Conselho Nacional de Justiça".*

Isso significa que o Conselho Superior da Justiça do Trabalho somente será competente para processar e julgar recursos administrativos quando os efeitos do ato administrativo impugnado praticado pelo TRT abrangerem a coletividade, seja de servidores da primeira e segunda instância, seja de juízes ou de jurisdicionados, não detendo o Conselho competência para julgar recursos contra atos administrativos circunscritos a interesses meramente individuais.

Como exemplo dessa restrição de competência pode-se dar o julgamento do Processo n. CSJT-Pet-17-55.2012.5.90.0000, em que o CSJT se determinou incompetente para julgar o recurso administrativo de uma servidora do Tribunal Regional da 23ª Região contra decisão administrativa do Órgão Especial do respectivo Regional, que julgou improcedentes os pedidos de concessão de aposentadoria especial com proventos integrais e de conversão do tempo de serviço comum em especial, por se tratar de matéria relativa a interesse meramente individual[5].

A exceção a essa restrição de competência determinada no Regimento Interno do CSJT está contido no próprio art. 12, inciso IV, do Regimento que estabelece a competência do Plenário para *"examinar, de ofício ou a requerimento de qualquer interessado, a legalidade das nomeações para os cargos efetivos e em comissão e para as funções comissionadas dos Órgãos da Justiça do Trabalho de primeiro e segundo graus".*

Diante do cancelamento da Súmula n. 321 do TST e das competências determinadas pelo Regimento Interno do CSJT surge, então, a pergunta sobre qual seria o órgão competente para o processamento e julgamento dos recursos administrativos contra atos emanados dos Tribunais Regionais do Trabalho, quando os efeitos do ato administrativo se restrinjam a interesses meramente individuais.

Pela lógica do sistema de competências, a competência residual para o julgamento desses recursos deveria ser do Conselho Nacional de Justiça, por exclusão, já que o inciso II do parágrafo 4º do art. 103-B da Constituição Federal de 1988 estabelece como competência do CNJ a apreciação, de ofício ou mediante provocação, da *"legalidade dos atos administrativos praticados por membros ou órgão do Poder Judiciário, podendo desconstituí-los, revê-los ou fixar prazo para que se adotem as providências necessárias ao exato cumprimento da lei".*

Resta ainda ponderar que, mesmo com o cancelamento da Súmula n. 321, foi mantida a Orientação Jurisprudencial n. 11 do Tribunal Pleno do TST, que estabelece o prazo de oito dias para a interposição de recurso em matéria administrativa de decisão emanada de órgão Colegiado dos Tribunais Regionais do Trabalho, em analogia com a regra geral dos prazos adotados na Justiça do Trabalho, e o prazo de dez dias para a interposição de recurso de decisões prolatadas monocraticamente, por aplicação da Lei n. 9.784 de 1999.

Deve-se recordar que o TST ainda é competente para julgar recursos de decisões proferidas em processo administrativo disciplinar contra magistrados de primeiro e segundo graus, aplicando-se a esses recursos os prazos previstos da OJ n. 11 do Tribunal Pleno.

Ademais, como não há regras próprias no regimento interno do CSJT quanto à matéria, aplicam-se os prazos recursais estabelecidos na OJ n. 11 do Tribunal Pleno aos recursos interpostos contra atos administrativos dos Tribunais Regionais do Trabalho cuja competência para julgamento for do Conselho Superior da Justiça do Trabalho.

Referências bibliográficas

BRASIL. CONSELHO SUPERIOR DA JUSTIÇA DO TRABALHO. Processo CSJT – 8-81.2010.5.08.0000. Relator Conselheiro Ministro João Batista Brito Pereira. Publicação no DEJT em 27.10.2010.

BRASIL. CONSELHO SUPERIOR DA JUSTIÇA DO TRABALHO. Processo n. CSJT-Pet-17-55.2012.5.90.0000. Conselheiro Relator: Emmanoel Pereira. Publicação no DEJT: 14.9.2012.

BRASIL. CONSELHO SUPERIOR DA JUSTIÇA DO TRABALHO. Processo: CSJT – 700-41.2007.5.24.0000. Relatora Conselheira Desembargadora Flávia Simões Falcão. Publicação no DEJT: 29.2.2008.

PIETRO, Maria Sylvia de Zanella Di. *Direito Administrativo*. 13 ed. São Paulo: Atlas, 2001.

---

[5] BRASIL. Conselho Superior da Justiça do Trabalho. Processo n. CSJT-Pet-17-55.2012.5.90.0000. Conselheiro relator: Emmanoel Pereira. Publicação no DEJT: 14.9.2012. No mesmo sentido, ver os seguintes acórdãos: Processo CSJT – 8-81.2010.5.08.0000. Relator conselheiro ministro João Batista Brito Pereira. Publicação no DEJT em 27.10.2010; e Processo: CSJT – 700-41.2007.5.24.0000. Relatora conselheira desembargadora Flávia Simões Falcão. Publicação no DEJT: 29.2.2008.

Súmulas ns. 365, 414, 415, 416, 417, 418, 419 e OJs ns. 54, 87, 98, 138, 144, 151, 152, 153 da SDI-II do TST: O Mandado de Segurança na Justiça do Trabalho

Solange Barbosa de Castro Coura e Isabela Márcia de Alcântara Fabiano

SÚM. 365. ALÇADA. AÇÃO RESCISÓRIA E MANDADO DE SEGURANÇA (conversão das Orientações Jurisprudenciais ns. 8 e 10 da SBDI-1) – Res. 129/2005, DJ 20, 22 e 25.4.2005

Não se aplica a alçada em ação rescisória e em mandado de segurança. (ex-OJs ns. 8 e 10 da SBDI-1 – inseridas em 1º.2.1995)

SÚM. 414. MANDADO DE SEGURANÇA. ANTECIPAÇÃO DE TUTELA (OU LIMINAR) CONCEDIDA ANTES OU NA SENTENÇA (conversão das Orientações Jurisprudenciais ns. 50, 51, 58, 86 e 139 da SBDI-2) – Res. n. 137/2005, DJ 22, 23 e 24.8.2005

I – A antecipação da tutela concedida na sentença não comporta impugnação pela via do mandado de segurança, por ser impugnável mediante recurso ordinário. A ação cautelar é o meio próprio para se obter efeito suspensivo a recurso. (ex-OJ n. 51 da SBDI-2 – inserida em 20.9.2000)

II – No caso da tutela antecipada (ou liminar) ser concedida antes da sentença, cabe a impetração do mandado de segurança, em face da inexistência de recurso próprio. (ex-OJs ns. 50 e 58 da SBDI-2 – inseridas em 20.9.2000)

III – A superveniência da sentença, nos autos originários, faz perder o objeto do mandado de segurança que impugnava a concessão da tutela antecipada (ou liminar). (ex-Ojs da SBDI-2 ns. 86 – inserida em 13.3.2002 – e 139 – DJ 4.5.2004)

SÚM. 415. MANDADO DE SEGURANÇA. ART. 284 DO CPC. APLICABILIDADE (conversão da Orientação Jurisprudencial n. 52 da SBDI-2) – Res. n. 137/2005, DJ 22, 23 e 24.8.2005

Exigindo o mandado de segurança prova documental pré-constituída, inaplicável se torna o art. 284 do CPC quando verificada, na petição inicial do *"mandamus"*, a ausência de documento indispensável ou de sua autenticação. (ex-OJ n. 52 da SBDI-2 – inserida em 20.9.2000)

SÚM. 416. MANDADO DE SEGURANÇA. EXECUÇÃO. LEI N. 8.432/1992. ART. 897, § 1º, DA CLT. CABIMENTO (conversão da Orientação Jurisprudencial n. 55 da SBDI-2) – Res. n. 137/2005, DJ 22, 23 e 24.8.2005

Devendo o agravo de petição delimitar justificadamente a matéria e os valores objeto de discordância, não fere direito líquido e certo o prosseguimento da execução quanto aos tópicos e valores não especificados no agravo. (ex-OJ n. 55 da SBDI-2 – inserida em 20.9.2000)

SÚM. 417. MANDADO DE SEGURANÇA. PENHORA EM DINHEIRO (conversão das Orientações Jurisprudenciais ns. 60, 61 e 62 da SBDI-2) – Res. n. 137/2005, DJ 22, 23 e 24.8.2005

I – Não fere direito líquido e certo do impetrante o ato judicial que determina penhora em dinheiro do executado, em execução definitiva, para garantir crédito exequendo, uma vez que obedece à gradação prevista no art. 655 do CPC. (ex-OJ n. 60 da SBDI-2 – inserida em 20.9.2000)

II – Havendo discordância do credor, em execução definitiva, não tem o executado direito líquido e certo a que os valores penhorados em dinheiro fiquem depositados no próprio banco, ainda que atenda aos requisitos do art. 666, I, do CPC. (ex-OJ n. 61 da SBDI-2 – inserida em 20.9.2000)

III – Em se tratando de execução provisória, fere direito líquido e certo do impetrante a determinação de penhora em dinheiro, quando nomeados outros bens à penhora, pois o executado tem direito a que a execução se processe da forma que lhe seja menos gravosa, nos termos do art. 620 do CPC. (ex-OJ n. 62 da SBDI-2 – inserida em 20.9.2000)

SÚM. 418. MANDADO DE SEGURANÇA VISANDO À CONCESSÃO DE LIMINAR OU HOMOLOGAÇÃO DE ACORDO (conversão das Orientações Jurisprudenciais ns. 120 e 141 da SBDI-2) – Res. n. 137/2005, DJ 22, 23 e 24.8.2005

A concessão de liminar ou a homologação de acordo constituem faculdade do juiz, inexistindo direito líquido e certo tutelável pela via do mandado de segurança. (ex-Ojs da SBDI-2 ns. 120 – DJ 11.8.2003 – e 141 - DJ 4.5.2004)

SÚM. 419. COMPETÊNCIA. EXECUÇÃO POR CARTA. EMBARGOS DE TERCEIRO. JUÍZO DEPRECANTE (conversão da Orientação Jurisprudencial n. 114 da SBDI-2) – Res. n. 137/2005, DJ 22, 23 e 24.8.2005

Na execução por carta precatória, os embargos de terceiro serão oferecidos no juízo deprecante ou no juízo deprecado, mas a competência para julgá-los é do juízo deprecante, salvo se versarem, unicamente, sobre vícios ou irregularidades da penhora, avaliação ou alienação dos bens, praticados pelo juízo deprecado, em que a competência será deste último. (ex-OJ n. 114 da SBDI-2 – DJ 11.8.2003)

OJ-SDI-2 N. 54. MANDADO DE SEGURANÇA. EMBARGOS DE TERCEIRO. CUMULAÇÃO. PENHORA. INCABÍVEL (nova redação) – DJ 22.8.2005

Ajuizados embargos de terceiro (art. 1.046 do CPC) para pleitear a desconstituição da penhora, é incabível a interposição de mandado de segurança com a mesma finalidade.

OJ-SDI-2 N. 87. MANDADO DE SEGURANÇA. REINTEGRAÇÃO EM EXECUÇÃO PROVISÓRIA. IMPOSSIBILIDADE (cancelada) DJ 22.8.2005

O art. 899 da CLT, ao impedir a execução definitiva do título executório, enquanto pendente recurso, alcança tanto as execuções por obrigação de pagar quanto as por obrigação de fazer. Assim, tendo a obrigação de reintegrar caráter definitivo, somente pode ser decretada, liminarmente, nas hipóteses legalmente previstas, em sede de tutela antecipada ou tutela específica.

OJ-SDI-2 N. 98. MANDADO DE SEGURANÇA. CABÍVEL PARA ATACAR EXIGÊNCIA DE DEPÓSITO PRÉVIO DE HONORÁRIOS PERICIAIS (nova redação) – DJ 22.8.2005

É ilegal a exigência de depósito prévio para custeio dos honorários periciais, dada a incompatibilidade com o processo do trabalho, sendo cabível o mandado de segurança visando à realização da perícia, independentemente do depósito.

OJ-SDI-2 N. 138. MANDADO DE SEGURANÇA. INCOMPETÊNCIA DA JUSTIÇA DO TRABALHO. COBRANÇA DE HONORÁRIOS ADVOCATÍCIOS. CONTRATO DE NATUREZA CIVIL (cancelada) – DJ 10.5.2006

A Justiça do Trabalho é incompetente para apreciar ação de cobrança de honorários advocatícios, pleiteada na forma do art. 24, §§ 1º e 2º, da Lei n. 8.906/94, em face da natureza civil do contrato de honorários.

OJ-SDI-2 N. 144. MANDADO DE SEGURANÇA. PROIBIÇÃO DE PRÁTICA DE ATOS FUTUROS. SENTENÇA GENÉRICA. EVENTO FUTURO. INCABÍVEL (nova redação) – DJ 22.8.2005

O mandado de segurança não se presta à obtenção de uma sentença genérica, aplicável a eventos futuros, cuja ocorrência é incerta.

OJ-SDI-2 N. 151. AÇÃO RESCISÓRIA E MANDADO DE SEGURANÇA. IRREGULARIDADE DE REPRESENTAÇÃO PROCESSUAL VERIFICADA NA FASE RECURSAL. PROCURAÇÃO OUTORGADA COM PODERES ESPECÍFICOS PARA AJUIZAMENTO DE RECLAMAÇÃO TRABALHISTA. VÍCIO PROCESSUAL INSANÁVEL (DEJT divulgado em 3, 4 e 5.12.2008)

A procuração outorgada com poderes específicos para ajuizamento de reclamação trabalhista não autoriza a propositura de ação rescisória e mandado de segurança, bem como não se admite sua regularização quando verificado o defeito de representação processual na fase recursal, nos termos da Súmula n. 383, item II, do TST.

OJ-SDI-2 N. 152. AÇÃO RESCISÓRIA E MANDADO DE SEGURANÇA. RECURSO DE REVISTA DE ACÓRDÃO REGIONAL QUE JULGA AÇÃO RESCISÓRIA OU MANDADO DE SEGURANÇA. PRINCÍPIO DA FUNGIBILIDADE. INAPLICABILIDADE. ERRO GROSSEIRO NA INTERPOSIÇÃO DO RECURSO (DEJT divulgado em 3, 4 e 5.12.2008)

A interposição de recurso de revista de decisão definitiva de Tribunal Regional do Trabalho em ação rescisória ou em mandado de segurança, com fundamento em violação legal e divergência jurisprudencial e remissão expressa ao art. 896 da CLT, configura erro grosseiro, insuscetível de autorizar o seu recebimento como recurso ordinário, em face do disposto no art. 895, "b", da CLT.

OJ-SDI-2 N. 153. MANDADO DE SEGURANÇA. EXECUÇÃO. ORDEM DE PENHORA SOBRE VALORES EXISTENTES EM CONTA SALÁRIO. art. 649, IV, do CPC. ILEGALIDADE (DEJT divulgado em 3, 4 e 5.12.2008)

Ofende direito líquido e certo decisão que determina o bloqueio de numerário existente em conta salário, para satisfação de crédito trabalhista, ainda que seja limitado a determinado percentual dos valores recebidos ou a valor revertido para fundo de aplicação ou poupança, visto que o art. 649, IV, do CPC contém norma imperativa que não admite interpretação ampliativa, sendo a exceção prevista no art. 649, § 2º, do CPC espécie e não gênero de crédito de natureza alimentícia, não englobando o crédito trabalhista.

1. Introdução

Após vigorar por mais de meio século — com alterações esparsas e sob uma nova ordem constitucional — a Lei n. 1.533/51 foi revogada pela Lei n. 12.016/2009 cabendo a esta, na atualidade, reger o mandado de segurança.

Pela detida análise da Lei n. 12.016/2009 pode-se concluir que ela é mais sistemática que sua antecessora, mais primorosa quanto à terminologia, trata de aspectos que não eram contemplados na Lei n. 1.533/1951 e incorpora a evolução doutrinária e jurisprudencial sobre o *mandamus*. Exemplificativamente, substituiu a previsão de "prazo razoável" contida no art. 3º do diploma legal revogado pelo prazo de 30 (trinta) dias; foi expressa quanto à possibilidade de impetração de Mandado de Segurança por pessoa jurídica e mais ampla quanto ao conceito de autoridade coatora que, nos termos do § 3º do art. 6º, é *aquela que tenha praticado o ato impugnado ou da qual emane a ordem para a sua prática*.

Segundo o art. 1º do novo diploma legal: *Conceder-se-á mandado de segurança para proteger direito líquido e certo, não amparado por* habeas corpus *ou* habeas data, *sempre que, ilegalmente ou com abuso de poder, qualquer pessoa física ou jurídica sofrer violação ou houver justo receio de sofrê-la por parte de autoridade, seja de que categoria for e sejam quais forem as funções que exerça.*

Os aspectos centrais do mandado de segurança permanecem inalterados: o remédio constitucional visa a coibir um ato ilegal ou abusivo que tenha o potencial de lesionar direito líquido e certo, emanado por autoridade investida em função pública. Apesar da evolução legislativa, os conceitos solidificados ao longo da vigência da lei anterior continuam atuais, razão pela qual são pertinentes as lições de Hely Lopes Meirelles:

> Ato de autoridade é toda manifestação ou omissão do Poder Público ou de seus delegados, no desempenho de suas funções ou a pretexto de exercê-las. Por autoridade entende-se pessoa física investida de poder de decisão dentro da esfera de competência que lhe é atribuída pela norma legal. (...). Para fins de mandado de segurança, contudo, consideram-se

atos de autoridade não só os emanados das autoridades públicas propriamente ditas como, também, os praticados por administradores ou representantes de autarquias e de entidades paraestatais e, ainda, os de pessoas naturais ou jurídicas com funções delegadas, como são os concessionários de serviços de utilidade pública, no que concerne a essas funções (...).

Direito líquido e certo é o que se apresenta manifesto na sua existência, delimitado em sua extensão e apto a ser exercitado no momento da impetração. Por suas palavras, o direito invocado, para ser amparável por mandado de segurança, há de vir expresso em norma legal e trazer em si todos os requisitos e condições de sua aplicação ao impetrante: se sua existência for duvidosa; se sua extensão ainda não estiver delimitada; se seu exercício depender de situações e fatos ainda indeterminados, não rende ensejo à segurança, embora possa ser defendido por outros meios judiciais.[1]

De acordo com o sistema legal, o mandado de segurança é incabível quando o direito lesado ou ameaçado de sofrer lesão for amparado por *habeas corpus* ou *habeas data* e em face de atos normativos, decisão judicial da qual caiba recurso com efeito suspensivo ou decisão judicial transitada em julgado e ato de autoridade pública ou autoridade a ela equiparada da qual caiba recurso administrativo com efeito suspensivo (arts. 1º e 5º, da Lei n. 12.016/2009).

Além de admitir os meios eletrônicos para o processamento da *mandamus*, a lei em vigor também instituiu novo requisito para seu processamento: ao ajuizar o mandado, o impetrante deve indicar, além da própria autoridade coatora, a pessoa jurídica que esta integra, à qual se acha vinculada ou da qual exerça atribuições (art. 6º, *caput*, Lei n. 12.016/2009).

Outra inovação foi determinar que o juiz mande cientificar o órgão de representação judicial da pessoa jurídica interessada, enviando-lhe cópia da inicial para que, querendo, ingresse no feito (art. 7º, inciso II, da Lei n. 12.016/2009).

Por outro lado, como é de conhecimento geral, as súmulas e orientações jurisprudenciais (OJs) têm o objetivo de uniformizar a jurisprudência que surge em torno de determinados temas.

Sobrevindo as leis e sendo o direito um campo fértil para variados entendimentos, as Súmulas e OJs do Colendo Tribunal Superior do Trabalho (TST) consolidam o entendimento majoritário.

Súmulas e OJs têm, cada qual, procedimentos específicos para aprovação e, enquanto as primeiras dependem da aprovação do Pleno do TST e representam o pensamento do Tribunal, as OJs sintetizam o entendimento prevalecente das Subseções ou Órgão Especial.

Confrontando a lei atual e a jurisprudência trabalhista pacificada, constata-se que o novo diploma legal não implicou a alteração ou o cancelamento das Súmulas e OJs do TST, conforme exposto a seguir.

2. A jurisprudência consolidada: as súmulas

Súmula n. 365 do TST

Passando-se a análise de parte da jurisprudência consolidada, coube à Súmula n. 365 do C. TST registrar que a fixação de alçada — art. 2º da Lei n. 5.584/70 — não se aplica em casos de *mandamus* e ação rescisória.

Detendo-nos ao tema proposto e sem entrar no mérito da discussão se o art. 2º da Lei n. 5.584/70 teria sido recepcionado pela Norma Fundamental de 1988 — em virtude da previsão constitucional do art. 7º, inciso IV, que veda a vinculação ao salário mínimo para qualquer finalidade — o entendimento pacificado fundamentou-se na natureza jurídica diferenciada do mandado de segurança em relação à reclamação trabalhista individual, bem como no aspecto de que o instituto da alçada é aplicável apenas na jurisdição de 1º grau.

Um dos precedentes da Súmula em questão é o julgado proferido nos autos do processo n. RO/MS-912/1987, quando o então o ministro do TST e atual ministro do Supremo Tribunal Federal (STF) Marco Aurélio Mendes de Farias Mello registrou a posição prevalecente:

> O que se contém no § 4º do art. 2º da Lei n. 5.584/70 não pertine ao mandado de segurança. Diz respeito aos dissídios individuais de competência originária das Juntas de Conciliação e Julgamento e dos Juízes de Direito investidos da jurisdição trabalhista.

Súmula n. 414 do TST

Passando-se a Súmula n. 414 do TST, a discussão pacificada refere-se ao cabimento do *mandamus* em casos de concessão de tutela antecipada.

Segundo o item I da Súmula n. 414,

> A antecipação da tutela concedida na sentença não comporta impugnação pela via do mandado de segurança, por ser impugnável mediante recurso ordinário. A ação cautelar é o meio próprio para se obter efeito suspensivo a recurso.

---

(1) MEIRELLES, Hely Lopes. *Mandado de segurança*. Ação popular, ação civil pública, mandado de injunção, "habeas data". 16. ed. Atual. por Arnold Wald. São Paulo: Malheiros. 1995. p. 25 e 28, respectivamente.

A ideia subjacente ao referido item I é aquela aceita e destacada de forma unânime pela doutrina e jurisprudência: o remédio constitucional não pode ser utilizado como recurso de decisão judicial.

Antecipada a tutela na sentença e findo o exercício da jurisdição no primeiro grau, os efeitos da tutela antecipada só poderão ser paralisados pela instância superior via medida cautelar incidental que, acolhida, imprimirá efeito suspensivo ao recurso interposto em face da sentença.

Também sobre a impossibilidade do manejo do *mandamus* nos casos em que há recurso previsto em lei, há a Súmula n. 267 do STF[2] e a OJ n. 92 da Subseção 2 da Seção Especializada em Dissídios Individuais (SBDI-2) do próprio TST[3].

Se o item I da Súmula n. 414 contempla a regra geral, o item II destaca a exceção: como não há recurso próprio e cabível nos casos em que a tutela antecipada ou liminar são concedidas antes da sentença, é cabível a impetração do mandado de segurança. A inexistência de recurso próprio para combater a antecipação de tutela concedida antes da sentença ou decisão liminar enseja o cabimento do mandado de segurança.

Impõe-se destacar que o art. 7º, § 1º, da Lei n. 12.016/2009 trouxe disposição não contida na Lei n. 1.533/1951 no sentido de que da decisão de juiz de primeiro grau que conceder ou denegar liminar caberá agravo de instrumento, previsão incompatível com o processo do trabalho no qual o agravo de instrumento é cabível somente em face de decisão que denega seguimento a recurso (art. 897, letra "*b*" da CLT).

Quanto ao terceiro e último item da Súmula n. 414, este destaca que, sobrevindo a sentença, o mandado de segurança que impugnava a concessão da tutela antecipada (ou liminar) antes de sua prolação perde seu objeto, restando prejudicados os requisitos processuais para o prosseguimento do *mandamus* (art. 267, inciso IV, do CPC).

Por abordar os diversos aspectos da Súmula n. 414, o precedente contido nos autos do processo n. ROMS/357739/1997, de relatoria do Min. Milton de Moura França, merece destaque:

> MANDADO DE SEGURANÇA. NÃO CABIMENTO. READMISSÃO. ANTECIPAÇÃO DE TUTELA PROFERIDA EM SENTENÇA. Com o advento da recente reforma do Código de Processo Civil, de modo a atender aos anseios sociais de maior celeridade na entrega da jurisdição, o legislador, alterando a redação dos arts. 273 (tutela antecipada) e 461 do CPC (tutela específica das obrigações de fazer e não fazer), atribuiu ao julgador o poder de antecipar os efeitos da tutela jurisdicional, sempre que presentes os requisitos ali discriminados. Referido instituto, entretanto, dependendo do momento processual em que utilizado, produz consequências jurídicas diversas, notadamente no tocante à sua impugnabilidade. Se proferido no curso do processo, com cognição sumária, doutrina e jurisprudência o vêm classificando como decisão interlocutória, o que implica, diante da sistemática inerente ao processo do trabalho, a total impossibilidade de sua impugnação autônoma, *ex vi* do art. 893, § 1º, da CLT. Para contornar esta situação, entretanto, este C. TST vem entendendo cabível o mandado de segurança, isto porque, caso contrário, ficará a parte desprotegida de qualquer remédio jurídico processual apto a atacar, de imediato, o ato judicial apontado como violador de seu direito, com evidente irreparabilidade do dano que lhe possa acarretar. Diversa, contudo, é a consequência jurídica decorrente da prática do ato no corpo da própria sentença (cognição exauriente) que extingue o processo com julgamento do mérito, mediante acolhimento do pedido formulado pelo autor. Isto porque, nesta hipótese, a decisão seria plenamente impugnável pela via do recurso ordinário que, não obstante desprovido do efeito suspensivo, poderia alcançá-lo por intermédio do ajuizamento de cautelar incidental, sendo incabível o manejo do *Writ*. Incidência do art. 5º, inciso II, da Lei n. 1.533/51 (SÚMULA N. 267/STF).

Súmula n. 415 do TST

Focada na celeridade, na efetividade e na própria excepcionalidade inerente ao mandado de segurança, a Súmula n. 415 do TST afasta a aplicação do art. 284 do CPC para determinar que, na ausência de prova documental pré-constituída na petição inicial do *mandamus*, torna-se inaplicável o mencionado dispositivo processual, que, em casos comuns, admitiria, pelo menos em tese, a emenda ou o aditamento da exordial.

Logo, a construção jurisprudencial não deixa margem a dúvidas quanto à necessidade de se instruir a petição inicial do mandado de segurança com a prova irrefutável do direito líquido e certo ameaçado ou lesado por ato da autoridade coatora.

Noutros dizeres, compete ao impetrante instruir a exordial com documentos indispensáveis ao *writ*, sendo de sua responsabilidade, ainda, providenciar as respectivas autenticações, uma vez que não lhe será oportunizada chance para sanar os mencionados defeitos, implicando a imediata extinção, sem resolução do mérito, do processo nos termos do art. 10 da Lei n. 12.016/2009 c/c art. 6º do mesmo diploma legal.

Súmula n. 416 do TST

Quanto à Súmula n. 416 do TST, coube a esta pacificar a questão relativa ao prosseguimento da execução quanto

---

[2] SÚMULA N. 267 DO STF. Não cabe mandado de segurança contra ato judicial passível de recurso ou correição.

[3] OJ-SDI2-92 DO TST. MANDADO DE SEGURANÇA. EXISTÊNCIA DE RECURSO PRÓPRIO (inserida em 27.5.2002). Não cabe mandado de segurança contra decisão judicial passível de reforma mediante recurso próprio, ainda que com efeito diferido.

às matérias não discutidas em agravo de petição e, dessa forma, incontroversas.

Segundo a Súmula, "Devendo o agravo de petição delimitar justificadamente a matéria e os valores objeto de discordância, não fere direito líquido e certo o prosseguimento da execução quanto aos tópicos e valores não especificados no agravo".

Extrai-se, assim, a seguinte regra: o mandado de segurança não pode ser utilizado como recurso, para rever ou retardar os efeitos dos provimentos judiciais.

Sobre o verbete, destaca MARTINS:

"(...) para que o agravo de petição seja admitido, é necessária que haja delimitação da matéria e valores incontroversos (§ 1º do art. 897 da CLT). Isso permite que os valores incontroversos sejam liberados para o empregado, tornando, nesse ponto, a execução definitiva. Não fere direito líquido e certo do empregador a liberação dos valores incontroversos na execução. Feriria direito líquido e certo se os valores não fossem liberados ao empregado".[4]

Súmula n. 417 do TST

Coube à Súmula n. 417 do TST pacificar questão tormentosa, em especial para o primeiro grau de jurisdição, qual seja, a (in)subsistência da penhora de dinheiro em execução definitiva ou provisória.

No primeiro item do verbete, sedimentou-se o entendimento no sentido de que, quando se tratar de execução definitiva, não fere direito líquido e certo do impetrante o ato judicial que determina a penhora em dinheiro do executado, uma vez que esse bem é o primeiro na gradação legal contida no art. 655 do CPC.

Contudo, a própria jurisprudência tem admitido exceções a respeito e deixado de aplicar, na íntegra, o item I da referida súmula, nos casos em que o bloqueio do valor em espécie inviabilize o andamento normal da atividade empresarial, como se observa na redação da OJ n. 93 da SBDI-II do próprio TST:

> MANDADO DE SEGURANÇA. POSSIBILIDADE DA PENHORA SOBRE PARTE DA RENDA DE ESTABELECIMENTO COMERCIAL (INSERIDA EM 27.5.2002)

É admissível a penhora sobre a renda mensal ou faturamento de empresa, limitada a determinado percentual, desde que não comprometa o desenvolvimento regular de suas atividades.

Quanto ao montante que poderia ser objeto de penhora, o Colendo TST ainda não firmou entendimento sumulado a respeito, mas tem admitido a constrição de até 30% (trinta por cento) do valor do faturamento da empresa[5].

Sobre a penhora em espécie no caso de execução definitiva, transcreve-se um dos precedentes do item I da Súmula n. 417 do Colendo TST:

> RECURSO ORDINÁRIO. MANDADO DE SEGURANÇA. EXECUÇÃO DEFINITIVA. PENHORA DE DINHEIRO EXISTENTE EM CONTA CORRENTE. EMBARGOS À EXECUÇÃO E AGRAVO DE PETIÇÃO. Não havendo nos autos prova formal de que a penhora de dinheiro, em conta corrente da Impetrante, possa inviabilizar as suas atividades, caso em que a jurisprudência tem admitido ultrapassar a barreira de cabimento do *writ*, não se há falar em concessão da ordem, ante o entendimento desta Corte, no sentido de que não fere direito líquido e certo da Impetrante ato judicial que determina a penhora em dinheiro, em execução definitiva, para garantir crédito exequendo, eis que obedece à gradação prevista no art. 655 do CPC. No caso dos autos, dispõe a parte dos Embargos à Execução e, posteriormente, se for o caso, pode ainda valer-se do Agravo de Petição. Incabível o Mandado de Segurança como sucedâneo do recurso próprio (art. 5º, II, da Lei n. 1.533/51 e Súmula n. 267/STF). Processo julgado extinto, sem exame do mérito, com fundamento no art. 267, IV, do Código de Processo Civil. (Processo: ROMS-35300-36.2003.5.09.0909, Data de Julgamento: 14.12.2004, relator Ministro: José Simpliciano Fontes de F. Fernandes, Subseção II Especializada em Dissídios Individuais, Data de Publicação: DJ 11.2.2005)

Importante registrar que o Tribunal Regional do Trabalho da 3ª Região aprovou, recentemente, orientação jurisprudencial no sentido de ser admissível a penhora de até 30% do faturamento bruto ou renda bruta do empreendimento.[6]

Passando-se ao item II da Súmula n. 417, o entendimento consolidado prevê que, havendo discordância do credor e tratando-se de execução definitiva, não tem o executado o direito líquido e certo de que os valores penhorados em dinheiro fiquem depositados sob sua guarda, ainda que atenda aos requisitos do art. 666, I, do CPC.

---

(4) MARTINS, Sérgio Pinto. *Comentários às Súmulas do TST*. 11. ed. São Paulo: Atlas, 2012. p. 327.

(5) Nesse sentido, a decisão nos autos do processo n. TST-RO-5049-06.2011.5.04.0000, rel. Min. Pedro Paulo Manus, publicada em 17.8.2012:

(6) OJ n. 11 do TRT/3ª Região: "MANDADO DE SEGURANÇA. PENHORA SOBRE PARTE DO FATURAMENTO BRUTO OU DA RENDA BRUTA MENSAL DO EMPREENDIMENTO. I – Em consonância com a OJ n. 93 da SBDI-II DO TST, admite-se a penhora de montante equivalente a até 30% do faturamento bruto ou renda bruta mensal do empreendimento, de modo a não comprometer o desenvolvimento regular da atividade econômica. II – Cabe à devedora instruir o mandado de segurança com a documentação hábil a comprovar o total do seu faturamento bruto ou renda bruta mensal, sob pena de indeferimento liminar da inicial." (Divulgação: DEJT/TRT3 27.6.2012, 28.6.2012 e 29.6.2012)

A discussão atingia, em especial, as entidades financeiras que colocavam à disposição do juízo o valor necessário para garantir a execução, sem, contudo, transferir o valor para outra instituição.

Tratando-se de entidades cuja matéria prima é o dinheiro, pouca discussão caberia em torno da gradação prevista no art. 655 do CPC de modo que, respeitada a ordem legal, a discussão formou-se em torno do fato de terem as entidades bancárias o direito, ou não, de manter o valor objeto de penhora em sua própria posse, prevalecendo o entendimento de que haverá a remoção do bem em caso de manifestação — (entenda-se discordância fundamentada e razoável) do exequente.

Por derradeiro, o item III da Súmula n. 417 do TST prevê:

> Em se tratando de execução provisória, fere direito líquido e certo do impetrante a determinação de penhora em dinheiro, quando nomeados outros bens à penhora, pois o executado tem direito a que a execução se processe da forma que lhe seja menos gravosa, nos termos do art. 620 do CPC.

Não basta apenas o fato de se tratar de execução provisória para que seja incabível a penhora em espécie; é necessário que o impetrante tenha indicado bens à penhora a tempo e modo. Caso contrário, ainda que se trate de execução provisória, será possível a penhora em espécie.[7]

Súmula n. 418 do TST

A Súmula n. 418 do Colendo TST pacificou o entendimento sobre dois aspectos distintos que, contudo, emanam do princípio da persuasão racional do juiz, quais sejam, a concessão de liminar e a homologação de acordo. Ambas constituem faculdade do juiz, inexistindo violação a direito líquido e certo do impetrante quando o magistrado decide, pautado em seu convencimento motivado, de uma forma ou outra.

Segue a ementa de um dos precedentes da Súmula n. 418 do TST:

> MANDADO DE SEGURANÇA. HOMOLOGAÇÃO DE ACORDO. INEXISTÊNCIA DE DIREITO LÍQUIDO E CERTO. 1. Na Justiça do Trabalho, toda conciliação, devido a sua importância, deve se cercar de cuidados, tanto é que para ter validade deverá ser homologada pelo juiz. O juiz, no seu papel de conciliador e de conhecedor da lei, deverá verificar a real vontade das partes, especialmente a do Reclamante, bem como se certificar dos reais termos do acordo. Dessa forma, a homologação do acordo não constitui direito líquido e certo do impetrante, pois se trata de atividade jurisdicional alicerçada no livre convencimento do juiz. (ROMS/645012/2000 – Min. Francisco Fausto Paula de Medeiros. DJ 9.2.2001 – Decisão unânime).

Contra a decisão judicial que não homologou o acordo em fase de conhecimento, caberá recurso ordinário após o proferimento da sentença. Se o acordo não tiver sido homologado na fase de execução, a matéria ainda poderá ser objeto de agravo de petição.

Súmula n. 419 do TST

Quanto à execução por meio de carta precatória, a Súmula n. 419 do TST pacificou que os embargos de terceiro podem ser oferecidos no juízo deprecante ou no juízo deprecado, mas a competência para julgá-los é do juízo deprecante, uma vez que a este pertence o conhecimento integral da causa e os atos do juízo deprecado decorrem, via de regra, dos atos do juízo deprecante.

No entanto, se os embargos de terceiro versarem, exclusivamente, sobre vícios ou irregularidades da penhora, avaliação ou alienação dos bens, praticados pelo juízo deprecado, a competência para julgar a referida ação cognitiva incidental será deste último, pois eventuais equívocos foram cometidos sob a sua jurisdição.

Transcreve-se precedente da Súmula em foco. Ele foi prolatado no Conflito de Competência n. 748.510/2001; teve como relator o ministro Ronaldo Leal e foi publicado no DJ em 5.10.2011:

> CONFLITO DE COMPETÊNCIA. EMBARGOS DE TERCEIRO. ILEGITIMIDADE *AD CAUSAM*. EXECUÇÃO

---

(7) Nesse sentido, as decisões da SDI-II do TST que se seguem: "RECURSO ORDINÁRIO EM MANDADO DE SEGURANÇA. PENHORA EM DINHEIRO EM EXECUÇÃO PROVISÓRIA. LEGALIDADE, EM FACE DA EXTEMPORANEIDADE DA NOMEAÇÃO DE BENS. Mesmo tendo o ato coator sido proferido em sede de execução provisória, o certo é que o Banco executado indicou bem imóvel à penhora fora do prazo previsto no art. 880 da CLT, fato que afasta a alegada violação ao art. 620 do CPC e justifica plenamente a providência tomada, referente à constrição de numerário para a garantia do crédito exequendo, pois a tempestividade da nomeação é pressuposto de aplicação do entendimento sedimentado no item III da Súmula n. 417 do TST. Logo, não é o caso de proteção a direito líquido e certo do impetrante. Precedente. Recurso desprovido." (ROMS - 382/2007-000-06-00.3, rel. Ministro Renato de Lacerda Paiva, SBDI-2, DEJT 5.12.2008) e "MANDADO DE SEGURANÇA. PENHORA DE DINHEIRO EM EXECUÇÃO PROVISÓRIA. NOMEAÇÃO INTEMPESTIVA DE BENS À PENHORA. LEGALIDADE. 1. A penhora de dinheiro, em execução provisória, fere direito líquido e certo do impetrante, desde que nomeados outros bens à penhora (item III da Súmula n. 417 do TST), tendo-se como corolário que, no caso de o impetrante indicar bens à penhora a destempo, afigura-se legal a penhora de numerário em execução provisória. 2. Na hipótese vertente, foi expedido mandado de citação e penhora, cumprido em 22.8.2003, sendo que a Reclamada (Caixa Econômica Federal), em 28.8.2003, indicou bem imóvel. A autoridade coatora, entendendo não ter sido cumprida a gradação legal, determinou a penhora de numerário, nomeando a própria Reclamada como depositária. 3. Ora, em que pese tratar-se de execução provisória, não tendo sido observado o prazo do art. 880, *caput*, da CLT, afigura-se ineficaz a indicação, não havendo que se falar em ilegalidade. Recurso ordinário conhecido e desprovido." (ROMS-13071/2003-000-02-00-2, Min. Ives Gandra Martins Filho, DJ 30.9.2005)

POR CARTA PRECATÓRIA. JUÍZO DEPRECANTE. Em se tratando de execução por carta precatória, em que o juízo deprecante ordenou a citação, a penhora e a avaliação da reclamada, a competência para o julgamento dos embargos de terceiro, cuja discussão reside na ilegitimidade *ad causam* do sócio da empresa, é do juízo deprecante, uma vez que a determinação por ele emanada equivale à ordem de apreensão. Vale ressaltar que o exame dos embargos de terceiro, *in casu*, demandará a análise do processo de cognição para que seja dirimida a questão da ilegitimidade ou não do embargante, não sendo crível que o juízo deprecado, que apenas cumpriu função meramente instrumental demandada pelo juízo deprecante, possa fazê-la. Conflito negativo de competência a que se julga procedente.

Vale frisar, no caso acima, que a tese central levantada nos embargos de terceiro era a ilegitimidade passiva do sócio da empresa, razão pela qual foi reconhecida a competência do juízo deprecante para decidir a questão.

3. A jurisprudência em construção: as orientações jurisprudenciais

Como exposto anteriormente, a jurisprudência é taxativa no sentido de ser inadmissível a utilização do mandado de segurança como uma modalidade de recurso. E tal entendimento é mantido na primeira orientação jurisprudencial do TST que também trata do *writ*.

OJ n. 54 da SBDI-II do TST

Estabelece a Orientação Jurisprudencial n. 54 da SBDI-II do Colendo TST:

> MANDADO DE SEGURANÇA. EMBARGOS DE TERCEIRO. CUMULAÇÃO. PENHORA. INCABÍVEL. Ajuizados embargos de terceiro (art. 1046 do CPC) para pleitear a desconstituição da penhora, é incabível a interposição de mandado de segurança com a mesma finalidade.

A ideia subjacente à orientação resta clara: havendo meio próprio para manifestação da contrariedade em relação a ato considerado ilegal, não se há falar em mandado de segurança. Nesse sentido, o precedente da OJ proferido nos autos do ROMS/359855/1997, de relatoria do ministro Milton de Moura França, publicado no DJ 26.11.1999 em decisão unânime:

> MANDADO DE SEGURANÇA. EMBARGOS DE TERCEIRO. CUMULAÇÃO. INVIABILIDADE. Se o impetrante, conforme exposto claramente na petição inicial, ajuizou embargos de terceiro, com supedâneo no art. 1.046 do Código de Processo Civil, para pleitear a desconstituição da penhora, inviável se revela a interposição de mandado de segurança com a mesma finalidade. Como é sabido, os embargos de terceiro implicam suspensão do curso do processo, em relação aos bens objeto dos embargos (art. 1.052 do Código de Processo Civil), de forma que o recorrente carece de interesse em impetrar o presente mandado de segurança, dado que já se utilizou de remédio jurídico apto à defesa de seu propalado direito. É certo que o art. 5º, inciso II, da Lei n. 1.533, de 31.12.51, assim como a Súmula n. 267 do Supremo Tribunal Federal, referem-se à existência de recurso ou correição parcial, como óbice ao ajuizamento do mandado de segurança. Embargos de terceiro, como é sabido, não têm natureza recursal, desde que constituem ação mandamental, incidental na execução; entretanto, sua utilização pelo impetrante retira-lhe o direito de, concomitantemente, socorrer-se de mandado de segurança com o mesmo objetivo. Recurso não provido.

Existindo, portanto, meio impugnatório próprio para requerer a insubsistência da penhora, não procede a impetração de mandado de segurança para idêntico fim. Sempre é oportuno lembrar que a referida ação constitucional deve ser utilizada excepcionalmente, somente quando configurados os seus pressupostos de admissibilidade.

OJ n. 87 da SBDI-II do TST (cancelamento)

Destacando o conteúdo do art. 899 da CLT, que, na execução provisória, admite a prática de atos materiais somente até a penhora, a Orientação Jurisprudencial n. 87 da SBDI-II do TST estabelecia que a referida limitação era aplicável tanto às obrigações de pagar quanto às obrigações de fazer.

Assim, em regra, ainda que a ordem de reintegração ao emprego tivesse natureza de obrigação de fazer, estaria adstrita aos mesmos contornos do art. 899 da CLT.

Todavia, excepcionalmente, ainda sem o trânsito em julgado da decisão, a mesma OJ admitia o deferimento da ordem de reintegração no emprego nas hipóteses de deferimento liminar, via tutela antecipada (art. 273 do CPC c/c art. 659, X, da CLT) ou mediante concessão de tutela específica (art. 461 do CPC c/c art.769 da CLT).

Ocorre que a aludida OJ foi cancelada, o que enfraquece, sobremaneira, os entendimentos de que obrigações de fazer não comportam execução provisória e de que o seu cumprimento deveria aguardar o trânsito em julgado da decisão, haja vista o risco de reversibilidade do julgado em sede recursal.

À luz da nova sistemática processual, que prima pelo princípio da efetividade (postulado que exige provimento jurisdicional rápido, justo e com real potencial transformador no mundo empírico), deve-se prestigiar a parte que tem razão, ainda que a decisão judicial que determinou a sua reintegração ao emprego venha a ser objeto de impugnação recursal e mesmo que haja o risco de eventual reversão no resultado do julgamento.

Finalmente, não se há falar em prejuízo para o empregador, pois, enquanto perdurar a ordem de reintegração concedida em tutela antecipada ou em tutela específica, o tomador dos serviços será beneficiário do labor prestado pela parte adversa no processo.

OJ n. 98 da SBDI-II do TST

Passando à OJ de n. 98, a Subseção II da Seção Especializada em Dissídios Individuais pacificou entendimento de ser ilegal a *exigência de depósito prévio para custeio dos honorários periciais, pois esse procedimento é incompatível com o processo do trabalho. Logo, a parte interessada pode impetrar mandado de segurança para postular a realização da prova técnica, independentemente da realização do depósito.*

Sobre o tema, Carneiro Pinto e Cláudio Brandão discorrem:

> A gratuidade da produção da prova requerida pelo empregado, diante de sua condição de hipossuficiente, é um dos princípios basilares no processo trabalhista. Por isso, caracteriza-se como ilegal a decisão que determina o custeio da perícia por ele, sendo motivo suficiente para a procedência do mandado de segurança. O entendimento manifestado na OJ mostra-se extremamente importante, sobretudo nos processos em que se discute a responsabilidade pelos danos decorrentes de acidente do trabalho, nos quais, em muitos casos, são realizadas diversas perícias para atestar a sua amplitude e gravidade, além do imprescindível nexo causal. Menciona-se, também, a Resolução n. 35, de 25.3.2007 (alterada pelas Resoluções ns. 3/07 e 52/08), do Conselho Superior da Justiça do Trabalho, que assegurou o custeio da referida despesa processual com recursos do orçamento da União, nos casos de concessão do benefício da justiça gratuita ainda que, posteriormente, haja o ressarcimento, em caso de reversão da sucumbência.[8]

A ementa abaixo sintetiza um dos precedentes que deram origem à OJ n. 89:

> MANDADO DE SEGURANÇA. HONORÁRIOS PERICIAIS. ANTECIPAÇÃO. ILEGALIDADE. O Processo do Trabalho tem caráter gratuito e alimentar, não sendo compatível com a aplicação da regra do art. 19, § 2º, do CPC, que obriga a prévia antecipação das custas e honorários pelo Autor para a realização de atos e diligências essenciais à solução do litígio. Assim, a determinação de antecipação de honorários referentes à perícia técnica contábil reveste-se de ilegalidade, na medida em que é incompatível com os princípios do Processo do Trabalho e com a Súmula n. 236 do TST, segundo a qual a responsabilidade pelo pagamento de honorários periciais é da Parte sucumbente na pretensão relativa ao objeto da perícia. Conclui-se, portanto, que, ao final, o vencido na demanda em que houve perícia é quem deverá efetuar o pagamento relativo aos honorários correspondentes, caso não seja beneficiário da Justiça gratuita. Recurso ordinário a que se dá provimento.(ROMS/680441/2000, rel. Min. Ives Gandra, DJ 6.9.2001. Decisão unânime).

OJ n. 138 da SDI-II do TST

A OJ n. 138 da SDI-II do TST previa, de forma generalizada, a incompetência da Justiça do Trabalho para apreciar ação de cobrança de honorários advocatícios, pleiteada na forma do art. 24, §§ 1º e 2º, da Lei n. 8.906/1994, em virtude da natureza civil do contrato de honorários.

A discussão sobre tal competência ganhou mais ênfase com a vigência da Emenda Constitucional n. 45/2004, que ampliou a competência da Justiça do Trabalho para processar e julgar, dentre outras ações, "as (...) oriundas da relação de trabalho (...)" e "outras controvérsias decorrentes da relação de trabalho, na forma da lei".

Em razão desse novo cenário jurídico, em 2006, a citada OJ foi cancelada — providência compreensível e escorreita, pois a situação não pode mais ser encarada de forma genérica.

Com efeito, é preciso distinguir duas situações cabíveis no caso em tela: a) a existência de relação de trabalho, gênero que compreende, dentre outras espécies, a relação de emprego, pode ocorrer entre o escritório de advocacia empregador e o seu advogado empregado. Havendo, nessa hipótese, controvérsia sobre a cobrança/repasse dos honorários advocatícios, a matéria será examinada pela Justiça do Trabalho, porque o vínculo tem cunho empregatício; b) esta Justiça Especializada, contudo, não terá competência para processar e julgar controvérsias oriundas ou decorrentes de relações civis de consumo, como a estabelecida entre o advogado profissional liberal e os seus (ex)clientes. A matéria está afeta à Justiça Comum ou, onde houver, ao Juizado Especial das Relações de Consumo.

OJ n. 144 da SDI-II do TST

A Orientação Jurisprudencial n. 144 prevê:

> MANDADO DE SEGURANÇA. PROIBIÇÃO DE PRÁTICA DE ATOS FUTUROS. SENTENÇA GENÉRICA. EVENTO FUTURO. INCABÍVEL (nova redação) – DJ 22.8.2005. O mandado de segurança não se presta à obtenção de uma sentença genérica, aplicável a eventos futuros, cuja ocorrência é incerta.

O aludido entendimento foi sedimentado, basicamente, em face da discussão sobre a garantia de assento aos membros do Ministério Público do Trabalho ao lado do juiz, conforme demonstram os precedentes ROMS/27005/2002-900-03-00.7, de relatoria do min. Barros Levenhagen, publicado no DJ 5.9.2003, e o ROMS/683682/2000, de relatoria do min. Rider de Brito, publicado no DJ 4.10.2002, respectivamente:

> RECURSO ORDINÁRIO. MANDADO DE SEGURANÇA. ASSENTO DO REPRESENTANTE DO MINISTÉRIO

---

[8] CARNEIRO PINTO, Raymundo Antônio. BRANDÃO, Cláudio. *Orientações Jurisprudenciais do TST comentadas*. 2. ed. São Paulo: LTr, 2010. p. 233.

PÚBLICO AO LADO DO JUIZ. NÃO CABIMENTO. A ocorrência de ato pretérito, consubstanciado na recusa do magistrado em aceitar o assento do Procurador do Trabalho à sua direita em audiência realizada em reclamação trabalhista constitui fato exaurido, insuscetível de reparação por mandado de segurança. Quanto à pretensão do Ministério Público de prevenir a repetição do expediente adotado pela autoridade relativamente à inobservância do disposto no art. 18, I, da Lei Complementar n. 75/93, cumpre registrar que, sendo o mandado de segurança o meio próprio para defesa de direito líquido e certo, conforme dispõem o inciso LXIX do art. 5º da Constituição Federal e o art. 1º da Lei n. 1.533/51, não se presta à obtenção de uma sentença genérica, aplicável a eventos futuros, cuja ocorrência constitui uma incógnita. Recurso a que se nega provimento.

MANDADO DE SEGURANÇA PREVENTIVO. ASSENTO DE REPRESENTANTE DO MINISTÉRIO PÚBLICO AO LADO DO JUIZ. PRETENSÃO GENÉRICA. 1. Mandado de segurança preventivo impetrado pelo Ministério Público do Trabalho da 14ª Região, visando a garantir o assento de seu representante ao lado do Juiz nos processos a serem julgados pela 5ª Vara do Trabalho de Porto Velho. 2. Conforme lição de HELY LOPES MEIRELLES, "o mandado de segurança normalmente é repressivo de uma ilegalidade já cometida, mas pode ser preventivo de uma ameaça de direito líquido e certo do Impetrante. Não basta a suposição de um direito ameaçado; exige-se um ato concreto que possa pôr em risco o direito do postulante". Inviável, pois, a impetração de mandado de segurança preventivo com finalidade genérica de se assegurar pretensa prerrogativa do Impetrante, aplicável a casos futuros da mesma espécie. 3. Recurso ordinário não provido.

Independentemente do fato gerador que culminou na edição da OJ n. 144 da SDI-II do TST, importa salientar que o mandado de segurança, na qualidade de remédio constitucional heroico, não pode ser impetrado com o manifesto intuito de substituir ação cognitiva com pedido inibitório, sobretudo quando nada demonstra que eventual ameaça ou lesão a direito realmente será efetivada.

Como se sabe, o direito líquido e certo é um dos requisitos para a impetração do mandado de segurança. Sua existência deve ser manifesta; sua extensão deve ser limitada; seu exercício deve ser possível no momento da impetração do *mandamus*. Ausentes esses atributos, não se admite a ação constitucional em estudo.

OJ n. 151 da SDI-II do TST

A OJ epigrafada estabelece:

AÇÃO RESCISÓRIA E MANDADO DE SEGURANÇA. IRREGULARIDADE DE REPRESENTAÇÃO PROCESSUAL VERIFICADA NA FASE RECURSAL. PROCURAÇÃO OUTORGADA COM PODERES ESPECÍFICOS PARA AJUIZAMENTO DE RECLAMAÇÃO TRABALHISTA. VÍCIO PROCESSUAL INSANÁVEL. A procuração outorgada com poderes específicos para ajuizamento de reclamação trabalhista não autoriza a propositura de ação rescisória e mandado de segurança, bem como não se admite sua regularização quando verificado o defeito de representação processual na fase recursal, nos termos da Súmula n 383, item II, do TST.

A respeito, vide o precedente contido nos autos do ROMS/10115/2004-000-02-00, publicado em 13.10.2006, de relatoria do Min. Emmanoel Pereira:

RECURSO ORDINÁRIO EM MANDADO DE SEGURANÇA. CÓPIA DE INSTRUMENTO DE MANDATO CONFERIDO EXCLUSIVAMENTE PARA REPRESENTAÇÃO EM RECLAMATÓRIA TRABALHISTA. IRREGULARIDADE DE REPRESENTAÇÃO PROCESSUAL. CONFIGURAÇÃO. A procuração geral para o foro habilita o advogado para a prática de atos no processo, salvo as exceções previstas no art. 38 do Código de Processo Civil. Contudo, na hipótese dos autos, a cópia do instrumento de mandato conferido especificamente para representação em reclamação trabalhista não autoriza a proposição de recurso ordinário em mandado de segurança. Isto porque a presente lide tem natureza excepcionalíssima e autônoma em relação àquela da qual se origina o ato impugnado. Dessa forma, irregular a representação processual nestes autos formalizada por meio de procuração outorgada para outros fins. A regular representação da parte recorrente deve ser demonstrada quando da interposição do recurso, pois a jurisprudência é pacífica ao excluir esse ato entre os reputados urgentes (Súmula n. 383 do Tribunal Superior do Trabalho). Recurso ordinário não conhecido.

Nessa esteira de raciocínio, os causídicos devem zelar pela regular representação processual, porque, em face da excepcionalidade do mandado de segurança, verificado esse tipo de vício, o julgador não designará prazo para a parte interessada sanar o defeito.

OJ n. 152 da SDI-II do TST

Determina a OJ ora em destaque:

A interposição de recurso de revista de decisão definitiva de Tribunal Regional do Trabalho em ação rescisória ou em mandado de segurança, com fundamento em violação legal e divergência jurisprudencial e remissão expressa ao art. 896 da CLT, configura erro grosseiro, insuscetível de autorizar o seu recebimento como recurso ordinário, em face do disposto no art. 895, "b", da CLT.

Dois de seus precedentes são os que se seguem:

MANDADO DE SEGURANÇA. AÇÃO ORIGINÁRIA DO TRIBUNAL REGIONAL DO TRABALHO. RECURSO DE REVISTA. NÃO CABIMENTO. FUNGIBILIDADE RECURSAL. INAPLICABILIDADE. ERRO GROSSEIRO. Não cabe recurso de revista contra acórdão proferido por Tribunal Regional do Trabalho em julgamento de ação originária, como o mandado de segurança. O recurso cabível é o ordinário, nos termos do art. 895, letra b, da Consolidação das Leis do Trabalho. Por outro lado, conforme a jurisprudência deste Colegiado, para a aplicação do princípio da fungibilidade recursal é necessário que não haja erro grosseiro na escolha do recurso equivocadamente apresentado, considerado como a interposição errônea de recurso quando o adequado está expressamente previsto em lei. No caso dos autos, o recurso cabível decorre de disposição de lei, fato a demonstrar a ocorrência de erro grosseiro, sobretudo porque a recorrente fundamentou-se, de forma expressa, no art. 896 da consolidação das Leis do Trabalho. Recurso não conhecido. (ROMS 10646/2003-000-02-00.5. Min. Emmanoel Pereira. Publ. DJ 23.5.2008. Decisão unânime)

MANDADO DE SEGURANÇA. RECURSO DE REVISTA. PRINCÍPIO DA FUNGIBILIDADE. IMPOSSIBILIDADE DE APLICAÇÃO, ANTE A EXISTÊNCIA DE ERRO GROSSEIRO NA INTERPOSIÇÃO DO RECURSO. I – A aplicação do princípio da fungibilidade limita-se aos casos de dúvida quanto ao recurso cabível. II – A interposição de recurso de revista contra acórdão proferido por Tribunal Regional do Trabalho, em mandado de segurança, com remissão expressa ao art. 896, alínea "a", da CLT, configura erro grosseiro, insuscetível de autorizar o seu recebimento como recurso ordinário. III – Recurso de que não se conhece, por manifestamente incabível. (ROMS 2332/2006-000-07-00.4 – Min. Barros Levenhagen DJ 23.11.2007 – Decisão unânime)

Não obstante o processo do trabalho seja orientado, dentre outros, pelos princípios da instrumentalidade, da economia processual e, na seara recursal, pelo princípio da fungibilidade, não é aconselhável, tampouco lícito desformalizar-lhe o rito a ponto de comprometer a boa técnica processual, mormente quando se tratar de mandado de segurança, remédio constitucional heroico.

Logo, contra decisão final de mérito proferida no *mandamus*, o sucumbente deve interpor recurso ordinário, e não, *per saltum*, aviar recurso de revista sob o argumento de divergência jurisprudencial. Isso porque os dois meios impugnatórios têm pressupostos de admissibilidade distintos e configura erro grosseiro tentar receber um como se fosse o outro.

OJ n. 153 da SDI-II do TST

De plano, transcreve-se a OJ em epígrafe:

OJ-SDI-2 N. 153. MANDADO DE SEGURANÇA. EXECUÇÃO. ORDEM DE PENHORA SOBRE VALORES EXISTENTES EM CONTA SALÁRIO. art. 649, IV, do CPC. ILEGALIDADE (DEJT divulgado em 3, 4 e 5.12.2008). Ofende direito líquido e certo decisão que determina o bloqueio de numerário existente em conta salário, para satisfação de crédito trabalhista, ainda que seja limitado a determinado percentual dos valores recebidos ou a valor revertido para fundo de aplicação ou poupança, visto que o art. 649, IV, do CPC contém norma imperativa que não admite interpretação ampliativa, sendo a exceção prevista no art. 649, § 2º, do CPC espécie e não gênero de crédito de natureza alimentícia, não englobando o crédito trabalhista.

Um de seus precedentes está contido nos autos do ROMS 305/2005-000-10-00.0, de relatoria do min. Renato de Lacerda Paiva, publicado no DJ de 19.10.2007:

RECURSO ORDINÁRIO EM MANDADO DE SEGURANÇA. IMPENHORABILIDADE DOS PROVENTOS DE APOSENTADORIA DO IMPETRANTE. O ato coator determinou a penhora de 30% dos proventos mensais de aposentadoria percebidos pelo impetrante. O TRT de origem denegou a segurança, sob o fundamento de que seria regular a ordem de constrição de parte do benefício previdenciário, tendo em vista que visaria saldar os créditos trabalhistas, que também possuem natureza alimentar. Todavia, há de se cassar o ato impugnado, porque ofensivo ao direito líquido e certo do impetrante, inserto no art. 649, inciso VII, do CPC, segundo o qual se incluem entre os bens absolutamente impenhoráveis os créditos oriundos de fonte previdenciária, não sendo passíveis de penhora, diante do seu caráter nitidamente salarial e alimentício. Recurso provido para conceder a segurança, afastando da execução os proventos de aposentadoria recebidos pelo impetrante.

Diante desse histórico, resta evidente que as hipóteses constantes da OJ n. 153 e na OJ n. 93, ambas da SDI-II do TST, são diametralmente opostas. Isso porque, na primeira, reconhece-se a violação a direito líquido e certo do impetrante, quando há determinação judicial de penhora sobre a conta salário do devedor, ainda que em percentuais iguais ou inferiores a 30% do montante total. Já na segunda, esse limite percentual é considerado razoável, pois a constrição de faturamento de pessoa jurídica até esse patamar permite o pagamento progressivo do crédito sem, no entanto, impor o fechamento do empreendimento econômico — prevalecendo, aqui, o princípio da proporcionalidade, o que não se observa na primeira hipótese.

4. Conclusão

O mandado de segurança é ação constitucional, de rito especial. Pode ter cunho repressivo ou preventivo e se destina a tutelar direito líquido e certo, não amparado por *habeas corpus* ou *habeas data*, sempre que, ilegalmente ou com abuso de poder, qualquer pessoa física ou jurídica sofrer violação ou houver justo receio de sofrê-la por parte de autoridade, seja de que categoria for e sejam quais forem as funções que exerça.

Em razão de sua natureza, sua finalidade e sua peculiaridades, o mandado de segurança não pode ser utilizado como sucedâneo de recursos ou de outros meios impugnatórios cabíveis contra a decisão judicial hostilizada, não se admitindo a abertura de prazo para o saneamento de vícios procedimentais não urgentes.

É imprescindível, pois, afastar qualquer tentativa de banalização e de desvirtuamento do mandado de segurança, pois, em tempos de efetividade processual, há cada vez mais mecanismos jurídicos criados para assegurar uma prestação jurisdicional de qualidade, sendo as hipóteses de cabimento do *writ* extremamente específicas.

Referências bibliográficas

BRASIL. Tribunal Regional do Trabalho da 3ª Região. Disponível em: <www.trt3.jus.br>. Acesso em: 3 mar. 2013.

BRASIL. Tribunal Superior do Trabalho. Disponível em: <www.tst.jus.br>. Acesso em: 3 mar. 2013.

CARNEIRO PINTO, Raymundo Antônio; BRANDÃO, Cláudio. *Orientações Jurisprudenciais do TST comentadas*. 2. ed. São Paulo: LTr, 2010.

MARTINS, Sérgio Pinto. *Comentários às Súmulas do TST*. 11. ed. São Paulo: Atlas, 2012.

MEIRELLES, Hely Lopes. *Mandado de segurança*. Ação popular, ação civil pública, mandado de injunção, *"habeas data"*. 16. ed. atualizado por Arnold Wald. São Paulo: Malheiros, 1995.

Súmula n. 368 do TST: O Imposto de Renda e as Condenações da Justiça do Trabalho

Geraldo Magela Melo

SÚMULA N. 368 – DESCONTOS PREVIDENCIÁRIOS E FISCAIS — COMPETÊNCIA — RESPONSABILIDADE PELO PAGAMENTO — FORMA DE CÁLCULO (redação do item II alterada na sessão do Tribunal Pleno realizada em 16.4.2012) – Res. n. 181/2012, DEJT divulgado em 19, 20 e 23.4.2012

I – A Justiça do Trabalho é competente para determinar o recolhimento das contribuições fiscais. A competência da Justiça do Trabalho, quanto à execução das contribuições previdenciárias, limita-se às sentenças condenatórias em pecúnia que proferir e aos valores, objeto de acordo homologado, que integrem o salário de contribuição.

II – É do empregador a responsabilidade pelo recolhimento das contribuições previdenciárias e fiscais, resultante de crédito do empregado oriundo de condenação judicial, devendo ser calculadas, em relação à incidência dos descontos fiscais, mês a mês, nos termos do art. 12-A da Lei n. 7.713, de 22.12.1988.

III – Em se tratando de descontos previdenciários, o critério de apuração encontra-se disciplinado no art. 276, § 4º, do Decreto n. 3.048/99, que regulamenta a Lei n. 8.212/91 e determina que a contribuição do empregado, no caso de ações trabalhistas, seja calculada mês a mês, aplicando-se as alíquotas previstas no art. 198, observado o limite máximo do salário de contribuição.

O imposto de renda é o imposto devido em razão da aquisição de disponibilidade financeira, possui previsão, dentre vários diplomas normativos, no art. 153, III, da Constituição Federal de 1988[1], no art. 43 do Código Tributário Nacional[2] e na Lei Ordinária n. 7.713 de 22 de dezembro de 1988.

O problema que urge debruçarmos está no fato de que a mencionada legislação ordinária determinava que os rendimentos recebidos acumuladamente por força de decisão judicial fossem tributados de maneira exclusiva na fonte e de forma acumulada, ou seja, um trabalhador que não recebesse uma parcela durante anos e que ajuizasse uma ação e, após todos os percalços de uma demanda judicial, sofreria, quando do recebimento de seu crédito, a retenção do IRRF considerando o valor total percebido, sem se atentar para a circunstância de que os rendimentos se referiam a vários meses de labor ou anos.

Tal normatização gerava prejuízo ao contribuinte, especialmente o jurisdicionado da Justiça do Trabalho, por serem notoriamente parcos os seus direitos creditícios, uma vez que imputava ao trabalhador arcar com uma tributação em alíquota alta sobre todo o valor, sem atentar que a maioria sequer era contribuinte do imposto de renda, pois se encaixavam na parcela da população brasileira que está isenta da referida exação.

Nesse sentido, a legislação pretérita ia de encontro ao princípio da capacidade contributiva, segundo o qual cada um deve contribuir de acordo com a sua capacidade financeira, de forma proporcional ao seu efetivo ganho, princípio esse previsto claramente na Carta Republicana de 1988, em seu art. 145, § 1º.

Segundo Aliomar Baleeiro, "a capacidade contributiva do indivíduo significa sua idoneidade econômica para suportar, sem sacrifício do indispensável à vida compatível com a dignidade humana, uma fração qualquer do custo total dos serviços públicos"[3].

Da lavra de Ricardo Lobo Torres, colhe-se a seguinte passagem acerca deste princípio: "cada um deve contribuir na proporção de suas rendas e haveres, independentemente de sua eventual disponibilidade financeira"[4].

Nessa linha, a União, ao tributar de forma global o rendimento, no chamado de regime de caixa, feria a capacidade contributiva do trabalhador, porquanto, se ele tivesse recebido regularmente, poderia estar na faixa de isenção ou sujeito à alíquota menor, utilizando-se do denominado regime de competência. Mas, em razão de ele ter sido lesado por terceiros no seu direito e estar recebendo suas verbas após prestação jurisdicional ressarcitória, se via ainda tributado pelo Fisco, o que não colaborava com o valor justiça.

Essa tese da ofensa ao princípio da capacidade contributiva foi reiteradamente apreciada pelo Poder Judiciário; o Tribunal Superior do Trabalho posicionava-se de forma legalista e determinava a tributação de forma acumulada, sem considerar que os rendimentos se referiam a meses ou aos anos anteriores, nos moldes da redação pretérita da Súmula n. 368 do TST.

---

(1) BRASIL. Constituição (1988). *Constituição da República Federativa do Brasil*. 4. ed. São Paulo: Saraiva, 2007.
(2) BRASIL. Código Tributário Nacional (1966). *Código Tributário Nacional*. 4. ed. São Paulo: Saraiva, 2007.
(3) BALEEIRO, Aliomar. *Uma Introdução à Ciência das Finanças*. 14. ed. Rio de Janeiro: Forense, 1987. p. 259.
(4) TORRES, Ricardo Lobo. *Curso de Direito Financeiro e Tributário*. 15. ed. Rio de Janeiro: Renovar, 2008. p. 94.

Porém o Colendo Superior Tribunal de Justiça entendeu que a tributação devia se dar não de forma acumulada, regime de caixa, mas sim no regime de competência, apurando-se as verbas mensalmente, como se os valores tivessem sido adimplidos a tempo e modo corretos, conforme os arestos abaixo:

> TRIBUTÁRIO. AGRAVO REGIMENTAL EM RECURSO ESPECIAL. IMPOSTO DE RENDA INCIDENTE SOBRE RENDIMENTOS RECEBIDOS ACUMULADAMENTE EM VIRTUDE DE DECISÃO JUDICIAL. CÁLCULO. TABELAS E ALÍQUOTAS PRÓPRIAS DA ÉPOCA A QUE SE REFEREM. ARESTO *A QUO* EM CONSONÂNCIA COM A JURISPRUDÊNCIA CONSOLIDADA NO STJ. RECURSO A QUE SE NEGA SEGUIMENTO. 1. Esta Corte de Justiça firmou posicionamento, em ambas as turma de direito público, no sentido de que o cálculo do imposto incidente sobre rendimentos pagos acumuladamente, devem ser levadas em consideração as tabelas e alíquotas das épocas próprias a que se referem tais rendimentos. Matéria decidida pela Primeira Seção do Superior Tribunal de Justiça, no REsp n.1.118.429 - SP ... (BRASIL, **Superior Tribunal de Justiça. AGA 200801073710, rel. ministro Mauro Campbell Marques, Segunda Turma,** Diário de Justiça Eletrônico, **Brasília, 9 jun. 2010,** grifo nosso)

> PROCESSUAL CIVIL E TRIBUTÁRIO — DEFICIÊNCIA NA FUNDAMENTAÇÃO DO RECURSO ESPECIAL — APLICAÇÃO DO TEOR DA SÚMULA N. 284/STF POR ANALOGIA — IMPOSTO DE RENDA — ADICIONAL DE PERICULOSIDADE — NATUREZA REMUNERATÓRIA — INCIDÊNCIA — PAGAMENTO ACUMULADO — ALÍQUOTA. 1, ... 2. Incide Imposto de Renda sobre os valores recebidos a título de adicional de periculosidade, ainda que pagos a destempo, tendo em vista a sua natureza remuneratória. Precedente do STJ. 3. Esta Corte firmou o entendimento de que, quando os rendimentos são pagos acumuladamente, no desconto do imposto de renda devem ser observados os valores mensais e não o montante global auferido, aplicando-se as tabelas e alíquotas referentes a cada período. ... (BRASIL, **Superior Tribunal de Justiça. RESP 200902047289, rel.ª ministra Eliana Calmon, Segunda Turma,** Diário de Justiça Eletrônico, **Brasília, 10 mar. 2010,** grifo nosso)

Diante do entendimento reiterado do STJ, a Procuradoria da Fazenda Nacional se viu compelida a emitir o Ato Declaratório n. 01, de 27.3.2009, emitido pelo procurador-geral da Fazenda Nacional (**DOU n. 90, de 14.5.2009, Seção 1, p. 15**), que declarava a autorização para: a dispensa de interposição de recursos e a desistência dos já interpostos" em todas as "ações judiciais que visem obter a declaração de que, no cálculo do imposto de renda incidente sobre rendimentos pagos acumuladamente, devem ser levadas em consideração as tabelas e alíquotas das épocas próprias a que se referem tais rendimentos, devendo o cálculo ser mensal e não global", o que, posteriormente, acabou redundando na edição da Medida Provisória n. 497, de 27 de julho de 2010, convertida na Lei n. 12.350, de 21 de dezembro de 2010, que acrescentou o art. 12-A na Lei n. 7.713 de 22 de dezembro de 1988, nos seguintes termos:

> Art. 12-A – Os rendimentos do trabalho e os provenientes de aposentadoria, pensão, transferência para a reserva remunerada ou reforma, pagos pela Previdência Social da União, dos Estados, do Distrito Federal e dos Municípios, quando correspondentes a anos-calendários anteriores ao do recebimento, serão tributados exclusivamente na fonte, no mês do recebimento ou crédito, em separado dos demais rendimentos recebidos no mês.
>
> § 1º O imposto será retido pela pessoa física ou jurídica obrigada ao pagamento ou pela instituição financeira depositária do crédito e calculado sobre o montante dos rendimentos pagos, **mediante a utilização de tabela progressiva resultante da multiplicação da quantidade de meses a que se refiram os rendimentos pelos valores constantes da tabela progressiva mensal correspondente ao mês do recebimento ou crédito.**
>
> § 9º A Secretaria da Receita Federal do Brasil disciplinará o disposto neste artigo. (BRASIL, 1988, grifo nosso).

Diante de tal norma cogente, a Receita Federal do Brasil editou a Instrução Normativa n. 1.127, de 8 de fevereiro de 2011, regulamentando o art. 12-A da Lei n. 7.713 de 22 de dezembro de 1988, e passou a acolher o parâmetro mensal para o cálculo do imposto de renda recebido acumuladamente pelos jurisdicionados.

Com a alteração da legislação, o TST modificou a redação da Súmula n. 368 e passou a determinar o cálculo mensal, vejamos:

> **SÚMULA N. 368 DO TST. DESCONTOS PREVIDENCIÁRIOS E FISCAIS. COMPETÊNCIA. RESPONSABILIDADE PELO PAGAMENTO. FORMA DE CÁLCULO** (redação do item II alterada na sessão do Tribunal Pleno realizada em 16.4.2012) – Res. n. 181/2012, DEJT divulgado em 19, 20 e 23.4.2012
>
> I – (...)
>
> II – É do empregador a responsabilidade pelo recolhimento das contribuições previdenciárias e fiscais, **resultante de crédito do empregado oriundo de condenação judicial, devendo ser calculadas, em relação à incidência dos descontos fiscais, mês a mês, nos termos do art. 12-A da Lei n. 7.713, de 22.12.1988.**
>
> III – (...) (grifo nosso)

Nesse ínterim, como se trata de norma interpretativa da forma como deve ser realizada a apuração do imposto de renda, ao nosso sentir, cabe a aplicação retroativa de tal entendimento, com espeque no art. 106 do CTN[5], *in verbis*:

> Art. 106. A lei aplica-se a ato ou fato pretérito:
>
> I – em qualquer caso, quando seja expressamente interpretativa, excluída a aplicação de penalidade à infração dos dispositivos interpretados;

---

(5) BRASIL. Código Tributário Nacional (1966). *Código Tributário Nacional*. 4. ed. São Paulo: Saraiva, 2007.

Destarte, a nosso ver, na Justiça Obreira, a nova forma de cálculo alcança perfeitamente todos os processos em curso, ainda que tenha havido a homologação dos cálculos, devendo esses serem refeitos, por medida de justiça e ante o princípio da legalidade estrita em matéria tributária, bem como para se evitar o recolhimento de tributo indevido.

Se já houve a retenção e o correspondente recolhimento do tributo pela fonte pagadora, apenas resta ao trabalhador ajuizar ação de repetição de indébito em face da União Federal na Justiça Federal, inclusive para o caso de processos que tenham sido arquivados, desde que observada a prescrição quinquenal do direito de repetição em face da Fazenda Pública — apesar de haver diversos entendimentos dos pensadores em direito tributário acerca de contagens diferenciadas para o referido prazo.

Inclusive, poder-se-ia argumentar que a prescrição se iniciou com a alteração da lei reconhecendo a justiça do cálculo mensal, com fundamento na Teoria da *Actio Nata*, porquanto o cidadão comum apenas tomou ciência de que estava sendo lesado com a alteração legislativa.

Contudo, ainda se nota injustiça e ofensa ao princípio da capacidade contributiva e da isonomia no art. 12-A da Lei n. 7.713, de 22 de dezembro de 1988, na medida em que se determina a tributação dos rendimentos recebidos por decisão judicial de forma definitiva, em separado dos demais rendimentos – o que implica na vedação ao contribuinte de realizar o ajuste anual para os anos-base a que se referem os pagamentos, utilizando-se das deduções legais, como, por exemplo, deduzir da base de cálculo do imposto as despesas que teve, no período, com saúde e educação.

Mesmo a forma de cálculo mensal deixa contribuintes em situação de desigualdade, haja vista que, se o trabalhador recebeu todos os seus direitos a tempo e modo corretos, pode deduzir as despesas comprovadas, mas, se recebeu a duras penas, por meio de processo judicial, não pode realizar o ajuste do ano-base, em total incongruência e afronta a capacidade contributiva do cidadão.

Sendo assim, conclui-se que a legislação do IRRF evoluiu ao acolher o entendimento sedimentado no STJ, mas ainda carece de paradoxos que devem ser solucionados, com vistas à tributação justa e em observância aos princípios tributários.

Referências bibliográficas

BALEEIRO, Aliomar. *Uma Introdução à Ciência das Finanças*. 14. ed. Rio de Janeiro: Forense, 1987.

BRASIL. Constituição (1988). *Constituição da República Federativa do Brasil*. 4. ed. São Paulo: Saraiva, 2007.

BRASIL. Código Tributário Nacional (1966). *Código Tributário Nacional*. 4. ed. São Paulo: Saraiva, 2007.

BRASIL. Lei n. 7.713, de 22 de dezembro de 1988. Altera a legislação do imposto de renda e dá outras providências. *Diário Oficial da União*, Brasília, 23 dez. 1988.

BRASIL. Delegacia da Receita Federal do Brasil. Instrução Normativa n. 1.127, de 8 de fevereiro de 2011. *Diário Oficial da União*, Brasília, 08 fev. 2011.

BRASIL, Superior Tribunal de Justiça. AGA 200801073710, rel. Ministro Mauro Campbell Marques, Segunda Turma, Diário de Justiça Eletrônico, Brasília, 9 jun. 2010.

BRASIL, Superior Tribunal de Justiça. RESP n. 200902047289, rel^a. Ministra Eliana Calmon, Segunda Turma, *Diário de Justiça Eletrônico*, Brasília, 10 mar. 2010.

BRASIL. Tribunal Superior do Trabalho. SÚMULA N. 368. DESCONTOS PREVIDENCIÁRIOS E FISCAIS. COMPETÊNCIA. RESPONSABILIDADE PELO PAGAMENTO. FORMA DE CÁLCULO (redação do item II alterada na sessão do Tribunal Pleno realizada em 16.4.2012) – Res. n. 181/2012, DEJT divulgado em 19, 20 e 23.4.2012. I – A Justiça do Trabalho é competente para determinar o recolhimento das contribuições fiscais. A competência da Justiça do Trabalho, quanto à execução das contribuições previdenciárias, limita-se às sentenças condenatórias em pecúnia que proferir e aos valores, objeto de acordo homologado, que integrem o salário de contribuição. (ex-OJ n. 141 da SBDI-1 – inserida em 27.11.1998) II – É do empregador a responsabilidade pelo recolhimento das contribuições previdenciárias e fiscais, resultante de crédito do empregado oriundo de condenação judicial, devendo ser calculadas, em relação à incidência dos descontos fiscais, mês a mês, nos termos do art. 12-A da Lei n. 7.713, de 22.12.1988. III – Em se tratando de descontos previdenciários, o critério de apuração encontra-se disciplinado no art. 276, § 4º, do Decreto n. 3.048/1999 que regulamentou a Lei n. 8.212/1991 e determina que a contribuição do empregado, no caso de ações trabalhistas, seja calculada mês a mês, aplicando-se as alíquotas previstas no art. 198, observado o limite máximo do salário de contribuição. (ex-OJs n. 32 e 228 da SBDI-1 — inseridas, respectivamente, em 14.3.1994 e 20.6.2001). DEJT, Brasília, 19, 20 e 23 abril de 2012.

GUNTHER, Luiz Eduardo. *O IMPOSTO DE RENDA NA EXECUÇÃO TRABALHISTA*. Disponível em: <http://sisnet.aduaneiras.com.br/lex/doutrinas/arquivos/IRExecTrab.pdf>. Acesso em: 3 out. 2012.

TORRES, Ricardo Lobo. *Curso de Direito Financeiro e Tributário*. 15. ed. Rio de Janeiro: Renovar, 2008.

Súmulas ns. 377, 383, 395, 427, 456 e OJs ns. 7, 52, 75, 110, 200, 286, 349, 371 e 374 da SDI-1do TST: O que há de Novo em Processo do Trabalho sobre Representação Processual

Cléber Lúcio de Almeida

SÚM. 377 – PREPOSTO. EXIGÊNCIA DA CONDIÇÃO DE EMPREGADO (nova redação) – Res. n. 146/2008, DJ 28.4.2008, 2 e 5.5.2008

Exceto quanto à reclamação de empregado doméstico, ou contra micro ou pequeno empresário, o preposto deve ser necessariamente empregado do reclamado. Inteligência do art. 843, § 1º, da CLT e do art. 54 da Lei Complementar n. 123, de 14 de dezembro de 2006.

SÚM. 383 – MANDATO. ARTS. 13 E 37 DO CPC. FASE RECURSAL. INAPLICABILIDADE (conversão das Orientações Jurisprudenciais ns. 149 e 311 da SBDI-1) – Res. n. 129/2005, DJ 20, 22 e 25.4.2005

I – É inadmissível, em instância recursal, o oferecimento tardio de procuração, nos termos do art. 37 do CPC, ainda que mediante protesto por posterior juntada, já que a interposição de recurso não pode ser reputada ato urgente. (ex-OJ n. 311 da SBDI-1 – DJ 11.8.2003)

II – Inadmissível na fase recursal a regularização da representação processual, na forma do art. 13 do CPC, cuja aplicação se restringe ao Juízo de 1º grau. (ex-OJ n. 149 da SBDI-1 – inserida em 27.11.1998)

SÚM. 395 – MANDATO E SUBSTABELECIMENTO. CONDIÇÕES DE VALIDADE (conversão das Orientações Jurisprudenciais ns. 108, 312, 313 e 330 da SBDI-1) – Res. n. 129/2005, DJ 20, 22 e 25.4.2005

I – Válido é o instrumento de mandato com prazo determinado que contém cláusula estabelecendo a prevalência dos poderes para atuar até o final da demanda. (ex-OJ n. 312 da SBDI-1 – DJ 11.8.2003)

II – Diante da existência de previsão, no mandato, fixando termo para sua juntada, o instrumento de mandato só tem validade se anexado ao processo dentro do aludido prazo. (ex-OJ n. 313 da SBDI-1 – DJ 11.8.2003)

III – São válidos os atos praticados pelo substabelecido, ainda que não haja, no mandato, poderes expressos para substabelecer (art. 667, e parágrafos, do Código Civil de 2002). (ex-OJ n. 108 da SBDI-1 – inserida em 1º.10.1997)

IV – Configura-se a irregularidade de representação se o substabelecimento é anterior à outorga passada ao substabelecente. (ex-OJ n. 330 da SBDI-1 – DJ 9.12.2003)

SÚM. 427 – INTIMAÇÃO. PLURALIDADE DE ADVOGADOS. PUBLICAÇÃO EM NOME DE ADVOGADO DIVERSO DAQUELE EXPRESSAMENTE INDICADO. NULIDADE (editada em decorrência do julgamento do processo TST-IUJERR 5400-31.2004.5.09.0017) – Res. n. 174/2011, DEJT divulgado em 27, 30 e 31.5.2011

Havendo pedido expresso de que as intimações e publicações sejam realizadas exclusivamente em nome de determinado advogado, a comunicação em nome de outro profissional constituído nos autos é nula, salvo se constatada a inexistência de prejuízo.

SÚM. 456 – REPRESENTAÇÃO. PESSOA JURÍDICA. PROCURAÇÃO. INVALIDADE. IDENTIFICAÇÃO DO OUTORGANTE E DE SEU REPRESENTANTE. (conversão da Orientação Jurisprudencial n. 373 da SBDI-1 com nova redação) – Res. n. 194/2014, DEJT divulgado em 21, 22 e 23.5.2014

É inválido o instrumento de mandato firmado em nome de pessoa jurídica que não contenha, pelo menos, o nome do outorgante e do signatário da procuração, pois estes dados constituem elementos que os individualizam.

OJ-SDI-1 N. 7 – ADVOGADO. ATUAÇÃO FORA DA SEÇÃO DA OAB ONDE O ADVOGADO ESTÁ INSCRITO. AUSÊNCIA DE COMUNICAÇÃO. (LEI N. 4.215/1963, § 2º, ART. 56). INFRAÇÃO DISCIPLINAR. NÃO IMPORTA NULIDADE (inserido dispositivo) – DJ 20.4.2005

A despeito da norma então prevista no art. 56, § 2º, da Lei n. 4.215/63, a falta de comunicação do advogado à OAB para o exercício profissional em seção diversa daquela na qual tem inscrição não importa nulidade dos atos praticados, constituindo apenas infração disciplinar, que cabe àquela instituição analisar.

OJ-SDI-1 N. 52 – MANDATO. PROCURADOR DA UNIÃO, ESTADOS, MUNICÍPIOS E DISTRITO FEDERAL, SUAS AUTARQUIAS E FUNDAÇÕES PÚBLICAS. DISPENSÁVEL A JUNTADA DE PROCURAÇÃO. (LEI N. 9.469, DE 10 DE JULHO DE 1997) (cancelada em decorrência da conversão na Súmula n. 436) – Res. n. 186/2012, DEJT divulgado em 25, 26 e 27.9.2012

A União, Estados, Municípios e Distrito Federal, suas autarquias e fundações públicas, quando representadas em juízo, ativa e passivamente, por seus procuradores, estão dispensadas da juntada de instrumento de mandato.

OJ-SDI-1 N. 75 – SUBSTABELECIMENTO SEM O RECONHECIMENTO DE FIRMA DO SUBSTABELECENTE. INVÁLIDO (ANTERIOR À LEI N. 8.952/94) (inserido dispositivo) – DJ 20.4.2005

Não produz efeitos jurídicos recurso subscrito por advogado com poderes conferidos em substabelecimento em que não consta o reconhecimento de firma do outorgante. Entendimento aplicável antes do advento da Lei n. 8.952/94.

OJ-SDI-1 N. 110 – REPRESENTAÇÃO IRREGULAR. PROCURAÇÃO APENAS NOS AUTOS DE AGRAVO DE INSTRUMENTO (inserido dispositivo) – DEJT divulgado em 16, 17 e 18.11.2010.

A existência de instrumento de mandato apenas nos autos de agravo de instrumento, ainda que em apenso, não legitima a atuação de advogado nos processos de que se originou o agravo.

OJ-SDI-1 N. 200 – MANDATO TÁCITO. SUBSTABELECIMENTO INVÁLIDO (inserido dispositivo) – DJ 20.4.2005

É inválido o substabelecimento de advogado investido de mandato tácito

OJ-SDI-1 N. 286 – AGRAVO DE INSTRUMENTO. TRASLADO. MANDATO TÁCITO. ATA DE AUDIÊNCIA. CONFIGURAÇÃO (alterada) – Res. n. 167/2010, DEJT divulgado em 30.4.2010 e 3 e 4.5.2010

I – A juntada da ata de audiência, em que consignada a presença do advogado, desde que não estivesse atuando com mandato expresso, torna dispensável a procuração deste, porque demonstrada a existência de mandato tácito.

II – Configurada a existência de mandato tácito, fica suprida a irregularidade detectada no mandato expresso.

OJ-SDI-1 N. 349 – MANDATO. JUNTADA DE NOVA PROCURAÇÃO. AUSÊNCIA DE RESSALVA. EFEITOS (DJ 25.4.2007)

A juntada de nova procuração aos autos, sem ressalva de poderes conferidos ao antigo patrono, implica revogação tácita do mandato anterior.

OJ-SDI-1 N. 371 – IRREGULARIDADE DE REPRESENTAÇÃO. SUBSTABELECIMENTO NÃO DATADO. INAPLICABILIDADE DO ART. 654, § 1º, DO CÓDIGO CIVIL (DEJT divulgado em 3, 4 e 5.12.2008)

Não caracteriza a irregularidade de representação a ausência da data da outorga de poderes, pois, no mandato judicial, ao contrário do mandato civil, não é condição de validade do negócio jurídico. Assim, a data a ser considerada é aquela em que o instrumento for juntado aos autos, conforme preceitua o art. 370, IV, do CPC. Inaplicável o art. 654, § 1º, do Código Civil.

OJ-SDI-1 N. 374 – AGRAVO DE INSTRUMENTO. REPRESENTAÇÃO PROCESSUAL. REGULARIDADE. PROCURAÇÃO OU SUBSTABELECIMENTO COM CLÁUSULA LIMITATIVA DE PODERES AO ÂMBITO DO TRIBUNAL REGIONAL DO TRABALHO (DEJT divulgado em 19, 20 e 22.4.2010)

É regular a representação processual do subscritor do agravo de instrumento ou do recurso de revista que detém mandato com poderes de representação limitados ao âmbito do Tribunal Regional do Trabalho, pois, embora a apreciação desse recurso seja realizada pelo Tribunal Superior do Trabalho, a sua interposição é ato praticado perante o Tribunal Regional do Trabalho, circunstância que legitima a atuação do advogado no feito.

SÚM. 377 – PREPOSTO. EXIGÊNCIA DA CONDIÇÃO DE EMPREGADO (nova redação) – Res. n. 146/2008, DJ 28.4.2008, 2 e 5.5.2008

Exceto quanto à reclamação de empregado doméstico, ou contra micro ou pequeno empresário, o preposto deve ser necessariamente empregado do reclamado. Inteligência do art. 843, § 1º, da CLT e do art. 54 da Lei Complementar n. 123, de 14 de dezembro de 2006.

A CLT exige a presença do demandado na audiência (art. 843 da CLT), mas o autoriza fazer-se representar pelo gerente ou outro preposto que tenha conhecimento dos fatos (art. 843, § 1º, da CLT). Essa autorização tem em vista a facilitação do comparecimento do demandado em juízo.

Embora autorize a representação do demandado por preposto, a CLT estabelece uma primeira exigência: o preposto deverá ter conhecimento dos fatos da causa.

Essa exigência tem tripla explicação:

a) na audiência, deverá ser tentada a conciliação, e esta será prejudicada se o preposto desconhecer os fatos da causa. A facilitação do comparecimento do demandado em juízo não pode prejudicar a conciliação, que é o meio de solução dos dissídios trabalhistas ao qual a CLT conferiu maior prestígio;

b) o desconhecimento dos fatos da causa pelo preposto inviabiliza o esclarecimento do juiz sobre eles. A facilitação do comparecimento do demandado em juízo não pode prejudicar o esclarecimento do juiz sobre os fatos da causa, lembrando que quanto mais próxima da realidade mais justa a sentença, e que "ninguém se exime do dever de colaborar com o Poder Judiciário para o descobrimento da verdade" (art. 339 do CPC);

c) como as declarações do preposto obrigam o demandado, não há como admitir a presença em juízo, naquela condição, de pessoa que desconhece os fatos da causa.

A Lei Complementar n. 123, de 14.12.2006, que instituiu o Estatuto Nacional da Microempresa e da Empresa de Pequeno Porte, ao estabelecer que a microempresa e a empresa de pequeno porte podem fazer-se substituir ou representar perante a Justiça do Trabalho "por terceiros conheçam dos fatos" (art. 54), reforça a exigência constante do art. 843, § 1º, da CLT.

O não atendimento dessa exigência implica, para o demandado, confissão em relação aos fatos alegados pelo autor da demanda na petição inicial.

Nesse sentido, decidiu a 4ª Turma do TST (AIRR 391004720075010071 39100-47.2007.5.01.0071, rel. Min. Maria de Assis Calsing, DEJT 4.11.2011) que:

> AGRAVO DE INSTRUMENTO. RECURSO DE REVISTA. PREPOSTO. DESCONHECIMENTO DOS FATOS. CONFISSÃO FICTA. Quando o empregador se utiliza do permissivo previsto no art. 843, § 1º, da CLT, fazendo-se representar em juízo por preposto, está ciente de que o representante deve ter conhecimento dos fatos. Sabe-se, ainda, que, nos termos

da mencionada norma celetária, as obrigações do preposto obrigarão o preponente. Logo, se o preposto indicado pela empresa declara não ter conhecimento do fato alegado pelo Reclamante, que, nos presentes autos, trata-se da prestação de serviços nas dependências da segunda Reclamada, tratando-se de fato controvertido e, por isso, dependente de produção probatória, atrai os efeitos da confissão ficta, que, corretamente foi aplicada ao caso. Agravo de Instrumento não provido.

A representação em juízo por preposto que desconhece os fatos da causa, em flagrante descumprimento do disposto no art. 843, § 1º, da CLT, equivale à recusa de depor, que atrai à parte a pena de confissão, nos termos do art. 344 do CPC.

Contudo, o preposto deverá ser empregado do demandado?

A expressão *gerente*, utilizada no art. 843, § 1º, da CLT, demonstra que sim, visto que a função de gerente é típica de empregado.

No TST prevalecia o entendimento de que o preposto deverá ser empregado do demandado, exceto nas reclamações contra empregador doméstico, consoante consta da sua Súmula n. 377, na sua redação original ("Exceto quanto à reclamação de empregado doméstico, o preposto deve ser necessariamente empregado do reclamado. Inteligência do art. 843, § 1º, da CLT").

Contudo, a Lei Complementar n. 123/2006, tratando do acesso das microempresas e das empresas de pequeno porte à justiça, dispõe, no art. 54, que a elas é facultado fazer-se substituir ou representar perante a Justiça do Trabalho por terceiros que conheçam os fatos, "ainda que não possuam vínculo trabalhista ou societário".

Assim, por meio da Lei Complementar n. 123/2006, foi expressamente dispensada a condição de empregado do preposto das microempresas e empresas de pequeno porte à justiça.

Por força da Lei Complementar n. 123/2006, foi conferida nova redação à Súmula n. 377 do TST, *in verbis*: "Exceto quanto à reclamação de empregado doméstico, ou contra micro ou pequeno empresário, o preposto deve ser necessariamente empregado do reclamado. Inteligência do art. 843, § 1º, da CLT e do art. 54 da Lei Complementar n. 123, de 14 de dezembro de 2006".

Destarte, o preposto deverá ser empregado do demandado, salvo quando se trate de demanda contra empregador doméstico, microempresa ou empresa de pequeno porte.

O não atendimento dessa exigência autoriza considerar o demandado revel e confesso quanto aos fatos alegados na petição inicial (quando a irregularidade de representação ocorrer na audiência inaugural) ou confesso (quando a irregularidade de representação for verificada na audiência designada para a instrução do processo), visto que a hipótese equivale à ausência do demandado na audiência (art. 343, § 2º, do CPC e art. 844 da CLT).

A propósito, decidiu a 8ª Turma do TST que:

I – AGRAVO DE INSTRUMENTO EM RECURSO DE REVISTA — PREPOSTO. EXIGÊNCIA DA CONDIÇÃO DE EMPREGADO. Súmula n. 377 do TST. Constatada possível contrariedade à Súmula n. 377 do TST, merece provimento o Agravo de Instrumento para determinar o processamento do Recurso de Revista. II – RECURSO DE REVISTA — PREPOSTO. EXIGÊNCIA DA CONDIÇÃO DE EMPREGADO. SÚMULA N. 377 DO TST. Nos termos da Súmula n. 377 do TST, o preposto, exceto quanto à reclamação de empregado doméstico ou contra micro ou pequeno empresário — hipóteses não aventadas no acórdão regional — deve ser necessariamente empregado do reclamado. Não sendo o preposto empregado, conforme consignado no acórdão regional, não se pode afastar a revelia e a confissão quanto à matéria de fato, nos termos do art. 844 da CLT. Recurso de Revista conhecido e provido. (TST, RR – 77540-50.2001.5.09.0023, rel. Min. Márcio Eurico Vitral Amaro, 8ª Turma, DEJT 3.11.2009)

Observe-se que a Lei Complementar n. 123/2006, ao estabelecer que o preposto da microempresa ou empresa de pequeno porte não necessita ser seu empregado, reforça o entendimento de que a CLT exige essa condição do preposto. Com efeito, não houvesse essa exigência, não haveria qualquer sentido no art. 54 da citada Lei Complementar.

A exigência de ser o preposto empregado do reclamado somente se aplica às hipóteses de dissídio fundado em relação de emprego.

O art. 843, § 2º, da CLT autoriza o *empregador* a fazer-se substituir por preposto. Como o empregador pode ser pessoa física ou jurídica, não é lícito restringir a possibilidade de substituição por preposto ao empregador pessoa jurídica.

O preposto deve comparecer à audiência munido de documento que o habilite a representar o reclamado (*carta de preposição*). Comparecendo o preposto sem a carta de preposição, o juiz deverá conceder prazo razoável para a regularização da representação, sob pena de decretar a revelia do demandado (aplicação do art. 13 do CPC). O prazo deve ser concedido sem suspensão do processo, para evitar prejuízo à rápida solução do dissídio. A revelia será decretada *a posteriori* se a carta de preposição não for apresentada no prazo assinalado ao demandado, desconsiderando-se a contestação apresentada e a prova por ele eventualmente produzida. Evita-se, assim, que o demandado utilize o expediente de fazer-se representar por preposto não munido de carta de preposição para adiar a audiência.

O fato de a lei não exigir a apresentação da carta de preposição não a dispensa, uma vez que é intuitivo que aquele que comparece em juízo em nome de outrem deve provar que está autorizado a fazê-lo.

Registre-se que, como decidiu a 3ª Turma do TST:

> AGRAVO DE INSTRUMENTO. RECURSO DE REVISTA — DESCABIMENTO. 1. INCOMPETÊNCIA DOS TRIBUNAIS REGIONAIS DO TRABALHO PARA NEGAR SEGUIMENTO A RECURSO DE REVISTA. A competência dos Presidentes dos Tribunais Regionais do Trabalho para despachar os recursos ali protocolizados está inscrita nos arts. 682, IX, e 896, § 1º, da CLT. 2. PREPOSTO. GRUPO ECONÔMICO. Por integrarem o mesmo grupo econômico, as reclamadas podem se fazer representar em juízo por um só preposto, desde que seja empregado de uma delas e tenha conhecimento dos fatos controvertidos na demanda. Agravo de instrumento conhecido e desprovido. (TST, AIRR – 31800-78.2009.5.02.0251, rel. min. Alberto Luiz Bresciani de Fontan Pereira, 3ª Turma, DEJT 22.6.2012).

Cumpre mencionar que, de acordo com o disposto no art. 2º da Lei n. 2.757/56, são considerados representantes dos empregadores nas reclamações ou dissídios movimentados na Justiça do Trabalho os síndicos eleitos entre os condôminos. No entanto, consoante decidiu a 3ª Turma do TST:

> RECURSO DE REVISTA. EMPREGADO DE ADMINISTRADORA DE CONDOMÍNIO. CONDIÇÃO DE PREPOSTO. IRREGULARIDADE DE REPRESENTAÇÃO. CONFISSÃO E REVELIA. APLICAÇÃO DA Súmula n. 377/TST. É possível a representação do condomínio em juízo por empregado de empresa que o administra. Precedentes. Incólumes a Súmula n. 377/TST e o art. 843, § 1º da CLT. Esta Corte Superior tem mitigado a exigência de ser o preposto empregado, tanto que alterou a redação da Súmula n. 377 (Resolução n. 146/2008) adicionando mais uma exceção (micro e pequeno empresário) à situação do empregador doméstico. Recurso de revista não conhecido. (TST, RR – 69100-81.2006.5.15.0004, rel. min. Horácio Raymundo de Senna Pires, 3ª Turma, DEJT 30.4.2010).

Súmula n. 383

MANDATO. ARTS. 13 E 37 DO CPC. FASE RECURSAL. INAPLICABILIDADE (conversão das Orientações Jurisprudenciais ns. 149 e 311 da SBDI-1) – Res. n. 129/2005, DJ 20, 22 e 25.4.2005

I – É inadmissível, em instância recursal, o oferecimento tardio de procuração, nos termos do art. 37 do CPC, ainda que mediante protesto por posterior juntada, já que a interposição de recurso não pode ser reputada ato urgente. (ex-OJ n. 311 da SBDI-1 – DJ 11.8.2003)

II – Inadmissível na fase recursal a regularização da representação processual, na forma do art. 13 do CPC, cuja aplicação se restringe ao Juízo de 1º grau. (ex-OJ n. 149 da SBDI-1 – inserida em 27.11.1998)

Sem instrumento de mandato, o advogado não será admitido a procurar em juízo (art. 37 do CPC). Consoante prevê o art. 653 do Código Civil: "Opera-se o mandato quando alguém recebe de outrem poderes para, em seu nome, praticar atos ou administrar interesses. A procuração é o instrumento do mandato". Destarte, sem procuração, o advogado não será admitido a representar a parte em juízo.

No entanto o art. 37 do CPC estabelece ser lícito ao advogado, em nome da parte, intentar ação, a fim de evitar decadência ou prescrição, bem como intervir, no processo, para praticar atos reputados urgentes, casos em que se obrigará, independentemente de caução, a exibir o instrumento de mandato no prazo de quinze dias, prorrogável por outros quinze dias, por despacho do juiz (o despacho é exigido apenas para a prorrogação do prazo de 15 dias já assegurado em lei). Os atos não ratificados no prazo serão havidos por inexistentes, respondendo o advogado por despesas e perdas e danos (art. 37, parágrafo único, do CPC), salvo a hipótese de mandato tácito (Súmula n. 164 do TST: "O não cumprimento das determinações dos §§ 1º e 2º do art. 5º da Lei n. 8.906, de 4.7.1994, e do art. 37, parágrafo único, do Código de Processo Civil importa o não conhecimento de recurso, por inexistente, exceto na hipótese de mandato tácito").

Observe-se, porém, que o art. 37 do CPC autoriza o advogado a intervir no processo em curso para praticar *atos reputados urgentes*.

De acordo com o item I da Súmula n. 383 do TST, a interposição de recurso não se enquadra entre os atos reputados urgentes, para efeito do art. 37 do CPC, o que significa que o advogado não pode interpor recurso sem estar munido de procuração outorgada pela parte. O recurso interposto por advogado sem procuração constitui ato processual inexistente.

Nesse compasso, cabe à parte, ciente da decisão que lhe foi desfavorável, pretendendo impugná-la por meio de recurso, contratar advogado e a ele outorgar procuração, dentro do prazo recursal.

O item I da Súmula n. 383 do TST está em sintonia com decisão proferida pela Segunda Turma do Supremo Tribunal Federal, abaixo transcrita:

> RECURSO SUBSCRITO POR ADVOGADO SEM PROCURAÇÃO NOS AUTOS. A REGRA GERAL, QUE DECORRE DO ART. 37, *CAPUT*, DO CPC, EXPRESSA SER INDISPENSÁVEL A PRESENÇA, EM AUTOS DE PROCESSO JUDICIAL, DO INSTRUMENTO DE MANDATO OUTORGADO PELA PARTE AO ADVOGADO, SOB PENA DE SEREM CONSIDERADOS INEXISTENTES OS ATOS PRATICADOS. 2. A interposição de recursos não se enquadra na categoria dos atos reputados urgentes. Ademais,

a parte embargante não providenciou a posterior juntada do referido mandato procuratório. 3. Embargos de declaração não conhecidos. (STF; AI-AgR-ED 635.432-5/RJ, Segunda Turma; relª. Minª. Ellen Gracie, DJE 14.11.2008).

É também nesse sentido a Súmula n. 115 do Superior Tribunal de Justiça:

> "Na instância especial é inexistente recurso interposto sem procuração nos autos".

O art. 13 do CPC dispõe que, verificando a irregularidade de representação das partes, o juiz, suspendendo o processo, marcará prazo razoável para ser sanado o defeito e que, não sendo cumprida esta determinação dentro do prazo assinalado, se a providência couber: a) ao autor, o juiz decretará a nulidade do processo; b) ao réu, reputar-se-á revel; c) a terceiro, será excluído da lide.

O art. 13 do CPC não se aplica na fase recursal, na qual eventual irregularidade de representação já não poderá ser sanada. O art. 13 do CPC, com a referência à anulação do processo e à revelia, torna certo que está tratando de vício detectado quando do contato do juiz com a petição inicial ou em eventual saneamento do processo.

Verificada a irregularidade de representação da parte, o recurso interposto e as contrarrazões apresentadas por advogado sem procuração serão considerados atos processuais inexistentes.

Nesse sentido também já havia se posicionado o Supremo Tribunal Federal, nos autos do AI-AgR 510559/SP, rel. Marco Aurélio, Primeira Turma, DJ 26.8.2005):

> RECURSO — REPRESENTAÇÃO PROCESSUAL. A representação processual há de estar regular no prazo assinado para a prática do ato, ou seja, o recursal, descabendo o implemento de diligência. AGRAVO — CARÁTER INFUNDADO — MULTA. Surgindo do exame do agravo a convicção sobre o caráter manifestamente infundado da medida, impõe-se a aplicação da multa prevista no § 2º do art. 557 do Código de Processo Civil.

Súmula n. 395

MANDATO E SUBSTABELECIMENTO. CONDIÇÕES DE VALIDADE (conversão das Orientações Jurisprudenciais ns. 108, 312, 313 e 330 da SBDI-1) – Res. n. 129/2005, DJ 20, 22 e 25.4.2005

I – Válido é o instrumento de mandato com prazo determinado que contém cláusula estabelecendo a prevalência dos poderes para atuar até o final da demanda. (ex-OJ n. 312 da SBDI-1 – DJ 11.8.2003)

II – Diante da existência de previsão, no mandato, fixando termo para sua juntada, o instrumento de mandato só tem validade se anexado ao processo dentro do aludido prazo. (ex-OJ n. 313 da SBDI-1 – DJ 11.8.2003)

III – São válidos os atos praticados pelo substabelecido, ainda que não haja, no mandato, poderes expressos para substabelecer (art. 667, e parágrafos, do Código Civil de 2002). (ex-OJ n. 108 da SBDI-1 – inserida em 1º.10.1997)

IV – Configura-se a irregularidade de representação se o substabelecimento é anterior à outorga passada ao substabelecente. (ex-OJ n. 330 da SBDI-1 – DJ 9.12.2003)

A procuração (instrumento do mandato) deve conter a indicação e o local onde foi passada, a qualificação do outorgante e do outorgado, a data e o objetivo da outorga com a designação e a extensão dos poderes conferidos (art. 654 do Código Civil), nada impedindo que, ao definir o objetivo da outorga e extensão dos poderes conferidos, seja estabelecido prazo da representação, como permite afirmar o art. 682, IV, do Código Civil, que inclui o término do prazo entre os motivos da extinção do mandato.

Por consequência, decorrido o prazo do mandato, consideram-se inexistentes os atos posteriores praticados pelo advogado (extinto o mandato, o advogado já não está autorizado a praticar atos processuais em nome do mandante).

No entanto não há como negar ser válido mandato com prazo determinado que estabeleça a prevalência dos poderes para atuar até o final da demanda (Súmula n. 395, I, do TST).

Opera-se, nesse caso, a prévia prorrogação do prazo do mandato.

Se o mandato fixa termo para a sua juntada aos autos, a sua validade está condicionada ao respeito ao prazo estipulado.

A procuração pode autorizar o substabelecimento (art. 667, § 2º, do Código Civil), proibir o substabelecimento (art. 667, § 3º, do Código Civil) ou ser omissa quanto ao substabelecimento (art. 667, § 4º, do Código Civil).

Do art. 667, § 4º, do Código Civil ("Sendo omissa a procuração quanto ao substabelecimento, o procurador será responsável se o substabelecido proceder culposamente"), resulta que é válido o substabelecimento conferido pelo mandatário quando a procuração for omissa quanto à possibilidade de sua realização, ressalvando, apenas, a responsabilidade do mandatário pela reparação de danos causados ao mandante no caso de o substabelecido proceder culposamente. Daí o acerto do item III da Súmula comentada.

Somente podem substabelecer poderes aqueles que os receberam de outrem. Destarte, configura-se a irregularidade de representação se o substabelecimento é anterior à outorga passada ao substabelecente.

Súmula n. 427

INTIMAÇÃO. PLURALIDADE DE ADVOGADOS. PUBLICAÇÃO EM NOME DE ADVOGADO DIVERSO DAQUELE

EXPRESSAMENTE INDICADO. NULIDADE (editada em decorrência do julgamento do processo TST-IUJERR 5400-31.2004.5.09.0017) – Res. n. 174/2011, DEJT divulgado em 27, 30 e 31.5.2011. Havendo pedido expresso de que as intimações e publicações sejam realizadas exclusivamente em nome de determinado advogado, a comunicação em nome de outro profissional constituído nos autos é nula, salvo se constatada a inexistência de prejuízo.

O mandato pode ser conferido a um ou mais advogados (art. 672 do Código Civil). Na hipótese de multiplicidade de advogados, todos eles estão habilitados a praticar atos no processo.

Sendo vários os advogados da parte, é válida a intimação realizada a apenas um deles. No entanto, "havendo pedido expresso de que as intimações e publicações sejam realizadas exclusivamente em nome de determinado advogado, a comunicação em nome de outro profissional constituído nos autos é nula, salvo se constatada a inexistência de prejuízo".

A exigência de prejuízo, para efeito de decretação de nulidade da intimação, decorre do disposto no art. 794 da CLT, segundo o qual, no processo do trabalho, somente haverá nulidade quando do ato inquinado resultar manifesto prejuízo às partes. A possibilidade de declaração, ou não, da nulidade da intimação é verificada, portanto, a partir dos seus efeitos. Dito de outra forma, o exame da necessidade de declarar a nulidade é realizado *in concreto* e não *in abstrato*. Assim, se a intimação não foi endereçada ao advogado indicado para recebê-la, mas cumpriu a sua finalidade, qual seja, dar conhecimento à parte, ou seus procuradores, do ato praticado ou a ser praticado, não há que se falar em nulidade.

Note-se que a nulidade somente será declarada se houver prejuízo e, ainda, se houver pedido expresso de que as intimações e publicações sejam realizadas exclusivamente em nome de determinado advogado. Nesse sentido, decidiu o Supremo Tribunal Federal,

> Se os recorrentes estão representados nos autos por diversos advogados e inexiste especificação quanto ao responsável pelas intimações, para a validade dessas basta que da publicação conste o nome de qualquer deles, indistintamente. (STF, RMS 22.068-0-DF, rel. min. Ilmar Galvão, DJU 6.9.1996).

Súmula n. 456

REPRESENTAÇÃO. PESSOA JURÍDICA. PROCURAÇÃO. INVALIDADE. IDENTIFICAÇÃO DO OUTORGANTE E DE SEU REPRESENTANTE. (conversão da Orientação Jurisprudencial n. 373 da SBDI-1 com nova redação) – Res. n. 194/2014, DEJT divulgado em 21, 22 e 23.5.2014

É inválido o instrumento de mandato firmado em nome de pessoa jurídica que não contenha, pelo menos, o nome do outorgante e do signatário da procuração, pois estes dados constituem elementos que os individualizam.

A parte pode ser representada em juízo por advogado legalmente habilitado.

De acordo com art. 654, § 1º, do Código Civil, "Todas as pessoas capazes são aptas para dar procuração mediante instrumento particular, que valerá desde que tenha a assinatura do outorgante. § 1º O instrumento particular deve conter a indicação do lugar onde foi passado, a qualificação do outorgante e do outorgado, a data e o objetivo da outorga, com a designação e a extensão dos poderes conferidos".

O mandato, civil ou judicial, deve, portanto, individualizar o outorgante e o outorgado.

Destarte, não há como considerar válida procuração cujos termos não permitem identificar a entidade outorgante e a pessoa física que firmou a procuração em seu nome, ressalvada, no entanto, a hipótese de mandato tácito, observando-se, inclusive, que, consoante a Orientação Jurisprudencial n. 286, II, do TST, "Configurada a existência de mandato tácito fica suprida a irregularidade detectada no mandato expresso".

Orientações Jurisprudenciais SDI-1

ORIENTAÇÃO JURISPRUDENCIAL N. 7

ADVOGADO. ATUAÇÃO FORA DA SEÇÃO DA OAB ONDE O ADVOGADO ESTÁ INSCRITO. AUSÊNCIA DE COMUNICAÇÃO. (LEI N. 4.215/63, § 2º, ART. 56). INFRAÇÃO DISCIPLINAR. NÃO IMPORTA NULIDADE. (inserido dispositivo) – DJ 20.4.2005

A despeito da norma então prevista no art. 56, § 2º, da Lei n. 4.215/63, a falta de comunicação do advogado à OAB para o exercício profissional em seção diversa daquela na qual tem inscrição não importa nulidade dos atos praticados, constituindo apenas infração disciplinar, que cabe àquela instituição analisar.

A Lei n. 8.906/94 estabelece que a inscrição principal do advogado deve ser feita no Conselho Seccional em cujo território pretende estabelecer o seu domicílio profissional (art. 10, *caput*) e que o advogado também deve promover inscrição suplementar nos Conselhos Seccionais em cujos territórios passar a exercer habitualmente a profissão (art. 10, § 2º).

Assim, o advogado deve estar inscrito no território do Conselho Seccional onde pretende atuar profissionalmente.

No entanto a ausência dessa inscrição constitui infração de natureza disciplinar, não produzindo efeitos no processo, o mesmo ocorrendo com a ausência de comunicação à seccional do local da prestação de serviços (quando não for o caso de exercício habitual no local).

Destarte, a ausência de comunicação não impede o exercício da advocacia, o que se justifica, ainda, pelo disposto no art. 1º, inciso I, da Lei n. 8.906/94, que autoriza o advogado a atuar perante qualquer órgão do Poder Judiciário.

Orientação Jurisprudencial n. 52

> 52. MANDATO. PROCURADOR DA UNIÃO, ESTADOS, MUNICÍPIOS E DISTRITO FEDERAL, SUAS AUTARQUIAS E FUNDAÇÕES PÚBLICAS. DISPENSÁVEL A JUNTADA DE PROCURAÇÃO. (LEI N. 9.469, de 10 DE JULHO DE 1997) (cancelada em decorrência da conversão na Súmula n. 436) – Res. n. 186/2012, DEJT divulgado em 25, 26 e 27.9.2012
>
> A União, Estados, Municípios e Distrito Federal, suas autarquias e fundações públicas quando representadas em juízo, ativa e passivamente, por seus procuradores, estão dispensadas da juntada de instrumento de mandato.

À Justiça do Trabalho compete processar e julgar as ações oriundas das relações de trabalho, abrangidos os entes de direito público externo e da administração pública direta e indireta da União, dos Estados, do Distrito Federal e dos Municípios.

Prevê o art. 37 do CPC que, sem instrumento de mandato, o advogado não será admitido a procurar em juízo.

No entanto a União, os Estados, os Municípios e o Distrito Federal, suas autarquias e fundações públicas, quando representadas em juízo por seus procuradores, estão dispensadas de apresentação de instrumento de mandato.

A Orientação Jurisprudencial n. 52 da SDI-I apenas reafirma o que já é previsto no art. 9º da Lei n. 9.494/97, *in verbis*: "A representação judicial das autarquias e fundações públicas por seus procuradores ou advogados, ocupantes de cargos efetivos dos respectivos quadros, independente da apresentação do instrumento de mandato."

A citada Orientação Jurisprudencial foi convertida na Súmula n. 436 do TST, que tem a seguinte redação: "I – A União, Estados, Municípios e Distrito Federal, suas autarquias e fundações públicas quando representadas em juízo, ativa e passivamente, por seus procuradores, estão dispensadas da juntada de instrumento de mandato e de comprovação do ato de nomeação. II – Para os efeitos do item anterior, é essencial que o signatário ao menos declare-se exercente do cargo de procurador, não bastando a indicação do número de inscrição na Ordem dos Advogados do Brasil."

Orientação Jurisprudencial n. 75

> SUBSTABELECIMENTO SEM O RECONHECIMENTO DE FIRMA DO SUBSTABELECENTE. INVÁLIDO (ANTERIOR À LEI N. 8.952/94) (inserido dispositivo) – DJ 20.4.2005
>
> Não produz efeitos jurídicos recurso subscrito por advogado com poderes conferidos em substabelecimento em que não consta o reconhecimento de firma do outorgante. Entendimento aplicável antes do advento da Lei n. 8.952/94.

O art. 38 do CPC, na sua redação original, previa:

> A procuração geral para o foro, conferida por instrumento público, ou particular assinado pela parte, estando com a firma reconhecida, habilita o advogado a praticar todos os atos do processo, salvo para receber a citação inicial, confessar, reconhecer a procedência do pedido, transigir, receber, dar quitação e firmar compromisso.

Nesse contexto, é inegável que, para a validade e eficácia da procuração e do substabelecimento, era indispensável o reconhecimento da firma do seu subscritor. Dessa forma, não poderia produzir efeitos jurídicos recurso subscrito por advogado com poderes conferidos em substabelecimento em que não consta o reconhecimento de firma do outorgante.

Contudo a Lei n.8.952/94 alterou a redação do art. 38 do CPC, que passou a dispor que

> A procuração geral para o foro, conferida por instrumento público, ou particular assinado pela parte, habilita o advogado a praticar todos os atos do processo, salvo para receber a citação inicial, confessar, reconhecer a procedência do pedido, transigir, desistir, renunciar ao direito sobre que se funda a ação, dar quitação e firmar compromisso.

Destarte, após a entrada em vigor da Lei n. 8.952/94, a validade e a eficácia da procuração e do substabelecimento deixaram de estar condicionadas ao reconhecimento da firma do seu subscritor, o que faz com que produza efeitos jurídicos recurso subscrito por advogado com poderes conferidos em substabelecimento em que não consta o reconhecimento de firma do outorgante.

Os poderes conferidos para efeito recursal não dão eficácia aos atos praticados no processo em que foi proferida a decisão recorrida.

Orientação Jurisprudencial n. 110

> REPRESENTAÇÃO IRREGULAR. PROCURAÇÃO APENAS NOS AUTOS DE AGRAVO DE INSTRUMENTO (inserido dispositivo) – DEJT divulgado em 16, 17 e 18.11.2010
>
> A existência de instrumento de mandato apenas nos autos de agravo de instrumento, ainda que em apenso, não legitima a atuação de advogado nos processos de que se originou o agravo.

Agravo de instrumento é o recurso destinado a impugnar a decisão que denega seguimento a recurso interposto (daí a afirmação de que o agravo de instrumento visa a destrancar recurso), nos termos do art. 897, b, da CLT.

Como, segundo prevê o art. 37 do CPC, sem instrumento de mandato, o advogado não será admitido a procurar em juízo, o fato de ser juntado instrumento de mandato nos autos do agravo de instrumento não legitima a atuação do advogado nos autos do processo em que foi proferida a decisão agravada.

Orientação Jurisprudencial n. 200

MANDATO TÁCITO. SUBSTABELECIMENTO INVÁLIDO (inserido dispositivo) – DJ 20.4.2005.

É inválido o substabelecimento de advogado investido de mandato tácito.

O mandato pode ser expresso ou tácito, verbal ou escrito (art. 656 do Código Civil).

Confere mandato tácito a parte que comparece em audiência acompanhada de advogado. A presença da parte e do advogado permite presumir a outorga de poderes para a representação em juízo. Para a configuração do mandato tácito exige-se que o advogado e a parte participem, concomitantemente, da audiência (a simples prática de atos processuais por advogado não configura o mandato tácito).

Como decidiu o STF,

> O chamado (impropriamente) mandato tácito, admitido na Justiça do Trabalho, pressupõe o comparecimento da parte à audiência e a notícia, na ata respectiva, de que esteve assistida por profissional da advocacia devidamente identificado. A assinatura de peças avulsas não o caracteriza. (STF, Agravo regimental em agravo de instrumento n. 163287-0/MG, rel. Min. Néri da Silveira, DJ 4.8.1995)

Quando a parte e o advogado compareçam em audiência e este atua como representante daquele, é lícito concluir que ele está autorizado a fazê-lo. No entanto essa presunção não autoriza o advogado a substabelecer os poderes tacitamente recebidos. Poderes tacitamente recebidos não podem se transferidos a outrem.

Orientação Jurisprudencial n. 286

AGRAVO DE INSTRUMENTO. TRASLADO. MANDATO TÁCITO. ATA DE AUDIÊNCIA. CONFIGURAÇÃO (alterada – Res. n. 167/2010, DEJT divulgado em 30.4.2010 e 3 e 4.5.2010)

I – A juntada da ata de audiência, em que consignada a presença do advogado, desde que não estivesse atuando com mandato expresso, torna dispensável a procuração deste, porque demonstrada a existência de mandato tácito.

II – Configurada a existência de mandato tácito, fica suprida a irregularidade detectada no mandato expresso.

O mandato pode ser expresso ou tácito, verbal ou escrito (art. 656 do Código Civil). Confere mandato tácito a parte que comparece em audiência acompanhada de advogado. A presença da parte e do advogado permite presumir a outorga de poderes para a representação em juízo. Para a configuração do mandato tácito, exige-se que o advogado e a parte participem, concomitantemente, da audiência (a simples prática de atos processuais por advogado não configura o mandato tácito).

A existência do mandato tácito dispensa a juntada de mandato expresso, uma vez que ambos são dotados da mesma eficácia.

Como o mandato tácito tem a mesma eficácia do expresso, a existência daquele supre eventual irregularidade deste.

Orientação Jurisprudencial n. 349

MANDATO. JUNTADA DE NOVA PROCURAÇÃO. AUSÊNCIA DE RESSALVA. EFEITOS (DJ 25.4.2007)

A juntada de nova procuração aos autos, sem ressalva de poderes conferidos ao antigo patrono, implica revogação tácita do mandato anterior.

O mandato cessa pela sua revogação (art. 682, I, do Código Civil).

A revogação do mandato constitui direito do mandante e pode ser expressa ou tácita.

Dá-se a revogação tácita quando são outorgados a outro mandatário idênticos poderes, para a prática do mesmo negócio, como autoriza afirmar o art. 687 do Código Civil, *in verbis*: "Tanto que for comunicada ao mandatário a nomeação de outro, para o mesmo negócio, considerar-se-á revogado o mandato anterior".

Destarte, a juntada de nova procuração aos autos, sem ressalva de poderes conferidos ao antigo patrono, implica revogação tácita do mandato anterior, consoante é afirmado na Orientação Jurisprudencial n. 349 da SDI-1 do TST.

O mesmo ocorre com a prática de ato processual pessoalmente pela parte, sem a ressalva da continuidade da atuação no processo do advogado por ele constituído.

De outro lado, a juntada de substabelecimento sem reserva de poderes equivale à renúncia dos poderes recebidos e substabelecidos, o que também constitui forma de extinção do mandato (art. 682, I, do Código Civil).

Orientação Jurisprudencial n. 371

IRREGULARIDADE DE REPRESENTAÇÃO. SUBSTABELECIMENTO NÃO DATADO. INAPLICABILIDADE DO ART. 654, § 1º, DO CÓDIGO CIVIL (DEJT divulgado em 3, 4 e 5.12.2008)

Não caracteriza a irregularidade de representação a ausência da data da outorga de poderes, pois, no mandato judicial, ao contrário do mandato civil, não é condição de validade do negócio jurídico. Assim, a data a ser considerada é aquela em que o instrumento for juntado aos autos, conforme preceitua o art. 370, IV, do CPC. Inaplicável o art. 654, § 1º, do Código Civil.

O art. 654 do Código Civil define os requisitos do instrumento particular de procuração, dispondo que dele devem constar a indicação e o local onde foi passada a procuração, a qualificação do outorgante e do outorgado, a data e o objetivo da outorga com a designação e a extensão dos poderes conferidos.

A exigência da data da outorga de poderes é indispensável, quando se trata de mandato civil, na medida em que servirá de parâmetro para avaliar a capacidade civil das partes no momento em que foi passada a procuração.

No entanto, a leitura dos arts. 37 e 38 do CPC aponta que a indicação da data de sua assinatura não constitui requisito indispensável do instrumento de mandato judicial, visto que a ela eles não fazem referência.

Juntada a procuração aos autos, é a partir deste momento que o advogado está habilitado a representar a parte.

Orientação Jurisprudencial n. 374

AGRAVO DE INSTRUMENTO. REPRESENTAÇÃO PROCESSUAL. REGULARIDADE. PROCURAÇÃO OU SUBSTABELECIMENTO COM CLÁUSULA LIMITATIVA DE PODERES AO ÂMBITO DO TRIBUNAL REGIONAL DO TRABALHO (DEJT divulgado em 19, 20 e 22.4.2010)

É regular a representação processual do subscritor do agravo de instrumento ou do recurso de revista que detém mandato com poderes de representação limitados ao âmbito do Tribunal Regional do Trabalho, pois, embora a apreciação desse recurso seja realizada pelo Tribunal Superior do Trabalho, a sua interposição é ato praticado perante o Tribunal Regional do Trabalho, circunstância que legitima a atuação do advogado no feito.

Na procuração, o âmbito de atuação do advogado pode ser limitado à jurisdição de determinado Tribunal Regional do Trabalho.

Com efeito, como resulta do art. 654 do Código Civil, o instrumento do mandato deve definir a extensão dos poderes conferidos, o que pode se referir ao âmbito territorial de exercício desses poderes.

Prevendo a procuração que o advogado representará o outorgado no âmbito de determinado Tribunal Regional do Trabalho, cumpre indagar se ele pode firmar recursos endereçados ao Tribunal Superior do Trabalho.

Consoante a Orientação Jurisprudencial comentada, é regular a representação processual do subscritor do agravo de instrumento ou do recurso de revista que detém mandato com poderes de representação limitados ao âmbito do Tribunal Regional do Trabalho, pois, embora a apreciação desse recurso seja realizada pelo Tribunal Superior do Trabalho, a sua interposição é ato praticado perante o Tribunal Regional do Trabalho, circunstância que legitima a atuação do advogado no feito.

Essa solução não merece reparos, na medida em que o recurso de revista, embora endereçado ao TST, é protocolado no Tribunal Regional do Trabalho em que foi proferida a decisão impugnada, cabendo ao seu presidente, inclusive, examinar a sua admissibilidade (art. 896, § 1º, da CLT). De outro lado, se o recurso de revista não foi admitido, o agravo de instrumento terá por objeto ato praticado pelo Tribunal Regional do Trabalho em cujo âmbito o advogado estava autorizado a atuar (art. 897, "*b*", da CLT).

Súmula n. 387, IV, Súmula n. 422 e OJ n. 120 da SDI-1 do TST: Admissibilidade Recursal Trabalhista

Daniel Botelho Rabelo

SÚMULA N. 387: RECURSO. FAC-SÍMILE. LEI N. 9.800/1999 (inserido o item IV à redação) – Res. n. 174/2011, DEJT divulgado em 27, 30 e 31.5.2011

(...)

IV – A autorização para utilização do fac-símile, constante do art. 1º da Lei n. 9.800, de 26.5.1999, somente alcança as hipóteses em que o documento é dirigido diretamente ao órgão jurisdicional, não se aplicando à transmissão ocorrida entre particulares.

SÚMULA N. 422: RECURSO. APELO QUE NÃO ATACA OS FUNDAMENTOS DA DECISÃO RECORRIDA. NÃO CONHECIMENTO. ART. 514, II, do CPC (conversão da Orientação Jurisprudencial n. 90 da SBDI-2) – Res. n. 137/2005, DJ 22, 23 e 24.8.2005

Não se conhece de recurso para o TST, pela ausência do requisito de admissibilidade inscrito no art. 514, II, do CPC, quando as razões do recorrente não impugnam os fundamentos da decisão recorrida, nos termos em que fora proposta. (ex-OJ n. 90 da SBDI-2 – inserida em 27.5.2002)

OJ N. 120 DA SDI-1 DO TST: RECURSO. ASSINATURA DA PETIÇÃO OU DAS RAZÕES RECURSAIS. VALIDADE (nova redação) – DJ 20.4.2005

O recurso sem assinatura será tido por inexistente. Será considerado válido o apelo assinado, ao menos, na petição de apresentação ou nas razões recursais.

Introdução

Um dos tópicos mais importantes no âmbito do Direito Processual do Trabalho, dentro da temática dos recursos, é o estudo do juízo de admissibilidade recursal.

Neste particular, destaca-se a produção de conhecimento doutrinário relacionado à conceituação e categorização dos pressupostos recursais sem, no entanto, realizar-se uma análise mais profunda dos aspectos práticos relacionados com o tema.

Atualmente, porém, em razão da intensa atividade sumular do Tribunal Superior do Trabalho e da crescente importância das súmulas e orientações jurisprudenciais desta Corte no País, faz-se necessária uma análise mais cuidadosa de alguns destes instrumentos de consolidação jurisprudencial a respeito da matéria proposta.

Serão analisadas as Súmulas ns. 387 e 422, que tratam, respectivamente, da interposição de recursos via fac-símile e da fundamentação de recursos interpostos perante o TST.

Será também analisada a orientação jurisprudencial 120 da Subseção de Dissídios Individuais I, que aborda a questão dos recursos sem a assinatura do advogado constituído nos autos.

A Súmula n. 387 do Tribunal Superior do Trabalho e a interposição de recursos via fac-símile

Com o intuito de adequar a sistemática procedimental adotada pelo Poder Judiciário às inovações tecnológicas no campo de transmissão de dados, foi instituída a Lei n. 9.800 de 26 de maio de 1999.

A referida lei trouxe a possibilidade de utilização de sistema de transmissão de dados e imagens tipo fac-símile, ou outro meio similar, para a prática de atos processuais que dependam de petição escrita[1]. Além disso, buscou ela normatizar a obrigatoriedade de apresentação dos originais, o prazo para a sua entrega na secretaria do juízo e a responsabilidade pela qualidade e fidelidade do material transmitido.

Depois de quase 16 anos de vigência da Lei n. 9.800/1999, o Tribunal Pleno da Corte Superior Trabalhista consolidou seu posicionamento quanto a certos aspectos de aplicação de tal diploma legal na seara recursal trabalhista. E o fez convertendo as orientações jurisprudenciais n. 194 e 337 na Súmula n. 387 desta Egrégia Corte.

Cabe ressaltar que recentemente foi inserido, pela Resolução n. 174/2011 do TST, o item IV na Súmula n. 387, que, por sua vez, passou a ter a seguinte redação:

RECURSO. FAC-SÍMILE. LEI N. 9.800/1999 (inserido o item IV à redação) – Res. n. 174/2011, DEJT divulgado em 27, 30 e 31.5.2011

I – A Lei n. 9.800, de 26.5.1999, é aplicável somente a recursos interpostos após o início de sua vigência. (ex-OJ n. 194 da SBDI-1 – inserida em 8.11.2000)

II – A contagem do quinquídio para apresentação dos originais de recurso interposto por intermédio de fac-símile começa a fluir do dia subsequente ao término do prazo recursal, nos termos do art. 2º da Lei n. 9.800, de 26.5.1999, e não do dia seguinte à interposição do recurso, se esta se deu antes do termo final do prazo. (ex-OJ n. 337 da SBDI-1 – primeira parte – DJ 4.5.2004)

III – Não se tratando a juntada dos originais de ato que dependa de notificação, pois a parte, ao interpor o recurso, já

---

(1) TRIBUNAL SUPERIOR DO TRABALHO. *Livro de Súmulas, Orientações Jurisprudenciais e Precedentes Normativos*. Disponível em: <http://www.tst.jus.br/documents/10157/63003/Livro-Jurisprud-13-03-2013-igual-IRem.pdf>. Acesso em: 1º jun. 2013.

tem ciência de seu ônus processual, não se aplica a regra do art. 184 do CPC quanto ao *"dies a quo"*, podendo coincidir com sábado, domingo ou feriado. (ex-OJ n. 337 da SBDI-1 – *"in fine"* – DJ 04.05.2004)

IV – A autorização para utilização do fac-símile, constante do art. 1º da Lei n. 9.800, de 26.5.1999, somente alcança as hipóteses em que o documento é dirigido diretamente ao órgão jurisdicional, não se aplicando à transmissão ocorrida entre particulares[2].

Estabelece o item I da Súmula n. 387 do TST que as disposições da Lei n. 9.800/1999 só se aplicam a recursos interpostos após o início de sua vigência.

Ora, em seu art. 6º, a mencionada lei prescreve o início de sua vigência para 30 dias após a data de sua publicação, ato que ocorreu no dia 27 de maio de 1999. Por consequência, respeitado o prazo de *vacatio legis* fixado, estabeleceu o TST que tal diploma só é aplicável a recursos interpostos a partir de 27 de junho de 1999.

Já o item II da súmula institui critério de contagem do prazo para a apresentação das peças originais dos recursos transmitidos for meio de fac-símile.

A esse respeito, diz o art. 2º da Lei n. 9.800/1999:

> A utilização de sistema de transmissão de dados e imagens não prejudica o cumprimento dos prazos, devendo os originais ser entregues em juízo, **necessariamente, até cinco dias da data de seu término**.
>
> Parágrafo único. Nos atos não sujeitos a prazo, os originais deverão ser entregues, necessariamente, até cinco dias da data da recepção do material[3] (grifo nosso).

Coube, porém, ao Tribunal Superior do Trabalho pacificar a divergência que existia sobre o momento que tal prazo começaria a fluir. Se a partir do dia subsequente ao término do prazo recursal ou do dia seguinte à interposição do recurso, se esta tiver ocorrido antes do termo final do prazo legal.

A divergência existia em razão do instituto da preclusão consumativa, que se opera com a interposição do recurso.

Isso porque, conforme Bruno Klippel,

> a prática do ato antes do término do prazo acarreta a preclusão consumativa, o que impede que, mesmo dentro do prazo, seja novamente praticado o ato. Assim, se a parte interpuser um recurso ordinário no 2º dia do prazo, não poderá complementá-lo ou substituí-lo, tendo em vista a ocorrência da preclusão,

que faz com que o prazo recursal se encerre com a prática do ato[4].

No entanto o TST optou por dar uma interpretação restritiva ao *caput* do art. 2º, consolidando o entendimento de que o prazo para a juntada dos originais começa a correr a partir do fim do prazo legal fixado para a interposição do recurso. Tal posicionamento da Corte Superior, na prática, pode resultar em uma ampliação do lapso temporal para a entrega das peças recursais originais pelas partes inconformadas com a decisão judicial, caso interponham o recurso antes do término do prazo.

A medida, acertada, por sinal, vem por maximizar a aplicação do princípio constitucional da ampla defesa neste momento processual, pois garante um período maior para a realização do ato ao já tão atribulado advogado trabalhista.

Por sua vez, o item III da súmula estabelece ser inaplicável o art. 184 do Código de Processo Civil para a fixação do *dies a quo* do prazo para a juntada dos originais do recurso, já que tal ato não depende de notificação.

Diz o art. 184 do CPC:

> Art. 184. Salvo disposição em contrário, computar-se-ão os prazos, excluindo o dia do começo e incluindo o do vencimento.
>
> § 1º Considera-se prorrogado o prazo até o primeiro dia útil se o vencimento cair em feriado ou em dia em que:
>
> I – for determinado o fechamento do fórum;
>
> II – o expediente forense for encerrado antes da hora normal.
>
> § 2º Os prazos somente começam a correr do primeiro dia útil após a intimação (art. 240 e parágrafo único)[5].

Correto é tal entendimento, visto que o art. 184 do Código Adjetivo se dirige aos atos que dependem de intimação/notificação. Para o legislador, considera-se o 1º dia do prazo como o da ciência, porém o prazo só passa a fluir a partir do dia subsequente, que é o dia da ação.

Assim, como no caso em tela a parte já tem ciência do ônus processual de apresentação dos originais do recurso transmitido via fac-símile, não dependendo de intimação/notificação, o *dies a quo* para a juntada dos originais poderá coincidir com sábados, domingos e feriados.

Por fim, o item IV da súmula restringe a aceitação dos documentos transmitidos por meio de fax. Segundo o texto incluído pela Resolução n. 174/2011 do TST, a

---

(2) TRIBUNAL SUPERIOR DO TRABALHO. *Livro de Súmulas, Orientações Jurisprudenciais e Precedentes Normativos*. Disponível em: <http://www.tst.jus.br/documents/10157/63003/Livro-Jurisprud-13-03-2013-igual-IRem.pdf>. Acesso em: 1º jun. 2013.

(3) BRASIL. Lei n. 9.800 de 26 de maio de 1999. In: *Vademecum Saraiva*, São Paulo, Saraiva, 14. ed., p. 1.645, 2º sem. 2012.

(4) KLIPPEL, Bruno. *Direito sumular esquematizado – TST*. 2. ed. São Paulo: Saraiva, 2012. p. 513.

(5) BRASIL. Código de Processo Civil. In: *Vademecum*, São Paulo, Saraiva, 14. ed., p. 370, 2º sem. 2012.

autorização para a transmissão de dados na forma da Lei n. 9.800/1999 abrange apenas a hipótese em que o documento é dirigido diretamente ao órgão jurisdicional.

Como bem explicam Élisson Miessa dos Santos e Henrique Correia, diante da autorização do art. 1º da Lei n. 9.800/1999[6],

> alguns advogados passaram a invocar sua aplicação na hipótese de juntada de fac-símile entre particulares e a posterior juntada nos autos originais. Seria o caso, por exemplo, de o advogado receber, via fax, em seu escritório, a procuração para recorrer, juntado o próprio fax com o recurso e, dentro do quinquídio, apresentasse a procuração original[7].

No entanto entendeu o Tribunal Superior do Trabalho, a partir de uma interpretação sistemática e teleológica[8], que a referida lei conferiu legitimidade apenas ao Poder Judiciário para receber, via fac-símile, o envio de documentos e peças processuais com força de ato processual, devendo a transmissão ser iniciada com o documento original.

Além disso, lembra Marcos Ulhoa Dani que a interposição via fax está condicionada à juntada dos originais que não podem em nada diferir da peça transmitida. Aliás, importante destacar que, em recente decisão, o TST decidiu que os originais não podem ser enviados via e-doc, devendo ser entregues em protocolos físicos, por expressa determinação legal[9].

A Súmula n. 422 do Tribunal Superior do Trabalho e a fundamentação nos recursos trabalhistas

O Direito Processual do Trabalho brasileiro, em razão da natureza alimentar do crédito trabalhista, sempre buscou a simplificação dos procedimentos judiciais em benefício da celeridade processual e da efetividade das decisões judiciais. Pode-se citar como institutos que ilustram essa realidade o *jus postulandi* e a interposição de recursos por simples petição.

O *jus postulandi*, que consiste na oportunidade processual de empregado e/ou o empregador postularem em juízo sem a assistência de advogado, veio para ampliar as formas de exercício do direito de ação da parte e consequentemente facilitar o acesso ao Poder Judiciário.

Certo é que o exercício dessa prerrogativa processual em âmbito trabalhista se limita, nos termos da Súmula n. 425[10] do TST, às esferas ordinárias da Justiça do Trabalho.

Também se limita às instâncias ordinárias da Justiça Laboral a interposição de recursos por simples petição. Tal instituto, insculpido no art. 899 da Consolidação das Leis do Trabalho, garante à parte inconformada com o pronunciamento judicial o direito de apresentar o recurso desacompanhado das razões recursais. Assim, nos recursos em que se permite o simples peticionamento, é suficiente a manifestação do inconformismo da parte com a decisão recorrida.

Importante destacar que o direito de interposição de recursos por simples petição se coaduna com o próprio *jus postulandi*, uma vez que não exige da parte inconformada conhecimentos técnico-jurídicos para pleitear a revisão do julgado pelo juízo *ad quem*.

Tal direito, porém, não assiste à parte que pretende recorrer ao Tribunal Superior do Trabalho, conforme enuncia a Súmula n. 422 da Egrégia Corte Superior trabalhista.

De acordo com o texto aprovado pela Resolução n. 137/2005 do TST, prescreve a referida súmula que:

> RECURSO. APELO QUE NÃO ATACA OS FUNDAMENTOS DA DECISÃO RECORRIDA. NÃO CONHECIMENTO. ART. 514, II, do CPC (conversão da Orientação Jurisprudencial n. 90 da SBDI-2) – Res. n. 137/2005, DJ 22, 23 e 24.8.2005
>
> Não se conhece de recurso para o TST, pela ausência do requisito de admissibilidade inscrito no art. 514, II, do CPC, quando as razões do recorrente não impugnam os fundamentos da decisão recorrida, nos termos em que fora proposta. (ex-OJ n. 90 da SBDI-2 – inserida em 27.5.2002)[11].

Fato é que, em razão de o TST ser considerado instância superior da Justiça do Trabalho[12], os recursos por ele julgados devem indicar os fundamentos de fato e de direito pelos quais deve ser modificada a decisão.

---

(6) Art. 1º É permitida às partes a utilização de sistema de transmissão de dados e imagens tipo fac-símile ou outro similar, para a prática de atos processuais que dependam de petição escrita.

(7) SANTOS, Élisson Miessa dos, CORREIA, Henrique. *Súmulas e Orientações Jurisprudenciais do TST*: comentadas e organizadas por assunto. Salvador: Juspodium, 2012. p. 738.

(8) *Ibidem*, p. 738.

(9) DANI, Marcos Ulhoa. *Direito Processual do Trabalho no TST*: teoria e práticas modernas. Rio de Janeiro: Forense, 2012. p. 55.

(10) JUS POSTULANDI NA JUSTIÇA DO TRABALHO. ALCANCE. Res. n. 165/2010, DEJT divulgado em 30.4.2010 e 3 e 4.5.2010. O *jus postulandi* das partes, estabelecido no art. 791 da CLT, limita-se às Varas do Trabalho e aos Tribunais Regionais do Trabalho, não alcançando a ação rescisória, a ação cautelar, o mandado de segurança e os recursos de competência do Tribunal Superior do Trabalho.

(11) TRIBUNAL SUPERIOR DO TRABALHO. *Livro de Súmulas, Orientações Jurisprudenciais e Precedentes Normativos*. Disponível em: <http://www.tst.jus.br/documents/10157/63003/Livro-Jurisprud-13-03-2013-igual-IRem.pdf>. Acesso em: 1º jun. 2013.

(12) MARTINS, Sérgio Pinto. *Comentários às Súmulas do TST*. 9. ed. São Paulo: Atlas, 2011. p. 322.

Além disso, em regra, os recursos julgados pelo Tribunal Superior do Trabalho são classificados como de natureza extraordinária, como o recurso de revista e o recurso de embargos ao TST, exigindo, como bem lembra Bruno Klippel, que em tais recursos "a violação à lei ou a divergência jurisprudencial sejam demonstradas de forma irrefutável, analítica, sob pena de inadmissão"[13].

Nas lições de Élisson Miessa dos Santos e Henrique Correia tratou-se de prestigiar o princípio da dialeticidade "capaz de garantir à parte contrária a possibilidade de defender-se dos motivos apresentados pelo recorrente, podendo, assim, oferecer suas contrarrazões"[14].

Importante destacar que mesmo no recurso ordinário interposto contra acórdão de Tribunal Regional do Trabalho em matéria de sua competência originária este requisito de admissibilidade recursal é exigido quando da análise da regularidade formal do recurso. Sustentam acertadamente este entendimento Sergio Pinto Martins[15], Bruno Klippel[16], Élisson Miessa dos Santos e Henrique Correia[17].

A orientação jurisprudencial 120 da SBDI-I do Tribunal Superior do Trabalho e os recursos sem assinatura

Como já mencionado, a CLT admite a interposição de recursos por simples petição nas instâncias ordinárias da Justiça do Trabalho.

No entanto, como apontam Raimundo Antônio de Carneiro Pinto e Cláudio Brandão, é usual a juntada, pela parte recorrente, de arrazoado com os fundamentos que irão facilitar o convencimento do Tribunal *ad quem*. Também não é raro que o advogado se esqueça de assinar a petição de encaminhamento ou as razões de recurso[18].

Em razão deste fato, o Tribunal Superior do Trabalho editou a orientação jurisprudencial 120, pacificando, no âmbito desta Justiça Especializada, a situação dos recursos apócrifos e dos com assinatura em apenas uma das peças recursais.

Diz a orientação jurisprudencial 120 da SBDI-I do TST:

RECURSO. ASSINATURA DA PETIÇÃO OU DAS RAZÕES RECURSAIS. VALIDADE (nova redação) – DJ 20.4.2005

O recurso sem assinatura será tido por inexistente. Será considerado válido o apelo assinado, ao menos, na petição de apresentação ou nas razões recursais[19].

Parece acertada a posição do Colendo Tribunal Superior, pois busca privilegiar o meio-termo na aferição da regularidade recursal. Assinada uma das peças recursais, torna-se possível verificar se aquele ato foi efetivamente praticado pelo patrono da causa. Por outro lado, se ausente a assinatura do defensor constituído em ambas as peças, impossível se torna a averiguação deste requisito processual, considerando-se a interposição recursal apócrifa ato inexistente. Dessa forma, se preza pela segurança jurídica sem se incutir no erro do excesso de formalismo.

Importante registrar, porém, que a aceitação da referida orientação jurisprudencial não é pacífica na doutrina. Há também os que defendem que a falta de assinatura do recurso é vício sanável, devendo o magistrado quando verificada tal situação abrir prazo para que seja sanada a irregularidade[20].

Conclusão

Neste momento atual, com o incremento dos meios de transmissão de dados e de maiores possibilidades de acesso ao Poder Judiciário, principalmente com o Processo Judicial eletrônico (PJe), novos desafios se impõem ao meio jurídico na busca de soluções que levem a Justiça brasileira a novos patamares de realização social.

No âmbito trabalhista, com a implementação em curso do Processo Judicial eletrônico da Justiça do Trabalho (PJe-JT), muitos questionamentos e decisões divergentes começam a surgir. Caberá ao Tribunal Superior do Trabalho editar novas súmulas e orientações jurisprudenciais, solucionando os conflitos e uniformizando os entendimentos divergentes.

---

(13) KLIPPEL, Bruno. *Direito sumular esquematizado 3 TST*. 2. ed. São Paulo: Saraiva, 2012. p. 583.
(14) SANTOS, Élisson Miessa dos, CORREIA, Henrique. *Súmulas e Orientações Jurisprudenciais do TST*: comentadas e organizadas por assunto. Salvador: Juspodium, 2012. p. 850.
(15) MARTINS, Sérgio Pinto. *Comentários às Súmulas do TST*. 9. ed. São Paulo: Atlas, 2011. p. 322.
(16) KLIPPEL, Bruno. *Direito sumular esquematizado – TST*. 2. ed. São Paulo: Saraiva, 2012. p. 583.
(17) SANTOS, Élisson Miessa dos, CORREIA, Henrique. *Súmulas e Orientações Jurisprudenciais do TST*: comentadas e organizadas por assunto. Salvador: Juspodium, 2012. p. 850.
(18) PINTO, Raymundo Antônio Carneiro, BRANDÃO, Cláudio. *Orientações Jurisprudenciais do TST comentadas*. 2. ed. São Paulo: LTr, 2010. p. 95.
(19) TRIBUNAL SUPERIOR DO TRABALHO. *Livro de Súmulas, Orientações Jurisprudenciais e Precedentes Normativos*. Disponível em: <http://www.tst.jus.br/documents/10157/63003/Livro-Jurisprud-13-03-2013-igual-IRem.pdf>. Acesso em: 1º jun. 2013.
(20) Neste sentido PINTO, Raymundo Antônio Carneiro, BRANDÃO, Cláudio. *Orientações Jurisprudenciais do TST comentadas*. 2. ed. São Paulo: LTr, 2010. p. 95 e SANTOS, Élisson Miessa dos, CORREIA, Henrique. *Súmulas e Orientações Jurisprudenciais do TST*: comentadas e organizadas por assunto. Salvador: Juspodium, 2012. p. 877.

Quanto à admissibilidade recursal, novos questionamentos em assuntos como assinatura eletrônica, autenticidade de documentos juntados eletronicamente e tramitação eletrônica dos recursos já começam a permear o dia a dia dos operadores do Direito.

No entanto sabe-se que o aperfeiçoamento da Ciência Jurídica acompanha a evolução da sociedade, sempre com o objetivo de dar respostas seguras às demandas sociais por uma ordem jurídica mais justa e adaptada à dinâmica contemporânea. Cabe ao povo brasileiro uma participação ativa neste processo de contínuo aprimoramento do Direito e também do próprio Estado.

Referências bibliográficas

BRASIL. Código de Processo Civil. *In: Vademecum*, São Paulo, Saraiva, 14 ed., 2º sem. 2012.

BRASIL. Lei n. 9.800 de 26 de maio de1999. *In: Vademecum*, São Paulo, Saraiva 14 ed., 2º sem. 2012.

DANI, Marcos Ulhoa. *Direito Processual do Trabalho no TST*: teoria e práticas modernas. Rio de Janeiro: Forense, 2012.

KLIPPEL, Bruno. *Direito sumular esquematizado — TST*. 2. ed. São Paulo: Saraiva, 2012.

MARTINS, Sérgio Pinto. *Comentários às Súmulas do TST*. 9. ed. São Paulo: Atlas, 2011.

PINTO, Raymundo Antônio Carneiro, BRANDÃO, Cláudio. *Orientações Jurisprudenciais do TST comentadas*. 2. ed. São Paulo: LTr, 2010.

SANTOS, Élisson Miessa dos, CORREIA, Henrique. *Súmulas e Orientações Jurisprudenciais do TST*: comentadas e organizadas por assunto. Salvador: Juspodium, 2012.

TRIBUNAL SUPERIOR DO TRABALHO. *Livro de Súmulas, Orientações Jurisprudenciais e Precedentes Normativos*. Disponível em: <http://www.tst.jus.br/documents/10157/63003/Livro-Jurisprud-13-03-2013-igual-IRem.pdf>. Acesso em: 1º jun. 2013.

Súmula n. 392 do TST: Competência da Justiça do Trabalho para Julgar Ações de Indenização por Danos Morais e Materiais

Raquel Betty de Castro Pimenta e *Thaís Campos Silva*

SÚMULA N. 392 DO TST – DANO MORAL E MATERIAL. RELAÇÃO DE TRABALHO. COMPETÊNCIA DA JUSTIÇA DO TRABALHO. (nova redação) – Res. n. 193/2013, DEJT divulgado em 13, 16 e 17.12.2013

Nos termos do art. 114, inc. VI, da Constituição da República, a Justiça do Trabalho é competente para processar e julgar ações de indenização por dano moral e material, decorrentes da relação de trabalho, inclusive as oriundas de acidente de trabalho e doenças a ele equiparadas.

1. Introdução

O presente trabalho pretende analisar a recente alteração de redação da Súmula n. 392 do TST, promovida pelo Pleno do Tribunal Superior do Trabalho em sessão do dia 11 de dezembro de 2013.

A Súmula n. 392 do TST, originalmente editada em 2005, como resultado da conversão da antiga Orientação Jurisprudencial 327 da Subsessão 1 de Dissídios Individuais (SDI-1)[1], sofreu a recente alteração para adequar sua redação aos termos utilizados na Constituição de 1988, após a Emenda Constitucional n. 45/2004, e para incluir expressamente a menção às ações oriundas de acidente de trabalho e doenças a ele equiparadas.

2. A competência da Justiça do Trabalho para causas relativas a indenizações por danos morais e materiais e a Emenda Constitucional n. 45/2004

Por força do art. 114 da Constituição Federal, alterado pela Emenda Constitucional n. 45/2004, a competência da Justiça do Trabalho foi ampliada, cabendo a esta Especializada processar e julgar, nos termos do inciso VI, as ações de indenização por dano moral ou patrimonial decorrentes das relações de trabalho.

Com a alteração constitucional trazida pela Emenda n. 45/2004, a competência da Justiça do Trabalho deixou de ser restrita às relações de emprego, sendo aplicadas também às relações de trabalho em sentido amplo. Assim, ainda que a prestação de serviços não seja pessoal ou subordinada, eventual conflito deverá ser dirimido pela Justiça Laboral.

A redação antiga da Súmula n. 392 estabelecia ser a Justiça do Trabalho competente para "dirimir controvérsias referentes à indenização por dano moral, quando decorrente da relação de trabalho". A nova redação utiliza o termo "competente para processar e julgar ações de indenização por dano moral e material, decorrentes da relação de trabalho".

A partir da análise da nova redação, depreende-se que o Tribunal Superior do Trabalho acolheu os termos contidos no art. 114 da Carta Magna com a redação dada pela Emenda Constitucional n. 45/2004, que diz ser competência da Justiça Laboral processar e julgar as ações de indenização por dano moral ou patrimonial, explicitando a possibilidade de reparação dos danos materiais.

3. A nova redação da Súmula n. 392: acidentes de trabalho e doenças a ele equiparadas

A alteração mais significativa na redação da Súmula n. 392, promovida em sessão do Tribunal Pleno realizada no dia 11 de dezembro de 2013, foi a inserção da expressão "inclusive as oriundas de acidente de trabalho e doenças a ele equiparadas".

Embora se pareça óbvio ser competência da Justiça Laboral a solução de conflitos decorrentes de acidentes de trabalho, tendo em vista que tais acidentes somente podem ocorrer caso exista previamente uma relação de trabalho entre as partes, as Constituições anteriores, cita-se a título de exemplo, as Cartas de 1946 e 1967, após a Emenda Constitucional de 1969, estabeleciam que os litígios relativos a acidentes de trabalho eram de competência da Justiça Ordinária dos Estados[2].

A controvérsia foi pacificada pelo Supremo Tribunal Federal após o julgamento do Conflito de Competência n. 7.204-1, em 29 de junho de 2005. A referida decisão afirma que, em uma primeira interpretação do inciso I do art. 109 da Carta Magna, as ações de indenização por danos morais e patrimoniais decorrentes de acidente de trabalho, ainda que movidas pelo empregado contra seu ex-empregador, eram de competência da Justiça Comum.

---

(1) Resolução n. 129/2005, DJ 20, 22 e 25.4.2005.
(2) OLIVEIRA, Sebastião Geraldo de. Competência da Justiça do Trabalho para julgar ações de reparação de danos decorrentes de acidente de trabalho e a Emenda n. 45/2004. *Revista do Tribunal Regional do Trabalho da 3ª Região*, Belo Horizonte, v. 40, n. 70 (supl. esp.), jul./dez. 2004.

Porém, revisando a matéria, o Plenário concluiu que a Constituição de 1988 conferiu tal competência à Justiça do Trabalho.

Neste sentido, o ministro do TST João Oreste Dalazen leciona:

> Não se pode ignorar também que o acidente de trabalho é um mero desdobramento do labor pessoal e subordinado prestado a outrem e, em decorrência, gera uma causa acessória e conexa da lide trabalhista típica. De sorte que não há mesmo razão jurídica ou lógica para que as lides decorrentes de acidente de trabalho entre empregado e empregador transcendam da competência da Justiça do Trabalho.[3]

Com efeito, se a Constituição contemplou o gênero indenização por dano moral e patrimonial decorrente da relação de trabalho, não há razões para restringir as espécies abrangidas, motivo pelo qual o acidente de trabalho e as doenças a ele equiparadas também são de competência da Justiça do Trabalho.

Segundo Octavio Bueno Magano, "acidente do trabalho é o evento verificado no exercício do trabalho de que resulte lesão corporal, perturbação funcional ou doença que cause a morte ou a perda ou redução, permanente ou temporária, da capacidade para o trabalho"[4].

O legislador, objetivando dar igual proteção às incapacidades geradas por doenças do trabalho ou doenças profissionais, acrescentou hipóteses em que doenças se equiparam ao acidente de trabalho típico para os efeitos legais.

Neste sentido, em se tratando de matéria tipicamente laboral, nada mais correto do que ser a Justiça do Trabalho a única competente para processar e julgar as ações de indenização por danos morais e patrimoniais decorrentes da relação de trabalho.

Assim, a recente alteração da Súmula n. 392 do TST reflete apenas uma realidade contida nos julgados reiteradamente proferidos naquela Corte. As decisões judiciais já caminhavam no sentido de consolidar a Justiça Laboral como a única competente para dirimir os conflitos decorrentes de ações de indenização oriundas de acidente de trabalho ou doenças a ele equiparadas.

Eis o teor das ementas dos julgados que serviram como precedentes para a alteração da Súmula n. 392[5]:

> **COMPETÊNCIA DA JUSTIÇA DO TRABALHO. INDENIZAÇÃO POR DANO MORAL. ACIDENTE DE TRABALHO.** Pela exegese do art. 114 da Constituição da República, a Justiça do Trabalho é competente para dirimir controvérsias sobre a indenização por danos moral e material quando decorrentes da relação de trabalho (Súmula n. 392 do TST).
>
> **DANO MORAL.** A decisão regional antes de violar os dispositivos indicados, atendeu aos seus ditames, porquanto restou comprovado que a reclamada, ao não propiciar um ambiente de trabalho em condições favoráveis e ao não implementar medidas de prevenção às doenças ocupacionais, além de exigir a prestação de serviços em jornada extraordinária, higiene e saúde do trabalho, causou dano à reclamante. Verifica-se, portanto, que o Recurso de Revista efetivamente não alcançava conhecimento, permanecendo incólume o art. 896 da CLT. (TST-RR-7274300-32.2003.5.03.0900, Ministro relator João Batista Brito Pereira, DEJT 12.3.2010)[6]
>
> **RECURSO DE EMBARGOS — VIOLAÇÃO DO ART. 896 DA CLT — COMPETÊNCIA DA JUSTIÇA DO TRABALHO PARA APRECIAR AÇÃO COM PEDIDO DE INDENIZAÇÃO POR DANOS MORAIS E MATERIAIS.** Intocado resulta o art. 896 da CLT na decisão proferida na Turma, no sentido de ser competente a Justiça do Trabalho para apreciar e julgar ação com pedido de indenização por danos morais e materiais, nomeadamente porque fundados na relação de emprego que outrora uniu as partes. Pertinência da Súmula n. 392 do TST, cujo conteúdo já consagrava tal competência, mesmo antes da Emenda constitucional 45/2004, como assinalado no E-RR 679448/00. (TST-E-ED-RR-2469/2000-013-05-00.0, Ministro relator Luiz Philippe Vieira de Mello Filho, DEJT 27.2.2009)[7]

Neste sentido, não há dúvida de que os precedentes transcritos refletem a tendência doutrinária e jurisprudencial sobre o tema, culminando com a alteração da Súmula n. 392 do TST.

4. Conclusão

A alteração da Súmula n. 392 do TST, procedida em dezembro de 2013, tem como objeto precípuo esclarecer o efetivo alcance do referido entendimento jurisprudencial consolidado, adequando os termos previstos na Constituição Federal, principalmente do art. 114, *caput* e inciso VI, com a redação que lhe foi dada pela Emenda Constitucional n. 45/2004, além de explicitar ser competência da Justiça do Trabalho processar e julgar ações de indenização por

---

(3) DALAZEN, João Oreste. A reforma do Judiciário e os novos marcos da competência material da Justiça do Trabalho no Brasil. *In*: COUTINHO, Grijalbo Fernandes; FAVA, Marcos Neves (Coords.). *Nova Competência da Justiça do Trabalho*. São Paulo: LTr, 2005. p. 173.

(4) MAGANO, Octavio Bueno. *Lineamentos de infortunística*. São Paulo: José Bushatsky, 1976. p. 30

(5) Outros precedentes significativos que culminaram na alteração da referida Súmula: EEDRR 241600-54.2001.5.05.0022, Ministro Renato Lacerda Paiva, DEJT 10.8.2012; ERR 169800-48.2005.503.0129, Ministra Rosa Maria Weber, DEJT 1º.10.2010; ERR 91800-35.1999.505.0017, Ministro Guilherme Augusto Caputo Bastos, DEJT 26.9.2008.

(6) BRASIL. Tribunal Superior do Trabalho. RR-7274300-32.2003.5.03.0900. Relator: Ministro João Batista Brito Pereira. DEJT 12.3.2010.

(7) BRASIL. Tribunal Superior do Trabalho. E-ED-RR-2469/2000-013-05-00.0. Relator: Ministro Luiz Philippe Vieira de Mello Filho. DEJT 27.2.2009.

danos morais e materiais oriundos de acidente de trabalho e doenças a ele equiparados.

Conforme análise dos precedentes supracitados, as decisões da Corte Trabalhista já caminhavam neste sentido, estando a nova redação em consonância com a jurisprudência majoritária atual daquela Corte.

A edição de novas Súmulas ou as alterações de redação das já existentes, realizadas pelo Tribunal Superior do Trabalho, buscam aprimorar a interpretação da lei a cada dia, acompanhando a realidade dos jurisdicionados, a fim de que sejam instrumentos de efetividade do processo e a satisfação do direito.

Referências bibliográficas

BRASIL. Supremo Tribunal Federal. Pleno. Conflito de Competência n. 7.204-1-MG. Relator: Ministro Carlos Ayres Britto. DJ 9.12.2005.

BRASIL. Tribunal Superior do Trabalho. E-ED-RR- 2469/2000-013-05-00.0. Relator: Ministro Luiz Philippe Vieira de Mello Filho. DEJT 27.2.2009.

BRASIL. Tribunal Superior do Trabalho. RR-7274300-32.2003.5.03.0900. Relator: Ministro João Batista Brito Pereira. DEJT 12.3.2010.

DALAZEN, João Oreste. A reforma do Judiciário e os novos marcos da competência material da Justiça do Trabalho no Brasil. *In:* COUTINHO, Grijalbo Fernandes; FAVA, Marcos Neves (Coords.). *Nova Competência da Justiça do Trabalho.* São Paulo: LTr, 2005.

MAGANO, Octavio Bueno. *Lineamentos de infortunística.* São Paulo: José Bushatsky, 1976.

OLIVEIRA, Sebastião Geraldo de. Competência da Justiça do Trabalho para julgar ações de reparação de danos decorrentes de acidente de trabalho e a Emenda n. 45/2004. *Revista do Tribunal Regegional do Trabalho da 3ª Região,* Belo Horizonte, v. 40, n. 70 (supl. esp.), jul./dez. 2004.

_____. *Indenização por acidente de trabalho ou doença ocupacional.* 4. ed., rev. e ampl. São Paulo: LTr, 2008.

Súmula n. 393 do TST: O Efeito Devolutivo dos Recursos

Maria Cecília Máximo Teodoro

SÚMULA N. 393. RECURSO ORDINÁRIO. EFEITO DEVOLUTIVO EM PROFUNDIDADE. ART. 515, § 1º, DO CPC (DEJT divulgado em 19.11, 22 e 23.11.2010)

O efeito devolutivo em profundidade do recurso ordinário, que se extrai do § 1º do art. 515 do CPC, transfere ao Tribunal a apreciação dos fundamentos da inicial ou da defesa, não examinados pela sentença, ainda que não renovados em contrarrazões. Não se aplica, todavia, ao caso do pedido não apreciado na sentença, salvo a hipótese contida no § 3º do art. 515 do CPC.

1. Introdução

Um dos principais instrumentos garantidores da segurança jurídica e do Estado Democrático de Direito, no que diz respeito ao processo, é a possibilidade de recorrer das decisões proferidas pelo Poder Judiciário.

O devido processo legal, extraído da Constituição Federal de 1988, garante, além do contraditório, a ampla defesa — da qual deriva a possibilidade de se apresentar recurso a fim de buscar a reforma da decisão que causou inconformismo ao jurisdicionado.

No processo do trabalho, este princípio se faz presente, de maneira geral, com raras exceções, como, por exemplo, no que diz respeito aos dissídios de alçada, de cujas decisões não é possível recorrer. Como ramo especializado que é, o Direito Processual do Trabalho tem como mote a efetivação dos direitos trabalhistas, sendo o processo do trabalho o instrumento hábil à realização deste fim. Para tanto, o Processo do Trabalho se relaciona intrinsecamente com os princípios e os fins do Direito do Trabalho, razão pela qual preza pela simplicidade, oralidade e celeridade na realização dos créditos trabalhistas.

A celeridade aparece como um princípio jusprocessual basilar, na medida em que busca permitir a mais rápida solução de uma lide que veicula direitos de natureza alimentar. Os créditos de natureza alimentar são dotados de premência, sob pena de se tornarem inócuos, e o rito processual trabalhista se adéqua a esta característica.

O ato de recorrer gera consequências importantes no desenrolar do rito processual. A primeira delas é a possibilidade que o recorrente dá ao estado-juiz de rever sua decisão, pois, em razão do princípio do dispositivo, a jurisdição deve ser provocada, não podendo agir de ofício. Isso se dá através do efeito devolutivo, pelo qual o jurisdicionado devolve a matéria para uma nova análise pelo Tribunal superior.

Mauro Schiavi explica que o termo "devolutivo" tem origem na época em que a jurisdição pertencia ao rei. Normalmente, o rei delegava seus poderes de jurisdição aos seus prepostos. Quando algum súdito reclamava da decisão tomada, a jurisdição era então "devolvida" ao rei[1]. Nos tempos atuais, a expressão recebe críticas de Manoel Antônio Teixeira Filho, uma vez que, não sendo a atividade jurisdicional privativa dos tribunais, não há que se falar em devolução ao juízo *ad quem* daquilo que jamais lhe pertenceu[2].

Mas se deve pensar na devolução como o retorno da matéria para novo conhecimento do Poder Judiciário, a fim de se tentar reverter a decisão proferida.

A segunda consequência da recorribilidade dos atos é o efeito suspensivo, segundo o qual, quando uma decisão é atacada por recurso, não poderá ser executada antes do resultado do julgamento do recurso. O processo do trabalho, em razão de sua especificidade, tem tratamento diferenciado no que diz respeito ao efeito suspensivo.

De fato, uma das peculiaridades do rito processual trabalhista é a de o ato de recorrer não gerar o efeito suspensivo, podendo o credor extrair a carta de sentença e prosseguir na execução provisória. A ausência do efeito suspensivo como a regra se justifica pela natureza alimentar dos créditos trabalhistas e pelo princípio da celeridade, já analisados.

A propósito, José Carlos Barbosa Moreira adverte que a expressão "efeito suspensivo" é, em certa medida, equívoca, na medida em que faz supor que os efeitos da decisão ficam tolhidos só com a interposição do recurso, gerando a falsa impressão de que até esse momento estivessem eles a manifestar-se normalmente. E continua:

> Na realidade, o contrário é que se verifica: mesmo antes de interposto o recurso, a decisão, pelo simples fato de estar-lhe sujeita, é ato ainda ineficaz, e a interposição apenas prolonga semelhante ineficácia, que cessaria se não se interpusesse o recurso[3].

O efeito devolutivo atua em todas as suas nuances no rito processual trabalhista, no que diz respeito aos seus desdobramentos de extensão, verticalidade e transcendência.

---

(1) SCHIAVI, Mauro. *Manual de Direito Processual do Trabalho*. São Paulo: LTr, 2008. p. 615.
(2) TEIXEIRA FILHO, Manoel Antonio. *Sistema dos recursos trabalhistas*. 10. ed. São Paulo: LTr, 2003. p. 240.
(3) BARBOSA MOREIRA, José Carlos. *Comentários ao Código de Processo Civil*. vol. V, 12. ed. Rio de Janeiro: Forense: 2005. p. 257.

2. O efeito devolutivo de extensão ou horizontal

A interposição do recurso leva o reexame da matéria impugnada ao Tribunal. Este ato gera o efeito devolutivo dos recursos, uma vez que devolve ao estado-juiz a matéria já analisada para que ele dê um novo pronunciamento, transferindo-se o poder de julgar para a esfera superior competente.

O efeito devolutivo está previsto no caput do art. 515 do CPC, aplicável ao processo do trabalho em razão de sua compatibilidade e da omissão da CLT sobre o tema. Tal dispositivo estabelece que "a apelação devolverá ao tribunal o conhecimento da matéria impugnada".

A este efeito dá-se o nome de efeito devolutivo de extensão ou horizontal, pois o recurso irá delimitar quais as matérias que serão devolvidas ao Tribunal para reexame. Ou seja, dentre as matérias discutidas no processo, somente as que forem objeto do recurso serão reapreciadas.

A extensão do efeito devolutivo relaciona-se com a ideia do que é e do que não é impugnado pelo recorrente. Trata-se, portanto, da quantidade de matéria questionada em sede recursal e que será, consequentemente, apreciada pelo órgão *ad quem*. Vale ressaltar, que o caput do art. 515 e seu § 1º, embora inseridos como regras da apelação, dão a exata compreensão da extensão do efeito devolutivo para todos os recursos[4].

Se traçássemos uma linha horizontal e nela pontuássemos todas as matérias debatidas na lide, sublinharíamos aquelas que tivessem sido objeto de impugnação mediante recurso, demonstrando qual a extensão do que seria revisto pelo Tribunal. Relaciona-se diretamente com a quantidade de matérias analisadas na decisão que será objeto do recurso.

Do latim extrai-se a expressão *tantum devolutum quantum appellatum*, cujo sentido é justamente o conceito do efeito devolutivo, qual seja, só se devolve ao Tribunal o que foi objeto de recurso.

Manoel Antonio Teixeira Filho adverte que afirmar que o recurso devolve ao juízo *ad quem* toda a matéria versada na causa, mesmo que algumas das partes da sentença não tenham sido impugnadas, seria negar, com grande desrazão jurídica, o caput do próprio art. 515 do CPC, que restringe a devolutividade à matéria que tenha sido objeto do recurso e ignorar a faculdade prevista em lei, de o recorrente manifestar contrariedade parcial à resolução jurisdicional desfavorável[5].

O efeito devolutivo é manifestação do princípio dispositivo, e não mera técnica do processo, princípio esse fundamental do direito processual civil brasileiro. Como o juiz, normalmente, não pode agir de ofício, devendo aguardar a provocação da parte ou interessado (CPC 2º), deve, igualmente, julgar apenas nos limites do pedido (CPC 460), que são fixados na petição inicial pelo autor (CPC 128) [...].

Transportando esses fundamentos para a esfera recursal, que é uma espécie de renovação do direito de ação em outra fase do procedimento, verificamos que o recurso interposto devolve ao órgão *ad quem* o conhecimento da matéria impugnada[6].

Tem legitimidade para interpor o recurso aquele que foi prejudicado pela decisão, pois somente este pretende ver a decisão revista, a fim de torná-la mais benéfica. Isso também demonstra que, para recorrer, o prejudicado deve mostrar interesse, ou seja, deve demonstrar que a sentença ou o acórdão lhe causaram prejuízo e que através do recurso poderá alcançar situação mais favorável.

Daqui decorre, ainda, outro princípio processual: o da proibição da reforma do julgado para pior. Se quem foi prejudicado é o legitimado para aviar o recurso, pois este tem o interesse na reforma do julgado, a decisão não poderá piorar a sua situação, apenas poderá mantê-la inalterada ou reformar para a melhor.

Assim, o Tribunal que apreciará o recurso deve limitar-se à análise da matéria que foi suscitada nas razões recursais, abstendo-se de proferir uma decisão que piore a situação do recorrente.

3. Efeito devolutivo em profundidade ou vertical

Enquanto a extensão do efeito devolutivo do recurso é determinada pelo recorrente, a profundidade da devolução já não cabe a este, ficando adstrita ao órgão competente para o julgamento do recurso.

Trata-se do efeito devolutivo em profundidade ou vertical, que pode ser extraído do art. 515, §§ 1º e 2º do CPC.

§ 1º Serão, porém, objeto de apreciação e julgamento pelo tribunal todas as questões suscitadas e discutidas no processo, ainda que a sentença não as tenha julgado por inteiro.

§ 2º Quando o pedido ou a defesa tiver mais de um fundamento e o juiz acolher apenas um deles, a apelação devolverá ao tribunal o conhecimento dos demais.

---

(4) BUENO, Cássio Scarpinella. *Curso Sistematizado de Direito Processual Civil, 5:* recursos, processos e incidentes nos tribunais, sucedâneos recursais: técnicas de controle das decisões jurisdicionais. 1. ed. São Paulo: Saraiva, 2008. v. n. 4.1 do Capítulo 6.

(5) TEIXEIRA FILHO, Manoel Antonio. *Sistema dos Recursos Trabalhistas*. 10. ed. São Paulo: LTr, 2003.

(6) Nelson Nery Jr. *Teoria geral dos recursos*. 6. ed. São Paulo: Revista dos Tribunais, 2004. p. 428-9.

Portanto são os fundamentos e as questões que serão ventilados ou não pela decisão da qual ora se recorre que dão a profundidade do efeito devolutivo.

Enquanto a extensão do efeito devolutivo demarca a quantidade de matérias a serem reanalisadas pelo juízo *ad quem*, a profundidade do efeito devolutivo relaciona-se com a qualidade da matéria impugnada em sede de recurso.

Mauro Schiavi explica que, ainda que não consideradas ou ventiladas pela decisão impugnada, todas as teses jurídicas debatidas e todas as provas produzidas nos autos são transferidas ao órgão *ad quem*. Exemplificativamente, se a defesa tiver dois fundamentos *a* e *b*, e a sentença acolher o fundamento *a*, o fundamento *b* também será transferido ao Tribunal em razão do efeito devolutivo em profundidade do recurso[7].

Ressalte-se, também, que embora o § 2º do art. 515 trate especificamente do recurso de apelação, este efeito é aplicável de maneira geral a todos os recursos sujeitos ao efeito devolutivo. Assim, como visto, "de acordo com o dispositivo, naqueles casos em que a decisão acolher apenas um dos vários fundamentos, o recurso "devolverá" ao Tribunal o conhecimento de todos os demais"[8].

A Súmula n. 393 do TST trata justamente do efeito devolutivo em profundidade, mas limita o entendimento do art. 515 do CPC.

> SÚMULA N. 393 – TST – RECURSO ORDINÁRIO — EFEITO DEVOLUTIVO EM PROFUNDIDADE (Conversão da Orientação Jurisprudencial n. 340 da SDI-1 – Res. n. 129/2005 – DJ 20, 22 e 25.4.2005)
>
> O efeito devolutivo em profundidade do recurso ordinário, que se extrai do § 1º do art. 515 do CPC, transfere automaticamente ao Tribunal a apreciação de fundamento da defesa não examinado pela sentença, ainda que não renovado em contra-razões. Não se aplica, todavia, ao caso de pedido não apreciado na sentença. (ex-OJ n. 340 – DJ 22.6.2004)

Embora o legislador tenha se utilizado expressamente da expressão "todas", a doutrina e a jurisprudência juslaborais criam limites a esta interpretação. Assim, a Súmula n. 393 do TST deixa claro o entendimento consolidado de que, o Tribunal poderá examinar fundamento de defesa, ainda que não examinado na sentença ou sequer renovado nas contrarrazões.

Porém, em se tratando de pedido não apreciado na sentença, não surte efeitos aqui a profundidade da devolução, pois se entende que haveria supressão de instância, já que o juízo *a quo* deixou de examinar pedido da inicial, proferindo julgamento *citra petita*. A exceção a tal regra é o exposto pela Teoria da Causa Madura, que será analisada a seguir nos próximos tópicos.

É importante compreender a diferença entre pedido e fundamentos da inicial. Um único pedido formulado na petição inicial pode ter vários fundamentos. Todos os fundamentos de um pedido analisado serão devolvidos ao Tribunal em razão do efeito devolutivo em profundidade. Mas os pedidos que não foram analisados pelo órgão *a quo* não podem ser objeto de julgamento pelo tribunal superior. Carlos Henrique Bezerra Leite explica:

> Quanto à profundidade do efeito devolutivo, deve-se examinar a qualidade da(s) matéria(s) que são submetidas à apreciação do órgão *ad quem*. Noutro falar, a profundidade do efeito devolutivo diz respeito à existência de pluralidade de fundamentos contidos no pedido (petição inicial) ou na defesa (contestação) e o juiz tenha acolhido apenas um deles, silenciando-se quanto aos demais fundamentos (causa de pedir). Neste caso, a apelação (ou recurso ordinário trabalhista) devolve ao tribunal o conhecimento de todos os fundamentos da inicial e da defesa[9].

Enfim, acerta a Súmula n. 393 do TST em explicitar o alcance da profundidade do efeito devolutivo do art. 515 do CPC. Esta súmula leva o intérprete e o aplicador do direito à perfeita compreensão da diferença entre pedido e duplo ou múltiplos fundamentos.

O pedido pode ter múltiplos fundamentos. Mas se foram feitos dois pedidos na petição inicial e o autor ganha apenas um deles, se não recorre do outro pedido, ocorre a preclusão consumativa do direito de buscar o reexame deste, sendo que não poderá ser apreciado pelo Tribunal, pois não é abrangido pelo efeito devolutivo.

4. Efeito devolutivo translativo ou efeito translativo autônomo

Além de o efeito devolutivo ser analisado sob a perspectiva de sua extensão e sua profundidade, outro enfoque é a sua translatividade. O processo trabalhista envolve, além do interesse particular das partes, matérias que se referem ao interesse público, chamadas de "questões de ordem pública". Tais questões refletem a supremacia do interesse público sobre o interesse particular.

Caio Mário se refere à expressão "ordem pública" como princípios de ordem pública, de direito privado e que,

---

(7) SCHIAVI, Mauro. *Manual de Direito Processual do Trabalho*. São Paulo: LTr, 2008. p. 617.
(8) BUENO, Cássio Scarpinella. *Curso Sistematizado de Direito Processual Civil, 5: recursos, processos e incidentes nos tribunais, sucedâneos recursais: técnicas de controle das decisões jurisdicionais*. 1. ed. São Paulo: Saraiva, 2008. v. 5, p. 79-80.
(9) BEZERRA LEITE, Carlos Henrique. *Curso de Direito Processual do Trabalho*. 9. ed. São Paulo: LTr, 2011. p. 717.

"tendo em vista a natureza especial da tutela jurídica e a finalidade social do interesse em jogo, compõem uma categoria de princípios que regem as relações entre os particulares, para a qual o Estado dá maior relevo em razão do interesse público em jogo"[10]. No processo justrabalhista tais questões ganham maior relevo em virtude da natureza alimentar das parcelas questionadas.

Essas matérias de ordem pública devem ser analisadas de ofício pelo julgador, independentemente de pedido das partes. Por essa razão, em sede recursal, as questões de ordem pública serão apreciadas pelo Tribunal, ainda que não constem nas razões recursais.

Tal fenômeno é denominado efeito translativo dos recursos, segundo o qual as matérias de ordem pública devem ser conhecidas de ofício pelo Tribunal e, ainda assim, não se poderá falar que houve julgamento *ultra*, *citra* ou *extra petita*, nem violação ao princípio da *non reformatio in pejus*. O efeito translativo é um dos resquícios do sistema inquisitório no direito processual brasileiro, uma vez que a análise das matérias de ordem pública não depende de provocação da parte e não se submete à preclusão.

Existe divergência doutrinária a respeito do efeito translativo. Parte da doutrina considera que ele é um aprofundamento do efeito devolutivo. Para outros, o efeito translativo é um efeito autônomo dos recursos. Fredie Didier entende que o efeito translativo não pode ser tido como efeito autônomo dos recursos, tendo em vista que se trata da matéria já devolvida ao Tribunal[11].

Como visto, o efeito devolutivo em profundidade traduz a qualidade da matéria a ser resolvida pelo órgão julgador. Sendo a matéria de ordem pública uma qualidade das questões processuais que serão analisadas pelo Tribunal, a translatividade dos recursos seria uma mera decorrência do efeito devolutivo em profundidade.

Sob outro viés, para os defensores da autonomia do efeito translativo dos recursos, a análise da matéria independente do pedido da parte fica adstrita ao interesse público. Assim o efeito translativo é a capacidade do Tribunal de julgar matérias que não tenham sido abrangidas pelo recurso, por serem de ordem pública, indo além da vontade do particular[12].

José Miguel Garcia Medina ensina que:

> A possibilidade de o órgão *ad quem* examinar de ofício as questões de ordem pública não é decorrência do efeito devolutivo dos recursos em sentido estrito, nem da atuação do princípio dispositivo, mas do efeito translativo: o poder dado pela lei ao juiz para, na instância recursal, examinar de ofício as questões de ordem pública não arguidas pelas partes não se insere no conceito de efeito devolutivo em sentido estrito, já que isso se dá pela atuação do princípio inquisitório e não pela sua antítese, que é o princípio dispositivo, de que é corolário o efeito devolutivo dos recursos. Mesmo porque efeito devolutivo pressupõe ato comissivo de interposição do recurso, não podendo ser caracterizado quando há omissão da parte ou do interessado sobre determinada questão não referida nas razões ou contrarrazões do recurso[13].

Ocorre que os defensores da primeira corrente limitam o efeito translativo pelo efeito devolutivo dos recursos. Por este entendimento, o Tribunal também estaria limitado no tocante à análise das questões de ordem pública, pois estas deveriam estar relacionadas às matérias que foram suscitadas nas razões recursais. Assim, como o efeito devolutivo em profundidade relaciona-se à qualidade daquelas matérias que foram suscitadas pelo recorrente, o tribunal não poderia ir além delas, mesmo em se tratando de matéria de ordem pública. Seria uma contradição em seus próprios termos.

Por outro viés, quando se entende pela autonomia do efeito translativo, o órgão julgador deverá analisar todas as matérias de ordem pública, ainda que não estejam vinculadas às questões arguidas no recurso, pois não se relacionam com o efeito devolutivo, mas sim com o efeito translativo, que é autônomo.

Tal entendimento assegura a supremacia do interesse público sobre o privado e a efetivação do sistema processual brasileiro, uma vez que evita que se perpetuem decisões conflitantes com o interesse público, pelo fato de não terem as partes devolvido ao Tribunal a análise daquela matéria.

5. O efeito devolutivo dos recursos e a teoria da causa madura

Outra decorrência do efeito devolutivo dos recursos é a possibilidade de o Tribunal realizar o julgamento de matérias de direito suscitadas pelo recorrente que não foram analisadas pelo juízo *a quo* na sentença, desde que sejam observados alguns requisitos. Trata-se da Teoria da

---

(10) PEREIRA, Caio Mário da Silva. *Instituições de direito civil*. v. I, 18. ed. Rio de Janeiro: Forense, 1996. p. 13.

(11) DIDIER JUNIOR, Fredie; CUNHA, Leonardo José Carneiro da. *Curso de Direito Processual Civil*. v. 3, 5. ed, Bahia: JusPodivm, 2008. p. 81.

(12) ALVES, Fábio Reck; GOECKS, Renata Miranda. *O Efeito Translativo como Efeito Autônomo dos Recursos*. Disponível em: <http://www.lfg.com.br>. Acesso em: 28 jan. 2013.

(13) MEDINA, José Miguel Garcia; WAMBIER, Luiz Rodrigues; WAMBIER, Teresa Celina Arruda Alvim. Comentários aos arts. 515, § 4º e 518, §§ 1º e 2º. In: *Breves comentários à nova sistemática processual civil*. São Paulo: Revista dos Tribunais, 2006. p. 220.

Causa Madura, que pode ser extraída dos §§ 4º e 5º do art. 515 do CPC.

> § 3º Nos casos de extinção do processo sem julgamento do mérito (art. 267), o tribunal pode julgar desde logo a lide, se a causa versar questão exclusivamente de direito e estiver em condições de imediato julgamento.
>
> § 4º Constatando a ocorrência de nulidade sanável, o tribunal poderá determinar a realização ou renovação do ato processual, intimadas as partes; cumprida a diligência, sempre que possível prosseguirá o julgamento da apelação.

Os referidos dispositivos foram inseridos no Código de Processo Civil pelas Leis ns. 10.352/3001 e 11.275/2006, respectivamente. Tais modificações fazem parte de uma série de reformas que buscaram garantir a celeridade no julgamento dos processos e a efetividade das decisões proferidas pelo Poder Judiciário.

A Teoria da Causa Madura, mesmo antes da Lei n. 10.352/2001, já era acolhida pelo sistema processual brasileiro, por força do disposto no art. 330, inciso I, do Código de Processo Civil, que permite ao juiz o julgamento antecipado da lide quando se tratar de matéria exclusivamente de direito, ou não houver a necessidade de provas em audiência.

Em sede recursal, antes mesmo da edição da Lei n. 10.352/2001, a jurisprudência já vinha entendendo pela aplicação da Teoria da Causa Madura quando a causa estivesse pronta para o julgamento. É o que se verifica da jurisprudência do Superior Tribunal de Justiça do início da década de 1990:

> Acolhida, em primeiro grau, a alegação de prescrição, a decisão é de mérito. Superado o óbice, em segundo, devem os juízes do recurso prosseguir no exame da causa. Apenas quando terminativa a sentença reformada, deverão os autos tornar para apreciação da lide pelo órgão monocrático (STJ, 3ª Turma, Resp 2.306-SP, rel. Min. Eduardo Ribeiro, j. 19.6.1990, negaram provimento, maioria, DJU 24.9.1990, p. 9.978)

Assim, uma vez interposto o recurso contra a decisão que extinguiu o processo sem resolução do mérito, caso seja afastada tal decisão, o Tribunal *ad quem* deverá adentrar no julgamento do mérito e dar a devida prestação jurisdicional ao recorrente.

Nos estritos termos da lei, isso só será possível quando a sentença tiver extinguido o processo sem resolução do mérito e a matéria a ser decidida for exclusivamente de Direito. Contudo a doutrina tem considerado possível a aplicação da Teoria da Causa Madura também em recursos nos quais a sentença que se pretende reformar tenha extinguido o processo com resolução do mérito e ainda quando o objeto do recurso for matéria de fato, mas todas as provas já tiverem sido produzidas[14]. O que se busca com a aplicação da referida teoria é a celeridade dos atos processuais. No processo justrabalhista, essa celeridade tem maior relevância em razão da natureza alimentar das verbas pleiteadas.

Muito se discute sobre a violação ao princípio do duplo grau de jurisdição com a adoção da Teoria da Causa Madura, em razão da supressão de instância ocorrida através do julgamento da causa pelo Tribunal sem que a matéria tenha sido analisada pelo juízo *a quo*.

Em que pese a importância vital do duplo grau de jurisdição para o sistema processual, sua aplicação prática não pode acarretar óbice à entrega da prestação jurisdicional com celeridade, sob pena de torná-la ineficiente. No processo trabalhista, a demora na prestação jurisdicional pode acarretar danos irreparáveis ao jurisdicionado, uma vez que o que se busca são verbas alimentares. Tais verbas têm a finalidade de garantir a sobrevivência de trabalhadores que, muito embora empreenderam sua força de trabalho em prol do empregador, tiveram seus direitos violados.

Portanto, no processo do trabalho, o estímulo ao princípio da celeridade, desde que venha acompanhado de maior efetividade dos direitos materiais trabalhistas, representa medida de vanguarda.

É certo que a Súmula n. 393 do TST, acima apontada, proíbe a apreciação pelo Tribunal de matéria que não foi objeto de análise na sentença. Contudo essa não parece ser a melhor interpretação a ser adotada em relação aos dispositivos legais aplicáveis ao caso.

Isso porque, adotando-se a Teoria da Causa Madura, o efeito devolutivo repercutirá de forma ainda mais significativa nos recursos, uma vez que devolverá ao tribunal a matéria que ainda não foi objeto de análise pelo juiz *a quo*, mas que se encontra em condição de ser apreciada para garantir maior celeridade e efetividade do processo.

6. Conclusão

O Direito Processual é um valioso instrumento para garantir a efetividade do Direito Material almejado por todo jurisdicionado. Para se alcançar esse objetivo o sistema processual brasileiro tem sido alvo de reformas que têm como mote assegurar o princípio constitucional da razoável duração do processo, acrescentado à Carta Constitucional pela Emenda n. 45, de 2005.

---

(14) ANDRADE, Marcelo Santiago de Pádua. *Revista Paraná Eleitoral*, n. 70 (jan. 2009). Disponível em: <http://www.paranaeleitoral.gov.br>. Acesso em: 20 jan. 2013.

Inobstante a necessidade premente de diminuir a morosidade do Poder Judiciário, a celeridade processual não pode justificar a violação de direitos e garantias fundamentais dos cidadãos; pelo contrário, deve servir de instrumento de efetivação dos créditos trabalhistas, quiçá de maneira preventiva.

Por essa razão, existe o sistema recursal, que permite à parte buscar uma nova análise da matéria que foi julgada pelo juiz de competência originária e, com isso, obter uma nova decisão que lhe seja mais favorável.

Nessa busca pela revisão do julgamento anterior, a parte deve delimitar qual matéria ela pretende que seja analisada pelo Tribunal. Esse é o efeito devolutivo, segundo o qual o recurso devolverá ao órgão *ad quem* a matéria arguida pela parte em suas razões ou contrarrazões recursais.

O efeito devolutivo pode ser analisado por vários enfoques. O primeiro e mais conhecido deles é quanto à sua extensão. Através do efeito devolutivo vertical (ou em extensão), somente a matéria que foi arguida expressamente pelo recorrente poderá ser analisada novamente pelo Tribunal. As questões que não foram levantadas no recurso são afetadas pela preclusão consumativa, transitam em julgado e só podem ser discutidas novamente através de ação rescisória.

Além da quantidade de matéria que será apreciada pelo Tribunal, o efeito devolutivo dos recursos também define para o julgador qual a qualidade das questões que devem ser apreciadas. É o chamado efeito devolutivo em profundidade.

Na verdade, quem fará a análise da qualidade do julgamento será o julgador, observando, porém, a matéria que foi delimitada no recurso. Com isso, o Tribunal pode adotar fundamento diverso daquele que constou na sentença para dar provimento ou não a um recurso. Através do efeito devolutivo horizontal (ou em profundidade), o Tribunal fica livre para adotar quaisquer dos fundamentos suscitados pelas partes na petição inicial ou na contestação, ainda que eles não tenham sido adotados pelo julgador *a quo*.

No processo trabalhista, o Tribunal Superior do Trabalho adotou expressamente o entendimento pela aplicabilidade do efeito devolutivo em profundidade dos recursos através da Súmula n. 393. Além de devolver ao órgão julgador a reanálise da matéria que constou expressamente na peça recursal, o recurso permite ao Tribunal o exame de questões de ordem pública que não foram objeto de arguição pelas partes na peça recursal. É o chamado efeito translativo dos recursos.

Muito se discute se o efeito translativo é um mero corolário do efeito devolutivo ou se é um efeito autônomo dos recursos. Entender o efeito translativo como uma decorrência do efeito devolutivo limita sua aplicabilidade, uma vez que, assim, o Tribunal só poderia conhecer as matérias de ordem pública que estivessem vinculadas com aquelas arguidas pelas partes, observando-se a profundidade deste mesmo efeito.

Contudo o recurso permite que o Tribunal aprecie todas as matérias de ordem pública, independentemente de elas estarem ou não relacionadas com as questões suscitadas na peça recursal. Por essa razão o efeito translativo deve ser entendido como um efeito autônomo dos recursos.

Em busca da celeridade processual, através das Leis n. 10.352/3001 e 11.275/2006, foi inserido expressamente no Código de Processo Civil a chamada Teoria da Causa Madura, que também é uma decorrência do efeito devolutivo dos recursos.

Através da referida teoria, ainda que um determinado pedido não tenha sido apreciado na sentença que se pretende reformar, caso haja indicação da matéria nas razões recursais, o Tribunal pode analisá-lo quando se tratar de questões de direito ou questões de fato que já foram objeto de prova na instância inferior.

No processo do trabalho há uma rejeição a tal teoria que, inclusive, ficou clara na redação da Súmula n. 393 do TST, que proíbe expressamente a análise pelo Tribunal de pedidos que não foram apreciados na sentença.

Contudo este não parece ser o melhor entendimento. Possibilitar que o Tribunal analise questões que não foram apreciadas pelo órgão *ad quo*, apesar de parecer, em um primeiro momento, uma afronta ao princípio do duplo grau de jurisdição, produz uma grande celeridade no processo e não afronta qualquer direito fundamental das partes.

Veja-se que não são todas as questões que podem ser resolvidas pelo órgão julgador sem antes terem sido analisadas pelo juízo inferior. Somente questões de direito e, segundo a doutrina majoritária, as questões de fato que já foram devidamente provadas, podem ser objeto deste tipo de julgamento.

Tal medida impede que o processo fique "transitando" entre os órgãos julgadores quando ele já tiver condições de ser apreciado. Isso garante maior celeridade dos processos e maior efetividade da decisão.

No processo do trabalho, apesar da rejeição feita pela jurisprudência, a adoção dessa medida é salutar, uma vez que seu objeto são verbas de caráter alimentar, e, se o processo não for célere, quando poderia ser, a decisão pode se tornar inócua, frustrando todos os objetivos almejados pelo processo justrabalhista. Isso sim afronta cabalmente os direitos fundamentais do trabalhador.

Assim, todas as nuances do efeito devolutivo têm o mesmo objetivo de possibilitar que o Tribunal faça uma reanálise profunda e completa das questões levantadas no processo. Com isso, busca-se alcançar uma tutela jurisdicional célere e efetiva, que garanta ao jurisdicionado uma completa resolução de seus conflitos, de forma justa e eficaz.

Referências bibliográficas

ALVES, Fábio Reck; GOECKS, Renata Miranda. *O Efeito Translativo como Efeito Autônomo dos Recursos*. Disponível em: <http://www.lfg.com.br>. Acesso em: 28 jan. 2013.

ANDRADE, Marcelo Santiago de Pádua. *Revista Paraná Eleitoral*, n. 70 (jan/2009). Disponível em: <http://www.paranaeleitoral.gov.br>. Acesso em: 20 jan. 2013.

BARBOSA MOREIRA, José Carlos. *Comentários ao Código de Processo Civil*. v. V, 12. ed. Rio de Janeiro: Forense: 2005.

BEZERRA LEITE, Carlos Henrique. *Curso de Direito Processual do Trabalho*. 9. ed. São Paulo: LTr, 2011.

BUENO, Cássio Scarpinella. *Curso Sistematizado de Direito Processual Civil*: recursos, processos e incidentes nos tribunais, sucedâneos recursais: técnicas de controle das decisões jurisdicionais. 1. ed. São Paulo, Saraiva, 2008.

DIDIER JUNIOR, Fredie; CUNHA, Leonardo José Carneiro da. *Curso de Direito Processual Civil*. v. 3, 5. ed. Bahia: JusPodivm, 2008.

MEDINA, José Miguel Garcia; WAMBIER, Luiz Rodrigues; WAMBIER, Teresa Celina Arruda Alvim. Comentários aos arts. 515, § 4º e 518, §§ 1º e 2º. In: *Breves comentários à nova sistemática processual civil*. São Paulo: Revista dos Tribunais, 2006.

NERY JÚNIOR. Nelson. *Teoria geral dos recursos*. 6. ed. São Paulo: Revista dos Tribunais, 2004.

PEREIRA, Caio Mário da Silva. *Instituições de direito civil*. v. I, 18. ed. Rio de Janeiro: Forense, 1996.

SCHIAVI, Mauro. *Manual de Direito Processual do Trabalho*. São Paulo: LTr, 2008.

TEIXEIRA FILHO, Manoel Antônio. *Sistema dos recursos trabalhistas*. 10. ed. São Paulo: LTr, 2003.

Súmula n. 394 do TST: Fato Superveniente e Algumas Questões sobre sua Aplicação

Graça Maria Borges de Freitas

SÚMULA N. 394 – ART. 462 DO CPC – FATO SUPERVENIENTE

O art. 462 do CPC, que admite a invocação de fato constitutivo, modificativo ou extintivo do direito, superveniente à propositura da ação, é aplicável de ofício aos processos em curso em qualquer instância trabalhista.

1. Sobre a prova de fatos no direito

A prova dos fatos é matéria ainda pouco debatida na doutrina jurídica brasileira e só em anos recentes, como destaca Calvo González[1], vem sendo objeto de estudos aprofundados na doutrina internacional, cujo interesse, entre outros fatores, decorreu da implementação de reformas processuais que resgataram a oralidade e o sistema adversarial de provas e que, por isso, chamaram a atenção para a importância da narrativa dos fatos, sua prova, interpretação e justificação.

No Direito Laboral brasileiro, a questão desperta duplo interesse, seja em face da oralidade do sistema, seja em face da natureza do contrato de trabalho, especialmente em face da sua tendência de se protrair no tempo (princípio da continuidade) e da prevalência da realidade fática sobre a forma escrita (princípio do contrato-realidade).

A Filosofia do Direito tem trazido aportes interessantes para a reflexão sobre a prova dos fatos e a apuração da verdade em juízo, sendo relevante destacar as obras de Michelle Taruffo[2] e Marina Gascón[3] a respeito da questão.

O presente artigo, em face do seu objetivo, não permite o aprofundamento das discussões realizadas pelos autores citados, porém alguns aspectos são relevantes destacar: todo fato processual é, na verdade, a narrativa que alguém faz sobre um acontecimento, seja o autor, o réu, a testemunha, o perito, o juiz, possuindo cada narrativa peculiaridades a serem levadas em conta.

A prova dos fatos e a análise probatória do feito devem considerar aspectos que a epistemologia e a hermenêutica discutem, especialmente considerar que toda realidade trazida a um processo é sempre mediada por uma narrativa que a interpreta. E em todo processo de observação e interpretação da realidade há interferência do observador sobre o objeto.

A concepção de verdade subjacente ao sistema processual geralmente possui correlação com os poderes instrutórios concedidos ao juiz, ou seja, quanto mais se busca a verdade real (verdade como "correspondência" entre os fatos e sua narrativa processual), os poderes instrutórios do juiz tendem a ser mais amplos, aproximando o modelo probatório ao sistema inquisitorial.

Por outro lado, quanto mais predomina a verdade formal e a iniciativa probatória das partes, a concepção de verdade processual tende a se aproximar mais à de "coerência" narrativa, o que geralmente está acompanhado da limitação da iniciativa do juiz no impulso processual.

O processo laboral brasileiro dá ao juiz do Trabalho amplo poder de impulso processual e iniciativa probatória (art. 765 da CLT), o que revela a tendência de que a verdade processual buscada pelo sistema vigente seja o mais próximo possível da "correspondência" entre os fatos da realidade e a narrativa constante dos autos.

Por outro lado, independentemente da existência ou não de diversidade na narrativa dos fatos alegados, a sua qualificação jurídica é o elemento mais importante na análise probatória, de modo que, mais do que a descrição do fato, a justificação da opção adotada para sua qualificação ou tipificação jurídicas é elemento essencial da fundamentação das decisões.

O princípio do convencimento motivado deve ser aprimorado tanto na construção narrativa quanto na apreciação dos fatos probatórios. Estados psicológicos ou sinais corporais dos testemunhos, sujeitos a percepções equívocas e sem garantias de certeza, não devem ser fundamentos de decisão, sob pena de prejudicar o contraditório e a ampla defesa ao se introduzir no discurso jurídico elementos não passíveis de apuração por meio do universo de saberes do domínio técnico do magistrado.

Fato e valor é outro campo de estudo que desafia a construção argumentativa dos valores subjacentes ao

---

(1) Ver referência a estudos da Filosofia do Direito e outras áreas mencionados no artigo objeto de sua conferência "La controvérsia fáctica" disponível na bibliografia deste artigo.

(2) Professor de Direito Processual Comparado e Direito Processual Civil da Universidade de Pavía (Itália), autor de várias obras de referência na matéria, estando "La prueba" e "Simplemente la verdad – El juez y la construcción de los hechos" entre as mais recentes.

(3) Professora Catedrática de Filosofia do Direito na Universidade Castilla La Mancha (Espanha), dedica-se a estudos na área da Argumentação Jurídica, sendo sua principal obra a respeito "Los hechos en el Derecho. Bases argumentales de la prueba" (2000).

ordenamento jurídico, especialmente numa seara desafiada constantemente a conceituar e atualizar os padrões civilizatórios mínimos que devem nortear a proteção da dignidade humana no trabalho.

Como se vê, há muitos aspectos a explorar na temática citada. Os pontos mencionados nesta introdução apenas demonstram o rico campo de discussão da prova dos fatos no direito, servindo de estímulo para que outros estudos se dediquem a explorar tal matéria no âmbito laboral.

2. O art. 462 do CPC, o conceito de fato superveniente constitutivo, modificativo ou extintivo do direito e o momento de sua alegação e do seu conhecimento

Tratando especificamente da prova de fato superveniente, o art. 462 do CPC dispõe:

Art. 462 - Se, depois da propositura da ação, algum fato constitutivo, modificativo ou extintivo do direito influir no julgamento da lide, caberá ao juiz tomá-lo em consideração, de ofício ou a requerimento da parte, no momento de proferir a sentença.

A Súmula n. 394 do TST (ex-OJ n. 81), a respeito de tal dispositivo, esclarece que:

FATO SUPERVENIENTE — PROCESSOS EM CURSO — INSTÂNCIA TRABALHISTA

O art. 462 do CPC, que admite a invocação de fato constitutivo, modificativo ou extintivo do direito, superveniente à propositura da ação, é aplicável de ofício aos processos em curso em qualquer instância trabalhista.

Comparando a redação do dispositivo legal com a súmula aprovada pelo TST, verifica-se que a intenção da jurisprudência consolidada pelo Tribunal Superior do Trabalho é reforçar a possibilidade de aplicação de ofício do dispositivo legal mencionado, mediante o conhecimento do fato pelo juiz julgador da lide no momento da decisão e também esclarecer que isso pode ocorrer em qualquer instância de jurisdição. De modo que a palavra "juiz", prevista no dispositivo em comento do CPC, deve ser entendida como o "julgador" de qualquer instância jurisdicional trabalhista, ficando excluídas as instâncias extraordinárias em face da limitação do objeto dos recursos especiais ou extraordinários.

É importante ressaltar que a ocorrência de fato superveniente não altera a estabilidade ou os limites da lide. Tais contornos, portanto, não se modificam (arts. 264 ou 294 do CPC) por fatos ocorridos após o ajuizamento da ação.

O fato superveniente a ser considerado para julgamento da lide deve ser aquele que for relevante para modificar o objeto em disputa (invalidando-o ou convalidando-o), constituir direito ou extinguir obrigação do réu, podendo levar à alteração ou perda do objeto da lide. A relevância de ser conhecido o fato na mesma ação é decorrente do princípio da economia processual, o qual está subjacente à norma que introduz o dispositivo no ordenamento brasileiro.

A jurisprudência é farta em exemplos relativos a fatos supervenientes que modificam, constituem ou extinguem direitos (ex.: alteração de norma processual; mudança de orientação jurisprudencial de tribunais superiores após a interposição do recurso baseado em orientação anterior; reintegração de trabalhador em ação distinta e seus impactos em verbas rescisórias postuladas em outra ação relativa ao mesmo contrato; agravamento da doença, recuperação da capacidade laborativa ou morte do trabalhador decorrente de doença ou acidente; pagamento de parcelas do contrato após o ajuizamento da ação, entre outros).

O fato novo deve interferir no objeto original da lide — de modo que se o fato, ainda que decorrente do mesmo contrato de trabalho, constitui direito autônomo, deve ser objeto de ação distinta, salvo as hipóteses de aditamento do pedido, na forma legal.

O momento de sua alegação é a primeira oportunidade em que a parte tiver que falar nos autos após a ciência da sua ocorrência, devendo ser submetido ao contraditório antes de ser apreciado pelo julgador.

O fato superveniente deve ser conhecido pelo juiz até o momento da decisão terminativa de cada instância, podendo ser alegado e conhecido em sede recursal, desde que tenha ocorrido após a sentença, sob pena de inovação à lide. É controvertida a possibilidade de aceitação da sua alegação em sede de embargos declaratórios, diante da finalidade estrita do recurso.

Em contratos de trabalho em vigor, fatos novos que alterem o objeto de lide anterior, quando ocorrem após a decisão do julgado, devem ser objeto de ação autônoma, tendo em vista a impossibilidade de modificação da sentença, na forma do art. 463 do CPC.

As alterações em estado de fato de relações continuativas também devem ser objeto de ação autônoma para discutir direito novo ou ser objeto de ação revisional para rediscutir o resultado da ação anterior.

No primeiro caso, o fato ocorrido na relação jurídica poderá ser apreciado em ação autônoma, sem prejuízo à coerência da decisão anterior ou coisa julgada.

No segundo caso, a ação deve ser distribuída por dependência, pois poderá alterar o resultado da sentença anterior. Tal hipótese poderá tornar-se mais comum em ações decorrentes de indenização por doença ocupacional ou acidente do trabalho, cuja situação de fato do trabalhador poderá sofrer mudanças que alterem a sua capacidade laborativa, seja para agravar o seu grau de incapacidade, seja para reverter, total ou parcialmente, eventual incapacidade apurada anteriormente — o que pode gerar redução ou agravamento da indenização concedida.

Tal tipo de ação também pode decorrer de alterações do meio ambiente do trabalho que suprimam ou acrescentem, por exemplo, situação geradora ou extintiva de condição insalubre ou perigosa.

3. Algumas considerações sobre os efeitos processuais dos fatos supervenientes

Os princípios da celeridade, economia e concentração do processo do trabalho justificam a interpretação ampliativa dada ao art. 462 do CPC pelo TST.

Um aspecto adicional a ser considerado nas decisões em que algum fato superveniente for reconhecido é a aplicação da sucumbência e a avaliação da boa-fé processual.

As custas e os honorários, quando aplicáveis, bem como eventuais penalidades por litigância de má-fé, devem levar em consideração a situação jurídica vigente ao momento da propositura da ação, e não apenas o resultado da demanda. Modificação posterior que extinga o direito postulado, portanto, não deve ser causa de imposição dos ônus da sucumbência.

A matéria tratada na Súmula n. 394 do TST, embora tenha larga casuística nos processos laborais, tem ocorrência reduzida baseada em fato superveniente do contrato, tendo em vista que a maioria dos processos trabalhistas, no Brasil, é ajuizada após a extinção do contrato de trabalho.

A casuística principal se refere, pois, a fatos ocorridos após o ajuizamento da ação em decorrência de mudanças normativas ou jurisprudenciais ou alterações de estado de fato supervenientes ao contrato e só são conhecidos em face do tempo de tramitação dos processos, não sendo coincidência, portanto, que a jurisprudência dos tribunais superiores seja mais repleta de exemplos.

A reinclusão da convenção 158 no ordenamento jurídico brasileiro, cuja validade da revogação unilateral pelo executivo é objeto de ação que tramita no STF desde 1997[4], pode gerar a extensão da duração dos contratos de trabalho no Brasil, propiciando novos fatos relativos à casuística da vida dos contratos, que estimulem a reflexão a respeito da matéria com exemplos distintos e, quiçás, mais instigantes.

Referências bibliográficas

CALVO GONZÁLEZ, José. *La controversia fáctica*. Contribución al estudio de la *quaestio facti* desde un enfoque narrativista del Derecho. Ponencia presentada a las XXI Jornadas de la Asociación Argentina de Filosofía del Derecho, 4- 6 de octubre de 2007. Facultad de Derecho. Universidad Nacional de Buenos Aires (Argentina). Disponível em: <http://webpersonal.uma.es/~JCALVO/docs/controversia.pdf>.

FELZEMBURG, Daniel Martins. O fato consumado e o ônus da sucumbência. *Jus Navigandi*, Teresina, ano 11, n. 1043, 10 maio 2006. Disponível em: <http://jus.com.br/revista/texto/8378>. Acesso em: 13 out. 2012.

GASCÓN ABELLÁN, Marina. *Los hechos en el Derecho*. Bases argumentales de la prueba. Tercera edición. Madrid: Marcial Pons, 2010.

TARUFFO, Michele. *La prueba*. Madrid: Marcial Pons, 2008.

_____. *Simplemente la verdad*: El juez y la construcción de los hechos. Madrid: Marcial Pons, 2010.

---

(4) *Vide* notícia do site Consultor Jurídico disponível em: <http://www.conjur.com.br/2009-jun-03/stf-adia-decisao-tratado-oit-permite-demissao-justificada>. Acesso em: 26 out. 12.

Súmula n. 419 do TST: Competência para Julgamento dos Embargos de Terceiro

Paulo Roberto Sifuentes Costa e Mônica de Mendonça Guelber

COMPETÊNCIA- EXECUÇÃO POR CARTA- EMBARGOS DE TERCEIRO- JUÍZO DEPRECANTE- Na execução por carta precatória, os embargos de terceiro serão oferecidos no juízo deprecante ou no juízo deprecado, mas a competência para julgá-los é do juízo deprecante, salvo se versarem, unicamente, sobre vícios ou irregularidades da penhora, avaliação ou alienação dos bens praticados pelo juízo deprecado em que a competência será deste último.

Um dos temas mais polêmicos do CPC, cuja controvérsia se espraiou ao processo do trabalho por força do disposto no art. 769 da CLT, foi o relativo à competência para o julgamento dos embargos à execução feita por carta.

Com o advento da Lei n. 8.953, de 13.12.1994, que deu nova redação ao art. 747 do CPC, pretendeu-se pôr fim à cizânia, fixando-se os critérios de competência, nos seguintes termos: "*Na execução por carta, os embargos serão oferecidos no juízo deprecante ou no juízo deprecado, mas a competência para julgá-los é do juízo deprecante, salvo se versarem unicamente vícios ou defeitos da penhora, avaliação ou alienação dos bens.*"

Seguiu-se, contudo, aceso o debate quanto à competência para julgar os embargos oferecidos por terceiro na execução mediante carta — medida disciplinada nos arts. 1.046 a 1.054 do CPC e aplicável ao processo do trabalho, diante da falta neste de regulação específica e ausência de incompatibilidade (art. 769/CLT).

Dos abundantes julgados que continham em seu cerne a discussão acerca da matéria (competência para julgar embargos de terceiros na execução por carta), firmou-se a jurisprudência do c.TST, cristalizada na Súmula n. 419, que estatui:

COMPETÊNCIA. EXECUÇÃO POR CARTA. EMBARGOS DE TERCEIRO. JUÍZO DEPRECANTE (conversão da Orientação Jurisprudencial n. 114 da SDI-II – Res. n. 137/2005 – DJ 22.8.2005)

Na execução por carta precatória, os embargos de terceiro serão oferecidos no juízo deprecante ou no juízo deprecado, mas a competência para julgá-los é do juízo deprecante, salvo se versarem, unicamente, sobre vícios ou irregularidades da penhora, avaliação ou alienação dos bens, praticados pelo juízo deprecado, em que a competência será deste último." (ex-OJ n. 114 – DJ 11.8.2003)

A regra, pois, enunciada na Súmula, é a de que compete ao juízo deprecante julgar os embargos de terceiro; caso, entretanto, o objeto destes embargos esteja relacionado a vícios ou irregularidades da penhora, avaliação ou alienação dos bens, que tenham sido praticados pelo juízo deprecado, deste será a competência para julgá-los.

Ao estampar a regra e a exceção, a Súmula n. 419 do TST não apenas explicita a norma do CPC (art. 747), mas traz a lume o imprescindível entendimento segundo o qual "o Juízo Deprecado, ao cumprir a solicitação emanada do Juízo Deprecante, atua como cooperador, não se lhe transmitindo a competência para o julgamento dos incidentes ocorridos no processo executório, à **exceção** do disposto na **parte final do art. 747 do CPC**". (TST-CC-19521-64.2008.5.00.0000, SBDI-II, rel. min. Ives Gandra Martins Filho, DJ de 19.9.2008)

Quer-nos parecer, assim, que a Súmula n. 419 do TST, na esteira do art. 747 do CPC, constitui instrumento de suma importância para se estabelecer, no caso concreto, a competência para julgar os embargos de terceiro na execução por carta, reduzindo consideravelmente os conflitos de competência largamente suscitados perante o TST para deslindar questões deste jaez.

Não é, contudo, despiciendo observar que, em face do disposto no art. 1049 do CPC, que trata especificamente dos embargos de terceiro, parece-nos ainda controvertida a matéria, já que da literalidade de seus termos infere-se que a competência para julgar os embargos é do juízo "que ordenou a apreensão" do bem constrito, independentemente de ser este o deprecante ou o deprecado. Dispõe a norma epigrafada: "*Os embargos serão distribuídos por dependência e correrão em autos distintos perante o mesmo juiz que ordenou a apreensão.*"

Este, aliás, o entendimento exarado em julgado do STJ, nos autos do processo n. CC 53.034/GO, 1ª Seção, rel. min. Teori Albino Zavascki, DJ de 1º.8.2006, cuja transcrição da ementa se faz a título elucidativo:

CONFLITO DE COMPETÊNCIA. EXECUÇÃO FISCAL. CARTA PRECATÓRIA. ATOS EXECUTIVOS PRATICADOS PELO JUÍZO DEPRECADO. EMBARGOS À ARREMATAÇÃO. COMPETÊNCIA DO JUÍZO DEPRECADO.

1 – De nosso sistema processual civil retira-se o princípio segundo o qual cumpre ao juízo em que se praticou o ato executivo processar e julgar as causas tendentes a desconstituí-lo. Assim o é para os embargos à execução por carta (CPC, art. 747) e para os embargos de terceiro (CPC, art. 1.049). Precedente do STJ e do STF.

2 – (*omissis*).

Ao que está a indicar a jurisprudência supra, no juízo cível segue prevalecendo o entendimento consubstanciado na Súmula n. 33 do extinto Tribunal Federal de Recursos, assim redigida: "O juízo deprecado, na execução por carta, é o competente para julgar os embargos de terceiro, salvo se o bem apreendido foi indicado pelo juízo deprecante". E esse entendimento se fortalece diante dos termos da Súmula n. 46 do STJ, que se refere exclusivamente aos embargos do devedor e não aos de terceiro, como se segue: "Na execução por carta, os embargos do devedor serão decididos no juízo deprecante, salvo se versarem unicamente vícios ou defeitos da penhora, avaliação ou alienação dos bens."

Nessa ordem de ideias, é crível inferir que poderá o legislador ordinário, sob a inspiração da Súmula n. 419, alterar a redação do art. 1049/CPC, na esteira do que foi feito com o art. 747 do mesmo diploma processual, a fim de se espancar de vez a possibilidade de se praticarem atos processuais, regulares ou não, que movimentem, desnecessariamente, o Judiciário já tão assoberbado pelas cotidianas demandas.

Súmula n. 420 do TST: O Conflito de Competência à Luz da Súmula

Maria Cecília Alves Pinto

SÚMULA N. 420 DO TST: COMPETÊNCIA FUNCIONAL — CONFLITO NEGATIVO — TRT E VARA DO TRABALHO DE IDÊNTICA REGIÃO — NÃO CONFIGURAÇÃO (Conversão da Orientação Jurisprudencial n. 115 da SBDI-II – Res. n. 137/05 – DJ 22.8.2005)

Não se configura conflito de competência ente Tribunal Regional do Trabalho e Vara do Trabalho a ele vinculada.

1. Introdução

Prevalece nos dias atuais a ideia de que não há sociedade sem direito: *ubi societas ibi jus*. Dentro dessa perspectiva, tem-se que o direito exerce uma função ordenadora dos diversos interesses existentes na vida social, viabilizando a composição dos conflitos entre os membros desta sociedade e harmonizando as relações sociais a partir dos critérios de justiça e de equidade prevalentes em determinado momento e local[1].

A essa clássica visão do direito contrapõem-se os teóricos críticos, os quais, mediante profundo exercício reflexivo, acabam por questionar o que "está normatizado e oficialmente consagrado (no plano do conhecimento, do discurso e do comportamento) em uma dada formação social", vislumbrando sempre a possibilidade de conceber formas distintas e plurais da prática jurídica[2].

Nessa linha de pensamento crítico, Joaquín Herrera Flores aduz que o "direito, nacional ou internacional, não é mais que uma técnica procedimental que estabelece formas para ter acesso aos bens por parte da sociedade". Continua afirmando que referidas formas de controle social não são neutras, pois se sujeitam aos sistemas de valores dominantes e aos processos de divisão do fazer humano, que impõem situações desiguais relativamente ao acesso das pessoas aos bens necessários para uma vida digna. Herrera Flores afirma que o "direito não é, consequentemente, uma técnica neutra que funciona por si mesma. Tampouco é o único instrumento ou meio que pode ser utilizado para a legitimação ou transformação das relações sociais dominantes"[3].

Antonio Carlos Wolkmer, estudioso do pensamento jurídico crítico, afirma que o modelo normativo estatizante passa por crise que propicia grandes possibilidades para o surgimento de orientações práticas e teóricas insurgentes e paralelas ao modelo estatal positivista e centralizador, criando-se espaço para "a descentralização normativa do centro para a periferia; do Estado para a Sociedade; da lei para os acordos, os arranjos, a negociação. E, portanto, a dinâmica interativa e flexível de um espaço público aberto, compartilhado e democrático"[4].

Enquanto não se atinge esse estágio do pluralismo jurídico desenhado pelos teóricos críticos e suas correspondentes formas alternativas de solução de conflitos, é importante conhecer e analisar o modelo normativo estatal brasileiro, positivista e centralizador, no qual é vedado aos particulares o exercício da autotutela dos interesses. Os conflitos de interesse são resolvidos por meio do exercício da jurisdição, que corresponde à "atividade mediante a qual os juízes estatais examinam as pretensões e resolvem os conflitos"[5], fazendo atuar no caso concreto a regra jurídica disciplinadora de determinada situação jurídica, nos termos do direito vigente[6].

A função jurisdicional, segundo Humberto Theodoro Júnior, atua diante de conflitos de interesses (lide ou litígio), mediante provocação dos interessados, cujo dever é de obediência espontânea à ordem jurídica, que deve ser aplicada voluntariamente aos negócios jurídicos. A partir do momento em que o Estado privou os cidadãos de fazerem justiça com suas próprias mãos, surgiu o direito à tutela jurídica estatal, constituindo o poder jurisdicional também um dever do Estado[7].

Importante anotar que as partes têm a faculdade de instituir juízo arbitral, conforme previsão do art. 86/CPC, o que constitui forma alternativa de solução dos conflitos, mas também decorrente de expressa previsão e autorização legal.

---

(1) CINTRA, Antônio Carlos de Araújo; GRINOVER, Ada Pelegrini; DINAMARCO, Cândido R. *Teoria geral do processo*. São Paulo: Revista dos Tribunais, 1990. p. 23.
(2) WOLKMER, Antônio Carlos. *Introdução ao pensamento jurídico crítico*. São Paulo: Saraiva, 2009. p. XV-XVI.
(3) HERRERA FLORES, Joaquín. *A (re)invenção dos direitos humanos*. Florianópolis: Fundação Boitex, 2009. p. 23-24.
(4) WOLKMER, Antônio Carlos. *Pluralismo jurídico*: fundamentos de uma nova cultura do direito. São Paulo: Alfa Omega, 2001. p. 170-171.
(5) CINTRA, Antônio Carlos de Araújo; GRINOVER, Ada Pelegrini; DINAMARCO, Cândido R. *Op. cit.*, p. 26-27.
(6) THEODORO JÚNIOR, Humberto. *Curso de Direito Processual Civil*. Rio de Janeiro: Forense, 1988. p. 36.
(7) *Ibidem*, p. 37.

A jurisdição, como poder estatal, é una e não comporta qualquer modalidade de fragmentação, pois todos os juízes e tribunais são plenamente investidos na jurisdição estatal. Entretanto seu exercício é distribuído entre inúmeros órgãos jurisdicionais, que devem exercê-lo dentro de determinados limites definidos na Constituição e na lei ordinária. Denomina-se competência a essa quantidade de jurisdição, cujo exercício é atribuído a determinado órgão jurisdicional[8], tema a ser desenvolvido a seguir.

2. A competência dos órgãos jurisdicionais e os conflitos de competência — Súmula n. 420/TST

A competência consiste, pois, na "medida da jurisdição, isto é, a órbita dentro da qual o juiz exerce as funções jurisdicionais"[9].

Corresponde à delimitação da jurisdição exercida pelo Estado em todo o território nacional, sendo, por essa razão, distribuída entre os vários órgãos integrantes do Poder Judiciário, segundo critérios que envolvem o território, a natureza das causas, o valor, dentre outros. A definição de competência ocorre por meio da prefixação dos limites em que determinado órgão jurisdicional pode exercer a jurisdição, o que decorre de texto legal[10].

Moacyr Amaral Santos enumera três critérios para a distribuição da competência, sendo eles o critério objetivo, o critério territorial e o critério funcional. Pelo critério objetivo, a competência é fixada com base em determinados elementos externos da lide, considerada de forma objetiva, envolvendo a natureza da causa (competência *rationae materiae*), a condição das pessoas na lide (competência *rationae personae*) e o seu valor (competência em razão do valor da causa). Pelo critério territorial, a competência é definida a partir dos limites da circunscrição territorial do órgão julgador ou a partir da situação da coisa sobre a qual versa a lide, em razão dos fatos, ou mesmo pelo domicílio do réu. Finalmente o critério funcional separa as atribuições dos diversos juízes em um mesmo processo, como, por exemplo, a atuação dos juízes de primeiro e segundo grau[11].

No caso da Justiça do Trabalho, sua competência é definida pelo art. 114 da Constituição Federal (CF), bem como pelos arts. 650 a 653 da Consolidação das Leis do Trabalho (CLT).

Há importante distinção entre a incompetência absoluta e a incompetência relativa, pois nesta última é possível que o juiz tenha a competência prorrogada, adquirindo competência que não tinha anteriormente. Essa incompetência deve ser arguida por meio de exceção, como previsto no art. 112/CPC. São relativas as competências territorial e em razão do valor da causa.

Já a incompetência absoluta, que envolve a competência em razão da matéria, em razão das pessoas e a funcional, é improrrogável e deve ser declarada de ofício pelo juiz, podendo ser alegada em qualquer tempo e grau de jurisdição, independentemente de exceção (art. 113/CPC). A sentença proferida por juiz absolutamente incompetente pode ser rescindida, nos termos do inciso II do art. 485/CPC.

Há casos em que os limites dessa divisão de competência não são tão claros, podendo estabelecer-se o "conflito de competência", tal como previsto no art. 804/CLT, o que ocorre: "a) quando ambas as autoridades se consideram competentes; b) quando ambas as autoridades se consideram incompetentes". Os conflitos de competência são positivos na primeira hipótese e negativos na segunda.

Não há cogitar de conflito de jurisdição na forma constante do art. 804/CLT, eis que todos os órgãos jurisdicionais estão plenamente investidos na jurisdição, como função estatal de compor os conflitos de interesse. O correto é falar em conflito de competência, como medida de jurisdição, delimitada pelos critérios acima assinalados.

Tampouco existe a possibilidade de dois órgãos jurisdicionais funcionarem simultaneamente na condução de uma mesma demanda, salvo quando do cumprimento das cartas rogatórias, precatórias e de ordem. Apenas um juízo poderá ser reputado competente para solucionar o litígio e, sempre que dois ou mais juízos se declararem competentes ou incompetentes para julgar determinada controvérsia, ocorrerá o conflito de competência[12].

Uma vez estabelecido o conflito de competência, poderá ser ele suscitado pelos juízes e tribunais do trabalho, pelo procurador-geral ou pelos procuradores regionais da Justiça do Trabalho, bem como pela parte interessada (art. 805/CLT). Referido dispositivo legal fala que também o representante da parte pode suscitar o conflito de competência, o que, para Tostes Malta, constitui uma impropriedade, pois o procurador, ao suscitar o conflito, o faz em nome

---

(8) CINTRA, Antônio Carlos de Araújo; GRINOVER, Ada Pelegrini; DINAMARCO, Cândido R. *Op. cit.*, p. 204.
(9) SANTOS, Moacyr Amaral. *Primeiras linhas de direito processual civil*. Belo Horizonte: Saraiva, 1983. p. 210.
(10) *Ibidem*, p. 200-201.
(11) *Ibidem*, p. 204-207.
(12) TOSTES MALTA, Christóvão Piragibe. *Prática do processo trabalhista*. Rio de Janeiro: Edições Trabalhistas, 1990. p. 368-369.

da parte, sendo, por essa razão, totalmente desnecessária a remissão ao procurador das partes[13].

É possível haver conflito de competência entre as diversas varas do trabalho, entre estas e os juízes de direito, entre turmas dos tribunais regionais do trabalho, entre dois ou mais tribunais regionais do trabalho, entre turmas dos tribunais regionais, bem como entre turmas do Tribunal Superior do Trabalho (TST). Também aqui Tostes Malta alerta para a possibilidade de surgirem conflitos de competência entre órgãos do Judiciário de diferente hierarquia, "porém desde que um não seja subordinado ao outro". Assim, uma Vara do Trabalho da 1ª Região não pode suscitar conflito de competência com o Tribunal Regional do Trabalho da 1ª Região, exatamente por estar a ele subordinada[14].

É exatamente esta a situação ventilada na Súmula n. 420/TST, resultado da conversão da Orientação Jurisprudencial n. 115 da sua SDI II, que assim dispõe: "COMPETÊNCIA FUNCIONAL — CONFLITO NEGATIVO — TRT E VARA DO TRABALHO — Não se configura conflito de competência entre Tribunal Regional do Trabalho e Vara do Trabalho a ele vinculada".

Isso ocorre porque quando uma determinada Vara do Trabalho declina da sua competência para o Tribunal Regional do Trabalho a que se acha vinculada, mediante decisão terminativa, o recurso acaso interposto é julgado por esse mesmo Tribunal, a quem cabe definir o juízo competente, restando à Vara submeter-se à referida decisão.

Não sendo o processo extinto e sendo determinada a sua remessa ao Tribunal reputado competente por Vara do Trabalho a ele vinculada, também nesta hipótese prevalecerá a decisão que for proferida pelo Tribunal sobre o tema.

Nesse caso, entendendo o Tribunal que a competência funcional é efetivamente sua, estará confirmando a decisão primeva, que declinou da competência para o órgão jurisdicional de segundo grau. Por outro lado, caso o Tribunal entenda que houve equívoco de interpretação por parte da Vara do Trabalho e determine o retorno dos autos à mesma, por ser dela a competência para instruir e julgar a demanda, referida decisão é que prevalecerá.

Desta forma, jamais poderá haver conflito de competência entre Vara do Trabalho e Tribunal Regional do Trabalho a que esteja vinculada, exatamente porque o acórdão proferido pelo Tribunal, em decorrência da hierarquia funcional, suplantará a decisão de primeiro grau.

Neste sentido, não há qualquer necessidade de intervenção de um terceiro órgão jurisdicional para solucionar a questão, pois, hierarquicamente, a decisão do Tribunal acerca de qual é o juízo competente substituirá aquela prolatada pela Vara do Trabalho a ele vinculada, prevalecendo sobre a mesma.

É importante anotar que, uma vez instaurado o conflito de competência, será ele apreciado pelos Tribunais superiores, cabendo ao Tribunal Regional apreciar conflitos entre duas Varas do Trabalho. Ao TST cabe apreciar conflitos envolvendo dois ou mais Tribunais Regionais do Trabalho (TRTs) ou Varas do Trabalho (VT) sujeitas à jurisdição de Regionais distintos, conforme previsão do art. 808/CLT. Quando o conflito envolver tribunais trabalhistas e não trabalhistas, bem como juízes trabalhistas e não trabalhistas, a competência para o seu julgamento é do Superior Tribunal de Justiça (STJ), conforme alínea "d", do inciso I, art. 105/CF, ressalvada a competência do Supremo Tribunal Federal (STF) para apreciar conflitos de competência envolvendo os Tribunais superiores (art. 102, I, "o" da CF).

3. Conclusão

A competência constitui a medida de jurisdição dos diversos órgãos jurisdicionais integrantes do Poder Judiciário no Brasil, definindo os limites em que podem e devem atuar, a partir de distintos critérios, como, por exemplo, em razão da matéria, da pessoa, do valor da causa, do território, por critérios funcionais, dentre outros.

Referidos critérios delimitadores da competência podem suscitar dúvidas sobre qual é efetivamente o juízo competente para apreciar determinada contenda e, de fato, dois ou mais juízes podem declarar-se simultaneamente competentes ou incompetentes para tal julgamento, dando origem ao conflito positivo ou negativo de competência.

Entretanto, no caso de serem proferidas decisões distintas acerca da competência pela Vara do Trabalho e pelo Tribunal, ao qual esteja vinculada, não há cogitar de conflito de competência, eis que prevalecerá a decisão do Tribunal, tanto no caso de remessa imediata dos autos para sua apreciação como também na hipótese de interposição de recurso em face da decisão terminativa de primeiro grau.

Assim, pelo critério de divisão funcional da competência, tem-se que as decisões prolatadas pelo Tribunal substituem aquelas proferidas pelas Varas do Trabalho a ele vinculadas, inexistindo, por essa razão, possibilidade de se estabelecer o conflito de competência entre tais órgãos, nos termos previstos na Súmula n. 420/TST.

---

(13) *Ibidem*, p. 369.
(14) *Idem*.

Referências bibliográficas

CINTRA, Antônio Carlos de Araújo; GRINOVER, Ada Pelegrini; DINAMARCO, Cândido R. *Teoria geral do processo*. São Paulo: Revista dos Tribunais, 1990.

HERRERA FLORES, Joaquín. *A (re)invenção dos direitos humanos*. Florianópolis: Fundação Boitex, 2009.

SANTOS, Moacyr Amaral. *Primeiras linhas de direito processual civil*. Belo Horizonte: Saraiva, 1983.

THEODORO JÚNIOR, Humberto. *Curso de Direito Processual Civil*. Rio de Janeiro: Forense, 1988.

TOSTES MALTA, Christóvão Piragibe. *Prática do processo trabalhista*. Rio de Janeiro: Edições Trabalhistas, 1990.

WOLKMER, Antônio Carlos. *Introdução ao pensamento jurídico crítico*. São Paulo: Saraiva, 2009.

_____. *Pluralismo jurídico: fundamentos de uma nova cultura do direito* São Paulo: Alfa Omega, 2001.

Súmula n. 421, OJ n. 142 e 377 da SDI-1 do TST: Um Breve Ensaio sobre os Embargos de Declaração na Seara do Direito do Trabalho

Patrícia Santos de Sousa Carmo

SÚMULA N. 421 DO TST

EMBARGOS DECLARATÓRIOS CONTRA DECISÃO MONOCRÁTICA DO RELATOR CALCADA NO ART. 557 DO CPC. CABIMENTO (conversão da Orientação Jurisprudencial n. 74 da SBDI-2) – Res. n. 137/2005, DJ 22, 23 e 24.8.2005

I – Tendo a decisão monocrática de provimento ou denegação de recurso, prevista no art. 557 do CPC, conteúdo decisório definitivo e conclusivo da lide, comporta ser esclarecida pela via dos embargos de declaração, em decisão aclaratória, também monocrática, quando se pretende tão somente suprir omissão e não, modificação do julgado.

II – Postulando o embargante efeito modificativo, os embargos declaratórios deverão ser submetidos ao pronunciamento do Colegiado, convertidos em agravo, em face dos princípios da fungibilidade e celeridade processual. (ex-OJ n. 74 da SBDI-2 – inserida em 8.11.2000)

OJ N. 142 DA SDI-1 DO TST: EMBARGOS DE DECLARAÇÃO. EFEITO MODIFICATIVO. VISTA À PARTE CONTRÁRIA (inserido o item II à redação) – Res. n. 178/2012, DEJT divulgado em 13, 14 e 15.2.2012

I – É passível de nulidade decisão que acolhe embargos de declaração com efeito modificativo sem que seja concedida oportunidade de manifestação prévia à parte contrária.

II – Em decorrência do efeito devolutivo amplo conferido ao recurso ordinário, o item I não se aplica às hipóteses em que não se concede vista à parte contrária para se manifestar sobre os embargos de declaração opostos contra sentença.

OJ N. 377 DA SDI-1 DO TST: EMBARGOS DE DECLARAÇÃO. DECISÃO DENEGATÓRIA DE RECURSO DE REVISTA EXARADO POR PRESIDENTE DO TRT. DESCABIMENTO. NÃO INTERRUPÇÃO DO PRAZO RECURSAL (DEJT divulgado em 19, 20 e 22.4.2010)

Não cabem embargos de declaração interpostos contra decisão de admissibilidade do recurso de revista, não tendo o efeito de interromper qualquer prazo recursal.

A palavra embargos deriva do latim *imbarricare*, com sentido de opor obstáculo, bem como dificultar ou impedir.

Questiona-se: como o ato de embargar se reflete no Direito Trabalhista?

No Direito Romano, já existiam instrumentos de combate à sentença.

Não obstante, o surgimento dos embargos de declaração, como instrumento autônomo de impugnação da sentença — visando sua revogação, modificação ou declaração —, sem semelhante conhecido, remonta ao Direito Português, em decorrência da desorganização e deficiência do aparelho judiciário lusitano[1].

Em princípio, os litigantes requeriam aos juízes a reconsideração de suas decisões e, posteriormente, foram acolhidos pelas Ordenações Lusitanas (Ordenações Afonsinas, Ordenações Manuelinas e Ordenações Filipinas)[2].

Durante a colonização portuguesa no Brasil, esse instituto foi utilizado e, por influência, transladou-se para o Direito Brasileiro, no Regulamento 737 (1850), art. 664: *"Os membros juízes que assignaram o Accórdão embargado conhecerão deste embargos, e dos de declaração, ou de restituição de menores, havendo-se no julgamento de todos elles a forma seguida para o embargo nas causas cíveis."*

Na atualidade, materializa-se no art. 897-A CLT[3], como recurso[4] não sujeito a preparo, oposto no prazo de cinco dias da prolação da *sentença ou acórdão*, em petição dirigida ao juiz ou relator, em face de obscuridade (falta de clareza), contradição (proposições inconciliáveis entre si) e omissão (falta de pronunciamento judicial)[5].

Por não haver previsão legal, há divergência quanto à possibilidade de interposição de embargos contra decisão

---

(1) LOBO DA COSTA, Moacyr. *Origem dos embargos no direito lusitano*. Rio de Janeiro: Borsoi, 1973. p. 5; apud ORIONE NETO, Luiz. *Recursos cíveis*: teoria geral, princípios fundamentais, dos recursos em espécie, tutela de urgência no âmbito recursal, da ordem dos processos no tribunal. São Paulo: Saraiva, 2002. p. 414.

(2) FERNANDES, Luis Eduardo Simardi. *Embargos de declaração*: efeitos infringentes, prequestionamento e outros aspectos polêmicos. São Paulo: Revista dos Tribunais, 2003. p. 20.

(3) Os Embargos Declaratórios são instituto luso-brasileiro inexistente em legislações estrangeiras. Assim, o direito alienígena, visando à necessidade de aclaração e complementação das decisões judiciais, vale-se de figuras afins, de combinação de medidas judiciais.

(4) Há parte da doutrina (minoritária) sustenta que os embargos de declaração não tem natureza recursal, eis que não tem formalidades para a interposição, são julgados pelo mesmo órgão prolator da sentence e não se destinam a reforma da decisão.

(5) SCHIAVI, Mauro. *Manual de Direito Processual do Trabalho*. 4. ed. São Paulo: LTr, 2011. p. 818.

interlocutória, o que inclusive gerou a consagração de posicionamento do Tribunal Superior do Trabalho.

A teor da OJ n. 377 SDI I do TST, não é cabível a interposição de embargos de declaração contra decisão de juízo de admissibilidade do recurso de revista (juízo *a quo*), por se tratar de *despacho* de processamento ou não processamento.

Via de consequência, não há que se falar em interrupção do prazo para se manejar os recursos posteriores, que corresponde a efeito da interposição daquele recurso.

No caso de despacho de não processamento, poderá se ter impugnação mediante agravo de instrumento.

Por outro lado, da decisão do juízo de admissibilidade *ad quem* (proferida pelo Tribunal a quem foi proferido o recurso) é possível interpor embargos de declaração para impugnar o manifesto equívoco no exame dos pressupostos extrínsecos do recurso.

Esse enunciado é severamente criticado, eis que a doutrina majoritária entende que qualquer decisão judicial — inclusive as decisões interlocutórias, dado seu inerente conteúdo decisório — comporta embargos de declaração, o que o viabilizaria mesmo no caso da vedação exposta acima.

Indo adiante, há de se averiguar a necessidade do contraditório nesse recurso.

Antigamente, os embargos de declaração detinham caráter integrativo e aclaratório, o que tornava desnecessário serem submetidos ao contraditório.

No entanto, a Lei n. 9.957/00 introduziu o art. 897-A da CLT, bem como o efeito modificativo dos embargos declaratórios nas hipóteses de omissão, contradição e manifesto equívoco no exame dos pressupostos extrínsecos do recurso.

Assim, ante a possibilidade dos embargos de declaração alterarem o conteúdo da decisão embargada — hipótese que pode gerar prejuízo à parte contrária —, a doutrina passou a defender a concessão de oportunidade de contraditório.

De fato, a OJ n. 142, I, da SDI I do TST, pacificou a necessidade de intimação da parte contrária, para manifestação prévia (contrarrazões no prazo de cinco dias), em caso de embargos declaratórios com efeito modificativo, sob pena de nulidade da decisão[6].

Saliente-se que, por força do princípio do prejuízo (art. 794 CLT), somente há nulidade se for demonstrado prejuízo processual à parte.

No entanto o mesmo enunciado, em seu item II, estabelece que não se conceda vista à parte contrária para se manifestar sobre os embargos de declaração opostos contra sentença.

Isso porque, no caso avençado, em decorrência do efeito devolutivo amplo conferido ao recurso ordinário, admite-se a rediscussão de forma ampla da material fática, o exame total das provas e o debate pleno da aplicação do direito não há prejuízo, mas contraditório diferido, tornando desnecessária a ciência da parte para se manifestar dos embargos de declaração[7].

E mais, à luz da S. 421, I, do TST, verifica-se o cabimento de embargos declaratórios contra decisão monocrática do relator, de provimento ou denegação de recurso, nos termos do art. 557 do CPC, desde que se pretenda tão somente suprir a omissão, obscuridade e contradição, sem efeito modificativo.

Embora as decisões dos tribunais sejam pautadas no princípio do colegiado, em serviço à celeridade e à efetividade processual, o legislador delegou as atividades dos órgãos colegiados aos relatores, regra que é aplicada subsidiariamente ao Processo do Trabalho[8].

Trata-se de mera delegação de poder — na medida em que a competência da decisão final é do órgão colegiado — para que o relator não só realize o juízo de admissibilidade do recurso, mas também julgue o mérito do recurso.

Todavia, postulando o embargante efeito modificativo, os embargos declaratórios deverão ser submetidos ao pronunciamento do colegiado, convertidos em agravo, em face dos princípios da fungibilidade e da celeridade processual (Súmula n. 421, II, TST).

Nesse caso o que se pretende é a modificação do julgado — reforma ou anulação — sem o pronunciamento do órgão *ad quem*, o que não é compatível com a essência dos embargos de declaração, mas sim com o Agravo de Instrumento[9].

Assim, tendo efeito modificativo, será recebido como Agravo pelo colegiado, pois preenchidos os requisitos do princípio da fungibilidade: a) dúvida objetiva; b)

---

(6) CORREIA, Henrique; MIESSA, Élisson. *Súmulas e Orientações Jurisprudenciais do TST*: comentadas e organizadas por assunto. 3. ed. Salvador: JusPodvm, 2013. p. 982.

(7) *Ibidem*, p. 983.

(8) NEVES, Daniel Amorim Assumpção. *Manual de Direito Processual Civil*. 2. ed. Rio de Janeiro: Forense, 2010. p. 643.

(9) CORREIA, Henrique; MIESSA, Élisson. *Súmulas e Orientações Jurisprudenciais do TST*: comentadas e organizadas por assunto. 3. ed. Salvador: JusPodvm, 2013. p. 1.105.

inexistência de erro grosseiro; e c) observância do prazo do recurso correto.

Ante o exposto, fica evidente a importância desse instituto jurídico de aperfeiçoamento da sentença — correção e aprimoramento — que se apresenta como instrumento célere de checagem da entrega do bem da vida e de realização de justiça.

Referências bibliográficas

CORREIA, Henrique; MIESSA, Élisson. *Súmulas e Orientações Jurisprudenciais do TST*: comentadas e organizadas por assunto. 3. ed. Salvador: JusPodvm, 2013.

FERNANDES, Luis Eduardo Simardi. *Embargos de declaração*: efeitos infringentes, prequestionamento e outros aspectos polêmicos. São Paulo: Revista dos Tribunais, 2003.

LOBO DA COSTA, Moacyr. *Origem dos embargos no direito lusitano*. Rio de Janeiro, Borsoi, 1973. p. 5; *apud* ORIENE NETO, Luiz. *Recursos cíveis*: teoria geral, princípios fundamentais, dos recursos em espécie, tutela de urgência no âmbito recursal, da ordem dos processos no tribunal. São Paulo: Saraiva, 2002.

NEVES, Daniel Amorim Assumpção. *Manual de Direito Processual Civil*. 2. ed. Rio de Janeiro: Forense, 2010.

SCHIAVI, Mauro. *Manual de Direito Processual do Trabalho*. 4. ed. São Paulo: LTr, 2011.

Súmula n. 424 do TST e Súmula Vinculante n. 21 do STF: Questões Relevantes sobre as Ações Relativas às Penalidades Administrativas Impostas aos Empregadores pelos Órgãos de Fiscalização do Ministério do Trabalho

Lucilde D'Ajuda Lyra de Almeida

SÚMULA N. 424 – RECURSO ADMINISTRATIVO — PRESSUPOSTO DE ADMISSIBILIDADE — DEPÓSITO PRÉVIO DA MULTA ADMINISTRATIVA — NÃO RECEPÇÃO PELA CONSTITUIÇÃO FEDERAL DO § 1º DO ART. 636 DA CLT (Res. n. 160/2009, TST – DEJT 20.11.2009)

O § 1º do art. 636 da CLTE, que estabelece a exigência de prova do depósito prévio do valor da multa cominada em razão de autuação administrativa como pressuposto de admissibilidade de recurso administrativo, não foi recepcionado pela Constituição Federal de 1988, ante a sua incompatibilidade com o inciso LV do art. 5º.

SÚMULA VINCULANTE N. 21 – CONSTITUCIONALIDADE — EXIGÊNCIA DE DEPÓSITO OU ARROLAMENTO PRÉVIOS DE DINHEIRO OU BENS PARA ADMISSIBILIDADE DE RECURSO ADMINISTRATIVO (PSV 21 – DJe n. 223/2009 – Tribunal Pleno de 29.10.2009 – DJe n. 210, p. 1, em 10.11.2009 – DOU de 10.11.2009)

É inconstitucional a exigência de depósito ou arrolamento prévios de dinheiro ou bens para admissibilidade de recurso administrativo.

Introdução

O enfoque deste trabalho é a questão da inconstitucionalidade do depósito prévio do valor da multa cominada em razão de atuação administrativa como pressuposto de admissibilidade do recurso administrativo, em face da Súmula n. 424 do Tribunal Superior do Trabalho, e da Súmula Vinculante n. 21, do Supremo Tribunal Federal.

Natureza jurídica da multa cobrada pela fiscalização do Ministério do Trabalho e Emprego

Visando à defesa da sociedade e dos trabalhadores, órgãos de fiscalização são criados através de normas legais específicas para fazerem cumprir as regras de conduta e de prevenção, inerentes ao direito do trabalho.

É incumbência dos fiscais do Ministério do Trabalho a fiscalização do cumprimento das normas de proteção ao trabalho. Essa fiscalização é realizada através de inspeções nos locais de trabalho, e, quando o auditor fiscal concluir pela existência de violação de preceito legal, deve lavrar o auto de infração, sob pena de responsabilidade.

Lavrado o auto de infração, deve o agente da inspeção entregar uma via ao infrator, e a outra deve ser apresentada à autoridade superior competente.

Recebido o auto de infração, o infrator terá o prazo de dez dias, contados do recebimento do auto, para apresentar defesa junto à autoridade do Ministério do Trabalho. Caso a multa seja mantida, então caberá recurso para o diretor-geral do Departamento ou Serviço do Ministério do Trabalho que for competente na matéria.

Nos termos do art. 636 da CLT, "os recursos devem ser interpostos no prazo de 10 dias, contados do recebimento da notificação, perante a autoridade que houver imposto a multa, a qual, depois de os informar, encaminhá-los-á à autoridade de instância superior". O parágrafo primeiro do art. 636 diz que o recurso só terá seguimento se o interessado o instruir com a prova do pagamento da multa e no § 6º reduz a 50% o valor da multa, se o infrator, renunciando ao recurso, a recolher ao Tesouro Nacional dentro do prazo de dez dias contados do recebimento da notificação.

Conforme o art. 639 da CLT, se o recurso não for provido, o valor da multa deverá ser convertido em pagamento, facultando-se, ainda, às Delegacias Regionais do Trabalho, nos termos do art. 640, a cobrança amigável das multas antes do encaminhamento dos processos à cobrança executiva.

No art. 641 da CLT é determinada a forma de envio à cobrança judicial da multa, sobre a qual o infrator não comparecesse para se defender ou recorrer administrativamente mediante o depósito do respectivo valor. Aí a cobrança passa a ser judicial, através da Justiça do Trabalho, disciplinada pela Lei n. 6.830/80, valendo o tal título como dívida ativa da união.

A questão do recurso cabível e do repósito recursal na execução fiscal

A partir da Emenda Constitucional n. 45/2004, a competência para a execução da referida multa, que antes era da Justiça Federal, passou a ser da Justiça do Trabalho.

O Tribunal Superior do Trabalho, através da Resolução n. 126, de 16 de fevereiro de 2005, resolveu editar a Instrução Normativa n. 27, estabelecendo normas procedimentais aplicáveis ao processo do trabalho em decorrência da Emenda Constitucional n. 45/2004. Assim, estabeleceu que o rito a ser seguido para as ações ajuizadas na Justiça do Trabalho é o rito ordinário ou sumaríssimo previsto na Consolidação das Leis do Trabalho, excepcionando, contudo, as que, por disciplina legal expressa, estejam sujeitas a rito especial.

No caso das ações de execução fiscal para cobrança das multas impostas pelos órgãos de fiscalização do Ministério do Trabalho, deve ser observado, com prioridade, o que estiver estabelecido na Lei n. 6.830/1980, porém, com as adequações ao rito trabalhista, para melhor adaptação aos procedimentos adotados na Justiça do Trabalho.

Segue-se que a sistemática recursal a ser observada deve ser a prevista na CLT, e, nos termos do art. 897, a, da CLT, o recurso cabível das decisões do juiz nas execuções é o agravo de petição, cujo depósito recursal, como requisito extrínseco do recurso, não é exigível.

Da Súmula n. 424 do TST

Requisito de admissibilidade do agravo de petição é que o juízo esteja garantido. Neste caso, o depósito da multa, efetuado na esfera administrativa, poderia ser tido como garantia da execução. Mas, diante da liberação do referido depósito, em face da sua inconstitucionalidade declarada através da Súmula n. 424 do TST, segundo a qual:

> O § 1º do art. 636 da CLT, que estabelece a exigência de prova do depósito prévio do valor da multa cominada em razão de atuação administrativa como pressuposto de admissibilidade do recurso administrativo, não foi recepcionado pela Constituição Federal de 1988, ante a sua incompatibilidade com o inciso LV do art. 5º.

A Constituição Federal de 1988, através do art. 5º, inciso XXXIV, assegura, independentemente de pagamento de taxas, o direito de petição aos poderes públicos em defesa de direito ou contra ilegalidade ou abuso de poder e no inciso LV, assegura o contraditório e a ampla defesa, com os meios e recursos a ela inerentes, em processo judicial ou administrativo.

Nas insurgências contra os autos de infração, a matéria alegada, quase sempre, gira em torno de ilegalidade e abuso de poder da autoridade que aplicou a multa, daí que a exigência do depósito do valor da multa passou a ser questionada com mais frequência.

Também com relação à multa de trânsito, cujo depósito prévio do valor da multa era igualmente exigido, foi alvo de grande número de ações, redundando na Súmula n. 373 do STJ, segundo a qual é ilegítima a exigência do depósito prévio para admissibilidade de recurso administrativo, por se tratar de obstáculo ao exercício de ampla defesa.

Nem sempre o STF e o STJ entenderam dessa forma. Segundo o posicionamento antigo, ora superado, tal exigência era considerada válida, tal como ocorria na Justiça do Trabalho, em relação à multa administrativa oriunda de autos de infração.

Do mandado de segurança

Em posicionamento antigo da Justiça do Trabalho, entendimento recorrente era no sentido de se negar a segurança impetrada nas ações de Mandado de Segurança, em que a parte infratora se insurgia contra a exigência do depósito prévio do valor da multa, o que veio sendo mitigado ao longo do tempo, principalmente, em face das Ações Diretas de Inconstitucionalidade ns. 1.976-7 e 1.074-3, ambas ajuizadas pela Confederação Nacional da Indústria — CNI.

A ADIN 1.976-7, refere-se à declaração de inconstitucionalidade do art. 32 da Lei n. 10.522, de 19 de julho de 2002, que dispõe sobre o cadastro informativo dos créditos não quitados de órgãos e entidades federais, e cujo art. 32 estabelecia a exigência de depósito ou arrolamento prévio de bens e direitos, em valor correspondente a 30% do débito fiscal, para que os contribuintes pudessem impetrar recurso administrativo junto ao conselho de contribuintes, questionando a cobrança de impostos e consequentes multas.

A ADIn n. 1.074-3, também foi julgada procedente para declarar a inconstitucionalidade do art.19, *caput* da Lei Federal n. 8.870/94, que trata de ações judiciais, inclusive cautelares, cujo objeto é a discussão de débitos dos contribuintes para com o INSS.

Gemignani, em artigo publicado no Suplemento LTr,[1] lembra que em ambas as ADINS o que se discutiam eram débitos tributários, que não se assemelham à questão da exigência do depósito da multa decorrente de auto de infração por descumprimento de lei trabalhista, como pressuposto de admissibilidade do recurso administrativo, cuja situação jurídica do apontado infrator com a do mero contribuinte não podem ser confundidas, não se podendo estender os efeitos, haja vista que em nenhum momento a multa prevista no art. 636 da CLT foi mencionada.

Normas de proteção ao trabalho

Através da Consolidação das Leis do Trabalho — CLT —, temos no Brasil as normas trabalhistas que norteiam o cumprimento das obrigações atinentes aos contratos de trabalho, sob a jurisdição forte e atenta da Justiça

---

(1) É Inconstitucional a exigência do depósito da multa aplicada por infração à Lei Trabalhista? GEMIGNANI, Tereza Aparecida Asta, em artigo publicado no *Suplemento Trabalhista LTr*, São Paulo, ano 44, 001/08, p. 001, 2008.

Especializada do Trabalho, garantidora dos direitos dos trabalhadores e tomadores de serviços, com mais ênfase nas relações empregatícias.

Mecanismos de acesso à Justiça, com facilidades aos trabalhadores, principalmente em face do *Jus Postulandi*, tornam a Justiça do Trabalho cada vez mais familiar aos trabalhadores, e, mormente nos grandes centros urbanos, os tornam cidadãos conscientizados dos seus direitos e aptos a reivindicá-los.

E, assim, ao longo dos tempos, a legislação trabalhista no Brasil fica cada vez mais completa e avançada, no sentido de abarcar a diversidade de situações inerentes a esses tipos de contratos, com a pronta iniciativa dos trabalhadores no que toca à reivindicação dos seus direitos e a resposta da Justiça no atendimento às partes envolvidas.

Como resultado, vemos aumentar a quantidade de ações trabalhistas em que se pugna por indenizações por acidentes de trabalho e por outras causas atinentes a danos morais e materiais causados aos trabalhadores.

Entretanto o progresso que se constata através da conscientização desses cidadãos na busca de seus direitos deve fazer par com a consciência de prevenir os sinistros que dão ensejo a essas reparações.

Por certo que a atuação da Justiça minimiza a situação e serve de alerta em face do efeito pedagógico das condenações. Porém o melhor resultado será sempre a atuação preventiva, para que, em menor escala possível, o sinistro viesse a ocorrer e esses processos passassem a existir cada vez em menos quantidade, pela existência mínima de tragédias a clamarem a atuação reparadora.

Políticas de prevenção

Em um país como o Brasil, em que o progresso ainda está a caminho, um dos segmentos em que ainda se faz necessária a atuação política mais acentuada é justamente o de prevenção.

Prevenir para evitar desgraças, situações que clamam pela intervenção da Polícia e da Justiça, em vez de se pretender cada vez mais a ampliação de tais órgãos.

É claro que em países com nível elevado de educação as pessoas são aptas e capazes de se prevenirem para evitarem situações de riscos, pois, com a própria inteligência e capacidade de percepção, sabem o que podem e o que não podem, tornando a vida mais saudável e mais tranquila e mais livre de eventos danosos à saúde e à felicidade. Porém a pouca instrução, o pouco acesso à cultura e à vida confortável tornam as pessoas quase que inocentes e ingênuas em matéria de prevenção, incapazes de, por si mesmas, compreenderem a consequência de determinadas atitudes.

Por certo que a educação plena ainda é uma meta a ser alcançada em médio ou longo prazo. Contudo uma atuação política forte e engajada, através de meios de comunicação, seria de esperada eficácia para que empregados e empregadores fossem mais atentos à adoção de posturas voltadas para a prevenção de acidentes e de outras controvérsias inerentes ao bom desempenho das atividades laborais. Sem riscos, sem descuidos e, consequentemente, com índices menores de acontecimentos ligados a acidentes com danos à saúde, à integridade e à felicidades das pessoas. Segundo Moreira[2]:

> A gestão de prevenção aparece contemporaneamente como uma máxima para as empresas, quer seja em relação aos atos ilícitos de seus empregados em face de terceiros, quer seja em relação a um meio ambiente de trabalho seguro e saudável. Tal postura vai ao encontro da premissa de responsabilidade social das empresas.

Ressalta o referido autor que um meio ambiente de trabalho saudável depende de uma ação conjunta de todos os atores sociais, destacando-se nesse cenário o Ministério do Trabalho.

Como agente de política preventiva, cuja atuação se faz "in loco", gerando o efeito de evitar e prevenir, em vez de remediar através das ações judiciais, reparadoras do fato consumado, é de se munir o órgão fiscalizador de mecanismos que façam de imediato fazerem cumprir as determinações que visam à prevenção.

A declaração da inconstitucionalidade do depósito do valor da multa administrativa, a fim de dar seguimento ao recurso na esfera administrativa, em princípio, pode revelar um esvaziamento desse efeito, ainda mais considerando que anteriormente ao recurso administrativo a parte apontada como infratora já poderia ter exercido o direito de defesa junto ao mesmo órgão.

Ocorre que as relações trabalhistas, ao longo do tempo, vêm passando por grandes transformações, surgindo situações novas e outras formas de prestação de serviço e de contratações.

Questão importante que vale a pena ser colocada é o fenômeno da terceirização, através do qual empregados são contratados por empresas interpostas para prestarem serviços a empresas terceirizantes.

Nesses casos, a fiscalização pode deparar-se com prestadores de serviços terceirizados. Então, a empresa é

---

(2) MOREIRA, Adriano Jannuzi. *Responsabilidade Civil do Empregador Técnicas de Gestão Preventiva em Perspectiva Jurídica*. São Paulo: Lex Magister, 2008.

autuada, em face da suposta contratação irregular, cuja ilegalidade haveria de ser apurada pela Justiça do Trabalho, sem dúvida, mais afeita a tais questões.

Pesadas multas podem ser aplicadas nessas hipóteses, em face de cada trabalhador supostamente irregular, que para serem discutidas já não demandam mais o depósito prévio do valor da multa.

Da Súmula Vinculante

A Súmula Vinculante n. 21 diz que: *"É inconstitucional a exigência de depósito ou arrolamento prévios de dinheiro ou bens para admissibilidade de recurso administrativo".*

Com base nesta súmula, cujo efeito vincula os demais órgãos do Poder Judiciário, o TST editou a Súmula n. 424, declarando inconstitucional a exigência do depósito prévio do valor da multa a que se refere o art. 636, § 1º da CLT, modificando o procedimento que tradicionalmente era obrigatório em face do referido preceito. E esta modificação veio ocorrendo gradativamente, através da mudança da jurisprudência, depois da Constituição de 1988. Depois de terem sido julgadas procedentes as mencionadas ADINs ns. 1.976-7 e 1.074-3, que, embora não se referissem a multa aplicada em auto de infração do Ministério do Trabalho, têm como fundamento o fato de se atribuir pesado ônus aos recorrentes, considerando ainda a possibilidade das ações anulatórias na Justiça do Trabalho.

Das ações anulatórias de auto de infração lavrado pelo auditor fiscal do trabalho

Pode ocorrer de os fiscais do trabalho, na lavratura do auto de infração, fazerem de forma incorreta o enquadramento legal aplicável ao tipo de infração cometida pelo empregador.

Nesta hipótese, cabe ação anulatória de auto de infração lavrado pelo auditor fiscal do trabalho, perante a Justiça do Trabalho, ao argumento de errônea capitulação de artigo da CLT, através da qual se requer, quase sempre, a anulação do auto de infração.

A jurisprudência tem se formado no sentido de se determinar a irregularidade ou mesmo a regularização do procedimento administrativo e do enquadramento correto do fundamento legal da multa.

Da terceirização

No tocante à terceirização, caso o fiscal do Ministério do Trabalho entenda caracterizado o desvirtuamento da mesma, deve lavrar a autuação, cabendo a interposição de ação anulatória pelo infrator. E ao juiz do trabalho, nesse caso, o exame de forma ampla, das particularidades das quais se cercam as questões inerentes ao vínculo empregatício e às relações de trabalho em geral.

A ação anulatória é da competência originária da primeira instância, cabendo recurso ordinário para o Tribunal, e, havendo recurso, o depósito recursal é obrigatório como requisito indispensável de admissibilidade do recurso.

Das várias possibilidades de discussão sobre o auto de infração

Não obstante a relevância da ação preventiva da fiscalização, o fato é que desde sempre se concedeu ampla oportunidade à parte infratora para questionar a validade do auto de infração e até mesmo requerer sua nulidade.

Desde a primeira defesa em dez dias para a autoridade administrativa, ao recurso administrativo à autoridade superior e depois de expedida a certidão de dívida ativa ainda a execução judicial, que comporta a interposição de embargos à execução e agravo de petição, além das ações anulatórias.

Antes de declarada a inconstitucionalidade do depósito prévio do valor da multa para recorrer administrativamente, ainda se constatava a impetração de mandados de segurança, cuja pretensão era justamente a concessão da segurança para interposição do recurso sem o pagamento antecipado da indigitada multa.

Nesse prisma, a liberação da exigência do depósito do valor da multa, referida na Súmula n. 424 do TST, significou um atalho, diante dos vários procedimentos de insurgência quanto aos autos de infração.

Da judicialização

Decorrente do avanço tecnológico observa-se extensa movimentação em todas as áreas da existência, consequentemente, ensejando mudanças culturais, cujo fenômeno pode ser sentido ao longo de todo o planeta.

Por outro lado, a legislação nem sempre se mostra apta a acompanhar esse regime frenético de mudanças, o que redundou em ascensão do judiciário, instado a manifestar-se para suprir lacunas próprias dos anseios mais diversos da vida, transferindo-se a este questões polêmicas, que, tradicionalmente, eram resolvidas pelos poderes de instâncias tradicionais que são o legislativo e o executivo.

Judicialização significa essa postura nova do judiciário de resolver questões relevantes para a vida individual e social, sobre os vários aspectos das necessidades pessoais que, por serem prementes, clamam pela resposta mais imediata, direta e não menos eficaz.

Em artigo sobre o tema, Barroso[3] faz a distinção entre a judicialização e o ativismo judicial:

> Fenômeno diverso, embora próximo, é o ativismo judicial. O ativismo é uma atitude, é a deliberada

expansão do papel do judiciário, mediante o uso da interpretação constitucional para suprir lacunas, sanar omissões legislativas ou determinar políticas públicas quando ausentes ou ineficientes.

Em relação à questão tratada no presente artigo, a atuação do poder judiciário deu-se mediante o uso da interpretação constitucional, considerando a evolução da liberação da exigência de depósitos de valores de multas referentes à outra infração e também a tributos. Embora, não se tratando de mesma hipótese da multa administrativa, cuja finalidade é coibir a burla à legislação trabalhista no âmbito principalmente da prevenção, atenua o ônus financeiro inerente à defesa da parte considerada infratora, sem, contudo, retirar-lhe o direito à ampla defesa. Mas considerando também que o aumento da complexidade das relações de trabalho, notadamente, com ênfase na terceirização, demanda a necessidade da revisão pelo poder judiciário dessa modalidade de infração, objeto de multas estipuladas.

Conclusão

Essa nova postura do judiciário, que implica em expansão do seu papel, tem gerado significativas oscilações jurisprudenciais, com revisão de súmulas e de precedentes jurisprudenciais, objeto de preocupação de operadores do Direito, haja vista que empregadores, acreditando estarem agindo de acordo com a jurisprudência predominante, são às vezes surpreendidos com significativas mudanças da jurisprudência, podendo lhes acarretar passivo trabalhista.

O inverso ocorreu no caso da abolição da exigência do valor do depósito da multa administrativa, em que, compreendendo-se a necessidade de maior discussão em torno de questões envolvendo as ações relativas a prevenção de infrações administrativas, em âmbito administrativo e judiciário, desonerou-se a parte considerada infratora do depósito prévio do valor da multa, a exemplo do que já havia ocorrido em face de outras penalidades.

Essa postura, no entanto, aliada a políticas eficientes de prevenção, com a participação de vários segmentos alinhados com a necessidade de observância dos preceitos legais inerentes ao Direito do Trabalho, há de gerar efeitos positivos nas relações trabalhistas, além de demonstrar que o judiciário, através da sua jurisprudência, vem avançando na sua atribuição de fazer valer os princípios constitucionais e provocar a evolução dos preceitos postos na legislação.

Referências bibliográficas

ALMEIDA. Lucilde D'Ajuda Lyra de. Execução Fiscal. Questões Relevantes sobre as Ações Relativas às Penalidades Administrativas Impostas aos Empregadores pelos Órgãos de Fiscalização do Ministério do Trabalho. *Repertório de Jurisprudência IOB*, São Paulo, 1ª quinzena de agosto de 2006, n. 15/2006, volume II.

ÁVILA, Humberto. *Teoria dos Princípios*. 13. ed. São Paulo: Malheiros, 2012.

BARROSO. Luís Roberto. Direito e Política: a tênue Fronteira. *Revista Justiça & Cidadania*, Rio de Janeiro, ed. 145. p. 24, 2012.

DELGADO, Gabriela Neves. *Terceirização:* paradoxo do direito do trabalho contemporâneo. São Paulo: LTr, 2003.

GEMIGNANI. Tereza Aparecida Asta. É Inconstitucional a Exigência do Depósito Prévio da Multa Aplicada Por Infração À Lei Trabalhista? LTr Suplemento Trabalhista, São Paulo, ano 44, 001/08, p. 001, 2008.

MOREIRA, Adriano Jannuzzi. *Responsabilidade Civil do Empregador — Técnicas de Gestão Preventiva em Perspectiva Jurídica*. São Paulo: Lex Magister, 2012.

---

(3) BARROSO, Luís Roberto. Direito e Política: a tênue fronteira. *Revista Justiça & Cidania*, Editora JC, Rio de Janeiro, 2012.

Súmula n. 425 do TST: A Limitação Necessária do *Jus Postulandi* como Garantia de Acesso à Justiça

Marcelo Marcondes Pedrosa

JUS POSTULANDI NA JUSTIÇA DO TRABALHO — ALCANCE (Res. n. 165/2010 – DEJ 30.4.2010 e 3 e 4.5.2010)

O *jus postulandi* das partes, estabelecido no art. 791 da CLT, limita-se às Varas do Trabalho, não alcançando a ação rescisória, a ação cautelar, o mandado de segurança e os recursos de competência do Tribunal Superior de Trabalho.

A capacidade de ser parte numa relação jurídica processual é ínsita ao ser humano, de modo que qualquer um tem a aptidão necessária para dela participar como autor ou réu. Também as pessoas jurídicas podem ser partes em processos judiciais, conquanto se façam representadas na forma da lei (art. 12, CPC). Sobre a capacidade de ser parte não gravitam controvérsias significativas na doutrina e na jurisprudência trabalhista.

Da mesma forma, não se observam discussões de relevo no tocante à capacidade processual, que é a aptidão para estar em juízo, havendo situações que ensejam a representação — caso do menor de 16 anos, ou assistência — para aqueles entre 16 e 18 anos. A capacidade plena na seara do processo do trabalho se adquire aos 18 anos (art. 792 da CLT). Vale dizer, é detentor de capacidade processual todo aquele que estiver no gozo regular dos seus direitos civis, na forma do art. 7º, Código de Processo Civil.

A capacidade postulatória, porém, que se traduz na capacidade de apresentar postulação em juízo é atribuída, no processo do trabalho, pelo art. 791 da CLT aos empregados e aos empregadores, "pessoalmente", o que implica dizer sem que sejam representados por advogados. Consagrou, portanto, o princípio do *jus postulandi*.

Tal dispositivo legal se distancia da regra geral do processo civil, que, no art. 36, Caput, primeira parte, prevê expressamente que "A parte será representada em juízo por advogado legalmente habilitado", sendo que apenas excepcionalmente confere a possibilidade de postulação em causa própria: caso não haja advogado no lugar e recusa ou impedimento dos remanescentes. Nem se discute que tais situações tendem a desaparecer, sobretudo se levarmos em conta a proliferação das faculdades de Direito nos últimos anos.

Certo é que o art. 791 da CLT, desde a sua vigência até o advento da Constituição da República de 1988, foi sempre aplicado pelos Tribunais do Trabalho, mesmo diante das acirradas críticas ao instituto, vez que capaz de gerar desequilíbrio processual, além das dificuldades daqueles que não são operadores do Direito.

Com a promulgação da magna carta, porém, a recepção do dispositivo celetista pela ordem constitucional inaugurada foi colocada sob intenso debate, à luz do disposto no art. 133, CR/1988, que considera o advogado essencial à administração da Justiça.

Além da tese da não recepção do *jus postulandi*, sua revogação também foi trazida para discussão desde a vigência do Estatuto da Advocacia, Lei n. 8.906/94, art. 1, I, que trouxe previsão expressa de que a capacidade postulatória constitui ato privativo da advocacia em "qualquer órgão do Poder Judiciário e nos Juizados Especiais".

O art. 133, CR/88, preleciona que o advogado é indispensável à administração da justiça, razão pela qual a postulação em causa própria, tal como prevista no art. 791, CLT, teve a sua recepção pela nova ordem constitucional questionada, diante do aparente conflito entre o dispositivo celetista e o mandamento da Carta Magna.

Certo é, porém, que a controvérsia acabou sendo dirimida pelo C. STF, que, no julgamento da ADIN n. 1.127-8, manteve incólume a possibilidade de a parte se apresentar sozinha nas reclamatórias trabalhistas.

Coube ao c.TST, porém, balizar o exercício do *jus postulandi* na Justiça do Trabalho, porquanto não se pode ignorar que, em muitos casos, a presença do advogado se faz imprescindível, em razão de expressa previsão legal ou mesmo naquelas hipóteses em que a restrição tenha como objetivo assegurar o efetivo acesso à Justiça.

A Súmula n. 425/TST, através da qual o c.TST referendou a vigência do *jus postulandi* na Justiça do Trabalho, veio como forma de estabelecer os parâmetros para a atuação em causa própria no foro trabalhista, de modo a garantir o acesso pleno ao Poder Judiciário, sem que tal importante instrumento não se volte contra o maior destinatário dele, que é o trabalhador.

Assim dispõe a Súmula n. 425/TST:

JUS POSTULANDI NA JUSTIÇA DO TRABALHO — ALCANCE (Res. n. 165/2010 – DEJT divulgado em 30.4.2010 e 3 e 4.5.2010)

O *jus postulandi* das partes, estabelecido no art. 791 da CLT, limita-se às Varas do Trabalho e aos Tribunais Regionais do Trabalho, não alcançando a ação rescisória, a ação cautelar, o mandado de segurança e os recursos de competência do Tribunal Superior do Trabalho.

No julgamento do processo N. TST-RXOFMS- 81.964/2003-900-16-00.8, um dos precedentes da citada súmula, deixou assentado o relator, ministro José Simpliciano, que:

> Ora, embora tenha o prefeito capacidade processual para representar o Município em juízo (art. 12, II, do CPC), não possui capacidade postulatória. Tal irregularidade não pode ser relevada ou mesmo sanada na fase recursal, cabendo ao julgador, constatando o vício, arguir, de ofício, a extinção do feito, sem exame de mérito, por falta de pressuposto processual de validade do processo. E nem se argumente no sentido da existência do jus postulandi na Justiça do Trabalho, eis que o disposto no art. 791 da CLT limita-se às Reclamações Trabalhistas, não abrangendo as ações específicas como as Rescisórias, Mandados de Segurança e Cautelares, as quais são regidas subsidiariamente pela Lei Adjetiva Civil.

Já na decisão do Processo ROAG – 989/2008-000-15-00, também sob relatoria do ministro José Simpliciano, se colhe o seguinte trecho:

> O *jus postulandi* confere capacidade postulatória aos empregados e empregadores na esfera da Justiça do Trabalho, para ajuizarem pessoalmente suas reclamações e permanecendo sem a representação de procurador judicial investido, por mandato, durante o decorrer do litígio. *In casu*, entende-se que, não sendo o caso de advogado atuando em causa própria, nem se verificando nenhuma das exceções previstas na parte final do art. 36 do CPC, não pode a faculdade de as partes postularem em juízo desprovida de advogado, prevista no art. 791 da CLT e na Lei n. 5.584/70, ser estendida aos processos com procedimentos especiais como o Mandado de Segurança, ainda que impetrado perante a Justiça do Trabalho. Tratando-se de ações previstas na legislação processual comum e em leis específicas é necessário seguir o rito ali estabelecido. No caso do mandado de segurança aplica-se as disposições do CPC, conforme exegese do contido nos arts. 6º e 19 da própria Lei do Mandado de Segurança n. 1.533/51.

Desses precedentes da Súmula n. 425/TST, extrai-se, em resumo, que o c.TST entende que o exercício do *jus posulandi* deve ficar restrito às Varas do Trabalho, sendo imprescindível a participação do advogado no c.TST, bem como em procedimentos especiais, tais como o Mandado de Segurança, com previsão expressa da necessidade da atuação de procurador habilitado na Ordem dos Advogados do Brasil — OAB.

Certo é que o *jus postulandi*, seja qual for a posição majoritária do c.TST, sempre vai ser alvo de críticas, em razão das evidentes dificuldades técnicas daqueles que não têm conhecimento do Direito, bem como do desequilíbrio provocado quando uma parte comparece assistida por advogado e outra não. Além disso, a complexidade das relações trabalhistas contemporâneas e seus desdobramentos processuais.

O que se observa hodiernamente na Justiça do Trabalho, porém, é que um número reduzido de demandas é proposta pelas partes pessoalmente. Apenas situações mais simples, tais como discussões de natureza declaratória, bem como rescisões de contratos de curta duração, são propostas sem assistência de advogados.

Em que pesem as evidentes dificuldades, sobretudo técnicas, o juiz dispõe da ampla direção do processo trabalhista, nos moldes do art. 765 da CLT e art. 852-D da CLT, de modo que pode determinar a produção de qualquer prova que entender necessária para a solução do conflito, além de ter o poder de indeferir aquelas diligências consideradas protelatórias, impertinentes ou excessivas.

Cabe ao juiz, ainda, diante de uma situação de exercício do *jus postulandi*, seja qual for a parte, expor com clareza que se trata de mera faculdade legal, que, muitas vezes, a contratação de advogado se torna necessária em razão do desequilíbrio. Caso a parte ainda assim prefira a postulação em causa própria, deve arcar com os ônus respectivos, de sorte que não poderá imputar ao Poder Judiciário ou a quem quer que seja eventual insucesso.

Ademais, ao contrário do formalismo do processo civil, o processo do trabalho está sob a égide do princípio da informalidade, de modo que basta uma mera exposição dos fatos para que o juiz dê o Direito.

Quanto à vedação do exercício do *jus postulandi* no c. TST, agiu bem aquela Corte, tendo em vista que os recursos de sua competência são de natureza extraordinária, ou seja, não dispensam o conhecimento jurídico, de sorte que não há como interpor qualquer um deles sem a participação do advogado.

No tocante às ações rescisórias, mandados de segurança e ações cautelares, também correta a súmula, vez que são procedimentos com ritos preestabelecidos, cuja capacidade postulatória exclusiva do advogado decorre da lei, além dos aspectos técnicos que os envolvem.

Conclusão

A posição do Tribunal Superior do Trabalho assentada na Súmula n. 425, portanto, garantiu o exercício do *jus postulandi* nas Varas e Tribunais Regionais do Trabalho, em que as discussões fáticas assumem maior relevo, bem como o acesso eficaz à Justiça. Eventuais dificuldades técnicas podem (e devem ser) superadas pela atuação do Juiz, a quem compete a direção do processo, dispondo de poderes conferidos pela lei, destacando-se, dentre eles, as disposições dos arts. 273, 461 e 461-A do Código de Processo Civil, sem, contudo, deixar de lado a indispensável imparcialidade.

Ao exigir a presença do advogado para recorrer ao c. TST, bem como nos procedimentos especiais, tais como mandados de segurança e ações rescisórias, nada mais fez a Corte Trabalhista do que preservar incólume ao acesso à ordem jurídica justa e eficaz, estando, atualmente, em consonância com o art. 5º, LXXVIII, CR/88, sendo razoável, portanto, a restrição à postulação em causa própria daquele não habilitado pela OAB.

Não se pode deixar de observar que o *jus postulandi* veio previsto no texto original da septuagenária Consolidação das Leis do Trabalho, sendo que, por certo, a sua intenção foi a de garantir o acesso à Justiça do Trabalho para solucionar as controvérsias decorrentes das relações de emprego que regia, sem, contudo, alcançar recursos de natureza extraordinária e procedimentos especiais, cujas regras específicas e, quando menos, previstas no Código de Processo Civil devem prevalecer.

Caso o c. TST não tivesse balizado o exercício do *jus postulandi*, admitindo-o indiscriminadamente na seara trabalhista, em vez de garantir o acesso pleno à justiça, estaria, na verdade, o impedindo, posto ser remotíssima a possibilidade de um operário manejar adequadamente, por exemplo, um Recurso de Revista ou uma Ação Rescisória.

Por fim, a possibilidade de postulação em causa própria, cada vez mais em desuso, além de ficar restrita às ações de menor complexidade, não afasta a possibilidade de contratação de advogados, cada vez mais atuantes na Justiça do Trabalho.

Súmula n. 435 do TST: A Aplicabilidade do Art. 557 do CPC no Processo do Trabalho

Cláudio Jannotti da Rocha

*Vou uma vez mais correr atrás de todo o meu tempo perdido.
Quem sabe, está guardado num relógio escondido por quem nem avalia o tempo que tem.
Ou alguém o achou, examinou, julgou um tempo sem sentido.
Quem sabe, foi usado e está arrependido o ladrão que andou vivendo com o meu quinhão.*

Chico Buarque

SÚM. 435. ART. 557 DO CPC. APLICAÇÃO SUBSIDIÁRIA AO PROCESSO DO TRABALHO. Aplica-se ao processo do trabalho o art. 557 do Código de Processo Civil.

Fazendo um estudo etimológico, aprende-se que a palavra processo deriva do latim *procedere*, que significa avançar, ir adiante, fruto da junção de *pro*, à frente, e *cedere*, que corresponde a ir.

Carlos Henrique Bezerra Leite leciona:

Em sentido amplo, o processo é o instrumento para a composição dos litígios que emergem da vida em sociedade. Em sentido estrito, é o conjunto de atos processuais que se coordenam e se desenvolvem desde o ajuizamento da ação até o trânsito em julgado da sentença, para que o Estado-juiz cumpra a sua obrigação fundamental, que é a de entregar a prestação jurisdicional invocada, solucionando as lides ocorrentes, com a aplicação do direito objetivo, e entregando o bem da vida a quem tem o correspondente direito subjetivo (ou interesse juridicamente tutelado)[1].

É sabido desde os bancos escolares que, em regra, o processo inicia-se com o ajuizamento da ação[2]. Depois, de acordo com o art. 262 do CPC (princípio do impulso oficial), compete ao magistrado conduzir o processo e, no âmbito trabalhista, *ex vi* art. 765 da CLT, o juiz tem ampla liberdade na direção do processo e ainda deve velar pelo andamento rápido dos litígios.

Destaca-se ainda que, através da Emenda Constitucional n. 45/2004, foi inserido o inciso LXXVIII ao art. 5º da Constituição da República de 1988, que prevê "a todos, no âmbito judicial e administrativo (...) a razoável duração do processo e os meios que garantam a celeridade de sua tramitação".

Portanto é direito e garantia fundamental a todos os jurisdicionados que o processo tenha uma duração razoável e seja célere. Até porque já é hora de ser extirpado da cultura brasileira o enigma de que a pessoa "ganhou, mas não levou", ou então "demorou anos para receber o que lhe era devido" — chegando, às vezes, os herdeiros a receberem o que era devido ao falecido, tamanha a demora.

Quanto aos créditos de natureza trabalhista, conforme o art. 100, I-A, da Constituição da República, trata-se de parcela de cunho alimentar; afinal, seu objetivo geralmente é o pagamento de salário — ou verba salarial, bem não material. Em outras palavras: o trabalhador já prestou serviço ao seu empregador (que já se beneficiou e enriqueceu) e ainda não recebeu o que lhe é devido. Tendo em vista que inexiste máquina de voltar o tempo, uma das saídas que restam ao obreiro é procurar o Poder Judiciário para pleitear o pagamento do trabalho que ofertou.

Uma ação trabalhista não é como uma ação cível, na qual se pode pleitear pedido de reconstituição ou então determinar que as coisas retornem ao estado anterior.

Ajuizada a ação trabalhista, o processo toma seu curso normal, obedecidos os princípios e direitos constitucionais, até que seja prolatada a respectiva sentença pelo juiz competente[3].

Na seara trabalhista, após a intimação da sentença exarada, as partes podem, querendo, apresentar o recurso ordinário (tratando-se de rito ordinário e sumaríssimo), no prazo de oito dias, que será julgado pelo respectivo Tribunal Regional do Trabalho[4].

Pois bem, este direito infraconstitucional vem gerando um verdadeiro abuso do direito por parte de litigantes que, mesmo cientes e conscientes de que o comando sentencial encontra-se em perfeita harmonia com o cenário jurídico, mediante a interposição do recurso, preferem retardar a boa marcha processual a cumprir o que foi determinado pelo juiz.

---

(1) BEZERRA LEITE. Carlos Henrique. *Curso de direito processual do trabalho*. 10. ed. São Paulo: LTr, 2012. p. 331.
(2) Conforme art. 2º do CPC, prevalece o princípio da inércia do Poder Judiciário — *nemo judex sine actore procedat udex ex officio*.
(3) Princípio do juiz natural, art. 5º, XXXVII, da CR/88.
(4) Muito embora a lei conceda às partes o direito de recorrer da sentença e de outras decisões, deve ser esclarecido que o duplo grau de jurisdição não é um direito constitucionalmente expresso e sim fruto de ordem doutrinária.

Quanto à demora processual, ensina Luiz Guilherme Marinoni:

> Nessa linha é fácil concluir que o autor com razão é prejudicado pelo tempo da justiça na mesma medida em que o réu sem razão é por ela beneficiado. Vistas as coisas através desse ângulo, fica muito claro o valor que o tempo possui diante desses conflitos[5].

E continua:

> Como dissemos há mais de uma década, o réu, não poucas vezes, vale-se da demora da justiça, podendo ser dito, aliás, que muitas demandas não seriam levadas ao Poder Judiciário se ele não tivesse do seu lado a lentidão da tutela jurisdicional[6].

Por seu turno, Mauro Cappelletti enfatiza:

> A duração excessiva é fonte de injustiça social, porque o grau de resistência do pobre é menor do que o grau de resistência do rico; este último, e não o primeiro, pode normalmente esperar sem grave dano uma justiça lenta[7].

Essa situação fica mais agravada quando a sentença é prolatada conforme jurisprudência de tribunal ou súmula — seja do Supremo Tribunal Federal ou do Tribunal Superior do Trabalho. Afinal, quando uma decisão é exarada em conformidade com tais instrumentos, reflete o reconhecimento da hierarquia jurídica, tendo em vista que o tema ali debatido foi objeto, por inúmeras vezes, de decisão da respectiva Corte, com intuito de promover segurança jurídica, ofertando à sociedade, em tese, uma adequada interpretação da norma.

O Poder Legislativo, percebendo que, mesmo na hipótese de sentença consubstanciada em jurisprudência de tribunal ou em súmula, as partes recorriam tão somente para atrasar a efetividade da tutela jurisdicional, por meio da Lei n. 9.756/1998, tratou de elaborar o art. 557 do CPC, que prevê em seus artigos:

> O relator negará seguimento a recurso manifestamente inadmissível, improcedente, prejudicado ou em confronto com súmula ou com jurisprudência dominante do respectivo tribunal, do Supremo Tribunal Federal, ou de Tribunal Superior.

O § 1º-A do mencionado artigo estabelece:

> Se a decisão recorrida estiver em manifesto confronto com súmula ou com jurisprudência dominante do Supremo Tribunal Federal, ou de Tribunal Superior, o relator poderá dar provimento ao recurso.

Já o § 1º preceitua:

> Da decisão caberá agravo, no prazo de 5 (cinco) dias, ao órgão competente para o julgamento do recurso, e, se não houver retratação, o relator apresentará o processo em mesa, proferindo voto; provido o agravo, o recurso terá seguimento.

E ainda o § 2º:

> Quando manifestamente inadmissível ou infundado o agravo, o tribunal condenará o agravante a pagar ao agravado multa entre 1% (um por cento) e 10% (dez por cento) do valor corrigido da causa, ficando a interposição de qualquer outro recurso condicionado ao depósito do respectivo valor.

Após a promulgação do art. 557 do CPC, passou a ser questionada sua aplicabilidade no âmbito trabalhista. O Colendo Tribunal Superior do Trabalho, no ano de 2000, demonstrou seu entendimento via Orientação Jurisprudencial n. 73[8] da SBDI-2, sendo que, recentemente (setembro de 2012), aprimorou sua posição, exarando a Súmula n. 435 (que cancelou a OJ mencionada), *in verbis*:

> Súmula n. 435. Art. 557 do CPC. Aplicação subsidiária ao processo do trabalho. Aplica-se ao processo do trabalho o art. 557 do Código de Processo Civil.

Inquestionavelmente que a posição colacionada caminha no sentido da ordem constitucional para que recursos interpostos no âmbito trabalhista não tenham o condão de servir como subterfúgio para o condenado se escusar do cumprimento da obrigação determinada na sentença, podendo o relator do recurso, de imediato, negar-lhe seguimento, caso a decisão esteja em consonância com jurisprudência do tribunal ou súmula do Supremo Tribunal Federal ou de Tribunal Superior ou o recurso seja manifestamente inadmissível, improcedente, prejudicado. Lado outro, na hipótese de a sentença estar em sentido contrário ao entendimento da Corte, poderá o relator dar imediato provimento ao recurso.

Na hipótese de o recorrente se irresignar com a decisão, tem o prazo de cinco dias para apresentar agravo, podendo o relator se retratar. Não ocorrendo retratação,

---

(5) MARINONI, Luiz Guilherme. *Curso de processo civil*. 5. ed., rev. e atual. São Paulo: Revista dos Tribunais, 2011. v. 1, p. 193.

(6) MARINONI, Luiz Guilherme. *Novas linhas do processo civil*. 4. ed. São Paulo: Malheiros, 2000. p. 34.

(7) CAPPELLETTI, Mauro. *El proceso como fenómeno social de masa*. Proceso, ideologias, sociedade. Buenos Aires: Ejae, 1974. p. 133-134.

(8) Não há como se cogitar da inconstitucionalidade do art. 557 do CPC meramente pelo fato de a decisão ser exarada pelo Relator, sem a participação do Colegiado, porquanto o princípio da publicidade insculpido no inciso IX do art. 93 da CF/1988 não está jungido ao julgamento pelo Colegiado e sim ao acessodas partes, seus advogados ou terceiros interessados ao processo, direito preservado pela Lei n. 9.756/1998; ficando, outrossim, assegurado o acesso ao Colegiado por meio de agravo.

o recurso será julgado pelo órgão colegiado (Turma) e, caso provido, o recurso anterior será apreciado e julgado. Caso contrário, se considerado inadmissível ou infundado o agravo, o Tribunal condenará o agravante a pagar ao agravado multa entre 1% (um por cento) e 10% (dez por cento) do valor corrigido da causa, ficando a interposição de qualquer outro recurso condicionada ao depósito do respectivo valor, devido à posição recalcitrante.

Cabe destacar que um dos efeitos sociais decorrentes da morosidade judicial é o descrédito sofrido pelo Poder Judiciário diante de seus jurisdicionados, que, a seu turno, acarreta o descumprimento espontâneo das normas trabalhistas por seus destinatários, nos exatos termos lecionados pelo ministro e professor José Roberto Freire Pimenta[9].

Ora, se o processo é um instrumento, e o fim é a Justiça, observados os princípios constitucionais e infraconstitucionais, ele não pode ser usado de forma abusiva ou equivocada para violar o direito do outro, mediante técnicas procedimentais que acarretem a lentidão da prestação jurisdicional e da pacificação dos conflitos. É justamente essa a mensagem do art. 557 do CPC, reconhecidamente aplicável ao processo do trabalho, conforme Súmula n. 435 do Colendo Tribunal Superior do Trabalho.

Quem sabe assim, mediante aplicação do art. 557 do CPC, os processos trabalhistas tornem-se mais céleres, ofertando ao trabalhador brasileiro uma tutela jurisdicional a tempo e modo[10], findando-se o presente artigo com os ensinamentos de Rui Barbosa: "A justiça atrasada não é justiça; senão injustiça qualificada e manifesta."

Referências bibliográficas

BRASIL. Tribunal Regional do Trabalho de Minas Gerais. RO – 0000058-48.2010.5.03.0097Ag. Relator: Desembargador Fernando Luiz Gonçalves Rios Neto. Data de Publicação: 26.9.2011. Disponível em: <https://as1.trt3.jus.br/juris/detalhe.htm?conversationId=32647>. Acesso em: 31 jul. 2013.

BEZERRA LEITE, Carlos Henrique. *Curso de direito processual do trabalho*. 10. ed. São Paulo: LTr, 2012.

CAPPELLETTI, Mauro. *El proceso como fenómeno social de masa*. Proceso, ideologias, sociedade. Buenos Aires: Ejae, 1974.

MARINONI, Luiz Guilherme. *Curso de processo civil*. 5. ed., rev. e atual. São Paulo: Revista dos Tribunais, 2011. v. 1.

_____. *Novas linhas do processo civil*. 4. ed. São Paulo: Malheiros, 2000.

PIMENTA, José Roberto Freire. Tutelas de urgência no processo do trabalho: o potencial transformador das relações trabalhistas das reformas do CPC brasileiro. *In*: PIMENTA, José Roberto Freire *et al* (Orgs.). *Direito do trabalho*: evolução, crise, perspectivas. 1. ed. São Paulo: LTr, 2004.

---

(9) PIMENTA, José Roberto Freire. Tutelas de urgência no processo do trabalho: o potencial transformador das relações trabalhistas das reformas do CPC brasileiro. *In*: PIMENTA, José Roberto Freire *et al* (Orgs.). *Direito do trabalho:* evolução, crise, perspectivas. 1. ed. São Paulo: LTr, 2004. p. 336-399.

(10) Nesse sentido, transcreve julgado do TRT/MG: EMENTA: AGRAVO. O art. 557/CPC determina ao relator negar seguimento a recurso manifestamente inadmissível, improcedente, prejudicado ou em confronto com súmula ou com jurisprudência dominante. Trata-se de mais um esforço do legislador, visando atender ao clamor da sociedade por uma justiça mais rápida que agora, inclusive, respaldo constitucional no art. 5º, LXXVIII, que diz: "a todos, no âmbito judicial e administrativo, são assegurados a razoável duração do processo e os meios que garantam a celeridade de sua tramitação". Estabelece ainda, a referida norma, que das decisões liminares cabe o recurso do agravo que, se verificado manifestamente inadmissível ou infundado acarreta aplicação de multa. Penalidade de observância obrigatória, pelo respectivo tribunal, e de evidente cunho pedagógico, tentando promover maior seriedade na atuação processual dos litigantes que não podem confundir simples "demandismo" com o verdadeiro direito processual de recorrer. Agravo a que se nega provimento. (TRT/MG – RO 0000058-48.2010.5.03.0097Ag – Relator: Desembargador Fernando Luiz Gonçalves Rios Neto – Data de Publicação: 26.9.2011. Disponível em: <https://as1.trt3.jus.br/juris/detalhe.htm?conversationId=32647>. Acesso em: 31 jul. 2013.

Súmula n. 436 do TST: Instrumento de Mandato

Isabelle Carvalho Curvo

SÚMULA N. 436 DO TST

REPRESENTAÇÃO PROCESSUAL. PROCURADOR DA UNIÃO, ESTADOS, MUNICÍPIOS E DISTRITO FEDERAL, SUAS AUTARQUIAS E FUNDAÇÕES PÚBLICAS. JUNTADA DE INSTRUMENTO DE MANDATO (conversão da Orientação Jurisprudencial n. 52 da SBDI-I e inserção do item II à redação) – Res. n. 185/2012, DEJT divulgado em 25, 26 e 27.9.2012

I – A União, Estados, Municípios e Distrito Federal, suas autarquias e fundações públicas, quando representadas em juízo, ativa e passivamente, por seus procuradores, estão dispensadas da juntada de instrumento de mandato e de comprovação do ato de nomeação.

II – Para os efeitos do item anterior, é essencial que o signatário ao menos declare-se exercente do cargo de procurador, não bastando a indicação do número de inscrição na Ordem dos Advogados do Brasil.

Como se sabe, nos termos do art. 37 do CPC e do art. 5º da Lei n. 8.906/94, a apresentação em juízo do instrumento de mandato é requisito essencial para que o mandatário possa exercer suas funções de representação dos interesses da parte.

No entanto, exceção a essa regra foi fixada pela Súmula n. 436 do TST, que em seu item I conserva o entendimento já consolidado pela OJ n. 52 da SDI-I. A redação da súmula manteve-se, portanto, a mesma: "A União, Estados, Municípios e Distrito Federal, suas autarquias e fundações públicas, quando representadas em juízo, ativa e passivamente, por seus procuradores, estão dispensadas da juntada de instrumento de mandato e de comprovação do ato de nomeação."

Segundo o art. 12, I e II do CPC, "serão representados em juízo, ativa e passivamente: I – a União, os Estados, o Distrito Federal e os Territórios, por seus procuradores; II – o Município, por seu prefeito ou procurador". Como se observa, o poder de representação em juízo dos interesses dos órgãos da Administração Pública é dado pela própria lei, tratando-se de uma atribuição *inerente* ao cargo de procurador.

Além disso, há de se considerar que o próprio ato de nomeação do procurador reveste-se de caráter eminentemente público, tendo em vista a sua publicação no Diário Oficial. Assim, a nomeação regularmente publicada confere ao procurador um conjunto de prerrogativas na defesa dos interesses dos órgãos da Administração Pública, dentre elas o poder de representação em juízo, que, por ser inerente ao cargo, carrega consigo a presunção de validade até que se prove o contrário.

É justamente esse o sentido do art. 9º da Lei n. 9.469/97, segundo o qual "a representação judicial das autarquias e fundações públicas por seus procuradores ou advogados, ocupantes de cargos efetivos dos respectivos quadros, independe da apresentação do instrumento de mandato", tendo em vista que este é inerente à função de procurador. Do mesmo modo manifestou-se o STF, na Súmula n. 644: "Ao titular do cargo de procurador de autarquia não se exige a apresentação de instrumento de mandato para representá-la em juízo."

O entendimento pacificado pela Súmula n. 436 do TST foi, portanto, de que a validade do poder de representação é presumida quando se tratam de pessoas jurídicas de direito público, entre elas a União, os Estados, os Municípios e o Distrito Federal, suas autarquias e fundações públicas, sendo então dispensadas da necessidade de juntada de procuração ou da comprovação do ato de nomeação do procurador que as representa em juízo, ativa ou passivamente.

Entretanto a grande novidade da Súmula n. 436 do TST está contida em seu item II: "Para os efeitos do item anterior, é essencial que o signatário ao menos declare-se exercente do cargo de procurador, não bastando a indicação do número de inscrição na Ordem dos Advogados do Brasil."

Assim, tratando-se da União, dos Estados, dos Municípios e o Distrito Federal, suas autarquias e fundações públicas, para que seus respectivos procuradores se beneficiem da dispensa de juntada dos instrumentos de mandato, é necessário que declarem a qualidade de advogado público ou de procurador, mencionando, se possível, seu número de matrícula.

É importante ressaltar que não basta a simples menção ao número de inscrição na OAB para que o procurador se valha da prerrogativa constante no item I da Súmula n. 436 do TST, pois nesse caso presume-se que o advogado foi contratado para representar o ente. Tratando-se de advogado particular, voltamos à regra geral, sendo então exigida a procuração, sob pena de vício na representação (Súmula n. 164 do TST).

Vê-se, portanto, que a Súmula n. 436 do TST consolida o entendimento segundo o qual aos procuradores da União, dos Estados, dos Municípios e do Distrito Federal, suas autarquias e fundações públicas, é dispensada a apresentação do instrumento de mandato em juízo, desde que expressamente manifestada tal condição, não sendo suficiente para esse fim a mera indicação do número de inscrição na OAB, sob pena de vício de representação.

Súmula n. 442 do TST e Orientação Jurisprudencial n. 405 da SDI-1 do TST: Recurso de Revista e de Embargos em Procedimento Sumaríssimo

Antônio Álvares da Silva

SÚM. 442. PROCEDIMENTO SUMARÍSSIMO. RECURSO DE REVISTA FUNDAMENTADO EM CONTRARIEDADE A ORIENTAÇÃO JURISPRUDENCIAL. INADMISSIBILIDADE. ART. 896, § 6º, DA CLT, ACRESCENTADO PELA LEI N. 9.957, DE 12.1.2000 (conversão da Orientação Jurisprudencial n. 352 da SBDI-1) – Res. n. 185/2012, DEJT divulgado em 25, 26 e 27.9.2012

Nas causas sujeitas ao procedimento sumaríssimo, a admissibilidade de recurso de revista está limitada à demonstração de violação direta a dispositivo da Constituição Federal ou contrariedade a Súmula do Tribunal Superior do Trabalho, não se admitindo o recurso por contrariedade a Orientação Jurisprudencial deste Tribunal (Livro II, Título II, Capítulo III, do RITST), ante a ausência de previsão no art. 896, § 6º, da CLT.

OJ-SDI1-405. EMBARGOS. PROCEDIMENTO SUMARÍSSIMO. CONHECIMENTO. RECURSO INTERPOSTO APÓS VIGÊNCIA DA LEI N. 11.496, DE 22.6.2007, QUE CONFERIU NOVA REDAÇÃO AO ART. 894, II, DA CLT. (DEJT Divulgado em 16, 17 e 20.9.2010)

Em causas sujeitas ao procedimento sumaríssimo, em que pese a limitação imposta no art. 896, § 6º, da CLT à interposição de recurso de revista, admite-se os embargos interpostos na vigência da Lei n. 11.496, de 22.6.2007, que conferiu nova redação ao art. 894 da CLT, quando demonstrada a divergência jurisprudencial entre Turmas do TST, fundada em interpretações diversas acerca da aplicação de mesmo dispositivo constitucional ou de matéria sumulada.

1. Súmula n. 442 do TST:

A Orientação Jurisprudencial n. 352 da SDI-1 do TST foi cancelada em virtude de sua conversão na Súmula n. 442, de forma que o presente comentário se limitará a esta, ou seja, à Súmula n. 442.

O procedimento sumaríssimo teve como objetivo simplificar procedimento, como aliás indica a forma superlativa sintética do adjetivo sumário.

E não teria sentido um procedimento sumaríssimo que não fosse assim. Os parágrafos acrescentados ao art. 895 são exemplos dessa simplificação, tendo contribuído para uma aplicação melhor e mais rápida da lei trabalhista.

A súmula adotou posição correta. Restringiu a recorribilidade e consequentemente assumiu o espírito da sumariedade, ou seja, julgar em menos tempo e com igual segurança.

Ao assim agir, não valorizou mais as súmulas do que a lei. A hierarquia da lei está garantida no art. 896, *c*. Apenas valorizou, nos procedimentos sumarizados, a limitação de recursos, o que é também um valor relevante que precisa ser levado em conta.

Houve também o objetivo de valorizar a jurisprudência do TST. As súmulas de jurisprudência uniforme, bem ou mal, dão segurança ao ordenamento jurídico. Não é possível que cada julgamento seja um ato de vontade do juiz.

Cada causa teria um resultado e as partes seriam tratadas com desigualdade. Umas ganhariam, outras perderiam, estando ambas na mesma situação fática. Nada pior para o Judiciário que tem a obrigação de tratar iguais de forma igual.

Não há outro caminho. As súmulas engessam, é verdade, mas também constroem segurança. Se acolhem a pior doutrina ou se os tempos mudam, elas também podem ser mudadas e é isto que vem fazendo o TST com muita frequência. As súmulas são mais ágeis do que a lei e servem melhor aos tempos modernos, que são inconstantes e nem sempre logicamente previsíveis.

Houve também uma exceção: permite-se o recurso de revista se o julgamento violar diretamente a Constituição.

Esta exceção é óbvia por si mesma. Se a Constituição foi violada (ou se se entende que a Constituição foi violada), tem-se que abrir caminho para a recorribilidade ao órgão do Judiciário encarregado de guardá-la o qual, no Brasil, é o STF — art.102 da Constituição Federal.

Daí a crítica que fizemos, e aqui reforçamos nossa opinião, de que o art. 896, "*c*", da CF deveria ser imediatamente revogado. Trata-se de uma perda de tempo o controle de constitucionalidade da lei pelo TST, pois ele é naturalmente provisório, depende da revalidação pelo STF. Não é o TST o guardião da Constituição, mas sim o STF.[1]

E, o que é mais grave: se o processo não chegar ao STF, a interpretação do TST é a que prevalece, o que é uma violação tácita da Constituição, já que um órgão não autorizado por ela transformou-se em exegeta último da norma constitucional.

Se a intenção do legislador foi restringir (por isso sumarizou procedimentos), a interpretação tem que ser também

---

(1) ÁLVARES DA SILVA, Antônio. *Procedimento sumaríssimo na Justiça do Trabalho*. São Paulo: LTr, 2000. p. 210.

limitativa. Se assim não fosse, cairíamos em contradição inaceitável: a lei restringe, mas a jurisprudência amplia, mutilando ou diminuindo a força normativa da lei.[2]

Portanto só nos dois casos previstos no art. 896, § 6º pode-se interpor recurso de revista: contrariedade a súmula de jurisprudência uniforme do TST e violação à Constituição.

Diante desses fatos, conclui-se pelo acerto da Súmula n. 442.

2. OJ n. 405 da SDI-1 do TST

Eis o teor da Orientação Jurisprudencial:

> OJ-SDI-1 N. 405. EMBARGOS. PROCEDIMENTO SUMARÍSSIMO. CONHECIMENTO. RECURSO INTERPOSTO APÓS VIGÊNCIA DA LEI N. 11.496, DE 22.6.2007, QUE CONFERIU NOVA REDAÇÃO AO ART. 894, II, DA CLT. (DEJT Divulgado em 16, 17 e 20.9.2010)
>
> Em causas sujeitas ao procedimento sumaríssimo, em que pese a limitação imposta no art. 896, § 6º, da CLT à interposição de recurso de revista, admite-se os embargos interpostos na vigência da Lei n. 11.496, de 22.6.2007, que conferiu nova redação ao art. 894 da CLT, quando demonstrada a divergência jurisprudencial entre Turmas do TST, fundada em interpretações diversas acerca da aplicação de mesmo dispositivo constitucional ou de matéria sumulada.

Já aqui o TST abriu uma brecha na recorribilidade em procedimento sumaríssimo. Baseando-se na lei que deu nova redação ao item II do art. 894, o TST permitiu que se interponham embargos quando:

a) Ficar demonstrada divergência de jurisprudência entre turmas do TST;

b) Fundada em aplicação de dispositivo constitucional ou de matéria sumulada.

A OJ n. 405 é restritiva ao item II do art. 894. Nele, a hipótese de interposição de embargos é mais ampla e poderá dar-se quando houver:

a) Divergência de turma x turma; ou

b) turma x SDI, salvo se a decisão recorrida se basear em súmula ou orientação jurisprudencial do TST ou do STF.

A OJ excluiu a hipótese da divergência turma x SDI. Porém, como súmula ou orientação jurisprudencial não podem revogar lei, esta hipótese continua existindo e o recurso pode ser interposto. Se negado, haverá flagrante violação da lei, em razão de seu descumprimento.

Note-se que a divergência deve versar sobre a aplicação de dispositivo constitucional e matéria sumulada. Portanto não é qualquer jurisprudência, mas sim matéria sumulada, ou seja, súmula do TST.

O melhor teria sido se o TST, em vez de estender o art. 894, II, ao procedimento sumaríssimo, tivesse negado expressamente esta hipótese, argumentando que o dispositivo só se aplicaria ao procedimento comum.

Se o legislador quisesse abrir exceção, deveria fazê-lo expressamente, como de fato fez no art. 896, § 6º.

Mas a mania de recursos está no DNA do Judiciário brasileiro.

Achamos que a recorribilidade tudo resolve, mas já era tempo de termos percebido que a causa principal do acúmulo de processos e da sobrecarga de ações está exatamente no excesso e no descomedimento de recursos.

Se não aprendemos voluntariamente a lição, está na hora de o legislador intervir e colocar as coisas em seus devidos lugares.

A Pec Peluso pode sanar tudo isso se um dia tornar-se realidade entre nós.

3. Referências bibliográficas

SILVA, Antônio Álvares da. *Procedimento sumaríssimo na Justiça do Trabalho*. São Paulo: LTr, 2000.

---

(2) Sobre o tema, ver ÁLVARES DA SILVA, Antônio. *Procedimento sumaríssimo na Justiça do Trabalho*, op.cit., p. 210.

Súmula n. 457 do TST: Honorários Periciais e Justiça Gratuita – Responsabilidade da União

Wilmeia da Costa Benevides e Sara Costa Benevides

SÚM. 457 – HONORÁRIOS PERICIAIS. BENEFICIÁRIO DA JUSTIÇA GRATUITA. RESPONSABILIDADE DA UNIÃO PELO PAGAMENTO. RESOLUÇÃO N. 66/2010 DO CSJT. OBSERVÂNCIA (conversão da Orientação Jurisprudencial n. 387 da SBDI-1 com nova redação) – Res. n. 194/2014, DEJT divulgado em 21, 22 e 23.5.2014

A União é responsável pelo pagamento dos honorários de perito quando a parte sucumbente no objeto da perícia for beneficiária da assistência judiciária gratuita, observado o procedimento disposto nos arts. 1º, 2º e 5º da Resolução n. 66/2010 do Conselho Superior da Justiça do Trabalho – CSJT.

1. Breve homenagem[1]

Compreendi o processo civil pelas mãos, ou melhor, pelas palavras do querido professor Aroldo Plínio Gonçalves. À época, estudava na Faculdade de Direito da UFMG, no turno da manhã. Tive notícias, entretanto, de que as aulas do turno da noite, nesta disciplina, eram ministradas pelo nosso homenageado e que eram excelentes, o que motivou transferir-me para o turno vespertino, exatamente para frequentar suas aulas.

Foi então que me apaixonei pela Teoria Geral do Processo. As aulas produziram em mim uma vontade de talvez, um dia, saber tanto quanto o professor sabia, embora me dessem, também, a exata dimensão das dificuldades que encontraria, tão profundo e arraigado era seu conhecimento.

Não importa, professor Aroldo, que eu não tenha conseguido chegar ao nível de conhecimento que o senhor detém, a meta era mesmo inatingível. Estou certa, todavia, de que me impregnei do desejo de sempre estudar e aprender, pelo exemplo vivo que o senhor me deu de sabedoria, de comprometimento, de dedicação ao Direito, ao magistério e à magistratura.

2. Introdução

A Constituição Federal de 1988 garante, pelo inciso LXXIV, do art. 5º, que "o Estado prestará assistência jurídica integral e gratuita aos que comprovarem insuficiência de recursos".

Na Justiça do Trabalho, a assistência jurídica é uma questão delicada demais, pois o instituto garante a boa parte dos trabalhadores o acesso à justiça.

As disposições na Lei n. 5.584/70 é que disciplinam a concessão de assistência judiciária no âmbito trabalhista. Além desse regramento, há, também, a Lei n. 1.060/50, que, a despeito da antiga, ainda se aplica a todas as esferas do Direito. Contudo, grande celeuma havia — e ainda há — sobre os honorários periciais e quem deva suportá-los.

A Orientação Jurisprudencial ora em análise traz uma alternativa, mas está longe de ser verdadeira solução.

3. Justiça Gratuita, Assistência Judiciária e Assistência Jurídica Integral e Gratuita

É preciso diferenciar um e outro instituto. Assistência judiciária gratuita é um benefício amplo e está descrito no artigo no art. 3º da Lei n. 1.060/50, que enumera o seguinte: I – das taxas judiciárias e dos selos; II – dos emolumentos e custas devidos aos Juízes, órgãos do Ministério Público e serventuários da justiça; III – das despesas com as publicações indispensáveis no jornal encarregado da divulgação dos atos oficiais; IV – das indenizações devidas às testemunhas que, quando empregados, receberão do empregador salário integral, como se em serviço estivessem, ressalvado o direito regressivo contra o poder público federal, no Distrito Federal e nos Territórios; ou contra o poder público estadual, nos Estados; V – dos honorários de advogado e peritos; VI – das despesas com a realização do exame de código genético — DNA que for requisitado pela autoridade judiciária nas ações de investigação de paternidade ou maternidade; VII – dos depósitos previstos em lei para interposição de recurso, ajuizamento de ação e demais atos processuais inerentes ao exercício da ampla defesa e do contraditório.

Possibilitar a assistência judiciária gratuita é dever dos poderes públicos federais e estaduais e abrange a indicação de um advogado e diversas isenções[2].

Na Justiça do Trabalho, por força do art. 14 da Lei n. 5.584/70, a assistência judiciária gratuita deverá ser prestada pelo sindicato da categoria profissional[3] a que pertence o trabalhador. E, nos termos do § 1º do mesmo artigo, a assistência é devida a todo aquele que perceber salário igual ou inferior ao dobro do mínimo legal, ficando assegurado igual benefício ao trabalhador de maior salário,

---

(1) Tópico escrito exclusivamente por Wilmeia da Costa Benevides.
(2) FIALHO, Célia Tavares. *Justiça gratuita e honorários periciais na Justiça do Trabalho*. Revista LTr, vol. 73, n. 11, p. 1.3590, nov. 2009.
(3) Atividade que, aliás, é considerada monopólio dos sindicatos. É o que entende, por exemplo, Carlos Henrique Bezerra Leite.

uma vez provado que sua situação econômica não lhe permite demandar, sem prejuízo do sustento próprio ou da família.

Além disso, na hipótese de a parte estar sob assistência judiciária, representada por seu sindicato, haverá obrigatoriedade de pagamento de honorários advocatícios, conforme dispõe o art. 16 da Lei n. 5.584/70.

A justiça gratuita, por sua vez, compreende apenas as despesas materiais necessárias à impulsão do processo[4], ou seja, as despesas processuais[5]. Pode ser deferida mediante requerimento ou *ex officio*. É o que se infere do art. 790 da CLT. A partir desse dispositivo, poder-se-ia inferir que os honorários periciais não estão incluídos nessa isenção.

Por fim, há a assistência jurídica integral e gratuita, prevista como direito fundamental na Constituição Federal de 1988. A garantia fundamental é bem mais ampla e engloba a orientação jurídica, em juízo e fora dele, a representação por quem tenha capacidade postulatória, a isenção de custas processuais e, mais do que isso, os custos relativos à produção de provas.

4. Honorários periciais

Havendo necessidade de se provar fatos que dependam de conhecimento técnico ou científico, o juiz poderá designar um perito para realização de prova pericial.

Na Justiça do Trabalho, em razão do disposto no art. 195 da CLT, há a obrigatoriedade de que os pedidos de insalubridade e periculosidade sejam respaldados por perícia a ser realizada por médico do trabalho ou engenheiro do trabalho. Além dessas, é recorrente a necessidade das provas periciais que devam ser realizadas por médicos (em razão de doenças e acidentes do trabalho) e contadores.

O perito oficial, que é um auxiliar eventual do juízo, assume um *munus publico* e deve cumprir o ofício, no prazo que lhe assinar a lei ou o juízo, empregando toda a sua diligência. Poderá, contudo, escusar-se do encargo alegando motivo legítimo, de acordo com o art. 145 do CPC.

5. Honorários Periciais e Justiça Gratuita na Justiça do Trabalho

O perito deve receber contraprestação pecuniária pelo trabalho realizado como auxiliar do juízo. Diferente do que ocorre no Processo Civil — em que a respectiva remuneração será paga pela parte que houver requerido o exame, ou pelo autor, quando requerido por ambas as partes ou determinado de ofício pelo juiz — no Processo do Trabalho, o ônus de arcar com os honorários periciais é da parte sucumbente no objeto da perícia.

A isenção aos honorários periciais seria inerente somente às hipóteses em que a parte estivesse respaldada pela assistência judiciária. Por outro lado, a justiça gratuita não isentava a parte do pagamento dos honorários de perito. Assim, as decisões mais antigas, anteriores a 2002, impunham a condenação ao sucumbente no objeto da perícia ao pagamento do valor. É o que ilustra a ementa abaixo, de relatoria do professor Aroldo Plínio Gonçalves:

> A perícia é realizada para comprovação do fato constitutivo do direito alegado, pelo que o ônus com honorários periciais cabe à parte que sucumbe na pretensão derivada do fato objeto da diligência. Recurso ordinário a que se nega provimento. (TRT da 3ª Região; Processo: RO – 2057/89; Data de Publicação: 2.3.1990; Órgão Julgador: Primeira Turma; relator: Aroldo Plinio Goncalves; Divulgação: DJMG)

Em 2002, foi inserido na CLT o art. 790-B, que previa, além do que já foi ressaltado acima, a isenção do pagamento ao beneficiário da justiça gratuita: "A responsabilidade pelo pagamento dos honorários periciais é da parte sucumbente na pretensão objeto da perícia, salvo se beneficiária de justiça gratuita".

Ocorre que a lei não esclareceu quem seria neste caso responsável pelo pagamento. Assim, uma grande celeuma era verificada nesse ponto. Aliás, diversas ideias surgiram para tentar solucionar o problema. Célia Tavares Fialho, em artigo publicado em 2009[6], enumera sete soluções que apareceram nas decisões, à época: a) responsabilização do empregado sucumbente; b) responsabilidade do empregador; c) responsabilidade do sindicato da categoria profissional; d) responsabilidade do empregado parcialmente sucumbente; e) isenção do empregado sucumbente; f) responsabilidade da união; e g) responsabilidade do judiciário trabalhista por seus recursos orçamentários[7].

O resultado disso, na prática, é que diversos peritos ficaram receosos de atuar na Justiça do Trabalho, pois, temiam não receber pelo trabalho realizado. Os magistrados enfrentavam dificuldades para encontrar bons profissionais técnicos dispostos a trabalharem em processos trabalhistas. Ou pior, algumas impugnações sugerem que peritos, conhecedores da melhor condição econômica da empresa e desconhecedores dos parâmetros éticos,

---

(4) FIALHO, Célia Tavares. Justiça gratuita e honorários periciais na Justiça do Trabalho. *Revista LTr*, vol. 73, n. 11, p. 1.359, nov. 2009.

(5) BEZERRA LEITE, Carlos Henrique. *Curso de direito processual do trabalho*. 7. ed. São Paulo: LTr, 2009. p. 370.

(6) FIALHO, Célia Tavares. Justiça gratuita e honorários periciais na Justiça do Trabalho. Revista LTr, São Paulo, v. 73, n. 11, p. 1.361-1.365, nov. 2009.

(7) O ideal seria repisar o conteúdo de cada um desses posicionamentos, contudo, não seria viável nesse espaço, dado o propósito do livro.

teriam beneficiado o empregado em seus laudos visando ao recebimento.

Diante de tudo isso, muitos peritos passaram a requerer a antecipação de honorários periciais. E daí, outros problemas surgiram: e se a parte que antecipou os honorários não for a sucumbente? O perito teria que devolver o valor recebido?

Em 2007, o Conselho Superior da Justiça do Trabalho, por meio da Resolução n. 35, regulamentou a questão. Em 2010, contudo, a Resolução n. 66 do CSJT revogou a anterior, prevendo que os Tribunais Regionais do Trabalho deveriam destinar recursos orçamentários para o pagamento de honorários periciais, nos termos e parâmetros estipulados pela mencionada resolução. A partir de então, ficou claro que a responsabilidade de arcar com os honorários periciais, quanto aos que estão resguardados pela Justiça Gratuita, permanece da União. Ressalte-se, aliás, que, por força da Resolução n. 194, de 19 de maio de 2014, do TST, a OJ n. 387 da SDI-I foi convertida na Súmula n. 457, ora em exame, com singela modificação na redação[8].

Evidente que os termos da atual resolução do CSJT mereceriam uma análise mais cuidadosa por parte dos operadores do Direito. Apenas para ilustrar, note-se que os honorários periciais só podem ser fixados no valor máximo de R$ 1.000,00 e que o pagamento depende de existência de dotação orçamentária. Em outras palavras, permanecem os problemas quanto aos honorários periciais e ao pagamento respectivo.

Por fim, a Resolução n. 66/2010 exige três requisitos[9] para que os honorários sejam custeados pela União: a) fixação pelo juízo; b) sucumbência da parte beneficiada pela justiça gratuita no objeto da perícia; e c) trânsito em julgado.

6. Conclusão

Como já dito, diante de todos os problemas enfrentados pelos magistrados, partes e respectivos advogados, a súmula ora em análise — e por consequência a Resolução n. 66/2010 do CSJT — traz uma alternativa, mas a questão sobre os honorários periciais na Justiça do Trabalho está longe de ver verdadeira solução.

Referências bibliográficas

BEZERRA LEITE, Carlos Henrique. *Curso de direito processual do trabalho*. 7. ed. São Paulo: LTr, 2009.

BRASIL, Código de Processo Civil (1973). Disponível em: <http://www.planalto.gov.br/ccivil_03/leis/l5869compilada.htm>. Acesso em: 20 abr. 2013.

BRASIL, Conselho Superior da Justiça do Trabalho. Resolução n. 66, de 10 de junho de 2010. Disponível em: <http://aplicacao.tst.jus.br/dspace/handle/1939/7231>. Acesso em: 20 abr. 2013.

BRASIL, Consolidação das Leis do Trabalho. Disponível em: <http://www.planalto.gov.br/ccivil_03/Decreto-lei/del5452.htm>. Acesso em: 20 abr. 2013.

BRASIL, Constituição (1988). Disponível em: <http://www.planalto.gov.br/ccivil_03/Constituicao/Constituicao.htm>. Acesso em: 20 abr. 2013.

BRASIL, Lei n. 1.060, de 5 de fevereiro de 1950. *Estabelece normas para a concessão de assistência judiciária aos necessitados*. Disponível em: <http://www.planalto.gov.br/ccivil_03/leis/L1060compilada.htm>. Acesso em: 20 abr. 2013.

BRASIL, Lei n. 5.584, de 26 de junho de 1970. *Dispõe sobre normas de Direito Processual do Trabalho, altera dispositivos da Consolidação das Leis do Trabalho, disciplina a concessão e prestação de assistência judiciária na Justiça do Trabalho, e dá outras providências*. Disponível em: <http://www.planalto.gov.br/ccivil_03/leis/l5584.htm>. Acesso em: 20 abr. 2013.

COIMBRA, André Luiz Gonçalves. Justiça gratuita e honorários periciais na Justiça do Trabalho. *Revista do Tribunal do Trabalho da 3ª Região*, Belo Horizonte, v. 43, n. 73, p. 123-130, jan./jun. 2006.

FIALHO, Célia Tavares. Justiça gratuita e honorários periciais na Justiça do Trabalho. *Revista LTr*, São Paulo, v. 73, n. 11, p. 1.358-1.366, nov. 2009.

GONÇALVES, Aroldo Plinio. TRT da 3ª Região. Processo: RO 2057/89; Data de Publicação: 2.3.1990; Órgão Julgador: Primeira Turma; Relator: Divulgação: DJMG.

MIESSA, Élisson; CORREIA, Henrique. *Súmulas e orientações jurisprudenciais do TST — Comentadas e organizadas por assunto*. 3. ed. Salvador: JusPodivm, 2013.

SCANDOLARA, Cláudio; SILVA, Gilmar Athoff da. Honorários periciais na Justiça do Trabalho: responsabilidade nos casos de concessão do benefício da justiça gratuita. *Justiça do Trabalho: Caderno de direito previdenciário*, Porto Alegre, v. 27, n. 323, p. 68-74, nov. 2010.

---

(8) Antes, citava-se a Resolução n. 35/2007; agora, a Resolução n. 66/2010, que a substituiu, mas revela texto semelhante ao anterior.

(9) MIESSA, Élisson; CORREIA, Henrique. *Súmulas e orientações jurisprudenciais do TST – Comentadas e organizadas por assunto*. 3 ed. Salvador: JusPodivm, 2013. p. 728.

Súmula n. 458 do TST e Arts. 894 e 896 da CLT: Embargos no TST depois da Lei n. 13.015/04

Antônio Álvares da Silva

1. Embargos no TST:

Art. 894. (...)

II – das decisões das Turmas que divergirem entre si ou das decisões proferidas pela Seção de Dissídios Individuais, ou contrárias a súmula ou orientação jurisprudencial do Tribunal Superior do Trabalho ou Súmula Vinculante do Supremo Tribunal Federal.

Parágrafo único. (Revogado).

§ 2º A divergência apta a ensejar os embargos deve ser atual, não se considerando tal a ultrapassada por súmula do Tribunal Superior do Trabalho ou do Supremo Tribunal Federal, ou superada por iterativa e notória jurisprudência do Tribunal Superior do Trabalho.

§ 3º O Ministro Relator denegará seguimento aos embargos:

I – se a decisão recorrida estiver em consonância com súmula da jurisprudência do Tribunal Superior do Trabalho ou do Supremo Tribunal Federal, ou com iterativa, notória e atual jurisprudência do Tribunal Superior do Trabalho, cumprindo-lhe indicá-la;

II – nas hipóteses de intempestividade, deserção, irregularidade de representação ou de ausência de qualquer outro pressuposto extrínseco de admissibilidade.

§ 4º Da decisão denegatória dos embargos caberá agravo, no prazo de 8 (oito) dias."(NR)

2. Comentários ao art. 894 — Recurso de Embargos no TST

2.1. Comentários ao inciso II

A orientação hoje imperante no direito brasileiro é a uniformização da jurisprudência. O art. 894, II, seguiu esta tendência e tem como objeto a unificação de divergência em quatro hipóteses:

a) quando as Turmas divergirem entre si;

b) quando as Turmas divergirem da Seção de Dissídios Individuais;

c) quando as Turmas divergirem de orientação jurisprudencial do TST;

d) quando as Turmas divergirem de súmula vinculante do STF.

Toda vez que um órgão se divide em partes iguais para facilitar os julgamentos e multiplicar a capacidade julgadora, ou seja, a produtividade dos julgamentos, surge também o efeito colateral negativo: a necessidade da unificação da jurisprudência.

Seguem-se daí os procedimentos e medidas processuais unificadoras, que tomam tempo e retardam o andamento do processo. Se este retardo é excessivo, perdem sentido as divisões do órgão em seções menores. Seria melhor decidir com a estrutura integral do que seccioná-la em partes.

Tendo o TST oito Turmas é natural que divirjam entre si e não seria razoável que esta divergência permanecesse num tribunal cujo objetivo é, além de outros, a unificação geral da jurisprudência.

Cabendo à SDI julgar as divergências entre turmas nos termos do art. 71, subseção I, *a*, do Regimento Interno do TST, com natural função unificadora, entendo que tais decisões deveriam ter efeito vinculante às Turmas.

Em caso de julgamento contrário às decisões da Seção de Dissídios Individuais, os embargos seriam considerados *in limine* prejudicados.

Seria mais uma medida para pôr termo ao demandismo na Justiça do Trabalho e um meio de favorecer com proveito as medidas unificadoras.

A divergência das turmas contra orientação jurisprudencial — OJ — do TST, é inadmissível. De duas uma: ou se respeita a função unificadora do TST, ao expedir Súmulas (Ss) e Orientações Jurisprudenciais(OJs), ou então se retira delas seu efeito vinculante de fato para orientar os órgãos inferiores.[1]

Os juízes de instâncias inferiores têm liberdade de divergir, e o TST para reformar as decisões contrárias às Ss e OJs. Mas isso custa tempo e quem paga é o jurisdicionado.

---

(1) Cumpre destacar que é notória a intenção de estender o âmbito de aplicabilidade das decisões judiciais, motivo pelo qual o Judiciário brasileiro caminha no sentido de que, no menor número de vezes possível, tenha que se aprofundar na análise de questões similares, tornando-se mais eficiente mediante estabelecimento de padrões a serem seguidos nos casos idênticos subsequentes sob o argumento de preservação da isonomia, da celeridade, da estabilidade e da previsibilidade do sistema. Neste particular, o movimento reformista brasileiro converge para uma aproximação com o sistema *common law*, ao adotar julgados que devem ser seguidos nas decisões futuras — o que configuraria uma peculiar forma de precedente judicial, com diferentes graus de força vinculante em prestígio à teoria do *Overrurling*. Sobre o tema Summer, Robert, e ENG, Svein (1997). "Departures from precedent". In: MCCORMICK, Neil; SUMMERS, Robert (Orgs.). *Interpreting Precedents* – A Comparative Study. Aldershort, Ashgate (p. 519-530).

Há que se conciliar a liberdade de convencimento do juiz e a função unificadora dos tribunais superiores. E esta liberdade existe durante o espaço temporal que se forma até a cristalização das variações jurisprudenciais em Ss e Ojs. Depois, deve operar o efeito vinculante.

A divergência de Turmas contra Súmulas e OJs é rara.

A divergência de Turmas contra Súmula Vinculante — SV — do STF é uma previsão desnecessária, que não precisava constar da lei.

Depois de muita discussão, a EC n. 45/04 introduziu a referida modalidade de súmula em matéria constitucional que, uma vez publicada na imprensa oficial, terá efeito vinculante em relação aos demais órgãos do Poder Judiciário e à Administração Pública, direta, indireta, nas esferas federal, estadual e municipal. Art. 103-A da Constituição Federal (CF/88).

A SV tem efeito também na esfera privada, onde vale como elemento orientador da conduta e das transações e negócios jurídicos. Aliás, é aqui que ela atua com mais força, com proveito para a certeza e segurança das transações e negócios.

Bem ou mal, temos súmula vinculante. Dos males é este o menor. O legislador brasileiro, constitucional e ordinário, tem mesmo que tomar medidas contra o excesso de litigância, que vinha tomando contra do Judiciário, com seu efeito imobilizante, tornando-o incapaz do serviço que tem a obrigação de prestar à sociedade.

A Constituição exige que a Súmula só seja expedida "após reiteradas decisões sobre matéria constitucional".

Porém, este excesso de zelo não se justifica. Desde que o caso é decidido, seu efeito vinculativo geral deveria ser imediato, tal como no Direito Alemão, cuja lei orgânica do Tribunal Constitucional, no art. 31, prescreve:

> Die Entscheidungen des Bundesverfassungsgerichts binden die Verfassungsorgane des Bundes und der Länder sowie alle Gerichte und Behörden. (As decisões do Tribunal Constitucional Alemão vinculam todos os órgãos constitucionais da Federação e dos Estados, bem como todos os tribunais e autoridades públicas).

Esta vinculação objetiva atingir a paz jurídica, em razão da pacificação do entendimento (Herstellung der Rechtsfriedens) que daí nasce.[2]

A exigência de reiteração de decisões é desnecessária porque, se o tribunal decide uma vez, naturalmente decidirá também outras vezes em casos idênticos. Então, por que a expectativa e a longa espera?[3]

A medida pode e deve ser generalizada. Se um tribunal superior decide uma controvérsia é porque a matéria causou divergência nos tribunais inferiores, nos quais já foi amplamente debatida. Reiterá-la nestes mesmos tribunais é perda de tempo.

A divergência conceitual entre liberdade do juiz e vinculação das decisões superiores é tema perene cuja discussão nunca terá fim.

O que se pode fazer é tentar sempre um equilíbrio histórico entre ambas as posições: nenhum juiz tem liberdade absoluta e nenhum tribunal superior é ditador. Um ponto de equilíbrio deve sempre ser buscado, conjugando-se os valores de cada posição.

2.2. Comentários ao parágrafo segundo

Art. 894. (...)

§ 2º A divergência apta a ensejar os embargos deve ser atual, não se considerando tal a ultrapassada por súmula do Tribunal Superior do Trabalho ou do Supremo Tribunal Federal, ou superada por iterativa e notória jurisprudência do Tribunal Superior do Trabalho.

As condições para que a divergência possa ser objeto de embargos são:

a) Atualidade

Se a divergência já está pacificada por súmula do TST ou STF, considera-se que esteja plenamente consolidada. Trata-se da unificação da jurisprudência em seu grau máximo, ou seja, a sumulação.

O que tem a lei de rigidez e dificuldade de alteração tem em sentido contrário a jurisprudência, que é facilmente alterável, pois anda rente aos fatos e não precisa subordinar-se a processos legislativos demorados.

Basta que os tribunais modifiquem, em face de julgamentos concretos e atuais, o entendimento anterior.

Porém há um certo momento em que a jurisprudência também precisa de estabilidade. Sua variabilidade excessiva prejudica a vida social, torna inseguros os negócios e as transações.

Se a controvérsia já se pacificou por súmula do TST e do STF, qualquer outra manifestação em sentido contrário está prejudicada. Predomina aqui o ideal da paz e da estabilidade jurídicas.

Como o legislador não distinguiu, a palavra Súmula, pode referir-se tanto à Súmula vinculante, criada na Constituição de 1988, quanto às súmulas anteriores, que

---

(2) SCHLAICH, Klaus. *Das Bundesverfassungsgericht* — Stellung, Verfahren, Entscheidungen. München.: C.H.Beck, 1991. p .249.

(3) Para o tema, com mais detalhes, ver ÁLVARES DA SILVA, Antônio. *As súmulas de efeito vinculante e a completude do ordenamento jurídico*. São Paulo: LTr, 2004.

continuam valendo como entendimento não vinculante do STF, já que não foram revogadas nem retiradas por ato da Suprema Corte.

O que se pode discutir é se foram ou não recepcionadas pela Constituição atual.

b) Controvérsia superada pela jurisprudência

Considera-se também ultrapassada a controvérsia superada por iterativa e notória jurisprudência do TST.

"Iterativo" provém de *iter, itin iris*, que significa caminho, via, estrada. Daqui veio *reiterar*, no sentido de repetir, voltar ao mesmo caminho ou assunto. Iterativo é, pois, repetição, consideração da mesma coisa, tema ou assunto, como a ideia de um caminho já percorrido várias vezes.

Jurisprudência iterativa é, pois, jurisprudência repetida.

O legislador ainda reforçou a repetição com o adjetivo "notória", do verbo notar, ou seja, jurisprudência conhecida pela repetição num determinado sentido que se superpõe a um anterior, revogando-o.

A lei fala apenas em jurisprudência do TST, superada por iteratividade e notoriedade. Não fez aqui referência ao STF, mas a repetição de temas trabalhistas naquela Corte pode também ocorrer, pois modernamente a matriz do Direito do Trabalho brasileiro está ancorada na Constituição, em vários de seus dispositivos.

Neste caso, com muito mais razão, a controvérsia há de considerar-se também superada.

3. Comentários ao parágrafo terceiro — denegação dos embargos

3.1. Comentários ao inciso I

A hipótese do § 3º, I, é exatamente o contrário do inciso II, já comentado.

Vejamos as hipóteses de denegação dos embargos:

a) Se a decisão estiver em consonância com súmula do TST ou do STF.

b) Se a decisão estiver em consonância com notória, iterativa e atual jurisprudência do TST.

Neste caso, a decisão embargada é irrecorrível e, portanto, definitiva. Se, entretanto, exerce a parte a liberdade de recorrer, negar-se-á provimento aos embargos.

Ao relator resta a incumbência de apontar a iterativa, notória e atual jurisprudência sobre o tema, devendo incorporá-la na fundamentação da decisão.

Note-se que o legislador é pródigo em adjetivos: iterativo, notório, atual, mas a lei não estabeleceu esta intensidade em números, que são a medida objetiva de qualquer grandeza, concreta ou abstrata.

Quando, então, se poderá dizer que há jurisprudência iterativa, notória e atual? Quantos acórdãos satisfarão a exigência legal?

Deixando a lei espaço aberto ao juiz, cumpre a ele com prudência e sabedoria preencher esse espaço que a lei relegou a seu encargo.

3.2. Considerações introdutórias sobre o inciso II à luz da teoria dos pressupostos e requisitos

O legislador aqui se utilizou da enumeração dos chamados pressupostos ou requisitos, expondo aqueles que obstaculizam a interposição dos embargos. Mais precisamente da divergência das decisões das Turmas bem como das decisões proferidas pela SDI, ou contrárias a súmula ou OJ do TST ou súmula vinculante do STF.

Alguns autores se afadigam na tentativa de distinguir as palavras "pressupostos" em correlação com "requisitos" em se tratando de recursos.

Pressuposto vem de pressupor, ou seja, supor (admitir, presumir) antes. Há uma realidade. Se queremos conhecê-la ou interpretá-la, admitimos algo a ela pressuposto, e, para demonstrar ou negar a pressuposição, utilizamos de um método apropriado, como condição possível de seu conhecimento.

Usando a palavra como "premissa não declarada de um raciocínio, isto é, a premissa da qual se faz uso no decorrer de um raciocínio, mas que não foi previamente enunciada e em cujo confronto, portanto, não existe um empenho definido"[4], a palavra seria um auxiliar do raciocínio, a sua instrumentalização concreta, embora não haja "um empenho definido no confronto entre o pressuposto e a coisa pressuposta."[5]

Daí a definição do Houaiss eletrônico na qual se enumera a evolução semântica da palavra, à medida que se abstrai seu emprego nas ciências sociais.

Pressuposto seria então uma suposição antecipada, conjectura. Como o pressuposto é prévio a outro conceito que se busca, passa a palavra a significar meta, objetivo, projeto, ou circunstância ou fato necessário de outro.

Acontece que, para se supor um fato em relação a outro, é necessário que se estabeleça uma relação entre ambos, isto é, um conhecimento das características de ambos. Então eles muitas vezes se misturam, passando do pressuposto ao fato e do fato ao pressuposto.

---

(4) ABBAGNANO, Nicola. *Dicionário de filosofia*. São Paulo: Mestre Jou, 1982. p. 758, verbete "pressuposto".

(5) ABBAGNANO, Nicola. *Idem*.

Tiago Maranduba Schröder[6] pretende uma distinção entre pressuposto e requisito com base em ideias do administrativista Celso Antônio Bandeira de Mello, que usa a palavra genérica "elementos" como partes intrínsecas de um objeto, obtidas por decomposição.

Teríamos então as condições necessárias desse objeto e os pressupostos, exteriores ao objeto, que se dividiriam em pressupostos de existência, sem os quais o objeto não existiria, e pressupostos de validade, sem os quais o objeto seria considerado inválido.

Mas também aqui há uma mistura do que se pressupõe com o que é pressuposto. Se falarmos em pressupostos de existência, estaremos adentrando a própria substância do objeto pressuposto, portanto, identificando ambos.

As condições necessárias de um objeto têm de ser admitidas para que a ele se chegue. Então seria difícil distinguir entre requisitos, como condição necessária do objeto e os pressupostos dele.

Quando se fala em requisitos[7] de um objeto estaríamos mencionando as condições necessárias, intrínsecas deste objeto. E pressuposto designaria as características exteriores do objeto.

Ele[8] objeta o uso do termo elementos de forma generalizada e ensina que elementos são as partes intrínsecas ao objeto cognoscível encontradas por meio da decomposição analítica.

Requisitos seriam as exigências ou condições necessárias deste objeto e os pressupostos, exteriores ao objeto, seriam divididos em pressupostos de existência (sem os quais o objeto sequer existiria) e pressupostos de validade (sem os quais o objeto seria considerado inválido).[9]

Ora, pressupostos de existência são o próprio objeto, perquirido em sua essência, voltando-se assim a se confundirem os dois elementos.

Saliente-se por fim que o uso indistinto desses dois termos não afeta a compreensão do conteúdo em se tratando de recursos no Direito Processual. O melhor é mesmo a sugestão de Celso Antônio, no sentido da utilização de uma palavra genérica, tal como elemento ou condição, pressuposto ou requisito.

No processo civil, os dois termos são usados: ora um, ora outro. O termo "pressuposto" é usado frequentemente qualificando o substantivo "processo" — pressuposto processual e o termo "condição" para ação — condições da ação. Processualistas de peso, tais como Nelson Nery Junior, usam a palavra "requisito" no lugar de pressuposto para a admissibilidade dos recursos.[10]

Caso a doutrina ou o legislador queiram dar sentido especial a um destes termos, diferenciando-o de outros semanticamente próximos, deve-se então estabelecer uma definição prévia do sentido como, aliás, é frequente no direito moderno.

O legislador, antes da enumeração dos artigos de uma lei, define termos nela usados para compreensão plena do conteúdo.

Caiu em desuso a afirmação de que definições são tarefa da doutrina e não do legislador. Este prescreve, ordena ou permite. Não é sua missão ensinar.

Esta situação se explica pela complexa e rica realidade fática que hoje vivemos. Muitas vezes, os termos usados não abarcam os fatos ou certas situações que precisam de uma redefinição ou se depara com a necessidade da criação de um novo conteúdo para uma palavra ou expressão jurídica tradicional.

Esse fato nada tem de excepcional. O mundo moderno está em processo de radical mudança e a linguagem técnica, por ser artificial, sujeita-se a definições para redimensionar, transformar ou criar novas expressões.

Conforme salienta Karl Korn,[11]

> *Das Synonym aber ist der Todfeind der technischen Sprache. Daß dieselben oder eng verwandten Dinge durch mehrere lautlich voneinander verschiedene Wörter bezeichnet werden können, widerstreitet dem Präzisionscharakter der technischen Apparatur. Daher sind alle technischen Sprachnormungsbestrebungen auf sogenannte „Eindeutigkeit" aus.* (A sinonímia é

---

(6) SCHRÖDER, Tiago Maranduba. *Incitação à filosofia processual:* requisitos, pressupostos ou elementos dos recursos? Como denominar os diversos conteúdos do juízo de admissibilidade. Disponível em: <http://www.juspodivm.com.br/jp2/artigos.asp?notCatId=47>. Acesso em: 28 jul. 2014.

(7) A palavra provém de *re*, prefixo que dá ideia de repetição, e o verbo latino *quaero, is, qua rere, quaesivi* ou *quaesii, quaesitum*, que significa basicamente buscar. Na linguagem científica e jurídica, buscar perquirindo e indagando, principalmente – *wissenschaftlich untersuchen, gerichtlich untersuchen, verhören*. Ver a palavra em *Navigium – Lateinwörterbuch on line* (Disponível em: <http://www.navigium.de/suchfunktion.html>), para detalhes do significado. Quem busca por alguma coisa tem que saber um mínimo de sua essência para poder encontrá-la.

(8) Refere-se Schröder ao administrativista Celso Antônio Bandeira de Melo.

(9) SCHÖDER, Tiago Maranduba. *Op. cit.*, p. 2.

(10) NERY JUNIOR, Nelson. *Teoria geral dos recursos* – princípios fundamentais. São Paulo: RT, 1997. p. 237.

(11) Texto disponível em: <http://www.doku.net/artikel/sprachedr.htm>.

inimiga mortal da linguagem técnica. Uma vez que as mesmas coisas ou coisas parecidas podem ser designadas através de palavras diferentes entre si, isto se contrapõe ao caráter de precisão do complexo da tecnologia. Por isso, todas as aspirações da técnica se voltam para a chamada "precisão de sentido").

É verdade que a sinonímia, própria da formulação estilística da linguagem literária, é inimiga capital (Totfeind) da linguagem técnica que precisa de exatidão e precisão para exprimir conceitos que não podem sofrer obscuridade de sentido, sob pena de comprometerem a realidade que visam expressar com exatidão.

Se não podemos chegar jamais à precisão na linguagem das ciências sociais, podemos sim fixar-lhe o sentido e apurar-lhe a expressão. Portanto se três ou mais palavras são aptas a comunicar uma noção ou conceito, devemos esclarecer em qual sentido elas se tornam sinônimas ou então escolher uma delas, precisando-lhe o sentido.

Foi isso que tentamos fazer.

3.3. Comentários ao inciso II

Haverá a denegação dos embargos nas hipóteses de:

a) intempestividade;

b) deserção;

c) irregularidade de representação;

d) ou da ausência de qualquer outro pressuposto extrínseco de admissibilidade.

O legislador adotou a distinção doutrinária entre pressupostos intrínsecos e pressupostos extrínsecos de recorribilidade.

Os pressupostos intrínsecos — doravante PI — levam em conta a decisão impugnada em seu conteúdo e forma. São eles:

a) cabimento;

b) legitimação para recorrer;

c) interesse em recorrer.

Já os pressupostos extrínsecos referem-se a fatores externos da decisão e são a ela posteriores, independentes do conteúdo da decisão recorrida. São eles:

a) tempestividade;

b) regularidade formal;

c) inexistência de fato impeditivo do poder de recorrer;

d) preparo.[12]

---

(12) NERY JUNIOR, Nelson. *Op. cit.*, p. 238.
(13) NERY JUNIOR, Nelson. *Op.cit.* p. 238.

O legislador enumerou, no inciso II, os fatores que entendeu constituirem os pressupostos extrínsecos do recurso de embargos, mas, generalizando, aplicam-se a todo e qualquer recurso, pois a espécie se diferencia do gênero, mas não pode negá-lo. São eles:

a) intempestividade;

b) deserção;

c) irregularidade de representação;

d) ausência de qualquer outro pressuposto extrínseco de validade.

O legislador fez, assim, uma enumeração exemplificativa — *numerus apertus* — dos pressupostos extrínsecos e, no final — ver item *d* acima — ostentou uma cláusula geral: ausência de qualquer outro pressuposto extrínseco de admissibilidade.

Andou certo o legislador, estabelecendo essa cláusula geral.

As classificações, como as definições, são feitas segundo critérios previamente estabelecidos.

Como os fatos estão sempre em perpétuo movimento, elas sempre deixam espaço a imperfeições e complementações, principalmente quando se trata de ciências humanas ou sociais, em que tudo tem um certo grau de instabilidade e insegurança, fato herdado da própria natureza do homem.

Poderia surgir, e efetivamente surgiria, discussão para saber se uma cláusula teria natureza extrínseca ou intrínseca. Com a cláusula genérica, tal risco fica diminuído.

Porém, a própria distinção entre pressupostos intrínsecos e extrínsecos é precária. Os primeiros teriam pertinência com a decisão em si e os segundos com fatos a ela posteriores.

Mas o fato é que o cabimento, a legitimidade para recorrer e o interesse para recorrer, apontados geralmente como pressupostos intrínsecos — PI — são fatores analisáveis *a posteriori* e têm como pressuposição a sentença dada. Sem ela, tais fatores não existiriam.

Como se poderia conjecturar sobre o cabimento de um recurso sem analisar a sentença, para então se estabelecer a recorribilidade, que só pode ser exercida depois da opção sobre o cabimento do recurso, ou seja, da sua pertinência com o caso concreto?

O mesmo se diz sobre a legitimidade da parte recorrente. Se os recursos são ação dentro da ação[13], a legitimidade e o direito de agir só são dedutíveis depois de analisada a relação que existe entre a sentença e o recorrente.

É verdade que certos fatores, tais como preparo e regularidade formal, reduzem-se à condição de meros atos procedimentais. Mas estão sempre e necessariamente em correlação com a sentença e a ela referíveis.

Por isso, concluímos que o melhor para a segurança jurídica é que o legislador enumere especificamente — *numerus clausus* — os pressupostos ou condições de recorribilidade, independentemente da classificação de sua natureza intrínseca ou extrínseca.

Finalmente, é preciso ficar claro que, embora o inciso II ora comentado fale em denegação de seguimento de embargos quando falte pressuposto extrínseco de admissibilidade, com muito mais razão ainda há de inadmitir os embargos quando estiverem ausentes os pressupostos intrínsecos.

4. Comentários à Súmula n. 458 do TST

4.1. Textos pertinentes

EMBARGOS. PROCEDIMENTO SUMARÍSSIMO. CONHECIMENTO. RECURSO INTERPOSTO APÓS VIGÊNCIA DA LEI N. 11.496, DE 22.6.2007, QUE CONFERIU NOVA REDAÇÃO AO ART. 894, DA CLT. (conversão da Orientação Jurisprudencial n. 405 da SBDI-1 com nova redação) – Res. n. 194/2014, DEJT divulgado em 21, 22 e 23.5.2014

Em causas sujeitas ao procedimento sumaríssimo, em que pese a limitação imposta no art. 896, § 6º, da CLT à interposição de recurso de revista, admitem-se os embargos interpostos na vigência da Lei n. 11.496, de 22.6.2007, que conferiu nova redação ao art. 894 da CLT, quando demonstrada a divergência jurisprudencial entre Turmas do TST, fundada em interpretações diversas acerca da aplicação de mesmo dispositivo constitucional ou de matéria sumulada.

Art. 894 com redação da Lei n. 11.496/07	Art. 894, II, com redação da Lei n. 13.015/14
Cabem embargos no TST, no prazo de 8 dias:	Cabem embargos no TST no prazo de 8 dias:
Das decisões das Turmas que divergirem entre si, ou das decisões proferidas pela Seção de dissídios individuais, salvo se a decisão recorrida estiver em consonância com súmula ou orientação jurisprudência do TST ou do STF.	Das decisões das Turmas que divergirem entre si ou das decisões proferidas pela Seção de Dissídios Individuais, ou contrárias a súmula ou orientação jurisprudencial do TST ou súmula vinculante do STF.

Art. 896, § 6º, da CLT: Nas causas sujeitas ao procedimento sumaríssimo, somente será admitido recurso de revista por contrariedade a súmula de jurisprudência uniforme do TST e violação direta da Constituição da República.

4.2. Comentários

O art. 896 estabeleceu drásticas restrições ao RR. Só se admite RR quando no acórdão dos TRTs a decisão:

a) contrariar súmula de jurisprudência uniforme do TST.

b) apresentar violação direta da Constituição.

A CLT, em muito boa hora, restringiu a interposição de recurso de revista – RR – estabelecendo, no art. 896, § 6º, limitações à sua interposição. Veja-se o art. 896, "*a*" e "*b*".

A nada serviria criar-se procedimento sumaríssimo com a faculdade ilimitada de recorrer. É dar com uma mão e retirar com duas. As vantagens da sumariedade se perderiam.

Como já se viu, cabem embargos no TST, a partir da vigência da Lei n. 13.015/14, no prazo de 8 dias:

a) das decisões das Turmas que divergirem entre si, ou seja, TxT;

b) ou das decisões que divergirem das decisões proferidas pela seção de dissídios individuais, ou seja, T x SDI;

c) das decisões que divergirem (das decisões que contrariarem) súmula de jurisprudência uniforme do TST, ou seja, T x JU do TST;

d) das decisões que contrariarem súmula vinculante do SRF, ou seja, T x SV do STF.

O recurso de embargos tem por finalidade unificar a jurisprudência interna de órgãos judicantes que se subdividem em diferentes unidades que exercem a competência do órgão na parcela que lhes é atribuída: turmas, grupos de turmas, seções especializadas, órgão especial e tribunal pleno.

Seria intolerável que, dentro de um mesmo órgão, houvesse divergência de interpretação, embora na prática isto aconteça entre turmas ou até mesmo dentro da própria turma quando se troca membro de sua composição.

Se há a vantagem da unificação, há também a desvantagem para as partes porque aumenta a burocracia e retarda a prestação jurisdicional. Em tribunais já sobrecarregados de recursos, esta viagem interna de papéis ou mesmo de expediente virtual pode custar tempo e prejuízo aos julgamentos de mérito.

A aplicação do princípio dos recursos repetitivos poderia ajudar na solução do problema. Sempre que houvesse divergência entre turmas, qualquer ministro deveria suscitar a unificação e, consultando virtualmente todas as demais turmas, proferir uma decisão conjunta imediata. O mesmo se diz em relação aos tribunais regionais, bem como às divergências entre turmas com a SDI predominando vinculantemente a decisão desta.

Se o processo é via, como diz Pontes de Miranda, é preciso aplainá-la para que os instrumentos da solução de conflitos funcionem adequadamente e com rapidez, sem que se perca a garantia da segurança e do direito de defesa das partes. E já sabemos que isso é plenamente possível, com a experiência dos juizados especiais e do procedimento sumaríssimo.

Viu-se pelo quadro acima, que foi ínfima a mudança do art. 894 pela Lei n. 13.015/14: ela apenas acresceu mais uma permissibilidade na interposição de embargos, quando houver violação de súmula vinculante — SV — do STF.

Anote-se que a Lei n. 13.015/14 se referiu a embargos no TST.

Até aqui tudo certo. Uma lei nova revogou a anterior, ampliando sua redação e aumentando a possibilidade da interposição de embargos no TST.

No entanto, a Súmula n. 458 desestabilizou o que estava claro e assentado, afirmando que, nas causas sujeitas ao rito sumaríssimo, em que pese a limitação imposta no art. 896, § 6º, à interposição do recurso de revista[14], admitem-se os embargos interpostos na vigência da Lei n. 11.496/07, que conferiu nova redação ao art. 894 (até ser modificado pela atual Lei n. 13.015/14) quando demonstrada divergência entre Turmas do TST, fundada em interpretações diversas acerca da aplicação de mesmo dispositivo constitucional ou matéria sumulada.

Houve, assim, confusão evidente. A restrição do art. 896, § 6º, se refere a recurso de revista interposto em procedimento sumaríssimo. Aqui se fala em violação direta à Constituição, além de súmula do TST. Mas nos embargos, cuja finalidade é bem diversa do RR, a Lei n. 13.015/14, que deu nova redação ao art. 894, II, não falou em violação da Constituição.

No entanto a Súmula n. 458 admitiu a interposição de embargos "na vigência da Lei n. 11.496",[15] com base em divergência ancorada em dispositivo constitucional. Ou seja, transpôs para os embargos (art. 894) uma condição recursal que só havia no recurso de revista em procedimento sumaríssimo — art. 896, § 6º.

A súmula, portanto, avançou claramente no terreno do legislador, fazendo uma analogia imperfeita, ou seja, criando hipóteses de recorribilidade que só podem ser fixadas pelo legislador.

Portanto, quer em processo regido pelo rito sumaríssimo, quer pelo rito ordinário, não se pode interpor embargos por divergência constitucional. Saliente-se ainda a impropriedade de redação da Súmula n. 458 quando afirma: " Admitem-se os embargos interpostos na vigência da Lei n. 11.496/07, que conferiu nova redação ao art. 894 da CLT, quando demonstrada a divergência jurisprudencial entre Turmas do TST, fundada em interpretações diversas acerca da aplicação de mesmo dispositivo constitucional ou de matéria sumulada."

Ora, os embargos só podiam ser admitidos na forma do art. 894, II, com redação da Lei n. 11.496/07, pois era esta a norma em vigência. Dá-se a entender pela redação que havia outro modo de interposição.

Ou, quem sabe, a Súmula n. 458 quis dizer que os embargos em processos pelo rito sumaríssimo com base em divergência constitucional continuam a ser permitidos, mesmo depois da Lei n. 13.015/14? Se assim for, estará clara a função legislativa da Súmula n. 458 que, além de inconstitucional, passaria também a defender a filosofia da recorribilidade plena que a moderna ciência processual quer evitar.

Portanto, a conclusão a que se chega é que a Súmula n. 458, ao assumir postura legiferante, tornou-se formalmente inconstitucional pois o direito sumular não é via constitucionalmente prevista para criar normas — art. 59 da Constituição.

Nem se diga que, nas divergências das turmas entre si, o conteúdo desta divergência pode ser matéria constitucional. O raciocínio não convenceria porque a CLT sempre tratou de modo distinto a questão constitucional.

O art. 896, a) fala em interpretação diversa de lei federal por outro tribunal. Já no item c) menciona expressamente decisões "proferidas com violação literal de disposição da lei federal ou afronta direta e literal à Constituição Federal".

Logo se pode concluir que a divergência das Turmas entre si deve ter como conteúdo matéria trabalhista e não temas constitucionais.

Com isso se evita mais um procedimento unificador que custa tempo e retarda a prestação jurisdicional. De qualquer forma, qualquer unificação do TST em matéria constitucional é provisória, porque o guardião da Constituição é o STF e não o TST.

Por isso, sempre entendemos que o controle de constitucionalidade do TST é uma atividade inútil e desnecessária pois sempre estará sujeita à revisão do STF.

---

(14) A limitação consiste em só se permitir o recurso de revista por contrariedade a súmula e violação direta da Constituição.

(15) É claro que até a Lei n. 13.015/14 só se podiam interpor embargos de acordo com o inciso segundo do art. 894, com a redação da Lei n. 11.496, pois era o dispositivo que estava em vigência.

Se no julgamento de um recurso de revista o TST decide questão concreta dando uma interpretação a dispositivo constitucional e se não há recurso extraordinário desta decisão, a interpretação do TST permanece. Então ele se transforma de fato em guardião da Constituição, o que é um ilogismo e uma violação da Constituição.

Tal situação pode acontecer até mesmo com uma decisão de primeira instância e deve a todo custo ser evitada, pois fere a lógica de todo o sistema hierárquico de organização do ordenamento jurídico, que fica sujeito a dois controles de constitucionalidade: um de fato e outro previsto na Constituição.

5. Referências bibliográficas

ABBAGNANO, Nicola. *Dicionário de filosofia*. São Paulo: Mestre Jou, 1982.

Navigium – Lateinwörterbuch on-line (Disponível em: <http://www.navigium.de/suchfunktion.html>). Acesso em: 28 jul. 2014.

NERY JUNIOR, Nelson. *Teoria geral dos recursos* — princípios fundamentais. São Paulo: RT, 1997.

SCHLAICH, Klaus. *Das Bundesverfassungsgericht* — Stellung, Verfahren, Entscheidungen. München: C.H.Beck, 1991.

SCHRÖDER, Tiago Maranduba. *Incitação à filosofia processual:* requisitos, pressupostos ou elementos dos recursos? Como denominar os diversos conteúdos do juízo de admissibilidade. Disponível em: <http://www.juspodivm.com.br/jp2/artigos.asp?notCatId=47>. Acesso em: 28 jul. 2014.

SILVA, Antônio Álvares da. *As súmulas de efeito vinculante e a completude do ordenamento jurídico*. São Paulo: LTr, 2004.

SUMMER, Robert; ENG, Svein (1997)."*Departures from precedent*". In: MCCORMICK, Neil; SUMMERS, Robert (Orgs.). *Interpreting Precedents* — A Comparative Study. Aldershort, Ashgate.

Parte 3.3

Orientações Jurisprudenciais e Precedentes Normativos do Tribunal Superior do Trabalho Relacionadas ao Direito Processual do Trabalho

3.3.1. OJs da Subseção de Dissídios Individuais do TST

OJ n. 26 da SDI-1 do TST: Competência da Justiça do Trabalho para Apreciar e Julgar Demanda Versando sobre Pensão Devida à Viúva de Ex-Empregado

Maristela Íris da Silva Malheiros

OJ N. 026-SDI-1-TST (DJ 20-04-2005): COMPETÊNCIA DA JUSTIÇA DO TRABALHO. COMPLEMENTAÇÃO DE PENSÃO REQUERIDA POR VIÚVA DE EX-EMPREGADO.

A Justiça do Trabalho é competente para apreciar pedido de complementação de pensão postulada por viúva de ex-empregado, por se tratar de pedido que deriva do contrato de trabalho.

1. Introdução

A Emenda Constitucional n. 45/2004, que promoveu a "Reforma do Poder Judiciário", introduziu profunda e relevante alteração na competência da Justiça do Trabalho. Tal Emenda atribuiu à Justiça do Trabalho competência para apreciar uma multiplicidade de matérias, incluindo, de forma abrangente e acertada, todas as ações "oriundas da relação de trabalho", sem vinculá-las à figura do empregador.

A ampliação do campo de atuação da Justiça Laboral, sem dúvida, alterou vários paradigmas, inclusive o de distribuição da competência[1] e a extinção da restrição em razão das pessoas, bastando que a controvérsia tenha se originado de uma relação de trabalho, pouco importando quem sejam os ocupantes dos polos da ação[2].

Todavia, apesar da clara intenção do Congresso Nacional em expandir a competência da Justiça do Trabalho, houve grande resistência no mundo jurídico em aceitar tal ampliação, o que gerou intensos debates e soluções divergentes no âmbito dos Tribunais pátrios.

2. Previdência privada instituída e patrocinada pelo empregador — questões relevantes

Dentre os vários debates travados nos Tribunais envolvendo o alcance da atual redação do art. 114 da Constituição da República (CR), atribuída pela EC n. 45/2004, tem-se aquele pertinente à competência material para apreciar questões relativas à previdência privada, nas hipóteses em que o empregador é o instituidor e patrocinador da entidade de previdência fechada, seja nas ações ajuizadas pelo próprio empregado ou ex-empregado, seja naquelas que envolvem os beneficiários de pensão em caso de morte do empregado.

Como é sabido pelos operadores do direito, vários são os empregadores que instituem e patrocinam entidades de previdência fechada para cuidar e gerir os benefícios de aposentadoria de seus empregados e pensões devidas aos dependentes dos empregados falecidos.

Em vista do crescente número de participantes de entidades de previdência fechada, instituídas pelos empregadores, são milhares as demandas judiciais nas quais se debatem as mais variáveis questões, dentre as quais: a norma aplicável aos benefícios, revisão dos benefícios, parcelas integrantes do salário de contribuição, critérios de atualização dos salários de contribuição, resgates das contribuições, migração de planos, reversão ao plano originário e tantos outros[3]. No polo passivo de tais demandas às vezes figura apenas a empregadora ou ex-empregadora,

---

(1) CORDEIRO, Wolney de Macedo. *A Emenda Constitucional n. 45/2004 — divergências e convergências entre tribunais superiores*. In: *Ampliação da competência da Justiça do Trabalho 5 Anos depois*. São Paulo: LTr, dez. 2009.

(2) MOLINA, André Araújo. Competência material trabalhista: critério científico para interpretação do inciso I do art. 114 da CF/1988. *Juris Síntese*, São Paulo, n. 73, set./out. 2008.

(3) LORA, Ilse Marcelina Bernardi. *A competência da Justiça do Trabalho para ações relativas à previdência complementar fechada*. Teresina: *Jus Navigandi*, ano 15.

às vezes tão somente a entidade de previdência privada e, na maioria das vezes, a empregadora e a entidade de previdência privada.

Parte da doutrina e da jurisprudência entende caber à Justiça Comum apreciar e julgar as demandas em que se discute complemento de aposentadoria ou pensão, estribando-se ora no fundamento de ser de natureza previdenciária o direito discutido e ora no fato de o § 2º do art. 202/CR dispor que "*As contribuições do empregador, os benefícios e as condições contratuais previstas nos estatutos, regulamentos e planos de benefícios das entidades privadas não integram o contrato de trabalho dos participantes (...)*".

Outros defendem que, se o benefício de complemento de aposentadoria ou pensão derivar do contrato de trabalho, tornar-se-á irrelevante a natureza do direito aplicável, exsurgindo clara a competência da Justiça do Trabalho. Sustentam outros que a regra contida no § 2º do art. 202/CR não afasta a competência da Justiça do Trabalho por se tratar de norma de direito material, portanto, não definidora de competência.

No âmbito da Justiça do Trabalho, a jurisprudência majoritária se inclinava no sentido de que cabe a esta Justiça Especializada apreciar e julgar as demandas versando sobre benefícios previstos em norma regulamentar de previdência privada mantida pelo empregador ou ex-empregador.

Aliás, as turmas do Tribunal Regional do Trabalho da 3ª Região (TRT3) editaram a Súmula n. 2, que assim estabelece: "*A Justiça do Trabalho é competente para apreciar e julgar demandas relativas à complementação de aposentadoria a cargo da entidade de previdência privada instituída e patrocinada pelo empregador, decorrente de contrato de trabalho.*"

Já o Superior Tribunal de Justiça (STJ), ao julgar conflitos de competência, vem se manifestando a favor da competência da Justiça Comum.

No Supremo Tribunal Federal (STF) a matéria teve repercussão geral reconhecida em dois Recursos Extraordinários (RE). No RE n. 586.453, a relatora, ministra Ellen Gracie, entendeu que a competência seria da Justiça Comum. Já no RE 583050, o relator ministro Cézar Peluso havia ressaltado em seu voto que o STF entende competir à Justiça do Trabalho apreciar pedidos de complemento de aposentadoria no âmbito da previdência privada nas hipóteses em que a instância originária reconhece, à luz da prova, que a relação jurídica decorre de contrato de trabalho.

O STF julgou os REs ns. 586.453 e 583.050 em 20 de fevereiro de 2013, tendo prevalecido a tese de que cabe à Justiça Comum julgar processos decorrentes de contrato de previdência complementar privada. O Plenário decidiu modular os efeitos dessa decisão e definiu que permanecerão na Justiça do Trabalho todos os processos que já tiverem sentença de mérito até a data da decisão. Dessa forma, todos os demais processos que tramitam na Justiça Trabalhista, mas ainda não tenham sentença de mérito, deverão ser remetidos à Justiça Comum.

Entretanto, em vários julgados anteriores, o e. STF havia firmado entendimento no sentido de que, derivando o benefício de complemento de aposentadoria de contrato de trabalho de empregado, caberia à Justiça Laboral apreciar e julgar a demanda (CC 7500, rel. Carlos Ayres Brito, pub. DJE n. 54, de 20.3.2009, decisões singulares CC 7532, ministra Cármem Lúcia/ CC. 7382, ministro Celso Melo/ CC 7387, ministro Ricardo Lewandowsk e CC 7393, ministro Gilmar Mendes).

As decisões do STF proferidas nos REs ns. 586.453-7 e 583.050, a nosso ver, subvertem a lógica de aferição de competência, uma vez que fundamentam esta análise na espécie de direito material tratado nas demandas, afirmando a autonomia do Direito Previdenciário em relação ao Direito do Trabalho.

No entanto é assente na doutrina que é a causa de pedir e o pedido que definem a natureza da lide e, por conseguinte, determinam qual órgão jurisdicional é competente para dirimir a controvérsia, sendo irrelevante a natureza da norma ou o princípio aplicável na sua solução.

Segundo Calmon de Passos:

> A causa de pedir, portanto, é não só aquele fato matriz da relação jurídica que vinculou os sujeitos da lide, como por igual o fato de que derivou o dever de prestar do sujeito obrigado ou daquele a quem a ordem jurídica imputa o dever de determinado comportamento.

> Pode-se, conseguintemente, dizer que a causa de pedir é a resultante da conjugação tanto do fato gerador da incidência originária, quanto daquele de que resultou a incidência derivada. Para alguns autores, a distinção se faz em termos de causa de pedir remota e causa de pedir próxima. Remota, a que se vincula ao fato matriz da relação jurídica. Próxima, a que se relaciona com o dever (lato senso) do titular da situação de desvantagem ou daquele de quem se deve ou pode exigir determinado ato ou comportamento.[4]

---
(4) PASSOS, José Joaquim Calmon de. *Comentários ao Código de Processo Civil*. v. III, 7. ed. Rio de Janeiro: Forense, 1992.

Assim, se a causa de pedir remota (a que se refere aos fatos de que resulte o litígio) se funda em uma relação de trabalho, a competência para solucionar a lide deveria ser da Justiça do Trabalho, pouco importando os sujeitos integrantes da relação jurídico-processual e a legislação aplicável ao caso concreto (se trabalhista, civil, previdenciária etc.). De se ressaltar a tal respeito que a própria CLT autoriza aplicação do Direito Comum como fonte subsidiária (art. 8º, parágrafo único).

Partindo de tal entendimento, para se aferir qual órgão jurisdicional será competente para apreciar e julgar demandas com pedidos de cunho previdenciário há que se distinguir o título jurídico que legitima a ação. Desta forma, quando se pretende obter complemento de benefício previdenciário com base na lei, a competência é da Justiça Comum. Se, ao contrário, fundar-se a pretensão em normativos de entidade de previdência privada instituída e patrocinada pelo empregador, entendemos que a competência é induvidosamente da Justiça do Trabalho.

3. Complementação de pensão requerida pela viúva de ex-empregado

Especificamente no caso de complemento de pensão requerida pela viúva de ex-empregado, a questão envolve mais um aparente complicador, qual seja, o fato de não ter a viúva mantido qualquer vínculo com o instituidor/patrocinador da entidade previdência fechada.

Todavia, como se argumentou alhures, na aferição da competência material da Justiça do Trabalho haveria de se perquirir, antes de mais nada, se os fatos de que resulta o dissídio estão ou não vinculados a uma relação de trabalho.

Não há dúvidas de que nas demandas ajuizadas por viúva de ex-empregado, onde se discute complemento de pensão administrado por entidade instituída e patrocinada pelo empregador do consorte falecido a causa de pedir remota se ampara na relação de emprego mantida entre o cônjuge falecido e o ex-empregador deste, situação que atrai, portanto, a competência da Justiça do Trabalho.

Aliás, o STF adotava igual posicionamento, como se infere da transcrição abaixo:

> A determinação da competência da Justiça do Trabalho não importa que dependa a solução da lide de questões de direito civil, mas sim, no caso, que a promessa de contratar, cujo alegado conteúdo é o fundamento do pedido, tenha sido feita em razão da relação de emprego, inserindo-se no contrato de trabalho.
>
> (...)
>
> Para saber se a lide decorre da relação de trabalho não tenho como decisivo, *data vênia*, que a sua composição judicial penda ou não de solução de temas jurídicos de direito comum, e não, especificamente, de direito do trabalho. O fundamental é que a relação jurídica alegada como suporte do pedido esteja vinculada, como o efeito à causa, à relação empregatícia, como me parece inquestionável que se passa aqui, não obstante o seu conteúdo específico seja o de uma promessa de venda, instituto de direito civil (CC 6.959-6, rel. Sepúlveda Pertence, DJU 23/05/1990).

No julgamento do Conflito de Jurisdição n. 6-959-6, assim se manifestou o ministro Sepúlveda Pertence: "*O fundamental é que a relação jurídica alegada como suporte do pedido esteja vinculada, como o efeito à sua causa, à relação empregatícia; ...*". Neste mesmo julgamento, o ministro Moreira Alves, ao proferir seu voto, acompanhando o entendimento do ministro Sepúlveda Pertence, registrou já haver precedentes no STF no tocante a direito previdenciário e funcionários do Banco do Brasil, bem como em relação a pensões de viúvas de bancários.

A circunstância de a viúva não ter sido empregada do instituidor do benefício de previdência privada não altera a competência da Justiça do Trabalho, considerando que a transferência do direito patrimonial decorreu do óbito do empregado.

O § 2º do art. 202/CR, invocado por aqueles que defendem a competência da Justiça Comum, em nada altera o entendimento acima, considerando que referida norma, além de ser de direito material, apenas retira o caráter salarial das contribuições devidas pelo empregador e dos benefícios pagos pela previdência privada instituída, não tendo, por isso, calibre para interferir na competência a Justiça do Trabalho sobre litígios que tenham origem na relação de emprego.

De se frisar que quando a administradora de planos de previdência privada é entidade criada pelo empregador exclusivamente para atender a seus empregados, torna-se inegável que os benefícios por aquela geridos derivam do contrato de trabalho, até porque o empregado ou ex-empregado somente pode aderir ao plano de previdência privada porque mantém ou manteve vínculo empregatício com o instituidor da entidade de previdência privada. No caso específico da viúva, esta somente pode se beneficiar de pensão deixada pelo marido porque um dia seu falecido cônjuge manteve vínculo de emprego com o instituidor da entidade de previdência fechada. Esse fato atrai a competência fixada pelo inciso IX do art. 114 da Constituição da República por ser evidente a natureza trabalhista do litígio, ainda que as normas aplicáveis ao caso não sejam de natureza trabalhista e a autora da ação não tenha sido empregada do instituidor e patrocinador da entidade de previdência fechada.

No âmbito do Tribunal Superior do Trabalho (TST), pacificou-se o entendimento de que a competência para apreciar e julgar demanda de complemento de pensão requerida por viúva de ex-empregado é mesmo da Justiça do Trabalho, tanto que foi editada, em abril de 2005, a Orientação Jurisprudencial n. 26 da SDI-I, do C. TST, que assim dispõe:

> COMPETÊNCIA DA JUSTIÇA DO TRABALHO. COMPLEMENTAÇÃO DE PENSÃO REQUERIDA POR VIÚVA DE EX-EMPREGADO. A Justiça do Trabalho é competente para apreciar pedido de complementação de pensão postulada por viúva de ex-empregado, por se tratar de pedido que deriva do contrato de trabalho.

Referida OJ, entretanto, deve ser revista pelo TST, podendo vir a ser cancelada, tendo em vista as decisões proferidas pelo Eg. STF nos REs ns. 586.453-7 e 583.050, que fixaram a competência da Justiça Comum para processar e julgar ações relativas a benefícios de previdência complementar privada, em relação aos processos que não tinham sido proferidas sentenças até 20.2.2013.

4. Considerações finais

A causa de pedir e o pedido que definem a natureza da lide e, por conseguinte, determinam qual órgão jurisdicional é competente para dirimir a controvérsia, pouco importando a natureza da norma ou o princípio aplicável na sua solução.

Para a aferição de qual órgão jurisdicional será competente para apreciar e julgar demandas com pedidos de cunho previdenciário há que se distinguir o título jurídico que legitima a ação. Assim, quando se pretende complemento de benefício previdenciário com base na lei, a competência é da Justiça Comum. Entretanto, caso a pretensão esteja fundada em normativos de entidade de previdência privada instituída e patrocinada pelo empregador, a competência é da Justiça do Trabalho.

Dentro dessa linha de raciocínio, tem-se que a Justiça do Trabalho é competente para apreciar e julgar pedido de complementação de pensão requerida pela viúva de ex-empregado, considerando que a filiação do consorte falecido à entidade de previdência privada decorreu exclusivamente do contrato de trabalho por ele mantido com o instituidor e patrocinador da administradora de previdência fechada. Portanto, a causa de pedir remota vincula-se a uma precedente relação de emprego.

Entretanto, o STF adotou a tese de que cabe à Justiça Comum julgar processos decorrentes de contrato de previdência complementar privada, de forma que o entendimento do TST relativo à competência para apreciar demandas de complemento de pensão requerida por viúva de ex-empregado, consubstanciado em sua OJ n. 26 da SDI-I, poderá ser revisto.

Referências bibliográficas

ALMEIDA, Cléber Lúcio. *Direito processual do trabalho*. 4. ed. Belo Horizonte: Del Rey, 2012.

CORDEIRO, Wolney de Macedo. A emenda constitucional n. 45/2004 — divergências e convergências entre tribunais superiores. *In: Ampliação da competência da Justiça do Trabalho 5 Anos Depois*. São Paulo: LTr, dez. 2009.

COUTINHO, Grijalbo Fernandes; FAVA, Marcos Neves (Orgs.). Apontamentos sobre a competência da Justiça do Trabalho após a Emenda Constitucional n. 45. *In: Justiça do Trabalho*: competência ampliada. São Paulo: LTr/Anamatra, 2005.

DINAMARCO, Cândido Rangel. *Instituto de Direito Processual Civil*. vol. I, 5. ed. São Paulo: Malheiros, 2005.

LORA, Ilse Marcelina Bernardi. *A competência da Justiça do Trabalho para ações relativas à previdência complementar fechada*. Teresina: *Jus Navigandi*, ano 15.

MOLINA, André Araújo. Competência material trabalhista: critério científico para interpretação do inciso I do art. 114 da CF/1988. *Juris Síntese*, São Paulo, n. 73, set./out. 2008.

NASCIMENTO, Amauri Mascaro. A competência da Justiça do Trabalho para a relação de trabalho. *In: Nova competência para a Justiça do Trabalho*. São Paulo: LTr/Anamatra, jan. 2005.

PASSOS, José Joaquim Calmon de. *Comentários ao Código de Processo Civil*. v. III, 7. ed. Rio de Janeiros: Forense, 1992.

OJ n. 36 da SDI-1 do TST

Eduardo Simões Neto

36. INSTRUMENTO NORMATIVO. CÓPIA NÃO AUTENTICADA. DOCUMENTO COMUM ÀS PARTES. VALIDADE (título alterado e inserido dispositivo) – DJ 20.4.2005

O instrumento normativo em cópia não autenticada possui valor probante, desde que não haja impugnação ao seu conteúdo, eis que se trata de documento comum às partes.

De acordo com o art. 830 da CLT, com redação dada pela Lei n. 11.925, de 2009, "o documento em cópia oferecido para prova poderá ser declarado autêntico pelo próprio advogado, sob sua responsabilidade pessoal".

Nos termos do parágrafo único do mesmo dispositivo, incluído em 2009 pela lei acima referida, a juntada dos originais ou de cópia autenticada só será exigida se for "impugnada a autenticidade da cópia", cabendo neste caso "ao serventuário competente proceder à conferência e certificar a conformidade entre esses documentos".

De modo similar o art. 372 do CPC, aplicável ao processo do trabalho por força do art. 769 da CLT, determina que "compete à parte, contra quem foi produzido documento particular, alegar (...) se lhe admite ou não a autenticidade da assinatura e a veracidade do contexto". Não o fazendo, presume-se "com o silêncio, que o tem por verdadeiro".

Extrai-se assim haver presunção relativa de veracidade do documento apresentado pela parte.

No caso de instrumento coletivo trata-se de documento comum às partes. Assim, ainda com mais lógica a presunção de validade se não houver impugnação.

Nesse sentido a OJ n. 36, cuja redação de 25.11.1996 assim dispunha:

> 36. Documento comum às partes (instrumento normativo ou sentença normativa), cujo conteúdo não é impugnado. Validade mesmo em fotocópia não autenticada.

Em 2005 a OJ foi alterada, passando a vigorar com o seguinte conteúdo:

> **36. INSTRUMENTO NORMATIVO. CÓPIA NÃO AUTENTICADA. DOCUMENTO COMUM ÀS PARTES. VALIDADE** (título alterado e inserido dispositivo) – DJ 20.4.2005
>
> O instrumento normativo em cópia não autenticada possui valor probante, desde que não haja impugnação ao seu conteúdo, eis que se trata de documento comum às partes.

Assim, não havendo impugnação, presume-se fiel a cópia juntada.

No tocante à impugnação, não pode ser genérica, limitando-se a afirmar que o instrumento não está no original, pois o simples fato de tratar-se de cópia não autenticada não lhe causa prejuízo. Assim, a parte que formula a impugnação deve apresentar cópia autenticada do instrumento e apontar qual dispositivo destoa da cópia apresentada pela outra parte.

Lado outro, havendo impugnação, certamente será caso de aplicação das penas por litigância de má-fé. Ora, se a cópia juntada realmente foi alterada, a parte que a apresentou terá tentado "alterar a verdade dos fatos", conforme hipótese prevista no art. 17, II do CPC, devendo, assim, ser penalizada. Entretanto, caso a cópia reflita fielmente o instrumento coletivo, a parte que o impugnou deverá ser penalizada por "provocar incidentes manifestamente infundados", conforme art. 17, VI do CPC.

Buscando contribuir para o aprimoramento da OJ n. 36, ousamos sugerir o acréscimo da necessidade de aplicação por litigância de má-fé para quem tentar induzir o Judiciário apresentando documento falso ou retardar o processo formulando impugnação indevida.

Senão vejamos:

> OJ N. 36. <u>SUGESTÃO DO AUTOR</u>.
>
> INSTRUMENTO NORMATIVO. CÓPIA NÃO AUTENTICADA. DOCUMENTO COMUM ÀS PARTES. VALIDADE. ALTERAÇÃO DE DOCUMENTO OU IMPUGNAÇÃO PROCRASTINATÓRIA: NECESSIDADE DE APLICAÇÃO DAS PENAS POR LITIGÂNCIA TEMERÁRIA.
>
> I – O instrumento normativo em cópia não autenticada possui valor probante, desde que não haja impugnação ao seu conteúdo, eis que se trata de documento comum às partes.
>
> II – Será penalizada por litigância de má-fé a parte que juntar documento cuja alteração do conteúdo restar provada.
>
> III – A pena de litigância de má-fé também será aplicada à parte que impugnar documento que se apure ser verdadeiro.

Inserimos verbos no imperativo nos itens II e III para fortalecermos a ideia de que a aplicação das penalidades por litigância de má-fé não é faculdade do magistrado, mas sim um dever.

São essas as breves ponderações que formulamos sobre o tema.

OJs ns. 62 e 119 da SDI-1 do TST: Prequestionamento

Andréa Aparecida Lopes Cançado

OJ N. 62 DA SDI-1 DO TST: PREQUESTIONAMENTO. PRESSUPOSTO DE ADMISSIBILIDADE EM APELO DE NATUREZA EXTRAORDINÁRIA. NECESSIDADE, AINDA QUE SE TRATE DE INCOMPETÊNCIA ABSOLUTA (republicada em decorrência de erro material) – DEJT divulgado em 23, 24 e 25.11.2010

É necessário o prequestionamento como pressuposto de admissibilidade em recurso de natureza extraordinária, ainda que se trate de incompetência absoluta.

OJ N. 119 DA SDI-1 DO TST: PREQUESTIONAMENTO INEXIGÍVEL. VIOLAÇÃO NASCIDA NA PRÓPRIA DECISÃO RECORRIDA. SÚMULA N. 297 DO TST. INAPLICÁVEL (inserido dispositivo) – DEJT divulgado em 16, 17 e 18.11.2010

É inexigível o prequestionamento quando a violação indicada houver nascido na própria decisão recorrida. Inaplicável a Súmula n. 297 do TST.

1. Escorço histórico

As orientações jurisprudências em destaque cuidam do prequestionamento como pressuposto[1] processual intrínseco[2] de admissibilidade dos recursos de natureza extraordinária[3].

Muito embora a palavra prequestionamento não se encontre nos dicionários, ela reflete a ideia de que as questões jurídicas que são submetidas ao cunho valorativo superior devem ter sido objeto de apreciação pelo juízo inferior.

Esse instituto, baseado nos ideais liberais da lei norte-americana[4], foi introduzido no Brasil pelo Decreto n. 848 de 1890 e esteve expressamente presente na primeira Constituição Republicana de 1981, bem assim nas posteriores de 1934, de 1937 e de 1946, não se apresentando na Lei Maior de 1967[5], tampouco na vigente Constituição Federal de 1988.

Em face dessa omissão temática nas últimas constituições, alguns doutrinadores chegaram a dizer que teria sido extinta a exigência do prequestionamento. Contudo, com o passar do tempo, solidificou-se o entendimento acerca da sua necessidade, uma vez que a Constituição atual cuida do tema de forma indireta ou implícita, ao utilizar, na redação semelhante dos incisos III dos arts. 102 e 105, a expressão *causas decididas*. Por esse ângulo, seria o prequestionamento um pressuposto constitucional da admissibilidade recursal extraordinária.

O prequestionamento encontra fundamento também na própria finalidade dos recursos de natureza extraordinária, que é possibilitar aos Tribunais Superiores o exercício da função de guardiães da Constituição e da Lei Federal. Ao Tribunal Superior do Trabalho (TST) compete uniformizar a interpretação e a aplicação da legislação trabalhista no território brasileiro.

Assim, se não houver pronunciamento acerca de determinada norma federal, não se justificará a jurisdição das Cortes Superiores, por absoluta inexistência de interpretação ou aplicação da Constituição ou da lei que pudesse ser retificada ou unificada. Por isso, a exigência do prequestionamento.

2. Conceito

Encontramos, na doutrina, pelo menos três concepções distintas para o termo. Para alguns, prequestionamento se define na exigência de que a matéria tenha já tenha sido suscitada pelas partes quando da interposição do recurso, ou seja, é questionamento prévio[6]. Para outra corrente, verifica-se o prequestionamento quando a questão tiver sido decidida, independentemente de ter sido suscitada pelas partes; trata-se de decisão prévia[7] ou de ato da

---

(1) Não há consenso quanto à natureza jurídica do prequestionamento. Para alguns doutrinadores seria pressuposto autônomo de admissibilidade dos recursos de natureza extraordinária. Para outros, seria o prequestionamento um requesito integrante do pressuposto recursal cabimento.

(2) Pressupostos intrínsecos são aqueles concernentes à própria existência do poder de recorrer. MOREIRA. José Carlos Barbosa. *Comentários ao Código de Processo Civil*. 7. ed. Rio de Janeiro: Forense, 1998. v. V, p. 260.

(3) Recursos de natureza extraordinária são aqueles cuja competência para o julgamento é atribuída a um órgão especial, diferente dos juízes de primeiro e segundo graus, e para os quais o direito de recorrer não provém da mera sucumbência, mas também de um *plus* (a expressão é de Frederico Marques), qual seja, uma questão controvertida quanto à aplicação do direito constitucional ou do direito federal infraconstitucional. Na esfera trabalhista, o recurso de revista e de embargos junto ao TST constituem suas espécies.

(4) Conforme dispôs o Ministro Alfredo Buzaid em voto proferido nos autos do agravo regimental no ERE n. 96.802, de 12.5.1983, que se tornou clássio, o prequestionamento brasileiro teve origem no direito norte-americano, mais precisamente no *Judiciary Act*, de 24.9.1789.

(5) As Emendas à Constituição ns. 01/69 e 07/77 concederam aos Tribunais o poder de dispor, em seus regimentos internos, sobre o julgamento dos feitos de sua competência originária ou recursal.

(6) BEBBER. Júlio César. Prequestionamento (Súmula n. 297 do TST). *Revista LTr*, São Paulo, vol. 68, p. 442, abr. 2004.

(7) *Idem*.

parte[8]. Uma terceira linha, eclética, aglutina os dois posicionamentos anteriores, isto é, determinado tema terá sido prequestionado se, proposto pelas partes, estiver efetivamente decidido na decisão recorrida.

O TST definiu esse dissenso no âmbito de sua jurisdição, adotando a tese do prequestionamento explícito[9]: "diz-se prequestionada a matéria ou questão quando da decisão impugnada haja sido adotada, explicitamente, tese a respeito"[10]. A Corte Superior validou também o prequestionamento *ficto*[11] ou tácito, considerando prequestionada a matéria na hipótese de a parte opor embargos de declaração com essa finalidade, ainda que o Tribunal não se pronuncie sobre a questão invocada nos embargos.

3. Cabimento

Na esfera trabalhista, para que o Tribunal Superior do Trabalho possa proferir julgamento sobre determinada *questão*[12] em recurso de natureza extraordinária[13] é indispensável que a *questão federal*[14] tenha sido prequestionada no acórdão recorrido, seja pelo direto enfrentamento do assunto, seja pelo fato de as partes terem suscitado a questão junto ao Tribunal Regional Julgador, ainda que não abordado pelo órgão julgador[15].

O pressuposto somente não será exigido quando a violação houver nascido na própria decisão recorrida (OJ n. 119 da SBDI-1-TST). Não há mesmo como questionar antes vício que não existia.

Muito se discutiu acerca da exigência do prequestionamento em matéria de ordem pública.

Prevalece no âmbito do STF[16] e do TST (OJ n. 119 da SBDI-1) o entendimento de que não há exceções ao pressuposto do prequestionamento, pelo que abarca as hipóteses relativas às matérias de ordem pública estabelecidas nos arts. 267, § 3º e 301, § 4º, ambos do CPC, dentre as quais a incompetência absoluta.

Na forma do posicionamento majoritário das cortes superiores, o efeito translativo dos recursos, segundo o qual o tribunal pode apreciar matérias de ordem pública que devem ser conhecidas a ofício e a respeito das quais não se opera a preclusão, independentemente de ter havido o enfrentamento ou de a parte ter abordado a questão em seu recurso, não se faz presente nos apelos de natureza extraordinária.

Nelson Nery Júnior e Rosa de Andrade Nery bem explicam:

> Trata-se de forma excepcional de recurso, não configurando terceiro ou quarto grau de jurisdição, tampouco instrumento processual para correção de injustiça. Daí não poder ser invocada, em grau de RE, a ordem pública de que se revestem algumas questões, para que possam ser apreciadas *ex officio* e pela primeira vez pelo STF. As questões de ordem pública devem ser decididas *ex officio* pelo juiz ou podem ser arguidas a qualquer tempo e grau *ordinário* de jurisdição (TJ, TRF, TRT ou TRE), conforme autorizam os CPC 267 § 3º e 301 § 4º, mas não, pela primeira vez, em RE ou REsp, que são mecanismos de *rejulgamento* da causa (matéria), pressupondo

---

(8) BEBBER. Júlio César. CUNHA, Leonardo José Carneiro da. *Recurso Extraordinário e Recurso Especial*. Salvador: JusPodivm. 2006. p. 261.

(9) Orientação Jurisprudencial n. 118 da SBSD-1. Prequestionamento. Tese Explícita. Inteligência da Súmula n. 297. Havendo tese explícita sobre a matéria, na decisão recorrida, desnecessário contenha nela referência expressa do dispositivo legal para ter-se como prequestionado este.

(10) Súmula n. 297 do TST: PREQUESTIONAMENTO. OPORTUNIDADE. CONFIGURAÇÃO. I. Diz-se prequestionada a matéria ou questão quando na decisão impugnada haja sido adotada, explicitamente, tese a respeito. II. Incumbe à parte interessada, desde que a matéria haja sido invocada no recurso principal, opor embargos declaratórios objetivando o pronunciamento sobre o tema, sob pena de preclusão. III. Considera-se prequestionada a questão jurídica invocada no recurso principal sobre a qual se omite o Tribunal de pronunciar tese, não obstante opostos embargos de declaração.

(11) O Projeto de Lei do Novo CPC — PL n. 8.046/2010 e PL n. 6.025/2005 apensados, ambos do Senado Federal —, expressamente preveem o prequestionamento *ficto*, em seu art. 1.038: "Consideram-se incluídos no acórdão os elementos que o embargante pleiteou, para fins de prequestionamento, ainda que os embargos de declaração não sejam admitidos, caso o tribunal superior considere existentes omissão, contradição ou obscuridade."

(12) Para De Plácido e Silva, questão é "o ponto contestado e matéria da divergência ou o motivo da demanda ou do litígio sobre os quais deve manifestar o julgador em decisão ou em solução da controvérsia" (SILVA, De Plácido e. *Vocabulário Jurídico*. Rio de Janeiro: Forense, 1998. p. 667.

(13) O recurso de revista prescrito no art. 896 da CLT equivale ao recurso especial no processo civil. Não se exige o prequestionamento para o recurso ordinário interposto em face de decisão das Varas do Trabalho ou do Tribunal, em competência originária, em face do amplo efeito devolutivo (art. 515, § 1º, do CPC).

(14) A divergência há de ser sobre interpretação de norma federal (constitucional ou infraconstitucional).

(15) O TST acompanha o posicionamento predominante no STF a esse respeito.

(16) Veja-se AI n. 482.317-AgR/SP, Ministra relatora Ellen Gracie, 2ª Turma, DJ 15.3.2011.

matéria *já decidida*, conforme clara disposição dos CF 102, III e 105, III.[17]

É importante pontuar que o Superior Tribunal de Justiça (STJ) admite e conhece da questão de ordem pública em recurso especial[18], inclusive de ofício[19], quando cumulada com outra matéria que tenha sido objeto de prequestionamento. Uma vez ultrapassado o juízo da admissibilidade, o recurso de natureza extraordinária comportaria o amplo efeito devolutivo dos recursos, autorizando o Tribunal Superior julgar a questão, na forma da Súmula n. 257 do SFT[20].

4. Conclusão

No âmbito do sistema recursal trabalhista, as matérias que não foram decididas ou suscitadas em recursos ordinários, ainda que se trate de questão de ordem pública, não podem ser objeto de recursos de natureza extraordinária, exceto quando a violação da questão federal nasce na própria decisão recorrida. Logo, ausente o pressuposto do prequestionamento, o recurso de natureza extraordinária não será conhecido.

Referências bibliográficas

BEBBER, Júlio César. Prequestionamento (Súmula n. 297 do TST). *Revista LTr*, São Paulo, vol. 68, abr. 2004.

BEBBER, Júlio César; CUNHA, Leonardo José Carneiro da. *Recurso Extraordinário e Recurso Especial*. Salvador: JusPodivm, 2006.

MOREIRA, José Carlos Barbosa. *Comentários ao Código de Processo Civil*. 7. ed. Rio de Janeiro: Forense, 1998. v. V.

SILVA, De Plácido. *Vocabulário Jurídico*. Rio de Janeiro: Forense, 1998.

---

(17) NERY JÚNIOR, Nelson; NERY, Rosa Maria de Andrade. *Código de Processo Civil comentado e legislação extravagante*. 10. ed. São Paulo: Revista dos Tribunais, 2007. p. 923.

(18) A propósito REsp n. 1.011.401-RS – Rel. Min. Teori Alvino Zavasccki, julg. 17.2.2009.

(19) Veja-se REp n. 485.969 – SP (2005/0152163-1), rel. Min. José Delgado, julg. 23.8.2006.

(20) "O Supremo Tribunal Federal, conhecendo do recurso extraordinário, julgará a causa, aplicando o direito à espécie."

OJ n. 205 da SDI-1 do TST (Cancelamento): A Competência da Justiça do Trabalho e o Cancelamento da OJ n. 205 pelo Tribunal Superior do Trabalho

Adriana Campos de Souza Freire Pimenta

OJ N. 205 SDI-I – COMPETÊNCIA MATERIAL. JUSTIÇA DO TRABALHO. ENTE PÚBLICO. CONTRATAÇÃO IRREGULAR. REGIME ESPECIAL. DESVIRTUAMENTO (Cancelada).

I – Inscreve-se na competência material da justiça do Trabalho dirimir dissídio individual ente trabalhador e ente público se há controvérsia acerca do vínculo empregatício.

II – A simples presença de lei que disciplina a contratação por tempo determinado para atender a necessidade temporária de excepcional interesse público (art. 37, inciso IX, da CF/1988) não é o bastante para deslocar a competência da Justiça do Trabalho se se alega desvirtuamento em tal contratação, mediante a prestação de serviços à Administração para atendimento de necessidade permanente e não para acudir a situação transitória e emergencial.

III – O tema que nos foi proposto — cancelamento da OJ n. 205 SDI-1 pelo TST — está diretamente relacionado com a competência da Justiça do Trabalho. O art. 114 da CF/88, com a redação que lhe deu a Emenda Constitucional n. 45/2004, determina:

Art. 114. Compete à Justiça do Trabalho processar e julgar:

I – as ações oriundas da relação de trabalho, abrangidos os entes de direito público externo e da administração pública direta e indireta da União, dos Estados, do Distrito Federal e dos Municípios.

A partir da Constituição Federal, resta claro, no nosso entender, que qualquer lide em que se discuta a existência ou não de relação de emprego entre reclamante e reclamado, a competência para sua apreciação seria da JUSTIÇA DO TRABALHO.

Contudo, o E. STF, a quem compete constitucionalmente interpretar o alcance da Norma Constitucional[1], assim se posicionou, limitando o referido inciso I do art. 114 da Constituição Federal:

EMENTA: INCONSTITUCIONALIDADE. Ação direta. Competência. Justiça do Trabalho. Incompetência reconhecida. Causas entre o Poder Público e seus servidores estatutários. Ações que não se reputam oriundas de relação de trabalho. Conceito estrito desta relação. Feitos da competência da Justiça Comum. Interpretação do art. 114, inc. I, da CF, introduzido pela EC n. 45/2004. Precedentes. Liminar deferida para excluir outra interpretação. O disposto no art. 114, I, da Constituição da República, não abrange as causas instauradas entre o Poder Público e servidor que lhe seja vinculado por relação jurídico-estatutária. ADI n. 3395 MC/DF – DISTRITO FEDERAL MEDIDA CAUTELAR NA AÇÃO DIRETA DE INCONSTITUCIONALIDADE – Relator(a): Min. Cezar Peluso – Julgamento: 5.4.2006 – Órgão Julgador: Tribunal Pleno Publicação – DJ 10.11.2006 – PP-00049.

Lado outro, perante a Justiça do Trabalho eram comuns as lides em que reclamantes pleiteavam de entes públicos — via de regra municípios — parcelas inerentes à dispensa imotivada, com o reconhecimento do vínculo de emprego, alegando sua contratação inicial através do contrato temporário estabelecido no art. 37, IX da CF/88[2], contrato este que normalmente se prorrogava seguidas vezes, causando indefinição na situação de tais trabalhadores — não eram considerados servidores públicos estatutários nem empregados públicos.

A partir de tais casos, em 2005, o TST revisara a redação original OJ n. 205-SDI1, com base em sua jurisprudência reiterada, *in verbis*:

OJ-SDI1-205 – COMPETÊNCIA MATERIAL. JUSTIÇA DO TRABALHO. ENTE PÚBLICO. CONTRATAÇÃO IRREGULAR. REGIME ESPECIAL. DESVIRTUAMENTO (cancelada) - Res. n. 156/2009, DEJT divulgado em 27, 28 e 29.4.2009

I – Inscreve-se na competência material da Justiça do Trabalho dirimir dissídio individual entre trabalhador e ente público se há controvérsia acerca do vínculo empregatício.

II – A simples presença de lei que disciplina a contratação por tempo determinado para atender a necessidade temporária de excepcional interesse público (art. 37, inciso IX, da CF/1988) não é o bastante para deslocar a competência da Justiça do Trabalho se se alega desvirtuamento em tal contratação, mediante a prestação de serviços à Administração

---

(1) "Art. 102. Compete ao Supremo Tribunal Federal, precipuamente, a guarda da Constituição, cabendo-lhe:

I – processar e julgar, originariamente:

a) a ação direta de inconstitucionalidade de lei ou ato normativo federal ou estadual e a ação declaratória de constitucionalidade de lei ou ato normativo federal;".

(2) "Art. 37. A administração pública direta e indireta de qualquer dos Poderes da União, dos Estados, do Distrito Federal e dos Municípios obedecerá aos princípios de legalidade, impessoalidade, moralidade, publicidade e eficiência e, também, ao seguinte:

IX – a lei estabelecerá os casos de contratação por tempo determinado para atender a necessidade temporária de excepcional interesse público;".

para atendimento de necessidade permanente e não para acudir a situação transitória e emergencial.

Histórico: Nova redação – DJ 20.4.2005[3].

A questão trouxe sempre grande discussão em relação à competência da Justiça do Trabalho para processar e julgar tais ações envolvendo os trabalhadores contratados sob a égide do art. 37, IX, da CF/88, na medida em que essa referida OJ n. 205 parecia contrariar a orientação do STF, com o julgamento da ADI n. 3.395 MC/DF, já citado.

Pois bem: em relação à condição jurídica de tais trabalhadores perante a Administração Pública, Maria Sylvia Zanella Di Pietro[4] pontua que a "Constituição de 1988, na seção II do capítulo concernente à Administração Pública, emprega a expressão *Servidores Públicos* para designar as pessoas que prestam serviços, com vínculo empregatício, à Administração Pública direta, autárquica e fundações públicas".

Essa renomada autora insere os trabalhadores temporários, portanto, nesse grupo, ponderando que:

> São servidores públicos, em sentido amplo, as pessoas físicas que prestam serviços ao Estado e às entidades da Administração Indireta, com vínculo empregatício e mediante remuneração paga pelos cofres públicos. Compreendem: 1. Os servidores públicos estatutários, sujeitos ao regime estatutário e ocupantes de cargos públicos; 2. Os empregados públicos, contratados sob o regime da legislação trabalhista e ocupantes de emprego público; 3. Os servidores temporários, contratados por tempo determinado para atender à necessidade temporária de excepcional interesse público (art. IX, da Constituição); eles exercem função, sem estarem vinculados a cargo ou emprego público.[5]

Ou seja, o seu regime jurídico representa um terceiro gênero em relação aos regimes estatutário e celetista, funcionando como uma exceção, inclusive, diante da norma moralizadora constitucional, que estabelece a obrigatoriedade do concurso público[6].

Para que este regime temporário possa operar como uma exceção à obrigatoriedade do concurso público, o constituinte estabeleceu critérios rígidos a serem seguidos pelo administrador público: além da norma legal, a transitoriedade e a necessidade premente[7].

Nesse sentido leciona Fabrício Motta[8], em artigo constante da obra coletiva já mencionada:

> A contratação temporária por excepcional interesse público é matéria que atrai atenção pela rotineira utilização em todas as esferas do governo. Para sua utilização,

---

(3) Ressalte-se que o entendimento anterior do TST era no sentido contrário, como se verifica da redação original da referida OJ n. 205: Redação original – inserida em 8.11.2000. "Professor. Contratação a título precário. Incompetência da Justiça do Trabalho. *Existindo lei estadual disciplinando o regime dos professores contratados em caráter precário, o regime jurídico entre o Estado e o servidor é de natureza administrativa, não trabalhista. Art. 106 da CF/67 e art. 37, IX, da CF/1988".*

(4) DI PIETRO, Maria Sylvia Zanella. Servidores públicos. *In:* DI PIETRO, Maria Sylvia Zanella; MOTTA, Fabrício; FERRAZ, Luciano de Araújo. *Servidores públicos na Constituição de 1988.* São Paulo: Atlas, 2011. p. 1.

(5) *Ibidem*, p. 5

(6) "Art. 37. A administração pública direta e indireta de qualquer dos Poderes da União, dos Estados, do Distrito Federal e dos Municípios obedecerá aos princípios de legalidade, impessoalidade, moralidade, publicidade e eficiência e, também, ao seguinte:

[...]

II – a investidura em cargo ou emprego público depende de aprovação prévia em concurso público de provas ou de provas e títulos, de acordo com a natureza e a complexidade do cargo ou emprego, na forma prevista em lei, ressalvadas as nomeações para cargo em comissão declarado em lei de livre nomeação e exoneração;".

(7) A análise de cada um desses requisitos já seria tema suficiente para um artigo.

Contudo, em apertada síntese, vale mencionar que o Supremo Tribunal Federal tem uma interpretação restritiva das hipóteses que justificam a contratação temporária, conforme se verifica da ementa que se segue:

"EMENTA: CONSTITUCIONAL. LEI ESTADUAL CAPIXABA QUE DISCIPLINOU A CONTRATAÇÃO TEMPORÁRIA DE SERVIDORES PÚBLICOS DA ÁREA DE SAÚDE. POSSÍVEL EXCEÇÃO PREVISTA NO INCISO IX DO ART. 37 DA LEI MAIOR. INCONSTITUCIONALIDADE. ADI JULGADA PROCEDENTE. I – A contratação temporária de servidores sem concurso público é exceção, e não regra na Administração Pública, e há de ser regulamentada por lei do ente federativo que assim disponha. II – Para que se efetue a contratação temporária, é necessário que não apenas seja estipulado o prazo de contratação em lei, mas, principalmente, que o serviço a ser prestado revista-se do caráter da temporariedade. III – O serviço público de saúde é essencial, jamais pode-se caracterizar como temporário, razão pela qual não assiste razão à Administração estadual capixaba ao contratar temporariamente servidores para exercer tais funções. IV – Prazo de contratação prorrogado por nova lei complementar: inconstitucionalidade. V – É pacífica a jurisprudência desta Corte no sentido de não permitir contratação temporária de servidores para a execução de serviços meramente burocráticos. Ausência de relevância e interesse social nesses casos. VI – Ação que se julga procedente." ADI n. 3.430/ES – ESPÍRITO SANTO – AÇÃO DIRETA DE INCONSTITUCIONALIDADE -Relator(a): Min. Ricardo Lewandowski – Julgamento: 12.8.2009 - Órgão Julgador: Tribunal Pleno – Publicação DJe-200 DIVULG 22.10.2009 PUBLIC 23.10.2009.

(8) MOTTA Fabrício. Contratação temporária por excepcional interesse público. *In:* DI PIETRO, Maria Sylvia Zanella; MOTTA, Fabrício; FERRAZ, Luciano de Araújo. *Op. cit*, p. 69.

a concorrência de requisitos é de rigor: (a) previsão, em lei, das hipóteses para a justificativa da contratação; (b) duração previamente determinada dos contratos, sendo inconstitucional sua eternização; (c) presença de interesse público excepcional na contratação a ser realizada pela Administração.

Na esfera federal a hipótese é regulamentada pela Lei n. 8.745/1993 (e modificações posteriores) e Estados e Municípios devem editar suas próprias leis, nos termos do art. 61, § 1º, II, a da CF/88.

Aqui podemos fazer uma analogia com a norma trabalhista que trata da contratação de trabalho temporário — a Lei n. 6.019/74 —, que estabelece, em seu art. 2º, que o "trabalho temporário é aquele prestado por pessoa física a uma empresa, para atender à necessidade transitória de substituição de seu pessoal regular e permanente ou a acréscimo extraordinário de serviços".

A motivação do ato administrativo justificador da contratação temporária também se faz necessária, sob pena de a exceção — da inexistência do concurso — tornar-se a regra[9], contrariando toda a principiologia do Direito Administrativo[10].

E por quê?

Porque o comando constitucional que estabelece a obrigatoriedade do concurso público é um princípio constitucional, ao qual deve sempre se submeter o legislador ordinário, na dicção de Raquel Melo Urbano de Carvalho[11]:

> Assim sendo, as normas, como gênero, compreendem os princípios e as regras. As regras caracterizam-se pela concretude e viabilidade de aplicação direta, enquanto os princípios qualificam-se pela abertura, abstração e necessidade de atividade mediadora prévia à sua concretização. Em ambos encontra-se a força normativa inerente às diretrizes ou preceitos integrantes de um determinado sistema jurídico. Isto porque ambos se formulam com a ajuda de expressões deônticas fundamentais, como mandamento, permissão e proibição. Os princípios, sendo norma, têm, assim como as regras, aplicação imediata em casos concretos. No entanto, somente aos princípios reconhece-se a forma normogenética porquanto apenas estes são fundamento e dão origem às regras. Não se trata, portanto, de meros valores dispostos no ordenamento, mas de normas das quais resultam prescrições de comportamentos e que repercutem na formação das demais normas jurídicas.

O interesse público, que certamente pressupõe o princípio da moralidade inserto no *caput* do art. 37, II, da Constituição Federal já citado, sobrepõe-se de maneira absoluta ao interesse individual daquele que, por alguma razão, poderia ser contratado sem se submeter ao certame público.

Como já ponderamos, na prática, muitos dos Reclamantes das ações trabalhistas que, a princípio, foram contratados com base no art. 37, IX, CF/88, tinham seus contratos prorrogados ou renovados por tempo bastante superior ao inicialmente avençado e se incorporavam de forma permanente aos quadros do ente público.

Isso motivava (e motiva), também como já asseveramos, o pedido da descaracterização das contratações temporárias e da declaração da relação de emprego, perante a Justiça do Trabalho.

Para parte da doutrina, a competência para apreciar tais pedidos poderia variar de caso a caso, pois o regime jurídico de contratação de tais trabalhadores poderia ser o trabalhista ou o estatutário[12] e apenas na primeira hipótese a competência seria da Justiça do Trabalho[13]:

---

(9) No âmbito da União, suas autarquias e fundações, as hipóteses possíveis estão previstas no art. 2º da Lei n. 8.745/1993.

(10) Florivaldo Dutra de Araújo. In: *Motivação e controle do ato administrativo*. 2. ed. Belo Horizonte: Del Rey, 2005. p. 91, define a motivação como "o ato administrativo será materialmente motivado, quando possuir pressuposto fático que tenha autorizado ou obrigado o administrador público a emiti-lo e corresponder às outras exigências legais impostas para sua prática. Por sua vez, a motivação formal constitui-se na demonstração, pelo administrador, da existência da motivação substancial. Vale dizer: na exposição capaz de deixar claro que o ato tenha sido praticado segundo motivos reais aptos a provocá-lo, que esses motivos guardam relação de pertinência lógica com o conteúdo do ato e que este tenha emanado da autoridade competente, em vista da correta finalidade legal."

(11) CARVALHO, Raquel Melo Urbano de. *Curso de direito administrativo, parte geral, intervenção do estado na estrutura da administração*, Salvador: JusPodivm, 2008. p.31.

(12) "Art. 39. A União, os Estados, o Distrito Federal e os Municípios instituirão, no âmbito de sua competência, regime jurídico único e planos de carreira para os servidores da administração pública direta, das autarquias e das fundações públicas."

A propósito do tema DI PIETRO, Maria Sylvia Zanela, *op. cit*, p. 8: "Ocorre que o Supremo Tribunal Federal, ao julgar a ADIn n. 2.135/DF, decidiu, em sessão plenária do dia 2.8.2007, suspender a vigência do art. 39, *caput*, da Constituição Federal, em sua redação dada pela Emenda Constitucional n. 19/1998. Em decorrência dessa decisão, voltou-se a aplicar a redação original do art. 39, que exige regime jurídico único e planos de carreira para os servidores da administração pública direta, autarquias e fundações públicas."

"Art. 39. A União, os Estados, o Distrito Federal e os Municípios instituirão, no âmbito de sua competência, regime jurídico único e planos de carreira para os servidores da administração pública direta, das autarquias e das fundações públicas."

(13) MAGALHÃES, Gustavo Alexandre. *Contratação temporária por excepcional interesse público: aspectos polêmicos*. São Paulo: LTr, 2005. p. 232-233.

É, assim, imprescindível ter conhecimento da natureza do vínculo jurídico entre o Estado e os agentes temporários. Como a competência legislativa é de cada um dos entes federativos, deve-se analisar a lei federal, estadual ou local, que trata do regime jurídico de seus respectivos servidores contratados temporariamente, para saber se se trata de vínculo trabalhista (celetista) ou de natureza administrativa.

Há casos ainda em que a lei que estabelece as hipóteses de contratação temporária nada dispõe sobre o regime jurídico aplicável, o que torna ainda mais complexa a definição da competência jurisdicional.

No mesmo sentido José Antônio R. de Oliveira Silva[14], que se pronuncia a esse respeito nos seguintes termos:

> Ocorre que, a se pensar que a alegação de desvirtuamento na contratação de servidores temporários, porque não atendidas as exigências constitucionais e legais correspondentes, alteraria a competência material, estar-se-ia diante de um enigma. Será que, no regime jurídico único, esse posicionamento seria sustentável? É possível sustentar, então, que se o servidor celetista ajuizasse uma ação na Justiça comum postulando veras previstas para os servidores estatutários aquela Justiça deveria processar a causa? Será que, diante de uma causa de servidor estatutário em que se alegue a nulidade de sua contratação porque não realizado o concurso público, a competência se deslocaria par a Justiça do Trabalho? São questões a título meramente exemplificativo, que demonstram a impropriedade do entendimento jurisprudencial referido.

Contudo, o entendimento que predominou no C.TST e que motivou a revisão, em 2005, da OJ n. 205-SDI-I, já comentada, foi no sentido de ser sempre da competência material da Justiça do Trabalho declarar se teria havido vínculo de emprego ou não entre as partes: quer pela descaracterização do contrato temporário para relação de emprego e quer nas hipóteses em que, tendo sido aplicado corretamente o art. 37, IX, a controvérsia realmente não deveria ser apreciada e julgada pela Justiça do Trabalho, exatamente por não se tratar de um contrato de trabalho celebrado pelos litigantes e, ainda, se às verbas inerentes à dispensa imotivada faria jus o reclamante, na medida em que não teria se submetido ao certame público.

Em muitas hipóteses, e para a maioria dos julgadores, seria o caso de se aplicar o entendimento consolidado na Súmula n. 363 do C.TST[15].

Não foi este, no entanto, o entendimento do E.STF, em sua maioria, que se posicionou no sentido da competência para processar e julgar tais lides ser sempre da Justiça Comum Estadual, na medida em que o exercício de uma função pública pelo trabalhador temporário somente poderia se dar através de uma relação jurídica estatutária, pelo que, mesmo que se discutisse eventual desvirtuamento desta para a relação de emprego e se formulasse pedidos iniciais daí decorrentes, próprios e exclusivos de uma relação de emprego, não haveria como tais pedidos serem apreciados pela Justiça do Trabalho:

> EMENTA: CONSTITUCIONAL. RECLAMAÇÃO. MEDIDA LIMINAR NA ADI n. 3.357. AÇÃO CIVIL PÚBLICA. SERVIDORES PÚBLICOS. REGIME TEMPORÁRIO. JUSTIÇA DO TRABALHO. INCOMPETÊNCIA. 1. No julgamento da ADI n. 3.395-MC, este Supremo Tribunal suspendeu toda e qualquer interpretação do inciso I do art. 114 da CF (na redação da EC n. 45/2004) que inserisse, na competência da Justiça do Trabalho, a apreciação de causas instauradas entre o Poder Público e seus servidores, a ele vinculados por típica relação de ordem estatutária ou de caráter jurídico-administrativo. 2. Contratações temporárias que se deram com fundamento na Lei amazonense n. 2.607/00, que minudenciou o regime jurídico aplicável às partes figurantes do contrato. Caracterização de vínculo jurídico-administrativo entre contratante e contratados. 3. Procedência do pedido. 4. Agravo regimental prejudicado." Rcl 5381, relator(a): Min. Carlos Britto Julgamento: 17.3.2008, Órgão Julgador: Tribunal Pleno, Publicação DJe-147, Divulgação 7.8.2008, Publicação 8.8.2008.

> EMENTA: AGRAVO REGIMENTAL EM RECLAMAÇÃO. DESIGNAÇÃO TEMPORÁRIA PARA O EXERCÍCIO DE FUNÇÃO PÚBLICA. REGIME JURÍDICO-ADMINISTRATIVO. DESCUMPRIMENTO DA AÇÃO DIRETA DE INCONSTITUCIONALIDADE N. 3.395/DF. INCOMPETÊNCIA DA JUSTIÇA DO TRABALHO PARA EXAMINAR EVENTUAL NULIDADE DA CONTRATAÇÃO. AGRAVO REGIMENTAL AO QUAL SE NEGA PROVIMENTO.

> 1. Incompetência da Justiça Trabalhista para o processamento e o julgamento das causas que envolvam o Poder Público e servidores que sejam vinculados a ele por relação jurídico-administrativa.

> 2. O eventual desvirtuamento da designação temporária para o exercício de função pública, ou seja, da relação jurídico-administrativa estabelecida entre as partes, não pode ser apreciado pela Justiça do Trabalho.

---

(14) SILVA, José Antônio R. de Oliveira. Competência da Justiça do Trabalho para as ações que envolvem contratações de servidores temporários e para as ações de improbidade administrativa — responsabilidade pessoal do administrador público. *Revista LTr*, São Paulo, vol. 76, n. 08, ago. 2012.

(15) "Súmula n. 363 – CONTRATO NULO. EFEITOS (nova redação) – Res. n. 121/2003, DJ 19, 20 e 21.11.2003 – A contratação de servidor público, após a CF/1988, sem prévia aprovação em concurso público, encontra óbice no respectivo art. 37, II e § 2º, somente lhe conferindo direito ao pagamento da contraprestação pactuada, em relação ao número de horas trabalhadas, respeitado o valor da hora do salário mínimo, e dos valores referentes aos depósitos do FGTS."

3. A existência de pedido de condenação do ente local ao pagamento do Fundo de Garantia do Tempo de Serviço — FGTS não torna a Justiça do Trabalho competente para o exame da ação.

4. Agravo regimental ao qual se nega provimento." Rcl n. 6.366 – Relatora: Ministra Carmen Lúcia, Julgamento 4.3.2009, DJe 8.5.2009.

Tal entendimento motivou o cancelamento, em 2009, da já citada OJ n. 205-SDI-I e a alteração da jurisprudência do C.TST, como bem espelha a seguinte decisão:

EMENTA: SERVIDOR ADMITIDO MEDIANTE CONTRATO ADMINISTRATIVO POR PRAZO DETERMINADO PARA ATENDER NECESSIDADE TEMPORÁRIA DE EXCEPCIONAL INTERESSE PÚBLICO — COMPETÊNCIA DA JUSTIÇA COMUM E NÃO DA JUSTIÇA DO TRABALHO — INTELIGÊNCIA DA JURISPRUDÊNCIA CONSOLIDADA NO STF, EM RAZÃO DA QUAL ESTA CORTE CANCELOU A OJ N. 205 DA SBDI-1. I – O Pleno do Tribunal Superior do Trabalho, em sessão do dia 23.4.2009, por decisão unânime, cancelou a Orientação Jurisprudencial n. 205 da SBDI-1, na esteira da jurisprudência consolidada no Supremo Tribunal Federal, de a Justiça do Trabalho não desfrutar de competência material para processar e julgar as ações movidas por servidores admitidos mediante contrato administrativo por tempo determinado para atender necessidade temporária de excepcional interesse público. II – Na oportunidade, o Colegiado firmou a tese consonante com a do STF, de a competência material, na espécie, ser da Justiça Comum. III – Recurso conhecido e provido. Processo: RR – 64100-43.2008.5.11.0004 Data de Julgamento: 28.4.2010, relator Ministro: Antônio José de Barros Levenhagen, 4ª Turma, Data de Publicação: DEJT 7.5.2010.

A despeito de parecer já estar definitivamente superada a questão com o cancelamento da OJ n. 205 pelo C.TST, mas com o objetivo de suscitar o debate acadêmico — e com inegável aplicação prática —, impõe-se sustentar que, na medida em que não se dá uma interpretação conforme a Constituição do art. 114/CF, terminam por perder importância as alterações da Constituição Federal de 1988 decorrentes da Emenda Constitucional n. 45/2004.

Vale ressaltar que o principal argumento a afastar a competência da Justiça do Trabalho seria o de que esta não poderia apreciar a relação jurídica estatutária, base do vínculo inicial entre o servidor temporário e o poder público para, a partir desta análise, enfrentar a questão relativa à configuração posterior (ou não) da relação de emprego[16], com base no alegado desvirtuamento da primeira.

Contudo, o juiz do Trabalho, em sua atuação jurisdicional, inúmeras vezes aprecia e enfrenta questões que têm por objeto matérias que não são necessariamente trabalhistas — entendidas estas como as relativas a direitos decorrentes da relação de emprego — para decidir uma lide trabalhista, podendo ser citados como exemplos as questões atinentes a doenças do trabalho, acidentes do trabalho, crimes caracterizadores de justas causas, inventário, falência, recuperação judicial, e nem por isso poder-se-ia falar em faltar-lhe competência para tanto.

Noutras palavras: a competência material do magistrado que integra uma Justiça Especial é limitada às lides ou controvérsias que têm por objeto as relações jurídicas de direito material a respeito das quais deverá ele proferir decisão de mérito (de procedência ou de improcedência do pedido inicial), com os efeitos de coisa julgada material. Se, no entanto, para isso ele tiver que, antes ou paralelamente, enfrentar e decidir outras questões controvertidas que escapem à sua natural competência em razão da matéria, ele poderá — e deverá — decidi-las *incidenter tantum* (incidentalmente), mas sem fazer coisa julgada a respeito.

Neste sentido, João Oreste Dalazen[17]:

Claro está que a Justiça do Trabalho, preponderantemente, promove a subsunção dos fatos litigiosos ao Direito do Trabalho. Mas não exclusivamente a este. Tanto isso é exato que o preceito contido no art. 8º, parágrafo único, da CLT, expressamente permite aos órgãos da Justiça do Trabalho socorrer-se do "direito comum" como "fonte subsidiária do Direito do Trabalho.

Se assim é, salta à vista que a competência da Justiça do Trabalho não se cifra a dirimir dissídios envolvendo unicamente a aplicação do Direito do Trabalho, mas todos aqueles, não criminais, em que a disputa se der entre um empregado e um empregador, nesta qualidade jurídica.

Ressalte-se que, no caso do acidente do trabalho, a posição do E.STF foi diametralmente oposta da que estamos a comentar[18].

Destarte, c.m.v., não concordamos com a opção político-constitucional do STF, nesse particular.

Evidentemente — e este é um tema interessantíssimo e bastante complexo, cujo debate não se esgotaria aqui — que o reconhecimento do vínculo empregatício entre o servidor temporário e o ente público suscitaria a seguir, como já

---

(16) Rcl n. 6.366 – Relatora: Ministra Carmen Lúcia, Julgamento 4.3.2009, DJe 8.5.2009.
(17) DALAZEN, João Oreste. *Competência material trabalhista*. São Paulo: LTr, 1994. p. 115.
(18) Súmula Vinculante n. 22 do STF: "A Justiça do Trabalho é competente para processar e julgar as ações de indenização por danos morais e patrimoniais decorrentes de acidente de trabalho propostas por empregado contra empregador, inclusive aquelas que ainda não possuíam sentença de mérito em primeiro grau quando da promulgação da Emenda Constitucional n.45/04."

ponderamos, outro debate acerca da aplicabilidade ou não da Súmula n. 363 do C.TST, já transcrita.

E embora muitos ainda se posicionem no sentido da necessidade da aplicação de referida súmula aos casos ora em exame, divergências existem, valendo ressaltar o posicionamento de Gustavo Alexandre Magalhães, que defende a revisão da mesma, ao argumento de que, embora o patrimônio público deva ser resguardado, as normas constitucionais de cunho social "representam direitos conquistados por meio da muita luta e resistência contra a exploração do trabalhador hipossuficiente"[19].

Essa é uma questão que fica para discussões posteriores, tanto aquelas relativas à competência da Justiça do Trabalho quanto as que dizem respeito ao acertamento da jurisprudência consolidada do C.TST, em relação aos trabalhadores contratados pelos entes públicos e sem o devido concurso público[20].

Referências bibliográficas

ARAÚJO, Florivaldo Dutra de. *Motivação e controle do ato administrativo*. 2. ed. Belo Horizonte: Del Rey, 2005.

CARVALHO, Raquel Melo Urbano de. *Curso de direito administrativo, parte geral, intervenção do estado na estrutura da administração*, Salvador: JusPodivm, 2008.

DALAZEN, João Oreste. *Competência material trabalhista*. São Paulo: LTr, 1994.

DI PIETRO, Maria Sylvia Zanella. Servidores públicos. *In:* DI PIETRO, Maria Sylvia Zanella; MOTTA, Fabrício; FERRAZ, Luciano de Araújo. *Servidores públicos na Constituição de 1988*. São Paulo: Atlas, 2011.

FELICIANO, Guilherme Guimarães. *Efeitos positivos dos contratos nulos de emprego público — distinguir o joio do trigo*. Disponível em: <http://jus.com.br/revista/texto/8451/efeitos-positivos-dos-contratos-nulos-de-emprego-publico/1>. Acesso em: 12 set. 2012.

MAGALHÃES, Gustavo Alexandre. *Contratação temporária por excepcional interesse público*: aspectos polêmicos. São Paulo: LTr, 2005.

MOTTA Fabrício. Contratação temporária por excepcional interesse público. *In:* DI PIETRO, Maria Sylvia Zanella; MOTTA, Fabrício; FERRAZ, Luciano de Araújo. *Servidores públicos na Constituição de 1988*. São Paulo: Atlas, 2011.

SILVA, José Antônio R.de Oliveira. Competência da Justiça do Trabalho para as ações que envolvem contratações de servidores temporários e para as ações de improbidade administrativa — responsabilidade pessoal do administrador público. *Revista LTr*, São Paulo

---

(19) MAGALHÃES, Gustavo Alexandre. *Op. cit.,* p.24.

(20) Sobre o tema: FELICIANO, Guilherme Guimarães. *Efeitos positivos dos contratos nulos de emprego público – distinguir o joio do trigo*. Disponível em: <http://jus.com.br/revista/texto/8451/efeitos-positivos-dos-contratos-nulos-de-emprego-publico/1>. Acesso em: 12 set. 2012.

OJ n. 215 da SDI-1 do TST (Cancelamento): Vale-Transporte e Ônus da Prova

Roberta Dantas de Mello

OJ N. 215. VALE-TRANSPORTE. ÔNUS DA PROVA. (cancelada) – Res. n. 175/2011, DEJT divulgado em 27, 30 e 31.5.2011

É do empregado o ônus de comprovar que satisfaz os requisitos indispensáveis à obtenção do vale-transporte.

Inserida em 8.11.2000, a Orientação Jurisprudencial n. 215 da Seção de Dissídios Individuais (Subseção 1) do TST dispunha que era do empregado o ônus de comprovar a necessidade para obtenção de vale-transporte[1].

Na data de 24.5.2011, em sessão extraordinária do Tribunal Pleno, a OJ n. 215 da SDI-1 foi cancelada[2]. O cancelamento dessa orientação jurisprudencial sinaliza que o ônus da prova passa a ser do patronato, cabendo-lhe provar que o obreiro não preencheu os requisitos indispensáveis à obtenção do vale-transporte ou optou, justificadamente, por não recebê-lo.

Para melhor compreensão acerca do cancelamento da OJ n. 215 da SDI-1, é interessante perquirir, ainda que de forma breve, os caminhos que levaram à modificação do posicionamento da Corte Superior Trabalhista.

O vale-transporte configura *instituto trabalhista* criado pela Lei n. 7.418/85 e desde outubro de 1987, em decorrência da Lei n. 7.619/87, qualificou-se como típico *direito* trabalhista, isto é, verba imperativa. Desta feita, o art. 1º da Lei n. 7.418/85 (com nova redação dada pela Lei n. 7.619/87) assegura ao trabalhador o *direito* ao vale-transporte para o deslocamento residência-trabalho e vice-versa por meio de sistema de transporte coletivo público. Posteriormente, o Decreto n. 95.247/87 veio a regulamentar a Lei n. 7.418/85 para estabelecer a dinâmica operacional específica quanto ao fornecimento da parcela. Consoante o art. 7º desse decreto, para o *exercício do direito* de receber vale-transporte, torna-se necessário que o trabalhador informe por escrito ao empregador o seu endereço residencial e os meios de transporte mais adequados ao seu deslocamento no percurso residência-trabalho-residência. Ainda, a informação prestada pelo empregado deve ser atualizada anualmente ou sempre que houver alteração do endereço residencial ou dos serviços e meios de transporte, sob pena de suspensão da vantagem até o cumprimento dessa exigência.

Em decorrência do previsto no referido art. 7º do Decreto n. 95.247/1987, a SDI-1, por meio da OJ n. 215, firmou entendimento acerca do ônus do empregado quanto às informações essenciais para receber o vale-transporte. Em outros termos, determinou que cabe ao trabalhador comprovar que efetivamente necessita de transporte regular público no deslocamento até o trabalho, satisfazendo, dessa forma, os requisitos indispensáveis à obtenção do vale-transporte (art. 7º do Decreto n. 95.247/1987). Por sua vez, a OJ n. 215 da SDI-1 era aplicada de forma majoritária pelas Turmas do TST e pelos Regionais.

Logo, em ação trabalhista, o fato de o empregador não ter fornecido vale-transporte ao obreiro durante o contrato de trabalho não era suficiente para o reclamante fazer jus à indenização do vale-transporte. Para tanto, era necessário que o reclamante fizesse prova do requerimento desta parcela ao empregador. Se não a fizesse, a indenização pleiteada se tornaria indevida.

Em que pese o entendimento da Corte Superior consagrado na OJ n. 215 da SDI-1, parte da jurisprudência dos TRTs e, inclusive, de algumas turmas do TST, de forma tímida, porém crescente, veio entendendo pela sua inaplicabilidade e optando por afastá-la no caso concreto[3].

---

(1) 215. VALE-TRANSPORTE. ÔNUS DA PROVA. É do empregado o ônus de comprovar que satisfaz os requisitos indispensáveis à obtenção do vale-transporte. Histórico: Redação original – Inserida em 8.11.2000.

(2) Cancelamento feito pela Res. n. 175/2011 do TST.

(3) De forma ilustrativa, citam-se os r. acórdãos proferidos, em 2007, por Mauricio Godinho Delgado, à época desembargador do TRT 3ª Região e por Luiz Otávio Linhares Renault, também desembargador do TRT 3ª Região, respectivamente: RO n. 00194-2007-129-03-00-1 (DJ 10.8.2007) e RO n. 00119.2007.012.03.00.0 (DJ 30.10.2007). No TST, esta tendência de moderação, frente ao caso concreto, na aplicação da OJ n. 215 da SDI-1 encontra-se evidenciada nas decisões unânimes da 1ª Turma (RR 54500-28.2005.5.04.0382. Rel. Min. Luiz Philippe Vieira de Mello Filho. DJ 4.2.2011) e da 3ª Turma (AIRR 78440-59.2004.5.01.0020. Rel. Min. Carlos Alberto Reis de Paula. Julgamento: 5.12.2007. Publicação: 15.2.2008). Urge salientar que embora a 6ª Turma aplicasse a OJ n. 215 da SDI-1, o Min. Mauricio Godinho Delgado sempre manifestou a sua ressalva nos seguintes termos: "(...) as regras formalísticas do decreto regulamentador não podem esterilizar direito fixado na lei regulamentada". (RR-37400-96.2007.5.04.0121). Importante lembrar que em data anterior a 2000, ano em que foi inserida a OJ n. 215 pela SDI-1, havia louváveis posicionamentos no sentido de que o ônus da prova recai sobre o empregador no caso do pleito de indenização de vale-transporte em reclamatória trabalhista, em que se destacam os acórdãos proferidos pelos relatores Mauricio Godinho Delgado e José Roberto Freire Pimenta, como desembargadores do TRT 3ª Região, constantes dos seguintes processos, respectivamente: RO n. 631/97 (DJ 23.9.1997) e RO 20.832/98 (DJ 30.7.1999).

A fundamentação emblemática para esta postura se encontra expressada por Mauricio Godinho Delgado, que se pauta no *princípio constitucional da legalidade* e no *princípio da norma mais favorável* ao trabalhador — organicamente integrado à dinâmica básica do ramo jurídico trabalhista e, enfaticamente, assimilado pela CR/88 (art. 1º, III e IV; art. 3º, I, III e IV, art. 7º, *caput*). Enquanto desembargador do TRT 3ª Região, Mauricio Godinho Delgado sempre aplicou, frente à lide trabalhista, a Lei n. 7.418/85 e dispunha que "o que deve ser provado pelo trabalhador é a *necessidade* de utilização do transporte, não a requisição do benefício ao empregador", por ser deste a obrigação de colher do obreiro, quando da sua admissão ou no curso do contrato de trabalho, declaração acerca da utilidade (ou não) do uso de transporte público. Assim, o julgador já ensinava que no processo judicial trabalhista, a necessidade do deslocamento do obreiro para ida e volta ao trabalho apresentava-se de forma *presumida*, revelando-se fato constitutivo do seu direito (art. 333, I do CPC). Por sua vez, cabia à defesa empresária o ônus de provar qualquer fato extintivo, modificativo ou impeditivo do direito ao recebimento ao vale-transporte (art. 333, II do CPC e art. 818 da CLT), tais como o fornecimento da parcela, a desnecessidade de sua utilização pelo obreiro, a abdicação justificada do direito pelo empregado, entre outros[4].

Ademais, o jurista e professor Mauricio Godinho Delgado corriqueiramente enfatiza a imperatividade do Direito do Trabalho, de modo que seria uma afronta *constitucional* e *legal* se toda verba trabalhista dependesse de ato formal do obreiro para ter eficácia concreta[5].

Dessa forma, Mauricio Godinho Delgado elucida que a interpretação em conformidade com a CR/88 e com a Lei n. 7.418/85 (alterada pela Lei n. 7.619/87) permite *apenas* uma compreensão: compete ao empregador a *iniciativa* dos atos necessários ao cumprimento das formalidades previstas no art. 7º do Decreto n. 95.247/1987, recaindo o ônus probatório do vale-transporte sobre o patronato. Logo, o sentido exato das exigências constantes desse decreto somente criaram a necessidade de informações prévias ao deferimento do vale-transporte e não uma maneira de gerar mecanismo singelo de esterilização de direito trabalhista. Em outras palavras, torna-se forçosa uma conduta hermenêutica pacífica que confira às exigências inscritas no art. 7º do Decreto n. 95.247/1987 a síntese de organicidade e harmonização com os diplomas legais instituidores do vale-transporte (Lei n. 7.418/85 e Lei n. 7.619/87) e com o próprio Direito do Trabalho, sob pena de apreensão jurisprudencial distinta com respeito à temática capaz, no mínimo, de inverter a lógica da distribuição dos ônus probatórios no processo trabalhista (transferindo ao empregado o *onus probandi* de fato impeditivo) até suprimir a configuração e o gozo do direito, rompendo, assim, com a hierarquia das normas jurídicas nos planos do Direito Comum e do Direito do Trabalho[6].

Há ainda a justificativa norteada exclusivamente pelo *princípio da aptidão da prova*. Ao compreender ser materialmente inviável ao trabalhador produzir prova acerca da reivindicação ao vale-transporte e este requerimento se tratar de documento burocrático colhido pelo empregador no ato da admissão e assim permanecer em seu poder, outros juristas, vislumbrando a dificuldade de o empregado em se desincumbir do encargo probatório, passaram a considerar juridicamente razoável exigir do empregador a prova documental negativa. Também já entediam que o empregador somente se desonerava se fizesse prova de fato extintivo, impeditivo ou modificativo do direito.

Nesta esteira de raciocínio, independentemente da motivação, ao tratar o vale-transporte como vantagem legal, de ordem pública e de concessão compulsória pelo patronato, a melhor jurisprudência verificou ser mais plausível exigir que o empregador mantenha documentação referente ao vale-transporte. Logo, na hipótese de pedido indenizatório decorrente do não fornecimento do vale-transporte, cabe ao empregador comprovar ter colocado o vale-transporte à disposição do obreiro, embora este tenha optado por dispensá-lo, ou, ainda, não tenha preenchido os requisitos para auferi-lo, em vez de se pretender que o trabalhador comprove o requerimento do seu direito ao vale-transporte e este lhe seja negado.

Ainda, a hipótese de ausência de fornecimento de dados pelo empregado (conforme preconizado nos incisos I e II do art. 7º do Decreto n. 95.247/1987) já não exime o

---

(4) Neste sentido, *v.*: TRT 3ª Região. 00990-2006-101-03-00-8-RO. Rel. Des. Mauricio Godinho Delgado. DJ 12.9.2007.

(5) A respeito, *v.*: TRT 3ª Região. 01109-2002-032-03-00-2 -RO. Rel. Des. Mauricio Godinho Delgado. DJ 4.4.2003.

(6) Vale lembrar que Mauricio Godinho Delgado, enquanto Ministro do TST, sempre ressalvou o seu entendimento: RECURSO DE REVISTA. VALE-TRANSPORTE. ÔNUS DA PROVA. OJ n. 215/SBDI-1/TST. A Dt. Turma, nos termos expressos da OJ n. 215 da SBDI-1/TST, posiciona-se no sentido de que é do empregado o ônus de comprovar que satisfaz os requisitos indispensáveis à obtenção do vale-transporte. Ressalva do entendimento do Relator, que entende que o Decreto n. 95.247/87, regulamentador da Lei n. 7.418/85, não poderia frustrar a efetividade do direito pela inversão do ônus da prova, porquanto é o empregador que detém o controle e a direção da forma de prestação de serviços do empregado. Recurso de revista conhecido e parcialmente provido. TST. 6ª Turma. RR – 146240-40.2002.5.02.0443. Rel. Min. Mauricio Godinho Delgado. DJ 23.10.2009). Para maior aprofundamento, consultar: DELGADO, Mauricio Godinho. Vale-transporte: a questão do ônus probatório. *In*: DELGADO, Mauricio Godinho. *Direito do Trabalho e modernização jurídica*. Brasília: Consulex, 1992.

empregador quanto à sua obrigação contratual, uma vez que, obviamente, o endereço residencial do trabalhador é fornecido para o preenchimento da ficha de registro do empregado e, por vezes, constante da CTPS.

Frise-se que muito antes do cancelamento da OJ SDI-1 n. 215 do TST já existiam louváveis entendimentos no sentido de que o *ônus probandi* recaia sobre o empregador.

Com o cancelamento da OJ n. 215 da SDI-1 do TST, impõe-se o entendimento de caber ao empregador o ônus de comprovar que colheu do empregado as informações exigidas no art. 7º do Decreto n. 95.247/1987 para obtenção de vale-transporte, a fim de demonstrar a impertinência da concessão da parcela[7].

Interessante destacar o entendimento jurisprudencial acerca da incidência do desconto de 6% sobre o pleito de indenização de vale-transporte não concedido ao longo do pacto laboral.

A jurisprudência dominante entende que, sendo devida a indenização, de natureza substitutiva, deve incidir o desconto relativo à participação do empregado à razão de 6% do seu salário básico ou vencimento (art. 4º, parágrafo único, da Lei n. 7.418/85 e art. 9º do Decreto n. 95.247/87), excluídos quaisquer adicionais ou vantagens, sob pena de enriquecimento sem causa[8].

Entretanto há ainda o posicionamento de que a indenização teria natureza compensatória, motivo pelo qual o desconto de 6% passa a ser indevido por não ter sido concedido o benefício do vale-transporte na época própria e nas condições legalmente previstas[9].

Pelo exposto, o reexame da questão atinente ao ônus da prova relativo ao vale-transporte e o consequente cancelamento da OJ SDI-1 n. 215 do TST, nas lições do ministro Mauricio Godinho Delgado, representa a *efetividade* do vale-transporte como direito inerente ao âmbito dos direitos laborais clássicos, integrante do universo teórico da Ciência Jurídica, notadamente do ramo jurídico trabalhista especializado, por meio da pontual preservação do ônus da prova dos fatos modificativos, impeditivos e extintivos com a defesa processual empresária[10].

Referências bibliográficas

BRASIL. TRIBUNAL REGIONAL DO TRABALHO DA 3ª REGIÃO. 00990-2006-101-03-00-8-RO. Rel. Des. Mauricio Godinho Delgado. DJ 12.9.2007.

BRASIL. TRIBUNAL REGIONAL DO TRABALHO DA 3ª REGIÃO. 01109-2002-032-03-00-2 -RO. Rel. Des. Mauricio Godinho Delgado. DJ 4.4.2003.

BRASIL. TRIBUNAL REGIONAL DO TRABALHO DA 3ª REGIÃO. RO n. 00119.2007.012.03.00.0 (DJ 30.10.2007).

BRASIL. TRIBUNAL REGIONAL DO TRABALHO DA 3ª REGIÃO. RO n. 00119.2007.012.03.00.0, rel. Des. Luiz Otávio Linhares Renault, DJ 30.10.2007.

BRASIL. TRIBUNAL REGIONAL DO TRABALHO DA 3ª REGIÃO. RO n. 00194-2007-129-03-00-1 (DJ 10.8.2007).

BRASIL. TRIBUNAL REGIONAL DO TRABALHO DA 3ª REGIÃO. RO n. 01316.2005.036.03.00.5, rel. Des. Mauricio Godinho Delgado, DJ 17.2.2006.

BRASIL. TRIBUNAL REGIONAL DO TRABALHO DA 6ª REGIÃO. RO 0000129-32.2012.5.06.0312. 3ª Turma. Relª. Desª. Maria Clara Saboya A. Bernardino.

BRASIL. TRIBUNAL SUPERIOR DO TRABALHO. AIRR 78440-59.2004.5.01.0020. Rel. Min. Carlos Alberto Reis de Paula. Julgamento: 5.12.2007. Publicação: 15.2.2008.

BRASIL. TRIBUNAL SUPERIOR DO TRABALHO. RR – 140400-50.2008.5.03.0010, rel. Min. Pedro Paulo Manus, 7ª Turma, DEJT 29.6.2012.

BRASIL. TRIBUNAL SUPERIOR DO TRABALHO. RR – 146240-40.2002.5.02.0443. Rel. Min. Mauricio Godinho Delgado. DJ 23.10.2009

BRASIL. TRIBUNAL SUPERIOR DO TRABALHO. RR 54500-28.2005.5.04.0382. Rel. Min. Luiz Philippe Vieira de Mello Filho. DJ 4.2.2011.

BRASIL. TRIBUNAL SUPERIOR DO TRABALHO. RR-37400-96.2007.5.04.0121.

DELGADO, Mauricio Godinho. Vale-transporte: a questão do ônus probatório. In: DELGADO, Mauricio Godinho. *Direito do Trabalho e modernização jurídica*. Brasília: Consulex, 1992.

---

(7) Na prática trabalhista, a autora já presenciou, em audiência de instrução e julgamento, determinado magistrado desprezar prova documental negativa produzida pelo empregador em detrimento de depoimento pessoal do empregado.

(8) Neste sentido, *v.* os seguintes acórdãos: TRT da 3ª Região, RO n. 01316.2005.036.03.00.5, rel. des. Mauricio Godinho Delgado, DJ 17.2.2006. TRT da 3ª Região, RO n. 00119.2007.012.03.00.0, rel. des. Luiz Otávio Linhares Renault, DJ 30.10.2007 e TST. RR – 140400-50.2008.5.03.0010, rel. min. Pedro Paulo Manus, 7ª Turma, DEJT 29.6.2012.

(9) Maiores detalhes, consultar: TRT 6ª Região. RO 0000129-32.2012.5.06.0312. 3ª Turma. Relª. desª. Maria Clara Saboya A. Bernardino.

(10) DELGADO, Mauricio Godinho. Vale-transporte: a questão do ônus probatório. In: DELGADO, Mauricio Godinho. *Direito do Trabalho e modernização jurídica*. Brasília: Consulex, 1992.

OJ n. 226 da SDI-1 do TST: Uma Análise Crítica

Virgínia Leite Henrique

OJ N. 226 DA SDI-I DO TST: CRÉDITO TRABALHISTA. CÉDULA DE CRÉDITO RURAL. CÉDULA DE CRÉDITO INDUSTRIAL. PENHORABILIDADE (título alterado) – DJ 20.4.2005

Diferentemente da cédula de crédito industrial garantida por alienação fiduciária, na cédula rural pignoratícia ou hipotecária o bem permanece sob o domínio do devedor (executado), não constituindo óbice à penhora na esfera trabalhista. (Decreto-lei n. 167/67, art. 69; CLT, arts. 10 e 30 e Lei n. 6.830/80).

1. Introdução – a OJ n. 226

O Tribunal Superior do Trabalho busca a unificação das decisões proferidas em sede trabalhista editando súmula e orientações jurisprudenciais.

Como relembra KIETZMANN, a palavra "súmula" é originária de *summula*, do latim, que significa "sumário" ou "resumo"[1].

Podem referir-se ao resumo de um julgamento (como tratado, por exemplo, no art. 506, do CPC[2]) ou, como mais recorrente utilizada, enuncia o entendimento predominante a respeito de determinada questão jurídica por certo tribunal.

A palavra, segundo informa o autor, teria sido cunhada pelo ministro Victor Nunes Leal, no ano de 1963, *"para definir em pequenos enunciados o que o Supremo Tribunal Federal vinha decidindo de modo reiterado acerca de temas que se repetiam nos julgamentos"*[3]. O procedimento de uniformização está previsto no art. 479 do CPC[4].

As orientações jurisprudenciais, conforme estabelece o Regimento Interno do TST, resultam de proposta formulada pela Comissão de Jurisprudência e Precedentes Normativos, formalizada em projeto instruído com *"a sugestão do texto, a exposição de motivos, a relação dos acórdãos que originaram os precedentes e a indicação da legislação pertinente à hipótese"* (art. 167).

Ao contrário da Súmula, a edição de OJ prescinde de manifestação do Pleno. O projeto é submetido à "vista" dos ministros, para sugestões e/ou objeções pertinentes, pelo prazo de 15 dias, vencido o qual, a Comissão deliberará conclusivamente (art. 167, §§ 1º e 2º).

As OJs também não se confundem com as súmulas vinculantes – que poderiam ser objeto de artigo próprio para análise. Estas, trazidas pela Emenda Constitucional n. 45, de 30 de dezembro de 2004, com a proposição de conferir maior estabilidade e simplificar julgamentos e seu caráter de imperatividade e coercibilidade, representam verdadeiro óbice a demandas fundadas em teses já pacificadas na jurisprudência dominante, podendo levar ao empobrecimento e à solidificação não desejada da interpretação do direito, sempre viva e mutável. Para que o enunciado de uma súmula vinculante seja editado, devem ser atendidos alguns pressupostos objetivos: i) decisões reiteradas sobre matéria constitucional; ii) controvérsia atual entre órgãos judiciários ou entre a administração pública; iii) discussões sobre a validade, a interpretação e a eficácia de normas determinadas; iv) grave insegurança jurídica e relevante multiplicação de processos sobre questão idêntica. O quórum para aprovação, cancelamento e revisão da súmula é de dois terços dos membros do Supremo Tribunal Federal e seu procedimento está regulamentado nas Resoluções ns. 381/2008 e n. 388/2008 do STF[5].

Sérgio Pinto Martins traz um relato no mínimo curioso acerca da origem das OJs. Segundo ele,

> A Orientação Jurisprudencial surgiu de precedentes que eram anotados num caderninho preto entre os ministros que compunham a Comissão de Jurisprudência do TST. Esses precedentes, inicialmente, eram adotados apenas internamente no TST. Os outros ministros também quiseram que lhes fosse enviado o mesmo livrinho, que só alguns possuíam.

---

(1) KIETZMANN, Luís Felipe de Freitas. Da uniformização de jurisprudência no direito brasileiro. *Jus Navigandi*, Teresina, ano 11, n. 1.124, 30 jul. 2006. Disponível em: <http://jus.com.br/revista/texto/8701>. Acesso em: 28 ago. 2012.

(2) Art. 506. O prazo para a interposição do recurso, aplicável em todos os casos o disposto no art. 184 e seus parágrafos, contar-se-á da data:
(...)
III – da publicação da súmula do acórdão no órgão oficial.

(3) KIETZMANN, Luís Felipe de Freitas. Da uniformização de jurisprudência no direito brasileiro. *Jus Navigandi*, Teresina, ano 11, n. 1.124, 30 jul. 2006. Disponível em: <http://jus.com.br/revista/texto/8701>. Acesso em: 28 ago. 2012.

(4) Art. 479. O julgamento, tomado pelo voto da maioria absoluta dos membros que integram o tribunal, será objeto de súmula e constituirá precedente na uniformização da jurisprudência.

(5) Mais informações, veja MACEDO, Gabriela Silva. A eficácia vinculante do precedente judicial no Direito brasileiro e sua importância para atuação do Poder Judiciário. *Jus Navigandi*, Teresina, ano 17, n. 3.217, 22 abr. 2012. Disponível em: <http://jus.com.br/revista/texto/21528>. Acesso em: 28 ago. 2012.

Os precedentes foram numerados e depois denominados Orientação Jurisprudencial, que ainda não é uma súmula. Seria o antecedente da súmula, um embrião da súmula, que está num processo de maturação para atingir a súmula[6].

Elas têm como finalidade, como o próprio nome diz, orientar quanto às decisões dos Tribunais Regionais e do TST a respeito de determinada matéria, unificando-as. Embora não sejam obrigatórias, como destaca Carlos Henrique Bezerra Leite, têm "cunho persuasivo"[7].

Para a proposição de uma OJ, em relação à jurisprudência da Sessão Especializada em Dissídios Individuais, é necessária ou a existência de acórdãos da Subseção respectiva, reveladores da unanimidade sobre a tese ou de dez acórdãos da Subseção respectiva, prolatados por maioria simples (conf. art. 171, do já citado Regimento Interno do TST).

Registre-se, ademais, a finalidade obstacularizadora de recurso via OJ — o que caberia uma longa discussão, não sendo o objeto do presente artigo. Com efeito, em atendimento à Súmula n. 333 do TST, não cabe recurso de revista em face de jurisprudência iterativa, notória e atual do TST, funcionando as OJs como exposição de tal jurisprudência[8].

No tocante ao tema específico do presente artigo — o caso das cédulas de crédito rural —, o C. TST editou, em abril de 2005, a OJ n. 226 da SDI-I.

A redação da referida OJ é a seguinte:

> **226. CRÉDITO TRABALHISTA. CÉDULA DE CRÉDITO RURAL. CÉDULA DE CRÉDITO INDUSTRIAL. PENHORABILIDADE** (título alterado) – DJ 20.4.2005
>
> Diferentemente da cédula de crédito industrial garantida por alienação fiduciária, na cédula rural pignoratícia ou hipotecária o bem permanece sob o domínio do devedor (executado), não constituindo óbice à penhora na esfera trabalhista. (Decreto-lei n. 167/67, art. 69; CLT, arts. 10 e 30 e Lei n. 6.830/80).

Ocorre que tal orientação, como diversas outras, é passível de críticas, já que nem sempre elas conferem o melhor entendimento jurídico a ser dado ao caso.

É o que, em nossa opinião, se passa com a OJ em comento.

2. A posição doutrinária e jurisprudencial majoritária

O entendimento doutrinário e jurisprudencial dominante é no sentido expresso na referida OJ, ou seja, de possibilidade de penhora dos bens vinculados à cédula de crédito rural pignoratícia ou hipotecária.

Como explica a doutrina,

> a cédula de crédito é um título de crédito, representando uma promessa direta de pagamento ou promessa de entrega de produtos, com ou sem garantia real ou fidejussória, constituída cedularmente, representada por hipoteca, penhor, alienação fiduciária ou aval.[9]

No tocante à cédula de crédito rural, trata-se de promessa de pagamento em dinheiro, sem ou com garantia real, cedularmente constituída e destinada ao financiamento rural.

Ela está regulada pelo Decreto-lei n. 167/1967 e pode conter pignoratícia, hipotecária ou pignoratícia e hipotecária.

Para ter eficácia em face de terceiros, é necessário que a cédula de crédito rural esteja regularmente inscrita no Cartório de Registro de Imóveis da comarca em que estiver localizado o imóvel de localização dos bens empenhados ou na circunscrição em que esteja situado o imóvel hipotecado.

Conforme o art. 69 do Decreto-lei n. 167/67, os bens oferecidos como garantia na cédula de crédito rural não serão penhorados, arrestados ou sequestrados por outras dívidas do emitente ou do terceiro prestante da garantia real, cumprindo a qualquer deles denunciar a existência da cédula à autoridade competente.

O mesmo se diga quanto à cédula de crédito industrial, promessa de pagamento em dinheiro, com garantia real expressa na referida cédula.

O argumento em favor da penhorabilidade no processo trabalhista é de que o art. 57 do Decreto-lei n. 413/69 não teria estabelecido um superprivilégio, admitindo, ao contrário, uma ordem de preferência, na qual surgiria, acima da consideração da propriedade e do patrimônio, o crédito trabalhista, de índole alimentar.

---

(6) Nota do autor "Orientação Jurisprudencial do Tribunal Superior do Trabalho SBDI-1 Iterativa – Notória – Atual: Súmula n. 333". *In:* MARTINS, Sérgio Pinto. *Comentários às Orientações Jurisprudenciais da SBDI-1 e 2 do TST*. São Paulo: Atlas, 2011.

(7) Disponível em: <http://www.lfg.com.br/artigo/20080819143440647_direito-processual-do-trabalho_ha-diferenca-entre-sumulas-orientacoes--jurisprudenciais-e-precedentes-normativos-katy-brianezi.html>. Acesso em: 28 ago. 2012.

(8) Súmula n. 333, do TST: **RECURSOS DE REVISTA. CONHECIMENTO** (alterada) – Res. n. 155/2009, DEJT 26 e 27.2.2009 e 2.3.2009. Não ensejam recurso de revista decisões superadas por iterativa, notória e atual jurisprudência do Tribunal Superior do Trabalho.

(9) COSTA, Wille Duarte. *Títulos de crédito*. 4. ed. Belo Horizonte: Del Rey, 2008. p. 463.

Segundo entendimento expresso nos julgados que deram origem à OJ, os arts. 10 e 30, da Lei n. 6.830/1980 revogaram o art. 69 do Decreto-lei n. 167/1967, que proíbe a penhora em qualquer dos casos.

Entende-se que o Código Tributário Nacional (Lei n. 5.107/1966), em seu art. 184, estipula que não vale para o crédito tributário a cláusula de impenhorabilidade, seja qual for a data da constituição do ônus ou da cláusula, excetuados unicamente os bens e as renda que a lei declare absolutamente impenhoráveis, e que o crédito tributário tem prevalência sobre qualquer outro, salvo os trabalhistas, conforme art. 186 do referido Código.

Argumenta-se, ainda, que os Decretos-leis que tratam da impenhorabilidade dos créditos industriais e rurais (167/1967 e 413/1969) seriam inconstitucionais, posto que anteriores à Constituição da República de 1988, sendo que, no âmbito da Emenda Constitucional n. 69, o art. 55 somente autorizava o presidente da República a editar Decreto-lei em caso de urgência e relevância e se as matérias tratassem de segurança nacional, finanças públicas e criação de cargos públicos, o que não seria o caso dos Decretos-leis em exame. É o que defende LIMA FILHO em seu artigo *Privilégio do crédito trabalhista frente a garantia cedular nos títulos de crédito*.[10]

Para o referido autor, no tocante à cédula industrial, criada pelo Decreto-lei n. 413/69 e cuja impenhorabilidade está prevista em seu art. 57, está em conflito com a Constituição atual que tem como um dos seus fundamentos e princípios a valorização social do trabalho. Assim, não seria possível que a regra do art. 57 do referido Decreto-lei prevalecesse em face de pagamento de crédito decorrente de relação de trabalho, de natureza alimentar. Registra que o único requisito para tal penhora seria a intimação do credor real sob pena de ineficácia da alienação em relação a tal credor.

No sentido de se ter por necessária apenas a intimação do credor real, é o que ensina abalizada doutrina processualística.

Para José Carlos Barbosa Moreira, não são impenhoráveis os bens gravados por penhor, hipoteca, anticrese ou usufruto, sendo apenas indispensável que se proceda à intimação do credor hipotecário ou anticrético ou usufrutuário, sob pena de não produzir efeitos, em relação à pessoa que deveria ter sido intimada, a eventual alienação do bem do processo executivo[11].

Moacyr Amaral Santos e Frederico Marques comungam desse mesmo pensamento[12].

Humberto Theodoro Jr. acrescenta, ainda, o fato de o credor quirografário poder executar os bens do devedor, incluindo o bem hipotecado, se houver insolvência. Mas não pode haver penhora sobre o bem dado em garantia se o devedor tiver outros bens que possam satisfazer os créditos[13].

Os ensinamentos destes autores servem de embasamento para a conclusão de Chagas Filho de que a hipoteca jamais se constituiu em óbice à penhora e menos ainda quando o devedor é insolvente e o único bem passível de penhora é aquele dado em hipoteca para garantia de cédula industrial[14].

De acordo com o autor, impedir-se pura e simplesmente a penhora sobre bens gravados com hipoteca na forma prevista no Decreto-lei n. 413/1969 é ferir de morte o preceito constante dos arts. 1º, inciso IV e 193 da Constituição Federal em vigor e, ainda, ao estabelecido no art. 186 do CTN[15].

O crédito trabalhista, por gozar do chamado "superprivilégio", preferiria, no entendimento de grande parte da doutrina e jurisprudência, a qualquer outro, podendo um bem gravado com o ônus da hipoteca prevista no Decreto-lei n. 413/69 ser penhorado e alienado para garantia do crédito de natureza alimentar, do qual o trabalhista é uma espécie.

É este o entendimento de Manoel Antônio Teixeira Filho. Para o autor, as normas que regulam os títulos de crédito rural ou industrial não dizem da impenhorabilidade absoluta dos bens vinculados a essas cédulas.

No que toca à possibilidade de haver penhora de bens vinculados a cédula industrial ou rural, conquanto haja intensa controvérsia, na doutrina e na jurisprudência acerca do tema, entendemos que tais bens são penhoráveis, levando em conta, acima de tudo, o fato de os créditos

---

(10) LIMA FILHO, Francisco das Chagas. Privilégio do crédito trabalhista frente a garantia cedular nos títulos de crédito. *Repertório IOB de Jurisprudência*, São Paulo, n. 9, caderno 2, p. 173-175, 1ª quinz. maio, 1997.

(11) MOREIRA, José Carlos Barbosa. *Processo Civil Brasileiro*. Forense: 1996. p. 263.

(12) Veja-se: SANTOS, Moacyr Amaral. *Primeiras Linhas*. São Paulo: Saraiva, 1988. v. 3, p. 291 e MARQUES, Frederico. *Manual de Direito Processual* Civil. São Paulo, Saraiva, 1979. 4. vol., p. 161.

(13) THEODORO JR., Humberto. *Processo de Execução*. Livraria e Editora Universitária de Direito, 1993.

(14) LIMA FILHO, Francisco das Chagas. Privilégio do crédito trabalhista frente a garantia cedular nos títulos de crédito. *Repertório IOB de Jurisprudência*, São Paulo, n. 9, caderno 2, p. 172, 1ª quinz. maio. 1997.

(15) *Ibidem*, p. 174.

trabalhistas serem dotados de um superprivilégio (CLT, art. 449, parágrafo único; Lei n. 5.172, de 25.10.66, art. 186 — Código Tributário Nacional), capaz, inclusive, de sobrepô-lo aos próprios créditos tributários. As normas legais que regulam os títulos de crédito rural ou industrial, enfim, não dizem da impenhorabilidade absoluta dos bens vinculados a essas cédulas[16].

Em igual sentido, o entendimento de Francisco Antonio de Oliveira:

> (...) o bem hipotecado será praceado e o *quantum* apurado será preferentemente entregue ao credor trabalhista; em havendo sobra poderá o credor hipotecário sub-rogar-se no que restar. Se o valor porventura não for suficiente para cobrir o seu crédito, o saldo restante continuará a ser garantido pelo bem hipotecado (direito de sequela), pouco importando em mãos de quem estiver.[17]

Tal posicionamento coaduna-se com aquele exposto em grande parte da jurisprudência trabalhista[18].

Também as decisões abaixo transcritas em parte (sendo que algumas tratam, inclusive, de cédula comercial):

AUTOS N. TST-AIRR-13221/2002-900-06-00.9. O terceiro-embargante sustenta a violação do art. 5º, XXXVI, da Carta Política pois uma vez atendidos os requisitos legais para a garantia real sobre bem vinculado a cédula de crédito industrial a favor do Banco, a realização de constrição judicial lesiona o princípio da intangibilidade do ato jurídico perfeito. Invoca os arts. 57 do citado Decreto-lei, 5º da Lei n. 6.830/80 e 186, 188 e 192 do Código Tributário Nacional para respaldar a impenhorabilidade do bem objeto de garantia cedular.

O Regional adotou tese explícita acerca da relativização da impenhorabilidade de bem vinculado a cédula de crédito industrial frente aos créditos de natureza trabalhista, pautada em interpretação sistêmica dos arts. 57 e 60 do Decreto-lei n. 413/69, 5º da Lei de Introdução ao Código Civil e 186 e 187 do Código Tributário Nacional. *In verbis*:

> "(...) **O crédito trabalhista é privilegiadíssimo, preferindo até mesmo ao de natureza tributária, conforme estabelece o art. 186 do CTN. É certo que aqui não se trata de concurso de credores, mas, nos termos do art. 5º da LICC, o julgador, ao aplicar a lei, deve estar atento aos fins sociais a que ela se propõe. E nos casos dos créditos trabalhistas, sobreleva sempre o seu caráter alimentar, fonte de manutenção do empregado e dos seus dependentes.**
>
> (...)
>
> Não houve violação ao ato jurídico perfeito nem ao art. 648 do CPC, posto que, como bem esclarecido no parecer adotado, **exsurge do texto do art. 60 que tal impenhorabilidade não se aplica em face de créditos de natureza trabalhista**, haja vista que não se utilizou o agravante das cautelas previstas neste último artigo'. (grifado)" (fls. 155-6. Grifo e negrito do original)

Na trilha do verbete jurisprudencial, não há falar em lesão ao princípio do ato jurídico perfeito porquanto a garantia hipotecária de bem vinculado a cédula de crédito industrial não se sobrepõe aos créditos trabalhistas e tributários, de modo a acarretar, na esteira da aplicação isolada do art. 57 do Decreto-lei n. 413/69, o descumprimento do art. 186 do CTN, que dispõe sobre privilégios dos créditos trabalhistas e tributários. O bem hipotecado, garante de cédula de crédito industrial, atrai, tão somente, a impenhorabilidade relativa, não obstando a penhora na esfera trabalhista. Nesse contexto, não há falar na desconstituição da penhora efetivada nos autos.

(Autos n. AIRR-13221-2002-900-06-00.9. Data de julgamento: 7.3.2007, Ministra relatora: Rosa Maria Weber Candiota da Rosa, 6ª Turma, TST)

AUTOS N. TRT-10 AP 00527/2001/18ª Vara.

(...)

Embora se refira a Súmula às cédulas rural e industrial — no caso cuida-se de cédula comercial — certo é que nesta, como na primeira (rural), "o bem permanece sob o domínio do devedor (executado), não constituindo óbice à penhora na esfera trabalhista".

Logo, por analogia, entendo que não há óbice tampouco à penhora do bem gravado de hipoteca com origem em cédula de crédito comercial.

(Autos n. AP 00527-2001, Data de julgamento: 21.9.2005, relator: Bertholdo Satyro, 3ª Turma, TRT 10ª Região)

AUTOS N. TRT ª AP-01317-1999-121-18-00-8.

(...)

In casu, a questão relevante restringe-se ao direito de preferência do credor hipotecário em face do privilégio dos créditos trabalhistas. Conforme acentuado pelo d. Juízo a quo, o privilégio absoluto do crédito trabalhista está previsto no art. 449 da CLT, arts. 184 e 186 do CTN, art. 30 da Lei n. 6.830/80 e art. 83 da Lei n. 11.101/05, sobrepondo-se, inclusive, aos créditos tributários e com garantia real, limitados a 150 salários mínimos por credor, no caso de falência. Tal se justifica em razão da natureza alimentar de tais créditos, e encontra supedâneo no "valor social do trabalho" e na "dignidade da pessoa humana", fundamentos da República Federativa do Brasil (art. 1 da Constituição Federal). Mantenho a decisão agravada, que se coaduna com a jurisprudência desta Corte, acerca da matéria.

---

(16) TEIXEIRA FILHO, Manoel Antonio. *Execução no Processo do Trabalho*. 7. ed. São Paulo: LTr, 2001. p. 438.

(17) OLIVEIRA, Francisco Antonio de. *A execução na Justiça do Trabalho*. 3. ed. São Paulo: Revista dos Tribunais, 1995. p. 116.

(18) Citamos apenas algumas decisões lembradas por LIMA FILHO: Ap-581/95-TRT 19ª Região, in: *Decisório Trabalhista*, p. 156, fev. 1996; TRT 12ª Região, RO n. 307/86, *in* DJSC 27.9.1996, p. 83; TRT 11ª Região, Ap. 3/1984, *LTr* 48-II/377; AP 000153/1996, DJMS 26.11.1996, p. 0039, TRT 24ª Região; REsp n. 0055196, DJU 9.10.1996, p. 33.550.

(Autos n. AP-01317-1999-121-18-00-8; Data de julgamento: 4.7.2007, relator Juiz Marcelo Nogueira Pedra, TRT da 18ª Região)

AUTOS N. AIRR-23/2003-019-21-40.

No recurso de revista, a fls. 99/102, a União sustentou que foram violados o direito à propriedade e o ato jurídico perfeito. Alegou que o crédito trabalhista não pode desconstituir a penhora do bem, por força da cédula de crédito rural ainda não vencida. Apontou violação dos arts. 5º, XXII e XXXVI, 97 da CF/88 e 69 da Lei n. 167/1967.

A decisão recorrida está de acordo com a OJ n. 226 da SBDI-I do TST:

Diferentemente da cédula de crédito industrial garantida por alienação fiduciária, na cédula rural pignoratícia ou hipotecária o bem permanece sob o domínio do devedor (executado), não constituindo óbice à penhora na esfera trabalhista. (OJ n. 226 da SBDI-I do TST).

Nego provimento.

(Autos n. AIRR-23/2003-019-21-40, Data de publicação: 24.4.2009, relatora: Kátia Magalhães Arruda, TST)

3. A posição divergente

DE OUTRO LADO, há opiniões divergentes, contando, inclusive, com decisão do Supremo Tribunal Federal, no sentido de que tais cédulas de crédito são impenhoráveis, mesmo no processo trabalhista.

Com efeito, a posição do STF é no sentido de assegurar a impenhorabilidade de bem dado como garantia ao banco e vinculado a uma cédula de crédito industrial ou rural ao fundamento de ofensa ao ato jurídico perfeito. Então, o *status* constitucional conferido ao caráter alimentar do crédito trabalhista, no art. 100 da Constituição da República, não tem o alcance imaginado e defendido pela jurisprudência regional antes citada.

Vejam-se as ementas das decisões da Corte Suprema, abaixo transcritas:

EMENTA: Impenhorabilidade de bens alienados fiduciariamente. 2. Violação ao art. 5º, XXXVI, da Constituição Federal, quanto ao direito do recorrente no sentido de não ter penhorado o bem que lhe foi dado em garantia vinculada à cédula de crédito industrial e, ainda, ao respeito ao ato jurídico perfeito, em face da cédula de crédito industrial e da garantia sobre o imóvel cuja penhora ora combate. Precedentes. 3. Agravo regimental provido, passando, desde logo, ao julgamento do recurso extraordinário. 4. Recurso extraordinário conhecido e provido.

(RE n. 230.517 AgR, relator(a): Min. NÉRI DA SILVEIRA, Segunda Turma, julgado em 27.11.2001, DJ 1º.2.2002 PP-00098 EMENT VOL-02055-03 PP-00514)

EMENTA: Cédula rural hipotecaria e pignoratícia. Decreto-lei n. 167/1967, art. 69. O art. 69 do Decreto-lei n. 167/1967 é taxativo no sentido de que não são penhoráveis os bens já onerados com penhor ou hipoteca constituídos por cédula rural. A impenhorabilidade não pode ser contornada, mesmo no caso em que o credor hipotecário admite a penhora desses bens. Recurso extraordinário conhecido e provido.

(RE 105277 / DF – DISTRITO FEDERAL RE – Relator(a): Min. FRANCISCO REZEK, Segunda Turma, julgado em 7.5.1985, DJ 24.5.1985 PP-07986 EMENT VOL-01379-05 PP-00959 RTJ VOL-00114-03 PP-01212)

Neste sentido também algumas vozes doutrinárias como, por exemplo, da professora Rubia Carneiro Neves, para quem, se a impenhorabilidade decorrer da lei, ela deve ser respeitada, que é o caso do bem oferecido em garantia da cédula de crédito. Assim, para ela,

Por uma questão de ordem e de técnica legislativa, conclui-se que o bem oferecido em garantia na cédula de crédito, seja por meio de hipoteca, penhor ou alienação fiduciária, não será possível de penhora por qualquer outro débito que não o próprio débito da cédula.[19]

Neste sentido, as decisões abaixo:

Autos n. AP 63474.541/99-4.

Dispõe o art. 889, da CLT:

"Art. 889 – Aos trâmites e incidentes do processo da execução são aplicáveis, naquilo em que não contravierem ao presente Título, os preceitos que regem o processo dos executivos fiscais para a cobrança judicial da dívida ativa da Fazenda Pública Federal."

Com efeito, diz o art. 186 do Código Tributário Nacional:

"Art. 186 – O crédito tributário prefere a qualquer outro, seja qual for a natureza ou o tempo da constituição deste, ressalvados os créditos decorrentes da legislação do trabalho."

Da leitura deste artigo, é de ser inferido que o crédito tributário sempre será prioritário diante de outro crédito, seja qual for a sua natureza, ressalvados os créditos de natureza trabalhista. Veja-se que este dispositivo legal tem por objetivo único mostrar o relacionamento do crédito tributário com os demais tipos de créditos quanto à sua preferência. No entanto, foge ao alcance do diploma legal estabelecer que, por uma dedução lógica, o crédito trabalhista prefere a todos.

Isto porque ao dispositivo anteriormente transcrito não compete reger a relação dos créditos trabalhistas com os demais, mas apenas o relacionamento dos créditos tributários com os de outra natureza. Ademais, porque não é possível, através de uma Lei Complementar que, expressamente, "Dispõe sobre o Sistema Tributário Nacional e institui normas gerais de direito tributário aplicáveis à União, Estados e Municípios" estabelecer-se ordem de preferência de créditos onde os trabalhistas seriam lançados ao cume.

---

[19] NEVES, Rubia Carneiro. Penhora de bens que garantem o cumprimento da dívida cedular – cédula de crédito. In: *ABMCJ em Revista*, Editora RTM, ano 1, n. 1, p. 289, 2001.

Outrossim, o recurso às fontes do direito comum só são admitidas nos casos em que o direito processualista do trabalho é omisso. Desta forma, diante da norma consolidada expressa, não haveria que se falar em subsidiariedade, pois o contrário permitiria a simulação de uma demanda trabalhista para fraudar credores de outros tipos de créditos. Ressalte-se, ainda, que o privilégio do crédito trabalhista só pode ser exercido no juízo concursal, como dispõem os arts. 449 e 768, da CLT. Ou seja, a preferência geral dos empregados, por salários e indenizações, só se estabelece com a declaração de insolvência ou falência do empregador, o que não é o presente caso. Desta forma, não há como subsistir a penhora efetuada sobre bem objeto da cédula de crédito rural, pois o mesmo é impenhorável, não sendo possível o exercício da preferência dos créditos trabalhistas.

Assim, entende-se que a primazia concretizada sobre o bem, com o gravame de hipoteca cedular em favor do Banco do Brasil S/A., confere-lhe uma posição de destaque e preferência, consolidada a impenhorabilidade do mesmo bem, inclusive para créditos trabalhistas (...)

Ressalta-se que ao efetuar o julgamento de casos análogos, este Tribunal Regional assim tem se manifestado:

"Agravo de Petição. Penhora de bem gravado por cédula hipotecária rural. Hipótese em que o disposto no art. 69 do Decreto-lei n. 167/67 obsta a constrição judicial do bem gravado pelo mencionado ônus real. Recurso provido." (TRT 4ª Região, AP n. 60169.411/95-8, 2ª Turma, relator Juiz Mauro Augusto Breton Viola, Julgado em 11.5.1999).

"AGRAVO DE PETIÇÃO. EMBARGOS DE TERCEIRO. CÉDULA RURAL PIGNORATÍCIA E HIPOTECÁRIA. Vencido este Relator, entendeu a Turma que o crédito trabalhista cede diante da disposição do art. 69 do Decreto n. 167/1967. Tal dispositivo legal impediria a penhora dos bens vinculados à Cédula Rural Pignoratícia e Hipotecária." (TRT 4ª Região, AP 95.036950-0, 4ª Turma, Julgado em 22.5.1996, relator Juiz Fabiano de Castilhos Bertoluci).

Atualmente, buscando facilitar o desempenho da atividade econômica, nosso ordenamento jurídico buscou limitar a prevalência dos créditos trabalhistas e tributários, estabelecendo algumas exceções a este princípio, dentre as quais a constante do art. 69, do Decreto-lei n. 167/67, a qual visa incrementar as operações de fomento agrícola através do oferecimento de garantias ao credor, tendo o legislador considerado que o benefício do acréscimo da atividade econômica é maior do que a perda da garantia oferecida em troca. (...)

(Autos n. AP 63474.541/99-4, Ano: 1999, Data de julgamento: 15.8.2000, relator: Joni Alberto Matter, 2ª Turma do Tribunal Regional do Trabalho da 4ª Região)

Autos n. AP 1087/2000.

(...)

Com efeito, a impenhorabilidade dos bens vinculados por hipotecas cedulares não surgiram do nada, mas tem explicação na política governamental de desenvolvimento do País, como já dito.

Na espécie, não há que se perquirir sobre preferência ou privilégio de crédito, impondo-se apenas seja aplicada a lei que estabelece a impenhorabilidade do bem hipotecado.

A disposição do art. 60 do Decreto-lei n. 413/69, embora preveja o dever do emitente da cédula de manter "em dia o pagamento dos tributos e encargos fiscais, previdenciários e trabalhistas de sua responsabilidade, inclusive a remuneração de seus empregados", não autoriza, em caso de descumprimento, a penhorabilidade dos bens vinculados à cédula.

(Autos n. AP 1087/2000, Data de publicação: 9.2.2001, Data de julgamento: 22.1.2001, relator: Douglas Alencar Rodrigues, 3ª Turma do Tribunal Regional do Trabalho da 10ª Região)

Autos n. RR – 527754-23.1999.5.06.5555.

(...) A tese recorrida, no sentido da possibilidade de penhora de bem, embora vinculado à cédula de crédito industrial, a meu ver, contraria o ato jurídico perfeito (art. 5º, inciso XXXVI, da Constituição da República), **porquanto é impenhorável o bem gravado com a cédula de crédito industrial na medida em que integra o patrimônio do adquirente fiduciário e não o patrimônio do alienante.**

E mais. Existindo previsão legal no sentido de que impenhorável o bem vinculado à cédula de crédito industrial ou rural (arts. 69 do Decreto-lei n. 167/1967 e 57 do Decreto-lei n. 413/1969), o bem assim comprometido encontra a proteção devida ao ato jurídico perfeito (art. 6º, § 1º, da Lei de Introdução ao Código Civil).

Assim, pendendo sobre o bem ônus real, a penhora relativamente ao bem em foco afronta diretamente o ato jurídico perfeito e, pois, o art. 5º, inciso XXXVI, da Constituição da República.

Do exposto, dou provimento ao recurso de revista do Banco do Brasil para declarar impenhorável o bem vinculado à cédula de crédito rural.

(Autos n. RR – 527754-23.1999.5.06.5555, Data de publicação: 20.8.1999, Ministro relator Carlos Alberto Reis de Paula, Terceira Turma do TST – grifos nossos)

4. A nossa posição

PENSAMOS, entretanto, que o entendimento mais consentâneo com os princípios da justiça, equidade e boa-fé que devem reger as relações contratuais, seja entre credor e devedor com garantia real, seja entre credor e devedor trabalhista, é no sentido de se reconhecer, sim, a impenhorabilidade do bem expresso na cédula creditícia <u>no limite temporal</u> em que durar tal relação de crédito.

Isso porque, durante a vigência da relação creditícia, ele cumpre uma função social específica, que é permitir a produção, garantindo a permanência do bem nas mãos do produtor como bem de produção enquanto durar o processo referente ao crédito. Uma vez encerrado, supera-se a impenhorabilidade. É dizer, tal impenhorabilidade é temporária, ou seja, perdura enquanto durar a finalidade do crédito que tem em vista a produção agrícola ou industrial.

Esse o ensinamento de Ernane Fidélis dos Santos:

> a finalidade da impenhorabilidade de bens que garantam crédito rural é a produção agrícola, de alto interesse nacional. Qualquer constrição sobre referidos bens é obstada para que se protejam os fins objetivados. Vencido o contrato, todavia, sem prorrogação com a respectiva formalidade ..., a impenhorabilidade perde sua causa. O bem fica sujeito à constrição judicial, muito embora o credor com garantia real, isto é, o hipotecário e pignoratício, não a perca no concurso de preferência.[20]

Em tal sentido as decisões abaixo, havendo inclusive do STF que, embora não trate da discussão a respeito da penhorabilidade ou não em sede trabalhista (mas sim no âmbito processual civil), registra, claramente, o entendimento a respeito da impenhorabilidade do bem restrita ao tempo em que perdurar o contrato de financiamento:

> EMENTA: PROCESSUAL CIVIL. IMPENHORABILIDADE DE BEM DADO EM GARANTIA DE CÉDULAS RURAL PIGNORATÍCIA, HIPOTECÁRIA E DE CRÉDITO INDUSTRIAL. DECRETOS-LEIS NS. 167/1967, ART. 69, E 413/1969, ART. 57. ALEGADA OFENSA AOS PRINCÍPIOS DA IGUALDADE E DO LIVRE ACESSO AO PODER JUDICIÁRIO. Alegação improcedente. Providência que visa ao êxito da política de desenvolvimento de atividades básicas, ao assegurar maior fluxo de recursos para o setor, por meio do reforço da garantia de retorno dos capitais nele investidos. O princípio de que o patrimônio do devedor constitui a garantia de seus credores não é absoluto, encontrando inúmeras limitações, fundadas em razões de ordem social, econômica e jurídica, e mesmo de equidade, as quais, entretanto, **não têm duração ilimitada**, nem são restritas aos terceiros credores do devedor, **circunscrevendo sua eficácia ao curso regular do contrato de financiamento, período durante o qual prevalece não apenas contra os terceiros, mas também contra o próprio beneficiário da garantia real**. O privilégio que resulta da garantia, em favor do credor cedular, consiste no direito de prelação, concretizado no fato de pagar-se prioritariamente com o produto da venda judicial do bem objeto da garantia excutida, em face de insolvência ou de descumprimento do contrato, destinado eventual sobejo aos demais credores, que a ele concorrerão *pro rata*, caso em que o tratamento legal discriminatório não pode ser apodado de anti-isonômico, já que justificado pela existência da garantia real que reveste o crédito privilegiado. Acórdão que, decidindo nesse sentido, não merece censura. Recurso não conhecido.
>
> (RE n. 140437 / SP Relator(a): min. ILMAR GALVÃO, Primeira Turma, Julgamento em 7.6.1994, DJ 3.2.1995 PP-01024 EMENT VOL-01773-02 PP-00225) (destaques nosso)

Examinando a questão de forma específica na Justiça Especializada Laboral, vejam-se as decisões a seguir:

> **AUTOS N. AP 4799/99:** EMENTA: CRÉDITO RURAL PENHORA SOBRE BEM DADO EM GARANTIA HIPOTECÁRIA CÉDULA EXECUTADA IMPENHORABILIDADE NÃO RECONHECIDA — O crédito rural foi objeto de tratamento específico em vista da sua importância para a sociedade, vale dizer, tendo como objetivo garantir a produção rural. Daí porque estabelecida a impenhorabilidade dos bens dados em garantia de cédula rural hipotecária ou pignoratícia. O ordenamento jurídico entendeu que deveriam ditos bens permanecer intocáveis para que o mútuo concluído atingisse à sua finalidade aumentando a produção da atividade agrícola ou pecuária. Vencido que seja o contrato ou, como no caso, executado o mútuo, a impenhorabilidade desaparece persistindo apenas a qualidade do credor com garantia real.
>
> (...)
>
> O crédito rural foi objeto de tratamento específico em vista da sua importância para a sociedade, vale dizer, tendo como objetivo garantir a produção rural. Daí porque estabelecida a impenhorabilidade dos bens dados em garantia de cédula rural hipotecária ou pignoratícia. O ordenamento jurídico entendeu que deveriam ditos bens permanecer intocáveis para que o mútuo concluído atingisse à sua finalidade aumentando a produção da atividade agrícola ou pecuária.
>
> Vencido que seja o contrato ou, como no caso, executado o mútuo, a impenhorabilidade desaparece persistindo apenas a qualidade do credor com garantia real.
>
> (...)
>
> Ora, se a norma invocada não mais incide, se de impenhorabilidade não mais se pode falar, as argumentações quanto ao ato jurídico perfeito, direito adquirido ou segurança jurídica perdem toda e qualquer significação. Respeitou-se a garantia decorrente da cédula enquanto atendendo aos objetivos previstos na lei, nos termos do art. 5º, da Lei de Introdução ao Código Civil. Não mais operante a norma, a partir do momento em que cessou a vedação, a constrição judicial era e é plenamente válida e eficaz. A penhora levada a efeito não ofende a qualquer desses princípios, situando-se precisamente dentro do princípio da legalidade e, submetidos ao concurso os créditos, a preferência, como antes afirmada, é do crédito trabalhista.
>
> O que não consegue apreender, em decorrência do exacerbado estrabismo, o agravante é que a impenhorabilidade teve por escopo a produção e não a garantia do credor.
>
> (Autos n. AP 4799/99. Data de publicação: 5.4.2000, relator Juiz Carlos Augusto Junqueira Henrique, Terceira Turma do TRT3)

> **AUTOS N. AP 1156/99:** EMENTA: HIPOTECA CEDULAR — CÉDULA RURAL HIPOTECÁRIA — IMPENHORABILIDADE LIMITADA NO TEMPO — A impenhorabilidade decorrente da hipoteca fundada em cédula rural hipotecária tem por escopo garantir a manutenção do bem enquanto integrante do processo de produção. É impenhorabilidade vinculada ao fim a que destinado o crédito. O bem a garantir não é o crédito em si mas a produção que com ele pretende-se atingir. Por isso mesmo, vencido o título ou objeto de ação

---

(20) SANTOS, Ernane Fidélis dos. *Manual de Direito Processual Civil*. São Paulo: Saraiva, 1987. v. III, p. 143.

de execução, desaparece a impenhorabilidade visto que o fim pretendido ou não fora atingido ou, conseguida a produção, fora distraída sem o pagamento devido.

(...)

A impenhorabilidade decorrente da hipoteca fundada em cédula rural hipotecária tem por escopo garantir a manutenção do bem enquanto integrante do processo de produção. É impenhorabilidade vinculada ao fim a que destinado o crédito. O bem a garantir não é o crédito em si mas a produção que com ele pretende-se atingir. Por isso mesmo, vencido o título ou objeto de ação de execução, desaparece a impenhorabilidade visto que o fim pretendido ou não fora atingido ou, conseguida a produção, fora distraída sem o pagamento devido.

Nesse momento, havendo concorrência de credores, restringe-se o privilégio à mera situação de credor hipotecário. É o que decorre da inteligência da previsão legal fundada no art. 5, "o", da LICC.

(Autos n. AP 1156/99. Data de publicação: 1º.9.1999, relator Juiz Carlos Augusto Junqueira Henrique, Terceira Turma do TRT3)

5. Conclusão

Não nos cabe aqui chegar a qualquer conclusão estanque a respeito da questão da penhorabilidade ou não do crédito cedular. Manifestamos o nosso entendimento e demonstramos as posições divergentes a respeito do tema.

A única conclusão possível que pode ser tomada é a de que uniformidade não há. Assim, embora os Tribunais Superiores tendam a dizer qual seria "o melhor direito", ele pode ser interpretado de formas variadas, diversas e nem por isso injustas, mas, ao revés, criativas e muitas vezes atinentes com as mudanças temporais e sociais.

Boff já disse que o ponto de vista é apenas a vista de um ponto. Buscar, a fórceps, impor uma única forma de ver determinada questão aos aplicadores do Direito é como tentar aprisionar o curso de um rio com uma represa. Por determinado tempo ele pode até ser ali contido (e os aplicadores do direito repetirem os preceitos canonizados pelo alto, como "vacas de presépio", na expressão popular). Mas as forças sociais, com o tempo, vão pressionando os limites de tal represa e, mais cedo ou mais tarde, suas paredes se romperão, "ainda que tarde, o seu despertar". E aquilo que se achou que era certo, a verdade absoluta porque dita e repetida pela "prudência dos sábios", não passará do "sono dos séculos", quebrado pela "enchente" de um novo dia. É o que nos inspira a continuar a pensar, inclusive o direito, de forma autônoma e livre, ao sabor apenas daquilo que "a rosa dos ventos" da nossa consciência diz. Como também na canção:

E do amor gritou-se o escândalo
Do medo criou-se o trágico
No rosto pintou-se o pálido
E não rolou uma lágrima
Nem uma lástima para socorrer
E na gente deu o hábito
De caminhar pelas trevas
De murmurar entre as pregas
De tirar leite das pedras
De ver o tempo correr
Mas sob o sono dos séculos
Amanheceu o espetáculo
Como uma chuva de pétalas
Como se o céu vendo as penas
Morresse de pena
E chovesse o perdão
E a prudência dos sábios
Nem ousou conter nos lábios
O sorriso e a paixão

Pois transbordando de flores
A calma dos lagos zangou-se
A rosa-dos-ventos danou-se
O leito do rio fartou-se
E inundou de água doce
A amargura do mar
Numa enchente amazônica
Numa explosão atlântica
E a multidão vendo em pânico
E a multidão vendo atônita
Ainda que tarde
O seu despertar

(*Rosa dos Ventos* – Chico Buarque)

Referências bibliográficas

BRIANEZI, Katy. *Há diferença entre súmulas, orientações jurisprudenciais e precedentes normativos?* Disponível em: <http://www.lfg.com.br/artigo/20080819143440647_direito-processual-do-trabalho_ha-diferenca-entre-sumulas-orientacoes-jurisprudenciais-e-precedentes-normativos-katy-brianezi.html>. Acesso em: 28 ago. 2012.

COSTA, Wille Duarte. *Títulos de crédito*. 4. ed. Belo Horizonte: Del Rey, 2008.

KIETZMANN, Luís Felipe de Freitas. Da uniformização de jurisprudência no direito brasileiro. *Jus Navigandi*, Teresina, ano 11, n. 1.124, 30 jul. 2006. Disponível em: <http://jus.com.br/revista/texto/8701>. Acesso em: 28 ago. 2012.

LIMA FILHO, Francisco das Chagas. Privilégio do crédito trabalhista frente a garantia cedular nos títulos de crédito. *Repertório IOB de Jurisprudência*, São Paulo, n. 9, caderno 2, 1ª quin. maio, 1997.

MACEDO, Gabriela Silva. A eficácia vinculante do precedente judicial no Direito brasileiro e sua importância para atuação do Poder Judiciário. *Jus Navigandi*, Teresina, ano 17, n. 3.217, 22 abr. 2012. Disponível em: <http://jus.com.br/revista/texto/21528>. Acesso em: 28 ago. 2012.

MARQUES, Frederico. *Manual de Direito Processual Civil*. 4. vol. São Paulo: Saraiva, 1979.

MARTINS, Sérgio Pinto. *Comentários às Orientações Jurisprudenciais da SBDI-1 e 2 do TST*. São Paulo: Atlas, 2011.

MOREIRA, José Carlos Barbosa. *Processo Civil Brasileiro*. Rio de Janeiro: Forense: 1996.

NEVES, Rubia Carneiro. Penhora de bens que garantem o cumprimento da dívida cedular — cédula de crédito. *In: ABMCJ em Revista*, Editora RTM, ano 1, n. 1, 2001.

OLIVEIRA, Francisco Antonio. *A execução na Justiça do Trabalho*. 3. ed. São Paulo: Revista dos Tribunais, 1995.

SANTOS, Ernane Fidélis dos. *Manual de Direito Processual Civil*. v. III. São Paulo: Saraiva, 1987.

SANTOS, Moacyr Amaral. *Primeiras Linhas*. Saraiva, 1988. v. 3.

TEIXEIRA FILHO, Manoel Antonio. *Execução no Processo do Trabalho*. 7. ed. São Paulo: LTr, 2001.

THEODORO JR., Humberto. *Processo de Execução*. Livraria e Editora Universitária de Direito, 1993.

OJ n. 227 da SDI-1 do TST (Cancelamento): A Denunciação da Lide no Processo do Trabalho

Érica Aparecida Pires Bessa

OJ n. 227 DA SDI-1 DO TST: DENUNCIAÇÃO DA LIDE. PROCESSO DO TRABALHO. INCOMPATIBILIDADE (cancelada) – DJ 22.11.2005

1. Introdução

Antes mesmo da ampliação da competência da Justiça do Trabalho pela Emenda Constitucional n. 45, de 30 de dezembro de 2004, a compatibilidade da denunciação da lide no Processo do Trabalho, defendida por juízes e doutrinadores de renome, era refutada pela jurisprudência majoritária, convergindo para o entendimento que veio a ser consubstanciado na OJ n. 227 da SDI 1 do TST, de 20.6.2001.

Contudo, em sessão de julgamento realizada em 10 de novembro de 2005, o Tribunal Pleno do Tribunal Superior do Trabalho cancelou a Orientação Jurisprudencial n. 227 da SBDI-1, conforme proposto pela Comissão de Jurisprudência e de Precedentes Normativos do Tribunal.

A alteração decorreu da ampliação da competência material da Justiça do Trabalho pela Emenda Constitucional n. 45/2004, notadamente em face do inciso I do art. 114 da CR, que inseriu no âmbito da jurisdição trabalhista o processamento e julgamento das *ações oriundas da relação de trabalho*.

Eis o parecer da Comissão de Jurisprudência e de Precedentes:

> Sabe-se que a "denunciação da lide é obrigatória", entre outros casos, "àquele que estiver obrigado, pela lei ou pelo contrário, a indenizar, em ação regressiva, o prejuízo do que sofrer a demanda" (art. 70, inciso III, do CPC). No âmbito do processo do trabalho tal hipótese é concebível, em tese, por exemplo, na lide entre o sucessor e o sucedido, bem assim na lide entre o empreiteiro e o subempreiteiro.
>
> Entretanto, a despeito de admissível em tese no processo do trabalho, prevaleceu em doutrina e jurisprudência o entendimento segundo o qual haveria incompatibilidade da denunciação da lide com o processo do trabalho, em virtude da incompetência material da Justiça do Trabalho para dirimir, na mesma sentença, também a lide *interpatronal* paralela ao dissídio individual entre empregado e empregador.

Semelhante diretriz, é forçoso convir, justificava-se sob a égide da redação originária do art. 114 da Constituição Federal de 1988, que essencialmente vinculava a competência material da Justiça do Trabalho à lide entre "trabalhadores e empregadores".

Sucede, todavia, que o art. 114, inciso I, da Constituição Federal de 1988, com redação que lhe foi outorgada pela Emenda Constitucional n. 45/04, passou a atribuir à Justiça do Trabalho competência para processar e julgar: "as ações oriundas da relação de trabalho". Desapareceu, pois, a vinculação estrita e clássica da competência material da Justiça do Trabalho à lide exclusivamente entre trabalhadores e empregadores.

Logo, a rigor, não há mais sustentação legal para se descartar de plano a compatibilidade da denunciação da lide com o processo do trabalho. De resto, é um instituto que prestigia os princípios da economia e celeridade processuais, de que é tão cioso o processo do trabalho, ao ensejar que, num único processo, obtenha-se a solução integral da lide.[1]

O cancelamento do verbete restabeleceu a polêmica quanto à admissibilidade da denunciação da lide no Processo de Trabalho, controvérsia essa que será o tema das nossas breves considerações.

2. Denunciação da lide

Mediante o instituto da "denunciação da lide", uma das partes (mais frequentemente o réu), como "denunciante", *promove no mesmo processo uma "ação regressiva" contra terceiro* – o "denunciado". Citado, o terceiro torna-se réu *na ação de denunciação*.[2]

O instituto foi regulamentado nos arts. 70 a 76 do CPC e nos ensinamentos de Cândido Rangel Dinamarco:

> (...) a *denunciação da lide* entrou na ordem jurídica brasileira por obra do Código de Processo Civil de 1973. Veio em substituição ao antigo *chamamento à autoria*, de limites mais estreitos e intimamente relacionado, funcionalmente, com a evicção. A configuração do instituto, tal qual implantado no Código vigente, foi visivelmente marcada pelo intuito de remodelá-lo em dois aspectos extremamente

---

(1) *Revista do TST*, Brasília, vol. 71, n. 3, set./dez. 2005. (O destaque não consta do original).

(2) CARNEIRO, Athos Gusmão. *Intervenção de Terceiros*. São Paulo: Saraiva, 2010. p. 85. (Os destaques constam do original).

significativos. Primeiro, inserindo-lhe a utilidade de uma *ação de regresso* (art. 76), que era estranha ao ab-rogado chamamento à autoria (CPC-39, art. 101). Segundo, ampliando-lhe as hipóteses de admissibilidade e assim despregando-o do vínculo de exclusividade que mantinha com o instituto jurídico-material da *evicção* (v. esp. art. 70, inciso III).[3]

Essa modalidade de intervenção visa, assim, à reunião de duas lides em um único processo e conta com dupla finalidade, ao vincular o terceiro ao julgamento da causa e obter sua condenação em reparar danos.

3. Aplicabilidade no Processo do Trabalho

Consoante parecer supratranscrito, a Comissão de Jurisprudência do TST invocou a nova competência atribuída pela EC 45, em especial o disposto no inciso I do art. 114 da CR, bem como o caráter obrigatório da denunciação à lide para justificar a proposta de cancelamento da OJ n. 227 da SBDI-1 do TST.

Em que pese o bem elaborado parecer, entendemos, *d.v.*, que embora o art. 70 do CPC[4] mencione a obrigatoriedade da denunciação à lide, a coercitividade ocorre apenas nas hipóteses dos incisos I e II daquele diploma legal, na medida em que a omissão da parte interessada em denunciar a lide, nos moldes contemplados pelo inciso III, não implicará na perda do direito de regresso, mas tão somente na desvantagem de deixar de obter, em um só processo, o pronunciamento judicial que vincule também aquele que seria o denunciado. Não seria este, pois, o maior fundamento para o cancelamento do verbete.

Passamos ao breve exame da ampliação da competência da Justiça do Trabalho, advinda da EC n. 45/2004, em face da qual a denunciação da lide pode revelar-se pertinente ou necessária.

De início, parece-nos relevante ressaltar que a admissibilidade da denunciação da lide no processo do trabalho deverá passar pelo crivo do magistrado, levando-se em consideração o caso concreto, dada a riqueza da casuística, de forma a verificar inclusive os limites da competência material atribuída à Justiça do Trabalho, para que do deferimento da medida não resulte lide que fuja à jurisdição trabalhista.

A nosso sentir, FÁBIO LIMAS QUINTAS[5] ilustra bem uma das hipóteses em que a denunciação da lide insere-se no âmbito da competência ampliada da Justiça do Trabalho, e aduz:

> processo em que o Sindicato X, alegando ser o legítimo representante da categoria, pleiteia a condenação de empresa ao pagamento das contribuições sindicais descontadas e repassadas ao Sindicato Y. A empresa, em tese, poderia com a denunciação da lide, certificar o seu eventual direito de regresso.

Note-se que o exemplo versa sobre demanda intersindical, em cujos autos não se discutem verbas de natureza alimentícia, ao revés do que ocorre nos dissídios individuais próprios, estabelecidos entre trabalhador e empregador ou tomador de serviços. Nas lides intersindicais ou interpatronais, essa modalidade de intervenção de terceiro pode propiciar ao magistrado decidir duas lides num só processo, sem qualquer violação ao princípio da celeridade ou duração razoável do processo, que assume maior relevância quando debatidos salários ou remunerações. A exemplificação coaduna com as razões da d. Comissão, ao propor o cancelamento do verbete.

Contudo, mesmo sob o manto da competência ampliada e estabelecida pela Emenda Constitucional n. 45/2004, a denunciação da lide ainda é majoritariamente requerida pelo réu nos dissídios individuais próprios, em que o autor postula parcelas de natureza alimentícia. À guisa de ilustração, mencionamos as hipóteses mais recorrentes, em que o réu discute a responsabilidade do empreiteiro pelo descumprimento de obrigações contraídas pelo subempreiteiro (art. 455 da CLT), a ocorrência do *factum principis* (art. 486 da CLT), a sucessão de empregadores (arts.10 e 448 da CLT) e a responsabilidade entre sucedido e sucessor.

Nesse compasso, entendemos que o cancelamento da Orientação Jurisprudencial n. 227 da SDI 1 do TST não implicou na admissibilidade *in continenti* da denunciação

---

(3) DINAMARCO, Cândido Rangel. *Intervenção de Terceiros*. São Paulo: Malheiros, 2009. p. 147-148. (Os destaques constam do original).

(4) O Código de Processo Civil brasileiro dispõe, *in verbis*:

Art. 70 – A denunciação da lide é obrigatória:

I – ao alienante, na ação em que terceiro reivindica a coisa, cujo domínio foi transferido à parte, a fim de que esta possa exercer o direito da evicção que lhe resulta;

II – ao proprietário ou ao possuidor indireto quando, por força de obrigação ou direito, em casos como o do usufrutuário, do credor pignoratício, do locatário, o réu, citado em nome próprio, exerça a posse direta da coisa demandada;

III – àquele que estiver obrigado, pela lei ou pelo contrato, a indenizar, em ação regressiva, o prejuízo do que perder a demanda.

(5) Denunciação da lide no Processo do Trabalho: Um Breve Estudo Acerca da Aplicação do Instituto Após o Cancelamento da Orientação Jurisprudencial n. 227 da SBDI-1. *Revista do TST*, Brasília, vol. 71, n. 3, p. 152, set./dez. 2005.

da lide, porquanto nas hipóteses supramencionadas, e em tantas outras defendidas por doutrinadores de relevo, a discussão que será estabelecida entre denunciante e denunciado envolve matéria de natureza cível, decorrente de relação jurídica estabelecida entre ambos, não guardando vínculo direto com o interesse ou a necessidade do reclamante, autor da ação trabalhista.

E, justamente por envolver relação jurídica secundária, mesmo após o cancelamento da OJ, continua a não ser comumente aceita no âmbito do Processo do Trabalho.

Com efeito, o instituto é originário do Código do Processo Civil, e sua admissibilidade vincula-se à compatibilidade com os princípios que orientam o Processo do Trabalho, a teor do disposto no art. 769 da CLT.

Não é demais ressaltar que o próprio Código de Processo Civil, ao criar o procedimento sumário — então intitulado sumaríssimo —, simplificou e desburocratizou o seu trâmite, adotando diversos procedimentos idênticos àqueles estabelecidos pela CLT. Com efeito, o art. 280 do CPC[6] restringiu a possibilidade de intervenção de terceiros, e afastou até mesmo a declaratória incidental. Em sentido convergente, o art. 88 do Código de Defesa do Consumidor[7] rechaçou a denunciação da lide nos casos de responsabilidade do comerciante em virtude dos vícios do produto, remetendo o interessado à ação de regresso, em processo autônomo.

Ambas as coibições contam com o mesmo objetivo: prestigiar a solução rápida do litígio, em observância ao princípio da duração razoável do processo.

Lado outro, o indeferimento da denunciação da lide pelo juiz do trabalho não importa em qualquer prejuízo ao denunciante, que poderá exercer o seu direito de regresso em ação autônoma em face do denunciado.

Entretanto, uma vez admitida e deferida a denunciação à lide no âmbito do dissídio individual próprio, onde são postuladas parcelas de natureza salarial e alimentícia, o juiz será impelido a se pronunciar acerca de relação havida entre denunciante e denunciado, que não raro escapa aos limites da competência material da Justiça do Trabalho.

Assim, a admissibilidade e a pertinência da denunciação da lide e seu deferimento continuam a passar pelo crivo minucioso do magistrado, de forma a não apenas verificar a aparente legitimidade passiva do denunciado, mas a evitar que a medida viole os princípios da celeridade e efetividade, que orientam o Processo do Trabalho.

A convergir com o entendimento esposado, o Col. TST já se manifestou, mesmo após o cancelamento do verbete:

> AGRAVO DE INSTRUMENTO EM RECURSO DE REVISTA — DENUNCIAÇÃO DA LIDE NO PROCESSO DO TRABALHO. Apesar do cancelamento da Orientação Jurisprudencial n. 227 da Subseção I da Seção Especializada em Dissídios Individuais do Tribunal Superior do Trabalho, passando-se a admitir a denunciação da lide no processo trabalhista, a pertinência do referido instituto deve ser analisada caso a caso, sob pena de prejudicar os interesses do trabalhador, ante a demanda que surgirá entre denunciante e denunciado. Do contexto jurisprudencial, extrai-se a notícia de que não há utilidade em se acionar terceira pessoa em litisdenunciação quando é possível responsabilizá-la em feito próprio, em que serão discutidos aspectos diversos daqueles examinados na ação principal. Agravo de instrumento desprovido.

A denunciação da lide parece-nos especialmente pertinente, contudo, nas demandas em que o reclamante postula indenização decorrente de apólice de seguro firmada pelo empregador em face de seguradora, e em virtude da relação empregatícia, seja por imposição legal (art. 7º, XXVIII da CR), seja por garantia instituída em negociação coletiva (convenções ou acordos coletivos de trabalho). Nessas demandas, vale frisar, o reclamante postula verba indenizatória, e não de natureza alimentícia, e eventual demora no trânsito em julgado da decisão, por Recursos interpostos pelos reclamados, poderá ser compensada com a maior garantia na solvabilidade da parcela que acaso lhe seja deferida em juízo, decorrente da presença da seguradora na demanda, geralmente de grande poder econômico.

Mesmo nas ações trabalhistas em que haja cumulação objetiva, como de ordinário ocorre nos fóruns trabalhistas, e parcelas de natureza salarial também sejam vindicadas além da indenização, entendemos que a maior garantia no pagamento apresenta-se mais favorável ao trabalhador.

4. Conclusão

No contexto em que ocorreu, o cancelamento da OJ visou a adequar a jurisprudência do Tribunal Superior do Trabalho à ampliação da competência material da Justiça do Trabalho, notadamente em face dos dissídios interpatronais, não implicando, por si só, em se admitir *in continenti* essa intervenção de terceiro no âmbito do Processo do Trabalho; porquanto, se por um lado foi cancelada, não foi editada outra OJ que dispusesse pela admissibilidade da medida.

---

(6) Art. 280 do CPC – No procedimento sumário não são admissíveis a ação declaratória incidental e a intervenção de terceiros, salvo a assistência, o recurso de terceiro prejudicado e a intervenção fundada em contrato de seguro.

(7) Art. 88 do CDC – Na hipótese do art. 13, parágrafo único, deste Código, a ação de regresso poderá ser ajuizada em processo autônomo, facultada a possibilidade de prosseguir-se nos mesmos autos, vedada a denunciação da lide.

Entendemos, desta forma, que o cancelamento da Orientação Jurisprudencial n. 227 da SDI 1 do TST não implica necessariamente no reconhecimento da admissibilidade da denunciação da lide. A votação do Pleno do Col. TST visou a propiciar o exame da matéria pelo magistrado, caso a caso, diante do novo cenário decorrente da Emenda Constitucional n. 45/2004.

Referências bibliográficas

BRASIL. Tribunal Superior do Trabalho. *Processo n. AIRR – 97440-66.2006.5.04.0028.* 1ª Turma. Rel. Min. Luis Philippe Vieira de Mello Filho. Publicação do DOU: 3.12.2010.

CARNEIRO, Athos Gusmão Carneiro. *Intervenção de Terceiros.* 19. ed. São Paulo: Saraiva, 2010.

DINAMARCO, Cândido Rangel. *Intervenção de Terceiros.* 5. ed. São Paulo: Malheiros, 2009.

GARCIA, Gustavo Filipe Barbosa. *Intervenção de Terceiros, Litisconsórcio e integração à lide no Processo do Trabalho.* São Paulo: Método, 2008.

GONÇALVES, Aroldo Plínio. *Da denunciação da lide.* Rio de Janeiro: Forense, 1983; 2. ed. Rio de Janeiro: Forense, 1987.

LIEBMAN, Enrico Tullio. *Manual de Direito Processual Civil.* I, 3. ed. São Paulo: Malheiros, 2005 (trad. e notas de Cândido R. Dinamarco).

QUINTAS, Fábio Limas. Denunciação da lide no Processo do Trabalho: um breve estudo acerca da aplicação do instituto após o cancelamento da Orientação Jurisprudencial n. 227 da SBDI-1. *Revista do TST*, Brasília, vol. 71, n. 3, set./dez. 2005.

OJ n. 290 da SDI-1 do TST (Cancelamento): A Competência da Justiça do Trabalho para a Ação de Cumprimento Relativa às Contribuições Destinadas ao Sindicato Patronal

Lorena Vasconcelos Porto e Ricardo José Macêdo de Britto Pereira

OJ N. 290 DA SDI-1 DO TST: CONTRIBUIÇÃO SINDICAL PATRONAL. AÇÃO DE CUMPRIMENTO. INCOMPETÊNCIA DA JUSTIÇA DO TRABALHO (cancelada) – DJ 5.7.2005

É incompetente a Justiça do Trabalho para apreciar lide entre o sindicato patronal e a respectiva categoria econômica, objetivando cobrar a contribuição assistencial.

1. Introdução

O presente artigo versa sobre a competência da Justiça do Trabalho para o julgamento da ação de cumprimento ajuizada pelo sindicato patronal em face do empregador visando à cobrança de contribuição prevista em convenção ou acordo coletivo de trabalho. Nesse sentido, serão analisadas as alterações ocorridas no ordenamento jurídico brasileiro, notadamente com a edição da Emenda Constitucional (EC) n. 45, de 8.12.2004, e o consequente cancelamento da Orientação Jurisprudencial (OJ) n. 290 da Seção de Dissídios Individuais I (SDI-I) do Tribunal Superior do Trabalho (TST).

2. As contribuições sindicais

O ordenamento jurídico pátrio faz menção a quatro tipos de contribuição dos empregadores e dos trabalhadores para as suas respectivas entidades sindicais. Trata-se da contribuição sindical obrigatória, da contribuição confederativa, da contribuição assistencial e das mensalidades dos associados ao sindicato.

A contribuição sindical obrigatória é, em verdade, um tributo, sendo regulada pelos arts. 598 a 610 da CLT. Como é a contribuição atualmente prevista em lei, possui amparo na parte final do art. 8º, inciso IV, da CF/88[1], o que não significa que contribuição com natureza distinta não possa substituí-la a critério do legislador.

A contribuição confederativa está prevista no referido dispositivo constitucional, sendo aprovada pela assembleia do sindicato e destinada ao financiamento do sistema confederativo. Tal contribuição, em geral, após aprovação, é incluída nas convenções e nos acordos coletivos de trabalho.

A contribuição assistencial, por sua vez, consiste em recolhimento previsto em convenção ou acordo coletivo de trabalho, devendo, portanto, ser também aprovada em assembleia. Indica-se, como a base legal para a cobrança da referida contribuição, o art. 513, "e", da CLT.

Por último, a mensalidade constitui parcela paga somente pelos sindicalizados, de acordo com os estatutos das entidades sindicais, sendo, consequentemente, uma contribuição voluntária, comum a qualquer tipo de associação.

Ressalta-se que a jurisprudência do TST, por meio do Precedente Normativo (PN) n. 119 da SDC, firmou o entendimento de que, em respeito ao direito de livre associação e sindicalização (arts. 5º, XX e 8, V), a contribuição confederativa e a contribuição assistencial somente podem ser cobradas dos trabalhadores filiados ao sindicato profissional, não mencionando os empregadores. Todavia, considerando que também a estes é assegurado constitucionalmente o direito de associação sindical, deve ser-lhes aplicado o mesmo entendimento, isto é, de que somente podem ser cobradas tais contribuições dos empregadores filiados ao respectivo sindicato.

Nesse sentido, cumpre destacar que a Súmula n. 666 do Supremo Tribunal Federal (STF) prevê que a contribuição confederativa "só é exigível dos filiados ao sindicato respectivo", não fazendo qualquer distinção entre trabalhadores e empregadores.

3. A competência da Justiça do Trabalho e a OJ n. 290 da SDI-I do TST

A competência material da Justiça do Trabalho encontra-se prevista no art. 114 da Constituição Federal de 1988 (CF/88), o qual, em sua redação original, previa o seguinte:

> Art. 114. Compete à Justiça do Trabalho conciliar e julgar <u>os dissídios individuais e coletivos entre trabalhadores e empregadores</u>, abrangidos os entes de direito público externo da administração pública direta e indireta dos Municípios, do Distrito Federal, dos Estados e da União, <u>e, na forma da lei, outras controvérsias decorrentes da relação de trabalho</u>, bem como os litígios que tenham origem no cumprimento de suas próprias sentenças, inclusive coletivas. (...) (grifos nossos).

Desse modo, competia à Justiça do Trabalho o julgamento dos conflitos individuais e coletivos entre empregados e

---

[1] "Art. 8º É livre a associação profissional ou sindical, observado o seguinte: (...) IV – a assembleia geral fixará a contribuição que, em se tratando de categoria profissional, será descontada em folha, para custeio do sistema confederativo da representação sindical respectiva, <u>independentemente da contribuição prevista em lei</u>;" (grifos nossos).

empregadores, e, apenas caso previsto expressamente em lei, outros conflitos decorrentes da relação de trabalho.

Prevalecia o entendimento de que a Justiça Laboral era competente apenas quando se tratasse de cumprimento de cláusula prevista em sentença normativa, por força da parte final do art. 114 da CF/88 e do disposto no art. 872, parágrafo único, da CLT[2].

Com base no permissivo constitucional, foi editada a Lei n. 8.984, de 7.2.1995, que estendeu a competência da Justiça do Trabalho para "conciliar e julgar os dissídios que tenham origem no cumprimento de convenções coletivas de trabalho ou acordos coletivos de trabalho mesmo quando ocorram entre sindicatos ou entre sindicato de trabalhadores e empregador" (art. 1º).

A legitimidade ativa do sindicato para a defesa dos direitos e interesses coletivos e individuais da categoria encontra-se prevista no art. 8º, inciso III, da CF/88. Entre os meios processuais que podem ser utilizados pelo sindicato encontra-se a ação de cumprimento, através da qual, na condição de substituto processual dos integrantes da categoria (legitimação extraordinária), busca-se a satisfação de direitos previstos em instrumentos normativos coletivos (sentença normativa, convenções e acordos coletivos de trabalho).

Nos termos do art. 1º da Lei n. 8.984/95, a Justiça do Trabalho tinha competência para julgar a ação de cumprimento apenas quando autor e réu fossem sindicatos ou fossem sindicato profissional e empregador. Restava excluída a ação de cumprimento ajuizada pelo sindicato patronal em face do empregador, a qual se inseria na competência da Justiça Comum.

Considerando que as contribuições assistencial e confederativa são previstas em convenções ou acordos coletivos de trabalho, é possível o ajuizamento de ação de cumprimento pelo sindicato patronal em face do empregador para exigir o correspondente recolhimento. A incompetência da Justiça do Trabalho para o julgamento da referida ação foi consagrada na OJ n. 290 da SDI-I do TST, publicada no Diário de Justiça (DJ) de 11.8.2003, *in verbis*:

> 290. CONTRIBUIÇÃO SINDICAL PATRONAL. AÇÃO DE CUMPRIMENTO. INCOMPETÊNCIA DA JUSTIÇA DO TRABALHO. É incompetente a Justiça do Trabalho para apreciar lide entre o sindicato patronal e a respectiva categoria econômica, objetivando cobrar a contribuição assistencial.

Nesse sentido, confira-se o seguinte acórdão prolatado pelo TST:

> CONTRIBUIÇÃO SINDICAL PATRONAL. Ação de cumprimento, incompetência da Justiça do Trabalho — Orientação Jurisprudencial n. 290 da E. SDI.(...). A decisão revisanda foi no sentido de que esta Justiça Especializada é incompetente para julgar pedido de recolhimento de contribuição sindical, sob o fundamento de que, em não se tratando de lide entre empregado e empregador, nem sendo essa decorrente do cumprimento de decisão da própria Justiça do Trabalho, mas sim cuidando de litígio entre sindicato patronal e empresa, foge à competência material do Judiciário Trabalhista. Com relação à invocada violação constitucional, já se encontra pacificada a jurisprudência, no âmbito desta Corte Superior, no sentido de que a competência atribuída a esta Justiça Especializada não abrange o julgamento de '(...) lide entre o sindicato patronal e a respectiva categoria econômica, objetivando cobrar a contribuição assistencial', a teor do disposto na Orientação Jurisprudencial n. 290 da E. SDI.[3]

4. A EC n. 45/2004 e o cancelamento da OJ n. 290

A EC n. 45/2004, ampliou consideravelmente a competência da Justiça do Trabalho ao alterar o art. 114 da CF/88, o qual passou a prever o seguinte:

> Art. 114. Compete à Justiça do Trabalho processar e julgar:
>
> I – as ações oriundas da relação de trabalho, abrangidos os entes de direito público externo e da administração pública direta e indireta da União, dos Estados, do Distrito Federal e dos Municípios;
>
> (...)
>
> III – as ações sobre representação sindical, entre sindicatos, entre sindicatos e trabalhadores, e entre sindicatos e empregadores; (...) (grifos nossos).

Em relação ao tema do presente artigo, a Justiça do Trabalho passou a ser competente para o julgamento das ações envolvendo sindicato patronal e empregador, entre as quais a ação de cumprimento[4]. Por tal motivo, o TST procedeu ao cancelamento da OJ n. 290, o qual foi publicado no DJ em 5.7.2005. Nesse sentido, cumpre

---

(2) "Art. 872. Celebrado o acordo, ou transitada em julgado a decisão, seguir-se-á o seu cumprimento, sob as penas estabelecidas neste Título. Parágrafo único. Quando os empregadores deixarem de satisfazer o pagamento de salários, na conformidade da decisão proferida, poderão os empregados ou seus sindicatos, independentes de outorga de poderes de seus associados, juntando certidão de tal decisão, apresentar reclamação à Junta ou Juízo competente, observado o processo previsto no Capítulo II deste Título, sendo vedado, porém, questionar sobre a matéria de fato e de direito já apreciada na decisão.".

(3) TST, 2ª Turma, Processo n. 5208700.08.2002.5.04.0900, rel. Min. José Luciano de Castilho, DJ 16.4.2004.

(4) Ressalta-se que embora a CLT, em seu art. 872, parágrafo único, preveja expressamente apenas a legitimidade do sindicato profissional para o ajuizamento da ação de cumprimento, isso não exclui a legitimidade do sindicato patronal, assegurada pelo próprio art. 8º, inciso III, da CF/88.

transcrever trecho de artigo de autoria do ministro João Oreste Dalazen publicado em 2005, bem como acórdão prolatado pelo TST no mesmo ano:

> O art. 114 inc. III da CF/88, com a redação imprimida pela EC n. 45/2004, passou a atribuir à Justiça do Trabalho competência para 'as ações sobre representação sindical, entre sindicatos, entre sindicatos e trabalhadores, e entre sindicatos e empregadores'. (...). Dentre as fontes de receita das entidades sindicais, sobrelevam as seguintes contribuições: a) desconto ou contribuição assistencial, ou "taxa de reversão salarial", prevista em norma coletiva; b) contribuição confederativa (CF/88, art. 8º, inc. IV); c) contribuição sindical (CLT, arts. 548, "a", e 578); d) mensalidade do associado (CLT, art. 548, b). As mencionadas contribuições constantemente provocam dissídios individuais envolvendo as entidades sindicais: ora entre sindicato profissional e empregador, ora entre sindicato e associado, ora entre sindicato e membro da categoria econômica, ou da categoria profissional. Cuidando-se sempre de litígios regulados e dirimidos apenas por normas e princípios do Direito do Trabalho, em face do art. 114 inc. III da Constituição Federal passaram a gravitar, todos, na órbita da Justiça do Trabalho, ainda quando não assentados em instrumento normativo. Vale dizer: a circunstância de a cobrança por exemplo, de contribuição assistencial, ou de contribuição confederativa lastrear-se apenas em deliberação de assembleia geral da categoria não mais tem o condão de retirar a causa da competência da Justiça do Trabalho, mesmo que o dissídio trave-se entre sindicato patronal e membro da categoria econômica. (...) Superada, em meu entender, a Orientação Jurisprudencial n. 290 da SDI do TST em sentido contrário[5].

> RECURSO DE REVISTA. COMPETÊNCIA DA JUSTIÇA DO TRABALHO. DISSÍDIO ENTRE SINDICATO PATRONAL E EMPRESA. COBRANÇA DE CONTRIBUIÇÃO ASSISTENCIAL. É competente a Justiça do Trabalho para apreciar a lide entre sindicato patronal e empresa, objetivando cobrar a contribuição assistencial, por força da nova redação dada ao art. 114, III, da CF pela EC de n. 45/2004. Recurso de revista a que se conhece e a que se empresta provimento para, reformando o v. acórdão regional, reconhecer a competência da Justiça do Trabalho para o julgamento do feito e determinar o retorno dos autos à Vara de origem, a fim de que prossiga no julgamento da lide, como se entender de direito. (...) O v. acórdão regional foi exarado em consonância com a jurisprudência que então prevalecia nesta Corte, conforme se extrai da leitura da OJSBDI1 n. 290 (...). Entretanto, a OJSBDI1 n. 290 não mais subsiste diante do art. 114 da CF, com redação dada pela Emenda Constitucional n. 45, de 08.12.2004, que ampliou a competência da Justiça do Trabalho.[6]

5. Conclusão

Pelo exposto, resta claro que, após a ampliação da competência da Justiça do Trabalho promovida pela EC n. 45/2004, mediante a alteração do art. 114 da CF/88, e o consequente cancelamento da OJ n. 290 da SDI-I do TST, firmou-se o entendimento de que é da competência da Justiça do Trabalho, e não mais da Justiça Comum, o julgamento de ação de cumprimento ajuizada pelo sindicato patronal em face do empregador para a cobrança de contribuições previstas em convenções ou acordos coletivos de trabalho, como as contribuições assistencial e confederativa.

Referências bibliográficas

BEZERRA LEITE, Carlos Henrique. *Curso de direito processual do trabalho*. 8. ed. São Paulo: LTr, 2010.

DALAZEN, João Oreste. A Reforma do Judiciário e os Novos Marcos da Competência Material da Justiça do Trabalho no Brasil. In: COUTINHO, Grijalbo Fernandes; FAVA, Marcos Neves. *Nova Competência da Justiça do Trabalho*. São Paulo: LTr, 2005.

DELGADO, Mauricio Godinho. *Curso de Direito do Trabalho*. 11. ed. São Paulo: LTr, 2012.

SANTOS, Ronaldo Lima dos. *Sindicatos e ações coletivas: acesso à justiça coletiva e tutela dos interesses difusos, coletivos e individuais homogêneos*. 2. ed. São Paulo: LTr, 2008.

---

(5) DALAZEN, João Oreste. A Reforma do Judiciário e os Novos Marcos da Competência Material da Justiça do Trabalho no Brasil. *In:* COUTINHO, Grijalbo Fernandes; FAVA, Marcos Neves. *Nova Competência da Justiça do Trabalho*. São Paulo: LTr, 2005.

(6) TST, 3ª Turma, Processo RR-69235.2002.900.04.00.8, rel. Juiz Convocado Ricardo Machado, DJ 3.5.2005.

OJ n. 300 da SDI-1 do TST: Execução – Correção Monetária e Juros

Laudenicy Moreira de Abreu

OJ N. 300 SDI-I. EXECUÇÃO TRABALHISTA. CORREÇÃO MONETÁRIA. JUROS. LEI N. 8.177/91, ART. 39 E LEI N. 10.192/01, ART. 15. (nova redação, DJ 20.4.2005)

Não viola norma constitucional (art. 5º, II e XXXVI) a determinação de aplicação da TRD, como fator de correção monetária dos débitos trabalhistas, cumulada com juros de mora, previstos no art. 39 da Lei n. 8.177/1991 e convalidado pelo art. 15 da Lei n. 10.192/2001

1. Considerações iniciais

A atualização do crédito trabalhista envolve a incidência, cumulativamente, da correção monetária e dos juros de mora.

A correção monetária é parte integrante da parcela ou obrigação, consistindo na recomposição do poder aquisitivo do valor original do débito, corroído por índices inflacionários. Já os juros consistem no rendimento do capital em face da retenção indevida de valores ou na "... *vantagem que uma pessoa tira da inversão de seus capitais, ou o que se recebe do devedor como paga ou compensação pela demora no pagamento do que lhe é devido*"[1].

A atualização da obrigação em mora é de induvidosa importância nas relações jurídico-trabalhistas. Primeiro porque respalda na necessidade de se manter o valor original do crédito trabalhista, compensar o trabalhador pela demora no seu recebimento e penalizar o devedor pelo descumprimento da legislação ou do pactuado. Segundo porque há necessidade de manter-se o equilíbrio e a harmonia de tais relações, pois, em economia como a brasileira, marcada por consideráveis índices inflacionários, a ausência da correção monetária e dos juros de mora implicaria em estímulo ao inadimplemento, com consequente desequilíbrio dessas relações, surgimento de conflitos e maior acionamento do Judiciário para a respectiva solução.

Em razão dessa importância, cabe a sua incidência ainda que não tenha sido postulada ou deferida expressamente na sentença. A Lei n. 8.177/91, no seu art. 39, *caput*, e § 1º, assim estabelece. O art. 883 da CLT insere a atualização do crédito no objeto da execução e o art. 293 do CPC prescreve que os juros já estão compreendidos no pedido principal. A Súmula n. 254 do STF dispõe que "*Incluem-se os juros moratórios na liquidação, embora omisso o pedido inicial ou a condenação*". Igual entendimento consagrou a Súmula n. 211 do TST, ou seja, "*Juros de mora e correção monetária. Independência do pedido inicial e do título executivo judicial. Os juros de mora e a correção monetária incluem-se na liquidação, ainda que omisso o pedido inicial ou a condenação*".

2. A divergência

A atualização do crédito trabalhista está regulamentada pela Lei n. 8.177/1991, cujo art. 39 dispõe:

> Art. 39 Os débitos trabalhistas de qualquer natureza, quando não satisfeitos pelo empregador nas épocas próprias assim definidas em lei, acordo ou convenção coletiva, sentença normativa ou cláusula contratual, sofrerão juros de mora equivalente à TRD acumulada no período compreendido entre a data de vencimento da obrigação e o seu efetivo pagamento.
>
> § 1º Aos débitos trabalhistas constantes de condenação pela Justiça do Trabalho ou decorrentes dos acordos feitos em reclamatória trabalhista, quando não cumpridos nas condições homologadas ou constantes do termo de conciliação, serão acrescidos, nos juros de mora previstos no caput, juros de um por cento ao mês, contado do ajuizamento da reclamatória e aplicados *pro rata die*, ainda que não explicitados na sentença ou termo de conciliação.
>
> § 2º Na hipótese de a data de vencimento das obrigações de que trata este artigo ser anterior a 1º de fevereiro de 1991, os juros de mora serão calculados pela composição entre a variação acumulada do BTN Fiscal no período compreendido entre a data de vencimento da obrigação e 31 janeiro de 1991, e a TRD acumulada entre 1º de fevereiro de 1991 e seu efetivo pagamento.

Da interpretação literal desse dispositivo, precisamente no que se refere aos "juros de mora equivalente à TRD" e "juros de um por cento ao mês", poderia se entender que houve extinção da correção monetária do crédito trabalhista, bem como de que previu a incidência de juros sobre juros ao se aplicar a TR cumulada com juros de 1% ao mês, vedada pelo art. 192, § 3º, da CF, que limitava a taxa de juros a 12% ao ano, na redação anterior à EC n. 40/2003, vigente na época da edição da Lei n. 8.177/1991,

---

(1) SANTOS, José Aparecido dos. *Curso de Cálculos de Liquidação Trabalhista*. 2. ed. São Paulo: Juruá, 2011. p. 471.

com consequente afronta aos princípios da legalidade e do direito adquirido, estabelecidos no art. 5º, incisos II e XXXVI, da CF.

Prevaleceu o entendimento jurisprudencial, consubstanciado na OJ n. 300 da SDI-1 do TST, de que o dispositivo, efetivamente, tratou da incidência de correção monetária e juros de mora aos créditos trabalhistas, sem implicar violação constitucional.

Há nítida impropriedade técnica do legislador ao expressar "juros de mora equivalente a TRD", pois, na essência, refere-se à correção monetária. O art. 39 da Lei n. 8.177/1991 foi editado em substituição ao critério de correção monetária antes previsto com base no indexador BTN, em época de seguidas reformas na economia nacional, cujo discurso governamental pregava a desindexação da economia. No *caput*, previu novo critério de atualização monetária do crédito trabalhista com base na TRD e, no § 1º, juros de mora propriamente dito. Não extinguiu a correção monetária. Apenas instituiu novo critério de atualização e, por razões de política econômica, não utilizou a expressão "correção monetária equivalente a TRD". Tanto é que estipulou, no § 2º, critério para se compatibilizar a aplicação do BTN e da TR para correção monetária dos créditos apurados antes e após 1º.2.1991, data de vigência da MP 294, que antecedeu a Lei n. 8.177 de 1º.3.1991.

As edições das Leis ns. 9.069/1995 e 10.192/2001, numa interpretação autêntica, reafirmaram a impropriedade terminológica de referida expressão, convalidaram o critério do art. 39 da Lei n. 8.177/1991 e afastaram qualquer controvérsia sobre a matéria. O art. 27 da Lei n. 9.069/1995, ao regulamentar a correção monetária de obrigações em mora, previu, expressamente, no § 6º, ser aplicável aos débitos trabalhistas o disposto no art. 39 da Lei n. 8.177/1991. A Lei n. 10.192/2001, no seu art. 27, afastando dúvida jurídica quanto à extinção da TRD para atualização monetária do crédito trabalhista e sua substituição pela TR em razão das disposições da Lei n. 8.660/1993, previu que *"Permanecem em vigor as disposições legais relativas a correção monetária de débitos trabalhistas..."*, sendo certo que o único texto de lei que regulamentava a matéria na época consistia no art. 39 da Lei n. 8.177/1991.

Nesse sentido, não é inconstitucional o art. 39 da Lei n. 8.177/91, ao estipular a atualização do crédito trabalhista mediante aplicação da Taxa Referencial ou TR (antiga Taxa Referencial Diária ou TRD) como fator de correção monetária, cumulada com juros de mora de 1% ao mês.

Veja-se que o art. 192, § 3º, da CF, na sua anterior redação, fixou o limite de 12% ao ano para juros de mora em relação a obrigações oriundas dos contratos civis e comerciais, não a débitos trabalhistas. E a TR não abrange juros de mora e com eles não se confunde, tratando-se de mera recomposição monetária do valor original do crédito corroído por índices inflacionários, de modo que não está adstrita ao limite de 12% ao ano.

Não há qualquer pronunciamento do E. STF envolvendo inconstitucionalidade do art. 39 da Lei n. 8.117/1991. Na ADIN n. 493, relator ministro Moreira Alves, publicada no DJ de 4.9.1992, não o declarou inconstitucional, mas tão somente o seu art. 18 *caput* e §§ 1º e 4º, bem como os art. 20, 21 p.u., 23 e §§ e 24 e §§, sobre a atualização dos débitos junto ao Sistema Financeiro da Habitação, entendendo ser inaplicável a TR às obrigações decorrentes dos respectivos contratos.

3. O caminho percorrido

Não há dúvida quanto à previsão legal para incidência da correção monetária ao crédito trabalhista em mora. Entendimento contrário, com fundamento na ausência de correção monetária do crédito trabalhista e na incidência apenas de juros moratórios, é que violaria a Constituição Federal e implicaria injustas e drásticas consequências.

Para o empregado. Na enorme injustiça e afronta às garantias mínimas a ele asseguradas pela CF. Num cenário econômico como o brasileiro, marcado por consideráveis índices inflacionários, em percentuais extremamente elevados na época da edição da Lei n. 8.177/1991, a correção monetária das obrigações em mora consiste em medida necessária, como forma de recomposição do valor original do crédito.

Para o empregador. No estímulo ao descumprimento dos direitos dos empregados, premiando-o com a possibilidade de aumentar seus investimentos econômico-financeiros em vez de pagar as parcelas devidas nas épocas próprias, quitando-as somente se obrigado judicialmente e, ainda assim, agindo nos processos de modo a postergar ao máximo os pagamentos, em busca de ínfimos valores.

Para o Judiciário Trabalhista. O desequilíbrio nas relações de trabalho provocado pela atitude deliberada e ilegítima do empregador em descumprir os direitos trabalhistas resultaria no incentivo ao surgimento de aparentes litígios, eternização das demandas em busca de valores ínfimos das dívidas e sobrecarga do Judiciário, cujo quadro comprometeria o desempenho de sua função social — que é o exercício da jurisdição com qualidade e eficiência, direcionado à obtenção de resultados práticos, céleres e econômicos, em relação a verdadeiras demandas.

4. Perspectivas

Movimentação Processual na Justiça do Trabalho de 2006/2010[2]

Anos	TST			TRT			VT			
	Recebidos	Julgados	Resíduo	Recebidos	Julgados	Resíduo	Recebidos	Julgados	Resíduo	
									Conhecimento	Execução
2006	145.053	135.718	244.331	534.581	531.753	207.595	1.779.307	1.700.741	939.843	2.384.622
2007	165.466	153.592	2493.16	646.671	613.449	223.067	1.838.847	1.813.355	945.646	2.479.845
2008	183.235	223.430	206.089	652.999	652.979	221.698	1.918.242	1.854.022	1.024.162	2.488.052
2009	206.236	265.802	172.732	660.357	662.179	219.133	2.121.806	1.986.566	1.061.844	2.586.890
2010	204.211	211.979	168.841	686.432	695.101	217.055	2.009.004	1.971.654	1.044.935	2.58.8046

(1) Os processos julgados incluem as conciliações.

Tais dados revelam que os conflitos trabalhistas, nos últimos anos, apresentam números demasiadamente explosivos e preocupantes. Isso em razão de variados fatores. Houve ascensão dos direitos da cidadania e do trabalhador com o advento da CF de 1988, de forma que a Justiça do Trabalho posiciona-se como relevante instrumento de equilíbrio e de conquista da paz e igualdade social; a competência material da Justiça do Trabalho foi substancialmente incrementada pela EC n. 45/2004. As relações jurídico-trabalhistas estão cada vez mais transformadas, diversificadas, complexas e desiguais, culminando em elevada conflituosidade. A Justiça do Trabalho, para o empregado, demonstra-se excessivamente gratuita, citando-se, como exemplo, os benefícios da justiça gratuita assegurados pela Lei n. 1.060/50, a assistência judiciária prestada pelo sindicato nos termos do art. 14 da Lei n. 5.584/1970 e a isenção do pagamento de honorários periciais na forma do art. 790-B da CLT e, para o empregador, demonstra-se de baixo custo, o que vem causando a multiplicação de aparentes ou falsas demandas, seja de iniciativa do empregado, na tentativa de receber direitos sem respaldo fático-jurídico, seja de iniciativa do empregador, que opta por cumprir na Justiça as obrigações decorrentes dos contratos de emprego.

Outro relevante fator que tem contribuído para a litigiosidade e eternização das demandas consiste no critério de atualização dos créditos trabalhistas, na forma estabelecida no art. 39 da Lei n. 8.117/1991. De um lado, tem o papel de recompor o valor original do crédito e propiciar rendimento do capital em razão da retenção indevida pelo empregador, mediante aplicação da correção monetária com base na TR e de juros de mora de 1% ao mês, mas, de outro lado, ainda não se demonstra suficiente para inibir demandas. Nesse sentido, e diante do perfil econômico-financeiro do país, ajuizada a demanda, o empregado, conforme o caso, não tem pressa para encerrá-la, pois receberá rendimentos maiores que as operações financeiras ofertadas pelo mercado para o seu padrão; o empregador, de forma mais expressiva, prefere o acionamento ao cumprimento espontâneo das obrigações e, ajuizada a demanda, não se demonstra diligente para a rápida solução, uma vez que poderá aplicar os respectivos valores no incremento de sua atividade ou em investimentos de maior lucratividade.

Esse quadro exige mecanismos de controle, sob pena de comprometimento do fluxo judiciário, frustração do princípio da eficiência administrativa e, mais grave, inviabilidade do exercício da função social da Justiça do Trabalho.

Dentre os mecanismos, a doutrina e a jurisprudência têm admitido como exemplo a atualização do crédito trabalhista mediante aplicação da correção monetária com base na TR e da taxa SELIC a que se refere o art. 406 do Código Civil de 2002, em substituição aos juros de mora (quando for apurada em percentual maior), de modo a proporcionar melhoria da condição social do empregado — já prejudicado com a retenção indevida do seu crédito — e inibir o propósito demandista do empregador mediante pagamento de atualização em patamar superior ao estabelecido no art. 39 da Lei n. 8.177/1991. Defendem que esse critério está previsto em norma posterior à edição da Lei n. 8.177/1991, prevalecendo em relação ao critério específico, por força dos princípios da proteção e da norma mais favorável ao trabalhador[3].

---

(2) Fonte: <http://www.tst.jus.br/documents/10157/83742c9a-a058-4bf0-8588-8a91df1eafcc>.

(3) JUROS DE MORA – TAXA SELIC – CRÉDITO TRABALHISTA – APLICABILIDADE – ART. 406 DO CÓDIGO CIVIL – A lei nova geral pode revogar lei especial anterior, se de seu advento resultar situação de contra-senso social. Para se evitar interpretação iníqua, o princípio da especificidade deve ceder passo à exegese que melhor atenda aos fins sociais a que a lei se destina. Nesse passo, a norma mais benéfica ao trabalhador subordinado, prevista pelo Art. 406 do novel Estatuto Civilista, tem incidência no plano trabalhista, ainda que derrogando o dispositivo específico previsto no § 1º do art. 39 da Lei n. 8.177/1991, porquanto em face do primado constitucional do trabalho, causa perplexidade o fato de que das dívidas de natureza civil decorram juros de mora superiores àqueles incidentes sobre as dívidas de natureza alimentar-trabalhista. (TRT 3ª Reg., 3ª T, RO-13687/03, Desemb. rel. José Eduardo Resende Chaves Jr., publ. 11.10.2003)

Outro mecanismo inibitório do demandismo defendido pela doutrina e jurisprudência consiste na aplicação e cobrança, pela Justiça do Trabalho, de multas administrativas decorrentes das irregularidades constatadas nas decisões que proferir, como previsto no art. 652, item V, letra *"d"*, da CLT. Essa hipótese significaria reforço à condenação, maior ônus ao empregador e eficaz instrumento de estímulo a não judicialização das questões, não demandismo e não protelação da solução das lides[4].

5. Conclusão

1. Não é inconstitucional o art. 39 da Lei n. 8.177/1991, ao estipular a atualização do crédito trabalhista mediante aplicação da TR como fator de correção monetária cumulada com juros de mora de 1% ao mês.

2. A atualização monetária dos créditos trabalhistas é necessária, como forma de manter o valor original da parcela corroído por índices inflacionários. O contrário implicaria no estímulo ao descumprimento das obrigações, com vantagem ao empregador em detrimento ao empregado, cujo desequilíbrio ensejaria sobrecarga da Justiça do Trabalho, comprometimento do fluxo judiciário e de sua função social e em desrespeito ao princípio da eficiência administrativa.

3. É preciso avançar, com adoção de mecanismos ou critérios de prevenção de litígios e conscientização das partes no cumprimento espontâneo das obrigações sem interferência do Judiciário e, se a tanto chegar, na preferência pela rápida solução das demandas.

Referências bibliográficas

BRASIL. TRIBUNAL REGIONAL DO TRABALHO DA 3ª REGIÃO. 3ª T., RO-13687/03, Desemb. rel. José Eduardo Resende Chaves Jr., publ. 11.10.2003.

BRASIL. TRIBUNAL REGIONAL DO TRABALHO DA 3ª REGIÃO. 4ª T., RO-4448/05, Des. rel. Antônio Álvares da Silva, publ. 31.5.2005.

BRASIL. TRIBUNAL SUPERIOR DO TRABALHO. 2ª T, RR-215800-74-2005, Min. rel. José Roberto Freire Pimenta, publ. 31.8.2012.

SANTOS, José Aparecido dos. *Curso de Cálculos de Liquidação Trabalhista*. 2. ed. São Paulo: Juruá, 2011.

JUROS DE MORA. TAXA SELIC. INAPLICABILIDADE. O art. 39 da Lei n. 8.177/91 é expresso ao estabelecer que os débitos trabalhistas de qualquer natureza, quando não satisfeitos pelo empregador nas épocas próprias assim definidas em lei, acordo ou convenção coletiva, sentença normativa ou cláusula contratual, sofrerão juros de mora equivalentes à TRD acumulada no período compreendido entre a data de vencimento da obrigação e o seu efetivo pagamento, existindo, pois, regra específica a normatizar a incidência dos juros de mora nas condenações impostas na seara trabalhista. Assim, a taxa *Selic* não tem aplicação na Justiça do Trabalho. (TST, 2ª T., RR-215800-74-2005, Min. rel. José Roberto Freire Pimenta, publ. 31.8.2012)

(4) MULTAS ADMINISTRATIVAS. COMPETÊNCIA DA JUSTIÇA DO TRABALHO. A Justiça do Trabalho, na forma do art. 114 da CF, é competente para aplicar multas da alçada da autoridade administrativa, quando a violação de norma trabalhista estiver provada nos autos. Nos dissídios entre empregados e empregadores compreende-se também a competência para aplicação de multas (CLT, art. 652, "d"). Se é da competência da Justiça do Trabalho decidir sobre o direito trabalhista, é claro que é ela também competente, por natural ilação, para aplicar a multa que derive do direito reconhecido em sua sentença, pois se trata de um dissídio típico entre empregado e empregador, derivado da relação de trabalho. Apenas se diferencia do dissídio comumente decidido num aspecto: em vez de ter uma função ressarcitória, a multa possui finalidade punitiva. Esta função é na prática tão importante quanto a condenação patrimonial, para a garantia do ordenamento trabalhista. Como os mecanismos ressarcitórios são insuficientes, a multa reforça a condenação e ajuda no estabelecimento de um quadro desfavorável ao demandismo, pois a protelação passa a ser um ônus e não uma vantagem para o devedor. Só assim se extinguirá esta litigiosidade absurda que hoje se cultiva na Justiça do Trabalho, sem dúvida, a maior e a mais cara do mundo. Além do mais, se garantirá o efeito educativo da lei, com a reversão da expectativa que hoje reina no fórum trabalhista: é melhor cumpri-la e pagar o débito, do que empurrá-lo anos afora, pelo caminho tortuoso e demorado dos recursos. Os juros reais e as multas desestimularão o negócio que hoje se pratica, em nome da controvérsia trabalhista e à custa do crédito do trabalhador. (TRT 3ª Reg., 4ª T., RO-4448/05, Des. rel. Antônio Álvares da Silva, publ. 31.5.2005)

OJ n. 350 da SDI-1 do TST: Nulidade do Contrato de Trabalho Formulado com Ente Público — Arguição pelo MPT — Possibilidade

Ana Cláudia Nascimento Gomes

OJ N. 350 DA SDI-1 DO TST: MINISTÉRIO PÚBLICO DO TRABALHO. NULIDADE DO CONTRATO DE TRABALHO NÃO SUSCITADA PELO ENTE PÚBLICO NO MOMENTO DA DEFESA. ARGUIÇÃO EM PARECER. POSSIBILIDADE (alterada em decorrência do julgamento do processo TST IUJERR 526538/1999.2) – Res. n. 162/2009, DEJT divulgado em 23, 24 e 25.11.2009

O Ministério Público do Trabalho pode arguir, em parecer, na primeira vez que tenha de se manifestar no processo, a nulidade do contrato de trabalho em favor de ente público, ainda que a parte não a tenha suscitado, a qual será apreciada, sendo vedada, no entanto, qualquer dilação probatória.

Neste livro coletivo em justíssima homenagem ao professor doutor Aroldo Plínio Gonçalves (nosso aquilatado mestre de processo civil na vetusta Casa de Afonso Pena — FDUFMG), foi-nos atribuída a digna tarefa de comentar a **Orientação Jurisprudencial de n. 350** da Subseção I Especializada em Dissídios Individuais do Col. Tribunal Superior do Trabalho; convite ao qual respondemos com imenso contentamento.

Segundo o entendimento jurisprudencial assentado nessa OJ, na sua última versão:

Ministério Público do Trabalho. Nulidade do Contrato de Trabalho não Suscitada pelo Ente Público no Momento da Defesa. Arguição em Parecer. Possibilidade (alterada em decorrência do julgamento do processo TST IUJERR 526538/1999.2).

O Ministério Público do Trabalho pode arguir, em parecer, na primeira vez que tenha que manifestar no processo, a nulidade do contrato de trabalho em favor de ente público, ainda que a parte não tenha suscitado, a qual será apreciada, sendo vedada, no entanto, qualquer dilação probatória. IUJ-ERR 526538/1999.2 Min. Aloysio Corrêa da Veiga. Julgado em 18.9.2009. Decisão por maioria.[1]

Assim, a fim de orientar esse nosso pequeno ensaio, importa investigar quais são as principais questões materiais e processuais que envolvem a mencionada OJ. De início, avaliar a harmonia da OJ com as normas constitucionais e, muito especialmente, com o rol de atribuições do Ministério Público (e do Ministério Público do Trabalho, em particular). Em seguida, apontar as peculiaridades do processo do trabalho que conduziram ao entendimento agora assentado nessa OJ pelo TST. Finalmente, apontar as dificuldades processuais que podem ser ocasionadas em decorrência da arguição pelo *Parquet* Laboral da nulidade do contrato de trabalho entabulado pelo ente público após o estabelecimento da *litiscontestatio* e, nessa medida, propor algumas medidas para solucioná-las.

1. A supra importância da prévia aprovação em concurso público como forma de ingresso na função pública *lato sensu* — imprescindibilidade do procedimento concursal como critério de validade da contratação legítima de empregado público — democracia e meritocracia

Uma grande conquista da CR/88 foi a consagração da imprescindibilidade da "aprovação prévia em concurso público de provas ou de provas e títulos, de acordo com a complexidade do cargo ou emprego" para ingresso na Função Pública (FP) *lato sensu* (art. 37, inciso II). Excetuam-se "as nomeações para cargo em comissão declarado em lei de livre nomeação e exoneração" (art. 37, inciso II, *in fine*).

A finalidade constitucional foi efetivamente estancar uma abertura para a FP que viabilizava o clientelismo e práticas patrimonialistas, o que no passado ocorrera principalmente em relação ao "emprego público" *stricto sensu* (os "celetistas"). Agora, na nossa ordem constitucional, independentemente do regime jurídico adotado (isto é, "de cargos a empregos públicos"), para uma vinculação profissional com uma entidade pública (ou entidade de direito público), é absolutamente necessária a prévia aprovação em procedimento concursal de caráter público, justo e transparente. E, assim, também para as empresas públicas e as sociedades de economia mista (art. 173, § 1º, incisos II e III, da CR/88[2]); ou seja, mesmo para a Administração Pública sob formas jurídico-privadas.

Trata-se da consagração do princípio da plena acessibilidade da função pública (em relação aos cidadãos nacionais que preenchem os requisitos legais e aos estrangeiros, na forma da lei), em condições de igualdade e

---

(1) V. Resolução do TST n. 162, de 16 de novembro de 2009. DEJT n. 362, 20.11.2009, *Caderno do TST*, p. 263.

(2) V. STF, RE 558833 AgR/CE, Ag. Reg. no Recurso Extraordinário, relatora Minª. Ellen Gracie, Julgamento 8.9.2009, 2ª Turma. Ainda, STF, AI 680939 AgR/RS, Ag. Reg. no Agravo de Instrumento, relator Min. Eros Grau, Julgamento 27.11.2007, 2ª Turma. V. TST, entendimento assentado na OJ n. 247 da SDI I.

com respeito à liberdade de escolha do indivíduo, somente sendo admissíveis discriminações legítimas, adequadas e razoáveis; como, por exemplo, ocorre relativamente ao art. 37, inciso VIII, a fim de proteger as pessoas com deficiências habilitadas ou reabilitadas[3].

O concurso público é, pois, a "corporificação" dos princípios democráticos da igualdade e da imparcialidade/impessoalidade administrativa, na linha do vetusto art. 6º da Declaração de Direitos de 1.789 e do atual art. 21º-2 da Declaração Universal dos Direitos do Homem de 1.948[4]. Por esta óptica, o concurso público tem estrita conexão com o direito fundamental do cidadão de igualdade de tratamento perante uma Administração Pública democrática[5].

O procedimento administrativo concursal propicia, por outro lado, o recrutamento daqueles profissionais mais habilitados para o desempenho das atividades da Administração[6]. Por este prisma, é um bom instrumento de seleção dos candidatos mais capazes e adequados ao desempenho dos ofícios/cargos/empregos públicos. Nesse sentido, representa um importante mecanismo de profissionalização da FP e de assentamento do sistema meritocrático, para além de concretizar o princípio da eficiência administrativa.

Portanto, em conformidade com o atual quadro constitucional que prima pela democraticidade, legitimidade e meritocracia na contratação do empregado público, a jurisprudência trabalhista tem sido rigorosa na avaliação da prévia aprovação em concurso público como forma de validade do contrato de trabalho. Nessa linha, as Súmulas n. 331 (item II) e n. 363 do Col. TST. Este mesmo rigor tem sido atribuído pela jurisprudência do STF.[7]

Por fim, de acordo com o § 2º do art. 37 da CR/88, a contratação de pessoal pela entidade de direito público sem a observância da prévia aprovação em concurso público "implicará a nulidade do ato e a punição da autoridade responsável, nos termos da lei".

2. Atribuições constitucionais e legais do Ministério Público e do Ministério Público do Trabalho, em particular

O art. 127, *caput*, da nossa Carta Magna determina: "O Ministério Público é instituição permanente, essencial à função jurisdicional do Estado, incumbindo-lhe a defesa da *ordem jurídica, do regime democrático e dos interesses sociais e individuais indisponíveis*." Seguidamente, o art. 129 densifica tal mister constitucional, determinando ao *Parquet* "zelar pelo efetivo respeito dos poderes públicos e dos serviços de relevância pública aos direitos assegurados nesta Constituição, promovendo as medidas necessárias a sua garantia"; dentre outras atribuições.

No nível infraconstitucional e, em particular, em relação ao Ministério Público do Trabalho (MPT), impõe o art. 83 da LC n. 75/2003 (Lei Orgânica do Ministério Público da União), além de outras incumbências: "Art. 83. Compete ao Ministério Público do Trabalho o exercício das seguintes atribuições junto aos órgãos da Justiça do Trabalho: I – promover as ações que lhe sejam atribuídas pela Constituição Federal e pelas leis trabalhistas; II – manifestar-se em qualquer fase do processo trabalhista, acolhendo solicitação do juiz ou por sua iniciativa, quando entender existente interesse público que justifique a intervenção; III – promover a ação civil pública no âmbito da Justiça do Trabalho, para defesa de interesses coletivos, quando desrespeitados os direitos sociais constitucionalmente garantidos; IV – propor as ações cabíveis para declaração de nulidade de cláusula de contrato, acordo coletivo ou convenção coletiva que viole as liberdades individuais ou coletivas ou os direitos individuais indisponíveis

---

(3) V. LORENTZ, Lutiana Nacur. *A norma da igualdade e o Trabalho das Pessoas Portadoras de Deficiência*. São Paulo: LTr,, 2006; GUGEL, Maria Aparecida. *Pessoas com Deficiência e o Direito ao Trabalho*. Florianópolis: Obra Jurídica, 2007.

(4) "Toda pessoa tem o direito de aceder, nas condições de igualdades, às funções públicas de seu país".

(5) Existiram, ao longo da História Administrativa (e mesmo no Brasil), outras formas de seleção de pessoal para a FP, que respeitavam o princípio da igualdade, como foi o caso de sorteio de cargos públicos. V. MAGALHÃES, Gustavo Alexandre. *Contratação Temporária por Excepcional Interesse Público*: Aspectos Polêmicos. São Paulo: LTr, 2005. p. 92 e seg.

(6) V., por todos, NEVES, Ana Fernanda. *Relação Jurídica de Emprego Público – Movimentos Fractais*. Diferença e Repetição. Coimbra: Coimbra Editora, 1999. p. 149-150. V, VIEIRA, Leonardo Carneiro Assumpção. *Mérito, Sociedade e Direito*: Reflexões sobre a noção de merecimento objetivo e seus institutos na função pública. Tese de Mestrado. Belo Horizonte: FDUFMG, 2004. p. 23 e seg.

(7) V. STF, Ementa da ADI n. 1.350 – RO: "A jurisprudência do Supremo Tribunal Federal – tendo presente a essencialidade do postulado inscrito no art. 37, II, da Carta Política – tem censurado a validade jurídico-constitucional de normas que autorizam, permitem ou viabilizam, independentemente de prévia aprovação em concurso público de provas ou de provas e títulos, o ingresso originário no serviço estatal ou o provimento em cargos administrativos diversos daqueles para os quais o servidor público foi admitido. Precedentes. – O respeito efetivo à exigência de prévia aprovação em concurso público qualifica-se, constitucionalmente, como paradigma de legitimação ético-jurídica da investidura de qualquer cidadão em cargos, funções ou empregos públicos, ressalvadas as hipóteses de nomeação para cargos em comissão (CF, art. 37, II). A razão subjacente ao postulado do concurso público traduz-se na necessidade essencial de o Estado conferir efetividade ao princípio constitucional de que todos são iguais perante a lei, sem distinção de qualquer natureza, vedando-se, desse modo, a prática inaceitável de o Poder Público conceder privilégios a alguns ou de dispensar tratamento discriminatório e arbitrário a outros".

dos trabalhadores; ..., XIII – intervir obrigatoriamente em todos os feitos nos segundo e terceiro graus de jurisdição da Justiça do Trabalho, quando a parte for pessoa jurídica de Direito Público, Estado estrangeiro ou organismo internacional".

Diante das normas constitucionais e legais, defender a *ordem jurídica*, o *regime democrático* e os *interesses e direitos metaindividuais da coletividade* implica especificadamente no processo do trabalho e, tendo em vista o tema que nos foi confiado, que o membro do MPT, na qualidade de *custos legis*, possa verificar *in casu* a validade da contratação do empregado público (normalmente reclamante da ação trabalhista) pelo ente de direito público (usualmente o reclamado), ante a importância que as regras concursais representam para a formação de uma FP democrática, meritocrática e igualitária. Além disso, implica ainda que o MPT possa exigir, na qualidade de órgão agente, quer seja a realização de concurso público pela entidade que o suplanta, quer seja a responsabilização dos agentes públicos que contratam trabalhadores ao alvedrio da Constituição e da lei.

3. Aspectos e dificuldades processuais do processo do trabalho diante da OJ n. 350

Tendo em vista agora particularmente a OJ n. 350 da SDI-I, temos que a mesma se harmoniza perfeitamente com as normas constitucionais atinentes à Administração Pública, bem como com as atribuições constitucionais e legais do MPT. Não há dúvida sobre a importância do papel ético e moralizador do Ministério Público ao suscitar a nulidade de contrato de trabalho que viola o art. 37, inciso II, da CR/88.

Trata-se, destarte, de uma questão de direito, de ordem pública e que evidencia manifesto interesse público (mesmo uma inconstitucionalidade!), apontando a viabilidade de ser arguida pelo *Parquet* mesmo após a definição dos parâmetros da lide, como igualmente pode ser pronunciada pelo juiz oficiosamente (art. 303, incisos II e III, do CPC c/c art. 166, inciso V, e 168, parágrafo único, do CC/2002).

Todavia, o entendimento assentando nessa orientação jurisprudencial acarreta efetivamente algumas dificuldades processuais pragmáticas; perfeitamente superáveis, entretanto, do nosso ponto de vista.

Conforme o citado inciso XIII do art. 83 da LC n. 75/93, compete ao MPT intervir (na qualidade de *custos legis*) obrigatoriamente nos feitos, perante os Tribunais do Trabalho, quando a parte for pessoa jurídica de direito público. Assim, os Tribunais do Trabalho apartam os feitos com essas características e os remetem ao *Parquet*, a fim de que este possa se manifestar, fundamentadamente. São justamente nessas hipóteses que, *em primeiro momento*, os membros do MPT se deparam com contratos de trabalho nulos, entabulados sem a prévia aprovação do trabalhador em concurso público.

Por um lado, porque (infelizmente) a estrutura orgânica e subjetiva do MPT ainda não lhe permite exercer as suas atribuições permanentemente perante cada uma das Varas do Trabalho ou, mesmo, perante todas as jurisdições da Justiça do Trabalho. De fato, no dia a dia forense da Justiça do Trabalho não encontramos a presença constante dos procuradores do Trabalho sentados à direita dos juízes dos Trabalho; não obstante impere no Direito do Trabalho normas de ordem pública e o princípio da irrenunciabilidade. Nesse sentido, a nulidade (ou a suspeita de) do contrato de trabalho formado com ente de direito público é, via de regra, apercebida e questionada pelo MPT apenas quando o feito encontra-se em fase recursal, em função do exercício da atribuição constante do inciso XIII do art. 83 da LC n. 75/93 (ou, em rara hipótese, em consequência de alguma solicitação judicial em momento processual anterior).

Assim, negar a possibilidade de que tal nulidade seja suscitada em parecer fundamentado do membro do MPT, ainda que após o estabelecimento da *liticontestatio* e em fase recursal, parece-nos ser solução que não se adéqua ao mencionado quadro constitucional. A atual redação da OJ n. 350 da SDI I reflete e bem, pois, essa nossa ordem e realidade jurídicas, para além de valorar devidamente o princípio democrático de igual acesso ao emprego público.

Nessa linha, *d. v.*, não está o MPT atuando em substituição ao advogado do Estado, na defesa de mero interesse patrimonial estatal (municipal, estadual ou federal), a fim de que o ente público arque com valores menores do que seriam devidos caso o contrato não fosse eivado de nulidade e justamente em detrimento do trabalhador hipossuficiente[8]; mas sim na defesa da moralidade

---

(8) Cf. MAGALHÃES, Gustavo Alexandre; SOUTO MAIOR, Jorge Luiz. Efeitos da Nulidade na contratação de servidores públicos. *In:* SOARES, José Ronald Cavalcante (Coords.). *O Servidor Público e a Justiça do Trabalho*. São Paulo: LTr, 2005. p. 117-134: "presentear o Estado com a 'obrigação' de pagar menos do que é devido, com fundamento de que ele mesmo, o Estado, agiu de forma contrária ao ordenamento jurídico, além disso, atenta contra o princípio da moralidade administrativa". Em nossa atividade funcional, já presenciamos também inúmeros casos concretos em que as defesas processuais das entidades públicas favorecendo da própria torpeza, ao suscitar, ela mesma, em sua defesa, a nulidade do vínculo pela contratação trabalhador sem observância da aprovação em concurso público. Em síntese, a entidade não faz o concurso, contrata irregularmente e suscita em juízo a nulidade do vínculo por ela própria estabelecido, para a diminuição de sua condenação pecuniária.

administrativa. O fato de o trabalhador não receber todos os direitos trabalhistas, como se um legítimo empregado público fosse, é uma lacuna que pode ser preenchida, *v. g.*, através de uma ação individual reparatória dele diretamente em face do administrador (pessoa física) que o contratou de forma ilícita, acaso possa se entender *in casu* que aquele não concorreu para a efetivação de seu dano (conforme o § 2º do art. 37 da CR/88 c/c art. 186 do CC/2002)[9].

Por outro lado, não podemos olvidar que eriçar a nulidade de um contrato de trabalho, quando nenhuma das partes (autor ou réu) tenha assim se manifestado, afigura-se ser um "fato inovador" (fato novo), o qual, de certo modo, pode atentar contra o princípio da segurança jurídica (no processo); bem como, por não haver dilação probatória em função do estágio do processo, ainda contra os princípios do contraditório e da ampla defesa dos litigantes. Afinal, a lide encontra-se perfeitamente posta e definida quando em sede recursal.

Com efeito, não raras às vezes, no processo do trabalho, autor e réu omitem o fato de não ter havido prévia aprovação em concurso público para a contratação. Para o trabalhador/reclamante, o não reconhecimento da nulidade de seu vínculo representa a possibilidade de maior condenação em direitos trabalhistas e previdenciários não satisfeitos e reclamados (para além do saldo de salário e do FGTS, conforme a Súmula n. 363 do TST), a serem pagos pelos cofres públicos. Para o ente público, a hipótese de que a ausência de procedimento concursal não seja pública e judicialmente conhecida e reconhecida, inclusive inviabilizando eventual consequência ao nível de responsabilização por improbidade administrativa do agente público responsável e de reprovação social, não obstante a maior probabilidade de condenação pecuniária mais robusta[10].

De nossa parte, entendemos que os poderes e as faculdades atribuídos ao juiz do Trabalho (art. 765 da CLT c/c inciso II, art. 83 da LC n. 75/93) autorizam-lhe perfeitamente a perquirir acerca da validade do vínculo estabelecido com o ente de direito público na fase probatória da ação trabalhista sob sua condução (interrogando, por exemplo, autor e réu acerca dessa questão; determinando a apresentação de documentos, etc.), podendo inclusivamente o magistrado remeter os autos ao *Parquet* do Trabalho, ainda em primeiro grau, solicitando-lhe manifestação fundamentada (parecer) quanto a esse tópico, antes da prolação de sua sentença. Assim procedendo o juiz do Trabalho, possibilitar-se-á que a validade do contrato de trabalho seja apreciada com o pleno respeito aos princípios do contraditório e da ampla defesa e no bojo da instrução do feito, impedindo que as partes aleguem posteriormente eventual violação às suas garantias processuais e/ou reclamem a reabertura da fase probatória.

Por sua vez, no âmbito (interno) do MPT, é imprescindível que o membro que oficiar na qualidade de *custos legis* perante a ação individual, após suscitar a nulidade do vínculo em parecer fundamentado (seja no primeiro ou nos graus superiores da Justiça do Trabalho), determine, *in continenti* e *ex officio*, a extração de peças processuais e o seu encaminhamento para fins de distribuição (em respeito ao princípio do promotor natural). Tal medida tem o objetivo de movimentar o órgão agente do *Parquet*; e, nessa medida, a atuação da tutela coletiva, através da qual a lesão a ordem jurídica pode ser definitivamente estancada, para além de viabilizar a "punição do agente responsável, na forma da lei". Para tanto, devem-se observar as atribuições específicas do MPT e dos outros Ministérios Públicos (estaduais e Federal)[11].

Isso porque, se nos afigura importante apontar a nulidade do vínculo entabulado com o ente público que suplanta as regras concursais, em conformidade com o entendimento assentado na OJ n. 350 da SDI-I, individualmente (ou seja, em cada ação trabalhista individual), afigura-nos de muito maior peso e mesmo essencial do ponto de vista dos interesses metaindividuais da coletividade conduzir o caso para uma sanção e uma solução efetiva e final do Direito, mormente com a responsabilização do agente público que não respeita a Constituição. Afinal, o restabelecimento da ordem jurídica não se aperfeiçoa completamente com a simples declaração individual e concreta da invalidade do vínculo de trabalho[12].

---

(9) Aliás, se isso fosse efetivamente implementado pelos trabalhadores em face dos maus administradores, certamente iríamos ter mais contratações idôneas.

(10) Isto é, de fato, muito comum em se tratando de pequenos municípios.

(11) Nessa questão, para fins de ajuizamento da respectiva Ação Civil Pública, é relevante analisar os efeitos da ADI n. 3395-DF do STF quanto à natureza do vínculo jurídico a ser estabelecido pelo ente de direito público. De toda forma, desde logo, registramos que não concordamos com os motivos dessa ADI. V., GOMES, Ana Cláudia Nascimento. Algumas Razões Doutrinárias para se discordar da recente (e também da antiga) jurisprudência do Supremo Tribunal Federal desfavorável à competência da Justiça do Trabalho em matéria de trabalho prestado a ente de direito público. *In: Revista do Ministério Público do Trabalho*, Barasília, LTr, ano XXI, n. 41, p. 13 e seg., mar. 2011.

(12) Infelizmente, são efetivamente raras e controvertidas as condenações trabalhistas por improbidade administrativa do administrador que contrata indevidamente, com fundamento no art. 37, § 2º, da CR/88, pela discussão envolvendo a competência da Justiça do Trabalho. V., TST RR n. 342900-95.2004.5.03.0091 (pela incompetência da JT). V. Processo n. 00333.2001.001.14.00-0, da 1ª Vara do Trabalho de Porto

Somos, portanto, há muito partidários de que a existência da nulidade na contratação individual, com arrimo no § 2º do art. 37, possibilita — independentemente de ações civis públicas ajuizadas contra o ente público com o objetivo de implementação do concurso público (obrigação de fazer como tutela satisfativa) — o ajuizamento de ações condenatórias diretamente contra o mau administrador, visando a sua ampla responsabilização (civil, penal e administrativa).

Através dessa conexão entre a atuação *custos legis* e a atuação de órgão agente do MPT, percebe-se a relevância e a utilidade coletiva de uma nulidade eriçada pontualmente por este *Parquet* a teor da OJ n. 350; instituição que visa, em último termo, tutelar os interesses difusos da sociedade (e, não, portanto, prejudicar um determinado trabalhador "empregado público/servidor público de fato" e/ou beneficiar o ente público com o pagamento a menor pelo trabalho subordinado efetivamente prestado, como se poderia eventualmente depreender numa análise perfunctória da matéria).

4. Conclusão

Pensamos, em conclusão, que a atual OJ n. 350 da SDI-I do Col. TST reflete a melhor interpretação do Direito, *s.m.j.*, não obstante medidas processuais possam ser adotadas ainda em primeiro grau para que a eventual nulidade do vínculo seja apreciada em conjunto com as demais provas e matérias dos autos.

De todo modo, para que a atuação do *Parquet* do Trabalho na qualidade de *custos legis* possa efetivamente fazer sentido do ponto de vista dos interesses metaindividuais da coletividade, faz-me mister conectá-la com a atuação de órgão agente do Ministério Público (do MPT e de outros MPs), a fim de que a violação das regras concursais possa efetivamente receber a devida retaliação jurídica para além do caso individual onde a nulidade fora detectada, atingindo inclusive e imediatamente o agente público que ignora o procedimento concursal. Assim agindo, comparecerá o Ministério Público verdadeiramente como fiscal do ordenamento jurídico e da legalidade democrática. E é o que mesmo lhe determina a CR/88.

Referências bibliográficas

BRASIL. SUPREMO TRIBUNAL FEDERAL. ADI n. 1.350 – RO.

_____. SUPREMO TRIBUNAL FEDERAL. AI n. 680.939 AgR/RS, Ag. Reg. no Agravo de Instrumento, relator Min. Eros Grau, Julgamento 27.11.2007, 2ª Turma.

_____. SUPREMO TRIBUNAL FEDERAL. RE 558833 AgR/CE, Ag. Reg. no Recurso Extraordinário, relatora Minª. Ellen Gracie, Julgamento 8.9.2009, 2ª Turma.

_____. TRIBUNAL SUPERIOR DO TRABALHO. Processo n. 00333.2001.001.14.00-0, da 1ª Vara do Trabalho de Porto Velho/RO.

_____. TRIBUNAL SUPERIOR DO TRABALHO. Resolução n. 162, de 16 de novembro de 2009. DEJT n. 362, 20.11.2009, *Caderno do TST*, p. 263.

_____. TRIBUNAL SUPERIOR DO TRABALHO. RR n. 342900-95.2004.5.03.0091.

D'AMBROSO, Marcelo José Ferlin. Moralidade Públicas nas Relações de Trabalho e a Responsabilidade do Agente Público perante o Ministério Público do Trabalho e a Justiça do Trabalho. *Jus Navigandi*, Teresina, ano 11, n. 996, 24 mar. 2006. Disponível em: <http://jus.uol.com.br/revista/texto/8145>. Acesso em: 24 jul. 2011.

GOMES, Ana Cláudia Nascimento. Algumas Razões Doutrinárias para se discordar da recente (e também da antiga) jurisprudência do Supremo Tribunal Federal desfavorável à competência da Justiça do Trabalho em matéria de trabalho prestado a ente de direito público. *Revista do Ministério Público do Trabalho*, Brasília, LTr, ano XXI, n. 41, mar. 2011.

GUGEL, Maria Aparecida. *Pessoas com Deficiência e o Direito ao Trabalho*. Florianópolis: Obra Jurídica, 2007.

LORENTZ, Lutiana Nacur. *A norma da igualdade e o Trabalho das Pessoas Portadoras de Deficiência*. São Paulo: LTr, 2006.

MAGALHÃES, Gustavo Alexandre. *Contratação Temporária por Excepcional Interesse Público*: Aspectos Polêmicos. São Paulo: LTr, 2005.

MAGALHÃES, Gustavo Alexandre; SOUTO MAIOR, Jorge Luiz. Efeitos da Nulidade na contratação de servidores públicos. *In*: SOARES, José Ronald Cavalcante (Coord.). *O Servidor Público e a Justiça do Trabalho*. São Paulo: LTr, 2005.

NEVES, Ana Fernanda. *Relação Jurídica de Emprego Público — Movimentos Fractais*. Diferença e Repetição. Coimbra: Coimbra Editora, 1999.

VIEIRA, Leonardo Carneiro Assumpção. *Mérito, Sociedade e Direito*: Reflexões sobre a noção de merecimento objetivo e seus institutos na função pública. Tese de Mestrado. Belo Horizonte: FDUFMG, 2004.

Velho/RO (pela competência da JT, com condenação). Somos partidárias da competência da Justiça do Trabalho, por se configurar nesse aspecto uma improbidade administrativa trabalhista. V. D'AMBROSO, Marcelo José Ferlin. Moralidade Públicas nas Relações de Trabalho e a Responsabilidade do Agente Público perante o Ministério Público do Trabalho e a Justiça do Trabalho. *Jus Navigandi*, Teresina, ano 11, n. 996, 24 mar. 2006. Disponível em: <http://jus.uol.com.br/revista/texto/8145>. Acesso em: 24 jul. 2011.

OJ n. 391 da SDI-1 do TST

Andréa Aparecida Lopes Cançado

OJ N. 391 DA SDI-1 DO TST: PORTUÁRIO. SUBMISSÃO PRÉVIA DE DEMANDA A COMISSÃO PARITÁRIA. INEXIGIBILIDADE. LEI N. 8.630/93, ART. 23.

A submissão prévia de demanda a comissão paritária, constituída nos termos do art. 23 da Lei n. 8.630, de 25.2.1993 (Lei dos Portos), não é pressuposto de constituição e desenvolvimento válido e regular do processo, ante a ausência de previsão em lei.

A Orientação Jurisprudencial em destaque é destinada aos trabalhadores do porto, tanto aos avulsos[1] quanto aos portuários empregados[2]. Cinge-se ao *acesso à Justiça* e à tão discutida conveniência e constitucionalidade da solução dos conflitos pela intervenção de terceiro diverso ao Estado, no âmbito das relações de trabalho.

Em 1993, editou-se a Lei n. 8.630, conhecida como Lei da Modernização dos Portos, cuja principal característica foi romper com o sistema legal anterior, caracterizado pela intervenção estatal e pelo monopólio sindical na intermediação da mão de obra avulsa. Objetivou-se aumentar a competitividade dos portos brasileiros, elevando-se a produtividade.

Verificou-se a privatização das empresas públicas que atuavam no porto, o qual passou a ser confiado à iniciativa privada, mediante concessão. Quanto às relações de trabalho, a escala do pessoal, antes realizada pelos sindicatos, foi confiada ao Órgão Gestor de mão de Obra — OGMO —, entidade sem fins lucrativos, mantida pelos operadores do porto.

O legislador, talvez em uma tentativa de desconstruir os inevitáveis conflitos, determinou a criação de Comissão Paritária no âmbito do OGMO com a finalidade de solucionar os litígios decorrentes da aplicação das normas que asseguram direitos aos trabalhadores portuários. Na hipótese de impasse, o caminho seria a arbitragem[3], consoante está expresso no art. 23[4] e parágrafos da Lei n. 8.630/93.

As questões que devem ser discutidas no âmbito do OGMO dizem respeito, em grande parte, à atuação do próprio OGMO em relação aos trabalhadores do porto, tais como cadastro dos trabalhadores, treinamento e habilitação profissional, número de vagas, expedição de documentos, arrecadação e repasse de valores. Ao que parece, pretendeu-se que os próprios atores sociais encontrassem a melhor forma de dirimir seus conflitos, possibilitando a manutenção dos vínculos e a futura convivência pacífica.

O então novo regramento acompanhou a tendência mundial à ampliação dos métodos de soluções dos conflitos. Almeja-se o sistema de multiportas[5] de acesso à Justiça. Nesse sentido:

> O acesso aos direitos depende do funcionamento do Estado e da Sociedade Civil organizada. Assim, garantir o acesso aos direitos é assegurar que os cidadãos, especialmente os socialmente mais vulneráveis, conheçam seus direitos, não se conformem frente a sua lesão e tenham condições de vencer os custos da oportunidade das barreiras econômicas, sociais e culturais para aceder à entidade que consideram mais adequada para a solução do litígio, seja uma terceira parte da comunidade, uma instância formal ou os Tribunais Judiciais[6].

Não obstante, prevalece a cultura brasileira *demandista* ou *judiciarista* dos conflitos. Diante de uma pretensão resistida, o trabalhador busca, quase sempre e em primeiro

---

(1) *"Avulso* corresponde à modalidade de trabalhador eventual, que oferta sua força de trabalho, por curtos períodos de tempo, a distintos tomadores, sem se fixar especificamente a qualquer deles. (...) A categoria avulsa abrange, fundamentalmente, os trabalhadores da orla marítima e portuária, como operadores de carga e descarga, conferentes e conservadores de carga e descarga, arrumadores, ensacadores de mercadorias e amarradores" (DELGADO. Mauricio Godinho. *Curso de Direito do Trabalho.* 12. ed São Paulo: LTr, 2013. p. 345 e 347).

(2) O trabalhador avulso que passa à condição de empregado mantém seu registro junto ao OGMO, mas não concorre à escala por rodízios dos avulsos, na forma do art. 3º, I, e § 1º da Lei n. 9.719/1998.

(3) O Senado Federal aprovou o Requerimento n. 702/2012, determinando a instalação de comissão, sob a presidência do ministro Luís Felipe Salomão, para apresentar proposta de reforma da Lei de 9.307/1996, que trata da arbitragem e mediação.

(4) Art. 23. Deve ser constituída, no âmbito do órgão de gestão de mão de obra, Comissão Paritária para solucionar litígios decorrentes da aplicação das normas a que se referem os arts. 18, 19 e 21 desta lei. § 1º Em caso de impasse, as partes devem recorrer à arbitragem de ofertas finais.

(5) Modelo desenvolvido por Frank E. A. Sander, professor de Direito da Harvard Law School, segundo o qual o Estado se encarregaria de proporcionar aos cidadãos a escolha do método mais adequado à resolução de conflitos. Veja a respeito NICÁCIO. Camila. Direito e mediação de conflitos: entre metamorfose da regulação social e administração plural da Justiça. *Revista do Tribunal Regional do Trabalho da 3ª Região*, Belo Horizonte, v. 53, n. 83, p. 79-108, jan./jun. 2011.

(6) BEZERRA, Paulo César Santos. *A produção do Direito no Brasil:* a dissociação entre direito e realidade social e o direito de acesso à Justiça. Bahia: Editora da UESC, 2008. p. 203.

lugar, o Poder Judiciário Trabalhista[7], ainda que por mera falta de alternativa.

A ideia que norteia a admissibilidade ou não de formas outras de resolução de conflitos é a inexistência de óbice ao direito do acesso à Justiça, aqui entendido como o direito da parte de ajuizar uma ação perante o Poder Judiciário.

Nesse contexto, firmou-se o entendimento, na Corte Superior Trabalhista, de que a submissão prévia de demanda à comissão paritária do OGMO não é pressuposto de constituição e desenvolvimento válido e regular do processo, ante a ausência de previsão em lei. Entende-se que é mera faculdade, e não obrigação, a passagem dos trabalhadores portuários pela comissão paritária para tentar dirimir o conflito existente[8]. A obrigatoriedade existente no comando legal é de que a Comissão Paritária seja constituída, tão somente.

Não há, de fato, como acolher qualquer entrave ao mais importante dos direitos fundamentais de acesso à Justiça, em sua concepção de acesso ao Judiciário, direito também humano de proteção no Estado, inclusive contra o próprio Estado.

Qual seria a finalidade da constituição das Comissões? A passagem pelas Comissões poderia servir de instrumento informativo e educativo, no sentido de revelar aos trabalhadores a possibilidade da construção do consenso como um dos caminhos possíveis para o impasse das pretensões resistidas. Em face da natureza multifatorial dos conflitos, há aqueles em que a forma mais adequada de tratamento dificilmente será encontrada dentro do Poder Judiciário Trabalhista, hoje assoberbado[9].

Vive-se o tempo em que é necessário estimular a existência de espaços onde o trabalhador possa soltar sua voz, tanto para se fazer escutar como também para que ele possa ouvir sua própria história. Ainda que o processo do trabalho seja norteado pelo princípio da oralidade, raras são as oportunidades processuais que os envolvidos no conflito têm para contar as suas verdades. E, definitivamente, não existe, dentro do processo, momento para que trabalhador e empregador possam falar sobre a possibilidade de uma forma diferente e futura de convivência pacífica[10]. Ao Poder Judiciário Trabalhista, que goza de inquestionável credibilidade cultural, cabe mostrar e confirmar a legitimidade das formas consensuais de pacificação.

Ao que parece, a discussão quanto à passagem do trabalhador do porto pela Comissão Paritária no âmbito do OGMO continuará a ocupar os doutrinadores e julgadores trabalhistas. Em 6.12.2012, editou-se a Medida Provisória n. 595[11], que, por sua vez, foi convertida na Lei n. 12.815, de 5 de junho de 2013. O fundamento da alteração legislativa, agora, como em outrora, é a imprescindível modernização dos portos.

Quanto à forma de resolução de conflitos dos trabalhadores do porto, uma vez mais, tem-se uma nova lei repetindo a lei anterior. Embora o novo regramento tenha revogado, na integralidade, a Lei n. 8.630, cuidou de repisar, dentre várias outras questões, a previsão da possibilidade da resolução extrajudicial de conflito[12].

Fica aqui uma reflexão: caberia ao Poder Judiciário Trabalhista, em sua concepção contemporânea, "monopolizar a recepção de toda e qualquer controvérsia, inclusive aquelas repetitivas, desprovidas de maior complexidade, que poderiam e deveriam, antes, estagiar por outros órgão e instâncias, em ordem a uma possível solução consensual"[13], capaz de promover o empoderamento daqueles que estão na lida do porto?

---

(7) O CNJ, por intermédio da Resolução n. 125, de 29.11.2010, instituiu a "Política Judiciária Nacional de tratamento dos conflitos de interesses, tendente a assegurar a todos o direito à solução dos conflitos por meios adequados à sua natureza e peculiaridade".

(8) Em idêntico sentido, decidiu-se quanto à passagem pelas Comissões de Conciliação Prévia. Art. 625-D, inserido na CLT pela Lei n. 9.958/2000: "qualquer demanda de natureza trabalhista será submetida à Comissão de Conciliação Prévia se, na localidade da prestação de serviços, houver sido instituída a Comissão no âmbito da empresa ou do sindicato da categoria". Depois de cerca de nove anos de interpretações variadas pelos julgadores do TST, em 13.5.2009, o STF definiu a questão, considerando mera faculdade a passagem, das partes em conflito, pelas Comissões de Conciliação Prévia ou Núcleos Intersindicais de Conciliação Trabalhista. Vejam-se ADI ns. 2.139 e 2.160 do STF.

(9) 3.672.053 novos processos foram ajuizados na Justiça do Trabalho do país em 2011, conforme a última apuração da Justiça em Números, disponível em <http://www.cnj.jus.br/images/pesquisas-judiciarias/Publicacoes/rel_completo_trabalho.pdf>. Acesso em: 25 mar. 2013.

(10) Afinal, a ação trabalhista, em regra, é ajuizada quando não mais em vigor o contrato de emprego. Talvez a disseminação de formas outras de resolucionar conflitos, contribua para que empregador e trabalhador possam dirimir impasses ainda na vigência do pacto laboral, permitindo uma transformação das relações e a manutenção dos vínculos.

(11) Foram apresentadas 646 propostas de emendas pelos parlamentares. Em 26.03.2012 foi realizada uma audiência pública para debate do tema. Principais modificações e análise crítica são verificadas em: <http://voliabomfim.blogspot.com.br/2013_02_01_archive.html>. Acesso em: 26 mar. 2013.

(12) "Art. 37. Deve ser constituída, no âmbito do órgão de gestão de mão de obra, comissão paritária para solucionar litígios decorrentes da aplicação do disposto nos arts. 32, 33 e 35. § 1º Em caso de impasse, as partes devem recorrer à arbitragem de ofertas finais.

(13) MANCUSO, Rodolfo de Camargo. A resolução dos conflitos e a função judicial no contemporâneo Estado de Direito (nota introdutória). *Revista dos Tribunais*, São Paulo, ano 98, v. 888, p. 17, 2009.

Referências bibliográficas

BEZERRA, Paulo César Santos. *A produção do Direito no Brasil:* a dissociação entre direito e realidade social e o direito de Acesso à Justiça. Bahia: Editora da UESC, 2008.

DELGADO. Mauricio Godinho. *Curso de Direito do Trabalho*. 12. ed. São Paulo: LTr, 2013.

MANCUSO, Rodolfo de Camargo. A resolução dos conflitos e a função judicial no contemporâneo Estado de Direito (nota introdutória). *Revista dos Tribunais*, São Paulo, ano 98, v. 888, 2009.

NICÁCIO, Camila. Direito e mediação de conflitos: entre metamorfose da regulação social e administração plural da Justiça. *Revista do Tribunal Regional do Trabalho da 3ª Região*, Belo Horizonte, v. 53, n. 83, 2011.

OJ n. 412 da SDI-1 do TST: Agravo Regimental e Agravo do Art. 557 do CPC — Uma Análise Explicativa da Orientação Jurisprudencial n. 412

Paulo Eduardo Queiroz Gonçalves

OJ N. 412. AGRAVO INOMINADO OU AGRAVO REGIMENTAL. INTERPOSIÇÃO EM FACE DE DECISÃO COLEGIADA. NÃO CABIMENTO. ERRO GROSSEIRO. INAPLICABILIDADE DO PRINCÍPIO DA FUNGIBILIDADE RECURSAL. (DEJT divulgado em 14, 15 e 16.2.2012)

É incabível agravo inominado (art. 557, § 1º, do CPC) ou agravo regimental (art. 235 do RITST) contra decisão proferida por Órgão colegiado. Tais recursos destinam-se, exclusivamente, a impugnar decisão monocrática nas hipóteses expressamente previstas. Inaplicável, no caso, o princípio da fungibilidade ante a configuração de erro grosseiro.

Na sessão realizada no dia 14 de setembro de 2012, o Plenário do Tribunal Superior do Trabalho, ao referendar os resultados da "Segunda Semana do TST", examinou 43 temas de sua jurisprudência, entre eles a aplicação subsidiária ao processo do trabalho do art. 557 do Código de Processo Civil.

Da exegese desse preceito e dos limites de aplicabilidade do princípio da fungibilidade recursal cuida a OJ n. 412 da SDI-I do TST (publicada no DEJT de 14, 15 e 16 de fevereiro de 2012), de que passamos a nos ocupar em seguida. A OJ em comento tem a seguinte redação: "Agravo inominado ou agravo regimental. Interposição em face de decisão colegiada. Não cabimento. Erro grosseiro. Inaplicabilidade do princípio da fungibilidade recursal."

A análise do significado de referida Orientação Jurisprudencial suscita considerações relativas ao princípio da fungibilidade e aos recursos do agravo regimental e do agravo inominado do art. 557 do CPC.

Da fungibilidade recursal — Princípio da "Conversão dos Atos Processuais" ou da instrumentalidade das formas

O atual Código de Processo Civil não consagra regra expressa a respeito da fungibilidade recursal, como o fazia o revogado CPC de 1939.

Nos primeiros anos que se seguiram à sua edição, ainda vacilaram a jurisprudência e a doutrina sobre a subsistência da possibilidade de recebimento de um recurso — considerado como incorretamente interposto — pelo recurso tido por adequado pelo Tribunal.

A exposição de motivos do vigente CPC manifestou clara intenção de simplificar a matéria recursal no Processo Civil, eliminando dúvidas e impropriedades que decorriam da lei revogada, e deixou assente que a regra do art. 810 do Código de 1939, que assim dispunha: "*Salvo a hipótese de má-fé ou erro grosseiro, a parte não será prejudicada pela interposição de um recurso por outro, devendo os autos ser enviados à Câmara, ou Turma, a que competir o julgamento*", não serviu para "melhorar o sistema", tendo "valor limitadíssimo". Não houve, dessa forma, adoção, no Código ora em vigor, de regra semelhante ao art. 810 do CPC de 1939.

A experiência na aplicação da nova lei veio rapidamente a evidenciar, entretanto, que continuaram a existir dúvidas e perplexidades, doutrinárias e jurisprudenciais, sobre qual o recurso correto a ser interposto em certas situações, também no novo sistema instituído.

Para remediar a existência do que se convencionou chamar de "dúvida objetiva" na interposição do recurso — e que é a contraface do erro grosseiro do art. 810 do CPC de 1939 — a jurisprudência e a doutrina majoritárias assentaram, com fundamento no princípio da instrumentalidade das formas (art. 154 e 244 do CPC vigente), a possibilidade de "aproveitamento" do recurso "incorretamente" interposto como se fosse o apropriado para o caso, desde que existente controvérsia razoável sobre qual o apelo deveria ser manejado e ainda sob a condição de se observarem os demais pressupostos de admissibilidade do recurso tido como o correto, especialmente a tempestividade.

Nesse sentido, consagrando a fungibilidade recursal como decorrência expressa do princípio da instrumentalidade das formas, cita-se *leading case* oriundo do STF, do ano de 1979, no qual se consigna que "*a fungibilidade dos recursos constitui desdobramento de princípio científico superior, que é o da conversão dos atos processuais*"[1].

No mesmo diapasão, a jurisprudência do Superior Tribunal de Justiça tem reiteradamente apregoado a fungibilidade como princípio recursal não escrito, no conhecimento, por exemplo, de embargos de declaração com pretendido efeito infringente, interpostos de decisões monocráticas, como agravo regimental, com expressa remissão aos princípios da fungibilidade, instrumentalidade das formas e economia processual (*inter plures*, citam-se EDcl no REsp n. 1.144.400/SC e EDcl nos EDcl no RMS n. 30.300/RS).

---

(1) RE n. 91.157–SP. Rel. ministro Xavier de Albuquerque.

Atualmente, portanto, não há divergência no direito brasileiro a respeito da subsistência do princípio da fungibilidade recursal, como emanação da instrumentalidade das formas[2].

A fortiori, em situações de dúvida razoável ou objetiva, ou seja, de inexistência de erro grosseiro, não pode ser esse princípio estranho ao processo do trabalho, em que vigora, como em nenhum outro campo processual, a informalidade.

O Tribunal Superior do Trabalho, a propósito, editou a Orientação Jurisprudencial n. 69 (SBDI-II), de seguinte teor: "*Fungibilidade recursal. Indeferimento liminar de ação rescisória ou mandado de segurança. Recurso para o TST. Recebimento como agravo regimental e devolução dos autos ao TRT.*" Para ilustrar a aplicação dessa OJ — que tem íntima relação com o tema em análise nesse artigo, ou seja, as hipóteses de cabimento do agravo regimental e do agravo inominado no processo do trabalho —, trago à lume ementa de decisão que ressoa o entendimento nela expresso:

> RECURSO ORDINÁRIO. DECISÃO MONOCRÁTICA QUE INDEFERE PETIÇÃO INICIAL DE MANDADO DE SEGURANÇA. FUNGIBILIDADE RECURSAL. APLICAÇÃO. O entendimento desta Corte é no sentido de que o recurso ordinário interposto contra decisão monocrática que indefere liminarmente a ação mandamental pode ser recebido como agravo regimental, ante o princípio da fungibilidade (Orientação Jurisprudencial n. 69 da SBDI-2). Interposto o recurso ordinário no prazo do recurso cabível, a saber, do agravo regimental, aplica-se o entendimento jurisprudencial desta Corte, determinando-se o retorno dos autos à origem, para que aprecie o apelo como agravo regimental. (RO – 31500-44.2009.5.11.0000, relator Ministro: Emmanoel Pereira, Subseção II Especializada em Dissídios Individuais, Data de Publicação: DEJT 1º.7.2011)

Colegialidade x decisões monocráticas nos Tribunais

Faz parte da tradição do direito brasileiro a adoção, como regra, de decisões colegiadas nos Tribunais, chegando-se mesmo ao paroxismo de erigir a princípio constitucional a colegialidade, embora não haja texto expresso que o afirme[3].

Se por um lado tem-se sublinhado, dentro da óptica assumida como prevalecente no nosso direito, a conveniência de as decisões em Tribunais serem submetidas ao crivo de um órgão colegiado (Turma, Câmara, Grupo de Turmas, Plenário, Órgão Especial) como maior garantia de justiça, mediante exame da causa por mais de um julgador, por outro lado tem sido crescente a preocupação nos últimos anos em imprimir celeridade à prestação jurisdicional, assegurando-se cada vez mais poderes à figura do relator, na análise de recursos ou em ações autônomas de competência originária dos Tribunais, a fim de que, diante de situações evidentes e manifestas, possa proferir ele mesmo, unipessoalmente, o provimento judicial. Agirá o relator, dessa forma – como ressaltou José Carlos Barbosa Moreira a propósito do art. 557 do CPC —, como um "porta-voz avançado" do Colegiado que integra[4].

A jurisprudência do Excelso STF é antiga e reiterada, ao deixar assente o princípio da colegialidade e reputá-lo incólume para essa última situação, desde que haja

---

(2) Quanto ao tema, veja-se a doutrina: "Segundo pensamos, ao princípio da fungibilidade deve-se hoje dar outra dimensão. É que o art. 250 do CPC evidencia a existência do princípio, no sentido de que as formas, no processo, não são valores em si mesmas, mas existem para garantir o cumprimento de finalidades, foi encampado pelo nosso jurídico ordenamento. Esta é a *ratio essendi* do princípio da fungibilidade" (*In*: MEDINA, José Miguel Garcia; WAMBIER, Teresa Arruda Alvim. *Recursos e Ações Autônomas de Impugnação*. 2. ed., rev. e atual. São Paulo: RT, 2011. p. 69). Em tese de doutorado sobre a fungibilidade, leciona Guilherme Freire de Barros Teixeira: "Ademais, sendo o princípio da fungibilidade uma decorrência do princípio da instrumentalidade das formas e tendo este último sido acolhido pelo Código de Processo Civil de 1973 (arts. 154 e 244), era mesmo desnecessária a explícita consagração da fungibilidade recursal em texto positivado, caindo por terra o argumento em sentido contrário sustentando que o silêncio do legislador impediria a admissão de um recurso equivocadamente interposto. Só mesmo um desmedido apego ao formalismo poderia justificar a manutenção dessa equivocada orientação". (Teoria do Princípio da Fungibilidade. *In*: MARINONI, Luiz Guilherme; BEDAQUE, José Roberto dos Santos (Coords.). *Coleção Temas Atuais de Direito Processual Civil*. v. 13. São Paulo: RT, 2008. p. 144-145).

(3) Quanto ao tema, Marinoni e Arenhart expendem a crítica à formulação de tal princípio: "É que, como tem observado a doutrina, conquanto estabeleça a Lei Maior a competência desses tribunais para o julgamento de tais recursos, não há determinação alguma no sentido de que esse julgamento deva ser levado a cabo por tal ou qual *órgão do tribunal*. Em vista disso, nenhuma restrição existe a que se confira ao relator – desde que este também é um dos órgãos do tribunal – poderes para julgar, monocraticamente, qualquer espécie de recurso. Inexiste qualquer lesão ao princípio do juiz natural nessa prática, sendo absolutamente incensurável do ponto de vista constitucional." (MARINONI, Luiz Guilherme. ARENHART, Sérgio Cruz. *Curso de Processo Civil – Processo de Conhecimento*. v. 2, 10. ed., rev. e atual. São Paulo: RT, 2011. p. 582).

(4) Assim se expressa Barbosa Moreira: "O 'juiz natural' do recurso é o órgão colegiado; não há bloquear totalmente o caminho até ele. Pode-se equiparar o papel do relator ao de um 'porta-voz avançado': o que ele diz, supõe-se que o diga 'antecipando' a decisão do colegiado. Ao interessado ressalva-se o direito de desencadear um mecanismo de controle, capaz de mostrar se a 'antecipação' correspondeu ou não ao entendimento 'antecipado'; em outras palavras, se merece realmente crédito o porta-voz". (BARBOSA MOREIRA, José Carlos. Algumas Inovações da Lei n. 9.756 em Matéria de Recursos Cíveis. *In*: WAMBIER, Teresa Arruda Alvim. NERY JR., Nelson (Coords.). *Aspectos Polêmicos e Atuais dos Recursos Cíveis de Acordo com a Lei n. 9.756/98*. 1. ed., 2. tir. São Paulo: RT, 1999. p. 324)

a possibilidade de recurso da decisão do relator para o próprio Colegiado a que pertence[5].

Precisamente com o escopo de imprimir celeridade aos julgamentos, a Lei n. 9.756/98 ampliou sensivelmente os poderes do relator, dando nova redação ao art. 557 do CPC, atribuindo-lhe o poder de negar seguimento a recurso *manifestamente* inadmissível, prejudicado, improcedente, ou quando a tese ventilada no apelo esteja em evidente contraste com a jurisprudência consolidada no seu Tribunal ou em Tribunais Superiores; e ainda mesmo de, monocraticamente, dar provimento a recurso, na hipótese de a decisão recorrida se basear em tese contrária à assentada por Súmula ou jurisprudência dominante do Supremo Tribunal Federal ou de Tribunal Superior. Tal dispositivo teve a clara intenção de desafogar as pautas dos Tribunais e assegurar rapidez às suas decisões, "poupando" do exame dos demais membros da Turma ou Câmara as questões reiteradamente decididas no Tribunal de origem ou em Tribunais Superiores, portanto naqueles casos em que a decisão do Órgão "competente para conhecer o recurso"[6] é absolutamente previsível. Com efeito, em reverência ao princípio da colegialidade, da decisão do Relator cabe recurso (Agravo Interno — também chamado de Inominado), conforme previsão do parágrafo primeiro do art. 557 do CPC, assim vazada: *§ 1º Da decisão caberá agravo, no prazo de cinco dias, ao órgão competente para o julgamento do recurso, e, se não houver retratação, o relator apresentará o processo em mesa, proferindo voto; provido o agravo, o recurso terá seguimento.*

Desde a edição desse preceito (art. 557 do CPC), tem-se entendido ser ele compatível com o processo do trabalho, cuja ligação estreita com o direito do trabalho, a que visa dar aplicação, reclama celeridade dos julgamentos[7]. Embora tenha inicialmente feito pontuais ressalvas a respeito do *caput* do artigo em relação a Recursos de Revista, Embargos e Agravo de Instrumento — por existir norma própria na CLT (art. 896, parágrafo quinto) — e da compatibilidade do parágrafo segundo do art. 557 do CPC, a jurisprudência do Tribunal Superior do Trabalho sempre realçou sua importância para o processo especial e a garantia de sua presteza, recomendando mesmo sua aplicação, conforme Instrução Normativa n. 17[8], e como agora reza a Súmula n. 435, que, sem senões ou ressalvas, pontifica: "*Art. 557 do CPC. Aplicação subsidiária ao processo do trabalho. Aplica-se subsidiariamente ao processo do trabalho o art. 557 do Código de Processo Civil*".

Dessa forma, da decisão do relator que nega seguimento ou que dá provimento a recurso — respectivamente, nas hipóteses de manifesta inadmissibilidade e improcedência, ou de procedência, previstas no art. 557, *caput,* e § 1.º-A — caberá agravo inominado, no prazo de oito dias, para a Turma a que pertence o relator.

O art. 557, entretanto, não esgota o espectro de decisões proferidas monocraticamente em Tribunais.

Por razões de urgência ou de relevante interesse público, a lei comete a concessão de liminares, ou a prerrogativa de conceder efeito suspensivo a liminares deferidas por instâncias inferiores, em Mandado de Segurança, a Órgãos monocráticos de Tribunais, como se faz, respectivamente, ao relator e ao presidente do Tribunal (vide arts. 16 e 15 da Lei n. 12.016/2009 — lei do Mandado de Segurança). Ao relator cabe ainda indeferir petições iniciais de mandado de segurança, nas hipóteses previstas no *caput* do art. 10 da lei de regência (quando lhe faltar algum dos requisitos legais, já extrapolado o prazo para impetração ou não for o caso de mandado de segurança), decisão da qual caberá agravo, conforme parágrafo primeiro do art. 10 da Lei n. 12.016/2009, para o órgão competente do Tribunal que integre (matéria regulamentada por lei e objeto de acertamento pela OJ n. 69 citada neste texto).

Há ainda outras hipóteses em que a lei cuida de decisões monocráticas em Tribunais. A título de exemplo, o pedido de revisão de que trata o § 1º do art. 2º da Lei n. 5.584/1970

---

(5) Exemplificando: ARE n. 662.991 AgR/RS, relator: Min. Luiz Fux, 1ª Turma, DJe 14.862012; ARE n. 645.372 AgR/RS, relator: Min. Ayres Britto, 2.ª Turma, DJe 1º.2.2012; MS n. 28.097-AgR, relator: Min. Celso de Mello, Plenário, DJe 1º.7.2011; MI n. 375 AgR/PR, relator: Min. Carlos Velloso, Pleno, DJ 15.5.1992; RP n. 1.299/GO, relator: Min. Célio Borja, Pleno, DJ 14.11.1986. A ementa do MI n. 375 retrata com precisão a tese adotada pelo STF: "I – É legítima, sob o ponto de vista constitucional, a atribuição conferida ao Relator para arquivar ou negar seguimento a pedido ou recurso intempestivo, incabível ou improcedente e, ainda, quando contrariar a jurisprudência predominante do Tribunal ou for evidente a sua incompetência (RI/STF, art. 21, § 1º; Lei n. 8.038/1990, art. 38), desde que, mediante recurso – agravo regimental – possam as decisões ser submetidas ao controle do colegiado".

(6) A expressão provém da própria redação do art. 557, § 1.º, do CPC.

(7) A celeridade vem sendo admitida como princípio do processo do trabalho, como demonstra a OJ n. 310 da SDI I do TST: "Litisconsortes. Procuradores distintos. Prazo em dobro. Art. 191 do CPC. Inaplicável ao processo do trabalho. (DJ 11.8.2003). A regra contida no art. 191 do CPC é inaplicável ao processo do trabalho, em face da sua incompatibilidade com o princípio da celeridade inerente ao processo trabalhista."

(8) Confira-se, sobre o tema, a evolução da Instrução Normativa n. 17 do TST, que primeiramente impunha restrições pontuais à aplicação do art. 557 do CPC, conforme Resolução 91 de 17.12.1999, Resolução n. 93 de 6.4.2000, Resolução n. 101 de 5.10.2000 e Resolução n. 131 de 12.5.2005, mas que, com a recentíssima alteração promovida pela Resolução n. 184 de 14.9.2012, passou a adotar o entendimento a seguir exposto: "Aplica-se ao Processo do Trabalho o art. 557, *caput*, e §§ 1.º-A, 1º e 2º do Código de Processo Civil, segundo a redação dada pela Lei n. 9.756/1998, adequando-se o prazo do agravo ao prazo de oito dias".

(fixação de alçada), cuja análise foi confiada ao presidente do Tribunal Regional do Trabalho competente; o indeferimento liminar de ação rescisória, pelo relator, nas hipóteses do art. 490 do CPC; e a competência ao Corregedor para decidir de reclamações, nos casos de atos supostamente atentatórios à boa ordem processual, quando inexistir recurso específico, conforme art. 709 da CLT.

Para algumas dessas decisões unipessoais, a lei nem mesmo previu recurso específico (como no indeferimento *in limine* da ação rescisória), mas a jurisprudência sempre entendeu cabível a interposição de agravo, daí a sua regulamentação nos Regimentos Internos dos Tribunais[9]; em outros casos, fez expressa menção ao cabimento de agravo regimental, dirigido a órgão colegiado, de que constitui exemplo o parágrafo primeiro do art. 709 da CLT.

Considerações Finais

São essas, portanto, as hipóteses de cabimento de agravo regimental e agravo inominado previsto no art. 557 do CPC: trata-se de recursos cabíveis contra decisões proferidas por Órgãos monocráticos de Tribunais, no exercício de atribuições cometidas por lei ou pelos Regimentos Internos, ou mesmo exorbitando de tais competências. Dessas decisões, como se viu, caberá sempre recurso para Órgão Colegiado a que pertence o magistrado prolator da decisão unipessoal, recurso esse previsto em lei ou no Regimento Interno do respectivo Tribunal.

Não há dúvida, destarte, que a interposição de Agravo Regimental ou Agravo Interno (Inominado, previsto no art. 557, parágrafo primeiro, do CPC) contra decisões proferidas por Colegiados constitui erro grosseiro e, por isso mesmo, não pode haver o aproveitamento desses recursos, como se fossem os apropriados para a situação, com base no princípio da fungibilidade. Essa é a tese jurídica consagrada na OJ n. 412 da SDI-I do Tribunal Superior do Trabalho.

Referências bibliográficas

BARBOSA MOREIRA, José Carlos. Algumas Inovações da Lei n. 9.756 em Matéria de Recursos Cíveis. *In:* WAMBIER, Teresa Arruda Alvim; NERY JR., Nelson (Coords.). *Aspectos Polêmicos e Atuais dos Recursos Cíveis de Acordo com a Lei n. 9.756/98.* 1. ed., 2.tir. São Paulo: RT, 1999.

BARBOSA MOREIRA, José Carlos. *Comentários ao Código de Processo Civil.* vol.V: arts. 476 a 565, 16. ed. Rio de Janeiro: Forense, 2011.

MARINONI, Luiz Guilherme. ARENHART, Sérgio Cruz. *Curso de Processo Civil — Processo de Conhecimento.* v. 2, 10. ed., rev. e atual. São Paulo: RT, 2011.

MARINONI, Luiz Guilherme; BEDAQUE, José Roberto dos Santos (Coords.). *Coleção Temas Atuais de Direito Processual Civil.* v. 13. São Paulo: RT, 2008.

MEDINA, José Miguel Garcia; WAMBIER, Teresa Arruda Alvim. *Recursos e Ações Autônomas de Impugnação.* 2. ed., rev. e atual. São Paulo: RT, 2011.

---

(9) "O despacho liminar de conteúdo negativo põe fim, ao nascedouro, ao processo de ação rescisória. Não há razão para considerá-lo insuscetível de impugnação. [...] Deveria o legislador ter criado, para o caso, recurso específico, à semelhança do que fez quanto ao indeferimento liminar dos embargos infringentes (art. 532). No silêncio da lei, o remédio será aquele que se preveja em norma de organização judiciária ou em regimento interno de tribunal: no Supremo Tribunal Federal, por exemplo, vinha sendo utilizado o agravo regimental do art. 317 do Regimento Interno de 1980." *In:* BARBOSA MOREIRA, José Carlos. *Comentários ao Código de Processo Civil.* vol. V: arts. 476 a 565. 16. ed. Rio de Janeiro: Forense, 2011. p. 189.

OJ n. 414 da SDI-1 do TST: O SAT e a Competência da Justiça do Trabalho

Geraldo Magela Melo

414. COMPETÊNCIA DA JUSTIÇA DO TRABALHO. EXECUÇÃO DE OFÍCIO. CONTRIBUIÇÃO SOCIAL REFERENTE AO SEGURO DE ACIDENTE DE TRABALHO (SAT). ARTS. 114, VIII, E 195, I, "A", DA CONSTITUIÇÃO DA REPÚBLICA. (DEJT divulgado em 14, 15 e 16.2.2012)

Compete à Justiça do Trabalho a execução, de ofício, da contribuição referente ao Seguro de Acidente de Trabalho (SAT), que tem natureza de contribuição para a seguridade social (arts. 114, VIII, e 195, I, "a", da CF), pois se destina ao financiamento de benefícios relativos à incapacidade do empregado decorrente de infortúnio no trabalho (arts. 11 e 22 da Lei n. 8.212/1991).

O Tribunal Superior do Trabalho (TST) recentemente editou a Orientação Jurisprudencial n. 414 da Seção de Dissídios Individuais I (BRASIL, 2012), pela qual consagra o entendimento de que a Justiça do Trabalho é a competente para executar importâncias correspondentes ao Seguro de Acidente do Trabalho (SAT), tributo devido pelo empregador para custear os benefícios concedidos em razão do grau de incidência de incapacidade laborativa decorrente dos riscos ambientais do trabalho, nos termos do art. 22, inciso II, da Lei n. 8.212 de 24 de julho de 1991, desde que o fato gerador ocorra em razão de condenação nesta seara do Poder Judiciário. Assim, vejamos: "*Compete à Justiça do Trabalho a execução, de ofício, da contribuição referente ao Seguro de Acidente de Trabalho (SAT), que tem natureza de contribuição para a seguridade social.*" (grifo nosso)

Para podermos compreender a conclusão, a nosso sentir, acertada do Colendo TST, cabe inicialmente elucidar que as contribuições previdenciárias são prestações pecuniárias, devidas por empregados e por empregadores, destinadas à manutenção do sistema de previdência social público, isto é, a arrecadação possui destinação específica, qual seja, o custeio dos benefícios concedidos pelo Instituto Nacional do Seguro Social — INSS.

Insta frisar que tais contribuições têm um valor social inigualável, pois visam a garantir a fruição do direito fundamental do trabalhador brasileiro à previdência social, *ex vi*, do art. 7º, incisos XVIII, XXII, XXIV e XXVIII, da Constituição da República de 1988 (BRASIL, 2007). Na medida em que garantem a sobrevivência do trabalhador em períodos críticos, asseguram, por consequência, a dignidade da pessoa humana, fundamento da República Federativa do Brasil, conforme art. 1º, inciso III, da Lei Maior (BRASIL, 2007).

Antes de adentrar no tema competência propriamente dito, faz-se necessário relembrar o clássico conceito de jurisdição: o poder-dever do Estado de dizer o direito no caso concreto. Esse conceito, além de lastro científico, tem assento histórico. É que o Estado, quando assumiu a função jurisdicional e praticamente extinguiu a autotutela dos interesses privados, salvo raras exceções, trouxe para si o encargo soberano de resolver as lides entre os particulares, de solucionar as pretensões resistidas, as contendas entre os cidadãos, dizendo qual norma jurídica deve prevalecer no caso concreto com status de definitividade. Para tanto, o juiz, como agente do Estado, realiza a subsunção da lei à demanda prática a ele submetida pelos jurisdicionados, resolvendo o conflito de interesses de forma coativa, pacificando-os, com isonomia, inclusive quando o próprio Estado for parte da demanda, por força da independência do Poder Judiciário frente aos demais Poderes Estatais.

Assim, os juízes estão lotados em órgãos distintos do mesmo Poder, para melhor desempenho da atividade da judicatura. Dessa forma, cada órgão jurisdicional tem suas competências, suas atribuições inicialmente traçadas pela Constituição Federal (BRASIL, 2007), com o apoio das leis processuais e de organização judiciária, que definem as funções de cada ramo do Judiciário.

Essa distribuição de atribuições entre os magistrados é denominada competência e recebe conceituação, na lição de Liebman: "é a quantidade de jurisdição cujo exercício é atribuído a cada órgão, ou seja, a medida da jurisdição." (LIEBMAN, 1984, p. 54)

Incursionando no tema, calha notar que a Emenda Constitucional n. 20/1998, a qual incluiu no art. 114 da Lei Magna (BRASIL, 2007) o § 3º, atribuiu à Justiça Obreira competência para executar, de ofício, as contribuições previdenciárias decorrentes de suas decisões, sendo que, atualmente, a Emenda Constitucional n. 45/04 deu nova redação ao art. 114 da Lei Maior; porém o então § 3º apenas foi transformado no inciso VIII, mantendo-se, basicamente, a mesma redação, passando esse a possuir os seguintes dizeres:

Art. 114. Compete à Justiça do Trabalho processar e julgar:

I – as ações **oriundas da relação de trabalho**, abrangidos os entes de direito público externo e da administração pública direta e indireta da União, dos Estados, do Distrito Federal e dos Municípios;

(...)

VIII – a execução, de ofício, **das contribuições sociais previstas no art. 195, I e II, e seus acréscimos legais, decorrentes das sentenças que proferir**; (BRASIL, 2007) (grifo nosso).

Desta feita, a cobrança executiva de contribuições previdenciárias estão insertas no espectro de atribuições dos juízes do trabalho, por expressa disposição constitucional. Assim, urge verificar no texto constitucional, no que atine à responsabilidade do empregador, a hipótese de incidência das contribuições previdenciárias, *in verbis*:

Art. 195. A seguridade social será financiada por toda a sociedade, de forma direta e indireta, nos termos da lei, mediante recursos provenientes dos orçamentos da União, dos Estados, do Distrito Federal e dos Municípios, e das seguintes contribuições sociais:

I – do empregador, da empresa e da entidade a ela equiparada na forma da lei, incidentes sobre:

a) a folha de salários e demais rendimentos do trabalho pagos ou creditados, a qualquer título, à pessoa física que lhe preste serviço, mesmo sem vínculo empregatício; (BRASIL, 2007).

Conjugando os comandos constitucionais supra, nota-se que a Justiça Obreira deve ordenar o recolhimento das contribuições previdenciárias incidentes sobre a folha de salários, ou seja, a base de cálculo é o plexo de verbas dispostas na folha de pagamento. A Lei n. 8.212 (BRASIL, 1991), ao versar a matéria, em seu Capítulo IV – Da Contribuição da Empresa, separou a contribuição devida pelas empresas sobre a folha de salários dos empregados em alíquotas diferenciadas; a primeira de 20%, contribuição previdenciária geral para custeio de todos os benefícios, e a contribuição ao SAT, atualmente denominada de RAT pela Lei n. 9.528, de 10 de dezembro de 1997, para custeio dos benefícios oriundos de acidentes do trabalho, da seguinte forma:

Art. 22. <u>A contribuição a cargo da empresa, destinada à Seguridade Social</u>, além do disposto no art. 23, é de:

I – vinte por cento sobre o total das remunerações pagas, devidas ou creditadas a qualquer título, durante o mês, aos segurados empregados e trabalhadores avulsos que lhe prestem serviços, destinadas a retribuir o trabalho, qualquer que seja a sua forma, inclusive as gorjetas, os ganhos habituais sob a forma de utilidades e os adiantamentos decorrentes de reajuste salarial, quer pelos serviços efetivamente prestados, quer pelo tempo à disposição do empregador ou tomador de serviços, nos termos da lei ou do contrato ou, ainda, de convenção ou acordo coletivo de trabalho ou sentença normativa.

II – para o financiamento do benefício previsto nos arts. 57 e 58 da Lei n. 8.213, de 24 de julho de 1991, e daqueles concedidos em razão do grau de incidência de incapacidade laborativa decorrente dos riscos ambientais do trabalho, <u>sobre o total das remunerações pagas ou creditadas</u>, no decorrer do mês, aos segurados empregados e trabalhadores avulsos:

a) 1% (um por cento) para as empresas em cuja atividade preponderante o risco de acidentes do trabalho seja considerado leve;

b) 2% (dois por cento) para as empresas em cuja atividade preponderante esse risco seja considerado médio;

c) 3% (três por cento) para as empresas em cuja atividade preponderante esse risco seja considerado grave. (BRASIL, 1991) (grifo nosso).

Diante do regramento infraconstitucional, infere-se que o tributo RAT é uma contribuição previdenciária incidente sobre a folha de pagamentos; por conseguinte, o seu fundamento constitucional está na hipótese de incidência prevista no art. 195, I, "*a*", da CF/88 (BRASIL, 2007) e não se refere às chamadas contribuições sociais gerais, comumente denominadas de terceiros (SESC, SENAC e outros), que possuem baliza de validade no art. 149 da CF/88 (BRASIL, 2007). Destarte, por decorrência lógica, a cobrança do RAT está abarcada pela competência da Justiça do Trabalho, lapidada no art. 114, VIII da CR/88 (BRASIL, 2007).

Assim, o que a Lei de Custeio (BRASIL, 1991) realizou foi apenas separar a contribuição previdenciária, para deixar claro que 1%, 2% ou 3% são vertidos exclusivamente para o custeio dos benefícios da infortunística laboral, para cumprir ao mandamento do art. 7º, XXVIII da CF/88 (BRASIL, 2007).

A tese de que o RAT seria uma nova espécie tributária, não abarcada pela previsão constitucional sobre a folha de salários, não convence, a um, porque o Supremo Tribunal Federal, no julgamento do RE n. 343.446, relator(a) min. CARLOS VELLOSO, Tribunal Pleno, julgado em 20/03/2003, DJ 4.4.2003, PP-00040 EMENT VOL-02105-07 PP-01388, entendeu pela constitucionalidade do então SAT, aduzindo, expressamente, que tal exação tem previsão no art. 7º, XXVIII, e 195, I, "*a*", da Carta Republicana de 1998 (BRASIL, 2007); a dois, porque se trata de contribuição sinalagmática, isto é, tem destinação específica obrigatória – benefícios acidentários; e a três, porque não há razoabilidade em se entender que o magistrado teleologicamente vinculado com o fato imponível remuneração determine a incidência da alíquota de 20% e outro juiz, em outro ramo do Judiciário, teria que executar 1%, 2% ou 3% sobre o mesmo fato imponível: contraprestação pelo trabalho.

Assim, a Súmula n. 414 do TST (BRASIL, 2012) reforça o princípio da unidade do convencimento, já citado pelo STF no julgamento do CC. 7.204-1. rel. min. Carlos Britto (BRASIL, 2005), uma vez que atribui apenas a uma Justiça a apreciação do mesmo fato, Justiça essa, vale dizer, vocacionada, precipuamente, ao conhecimento das lides envolvendo os direitos sociais do trabalhador, dentre os quais está elencado o direito à Previdência Social e ao Seguro Contra Acidentes do Trabalho, ambos previstos no art. 7º, incisos XXIV e XXVIII, cláusulas pétreas laborais da CR/88 (BRASIL, 2007), além de contribuir para que se conquiste maior celeridade e efetividade na prestação jurisdicional.

Referências bibliográficas

BRASIL. Constituição (1988). *Constituição da República Federativa do Brasil*. 4. ed. São Paulo: Saraiva, 2007.

BRASIL. Lei n. 8.212, de 25 de julho de 1991. Dispõe sobre a Oganização da Seguridade Social, institui Plano de Custeio, e dá outras providências. *Diário Oficial da União*, Brasília, 25 ago. 1991.

BRASIL. Lei n. 9.528, DE 10 DE DEZEMBRO DE 1997. Altera dispositivos das Leis ns. 8.212 e 8.213, ambas de 24 de julho de 1991, e dá outras providências. *Diário Oficial da União*, Brasília, 11 dez. 1997.

BRASIL. Tribunal Superior do Trabalho. Orientação Jurisprudencial n. 414. COMPETÊNCIA DA JUSTIÇA DO TRABALHO. EXECUÇÃO DE OFÍCIO. CONTRIBUIÇÃO SOCIAL REFERENTE AO SEGURO DE ACIDENTE DE TRABALHO (SAT). ARTS. 114, VIII, E 195, I, "A", DA CONSTITUIÇÃO DA REPÚBLICA. Compete à Justiça do Trabalho a execução, de ofício, da contribuição referente ao Seguro de Acidente de Trabalho (SAT), que tem natureza de contribuição para a seguridade social (arts. 114, VIII, e 195, I, "a", da CF), pois se destina ao financiamento de benefícios relativos à incapacidade do empregado decorrente de infortúnio no trabalho (arts. 11 e 22 da Lei n. 8.212/1991). *Diário Eletrônico da Justiça do Trabalho*, Brasília, em 14, 15 e 16.2.2012.

BRASIL. Supremo Tribunal Federal. CC. 7.204-1. Rel. Min. Carlos Britto, *Diário de Justiça*, Brasília, 9 dez. 2005.

BRASIL. Supremo Tribunal Federal. Recurso Extraordinário — RE n. 343446. Rel. Min. Carlos Velloso, *Diário de Justiça*, Brasília, 4 abr. 2003.

CASTRO, Carlos Alberto Pereira de; LAZZARI, João Batista. *Manual de Direito Previdenciário*, 5. ed. São Paulo: LTr, 2004.

LIEBMAN, Enrico Tullio. *Manual de direito processual civil*. Tradução e notas de Cândido Rangel Dinamarco. 4. ed. Rio de Janeiro: Forense, 1984.

OJ n. 416 da SDI-1 do TST: Imunidade de Jurisdição, Organização ou Organismo Internacional

Vitor Salino de Moura Eça e Janaína Alcântara Vilela

OJ-SDI-1 N. 416 – IMUNIDADE DE JURISDIÇÃO. ORGANIZAÇÃO OU ORGANISMO INTERNACIONAL. (DEJT DIVULGADO EM 14, 15 E 16.2.2012)

As organizações ou organismos internacionais gozam de imunidade absoluta de jurisdição quando amparados por norma internacional incorporada ao ordenamento jurídico brasileiro, não se lhes aplicando a regra do Direito Consuetudinário relativa à natureza dos atos praticados. Excepcionalmente prevalecerá a jurisdição brasileira na hipótese de renúncia expressa à cláusula de imunidade jurisdicional.

1. Introdução

Este trabalho visa analisar a Orientação Jurisprudencial n. 416, da SDI-I do TST, publicada em 15 de fevereiro de 2012, pela Comissão de Jurisprudência e de Precedentes Normativos do TST, que trata da imunidade de jurisdição dos Organismos Internacionais. Além disso, busca-se explicar os conceitos de *Organismo Internacional* e *Estado Estrangeiro*, apontando as principais diferenças entre ambos. Procurou-se ainda discorrer sobre a imunidade de jurisdição dos Organismos Internacionais e Estados Estrangeiros, enfocando o tratamento dado a cada um pela doutrina nacional.

A OJ n. 416 foi publicada com o fim de uniformizar o entendimento sobre a imunidade de jurisdição, pelo Colendo Tribunal Superior do Trabalho, a partir de várias demandas em que foi parte o PNUD — Programa das Nações Unidas para o Desenvolvimento — e a própria ONU — Organização das Nações Unidas.

2. Dos organismos internacionais e estados estrangeiros

2.1. Conceito de Organismos Internacionais

Os Organismos Internacionais, segundo o magistério de Franco Filho,

> São sujeitos de Direito Internacional Público formados pela associação de Estados e equiparados a estes, constituídos através de tratados, dotados de personalidade jurídica própria distinta da de seus membros, que se unem com objetivos comuns e definidos.[1]

Os Organismos Internacionais têm personalidade jurídica distinta da dos Estados estrangeiros, sendo necessário cumprir três requisitos básicos, segundo Antônio Augusto Cançado Trindade, quais sejam: ser criados originalmente por um acordo internacional entre Estados; ser dotados de órgãos que expressam uma vontade distinta da dos Estados-membros e, possuir determinados propósitos a serem realizados no exercício de suas funções e poderes[2].

Assim, possuem estes entes internacionais personalidade interna para criar, organizar e gerir seus órgãos de funcionamento interno e também a personalidade jurídica internacional, sendo considerada esta imprescindível para que estes entes internacionais sejam capazes de possuir direitos e obrigações perante o direito internacional, determinadas nas suas normas fundadoras da Organização Internacional, expressa ou implicitamente.

São exemplos destes entes a ONU (Organização das Nações Unidas), o MERCOSUL (Mercado Comum da América do Sul) a OIT (Organização Internacional do Trabalho), entre outros organismos.

2.2. Conceito de Estados estrangeiros

Os Estados estrangeiros, por sua vez, são um contingente humano a conviver, sob alguma forma de regramento, dentro de certa área territorial, sendo certo que a constituição não passa do cânon jurídico dessa ordem, na concepção de Francisco Rezek[3].

Assim, três são os elementos componentes de um Estado estrangeiro cuja personalidade jurídica denomina-se originária de direito internacional público, a saber: a base territorial, uma comunidade humana estabelecida sobre essa área e uma forma de governo não subordinado a qualquer autoridade exterior.

Não apenas os particulares podem ser parte em uma relação jurídica de direito privado, tendo como outra parte um ente internacional. O Estado estrangeiro pode participar de uma relação jurídica, desde que sua lei interna admita tal atuação e não viole a legislação de outro Estado cuja relação jurídica esteja vinculada.

---

(1) FRANCO FILHO, Georgenor de Souza. *Imunidade de Jurisdição trabalhistas dos entes de direito internacional público*. São Paulo: LTr, 1986. p. 65.
(2) TRINDADE, Antônio Augusto Cançado. *Direito das Organizações Internacionais*. 3. ed. Belo Horizonte: Del Rey, 2003. p. 12.
(3) REZEK, Francisco. *Direito Internacional Público – Curso Elementar*. 13. ed. São Paulo: Saraiva, 2011. p. 182.

3. Da imunidade de jurisdição

3.1. Imunidade de Jurisdição dos Organismos Internacionais

A imunidade de jurisdição das Organizações Internacionais não resultou, conforme elucida Rezek, "essencialmente do costume, mas de tratados que a determinam de modo expresso: do próprio tratado institucional, de que o Brasil seja parte, ou um tratado bilateral específico"[4].

O Art. 105 da Carta da Organização das Nações Unidas (ONU) explica que "A Organização gozará, no território de cada um dos seus Membros, dos privilégios e imunidades necessários à realização dos seus propósitos". Esta cláusula foi repetida em diversas outras cartas constitutivas de outras organizações, levando-se a interpretação de que se trata de 'imunidade funcional'. Ou seja, imunidade baseada na necessidade de executar suas funções, como elucida Antônio Trindade[5].

Diante disso, é comumente interpretada a 'imunidade funcional' como sendo a imunidade absoluta, derivada daquela dos Estados estrangeiros. Esta interpretação dificulta sobremaneira que Organizações Internacionais sejam processadas perante as cortes domésticas dos Estados-membros onde se estabelecem, exceto quando renunciam a sua imunidade, o que é raro de ocorrer.

Nesse sentido também é o entendimento de Francisco Rezek:

> É possível que essa situação mude e que um dia, em nome da coerência e de certos interesses sociais merecedores de cuidado, as Organizações Internacionais acabem por se encontrar em situação idêntica à do Estado estrangeiro ante a Justiça local.[6]

Neste diapasão, cumpre salientar que esta nova visão conferida à imunidade de jurisdição harmoniza-se com os princípios constitucionais da boa-fé e dignidade da pessoa humana. A jurisprudência dos tribunais no Brasil seguia este entendimento, conforme o aresto abaixo transcrito:

> EMENTA: 1. ESTADO ESTRANGEIRO. ORGANISMO INTERNACIONAL. IMUNIDADE DE JURISDIÇÃO. NÃO OCORRÊNCIA. VERBETE DO TRIBUNAL PLENO N. 17/2005. Com base nos modernos conceitos jurisprudenciais e doutrinários acerca da imunidade de jurisdição dos Estados estrangeiros e dos Organismos internacionais, campeia entendimento consagrado pelo Egrégio Tribunal Pleno na composição da Súmula de Jurisprudência Uniforme n. 17/2005. Segundo esse entendimento, tais prerrogativas devem ser mitigadas quando em confronto com o ordenamento jurídico regulador dos comportamentos estritamente privados e, portanto, alheio aos domínios em que se praticam os atos jure imperii. Especialmente em matéria trabalhista, diante da qual não prevalecem nem mesmo os tratados e as convenções sobre privilégios e imunidades das Nações Unidas, os quais não se sobrepõem por inadequação à jurisdição interna dos Tribunais. 2. Recurso ordinário conhecido e provido. (TRT 10ª Região. RO 01670-2010-016-10-00-4. DJ/DF: 29.7.2011. Data de Julgamento: 13.7.2011. Órgão Julgador: 2ª Turma. Relator: Des. Brasilino Santos Ramos)

Sendo assim, nota-se que a imunidade de jurisdição dos Organismos Internacionais, antes da edição da OJ n. 416 da SDI-I do TST, era no sentido de que se poderia aplicar a imunidade relativa conferida aos Estados estrangeiros às Organizações Internacionais.

3.2. Imunidade de Jurisdição dos Estados estrangeiros

Entende-se por imunidade de jurisdição um instituto do Direito Internacional, incidente sobre pessoa e bens dos Estados Estrangeiros, bem como sobre o pessoal diplomático e consular, encontrando fundamento, respectivamente, na regra jurídica '*par in parem non habet judicium*', posta na Convenção de Viena sobre Relações Diplomáticas (1961) e na Convenção de Viena sobre Relações Consulares (1963), como ensina Evanna Soares[7].

Por esta regra entende-se que nenhum Estado soberano pode ser submetido contra sua vontade à condição de parte perante o foro doméstico de outro Estado[8].

A regra da imunidade de jurisdição absoluta, segundo Gérson Boson, reside nos seus próprios princípios:

> Na verdade, os seus fundamentos originários se acham nos princípios da exclusividade jurisdicional do Estado no seu território e da igualdade soberana das ordens jurídicas estatais análogas, estatuidores do direito absoluto do Estado de se organizar, de não depender senão de seus próprios órgãos, cujos pressupostos eram válidos em termos do isolacionismo em que viviam os Estados; ausentes do vasto campo das atividades privadas, no qual hoje se desdobram por constituir um dos setores da sua mais importante e permanente atualização. A teoria clássica assentava, pois, em benefício do Estado

---

(4) REZEK, Francisco. *Direito Internacional Público – Curso Elementar*. 13. ed. São Paulo: Saraiva, 2011. p. 301.
(5) TRINDADE, Antônio Augusto Cançado. *Direito das Organizações Internacionais*. 3. ed. Belo Horizonte: Del Rey, 2003. p. 660.
(6) REZEK, Francisco. *Direito Internacional Público – Curso Elementar*. 13. ed. São Paulo: Saraiva, 2011. p. 301.
(7) SOARES, Evanna. Imunidade de jurisdição nos dissídios trabalhistas envolvendo entes de direito público externo. *Procuradoria Regional do Trabalho da 22ª Região*, fev. 1991. Disponível em: <http://www.prt22.mpt.gov.br/trabevan8.htm>. Acesso em: 3 nov. 2011.
(8) REZEK, Francisco. *Direito Internacional Público – Curso Elementar*. 13. ed. São Paulo: Saraiva, 2011. p. 207.

estrangeiro, uma imunidade jurisdicional absoluta, salvo renúncia. Os tribunais deveriam se dar por incompetentes *ex officio*.[9]

Todavia, a evolução do mundo contemporâneo, diante da ordem interna de cada país, relativizou a imunidade absoluta de jurisdição. Essa ideia começou a desgastar-se pela segunda metade do século XX, ainda de acordo com o magistério de Resek, nos grandes centros internacionais de negócios, onde era natural que as autoridades reagissem à presença de agentes de soberanias estrangeiras realizando atos estranhos às funções de diplomacia e consulares, praticando atos no mercado, nos investimentos e, não raro, nas especulações[10].

A imunidade absoluta foi reconhecida no Brasil em 1989, quando houve o *leading case* do caso Genny de Oliveira *vs* Embaixada da República Democrática Alemã (Apelação Cível STF 9696/89. rel. ministro Sydney Sanches). Nesse caso, o ministro relator encampando o voto do revisor, ministro Francisco Rezek, passou a adotar, por unanimidade, a imunidade relativa de jurisdição, na esteira do direito internacional contemporâneo.

O ministro Rezek deu exemplos em seu voto de convenções e leis internacionais da Europa e dos Estados Unidos que, ao tornarem relativa a imunidade dos Estados estrangeiros à jurisdição doméstica, afastaram-na, também, nas causas em que fossem discutidos contratos de trabalho firmados com cidadãos locais e indenizações decorrentes de responsabilidade civil[11].

Dessa forma, não havia mais como invocar a regra sólida de direito consuetudinário internacional para se atribuir imunidade jurisdicional absoluta ao Estado estrangeiro.

Ademais, como as regras de imunidade escritas nas Convenções de Viena referiam-se aos agentes diplomáticos e consulares, os Estados soberanos estavam a partir daquele momento sujeitos à jurisdição local interna quanto aos atos de gestão.

Diante disso, houve por bem relativizar a imunidade de jurisdição, distinguindo-se entre os atos de gestão e atos de império.

Os atos de império significam manifestações soberanas dos Estados estrangeiros, considerados atos de autoridade. Por sua vez, os atos de gestão relacionam-se com a atividade estatal de natureza empresarial. Dessa forma, adotou-se entendimento restritivo quanto à aplicação da imunidade de jurisdição absoluta, abarcando, neste caso, somente os atos de império.

Assim, tornou-se possível a execução de um Estado estrangeiro perante a justiça de outro Estado soberano e seu patrimônio, situado no território deste, judicialmente executado, baseado em decisão que lhe seja desfavorável, desde que se relacione a ato de gestão do Estado, pois, caso contrário, impossível sua execução, haja vista existir a imunidade de jurisdição quanto aos atos de império.

Importante salientar que as decisões dos tribunais ainda não trazem a distinção exata entre atos *jus imperii* e atos *jus gestionis*, mas rompem com a tradicional corrente absoluta de imunidade de jurisdição dos Estados estrangeiros, abrindo-se precedente para que posteriores casos de direitos trabalhistas sejam julgados pela corrente restritiva de imunidade de jurisdição.

4. Novo entendimento do Tribunal Superior do Trabalho — OJ n. 416 SDI-I e suas implicações

Com a edição da Orientação Jurisprudencial n. 416 da SDI-I do TST, a questão sobre a imunidade de jurisdição dos Organismos Internacionais foi pacificada sob entendimento de que tais entes possuem imunidade absoluta.

Não mais existe possibilidade de aplicação de 'imunidade relativa' às referidas Organizações Internacionais, uma vez que não se lhes aplica a regra do Direito Consuetudinário, relativa à natureza dos atos praticados (se de império ou gestão). Somente prevalecerá a jurisdição brasileira na hipótese de renúncia expressa à cláusula de imunidade jurisdicional.

Este entendimento advém da Convenção sobre Privilégios e Imunidades das Nações Unidas, assim como da Convenção sobre Privilégios e Imunidades das Agências Especializadas das Nações Unidas. Ambas contemplam, de forma inequívoca, a imunidade absoluta de jurisdição dos Organismos Internacionais, posto que devidamente incorporadas ao ordenamento jurídico brasileiro.

A Convenção das Nações Unidas foi aprovada pelo Decreto Legislativo n. 4, de 13 de fevereiro de 1948, ratificada em 11 de novembro de 1949 e promulgada pelo Brasil, através do Decreto n. 27.784 em 16 de fevereiro de 1950.

---

(9) BOSON, Gerson De Britto Mello. Imunidade jurisdicional dos Estados. *Revista de Direito Público*, São Paulo, n. 22, p. 9, out./dez. 1972.

(10) REZEK, Francisco. *Direito Internacional Público — Curso Elementar*. 13. ed. São Paulo: Saraiva, 2011. p. 207.

(11) BRASIL. Supremo Tribunal Federal. Apelação Cível. Imunidade de Jurisdição. Trabalhista. Apelação Cível n. 9696-3/SP. Apelante: Genny de Oliveira. Apelado: Embaixada da República Democrática Alemã. Ministro relator: Sydney Saches. Maio 1989. Supremo Tribunal Federal. Disponível em: <http://stf.gov.br/processos/processo.asp?PROCESSO=9696&CLASSE=ACi&ORIGEM=AP&RECURSO=0&TIP_JULGAMENTO=M>. Acesso em: 10 nov. 2011.

A mencionada Convenção em seu artigo II, seção 2, dispõe que:

> A Organização das Nações Unidas, seus bens e haveres, qualquer que seja sua sede ou o seu detentor, gozarão de imunidade de jurisdição, salvo na medida em que a Organização a ela tiver renunciado em determinado caso. Fica, todavia, entendido que a renúncia não pode compreender medidas executivas.

Assim, não resta dúvida de que a ONU — Organização das Nações Unidas — é detentora da imunidade de jurisdição absoluta em território brasileiro, posto que o tratado internacional celebrado entre o Governo Federal e o ente internacional submeteu-se a todos os trâmites necessários para sua incorporação ao ordenamento jurídico brasileiro. Ademais, é claro ao dispor sobre a imunidade absoluta. Assim, não há que se falar na clássica distinção dos atos de império e de gestão, para conceituar a imunidade jurisdicional.

Por sua vez, a Convenção sobre Privilégios e Imunidades das Agências Especializadas das Nações Unidas, promulgada em 24 de julho de 1963, através do Decreto n. 52.288, dispõe em seu art. 3º que:

> As agências especializadas, seus bens e ativos, onde estiverem localizados e qualquer que seja o seu depositário, gozarão de imunidade de todas as formas de processo legal, exceto na medida em que, em qualquer caso determinado houverem expressamente renunciado à sua imunidade. Fica entendido, porém, que nenhuma renúncia de imunidade se estenderá a qualquer medida de execução.

Com efeito, referida Convenção também entende que as agências especializadas, tais como o PNUD — Programa das Nações Unidas de Desenvolvimento —, também gozam de imunidade absoluta.

Insta ressalvar que os Organismos Internacionais, suas imunidades e garantias derivam do direito escrito, das normas e regras estabelecidas e ratificadas pelos Estados que a compõem. Diante disso, não pode o Estado, signatário do ajuste internacional, ao qual se atribuiu observância obrigatória e integral, viesse a descumpri-lo, a pretexto de diferentes interpretações oriundas do direito comparado.

Assim, prevalece agora no Tribunal Superior do Trabalho o entendimento que os Organismos Internacionais, tais como, PNUD, ONU, OEA, UNESCO, entre outros, possuem jurisdição absoluta. Nesse sentido são alguns dos precedentes do TST que deram origem à OJ n. 461 do TST:

> **RECURSO DE EMBARGOS EM RECURSO DE REVISTA. ACÓRDÃO EMBARGADO PUBLICADO SOB A ÈGIDE DA Lei n. 11.496/2007. ORGANISMO INTERNACIONAL. IMUNIDADE DE JURISDIÇÃO.** A jurisprudência prevalecente desta Seção, ressalvado o entendimento pessoal da Ministra Relatora, orienta-se no sentido de que a imunidade de jurisdição, conferida aos organismos internacionais, alcança as relações de natureza trabalhista, por ser prevista em tratado internacional do qual o Brasil é signatário e que tem caráter cogente no ordenamento jurídico interno — a Convenção sobre Privilégios e Imunidades das Nações Unidas, ratificadas pelos Decretos ns. 27.784/50 e 52.288/63. Recurso de embargos conhecido e desprovido. (TST-E-ED-RR 72940-85.2007.5.10.0010, relatora Ministra Rosa Maria Weber, DEJT 10.6.2011)

> **IMUNIDADE JURISDIÇÃO. ORGANISMO INTERNACIONAL. ONU/PNUD.** Os Organismos Internacionais detêm imunidades e privilégios disciplinados por acordos e tratados internacionais específicos que foram ratificados pelo Brasil (Decretos ns. 27.784/50 — Convenção sobre Privilégios e Imunidades das Nações Unidas, — 52.288/63 — Convenção sobre Privilégios e Imunidades das Agências Especializadas das Nações Unidas e 53.308/66 — Acordo Básico de Assistência Técnica com as Nações Unidas e suas Agências Especializadas), de sorte que a imunidade de jurisdição quanto a esses Organismos Internacionais é absoluta. Precedente TST –E-RR -90000-49.2004.5.10.0019, Ac. SDI-I, DEJT 4.12.2009. Recurso de Embargos de que se conhece e a que se dá provimento. (TST-E-ED-ED-RR 104500-77.2004.5.10.0001, relator: Ministro João Batista Brito Pereira, DEJT 8.4.2011)

> **RECURSO DE EMBARGOS REGIDO PELA LEI N. 11.496/2007. IMUNIDADE DE JURISDIÇÃO. ORGANISMO INTERNACIONAL (ONU/PNUD).** Nas hipóteses como a dos autos, em que foi reconhecida a existência de tratado internacional, celebrado entre a República Federativa do Brasil e o Programa das Nações Unidas para o desenvolvimento (ONU/PNUD), tratado este que se submeteu a todos os trâmites necessários à sua incorporação ao ordenamento jurídico brasileiro — ratificação pelo Congresso Nacional e disposição por Decreto Executivo — não tem pertinência a regra do Direito Consuetudinário, referente à natureza dos atos praticados, eis que expressamente prevista cláusula de imunidade jurisdicional. Significa dizer que, neste caso, não há que se perquirir quanto à prática de atos de gestão ou atos de império, a pautar a imunidade jurisdicional, posto que estipulada voluntariamente por ambas as partes no documento firmado pelo ente internacional (Organismo Internacional) e a República Federativa do Brasil. Precedentes da SBDI-I desta Corte. Recurso de embargos conhecido e desprovido. (TST-E-RR- 108400-42.2003.5.23.0001, relator: Ministro Renato de Lacerda Paiva, DEJT 11.3.2011)

O *leading case,* responsável pelo entendimento esposado através da OJ n. 416 da SBDI-I do TST, partiu do julgamento de Embargos em Embargos de Declaração em Recurso de Revista n. TST-E-ED-RR-900/2004-019-10-00.9, no qual são embargantes a União e Organização das Nações Unidas, o Programa das Nações Unidas para o Desenvolvimento — ONU/PSUD — e, como embargada, Luciana Lima Cruz.

Trata-se de processo oriundo do Tribunal Regional do Trabalho da 10ª Região que deu provimento ao Recurso da Reclamante no tocante à imunidade de jurisdição, para afastar a imunidade de jurisdição reconhecida à reclamada, e determinou o retorno aos autos à vara de origem, a fim de que prosseguisse o julgamento do feito.

Baseados em precedentes anteriores à edição da OJ n. 416 da SBDI-I do TST, discutia-se e aplicava-se a imunidade relativa de jurisdição aos Organismos Internacionais, semelhante ao entendimento dado aos Estados estrangeiros quanto à relativização de sua jurisdição.

Todavia, no exame dos mencionados autos, entendeu-se que, para as Organizações Internacionais, não justificava aplicar a distinção de atos de império e de gestão, relativizando, assim, sua jurisdição. Isso porque, segundo entendimento da Corte, a imunidade conferida a tais entes internacionais ligava-se aos compromissos assumidos por eles, variando de acordo com o fim perseguido pela Organização Internacional. Ou seja, poderia apresentar cunho econômico, cultural, científico ou um fim geral, como a ONU e a OEA.

Diante disso, concluiu-se que a imunidade de jurisdição dos Organismos Internacionais não encontra amparo na praxe internacional, decorrendo de expressa previsão em norma internacional. A inobservância contida nos tratados e acordos firmados entre os entes e o Estado soberano poderia ocasionar quebra de um pacto internacional, acarretando instabilidade das relações na comunidade internacional.

Ademais, os Organismos Internacionais não detêm soberania, elemento típico dos Estados. Sendo assim, referidos entes internacionais poderiam gozar de imunidade de jurisdição se em seus tratados ou acordos internacionais tal cláusula estivesse prevista. Caso contrário, a imunidade de jurisdição absoluta deveria prevalecer.

Nesse sentido é a ementa da sessão realizada em 3.9.2009, do mencionado processo, cujo redator foi o ministro Caputo Bastos, que resume a controvérsia decidida pela Subseção Especializada:

> EMBARGOS. INTIMAÇÃO DO ENTE PÚBLICO ANTES DA VIGÊNCIA DA LEI N. 11.496/2007. CIÊNCIA EM 24.8.2007. IMUNIDADE DE JURISDIÇÃO. ORGANISMOS INTERNACIONAIS. ONU/PNUD. 1. Diferentemente dos Estados estrangeiros, que atualmente têm a sua imunidade de jurisdição relativizada, segundo entendimento do próprio Supremo Tribunal Federal, os Organismos Internacionais permanecem, em regra, detentores do privilégio da imunidade absoluta. 2. Os Organismos Internacionais, ao contrário dos Estados, são associações disciplinadas, em suas relações por normas escritas, consubstanciadas nos denominados tratados e/ou acordos internacionais de sede. Não têm, portanto, a sua imunidade de jurisdição pautada pela regra costumeira internacional, tradicionalmente aplicável aos Estados estrangeiros. Em relação a eles, segue-se a regra de que a imunidade de jurisdição rege-se pelo que se encontra efetivamente avençado nos referidos tratados de sede. 3. No caso específico da ONU, a imunidade de jurisdição, salvo se objeto de renúncia expressa, encontra-se plenamente assegurada na Convenção sobre Privilégios e Imunidades das Nações Unidas, também conhecida como — Convenção de Londres —, ratificada pelo Brasil por meio do Decreto n. 27.784/50. Acresça-se que tal privilégio também se encontra garantido na Convenção sobre Privilégios e Imunidades das Agências Especializadas das Nações Unidas, que foi incorporada pelo Brasil por meio do Decreto n. 52.288/63, bem como no Acordo Básico de Assistência Técnica com as Nações Unidas e suas Agências Especializadas, promulgado pelo Decreto n. 59.308/66. 4. Assim, porque amparada em norma de cunho internacional, não podem os organismos internacionais, à guisa do que se verificou com os Estados estrangeiros, ter a sua imunidade de jurisdição relativizada, para o fim de submeterem-se à jurisdição local e responderem, em consequência, pelas obrigações contratuais assumidas, dentre elas as de origem trabalhista. Isso representaria, em última análise, a quebra de um pacto internacional, cuja inviolabilidade encontra-se constitucionalmente assegurada (art. 5º, § 2º, da CF/88). 5. Embargos conhecidos, por violação ao art. 5º, § 2º da Constituição Federal e providos para, reconhecendo a imunidade absoluta de jurisdição da ONU/PSUD, restabelecer o acórdão regional no particular. (TST-E-ED-RR-900/2004-019-10-00.9, redator designado Ministro Guilherme Augusto Caputo Bastos, DEJT 4.12.2009)

Temos, assim, que essa discussão deu origem a edição da OJ n. 416 da SBDI-I do TST, que procurou uniformizar o entendimento do Colendo Tribunal Superior do Trabalho acerca da imunidade de jurisdição dos Organismos Internacionais, conferindo-lhe imunidade absoluta de jurisdição, e tem servido como seguro balizamento para as Cortes intermediárias.

5. Conclusão

A imunidade de jurisdição, diante do exposto, reveste-se de absoluta importância, tendo em vista as crescentes e preocupantes relações de trabalho estabelecidas entre nacionais e Estados estrangeiros ou Organismos Internacionais no país.

A doutrina internacional tradicional, baseada na regra costumeira *'par in parem non habet judicium'*, estabelecia que nenhum Estado soberano era obrigado a se submeter a soberania de outro Estado para dirimir conflitos judiciais, posto que submete-se ao fundamento maior de todo Estado, qual seja, a soberania.

Todavia, quando os Estados começaram a intervir de forma expressiva na economia local, passou-se a diferenciar os atos de Estado, dividindo-os em atos de império, referentes aos atos de autoridade soberana do Estado, e atos de gestão, sendo estes considerados atos equivalentes aos praticados por particulares. Com isso, ocorreu o fenômeno de relativização da imunidade de jurisdição dos Estados estrangeiros em relação aos atos de gestão praticados no país.

Ainda assim, o Tribunal Superior do Trabalho, com a recente edição da OJ n. 416, de sua SBDI-I, optou pela aplicação da jurisdição absoluta aos Organismos Internacionais.

Diante do exposto, percebe-se claramente que inexiste, até o momento, plena harmonia nas Cortes Superiores.

Nesta ordem de ideias, os Organismos Internacionais são compreendidos como associações disciplinadas por normas escritas e suas questões devem ser analisadas a partir dos tratados e acordos internacionais firmados por eles com os demais Estados soberanos. Nesse espaço deverão estar descritas todas as suas garantias, as imunidades e os privilégios.

Assim sendo, e ainda conforme a óptica do Colendo TST, não há que se falar em distinção dos atos praticados pelos Organismos Internacionais, se de império ou de gestão, uma vez que a eles cabem apenas referendar e cumprir o estabelecido nos seus tratados, devidamente incorporados ao ordenamento jurídico pátrio, sob pena de quebra do pacto internacional.

Referências bibliográficas

BRASIL. Decreto n. 52.288/63. Promulga a Convenção sobre Privilégios e Imunidades das Agências Especializadas das Nações Unidas, adotada em 21 de novembro de 1947, pela Assembleia Geral das Nações Unidas. Diário Oficial da União, Brasília, 30 agosto de 1963. Disponível em: <http://www.planalto.gov.br/ccivil_03/decreto/1950-1969/D52288.htm>. Acesso em: 25 jan. 2013.

_____. Decreto n. 27.784/50. Promulga a Convenção sobre Privilégios e Imunidades das Nações Unidas, adotada em Londres, a 13 de fevereiro de 1946, por ocasião da Assembleia Geral das Nações Unidas. Rio de Janeiro, Diário Oficial da União, 14.03.1950. Disponível em: <www.planalto.gov.br/ccivil_03/decreto/antigos/d27784.htm> Acesso em :25 de jan. 2013.

_____. TRIBUNAL REGIONAL DO TRABALHO DA 10ª Região (DF/TO). RO-01670-2010-016-10-00-4. DJ/DF: 29.7.2011. Data de Julgamento: 13.7.2011. Órgão Julgador: 2ª Turma. Relator: Des. Brasilino Santos Ramos.

_____. TRIBUNAL SUPERIOR DO TRABALHO. TST-E-ED-RR 72940-85.2007.5.10.0010, relatora Ministra Rosa Maria Weber, DEJT 10.6.2011.

_____. TRIBUNAL SUPERIOR DO TRABALHO. TST-E-RR- 108400-42.2003.5.23.0001, relator: Ministro Renato de Lacerda Paiva, DEJT 11.3.2011.

_____. TRIBUNAL SUPERIOR DO TRABALHO. TST-E-ED-ED-RR 104500-7.2004.5.10.0001, relator: Ministro João Batista Brito Pereira, DEJT 8.4.2011.

_____. TRIBUNAL SUPERIOR DO TRABALHO. TST-E-ED-RR-900/2004-019-10-00.9, redator designado Ministro Guilherme Augusto Caputo Bastos, DEJT 4.12.2009.

_____. Supremo Tribunal Federal. Apelação Cível. Imunidade de Jurisdição. Trabalhista. Apelação Cível n. 9696-3/SP. Apelante:Genny de Oliveira. Apelado: Embaixada da República Democrática Alemã. Ministro relator: Sydney Saches. Maio.1989. Supremo Tribunal Federal. Disponível em: <http://stf.gov.br/processos/processo.asp?PROCESSO=9696&CLASSE=ACi&ORIGEM=AP&RECURSO=0&TIP_JULGAMENTO=M>. Acesso em: 10 nov. 2011.

_____. Supremo Tribunal Federal. Agravo Regimental em Recurso Extraordinário. Imunidade de Jurisdição. Trabalhista. Agravo Regimental em Recurso Extraordinário n. 222.368-4/PE. Recorrente: Consulado Geral do Japão. Recorrido: Espólio de Iracy Ribeiro de Lima. Ministro Relator: Celso de Mello. abr. 2002. Supremo Tribunal Federal. Disponível em: <http://www.stf.gov.br/jurisprudencia/lt/frame.asp?classe=RE-AgR&processo=222368&origem=IT&cod_classe=539>. Acesso em: 10 nov. 2011.

BOSON, Gerson De Britto Mello. Imunidade jurisdicional dos Estados. *Revista de Direito Público*, São Paulo, n. 22, out./dez. 1972.

COELHO, Carlúcio Campos Rodrigues. A Execução contra Estados Estrangeiros e Organismos Internacionais. *Revista Direito Internacional e Econômico*, Porto Alegre, Síntese, v. 2, n. 1, out./dez. 2005.

FRANCO FILHO, Georgenor de Souza. *Imunidade de Jurisdição trabalhistas dos entes de direito internacional público*. São Paulo: LTr, 1986.

_____. *Competência internacional da Justiça do Trabalho*. São Paulo: LTr, 1998.

MADRUGA FILHO, Antenor Pereira. *A renúncia à imunidade de jurisdição pelo Estado brasileiro e o novo direito da imunidade de jurisdição*. Rio de Janeiro: Renovar, 2003.

_____. Desenvolvimento da imunidade de jurisdição dos estados soberanos: teoria da fundamentação autônoma. *In:* MADRUGA FILHO, Antenor Pereira; GARCIA, Márcio (Coords.). *Imunidade de jurisdição e judiciário brasileiro*. Brasília: CEDI, 2002.

MESQUITA, José Ignácio Botelho de. Questões procedimentais das ações contra Estados e Organizações Internacionais. *In:* MADRUGA FILHO, Antenor Pereira, GARCIA, Márcio (Coords.). *Imunidade de jurisdição e o judiciário brasileiro*. Brasília: CEDI, 2002.

REZEK, Francisco. *Direito Internacional Público – Curso Elementar*. 13. ed. São Paulo: Saraiva, 2011.

SEITENFUS, Ricardo. *Manual das Organizações Internacionais*. 3. ed. Porto Alegre: Livraria do Advogado, 2000.

SOARES, Evanna; Imunidade de jurisdição nos dissídios trabalhistas envolvendo entes de direito público externo. *Procuradoria Regional do Trabalho da 22ª Região*, fev. 1991. Disponível em: <http://www.prt22.mpt.gov.br/trabevan8.htm>. Acesso em: 3 nov. 2011.

SOARES, Guido Fernando Silva. Imunidade de jurisdição: evolução e tendências. *In:* Conselho da Justiça Federal, Centro de Estudos Jurídicos (Coord.). *Imunidade Soberana:* o Estado estrangeiro diante do juiz nacional, Brasília: CJF, v. 1, p. 11-18, 2001.

TRINDADE, Antônio Augusto Cançado. *Direito das Organizações Internacionais*. 3. ed. Belo Horizonte: Del Rey, 2003.

3.3.2. OJs da Subseção 2 de Dissídios Individuais do TST

OJ n. 68 da SDI-2 do TST: A Definição Monocrática de Tutela de Urgência, em Matérias Sujeitas à Competência Colegiada, e o Princípio do Juiz Natural

Bruno Alves Rodrigues

OJ N. 68 DA SDI-II DO TST: ANTECIPAÇÃO DE TUTELA. COMPETÊNCIA. Inserida em 20.9.2000 (nova redação – DJ 22.8.2005)

Nos Tribunais, compete ao relator decidir sobre o pedido de antecipação de tutela, submetendo sua decisão ao Colegiado respectivo, independentemente de pauta, na sessão imediatamente subsequente.

A nota distintiva do ser humano está na sua racionalidade. O homem passa a se compreender quando se volta o conhecimento do próprio conhecimento, quando passa a ter amizade e respeito pelo saber (*philo sophia*). Esta foi a tônica do desenvolvimento da cultura ocidental, a partir dos pré-socráticos (Século VI a.c.), na Grécia antiga, berço de nossa civilização.

A história chega à contemporaneidade quando o homem encontra seu *conceito* (século XIX, com Hegel), passando a compreender que a busca de sua essência não estava na simples identificação de notas distintivas em relação à natureza, mas na sua autodeterminação mediada pela própria natureza. A natureza (objeto pensado, ser), a partir do trabalho, permite a manifestação humana em um movimento dialético de autodeterminação, através da afirmação da liberdade (pensar, dever ser). E aqui surge o problema ético, que reside na "*consciência de que o homem é um ser que não tem garantido de antemão seu próprio ser, mas deve conquistá-lo por empenho de sua própria liberdade*"[1]. E cabe à Ética o estudo desta atuação livre do homem. A ética hegeliana é constatável na efetividade, pois a ação humana detém um querer racional, que faz com que o agir humano "*seja determinar-se no mundo e esse determinar-se é um conhecer-se, como o próprio conhecer é agir, proceder sob o comando da vontade livre*"[2].

A partir do momento em que esta ação consciente do indivíduo se insere na comunidade, na qual cada um afirma "*a sua independência na dependência do todo*", estamos diante de cidadãos[3], verdadeiros integrantes de uma comunidade ética, do Estado, que é "*a instituição no seu momento avançado de harmônica totalidade ética*".[4] Em Hegel, a lei funciona como termo objetivo do dever subjetivo de reconhecimento da "*liberdade subjetiva do outro, igual titular de direitos*"[5]. A eticidade é a "*concreção da liberdade (Konkretion der Freiheit) na unidade do mundo objetivo e da consciência subjetiva*"[6].

A época contemporânea é marcada por uma mudança de ênfase no processo de realização das potências individuais e coletivas da humanidade. A ruptura reside exatamente no retrocesso deste movimento dialético, instaurado pela desvalorização das instâncias reflexivas, viabilizadas pelos institutos designadores da razão reta, movimento que leva a um rompimento entre a real instância legitimadora da lei (a de representar a forma de ação justa, na correlação entre a gênese histórica da lei e a essência moral do ser humano), em prol do reforço daquilo que não deveria passar de uma mera propriedade dos institutos, qual seja, o caráter coercitivo dos mesmos.

O poder deve legitimar-se na virtude da justiça por ele praticada, e não na força que deve ser assumida como mera instrumentalização para prática da justiça e de instigação e estímulo à conduta ética (educação ética).

---

(1) OLIVEIRA, Manfredo Araújo de. *Ética e Sociabilidade*. 2. ed. São Paulo: Loyola, 1996. p. 11.

(2) SALGADO, Joaquim Carlos. *A ideia de justiça em Hegel*. São Paulo: Loyola, 1996. p. 236. A respeito, conclui o autor que "*se a liberdade é conteúdo da vontade e se o agir da vontade é ao mesmo tempo pensar, a liberdade é o momento de unidade de todo o processo lógico, da teoria e da práxis, é o conteúdo da Ideia*".

(3) "*O cidadão no sentido dado por Hegel ao vocábulo é o próprio cidadão na acepção antiga, partícipe da substância ética, a pólis, cujos interesses prevalecem sobre as preocupações particulares, mas com o novo dado do mundo moderno, a subjetividade.*" (SALGADO, Joaquim Carlos. *A ideia de justiça em Hegel*. São Paulo: Loyola, 1996. p. 278).

(4) *Idem*.

(5) *Ibidem*, p. 336.

(6) *Ibidem*, p. 391. O mesmo autor explica que "*não é a liberdade que decorre da eticidade; essa decorre da liberdade e a realiza, quer como ordem exterior do mundo existente, quer subjetivamente como consciência interior da ação humana*".

Deve-se priorizar o estímulo à educação ética, como forma de acolhimento e preservação dos institutos, e não tomar a força como instância de imposição dos mesmos. O Direito sucedeu à força, com o regramento da conduta social, norteado por poder conduzido segundo os ditames da razão, e não consegue sustentar-se com o retorno ao uso da força, como instrumento de condução do poder.

Todo o arrazoado contido nos artigos precedentes serve para colocar em perspectiva o instituto da antecipação de tutela, resgatando-se o seu principal norte de ponderabilidade, que é de estar necessariamente atrelado ao papel cognitivo do processo judicial, na necessária busca da justiça material, critério a se sobrepor sempre à mera solução formal de conflitos, por vezes justificada apenas pelo imediatismo, nota característica do niilismo da modernidade.

Toda técnica é meio adequado para a consecução de um fim[7], e o instituto da antecipação de tutela, enquanto técnica de solução de conflitos, pode se distanciar de uma finalidade ética e aproximar-se de uma finalidade poiética, acaso assuma como finalidade a própria técnica (priorização da celeridade de julgamento formal), e não a difusão do elemento ético instado em seu conteúdo (realização de justiça material). Se a técnica processual deixa de ter sua finalidade e utilidade (reconstrução do *ethos*), nega-se a si mesma enquanto técnica. O processo tem uma finalidade, e o procedimento, para alcance desta finalidade, faz parte do conceito do processo, dada a sua necessária funcionalidade para consecução daquele fim. O processo seria, assim, o retrato de um procedimento ético, ou seja, de um procedimento que viabilize a ação dos sujeitos da relação processual, cada qual no reconhecimento do outro, como um outro eu, ou seja, na efetiva garantia de igualdade a ser resguardada por um juiz distante dos interesses e desejos que influenciaram a relação colocada *sub judice*[8]. Cabe ao Estado, pela sua função jurisdicional, estimular a conscientização da substância ética que resgate aquele indivíduo, como cidadão — o que se fará, através do contraditório, no processo. Esta a razão de se definir a natureza jurídica do processo como procedimento em contraditório.

Ocorre que, desde que os movimentos agnósticos assumiram a tônica do discurso na modernidade, apequenou-se a relevância do alinhamento de todos os institutos processuais, dentre os quais a própria antecipação de tutela, ao norte axiológico que os alicerça. A relevância dos fundamentos de uma decisão cada dia mais cede lugar à suficiência da importância do tempo em que esta é prolatada. Vivemos o mundo da instantaneidade, da virtualidade, da massificação da informação e da desvalorização das instâncias reflexivas, no qual se indaga mais pelo "quê", do que pelo "porquê".

Neste sentido é que propomos uma releitura sistêmica do ordenamento jurídico que rege o processamento do julgamento das medidas de urgência no âmbito dos Tribunais. O princípio do juiz natural deve ser respeitado como imperativo para preservação da garantia constitucional do devido processo legal, devendo-se restringir, ao máximo, a possibilidade de exercício jurisdicional por aquele que, seja por representar apenas uma fração do órgão cognitivo (a exemplo dos relatores de processos nas turmas), seja por representar magistrado investido de função jurisdicional excepcional (presidente do Tribunal atuando em férias coletivas ou magistrado plantonista na Corte), não contém, sequer em potência, a cognição final que resultará da interação da racionalidade constitutiva do julgamento a prevalecer no feito.

Diversos, contudo, são os tratamentos emprestados à matéria. Vigoram nos regimentos internos das nossas Cortes superiores os seguintes dispositivos que regem a apreciação das tutelas de urgência, as medidas cautelares e as suspensões de liminares:

a) No Regimento Interno do Supremo Tribunal Federal:

Art. 13. São atribuições do Presidente:

VIII – decidir questões urgentes nos períodos de recesso ou de férias;

Art. 21. São atribuições do Relator:

IV – submeter ao Plenário ou à Turma, nos processos da competência respectiva, medidas cautelares necessárias à proteção de direito suscetível de grave dano de incerta reparação, ou ainda destinadas a garantir a eficácia da ulterior decisão da causa;

V – determinar, em caso de urgência, as medidas do inciso anterior, ad referendum do Plenário ou da Turma;

V-A¹ – decidir questões urgentes no plantão judicial realizado nos dias de sábado, domingo, feriados e naqueles em que o Tribunal o determinar, na forma regulamentada em Resolução;

b) No Regimento Interno do Tribunal Superior do Trabalho:

Art. 35. Compete ao Presidente:

XXIX – decidir os efeitos suspensivos, os pedidos de suspensão de segurança e de suspensão de decisão proferida em ação cautelar

---

(7) A noção da técnica é de conjunto de meios adequados para a consecução dos resultados desejados, de procedimentos idôneos para a realização de finalidades." GONÇALVES, Aroldo Plínio. *Técnica Processual e Teoria do Processo*. Rio de Janeiro: Aide, 1992. p. 23.

(8) A respeito, observa SALGADO que *"a justiça é puramente a eliminação do arbitrário subjetivo e a instauração da possibilidade de uma jurisdição neutra, imparcial. É a solução imparcial do conflito, independentemente de um juízo de conteúdo da lei aplicável, ou da própria decisão. Justa é a decisão imparcial, não arbitrária, ainda que do ponto de vista do seu resultado possa ser considerada como injusta"*. (SALGADO, Joaquim Carlos. *A ideia de justiça em Hegel*. São Paulo: Loyola, 1996. p. 364)

inominada e em tutela antecipada, assim como despachar os documentos e os expedientes que lhe sejam submetidos, inclusive as cartas previstas em lei;

Art. 76. *Ao Órgão Especial, às Seções Especializadas e às Turmas cabe, ainda, nos processos de sua competência:*

I – julgar:

b) as ações cautelares incidentais e preparatórias e as demais arguições;

c) os incidentes que lhes forem submetidos; e

Art. 106. *Compete ao Relator:*

I – submeter pedido de liminar ao órgão competente, antes de despachá-lo, desde que repute de alta relevância a matéria nele tratada. Caracterizada a urgência do despacho, concederá ou denegará a liminar, que será submetida ao referendo do Colegiado na primeira sessão que se seguir;

c) No Regimento Interno do Superior Tribunal de Justiça:

Art. 21. *São atribuições do Presidente:*

b) os pedidos de suspensão da execução de medida liminar ou de sentença, sendo ele o relator das reclamações para preservar a sua competência ou garantir a autoridade das suas decisões nesses feitos;

c) durante o recesso do Tribunal ou nas férias coletivas dos seus membros, os pedidos de liminar em mandado de segurança, podendo, ainda, determinar liberdade provisória ou sustação de ordem de prisão, e demais medidas que reclamem urgência;

Art. 34. *São atribuições do relator:*

V – submeter à Corte Especial, à Seção ou à Turma, nos processos da competência respectiva, medidas cautelares necessárias à proteção de direito suscetível de grave dano de incerta reparação, ou ainda destinadas a garantir a eficácia da ulterior decisão da causa;

VI – determinar, em caso de urgência, as medidas do inciso anterior, ad referendum da Corte Especial, da Seção ou da Turma;

Art. 288. *Admitir-se-ão medidas cautelares nas hipóteses e na forma da lei processual.*

§ 1º O pedido será autuado em apenso e processado sem interrupção do processo principal.

§ 2º O relator poderá apreciar a liminar e a própria medida cautelar, ou submetê-las ao órgão julgador competente.

A leitura dos dispositivos acima retratados acaba por nos remeter a duas indagações hermenêuticas, no que se refere à competência para a apreciação das tutelas de urgência: a) a primeira delas, no sentido de que, por vezes, os dispositivos implicam em uma competência concorrente entre o presidente, o Tribunal e o relator do processo na Turma, para a apreciação da vigência de liminares, tutelas de urgência e medidas cautelares; b) a segunda no sentido de se objetivar, ou não, inclusive temporalmente, a necessidade de ratificar, em órgão colegiado, o ato decisório monocrático.

Dois episódios recentes ilustram a importância deste debate: a) a liminar deferida pelo presidente do Supremo Tribunal Federal (STF), ministro Joaquim Barbosa, durante o recesso judicial de julho de 2013, para suspender os efeitos da Emenda Constitucional n. 73/2013, que cria quatro novos Tribunais Regionais Federais (ADI n. 5.017); b) a liminar deferida pelo ministro Gilmar Mendes, enquanto relator do MS n. 32033, para suspender tramitação do Projeto de Lei Complementar n. 14/2013, que impõe limitações na criação de partidos políticos, decisão apenas submetida a colegiado, para referendo que não se verificou, após articulação política por parte de lideranças do Poder Legislativo.

No que tange ao exercício jurisdicional em questões de urgência por parte do presidente do Tribunal, verifica-se que este normalmente ocorre em duas hipóteses: a) para efeito de suspensão de liminares; b) na atuação como plantonista em recessos judiciais (art. 68, da Loman).

Não enxergamos esteio constitucional para os dispositivos que preveem poder excepcional para o presidente do Tribunal decidir efeitos suspensivos em recursos, bem como os pedidos de suspensão de segurança e de suspensão de decisão proferida em ação cautelar inominada e em tutela antecipada. Parece-nos inconstitucional, inclusive, o disposto no art. 4º, da Lei n. 8.437/92, que prevê que *compete ao presidente do tribunal, ao qual couber o conhecimento do respectivo recurso, suspender, em despacho fundamentado, a execução da liminar nas ações movidas contra o Poder Público ou seus agentes, a requerimento do Ministério Público ou da pessoa jurídica de direito público interessada, em caso de manifesto interesse público ou de flagrante ilegitimidade, e para evitar grave lesão à ordem, à saúde, à segurança e à economia públicas.*

Os presidentes dos Tribunais encontram-se, em regra, afastados da jurisdição. Exercem atividade político-institucional que, inclusive, o colocam em situação de permanente interlocução com os demais entes públicos, do que decorre não se mostrar recomendável ou justificável a competência jurisdicional para decidir, de forma concentrada, os pedidos de suspensão das medidas tomadas em face do mesmo. Por outro lado, a suspensão liminar, por decisão precária, de medidas de urgência ou acautelatórias, não poderá vigorar *ad eternum*. A matéria deverá ser devolvida segundo o devido processo legal à corte e distribuída a um relator, este sim investido da condição de juiz natural, com compromisso de integrar o órgão colegiado que promoverá o julgamento final do processo. Daí mostrar-se de todo recomendável que seja sempre este magistrado, relator do processo no Tribunal, o investido de poder para tomar qualquer providência incidental na apreciação do pedido de medidas concessivas ou suspensivas de urgência. Reputamos inconstitucionais, portanto, por lesão ao princípio do juiz natural, o disposto no art. 35, XXIX do RI do TST e no art. 21, alínea "b", do RI do STJ. Uma vez recebido pedido catalogado nos mencionados dispositivos, mostra-se conveniente que o presidente do Tribunal faça uso da fungibilidade processual para reclassificar a pretensão e distribuir o incidente para apreciação por parte de magistrado integrante dos órgãos regulamente investidos de jurisdição (turma ou seção).

Por outro lado, na hipótese de exercício de jurisdição temporária sobre o processo, nos casos de plantonistas, principalmente se estes se confundirem com o presidente das Cortes (art. 68 da Loman e 13 do RI do STF), o magistrado deve redobrar sua cautela na sua atuação excepcional, para evitar a instrumentalização da sua escala para direcionamento proposital de demandas. Nitidamente, em matérias não pacificadas, mostra-se notória a conveniência avaliada pelos advogados na solicitação de medidas liminares em recessos, a depender do que se revelar no estudo prévio do posicionamento daquele magistrado para quem será obrigatoriamente dirigido o feito. E, uma vez concedida a tutela de urgência, seja pelo magistrado relator, seja pelo plantonista, urge que se promova, o quanto antes, a integração da vontade do colegiado que o magistrado representa. Daí mostrar-se mais acertada a regra contida no RI do TST (art. 106, I), do que aquelas estratificadas nos RIs do STF e do STJ (respectivamente, arts. 21 IV e 34, V). Isso porque a norma regimental do TST especifica que a medida liminar deve ser submetida a referendo na primeira sessão colegiada que se seguir.

Por todo o exposto, podemos dizer que trilhou com o acerto o TST ao sedimentar o entendimento constante na OJ n. 68, da SDI-II, que dispõe que *nos Tribunais, compete ao relator decidir sobre o pedido de antecipação de tutela, submetendo sua decisão ao Colegiado respectivo, independentemente de pauta, na sessão imediatamente subsequente*. Isso porque o mencionado aresto consolida o respeito ao devido processual legal, por meio de duas garantias: a) a de ratificar a competência de relator para o qual foi distribuído o feito para conhecer da medida; b) a de se impor o respeito ao órgão colegiado investido de jurisdição plena, através da imposição da submissão a referendo, independentemente de pauta, na sessão imediatamente subsequente.

Referências bibliográficas

GONÇALVES, Aroldo Plínio. *Técnica Processual e Teoria do Processo*. Rio de Janeiro: Aide, 1992.

OLIVEIRA, Manfredo Araújo de. *Ética e Sociabilidade*. 2. ed. São Paulo: Loyola, 1996.

SALGADO, Joaquim Carlos. *A ideia de justiça em Hegel*. São Paulo: Loyola, 1996.

OJ n. 130 da SDI-2 do TST: Ação Civil Pública como Instrumento de Efetividade dos Direitos e Interesses Difusos e Coletivos do Trabalho. Perspectiva no Direito Brasileiro e no Argentino

Anemar Pereira Amaral

OJ N. 130 DA SDI-2 DO TST: AÇÃO CIVIL PÚBLICA. COMPETÊNCIA. LOCAL DO DANO. LEI N. 7.347/1985, ART. 2º. CÓDIGO DE DEFESA DO CONSUMIDOR, ART. 93 (redação alterada na sessão do Tribunal Pleno realizada em 14.9.2012) – Res. n. 186/2012, DEJT divulgado em 25, 26 e 27.9.2012

I – A competência para a Ação Civil Pública fixa-se pela extensão do dano.

II – Em caso de dano de abrangência regional, que atinja cidades sujeitas à jurisdição de mais de uma Vara do Trabalho, a competência será de qualquer das varas das localidades atingidas, ainda que vinculadas a Tribunais Regionais do Trabalho distintos.

III – Em caso de dano de abrangência suprarregional ou nacional, há competência concorrente para a Ação Civil Pública das varas do trabalho das sedes dos Tribunais Regionais do Trabalho.

IV – Estará prevento o juízo a que a primeira ação houver sido distribuída.

1. Introdução

A concepção clássica da relação processual, na vetusta figura do Tício x Caio, começou a perder espaço a partir da Revolução Industrial em meados do século XVIII, quando abrolharam novas formas de relações sociais, surgindo grandes e variados grupos a compor a sociedade, fazendo nascer novas classes e categorias de sujeitos. Perde-se o interesse por modelos que até então eram referência e ditavam o tom das relações que dominavam o foco da tutela jurisdicional, esmaecendo-se a figura do indivíduo isoladamente considerado, nas diversas situações jurídicas em que pudesse se encontrar.

Neste contexto, surgia uma espécie de multiplicidade de interesses jurídicos circunscritos a determinadas camadas da sociedade, nas mais variadas formas de relações jurídicas. Nascia a coletivização de direitos, concentrados num mesmo agrupamento de titulares. A aglomeração de direitos atrai a massificação das lesões, refluindo como conflito de interesses de massa na mesma proporção e intensidade da violação.

Surge a necessidade de modelos de resolução dos conflitos adequados à tutela de direitos, nos mesmos padrões e medidas em que sofrem violação. É necessário um procedimento coletivo de salvaguarda, em que o foco da atuação jurisdicional sai da figura do indivíduo "atomizado" para a do grupo, agora considerado numa perspectiva "molecular". Afinal, efetividade de direitos não se compadece com a fragmentação da proteção.

É urgente a necessidade de uma proteção expandida, para atender à nova realidade que se delineia nas relações sociais, aparelhada com novas regras e instrumentos capazes de fazer frente aos reclamos por uma tutela jurisdicional efetiva, uniforme e abrangente, uma espécie de *ação coletiva*.

O primeiro caso conhecido de uma *ação coletiva* teve lugar na Inglaterra, no ano de 1199, frente à Corte Eclesiástica de Canterbury, versando sobre direito relativo a oferendas, em que o pároco local postulava contra os paroquianos da cidade de Hertfordshire.

Esboçava-se, então, o formato de um instrumento processual capaz de fazer frente às novas exigências da sociedade, uma ação coletiva adequada à tutela na mesma amplitude, impondo, para tanto, uma coletivização do processo.

Direito, lesão, tutela, processo e ação coletivos passam a formar, doravante, os elementos que preencherão o grande espaço criado pelas novas relações da sociedade, cujo apropriado manejo permitirá tornar realidade, no sistema jurídico de todos os povos, um anseio tão antigo quanto formidável, tão cobiçado quanto distante, tão atual quanto necessário para uma verdadeira justiça: a *efetividade dos direitos*.

2. Ações coletivas no Direito Argentino

Na Argentina, pela Reforma Constitucional levada a cabo em 1994, foi introduzida no ordenamento jurídico nacional a Ação de Amparo (art. 43), com o objetivo de atender a uma extensa gama de direitos e interesses, dentre os quais a proteção dos direitos humanos consagrados, tanto na Carta Magna quanto nos tratados internacionais. Além disso, esse importante instrumento processual é manejado para a defesa de toda forma de discriminação, para a tutela do meio ambiente, da livre concorrência, e do consumidor, podendo ser utilizado para a proteção de direito líquido e certo, contra abuso de autoridades e de particulares.

Importante destacar que, antes da última reforma constitucional argentina, algumas províncias já vinham se preocupando com a proteção coletiva de interesses metaindividuais, como a Província de *La Pampa*, que, através da Lei n. 1.352/1991, dispunha sobre a proteção de interesses difusos e coletivos do meio ambiente, do equilíbrio ecológico (depredações ou alterações do ar, da água, do solo, etc.), dentre outros.

A defesa de direitos e interesses difusos e coletivos no ordenamento jurídico da Argentina se faz, via de regra, por meio da Ação de Amparo (Lei n. 16.986), que, no direito brasileiro, encontra correspondência no mandado de segurança (Lei n. 12.016/2009).

A legitimação para a ação é definida pela norma de direito material que disciplina cada bem jurídico tutelado. Assim ocorre com a Lei Geral do Ambiente (25.675), que relaciona como legitimados para a ação contra dano ambiental coletivo o ofendido, o defensor público, as associações não governamentais de defesa ambiental, o Estado nacional, provincial ou municipal. Além destes, também é parte legítima a pessoa que sofre diretamente o dano (art. 30). Ajuizada a ação por um dos legitimados coletivos, resta obstado para os demais, ficando ressalvado, no entanto, o direito de intervir no processo como terceiros interessados.

Em relação aos direitos do consumidor, a Lei de Defesa dos Consumidores (24.240) confere legitimidade para a ação coletiva, além do próprio consumidor ou usuário lesado, às associações de consumidores ou usuários legalmente autorizadas (na forma do art. 56), à autoridade nacional ou local em matéria de consumo, ao Defensor Público e ao Ministério Público Fiscal, sendo que este, quando não atua como autor, deverá intervir obrigatoriamente como fiscal da lei (art. 52).

3. Ações coletivas no Direito Brasileiro. Ação civil pública

No Brasil podem ser enumeradas cinco espécies de ações consideradas de natureza coletiva, em razão do alcance do seu objeto: a Ação Civil Pública (Lei n. 7.347/85), Ação Civil Coletiva (Lei n. 8.078/90 – CDC), Dissídio Coletivo (CF/88, art. 114, § 2º), Mandado de Segurança Coletivo (CF/88, art. 5º, LXX) e Ação Popular (Lei n. 4.717/65).

Atentando para o propósito do presente estudo, aqui se abordará apenas a Ação Civil Pública (ACP), considerando que, além de sua maior importância no contexto da tutela coletiva, ao tratar os seus principais elementos, estar-se-á abrangendo, de uma forma ou de outra, os que compõem as demais ações coletivas, algumas com maior outras com menor ênfase.

A primeira referência legal ao termo "*ação civil pública*" é encontrada na Lei Complementar 40/81, que a relaciona entre as funções institucionais do Ministério Público Estadual. Atualmente, a ACP vem disciplinada pela Lei n. 7.347, de 24 de julho de 1985. Alçada a preceito constitucional pela Carta Magna de 1988, foi incluída entre as funções institucionais do Ministério Público para "*... a proteção do patrimônio público e social, do meio ambiente e de outros interesses difusos e coletivos*" (art. 129, III), abrindo novas frentes de defesa coletiva, ampliando a relação originalmente prevista no art. 1º da Lei n. 7.347/85[1].

A ACP tem natureza bastante peculiar. Diferentemente das ações judiciais de um modo geral, cujo objeto reside na reparação de direito violado e consequente satisfação do titular, a ação civil pública objetiva o ajustamento de conduta à norma jurídica, através da imposição de obrigações de fazer e de não fazer. Num plano secundário, e somente nele, pode cuidar da reparação do bem jurídico lesado, visando à sua reconstituição, mas sempre na esfera metaindividual e com caráter inibitório.

O objetivo da ACP é recompor o direito violado, impondo ao infrator a sua observância. Foge, portanto, à sua finalidade a satisfação direta dos direitos individuais daqueles que sofreram a lesão (o cidadão, o consumidor, o trabalhador etc.).

Verifica-se muita confusão entre os interesses tutelados pela ACP em face da atividade fiscalizadora do Estado, como aquelas voltadas para o meio ambiente, a defesa do consumidor, o patrimônio público, o meio ambiente do trabalho, dentre outras. Para alguns, o poder de polícia conferido à fiscalização acaba absorvendo o interesse envolvido na ação coletiva.

No entanto não é o que ocorre de fato, sendo absolutamente distintas as duas situações postas. Isso porque, lavrado o auto de infração e quitada a multa imposta pelo agente fiscalizador, poderá ocorrer de o infrator persistir no descumprimento da norma jurídica, já que o procedimento administrativo não tem outros desdobramentos ou consequências além da cobrança da multa aplicada.

Por outro lado, a finalidade da ACP é exatamente promover a tutela do ordenamento jurídico em defesa dos interesses protegidos, relacionados ao desrespeito aos direitos garantidos pela Constituição da República. Assim é porque, se as medidas extrajudiciais tomadas pelos

---

(1) O inciso IV do art. 1º da Lei n. 7.347/85 (LACP) foi acrescentado pelo art. 110. da Lei n. 8.078/90 (CDC), incluindo no âmbito da ação civil pública "*... qualquer outro interesse difuso ou coletivos*".

órgãos de fiscalização não forem capazes de fazer cessar a violação à norma legal, cabe ao Poder Judiciário, uma vez provocado por meio da ação coletiva, determinar que o infrator cumpra as obrigações de fazer e não fazer, que resultam, em última análise, no cumprimento da ordem jurídica vigente.

A imposição de multa por descumprimento de obrigação de fazer e de não fazer é medida necessária que influi psicologicamente no infrator e funciona como meio coercitivo para o adimplemento da obrigação imposta no título judicial. Portanto não há que se cogitar de *bis in idem* em relação às multas administrativas, uma vez que aquela sanção detém natureza preventiva (imposta em sede de ACP), enquanto estas, discricionárias e não condenatórias (multas), aplicam-se em decorrência da inobservância dos preceitos trabalhistas.

4. Ação Civil Pública na Justiça do Trabalho

De acordo com o disposto na Lei da ACP (7.347/1985), esta tem por finalidade a responsabilização do infrator pelos danos morais e patrimoniais causados ao meio ambiente, ao consumidor, à ordem urbanística, a bens e direitos de valor artístico, estético, histórico, turístico e paisagístico, a qualquer outro interesse difuso ou coletivo, por infração da ordem econômica e da economia popular (art. 1º).

No âmbito da Justiça do Trabalho, constitui objeto da ACP a responsabilização por danos causados aos interesses difusos, coletivos e individuais indisponíveis dos trabalhadores, quando desrespeitados os direitos sociais constitucionalmente garantidos (CF, arts. 127 e 129, III c/c arts. 6º e art. 83, III da LC n. 75/1993).

Interesses ou direitos difusos, por definição legal (art. 81, Lei n. 8.078/1990 Código de Defesa do Consumidor — CDC), são os transindividuais, de natureza indivisível, de que sejam titulares pessoas indeterminadas e ligadas por circunstâncias de fato (ex.: plena acessibilidade aos cargos/empregos públicos, meio ambiente salubre e seguro, não discriminação do trabalhador).

Define o CDC os *interesses e direitos coletivos* como aqueles transindividuais de natureza indivisível, de que seja titular grupo, categoria ou classe de pessoas ligadas entre si ou com a parte contrária por uma relação jurídica-base (ex.: não discriminação no local de trabalho, proibição do trabalho infantil e regularização do trabalho do adolescente no âmbito da empresa, registro dos empregados contratados, regularidade do estágio acadêmico na empresa concedente).

A esse propósito, OLIVEIRA adverte: "o que qualifica o direito como difuso, coletivo ou individual homogêneo é o conjunto formado pela causa de pedir e pelo pedido deduzido em juízo"[2].

Também podem os *direitos e interesses difusos, coletivos* e os *individuais homogêneos* ser definidos a partir da prestação jurisdicional almejada. Se, por exemplo, busca-se através da ACP a interdição de uma indústria de produtos tóxicos que contamina o meio ambiente, está-se procurando a tutela dos direitos e interesses difusos, em razão da coletividade indeterminável de pessoas passíveis de sofrer as consequências da contaminação, que estão ligadas por uma circunstância de fato.

Se, na mesma hipótese acima, se promove a ação coletiva objetivando manter o funcionamento da indústria para garantir o emprego dos seus empregados, estar-se-á diante da defesa de direitos e interesses coletivos, já que titulados por um grupo de pessoas ligadas à infratora por uma relação jurídica-base, consistente no contrato de trabalho.

Ainda no mesmo exemplo, se os agricultores vizinhos à mencionada indústria, através de sua associação ou do sindicato, promovem uma ação coletiva com vistas ao ressarcimento de prejuízos causados às respectivas lavouras, estar-se-á falando da tutela de direitos individuais homogêneos, eis que decorreram de uma origem comum.

Diante do que se expôs, e a par do objeto e objetivo da ACP, a defesa de interesses ou direitos individuais homogêneos poderá se dar através dessa ação coletiva? Embora parte da doutrina e da jurisprudência tenha se posicionado afirmativamente, parece que a tutela judicial por meio da ACP se mostra muito mais apropriada à proteção, especificamente, dos direitos e interesses difusos e coletivos.

É certo admitir que a ação fosse direcionada também à defesa de direitos individuais indisponíveis, porém sempre objetivando, exclusivamente, à proteção da norma jurídica malferida, e nunca o interesse do titular do direito individual lesado.

Esta é a melhor interpretação da Constituição Federal vigente, no ponto em que incumbe ao Ministério Público a promoção do "inquérito civil e a ação civil pública, para a proteção do patrimônio público e social, do meio ambiente e de outros interesses difusos e coletivos" (CF, art. 129, III). Quisesse o legislador constituinte arrolar outros interesses, além dos difusos e coletivos, teria feito de modo expresso. E nem se diga que os interesses individuais sejam espécie desses últimos, já que o legislador ordinário

---

(2) OLIVEIRA, Francisco Antonio de. *Ação Civil Pública* — Enfoques Trabalhistas — Doutrina — Jurisprudência — Legislação. São Paulo: RT, 1998. p. 21.

cuidou de defini-los com precisão, diferenciando-os, como se constata no art. 81 da Lei n. 8.078/1990.

A intenção legislativa fica ainda mais nítida nesse sentido, diante da redação conferida ao inciso IV do art. 1º da Lei n. 7.347/1985 pelo CDC, ao introduzir, no rol das responsabilizações do infrator, os danos causados *"a qualquer outro interesse difuso ou coletivo"*. Ademais, naquele momento não seria razoável admitir ter o legislador ordinário deixado passar a oportunidade, quando poderia acrescentar ao dispositivo (art. 1º da LACP) também a tutela por danos causados aos direitos *"... individuais homogêneos"*, considerando que o próprio CDC já definira as três figuras jurídicas em questão.

Nem poderia ser diferente, pois a ACP foi concebida para ser um instrumento processual especial, com limitação dos sujeitos ativos, dos objetos, com ritos e regras de competência peculiares. Era preciso disciplinar, de forma diferenciada, a tutela dos direitos coletivos e difusos (que não têm titulares identificados ou identificáveis, daí o interesse público de que se reveste a sua proteção). Por outro lado, a tutela coletiva dos direitos individuais já contava com instrumentos judiciais apropriados, como a ação civil coletiva, as ações plúrimas, além da tradicional substituição processual (na esfera trabalhista, a sindical, por exemplo).

Como já dito, a ACP visa à imposição de obrigações de fazer ou de não fazer, além da condenação em dinheiro em favor de um fundo oficial. Assim, não poderia a ação buscar a reparação, pecuniária ou não, de direitos materiais dos titulares individuais concretamente lesados pelo infrator, mas sim o ajustamento de sua conduta à ordem jurídica vigente. Caso contrário, restaria desvirtuado o objetivo de grande amplitude proposto originalmente pelo legislador, que passaria, assim, a cuidar de mera reparação pecuniária de interesses individuais disponíveis privados (como ressarcimento ao consumidor, reparação ao ente gestor do patrimônio público violado, parcelas de rescisão do contrato de trabalho, ainda que em razoável número de envolvidos), sem qualquer conotação pública, mote que destaca a ação civil pública.

A propósito da questão, posicionou-se MARTINS FILHO[3]:

> A primeira distinção que se pode fazer entre os dois instrumentos judiciais (e da qual decorrerão as demais distinções) é a relativa aos interesses defensáveis em cada um deles. A Constituição Federal somente previu a ação civil pública para a defesa de interesses difusos e coletivos (CF, art. 129, 111). A figura dos interesses individuais homogêneos é introdução do Código de Defesa do Consumidor. E para sua defesa instituiu a ação civil coletiva (CDC, art. 91), distinta da ação civil pública e exercitável também pelo Ministério Público.
>
> Assim, na ACP há defesa de direitos coletivos e na ACC, defesa coletiva de direitos individuais (...). Nesse sentido, seria imprópria a utilização da ação civil pública para a defesa dos interesses individuais homogêneos, não obstante haja previsão legal da mesma nas Leis Orgânicas do Ministério Público da União e dos Estados.

Essa distinção entre os instrumentos processuais, conforme a natureza da tutela pretendida, não se reveste de simples preciosismo ou filigrana jurídica. Ao revés, é, além de salutar, bastante eficaz, na medida em que há concentração de atividades jurisdicionais direcionadas a um só objetivo de cada vez. Evita-se o tumulto dos atos processuais, facilita a aplicação dos princípios e regras específicas, próprias das ações envolvendo interesse público, como a intervenção obrigatória do Ministério Público na qualidade de *custus legis*, prazos especiais, além de atos *ex officio* do juiz, somente exigidos se houver interesse indisponível envolvido.

Diversos dispositivos da Lei n. 7.347/1985 têm cabimento especificamente em razão da natureza pública dos interesses discutidos na ACP. Vejam-se os exemplos: qualquer pessoa poderá e o servidor público deverá provocar a iniciativa do Ministério Público, ministrando-lhe informações sobre fatos que constituam objeto da ação civil e indicando-lhe os elementos de convicção (art. 6º); se, no exercício de suas funções, os juízes e tribunais tiverem conhecimento de fatos que possam ensejar a propositura da ação civil, remeterão peças ao Ministério Público para as providências cabíveis (art. 7º); decorridos sessenta dias do trânsito em julgado da sentença condenatória, sem que a associação autora lhe promova a execução, deverá fazê-lo o Ministério Público, facultada igual iniciativa aos demais legitimados (art. 15); nas ações de que trata esta lei, não haverá adiantamento de custas, emolumentos, honorários periciais e quaisquer outras despesas, nem condenação da associação autora, salvo comprovada má-fé, em honorários de advogado, custas e despesas processuais (art. 18).

Como visto, a ACP tem características peculiares, que a distingue de todas as demais ações judiciais, possuindo objeto limitado (*numerus clausus*), não admitindo ampliação para inclusão da defesa de outros, além da imposição de obrigações de fazer e de não fazer (cujos efeitos são *ex nunc*),

---

(3) MARTINS FILHO, Ives Gandra da Silva. Ação civil pública e ação civil coletiva. *Revista LTr: legislação do trabalho*, São Paulo, v. 59, n. 11, p. 1.449-1.451, nov. 1995.

ou condenação em pecúnia, porém destinada a um fundo social para a reparação do bem jurídico violado.

Como já lecionava MEIRELLES[4], que afastava do âmbito da ACP a defesa de direitos individuais de particulares, o que ficou claro ao definir a ação como:

> ... instrumento processual adequado para reprimir ou impedir danos ao meio ambiente, ao consumidor, a bens e direitos de valor artístico, histórico, turístico e paisagístico (art. 1º), protegendo, assim, os interesses difusos da sociedade. Não se presta a amparar direitos individuais, nem se destina à reparação de prejuízos causados a particulares pela conduta, comissiva ou omissiva, do réu.

Tal é a peculiaridade da ACP que, a par de visar à tutela jurisdicional da norma em tese, em certos momentos acaba surtindo os mesmos efeitos de uma ação declaratória de inconstitucionalidade, conforme o alcance pretendido pelo autor da ação. É dizer, ao se postular a declaração de inconstitucionalidade de norma legal através do controle difuso, com vistas a tutelar direito concretamente violado, o resultado poderá culminar numa espécie de controle concentrado, isto é, a declaração de inconstitucionalidade da lei em tese, já que, atingida de forma abstrata, não terá mais aplicação no mundo jurídico.

A propósito desta faceta da ACP, fazendo remissão à ação civil pública ajuizada com tal amplitude perante a Justiça Estadual de São Paulo, GRINOVER[5], louvando-se em exemplos de decisões proferidas em caráter nacional, ao discorrer sobre a "Coisa Julgada de Abrangência Nacional", relata:

> Na matéria referida, atuara do mesmo modo a 10ª Câmara do Primeiro Tribunal de Alçada do Estado de São Paulo, em ação civil pública ajuizada pelo IDEC perante a Justiça Estadual (Ac. n. 581.942-1), provocando reclamação ao Supremo Tribunal Federal, ajuizada pelo Banco Mercantil de São Paulo, em que o relator, min. Carlos Velloso, suspendeu liminarmente a decisão do Tribunal Estadual, reportando-se a precedentes em que o STF já havia concedido liminares no mesmo sentido. As liminares haviam sido concedidas pelo Juízo Federal da Vara de Minas Gerais (Recls. ns. 559, 564 e 557 MG) por entender existir o "fumus boni iuris" no sentido de a ação civil pública, de âmbito nacional, fundada na inconstitucionalidade, transformar-se numa declaração de inconstitucionalidade, com usurpação de competência do STF (Reclamação n. 601-8/SP, in DJU 7.5.1996, p. 14.584). No mérito, contudo, várias reclamações foram julgadas improcedentes, por ter a inconstitucionalidade sido arguida incidenter tantum, embora a sentença tivesse eficácia erga omnes. (Recl. n. 597-SP — rel. para o ac. min. Néri da Silveira, Recl. n. CL 600-SP (mesmo rel.), Recl. n. 602-SP, rel. min. Ilmar Galvão, j. 3.9.1997, in Informativo n. 82, Brasília, 1º a 5.5.1997)

E o fenômeno não se verifica apenas no direito brasileiro. Ao revés, encontra perfeita correspondência também no direito argentino, com a conhecida "Ação de Amparo", instrumento de tutela coletiva contemplado no art. 43 da Constituição Nacional daquele país, e regulamentada pela Lei n. 16.986. Inúmeros são os exemplos que poderiam ser delineados, em que se dá a aplicação desse importante instrumento processual, mas, para abreviar, destaca-se apenas um julgado que se tornou célebre na Argentina: o "Fallo Halabi".

A "Ação de Amparo" tem lugar quando se pretende a proteção sumária de direitos, contra o impedimento de exercê-lo, de forma ilegal ou arbitrária, por uma autoridade pública ou particular. No mencionado julgado "Halabi", o autor aforou demanda contra a Lei n. 25.873, entendendo que havia vulneração às garantias previstas nos arts. 18 e 19 da Constituição Nacional (que protegem as comunicações telefônicas privadas e pela internet), na medida em que não deixavam claros os pressupostos autorizadores da escuta, de sorte que tal disposição constituía violação aos direito de intimidade e privacidade na condição de usuário, inclusive no de confidencialidade, enquanto profissional do direito (advogado). No entendimento da Corte Suprema, que confirmou a decisão de primeiro grau, após mencionar os direitos individuais e coletivos, vislumbrou no segundo parágrafo do art. 43 da Constituição Nacional uma terceira categoria composta por direitos de incidência coletiva, referentes aos interesses individuais homogêneos. Tal é o caso dos direitos patrimoniais ou os afetos ao meio ambiente e à competência, além dos direitos dos consumidores. A decisão final resultou na declaração de inconstitucionalidade de dispositivos da mencionada Lei n. 25.873.

Retomando a análise da ACP brasileira, a propósito da efetividade das normas trabalhistas e da promoção de maior amplitude à defesa dos trabalhadores através das ações coletivas, FREIRE PIMENTA (2009)[6] enfatiza a

---

(4) MEIRELLES, Hely Lopes. *Mandado de segurança, ação popular, ação civil pública, mandado de injunção, "habeas data"*. 17. ed. Atual. por Arnold Wald. São Paulo: Malheiros, 1996. p. 119.

(5) GRINOVER, Ada Pellegrini. A ação civil pública refém do autoritarismo. *Revista Forense*, vol. 349, p. 6, jan./fev./mar. 2000.

(6) FREIRE PIMENTA, José Roberto. *Tutela Metaindividual Trabalhista – A defesa coletiva dos direitos dos trabalhadores em juízo*. In: PIMENTA, José Roberto Freire; BARROS, Juliana Augusta Medeiros de; FERNANDES, Nadia Soraggi (Coords.). São Paulo: LTr, 2009. p. 43-44.

necessidade de se promover uma tutela jurisdicional tanto eficaz quanto abrangente, como perspectiva de trabalho dos operadores do direito, em especial os detentores da função jurisdicional. Adverte o eminente jurista:

> Quanto mais efetiva a máquina jurisdicional, menos ela vai ter que atuar concretamente, no futuro ou em médio prazo. Simetricamente, quanto mais os destinatários das normas jurídicas souberem que só lhes resta cumprir a lei, por absoluta falta de melhor alternativa, menos será necessário o acionamento da máquina jurisdicional e maiores eficácia e efetividade terão as normas jurídicas materiais. Essa é, portanto, a perspectiva final com a qual os operadores do Direito em geral, mas especialmente os que exercem a função jurisdicional do Estado, têm que trabalhar.
>
> Repita-se, à guisa de conclusão parcial: quanto mais eficaz for a jurisdição, menos ela terá que ser acionada. Enquanto o direito processual do trabalho e o Poder Judiciário trabalhista não forem capazes de tornar antieconômico o descumprimento rotineiro, massificado e reiterado das normas materiais trabalhistas, os juízes do Trabalho de todos os graus de jurisdição continuarão sufocados e angustiados pela avalanche de processos individuais, repetitivos e inefetivos.

Quer-se, nas presentes considerações, alertar para a necessidade de se dar tratamento diferenciado, e em apartado, à defesa coletiva de direitos em relação à tutela inibitória relacionada aos direitos transindividuais. É certo que se deve procurar conferir maior eficácia aos direitos subjetivos dos trabalhadores, lançando mão de mecanismos que permitam reparar as lesões que diuturnamente sofrem, alcançando o maior número possível de casos. Porém, quando se utiliza mecanismo processual capaz de atingir diretamente o foco do problema, ainda no curso do contrato de trabalho, caso da ACP, com certeza os efeitos serão muito mais abrangentes e sentidos, e beneficiarão a todos os lesados (e mesmo os potencialmente atingidos), além de refletir de forma direta na redução das demandas trabalhistas pós-contrato. É dizer, priorizar a atuação preventiva sobre a repressiva.

À guisa de conclusão do presente tópico, todas as ponderações feitas acerca da necessidade da dissociação da defesa dos direitos difusos e coletivos, *stricto sensu*, dos direitos individuais homogêneos, tiveram por objetivo conferir um tratamento diferenciado à ACP, visando impedir a banalização de instrumento processual tão importante para a tutela dos interesses verdadeiramente transindividuais, de natureza indivisível, titulados por pessoas indeterminadas ou indetermináveis, cuja efetividade só se alcança por meio de um provimento judicial de potencial caráter inibitório, este sim de elevado alcance social.

Os direitos sociais trabalhistas alcançarão a proteção efetiva, desde que tutelados durante a execução do contrato de trabalho, o que só é possível mediante instrumento processual adequado, cujos legitimados ativos são infensos ao poder empresarial[7]. Devem-se priorizar as relações processuais patrocinadas por figura alheia à relação contratual, privilegiando a chamada "ação sem rosto". A Justiça do Trabalho não precisa carregar a pecha de "justiça dos desempregados".

5. Legitimidade Ativa para a ACP

De acordo com o art. 5º da Lei n. 7.347/85 (LACP), poderão propor a ACP o Ministério Público, a União, os Estados e Municípios. Também têm legitimidade para ajuizar a ACP a defensoria pública, a autarquia, a empresa pública, a fundação e a sociedade de economia mista.

A associação terá legitimidade para a ACP, desde que constituída há pelo menos um ano e inclua entre suas finalidades a proteção do meio ambiente, do consumidor, da ordem econômica, da livre concorrência, ou do patrimônio artístico, estético, histórico, turístico e paisagístico.

Considerando que as associações sindicais têm suas atribuições voltadas apenas para a defesa dos interesses da categoria no âmbito das relações de trabalho, teriam legitimidade para propor a ACP trabalhista? A resposta deve ser afirmativa, porquanto a inclusão da tutela dos interesses difusos e coletivos dentre as finalidades da ACP se deu por meio da Lei n. 8.078/1990 (CDC), e a redação do inciso I do art. 5º da Lei n. 7.347/1985, definindo as atribuições das associações legitimadas, foi introduzida também pelo CDC.

Além disso, o preceito constitucional definidor das atribuições das entidades sindicais (CF, art. 8º, III) conferiu aos sindicatos amplos poderes de representação judicial e extrajudicial quanto aos direitos e interesses da categoria, sejam individuais sejam coletivos. Tal legitimidade ficou ainda mais patente, após o cancelamento da Súmula n. 310, do C. TST.

Proposta a ação civil pública pelo Ministério Público do Trabalho ou pelo sindicato profissional, haverá litispendência ou coisa julgada com a reclamação individual

---

(7) Se a ação coletiva tem por objetivo a tutela inibitória, não há possibilidade de o empregador promover qualquer tipo de pressão contra o autor ou contra os trabalhadores, para desistir ou renunciar aos direitos vindicados, pois não estarão na órbita de disponibilidade, sendo de ordem pública.

ajuizada pelo empregado da mesma empresa ré? Parece que não, pois a tutela pretendida na ação civil pública é distinta daquela buscada em ação ajuizada individualmente pelo empregado. Na ACP, pretende-se a imposição de obrigações de fazer, de não fazer ou condenação em dinheiro em favor de um fundo oficial (no caso trabalhista, o FAT); na reclamatória individual, o autor pretende o pagamento das parcelas decorrentes da infração à norma legal, como, por exemplo, o adicional de insalubridade no caso de ter trabalhado em ambiente com condições insalubres. Não há identidade entre as partes e os pedidos, e os objetos das ações são igualmente distintos.

De acordo com a Constituição Federal, a legitimação do Ministério Público para a ACP não impede a de terceiros, nas mesmas hipóteses (art. 129, § 1º). No entanto, quando não atua como parte, deve o *parquet* intervir obrigatoriamente como *custus legis*, emitindo parecer circunstanciado.

No âmbito da Justiça do Trabalho, a ACP é proposta comumente pelo Ministério Público do Trabalho. Em muitos casos, o próprio sindicato oferece a denúncia, quando o MPT promove as investigações e ajuíza a ação, se assim entender. Isso devido às dificuldades que as entidades sindicais encontram para obter as provas necessárias ao ajuizamento da ação.

A par disso, o MPT tem um importante instrumento de atuação: o inquérito civil público. Através do ICP, poderá agir de forma inquisitória, ou seja, promover todas as diligências necessárias ao esclarecimento dos fatos, sem depender da colaboração dos envolvidos, podendo inquirir testemunhas e os investigados. Além disso, poderá tomar compromisso dos infratores, cujo termo tem natureza jurídica de título executivo extrajudicial (LACP, art. 5º, § 6º, c/c CLT, art. 876).

A ACP interrompe a prescrição das pretensões individuais trabalhistas? Da mesma forma que não induz litispendência ou coisa julgada, a ACP não influencia nem é influenciada pela ação individual ajuizada pelo titular do direito material, mesmo quanto à fluência do prazo prescricional.

A despeito disso, poder-se-ia invocar a hipótese preconizada no inciso V do art. 202 ("a interrupção da prescrição dar-se-á por qualquer ato judicial que constitua em mora o devedor") c/c o art. 203 ("A prescrição pode ser interrompida por qualquer interessado"), ambos do Código Civil. Porém, para constituir em mora o devedor, e assim interromper o curso do prazo prescricional, a pretensão deduzida em juízo na ação coletiva deve corresponder à da ação individual (Súmula n. 268/TST). Como visto, os objetos das ações são distintos, além de visarem provimentos jurisdicionais diversos.

No entanto, as demais ações coletivas (ações civis coletivas, ações de substituição processual em geral), poderão, sim, interromper o curso do prazo da prescrição.

Quando a defesa dos direitos e interesses competir a mais de um ramo do MP, os órgãos podem atuar em litisconsórcio (art. 5º, § 5º da LACP). Na prática, a atuação conjunta pode ser exemplificada: setor de tintas de uma montadora de automóveis provoca condições insalubres para os respectivos empregados, devido aos vapores e ao odor formados e que ainda se espalham do interior da fábrica para a região próxima. No caso, compete ao Ministério Público do Trabalho e ao Ministério Público do Estado tomar as medidas necessárias para ajustar a conduta do infrator, pois tanto o meio ambiente de trabalho quanto o meio ambiente externo sofrem as consequências nocivas do evento.

5.1. Ação Civil Pública. Competência territorial: art. 2º da Lei n. 7.347/85 e a Orientação Jurisprudencial n. 130/SBDI-II do TST

Questão controvertida é a definição da competência para conhecer e julgar a ACP, tendo em vista a natureza dos direitos e interesses afetos à tutela da ação. A Lei n. 7.347/1985 (LACP) define como competência territorial-funcional o foro do local onde ocorrer o dano (art. 2º).

Consideram alguns que esse dispositivo tem aplicação apenas na hipótese de dano estritamente local. Dessa forma, se o evento danoso extrapola a competência territorial de determinada comarca, a eficácia da decisão fica restrita à respectiva jurisdição, tornando necessário aforar tantas ações quanto forem os locais dos danos.

Porém, esse entendimento conduz à possibilidade de decisões conflitantes. Tome-se o exemplo da seguinte hipótese: contra uma mineradora que polui as águas de um rio é proposta uma ação civil pública, que é julgada *improcedente* na comarca do local onde se encontra instalada a empresa. Porém, uma segunda ação é proposta contra a mesma empresa, relativamente à poluição do rio, que também passa pela jurisdição da comarca vizinha, logo abaixo, que é julgada *procedente*. Dessa forma, o dano, objeto da condenação, tem origem em local diverso, tornando impossível, ao menos em princípio, o cumprimento da obrigação imposta pelo juízo da primeira comarca.

A discussão não é nova e tende a suscitar, ainda, muitos debates.

Com o advento da Lei n. 8.078/1990 (CDC), surgiram defensores da aplicação literal das regras de competência então estabelecida pelo art. 93 do estatuto consumeirista à ACP. Por este dispositivo, a competência será do juízo do foro do lugar onde ocorreu ou deva ocorrer o dano, quando de âmbito local. Será do juízo do foro da Capital do Estado ou do Distrito Federal, para os danos de âmbito regional ou nacional.

Porém, o critério de fixação da competência estabelecido pelo CDC não atende inteiramente às peculiaridades da ação civil pública, por motivos vários. O primeiro reside na própria natureza das ações coletivas regulamentadas a partir do art. 91 do CDC, de cunho nitidamente reparatório, voltadas para a tutela de direitos individuais e divisíveis, cujos titulares são — e precisam ser — perfeitamente identificáveis, cuidando, portanto, da defesa coletiva de direitos. A decisão, em tal hipótese, fica restrita e vinculada aos titulares do direito material, a quem visa reparar o dano (que o CDC denomina "vítimas"). A ACP, ao contrário, e como visto anteriormente, tem por objeto a defesa de direitos coletivos e difusos, de caráter eminentemente inibitório, cuja decisão precisa alcançar o infrator onde quer que esteja estabelecido, mesmo que venha a alterar a localização original do empreendimento.

Um segundo motivo pode ser acrescentado, para não se aplicar as regras de competência territorial definidas pelo CDC, qual seja, as dificuldades para a produção das provas no caso, por exemplo, de o processo ser instruído no foro da Capital do Estado ou o Distrito Federal, se os fatos ocorreram em municípios do interior do Estado ou regiões muito distantes da Capital Federal.

Por fim, uma derradeira razão está no fato de não haver omissão na norma de regência, já que a própria Lei n. 7.347/1985 estabelece as regras de competência territorial a serem seguidas. Na verdade, quanto à preservação desse critério pela LACP, há expressa ressalva no seu art. 21, no sentido de se aplicar os dispositivos do CDC apenas "... *no que for cabível...*".

Como mencionado, em razão das peculiaridades da natureza de alguns bens e interesses jurídicos que se buscam salvaguardar através da ACP, muitas vezes se torna difícil, senão impossível, determinar, por meio de norma jurídica, o alcance territorial da decisão proferida.

Na verdade, faz-se muita confusão entre os *efeitos* da decisão e a *jurisdição* do órgão prolator. À guisa de ilustração, o seguinte exemplo: um distribuidor de produtos farmacêuticos, com filiais em todo o país, exige atestado de gravidez de todas as candidatas a emprego. O *foro competente* para processar e julgar a ação civil pública eventualmente proposta deve ser o do lugar em que primeiro se conheceu da ação visando coibir a conduta antijurídica, que ficará prevento. Os *efeitos* da sentença serão *erga omnes* e em todo o território nacional, pois não seria razoável que a prática pudesse ser admitida numa parte do território brasileiro (ACP improcedente) e em outra, não (ACP procedente). Até porque, o Direito do Trabalho é federal (CF, art. 22, I).

Outra hipótese que se pode trazer à colação para exemplificar é a sentença de divórcio. Apesar de a *jurisdição* ficar adstrita à comarca do órgão prolator da decisão, seus *efeitos* se irradiam por todo o país, onde quer que os ex-cônjuges pretendam convolar novas núpcias. Portanto, enquanto as regras de jurisdição podem ser perfeitamente delineadas pela norma jurídica, os efeitos da sentença nem sempre dependerão da vontade do legislador.

Ilustra bem a questão da competência territorial, em face dos efeitos da decisão, o julgado do Tribunal Regional do Trabalho da Terceira Região que, examinando ACP em que se pretendia a imposição de obrigações de fazer, consistentes na instalação de portas de segurança e detectores de metais em Banco que mantém estabelecimentos em todo o território nacional, o relator entendeu que os efeitos da sentença deveria se estender por todo o território nacional, onde quer que a instituição bancária esteja estabelecida, cuja ementa tem a seguinte redação[8]:

> Ação Civil Pública. Competência Funcional. Efeitos da Coisa Julgada. A sentença proferida em ação civil pública faz coisa julgada ´erga omnes´ e ´ultra partes´ limitadamente ao grupo categoria ou classe atingida, independentemente de esta localizar-se fora da competência territorial do órgão prolator, nos termos do art. 103, I e II do CDC, aplicável à espécie por força do que dispõe o art. 21 da Lei de Ação Civil Pública.

Porém o que melhor retrata a questão em tela é a ação proposta pelo Ministério Público Federal visando à proibição de fumar em aeronaves, durante o voo, em todo o território brasileiro. A decisão teve vigência imediata em todo o país. Difícil imaginar os efeitos da decisão restritos ao âmbito da competência territorial do juiz prolator, pois levaria ao absurdo de, num determinado trecho percorrido pelo avião, ser proibido fumar por força da sentença; no outro, fora limites territoriais da decisão, já se pudesse fumar.

Em resumo, as regras de competência territorial para a ACP que devem prevalecer são aquelas originariamente definidas pela Lei n. 7.347/1985, qual seja, pela prevenção, considerando sempre o foro do local do dano.

Porém, em meio à celeuma criada em torno da competência territorial para conhecer e julgar a ACP, o Tribunal Superior do Trabalho editou uma Orientação Jurisprudencial — OJ —, buscando solucionar o problema, que já

---

(8) Processo TRT-RO-1314/02, DJMG de 5.4.2002.

se mostrava preocupante desde os idos de 2004, quando veio a lume a OJ n. 130-SBDI-II, com a seguinte redação:

> Ação civil pública. Competência territorial. Extensão do dano causado ou a ser reparado. Aplicação analógica do art. 93 do código de defesa do consumidor. Para a fixação da competência territorial em sede de ação civil pública, cumpre tomar em conta a extensão do dano causado ou a ser reparado, pautando-se pela incidência analógica do art. 93 do Código de Defesa do Consumidor. Assim, se a extensão do dano a ser reparado limitar-se ao âmbito regional, a competência é de uma das varas do trabalho da capital do estado; se for de âmbito suprarregional ou nacional, o foro é o do Distrito Federal.

As reações dos especialistas foram as mais variadas, havendo, porém, uma tendência de considerá-la não totalmente adequada frente ao problema, que persistia

De fato, a adaptação das regras vindas do CDC não poderia calhar bem, considerando a natureza e a finalidade da ACP e da Ação Civil Coletiva disciplinada pela norma consumeirista, cujos aspectos básicos já foram abordados linhas atrás.

Além disso, é relevante destacar que, ao eleger o foro de Brasília/DF para as ações de âmbito suprarregional ou nacional, e considerando que a Capital federal sedia apenas mais um dos Tribunais Regionais do Trabalho do país, não se atentou para certas peculiaridades das relações de trabalho existentes no Brasil, com sua enorme diversidade econômica espalhada pelo território de dimensão continental. Por exemplo: danos causados a direitos difusos e coletivos no meio ambiente de trabalho estão concentrados na pecuária e na produção eletroeletrônica na Região Norte; na Região Nordeste, nas indústrias têxteis, de calçados, açúcar e álcool e no turismo; na Sudeste, além da agropecuária, produção mineral, pesca e etc.

Tais particularidades requerem um mínimo de familiaridade do juiz com os problemas locais. Não seria razoável que um magistrado do trabalho lotado no TRT da 10ª Região (Distrito Federal) se invista de competência para conhecer de uma causa coletiva, cuja decisão alcançará todo o território nacional, apenas por se encontrar, eventualmente, lotado naquele Regional. Lembrando que não há qualquer distinção hierárquica/funcional entre juízes do trabalho ou tribunais regionais do trabalho entre si.

O mesmo raciocínio se aplica quanto à fixação da competência de uma das varas do trabalho da capital do estado, quando a extensão do dano a ser reparado limitar-se ao âmbito regional. O Brasil possui estados com extensão territorial acima de muitos países. Minas Gerais, por exemplo, além da grande área territorial (586.528 km²) – superior à da França -, possui quase 20 milhões de habitantes (Censo 2010) e atividades econômicas bastante diversificadas, que vão desde a extração mineral, metalúrgica, automobilística, alimentícia, têxtil, construção civil até produtos químicos e minerais não metálicos. Por certo se estará diante da mesma dificuldade consistente em se ter um juiz do trabalho decidindo ação coletiva, de âmbito estadual, apenas pelo fato de se encontrar eventualmente lotado em uma das varas da sede do tribunal regional.

Efetivamente, o critério da conjugação da extensão do dano com a posição geográfica do órgão julgador não se apresenta como a melhor solução para o problema da competência territorial. No entanto, passada quase uma década da edição da OJ n. 130, o Tribunal Superior do Trabalho conferiu nova redação ao verbete sumular, que passou a ser a seguinte:

> OJ n. 130. Ação Civil Pública. Competência. Local do Dano. Lei n. 7.347/1985, art. 2º. Código de Defesa do Consumidor, art. 93 (redação alterada na sessão do Tribunal Pleno realizada em 14.9.2012) – Res. n. 186/2012, DEJT divulgado em 25, 26 e 27.9.2012.
>
> I – A competência para a Ação Civil Pública fixa-se pela extensão do dano.
>
> II – Em caso de dano de abrangência regional, que atinja cidades sujeitas à jurisdição de mais de uma Vara do Trabalho, a competência será de qualquer das varas das localidades atingidas, ainda que vinculadas a Tribunais Regionais do Trabalho distintos.
>
> III – Em caso de dano de abrangência suprarregional ou nacional, há competência concorrente para a Ação Civil Pública das varas do trabalho das sedes dos Tribunais Regionais do Trabalho.
>
> IV – Estará prevento o juízo a que a primeira ação houver sido distribuída.

A nova redação da OJ n. 130/TST trouxe maior clareza em relação à edição originária, além de excluir a regra de competência para as ações de âmbito nacional, antes fixada para o TRT da 10ª Região, o que é bastante positivo.

Porém, delegou competência concorrente para as varas do trabalho da sede de um dos tribunais regionais, quando o dano for de abrangência suprarregional ou nacional, o que acaba conservando a mesma desconformidade contida na redação anterior do referido verbete, relativamente a eleição do foro da Capital federal, como tratado linhas atrás.

A rigor, a não ser o item III da nova redação da OJ n. 130/TST e o louvável aclaramento da matéria no âmbito da Justiça do Trabalho, o novo verbete sumular não introduz qualquer novidade em relação à vetusta regra de competência estabelecida pelo art. 2º, e seu parágrafo único (incluído em 2001), da Lei n. 7.347/85 (LACP):

> Art. 2º – As ações previstas nesta Lei serão propostas no foro do local onde ocorrer o dano, cujo juízo terá competência funcional para processar e julgar a causa. Parágrafo único.

A propositura da ação prevenirá a jurisdição do juízo para todas as ações posteriormente intentadas que possuam a mesma causa de pedir ou o mesmo objeto.

Portanto o entendimento que melhor atende à questão é mesmo o critério da prevenção. Assim, deve ser competente o juízo que primeiro conheceu da ação, tornando-se prevento para todas as demais ações que tivessem as mesmas partes, pedido e causa de pedir, onde quer que originem ou estejam localizados os danos.

5.2. Decisão – Liminar e de mérito

Segundo o art. 12 da Lei n. 7.347/1985, poderá o juiz conceder mandado liminar, com ou sem justificação prévia, em decisão sujeita a agravo. Considerando a finalidade única do agravo de instrumento no processo trabalhista (destrancar recurso), criou-se uma polêmica em torno da recorribilidade da concessão de liminar em sede de ACP: se cabe recurso ou mandado de segurança.

Recurso não é cabível, pois a concessão ou não de liminar é decisão interlocutória, recorrível apenas após a sentença definitiva (CLT, art. 893, § 1º). Também não é o caso de mandado de segurança, a despeito de não haver recurso com efeito suspensivo contra a não concessão da medida liminar (art. 5º, II da Lei n. 12.016/2009), pois não há direito líquido e certo nesta hipótese, por se inserir o ato na esfera da discricionariedade do juiz.

Entretanto, mostra-se cabível o mandado de segurança no caso de concessão de liminar em ACP, desde que impetrado antes da sentença, conforme jurisprudência uniforme do Tribunal Superior do Trabalho. Nesta hipótese, o direito líquido e certo do impetrante poderá residir na ausência dos requisitos autorizadores da medida (*fumus boni iuris* e o *periculum in mora*). No caso de antecipação de tutela (art. 273 do CPC), a ação mandamental terá lugar quando ausente prova inequívoca da verossimilhança, fundado receio de dano irreparável, caracterização do abuso de direito de defesa ou propósito protelatório do réu. E ainda quando existir perigo de irreversibilidade do provimento antecipatório da tutela, bem como se forem controvertidos o pedido (ou parcelas deste), objeto do adiantamento da tutela.

Ao teor da Súmula n. 414 do TST, no caso de a tutela antecipada (ou liminar) se concedida antes da sentença, cabe a impetração do mandado de segurança, em face da inexistência de recurso próprio. Se, no entanto, a antecipação de tutela foi concedida em sentença (ou mantida, se incidental), incabível será o mandado de segurança, em face do impeditivo previsto no inciso II do art. 5º da Lei n. 12.016/2009 (existência de recurso próprio), ensejando apenas a cautelar para imprimir efeito suspensivo ao apelo (item I da Súmula n. 414 do TST).

Cumpre anotar que, uma vez proferida sentença nos autos principais, a ação mandamental que discute a antecipação de tutela ou medida liminar perde o seu objeto, tendo em vista que passa a ser impugnável mediante recurso próprio (III da Súmula n. 414).

A multa cominada liminarmente só será exigível do réu após o trânsito em julgado da decisão favorável ao autor, mas será devida desde o dia em que se houver configurado o descumprimento.

A sentença de mérito na ACP pode irradiar dois comandos distintos, conforme o provimento jurisdicional buscado. Um de cunho inibitório, pela imposição de obrigações de fazer e de obrigações de não fazer; outro, de cunho reparatório, consistente na recomposição dos bens lesados.

Como exemplos de obrigação de não fazer impostas em decisão de ACP, citam os seguintes: abstenção desconto salarial relativo a aquisição de uniformes obrigatórios, não promoção ou permissão de práticas discriminatórias no ambiente de trabalho, não utilizar mão de obra infantil, vedação às revistas íntimas, quando vexatórias para os empregados, não exigir jornada de trabalho extraordinário fora das hipóteses previstas em lei.

Quanto à obrigação de não fazer, hodiernamente as ACP trabalhistas têm sido utilizadas também para impugnar cláusulas inseridas em Instrumentos Normativos Coletivos (CCT, ACT), que de algum modo violam liberdades individuais ou coletivas ou direitos individuais indisponíveis dos trabalhadores, cujo provimento consiste na imposição de obrigação de não se incluírem, no futuro, tais disposições convencionais.

Podem figurar em decisão de ACP, como obrigações de fazer, por exemplo: elaborar e implementar o Programa de Controle Médico e Saúde Ocupacional (NR-7, PCMSO), o Programa de Prevenção de Riscos Ambientais (NR-9, PPRA), eleição, instalação e atuação da Comissão Interna de Prevenção de Acidentes (NR-5, CIPA), o cumprimento das cotas de contratação de portadores de necessidades especiais e reabilitados (art. 93, Lei n. 8.213/1991).

Já no que tange à obrigação de pagar, esta pode consistir na condenação em dinheiro, que se reverterá para um fundo (no caso trabalhista, como referido, o FAT), cuja finalidade será a reconstituição dos bens lesados.

6. Conclusão

Como um dos principais meios judiciais de atuação dos legitimados coletivos, a ação civil pública tem se revelado excepcional instrumento de defesa dos interesses da sociedade. Os interesses difusos e coletivos que, pela própria natureza, abrangem um maior número de indivíduos ao mesmo tempo, têm sido um dos principais alvos da ação coletiva.

Porque os direitos não podem ser lesados e nem tutelados individualmente, essa categoria de direitos tem merecido maior atenção dos autores legitimados, principalmente o *parquet*, razão pela qual prioriza a tutela metaindividual de cunho inibitório (em última análise, defesa da norma jurídica em tese), de forma a alcançar o seu objetivo institucional: a defesa da sociedade de forma metaindividual, indivisível e inominada. Até porque outras organizações governamentais e não governamentais já cuidam (ou deveriam cuidar) da defesa dos direitos individuais, homogêneos, cuja lesão decorra da infração à norma legal. Portanto, no manejo da ação civil pública, devem-se resguardar os objetivos originalmente propostos pelo legislador, seja quanto ao objeto, seja quanto ao momento, seja ainda quanto ao alcance das decisões proferidas.

Acredita-se que é este o caminho, e que dentro em pouco se assistirá ao redimensionamento das relações de poder, no âmbito interno empresarial num sentido mais igualitário, e a ampliação das possibilidades de controle jurisdicional dos abusos do poder diretivo dos empregadores.

Referências bibliográficas

GRINOVER, Ada Pelegrini. A ação civil pública refém do autoritarismo. *Revista Forense*, São Paulo, vol. 349, jan./fev./mar. 2000.

MARTINS FILHO, Ives Gandra da Silva. Um Pouco de História do Ministério Público do Trabalho. *Revista do Ministério Público do Trabalho*, São Paulo, LTr, mar. 97.

_____. Ação Civil Pública e Ação Civil Coletiva. *Revista LTr: legislação do trabalho*, São Paulo, v. 59, n. 11, nov. 1995.

MEIRELES José Dilermano. Ministério Público: sua gênese e sua história. *Revista de Informação Legislativa*, v. 21, n. 84, out./dez. 1984.

MEIRELLES Hely Lopes. Mandado de segurança, ação popular, ação civil pública, mandado de injunção, "habeas data". 17ª ed., atual por Arnold Wald., Malheiros Editores, São Paulo, 1996

OLIVEIRA Francisco Antonio de. *Ação Civil Pública — Enfoques Trabalhistas — Doutrina — Jurisprudência — Legislação*. 23. ed. São Paulo: RT.

OJ n. 143 da SDI-2 do TST: Infidelidade do Depositário de Coisa Futura e Incerta. Cabimento de *Habeas Corpus*

Luiz Olympio Brandão Vidal

OJ-SDI-II N. 143 – *"HABEAS CORPUS"*. PENHORA SOBRE COISA FUTURA E INCERTA. PRISÃO. DEPOSITÁRIO INFIEL (alterada) – Res. n. 151/2008, DEJT divulgado em 20, 21 e 24.11.2008

Não se caracteriza a condição de depositário infiel quando a penhora recair sobre coisa futura e incerta, circunstância que, por si só, inviabiliza a materialização do depósito no momento da constituição do paciente em depositário, autorizando-se a concessão de "habeas corpus" diante da prisão ou ameaça de prisão que sofra.

A Orientação Jurisprudencial n. 143 da Seção de Dissídios Individuais II do Tribunal Superior do Trabalho, editada inicialmente em 22.6.2004, foi alterada em 24.11.2008 através da Resolução n. 151/2008, que acrescentou o adjetivo "incerta" à expressão "coisa futura", vigorando, desde então, a redação ora reproduzida.

No Processo do Trabalho, quando o devedor é citado para pagar o débito e não o faz em 48 horas, deflagram-se contra ele os primeiros atos tendentes à apreensão de bens para satisfação da dívida, conforme art. 883 da CLT. Esta apreensão ocorre através da penhora, a qual é formalizada com a lavratura do respectivo auto, que deverá conter, entre outros requisitos previstos no art. 665 do CPC (a CLT é omissa nessa parte), a nomeação do depositário dos bens. Surge daí a figura do depositário judicial, considerando um auxiliar do Juízo (CPC, art. 148).

O depósito é um contrato civil pelo qual o depositário recebe um bem móvel para guardar até que o depositante o reclame. Além da obrigação de guardar e conservar a coisa depositada como se esta lhe pertencesse, o depositário tem também a obrigação de restituí-la quando o depositante o exigir (art. 629, CC). Caso inadimplida a obrigação de restituir pelo depositário civil, o depositante tem de promover a ação de depósito (CPC, art. 901), através da qual o juiz ordena a expedição do mandado de entrega da coisa depositada ou do equivalente em dinheiro. Descumprido o mandado pelo depositário civil, caracteriza-se a figura do depositário infiel, decretando-se sua prisão por período não excedente de um ano (CPC, art. 652).

No sistema processual, a prisão do depositário judicial infiel pode ser decretada no próprio processo, independentemente de ação de depósito (CPC, § 3º, art. 466).

Todavia, para que se configure a situação de descumprimento da obrigação de restituir a coisa depositada, é mister que esta esteja na posse do depositário judicial, visto como, por óbvio, ninguém pode ser compelido a cumprir o impossível.

Ocioso dizer que, para estar na posse do depositário, o bem móvel deve ser presente e corpóreo, o que não acontece, *a contrario sensu*, com as coisas futuras e incertas. Se estas não entraram na posse do depositário, não pode ele restituir o que não tem consigo.

A Orientação Jurisprudencial em análise cuida exatamente desta questão, fixando o entendimento da impossibilidade de se caracterizar a figura do depósito *stricto sensu* quando o bem garantidor da execução for coisa futura e incerta. Nos julgamentos dos Recursos Ordinários que deram origem ao verbete jurisprudencial, a penhora recaiu ou sobre parte do faturamento da empresa, ou sobre bens que seriam produzidos (tijolos) ou plantação a ser colhida (cacau), vale dizer, não sobre bens presentes e corpóreos, mas sobre bens futuros e incertos. Logo, não restou aperfeiçoada a figura jurídica do depósito, o que, no entender do Tribunal Superior do Trabalho, tornou inviável a expedição do decreto prisional. Em todos os aludidos julgados foi concedida a ordem de *habeas corpus*.

Isso não significa, todavia, que não possa haver penhora de faturamento de empresa, ou de bens futuros. Tais constrições não são ilegais, tanto assim que previstas no Código de Processo Civil (art. 677 e 678) e aceitas pelo Tribunal Superior do Trabalho, conforme verbete da Orientação Jurisprudencial n. 93 de sua SDI-II. O que não se admite é a prisão do depositário desses bens, porquanto não se caracteriza a infidelidade nestes casos.

Realmente, em tal hipótese, não haverá a figura do depositário-guardador, mas do depositário-administrador, contemplada também no art. 666, III, do CPC.

Cumpre destacar, por importante, que todos os casos foram julgados pelo Tribunal Superior do Trabalho nos anos de 2002 a 2008, anteriormente, portanto, à superveniência da Súmula Vinculante n. 25 do Supremo Tribunal Federal, publicada no DOU de 23.12.2009, assim enunciada: "É ilícita a prisão civil de depositário infiel, qualquer que seja a modalidade do depósito."

Segundo a Lei n. 11.417/2006, que regulamentou o art. 103-A da Constituição Federal de 1988, a Súmula tem efeito vinculante em relação aos demais órgãos do Poder Judiciário. Decisão judicial que a contrarie será cassada pelo STF em reclamação dirigida àquela Corte Constitucional.

Em função disso, pouco importa agora a natureza dos bens penhorados: certos ou incertos, presentes ou futuros. O depositário destes bens não pode ser preso, sob pena de contrariedade à Súmula vinculante mencionada.

Em função disso, o próprio Supremo Tribunal Federal revogou a Súmula n. 619 daquela Corte, cujo enunciado dispunha que "a prisão do depositário judicial pode ser decretada no próprio processo em que se constituiu o encargo, independentemente da propositura de ação de depósito", por incompatível com o novo entendimento que adotou.

Por isso, é razoável esperar que o Tribunal Superior do Trabalho também cancele a Orientação Jurisprudencial n. 143, de resto obsoleta desde que veio ao mundo jurídico a Súmula Vinculante n. 25 do Supremo Tribunal Federal.

OJ n. 149 da SDI-2 do TST: Incompetência Relativa e Impossibilidade de Arguição de Ofício pelo Juiz

Florença Dumont Oliveira

OJ N. 149 DA SDI-II DO TST: CONFLITO DE COMPETÊNCIA. INCOMPETÊNCIA TERRITORIAL. HIPÓTESE DO ART. 651, § 3º, DA CLT. IMPOSSIBILIDADE DE DECLARAÇÃO DE OFÍCIO DE INCOMPETÊNCIA RELATIVA. (DEJT divulgado em 3, 4 e 5.12.2008)

Não cabe declaração de ofício de incompetência territorial no caso do uso, pelo trabalhador, da faculdade prevista no art. 651, § 3º, da CLT. Nessa hipótese, resolve-se o conflito pelo reconhecimento da competência do juízo do local onde a ação foi proposta.

Quando certo conflito não é resolvido voluntariamente, torna-se necessário que as partes recorram ao Poder Judiciário, que, através de um dos seus órgãos e por meio do processo, irá viabilizar a tutela prometida pelo direito material. Sob essa perspectiva, tem-se que a competência é a distribuição da atividade jurisdicional (MARINONI, 2006).

Há inúmeros critérios para se determinar a competência, a saber: com base na matéria, qualidade das partes, função ou hierarquia do órgão julgador e lugar.

Interessa-nos, nesse artigo, analisar a competência em razão do território à luz da Orientação Jurisprudencial (OJ) n. 149 da Seção de Dissídios Individuais II (SDI-II) do Tribunal Superior do Trabalho (TST), publicada em 5.12.2008. A competência *ratione loci*, também chamada competência territorial, é determinada tendo como foco a circunscrição geográfica sobre a qual atua o órgão jurisdicional (BEZERRA LEITE, 2007).

A competência classifica-se, ainda, em absoluta ou relativa. Os critérios absolutos de fixação de competência são criados em razão de interesse público. Quando, contudo, a lei objetiva proteger precipuamente interesses privados, fala-se em competência relativa. Enquanto a incompetência relativa admite a prorrogação (ampliação) de competência, a incompetência absoluta não a admite.

Nos dizeres de Câmara (2006, p. 106), "*a prorrogação da competência consiste, precisamente, no fenômeno pelo qual um juízo incompetente para determinado processo se torna, por incidência de alguma das causas de modificação de competências, competente para processar e julgar aquela causa*". É o que se extrai do art. 114 do CPC, aplicável ao processo do trabalho por força do art. 769 da CLT.

Um dos efeitos da prorrogação da competência é a prevenção do juízo (BEZERRA LEITE, 2006).

O processo do trabalho prevê hipóteses de competência absoluta e competência relativa. Ensina Leite (2006) que as competências em razão da matéria[1] pessoa e função[2] só permitem o exercício da jurisdição pelo juiz que estiver legalmente autorizado a exercê-la, enquanto a competência em razão do território é relativa, significando que um juiz do trabalho territorialmente incompetente para a causa pode se tornar validamente competente desde que a parte interessada não oponha exceção de incompetência. É o que determinam os art. 102 e 111 do CPC[3], também aplicáveis ao processo do trabalho por força do art. 769 da CLT.

Portanto a competência territorial é prorrogável, ou seja, no caso de o réu não alegar a incompetência territorial no momento oportuno[4], o juízo que, inicialmente, não seria competente passa a sê-lo. Significa dizer, nesse último caso, que, não havendo exceção de incompetência, uma Vara do Trabalho do Rio de Janeiro/RJ, por exemplo, pode ser considerada competente para julgar uma causa que deveria ter sido ajuizada, em tese, em uma Vara do Trabalho de Petrópolis/RJ.

Em relação à competência territorial, disciplina o art. 651 da CLT:

> Art. 651 – A competência das Juntas de Conciliação e Julgamento é determinada pela localidade onde o empregado, reclamante ou reclamado, prestar serviços ao empregador,

---

(1) Por exemplo, se João ajuíza, na Vara Cível de Belo Horizonte, reclamação alegando ter relação de emprego com Mauro e aduzindo pedidos de natureza trabalhista, aquela vara cível é absolutamente incompetente e deve declinar sua competência a uma das varas do trabalho de Belo Horizonte, pois apenas estas são aptas materialmente a julgarem a matéria em comento.

(2) O dissídio coletivo, por exemplo, apenas pode ser apreciado pelo Tribunal Regional do Trabalho ou Tribunal Superior do Trabalho, a depender da extensão do conflito.

(3) Determinam tais artigos:
  "Art. 102. A competência, em razão do valor e do território, poderá modificar-se pela conexão ou continência, observado o disposto nos artigos seguintes."
  "Art. 111. A competência em razão da matéria e da hierarquia é inderrogável por convenção das partes; mas estas podem modificar a competência em razão do valor e do território, elegendo foro onde serão propostas as ações oriundas de direitos e obrigações. (...)"

(4) No caso do processo do trabalho, o momento processual oportuno é aquele em que o réu apresenta contestação, na audiência inaugural.

ainda que tenha sido contratado noutro local ou no estrangeiro.

§ 1º Quando for parte no dissídio agente ou viajante comercial, a competência será da Junta da localidade em que a empresa tenha agência ou filial e a esta o empregado esteja subordinado e, na falta, será competente a Junta da localização em que o empregado tenha domicílio ou a localidade mais próxima.

§ 2º A competência das Juntas de Conciliação e Julgamento, estabelecida neste artigo, estende-se aos dissídios ocorridos em agência ou filial no estrangeiro, desde que o empregado seja brasileiro e não haja convenção internacional dispondo em contrário.

§ 3º Em se tratando de empregador que promova realização de atividades fora do lugar do contrato de trabalho, é assegurado ao empregado apresentar reclamação no foro da celebração do contrato ou no da prestação dos respectivos serviços.

Por sua vez, a OJ n. 149 da SDI 2 do TST dispõe o seguinte: "*Conflito de competência. Incompetência territorial. Hipótese do art. 651, § 3º, da CLT. Impossibilidade de declaração de ofício de incompetência relativa. (DEJT divulgado em 3, 4 e 5.12.2008)."*

Não há novidade na OJ em comento. De fato, a incompetência territorial é, em regra, relativa, não havendo que se falar em declaração de ofício pelo juiz. Considerando que as súmulas e orientações jurisprudenciais costumam ser criadas para pacificar entendimentos, muitas vezes controvertidos na jurisprudência, pode-se indagar qual seria a razão de ser para a edição de uma orientação jurisprudencial que determina o que já está previsto em lei e se encontra pacificado na doutrina.

Na verdade, não se pode falar em grande controvérsia na jurisprudência acerca do tema. Aliás, analisando-se os precedentes que a geraram, observa-se fato curioso: dos dez conflitos de competência que precederam a edição da OJ em comento,[5] oito fazem referência a conflitos entre juízes das Varas do Trabalho de Nanuque/MG e Atalaia/AL (processos n. 1) CC-168.994/2006-000-00-00.6; 2) CC-175.734/2006-000-00-00.6; 3)CC-168986/2006-000-00-00; 4) CC-168.991/2006-000-00-00.6; 5) CC- 168990/2006-000-00-00; 6) CC-168.988/2006-000-00-00.1; 7) CC-168985/2006-000-00-00.1; 8) CC – 168992/2006-000-00-00), sendo os outros dois oriundos de conflito entre as Varas do Trabalho do Rio de Janeiro e o 3º TRT (CC-188235/2007-000-00-00) e a Vara do Trabalho de Rio de Janeiro e Blumenau (CC-30652/2002-000-00-00.9), a demonstrar, em consonância com a doutrina majoritária, que já era pequena a parcela de jurisprudência que entendia pela possibilidade de declaração de ofício em casos de competência territorial antes mesmo da edição da OJ.

Conclui-se, mais uma vez, que a OJ apenas ratifica o que já se extrai do ordenamento jurídico. Todavia convém tecer alguns comentários acerca do assunto.

Inicialmente, acerca do art. 651 da CLT e também da OJ n. 149 da SDI-II, cumpre registrar que estes tratam da fixação da competência em casos de reclamações trabalhistas, ou seja, em casos de ações individuais ajuizadas por empregados. Não se aplicam, por exemplo, a ações civis públicas[6] ou a dissídios coletivos[7].

Não se olvide, ainda, que o § 3º do art. 651 da CLT assegura ao empregado ajuizar reclamação no foro da celebração do contrato ou no da prestação dos respectivos serviços, não havendo ordem prioritária nem *incompetência* no caso de a ação ser ajuizada em qualquer dos locais (prestação de serviços ou contração), porquanto ambos seriam territorialmente competentes para processar e julgar as referidas reclamações[8].

Considerando o exposto e o que será abordado adiante, a melhor interpretação a ser dada para a orientação é a seguinte: a) o empregado que presta serviços fora do lugar da contratação pode optar pelo local onde irá ajuizar sua ação[9]; b) o juiz não pode declarar, de ofício, incompetência territorial, ainda que o reclamante ajuíze ação em local <u>diferente</u> daquele em que foi contratado ou prestou serviços[10]; c) a interpretação do § 3º do art. 651 deve ser feita em cotejo com o seu *caput* e demais parágrafos, considerando a teleologia da norma trabalhista e a jurisprudência do TST.

---

(5) Disponível em: <http://www3.tst.jus.br/jurisprudencia/OJ_SDI_2/n_S6_141.htm#tema149>. Acesso em: 14 ago. 2012.

(6) O entendimento majoritário do TST, neste caso, é pela aplicação da OJ n. 130 da SDI-II. Ademais, tem-se entendido que a competência nos casos de Ações Civis Públicas é absoluta.

(7) No caso dos dissídios coletivos, a competência é funcional dos tribunais do trabalho e depende da extensão territorial do conflito.

(8) Apesar de parecer evidente, a maioria dos conflitos de competência citados como precedentes para a referida OJ decorreram de conflitos entre juízes da contratação e da prestação de serviços. Consoante o registrado, potencialmente, nesses casos, ambos os juízos seriam competentes para a ação, ainda que concretamente um deles se torne prevento e o outro, por consequência, incompetente.

(9) Conquanto uma leitura mais restritiva possa levar à conclusão de que o § 3º do art. 651 da CLT apenas permitiria ao empregado eleger entre o local da contratação e o local da prestação de serviços, entende-se que este pode optar por outro local, desde que haja justificativa plausível para a escolha, mormente não havendo prejuízo para a defesa.

(10) Aliás, apenas nesse caso é que se poderia cogitar, potencialmente, em incompetência territorial, porque, conforme já mencionado, tanto o local da contratação como o da prestação de serviços seriam competentes.

Nesta seara, se Maria, por exemplo, contratada em Divinópolis/MG, prestou serviços em Gramado/RS, ela pode optar por qualquer dos locais para o ajuizamento de sua ação. Contudo, caso ela ajuíze ação em Salvador/BA, local onde reside atualmente, não havendo exceção de incompetência, não pode o juiz baiano, de ofício, declarar-se incompetente, mesmo não atuando no local em que Maria foi contratada ou prestou serviços. É o que se extrai, por exemplo, da leitura do processo n. TST-CC-30652/2002-000-00-00.9, citado como um dos precedentes da OJ abordada.

No caso do precedente em comento entendeu-se justificável o ajuizamento, pelo reclamante, de ação em União dos Palmares/Alagoas, município próximo de seu domicílio (Capela/Alagoas), tendo-se fundamentado que deve ser garantido ao trabalhador o acesso à Justiça. Confira-se o seguinte trecho do acórdão:

> Na situação vertente, até se justifica o ajuizamento da ação no município de União dos Palmares, no Estado de Alagoas, visto que o reclamante, embora tenha prestado serviços no Estado de Espírito Santo, é residente e domiciliado no município de Capela, no Estado de Alagoas, próximo à União dos Palmares. Ressalte-se, ainda, como consignado pelo Juízo suscitante, que a teleologia das regras constantes no art. 651 da CLT sobre competência tendem a garantir o acesso do trabalhador à Justiça especializada sem maiores embaraços. (processo n. TST-CC-30652/2002-000-00-00.9. Publicação: DJ – 22.11.2002. Juiz convocado Aloysio Corrêa da Veiga)

Aliás, é possível extrair outras conclusões que não se encontram expressas na OJ sob análise: além de o juiz não poder declarar de ofício sua incompetência territorial, entende-se que este também poderia deixar de acolher eventual exceção de incompetência arguida pela parte ré, considerando que seria competente o juízo do município onde reside o empregado, independentemente de coincidir com o local da contratação ou da prestação de serviços. Nesta linha de entendimento está, por exemplo, a jurisprudência do Superior Tribunal de Justiça em casos de ajuizamento de ações pelo consumidor (também considerado hipossuficiente na relação, como o trabalhador), que pode optar pelo foro onde irá ajuizar a ação, havendo justificativa plausível para sua escolha[11]. Também em sentido semelhante cite-se o Enunciado n. 7 aprovado na 1ª Jornada de Direito Material e Processual na Justiça do Trabalho, que permite o ajuizamento da reclamação no domicílio do empregado no caso de empregador que arregimente empregado domiciliado em outro município ou outro Estado da federação:

> 7. ACESSO À JUSTIÇA. CLT, ART. 651, § 3º. INTERPRETAÇÃO CONFORME A CONSTITUIÇÃO. ART. 5º, INC. XXXV, DA CONSTITUIÇÃO DA REPÚBLICA. Em se tratando de empregador que arregimente empregado domiciliado em outro município ou outro Estado da federação, poderá o trabalhador optar por ingressar com a reclamatória na Vara do Trabalho de seu domicílio, na do local da contratação ou na do local da prestação dos serviços.[12]

Neste ponto, seriam aplicadas, indistintamente, as regras contidas nos §§ 1º e 3º, independentemente da função do empregado.

De fato, o § 3º do art. 651 deve ser interpretado conjuntamente com todo o disposto neste mesmo art. 651, com a OJ n. 149 da SDI-II e com o ordenamento jurídico trabalhista, haja vista que o ordenamento jurídico almeja o acesso amplo à justiça pelo trabalhador. Não se pode perder de vista que o trabalhador, muitas vezes, não tem condições financeiras de ajuizar sua ação no local da prestação de serviços ou mesmo da contratação, o que não pode inibir seu direito fundamental de acesso à justiça.

Ademais o art. 651 tem por objetivo a facilitação da produção de provas pelo empregado, não se podendo restringir seu direito de ação caso o trabalhador entender mais conveniente, para tanto, o ajuizamento em juízo diverso daquele do local da prestação de serviços ou da contratação.

Ante o exposto, a OJ n. 149 da SDI II é mais um instrumento de interpretação do art. 651 da CLT e de todo o ordenamento jurídico, concluindo-se que o empregado que presta serviços fora do lugar da contratação pode optar pelo local onde irá ajuizar sua ação e que o juiz não pode declarar, de ofício, eventual incompetência territorial, ainda que o reclamante ajuíze ação em local diferente daquele em que foi contratado ou prestou serviços, mormente havendo justificativa razoável para a escolha do local do ajuizamento, hipótese não apenas da contratação e prestação de serviços, mas também do domicílio do empregado/reclamante.

Observe-se finalmente que, enquanto o Direito Material do Trabalho sofre tensões, o Direito Processual avança, movido talvez pela pressão social por uma Justiça mais célere e simples.

Referências bibliográficas

BEZERRA LEITE, Carlos Henrique. *Curso de Direito Processual do Trabalho*. 10. ed. São Paulo: LTr, 2012.

CÂMARA, Alexandre Freitas. *Lições de Direito Processual Civil*. 15. ed. Rio de Janeiro: Lumen Juris, 2006.

---

(11) Neste sentido cite-se o seguinte julgado do STJ: EDcl no AgRg nos EDcl no CC 116.009/PB, rel. Ministro SIDNEI BENETI, rel. p/ Acórdão Ministra MARIA ISABEL GALLOTTI, SEGUNDA SEÇÃO, julgado em 8.2.2012, DJe 20.4.2012.

(12) Disponível em: <http://www.evocati.com.br/evocati/impressao.wsp?tmp_codigo=189>. Acesso em: 14 set. 2012.

ENUNCIADOS APROVADOS NA 1ª JORNADA DE DIREITO MATERIAL E PROCESSUAL NA JUSTIÇA DO TRABALHO. Disponível em: <http://www.evocati.com.br/evocati/impressao.wsp?tmp_codigo=189>. Acesso em: 14 set. 2012.

MARINONI, Luiz Guilherme. *Teoria Geral do Processo*. São Paulo: RT, 2006.

TRIBUNAL REGIONAL DO TRABALHO DA 19ª REGIÃO. Disponível em: <http://www.trt19.jus.br/siteTRT19/JSPs/adm/Institucional/VarasDoTrabalhoDetalhe.jsp?codVara=16>. Acesso em: 27 ago. 2012.

TRIBUNAL SUPERIOR DO TRABALHO. Orientações Jurisprudenciais e Precedentes. Disponível em: <http://www.tst.gov.br/ojs>. Acesso em: 30 ago. 2012.

OJ n. 156 da SDI-2 do TST: *Habeas Corpus* Originário no TST

Sielen Barreto Caldas de Vilhena

OJ N. 156 DA SDI-2 DO TST: *HABEAS CORPUS* **ORIGINÁRIO NO TST. SUBSTITUTIVO DE RECURSO ORDINÁRIO EM** *HABEAS CORPUS***. CABIMENTO CONTRA DECISÃO DEFINITIVA PROFERIDA POR TRIBUNAL REGIONAL DO TRABALHO** (DEJT divulgado em 9, 10 e 11.6.2010)

É cabível ajuizamento de *habeas corpus* originário no Tribunal Superior do Trabalho, em substituição de recurso ordinário em *habeas corpus*, de decisão definitiva proferida por Tribunal Regional do Trabalho, uma vez que o órgão colegiado passa a ser a autoridade coatora no momento em que examina o mérito do *habeas corpus* impetrado no âmbito da Corte local.

1. Introdução

A expressão latina *habeas corpus* ordinariamente remete à ideia de liberdade, de fim de uma opressão injusta, e pode ser traduzida literalmente como "que tenhas o corpo!" (HRYNIEWICZ, 2005, p. 41). Tecnicamente, do ponto de vista do Direito, o instituto em tela é complexo e, portanto, demanda um exame cuidadoso para que se possa compreendê-lo. Cumprida essa tarefa, espera-se neste capítulo apresentar informações gerais sobre o *habeas corpus*, a aplicação do instituto na Justiça do Trabalho e, ainda, o entendimento do Tribunal Superior do Trabalho (TST), expresso na Orientação Judicial (OJ) n. 156 da Seção de Dissídios Individuais 2 (SDI2), sobre *habeas corpus* originário no TST. Para esta última análise, sobretudo, será feita remissão à jurisprudência do Supremo Tribunal Federal (STF).

2. *Habeas corpus*: aspectos gerais

Segundo Silva (2001, p. 447), o *habeas corpus* foi "o primeiro remédio a integrar as conquistas liberais". Esclarece também o autor que, desde antes da Carta Magna de 1215, o instituto já se fazia presente na Inglaterra, sendo inicialmente relacionado ao direito ao devido processo legal. Mas, do século XIII até o final do XVIII, houve uma profunda modificação nesse sentido, quando, então, começa a ser associado à ideia de liberdade. "O '*Habeas corpus Amendment Act*' de 1769 é que o configurou, com mais precisão, como um remédio destinado a assegurar a liberdade dos súditos e prevenir os encarceramentos em ultramar." (SILVA, 2001, p. 447).

Nas constituições brasileiras, o primeiro registro do *habeas corpus* foi na de 1891. Mas, mesmo antes de receber *status* constitucional, desde 1832, já integrava o Código de Processo Criminal. Nessa época, o *habeas corpus* foi concebido pela doutrina como "remédio tutelar dos direitos subjetivos de qualquer natureza". (SILVA, 2001, p. 447).

Atualmente, porém, entre os doutrinadores brasileiros predomina entendimento diverso. O *Habeas corpus* é entendido como "[...] remédio constitucionalmente destinado à defesa da liberdade de ir e vir (liberdade de locomoção)". (ALMEIDA, 2008, p. 956). Almeida constrói esse conceito com base na Constituição Federal de 1988, que em seu art. 5º, inciso LXVIII, determina que "**conceder-se-á *habeas corpus* sempre que alguém sofrer ou se achar ameaçado de sofrer violência ou coação em sua liberdade de locomoção, por ilegalidade ou abuso de poder**". (BRASIL, 1988, grifo nosso).

Por essas características, o *habeas corpus* pode ser compreendido como uma ação constitucional de caráter penal concebida para garantir a concretização do direito fundamental individual de liberdade de locomoção. Faz-se necessário o registro dessa natureza do instituto, pois, embora não seja um recurso, encontra-se regulamentado como tal pelo Código de Processo Penal (CPP) (BRASIL, 1941), o que poderia levar a erro o leitor que desconhece o parâmetro constitucional. (BEZERRA LEITE, 2011).

A partir da análise da Constituição de 1988 é também possível aferir que o *habeas corpus* pode ser de dois tipos: preventivo (para fazer cessar a ameaça à liberdade de locomoção) e liberatório (para fazer cessar o constrangimento ilegal). (ALMEIDA, 2008). Nessa mesma linha, segundo o CPP, o *habeas corpus* será o remédio cabível "sempre que alguém sofrer ou se achar na iminência de sofrer violência ou coação ilegal na sua liberdade de ir e vir". As hipóteses em que a coação se manifesta como ilegais também são descritas pelo CPP. São elas: quando não houver justa causa; quando alguém estiver preso por mais tempo do que reza a lei; por falta de competência para ordenar a coação; quando houver cessado o motivo da coação; quando não for alguém admitido a prestar fiança, quando o processo for nulo; e quando for extinta a punibilidade. (BRASIL, 1941).

Para ajuizar *habeas corpus* não é necessária a constituição de advogado. Segundo o art. 654 do CPP, "o *habeas corpus* poderá ser impetrado por qualquer pessoa, em seu favor ou de outrem, bem como pelo Ministério Público". (BRASIL, 1941). Segundo o art. 5º, inciso LXXVII, da Constituição de 88, a medida também não implica em qualquer ônus. Acertadamente, determinou o constituinte que "são gratuitas as ações de *habeas corpus* e *habeas data*, e, na forma da lei, os atos necessários ao exercício da cidadania". (BRASIL, 1988). E, ainda, tem-se a relevante constatação de que "o juiz que ordenar a prisão será a autoridade coatora no *habeas corpus*". (ALMEIDA, 2008, P. 956).

3. O *habeas corpus* na Justiça do Trabalho

A Emenda Constitucional n. 45 de 2004 deu nova redação ao art. 114 da Constituição Federal. Entre suas importantes modificações, incluiu a determinação constante no inciso IV do referido artigo de que compete à Justiça do Trabalho processar e julgar "**os mandados de segurança, *habeas corpus* e habeas data, quando o ato questionado envolver matéria sujeita à sua jurisdição**". (BRASIL, 1988, grifo nosso). Segundo Leite (2011, p. 1298), essa competência se estabelece "independentemente de o ato questionado ser de Juiz do Trabalho de primeiro ou segundo grau, ou mesmo de ministro do TST".

Cada Tribunal Regional fixa em seu regimento interno procedimentos relativos ao *habeas corpus*. Em relação ao TST, o Regimento Interno determina que compete à SDI2 julgá-lo originariamente. Tanto no TST como nos demais tribunais regionais, "a tramitação do HC prefere à de qualquer outro processo, sendo o mesmo julgado na primeira sessão, permitindo-se o adiamento para a sessão seguinte". (BEZERRA LEITE, 2011, p. 1298).

3.1. O habeas corpus e a casuística trabalhista

Conforme se verifica abaixo, o Tribunal Regional do Trabalho (TRT) da 3ª Região tem se manifestado em virtude de ameaça de coação ilegal realizada por juiz do Trabalho de 1ª instância. O fundamento da decisão em tela é a Súmula Vinculante n. 25 do STF, publicada em 2009, que determina ser ilícita a prisão civil de depositário infiel, qualquer que seja a modalidade do depósito:

> EMENTA. *HABEAS CORPUS* PREVENTIVO: DEPOSITÁRIO INFIEL. ILEGALIDADE DA AMEAÇA DE PRISÃO. Nos termos da Súmula Vinculante n. 25 do Excelso STF, é ilegal a ameaça judicial de restrição da liberdade, fundada na condição de depositário infiel dos bens penhorados. Nem se argumente, aqui, que não se trata da prisão do depositário infiel, mas sim do depositário judicial. Isso porque, determinado ao depositário que apresente o bem ou pague a execução, sob pena de prisão, é evidente que a ameaça de prisão decorre, em última análise, da própria condição de depositário infiel, contra o qual não mais cabe a prisão civil. (MINAS GERAIS, 2011).

Por sua vez, o TST, a partir do mesmo fundamento, tem se manifestado em relação às ameaças ao direito de locomoção realizadas por desembargadores dos Tribunais Regionais do Trabalho, como é possível verificar abaixo:

> *HABEAS CORPUS* PREVENTIVO SUBSTITUTIVO DE RECURSO ORDINÁRIO. DEPOSITÁRIO INFIEL. Não obstante o anterior entendimento desta Corte acerca da legalidade da prisão do depositário fiel, não há como não se curvar à decisão do Supremo Tribunal Federal, no sentido de que devem ser observadas as convenções e os tratados internacionais sobre direitos humanos dos quais o Brasil é signatário – e por ele ratificado –, como é a hipótese do Pacto de São José da Costa Rica. Nesse pacto, está previsto que, apenas na hipótese de devedor de alimentos, pode ser considerada legal a prisão civil. Habeas corpus concedido. (BRASIL, 2010).

Todavia não é apenas em julgamentos sobre a temática do depositário infiel que se verifica a atuação da Justiça do Trabalho, mas também em casos em que se detectam violações ao livre exercício da profissão. Foi essa, por exemplo, a situação apreciada em sede de *habeas corpus*, com pedido liminar, impetrado em favor de Oscar dos Santos Emboaba Junior. Neste caso, foi apontada como autoridade coatora a 16ª Turma do TRT da 2ª Região, que deu provimento a recurso ordinário para afastar a rescisão indireta do contrato de trabalho reconhecida em sentença e, em sede de embargos de declaração, restabeleceu o vínculo desportivo do atleta em tela com o São Paulo Futebol Clube. Ao julgar esta ação, assim considerou o ministro relator Caputo Bastos:

> Dito isso, tenho, em primeira análise, que a decisão judicial que determina o restabelecimento obrigatório do vínculo desportivo com o SÃO PAULO FUTEBOL CLUBE, em contrariedade à vontade do trabalhador, cerceia o seu direito fundamental de exercício da profissão, razão pela qual concedo a liminar em habeas corpus para autorizar o paciente a exercer livremente a sua profissão, participando de jogos e treinamentos em qualquer localidade e para qualquer empregador, conforme sua livre escolha. (BRASIL, 2012).

Na prática, nesse caso, se assimilou à prisão civil ilegal o contrato forçado. Reconheceu a Justiça do Trabalho que ambos impedem o exercício da liberdade de ir e vir e têm o mesmo remédio: o *habeas corpus*.

3.2. A OJ n. 156 da SDI2 do TST

Publicada em junho de 2010, a OJ n. 156 da SDI2 do TST determina que:

> É cabível ajuizamento de *habeas corpus* originário no Tribunal Superior do Trabalho, em substituição de recurso ordinário em *habeas corpus*, de decisão definitiva proferida por Tribunal Regional do Trabalho, uma vez que o órgão colegiado passa a ser a autoridade coatora no momento em que examina o mérito do *habeas corpus* impetrado no âmbito da Corte local. (BRASIL, 2010)

Antes da publicação dessa OJ, o caminho processual era diferente. Com a determinação da prisão civil pelo juiz do Trabalho, o paciente procedia ao ajuizamento da ação de *habeas corpus* perante o TRT. Caso ocorresse o indeferimento do salvo-conduto pelo Tribunal Regional, ao paciente restava apenas a interposição de Recurso Ordinário em *habeas corpus* perante o TST. Neste recurso, a autoridade coatora era o juiz da Vara do Trabalho.

Com a possibilidade de ajuizamento de *habeas corpus* originário no TST, supera-se a questão do prazo a ser observado para a interposição do Recurso Ordinário, não ficando o interessado sujeito a esses melindres. Como se extrai da leitura da OJ n. 156 da SDI2, o TST permite o ajuizamento de uma nova ação de *habeas corpus*, cuja autoridade coatora, desta vez, será o órgão colegiado do TRT que denegou o salvo conduto pretendido. Esta visão tem como fundamento a jurisprudência do STF, como destacado no Acórdão n. 760171/01.5 pelo ministro Ives Gandra Martins Filho:

> A jurisprudência do STF elaborou construção no sentido de admitir, como ocorre no caso em exame, *habeas corpus* originário substitutivo de recurso ordinário, por entender que o Tribunal Regional que denega o writ passa a ser a autoridade coatora, o que afasta a possibilidade de se receber o presente *habeas corpus* como recurso ordinário, pelo princípio da fungibilidade recursal. (BRASIL, 2001).

Efetivamente, desde abril de 1989, com o julgamento do *habeas corpus* n. HC n. 67.263-9 pelo STF, o ministro relator Moreira Alves, ao explicar "o sistema implantado pela Constituição de 1988 no terreno do *habeas corpus*" (BRASÍLIA, 1989), apontou situação em que o *habeas corpus* originário é mero substitutivo de recurso ordinário em *habeas corpus*:

> [...] Excluo dessa competência originária apenas uma hipótese, para que se evite a possibilidade de fraude à competência do Superior Tribunal de Justiça no tocante a recurso ordinário de habeas corpus, ou, pelo menos, de escolha, pelo interessado, da jurisdição que lhe parecer mais conveniente. Essa hipótese é a decisão denegatória, por parte de Tribunais locais ou federais de segundo grau, em habeas corpus originário ou em recurso ordinário de habeas corpus, casos em que, pelo sistema adotado pela atual Constituição, cabe ao Superior Tribunal de Justiça por texto expresso (art. 105, II, "a"), julgar o recurso ordinário porventura interposto, e ao Supremo Tribunal Federal, pela literalidade do art. 102, I, "i", caberia o julgamento de habeas corpus originário por se ter o Tribunal local ou federal de segundo grau, com sua decisão denegatória, tornado autoridade coatora. Nesse caso, poderia o interessado, por simples escolha ou perda de prazo (inclusive voluntariamente), impetrar habeas corpus originário ao Supremo Tribunal Federal, ao invés de seguir a via ordinária do recurso ao Superior Tribunal de Justiça. **Para que se evitem tais situações, e tendo em vista que, nelas, o habeas corpus originário é mero substitutivo do recurso ordinário [...], se o paciente perder o prazo para o recurso ordinário, poderá ele impetrar habeas corpus originário, como substitutivo daquele recurso ordinário, ao próprio Superior Tribunal de Justiça. [...]**. (BRASÍLIA, 1989, grifo nosso).

Todavia, recentemente, operou-se, como disse a ministra Rosa Weber, uma verdadeira "guinada jurisprudencial" no STF durante o julgamento do *Habeas Corpus* n. 109956. (BRASÍLIA, 2012). Em acórdão publicado em setembro de 2012, a 1ª Turma do STF, não por unanimidade, julgou inadequado o *habeas corpus* como substitutivo de recurso ordinário. Dentre os argumentos do relator, ministro Marco Aurélio, para tal alteração, destacam-se os transcritos abaixo. Lamentavelmente, boa parte da fundamentação do voto em tela está focada nas estatísticas dos Tribunais.

> Em época na qual não havia a sobrecarga de processos hoje notada — praticamente inviabilizando, em tempo hábil, a jurisdição —, passou-se a admitir o denominado *habeas* substitutivo do recurso ordinário constitucional previsto contra decisão judicial a implicar o indeferimento da ordem. Com isso, atualmente, tanto o Supremo quanto o Superior Tribunal de Justiça estão às voltas com um grande número de *habeas corpus* — este Tribunal recebeu, no primeiro semestre de 2012, 2.181 *habeas* e 108 recursos ordinários, e aquele, 16.372 *habeas* e 1.475 recursos ordinários. Raras exceções, não se trata de impetrações passíveis de serem enquadradas como originárias, mas de medidas intentadas a partir de construção jurisprudencial. [...] **O *habeas corpus* substitutivo do recurso ordinário, além de não estar abrangido pela garantia constante do inciso LXVIII do art. 5º do Diploma Maior, não existindo sequer previsão legal, enfraquece este último documento, tornando-o desnecessário no que, nos arts. 102, inciso II, alínea "a", e 105, inciso II, alínea "a", tem-se a previsão do recurso ordinário constitucional a ser manuseado, em tempo, para o Supremo, contra decisão proferida por tribunal superior indeferindo ordem, e para o Superior Tribunal de Justiça, contra ato de tribunal regional federal e de tribunal de justiça.** O Direito é avesso a sobreposições e impetrar-se novo *habeas*, embora para julgamento por tribunal diverso, impugnando pronunciamento em idêntica medida implica inviabilizar, em detrimento de outras situações em que requerida, a jurisdição. [...] **Entre duas possibilidades contempladas na Lei Fundamental, de modo exaustivo, não simplesmente exemplificativo, não há lugar para uma terceira — na espécie, o inexistente, normativamente, *habeas corpus* substitutivo do recurso ordinário, que, ante a prática admitida até aqui, caiu em desuso, tornando quase letra morta os preceitos constitucionais que o versam.** (BRASIL, 2012, grifos nossos)

Apesar dessa alteração de entendimento por parte da 1ª Turma do STF, não se localizou nenhum julgamento recente do TST nessa nova direção. Felizmente, o Tribunal Superior do Trabalho continua a ter como válida a OJ n. 156 da SDI2.

3.3. Argumentos pela manutenção da OJ n. 156 da SDI2 do TST

Caso, no futuro, o TST cancele ou reformule a OJ n. 156 da SDI-2 segundo a visão atual da 1ª Turma do STF, entende-se que haverá um significativo retrocesso em relação ao tratamento do *habeas corpus*, que atualmente pode ser apreciado pelo TST de duas formas em relação à decisão definitiva proferida por Tribunal Regional do Trabalho: como *habeas corpus* originário ou como recurso ordinário em *habeas corpus*. O impedimento do manejo do *habeas corpus* originário dificulta o acesso à justiça daqueles que o impetram sem a constituição de advogado, já que deverão ter ciência, pelo menos, do prazo recursal legalmente exigido. Além disso, é inegável a maior agilidade de processamento do *habeas corpus* originário quando comparado ao que ocorre em relação ao recurso ordinário.

Entende-se que a possibilidade de ajuizamento do *habeas corpus* originário deve ser mantida, por estar mais relacionada ao fim a que visa o instituto, que é a preservação ou o imediato restabelecimento da liberdade, quando alguém, injustamente, estiver na iminência de perdê-la ou se achar privado dela. O *habeas corpus* é um instrumento constitucional que deve ter sua aplicação realizada com simplicidade e agilidade para a garantia do direito fundamental à liberdade que visa proteger.

Mesmo que se entenda que a decisão da 1ª Turma do STF tenha sido correta, pelo menos em relação à Justiça do Trabalho parece não haver necessidade de adequação. Isso se explica pelo fato de que essa decisão, que afastou a possibilidade de *habeas corpus* originário, ter tido como fundamentos principais as normas constitucionais em relação ao Supremo Tribunal Federal (art. 102, II, "*a*") e ao Superior Tribunal de Justiça (art. 105, II, "*a*") que determinam a competência desses tribunais para julgar o *habeas corpus* apenas em recurso ordinário, sendo no primeiro caso quando denegatória a decisão de habeas corpus por Tribunais Superiores e no segundo quando denegatória pelos Tribunais Regionais Federais ou pelos tribunais dos Estados, do Distrito Federal e Territórios. Como a Constituição, por meio da Emenda Constitucional n. 45/2004, ao tratar da competência da Justiça do Trabalho, foi silente em relação à existência de tal recurso, apenas expressando que é da alçada desta Justiça Especializada o processamento e julgamento do *habeas corpus* quando o ato questionado envolver matéria sujeita à sua jurisdição (art. 114 IV), é possível concluir que não há se falar que o recurso ordinário em *habeas corpus* é a única via admitida na Justiça do Trabalho.

4. Conclusão

O *habeas corpus* é ação constitucional fundamental que visa a prevenir ou eliminar restrições à liberdade de locomoção, igualmente qualificada como direito constitucional fundamental. Na seara trabalhista, desde a Emenda Constitucional n. 45/2004, a Justiça do Trabalho tem competência para processar e julgar *habeas corpus* quando o ato questionado envolver matéria sujeita à sua jurisdição.

Em 2010, à luz da jurisprudência do STF, o TST firmou a OJ n. 156 da SDI-2, que reconheceu a possibilidade de ajuizamento de *habeas corpus* originário no TST, em substituição de recurso ordinário em *habeas corpus*, de decisão definitiva proferida por Tribunal Regional do Trabalho.

Todavia, recentemente, a 1ª Turma do STF alterou sua posição sobre o tema, concluindo que apenas é cabível recurso ordinário em habeas corpus perante o STF, nos termos do art. 102, inciso II, alínea "*a*" da Constituição Federal, quando o coator for Tribunal Superior. Como, possivelmente, em virtude dessa decisão, o TST poderá retomar a discussão a cerca da OJ n. 156 da SDI-2, defende-se a manutenção de sua redação atual. Como principal argumento, tem-se a exegese do art. 114, IV, da Constituição Federal que ao fixar a competência da Justiça do Trabalho para processar e julgar *habeas corpus* não condicionou sua apreciação pelo TST, quando a autoridade coatora for Tribunal Regional do Trabalho, ao uso do recurso ordinário em habeas corpus. Além desse argumento, essa parecer ser a situação mais adequada para a promoção do acesso rápido ao judiciário diante da importância de preservação no Estado Democrático de Direito do direito à liberdade de ir e vir.

Referências bibliográficas

ALMEIDA, Cléber Lúcio. *Direito processual do trabalho*. Belo Horizonte: Del Rey, 2008.

BEZERRA LEITE, Carlos Henrique. *Curso de direito processual do trabalho*. São Paulo: LTr, 2011.

BRASIL. Constituição da República Federativa do Brasil de 1988. Disponível em: <http://www.planalto.gov.br/ccivil_03/constituicao/constituicaocompilado.htm>. Acesso em: 7 fev. 2013.

_____. Decreto-lei n. 3.689, de 3 de outubro de 1941. Código de Processo Penal. Disponível em: <http://www.planalto.gov.br/ccivil_03/Decreto-lei/del3689.htm>. Acesso em: 7 fev. 2013.

_____. Supremo Tribunal Federal. *Habeas corpus*, n. HC 67.263-9, relator Ministro: Moreira Alves. 19 abr. 1989. Disponível em: <http://www.stf.jus.br>. Acesso em: 7 fev. 2013.

_____. Tribunal Superior do Trabalho. *Habeas corpus*, n. 3331-19.2010.5.00.0000, relator Ministro: Pedro Paulo Manus. 27 abr. 2010. Disponível em: <https://aplicacao5.tst.jus.br/consultaunificada2/>. Acesso em: 7 fev. 2013.

_____. Tribunal Superior do Trabalho. *Habeas corpus*, n. 760171/01.5, relator Ministro: Ives Gandra Martins Filho. 9 out. 2001. Disponível em: <http://brs02.tst.gov.br/cgi-bin/nph-brs?s1=347470.nia.&u=/Brs/it01.html&p=1&l=1&d=blnk&f=g&r=1>. Acesso em: 7 fev. 2013.

_____. Tribunal Superior do Trabalho. Orientação jurisprudencial n. 156 da Subseção II Especializada em Dissídios Individuais. "*Habeas Corpus*" originário no TST. Substitutivo de recurso ordinário em "*habeas corpus*". Cabimento contra decisão definitiva proferida por Tribunal Regional do Trabalho. 11 jun. 2010. Disponível em: <http://aplicacao5.tst.jus.br/consultaunificada2/index.jsp>. Acesso em: 30 mar. 2013.

_____. Tribunal Superior do Trabalho. TST concede HC ao jogador Oscar, que poderá trabalhar onde desejar. Brasília, 2012. Disponível em: <http://www.tst.jus.br/home/-/asset_publisher/nD3Q/content/tst-concede-hc-ao-jogador-oscar-que-podera--trabalhar-onde-desejar-atualizada->. Acesso em: 7 fev. 2013.

HRYNIEWICZ, Severo. *Latim para advogados*. Rio de Janeiro: Lumen Juris, 2005.

MINAS GERAIS. Tribunal Regional do Trabalho da 3ª Região. *Habeas corpus*, n. 0000588-18.2011.5.03.0000, relator Carlos Roberto Barbosa. 4 jul. 2011. Disponível em: <https://as1.trt3.jus.br/juris/consultaBaseSelecionada.htm;jsessionid=3BDD4320C93D392EAC7B948B2D9FDCB3>. Acesso em: 7 fev. 2013.

SILVA, José Afonso da. *Curso de direito constitucional positivo*. São Paulo: Malheiros, 2001.

OJ n. 157 da SDI-2 do TST: Ação Rescisória, Impugnação Recursal e Defesa da Coisa Julgada

Julio Bernardo do Carmo

OJ N. 157 DA SDI-2 DO TST: AÇÃO RESCISÓRIA. DECISÕES PROFERIDAS EM FASES DISTINTAS DE UMA MESMA AÇÃO. COISA JULGADA. NÃO CONFIGURAÇÃO (DEJT divulgado em 12, 13 e 16.4.2012)

A ofensa à coisa julgada de que trata o art. 485, IV, do CPC refere-se apenas a relações processuais distintas. A invocação de desrespeito à coisa julgada formada no processo de conhecimento, na correspondente fase de execução, somente é possível com base na violação do art. 5o, XXXVI, da Constituição da República.

O presente estudo teve origem na análise do verbete contido na OJ-SDI-2-TST, n. 157, assim vazado:

AÇÃO RESCISÓRIA — DECISÕES PROFERIDAS EM FASES DISTINTAS DE UMA MESMA AÇÃO. COISA JULGADA. NÃO CONFIGURAÇÃO. A ofensa à coisa julgada de que trata o art. 485, item IV, do CPC, refere-se apenas a relações processuais distintas. A invocação de desrespeito à coisa julgada formada no processo de conhecimento, na correspondente fase de execução, somente é possível com base na violação do art. 5º, item XXXVI, da Constituição da República.

Qual a razão de ser do precedente jurisprudencial referenciado?

A OJ-SDI-2 de n. 157 diferencia a coisa julgada mencionada no inciso IV do art. 485 do CPC da coisa julgada retratada no art. 5º, inciso XXXVI da Constituição Federal.

No art. 485, item IV, do CPC a permissibilidade do corte rescisório com fulcro em ofensa à coisa julgada pressupõe que determinada lide solucionada pelo estado-juiz, com emissão de sentença transitada em julgado venha a ser novamente solucionada pelo estado-juiz, com envolvimento da tríplice identidade da ação anteriormente proposta, ou seja, emitida pelo Poder Judiciário em face das mesmas partes, tendo o mesmo pedido e causa de pedir.

O art. 485, item IV, do CPC pressupõe para o sucesso do manejo da ação rescisória que tenha havido explícita violação literal do comando emergente do art. 301, parágrafos primeiro, segundo e terceiro, do mesmo digesto processual.

Ou seja, a coisa julgada retratada no inciso IV do art. 485 do CPC pressupõe a reprodução de ação anteriormente ajuizada.

Ora, se houver reprodução de uma ação anteriormente ajuizada, existirá entre elas uma inequívoca relação de identidade.

E, de fato, essa identidade necessária, posta como requisito inafastável da coisa julgada, vem retratada no parágrafo segundo do art. 301 do CPC.

Ou seja, uma ação é idêntica à outra quando tem as mesmas partes, a mesma causa de pedir e o mesmo pedido.

Com base em tais elementos essenciais, ou seja, a reprodução de uma ação anteriormente ajuizada contendo as mesmas partes, causa de pedir e pedido, define o § 3º do art. 301 do CPC o instituto jurídico da coisa julgada.

Ou seja, há coisa julgada quando se repete ação que já foi decidida por sentença de que não caiba recurso.

Ora, como ao definir a coisa julgada o legislador processual faz uso necessariamente do termo "reprodução de ações" com as mesmas partes, pedido e causa de pedir, mostra-se racionalmente lógico concluir que só existirá afronta à soberania da coisa julgada quando houver dualidade de processos idênticos envolvendo as mesmas partes e a mesma situação jurídica.

Todavia, mesmo não havendo a dualidade de processos idênticos, pode ocorrer que, em determinado litígio, o comando emergente da coisa julgada venha a ser vulnerado, com prejuízo para as partes.

Isto só acontecer quando, terminada a fase de conhecimento e uma vez esgotadas todas as vias recursais a ela inerentes, sobrevém o trânsito em julgado da sentença.

Com o desdobramento sincrético dessa mesma relação jurídica processual, sobrevem a fase de liquidação da sentença e de sua ulterior execução.

Se na fase de execução de sentença sobrevier ofensa ao comando da coisa julgada aflorada no processo cognitivo, resta vulnerado o art. 5º, item XXXVI, da Constituição da República.

O art. 5º, item XXXVI da Lex Legum assegura que "todos são iguais perante a lei, sem distinção de qualquer natureza, garantindo-se aos brasileiros e aos estrangeiros residentes no país, a inviolabilidade do direito à vida, à liberdade, à segurança e à propriedade, sendo que, dentre os direitos fundamentais, o de segurança e de estabilidade das relações jurídicas" vem protegido no inciso XXXVI da mesma Carta Constitucional, ao dispor que "a lei não prejudicará o direito adquirido, o ato jurídico perfeito e a coisa julgada".

Deve vir à mente, como consequência lógica dos dispositivos processuais atrás citados em confronto com o comando emergente do art. 5º, item XXXVI da Constituição da República a seguinte e inafastável indagação.

Há diversidade de sentido entre a coisa julgada protegida pela ação rescisória (art. 485, item IV, do CPC) e a coisa julgada protegida constitucionalmente (art. 5º, item XXXVI)?

Possuem ambas a mesma densidade conceitual com idênticos instrumentos processuais de proteção ou existe entre elas uma proposital diferenciação valorativa de eficácia protetiva a uma delas na exata medida de sua violação integral ou apenas parcial ou interpretativa?

Considerando-se o conceito de coisa julgada armado no Código de Processo Civil e o de sua menção não conceitual no inciso XXXVI do art. 5º da Constituição da República, a conclusão a que se chega, inapelavelmente, é a de que existe sim um diferencial de densidade e de proteção outorgados à coisa julgada, conforme sua vulneração venha a ocorrer seja pela repetição de ações idênticas ou pelo desrespeito interpretativo de seu comando quando verificado no mesmo processo, ainda que em fase procedimental distinta.

Vem daí a diferenciação posta no nosso direito positivo, ou seja, quando há vulneração total e irrestrita da soberania da coisa julgada, mediante a repetição de ação idêntica, o grau de agressão à coisa julgada é de tal ordem e tão desestabilizador do Estado Democrático de Direito que a legislação de pronto oferece o remédio excepcional da ação rescisória para desconstituir e anular a sentença sobrevinda no segundo processo, com o propósito de restabelecer em sua plenitude a soberania e intangibilidade da coisa julgada.

Lado outro, quando em curso determinado processo judicial, há em uma de suas fases procedimentais não a vulneração total e niilista da coisa julgada, mas sim mera ofensa ao comando ou à carga de eficácia dela emergente, fruto de sua irreal interpretação; advindo daí prejuízo às partes, poderá quaisquer delas tentar restaurar a higidez da coisa julgada, valendo-se não da ação rescisória (porque não está em jogo aqui a violência ao art. 301 e parágrafos do CPC c/c o art. 485, item IV, do mesmo Código Processual), mas necessariamente da via recursal específica, porque há mera ofensa pontual ao comando da coisa julgada que deve ser respeitada como condição estabilizadora da segurança das relações jurídicas, conforme vem constitucionalmente assegurado no inciso XXXVI do art. 5º da Constituição da República.

A tese jurídica supra exposta leva à conclusão de que a coisa julgada pode ter sua vulneração modulada pela intensidade de seu ato agressor, sendo que é esta mesma intensidade agressiva que irá mostrar o remédio jurídico adequado à sua proteção.

Se no caso concreto verifica-se agressão de maior intensidade suscetível de colocar em xeque a soberania e existência da coisa julgada, extirpando-a do mundo jurídico, o que acontece quando há vilipêndio ao art. 301 e parágrafos (primeiro, segundo e terceiro) do CPC c/c o art. 485, item IV, do CPC, o que só é possível de ocorrer quando há indevida repetição de ações, o remédio jurídico adequado para restabelecer a soberania da coisa julgada encontra-se estampado no inciso IV, do art. 485 do CPC, devendo a parte interessada valer-se da ação rescisória; se por outro lado, no caso concreto, constata-se agressão de menor intensidade à coisa julgada, porque não está em xeque a sua própria sobrevivência e sim a mera distorção interpretativa de seu comando ou de sua carga de eficácia, o que sói acontecer na fase de execução, quando ao liquidar-se a sentença os cálculos liquidatórios importam em modificação ou inovação da sentença liquidanda ou em mera discussão de matéria pertinente à fase cognitiva, terá a parte prejudicada à sua disposição o meio recursal específico para restabelecer o fiel comando da coisa julgada, sendo desavisado nessa hipótese o manejo da ação rescisória.

Surge agora a última indagação: como o verbete da OJ-SDI-2 n. 157-TST explicitamente, ao afastar o manejo da ação rescisória, com fulcro no inciso IV do art. 485 do CPC, deixa patente que a invocação de desrespeito à coisa julgada formada no processo de conhecimento na correspondente fase de execução somente é possível com base na violação do art. 5º, item XXXVI da Constituição da República, surge de imediato a dúvida a respeito da via processual adequada onde possa ser explorada a vulneração à coisa julgada ocorrida na fase de execução.

Como a parte não dispõe, nessa hipótese, do uso da ação rescisória com lastro no item IV do art. 485 do CPC, por incabível na espécie, de que remédio processual deve então utilizar-se, preferencialmente do recurso específico?

Sim, a rigor, ocorrendo violação ao comando da sentença condenatória durante a fase de execução, após homologados os cálculos, a parte interessada poderá ou impugnar a sentença de liquidação ou interpor embargos à execução, tudo nos termos do art. 884 da CLT.

Julgados os embargos ou a impugnação ao cálculo liquidatório, uma vez persistindo a ofensa ao comando exequendo, a parte poderá valer-se do uso do agravo de petição, sendo prequestionada a violação ao comando da coisa julgada.

Persistindo a violação à coisa julgada, resta o uso do recurso de revista para o Colendo Tribunal Superior do

Trabalho, invocando-se em seu bojo violação constitucional ao art. 5º, item XXXVI.

Verificando o erro de liquidação e a flagrante ofensa ao comando da coisa julgada (art. 5º, item XXXVI), o Colendo TST, dando provimento à revista, restabelecerá a higidez dos parâmetros emergentes da coisa julgada.

A última dúvida crucial seria a de que, como a OJ-SDI-2, n. 157, afasta a rescisória com lastro no inciso IV do art. 485 do CPC (ofensa à coisa julgada), seria a ação rescisória admissível com lastro no inciso V do art. 485 do CPC, já que é ponto pacífico ter ocorrido suposta violação ao art. 5º, item XXXVI, da Constituição da República?

Se for flagrante a ofensa ao comando da coisa julgada exsurgida na fase de cognição, constatável de plano e sem necessidade de dilações probatórias, penso inexistir óbice ao manejo da ação rescisória com espeque no item V do art. 485 do CPC (violação à literal disposição de lei).

Todavia, como a ação rescisória não tem natureza jurídica de recurso e sim de ação autônoma especial que gesta uma relação jurídica processual diferenciada daquela ocorrida na lide originária, não se admite sejam discutidos em seu bojo fatos e provas, peculiaridade que tornaria praticamente impossível o seu uso para discutir imperfeições fáticas do cálculo liquidatório, já que, pela dicção da OJ-SDI-2-TST de n. 123, "o acolhimento de ação rescisória calcada em ofensa à coisa julgada supõe dissonância patente entre as decisões exequenda e rescindenda, o que não se verifica quando se faz necessária a interpretação do título executivo judicial para se concluir pela lesão à coisa julgada", mesmo porque na ação rescisória calcada em violação de lei não se admite o reexame de fatos e provas do processo que originou a decisão rescindenda (OJ-SDI-2-TST n. 109).

Resta uma observação pontual de extrema relevância: a) quando a violação ao comando da coisa julgada, ocorrida na fase de execução, é patente e incontornável, mostra-se desnecessário o exaurimento da instância recursal, já que nesta hipótese, como visto alhures, cabe sim de imediato a ação rescisória por ofensa aos arts. 878-A, parágrafo primeiro da CLT e art. 5º, item XXXVI da Constituição Federal; b) se a ofensa ao comando da coisa julgada perpetrada na fase de execução demandar a interpretação do título judicial exequendo, com possível desdobramento de dilação probatória, a ação rescisória não tem cabimento (OJ-SDI-2-TST n. 123), recomendando-se para a tutela da higidez da coisa julgada sejam exauridos todos os meios recursais possíveis.

Se esgotada e esmiuçada a instância recursal, com persistência da ofensa ao comando da coisa julgada, uma vez transitada em julgado a derradeira decisão judicial, nada mais pode ser feito, porque aí a *res judicata* imperfeita já terá feito do preto, branco, e do quadrado, redondo, quando a parte prejudicada ressentirá amargamente os efeitos deploráveis da injustiça de uma decisão judicial.

Feita a diferenciação jurídica proposta neste modesto artigo doutrinário, afigura-se mais fácil a meu juízo saber quando se deve utilizar uma via de impugnação recursal ou uma ação rescisória, tudo com o propósito de resguardar a higidez, o comando ou a soberania da coisa julgada.

3.3.3. OJs da Seção de Dissídios Coletivos do TST

OJ n. 4 da SDC do TST (Cancelamento): A Evolução Jurisprudencial da Competência para o Julgamento das Disputas por Representação Sindical Após a EC n. 45/2004: em Busca da Coerência Sistêmica da Competência da Justiça do Trabalho – Obstáculos Jurisprudenciais e o Tardio Cancelamento da OJ n. 4

Antônio Gomes de Vasconcelos

OJ N. 4 SDC — DISPUTA POR TITULARIDADE DE REPRESENTAÇÃO. INCOMPETÊNCIA DA JUSTIÇA DO TRABALHO.

A disputa intersindical pela representatividade de certa categoria refoge ao âmbito da competência material da justiça do Trabalho (Cancelada pela SDC – 18.10.2006)

RESUMO: Ao promover a reestruturação do sistema sindical, a Constituição Federal instituiu um sistema *híbrido*, conjugando elemento indispensável ao regime de liberdade sindical (vedação da intervenção estatal na autonomia coletiva) com a manutenção do princípio da unicidade sindical. Tal circunstância ensejou o crescimento e a judicialização dos conflitos intersindicais e intrasindicais; o que, por outro lado, fez expor a incoerência sistêmica e as contradições decorrentes da fragmentação da competência entre a Justiça do Trabalho e a Justiça Estadual Comum para atuar nos litígios pertinentes ao campo do direito sindical. A EC 45/04, atendendo às premissas do estado democrático de direito inscrito na Constituição, buscou conferir coerência sistêmica e operacional ao regime de distribuição de competência no âmbito da Justiça do Trabalho. Depois de longo período de oscilação jurisprudencial e resistência é que a transferência desta competência para Justiça Trabalhista pela Emenda Constitucional n. 45/04 deu sinais definitivos de sua consolidação, tendo-se como marco o cancelamento da OJ n. 4 – SDC – TST, em 2006.

1. Política judiciária subjacente à Emenda Constitucional n. 45/2004

A Emenda Constitucional n. 45/2004 é expressão de políticas legislativas orientadas para a busca concreta de uma coerência sistêmica entre os propósitos determinantes da criação da Justiça do Trabalho, como ramo especializado do Poder Judiciário Federal, e a definição de sua competência jurisdicional em coerência com esta especialização.

Entretanto, para compreender os avanços e as omissões da referida emenda constitucional, é preciso, antes de mais nada, ter em conta que um juiz, ao decidir uma demanda, situa-se no exercício do poder (jurisdicional) estatal, sendo o ato de decidir uma expressão desse poder, que é uno e indivisível.

Como expressão do poder estatal uno e indivisível, a jurisdição não se reparte. No entanto é inconcebível que um juiz ou um mesmo órgão jurisdicional possa conhecer e julgar todo e qualquer tipo de demanda. A organização judiciária busca viabilizar a atuação da justiça, promovendo a divisão da atividade jurisdicional entre diversos órgãos, instituindo os vários ramos do poder judiciário, comuns e especializados, tanto na esfera federal como na estadual.

A especificação do campo de atuação de cada um dos segmentos do Poder Judiciário ("justiças especializadas") decorre da distribuição de *competências* tal como estabelecido na Constituição Federal e na legislação comum e visa a atender interesses específicos relacionados a determinado grupo de cidadãos ou determinados tipos de direitos a serem protegidos, retirando-os do campo de atuação da "justiça comum". Competência é, pois, a capacidade que cada órgão ou ramo do poder judiciário tem para resolver as demandas que a lei inclui em seu campo de atuação e sua distribuição decorre da classificação da massa de demandas por *blocos* cujo exame é atribuído ao órgão mais idôneo segundo critérios estabelecidos.

Mas os critérios de distribuição destas competências dependem das concepções ideológicas e do modelo (paradigma) de estado que a orientam.

Sem espaço para maior desenvolvimento da premissa, proponho que o enfoque próprio ao Estado Liberal, no qual a função principal do poder judiciário é a pacificação social sem a garantia dos direitos individuais fundamentais, não considera relevante a coerência sistêmica entre a massa de demandas especializadas e a missão institucional conferida aos ramos especializados da justiça. Mais precisamente, não há rigorosa preocupação com a coerência intrínseca e sistêmica entre o conjunto das demandas que compõem um determinado bloco com os ideais (princípios ou ideologia) que inspiraram a criação de ramo específico do poder judiciário. Paradoxalmente, embora a Justiça do Trabalho tenha sido concebida no âmago do autoritarismo estatal que se configurou, em nosso país, na primeira metade do século XX, o sistema de organização do trabalho foi criado sob os auspícios da ideologia liberal.

O problema da coerência entre os propósitos que servem de suporte à criação de uma "justiça especializada" e os critérios de distribuição de competência emerge com ênfase quando se põe em causa as transformações paradigmáticas no modelo de estado (democrático de direito) que acabou por se configurar na Constituição de 1988 e trouxe a lume inúmeras contradições no sistema de distribuição de competências entre os diversos ramos do poder judiciário, em especial no tocante à competência trabalhista. É que a distribuição de competências baseada na fragmentação de matérias intrinsecamente correlatas, relacionadas a um mesmo titular de direitos (*v. g.*, trabalhador), o subtrai dos benefícios almejados com a criação da jurisdição especializada (*v. g.*, especialização e celeridade).

Como acentua Dinamarco, a moderna processualística se ocupa das premissas sociopolíticas da jurisdição, sendo certo que, hoje, a legitimação da jurisdição passa pela mensuração da sua utilidade para a nação e para suas instituições.

Ora, a Constituição de 1988 atribui ao Poder Judiciário a função político-social de *realizar a justiça* e, por isso, atribui-lhe corresponsabilidade na concretização do projeto de sociedade nela definido. Os princípios objetivos de justiça inscritos na Constituição, que são constitutivos da ordem jurídica e da realidade, orientam a jurisdição que não se limita a "garantir", apenas formal e burocraticamente, os direitos. Logo, as consequências sociais oriundas da aplicação do direito devem ser levadas em conta no exercício da prestação jurisdicional, do mesmo modo que velar pela concretização do direito à duração razoável do processo integra o princípio de justiça inscrito na Constituição. Assim, a natureza dos direitos sociais a serem tutelados fundamenta a especialização da Justiça do Trabalho que decorre da maior ênfase política dada àqueles valores.

Esta perspectiva põe em cheque o modelo de jurisdição e de distribuição (fragmentação assistemática) de competências tradicional, passando a determinar a necessidade de concentrar em um mesmo ramo do poder judiciário situações de fato e demandas interligadas, de modo a dar coerência sistêmica, operacionalidade, funcionalidade, eficiência, eficácia e efetividade à prestação jurisdicional. Tudo isso requer a adoção de medida ainda mais relevante e que se refere à necessidade de uma reforma metodológica, normativa e cultural do processo, que já está em curso; porém já se estende por período considerável e ainda está longe de cumprir o "ideal reformista".

É nesse contexto que se opera a transformação e a paulatina consolidação jurisprudencial da competência da Justiça do Trabalho redimensionada a partir da Emenda Constitucional n. 45/2004. Mas a ampliação da competência da Justiça Trabalho bem como a exegese das normas que a especificam precisam ser compreendidas à luz deste arcabouço conceitual. A reforma visou exatamente conferir coerência sistêmica à matéria sujeita à justiça especializada para resguardar o princípio da celeridade e da especialização para lidar com as questões do mundo trabalho.

No entanto, no percurso da consolidação das novas competências da Justiça do Trabalho originárias da Emenda Constitucional n. 45/2004, a jurisprudência assumiu um papel decisivo no sentido de restringir o alcance do texto constitucional. Restrição que somente nos últimos anos vem sendo superada.

São casos emblemáticos de restrição jurisprudencial da competência especializada da Justiça do Trabalho, julgados que limitavam a atuação dos sindicatos como substituto processual de seus representados (Súmula n. 310 — TST, cancelada em 2003) apenas às hipóteses já autorizadas pela legislação infraconstitucional anterior à Constituição de 1988, ao longo de quase duas décadas, apesar de caber aos sindicatos a defesa dos direitos e interesses coletivos e individuais da categoria em questões judiciais e administrativas (art. 8º, III, CF/88).

O exemplo acima ilustra um conjunto de situações em que a jurisprudência rejeitou a ampliação da competência da justiça do trabalho e neutralizou a implementação dos avanços almejados pela Constituição em sua plenitude, numa espécie de *ativismo judiciário negativo*. Essa jurisprudência constritiva das cortes superiores atuou em sentido oposto à tendente ampliação da competência da Justiça do Trabalho desde a Constituição de 1946 até a atual, rumo a uma configuração sistêmica e à coerência da competência trabalhista.

Ciente da histórica cristalização da competência relacionada às lides sindicais no âmbito da competência da Justiça Comum, o legislador constituinte inseriu na competência da Justiça do Trabalho as lides concernentes à representação sindical, expressão que deve ser compreendida em sentido amplo e abranger quaisquer lides relativas à ação sindical direta ou indiretamente relacionada à representação da categoria. Ora, a referência às lides relativas à representação sindical não decorre de propósito restritivo por parte do legislador constituinte, mas deve ser compreendida no sentido de que os conflitos cujas relações sejam regidas pelo direito sindical são da competência da Justiça do Trabalho.

A rigor, apesar dos avanços da EC n. 45/2004, a incoerência sistêmica na distribuição da competência trabalhista ainda persiste, considerando que os litígios relativos aos crimes contra a organização do trabalho, aos direitos previdenciários conexos ao contrato de trabalho e aos servidores públicos continuam fora da competência da Justiça do Trabalho.

Nesta perspectiva é que este artigo propõe-se a analisar e estabelecer uma correlação entre a alteração do regime sindical brasileiro e a evolução jurisprudencial no sentido de concretizar as políticas judiciárias determinantes da ampliação da competência da Justiça do Trabalho.

2. Reflexos da democratização do regime sindical na conformação da competência da Justiça do Trabalho (EC n. 45/2004)

No alvorecer do Estado Novo, duas tendências debatiam a extensão do controle do estatal sobre a organização sindical corporativa brasileira: uma que apregoava a organização sindical nos moldes daquela forjada sob inspiração da ideologia totalitária de inspiração italiano-germânica, pela qual caberia ao estado a nomeação dos dirigentes sindicais; a outra, prevalecente, de *"tipo autoritário e corporativo"*, que optou pelo chamado *método indireto de controle*. O Estado reservou para si o poder de *aprovar* as diretorias eleitas, de *destituir* os dirigentes insubmissos ou recalcitrantes ao espírito de *cooperação* com o governo, de *intervir* em razão de irregularidades ou conflitos internos aos sindicatos e de *anular* atos das diretorias ou das assembleias tidos por ilegais.

Consumou-se, assim, um regime sindical de direito público e de organização corporativa mitigada, com o que Oliveira Viana, líder intelectual da nova organização sindical, acreditou *"combinar harmoniosamente a nossa tradição de liberdade associativa com princípio da autoridade forte"*, filtrando da doutrina, legislação e jurisprudência italianas o que lhe pareceu mais compatível com as condições, interesses e espírito nacionais.

A Constituição de 1988 rompeu, em parte, o *dique* do autoritarismo. A criação de sindicatos deixou de depender de autorização do Ministério do Trabalho como ocorria até então. Passou a vigorar o princípio da liberdade sindical, ainda que persistissem algumas restrições como a permanência da proibição da criação de mais de um sindicato numa mesma base territorial, da contribuição sindical obrigatória e o poder normativo da justiça do trabalho. Por outro lado, o direito à livre associação sindical foi estendido também aos servidores civis da administração pública direta e indireta.

O paradoxo resultante da garantia da liberdade de criação dos sindicatos e a manutenção o princípio da unicidade "é campo fértil para toda a sorte de conflitos". A consequência imediata do novo regime sindical estabelecido pela Constituição foi o vertiginoso crescimento do número de sindicatos no país e, consequentemente, o aumento dos litígios envolvendo as relações entre sindicatos e entre estes e seus associados (intersindicais e intrasindicais), envolvendo interesses ligados a eleição de diretorias, registro sindical, contribuição sindical, cisão ou desmembramento de categoria, validade de decisões coletivas (assembleia), dentre outros. Daí o maior volume e relevância dos litígios relacionados à representação sindical, questão que se apresenta frequentemente como "pano de fundo" de inúmeras outras disputas sindicais.

Por outro lado, a proliferação de tais demandas pode ser ainda atribuída o enrijecimento das regras do Ministério do Trabalho relativas ao registro sindical.

A competência para julgar tais demandas provenientes do novo regime sindical permaneceu sob a jurisdição da Justiça Comum Estadual, desde 1988 a 2004. Esse período foi suficiente para demonstrar as contradições ideológicas e sistêmicas entre o novo modelo de estado (democrático de direito) instituído e o sistema de distribuição de competências ou de *repartição da jurisdição*. No modelo liberal-autoritário anterior à Constituição de 1988, importava mais o "controle social" e menos a coerência intrínseca entre os critérios determinantes da conformação da *massa de demandas* a ser entregue a um determinado ramo do poder judiciário. No estado democrático de direito, ao menos ideologicamente, interessa mais a realização da justiça, e a concretização do projeto de sociedade inscrito na Constituição impõe à jurisdição a efetiva realização dos direitos em um *prazo razoável*, segundo os princípios e valores determinantes nela estabelecidos.

Nestes termos, a Emenda Constitucional n. 45/2004 visou exatamente conferir coerência sistêmica à massa de demandas entregues à competência da Justiça do Trabalho como ramo especializado da Justiça dedicado a conferir maior celeridade e tratamento especial às questões pertinentes ao mundo do trabalho. A competência jurisdicional passou a ter como núcleo de definição a relação de trabalho, com a inclusão explícita de inúmeras outras matérias correlatas no bloco das demandas submetidas à

Justiça do Trabalho. Por isso, Mauricio Godinho Delgado compreende que toda interpretação restritiva da nova competência trabalhista introduzida pela EC n. 45/2004 importa mesmo em desrespeito ao princípio do "juiz natural" trabalhista instituído pela Constituição Federal segundo o princípio da especialização.

A EC n. 45/2004, coerentemente, transferiu para a Justiça do Trabalho grupos de demandas antes entregues à competência Justiça Estadual Comum, o que tinha como resultado a cisão da competência trabalhista frente a litígios incidentes num mesmo contexto fático ou a situações jurídicas decorrentes da relação de trabalho. Para permanecer em exemplo restrito à temática deste artigo, cite-se divisão de competência em que cabia à Justiça Estadual Comum o julgamento de ações relativas à representação sindical (OJ n. 4/SDC/TST:), enquanto competia à Justiça do Trabalho decidir sobre direitos sindicais ou direitos trabalhistas fundados em norma coletiva de empregado em face do empregador.

3. Comprometimento jurisprudencial da coerência sistêmica da competência material da Justiça do Trabalho: a tardia revogação da OJ n. 4

No percurso da consolidação das novas competências da Justiça do Trabalho originárias da Emenda Constitucional n. 45/2004, a jurisprudência assumiu um papel decisivo no sentido de restringir o alcance do texto constitucional. Restrição que somente nos últimos anos vem sendo superada.

Em diversas circunstâncias a jurisprudência rejeitou a ampliação da competência da justiça do trabalho, em sua plenitude, registrando-se em tais casos nítida hipótese de *ativismo judiciário negativo* (Banco), por meio do qual a jurisprudência, por vezes, neutraliza os avanços almejados pela Constituição. Este fenômeno revela certa indisposição para a assimilação da nova racionalidade jurídico-constitucional decorrente da Constituição de 1988 e a persistência, na exegese constitucional, de critérios formulados para lidar com o direito infraconstitucional.

Após dez anos de vigência da Constituição, o aumento das disparidades entre a jurisdição comum e a jurisdição trabalhista acerca do tema ensejou a edição da Orientação Jurisprudencial n. 04 pela Sessão de Dissídios Coletivos do TST segundo a qual "a disputa intersindical pela representatividade de certa categoria refoge ao âmbito da competência material da Justiça do Trabalho" (27.3.98). O antagonismo da referida orientação jurisprudencial ao espírito da Constituição, especialmente após a EC 45/04, retirou-lhe a força unificadora da jurisprudência. E, em lugar de consumar sua trajetória em direção ao *status* de súmula jurisprudencial, teve como sina o cancelamento tardio, em 18.10.2006; muito depois de a emenda constitucional ter estabelecido, explicitamente, a competência da Justiça do Trabalho para as "ações sobre representação sindical, entre sindicatos, entre sindicatos e trabalhadores e entre sindicatos e empregadores".

Até a edição da emenda constitucional, as demandas relativas à representação sindical eram decididas pela Justiça Comum. Mas, curiosamente, com muita frequência a Justiça do Trabalho decidia a questão, incidentalmente, quando a questão principal dependia, em caso de controvérsia, de decisão sobre qual sindicato detinha a legítima representação da categoria envolvida no litígio. A decisão incidental da questão se fazia necessária em caso de demandas que versavam sobre o exercício de direitos sindicais de trabalhadores, cuja competência era da Justiça do Trabalho como no caso da estabilidade, enquadramento sindical, cobrança de contribuição e, dentre outras, questões relacionadas a direitos trabalhistas estabelecidos em negociação coletiva celebrada por sindicatos envolvidos em litígios relativos à representação sindical da categoria a que pertence o trabalhador reclamante.

Decisão proferida pelo TST, em 2001, bem ilustra a cisão competencial que conferia o poder de decisão definitiva a respeito da representação sindical à Justiça Comum Estadual e à Justiça do Trabalho o poder de decisão incidental sobre a mesma matéria:

> DISSÍDIO COLETIVO — DISPUTA POR TITULARIDADE DE REPRESENTAÇÃO SINDICAL — QUESTÃO PREJUDICIAL. Segundo a jurisprudência desta seção normativa, disputa intersindical refoge ao âmbito da competência material da Justiça do Trabalho. Contudo, nada impede que essa questão, uma vez suscitada no decurso do processo, seja apreciada de forma incidental, sendo certo que a questão prejudicial, decidida *incidenter tantum*, não produz coisa julgada (CPC, art. 469, III). DISSÍDIO COLETIVO — AUSÊNCIA DE PRESSUPOSTOS DE CONSTITUIÇÃO E DE DESENVOLVIMENTO VÁLIDO E REGULAR DO PROCESSO. A ausência nos autos da listagem do total de trabalhadores da suscitada, necessária à aferição do *quorum* mínimo estatuído no art. 612 da CLT, e do registro da pauta na ata da assembleia geral, bem como o desatendimento ao art. 524,e, da CLT, que preceitua escrutínio secreto nas deliberações tomadas na assembleia geral, acarretam a extinção do processo sem julgamento do mérito, nos termos do art. 267, IV, do Código de Processo Civil. (RODC-745310-34.2001.5.15.5555 Julgamento: 11.4.2002, relator Ministro: Ronaldo Lopes Leal, Seção Especializada em Dissídios Coletivos, Publicação: DJ 14.6.2002)

O prejuízo à credibilidade e à efetividade da jurisdição, bem como às partes interessadas era patente, seja quanto à afronta ao princípio da duração razoável do processo, seja no que diz respeito à especialização do julgamento definitivo da matéria, ou quanto à possibilidade concreta de provimentos jurisdicionais contraditórios provenientes de ramos distintos da Justiça sobre questão idêntica.

Antes da Emenda Constitucional n. 45/2004, o Superior Tribunal de Justiça, na esteira do que já fora decidido pelo STF (cf. CC n. 18.943-RJ) em decisão de conflito de competência entre juízo cível e juiz trabalhista, adotou jurisprudência coincidente com a do TST para estabelecer que "compete à Justiça Comum Estadual processar e julgar litígio estabelecido entre sindicatos, sem qualquer vínculo empregatício. Conflito conhecido para declarar competente o suscitado [Juízo de Direito da 3ª Vara Cível de Santa Maria/RS" Processo STJ-CC 34.242-RS-Ac. 2ª S. (2002/0002678-4), DOU, 25.6.2003)]. Logo após a edição da referida emenda constitucional e apesar de seguirem intocados a OJ-04/CDC- TST e os conflitos de competência sobre a matéria, o STJ passou a reconhecer a competência da Justiça do Trabalho, como revela a decisão abaixo transcrita:

> DIREITO SINDICAL. CONFLITO NEGATIVO DE COMPETÊNCIA. AÇÃO DE COBRANÇA. CONTRIBUIÇÃO SINDICAL. CONFEDERAÇÃO NACIONAL DA AGRICULTURA E PECUÁRIA — CNA. EC N. 45/04. ART. 114, III, DA CF/88.COMPETÊNCIA DA JUSTIÇA DO TRABALHO. 1. Após a Emenda Constitucional n. 45/2004, a Justiça do Trabalho passou a deter competência para processar e julgar não só as ações sobre representação sindical (externa — relativa à legitimidade sindical, e interna — relacionada à escolha dos dirigentes sindicais), como também os feitos intersindicais e os processos que envolvam sindicatos e empregadores ou sindicatos e trabalhadores. 2. As ações de cobrança de contribuição sindical propostas pelo sindicato, federação ou confederação respectiva contra o empregador, após a Emenda, devem ser processadas e julgadas pela Justiça Laboral. (CC 48891/PR; CONFLITO DE COMPETÊNCIA 2005/0058541-7. Relator: Ministro CASTRO MEIRA. Órgão Julgador: 1ª SEÇÃO. Julgamento: 8.6.2005. Publicação/Fonte: DJ 1º.8.2005, p. 305).

Ante a posição adotada pelo STJ, novas questões foram sendo enfrentadas até o assentamento da nova jurisprudência, como a que decorre da imediata vigência das normas relativas à competência e conveniência de políticas jurisdicionais necessárias a manter a coerência e razoabilidade na remessa dos autos à Justiça do Trabalho. A matéria foi objeto de pronunciamento do STF, passando o STJ a adotar a posição abaixo transcrita:

> As alterações legislativas referentes à fixação da competência devem ser aplicadas de imediato, salvo na hipótese de já haver sido proferida a sentença de mérito, em que o processo segue na jurisdição inicialmente estabelecida para a apreciação de eventuais recursos. IV – Precedentes do STF e do STJ. (cfr. Petição n. 2.590, rel. min. Gilson Dipp, DJ de 20.9.2004, APN n. 211/DF, rel. min. Pádua Ribeiro)

Deste posicionamento resulta que, nos casos em que a sentença civil foi proferida antes da vigência da nova competência, o STF adotou o princípio da *perpetuatio jurisdicionis*. Tais ações devem permanecer na Justiça Comum Estadual até o fim. Nos casos em que a sentença não tiver sido proferida antes da alteração competencial, o processo deve ser encaminhado à Justiça do Trabalho. É nula a sentença proferida na Justiça Estadual Comum em data posterior à sua vigência.

O cancelamento da OJ n. 4 – SDC – TST veio a ocorrer tardiamente, em 18.10.2006, fato que representou uma mudança paradigmática na jurisprudência daquela corte no que diz respeito à exegese do texto constitucional (art. 114, III, CF/88).

4. Conclusão

A jurisprudência trabalhista consolidou posição convergente com a jurisprudência do STJ e com a doutrina predominante sobre a matéria para fazer prevalecer o sentido explícito da norma constitucional inscrita no art. 114, III, CF/88, no sentido de que cabe à Justiça do Trabalho a competência para julgar os conflitos pertinentes à representação sindical.

Mas a revogação da OJ n. 04 – SCD – TST tem significado mais abrangente.

No mesmo sentido, encaminhou-se para o acolhimento de interpretação extensiva do dispositivo constitucional para compreender no âmbito da competência da Justiça do Trabalho os conflitos intrassindicais, intersindicais, entre sindicato e empregador que envolvam a aplicação do direito sindical, e não somente os conflitos que tenham por objeto a disputa intersindical de representatividade. Esta nova compreensão vem reforçada por decisões pontuais do STF, como a que se refere ao julgamento do conflito de competência entre o STJ e TST (CC 7.456, rel. Menezes Direito, DJE 20.6.2008), que estabeleceu a competência da Justiça do Trabalho para julgar conflitos relativos à contribuição sindical, tendo por critério a pertinência da matéria à atuação sindical. À luz deste critério, cabe à Justiça do Trabalho a competência para decidir sobre matéria de direito sindical.

No que se refere às demandas relativas ao Direito Coletivo, a distribuição de competência passou a ter coerência sistêmica e político-constitucional ao se concentrar exclusivamente no âmbito da Justiça do Trabalho. Espera-se que no futuro mais próximo possível se estabeleça a coerência de todo o sistema também em relação ao conjunto das matérias pertinentes à organização do trabalho e à proteção integral do trabalhador, quer seja no âmbito administrativo, quer seja no âmbito da jurisdição.

Se a definição de um sistema de distribuição de competências se prende necessariamente ao modelo de estado e aos princípios e valores constitucionais a que deve servir o processo e o sistema judicial que o opera, a busca da coerência sistêmica da distribuição da competência trabalhista requer ainda ajustes para que se concretize a completa adequação aos princípios e valores do estado democrático de direito inscrito na Constituição Federal. Termos em que parece razoável a reflexão crítica e aprofundada sobre a competência relativa a, dentre outros, direitos previdenciários decorrentes ou conexos ao contrato de trabalho e aos crimes contra a organização do trabalho.

Referências bibliográficas

CANOTILHO, J. J. Gomes. *Direito constitucional e teoria da Constituição*. 6. ed. Coimbra: Almedina, 2002.

CHAVES, Luciano Athayde; STERN, Maria de F. C. B. Stern; NOGUEIRA, Fabrício N. S. (Orgs.). *Ampliação da competência da Justiça do Trabalho*. São Paulo: LTr, 2009.

COUTINHO, Grijalbo F.; MELO FILHO, Hugo avalcanti, SOUTO MAIOR, Jorge Luiz; FAVA, Marcos Neves (Orgs.). *O mundo do trabalho*. São Paulo: LTr, 2009.

DALAZEN, João Oreste. *Competência material trabalhista*. São Paulo: LTr, 1994.

DINAMARCO, C. R. *Teoria geral do processo*. 26. ed. São Paulo: Malheiros, 2010.

REVISTA DO TRIBUNAL SUPERIOR DO TRABALHO, Porto Alegre, RS, v. 71, n. 1, p. 160-173, jan./abr. 2005.

VIANA, Oliveira. *Problemas de direito sindical*. Rio de Janeiro: Max Limonad, 1938.

ZAGREBELSKY, Gustavo. *El derecho dúctil*. Madrid: Trotta, 2005.

OJ n. 12 da SDC do TST: A Legitimidade Ativa dos Sindicatos Profissionais para a Instauração do Dissídio Coletivo de Greve

Bruno Ferraz Hazan e *Luciana Costa Poli*

OJ N. 12 DA SDC DO TST: GREVE. QUALIFICAÇÃO JURÍDICA. ILEGITIMIDADE ATIVA *"AD CAUSAM"* DO SINDICATO PROFISSIONAL QUE DEFLAGRA O MOVIMENTO (cancelada) – Res. n. 166/2010, DEJT divulgado em 30.4.2010 e 3 e 4.5.2010

Não se legitima o Sindicato profissional a requerer judicialmente a qualificação legal de movimento paredista que ele próprio fomentou.

1. A dualidade entre capital e trabalho e a necessária "paridade de armas" nas relações empregatícias

Em sua obra *O Beijo*[1], Gustav Klimt retrata, de maneira sutil, a dualidade existente entre o masculino e o feminino, em contrastes de formas e de forças.

Na pintura, o homem e a mulher são caracterizados com vestimentas em padrões distintos. O masculino é simbolizado pelo retângulo e o feminino pelo círculo. Além disso, o artista desenha a mulher numa postura passiva, ajoelhada e com sua cabeça — horizontalmente alinhada — disposta nas mãos do homem. Este, por sua vez, com uma postura dominante, simbolizada pela forte linha de seu pescoço, mas, ao mesmo tempo, gentil, pela leveza de suas mãos que tocam a face de sua amada, inclinando-lhe o rosto.

Esta dualidade existe não apenas na relação entre masculino e feminino. É encontrada em praticamente tudo, a exemplo da conhecida representação *Yin e Yang*[2]. Curiosamente, o mesmo parece acontecer entre capital e trabalho. Além da dualidade inerente às figuras (ou do antagonismo, dependendo do ponto de vista de quem as percebe), constata-se, assim como na citada obra de Klimt, uma ausência de paridade. O empregado é (assim como a mulher, na pintura), em relação ao seu empregador, hipossuficiente — mas não passivo, é de se ressaltar[3].

No entanto a manutenção justa de uma relação com tamanhas disparidades só é possível dentro de um sistema propositalmente desequilibrado. É o que faz o Direito do Trabalho.

O ramo trabalhista surge com a lógica, portanto, de proteger o empregado, garantindo-lhe ferramentas para que possa, com seu empregador, contratar. A paridade de armas, portanto, é inexorável e essencial para o equilíbrio das relações trabalhistas.

Dentre as ferramentas disponíveis e, *in casu*, na seara coletiva do Direito do Trabalho, pode-se citar, como exemplo, os instrumentos normativos autônomos (acordos e convenções coletivas), os instrumentos normativos heterônomos (sentença normativa) e a greve.

Decerto que os instrumentos mais eficazes para pôr fim aos conflitos de bases coletivas são os autônomos (convenções e acordos coletivos de trabalho). No entanto, enquanto não existir base legal, doutrinária e jurisprudencial para assegurar um sindicalismo forte no Brasil, já que os princípios da autonomia e liberdade sindicais foram e são mitigados pelo constituinte e pelos intérpretes da norma[4], infelizmente os sindicatos, não raro, terão que buscar apoio no Poder Judiciário.

Menos prestigiadas pelo ordenamento jurídico, pela doutrina e pela jurisprudência, principalmente dadas as circunstâncias de seu surgimento (corporativismo implantado por Getúlio Vargas), o poder normativo heterônomo da Justiça do Trabalho é, ainda, uma opção válida das partes, desde que frustrada a negociação coletiva[5].

Não há, portanto, como se negar a importância do exercício heterônomo desse poder normativo, eleito pelas próprias partes quando inviável a negociação, para pôr fim, pelo menos por um tempo, ao conflito coletivo[6].

---

(1) O Beijo (*Der Kuss*) é um quadro do pintor austríaco Gustav Klimt. Pintado entre 1907 e 1908, está exposto na Galeria Belvedere da Áustria (*Österreichische Galerie Belvedere*) em Viena.

(2) Dois conceitos – do taoísmo – que expõem a dualidade de tudo o que existe. Trata-se da representação do positivo e do negativo, da luz e da escuridão.

(3) Foi justamente a ausência de passividade que fez nascer, no âmago das grandes fábricas, o Direito do Trabalho nos séculos XVIII e XIX.

(4) Como, por exemplo, a manutenção da regra da unicidade sindical e a limitação, em sete, do número de dirigentes sindicais com garantia de emprego (Súmula n. 369 do TST).

(5) Ressalte-se que com a nova redação da Súmula n. 277 do TST (que garante a ultratividade das negociações coletivas) os dissídios coletivos de natureza econômica não mais precisam ser utilizados com o objetivo de manutenção das cláusulas normativas anteriormente negociadas.

(6) Destaca-se que a pacificação dos conflitos sócio-coletivos é uma das funções específicas do Direito Coletivo do Trabalho. *In:* DELGADO, Mauricio Godinho. *Curso de direito do trabalho.* 7. ed. São Paulo: LTr, 2008. p. 1.291.

No entanto, até o ano de 2010, o TST negava o exercício paritário de um destes instrumentos — o dissídio coletivo de greve — por parte do sindicato profissional. Por sorte, em abril de 2010 a Resolução n. 166/2010 do TST cancelou a OJ n. 12 da SDC, que, até a data, tinha a seguinte redação:

> GREVE. QUALIFICAÇÃO JURÍDICA. ILEGITIMIDADE ATIVA *"AD CAUSAM"* DO SINDICATO PROFISSIONAL QUE DEFLAGRA O MOVIMENTO. Não se legitima o Sindicato profissional a requerer judicialmente a qualificação legal de movimento paredista que ele próprio fomentou.

2. Os dissídios coletivos e a antiga restrição jurisprudencial

Com base no art. 114, §§ 2º e 3º da CR/88, além da CLT (arts. 856 a 875) e do Regimento Interno do TST (art. 220), é possível classificar os dissídios coletivos da seguinte forma:

a) Dissídio coletivo de natureza econômica[7], com o objetivo de criação e instituição de normas e condições de trabalho. Sua sentença normativa tem, portanto, natureza constitutiva ou dispositiva[8]. Tais dissídios se subdividem em: originários (quando inexistentes normas e condições especiais de trabalho anteriores); de revisão (destinados a reavaliar normas e condições coletivas de trabalho preexistentes) e de extensão (com o objetivo de estender, aos demais empregados da empresa que forem da mesma profissão dos dissidentes, condições inicialmente estabelecidas a uma fração de empregados de uma empresa).

b) Dissídio coletivo de natureza jurídica[9], com o objetivo de interpretação de cláusulas de convenções coletivas de trabalho, além de disposições legais particulares de categoria profissional ou econômica e de atos normativos. Percebe-se que neste dissídio não há o exercício do poder normativo por parte da Justiça do Trabalho e a sentença normativa proferida terá natureza declaratória.

c) Dissídio coletivo de greve. Trata-se de um dissídio misto. Isso porque tem natureza jurídica, quando seu objetivo é a declaração de abusividade ou não da greve, e, ao mesmo tempo, tem natureza econômica, quando as reivindicações (que deram origem a greve) são analisadas pelo Tribunal. A sentença normativa será, portanto, declaratória e constitutiva.

Como se percebe, a OJ n. 12 da SDC restringia o acesso, por parte do sindicato profissional, ao dissídio coletivo de greve. Portanto apenas entidades patronais (ou as próprias empresas) tinham legitimidade para seu ajuizamento.

No primeiro momento, no entanto, a restrição à instauração do dissídio coletivo de greve parecia estar ligada apenas à *qualificação legal do movimento*. Em tese, portanto, continuaria a estar legitimado o sindicato profissional para o dissídio com o objetivo de análise de suas reivindicações.

Ocorre que a classificação legal do movimento, na prática, sempre foi tratada como inerente aos dissídios de greve — já que a abusividade, ou não, do movimento é colocada em pauta, seja de ofício, seja por meio das defesas apresentadas pelas empresas e/ou pelos sindicatos patronais suscitados (pedidos de natureza reconvencional ou contrapostos).

Isso significava, então, a quase sempre extinção do processo, sem resolução do mérito, quando do ajuizamento de dissídios coletivos de greve por parte do sindicato profissional. Com isso, tais sindicatos, legítimos representantes da categoria (e legitimados, por lei, para a deflagração do movimento paredista — assim como dos dissídios inerentes, conforme art. 8º da Lei n. 7.783/89), viam-se à mercê de uma manifestação patronal para a obtenção tanto da qualificação legal de suas próprias manifestações (o que, em si, já é contraditório[10]) como da análise, no mérito, de suas reinvindicações[11].

Mas o mais grave era que a restrição consolidada na Orientação Jurisprudencial citada ofendia diretamente a Constituição da República e a Lei de Greve (Lei n. 7.783/89).

A afronta constitucional podia ser percebida em relação aos arts. 8º, inciso III, 9º e 114, inciso II. Nos moldes dos arts. 8º, inciso III[12] e 9º da CR/88, o estímulo natural da deflagração da greve compete aos próprios trabalhadores (por meio de suas entidades sindicais). Ora, a consulta do interesse da categoria, em assembleia, por si só já é o

---

(7) Conflitos econômicos são aqueles que incluem divergências sobre condições objetivas que envolvem o ambiente de trabalho (reivindicações econômico-profissionais dos trabalhadores e pleitos empresariais).
(8) MARTINS FILHO, Ives Gandra. *Processo coletivo do trabalho*. 3. ed. São Paulo: LTr, 2003.
(9) Conflitos jurídicos são aqueles que envolvem divergências de interpretação sobre regras e princípios já existentes.
(10) Já que, nos termos do art. 9º da CR/88, cabe aos trabalhadores – e não ao Poder Judiciário – decidir sobre a oportunidade do exercício do direito de greve e sobre os interesses que devam por meio dele defender.
(11) Destaca-se que uma análise não depende necessariamente da outra. Com isso, por exemplo, um movimento tido como abusivo pode ter suas reinvindicações analisadas e deferidas. Do mesmo modo, um movimento tido como não abusivo pode ter suas reinvindicações indeferidas.

suficiente para a aprovação das reinvindicações e para a decisão da conveniência, ou não, de se deflagrar greve ou de ajuizar dissídio coletivo (art. 859 da CLT c/c art. 4º da Lei n. 7.783/89).

Ademais, a Lei de Greve assegura, ainda, a legitimidade para as ações relativas à greve (principalmente o dissídio coletivo de greve) a qualquer das partes ou ao Ministério Público do Trabalho (art. 8º da Lei n. 7.783/89), incluindo a possibilidade de instauração da instância pela própria comissão de greve (no caso de ausência de entidade sindical), nos moldes do art. 4º, §§ 2º e 5º da Lei n. 7.783/89.

Por fim, com a promulgação da Emenda Constitucional n. 45/2004, foi atribuída à Justiça do Trabalho a competência para julgar todas as ações relativas ao direito de greve, sem qualquer restrição ou distinção a partes legitimadas (art. 114, inciso II da CR/88). A partir daí, este foi o principal argumento para o cancelamento da OJ n. 12 da SDC (RODC-2022200-78.2006.5.02.0000).

Nesta nova realidade, então, poderá o sindicato profissional deflagrar a greve e, dentro de suas atribuições, ajuizar o dissídio coletivo de greve, postulando não apenas a análise meritória de suas reinvindicações, mas também a qualificação de não abusividade do movimento paredista por ele iniciado, o que lhe compete desde 1988, quando o art. 9º da CR/88 dispôs que "é assegurado o direito de greve, competindo aos trabalhadores decidir sobre a oportunidade de exercê-lo e sobre os interesses que devam por meio dele defender".

A manutenção de legitimidade ampla dos sindicatos para a instauração da instância (seja ela econômica, jurídica ou de greve), assim como uma interpretação ampliativa do exercício do direito de greve, alinhada à preservação absoluta dos patamares mínimos civilizatórios[13] legais e constitucionais, é o caminho para o restabelecimento de um razoável equilíbrio tanto entre empregados e empregadores como — e principalmente — entre os contratantes coletivos.

Referências bibliográficas

BEZERRA LEITE, Carlos Henrique. *Curso de direito processual do trabalho*. 11. ed. São Paulo: LTr, 2013.

DELGADO, Mauricio Godinho. *Curso de direito do trabalho*. 7. ed. São Paulo: LTr, 2008.

MARTINS FILHO, Ives Gandra. *Processo coletivo do trabalho*. 3. ed. São Paulo: LTr, 2003.

NASCIMENTO, Amauri Mascaro. *Compêndio de direito sindical*. 2. ed. São Paulo: LTr, 2000.

SCHIAVI, Mauro. *Manual de direito processual do trabalho*. 5. ed. São Paulo: LTr, 2012.

TEIXEIRA FILHO, João de Lima (Coord.). *Relações coletivas de trabalho — estudos em homenagem ao Ministro Arnaldo Süssekind*. São Paulo: LTr, 1989.

---

(12) Em especial após a decisão Recurso Extraordinário n. 210.029-3/RS pelo STF que confirmou a legitimação extraordinária do sindicato para defender, de forma ampla, sua categoria em juízo (substituição processual).

(13) A expressão é de Mauricio Godinho Delgado.

OJs ns. 19 e 22 da SDC do TST: A Legitimidade dos Sindicatos para a Instauração do Dissídio Coletivo

Bruno Ferraz Hazan e *Luciana Costa Poli*

OJ N. 19 DA SDC DO TST: DISSÍDIO COLETIVO CONTRA EMPRESA. LEGITIMAÇÃO DA ENTIDADE SINDICAL. AUTORIZAÇÃO DOS TRABALHADORES DIRETAMENTE ENVOLVIDOS NO CONFLITO (inserido dispositivo) – DEJT divulgado em 16, 17 e 18.11.2010

A legitimidade da entidade sindical para a instauração da instância contra determinada empresa está condicionada à prévia autorização dos trabalhadores da suscitada diretamente envolvidos no conflito.

OJ N. 22 DA SDC DO TST: LEGITIMIDADE *"AD CAUSAM"* DO SINDICATO. CORRESPONDÊNCIA ENTRE AS ATIVIDADES EXERCIDAS PELOS SETORES PROFISSIONAL E ECONÔMICO ENVOLVIDOS NO CONFLITO. NECESSIDADE. (inserido dispositivo) – DEJT divulgado em 16, 17 e 18.11.2010

É necessária a correspondência entre as atividades exercidas pelos setores profissional e econômico, a fim de legitimar os envolvidos no conflito a ser solucionado pela via do dissídio coletivo.

1. Os dissídios coletivos na aparência — o posicionamento do TST

Ao apreciar as pinturas impressionistas[1] ou, ainda, aquelas em que a técnica do pontilhismo[2] foi utilizada, o observador percebe como as imagens se formam a partir de pinceladas aparentemente simples, soltas e sem contornos precisos.

Com isso, de perto, obras de Claude Monet ou Paul Signac, por exemplo, mais parecem conter traços aleatórios e desconexos em formas e cores. No entanto, com a distância correta, percebe-se a formação da imagem em paisagens extremamente detalhadas, bem definidas e com os reflexos, sombras e luzes tão peculiares aos artistas daquela época.

Traços aparentemente simples se transformam em belas obras de arte. Pinceladas soltas formam imagens que, literalmente, impressionam aqueles que as apreciam. O sentido, a beleza e a interpretação dependem da distância e do ponto de vista do observador.

O mesmo parece acontecer com o Direito. Muitas vezes o aparente, quando devidamente investigado, mostra-se diverso do que se havia inicialmente imaginado. Às vezes, em decorrência de falhas terminológicas ou gramaticais na redação legal, outras vezes, por questão de interpretação ou utilização de diferentes técnicas hermenêuticas.

Os dissídios coletivos não fogem a este aspecto. Pela interpretação puramente gramatical dos arts. 856 a 859 da CLT, tudo indica que a instauração da instância, por parte das entidades sindicais, é hipótese de representação processual, embora atípica[3].

Esse sempre foi o posicionamento adotado pelo TST, externado, dentre outras, pelas Orientações Jurisprudenciais ns. 19 e 22 da SDC. Destaque-se que, em novembro de 2010, estas Orientações foram republicadas com a incorporação de uma nova redação, mantendo-se, no entanto, suas ideias originais:

OJ N. 19. DISSÍDIO COLETIVO CONTRA EMPRESA. LEGITIMAÇÃO DA ENTIDADE SINDICAL. AUTORIZAÇÃO DOS TRABALHADORES DIRETAMENTE ENVOLVIDOS NO CONFLITO. A legitimidade da entidade sindical para a instauração da instância contra determinada empresa está condicionada à prévia autorização dos trabalhadores da suscitada diretamente envolvidos no conflito.

OJ N. 22. LEGITIMIDADE *AD CAUSAM* DO SINDICATO. CORRESPONDÊNCIA ENTRE AS ATIVIDADES EXERCIDAS PELOS SETORES PROFISSIONAL E ECONÔMICO ENVOLVIDOS NO CONFLITO. NECESSIDADE. É necessária a correspondência entre as atividades exercidas pelos setores profissional e econômico, a fim de legitimar os envolvidos no conflito a ser solucionado pela via do dissídio coletivo.

Neste sentido, portanto, entende o TST que a atuação sindical no dissídio coletivo é uma hipótese de representação, especialmente pela redação da OJ n. 19 da SDC, que condiciona a ação à comprovação de "autorização" da categoria profissional diretamente envolvida no conflito (ou seja, dos trabalhadores da empresa). *In casu*, a Orientação Jurisprudencial trata do dissídio coletivo instaurado em face da empresa, mas não afasta o posicionamento de que, também nos dissídios intersindicais, a atuação sindical se dá por via da representação processual.

---

(1) O *impressionismo* foi um movimento artístico que surgiu na França do século XIX. O nome deriva da obra *Impression du Soleil Levant* (1872) de Claude Monet.

(2) O *pontilhismo* é uma técnica de pintura, derivada do movimento impressionista, em que manchas ou pequenos pontos de cor misturados formam a imagem, provocando, no observador, certo efeito óptico.

(3) Atípica porque a autorização assemblear, com a devida apuração de votos, dispensa, na petição inicial, a qualificação e indicação dos representados, sendo que, na representação típica, o nome do representado é que consta na peça de ingresso.

Ressalte-se que a OJ n. 22 da SDC, na verdade, não entra no mérito da representação propriamente dita, mas dos critérios de *representatividade* sindical em categorias profissionais e econômicas, a teor dos arts. 8º, inciso II da CR/88 e 511 da CLT. Decerto que em nosso sistema jurídico a manutenção dos critérios de agregação sindical em categorias é o posicionamento dominante. Com isso, não poderia ser outra a interpretação do TST, vinculando a atuação sindical à sua categoria de representação.

2. Uma releitura da atuação sindical nos dissídios coletivos – a aparência e a nova realidade constitucional

A partir do ano de 2003, com o cancelamento da Súmula n. 310 do TST[4] e com o julgamento do Recurso Extraordinário n. 210.029-3/RS[5] faz-se necessária uma releitura da atuação sindical em juízo, especialmente no que concerne à instauração de dissídios coletivos. É possível, com base no novo posicionamento externado pelo STF, classificar esta atuação sindical como hipótese típica de substituição processual.

Na representação processual, o representante não é parte. Desta forma, o nome que consta na petição inicial é do próprio representado. O titular do direito é outro que se faz representar, outorgando, ao seu representante, autorização expressa. Já na substituição processual, além de não haver necessidade de autorização ou consentimento do substituído (já que a autorização é legal — art. 6º do CPC), o substituto pleiteará, em seu nome, direito do substituído. O substituto, portanto, é parte no processo.

Com isso, em termos práticos, os dissídios coletivos mais se aproximam da substituição, uma vez que a parte legítima para a instauração da instância é a própria entidade sindical. E, ainda, como consequência disto, o nome do sindicato é que consta na petição inicial como suscitante. Ademais, é bom destacar que a terminologia "representação" adotada pela CLT em seus arts. 856 a 859 não deve ser interpretada literalmente, pois o próprio texto celetista padece de técnica terminológica, já que mistura os institutos em outros momentos, como, por exemplo, na representação dos empregados e empregadores em audiência[6].

Assim, de fato, a atuação sindical pode e deve ser vista, inclusive nos dissídios coletivos, como uma hipótese de substituição processual, dispensando-se, por consequência, qualquer averiguação de autorização por parte da categoria (pois o consentimento da categoria é suprido pela autorização constitucional e legal — arts. 8º, inciso III da CR/88 e 856 da CLT).

Não se quer defender aqui o estímulo a uma atuação sindical contra a vontade da categoria. O sindicato representa a categoria, e sua atuação, decerto, deve ser pautada nos interesses desta. O que se busca, pelo contrário, é a não interpretação da atuação sindical sob um prisma individual (ou seja, na defesa de vários interesses individuais), mas, sim, sob a óptica coletiva que lhe é peculiar (a defesa de interesses coletivos).

As relações coletivas são grupais, seus sujeitos são grupos de trabalhadores ou empregadores (entidades sindicais) e sua finalidade é a defesa dos interesses coletivos do grupo — e não dos interesses de cada indivíduo integrante do grupo. As relações coletivas, ao contrário das individuais, são destinadas à defesa dos interesses propriamente coletivos[7].

De fato, a exigência de comprovação de autorização para instauração de dissídio coletivo faz parecer que o TST interpretou a atuação sindical, *in casu*, como a defesa da soma dos interesses individuais dos trabalhadores da empresa. Isso poderia permitir, até mesmo, que, em alguns casos, a vontade *verdadeiramente coletiva* não fosse preservada em face da vontade *individual viciada* pelas pressões empresariais (o que é bastante comum, infelizmente). Ora, a atuação coletiva deve, justamente, desvincular-se da figura individual do trabalhador (que pode ser facilmente coagido por seu empregador), garantindo uma blindagem contra possíveis ingerências empresariais.

Além disso, pela leitura da OJ n. 19 da SDC, aparentemente o TST misturou conceitos de representação processual (vinculada à legitimidade) e representatividade sindical. Tais aspectos não podem ser confundidos, já que um é processual e outro é material.

Assim, interpretando-se a atuação sindical nos dissídios coletivos não como mera representação, mas como

---

(4) A Súmula n. 310 do TST restringia as hipóteses de substituição processual àquelas previstas em lei.

(5) Decisão do STF, que interpretou, de forma ampla, a atuação do sindicato como substituto processual, nos termos do art. 8º, inciso III da CR/88.

(6) O empregado pode fazer-se *representar* em audiência pelo sindicato nas ações plúrimas e de cumprimento. Também pode ser *representado* por um colega de profissão, ou pelo sindicato, caso não tenha condições de comparecer à audiência por qualquer motivo ponderoso (art. 843, *caput* e § 2º da CLT). O empregador, por sua vez, pode se *substituir* em audiência pelo gerente ou por qualquer preposto que tenha conhecimento dos fatos (art. 843, § 1º da CLT).

(7) Interesse coletivo é "o interesse de uma pluralidade de pessoas por um bem idôneo a satisfazer as necessidades comuns. Não é a soma dos interesses individuais, mas a sua combinação, e é indivisível, no sentido de que vem satisfazer não diversos bens destinados às necessidades individuais, mas um único bem apto a atender às necessidades de uma coletividade." (Santoro-Passarelli. *Nozioni di Diritto del lavoro*. Napoli: 1952, apud: NASCIMENTO, Amauri Mascaro. *Curso de direito do trabalho*. 14. ed. São Paulo: Saraiva, 1997. p. 747)

substituição processual (dispensando a necessidade de comprovação, no processo, de autorização ou consentimento expresso da categoria), o enfoque da "representação" sindical deixa de ser processual (legitimidade) e passa a ser material (analisado, portanto, como critério de "representatividade" sindical)[8].

Com isso, não mais se extinguiriam, sem resolução do mérito, os dissídios coletivos por ausência de comprovação de autorização expressa da categoria (já que esta questão não é processual e, assim, material — vinculada à representatividade do sindicato em relação à sua própria categoria). Ou seja, a falta de juntada da autorização não pode ser presumida como a impossibilidade de atuação sindical, como ausência de vontade e interesse coletivos ou, muito menos, como ausência de legitimidade do sindicato.

A partir deste pensamento, a necessidade legal de autorização em assembleia deve ser interpretada não como uma condição ou um requisito da instauração (processual), mas como uma condição material da representatividade do sindicato (que, pelo bem da categoria, deve ser presumida — já que a atuação sindical é vinculada aos interesses *coletivos* da categoria). A *autorização* a que se refere o art. 859 da CLT não trata, pois, de um requisito processual a ser preliminarmente analisado (a ponto de extinguir o processo sem resolução do mérito), mas sim de um critério objetivo de representatividade que, até manifestação contrária da própria categoria interessada, teria a presunção em favor do sindicato suscitante.

Referências bibliográficas

BEZERRA LEITE, Carlos Henrique. *Curso de direito processual do trabalho*. 11. ed. São Paulo: LTr, 2013.

DELGADO, Mauricio Godinho. *Curso de direito do trabalho*. 7. ed. São Paulo: LTr, 2008.

MARTINS FILHO, Ives Gandra. *Processo coletivo do trabalho*. 3. ed. São Paulo: LTr, 2003.

NASCIMENTO, Amauri Mascaro. *Curso de direito do trabalho*. 14. ed. São Paulo: Saraiva, 1997.

SAAD, Gabriel Eduardo. *Direito processual do trabalho*. São Paulo: LTr, 1994.

TEIXEIRA FILHO, Manoel Antonio. *A sentença trabalhista no processo do trabalho*. 4. ed. São Paulo: LTr, 2010.

---

(8) Parece, realmente, que o TST confundiu um conceito processual (legitimidade) com um conceito material (representatividade). A autorização da categoria, neste caso, tem a mesma natureza não processual da autorização assemblear, prevista no art. 612 da CLT, para aprovação da pauta de reinvindicações nas negociações coletivas.

OJ n. 37 da SDC do TST (Cancelamento): Impossibilidade de Ajuizamento de Dissídio Coletivo por Empregados de Entidades Sindicais

Maíra Neiva Gomes

OJ N. 37 DA SDC DO TST: EMPREGADOS DE ENTIDADES SINDICAIS. ESTABELECIMENTO DE CONDIÇÕES COLETIVAS DE TRABALHO DISTINTAS DAQUELAS ÀS QUAIS ESTÃO SUJEITAS AS CATEGORIAS REPRESENTADAS PELOS EMPREGADORES. IMPOSSIBILIDADE JURÍDICA. ART. 10 DA LEI N. 4.725/65 (cancelada) – DJ 18.10.2006

O art. 10 da Lei n. 4.725/65 assegura, para os empregados de entidades sindicais, as mesmas condições coletivas de trabalho fixadas para os integrantes das categorias que seus empregadores representam. Assim, a previsão legal expressa constitui óbice ao ajuizamento de dissídio coletivo com vistas a estabelecer para aqueles profissionais regramento próprio.

1. Introdução

A Orientação Jurisprudencial n. 37 da Seção de Dissídios Coletivos do Tribunal Superior do Trabalho foi cancelada em 18.10.2006. Previa a referida OJ que os empregados de entidades sindicais não poderiam ajuizar dissídio coletivo, uma vez que o art. 10 da Lei n. 4.725/1965 assegurava a estes as mesmas condições de trabalho fixadas para os integrantes da categoria representada pelo sindicato empregador. Sendo assim, o dispositivo legal, de acordo com o entendimento da OJ n. 37 da SDC do TST, constituía óbice à propositura da ação de cunho coletivo.

O escopo deste singelo estudo é propor uma análise desse importante cancelamento, pretendendo apontar o avanço jurídico, por meio da garantia da efetividade do art. 8º da Constituição Federal, que assegura a ampla liberdade sindical.

Para facilitar a compreensão, inicialmente se buscará definir o conceito de liberdade sindical para, posteriormente, demonstrar a inadequação da OJ n. 37 da SDC do TST com o princípio democrático norteador do texto constitucional.

2. A liberdade sindical e a livre organização

O art. 8º da Constituição Federal assegura a ampla liberdade de organização aos trabalhadores. O dispositivo constitucional está inserido no título que se refere aos direitos e às garantias fundamentais. É inegável que o texto constitucional estabeleceu ao direito de livre organização dos trabalhadores um importante patamar, sendo este um dos princípios que norteiam a própria noção de democracia.

Mas como se dá a organização sindical dos trabalhadores? O art. 511 da CLT determina que é lícita a associação destes para defesa de seus interesses profissionais. O § 2º do art. 511 da CLT dispõe que a similitude de condições de vida oriunda da profissão ou do trabalho em comum em atividades econômicas similares ou conexas constitui o nexo elementar que determina uma categoria profissional.

Ora, o ordenamento jurídico brasileiro, em vigor, elegeu o critério corporativista como elemento apto a determinar a definição de categoria. Isso porque pressupõe que é a atividade econômica preponderante que define a categoria profissional. Ou seja, o ordenamento jurídico das décadas de 1930/1940, reconhecendo uma realidade de organização do trabalho tipicamente taylorista/fordista, pressupõe que os empregados de determinada empresa constituem um todo homogêneo que, consequentemente, possuiria condições de vida, trabalho e interesses comuns.

Embora essa hoje não seja a realidade do mundo do trabalho, uma vez que os trabalhadores tornaram-se um todo heterogêneo, é esse o critério jurídico que ainda determina uma categoria profissional.

Historicamente, o critério de associação de trabalhadores também elegeu a similitude de condições de vida, trabalho e interesses como instrumentos aptos a gerar a agregação. No entanto os critérios sociais edificados pelos próprios trabalhadores ao longo dos últimos três séculos não se focam na atividade econômica de seus empregadores, mas sim em pontos convergentes de solidariedade.

Ou seja, para os trabalhadores, são as condições de vida e trabalho que propiciam o reconhecimento dos interesses em comum e a formação da solidariedade e, consequentemente, da necessidade de união, independentemente de quem seja o empregador.

Inicialmente, na Roma Antiga e, posteriormente, na Europa Renascentista, foi o exercício do mesmo ofício que gerou a necessidade de associação de trabalhadores em *collegias* e corporações de ofício e de companheiros. Já na Inglaterra do século XVIII, foi a necessidade de se preservar as condições de trabalho contra o avanço do rebaixamento dos salários devido ao amplo emprego de mão de obra que não havia passado pelo aprendizado que fez eclodir as revoltas luddistas. Já no século XIX, os trabalhadores ingleses perceberam que a disseminação da fábrica capitalista havia feito desaparecer entre eles as diferenças de ofício e que era necessária uma organização geral, o que fez surgir o movimento cartista.

A propagação das ideias marxistas consolidou a compreensão de que a propriedade privada dos meios de produção opunha as classes detentoras de tais meios e aqueles que necessitavam vender sua força de trabalho como única forma de subsistência. Sindicatos gerais de trabalhadores e outras associações como as cooperativas ganharam relevância, fazendo, lentamente, enfraquecer a ideia de associação por profissão.

Já no século XX, nos EUA, duas grandes centrais sindicais iniciaram um forte embate. A AFL[1] defendia que a organização dos trabalhadores deveria ser definida por ofício. Por sua vez, a IWW[2] não via nenhuma distinção entre os trabalhadores industriais, defendendo uma representação única.

No Brasil, embora em tempos distintos, se observa também tal fenômeno. Os primeiros sindicatos anarquistas e associações de ajuda mútua agregavam, por região, diferentes grupos de trabalhadores, como estivadores, vidreiros, chapeleiros, entre outros.

Foi com Getúlio Vargas e o reconhecimento jurídico dos sindicatos que a definição corporativista de sindicatos passou a determinar a forma de organização e hierarquia das entidades sindicais.

3. Os empregados de entidades sindicais e a inadequação dos critérios da OJ n. 37 da SDC do TST

Para que serve um sindicato? Juridicamente, ele defende interesses comuns e similares de trabalhadores, organizando movimentos paredistas e negociando normas de trabalho. Socialmente, ele serve como ponto de união, de formação de solidariedade, de compartilhamento de angústias e esperanças. Politicamente, ele possibilita a conscientização e a mobilização de trabalhadores, funcionando, muitas vezes, como núcleo intermediário de poder que possibilita a construção democrática.

Seja ao considerarmos os critérios estabelecidos pelo ordenamento jurídico brasileiro, seja ao reconhecermos as definições edificadas pelos próprios trabalhadores no estabelecimento da convergência de interesses comuns e funções do sindicato, claro é que se distinguem os interesses dos trabalhadores ao se alterarem as condições de vida e trabalho.

Embora os trabalhadores tenham interesses gerais comuns — como, por exemplo, a elevação do salário mínimo, a consecução de políticas públicas que garantam a assistência previdenciária, o acesso à educação, à saúde, aos bens culturais —, para fins de elaboração de normas trabalhistas é necessário observar as condições de trabalho.

Ora, os empregados em entidades sindicais têm condições de trabalho específicas que, na maioria das vezes, não são similares às dos trabalhadores representados pelos sindicatos empregadores.

O que há de similar entre um metalúrgico e um médico de entidade sindical? Ou entre um bancário e um sindicalizador[3]? Ou entre um comerciário e um advogado de sindicato ou um homologador[4]? As jornadas e funções são distintas, o salário também é. Na maioria das vezes, os empregados de entidades sindicais não estão expostos a agentes periculosos e insalubres — exceto aos decibéis dos carros de som —, como muitas categorias de trabalhadores dos sindicatos empregadores.

Mas os empregados de entidades sindicais guardam similaridades entre si apesar de estarem empregados em distintas entidades. Em sua maioria são politizados, oriundos de outros segmentos dos movimentos sociais. Possuem um grande poder de mobilização, vez que estão, diariamente, acostumados a acompanhar as atividades dos sindicatos empregadores.

Mas eles também podem ser expostos a variadas formas de assédio moral, à exigência de horas extras, ao atraso de pagamento de salários. Ou seja, são trabalhadores comuns que, assim como outros, necessitam se mobilizar para a defesa de interesses comuns.

Ora, a propositura de dissídio coletivo pressupõe o reconhecimento do direito à negociação coletiva. O dispositivo legal no qual se amparava a OJ n. 37 negava tal direito aos empregados de entidades sindicais. Além disso, é importante lembrar que a referida lei é fruto da ditadura militar, período esse no qual qualquer mobilização de trabalhadores era duramente reprimida pelo aparato estatal. O sindicato, nesse período, funcionava como um braço estatal na sociedade civil. Ou seja, seus dirigentes e empregados não passavam de um tipo precário de agentes públicos, aos quais eram negadas quaisquer possibilidades de contestação[5].

---

(1) American Federation of Labor.
(2) Industrial Workers of the World.
(3) Empregado de sindicato que se dirige aos locais de trabalho e procede a associação dos trabalhadores, esclarecendo a importância de adesão à entidade sindical. Esse tipo de trabalhador está presente, em números elevados, nos maiores e mais organizados sindicatos. Eles, muitas vezes, são o verdadeiro elo entre o trabalhador e o sindicato que o representa.
(4) Empregado de sindicato que efetua as homologações das rescisões contratuais.
(5) A noção do sindicato como braço estatal surge com a política trabalhista de Getúlio Vargas. Porém, nos anos da repressão militar, essa noção se reforça devido à impossibilidade de qualquer manifestação política ou de insatisfação. Os sindicatos, nesse período, possuíam interventores nomeados pela ditadura militar que garantiam a não politização das organizações dos trabalhadores.

Reivindicar direitos significa, na maioria das vezes, conscientizar, estabelecer laços de solidariedade, exercer a retórica, flertar com a democracia. Assim, para o governo militar, era necessário limitar tal exercício por todos os meios existentes. E impossibilitar os empregados de entidades sindicais de se reconhecerem como tais significava silenciar um dos principais elos entre os trabalhadores e seus sindicatos.

Porém a OJ n. 37 somente foi formulada após dez anos da proclamação da Constituição Federal de 1988, que garantiu a ampla liberdade sindical e concedeu caráter normativo aos acordos e às convenções celebrados pelos sindicatos.

Parece que a OJ já nasceu negando uma interpretação mais condizente com a intenção democrática do texto constitucional. Talvez isso tenha se dado devido à cultura, inclusive judicial, neoliberal. A década de 1990 foi marcada pelas ideias de redução do papel do Estado e das flexibilizações e precarizações trabalhistas que tinham como justificativa manter o Brasil como fornecedor de matérias-primas baratas, sem agregação significativa de valores. Se assim o for, seria necessário destacar apenas o caráter monetário das negociações coletivas, inibindo a sua potencialidade de instrumento hábil a construir novos agentes sociais que poderiam pressionar a construção e defesa de direitos.

4. Considerações finais

O cancelamento da OJ n. 37 da SDC do TST possibilitou o reconhecimento da liberdade de organização dos empregados de entidades sindicais. Isso porque, ao permitir que tal categoria de trabalhadores possa ajuizar dissídio coletivo, permite que esses se organizem em torno de interesses trabalhistas comuns, formulando reivindicações específicas e negociando normas que as atenda, o que, posteriormente, favorece a conscientização e politização de tais trabalhadores.

É o reconhecimento do direito de negociação coletiva e da própria associação. Negar tais direitos significava impedir a efetividade do art. 8º da Constituição Federal e do princípio democrático.

Obviamente que o exercício dos direitos de livre organização, negociação, greve e das faculdades processuais estão sujeitos aos demais dispositivos que regulam a matéria no ordenamento jurídico brasileiro[6]. No entanto a não aplicação de norma elaborada no período ditatorial, que tinha como objetivo inviabilizar a organização dos trabalhadores, e a garantia de preservação da liberdade sindical significam importante progresso, com o objetivo de se assegurar o amplo exercício dos direitos democráticos.

Referências bibliográficas

CENTRAL ÚNICA DOS TRABALHADORES (CUT). História do movimento operário sindical no Brasil — do século XIX a 1985. CD, 1985.

DELGADO. Mauricio Godinho. *Curso de direito do trabalho*. 10. ed. São Paulo: LTr, 2009.

GIANNOTTI, Vito. *História das lutas dos trabalhadores no Brasil*. 1. ed. Rio de Janeiro: Mauad, 2007.

HUBERMAN, Leo. *História da riqueza do homem*. Trad. Waltensir Dutra. 2 (rev.) Rio de Janeiro: LTC, 2006.

LIMONCIC, Flávio. *Os inventores do* New Deal: Estado e sindicatos no combate à grande depressão. Rio de Janeiro: Civilização Brasileira, 2009.

RODRIGUES, Iram Jácome. *Sindicalismo e política*: a trajetória da CUT (1983 a 1993). 2. ed. São Paulo: LTr, 2011.

SANTOS, Luiz Alberto Matos dos. *A liberdade sindical como direito fundamental*. 1. ed. São Paulo: LTr, 2009.

SCHIAVI, Mauro. *Manual de direito processual do trabalho*. 3. ed. São Paulo: LTr, 2012.

STURMER, Gilberto. *A liberdade sindical na CRFB de 1988 e sua relação com a Convenção n. 87 da OIT*. Porto Alegre: Livraria do Advogado, 2007.

THOMPSON, E. P. *A formação da classe operária: a árvore da liberdade*. Trad. Denise Bottmann. 4. ed. Rio de Janeiro: Paz e Terra, 2004. v. 1.

_____. *A formação da classe operária*: a força dos trabalhadores. Trad. Denise Bottmann. 3. ed. Rio de Janeiro: Paz e Terra, 2002b. v. 3.

_____. *A formação da classe operária*: a maldição de Adão. Trad. Renato Neto e Cláudia Rocha de Almeida. 4. ed. Rio de Janeiro: Paz e Terra, 2002a. v. 2.

---

(6) Como, por exemplo, a necessidade de comum acordo para ajuizamento de dissídio coletivo.

3.3.4. Orientações Jurisprudenciais do Tribunal Pleno do TST

OJs ns. 6, 8, 9, 10, 12 e 13 do Tribunal Pleno do TST: Precatório e Requisição de Pequeno Valor

Mirna Savoi Silveira Boson

OJ N. 6 – Tribunal Pleno: PRECATÓRIO. EXECUÇÃO. LIMITAÇÃO DA CONDENAÇÃO IMPOSTA PELO TÍTULO JUDICIAL EXEQUENDO À DATA DO ADVENTO DA LEI N. 8.112, DE 11.12.1990. Em sede de precatório, não configura ofensa à coisa julgada a limitação dos efeitos pecuniários da sentença condenatória ao período anterior ao advento da Lei n. 8.112, de 11.12.1990, em que o exequente submetia-se à legislação trabalhista, salvo disposição expressa em contrário na decisão exequenda.

OJ N. 8 – Tribunal Pleno: PRECATÓRIO. MATÉRIA ADMINISTRATIVA. REMESSA NECESSÁRIA. NÃO CABIMENTO. Em sede de precatório, por se tratar de decisão de natureza administrativa, não se aplica o disposto no art. 1º, V, do Decreto-lei n. 779, de 21.8.1969, em que se determina a remessa necessária em caso de decisão judicial desfavorável a ente público.

OJ N. 9 – Tribunal Pleno: PRECATÓRIO. PEQUENO VALOR. INDIVIDUALIZAÇÃO DO CRÉDITO APURADO. RECLAMAÇÃO TRABALHISTA PLÚRIMA. EXECUÇÃO DIRETA CONTRA A FAZENDA PÚBLICA. POSSIBILIDADE. Tratando-se de reclamações trabalhistas plúrimas, a aferição do que vem a ser obrigação de pequeno valor, para efeito de dispensa de formação de precatório e aplicação do disposto no § 3º do art. 100 da CF/88, deve ser realizada considerando-se os créditos de cada reclamante.

OJ N. 10 – Tribunal Pleno: PRECATÓRIO. PROCESSAMENTO E PAGAMENTO. NATUREZA ADMINISTRATIVA. MANDADO DE SEGURANÇA. CABIMENTO. É cabível mandado de segurança contra atos praticados pela Presidência dos Tribunais Regionais em precatório em razão de sua natureza administrativa, não se aplicando o disposto no inciso II do art. 5º da Lei n. 1.533, de 31.12.1951.

OJ N. 12 – Tribunal Pleno: PRECATÓRIO. PROCEDIMENTO DE NATUREZA ADMINISTRATIVA. INCOMPETÊNCIA FUNCIONAL DO PRESIDENTE DO TRT PARA DECLARAR A INEXIGIBILIDADE DO TÍTULO EXEQUENDO. O Presidente do TRT, em sede de precatório, não tem competência funcional para declarar a inexigibilidade do título judicial exequendo, com fundamento no art. 884, § 5º, da CLT, ante a natureza meramente administrativa do procedimento.

OJ N. 13 – Tribunal Pleno: PRECATÓRIO. QUEBRA DA ORDEM DE PRECEDÊNCIA. NÃO DEMONSTRAÇÃO DA POSIÇÃO DO EXEQUENTE NA ORDEM CRONOLÓGICA. SEQUESTRO INDEVIDO. É indevido o sequestro de verbas públicas quando o exequente/requerente não se encontra em primeiro lugar na lista de ordem cronológica para pagamento de precatórios ou quando não demonstrada essa condição.

1. Introdução

1.1. Precatório

Os valores devidos pela Administração Pública Direta, por suas respectivas autarquias, assim como pelas fundações instituídas pelo Poder Público, resultantes de decisão judicial transitada em julgado[1], são quitados, via de regra, por meio de precatório.

Renato Saraiva define o precatório como a *"requisição, feita pelo Poder Judiciário ao Poder Executivo respectivo, de numerário suficiente para arcar com as condenações impostas à Fazenda Pública mediante sentença judicial contra a qual não caiba mais recurso"*[2].

Segundo a melhor doutrina, não estão incluídos nesse regime de pagamento as empresas públicas, as sociedades de economia mista, os entes de cooperação (do sistema S) e as concessionárias ou permissionárias de serviço público, por se tratarem de pessoas jurídicas de direito privado[3].

Exceção a esse entendimento se aplica às Empresas Brasileiras de Correios e Telégrafos (ECT), considerando as reiteradas decisões do Supremo Tribunal Federal (STF), no sentido de que o Decreto-lei n. 509/69 (que não obstante tenha transformado a ECT em empresa pública, concedeu-lhe os privilégios da Fazenda Pública — art. 12) foi recepcionado pela Constituição da República[4].

---

(1) Para detalhes sobre a possibilidade de execução provisória contra a Fazenda Pública, consultar a brilhante exposição de MARINONI; ARENHART, 2011, p. 408-411. v. 3.

(2) SARAIVA, Renato. *Curso de Direito Processual do Trabalho.* 5. ed. São Paulo: Método, 2008. p. 683.

(3) BEZERRA LEITE, Carlos Henrique. *Curso de Direito Processual do Trabalho.* 8. ed. São Paulo: LTr, 2010; e TEIXEIRA FILHO, Manoel Antonio. *Curso de Direito Processual do Trabalho.* 20. ed. São Paulo: LTr, 2009. v. III.

(4) Feita a digressão que aponta quais são os entes abrangidos pela regra constitucional do regime especial de pagamentos (precatório), com o intuito de simplificar, mencionaremos aqui, genericamente, apenas a Fazenda Pública como sujeita a esse regime.

Segue, *v.g.*, transcrição de jurisprudência do STF:

"EMENTA: Empresa Brasileira de Correios e Telégrafos. Execução. O Plenário desta Corte, no julgamento do RE n. 220.906 que versava a mesma questão, decidiu que foi recebido pela atual Constituição o Decreto-lei n. 509/69, que estendeu à Empresa Brasileira de Correios e Telégrafos os privilégios conferidos à Fazenda Pública, dentre os quais o da impenhorabilidade de seus bens, rendas e serviços, devendo a execução contra ela fazer-se mediante precatório, sob pena de ofensa ao disposto no art. 100 da Carta Magna. Dessa orientação divergiu o acórdão recorrido. Recurso extraordinário conhecido e provido." (STF, Recurso Extraordinário n. 336.685 – Minas Gerais, relator: Ministro Moreira Alves, 1ª Turma, julgado em 11.3.2002).

O pagamento por meio de precatórios está previsto no art. 100 do texto Constitucional, modificado pela Emenda Constitucional n. 62 de 2009, que normatiza os procedimentos processuais em traços genéricos.

Todavia, regras executórias complementares, todas citadas ao fim deste item, também devem ser observadas, tendo em conta a qualidade de "ser público" do executado, que enseja a aplicação de procedimento peculiar e diverso daquele que tramita contra o devedor pessoa física ou jurídica de direito privado.

Considerando a impenhorabilidade, a inalienabilidade e a imprescritibilidade dos bens públicos, na hipótese de execução por quantia certa[5] contra a Fazenda Pública não lhe será dado quitar a dívida espontaneamente, devendo, num primeiro momento, ser obrigatoriamente citada para se valer do direito de opor embargos à execução, nos termos do art. 730 do Código de Processo Civil (modificado pelo art. 1º-B da Lei n. 9.494/97[6]).

Não se opondo embargos à execução, ou após transitada em julgado a fase executória, o juiz da execução observará o contido nos incisos I e II do art. 730 do Código de Processo Civil (CPC), e outros diplomas normativos aplicáveis à espécie.

O procedimento de execução contra a Fazenda Pública, como resumem brilhantemente Luiz Guilherme Marinoni e Sérgio Cruz Arenhart, é *"arredio"* à *"avaliação, alienação ou outros atos típicos da execução comum"*,

"sendo sua função apenas a de examinar o cabimento ou não da expedição de requisição (à entidade condenada) de inclusão no orçamento de valor suficiente para o pagamento da condenação"[7].

Regem o sistema de pagamento via precatório, entre outros, os princípios da legalidade, da impessoalidade e da moralidade, chamados por Carvalho Filho (2002) de "cânones pré-normativos" norteadores da conduta do administrador público, e que por suas diretrizes impedem a Fazenda Pública de escolher o beneficiário do precatório.

Manoel Antonio Teixeira Filho aponta as finalidades constitucionalmente estabelecidas para esse regime especial de pagamento:

a) garantir a intangibilidade das decisões judiciais e a consequente eficácia da coisa julgada material;

b) atribuir caráter impessoal às verbas e aos créditos aprovados, com vistas aos precatórios;

c) estabelecer uma ordem cronológica rígida em relação aos pagamentos a serem efetuados, assegurando, quanto a isso, uma igualdade de tratamento dos credores, no que respeita à satisfação de seus créditos.[8]

1.2. Requisição de pequeno valor

O § 3º do art. 100 da Carta Magna[9] dispõe que a Fazenda Pública também poderá quitar as dívidas derivadas de sentença judicial transitada em julgado por meio de Requisição de Pequeno Valor (RPV), cujo processamento é um pouco diverso e mais simplificado se comparado àquele fixado para o Precatório.

Com efeito, a Requisição de Pequeno Valor não segue o regime de inclusão orçamentária exigida para o Precatório. Todavia, assim como o Precatório, não autoriza o pagamento espontâneo do débito por parte da Fazenda Pública, exigindo também a sua citação nos moldes do art. 730 do CPC para opor embargos à execução.

Somente após o trânsito em julgado da decisão de embargos à execução, ou, se decorrido *in albis* o prazo para a sua oposição, o próprio juiz da execução poderá

---

(5) Segundo Manoel Antonio Teixeira Filho, "nas obrigações de dar (coisa certa ou incerta), de fazer e de não fazer, a execução contra a Fazenda Pública não diferirá das que se processam em relação aos devedores em geral (CPC, arts. 738, IV, e 632 a 638)." (TEIXEIRA FILHO, Manoel Antonio. *Curso de Direito Processual do Trabalho*. 20. ed. São Paulo: LTr, 2009. v. III, p. 2.005).

(6) Não trataremos aqui da questionada constitucionalidade da norma, por não se tratar do enfoque desse estudo. Para mais detalhes, consultar: TEIXEIRA FILHO, Manoel Antonio. *Curso de Direito Processual do Trabalho*. 20. ed. São Paulo: LTr, 2009. v. III, p. 2.005-2.006.

(7) MARINONI, Luiz Guilherme; ARENHART, Sérgio Cruz. *Processo de Execução*. 3. ed. São Paulo: Revista dos Tribunais, 2011. v. 3, p. 411.

(8) TEIXEIRA FILHO, Manoel Antonio. *Curso de Direito Processual do Trabalho*. 20. ed. São Paulo: LTr, 2009, v. III, p. 2.007.

(9) "§ 3º O disposto no *caput* deste artigo relativamente à expedição de precatórios não se aplica aos pagamentos de obrigações definidas em leis como de pequeno valor que as Fazendas referidas devam fazer em virtude de sentença judicial transitada em julgado. (Redação dada pela Emenda Constitucional n. 62, de 2009)".

requisitar o pagamento diretamente à Fazenda Pública, no prazo de 60 dias contados da entrega da requisição, ou o fará o presidente do Tribunal, quando for o caso[10], mas sempre sem a expedição de ofício precatório.

O referido prazo para pagamento está previsto no art. 17 da Lei n. 10.259/01 (que institui os Juizados Especiais Cíveis e Criminais no âmbito da Justiça Federal) e, segundo Renato Saraiva[11], tem sido usado como referência para as requisições federais, estaduais e municipais.

A RPV federal é regulada pelo art. 17 da Lei n. 10.259/2011, e as estaduais e municipais pelas leis próprias de cada ente público, como normatiza o § 4º do art. 100 da Constituição da República. Os arts. 86 e 87 do Ato das Disposições Constitucionais Transitórias (ADCT) também contêm disciplina sobre o tema, fixando, ademais, os montantes considerados como de pequeno valor, acaso a Fazenda Pública devedora não tenha promulgado lei a respeito.

Frise-se que também é possível ao exequente renunciar o valor excedente ao estabelecido em lei para RPV (federal, estadual ou municipal), optando pelo recebimento do teto fixado para essa modalidade de pagamento, dispensando assim a prévia inclusão orçamentária e os trâmites mais complexos exigidos para o precatório. Nesse sentido, o art. 87, parágrafo único, do ADCT.

Apontamos, para fins pedagógicos, os diplomas normativos regulamentadores do procedimento de execução contra a Fazenda Pública: arts. 100 e parágrafos da Constituição da República; arts. 78, 86, 87, e 97 dos Atos das Disposições Constitucionais Transitórias (ADCT); arts. 730, 731 e 741 do Código de Processo Civil (CPC), Lei n. 9.494/97, arts. 3º e 17 da Lei n. 10.259/01 e Decreto-lei n. 779/69, sendo este último diploma ligado exclusivamente à jurisdição trabalhista.

Vale acrescentar, ainda, os seguintes atos administrativos restritos à jurisdição trabalhista, exceto os dois últimos (Resoluções 115 e 123 do CNJ), aplicáveis ao Poder Judiciário em geral: Instrução Normativa n. 32, de 19 de dezembro de 2007, do Tribunal Superior do Trabalho, que uniformiza procedimentos para a expedição de Precatórios e Requisições de Pequeno Valor no âmbito da Justiça do Trabalho e dá outras providências; demais normas internas dos respectivos Tribunais Regionais do Trabalho[12]; Resolução n. 115, de 29 de junho de 2010, do Conselho Nacional de Justiça, que dispõe sobre a gestão de Precatórios no âmbito do Poder Judiciário; e Resolução n. 123, de 9 de novembro de 2010, do Conselho Nacional de Justiça, que acrescenta e altera dispositivos da Resolução n. 115 do CNJ.

Norteando o entendimento majoritário adotado no colendo Tribunal Superior do Trabalho, o Tribunal Pleno publicou 13 Orientações Jurisprudenciais (OJs) acerca de Precatório, sendo que as de número 6, 8, 9, 10, 12 e 13 são objetos do presente estudo, a seguir analisados.

2. Orientações Jurisprudenciais ns. 6, 8, 9, 10, 12 e 13 do Tribunal Pleno do Tribunal Superior do Trabalho

Orientação Jurisprudencial n. 6

PRECATÓRIO. EXECUÇÃO. LIMITAÇÃO DA CONDENAÇÃO IMPOSTA PELO TÍTULO JUDICIAL EXEQUENDO À DATA DO ADVENTO DA LEI N. 8.112, DE 11.12.1990 (DJ 25.4.2007)

Em sede de precatório, não configura ofensa à coisa julgada a limitação dos efeitos pecuniários da sentença condenatória ao período anterior ao advento da Lei n. 8.112, de 11.12.1990, em que o exequente submetia-se à legislação trabalhista, salvo disposição expressa em contrário na decisão exequenda.

Antes de adentrarmos no estudo específico da presente Orientação Jurisprudencial, transcrevemos abaixo os limites estabelecidos pelo Colendo TST, na Orientação Jurisprudencial de n. 2, também do Tribunal Pleno:

2. PRECATÓRIO. REVISÃO DE CÁLCULOS. LIMITES DA COMPETÊNCIA DO PRESIDENTE DO TRT (DJ 9.12.2003)

O pedido de revisão dos cálculos, em fase de precatório, previsto no art. 1º-E da Lei n. 9.494/97, apenas poderá ser acolhido desde que: a) o requerente aponte e especifique claramente quais são as incorreções existentes nos cálculos, discriminando o montante que seria correto, pois do contrário a incorreção torna-se abstrata; b) o defeito nos cálculos esteja ligado à incorreção material ou à utilização de critério em descompasso com a lei ou com o título executivo judicial; e c) o critério legal aplicável ao débito não tenha sido objeto de debate nem na fase de conhecimento, nem na fase de execução.

---

(10) Note-se que foi estabelecido pelo TRT da 3ª Região, nos arts. 68 a 74 da Ordem de Serviço n. 01/2011, que a Requisição de Pequeno Valor Municipal deve ser expedida pelo próprio Juízo da execução, e as Requisições de Pequeno Valor Federal e Estadual devem processadas via Secretaria de Execuções e Precatórios, pelo Juízo Auxiliar de Conciliação e Precatórios, competente para a prática do ato por delegação da Presidência.

(11) SARAIVA, Renato. *Curso de Direito Processual do Trabalho*. 5. ed. São Paulo: Método, 2008.

(12) O Tribunal Regional do Trabalho da 3ª Região (TRT — 3ª R.) dispõe acerca da execução contra a Fazenda Pública na Ordem de Serviço n. 01/2011, no Manual de Procedimentos da Execução contra a Fazenda Pública, e no Provimento Geral Consolidado da Justiça do Trabalho da 3ª Região (Provimento n. 1, de 3 de abril de 2008). O TRT da 3ª Região também disponibiliza a consulta da ordem cronológica de pagamento dos precatórios no sitio <http://as1.trt3.jus.br/siap2_web/aplicativo.ConsOrdCronPrc>.

Pois bem, depreende-se da OJ de n. 02 que o entendimento firmado pelo Colendo TST, com fundamento no disposto no art. 1º-E da Lei n. 9.494/97[13], que o presidente do Tribunal, ao processar precatório, tem legitimidade para determinar a retificação dos cálculos de liquidação que geraram o débito da Fazenda Pública, desde que observados os limites das alíneas "*a*", "*b*" e "*c*".

Com o advento da Lei n. 8.112/80, que submeteu ao regime jurídico estatutário os servidores dos Poderes da União, dos ex-territórios, das autarquias, inclusive as em regime especial, e das fundações públicas, regidos pela Consolidação das Leis do Trabalho (CLT)[14], uma situação *sui generis* foi apresentada no momento de se processar o precatório nas lides que tiveram todo o seu trâmite na Justiça do Trabalho.

É que com a vigência dessa Lei cessou a competência da Justiça do Trabalho para dirimir as lides decorrentes das relações dos antigos servidores com os entes públicos[15], uma vez que não mais revestida do caráter privado e celetista da relação de emprego. Com efeito, tendo o presidente do Tribunal legitimidade para determinar a retificação da conta de liquidação em sede de precatório, as Fazendas Públicas passaram a pleitear o decote de valores considerados excedentes, em face da incompetência absoluta da Justiça do Trabalho para impor condenação além do período da implantação do então Regime Jurídico Único.

Assim, o entendimento fixado nessa Orientação Jurisprudencial é no sentido de que a partir do momento em que a Justiça do Trabalho não tem mais competência para dirimir as lides decorrentes da Fazenda Pública com os seus servidores, não configura ofensa à coisa julgada a limitação, pelo presidente do Tribunal, dos efeitos pecuniários da decisão condenatória ao período anterior à Lei n. 8.112/90, exceto, é claro, se houver disposição expressa em sentido contrário no comando exequendo.

Orientação Jurisprudencial n. 08

PRECATÓRIO. MATÉRIA ADMINISTRATIVA. REMESSA NECESSÁRIA. NÃO CABIMENTO (DJ 25.4.2007)

Em sede de precatório, por se tratar de decisão de natureza administrativa, não se aplica o disposto no art. 1º, V, do Decreto-lei n. 779, de 21.8.1969, em que se determina a remessa necessária em caso de decisão judicial desfavorável a ente público.

O art. 1º, V, do Decreto-lei n. 779/1969 estabelece como um dos privilégios dos entes públicos da administração direta ou indireta, que não explorem atividade econômica, a necessária remessa ao Juízo *ad quem* das decisões judiciais que lhe sejam total ou parcialmente contrárias (também nesse sentido o art. 475, I, do Código de Processo Civil).

Todavia, segundo o entendimento estampado na presente Orientação Jurisprudencial e nos precedentes que a geraram, tal regra não se aplica em sede de precatório, pois as decisões proferidas no processamento de precatórios têm natureza administrativa.

Ressalte-se que é dos presidentes dos Tribunais a competência para processar os precatórios, como estabelecem os arts. 100, § 6º, da Constituição e 730, I, do Código de Processo Civil.

Saliente-se que o Supremo Tribunal Federal e o Superior Tribunal de Justiça já pacificaram o entendimento de que as decisões proferidas pelos presidentes dos Tribunais no processamento de precatório, e por analogia de Requisição de Pequeno Valor, tem cunho administrativo e não jurisdicional.

Segue transcrição da Súmula n. 311 do STJ: "Os atos do presidente do tribunal que disponham sobre processamento e pagamento de precatório não têm caráter jurisdicional."

Nesse sentido também são os fundamentos que geraram a Súmula n. 733 do STF: "Não cabe recurso extraordinário contra decisão proferida no processamento de precatórios."

A Instrução Normativa n. 32/2007 do TST, que uniformiza procedimentos para a expedição de Precatórios e Requisições de Pequeno Valor no âmbito da Justiça do Trabalho, fixa em seu art. 5º as seguintes atribuições para o presidente do Tribunal no processamento dos precatórios: "*examinar a regularidade formal da requisição*"; "*corrigir, de ofício ou a requerimento das partes, inexatidões materiais*

---

(13) Assim dispõe o referido artigo: "*São passíveis de revisão, pelo Presidente do Tribunal, de ofício ou a requerimento das partes, as contas elaboradas para aferir o valor dos precatórios antes de seu pagamento ao credor.*".

(14) Veja a redação do art. 243 e seu § 1º: "*Art. 243. Ficam submetidos ao regime jurídico instituído por esta Lei, na qualidade de servidores públicos, os servidores dos Poderes da União, dos ex-Territórios, das autarquias, inclusive as em regime especial, e das fundações públicas, regidos pela Lei n. 1.711, de 28 de outubro de 1952 – Estatuto dos Funcionários Públicos Civis da União, ou pela Consolidação das Leis do Trabalho, aprovada pelo Decreto-lei n. 5.452, de 1º de maio de 1943, exceto os contratados por prazo determinado, cujos contratos não poderão ser prorrogados após o vencimento do prazo de prorrogação.*

§ 1º Os empregos ocupados pelos servidores incluídos no regime instituído por esta Lei ficam transformados em cargos, na data de sua publicação.(...)".

(15) Frise-se que a competência da Justiça do Trabalho para julgar as ações em que contendam o Poder Público e os seus servidores, vinculados por relação estatutária ou de caráter jurídico-administrativo, prevista no *caput* do art. 114 da Carta Magna, está suspensa por meio da ADI n. 3.395 do STF.

ou retificar erros de cálculos, vinculados à utilização de critério em descompasso com a lei ou com o título executivo judicial, desde que o critério não haja sido objeto de debate quer na fase de conhecimento, quer na fase de execução"; "*expedir o ofício requisitório*"; e, por fim, "*zelar pela obediência à ordem de preferência de pagamento dos créditos, na hipótese de precatórios*". (TRIBUNAL SUPERIOR DO TRABALHO, 2007).

Orientação Jurisprudencial n. 09

PRECATÓRIO. PEQUENO VALOR. INDIVIDUALIZAÇÃO DO CRÉDITO APURADO. RECLAMAÇÃO TRABALHISTA PLÚRIMA. EXECUÇÃO DIRETA CONTRA A FAZENDA PÚBLICA. POSSIBILIDADE (DJ 25.4.2007)

Tratando-se de reclamações trabalhistas plúrimas, a aferição do que vem a ser obrigação de pequeno valor, para efeito de dispensa de formação de precatório e aplicação do disposto no § 3º do art. 100 da CF/88, deve ser realizada considerando-se os créditos de cada reclamante.

A Requisição de Pequeno Valor está prevista no § 3º do art. 100 da Carta Magna vigente e, diferentemente do Precatório, admite o pagamento do débito sem a inclusão orçamentária exigida para o Precatório, em processamento mais simplificado, desde que não ultrapasse o teto definido nas leis das respectivas Fazendas devedoras como de pequeno valor, ou, na sua omissão, nos arts. 86 e 87 do Ato das Disposições Constitucionais Transitórias.

As reclamações trabalhistas plúrimas, ou litisconsórcio ativo, estão previstas na Consolidação das Leis do Trabalho (CLT), no art. 842: "*Sendo várias as reclamações e havendo identidade de matéria, poderão ser acumuladas num só processo, se se tratar de empregados da mesma empresa ou estabelecimento.*"

Significa, pois, que as partes poderão se reunir, facultativamente e por mera conveniência, observados os pressupostos estabelecidos no art. 842 da CLT, para formarem o litisconsórcio nele previsto.

A respeito do litisconsórcio ativo facultativo, vale transcrever as lições de Manoel Antonio Teixeira Filho:

> Nesse tipo de litisconsórcio há, na verdade, uma pluralidade de demandas, que poderiam ter sido objetos de ações individuais, distintas. Sendo assim, de atos jurisdicionais, pouco importando o fato de a solução da lide, eventualmente, vir a ser desigual para os diversos compartes.[16]

Com efeito, transitada em julgado a decisão que condenar a Fazenda Pública ao pagamento do crédito dos autores reunidos em litisconsórcio, o entendimento predominante no TST é de que os valores devidos serão considerados separadamente em relação a cada credor, nos termos do art. 48 do Código de Processo Civil, aplicável ao Processo do Trabalho por força do art. 769 da CLT: "*Art. 48. Salvo disposição em contrário, os litisconsortes serão considerados, em suas relações com a parte adversa, como litigantes distintos; os atos e as omissões de um não prejudicarão nem beneficiarão os outros.*"

Assim, ainda que o valor total da execução exceda aquele considerado como de pequeno valor pela Fazenda Pública devedora, será possível processarem as Requisições de Pequeno Valor tendo como parâmetro o montante do crédito de cada reclamante.

Agora sob outro ângulo, vale o seguinte debate: Haveria possibilidade de se estender o entendimento da OJ em comento aos casos de substituição processual (situação em que alguém, autorizado por lei, defende direito alheio em nome próprio)? Embora a OJ de n. 09 seja clara no sentido de se permitir o fracionamento do crédito nas ações plúrimas, não há posicionamento pacífico entre as Turmas do TST para as hipóteses de substituição processual.

Em favor da individualização do crédito em sede de substituição processual, citamos os seguintes arestos do Tribunal Superior do Trabalho: RR 155600-14.1997.5.17.0004 (4ª Turma – relatora ministra Maria de Assis Calsing); RR 23141-91.1996.5.17.0001 (6ª Turma – relator ministro Mauricio Godinho Delgado); AIRR 148501-23.2002.5.17.0002 (4ª Turma – relatora ministra Maria de Assis Calsing) e AIRR 1992-73.2010.5.09.0000 (8ª Turma – relatora ministra Dora Maria da Costa).

Em desfavor: RR 14500-96.2004.5.03.0107 (8ª Turma – ministro relator Márcio Eurico Vitral Amaro); RR 2335-18.2005.5.09.0009 (3ª Turma – ministro relator Horácio Raymundo de Senna Pires); RR 7940-10.1987.5.04.0010 (2ª Turma – ministro relator Renato de Lacerda Paiva).

Não se olvide que em 2007, ao julgar o Agravo Regimental em Recurso Extraordinário de n. 452.261-6 – DF, a Segunda Turma do Supremo Tribunal Federal (STF) proferiu decisão no sentido de que a individualização do crédito não é possível na hipótese de substituição processual, mas apenas quando se tratar de litisconsórcio ativo facultativo, conforme transcrição da ementa que se segue:

> EMENTA: AGRAVO REGIMENTAL NO RECURSO EXTRAORDINÁRIO. FRACIONAMENTO. EXECUÇÃO. PEQUENO VALOR. 1. Este Tribunal firmou entendimento no sentido de que é possível o fracionamento de execução de sentença para expedição de requisição de pequeno valor, apenas quando tratar-se de litisconsórcio facultativo ativo e não de ação coletiva intentada por legitimado extraordinário

---

(16) TEIXEIRA FILHO, Manoel Antonio. *Curso de Direito Processual do Trabalho*. 20. ed. São Paulo: LTr, 2009. p. 265.

ou substituto processual. Precedentes. 2. Agravo regimental a que se nega provimento. (AG.REG RE n. 452.261 / DF, relator Min. Eros Grau, Segunda Turma, DJ 25/05/2007)

As decisões que precederam à supratranscrita fundamentaram o entendimento de que o litisconsórcio facultativo representa o resultado de diversos créditos individuais, diferentemente da substituição processual que representa o resultado de um único crédito, cujo fracionamento poderia burlar os limites impostos pela Constituição, estes hoje previstos no parágrafo 8º do art. 100.

Ousamos discordar do fundamento adotado pelo Supremo Tribunal Federal, uma vez que o sindicato, como substituto processual, pode pleitear obrigações de fazer, de não fazer e de pagar. Nestas últimas, muito comuns quando se busca a tutela de direitos individuais homogêneos, não obstante a fase de conhecimento seja única, no sentido de que a análise do direito não é individualizada, na fase de execução é indispensável aquilatar a medida certa do crédito para cada empregado substituído.

Daí porque não se justificaria submeter o credor, que de forma individualizada poderia receber o seu crédito por meio de RPV, às dificuldades do Precatório, apenas pelo fato de que a condenação de forma globalizada (o "crédito único" mencionado pelo STF) supera o montante que admite o RPV.

Nesse sentido, a bela e fundamentada decisão da ministra Maria de Assis Calsing, proferida no Recurso de Revista n. 155600-14.1997.5.17.0004:

> Enfatize-se que se na fase de conhecimento o processo coletivo é um processo sem face, onde os beneficiários estão ocultos e se busca apenas a fixação de tese jurídica sobre certa matéria ou determinado fato, na etapa de cumprimento/execução os rostos, as pessoas aparecem, sendo elas as beneficiárias e as destinatárias das quantias, e não o substituto processual. Em síntese, quem vai atrás da tese é o substituto, mas quem executa são os trabalhadores, ainda que certas atecnias processuais, frutos da má compreensão e da pouca atenção que ainda se dá ao processo coletivo, se façam presentes. Assim, na prática a situação processual durante a execução é exatamente a mesma daquela verificada nas reclamatórias plúrimas, o que autoriza a aplicação do mesmo entendimento contido na Orientação Jurisprudencial n. 9 do Tribunal Pleno(...).

Há que se atentar para o fato de que a substituição processual é instituto especialíssimo que não pode ser colocado na "vala comum" da proibição do fracionamento do crédito, gerando mais um desestímulo à atuação sindical.

A substituição processual evita múltiplas ações individuais, poupa decisões conflitantes e, ainda, permite que o trabalhador tenha acesso ao Judiciário sem se expor individualmente, colocando em risco o seu emprego, pois na realidade brasileira já se estabeleceu a cultura da retaliação aos empregados que se valem da Justiça do Trabalho para buscar seus direitos.

Finalmente, o que ora sustentamos coaduna com o preceito constitucional constante do art. 5º, LXXVIII, que busca assegurar a todos, inclusive no âmbito judicial, a razoável duração do processual e os meios que garantam a sua tramitação mais célere.

Orientação Jurisprudencial n. 10

PRECATÓRIO. PROCESSAMENTO E PAGAMENTO. NATUREZA ADMINISTRATIVA. MANDADO DE SEGURANÇA. CABIMENTO (DJ 25.4.2007)

É cabível mandado de segurança contra atos praticados pela Presidência dos Tribunais Regionais em precatório em razão de sua natureza administrativa, não se aplicando o disposto no inciso II do art. 5º da Lei n. 1.533, de 31.12.1951.

O mandado de segurança está previsto na Constituição da República, em seu art. 5º, incisos LXIX e LXX.

A partir de agosto de 2009, a Lei n. 12.016/09 passou a disciplinar o mandado de segurança individual e o coletivo, dispondo em seu art. 1º a possibilidade de concessão de mandado de segurança para proteger direito líquido e certo, que não estiver amparado por *habeas corpus* ou *habeas data*, nas hipóteses em que qualquer pessoa física ou jurídica *"sofrer violação ou houver justo receio de sofrê-la por parte de autoridade, seja de que categoria for e sejam quais forem as funções que exerça"*.

Conforme digressão feita no estudo da Orientação Jurisprudencial de n. 08, ante à definição da natureza administrativa das decisões proferidas pelo presidente do Tribunal em sede de Precatório, o entendimento aqui consubstanciado é no sentido de que contra essas decisões é cabível Mandado de Segurança.

Segundo a presente Orientação Jurisprudencial, sendo cabível Mandado de Segurança contra atos praticados pela Presidência dos Tribunais Regionais, não se aplica o disposto no inciso II do art. 5º da Lei n. 1.533, de 31.12.1951, hoje revogada pela Lei n. 12.016/09.

Dispunha o referido dispositivo que:

> Art. 5º – Não se dará mandado de segurança quando se tratar:
>
> (...)
>
> II – de despacho ou decisão judicial, quando haja recurso previsto nas leis processuais ou possa ser modificado por via de correção.

Hoje, a previsão legal vigente e comparativa à anterior restringe a concessão da segurança nas seguintes hipóteses da Lei n. 12.016/09:

> Art. 5º Não se concederá mandado de segurança quando se tratar:
>
> (...)

II – de decisão judicial da qual caiba recurso com efeito suspensivo;

III – de decisão judicial transitada em julgado.

Diante do novo quadro, existiria compatibilidade entre a presente Orientação Jurisprudencial e o disposto nos incisos II e III do art. 5º da Lei n. 12.016/2009? Entendemos que sim, uma vez que, sendo administrativa a natureza dos atos praticados pelos presidentes dos Tribunais em sede de precatório, não se aplica, para a concessão do *writ*, a previsão contida nos incisos II e III do art. 5º da Lei n. 12.016/09, que tratam de atos de natureza estritamente jurisdicional, tal qual ocorria quando vigente o inciso II do art. 5º da Lei n. 1.533/1951.

Nesse sentido, a Súmula n. 267 do STF: *"Não cabe mandado de segurança contra ato judicial passível de recurso ou correição."*

Como consectário, entendemos, agora sob outro ângulo, que se houver previsão em norma interna dos Tribunais de recurso contra as decisões proferidas pelo presidente do Tribunal em sede de precatório (normalmente o de Agravo Regimental) não se subsume a Orientação Jurisprudencial em estudo, porquanto residual e limitadas às hipóteses de incidência do *mandamus*. É o que se extrai dos arestos abaixo transcritos:

> MANDADO DE SEGURANÇA IMPETRADO CONTRA DESPACHO DO PRESIDENTE DO TRIBUNAL REGIONAL DO TRABALHO DA QUINTA REGIÃO EM PRECATÓRIO. CABIMENTO. O Regimento Interno do Tribunal Regional do Trabalho da Quinta Região não prevê o cabimento de Agravo Regimental contra despacho ou decisão do Presidente do Tribunal em sede de precatório. Dessarte, não havendo previsão de recurso próprio para atacar o ato coator, é cabível o mandado de segurança.(...) (ReeNec e RO – 515-89.2011.5.05.0000 Data de Julgamento: 1º.10.2012 – Relator Ministro: João Batista Brito Pereira – Órgão Especial – Data de Publicação: DEJT 15.10.2012)

> (...) 1. MANDADO DE SEGURANÇA IMPETRADO CONTRA DESPACHO DO PRESIDENTE DO TRIBUNAL REGIONAL. MEDIDA RECURSAL ESPECÍFICA. Conforme ficou consignado na decisão hostilizada, o Regimento Interno do Tribunal Regional do Trabalho da 5ª Região não prevê o cabimento de agravo regimental contra despacho ou decisão do Presidente do Tribunal em sede de precatório. Nesse contexto, não havendo previsão de recurso próprio para atacar o ato coator, é cabível o mandado de segurança. Inteligência da Orientação Jurisprudencial n. 10 do Tribunal Pleno do TST. (...) (ReeNec e RO – 508-97.2011.5.05.0000 – Data de Julgamento: 6.8.2012 – Relatora Ministra: Dora Maria da Costa – Órgão Especial – Data de Publicação: DEJT 17.8.2012)

Orientação Jurisprudencial n. 12

PRECATÓRIO. PROCEDIMENTO DE NATUREZA ADMINISTRATIVA. INCOMPETÊNCIA FUNCIONAL DO PRESIDENTE DO TRT PARA DECLARAR A INEXIGIBILIDADE DO TÍTULO EXEQUENDO (DEJT divulgado em 16, 17 e 20.9.2010)

O Presidente do TRT, em sede de precatório, não tem competência funcional para declarar a inexigibilidade do título judicial exequendo, com fundamento no art. 884, § 5º, da CLT, ante a natureza meramente administrativa do procedimento.

Dispõe o § 5º do art. 884 da CLT que: *"Considera-se inexigível o título judicial fundado em lei ou ato normativo declarados inconstitucionais pelo Supremo Tribunal Federal ou em aplicação ou interpretação tidas por incompatíveis com a Constituição Federal."*

O parágrafo único do art. 741 do CPC contém previsão no mesmo sentido, no capítulo que normatiza os Embargos à Execução contra a Fazenda Pública. Segundo Luiz Guilherme Marinoni e Sérgio Cruz Arenhart, essa regra teria sido introduzida para que a Fazenda Pública renovasse debates sobre condenações já sofridas[17].

Com efeito, para se declarar a inexigibilidade do título executivo é necessário que a inconstitucionalidade da norma ou de sua interpretação por parte do Supremo Tribunal Federal seja o *"fundamento eficiente"* do título, isto é, que seja *"decisiva para a formação da sentença"* e não *"circunstancial"* ou prescindível para a manutenção da condenação[18].

Para fins da caracterização da inexigibilidade do título judicial não haverá diferença se a decisão do STF for proferida antes ou depois da formação do título objeto da execução. E por ausência de previsão legal, não é necessário que a declaração de inconstitucionalidade pelo STF seja resultado de ação direta, podendo ocorrer por quaisquer critérios de controle de constitucionalidade (concentrado e difuso, direto ou incidental)[19].

Destacamos, por oportuno, que grande parte da doutrina considera inconstitucionais os arts. 884, § 5º, da CLT; 741, parágrafo único, e 475-L, § 1º, do CPC, que contêm, em última instância, a mesma proposta normativa, a saber, desconstituir a exigibilidade de título executivo

---

(17) Não poderíamos deixar de registrar que os mesmos autores noticiam o ajuizamento de ação direta de inconstitucionalidade questionando essa norma (ADIn n. 2418-3/DF, rel. Min. Cezar Peluso) e ressaltam que, embora pendente de julgamento, o parecer da Procuradoria-Geral da República é de inconstitucionalidade da previsão legal (MARINONI, Luiz Guilherme; ARENHART, Sérgio Cruz. *Processo de Execução*. 3. ed. São Paulo: Revista dos Tribunais, 2011. v. 3).

(18) MARINONI, Luiz Guilherme; ARENHART, Sérgio Cruz. *Processo de Execução*. 3. ed. São Paulo: Revista dos Tribunais. 2011. v. 3, p. 304.

(19) MARINONI, Luiz Guilherme; ARENHART, Sérgio Cruz. *Processo de Execução*. 3. ed. São Paulo: Revista dos Tribunais. 2011. v. 3.

baseada em decisões pacificadas pelo STF. Isso porque essas normas possibilitam desconstituir-se a autoridade da coisa julgada material em sede de embargos à execução, ou acabam por atribuir ao STF o poder de sobrepor seu entendimento consolidado sobre a coisa julgada, gerando um controle constitucional das decisões jurisdicionais já operadas pela coisa julgada material[20].

Enfim, uma vez admitida a constitucionalidade do art. 884, § 5º, da CLT, o presente entendimento jurisprudencial do TST, mais uma vez, afasta a competência do presidente do Tribunal para decidir acerca da inexigibilidade do título exequendo, em face da natureza administrativa de suas decisões, já que a aplicabilidade dessa norma exige decisão de cunho jurisdicional.

Orientação Jurisprudencial n. 13

PRECATÓRIO. QUEBRA DA ORDEM DE PRECEDÊNCIA. NÃO DEMONSTRAÇÃO DA POSIÇÃO DO EXEQUENTE NA ORDEM CRONOLÓGICA. SEQUESTRO INDEVIDO (DEJT divulgado em 16, 17 e 20.9.2010)

É indevido o sequestro de verbas públicas quando o exequente/requerente não se encontra em primeiro lugar na lista de ordem cronológica para pagamento de precatórios ou quando não demonstrada essa condição.

O art. 731 do CPC prevê a possibilidade de o presidente do Tribunal competente ordenar o sequestro[21] da quantia necessária para satisfazer o débito do credor quando houver o preterimento do seu direito de preferência:

Art. 731. Se o credor for preterido no seu direito de preferência, o presidente do tribunal, que expediu a ordem, poderá, depois de ouvido o chefe do Ministério Público, ordenar o sequestro da quantia necessária para satisfazer o débito.

Alargando o que foi estabelecido pelo CPC, o § 6º do art. 100 da Constituição da República, acrescentado pela Emenda Constitucional de n. 62/2009, introduziu mais uma hipótese autorizadora da ordem de sequestro, a saber, a não alocação orçamentária por parte da Fazenda Pública do valor necessário à satisfação do seu débito:

§ 6º As dotações orçamentárias e os créditos abertos serão consignados diretamente ao Poder Judiciário, cabendo ao Presidente do Tribunal que proferir a decisão exequenda determinar o pagamento integral e autorizar, a requerimento do credor e exclusivamente para os casos de preterimento de seu direito de precedência ou de não alocação orçamentária do valor necessário à satisfação do seu débito, o sequestro da quantia respectiva.

Fazendo uma curta digressão sobre o tema, vale registrar que, antes da vigência da referida Emenda Constitucional, vigorava o entendimento de que a ordem de sequestro somente podia se fundar na hipótese de preterição do direito de precedência do credor.

É que o Supremo Tribunal Federal, na Ação Direta de Inconstitucionalidade (ADI) n. 1.662-7 – São Paulo, cuja decisão foi publicada no DJ em 19.9.2003, declarou a inconstitucionalidade, dentre outros, do item III da Instrução Normativa n. 11/97 do TST, que autorizava o sequestro na hipótese de não inclusão da verba necessária ao pagamento do débito constante de precatório, ao fundamento de que se havia criado uma nova modalidade de sequestro, não sendo essa a leitura que se extraía do texto constitucional então vigente (anterior à EC n. 62/2009), que previa para a hipótese a intervenção federal.

Note-se que a Orientação Jurisprudencial de n. 3 do Pleno do TST, publicada em 9.12.2003, não obstante ainda vigente, também se encontra em desalinho com o alargamento da nova previsão constitucional, uma vez que o entendimento da jurisprudência limita o sequestro à hipótese de preterição do direito de precedência do credor, excluindo expressamente as situações de não inclusão da despesa no orçamento:

3. PRECATÓRIO. SEQUESTRO. EMENDA CONSTITUCIONAL N. 30/00. PRETERIÇÃO. ADIN N. 1.662-8. ART. 100, § 2º, DA CF/1988 (DJ 9.12.2003)

O sequestro de verbas públicas para satisfação de precatórios trabalhistas só é admitido na hipótese de preterição do direito de precedência do credor, a ela não se equiparando as situações de não inclusão da despesa no orçamento ou de não pagamento do precatório até o final do exercício, quando incluído no orçamento.

O mesmo ocorre com o art. 14 da Instrução Normativa de n. 32 do TST, de 19.12.2007:

Art. 14. O Presidente do Tribunal, exclusivamente na hipótese de preterição do direito de precedência do credor, fica autorizado a proceder ao sequestro de verba do devedor, desde que requerido pelo exequente e depois de ouvido o Ministério Público.

Registre-se que o direcionamento dado pela ADI n. 1.662-7 – São Paulo ainda vem sendo utilizado como argumento contrário à ordem de sequestro fundada na não alocação orçamentária por parte da Fazenda Pública devedora, todavia, após pesquisa realizada na jurisprudência do TST, constatamos que esse mesmo Tribunal já vem acolhendo a inovação trazida no § 6º do art. 100 da Constituição da República, a exemplo do que se infere da leitura

---

(20) Nesse sentido: MARINONI, Luiz Guilherme; ARENHART, Sérgio Cruz. *Processo de Execução*. 3. ed. São Paulo: Revista dos Tribunais, 2011. v. 3; SCHIAVI, Mauro. *Execução no Processo do Trabalho*. 3. ed. São Paulo: LTr, 2011; MALLET, Estevão apud SCHIAVI, 2011; MAIOR, Jorge Luiz Souto apud SCHIAVI, 2011. Em sentido contrário, Humberto Theodoro Júnior, 2010. v. II.

(21) O sequestro é apontado por Luiz Guilherme Marinoni e Sérgio Cruz Arenhart como uma "sanção específica" (MARINONI, Luiz Guilherme; ARENHART, Sérgio Cruz. *Processo de Execução*. 3. ed. São Paulo: Revista dos Tribunais, 2011. v. 3, p. 412).

das seguintes decisões: RO 14500-88.1994.5.15.0018, ministro relator Ives Gandra Martins Filho, Publicação no DJ em 30.3.2012; ReeNec e RO-264-34.2010.5.22.0000, ministro relator Márcio Eurico Vitral Amaro, Publicação no DJ em 14.12.2012.

Também o STF, ao que tudo indica, vem acatando a nova redação dada pela Emenda Constitucional n. 62/2009, a exemplo do que foi registrado na decisão proferida na Reclamação n. 9.748/TO, de que foi relator o ministro Gilmar Mendes:

> Após a decisão desta Corte na referida ação direta de inconstitucionalidade, a Emenda Constitucional n. 62, de 2009, alterou o art. 100 da Constituição, autorizando o sequestro de verbas públicas também no caso de não alocação orçamentária do valor necessário à satisfação do débito. (Public. DJ 8.10.2012)

Portanto o direcionamento dado pela Orientação Jurisprudencial n. 3, do c. TST e pelo art. 14 da Instrução Normativa de n. 32 do TST, de 19.12.2007, já não mais se ajustam ao Texto Constitucional vigente.

Em harmonia com a nova redação dada ao § 6º do art. 100 da Carta Magna, o Conselho Nacional de Justiça expediu a Resolução n. 115 de 29.6.2010, que fixa procedimento para o sequestro, albergando a possibilidade de seu deferimento derivado da ausência de alocação orçamentária do débito:

> Seção XIV – Sequestro e Retenção de Valores
>
> Art. 33. Para os casos de sequestro previstos no art. 100 da Constituição Federal e no art. 97 do ADCT, o Presidente do Tribunal de origem do precatório determinará a autuação de processo administrativo contendo os documentos comprobatórios da preterição de direito de precedência ou de não alocação orçamentária do valor necessário à satisfação do precatório, bem como nos casos de não liberação tempestiva dos recursos de que tratam o inciso II do § 1º e os §§ 2º e 6º do art. 97 do ADCT.
>
> § 1º Após a autuação, será oficiada a autoridade competente — Presidente da República, Governador ou Prefeito, conforme o caso —, para, em 30 dias, proceder à regularização dos pagamentos ou prestar as informações correspondentes.
>
> § 2º Em seguida à manifestação ou ao transcurso do prazo sem manifestação, os autos serão encaminhados ao Ministério Público para manifestação, em 10 (dez) dias.
>
> § 3º Após a manifestação do Ministério Público, ou transcurso do prazo sem manifestação, o Presidente do Tribunal proferirá a decisão.
>
> § 4º Das decisões dos Presidentes dos Tribunais caberá recurso conforme previsto no Regimento Interno do Tribunal.
>
> § 5º Havendo necessidade de sequestro de recursos financeiros, este procedimento será realizado pelo Presidente do Tribunal, por meio do convênio "Bacen-Jud".

Deveras, com a nova redação do § 6º do art. 100 da Constituição da República, não há mais dúvidas de que o sequestro é medida também cabível na hipótese de não alocação orçamentária do valor necessário à satisfação do débito, trazendo mais efetividade às decisões contrárias à Fazenda Pública.

Nesse sentido, Luiz Guilherme Marinoni e Sérgio Cruz Arenhart:

> A partir das modificações introduzidas pela Emenda Constitucional n. 62/2009, não mais se admite que precatórios que tenham figurado no orçamento não sejam pagos no orçamento do exercício financeiro seguinte. Essa prática, muito comum até então, gerava situação de absoluta incerteza para o credor que, embora ciente de que não poderia ser preterido, jamais poderia prever quando aconteceria o pagamento de seu crédito, na medida em que isso sempre ficava na dependência da boa-vontade do Poder Público em alocar no orçamento verba suficiente para o pagamento de todos os débitos apresentados até 1º de julho. Diante do regime atual, o pagamento deve ocorrer necessariamente no exercício financeiro seguinte, sob pena de sequestrar-se a quantia necessária a esse adimplemento diretamente do patrimônio do ente público (art. 100, § 6º, da CF).[22]

Cumpre salientar, ainda, que o sequestro é admitido também nas requisições de pequeno valor, caso não realizado o pagamento no prazo de sessenta dias, conforme previsão contida no art. 17, § 2º, da Lei n. 10.259/01. Todavia, aqui cabe a ressalva feita por Luiz Guilherme Marinoni e Sérgio Cruz Arenhart[23], no sentido de que essa sanção, diferentemente do que ocorre em sede de precatório, não tem por objetivo resguardar a ordem cronológica constitucional, mas sim dar efetividade jurisdicional.

Feitas tais considerações, o entendimento consubstanciado na Orientação Jurisprudencial n. 13 é de que não tem cabimento o sequestro de verbas públicas quando o beneficiário não se encontra em primeiro lugar na lista de ordem cronológica para pagamento de precatórios, ou quando não demonstra essa condição.

Noutras palavras, não pode o beneficiário de precatório requerer o sequestro da verba pública sem demonstrar sua condição de primeiro preterido, comprovando a violação

---

[22] MARINONI, Luiz Guilherme; ARENHART, Sérgio Cruz. *Processo de Execução.* 3. ed. São Paulo: Revista dos Tribunais. 2011. v. 3, p. 411-412.

[23] MARINONI, Luiz Guilherme; ARENHART, Sérgio Cruz. *Processo de Execução.* 3. ed. São Paulo: Revista dos Tribunais. 2011. v. 3.

do princípio da anterioridade, visto que a ausência de provas acerca da violação do referido princípio poderia ensejar nova preterição da ordem cronológica de pagamento.

Por outro lado, a condição de que somente o primeiro preterido na ordem de preferência seja o legitimado ao pleito se impõe com o fito de evitar, como ocorreu nas decisões que precederam ao presente entendimento, pedidos múltiplos de sequestro dos credores preteridos, os quais, acaso acolhidos, poderiam gerar a insolvência da Fazenda Pública devedora, comprometendo suas necessidades básicas como saúde, educação, segurança etc., mormente se forem considerados os municípios de pequeno porte.

Acrescentamos, finalmente, que não obstante posicionamentos contrários, comungamos do entendimento de que eventual deferimento do pedido de sequestro em benefício daquele que não se encontra como o primeiro preterido geraria nova violação à ordem de preferência constitucionalmente estabelecida[24].

Referências bibliográficas

CARVALHO FILHO, José dos Santos. *Manual de Direito Administrativo*. 9. ed. Rio de Janeiro: Lumen Juris, 2002.

BEZERRA LEITE, Carlos Henrique. *Curso de Direito Processual do Trabalho*. 8. ed. São Paulo: LTr, 2010.

MARINONI, Luiz Guilherme; ARENHART, Sérgio Cruz. *Processo de Execução*. 3. ed. São Paulo: Revista dos Tribunais, 2011. v. 3.

MORAES, Alexandre de. *Direito Constitucional*. 23. ed. São Paulo: Atlas, 2008.

PAMPLONA, Rodolfo Filho; CERQUEIRA, Társis Silva de. A execução contra a Fazenda Pública na Justiça do Trabalho. *Revista LTr*, São Paulo, ano 74, n. 10, p. 1.189-1.211, out. 2010.

SARAIVA, Renato. *Curso de Direito Processual do Trabalho*. 5. ed. São Paulo: Método, 2008.

SCHIAVI, Mauro. *Execução no Processo do Trabalho*. 3. ed. São Paulo: LTr, 2011.

TEIXEIRA FILHO, Manoel Antonio. *Curso de Direito Processual do Trabalho*. 20. ed. São Paulo: LTr, 2009.

TRIBUNAL SUPERIOR DO TRABALHO. *Instrução Normativa n. 32/2007*. Disponível em: <http://www3.tst.jus.br/DGCJ/instrnorm/32.html>. Acesso em: 30 jul. 2012.

---

(24) Veja que na decisão proferida pelo Órgão Especial do TST, nos autos de n. ROAG – 487/2003-065-15-00, publicado no DEJT em 29.10.2009, foi transcrito pela excelentíssima ministra relatora trecho do acórdão do TRT da 15ª Região que se posiciona em sentido contrário: "(...) a alegação de que apenas são legitimados a requerer o sequestro o titular do primeiro precatório da listagem do ente público ou aqueles cujos precatórios encerrem valores que possam ser quitados com o equivalente ao montante pago irregularmente deve ser de todo rechaçada. Não se pode aceitar que aquele que age no processo com a diligência necessária para garantir seus direitos e que, atento e cuidadoso, vale-se de uma medida judicial legalmente prevista o pedido de sequestro visando a garantir seu crédito, devidamente reconhecido por sentença transitada em julgado, seja prejudicado por uma interpretação equivocada. Equivocada porque tenta fazer crer que os outros exequentes, não beneficiados com o deferimento da ordem de sequestro, teriam sido preteridos. Não foram preteridos, pelo simples fato de que a decisão ora agravada, que deferiu o sequestro, não é uma manifestação de desconsideração da ordem cronológica de precatórios, mas o resultado da análise de um pedido de providência judicial, constitucionalmente previsto para a hipótese de desrespeito à preferência dos créditos regularmente requisitados por precatório, fartamente comprovada nestes autos. Poderiam, também, os demais credores detentores de precatórios, cujos requisitórios foram expedidos antes do pagamento do acordo em questão, ter pleiteado a mesma providência e, se não o fizeram, não há se falar em ferimento à sequência de pagamento de precatórios."

OJs n. 7 do Tribunal Pleno do TST e OJ n. 382 da SDI-1 do TST: Juros de Mora Aplicáveis nas Condenações da Fazenda Pública

Luiz Otávio Linhares Renault, Raquel Betty de Castro Pimenta e Ricardo Silva Estevanovic

OJ n. 7 do Tribunal Pleno do TST – JUROS DE MORA. CONDENAÇÃO DA FAZENDA PÚBLICA. (nova redação) – Res. n. 175/2011, DEJT divulgado em 27, 30 e 31.5.2011

I – Nas condenações impostas à Fazenda Pública, incidem juros de mora segundo os seguintes critérios:

a) 1% (um por cento) ao mês, até agosto de 2001, nos termos do § 1º do art. 39 da Lei n. 8.177, de 1º.3.1991;

b) 0,5% (meio por cento) ao mês, de setembro de 2001 a junho de 2009, conforme determina o art. 1º-F da Lei n. 9.494, de 10.9.1997, introduzido pela Medida Provisória n. 2.180-35, de 24.8.2001.

II – A partir de 30 de junho de 2009, atualizam-se os débitos trabalhistas da Fazenda Pública, mediante a incidência dos índices oficiais de remuneração básica e juros aplicados à caderneta de poupança, por força do art. 5º da Lei n. 11.960, de 29.6.2009.

III – A adequação do montante da condenação deve observar essa limitação legal, ainda que em sede de precatório.

OJ n. 382 da SDI-1 do TST – JUROS DE MORA. ART. 1º-F DA LEI N. 9.494, DE 10.9.1997. INAPLICABILIDADE À FAZENDA PÚBLICA QUANDO CONDENADA SUBSIDIARIAMENTE. (DEJT divulgado em 19, 20 e 22.4.2010)

A Fazenda Pública, quando condenada subsidiariamente pelas obrigações trabalhistas devidas pela empregadora principal, não se beneficia da limitação dos juros, prevista no art. 1º-F da Lei n. 9.494, de 10.09.1997.

A questão do percentual dos juros de mora aplicáveis nas condenações da Fazenda Pública fomenta interessantes discussões, tendo em vista as diversas alterações legais e constitucionais que reduziram os índices em relação aos incidentes nas demais execuções trabalhistas e sua repercussão na jurisprudência do Tribunal Superior do Trabalho e do Supremo Tribunal Federal.

1. Evolução legislativa: os percentuais de juros de mora aplicáveis nas condenações da Fazenda Pública

Antes da instituição de sistemática diferenciando os juros de mora aplicáveis nas execuções contra a Fazenda Pública e aqueles utilizados contra o devedor privado, incidia em todas as execuções trabalhistas a Lei n. 8.177/1991, que prevê os seguintes critérios de apuração dos juros de mora:

LEI N. 8.177, DE 1º DE MARÇO DE 1991

Art. 39. Os débitos trabalhistas de qualquer natureza, quando não satisfeitos pelo empregador nas épocas próprias assim definidas em lei, acordo ou convenção coletiva, sentença normativa ou cláusula contratual sofrerão juros de mora equivalentes à TRD acumulada no período compreendido entre a data de vencimento da obrigação e o seu efetivo pagamento.

§ 1º. Aos débitos trabalhistas constantes de condenação pela Justiça do Trabalho ou decorrentes dos acordos feitos em reclamatória trabalhista, quando não cumpridos nas condições homologadas ou constantes do termo de conciliação, serão acrescidos, nos juros de mora previstos no caput juros de um por cento ao mês, contados do ajuizamento da reclamatória e aplicados pro rata die, ainda que não explicitados na sentença ou no termo de conciliação.

A Lei n. 9.494/1997, que disciplina a aplicação da tutela antecipada contra a Fazenda Pública e dá outras providências, não tratava da questão dos juros de mora em sua redação original. Entretanto, a partir das alterações promovidas pela Medida Provisória n. 2.180-35, de 24 de agosto de 2001, foram incluídos diversos artigos concernentes à execução em geral contra a Fazenda Pública, sendo que o art. 1º-F assim dispunha acerca do percentual de juros de mora aplicável:

LEI N. 9.494, DE 10 DE SETEMBRO DE 1997

Art. 1º-F. Os juros de mora, nas condenações impostas à Fazenda Pública para pagamento de verbas remuneratórias devidas a servidores e empregados públicos, não poderão ultrapassar o percentual de seis por cento ao ano. (Incluído pela Medida Provisória n. 2.180-35, de 2001).

Referido dispositivo legal foi alterado em 2009, pela Lei n. 11.960, que estendeu a aplicação dos juros moratórios especiais a verbas de qualquer natureza, alterando novamente o percentual aplicável, vinculando-o aos índices da caderneta de poupança:

LEI N. 11.960, DE 29 DE JUNHO DE 2009

Art. 5º O art. 1º-F da Lei n. 9.494, de 10 de setembro de 1997, introduzido pelo art. 4º da Medida Provisória n. 2.180-35, de 24 de agosto de 2001, passa a vigorar com a seguinte redação:

"Art. 1º-F. Nas condenações impostas à Fazenda Pública, independentemente de sua natureza e para fins de atualização monetária, remuneração do capital e compensação da mora, haverá a incidência uma única vez, até o efetivo pagamento, dos índices oficiais de remuneração básica e juros aplicados à caderneta de poupança." (Redação dada pela Lei n. 11.960/2009).

A partir de todas estas alterações legais, a Emenda Constitucional n. 62, de 9 de dezembro de 2009, conferiu caráter de norma constitucional à previsão da Lei n. 11.960/2009, ao incluí-la no § 12 do art. 100 da Constituição de 1988 e no § 16 do art. 97 do Ato das Disposições Constitucionais Transitórias:

> **CONSTITUIÇÃO DA REPÚBLICA FEDERATIVA DO BRASIL DE 1988**
>
> Art. 100. § 12. A partir da promulgação desta Emenda Constitucional, a atualização de valores de requisitórios, após sua expedição, até o efetivo pagamento, independentemente de sua natureza, será feita pelo índice oficial de remuneração básica da caderneta de poupança, e, para fins de compensação da mora, incidirão juros simples no mesmo percentual de juros incidentes sobre a caderneta de poupança, ficando excluída a incidência de juros compensatórios. (Incluído pela Emenda Constitucional n. 62, de 2009).
>
> **ATO DAS DISPOSIÇÕES CONSTITUCIONAIS TRANSITÓRIAS**
>
> Art. 97. § 16. A partir da promulgação desta Emenda Constitucional, a atualização de valores de requisitórios, até o efetivo pagamento, independentemente de sua natureza, será feita pelo índice oficial de remuneração básica da caderneta de poupança, e, para fins de compensação da mora, incidirão juros simples no mesmo percentual de juros incidentes sobre a caderneta de poupança, ficando excluída a incidência de juros compensatórios. (Incluído pela Emenda Constitucional n. 62, de 2009)

Ângelo Emílio de Carvalho Fonseca considera que a imposição de tais padrões de correção e capitalização não é de todo desarrazoada, porque é a mesma taxa de retorno obtida por quem investe nos fundos de poupança, tida como um dos mais seguros investimentos do mercado e, em algumas circunstâncias, até mesmo um dos mais rentáveis investimentos, analisando-se os riscos e retorno inerentes à operação[1].

Registre-se, ainda, que a mesma redação constante no parágrafo 12 do art. 100 da Constituição e no § 16 do art. 97 do ADCT foi repetida pelo Conselho Nacional de Justiça no art. 36 de sua Resolução n. 115/2010, que dispõe sobre a gestão de precatórios no âmbito do Poder Judiciário[2].

2. Repercussões na jurisprudência do Supremo Tribunal Federal: declaração de inconstitucionalidade da Emenda Constitucional n. 62/2009

O Supremo Tribunal Federal, quando do julgamento das Ações Diretas de Inconstitucionalidade ns. 4.357 e 4.425, declarou inconstitucionais dispositivos do art. 100 da Constituição Federal e do art. 97 do ADCT, alterados pela Emenda Constitucional n. 62/2009, em sessão de julgamento ocorrida em março de 2013[3].

Dentre as normas declaradas inconstitucionais incluem-se duas expressões contidas no § 12 do art. 100 da Constituição Federal, e no § 16 do art. 97 do ADCT, acrescidos pela EC n. 62/09, relativas à atualização monetária dos precatórios, quais sejam: "índice oficial de remuneração básica da caderneta de poupança" e "independentemente de sua natureza". No julgamento, os Ministros entenderam que referido índice não é suficiente para recompor as perdas inflacionárias e declararam a inconstitucionalidade, em parte, por arrastamento, do art. 1º-F da Lei n. 9.494, com a redação dada pelo art. 5º da Lei n. 11.960, de 29 de junho de 2009.

Eis os trechos concernentes ao tema da ementa do acórdão, que foi publicado apenas em 26.9.2014[4]:

> EMENTA: DIREITO CONSTITUCIONAL. REGIME DE EXECUÇÃO DA FAZENDA PÚBLICA MEDIANTE PRECATÓRIO. EMENDA CONSTITUCIONAL N. 62/2009. INCONSTITUCIONALIDADE FORMAL NÃO CONFIGURADA. INEXISTÊNCIA DE INTERSTÍCIO CONSTITUCIONAL MÍNIMO ENTRE OS DOIS TURNOS DE VOTAÇÃO DE EMENDAS À LEI MAIOR (CF, ART. 60, § 2º). CONSTITUCIONALIDADE DA SISTEMÁTICA DE "SUPERPREFERÊNCIA" A CREDORES DE VERBAS ALIMENTÍCIAS QUANDO IDOSOS OU PORTADORES DE DOENÇA GRAVE. RESPEITO À DIGNIDADE DA PESSOA HUMANA E À PROPORCIONALIDADE. INVALIDADE JURÍDICOCONSTITUCIONAL DA LIMITAÇÃO DA PREFERÊNCIA A IDOSOS QUE COMPLETEM 60 (SESSENTA) ANOS ATÉ A EXPEDIÇÃO DO PRECATÓRIO. DISCRIMINAÇÃO ARBITRÁRIA E VIOLAÇÃO À ISONOMIA (CF, ART. 5º). INCONSTITUCIONALIDADE DA SISTEMÁTICA DE COMPENSAÇÃO DE DÉBITOS INSCRITOS EM PRECATÓRIOS EM PROVEITO EXCLUSIVO DA FAZENDA PÚBLICA. EMBARAÇO À EFETIVIDADE DA JURISDIÇÃO (CF, ART. 5º, XXXV), DESRESPEITO À COISA JULGADA MATERIAL (CF, ART. 5º XXXVI), OFENSA À SEPARAÇÃO DOS PODERES (CF, ART. 2º) E ULTRAJE À ISONOMIA ENTRE O ESTADO E O PARTICULAR (CF, ART. 1º, *CAPUT*, C/C ART. 5º, *CAPUT*). IMPOSSIBILIDADE JURÍDICA DA UTILIZAÇÃO DO ÍNDICE DE REMUNERAÇÃO DA CADERNETA DE POUPANÇA COMO CRITÉRIO DE CORREÇÃO MONETÁRIA. VIOLAÇÃO AO DIREITO FUNDAMENTAL DE PROPRIEDADE (CF, ART. 5º, XXII). INADEQUAÇÃO MANIFESTA

---

(1) FONSECA, Ângelo Emílio de Carvalho. *Execução contra a Fazenda Pública*: a sistemática dos precatórios e a emenda constitucional 62/2009. Monografia (Bacharelado). Universidade Federal de Minas Gerais, 2011. p. 68. Disponível em: <http://www2.senado.gov.br/bdsf/item/id/242645>. Acesso em: 10 jan. 2013.

(2) BRASIL. Conselho Nacional de Justiça. *Resolução n. 115, de 29 de junho de 2010*. Disponível em: <http://www.cnj.jus.br/atos-administrativos/atos-da-presidencia/resolucoespresidencia/12233-resolucao-n-115-de-29-de-junho-de-2010>. Acesso em: 10 jul. 2013.

(3) Notícia: "STF declara inconstitucionais dispositivos da emenda dos precatórios", datada de 13 de março de 2013. Disponível em: <http://www.stf.jus.br/portal/cms/verNoticiaDetalhe.asp?idConteudo=233409> Acesso em 10 jul. 2013.

ENTRE MEIOS E FINS. INCONSTITUCIONALIDADE DA UTILIZAÇÃO DO RENDIMENTO DA CADERNETA DE POUPANÇA COMO ÍNDICE DEFINIDOR DOS JUROS MORATÓRIOS DOS CRÉDITOS INSCRITOS EM PRECATÓRIOS, QUANDO ORIUNDOS DE RELAÇÕES JURÍDICO-TRIBUTÁRIAS. DISCRIMINAÇÃO ARBITRÁRIA E VIOLAÇÃO À ISONOMIA ENTRE DEVEDOR PÚBLICO E DEVEDOR PRIVADO (CF, ART. 5º, *CAPUT*). INCONSTITUCIONALIDADE DO REGIME ESPECIAL DE PAGAMENTO. OFENSA À CLÁUSULA CONSTITUCIONAL DO ESTADO DE DIREITO (CF, ART. 1º, *CAPUT*), AO PRINCÍPIO DA SEPARAÇÃO DE PODERES (CF, ART. 2º), AO POSTULADO DA ISONOMIA (CF, ART. 5º, *CAPUT*), À GARANTIA DO ACESSO À JUSTIÇA E A EFETIVIDADE DA TUTELA JURISDICIONAL (CF, ART. 5º, XXXV) E AO DIREITO ADQUIRIDO E À COISA JULGADA (CF, ART. 5º, XXXVI). PEDIDO JULGADO PROCEDENTE EM PARTE.

[...]

5. O direito fundamental de propriedade (CF, art. 5º, XXII) resta violado nas hipóteses em que a atualização monetária dos débitos fazendários inscritos em precatórios perfaz-se segundo o índice oficial de remuneração da caderneta de poupança, na medida em que este referencial é manifestamente incapaz de preservar o valor real do crédito de que é titular o cidadão. É que a inflação, fenômeno tipicamente econômico-monetário, mostra-se insuscetível de captação apriorística (*ex ante*), de modo que o meio escolhido pelo legislador constituinte (remuneração da caderneta de poupança) é inidôneo a promover o fim a que se destina (traduzir a inflação do período).

6. A quantificação dos juros moratórios relativos a débitos fazendários inscritos em precatórios segundo o índice de remuneração da caderneta de poupança vulnera o princípio constitucional da isonomia (CF, art. 5º, *caput*) ao incidir sobre débitos estatais de natureza tributária, pela discriminação em detrimento da parte processual privada que, salvo expressa determinação em contrário, responde pelos juros da mora tributária à taxa de 1% ao mês em favor do Estado (*ex vi* do art. 161, § 1º, CTN). Declaração de inconstitucionalidade parcial sem redução da expressão *"independentemente de sua natureza"*, contida no art. 100, § 12, da CF, incluído pela EC n. 62/09, para determinar que, quanto aos precatórios de natureza tributária, sejam aplicados os mesmos juros de mora incidentes sobre todo e qualquer crédito tributário.

7. O art. 1º-F da Lei n. 9.494/97, com redação dada pela Lei n. 11.960/09, ao reproduzir as regras da EC n. 62/09 quanto à atualização monetária e à fixação de juros moratórios de créditos inscritos em precatórios incorre nos mesmos vícios de juridicidade que inquinam o art. 100, § 12, da CF, razão pela qual se revela inconstitucional por arrastamento, na mesma extensão dos itens 5 e 6 *supra*.

De acordo com Gustavo Carvalho Chebab[5], a partir do pronunciamento do STF a atualização monetária e os juros aplicáveis nas execuções contra a Fazenda Pública passariam a ser os mesmos utilizados em processos que figure como credora, ou utilizados pelo mercado nas relações privadas.

No entanto, ao revés do sustentado pelo autor, o STF não alterou a forma de cálculo dos juros de mora quanto aos créditos trabalhistas, mas, tão somente, da correção monetária, como se pode depreender da leitura do inteiro teor do acórdão publicado em 26.9.2014.

Com efeito, veja-se que a expressão "índice oficial de remuneração básica da caderneta de poupança", declarada inconstitucional no § 12 do art. 100 da Constituição, não se refere à compensação da mora, mas à atualização dos valores. Por conseguinte, apenas para fins de correção monetária não serão observados os índices de remuneração básica da caderneta de poupança.

No que se refere aos juros de mora, a declaração de inconstitucionalidade parcial sem redução da expressão *"independentemente de sua natureza"*, ficou restrita aos precatórios de natureza tributária[6], sendo que a inconstitucionalidade por arrastamento do art. 1º-F da Lei 9.494/97 se deu na mesma extensão da reconhecida em relação ao § 12 do art. 100 da Constituição, incluído pela EC n. 62/2009.

Destarte, os débitos trabalhistas constantes das condenações e não cumpridos continuam sendo acrescidos de juros simples no mesmo percentual de juros incidentes sobre a caderneta de poupança, consoante previsão contida na parte final do § 12 do art. 100 da Constituição Federal e da Lei 9.494/97.

Registre-se, ainda, que em março de 2015, o STF deu prosseguimento ao julgamento das ADIs ns. 4.357 e 4.425 para determinar a modulação dos efeitos da decisão de inconstitucionalidade da EC n. 62/2009. Nos julgamentos

---

(4) Consulta ao andamento processual no portal eletrônico do STF. Disponível em: <http://www.stf.jus.br/portal/processo/verProcessoAndamento.asp?incidente=3813700> Acesso em 22/04/2015.

(5) CHEHAB, Gustavo Carvalho. Precatórios: após decisão do STF, haverá calote ou pagamento? *Revista d'Amatra Dez*, Brasília, p. 12 – 14, 15 jun. 2013.

(6) Note-se, aliás, que no inteiro teor do acórdão fez-se referência ao julgamento do próprio STF nos autos do RE 453740, em que o Plenário dessa Corte havia julgado constitucional a redação originária do art. 1º-F da Lei n. 9.494/97, que dispunha não poderem ultrapassar o percentual de seis por cento ao ano os juros de mora nas condenações impostas à Fazenda Pública para pagamento de verbas remuneratórias devidas a servidores e empregados públicos. Naquele julgamento, o STF entendeu constitucional a diferenciação dos juros de mora neste caso, em contraponto aos juros de mora relativos ao crédito tributário (conforme mencionado às páginas 21 e 22 do inteiro teor do acórdão da ADI n. 4.357/DF, disponível em: <http://www.stf.jus.br/portal/processo/verProcessoAndamento.asp?incidente=3813700>. Acesso em: 22 abr. 2015.

acerca da modulação de efeitos, o STF entendeu por bem manter a aplicação do índice oficial de remuneração básica da caderneta de poupança até a data de 25.3.2009, estipulando critérios para a correção monetária dos precatórios a partir de então:

> "[...] 2) conferir eficácia prospectiva à declaração de inconstitucionalidade dos seguintes aspectos da ADI, fixando como marco inicial a data de conclusão do julgamento da presente questão de ordem (25.3.2015) e mantendo-se válidos os precatórios expedidos ou pagos até esta data, a saber: **2.1.**) fica mantida a aplicação do índice oficial de remuneração básica da caderneta de poupança (TR), nos termos da Emenda Constitucional n. 62/2009, até 25.3.2015, data após a qual (*i*) os créditos em precatórios deverão ser corrigidos pelo Índice de Preços ao Consumidor Amplo Especial (IPCA-E) e (*ii*) os precatórios tributários deverão observar os mesmos critérios pelos quais a Fazenda Pública corrige seus créditos tributários; e **2.2.**) ficam resguardados os precatórios expedidos, no âmbito da administração pública federal, com base nos arts. 27 das Leis ns. 12.919/13 e 13.080/15, que fixam o IPCA-E como índice de correção monetária; [...]"[7]

Releva salientar que a partir destes pronunciamentos do STF, o Tribunal Superior do Trabalho pode vir a alterar seu entendimento acerca dos juros de mora aplicáveis nas condenações da Fazenda Pública, para esclarecer o exato alcance do reconhecimento da inconstitucionalidade parcial do § 12 do art. 100 introduzido pela EC n. 62/2009, e da inconstitucionalidade por arrastamento do art. 1º-F da Lei n. 9.494/97.

No entanto, até o presente momento está mantida a redação da Orientação Jurisprudencial n. 7 do Tribunal Pleno do TST, cuja redação passamos a examinar.

3. Repercussões na jurisprudência do Tribunal Superior do Trabalho: a Orientação Jurisprudencial n. 07 do Tribunal Pleno do TST

A partir da primeira alteração na Lei n. 9.494/97 no percentual dos juros de mora aplicável nas condenações da Fazenda Pública pela Medida Provisória n. 2180-35/2001, o Tribunal Pleno do TST, em abril de 2007, editou a Orientação Jurisprudencial n. 7, que em sua redação original dispunha o seguinte:

> **OJ n. 07 do Tribunal Pleno do TST — PRECATÓRIO. JUROS DE MORA. CONDENAÇÃO DA FAZENDA PÚBLICA. LEI N. 9.494, DE 10.9.1997, ART. 1º-F.** (Redação original – DJ 25.4.2007)
>
> São aplicáveis, nas condenações impostas à Fazenda Pública, os juros de mora de 0,5% (meio por cento) ao mês, a partir de setembro de 2001, conforme determina o art. 1º-F da Lei n. 9.494, de 10.9.1997, introduzido pela Medida Provisória n. 2.180-35, de 24.8.2001, procedendo-se a adequação do montante da condenação a essa limitação legal, ainda que em sede de precatório.

Após as alterações no percentual dos juros de mora promovidas pela Lei n.11.960/2009 e pela Emenda Constitucional n. 62/2009, a redação da OJ n. 7 do Tribunal Pleno foi alterada, através da Resolução n. 175/2011, de maio de 2011:

> **Orientação Jurisprudencial n. 07 do Tribunal Pleno do TST – JUROS DE MORA. CONDENAÇÃO DA FAZENDA PÚBLICA** (nova redação) – Res. n. 175/2011, DEJT divulgado em 27, 30 e 31.5.2011
>
> I – Nas condenações impostas à Fazenda Pública, incidem juros de mora segundo os seguintes critérios:
>
> a) 1% (um por cento) ao mês, até agosto de 2001, nos termos do § 1º do art. 39 da Lei n. 8.177, de 1º.3.1991;
>
> b) 0,5% (meio por cento) ao mês, de setembro de 2001 a junho de 2009, conforme determina o art. 1º-F da Lei n. 9.494, de 10.9.1997, introduzido pela Medida Provisória n. 2.180-35, de 24.8.2001.
>
> II – A partir de 30 de junho de 2009, atualizam-se os débitos trabalhistas da Fazenda Pública, mediante a incidência dos índices oficiais de remuneração básica e juros aplicados à caderneta de poupança, por força do art. 5º da Lei n. 11.960, de 29.6.2009.
>
> III – A adequação do montante da condenação deve observar essa limitação legal, ainda que em sede de precatório.

De acordo com o Ministro João Batista Brito Pereira, referida alteração jurisprudencial teve como objetivo adequar a Orientação Jurisprudencial n. 7 do Tribunal Pleno à jurisprudência então dominante, principalmente em face da controvérsia que pairava sobre a aplicabilidade do art. 1º-F da Lei n. 9.494/97 no período de sua vigência, até a alteração operada pela Lei n. 11.960/2009[8].

Assim, a nova redação da OJ n. 7 do Tribunal Pleno do TST esclarece os períodos de aplicação de cada percentual de juros de mora a serem adotados nas condenações da Fazenda Pública, conforme fixados pelas leis vigentes.

Registre-se, por oportuno, que o item II da OJ n. 7 do Tribunal Pleno do TST tem redação idêntica ao § 12 do art. 100 da Constituição Federal, muito embora a alteração desse dispositivo constitucional tenha ocorrido em 9.12.2009, em decorrência da publicação da Emenda Constitucional n. 62, quase seis meses após a edição da Lei n. 11.960, de 29.6.2009.

---

(7) Decisão de julgamento de 25.3.2015. Consulta ao andamento processual no portal eletrônico do STF. Disponível em: <http://www.stf.jus.br/portal/processo/verProcessoAndamento.asp?incidente=3813700>. Acesso em: 22 abr. 2015.

(8) PEREIRA, João Batista Brito. Justiça do Trabalho: 70 anos. Renovação da Jurisprudência do TST. *Revista do TST*, Brasília, vol. 77, n. 2, p. 236-270, abr/jun 2011.

No tocante ao item III da OJ n. 7 do Tribunal Pleno, ficou prevista a adequação do montante da condenação "ainda que em sede de precatório", o que dá ensejo à discussão sobre a possibilidade de retificação dos cálculos de execução em qualquer fase do procedimento executório, inclusive após o trânsito em julgado da fase de execução, na fase administrativa de expedição de ofício precatório.

Segundo os precedentes da OJ n. 7, tratando-se de norma cogente, a limitação dos juros de mora aos percentuais definidos pelas sucessivas alterações no art. 1º-F da Lei n. 9.494/97 deve ser observada em qualquer fase da execução, inclusive após a expedição do ofício precatório, podendo ser determinada de ofício pelo Presidente do Tribunal (ou pelo órgão que exercer, por delegação, a competência de gestão de precatórios).

No entanto, entendemos que esta adequação do percentual de juros de mora aplicável deve se dar apenas em casos em que o comando exequendo fixa o percentual de juros de mora "na forma da lei", ou faz referência ao art. 1º-F da Lei n. 9.494/1997.

Nos casos em que há decisão fixando, de forma expressa, determinado percentual de juros de mora, ou a questão do percentual aplicável já tenha sido objeto de pronunciamento expresso (em sede de recurso ordinário, embargos à execução ou agravo de petição), consideramos que os cálculos de execução devem obedecer exatamente o estipulado, sob pena de violação da coisa julgada.

4. Condenação da Fazenda Pública de forma subsidiária: Orientação Jurisprudencial n. 382 da SDI-1 do TST

A lógica acima exposta, segundo a qual devem ser apurados diferentes percentuais de juros de mora nas condenações da Fazenda Pública de acordo com o período de vigência da legislação de regência, não se aplica quando esta for responsável de forma subsidiária, mas apenas e tão somente quando ela for condenada como devedora principal.

É este o sentido da Orientação Jurisprudencial n. 382 da SDI-1 do TST:

> OJ n. 382 da SDI-1 do TST — JUROS DE MORA. ART. 1º-F DA LEI N. 9.494, DE 10.9.1997. INAPLICABILIDADE À FAZENDA PÚBLICA QUANDO CONDENADA SUBSIDIARIAMENTE. (DEJT divulgado em 19, 20 e 22.4.2010)
>
> A Fazenda Pública, quando condenada subsidiariamente pelas obrigações trabalhistas devidas pela empregadora principal, não se beneficia da limitação dos juros, prevista no art. 1º-F da Lei n. 9.494, de 10.09.1997.

Segundo os precedentes que ensejaram a edição da OJ n. 382, a cobrança dos juros de mora de forma reduzida, prevista na Medida Provisória n. 2.180-35/2001, é restrita à Fazenda Pública quando esta é a devedora principal do pagamento de verbas remuneratórias devidas a servidores e empregados públicos.

Quando a entidade pública é executada na qualidade de responsável subsidiária, ao contrário, não se deve aplicar a redução do percentual dos juros de mora, até porque a Fazenda Pública poderá valer-se da ação regressiva em face da devedora principal, de modo a reaver os valores eventualmente pagos ao exequente. Dessa forma, o benefício do percentual reduzido dos juros de mora não deve ser estendido a débitos que, em última análise, serão arcados por devedores privados, aos quais o percentual de juros de mora aplicável é o de 1% ao mês, conforme previsto pela Lei n. 8.177/1991.

5. Conclusão

A legislação relativa ao percentual de juros de mora aplicável nas condenações da Fazenda Pública foi alterada sucessivas vezes, acarretando mudanças na redação da Orientação Jurisprudencial n. 07 do Tribunal Pleno do TST, que esclareceu os períodos de aplicação de cada um dos índices.

Entretanto, a declaração de inconstitucionalidade da Emenda Constitucional n. 62/2009 pelo Eg. STF, com a consequente exclusão de expressões constantes no § 12 do art. 100 da Constituição Federal e no parágrafo 16 do art. 97 do ADCT, não alterou a sistemática de apuração dos juros de mora. Todavia, o item II da OJ n. 07 pode vir a sofrer alteração no que se refere ao cálculo da correção monetária, após a modulação dos efeitos da decisão do Excelso Supremo Tribunal Federal.

De qualquer forma, a observância do percentual de juros reduzido só se dá em execuções em que a Fazenda Pública é condenada diretamente, e não de forma subsidiária, nos termos da Orientação Jurisprudencial n. 392 da SDI-1 do TST.

Referências bibliográficas

BRASIL. Conselho Nacional de Justiça. *Resolução n. 115, de 29 de junho de 2010*. Disponível em: <http://www.cnj.jus.br/atos-administrativos/atos-da-presidencia/resolucoespresidencia/12233-resolucao-n-115-de-29-de-junho-de-2010>. Acesso em: 10 jul. 2013.

BRASIL. Tribunal Superior do Trabalho. *Livro de Jurisprudência do TST*. Disponível em: <http://www.tst.jus.br/livro-de-jurisprudencia> Acesso em 10 jan. 2013.

BRASIL. Supremo Tribunal Federal. *STF declara inconstitucionais dispositivos da emenda dos precatórios*. 13 de março de 2013. Disponível em: <http://www.stf.jus.br/portal/cms/verNoticiaDetalhe.asp?idConteudo=233409> Acesso em 10 jul. 2013.

BRASIL. Supremo Tribunal Federal. *ADI n. 4.357*. Disponível em: <http://www.stf.jus.br/portal/processo/verProcessoAndamento.asp?incidente=3813700>. Acesso em: 22 jul. 2013.

BRASIL. Supremo Tribunal Federal. *ADI n. 4.425*. Disponível em: <http://www.stf.jus.br/portal/processo/verProcessoAndamento.asp?incidente=3900924>. Acesso em: 22 jul. 2013.

CHEHAB, Gustavo Carvalho. Precatórios: após decisão do STF, haverá calote ou pagamento? *Revista d'Amatra Dez*, Brasília, p. 12-14, 15 jun. 2013.

PEREIRA, João Batista Brito. Justiça do Trabalho: 70 anos. Renovação da Jurisprudência do TST. *Revista do TST*, Brasília, vol. 77, n. 2, p. 236-270, abr./jun. 2011.

FONSECA, Ângelo Emílio de Carvalho. *Execução contra a Fazenda Pública*: a sistemática dos precatórios e a emenda constitucional 62/2009. Monografia (Bacharelado). Universidade Federal de Minas Gerais, 2011. 68 p. Disponível em: <http://www2.senado.gov.br/bdsf/item/id/242645>. Acesso em: 10 jan. 2013.

Parte 4
Projetos de Lei em Andamento na Área Processual

Projeto de Lei n. 5.101/2013: *Jus Postulandi*... Finalmente o Fim?

Cynthia Lessa Costa

Nestes pouco mais de 70 anos da Consolidação das Leis do Trabalho já assistimos a algumas, e frustradas, tentativas[1] de se extinguir uma das características mais marcantes da Justiça do Trabalho brasileira: o *jus postulandi*.

Aliás, até a chegada ao Brasil das chamadas *ondas renovatórias* do acesso à Justiça[2] que trouxeram os então chamados *Juizados de Pequenas Causas* em 1984, a Justiça do Trabalho era o órgão brasileiro em que o cidadão comum podia, sem interlocutores, instaurar e mover qualquer processo judicial para defender seus interesses.

O *vanguardismo* foi sempre um dos trunfos da Justiça do Trabalho: antes mesmo do 1º Congresso Internacional de Direito Processual, famoso principalmente em razão das palavras proferidas pelo aclamdo processualista Piero Calamandrei[3], este ramo especializado já entendia a importância de receber o jurisdicionado independentemente de suas possibilidades financeiras, culturais e psicológicas de contratar advogado. Isso porque já cogitava do que mais tarde publicariam Mauro Cappelletti e Bryan Garth[4] na primeira tiragem de seu *Acesso à Justiça*, nos idos de 1978:

> O estudo inglês, por exemplo, fez a surpreendente descobrta de que "até 11% dos nossos entrevistados disseram que jamais iriam a um advogado". Além dessa declarada desconfiança nos advogados, especialmente comum nas classes menos favorecidas, existem outras razões óbvias por que os litígios formais são considerados tão pouco atraentes. Procedimentos complicados, formalismo, ambientes que intimidam, como o dos tribunais, juízes e advogados, figuras tidas como opressoras, fazem com que o litigante se sinta perdido, prisioneiro de um mundo estranho."

Mas este *vanguardismo* incompreendido como o é tudo que se considera "anormal" sempre foi também o fato gerador das mais severas críticas atribuídas à *nossa* Justiça: "justicinha", "tribunal Robin Hood", "leilão", "banco de trocas", "feira", "onde tudo tramita, menos o verdadeiro processo" e assim por diante.

Tais críticas se fundam em basicamente dois argumentos: o tecnicismo que envolve o processo judicial pode causar mais danos que benefícios ao sujeito leigo que o maneja e a existência do *jus postulandi* impede a aplicação do princípio da sucumbência, pois, em não havendo obrigatoriedade de contratação de advogado, não haveria por que onerar a parte contrária com tais gastos.

Embora sempre tenha considerado relevantes os argumentos de que manejo do processo por leigos poderia ser a eles prejudicial, enxergava na limitação do acesso da parte (principalmente as constituídas por simples lavradores e ajudantes nas cidades do interior do país) algo que, de alguma maneira, tornava os trabalhadores, cuja simplicidade os distanciava dos advogados, menos cidadãos, na medida em que colaboraria para o crescimento de demandas reprimidas.

Daí porque tais críticas sempre soaram como certa forma de corporativismo por parte dos advogados que queriam tornar a Justiça algo especial demais para existir sem eles. Contudo, hoje admite-se que, em tempos de processo digital, nossa análise deve passar ao largo daquela rasa argumentação.

Capacidade postulatória e honorários advocatícios: cada coisa em seu lugar

Verifica-se na jurisprudência, e na própria literatura jurídica, uma tendência a relacionar a concessão de honorários

---

(1) "Este art. 791, da CLT, criado em 1943, aliás, sobreviveu ao art. 1º da Lei n. 8.906/94 (Estatuto da Ordem dos Advogados do Brasil), que, tentando regular o art. 133, da Constituição Federal, eliminava o *"jus postulandi"* das partes [...] e res stiu tamém, à Lei n. 10.288, de 20 de setembro de 2001, que alterava o teor do art. 791, para o fim de tornar obrigatória a presença do advogado após a tentativa frustrada de conciliação [...]". SOUTO MAIOR, Jorge Luiz. Honorários Advocatícios no Processo do Trabalho: uma reviravolta imposta também pelo novo Código Civil. *In: Revista do TST*, vol. 69, n. 1, jan./jun. 2003.

(2) CAPPELLETTI, Mauro; GARTH, Bryant. *Acesso à Justiça*. Porto Alegre: Fabris, 1998.

(3) No ato de abertura do referido Congresso, declinou o famoso processualista italiano: "O pecado mais grave da ciência processual destes últimos cinquenta anos tem sido, no meu entender, precisamente este: haver separado o processo de sua fi nalidade social; haver estudado o processo como um território fechado, como um mundo por si mesmo, haver pensado que se podia criar em torno do mesmo uma espécie de soberbo isolamento separando-o cada vez de maneira mais profunda de todos os vínculos com o direito substancial, de todos os contatos com os problemas de substância, da justiça, em soma." Processo e Justiça. *In: Direito Processual Civil* Vol. III, São Paulo: Bookseller, 1999.

(4) CAPPELLETTI, Mauro; GARTH, Bryant. *Acesso à Justiça*. Porto Alegre: Fabris, 1998.

advocatícios à existência de capacidade postulatória das partes, conforme apresenta Mauro Paroski: "não se onera a parte vencida com o pagamento de honorários de advogado, uma vez que este profissional não é necessário para o acesso ao Judiciário"[5].

Esta *suposta* inter-relação é afirmada pela jurisprudência do Tribunal Superior do Trabalho[6], gerando uma distorção que motivou o projeto de lei[7] em análise:

> [...] por força dos enunciados 219 e 220 do TST, as decisões dos tribunais trabalhistas revestem-se de um aspecto, no mínimo, intrigante. A parte vencida somente é condenada a pagar honorários advocatícios quando o vencedor for beneficiado pelo instituto da justiça gratuita. Ou seja, quando o vencedor não tem despesas com advogado, condena-se o vencido em verbas honorárias, procedendo-se de modo diverso na situação contrária, negando-se o ressarcimento dessas verbas justamente àquele que as custeou do próprio bolso. Em face disso, não havendo honorários de sucumbência, justamente o trabalhador menos protegido, não sindicalizado, geralmente de baixa escolaridade, não consegue contratar advogado para representá-lo, situação agravada pelo fato de não haver defensoria pública junto à Justiça do Trabalho.[8]

Assim, a fim de eliminar a referida distorção e considerando a interpretação jurisprudencial de que os honorários advocatícios têm íntima relação com a concessão de *jus postulandi* às partes, é que o projeto de lei sob análise propõe a obrigatoriedade do patrocínio do advogado e de deferimento de honorários advocatícios sucumbenciais no processo do Trabalho.

Nessa esteira, a primeira consideração que se deve fazer é que os honorários advocatícios em nada se relacionam com a exclusividade da capacidade postulatória e é, em verdade, bastante estranho que a própria Justiça do Trabalho não interprete dessa forma. Ora, os honorários advocatícios são espécie remuneratória paga pelo trabalho desempenhado pelo advogado, bastando para percebê-lo que desempenhe o referido trabalho. Tanto assim o é que o Código de Processo Civil determina que seja arbitrado conforme o grau de zelo no desempenho da atividade pelo trabalhador (advogado)[9].

Em segundo lugar, esta Justiça é guiada pelo princípio da proteção do trabalhador, mas na contramão disso impõe que a violação contratual perpetrada pelo empregador só seja plenamente reparada nos casos em que o empregado conte com assistência judiciária[10] pelo sindicato, fazendo com que nos demais casos fiquem desamparados tanto o trabalhador reclamante quanto o trabalhador que desempenhou o ofício advocatício.

Em terceiro lugar, com a referida interpretação, o Tribunal em realidade promove a penalização do trabalhador que, não podendo recorrer ao sindicato por qualquer motivo, opta por tentar lutar pelos seus direitos com a mesma força com a qual o empregador o fará, ou seja, por meio de profissional especializado.

Em quarto lugar, a interpretação realizada pelo Tribunal Superior do Trabalho sem dúvida alguma viola o princípio constitucional da isonomia, uma vez que confere tratamento diferenciado ao advogado de sindicato e ao advogado particular.

Estas são apenas quatro considerações possíveis de serem feitas em favor da possibilidade (e até mesmo, obrigatoriedade) de condenação em honorários advocatícios, ainda

---

(5) PAROSKI, Mauro Vasni. *Gratuidade e Honorários de Advogado na Justiça do Tabalho:* elementos teóricos e práticos para uma reflexão crítica da perspectiva do acesso à justiça. São Paulo: LTr, 2010. p. 102.

(6) Súmulas ns. 219 e 329 do Tribunal Superior do Trabalho.

(7) Em seu inteiro teor, propõe o Projeto de Lei n. 5101/2013: "Art. 1º O art. 791 da Consolidação das Leis do Trabalho, aprovada pelo Decreto--lei n. 5.452, de 1º de maio de 1943, passa a vigorar com seguinte redação:Art. 791. A parte será representada por advogado legalmente habilitado. § 1º Será lícito à parte postular sem a representação de advogado quando: I – tiver habilitação legal para postular em causa própria; II – não houver advogado no lugar da propositura da reclamação ou ocorrer recusa ou impedimento dos que houver. § 2º A sentença condenará o vencido, em qualquer hipótese, inclusive quando vencida a Fazenda Pública, ao pagamento de honorários advocatícios de sucumbência, fixados entre o mínimo de dez e o máximo de vinte por cento sobre o valor da condenação, atendidos:I – o grau de zelo do profissional; II – o lugar de prestação do serviço; III – a natureza e a importância da causa, o trabalho realizado pelo advogado e o tempo exigido para o seu serviço. § 3º Nas causas sem conteúdo econômico e nas que não alcancem o valor de alçada, bem como naquelas em que não houver condenação, os honorários serão fixados consoante apreciação equitativa do juiz, atendidas as normas dos incisos I, II e III do parágrafo anterior.(NR) Art. 3º. Ficam revogados os arts. 731, 732 e 786 da Consolidação das Leis do Trabalho e o art. 15 da Lei n. 5.584/70."

(8) Disponível em: <http://www.camara.gov.br/proposicoesWeb/prop_mostrarintegra?codteor=212089&filename=PL+3392/2004>.

(9) Art. 20, § 3º do Código de Processo Civil Brasileiro.

(10) Mauro Paroski apresenta uma diferenciação bastante apurada entre a justiça gratuita, a assistência judiciária e a asistência jurídica. A primeira, também denominada gratuidade de justiça ou gratuidade judiciária, abrange todas as despesas do processo. A assistência judiciária, mais ampla que aquela, além das despesas processuais, alcança o patrocínio da causa ou a defesa do réu em juízo por advogado de forma gratuita. A assistência jurídica, além da isenção das despesas e dos serviços prestados gratuitamente por advogado, quando necessário o processo jurisdicional, importa ainda em orientação e informação jurídica aos necessitados, externas ao processo e independentemente dele. PAROSKI, Mauro Vasni. *Gratuidade e Honorários de Advogado na Justiça do Tabalho:* elementos teóricos e práticos para uma reflexão crítica da perspectiva do acesso à justiça. São Paulo: LTr, 2010.

quando não esteja, o trabalhador assistido por advogado do sindicato[11].

Enfim, o que se pretende afirmar é que a condenação em honorários advocatícios nada tem a ver com a existência ou não de assistência judiciária e menos ainda com o *jus postulandi* conferido às partes e que, portanto, bastava uma interpretação mais refinada pela Jurisprudência para que tal questão fosse definitivamente resolvida. Entretanto, não sendo este o caso, o projeto de lei em questão pode realmente contribuir para que se dê um tratamento adequado à matéria, resolvendo, em definitivo, a questão.

Completamente independente da questão relativa aos honorários advocatícios é o *jus postulandi*!

O deferimento de capacidade postulatória às partes pela legislação trabalhista decorre do reconhecimento, por esta, de que nenhum obstáculo deve ser imposto à parte que tenha tido seu direito violado e pretenda requerer reparo, em especial, a parte que deste direito depende para prover o sustento próprio e de sua família.

Trata-se de um objetivo nobilíssimo, o qual, por muito tempo, fez com que o defendêssemos com unhas e dentes.

Ocorre que este direito de postular diretamente, sem necessidade de pessoa interposta (desconhecida e, muitas vezes, assustadoramente distante, culturalmente falando), não é mais capaz de garantir o verdadeiro acesso do trabalhador à Justiça. Isso porque hoje as questões trabalhistas não mais tratam apenas de simples acertos rescisórios, mas muitas vezes versam sobre assuntos tão complexos como um assédio moral para o qual se dispõem tutelas ainda mais complexas como a inibitória.

Isso sem falar do ingresso pelos Tribunais na era digital[12], que, sem dúvida alguma, torna o processo estranho e muitas vezes inalcançável pelo trabalhador.

Com tanta complexidade, a postulação direta pelo trabalhador pode fazer com que a subordinação do contrato de trabalho passe a compor o processo, senão o processo material e visível, pelo menos ao *Segundo Processo*[13].

Daí porque, ainda que a contragosto, não há mais razões para se defender a manutenção do *jus postulandi*. Ao contrário, defendendo-o, podemos correr o risco de sacrificar o trabalhador. Isso porque, embora ele possa optar, em qualquer caso, pela utilização ou não do serviço especializado, não estamos em nenhum fantástico mundo criado por algum pensador da Escola de Economia de Chicago, em que as pessoas contam com o adequado nível de informações e, portanto, têm real aptidão para fazer as melhores escolhas, muito embora tenhamos instituições a quem se atribuiu o dever constitucional de prestar tais informações aos trabalhadores: os sindicatos e as Defensorias Públicas da União[14].

Por outro lado, vislumbramos que a atribuição exclusiva de capacidade postulatória ao advogado pode acabar por ter como *efeito colateral* o fortalecimento do sindicato. É que, embora tenha recebido a atribuição constitucional de defender os interesses, tanto judiciais quanto extrajudiciais, dos membros da *categoria*, muitos sindicatos se limitam a prestar assistência judiciária apenas aos filiados, o que não gera muitos questionamentos pelos trabalhadores, uma vez que sabem que podem postular desacompanhados de advogados. Contudo, a partir do momento em que forem obrigados a contratar advogado, acreditamos que possa haver uma alteração psicológica da visão do trabalhador sobre a importância do sindicato, gerando um possível aumento da filiação e consequente aprimoramento do aparato sindical.

Referências bibliográficas

CALAMANDREI, Piero. Processo e Justiça. *In: Direito Processual Civil.* vol. III. São Paulo: Bookseller, 1999.

CAPPELLETTI, Mauro; GARTH, Bryant. *Acesso à Justiça.* Porto Alegre: Fabris, 1998.

FICATO, Denise Pires; FREITAS, Raquel Hochmann. *Ius postulandi*, assistência judiciária e processo eletrônico: reflexões sobre o processo do trabalho. *In: Revista Justiça do Trabalho*, Porto Alegre, HS, n. 347, nov. 2012.

PAROSKI, Mauro Vasni. *Gratuidade e Honorários de Advogado na Justiça do Tabalho:* elementos teóricos e práticos para uma reflexão crítica da perspectiva do acesso à justiça. São Paulo: LTr, 2010.

SCHIAVI, Mauro. *Manual de Direito Processual do Trabalho.* 5. ed. São Paulo: LTr, 2012.

SOUTO MAIOR, Jorge Luis. Honorários Advocatícios no Processo do Trabalhoo: uma reviravolta imposta também pelo novo Código Civil. *In: Revista do TST*, Brasília, vol. 69, n. 1, jan./jun. 2003.

TEIXEIRA FILHO, Manuel Antonio. *Curso de Direito Processual do Trabalho.* São Paulo: LTr, 2009.

VIANA, Márcio Túlio. O segundo processo. *LTr – Suplemento Trabalhista*, v. 40, 2011.

---

(11) Várias outras razões são apontadas pelos autores Jorge Luis Souto Maior, Denise Pires Fincanto e Raquel Hochmann Freitas, Paulo Roberto da Cruz, Manuel Antônio Teixeira Filho e Mauro Schiavi.

(12) FICATO, Denise Pires; FREITAS, Raquel Hochmann. *Ius postulandi*, assistência judiciária e processo eletrônico: reflexões sobre o processo do trabalho. *In: Revista Justiça do Trabalho*, Porto Alegre, HS, n. 347, p. 7-18, nov. 2012.

(13) Expressão cunhada por Márcio Túlio Viana ao se referir a um processo invisível, mas eloquente que permeia os poros do processo visível em seu "O segundo processo". *LTr – Suplemento Trabalhista*, v. 40, p. 147-152, 2011.

(14) Arts. 8º e 134 da Constituição da República de 1988.

Parte 5
Temas Fundamentais sobre o que Há de Novo em Processo do Trabalho

A Aplicação da Antecipação de Tutela no Processo de Execução

Vicente de Paula Maciel Júnior

> "Entre uma decisão "justa", tomada autoritariamente, e uma decisão "justa", construída democraticamente, não pode deixar de haver diferença, quando se crê que a dignidade humana se realiza através da liberdade."
> (Gonçalves, Aroldo Plínio. *Técnica processual e teoria do processo.* 2. ed. Belo Horizonte: Del Rey Editora, 2012.)

1. Introdução

Não é de hoje que o Direito Processual Civil procura equacionar o problema do tempo razoável do processo com a sua eficácia e eficiência[1]. Essas duas expressões que muito se distanciam em significado remetem-nos ao problema dos princípios processuais[2] da segurança e da celeridade.

Enquanto pelo princípio da segurança o foco é a observância de procedimentos que garantam o exercício pleno do contraditório e a possibilidade de produção de provas que justifiquem as razões de cada parte; a celeridade tem por objetivo assegurar que haja um limite e não se eternize a discussão no processo, garantindo, de preferência, uma resposta rápida ao litígio.

Embora possa parecer problema de fácil solução, na verdade é questão de grande tormenta para o processualista e terreno movediço para o legislador, sempre com graves repercussões na vida do jurisdicionado.

É importante percorrermos algumas premissas para o tratamento do tema central deste artigo e para isso começaremos explicando a finalidade de cada um dos livros de nosso Código de Processo Civil que formam nosso sistema processual.

2. Uma visão sistemática do CPC brasileiro

A ideia de que cada livro de um Código de Processo Civil faz parte de um sistema: o sistema processual é algo que não chama muito a atenção da doutrina hoje em dia e não desperta interesse que mereça muito destaque em uma obra jurídica. Entretanto a falta de visão sistemática sobre os institutos do direito processual é responsável por grandes equívocos interpretativos da jurisprudência, além de desastrosas propostas de reformas processuais, que muita vez alteram significativamente ou mutilam o sistema processual, quebram sua unidade, dificultando sobremaneira sua compreensão.

Quem na Ciência do Processo utilizou-se da expressão "sistema processual" com maior veemência, para ressaltar que cada um dos institutos do processo pertence a um todo interligado, foi CARNELUTTI[3].

A ideia central dos processualistas europeus[4] era a de que, em tese, a jurisdição seria exercida basicamente por funções vinculadas a fins específicos, atribuídas a dois tipos de processos diferentes. A primeira seria destinada a conhecer o objeto litigioso e sobre ele fixar a certeza através de um provimento declaratório, constitutivo ou condenatório. A segunda função essencial do processo e que seria suficiente para exaurir a atividade jurisdicional seria a de executar, e teria por finalidade transformar em atos concretos aquilo que está previsto no título executivo judicial condenatório, ou em título extrajudicial equiparável por lei, em efeitos, à sentença.

Posteriormente e por grande influência de CALAMANDREI[5], foi incrementada e desenvolvida a ideia de um terceiro gênero de processo, sendo ele destinado a tutelar pessoas, provas e bens para outro processo. Ou seja, em face da possibilidade de a duração do processo principal de conhecimento ou execução demorar muito, as situações concretas que envolvessem pessoas, provas e bens poderiam se alterar, causando danos irreversíveis e comprometendo o resultado útil do processo principal, por não haver o que entregar ao final ao vencedor.

O processo cautelar seria marcado pela ideia de prevenção. A ele não importaria o objeto do processo principal

---

(1) "O tempo é inimigo do processo e o seu decurso destempera a boa qualidade do provimento jurisdicional, quando a demora deste traz prejuízos, sofrimentos, ansiedades e quando, quantas vezes, o provimento tardo acaba por se tornar dispensável ou quiçá inútil. Por isso é que o direito processual, em sua disciplina positiva e na interpretação correta que se espera dos tribunais e demais destinatários, há de ser um sistema equilibrado entre dois ideais: de um lado, o zelo pela perfeição e boa qualidade dos resultados do processo, de outro a preocupação pela celeridade." (DINAMARCO, 1987, p. 462.) Vide ainda sobre o princípio da eficiência em ROCHA, 2012. p. 59-64.

(2) CHIOVENDA, 1941, 3 v.

(3) CARNELUTTI, 1936, 3 v.

(4) Vide: CARNELUTTI, 1952, p. 64-74; CALAMANDREI, 1945; CHIOVENDA, 1942; COUTURE, 1951. FAZZALARI, 1994. GUASP, Jaime. 1998. LIEBMAN, 1985. MANDRIOLI, 2000. MONTESANO, Luigi; ARIETA, Giovani, 1999. PISANI, 1999. SATTA, Salvatore; PUNZI, Carmine; 2000.

(5) CALAMANDREI, 1936.

porque seu objetivo seria garantir que pessoas provas e bens disputados em juízo se mantivessem íntegros durante a demanda e pudessem ser entregues àquele que lhes fizer jus.

Os processos especiais, ou procedimentos especiais como admitido em nosso CPC, são na verdade processos de conhecimento. Mas não são processos de conhecimento que se enquadrem em um rito comum, ordinário. A ideia central desses tipos processuais é que o direito material apresenta especificidades e nem todos eles são iguais. Por isso os doutrinadores e o legislador do CPC/73 entenderam ser fundamental a existência desses tipos especiais para que melhor pudesse ser realizado o direito material, criando para tanto um tipo especial de processo.

É a tutela específica do direito por um tipo específico de processo, mais adequado à sua realização. Na Itália, dentre outros, temos como defensores dos processos especiais PISANI[6]; na Espanha, GUASP[7]; entre nós, MARINONI[8].

Segue abaixo um quadro expondo o modelo do sistema processual segundo as finalidades de cada livro do processo e que serviram para inspirar o legislador brasileiro na elaboração do CPC de 1973:

3. As tutelas de urgência

A expressão "tutelas de urgência" representa o conjunto de situações jurídicas cujos pedidos são feitos e as decisões tomadas tendo por objeto a necessidade de respostas céleres, urgentes. Se não houver a apreciação e o deferimento rápido, ou não haverá como garantir o resultado útil do processo, diante da iminente possibilidade de destruição de pessoas, provas e bens para o processo, ou o processo será um longo e frustrante caminho ao qual o autor estará condenado. Somente após todos os atos do *script* processual ele poderia ter acesso aos bens que, diante da evidência inicial das provas trazidas para a lide, desde o princípio lhe deveriam ter sido reconhecidos.

Tutelas de urgência são, portanto, o gênero, do qual as tutelas preventivas e satisfativas são espécies.

As tutelas de urgência preventivas são aquelas deferidas através do processo cautelar[9]. Podem ainda ser concedidas por medidas cautelares[10]. Se o objetivo do requerimento da tutela de urgência for para proteger pessoas, provas e bens antes ou no curso do processo principal, para que ao final possam ter um resultado útil ao processo principal, a tutela é preventiva, cautelar.

Processo de conhecimento	Processo de execução	Processo cautelar	Processos especiais
— Processo de conhecimento que tem por finalidade buscar, através de atividade desenvolvida em contraditório, a CERTEZA a respeito de uma situação controvertida, gerando uma sentença que pode ser: 1) declaratória; 2) constitutiva; 3) condenatória.	— Processo que tem como pressuposto de sua existência a CERTEZA, que é corporificada em um TÍTULO EXECUTIVO judicial ou extrajudicial. Sua finalidade é TRANSFORMAR EM ATOS CONCRETOS aquilo que está previsto no título.	— Processo cuja finalidade é PREVENIR pessoas, provas, e bens, que são objeto de disputas em um processo principal existente ou a ser proposto. Seu objetivo não é resolver o problema de mérito do processo principal, mas apenas tutelar pessoas, provas e bens para que eles não pereçam no curso do processo principal, em razão da sua demora. Justifica-se pela urgência e necessidade da atividade preventiva.	— A ideia central desses processos é que há direitos materiais que exigiriam tutelas processuais diferenciadas, específicas, que melhor atendessem à natureza desses direitos. Por isso seriam criados tipos processuais para melhor servir ao direito material e torná-lo efetivo. Em razão dessa finalidade, os processos especiais reúnem características que não são comuns ou ordinárias, dentro da ideia do processo de conhecimento. Ele une atos de conhecimento com atos de execução, fazendo um modelo híbrido de processo de conhecimento, que permite, por exemplo, a concessão de liminares satisfativas bem como o efeito executivo imediato das decisões de primeiro grau.

---

(6) PISANI, 1999.

(7) GUASP, 1998.

(8) MARINONI; ARENHART, 2003. MARINONI, 2000.

(9) O processo é uma garantia constitucional do cidadão para o acesso ao judiciário de modo a solucionar em contraditório com a outra parte uma situação jurídica conflituosa na qual esteja envolvido, utilizando-se de provas e argumentos no sentido de formar o convencimento do julgador a respeito de dos fatos alegados e tendo por parâmetro de julgamento o direito vigente em dado país.

(10) Medida é uma providência concreta determinada pelo juiz dentro do processo, considerando situações urgentes e necessárias que a justifiquem, o que deve ocorrer em caráter excepcional. A medida depende de a ação ter sido ajuizada pela parte, porque o juiz não pode instaurar a jurisdição por ato seu, uma vez que o princípio da demanda impõe a iniciativa do processo à parte. Portanto a medida é sempre incidental, normalmente tomada a requerimento da parte, excepcionalmente por iniciativa do magistrado.

Se o objetivo do requerimento da tutela de urgência for para antecipar os efeitos do provimento (da sentença), ou seja, entregar desde já o bem objeto da pretensão para gozo imediato do autor, em face de prova que evidencie o direito afirmado na petição inicial, então estamos diante das tutelas satisfativas.

O *modus operandi* das tutelas de urgência é a liminar. A liminar é de fundamental importância porque ela corporifica a urgência em uma decisão, sendo esta normalmente interlocutória. Não é fácil ao estudante e até mesmo aos juristas explicar ou entender o conceito de liminar.

Liminar é, antes de tudo, uma decisão no início da lide (*in limini litis*), ou antes do momento em que normalmente a decisão deveria ser dada em um processo. A decisão liminar é fundada na demonstração de situações de urgência e necessidade que justifiquem essa antecipação de efeitos dados na decisão antecipada.

Normalmente a decisão do processo coincide com o ato final do procedimento. A liminar é uma decisão que provoca a antecipação de uma providência concreta, seja em caráter preventivo (para a tutela do processo), seja em caráter satisfativo (para inverter o ônus do tempo do processo e conceder àquele que aparentemente tem razão o direito de uso e gozo imediato do bem pretendido através do processo).

Embora possa parecer que signifiquem a mesma coisa, as liminares satisfativas e preventivas são efetivamente diferentes em fundamentos, finalidade e efeitos.

As tutelas de urgência preventivas não têm como objetivo resolver qualquer situação controvertida (o mérito) existente em um processo judicial pendente ou a ser proposto.

Seu foco é a proteção de pessoas, provas ou bens que são objeto de disputas e que podem sofrer danos se não houver o deferimento de uma decisão que os ponha a salvo.

Essa decisão não pode esperar o resultado do processo principal, porque a demora na solução definitiva da causa que passasse por todos os atos do processo previstos no CPC poderia fazer com que se chegasse a uma solução da controvérsia, mas já não houvesse o que entregar ao vencedor, em razão de esses bens, essas pessoas ou provas, terem se perdido no curso da demanda.

Por isso é que se pede uma tutela preventiva através de uma liminar, e se ela tem em sua gênese a finalidade "preventiva para um outro processo", ela será de natureza cautelar.

Já a lógica das tutelas satisfativas é completamente diferente. O objetivo da liminar de natureza satisfativa é antecipar os efeitos do provimento, ou seja, conceder ao autor o direito de usar e gozar o bem que é objeto da controvérsia, desde o momento em que se defira o pedido na liminar.

As razões que justificam e tornam isso possível no processo se prendem à ideia da evidência do direito do autor. Porque se o autor formula pedido no qual apresenta provas robustas de sua afirmação de direito, não haveria motivo para negar-lhe o direito do uso e gozo imediato dos bens que reivindica através do processo.

O objetivo primordial das tutelas satisfativas é inverter o ônus do tempo no processo, seguindo a ideia de que o autor que se apresenta com uma prova forte de sua afirmação de direito acaba "condenado ao processo". Ele tem de esperar todo o *iter* do processo de conhecimento, do processo de execução, para somente aí poder receber o bem da vida, que, desde o início, deveria estar consigo.

Os que defendem essas tutelas argumentam que os réus sem razão acabam abusando do direito de defesa e exercendo uma resistência infundada à pretensão do autor, pelo simples fato de que foi previsto um processo-padrão em que todas as fases devem ser ultrapassadas para que se tenha, afinal, acesso válido aos bens disputados.

Por isso defendem a possibilidade de que haja o deferimento liminar de tutelas satisfativas, para que o autor, que se apresenta com uma prova forte de seu direito, goze e use o bem desde já e transfira ao réu o ônus do tempo da solução da lide. Ou seja, é o réu que, privado do bem objeto de disputa, terá de esperar toda a solução da lide para tentar provar que o pedido inicial é improcedente. Com isso ele teria pressa na resolução da controvérsia (porque não mais estaria com o bem) e somente recorreria se lhe pudesse advir algum resultado prático útil decorrente do recurso, pois a cada fase o processo se tornaria mais caro para ele.

O pressuposto de uma tutela de urgência satisfativa é que o autor que afirma ser titular de um direito subjetivo em uma situação controvertida apresente provas que revelem as evidências de seu direito e que levem provavelmente à confirmação de sua pretensão.

Isso se dá ou porque a prova por si só é aquela contra qual não há outra melhor prevista no ordenamento jurídico ou porque, mesmo havendo a possibilidade de outras provas, aquelas apresentadas são suficientes para atestar os fatos alegados de modo firme, mesmo havendo outras provas possíveis, o que justifica o deferimento da liminar satisfativa, principalmente quando haja urgência e necessidade da tutela. Com isso a lesão ou a ameaça ao direito do autor seriam restauradas de pronto.

A grande questão de oposição às tutelas satisfativas liminares é que elas antecipam os efeitos do provimento, ou seja, disponibilizam desde já ao autor o uso e gozo do bem, tal qual a execução estivesse se concretizando naquele momento, antecipadamente.

No pressuposto de que o autor tem razão e o réu resiste sem motivo plausível defere-se ao autor, no início da lide, em um juízo de delibação, sem que o contraditório tenha sido aprofundado sobre as questões controvertidas e sem que sequer tenha havido a decisão de primeira instância, o direito de uso e gozo pleno do bem.

O problema é que os pedidos iniciais que aparentemente são procedentes podem ser improcedentes em face da defesa e da atividade probatória posterior. Então, se aquele autor que aparentemente tinha razão perde a causa, ele terá usado e gozado do bem e privado o réu que tinha razão do legítimo exercício de seu direito...

Isso se agravaria em face da previsão em nosso sistema de que ninguém pode ser privado de seus direitos e bens sem o devido processo legal, o que normalmente é invocado em favor desses argumentos.

MARINONI[11] entende que a antecipação de tutela se justifica por muitas razões e defende que a possibilidade de erro é minimizada em virtude da prova inicial (evidência) e do cumprimento de requisitos objetivos que devem ser feitos pelo autor.

Além disso, argumenta que, se há sacrifícios, por que eles deveriam ser suportados pelo autor e não pelo réu aparentemente sem razão de resistir? Por que a jurisdição é pensada a partir do réu em detrimento do autor com evidência de suas razões?

Junte-se aos argumentos dos que defendem a antecipação de tutela que o CPC, ao prevê-la, inseriu a possibilidade da tutela satisfativa como instituto ordinariamente previsto em nosso sistema processual, sendo esse o devido processo legal para os casos de urgência em nosso sistema.

Vamos ressaltar no quadro abaixo o que foi dito, indicando a classificação das tutelas a partir do gênero das tutelas de urgência e, em linhas gerais, as respectivas diferenças de finalidades, forma e efeitos.

TUTELAS DE URGÊNCIA	
Preventivas	Satisfativas
— Tem a finalidade de proteger pessoas, provas e bens para um outro processo, de modo que eles não se percam enquanto dura o processo principal. — Normalmente devem ser analisadas dentro de um processo cautelar, podendo excepcionalmente ser deferidas como medidas incidentais em um processo principal em curso. — Excetuada a hipótese de acatamento da prescrição e decadência, nenhuma outra questão resolvida no processo cautelar afetará o mérito do processo principal. — É possível a concessão de liminares fundadas no risco da demora de solução do processo principal (*periculum in mora*) e na plausibilidade do direito afirmado (*fumus boni iuris*). — É possível, mediante prova ou justificação, a concessão da liminar sem ouvir a parte contrária (*inaudita altera parte*), desde que se demonstre que, tendo ciência do pedido, o réu poderá precipitar o efeito danoso ao bem, à pessoa ou prova envolvida no processo.	— Antecipa os efeitos do provimento, pressupondo que o autor tem razão em virtude de uma prova por ele apresentada que demonstre a evidência de seu direito. — São decisões interlocutórias incidentais em um processo principal em curso. — Há uma tendência de *recrudescimento*[12] da decisão liminar, ou seja, que em face da evidência apresentada inicialmente pelo autor seu pedido seja confirmado afinal. A decisão envolve uma avaliação de questão que se confunde com o próprio mérito. — É possível a concessão de liminares fundadas na evidência do direito da parte; no risco da demora para o direito do autor; na inversão do ônus do tempo do processo, para que o réu aparentemente sem razão o suporte; além de outros requisitos que podem ser exigidos na lei. — Não é nem deve ser usual a concessão da tutela antecipada sem ouvir a parte contrária. Como vai ser dado o bem ao autor para que ele desfrute desde já dele, é necessário que o réu seja ouvido, a fim de que se lhe possibilite juntar contraprova que justifique o indeferimento da liminar, ou mesmo que se confirme que a liminar deve realmente ser deferida, porque o réu não trouxe nenhum elemento novo e resiste sem razão aos pedidos da inicial.

(11) MARINONI, 1984; p. 57-64. MARINONI, 1999. MARINONI, 2000. MARINONI, Malheiros Editores Ltda. 2000. MARINONI, 2002. MARINONI, Luiz Guilherme. 2000.
(12) A expressão é de DINAMARCO, 1987.

As diferenças apontadas entre as tutelas cautelares e antecipadas não se resumem ao campo teórico.

A partir das diferenças estabelecidas pela própria lei brasileira, podemos estabelecer critérios objetivos para a aplicação de ambos os institutos.

Diante de um caso concreto e considerando a matéria das tutelas de urgência, como o profissional poderia identificar na prática quando usar um processo cautelar e requerer uma liminar preventiva e quando ele deveria propor uma demanda principal e nesta pleitear antecipação de tutela?

O critério é simples. Quando o que eu pretendo com o pedido liminar for exatamente igual ao que eu pretendo com o pedido da demanda principal, estarei diante de uma tutela satisfativa e, então, deverei ingressar com uma demanda principal e pedir a antecipação de tutela, comprovando os requisitos do art. 273 do CPC.

Atente-se que não há previsão legal no direito brasileiro para pedido de antecipação de tutela antes do ajuizamento da própria ação principal. O pedido deverá ser sempre incidente.

Quando o que eu pretendo com o pedido liminar for proteger pessoas, provas e bens, de modo a tutelá-los para o processo principal, a fim de que não pereçam no curso da demanda, o pedido terá natureza preventiva, cautelar.

Desse modo terei de recorrer ao livro do processo cautelar e ali tentar encontrar dentre os processos cautelares típicos um que descreva as condições do *periculum in mora* e *fumus boni iuris* idênticas aos fatos do caso que tenho em mãos.

Se nenhum dos procedimentos cautelares típicos descrever hipóteses de *fumus boni iuris* e *periculum in mora* que enquadrem as hipóteses de meu caso concreto, então deverei lançar mão do poder geral de cautela previsto no art. 798 do CPC, descrevendo as hipóteses de urgência e necessidade que, por analogia, correspondam ao *periculum in mora* e ao *fumus boni iuris*.

3.1. A confusão sobre a natureza das tutelas e fungibilidade

Uma discussão importante sobre a aplicação das tutelas de urgência decorre de uma antiga discussão havida em face do CPC de 1973, antes das reformas processuais da década de 1990.

O legislador de 1973 colocou dentro do livro do processo cautelar, como processos cautelares, alguns procedimentos que nada tinham de tutela preventiva. O caso mais gritante, a título de exemplo, foi o da ação de alimentos provisionais, que permitia o deferimento de uma liminar para fixação de alimentos que sempre teve nítido caráter satisfativo.

Como bem observa Theodoro Jr.:

> Na verdade, "a prestação de alimentos é conteúdo da ação de alimentos." De maneira que sua concessão tem mais figura de liminar do que de medida cautelar. Há mais do que o fim de assegurar uma futura execução, uma sumária resolução da pretensão litigiosa.[13]

Ora, deferidos os alimentos e pagos, eles não seriam repetíveis nem poderiam ser penhorados e também seriam irrenunciáveis. E mesmo se numa ação principal não se reconhecesse o estado de filiação do alimentando e ela fosse julgada improcedente, a parte vencedora deveria continuar a efetuar o pagamento até o trânsito em julgado da decisão.

Ressalta ainda o mestre mineiro:

> Na verdade, o código incluiu os alimentos provisionais no rol das medidas cautelares porque, ao tempo de sua elaboração, ainda não se tinha sistematizado a antecipação de tutela, o que viria a ocorrer com a Lei n. 8.952/94, que deu nova redação ao art. 273. Na visão atual que o código tem da tutela preventiva, os alimentos provisionais devem, portanto, ser tratados como tutela antecipada e não mais como tutela cautelar.[14]

Ora, não há nada mais satisfativo do que isso.

Alguns outros procedimentos, como no caso da Justificação, sequer poderiam ser classificados como processo, porque não preveem o contraditório, não admitem defesa nem recurso e o seu objetivo é a mera produção de prova oral para a parte provar determinado fato.

Isso demonstra que o legislador de 1973, ao elaborar o CPC, também teve dificuldades de compreender e enquadrar tipos procedimentais na proposta de criação de um processo de natureza preventiva, cautelar.

Essa mesma dificuldade teve o legislador reformista a partir de 1994 ao criar e inserir no art. 273 a antecipação de tutela.

Não foram poucas as interrogações e as surpresas dos profissionais do direito, principalmente porque já se desenvolvia no seio da jurisprudência e também da doutrina argumentos no sentido de admitir em algumas situações extremas a tutela cautelar "satisfativa".

---

(13) THEODORO JR., 2009. v. 2, p. 602.

O livro do processo de conhecimento, que marcou nosso sistema com a vocação para a ordinariedade, não admitia em seu bojo deferimento de liminares. A arquitetura do CPC havia reservado apenas o local dos procedimentos especiais para a possibilidade de concessão de liminares. A possibilidade de liminares satisfativas era uma característica, uma marca exclusiva dos processos especiais. E a prática de atos executivos somente poderia ocorrer em um processo de execução[15].

Para ter acesso às liminares satisfativas a parte deveria enquadrar os fatos de seu caso em um dos modelos pré-determinados de procedimentos especiais. Caso não conseguisse isso, não seria viável o requerimento no bojo de uma ação de rito ordinário, porque o processo comum não previa qualquer possibilidade de concessão de liminar, fosse de natureza satisfativa ou preventiva.

Já o processo cautelar, como não se destinava à apreciação de questões de mérito do processo principal, não era usado para que fossem formuladas pretensões de caráter satisfativo. E quando os advogados assim o faziam, as decisões dos tribunais eram uníssonas em reafirmar a imprestabilidade do processo cautelar para deferimento de tutelas de natureza satisfativa[16].

Mas, diante de alguns casos extremos, a jurisprudência mostrou-se sensível e passou a admitir no bojo do processo cautelar algumas liminares que, de fato, eram satisfativas. Com isso um número cada vez maior de tutelas satisfativas foi admitido e elas foram requeridas no bojo de processos cautelares, o que motivou que os doutrinadores abrissem estudos sobre o tema em suas obras[17].

Com o advento da inserção da tutela antecipada no CPC, no art. 273 a razão para o deferimento de tutelas cautelares satisfativas simplesmente desapareceu, visto que passaram a se admitir tutelas satisfativas no próprio bojo do processo de conhecimento, como algo que faz parte do mesmo.

Entretanto, a doutrina e a jurisprudência, que já haviam dedicado sangue, suor e lágrimas para a fundamentação das chamadas tutelas cautelares "satisfativas", ficou estupefata diante da interpretação do art. 273 a partir da reforma de 1994.

A antecipação de tutela acabava com as tutelas cautelares satisfativas? Elas ainda poderiam conviver?

Para dirimir a questão[18], o legislador inseriu então o § 7º[19] no art. 273, criando a possibilidade de o juiz converter um pedido de tutela antecipada em um medida cautelar incidental do processo ajuizado.

Com isso o legislador possibilitou a fungibilidade[20] entre uma tutela cautelar e a tutela antecipada.

Ou seja, a parte pede uma tutela antecipada obedecendo obviamente aos requisitos do art. 273 do CPC para sua concessão. O juiz entende que o pedido tem natureza preventiva e não satisfativa. Em face dessa constatação, ele defere uma medida cautelar incidental em vez da tutela antecipada pleiteada, isso se estiverem presentes os requisitos do *fumus boni iuris* e do *periculum in mora*.

A fungibilidade permitida em lei refere-se à hipótese em que a parte ingressa com demanda pelo rito comum. **O autor deve requerer** a antecipação de tutela de modo incidente, tentando provar ainda as demais hipóteses do art. 273:

— prova inequívoca (leia-se prova que evidencie a afirmação de direito objeto da pretensão do processo principal);

— verossimilhança da alegação (a confrontação da prova apresentada conduz à confirmação das hipóteses fáticas e jurídicas apresentadas pela parte);

— fundado receio de dano irreparável e de difícil reparação (o direito afirmado pela parte e evidenciado pelas provas trazidas poderá resultar inútil se não puder ser gozado de imediato, uma vez que não se sabe qual o tempo de duração do processo);

---

(14) THEODORO JR., 2009. v. 2, p. 602.
(15) SILVA, 1998, v. 3, p. 22.
(16) "A alteração do Código de Processo Civil foi necessária não apenas em razão das novas situações de direito material, que se mostraram carentes de tutela antecipatória, mas principalmente porque a doutrina e os tribunais não admitiam a prestação da tutela satisfativa em cognição sumária, com base na técnica cautelar." MARINONI, Luiz Guilherme; ARENHART, Sérgio Cruz, 2. ed., 2010, v. 4, p. 61.
(17) "A universalização da **ordinariedade**, como seria de prever, potencializou, em grau certamente não imaginado pelo legislador, a utilização do Processo Cautelar como instrumento para a realização de pretensões cuja natureza se mostre inconciliável com a morosidade natural do procedimento comum (ordinário ou sumaríssimo). Nosso Processo Cautelar passou então, por força dessas contingências, a servir de via alternativa para todas as ações (de direito material) que demandem uma resposta imediata." SILVA, 1998, v. 3, 2. ed., p. 67.
(18) *Vide* ainda BUENO, 2009. p. 128-130.
(19) Parágrafo acrescentado pela Lei n. 10.444, de 7.5.2002.
(20) Fungibilidade é adequabilidade. É a possibilidade de conversão de uma situação jurídica processual em outra. É o aproveitamento do processo que, embora proposto com objetivo definido pelo autor, a forma não se mostra a mais adequada ao fim proposto. Diante disso e em face do princípio da economia processual e da instrumentalidade da forma permite-se o aproveitamento do processo adequando-o de modo que atinja o seu fim. A fungibilidade não é propriedade do processo cautelar. É instituto reconhecido nos recursos.

— reversibilidade (é critério fixado para ser observado pelo magistrado, entretanto a parte deverá de plano demonstrar a possibilidade de reversão da medida de modo que ela não seja liminarmente indeferida).

Algumas decisões[21] e mesmo alguns autores[22] defendem que é possível que a fungibilidade ocorra tanto quando a parte requer antecipação de tutela e o juiz defere tutela cautelar como na hipótese em que a parte requer a tutela cautelar podendo ser deferida a antecipação de tutela.

Não pensamos assim. A fungibilidade sempre foi admitida entre institutos que têm a mesma natureza e proximidade de efeitos. Dentro do processo cautelar a fungibilidade aparece como uma característica dele que decorre do art. 805 do CPC, mas ela só é possível quando se admite a adequação de uma medida cautelar por outra também cautelar[23]. Portanto é exercida a proteção cautelar, a tutela de prevenção mais adequada a evitar que pessoas, provas ou bens objeto de disputas em processos pereçam enquanto se resolve o processo principal.

Não há dentro do processo cautelar nenhum outro artigo que fale de fungibilidade, muito menos que autorize a fungibilidade entre uma tutela cautelar e uma tutela antecipada.

Ou seja, pedida uma tutela cautelar, não há previsão legal de fungibilidade para que o magistrado defira uma tutela antecipada.

Na época em que o CPC/73 foi feito, sequer havia a previsão legal de antecipação de tutela no direito brasileiro.

A antecipação de tutela somente foi inserida na reforma processual de 1994.

Quando houve a previsão da fungibilidade através de nova reforma processual no ano de 2002, ela apenas acresceu o § 7º ao art. 273 do CPC e nele somente houve a autorização para que um pedido de antecipação de tutela fosse convertido em medida de natureza cautelar em razão de expressa autorização de aplicação da fungibilidade.

Na reforma não houve qualquer menção à aplicação da fungibilidade quando a parte pedisse tutela cautelar de modo a autorizar o magistrado a entender e deferir em seu lugar uma tutela antecipada.

Ou seja, em termos legais (CPC), não há qualquer autorização para que o instituto da fungibilidade previsto no § 7º do art. 273 do CPC fosse também aplicado em via inversa ao que foi previsto[24].

Mas a nosso ver não basta esse argumento. Mais importante do que ele é perceber que a ausência de permissão para a utilização da fungibilidade entre a tutela cautelar e a tutela antecipada decorre exatamente do fato de que elas são ontologicamente diferentes, conforme acima foi esclarecido.

O deferimento de uma tutela cautelar pressupõe a necessidade e urgência de uma tutela para proteção de pessoas, provas e bens envolvidos em um processo principal. Suas condições são as provas do *fumus boni iuris* e do *periculum in mora*.

Para a tutela cautelar são precisos dois requisitos e não se discute o mérito do processo principal.

Na antecipação de tutela são exigidos cinco requisitos (requerimento da parte, verossimilhança da alegação, fundado receio de dano irreparável ou de difícil reparação, manifesto propósito protelatório do réu e reversibilidade da medida). Além disso, o que se pretende é que seja antecipado exatamente aquilo que é o efeito do processo principal (a entrega do bem da vida pretendido pela parte). O fundamento é que haja a inversão do ônus do tempo do processo para que o réu aparentemente com razão use e goze desde já do bem da vida que postula em juízo.

Portanto, quando se pleiteia uma tutela antecipada, é possível que os dois requisitos do *fumus boni iuris* e

---

(21) Cf. TJSC — APELAÇÃO CÍVEL: Ac 216.570 SC. Relator: EDSON UBALDO. Julgamento: 28.7.2009. 1ª Câmara Direito Civil. EMENTA: APELAÇÃO CÍVEL — AÇÃO CAUTELAR INOMINADA — PRETENSÃO CARACTERIZADA COMO ANTECIPAÇÃO DOS EFEITOS DA TUTELA — INICIAL INDEFERIDA — FUNGIBILIDADE DAS MEDIDAS CAUTELARES EVIDENCIADA — DEVER DE ANÁLISE DO MÉRITO — SENTENÇA CASSADA: O § 7º do art. 273 do CPC consagrou a aplicação da regra do princípio da fungibilidade entre a tutela antecipatória e a cautelar, permitindo que se defira, a título de antecipação de tutela, medida cautelar e vice-versa, desde que preenchidos os seus respectivos pressupostos.

(22) "O § 7º do art. 273, portanto, deve ser interpretado de forma a permitir fungibilidade ampla e **recíproca** entre a "tutela antecipada" e a "tutela cautelar". (BUENO, 2009, p. 132). Vide ainda TARDIN, 2006; LAMY, 2006.

(23) "Com o exercício da ação cautelar, a parte provoca a atividade jurisdicional preventiva do Estado, mas, por não corresponder ela à realização de um direito material de cautela (como ocorreria nas hipóteses de garantias reais), o interessado, em regra, não tem especificamente o direito subjetivo a uma determinada prestação.
Fica resguardado ao órgão judicial o poder de determinar concretamente qual a medida provisional que mais fielmente desempenhará a função de assegurar a eficiência e utilidade do processo principal." THEODORO JR., 2009. v. 2, p. 539.

(24) Isso é inclusive admitido mesmo por aqueles que defendem a aplicação recíproca do § 7º do art. 273 do CPC, como podemos ver em SCARPINELLA BUENO: "A leitura do § 7º do art. 273 é suficiente para revelar que não há nele autorização para a "conversão" ou **fungibilidade** da "tutela cautelar" em "tutela antecipada". Só de "tutela antecipada" em "tutela cautelar". (BUENO, 2009, p. 130)

periculum in mora tenham sido comprovados no pedido da parte. Por isso o legislador entendeu por bem deferir a possibilidade de fungibilidade no § 7º do art. 273 do CPC.

Entretanto, se o pedido for de tutela cautelar, a parte, em tese, teria de demonstrar duas condições da ação (*fumus boni iuris* e *periculum in mora*). Como poderia o magistrado pressupor que estariam demonstradas as outras hipóteses necessárias para a configuração da antecipação de tutela?!!! A fungibilidade seria quantitativa e qualitativamente incabível...

Atente-se que, mesmo a hipótese do § 7º do art. 273 do CPC é passível de críticas sérias. Isso porque o § 7º autoriza que o juiz defira algo que não foi efetivamente pedido pela parte. Ora, a parte pede antecipação de tutela e o magistrado entende que o caso é de tutela cautelar e assim o defere.

Dentro da estrutura do CPC/73, essa hipótese configuraria julgamento *citra*[25] ou mesmo *extra petita*[26]. O magistrado não estaria ofendendo o princípio da demanda e da imparcialidade?

E se o autor recorresse dessa decisão dizendo que não foi isso que pretendeu e o juiz não apreciou sua pretensão de modo específico, havendo negativa de tutela jurisdicional que afeta o seu direito de acesso ao judiciário para a apreciação das lesões e ameaças de que entende ser vítima?

Seria sob essa óptica inconstitucional o § 7º do art. 273 do CPC, por ofensa ao art. 5º, XXXV da CF/88?

Particularmente não concordamos com o § 7º, art. 273 do CPC, porque entendemos que a utilização dos institutos da tutela antecipada (de natureza satisfativa) e das tutelas cautelares (de naturezas preventivas) não oferece qualquer dificuldade para o enquadramento em nosso modelo do devido processo legal. Ainda mais após a criação da antecipação de tutela no art. 273 do CPC.

Repetimos, o critério é simples: se o que se pretende com a tutela liminar é exatamente aquilo que se pretende como resultado do processo principal, a tutela é antecipada, de natureza satisfativa.

Por outro lado, se o que se pretende é a proteção de pessoas, provas e bens para um outro processo, a tutela é preventiva, cautelar.

Quando se dispõe na técnica processual de meio capaz de atender às necessidades do processo, compete ao profissional a utilização correta da via legal. O erro crasso deve desencadear as consequências previstas na lei para aquele que o comete, mas não pode gerar a banalização do erro e a supressão do sistema legal sob o fundamento de que a forma deve ser superada sempre pelo conteúdo.

Não se pode esquecer que o processo é a garantia que a parte tem de ser processada e de processar alguém segundo um modelo paradigmático que se aplica a todos. Quando as contingências passam a moldar o processo, ele perde sua essência e beneficia uns, em detrimento de outros. Se a norma é vilipendiada para atender o conteúdo em detrimento da forma, seguramente a outra parte no processo teve prejuízo na forma como foi processada, o que vicia o conteúdo da decisão que a prejudicou.

Como todo processo de linguagem, o direito tem linguagem própria e é dever daqueles que nele se formam, atuam e praticam dominar o conteúdo e a forma, de modo a preservar o sistema de garantias que ele cria.

3.2. As tutelas de urgência satisfativas no direito brasileiro

O local dentro do CPC de 1973 em que foram permitidas tutelas liminares satisfativas no direito brasileiro foram nos procedimentos especiais de jurisdição contenciosa.

Os chamados processos especiais são processos que não adotam o modelo-padrão, o modelo ordinário. Dentro da técnica processual, esses processos se destacam por características que os cientistas processuais identificaram como específicas a partir da comparação com o procedimento comum. São características dos procedimentos especiais:

1. A limitação do objeto a uma questão normalmente vinculada a um direito material específico, previsto ou no Código Civil ou no Código Comercial.

2. Esse direito material define e limita o objeto do processo especial, que tem um conjunto de questões conexas com esse objeto.

3. Sempre foi característica dos processos especiais a possibilidade de concessão de tutelas de urgência, liminares de natureza satisfativa, com antecipação dos efeitos do provimento.

4. O rito adotado é sumarizado em parte e adaptado à exigência do direito material e depois de superada essa fase inicial o processo normalmente segue o rito ordinário.

5. As decisões (sentenças) proferidas nos processos especiais normalmente são executadas de imediato, não ficando sujeitas ao efeito impeditivo (suspensivo) dos recursos eventualmente interpostos. A sentença também antecipa os seus efeitos.

---

(25) O juiz teria julgado apreciando menos do que foi pedido.
(26) O juiz teria julgado fora do objeto do pedido.

6. O livro dos processos especiais é um livro aberto no sentido de que não se limitam apenas àqueles institutos que foram previstos no CPC. Fazem parte dos processos especiais todas as matérias processuais que sejam regulamentadas por leis específicas referentes a certos direitos materiais. Portanto, a matéria processual prevista no Código de Defesa do Consumidor, relativa aos direitos processuais individuais e coletivos são também processos especiais. Da mesma forma a lei da Ação Civil Pública, a lei da Ação Popular, a lei do Mandado de Segurança, a lei dos Juizados Especiais são todos processos especiais, dentre outros.

Com a reforma processual parcial ocorrida a partir de 1994 no Brasil[27], houve uma alteração muito mais profunda do que se possa imaginar no sistema processual.

Em verdade foi quebrada a lógica do sistema que atribuía ao processo de conhecimento a atividade apenas de cognição e ao processo de execução o objetivo exclusivo de transformação em atos concretos daquilo que estava previsto no título executivo.

Uma característica que existia apenas de modo excepcional, como marca do processo especial, passou a fazer parte do processo comum, ordinário. Ou seja, todo processo de conhecimento de rito ordinário em que se comprovem os requisitos previstos para a antecipação de tutela podem gerar o deferimento da tutela de urgência satisfativa.

Por outro lado, não foi boa a técnica legislativa, porque o legislador trouxe a regulamentação da antecipação de tutela para o processo de conhecimento, sendo que ela deveria na verdade ser tratada no processo de execução.

Pode soar estranha nossa afirmação ao aluno ou mesmo ao profissional já acostumado a ver a antecipação de tutela no bojo do processo de conhecimento, mas não se pode perder de vista que o "DNA" desse instituto está na regulamentação de um procedimento que culmina com a prática de um ato executivo, com antecipação dos efeitos da tutela, que é exatamente aquilo que se pretende como resultado final do processo. O que a liminar satisfativa proporciona é a entrega do bem da vida objeto da pretensão[28].

É preocupante a desinformação ou mesmo o descuido com que o tema vem sendo tratado e que tem causado tantos equívocos. Dentre eles podemos apontar a proposta presente no projeto de lei do novo CPC, de n. 8.046/2010, que cria uma terceira espécie de tutela, chamada de tutela da evidência.

A evidência é instituto vinculado ao direito americano[29] e diz respeito às provas que devem ser apresentadas pelas partes que justifiquem a existência da demanda.

O título IX, capítulo I, art. 269 e, especialmente o art. 278 do Projeto n. 8.046/2010 mencionam a evidência como uma nova modalidade de tutela, ao lado das tutelas de urgência preventivas e satisfativas.

O título IX do projeto refere-se às "TUTELA DE URGÊNCIA E TUTELA DA EVIDÊNCIA".

No primeiro artigo do capítulo I, quando vai regulamentar as disposições comuns a ambos os tipos de tutela, o legislador reformista já demonstra toda a imprecisão e desinformação no trato da matéria.

Senão vejamos:

Art. 269. **A tutela de urgência e a tutela da evidência** podem ser requeridas antes ou no curso do processo, sejam **essas medidas de natureza satisfativa ou cautelar.** (grifos nossos)

Ora, a redação é incompreensível. O capítulo faz referência a disposições comuns à tutela de urgência e da evidência, mas o título separa cada uma delas como institutos diversos.

Posteriormente o art. 269 do projeto afirma que ambas as tutelas, de urgência e de evidência, podem ter natureza satisfativa ou cautelar...!!! (*sic*)

Pergunta-se: qual tutela de evidência é cautelar?

Toda a seção III que foi dedicada à tutela da evidência refere-se à mesma como tutela satisfativa em face da evidência da prova!!!

A evidência é fundamento da tutela satisfativa, mas não da cautelar, que é preventiva e pressupõe apenas o *fumus boni iuris* e o *periculum in mora*.

A evidência é fundamento das tutelas satisfativas. Porque existe prova (evidência) das alegações do autor

---

(27) Leis ns. 8.952, de 13 de dezembro de 1994 e 10.444, de 7 de maio de 2002.

(28) O instituto da antecipação de tutela tem estreita relação com a execução provisória. Nesta a execução é processada embora não exista ainda o trânsito em julgado da decisão. Entretanto, enquanto na tutela antecipada antecipa-se os efeitos do provimento mesmo sem haver ainda uma decisão definitiva, na execução provisória executa-se sem poder concretizar os efeitos do provimento, mesmo já havendo uma decisão definitiva de primeira instância, sujeita a recurso com efeito suspensivo. Nos parece contraditória a situação, o que conduz ao raciocínio de que ou a antecipação de tutela revogou a execução provisória e generalizou a possibilidade de que a tutela antecipada seja deferida também quando já se tenha a decisão definitiva do processo, ou a antecipação de tutela deve ser executada nos termos da execução provisória, o que limitaria e esvaziaria os seus efeitos. Como a antecipação de tutela é instituto posterior ao da execução provisória, entendo que houve evidente revogação deste por aquele.

(29) Confira FIUZA; SOUZA, 1998, v. 1, n. 1 (jan./jul.)

justifica-se a urgência na apreciação do pedido de antecipação de tutela, invertendo-se o ônus do tempo no processo.

Todas as hipóteses da seção III do projeto de Lei n. 8046/10 referem-se a situações em que haja uma prova irrefutável, uma situação de incontrovérsia sobre fatos ou o direito. Como se vê, a evidência não é uma nova forma de tutela, um terceiro gênero. Ela é fundamento de uma tutela de natureza satisfativa que, em razão da existência de uma prova (evidência) do fato ou do direito, justifica que haja a inversão do ônus do tempo no processo e que o réu que resiste sem motivo suporte os efeitos da tutela em prol do autor que apresenta evidência de seu direito.

Tratar a evidência como uma forma de tutela nova é, portanto, um grande equívoco. E tratá-la como tutela cautelar é uma heresia.

4. A execução provisória no sistema do CPC/73

O instituto da execução provisória encontrava-se no art. 587 do CPC/73 com a seguinte redação:

> A execução é definitiva quando fundada em sentença transitada em julgado ou em título extrajudicial; é provisória quando a sentença for impugnada mediante recurso recebido só no efeito devolutivo.[30]

A execução provisória somente se configuraria quando a sentença estivesse sujeita apenas ao efeito devolutivo. Se houvesse admissão de efeito suspensivo[31] pela hipótese legal, não caberia execução definitiva.

Logo ao comentar o art. 588 do CPC/73, Alcides de Mendoça Lima revela a origem do instituto da execução provisória:

> A execução provisória nasceu da necessidade de conciliar os interesses do credor, com seu direito reconhecido em sentença impugnada, nos casos expressos em lei, por via de recurso com efeito meramente devolutivo; e os do devedor, que ainda não perdeu a causa de modo definitivo. Àquele se assegura a reparação do seu direito violado, embora provisoriamente; ao último, concedem-se garantias de ser ressarcido se a sentença executada for anulada, reformada ou modificada, tornando, assim, ineficaz e inoperante a execução provisória.[32]

A execução provisória foi instituto concebido para acelerar a execução, de modo que o vencedor da demanda condenatória pudesse, desde logo, dar início não só à apuração dos valores reconhecidos na sentença ainda pendente de recurso recebido em efeito devolutivo, como também promover atos executivos destinados à satisfação do exequente.

A execução provisória é, portanto, uma técnica processual voltada a antecipar atos jurisdicionais executivos frente um processo que, embora decidido, está submetido a uma possibilidade de alteração em face de pender uma impugnação à decisão que foi proferida.

A decisão proferida é definitiva, porquanto o juiz cumpriu e acabou seu ofício jurisdicional em relação ao processo de conhecimento. O que é provisório é o título judicial condenatório, uma vez que o recurso interposto não permitiu que ela transitasse em julgado[33].

A execução provisória é uma antecipação dos efeitos do provimento[34] realizada em um momento do processo em que o título judicial ainda não transitou em julgado. Embora provisório, o título não é um nada jurídico. Ele já é a resposta do Estado-juiz ao caso concreto submetido ao Poder Judiciário. Ele contém mais do que a verossimilhança que é exigida para a antecipação de tutela. A sentença judicial condenatória impugnada já contém a certeza consubstanciada em um título executivo cujo efeito ainda depende de uma situação jurídica processual condicionante. Essa situação é o recurso interposto e recebido apenas no efeito devolutivo que ainda recoloca a decisão ou parte dela *sub judice*.

---

(30) Para LIMA (*op. cit.*, p. 379) na verdade a expressão efeito devolutivo ou devolução não é correta tecnicamente, porque somente se devolve algo para alguém que antes possuía a coisa e os tribunais superiores nunca possuíram os processos antes que eles lhes fossem enviados das instâncias inferiores. O autor sugere o uso da expressão "efeito de transferência" em substituição a "efeito suspensivo". Ressalta ainda o autor que no direito romano não havia recurso algum nos moldes do que hoje se conhece como apelação. Foi o direito canônico que introduziu esse sistema. A partir de então a apelação passou a ser essencialmente devolutiva e por natureza suspensiva. O efeito meramente devolutivo tornou-se exceção nos ordenamentos processuais, porque ele sempre permitira a execução da sentença, mesmo que de modo provisório.

(31) Para JOSÉ CARLOS BARBOSA MOREIRA a denominação efeito suspensivo, apesar de tradicional, é inexata. Explica o mestre que, quando o recurso é tempestivamente interposto, ele não suspende efeitos que já estivessem ocorrendo. O que ocorre é o prolongamento do estado de ineficácia em que a decisão se encontrava. Quando a parte interpõe o recurso na verdade ele impede que ocorram os efeitos da decisão. (MOREIRA, 2000.)

(32) LIMA, 1991, p. 383.

(33) Neste sentido: *"O que é "provisório" na hipótese, no sentido colocado de depender, em alguma medida, de ulterior confirmação jurisdicional, é o título que fundamenta a execução e não os atos executivos, a execução propriamente dita. É o título executivo e não a execução que carece de uma confirmação ulterior; é ele, o título, e não ela, a execução, que produz efeitos imediatos sob condição resolutiva."* BUENO, 2008, p. 134.

(34) BUENO, 2008, p. 141.

Essa ideia da execução provisória é que originou o instituto da antecipação de tutela.

Enquanto a execução provisória se volta ao processo de execução, a antecipação de tutela foi idealizada no bojo do processo de conhecimento. Mas ambos os institutos se referem à possibilidade de execução antes que o processo tenha concluído todas as suas fases.

A execução provisória parte da certeza sobre fatos que foram reconhecidos em uma decisão judicial. Já a antecipação de tutela parte da verossimilhança das alegações da parte que demonstram requisitos legais que autorizam a antecipação dos efeitos do provimento.

A execução provisória veio antes, muito antes, sendo instituto cuja finalidade inicial foi assegurar, mesmo que timidamente, uma "vantagem" à parte vitoriosa na demanda, de modo que ela pudesse dar início ao processo de execução, mesmo havendo recurso de efeito meramente devolutivo pendente sobre a matéria decidida.

A antecipação de tutela é instituto moderno que, inserindo-se na fase de conhecimento, quebra a lógica do sistema e pressupõe, fundada em mera verossimilhança, o direito de o autor não ser prejudicado pelos efeitos corrosivos do tempo no processo.

Em comum ambos os institutos objetivaram a celeridade, fazendo uma opção pelo autor que aparentemente tem razão, contra o réu que resiste sem razão, valendo-se para isso da necessária sequência dos atos processuais previstos na lei.

Com isso, esses institutos visam a fortalecer as decisões judiciais, enfraquecendo a resistência do réu no cumprimento das mesmas.

Nesse sentido, SCARPINELLA fala com propriedade que:

> É importante insistir na última observação do parágrafo anterior ao emprestar para a execução provisória de um título executivo judicial o mesmo modelo executivo de quaisquer outros títulos executivos da mesma origem, é importante ter consciência de que disto decorre um fortalecimento necessário da decisão proferida, a despeito de sua sujeição ao sistema recursal e, consequentemente, do juízo prolator. É fundamental que a força executiva da sentença e dos acórdãos, mesmo quando eles dependam de ulterior deliberação em sede recursal, seja reconhecida e acatada pelo executado, tal qual nela ou neles reconhecido, o que tem tudo para conviver harmonicamente com a lógica do desfecho recursal e da execução que o sistema admite neste meio-tempo. Pensamento diverso teria o condão de neutralizar ou, quando menos, reduzir o espectro da eficácia das decisões jurisdicionais, diretriz que vai de encontro às conquistas mais recentes do direito processual civil brasileiro, no plano constitucional e no plano infraconstitucional.[35]

4.1. A execução provisória no art. 475-O

A execução provisória está hoje regulamentada no CPC, no capítulo X, intitulado "Do cumprimento da sentença", no art. 475-O[36].

---

(35) *Op. cit.*, p. 144-145.

(36) Introduzido pela lei n.11.232 de dezembro de 2005 com a seguinte redação:

"Art.475-O – A execução provisória da sentença far-se-á, no que couber, do mesmo modo que a definitiva, observadas as seguintes normas:

I – corre por iniciativa, conta e responsabilidade do exequente, que se obriga, se a sentença for reformada, a reparar os danos que o executado haja sofrido;

II – fica sem efeito, sobrevindo acórdão que modifique ou anule a sentença objeto da execução, restituindo-se as partes ao estado anterior e liquidados eventuais prejuízos nos mesmos autos, por arbitramento;

III – o levantamento de depósito em dinheiro e a prática de atos que importem alienação de propriedade ou dos quais possa resultar grave dano ao executado dependem de caução suficiente e idônea, arbitrada de plano pelo juiz e prestada nos próprios autos.

§ 1º no caso do inciso II do *caput* deste artigo, se a sentença provisória for modificada ou anulada apenas em parte, somente nesta ficará sem efeito a execução.

§ 2º A caução a que se refere inciso III do *caput* deste artigo poderá ser dispensada:

I – quando, nos casos de crédito de natureza alimentar ou decorrente de ato ilícito até o limite de sessenta vezes o valor do salário mínimo, o exequente demonstrar situação de necessidade;

II – nos casos de execução provisória em que penda agravo perante o Supremo Tribunal Federal ou o Superior Tribunal de Justiça (art. 544), salvo quando da dispensa possa manifestamente resultar risco de grave dano, de difícil ou incerta reparação.

§ 3º Ao requerer a execução provisória, o exequente instruirá a petição com cópias autenticadas das seguintes peças do processo, podendo o advogado declarar a autenticidade, sob sua responsabilidade pessoal:

I – sentença ou acórdão exequendo;

II – certidão de interposição do recurso não dotado de efeito suspensivo;

III – procurações outorgadas pelas partes;

IV – decisão de habilitação, se for o caso;

V – facultativamente, outras peças processuais que o exequente considere necessárias."

Chama a atenção na redação do art. 475-O que o mesmo se tenha dedicado mais a estabelecer um sistema de responsabilidades e garantias contra os atos provisórios de execução do que propriamente regulamentar o procedimento da execução provisória. E quando o fez foi pródigo em contradições e hesitações, conforme demonstraremos de modo objetivo a seguir.

Após dispor sonora e pomposamente no *caput* do art. 475-O que a execução provisória da sentença será feita da mesma forma que a definitiva, dando a entender que haverá a entrega de bens e finalmente o demandante vitorioso, após percorrer o longo *iter* do processo, irá concretizar seu direito reconhecido, o legislador passa a dispor em seus itens sobre a responsabilidade do autor pela execução provisória, responsabilizando-o por eventuais prejuízos decorrentes da mesma, quando não o submete à exigência de prestação de caução.

Assim, os incisos I, II do art. 475-O confirmam a atribuição da responsabilidade da execução provisória ao exequente.

O inciso III e o § 2º do art. 475-O dedicaram-se a regulamentar o sistema de garantias (cauções), seja para exigi-las ou para dispensá-las.

O legislador andou mal em tratar do tema da responsabilidade nesse capítulo X do processo de execução, porque essa matéria, além de ter regulamentação na lei material (direito civil sobre responsabilidade patrimonial), deveria ser especificamente regulamentada no capítulo IV do processo de execução, que é dedicado ao tratamento da responsabilidade patrimonial em relação aos processos judiciais.

Quanto à caução, o tratamento também foi ambíguo, porque a caução é exigida como se fosse a chamada "caução legal"[37], o que ocorre no inciso III do art. 475-O. Entretanto e logo a seguir, no § 2º do art. 475-O, o legislador excepciona e relata dois casos que podem justificar a dispensa da caução. Essas hipóteses devem ser verificadas em contraditório, porque dependem da comprovação dos fatos que estão descritos nas hipóteses legais dos incisos I e II do art. 475-O.

Além do mais, os incisos I e II do art. 475-O são descritos em razões de necessidade e urgência de seu deferimento, o que nos remete por óbvio ao tipo legal previsto para as tutelas preventivas cautelares que regulamentam a matéria, que é o processo cautelar de caução previsto dos arts. 826 a 838 do CPC.

Portanto essa caução teria de ser dada, por iniciativa do exequente, em processo cautelar de caução, que pressupõe a comprovação das condições das ações cautelares e se desenvolve em contraditório para apuração da existência das hipóteses fáticas que justificam a fixação de caução. Não poderia em tese haver a mera imposição via medida incidental, mas apenas como fruto do devido processo cautelar de caução.

Some-se a isso o fato de o legislador ter arquitetado o sistema de execução provisória definindo que ela se processa do mesmo modo que a definitiva. Logo a seguir vincula os efeitos dessa execução provisória a condicionantes fáticas e à prestação de caução. Depois diz que a caução pode ser dispensada em situações que descreve na norma.

Ora, a lei não previu hipóteses específicas de cabimento da execução provisória, não regulamentou condicionantes próprias para o seu processamento. A norma foi **omissa**, apenas dizendo que a execução provisória se processa do mesmo modo que a definitiva (*caput* do art. 475-O do CPC).

Portanto o procedimento e os parâmetros processuais para a execução provisória no direito brasileiro, sejam quanto à forma ou quanto à extensão, são aqueles que estão definidos no CPC quanto à execução definitiva de sentença sujeita apenas a recurso com efeito meramente devolutivo.

Subsidiariamente aplica-se também ao processo de execução o processo de conhecimento, por força do art. 598 do CPC.

No processo de conhecimento, o instituto da antecipação de tutela previsto no art. 273 do CPC é o único instituto que prevê ato executivo no curso do processo de conhecimento e é plenamente compatível com o processo de execução porque tem nele a sua origem. Os requisitos previstos para a antecipação de tutela constituem as hipóteses legais previstas pelo legislador para o deferimento da antecipação dos efeitos do provimento também no processo de execução e na execução provisória.

Se assim não for, como justificar que no processo de conhecimento, em cognição sumária, sem que todas as fases do processo tenham sido cumpridas, o juiz possa deferir uma medida que antecipe os efeitos do provimento, com a entrega real do direito objeto da demanda à parte, fundado apenas na verossimilhança da alegação do autor e não possa fazer o mesmo quando já exista um título executivo, provisório ou não?

4.2. A antecipação de tutela como técnica aplicável ao processo de execução

Entendemos que a execução provisória como regulamentada hoje no CPC aparentemente estaria em contradição

---

(37) Aquela que decorre para sua existência unicamente da justificativa de ser exigida em lei para que o direito possa ser deferido.

com o instituto da antecipação de tutela, o que merece esclarecimento.

Ao introduzir a antecipação de tutela no CPC, o legislador admitiu a generalização de um ato de execução e o regulamentou dentro do livro do processo de conhecimento.

Essa alteração rompeu com a lógica segundo a qual o livro do processo de conhecimento trataria apenas da regulamentação da cognição e o livro do processo de execução serviria apenas para regrar o procedimento da execução.

Com isso passou-se a admitir que no processo de conhecimento fossem praticados atos executivos que antecipassem os efeitos do provimento quando a parte comprovasse a verossimilhança de suas alegações, nos termos dos requisitos exigidos pelo art. 273 do CPC, o que somente era antes imaginável no âmbito do processo de execução.

Por outro lado, manteve-se o instituto da execução provisória, que é instituto da execução que pressupõe a existência de um título executivo, que por sua vez é fundado na certeza e não na mera verossimilhança, como ocorre na antecipação de tutela.

Ora, os questionamentos decorrem do fato que hoje temos o instituto da antecipação de tutela, que é uma decisão de urgência de natureza satisfativa dada de modo provisório no processo de conhecimento. Essa decisão poderá antecipar os efeitos do provimento, conferindo de imediato à parte o direito de usar e gozar do bem objeto do processo. Essa decisão provisória é interlocutória e é fundada apenas na verossimilhança da alegação da parte e não em uma sentença proferida após o exaurimento da cognição.

Nem mesmo na sentença hoje o juiz pode deferir uma tutela com tamanha extensão de efeitos do que a decisão de antecipação de tutela, a não ser que decida sobre a antecipação de tutela na própria sentença.

De outra feita, a execução provisória em princípio não é capacitada à produção de efeitos tão amplos, indo normalmente até a penhora e dependendo também de o recurso ser recebido apenas no efeito devolutivo.

Entretanto nada há que justifique essa limitação de efeitos da execução provisória. Também **nada há que impeça o deferimento da antecipação de tutela em sede de processo de execução.**

Para tentar harmonizar os institutos, deve-se compreender que a antecipação de tutela na verdade é oriunda da execução provisória e foi prevista para ser deferida dentro do processo de conhecimento. Ela é ato de execução incidente em processo de conhecimento, com efeitos de entrega dos bens objeto do processo em razão do reconhecimento da verossimilhança das alegações da parte e da consequente inversão do ônus do tempo no processo favoravelmente a essa parte.

A execução provisória nunca poderia ter efeitos menores do que os da antecipação de tutela, porque ela é fundada em um título executivo que, mesmo sendo provisório, já estabeleceu a certeza sobre o conflito de interesses.

Portanto é natural que a execução provisória deva admitir a "inversão do ônus do tempo no processo de execução", permitindo que se aplique a antecipação dos efeitos do provimento de modo pleno também no processo de execução, porque **não se tem aí apenas a verossimilhança, mas sim a certeza das alegações da parte que já constam em um título executivo provisório.**

Há muito mais razões que justificam o deferimento da antecipação dos efeitos do provimento no processo de execução do que no processo de conhecimento.

Há inclusive claro dispositivo legal que fortalece esse entendimento e que consta no CPC, como no art. 598[38], onde expressamente está prevista a possibilidade de aplicação subsidiária do processo de conhecimento ao de execução.

A integração do sistema se faz em matéria de execução a partir do processo de execução e de suas normas, podendo aplicar-se os institutos do processo de conhecimento quando regulamentem em parte ou totalmente matérias que lhes sejam comuns.

Normalmente essa interpretação pressupõe a compatibilidade dos institutos e a prevalência, em caso de conflito, da norma especial sobre a geral subsidiária.

Também se deve ter em conta que a lei posterior, via de regra, revoga a anterior.

Entendemos que não há incompatibilidade entre a ideia da execução provisória e da antecipação de tutela, porque a própria origem da antecipação de tutela está no instituto da execução provisória. Ambos partem do pressuposto de que o direito de algum modo já consolidado ao autor deve ser efetivado e o réu deve suportar os ônus da espera da solução do processo. Por isso ocorrem e se justificam os atos de execução contra o réu.

A lei que instituiu a antecipação de tutela no processo de conhecimento no direito brasileiro foi a Lei n. 8.952, de dezembro de 1994, alterada em 2002 pela Lei n. 10.444.

---

(38) Art. 598 – Aplicam-se subsidiariamente à execução as disposições que regem o processo de conhecimento.

A lei que regulamentou a execução provisória, como vimos, data de dezembro de 2005 (Lei n. 11.232).

Não se cogita na doutrina e jurisprudência sobre a hipótese que a Lei n. 11.232/2005 tivesse revogado no todo ou em parte as leis que criaram a antecipação de tutela. Embora posterior, a lei que regulamentou a execução provisória no art. 475-o do CPC não teve, portanto, qualquer revelação de incompatibilidade entre os institutos, que permanecem convivendo no CPC.

No entanto, entendemos que ambos os institutos não têm sido utilizados adequadamente e isso se explica por problemas hermenêuticos.

4.3. Nossa proposta de interpretação

Em nosso pensamento, o instituto da antecipação de tutela previsto no art. 273 estabeleceu as hipóteses de seu cabimento e essas hipóteses correspondem à regulamentação das situações de fato que devem estar demonstradas tanto para o deferimento da antecipação dos efeitos do provimento no processo de conhecimento como na execução, seja esta provisória ou não.

Isso se justifica porque a antecipação de tutela normatizou nos incisos do art. 273, hipóteses fáticas que caracterizam e fundamentam a possibilidade de inversão do ônus do tempo no processo, caso comprovadas.

Essas hipóteses não são incompatíveis com a execução. A **execução definitiva** já deve mesmo ir rumo à entrega efetiva dos bens para saldar o exequente. Nessa espécie mais se torna necessária a aplicação da antecipação de tutela, cujos requisitos já decorrem em grande parte do título executivo judicial.

Se a execução for provisória também se justifica o deferimento de antecipação de tutela em seu âmbito porque esses tópicos correspondem, a nosso ver, às situações descritas no art. 273 do CPC para a concessão da antecipação de tutela que justificam sua generalização para a execução em todas as suas formas, mesmo porque a execução provisória será realizada da mesma forma que a definitiva.

Abaixo apresentamos as razões em tópicos, segundo as quais entendemos que se justifica a utilização da antecipação de tutela, seja na execução provisória ou definitiva da sentença:

Execução Definitiva	Execução Provisória
– há título definitivo transitado em julgado e liquidado;	– o art. 475-o, *caput*, do CPC autoriza que a execução provisória se dê da mesma forma que a definitiva, o que atrai o mesmo raciocínio acima exposto em relação à execução definitiva;
– há certeza decorrente do título, o que é muito mais do que verossimilhança da alegação;	
– a resistência é injustificada e obrigará o próprio Estado a ingressar no patrimônio do devedor e dele extrair bens para pagar o credor;	– Há título sujeito a recurso com efeito meramente devolutivo. Esse título sempre será mais que mera verossimilhança porque ele já contém a resposta do Estado-juiz à demanda formulada pelas partes;
– Não se justifica, em princípio, a resistência a título transitado em julgado e liquidado, o que faz pressupor o obstáculo ilegal ao direito da parte, assegurado inclusive no processo;	– A resistência do executado não se justifica, porque o Estado-juiz já cumpriu e acabou seu ofício jurisdicional de primeiro grau e a parte tem a resposta sobre a apreciação do conflito de interesses segundo uma cognição plena;
– a impugnação do executado, se existir, virá de modo incidental via embargos do devedor;	
– a execução definitiva corre por conta do devedor;	– O exequente tem o ônus de suportar o processo e corre os riscos oriundos da possibilidade de inadimplemento;
– o exequente acaba ficando com o ônus de suportar o processo de execução e corre os riscos decorrentes da possibilidade de inadimplemento;	– o título executivo pendente de recurso pode em tese ser desconstituído por recurso, mas a probabilidade é menor.
– a sentença executiva pode em tese ser desconstituída por ação rescisória, mas a probabilidade é rara e afasta a possibilidade de irreversibilidade em face da segurança já resultante da existência do próprio título.	

Mas e a atribuição de responsabilidades ao exequente, bem como a exigência de caução, previstos pelos incisos, parágrafos e itens do art. 475-O do CPC não impediriam essa aplicação extensiva?

Entendemos que não porque a execução provisória nos termos do art. 475-O regulamentou apenas a responsabilidade por danos decorrentes de eventual mudança de rumos em posterior avaliação do título executivo quando do julgamento do recurso, explicitando as responsabilidades do exequente. Isso não impede que a execução prossiga até o final.

Mesmo quanto à possibilidade de levantamento de dinheiro, entendo perfeitamente possível que ocorra na execução provisória, bastando que estejam presentes os requisitos do art. 273, havendo ainda a possibilidade de o julgador avaliar os riscos dos fatos para a causa e exigir, conforme o caso, a prestação de caução.

Mas não há qualquer contradição na possibilidade de usar-se a antecipação de tutela como técnica generalizada para a execução de sentenças, sejam provisórias ou não.

Ela é inclusive compatível como técnica de tutela de direitos pertencentes a outros ramos da Ciência Jurídica, como podemos constatar, a título de exemplo, no Direito do Trabalho.

Considerando que no Direito do Trabalho o objeto da regulamentação é a relação de emprego e o foco da tutela é centrado na proteção do crédito trabalhista, que tem natureza alimentar, mais se justifica a utilização de técnicas processuais que conduzam à efetivação dos direitos reconhecidos nas sentenças trabalhistas.

Aliás, isso é expressamente previsto na CLT, no art. 769, que tem a seguinte redação:

> Art. 769. Nos casos omissos, o direito processual comum será fonte subsidiária do direito processual do trabalho, exceto naquilo em for incompatível com as normas deste Título.

A compatibilidade da interpretação que demos para a aplicação da antecipação de tutela em sede de execução tem tudo que ver com a tutela do crédito de natureza alimentar a que se dedica a CLT.

E é tão importante sua utilização porque pacifica e supera as restrições diversas vezes impostas à possibilidade de levantamento de dinheiro pelo reclamante, que fica aguardando os infindáveis recursos, mesmo quando já possui um título (ainda que provisório) e precisa da verba, que é para seu sustento (em face da natureza alimentar do crédito).

O próprio art. 475-O do CPC autoriza a dispensa de prestação de caução, mesmo na liberação de dinheiro, conforme dispõe o seu § 2º (quando nos casos de crédito de natureza alimentar ou decorrente de ato ilícito até o limite de sessenta vezes o valor do salário mínimo, o exequente demonstrar situação de necessidade).

A necessidade do empregado em relação ao recebimento de seus créditos não pagos e oriundos da relação de emprego é evidente, sendo hipótese que via de regra ocorre nos processos trabalhistas. Qual empregado não precisa de seus salários e direitos trabalhistas?

Como consequência objetiva da norma, o valor de sessenta salários mínimos autoriza em tese e de pronto que haja liberação de dinheiro em todas as causas de rito sumaríssimo trabalhistas, porque elas têm o limite em quarenta salários mínimos. E abrange inclusive as causas de rito ordinário trabalhistas até o limite de 60 salários mínimos.

Portanto, se a matéria já for sumulada, se o recurso for contra orientação jurisprudencial, isso já autorizará, com segurança, a liberação do dinheiro. Se a matéria for de alto grau de conflito, inclusive no tribunal, o juiz deverá analisar os demais aspectos do requerimento da parte, mas não estará impedido pela própria lei de liberar o valor, invertendo o ônus do tempo no processo em favor do autor, caso em que analisará se há razões ou não da dispensa de prestação de caução.

Por isso não há restrições para o uso da técnica da antecipação de tutela também no âmbito da execução, mesmo porque é muito mais fácil comprovar os requisitos do art. 273, porquanto já se tem o título executivo. Isso inclusive resgataria o equilíbrio entre processo de conhecimento e de execução, além de valorizar a decisão de primeira instância tomada após a cognição plena.

5. Conclusão

Logo, segundo nosso entendimento, a antecipação de tutela é que regulamenta as hipóteses fáticas que possibilitam a antecipação da execução, seja provisória ou definitiva.

Em fase de execução de título judicial, é perfeitamente possível e compatível o pedido de antecipação dos efeitos do provimento.

Havendo pedido do exequente, que deve demonstrar as hipóteses do art. 273 do CPC, o magistrado deve dar vista ao executado.

Havendo necessidade, o juiz pode realizar audiência de justificação em caso de dúvida sobre quaisquer das hipóteses do art. 273 do CPC.

Se a parte tiver reformulado pedido e houver grave risco de dano, sendo a matéria fortemente controvertida também nos tribunais e inexistindo súmula ou orientação jurisprudencial, ele poderá fixar caução, ou mesmo indeferir o pedido de antecipação, do mesmo modo como o faz no processo de conhecimento.

Se o recurso pendente versar sobre matéria sumulada, então a questão se resolverá e facilitará ao juiz a apreciação e o deferimento da antecipação de tutela na execução.

A generalização da aplicação da técnica da antecipação dos efeitos do provimento, como forma compatível com o processo de conhecimento e de execução, resgata e harmoniza as incoerências hoje presentes no CPC. Essas incoerências decorrem, como vimos, da disparidade entre os efeitos executivos antecipados conferidos às decisões interlocutórias de cunho satisfativo, que vigoram no processo de conhecimento, por força do art. 273 do CPC, e da ausência de efeitos quando se tem uma sentença judicial, transitada em julgado ou não.

Entendemos que nossa proposta é perfeitamente viável, não depende de qualquer elaboração legislativa e pode ser aplicada de imediato, bastando usar os institutos jurídicos já disponíveis em nosso CPC, a partir da compreensão e interpretação sistemática de nosso direito processual.

Referências bibliográficas

ASSIS, Araken de. *Manual da execução*. São Paulo: Revista dos Tribunais, 2009.

BUENO, Cássio Scarpinella. *Curso sistematizado de direito processual civil: tutela jurisdicional executiva* 3. ed. São Paulo: Saraiva, 2008.

CALAMANDREI, Piero. *Introduzione allo studio sistemático de provvedimenti cautelari*. Padova: Cedam, 1936.

_____. *Estúdios sobre el proceso civil*. Buenos Aires: Editorial Bibliográfica Argentina, 1945.

CAMPOS, Ronaldo Cunha. *Execução fiscal e embargos do devedor*. Rio de Janeiro: Forense, 1978.

CARNELUTTI, Francesco. *Sistema di diritto processuale civile*. Padova: Cedam, 1936. 3 v.

_____. *Estúdios de derecho procesal*. Buenos Aires: Ediciones Jurídicas Europa-América, 1952. v. 1.

CHIOVENDA, Jose. *Princípios de Derecho Procesal Civil*. Madrid: Instituto Editorial Réus, 1941. 3 v.

_____. *Instituições de direito processual civil*. São Paulo: Livraria Acadêmica — Saraiva & Cia. Editores, 1942.

COUTURE, Eduardo Juan. *Fundamentos Del derecho procesal civil*. Buenos Aires: Depalma, 1951.

DINAMARCO, Cândido Rangel. *Fundamentos do processo civil moderno*. 5. ed. São Paulo: RT, 1987.

_____. *Execução civil*. 8. ed. São Paulo: Malheiros, 2002 e 2003.

_____. *Nova era do processo civil*. 3. ed. São Paulo: Malheiros, 2009.

FAZZALARI, Elio. *Istituizioni di diritto processuale*. Padova: Cedam, 1994.

FIUZA, César Augusto de Castro; SOUZA, Adriano Stanley Rocha. A tutela antecipada e o instituto e o instituto da evidência no processo civil americano. *Revista da Faculdade Mineira de Direito*, Belo Horizonte, PUC Minas, v. 1, n. 1, 1998 (jan-jul).

GONÇALVES, Aroldo Plínio. *Técnica processual e teoria do processo*. 2. ed. Belo Horizonte: Del Rey, 2012.

_____. *Nulidades do processo*. 2. ed., Belo Horizonte: Del Rey, 2012.

GUASP, Jaime. *Derecho procesal civil*. Madrid: Civitas, 1998.

LAMY, Eduardo de Avelar. *Flexibilização da tutela de urgência*. Curitiba: Juruá, 2006.

LIEBMAN, Enrico Túlio. *Embargos do executado*. São Paulo: Saraiva, 1952.

_____. *Processo de execução*. São Paulo: Saraiva, 1980.

_____. *Eficácia e autoridade da sentença*. Rio de Janeiro: Forense, 1984.

_____. *Manual de direito processual civil*. Rio de Janeiro: Forense, 1985.

LIMA, Alcides de Mendonça. *Comentários ao Código de Processo Civil, Lei n.5.869 de 11 de janeiro de 1973, v. VII*. Rio de Janeiro: Forense, 1991.

MANDRIOLI, Crisanto. *Corso di diritto processuale civile*. Torino: G. Giappichelli Editore, 2000.

MARINONI, Luiz Guilherme. *Efetividade do processo e tutela de urgência*. Porto Alegre: Sérgio Antônio Fabris, 1984.

_____. *Tutela antecipatória, julgamento antecipado e execução imediata da sentença*. São Paulo: Revista dos Tribunais, 1999.

_____. *Novas linhas do processo civil*. São Paulo: Malheiros, 2000.

_____. *A antecipação da tutela*. São Paulo: Malheiros, 2000.

_____. *Tutela antecipatória e julgamento antecipado: parte incontroversa da demanda*. São Paulo: Revista dos Tribunais, 2002.

MARINONI, Luiz Guilherme; ARENHART, Sérgio Cruz. *Manual do processo de conhecimento*. São Paulo: Revista dos Tribunais, 2003.

_____; _____. *Processo Cautelar*. São Paulo: Revista dos Tribunais, 2010.

MONTESANO, Luigi; ARIETA, Giovani. *Diritto processuale civile*. Torino: G. Giappichelli Editore, 1999.

MOREIRA, José Carlos Barbosa, *O novo processo civil brasileiro*. Rio de Janeiro: Forense, 2000.

PISANI, Andrea Proto. *Diritto processuale civile*. Napoli: Jovene Editore, 1999.

ROCHA, Daniel de Almeida. *Princípio da eficiência na gestão e no procedimento judicial:* a busca da superação da morosidade na atividade jurisdicional. Curitiba: Juruá, 2012.

SATTA, Salvatore; PUNZI, Carmine. *Diritto Processuale Civile*. Padova: Cedam, 2000.

SILVA, Ovídio Batista da. *Curso de Processo Civil:* processo cautelar (tutela de urgência). São Paulo: Revista dos Tribunais, 1998.

TARDIN, Luiz Gustavo. *Fungibilidade das tutelas de urgência*. São Paulo: Revista dos Tribunais, 2006.

THEODORO JR., Humberto. *Curso de Direito Processual Civil:* Processo de Execução e cumprimento de sentença, Processo Cautelar e Tutela de Urgência. Rio de Janeiro: Forense, 2009.

A Legitimidade da Atuação do Juiz a Partir do Direito Fundamental à Tutela Jurisdicional Efetiva

Luiz Guilherme Marinoni

1. A jurisdição a partir do direito fundamental à tutela jurisdicional efetiva

O direito fundamental à tutela jurisdicional efetiva incide sobre o legislador e o juiz, ou seja, sobre a estruturação legal do processo e sobre a conformação dessa estrutura pela jurisdição.

Assim, obriga o legislador a instituir procedimentos e técnicas processuais capazes de permitir a realização das tutelas prometidas pelo direito material e, inclusive, pelos direitos fundamentais materiais, mas que não foram alcançadas à distância da jurisdição.[1] Nesse sentido se pode pensar, por exemplo, i) nos procedimentos que restringem a produção de determinadas provas ou ii) a discussão de determinadas questões, iii) nos procedimentos dirigidos a proteger os direitos transindividuais, iv) na técnica antecipatória, v) nas sentenças e vi) nos meios de execução diferenciados. Na mesma dimensão devem ser visualizados os procedimentos destinados a permitir a facilitação do acesso ao Poder Judiciário das pessoas menos favorecidas economicamente, com a dispensa de advogado, custas processuais etc.[2]

Porém, não basta parar na ideia de que o direito fundamental à tutela jurisdicional incide sobre a estruturação técnica do processo, pois supor que o legislador sempre atende às tutelas prometidas pelo direito material e às necessidades sociais de forma perfeita constitui ingenuidade inescusável.[3]

Aliás, se o legislador sempre atuasse de maneira ideal, jamais haveria necessidade de subordinar a compreensão da lei à Constituição, mesmo quando a lei se referisse ao direito material. Ou seja, é justamente porque se teme que a lei possa se afastar dos princípios constitucionais e dos direitos fundamentais, que se afirma que o direito fundamental à tutela jurisdicional incide sobre a compreensão judicial das normas processuais.

A obrigação de compreender as normas processuais a partir do direito fundamental à tutela jurisdicional e, assim, considerando as várias necessidades de direito substancial, dá ao juiz o poder/dever de encontrar a técnica processual idônea à proteção (ou à tutela) do direito material.

O encontro da técnica processual adequada exige a interpretação da norma processual *de acordo* com o direito fundamental à tutela jurisdicional efetiva, e também, para se evitar a declaração da sua inconstitucionalidade, o seu tratamento através das técnicas da interpretação *conforme* e da declaração parcial de nulidade sem redução de texto.[4]

A interpretação *de acordo* pressupõe que a interpretação da lei segundo os métodos clássicos tenha conduzido a duas ou mais interpretações viáveis. Nesse caso, deve-se buscar a interpretação que permita a efetiva tutela do direito — identificado no caso concreto. É nesses termos que se diz que a interpretação é feita *de acordo* com o direito fundamental à tutela jurisdicional efetiva.

Em outras situações, para não se declarar a inconstitucionalidade de uma regra processual, é preciso agregar significado ao seu texto, conformando-o com a Constituição, e desta forma fazendo-se a interpretação *conforme*. Assim, por exemplo, ao analisar a norma que afirma que a tutela antecipatória não pode ser concedida quando puder causar efeitos irreversíveis ao réu,[5] o juiz, em vez de declarar a sua inconstitucionalidade, deverá concluir que o texto legal apenas proíbe a sua concessão quando o

---

(1) DIMARAS, Nikolaos. Die enge Beziehung des Zivilrechts zum Zivilprozessrecht und der Einfluß der Verfassung auf das Ziviprozessrecht. In: FS Beys, Band I, Athen 2003, p. 291 e ss.

(2) Os procedimentos dos Juizados Especiais Cíveis.

(3) WAUTELET, P. *Le droit au procès équitable et l'égalité des armes*, in L'efficacité de la Justice Civile en Europe –Caupain Thérése/De Leval Georges (Hrsg.) Bruxelles 2000, p. 101-129; COUTURE, Eduardo. *Der verfassungsmäßige Schutz des Prozesses*, ZZP 67 (1954) 128; DIMARAS, Nikolaos. Die enge Beziehung des Zivilrechts zum Zivilprozessrecht und der Einfluß der Verfassung auf das Ziviprozessrecht, in FS Beys, Band I, Athen 2003, p. 291 e ss.; KIRCHHOF, Paul. *Verfassungsrechtliche Maßstäbe für die Verfahrensdauer und die Rechtsmittel*, FS Doehring, 1989, p. 438.

(4) SCHWAB, Karl-Heinz; GOTTWALD, Peter. *Verfassung und Zivilprozess, in Effektiver Rechtsschutz*, 1983, p. 1-10; v. LORENZ, Dieter. *Grundrechte und Verfahrensordnungen*, NJW 1977, 865.

(5) Art. 273 – (....)
§ 2º "Não se concederá a antecipação da tutela quando houver *perigo de irreversibilidade* do provimento antecipado".
(...).

valor do direito do demandado, diante do caso concreto, não justificar tal risco. Isso porque o risco de prejuízo irreversível, como é óbvio, não pode impedir, por si só, a concessão da tutela antecipatória, pois essa tem como requisito o risco de lesão a um direito mais provável que o do réu. Ora, se o direito do autor é provável e está sendo ameaçado de lesão (e isso é premissa para a concessão da tutela antecipatória), é completamente irracional e injustificável pensar que o direito do réu — que então é improvável — não pode ser exposto a risco.

Na declaração parcial de nulidade sem redução de texto há a declaração da inconstitucionalidade de algumas interpretações da norma, mas a adoção de uma interpretação que esteja de acordo com o caso concreto, apesar de outras serem abstratamente viáveis.

Por outro lado, o legislador está consciente, hoje, de que deve dar aos jurisdicionados e ao juiz maior poder para a utilização do processo. É por isso que institui normas processuais abertas (como a do art. 461 do CPC), ou seja, normas que oferecem um leque de instrumentos processuais, dando ao cidadão o poder de construir o modelo processual adequado e ao juiz o poder de utilizar a técnica processual idônea à tutela da situação concreta[6].

O legislador, ao fixar tais normas, parte da premissa de que, por ser impossível predizer todas as necessidades futuras e concretas, é imprescindível dar poder aos operadores do direito para a identificação e a utilização dos meios processuais adequados às variadas situações. É correto falar, nesse sentido, em concretização da norma processual, isto é, na aplicação da norma processual no caso concreto, ou, ainda, na identificação e utilização da técnica processual — apenas autorizada pela norma — adequada às necessidades concretas.

Nessas hipóteses, a concretização da norma processual deve tomar em conta as necessidades de direito material reveladas no caso, mas a sua instituição decorre, evidentemente, do direito fundamental à tutela jurisdicional efetiva. O legislador atua porque é ciente de que a jurisdição não pode dar conta das variadas situações concretas sem a outorga de maior poder e mobilidade, ficando o autor incumbido da identificação das necessidades concretas para modelar a ação processual, e o juiz investido do poder/dever de, mediante argumentação própria e expressa na fundamentação da sua decisão, individualizar a técnica processual capaz de lhe permitir a efetiva tutela do direito.

Além disso, as necessidades do caso concreto podem reclamar técnica processual não prevista em lei, quando o juiz poderá suprir a omissão obstaculizadora da realização do direito fundamental à tutela jurisdicional, mediante o que se pode denominar de técnica de controle da inconstitucionalidade por omissão[7].

É fácil perceber que, em todas essas situações, a lei processual é pensada segundo as necessidades de direito material particularizadas no caso concreto. A compreensão do processo à luz do direito fundamental à tutela jurisdicional requer a percepção da natureza instrumental da norma processual, isto é, de que ela deve permitir ao juiz encontrar uma técnica processual idônea à tutela das necessidades do caso conflitivo[8].

2. As normas processuais abertas como decorrência do direito fundamental à tutela jurisdicional

Na época do Estado liberal clássico, vigorava no processo civil o chamado princípio da tipicidade das formas executivas, que tinha o significado de impedir a utilização, por parte das partes e do juiz, de meios executivos não expressamente previstos na lei. Esse princípio objetivava garantir a liberdade dos litigantes diante da jurisdição. Medindo-se o poder de atuação do juiz pela lei, eram garantidas as formas mediante as quais a atividade jurisdicional poderia ser exercida. Dava-se ao litigante a garantia de que, no caso de sua eventual condenação, a jurisdição não poderia ultrapassar os limites dos meios executivos tipificados.

Acontece que, com o passar do tempo, tornou-se necessário munir os litigantes e o juiz de uma maior latitude de poder, seja para permitir que os jurisdicionados pudessem utilizar o processo de acordo com as novas situações de direito material e com as realidades concretas, seja para dar ao juiz a efetiva possibilidade de tutelá-las.

Tal necessidade levou o legislador não só a criar uma série de institutos dependentes do preenchimento de conceitos indeterminados – como a tutela antecipatória fundada em "abuso de direito de defesa" (art. 273, II, CPC) —, admitindo o seu uso na generalidade dos casos, mas também a fixar o que denomino de normas processuais abertas (art. 461, CPC).

Essas regras decorrem da aceitação da ideia de que a lei não pode atrelar as técnicas processuais a cada uma das necessidades do direito material ou desenhar tantos

---

(6) Ver item adiante.
(7) Ver item adiante.
(8) DIMARAS, Nikolaos. Die enge Beziehung des Zivilrechts zum Zivilprozessrecht und der Einfluß der Verfassung auf das Ziviprozessrecht. *In:* FS Beys, Band I, Athen 2003, p. 291 e ss.; LORENZ, Dieter. *Grundrechte und Verfahrensordnungen*, NJW 1977, 865.

procedimentos especiais quantos forem supostos como necessários à tutela jurisdicional dos direitos.

A lei processual não pode antever as verdadeiras necessidades de direito material, uma vez que essas não apenas se transformam diariamente, mas igualmente assumem contornos variados, conforme os casos concretos. Diante disso, chegou-se naturalmente à necessidade de uma norma processual destinada a dar aos jurisdicionados e ao juiz o poder de identificar, ainda que dentro da sua moldura, os instrumentos processuais adequados à tutela dos direitos.

Acontece que as normas processuais abertas não apenas conferem maior poder para a utilização dos instrumentos processuais, como também outorgam ao juiz o dever de demonstrar a idoneidade do seu uso, em vista da obviedade de que todo poder deve ser exercido de maneira legítima.

Se antes o controle do poder jurisdicional era feito a partir do princípio da tipicidade, ou da definição dos instrumentos que podiam ser utilizados, hoje esse controle é mais complexo e sofisticado. A legitimidade do uso dos instrumentos processuais do art. 461, que abre aos cidadãos e ao juiz um leque de instrumentos processuais destinados a viabilizar a denominada "tutela específica", depende da identificação da espécie de tutela específica (tutela inibitória[9] etc.), objeto do caso concreto, da consideração do direito de defesa e, obviamente, da racionalidade da argumentação expressa na fundamentação da decisão ou da sentença.

O art. 461 do CPC afirma que o juiz poderá impor multa diária ao réu para constrangê-lo ao cumprimento de uma ordem de fazer ou de não fazer, seja na concessão da tutela antecipatória, seja na sentença concessiva da tutela final (art. 461, §§ 3º e 4º), ou ainda determinar, para dar efetividade a qualquer uma dessas decisões, as "medidas *necessárias*", que são exemplificadas pelo § 5º do art. 461, com a busca e a apreensão, a remoção de pessoas e coisas, o desfazimento de obras e o impedimento de atividade nociva.

O legislador deu ao juiz o poder de impor o meio executivo adequado (art. 461, §§ 4º e 5º), adotar a sentença idônea e conceder a tutela antecipatória (art. 461, § 3º), fazendo referência apenas às técnicas processuais que podem ser utilizadas, *mas não precisando em que situações de direito material, e muito menos em que casos concretos, elas podem ser aplicadas.*

De modo que, para a adequada aplicação da norma do art. 461, o juiz é obrigado a identificar e precisar as necessidades de direito material particularizadas no caso concreto. Ou seja, não há como o juiz ordenar um fazer ou um não fazer sob pena de multa, determinar a busca e apreensão ou conceder a tutela antecipatória (sempre por exemplo), sem anteriormente compreender a razão pela qual está atuando, ou melhor, sem antes identificar a espécie de tutela específica solicitada (inibitória, de remoção de ilícito, ressarcitória etc.) e os seus pressupostos (ameaça de ilícito, prática de ato contrário ao direito, dano etc.)[10].

Os procedimentos e as técnicas processuais somente adquirem substantividade quando relacionados ao direito material e às situações concretas, e por isso podem ser ditos neutros em relação ao direito substancial e à realidade social quando pensados como procedimentos ou técnicas voltados, por exemplo, à imposição de um fazer ou à busca e apreensão. Ora, não é preciso muito esforço para evidenciar que impor um fazer, ou determinar a busca e apreensão, não tem qualquer significado no plano do direito material ou concreto.

Não é por outra razão que se fala em tutela inibitória, ressarcitória, do adimplemento na forma específica etc. Perceba-se que "tutela" significa o resultado jurídico-substancial do processo, representando o impacto do processo no plano do direito material. Quando se teoriza o tema das "tutelas" se tem em mira exatamente a imprescindibilidade da identificação das situações de direito material para a compreensão crítica da lei processual e para o delineamento das técnicas processuais capazes de outorgar efetividade à prestação jurisdicional e, assim, colocá-la em uma dimensão realmente capaz de concretizar o direito fundamental à tutela jurisdicional efetiva.

Contudo, quando se pensa na técnica processual capaz de garantir a efetividade da tutela do direito, não é possível esquecer da esfera jurídica do réu. Se é possível escolher a técnica processual capaz de dar proteção ao direito, não há como admitir que essa escolha possa prejudicar o demandado. Isso quer dizer que a utilização da técnica processual, diante da norma processual aberta, tem a sua legitimidade condicionada a um prévio controle, que considera tanto o direito do autor quanto o direito do réu.

Esse controle pode ser feito a partir de duas sub-regras da regra da proporcionalidade, isto é, das regras da adequação e da necessidade. A providência jurisdicional deve ser: i) adequada e ii) necessária. Adequada é a que, apesar de faticamente idônea à proteção do direito, não viola valores ou os direitos do réu. Necessária é a providência jurisdicional que, além de adequada, é faticamente efetiva para a tutela do direito material e, além disso, produz a

---

(9) V. MARINONI, Luiz Guilherme. *Tutela inibitória*. 3. ed. São Paulo: RT, 2003.
(10) V. MARINONI, Luiz Guilherme. *Técnica processual e tutela dos direitos*. São Paulo: RT, 2004.

menor restrição possível ao demandado; é, em outras palavras, *a mais suave*[11].

Porém a necessidade de raciocinar a partir da consideração da tutela no plano direito material e do direito de defesa não teria significado sem a devida justificativa, isto é, sem a motivação capaz de expressar adequadamente o raciocínio judicial. A justificativa permite controle crítico sobre o poder do juiz[12], sendo que o equívoco da justificativa evidencia a ilegitimidade do uso da técnica processual.

A ampliação do poder de execução do juiz, ocorrida para dar maior efetividade à tutela dos direitos, tem, como contrapartida, a necessidade de que o controle da sua atividade seja feito a partir da compreensão do significado das tutelas no plano do direito material, das regras da adequação e da necessidade e mediante o seu indispensável complemento, a justificação judicial. Em outros termos: pelo fato de o juiz ter poder para a determinação da melhor maneira de efetivação da tutela, exige-se dele, por consequência, a *adequada* justificação das suas escolhas. Nesse sentido se pode dizer que a justificativa é a outra face do incremento do poder do juiz.

Na justificativa o juiz deve dizer a razão pela qual preferiu uma modalidade de execução e não outra. Ou seja, porque preferiu, por exemplo, ordenar a instalação de um equipamento antipoluente em vez de ordenar a cessação das atividades da empresa ré. Tal opção deve configurar o meio *mais* idôneo à tutela do direito, concretizando o meio que, além de menos restritivo ao réu, seja capaz de dar tutela efetiva ao direito.

As sub-regras da proporcionalidade, embora façam parte do *raciocínio decisório*, pois viabilizam a decisão, obviamente não podem ser ignoradas quando da justificativa. Até porque tais regras não servem apenas para facilitar a decisão, mas muito mais para que se possa justificá-la de modo racional, permitindo-se o seu controle pelas partes.

O crescimento do poder de atuação do juiz e a consequente necessidade de outros critérios de controle da decisão judicial nada mais são do que reflexos das novas situações de direito substancial e da tomada de consciência de que o Estado tem o dever de dar proteção efetiva aos direitos.

3. A ausência de regra processual capaz de viabilizar a realização do direito fundamental à tutela jurisdicional

Resta ainda tratar dos casos de ausência de técnica processual ou de previsão de técnica processual para uma situação diferente da contemplada no caso concreto. Tome-se como exemplo o caso da execução da tutela antecipatória de soma em dinheiro. O art. 273, § 3º, do CPC afirma que "a efetivação da tutela antecipada observará, no que couber e conforme sua natureza, as normas previstas nos arts. 588, 461, §§ 4º e 5º, e 461-A". Como o art. 461 trata da sentença que impõe fazer ou não fazer, o art. 461-A da sentença que impõe entrega de coisa, e o art. 588 diz respeito apenas à eficácia da execução na pendência do processo — e não sobre a forma mediante a qual a execução de soma deve se realizar —, conclui-se que essa norma se omitiu em relação à forma da execução da tutela antecipatória de soma em dinheiro.

Essa omissão, no entanto, pode ser seguramente suprida quando se tem consciência de que a técnica processual depende apenas da individualização das necessidades do caso concreto. Quer dizer que se o juiz identifica a necessidade de antecipação de soma em dinheiro, e por isso mesmo concede a tutela antecipatória, acaba lhe sendo fácil identificar a necessidade de um meio executivo capaz de dar efetivo atendimento à tutela antecipatória.

Esse meio executivo, dada a urgência que deve ser admitida como existente para a concessão da antecipação da soma em dinheiro, obviamente não pode ser aquele que foi pensado para dar atuação à sentença que condena ao pagamento de dinheiro. Como as necessidades de direito material que têm relação com a tutela antecipatória e a sentença condenatória são aberrantemente distintas, é pouco mais do que evidente que os meios executivos devam ser com elas compatíveis.

Se o objetivo da multa é dar maior celeridade e efetividade à realização das decisões judiciais, não há racionalidade em admiti-la apenas em relação às decisões que determinam fazer, não fazer ou entrega de coisa. No caso de soma em dinheiro, a multa, além de "livrar" a administração da

---

(11) Sobre a regra da proporcionalidade, ver, no direito brasileiro, BONAVIDES, Paulo. *Curso de Direito Constitucional*. São Paulo: Malheiros, 1993. p. 314 e ss; BARROSO, Roberto. *Interpretação e aplicação da Constituição*. São Paulo: Saraiva, 1996; STUMM, Raquel Denize. *Princípio da proporcionalidade no direito constitucional brasileiro*. Porto Alegre: Livraria do Advogado, 1995; BARROS, Suzana de Toledo. *O princípio da proporcionalidade e o controle da constitucionalidade das leis restritivas de direitos fundamentais*. Brasília: Brasília Jurídica, 1996; BUECHELE, Paulo Arminio Tavares. *O princípio da proporcionalidade e a interpretação da Constituição*. Rio de Janeiro: Renovar, 1999.

(12) V. TARUFFO, Michele. *La motivazione della sentenza civile*. Padova: Cedam, 1975. p. 194-195. TARUFFO, Michele. Funzione della prova: la funzione dimostrativa. *Rivista trimestrale di diritto e procedura civile*, p. 553-554, 1997; TARUFFO, Michele Taruffo. Il controllo di razionalità della decisione fra logica, retorica e dialettica. In: <www.studiocelentano.it/le nuove voci del diritto>; TARUFFO, Michele. La motivazione della sentenza. *Revista de Direito Processual Civil (Genesis Editora)*, v. 30, p. 674 e ss; TARUFFO, Michele. Senso comum, experiência e ciência no raciocínio do juiz. Conferência proferida na Faculdade de Direito da UFPR; Curitiba, mar. 2001, p. 17.

justiça de um procedimento oneroso e trabalhoso e beneficiar a parte com a eliminação dos custos e dos entraves da execução por expropriação, confere à tutela antecipatória a tempestividade necessária para que ela possa dar efetiva proteção ao direito material e, assim, realizar o direito fundamental à tutela jurisdicional[13]. Como é simples concluir, a multa é meio imprescindível para a execução da tutela antecipatória de soma e para permitir que o juiz responda ao direito fundamental à tutela jurisdicional.

Como esse direito fundamental incide sobre o Estado e, portanto, sobre o legislador e o juiz, *é evidente que a omissão do legislador não justifica a omissão do juiz*. Melhor explicando: se tal direito fundamental, para ser realizado, exige que o juiz esteja munido de poder suficiente para a proteção — ou tutela — dos direitos, a ausência de regra processual instituidora de instrumento processual idôneo para tanto constitui evidente obstáculo à atuação da jurisdição e ao direito fundamental à tutela jurisdicional. Diante disso, para que a jurisdição possa exercer a sua missão — que é tutelar os direitos — e para que o cidadão realmente possa ter garantido o seu direito fundamental à tutela jurisdicional, não há outra alternativa a não ser admitir ao juiz a supressão da omissão inconstitucional.

4. A subjetividade do juiz e a necessidade de explicitação da correção da tutela jurisdicional mediante a argumentação jurídica

É evidente que a necessidade de compreensão da lei a partir da Constituição confere ao juiz maior subjetividade, o que vincula a legitimidade da prestação jurisdicional à explicação da sua correção. Mas o problema da legitimidade da tutela jurisdicional, no Estado contemporâneo, está em verificar se é possível atribuir correção à decisão do juiz, ou melhor, encontra-se na definição do que se pretende dizer com correção da decisão jurisdicional.

Na verdade, não é possível chegar a uma teoria da decisão correta, isto é, a uma teoria que seja capaz de sustentar a existência de uma decisão correta para cada caso concreto. Porém a circunstância dessa impossibilidade não pode retirar do juiz o dever de demonstrar que a sua decisão é racional e, nessa linha, a melhor que poderia ser proferida diante da lei, da Constituição e das peculiaridades do caso concreto[14].

Acontece que uma decisão não é racional em si, pois a racionalidade da decisão não é atributo dela mesma. Uma decisão "se mostra" racional ou não. Para tanto, necessita de "algo", isto é, da racionalidade da argumentação. Essa argumentação, a cargo da jurisdição, é que pode demonstrar a racionalidade da decisão e, nesse sentido, a decisão correta[15].

É certo que a decisão deve se guiar pela lei, mas isso obviamente não é suficiente como argumento em favor de uma decisão correta. Decisão racional não é o mesmo do que decisão baseada apenas em dados dotados de autoridade; a decisão judicial exige que a argumentação recaia em pontos que não podem ser dedutivamente expostos[16]. Ou melhor, a racionalidade do discurso judicial necessariamente envolve a racionalidade do discurso que objetiva um juízo prático ou moral[17].

Segundo Alexy, não são possíveis teorias morais *materiais* que deem uma única resposta, intersubjetivamente concludente, a cada questão moral, porém são possíveis teorias morais *procedimentais* que formulem *regras ou condições da argumentação ou da decisão prática racional*, sendo que a teoria do discurso prático racional é uma versão muito promissora de uma teoria material *procedimental*. Essa teoria tem uma grande vantagem sobre as teorias morais *materiais*, pois é muito mais fácil fundamentar as regras da argumentação prática racional do que as regras morais materiais[18].

Para o aperfeiçoamento da racionalidade da argumentação judicial, Alexy propõe a passagem por quatro procedimentos ou a criação de um procedimento com

---

(13) A "execução" sob pena de multa somente tem sentido em relação ao devedor que possui patrimônio suficiente para responder ao crédito. Na hipótese de devedor sem patrimônio, não cabe, como é óbvio, a "execução" sob pena de multa. Assim, na hipótese de antecipação da "execução", o juiz deve dar ao réu a oportunidade de justificar o não adimplemento. Além disso, é fundamental que o juiz estabeleça prazo suficiente para o réu adimplir, sendo que a sua justificativa também pode ser no sentido de que necessita de mais tempo para cumprir a obrigação (V. MARINONI, Luiz Guilherme. *A antecipação da tutela*. 8. ed. São Paulo: RT, 2004).

(14) V. CHAYES, A. *How Does the Constitution Establish Justice?* 101 Harv. L. Rev. 1026 (1988).

(15) SCHLÜTER, Wilfried. *Das Obiter Dictum*. München: Beck, 1973. p. 29-33.

(16) A respeito da argumentação jurídica, além das teses precursoras de Perelman (Perelman e Olbrecht-Tyteca. *Trattato dell'argomentazione*. Torino: Einaudi, 1966), Viehweg (*Tópica e jurisprudência*, Brasília: UNB, 1979) e Toulmim (*The uses of argument*, Cambridge: Cambridge Universiy Press, 1958), são fundamentais as teorias de MacCormick (*Legal reasoning and legal theory*, Oxford: Oxford University Press, 1978) e Alexy (*Teoria da argumentação jurídica*, São Paulo: Landy, 2001)

(17) Sobre a conexão entre direito e moral no pensamento de Alexy, ver a polêmica travada entre Alexy e Bulygin, *La pretensión de corrección del derecho*, Bogotá: Universidad Externado de Colombia, 2001; v. ainda FARREL, Robert C. *Legislative Purpose and Equal Protection's Rationality Review*, 37 Vill. L. Rev. I, 7 (1992).

(18) ALEXY, Robert. *Teoria de los derechos fundamentales*. Madrid: Centro de Estudios Políticos y Constitucionales, 2002. p. 530.

quatro etapas ou graus: o primeiro é o *discurso prático*, envolvendo um sistema de regras que formula uma espécie de código geral da razão prática; o segundo é o *procedimento legislativo*, constituído por um sistema de regras que garante uma considerável medida de racionalidade prática e, nesse sentido, justifica-se dentro das linhas do discurso prático. Depois seguem o *discurso jurídico* e o *procedimento judicial*[19].

A teoria do *discurso jurídico* se assemelha à teoria do *discurso prático* por também constituir uma teoria procedimental fundada em regras de argumentação e ser incapaz de levar a um único resultado, caracterizando-se por ser sujeita à lei e à Constituição, aos precedentes judiciais e à dogmática. O *discurso jurídico* restringe a margem de insegurança do *discurso prático*, mas obviamente não permite chegar a um grau de certeza suficiente, não eliminando a insegurança do resultado[20].

No *procedimento judicial*, do mesmo modo do que ocorre no *procedimento legislativo*, há *argumentação e decisão*. Os resultados do procedimento judicial são razoáveis, segundo Alexy, se as suas regras e a sua realização satisfazem as exigências dos procedimentos que lhe antecedem, isto é, as regras do discurso prático, do procedimento legislativo e do discurso jurídico[21].

5. A argumentação jurídica em prol da técnica processual adequada ao direito fundamental à tutela jurisdicional

Quando se trata da argumentação em prol da técnica processual adequada ao direito fundamental à tutela jurisdicional, é preciso relacionar a argumentação com as modalidades de compreensão da lei: i) interpretação de acordo, ii) interpretação conforme, iii) declaração parcial, iv) concretização da norma geral e v) supressão da omissão inconstitucional.

Na interpretação de acordo, argumenta-se em prol de uma interpretação que, sendo *capaz de atender às necessidades de direito material*, confira a *devida efetividade* ao direito fundamental à tutela jurisdicional.

Na interpretação *conforme*, argumenta-se que a lei, *consideradas as necessidades do caso concreto e o direito fundamental à tutela jurisdicional*, precisa de "algo mais" ou de "um ajuste" para não ser dita inconstitucional. Na declaração parcial de nulidade, o argumento deve ser no sentido de que determinadas interpretações inviabilizam o *efetivo atendimento das necessidades de direito material* e, por consequência, *a atuação do direito fundamental*, mas há uma interpretação que se ajusta perfeitamente ao caso.

Como é óbvio, a questão se complica quando se pensa na concretização das normas processuais abertas e na supressão da omissão legal inviabilizadora da realização do direito fundamental à tutela jurisdicional. Isso porque, nessas hipóteses, a margem de poder do juiz é maior e, assim, a possibilidade de arbítrio também.

No caso de concretização de norma processual aberta, a necessidade de justificar a utilização da técnica processual é, antes de tudo, decorrência da própria estrutura dessa modalidade de norma, instituída para dar ao juiz poder necessário para atender às variadas situações concretas.

Lembre-se que as normas processuais abertas — como, por exemplo, a do art. 461 do CPC — devem ser concretizadas a partir das necessidades reveladas no caso concreto, pois se destinam a dar ao juiz poder para dar efetividade ao direito material. Isso quer dizer que, ao aplicar essas normas, *o juiz tem o dever* de encontrar uma técnica processual ou um "modo" processual que seja capaz de atender ao direito fundamental à tutela jurisdicional efetiva. Mas, como esse "modo" é a expressão da concretização de uma norma aberta — que obviamente não se preocupa apenas com o direito do autor, mas igualmente com o direito do réu —, o juiz deve argumentar que o "modo" encontrado, além de dar efetividade ao direito fundamental à tutela jurisdicional, é o que gera a menor restrição possível ao demandado.

Na hipótese de omissão de regra processual ou de inexistência de técnica processual adequada ao caso concreto, a diferença, em termos de argumentação, é a de que o juiz deverá demonstrar que as necessidades de direito material exigem uma técnica *que não está prevista pela legislação processual*. Porém ao juiz não bastará demonstrar a imprescindibilidade de determinada técnica processual não prevista pela lei, mas também argumentar, considerando o direito de defesa, que a técnica processual identificada como capaz de dar efetividade à tutela do direito é a que traz a menor restrição possível à esfera jurídica do réu.

Nos casos de concretização de normas abertas e de supressão de omissão inconstitucional, a identificação das necessidades dos casos concretos e o uso das técnicas processuais idôneas para lhes dar proteção obviamente devem ser precisamente justificados. Na verdade, o juiz deve estabelecer uma relação racional entre as necessidades

---

(19) ALEXY, Robert. *Teoria de los derechos fundamentales*, cit., p. 531.
(20) ALEXY, Robert. *Teoria de los derechos fundamentales*, cit., p. 532; v. COLEMAN, Jules. *Truth and Objetivity in Law*. 1995, Legal Theory 33. p. 48-54.
(21) ALEXY, Robert. *Teoria de los derechos fundamentales*, cit., p. 532.

do caso concreto, o significado da tutela jurisdicional no plano substancial (tutela inibitória, ressarcitória etc.) e a técnica processual (sentença executiva, multa, busca e apreensão etc.). Em outros termos, deve demonstrar que determinada situação de direito material deve ser protegida por certo tipo de tutela jurisdicional, e que, para que essa modalidade de tutela jurisdicional possa ser implementada, deve ser utilizada uma precisa técnica processual.

Antes de partir para o encontro da técnica processual adequada, o juiz deve demonstrar as necessidades de direito material, indicando como as encontrou no caso concreto. De maneira que a argumentação relativa à técnica processual se desenvolve sobre um discurso de direito material já justificado. Nesse caso existem dois discursos: um primeiro sobre o direito material, e um outro, incidente sobre o primeiro, a respeito do direito processual. O discurso de direito processual é um sobrediscurso, ou um metadiscurso, no sentido de que recai sobre um discurso que lhe serve de base para o desenvolvimento. O discurso jurídico processual é, em outros termos, um discurso que tem a sua base em um discurso de direito material[22].

É certo que a idoneidade desses dois discursos se vale dos benefícios gerados pela realização e pela observância das regras do procedimento judicial. Mas, ainda assim, *não se pode deixar de perceber a nítida distinção entre um discurso de direito material legitimado pela observância do procedimento judicial e um discurso de direito processual que, além de se beneficiar das regras do procedimento judicial, sustenta-se sobre um outro discurso (de direito material)*[23].

O discurso de direito processual, ou seja, o que elege a técnica processual adequada em razão da exigência de uma norma aberta ou o que identifica a necessidade de uma técnica processual não prevista na lei, não representa qualquer ameaça à segurança jurídica, na medida em que parte de um discurso que se apoia nos fatos e no direito material. O discurso processual objetiva atender a uma situação já demonstrada pelo discurso de direito material, e não pode esquecer que a técnica processual eleita deve ser a mais suave, ou seja, a que, tutelando o direito, cause a menor restrição possível ao réu.

A justificação, obedecendo a esses critérios, dá às partes a possibilidade de controle da decisão jurisdicional. A diferença é a de que, em tais situações, o controle da atividade do juiz é muito mais complexa e sofisticada do que aquela que ocorria com base no princípio da tipicidade, quando o juiz apenas podia usar os instrumentos processuais definidos na lei. Mas essa mudança de forma de pensar o controle jurisdicional é apenas reflexo da *necessidade de se dar maior poder ao juiz* — em parte a ele já entregue pelo próprio legislador ao fixar as normas abertas — e da transformação do próprio conceito de direito, que submete a compreensão da lei aos direitos fundamentais.

Referências bibliográficas

ALEXY, Robert. *Teoria da argumentação jurídica*. São Paulo: Landy, 2001.

_____. *Teoria de los derechos fundamentales*. Madrid: Centro de Estudios Políticos y Constitucionales, 2002.

BARROS, Suzana de Toledo. *O princípio da proporcionalidade e o controle da constitucionalidade das leis restritivas de direitos fundamentais*. Brasília: Brasília Jurídica, 1996.

BARROSO, Luis Roberto. *Interpretação e aplicação da Constituição*. São Paulo: Saraiva, 1996.

BONAVIDES, Paulo. *Curso de Direito Constitucional*. São Paulo: Malheiros, 1993.

BUECHELE, Paulo Arminio Tavares. *O princípio da proporcionalidade e a interpretação da Constituição*. Rio de Janeiro: Renovar, 1999.

BULYGIN. *La pretensión de corrección del derecho*. Bogotá: Universidad Externado de Colombia, 2001.

CHAYES, A. *How Does the Constitution Establish Justice?* 101 Harv. L. Rev. 1026 (1988).

COLEMAN, Jules. *Truth and Objetivity in Law*. 1995, Legal Theory 33, p. 48-54.

COUTURE, Eduardo. *Der verfassungsmäßige Schutz des Prozesses*. ZZP 67 (1954) 128.

DIMARAS, Nikolaos. *Die enge Beziehung des Zivilrechts zum Zivilprozessrecht und der Einfluß der Verfassung auf das Zivilprozessrecht*, in FS Beys, Band I, Athen 2003.

DUJARDIN, Roger. *L'efficacité des procédures judiciaires au sein de l'Union Européenne et les garanties des droits de la défense*. L'efficacité de la Justice Civile en Europe – Caupain Therése/De Leval Georges (Hrsg.) Bruxelles 2000, p. 41-80.

DÜTZ, Wilhem. *Rechtsstaatlicher Gerichtsschutz im Privatrecht*. Bad Homburg, Berlin/Zürich, 1970.

FARREL, Robert C. *Legislative Purpose and Equal Protection's Rationality Review*, 37 Vill. L. Rev. I, 7 (1992).

KIRCHHOF, Paul. *Verfassungsrechtliche Maßstäbe für die Verfahrensdauer und die Rechtsmittel*, FS Doehring, 1989.

LORENZ, Dieter. *Grundrechte und Verfahrensordnungen*. NJW 1977, 865.

MACCORMICK, *Legal reasoning and legal theory*. Oxford: Oxford University Press, 1978.

MARINONI, Luiz Guilherme. *A antecipação da tutela*. 8. ed. São Paulo: RT, 2004.

---

(22) DUJARDIN, Roger. *L'efficacité des procédures judiciaires au sein de l'Union Européenne et les garanties des droits de la défense*. L'efficacité de la Justice Civile en Europe – Caupain Therése/De Leval Georges (Hrsg.) Bruxelles 2000, p. 41-80; v. DÜTZ, Wilhem. *Rechtsstaatlicher Gerichtsschutz im Privatrecht*. Bad Homburg, Berlin/Zürich, 1970. p. 2-20.

(23) STICKELBROCK, Barbara. *Inhalt und Grenzen richterlichen Ermessens im Zivilprozess*, Köln 2002, p. 4-15.

_____. *Técnica processual e tutela dos direitos.* São Paulo: RT, 2004.

_____. *Tutela inibitória.* 3. ed. São Paulo: RT, 2003.

PERELMAN; OLBRECHT-TYTECA. *Trattato dell'argomentazione.* Torino: Einaudi, 1966.

SCHLÜTER, Wilfried. *Das Obiter Dictum.* München, Beck, 1973.

SCHWAB, Karl-Heinz; GOTTWALD, Peter. *Verfassung und Zivilprozess, in Effektiver Rechtsschutz.* 1983.

STICKELBROCK, Barbara. *Inhalt und Grenzen richterlichen Ermessens im Zivilprozess.* Köln, 2002.

STUMM, Raquel Denize. *Princípio da proporcionalidade no direito constitucional brasileiro.* Porto Alegre: Livraria do Advogado, 1995.

TARUFFO, Michele. Funzione della prova: la funzione dimostrativa, *Rivista trimestrale di diritto e procedura civile,* 1997, p. 553-554.

TARUFFO, Michele. Il controllo di razionalita' della decisione fra logica, retorica e dialettica, *in:* <www.studiocelentano.it/le nuove voci del diritto>.

_____. *La motivazione della sentenza civile.* Padova: Cedam, 1975.

_____. La motivazione della sentenza. *Revista de Direito Processual Civil (Genesis Editora),* v. 30, p. 674 e ss.

_____. Senso comum, experiência e ciência no raciocínio do juiz. *Conferência proferida na Faculdade de Direito da UFPR;* Curitiba, março de 2001.

TOULMIM. *The uses of argument.* Cambridge: Cambridge Universiy Press, 1958.

VIEHWEG. *Tópica e jurisprudência.* Brasília: UNB, 1979.

WAUTELET, P. *Le droit au procès équitable et l'égalité des armes, in:* L'efficacité de la Justice Civile en Europe — Caupain Thérése/De Leval Georges (Hrsg.) Bruxelles 2000.

A Litigância Habitual nos Juizados Especiais em Telecomunicações: A Questão do "Excesso de Acesso"

Adriana Goulart de Sena Orsini e *Luiza Berlini Dornas Ribeiro*

1. Introdução

A partir do início do século XIX, o mundo passou a vivenciar o processo de industrialização em massa. Desde então, o crescimento industrial multiplicou-se expressivamente, dando ensejo à atual era globalizada[1]. Como consequência da crescente demanda por bens de consumo, desponta como contrarresposta a ascensão do movimento consumerista em defesa de seus direitos.

No mundo jurídico, essa sociedade massificada repercute em uma litigiosidade também massificada, com inúmeras demandas semelhantes ajuizadas pelos consumidores, a título individual ou coletivo. No campo da telefonia não é diferente. São diversas ações questionando cobranças indevidas, a má prestação do serviço e a imperícia na negativação dos dados do consumidor nos órgãos de proteção ao crédito, repercutindo inclusive em indenizações por danos morais.

Um dos motivos suscitados para a enorme litigiosidade no campo da telefonia é o número de linhas móveis habilitadas no Brasil. A revista *Época*, em 19.1.2011, relatou que até o final de 2010 já haviam sido registrados 202,94 milhões de assinaturas para serviços de telefonia móvel no país, o que significa, em média, 104,68 celulares para cada grupo de 100 pessoas[2]. Todavia o elevado número de usuários do serviço de telefonia não pode servir de justificativa para as constantes falhas nesse atendimento. Se o número de clientes é elevado, é porque há mercado consumidor a sustentar tal clientela ampliada; se há clientes, há contraprestação pecuniária, se não elevada, ao menos correspondente ao valor pactuado pelo serviço. Portanto há fluxo elevado de recursos por parte desse mercado consumidor ao setor de telefonia.

Em sendo a relação consumerista fundada em um Código de Defesa do Consumidor, as empresas de telefonia não podem deixar de prestar o serviço contratado e de forma adequada, até porque as telecomunicações foram elevadas pela Constituição à categoria de serviço público, devendo, portanto, ser prestadas de modo universal e contínuo.

As falhas na prestação e também na cobrança do serviço de telefonia dão azo ao ajuizamento de diversas ações por consumidores nos Juizados Especiais Cíveis, o que acaba congestionando essa via judicial. Assim, apesar de esse órgão jurisdicional ter sido criado com a finalidade de permitir maior acesso à justiça, na realidade, tem ocorrido o que se denomina de "excesso de acesso"[3]. Isso ocorre muito em razão do uso dado pelos litigantes habituais ao Judiciário, como sendo uma possibilidade de postergação e dilação do cumprimento da lei ou do contrato, em verdadeira prática abusiva a justificar um olhar mais acurado sobre o problema que se apresenta como verdadeiramente estrutural.

Haveria soluções para tais dificuldades enfrentadas? E, se positivo, quais seriam? Certamente a tutela coletiva dos direitos dos consumidores abarcaria um maior grupo de usuários do serviço de telefonia, repercutindo em um maior impacto frente aos fornecedores, em razão da redução do desequilíbrio material existente no plano individual. Além disso, o controle da Agência Reguladora nesse setor também deve ser acentuado, de modo a promover uma ação preventiva que venha a reduzir as constantes condutas abusivas das empresas de telefonia. Por fim, é importante ressaltar a função punitiva da condenação em danos morais nos Juizados Especiais (além, claro, da sua clássica função reparadora) no intuito de desestimular as práticas lesivas pelos fornecedores.

Sobre a função punitiva do dano moral, cumpre salientar que sua previsão no cálculo da indenização a ser arbitrada é de extrema importância, pois quando a condenação é calculada sem essa carga punitiva, ou seja, somente com o viés reparador do dano, baseado apenas na responsabilidade civil, o agente lesante agiria com base em

Um **raciocínio puramente econômico**, comparando o *quantum* indenizatório com o lucro que previsivelmente lhe advirá da violação da norma e, se chegar à

---

(1) "A globalização expressa um novo ciclo de expansão do capitalismo, como modo de produção e processo civilizatório de alcance mundial. Um processo de múltiplas proporções envolvendo nações e nacionalidades, regimes políticos e projetos nacionais, grupos e classes sociais, economias e sociedades, culturas e civilizações." (IANNI, Octavio. A Era do Globalismo. Rio de Janeiro: Civilização Brasileira, 1996. p. 11. REIS, Daniela Muradas. Crise do Estado Social e Negociação Coletiva. PIMENTA, José Roberto Freire *et al.* (Coord.) *Direito do Trabalho: evolução, crise, perspectivas*. São Paulo: LTr, 2004. p. 191-192).

(2) A presente notícia tem como título "Brasil tem mais celulares que pessoas" e foi retirada da Revista Época Online, disponível no endereço eletrônico: <http://revistaepoca.globo.com/Revista/Epoca/0,,EMI203626-15224,00.html>. Acesso em: 3 jun. 2012.

(3) A expressão "excesso de acesso" tem sido utilizada por doutrinadores contemporâneos para indicar a litigância habitual perante o Poder Judiciário, que ocupa o sistema judicial com processos similares em larga escala e repercute em um congestionamento da via jurisdicional.

conclusão de que a indenização será inferior (a qual só terá de pagar mais tarde, se o lesado intentar uma ação judicial e provar o dano), escolhe a violação da norma jurídica pois, nesse caso, '<u>o lucro compensa</u>'. (grifo nosso)[4]

Assim, o viés punitivo/pedagógico do dano moral, apesar de bastante controvertido na jurisprudência, merece especial apreço, tendo em vista que inibe o cálculo puramente econômico dos litigantes habituais sobre as futuras condenações a serem suportadas, o que subverteria a finalidade do sistema judicial. No entanto, apesar de relevante, tais condenações judiciais por dano moral não atingem o grau de efetividade que pode obter a Agência Reguladora com a aplicação de multas administrativas às empresas de telecomunicações, já que, neste último caso, o valor pecuniário da penalidade pode atingir um limite máximo significativamente elevado, de modo a abarcar a totalidade das lesões sofridas pela coletividade, não se restringindo a cada consumidor individualmente.

2. Acesso à justiça e os juizados especiais

Para muitos, o Direito exerce a função de harmonizar as relações sociais entre os sujeitos, com a finalidade máxima de pacificação social com justiça[5]. Todavia não se pode olvidar que para a sociologia, em especial para Émile Durkheim, não só o Direito seria elemento responsável pela pacificação da sociedade, mas também os próprios fatos sociais, que, por si só, já carregam como atributo inerente a *coerção social*, sendo capazes de exercer uma força sobre os indivíduos, que os influencia a se conformarem com as regras estabelecidas pela sociedade, independentemente da vontade pessoal (é o caso, por exemplo, da reprovação por meio de um olhar). "A força coercitiva dos fatos sociais se torna evidente pelas 'sanções legais' ou 'espontâneas' a que o indivíduo está sujeito quando tenta rebelar-se contra ela."[6] Nesse sentido, o Direito caracteriza-se como sendo apenas mais um instrumento determinante dentro de um universo ainda maior.

Analisando o papel do Direito na sociedade e, consequentemente, a relevância do acesso a uma ordem jurídica justa, não há como mencionar "Acesso à Justiça" sem fazer referência a Mauro Cappelletti e Bryant Garth[7] e as "ondas revolucionárias" por eles tratadas. Cappelletti e Garth apontam as barreiras mais importantes na busca pela efetividade do Acesso à Justiça, destacando também formas de combatê-las. Seu raciocínio foi estruturado em três etapas, as quais receberam a denominação de ondas revolucionárias[8].

A primeira barreira verificada foi no aspecto econômico do processo. Analisou o autor que as custas judiciais acabam sendo muito dispendiosas para grande parte da sociedade, sendo uma das soluções encontradas o fortalecimento da assistência judiciária como recurso definitivo para transpor a questão econômica.

O segundo obstáculo está na natureza do conflito e na capacidade das partes de estarem em juízo. Alguns litigantes gozam de vantagens estratégicas em relação ao oponente diante de seu poderio econômico ou de uma habitual litigância. É nesse contexto que surge a necessidade de proteger os direitos coletivos, visto que o processo tradicional deixou de se adequar à sociedade massificada, na qual emergem novos conflitos típicos da segmentação do processo produtivo e de novas tecnologias[9].

Por fim, o último obstáculo verificado foi no aspecto processual. A terceira onda vem exigindo uma Justiça mais aprimorada, de modo a alcançar resultados mais efetivos e satisfatórios às partes litigantes[10]. Nesse momento, urge a necessidade de mudanças estruturais na administração da Justiça para se tornar mais participativa, acessível, conciliatória e desburocratizada.

Cappelletti e Garth reconhecem as limitações das reformas nos Tribunais tradicionais e por esse motivo valorizam os métodos alternativos para a decisão de causas judiciais, bem como procedimentos mais simplificados, valorizando a informalidade e a oralidade. É nessa terceira onda que ganha destaque o papel dos Juizados Especiais, como destaca Ricardo Torres Hermann com acuidade:

> Estabeleceu-se, na terceira onda, meios alternativos de jurisdição e à jurisdição formal, para que fossem

---

(4) LOURENÇO, Paula Meira. *A função punitiva da responsabilidade civil*. Coimbra: Coimbra Editora, 2006. p. 23-24.

(5) DINAMARCO, Cândido Rangel; GRINOVER, Ada Pellegrini; CINTRA, Antonio Carlos de Araújo. *Teoria Geral do Processo*. São Paulo: Malheiros, 2009. p. 25.

(6) COSTA, Cristina. *Sociologia*: introdução à ciência da sociedade. 3. ed. São Pulo: Moderna, 2005. p. 81.

(7) A obra de Mauro Cappelletti e Bryant Garth sobre o Acesso à Justiça é fruto de um Projeto realizado em Florença, cuja publicação original se deu em 1981 e sua tradução para o Português em 1988. (CAPPELLETTI, Mauro; GARTH, Bryant. *Acesso à Justiça*. Trad. Ellen Gracie Northfleet. Porto Alegre: Fabris, 1988).

(8) FERRAZ, Leslie Shérida. *Acesso à Justiça*: uma análise dos Juizados Especiais Cíveis no Brasil. Rio de Janeiro: Editora FGV, 2010.

(9) FERNANDES, Bernardo Gonçalves. *Acesso à Justiça no Estado Democrático de Direito*. Dissertação (Mestrado em Direito Constitucional). Belo Horizonte: Universidade Federal de Minas Gerais, 2001. p. 75.

(10) *Ibidem*, p. 77.

mais adequados, próximos e simples à população, buscando alcançar a satisfação dos usuários do sistema. Exemplo marcante desses meios alternativos de realização de justiça são os Juizados de Pequenas Causas, que têm como base ideológica a chamada justiça coexistencial.[11]

Apesar de a discussão acerca do Acesso à Justiça já vir sendo tratada desde a década de 80, ainda nas décadas seguintes a sociedade continuou ansiosa por um provimento jurisdicional mais efetivo, isto é, por uma tutela mais célere, justa e, principalmente, que fosse adaptável aos diferentes conflitos, estando ao alcance de todas as classes sociais. É nesse contexto e com tal fundamento que surgem os Juizados Especiais, como será visto a seguir.

O objetivo precípuo dos Juizados Especiais no Brasil consiste na ampliação dos meios de acesso ao Poder Judiciário. Com esse intento, os Juizados abarcaram demandas anteriormente não tratadas pelo Judiciário em virtude, sobretudo, da demora na resposta judicial, o que muitas vezes tornava inócua a demanda e também em virtude do pequeno valor econômico do bem da vida almejado frente ao custo para movimentar a máquina Judicial. Esse processo, sem dúvidas, aponta para valorização da cidadania.

Nas palavras de Marinoni e Arenhart, os Juizados Especiais "visam apresentar ao jurisidicionado um caminho de solução das controvérsias mais rápido, informal e desburocratizado, capaz de atender às necessidades do cidadão e do direito postulado".[12]

Assim, os Juizados Especiais ganharam relevância como medida capaz de resgatar a credibilidade no Judiciário e de atestar que as demandas de menor valor são igualmente legítimas[13].

A implementação dos Juizados Especiais no Brasil foi influenciada: a) pela experiência do Tribunal de Justiça do Rio Grande do Sul, com os Conselhos de Conciliação e Arbitragem; b) pela iniciativa do Ministério da Desburocratização, criado no governo de João Baptista Figueiredo, com o objetivo de dinamizar e simplificar o funcionamento do Poder Executivo; e, por fim, c) pelas "*Small Claim Courts*" do direito norte-americano.

A comissão de elaboração do anteprojeto de Lei dos Juizados de Pequenas Causas teve como pretensão solucionar as demandas reprimidas, para desafogar a Justiça comum. Criou, assim, medidas que acelerassem o processo, tais como a facultatividade da assistência pelo advogado, a solução amigável do litígio e a ampliação dos poderes decisórios do juiz[14].

Certamente, os Juizados representam muito mais que uma mudança procedimental. É o marco histórico de um sistema jurídico diferenciado, mais atento ao tratamento eficiente das demandas, com técnicas inovadoras e distintas da sistemática tradicional. Seus princípios norteadores resumem-se na oralidade, simplicidade, informalidade, economia processual e celeridade, buscando sempre que possível a conciliação entre as partes.

Os Juizados contribuem, portanto, para a promoção da cultura da paz, buscando a composição de litígios em detrimento de relações adversariais inerentes à sistemática tradicional. Contudo, nesse ponto, surgem algumas indagações: têm os Juizados alcançado o objetivo de trazer soluções efetivas e céleres às partes ou o demandismo em excesso congestiona novamente essa corte, retomando o sentimento de inefetividade do Judiciário? Seria a judicialização das relações sociais expressão de cidadania? Em qual medida?

Diante desse contexto, somos levados a refletir sobre a postura do Judiciário diante do enorme demandismo, que pode significar "des-função"[15] do sistema judicial. Se, por um lado, percebe-se que pequenos aborrecimentos e transtornos do cotidiano tornaram-se motivo para ajuizar uma ação no Juizado Especial com o objetivo (não somente, mas inclusive) de receber a correspondente indenização em danos morais; por outro lado, sabe-se que eles podem e devem ser objeto de demanda judicial, porque presente uma lesão. Nesse último caso, caberia ao Judiciário dar uma resposta aos litigantes que se utilizam da Justiça como modo de auferir vantagens econômicas e não cumprir espontaneamente com suas obrigações contratuais? Esses questionamentos serão alvo de discussão ao longo do presente estudo.

---

(11) HERMANN, Ricardo Torres. *O tratamento das demandas de massa nos Juizados Especiais Cíveis*. Rio de Janeiro: FGV Direito Rio, 2010. p. 39.

(12) MARINONI, Luiz Guilherme; ARENHART, Sérgio Cruz. *Curso de Processo Civil*: Processo de Conhecimento. 6. ed. São Paulo: RT, 2006, v. 1, p. 690.

(13) WATANABE, Kazuo. Filosofia e características básicas do Juizado Especial de Pequenas Causas. In: Kazuo WATANABE (Coord.). *Juizado Especial de Pequenas Causas*. São Paulo: Revista dos Tribunais, 1985. p. 7.

(14) RODYCZ, Wilson Carlos. O Juizado especial cível brasileiro e as *smalls clains courts* americanos-comparação de alguns aspectos. *Revista dos Juizados Especiais: doutrina e jurisprudência*, Porto Alegre, Tribunal de Justiça do Rio Grande do Sul, Departamento de Artes Gráficas, n. 18, vol. 4, 1996.

(15) O termo "des–função" é utilizado por alguns autores, como Marçal Justen Filho e Aldacy Rachid, para expressar a utilização de um instrumento jurídico cujos fins tornam-se incompatíveis com os que justificaram sua consagração pelo ordenamento jurídico. É a subversão do propósito funcional de uma determina atividade estatal.

Atualmente, a procura pelos Juizados Especiais tem se elevado consideravelmente. Conforme análise realizada por Leslie Shérida Ferraz[16] entre os anos de 2003 e 2005, com base em dados do Conselho Nacional de Justiça (CNJ), "a taxa de congestionamento dos Juizados é expressiva, em torno de 40% a 50% na média nacional". Essa taxa mede a capacidade das Cortes em finalizar os processos, o que nos impele à conclusão de que a ampliação dos Juizados pode chegar a comprometer a qualidade dos serviços prestados, interferindo na credibilidade que a sociedade deposita no Judiciário e, especialmente, no provimento jurisdicional célere e efetivo que esta sociedade tem direito.

Portanto, na medida em que o acesso à Justiça é ampliado por novas possibilidades de demandas, o Judiciário deve estar preparado para responder com presteza, sob pena de não cumprir o preceito máximo de acesso a uma ordem justa e de não atender aos anseios democráticos de equilíbrio e de atuação adequada por todos os poderes da República.

Vale lembrar que, nas economias contemporâneas, os Tribunais exercem um papel diferencial, pois não produzem apenas decisões para as partes envolventes, mas transmitem respostas aos possíveis futuros litigantes, além de orientar, em *ultima ratio*, como deve ser a interpretação de determinada questão controvertida. Assim, em uma sociedade em que o Judiciário é efetivo, "a ameaça é feita pelos lesados ('eu te processo'); ao revés, se o Judiciário é inacessível, a ameaça é lançada contra os prejudicados ('vá procurar seus direitos')"[17].

Portanto, pode-se afirmar que as decisões jurisprudenciais ultrapassam a esfera daqueles que demandam, exercendo influência também em eventuais futuros litigantes. Essa influência ganha destaque nas condenações por dano moral, que carregam uma função punitiva ao causador do dano, no intuito de desestimular as práticas abusivas ou ilegais. Nessa senda, é importante considerar que a atuação do Judiciário é relevante também para impedir e desestimular que os litigantes utilizem-se do aparato judicial como instrumento hábil a obter vantagens, especialmente econômicas.

3. Os juizados especiais em telecomunicações e o acesso à justiça

O Direito do Consumidor ganha força a partir do século XIX em virtude do desenvolvimento do capitalismo, mormente com a Revolução Industrial, que aumentou a capacidade produtiva do ser humano, dando ensejo ao surgimento da denominada sociedade de massa.

No Brasil, as relações de consumo eram tratadas pelo Código Civil de 1916 de modo esparso e genérico. Em 1976 foi criado o primeiro órgão público de proteção ao consumidor pelo Governo do Estado de São Paulo: o PROCON. No entanto foi somente com o advento da Constituição de 1988 que os direitos dos consumidores ganharam previsão para sua condensação em um único instrumento legislativo.

De fato, o Código de Defesa do Consumidor (CDC) — Lei n. 8.078/90 — é um reflexo do interesse constitucional em proteger os consumidores diante de abusos e ilegalidades comumente praticadas pelos fornecedores durante a prestação do serviço ou vendas de mercadorias.

Diante desse interesse em proteger, o constituinte de 1988 elevou à categoria de princípio a proteção jurídica ao consumidor. Trata-se de um direito fundamental a uma atuação positiva do Estado, garantindo eficácia vertical — entre Estado e os consumidores — e também eficácia horizontal — entre dois sujeitos de direito privado.

O CDC, ao introduzir um viés protetivo ao consumidor, inova na seara civil, na qual prevalecia a ideologia liberal, considerando a regência da relação pelo Código Civil de 1916 de forte influência liberal. Nesse diploma legal merece destaque a inversão do ônus da prova em favor do consumidor quando, a critério do juiz, for verossímil a alegação ou quando for ele hipossuficiente (art. 6º, inciso VIII, CDC).

Ademais, os direitos consumeristas ganham maior eficácia quando tratados dentro dos princípios norteadores dos Juizados Especiais, uma vez que os Juizados oferecem uma solução mais rápida e mais barata em comparação com a Justiça comum[18]. Tal rapidez na solução das demandas é essencial à proteção dos interesses dos consumidores, tendo em vista que é este quem suporta os danos materiais e morais, os quais dificilmente são reparados espontaneamente pelos fornecedores. Isso porque "a eficácia das medidas de proteção do consumidor depende não apenas da criação e do reconhecimento de direitos, mas igualmente e sobretudo de meios eficazes e apropriados de fazê-las valer"[19].

Reconhecendo essa necessidade para afirmação dos direitos consumeristas, o CDC, em seu art. 5º, inciso IV, determina a criação de Juizados Especiais de Pequenas

---

(16) FERRAZ, Leslie Shérida. *Acesso à Justiça:* uma análise dos Juizados Especiais Cíveis no Brasil. Rio de Janeiro : Editora FGV, 2010. p. 67.
(17) Ibidem, p. 143.
(18) PIRES, Ellen Cristina Gonçalves. *O Direito do Consumidor e os Juizados Especiais Cíveis*. São Paulo: IOB Thomson, 2006. p. 24.
(19) Idem.

Causas e Varas especializadas para a solução de litígios de consumo. É importante ressaltar que os Juizados já abrangiam parte das demandas de consumo mesmo antes da determinação legal do art. 5º, IV do CDC, pois são competentes para julgar todas as causas que não excedam 40 vezes o salário mínimo. Todavia o CDC, quando estabeleceu a criação de Varas Especializadas e Juizados Especiais voltados exclusivamente para a defesa dos direitos do consumidor, tinha como objetivo dar maior aplicabilidade para essa legislação específica, fazendo prevalecer os princípios inseridos nesse diploma legal. Não era objetivo do CDC, portanto, alterar a competência em razão do valor da causa nos Juizados Especiais, mas tão somente de fazer prevalecer os preceitos do CDC, permanecendo o limite da causa em no máximo 40 salários mínimos.

Adentrando-se no âmbito das relações de consumo referentes ao serviço de telecomunicações, com a finalidade de analisar pormenorizadamente o comportamento dos litigantes habituais nesse contexto, realizou-se uma pesquisa no Juizado Especial em Telecomunicação de Belo Horizonte, durante o ano de 2011, a qual constatou que os pedidos ajuizados nesse órgão jurisdicional se repetem de forma quase idêntica. Um dos pedidos recorrentes refere-se à inscrição indevida nos cadastros de inadimplentes, como pode ser percebido no trecho da sentença proferida nos autos n. 9017704.75.2011.813.0024: "enfatizo que se mostrou ilícita a inscrição dos dados da autora nos cadastros de inadimplentes, comprovada nos autos (evento 1), uma vez que fundada em dívida inexistente".[20] (grifo nosso)

Muitas vezes, a ilicitude da dívida cobrada é evidente, já que sequer houve formação de vínculo jurídico entre as partes e, ainda assim, há a negativação dos dados do consumidor, sem a menor cautela pela empresa prestadora do serviço, o que leva à procura do Judiciário frente à inequívoca prática abusiva.

Merece transcrição um trecho de sentença que comprova a similitude dos pedidos no Juizado Especial em Telecomunicação, denotando consciência do órgão jurisdicional a respeito do fenômeno das demandas repetitivas:

> Com efeito, não se revela plausível que alguém permaneça conectado à internet, por meio de telefone móvel, no exterior, por quase dois dias inteiros. Dar amparo às alegações da ré, tendo em conta tais circunstâncias, vai de encontro às regras básicas de experiência comum (art. 5º da Lei n. 9.099/95).
>
> Saliento, ainda, que reclamações similares a esta vêm se tornando usuais neste Juizado, já tendo sido constatado que determinados aparelhos de telefonia celular, quando no exterior, conectam-se automaticamente à internet, viabilizando a constante transferência de dados para a atualização de softwares nele instalados.
>
> Por outro lado, ressalto que os fornecedores, dotados de suficientes conhecimentos técnicos, deveriam prestar tais esclarecimentos a seus consumidores, uma vez que estes têm o direito de conhecerem amplamente as circunstâncias em que os serviços são oferecidos e, diante dessa informação, optarem pela sua utilização, ou não.
>
> No caso, constato que a ré falhou no cumprimento de seu dever de informação e lealdade (art. 6º, III, do CDC), deixando de garantir a segurança legitimamente esperada pela autora. (MINAS GERAIS. TJMG Juizado Especial Cível. 09ª Unidade Jurisdicional Cível. Sentença n. 9018549.10.2011.813.0024. DJ: 30 de Junho de 2011)

Como se vê, são corriqueiras as reclamações em virtude de quebra contratual ou de má prestação do serviço. Muito comum também é a reclamação em virtude de cobrança por serviço não solicitado ou a continuação da cobrança, mesmo após o cancelamento do serviço. Tais abusos repercutem em indenizações por danos morais. Todavia uma pergunta se torna inexorável: se as demandas se repetem, expressando um descuido e um desrespeito aos direitos oriundos do CPC e se as condenações por dano moral são tão recorrentes, por que o fenômeno continua a ser constatado na prática forense sem perspectivas (aparentes) das empresas de telefonia no sentido de melhorar a prestação desse serviço de natureza pública?

4. Danos morais nos juizados especiais em telecomunicações

A responsabilidade civil do fornecedor, prenunciada pelo CDC, simboliza um expressivo avanço na proteção ao consumidor, pois estabelece que a responsabilidade será necessariamente objetiva, não necessitando da comprovação de culpa ou dolo pelo fornecedor, bastando a ocorrência do dano em virtude de um serviço/produto defeituoso.

Por se tratar de responsabilidade objetiva, não pode o fornecedor eximir-se da obrigação de reparar os prejuízos sofridos pelo consumidor, alegando não ter sido sua intenção causar o dano. "A partir do momento em que o fornecedor se propõe a colocar no mercado produto ou serviço e esse não é adequado, acarretando dano ao consumidor adquirente, o fornecedor é obrigado a arcar com as consequências do ato danoso."[21]

O dever de efetiva *reparação* não se resume aos danos patrimoniais ocasionados, abrangendo também os prejuízos

---

(20) MINAS GERAIS. TJMG. Juizado Especial Cível. 09ª Unidade Jurisdicional. Sentença no processo n. 9017704.75.2011.813.0024. Belo Horizonte. 20 de Maio de 2011. Outros processos que versam sobre esse mesmo tópico são os seguintes: 9029592.41.2011.813.0024, 9017610.30.2011.813.0024 e 9018340.41.2011.813.0024.

(21) OLIVEIRA, Celso Marcelo de. *Teoria Geral da Responsabilidade Civil e de Consumo*. São Paulo: IOB Thomson, 2005. p. 117.

morais sofridos pelo consumidor, conforme se extrai do art. 6º, inciso VI do CDC. Os danos materiais são de fácil constatação/comprovação, ao contrário dos danos morais, cuja dificuldade já se inicia na tentativa de delimitação desse instituto e na definição de quais situações dão ensejo à correlata indenização. Nessa senda, tem-se entendido que os meros aborrecimentos do cotidiano não seriam suficientes para justificá-lo. É o que veremos.

A doutrina não é uníssona ao buscar uma definição ao dano moral. Alguns doutrinadores constroem o raciocínio por um conceito excludente. Nesse caso, dano moral seria "todo sofrimento humano que não resulta de uma perda pecuniária"[22]. Outros o definem como sendo um dano que atinge "valores internos e anímicos da pessoa"[23]. Há também quem o defina no seu aspecto sentimental, como sendo "a dor, a mágoa, a tristeza infligida injustamente a outrem"[24]. Orlando Gomes conceitua dano moral como sendo "o constrangimento que alguém experimenta em consequência de lesão em direito personalíssimo, ilicitamente produzido por outrem"[25]. Para Yussef Said Cahali, dano moral é a "privação ou diminuição daqueles bens que têm um valor precípuo na vida do homem e que são a paz, a tranquilidade de espírito, a liberdade individual, a integridade física, a honra e os demais sagrados afetos"[26].

Fato é que o consumidor, ao contratar algum serviço, deposita nessa relação jurídica grandes expectativas e interesses subjetivos que vão além do aspecto patrimonial. Em decorrência de uma possível quebra de expectativa, é legítima sua respectiva indenização. A proteção dada pelo ordenamento jurídico vai além da proteção a uma lesão patrimonial. O ser humano é composto de certa carga emocional, a qual merece igualmente proteção jurídica. É nesse contexto que faz sentido o ressarcimento por dano moral.

As decisões jurisprudenciais no âmbito do Juizado Especial em Telecomunicações têm concedido indenizações por danos morais especialmente nos casos em que há a negativação dos dados do consumidor nos órgãos de proteção ao crédito, já que nesses casos é clara a desordem na vida psíquica do lesionado que ultrapassa os transtornos do cotidiano. Nos demais casos, como a cobrança a mais por um serviço não utilizado ou o não cancelamento de uma tarifa, não há necessariamente a condenação por dano moral. É o que se extrai do entendimento a seguir transcrito:

> É necessária também a ocorrência de um **acontecimento que fuja à normalidade** e interfira no comportamento psicológico da pessoa de forma significativa, já que o dano moral trata-se de ofensa a direito da personalidade. (MINAS GERAIS. TJMG. Juizado Especial. 9ª Unidade Jurisdicional Cível. Sentença n. 9001111.68.2011.813.0024. DJ: 20 de Setembro de 2011) (grifo nosso)

Isso ocorre porque os Juizados Especiais preocupam-se em não "banalizar"[27] o dano moral. É sabido que muitas vezes as relações entre particulares geram contratempos na vida daqueles que participam dessa relação negocial. Nem todo transtorno causado fará jus a uma correlata indenização. No entanto, o que há de ser analisado no presente estudo, por meio de uma visão crítica, é a frequência com que as empresas de telefonia vêm desrespeitando os contratos com seus consumidores e, com infeliz constatação, se utilizando do Judiciário de modo a postergar o cumprimento de suas obrigações. Nesses casos, apesar de alguns afirmarem que houve somente um contratempo na vida do consumidor, tal atitude, que tem a finalidade precípua de gerar vantagens econômicas, pois, como já se mencionou, se faz em um universo coletivo, certamente representa um abuso de direito, o qual deve ser penalizado pelo Estado.

De fato, a empresa que constantemente gera transtornos aos consumidores, agindo segundo critérios econômicos[28], quebra com a boa-fé objetiva inerente em qualquer contrato. O descuido ao negativar dados de pessoas idôneas constitui ato ilícito e é destacada no seguinte trecho de uma sentença que foi objeto da pesquisa:

---

(22) SAVATIER, René. *Traité de la Responsabilité Civile en Droit Français*. 1951. Tomo II, n. 525, p. 92. Apud André Gustavo C. de Andrade em: <http://portaltj.tjrj.jus.br/c/document_library/get_file?uuid=74bfc8dc-8125-476a-88ab-93ab3cebd298&groupId=10136>. Acesso em: 11 jun. 2012, p. 92.

(23) OLIVEIRA, Celso Marcelo de. *Teoria Geral da Responsabilidade Civil e de Consumo*. São Paulo: IOB Thomson, 2005. p. 214.

(24) RODRIGUES, Silvio. *Direito Civil*. Responsabilidade Civil. 1989. Vol. 4, p. 206. Apud André Gustavo C. de Andrade em: <http://portaltj.tjrj.jus.br/c/document_library/get_file?uuid=74bfc8dc-8125-476a-88ab-93ab3cebd298&groupId=10136>. Acesso em: 11 jun. 2012, p. 206.

(25) GOMES, Orlando. *Obrigações*. 11. ed. Rio de Janeiro: Forense, 1996. p. 271.

(26) CAHALI, Yussef Said. *Dano Moral*. 4. ed. São Paulo: Revista dos Tribunais, 2011. p. 19.

(27) A doutrina atual utiliza o termo "banalização do dano moral" de forma recorrente ao se referir às ações ajuizadas com base em meros aborrecimentos e contratempos do cotidiano, que não possuem o condão de ferir a vida psíquica da vítima, na tentativa de auferir alguma indenização pecuniária pela via judicial.

(28) As empresas são capazes de calcular que os contratempos provocados aos consumidores, na maioria das vezes, não dão azo a danos morais. Assim, tais variantes podem ser colocadas em uma planilha empresarial para obtenção de resultados econômicos por meio de práticas abusivas.

deve ser registrado que a matéria em debate nestes autos tem sido apreciada com frequência pelos tribunais, que têm reconhecido, em casos desse jaez, a ocorrência de culpa do fornecedor na ocasião da celebração do contrato, evidenciada por não agir com o cuidado devido na conferência de documentos, de modo a advir certeza quanto à autoria do negócio celebrado. (MINAS GERAIS. TJMG. 10ª Unidade Jurisdicional Cível. Sentença n. 9005614.35.2011.813.0024. DJ: 10 de Agosto de 2011) (grifo nosso)

Apesar do amplo reconhecimento da violação por danos morais, o valor da indenização, todavia, é bem oscilante. Conforme ficou constatado na presente pesquisa, as indenizações costumam variar entre R$ 2.000,00 (no processo n. 9000375.50.2011.813.0024) e R$ 13.000,00 (no processo n. 9006232.77.2011.813.0024). Essa oscilação no valor atribuído a título de danos morais parece ser justificada pela própria divergência na sua conceituação e pela avaliação do magistrado no caso concreto.

De modo geral, os julgados ressaltam a diferença entre o *quantum* de natureza reparatória (à vítima), bem como a carga de natureza pedagógica (ao causador do dano). Todavia, quanto ao caráter pedagógico/punitivo ao lesante, não é unânime o entendimento jurisprudencial para sua validade frente ao ordenamento brasileiro. Para o juiz Ronan de Oliveira Rocha, a legislação pátria não contemplou o viés punitivo à reparação de danos morais:

> Como ressalta a melhor doutrina, os danos morais não são devidos como forma de punir o fornecedor. Confira-se, uma vez mais, a lição autorizada de Maria Celina Bodin de Moraes, Professora Titular de Direito Civil da Universidade Estadual do Rio de Janeiro:
>
> 'Adianta-se que o novo Código Civil, em nenhuma de suas numerosas disposições sobre a responsabilidade civil contempla o caráter punitivo. Mais importante parece ser o fato de que, quando se teve a melhor oportunidade para tanto, isto é, no âmbito da proteção ao consumidor, cujo correspondente americano é a tortius liability, em que os punitive damages alcançaram o sucesso e a fama, a opção brasileira foi no sentido de não se adotar o caráter punitivo na reparação do dano. Do Código de Defesa do Consumidor, ele foi excluído pelo veto presidencial. O artigo que o contemplava dispunha o seguinte: 'Art. 16. Se comprovada a alta periculosidade do produto ou serviço que provocou o dano, ou grave imprudência, negligência ou imperícia do fornecedor, será devida multa civil de até um milhão de vezes o Bônus do Tesouro Nacional – BTN, ou índice equivalente que venha substituí-lo, na ação proposta por qualquer dos legitimados à defesa do consumidor em juízo, a critério do juiz, de acordo com a gravidade e a proporção do dano, bem como a situação econômica do responsável."
>
> Desse modo, não é tecnicamente adequado, data venia da orientação do Superior Tribunal de Justiça (que não é minimamente convincente neste ponto), arbitrar o valor da compensação devida em função de danos morais com o escopo de punir o ofensor.

> O parâmetro do direito positivo é a extensão do dano, conforme a dicção do art. 944 do Código Civil: "A indenização mede-se pela extensão do dano." (MINAS GERAIS. TJMG. Juizado Especial Cível. 10ª Unidade Jurisdicional Cível. Sentença n. 9005614.35.2011.813.0024. DJ: 10 de agosto de 2011) (grifo nosso)

Como se vê, o caráter punitivo e pedagógico da indenização à vítima não está firme na doutrina brasileira, sequer na jurisprudência da corte regional. Todavia é abarcada atualmente pelo STJ, conforme se observa no seguinte acórdão:

> CIVIL E PROCESSUAL CIVIL. RESPONSABILIDADE CIVIL. DANOS MORAIS. ACIDENTE DE TRÂNSITO COM VÍTIMA FATAL. ESPOSO E PAI DAS AUTORAS. IRRELEVÂNCIA DA IDADE OU ESTADO CIVIL DAS FILHAS DA VÍTIMA PARA FINS INDENIZATÓRIOS. LEGITIMIDADE ATIVA. *QUANTUM* DA INDENIZAÇÃO. VALOR IRRISÓRIO. MAJORAÇÃO. POSSIBILIDADE. DESPESAS DE FUNERAL. FATO CERTO. MODICIDADE DA VERBA. PROTEÇÃO À DIGNIDADE HUMANA. DESNECESSIDADE DE PROVA DA SUA REALIZAÇÃO.
>
> 1. É presumível a ocorrência de dano moral aos filhos pelo falecimento de seus pais, sendo irrelevante, para fins de reparação pelo referido dano, a idade ou estado civil dos primeiros no momento em que ocorrido o evento danoso. (Precedente: REsp n. 330.288/SP, rel. Min. Aldir Passarinho Júnior, DJU de 26.8.2002)
>
> 2. Há, como bastante sabido, na ressarcibilidade do dano moral, de um lado, uma expiação do culpado e, de outro, uma satisfação à vítima.
>
> 3. O critério que vem sendo utilizado por essa Corte Superior na fixação do valor da indenização por danos morais, considera as condições pessoais e econômicas das partes, devendo o arbitramento operar-se com moderação e razoabilidade, atento à realidade da vida e às peculiaridades de cada caso, de forma a não haver o enriquecimento indevido do ofendido, bem como que sirva para desestimular o ofensor a repetir o ato ilícito.
>
> 4. Ressalte-se que a aplicação irrestrita das "punitive damages" encontra óbice regulador no ordenamento jurídico pátrio que, anteriormente à entrada do Código Civil de 2002, vedava o enriquecimento sem causa como princípio informador do direito e após a novel codificação civilista, passou a prescrevê-la expressamente, mais especificamente, no art. 884 do Código Civil de 2002.
>
> 5. Assim, cabe a alteração do quantum indenizatório quando este se revelar como valor exorbitante ou ínfimo, consoante iterativa jurisprudência desta Corte Superior de Justiça.
>
> 6. *In casu*, o tribunal a quo condenou os recorridos ao pagamento de indenização no valor de 10 salários mínimos a cada uma das litisconsortes, pela morte do pai e esposo das mesmas que foi vítima fatal de atropelamento pela imprudência de motorista que transitava em excesso de velocidade pelo acostamento de rodovia, o que, considerando os critérios utilizados por este STJ, se revela extremamente ínfimo.

7. Dessa forma, considerando-se as peculiaridades do caso, bem como os padrões adotados por esta Corte na fixação do quantum indenizatório a título de danos morais, impõe-se a majoração da indenização total para o valor de R$ 100.000,00 (cem mil reais), o que corresponde a R$ 25.000,00 (vinte e cinco mil reais) por autora.

8. Encontra-se sedimentada a orientação desta Turma no sentido de que inexigível a prova da realização de despesas de funeral, em razão, primeiramente, da certeza do fato do sepultamento; em segundo, pela insignificância no contexto da lide, quando limitada ao mínimo previsto na legislação previdenciária; e, em terceiro, pelo relevo da verba e sua natureza social, de proteção à dignidade humana (Precedentes: REsp n. 625.161/RJ, rel. Min. Aldir Passarinho Júnior, DJU de 17.12.2007; e REsp n. 95.367/RJ, rel. Min. Ruy Rosado de Aguiar, DJU de 3.2.1997)

9. Recurso especial provido. (BRASIL. STJ. REsp n. 210101/PR. Rel. CARLOS FERNANDO MATHIAS. 4ª Turma. DJ: 18 de novembro de 2008) (grifo nosso)

Para defensores dessa teoria, a responsabilidade civil, sem a função punitiva, perderia sua eficácia, visto que o lesante, sobretudo quando se trata de pessoa jurídica, atua segundo critérios de pura racionalidade econômica, visando primordialmente ao lucro. Ademais, o caráter punitivo é a "única forma de dissuadir os agentes econômicos da escolha da violação dos direitos da personalidade"[29].

Quanto ao cálculo da condenação por danos morais, a ordem legal é de não gerar enriquecimento ilícito à vítima. Assim, o valor arbitrado pela condenação deve ser contrabalanceado, de modo a observar tanto seu caráter reparador quanto seu caráter pedagógico, mas nunca podendo dar ensejo ao enriquecimento ilícito.

Desse modo, quando as empresas de telefonia fazem uso de uma análise puramente econômica do Direito, percebem que nunca será a totalidade dos lesados que procurará a via judicial para ressarcimento daquilo que lhe é devido e percebem também que a condenação por danos morais, por não poder enriquecer ilicitamente a vítima, será arbitrada em um valor tal que permite às empresas o descumprimento da norma jurídica, tendo em vista que tal situação continuará sendo economicamente mais vantajosa. Novamente, a infeliz constatação de que o cálculo econômico pode levar a apropriação do espaço público judicial, na medida em que se perceba ser mais vantajoso não cumprir espontaneamente as obrigações e correr o risco do ajuizamento, quer porque a condenação não faz frente ao coletivo do descumprimento ocorrido, quer porque muitos não buscarão a via do ressarcimento judicial, quer porque o tempo é fator que favorece o economicamente mais forte.

Portanto, constata-se que, apesar de as decisões jurisprudenciais adotarem como parâmetro a função punitiva dos danos morais, o *quantum* arbitrado não é suficiente para desestimular as condutas ilícitas das empresas de telefonia, pois, segundo entendimento doutrinário e jurisprudencial, também não podem gerar enriquecimento ilícito à vítima. Assim, diante dessas duas premissas aparentemente antagônicas, quais sejam, a função punitiva dos danos morais e o não enriquecimento ilícito, os valores das condenações em danos morais ainda são muito oscilantes e, na grande maioria das vezes, constituem valores irrisórios se raciocinar que se está diante de uma ostensiva prática abusiva.

Uma solução para evitar o enriquecimento ilícito é o uso dos *"punitive damages"*[30], os quais são adotados no direito anglo-saxão, porém não muito difundida no direito brasileiro. Essa figura corresponde a um montante punitivo a ser destinado a favor de um estabelecimento de beneficência, evitando a alegação de enriquecimento ilícito da vítima, bem como o surgimento da "indústria do dano moral". Ou seja, a adoção dos *"punitive damages"* findaria com a utilização errônea do instituto do dano moral para um salto qualitativo de cunho social.

Uma vez acionado o poder Judiciário, cabe às empresas, como modo de evitar a condenação por danos morais nos Juizados Especiais em Telecomunicações, optar pela tentativa de acordo durante a Audiência de Conciliação.

O acordo é uma maneira eficaz de colocar fim ao litígio, já que é capaz de ajustar os interesses antagônicos das partes de modo a encontrar uma solução viável a todos os envolvidos. A vantagem da conciliação está na certeza daquilo que se negocia, não carecendo de aguardar até a prolação da decisão judicial e, possivelmente, até o julgamento do recurso. A solução da lide é construída, negociada e transacionada, não havendo mais delongas processuais.

Nas palavras de Adriana Goulart de Sena Orsini,

> a conciliação é, regra geral, a melhor forma de resolução da lide. Através dela as partes põem fim ao conflito que deu origem à atuação do Judiciário, transacionando os limites da pretensão e da resistência inicialmente apresentados. Dessa feita, não apenas o processo é extinto, mas também a controvérsia

---

(29) LOURENÇO, Paula Meira. *A função punitiva da responsabilidade civil*. Coimbra: Coimbra Editora, 2006. p. 376.

(30) Os *"punitive damages"* consistem nas indenizações punitivas, também conhecidas como indenizações exemplares, em que o destinatário do montante a ser pago pelo lesante não será a vítima, mas sim uma instituição a ser designada pelo Magistrado, evitando o enriquecimento ilícito e, ao mesmo tempo, desestimulando o lesante à prática de tais atos.

pertinente ao direito material e a lide sociológica porventura existente. Em outras palavras: ocorre a pacificação do conflito, que é a finalidade da própria atuação do Judiciário. (SENA, 2007, p. 155)

Nos Juizados Especiais de Belo Horizonte, um processo que é concluído por meio da conciliação tem a duração média de 40 dias (os processos n. 9029881.71.2011.813.0024 e n. 9029888.63.2011.813.0024 exemplificam bem essa constatação), sendo esse prazo muito inferior quando comparado à duração dos processos submetidos a julgamento. Neste último caso, os processos costumam durar mais de 100 dias (processos n. 9023296.03.2011.813.0024 e processo n. 9017704.75.2011.813.0024).

A rapidez na solução da controvérsia, por meio da conciliação, certamente constitui um fator decisivo ao consumidor, fomentando a negociação e o acordo, mesmo que seja por um valor compensatório inferior ao que comumente é imposto no julgamento.

Para o juiz Eduardo Gomes dos Reis, atuante na 9ª Unidade Jurisdicional Cível do Juizado Especial de Belo Horizonte, a conciliação é a principal alternativa para solucionar com rapidez as demandas típicas de telefonia. Além da presteza na solução da lide, a conciliação possibilita, indiretamente, a remoção da ideia negativa da Justiça em se tratando das demandas de pequeno valor, aprimorando, com isso, a imagem do Judiciário perante a população. Todavia é relevante observar que, nas lides típicas de relação de consumo, o preposto da empresa já inicia a audiência com um valor limite para a negociação, não acatando qualquer alteração na proposta do consumidor, ficando, portanto, limitada a possibilidade de ajustes recíprocos.

Portanto, na visão de Leslie Shérida Ferraz, "é cada vez mais comum que as empresas em geral façam uso de processos litigiosos como estratégia comercial de postergação do pagamento dívidas"[31]. Isso ocorre porque as empresas prestadoras de serviço de telefonia configuram-se como litigantes habituais, cujas estratégias processuais são calculadas com vistas a minimizar suas perdas e custos. É o que será tratado a seguir.

5. Os litigantes habituais

A compreensão crítica da litigância habitual pela sociedade repercute em mudança paradigmática de mentalidade, incidindo em uma conscientização acerca da apropriação do espaço público pelos litigantes contumazes como maneira de postergar o cumprimento de deveres legais. No âmbito dos Juizados Especiais em Telecomunicações, as empresas de telefonia podem ser consideradas como verdadeiras "repeat players"[32], sendo alvo de inúmeras ações, a maioria delas, para discutir irregularidades na má prestação dos serviços e sendo capazes de especular o custo da litigação e sua melhor forma de atuação.

Nesse contexto, há de se concluir que o caráter pedagógico da condenação, com a finalidade de desestimular a conduta ilícita, corresponde a uma contrarresposta do Judiciário frente àqueles que se utilizam da máquina judiciária como maneira hábil para auferir vantagens econômicas.

Acertada é a lição de Adriana Goulart de Sena Orsini ao afirmar que "A eficiência dos litigantes habituais decorre de alguns fatos e posturas que podem ser adotadas, exatamente por posição assídua frente ao Poder Judiciário"[33].

Complementando esse raciocínio, José Roberto Freire Pimenta demonstra quais são as vantagens dos litigantes habituais em face dos litigantes eventuais:

a) maior experiência com o Direito, que lhes possibilita melhor planejamento de cada litígio e do conjunto de litígios em que eles estão ou estarão envolvidos;

b) o litigante habitual tem economia de escala, porque tem mais casos (o que significa que, para cada um deles, ser-lhe-á menos oneroso atuar em Juízo; por exemplo, em se tratando das mesmas lesões eventualmente cometidas contra um número expressivo de empregados, suas defesas e seus meios de prova serão sempre iguais, padronizados ou ao menos semelhantes);

c) o litigante habitual tem oportunidades de desenvolver relações informais com os membros da instância decisora (que, embora não sejam capazes de influenciar o conteúdo de suas decisões imparciais, não deixam de constituir uma vantagem adicional, ao menos para lhe permitir saber qual a melhor maneira de se conduzir ao longo dos feitos e de se argumentar da forma mais persuasiva possível, em

---

(31) FERRAZ, Leslie Shérida. *Acesso à Justiça*: uma análise dos Juizados Especiais Cíveis no Brasil. Rio de Janeiro: Editora FGV, 2010. p. 134.

(32) Na doutrina brasileira, o termo *"repeat players"* é traduzido por "litigantes habituais". A expressão inglesa ficou amplamente conhecida em decorrência dos valiosos ensinamentos sobre esse assunto de Marc Galanter (*The Day After The Litigation Explosion*. Maryland Law Review. 1986. 46:3-39. P. 34. Disponível em: <http://wisc.academia.edu/MarcGalanter/Papers/916587/Day_after_the_Litigation_ Explosion_The>. Acesso em: 1º jul. 2012).

(33) SENA, Adriana Goulart de Sena Orsini. Juízo Conciliatório Trabalhista. *Revista do Tribunal Regional do Trabalho 3ª Região*, Belo Horizonte, v. 45, n. 75, p. 147, jan./jun. 2007.

função de seu conhecimento das posições de cada julgador, já manifestadas em casos similares)

d) ele pode diluir os riscos da demanda por maior número de casos (o que por sua vez vai diminuir o peso de cada derrota, que será eventualmente compensado por algumas vitórias);

e) ele pode testar estratégias diferentes com determinados casos (de natureza material ou processual), de modo a criar precedentes favoráveis em pelo menos alguns deles e a garantir expectativa mais favorável em relação a casos futuros.[34]

De fato, as empresas de telefonia possuem, no âmbito dos Juizados Especiais, as vantagens acima expostas, podendo planejar melhor o conjunto de litígios em que estão envolvidas e testar estratégias diferentes. A litigação para essas empresas é somente um custo extra e não altera expressivamente a sobrevivência da empresa diante das demais concorrentes.

Na pesquisa ora considerada, constatou-se que as prestadoras de telefonia no Brasil com maior participação no polo passivo dos Juizados Especiais em Telecomunicações da cidade de Belo Horizonte, durante o ano de 2011 são: TNL PCS S/A (conhecida no mercado como "OI"), TIM CELULAR S/A, EMPRESA BRASILEIRA DE TELECOMUNICAÇÕES S/A (conhecida no mercado como EMBRATEL), CLARO S/A, VIVO S/A e NEXTEL.

Durante o ano de 2011, foram ajuizadas, ao todo, 5.563 demandas tratando sobre a falha no serviço de telefonia na 9ª e na 10ª Unidade Cível do Juizado Especial Cível de Belo Horizonte. Esse número ainda não inclui as demais reclamações apresentadas perante o PROCON da capital. Estatisticamente, foram mais de 450 processos ajuizados por mês em face de uma dessas seis grandes empresas.

Os litigantes habituais ganham poder de barganha e de manipular as situações fáticas de modo a se beneficiarem com as diversas possibilidades de atuação dentro e fora do Judiciário. Eles adotam estratégias de modo a maximizar os ganhos em longo prazo e em larga escala, avaliando quais as situações favoráveis ao firmamento de um acordo e quando o recurso à turma recursal provavelmente reduzirá o valor da condenação.

Ainda sobre a pesquisa, ficou constatado que as empresas de telefonia (aqui vistas como os litigantes habituais) costumam não recorrer quando a condenação por danos morais permanece em um valor considerado *baixo*[35]. A conformação com a decisão proferida em primeiro grau ocorre porque em primeiro grau não há custas, tampouco honorários advocatícios, diferentemente da turma recursal. Assim, se a empresa decide recorrer de uma condenação cujo valor é considerado baixo quando comparado com as demais decisões proferidas pelo mesmo órgão jurisdicional, requerendo a redução do valor da condenação, dificilmente terá seu recurso provido e, além da improcedência, receberá também a condenação por custas e honorários. Sendo assim, especula-se que até mesmo o grau de recorribilidade das decisões é uma estratégia já planejada de antemão pelos litigantes habituais. É, mais uma vez, o uso da análise econômica do Direito.

Como contrarresposta, cumpre ao Judiciário condenar aplicando o viés punitivo, além do já existente caráter reparatório, de modo a desestimular a continuidade de práticas abusivas e ilícitas. Ou seja, assim como os litigantes habituais enxergam no Judiciário um caminho conveniente para delongar o efetivo cumprimento de suas obrigações contratuais, da mesma maneira cabe ao Judiciário a adoção de medidas legais capazes de intimidar tais abusos.

É importante, ainda, salientar que o Judiciário, por meio de sua jurisprudência, exerce essencial função perante todos os demais membros da sociedade, na medida em suas decisões extrapolam as consequências imediatas às partes, causando também implicações mediatas a toda coletividade, ou seja, influenciando o comportamento dos possíveis futuros litigantes.

Para Marc Galanter[36], as decisões judiciais podem produzir certos efeitos nos comportamentos entre particulares, pois são capazes de encorajá-los ou, muito pelo contrário, desencorajá-los a solucionar seus conflitos por meio da via judicial ou também extrajudicial. Portanto a manifestação fundamentada do órgão jurisdicional funciona como a transmissão de um alerta à sociedade, repercutindo de diferentes maneiras nos diversos segmentos sociais.

Diante de todo exposto, é imperioso concluir que uma ação coordenada no Juizado Especial em Telecomunicação é capaz de influenciar no comportamento das grandes empresas concessionárias do serviço de telefonia,

---

(34) PIMENTA, José Roberto Freire. A conciliação judicial na Justiça do Trabalho após a Emenda Constitucional n. 24/99: aspectos de direito comparado e o novo papel do juiz do trabalho. *Revista LTr*, São Paulo, v. 65, n. 2. 2001. SENA, Adriana Goulart de Sena Orsini. Juízo Conciliatório Trabalhista. *Revista do Tribunal Regional do Trabalho 3ª Regiã*,. Belo Horizonte, v. 45, n. 75, p. 157, jan./jun. 2007.

(35) Valor considerado baixo, nesse contexto, é aquele que gira por volta de R$ 3.000 (três mil reais) diante da comparação com as demais condenações nessa corte.

(36) GALANTER, Marc. *The Day After The Litigation Explosion*. Maryland Law Review. 1986. 46:3-39. P. 34. Disponível em: <http://wisc.academia.edu/MarcGalanter/Papers/916587/Day_after_the_Litigation_ Explosion_The>. Acesso em: 1º jul. 2012.

alterando a conjuntura fática anteriormente favorável à obtenção de vantagens econômicas por meio de práticas abusivas. Assim, em virtude da atuação estratégica dos grandes concessionários de serviço de telecomunicações perante os Juizados Especiais, é forçoso inferir que esses órgãos jurisdicionais sofrem o denominado "excesso de acesso", com demandas repetitivas típicas de uma sociedade consumista.

6. Tutela coletiva

Diante da sistemática do Código de Defesa do Consumidor, é facultado ao consumidor ajuizar reclamação individualmente ou a título coletivo. Ocorre que os Juizados Especiais foram pensados para resolver questões menos complexas em razão de seu dinamismo procedimental, não sendo, portanto, competente para o recebimento de ações coletivas. Esse entendimento foi corroborado no Enunciado 139 do Fórum Nacional de Juizados Especiais (FONAJE), aprovado em novembro de 2010:

A exclusão da competência do Sistema dos Juizados Especiais quanto às demandas sobre direitos ou interesses difusos ou coletivos, dentre eles os individuais homogêneos, aplica-se tanto para as demandas individuais de natureza multitudinária quanto para as ações coletivas. Se, no exercício de suas funções, os juízes e tribunais tiverem conhecimento de fatos que possam ensejar a propositura da ação civil coletiva, remeterão peças ao MP para as providências cabíveis. (BRASIL, 2010)

Assim, apesar de o conflito consumerista ter prerrogativa legal para ser tratado coletivamente, somente são recebidas ações a título individual nos Juizados Especiais. Isso se justifica pela própria natureza do órgão, tendo em vista que a tutela coletiva exige uma fase de conhecimento mais complexa, sem a possibilidade de conciliação e outras medidas largamente adotadas nos Juizados Especiais.

As ações coletivas constituem instrumento hábil para proteger de maneira célere e eficaz os interesses dos consumidores, pois, além de reduzirem o número de ações individuais por meio de decisões que produzam efeitos *erga omnes* ou *ultra partes*, inibem também práticas abusivas dos fornecedores, já que em âmbito coletivo desfalece a hipossuficiência do consumidor, existente no plano fático quando considerado individualmente. Nessa senda, o desequilíbrio material entre fornecedor e consumidor passa a ser mitigado, permitindo que o conflito traga repercussões sociais e econômicas mais significativas, o que, consequentemente, altera políticas sociais dos fornecedores de maneira mais contundente.

Portanto as ações coletivas influenciam na mudança do comportamento abusivo dos prestadores de serviço, significando um ganho para toda coletividade. Nas palavras de Ellen Cristina Gonçalves Pires:

As ações coletivas devem ser intensificadas, pois desempenham importante papel na tutela coletiva dos interesses dos consumidores e representam um ganho para a coletividade, possuindo efeito preventivo perante os fornecedores que tanto as temem, conduzindo estes a uma mudança de postura frente aos direitos fundamentais dos consumidores.[37]

O surgimento das ações coletivas ganhou resguardo jurídico na medida em que o indivíduo passou a ser considerado como um sujeito de direito inserido na comunidade em que vive, superando a concepção liberal do século XIX e ganhando força a concepção do "homem social"[38].

Dentro desse contexto, a Ação Civil Pública (Lei n. 7.347/85) é o instrumento concebido para tutelar os direitos dos consumidores no âmbito coletivo, podendo ser ajuizada pelo Ministério Público, pelas associações criadas para esse fim e por outras entidades legitimadas pelo art. 5º desse diploma legal.

Quanto à legitimidade ativa do Ministério Público para tutelar direitos individuais homogêneos, apesar da divergência doutrinária, prevalece o entendimento no Superior Tribunal de Justiça de que tal medida somente será possível quando a matéria traduzir em relevância social, não bastando para tanto a soma de interesses individuais[39].

As associações de consumidores merecem especial apreço, pois atuam com a finalidade de atingir o equilíbrio ético nas relações de consumo e de reprimir o abuso do poder econômico. Para tanto utilizam-se de ações civis públicas, as quais vêm ganhando prestígio diante do novel quadro de direitos coletivos cuja legitimidade é reconhecida pelo Superior Tribunal de Justiça. De fato, é somente por meio de uma sociedade articulada e, sobretudo, consciente de seus direitos que se torna factível a concretização de atitudes com vistas a suprir deficiências econômicas já enraizadas no seio da sociedade.

As ações coletivas, portanto, apontam para uma maior concretização dos preceitos fundamentais de acesso à justiça, ultrapassando a barreira cultural apontada por Cappelletti, e favorecendo, em certa medida, a transformação da realidade social.

Diante dessa nova concepção processual, o magistrado deve também estar sensível para as novas questões jurídicas, extrapolando os esquemas decisórios tradicionais e

---

(37) PIRES, Ellen Cristina Gonçalves. *O Direito do Consumidor e os Juizados Especiais Cíveis*. São Paulo: IOB Thomson, 2006. p. 154.
(38) THEODORO JÚNIOR, Humberto. *Curso de Direito Processual Civil*. 3. vol., 41. ed. Rio de Janeiro: Forense, 2009. p. 479.
(39) BRASIL. STJ. REsp n. 605.295/MG. Relª. Minª. Laurita Vaz. DJ: 20 de outubro de 2009.

adotando uma postura mais proativa com a consciência de que sua decisão emite respostas aos demais possíveis litigantes, o que ultrapassa a relação endoprocessual.

> O juiz, acima de tudo, dá à lei sua interpretação, com grande flexibilidade dentro do sistema. O juiz não pode, porém, ser mero aplicador de textos, a exercer como autômato a subsunção da norma ao fato. Há a necessidade de se observar a realidade, a dinâmica do cotidiano. Acima de tudo, o juiz assegura a Justiça, avaliza o Direito, é um protagonista dos anseios da sociedade. O juiz não opina, decide. Decide nas causas que lhe sejam submetidas à apreciação, nos autos. (MARTINS, 2011. p. 79)

Quando o consumidor atua individualmente nos Juizados Especiais, mormente por meio do serviço de atermação, ele procura no Judiciário, em síntese, a restauração de um serviço não prestado ou a correção das falhas na prestação desse serviço. É a via judicial solucionando questões não resolvidas pelas esferas administrativas. Já quando os consumidores reúnem-se coletivamente, por meio de associações, ganham força substancial frente ao fornecedor, conforme salientado acima. Essas duas formas de tutela merecem igualmente sustento jurídico, pois consolidam o acesso à justiça de maneiras distintas, apesar de complementares. O que merece estudo adiante é a maneira preventiva de coibir as ostensivas práticas atentatórias aos direitos fundamentais dos consumidores.

7. Agências reguladoras

É princípio constitucional a livre concorrência, insculpido no art. 170, inciso IV da Magna Carta. Esse princípio se coaduna com os consagrados direitos dos consumidores, "na medida em que a competitividade induz a uma distribuição de recursos a mais baixo preço"[40]. Todavia, para garantir a lisura na concorrência entre os particulares, cumpre ao Estado o dever de regulamentar e de fiscalizar a prestação das atividades econômicas.

Quanto ao setor de telecomunicações, a Constituição reservou-lhe natureza de serviço público e, portanto, será prestado pelo Estado diretamente ou mediante delegação (art. 21, inciso XI, da Constituição Federal). Esse dispositivo foi inserido na Carta Magna em 1995, por meio da Emenda Constitucional n. 8, que previu também a criação do órgão regulador específico para o setor das telecomunicações — a Agência Nacional de Telecomunicações (ANATEL)

Em decorrência desse dispositivo constitucional, é concebida em 1997 a Lei n. 9.472 – Lei Geral das Telecomunicações, ficando definido que as empresas de telecomunicações atuarão no setor econômico brasileiro por meio da concessão de serviço público (art. 83, Lei n. 9.472/97).

Tendo em vista que o serviço de telecomunicações é um serviço de natureza pública, delegado às empresas particulares, conclui-se que ao Estado resta tão somente a sua fiscalização e regulação. A desestatização foi uma tendência da década de 90, em que o Estado neoliberal reordenou sua intervenção na economia. Todavia é importante salientar que, mesmo diante do processo de privatização, o serviço de telecomunicações permanece com sua natureza de serviço público e em razão disso as empresas privadas "atuam como uma *longa manus* do poder estatal"[41].

Um dos propósitos da regulação do Estado por meio das Agências Reguladoras é de "proteger o consumidor perante a ineficiência, o lucro excessivo e assegurar-lhe satisfação"[42]. Nesse aspecto, quanto maior for a fiscalização estatal, por meio de uma atuação proativa da ANATEL, menor serão os casos de reclamações em decorrência da falha no serviço perante o Judiciário, prevenindo conflitos e reduzindo a elevada litigiosidade, o que, no entanto, não corresponde à realidade atual.

O presente artigo não pretende exaurir o estudo acerca das Agências Reguladoras por motivos didáticos. O que se deseja enfatizar é que a Lei n. 9.472, em seu art. 19, inciso VI, e art. 104, § 2º, prevê a possibilidade de aplicação de sanções administrativas com a finalidade de preservar o interesse público e de impedir o aumento arbitrário dos lucros ou práticas prejudiciais à competição.

Nesses casos, a Lei prevê o limite máximo da multa no valor de R$ 50.000.000,00 (cinquenta milhões de reais) para cada infração cometida, calculada conforme o princípio da proporcionalidade:

> Art. 179, Lei n. 9.472 – A multa poderá ser imposta isoladamente ou em conjunto com outra sanção, não devendo ser superior a R$ 50.000.000,00 (cinquenta milhões de reais) para cada infração cometida.
>
> § 1º Na aplicação de multa serão considerados a condição econômica do infrator e o princípio da proporcionalidade entre a gravidade da falta e a intensidade da sanção. (BRASIL, 1997)

Verifica-se, portanto, que a sanção administrativa de competência da ANATEL supera demasiadamente o valor

---

(40) GRAU, Eros Roberto. *A Ordem Econômica na Constituição de 1988*. 11. ed., rev. e atual. São Pulo: Malheiros, 2006. p. 209.
(41) MADEIRA, José Maria Pinheiro, citando Grau. *Administração Pública Centralizada e Descentralizada*. 2. ed. Rio de Janeiro: América Jurídica, 2003. p. 260.
(42) *Ibidem*, p. 240.

habitualmente aplicado nos Juizados Especiais a título de danos morais, ainda que considerando seu viés punitivo/pedagógico.

Diante dessa comparação, é imperiosa a necessidade de refletir sobre a atuação da ANATEL na busca da defesa dos interesses da coletividade, chegando à conclusão de que ainda é ineficiente sua represália para a tutela dos direitos dos consumidores, pois, caso contrário, os Juizados Especiais não permaneceriam afetados pelo que se denomina "excesso de acesso". Portanto não basta a atuação via judicial na tentativa de coibir ou reduzir as condutas abusivas praticadas repetidamente pelas empresas de telefonia. A importância da via judicial é inegável, mormente ao considerar que o princípio da inafastabilidade do Judiciário é corolário constitucional. Todavia a atuação da ANATEL seria, por certo, mais eficiente em decorrência da sua natureza preventiva, além de o valor da sanção administrativa ser consideravelmente superior, sendo capaz de desestimular as repetidas práticas ilegais das empresas. As condenações nos Juizados Especiais, de modo geral, não ultrapassam R$ 13.000,00 (treze mil reais)[43], valor este que pode facilmente ser colocado na planilha financeira das empresas de telefonia como sendo um custo a mais a ser suportado diante do lucro obtido pela prestação do serviço, e que será, ao final, embutido no valor cobrado do consumidor.

Somente após diversas críticas midiáticas a respeito da ineficiência no setor de telefonia é que a ANATEL, em 18.7.2012, adotou importante postura proativa no sentido de tentar coibir o abuso econômico, suspendendo as vendas de novas linhas telefônicas de três empresas de telefonia até que elas apresentem um plano de investimentos para os próximos dois anos, solucionando problemas de qualidade nos serviços[44]. Certamente, tal atitude constitui exemplo de postura mais incisiva e diligente da ANATEL no intuito de corresponder às reclamações consumeristas vinculadas à má prestação do serviço e à prática abusiva contumaz pelas empresas concessionárias. De qualquer modo, há ainda muito a ser feito em âmbito administrativo e fiscalizatório para adequação do serviço público, prestado pela iniciativa privada, sobretudo ao considerar a necessidade da prestação de forma contínua e universal, sem paralisações injustificadas, em razão de sua natureza de serviço essencial.

8. Conclusões

Os Juizados Especiais Cíveis surgiram em consonância com o princípio constitucional de Acesso à Justiça e, na prática, buscou resgatar a acessibilidade ao Judiciário, especialmente das pequenas causas, por meio de decisões céleres, que resolvessem o conflito em definitivo, valorizando medidas conciliatórias.

A pesquisa realizada no Juizado Especial em Telecomunicações de Belo Horizonte diagnosticou que a maioria das ações é ajuizada em decorrência da má prestação do serviço de telefonia e da cobrança indevida, repercutindo inclusive na negativação indevida dos dados do consumidor em cadastros de proteção ao crédito.

Todas essas ações apresentam como polo passivo as poucas grandes empresas de telefonia no Brasil que atuam no Juizado Especial, sendo, pois, litigantes habituais nessa unidade de jurisdição. Utilizam-se do espaço público de tal maneira que foi necessário constituir um ramo especializado no Juizado Especial para tratar quase exclusivamente de questões envolvendo as telecomunicações. Apresentam defesas genéricas em decorrência da similitude entre os diversos processos interpostos. Além disso, atuam com base em cálculos econômicos, não cumprindo espontaneamente suas obrigações, assimilando o processo judicial como importante peça na engrenagem do conflito consumerista ocorrido.

A propositura de ações tão semelhantes, com a finalidade precípua de reparar a má prestação do serviço de telefonia, gera a seguinte constatação: há um "excesso de acesso" nesse setor de telecomunicações dos Juizados Especiais.

Quando se analisa o "excesso de acesso", o objetivo não é a redução desse acesso por meio de uma desconstrução de toda a teoria do "Acesso à Justiça", que vem sendo edificada desde a década de 80. Na verdade, essa percepção é uma análise crítica para demonstrar sintomas de uma *patologia jurídica* que merecem ser tratados com cautela não na tentativa de reduzir o ingresso ao Judiciário, mas de descobrir as razões que motivam a procura pela tutela judicial, apontando os possíveis abusos do uso do espaço jurisdicional público pelos litigantes habituais.

Constata-se, portanto, que as empresas de telefonia optam por descumprir suas obrigações contratuais postergando-as pela via judicial. Nesse contexto, é de extrema importância a contrarresposta do Judiciário diante dessa ostensiva prática repudiada pelo ordenamento jurídico, valorizando a função punitiva do dano moral, na medida em que se torna primordial para desestimular as condutas abusivas.

---

(43) Empiricamente baseado na pesquisa realizada no Juizado Especial em Telecomunicações de Belo Horizonte durante o ano de 2011.
(44) ANATEL DECIDE SUSPENDER VENDAS DE CLARO, OI E TIM A PARTIR DE SEGUNDA-FEIRA. Folha de São Paulo. 2012. Disponível em: <http://www1.folha.uol.com.br/mercado/1121986-anatel-decide-suspender-vendas-de-claro-oi-e-tim-a-partir-de-segunda-feira.shtml>. Acesso em: 19 jul. 2012.

Além das demandas individuais abarcadas pelos Juizados Especiais, o avigoramento da tutela coletiva é apontado como uma possível solução para a redução da litigiosidade no setor de telefonia, pois desse modo fica suavizado o desequilíbrio material entre consumidor e fornecedor, trazendo repercussões sociais mais significativas que permitam alterações nas políticas negociais e na qualidade do serviço prestado.

Não obstante a atuação judicial, é importante destacar também a relevância da ANATEL como órgão responsável pela fiscalização e controle do serviço de telefonia, sendo competente inclusive para a penalização de condutas que estão em desacordo com as finalidades da Lei. Todavia, sua atuação no caso concreto ainda é insatisfatória para coibir atitudes anticoncorrenciais. Ou seja, apesar da competência legal da ANATEL para aplicação de sanções às empresas prestadoras do serviço, o que se observa é a maximização dos lucros dessas empresas diante da má prestação do serviço de telefonia.

O fenômeno do "excesso de acesso" carrega em si diversas facetas e envolve diferentes ramos jurídicos. Sua completa compreensão (com a finalidade de diagnosticar os problemas e de apontar possíveis soluções), requer estudo aprofundado sobre temas como o acesso à justiça, o processo de desestatização da economia, as ações coletivas, os juizados especiais e as agências reguladoras. Ou seja, um estudo genérico, abstrato e distante de comprovações empíricas dificulta o aprendizado e a mudança paradigmática do modo de pensar da sociedade.

Referências bibliográficas

ANATEL DECIDE SUSPENDER VENDAS DE CLARO, OI E TIM A PARTIR DE SEGUNDA-FEIRA. *Folha de S. Paulo*. 2012. Disponível em: <http://www1.folha.uol.com.br/mercado/1121986-anatel-decide-suspender-vendas-de-claro-oi-e-tim-a-partir-de-segunda-feira.shtml>. Acesso em: 19 jul. 2012.

BRASIL. *Constituição de 1988*. Constituição da República Federativa do Brasil. Brasília, DF. 1988. In: *Vade Mecum Acadêmico de Direito*, Rideel/ Anne Joyce Angher, organização. 13. ed. São Paulo: Rideel. 2011.

_____. Fórum Nacional De Juizados Especiais. Enunciado n. 139. 2010. Disponível em: <http://www.fonaje.org.br/2012/?secao=exibe_secao&id_secao=6>. Acesso em: 22 jun. 2012.

_____. Lei n. 8.078 de 1990. Dispõe sobre a proteção do consumidor e dá outras providências. Diário Oficial da União, Brasília, DF. 1990. In: *Vade Mecum Acadêmico de Direito*, Rideel/ Anne Joyce Angher, organização. 13. ed. São Paulo: Rideel, 2011.

_____. Lei n. 9.472 de 1997. Dispõe sobre a organização dos serviços de telecomunicações, a criação e funcionamento de um órgão regulador e outros aspectos institucionais, nos termos da Emenda Constitucional n. 8, de 1995. Diário Oficial da União, Brasília, DF. 1997. In: *Vade Mecum Acadêmico de Direito*, Rideel/ Anne Joyce Angher, organização. 13. ed. São Paulo: Rideel. 2011.

BRASIL TEM MAIS CELULARES QUE PESSOAS. *Revista Época online*. Ciência e Tecnologia. Disponível em: <http://revistaepoca.globo.com/Revista/Epoca/0,,EMI203626-15224,00.html>. Acesso em: 3 jun. 2012.

CAHALI, Yussef Said. *Dano Moral*. 4. ed. São Paulo: Editora Revista dos Tribunais, 2011.

CAPPELLETTI, Mauro; GARTH, Bryant. *Acesso à Justiça*. Trad. Ellen Gracie Northfleet. Porto Alegre: Fabris, 1988.

CARVALHO FILHO, José dos Santos. *Manual de Direito Administrativo*. 23. ed. Rio de Janeiro: Lumen Juris, 2010.

COSTA, Cristina. *Sociologia:* introdução à ciência da sociedade. 3. ed. São Paulo: Moderna, 2005.

DINAMARCO, Cândido Rangel. *Instituições de direito processual civil*. São Paulo: Malheiros, 2001. v.1.

DINAMARCO, Cândido Rangel; GRINOVER, Ada Pellegrini; CINTRA, Antonio Carlos de Araújo. *Teoria Geral do Processo*. São Paulo: Malheiros, 2009.

DI PIETRO, Maria Sylvia Zanella. *Direito Administrativo*. 21. ed. São Paulo: Atlas, 2008.

FERNANDES, Bernardo Gonçalves. *Acesso à Justiça no Estado Democrático de Direito*. Dissertação (Mestrado em Direito Constitucional). Belo Horizonte: Universidade Federal de Minas Gerais, 2001.

FERRAZ, Leslie Shérida. *Acesso à Justiça:* uma análise dos Juizados Especiais Cíveis no Brasil. Rio de Janeiro : Editora FGV, 2010.

GALANTER, Marc. *The Day After The Litigation Explosion*. Maryland Law Review. 1986. 46:3-39. P. 34. Disponível em: <http://wisc.academia.edu/MarcGalanter/Papers/916587/Day_after_the_Litigation_Explosion_The>. Acesso em: 1º jul. 2012.

GOMES, Orlando. *Obrigações*. 11. ed. Rio de Janeiro: Forense, 1996.

GRAU, Eros Roberto. *A Ordem Econômica na Constituição de 1988*. 11. ed., rev. e atual. São Paulo: Malheiros, 2006.

GRINOVER, Ada Pellegrini. *O processo em evolução*. Rio de Janeiro: Forense, 1998.

HERMANN, Ricardo Torres. *O tratamento das demandas de massa nos Juizados Especiais Cíveis*. Rio de Janeiro : FGV Direito Rio, 2010.

IANNI, Octavio. *A Era do Globalismo*. Rio de Janeiro: Civilização Brasileira, 1996, p. 11. *In*: REIS, Daniela Muradas. Crise do Estado Social e Negociação Coletiva. *Direito do Trabalho:* evolução, crise, perspectivas. PIMENTA, José Roberto Freire *et al*. (Coord.) São Paulo: LTr, 2004.

LOURENÇO, Paula Meira. *A função punitiva da responsabilidade civil*. Coimbra: Coimbra Editora, 2006.

MADEIRA, José Maria Pinheiro, citando Grau. *Administração Pública Centralizada e Descentralizada*. 2. ed. Rio de Janeiro: América Jurídica, 2003.

MARINONI, Luiz Guilherme; ARENHART, Sérgio Cruz. *Curso de Processo Civil:* Processo de Conhecimento. 6. ed. São Paulo: RT, 2006. v. .

MARTINS, Sergio Pinto. *Direito Processual do Trabalho*. 32. ed. São Paulo: Atlas, 2011.

MINAS GERAIS. Tribunal de Justiça de Minas Gerais. Juizado Especial Cível. 09ª e 10ª Unidade Jurisdicional Cível.

NERY JÚNIOR, Nelson. *Princípios do processo civil na Constituição Federal*. 8. edição. São Paulo: RT, 2004.

OLIVEIRA, Celso Marcelo de. *Teoria Geral da Responsabilidade Civil e de Consumo*. São Paulo: IOB Thomson, 2005.

PIMENTA, José Roberto Freire. A conciliação judicial na Justiça do Trabalho após a Emenda Constitucional n. 24/99: aspectos de direito comparado e o novo papel do juiz do trabalho. *Revista LTr*. São Paulo, v. 65, n. 02. 2001. *In*: SENA, Adriana Goulart de Sena Orsini. Juízo Conciliatório Trabalhista. *Revista do Tribunal Regional do Trabalho 3ª Região*, Belo Horizonte, v. 45, n. 75, jan./jun. 2007.

PIRES, Ellen Cristina Gonçalves. *O Direito do Consumidor e os Juizados Especiais Cíveis*. São Paulo: IOB Thomson, 2006.

RODRIGUES, Silvio. *Direito Civil. Responsabilidade Civil*. 1989. vol. 4, p. 206. *Apud* André Gustavo C. de Andrade em: <http://portaltj.tjrj.jus.br/c/document_library/get_file?uuid=74bfc8dc-8125-476a-88ab-93ab3cebd298&groupId=10136>. Acesso em: 11 jun. 2012.

RODYCZ, Wilson Carlos. O Juizado especial cível brasileiro e as smalls clains courts americanos-comparaçao de alguns aspectos. *Revista dos Juizados Especiais: doutrina e jurisprudência*, Porto Alegre, Tribunal de Justiça do Rio Grande do Sul, Departamento de Artes Gráficas, n. 18, vol. 4, 1996.

SANTOS, Boaventura de Sousa. *Para uma Revolução Democrática da Justiça*. São Paulo: Cortez, 2007.

SAVATIER, René. *Traité de la Responsabilité Civile en Droit Français*. 1951. Tomo II, n. 525, p. 92. *Apud* André Gustavo C. de Andrade em: <http://portaltj.tjrj.jus.br/c/document_library/get_file?uuid=74bfc8dc-8125-476a-88ab-93ab3cebd298&groupId=10136>. Acesso em: 11 jun. 2012.

SENA, Adriana Goulart de Sena Orsini. Juízo Conciliatório Trabalhista. *Revista do Tribunal Regional do Trabalho 3ª Região*, Belo Horizonte, v. 45, n. 75, jan./jun. 2007.

THEODORO JÚNIOR, Humberto. *Curso de Direito Processual Civil*. 3. vol., 41. ed. Rio de Janeiro: Forense, 2009.

WATANABE, Kazuo. Filosofia e características básicas do Juizado Especial de Pequenas Causas. *In*: Kazuo WATANABE (Coord.) *Juizado Especial de Pequenas Causas*. São Paulo: Revista dos Tribunais, 1985.

A Nova Competência para Julgar as Causas Atinentes à Complementação de Aposentadoria e Pensões

Lamartino França de Oliveira

Nessa obra coletiva, coube-nos traçar algumas impressões sobre o mais recente posicionamento do Supremo Tribunal Federal no que tange à competência para processar e julgar causas atinentes à complementação de aposentadoria e pensões da previdência privada.

Os sistemas previdenciários previstos na Constituição Federal

A Constituição Federal instituiu no país dois sistemas previdenciários: um público e outro privado.

O sistema público de previdência tem natureza institucional e é patrocinado pelas pessoas jurídicas de direito público interno. Caracteriza-se por ser de filiação e contribuição compulsória. Subdivide-se em dois regimes: o Regime Geral de Previdência Social (RGPS) e o Regime Próprio de Previdência dos Servidores Públicos (RPSP), aquele disciplinado pelos arts. 201 e 202, e esse previsto no art. 40 e seus parágrafos, todos da Constituição Federal.

O RGPS, a rigor, é aplicável aos trabalhadores em geral, regidos ou não pela CLT. Ainda, alberga os servidores públicos não efetivos, os quais possuem contratos precários com a administração pública. O RPSP destina-se aos servidores públicos efetivos da União, estados e municípios.

Já o sistema privado de previdência é complementar ao RGPS e de filiação facultativa. Tem natureza jurídica de contrato civil e subdivide-se em aberto e fechado.

O subsistema de previdência privada complementar será fechado sempre que, por iniciativa patronal, também denominado de patrocinador, for constituída uma pessoa jurídica gestora dos recursos, na forma de fundação ou sociedade civil, sem fins lucrativos. Regra geral, os planos previdenciários são direcionados para os empregados do patrocinador ou do grupo econômico que esse integre. Sua finalidade é a de complementar os benefícios do RGPS garantindo na inatividade a paridade dos vencimentos recebidos na atividade, mediante a complementação do valor dos benefícios.

Diferentemente, o sistema privado de previdência complementar será aberto quando as pessoas jurídicas gestoras dos recursos forem constituídas na forma de sociedades anônimas, sem vinculação direta a qualquer empregador ou trabalhador.

A anterior competência da Justiça do Trabalho

Até fevereiro de 2013 era pacífico no âmbito da jurisprudência do TST que a competência para processar e julgar as demandas envolvendo pedidos de complementação de aposentadoria e pensões do sistema privado de previdência complementar fechado era da Justiça do Trabalho. Nesse sentido estão as redações das Súmulas ns. 92, 97, 288, 326 e 327.

No STF, havia três posições cristalizadas sobre o tema, a depender sempre da causa *petendi* e do julgado do tribunal de origem. Essas posições foram assim sintetizadas pelo ministro César Peluso (2013):

> Eu distingo três casos, dependendo cada um deles do que o tribunal local tenha decidido. Quando o tribunal local afirma, perante a prova, que a questão está relacionada com contrato de trabalho, eu reconheço com o Tribunal, nos acórdãos em que já citei, que a competência é da Justiça do Trabalho. Quando o tribunal local reconhece que a matéria nada tem com contrato de trabalho, reconheço com o tribunal local, que a competência é da Justiça Comum [...] quando a matéria seja controversa e não possa ser resolvida de outro modo senão reexaminando as provas, eu não conheço do recurso. (STF. Voto vista do min. César Peluso no RE n. 586.453. DJe 6.6.2013)

Com efeito, tal como o TST, o STF, por intermédio de suas duas turmas, firmara o entendimento de que seria competente a Justiça Trabalhista para julgar as ações de complementação de aposentadoria e pensões sempre que a relação previdenciária tivesse por origem o contrato de trabalho. Nessa linha cita-se o AI n. 735.577-AgR, relª. minª. Cármen Lúcia, 1ª Turma, unânime, DJe 6.8.2009 e o AI n. 583.498-AgR, rel. min. Eros Grau, 2ª Turma, unânime, DJ 2.6.2006.

De outra banda, as turmas do STF definiam que a Justiça Comum seria a competente para processar e julgar os pedidos de complementação de aposentadoria e pensões sempre que a causa não tivesse se originado de um contrato de trabalho. Nesse sentido o RE n. 526.615-AgR, relª. minª. Cármen Lúcia, 1ª Turma, unânime, DJe 31.1.2008 e o RE n. 465.529-AgR, rel. min. Cezar Peluso, 2ª Turma, unânime, DJe 3.5.2007.

Pode-se afirmar, então, que tanto no TST como no âmbito das turmas do STF não havia dúvida de que as controvérsias envolvendo a competência para a complementação de aposentadoria de previdência privada fechada deveriam ser dirimidas pela Justiça do Trabalho.

Entretanto, descontente com a dualidade interpretativa existente no âmbito turmário do STF, a ministra Ellen Gracie, nos autos do processo RE n. 586.453, invocou a repercussão geral da matéria, suscitando que o pleno do STF pacificasse a questão, no que foi atendida.

A mudança do paradigma jurisprudencial

Apesar das firmes posições jurisprudenciais do TST e das turmas do STF sobre o tema em epígrafe, não se pode olvidar que junto aos operadores do direito e à doutrina o tema ainda era controverso: uns entendiam que competente seria a Justiça do Trabalho, outros defendiam a competência da Justiça Comum.

Utilizando-se da redação atribuída ao § 2º do art. 202 da Constituição, pela Emenda Constitucional n. 20/1998, a ministra Ellen Gracie construiu no RE n. 586.453 a teoria exegética que alterou o paradigma jurisprudencial então pacificado da competência em questão. Abandonou ela a aplicação reinante do art. 114 da Constituição Federal, que norteava as interpretações no TST e nas turmas do STF, para adotar o disposto no § 2º do art. 202 da CF/88, *verbis*:

> As contribuições do empregador, os benefícios e as condições contratuais previstas nos estatutos, regulamentos e planos de benefícios das entidades de previdência privada não integram o contrato de trabalho dos participantes, assim como, à exceção dos benefícios concedidos, não integram a remuneração dos participantes, nos termos da lei.

Em seu voto condutor, o qual foi acompanhado por outros cinco ministros, a relatora do RE n. 586.453 partiu da premissa de que a complementação de aposentadoria tem como origem um contrato de trabalho já extinto e que não obstante a ex-empregadora seja garantidora da entidade fechada de previdência, o beneficiário não mantém mais relação de emprego. Observou que a relação entre o associado e a entidade de previdência privada não é trabalhista, nos seguintes termos:

> Entendo que compete à Justiça Comum o julgamento da presente causa, tendo em vista a inexistência de relação trabalhista entre o beneficiário e a entidade fechada de previdência complementar. O surgimento de eventual controvérsia terá natureza cível, não trabalhista. (STF. RE n. 586.453. Relª. Minª. Ellen Gracie. Dje 6.6.2013)

Penso diferente.

A meu ver, a decisão paradigma que alterou toda a estrutura da competência para as causas de complementação de aposentadoria e pensões da previdência privada fechada trocou, equivocadamente, uma norma processual específica, no caso o art. 114, IX, da CF/88, por uma de direito material, art. 202, § 2º da CF/88. Esta trata da não integração do pactuado e dos benefícios no contrato de trabalho e conjunto remuneratório percebido durante a relação jurídica material; aquela cuida da competência da Justiça do Trabalho.

Na linha dessa interpretação está Sérgio Pinto Martins (2013):

> O § 2º do art. 202 da Constituição não trata de competência, mas de regra de direito material, de Previdência Privada Complementar, tanto que está inserida na Seção III (Da Previdência Social), do Capítulo II (Da Seguridade Social), do Título VIII (Da Ordem Social) da Constituição de 1988 [...] O § 2º do art. 202 da Constituição da República estabelece apenas a natureza jurídica das contribuições e benefícios, declarando que as referidas verbas não integram o contrato de trabalho dos participantes, para fins de vedar a incorporação do valor recebido de previdência privada não venha a incidir sobre os benefícios pagos pela Previdência Social (Pública). Não trata de competência para apreciação de ação que envolva complementação de aposentadoria. (MARTINS, 2013)[1]

O ministro Joaquim Barbosa defendeu esse entendimento quando proferiu o seu voto no RE n. 586.453, argumentando que:

> Nenhum empregador está legalmente obrigado a instituir plano de previdência privada para os seus funcionários, o que o legislador constituinte quis dizer, com o dispositivo mencionado, é que, uma vez instituído espontaneamente no âmbito de uma determinada empresa um plano de previdência privada, em nenhuma hipótese os benefícios desse plano se somarão definitivamente ou integrarão, por força da habitualidade, o respectivo contrato de trabalho.
>
> Não me parece que o dispositivo constitucional mencionado tenha o alcance que se pretende lhe atribuir – isto é, o de segregar o contrato de previdência privada complementar das relações de direito de trabalho eventualmente existentes entre o indivíduo e o patrocinador, com repercussão no que tange à fixação da Justiça Comum para o julgamento dos conflitos decorrentes do aludido ajuste. (STF. Voto vista do min. Joaquim Barbosa no RE n. 586.453. Dje 6.6.2013)

Não obstante a essas ponderações, prevaleceu no julgado a tese apresentada pela ministra Ellen Gracie. Como ela se aposentou durante o julgamento, coube ao min. Dias

---

(1) MARTINS, Sérgio Pinto. Competência para analisar questões de complementação de aposentadoria. Disponível em: <http://www.cartaforense.com.br/conteudo/colunas/competencia-para-analisar-questoes-de-complementacao-de-aposentadoria/10587>. Acesso em: 9 jun. 2013.

Tóffoli redigir o acórdão do RE n. 586.453, cuja ementa se transcreve:

> Recurso extraordinário — Direito Previdenciário e Processual Civil — Repercussão geral reconhecida — Competência para o processamento de ação ajuizada contra entidade de previdência privada e com o fito de obter complementação de aposentadoria — Afirmação da autonomia do Direito Previdenciário em relação ao Direito do Trabalho — Litígio de natureza eminentemente constitucional, cuja solução deve buscar trazer maior efetividade e racionalidade ao sistema — Recurso provido para afirmar a competência da Justiça comum para o processamento da demanda — Modulação dos efeitos do julgamento, para manter, na Justiça Federal do Trabalho, até final execução, todos os processos dessa espécie em que já tenha sido proferida sentença de mérito, até o dia da conclusão do julgamento do recurso (20.2.2013). (STF. RE n. 586.453. Relª. Ellen Gracie. Red. Designado Min. Dias Tóffoli. Dje 6.6.2013)

Destarte, com repercussão geral, firmou-se então, desde 20.2.2013, na Corte Constitucional brasileira o entendimento de que é da Justiça Comum a competência para o processamento de demandas ajuizadas contra entidades privadas de previdência nas quais se busca o complemento de aposentadoria e pensões.

Da modulação dos efeitos da decisão

Cientes de que a alteração da competência em tela geraria insegurança jurídica e retardaria o trâmite dos processos já ajuizados na Justiça do Trabalho, haja vista que essa possui padrão processual e procedimental distinto do da Justiça Comum, resolveram os ministros do STF modular os efeitos da decisão que atribuiu à Justiça Comum o processamento e julgamento das demandas da previdência privada.

Assim, resolveu o pleno do STF determinar que os processos já sentenciados continuassem na justiça laboral, inclusive os que estivessem na fase de cumprimento da sentença. Para os processos ainda não sentenciados na data do julgamento do RE n. 586.453, 20.2.2013, deveria haver a remessa desses, no estado em que se encontravam, para a Justiça Comum competente.

Do efeito imediato na jurisprudência do TST

Uma plêiade de processos estava com o andamento suspenso no TST aguardando o julgamento pelo STF da competência em sede de previdência privada.

Conhecida a nova posição exegética do STF, as turmas do TST passaram a julgar os processos em trâmite na Corte trabalhista.

No julgamento do recurso de revista, TST-RR-27800-68.2008.5.15.0005, a 4ª turma do TST, na esteira do decidido pelo STF, entendeu ser inaplicável aos casos em exame naquela corte as normas tuitivas da CLT, bem como as súmulas e orientações jurisprudenciais que tratam da complementação de aposentadoria.

A EC n. 20 de 1998, conferindo nova redação ao art. 202 da CF/88, estabeleceu em seu § 2º que "as condições contratuais previstas nos estatutos, regulamentos e planos de benefícios das entidades de previdência privada não integram o contrato de trabalho dos participantes, assim como, à exceção dos benefícios concedidos, não integram a remuneração dos participantes, nos termos da lei". Assim, com o advento da Lei Complementar n. 109/2001, que dispõe sobre o Regime de Previdência Complementar e nos termos da norma constitucional acima transcrita, **tornou-se clarividente a impossibilidade de aplicação aos planos de previdência complementar do mesmo raciocínio adotado para as normas que integram o contrato de trabalho, afastando-se, por isso, a incidência do art. 468 da CLT ao presente caso. Também não cabe mais adotar, em casos como o dos autos, o entendimento contido na Súmula n. 288 desta col. Corte**, o qual, utilizando como norma basilar para a construção da jurisprudência o disposto no mencionado art. 468 da CLT, declarou, diante da impossibilidade da alteração contratual lesiva, que "a complementação dos proventos de aposentadoria é regida pelas normas em vigor na data da admissão do empregado, observando-se as alterações posteriores desde que mais favoráveis ao beneficiário do direito". (TST-RR-27800-68.2008.5.15.0005. 4ª turma. relª. Maria Assis Calsing. Pub. DJe 17.5.2013) (sem negrito no original).

Parece que outro não será o entendimento das demais turmas do TST. Então não será demais afirmar que o STF não apenas decidiu sobre a competência para o processamento e julgamento da complementação de aposentadoria. Ele, por via transversa, definiu também que as normas tutelares do Direito do Trabalho não se aplicam a tal relação jurídica previdenciária.

Referências bibliográficas

MARTINS, Sérgio Pinto. *Competência para analisar questões de complementação de aposentadoria*. Disponível em: <http://www.cartaforense.com.br/conteudo/colunas/competencia-para-analisar-questoes-de-complementacao-de-aposentadoria/10587>. Acesso em: 9 jun. 2013.

A PEC Peluso e a Reforma do Judiciário

Antônio Álvares da Silva

1. Colocação do problema

A reforma do Judiciário é um problema que se arrasta no Brasil. Com o intuito de realizá-la, fez-se muito alvoroço, seguido de poucos fatos. *"Verba non sufficiunt ubi opus est factum"* — ensina a velha sabedoria romana que até agora infelizmente não aprendemos.

O CPC foi retalhado e perdeu a linha harmoniosa de seu conjunto. Hoje é um mosaico de retalhos com cortes e recortes por todos os lados, numa contínua transformação (ou deformação) que a nada leva porque a questão da reforma não foi tangida em sua essência.

Descambou-se agora para o desvario de outro CPC, que vai desestabilizar o que temos e não vai trazer o que precisamos. A mania de fazer leis sem cuidar da aplicação das que já temos torna-se cada vez mais vitoriosa em nossos meios jurídicos.

Em conferências, discursos e simpósios, todos falam da reforma, reconhecem que o Judiciário é tardo e ineficiente, reclamam da burocracia e do excesso de recursos, mas nada de concreto e efetivo é realmente proposto.

Na hora das reformas, abrandam a mão e deixam as coisas como dantes.

Os agentes encarregados da aplicação da lei não têm interesse numa reforma profunda. Alguns tribunais serão ameaçados em sua existência. As verbas públicas diminuirão porque o excesso será eliminado. As demandas serão curtas e a demora dos processos não será mais motivo de lucro para ninguém. O rendoso negócio da procrastinação terá seu fim.

Acabará a dependência dos tribunais superiores e o triângulo será revertido: em vez do prestígio aos tribunais de cúpula, no vértice da estrutura, a atenção se deslocará para a base, ou seja, para a primeira instância, que é o centro de referência do Judiciário.

É aqui a sua porta aberta para o povo e o contato direto com o cidadão. Ela é o motivo de nosso orgulho e a grande esperança da reforma que está por vir. Ela será a chave para a implantação da reforma, pois, se aprovada a PEC dos recursos, haverá apenas um recurso para a matéria de fato e de direito. E a prestação judicial estará pronta.

Se o Direito existe para conceber a melhor conduta e impô-la, quando necessário, ao cidadão, não se pode mais falar em ordenamento jurídico sem dotá-lo da qualidade que o pós-moderno exige de tudo: eficiência, agilidade, rapidez.

O mundo atual não convive mais com ineficiências crônicas como a do Judiciário, um poder doente, cujas mazelas até hoje não conseguimos curar efetivamente em nenhum lugar do mundo. A única diferença é que no Brasil ela se mostra em seu último grau, num lastimável contraste com uma economia que está entre as 10 mais fortes do mundo e um dos piores Judiciários do planeta, indicando que temos um desenvolvimento sem justiça.

O mais lastimável de tudo isso é que o elemento humano de nosso Judiciário é o melhor possível. A grande maioria dos juízes é íntegra e trabalhadora, mostrando que o mal está na estrutura e não no homem. Na parte da assessoria, o mesmo se pode dizer dos servidores. Temos tudo, mas não colhemos o resultado desejado.

Portanto trata-se de um mal corrigível até com certa facilidade, pois a burocracia se conserta com leis, já o elemento humano só se forma com a transformação de gerações. Este já o temos pronto. Faltam as leis, que precisamos fazer com urgência.

O Judiciário carece de uma reforma profunda, verdadeira, transformadora, que tenha coragem de romper com corporativismos, principalmente dos tribunais superiores, para que possa curar-se dos males crônicos e iniciar nova vida num mundo novo, cheio de indagações, mas também de esperanças como é o pós-moderno, em que as conquistas técnicas, aliadas aos elementos éticos, podem contribuir para uma vida sem privações de todos nós.

Estas considerações são feitas em razão da PEC do ministro César Peluso.

De tudo que até hoje vimos e escrevemos sobre a reforma do Judiciário[1], a proposta de apenas dois artigos é a mais séria de todas. A razão é simples: ela resolve grande parte dos problemas do Judiciário porque exclui o atraso dos tribunais superiores quanto à duração dos processos e permite a agilização do processo na base.

Os tribunais superiores dedicarão agora exclusivamente à sua missão constitucional e universal de uniformização e interpretação, relegando para os tribunais inferiores a função verdadeira para a qual existem: a matéria de fato.

---

(1) SILVA, Antônio Álvares da. *Reforma do Judiciário*. Belo Horizonte: Del Rey, 2004. *Idem, Reforma do Judiciário*. Belo Horizonte: Sitraemg, 2003. *Idem, Comentários à proposta a deputada Zulaiê Cobra*. Belo Horizonte: Movimento Editorial da Faculdade de Direito da UFMG. 1999.

Cite-se, para ilustrar o TRT de Minas, em que os processos, em primeiro e segundo graus, duram pouco mais de 100 dias. Se excluirmos a duração no TST, teremos uma das melhores jurisdições do mundo, graças a uma proposta de apenas dois artigos: em pouco mais de 100 dias as partes terão o resultado definitivo de seus pedidos.

A PEC do ministro Peluso é inovadora, certa, oportuna. Veio na hora exata e faz por si só grande parte da reforma do Judiciário. Apoiá-la com todas as forças é obrigação do povo brasileiro, que será o grande de seus efeitos.

O texto da PEC é o seguinte:

> Art. 105-A: A admissibilidade do recurso extraordinário e do recurso especial não obsta o trânsito em julgado da decisão que os comporte.
>
> Parágrafo único: A nenhum título será concedido efeito suspensivo aos recursos, podendo o Relator, se for o caso, pedir preferência no julgamento.
>
> Art. 105-B: Cabe recurso ordinário, com efeito devolutivo e suspensivo, no prazo de quinze (15) dias, da decisão que, com ou sem julgamento de mérito, extinga processo de competência originária:
>
> I – de Tribunal local, para o Tribunal Superior competente;
>
> II – de Tribunal Superior, para o Supremo Tribunal Federal.

2. Filosofia da PEC Peluso

Como se vê do texto, enxuto e objetivo como convém à linguagem jurídica, o que se objetiva é que, a partir do julgamento em segundo grau, o processo transite em julgado.

Ou seja, a interposição do recurso extraordinário, especial e de revista não obsta o trânsito em julgado da decisão que os comporte.

E, para mostrar a objetividade de seus propósitos, a PEC Peluso deixa claro:

> Parágrafo único: A nenhum título será concedido efeito suspensivo os recursos, podendo o Relator, se for o caso, pedir preferência no julgamento.

A linguagem incisiva e cortante — a nenhum título será concedido efeito suspensivo aos recursos — não deixa margem ao intérprete para nenhum raciocínio ampliativo ou de conveniência como é comum em nossa doutrina, sempre pronta a arranjar pretextos para permitir delongas do processo, em nome de um liberalismo que a nada leva.

As partes são prejudicadas, os processos não chegam ao fim e o Judiciário cai no descrédito perante o jurisdicionado que quer dos tribunais a solução de seu problema em tempo breve, como lhe promete (e não cumpre) a Constituição — art. 5º, LXXVIII.

Os recursos para o terceiro grau não mais visam a decidir o direito das partes, mas a unificar a jurisprudência e interpretar a lei. Têm, pois, interesse público. Neles prepondera um objetivo maior: pacificar a jurisprudência e unificar a interpretação da lei.

O interesse das partes já foi decidido em duas instâncias, quanto aos fatos e ao direito aplicável. Agora está na hora de pôr fim ao processo e dar a cada um o que é seu, pois este é o objetivo máximo da justiça e da atividade dos tribunais.

O que a PEC Peluso quer é exatamente isto. Separar o interesse das partes dos chamados "recursos extraordinários", ou seja, recursos em que predomina o interesse público e não mais os interesses concretos e específicos dos litigantes.

Transitando em julgado o processo a partir do segundo grau, a parte tem seus direitos atendidos e não precisa mais esperar pela longa peregrinação dos autos nas instâncias de terceiro grau e no STF.

Note-se que a PEC não impede ou restringe os recursos extraordinário, especial e de revista. Eles continuam com plena existência e podem ser interpostos livremente.

A única diferença é que a execução agora é definitiva e o processo não espera mais o que foi decidido em segundo grau.

Predomina nos recursos extraordinários o interesse público, já que o interesse concreto das partes, em relação à matéria de fato, já ficou decidido nas instâncias inferiores. Mas a decisão pode ter ainda reflexo mediato no direito em disputa que está no fundo da ação. A unificação da jurisprudência e a interpretação da lei em determinado sentido pode acolher uma orientação que significa, nos autos, vantagem concreta para uma das partes.

Quem perdeu nos dois graus de jurisdição anteriores (Varas e tribunais de justiça ou tribunais do trabalho e federais, principalmente) pode tornar-se vitorioso ou quem ganhou pode ser derrotado quando se unifica a jurisprudência ou se padroniza a interpretação da lei.

Então surge o problema: até o segundo grau, assegura-se a uma das partes o direito discutido no mérito da causa. Esta decisão transitou em julgado e foi executada. Porém, no terceiro grau, ao se unificar a jurisprudência ou a interpretação, acolheu-se a tese contrária. Como fica o direito da parte, se já tiver ocorrido execução definitiva?

No Direito do Trabalho, a questão é relevante. Se o empregado ganha no TRT, mas na revista a sentença é revertida, dando-se ganho de causa ao empregador, fica difícil receber de volta o que este pagou, em virtude da precariedade econômica da maioria das pessoas assalariadas.

Cremos que esta situação é uma consequência do processo. Quem litiga tem que contar com o risco do prejuízo. O empregado também o tem quando, depois de longos anos de demanda, não consegue executar o que ganhou: a empresa fechou as portas, faliu ou sumiu. E agora? Depois da longa espera, o empregado nada recebe de seu crédito. Isso também é evidentemente injusto.

É possível que hoje existam dois milhões e meio de processos nesta condição. Como fica também a situação do empregado, que não receberá o que tem direito? Por que tem ele que suportar sozinho os ônus da demanda?

Trata-se de situação flagrantemente injusta, com a qual nunca se preocupou a doutrina nem o legislador. Só se considerou até agora o lado do empregador, mas no processo não há apenas um, porém dois interesses que precisam ser contrabalançados.

Para promover este equilíbrio e evitar perdas dos dois lados, hoje já existe um instrumento capaz de mover o ponteiro da balança para o centro, evitando-se os exageros.

Para o processo do trabalho, já está criado o fundo de garantia de execuções trabalhistas (FUGIT) — previsto no art. 3º da EC n. 45/2004.

Ali se diz o seguinte:

> Art. 3º A lei criará o Fundo de Garantia das Execuções Trabalhistas, integrado pelas multas decorrentes de condenações trabalhistas e administrativas oriundas da fiscalização do trabalho, além de outras receitas.

O recurso trabalhista tem efeito devolutivo por lei — art. 899 da CLT —, mas a execução só vai até a penhora. Porém, com a instituição do Fugit, a execução pode ser definitiva. Se houver reversão da sentença, o Fundo assumirá o débito do reclamante, pagando ao empregador a quantia liberada ao reclamante, sub-rogando-se no direito de cobrá-la do empregado.

Como o índice de reversão da sentença trabalhista é mínimo, o Fundo vai ser usado em pequena quantidade e a sentença trabalhista será executada de pronto.

É preciso agora que o legislador regule este fundo, dispondo sobre a extensão da cobertura e a estrutura econômica, que será sustentada pelas multas decorrentes de condenações trabalhistas e oriundas da fiscalização do trabalho.

O legislador poderá estender a ideia deste fundo para a justiça comum cível, pelo menos para as ações até um certo valor. Também aqui o processo poderia ser executado definitivamente. Em caso de reversão, e se a parte não tiver condições econômicas de devolver o que recebeu, o Fundo pagará e se sub-rogará no direito de cobrar a quantia paga.

Como também no cível, a reforma das decisões de primeiro grau é fato raro, a execução imediata abreviaria enormemente a duração dos processos.

Portanto o argumento que comumente se ouve de que, não podendo a parte hipossuficiente devolver o que recebeu antecipadamente, o autor seria prejudicado.

Com a regulamentação do Fundo de Garantia de Indenizações Trabalhistas, o problema está definitivamente superado na Justiça do Trabalho.

Na justiça cível, a criação de um fundo semelhante também resolveria a questão e teria um efeito devastador na diminuição dos recursos porque, já tendo o réu recebido o valor que a sentença lhe concedeu e sendo mínima a chance de mudança nos tribunais de justiça, os recursos protelatórios (que são a maioria em qualquer jurisdição) não serão mais interpostos e a justiça se fará com segurança e em muito menos tempo.

3. A contribuição da jurisprudência

A jurisprudência é hoje a principal fonte de direito.

Diante da diversidade do mundo contemporâneo, cheio de fatos, ideias, empresas de toda espécie e produção econômica de diferentes e inéditos modos, não pode o legislador fazer previsões concretas.

As leis hoje são mais principiológicas. Estabelecem os limites em que o jogo da realidade se verifica[2]. A partir daqui, como na teoria dos jogos, a jurisprudência exercerá seu papel executando a atividade que lhe toca de decidir e criar no espaço deixado pela lei.

A época do casuísmo da lei passou definitivamente. Hoje esta tarefa é da jurisprudência ante a riqueza da vida e a impossibilidade de previsões e detalhes pelo legislador, cujas normas envelheceriam imediatamente se quisessem abarcar o mundo com conceitos e definições.

Esta tarefa agora é da jurisprudência que é flexível, adaptável e pode com rapidez assumir as necessidades do momento.

O CPC, tratando da execução provisória de sentença, trouxe um dispositivo revolucionário pouco explorado no mundo jurídico e nem sempre lembrado pela doutrina. Seu texto é o seguinte:

> Art. 475-O. A execução provisória da sentença far-se-á, no que couber, do mesmo modo que a definitiva, observadas as seguintes normas: (Incluído pela Lei n. 11.232, de 2005)
>
> I – corre por iniciativa, conta e responsabilidade do exequente, que se obriga, se a sentença for reformada, a reparar os danos que o executado haja sofrido; (Incluído pela Lei n. 11.232, de 2005)

---

(2) ROBLES, Gregorio. *As regras do direito e as regras dos jogos*. Ensaio sobre a teoria analítica do direito. São Paulo: Noeses, 2011. p. 24.

II – fica sem efeito, sobrevindo acórdão que modifique ou anule a sentença objeto da execução, restituindo-se as partes ao estado anterior e liquidados eventuais prejuízos nos mesmos autos, por arbitramento; (Incluído pela Lei n. 11.232, de 2005)

III – o levantamento de depósito em dinheiro e a prática de atos que importem alienação de propriedade ou dos quais possa resultar grave dano ao executado dependem de caução suficiente e idônea, arbitrada de plano pelo juiz e prestada nos próprios autos. (Incluído pela Lei n. 11.232, de 2005)

§ 1º No caso do inciso II do caput deste artigo, se a sentença provisória for modificada ou anulada apenas em parte, somente nesta ficará sem efeito a execução. (Incluído pela Lei n. 11.232, de 2005)

§ 2º A caução a que se refere o inciso III do caput deste artigo poderá ser dispensada: (Incluído pela Lei n. 11.232, de 2005)

I – quando, nos casos de crédito de natureza alimentar ou decorrente de ato ilícito, até o limite de sessenta vezes o valor do salário-mínimo, o exequente demonstrar situação de necessidade; (Incluído pela Lei n. 11.232, de 2005)

§ 3º Ao requerer a execução provisória, o exequente instruirá a petição com cópias autenticadas das seguintes peças do processo, podendo o advogado valer-se do disposto na parte final do art. 544, § 1o: (Incluído pela Lei n. 11.232, de 2005)

I – sentença ou acórdão exequendo; (Incluído pela Lei n. 11.232, de 2005)

II – certidão de interposição do recurso não dotado de efeito suspensivo; (Incluído pela Lei n. 11.232, de 2005)

III – procurações outorgadas pelas partes; (Incluído pela Lei n. 11.232, de 2005)

IV – decisão de habilitação, se for o caso; (Incluído pela Lei n. 11.232, de 2005)

V – facultativamente, outras peças processuais que o exequente considere necessárias. (Incluído pela Lei n. 11.232, de 2005)

Nas hipóteses do art. 475-0, § 2º, I, o legislador, rompendo com longa tradição do direito brasileiro, dispensou a caução (idônea e suficiente) para se promover a execução provisória, nos caso de crédito de natureza alimentar e proveniente de ato ilícito (até o limite de 60 salários mínimos) desde que o exequente demonstre situação de necessidade.

A prova desta "situação de necessidade" no Direito do Trabalho é dispensável porque se presume em razão da hipossuficiência do trabalhador.

No cível, é praticamente a mesma coisa. Quem luta para receber crédito de natureza alimentar ou proveniente de ato ilícito está também em situação de necessidade. Além do mais, cumpre ao juiz não exigir demonstração cabal desta condição, já presumida objetivamente em praticamente todos os litigantes que reivindicam principalmente crédito para prover-se e à sua família de alimentos.

Se este dispositivo for transposto para o processo do trabalho, com o qual tem plena pertinência (art. 769 da CLT), sequer precisaremos da instituição do Fugit, pois a própria jurisprudência fará a grande revolução; 60 salários mínimos hoje são 40.680 reais. Com este valor se paga a maioria dos créditos trabalhistas e, no civil, boa parcela dos créditos alimentares.

Num país com péssima distribuição de rendas e salários baixos, a luta de todo assalariado, público ou privado, é mais para sobreviver do que para viver. Por isso, a "situação de necessidade" deveria ser presumida para todos aqueles que trabalham.

Esta presunção valeria não só para o Direito do Trabalho, como também para a justiça cível em que hoje o ramo carente é tão grande ou maior do que o da Justiça do Trabalho.

Resta agora que os advogados provoquem a distinção e lembrem aos juízes que já temos todas as ferramentas para tornar mais rápidos os processos e prestar melhor justiça. Basta aplicá-las[3].

4. A PEC Peluso e o direito penal

Geralmente, o processo penal vem sendo apresentado como o maior obstáculo à PEC Peluso. O argumento principal é o seguinte: um réu, absolvido na primeira instância, é condenado na segunda. A sentença transita em julgado. Há a interposição de recurso — especial ou extraordinário — e o réu é absolvido.

Quem se responsabilizará por este período da prisão injusta e, portanto, violadora dos direitos humanos, pois a pessoa foi privada de sua liberdade antes da hora, sem sentença definitiva?

No entanto, estatística divulgada pelo ministro Peluso mostra exatamente o contrário. O problema de fato não existe e o que há é uma retórica desafinada para manter o *status quo* e impedir as reformas. A PEC afeta menos de 1% dos recursos. Vamos aos fatos.

Em 2009 e 2010, foram interpostos 64.185 recursos extraordinários e agravos de instrumento no STF.

Destes:

5.307 sobre matéria criminal (cerca de 8% do total)

---
(3) Para detalhes sobre a execução provisória trabalhista e a doutrina sobre a execução provisória em geral, ver: SILVA, Antônio Álvares da. *Execução provisória depois da reforma do CPC*. São Paulo: LTr, 2007.

Neste universo de 5.307:

• o Supremo deu provimento a 145 (2,7% dos recursos criminais ou 0,22% do total de recursos);

• 77 dos 145 foram interpostos pela acusação (a reforma da decisão se deu em prejuízo do réu);

• 59 são pedidos formulados após o trânsito em julgado da condenação e referem-se à execução da pena (progressão de regime, medidas disciplinares na execução etc.);

• nove recursos da defesa foram providos antes do trânsito em julgado, o que representa 0,16% dos recursos criminais (ou 0,014% do total de recursos);

Destes nove:

• Um trata do prazo máximo de medida de segurança;

• Um questiona decreto de prisão sem entrar no mérito da ação penal;

• Três reconhecem nulidades em ações penais que não levariam à prisão e redundariam em penas alternativas;

• Apenas quatro recursos discutem condenação por crimes passíveis de prisão (0,006% do total de REs e AIs).

Em três deles, o STF reconheceu nulidades processuais;

Em apenas um houve efetiva modificação do mérito.

Fonte: Assessoria de Gestão Estratégica do STF

A estatística é impressionante. O ministro serviu-se de números e cálculos matemáticos que são o modo mais seguro de demonstração dos fatos, mesmo nas ciências humanas, porque mostram a realidade e permitem ao legislador e ao jurista uma análise concreta, sem rodeios e cogitações, das questões a que queira dar um tratamento jurídico.

A estatística como ciência auxiliar do Direito é hoje a principal ferramenta com que se deve contar para evitar afirmativas falsas e enfrentar os problemas. Já se disse que os números falam com coragem.

Num universo de 64.000 recursos extraordinários e agravos para destrancá-los, interpostos entre 2009 e 2010, apenas 5.300 trataram de matéria criminal, ou seja, cerca de 8%.

Dentro deste reduzidíssimo universo de 5.300 casos, o STF deu provimento a apenas 145, ou seja, 2,7%.

Deste novo e reduzido campo de provimento, praticamente a metade — 77 casos —, a reforma se deu em prejuízo do réu e 59 recursos foram interpostos após a condenação para efeito de execução da pena.

Finalmente, antes do trânsito em julgado, apenas nove recursos da defesa foram providos e, dentre estes, apenas em um caso houve a efetiva reforma do mérito da condenação.

Eis aí a verdade pura, expressa em números que se fundamentam na realidade.

Por causa de um, 99% ficarão prejudicados? Onde está a lógica deste raciocínio?

Em evento realizado na sala de sessões da 1ª Turma (texto publicado no JusBrasil, consultado em 8.5.010), o ministro Peluso argumentou:

A partir de nove casos se alega que há um grande dano e um risco à liberdade individual e injustiça na área criminal. Os senhores acham concebível, do ponto de vista do interesse da sociedade, nós termos um sistema que prejudica toda a sociedade, para correr o risco de nove injustiças? Quantos são prejudicados?

E nós acrescentamos, por que não se corre o risco de acertar em todos os casos, menos um?

A estatística está invertida. Os pratos da balança estão trocados. O lado da injustiça é que está pesando tudo. Não queremos correr o risco de acertar, com medo de assumirmos a possibilidade de errar.

5. Conclusões

A PEC Peluso é uma grande ideia. Vale mais do que toda esta reforma que se anda propalando à nação.

Fazer novos códigos é simplesmente uma loucura. Não traremos nada de novo e, se trouxemos, esbarraremos na lentidão do Judiciário. Fazer reformas parciais, além de não adiantar nada, fatia o código e lhe retira a unidade.

É preciso, pois, uma reforma fundamental para que se possa efetivamente mudar o Judiciário. Esta reforma não se fará com novos códigos e leis longas e confusas, como é a regra entre nós, mas com a simplicidade dos dois artigos da PEC Peluso, que será o começo de tudo.

Só depois desta mudança radical é que devemos criar tribunais, nomear juízes e servidores, pois só então é que saberemos a real necessidade do Judiciário.

Tudo que se fizer agora será perdido na imensa burocracia em que se transformou o Judiciário brasileiro, que presta a jurisdição com grande déficit e imperfeição.

É hora de mudar, mas com método, critério e profundidade. Chegou o momento de dar o grande passo. Que venha logo a reforma proposta pelo ministro Peluso. O Judiciário vai mudar com ela[4].

---

(4) As ideias do ministro Peluso foram encampadas pelo senador Aloysio Nunes Ferreira, que já apresentou projeto de emenda no Senado. O início do longo caminhão foi aberto. Resta agora esperar que a sorte lhe dê um bom destino.

Referências bibliográficas

ROBLES, Gregorio. *As regras do direito e as regras dos jogos. Ensaio sobre a teoria analítica do direito*. São Paulo: Noeses, 2011.

SILVA, Antônio Álvares da. *Execução provisória depois da reforma do CPC*. São Paulo LTr. 2007.

_____. *Reforma do Judiciário*. Belo Horizonte: Del Rey, 2004.

_____. *Reforma do Judiciário*. Belo Horizonte: Sitraemg, 2003.

_____. *Reforma do Judiciário:* Comentários à proposta a deputada Zulaiê Cobra. BH. Movimento editorial da Faculdade de Direito da UFMG. 1999.

Breves Notas sobre a Ação Rescisória no Processo do Trabalho

Emerson José Alves Lage

Pontes de Miranda[1] conceitua a ação rescisória como sendo o

> (...) julgamento de julgamento. É pois, processo sobre outro processo. Nela, e por ela, não se examina o direito de alguém, mas a sentença passada em julgado, a prestação jurisdicional, não apenas *apresentada* (*seria recurso*), mas já *entregue*. É remédio jurídico processual autônomo. Seu objeto é a própria sentença rescindenda (...)

Cássio Scarpinella Bueno, citado por Antônio Carlos Marcato, não diferentemente, diz-nos também que a

> (...) ação rescisória volta-se à desconstituição de sentença ou acórdão que extinguiu o processo *com* julgamento de mérito e transitado em julgado quando presentes pelo menos um dos fundamentos exigidos pelo art. 485 do CPC.[2]

Prossegue o mesmo autor dizendo que:

> A ação rescisória tem como finalidade extirpar do ordenamento jurídico sentenças ou acórdãos que contenham *nulidades absolutas* que perduram mesmo ao trânsito em julgado da decisão que encerra o processo. Nulidades *relativas* tendem a ser convalidadas se não impugnadas a tempo e modo oportunos ao longo do processo. Os casos de *inexistência jurídica*, para aqueles que o admitem, devem ser pleiteados por ação declaratória, descabida a propositura de ação rescisória para tal fim.[3][4]

Extrai-se desses extratos doutrinários, portanto, que ação rescisória é tipo de ação autônoma, de natureza constitutiva-negativa (ou, simplesmente, desconstitutiva) da coisa julgada (material) que se formou no processo, a ela tido por subjacente, sendo esta — a coisa julgada, decorrente do trânsito em julgado da decisão que se pretende desconstituir, e que atua, então, como pressuposto fático-jurídico para o cabimento desta ação (vide arts. 485 do CPC e 836 da CLT).

Não se sujeitam à ação rescisória, porém, sentenças que não sejam de mérito, vale dizer, aquelas que não tenham tangenciado a questão de fundo, que não tenham decidido a lide.

No entanto tem-se admitido ação rescisória para se desconstituir sentenças que, mesmo não especificamente de mérito (vale dizer, aquelas que tenham apenas analisado questões processuais), revistam-se, porém, de tal envergadura, atuando essas questões processuais como pressuposto de validade de uma sentença de mérito[5]. Citam-se, como exemplo, sentenças proferidas em cerceio ao direito de defesa; carentes de fundamentação; que declarem a ilegitimidade de parte; que apreciem a litispendência, dentre outras hipóteses similares.

Não tem cabimento, *mutatis mutantis*, pleito desconstitutivo voltado contra sentença de embargos à adjudicação e à arrematação[6], admitindo-se, porém, a ação rescisória voltada contra decisões sobre cálculo de liquidação em que o juiz enfrenta questões envolvidas na elaboração dessa conta, seja solvendo a controvérsia das partes, seja explicitando, de ofício, os motivos pelos quais acolheu os cálculos oferecidos por um dos litigantes ou pelo setor de cálculos, e não contestados pela outra parte[7].

Observa-se, nos aspectos analisados, que, nos dois primeiros casos, não há decisão de fundo material na lide incidental, o que, *contrario sensu*, ocorre na decisão de cálculo, quando revolva as temáticas destacadas. Observa-se que, para chegar-se à distinção ou à separação feita pela jurisprudência dominante, mister iter cognitivo para se alcançar a decisão que acolhe ou rejeita o cálculo de liquidação. Há uma manifestação jurisdicional de mérito, com decisão de cunho material, o que não ocorre quanto aos incidentes da adjudicação e da arrematação.

Peculiaridade específica do processo do trabalho, por força do art. 831 da CLT, o termo de acordo, homologado pelo Juízo, opera os mesmos efeitos da sentença transitada em julgado e, como tal, é passível de ser desconstituído via

---

(1) MIRANDA, Pontes de. *Tratado das ações*. Campinas: Bookseller, 1988. 7. v., p. 495.
(2) BUENO, Cássio Scarpinella (Coord.). *apud* MARCATO, Antônio Carlos. *Código de processo civil interpretado*. São Paulo: Atlas, 2004. p. 1.473.
(3) *Idem*.
(4) *Vide* Súmulas ns. 299, item IV e 399, itens I e II, ambas do C. TST.
(5) *Vide* Súmula n. 412 do C. TST.
(6) *Vide* Súmula n. 399, item I, do C. TST.
(7) *Vide* Súmula n. 399, item II, do C. TST.

ação rescisória, tendo como data inicial da contagem do prazo decadencial para a sua propositura o dia imediatamente seguinte ao da homologação, a teor do entendimento constante do item V da Súmula n. 100 do C. TST.[8]

O prazo para propositura da ação rescisória, de caráter decadencial — que, como tal, não se interrompe, nem se suspende —, é de dois anos, contados imediatamente a partir do dia seguinte ao do trânsito em julgado da decisão rescindenda.[9]

Peculiaridades nessa contagem podem ocorrer.

Para uma mesma causa, esse prazo pode ter seu *dies a quo* computado em momentos e tribunais diferentes ou distintos, em caso de recurso parcial, considerando, para tanto, cada decisão *entregue*, exceto se o recurso versar sobre questão preliminar ou prejudicial que possa tornar insubsistente a decisão recorrida, situação que protrai a contagem desse prazo, somente quando do trânsito em julgado da decisão que julgar o recurso parcial[10]

Ainda nessa matéria, tem-se que, excetuada hipótese de dúvida razoável, recurso intempestivo ou incabível não protrai o termo decadencial inicial.[11]

Excepcionalmente, deve-se destacar a contagem do prazo decadencial para propositura da ação rescisória quando da legitimação do Ministério Público e nos casos de colusão entre as partes, posto que o *Parquet*, neste caso, por não ter participado da relação jurídica subjacente, só tem iniciada a contagem do prazo decadencial após tomada de ciência da fraude.[12]

A comprovação do trânsito em julgado da decisão rescindenda deve ser necessária e obrigatoriamente feita nos autos da ação rescisória no momento da sua propositura[13], por meio de certidão específica, não convalidando a eventual ação proposta, antes de sua ocorrência, comprovação da ocorrência de trânsito em julgado posterior, porquanto não se reabilita, nesse caso, a ação proposta[14]

O juiz relator não está, ainda, adstrito ou vinculado ao que na certidão se contém, porquanto lhe é permitido formar convicção do termo inicial do prazo decadencial por outros elementos constantes dos autos[15].

Em caso de interposição pela parte autora de todos os recursos cabíveis na via recursal ordinária, e somente nessa hipótese, o trânsito em julgado da decisão rescindenda se dará somente após esgotado o prazo para interposição de recurso extraordinário[16].

Opera os mesmos efeitos da decisão transitada em julgado (decisão irrecorrível) o termo de conciliação celebrado perante os órgãos da Justiça do Trabalho, tendo como marco inicial para a propositura da ação rescisória, nessa hipótese, a data da homologação judicial dessa conciliação.[17]

Ainda é entendimento do C. TST que, por aplicação do disposto no art. 775 da CLT,

> (...) prorroga-se até o primeiro dia útil imediatamente subsequente o prazo decadencial para ajuizamento de ação rescisória quando expira em férias forenses, feriados, finais de semana ou em dia em que não houver expediente forense[18].

Sobre a correlação da Súmula n. 100, item IX do C. TST com o art. 775 da CLT, entendemos equivocado tal raciocínio. Elastece-se o prazo peremptório estabelecido em lei, com assento em norma de caráter processual de aplicabilidade duvidosa, porquanto, muito embora haja previsão, na CLT, para a prorrogação de prazos processuais vencíveis em "dias forenses não úteis", é de se perceber, de outro ponto, que as normas procedimentais da CLT não se aplicam à ação rescisória que tramita na Justiça do Trabalho, pois a regra do art. 836, parágrafo único, da própria CLT remete o procedimento dessa ação ao CPC.

Ademais, não há justificativa plausível para tal entendimento, a se considerar que a peremptoriedade do prazo visa a assegurar a eficácia e a certeza da própria coisa julgada, que, quanto antes tiver cristalizada a sua eficácia no seio social, mais contribuirá para a almejada paz social.

As partes legitimadas à propositura da ação rescisória são as pessoas indicadas no art. 487 do CPC, quais sejam, "quem foi parte no processo ou o seu sucessor a título universal ou singular" (inciso I); "o terceiro juridicamente

---

(8) *Vide* Súmula n. 100, item V, do C. TST.
(9) *Vide* Súmula n. 100, item I, do C. TST.
(10) *Vide* Súmula n. 100, item II, do C. TST.
(11) *Vide* Súmula n. 100, item III, do C. TST. III.
(12) *Vide* Súmula n. 100, item VI, do C. TST.
(13) *Vide* Súmula n. 299, item I, do C. TST.
(14) *Vide* Súmula n. 100, item III, do C. TST.
(15) *Vide* Súmula n. 100, item IV, do C. TST.
(16) *Vide* Súmula n. 100, item X, do C. TST.
(17) *Vide* Súmula n. 100, item V, do C. TST.
(18) Súmula n. 100, item IX, do C. TST.

interessado" (inciso II) e "o Ministério Público", este quando, *exemplificativamente* (Súmula n. 407/TST) "(...) não foi ouvido no processo, em que lhe era obrigatória a intervenção" (alínea "*a*"), ou "quando a sentença é o efeito de colusão das partes, a fim de fraudar a lei" (alínea "*b*").

É de se observar, nessa seara, que se consolidou entendimento de que há de se observar, na pertinência passiva da lide, a formação de litisconsórcio necessário, devido à comunhão de interesses (direitos e obrigações), que não admite solução díspar para os litisconsortes em face da indivisibilidade do objeto da lide, o mesmo não ocorrendo, no entanto, com a pertinência ativa da demanda desconstitutiva, dado que a aglutinação de autores se faz pela conveniência, e não pela necessidade decorrente da natureza do litígio, não havendo como se condicionar, ademais, o exercício do direito individual de ação de um dos litigantes no processo originário à anuência dos demais participantes da relação jurídico-processual subjacente[19].

Quanto aos sindicatos, que atuam como substituto processual e autor da ação trabalhista originária, possuem eles legitimidade para figurar como réus na ação rescisória, entendendo-se não ter cabimento a exigência de citação de todos os substituídos, porquanto inexistente a figura do litisconsórcio passivo necessário[20].

Essas são, portanto, breves notas sobre a ação rescisória no processo do trabalho.

Referências bibliográficas

BRASIL. Tribunal Superior do Trabalho. Livro de súmulas, orientações jurisprudenciais e precedentes normativos. Disponível em: <http://www.tst.jus.br/documents/10157/63003/Livro-versao2014-igual_IndRem.pdf>. Acesso em: 2 jul. 2014.

MARCATO, Antônio Carlos (Coord.). *Código de processo civil interpretado*. São Paulo: Atlas, 2004.

MIRANDA, Pontes de. *Tratado das ações*. Campinas: Bookseller, 1988. 7. v.

---

(19) *Vide* Súmula n. 406, item I, do C. TST.
(20) *Vide* Súmula n. 406, item II, do C. TST.

Considerações sobre a Sustentação Oral no Processo do Trabalho

Renata Caldas Fagundes

1. Introdução

É esperado que as instituições criadas por uma sociedade, com o decurso do tempo, passem por uma adequação que as permita atender aos anseios e às necessidades emergentes.

No Brasil, na última década, viu-se paulatinamente crescer o envolvimento do Estado e dos cidadãos no debate sobre o aprimoramento da gestão do Poder Judiciário. Debate-se sobre o acesso à justiça[1], o excesso de acesso dos litigantes habituais e a necessidade de *simplificação prudente* do processo. São questões importantes que têm merecido a dedicação de mentes brilhantes nas universidades, nos tribunais e no CNJ, em busca de maior efetividade da prestação jurisdicional.

Por meio de estatísticas foi possível o diagnóstico do aumento da demanda pela intervenção do Poder Judiciário nas controvérsias públicas e privadas.

As razões são atribuídas a fatores diversos, que vão do reconhecimento de direitos pela Constituição de 1988 a questões culturais e comportamentais da sociedade contemporânea. Por vezes a intolerância e o individualismo exacerbado impede o encontro, pelas próprias partes envolvidas, de soluções pacíficas para questões do cotidiano; outras tantas é a demora das ações judiciais que interessa ao réu devedor, que enquanto tramita a ação mantém o valor devido ao credor em seu fluxo de caixa.

Preocupado em garantir que os indivíduos não se submetam a processos intermináveis, o legislador da EC n. 45/2004 inseriu no inciso LXXVIII, do art. 5º, da Constituição da República, o direito à duração razoável do processo[2] e aos meios para garantir a celeridade de sua tramitação.

O grande desafio que ora se apresenta é encontrar formas de equacionar o aparente conflito existente entre majoração crescente do número de ações judiciais, celeridade/duração razoável do processo e efetividade/qualidade da prestação jurisdicional, respeitando-se o devido processo legal.

A proposta de imposição de celeridade em um sistema assoberbado de trabalho exige a harmonização entre a concessão de oportunidades de ampla defesa e de contraditório e a limitação de abusos que tornem o processo benéfico somente para o réu.

2. Importância

É neste contexto que se evidencia o papel crucial da sustentação oral, enquanto oportunidade para que as partes, representadas por seus defensores, se valham da clareza inerente à oralidade, para defender as razões de seu apelo.

Na sustentação oral é possível enfatizar um modo de apreensão da realidade até então não percebido pelos julgadores e/ou esclarecer questões de fato que em razão da complexidade tenham sido mal explicitados ou compreendidos.

Permite-se, também, a defesa da aplicação de teses jurídicas divergentes daquela eleita pelo juízo *a quo*.

Em um momento histórico de "crise do judiciário" por excesso de demandas que a sociedade lhe propõe, nada mais legítimo que garantir ao jurisdicionado a oportunidade da manifestação oral de seu defensor na sessão de julgamento, dirigindo-se diretamente ao julgador e promovendo o debate da questão na instância recursal. Trata-se de um verdadeiro espaço dialético *intraprocessual*, que garante a maior aproximação entre a verdade do processo e a verdade real.

O procurador das partes, em regra, conhece os detalhes dos processos que lhe são atribuídos e deve se utilizar da possibilidade que lhe é conferida pela lei, de ser ouvido no julgamento dos recursos.

A sustentação oral pode alterar o entendimento do julgador, ainda que este já tenha se dedicado previamente a elaborar seu voto em outro sentido. O magistrado tem a faculdade de pedir vista dos autos para refletir sobre a manutenção ou adequação do voto diante dos argumentos apresentados na sustentação oral.

Alguns advogados desacreditam na efetividade desta práxis, pois questionam a real disposição do magistrado de ouvir as palavras proferidas da tribuna e rever a decisão já elaborada.

Todavia o que se verifica nas cortes brasileiras, a exemplo do Tribunal Regional do Trabalho da 3ª Região, é que

---

(1) SENA, Adriana Goulart de. Dignidade humana e inclusão social: caminhos para a efetividade do direito do trabalho no Brasil. SENA, Adriana Goulart de; DELGADO, Gabriela Neves; NUNES, Raquel Portugal (Coords.). São Paulo: LTr, 2010. p. 156.

(2) BEZERRA LEITE, Carlos Henrique. *Curso de direito processual do trabalho*. 8. ed. São Paulo: LTr, 2010. p. 63.

a sustentação oral é admirada e respeitada como parte integrante da ampla defesa e do devido processo legal, sendo meio hábil a produzir efeitos concretos na almejada busca pela justiça[3].

Os desembargadores não têm contato presencial com as partes e suas verdades, a não ser por meio do procurador, quando se utiliza da prerrogativa do uso da oralidade, no tempo que lhe é deferido pelos tribunais, para se manifestar acerca do caso concreto.

3. Limites ao exercício da sustentação oral

O Código de Processo Civil, em seu art. 554, prevê a oportunidade de as parte sustentarem as razões de seu recurso, oralmente, na sessão de julgamento. A sustentação oral, segundo esta norma, não é permitida em embargos declaratórios e em agravo de instrumento. Segundo a previsão legal, o relator fará a exposição da questão controvertida, após o que o magistrado que estiver presidindo a sessão concede a palavra ao advogado, que dela se utilizará pelo tempo máximo de quinze minutos. Primeiro se manifesta o advogado do recorrente e depois o advogado do recorrido.

Em 1994, o Estatuto da Ordem dos Advogados do Brasil — Lei n. 8.906[4], no art. 7º, IX — elencou dentre os direitos do advogado a prerrogativa de realizar sustentação oral nas sessões de julgamento de qualquer recurso ou processo, em instância judicial ou administrativa, após o voto do relator, pelo prazo de quinze minutos, ou em tempo maior que lhe seja fixado pelo tribunal.

Essa norma ampliou os limites até então definidos pelo art. 554 do CPC, permitindo a manifestação do advogado no julgamento de qualquer recurso ou processo, sem a vedação existente no Código de Processo Civil em relação aos embargos de declaração e ao agravo de instrumento.

Contudo o STF, no julgamento da ADI n. 1.105[5], proposta pelo procurador-geral da República, posicionou-se, por maioria, contrário ao procedimento de o relator ler o voto antes da sustentação oral e julgou procedente a ação. A decisão foi publicada em 2010, sendo que o ministro Ricardo Lewandowski foi o redator do acórdão. O relator era o ministro Marco Aurélio, que ficou vencido. As razões do reconhecimento da violação à Constituição estão no fato de que o contraditório se efetiva entre as premissas do autor e do réu, e a sustentação oral após o voto do relator poderia alterar o foco da defesa oral, fazendo com que o contraditório e a ampla defesa se refiram aos argumentos apresentados pelo magistrado seu para a formação do convencimento. O debate também considerou que a determinação contida no art. 7º da Lei n. 8.906/1994 representava uma interferência no poder dos tribunais e do Poder Executivo de fixar as regras da sustentação oral nos processos de sua competência.

O inciso IX foi declarado inconstitucional e deixou de produzir efeitos em relação a todas as matérias nele inseridas, inclusive quanto à pertinência da sustentação oral em todos os recursos e processos, judiciais e administrativos, e à fixação do tempo mínimo de quinze minutos para a sua realização.

A ADI não tratava do art. 554 do CPC, que permanece vigente no ordenamento pátrio.

Apesar da legislação federal, são os regimentos internos dos tribunais que estabelecem os procedimentos a serem observados em relação à sustentação oral, no julgamento dos processos de sua competência.

O Colendo Tribunal Superior do Trabalho dedica os arts. 140 a 145 de seu Regimento Interno[6] à regulação "Da Participação dos Advogados" nas sessões de julgamento.

O procedimento estabelecido para a sustentação oral na Corte Superior do Trabalho tem particularidades em relação ao previsto no CPC. Enquanto a proibição do CPC de realização de sustentação oral se limita aos embargos de declaração e ao agravo de instrumento, o mencionado Regimento Interno, no parágrafo 5º do art. 145, veda, expressamente, a sustentação oral, em todas as seguintes hipóteses elencadas: I – embargos de declaração; II – conflito de competência; III – agravo de instrumento; IV – agravo ou agravo regimental interposto contra despacho proferido em agravo de instrumento ou contra decisão concessiva ou denegatória de liminar em ação cautelar; V – agravo em recurso extraordinário; VI – agravo regimental contra decisão do Presidente de Turma que denegar seguimento a embargos à Subseção I da Seção Especializada em Dissídios Individuais; VII – arguição de suspeição ou de impedimento; VIII – ação cautelar.

Outra particularidade diz respeito ao momento da apresentação das razões do recurso da parte. Segundo o CPC, o procurador faz sua explanação da tribuna sem conhecer o voto do relator, enquanto a previsão do Regimento Interno do TST é de que o relator, além de expor

---

(3) Ampliando as considerações sobre o tema, sugiro a leitura da obra de SANDEL, Michael J. *Justiça – O que é fazer a coisa certa*. 8. ed. Rio de Janeiro: Civilização Brasileira, 2012.
(4) Disponível em: <www.planalto.gov.br>. Acesso em: 20 dez. 2012.
(5) Disponível em: <www.stf.jus.br>. Acesso em: 20 dez. 2012.
(6) Regimento Interno do Tribunal Superior do Trabalho. Disponível em: <www.tst.jus.br>. Acesso em: 18 dez. 2012.

suscintamente a matéria que será debatida, adiante aos presentes a conclusão de seu voto. O advogado, então, avalia a conveniência de realizar a sustentação oral, podendo desistir provisoriamente e somente vir a fazê-la na hipótese de haver voto divergente, ocasião na qual o presidente da sessão lhe facultará novamente o uso da palavra.

O Código de Processo Civil prevê o máximo de quinze minutos para a manifestação do advogado, enquanto o Regimento Interno do TST adota o tempo máximo de dez minutos.

No TST, se estiverem inscritos os advogados de ambas as partes, a palavra lhes será concedida sucessivamente, primeiro o recorrente e depois o recorrido. Na hipótese de haver recurso das duas partes, primeiro terá a palavra o procurador do reclamante. Neste aspecto há consenso com a previsão do Código de Processo Civil.

Importante destacar que na Corte Superior do Trabalho há necessidade de que a procuração já esteja nos autos ou seja apresentada no ato da sustentação oral, eis que a juntada posterior fica reservada para hipóteses que vierem a ser consideradas relevantes pelo julgador. Quanto a este tópico, o CPC estabelece no art. 37 que o advogado poderá praticar atos considerados urgentes e apresentar a procuração no prazo de 15 dias, prorrogáveis a critério do juiz.

Já o Tribunal Regional do Trabalho da 3ª Região trata da sustentação oral no capítulo do Regimento Interno destinado ao tratamento "Das sessões", nos arts. 100 a 117.

O tempo destinado à fala do advogado é de dez minutos, assim como foi determinado pelo TST. Destaque-se que esta previsão é inferior ao tempo fixado no art. 554 do Código de Processo Civil.

O art. 104 do Regimento do Tribunal Regional mencionado determina que a sustentação seja realizada depois de apregoado o processo, antes de o relator proferir sua conclusão.

A Corte Regional permite expressamente, no § 1º do art. 104, a sustentação oral pelo prazo de cinco minutos em agravo de qualquer espécie, o que inclui o agravo de instrumento, conforme se conclui da leitura do segundo parágrafo do mesmo artigo, onde consta que "provido o recurso, reabrir-se-á o prazo para a sustentação do recurso destrancado".

O referido Regimento admite a manifestação oral do advogado, dentre outros, em recurso adesivo, em dissídio coletivo instaurado de ofício e em processos de competência originária, não havendo vedação expressa direcionada aos embargos de declaração, como ocorre no art. 554 do CPC.

O Tribunal Regional do Trabalho da 3ª Região prima pela gentileza e pelo respeito aos advogados, estabelecendo no Regimento Interno que terão prioridade em relação aos demais inscritos os profissionais com escritório fora da região metropolitana de Belo Horizonte.

Assim, diante da autonomia dos tribunais de criarem as próprias regras com relação à sustentação oral, verifica-se a existência de peculiaridades, que devem ser do conhecimento do advogado que se prepara para a defesa oral em determinada Corte. Este alerta serve também em relação ao Tribunal de Contas e a outros órgãos da esfera administrativa.

O Projeto de Lei do Novo Código de Processo Civil, em tramitação no Poder Legislativo, retoma o senso de ampliação da oportunidade de sustentação oral, prevendo sua realização no julgamento do agravo de instrumento interposto em determinadas decisões interlocutórias.

Considerando que as questões são solucionadas, em regra, em duas instâncias, e que se pretende restringir a cada dia o acesso aos Tribunais Superiores, deixando-os disponíveis para hipóteses realmente relevantes, é imprescindível que a parte, por meio de seu advogado, seja ouvida no julgamento do recurso.

Ouso afirmar que a sustentação oral é a última oportunidade de correção de um possível equívoco na apreciação do feito e não causa qualquer tipo de postergação se usada com ética e responsabilidade pelo advogado da parte.

4. Aspectos práticos essenciais

1. Leia atentamente o Regimento Interno do Tribunal, a fim de esclarecer se a Corte admite sustentação oral na espécie de recurso interposto pela parte, bem como para conhecer o tempo que é disponibilizado ao advogado e a forma de inscrição.

2. Pesquise no sistema informatizado do Tribunal para saber qual Turma irá apreciar o recurso e quem são os julgadores que a compõem.

3. Verifique na jurisprudência se há precedentes sobre o tema julgados na Turma ou em outras Turmas do Tribunal. Pesquise o entendimento de cada um dos julgadores, se possível.

4. Com estes elementos, leia o processo inteiro, anotando questões relacionadas ao recurso que devam ser mencionadas no memorial.

5. Elabore um memorial MUITO sucinto e objetivo, contendo o fato, as provas e o entendimento jurisprudencial e doutrinário que lhe seja favorável.

6. Presume-se que o julgador lerá o recurso. Portanto o memorial não pode ser uma cópia do texto que já

lhe foi apresentado, pois não despertará o interesse do destinatário.

7. Distribua o memorial para o relator, o revisor e o terceiro votante. Não se esqueça de que a decisão é tomada pela maioria dos membros da Turma, e que o terceiro votante, via de regra, não tem a oportunidade de examinar os autos antes da sessão e conhece a questão controvertida pelo voto do relator e pelo voto divergente, se houver.

8. Faça inscrição antecipadamente para a sustentação oral. Dependendo do número de inscritos, os magistrados poderão, ao final, estar mais cansados e menos tolerantes à oitiva e a espera pode causar ansiedade ao advogado.

9. Tenha em mãos o memorial para orientar a sua fala ou elabore um roteiro das questões a serem abordadas, anotando o número das folhas dos autos que contenham prova ou documento a ser mencionado da tribuna.

10. O tempo pode ser insuficiente. Administre-o. Em regra, o tempo varia de 5 a 15 minutos, de acordo com o recurso que será apreciado.

11. Decida antecipadamente como será sua saudação aos presentes e não deixe de agradecer ao final.

12. Peça a palavra ao presidente da sessão caso haja questão de fato que precise ser esclarecida.

13. Não desista!!! Somente a prática é capaz de aperfeiçoar o trabalho do orador!!!

Referências bibliográficas

BEZERRA LEITE, Carlos Henrique. *Curso de direito processual do trabalho*. 8. ed. São Paulo: LTr, 2010.

BOBBIO, Norberto. *A era dos direitos*. 4. reimp. Rio de Janeiro: Campus, 1992.

DELGADO, Mauricio Godinho. *Constituição da República e direitos fundamentais*: dignidade da pessoa humana, justiça social e direito do trabalho. Mauricio Godinho Delgado, Gabriela Neves Delgado. São Paulo: LTr, 2012.

SANDEL, Michael J. *Justiça – O que é fazer a coisa certa*. 8. ed. Rio de Janeiro: Civilização Brasileira, 2012.

SANTOS, Boaventura de Sousa. *Para um novo senso comum: a ciência, o direito e a política na transição paradigmática*. v. 1. A crítica da razão indolente: contra o desperdício da experiência. 8. ed. São Paulo: Cortez, 2011.

SCHIAVI, Mauro. *Execução no processo do trabalho*. 4. ed. São Paulo: LTr, 2012.

SENA, Adriana Goulart de. *Dignidade humana e inclusão social*: caminhos para a efetividade do direito do trabalho no Brasil. SENA, Adriana Goulart de; DELGADO, Gabriela Neves; NUNES, Raquel Portugal (Coords.). São Paulo: LTr, 2010.

BRASIL. *Código de Processo Civil*, 1973.

BRASIL. TRIBUNAL SUPERIOR DO TRABALHO. *Regimento Interno do Tribunal Superior do Trabalho*. disponível em: <www.tst.jus.br> Acesso: 18 dez. 2012.

BRASIL. TRIBUNAL REGIONAL DO TRABALHO DA 3ª REGIÃO. *Regimento Interno do Tribunal Regional do Trabalho*. Disponível em: <www.trt3.jus.br>. Acesso em: 18 dez. 2012.

Elementos para Uma Nova Teoria do Processo em Rede

José Eduardo de Resende Chaves Júnior

> *"Os justos só são eficazes, só conseguem manter a existência de uma comunidade, constituindo uma inteligência coletiva."*
>
> Pierre Lévy

1. Introdução

A discussão que envolve o processo eletrônico ainda não focou, a nosso sentir, o tema mais relevante na matéria. Os otimistas miram a automatização dos atos processuais e a sustentabilidade ambiental. Os pessimistas fazem cogitações sobre a perda da dimensão humana do processo.

A automotização é um aspecto relevante, mas que nem de longe pode se apresentar como solução para a complexidade de demandas e conflitos que envolvem a sociedade contemporânea. Automatizar mecanicamente decisões, além disso, é uma via rápida para alcançar a completa falta de legitimação social do Judiciário brasileiro.

Por outro lado, não há qualquer incompatibilidade entre a informática e a nossa dimensão humana. Cultura e conhecimento são aspectos tão humanos quanto a dignidade das pessoas. Não há entre tais instâncias quaisquer antinomia, senão uma forte relação de interatividade.

O que nos parece decisivo no processo eletrônico — inclusive para efeitos da construção de uma nova teoria geral para o processo — não é propriamente seu viés tecnológico, mas, sim, sua característica *reticular*, ou seja, o fato de ser um processo em rede, acessível pela rede mundial de computadores — Internet — e, como tal, beneficiário da *"inteligência coletiva"* de que nos fala Pierre Lévy, o maior pensador contemporâneo sobre a Internet, que busca no grande filósofo francês Gilles Deleuze os planos de seu pensamento.

O processo virtual é muito mais um *"rizoma"* que uma estrutura ou um sistema. O processo eletrônico é um fluxo ou um *workflow* rizomático que nos convida a pensar na potência de um processo pós-estruturalista, aberto e em contato (*rectius*: em *"conexão"*) com o ponto de vista externo. É a possibilidade de conexão dos autos com o mundo, possibilidade essa que, a seu turno, altera profundamente a racionalidade, as características e a principiologia da teoria geral do processo, como veremos mais adiante.

2. As gerações do processo eletrônico

Em termos didáticos é possível dividir os sistemas de processo eletrônico em três fases ou gerações, tomando uma pequena analogia da linguagem em voga na tecnologia da comunicação: primeira geração (1G), a geração do "foto-processo"; a segunda geração (2G), do "*e-processo*"; e a terceira geração, (3G) do "i-processo".

A 1G diz respeito aos primeiros sistemas que surgiram, a partir da construção hermenêutica dos juízes federais, que partiram apenas de sua criatividade e do ativismo judicial, interpretando extensivamente o parágrafo segundo do art. 8º da Lei dos Juizados Federais Cíveis e Criminais, Lei n. 10.259/2001. Tal ativismo acabou inclusive criando as condições favoráveis para a promulgação da excelente e visionária lei do processo eletrônico no Brasil, a Lei n. 11.419, em finais de 2006.

Não obstante a importância histórica e estratégica dessa primeira geração, tal fase se caracterizou muito mais pela "imaginalização" do que pela automatização. Nessa primeira geração podemos pensar muito mais em processo escaneado que em processo eletrônico. É a lógica do *scanner*, da cópia digital. Porém não se escaneia, não se copia apenas a folha de papel, mas sobretudo a lógica do processo de papel, a lógica da escritura.

Nesse sentido tenta-se simplesmente reproduzir em mídia digital a mesma dinâmica dos autos em papel. É como se tentasse transpor um livro para o cinema, simplesmente filmando suas páginas, para depois projetá-las na tela gigante, para comoção geral da plateia.

A mentalidade dos juristas, aferrada em demasia à lógica da escritura, tende a reduzir a importância social, política e econômica do computador ao editor de texto, como se fosse uma antiga máquina de escrever com mais recursos. Mas o computador é muito mais que uma ilha de edição textual, é máquina de automação e conexão.

Na geração do "foto-processo" a visualização das peças e do sistema era no formato "retrato", imitando os autos de papel, ao passo que os monitores de computador estão disposto no formato "paisagem". Tal disposição, com menor aproveitamento espacial do monitor, tem efeitos maléficos em termos de ergonomia para o usuário, que é obrigado constantemente a rolar a tela.

Na 2G, ou geração do "*e-processo*", já se pensa em termos de "imaginalização mínima" e de "automatização máxima"[1]. Nessa fase a ideia de "digitalização" é superada pela de "virtualização"[2]. Aqui começa a ter centralidade a noção de sistema e não apenas de peças escaneadas disponíveis para acesso pela Internet.

Nessa etapa cogita-se ainda do trinômio dados-informação-conhecimento (RUSCHEL, 2012)[3], no sentido de a última camada — conhecimento — ser a que efetivamente funciona como suporte e facilitador para o exercício da função do juiz.

Na segunda geração o que está em voga é a automatização de atos ordinatórios e o aperfeiçoamento de ferramentas, com inteligência artificial, para auxiliar a decisão judicial e a atividade de servidores e advogados.

Estamos, portanto, ainda no ambiente interno do sistema informático, da plataforma digital.

Esta etapa tem vários desafios pela frente, pois a maioria dos sistemas, inclusive o PJe, sob a coordenação do CNJ, está ainda muito carente de funcionalidades da camada de "conhecimento" (RUSCHEL, 2012) ou de "virtualização" (PEREIRA, 2012b).

Não obstante a 2G seja uma promessa descumprida em vários aspectos, a 3G, essa sim a geração do "*i-processo*", do processo em rede na Internet, já se insinua, inclusive nos autos de papel. Na verdade as três fases se imbricam em todos os sistemas existentes, a maioria com predomínio da primeira geração.

A terceira dimensão do processo eletrônico diz respeito à conexão do processo com o mundo virtual de informações. Os fluxos da rede, ao se direcionarem ao processo, transformam qualitativamente o patamar de participação das partes no processo, bem assim do próprio julgador, que, pela acessibilidade do meio, acaba se tornando concretamente mais inquisitivo. O hiperlink facilita de maneira exponencial a conexão autos-mundo, o que acaba por catalisar uma nova forma de atuação de todos os operadores do processo.

3. Conectividade e *medium*

3.1. Segundo os estudiosos da Escola de Redes[4], especialmente Augusto de Franco[5], "*redes são sistemas de nodos (nós) e conexões. No caso das redes sociais, tais nodos são pessoas e as conexões são relações entre essas pessoas. As relações em questão são caracterizadas pela possibilidade de uma pessoa emitir ou receber mensagens de outra pessoa. Quando isso acontece de fato dizemos que se estabeleceu uma conexão*".

Os primeiros passos da chamada teoria das redes foram dados nos trabalhos do matemático Euler, que formulou a 'teoria dos grafos'. Um grafo é a representação de um conjunto de nodos (*nodes*) conectados pelas arestas[6]. Erdös e Rényi foram os primeiros a relacionar os grafos a redes sociais. Há vários trabalhos sobre redes complexas, posteriormente aplicados às redes sociais, inclusive às virtuais. Podemos citar os modelos de Barabási, Watts e Strogatz y Erdös y Rényi[7].

---

(1) Cf. PEREIRA (2012a). Disponível em <http://www.egov.ufsc.br/portal/conteudo/processo-eletr%C3%B4nico-m%C3%A1xima-automa%C3%A7%C3%A3o-extraoperabilidade-imaginaliza%C3%A7%C3%A3o-m%C3%ADnima-e-m%C3%A1ximo-apoi>. Acesso em: 31 out. 2012.

(2) PEREIRA(2012b) distingue (i)digitalização de (ii)virtualização, no sentido de que a primeira é redução da realidade em linguagem binária, ao passo que a segunda consiste em se conferir inteligência ao sistema, *in verbis*: "*A digitalização vai no sentido dos bits, a virtualização, como aqui proposta, é um fenômeno que parte dos bits e, de maneira inteligente, chega a modelos de representação e a processos de tratamento da informação acessíveis e confortáveis para os humanos. O destinatário é o homem, a máquina não trivial do processo (Foerster).*" Divergimos da ideia de virtualização sustentada por PEREIRA, pois nos parece que se limita ao sistema. O virtual, a partir de DELEUZE, alcança, a nosso sentir, um sentido mais amplo, que atravessa o sistema e conecta os autos ao mundo.

(3) Tese submetida ao Programa de Pós-graduação em Engenharia e Gestão do Conhecimento da Universidade Federal de Santa Catarina em Fevereiro de 2012 como requisito parcial para a obtenção do título de Doutor em Engenharia e Gestão do Conhecimento. Orientador: Prof. Dr Aires José Rover. Coorientador: Prof. Dr. José Leomar Todesco. Disponível em <http://btd.egc.ufsc.br/wp-content/uploads/2012/08/AirtonJoseRuschel2012_206pg1.pdf>. Acesso em: 1º nov. 2012.

(4) Disponível em: <www.escoladeredes.org>.

(5) Augusto de Franco, em Carta Rede Social n. 171. Disponível em: <http://augustodefranco.locaweb.com.br/cartas_comments.php?id=260_0_2_0_C>. Acesso em: 13 jun. 2009.

(6) Um grafo com 6 vértices e 7 arestas. "*Um grafo G é uma tripla ordenada (V(G), E(G), •g) que consiste de um conjunto V(G) de vértices, um conjunto E(G) de arestas sem interseção com V(G), e uma função de incidência •g que associa a cada aresta de G uma par não ordenado de vértices (não necessariamente distintos) em G.*" BONDY, MURTY, 1976, p. 1.

(7) A análise das redes sociais parte de dois grandes troncos: (i) das redes inteiras (*whole networks*) e das (ii) redes personalizadas (*personal networks*). No primeiro tronco é focado na relação do grupo com a rede; no outro, do indivíduo com a rede. Está envolvido nas redes complexas o conceito de *multiplexidade*, que significa o grau de multiplicidade de fluxos de laços sociais que se verifica em determinada rede social. A novidade no estudo das redes está em perceber a estrutura da rede não como determinada e determinante, mas como cambiante no tempo e no espaço. Outro conceito das teorias das redes é *cluster*, que é um grupo de grupos sociais em coesão (nodos) conectados. Cfr. RECUERO, último acesso em: 14 jun. 2009.

O que nos parece importante salientar, sobretudo, é o caráter cumulativo e expansivo da rede, ressaltado por Barry Wellman[8] e Barabási[9]. Na rede tudo tende a crescer em proporções e escalas gigantescas e até fora do controle aparente.

Augusto de Franco observa, ainda, que existem

> muitos tipos de redes, dentre os quais os mais conhecidos e citados são as redes biológicas (a rede neural, por exemplo, que conecta os neurônios no cérebro dos animais, ou a teia da vida que assegura a sustentabilidade dos ecossistemas, conectando micro-organismos, plantas e animais e outros elementos naturais) e a rede social (embora existam também redes de máquinas — como a rede mundial de computadores que chamamos de Internet — que são redes sociais na medida em que conectam pessoas). Há uma homologia entre esses diversos padrões organizativos, de sorte que, estudando-os, pode-se iluminar a compreensão do multiverso das conexões ocultas que configuram o que chamamos de social.[10]

Essa racionalidade que decorre da rede não se trata de abstração, há fortes efeitos concretos, inclusive sobre a economia.

Temos hoje uma nova economia cuja produção é baseada nas chamadas externalidades da rede, que institui uma nova forma de produção econômica, descentralizada, colaborativa e que pode escapar dos esquemas de mercados — *commons-based peer production*[11].

Giuseppe Cocco aponta que na produção reticular os termos *netwares* e *wetware*[12] "*são mobilizados para complementar hardware e software e apreender as novas formas de trabalho e/ou interação produtiva no âmbito das redes de cooperação virtual*"[13]. Moulier-Boutang acrescenta que os bens hegemônicos no capitalismo dito cognitivo são compostos de 4 fatores simultaneamente: (i) *hardware*; (ii) *software*; (iii) *wetware* e (iv) *netware*. O economista francês observa que o *netware* desempenha papel hegemônico entre eles, quer dizer, determinante, mas os quatro fatores são irredutíveis a apenas um deles. Observa ainda que não é possível um controle completo por parte do capital, de nenhum dos quatro fatores.[14]

A e-democracia, isto é, a possibilidade já presente de superar a democracia representativa, a benefício de uma democracia direta, com os cidadãos votando os projetos de lei diretamente pela Internet, com a certificação digital ICP-Brasil por exemplo, ou a primavera árabe no norte da África, em que ditaduras foram caindo uma a uma, com o efeito dominó do Twitter ou do Facebook, são demonstrações claras de que a rede tem forte inflexão em relação à política também. Manuel Castells com muitos anos vaticinou que o poder dos fluxos é mais importante que os fluxos do poder.

Se a rede afeta a economia, a política, a sociologia, evidentemente afeta o direito, e por consequência o Direito Processual.

3.2. Medium

O processo eletrônico não é uma simples transposição virtual dos autos, sem qualquer inflexão nas características e na teoria tradicional do processo. O grande pensador da mídia no século XX, o canadense Marshall McLuhan, sintetizou na célebre ideia de que "*o meio é a mensagem*"[15] —

---

(8) Barry Wellman fala da regra "quanto mais, mais", que vigora na interação entre redes na internet; no sentido de que quanto mais se utiliza rede social-física, mais se utiliza internet; quanto mais se utiliza internet, mais se reforça a rede física Cfr. WELLMAN, Barry; GULIA, Mena in Barry Wellmann, p. 331-366, *apud* CASTELS, 2002. p. 444. Há vários trabalhos disponíveis de Wellman e seu grupo em sua página virtual da Universidade de Toronto, acesso em: 5 set. 2008.

(9) O modelo de 'redes sem escala' foi formulado por Barabási. Seu modelo está baseado na regra ou fenômeno "rico-mais-rico" (*rich get richer phenomenon*), no mesmo sentido de Wellman. Isso significa que quanto mais conexões tem um nodo, mais oportunidades tem de ter outros. Nesse sentido, as redes não são igualitárias, pois há uma vinculação preferencial à mais usada. Cfr. BARABÁSI, 2002, p. 79-82. O nome "sem escalas" vem da representação matemática da rede, que segue uma curva denominada *power-law*, conhecida também como "lei de Pareto" ou regra 80/20, que faz referência a uma proporção que ocorre com frequência em fenômenos de rede. Cfr. BARABÁSI, 2002. p. 66-71.

(10) Cfr. *in* www.augustodefranco.com.br – Carta Rede Social n. 171.

(11) Cfr. BENKLER, p. 60.

(12) *Wetware* e *netware* são termos correlatos. O primeiro diz respeito à capacidade individual de operar os sistemas de hardware e software, capacidade essa que é desenvolvida a partir do ponto de vista do usuário ou consumidor, de forma interativa, na produção. A ênfase aqui é no trabalho e na inovação do ponto de vista do consumo. *Netware* é a perspectiva coletiva dessa mesma interação com o consumo, a partir da rede. Cfr. COCCO, 2003. p. 9-10. Cfr. Também MOULIER-BOUTANG, 2004. p. 54-55.

(13) Cfr. *Ibidem*, p. 9.

(14) Cfr. MOULIER-BOUTANG, 2004. p. 55.

(15) "Todos os meios agem sobre nós de modo total. Eles são tão penetrantes que suas consequências pessoais, políticas, econômicas, estéticas, psicológicas, morais, éticas e sociais não deixam qualquer fração de nós mesmos inatingida, intocada ou inalterada. O meio é a 'massage'.

isto é, na ideia de que o meio de comunicação e transmissão da mensagem não é neutro, pois ele condiciona inclusive o seu conteúdo — a importância do meio de comunicação e informação para a própria racionalidade[16]. Os meios são concebidos como extensão dos seres humanos[17].

Cândido Dinamarco, por outro lado, difundiu a tese de que o processo é 'meio'[18], instrumento da efetivação não só dos direitos materiais, mas também dos valores sociais e políticos, ou seja, ressaltou a importância do processo também para a garantia dos escopos metajurídicos. Para Dinamarco, a instrumentalidade do processo é dupla: negativa (a instrumentalidade das formas) e positiva (instrumentalidade para efetivação dos direitos)[19].

Confluindo McLuhan e Dinamarco, temos que, se por uma visão esse 'meio' não pode se transformar num fim em si mesmo, para puro deleite de processualistas, por outro lado, esse *medium* não é isento, muito menos neutro, pois ele acaba por influir e contaminar o próprio desenrolar do processo, a forma de participação das partes litigantes e até o conteúdo da decisão do juiz, que se veem afetados, dessa forma, pela dinâmica hipertextual e reticular do novo procedimento para a decidibilidade.

Assim, o *meio* eletrônico, além de condicionar sobremaneira o conteúdo da jurisprudência, vai potencializar a própria instrumentalidade[20] do processo, que passará a ter muito menos amarras e limitações materiais, permitirá o aumento de sua *deformalização* e alargará suas possibilidades probatórias. Enfim, o *meio* eletrônico sublinhará que o processo é *medium* e é instrumento, possibilitando, assim, que se privilegie na demanda os escopos sociais e políticos do processo. A instrumentalidade não será apenas dupla como afirma Dinamarco, será *exponencial*.

4. Princípios específicos do processo eletrônico

O presente momento de efetivação da justiça virtual no país e no mundo pode ser um momento privilegiado, em que a doutrina e a jurisprudência poderão canalizar os fluxos de emancipação que as novas tecnologias de informação e comunicação proporcionam, ou poderá significar uma opção conservadora, a opção pela simples '*informatização da ineficiência*'[21] do processo atual.

O que nos parece mais promissor é explorar, efetivamente, o potencial das novas tecnologias de informação e comunicação, da conexão, das chamadas externalidades positivas da rede e canalizar essas perspectivas para um novo processo, para uma nova racionalidade processual que possa tornar os direitos mais efetivos e as decisões mais justas e adequadas.

É ingênuo imaginar que a folha de papel tenha o mesmo potencial político e social de uma interface eletrônica. A imprensa demoliu uma hegemonia de mil anos, da cultura do manuscrito, do punho de ferro da Igreja, dando lugar à galáxia de Gutemberg. As novas tecnologias, da mesma maneira, já estão rearticulando as formas de poder.

O processo é um instrumento para o exercício legítimo do poder; nesse sentido, urge que se desenvolva uma tecnologia jurídica específica para otimizar a potência que essas novas tecnologias de comunicação e informação podem proporcionar para a resolução dos conflitos judiciais.

O tamanho desse desafio não é obra para uma só pessoa, tampouco cabe nas dimensões desse trabalho. O que se pretende aqui é apenas sugerir os primeiros passos para essa caminhada.

Toda compreensão das mudanças sociais e culturais é impossível sem o conhecimento do modo de atuaar dos meios como meio ambiente. Todos os meios são prolongamentos de alguma faculdade humana – psíquica ou física." Cfr. McLUHAN, 1969. p. 54.

(16) *"Os meios, ao alterar o meio ambiente, fazem germinar em nós percepções sensoriais de agudeza única. O prolongamento de qualquer de nossos sentidos altera nossa maneira de pensar e agir – o modo de perceber o mundo. Quando essas relações se alteram, os homens mudam."* Cfr. McLUHAN, 1969. p. 69.

(17) *"Numa cultura como a nossa, há muito acostumada a dividir e estilhaçar tôdas (sic!) as coisas como meio de controlá-las, não deixa, às vezes,k de ser um tanto chocante lembrar que, para efeitos práticos e operacionais, o meio e a mensagem. Isso apenas significa que as consequências sociais e pessoais de qualquer meio – ou seja de qualquer uma das extensões de nós mesmos – constituem o resultado do novo (sic!) estalão introduzido em nossas vidas por uma nova tecnologia ou extensão de nós mesmos."* Cfr. McLUHAN, 1979, p. 21.

(18) *"Todo instrumento, como tal, é meio; e todo meio só é tal e se legitima, em função dos fins a que destina. p. 206 (...) Em outras palavras, a perspectiva instrumentalista do processo é por definição teleológica e o método teleológico conduz invariavelmente à visão do processo como instrumento predisposto à realização dos objetivos eleitos."* Cfr. DINAMARCO, 1990. p. 207.

(19) *"Esta tem em comum com a instrumentalidade das formas o seu endereçamento negativo, ou seja, a função de advertir para as limitações funcionais (das formas lá, aqui, do próprio sistema processual). O lado negativo da instrumentalidade do processo é já uma conquista metodolótica da atualidade, uma tomada de consciência de que ele não é um fim em si mesmo (...) . O endereçamento positivo do raciocínio instrumental conduz à ideia de efetividade do processo, entendida no contexto jurídico social e política. Cfr. DINAMARCO, 1990. p. 379.*

(20) Cfr. PEREIRA, Sebastião Tavares. O processo eletrônico e o princípio da dupla instrumentalidade. *Jus Navigandi*, Teresina, ano 12, n. 1937, 20 out. 2008. Disponível em: <http://jus2.uol.com.br/doutrina/texto.asp?id=11824>. Acesso em: 8 jun. 2009.

(21) Esse termo foi cunhado pelo Juiz Antônio Gomes de Vasconcelos, por ocasião dos debates ocorridos nas Oficinas Temáticas do *I Congresso Mineiro – Justiça Digital e Direito do Trabalho*, realizado pelo Tribunal Regional do Trabalho de Minas Gerais e sua Escola Judicial, que teve lugar na cidade de Caxambu-MG, em agosto de 2008.

Sugerem-se, nessa ordem de ideias, sete novos princípios, que estão evidentemente conectados com os princípios tradicionais do processo, mas que diante das novas nuances ensejadas pelo novo *medium* alçam um salto quântico, ou sofrem uma torção topológica que os diferencia da perspectiva tradicional. Na atual fase de desenvolvimento de nossa pesquisa, podemos apresentar o seguinte elenco[22]: o princípio da *imaterialidade*; da *conexão*; da *intermidialidade*; da *interação*; o princípio da *hiper-realidade*, princípio da *instantaneidade* e, finalmente, princípio da *desterritorialização*.

Vejamos, com mais vagar, cada um deles.

4.1. Princípio da imaterialidade

A primeira característica do processo eletrônico é a própria desmaterialização dos autos.

Nesse sentido, *autos* e *atos*, que já têm etimologia comum[23], aproximam-se ainda mais, na acepção de puro movimento, impulso, atividade. Os *autos* e os *atos* processuais passam a ter uma dualidade mais intensa, no sentido de que ambos não se cristalizam mais, ambos são certificados de forma imaterial, digital. Não obstante, os autos seguem como a pura certificação imaterial dos atos processuais. Nessa linha não se pode mais entender a certificação como mera materialização dos atos.

Em certa medida, o verbo *documentar* e o substantivo *documento* recuperam no meio eletrônico o sentido etimológico, que não tem conexão com a ideia de materialização de atos. Documento decorre do latim *documentum*[24], que significa ensino, lição. O sentido é, pois, muito mais abstrato que material. Ensino é uma atividade, não uma coisa material (*res*).

Na mesma ordem de ideias, as noções de "processo", "procedimento" e "autos" tendem a se aproximar também, já que não se diferenciam, em sede do processo eletrônico, na pura materialização de atos, ou seja, esses três conceitos se aproximam da ideia de fluxo, de impulso e movimento.

Aqui, desmaterializar não significa, evidentemente, a passagem para o mundo místico, espiritual ou coisa que o valha, mas simplesmente a passagem do mundo dos átomos, da matéria, para o mundo dos *bits*, ou seja, para o mundo lógico ou formal, para o mundo da linguagem — linguagem das máquinas.

É claro que essa passagem não é neutra, pois o mundo analógico da matéria não é igual ao mundo lógico, formal, da linguagem.

O mundo dos *bits* é o mundo da linguagem, da linguagem binária. E a linguagem tem uma característica muito peculiar, que é a dualidade comunicação-informação, ou seja, a linguagem é conteúdo de informação e, ao mesmo tempo, é comunicação, transmissão, conexão[25].

Nesse sentido, o princípio da imaterialidade do processo eletrônico reforça a ideia de que o novo processo é um processo, sobretudo, linguístico, que liga os sujeitos do processo, juiz, autor e réu, essencialmente através da linguagem, dos homens e das máquinas. Em outras palavras, a estabilização da demanda judicial é feita através da linguagem, da pura forma lógica, e não mais pela forma material (do papel). Aqui escritura e linguagem acabam adquirindo sentidos bem distintos.

Além disso, o caráter dual da imaterialidade do novel processo enfatiza, por outro lado, que o processo é tanto a carga dos conteúdos (informação) dos direitos materiais em *litígio* quanto a própria discussão, o debate, a comunicação, a transmissão e o tráfego de atos e dados[26].

Nessa linha, essa nova concepção linguística e imaterial do processo equilibra melhor seu viés democrático-formal — processo como pressuposto formal da democracia — como também seu aspecto material, de efetividade social dos direitos assegurados pela ordem constitucional democrática.

Sob tal perspectiva, a imaterialidade enfatiza a corrente instrumentalista e o ativismo processual ao desmaterializar os formalismos a bem de uma adequação social dos direitos materiais.

O princípio da imaterialidade não se opõe à realidade. O virtual não se opõe ao real, mas também entre o atual e o virtual uma profunda interação, todo atual é rodeado de

---

(22) O Desembargador Fernando Neto Botelho, uma das maiores autoridades brasileiras em informática jurídica, caminha também na linha de desenvolver novos e específicos princípios do processo eletrônico. Cfr. BOTELHO, 2009. Disponível em: <http://www.amatra18.org.br/site/Index.do>.

(23) Etimologia latina: *actus,us* 'movimento, impulso, direito de passagem, ação, representação de uma peça teatral', substv. do adj. *actus,a,um*, part.pas. de *agère* 'pôr em movimento'. Cfr. HOUAISS, 2003.

(24) Etimologia latina: *documentum,i* 'ensino, lição, aviso, advertência, modelo, exemplo, indício, sinal, indicação, prova, amostra, prova que faz fé, documento', do v.lat. *docére* 'ensinar'; ver *doc(t)*- Cfr. HOUAISS, 2003.

(25) PIGNATARI (2003) p. 13.

(26) Essa dualidade está inclusive bem salientada na própria dogmática do processo eletrônico, como se pode ver, *in verbis*, pelo inciso I, do § 2º do art. 1º da Lei n. 11.419/2006: *"Para o disposto nesta Lei, considera-se: I – meio eletrônico qualquer forma de **armazenamento** ou **tráfego** de documentos e arquivos digitais;"*. (grifos nossos).

uma névoa de virtuais, como já notara Gilles Deleuze[27]. O grande filósofo da Internet, o francês Pierre Lévy, discípulo de Deleuze, observa, com propriedade, que é importante entender que a virtualização:

> Não é uma desrealização (a transformação de uma realidade num conjunto de possíveis), mas uma mutação de identidade, um deslocamento do centro de gravidade ontológico do objeto considerado: em vez de se definir principalmente por sua atualidade (uma solução), a entidade passa a encontrar sua consistência essencial num campo problemático.

E prossegue o filósofo francês:

> Virtualizar uma entidade qualquer consiste em descobrir uma questão geral à qual ela se relaciona, em fazer mutar a entidade em direção a essa interrogação e em redefinir a atualidade de partida como resposta a uma questão particular.[28]

O virtual privilegia mais a *potência* do que o *ato*, e convida, nesse sentido, a uma postura mais transformadora da realidade (atual). O processo eletrônico é o processo que não cristaliza uma atualidade, o *statu quo ante*, e nessa linha tende a buscar a atualização incessante, a potência do *update*.

O processo eletrônico tem condições, assim, de atuar mais como sendo expressão da *potência*, do que do *Poder de Estado*, resgatando, assim, a noção de direito como limite do poder. Aqui é fundamental a distinção operada por Espinosa, nas preposições 34 y 35 de sua Ética, entre poder (*potestas*) e potência (*potentia*)[29]. Para Negri a separação entre *potestas* e *potentia* constituía o centro da batalha lógica fundamental da *Ética* de Espinosa. *Potestas* era concebida como capacidade de construir coisas, e *potentia* como a força que a atualiza, ou seja, a força que a torna real[30].

O processo no meio material tende a reprimir e a conter formas e condutas. O princípio da imaterialidade, ao contrário, tende a ser proativo.

Como se sabe, os princípios não são rígidos como as normas. São mais flexíveis, são indicativos, preceitos de otimização, e apontam tendências e novos caminhos; não impõem condutas necessárias nem oferecem apenas uma única resposta certa. Sob essa perspectiva, o princípio da imaterialidade será um convite permanente à doutrina e à jurisprudência e, principalmente, à prática diária do processo, para encontrar o *meio* mais pragmático e justo, para a busca de uma solução mais justa para a demanda. Não se trata de processo casuísta, mas de processo customizado.

Por um lado, se o princípio da imaterialidade aponta no sentido da flexibilidade processual, por outro lado, os *workflows* dos sistemas processuais eletrônicos tenderão a conter e equilibrar eventuais excessos e discricionariedades do judiciário. Condicionados ao *workflow* e desafiados pela imaterialidade, os atores do processo irão moldando com o passar do tempo uma concepção mais construtivista e democrática de processo.

4.2 Princípio da conexão

O processo eletrônico é, sobretudo, um processo em rede, passível de conexão, de conexão do ponto de vista (i) tecnológico, como do ponto de vista (ii) social, ou seja, é um processo de conexão entre sistemas, máquinas e pessoas.

A ideia de conexão em rede faz toda a diferença. O processo conectado é bem diferente do processo *desplugado*, e sob vários enfoques. Podemos sistematizá-los em duas perspectivas principais. A primeira, denominamos de *conexão reticular*, e a segunda, de *conexão inquisitiva*. Mas é preciso ressaltar, como não podia ser diferente, que ambas as perspectivas estão entre si *conectadas*, sendo ambas beneficiárias do que o grande Pierre Lévy chamou, como já dito, de 'inteligência coletiva'[31].

É importante ressaltar, contudo, que o princípio da conexão deve estar articulado ao "*princípio da interação*" com as partes, ou em linguagem tradicional, ao crivo do contraditório.

O juiz não tem fé pública, inclusive na ata de audiência. Quem tem fé pública é o diretor de secretaria, responsável por redigir a ata. O juiz é mais um dos sujeitos do processo. A atividade de decisão democrática de um juiz é muito mais um ato de inteligência (e coletiva) do que um ato de vontade. Não decide por *saber*, mas por *conhecer*.

Enfim, com a internet, não há mais a delimitação do sistema 'autos' que condiciona a cognição processual, senão a respectiva interação com as partes.

---

(27) Cfr. DELEUZE, 1996. p. 49.
(28) LÉVY, Pierre *O que é o virtual?* – Trad. Paulo Neves. São Paulo: Editora 34. 1996. p. 15-20.
(29) "*Propositio XXXIV: Dei potentia est ipsa ipsius essentia*". "*Propositio XXXV: Quicquid concipimus in Dei potestate esse, id necessario est*". Cfr. SPINOZA, 1913 (a) p. 66.
(30) Cfr. NEGRI, 2000. p. 43.
(31) "'É uma inteligência distribuída por toda parte, incessantemente valorizada, coordenada em tempo real, que resulta em uma mobilização efetiva das competências'. Acrescentamos à nossa definição este complemento indispensável: a base e o objetivo da inteligência coletiva são o reconhecimento e o enriquecimento mútuos das pessoas, e não o culto de comunidades fetichizadas ou hipostasiadas" Cfr. LÉVY, 2003. p. 28-29.

4.2.1. Da Conexão Reticular

Reticular, como se sabe, é um adjetivo com que se designa tudo aquilo a que se imprime forma de rede. Com o adjetivo *reticular* o que se deseja significar e enfatizar é que não se trata apenas de mera conexão, de uma conexão linear, mas de uma conexão qualificada, em rede.

Uma conexão linear é apenas uma aproximação entre duas adjacências. Já uma conexão reticular pressupõe uma mudança de escala, de patamar, de lógica. De uma conexão linear decorre um fluxo previsível e estável, da conexão em rede, o fluxo é complexo, instável. Não há lineariadade rígida na sequência do fluxo processual eletrônico conectado. Não há nos autos virtuais nem mesmo *folhas numeradas*, mas *eventos em fluxo*.

O processo eletrônico não se diferencia simplesmente pela desmaterialização, mas, sobretudo, pela possibilidade de essa desmaterialização viabilizar a transmissão incessante, em tempo real, do conteúdo dos atos e das práticas processuais. Em sede de processo eletrônico não há falar nem sequer em pedido de vista do processo, já que o processo está conectado às partes e à sociedade 24 horas por dias, 365 dias do ano.

A publicidade no processo de papel era uma mera possibilidade, a distância física e material transformava a publicidade em mera presunção; com o processo virtual, contudo, ela muito mais do que uma presunção, é uma realidade, isto é, a publicidade é uma virtualidade, mas não no sentido de possibilidade, senão de uma realidade-virtual e efetiva[32], pois, como já se viu, o virtual não se opõe ao real.

O chamado princípio da escritura — *quod non est in actis non est in mundo* — encerrou no Código Canônico a fase da oralidade em voga desde o processo romano[33] e até no processo germânico medieval[34]. O princípio da escritura, então, visava a dar segurança jurídica e estabilidade aos atos processuais, mas ao mesmo tempo acabava por separar os autos do mundo.

Essa desconexão autos-mundo passou inclusive a modelar toda a estratégia argumentativa e de atuação das partes e do juiz no processo. Nem o posterior resgate da oralidade, cinco séculos depois, a partir da lei processual de Hannover ou do Código austríaco de Franz Klein, teve o condão de alterar a natureza profundamente estruturante do princípio da escritura, porquanto a oralidade na mídia de papel não rompia com a ideia de que o que estava fora dos autos estava fora do processo.

Com o advento das novas tecnologias de comunicação e informação e as possibilidades ampliadas de conectividade por elas proporcionadas, rompe-se, finalmente, com a separação rígida entre o mundo do processo e o das relações sociais, porquanto o meio eletrônico transcende as limitações materiais do meio de papel. O hipertexto, o *link* — a chamada linguagem de marcação no jargão tecnológico —, permite a aproximação entre os autos e a verdade (real e virtual) contida na rede, sem que com isso se imprima um grau caótico de desestabilização jurídica na estrutura mediática do processo.

Além disso, o princípio da conexão reticular torna o processo judicial um fenômeno menos segmentado e sequencial. Torna os atos menos dedutivos, silogísticos e abstratos, ou seja, tornam-se mais indutivos, consistentes — "consistência referencial" e conectados com o caso concreto.

Da *preclusão lógica* caminha-se para uma *indução preclusiva*, isto é, enfatiza-se a *indução* em detrimento da *dedução* na racionalidade processual. A preclusão reticular não está condicionada a um processo rígido de contradição formal entre atos. A incompatibilidade dos atos não é apenas deduzida logicamente, pois pode também ser induzida de forma muito mais veemente do caso concreto e particular. O saneamento das nulidades formais não está mais condicionado apenas à inércia da parte na primeira oportunidade que tiver de se manifestar nos autos. O princípio da conexão em rede impõe às partes o ônus da vigilância permanente e em tempo real.

A conexão aumenta a responsabilidade das partes no processo, como contrapartida ao próprio alargamento de sua participação. A democracia aumenta direitos, deveres e responsabilidades. O princípio da conexão reticular conduz o processo ao "lugar-comum" — *tópos koinós* —, à ágora virtual, onde os discursos especializados e as tecnicalidades processuais tendem a ceder espaço — em certa medida, pode-se pensar em termos de *tecnologia da deformalização* do processo.

4.2.2. Princípio da Conexão Inquisitiva

O princípio da conexão torna naturalmente, por outro lado, o processo mais inquisitivo. Em sede da prova,

---

(32) Não é por outra razão que a Lei n. 11.419/2006 (art. 11, § 6º) cogita permitir o acesso por *rede externa* dos *documentos* privados apenas para as partes, os procuradores e o Ministério Público.

(33) No período do procedimento *das ações da lei*, o processo romano era totalmente oral. Somente com o processo *formular* é que passou a ser parcialmente escrito. Cfr. CRUZ E TUCCI & AZEVEDO, 2001. p.78.

(34) O processo germânico, bárbaro, na alta Idade Média, era essencialmente oral, embora na península Ibérica tenha também guardado aspectos do processo romano formular, misto. Cfr. GUEDES, 2003. p. 21-23.

o princípio clássico da escrita — *quod non est in actis non est in mundo* — sempre foi decisivo. Essa separação entre o que está nos autos e o que está no mundo é também um mecanismo de racionalização e organização da produção das provas. No processo de papel, esse princípio é inclusive intuitivo, já que não há como se exigir que o julgador conheça algo fora da realidade materializada e estabilizada nos autos.

No processo virtual essa separação é literalmente desmaterializada. As fronteiras entre os autos e o mundo já não são tão claras, pois ambos pertencem ao mundo virtual. A virtualidade da conexão — o *hipertexto* — altera profundamente os limites da busca da prova, pois, como se sabe, os *links* permitem uma navegação indefinida pelo mundo virtual das informações, um *link* sempre conduz a outro e assim por diante... A chamada *Web semântica*[35] vai inclusive levar essa irradiação da informação a níveis inimagináveis.

A teoria da prova lançou mão do conceito aberto de "fato público e notório" para lidar processualmente com os fatos públicos. No mundo da internet, a escala do que seja fato de conhecimento público aumenta em proporções gigantescas, já que é decisivo não o conhecimento do fato, mas a possibilidade de acesso a ele, da *conexão*. É certo que a doutrina, a jurisprudência e a legislação vão, com o passar do tempo, estabelecer os limites para a navegação virtual, sob pena de se infundir o caos no fluxo processual, mas essa regulação só indica que de fato o processo reticular coloca os atores do processo em outro mundo, em outra lógica probatória.

O que se deve ter em mente, contudo, é que essa possibilidade abre perspectivas interessantes quanto à busca da tão almejada verdade real — *rectius*: verdade virtual — e, além disso, transforma enormemente o jogo do cálculo processual dos litigantes quanto ao ônus da prova. Essa possibilidade vai, inclusive, confluir no sentido de tornar o processo um instrumento mais ético, pois o aumento da possibilidade de busca da verdade real-virtual será proporcional à redução da alegação e negação de fatos virtualmente verificáveis.

Em sede do processo eletrônico, melhor que se falar em fato "público e notório" será, portanto, operar com a ideia de fato "*comum e conectável*". Aqui "comum"[36] entendido também como substantivo, fato extraestatal, não governamental, com acesso aberto pela rede mundial de computadores. Será a possibilidade de conexão por parte do juiz — conexão inquisitiva — o critério decisivo para a inserção da informação na esfera probatória do processo em rede.

4.3. Princípio da Intermidialidade

"Intermidialidade" é um conceito em construção formulado pelos teóricos da teoria da informação, comunicação e literatura e significa o processo de conjunção, interação e contaminação recíproca entre várias mídias[37].

Essa ideia é interessante para marcar a passagem de um processo rigidamente fixado, registrado materialmente no papel, para um processo desmaterializado, fluído, registrado apenas linguisticamente, como linguagem binária.

À primeira vista, o processo eletrônico resultaria apenas na passagem de um meio de comunicação — papel — a outro, o *meio eletrônico*. Mas da *imaterialidade* do processo eletrônico decorre que o meio eletrônico não se estabiliza num meio unívoco, numa forma única de comunicação e informação, já que o *milagre* científico da informática permite que os registros nos autos virtuais transcendam a linguagem escrita, agregando sons, imagens e até imagens-sons em movimento.

Ler um romance é muito diferente de ver o filme sobre ele, que por sua vez é também distinto da representação

---

(35) Também conhecida como Consórcio World Wide Web (W3C). A Web Semântica é uma web de dados. Existe uma grande quantidade de dados que todos nós utilizamos todos os dias, e não é parte da web. A visão da Web Semântica é alargar princípios da *Web* a partir de documentos para dados. Ela permite que humanos e máquinas trabalhem em verdadeira interação. Enfim, a ideia é transformar a web de um mar de documentos em um mar de dados. Há um excelente FAQ em: <http://www.w3.org/2001/sw/SW-FAQ#What1>.

(36) O conceito de "comum" tem sido hoje articulado por uma tendência política pós-estruturalista. O conceito é formulado principalmente por Negri e Hardt e Paolo Virno. A ideia de "comum", como substantivo, está conectada ao conceito aristotélico de "lugar común". *"Cuando hoy hablamos de 'lugares comunes', entendemos generalmente locuciones estereotipadas, casi privadas de todo significado, banalidades, metáforas muertas – 'tus ojos son dos luceros' –, conversaciones trilladas. Y sin embargo, no era éste el significado originario de la expresión 'lugares comunes'. Para Aristóteles, los topoi koinoi son las formas lógicas y lingüísticas de valor general, como si dijéramos la estructura ósea de cada uno de nuestros discursos, aquello que permite y ordena toda enunciación particular. Esos 'lugares' son comunes porque nadie – ni el orador refinado ni el borracho que murmura palabras sin sentido, ni el comerciante ni el político – puede dejarlos de lado."* Cfr. VIRNO, 2003. p. 34-35.

(37) O termo "intermidialidade" é um conceito em construção, podendo aparecer como sinônimo de termos como "intermídia", "intermídias", aproximando-se ainda, no escopo dos estudos literários, de noções como "intertextualidade", "transposição intersemiótica", "estudos interartes. *"Nesse âmbito discursivo, por intermidial entendemos o texto que se alimenta, intencionalmente, da conjugação de princípios que norteiam diferentes proposições estéticas e definições de mídia no plano de uma obra, produzindo um contexto múltiplo dentro de uma unidade textual específica."* Cfr. SALDANHA, 2008. No Brasil, especificamente no Programa de Pós-Graduação em Letras da UFMG, "intermidialidade" é o termo adotado pelo grupo de pesquisa em intermídias, coordenado pela prof. Thais Flores Nogueira Diniz. Cfr.: <http://www.letras.ufmg.br/poslit/13_projetos_pgs/projetos002.html>. Acesso em: 14 jun. 2009.

da respectiva peça teatral, que é diferente de uma novela. Ainda que o tema seja o mesmo, o meio altera e até condiciona a forma com que se dá a percepção e a intelecção da mensagem transmitida. Nesse sentido o meio transforma o próprio conteúdo da mensagem. Ele não é neutro. Como registrou McLuhan, o *meio é a mensagem*.

A possibilidade da interação entre essas várias mídias dentro do processo virtual o tornam, sem qualquer dúvida, muito mais complexo que o processo tradicional registrado, quase que completamente, na forma escrita. A dogmática brasileira permite a incorporação aos autos de papel de registros de som e imagem eletrônicos, mas essa incorporação é precária, compartimentalizada, segmentada, pois essas mídias, para serem efetivamente integradas ao processo, desafiam sempre uma transposição para a escrita. A imagem sem movimento, a fotografia, é passível de interação nos autos de papel sem a transposição para a escrita, mas isso se opera no processo de papel apenas de forma extraordinária, não como regra, como exceção, e mesmo assim de forma muito limitada.

Essa maior liberdade em relação à escritura enseja, por outro lado, a potencialização do processo como meio, como instrumento da efetivação dos direitos materiais, pois além de aumentar a possibilidade de se aferir a verdade real, sua intermedialidade, isto é, a maior interação entre várias mídias, acaba por deformalizar o processo, torná-lo inclusive mais pragmático e menos sujeito a regras rígidas de um único meio. Essa deformalização possibilita de uma maneira mais ressaltada a canalização dos meios e das mídias a benefícios dos escopos sociais do processo.

A intermedialidade ressalta, finalmente, o caráter transdisciplinar do processo eletrônico. Ela atravessa as disciplinas, pois se aplica aos processos civil, penal e trabalhista. Não é, pois, um simples procedimento; ao contrário, é muito mais um *processo* transversal.

4.4. Princípio da hiper-realidade

Outro aspecto importante do processo eletrônico, tanto do ponto de vista da busca da verdade real quanto do aspecto da agilidade processual, diz respeito à radicalização da oralidade no processo. O princípio da oralidade foi ressuscitado no início do século XIX, com o *Code de Procédure Civile* francês, de 1806, em seguida com o código de processo de Klein, da Áustria (1895), além da entusiasta defesa da oralidade no processo perpetrada por Chiovenda, no início do século passado, e finalmente com o seu mais recente resgate levado a cabo por Cappelletti, nos anos 60.

Mas a oralidade tradicional sempre foi muito mitigada, pois, ao fim e ao cabo, desafiava sempre algum grau de escrituração. Já no processo eletrônico, a oralidade pode ser totalmente preservada — e até radicalizada —, pois as audiências podem ser certificadas nos autos em sua pura verbalização sonora, por meio de arquivos eletrônicos de voz[38].

Mais do que simples oralidade, pode-se pensar inclusive na plena hiper-realização[39] dos atos processuais, hiper-realidade que acaba recriando e *simulando* no processo não só dados sonoros, mas também imagéticos.

Vale lembrar que a oralidade sempre foi valorada não só em decorrência de sua capacidade de buscar a verdade real — em contraposição ao velho apotegma de que "*papel aceita tudo*" —, mas também em face do potencial de agilidade que a concentração oral dos atos proporciona. Se o princípio da concentração oral no processo de papel já proporcionava agilidade, imaginem o seu potencial a partir da intermidialidade instantânea do processo eletrônico.

Bem a propósito, colhemos na rede a seguinte observação do filósofo francês da internet Pierre Lévy:

> A chegada à escritura acelerou um processo de artificialização e de exteriorização da memória que sem dúvida começou com a hominização. Seu uso massivo transformou o rosto de Mnemósina. Acabamos por conceber a lembrança como um registro.[40]

O processo romano era essencialmente oral, mas essa tradição foi mudada, como se viu, a partir do século XIII, com a Decretal de 1.216 do Papa Inocêncio III[41], que

---

(38) O sistema mais interessante atualmente de gravação de audiências é o sistema Fidelis, desenvolvido pelo Tribunal Regional do Trabalho do Paraná, sob o comando do Desembargador Sérgio Murilo Lemos.

(39) O conceito de hiper-realidade foi formulado pelo sociólogo francês Jean Baudrillard, formulado a partir da fábula de Borges que trata dos cartógrafos do império que traçam um mapa tão detalhado que cobre exatamente o próprio território mpaeado. "*Hoje a abstração já não é a do mapa, do duplo, do espelho ou do conceito. A simulação já é a simulação de território, de um se referencial, de uma substância. É a geração pelos modelos de um real sem origem nem realidade: hiper-real. (...) O real é produzido a partir de células miniaturizadas, de matrizes e de memórias, de modelos, de comando – e pode ser reproduzido um número indefinido de vezes a partir daí. Já não tem de ser racional, pois já não se compara com nenhuma instância, ideal ou negativa. É apenas operacional. Na verdade, já não é o real, pois já não está envolto em nenhum imaginário. É um hiper-real, produto de síntese irradiando modelos combinatórios num hiperespaço sem atsmofera.*" Cfr. BAUDRILLARD, 1991. p. 8.

(40) Cfr. LÉVY, 2009: <http://caosmose.net/pierrelevy/nossomos.html>.

(41) Cfr. GUEDES, 2003. p. 23.

consagrou no código canônico o princípio da escritura — *quod non est in actis non est in mundo*. Na verdade o princípio da escritura no processo, que retratava então o anseio de segurança e estabilidade no processo, significou, com o passar do tempo, muito mais o distanciamento da realidade, a cristalização da dinâmica imanente do mundo, do que outra coisa. Passou-se do sistema "*lettres passent témoins*", em contraposição ao até então dominante "*temoins passent lettres*"[42].

A realidade aprisionada na escritura do processo é uma realidade estática, resultante do meio utilizado e condicionada por ele, o papel. No meio eletrônico, pode-se registrar não a efetiva realidade, mas uma realidade digitalizada, codificada e virtualidazada, ou melhor, "hiper-realizada".

O "hiper-real" não é a representação do real, senão sua *apresentação*, traduzida em linguagem binária, em *bits*; melhor seria pensar em termos de *transpresentação* do real, em simulação do real, porquanto o processo em si já é uma performance, uma encenação. Os autos já são a representação dessa performance, ou seja, uma representação de uma representação, a *precessão do simulacro*[43].

De certa perspectiva, é necessário, pois, chamar os autos à ordem da realidade social, concreta, pois nesse sentido a hiper-realidade, trazida à baila pelas novas tecnologias do processo, pode nos inserir numa cadeia de realismo onírico e virtual. Da mesma forma que a cultura do papel nos incutiu a mentalidade da segurança e do formalismo da escritura, com perda de fenomenalidade bruta, o processo virtual pode também nos afastar da realidade, pois a realidade virtual tende ao simulacro.

A ressurreição do princípio da oralidade no século XIX tinha o objetivo de recobrar a verdade real no processo, distanciada que foi pelo regime da escritura. Além disso, a ideia era a busca da celeridade perdida. A oralidade significava, pois, a busca pela verdade real, associada à agilidade processual. A limitação do meio impunha que isso ocorresse por esquemas rígidos de representação.

No processo eletrônico, de forma diferente, é possível amenizar — jamais excluir — a representação. É possível *apresentar* a representação das testemunhas e até uma performance da realidade nos autos, por meio de imagens e som. Em síntese, o princípio da hiper-realidade, diferente da oralidade, cujo esquema era traduzido no trinômio *verdade real-representação-celeridade*, busca a verdade real-virtual, por meio de *apresentação*, tendo como substrato a instantaneidade, *em tempo real, on line* — *rectius: on network*.

Por fim, a hiper-realidade reconstruída eletronicamente irá exponencializar a oralidade não só da audiência, mas, sobretudo, da hermenêutica judicial. O juiz poderá decidir oralmente, junto das partes, de maneira mais direta e interativa, sanando imediatamente quaisquer imperfeições materiais e deslizes. A conexão entre o sentimento e a fala é maior do que com a escrita. A sentença falada será mais concisa e sentida, mais sentença.

Existem inúmeros estudos comprovando que os mecanismos de racionalidade e argumentação da linguagem escrita são bem diferentes da linguagem oral. A linguagem escrita é mais descritiva e a oral é mais performática. Para entender isso melhor, basta pensar no desastre que seria a encenação de um romance escrito sem a transposição para uma linguagem própria para o teatro, para uma linguagem falada.

Vale lembrar que o autor da peça, ao redigi-la, não esgota os recursos argumentativos e dramáticos. Um bom ator, com sua performance, complementa bem e até transcende os limites escritos da peça teatral. Quando o juiz profere uma sentença em audiência, acaba, em face do princípio da escritura, tendo de transcrever para a linguagem escrita a sentença proferida oralmente.

Em outras palavras, ele acaba "ditando" uma sentença, em vez de "proferi-la". No dicionário, "proferir" significa "dizer em voz alta". Sentença, etimologicamente, como se sabe, vem de "sentir" e não de "ditar". No processo eletrônico, a sentença pode ser captada em sua pura verbalidade oral e gestual. Assim, o processo eletrônico permite que o juiz abandone o costume de apenas ditar, para, efetivamente, passar a proferir sentenças.

E ao proferir uma sentença pode-se lançar mão de outros recursos argumentativos que a linguagem escrita não permite. Por meio da linguagem oral é possível ser mais direto e objetivo, inclusive mais conciso. As provas podem ser exibidas, mostradas e não apenas descritas pelo juiz.

A oralidade permite, pois, encenar uma sentença e não apenas ditá-la ou escrevê-la. Como o arquivo eletrônico permite não só voz, como também imagem, e não apenas imagem, senão imagem-movimento (Bergson), ou seja, admite um arquivo de vídeo, pode-se lançar mão de todos os recursos de uma performance teatral-cinematográfica para proferir, para dizer em voz alta a sentença.

---

(42) SANTOS, 1970. p. 41.

(43) Baudrillard formula o conceito de simulacro, que é a simulação que não tem mais como base o real; o real é apenas referencial, uma realidade-virtual. O *reality show* é uma modelo hiper-real, de simulacro, que se emancipa e desconecta do compromisso com a realidade. A simulação – o simulacro – passa a preceder o real. Cfr. BAUDRILLARD, 2003. p. 8.

Isso pode parecer irrelevante à primeira vista, mas isso muda tudo. O processo é um jogo argumentativo e de estratégia. Todas as estratégias são traçadas em se considerando o meio; se mudamos o meio, da mídia papel para o meio eletrônico, mudam-se as estratégias evidentemente.

É bom lembrar que o juiz — e não apenas os advogados — traça também suas estratégias argumentativas.

Essa mudança da sentença escrita para a sentença oral é mais profunda do que pensamos. Mudamos, como dizia o papa da comunicação canadense Marshall McLuhan, para um meio mais quente, o oral eletrônico. O papel, no sentido utilizado por McLuhan, é um meio mais frio, ou seja, é uma mídia que fornece menos informações ao receptor.

Mas, ao contrário do que pregava McLuhan, o meio mais quente pressupõe maior participação. Pelo menos na hipótese do processo eletrônico, ele permitirá uma maior participação das partes e dos advogados. O processo eletrônico tende a ser mais participativo e interativo.

Essa maior participação e interatividade acaba tendo reflexos profundos também na fundamentação dos julgados.

Os fundamentos são, sim, condicionados também pelo 'meio', pela mídia em que são expressos e veiculados. Se não temos meios de provar ou demonstrar os fundamentos, eles acabam ficando no vazio. Os fundamentos são indissociáveis dos meios. O meio é a mensagem, o meio é uma extensão do ser humano, já dizia McLuhan.

Essa extensão do ser humano não é neutra. Ela acaba condicionando e modificando a forma de estar no mundo e de pensar do ser humano. Os meios de transportes — que também são extensões do homem — mudaram o mundo. O homem que se deslocava apenas com os pés é muito diferente do homem que pode usar o avião.

Os fundamentos não são ideias puras, essências. São conexões, são ligações entre fatos, coisas e pensamentos. Ligações são meios. Os fundamentos da cultura do papel, da escrita, da galáxia de Gutemberg (McLuhan) são diferentes dos fundamentos da era eletrônica, da cultura oral, performática e conectada.

Nós juristas perdemos muito tempo com a tentativa de desenvolver um teoria da argumentação jurídica, similar à lógica formal, uma lógica claudicante. Como nos ensinou Perelman, que, além de jurista, era lógico/matemático, com doutorado sobre o matemático Frege, na lógica jurídica o decisivo é a determinação das premissas — o fato e a norma a ser aplicada. O silogismo jurídico, a partir da determinação das premissas, é extremamente simples.

Urge que se desenvolva uma nova teoria da argumentação jurídica, mas de outra ordem, hiper-real, levando em consideração não a abstração da lógica formal, mas a concretude do 'meio', da mídia em que a argumentação é apresentada e desenvolvida. Abstrair a argumentação do meio é o primeiro passo para tornar tudo teórico e artificial. O filósofo do pergaminho é muito diferente do filósofo em rede.

4.5. Princípio da interação

No processo de papel um dos princípios mais clássicos, elevado inclusive ao patamar constitucional, é o princípio do contraditório. A prática processual, contudo, tem demonstrado que o princípio do contraditório, em seu perfil clássico, tem servido muito mais à falta de efetividade dos direitos, à procrastinação processual, do que à garantia da cidadania propriamente dita. Os milhões de processo de papel que tramitam pelo Judiciário falam por si só.

É preciso que o princípio do contraditório seja atualizado, a fim de que não continue sendo usado de forma abusiva. O bordão já mencionado de que 'papel aceita tudo' é um indicativo de que o contraditório pode ser desvirtuado de sua nobre finalidade. Como qualquer outro direito, não é absoluto e deve sempre encontrar seus limites.

O meio eletrônico pode oferecer essa oportunidade de procedermos a uma espécie de *upgrade* no princípio do contraditório, exponencializando-o, inclusive, tornando-o mais imediado, instantâneo, em tempo real, ou seja, tornando-o *interativo*.

O processo virtual nos permite superar o velho contraditório linear, segmentado e estático, em que o prazo transforma-se em cavalo de batalha, transmuta-se de tempo para defesa em tempo para encontrar uma desculpa e esconder a verdade.

Podemos imaginar um contraditório mais intenso, mais extensível inclusive, um contraditório em tempo real, que torna tudo mais verossímil, autêntico e instantâneo. O contraditório por etapas lineares, sequenciais, estanques, torna-se um contraditório mecânico, maniqueísta e artificial, pois a essência do contraditório nem é o *contradizer*, em si, senão a pura possibilidade de participação no processo[44], com igualdade de oportunidades[45].

Com o mundo virtual nos autos, tudo é mais instantâneo, a possibilidade de prova é mais ampla, a defesa é mais ampla, ou seja, a participação é muito mais ampla e exponencial.

---

(44) Cfr. FAZZALARI, 2006. p. 119.
(45) Cfr. GONÇALVES, 1992. p. 127.

Esse contraditório hipertextual, hiper-real, intermediático, imediato. imediado e participativo acaba se tornando muito mais *interação* do que mera *contradição*. A interação significa uma mudança de escala, uma transformação qualitativa em relação à mera contradição linear e segmentada. Interagir é contradizer e participar em tempo real, com sinergia e maior grau de autenticidade.

A contradição se contenta com a participação paritária e se reduz a um mero procedimentalismo, sem qualquer compromisso material com a realidade ou com a verdade; é pura forma. O princípio da interação é, assim, um *plus* em relação ao contraditório tradicional, pois incorpora também um aspecto substancial, de compromisso com a verdade e com a realidade virtual.

Os estudiosos da nova teoria das redes entendem que o conceito de 'participação' é um conceito antigo, linear, de um mundo vertical e menos democrático. Sugerem justamente o conceito de 'interação', que é mais compatível com o mundo conectado e plugado, *e*-democratizado. 'Participação' pressupõe participar de algo alheio. Interação pressupõe participar/interagir de algo próprio[46].

Enfim, o princípio do contraditório está mais ligado, portanto, à democracia procedimental, competitiva, ao passo que o princípio da interação decorre de uma nova visão política, participativa e colaborativa.

4.6. Princípio da instantaneidade

O tempo no processo é uma das questões cruciais. O princípio da celeridade consta de todos os manuais. A Emenda Constitucional n. 45/2004 elevou a duração razoável do processo ao *status* constitucional, mas a dura realidade forense é diametralmente oposta.

O meio eletrônico torna evidentemente tudo mais rápido. A conexão aproxima[47], a interação, a hiper-realidade e intermidialidade dinamizam, a imaterialidade flexibiliza, ou seja, tudo no processo eletrônico conspira para exponencializar a celeridade[48].

Através do processo virtual a mediação é reduzida drasticamente. O advogado, ou a própria parte, procede à juntada das peças e provas diretamente nos autos. Não há pedido de vista, pois o processo está à vista das partes 24 horas por dia. Não há necessariamente conclusão para o juiz, pois o juiz tem contato imediato e não mediado com os autos em tempo real com as partes.

Troca-se, assim, a compartimentalização dos atos pela instantaneidade, o tempo lógico pelo tempo real. O prazo deixa de ser um conceito estanque para assumir uma perspectiva mais dinâmica, mais concreta e real, que se estende por todas as horas do dia, mas que também se reduz e se amolda à pragmática concreta dos atos.

A agilidade é tanta que já existe inclusive uma jurisprudência tratando da oposição prematura de embargos de declaração, de cujas decisões são publicadas na internet, mas demoram para sair no papel.

Perícias e providências são simultâneas. A materialidade tornava os atos sequenciais, mas o processo eletrônico os torna simultâneos.

Outro aspecto interessante é que o processo eletrônico rompe com a linearidade da numeração de páginas. Não há uma sequência numerada de páginas, mas um fluxo — *workflow* — do processo, que não é necessariamente linear, mas conduzido a partir de eventos processuais.

Em síntese, o processo virtual é processo em rede, e por isso mesmo um processo *on line* e *on network*, que concita à instantaneidade, antes que a mera celeridade. A instantaneidade é mais viva e interativa que o surrado e ineficiente princípio da celeridade do processo de papel.

4.7. Princípio da desterritorialização

A desmaterialização do processo acaba também por desmaterializar a ideia de foro e de circunscrição judicial. O sistema BACENJUD é uma prova já vigente disso. Antes dele, para se proceder a uma apreensão judicial de conta bancária, fora dos limites territoriais da comarca do juiz, era necessária a expedição de carta precatória. Agora, basta uma tecla, um *login* e uma senha para o juiz determinar o bloqueio de contas e aplicações financeiras em todo o país. Os novos convênios INFOJUD e RENAJUD abrem as mesmas possibilidades.

A citação não penal é também outro exemplo, pois já é possível proceder-se à citação eletrônica de um cidadão e de uma empresa, mesmo que estiverem fora do território nacional, bastando, para isso, que sejam cadastrados e o processo esteja todo acessível pela internet.

---

(46) Cfr. último acesso em: 11 ago. 2011: <http://netweaving.ning.com/video/redes-sao-ambientes-de>.

(47) Retomemos, novamente, ao mestre da "aldeia global" e a suas reflexões de há mais de 40 anos: *"O nosso é o mundo novo do tudoagora. O tempo cessou, o espaço desapareceu. Vivemos hoje numa 'aldeia global'.* Cfr. McLUHAN, 1969. p. 91.

(48) *"O sistema de circuitos elétricos entrelaça os homens uns com os outros. As informações despencam sobre nós, instantaneamente e continuamente. Tão pronto se adquire um novo conhecimento, este é rapidamente substituído por informação ainda mais recente. Nosso mundo, eletricamente configurado, forçou-nos a abandonar o hábito de dados classificados para usar o sistema de identificação de padrões. Não podemos mais construir em série, bloco por bloco, passo a passo, porque a comunicação instantânea garante que todos os fatores ambientais e de experiência coexistem num estado de ativa interação."* Cfr. McLUHAN, 1969. p. 91.

Por outro lado, a doutrina já acena com a ideia de uma internacionalização do direito material virtual, a exemplo do que ocorre com o espaço sideral ou com o fundo do mar. Há quem sustente inclusive que o direito marítimo seria a dogmática ideal para servir de base ao direito eletrônico; não se pode deixar de registrar que a ideia de *navegar* na internet reforça o imaginário linguístico dessa teoria[49].

O princípio da desterritorização[50] em sede de processo eletrônico[51] significa, pois, bem mais do que a mera transposição física de territórios e circunscrições jurisdicionais e até de jurisdições, significa a fluência da efetividade dos direitos, que não pode mais ser contida simplesmente pelas limitações materiais do espaço físico. A *longa manus* do juiz, desmaterializada, torna-se mais extensa, conectada.

5. Conclusão

O que se espera, portanto, é que os operadores do processo tenham capacidade de aprender com os erros e com a ineficiência do processo tradicional e não percam a fenomenal oportunidade de catalizar as chamadas externalidades de rede a benefício da efetividade social dos direitos.

O que se percebe é que o processo eletrônico transita em outra ordem, distinta da tradição da escrita, pois traduz a combinação do *imaterial* do eletrônico, com o viés *reticular* e telemático das novas tecnologias de comunicação, informação e combinação — *rectius*: conexão.

O processo eletrônico tem potencial para ser muito mais do que mera infraestrutura de TI para o processo tradicional. Não se reduz tampouco a simples *procedimento* judiciário digital e muito menos concebe-se tão somente como autos de papel digitalizados. As novas tecnologias de informação e comunicação transformam radicalmente a natureza do processo tradicional, que se caracteriza, primordialmente, pela separação dos autos do mundo. O processo eletrônico é, sobretudo, processo em rede, o que o torna beneficiário, concomitantemente, da inteligência coletiva, da lei da abundância, dos rendimentos crescentes e da sinergia da interação em tempo real.

Não se pode caminhar na linha da mera digitalização dos autos, na lógica do *scanner*, mas, sim, começar um processo novo, e não apenas um novo *procedimento*. Digitalizar significa decalcar para o processo eletrônico a lógica viciada do processo de papel, da escritura.

O receio é incidirmos em mera *informatização da ineficiência*. Não se pode perder a oportunidade de **aproveitar o advento do processo eletrônico para fazer uma revolução no processo**, que até o momento não passa senão de promessa não cumprida. Em outra palavras, é importante aproveitar a desmaterialização dos autos para tentar desmaterializar os vícios arraigados na cultura da escrita no processo.

O velho ditado de que *papel aceita tudo* trouxe em contrapartida a transformação da segurança jurídica em dogma, perdendo com isso a verdade real e, por consequência, a justiça material das decisões. No mundo imaterial, o monitor vai *aceitar* mais ainda, por isso mesmo é preciso policiar os arroubos paranoicos por segurança virtual.

A preocupação deve se deslocar da segurança, concebida como mera estabilidade, para a ideia de preservação da intimidade e da privacidade no mundo eletrônico, ou seja, é mais importante assegurar tais garantias constitucionais aos cidadãos que uma excessiva preocupação com segurança tecnológica, já que a possibilidade de redundância é a grande chave da segurança e incolumidade dos arquivos eletrônicos.

Não se pode, por outro lado, desprezar não só as tecnologias já disponíveis, mas também estar atento para aquelas que já se ensejam, sob pena de o processo eletrônico já nascer obsoleto.

Insiste-se: não se pode pensar no processo eletrônico como processo escaneado, o "foto-processo" — que significa em última análise como mera migração (inclusive dos vícios) da escritura para o novo processo virtual. O decisivo é que o processo eletrônico seja um banco de dados relacional, manipulável semanticamente, com "integridade referencial", e não um banco de documentos, segmentados.

É preciso, por outro lado, evitar uma postura obscurantista, um apelo piegas à especificidade da dignidade humana. O essencial no processo eletrônico, o potencial de emancipação que ele carrega está, justamente, no fato

---

(49) Cfr. ROHRMANN, 2005. p. 27-33.

(50) É interessante a respeito o seguinte julgado do STJ, ainda em sede de processo de papel:
PROCESSO : CC 66981 UF: RJ – STJ – VEICULAÇÃO NA INTERNET DE IMAGENS PORNOGRÁFICAS ENVOLVENDO CRIANÇAS E ADOLESCENTES. COMPETÊNCIA QUE SE FIRMA PELO LOCAL DA PUBLICAÇÃO ILÍCITA. 1. Conforme entendimento desta Corte, o delito previsto no art. 241 da Lei n. 8.069/90 consuma-se no momento da publicação das imagens, ou seja, aquele em que ocorre o lançamento na Internet das fotografias de conteúdo pornográfico. É irrelevante, para fins de fixação da competência, o local em que se encontra sediado o responsável pelo provedor de acesso ao ambiente virtual.

(51) O Desembargador Fernando Neto Botelho, a propósito, denomina tal princípio de *'ubiquidade judiciária'*. Cfr. BOTELHO, 2009, disponível em: <http://www.amatra18.org.br/site/Index.do>.

de ser um processo em rede, mas não uma rede de fios e circuitos, e sim uma rede que liga pessoas, gente, seres humanos: juiz, partes e sociedade humana. Não se trata de deslumbre com a tecnologia, mas com o potencial político, cultural, econômico e sociológico da rede.

O processo de papel é a própria encarnação da separação entre os atores do processo e o mundo. O que não está nos autos não está no mundo. É o processo individual, isolado do mundo. É preciso, pois, desenvolver-se uma *tecnologia jurídica*, propriamente dita, para lidar com um novo processo, que conectará os autos ao mundo. Utilizar os mesmos princípios processuais do processo de papel seria o mesmo que operar o computador com tacape. Se se imaginar que uma folha de papel tem a mesma repercussão política e social de um monitor em rede, de uma interface do computador, estaremos perdendo a oportunidade histórica de fazer a tão diferida revolução no processo judicial.

Referências bibliográficas

ALMEIDA FILHO, José Carlos de Araújo. *Processo Eletrônico e Teoria Geral do Processo Eletrônico — a informatização judicial no Brasil*. Rio de Janeiro: Forense, 2007.

BAIOCCO, Elton. *Introdução de novas tecnologias como forma de racionalizar a prestação jurisdicional*: perspectivas e desafios. Curitiba: Universidade Federal do Paraná, 2012.

BENKLER, Yochai. *The wealth of networks*: how social production transforms markets and freedom. New Haven and London: Yale University Press, 2006.

BONDY, J. A.; MURTY, U. S. R. *Graph Theory with Applications*. New York: Elsevier Science Publishing, 1976.

CASTELLS, Manuel *A sociedade em rede — a era da informação*: economia, sociedade e cultura. vol. 1. Trad. portugués Roneide Venâncio Majer. atual. 6. ed. Jussara Simões. São Paulo: Paz e Terra, 1999.

CINTRA, Antônio Carlos de Araújo, *et al. Teoria Geral do Processo*. 17. ed. São Paulo: Malheiros, 2000.

CRUZ E TUCCI, José Rogério; AZEVEDO, Luiz Carlos. *Lições de história do processo civil romano* São Paulo: Revista dos Tribunais, 2001.

DELEUZE, Gilles. O Atual e o Virtual. *In*: ALLIEZ, E. *Deleuze Filosofia Virtual*. Rio de Janeiro: Editora 34, 1996.

DELEUZE, G.; GUATTARI, F. *Mil Platôs — capitalismo e esquizofrenia*. vol. 1. Trad. Aurélio Guerra y Célia Pinto Costa. Rio de Janeiro: Editora 34, 1995(a).

_____. *O que é a filosofia*. Rio de Janeiro: Editora 34, (1991) 1997.

_____. *Mil Platôs — capitalismo e esquizofrenia*. vol. 4. Trad. Suely Rolnik. Rio de Janeiro: Editora 34, 1997.

DINAMARCO, Cândido Rangel. *A instrumentalidade do processo*. São Paulo: Revista dos Tribunais, 1990.

FAZZALARI, Elio. *Instituições de directo processual*. Trad. Português Elaine Nassif. Campinas: Bookseller, 2006.

GONÇALVES, Aroldo Plínio. *Técnica Processual e Teoria do Processo*. Rio de Janeiro: Aide, 1992.

GUEDES, Jefferson Carús. *O princípio da oralidade*. São Paulo: Editora Revista dos Tribunais, 2003.

HOUAISS, Antônio. *Dicionário Eletrônico Houaiss da Língua Portuguesa Mutiusuário 1.0.20*. Editora Objetiva, Junho de 2003.

LEAL, Augusto Cesar de Carvalho. O processo judicial telemático: considerações propedêuticas acerca de sua definição e denominação. *Jus Navigandi*, Teresina, ano 11, n. 1.268, 21 dez. 2006. Disponível em: <http://jus2.uol.com.br/doutrina/texto.asp?id=9296>. Acesso em: 28 mar. 2009.

LÉVY, Pierre. *O que é o virtual?* Rio de Janeiro: Editora 34, 1996.

_____. *A inteligência coletiva — por uma antropologia do ciberespaço*. São Paulo: Loyola, 2003.

_____. *Tecnologias intelectuais e modos de conhecer*: nós somos o texto. Caosmose — estratégias de virtualização. Disponível em: <http://caosmose.net/pierrelevy/nossomos.html>. Acesso em: 14 jun. 2009.

McLUHAN, Marshall. *O meio são as massa-gens*. Trad. Ivan Pedro de Martins; coord. Jerome Agel. Rio de Janeiro: Record, 1969.

_____. *Os meios de comunicação como extensão do homem*. trad. português Décio Pignatari. São Paulo: Cultrix, 1979.

NEGRI, Antonio. *Spinoza Subversivo — Variaciones (in)actuales*. Trad. esp. Raúl Sánchez Cedillo. Madrid: Ediciones Akal, 2000.

PEREIRA, Sebastião Tavares. O processo eletrônico e o princípio da dupla instrumentalidade. *Jus Navigandi*, Teresina, ano 12, n. 1.937, 20 out. 2008. Disponível em: <http://jus2.uol.com.br/doutrina/texto.asp?id=11824>. Acesso em: 8 jun. 2009.

PEREIRA Sebastião Tavares. Processo eletrônico no novo CPC: é preciso virtualizar o virtual. Elementos para uma teoria geral do processo eletrônico. *Jus Navigandi*, Teresina, ano 17, n. 3.172, 8 mar 2012. Disponível em: <http://jus.com.br/revista/texto/21242>. Acesso em: 1º nov. 2012b.

PIGNATARI, Décio. *Informação. Linguagem. Comunicação*. São Paulo: Ateliê, 2003.

RECUERO, Raquel C. Redes sociais na Internet: considerações iniciais. *In: Biblioteca* on-line *de Ciências da Comunicação*. Disponível em: <http://bocc.ubi.pt/pag/_texto.php3?html2=recuero-raquel--redes-sociais-na-internet.html>. Acesso em: 14 jun. 2009.

ROHRMANN, Carlos Alberto. *Curso de Direito Virtual*. Belo Horizonte: Del Rey, 2005.

RUSCHEL, Airton. *Modelo de Conhecimento para apoio ao Juiz na fase processual trabalhista*. Disponível em: <http://btd.egc.ufsc.br/wp-content/uploads/2012/08/AirtonJoseRuschel2012_206pg1.pdf>. Acesso em: 1º nov. 2012.

SALDANHA, Gustavo Silva. A leitura informacional na teia da intermedialidade: um estudo sobre a informação no texto pós--moderno. *Perspect. ciênc. inf.* [on-line]. 2008, vol.13, n.1, p. 55-66. ISSN 1413-9936. doi: 10.1590/S1413-99362008000100005.

SANTOS, Moacyr Amaral. *Prova Judiciária no Cível e Comercial*. São Paulo: Max Limonad, 1970.

VIRNO, Paolo. *Gramática de la multitud*. Madrid: Traficante de Sueños, 2003.

WELLMAN, Barry; GULIA, Mena. *Netsurfers don't ride alone*: virtual communities as communities. *In:* Barry Welmman (org) *Networks in the global village*. Boulder, CO: Westview Press, p. 331-366 *apud* CASTELS, 2002.

Ferramentas Eletrônicas no Processo do Trabalho

Fabiano de Abreu Pfeilsticker

1. Introdução

Vivemos um momento de transição. O processo convive com duas realidades distintas: uma, tradicional, repete atitudes e modos que são feitos há séculos, com atos jurídicos processuais escritos em folhas de papel, amarrados e encadernados, guardados em arquivos cada vez maiores para armazenar um volume que não para de crescer. De outro lado, a modernidade, o processo se desgarrando do passado e começando a se dirigir para o futuro, começando a se virtualizar, a se informatizar.

Os atos processuais, aos poucos, vão deixando a realidade lenta e pesada do papel para assumir a velocidade da luz, transmitida *online* pelos milhões de *bytes* que navegam digitalmente pelo mundo a cada segundo.

O juiz, portanto, equilibra-se entre o passado imutável de séculos e a modernidade futura. Talvez essa dificuldade diante do novo (mudar sempre é trabalhoso) faça com que as novas ferramentas eletrônicas ainda não sejam exploradas devidamente.

A intenção deste trabalho é incentivar o juiz a aceitar o novo, as novas ferramentas eletrônicas, a se acostumar com elas, fazer com que as incorpore naturalmente no seu cotidiano de trabalho, e não só passe a usá-las como também explore novas formas de utilização e anseie por novidades.

O processo de papel, pesado, enorme, lento, demorado será uma mera lembrança muito em breve com o processo eletrônico batendo às portas do Judiciário (PJe), e as ferramentas eletrônicas que existem hoje podem servir como introdução a essa nova realidade.

Usar e acostumar-se com as ferramentas eletrônicas hoje disponíveis podem ser um meio indolor de se fazer a transição para o processo eletrônico que vem adiante e uma forma excelente de se perceber que a prestação jurisdicional pode ser bem mais rápida e efetiva, como, aliás, determina nossa Constituição Federal.

Neste trabalho, vamos tratar das quatro ferramentas eletrônicas básicas que existem atualmente à disposição do juiz: Bacenjud, CCS, Renajud e Infojud, mostrando não apenas o funcionamento básico, mas principalmente lançando um novo olhar sobre a sua forma de utilização; vamos tentar demonstrar que o juiz, ao tomar essas ferramentas como parte da sua rotina de trabalho, pode não apenas tornar a execução mais rápida e efetiva, mas a própria prestação jurisdicional, na sua integridade, será mais segura e com resultados mais próximos da realidade.

Ao final, procuramos expor, ainda, o desejo de ampliação, sugerindo novas ferramentas eletrônicas que venham somar-se a estas que já existem.

2. Bacenjud

O Bacenjud provavelmente é a maior revolução que o processo sofreu até o momento. Talvez seja exagerada esta afirmação, mas quando se percebe o rumo que a execução tomou depois da implantação deste sistema, o exagero não fica tão evidente.

É que, antes da implementação do Bacenjud, as execuções, mesmo contra devedores solventes e bem estabelecidos, arrastava-se por meses ou anos a fio, e o pagamento espontâneo era raro, geralmente feito apenas depois que o leilão ou a praça eram designados. Isso, obviamente, após um verdadeiro calvário em que o oficial de justiça ia à empresa para encontrar, penhorar e avaliar bens passíveis de penhora, e quase sempre bens de difícil comercialização.

Essa era uma realidade comum mesmo quando a execução se processava contra devedores que tinham plenas condições de garantir a execução com dinheiro, como determina há muitos anos o CPC (art. 655).

Atualmente, o sistema Bacenjud está em sua versão 2.0 (desde janeiro de 2009) e tem sido cada vez mais utilizado, como mostram as estatísticas do Banco Central. A Justiça do Trabalho simplesmente duplicou o número de requisições feitas nos últimos cinco anos, passando de 974.115 em 2006 para 1.715.773 em 2011. E mais, os números revelam que muito embora o número de juízes da Justiça Comum seja 500% maior que o número de magistrados trabalhistas, a Justiça do Trabalho sozinha responde por 45% de todas as requisições feitas no sistema Bacenjud.

A conclusão, obviamente, destes números, é que o sistema Bacenjud é muito difundido e utilizado na Justiça do Trabalho, pelo que não carece de maiores detalhamentos sobre a operacionalização de sua utilização tradicional (bloqueio de valores).

Não obstante, o sistema Bacenjud oferece outros recursos menos utilizados e que gostaríamos de ressaltar.

2.1. Solicitação de extratos/saldo – salário "por fora" e diferenças salariais

Infelizmente, é comum encontrarmos demandas em que se discute o pagamento de salários não contabilizados para fins de reflexos em outras parcelas trabalhistas e recolhimento de tributos, o chamado "salário por fora".

A prova desta alegação é tradicionalmente feita com testemunhas, o que leva geralmente a erros e valores distorcidos, isso quando o autor consegue comprovar sua tese.

Todavia, quando este salário "por fora" é pago mediante depósito na conta-corrente do empregado — e isso é muito mais comum do que possa parecer a princípio —, o deslinde da controvérsia torna-se extremamente simples, e a prova testemunhal até mesmo dispensável.

Basta que o juiz utilize o Bacenjud para solicitar ao banco o extrato da conta-corrente do empregado por todo o período imprescrito reclamado, a fim de que se faça o cotejo e se apure diferenças entre o que foi depositado e os valores estampados nos recibos de pagamento. A prova, neste caso, permite uma precisão e fidelidade muito superiores àquelas que seriam obtidas com depoimento de testemunhas, sem contar que reduz drasticamente o tempo da audiência de instrução processual.

Formalizado o requerimento pelo Bacenjud, a instituição financeira responsável enviará para a vara solicitante os extratos no prazo de 30 dias.

Estes extratos são fundamentais, ainda, quando se discute pagamento de valores salariais que, por qualquer motivo, não estejam devidamente discriminados em recibos de pagamento, como "ajuda de custo", comissões, participação nos lucros e resultados, auxílio-alimentação, vale-combustível etc.

2.2. Solicitação de extratos – "sangria"

Quando, na fase de execução, as ordens de bloqueio pelo sistema Bacenjud se mostrem infrutíferas, não obstante, na realidade, a empresa demonstre saúde financeira e pleno funcionamento, convém ao juiz solicitar aos bancos extrato das contas para averiguar se não está havendo a chamada "sangria".

Depois que o Bacenjud foi criado, os devedores começaram a criar novas formas de burlar o sistema, e uma delas é retirar diariamente da conta, ao final do dia, os valores e transferi-los para outra conta, retornando o dinheiro para a conta original no dia seguinte.

Com isso, sempre que se tentar bloquear valores pelo sistema Bacenjud, o resultado será negativo, invariavelmente. Isso ocorre pela forma de funcionamento do sistema.

De fato, pelo sistema Bacenjud, o Banco Central transmite a todas as instituições financeiras as ordens de bloqueio efetivadas naquele dia. Essa comunicação é feita após o encerramento do expediente bancário. Ao receber a ordem, os bancos processam o bloqueio como primeira operação bancária do dia seguinte na conta do devedor. Como o executado retirou todo o dinheiro da conta no final do dia anterior, a ordem de bloqueio será infrutífera e o retorno do dinheiro à conta original será feito necessariamente após a tentativa de bloqueio.

Em resumo, com este esquema, os bloqueios são sempre frustrados, pois o dinheiro "dorme" em uma conta apartada.

Só há uma forma de se detectar isso: pedindo-se os extratos da conta do devedor para verificar se a "sangria" está ocorrendo e para onde o dinheiro está escoando.

Às vezes, o dinheiro é drenado mesmo para as contas de terceiros, sem retorno, e também nesses casos o esquema só vai ser descoberto pela análise dos extratos da conta do devedor.

Portanto, se o juiz entender necessária uma pesquisa mais aprofundada das razões pelas quais o Bacenjud não está sendo efetivo, mesmo diante da saúde financeira do devedor, convém solicitar os extratos pelo sistema Bacenjud. Nada de ofícios de papel. Requisições *online* garantem maior celeridade e diminuem os custos do processo, pois se evitam expedições de ofícios e mandados.

2.3. Solicitação de endereço

O terceiro uso do Bacenjud é talvez o menos lembrado.

Os bancos disponibilizam, através do Bacenjud, o endereço cadastrado de seus clientes, podendo o juiz consultar essas informações *online*, de forma rápida e segura.

É claro que o art. 39, II, do CPC determina que "compete ao advogado, ou à parte quando postular em causa própria, comunicar ao escrivão do processo qualquer mudança de endereço", ao passo que o parágrafo único é categórico em afirmar que se o advogado infringir esta obrigação processual, "reputar-se-ão válidas as intimações enviadas, em carta registrada, para o endereço constante dos autos".

Contudo, às vezes, é importante pesquisar o endereço de determinado devedor, principalmente nos casos em que sócios e empresas do grupo econômico são incluídos no polo passivo da execução. Nestas hipóteses, pode ser necessário pesquisar o endereço dos novos devedores para sua regular citação e composição da lide, e a consulta ao Bacenjud talvez se revele a forma mais eficaz de se encontrar o endereço desse devedor.

Isso porque, não obstante seja possível se pesquisar o endereço de determinado devedor (via CNPJ ou CPF) pelo Sistema Infojud, nem sempre as informações cadastrais do banco de dados da Receita Federal revelam-se as mais precisas e corretas, mormente nos casos de devedores contumazes, ao passo que dificilmente alguém mantém informações cadastrais incorretas junto aos bancos onde possuem contas e aplicações financeiras, pois que isso poderia implicar em prejuízos financeiros efetivos e imediatos.

Então, a experiência das lides trabalhistas tem nos mostrado que a pesquisa de endereço pelo sistema Bacenjud mostra-se mais efetiva e correta que aquela perpetrada pelo sistema Infojud, sendo certo, todavia, que o mais seguro é fazer a pesquisa nos dois sistemas e a intimação/citação do devedor em todos os endereços encontrados, caso sejam discrepantes.

Por fim, vale lembrar que a resposta da consulta estará disponível *online*, no próprio sistema, 48 horas depois, da mesma forma como se verificam os resultados de bloqueio.

3. CCS – Cadastro de Clientes do Sistema Financeiro Nacional

O CCS — Cadastro de Clientes do Sistema Financeiro Nacional — é, sem dúvida nenhuma, a menos conhecida e utilizada das ferramentas eletrônicas à disposição do juiz, apesar da sua enorme importância.

O CCS tem basicamente uma única função, que é informar ao juiz quais pessoas físicas e jurídicas têm autorização para fazer movimentações nas contas-correntes e aplicações financeiras de determinado CPF ou CNPJ.

Essa informação é relevantíssima.

Pare e pense em quantas pessoas têm autorização para movimentar a sua conta-corrente. A grande maioria vai dizer que ninguém tem esse tipo de autorização, apenas a própria pessoa. Por quê? Porque é muito arriscado você autorizar que outras pessoas tenham liberdade para movimentar suas contas e aplicações financeiras.

Em uma empresa (pessoa jurídica), a situação não é diferente. Apenas sócios ou pessoas (poucas) de altíssimo escalão podem movimentar (ter acesso a) o dinheiro da empresa em contas correntes e aplicações financeiras.

E como essa informação é útil em um processo?

A princípio, são três utilidades fundamentais que a informação do CCS pode nos trazer: 1ª) verificar a existência de sócios ocultos que se escondem atrás de sócios fictícios (os chamados "laranjas"); 2ª) caracterizar o grupo econômico entre empresas; 3ª) verificar o exercício de cargo de confiança por determinado empregado.

3.1. Pesquisa de sócios ocultos

A maior virtude do CCS é possibilitar a descoberta de sócios de fato (ocultos), que se escondem de suas responsabilidades jurídicas por trás de outras pessoas que ficticiamente figuram formalmente no contrato social como sócios, os comumente chamados "laranjas".

Infelizmente, a realidade de muitas empresas é esta, em que o sócio-proprietário verdadeiro, que gerencia o negócio e aufere os lucros, esconde-se em contratos de gaveta e procurações com amplíssimos poderes para fazer o que bem entender com a empresa, mesmo sem o consentimento dos "sócios" que formalmente estão declinados no contrato social. O real sócio-proprietário se autodenomina, no mais das vezes, como "administrador não sócio", "representante legal", "procurador" etc.

Os verdadeiros donos do negócio, apesar de não se responsabilizarem juridicamente por nenhuma dívida da empresa, são os que realmente ficam com os dividendos do lucro da atividade empresarial, em um jogo em que só eles ganham.

O truque é antigo e manjado, mas até recentemente não tínhamos ferramentas apropriadas para descobrir essas fraudes com rapidez e precisão. Geralmente precisávamos oficiar diversos cartórios de notas para saber se em algum deles havia procuração dando amplos poderes ao sócio oculto, o que quase nunca surtia efeito, pois essas procurações ou eram "de gaveta" ou estavam registradas em cartórios menores pelo interior, o que tornava o desvendamento do esquema extremamente difícil.

Com o CCS, a coisa mudou radicalmente de figura. O juiz agora pode consultar todas as instituições financeiras do país para obter a informação acerca de quem efetivamente tem poderes para movimentar as contas financeiras da empresa, e em 99,99% das vezes o nome do sócio oculto está lá estampado, pois é ele quem, no final das contas, gerencia e controla as finanças da empresa.

Quando uma execução contra a pessoa jurídica é frustrada, e contra seus sócios formais também, convém ao juiz fazer consulta ao CCS para descobrir sócios ocultos. A utilização da ferramenta quase sempre revela nomes de pessoas que não constam no contrato social, mas com poderes para movimentar as contas da empresa. E nesses casos não é raro se descobrir o nome de pai, esposo, filho, irmão, etc. dos sócios, sempre com poderes para movimentar as contas da empresa, ou ainda nome de pessoas com condição social muito mais elevada que os sócios "formais" (o que pode ser facilmente averiguado pelo Infojud). Além disso, há casos em que os sócios "formais" não têm sequer autorização para movimentar as contas financeiras de "sua" própria empresa, apenas o sócio oculto.

Aconselha-se, portanto, que, diante de uma execução frustrada contra a pessoa jurídica e os sócios formais, faça-se uma consulta ao CCS para descobrir sócios ocultos na empresa, que se escondem por trás de "laranjas" e quase sempre não são incomodados pela execução, não obstante tenham maior ou total responsabilidade sobre a empresa.

Essas informações formam um par perfeito para checar dados deste sócio oculto e da empresa obtidos pelo Infojud. É serviço trabalhoso e demorado, que exige do juiz paciência para ir desfiando o novelo da fraude até que os fatos revelem com clareza o esquema fraudulento de utilização de pessoas de fachada como sócios.

3.2. Grupo econômico

O CCS possui uma segunda finalidade crucial: revelar a existência de grupo econômico.

Até pouco tempo atrás, poderia ser muito complicado para o reclamante comprovar a existência de grupo econômico entre empresas reclamadas. O senso comum não era corroborado por provas no processo. Os contratos sociais apresentavam pessoas diferentes em seu quadro societário, os procuradores eram diferentes (embora às vezes fossem do mesmo escritório, mas apresentavam procurações separadas!), os prepostos eram diferentes etc.

Com o CCS, essa tarefa ficou bem mais simples. É que, em geral, empresas do mesmo grupo econômico autorizam as mesmas pessoas a movimentar suas contas-correntes e aplicações financeiras, ficando cabalmente comprovada a comunhão na administração do dinheiro das pessoas jurídicas envolvidas.

Então, aconselhamos que sempre que houver pedido de declaração da existência de grupo econômico, e este fato for negado nas contestações, o juiz faça consulta ao CCS a partir do CNPJ das empresas envolvidas, imprimindo o resultado e juntando aos autos para vista e manifestação das partes.

3.3. Exercício de cargo de confiança/parceria ou sociedade de fato

Uma terceira finalidade do CCS, que pode se revelar extremante útil, é averiguar o exercício do cargo de confiança por determinado empregado.

Isto é especialmente relevante em duas situações: 1ª) quando as partes discutem no processo se o reclamante exerce ou não cargo de confiança (discussão geralmente atrelada ao direito vindicado de horas extras) e 2ª) quando a testemunha é contraditada pelo exercício do cargo de confiança.

Em qualquer das hipóteses, uma consulta ao CNPJ da pessoa jurídica vai revelar se o reclamante ou a testemunha tem autorização para movimentar as contas financeiras da empresa. Em caso positivo, se não for uma prova cabal, pelo menos é um fortíssimo indício de que o reclamante ou a testemunha exerce cargo de confiança, na medida em que apenas um círculo extremamente restrito de pessoas geralmente tem permissão para movimentar dinheiro na empresa, e um empregado que tenha esta permissão goza, sem dúvida, do mais alto grau de confiança do empregador.

A situação é a mesma, nos casos em que o réu alega a inexistência de vínculo de emprego com o autor sob o argumento de que havia entre eles apenas uma relação jurídica de parceria ou uma sociedade de fato. Esse tipo de alegação é muito comum, o autor se dizendo empregado e o réu sustentando que eram sócios de fato ou parceiros no negócio.

Novamente, o uso do CCS pode colocar uma pá de cal na discussão sem grandes dificuldades. Fazendo-se a consulta a partir do CNPJ da empresa, pode-se averiguar se o autor tinha ou não acesso às contas-correntes e aplicações financeiras da empresa. Em caso negativo, muito provavelmente o autor tem razão e não era sócio de fato, mas sim empregado, pois que soa estranho apenas um dos sócios ter autorização para movimentar dinheiro da empresa e não o outro (o autor no caso). Em caso positivo, existe um forte indício de que o autor realmente podia ser sócio, ou então que exercia cargo de extrema confiança.

É evidente que a resposta do CCS não traz uma solução definitiva nestes casos, mas dá um rumo mais concreto ao juiz na análise das demais provas, servindo como um poderoso elemento de convicção para o deslinde da controvérsia.

4. Renajud

O Renajud é uma ferramenta de fácil utilização e muito eficaz. Seu uso não apresenta grandes dificuldades, mas convém ressaltar alguns aspectos interessantes desta ferramenta.

4.1. Poder geral de cautela do juiz

O Renajud é a mais simples de todas as ferramentas eletrônicas à disposição do Poder Judiciário, mas nem por isso menos importante.

Como a resposta à consulta é imediata, o Renajud é uma excelente ferramenta não apenas para encontrar bens do devedor (veículos automotores), mas também como meio de fortalecimento dos meios de efetividade do processo.

Fora da execução, o Renajud pode e deve ser usado como cautelar de arresto quando o próprio reclamado reconhece em Juízo que não tem condições de arcar com acordos ou condenações por se encontrar em situação financeira periclitante ou em estado de (pré) insolvência.

Não é raro ouvir declarações de reclamados como: "não tenho nada para penhorar", "o processo vai se arrastar por anos", "você vai ganhar mas não vai levar", "estou recebendo ajuda de amigos para viver", "tenho que dividir o acordo em dez parcelas porque a situação está preta, e o reclamante sabe disso" etc.

Essas lamentações são rotina no cotidiano laboral trabalhista, mas nem sempre são o retrato da realidade. Como o juiz pode saber? O Renajud talvez lance luz sobre isso.

Ao ouvir lamúrias como essas, e diante do risco de o provimento judicial não servir para absolutamente nada ante uma possível execução frustrada, pode o juiz, durante os debates mesmo em audiência, proceder a uma consulta rápida e discreta ao Renajud para verificar se o reclamado ou seus sócios não possuem veículos automotores capazes de garantir o futuro de uma possível execução.

Encontrando veículos em nome do executado ou seus sócios, o juiz pode (talvez até deva) lançar impedimento de transferência sobre o veículo em medida cautelar de arresto, como forma efetiva de satisfação futura do credor, principalmente quando argumentos sobre dificuldades financeiras são lançados pelo reclamado para justificar a sonegação de direitos trabalhistas do empregado reclamante.

Com as informações instantâneas do Renajud, o juiz pode mesmo alertar o reclamado de que seus veículos ficarão impedidos de transferência, transparecendo para a parte falsamente insolvente que o Poder Judiciário dispõe de meios efetivos para a garantia de uma futura execução.

O Renajud é a ferramenta mais eficaz nesses casos, porque a resposta é rápida e a providência a ser tomada pelo juiz também é imediata.

4.2. Penhora

Uma das maiores dificuldades na utilização do sistema Renajud está na penhora.

Apesar de o sistema oferecer esta possibilidade (registro de penhora *online*), o problema reside na exigência de se inserir o valor de avaliação do bem, o que torna, a princípio, inviável o registro imediato da penhora pelo juiz, restando, apenas, incluir uma das três modalidades de restrição subjacentes (transferência, licenciamento e circulação).

Diante disso, abrem-se dois caminhos. O primeiro, mais conservador, pelo qual o juiz determinará ao oficial de justiça que faça a avaliação do veículo para só depois inserir no sistema a penhora sobre o bem. Quanto ao segundo caminho, o juiz lança a penhora de imediato, postergando a avaliação pelo oficial de justiça para um segundo momento.

Nesta segunda hipótese, o problema da avaliação do veículo pode ser resolvido inserindo-se no valor da avaliação o montante estimado pela FIPE (Fundação Instituto de Pesquisas Econômicas) em sua tabela (<www.fipe.org.br>). A consulta no *site* é gratuita e irrestrita.

A experiência mostra que a absoluta maioria dos veículos penhorados está em "bom estado de uso e conservação", e os oficiais de justiça utilizam-se, quase sempre, dessa tabela FIPE para definir o valor venal do veículo. Obviamente existem exceções, mas são raras, o que de maneira nenhuma prejudica o procedimento acima mencionado, bastando ao juiz, em caso de avaliação por valor inferior, adequar no sistema, posteriormente, o valor da avaliação.

Repare-se que este segundo caminho está, inclusive, mais consentâneo com a CLT, pois o § 2º do art. 886 determina que a avaliação seja feita APÓS o julgamento dos embargos à execução e não antes!

A preocupação em se fazer logo o registro da penhora, e não apenas as restrições de transferibilidade, é para se garantir o direito de preferência em caso de alienação por outro Juízo, conforme art. 612 do CPC, pois o credor que primeiramente realizou a penhora tem assegurado o direito de preferência sobre o produto da arrematação, independentemente do andamento das diversas execuções concorrentes.

4.3. Alienação fiduciária

Os Tribunais Regionais e o Tribunal Superior do Trabalho têm manifestado a tendência de considerar impenhoráveis veículos automotores vinculados a contrato de alienação fiduciária ou gravado com cláusula de reserva de domínio, pelo que não poderiam ser inseridas restrições, impedimentos ou penhora pelo sistema Renajud nestes casos.

Este entendimento, *data venia*, merece ser repensado.

Quando se utiliza com frequência o sistema Renajud, percebe-se que a esmagadora maioria dos veículos pesquisados tem algum tipo de restrição, principalmente por "alienação fiduciária".

Impedir a penhora ou a restrição judicial nesses veículos é praticamente decretar a morte do sistema Renajud, soterrando uma das principais ferramentas à disposição do juiz para dar efetividade à execução, quando se pode perfeitamente oficiar a instituição financeira alienante para informar o valor do débito atual do devedor na data da expropriação como forma de garantir o respeito ao contrato firmado.

Imagine a seguinte situação. O Devedor "a" firmou contrato de alienação fiduciária com o Banco "X" para pagamento do empréstimo em 60 meses. O devedor já pagou 59 parcelas, restando pendente de pagamento, portanto, apenas uma parcela no valor de R$ 1.070,00. O veículo está avaliado em R$ 30.000,00 e o valor da execução trabalhista está em R$ 5.000,00. A prevalecer o entendimento da impenhorabilidade, o juiz, ao acessar o sistema Renajud, constataria a restrição por "alienação fiduciária" e deixaria de inserir a restrição judicial no bem!

Ou seja, um bem que poderia perfeitamente ser leiloado, e o valor arrecadado suficiente para pagar o débito do devedor com o banco, quitar toda a dívida trabalhista e ainda liberar para o devedor o saldo remanescente, estaria inviabilizado pela posição que adota simplesmente a tese da impenhorabilidade de veículo gravado com "alienação fiduciária".

Com a devida vênia, não há qualquer sentido nisso.

Entendemos, então, que os veículos com restrição de "alienação fiduciária" podem, sim, sofrer penhora e alienação, permitindo-se, contudo, que o banco credor possa fazer o leilão extrajudicial se quiser (art. 685-C do CPC), garantindo-se sempre o privilégio ao banco credor de satisfação primeiro do seu crédito em caso de alienação forçada em praça ou leilão (judicial ou extrajudicial), mesmo porque, nos termos do art. 1.364 do Código Civil, a parte que sobejar ao valor do débito com o proprietário fiduciário pertence ao devedor e pode perfeitamente ser penhorada.

Resumindo, deparando-se o juiz no sistema Renajud com veículo com restrição por "alienação fiduciária", pode perfeitamente inserir restrição judicial (penhora, transferência, licenciamento ou circulação), mas deve, necessariamente, oficiar o proprietário fiduciário (banco) para informar o valor do contrato de financiamento, a quantidade de parcelas e o valor de cada uma delas, bem como a quantidade de parcelas já quitadas. Com estas informações, procede-se ao leilão do veículo, definindo-se como lanço mínimo o valor devido ao proprietário fiduciário (banco). Desta forma, mantém incólumes os direitos contratuais do proprietário fiduciário, sem prejuízo do credor trabalhista.

5. Infojud

O Infojud é a mais complexa das ferramentas eletrônicas existentes, seja pela profusão de informações que disponibiliza, seja porque a mera consulta ao sistema não resulta prontamente em avanço para a execução; seja, ainda, porque é a única das ferramentas eletrônicas que exige o uso de cartão com certificação digital, o que torna sua utilização restrita a apenas alguns poucos computadores que têm leitores de cartão e todos os programas respectivos instalados.

A par de todas estas dificuldades, a grande virtude do Infojud é que ele mostra o passado, e o passado (in)felizmente é imutável. Todos podem fazer um futuro diferente, como dizia um velho líder espiritual, mas o passado nós não podemos mudar, e é justamente esta imutabilidade que torna o Infojud uma ferramenta valiosa.

O devedor contumaz, velhaco, safardana é capaz dos mais diversos artifícios para se esquivar de suas responsabilidades jurídicas, mas o que fez no passado não tem como modificar.

Pelo Infojud, verificamos, primordialmente, as declarações de renda e patrimônio que uma determinada pessoa (física ou jurídica) prestou à Receita Federal no passado. Não há como mudar isso, e é justamente por isso que podemos detectar possíveis fraudes à execução pela análise das informações obtidas neste sistema.

É claro que nem sempre tudo é detalhado e declarado à Receita Federal, muitas vezes não é, mas mesmo assim o Infojud é importantíssimo para se descobrir o patrimônio de determinada pessoa, seja para viabilizar a satisfação do credor na fase de execução, seja para apurar a condição financeira de alguém. Por exemplo, para verificar se o sujeito é realmente "pobre em sentido legal" que justifique o deferimento de "justiça gratuita"; se determinado empregado declarou o salário "por fora" que alega ter recebido do empregador; se o sujeito é ou não sócio de empresa com recebimento de valores de diversas fontes, etc.

O Infojud, pela imensa massa de dados que disponibiliza, pode ser usado para as mais diversas finalidades, mas principalmente para se averiguar a existência de bens passíveis de penhora, pela disponibilização das declarações de imposto de renda de determinada pessoa física ou jurídica.

Além das declarações de imposto de renda, o sistema Infojud permite outros tipos de consulta, e que abordaremos a seguir.

5.1. Informações cadastrais

O sistema Infojud disponibiliza para o juiz os dados cadastrais de determinado CNPJ ou CPF, conforme registrado na base de dados da Receita Federal.

Pelo sistema Infojud, o juiz poderá recuperar o número de CPF ou CPNJ do devedor fazendo a pesquisa pelo nome completo ou parcial, razão social ou nome fantasia do devedor. Quanto mais dados o juiz tiver, mais preciso será o resultado.

Obviamente que, em muitos casos de pesquisa de CPF de pessoas físicas, o resultado pode ser frustrante, mormente quando a consulta se faz com nomes comuns como João da Silva, José Souza etc., situações nas quais inúmeros homônimos poderão ser relacionados, o que virtualmente torna inócua a tentativa.

Só para se ter uma ideia, uma pesquisa de CPF para o nome "Ronaldo Lima", por exemplo, resulta em mais de cinquenta resultados, pelo que será necessário limitar o campo de procura inserindo-se outros dados.

Repare-se que limitar o Estado da federação pode ser perigoso, pois muitas vezes as pessoas tiram seu CPF em outros Estados e não naquele em que residem ou nasceram, o que pode gerar falsos resultados na pesquisa.

A recuperação de CPF e CNPJ é fundamental nos casos em que o processo se iniciou sem que tais dados fossem informados ou captados em audiência, muito embora o art. 33 da Consolidação dos Provimentos da Corregedoria-Geral da Justiça do Trabalho determine expressamente que "o Juiz do Trabalho determinará às partes a apresentação (...) do CPF e PIS/PASEP ou NIT (Número de Inscrição do Trabalhador) e (...) o número do CNPJ e do CEI (Cadastro Específico do INSS), bem como cópia do contrato social ou da última alteração feita no contrato original".

Sem o número do CPF ou CNPJ do devedor, a utilização de qualquer uma das ferramentas eletrônicas disponíveis fica inviabilizada e a execução será muito mais tormentosa e complexa.

Como se vê, é muitíssimo importante que o juiz, em audiência ou por sua secretaria, verifique, desde o início do processo, se há especificação do número do CPF e CNPJ das partes. Deixar para a fase de execução a verificação torna tudo mais complicado e demorado, apesar de o sistema Infojud ajudar muito nessa tarefa.

Além da recuperação do CPF e do CNPJ da parte, o sistema Infojud permite ainda que se consulte o endereço cadastrado na base de dados da Receita Federal de determinado CPF ou CNPJ, o que pode ser útil em alguns casos como inclusão de sócios, empresas do grupo econômico, terceiros envolvidos, etc.

5.2. Declaração de Operações Imobiliárias – DOI

No Infojud, existe a possibilidade de consultar a Declaração de Operações Imobiliárias (DOI) de determinado CPF ou CNPJ de 1980 até os dias atuais.

Os Cartórios de Notas, de Registro de Imóveis e de Títulos e Documentos estão obrigados a fazer comunicação à Receita Federal dos documentos lavrados, anotados, matriculados, registrados e averbados em suas serventias e que caracterizem aquisição ou alienação de imóveis, realizada por pessoa física ou jurídica, independentemente de seu valor.

São estas as informações que o juiz obtém ao solicitar a consulta à DOI no Infojud, ou seja, a Receita Federal repassará ao juiz todas as informações enviadas pelos cartórios desde 1980.

Isso é fundamental. Qualquer transação de imóveis, por exemplo, ocorrida depois de 1980 e perpetrada por determinado CNPJ ou CPF aparecerá estampada no relatório da DOI. Se um devedor, por exemplo, desfez-se de todo o seu patrimônio imobiliário durante a fase de execução, isso será denunciado pela DOI e todas as transferências se tornarão visíveis, com a data, o valor da transação e o CPF ou CNPJ do adquirente.

Usar a DOI, portanto, possibilita ao juiz verificar o que aconteceu com o patrimônio imobiliário do devedor, sendo fundamental para detectar possíveis fraudes contra a execução.

5.3. ITR

O Infojud permite ainda consulta às declarações feitas por pessoas físicas e jurídicas referentes ao pagamento do Imposto sobre a Propriedade Territorial Rural — ITR, o que pode se revelar de grande utilidade, principalmente nas varas do interior.

É que, para conseguir o crédito rural junto a instituições financeiras, deve ser apresentado o comprovante de quitação do ITR; assim, ainda que o devedor não tenha discriminado em sua declaração de imposto de renda determinada propriedade rural, a declaração feita por ele mesmo de quitação do ITR deixa evidente aquela propriedade, descobrindo-se, com isso, patrimônio oculto não relacionado na declaração do imposto de renda.

Fazer a pesquisa da "DITR" (Declaração do Imposto sobre a Propriedade Territorial Rural), como se vê, pode trazer surpresas agradáveis, revelando patrimônio imobiliário rural (fazenda, chácaras, sítios, granjas etc.) não detectado na declaração de imposto de renda ou de não conhecimento do credor.

6. Conclusão

A criação das diversas ferramentas eletrônicas na última década inegavelmente implicou em uma transformação da execução e, de certa forma, também do processo de conhecimento.

Agora, estamos vivenciando a implementação total do processo judicial eletrônico (PJe) e, portanto, seria necessária a ampliação de diversos outros institutos eletrônicos que ainda não existem, mas que são plenamente possíveis, dependendo apenas da vontade política dos diversos órgãos envolvidos.

A ideia é dar acesso ao juiz, eletronicamente, *online*, a diversos aspectos do processo que dependem de informações ou providências de outros órgãos públicos e privados, no intuito de agilizar o andamento do processo, dar maior poder de investigação ao juiz em sua postura "proativa" de participação na produção das provas, tornar a execução mais abrangente e eficaz, etc.

São tempos que exigem cooperação dos diversos órgãos do Estado e de particulares em uma comunhão de informações que torne a função judicante extremamente ampla e efetiva. O juiz tem necessariamente que ser aquele com acesso irrestrito a dados e informações quando úteis ao deslinde da controvérsia de determinada demanda, e estas informações devem estar disponíveis de forma instantânea, *online*, não só para que se dê concreta efetividade às decisões judiciais, como para diminuir substancialmente o tempo de duração do processo.

Basta que se pense no processo antes e após a criação do Bacenjud, por exemplo, para se ter uma noção da importância dessas ferramentas eletrônicas.

De fato, em um passado não muito distante, o bloqueio de valores do devedor era uma tarefa bem mais árdua e complicada. O credor tinha que descobrir em qual banco e agência o devedor tinha aplicações financeiras, para que o juiz então expedisse ofício em papel que seria levado pelo oficial de justiça ao banco. Um trâmite quase nunca efetivo e muito, mas muito lento. Só funcionava com grandes devedores, que tinham dificuldade de movimentar o dinheiro de uma conta para outra. Este procedimento total levava meses para se efetivar e, na maioria absoluta dos casos, redundava apenas em perda de tempo e frustração. Depois do Bacenjud, esta mesma operação demora 48 horas, mas se efetiva em menos de 24 horas, e com um grau de sucesso infinitamente superior ao modelo clássico de ofício de papel.

É com os olhos nesta evolução que desejamos uma ampliação do poder eletrônico de consulta e providências *online* pelo juiz, com ferramentas a serem criadas à margem do PJe. Com isso, teremos uma fase de conhecimento mais rápida pelo advento do PJe e sua inegável tendência de abreviar o tempo do processo, e uma fase de execução não só mais célere como mais efetiva, na medida em que amplia o cerco ao devedor solvente, mas inadimplente.

As ferramentas eletrônicas estão aí para serem usadas, seja na sua finalidade primordial, seja para outros fins que tornem o processo mais ágil e menos dispendioso.

Cabe ao juiz tornar essas ferramentas parte do cotidiano dos processos trabalhistas, com sua utilização maciça e efetiva sempre que se fizerem necessárias, até mesmo para detectar suas falhas e ajudar em seu aprimoramento.

Com a chegada do processo eletrônico, os meios virtuais serão cada vez mais comuns, e esperamos que essa informatização traga maior cooperação entre os órgãos do Estado e permita que as decisões judiciais sejam não apenas mais corretas e justas, mas principalmente mais eficazes!

Novas Perspectivas em Processo do Trabalho

Deoclécia Amorelli Dias e Jeovane Estéfenson Vilela

Perante o Poder Judiciário, há um pensamento diverso do antigo modelo até então acolhido, um olhar diferenciado sobre as velhas necessidades, um anseio de fazer diferente, de acompanhar com a imprescindível velocidade as transformações e as aspirações da sociedade.

E este clamor vem se traduzindo em mudança paulatina, mas sólida, na postura dos legisladores e dos operadores do direito.

Aos poucos, prospera e frutifica a ideia de que eternizar uma demanda a ninguém aproveita. Não é bom para a sociedade, porque, no final das contas, é ela quem arca com os elevados custos processuais; não é bom para os juízes e os advogados, que ficam reféns de formalidades processuais; e, claro, também não é bom para nenhum dos litigantes, haja vista que um litígio pendente não gera paz.

Quem lida com o processo ou está nele envolvido quer efetividade *da tutela jurisdicional*. E efetividade representa a própria realização do Direito e dos seus preceitos legais no mundo dos fatos, consubstanciando o verdadeiro desempenho de sua função social, sendo essencial, porém, que seja prestada em tempo hábil.

Não à toa, a Constituição sinaliza ser primordial agilizar o processo e que este tenha uma duração razoável, assegurando os meios que garantam a celeridade de sua tramitação, como direito fundamental a ser observado tanto no âmbito judicial quanto administrativo, com o escopo de garantir a segurança jurídica, preservar a confiança no sistema e diminuir os conflitos sociais.

Especificamente em relação ao Processo do Trabalho, oportuno lembrar que um dos seus princípios norteadores é o da instrumentalidade, o qual empresta especial relevo à simplicidade das formas, com vistas à efetividade do processo.

Destarte, o Processo do Trabalho não pode ser um fim em si mesmo e, em que pese a sua inegável autonomia, deve estar a serviço do Direito Material do Trabalho.

Por estes motivos, é salutar a tendência que vem se firmando nos últimos anos de o magistrado desta Justiça Especial ser menos formalista e mais realista.

Assim, a despeito de todo o mérito que qualquer alteração positiva e construtiva na Lei Processual traz consigo, o ideal de Justiça por todos almejado pode ser alcançado pela modificação da forma de pensar e de agir do juiz em relação ao processo, com a assunção de uma posição mais engajada, voltada para a realidade social, envolvida e comprometida com a efetividade do processo para a materialização do direito substancial, sem olvidar de aplicar a lei de maneira justa e eficaz.

De todo modo, o legislador também vem acompanhando os novos tempos.

Exemplo desta atual mentalidade é o previsto no § 7º do art. 899 da CLT, incluído pela Lei n. 12.275/2010, quando estabelece que:

> No ato de interposição do agravo de instrumento, o depósito recursal corresponderá a 50% (cinquenta por cento) do valor do depósito do recurso ao qual se pretende destrancar.

Como se vê, a taxação do agravo de instrumento visa desestimular a interposição desmedida de recursos. O dispositivo legal que estabelece a exigibilidade de depósito prévio como requisito objetivo de admissibilidade do agravo de instrumento não configura qualquer ofensa aos dispositivos constitucionais e está amparada em texto de lei. Note-se que a Constituição não veda a estipulação de condições para a interposição de recursos, administrativa ou judicialmente, assinalando que as regras procedimentais que normatizam o processamento dos recursos tanto em processo judicial quanto administrativo devem ser observadas. Privilegiar o agravante com a possibilidade de recorrer, sem efetuar o depósito prévio, atenta contra o próprio sistema jurídico trabalhista, pois anula princípios caros tanto ao Direito do Trabalho como ao Direito Processual do Trabalho. Se configurada esta hipótese, passa a constituir um verdadeiro incentivo à perpetuação indiscriminada de apelos e, o que é mais grave, indicando para a sociedade que esta conduta é tolerável, assim contribuindo para o descrédito das instituições e a ineficácia do ordenamento jurídico.

Ademais, nos últimos anos, o Congresso Nacional aprovou uma série de leis federais no intuito de conferir maior celeridade ao processo civil e melhor efetividade à jurisdição. Neste contexto, destacam-se as Leis ns. 11.187/2005, 11.232/2005, 11.276/2006, 11.277/2006, 11.280/2006, 11.382/2006, 11.418/2006, 11.419/2006, 11.672/2008, 11.969/2009, 12.008/2009, 12.125/2009 e 12.322/2010.

Como não poderia deixar de ser, toda inovação apresentada pela legislação processual civil acaba por influenciar o processo trabalhista, ainda mais em face do estipulado pelo art. 769 da CLT, que admite a aplicação subsidiária do direito comum processual no caso de omissão e de compatibilidade com os princípios e normas trabalhistas. Consequentemente, tanto o legislador quanto o aplicador do direito são estimulados a atualizar os institutos e as técnicas processuais, objetivando, sobretudo, ampliar o acesso à jurisdição célere e efetiva.

Exemplo desta interação entre o processo civil e o trabalhista é o art. 557 do CPC, que estatui:

> O relator negará seguimento a recurso manifestamente inadmissível, improcedente, prejudicado ou em confronto com súmula ou com jurisprudência dominante do respectivo tribunal, do Supremo Tribunal Federal, ou de Tribunal Superior.

No entanto, em que pese o mencionado artigo ter sido alterado pela Lei n. 9.756 em dezembro de 1998 somente em setembro de 2012, com a conversão da Orientação Jurisprudencial n. 73 da SBDI-2 na Súmula n. 435, inclusive com nova redação, o TST firmou o seguinte posicionamento:

> ART. 557 DO CPC. APLICAÇÃO SUBSIDIÁRIA AO PROCESSO DO TRABALHO. Aplica-se subsidiariamente ao processo do trabalho o art. 557 do Código de Processo Civil.

Por outro lado, o ordenamento jurídico pátrio possui regras que permitem a proteção coletiva dos direitos individuais homogêneos, coletivos e difusos, ganhando espaço, portanto, a solução coletiva de questões litigiosas.

Isto se observa pela convergência de vários fatores, tais como: a demanda coletiva freia o ímpeto do ajuizamento excessivo de ações individuais; traz economia, em virtude do menor esforço de movimentação para a máquina judiciária com a correspondente diminuição de várias ações sobre idêntica questão jurídica; possibilita resultado amplo, porquanto uma única sentença beneficia todos os interessados, quer tenham ingressado em juízo ou não, ampliando a eficácia das decisões, evitando a prolação de entendimentos diversificados e, portanto, conflitantes em casos similares e, finalmente, a ação coletiva proporciona melhor cumprimento do processo.

Para o aprimoramento do sistema jurídico nacional é relevante tratar a tutela coletiva como instrumento de efetividade das decisões judiciais.

Evidencia-se esta característica pela recente alteração na redação da Súmula n. 277 do TST, que, visando conferir efetividade às aspirações trabalhistas, estipula:

> CONVENÇÃO COLETIVA DE TRABALHO OU ACORDO COLETIVO DE TRABALHO. EFICÁCIA. ULTRATIVIDADE. As cláusulas normativas dos acordos coletivos ou convenções coletivas integram os contratos individuais de trabalho e somente poderão ser modificadas ou suprimidas mediante negociação coletiva de trabalho.

A ultratividade dos instrumentos normativos garante a proteção dos direitos firmados mediante negociação coletiva, que integram o patrimônio jurídico do trabalhador, não mais sendo possível suprimi-los ou mesmo diminuí-los, circunstância que resguarda a dignidade humana.

O citado verbete sumular inevitavelmente influenciará o processo laboral, refletindo a evolução do tema e o comprometimento dos juristas com um trâmite processual justo e célere, tendo por finalidade oferecer à comunidade uma tutela jurisdicional realmente empenhada com o bem-estar de todos.

Noutro norte, com o lema "modernizar faz parte do processo", a instalação do PJe — Processo Judicial Eletrônico — integra o esforço concentrado de oferecer um processo justo e efetivo a toda a coletividade.

É bem verdade que alguns doutrinadores ressaltam a inadequação do termo "processo eletrônico", haja vista que, para eles, seria mais pertinente adotar-se a expressão "procedimento eletrônico". Contudo, compartilho do entendimento do doutor Sérgio Renato Batistella, no seguinte sentido:

> É importante registrar que pouco importa neste momento a distinção entre processo e procedimento eletrônico, já que a conceituação de processo se mistura com a de procedimento. Muitos processualistas não admitem mais a distinção entre os termos, uma vez que não se poderia conceber o processo sem uma sequência de atos procedimentais. Entretanto, vale registrar que, pela análise do texto legal, não resta dúvida tratar-se de procedimento à norma ali disposta. Para concluir esta questão, registre-se, igualmente, que o Brasil adota, ainda que sob a terminologia equivocada, o procedimento eletrônico como sendo processo eletrônico.[1]

Note-se que o Processo Judicial Eletrônico, a par das inúmeras vantagens intrínsecas que comporta, ainda observa, harmoniza e, simultaneamente, reforça princípios constitucionais e infraconstitucionais de extrema importância, como o da igualdade de tratamento, do devido processo legal, do contraditório e da ampla defesa, da publicidade, do acesso à Justiça, da razoável duração do processo, da oralidade, da imediação, da instrumentalidade das formas e o da economia processual.

O Processo Judicial Eletrônico vai ao encontro da busca incessante por um processo mais célere, seguro, econômico, acessível, eficiente, transparente e confiável,

---

(1) BATISTELLA, Sérgio Renato. *O Princípio da Instrumentalidade das Formas e a Informatização do Processo Judicial no Brasil*. Disponível em: <http://www.abdpc.org.br/abdpc/artigos/S%C3%A9rgio%20Batistella.pdf>. Acesso em: 29 out. 2012.

promovendo a utilização inteligente e racional da tecnologia atualmente disponível e em sintonia com a preservação ambiental.

Conforme se constata, a efetividade da prestação jurisdicional trabalhista não se destina isoladamente à parte favorecida por uma decisão judicial, mas, ao revés, está diretamente ligada à própria estrutura do Estado, revelando-se, em última análise, como indispensável à evolução da ordem social.

Referências bibliográficas

BATISTELLA, Sérgio Renato. *O Princípio da Instrumentalidade das Formas e a Informatização do Processo Judicial no Brasil.* Disponível na Internet em: <http://www.abdpc.org.br/abdpc/artigos/S%C3%A9rgio%20Batistella.pdf>. Acesso em: 29 out. 2012.

O Fundo de Garantia de Indenizações Trabalhistas

Antônio Álvares da Silva

1. Conceito

A EC n. 45/2004 criou, no art. 3º, o Fundo de Garantia das Execuções Trabalhistas, doravante denominado FUGIT, com a seguinte redação:

> Art. 3º A lei criará o Fundo de Garantia das Execuções Trabalhistas, integrado pelas multas decorrentes de condenações trabalhistas e administrativas oriundas da fiscalização do trabalho, além de outras receitas.

A lei não define o FUGIT. Apenas declina sua finalidade, embutida no nome: fundo de garantia das execuções trabalhistas.

Pelo contexto social em que vivemos, o legislador teve em mente garantir o recebimento do crédito trabalhista nas execuções em que o executado não disponha de meios de provê-la. Este é o caso, segundo estatística do TST, no relatório geral da Justiça do Trabalho, de mais de dois milhões de processos.

Esta situação de insolvência se manifesta expressamente nos casos em que ELA é expressamente declarada — art. 758 do CPC — ou em caso de falência. Mas também existe quando, sem declaração de insolvência ou falência, o devedor não paga suas dívidas.

A finalidade do FUGIT é garantir o crédito trabalhista nesta situação, ou seja, quando por qualquer razão não é pago.

2. Fontes de sustento

Seu sustento financeiro provirá de três fontes:

a) multas decorrentes de condenações trabalhistas;

b) multas administrativas decorrentes da fiscalização do trabalho;

c) outras receitas;

As multas decorrentes de condenações trabalhistas serão todas aquelas impostas pela jurisdição do trabalho em sentenças ou despachos, que não se reverterem ao patrimônio do empregado.

A segunda fonte se constitui de multas originárias da fiscalização do trabalho.

A CLT, ao contrário do que muitos pensam, é um código de Direito Público e Coletivo do Trabalho: exceto o título IV, que tem por objeto o contrato individual do trabalho, tudo o mais regula questões de direito público ou de direito coletivo.

Ao final de cada capítulo, há uma cominação administrativa para quem descumpre as normas dele constantes. São as sanções administrativas, que a autoridade encarregada da fiscalização do trabalho tem o dever de aplicar. Da aplicação da sanção cabe recurso à Justiça do Trabalho, na forma do art. 114, VII, da CF.

Pela nova redação do art. 114 da CF, que atribui competência à Justiça do Trabalho para decidir todas as questões oriundas da relação de trabalho, passou o juiz do trabalho a ser também competente para aplicar multas administrativas nos processos que decidir, pois se trata de questão tipicamente proveniente da relação de trabalho e que necessariamente a pressupõe: como se poderia aplicar uma multa proveniente da relação de trabalho se não houvesse relação de trabalho?

Ciente deste fato, a 4ª Turma do TRT de Minas, por maioria, a aplica, principalmente em casos de insalubridade e periculosidade.

Não haverá qualquer interferência ou superposição da atividade administrativa com a judicial.

O órgão encarregado da fiscalização zelará pela aplicação das normas trabalhistas. Se, entretanto, a parte entra na Justiça, pleiteando a reparação de direitos e aplicação direta de multa por sua violação, a questão deixa de ser administrativa e passa a constituir um litígio sujeito à jurisdição trabalhista. Aqui entra a competência do juiz do trabalho para a aplicação de multas.

A rigor, sequer há necessidade de requerimento da parte. Reconhecendo a sentença a violação de norma trabalhista e determinando sua reparação patrimonial, automaticamente deve também mandar incidir a sanção administrativa. Por exemplo, no capítulo IV do Título II, que trata das férias anuais, art. 129 e seguintes, a Seção VIII, art. 153, cuida das penalidades. Diz:

> Art. 153 – As infrações ao disposto neste Capítulo serão punidas com multas de valor igual a 160 BTN por empregado em situação irregular. (Redação dada pela Lei n. 7.855, de 24.10.1989)
>
> Parágrafo único – Em caso de reincidência, embaraço ou resistência à fiscalização, emprego de artifício ou simulação com o objetivo de fraudar a lei, a multa será aplicada em dobro. (Redação dada pela Lei n. 7.855, de 24.10.1989)

Se o juiz do trabalho determina que o empregador pague férias em dobro, porque não foram pagas tempestivamente, é claro que reconheceu em sentença que houve infração a um dispositivo do capítulo. Então é automaticamente competente para aplicar também a sanção administrativa[1].

A estas multas administrativas, aplicadas pela autoridade administrativa ou pela Justiça do trabalho, é que se refere a EC n. 45/2004.

Finalmente, também constituirão suporte financeiro "outras receitas". A Emenda não diz quais. Como o FUGIT deverá ser criado por lei, ela nomeará estas receitas, que podem ser parte das custas ou a totalidade delas, uma contribuição social, na forma do art. 149 da CF, pois se trata de interesse das categorias profissionais ou econômicas, um percentual sobre os acordos realizados, e assim por diante.

3. Natureza jurídica

Sempre houve reunião de indivíduos na História. O homem é um animal social, expressão que se usa não só para a vida coletiva em geral, como também para os diferentes grupos que a constituem. Estes grupos agem, pois possuem "uma vontade de ação comum"[2] para a defesa de seus interesses e procuram no Direito a sua instrumentalização. Daí as associações, nome que se usa, em sentido antropológico, para todas as unidades sociais não baseadas na família[3].

As associações se multiplicam segundo a infinita variedade dos interesses humanos, podendo assumir caráter religioso, político, econômico, cultural. Para o Direito do Trabalho interessam as associações profissionais que, organizadas na forma de sindicatos, obtiveram da Ciência do Direito personalidade jurídica para representar as classes trabalhadoras e empresariais, podendo criar normas e condições de trabalho pela via da negociação coletiva.

Cada associação tem uma missão para seus membros enquanto grupo, que não coincide com a sociedade em geral, nem se identifica com o indivíduo em particular.

Cada grupo tem uma dinâmica própria, que se movimenta para a busca de um objetivo, que pode ser econômico, social, político ou profissional, e sua atuação se dá conforme os limites da lei que o criam.

Num momento histórico como o nosso, em que as forças econômicas e sociais se voltam para o mercado livre, gerando a diferença cada vez maior entre a riqueza e o salário e diminuindo o poder dos trabalhadores e suas organizações, tais fatos levaram os trabalhadores a desconfiar do governo como instrumento de correção e melhoria do sistema.[4] E os incentivaram a tomar por si mesmos, enquanto grupos de prestígio na sociedade, as iniciativas necessárias para melhorar sua condição. A união em sindicato é uma via, além de outras.

Os fundos são uma espécie de grupo (reunião de um patrimônio, por iniciativa de pessoas ou da lei, que procura obter fins supraindividuais.

Geralmente são acumulação de capital para fins sociais ou financeiros dos que dele fazem parte.

Embora nem sempre tenham por objetivo a classe trabalhadora, é certo que sempre buscam vantagens que o indivíduo isolado não pode atingir.

O FUGIT, como fundo, corresponde a uma tendência moderna de securitização da relação de trabalho para facilitar o recebimento de crédito trabalhista em caso de dispensa ou dificuldade financeira do empregador.

Como salienta Mireille Delmas-Marty

> As técnicas de reparação se aperfeiçoam e a reparação-sanção é acompanhada de uma reparação-garantia com o aparecimento e o prodigioso desenvolvimento do seguro e dos fundos de indenização públicos e privados, que permitem a socialização dos danos e a distribuição dos riscos e, sem abolir o acaso, tornam o acidente mais suportável ao reintroduzir a humana equidade.[5]

Esta tendência mostra um aspecto novo do Direito moderno, no qual se vai substituindo a culpa pelo risco e pela periculosidade, bem como a responsabilidade pela solidariedade. Dilui-se a noção de culpa, essencialmente individual, para uma noção coletiva de risco, em que a periculosidade substitui a culpa, dando-lhe sentido social e coletivo[6].

---

(1) Para mais detalhes sobre o tema, ver SILVA, Antônio Álvares da. *Questões polêmicas de Direito do Trabalho*. São Paulo: LTr. 1993. p. 9 e seguintes. Para o texto de um voto padrão sobre a aplicação das multas administrativas, consultar, do mesmo autor, *Competência Penal Trabalhista*. São Paulo: LTr. 2006. p. 86, onde se encontram maiores detalhes sobre a questão.
(2) PIN, Emile. *As classes sociais*. São Paulo: Duas Cidades, 1964. p. 203.
(3) HERSKOVITS, Melville. *Man and his Works*. Antropologia cultural. 3. ed. São Paulo: Mestre Jou, 1969. t. II, p. 93.
(4) MARSHALL, Ray. *The future of labor unions*. Introduction and overview. Texas: University of Texas, 2004. p. 4: " But our current-economic system and social policies have been shaped by a renewed reverence for the free market, widening inequality of wealth and income, promoting a decline in the power of workers and their organizations and fostering a growing distrust of any government efforts to shape or correct the system."
(5) DELMAS-MARTY, Mireille. *Por um direito comum*. São Paulo: Martins Fontes. 2004, p. 17.
(6) Para o desenvolvimento destas noções, que estão marcando novas perspectivas para o Direito Civil e Penal, ver DELMAS-MARTY, *op. cit.*, p. 7–44.

O mesmo se diz em relação à noção clássica de responsabilidade civil, que é a noção de culpa trazida para a relação jurídica em que um dano se atribui a uma pessoa por ato ilícito, gerando-lhe a obrigação de indenizar. E em seu lugar nasce a solidariedade social, em que se abstrai da culpa e se transfere para o Estado e para a sociedade a obrigação de reparar.

É neste contexto que se deve analisar o FUGIT, cuja finalidade foi exatamente substituir a reparação-sanção pela reparação-garantia, garantindo o pagamento do crédito trabalhista não só nas condenações, quando o executado não dispõe de condições financeiras de saldá-lo, mas também nos casos de execuções provisórias, em que haja reforma da sentença.

Em vez dos longos e insolúveis processos falimentares, aos quais os créditos dos trabalhadores são lançados através do juízo universal da falência, é de fato muito mais racional instituir um seguro obrigatório feito pelo empregador com a finalidade de garantir sem delongas ao empregado o recebimento do que lhe é devido, mesmo que se limite a um determinado valor.

O ideal seria transformar todo o crédito trabalhista em seguro, pagando-se ao empregado os direitos imediatamente. Se houver controvérsias, uma comissão de arbitragem ou uma instância única resolveriam em poucos dias. O fundo que pagasse o crédito se sub-rogaria nos direitos do empregado e demandaria para receber o que pagou.

A disputa forense se transferiria das partes para o fundo, aliviando as tensões sociais e a urgência que caracteriza o recebimento do crédito alimentar.

Vejam-se as execuções tumultuadas em que o empregador-executado está em situação de insolvência. O processo dura vários anos. Percorre várias instâncias. Sujeita-se a inúmeros recursos. No final, o exequente, já esgotado com a duração do processo, nada recebe.

Casos assim desconsideram o valor "trabalho" constitucionalmente prezado e garantido e levam o Judiciário ao descrédito popular. Além disso, distribui desigualmente os ônus processuais: só o empregado corre risco e paga sozinho pela duração exorbitante da demanda e pela incapacidade das instituições jurídicas de administrar com êxito o direito do cidadão que pede Justiça.

A um só golpe, solapam-se duas garantias constitucionais: o acesso ao Judiciário — art. 5º, XXXV — e a garantia de duração razoável do processo e os meios que garantam sua rápida tramitação — art. 5º — LXXVIII.

Ao objetivar o pagamento de um crédito social através de fundo previamente constituído para esta finalidade, garante-se ao beneficiado a certeza de receber a prestação alimentar a que faz jus e evita-se a longa duração de execuções tumultuadas, sem êxito efetivo, que custam caríssimo ao Estado e não trazem nenhum benefício às partes.

O exemplo do FGTS pode ser lembrado com êxito na garantia de indenização nas diferentes hipóteses de rescisão do contrato de trabalho.

A outra grande vantagem de tais fundos é que a contribuição dos beneficiários que forma seu patrimônio não é solicitada de uma só vez. Os pagamentos se fazem quando acontece o evento previsto individualmente. Assim, há sempre uma sobra de capital que pode ser empregado em obras sociais, como acontece com o FGTS.

A contribuição, dado o grande universo de contribuintes, é pequena ou pelo menos suportável para seus membros. E os benefícios são evidentemente de grande significado. Há, pois, compensação e vantagem na formação de tais fundos que hoje se mostram como ferramenta válida de defesa dos interesses dos que dele participam, além de contribuir com capital para a realização de ações ou obras de interesse público.

Os fundos podem ser públicos e privados, com finalidades limitadas ao grupo e ao interesse público. Outras vezes são mistos, com contribuições dos interessados e do governo, prestando serviço público com o capital acumulado e benefícios e serviços pessoais ao contribuinte, nas hipóteses previstas.

Há fundos abertos, exclusivos, de previdência e assim por diante. Citem-se, como os mais conhecidos, os seguintes, além do FGTS:

a) O FND, que tem por finalidade prover recursos para a realização, pela União, de investimentos de capital necessários à dinamização do desenvolvimento nacional, bem como apoiar a iniciativa privada na organização e ampliação de suas atividades econômicas. Os recursos captados pelo FND originaram-se, basicamente, do lançamento de Obrigações do Fundo Nacional de Desenvolvimento (OFNDs), de longo prazo.

b) FUNDOS DE INVESTIMENTO — Este tipo de fundo se destina a aplicações financeiras, em títulos públicos e privados, mercados de renda fixa através de capital fracionado em cotas, proveniente de pessoas físicas e jurídicas.

c) FUNDEB — Fundo de manutenção e desenvolvimento da educação básica e de valorização dos profissionais da educação, que exerce importante função social hoje no País.

A enumeração poderia ser muito maior. Mas basta para a finalidade de nosso estudo. Se, na iniciativa privada e pública, há quotização de pessoas para objetivos comuns, com muito mais razão devem também as classes produtoras e trabalhadoras criar fundos para a satisfação de seus interesses.

Por isto, salientamos uma vez mais que todos os direitos trabalhistas, individuais ou coletivos, deveriam ser garantidos por um fundo com quotização do empregado, do empregador e do governo, além de outras fontes públicas e privadas. Através dele se quitariam direitos trabalhistas, na rescisão ou durante o contrato de trabalho.

Teríamos um modo objetivo de solução dos conflitos, com a certeza do pagamento, sem os traumas que hoje vivem empregados e empregadores em longas demandas na Justiça do Trabalho.

E note-se que os gastos públicos para a formação deste fundo seriam muito menores do que a gigantesca soma de sete bilhões de reais com que se financia hoje a Justiça do Trabalho.

Empregados, empregadores e governo deveriam se conscientizar desta verdade e agir mais sensatamente.

Em vez dos gastos e desgastes da empresa em defender-se e do empregado em requerer direitos, muito mais sensata seria uma arbitragem ou conciliação, promovida pelos próprios interessados, que resolveria o conflito com rapidez, economizando tempo, horas de trabalho, dinheiro e desgaste da relação de trabalho entre seus autores.

Note-se finalmente que a tendência evolutiva da previdência social consiste em progredir da relação direta entre empregados e empregadores para uma relação triangular entre eles e instituições sociais:

> La mutation des techniques dérivées aboutit à des résultats convergents en ce sens qu'aux rapports directs entre employeurs et salariés sont progressivement substitués des rapports triangulaires entre employeurs, salariés et instituions sociales.[7]

Estas instituições sociais que introduziram a "triangulação" da relação previdenciária, intermediando-se entre empregados e empregadores, vieram exatamente ajudar não só na capitalização, mas também na garantia e certeza do pagamento de benefícios e serviços. Nelas se incluem naturalmente os fundos.

4. O "Fondo de Garantia Salarial"

A criação do FUGIT teve como inspiração próxima o Fondo de Garantia Salarial espanhol. Com base no Estatuto dos Trabalhadores, no art. 33.1, assim o define o Ministério de Trabajo y Asuntos Sociales:

> Organismo autónomo de carácter administrativo adscrito al Ministério de Trabajo y Asuntos Sociales con personalidad jurídica y capacidad de obrar para el cumplimiento de los fines establecidos en el art. 33 del Estatuto de los Trabajadores.

O Fondo de Garantia Salarial — Fogasa — foi criado para garantir o crédito do empregado (salário e indenização) em caso de falência (segundo diretriz do Conselho da Comunidade Europeia de 1980), dispensa (extinção do contrato de trabalho por causas econômicas e tecnológicas) e ainda por força maior.

O Fogasa se sujeita à jurisdição trabalhista, havendo, pois, controle da jurisdição social sobre o dinheiro a ser levantado e as questões que dele possam surgir.[8] É citado tão logo se declara a falência e, ao fazer pagamento, sub-roga-se no direito do empregado, com todos os privilégios do crédito de natureza alimentar, para cobrá-lo.[9]

Tem ainda finalidades complementares de apoio e proteção a empresas, concedendo-lhes ajuda sem contraprestação (a fundo perdido). A finalidade é preservar a atividade econômica e manter o emprego.

A ele faz jus o trabalhador com vínculo empregatício, ou seja, o empregado[10].

Para receber o crédito da insolvência, o empregado deverá prová-la com documentos apropriados e, se estiver em juízo, com certidão do "Juzgado de lo Social".

Para comprovar salários, a sentença respectiva.

Em caso de "despido disciplinario" (dispensa por justa causa), cópia da sentença em que se declare a nulidade ou a improcedência do motivo disciplinar alegado. Se houver culpa do empregado, não fará jus ao pagamento.

O nosso FUGIT segue o modelo espanhol, mas tem maior amplitude, pois cobre a execução trabalhista sem nenhuma restrição ou limite. Será naturalmente aplicado à insolvência, mas não será este seu objetivo principal.

Para regulamentá-lo existem projetos no Congresso Nacional de autoria da ex-senadora Júlia Carepa (PT/PA), do deputado Maurício Rands (PT/PE) e um anteprojeto do juiz do trabalho do TRT da 8ª Região Vicente José Malheiros da Fonseca. Outros possivelmente existirão ainda, dada a importância do tema.

---

(7) DUPEYROUX, Jean-Jacques. *Droit de la sécurité sociale*. 7. ed. Paris: Dalloz, 1975. p. 104.
(8) LÓPEZ, Manuel Carlos Palomeque; DE LA ROSA, Manuel Álvarez. 10. ed. Madrid. Editorial Centro de estudios Ramón Areces, 2002. p. 926, onde o leitor interessado encontrará os fundamentos da multa.
(9) VALVERDE; GUTIÉRREZ; MURCIA. *Derecho del Trabajo*. 3. ed. Madrid: Tecnos, 1994. p. 530.
(10) Veja-se o *site* do Ministério de Trabajo y Assuntos Sociales.

Todos caminham no mesmo sentido. Inicialmente regulamentam a estruturação do FUGIT: a direção por um conselho curador, composto de representantes de vários segmentos sociais, competência do conselho, modo de composição, etc.

No que diz respeito propriamente à finalidade do fundo, todos cometem um erro grave, que pode inviabilizar o relevante serviço que dele se espera: pretendem que seja usado apenas em caso de execução insatisfeita, quando há sentença transitada em julgado. Talvez, por terem sido apresentados antes da atual reforma do CPC,[11] não atinaram com finalidade maior que deve ser ao FUGIT.

Hoje, ao FUGIT está reservada uma relevante função na execução trabalhista, que não se limita apenas a pagar o débito e sub-rogar-se no direito de cobrá-lo.

Sua missão agora não é apenas com a execução definitiva, mas também com a provisória.

Por isso, entendemos que, se o legislador for inteligente em sua regulamentação, poderá resolver grande parte da litigiosidade trabalhista que hoje assalta o País e solucionar também, de modo definitivo e justo, os problemas da execução, provisória e definitiva.

Na lei de criação do FUGIT poderia haver a seguinte previsão:

a) o recurso ordinário trabalhista seria apenas em matéria de direito e teria efeito devolutivo, como aliás já é hoje, mas ninguém segue a lei. Nem o juiz do trabalho inicia *ex officio* a execução provisória da sentença, nem a parte interessada a requer. Aqui temos mais um exemplo de que a lei na prática foi "revogada" porque os interessados não tomam as medidas necessárias para sua aplicação. Muitas vezes, ficamos a pedir novas leis, em vez de aplicarmos as que já existem.

b) o reclamante levantaria de imediato a quantia depositada para efeito de recurso, que deveria corresponder ao total da condenação.[12]

c) se houvesse reversão da sentença nas instâncias superiores, o FUGIT reporia o valor à parte vitoriosa e se sub-rogaria no valor para cobrá-lo da parte perdedora.

Segundo dados da Consolidação Estatística da Justiça do Trabalho, que podem ser obtidos no *site* do TST, do total de reclamações recebidas pelas Varas, apenas em pouco mais de um terço em média houve recurso para os TRTs.

No TST, foram recebidos 169.818 casos novos, 8,1% a mais que em 2010.

---

(11) FONSECA, Vicente José Malheiros da. Central de Notícias, portal de informações da 8ª Região (que pode ser facilmente acessado pela Internet), afirma o seguinte: o precedente espanhol consiste no levantamento imediato a título de salário, quando a empresa recorre. Provido o recurso, o Fundo paga e sub-roga-se no crédito. Não é bem assim. O Fondo de Garantia Salarial atua somente quando há insolvência. Não está em função de recursos, para permitir o levantamento da quantia da condenação. Esta prerrogativa, nós é que a desejamos para o direito brasileiro, pois o nosso Funget não está limitado à insolvência, mas sim à execução, que pode ser definitiva ou provisória. Excluir a execução provisória do raio de ação do FUGIT é mutilar-lhe a finalidade e destruí-lo em seu mais nobre propósito, que é exatamente dar solução imediata ao conflito trabalhista. O pagamento ao empregado poderia ser feito, como se verá, logo após a sentença de primeiro ou segundo grau, com a certeza de que, havendo reversão do que foi decidido, o FUGIT assuma o pagamento. Mas o autor citado é contra esta ideia, conforme acentua no texto justificativo de seu projeto.

(12) Esta tendência de valorizar a sentença de primeiro grau, dando-lhe executoriedade imediata, é uma tendência do moderno direito processual. O processualista alemão Reinhard Greger, no artigo Vom Kampf ums Recht zum Zivilprosses der Zukunft – Da luta pelo direito ao direito processual civil do futuro. *Juristenzeitung Tübingen*, v. 52, s. n., p. 1.077-1.132, nov. 1997, defende a correta tese de que a solução dos conflitos não precisa necessariamente passar pelo Estado. Entretanto, se a solução compulsória se torna inevitável, esta deve ser prolatada em um processo concentrado, livre do arbítrio das partes, garantindo-se a segurança e a qualidade da sentença de primeira instância e, por conseguinte, afirmando-se que o tribunal de recursos deve ter funções mais altas, além de abrir nova arena, em que as partes, sedentas de vingança, vão terçar suas armas. Portanto, a meta é resolver por meios extrajudiciais o conflito e, se houver necessidade de intervenção do Estado, que se faça concentradamente na primeira instância em vez de expandir o processo através de recursos que nada trazem para o aperfeiçoamento da prestação jurisdicional. e apenas se prestam a oferecer às partes novas oportunidades de renovarem o duelo, que vêm travando desde o primeiro grau. Esta tendência de valorização da sentença de primeiro grau já chegou ao Brasil. A Comissão de Constituição e Justiça acolheu parecer do deputado José Eduardo Cardozo (PT/SP) ao Projeto de Lei n. 3.607/04, pelo qual se dá efetividade à sentença de primeiro grau, que só excepcionalmente deixará de ter força atuante. A transformação deste projeto em lei será de fato uma reforma do CPC, diferente dos pequenos remendos que se vêm fazendo com sucessivas leis que retalham a estrutura do código de processo e nada trazem para a celeridade da Justiça. O texto do projeto é o seguinte: "O congresso nacional decreta: Art. 1º O art. 520 da Lei n. 5.869, de 11 de janeiro de 1973 – Código de Processo Civil, passa a vigorar com a seguinte redação: "Art. 520. A apelação terá somente efeito devolutivo, podendo o Juiz dar-lhe efeito suspensivo para evitar dano irreparável à parte."" A seguir revoga todos os atuais sete itens do art. 520, em que se especificam os casos de recebimento de recurso no efeito devolutivo. Isto mostra a ampla generalidade do efeito devolutivo para todos os recursos cíveis. O processo do trabalho já tinha esta prerrogativa – art. 899, mas nunca foi amplamente usada pela magistratura trabalhista. Isto mostra que a verdadeira reforma do Judiciário está muito mais na postura dos juízes do que nas palavras do legislador. Finalmente, cobre-se de razão MARINONI, Luiz Guilherme. *Execução*. São Paulo: RT, 2007. p. 343, quando afirma, baseado em Cappelletti: " Como ressaltou Cappelletti, em seu parecer iconoclástico sobre a reforma do processo civil italiano, cada vez que se tem um novo grau de jurisdição, não somente se faz um bom serviço à parte que não tem razão, como também se presta um mal serviço à parte que a tem. Ou seja, o excesso de garantia acaba voltando-se contra o sistema."

Foram encaminhados 189.685 recursos para o TST, sendo 46.030 Recursos de Revista e 140.934 Agravos de Instrumento.

Como, na maioria das vezes, o reclamante é vitorioso em primeiro grau e raramente se reforma *in totum* a sentença nos TRTs, o FUGIT seria raramente utilizado.

Se a sentença trabalhista fosse exequível desde o primeiro grau, os recursos para os TRTs, que normalmente já são apenas um terço do total, cairiam na certa significativamente para menos. O mesmo se pode afirmar em relação ao TST.

A Justiça do Trabalho se reduziria à primeira instância para vantagem das partes, em razão da rápida solução do conflito, e do Estado, por causa da economia obtida no custeio da máquina administrativa.

A parte que deposita o valor da condenação e tem poucas chances de reformar a decisão terá menos interesse em recorrer, embora os canais competentes lhe continuem abertos.

E note-se que não será prejudicada absolutamente em nada, pois, no caso de o empregado, vitorioso em primeiro grau, perder em segundo, o FUGIT reporia ao empregador a quantia devida, caso o empregado não possa devolvê-la.

Portanto, do primeiro para o segundo grau, o legislador teria duas opções:

a) recurso ordinário em questões de fato e de direito, como é hoje. Mas a sentença seria executada provisoriamente, com prestação jurisdicional definitiva: o empregado receberia o valor da condenação. Se a sentença for modificada, o FUGIT reporá o valor.

b) recurso ordinário apenas em questões de direito, ficando a matéria de fato para o juiz de primeiro grau, que colhe a prova, ouve diretamente testemunhas, conhece pessoalmente as partes e a situação social da sede da Vara. Onde houver comissões de conciliação prévia, a lei poderá exigir que ela arbitre a controvérsia, colhendo prova e decidindo. Fica aberta às partes a possibilidade de requerer o reexame da matéria na Vara competente, que decidirá novamente sobre a matéria de fato e de direito. Tais cuidados garantem mais ainda que a questão seja decidida com acerto em primeiro grau.

A lei poderá ainda prever que, mantida a sentença de primeiro grau, automaticamente a parte perdedora pagará uma multa de 50% do valor da condenação. Com isso se evitará a recorribilidade desnecessária e protelatória, que hoje assola destrutivamente a Justiça do Trabalho. A parte continua livre para recorrer. Porém o recurso, na maioria das vezes protelatório, lhe trará agora consequências.

Se é verdade que a parte perdedora que recorre é onerada, também onerados ficam a parte vencedora, que só terá acesso a seu crédito anos depois, e o Estado, que tem de sustentar a imensa e cara burocracia do Poder Judiciário (no caso, a Justiça do Trabalho) para decidir demandas sem complexidade, que poderiam, em grande parte, ser resolvidas fora do Judiciário ou dentro dele, através de instância única.

A recorribilidade do segundo grau para o terceiro (TRTs para o TST) será regida pelo mesmo princípio. Como a parte vitoriosa já recebeu o que lhe é devido, o interesse em recorrer da parte vencida diminuirá drasticamente.

Aqui também, uma vez julgado improcedente o recurso de revista, a parte seria apenada com multa de 50% do valor da condenação.

Portanto o FUGIT pode ser a solução imediata para os problemas da Justiça do Trabalho. Com dois ou três artigos de uma lei, diminuir-se-á drasticamente o elevado número de reclamações trabalhistas[13].

Já que se mostra inviável uma reforma de fundo no Judiciário, com extinção de tribunais e radicais mudanças no processo, pode-se fazer uma reforma, mantendo a estrutura do judiciário trabalhista tal como hoje se encontra, mas agilizando as soluções e diminuindo o volume de processos nas instâncias superiores.

A execução provisória, objeto deste estudo, será integralmente racionalizada, sem a necessidade dos malabarismos doutrinários, de que o leitor tomou conhecimento ao longo desta exposição.

O levantamento de depósito e os atos alienatórios — art. 475-O do CPC — para os quais se exige caução, poderão ser livremente praticados pelo empregado. A caução será a garantia de pagamento pelo FUGIT, caso haja reversão da sentença. Portanto ela será dispensada para todos os casos e hipóteses de execução provisória.

O dinheiro líquido e certo do FUGIT, que será entregue à parte por simples despacho do juiz, substituirá com êxito a caução, que nem sempre será em dinheiro.

Desta forma, fica superada a contradição do legislador de exigir do empregado, na maioria das vezes um hipossuficiente, caução suficiente e idônea.

---

(13) O FUGIT não deve limitar-se a pagar ao empregado o crédito devido em execução, quando o empregador estiver insolvente. Deve funcionar também como instrumento de garantia da execução provisória, de modo que a sentença trabalhista se torne exequível desde o primeiro grau. Esta é hoje sua principal mudança.

É preciso agora que o legislador assuma seu papel e compreenda que não será expandindo sem limites a Justiça do Trabalho que se vão resolver os conflitos sociais. Ao contrário, aumenta-se uma burocracia cara e ineficiente, sem que se veja na prática solução para o jurisdicionado.

Em vez das altas e custosas verbas que se empregam com aumento de servidores, ministros, desembargadores, juízes de primeiro grau e construção de prédios, é muito mais racional tomar medidas simples e realistas como esta que aqui se propõe.

A reforma da Justiça do Trabalho pode resumir-se nesta frase: execução imediata da sentença de primeiro grau e garantia à parte contrária de que, se a sentença for reformada em segundo grau, o valor pago lhe será reposto. Eis tudo de que precisamos.

Nota-se, na atual ciência do processo, uma tendência à simplificação, para garantir a eficiência, celeridade e segurança nos julgamentos.

Esta tendência, longamente sedimentada no tempo, encontra agora defensores de renome que finalmente puseram-se a campo para lutar por um processo civil que não seja um duelo entre as partes, mas um modo inteligente, econômico e rápido de compor interesses sociais[14].

Um dos meios é sem dúvida a valorização da sentença de primeiro grau, que não pode ser apenas um degrau de ascensão para a segunda instância, mas uma efetiva manifestação do Estado para resolver conflitos.

Se o Estado se pronuncia oficialmente por quem tem legitimidade e competência, não pode esta vontade ser relegada como primeiro ato de uma revisão necessária.

Mesmo que não se extingam os graus superiores de jurisdição, há que se dar valor imediato ao que se decidiu em primeiro grau. Caso contrário, o Estado estará praticando um caro e desnecessário ato, que não traz de imediato solução ao conflito, que lhe foi solicitada pelas partes.

Quando a sentença procede, é evidente o prejuízo ao autor, cujo direito foi reconhecido, e torna-se clara a vantagem concedida ao réu que, através de recurso à instância superior, impede o autor de usufruir o bem que lhe foi garantido pela decisão judicial.

Na Justiça do Trabalho, em que, na maioria das vezes, há algum tipo de procedência, torna-se manifesta a lesão, que se agrava mais ainda pois o crédito tem natureza alimentar e é fruto de um trabalho já prestado.

A postergação do direito e a demora da prestação jurisdicional foram sempre valores desprezado no processo, que valoriza muito mais as formalidades do que seu objetivo último de resolver com oportunidade a controvérsia. Mesmo que os meios sufoquem os fins,[15] *"Fiat forma, pereat essentia"*.

Quando, através de astreintes, multas e sanções, tenta-se compensar esta demora que, no processo social, é um escândalo, como disse Cappelletti, grande parte da doutrina se levanta contra estas medidas. Querem que as partes duelem, protelando no tempo a discussão, da qual se beneficiam os titulares da estrutura burocrática encarregada de resolvê-la. À sociedade e ao interesse das partes, nada servem e nada favorecem.

Ao assumir o patrocínio da solução de conflitos, era de esperar que o Estado respondesse ao monopólio com uma prestação de serviço eficiente e rápida, não com a rigidez de uma burocracia cara e superada que insiste em manter incólume, mesmo num tempo de mudanças, como este que agora vivemos.

Evidentemente, esta demora, principalmente no processo do trabalho, cai sobre os ombros da parte mais fraca, que, além de não receber no tempo certo o resultado de seu trabalho, já transformado em bens e riquezas pelo empregador, recebe-o anos depois desgastado pela inflação e corroído pela demora.

Neste caso, os recursos e a burocracia favorecem exclusivamente ao réu, que mantém em seu poder um bem, material ou imaterial, que não lhe pertence, conforme oficialmente reconhecido na sentença de primeiro grau, através do abuso de recorrer e protelar[16].

É verdade que esta permanência é provisória. Mas, enquanto dura, tem existência real e se reveste de grande

---

[14] GREGER, Reinhard. Vom Kampf ums Recht zum Zivilprozessrecht der Zukunft. *Juristen Zeitung*. Tübingen, v. 52, n. 221, p. 1.078-1.083, nov. 1997. Greger cita o grande processualista austríaco Franz Klein que, por ocasião das discussões sobre o código de processo civil austríaco, advertia sobre os custos sociais e os prejuízos aos negócios jurídicos que a longa duração dos processos ocasiona, salientando que é melhor para a sociedade uma sentença rápida, embora com erros, do que a longa e precária indefinição de uma controvérsia, que se arrasta sem prazo para terminar. Hoje, mais de um século depois, estamos compreendendo a advertência e admitindo que, na época contemporânea, tudo que demora se põe à margem do progresso e das transformações sociais. Com o processo não será diferente. Ou ele se transforma em meio eficiente de resolver conflitos ou a sociedade procurará outras formas de obter este resultado.

[15] MARINONI, Luiz Guilherme. *Execução*. São Paulo, RT, 2007. p. 342, afirma a mesma coisa em relação ao tempo da demanda, que é visto pelos processualistas como uma contingência. Se, com seu decurso, alguém está sendo prejudicado, pouco importa. Não se pode abrir mão do rito processual, mesmo que com ele se faça injustiça, privando a parte do gozo de seu direito.

[16] MARINONI, *op. cit.*, p. 343.

contradição: o autor ganha, mas o réu é que se beneficia com a sentença, mantendo a situação a ela anterior.

Para evitar esta situação é que se desenvolveu a execução provisória, para dar efetividade à sentença, mesmo antes do trânsito em julgado. Trata-se de tendência que se amplia cada vez mais, no sentido de valorizar a sentença de primeiro grau e de dar-lhe algum efeito.

O ápice desta evolução se deu com a nova redação do art. 475-J, § 2º, I, que permitiu, em sede provisória, o levantamento de depósito em dinheiro e a prática de atos alienatórios, embora sob certas condições.

Dar efetividade à sentença de primeiro grau é um dever do Estado e uma das mais importantes missões do processo contemporâneo.

Não podemos mais ver a realidade sob o véu de uma fantasia de que, fora do tempo, observa indiferente os fatos correrem a seus pés.

Por isso é que o legislador constitucional, em boa hora, transformou em direito constitucional o direito à tempestividade da prestação jurisdicional — art. 5º, LXXVIII através da promessa de sua prestação em tempo razoável dos meios que garantam sua rápida tramitação.

O dispositivo tem conteúdo não só procedimental, mas também exegético. Garante os fins — "a duração razoável", bem como os meios para a rápida tramitação.

O mandamento, no seu conjunto, vale não só para o legislador, para que intervenha, removendo obstáculos ou criando meios para a consecução do objetivo, mas também ao intérprete, para que, ao aplicar as leis, leve em conta sua instrumentalidade para obter-se a duração razoável.

Por isso, fere o espírito da Constituição isolar o trabalhador destas modernas conquistas que, aplicadas ao processo do trabalho, vão garantir sua rápida tramitação, possibilitando a solução da controvérsia em tempo razoável.

O FUGIT é um meio de garantir a vigência imediata da sentença sem risco para parte, caso ela se reverta em segundo grau.

É, portanto, o equilíbrio ideal, permitindo que a sentença trabalhista, que normalmente é confirmada, no todo ou em parte, no segundo grau, se execute definitivamente, tornando ágil e segura a prestação jurisdicional, sem riscos ou violência a nenhuma das partes.

Concilia-se o ideal da eficiência com o ideal não menos importante da segurança e igualdade das partes em relação aos ônus do processo.

E note-se que não estamos propondo nada de novo. O FUGIT já existe. Está na Constituição. Sua importância já foi reconhecida pelo legislador. Apenas reivindicamos sua regulamentação correta e adequada.

Será que o Governo e o Legislativo vão continuar nesta postura irracional de gastar mais de 7 bilhões por ano para custear a imensa burocracia da Justiça do Trabalho em vez de colocar em prática o FUGIT que vai reduzir este custo para menos de um terço?

Precisamos de medidas como esta que, em vez de combater o conflito com o aumento da burocracia, evita sua proliferação e impede seu crescimento.

Em vez de combater o mal pelos efeitos, vamos enfrentá-lo pelas causas.

É hora de reformar a Justiça do Trabalho exatamente para superar suas contradições e dar-lhe alento novo para que possa continuar a viver no pós-moderno.

5. Conclusões

Como síntese das considerações feitas, apresentamos um anteprojeto para criar e regulamentar o Fugit, que está à espera da boa vontade de um membro do Congresso Nacional para transformá-lo em lei.

Temos a certeza de que, se aprovado, resolverá grande parte dos problemas da Justiça do Trabalho, que se localizam principalmente na execução.

Hoje a taxa de congestionamento da execução trabalhista, ou seja, de processos não resolvidos, é de 63,36%, o que significa que 47% dos processos em fase de execução (praticamente a metade) não se executam.

Isto é sem dúvida um escândalo. Gastando-se com a Justiça do Trabalho 14 bilhões de reais por ano, para manter esta gigantesca burocracia, é um absurdo que ainda se perca a metade dos processos, ou seja, em 50% o reclamante não recebe o que lhe é devido em sentença.

Este erro formidável precisa de urgente correção. Não é possível que as autoridades do Executivo, que liberam dinheiro para sustentar a máquina, e os parlamentares, que aprovam este sorvedouro de dinheiro público, não vejam este erro evidente e não ajam para corrigi-lo.

A verdade é que não precisamos de mais servidores, desembargadores ou Varas. O que temos é mais do que suficiente para compor o conflito e transformá-lo num resultado útil. O exemplo está aí, com este anteprojeto, simples, objetivo, que não importa em gastos públicos e resolve o problema.

Não se fala em aumento da máquina, pois a resposta ao volume de ações trabalhistas com a criação de órgãos e aumento burocrático da estrutura é primitivo e irreal.

Hoje, com o aperfeiçoamento dos meios informáticos, a resposta que se deve dar à burocracia não é o aumento da burocracia, mas a racionalidade, eliminando-lhe a estrutura entumecida com procedimentos simplificadores que, devidamente formalizados, podem rodar em computadores, automatizando o que hoje se faz manualmente.

Mas, para isto, é preciso preparar o caminho. Como está, a informática, da qual tanto se fala, vai adiantar muito pouco. Os computadores não criam, apenas possibilitam a criação de processos racionais para que operemos a realidade através da ciência, com êxito e eficiência.

Enquanto tivermos a estrutura que hoje temos, não há possibilidade de qualquer melhora na Justiça do Trabalho.

Não serão os computadores que vão impedir que as empresas malbaratem seus bens e dilapidem seu patrimônio. Nem muito menos que se melhore a taxa de congestionamento da execução. Estes erros são materiais e, portanto, inacessíveis à inteligência artificial, pelo menos por enquanto.

É de se esperar lucidez e inteligência do nosso legislador para os problemas do Judiciário e, principalmente, da Justiça do Trabalho, que, por ser social, lida com a sobrevivência e o bem-estar do trabalhador, ou seja, de todos os que, com sua atividade, criam e produzem os bens e serviços necessários ao bem-estar de todos nós.

Referências bibliográficas

DELMAS-MARTY, Mireille. *Por um direito comum*. São Paulo: Martins Fontes, 2004.

DUPEYROUX, Jean-Jacques. *Droit de la sécurité sociale*. 7. ed. Paris: Dalloz, 1975.

FONSECA, Vicente José Malheiros da. *Central de Notícias*, portal de informações da 8ª Região.

GREGER, Reinhard. Vom Kampf ums Recht zum Zivilprosses der Zukunft. Da luta pelo direito ao direito processual civil do futuro. *Juristenzeitung*, Tübingen, v. 52, s. n., p. 1.077-1.132, nov.1997.

HERSKOVITS, Melville. *Man and his Works*. Antropologia cultural. 3. ed. São Paulo: Mestre Jou, 1969. t. II.

LÓPEZ, Manuel Carlos Palomeque; DE LA ROSA, Manuel Álvarez. 10. ed. Madrid: Editorial Centro de estudios Ramón Areces, 2002.

MARINONI, Luiz Guilherme. *Execução*. São Paulo: RT, 2007.

MARSHALL, Ray. *The future of labor unions*. Introduction and overview. Texas: University of Texas, 2004.

PIN, Emile. *As classes sociais*. São Paulo: Duas Cidades, 1964.

SILVA, Antônio Álvares da. *Competência Penal Trabalhista*. São Paulo: LTr, 2006.

_____. *Questões polêmicas de Direito do Trabalho*. São Paulo: LTr, 1993.

VALVERDE, GUTIÉRREZ, MURCIA. *Derecho del Trabajo*. 3. ed. Madrid: Tecnos, 1994.

ANTEPROJETO DE REGULAMENTAÇÃO DO FUNDO DE GARANTIA DE INDENIZAÇÕES TRABALHISTAS, PREVISTO NO ARTIGO 3º DA EMENDA CONSTITUCIONAL 45/04.

Art. 1º- Fica instituído o Fundo de Garantia de Indenizações trabalhistas (FUGIT), previsto no art. 3º da EC45/2004, constante de multas decorrentes de condenações trabalhistas e administrativas oriundas da fiscalização do trabalho, que serão depositadas numa conta aberta na CEF para este fim.

Art.2º - O Presidente da República transferirá dos fundos existentes uma soma para constituir o patrimônio do Fundo criado nesta lei, a fim de sirva imediatamente às suas finalidades.

Art. 3º - Nas sentenças condenatórias, só se admitirá recurso mediante depósito do valor da condenação até 40 salários mínimos.
Ao despachar o recurso, o Juiz do Trabalho autorizará o levantamento imediato da quantia depositada.

Art.4º- Se a sentença for reformada, total ou parcialmente, em instância superior, o desembargador ou ministro expedirá alvará para reposição do valor pago, com juros e correção, sub-rogando-se o Fundo no direito de reivindicar a quantia no processo.

Art. 5º. Em caso de falência, o crédito reconhecido em sentença transitada em julgado na Justiça do Trabalho será pago imediatamente ao empregado, sub-rogando-se o Fundo no direito de reivindicá-lo no juízo da falência.

Art. 6º. Quando o crédito devido ao reclamante em execuções trabalhistas se mostrar de difícil ou improvável recebimento, o Juiz do Trabalho, em despacho fundamentado, autorizará seu pagamento pelo Fundo, que se sub-rogará no direito de perseguir a quantia na execução, com todos os direitos processuais do reclamante.

Art. 7º- Quando a condenação da sentença importar também sanção de ordem administrativa, prevista na CLT ou em legislação completar, fica o Juiz do Trabalho autorizado a aplicá-la, fazendo-se a cobrança respectiva nos próprios autos.

O Modelo Cooperativo e o Processo do Trabalho

Luiz Ronan Neves Koury

1. Introdução

A palavra cooperação, derivada do latim *"cooperativus"*, de *"cooperari"*, associa-se à ideia de colaboração, trabalhar com outros, de acordo com a própria etimologia do termo. Na terminologia jurídica, refere-se à sociedade, sua organização para obter melhorias aos associados[1].

De acordo com essa conceituação, seria possível uma cooperação das partes no processo, no sentido de auxílio mútuo, quando este, por definição, representa uma forma institucionalizada para solução de controvérsias? Essa cooperação, então, deverá apenas se referir ao juiz, excluindo-se as partes, para viabilizar a sua adoção no campo processual?

Essas e outras questões permeiam o estudo do princípio cooperativo ou de colaboração no processo, tornando-se necessária a fixação de um marco normativo para definir a extensão dessa cooperação a fim de evitar o comprometimento da imparcialidade do juiz e permitir a sua compatibilização com a relação processual.

Se essa cooperação se refere apenas ao juiz, como defendem alguns autores, a ideia de cooperação praticamente passa a se identificar com o chamado ativismo judicial, comprometendo a ideia de comunidade de trabalho ínsita à definição de cooperação no processo.

No processo do trabalho, sob o prisma da atuação do juiz do trabalho, são evidentes as inúmeras formas de concretização desse princípio. Ao longo de todo o procedimento, observa-se, na prática, a cooperação pelo juiz do trabalho, considerando as características do referido princípio, representadas pelo esclarecimento, consulta, auxílio e prevenção, dentre outros, em relação às partes.

As normas contidas na CLT justificam essa atitude do juiz durante o procedimento, realçando aspecto importante da jurisdição, que é a atividade voltada para a prática de atos processuais pelo juiz. Em outras palavras, o ordenamento processual trabalhista impõe essa conduta ao juiz, independente de uma maior ou menor sensibilidade social ou um maior ou menor comprometimento com o exercício da jurisdição.

Quanto às partes, a cooperação se verifica em relação à jurisdição, deixando de criar incidentes ou dificuldades ao pleno conhecimento da questão por parte do juiz. Não se imagina que haverá uma atitude cooperativa entre as partes, o que contrariaria a própria essência do processo, mas se imagina que essa possa se concretizar quando não se opõem obstáculos ou mesmo distorções ao pleno conhecimento dos fatos ocorridos ou da verdade.

É importante também dizer que, seja no âmbito do processo civil ou no processo trabalhista, são os princípios processuais constitucionais que justificam essa alteração de paradigma no comportamento dos sujeitos processuais.

Cabe especial referência ao contraditório como fundamento para justificar o diálogo e a participação cooperativa dos sujeitos do processo, que não se deve limitar apenas ao enfoque da reação às iniciativas do adversário no processo.

2. Modelos de processo

Partindo do raciocínio de que o princípio da cooperação resulta em um modelo processual com paradigma diverso de atuação dos sujeitos do processo, alguns autores fazem uma distinção dos vários modelos existentes, fixando-se no cooperativo como extensão do princípio do contraditório.

É evidente que o nosso modelo constitucional de processo, próprio de um Estado Democrático de Direito, expressão do agrado de inúmeros processualistas, com destaque para Cássio Scarpinella Bueno, caracteriza-se pela tentativa de garantir uma igualdade substancial entre as partes, pressuposto para o perfeito exercício do contraditório.

Para Calamandrei:

"não basta que diante do juiz estejam duas partes em contraditório, de modo que o juiz possa ouvir as razões das duas; mas é necessário também que estas duas partes se encontrem entre si em condição de paridade não meramente jurídica (que pode querer dizer meramente teórica), mas que exista entre elas uma efetiva igualdade prática, que quer dizer paridade técnica e também paridade econômica"[2]

Embora a afirmação de Calamandrei seja bem anterior à Constituição Brasileira vigente, o seu ensinamento sobre a paridade das partes e, em especial, o seu significado para

---

(1) DE PLÁCIDO e Silva. *Vocabulário jurídico conciso*. Atualizadores Nagib Daibi Filho e Gláucia Carvalho. 2. ed. Rio de Janeiro: Forense, 2010. p. 217.
(2) CALAMANDREI, Piero. *Processo e Democraciza – Opere Giuridiche*. Napoli: Morano, 1956. p. 690. *In:* SANTOS, Igor Raatz dos. Processo, igualdade e colaboração – Os deveres de esclarecimento, prevenção, consulta e auxílio como meio de redução das desigualdades no processo civil. *Revista de Processo – Repro*, São Paulo, RT, ano 36, n. 192, p. 48, fev. 2011.

o pleno exercício do contraditório, enquadra-se exatamente na perspectiva de nosso Estado Democrático de Direito.

O fato é que o contraditório, do ponto de vista da realidade, somente é exercido em sua plenitude quando houver mais do que uma paridade de armas, reminiscência do caráter duelístico do processo, mas uma paridade de condições, na adequada expressão utilizada por Barbosa Moreira[3]. Essa paridade de condições significa que a igualdade deve ser obtida não só do ponto de vista econômico, mas também técnico, o que dá relevância à atuação do juiz.

Com o objetivo de estabelecer a distinção dos diversos modelos de processo em comparação com o cooperativo, Daniel Mitidiero[4] esclarece, inicialmente, sobre a existência de um processo isonômico em que não há distinção entre o indivíduo, a sociedade civil e o Estado, mas uma relação de paridade entre o indivíduo e o poder político.

O mesmo autor faz referência também a um modelo assimétrico, caracterizado pela radical separação entre o indivíduo, a sociedade civil e o Estado (este como algo que se encontra acima do povo). E, por fim, o modelo cooperativo em que o indivíduo, o Estado e a sociedade ocupam posições coordenadas.

Na mesma linha de raciocínio, com o objetivo de proceder à distinção entre os diversos modelos processuais, Didier[5] faz uma comparação dos modelos inquisitivo e dispositivo com o cooperativo.

Para o referido autor, o dispositivo ou adversarial assume a forma de competição, com a disputa entre as partes diante de um órgão judicial, relativamente passivo. O inquisitivo, ainda na concepção de Didier, tem o juiz como o grande protagonista, em que a soma de poderes e iniciativas é atribuída ao órgão judicial.

Vinculando o princípio cooperativo ao contraditório, distinguindo-o dos modelos anteriores, esclarece que:

> "Este modelo caracteriza-se pelo redimensionamento do princípio do contraditório, com a inclusão do órgão jurisdicional no rol dos sujeitos do diálogo processual, e não mais como um mero expectador do duelo das partes. O contraditório volta a ser valorizado como instrumento indispensável ao aprimoramento da decisão judicial, e não apenas como uma regra formal que deveria ser observada para que a decisão fosse válida".[6]

Traduzindo o entendimento que tem prevalecido na doutrina, o modelo cooperativo representa uma forma de organização do processo, definição das atribuições das partes e do juiz, de convivência e diálogo entre eles, de forma mais compatível com o Estado Democrático de Direito.

A solução jurisdicional não afasta essa conclusão ou, como dizem alguns autores, a solução é assimétrica apenas no momento em que se decide a controvérsia, pois é construída democraticamente com suporte no diálogo entre partes e juiz e na cooperação entre eles.

3. Modelo cooperativo – conceito – características

Na distinção que se faz entre os vários modelos, constrói-se a definição do modelo cooperativo, fundamental para o contraditório, e com origem e aproximação em relação aos princípios do devido processo legal e à boa-fé.

Pode-se dizer, com Mitidiero, que a cooperação é ao mesmo tempo um modelo de processo civil e um princípio. Visa a organizar o papel das partes e do juiz no processo, distribuindo o trabalho de cada um[7].

Tem-se com o modelo cooperativo, segundo o autor, um processo em que se valoriza a ética na conduta das partes, com a preocupação obsessiva de se chegar à verdade, redimensionando o papel do juiz na busca pelo diálogo.

Para tornar concreto esse diálogo ou, ainda, utilizando-o como instrumento para que esse debate tome forma, a doutrina aponta, em relação ao juiz, os deveres de esclarecimento, prevenção, consulta e auxílio em relação aos litigantes.

De uma forma geral, aponta o esclarecimento como a iniciativa adotada pelo juiz para se esclarecer junto às partes sobre as suas alegações e requerimentos. A prevenção refere-se ao alerta que faz às partes quanto à possibilidade de frustração das pretensões pelo uso inadequado do

---

(3) BARBOSA MOREIRA, José Carlos. *La igualdad de las partes en el proceso civil*. Temas de Direito Processual. São Paulo: Saraiva, 1989. 4. serie, p. 70, nota 6. *In*: SANTOS, Igor Raatz dos. Processo, igualdade e colaboração – Os deveres de esclarecimento, prevenção, consulta e auxílio como meio de redução das desigualdades no processo civil. *Revista de Processo – Repro*, São Paulo, RT, ano 36, n. 192, p. 58, fev. 2011.

(4) MITIDIERO, Daniel. *Colaboração no processo civil*: pressupostos sociais, lógicos e éticos. 2. ed. São Paulo: Revista dos Tribunais, 2011. p. 114-115.

(5) DIDIER JÚNIOR, Fredie. Os três modelos de direito processual: inquisitivo, dispositivo e cooperativo. *In: Revista de Processo – Repro*, ano 36, n. 198, p. 214, ago. 2011.

(6) *Ibidem*, p. 219.

(7) MITIDIERO, Daniel. Colaboração no processo civil como prêt-à-porter? Um convite ao diálogo para Lenio Streck. *In: Revista de Processo – Repro*, ano 36, n. 194, p. 57, abr. 2011.

processo ou mesmo pela ausência de condições materiais que deem sustentação a determinado pedido.

O dever de consulta diz respeito àquelas situações em que, mesmo podendo decidir de ofício, por exemplo, em relação às matérias de ordem pública, deverá consultar as partes, até porque pode ser que um dado novo leve a algum tipo de alteração na decisão adotada.

O dever de auxílio se traduz na remoção de obstáculos quando houver dificuldade na demonstração de fatos que poderão influenciar no convencimento judicial.

Há aqueles que entendem que a cooperação deve se verificar também em relação às partes, como Didier, propugnando que um processo cooperativo seja sinônimo de um processo leal.

Para esse autor, na sistematização dos deveres processuais que dizem respeito às partes, deve-se utilizar a construção teórica relacionada com o princípio da boa-fé no âmbito do direito privado. Em seguida, aponta, como deveres de cooperação, o esclarecimento, a lealdade e a proteção.

Em relação a esses deveres, discrimina os dispositivos legais que sustentam a sua afirmação:

> "... (a) dever de esclarecimento: os demandantes devem redigir a sua demanda com clareza e coerência, sob pena de inépcia (art. 295, I, parágrafo único do CPC): (b) dever de lealdade: as partes não podem litigar de má-fé (art. 17 do CPC); (c) dever de proteção: a parte não pode causar danos à parte adversária (punição ao atentado, arts. 879 a 881, do CPC: há a responsabilidade objetiva do exequente nos casos de execução injusta, arts. 475, 0, I, e 574, do CPC)".[8]

Em tema de cooperação há referência expressa, na doutrina, ao Código de Processo Civil Português, em seu art. 266, com a redação dada pelos Decretos-leis ns. 329-A/95 e 180/96 que, em seus números de 1 a 4, prevê a necessidade de cooperação entre as partes e magistrados para se obter a justa composição do litígio.

Registra, ainda, a possibilidade que se faculta ao juiz de ouvir as partes, em qualquer fase do processo, a fim de que forneçam os esclarecimentos necessários. Prevê que esse comparecimento é obrigatório como também que o obstáculo oposto à parte para obtenção de documento pode ser removido pelo juiz.

O Projeto do Código de Processo Civil, em seus arts. 5º e 8º, também faz alusão ao dever de cooperação, deixando clara a opção do legislador por um processo cooperativo.

Explicitando a posição adotada no referido Projeto, tive oportunidade de expender, em outro trabalho, as seguintes considerações:

> [...] Os arts. 5º e 8º tratam do direito das partes em participar ativamente do processo em cooperação com o juiz, formando subsídios para prolação de decisões, a realização de atos executivos e a determinação da prática de medida de urgência [...].
>
> [...] Cabe, por último, registrar, quanto a esse dever de cooperação e colaboração, que a exigência contida nos dispositivos diz respeito às partes e procuradores. Enquanto o art. 5º procura garantir a participação como direito das partes, o art. 8º conclama as partes e procuradores ao dever de contribuir para solução do litígio inclusive com a identificação de questões de direito, não provocando incidentes desnecessários e procrastinatórios [...].
>
> [...] Ao mesmo tempo em que garante a participação das partes dentro de uma perspectiva moderna e própria do Estado Democrático de Direito, exige que essa participação seja realizada de acordo com padrões éticos elevados, não se admitindo a utilização de expedientes protelatórios. [...][9]

4. Modelo cooperativo e o processo do trabalho

O modelo cooperativo, por tudo o que foi dito anteriormente, tem a mais ampla aplicação no processo do trabalho, em todas as fases do procedimento.

Em primeiro lugar porque, assim como o processo civil, o modelo cooperativo não deixa de ser um fator para sua legitimação no chamado Estado Democrático de Direito, como faz referência parte da doutrina.

O processo do trabalho, como os demais ramos do processo, tem como referência, para sua atuação, os grandes princípios processuais constitucionais, com destaque para o contraditório.

Esse princípio no modelo cooperativo ganha maior amplitude e um caráter essencialmente democrático na medida em que inclui o juiz, com deveres que lhe são atribuídos, como também determina a indispensabilidade do diálogo para construção de um processo justo.

---

(8) DIDIER JÚNIOR, Fredie. Os três modelos de direito processual: inquisitivo, dispositivo e cooperativo. In: *Revista de Processo – Repro*, ano 36, n. 198, p. 211, ago.2011.

(9) KOURY, Luiz Ronan Neves. O projeto do código de processo civil – Princípios e Garantias Fundamentais do Processo – Primeiras Leituras. In: KOURY, Luiz Ronan Neves. (Coord.). *Temas vinculados ao Direito do Trabalho e ao Processo do Trabalho*. Belo Horizonte: RTM, 2011. p. 192-194.

Em segundo lugar, porque a própria natureza do processo do trabalho, que tem como referência o direito do trabalho, com valores em jogo como a dignidade do trabalhador e a sua sobrevivência, exige a adoção de um modelo cooperativo por parte do juiz, considerando também a permanência do *ius postulandi*, embora de escassa utilização.

Na verdade, como mencionado no início deste estudo, o juiz do trabalho atua normalmente de forma cooperativa, considerando as situações de hipossuficiência econômica, cultural, técnica e de informação presentes no processo.

Mesmo antes da construção doutrinária em torno da cooperação/colaboração, sempre foi esse, de forma geral, o papel desempenhado pelo juiz na organização do processo. São exemplos recorrentes no foro trabalhista: uma certa tolerância quanto a equívocos da inicial trabalhista até porque a lei assim autoriza (art. 840/CLT); a utilização sistemática do interrogatório (esclarecimento); a advertência às partes quanto aos requerimentos de perícia em relação a determinados temas (prevenção); a determinação para que seja oficiado o órgão público em face da dificuldade na obtenção de determinado documento (auxílio).

Exige-se também das partes uma postura ética extremamente rigorosa, exatamente pelo bem da vida em discussão, aplicando-se os artigos com previsão de multa do Código de Processo Civil, procurando evitar a má-fé e o abuso na sua conduta no processo.

Independente da teoria construída como fundamento para o modelo cooperativo e antes mesmo de sua construção, é possível apontar dispositivos da CLT que se enquadram nesse modelo, servindo de justificativa para atuação do juiz na perspectiva da colaboração ou de exigência para que as partes assim também atuem.

Guardando simetria com o art. 339/CPC, que é emblemático na exigência do dever de colaboração com o Poder Judiciário, o art. 645/CLT prevê a relevância do serviço da Justiça do Trabalho e a sua obrigatoriedade, ninguém dele podendo se eximir. Esse artigo seria suficiente para que o modelo/princípio cooperativo se aplicasse às mais diferentes situações no processo do trabalho.

Outras normas legais referendam a positivação do modelo cooperativo no processo do trabalho, confirmando também aqui a perspicácia do legislador celetista.

O art. 653/CLT, alínea "a", com a previsão das características do esclarecimento e auxílio do modelo cooperativo, determina que compete às autoridades a realização de diligências necessárias ao esclarecimento dos feitos, podendo representar contra aqueles que não atenderem a tais requisições.

O mesmo artigo, na alínea "f", traz a previsão de que o juiz deve exercer, em geral, quaisquer outras atribuições que decorram de sua jurisdição, o que amplia o leque de atuação do magistrado, pois em nome do bom exercício da jurisdição, sempre referenciada à imparcialidade, pode praticar atos que sirvam de supedâneo para essa atividade.

Na mesma linha do modelo/princípio cooperativo, tem-se a previsão do art. 764, § 1º da CLT ao determinar que os juízes se utilizem de seus bons ofícios e persuasão na solução conciliatória, o que não deixa de traduzir a possibilidade de atuação preventiva a fim de que seja evitada a solução jurisdicional. Nesse mesmo diapasão, em que se prestigia a atuação do juiz para se esclarecer sobre as demandas que lhe são submetidas, tem-se o art. 765/CLT, que faz referência expressa ao termo esclarecimento.

A proposta de conciliação, realizada por ocasião da abertura da audiência e ao término da instrução (arts. 846 e 850/CLT) no procedimento ordinário e no início da audiência no procedimento sumaríssimo (art. 852-E), denota bem que a atuação preventiva, exigida, de uma forma geral, no procedimento trabalhista, tem também momentos próprios e obrigatórios no curso do procedimento.

No art. 878/CLT, que permite a instauração da execução por iniciativa do magistrado, seria interessante que houvesse consulta às partes a fim de que tomassem conhecimento da medida e apresentassem alguma alternativa para garantir maior efetividade à execução (a possibilidade de um acordo, com o respectivo parcelamento, por exemplo).

Outros artigos também poderiam ser citados, mas o importante é que, com os exemplos mencionados, fica evidente a opção legislativa pelo modelo cooperativo.

Independente do número de normas legais mencionadas, tem-se como da própria essência do processo do trabalho a adoção do modelo cooperativo, com permanente diálogo do juiz com as partes, muitas vezes na forma de esclarecimento ou prevenção.

Nesse diálogo, as partes têm o seu papel reservado na medida em que delas se exige também a cooperação, com atuação que não prejudique a atividade jurisdicional no sentido de oferecer a solução justa para o caso concreto.

5. Conclusão

A indagação feita no início desse trabalho sobre a possibilidade de se ter um modelo cooperativo de processo tem resposta positiva não só pela construção doutrinária em torno do tema, mas também pela sua previsão em nosso ordenamento.

Ao lado dos princípios tradicionais, dispositivo e inquisitivo, tem lugar o princípio cooperativo, próprio do Estado Democrático de Direito, em que se valoriza o diálogo entre todos os sujeitos do processo, construindo um modelo de contraditório que envolva o juiz e deixe de ser simplesmente adversarial.

O modelo cooperativo serve para dar legitimidade ao processo na perspectiva do Estado Democrático de Direito, com uma nova forma de organização, valorizando as iniciativas do juiz, traduzidas pelo esclarecimento, pela prevenção, pelo auxílio e pela consulta, como também das partes, pela exigência de uma postura ética ao longo de todo o procedimento.

Inúmeros artigos do Código de Processo Civil justificam essa atuação como se demonstrou no trabalho apresentado, bem como dispositivo do Código de Processo Civil Português, em sua parte geral, com clara opção do legislador por esse modelo, definindo-o como mais compatível com o Estado Constitucional.

No processo do trabalho, tema central de nosso trabalho, o modelo cooperativo encontra ampla aplicação não só pela condição do processo do trabalho como microssistema da teoria geral do processo, vinculado também aos princípios processuais constitucionais, em especial o contraditório, mas sobretudo pelas próprias características do processo do trabalho, seu objeto e a sua condição de instrumento do Direito do Trabalho.

Os dispositivos celetistas citados também servem de amparo para adoção do princípio cooperativo no processo do trabalho, deixando evidenciada, de forma clara, a perspicácia do legislador celetista, criando norma compatível com um modelo de Estado que ainda não vigorava quando de sua produção.

O modelo cooperativo, organizando o processo como comunidade de trabalho, fixa as bases para um diálogo construtivo entre as partes e o juiz na solução das controvérsias, concretizando o processo do Estado Democrático de Direito, fundamental para justiça das decisões.

Referências bibliográficas

ASSOCIAÇÃO BRASILEIRA DE NORMAS E TÉCNICAS. *NBR 10520*: informação e documentação: citações em documentos: apresentação. Rio de Janeiro, 2002.

ASSOCIAÇÃO BRASILEIRA DE NORMAS E TÉCNICAS. *NBR 6023*: informação e documentação: referências: elaboração. Rio de Janeiro, 2002.

BARBOSA MOREIRA, José Carlos. *La igualdad de las partes en el proceso civil*. Temas de Direito Processual. São Paulo: Saraiva 1989. 4. serie, p. 70, nota 6. *In*: SANTOS, Igor Raatz dos. Processo, igualdade e colaboração — Os deveres de esclarecimento, prevenção consulta e auxílio como meio de redução das desigualdades no processo civil. *Revista de Processo – Repro*, São Paulo, RT, ano 36, n. 192, fev. 2011.

CALAMANDREI, Piero. *Processo e Democraciza*. Opere Giuridiche. Napoli: Morano, 1956. *In*: SANTOS, Igor Raatz dos. Processo, igualdade e colaboração — Os deveres de esclarecimento, prevenção consulta e auxílio como meio de redução das desigualdades no processo civil. *Revista de Processo – Repro*, São Paulo, RT, ano 36, n. 192, fev. 2011.

DE PLÁCIDO e Silva. *Vocabulário jurídico conciso*. Atualizadores Nagib Daibi Filho e Gláucia Carvalho. 2. ed. Rio de Janeiro: Forense, 2010.

DIDIER JÚNIOR, Fredie. Os três modelos de direito processual: inquisitivo, dispositivo e cooperativo. *In: Revista de Processo – Repro*, ano 36, n. 198, ago. 2011.

KOURY, Luiz Ronan Neves. O projeto do código de processo civil — Princípios e Garantias Fundamentais do Processo — Primeiras Leituras. *In*: KOURY, Luiz Ronan Neves. (Coord.). *Temas vinculados ao Direito do Trabalho e ao Processo do Trabalho*. Belo Horizonte: RTM, 2011.

MITIDIERO, Daniel. *Colaboração no processo civil*: pressupostos sociais, lógicos e éticos. 2. ed. São Paulo: Revista dos Tribunais, 2011.

_____. Colaboração no processo civil como prêt-à-porter? Um convite ao diálogo para Lenio Streck. *In: Revista de Processo – Repro*, ano 36, n. 194, abr. 2011.

O Papel dos Núcleos de Apoio à Execução na Efetividade da Tutela Jurisdicional Trabalhista

Cristiano Daniel Muzzi

Em um Estado Democrático de Direito a atuação do Poder Judiciário não pode jamais se resumir na prolação de um comando judicial vazio e ineficaz, sob pena de comprometimento da existência do próprio Poder Judiciário e do Estado que o legitima.

É a partir dessa constatação que a doutrina processualista há muito vem destacando a importância da efetividade da tutela jurisdicional, sendo um marco doutrinário a identificação das chamadas *ondas renovatórias*[1], por Mauro Cappelletti, principiadas em 1965, que em sua terceira fase foi caracterizada pelo aprimoramento da técnica processual[2] e de seus procedimentos, no intuito de propiciar o acesso à ordem jurídica, buscando torná-la mais célere, justa e efetiva.

Segundo Cândido Dinamarco, os processualistas, conscientes da "necessidade de optar por um método teleológico, em que os resultados valem mais que os conceitos e estruturas internas do sistema", passaram a propor "significativa mudança de perspectiva, enfocando o sistema processual a partir da óptica do consumidor dos serviços jurisdicionais, não mais pela visão dos seus produtores"[3].

Os estudos do Direito Processual passaram então a priorizar a efetividade da tutela jurisdicional, sendo esse certamente o tema mais recorrente da doutrina, "num combate aberto ao conformismo judicial perante decisões não cumpridas ou mal cumpridas"[4].

Como consequência dessa tendência doutrinária mundial, o processo avança em relação à ideia de devido processo legal para alcançar o plano do processo justo, comprometido com desígnios sociais e políticos[5].

Nesse cenário, a interpretação do art. 5º, LIV da Constituição Federal de 1988, ao dispor que "ninguém será privado da liberdade ou de seus bens sem o devido processo legal", deve trazer consigo a ideia de processo justo, e para que possa ser considerado justo, deve ser adequado e efetivo.

Na permanente busca pela efetividade da tutela jurisdicional têm-se visto inúmeras alterações no Código de Processo Civil nos últimos anos, numa reforma retalhada do diploma processual, com clara ênfase no processo de execução, com mudanças substanciais em seu procedimento, para torná-lo mais eficaz.

A título meramente exemplificativo, destacam-se as Leis n. 10.444, de 7 de maio de 2002, a Lei n. 11.232, de 22 de dezembro de 2005, e a Lei n. 11.382, de 6 de dezembro de 2006, todas elas trazendo inúmeras alterações no procedimento de cumprimento das decisões.

Tem-se hoje claro que o grande "gargalo" do processo é a execução. Estatísticas elaboradas pelo Tribunal Superior do Trabalho (TST) referentes a 2011 noticiam taxas de congestionamento na execução superiores a 70%[6], com baixos índices de satisfação.

Não são poucos os processos arquivados, após prolação de sentença condenatória, sem o devido pagamento ao credor.

Estudiosos apontam vários motivos para esse fraco desempenho, com destaque para uma concreta vocação histórica do magistrado para o processo de conhecimento, no qual o juiz "diz o direito".

---

(1) Segundo Cândido Rangel Dinamarco, Mauro Cappelletti identificou três *ondas renovatórias*: oferecimento de assistência judiciária aos necessitados, a absorção de pretensões à tutela coletiva, bem como a reforma da técnica processual segundo os objetivos do sistema à luz da consciência de seus pontos sensíveis. (*in* DINAMARCO, Cândido Rangel. *A Instrumentalidade do Processo*. São Paulo: Malheiros, 1990. p. 289)

(2) Para Aroldo Plínio Gonçalves, "A noção geral de técnica é de conjunto de meios adequados para a consecução dos resultados desejados, de procedimentos idôneos para a realização de finalidades". (*in* GONÇALVES, Aroldo Plínio. *Técnica Processual e Teoria do Processo*. Rio de Janeiro: Aide, 1992. p. 23)

(3) DINAMARCO, Cândido Rangel. *Fundamentos do Processo Civil Moderno*. São Paulo: Malheiros, 2001. Tomo I, p. 303.

(4) *Ibidem*, p. 304.

(5) Aroldo Plínio Gonçalves, a partir de suas concepções conceituais, critica a doutrina processual que atribui *escopos metajurídicos* ao processo e conclui que "Os fins metajurídicos do processo não possuem critérios objetivos de aferição do Direito Processual Civil. Se o exercício da função jurisdicional se manifesta sob a disciplina do ordenamento jurídico, e nos limites por ele definidos, qualquer fim do processo só pode ser jurídico". (*in* GONÇALVES, Aroldo Plínio. *Op. cit.*, p. 23)

(6) Dados do Ofício Circular n. 682-2012 do Gabinete da Presidência do TST.

Dificuldades na prática de atos materiais como aqueles necessários à realização de pesquisa patrimonial aprofundada, que a cada dia se faz mais relevante, sobretudo na Justiça do Trabalho, onde a execução se move *ex officio* (art. 878 da CLT), bem como uma não rara dificuldade do magistrado na análise de cálculos, normalmente relevante para a solução de incidentes do processo de execução, isso na hipótese de embargos ou impugnação à sentença de liquidação, são também indicados como exemplos de obstáculos à efetividade da tutela jurisdicional na seara trabalhista.

Pode-se também relacionar que essa pouca afinidade da maioria dos magistrados com o processo de execução tem origem nos próprios concursos públicos seletivos para o cargo, que dão uma importância muito grande à fase de conhecimento em detrimento da execução. São raríssimos os exames que pedem na terceira fase do concurso, quando do exame prático, a análise de embargos à execução ou outros incidentes dessa fase processual.

Também dentro dos Tribunais identificam-se obstáculos, pois a avaliação dos magistrados para fins de promoção, e até mesmo cobrança pelas Corregedorias, quase sempre se dá pelo desempenho durante a fase de conhecimento. Não há aferição efetiva da produtividade na fase de execução, talvez em virtude da dificuldade na eleição de critérios objetivos para realizar essa avaliação.

Nesse cenário, obviamente, o juiz acaba relegando a segundo plano essa fase processual, procurando dedicar seus maiores esforços e recursos na prolação de sentenças céleres.

Lado outro, visando alterar esse paradigma, alguns Tribunais, conscientes da necessidade de alteração do sistema vigente, passaram a criar órgãos de apoio à execução, núcleos de pesquisa patrimonial, centrais de expropriação e até mesmo varas ou juízos especializados em execução, o que de fato tem contribuído para a melhoria da efetividade da prestação jurisdicional.

Replicando essas boas experiências, o Conselho Nacional de Justiça (CNJ), em 2011, fixou dentre as metas para a Justiça do Trabalho a criação de um núcleo de apoio em execução (Meta 5/2011)[7], o que levou a uma corrida na busca do formato mais adequado para melhor aproveitamento desses órgãos.

A importância na instituição dos referidos órgãos, já vislumbrada pelo CNJ, é claramente demonstrada quando se conscientiza do novo perfil do devedor trabalhista. Ao contrário de outros tempos, hoje o reclamado/executado não se contenta em participar do procedimento em simétrica paridade, legitimando o ato imperativo final do Estado[8], para depois, sendo sucumbente, cumprir espontaneamente a decisão.

Hoje, o comportamento mais comum entre os réus/devedores, que mesmo valendo-se previamente de todos os recursos legalmente previstos no processo de conhecimento, alguns até procrastinatórios, depois do trânsito em julgado, consiste em não apenas deixar de cumprir a decisão, mas também em ocultar o patrimônio e criar obstáculos injustificados à efetividade da tutela deferida, quando da execução forçada, condutas essas tipificadas no art. 600 do CPC como atentatórias à dignidade da justiça.

Multiplicam-se pelo país cursos de blindagem patrimonial, nominados de "treinamentos de proteção jurídica de bens de sócios", cujo único propósito na visão do Estado é impedir a eficácia de suas decisões[9]. E é em virtude dessa cultura do calote, a cada dia mais sedimentada no seio da sociedade brasileira, que o juiz do Trabalho enfrenta mais dificuldades no cumprimento de suas decisões.

Para fazer frente a esses especialistas, urge que se concretize um real aparelhamento da máquina judiciária, não só dotando-a de recursos materiais e humanos que consigam identificar essas práticas fraudulentas, como também proporcionando a aquisição de novos conhecimentos através de intercâmbios entre instituições habituadas a esse tipo de tarefa, como o Ministério Público Federal, a Polícia Federal, Polícia Civil, Advocacia Geral da União e outros.

No campo dos órgãos de apoio a serem constituídos, os núcleos de pesquisa patrimonial devem apresentar-se como agentes de excelência nessa tarefa, dando suporte às Varas do Trabalho, propiciando a satisfação das execuções a partir da identificação de patrimônio, tanto do ponto de vista singular, ou seja, de um único processo, quanto coletivo, quando da reunião de execuções em face do mesmo devedor, na hipótese de serem localizados bens penhoráveis suficientes à garantia de mais de um processo.

Esse procedimento de reunião de execuções está há muito amparado na Lei de Executivos Fiscais, Lei n. 6.830/80, cujo art. 28 dispõe que:

> Art. 28 – O Juiz, a requerimento das partes, poderá, por conveniência da unidade da garantia da execução, ordenar a reunião de processos contra o mesmo devedor.

---

(7) Em relação ao processo de execução, além da Meta 05, foi considerada pendente a Meta 03/2010, que propõe a redução em pelo menos 10% do acervo de processos na fase de cumprimento ou de execução e em 20% o acervo de execuções fiscais, tendo por referência o acervo em 31 de dezembro de 2009.
(8) GONÇALVES, Aroldo Plínio. *Op. cit.*, p. 181.
(9) *Vide* CEO Centro de Treinamentos. Disponível em: <http://www.ceotreinamentos.com.br/wordpress/?cat=3>. Acesso em: 30 nov. 2012.

Parágrafo Único — Na hipótese deste artigo, os processos serão redistribuídos ao Juízo da primeira distribuição.

Aplicada de forma subsidiária ao processo do trabalho, por disposição do art. 889 da CLT, a reunião de execuções permite ao respectivo Tribunal dar aplicabilidade aos princípios da unidade da jurisdição e economia processual, na medida em que viabilizará a centralização de todos os atos executórios em um único processo, denominado "processo-piloto", no intuito de se obter a satisfação de todas as execuções reunidas[10].

A partir da implantação do Banco Nacional de Devedores Trabalhistas (BNDT), pela Resolução Administrativa n. 1470/11 do TST[11], expedida para regulamentar a Lei n. 12.440, de 7 de julho de 2011, que passou a exigir uma certidão negativa de débitos trabalhistas para as empresas participarem de procedimentos licitatórios, ficou extremamente simples a identificação das execuções pendentes de pagamento em âmbito regional e até nacional.

Identificado por uma vara do trabalho patrimônio além do suficiente ao pagamento da respectiva execução, basta acessar a página do TST que franqueia acesso ao respectivo banco de dados[12] para a obtenção da lista de processos de execução em face do mesmo devedor, viabilizando não só eventual reunião de execuções, como também o compartilhamento de informações úteis àquele outro processo, tais como a indicação de empresas integrantes do grupo econômico ou ainda a localização dos bens passíveis de constrição.

Em suma, há no ordenamento jurídico brasileiro inúmeras previsões legais que possibilitam conferir uma maior efetividade às decisões judiciais, bem como são várias as medidas que podem ser adotadas pelos tribunais visando a auxiliar o magistrado nessa tarefa. Dentre elas certamente está a criação de núcleos de apoio à execução, como aqueles voltados à pesquisa patrimonial, e também dos juízos especializados em execução, focados exclusivamente na prática de atos executórios voltados para a efetividade da decisão[13].

Como diz Dinamarco:

Inexiste tutela jurisdicional enquanto o comando enunciado na sentença permanecer só na sentença e não se fizer sentir de modo eficaz na realidade prática da vida dos litigantes. Agora, tudo depende da tomada de consciência dos juízes e da energia com que venham a exercer esses poderes, a bem da efetividade da tutela jurisdicional e da própria respeitabilidade de sua função e dos seus comandos[14].

A adoção das medidas aqui analisadas visa, em última instância, a legitimar o próprio Poder Judiciário, pois uma justiça que não funciona adequadamente, de forma a oferecer resposta rápida e eficiente aos problemas que lhe são apresentados, não justifica sua existência perante a sociedade.

Referências bibliográficas

CINTRA, Antônio Carlos de Araújo; GRINOVER, Ada Pelegrini; DINAMARCO, Cândido R. *Teoria geral do processo*. São Paulo: Revista dos Tribunais, 1990.

DINAMARCO, Cândido Rangel. *Fundamentos do Processo Civil Moderno*. São Paulo: Malheiros, 2001.

_____. *A Instrumentalidade do Processo*. São Paulo: Malheiros, 1990.

GONÇALVES, Aroldo Plínio *Técnica Processual e Teoria do Processo*. Rio de Janeiro: Aide, 1992.

---

(10) No âmbito do TRT da 3ª Região foi aprovada pela Resolução Administrativa 82 de 10 de junho de 2012 a Resolução n. 01-2012 da 1ª vice-presidência, que regulamenta os Procedimentos de Reunião de Execução em curso perante a Secretaria de Execuções e Precatórios no âmbito do Regional.

(11) A Resolução Administrativa n. 1.470 do TST, de 24 de agosto de 2011, regulamenta a expedição da Certidão Negativa de Débitos Trabalhistas — CNDT e dá outras providências.

(12) *Vide*: <http://www.tst.jus.br/certidao>. Acesso em: 30 nov. 2012.

(13) Segundo Cintra, Grinover e Dinamarco, "O processo de execução visa a uma prestação jurisdicional que consiste em tornar efetiva a sanção, mediante a prática dos atos próprios da execução forçada. No processo executivo põe-se fim ao conflito interindividual, nem sempre inteiramente eliminado mediante o de conhecimento (e às vezes sequer sujeito a este: execução por título extrajudicial). Isso porque a jurisdição não tem escopo meramente cognitivo: tornar efetiva a sanção, mediante a substituição da atividade das partes pela do juiz, é a própria atuação do direito objetivo". (*in* CINTRA, Antônio Carlos de Araújo; GRINOVER, Ada Pelegrini; DINAMARCO, Cândido R. *Teoria geral do processo*. São Paulo: Revista dos Tribunais, 1990. p. 317)

(14) DINAMARCO, Cândido Rangel. *Op. cit.*, p. 318.

Os Paradoxos da Conciliação: Quando a Ilusão da Igualdade Formal Esconde Mais Uma Vez a Desigualdade Real

Márcio Túlio Viana

1. Introdução

Quando o meu pai ainda era vivo, gostava de me contar a curiosa história de duas velhas tias — Idalina e Isolina. Mesmo sabendo que eu a conhecia de cor, ele a repetia sempre, espichado na rede, enquanto a noite ia caindo em nossa pequena fazenda.

Idalina era bonita; tinha, quem sabe, olhos verdes, e cabelos em cachos sobre os ombros. Isolina era feia; além disso, ou por isso mesmo, passava da idade de casar. As duas seriam filhas de quem? Não me lembro. Digamos que o pai fosse João, e a mãe, Candinha.

Naturalmente, foi Idalina, e não Isolina, quem conquistou o Evaristo. E assim ficaram noivos. Na véspera do casamento, João e Candinha conversavam na cama:

— *Pois é, Candinha, a Idalina vai se casar...*

— *É, João, ela vai se casar...*

— *Mas quem devia se casar era a Isolina. A Idalina é moça bonita, arranja marido quando quiser.*

— *Sim, mas foi ela que o Evaristo escolheu.*

— *Escolheu, mas escolheu errado; e sabe de uma coisa? Eu vou dar um jeito nisso.*

— *Mas que jeito? E o Evaristo?*

— *Ora, o Evaristo é um moço bom, o que ele quer é entrar para a família...*

Dito e feito. Amigo e talvez parente do padre, João o convenceu a pecar.

— *Naquele tempo* — meu pai explicava — *as moças se casavam de véu. Um véu comprido, caindo no rosto.*

Pois Candinha caprichou no véu da filha, o padre evitou dizer seu nome e foi só depois, no avanço tímido para o primeiro beijo, que Evaristo — mineiramente — estranhou:

— *Uai, é você, Isolina?*

— *Sou eu.*

E depois de hesitar uns segundos:

— *Tá bom.*

João tinha razão. Evaristo era um bom homem, e pelo visto o que queria era mesmo se casar com a família. Além disso, era um grande caçador de pacas. Em poucos anos, já fazendeiro, lá se via ele, manhã bem cedo, de polveira em punho, saindo à procura dos bichos; isso quando a preguiça não o jogava na rede, onde dormia contando casos, assim como o meu pai fazia. Ao passo que ela, *mulher da Bíblia*, corria a fazenda a cavalo, governando os caboclos, cheirando as folhas do cafezal ou apreciando os ubres fartos de suas vacas holandesas.

Tão forte era a personalidade de Isolina que o Evaristo lhe herdou a fama e o sobrenome. Nas redondezas, todos o conheciam por Evaristo Mendes, o Mendes dela, não dele, o Mendes que o meu pai também não tinha, e muito menos tenho eu, mas que se entrelaça com os antigos Vianas das sensuais montanhas do Sul de Minas.

— *E a Idalina?* — Eu lhe perguntava sempre, como se não soubesse a resposta.

— *A Idalina acabou se casando com outro, mas deu em nada, era uma mulher comum* — respondia o meu pai, rindo sempre, satisfeito pela pergunta, que ele também já sabia.

Hoje, quando penso em conciliação, lembro-me dessa pequena história, que também me traz saudades de meu velho e querido professor Lourival. E é a partir dela, se os colegas me permitem, que irei expor algumas ideias — todas elas muito simples, fruto apenas da experiência e não da suposta sapiência de um ex-juiz do interior.

2. O véu

Comecemos pelo véu sobre a noiva. Eu diria que há um véu como este escondendo o trabalhador. Ele comparece ao juiz disfarçado de reclamante; a cada instante, enfatiza-se a sua qualidade de uma das partes no processo, como se o processo se dividisse em dois, metade para cada lado.

Graças ao véu, as relações se apresentam iguais. A própria imagem da Justiça nos acena com a sua balança de dois pratos, cada qual com o mesmo peso e a mesma medida. Além disso, os livros nos ensinam que ela é — ou deve ser — imparcial e neutra. Até o ônus da prova tem de ser igual...

No inconsciente do juiz, pode parecer até que as posições se invertem. Enquanto está na sua empresa, o empregador é quem ordena, exige, reclama — ao passo que o empregado escuta, silencia, obedece. Já no fórum, é o trabalhador quem se queixa, acusa, requer — e o ex-patrão é o acusado, o acuado, o réu.

Mas as aparências enganam. Como certa vez escrevi, a parte forte, na relação de emprego, não é o credor, mas o devedor; pois como o salário vem quase sempre depois do trabalho, quem está habitualmente devendo não é o empregado, mas o empregador.

E o empregador é a parte forte porque detém em suas mãos a fonte de sobrevivência do empregado. E por ser forte dirige não apenas o seu braço ou a sua mente, mas a própria norma que o protege — aplicando-a *quando*, *como*, *onde* e *quanto* quer, e muitas vezes *se* quiser.

Assim, ao contrário do Direito Civil, o Direito do Trabalho não se cumpre espontaneamente — pelo menos por inteiro. A falta de uma norma de proteção se reflete em toda a CLT, roubando a eficácia das outras normas[1]. O empregado não exercita o seu *ius resistentiae*[2]. E só procura a Justiça quando — já tendo perdido o emprego — não tem mais o que perder.

Ora, essa situação o torna um demandante vulnerável. Também ao contrário do que acontece na esfera civil, ele depende do resultado da demanda para sobreviver. E isso significa que tem pressa em receber, o que o leva a aceitar baixos acordos.

Hoje, essa distorção se agrava. Basta notar que o desemprego tem durado em média 12 meses, em cidades como Belo Horizonte; e mesmo assim deixando de fora o universo cada vez maior de flanelinhas, camelôs e malabaristas, além dos que simplesmente desistiram de procurar[3].

Por tudo isso, se levantarmos o véu, veremos que também o acordo trabalhista tem muito pouco — ou quase nada — de uma transação no cível, em que as partes podem enfrentar muito melhor os riscos, inclusive o risco do tempo. Afinal, ambas preservam a sua fonte de renda; não dependem da própria demanda para sobreviver.

É verdade que nem sempre foi assim. Nos tempos da estabilidade decenal e da indenização de antiguidade, quando o desemprego também era menor, é provável que o acesso à Justiça fosse mais efetivo no curso da relação de emprego. Nesse sentido, a CLT era realmente um sistema, equilibrando pesos e contrapesos.[4] Com o FGTS, o equilíbrio começou a se romper.

É verdade, também, que há outras variáveis em jogo. Nos meus tempos de juiz, eu observava, por exemplo, que as mulheres, mais do que os homens; e os engenheiros, mais do que outros profissionais liberais, pareciam ter mais dificuldade em entender e aceitar a dinâmica do acordo. Às vezes, intimamente, eu os criticava pela excessiva rigidez; mas talvez eles tivessem mais razão do que eu.

Seja como for, a variável mais forte é mesmo a desigualdade. Aliás, ela não acontece apenas no momento do acordo. Como certa vez também notei[5], começa na porta do fórum, onde advogados sem escrúpulos aliciam trabalhadores; entra na sala de audiências, cujo ar solene e sagrado reconduz o empregado ao escritório do patrão; contamina as falas do juiz, que soam familiares para um, mas quase um mistério para o outro; perpassa os depoimentos das partes e de suas testemunhas, facilitando mentiras ou às vezes dificultando verdades.

Tudo isso me faz crer — tecnicismos à parte — que além do processo formal, com seus prazos e seus atos, seus ritos e sua mística, existe um verdadeiro processo informal, cujas regras são difusas, caóticas e incontroladas, e por isso mesmo (embora *não só* por isso) pouco estudadas e percebidas. Como na série *Aliens*, esse segundo processo habita o corpo do primeiro, afetando a prova e — por extensão — a sentença.

3. O conluio

Analisemos o conluio. Provavelmente, para os parentes e amigos que lotavam a igreja, as autoras da farsa tinham sido as irmãs. No entanto, sem que notassem, outros atores haviam participado da cena: os pais, o padre, talvez o sacristão e alguma comadre.

De forma análoga, o acordo trabalhista não interessa apenas às partes. Há outros personagens envolvidos, com interesses próprios e inconfundíveis.

O advogado é um deles — especialmente quando em começo de carreira e atuando pelo reclamante. Ele depende de um dinheiro rápido para fazer crescer o seu negócio, ou pelo menos almoçar no restaurante *a quilo* e pagar as contas do escritório. Em Minas, se fizer acordo, esse dinheiro virá em dez dias[6].

---

(1) Nesse sentido, observa o mestre Paulo Emilio Ribeiro de Vilhena que com o sistema do FGTS o empregador se tornou "o detentor do contrato". (*Direito do Trabalho e Fundo de Garantia*. São Paulo: LTr, 1978)

(2) Para um estudo do tema, cf. o nosso *Direito de Resistência*: possibilidades de autodefesa do empregado em face do empregador. São Paulo: LTr, 2006.

(3) Esses e outros segmentos ficam de fora desse tipo de estatística.

(4) Era o que acontecia também com a prescrição: antes, o empregado podia, com muito mais frequência, recorrer à Justiça no curso da relação.

(5) "O dia a dia do juiz e as discriminações que o acompanham", in: RENAULT, Luiz Otávio Linhares; VIANA, Márcio Túlio. *Discriminação*. São Paulo: LTr, 1998.

(6) Dez dias, *no máximo*, tem sido o prazo habitual entre o ajuizamento da ação e a audiência – que em geral é também de instrução, pelo menos no sumaríssimo. A sentença também é publicada em 10 dias ou menos.

O juiz é outro interessado. Sabe que tem de cumprir os prazos e efetivamente os cumpre; mas se não fossem os acordos não daria conta dos *outros* processos — cuja complexidade, aliás, é crescente. Pode-se culpá-lo? É claro que não. Age quase em legítima defesa... E mais ainda se no estágio probatório.

Outro personagem é a Justiça do Trabalho. Num tempo em que o Estado perde força e legitimidade, o Poder Judiciário, como um todo, se desgasta; e mais ainda o Trabalhista, na mesma medida em que o trabalhador se torna menos cidadão e o trabalho subordinado mais se degrada.

A propósito, é curioso notar como o prestígio de cada um dos ramos da Justiça parece vincular-se ao seu objeto e aos seus destinatários. A mais valorizada é a Federal, que julga o próprio Estado — como autor ou réu. Vem depois a Justiça Comum Civil, que lida com a propriedade, a herança e a família. No fim da linha, a Justiça do Trabalho e a Criminal, ou vice-versa.

Esse prestígio — ou a falta dele — se reflete na percepção que a sociedade passa a ter do juiz, do advogado e até da disciplina acadêmica correspondente. Do mesmo modo que o advogado criminalista é "de porta de xadrez", a Justiça do Trabalho é um "balcão de negócios" e o Direito do Trabalho uma espécie de subciência jurídica.

Ora, como um órgão do Judiciário pode garantir ou recuperar a legitimidade perdida? Não tendo como mostrar à sociedade a qualidade de suas sentenças, só lhe resta exibir a quantidade, ou mais exatamente a relação *número de ações* versus *número de casos resolvidos*. Quanto mais rápida a Justiça, melhor será o seu IBOPE...

É claro que a busca de uma Justiça rápida e eficiente paira muito além de preocupações como essas, que podem até parecer um tanto ou quanto mesquinhas; mas o fato é que, nesse ponto, há uma coincidência entre os interesses *particulares* da jurisdição e do jurisdicionado. Tal como o juiz, a Justiça age não só por idealismo, mas em situação que lembra a legítima defesa.

Mas se a Justiça enfatiza o acordo (também) para se legitimar, essa busca pode — paradoxalmente — deslegitimá-la ainda mais, por intermédio do juiz. É o que acontece quando as partes traduzem a sua insistência como preguiça, desinteresse ou dificuldade em decidir. De todo modo, como a busca pelo acordo invade hoje até a Justiça Penal, e passa a ter um suporte doutrinário cada vez maior, é possível que a Justiça do Trabalho perca pelo menos a pecha de "balcão de negócios"...

4. O ambiente

A história das duas irmãs é um pequeno retalho de uma época que já passou; e cujos costumes e crenças eram muito diferentes. Hoje, ainda que a moda do véu voltasse, é provável que Idalina não aceitasse a troca, Isolina não se preocupasse tanto em se casar logo e o próprio Evaristo já tivesse beijado a noiva — qualquer que ela fosse — antes mesmo de jurar-lhe amor. Mas esse mesmo ambiente que hoje nos cerca, e que inviabiliza tramas como aquela, pressiona cada vez mais pela conciliação trabalhista.

Uma das razões já vimos: a crise de legitimidade que afeta o Judiciário em geral, a Justiça do Trabalho em particular e o próprio Direito do Trabalho. Há poucos anos, um ministro de Estado pregava "uma faxina na CLT", sugerindo nas entrelinhas que as normas de proteção estavam protegendo em excesso e autorizando, implicitamente, que não fossem cumpridas *tanto* assim[7].

Mas há outros fatores em jogo. Para começar, os tempos *pós-modernos* são pragmáticos e flexíveis. O que vale é o efeito, não importam muito os meios. Daí, por exemplo, o *sindicalismo de resultados*, tão ao gosto dos irmãos do Norte e tão bem introjetado pela Força Sindical[8]. Por isso, também no ambiente judiciário, o que importa são os números.

E os números nos levam a outro componente dos nossos tempos, que é a troca da essência pela aparência, a atração pelo *show*. A imagem vale mais que o produto. Ao mesmo tempo (e exatamente por isso), o produto pode não ser o que parece, como nos mostram os relógios falsificados, os empregados cooperados e os variados clones que nos cercam, da ovelha Dolly aos grupos que imitam os Beatles.

Por outro lado, os novos atributos que a empresa procura ter — eficiência, enxugamento, competitividade — são os mesmos que se exigem do Estado em geral e da Justiça em particular. Do mesmo modo que a empresa pode aumentar os seus ganhos reduzindo o pessoal, ou melhorar a efetividade concentrando-se no *foco*, quanto mais acordos judiciais houver, mais tempo terá o juiz de cuidar do que *realmente interessa* — como se um pequeno direito, de um pequeno trabalhador, tivesse importância menor.

Outro fator importante é a compressão do tempo e do espaço. Vivemos uma pressão constante pela celeridade, que nos transmite a sensação de estarmos sempre atrasados. Ora, o acordo não só abrevia o tempo, como evita

---

[7] A propósito, cf. KREIN, Dari Alves. A reforma trabalhista de FHC: análise de sua efetividade. *Revista Trabalhista*, Rio de Janeiro, Forense, vol. II, abr./jun. 2002

[8] De algum tempo para cá, a própria CUT parece caminhar, pouco a pouco, nessa direção.

o processo[9] e (com ele) o próprio tempo. Além disso, reduz os vários *lugares* em que o juiz se faz presente — despachando, instruindo, sentenciando — ao lugar único da audiência de conciliação.

Por outro lado, os discursos revalorizam o indivíduo, e por consequência a personalidade, a intimidade, a vontade. Há alguns anos, a Rede Globo lançou o programa *Você decide*. Filmes como *Corra, Lola, corra* sugerem vários finais diferentes, à escolha do expectador. Daí a revalorização dos contratos, inclusive onde a vontade nem se expressa com liberdade — como é o caso do contrato de trabalho[10].

A propósito, lembro-me de um interessante artigo — quase uma crônica — de autoria de um filósofo[11]. Conta ele que fazia o seu *cooper* na praça quando passou por uma prancha de exercícios abdominais. Ao lado, estava uma moça. Ela lhe perguntou se ele iria usar a prancha. Como ele respondeu que *não*, ela se deitou calmamente para ler um livro.

Analisando o episódio, o autor observa que a moça aceitava, em princípio, as regras da praça; mas nem por isso abria mão de negociá-las. Nem sequer passava por sua cabeça que alguém pudesse querer *realmente* usar a prancha, mas se esquivasse de dizê-lo, por timidez ou cortesia:

Noutras palavras — diz ele — *a norma pública continua mantendo sua validade, mas tão só no nível do discurso, sendo que na prática seu sentido é reformulado de acordo com outras circunstâncias.*

É bom notar que esse mesmo fenômeno pode provocar efeitos positivos — como acontece com os termos de ajuste de conduta do MPT, que também implicam, no fundo, uma contratualização da lei — e a tornam de fato mais efetiva. É como se já não bastasse a democracia representativa; para que realmente funcione, a norma parece exigir uma espécie de referendo privado, um teste de democracia participativa. Aliás, outro bom exemplo dessa tendência é o orçamento participativo, criado em Porto Alegre pelas mãos de Tarso Genro e hoje reproduzido em várias partes do mundo.

Outras vezes, os efeitos negativos ou positivos da pós-modernidade dependem das circunstâncias concretas — como acontece, por exemplo, com a *lei negociada*, experiência que importamos dos países centrais e ensaiamos no Fórum Nacional do Trabalho. Nesse caso, a negociação tanto pode produzir uma lei que reduza as desigualdades como legitimar ainda mais as relações de dominação.

Seja como for, quando se trata do contrato de trabalho, as ideias que ficam — ou se explicitam na mídia — são as de que o empregado tem vontade própria; sabe o que quer e aceita o que lhe convém; não pode ser tratado como um menor de idade. Nessa mesma óptica, a lei — paternalista — deve ceder lugar no mínimo à vontade coletiva, que por ser coletiva é sempre forte, dispensando qualquer proteção.

A estratégia de valorizar a composição individual não produz efeitos apenas entre os atores envolvidos. Ela ajuda a minar a resistência do grupo e a disciplinar autoritariamente as relações de trabalho. Para esse fim, o acordo é sempre melhor do que o processo, pois o processo imita e reproduz o conflito; ainda que em nível individual, há sempre um que ganha e outro que perde.

Há cerca de dois anos, inventei uma experiência com uma turma da UFMG, levando para a sala, a cada quinze dias, um trabalhador marginalizado, para contar a sua vida; e debatendo, na aula seguinte, os vários aspectos do caso. Perguntamos a alguns deles — que pareciam empregados — se gostariam de ir à Justiça. Todos responderam que não, pois seria faltar à palavra dada e trair quem lhes oferecera um emprego.

Para nós, a sensação que ficou foi a de que a economia informal é um mundo à parte, diferente, com suas regras, seus sentimentos e sua própria ética, em que o negociado *já prevalece* sobre o legislado. E tudo isso nos mostra que a crise do emprego é ainda mais profunda do que parece, na medida em que não só constrói redundâncias de mão de obra, mas plasma uma nova subjetividade para a classe trabalhadora.

No próprio contrato formal de trabalho vai-se construindo um espaço informal. Na fase inicial, as partes — e/ou a própria lei — explicitam salários, locais, horários, folgas e funções; no momento subsequente, surge um novo pacto, em que o empregador diz silenciosamente ao empregado: *"posso não lhe pagar tudo; mas não vá à Justiça ou lhe tomo o emprego"*, ao passo que o empregado responde: *"está bem; mas eu o farei quando você me despedir"*.

Mais tarde, na Justiça, esse mesmo pacto ganha novas cláusulas quando o reclamante avisa: *"agora, exijo que você me pague"*, mas o reclamado adverte: *"sim, eu lhe pagarei,*

---

(9) A propósito, observa Elaine Noronha Nassif valendo-se também de Aroldo Plínio Gonçalves, que, não havendo formalmente um contraditório, o que há é simples procedimento (*Conciliação Judicial e Indisponibilidade de Direitos:* paradoxos da "justiça menor" no processo civil e trabalhista. São Paulo: LTr, 2005, *passim*)

(10) Para uma crítica interessante à suposta autonomia da vontade no contrato de trabalho, cf. BARACAT, Eduardo Milléo. *A Boa-fé no Direito Individual do Trabalho.* São Paulo: LTr, 2003

(11) GIANOTTI, José Arthur. Uma outra sociabilidade, *in Folha de S. Paulo,* Caderno Mais, 5 set. 2004, p. 3

mas só uma parte do que devo, pois de outro modo farei o processo se arrastar, e você sabe, e eu também, que eu posso esperar, e você não."

Ainda a propósito dos novos tempos, fala-se em crise do positivismo[12]; num mundo cada vez mais instável, a lei quer ser instável também. Daí — mais uma vez — a ênfase no acordo, que de certo modo a adapta ao caso concreto, quando não a nega quase por inteiro. O acordo esconde em seu ventre um contrato, e o contrato "é sempre um espelho do presente", para citar mais uma vez a querida e brilhante amiga Elaine Noronha Nassif[13].

5. A mágica

Idalina se transforma em Isolina; e o povo custa a perceber o engodo. Do mesmo modo, a conciliação viabiliza a redução dos direitos *pelas mãos dos próprios beneficiados*, compensando e até certo ponto neutralizando os avanços da lei trabalhista. Como nota Elaine Noronha Nassif,

> (...) o empregado usa uma parte de seu crédito para comprar a outra parte[14].

É como se o trabalhador enchesse o bolso de direitos, mas o bolso estivesse furado — e os direitos fossem se perdendo pelo caminho. Primeiro, o empregador não lhe paga tudo o que deve; em seguida, a prescrição vai comendo esse resíduo; mais tarde, a conciliação se encarrega do resto, na fase de conhecimento, ou do resto daquele resto, quando o acordo se repete em fase de execução. Como certa vez me observava um professor amigo[15], o único que pode ganhar no acordo é o empregador — já que o empregado, no máximo, recebe apenas o que lhe era devido. Também nesse sentido, o acordo ilude.

Mas há outras ilusões semelhantes. O grande Deveali[16] nos mostra, por exemplo, que quando a lei cria um novo direito — digamos, um 14º salário — as empresas tendem a oferecer salários-base menores aos futuros empregados; ou então, no mínimo, repassam o custo para os preços, reduzindo o poder de compra dos trabalhadores...

As crianças de meus velhos tempos gostavam de brincar de ioiô. É exatamente como o direito se parece, indo e vindo, prometendo e recusando, oferecendo-se e escapando das mãos do trabalhador. Como diria Marx, *o que é sólido se desmancha no ar...*

6. Os resultados

Graças à sabedoria e ao trabalho de Isolina, o descansado Evaristo virou dono de fazenda. Mas quais serão os resultados da *outra* fraude, a trabalhista?

Do lado do empregado, o resultado é um direito menor. Em contrapartida, a simples busca da Justiça lhe dá a satisfação confusa de se ver autor em vez de réu; a sensação inédita de poder falar e ser ouvido; a percepção clara de que está sendo tratado com respeito, mesmo por uma pessoa — o juiz — que lhe parece *ainda mais alta* que o patrão.

Esses pequenos orgulhos ou alegrias podem resgatar e reforçar um sentimento enfraquecido de cidadania; e transformar o empregado numa pessoa mais consciente e exigente. Mas também podem, ao contrário, compensar aos seus olhos o baixo valor do cheque, ajudando (ainda uma vez) a enriquecer o patrão.

Certa vez, à minha frente, o reclamante esperou o reclamado fazer sua proposta e lhe disse: *"Não quero nada. Só queria mesmo trazê-lo aqui."*

E, levantando-se, foi-se embora.

Do ponto de vista do patrão, o acordo pode reforçar a ideia da impunidade, a conclusão de que não vale a pena cumprir a lei. Afinal, se é juridicamente possível[17] pagar tudo no momento certo, ou pagar só uma parte depois, a razão aponta claramente para a segunda opção.

Nesse sentido, as regras do direito processual não adicionam — mas, ao contrário, arrancam — pedaços de efetividade ao direito material. O processo surge não para servir à norma, mas como alternativa a ela. Assim, em vez de seguir a regra do art. 73 da CLT, que lhe manda pagar o adicional noturno, o empregador prefere esperar pelo art. 846, que obriga o juiz a tentar conciliar. Aliás, conforme o caso, nem será preciso chegar a tanto: se puder acionar o art. 625-A, que regula as comissões de conciliação prévia, o próprio juiz estará ausente.

---

(12) NASSIF, Elaine Noronha. *Conciliação Judicial e Indisponibilidade de Direitos:* paradoxos da "justiça menor" no processo civil e trabalhista. São Paulo: LTr, 2005. p. 59 e segs.
(13) *Ibidem*, p. 76
(14) *Fundamentos da Flexibilização:* uma análise de paradigmas e paradoxos do Direito e do Processo do Trabalho. São Paulo: LTr, 2001.
(15) Antonio Duarte Guedes Neto, da Faculdade de Direito da UFMG. O mesmo professor observa que, tendo os direitos trabalhistas sido elevados, formalmente, à condição de *direitos fundamentais*, já não podem ser objeto de acordos individuais, especialmente depois que a Constituição deixou de dizer que cabe à Justiça do Trabalho *"conciliar* e julgar", como dizia antes da alteração em seu art. 114.
(16) *Lineamientos de Derecho del Trabajo.* Buenos Aires: Tipografica Argentina Buenos Aires, 1953, *passim.*
(17) No sentido de que, fazendo o acordo, o empregador se vê completamente quite com o empregado e com a própria Justiça, pelo menos no que diz respeito aos débitos trabalhistas.

Já do ponto de vista do juiz, a conciliação significa menos *stress* e melhor *performance* nas estatísticas. Como dizia, significa também a liberação de tempo para trabalhar em outros processos, estudar questões difíceis, capacitar-se um pouco mais ou pelo menos preservar a sua saúde. Sob a óptica das pessoas que o veem, porém, a insistência no acordo pode soar como resistência ao trabalho.

7. As justificativas

No caso de Isolina e Idalina, talvez se possa justificar o ajuste — mesmo com a fraude. Aliás, não seria o primeiro caso de fraude em boa causa. Penélope desfazia à noite o que costurava de dia, para adiar os pretendentes até a volta de seu Ulisses[18]. Mas e a conciliação trabalhista? Será possível justificá-la?

Como sabemos, as normas trabalhistas são em princípio indisponíveis. É verdade que essa indisponibilidade pode ser relativa: Delgado cita como exemplo o modo de fixação do salário[19]. Aliás, regras como essa poderiam ser enquadradas como dispositivas, não fosse o art. 468 da CLT, que impede a alteração bilateral do contrato em prejuízo ao empregado. Mas a verdade é que mesmo as normas que seriam *absolutamente* indisponíveis acabam sendo *disponibilizadas* no acordo. Basta que tenham expressão econômica — como é o caso, por exemplo, do salário mínimo. Já o mesmo *não acontece* no processo civil, como nota Elaine Nassif...[20]

Um modo de justificar esse e outros exemplos de transação seria a existência de *res dubia*[21]. De fato, havendo dúvida real a respeito de um direito — não se sabendo de sua existência ou de seus limites —, é sempre possível ceder algo em troca de algo. Na verdade, um acordo assim não envolveria o direito em si, mas uma simples *possibilidade de direito*.

Note-se que a *res dubia*, na lição da doutrina, implica não só uma dúvida real, efetiva, mas também uma dúvida subjetiva; e, nesse sentido, a incerteza deve envolver *ambas as partes*. Como ensina Süssekind,

(...) se um dos contratantes está certo da obrigação que lhe cabe solver, age, obviamente, de má fé, ao transacionar com a outra parte, beneficiando-se das recíprocas concessões então ajustadas.[22]

Mas a doutrina costuma adicionar ao conceito de *res dubia* a chamada *res litigiosa*. Ora, a propósito, parece-me que é preciso distinguir duas situações: a) quando o processo é simples consequência da dúvida sobre o direito; b) quando o processo, em si, é o único elemento de incerteza, pois, embora o direito seja claro, as testemunhas podem se enganar ou mentir, o advogado perder o prazo, o juiz errar etc.

A meu ver, é só no primeiro caso que a transação se justifica. Assim, é até desprezível a referência à *res litigiosa*. O que importa sempre é a *res dubia*. Transacionar apenas com base em *res litigiosa*, sem que haja *res dubia*, é utilizar as falhas do processo como argumento para que outra falha — a perda de direitos — aconteça. Algo tão irracional quanto, por exemplo, o juiz proferir uma sentença e executar apenas a metade, sob a alegação de que pode estar equivocado...

No entanto, em geral, é exatamente isso o que ocorre. O empregador conhece (ou, no mínimo, deveria conhecer) os direitos do empregado. Nega-os apenas por estratégia. Mas como toda distorção costuma gerar nova distorção, também o empregado (ou mais comumente o seu advogado) carrega a mão no pedido, para diminuir as perdas no acordo. Como nota Antônio Álvares da Silva,

(...) o empregado sempre pede mais do que tem direito e o patrão sempre paga menos do que deve.[23]

Nesse sentido, simuladas não são apenas as lides em que o autor finge estar demandando, para que a Justiça homologue a rescisão e o réu se sinta mais seguro. Na verdade, quase todas as lides têm um componente de simulação, na medida em que um ou outro — ou um *e* outro — finge(m) haver *res dubia* quando na verdade há simples *res litigiosa*.

Ora, não foi para isso que se criou o instituto da conciliação. E — até onde eu sei — não é assim que funcionam as coisas na Justiça Comum, o que nos mostra, mais uma

---

(18) Conta Homero que – depois de muita insistência – ela prometera se casar tão logo tecesse um manto; mas se utilizou daquela fraude para deixar passar o tempo, pois acreditava na volta de Ulisses, o que acabou acontecendo.

(19) *Curso de Direito do Trabalho*. São Paulo: LTr, 2007. p. 218.

(20) A Conciliação..., *cit.*, p. 162.

(21) Elaine Nassif Noronha descarta essa possibilidade, argumentando, entre outras coisas, que a conciliação pode se dar até depois da sentença – possibilidade que prefiro negar, pelo menos na generalidade dos casos. A autora também enfatiza o fato de que a conciliação resulta de "um procedimento autônomo em relação ao processo oral e informal", podendo envolver ou não a figura do juiz (*Conciliação...*, *cit.*, p. 152)

(22) Indisponibilidade e Flexibilização de Direitos Trabalhistas. In: SÜSSEKIND, Arnaldo et alii. *Instituições de Direito do Trabalho*. São Paulo: LTr, 1996. vol. 1, p. 226.

(23) *Justiça do Trabalho, os Números e a Verdade*. Belo Horizonte: RTM, 2001.

vez, o abismo que existe entre o acordo trabalhista e o civil. Mas como há casos efetivos de *res dubia*, resta saber se é possível detectá-los.

Em princípio, pode parecer que não, pela falta de um contraditório. Mas se isso é verdade nos planos da forma, da técnica e da teoria, a prática costuma ser outra. O juiz penetra, muitas vezes, no mérito do pedido, ainda que de modo caótico, parcial e precário. E isso significa que ele pode alcançar — e em geral alcança — um grau de conhecimento suficiente para antecipar em seu íntimo pelo menos uma parte da eventual sentença, concluindo pela maior ou menor "justiça" do acordo.

Na verdade, o próprio processo formal é permeado de inúmeras variáveis informais — nem todas conscientes — muitas das quais acabam influindo na decisão do juiz. E esse fenômeno é ainda mais visível no processo *do trabalho*, não só pela ausência de um código, como pelo comportamento tradicional do juiz, que se posta a meio caminho de seus colegas das áreas cível e criminal.

Aliás, por isso mesmo, não é incomum o juiz renovar o acordo após o interrogatório das partes; e a própria lei, como sabemos, obriga-o a tentá-lo depois das razões finais... Pelo menos nesses dois momentos, o mérito da causa, ou uma parte dele, já não será segredo para ninguém.

8. As soluções possíveis

Isolina e Evaristo resolveram os seus problemas: ela se fez bonita pelo espírito e pela coragem; ele ganhou a fazenda, uma rede na varanda e as intermináveis pacas das barrancas do Sapucaí. E ainda por cima entrou para a família...

Mas como resolver as distorções da Justiça do Trabalho?

Em minhas singelas elocubrações, continuo achando que o maior desafio não é solucionar, mas prevenir demandas — o que implica evitar *o próprio acordo*, que nasce em razão delas. Mas para isso seria preciso que houvesse uma real garantia de emprego.

Diria o leitor, talvez: *"mas eis aí um contrassenso; um empregado estável não se veria mais livre para ajuizar ações? Como falar, então, em prevenir demandas?"*

É verdade, mas exatamente *em razão dessa possibilidade* o empregador não se veria tão livre para descumprir a norma. É o que acontece com os contratos comuns. Em regra, quando o credor pode *efetivamente* cobrar sua dívida em juízo, o devedor só não paga se não tem como pagar. Além disso, o direito de resistência aumenta. Qual de nós teria coragem de pegar um táxi e não pagar a corrida?

Seja como for, vejamos o que é possível fazer para nos reconciliarmos com a conciliação.

A meu ver, o primeiro passo seria torná-la menos necessária para o empregado. E isso passa, mais uma vez, pela garantia de emprego. Com ela, o empregador tenderia a cumprir a norma; mas, se não o fizesse, o empregado poderia acioná-lo sem perder o ganha-pão — e a sua posição não seria tão vulnerável. Assim, poderia até trocar o acordo pela sentença; mas o próprio acordo tenderia a ser mais justo, envolvendo apenas a *res dubia*.

Na falta de uma proteção melhor ao emprego, deveríamos priorizar as ações coletivas, estendendo ao máximo o seu raio de ação e o leque de possíveis autores. Além disso, seria importante divulgar e repetir as decisões — raras, mas inovadores — que consideram nula a dispensa do empregado que perde o emprego por ter ajuizado uma ação. O fundo de indenizações trabalhistas é outra solução importante, permitindo o acesso rápido do reclamante ao valor que a sentença lhe reconheceu.

Outro passo seria tornar o acordo menos necessário para o juiz e para a própria Justiça. No caso do juiz, é preciso humanizar de outros modos o seu trabalho, sem que isso signifique terceirizá-lo. No caso da Justiça, seria útil buscar mecanismos diferentes para apressá-la, o que passa por uma reforma no processo. Além disso, divulgar de forma mais inteligente o seu papel e o seu trabalho, de forma a resgatar um pouco da legitimidade perdida.

Seria preciso também aumentar as taxas de juros de mora — ainda que por meio de interpretação[24] — e reconhecer ao juiz o poder-dever de aplicar multas.[25] Com essas e outras medidas se inverteria o ônus da espera no processo, com reflexos positivos na efetividade da norma e no valor dos acordos.

Pergunto: deveríamos limitar a conciliação aos casos de *res dubia*? Teoricamente, como eu dizia, ela só se justifica assim. Mas e na prática, o que fazer? E se o empregado — como tantas vezes acontece — precisar desesperadamente do dinheiro para sobreviver? Se recusarmos o acordo, o que lhe daremos em troca? Se ele poderia até mesmo *nem ter proposto* a ação, abrindo mão de *todo* o direito, em nome de quê podemos impedir que renuncie a uma *parte* dele?

São perguntas de difícil resposta. Mas eu diria, em princípio, que o juiz deve negar-se a homologar toda renúncia

---

(24) Como vem fazendo o colega e amigo Jorge Luis Souto Maior, tomando como referência, salvo engano, os do cheque especial.

(25) Como há quase 20 anos começou a fazer, em iniciativa pioneira, Antônio Álvares da Silva, com base no art. 652, V, *d*, da CLT. Note-se que esta interpretação se torna ainda mais viável com a ampliação da competência da Justiça do Trabalho.

de direito[26]. E não tanto pelo mal que isso pode causar ao empregado (mesmo porque o mal maior pode ser voltar para casa sem o dinheiro), mas pelas outras repercussões que provoca — incentivando novas violações. Mas mesmo essa regra talvez possa ter, aqui ou ali, alguma exceção; é um tema a se pensar melhor.

Por outro lado, é importante que o juiz, em sua prática diária, use as próprias ambiguidades da conciliação para minimizar os seus males. A propósito, é curioso notar que ela tem de tudo um pouco; é uma confusa mistura. Para começar, é tratada como ato processual, sem que o seja; e até como sentença, embora se expresse através de um despacho.[27]

Na prática, a conciliação costuma ser *mais* do que conciliação. Transita da conciliação à mediação e de lá para a arbitragem. Pois quantas vezes não se vê o juiz interferindo e inventando uma terceira proposta, ou seja, *mediando*? E não acontece — em ocasiões menos frequentes, é verdade — de as próprias partes lhe pedirem uma sugestão, aceitando até *a priori* o seu *arbitramento*?

Outras vezes, é o próprio conteúdo do acordo que escapa aos limites legais. Já então, o juiz concilia, medeia ou arbitra não o conflito aparente, mas o subjacente: o da empregada com mágoas do patrão, o do patrão que é parente do empregado, o da mulher que se viu assediada e tenta agora dar o troco, *assediando* judicialmente o assediador...

Certa vez, eu tentava apaziguar um casal de homossexuais, cada qual mais furioso. Um se dizia doméstico, enquanto o outro retrucava que não podia ser assim, pois viviam como marido e mulher... Por detrás de seus supostos direitos, e para além dos nossos sorrisos discretos, era fácil perceber as dores e os ciúmes, as lembranças e as angústias, e talvez, nas entrelinhas, a esperança da volta.

Em situações mais raras, a conciliação pode nem ser conciliação. É um simples desabafo, uma nova ofensa, um pretexto para humilhação. Foi o que aconteceu numa antiga JCJ em Minas, quando o empregador, cedendo aos apelos do juiz, disse ao empregado: *"Está bem, está bem, eu lhe dou essa esmola"*. E o juiz, sabiamente, esperou que o empregado embolsasse o cheque, para repetir a pergunta que fizera: *"Vamos fazer um acordo?"* E em seguida, explicando-se ao atônito reclamado: *"Pois o que o senhor deu foi esmola... Se não fizer o acordo, vou julgar o caso."*

Se a conciliação não é — tecnicamente — um ato do processo, a verdade é que ela acaba se misturando com ele, mesmo porque, como vimos, o processo nem sempre é apenas o conjunto de atos que a lei prevê. Exatamente por ser toda essa mistura, nem sempre é fácil separar o juiz julgador do juiz conciliador, especialmente para as pessoas de condição mais simples. Mesmo conciliando, o juiz é o juiz, e é também por isso que ele deve trocar o céu pelo chão, e sempre que necessário — e na medida do possível — desvendar o véu, a mágica, a trama[28].

A participação ativa do juiz se justifica também pelo fato de que o que está em jogo, ainda uma vez, é a efetividade do direito material. Quanto piores forem os acordos, menos a lei será cumprida e maior será a sensação de injustiça; pior ainda, de uma injustiça praticada sob os olhos do juiz.

De pouco vale o princípio da proteção se ele se limitar ao campo da empresa, essa "ilha de autoritarismo" a que se refere um autor[29]. Nas entrelinhas do procedimento, seja ele qual for, tem o juiz não só o poder, mas o dever de tentar reduzir as desigualdades entre as partes, que perduram e até se acentuam no ambiente da Justiça.

O relativo informalismo do processo do trabalho socorre essa necessidade. Daí a sabedoria dos autores intelectuais da CLT, abrindo um amplo espaço de manobra para o magistrado, a fim de que ele descubra ou invente, a cada novo dia, e a cada novo processo, um modo novo de conciliar, instruir e julgar.

A propósito, lembro-me também de outro caso curioso, em que o reclamado negava a relação de emprego, e a própria testemunha — em meio ao depoimento — confessou-se empregador. Perguntei-lhe então se gostaria de tentar um acordo; e o acordo foi feito, aliás em boas bases, se a memória não me trai.

Aceitar ou não um acordo tem muito a ver com as possibilidades maiores ou menores de sucesso na causa. Quanto mais conservadores os juízes, mais acordos farão, e mais baixos eles serão — já que menores também as expectativas do reclamante. Assim, é preciso que sejamos mais progressistas, especialmente num mundo e num tempo marcados pela precarização.

Outro passo interessante seria ampliar o leque das tutelas antecipadas — como tem feito o grande colega Jorge Luis Souto Maior, que as defere de ofício e as estende às

---

(26) No mesmo sentido, a colega Adriana Goulart de Sena (Conciliação judicial: solução de litígios na área trabalhista, in *Estado de Minas*, Suplemento DJ, 25.6.2007).
(27) NASSIF, Elaine Noronha. *Conciliação...*, cit., *passim*.
(28) Não é esta a opinião de Elaine Noronha Nassif, para quem o acordo, "como qualquer negócio jurídico, dispõe sobre a circulação de bens e direitos sem entrar em sua finalidade, de modo que seu conteúdo ético ou moral não é passível de avaliação" (*Conciliação...*, cit., p. 127)
(29) Escapa-me o nome, infelizmente.

obrigações de pagar quantia certa.[30] E talvez seja o caso, também, de tentar frear um pouco essa obsessão pelo tempo. Aliás, a tão combatida demora na tramitação nos processos[31] esconde uma outra demora, muito mais grave, representada pelas ações que só são ajuizadas *depois* da despedida do empregado, e ainda assim *quando o são*.[32]

Há cerca de dez anos, a minha filha Laura, hoje com 18, adorava assistir na TV o desenho do Pokemon. Certo dia lhe perguntei: *"mas, afinal, os Pokemons são bons ou maus?"*. E ela me respondeu: *"Depende do treinador"*.

Se os colegas me perdoarem a irreverência, eu diria que a conciliação tem algo de Pokemon. Pode ser boa, havendo dúvida real sobre o direito; e tende a ser má, na hipótese contrária. Mas o seu lado bom ou ruim depende sobretudo do juiz; de sua atuação mais (ou menos) ativa, de sua sensibilidade maior ou menor para as questões das partes e do mundo.

Por mais que a conciliação esteja fora do processo, parece-me que o conciliador não pode abrir um parêntese em sua condição de juiz. Tal como o padre que casou Isolina e Evaristo, tem de se envolver de corpo e alma na trama, sentindo os cheiros e percebendo as cores, e intuindo tudo o que não puder deduzir. Nesse aspecto, em novo e curioso paradoxo, a conciliação se reaproxima da sentença: como se tivesse a mesma etimologia, exige também um *sentire...*

Referências bibliográficas

BARACAT, Eduardo Milléo. *A Boa-fé no Direito Individual do Trabalho*. São Paulo: LTr, 2003.

DELGADO, Mauricio Godinho. *Curso de Direito do Trabalho*. São Paulo: LTr, 2007.

DEVEALI. *Lineamientos de Derecho del Trabajo*. Buenos Aires: Tipográfica Argentina Buenos Aires, 1953.

GIANOTTI, José Arthur. Uma outra sociabilidade. *In: Folha de S. Paulo*, Caderno Mais, 5 set. 04, p. 3.

KREIN, Dari Alves. A reforma trabalhista de FHC: análise de sua efetividade. *Revista Trabalhista*, Rio de Janeiro: Forense, vol. II, abr./jun. 2002

NASSIF, Elaine Noronha. *Conciliação Judicial e Indisponibilidade de Direitos*: paradoxos da "justiça menor" no processo civil e trabalhista. São Paulo: LTr, 2005.

_____. *Fundamentos da Flexibilização*: uma análise de paradigmas e paradoxos do Direito e do Processo do Trabalho. São Paulo: LTr, 2001.

SENA, Adriana Goulart de. Conciliação judicial: solução de litígios na área trabalhista. *In: Estado de Minas*, Suplemento DJ, 25.6.2007.

SILVA, Antônio Álvares da. *Justiça do Trabalho, os Números e a Verdade*. Belo Horizonte: RTM, 2001.

SÜSSEKIND, Arnaldo. Indisponibilidade e Flexibilização de Direitos Trabalhistas. *In:* SÜSSEKIND, Arnaldo *et alii*. *Instituições de Direito do Trabalho*. São Paulo: LTr, 1996. v. 1.

VIANA, Márcio Túlio. *Direito de Resistência*: possibilidades de auto-defesa do empregado em face do empregador. São Paulo: LTr, 2006.

VIANA, Márcio Túlio. O dia a dia do juiz e as discriminações que o acompanham. *In:* RENAULT, Luiz Otávio Linhares; VIANA, Márcio Túlio. *Discriminação*. São Paulo: LTr, 1998.

VILHENA, Paulo Emilio Ribeiro de. *Direito do Trabalho e Fundo de Garantia*. São Paulo: LTr, 1978.

ADENDO

Entrevista com um colega: a conciliação e os sistemas Renajud e Infojud

De algum tempo para cá, a informática abriu novas possibilidades de uma conciliação mais justa e ampliadas. Um bom exemplo são os sistemas *Renajud* e *Infojud*. O primeiro permite o acesso do juiz a todos os dados relativos a veículos — junto ao DETRAN e DENATRAN, apontando inclusive eventuais financiamentos, multas etc. O segundo permite o acesso do juiz aos dados da Receita Federal, exibindo-lhe *on line* a declaração de Imposto de Renda de qualquer das partes.

A seguir, transcrevo o testemunho do colega Marcos Vinicius Barroso, atualmente auxiliar na 25ª Vara do Trabalho de Belo Horizonte, que vem com frequência ministrando aulas na Escola Judicial do TRT da 3ª Região sobre os sistemas Renajud e Infojud:

Não é razoável, no meu ver, ser aceito como fundamento para o surgimento de um acordo, a parte reclamada adentrar a sala de audiências, sentar-se, apresentar seus documentos e, apenas verbalmente, declarar: "a empresa está em dificuldade, precisa de uma ajuda do juiz e do reclamante", dentre outros jargões do dia a dia do foro.

Na prática, existem muitas empresas que, realmente, estão em dificuldade; mas outras, visando preservar seu capital de giro, ou diminuir gastos com trabalhadores, ou até mesmo protelar uma solução para determinado caso, fazem uso destes artifícios, para "sensibilizar" o magistrado e, às vezes, até obter dele uma interferência na audiência em seu favor: "melhor receber parcelado do que não receber".

Posso citar um caso em que certa empresa, com débito menor que R$ 3.000,00, na audiência que marquei, compareceu apenas por seu advogado, que declarou: "a empresa está

---

(30) No mesmo sentido, a doutrina de José Roberto Freire Pimenta, em artigos esparsos e em sua excepcional tese de doutorado, ainda inédita.

(31) Em Minas, na fase de conhecimento, essa demora se reduz a menos de trinta dias entre o ajuizamento da ação e a sentença, e a menos de três meses no TRT.

(32) Quero crer que a grande maioria das ações possíveis, envolvendo direitos realmente violados, não seja ajuizada nunca – pelo risco que trazem para o trabalhador que se candidata a novo emprego.

em dificuldade e só pode pagar cinco parcelas de R$ 400,00", ou seja, pretendia pagar menos do que devia e de forma parcelada. A reclamante estava sozinha, sem assistência de advogado no feito.

Na audiência, verifiquei pelo sistema Renajud que um dos sócios da empresa executada, de forma definitiva, possuía Jaguar, BMW, Audi e outros carros de elevado valor.

Troquei a proposta da empresa pela minha, que foi aceita após um telefonema para o empregador (pagamento em 15 dias, de todo o crédito atualizado, em parcela única, sob pena de penhora e imediata remoção do Jaguar), conforme art. 666, II, do CPC, por ser bem móvel sujeito à depreciação.

Não me esqueço da satisfação da reclamante, estampada em seu rosto, sabendo que ia receber seu crédito após quase dois anos de processo, e a fisionomia de espanto do advogado, que não sabia "de onde o juiz fez a mágica de identificar tantos bens do sócio", dizendo que nem ele mesmo sabia de todo esse patrimônio e pedindo desculpas.

Engana-se quem pensa que só carros velhos são encontrados ou penhorados por esses sistemas, e engana-se mais ainda quem pensa que as empresas que têm dívidas não podem ser multadas por ato atentatório à dignidade da Justiça, porque não pagarão nem o débito principal nem o acréscimo representado pelas astreintes.

Na jurisdição junto à primeira instância, onde atuo como juiz substituto, vejo que essa afirmação afasta-se bastante da realidade dos fatos (não pode pagar nem o principal, nem a multa), pois na maioria das vezes o que vejo pode ser resumido com a troca de certas palavras dessa frase: "a empresa não quer pagar nem o principal nem eventual multa".

Também vemos nas nossas audiências os casos de "homologação de rescisão" quando se busca a "quitação pelo extinto contrato de trabalho", quando esses sistemas poderão frustrar o desiderato obscuramente almejado (parcelamento e quitação ampla).

Não existe uma forma de obter, com certeza absoluta, a comprovação dessa alegada dificuldade financeira, mas a própria Justiça dá ao magistrado instrumentos hábeis a obter, pelo menos, uma aferição próxima dessa realidade, ou até dados concretos para uma conciliação em patamares melhores, ou ainda, pelo princípio do juiz proativo, interferir diretamente no resultado prático do feito, visando à entrega da prestação jurisdicional, com a possibilidade do recebimento da mesma, ao final do processo.

Trata-se de dois sistemas de pesquisa, acessíveis pela tela do computador do juiz que preside a audiência, a cujas informações as partes não têm acesso, salvo se o próprio juiz resolver disponibilizá-las (na mesa onde se assentam as partes, a tela exibida é a do computador do digitador).

Assim, solicitando no setor de informática do tribunal a instalação do leitor de certificação digital e os programas de Imposto de Renda de Pessoa Jurídica e do Imposto Territorial Rural no computador da audiência, o magistrado passa a ter acesso ao Infojud e ao Renajud (este não necessita de certificação digital). Ambos são de relevância enorme para o julgador.

Quando a parte alega dificuldade financeira, enquanto o digitador cadastra as mesmas no sistema, um simples e rápido acesso a essas ferramentas (cujas respostas são imediatas) já permite ao juiz ter uma noção sobre a veracidade da assertiva, bastando para tanto pesquisar os CNPJ e CPF constantes do contrato ou estatuto social, no Renajud ou no Infojud.

Pela rapidez do retorno da pesquisa, não existe atraso no andamento dos trabalhos e os desdobramentos do que foi encontrado nesses sistemas pode mudar radicalmente as coisas naquela audiência, às vezes surpreendendo até o juiz (como no caso do Jaguar).

Se, com a pesquisa, nada for encontrado a título de patrimônio, realmente a frase "melhor receber parcelado do que não receber" cairia bem ao caso. Mas pode ser que esses sistemas nos tragam notícias agradáveis e desagradáveis para a empresa que veio se conciliar. Podem ser encontrados vários veículos, fontes pagadoras que lhe repassam quantias vultosas mensais, bens vários e fartos em nome de sócios de empresas "quebrando", sócios com participação societária mínima (no contrato social) e patrimônio desproporcional ao sócio administrador, e outras infinitas situações. Nesses casos, a conciliação deve ser repensada não pela não celebração, mas quanto às suas bases e aos prazos, por exemplo.

Cresce, então, de importância, o papel do juiz conciliador, que desse modo: a) fará uma boa entrega da prestação jurisdicional, frustrando a "pretensão conciliatória" da empresa (que, no fundo, tinha outra intenção); (b) trará, ao trabalhador, uma boa imagem do Poder Judiciário; e (c), o principal, promoverá um efeito pedagógico muito importante na região de atuação da Vara, pondo fim às "lides simuladas rescisórias", à "indústria da dificuldade financeira" e ao "modismo da crise", tudo com argumentos que nem mesmo o melhor dos advogados poderá refutar.

Mas esses sistemas não esgotam a sua utilidade na simples aferição de situação patrimonial para fins de acordo.

Como mencionei, hoje, o fator tempo é crucial para se conseguir, ao final do processo, em certos (e muitos) casos, pagar o crédito que surge com o trânsito em julgado.

Faço duas, dentre inúmeras, considerações sobre o assunto.

Num primeiro caso, com o sistema Infojud, é possível identificar fontes pagadoras de empresas prestadoras de serviço e determinar o bloqueio direto nessas fontes, de recursos para o pagamento rápido de uma rescisão, ordem que poderá constar diretamente na ata de audiência, eis que, normalmente, a tomadora dos serviços também é inserida no polo passivo.

Num segundo exemplo, pode ser verificado que a empresa não possui bens, mas seus sócios sim, e nesse sentido ser feito um bloqueio de um veículo, ou a penhora de um imóvel dele, na própria audiência, com a formalização posterior do ato, dentro dos trâmites previstos no código de processo.

Quanto mais se demora para incluir um sócio no polo passivo, quando se trata de empresas que estão em dificuldades financeiras, maior é a probabilidade de nada ser encontrado ao final do processo, restando ao trabalhador uma certidão de crédito trabalhista, que não terá utilidade para ele.

Claro que a abordagem acima está vinculada ao processo de conhecimento, quando não estamos com o trânsito em julgado. Mas esses dois sistemas também são de grande valia nas demais fases do processo, como na execução e seus incidentes.

Algumas medidas de ordem prática podem auxiliar na obtenção de bens, ou ao menos em maior rapidez e segurança na prática dos atos processuais.

Podem ser identificados bens imóveis do devedor (empresa ou sócio) em outros Estados, o que é possível pelo Infojud, no aplicativo "declarações de operações imobiliárias" (DOI). Nesse caso são apontadas outras empresas das quais o sócio participa de forma majoritária, e que estão bem financeiramente (se comparadas com a que está no processo sob análise). Verifica-se também a existência de crédito tributário restituível e passível de bloqueio junto à Receita Federal (praxe legitimada pelo STJ).

Outro exemplo de medida que pode auxiliar na apresentação (apresentação mesmo, "voluntária") de bens, pelo executado, é fazer constar do mandado previsto no art. 880 da CLT a disposição do art. 600, IV, do CPC, pela qual ele, com a citação executória, fica obrigado a indicar, caso não pague, quais os seus bens, onde estão, qual o estado deles e o seu valor comercial, sob pena de, não o fazendo, praticar ato atentatório à dignidade da Justiça e sofrer a imposição de multa processual de 20% do valor em execução, como estatuído no art. 601 do mesmo código.

O advogado, quando o cliente o consulta sobre o "documento entregue" pelo oficial de justiça avaliador — mandado de citação executório —, ao saber que o juiz tem acesso aos bens do cliente, vai sugerir a este que cumpra o determinado no mandado (indicar bens, com localização e avaliação), pois caso contrário a execução sofrerá um acréscimo de um 1/5.

Mais uma vez a atuação do juiz terá efeito pedagógico positivo, que tenderá a acabar com a habitual postura do executado (ficar inerte, deixar a outra parte ou o juiz "correrem atrás" de um meio para o pagamento do crédito), que lhe é confortável e cômoda.

Como também já aconteceu comigo, julguei embargos de terceiro, de pessoa que se dizia adquirente de boa-fé, comprando um imóvel do executado, em valor superior a quatro vezes o seu patrimônio declarado na Receita Federal e infinitamente superior à sua renda mensal, sem constar restrição de financiamento imobiliário no registro do cartório de imóveis.

Nesse caso, se a questão fosse vista sob a óptica processual, sem o auxílio desse sistema (aplicativo declaração de operações imobiliárias), o terceiro embargante obteria a liberação do bem, pois o sócio não estava no polo passivo quando realizada a operação, houve registro em cartório e não houve questionamento do exequente sobre o assunto. Só o Infojud ajudou a clarear a situação.

Assim, penso que as ferramentas já existentes, e as que estão por vir (nos convênios que os nossos tribunais estão firmando), poderão ser muito úteis aos processos não apenas na fase de execução, mas também e principalmente na de conhecimento, sendo preferível esta do que aquela, quando a medida poderá ser tomada tarde demais e a previsão do art. 5º, LXXVIII da Constituição deixar de ser uma garantia, tornando-se mais uma simples regra do ordenamento jurídico.

Por último, encerro dizendo afirmando que, enquanto estamos a implementar sistemas que visam a dar efetividade ao processo, muitos já estão a trabalhar na forma de contornar os dados que essas ferramentas nos propiciam.

Os Paradoxos da Prescrição: Quando o Trabalhador se faz Cúmplice Involuntário da Perda de seus Direitos

Márcio Túlio Viana

1. Introdução

Certa vez, em Brasília, bebia um chope com uma velha amiga quando alguém me tocou no ombro. Era um mágico. Pediu licença, mostrou-me um garfo e em mágicos segundos transformou-o numa colher. Depois, achou um ovo em meu prato, cunhou moedas em minha orelha, tirou lenços do seu nariz, fez sumir a minha caneta e por fim abriu as mãos — onde eu deixei tombar, também magicamente, duas ou três notas de dez.

Quando parei para escrever este artigo, e recomecei a pensar no velho fantasma da prescrição trabalhista, foi esta a primeira cena que me veio à cabeça. O legislador — pensei — é como aquele mágico. Quando quer, faz o direito sumir na cartola, ou o transforma num inofensivo coelho. Mistura e confunde realidade e fantasia, trocando a essência pela aparência.

Com a sua mágica, ele também recebe, de certo modo, um pagamento. Mostra à sociedade, ainda uma vez, que "o direito não socorre os que dormem", e com isso mantém os empresários mais ou menos satisfeitos, os trabalhadores mais ou menos submissos e o sistema ainda mais forte. Pode voltar para casa tranquilo, talvez com uma parada no caminho para trocar experiências com aquele mágico do bar.

Num mundo cada vez mais cheio de clonagens e mistificações — da ovelha Dolly às falsas bolsas Louis Vitton, dos trabalhadores PJs aos *covers* dos Beatles —, a prescrição trabalhista é um bom exemplo de como o Direito imita a vida, para o bem e para o mal. Mas ela também nos lembra como a vida pode ser transformada pelo Direito, e como o Direito pode ser reconstruído por nós.

A propósito, esse mesmo assunto me faz lembrar um velho filme, *A Face Oculta*, o único dirigido e estrelado por Marlon Brando. Não sei se os críticos o apreciam tanto quanto eu, que não entendo de cinema. Mas é um faroeste diferente, à beira-mar, que mistura uma amizade rompida com uma bela história de amor. Ele nos mostra não só como as coisas, às vezes, são o contrário do que se anunciam, mas como podem se tornar o contrário do seu contrário.

Analisemos, portanto, a face oculta da prescrição e algumas possibilidades de enfrentá-la.

2. Sobre o duplo princípio da proteção

Como nos ensina Tarso Genro[1], o Direito do Trabalho

> (...) carrega em todas as épocas o aprendizado dos dominadores e, ao mesmo tempo, os germens da resistência dos dominados.

Essa ambiguidade está presente em cada norma trabalhista. Além de proteger diretamente o empregador — reconhecendo-lhe, numa sociedade supostamente igualitária, até mesmo um poder de comando e disciplina[2] —, a lei o protege indiretamente, legitimando o modo de produção no qual a sua fábrica se insere.

Nesse sentido, não será incorreto inferir que, quanto maior a tutela do empregado, maior será a tutela do patrão; e que o princípio da proteção age em direções opostas, reduzindo e ao mesmo tempo reforçando a desigualdade real entre as partes.

Dito isso de outra forma, há um princípio bem visível de proteção ao empregado, e outro, menos percebido, de proteção ao empregador. Cada qual se alimenta do seu contrário, e a síntese de um e outro tanto humaniza quanto degrada e eterniza o sistema em que vivemos.

Com a prescrição acontece algo não exatamente idêntico, mas um tanto parecido. Embora não seja assim em teoria, ela aparece, na prática, como uma espécie de contrapartida ou de compensação pelos direitos concedidos ao empregado. Mantém a ilusão de que esses direitos são muitos e ao mesmo tempo garante que não sejam tantos assim.

Em outras palavras, o legislador dá com uma das mãos e subtrai com a outra. Ou, se preferirmos, transforma um direito vivo num direito morto-vivo, numa espécie de zumbi. E assim o truque se completa. O que parecia sólido *se desmancha no ar*[3]. E é o próprio público, destinatário da peça, quem sobe ao palco para ajudar o mágico.

Como e por que isso acontece?

Já que falei em clonagens, permita o leitor que eu próprio me clone, reaproveitando uma imagem simples, e um tanto ou quanto surrada.

---

(1) *Direito Individual do Trabalho*. São Paulo: LTr, 1988. p. 15.
(2) Note-se que nem todos os autores aceitam a existência de um poder disciplinar, no sentido de direito de punir, mas o fato é que o disciplinamento (em sentido amplo) está presente nas próprias normas de proteção.
(3) Para aproveitar uma conhecida frase de Marx.

Suponhamos que um dia eu entre numa padaria, peça um pão e não pague. O que acontecerá? Certamente, a moça (pois é sempre uma moça) me chamará, exigindo o dinheiro. Se eu ignorar seus apelos, é provável que apronte um escândalo.

Mas se, no dia seguinte, eu conseguir emprego noutra padaria, e o patrão não me pagar a hora extra, o que acontecerá? Se a minha coragem permitir, pedirei educadamente que ele me pague; mas caso ele não me atenda, não atendido estarei.

Essa diferença talvez possa ser explicada pelo fato de que — ao contrário do que acontece nos contratos em geral — é o devedor, e não o credor, quem detém o poder no contrato de trabalho.

Este devedor é o patrão — pois como o trabalho precede o salário, é ele quem sempre (ou quase sempre) tem algo a pagar. E o seu poder vem do fato de que o empregado — não tendo os meios de produção — depende do emprego para sobreviver.

E se o emprego, para o empregado, é a própria vida, é claro que ele não pode correr riscos, exigindo com firmeza que a lei seja cumprida — como faria aquela moça, mesmo não sendo dela o dinheiro. Pela mesma razão, enquanto empregado, ele não procura a Justiça.

Desse modo — e ao contrário do Direito Civil — o Direito do Trabalho *não se cumpre* espontaneamente, pelo menos por inteiro. Exige auditores fiscais, polícia federal, juízes especializados e até uma forma de sanção não estatal, representada pelo sindicato, ou mais precisamente pela greve.

Num contexto como o de hoje, as violações são ainda maiores; e talvez não seja exagero dizer que o poder diretivo atinge já não apenas a força de trabalho, mas a própria norma trabalhista. O empregador a utiliza como, quando, onde, se e quanto quer. E o empregado se submete à violação de seus direitos, até o dia em que — tendo perdido o emprego — não tem mais o que perder.

Ora, este fato, por si só, já o torna um demandante vulnerável. Ainda uma vez, a sua situação nada tem a ver com a de um credor civil, que raras vezes depende do resultado da ação para sobreviver — pelo simples e bom motivo de que ele mantém íntegra a sua fonte de renda.

Assim, mesmo no ambiente sagrado da Justiça, a relação de poder continua. Vestido de reclamante, o trabalhador reencontra o seu patrão, disfarçado em reclamado; e, mais uma vez nas mãos dele, silencia as suas queixas e submete o seu direito — aceitando qualquer acordo. Afinal, diante da perspectiva de ficar doze meses desempregado[4], qualquer dinheiro é bem-vindo.

Aliás, não é só no plano do acordo e do dinheiro que a disparidade de forças se faz presente. Ela está no advogado mais experiente do patrão, nos símbolos que o empregado não decodifica, na diferença entre as testemunhas de um e de outro e em muitos outros fatores — que acabam criando um verdadeiro rito paralelo, inteiramente desregulado, que permeia o rito oficial e pode acabar influindo na sentença do juiz[5].

Em outras palavras, o processo (ou o procedimento) não é apenas um conjunto de atos e prazos: está cheio de vozes, medos, reticências e pressões. As regras igualitárias se misturam com outras que desigualam. A exemplo do que se viu na série *Aliens*, do cinema, há um processo informal que vive dentro do formal, assim como as normas de direito material que protegem o empregador *usam o corpo* das regras que protegem o empregado.

Mas é preciso notar, voltando ao nosso tema, que até a perda do emprego pode não ser suficiente para viabilizar o acesso à Justiça. Como sabemos, são comuns as *listas negras,* e mesmo quando os patrões não se utilizam delas há sempre a possibilidade de um telefonema ou a necessidade de uma carta de recomendação. Assim, por mais justa que seja, toda demanda pode custar um emprego futuro.

Em outras palavras: a falta de uma única norma de proteção[6] afeta quase todas as outras normas de Direito Material[7], sobe as escadarias do Fórum e penetra no interior do Processo. Atinge até o Direito Coletivo do Trabalho, na medida em que o trabalhador passa a temer o sindicato e a fugir da greve.

E apesar disso — ou talvez por isso mesmo — a prescrição trabalhista deve supostamente obedecer à mesma lógica da prescrição civil, completando a mágica do direito que vai e volta, como o *boomerang* dos antigos australianos ou o ioiô de minha infância distante.

---

(4) Em 2005, era este o tempo médio do desemprego numa cidade como São Paulo, segundo o DIEESE.

(5) A propósito, escrevi certa vez um artigo muito simples, esperando que alguém o completasse: "O dia a dia do juiz e as discriminações que o acompanham", na obra coletiva *"Discriminação"*, coordenada de parceria com o colega Luiz Otávio Linhares Renault. (São Paulo: LTr, 2000. p. 271-275)

(6) Lembre-se que há alguns obstáculos à despedida, como a indenização de 40% do FGTS, as parcelas proporcionais e o aviso-prévio, além de alguns institutos mais genéricos, como por exemplo a suspensão e a interrupção da prestação de fazer.

(7) A propósito, já dizia o mestre mineiro Paulo Emilio Ribeiro de Vilhena, escrevendo a propósito do FGTS, que o empregador brasileiro se tornou "o detentor do contrato" (*Direito do Trabalho e Fundo de Garantia*. São Paulo: LTr, 1978, *passim*).

3. Sobre a falta de lógica da prescrição trabalhista, do ponto de vista jurídico

Costuma-se dizer que a prescrição civil não é pena ao credor relapso, mas fator de estabilidade das relações. De outro modo, qualquer um de nós teria de carregar ao longo da vida todos os seus recibos, dos consórcios às contas de luz.

Ainda assim, o fato é que a inércia do credor também explica — até mesmo aos olhos dele — o prejuízo que irá sofrer. Aliás, a inércia já faz presumir que a relação se estabilizara subjetivamente, no modo de sentir das partes; a prescrição não faz mais do que lhe dar efeitos objetivos e permanentes.

Vista a questão sob outro ângulo, pode-se dizer que o credor que não defende o seu direito não lhe dá a importância que todo direito deve ter; de certo modo, despreza-o; é como se renunciasse a ele, e a prescrição não faz mais do que consolidar o seu gesto.

Assim, mesmo não penalizando a inércia pela inércia, a prescrição a elege como critério para definir o credor como perdedor. E embora o seu fim seja o de estabilizar as relações, o próprio critério adotado serve para legitimá-lo.

Não é por outro motivo que a prescrição não corre contra pessoas tolhidas em seu acesso à Justiça, ou seja, *pessoas cuja inércia se justifica*. Aliás, nas várias situações que impedem ou suspendem o curso do prazo, a lei presume — e às vezes explicita — a existência de um *poder* do devedor sobre o credor.

Ora, as regras civis da prescrição poderiam muito bem servir ao Direito do Trabalho, caso este garantisse aquela relação *originária,* que faz nascer a de crédito e débito. Ou seja: a relação de emprego. Num sistema como o nosso, que coloca o destino do credor nas mãos do devedor, a lei acaba produzindo efeitos opostos aos que pretensamente buscou.

De fato, ao estabilizar a relação *subsequente*, de crédito e débito, a prescrição instabiliza ainda mais a relação *precedente*, de emprego — se não reduzindo a sua duração, pelo menos aumentando a conflitualidade, ainda que em latente, entre as partes.

O empregado que se vê despojado de seus direitos, sem que nada possa fazer para defendê-los, não aceita de forma neutra a espoliação. Se a sua raiva se cala, nem por isso deixa de crescer; e tanto pode provocar microgestos de desídia ou sabotagem, como pode um dia explodir, já agora irracionalmente.

Por razões análogas a essas, o homicídio já é a terceira causa de mortes no ambiente de trabalho[8], nos Estados Unidos. E quando o conflito não explode — como é o mais comum entre nós — pode acabar implodindo: a vítima dirige a sua agressividade contra si mesma ou pessoas de sua família[9].

E como no campo trabalhista a inércia do credor significa, na verdade, solércia — pois se ele foge da Justiça é porque está vigilante na defesa de seu emprego —, a prescrição se torna menos legítima e menos aceita intimamente. Na verdade, ele apenas *a engole,* tal como faz com as suas raivas.

No fundo, a prescrição disfarça uma negociação privada da norma de ordem pública. O empregado tem o direito "indisponível", mas não o reclama, trocando-o pela permanência — ainda que precária — no emprego. É o negociado já prevalecendo sobre o legislado.

Nesse sentido, paradoxalmente, a prescrição parece sintonizada com uma nova tendência do Direito — que desloca as fontes de produção normativa "do centro para a periferia, da lei para o contrato, do Estado para a sociedade"[10]. Mas mesmo aqui as aparências enganam, pois a "negociação", no caso, traduz menos consentimento do que assentimento. O trabalhador apenas se submete; dobra-se à força do vento. Nada ganha; apenas tenta perder menos.

E é nesse ponto que entra em cena um novo paradoxo. O legislador não considera o empregado realmente livre para contratar, mas o liberta para abrir mão de seus direitos. A igualdade formal volta à cena, diminuindo em quantidade e qualidade as normas que prometem uma igualdade mais real[11].

Quando se critica — muitas vezes sem razão — a demora excessiva das lides trabalhistas, em geral se esquece dessa *outra espécie* de demora, muito mais grave, representada pelas causas que são propostas tardiamente, ou nem mesmo são propostas – como acontece provavelmente com a maioria.

---

(8) A afirmação é de RIFKIN, J. *O Fim dos Empregos.* São Paulo: Makron, 1999. p. 217.
(9) A observação é de HIRIGOYEN, M. F. *Le harcèlement moral.* Paris: Syros, 1998, *passim,* que mostra também como a falta de um embate direto pode perturbar a própria percepção da vítima quanto à sua condição.
(10) A lição é de CANOTILHO, J. J. Gomes. *Direito Constitucional.* Coimbra: Alamedina, 1996. p. 21
(11) "Mais real", e não "real", na medida em que o Direito do Trabalho busca apenas a igualdade possível num sistema (capitalista) intrinsecamente desigual.

4. Sobre a lógica da prescrição, do ponto de vista econômico

Embora a prescrição trabalhista — tal como praticada entre nós — não tenha a menor lógica do ponto de vista jurídico, é inegável que se encaixa às maravilhas no novo modo de produzir e até em elementos muito evidentes da cultura pós-moderna.

Basta olhar o interior da nova empresa. Seu principal objetivo é criar ganhos inéditos de produtividade[12], provocando flexibilizações de toda ordem — das máquinas à organização de trabalho, das mercadorias às plantas das fábricas.

Entre essas flexibilizações se inserem, como sabemos, as do Direito do Trabalho. E um dos modos mais sutis e elegantes de realizá-las é exatamente com a prescrição.

De fato, a prescrição é um instituto historicamente consagrado e aceito; passa a ideia de segurança e estabilidade; é descrita, esmiuçada, classificada, mas só raramente criticada; surge como um dado já posto, uma premissa inquestionável.

Aos olhos da sociedade, a prescrição — mesmo trabalhista — é *culpa* do credor. De certo modo, até depõe contra ele: sugere alguém relapso, quase desidioso. É ele quem a provoca – o que nos remete às mesmas ideias de "empregabilidade", "autonomia" e "responsabilidade", tão enfatizadas nos livros de autoajuda e nas reportagens da grande mídia.

Mas a prescrição trabalhista, como já vimos, parece também se encaixar na tendência pós-moderna de fazer teatro, e não apenas a partir da vida — mas *dentro* da própria vida, transformando a realidade em sonho.

Essa tendência, na verdade, não é de hoje; mas hoje se espalha, cada vez mais forte, por todos os lados.

Quando, por exemplo, compramos um carro, não é apenas um carro que compramos: é a sensação de liberdade, a ideia de velocidade, a imagem da juventude, a admiração dos amigos, a satisfação de carências e às vezes a superação simbólica de um projeto de vida que não temos. Nesse sentido, o carro é o veículo que nos leva a lugares e desejos que até nós ignoramos; ele próprio é um teatro, onde encenamos a nossa peça.

De forma análoga, a lei trabalhista alimenta as fantasias boas ou más dos empresários, dos trabalhadores, da sociedade e da mídia. Mas — ao contrário do carro — essas fantasias se desfazem quando a prescrição entra em cena.

Outro ponto em comum entre a prescrição e a pós-modernidade está na compressão do tempo.[13] Ao impor os seus prazos como se fosse um relógio, a lei entra em perfeita sintonia com a pressa obsessiva que marca todos os instantes de nossas vidas e nos transmite a sensação de estarmos sempre atrasados.

Mas a prescrição também parece sintonizada, pelo menos indiretamente, com dois outros fatores:

a) o desprestígio do Estado, tanto em razão de sua real e crescente fragilidade — imposta pela globalização — como pela forte ideologia que minimiza o seu papel, empurrando-o para dentro de si mesmo; e

b) a perda de valor do trabalho por conta alheia (pelo menos sob a óptica dessa mesma ideologia), o que acaba afetando, *por tabela*, não só o Direito que o regula, como a Justiça que o julga.

Tudo isso faz com que os tribunais trabalhistas, numa resposta instintiva de autodefesa, busquem recuperar a legitimidade perdida com recordes de tempo e estatísticas de produtividade, que aliás também imitam o atual modo de ser da empresa.

Naturalmente, é claro que a Justiça deve ser rápida, sem o que seria injusta. O *acesso* compreende também a *presteza*.[14] Mas o fato é que — ao lado desse ideal incontestável — há muitas outras razões para essa corrida contra o relógio.

E é assim que o tempo — este amigo da prescrição — torna-se, mais uma vez, um personagem importante. Daí talvez a tentação de trazer para o Direito do Trabalho a sua decretação de ofício[15], que não deixa de ser mais uma estratégia para desobstruir as gavetas e acelerar os ritmos.

Mas se as regras da prescrição parecem hoje ainda mais sintonizadas com a realidade, nem por isso, naturalmente, devemos nos conformar com elas — pelo menos na forma como são aplicadas. Afinal, se o Direito fotografa a vida, o inverso também acontece. Um interage com o outro, e com isso um e outro se transformam.

5. Algumas ideias para superar ou compensar os paradoxos

Entre a Lei e o Direito — recomendava Couture[16] — escolhamos o Direito; entre o Direito e a Justiça, fiquemos com a Justiça.

---

(12) CORIAT, B. *L'atelier et le robot*. Paris: Christian Bourgois, 1990, *passim*.
(13) Referida, dentre outros, por HARVEY, D. *A condição pós-moderna*. São Paulo: Loyola, 2001, *passim*.
(14) Nesse sentido, não só as lições de Cappelletti, como a norma do art. 5º, LXXVIII, da CF.
(15) O tema será tratado rapidamente adiante.
(16) Em sua Oração aos Advogados.

Mas mesmo se preferirmos a pobreza da lei, é possível enriquecê-la com novos sentidos. É que, ao interpretar, inventamos mais do que descobrimos; no mínimo, escolhemos entre vários caminhos.

Como ensina Aroldo Plínio Gonçalves,

> (...) não se pode perder de vista que direito é vida e é na realidade de cada dia que se vai encontrá-lo[17].

E como completa Antônio Álvares da Silva,

> (...) a lei não é a vontade do aplicador, mas a vontade coletiva pelas mãos do aplicador.[18]

Voltemos ao exemplo da prescrição de ofício[19]. Qualquer um de nós, com algumas leituras, pode escrever páginas e páginas defendendo ou recusando a sua aplicação ao Direito do Trabalho. E certamente teremos — numa e noutra direção — excelentes argumentos, perfeitamente jurídicos[20].

Assim, não se trata de procurar o elo perdido, a *verdade verdadeira*, mas de encontrar a opção que potencialize a ideia de justiça social. Esta opção pode não ser — e provavelmente não será —, a única correta, do ponto de vista jurídico; mas poderá ser a melhor, do ponto de vista político.

Ora, é óbvio que a prescrição de ofício alimenta as desigualdades, embora também sirva para desafogar as pautas e enriquecer as estatísticas. Diante disso, qual opção escolher? Qual a melhor interpretação? A resposta parece óbvia.

Mas vejamos algumas outras possibilidades no terreno da interpretação.

Como observava ao caro leitor, a prescrição trabalhista teria sentido num contexto de proteção ao emprego. E a Constituição promete, em seu art. 7º, I:

> (...) relação de emprego protegida contra despedida arbitrária ou sem justa causa, nos termos de lei complementar, que preverá indenização compensatória, dentre outros direitos.

O problema é que, como sabemos, a regra não foi regulamentada — a não ser transitoriamente, e por isso de modo precário e incompleto.

Ora, se olharmos a própria Constituição *como um sistema*, a prescrição destoa dele — exatamente porque *falta ainda aquela regra de proteção*. E essa conclusão é ainda mais forte num contexto social e econômico que induz ao desemprego.

Assim, até que venha a "lei complementar" prometida, uma solução possível seria a de só aplicarmos a prescrição em situações muito particulares, em que haja alguma segurança no emprego. Seria o caso, por exemplo, do empregado público, ou de estabilidades provisórias; ou ainda das raras hipóteses em que o contrato individual ou coletivo impede a despedida imotivada do empregado.

Esta seria uma forma de compatibilizar as regras da prescrição com pelo menos dois importantes princípios constitucionais. Um deles é o do acesso à Justiça, que na lição de Cappelletti[21] deve ser real e efetivo. O outro — já lembrado pelos juízes Ricardo C. Fraga, Luiz Alberto de Vargas e Felipe Ledur — é o que veda o locupletamento indevido e o enriquecimento sem causa.

Outra possibilidade seria a de se aplicar à hipótese o próprio Código Civil, interpretado de forma extensiva. Se a prescrição não corre "entre ascendentes e descendentes, durante o poder familiar" (art. 197, II, do C. C.), por que correria entre um empregado e seu patrão, quando a fonte de sobrevivência de um depende da vontade do outro?

Aliás, essa interpretação nada tem de original. Já a fazia o grande Caio Mário, depois de comentar as hipóteses legais de suspensão:

> Deve-se acrescentar uma outra regra que preside à suspensão da prescrição, dizendo-se que não corre na pendência de um acontecimento que impossibilite alguém de agir, seja como consequência de uma determinação legal, seja por um motivo de força maior, seja por uma convenção, regra que a jurisprudência francesa tem adotado, e que o velho adágio já traduzia: *contra non valentem agere non currit praescriptio*.[22]

E não foi outra a solução encontrada pela jurisprudência italiana, que — em decisão histórica — considerou inconstitucional a regra que permitia o curso da prescrição durante o contrato de trabalho. E a razão apontada foi exatamente a falta de efetivo acesso à Justiça.

De acordo com a Corte Constitucional daquele país,

> O trabalhador pode ser induzido a não exercer o próprio direito pelo mesmo motivo pelo qual muitas

---

(17) *A prescrição no Processo do Trabalho*. Belo Horizonte: Del Rey, 1983. p. 24.
(18) *Proteção contra a dispensa na nova Constituição*. Belo Horizonte: Del Rey, 1991. p. 180.
(19) Art. 219, § 5º, do CPC, com a redação dada pela recente Lei n. 11.280/2006: "o juiz pronunciará, de ofício, a prescrição".
(20) Pelo menos no sentido técnico.
(21) *Acesso à Justiça*. Porto Alegre: Fabris, 1993, *passim*.
(22) *Instituições de Direito Civil*. vol. 1. São Paulo: Forense, 2001. p. 447 (grifos no original).

vezes é levado a renunciá-lo, isto é, pelo temor da despedida.[23]

Exatamente porque o fundamento da decisão foi o *stato di soggezione* do trabalhador, a mesma Corte limitou depois o seu entendimento, esclarecendo que ele só se aplicava aos trabalhadores *sem estabilidade no emprego*[24]. É o que se poderia fazer também no Brasil, mesmo porque o Direito Comparado é fonte do nosso Direito (art. 8º da CLT).

Não custa notar que a prescrição — tal como a aplicamos — serve de húmus para a cultura do crime[25], pois é muito melhor negócio não pagar, deixando o tempo correr, e depois pagar menos na sentença ou menos ainda no acordo. Como lembra o magistrado e professor mineiro José Roberto Freire Pimenta[26], enquanto nos Estados Unidos o cidadão cujo direito foi violado reage com a clássica ameaça: *"nós nos veremos na Corte!"*, tão reprisada na cinematografia, entre nós é o violador quem desafia: *"se quiser, vá procurar os seus direitos!"*.

Outra possibilidade de interpretação é a de considerarmos inconstitucional a emenda que igualou a contagem do prazo entre rurais e urbanos. Como sabemos, a CF dava ao homem do campo um tratamento diferenciado, que pode muito bem ser considerado um direito fundamental — e, desse modo, cláusula pétrea.

Não quero dizer, com isso, que *toda* a matéria prescricional seja cláusula pétrea, mesmo porque, de um modo geral, ela beneficia o empregador — e não se pode falar em direito *fundamental* de não pagar em juízo uma dívida. Mas pode-se muito bem entender que havia algo de pétreo *naquela parte* da regra, exatamente por se tratar de um direito do empregado — com reflexos na efetividade de todos os seus outros direitos.

Avançando um passo ainda, é possível identificar outras saídas, mesmo sem romper tão drasticamente com o pensamento tradicional.

Uma delas é a possibilidade de considerarmos discriminatória a dispensa do empregado que vai à Justiça no curso da relação de emprego. Aplica-se, no caso, a Lei n. 9.029, por interpretação extensiva; ou — se preferirmos — o art. 5º da CF, sem mediações.

A solução já foi adotada em julgados como este:

EMENTA: DESPEDIDA ARBITRÁRIA. ANULAÇÃO DA DESPEDIDA. Demonstrada pela prova dos autos a despedida discriminatória, praticada por ter a empregada ajuizado ação de dano moral. A particularidade do caso, relativa à motivação da despedida, leva ao acolhimento da pretensão, que tem previsão no art. 4º da Lei n. 9.029/95. Nulidade da despedida reconhecida. Reintegração no emprego deferida, com a condenação da reclamada ao pagamento dos salários do período de afastamento. Mantida a sentença (RR no. 592182 ANO: 1999. DJ – 04/05/2007- TST).

No entanto, para que esta solução realmente funcione, será preciso não só que se torne hegemônica — de preferência através de uma Súmula do TST —, mas que seja divulgada amplamente aos advogados, trabalhadores e empregadores do país.

Outra possibilidade é a adoção em massa de ações coletivas não só através do Ministério Público do Trabalho, mas pelas mãos dos sindicatos, o que exige também um esforço de propaganda, capacitação e mobilização, além de uma campanha para sensibilizar os juízes mais conservadores.

Mas os juízes também podem ensaiar movimentos em outros campos, para compensar um pouco as distorções daquelas regras. Bons exemplos — não só do ponto de vista teórico, mas da experiência vivida — nos dá o colega e amigo Jorge Luiz Souto Maior, que (entre outras medidas pouco usuais) tem antecipado tutelas de ofício e em obrigações que envolvam pagamento de quantia certa[27], invertendo a lógica do tempo, que passa a correr contra o devedor.

De certo modo, é o coelho de volta à cartola do mágico, ou, talvez mais precisamente, o mágico tirando a cartola de dentro do coelho...

Referências bibliográficas

CANOTILHO, J. J. Gomes. *Direito Constitucional*. Coimbra: Alamedina, 1996.

CAPPELLETTI, Mauro. *Acesso à Justiça*. Porto Alegre: Fabris, 1993, *passim*.

CARINCI, F.; TAMAJO, R. DE LUCA; TOSI, P.; TREU, T. *Diritto del Lavoro*. tomo 2. Torino: UTET, 1998.

CORIAT, Benjamin. *L'atelier et le robot*. Paris: Christian Bourgois, 1990.

GENRO, Tarso Fernando. *Direito Individual do Trabalho*. São Paulo: LTr, 1988.

---

(23) CARINCI, F.; TAMAJO, R. De Luca; TOSI, P.; TREU, T. *Diritto del Lavoro*. tomo 2. Torino: UTET, 1998. p. 565 (tradução minha).

(24) *Ibidem*, p. 566. 1) Note-se que na Itália a estabilidade real se limita às empresas com mais de 15 empregados. Nesses casos, a despedida só é possível por justa causa ou com um "motivo justificado", o que engloba razões ligadas à empresa, à semelhança do que acontece com o nosso cipista. 2) A Corte Constitucional também passou a limitar a declaração de inconstitucionalidade às ações de natureza patrimonial.

(25) Retenção dolosa do salário, figura também ainda não regulamentada.

(26) Em aulas e palestras.

(27) Cf., a propósito do mesmo tema, estudos de José Roberto Freire Pimenta e Estêvão Mallet.

GONÇALVES, Aroldo Plinio. *A prescrição no Processo do Trabalho.* Belo Horizonte: Del Rey, 1983.

HARVEY, David. *A condição pós-moderna.* São Paulo, Loyola, 2001.

HIRIGOYEN, M. F. *Le harcèlement moral.* Paris: Syros, 1998.

PEREIRA, Caio Mário da Silva. *Instituições de Direito Civil.* vol. 1. São Paulo: Forense, 2001.

RIFKIN, Jeremy. *O Fim dos Empregos.* São Paulo: Makron, 1999.

SILVA, Antônio Álvares da. *A proteção contra a dispensa na nova Constituição.* Belo Horizonte: Del Rey, 1991.

VIANA, Marcio Tulio. O dia a dia do juiz e as discriminações que o acompanham. *In:* VIANA, Márcio Túlio; RENAULT, Luiz Otávio Linhares (Coords.) *Discriminação.* São Paulo: LTr, 2000.

VILHENA, Paulo Emilio Ribeiro de. *Direito do Trabalho e Fundo de Garantia.* São Paulo: LTr, 1978.

Passados do Futuro — Onde Nasceu e para Onde Vai o Processo do Trabalho?

Luiz Otávio Linhares Renault e Maria Isabel Franco Rios

"A ciência do Direito Processual Civil não traça normas para a sociedade, tal como a racionalidade lógica da ciência não é jamais normativa. Mas ela pode ampliar os horizontes da liberdade, possibilitando que haja verdadeira escolha, lúcida e inteligível, entre opções possíveis, da utilização que a sociedade puder fazer dos resultados de suas investigações."

(Aroldo Plínio Gonçalves)

1. Origens do Direito Processual do Trabalho

As páginas da História contam que, em 1806, viajava o Imperador Napoleão pela cidade francesa de Lyon, quando recebeu um pedido do setor industrial da seda para que instituísse um *"Conseil des Prud'hommes"*. *Prud'homme* significa homem sisudo, prudente, íntegro, versado em alguma coisa, segundo informação de Amauri Mascaro Nascimento[1]. O Conselho seria criado para o julgamento das controvérsias decorrentes da relação jurídica, então vigente, entre as fábricas e os seus operários. Aquelas espécies de controvérsias eram solucionadas pela Lei de 22 Germinal, ano XI — 12 de abril de 1803, que foi a primeira a regulamentar as manufaturas e os ateliês.

Os *"Conseils des Prud'hommes"* foram constituídos por pequenos-burgueses, os empregadores daquela época. As questões "puramente civis" eram remetidas a um "tribunal ordinário", com contornos de "jurisdição administrativa", que fora instituída pela Lei[2] acima mencionada. Após sucessivas transformações, somente com a denominada "revolução democrática" de 1848 o Conselho tornou-se paritário. Era constituído, de um lado, por "fabricantes e chefes e ateliês", e de outro lado, por operários. Logo após

---

(1) Informa, ainda, este autor que esta expressão já era encontrada no período dos grêmios e corporações de ofício, designando os homens detentores de especial consideração entre seus pares, e, que eram eleitos para administrarem aqueles organismos. Esta denominação também era dada aos juízes dos tribunais ordinários, peritos e funcionários municipais. Escreveu Amauri Mascaro do Nascimento que, no ano de 1426, 24 *prud'hommes* foram designados pelo Conselho da cidade de Paris para colaborarem com o primeiro magistrado municipal — *prévost* — encarregados de solucionarem as questões entre fabricantes e comerciantes. Afirmou Desmarás ser o edito de Luis XI "o primeiro antecedente que em forma expressa soluciona os problemas do trabalho entre patrões e operários". Este edito de Luis XI é de 29 de abril de 1464 e autorizava os *prud'hommes* a solucionarem os conflitos entre fabricantes de seda radicados em Lyon, posteriormente foram ampliados para as questões entre estes industriais e seus operários. Eram os patrões — fabricantes de seda — quem solucionavam os conflitos entre as pessoas desta categoria e os trabalhadores. Também os pescadores tinham suas divergências resolvidas pelos *prud'hommes*. Com a supressão das corporações de ofício em 1776, esses órgãos foram extintos, passando aos tribunais comuns a solução destas questões. A Lei de 1803 atribuiu ao prefeito de polícia de Paris e aos alcaides, comissários ou substitutos em outras cidades a solução dos conflitos entre industriais e operários. Nas demais cidades obedeceriam as normas do Código Municipal e as regras de polícia. NASCIMENTO, Amauri Mascaro. *Curso de Direito Processual do Trabalho.* São Paulo: Saraiva, 1990. p. 13.

(2) Encontramos, também no livro de Amauri Mascaro Nascimento, Curso de Direito Processual do Trabalho, em nota de rodapé, à página 14, a seguinte transcrição da Lei de Napoleão:

"TEXTO DA LEI DE NAPOLEÃO, de 18 de março de 1806, que criou na França, em Lyon, os *"Conseils de prud'hommes"*.

Tit. 1º, art. 1º Será estabelecido em Lyon um conselho de *prud'hommes* composto de nove membros, dos quais cinco negociantes-fabricantes e quatro chefes de oficinas.

Art. 2º Um regulamento da administração pública determinará a forma de designação.

Art. 3º Os negociantes-fabricantes não poderão ser eleitos se não exercerem a função há 6 anos ou se tiverem quebrado.

Os chefes de oficinas não poderão ser eleitos se não souberem ler ou escrever, se não tiverem pelo menos 6 anos de exercício.

Art. 4º O Conselho de *prud'hommes* será renovado de 1/3 cada ano, no primeiro dia do mês de janeiro, três membros dos quais, um negociante — fabricante e dois chefes de oficinas, serão renovados no primeiro ano.

Art. 5º Os membros do Conselho de *prud'hommes* serão reeleitos.

Tít. 2º, 1ª sec., art. 6º O Conselho de *prud'hommes* é criado para terminar pela via da conciliação, as pequenas questões que ocorrem diariamente, seja entre fabricantes e obreiros, seja entre chefes de oficinas e companheiros ou aprendizes.

Está igualmente autorizado para julgar até 60 francos, sem forma nem gastos de procedimento, e sem apelação, os conflitos cuja conciliação fracassar.

Art. 7º Diariamente, funcionará das 11 às 13 horas um escritório de conciliação, composto por um *prud'homme* fabricante e um *prud'homme* chefe de oficina, perante os quais apresentar-se-ão as pessoas em litígio.

Art. 8º O escritório geral ou Conselho de *prud'homme*s reunir-se-á uma vez por semana e decidirá com a presença de 5 pelo menos, conforme o exposto no artigo anterior, sobre as controvérsias que lhe são remetidas pelo escritório de conciliação.

Art. 9º Todo conflito não conciliado e que compreenda uma soma superior a 60 francos será levado perante o tribunal de comércio ou perante os tribunais competentes.'

Obs.: A lei tem 35 artigos, os demais dispondo sob matéria diversificada, como registro de propriedade de desenhos etc.

o advento do Código Civil de 1804, Napoleão estendeu a vigência dele à Itália e à Espanha, que eram ocupadas pelo Exército francês. Muito mais tarde, em 1893, na Itália, surgiram os *"Consiglii di Probiviri"*. É de Mussolini a *Magistratura del Lavoro*, marcadamente corporativista.

Mollot, no *Code de l'Ouvrier*,[3] de 1856, ensinava que:

> Por Justiça Industrial entendemos a jurisdição à qual é confiado principalmente o duplo poder de contestar e de julgar por via civil e de 'polícia disciplinar' as convenções, fatos e atos que se vinculam ao trabalho manual, isto é, aos contratos de aprendizagem ou de locação de obra, cujos princípios expusemos.[4]

Getúlio Vargas inaugurou as Comissões Mistas e as Juntas de Conciliação e de Julgamento, no Brasil, com representantes de empregadores e de empregados, porém sem a característica corporativa, mesmo com os seus integrantes nomeados pelo Estado. Os seus representantes pertenciam às categorias econômica e profissional, sem a exigência de formação jurídica. Estes representantes classistas, inicialmente intitulados de *vogais* que, com a CF de 1988, passaram à denominação de juízes classistas, desempenhavam uma função essencialmente mediadora, envidando seus conhecimentos, suas experiências e seus esforços em prol da pacificação do conflito. Com a Emenda Constitucional n. 24, de 9 de janeiro de 1999, a representação classista foi extinta. Em 1941 existiam 36 Juntas de Conciliação e Julgamento, 8 Conselhos Regionais e um Conselho Nacional, segundo informam Evaristo de Moraes Filho e Wagner D. Giglio.[5] Atualmente, a primeira instância é composta de Varas de Trabalho, existindo, ainda, 24 Tribunais Regionais do Trabalho e o Tribunal Superior do Trabalho, com sede em Brasília.

Certa feita, assim respondeu Evaristo de Moraes Filho[6] à pergunta que lhe fora formulada de como se dera o processo de instalação efetiva da Justiça do Trabalho.

Criada a Justiça do Trabalho em 1939-1940, e inaugurada em 1941, foram instituídas 36 Juntas de Conciliação e Julgamento em todo o Brasil! Os Conselhos Regionais do Trabalho eram oito, a saber: 1ª Região, Rio de Janeiro; 2ª, São Paulo; 3ª, Belo Horizonte; 4ª, Porto Alegre; 5ª, Salvador; 6ª, Recife; 7ª, Fortaleza; 8ª, Belém. Em 3 de janeiro de 1941, fui nomeado procurador regional da Justiça do Trabalho e designado para o Conselho da 5ª Região, constituída pelos Estados da Bahia e Sergipe. Na Bahia, havia duas juntas, em Sergipe, uma só.[7]

Informações encontradas nos sites dos Tribunais Regionais do Trabalho evidenciam que o Decreto n. 6.596/40 de 12.12.1940 criou a 1ª a 6ª JCJs do Distrito Federal — Rio de Janeiro e a 1ª e 2ª JCJs de Niterói. Em São Paulo também havia 6 JCJs na Capital do Estado, no Rio Grande do Sul duas varas em Porto Alegre e ambas instaladas em 16.5.1941, somente em 25 de junho de 1944 foi criada a JCJ de Rio Grande. Em Santa Catarina havia uma JCJ em Florianópolis. No Piauí a 1ª JCJ de Teresina foi criada pelo Decreto-lei n. 1.237 de 2 de maio de 1939, mas instalada somente em 24 de maio de 1941 e era vinculada ao Tribunal Regional do Trabalho da 7ª Região, no Ceará. Em 21 de setembro de 1988, a Lei n. 7.671 criou o Tribunal Regional do Trabalho da 16ª Região com sede em São Luís, no Maranhão e as juntas do Piauí passaram à sua jurisdição, até que fosse criado o Tribunal Regional do Trabalho da 22ª Região com sede em Teresina. O Espírito Santo, que pertenceu à 1ª Região, juntamente com o Rio de Janeiro, recebeu sua primeira JCJ, instalada em Vitória, em 1941, a segunda em Cachoeiro do Itapemirim em 1959, a terceira em Colatina, em 1972. A segunda JCJ de Vitória foi instalada em 1974 e a terceira em 1986[8].

Getúlio Vargas, quando da elaboração da Consolidação das Leis do Trabalho, controlava, praticamente, as atribuições

---

(3) *Code de L'Ouvrier*. Paris: Cotillon, 1856. p. 204.

(4) MOLLOT apud OLIVEIRA, Paulo Eduardo Vieira de. Passado, presente e futuro do direito processual do trabalho no Brasil. In: SOUTO MAIOR, Jorge Luiz; CORREIA, Marcus Orione Gonçalves (Orgs.). *Curso de direito do trabalho: direito processual do trabalho*. São Paulo: LTr, 2009. v. IV, p. 14-15. Coleção Pedro Vidal Neto.

(5) GIGLIO, Wagner D.; CORRÊA, Cláudia Giglio Veltri. *Direito Processual do Trabalho*. 16. ed. São Paulo: Saraiva 2007. p. 4.

(6) Citação de Evaristo de Moraes Filho encontradas em MOREL, Regina Lúcia de Moraes; GOMES, Ângela Maria de Castro; PESSANHA, Elina Gonçalves da Fonte (Orgs.). *Sem medo da utopia*: Evaristo de Moraes Filho arquiteto da sociologia e do Direito do Trabalho no Brasil. São Paulo: LTr, 2007. p. 80.

(7) Sustentam Mauricio Godinho Delgado e Gabriela Neves Delgado, no artigo "Justiça do Trabalho: 70 anos de justiça social", publicado na *Revista TST*, vol. 77, n. 2, p. 106, abr./jun. 2011, que: "As regiões pioneiras foram estas: 1ª: Rio de Janeiro, com sede na então capital da República; 2ª: São Paulo, com sede na capital do estado, São Paulo; 3ª: Minas Gerais, com sede em Belo Horizonte; 4ª: Rio Grande do Sul, com sede em Porto Alegre; 5ª: Bahia, sediada em Salvador; 6ª: Pernambuco, com sede em Recife; 7ª: Ceará, sediada em Fortaleza; 8ª: Região: Pará, com sede em Belém. Os Juízos de primeiro grau correspondiam às Juntas de Conciliação e Julgamento, as quais, na época da inauguração, representavam poucas dezenas em todo o Brasil. Em 1945, por exemplo, havia somente 31 Juntas de Conciliação e Julgamento no país, que passaram a 39 em 1947. Ou seja, inicialmente, portanto, a Justiça do Trabalho estava presente em apenas algumas poucas grandes cidades brasileiras".

(8) LACERDA, Maria Francisca dos Santos. *A Justiça do Trabalho no Espírito Santo*. Disponível em: <http://www..trtes.jus.br/sic/sicdoc/ContentViewer.aspx?id=242&sq=768548313>.

de dois Poderes — o executivo e o legislativo. Por ser assim, pôde inovar, alterar a legislação anterior, abandonar velhos textos, codificando no melhor rigorismo da técnica jurídica.

Recentemente, as Comissões Prévias de Conciliação foram apresentadas como uma grande novidade, mas, na verdade, não é bem assim. A proposta histórica foi de Luis José de Mesquita, autor do livro *Poder Disciplinar no Direito do Trabalho*. Ele era adepto das comissões de fábrica, como as que existem nos Estados Unidos, e as sugeriu como alternativa para aliviar a Justiça do Trabalho, reduzindo o número de processos — que aumentam anualmente, tornando a Justiça Especializada, em algumas regiões, quase tão morosa e de tão baixa efetividade, sobretudo na fase de execução, quanto aos demais ramos do Poder Judiciário. O processo que nasceu para ser simples, célere e econômico perdeu, ao longo do tempo, essas características marcantes que lhe traçavam um perfil bastante próprio.

No correr de séculos, após a iniciativa de Napoleão, muitas mudanças surgiram na estrutura do Poder Judiciário Trabalhista assim como no processo. Mudanças jurídicas, históricas, tecnológicas, econômicas e políticas, que se encontram ligadas intimamente entre si. A História, conforme Harold Innis e seu discípulo Marshall MacLuhan, demonstra que novos meios de comunicação precipitaram as mudanças políticas. Escreveu Innis, em 1953[9]:

> Os monopólios e oligopólios de conhecimento foram construídos... [para apoiar] as forças principalmente na defensiva, mas o progresso tecnológico fortaleceu a posição das forças no ataque e impôs reestruturações que favoreceram o autóctone.

> Na Babilônia antiga, as bibliotecas baseadas em documentos de argila permitiram o monopólio de um conhecimento que dependia dos sacerdotes. A invenção dos pergaminhos de papiro e do alfabeto foi uma chave para a democracia limitada das cidades-Estado gregas e para o império da lei na antiga Roma. Os avanços de mobilidade, facilidade de uso e durabilidade dos pergaminhos encadernados, criados pelo papado e pela ordem monástica, foram vitais para o ritmo da conversão ao cristianismo. O papel e a imprensa reproduziram textos religiosos na língua vernácula e levaram à Reforma, ao fim do feudalismo e ao nascimento da democracia parlamentar *pari passu* com a Revolução Industrial.[10]

Nas civilizações clássicas, os escravos não tinham acesso ao conhecimento e, em consequência disso, não tinham nem poder econômico nem político. Na era agrícola, o conhecimento começou a se difundir, primeiro entre a nobreza feudal e, em certa medida, entre os servos, que conseguiram ter acesso à terra e a seus frutos mediante o seu próprio esforço. Na era industrial, os magnatas de luvas brancas dominavam, mas o operário era algo mais do que uma peça de engrenagem. O trabalho adquiriu uma dimensão social em vez de ser desempenhado de forma solitária, e a cultura e o conhecimento floresceram entre a população. Os trabalhadores podiam organizar-se para adquirir força formal — pelos sindicatos — para defender seus interesses. Os magnatas adquiriam riqueza, mas o nível de vida dos outros também melhorava, da mesma forma que o seu poder econômico. Os sindicatos empreenderam ações políticas no século XIX criando partidos políticos que continuam vigentes, na atualidade, como partidos democráticos e sociais na maior parte dos países em desenvolvimento.

À medida que se aproxima o século XXI, a riqueza emanará do conhecimento, um bem mais amplo e, mais do que nunca, livremente estendido a todos. A distribuição do poder real, se não do poder formal, está mudando. A Era da Inteligência Interconectada poderia significar um novo poder e uma nova liberdade, sobretudo para esses dois terços da população ativa que são os trabalhadores qualificados.

Um dos grandes marcos da história moderna foi o progresso dos meios de transporte. As viagens, os transportes e a comunicação sofreram uma mudança radical e rápida. Não ocorreu apenas a multiplicação do número de diligências, porém, com o progresso, aconteceu a multiplicação da produção em massa de meios de transporte inteiramente novos: trens, automóveis, motocicletas e aviões.

Com a mobilidade, importante papel desempenhou o transporte de informação — que consiste no tipo de comunicação dissociado do movimento dos corpos físicos — ou então ele se faz secundariamente ou de forma marginal. Meios técnicos desenvolveram-se de forma a permitir à informação viajar independentemente de seus portadores físicos e dos objetos sobre os quais informava. Esta separação dos movimentos de informação de seus portadores e objetos permitiu a diferenciação de suas

---

(9) INNIS apud CEBRIÁN, Juan Luis. *A rede*: como nossas vidas serão transformadas pelos novos meios de comunicação. 2. ed. São Paulo: Summus, 1999. p. 25 (Coleção novas buscas de comunicação).

(10) *Idem*.

velocidades: um ritmo extremamente mais rápido que a viagem dos corpos ou a situação sobre a qual informava. Com o surgimento da rede mundial de computadores — no que diz respeito à informação — a própria noção de "viagem" (e de "distância" a ser percorrida) desapareceu, tornando a informação instantaneamente disponível em todo o planeta, tanto na teoria como na prática.

Podemos dividir a história em duas partes: ac (antes do computador) e dc (depois do computador).

O crescente poder do mundo da multimídia fundamenta-se no desenvolvimento de três tecnologias de ponta: os *microprocessadores* (diminutos cérebros artificiais capazes de realizar milhões de operações por segundo); *a transmissão óptica de dados,* que permite que eles circulem com a velocidade da luz; e os sistemas de *compressão e codificação* dos sinais digitalizados. Além disso, o desenvolvimento industrial dos satélites de comunicações permitiu a globalização do sistema, com consequências formidáveis para a organização da sociedade e as relações políticas internacionais.[11]

A *internet,* em suas origens, nasceu como um esforço do governo dos Estados Unidos para fazer comunicar entre si os diversos bancos de dados do país, numa rede nacional de alta velocidade, e com propósitos eminentemente acadêmicos. Os cientistas americanos, no final dos anos 60, haviam estabelecido um protocolo de comunicações "inteligente" capaz de fragmentar qualquer mensagem previamente digitalizada e conduzir as partes por uma rede de computadores unida por linhas telefônicas, selecionando em cada nó de conexão o caminho livre ou menos congestionado. No ponto de chegada a mensagem era reconstruída integralmente.

O processo judicial, para ser útil e justo, deve findar-se em um lapso de tempo razoável. Este tempo há de ser suficiente para que o fim almejado seja célere o bastante para que seus objetivos tenham sido atingidos. A morosidade e o estado letárgico vivenciados pelo Judiciário têm se destacado no cenário jurídico nacional. A busca na solução deste problema tem sido percebida há algum tempo, como pode ser sentida com a Emenda Constitucional n. 45/2004.

Grande é a dor que aflige quem aguarda o desenrolar de um processo judicial, para ter a solução definitiva de seu caso. A demora na solução do conflito, a morosidade na solução do processo é sempre uma justiça tardia, senão uma injustiça. A grande esperança do momento para solucionar os problemas existentes na esfera processual é depositada no processo eletrônico, que vem sendo implantado em todo o país.

2. O particularismo do Direito do Trabalho estende-se ao Direito Processual do Trabalho?

O Direito do Trabalho, no pensamento dos privativistas, foi considerado, durante muitos anos, quase como um apêndice do Direito Civil, ou melhor, uma especialização do direito das obrigações. Disse Evaristo de Moraes Filho que Paul Pic

> chamava o direito do trabalho de economia social aplicada, isto é, o problema social posto em ação; e o próprio Gide o denominou, certa feita,' a economia de uma revolução'. Léon Walras, um dos chefes da escola matemática atribui à economia social 'uma investigação das leis morais que devem presidir à repartição da riqueza social'. Henry Guitton diz em ensaio especial: 'O econômico é físico e mecânico. O social deverá ser antes humano e justo'. Por sua vez, para concluir, Reboud conceitua a economia social, em sentido mais estreito e próprio, como 'parte somente da economia política, a que estuda a repartição dos bens, mas que a estuda com o cuidado de descobrir os processos, as instituições próprias para diminuir as injustiças sociais, para melhorar as condições da classe operária' [...] Irmãos gêmeos, frutos da mesma época e das mesmas causas, é idêntico o conteúdo do direito do trabalho e da economia social, ambos tendo em vista a solução dos mesmos problemas sociais.[12]

O Direito Processual do Trabalho surgiu quando o Direito Processual Civil adquirira maturidade e já se tornara ciência. A doutrina dominante reconhece a autonomia do Direito Processual do Trabalho, pois, "constitui uma ciência autônoma na medida, que é distinta de outras disciplinas jurídicas e porque encontra, em si mesma, um desenvolvimento autônomo dos institutos" conforme afirmação de Luigi De Litala[13]. Francesco Carnelutti[14] teve a mesma percepção, ao afirmar que "tem-se constituído um direito processual do trabalho distinto do direito processual comum". Na atualidade, cada ramo do direito processual tem sua individualidade. Suas

---

(11) CEBRIÁN, Juan Luis. *Op. cit.,* p. 38.
(12) MORAES FILHO, Evaristo. *Introdução ao Direito do Trabalho.* São Paulo: LTr, 2000. p. 149.
(13) DE LITALA, Luigi. *Derecho Procesal del Trabajo.* Apud PIMENTEL, Marcelo. O direito processual civil e do trabalho. In: BERNARDES, Hugo Gueiros (Coord.). *Processo do trabalho:* estudos em memória de Coqueijo Costa. São Paulo: LTr, 1989. p. 21.
(14) CARNELUTTI, Francesco. Funzione de processo del laboro. *In: Revista di Diritto Processuale Civile,* v. I, p. 109, 1930.

diferenças são inerentes ao seu próprio escopo. O processo tem por objeto a atuação do direito objetivo, e suas diferenças decorrem do próprio direito material, seja ele civil, penal ou trabalhista[15].

A autonomia do direito processual civil iniciou-se com a conhecida polêmica entre Bernhard Windscheid, em Düsseldorff, na sua obra de 1856, *Die Actio des Romischen Civilrechts von Standunkte des heuting Rechts*, e Theodor Muther, em Konigsberg, 1857, na obra *Zur Lehre von der Romischen Actio, dem heutingen Klagerecht, der Litiskontestation und die Singular — Succession in Obligationem* em torno do conceito da *actio*. Posteriormente, ocorreu a importante contribuição da teoria da relação processual por Oskar Von Büllow, em Giesen, 1868, em *Die Lehre von den Prozesseinreden un die Prozessvoraussetzungen*. Esses estudos marcaram o cientificismo processual. A autonomia do processo civil, no plano legislativo, é marcada por Franz Klein com a elaboração do Código de Processo Civil austríaco, de 1895. Esta onda renovatória da Alemanha chegou à Itália, que com Giuseppe Chiovenda alcançou o mundo jurídico e, particularmente, o Brasil.

O estudo do Direito não pode se esquivar da análise da sociedade, de sua história local e, de certa maneira, universal. Ele tem de "permitir a individualização do papel e do significado da juridicidade na unidade e na complexidade do fenômeno social", conforme afirmou Pietro Perlingieri[16].

O Direito é uma ciência social, aberta às novidades, aos avanços sociais e tecnológicos, sensível a qualquer modificação da realidade, entendida na sua mais ampla acepção, segundo pondera o mencionado autor. O homem é o seu ponto de referência, e considerado em sua evolução psicofísica, "existencial", tornando-se história na sua relação com os outros homens".

O conjunto de princípios e de regras destinado a ordenar a coexistência constitui o aspecto normativo do fenômeno social: regras e princípios interdependentes e essenciais, elementos de um conjunto unitário e hierarquicamente predisposto, que pode ser definido, pela sua função, como "ordenamento" (jurídico)", e, pela sua natureza de componente da estrutura social, como "realidade normativa". A transformação da realidade social em qualquer dos seus aspectos (diversos daquele aspecto normativo em sentido estrito) significa a transformação da "realidade normativa" e vice-versa. A afirmação, ao contrário, da autonomia da ciência jurídica e as consequentes tentativas de definir a chamada "realidade jurídica" como alguma coisa que possa viver separadamente da realidade social, econômica ou política é herança que ainda pesa muito sobre os juristas e sobre o ensino do Direito. Isso levou à criação de uma cultura formalista, matriz de uma "teoria geral do direito" sem (explícitas) "infiltrações" de caráter político, econômico, sociológico: como se o direito fosse imutável, eterno, a-histórico, insensível a qualquer ideologia.

Estabelecida, ao contrário, a recíproca influência entre os aspectos sociais, econômicos, políticos e aqueles normativo-jurídicos, a transformação de um aspecto econômico, político, ético, incide às vezes profundamente — sobre a ordem normativa e vice-versa.[17]

O Direito do Trabalho foi forjado pelos grupos de pressão operária que criaram um novo ramo da Ciência Jurídica, refletindo as reivindicações e conquistas da classe operária. O particularismo do Direito do Trabalho estende-se ao Processo do Trabalho. Cabe a esses ramos jurídicos uma posição ostensiva de proteção à parte mais fraca da relação de emprego.

O direito positivo é aquele que é expresso, ou seja, oriundo de fontes predeterminadas e reconhecidas, sendo predominantemente escrito. Ele pode exercer duas funções conforme o caso proposto: poderá conservar as situações presentes na sociedade, adaptando as próprias regras preexistentes de às regras de natureza social; ou modificar a realidade com a criação de novas regras. O Direito possibilita com os seus instrumentos a transformação social.

3. O Estado do bem-estar social e o processo do trabalho

A ideia do Direito Social teve como principal autor Georges Gurvitch, catedrático de Sociologia da Sorbonne, autor de *L'idée du Droit Social* (1932) e de *Morale Théorique et Science des Moeurs* (1937). Lançou as bases e traçou um histórico do Direito Social em Kant, Hegel e Auguste Comte, defendendo o pluralismo jurídico em contraposição ao monismo jurídico, que só admite o Direito oficial. Antes, Léon Duguit, da Universidade de Bourdeaux, defendera o Direito Social, tendo por base uma noção moral, muito fluida, de solidariedade social. O Direito pode ser construído à margem do Estado, muitas vezes contra o próprio Estado, mesmo sob sua coordenação. A livre negociação e o direito de greve são exemplos disto. A sentença normativa é heterônoma, assim como a convenção coletiva

---

(15) CHIOVENDA, Giuseppe. *Instituições de direito processual civil*. São Paulo, 1965. p. 39.
(16) PERLINGIERI, Pietro. *Perfis do Direito Civil:* introdução ao Direito Civil Constitucional. Trad. Maria Cristina de Cicco. Rio de Janeiro: Renova, 1999. p. 1.
(17) *Ibidem*, p. 2.

é dissídio resolvido autonomamente pelas partes e não heteronomamente pelo Estado. Àquela época, antes de Gurvitch, isso era novidade.

O Direito do Trabalho é um direito que mantém uma relação muito próxima com as ciências sociais. Enquanto a sociologia

> cuida ela do estudo das relações sociais, dos processos e das formas da convivência humana. O seu objeto não é o indivíduo, mas a pessoa social, e desta interessa-a pelas suas ações [...] como lembra Söllner[18], vai caber à sociologia a pesquisa dos fatos sociais, da situação, da vida do trabalho, sem normatividade. E com isso é da maior importância o auxílio que ela presta ou pode prestar ao direito do trabalho.[19]

Cappelletti, ao escrever sobre a tendência de socialização do processo, afirmou que o processo exige um tratamento *social*, em consonância com a característica do Estado moderno — ser ou dever ser um *Estado social de direito*, baseado no que os constitucionalistas denominam de *o princípio do Estado social*. Segundo o mestre italiano, essa tentativa de forjar um processo acessível, rápido e econômico somente seria possível em certas condições. Dentre elas, indicou o esforço de corresponder a uma efetiva exigência de classes sociais ou de grupos de pressão que soubessem impor a sua vontade em nível de direito processual. Pondera que o processo civil ainda atende, em muitos países, às preferências ideológicas e exigências de grupos firmemente consolidados no poder, que preferem frear a acelerar, exceder em garantias a permitir o dinamismo reforçador e reformador do juiz.

A Justiça do Trabalho tem sua especialização marcada por uma característica específica que é, desde o seu surgimento, a conciliação — conciliar antes de julgar.

A ciência processual sempre está em mutação na busca de atender à permanente evolução social que o Direito tem como incumbência acompanhar e ordenar. O sistema jurídico trabalhista necessita de instrumentos que compatibilizem os princípios, com as grandes reformas sociais, não esquecendo a necessidade de freios e contrapesos que impeçam os excessos. Mozart Victor Russomano, Wagner D. Giglio e José Luiz Vasconcellos apresentaram anteprojetos de Códigos de Processo do Trabalho, que não lograram êxito.

4. Caminhos e descaminhos entre o processo do trabalho e o processo civil

Processo é uma palavra dentre aquelas tantas outras palavras que, expressivamente, indicam uma nota essencial à coisa denominada. É palavra plurissemântica.

Em Roma, o Direito, considerado em si, era mais um sistema de ações, em que Direito e Processo, particularmente o Direito Civil, decorreram de três sistemas que se sucederam: o das *legis actiones* — ações da lei —; o *per formulas* — formular; e o da *extraordinaria cognitio* — extraordinário. Até o Baixo Império, o conceito de ação diferia do que vigora hoje. Àquela época, ele pressupunha duas condições: i) o abandono do sistema da justiça privada, decorrente, principalmente, da existência de órgãos jurisdicionais que eram encarregados de compor as lides existentes entre os membros da coletividade e também assegurar a execução dos respectivos julgamentos; e ii) a independência, autonomia do direito de agir, assim como a forma de seu exercício.

Palavra oriunda do latim, *procedere* é caminhar, de onde vem *procissão*. Consiste em uma série de atos em que cada um deles prepara o ato posterior. Há processo na fabricação de um produto, assim como há o processo de raciocínio, pelo qual se parte de um fato, contido na premissa maior; no passo seguinte se alcança a premissa menor. O último passo é a conclusão, "em que o espírito repousa tendo obtido a verdade que procurava"[20].

Moacir Amaral Santos ensinou que a composição etimológica da palavra processo provem do latim, vale dizer, do vocábulo "proceder", verbo a indicar a ação de avançar, ir para à frente, pender para a frente, cair, caminhar, um pé levando o outro à frente, indicando a ação de avançar, de ir adiante[21].

Processo é definido no dicionário como "ato de proceder ou de andar: segmento; maneira de operar; resolver ou ensinar; técnica; ação judicial; os autos; caderno que contém documentos relativos a um negócio".[22] Aurélio Buarque assim apresenta: "[...] Sucessão de estados ou de mudanças [...] Sequência de estados de um sistema que se transforma; evolução [...]"[23].

---

(18) A. Söller. *Arbeitsrecht*. Stuttgart, 1969. p. 11-12.
(19) MORAES FILHO, Evaristo de. *Introdução ao Direito do Trabalho*. São Paulo: LTr, 2000. p. 145.
(20) DA COSTA, Lopes. *Manual elementar de Direito Processual Civil*. 3. ed. Rio de Janeiro: Forense, 1982. p. 42.
(21) AMARAL DOS SANTOS, Moacir. *Primeiras linhas de Direito processual civil*. 23. ed. rev. e atual. São Paulo: Saraiva, 2004. p. 12.
(22) PROCESSO. *In*: DICIONÁRIO da Língua Portuguesa. Lisboa: Priberam Informática. Disponível em: <http://www.priberam.pt/dlpo/definir_resultados.aspx>. Acesso em: 29 abr. 2013.
(23) PROCESSO. *In*: FERREIRA, A. Buarque de Holanda. *Dicionário Aurélio básico da língua portuguesa*. Rio de Janeiro: Nova Fronteira, 2003.

Aroldo Plínio Gonçalves leciona que:

> No latim, *processos, -a, -um,* é particípio passado de *procedo,* e *processo, -us,* é substantivo. A origem de processo é, portanto, do verbo *procedo, -is -ere, -cessi, -cessum* que teve dois sentidos próprios e alguns sentidos figurados. O primeiro sentido próprio, utilizado por CÉSAR (*DE BELLO GALLICO*) e CÍCERO (*Tusculanae*), corresponde a avançar, alongar-se; o segundo, usado por TITO LÍVIO, refere-se a prolongar, continuar. Na mesma raiz, há no latim, o verbo *propigno, -is, -ere, -genui, -gentium,* com o sentido próprio de: prolongar a raça engendrando, gerar, assim empregado por CÍCERO (*De Divinatione*), e o adjetivo *prognatus, -a, -um,* com o sentido próprio de: saído de, descendente de, como utilizado por HORÁCIO (Sátiras).
>
> Proceder é também, "originar-se", "descender de" e procedimento é também, "o originar-se", "o descender de".[24]

Lopes da Costa assim definiu: *Processo é, pois, uma série de atos jurídicos processuais que se sucedem, estreitamente ligados pela finalidade que a todos impele: a sentença.*

Em outras palavras, o processo, como instrumento da jurisdição, em sentido estrito, é o complexo de atos tendentes à função jurisdicional, conjunto de atos destinados à composição da lide. Ou, conforme o magistério de Couture, conjunto de relações jurídicas, embora constituindo uma unidade teleológica. E, em sentido lato, é o meio, o instrumento de que se serve o Estado para dar a prestação jurisdicional.

Dentro de um contexto axiológico, porém, como assinalou Ada Pelegrini Grinover,, muito mais que instrumento técnico o processo é instrumento ético de efetivação das garantias jurídicas. Isto é, dentro da ordem democrática, como afirma Frederico Marques, é instrumento da realização da Justiça, na órbita da legalidade. Daí, por que, segundo o jurista-poeta, Eliézer Rosa, "o processo é o reino da Beleza", tomada esta palavra em seu sentido imaterial.[25]

Divide-se o Direito Processual em: Direito Processual Civil, Direito Processual Penal e Direito Processual do Trabalho. Para Cândido Rangel Dinamarco, Ada Pelegrini Grinover e Antônio Carlos de Araújo Cintra, processo é uma relação jurídica entre as pessoas do autor, réu e juiz.

A evolução dos estudos do direito processual teve grande impulso com a doutrina do jurista italiano Elio Fazzalari, ao propor a distinção entre processo e procedimento, afirmando que o processo seria uma espécie do gênero procedimento — representando este, uma sequência de atos que antecede o provimento — ato final da relação procedimental.

Aroldo Plínio Gonçalves, ilustre professor, magistrado, advogado e jurista, homenageado nesta obra, preleciona que:

> O processo começará a se caracterizar como uma "espécie" do "gênero" procedimento, pela participação na atividade de preparação do provimento, dos "interessados", juntamente com o autor do próprio provimento. Os interessados são aqueles em cuja esfera particular o ato está destinado a produzir efeitos, ou seja, o provimento interferirá de alguma forma, no patrimônio, no sentido de *universum ius,* dessas pessoas.[26]

A primeira aproximação do conceito de processo é assim desenvolvida:

> *Se, poi, al procedimento di formazione del provvedimento, alle attività preparatorie attraverso le quali si verificano i presupposti del provvedimento stesso, sono chiamati a participare, in una o più fasi, anche gli interessati, in contraddittorio, cogliamo l'essenza del "processo": che è, appunto, un procedimento al quale, oltre all'autore dell'atto finale, partecipano, in contraddittorio fra loro, gl'interessati, cioè i destinatari degli effetti di tale atto".[27]*

O processo começa a se definir pela participação dos interessados no provimento na fase que o prepara, ou seja, no procedimento. Mas, essa definição se concluirá pela apreensão da específica estrutura legal que inclui essa participação, da qual se extrairá o predicado que identifica o processo, que é o ponto de sua distinção: a participação dos interessados, em contraditório entre ele.

> *Se, poi, il procedimento è regolato in modo che vi partecipino anche coloro nella cui sfera giuridica l'atto finale è destinato a svolgere effeti (talché l'autore di esso debba tener conto della loro attività), e se tale partecipazione è congegnata in modo che i contrapposti interessati (quelli che aspirano alla emanazione dell'*

---

(24) GONÇALVES, Aroldo Plínio. *Técnica Processual e Teoria do Processo.* Rio de Janeiro: Aide, 1992. p. 62.
(25) LOPES DA COSTA. *Manual Elementar de Direito Processual Civil.* Revisor e atualizador: Sálvio de Figueiredo Teixeira. 3. ed. Rio de Janeiro: Forense, p. 43.
(26) GONÇALVES, Aroldo Plínio. *Técnica Processual e Teoria do Processo.* Rio de Janeiro: Aide, 1992. p. 112.
(27) FAZZALARI apud GONÇALVES, Aroldo Plínio. *Técnica Processual e Teoria do Processo,* p. 112-113.

atto finale — interessati in senso stretto — e quelli che vogliono evitarla — contro-interessati) siano sul piano di simmetrica parità; allora il procedimento comprende il contraddittorio, si fa più articolato e complesso, e dai genus procedimento è consentito enucleare la species processo".[28]

Chega-se, assim, ao processo como "espécie" de procedimento realizado através do contraditório entre os interessados, que, no processo jurisdicional, são as partes.[29] Dentro da linha de raciocínio desenvolvida por FAZZALARI, talvez a relação entre o "gênero" procedimento e a "espécie" processo possa ficar mais bem explicitada se se recorrer ao auxílio da lógica da relação entre classes para a apreensão de seu argumento.

Uma classe se define pelas qualidades, ou propriedades, comuns dos membros que nela se incluem. A classe dos procedimentos é constituída pela atividade que possui uma "estrutura normativa" determinada, voltada para a preparação do provimento. A classe dos processos (jurisdicionais, legislativos, administrativos, e outros admitidos pelos ordenamentos, jurídicos como os arbitrais) possui em comum a preparação do provimento com a participação dos interessados, em contraditório entre eles. Como se disse, anteriormente, a respeito dos princípios lógicos da inclusão, ela é válida se obedecida a hierarquia das classes. O procedimento, como "estrutura normativa" que prepara o provimento, constitui a classe imediatamente superior pela abrangência que comporta, para que nela se inclua a classe dos processos.[30]

É interessante observar que a via encontrada por FAZZALARI, que foi a da cisão, quando ceifou o gênero, para extrair de seu âmago a espécie, importou, implicitamente, em uma relação que é, logicamente, de inclusão, porque a classe dos processos, pela sua qualidade de atividade que prepara o provimento, compartilha, com os procedimentos, dessa "específica qualidade" que os define.[31]

O que há de realmente extraordinário nos resultados de suas investigações é a identificação do elemento que permite definir o procedimento e do elemento que constitui a diferença específica do processo, sendo que este é um procedimento.[32]

---

(28) FAZZALARI apud GONÇALVES, Aroldo Plínio. *Op cit.*, p. 113.
(29) GONÇALVES, Aroldo Plínio. *Op. cit.*, p. 113-114.
(30) GONÇALVES, Aroldo Plínio. *Op. cit.*, p. 114.
(31) GONÇALVES, Aroldo Plínio. *Op. cit.*, p. 114-115.
(32) Pela perspectiva, a cada dia mais atual, segundo a qual o processo é procedimento realizado em contraditório entre as partes, que participam da construção do provimento jurisdicional, democratizando importante instrumento de realização da Justiça e legitimando, democraticamente, ainda o Poder Judiciário, Aroldo Plínio Gonçalves preleciona que:

"Há processo sempre onde houver o procedimento realizado em contraditório entre os interessados, e a essência deste está na "simétrica paridade" da participação, nos autos que preparam o provimento, daquelas que nele são interessados porque, como seus destinatários, sofrerão seus efeitos.

A espécie de procedimento denominada processo se subdivide, também, em subclasses, e pode-se falar em espécies de processos: processo administrativo, em que se desenvolve a atividade da Administração, processo legislativo, em que se desenvolve a atividade legislativa, processo jurisdicional, em que se desenvolve a atividade do Estado de fazer a justiça, por meio de seus juízes. Há, ainda, os "processos" infra-estatais, que são aqueles que, no campo do Direito Privado, em que prevalece a autonomia da vontade, preparam um ato final sem a característica do ato estatal, porque não dotado da imperatividade do provimento, mas que tem o caráter de uma deliberação, e cuja dinâmica se faz pelo modelo do processo jurisdicional. FAZZALARI, lembra exemplos que mostram a extensão, em tendência crescente, do arquétipo do processo jurisdicional, ao campo do Direito Privado para solução de controvérsias, entre outros, nas deliberações internas de partidos políticos, de sindicatos, de associações esportivas, de sociedades comerciais. Os exemplos poderiam ser multiplicados na realidade social brasileira, em que se observa o movimento ascendente de organização de associações, em vários setores, e a introdução da prática democrática dos debates que precedem as decisões dos grupos.

É claro que a atividade que prepara o provimento, seja administrativa ou jurisdicional, nem sempre constitui processo, pois o contraditório pode dela estar ausente. GONÇALVES, Aroldo Plínio. *Op. cit.*, p. 115-116.

Mais adiante conclui o mestre:

15. O contraditório foi definitivamente conquistado como um direito das partes, foi consagrado no Brasil, como garantia constitucional, e se transformou em exigência da instrumentalidade técnica do processo. A ideia que está em sua base é a da evolução da prática da democracia e da liberdade, em que os interesses divergentes ou em oposição encontram espaço garantido para sua manifestação, na busca da decisão participada.

16. Enquanto não se podia pensar a função jurisdicional com a participação das partes na fase de preparação da sentença, a reflexão jurídica se ateve à missão do juiz, e projetou nele a grande esperança de se retificarem as injustiças do Direito positivo.

17. Com as novas conquistas do Direito, o problema da justiça no processo foi deslocado do "papel-missão" do juiz para a garantia das partes. O grande problema da época contemporânea já não é o da convicção ideológica, das preferências pessoais, das convicções íntimas do

Luiz Guilherme Marinoni ensinou que:

> Antes da doutrina delinear a autonomia do direito processual, o processo nada mais era do que um procedimento ou um rito, visto como mera sequência de atos, destinado a permitir a aplicação do direito material violado.
>
> Processo constituía uma série de atos que deveriam ser praticados como consequência da litigiosidade da relação jurídica de direito privado, melhor: a relação privada, ao se tornar litigiosa, dava origem à necessidade da prática de uma sequência de atos que fazia parte do rito judicial de aplicação do direito material que se tornara litigioso. [...] Não havia como enxergar no procedimento outro fim que não o de servir ao direito material violado.
>
> [...]
>
> Quando a tarefa de solucionar os conflitos foi compreendida como poder de julgar do Estado, ou melhor, quando a função de solucionar os litígios passou a ser vista como fundamental ao Estado, o processo deixou de ser caracterizado a partir do ângulo do desejo das partes.
>
> O processo, diante dessa mudança de rota, tem a sua natureza particularizada por servir à jurisdição, já que através dele o Estado se manifesta com o objetivo de fazer valer o ordenamento jurídico.[33]

Observou Francesco Carnelutti que a jurisdição, ação e processo — institutos básicos do direito processual — são concebidos e se justificam, dentro do quadro institucional do Estado, como instrumento de garantia da autoridade do ordenamento jurídico. Segundo ele, a produção intelectual dos processualistas direcionou-se para a elaboração científica de princípios gerais, que informam todas as disciplinas processuais.

Cada ramo do processo guarda sua individualidade. As diferenças existentes entre os vários processos decorrem do escopo de cada um deles. Lecionou Giuseppe Chiovenda, em sua consagrada teoria, que o processo visa a atuação do direito objetivo e as diferenças são decorrentes do próprio direito material — civil, penal e trabalhista.

A evolução do processo está intrinsecamente ligada ao estudo evolutivo do Direito. A História da formação e evolução da humanidade se entrelaça com o Direito nas sociedades primitivas. Na História da civilização dos povos, em priscas eras, os conflitos resultantes da interação humana eram solucionados pelos próprios contendores. Foi a autotutela a primeira forma utilizada na busca pela justiça. Eram empregados meios e forças particulares para resolução dos conflitos. Os mais fortes prevaleciam sobre os mais fracos. Inexistia um Estado para compor os litígios, assim como eram ausentes as normas gerais que pudessem ser impostas aos indivíduos.

> *El derecho, como producto social, há existido em todos los tempos, pero su forma de proteccion fué variando progressivamente, a medida que lãs cosntumbres evolucionaban y se desarrollaban los conceptos jurídicos, ninguna duda cabe em los primeros tiempos de la historia su defensa era uma função privada, em la que a fuerza constituía el factor decisivo. La intervencion*

---

juiz. É o de que os destinatários do provimento, do ato imperativo do Estado que, no processo jurisdicional, é manifestado pela sentença, possam participar de sua formação, com as mesmas garantias, em simétrica igualdade, podendo compreender por que, como, por que forma, em que limites o Estado atua para resguardar e tutelar direitos, para negar pretensos direitos e para impor condenações.

21.1. O processo cumprirá seu escopo existindo ou inexistindo a lesão ou a ameaça alegadas, ou deficientemente alegadas, ou ineptamente alegadas. Em face da estrutura normativa que rege a preparação do provimento, este será emanado, em sua natureza de ato imperativo, se corretamente realizado com a garantia da participação das partes, em contraditório, ainda que a medida jurisdicional requerida não possa ser concedida.

21.3. O processo, como procedimento realizado em contraditório entre a ameaça alegadas, as partes, cumprirá sua finalidade garantindo a emanação de uma sentença participada. Os seus destinatários já não precisam recear pelas preferências ideológicas dos juízes, porque, participando do *iter* da formação do ato final, terão sua dignidade e sua liberdade reconhecidas e poderão compreender que um direito é assegurado, uma condenação é imposta, ou um pretenso direito é negado não em nome de quaisquer nomes, mas apenas em nome do Direito, construído pela própria sociedade ou que tenha sua existência por ela consentida.

22. Este estudo foi iniciado por uma reflexão sobre a cíclica crise de confiança da cultura ocidental na razão, crise que se estende à racionalidade do Direito. E conclui pela afirmação da necessidade de se recuperar a função social do conhecimento. As práticas caóticas, e as aventuras experimentais, sem maiores compromissos com a fundamentação, quando se destinam a influir não campo social, atingindo liberdades, têm provocado ingentes sofrimentos, muitos deles irremediáveis.

22.1. O Conhecimento fundamentado permite, ao menos, que seja afastado o argumento autoritário que não se aplica senão pela força que o sustenta.

23. A ciência do Direito Processual Civil não traça normas para a sociedade, tal como a racionalidade lógica da ciência não é jamais normativa. Mas ela pode ampliar os horizontes da liberdade, possibilitando que haja verdadeira escolha, lúcida e inteligível, entre opções possíveis, da utilização que a sociedade puder fazer dos resultados de suas investigações. GONÇALVES, Aroldo Plínio. *Técnica Processual e Teoria do Processo*. Rio de Janeiro: Aide, 1992. p. 194.

(33) MARINONI, Luiz Guilherme. *Curso de Processo Civil*. v. 1. Teoria Geral do Processo. São Paulo: Revista dos Tribunais, 2006. p. 388-389.

> *de familiares cuando la família comenzó consolidarse, facilito más tarde la solución de lãs querellas mediante la conciliación, y probablemente cuando esto no era posible se sometia a la dicisión de terceros.*[34]

Conforme os ensinamentos de Vicente Greco Filho:

> [...] o processo autentico surgiu quando o Estado, proibindo a justiça privada, avocou para si aplicação do direito como algo de interesse público e si mesmo e, além disso, estruturando o sistema de direitos e garantias individuais, interpôs os órgãos jurisdicionais entre a administração e os direitos dos cidadãos, tornando-se, então o Poder Judiciário um poder político [...][35]

Com o surgimento da *polis*, no período arcaico, ocorreu o surgimento do estudo do Direito Grego. A História da Grécia é dividida em períodos distintos — arcaico, clássico, helenístico e romano. A escrita passou a ser utilizada em locais públicos para as primeiras leis. Com a prosperidade das cidades, mais conflitos surgiram e as leis foram tornando-se mais complexas. Havia uma clara distinção entre lei substancial e lei processual. Consistia a lei substancial no próprio fim que a administração da justiça busca. A lei processual tratava dos meios e instrumentos pelos quais os fins devem ser atingidos, regulando a conduta e as relações dos tribunais e dos litigantes com respeito ao conflito em si. Encontramos na Constituição de Atenas:

> [...] Embora os gregos não estabelecessem diferença explícita entre direito privado e público, civil e penal, é no direito processual que se encontra uma diferenciação quanto a forma de mover uma ação: a ação pública (graphe) e a ação privada (dike). A ação pública podia ser iniciada por qualquer cidadão que se considerasse prejudicado pelo Estado, por exemplo por ação corrupta de funcionário público. A ação privada era um debate judiciário entre dois ou mais litigantes, reivindicando um direito ou contestando uma ação, e somente as partes envolvidas podiam dar inicio à ação.[36]

No Brasil, a princípio, prevalecia a oralidade processual, até que D. João I introduziu o Direito Romano no Condado Portucalense. Ao criar a universidade, Dom Diniz preparou terreno para a introdução do Direito Romano na legislação nacional, que foi compilada no Código Afonsino.

Por muito tempo, no Brasil, a lei processual civil eram as Ordenações Filipinas — Livro III — onde o processo era predominantemente escrito, e o juiz não podia conhecer do que não constasse dos autos.

Com o descobrimento do Brasil, os alojamentos, as bases navais ou feitorias, representaram os primeiros estabelecimentos europeus situados nas terras recém descobertas. No início, eram apenas estações, onde ancoravam as naus que chegavam. Posteriormente, tornaram-se núcleos de trabalho e de atividade empresarial. O Alvará de 1516 ordenava ao feitor e aos oficiais da Casa da Índia que dessem "machados e enxadas e toda e mais ferramentas às pessoas que fossem povoar o Brasil"[37] e, que "procurassem e elegessem um homem prático e capaz de ir ao Brasil dar princípio a um engenho de açúcar". Estas feitorias foram convertidas em aldeias e povoados e depois passaram a vilas e cidades formadas de casas, igreja, cadeia, alfândega e câmara. A atividade era predominantemente agrícola e as primitivas povoações baseavam mais na vida rural do que na urbana, contrariando o que ocorria na Europa. O município foi o primeiro núcleo de nossa administração civil e de exercício de jurisdição. A organização da vida coletiva, entre nós, era viável nas povoações iniciais incipientes. Portanto, o primeiro regime que foi realidade entre nós foi o municipal. Sob diferentes leis, calcadas nas Ordenações e nas cartas forais, desenvolveu o município, com atribuições judiciárias, desempenhadas por magistrados de livre escolha.

Entre 1534 e 1536, houve a concessão de 12 capitanias hereditárias, e aos seus donatários atribuíram-se a competência para nomear o ouvidor, o meirinho, os escrivães e tabeliães e o poder de vetar os juízes ordinários da vara vermelha, eleitos pelos homens bons. Havia ainda os juízes da terra, em número de dois para cada vila, com o poder de julgar as causas cíveis, com recurso ao ouvidor, nas causas superiores a 100 mil réis.

Três grandes codificações portuguesas imperaram no Brasil, que foram as Afonsinas, Manuelinas e Filipinas, além das cartas dos Donatários, dos governadores e dos ouvidores. Praxes foram se formando, decorrentes da expansão agrícola, que caracterizou e ainda caracteriza um país continental. Estas praxes eram baseadas no poderio do *pater famílias*, em geral admitidas pelas próprias Ordenações. Havia também aquelas calcadas no poder dos senhores de engenho e das fazendas, que eram auto-suficientes na vastidão dos seus latifúndios. Eram normalmente aceitos pelas Ordenações e pelas cartas aos donatários, governadores e ouvidores. Era uma aristocracia

---

(34) ALSINA, Hugo. *Tratado teórico prático de derecho processual civil y comercial.* 2. ed., v. 1. Buenos Aires: Ediar. Soc. Anon. Editores, 1963. p. 24.
(35) GRECO FILHO, Vicente. *Direito Processual Civil Brasileiro.* v. 1, 20. ed. rev. e atual. São Paulo: Saraiva, 2007. p. 8.
(36) WOLKMER, Antônio Carlos. (Org.). *Fundamentos de historia do direito.* 2. ed., 4. tir., rev. e ampl. Belo Horizonte: Del Rey, 2003. p. 76-78.
(37) VARNHAGEN, Francisco Adolfo. *História Geral do Brazil.* 2. ed., p. 895, nota 2. Disponível em: <http://www.brasiliana.usp.br/node/503>.

ou patriarcado rural que, quando não tomava para si o exercício da justiça, influenciava a justiça oficial direta ou indiretamente pelo seu poder e prestígio, que mais tarde continuou com o "coronelismo". Também eram os filhos e parentes bacharéis destes aristocratas rurais que exerciam a magistratura, para qual eram nomeados. A Justiça era entregue aos juízes ordinários ou da terra "restos da magistratura comunal medievica". Eram juízes locais e privativos, escolhidos pelo povo, através dos homens bons, sendo, pois, "filhos da eleição, popular e não da nomeação régia, como vieram a ser os juízes de fora". O Livro I, Título XLV, das Ordenações Manuelinas, estabelecia com minúcias e escolha dos juízes e oficiais, que no interior das capitanias, o capitão governador, pela carta de doação, cabia "estar à eleição dos juízes e oficiais", mas, a investidura devia se fazer por eleição.

Dispunha o livro I, Título 4, da Ordenação Manuelina que os juízes ordinários, ou da terra, eleitos pela comunidade, deviam usar em público a vara vermelha, sob pena de multa e os juízes de fora, impostos pelo Rei, deviam trabalhar para que "nos lugares e seus termos, onde forem juízes, se não façam malefícios, nem malfeitorias e, fazendo-se, provejam nisso, e procedam contra os culpados com diligência". Os homens bons tinham o regimento da cidade e por isso, iam sempre à câmara, para ordenar o que entendessem que era bem comum, direito e justiça. Os juízes de fora surgiram em 1696, nomeados pelo Rei. Segundo Varnhagen, "a jurisdição primária em cada terra era exercida pelos juízes ordinários, mudados anualmente, e eleitos dentre os homens bons ou pessoas mais gradas do Conselho. Nas cidades e vilas eram geralmente dois, e se denominavam da Vara vermelha, por ser desta cor o distintivo que tinham obrigação de levar sempre consigo"[38]. Juntos a dois vereadores e a um procurador do Conselho formavam a Câmara ou Senado, responsável pelo governo municipal. Saliente-se: a) Onde houvesse juízes de fora ou letrados, chamados de Vara branca, nomeados pelo Poder Central, cessava, pelo menos em parte, a autoridade dos juízes ordinários ou da terra[39]; b) Os senhores de terras eram proibidos de infringir o que as Ordenações dispunham em relação aos oficiais das Câmaras, porém, aos donatários das capitanias foram conferidos poderes para influir nas eleições dos juízes e demais oficiais dos Conselhos das vilas, "apurando as listas dos homens bons, que se chamariam pelo dito capitão governador"[40]; c) o *pater famílias*, tinha certos poderes sobre sua família, escravos e servos, conforme se encontra nas Ordenações Filipinas, V, Títulos XXXVI, XXXVII e XXXVIII, o que lhe conferia, até certo ponto, uma condição de juiz de seus próprios atos e dos seus dependentes; d) os senhores de engenho detinham um poder excepcional sobre a comunidade que chefiavam; e) a magistratura letrada era aquela proveniente das universidades que se aliaram ao Poder real, fortalecendo-se e para fortalecê-lo em Portugal, também no Brasil foi se fortalecendo culminando com a institucionalização de prerrogativas e privilégios incomuns.

No processo das demandas perante os juízes ordinários, o rito era verbal e sumário quando a causa fosse sobre bens móveis, cujo valor não ultrapasasse 400 réis. Então, as partes eram ouvidas oralmente e, se necessitasse de provas, estas eram colhidas, sem que se fizesse processo algum. Era o tabelião quem que fazia constar no protocolo de como os juízes condenavam, ou absolviam, e estes o assinavam. Por este assento, não haveria mais do que sete réis, sendo que, do que fosse mandado, a execução era feita por alvará. Se o valor ultrapassasse quatrocentos réis, até o limite de mil réis, o procedimento era escrito, no qual o tabelião escrevia tudo que as partes e seus procuradores diziam diante de si. Tudo era escrito sem que fosse dada vista às partes, nem aos seus procuradores. A sentença proferida era assinada por ambos e levada à execução. Quando a contenda era sobre bem de raiz, qualquer que fosse o valor ou, então passasse de mil réis em bens móveis, o feito era processado conforme a ordem do juízo, e o que fosse determinado na Ordenação.

Nos primeiros tempos, quando vigia a Lei de Afonso IV, de 12 de março de 1390, os juízes da terra, com os vereadores, onde houvesse, podiam julgar as injúrias verbais e furtos de pequeno valor, sem apelação ou agravo. Este foi o embrião das causas de alçada que chegaram até nossos dias.

As Ordenações Filipinas foram reformadas em 25 de novembro de 1850, mas apenas para o processo nas causas comerciais com o Decreto n. 737. O processo das causas cíveis continuou a reger-se pelas Ordenações Filipinas e leis que a modificaram. O Regulamento 737 melhorou o regime anterior por promover uma melhor sistematização da matéria, porém conservou muitos defeitos das Ordenações, relacionados à tramitação do processo. Em 19 de setembro de 1890, o Decreto n. 763 determinou que o Regulamento 737 fosse aplicado às causas cíveis.

Quando em 1889 foi proclamada a República e a Constituição de 1891 atribuiu aos Estados a competência para legislar sobre o processo surgiram os Códigos estaduais e o Regulamento serviu de espinha dorsal deles.

---

(38) Ob. cit., p. 149.
(39) VARNHAGEN, ob. cit. I, p. 150.
(40) VARNHAGEN, ob. cit., p. 145 e 150.

A Constituição Federal de 1934 retirou a competência que a Constituição concedera aos Estados, passando-a para a União.

No Brasil, a grande discussão entre os doutrinadores, que marcou o período de 1930 a 1940, oriunda das quatro décadas anteriores, abrangeu: a) a unicidade judiciária, com vista a manter o sistema judiciário único sob a responsabilidade da União, ou a dualidade judiciária, federal e estadual; b) a unicidade processual a cargo da União, ou a dualidade processual como encargo dos Estados e da União, restringindo-se esta aos processos de interesse federal.

O dualismo judiciário foi instituído antes mesmo da Constituição de 1891. Em 11 de outubro de 1890, o Decreto n. 848 instituiu o dualismo judiciário, federal e estadual, o que ocasionou discussões durante mais de 40 anos. A Constituição de 1934 manteve a dualidade judiciária, reservando à União a competência para legislar a respeito de processo. A Constituição de 1937, em seu art. XVI manteve a competência privativa da União para legislar sobre o direito material e o processual, abolindo a dualidade judiciária. Em 17 de novembro de 1938 adveio o Decreto-lei n. 960 dispondo sobre o processo de execução fiscal em todo o território nacional, com base na dívida ativa da Fazenda pública da União, dos estados, dos municípios, do Distrito Federal e dos territórios. A unicidade foi mantida no art. 16, XVI da Constituição de 1937.

Quando ministro da Justiça, o professor Francisco Campos nomeou uma comissão formada pelos desembargadores Edgard Costa, Álvaro Belford e Goulart de Oliveira, do Tribunal do Distrito Federal, e dos advogados Álvaro Mendes Pimentel, Múcio Continentino e Pedro Batista Martins, com a finalidade de elaborar o projeto de Código de Processo Civil.

Não tendo sido possível a elaboração conjunta, Pedro Batista Martins apresentou ao ministro um anteprojeto de sua autoria. Este projeto foi publicado no Diário Oficial de 4 de fevereiro de 1939, para receber sugestões. O ministro, com a colaboração de Abgar Renault, fez a revisão do anteprojeto, incluindo muitas emendas baseadas nas quatro mil sugestões apresentadas.

O presidente da República promulgou o Código de Processo Civil pelo Decreto-lei n. 1.608, de 18 de setembro de 1939, para entrar em vigor no dia 1º de fevereiro de 1940, mas, por força do Decreto-lei n. 1.965, de 16 de janeiro de 1940, ele só veio a viger a partir de 1º de março de 1940.

Anos depois, foi sancionado em 11 de janeiro de 1973, pela Lei n. 5.869, o Código de Processo Civil, ainda em vigor. Seu autor intelectual foi o professor Alfredo Buzaid, da denominada "escola paulista", fundada por Enrico Túlio Liebman quando esteve no Brasil, por ocasião da Segunda Guerra Mundial. Àquela época, ele apresentava grandes inovações que objetivavam proporcionar ao Estado meios que possibilitassem uma célere e eficiente administração da justiça. Algumas destas inovações constantes no Livro I eram os deveres das partes litigantes; o chamamento ao processo; os efeitos drásticos da revelia; o reforço da autoridade do juiz na prevenção ou repressão aos atos atentatórios à dignidade da justiça, o procedimento sumaríssimo, a profunda modificação do sistema das provas; o julgamento conforme o estado do processo. No livro II ocorreu a inovação representada pela unidade do processo de execução e foi criado o instituto da insolvência civil. A simplificação dos procedimentos da jurisdição voluntária ocorreu no Livro IV, e no Livro V o sistema de recursos foi modificado.

Para Ada Pelegrini Grinover, a unidade do processo é dada pela própria unidade do Direito Processual e a sua diversidade é resultante da "diferente natureza da lide sobre a qual incide o processo"[41].

Hodiernamente, com as transformações ocorridas nas relações sociais, sua dinamização e a flagrante troca de informações decorrentes da globalização, novos valores atingiram e atingirão o processo. Assim, ideais, experiências e valores do Processo do Trabalho foram incorporados ao Processo comum. Exemplo disto ocorreu com o Direito do Consumidor, no qual as relações sociais de consumo se desenvolvem entre partes desiguais. No particular, destaque merece o art. 6º, inciso VIII, do Código de defesa do Consumidor por estabelecer a possibilidade de inversão do ônus da prova, beneficiando o consumidor, ao passo que, na seara do Direito Material, o art. 51, do mesmo Diploma Legal prevê a nulidade de cláusulas lesivas ao interesse dos consumidores, em perfeita sintonia com a previsão do art. 9º da CLT.

5. Fontes do Direito Processual do Trabalho

Fontes formais são os meios pelos quais o Direito se expressa. O Direito Processual, dentre as diversas fontes, encontra no Direito Constitucional a sua primeira inspiração, sobre tal ramo lançando as suas mais sólidas bases de sustentação. Somente no século XX as normas processuais adquiriram forte é rígido enlace no plano constitucional.

As principais fontes de Direito Processual do Trabalho são: A Constituição Federal, as leis, as normas regimentais dos Tribunais, sobres dos Tribunais Superiores, as disposições

---

(41) GRINOVER, Ada Pelegrini. Processo Trabalhista e Processo Comum. *In: Revista do Direito do Trabalho*, São Paulo, n. 15, p. 87, set./out. 1978.

regulamentares do Poder Executivo, dos órgãos corporativos, os usos e costumes processuais, a jurisprudência — normativa, sumular — a doutrina processual do trabalho.

A Constituição brasileira de 1946 regulou a organização e a competência da Justiça do Trabalho. A Constituição de 1967 e a Emenda n. 1 de 1969 também o fizeram, assim como a atual Constituição promulgada em 5 de outubro de 1988. A Constituição de 1988 aumentou a composição dos seus Tribunais e conferiu maiores dimensões à sua competência, além de inserir no seu art. 5º várias disposições de caráter nitidamente processual.

Fonte importantíssima de Direito Processual do Trabalho é a Consolidação das Leis do Trabalho e a legislação extravagante, como a Lei n. 5.584, de 26.6.1970, além de outras tantas. O Código de Processo Civil e a Lei de Execução Fiscal também são fontes subsidiarias de Direito Processual do Trabalho, quando houver lacuna na lei processual do trabalho, desde que não exista incompatibilidade. Os regimentos internos dos Tribunais também são classificados como fontes formais do Direito Processual do Trabalho, uma vez que disciplinam situações relativas à tramitação dos processos, autorizados pela Constituição.

Os costumes não gozam de grande influência no processo do trabalho, mas sua presença se faz notar na praxe, em normas procedimentais. Há quem negue inteiramente a possibilidade de o costume ser recepcionado pelo processo. Note-se que a imensa maioria das normas processuais é de origem estatal.

A jurisprudência era considerada pelos romanos como autêntica fonte de direito: *"autctoritas rerum perpetuo similiter judicatorum"*. Na atualidade ainda pode ser considerada como *"jus novum"* se é formada através de sucessivas e uniformes decisões sobre um mesmo assunto. Diz *"jus novum"*, porque, quando ocorre a iteração das decisões dos tribunais, a jurisprudência se converte em direito costumeiro, ou seja, em um direito novo.

6. O Pj-e e as novas fontes do Direito Processual do Trabalho

Sempre que tentamos prever o futuro, somos compelidos a tomar por base o que acreditamos serem os aspectos relevantes do conhecimento atual, embora isso signifique que somos guiados em grande parte pelo que aconteceu. Em consequência, ao planejar para o mundo de amanhã, temos extrema dificuldade de nos libertar de um passado morto. Já se disse que "revolução é evolução com muita pressa", mas a evolução da ciência tornou-se tão rápida que deve ser considerada ela própria "revolucionária"! O processo de decisão precisa ser continuamente acelerado se quisermos inovar efetivamente e, ao mesmo tempo, lidar satisfatoriamente com as consequências da inovação.[42]

São comuns as reclamações sobre a burocracia, a lentidão e a ineficiência da Justiça brasileira, manchando sua imagem perante os cidadãos em todo o país. Buscando agilizar o ritmo deste serviço público relevante, bem como a recuperação da credibilidade, os administradores e profissionais dos fóruns e tribunais de todo o país recorrem às tecnologias digitais. Já aconteceu com o voto eletrônico, anteriormente, quando se buscava dar mais transparência e velocidade ao sistema eleitoral. Outro exemplo foi o surgimento da declaração de imposto de renda pela *internet*.

É árdua a tarefa da realização da Justiça sem que possamos contar com o auxílio do plano supralegal, extraindo-o do âmago do próprio direito vigente, das entranhas da própria ordem jurídica positivada tudo aquilo que se precisa para a consecução deste objetivo. Dentro do ideal de Justiça encontram-se também a celeridade e a efetividade das decisões judiciais.

Em 1991, a Lei n. 8.245 demonstrou a preocupação do legislador e evidenciou sua atenção às modernas tecnologias de comunicação, quando, no art. 58, inseriu a possibilidade da citação ser realizada por meio de *fac-simile*. Alguns anos após, 1999, ocorreu um avanço maior no sistema processual brasileiro com a edição da Lei n. 9.800/1999, ou Lei do Fax. A Lei do Fax abriu a possibilidade da transmissão de peças processuais por meio do mencionado sistema ou de outro, similar.

Em 2001, a Lei n. 10.259 instituiu os Juizados Especiais Federais, garantindo um processo totalmente eletrônico. Esta lei resultou de sugestão de projeto de lei apresentada pela Associação dos Juízes Federais, AJUFE, à Comissão de Legislação Participativa da Câmara de Deputados para elaboração de legislação sobre informatização do processo judicial. Recebida em plenário em 4.12.2001, transformou-se no Projeto de Lei n. 5.828/2001. Este projeto foi encaminhado à Comissão de Constituição e Justiça e de Redação — CCJR, em regime de prioridade 02, e teve como relator o deputado federal José Roberto Batoschio, dele obtendo parecer favorável à aprovação em 22.5.2005. Em 19.6.2002, com aprovação unânime pela CCJR, em 20.6.2002 o projeto foi remetido ao Senado Federal recebendo o n. 71/2002. Na Comissão de Constituição, Justiça e Cidadania — CCJ — teve como relator o senador Osmar Dias, que fez algumas criticas, alterando

---

(42) WHITROW, G. J. *O tempo na história*: concepções do tempo da pré-história aos nossos dias. Trad. Maria Luiza X. de A. Borges. Rio de Janeiro: Jorge Zahar Editor, 1993. p. 202.

a redação original, operando-se a sua conversão na Lei n. 11.419/2006.

Com a publicação desta Lei, paulatinamente, caminhos foram se abrindo para uma nova realidade processual, implantando-se novo sistema jurídico-processual, com a ampliação e utilização cada vez maior dos meios eletrônicos na busca do aperfeiçoamento da justiça.

O princípio da celeridade processual — ou da brevidade — já existia, inseridos em passagens esparsas da legislação, como por exemplo, no art. 125, II do Código de Processo Civil, art. 2º da Lei n. 9.099 de 26 de setembro de 1995, no art. 765 da Consolidação das Leis do Trabalho, e no art. 531 do Código de Processo Penal. O Brasil é signatário do Pacto de San José da Costa Rica, que dispõe que todos têm o direito de serem ouvidos em prazo razoável, por juiz ou tribunal competente, imparcial e independente, previamente estabelecido em lei — art. 8º.

Com a Emenda Constitucional n. 45 de 08 dezembro de 2004 mudanças ocorreram no texto Constitucional com a inclusão do inciso LXXVIII ao art. 5º da Carta Magna, assegurando a razoável duração do processo, tanto no âmbito judicial como administrativo. Esta Emenda deu origem ao surgimento propostas e medidas legislativas para alteração infraconstitucional de regras processuais. Estas novas regras ocupam lugar de destaque da maior importância nos debates para a modernização do Direito Processual da atualidade.

Em dezembro de 2006, foi promulgada a Lei n. 11419, tratando principalmente da tramitação em formato eletrônico dos processos judiciais. O objetivo é a eliminação dos autos de papel. A partir desta lei, os documentos chegam ao juiz, não pelas mãos de seus assistentes, mas, pela tela do computador. Diversos atos processuais são praticados pela *internet*. O *e-processo* proporciona uma tramitação mais célere, direcionando os funcionários para as tarefas mais técnicas e importantes.

A Lei n. 12.527 de 2011, cuidou do acesso à informação, no referente à transparência, pouco acrescentando à disciplina processual, com profunda preocupação com a publicidade. Embora minuciosa, é omissa no que se refere às novas tecnologias da informação. Muito se fala que as novas tecnologias da informação e da comunicação — TICs — estão revolucionando o processo, com uma mudança de paradigma.

Realmente muitas inovações acontecem na forma de operar o processo, quando falamos em comunicação. Hoje, atos que anteriormente eram presenciais, são praticados à distância, com as garantias da autenticidade e integridade.

Na atualidade, o processo depara com a pressão de influxos inovadores decorrentes de duas fontes, que são: 1) a evolução do pensamento; 2) a absorção da tecnologia. A presença das inovações é reconhecida pelos teóricos do Direito e pela inovações introduzidas no Código de Processo Civil brasileiro. O impacto tecnológico abala alguns aspectos da teoria geral do processo, nos seus eixos tradicionais, bem como no campo teórico, político e dogmático — jurisdição, ação, processo, partes, legitimação, forma dos atos processuais, funções auxiliares essenciais, prova, etc.

O processo eletrônico realiza-se por intermédio de um — ou, muitos — *softwares*. Algumas atividades do homem são transferidas para o *software*, que permeia o processo não apenas como coadjuvante, acionado pelo operador a cada passo.

O software entra no processo como um novo personagem da configuração processual e, assim, parece que transforma profundamente o que se teorizou, até hoje, a respeito do vetusto método de aplicação da lei. A softwarização do processo, como se pode designar esse fenômeno, é tão forte que obnubila os demais atores. Advogados, juízes e servidores vêem-se enredados, obrigatoriamente, no emaranhado construído pelo personagem misterioso e escorregadio que é o software.[43]

O processo judicial formado pela atuação do advogado, dos juízes e servidores, para redigir, distribuir, autuar, despachar, instruir, sentenciar, cumprir despacho, juntar, sentenciar, retirar os autos da Secretaria, devolver, segue outra lógica — a eletrônica. Com a automação, operador do Direito se distancia do processo. Onde havia a intervenção humana, agora, uma tecla executa a tarefa. Desde a digitação da petição inicial, a contestação, a autuação, os despachos, a sentença, os recursos, etc. presenciamos a mudança.

Aroldo Plínio Gonçalves preleciona que:

> O importante no Direito Processual, já não são os conceitos, mas é uma nova mentalidade de reforma, que se quer efetiva, e se faz urgente, porque é preciso transformar as condições sociais. E o mecanismo dessa transformação é o processo, a que se atribui a missão de reformador social, pelo cumprimento de finalidades políticas e sociais.[44]

---

(43) PEREIRA, Sebastião Tavares. *Processo eletrônico, software, norma tecnológica e direito fundamental à transparência tecnológica*. Disponível em: <http://jus.com.br/revista/texto/23126>. Acesso em: 21 fev. 2013.
(44) GONÇALVES, Aroldo Plínio. *Técnica Processual e Técnica do Processo*. Rio de Janeiro: Aide, 1992. p. 8.

7. Considerações finais

Dentre todas as virtudes, a Justiça é a maior delas. Consoante Aristóteles, a Justiça só se realiza de homem para homem. Por ser transpessoal, não se encerra nos recintos da alma ou na pureza das intenções, consumando-se à medida que o homem sai de si e se projeta no outro homem.

Advogados, juízes, professores, doutrinadores e demais profissionais unem-se na luta perene pela renovação do Direito Processual, procurando, sempre e sempre, imprimir uma interpretação adequada à atualidade da vida social, visando à humanização da norma jurídica, dela retirando a frieza advinda de sua pura e exclusiva incidência incondicional.

O processo do trabalho necessita de reformas pontuais, algumas delas já realizadas pelo processo civil, para que continue a ser um verdadeiro, real e importante instrumento de realização de Justiça. Além de célere e econômico, deve garantir a sua eficácia.

O processo do trabalho nasceu simples, fez a sua caminhada, por décadas, firme e densamente, apoiado em substanciosas doutrina e jurisprudência, não podendo perder as suas características principiológicas insculpidas de maneira sábia pela CLT. Concisão, clareza e objetividade vieram das mãos da CLT, cabendo aos advogados, juízes, procuradores, doutrinadores e professores a correta e adequada utilização destas normas em consonância com os avanços da pós-modernidade, da mesma forma que fizeram ao longo de décadas.

Referências bibliográficas

A. Söller, *Arbeitsrecht*, Stuttgart, 1969.

ALSINA, Hugo. *Tratado teórico prático de derecho processual civil y comercial*. 2. ed., v. 1. Buenos Aires: Ediar. Soc. Anon. Editores, 1963.

AMARAL DOS SANTOS, Moacir. *Primeiras linhas de Direito processual civil*. 23. ed., rev. e atual. São Paulo: Saraiva, 2004.

CARNELUTTI, Francesco. Funzione de processo del laboro. *In: Revista di Diritto Processuale Civile*, v. I, 1930.

CEBRIÁN, Juan Luis. *A rede:* como nossas vidas serão transformadas pelos novos meios de comunicação. 2. ed. São Paulo: Summus, 1999. (Coleção novas buscas de comunicação)

CHIOVENDA, Giuseppe. *Instituições de direito processual civil*. São Paulo, 1965.

Code de L'Ouvrier, Paris: Cotillon, 1856.

DA COSTA, Lopes. *Manual elementar de Direito Processual Civil*. 3. ed. Rio de Janeiro: Forense, 1982.

DE LITALA, Luigi. *Derecho Procesal del Trabajo*. Apud PIMENTEL, Marcelo. O direito processual civil e do trabalho. *In:* BERNARDES, Hugo Gueiros (Coord.). *Processo do trabalho:* estudos em memória de Coqueijo Costa. São Paulo: LTr, 1989.

DELGADO, Mauricio Godinho; DELGADO, Gabriela Neves. Justiça do Trabalho: 70 anos de justiça social. *Revista TST*, vol. 77, n. 2, abr./jun. 2011.

DICIONÁRIO da Língua Portuguesa. Lisboa: Priberam Informática. Disponível em: <http://www.priberam.pt/dlpo/definir_resultados.aspx>. Acesso em: 29 abr. 2013.

FERREIRA, A. Buarque de Holanda. *Dicionário Aurélio básico da língua portuguesa*. Rio de Janeiro: Nova Fronteira, 2003.

GIGLIO, Wagner D.; CORRÊA, Cláudia Giglio Veltri. *Direito Processual do Trabalho*. 16. ed. São Paulo: Saraiva, 2007.

GONÇALVES, Aroldo Plínio. *Técnica Processual e Teoria do Processo*. Rio de Janeiro: Aide, 1992.

GRECO FILHO, Vicente. *Direito Processual Civil Brasileiro*. v. 1, 20. ed., rev. e atual. São Paulo: Saraiva, 2007.

GRINOVER, Ada Pelegrini. Processo Trabalhista e Processo Comum. *In: Revista do Direito do Trabalho*, São Paulo, n. 15, set./out. 1978.

LACERDA, Maria Francisca dos Santos. *A Justiça do Trabalho no Espírito Santo*. Disponível em: <http//www..trtes.jus.br/sic/sicdoc/ContentViewer.aspx?id=242&sq=768548313>.

MARINONI, Luiz Guilherme. *Curso de Processo Civil*. v. 1. Teoria Geral do Processo. São Paulo: Revista dos Tribunais, 2006.

MORAES FILHO, Evaristo de. *Introdução ao Direito do Trabalho*. São Paulo: LTr, 2000.

MOREL, Regina Lúcia de Moraes; GOMES, Ângela Maria de Castro; PESSANHA, Elina Gonçalves da Fonte (Orgs.) *Sem medo da utopia:* Evaristo de Moraes Filho arquiteto da sociologia e do Direito do Trabalho no Brasil. São Paulo: LTr, 2007.

NASCIMENTO, Amauri Mascaro. *Curso de Direito Processual do Trabalho*. São Paulo: Saraiva, 1990.

OLIVEIRA, Paulo Eduardo Vieira de. Passado, presente e futuro do direito processual do trabalho no Brasil. *In:* SOUTO MAIOR, Jorge Luiz; CORREIA, Marcus Orione Gonçalves (Orgs.). *Curso de direito do trabalho:* direito processual do trabalho. São Paulo: LTr, 2009. v. IV. (Coleção Pedro Vidal Neto)

PEREIRA, Sebastião Tavares. *Processo eletrônico,* software, *norma tecnológica e direito fundamental à transparência tecnológica*. Disponível em: <http://jus.com.br/revista/texto/23126>. Acesso em: 21 fev. 2013.

PERLINGIERI, Pietro. *Perfis do Direito Civil:* introdução ao Direito civil constitucional. Trad. Maria Cristina de Cicco. Rio de Janeiro: Renovar, 1999.

VARNHAGEN, Francisco Adolfo. *História Geral do Brazil*. 2. ed. I, p. 895, nota 2. Disponível em: <http://www.brasiliana.usp.br/node/503>.

WHITROW, G. J. *O tempo na história:* concepções do tempo da pré-história aos nossos dias. Trad. Maria Luiza X. de A. Borges. Rio de Janeiro: Jorge Zahar, 1993.

WOLKMER, Antônio Carlos. (Org.). *Fundamentos de historia do direito*. 2. ed., 4. tir., rev. e ampl. Belo Horizonte: Del Rey, 2003.

A Desconsideração Inversa da Personalidade Jurídica e a Efetividade da Execução na Seara Trabalhista

Luiz Otávio Linhares Renault e Maria Isabel Franco Rios

"A morosidade judicial, a falta de efetividade das decisões, a dificuldade na solução satisfatória de demandas são fenômenos que precisam ser enfrentados, sob pena de uma crescente deslegitimação do sistema formal de solução de litígios e da instauração de um clima de desconfiança e de insegurança que afeta as relações sociais e econômicas."

(Sérgio Renault e Pierpaolo Bottini)

1. Introdução

Houve um tempo, em Roma[1], no qual as ações designavam maneiras de agir perante os órgãos encarregados de distribuir Justiça. Naquela época, elas tinham um caráter excessivamente formalista, quase litúrgico. Fazia-se necessário o pronunciamento de palavras rituais e cerimoniosas, bem como a realização de gestos previamente estabelecidos. Qualquer modificação culminava com o insucesso do processo. As leis eram extremamente rígidas. Vigorava a Lei das XII Tábuas. O bem objeto do litígio devia ser apresentado perante a autoridade competente, desde que não fosse impossível, como ocorria com os bens imóveis, casos em que se admitia uma representação simbólica: um montinho de terra, uma telha, e até mesmo um tufo de lã de carneiro. Mediante a apresentação de declarações paralelas, as partes poderiam afirmar que eram os proprietários do bem. A partir de então, ocorria um debate, espécie de contraditório, no qual o rito criava o direito procedimental. Depois de uma série de rituais, cabia ao vencedor, pessoalmente, fazer o sucumbente cumprir a sentença, sob o controle do magistrado, mediante novo procedimento. Com certa frequência, ocorria o denominado *manus iniectio*, por intermédio do qual o réu reconhecia a sua obrigação, mas não a cumpria, por falta de patrimônio. O vencedor fazia o devedor comparecer perante si, após o transcurso de trinta dias, e colocando a mão sobre ele declarava, segundo a fórmula ritual: "Já que foste condenado a me pagar 10 mil sestércios e não pagaste, por esta razão, eu te apreendo."[2] O réu efetuava o pagamento do débito, ou um *uindex* podia contestar as razões da *manus iniectio*, estabelecendo um novo processo contra ele. Uma vez condenado, o réu poderia ser socorrido por alguém, mas, se isso não acontecesse, o magistrado mandava entregá-lo *addictio* a seu adversário, que poderia prendê-lo por sessenta dias. O peso das correntes era determinado pela lei, mas o devedor não era escravo; podia viver de seus bens se o credor autorizasse. Durante esse lapso de tempo, o credor deveria conduzir o devedor ao tribunal durante três mercados sucessivos — ou seja, por um período de aproximadamente três semanas — e declarar publicamente o valor da condenação. O objetivo era tornar pública esta situação na tentativa de encontrar alguém — parente ou amigo — que viesse em auxílio do devedor. Não encontrando ninguém até o final dos sessenta dias, o devedor insolvente era vendido "no outro lado do Tibre", pois ninguém podia ser escravo em sua própria cidade. A lei podia autorizar a condenação à morte, prevendo, ainda, em caso de pluralidade de credores, a divisão do cadáver — *partes secanto*. Segundo Aulu-Gelle (em Noites Áticas, XX, 1, 48), a lei nunca foi aplicada até este ponto. Na Lei de Urso, na Espanha — *Lex Coloniae Genetiuae* —, que era uma colônia fundada por César, a condenação à morte desapareceu e a lei indicava "Que o credor podia levar o devedor com ele."[3] — *secum ducito*.

A sanção conduziria, daí em diante, o devedor a trabalhar para o credor até a extinção da dívida sem reduzi-lo à servidão. A fiança — *pignoris capio* — era bem mais limitada. Em alguns casos — frequentemente, de natureza obrigacional —, a lei autorizava o credor a apreender um bem pertencente ao seu devedor; o procedimento podia até se desenrolar na ausência do magistrado, e o credor conservava o bem até a extinção da dívida.

O conceito de tempo é subjetivo, podendo ainda ser arbitrário. Os conceitos de celeridade e de morosidade confundem-se, misturam-se, fundem-se ou fragmentam-se na multiplicidade da vida. A atualidade é de adequação a novos paradigmas tecnológicos e de *modus vivendi*; a virtualização é irreversível; a fluidez supera a solidez; a *internet* invade todos os espaços e todos os poros do homem e da sua vida, residência, trabalho, ruas e bares; e as mudanças são, em certos aspectos, traumáticas. Porém vivemos tempos bem diferentes; tempos em que o processo é considerado "como um conjunto prático de ações, com conotações ético-morais, destacando-se a sua instrumentalidade como valor de acesso à justiça, com objetivos a

---

(1) DUCOS, Michele. *Roma e o direito*. Trad. Silvia Sarzana e Mário Pugliese Netto. São Paulo: Madras, 2007. p. 113-117.
(2) *Ibidem*, p. 116.
(3) *Ibidem*, p. 117.

serem cumpridos nos planos social, econômico e político."[4] Resumindo, considera-se útil o processo quando produz resultados positivos no mundo real, entregando a cada um o que é seu. Não é mais possível conviver com a falta de efetividade do processo, satisfeito o credor com uma decisão judicial para guardar na gaveta como se fosse um troféu, ou, como disse Drummond, "*um retrato na parede*". Vivemos e respiramos o tempo da objetividade, da clareza, da síntese, em que o importante é o resultado e não a esquizofrenia de um processo apoiado na burocracia e no formalismo excessivo. A tutela jurisdicional, iniciada pelo conhecimento da causa e pela declaração do direito das partes, torna-se completa com a execução da sentença, sem a qual não passa de um comando materializado em um papel ou no espaço virtual, *internet*, sem que o bem da vida seja realmente entregue a quem lhe pertence. A tutela jurisdicional só se completa quando dá satisfação integral àquele que procurou o Poder Judiciário, alegando a ameaça ou a violação de um direito. A sentença condenatória de nada servirá ao autor se não for cumprida espontaneamente pelo condenado, ou o Estado não a executar forçosamente.

Afirmou Liebman[5] que o conhecimento e o julgamento da lide — processo de cognição — e a atuação da sanção — no então processo de execução — são duas formas igualmente importantes da atividade jurisdicional. Elas se completam, estando uma a serviço da outra. Um julgamento sem execução significaria a proclamação do direito em concreto sem sua efetiva realização prática; e a execução sem cognição poderia resultar no arbítrio.

Lopes da Costa ensina que a execução é o conjunto de atos pelos quais a Justiça, substituindo-se ao condenado, alcança, para o titular do direito, tanto quanto possível, o mesmo resultado que ele obteria com o voluntário cumprimento da obrigação.[6]

A palavra *execução* tem origem na palavra *executio*, que significa *prosseguir, continuar, seguir até o fim, acabar, completar*[7]. Quando o réu, vencido na ação, não cumpre espontaneamente a sentença que lhe foi desfavorável, não paga o débito, não entregando a coisa/bem ou não cumprindo a obrigação de fazer, o Estado vem em auxílio do vencedor da ação para, através da execução, forçar o réu a cumpri-la.[8] Ensinou Canotilho[9] que "do princípio do Estado de Direito deduz-se, sem dúvida, a exigência de um procedimento justo e adequado de acesso ao direito e de realização do direito." Athos Gusmão Carneiro[10] afirmou que a sentença condenatória irá outorgar ao demandante o "bem da vida" a que foi declarado como direito; a sentença de condenação levará, quando no mundo dos fatos for possível seu cumprimento, aos caminhos da plena "satisfatividade" de que se revestem as sentenças de procedência meramente declaratórias ou as sentenças constitutivas.

Por sua vez, Cândido Dinamarco[11] acentua que:

A instrumentalidade do processo é vista pelo aspecto negativo e pelo positivo. O negativo corresponde à negação do processo com o valor em si mesmo e repúdio aos exageros processualísticos a que o aprimoramento da técnica pode insensivelmente conduzir (v. ns. 34 e 35; v. ainda n. 1); o aspecto negativo da instrumentalidade do processo guarda, assim, alguma semelhança com a ideia de instrumentalidade das formas. O aspecto positivo é caracterizado pela preocupação em extrair do processo, como instrumento, o máximo de proveito quanto à obtenção dos resultados propostos (os escopos do sistema); confunde-se com a problemática da "efetividade do processo" e conduz à assertiva de que: "o processo deve ser apto a cumprir integralmente toda sua função sócio-político-jurídica, atingindo em toda plenitude todos os seus escopos institucionais".

Certa época, a Justiça do Trabalho, no tocante à execução, ocupava-se apenas das sentenças trabalhistas e dos acordos homologados. Hoje, a situação é outra. Os títulos passíveis de execução são os acordos e as sentenças trabalhistas — ambos, títulos judiciais — bem como os termos de conciliação perante as comissões de conciliação prévia e os compromissos de ajustamento de conduta firmados perante o Ministério Público do Trabalho — exemplos de títulos extrajudiciais. Com a ampliação da competência da Justiça do Trabalho, ocorreu uma substancial alteração no procedimento processual executório na CLT, acrescidos aos títulos acima citados, além de outros, assim como a execução de contribuições previdenciárias.

---

(4) SOUTO MAIOR, Jorge Luiz. A efetividade do processo. *In:* SOUTO MAIOR, Jorge Luiz; CORREIA, Marcus Orione Gonçalves. *Curso de Direito do Trabalho:* direito processual do trabalho. São Paulo: LTr, 2009. v. IV, p. 46. Coleção Pedro Vidal Neto.

(5) LIEBMAN, Enrico Túllio. *Processo de execução*. São Paulo: Saraiva, 1946. p. 15-16.

(6) COSTA, Lopes da. *Manual Elementar de Direito processual civil*. 3. ed. Rio de Janeiro: Forense, 1982. p. 209.

(7) BARRETO, Amaro. *Execução Cível e Trabalhista*. Rio de Janeiro: Edições Trabalhistas, 1962. p. 14.

(8) Idem.

(9) CANOTILHO, José Joaquim Gomes. *Direito constitucional e teoria da Constituição*. 6. ed. Coimbra: Almedina, 2002. p. 274.

(10) Nova Execução. Aonde Vamos? Vamos Melhorar? *Revista de Processo*, São Paulo, n. 123, p. 115-122, maio 2005, p. 121.

(11) DINAMARCO, Cândido Rangel. *A instrumentalidade do processo*. São Paulo: RT, 1987. p. 450-451.

2. A Desconsideração da personalidade jurídica e sua função na fase de execução

A desconsideração da personalidade jurídica, segundo se tem notícia pelo estudo dos primeiros casos relevantes, surgiu no século XIX, em julgados norte-americanos e ingleses. Nos Estados Unidos da América do Norte[12], historicamente, a doutrina e a jurisprudência sobre o direito societário consagram o princípio da *limited liability*, ou seja, o princípio da limitação da responsabilidade dos sócios sob o entendimento de que a responsabilidade limitada deve ser um instrumento essencial para encorajar a incorporação e para perseguir o objetivo final de incrementar a riqueza econômica do país. Paralelamente, desenvolveu-se a *disregard doctrine* — ou *Durchgriff* —, evolução da tese defendida por Wormser, denominada *pierceing or lifting the corporate veil*, apresentando elementos aptos a limitar a autonomia e o isolamento entre empresas e seus sócios, toda vez que determinada situação de fato possa perpetrar uma injustiça decorrente da existência da personalidade jurídica própria da empresa desligada de seus sócios.[13]

J. Maurice Wormser, em 1927, realizou pesquisa muito importante de compilação de *cases*, apresentando diversas hipóteses de invocação da doutrina na solução judicial de demandas envolvendo corporações. Apontou como o primeiro caso, do qual se tem notícia, um ocorrido em 1809. A questão de fundo chegou à Suprema Corte dos Estados Unidos *Bank of United States v. Deveaux*. Nela, o juiz Marshall aplicou a *disregard doctrine*. O juiz fundamentou a decisão no artigo terceiro, inciso segundo da Constituição Federal dos Estados Unidos da América do Norte, limitadora da jurisdição dos tribunais federais — "'para controvérsias entre cidadãos de estados diferentes', e com o propósito de preservar a jurisdição dos tribunais federais em relação a pessoas jurídicas, foi compelido a olhar além da entidade 'para os personagens individuais que compunham a corporação'. O Tribunal proclamou que 'substancialmente e essencialmente' 'os sujeitos nessa questão foram os acionistas (sócios) e seus direitos e deveres como cidadãos'".[14]

Em 1897, na Inglaterra, ocorreu o caso *Salomon* v. *Salomon & Co.* Piero Verrucoli[15] indica como sendo este caso o marco precursor da doutrina da *disregard doctrine*. Aaron Salomon, comerciante, juntamente com mais seis membros de sua família, constituiu uma *company*. Cedeu seu fundo de comércio para a sociedade fundada, recebeu por conta 20.000 ações. Os outros sócios receberam uma ação cada um deles. A sociedade tornou-se insolvente, insuficiente o

---

(12) Conforme exposto por Hermelino de Oliveira Santos, algumas considerações têm de ser feitas sobre os direitos trabalhistas nos Estados Unidos para dissipar a noção errônea de que não existe um Direito do Trabalho no país, uma vez que há a prevalência dos costumes e da jurisprudência, decorrentes do sistema da *"common law"*.

No sistema *"common Law"*, como no caso norte-americano, há importantes decisões das cortes jurisdicionais, mas existe legislação escrita disciplinando o tema como é o caso do *"Uniform Fraudulent Conveyance Act"*, que em seu art. 9º confere aos credores a possibilidade de obtenção de declaração judicial de todo ato de transferência de bens pertencentes aos devedores, em caso de fraude a credores.

Prevalece, nos Estados Unidos, a norma coletiva, mas existem leis trabalhistas. As greves apenas em 1842 passaram a ser consideradas atos de responsabilidade civil, uma vez que, por volta de 1800, as questões relacionadas à greve eram solucionadas pelo Direito Penal por serem consideradas conspirações. Durante tal período, as cortes federais ficaram fora da regulação judicial das relações de trabalho. Aplicava-se a *"Sherman Antitrust Act"*, e a jurisdição era assentada em razão do Direito Comercial. Houve mudança em 1932 com a promulgação do *"Norris-LaGuardia Act"* atribuindo competência aos tribunais federais para dar liminares nos conflitos coletivos de trabalho, desde que pacíficos. Com o *"Wagner Act"*, em 1935, foi criado o *National Labor Relations Board*, agência administrativa responsável por solucionar os conflitos coletivos garantindo recursos judiciais. O *Taft-Hartley Act*, no governo Truman, autorizou a execução dos acordos coletivos perante as cortes federais distritais, remédio jurídico para postular indenizações decorrentes de atos coletivos que pudessem atingir terceiros – os por eles denominados de *secondary boycotts* – passaram a ser garantidos. Em 1959 surgiu o *Landrum-Griffin Act*, trazendo uma série de direitos para os membros de sindicatos, com previsões procedimentais de eleições sindicais, etc., enfim, dispondo de uma estrutura legal básica para os direitos coletivos do trabalho.

Quanto aos direitos individuais dos trabalhadores, existe extensa legislação sobre o assunto, como o *1st Amendment* da Constituição, em casos de discriminação no emprego. Exemplo de leis federais: OSHA – *Occupational Safety and Health Act*, ERISA – *Employee Retirement Income Security Act*.

Não há sindicatos patronais, mas agremiações sindicais somente de trabalhadores. Acordos são celebrados *"at the plant."* Não é admitida pelo empregador nenhuma conduta coletiva que possa vir a tomar o lugar dos sindicatos.

A disciplina Direito do Trabalho existe, mas é recente e cuida do Direito Coletivo e Individual – *Labor Law Employment Law*, e também existe o Direito do Trabalho em *Immigration Law*. Harvard foi a primeira universidade americana a contar com a disciplina "Economia do Trabalho", tendo como especialista em Direito Coletivo, um ex-conselheiro do Governo de Bill Clinton, Paul Weiler, responsável pelo projeto de reforma da legislação trabalhista americana de 1994. O *National Labor Relations Board* é responsável pela uniformização da jurisprudência trabalhista. Não existe juiz especializado em direitos trabalhistas, mas a NLRB — uma Agência Administrativa tem como especialização as causas trabalhistas. O procedimento judicial é o mesmo para causas cíveis e trabalhistas. (SANTOS, 2003. p. 128-129)

(13) SANTOS, Hermelino de Oliveira. *Desconsideração da Personalidade Jurídica no Processo do Trabalho*. São Paulo: LTr, 2003. p. 124.

(14) WORMSER, I. Maurice. *Disregard of the corporate fiction and allied corporation problems*. Washington DC: Beardbooks, 1927. Repinted 2000.

(15) VERRUCOLI, Piero. *I superamento della personalità giuridica delle società di capitali – nella common law e nella civil law*. Milano: Giuffrè, 1964.

seu ativo para a satisfação das obrigações. Para os credores quirografários nada sobrou. Sustentaram estes que, em verdade, a atividade da sociedade era de Aaron Salomon, que, para limitar a sua responsabilidade, utilizou-se da pessoa jurídica. Portanto, deveria responder pelas obrigações da *company*, pessoalmente. A primeira instância e a Corte acolheram a pretensão e desconsideraram a pessoa jurídica Salomon & Co., para que a pessoa física Aaron Salomon respondesse perante os credores daquela empresa. Mas a *House of Lords* reformou a decisão para validar a constituição da *company*, afastando a responsabilidade pessoal de Aaron Salomon frente aos credores da sociedade Salomon & Co. Segundo Rubens Requião, pouca importância tem o mérito da decisão superior; relevante é a tese renovadora da relatividade da pessoa jurídica, que deu origem à doutrina da *disregard of legal entity*.[16]

A teoria do *"lifting the corporate veil"* surgiu como forma de preservação do instituto da pessoa jurídica de acordo com sua função, que é a consecução de fins sociais objetivando a geração de riquezas e desenvolvimento pautados no direito e na ética. Pondera Rubens Requião[17]:

> É preciso, para a invocação exata e adequada da doutrina, repelir a ideia preconcebida dos que estão imbuídos do fetichismo da intocabilidade da pessoa jurídica, que, não pode ser equiparada tão insolitamente à pessoa humana no desfrute dos direitos incontestáveis da personalidade; mas também não devemos imaginar que a penetração do véu da personalidade jurídica e a desconsideração da pessoa jurídica se torne instrumento dócil nas mãos inábeis dos que, levados ao exagero, acabassem por destruir o instituto da pessoa jurídica, construído através dos séculos pelo talento dos juristas dos povos civilizados [...]

No Brasil, como o art. 20 do Código Civil de 1916 previa expressamente a distinção entre as pessoas jurídicas e os seus membros, a *disregard doctrine* teve a sua apresentação e divulgação somente em 1969, com o estudo de Rubens Requião, intitulado de *Abuso de Direito e Fraude através da personalidade Jurídica*.[18] Este estudo de Rubens Requião serviu de inspiração para outros, como a obra de José Lamartine Corrêa de Oliveira, de 1979, cujo título é *A dupla crise da pessoa jurídica*, e na qual o autor "examina o sistema de pessoas jurídicas de direito privado e a função do instituto da 'desconsideração' ou 'penetração' em tema de pessoa jurídica, formulando tese da existência de dupla crise nesses institutos", como afirmou Hermelino de Oliveira Santos.[19]

José Lamartine Corrêa Oliveira pontificou:

> A análise do problema da vida da sociedade antes do registro (a chamada pré-sociedade), e as tendências ampliativas do elenco de pessoas jurídicas de Direito Privado terminaria por convencer-me da existência de uma crise no sistema de pessoas jurídicas de Direito Privado. Essa, a primeira crise (a do sistema), de que se ocupa o capítulo III do livro. Precedem-no um capítulo destinado principalmente a fixar uma hipótese de trabalho, um ponto de partida conceitual em termos de pessoa jurídica, essencialmente calcado sobre minhas antigas convicções na matéria (é o cap. I) e um outro destinado a traçar o quadro dos elencos de pessoas jurídicas de Direito Privado, no Direito Comparado, e o da situação, em tal quadro, do Direito Brasileiro: é o capítulo II. A análise das doutrinas sobre 'desconsideração' ou 'penetração' em tema de pessoa jurídica permitiu-me denunciar a existência de uma segunda crise — a função do instituto. Dela se ocupa o capítulo IV, o maior do livro".[20]

> [...] nos casos de demonstração de incidência da teoria da aparência ou do princípio que veda o *venire contra factum proprium* (inclusive quando essa invocação incida em casos de mistura de negócios e patrimônios), não há por que invocar o princípio da subsidiariedade: quem criou a aparência ou se comportou contraditoriamente responde por ato próprio.[21]

No âmbito processual, em especial do processo do trabalho, a doutrina da desconsideração da personalidade jurídica — *disregard doctrine* ou, *piercing the viel* — mais se adapta à fase de execução. A doutrina da desconsideração da pessoa jurídica tem sido admitida pelos tribunais brasileiros, de modo especial pelos Tribunais do Trabalho, com relação à responsabilidade por dívidas trabalhistas, conforme afirmou Ovídio A. Baptista.[22] Embora a doutrina da desconsideração tenha maior incidência na execução trabalhista, ela pode ser também invocada no processo de

---

(16) REQUIÃO, Rubens. *Curso de direito falimentar*. São Paulo: Saraiva, 1986. v. 1, p. 272.

(17) REQUIÃO, Rubens. Abuso de Direito e Fraude através da personalidade jurídica (Disregard Doctrine). *Revista dos Tribunais*, São Paulo, v. 410, ano 58, p. 24, dez. 1969.

(18) *Idem*.

(19) SANTOS, Hermelino de Oliveira. *Desconsideração da Personalidade Jurídica no Processo do Trabalho*. São Paulo: LTr, 2003. p. 120.

(20) OLIVEIRA, José Lamartine Corrêa de. *A dupla crise da pessoa jurídica*. São Paulo: Saraiva, 1979. p. XII.

(21) *Ibidem*, p. 611.

conhecimento, seja no caso de lacuna da lei, seja quando o reclamante tiver prévio conhecimento da situação e queira discuti-la, de logo. Como não são poucas as possibilidades de invocação da doutrina da desconsideração, aquele que a arguir deve ficar atento, pois, segundo alguns, se ele deixar passar o momento de sua arguição, poderá ocorrer a preclusão e a violação da garantia do devido processo legal.[23] São hipóteses de invocação da aplicação da doutrina da desconsideração da pessoa jurídica nas fases de conhecimento ou de execução: a despersonalização do empregador, a fraude, a blindagem patrimonial, a lavagem de dinheiro, as *off-shores companies*[24], a desativação operacional gradativa e a sucessão do empregador, o grupo econômico, as empresas satélites.

Dispõe o art. 45 do Código Civil que a pessoa jurídica adquire personalidade ou "*status* jurídico" com a inscrição do Ato Constitutivo da Sociedade Empresária — contratos sociais ou estatutos — no registro competente. O principal efeito do registro do ato constitutivo é a separação da pessoa jurídica e dos membros que a compõem, pelo princípio da autonomia patrimonial. Garante-se então a titularidade obrigacional, titularidade processual e responsabilidade patrimonial.[25] O Código Civil reconheceu também a existência das sociedades não personificadas, que são aquelas operantes, ainda não inscritas no registro competente, mas que têm como característica relevante a subsistência da responsabilidade solidária e ilimitada pelas obrigações sociais de todos os sócios, inclusive afastando o benefício de ordem ao sócio que contratou em nome dessa sociedade não registrada.

Esta distinção entre a personalidade natural — pessoa dos sócios, e a jurídica — sociedade empresária —, de acordo com previsão legal, pode, em casos específicos, afastar a regra geral da autonomia, quando ocorre a desconsideração da personalidade jurídica, com a retirada momentânea e excepcional da separação patrimonial.

As pessoas jurídicas existem para suprir as limitações da pessoa física, ou seja, para suprir a dificuldade do homem individualmente realizar um grande empreendimento, quer pela carência de recursos, quer pela dificuldade de administração.

Fábio Ulhoa Coelho aponta a existência, no direito brasileiro, de duas teorias da desconsideração da personalidade jurídica das sociedades: a maior e a menor. Na teoria maior, por ele considerada a mais bem elaborada, existe uma ampla consistência e abstração, e o juiz, com base nela, pode coibir fraudes e abusos praticados, desprezando a autonomia patrimonial das pessoas jurídicas. A teoria menos elaborada, ou menor, com a simples demonstração pelo credor de inexistência de bens sociais, solvente qualquer sócio, o juiz pode atribuir-lhe a responsabilidade pelo débito exequendo da pessoa jurídica. Basta que o crédito não seja satisfeito, para possibilitar o afastamento da autonomia patrimonial. A expressão "desconsideração", no direito societário brasileiro, é ambígua diante da enorme distância entre estas duas teorias — a maior e a menor desconsideração —, passando, por conseguinte, a atribuir dois significados diferentes à palavra.

A *Disregard Doctrine* consiste em desconhecer os efeitos naturais da pessoa jurídica, em casos concretos, penetrando a sua estrutura formal para verificar-lhe o substrato, a fim de que não seja utilizada para simulações e fraudes, como também para solucionar todos os outros casos em que o respeito à forma societária levaria a soluções contrárias à sua função e aos princípios consagrados pelo ordenamento jurídico.

Assim sendo, é preciso reconhecer a necessidade de aplicação da *Disregard Doctrine* também nos casos em que a personalidade jurídica impõe obstáculos ao devido exame da responsabilidade por fraudes ou simulações, impeça que se chegue a soluções conforme o Direito.

A aplicação da teoria da desconsideração da personalidade jurídica não implica em decisão arbitrária, e tão pouco compromete a segurança jurídica, visto que, assim procedendo, o Juiz integra-se no sistema intrínseco da ordem jurídica, decidindo, por vezes, *extra legem*, mas sempre *intra ius*.[26]

---

(22) SILVA, Ovídio A. Baptista da. *Curso de processo civil*. São Paulo: Revista dos Tribunais, 2000. v. 2, p. 74.

(23) Esse, no entanto, não é o nosso entendimento, porque a desconsideração da personalidade jurídica pode ocorrer a qualquer momento, eis que se trata de matéria intimamente ligada à efetividade do processo, não se podendo falar em preclusão, quando se trata de direito fundamental – sentença emanada do próprio Estado.

(24) *Offs shores companies* são empresas que estão fora das fronteiras de um país, localizadas em inúmeros paraísos fiscais, inclusive no nosso vizinho Uruguai (conhecidíssimas 'SAFI', que têm oferecido diversos benefícios fiscais, financeiros, além de segurança e sigilo). e que se caracterizam pelo sigilo, privacidade e segurança, aliás os principais requisitos observados por quem deseja constituí-las. Elas são muito utilizadas por pessoas físicas com grandes patrimônios, por *holdings*, por sócios de empresas pessoais ou familiares. Normalmente, viabilizam a aquisição de patrimônio pessoal, ou a aplicações financeiras, desviando patrimônio em detrimento de credores.

(25) COELHO, Fábio Ulhoa. *Curso de direito comercial*. 11. ed. São Paulo: Saraiva, 2008. v. 2. p. 14.

(26) KOURY. Suzy Elizabeth C. *A desconsideração da personalidade jurídica (disregard doctrine) e os grupos de empresas*. 2. ed. Rio de Janeiro: Forense, 2000. p. 197-199.

3. A desconsideração inversa

Tratando-se da desconsideração da personalidade jurídica, a forma direta tem sido a mais frequente. Por intermédio dela, desfaz-se o véu da pessoa jurídica, com a finalidade de responsabilizar a pessoa física do sócio ou do administrador, neste último caso, mesmo sem ser sócio. Isso ocorre com muita frequência nas searas consumerista e cível, e em maior incidência ainda na seara trabalhista, o que é facilmente compreensível pela natureza alimentar do crédito trabalhista.

Desconsideração inversa, segundo Fábio Ulhoa Coelho[27], "é o afastamento do princípio da autonomia patrimonial da pessoa jurídica para responsabilizar a sociedade por obrigações do sócio".

O deslocamento das pessoas possui um ponto de imputação jurídica de conteúdo nitidamente patrimonial, que acaba por justificar a inversão, valorizando a satisfação do débito processual. Embora não seja meramente reflexa, os traços que permeiam ambas espécies são análogos. O tráfego patrimonial precisa de um controle, abertas devendo ser as comportas das teorias da personalidade e do *status* jurídico, para que a responsabilidade seja apurada em fluxo e em refluxo das respectivas pessoas, individualmente, em grupo ou personificadas, para além da forma tradicional. A dilapidação ou o desvio de bens tem sido uma constante no mundo pós-moderno, caracterizado pela velocidade das redes de informação, pela *internet*, pela virtualidade e pela globalização da economia.

Acrescenta este autor que a fraude que se visa a coibir com a desconsideração invertida é, basicamente, o desvio dos bens. O devedor transfere os seus bens para a pessoa jurídica sobre a qual detém absoluto controle. Desse modo, continua a usufruí-los, apesar de não serem de sua propriedade, mas da pessoa jurídica controlada por ele próprio. A desconsideração inversa despreza a autonomia patrimonial da pessoa jurídica para responsabilizá-la por obrigação de sócio, e com isto coíbe, basicamente, a fraude do desvio patrimonial. É muito comum o devedor transferir seus bens para a pessoa jurídica sobre a qual tem controle absoluto e continuar a usufruindo destes bens, mesmo que eles não mais lhes pertençam, já que integram o patrimônio da pessoa jurídica, que ele controla. Desta maneira, seus credores não podem responsabilizá-lo, em princípio, executando seus bens. Aplica-se a desconsideração inversa no direito de família, quando, na desconstituição de vínculo de casamento ou de união estável, possa ocorrer fraude na partilha dos bens em comum. Também ocorre na execução de bens utilizados na exploração de atividade econômica, na hipótese de responsabilização da sociedade empresária, por obrigação do sócio quando demonstrada a fraude e a confusão patrimonial entre sócios e dois sujeitos de direito.

A desconsideração inversa acontece de maneira oposta à desconsideração direta. Ela parte da desconsideração da pessoa física para atingir o patrimônio da empresa, ao contrário da desconsideração direta, que parte da desconsideração da pessoa jurídica para chegar ao patrimônio do sócio[28]. Embora a estrutura técnico-científica seja idêntica, a sua força é centrípeta, porque o esvaziamento patrimonial se dá de fora para dentro, isto é, da pessoa natural para a pessoa jurídica.

A autonomia patrimonial da pessoa física é desconsiderada, mitigando-se a separação subjetiva existente entre o seu patrimônio e o da pessoa jurídica, com o objetivo de conferir resultado útil à demanda.

Existe, ainda, a desconsideração sucessiva, ocorrendo primeiramente de forma direta e posteriormente de maneira inversa, conforme acórdão do Colendo TST:

Ementa: MANDADO DE SEGURANÇA. BLOQUEIO DE 30% DO NUMERÁRIO ARRECADADO MENSALMENTE JUNTO A ADMINISTRADORA DE CARTÃO DE CRÉDITO. EMPRESA QUE POSSUI SÓCIOS EM COMUM COM A EXECUTADA. Diante das várias tentativas infrutíferas de se localizar bens da executada e de seus sócios capazes de satisfazerem integralmente a dívida trabalhista em questão, é perfeitamente legal a determinação de bloqueio de 30 % (trinta por cento) do montante mensal arrecadado por outra empresa, ora impetrante, que possui dois sócios em comum com a executada. Com efeito, a regra geral é a de que os bens da sociedade não se confundem com os bens particulares dos sócios. Entretanto, não dispondo a sociedade de meios próprios para liquidar o débito trabalhista, ou se não é informado ao Juízo onde existem bens suficientes para saldar o débito com o intuito de frustrar a execução, respondem os bens dos sócios quotistas da executada por seus encargos sociais, bens estes que podem pertencer a outra sociedade da qual também são titulares, justamente porque o patrimônio "desaparecido" da pessoa jurídica executada foi por estes absorvido de alguma forma. No caso em tela, os dois sócios em comum respondem por 2/3 (dois terços) do capital social da impetrante, sendo por tal razão perfeitamente legal a penhora de créditos desta junto a administradoras de cartões de crédito. Tais créditos fazem parte do universo patrimonial dos aludidos sócios executados, estando destarte sujeitos a constrição para satisfação do crédito trabalhista da exequente, ora litisconsorte necessária. Segurança que se

---

(27) COELHO, Fábio Ulhoa. *Curso de Direito Comercial*: de acordo com o novo código civil e alterações da LSA. São Paulo: Saraiva, 2003. v. 2, p. 45.

(28) Muito embora a desconsideração direta seja mais frequente, acreditamos que a inversa será cada vez mais intensa. Se, há alguns anos atrás, o empresário se sentia mais seguro com os bens em seu nome, pessoa natural, gradualmente, o fenômeno está se modificando, haja vista as *off shores*, o sigilo bancário em alguns paraísos fiscais e os sócios *laranjas*.

denega. (BRASIL, TST, Mandado de segurança SDI, relator: Marcelo Freire Gonçalves. Acórdão n. 2005008123. Processo n. 11424-2004-000-02-00, 2004. Publicação: 20.5.2005).

4. Verso, reverso e a versão da lei – o papel da doutrina e da jurisprudência

A falta de uma completude processual própria, instituidora de procedimento único, é um dos grandes problemas da execução trabalhista. Desde 1943, com o advento da CLT, o processo judiciário trabalhista, com o esforço e a criatividade da doutrina e da jurisprudência, tem conseguido encontrar soluções para muitas questões procedimentais das fases de conhecimento e de execução. Na tentativa de preencher as lacunas normativas e axiológicas, o processo trabalhista tem sido subsidiado pelo processo cível e pela Lei de Execução Fiscal, assim como pela doutrina e pela jurisprudência[29][30].

---

(29) FALÊNCIA. ARRECADAÇÃO DE BENS PARTICULARES DE SÓCIOS-DIRETORES DE EMPRESA CONTROLADA PELA MASSA FALIDA. DESCONSIDERAÇÃO DA PERSONALIDADE JURÍDICA (DISREGARD DOCTRINE). TEORIA MAIOR. NECESSIDADE DE FUNDAMENTAÇÃO ANCORADA EM FRAUDE. ABUSO DE DIREITO OU CONFUSÃO PATRIMONIAL. RECURSO PROVIDO.

1 – A teoria da desconsideração da personalidade jurídica – *disregard doctrine* –, conquanto encontre amparo no direito positivo brasileiro (art. 2º da Consolidação das Leis Trabalhistas, art. 28 do Código de Defesa do Consumidor, art. 4º da Lei n. 9.605/98, art. 50 do CC/02, dentre outros), deve ser aplicada com cautela, diante da previsão de autonomia e existência de patrimônios distintos entre as pessoas físicas e jurídicas.

2 – A jurisprudência da Corte, em regra, dispensa ação autônoma para se levantar o véu da pessoa jurídica, mas somente em casos de abuso de direito – cujo delineamento conceitual encontra-se no art. 187 do CC/02 –, desvio de finalidade ou confusão patrimonial, é que se permite tal providência. Adota-se, assim, a "teoria maior" acerca da desconsideração da personalidade jurídica, a qual exige a configuração objetiva de tais requisitos para sua configuração.

3 – No caso dos autos, houve a arrecadação de bens dos diretores de sociedade que sequer é falida, mas apenas empresa controlada por esta, quando não se cogitava de sócios solidários, e mantida a arrecadação pelo Tribunal a quo por "possibilidade de ocorrência de desvirtuamento da empresa controlada", o que, à toda evidência, não é suficiente para a superação da personalidade jurídica. Não há notícia de qualquer indício de fraude, abuso de direito ou confusão patrimonial, circunstância que afasta a possibilidade de superação da pessoa jurídica para atingir os bens particulares dos sócios.

4 – Recurso especial conhecido e provido. Decisão. Vistos, relatados e discutidos estes autos, os Ministros da QUARTA TURMA do Superior Tribunal de Justiça acordam, na conformidade dos votos e das notas taquigráficas, por unanimidade, de conhecer do recurso especial e dar-lhe provimento, nos termos do voto do Sr. Ministro Relator. Os Srs. Ministros Honildo Amaral de Mello Castro (Desembargador convocado do TJ/AP), Fernando Gonçalves, Aldir Passarinho Junior e João Otávio de Noronha votaram com o Sr. Ministro relator. (BRASIL, STJ, 4ª Turma, REsp n. 693.235/MT/2009).

(30) **PROCESSO TRT/SP n. 0136300-34.1998.5.02.0009** Eis o voto da relatora: "Suscita a executada VICTORIA PARTICIPAÇÕES S/C LTDA. nulidade da decisão de fls. 901/902, por negativa de prestação jurisdicional, ao fundamento de que o juiz de primeiro grau deixou de apreciar diversos aspectos dos seus embargos à execução. Todavia, negativa de prestação jurisdicional não houve, primeiro porque sequer foram interpostos embargos de declaração a fim de sanar as supostas omissões, depois porque as questões levantadas em embargos à execução (ilegitimidade de parte, nulidade da penhora e dos atos executórios) foram, sim, decididas, sendo certo, ainda, que o julgador não está obrigado a refutar um a um os argumentos da parte. De qualquer sorte, todas essas matérias são objeto de impugnação em agravo de petição e, assim, serão analisadas por este Tribunal, de modo que inexiste prejuízo.

Superada preliminar, passo à análise dos demais aspectos do agravo de petição.

Alega a executada que é parte ilegítima para figurar no polo passivo da execução, a uma porque não participou da fase de conhecimento, a duas porque não se pode entender que integre grupo econômico formado pelas pessoas *físicas* dos executados.

No caso, tem-se uma execução movida inicialmente contra as pessoas físicas de José Pereira da Silva Neto e Ralf Richardson da Silva, cantores da dupla sertaneja "Christian (sic) e Ralf", que arrasta há quase dez anos. Frustradas as diligências em face dos cantores (pessoas físicas) – o que, diga-se de passagem, é no mínimo intrigante, considerando-se tratar de dupla de sucesso, ícone da música sertaneja, que realiza shows por todo o território nacional –, foi autorizada a inclusão no polo passivo da execução de empresas controladas pelo Sr. Ralf Richardson da Silva e sua esposa, entre elas a agravante (cf. fl. 764).

Ora, o fato de não ter a agravante participado do processo na fase de conhecimento, nem constar do título executivo judicial, não obsta que venha a responder pela execução, a conclusão corroborada pelo cancelamento da Súmula n. 205 do TST.

Refuta-se a argumentação recursal no sentido de que não se pode entender pela existência de grupo econômico formado entre pessoas *físicas* dos cantores e a agravante (pessoa jurídica). Para efeitos trabalhistas, o grupo econômico pode ser formado por pessoas jurídicas, pessoas físicas e mesmo entes despersonalizados, desde que presente a atividade econômica, vale dizer, desde que sejam estes "seres econômicos", ou simplesmente "empresas", nos termos da consolidação. No caso, os executados (pessoas *físicas*) podem ser considerados empresários do ramo musical, atuam de forma profissional e organizada, auferem lucros decorrentes da produção musical e atuam em nome da "marca" "Christian e Ralf".

Seja como for, também a teoria da desconsideração da personalidade jurídica "inversa" justifica a execução de bens da agravante, tendo em vista a existência de confusão patrimonial (promiscuidade), entre as pessoas físicas dos empresários e cantores da dupla sertaneja e as empresas controladas pelo grupo familiar do cantor "Ralf", conforme esmiuçado na decisão de fl. 764.

Quanto à nulidade da penhora, por suposta violação do § 5º do art. 659 do CPC, como bem asseverado na origem, o registro da penhora visa dar publicidade do ato perante terceiros e não ao proprietário, sendo incontroversa a ciência inequívoca do ato de constrição pela agravante, que pôde se defender através dos embargos à execução, de modo que inexiste prejuízo.

Quem assume o risco do negócio ou da atividade econômica é o empregador e não o empregado.[31]

A doutrina e a jurisprudência divergem quando os bens da empresa são insuficientes para o pagamento do crédito trabalhista do empregado.[32]

Cumpre observar que há entendimento de que os sócios ou administradores respondem com os seus bens pessoais, solidariamente, pois foram beneficiados com o trabalho dos empregados. Outros sustentam que a responsabilidade está condicionada à comprovação do ilícito, por atos irregulares de gestão, observado o devido processo legal. A falta de legislação específica pode ser uma das causas desta divergência, fruto da aplicação de diversos dispositivos legais, como, por exemplo: a Lei n. 8.078/90 — Código de Defesa do Consumidor, que no seu art. 28 estatui:

> Art. 28. O juiz poderá desconsiderar a personalidade jurídica da sociedade quando, em detrimento do consumidor, houver abuso de direito, excesso de poder, infração da lei, fato ou ato ilícito ou violação dos estatutos ou contrato social. A desconsideração também será efetivada quando houver falência, estado de insolvência, encerramento ou inatividade da pessoa jurídica provocados por má administração.
>
> (...)
>
> § 5º Também poderá ser desconsiderada a pessoa jurídica sempre que sua personalidade for, de alguma forma, obstáculo ao ressarcimento de prejuízos causados aos consumidores.

Todavia, essa não tem sido a única fonte legal. A Lei n. 8.884/94 (Lei Antitruste), em seu art. 18, dispõe:

> Art. 18. A personalidade jurídica do responsável por infração da ordem econômica poderá ser desconsiderada quando houver da parte deste abuso de direito, excesso de poder, infração da lei, fato ou ato ilícito ou violação dos estatutos ou contrato social. A desconsideração também será efetivada quando houver falência, estado de insolvência, encerramento ou inatividade da pessoa jurídica provocados por má administração.

Há, ainda, a possibilidade de se invocar a Lei n. 9.605/98, cujo art. 4º prescreve: "poderá ser desconsiderada a pessoa jurídica sempre que sua personalidade for obstáculo ao ressarcimento de prejuízos causados à qualidade do meio ambiente".

Igualmente aplicável seria o art. 135 do Código Tributário Nacional — CTN — quando presentes atos praticados com excesso de poderes de infração de lei, contrato social ou estatuto. Por seu turno, a Lei n. 6.404/76, no art. 158, estabelece que o administrador é responsável por ato de gestão irregular e responde por prejuízos sempre que proceder com culpa ou dolo, ou violar a lei ou o contrato.

Lado outro, o art. 13 da Lei n. 8.620/93 dispõe que o titular de firma individual e os sócios das empresas por cotas de responsabilidade limitada responderão solidariamente, com seus bens pessoais, pelos débitos perante a Seguridade Social.

Finalmente, a alegação de nulidade dos atos processuais anteriores à citação por edital dos executados José Pereira da Silva Neto ("Christian") e Ralf Richardson da Silva não merece acolhimento. Como se lê às fls. 800, embora a citação por edital tenha sido determinada apenas em 3.12.2009, uma vez que os cantores não foram encontrados nos endereços informados nos autos, é certo que seus patronos, os mesmos da agravante, tinham ciência (sic) (dos) atos executórios até então realizados. Novamente, inexiste prejuízo à agravante, que, repita-se, teve a oportunidade de se defender e, em sede de embargos à execução, discutir a sua legitimidade, bem como as questões relativas à penhora de bem imóvel de sua propriedade."

Nesse contexto, nego provimento.

Pelo exposto,

ACORDAM os magistrados da 1ª Turma do Tribunal Regional do Trabalho da 2ª Região em: *NEGAR PROVIMENTO* ao recurso da executada. Mantida a decisão de origem, por seus pr´prios e jurídicos fundamentos.

Susete Mendes Barbosa de Azevedo

Juíza Relatora

(31) SÓCIO COTISTA. DESCONSIDERAÇÃO DA PERSONALIDADE JURÍDICA. RESPONSABILIDADE. "O caráter protecionista do Direito do Trabalho confere à teoria da desconsideração da personalidade jurídica uma interpretação em consonância com seus princípios tutelares. Dessa feita, não há necessidade, nesta seara, de configuração de fraude, de abuso de direito ou de excesso de poder. A simples demonstração de inidoneidade da pessoa jurídica pela insuficiência de bens para saldar as dívidas trabalhistas que lhe são afetas já autoriza a aplicação do instituto sob comento. Isso porque, o caráter forfetário do salário preconiza que o empregado não deve correr os riscos do empreendimento, haja vista que também não participa dos respectivos proveitos (art. 2º da CLT). Assim, perfeitamente aplicável a desconsideração da pessoa jurídica ao presente caso, uma vez que os bens da pessoa jurídica são insuficientes para saldar o débito trabalhista, sendo cabível o avanço da penhora sobre o patrimônio pessoal dos sócios. Aplicando-se tal teoria, abre-se uma exceção à responsabilidade limitada do sócio cotista, o qual deve responder ilimitadamente pela satisfação da dívida, cabendo-lhe o direito de regresso contra os demais sócios na Justiça Comum." (PARANÁ. Tribunal Regional do Trabalho da 9ª Região, Reclamatória Trabalhista Ordinária n. 03052, 2009).

(32) RECURSO DE REVISTA. PROCESSO DE EXECUÇÃO DE SENTENÇA. PENHORA DE BEM DE SÓCIO. TEORIA DA DESCONSIDERAÇÃO DA PERSONALIDADE JURÍDICA. Partindo da premissa de que os créditos trabalhistas, ante a natureza alimentar de que são revestidos, são privilegiados e devem ser assegurados, a moderna doutrina e a jurisprudência estão excepcionando o princípio da responsabilidade limitada do sócio, com fulcro na teoria da desconsideração da personalidade jurídica de forma que o empregado possa, verificada a insuficiência do patrimônio societário, sujeitar à execução os bens dos sócios individualmente considerados. Inocorrida afronta a norma constitucional. (BRASIL, Tribunal Superior do Trabalho, Recurso de Revista n. 2549-2000-012-05-00, DJ 7.3.2003)

Não se pode esquecer, em face de cipoal de normas, que o Código Civil de 2002, por intermédio do art. 50, pelo menos em parte, do ponto de vista legislativo, preencheu a lacuna normativa à qual nos referimos.

Anteriormente, com o Código de Defesa do Consumidor — Lei n. 8.078/90, que acolhe a doutrina da desconsideração da pessoa jurídica em face do fornecedor, nas relações de consumo, e diante da subsidiariedade autorizada pelos arts. 8º, parágrafo único, e 769 da CLT, nova interpretação foi dada pela doutrina, influenciando substancialmente o processo de execução trabalhista. Mas, por imposição da CLT, mercê da qual a aplicação subsidiária só é admitida quando há omissão e desde que não exista incompatibilidade de instituto acessório com os princípios regentes do processo do trabalho, o entendimento quanto à aplicação do CDC no âmbito trabalhista não é tema pacífico. Há certa relutância na aceitação da subsidiariedade do disposto no CDC, objetivando acelerar e tornar efetiva a execução trabalhista. Muitos preferem aplicar as ínfimas de lacônicas disposições da CLT, utilizando-se subsidiariamente do Código de Processo Civil e da Lei de Execuções Fiscais — Lei n. 6.830 de 22 de setembro de 1980 — por força do art. 769 da CLT.

A ministra do STJ Nancy Andrighi acentua que:

> [...] tem-se que a interpretação teleológica do art. 50 do CC/02 legitima a inferência de ser possível a desconsideração inversa da personalidade jurídica, de modo a atingir bens da sociedade em razão de dívidas contraídas pelo sócio controlador, conquanto, preenchidos os requisitos previstos na norma.[33]
>
> [...]
>
> Ademais, ainda que não se considere o teor do art. 50 do CC/02 sob a ótica de uma interpretação teleológica, entendo que a aplicação da teoria da desconsideração da personalidade jurídica em sua modalidade inversa encontra justificativa nos princípios éticos e jurídicos intrínsecos a própria *disregard doctrine*, que vedam o abuso de direito e a fraude contra credores. Outro não era o fundamento usado pelos nossos Tribunais para justificar a desconsideração da personalidade jurídica propriamente dita, quando, antes do advento do CC/02, não podiam valer da regra contida no art. 50 do diploma atual.[34]
>
> 1 – PROCESSUAL CIVIL E CIVIL. RECURSO ESPECIAL. EXECUÇÃO DE TÍTULO JUDICIAL. ART. 50 DO CC/02. DESCONSIDERAÇÃO DA PERSONALIDADE JURÍDICA INVERSA. POSSIBILIDADE.
>
> [...]
>
> III – A desconsideração inversa da personalidade jurídica caracteriza-se pelo afastamento da autonomia patrimonial da sociedade, para, contrariamente do que ocorre na desconsideração da personalidade propriamente dita, atingir o ente coletivo e seu patrimônio social, de modo a responsabilizar a pessoa jurídica por obrigações do sócio controlador.
>
> IV – Considerando-se que a finalidade da *disregard doctrine* é combater a utilização indevida do ente societário por seus sócios, o que pode ocorrer também nos casos em que o sócio controlador esvazia o seu patrimônio pessoal e o integraliza na pessoa jurídica, conclui-se, de uma interpretação teleológica do art. 50 do CC/02, ser possível a desconsideração inversa da personalidade jurídica, de modo a atingir bens da sociedade em razão de dívidas contraídas pelo sócio controlador, conquanto preenchidos os requisitos previstos na norma.
>
> V – A desconsideração da personalidade jurídica configura-se como medida excepcional. Sua adoção somente é recomendada quando forem atendidos os pressupostos específicos relacionados com a fraude ou abuso de direito estabelecidos no art. 50 do CC/02. Somente se forem verificados os requisitos de sua incidência, poderá o juiz, no próprio processo de execução, "levantar o véu" da personalidade jurídica para que o ato de expropriação atinja os bens da empresa.
>
> VI – À luz das provas produzidas, a decisão proferida no primeiro grau de jurisdição, entendeu, mediante minuciosa fundamentação, pela ocorrência de confusão patrimonial e abuso de direito por parte do recorrente, ao se utilizar indevidamente de sua empresa para adquirir bens de uso particular.
>
> VII – Em conclusão, a r. decisão atacada, ao manter a decisão proferida no primeiro grau de jurisdição, afigurou-se escorreita, merecendo assim ser mantida por seus próprios fundamentos. Recurso especial não provido. (BRASIL, STJ, Recurso Especial n. 948.117 – MS, relatora Ministra Nancy Andrighi, 2010).

Consistente é a jurisprudência do TST:

> AGRAVO DE INSTRUMENTO — PROVIMENTO — DESCONSIDERAÇÃO DA PERSONALIDADE JURÍDICA — SOCIEDADE LIMITADA — GARANTIA À PROPRIEDADE DE TERCEIRO — CONSTRIÇÃO JUDICIAL INDEVIDA. Demonstrada possível violação a dispositivo constitucional, dá-se provimento ao Agravo de Instrumento para determinar o procedimento do apelo denegado. Agravo conhecido e provido. RECURSO DE REVISTA — DESCONSIDERAÇÃO DA PERSONALIDADE JURÍDICA — SOCIEDADE LIMITADA — GARANTIA À PROPRIEDADE DE TERCEIRO — BEM PERTENCENTE AO PAI DO SÓCIO — CONSTRIÇÃO JUDICIAL INDEVIDA.
>
> 1 – A teoria da desconsideração da personalidade jurídica (*disregard of legal entity doctrine*) dispõe que, comprovada a existência da fraude ou abuso de direito na gestão empresarial, afasta-se a autonomia que separa o patrimônio da pessoa jurídica do patrimônio dos seus sócios. Assim, os bens

---

(33) BRASIL. Superior Tribunal de Justiça. Resp n. 948.117, Brasília, DF, 22 de junho de 2010. Disponível em: < https://ww2.stj.jus.br/revistaeletronica/Abre_Documento.asp?sSeq=985791&sReg=200700452625&s Data=20100803&formato=PDF>. Acesso em: 23 set. 2012.

(34) BRASIL. Superior Tribunal de Justiça. Resp n. 948.117, Brasília, DF, 22 de junho de 2010. Disponível em: < https://ww2.stj.jus.br/revistaeletronica/Abre_Documento.asp?sSeq=985791&sReg=200700452625&s Data=20100803&formato=PDF>. Acesso em: 23 set. 2012.

dos membros da sociedade passam a sujeitar-se, solidária e ilimitadamente, à execução, até o pagamento integral do crédito deferido pela condenação.

2 – Essa teoria fixa uma exceção — e não uma regra — à execução do crédito trabalhista. Por esse motivo, sua aplicação no direito do trabalho pressupõe necessariamente a comprovação de duplo requisito — (i) objetivo e (ii) subjetivo.

3 – Segundo o requisito objetivo, a desconsideração da personalidade jurídica é condicionada à demonstração de fraude ou abuso de direito na gestão empresarial.

4 – Por sua vez, o requisito subjetivo delimita formalmente o alcance da desconsideração da personalidade jurídica, comprometendo tão somente o patrimônio dos sócios que subscrevem o capital social de sociedade personificada, *i. e.*, dos membros inscritos no estatuto ou contrato social da empresa inscrita no registro próprio (arts. 985 e 997 e ss. do CC).

5 – Por assim dizer, a *disregard of legal entity doctrine* não se aplica à sociedade de fato — aqui entendida como espécie de sociedade em comum não personificada, nos termos do Enunciado n. 58 do CEJ. Isso porque, nessas sociedades, todos os sócios sempre respondem solidária e ilimitadamente pelas dívidas contraídas, não havendo falar em autonomia patrimonial (art. 990 do CC). Assim, somente faz sentido aludir à desconsideração da personalidade jurídica em relação às empresas formalmente constituídas — sociedades personificadas.

6 – Esse duplo requisito para a aplicação da *disregard of legal entity doctrine* confere não apenas proteção ao crédito trabalhista – permitindo a execução de bens dos sócios -, como também instituiu garantia à propriedade de terceiros, ressalvando os bens de pessoas físicas que não integram o quadro societário da empresa.

7 – No caso em exame, o Eg. Tribunal Regional consignou expressamente que o Terceiro Embargante não integrou o quadro societário da Empresa-Reclamada condenada ao pagamento de parcelas trabalhistas. Assim, não logrou demonstrar o requisito subjetivo que autorizasse o ataque aos seus bens. No entanto, manteve a penhora de automóvel de sua propriedade deferida pela sentença.

8 – Ao assim proceder, o Tribunal a quo extravasa os limites da desconsideração da personalidade jurídica e intervém indevidamente em bem de propriedade do Terceiro Embargante. Com isso, viola os princípios constitucionais do direito de propriedade e do devido processo legal, garantidos pelo art. 5º, incisos XXII e LIV, da Carta Magna. Recurso de Revista conhecido e provido. (BRASIL, TST, 3ª Turma, n. RR – 7342400-12.2003.5.04.0900. Relatora: Maria Cristina Irigoyen Peduzzi, 2004)

AGRAVO DE INSTRUMENTO EM RECURSO DE REVISTA. TERCEIRIZAÇÃO TRABALHISTA. NO ÂMBITO DA ADMINISTRAÇÃO PÚBLICA. ART. 71, § 1º, DA LEI N. 8.666/93 E RESPONSABILIDADE SUBSIDIÁRIA DO ENTE PÚBLICO PELAS OBRIGAÇÕES TRABALHISTAS DO EMPREGADOR CONTRATADO. POSSIBILIDADE EM CASO DE *CULPA IN VIGILANDO* DO ENTE OU ÓRGÃO PÚBLICO CONTRATANTE, NOS TERMOS DA DECISÃO DO STF PROFERIDA NA ADC N. 16-DF E POR INCIDÊNCIA DOS ARTS. 58, INCISO III, E 67, *CAPUT* E § 1º, DA MESMA LEI DE LICITAÇÕES E DOS ARTS. 186 E 927, *CAPUT*, DO CÓDIGO CIVIL. MATÉRIA INFRACONSTITUCIONAL E PLENA OBSERVÂNCIA DA SÚMULA VINCULANTE N. 10 E DA DECISÃO PROFERIDA PELO SUPREMO TRIBUNAL FEDERAL NA ADC N. 16-DF. SÚMULA N. 331, ITENS IV E V DO TRIBUNAL SUPERIOR DO TRABALHO. Conforme ficou decidido pelo Supremo Tribunal Federal, com eficácia contra todos e efeito vinculante (art. 102, § 2º, da Constituição Federal), ao julgar a Ação Declaratória de Constitucionalidade n. 16-DF, é constitucional o art. 71, § 1º, da Lei de Licitações (Lei n. 8.666/93), na redação que lhe deu o art. 4º da Lei n. 9.032/95, com a consequência de que o mero inadimplemento de obrigações trabalhistas causado pelo empregador de trabalhadores terceirizados, contratados pela Administração Pública, após regular licitação, para lhe prestar serviços de natureza contínua, não acarreta a esta última, de forma automática e em qualquer hipótese, sua responsabilidade principal e contratual pela satisfação daqueles direitos. No entanto, segundo também expressamente decidido naquela mesma sessão de julgamento pelo STF, isso não significa que, em determinado caso concreto, com base nos elementos fático-probatórios delineados nos autos e em decorrência da interpretação sistemática daquele preceito legal em combinação com outras normas infraconstitucionais igualmente aplicáveis à controvérsia (especialmente os arts. 54, § 1ª, 55, inciso XIII, 58, inciso III, 66, 67, caput e seu § 1º, 77 e 78 da mesma Lei n. 8.666/93 e os arts. 186 e 927 do Código Civil, todos subsidiariamente aplicáveis no âmbito trabalhista por força do parágrafo único do art. 8º da CLT), não se possa identificar a presença de culpa in vigilando na conduta omissiva do ente público contratante, ao não se desincumbir satisfatoriamente de seu ônus de comprovar ter fiscalizado o cabal cumprimento, pelo empregador, daquelas obrigações trabalhistas (fato que deve estar expressamente registrado na decisão regional), como estabelecem aquelas normas da Lei de Licitações e também, no âmbito da Administração Pública Federal, a Instrução Normativa n. 2/2008 do Ministério do Planejamento, Orçamento e Gestão (MPOG), alterada por sua Instrução Normativa n. 03/2009. Nesses casos, sem nenhum desrespeito aos efeitos vinculantes da decisão proferida na ADC n. 16-DF e da própria Súmula Vinculante n. 10 d0 STF, continua perfeitamente possível, à luz das circunstâncias fáticas da causa e do conjunto das normas infraconstitucionais que regem a matéria, que se reconheça a responsabilidade extracontratual, patrimonial ou aquiliana do ente público contratante autorizadora de sua condenação, ainda que de forma subsidiária, a responder pelo adimplemento dos direitos trabalhistas de natureza alimentar dos trabalhadores terceirizados que colocaram sua força de trabalho em seu benefício. Tudo isso acabou de ser consagrado pelo Pleno deste Tribunal Superior do Trabalho, ao revisar sua Súmula n. 331, em sua sessão extraordinária realizada em 24/05/2011 (decisão publicada no Diário Eletrônico da Justiça do Trabalho de 27/05/2011, fls. 14 e 15), atribuindo nova redação ao seu item IV e inserindo-lhe o novo item V, nos seguintes e expressivos termos: SÙMULA N. 331. CONTRATO DE PRESTAÇÃO DE SERVIÇOS. LEGALIDADE. (…) IV – O inadimplemento das obrigações trabalhistas, por parte do empregador, implica a responsabilidade subsidiária do tomador dos serviços quanto àquelas obrigações, desde que haja participado da relação processual e conste também do título executivo judicial. V – Os entes integrantes da Administração Pública direta e respondem subsidiariamente nas mesmas condições do item IV, caso evidenciada a sua conduta culposa no cumprimento das obrigações da Lei n. 8.666, de 21.6.1993, especialmente na fiscalização do cumprimento das obrigações contratuais e legais da prestadora de serviço como empregadora. A aludida responsabilidade não decorre de mero inadimplemento das obrigações trabalhistas assumidas pela empresa regularmente contratada. Agravo de instrumento desprovido. DESCONSIDERAÇÃO DA PERSONALIDADE JURÍDICA DA PRIMEIRA RECLAMADA. Na hipótese, não há cogitar em ofensa ao art. 50 do Código Civil, pois, conforme destacou o Regional, a desconsideração da personalidade jurídica (teoria da desconsideração da personalidade jurídica — disregard of legal entity doctrine), com vistas a alcançar o patrimônio da pessoa de seus sócios, a fim de viabilizar os meios necessários à efetiva solvabilidade do crédito do trabalhador, somente pode vir a ocorrer na fase de execução, quando, então, verificar-se-á, o acervo patrimonial da empresa executada, a existência ou não de bens suficientes a garantir a execução. Agravo de instrumento desprovido. RESPONSABILIDADE SUBSIDIÁRIA. ABRANGÊNCIA. MULTA DO ART. 467 DA CLT. A jurisprudência desta Corte pacificou-se no entendimento acerca de que a responsabilização subsidiária, prevista na Súmula n. 331, item VI, do TST, implica o pagamento da totalidade dos débitos trabalhistas, inclusive as multas legais ou convencionais e verbas rescisórias ou indenizatórias. Esse posicionamento acabou sendo consagrado pelo Pleno deste Tribunal Superior do Trabalho que, em sessão extraordinária realizada em 24/05/2011, decidiu inserir o item VI na Súmula n. 331 da Corte, por intermédio da Resolução n. 174/2011 (decisão publicada no DEJT divulgado em 27, 30 3 31/05/2011), com a seguinte redação: A responsabilidade subsidiária do tomador de serviços abrange todas as verbas. Agravo de instrumento desprovido. (BRASIL,TST, 2ª Turma, AIRR – 102140-69.2009.5.21.0008, 2011).

EMENTA: EXECUÇÃO. SÓCIO INSOLVENTE QUE INTEGRA SEU PATRIMÔNIO AO DE OUTRA EMPRESA. TEORIA DA DESCONSIDERAÇÃO INVERSA DA PERSONALIDADE JURÍDICA. RESPONSABILIDADE DA EMPRESA. Aplica-se ao caso a teoria da desconsideração inversa da personalidade jurídica da empresa, por se tratar de hipótese de sócio que tornou insolvente e incorporou seu patrimônio a outra sociedade empresária, prejudicando o credor, caso em que se deve adentrar ao patrimônio da empresa a fim de que esta responda pela obrigação do sócio. Trata-se de técnica que visa a impedir que o devedor utilize o ente jurídico para, por meio da confusão patrimonial, burlar a lei, escondendo seu patrimônio. (MINAS GERAIS. TRT 3ª Região. Relator Luiz Ronan Neves Koury, 0064200-85.2006.5.03.0102. AP, 2010)[35].

Como se verifica, a jurisprudência admite a aplicação da desconsideração mesmo em se tratando de sócio minoritário, ou seja, a responsabilização independe da quantificação no capital social.[36]

Há, contudo, jurisprudência que desconsidera a personalidade jurídica em caso de sociedade por quotas de responsabilidade limitada, entendendo este tipo de sociedade, por ser de pessoas e não como de capital, afasta a inclusão de acionistas da sociedade anônima no polo passivo de demandas trabalhistas[37]:

5. A importância da efetividade da execução trabalhista

Barbosa Moreira registrou a crescente e generalizada preocupação com a efetividade do processo. Sintetizou algumas proposições e proclamou: "o resultado do processo há de ser tal que assegure à parte vitoriosa o gozo pleno da específica utilidade a que faz jus segundo o ordenamento". Chiovenda, anteriormente, há mais de cem anos, já havia sublinhado que: *"Il processo deve dare per quanto è possible praticamente a chi há um diritto tutto quello e proprio quello ch'égli há diritto conseguire".*[38]

O problema da efetividade, segundo Barbosa Moreira, vincula-se ao acesso à Justiça, aos aspectos relacionados ao âmbito e ao modo de atuação do processo, à instrução, às técnicas empregáveis e os expedientes que se possa lançar

---

(35) Disponível em: <https://as1.trt3.jus.br/juris/detalhe.htm?conversationId=40522>. Acesso em: 25 set. 2012.

(36) EXECUÇÃO. DESCONSIDERAÇÃO DA PERSONALIDADE JURÍDICA. SÓCIO RETIRANTE. RESPONSABILIDADE. A teoria da desconsideração da personalidade jurídica deve ser aplicada sempre que se constate que a personalidade jurídica da sociedade serve de empecilho à satisfação de créditos trabalhistas. Não se exige prova de atuação dolosa ou abusiva dos sócios, tampouco se restringe a responsabilização ao sócio que tenha exercido a gerência da sociedade ou se afasta a responsabilidade dos sócios minoritários. Há presunção de que todos os sócios se beneficiaram dos resultados positivos alcançados com a contribuição da mão de obra do empregado. O fato de o agravante não se encontrar mais na sociedade não afasta sua responsabilidade, ao menos, no processo trabalhista. Agravo de petição do executado a que se nega provimento. (PARANÁ, Tribunal Regional do Trabalho da 9ª Região, Reclamatória Trabalhista Ordinária n. 37.768, 2008)

(37) SOCIEDADE ANÔNIMA. DESCONSIDERAÇÃO DA PERSONALIDADE JURÍDICA. INCLUSÃO DE ACIONISTAS NO POLO PASSIVO DA RELAÇÃO PROCESSUAL. IMPOSSIBILIDADE. Embora seja possível a desconsideração da personalidade jurídica de sociedade anônima, não se mostra viável a responsabilização dos sócios que não participam da gestão empresarial. Os acionistas da sociedade de capital não se confundem com a figura do sócio, típica da sociedade de pessoas. Agravo de petição do exequente a que se nega provimento. (PARANÁ, Tribunal Regional do Trabalho da 9ª Região, Reclamatória Ordinária n. 35.444, 2008).

(38) "O processo deve dar quanto for possível, praticamente, a quem tenha um direito, tudo aquilo e somente aquilo que ele tenha direito de conseguir" In: CHIOVENDA, Giuseppi. Dell'azione nascente da contratto preliminare. *Revista di diritto commerciale*, 1911. CHIOVENDA, Giuseppi. *Saggi di diritto processuale civile*. Roma, 1930. CHIOVENDA, Giuseppi. *Instituições de direito processual civil*, 1/84, 1942, § 12.

mão, com o conteúdo e a eficácia dos provimentos judiciais, com os meios de prevenção e de execução forçada, com a eficácia destes, com os métodos alternativos de solução dos conflitos, com a complexidade e duração dos processos e respectivas causas.

A instauração de processo judicial constitui, no comum dos casos, uma alternativa a que se recorre quando parece impossível ou difícil a atuação espontânea do direito. Logicamente, o objetivo do processo deveria consistir na obtenção de resultado prático que coincidisse de modo exato com o que se atingiria por aquele caminho natural. Não sendo isso possível, valorar-se-á funcionamento do mecanismo processual, em todo caso, à luz da sua aptidão para produzir resultado próximo do ideal de coincidência. Dir-se-á, então, que o processo funciona tanto melhor quanto mais se aproximar o seu resultado prático daquele a que levaria a atuação espontânea do direito.[39]

O vocábulo "efetividade" é polivalente, polissêmico e multiforme. Ele tem um rico conteúdo semântico na ciência jurídica contemporânea e é motivo de estudos, principalmente daqueles que convivem com o Direito Processual, na busca incansável pelo seu aprimoramento. A efetividade está na pauta do dia, seja como aptidão, método, orientação, postura científica ou mesmo princípio. Entretanto, cada vez mais, a sua incidência constitui fator imprescindível ao processo e à Justiça. Segundo Franz Klein, o austríaco que revolucionou, há um século, a concepção do processo, tirando-lhe as características liberal-individualistas.

O relevo excepcional do Direito Processual Civil em nossos dia, visualizado no predomínio das questões processuais em nossos julgados em sobretudo, no acentuado acervo de obras editadas nessa área científica, não tem passado despercebido aos cultores do Direito, que explicam o fenômeno pela sua imprescindibilidade no ordenamento das sociedade, viabilizando a aplicação do direito material e o próprio funcionamento do regime democrático, sabido ser a jurisdição uma das expressões da soberania e o processo instrumento dessa jurisdição, instrumento político de efetivação das garantias asseguradas constitucionalmente e até mesmo manifestação político-cultural, ao refletir o estágio vivido pela comunidade, "espelho cultural da época" na dicção de Franz Klein, o grande reformador austríaco que há um século revolucionava a concepção do processo, até então sob o figurino liberal-individualista.[40]

Em 1949, em Genebra, foi aprovada pela Organização Internacional do Trabalho (OIT) a Convenção n. 95, da Proteção do Salário que, no Brasil, entrou em vigor em 1958, e que, em seu art. 11, estabeleceu:

1. Em caso de falência ou de liquidação judiciária de uma empresa, os seus empregados serão tratados como credores privilegiados, seja pelos salários, que lhes são devidos a título de serviços prestados no decorrer de período anterior à falência ou à liquidação e que serão prescritos pela legislação nacional, seja pelos salários que não ultrapassem limite prescrito pela legislação nacional.

2. O salário que constitua crédito privilegiado será pago integralmente antes que os credores comuns possam reivindicar sua parte.

3. A ordem de prioridade do crédito privilegiado constituído pelo salário, em relação aos outros créditos privilegiados, deve ser determinada pela legislação nacional.[41]

Seguindo essa trilha, a legislação brasileira sofreu uma adequação interna. A Lei de Falências, Decreto-lei n. 7.661, de 21.6.1945, alterou o seu texto, conferindo privilégio aos créditos trabalhistas, em caso de falência. Além de estabelecer a hierarquia dos créditos na falência, estabeleceu privilégio, sobrepondo o crédito trabalhista aos demais, superável apenas pela indenização por acidente de trabalho:

Art. 102. Ressalvada, a partir de 2 de janeiro de 1958, a preferência dos créditos dos empregados, por salários e indenizações trabalhistas, sobre cuja legitimidade não haja dúvida, ou quando houver, em conformidade com a decisão que for proferida na Justiça do Trabalho, e, de, depois deles, a preferência dos credores por encargos ou dívidas da massa (art. 124), a classificação dos créditos, na falência, obedece à seguinte ordem:[42]

I – créditos com direitos reais de garantias;

II – créditos com privilégio especial sobre determinados bens;

III – créditos com privilégio geral;

IV – créditos quirografários.

§ 1º Preferem a todos os créditos admitidos à falência a indenização por acidente de trabalho e os outros créditos que, por lei especial, gozarem essa prioridade.

Na esfera tributarista, também se conferiu privilégio ao crédito trabalhista, conforme art. 186 do Código Tributário Nacional:

---

(39) MOREIRA, José Carlos Barbosa. Tendências na execução de sentenças e ordens judiciais. *In: Temas de direito processual*. 4. série. São Paulo: Saraiva, 1989. p. 215.
(40) TEIXEIRA, Sálvio de Figueiredo. A efetividade do processo e a reforma processual. *In: Revista de Processo*. RT, n. 78, abr./jun. 1995, p. 85-86.
(41) SÜSSEKIND. Arnaldo. *Convenções da OIT*. 2. ed. São Paulo: LTr, 1998. p. 338.
(42) *Caput* com redação determinada pela Lei n. 3.726, de 11 de fevereiro de 1960.

Art. 186 – O crédito tributário prefere a qualquer outro, seja qual for a natureza ou o tempo da constituição deste, ressalvados os créditos decorrentes da legislação do trabalho.

Na CLT, art. 449, o privilégio vem de longa data:

Art. 449. Os direitos oriundos da existência do contrato de trabalho subsistirão em caso de falência, concordata ou dissolução da empresa.

§ 1º. Na falência, constituirão créditos privilegiados a totalidade dos salários devidos ao empregado e a totalidade das indenizações a que tiver direito.

A Constituição de 1988 garante "proteção do salário na forma da lei, constituindo crime a sua retenção dolosa" (art. 7º, X). A execução do crédito trabalhista contra a Fazenda Pública é privilegiada decorrente de sua natureza alimentícia, conforme lhe confere o art. 100, § 1º-A, da CF/88.

O art. 649, IV, do CPC exclui da penhora os salários, ressalvada a hipótese de créditos de natureza também alimentícia:

Art. 649 – São absolutamente impenhoráveis:

IV – os vencimentos dos magistrados, dos professores e dos funcionários públicos, o soldo e os salários, salvo para pagamento de prestação alimentícia.

Pela relevância social na satisfação do crédito, o art. 889 da CLT determina a aplicação ao processo de execução trabalhista, e de forma subsidiária, das disposições da Lei de Execução Fiscal, Lei n. 6.830/80, que é insuficiente.

Mario de la Cueva, em seu livro Derecho Mexicano del Trabajo, de 1949, fez a seguinte afirmação:

El salario es la fuente única o por lo menos principal de vida para el obrero, y ahí que tenga un carácter alimenticio que constantemente le ha reconocido la doctrina y la jurisprudencia, no porque se equipare a los alimentos que son debidos conforme al derecho civil, sino porque, por constituir el ingreso único del trabajador, viene a ser el medio de satisfacer las necesidades alimenticias del obrero u de su familia.

No es, por tanto, de estrañar, que las legislaciones y el movimiento obrero se hayan esforzado por garantizar al trabajador la percepción efectiva y real del salario y que, a este efecto, se hayan dictado, desde el siglo pasado, numerosas disposiciones.[43]

Sob qualquer óptica que se examine a questão, isto é, seja à luz do direito material ou do direito processual, a verdade é que precisamos de uma real efetividade da sentença trabalhista, cujo conteúdo tem natureza alimentar. Jamais poderemos pensar em melhoria das condições de vida do trabalhador, em dignidade da pessoa humana, em diminuição da desigualdade social, em distribuição de renda, se os trabalhadores sequer recebem os seus créditos trabalhistas. Daí a importância da efetividade do processo, que não se esgotaria em si própria, já que ao lado da tutela reparatória transita a inibitória.

Como já mencionado anteriormente, a doutrina da desconsideração se adapta por excelência à execução trabalhista. Tendo o crédito trabalhista natureza alimentar, imperiosa é a ampliação dos meios suscetíveis de proporcionar a efetividade da execução, que somente ocorre com a efetiva entrega do crédito ao exequente.

Alerta Arion Sayão Romita que outro aspecto a justificar o elastecimento dos meios executórios é a imunidade do empregado face aos riscos do empreendimento.

Se o emprego é imune aos riscos da atividade econômica, não se lhe podem impor os prejuízos decorrentes de uma execução insuficiente. Para completa satisfação dos créditos trabalhistas dos empregados, em caso de não bastar o acervo social para cobrir a importância global das dívidas das sociedades, os sócios e os gestores devem responder com seus bens particulares, solidariamente, até a concorrência do montante dos créditos.[44]

O salário, consideradas as palavras de Mario de la Cueva, é a única fonte, senão a principal, de vida do trabalhador, o que lhe confere caráter alimentício, meio básico para satisfação de suas necessidades alimentares e de sua família, tornando possível afirmar que o crédito trabalhista se compara a um direito real. Esse direito *real* permite que o credor trabalhista possa perseguir o patrimônio que ajudou a construir, estando ele em poder de quem quer que seja, na busca da satisfação de seu crédito, como se fosse um verdadeiro *jus in re*.

A Constituição da República, em seu art. 170, estatui que a ordem econômica brasileira está alicerçada em dois princípios indissociáveis: a valorização do trabalho humano e a livre-iniciativa. O primeiro corporifica o princípio protetivo dos créditos de natureza alimentícia. Considera a jurisprudência majoritária que este princípio prevalece sobre o segundo, que é o da livre-iniciativa, e que no direito societário tem a roupagem de separação patrimonial.

Logo, também sob essa óptica, possível é a desconsideração da personalidade jurídica em favor do empregado, até por presunção, eis que o sócio, pouco importando a sua participação societária, se beneficiou com a atividade

---

(43) CUEVA, Mario de la. *Derecho mexicano del trabajo*. México: Porrua, 1949. t. 1, p. 669-670.
(44) ROMITA, Arion Sayão. Aspectos do processo de execução trabalhista à luz da Lei n. 6.830. *Revista LTr*, São Paulo, LTr, p. 1.031, set. 1981.

do empregado, para a construção do patrimônio pessoal ou empresarial. Na pior das hipóteses, haveria a inversão do ônus da prova, que recairia sobre os ombros do empresário, pessoa física, ou da empresa.

Entretanto há quem entenda não ser correto considerar a responsabilidade do sócio, que não exerceu poder administrativo na sociedade limitada sem poder de gestão.

A legislação trabalhista é antiga e enorme é a lentidão do Congresso Nacional na elaboração e aprovação da denominada "reforma trabalhista". A urgência na solução das lides trabalhistas, o suprimento das lacunas e a necessidade da efetivação das decisões da Justiça do Trabalho fazem com que o TST realize a revisão de sua jurisprudência.

Recordemos as palavras de José Carlos Barbosa Moreira:

> Não temos a ingenuidade de supor que seja fácil modificar o mundo com puros instrumentos jurídicos. Se falta a vontade política da mudança, pouco se pode fazer, operando no plano específico do direito. Nem por isso havemos de quedar-nos inertes, ou de encerrar-nos de uma vez por todas na famosa "torre de marfim", vista por tantos como o retiro inevitável de juristas, e particularmente de processualistas. Reconhecer que o direito não é onipotente de modo nenhum nos obriga a havê-lo por impotente. No processo evolutivo, sua palavra está longe de ser a única, ou a definitiva. É, em todo caso, imprescindível; e algumas vitórias permitem-nos acreditar que não tem sido, nem será, totalmente inútil.[45]

Logo, é fundamental uma posição proativa do juiz, que deve se utilizar de técnicas modernas de investigação patrimonial, visando a coibir toda espécie de fraude, que tenha por objetivo fraudar, impedir, comprometer ou desvirtuar a execução trabalhista.

6. A contribuição do método inverso de desconsideração da personalidade jurídica para uma maior efetividade da execução trabalhista

A necessidade de recebimento do crédito trabalhista de maneira célere decorre de sua natureza alimentar, uma vez que a grande maioria das pessoas que procura a Justiça do Trabalho ou está desempregada ou necessita cumprir com as suas obrigações, o que levou à instituição do BACEN JUD, através da penhora *on line,* assim como do BNDT.

A invocação da despersonalização da pessoa jurídica, por força do conceito patrimonial de empresa, ou sua desconsideração, no âmbito do processo de conhecimento, não comporta grandes problemas processuais, na medida em que seu procedimento assegura amplo contraditório e cognição exauriente dos fatos. A garantia do devido processo legal é, pois, plenamente atendida. Já no processo de execução, não se pode afirmar o mesmo, diante das restritas possibilidades de defesa asseguradas ao executado (hipóteses de cabimento de embargos à execução) ou ao terceiro alcançado na execução (hipóteses de cabimento de embargos de terceiros). De outra parte, na grande maioria dos casos de necessidade somente surge depois do processo de conhecimento, já na "fase" de execução. E, por que isso acontece somente na execução? Porque aí é que mais ocorre de o credor encontrar e constatar uma série de obstáculos à efetividade da execução, tais como inexistência de bens do devedor principal, a garantir a execução; alienação de bens em evidente fraude à execução; alteração na pessoa jurídica, seja por sucessão ou transformação na espécie societária ou, ainda, incorporação, fusão ou cisão da mesma. A dificuldade surge quando essas alterações ocorrem depois de proferida a sentença condenatória que se encontra em vias de execução.[46]

De conseguinte, a falta ou o atraso no recebimento do crédito trabalhista são inaceitáveis e devem ser fortemente coibidos. As decisões judiciais devem respeitar ao ditame da Constituição da República, consagrado no art. 5º, inciso LXXVIII, que garante ao cidadão a duração razoável do processo. Obviamente, cada tipo de processo pode ter um prazo ideal. O processo do trabalho é o que mais clama pela celeridade. O combate à morosidade, isto é, a luta incessante pela celeridade processual e pela efetividade das decisões judiciais ganhou *status* de direito fundamental, sendo tarefa de todos os partícipes da relação processual a implementação desta garantia.

Nenhum processo pode se constituir em uma *vitória de Pirro,* isto é, em um processo sem resultados, porque afeta não apenas ao credor, à sua família e à sociedade, mas também ao Estado, cujo gasto com o Poder Judiciário é elevadíssimo. O processo tem um custo socioeconômico, com reflexos na esfera privada do credor, assim como de sua família. Logo, a sentença deve transcender ao plano da abstração. Deve ir além disso: tem de ir à realidade da vida das pessoas, sendo cumprida e tornando-se integralmente concreta. A desconsideração inversa da personalidade jurídica é uma técnica importante de realização de justiça. Ela pavimenta mais uma via para o real cumprimento

---

(45) MOREIRA, José Carlos Barbosa. Os novos rumos do processo civil brasileiro. In: *Revista de Processo,* São Paulo, RT, n. 78, p. 144, abr./jun. 1995.
(46) SANTOS, Hermelino de Oliveira. *Desconsideração da personalidade jurídica no processo do trabalho.* São Paulo: LTr, 2003, p. 174

da sentença e, consequentemente, para a efetividade da execução, cujo percentual vem se mostrando, a cada dia, mais comprometedor da imagem do Poder Judiciário, que todos nós queremos melhor e mais eficiente.

Referências bibliográficas

BARRETO, Amaro. *Execução cível e trabalhista*. Rio de Janeiro: Edições Trabalhistas, 1962.

BRASIL. Código civil. *Código civil (2002)*. Lei n. 10. 406 de 10 de janeiro de 2002. Disponível em: <http://www.planalto.gov.br/ccivil_03/Leis/2002/L10406.htm>. Acesso em: 25 set. 2012.

_____. Código de processo civil. *Código de processo civil (1973)*. Lei n. 5.869 de 11 de janeiro de 1973. Disponível em: <http://www.planalto.gov.br/ccivil_03/Leis/L5869.htm>. Acesso em: 25 set. 2012.

_____.Código tributário. *Código tributário nacional*. Lei n. 5.172 de 25 de outubro de 1966. Dispõe sobre o Sistema Tributário Nacional e institui normas gerais de direito tributário aplicáveis à União, Estados e Municípios. Disponível em: <http://www.planalto.gov.br/ccivil_03/Leis/L5172.htm>. Acesso em: 23 set. 2012.

_____. Constituição. *Constituição da República Federativa do Brasil (1988)*. Disponível em: <http://www.planalto.gov.br/ccivil_03/Constituicao/Constituicao.htm>. Acesso em: 23 set. 2012.

_____. Consolidação das leis do trabalho. *CLT*. Decreto-lei n. 5.254 de 1º de maio de 1943. Disponível em: <http://www.planalto.gov.br/ccivil_03/Decreto-Lei/Del5452.htm>. Acesso em: 23 set. 2012.

_____. *Lei n. 6.404/76 de 15 de setembro de 1976*. Dispõe sobre as sociedades por ações. Disponível em: <http://www.planalto.gov.br/ccivil_03/leis/L6404consol.htm>. Acesso em: 25 set. 2012.

_____. *Lei n. 6.830/80, de 22 de setembro de 1980*. Leis de Execuções Fiscais. Dispõe sobre a cobrança de Dívida Ativa da Fazenda Pública e dá outras providências. Disponível em: <http://www.planalto.gov.br/ccivil_03/leis/L6830.htm>. Acesso em: 25 set. 2012.

_____. *Lei n. 8.078/90, de 1º de setembro de 1990*. Código de Defesa do Consumidor. Dispõe sobre a proteção ao consumidor e dá outras providências. Disponível em: <http://www.planalto.gov.br/ccivil_03/leis/L8078.htm>.

_____. *Lei n. 8.620/93, de 5 de janeiro de 1993*. Altera as Leis n.s. 8212 e 8213, de 24 de julho de 1991. Disponível em: <http://www.planalto.gov.br/ccivil_03/leis/L8620.htm>. Acesso em: 27 set. 2012.

_____. Lei n. 8.884/94, de 11 de junho de 1994. Lei Antitruste. Transforma o Conselho Administrativo de Defesa Econômica (CADE) em Autarquia, dispõe sobre a prevenção e a repressão às infrações contra a ordem econômica e dá outras providências. *Diário Oficial da União*, Brasília, 13 de junho de 1994. Disponível em: <http://www.planalto.gov.br/ccivil_03/leis/L8884.htm>. Acesso em: 29 set. 2012.

_____. *Lei n. 9.605/98.de 12 de fevereiro de 1990*. Dispõe sobre as sanções penais e administrativas derivadas de condutas e atividades lesivas ao meio ambiente e dá outras providências. Disponível em: <http://www.planalto.gov.br/ccivil_03/leis/L9605.htm>. Acesso em: 29 set. 2012.

_____. Superior Tribunal de Justiça. 4ª Turma. Falência. Arrecadação de bens particulares de sócios-diretores de empresa controlada pela massa falida. Desconsideração da personalidade jurídica (disregard doctrine). Teoria maior Necessidade de fundamentação ancorada em fraude. Abuso de direito ou confusão patrimonial. Recurso provido. Resp n. 693235/MT, relator Ministro Luiz Felipe Salomão. Brasília, DF, 17.11.2009. Disponível em: <http://www.stj.jus.br/webstj/processo/justica/detalhe.asp?numreg=200401402470>. Acesso em: 29 set. 2012.

_____. Superior Tribunal de Justiça. Execução de título judicial. Art. 50 do CC/02. Desconsideração da personalidade jurídica inversa. Resp n. 948.117, relatora: Nancy Andrighi, Brasília, DF, 22.6.2010. Disponível em: <https://ww2.stj.jus.br/revistaeletronica/Abre_Documento.asp?sSeq=985791&sReg=200700452625&s Data=20100803&formato=PDF>. Acesso em: 29 set. 2012.

_____. Tribunal Superior do Trabalho, 4ª Turma. Recurso de Revista. Processo de execução de sentença. Penhora de bem de sócio. Teoria da desconsideração da personalidade jurídica. RR n. 2549-2000-012-05-00, relatora: juíza convocada Helena Sobral de Albuquerque e Mello, DJ – PR 7.3.2003.

_____. Tribunal Superior do Trabalho. Agravo de instrumento. Provimento. Desconsideração da personalidade jurídica. Sociedade limitada. Garantia à propriedade de terceiro. Constrição judicial indevida. RR n. 7342400-12.2003.5.04.0900, relatora: Maria Cristina Irigoyen Peduzzi, Brasília, 26.5.2004. Disponível em: <http://aplicacao5.tst.jus.br/consultaunificada2/inteiroTeor.do?action=printInteiroTeor&highlight=true&numeroFormatado=RR-7342400-12.2003.5.04.0900&base=acordao&numProcInt=1362&anoProcInt=2003&dataPublicacao=25/06/2004 00:00:00&query=>. Acesso em: 29 set. 2012.

_____. Tribunal Superior do Trabalho. SDI. Mandado de Segurança. Bloqueio de 30% do numerário arrecadado mensalmente junto à administradora de cartão de crédito. Empresa que possui sócios em comum com a executada. MS. n. 11424-2004-000-02-00-0. Relator: Marcelo Freire Gonçalves. Diário Oficial da União: 20.5.2005.

_____. Tribunal Superior do Trabalho. 2ª Turma, Agravo de Instrumento em Recurso de Revista. Terceirização trabalhista no âmbito da administração pública. Art.. 71, § 1º, da Lei n. 8.666/93 e responsabilidade subsidiária do ente público elas obrigações trabalhistas do empregador contratado. Possibilidade, em caso de culpa *in vigilando* do ente ou órgão público contratante, nos termos da decisão do STF proferida na ADC N. 16-DF e por incidência dos arts. 58, inciso III, e 67, *caput*, e § 1º, da mesma Lei de Licitações e dos arts. 186 e 927, *caput,* do Código Civil. Matéria infraconstitucional e plena observância da Súmula Vinculante n. 10 e da decisão proferida pelo Supremo Tribunal Federal na ADC N. 16-DF. Súmula n. 331, itens IV e V, do Tribunal Superior do Trabalho. AIRR: 102140-69.2009.5.21.0008, Diário Oficial da União – 10.8.2011. Relator: Ministro José Roberto Freire Pimenta. Brasília, disponível em: <http://aplicacao5.tst.jus.br/consultaunificada2/inteiroTeor.do?action=printInteiroTeor&highlight=true&numeroFormatado=AIRR - 102140-69.2009.5.21.0008&base=acordao&numProcInt=189178&anoProcInt=2010&dataPublicacao=19/08/2011 07:00:00&query=>. Acesso em: 29 set. 2012.

CANOTILHO, José Joaquim Gomes. *Direito constitucional e teoria da Constituição*. 6. ed. Coimbra: Almedina, 2002.

CARNEIRO, Athos Gusmão. Nova execução. Aonde vamos? Vamos melhorar? *Revista de processo*, São Paulo, RT, n. 123, maio 2005.

CHIOVENDA, Giuseppi. Dell'azione nascente da contratto preliminare. *Revista di diritto commerciale*, 11, Milão, Vallardi, 1911.

_____. *Saggi di diritto processuale civile*. Roma: Il Foro Italiano, 1930.

_____. *Instituições de direito processual civil*. Trad. Benvindo Aires. São Paulo: Saraiva, 1942.

COELHO, Fábio Ulhoa. *Curso de direito comercial*. 11 ed. São Paulo: Saraiva, 2008. v. 02.

COSTA, Lopes da. *Manual elementar de direito processual civil*. Rio de Jsneiro: Forense, 1982.

CUEVA, Mário de la. *Derecho mexicano del trabajo*. México: Porrua, 1949. t. 1.

DINAMARCO, Cândido Rangel. *A instrumentalidade do processo*. São Paulo: RT, 1987.

DUCOS, Michele. *Roma e o direito*. Trad. Sílvia Sarzana e Mário Pugliese Netto. São Paulo: Madras, 2007.

KOURY, Suzy Elizabeth Cavalcanti. *A desconsideração da personalidade jurídica (disregard doctrine) e os grupos de empresas*. 2 ed. Rio de Janeiro. Forense, 2000.

LIEBMAN, Enrico Túllio. *Processo de execução*. São Paulo: Saraiva, 1946.

MINAS GERAIS. Tribunal Regional do Trabalho da 3ª Região. Execução. Sócio insolvente que integra seu patrimônio ao de outra empresa.Teoria da desconsideração inversa da personalidade jurídica. Responsabilidade da empresa. Ap. 0064200-85.2006.5.03.0102. Rel. Luiz Ronan Neves Koury. Disponível em: <https://as1.trt3.jus.br/juris/detalhe.htm?conversationId=40522>. Acesso em: 25 set. 2012.

MOREIRA, José Carlos Barbosa. Os novos rumos do processo civil brasileiro. *Revista de Processo*, São Paulo, RT, n. 78, abr./jun. 1995.

_____. Tendências na execução de sentenças e ordens judiciais. In: *Temas de direito processual*. 4. série. São Paulo: Saraiva, 1989.

OLIVEIRA, José Lamartine Corrêa de. *A dupla crise da pessoa jurídica*. São Paulo: Saraiva, 1979.

PARANÁ. Tribunal Regional do Trabalho da 9ª Região. Sociedade anônima. Desconsideração da personalidade jurídica. Inclusão de acionistas no polo passivo da relação processual. Impossibilidade. Reclamatória Trabalhista Ordinária n. 35.444-2008. Seção Especializada. Rel. Des. Benedito Xavier da Silva, Curitiba, DJ – PR, 10.10.2008.

_____. Tribunal Regional do Trabalho da 9ª Região, Execução. Desconsideração da personalidade jurídica. Sócio retirante. Responsabilidade. Reclamatória Trabalhista Ordinária n. 37.768-2008. Seção Especializada Des. Marlene T. Fuverki Suguimats, Curitiba, DJ – PR, 4.11.2008.

_____. Tribunal Regional do Trabalho da 9ª Região, Sócio cotista. Desconsideração da personalidade jurídica. Responsabilidade. Reclamatória Trabalhista Ordinária n. 03052-2009, DJ – PR, 3.2.2009.

REQUIÃO, Rubens. Abuso de direito e fraude através da personalidade jurídica (*Disregard Doctrine*). *Revista dos Tribunais*, São Paulo, RT, v. 410, ano 58, dez. 1969.

_____. *Curso de direito falimentar*. São Paulo: Saraiva, 1986. v. 1.

ROMITA, Arion Sayão. Aspectos do processo de execução trabalhista à luz da Lei n. 6.830. *Revista LTr*, São Paulo, LTr, set. 1981.

SÃO PAULO. Tribunal Regional do Trabalho. Processo n. 0136300-34.1998.5.02.0009, 1ª Turma. Relatora: Susete Mendes Barbosa de Azevedo. Publicação 24.9.2012.

SANTOS, Hermelino de Oliveira. *Desconsideração da personalidade jurídica no processo do trabalho*. São Paulo: LTr, 2003.

SILVA, Ovídio A. Baptista da. *Curso de processo civil*. São Paulo: Revista dos Tribunais, 2000.

SOUTO MAIOR, Jorge Luiz. A efetividade do processo. *In*: SOUTO MAIOR. Jorge Luiz; CORREIA, Marcus Orione Gonçalves. *Curso de Direito do Trabalho*: direito processual do trabalho. São Paulo: LTr, 2009. v. IV. Coleção Pedro Vidal Neto.

SÜSSEKIND, Arnaldo. *Convenções da OIT*. 2. ed. São Paulo: LTr, 1998.

TEIXEIRA, Sálvio de Figueiredo. A efetividade do processo e a reforma processual. *In: Revista de Processo*, São Paulo, RT, n. 78, abr./jun. 1995.

VERRUCOLI, Piero. *Il superamento della personalità giuridica delle società di capitali — nella common law e nella civil law*. Milano: Giuffrè, 1964.

WORMSER, I. Maurice. *Disregard of the corporate fiction and allied corporation problems*. Washington DC: Beardbooks, 1927. Repinted 2000.

Direitos Humanos e o Bloqueio do FGTS para fins de Alimentos

Walmer Costa Santos

1. Introdução

A expressão Direitos Fundamentais pode ser conceituada como os direitos básicos nos quais o indivíduo pode se defender dos desvios de conduta do Estado, independentemente de qualquer condição pessoal específica, sendo, portanto, direitos que têm o condão de dar fundamento aos demais direitos.

Todavia, tais direitos devem estar garantidos por uma lei, como ocorre com todo o direito. Porém, no caso dos Direitos Fundamentais essa lei deve ter um cunho fundamental, tendo respaldo na própria Constituição e não em mera legislação infraconstitucional.

Dessa maneira, podemos dizer que a história dos Direitos Fundamentais está intimamente ligada à história do constitucionalismo, face à limitação do poder estatal ou ao deslocamento do poder, do despotismo da nobreza que se justificava na vontade divina, ou numa pseudoeleição dos "melhores", para a vontade geral do povo, como preconizava Rousseau[1].

Joaquim Carlos Salgado[2] ensina que:

> "... direitos fundamentais têm seu significado garantido num fato político de natureza planetarizante: o fato de o Estado de Direito, definido como o Estado cuja finalidade, ou *ratio essendi*, é a realização e garantia de direitos subjetivos considerados fundamentais, portanto, que se conferem a todos como pessoas".

Assim sendo, os Direitos Fundamentais possuem elementos definidores, nos quais destacamos os valores considerados principais da nossa cultura, como conteúdo, e a declaração ou positivação como reconhecimento universal dos que os declaram, como forma jurídica[3].

Os Direitos Fundamentais dividem-se em quatro grandes grupos, quais sejam: os direitos individuais, os direitos sociais, os direitos humanos e, por fim, os direitos políticos.

Os direitos individuais têm sua pedra de toque no indivíduo; os direitos sociais na perspectiva do social; os direitos humanos, considerando esses direitos integrados dialeticamente como universais e, ao mesmo tempo, singulares, por fim, os direitos políticos, como forma de superação da dicotomia poder-direitos fundamentais[4].

Assim, podemos arrolar exemplos de direitos individuais, sociais, humanos e políticos, porém, dentro do panorama de um rol em *numerus apertus*, pelos quais destacamos: a) direitos individuais: direito à vida, direito à integridade, direito à propriedade, direito à honra, direito à segurança, direito à liberdade, direito de igualdade, direito à legalidade, direito à proibição da tortura, direito à liberdade da manifestação do pensamento; b) direitos sociais: direito ao trabalho, direito à garantia do emprego, direito à justa remuneração, direito de greve, direito à educação, direito à saúde, direito à moradia, direito ao lazer, direito à previdência social; c) direitos humanos: como podemos resumir, os direitos básicos de todos os indivíduos se mesclam com os demais direitos civis, políticos, econômicos, difusos e coletivos, sendo uma síntese dos direitos individuais e sociais, tais como: direito à vida, direito à paz, direito do consumidor, direito ao progresso, direito à distribuição de renda; d) direitos políticos: direito de sufrágio (capacidade eleitoral ativa e passiva), inelegibilidades, privação dos direitos políticos (perda e suspensão).

Portanto, com base nos Direitos Fundamentais, principalmente, com a utilização dos direitos humanos e pelo princípio da dignidade da pessoa humana, os Tribunais vêm adaptando e modificando a legislação interna, para uma melhor adequação da lei diante do caso concreto. A referida construção pretoriana realizou modificações expressivas com relação à prisão civil do devedor, bem como da utilização, em recente entendimento, da utilização do saldo do Fundo de Garantia por Tempo de Serviço para pagamento dos alimentos.

2. Direitos fundamentais: ética, direitos humanos, dignidade da pessoa humana e pensão alimentícia

Não podemos falar em Direitos Fundamentais de maneira dissociada da ética. Partindo desse prisma, o fundamento ético "designa o que serve de base ao ser, ao conhecer, ou ao decidir"[5]. Portanto, o fundamento da ética

---

(1) SALGADO, Joaquim Carlos. *Os direitos fundamentais*, p. 16-17.
(2) *Ibidem*, p. 246.
(3) *Ibidem*, p. 246.
(4) *Ibidem*, p. 18.
(5) COMPARATO, Fábio Konder. *Ética – direito, moral e religião no mundo moderno*, p. 437.

sofreu modificações durante todas as épocas históricas, não permanecendo em seu estágio inicial, adequando-se às transformações da vida. Da mesma maneira, o vocábulo ser humano, face ao princípio da evolução, também está sujeito a mudanças, visto o cunho dinâmico da vida e do direito.

Como nos traz prudente lembrança, Comparato afirma que incontestavelmente foi no cristianismo que o conceito de pessoa como substância, em correlação com o seu sentido concreto de indivíduo, foi sistematicamente elaborado, a propósito da figura ímpar de Jesus Cristo, em sua dupla condição de homem e de Filho de Deus[6].

No que tange à perspectiva da antropologia filosófica, a dignidade da pessoa humana está ligada à sua condição de animal racional, nas diferentes manifestações da razão — especulativa, técnica, artística e ética —, e à consciência, individual e coletiva, dessa sua singularidade no mundo. Portanto, com o surgimento do homem, o sentido da evolução passa a sofrer a influência decisiva e clara da espécie humana, pois a criatura transforma-se em criador[7].

Hodiernamente, a vigência dos direitos humanos independe de sua declaração em constituições, leis e tratados internacionais, exatamente porque se está diante de exigência de respeito à dignidade humana, exercida contra todos os poderes estabelecidos, oficiais ou não. Desse modo, podemos distinguir os direitos humanos dos direitos fundamentais, na medida em que estes últimos são justamente os direitos humanos consagrados pelo Estado como regras constitucionais escritas. É óbvio que a mesma distinção há de ser admitida no âmbito do direito internacional[8].

A diferença é clara, pois enquanto os Direitos Fundamentais se referem aos direitos que possuem os indivíduos com arrimo na Constituição de um país, os Direitos Humanos transcendem a ela, face ao seu cunho supranacional, pois estes têm seu alicerce no Direito Internacional, possuindo validade e eficácia independentemente da positivação realizada por uma Constituição.

É o que Alexandre de Moraes[9], em outras palavras, atesta com relação à definição dos Direitos Humanos como:

> O conjunto institucionalizado de direitos e garantias do ser humano que tem por finalidade básica o respeito a sua dignidade, por meio de sua proteção contra o arbítrio do poder estatal e o estabelecimento de condições mínimas de vida e desenvolvimento da personalidade humana.

Concernente à dignidade da pessoa humana, como fundamento do Estado, significa não só um reconhecimento do valor do homem em sua dimensão de liberdade, como também que o próprio Estado se constrói com base nesse princípio[10]. O referido princípio abrange os direitos individuais, como também os de caráter econômico, social e cultural.

Ensina-nos Kildare Gonçalves Carvalho[11], citando Francis Delpérée, que:

> O conceito de dignidade humana repousa na base de todos os direitos fundamentais (civis, políticos ou sociais). Consagra, assim, a Constituição, em favor do homem, um direito de resistência. Cada indivíduo possui uma capacidade de liberdade. Ele está em condições de orientar a sua própria vida. Ele é por si só depositário e responsável do sentido de sua existência. Certamente, na prática, ele suporta, como qualquer um, pressões, influências. No entanto, nenhuma autoridade tem o direito de lhe impor, por meio de constrangimento, o sentido que ele espera dar a sua existência. O respeito a si mesmo, ao qual tem direito todo homem, implica que a vida que ele leva dependa de uma decisão de sua consciência e não de uma autoridade exterior, seja ele benevolente e paternalista.

Portanto, as ações perpetradas tanto pelo Estado quanto pelos particulares têm, ou deveriam ter, amparo nos direitos humanos e na dignidade da pessoa humana.

Partindo dos pontos citados acima, acrescentamos a questão da pensão alimentícia que é de suma importância para o indivíduo, pois o direito à vida está intimamente ligado à questão alimentar, haja vista o seu caráter essencial para o equilíbrio e a manutenção do corpo físico, como necessidade premente para um desenvolvimento saudável e digno do ser.

Dessa feita, podemos asseverar que os alimentos têm cunho de direito fundamental para a sobrevivência humana. E esse, com certeza, é o maior compromisso do Estado:

---

(6) COMPARATO, Fábio Konder. *Ética – direito, moral e religião no mundo moderno*, p. 479.
(7) *Ibidem*, p. 483.
(8) COMPARATO, Fábio Konder. *A afirmação dos direitos humanos*, p. 244.
(9) *Direitos humanos fundamentais:* teoria geral, comentários aos arts. 1º a 5º da Constituição da República Federativa do Brasil, doutrina e jurisprudência, p. 39.
(10) CARVALHO, Kildare Gonçalves. *Direito constitucional:* teoria do Estado e da Constituição. Direito constitucional positivo, p. 355.
(11) *Ibidem*, p. 355-356.

garantir a vida[12]. Os alimentos possuem um elo com a dignidade da pessoa humana, sendo um princípio fundamental, face ao disposto no art. 1º, III, da Constituição Federal, o que caracteriza a sua imprescindibilidade.

O fundamento da obrigação alimentar "é o princípio da preservação da dignidade da pessoa humana (CF, art. 1º, III) e o da solidariedade social e familiar (CF, art. 3º), pois vem a ser um dever personalíssimo, devido pelo alimentante, em razão de parentesco, vínculo conjugal ou convivencial que o liga ao alimentando"[13].

Todavia, é cediço que o não pagamento dos alimentos pode ensejar a prisão civil daquele que possui o encargo de seu adimplemento e se afasta de sua obrigação, sem razão jurídica plausível.

3. Prisão por dívida

Com relação à prisão por dívida, inicialmente conceituamos prisão como sendo um ato de "privação da liberdade de locomoção determinada por ordem escrita da autoridade competente ou em caso de flagrante delito"[14] ou ainda por "supressão da liberdade individual, mediante clausura. É a privação da liberdade individual de ir e vir; enfim, a privação da liberdade ambulatória"[15].

Em relação ao crédito alimentar, a prisão é utilizada como uma hipótese de se forçar o alimentante a honrar a sua dívida, fazendo com que o alimentando possa ter o seu direito e sustento garantidos. Nesse sentido, Celso Neves, citando as palavras de Amílcar de Castro, assevera que a prisão "é um meio executivo de finalidade econômica. Prende-se o executado não para puni-lo, como se criminoso fosse, mas para forçá-lo indiretamente a pagar, supondo-se que tenha meios de cumprir a obrigação e queira evitar a sua prisão, ou readquirir a sua liberdade"[16]. O mesmo entendimento é corroborado por Marinoni e Arenhart ao afirmarem que "a prisão tem caráter estritamente coercitivo, de modo que sua aplicação deve nortear-se apenas por esta finalidade"[17].

Com relação à natureza da obrigação alimentar, que tem o fito de salvaguardar a própria dignidade e subsistência do alimentando, justifica-se a prisão civil por dívida com arrimo nos princípios da dignidade da pessoa humana e da proporcionalidade. A princípio, a tendência é a total repugnância à prisão civil, ante ao Estado Democrático de Direito. Entretanto, a utilidade desse meio coercitivo para que se faça valer a obrigação alimentar é indiscutível. Os dados estatísticos do cotidiano forense não escondem que a prisão civil do devedor de alimentos cumpre, em larga medida, a sua finalidade: fazer com que o alimentante pague a dívida alimentar[18].

Assim, todo homem médio tem a consciência de que a prisão civil por alimentos é talvez a maior ou mais eficaz garantia do direito pleiteado em juízo, visto que sua rapidez e efetividade são notórias. Não há quem não conheça um caso próximo ou mesmo advindo da mídia, de prisão como meio coercitivo para realização do pagamento de pensão. Tal afirmação é tão verdadeira, que não raramente ouvimos as pessoas dizerem que esse tipo de prisão é a mais efetiva, verdadeira e rápida, fazendo com que o devedor se preocupe em adimpli-la, pois conhece o fim no qual está sujeito a chegar, caso não a cumpra no prazo legal. O devedor pode ficar devendo a terceiros valores bem maiores do que aqueles estabelecidos na pensão alimentícia, sem sequer ter uma preocupação a mais, já que está amparado pela morosidade da Justiça. Todavia, quando se fala em dívida alimentar, somos ousados em asseverar que todos os devedores de alimentos se sentem com a espada de Dâmocles sobre suas cabeças.

Na Convenção Americana de Direitos Humanos de 1969 foi aprovada a Conferência de São José da Costa Rica, em novembro de 1969, a qual reproduziu grande parte das declarações de direitos do Pacto Internacional de Direitos Civis e Políticos de 1966, vindo à lume o conhecido Pacto de São José da Costa Rica.

Nesse Pacto, os Estados signatários têm por escopo a consolidação do direito dentro do quadro das instituições democráticas, do regime de liberdade pessoal e da justiça social, com fulcro no respeito dos Direitos Humanos essenciais.

O Pacto de São José da Costa Rica (Convenção Interamericana de Direitos Humanos), tendo sido incorporado em nosso direito pátrio por meio do Decreto n. 678/92, admitiu apenas a prisão civil no caso de débito alimentar.

O referido Pacto assim estatui:

> Art. 7º Direito à liberdade pessoal.
>
> § 1º Toda pessoa tem direito à liberdade e à segurança pessoais.

---

(12) DIAS, Maria Berenice. *Manual de direito das famílias*. 5. ed. São Paulo: Revista dos Tribunais, 2009. p. 458.
(13) DINIZ, Maria Helena. *Curso de direito civil brasileiro*, vol. 5 – Direito de Família, p. 636-637.
(14) CAPEZ, Fernando. *Curso de processo penal*, p. 214.
(15) TOURINHO FILHO, Fernando da Costa. *Processo Penal*, vol. 3, p. 333.
(16) *Comentários ao Código de Processo Civil*, vol. VII, p. 216-217.
(17) *Curso de processo civil*, vol. 3, Execução, p. 393.
(18) ROSENVALD, Nelson; FARIAS, Cristiano Chaves de. *Curso de direito civil – famílias*, p. 879.

(...)

§ 7º Ninguém deve ser detido por dívidas. Este princípio não limita os mandados de autoridade judiciária competente, expedidos em virtude de inadimplemento de obrigação alimentar. (Grifos nossos)

Segundo Comparato, a Convenção Americana de Direitos Humanos não impede, portanto, igualmente como ocorre com o Pacto Internacional de Direitos Civis e Políticos de 1966, que o devedor inadimplente de tributos, ou de outras obrigações de direito público, seja preso administrativamente[19]:

> Art. 11 – Ninguém poderá ser preso apenas por não poder cumprir com uma obrigação contratual.

Em outro giro, a prisão por dívida tem arrimo constitucional (art. 5º, LXVII), no qual estabelece que não haverá prisão por dívida, salvo no caso de inadimplemento voluntário e inescusável da pensão por parte de seu responsável.

Podemos notar que o inadimplemento tem que partir da vontade do alimentante para descumprir o encargo imposto a ele, não havendo razão justa para tal mister.

O viés constitucional dos alimentos é notório, pois está agasalhado pelo princípio da dignidade da pessoa humana, resultando que os alimentos tendem a proporcionar uma vida de acordo com a dignidade de quem recebe (alimentando) e de quem os presta (alimentante), pois nenhuma delas é superior, nem inferior. Assim, resulta que fixar o *quantum* alimentar em percentual aquém do mínimo imprescindível à sobrevivência do alimentando ou além das possibilidades econômico-financeiras do devedor ofende, de maneira direta, o princípio supramencionado[20].

Nesse sentido, Nelson Rosenvald e Cristiano Chaves de Farias lembram que:

> ... a fixação dos alimentos deve obediência a uma perspectiva solidária (CF, art. 3º), norteada pela cooperação, pela isonomia e pela justiça social – como modos de consubstanciar a imprescindível dignidade humana (CF, art. 1º, III). Nessa linha de intelecção, é fácil depreender que, comprometida em larga medida a concretização dos direitos econômicos e sociais afirmados pelo Pacto Social de 1988 de pessoas atingidas pelo desemprego ou pela diminuição da capacidade laborativa (*e. g.*, em adolescentes, em jovens ainda estudantes, em idosos, em deficientes etc.), os alimentos cumprem a relevante função de garantir a própria manutenção de pessoas ligadas por vínculo de parentesco[21].

Pela leitura do texto constitucional, fica claro que a hipótese de prisão só se dará no caso de descumprimento do encargo alimentar de maneira voluntária e inescusável, pois se o não pagamento se der por uma causa involuntária, que impossibilite o seu cumprimento, por exemplo, por estar desempregado, não há que se falar em aplicação da medida de restrição da liberdade do alimentante.

O entendimento de que a prisão só poderá ser cumprida, caso se prove que o devedor tem condições financeiras para honrar a dívida, mas se recusa sem fundamento legal, está em consonância com o entendimento do Supremo Tribunal Federal, pois não se pode exigir de alguém uma dívida alimentícia que, momentaneamente, está impossibilitado de adimpli-la.

Fica, então, patente que a prisão civil não tem cunho punitivo, não constituindo propriamente pena, mas meio de coerção, destinado a forçar o devedor a cumprir a obrigação alimentar. Por essa razão, ela será imediatamente revogada se o débito for pago. Assim, só se decreta a prisão se o devedor, embora solvente, procura frustrar o seu pagamento, e não quando se acha impossibilitado de fazê-lo[22].

Faz mister esclarecer que, segundo entendimento do Supremo Tribunal Federal, atualmente a única prisão por dívida aceita pelo Direito pátrio é aquela advinda do não pagamento de pensão alimentícia.

Portanto, com o referido entendimento o Supremo deu azo à edição da Súmula Vinculante n. 25, que veda expressamente a prisão do depositário infiel, *verbis*:

> Súmula Vinculante n. 25: É ilícita a prisão civil de depositário infiel, qualquer que seja a modalidade do depósito.

Não obstante a Constituição Federal estabelecer no art. 5º, inciso LXVII, a possibilidade de prisão também do depositário infiel, tal regramento sofreu interpretação do Supremo Tribunal Federal que, revendo sua jurisprudência pretérita, caminhou no sentido de que a prisão civil se aplica somente para os casos de não pagamento de pensão alimentícia, afastando, por conseguinte, os casos com relação ao depositário infiel.

Em razão do julgamento da Corte no qual modificou seu entendimento anterior, houve como consequência a revogação do Enunciado da Súmula n. 619, no qual estabelecia que:

---

(19) COMPARATO, Fábio Konder. *A afirmação histórica dos direitos humanos*, p. 364.
(20) ROSENVALD, Nelson; FARIAS, Cristiano Chaves de. *Curso de direito civil – famílias*, p. 756.
(21) *Ibidem*, p. 758.
(22) GONÇALVES, Carlos Roberto. *Direito civil brasileiro – direito de família*, vol. 6, p. 566.

Súmula n. 619 do STF: "A prisão do depositário judicial pode ser decretada no próprio processo em que se constituiu o encargo, independentemente da propositura de ação de depósito".

A referida modificação se deu quando do julgamento dos Recursos Extraordinários RE n. 349.703 e, respectivamente, RE n. 466.343, bem como pelo *habeas corpus* (HC n. 87.585/TO), em que no seu voto o Ministro Celso de Melo declarou que "o respeito e a observância das liberdades públicas impõem-se ao Estado como obrigação indeclinável, que se justifica pela necessária submissão do Poder Público aos direitos fundamentais da pessoa humana". Afirmando também que "a problematização da liberdade individual na sociedade contemporânea não pode prescindir, em consequência, de um dado axiológico essencial: o do valor ético fundamental da pessoa humana".

Com o novo entendimento, o Supremo Tribunal Federal adaptou-se não só ao Pacto de São José da Costa Rica, como também ao Pacto Internacional sobre Direitos Civis e Políticos da ONU e à Declaração Americana dos Direitos da Pessoa Humana, firmada em 1948, em Bogotá (Colômbia).

Assim, à época restou uma controvérsia jurídica em referência ao conflito entre as fontes internas e internacionais, em que se permitiu que, tratando-se de convenções internacionais de direitos humanos, no caso o Pacto de São José da Costa Rica (Convenção Interamericana de Direitos Humanos), estas assegurem a primazia hierárquica necessária face à legislação comum do Direito pátrio, quando houver situação de antinomia entre o Direito interno nacional e as cláusulas decorrentes de referidos tratados internacionais.

Celso Melo assevera ainda que "em nosso sistema jurídico, a prisão civil por dívida pode sofrer mutações, quer resultantes da atividade desenvolvida pelo próprio legislador comum, quer emanadas de formulações adotadas em sede de convenções ou tratados internacionais, quer, ainda, ditadas por juízes e Tribunais, no processo de interpretação da Constituição e de todo o complexo normativo nela fundado". Acrescentou também que "o poder de interpretar o ordenamento normativo do Estado, ainda que disseminado por todo o corpo social, traduz prerrogativa essencial daqueles que o aplicam, incumbindo, ao Judiciário, notadamente ao Supremo Tribunal Federal — que detém, em matéria constitucional, "o monopólio da última palavra" —, o exercício dessa relevantíssima atribuição de ordem jurídica".

Portanto, o Supremo Tribunal aplicando a mutação constitucional, interpretou a norma do art. 5º, LXVII, da Constituição Federal, por meio do § 7º do art. 7º do Pacto de São José da Costa Rica, de maneira que essa interpretação tenha um cunho de contemporaneidade ao texto constitucional, modificando a Constituição mediante um processo informal, que não tem o condão de modificar o seu texto, mas de interpretação de um de seus dispositivos.

Com referência a dita mutação constitucional, no seu voto o Ministro Celso de Melo[23], seguindo a esteira do Ministro Gilmar Mendes, traz à baila que "a afirmação da mutação constitucional não implica o reconhecimento, por parte da Corte, de erro ou equívoco interpretativo do texto constitucional em julgados pretéritos. Ela reconhece e reafirma, ao contrário, a necessidade da contínua e paulatina adaptação dos sentidos possíveis da letra da Constituição aos câmbios observados numa sociedade que, como a atual, está marcada pela complexidade e pelo pluralismo".

A mutação constitucional perpetrada pelo Supremo Tribunal Federal está em total consonância com as legislações mais avançadas em matéria de direitos humanos, pois proíbem expressamente qualquer tipo de prisão civil decorrente do descumprimento de obrigações contratuais, excepcionando apenas o caso do alimentante inadimplente.

Assim, pedimos vênia para transcrevermos um excerto do voto advindo da pena do Ministro Gilmar Mendes, quando do julgamento do RE n. 466.343, no qual esclarece que:

> Portanto, diante do inequívoco caráter especial dos tratados internacionais que cuidam da proteção dos direitos humanos, não é difícil entender que a sua internalização no ordenamento jurídico, por meio do procedimento de ratificação previsto na Constituição, tem o condão de paralisar a eficácia jurídica de toda e qualquer disciplina normativa infraconstitucional com ela conflitante. Nesse sentido, é possível concluir que, diante da supremacia da Constituição sobre os atos normativos internacionais, a previsão constitucional da prisão civil do depositário infiel (...) deixou de ter aplicabilidade diante do efeito paralisante desses tratados em relação à legislação infraconstitucional que disciplina a matéria (...). Tendo em vista o caráter supralegal desses diplomas normativos internacionais, a legislação infraconstitucional posterior que com eles seja conflitante também tem sua eficácia paralisada. (...). Enfim, desde a adesão do Brasil, no ano de 1992, ao Pacto Internacional dos Direitos Civis e Políticos (art. 11) e à Convenção Americana sobre Direitos Humanos 'Pacto de San José da Costa Rica (art. 7º, 7), não há base legal para aplicação da parte final do art. 5º, inciso LXVII, da Constituição, ou seja, para a prisão civil do depositário infiel."

Seguindo na mesma esteira de raciocínio, não discrepa do mesmo entendimento a Segunda Turma do STF, face

---
(23) HC n. 87.585/TO.

ao voto da lavra da Ministra Ellen Gracie, quando do voto do HC n. 95.967, *in verbis*:

> DIREITO PROCESSUAL. HABEAS CORPUS. PRISÃO CIVIL DO DEPOSITÁRIO INFIEL. PACTO DE SÃO JOSÉ DA COSTA RICA. ALTERAÇÃO DE ORIENTAÇÃO DA JURISPRUDÊNCIA DO STF. CONCESSÃO DA ORDEM. 1. A matéria em julgamento neste habeas corpus envolve a temática da (in)admissibilidade da prisão civil do depositário infiel no ordenamento jurídico brasileiro no período posterior ao ingresso do Pacto de São José da Costa Rica no direito nacional. 2. Há o caráter especial do Pacto Internacional dos Direitos Civis Políticos (art. 11) e da Convenção Americana sobre Direitos Humanos — Pacto de San José da Costa Rica (art. 7º, 7), ratificados, sem reserva, pelo Brasil, no ano de 1992. A esses diplomas internacionais sobre direitos humanos é reservado o lugar específico no ordenamento jurídico, estando abaixo da Constituição, porém acima da legislação interna. O status normativo supralegal dos tratados internacionais de direitos humanos subscritos pelo Brasil, torna inaplicável a legislação infraconstitucional com ele conflitante, seja ela anterior ou posterior ao ato de ratificação. 3. Na atualidade a única hipótese de prisão civil, no Direito brasileiro, é a do devedor de alimentos. O art. 5º, § 2º, da Carta Magna, expressamente estabeleceu que os direitos e garantias expressos no caput do mesmo dispositivo não excluem outros decorrentes do regime dos princípios por ela adotados, ou dos tratados internacionais em que a República Federativa do Brasil seja parte. O Pacto de São José da Costa Rica, entendido como um tratado internacional em matéria de direitos humanos, expressamente, só admite, no seu bojo, a possibilidade de prisão civil do devedor de alimentos e, consequentemente, não admite mais a possibilidade de prisão civil do depositário infiel. 4. Habeas corpus concedido.

Assim sendo, a partir do momento em que o Brasil aderiu ao Pacto Internacional dos Direitos Civis e Políticos (art. 11) e à Convenção Americana sobre Direitos Humanos, também conhecido como Pacto de San José da Costa Rica (art. 7º, § 7º), não existe mais base legal para que façamos a prisão civil do depositário infiel, pois o cunho especial desses instrumentos normativos internacionais sobre direitos humanos lhes reserva lugar específico no ordenamento jurídico, estando abaixo da Constituição Federal, porém acima da legislação interna. Portanto, o *status* normativo supralegal dos tratados internacionais de direitos humanos subscritos pelo país torna inaplicável a legislação infraconstitucional com ele conflitante, seja ela anterior ou posterior ao ato de adesão. Dessa feita, tornou-se inexequível a aplicação do art. 1.287 do Código Civil de 1916, do Decreto-lei n. 911/69 e do art. 652 do Código Civil vigente (Lei n. 10.406/02), no que se refere à prisão do depositário infiel. Restou, portanto, apenas a hipótese de prisão por dívida para os casos de não pagamento de pensão alimentícia.

4. Superior Tribunal de Justiça e o bloqueio do FGTS

O Fundo de Garantia do Tempo de Serviço foi criado pela Lei n. 5.107/66, sendo um sistema alternativo ao indenizatório e estabilitário da CLT, no qual o trabalhador submetia-se a uma opção por escrito com relação ao FGTS, no momento da assinatura do contrato de trabalho. A lei facultava também a realização de opção retroativa ao longo do contrato de trabalho ainda não inserido no Fundo de Garantia[24].

Atualmente, o Fundo de Garantia do Tempo de Serviço, após o advento da Lei n. 8.036/90, tornou-se um regime obrigatório, ou seja, não mais dependendo de opção do empregado. Tal fato se deu com a Constituição de 1988, já que o ingresso no FGTS passou a ser automático, desaparecendo o requisito da opção; com o que, a antiga estabilidade na empresa, que se adquiria ao completar 10 anos de serviço junto ao empregador, foi extinta, salvo nos casos de direito adquirido daqueles que já possuíam a estabilidade na data de vigência da Constituição[25].

Com relação à natureza jurídica do instituto do FGTS, a doutrina ainda não se consolidou, havendo entendimentos de toda monta, nos quais o enquadram como multidimensional (sendo um crédito para o empregado, um dever para o empregador e para a sociedade um caráter social), como tributo, como contribuição parafiscal, como previdenciário, como indenizatório, como compensatório, como crédito, como direito semipúblico (direito subjetivo social), como salário diferido etc. Assim, preferimos seguir o pensamento de Vólia Bomfim Cassar, que atribui a natureza jurídica do FGTS como múltipla ou híbrida, já que para o empregado tem natureza de direito à contribuição que tem caráter salarial, equiparando-se a uma poupança forçada. Todavia, para o empregador é uma obrigação e para a sociedade uma contribuição de cunho social[26].

Diferentemente é o pensamento de Renato Saraiva[27], no qual entende que a natureza jurídica do FGTS é de indenização ao empregado dispensado, vez que o regime fundiário veio substituir a indenização fixada nos arts. 477 e 478 do texto consolidado.

Nesse sentido, com relação à natureza jurídica do FGTS, o Tribunal Superior do Trabalho consagrou o Enunciado de Súmula n. 98:

---

(24) DELGADO, Mauricio Godinho. *Curso de direito do trabalho*, p. 1.292.
(25) BARROS, Alice Monteiro de. *Curso de direito do trabalho*, p. 797.
(26) CASSAR, Vólia Bomfim. *Direito do trabalho*, p. 1.242.
(27) *Direito do trabalho*, p. 287.

Enunciado de Súmula n. 98 do TST. FGTS. INDENIZAÇÃO. EQUIVALÊNCIA. COMPATIBILIDADE. I – A equivalência entre os regimes do Fundo de Garantia do Tempo de Serviço e da estabilidade prevista na CLT é meramente jurídica e não econômica, sendo indevidos valores a título de reposição de diferenças; II – A estabilidade contratual ou a derivada de regulamento de empresa são compatíveis com o regime do FGTS. Diversamente ocorre com a estabilidade legal (decenal, art. 492 da CLT), que é renunciada com a opção pelo FGTS.

Em regra, o escopo do FGTS é garantir ao trabalhador uma renda que lhe possa dar um suporte, em caso de uma demissão sem justa causa. Todavia, não podemos olvidar que há hipóteses de saque na conta vinculada do empregado, mesmo que não haja extinção do contrato de trabalho, *verbi gratia*, para compra da casa própria, no caso do empregado ou dependente acometido por neoplasia maligna, trabalhador ou dependente portador do vírus HIV, falecimento do empregado, aposentadoria concedida pela Previdência Social, urgência e gravidade decorrente de desastre natural etc. (art. 20 da Lei n. 8.036/90).

Atualmente, há uma hipótese de saque do FGTS que vem sendo ampliada face ao não pagamento da pensão alimentícia. Faz-se então o uso do saldo do referido fundo para cobrir as despesas decorrentes dos alimentos.

Porém, faz mister esclarecer que, via de regra, os valores recebidos pelo empregado a título de FGTS não podem ser objeto de penhora, para fins distintos daqueles determinados pelo art. 20 da Lei n. 8.036/90.

Nesse sentido, manifesta-se Alice Monteiro de Barros[28] afirmando que as contas vinculadas em nome dos trabalhadores são absolutamente impenhoráveis, com fulcro no art. 2º, § 2º, da Lei n. 8.036/90, mas adverte que há corrente doutrinária que atribui aos depósitos no fundo a natureza jurídica de salário diferido e outra que os considera substitutivo da indenização.

Todavia, o Superior Tribunal de Justiça vem entendendo que se pode lançar mão do importe financeiro depositado na conta vinculada do obreiro para quitação da pensão alimentícia.

Acrescentou, também, a possibilidade da extensão do mesmo entendimento no que se refere ao PIS (Programa de Integração Social), que foi criado pela Lei Complementar n. 7/70, sendo uma contribuição social de natureza tributária devida pelas pessoas jurídicas, com o objetivo de custear o pagamento do seguro-desemprego e do abono anual para os trabalhadores que tenham percebido até dois salários mínimos.

O referido entendimento do STJ sofreu grande avanço por meio do voto da Ministra Eliana Calmon[29], quando do julgamento de um recurso em mandado de segurança, pelo qual a recorrente (Caixa Econômica Federal), se insurgia quanto à decisão de primeira instância, em que o juiz determinou a penhora sobre créditos depositados nas contas vinculadas do FGTS e do PIS do recorrido.

No referido *mandamus* apreciado, Eliana Calmon asseverou que "a impenhorabilidade das contas vinculadas do FGTS e do PIS frente à execução de alimentos deve ser mitigada pela colisão de princípios, resolvendo-se o conflito para prestigiar os alimentos, bem de *status* constitucional, que autoriza, inclusive, a prisão civil do devedor". Seu posicionamento tem como alicerce o princípio da proporcionalidade, que autoriza a penhora sobre os créditos do FGTS e PIS nessas hipóteses.

Pedro Lenza[30], citando Inocêncio Mártires Coelho, nos traz que o princípio da proporcionalidade tem, na sua essência, uma pauta de cunho axiológico que emana diretamente das ideias de justiça, equidade, bom-senso, prudência, moderação, justa medida, proibição de excesso, direito justo e valores afins; precede e condiciona a positivação jurídica, inclusive de âmbito constitucional; e, ainda, enquanto princípio geral do direito serve de regra de interpretação para todo o ordenamento jurídico.

Nessa vertente, fica notório que o referido princípio torna possível a justiça no caso concreto, flexibilizando a rigidez das disposições normativas abstratas[31]. Ficando então demonstrado o acerto do posicionamento do STJ nesse quesito.

Em recurso semelhante[32], o STJ decidiu que a determinação judicial de levantamento de valores mantidos em conta vinculada do FGTS para fins de pagamento de débito alimentar em execução de alimentos não se configura como ato coator apto a ferir direito líquido e certo da CEF, isso porque, embora legítima como terceira interessada para defender a manutenção e controle das contas vinculadas do FGTS, não se verifica, de acordo com a interpretação conferida pela jurisprudência dominante desse Tribunal, qualquer ilegalidade na decisão contra a qual se impetrou o mandado de segurança.

---

(28) *Curso de direito do trabalho*, p. 799.
(29) RMS n. 26.540/SP.
(30) *Direito constitucional esquematizado*, p. 97.
(31) DIDIER JR., Fredie. *Curso de direito processual civil* – vol. I, p. 57.
(32) RMS n. 28.350/RS.

Assim sendo, o STJ vem mitigando os rigores do rol de hipóteses para levantamento dos saldos tanto do FGTS quanto do PIS, por entender que ele não é taxativo (*numerus clausus*) e sim, exemplificativo (*numerus apertus*), autorizando, portanto, uma interpretação extensiva, para descaracterizar a impenhorabilidade das contas vinculadas do FGTS e do PIS, com o escopo de garantir o adimplemento da dívida de alimentos e assegurar o direito à vida, com dignidade, do alimentado.

Quando iniciou o enfrentamento pelo STJ com respeito à possibilidade do uso do saldo do FGTS para pagamento de pensão alimentícia, havia entendimento no sentido de que se poderia utilizar o saldo da conta vinculada do fundo, em caso de desemprego do devedor de alimentos, servindo de garantia de pagamento ao alimentado, caso o alimentante não cumprisse o seu encargo de outra maneira.

Portanto, o entendimento pretoriano[33] é pacífico no sentido do caráter indenizatório do FGTS, sobre ele não incidindo o percentual fixado sobre o salário a título de alimentos, sendo admissível o bloqueio apenas na hipótese de pactuação expressa ou de circunstâncias concretas (*v. g.* despedida), para garantir o pagamento da verba alimentar.

Esclarecemos que, no primeiro momento, a utilização do FGTS para pagamento da pensão alimentícia se dava na hipótese de desemprego do devedor de alimentos. Porém, a justiça vem ampliando o rol de possibilidades de utilização do FGTS para o referido pagamento, entendendo que além da despedida sem justa causa do alimentante, pode haver também o bloqueio e saque do FGTS no caso de extinção da empresa, aposentadoria, falecimento do empregado e quando o empregado permanecer três anos ininterruptos sem realizar depósitos na sua conta de FGTS.

Recentemente, seguindo o mesmo raciocínio, a Turma Nacional de Uniformização dos Juizados Especiais Federais (TNU), que está vinculada ao Conselho da Justiça Federal (CJF), vem aceitando, também, a utilização do FGTS para pagamento da pensão alimentícia, bem como que as hipóteses expostas utilizadas são meramente exemplificativas, podendo, portanto, haver a possibilidade de utilização do FGTS para pagamento de pensão alimentícia fora dos casos determinados pela legislação de regência.

Assim, o uso do saldo do FGTS pode se dar até mesmo para garantir a vida e a sobrevivência digna do alimentando, ante ao princípio fundamental de direitos humanos, no que se refere à dignidade da pessoa humana.

(33) REsp. n. 337.660/SP.
(34) *Processo Penal*, p. 334.
(35) DELGADO, Mauricio Godinho. *Curso de Direito do Trabalho*, p. 1.295.

5. Considerações finais

Portanto, é totalmente legítima a utilização do FGTS, em caso de necessidade, diante das análises específicas no caso concreto, para determinar o bloqueio da conta vinculada do alimentante para pagamento de pensão alimentícia.

Justifica-se tal medida por ser menos traumática ao alimentante do que a decretação de sua prisão civil por dívida, pois, além de ser mais eficaz, afasta do cárcere um indivíduo que não possui, no primeiro momento, atitudes violentas e nocivas que recomendem o seu afastamento do convívio social.

A prisão não pode ser a regra no caso de não pagamento de pensão nem a sua utilização como meio coercitivo é, ao nosso sentir, o melhor caminho. Isso, pois, o alimentante preso terá contato com criminosos de toda monta, podendo sair da prisão pior do que entrou, praticando condutas bem mais danosas, diante do seu aprendizado malévolo no cárcere e, como consequência, estando sujeito a praticá-las de maneira bem mais deletéria ao seu meio social do que praticaria caso não tivesse sido preso, quando de sua saída. Devemos, portanto, esgotar todos os meios possíveis antes de cogitarmos numa constrição de liberdade do indivíduo para pagamento da pensão alimentícia.

A função da prisão, além de ser corrigenda, de retirar, dependendo do caso, o indivíduo da sociedade, face à conduta delituosa perpetrada, é também um período de reflexão de seus atos, para uma possível ressocialização.

Face ao princípio da proporcionalidade, podemos evitar a prisão do devedor/alimentante e satisfazer, mesmo que momentaneamente, o pagamento da pensão alimentícia do alimentando, garantindo a sua sobrevivência e qualidade de vida.

Como adverte Tourinho Filho[34] a prisão é imposta àquele que for reconhecidamente culpado de haver cometido uma infração penal, como retribuição ao mal praticado, a fim de reintegrar a ordem jurídica injuriada. Tem finalidade manifestamente preventiva.

Será então que no caso de não pagamento de pensão alimentícia a prisão é o melhor caminho?

Como o FGTS[35] não é um instituto cuja fruição pelo empregado seja absolutamente condicionada ao tipo de terminação do contrato de trabalho, pode ser utilizado para pagamento de pensão alimentícia, por ser uma atitude menos drástica.

Assim, como afirmado alhures, o rol do art. 20 da Lei n. 8.036/90 é meramente exemplificativo, na medida em que não consideramos razoável aceitar que as hipóteses legais de levantamento abarquem todas as situações fáticas possíveis, já que podemos fundamentar o bloqueio da conta vinculada do FGTS para a realização de saque para pagamento da pensão alimentícia, com arrimo nos princípios da dignidade da pessoa humana, da proporcionalidade e da razoabilidade.

Nessa linha de raciocínio, a liberdade do alimentante deve prevalecer sobre sua prisão, com base nos princípios citados, e se utilizar do bloqueio do saldo do FGTS para fazer frente ao adimplemento da pensão alimentícia.

O bloqueio do FGTS não pode ser a regra e sim exceção para o pagamento da pensão alimentícia, pois só devemos usá-lo como garantia de pagamento ao alimentando se o alimentante não cumprir com seu encargo por qualquer outro meio.

Como asseverou Menezes Direito[36] ao enfrentar a questão em tela, o que não parece justo é incluir uma verba que não é salário, em fixação de alimentos em percentual sobre aquele, ausente acordo para que tal parcela indenizatória seja incluída.

Podemos notar então que a Justiça vem, em uma excelente toada e com uma interpretação corretíssima, mitigando o rigor com relação à impenhorabilidade da conta vinculada do FGTS para pagamento da pensão alimentícia, abrindo a possibilidade de utilização do saldo existente, para garantir a dignidade e subsistência da pessoa do alimentando, bem como afastando, a princípio, o devedor dos horrores do cárcere.

A prisão no caso dos alimentos não tem finalidade em si mesma, devendo ser utilizada como o último remédio, principalmente, pela precariedade do nosso sistema prisional. Não raramente, aquilo que a princípio julgamos como a solução pode ser uma medida que venha complicar ainda mais o quadro social.

Assim, o alimentante preso pode sair do cárcere pior do que entrou e vir a praticar, quando de sua soltura, condutas mais danosas ao alimentando e seu responsável, tais como ameaças, violências física e psicológica, bem como para toda a sociedade, diante dos ensinamentos absorvidos dentro da prisão, na época em que cumpria pena pelo não pagamento da pensão alimentícia.

Dessa maneira, no caso de inadimplemento dos alimentos, a melhor solução não é a prisão, mas, se possível, o bloqueio e saque na conta vinculada do devedor, para pagamento da pensão alimentícia em atraso, por força dos princípios da dignidade da pessoa humana, da proporcionalidade e da razoabilidade.

6. Referências bibliográficas

BARROS, Alice Monteiro de. *Curso de direito do trabalho*. 8. ed. São Paulo: LTr, 2012.

CAHALI, Yussef Said. *Dos alimentos*. 8. ed. São Paulo: Revista dos Tribunais, 2013.

CARVALHO, Kildare Gonçalves. *Direito constitucional:* teoria do Estado e da Constituição. Direito constitucional positivo. 10. ed., rev. e atual. Belo Horizonte: Del Rey, 2004.

CASSAR, Vólia Bomfim. *Direito do trabalho*. 6. ed. Niterói: Impetus, 2012.

CAPEZ, Fernando. *Curso de processo penal*. 5. ed. São Paulo: Saraiva, 2000.

COMPARATO, Fábio Konder. *A Afirmação histórica dos direitos humanos*. 3. ed. São Paulo: Saraiva, 2004.

_____. *Ética — direito, moral e religião no mundo moderno*. 2. ed. São Paulo: Cia. das Letras, 2006.

DELGADO, Mauricio Godinho. *Curso de direito do trabalho*. 11. ed. São Paulo: LTr, 2012.

DIAS, Maria Berenice. *Manual de direito das famílias*. 5. ed. São Paulo: Revista dos Tribunais, 2009.

DIDIER JR., Fredie. *Curso de direito processual civil — teoria geral do processo e processo de conhecimento* — vol. I. 6. ed. Salvador: Jus Podivm, 2006.

DINIZ, Maria Helena. *Curso de direito civil brasileiro — Vol. 5 — Direito de família*. 28. ed. São Paulo: Saraiva, 2013.

GONÇALVES, Carlos Roberto. *Direito Civil Brasileiro — Direito de família*, vol. 6. 9. ed. São Paulo: Saraiva, 2012.

LAFER, Celso. A reconstrução dos direitos humanos: a contribuição de Hannah Arendt. In: *Estudos avançados*, São Paulo, Universidade de São Paulo, v. 11, n. 30, maio/ago., 1997.

LENZA, Pedro. *Direito constitucional esquematizado*. 13. ed. rev. e atual. São Paulo: Saraiva, 2009.

MARINONI, Luiz Guilherme; ARENHART, Sérgio Cruz. *Curso de Processo Civil – Execução*, vol. 3. 2. ed. São Paulo: Revista dos Tribunais, 2009.

MORAES, Alexandre de. *Direitos humanos fundamentais:* teoria geral, comentários aos arts. 1º a 5º da Constituição da República Federativa do Brasil, doutrina e jurisprudência. 4. ed. São Paulo: Saraiva, 2002.

_____. *Direito constitucional*. 9. ed. São Paulo: Atlas, 2001.

NEVES, Celso. *Comentários ao Código de Processo Civil* — vol. VII. 4. ed. Rio de Janeiro: Forense, 1990.

RIZZARDO, Arnaldo. *Direito de família*. 8. ed. Rio de Janeiro: Forense, 2011.

ROSENVALD, Nelson; FARIAS, Cristiano Chaves de. *Curso de direito civil – famílias*, vol. 6. 4. ed. Salvador: Jus Podivm, 2012.

---

[36] REsp. n. 334.090/SP

SALGADO, Joaquim Carlos. Princípios hermenêuticos dos direitos fundamentais. *Revista da Faculdade de Direito da Universidade Federal de Minas Gerais*, n. 39, jan./jun., 2001.

_____. Os direitos fundamentais. In: *Revista Brasileira de Estudos Políticos*, Belo Horizonte, UFMG, n. 82, jan. 96.

SARAIVA, Renato. *Direito do trabalho*. 13. ed. São Paulo: Método, 2011.

SARLET, Ingo Wolfgang. *Dignidade humana e direitos fundamentais*. 9. ed. Porto Alegre: Livraria do Advogado, 2012.

SOARES, Mário Lúcio Quintão. *Direitos fundamentais e direito comunitário — por uma metódica de direitos fundamentais aplicada às normas comunitárias*. Belo Horizonte: Del Rey, 2000.

TOURINHO FILHO, Fernando da Costa. *Processo penal — vol. 3*. São Paulo: Saraiva, 1990.

Parte 6
O Que é Ser...
As Várias Faces da Justiça do Trabalho

A Função Judicante: Entre a Racionalidade Taylorista e a Pós-Modernidade

Márcio Túlio Viana

1. A função judicante, em geral

Esse breve texto aborda alguns aspectos — passados, presentes e futuros — da função do juiz. E começa com uma pergunta: em que consistirá, realmente, essa função?

Sabemos que não se resume em *julgar*. Entre tantas outras coisas, é também, por exemplo, *conciliar*. E mesmo este último verbo quantos sentidos não tem?

Para o trabalhador, conciliar pode significar receber a parte *certa* de um direito *incerto*. Mas também pode representar, pura e simplesmente, "usar uma parte do direito para comprar a outra parte"[1].

Pode traduzir uma paz negociada, como diz a teoria, ou uma paz forçada, como algumas práticas revelam. Pode servir para que as pessoas se sintam respeitadas ou desprezadas, satisfeitas ou traídas.

Pode permitir ou suprimir o desabafo, a emoção, a experiência da fala. Pode construir uma boa imagem da Justiça — rápida, eficaz, pacificadora — ou, ao contrário, minar a força do Direito, ensinando ao devedor que é melhor pagar depois da hora do que na hora certa — o que equivale a dizer, invertendo os termos do velho brocardo, que *quem paga bem paga duas vezes*.

E em que mais consiste a função judicante?

Naturalmente, também consiste em *instruir*. Mas o que será *instruir*? Será apenas ouvir depoimentos, ler documentos, examinar perícias?

Sabemos que não. É também escutar os silêncios, decifrar as mímicas, duvidar das aparências, ler nas entrelinhas. É (ainda que sem consciência disso) modular a voz, selecionar o que se quer ver e ouvir, censurar ou acalmar com um sorriso ou um olhar, impor-se ou não com a toga, distanciar-se ou aproximar-se das partes e de seus advogados.

E o que dizer da função de *julgar*? Que espécies de julgamentos não fará o juiz? O juiz, naturalmente, julga os pedidos, mas *onde os pedidos estarão*?

Os pedidos, como também sabemos, não estão apenas nas petições. Eles se ocultam nas consciências e inconsciências dos vários atores do processo, todos eles transformados em *partes*. E *partes* não apenas porque uns se postam em face dos outros, mas no sentido de que uns se completam com os outros, para construir (com o juiz) a sentença.

Às vezes, o que o reclamante quer não é tanto receber o aviso prévio, mas afirmar sua cidadania, *dar o troco* no patrão ou simplesmente exibir em público seu direito ou sua revolta. E o juiz então se vê transformado em justiceiro, vingador ou testemunha, ou tudo isso de uma só vez.

Já o advogado pode estar pedindo ao juiz para ser tratado com deferência, para que o cliente conheça a importância de seu papel; ou ser declarado vencedor, não só para receber os seus honorários, mas para que o cliente e até o *ex-adverso* sintam a sua força. O próprio juiz pode estar pedindo algo — seja, por exemplo, para que todos admirem o seu desempenho, seja para que tudo termine rápido e simples.

Quantos sentimentos não penetram no processo? Raiva, amargura, despeito, desamor e às vezes até amor se infiltram entre as horas extras e as indenizações. São pedidos *não pedidos*, invisíveis, disfarçados, mas cuja solução pode ser até mais relevante que a dos requerimentos explícitos.

Nesses casos, é claro, os interesses em jogo não são todos jurídicos e, no entanto, como nota Rodrigues[2], podem ser satisfeitos — mesmo à margem da lei. Assim, a sentença que condena ou absolve o réu sempre dá ou nega, silenciosamente, coisas que também em silêncio ele próprio ou os outros atores pediram.

E em que mais consiste, na vida real, atuar como juiz?

Consiste também em andar pelos corredores do fórum ou da cidade, mostrar-se rei ou plebeu, ensinar coisas boas ou ruins, influir para o bem ou para o mal, despertar respeito, admiração ou medo. E consiste ainda em mostrar — naquelas múltiplas andanças — como a própria lei vai indo; se ela é digna ou não de ser amada, ou pelo menos temida e desse modo cumprida.

Na verdade, a função judicante envolve muitas outras coisas, reguladas ou informais, óbvias ou ocultas, rudes ou refinadas, legais ou até mesmo ilegais — ainda que possam

---

(1) NASSIF, Elaine N. *Conciliação Judicial e Indisponibilidade de Direitos:* paradoxos da "justiça menor" no Processo Civil e Trabalhista. São Paulo: LTr, 2005, *passim*.

(2) RODRIGUES, Ruy Zoch. Uma inversão de sentido da demanda judicial, a partir das motivações inconscientes das partes. In: ZIMERMAN, David; COLTRO, Antonio Carlos Mathias (Coords.). *Aspectos Psicológicos na Prática Jurídica*. São Paulo: Milloennium, 2010. p. 373 e segs.

e devam estar sempre dentro do Direito, especialmente se dermos a esta palavra um sentido menos formal e mais abrangente.

Para o próprio juiz, o que não significará ser juiz? Pode significar estar bem de vida ou de bem com a vida; sentir a vaidade de seu cargo ou o justo orgulho por seu trabalho; suprir carências dos outros ou resolver seus próprios conflitos. Pode ser apenas um momento de trabalho ou um trabalho de muitos momentos. Pode significar ter ou não ter compromisso com aquele resto de mundo que não está (ou parece não estar) entre as paredes de *sua* sala ou nos autos do *seu* processo.

Por tudo isso, se a razão está presente — e é claro que está — no interior da função judicante, ela se deixa infiltrar por não razões, sentimentos, emoções, mil fatores não percebidos e ainda menos estudados.

Mas deixemos de lado as não razões para nos concentramos na razão. É hora de nos perguntarmos: até que ponto ela terá sido e será ainda *taylorista*? Não será hoje *pós-moderna* ou *pós-fordista*?

Vejamos, brevemente, esses dois momentos da História — para então voltarmos ao juiz.

2. A racionalidade taylorista (ou moderna)

Como era o momento taylorista?

Numa visão bem simples, e dando a essa palavra um sentido bem amplo, era um momento de mais certezas, e por isso de grandes projetos — como os famosos planos quinquenais soviéticos, os delírios nazistas de Hitler, as políticas do *Welfare State* ou os sonhos de Ford em transformar a Amazônia numa nova fronteira do Velho Oeste[3]. Baudelaire descreve o tipo padrão daquele tempo como o paranoico — que com frequência vê o mundo girar à sua volta, enquanto ele próprio *gira*... O que não significa, é claro, que todos aqueles sonhos fossem loucos.

Assim como os projetos em geral, era grande o prédio da fábrica, como eram grandes as suas máquinas, o número de seus operários e a própria produção. Aliás, até os produtos — dos carros aos aparelhos de rádio — tendiam a repetir, curiosamente, essa dimensão maior.

O Direito que o juiz aplicava — como dizia La Cueva — era "inconcluso", e por isso, também ele, tendencialmente grande. Outra qualidade que tinha era a de ser "progressista", avançando sempre numa só direção, como a mariposa atraída pela luz. Seu norte era bem definido. Mesmo nas encruzilhadas do caminho, as setas indicavam a direção.

Nesse segundo sentido, embora *se mexendo*, o Direito do Trabalho era também estável — outra característica bem própria da época, se pensarmos, por exemplo, nas famílias, nas fábricas, nas carreiras, nos produtos, nos partidos, nos casamentos, nos sindicatos, nas religiões, nos Estados, nos empregos, nos projetos e até nos valores morais. Também os produtos — como o famoso Modelo T, de Ford — tendiam a permanecer iguais. Não por acaso, foi naquela época que os operários passaram a usar — de forma uniforme — os seus uniformes.

Aqueles eram tempos em que o homem parecia menos determinista, menos aderente à realidade em sua volta[4] — como mostram algumas cidades, planejadas a partir do nada. Depois das guerras e da crise de 29, os *anos dourados* nos haviam restituído boa parte da confiança perdida, e à exceção, talvez, dos jovens e dos artistas, a maior importância do presente estava em preparar o futuro.

O mundo de Taylor e Ford era um mundo que já partia, espalhava, mas ao mesmo tempo tentava juntar as partes, como fazem as crianças nos jogos de quebra-cabeça. Nas múltiplas dimensões da vida, tudo tendia a ser hierarquizado, segmentado, parcelado, mas formando um conjunto uniforme: a razão controlando o caos.

E não era diferente com o Direito do Trabalho. Ainda hoje, a CLT detalha, recorta e segmenta, prevendo todas as minúcias possíveis, fazendo lembrar o "trabalho em migalhas"[5] da fábrica fordista. Mas no mesmo instante — e também como ela — recompõe e *re-une,* caindo sobre os fatos como uma espécie de rede. Por décadas, sua pretensão foi a de dar um sentido, um plano, às próprias diferenças que criava.

E as divisões serviam também para marcar hierarquias. Assim como o quartel ou a escola, a fábrica tinha os seus chefes e subchefes, seus planos de carreira e seus ritos de passagem. Na família, o marido era o "cabeça de casal" — embora a mulher, como diz a anedota, talvez já fosse o pescoço, que comanda a cabeça... No Direito, a Constituição pairava no ar, absoluta e distante; para tocá-la era preciso, regra geral, recorrer à mediação do legislador ordinário.

E não era muito diferente com o juiz. Na hierarquia da Justiça ou do Processo, ele pairava no alto, absoluto. Lembro-me de um colega — de quem, aliás, tenho boas lembranças — que mandava o oficial de justiça seguir-lhe os passos, carregando sua pasta pelas ruas da cidade. Naquele tempo, o juiz se achava juiz o tempo inteiro. Tinha

---

[3] GRANDIN, Greg. Fordlândia: ascensão e queda da cidade esquecida de Henry Ford na selva. Rio de Janeiro: Rocco, 2010, *passim*.
[4] A propósito, cf. MAFFESOLI, M. L´instant éternel: le retour du tragique dans les sociétés postmodernes. Paris: Le Livre de Poche, 2000, *passim*.
[5] A expressão é de FRIEDMANN e NAVILLE.

mais dificuldade ou menos interesse em se misturar com as pessoas.

Já então, como eu notava, o processo judicial era permeado de não razões. Mas como, para se legitimar, a Justiça precisava se mostrar uma razão inteira, era assim que ela se exibia. Essa imagem da Justiça — ainda hoje muito forte — nascera com o espírito racionalista de tempos passados, ajustando-se como uma luva àqueles *tempos modernos*. Também como a fábrica, a escola, a Igreja, o Estado e outras instâncias da sociedade, a Justiça prometia um futuro estável, ordenado e previsível.

Aos olhos do homem comum, a sentença do juiz se afirmava então como um ato puramente racional, onde não penetrava a vontade; uma simples descoberta, desprovida de invenção; o produto de uma equação límpida e cristalina, plena de sentido e quase vazia de sentimento. Afinal, fosse qual fosse o problema, a solução estaria ali, nos livros da lei, esperando apenas ser encontrada pelo solucionador. Ao menos na aparência, bastava que o juiz fosse honesto e competente para que a sentença *correta*, a única possível, brotasse de suas mãos, como um pão saído do forno ou uma daquelas geladeiras *Frigidaire* cuspidas pela máquina.

Mas não era só. Para reforçar-se ainda mais, a razão judicante se mantinha quase sagrada, protegida por fórmulas, termos e ritos, acessíveis apenas aos iniciados. Como o tenor de voz divina, o juiz ocupava — bem mais que hoje — o centro e o alto da cena, exigindo silêncios e obediências. E se ele, é claro, devia contas à Justiça, tinha menos responsabilidades para com a justiça — com "j" minúsculo. Afinal, se a lei parecia errada, o que se podia fazer?[6]

É verdade que no caso do juiz *do trabalho* essa realidade já era um pouco diferente. É que o Direito do Trabalho, por si mesmo, sempre esteve tão infiltrado de emoções que acabava contaminando os atores que participavam do processo. Sua própria origem — a luta operária — impõe-lhe uma marca. Ao contrário do Direito Civil, que aspira apenas a uma vaga, imprecisa e ambígua "paz social", ele tem um sentido bem concreto, "uma teleologia"[7].

De mais a mais, como eu dizia, eram mais fortes os sonhos, mais presentes as utopias, e o juiz do trabalho — filho de seu tempo — levava esses traços na alma. Também nesse sentido, tinha um perfil um tanto diferente do juiz de direito, em geral mais técnico, mais formal, mais distante dos mortais comuns e com isso mais protegido de seus próprios sentimentos.

Na verdade, a simples escolha pela carreira já sinalizava que aquele homem — o *juiz da junta*, como se costumava dizer — tinha uma sensibilidade mais aguçada, um menor apego às formas, uma preocupação maior com o fundo. Afinal, a Justiça do Trabalho era (e talvez continue sendo) a menos prestigiada das Justiças, talvez exatamente por lidar com o trabalhador, também ele tão depreciado. Era preciso ter mesmo vocação para preferi-la.

Ainda assim, paradoxalmente, mesmo esse juiz *do trabalho* não precisava tanto recorrer à invenção. Tal como acontecia com o juiz de direito, sua estrada era bem sinalizada pelas regras. Afinal, se o próprio Direito se mostrava "inconcluso, progressista, avançando sempre numa mesma direção", bastava seguir-lhe os passos. E assim, querendo ou não, até o mais liberal dos juízes se via constrangido, às vezes, a se tornar o seu próprio avesso, mesmo aplicando *literalmente* a norma — ou talvez por isso mesmo.

Além do mais, naquele tempo, valorizava-se muito mais a regra que o princípio. Ela parecia atender perfeitamente (e de forma até mais rigorosa) às exigências de ordenação, racionalidade, previsibilidade e segurança, bem mais presentes que hoje. De resto, os princípios pareciam tão claramente infiltrados nas regras que raras vezes era preciso invocá-los. Afinal, aquele *dever ser* claro e explícito, em cada artigo da lei, era o retrato mais fiel da mesma pretensão de controlar o caos, padronizar os corpos e as mentes. Mesmo no Direito do Trabalho, no qual os princípios — em razão de sua própria teleologia — sempre foram fortes, a primazia era da lei.

Em outras palavras, como as regras expressavam com nitidez e coerência os projetos do Direito do Trabalho, o juiz descansava nelas. Era só aplicá-las e voltar para casa tranquilo, em paz consigo mesmo e com o mundo. Salvo raras exceções, ninguém discutia, por exemplo, se os casos de fronteira deviam ou não entrar no campo da relação de emprego, se aberrações como a terceirização podiam ser admitidas ou, mais genericamente, se havia ou não motivos para que o empregado fosse protegido.

Nesse sentido, a prática do juiz era menos solta, menos livre. E na verdade, como eu dizia, ele nem tinha mesmo necessidade de mais espaço. Além de manusear aquele Direito sempre "social"[3], a própria realidade fática era bem menos mutante.

Talvez por tudo isso, até mesmo quando tratou — num pequeno-grande livro — da liberdade do juiz, Couture o enfiou na prisão:

---

(6) Valho-me aqui de uma interrogação irônica feita certa vez, salvo engano, por Amilton Bueno de Carvalho.
(7) Para lembrar uma expressão de Magda Biavaschi.
(8) "Direito Social" era mesmo o nome que alguns – como o grande Cesarino – lhe davam.

O juiz é um homem que se move dentro do direito como o prisioneiro dentro de seu cárcere. Tem liberdade para mover-se e nisso atua sua vontade; o direito, entretanto, lhe fixa limites muito estreitos, que não podem ser ultrapassados. O importante, o grave, o verdadeiramente transcendental do direito não está no cárcere, isto é, nos limites, mas no próprio homem.[9]

Pensando em minha própria experiência, lembro-me que, muitas vezes, levava processos para casa, mas é bem possível que o juiz daquele tempo trabalhasse menos que hoje. Não havia assistentes ou computadores, mas a realidade não era tão heterogênea, os fatos não mudavam tão velozmente, a leitura era mais positivista, a competência era menos ampla, os advogados não podiam *copiar e colar* e os pedidos — por tudo isso — eram mais simples e previsíveis.

Além de tudo, por mais acelerado que o mundo já fosse, a relação do homem com o tempo era bem diferente. Afinal, não tínhamos a mesma pressa, nem enchíamos as nossas vidas com tantos cursos, shows, reuniões, *facebooks*, programas de TV e informações úteis ou inúteis. Até a atitude em relação ao nosso corpo — que hoje nos provoca tantas culpas e responsabilidades — era bem mais leve, poupando-nos o tempo gasto com médicos, academias, caminhadas e leituras sobre a saúde.

Por tudo isso, podíamos estudar a fundo os grandes temas, sem nos preocuparmos com as últimas, pequenas e poucas novidades na lei ou na jurisprudência; e relíamos com calma aqueles velhos e bons alfarrábios, muitos deles comprados nos sebos. Eu mesmo me lembro de ter mergulhado por duas vezes nos cinco ou seis volumes do excelente "Tratado Jurídico da Prova no Cível e no Comercial", de Moacir Amaral Santos, cujas lições ainda hoje me valem, apesar de minha fraca memória.

Embora o ritmo fosse menos acelerado, talvez possamos concluir que o juiz já trabalhava numa espécie de linha de montagem. Tal como os automóveis Ford, seus produtos — já então fabricados em massa — eram uniformes, simples e previsíveis; quase *intercambiáveis*. Se ele às vezes improvisava, era como um músico de orquestra sinfônica: variações leves, quase imperceptíveis, sem sair da rigidez da partitura.

Mas pergunto: e hoje? Qual seria a nova racionalidade?

3. A racionalidade pós-fordista (ou pós-moderna)

Sabemos que as grandes transformações não costumam acontecer de uma vez. Com frequência, passado e futuro marcam encontro no presente.

Além disso, um dos elementos da pós-modernidade são exatamente as misturas e as colagens, desafiando ou neutralizando o tempo. A qualquer momento, os mais velhos, como eu, podem se deliciar ouvindo Nat King Cole, cantando — mesmo depois de morto — com sua filha Natalie, esta, sim, completamente viva.

De todo modo, quais seriam as outras características mais marcantes dos novos tempos?

Na verdade, seus verbos e adjetivos são bem diferentes. Ao invés do grande, do estável, do previsível, e da tentativa de controlar o caos, as coisas se mexem, rebeldes e enlouquecidas, em velocidade crescente. Tudo tende a ser fugaz, flexível, superficial e mutante. A aparência supera a essência. É o tempo da performance e do show.

Conta a História que quando os antigos romanos queriam manifestar sua afeição a alguma coisa diziam *"isso é antigo para mim"*. Hoje, em regra, as coisas antigas têm valor mais de enfeite ou de diversão. Os novos tempos são também tempos de celebração do novo e depreciação do velho. Se algum sonho persiste, é o da juventude eterna...[10]

Como eu lembrava linhas atrás, Baudelaire distingue o *moderno* e o *pós-moderno* a partir do paranoico e do esquizofrênico. O paranoico pode até se achar Napoleão, mas a partir daí traça planos racionais para tomar o poder no hospício — e com um pouco de sorte pode até ser bem-sucedido... Já o esquizofrênico tem linguagem entrecortada: transita com facilidade de general a beija-flor.

Outras características parecem se relacionar com as duas primeiras palavras inscritas no lema da Revolução Francesa: liberdade e igualdade. Desde os anos 60, tanto a ideia de liberdade quanto o desejo de igualdade se radicalizam — e se espalham. Basta observar o que se passa à nossa volta: o "senhor" deu lugar ao "você", os pais dialogam com os filhos, os professores tomam chope com os alunos, as pessoas discutem e decidem propostas de orçamento público. Até as empresas tentam se aproveitar da onda, algumas delas chegando ao ponto de incentivar os trabalhadores a chamar os chefes com apelidos.

---

(9) COUTURE, Eduardo. *Introdução ao Estudo do Processo Civil*. Rio de Janeiro: José Konfino, 1951. p. 87.

(10) Há pouco tempo, um dublê de médico e artista alemão trouxe para Belo Horizonte e outras cidades brasileiras uma exposição de cadáveres, conservados através de uma técnica que permite aos visitantes desvendar todos os mistérios de seus corpos. Segundo se noticiou na época, dezenas de pessoas têm disputado uma espécie de concorrência para participar da exposição depois de mortas.

Quanto à terceira palavra do lema revolucionário — a fraternidade, ou solidariedade —, esta, sim, parece estar em crise.

É verdade que os impulsos de caridade, de assistência, continuam fortes. Um *tsunami* no Japão ou um terremoto no Haiti ou no Chile arrecadam em poucos minutos toneladas e toneladas de doações de todo o mundo, além de atrair médicos, enfermeiros, bombeiros e até voluntários comuns. Ao mesmo tempo, pode acontecer que num ou noutro país explode uma ou outra revolta, reunindo multidões para derrubar um governo, proteger a natureza ou protestar contra as crises econômicas, que parecem cada vez mais recorrentes e agudas.

Mas em geral o que se vê são mais coalizões que associações; são movimentos fugazes, heterogêneos, emocionais, que expressam menos o sonho de construir um novo sistema que o de reformar, pontualmente, o sistema existente. Talvez por isso, esses grupos já não servem para que as pessoas construam uma identidade coletiva, como acontecia no tempo em que se orgulhavam de pertencer ao "sindicato" ou ao "partido".

Outra característica importante parece ser a perda de certezas e referências, o que nos leva ao pragmatismo, à flexibilidade, à "hipertrofia do presente".[11] Exatamente por isso, acentua-se a tendência hedonista. Hoje, ao contrário dos "tempos heroicos", viver a vida, aceitando-a como ela é, preocupa muito mais do que morrer por ela — seja qual for o motivo[12]. Mesmo a hipótese bem possível de uma hecatombe climática produz mais discursos que ações. Nesse sentido, e tal como a baleia de Geppetto, o presente engole o passado e o futuro[13].

Outra característica do nosso tempo — esta, mais discutível[14] — parece ser a do individualismo. Estamos mais voltados para dentro, mais *subjetivados*, talvez mais egoístas. Marcamos o nosso corpo, ouvimos sozinhos a nossa música e afirmamos diariamente o nosso *eu* ao escolhermos este ou aquele produto nas ofertas cada vez mais variadas dos *shoppings*. Um autor revela que, na França, os esportes *solo*, como o judô, têm crescido muito mais que os coletivos[15].

É claro que são apenas tendências — às quais se opõem contratendências, como, por exemplo, o *slow-movement*, respondendo à obsessão da rapidez, ou as várias *tribos* que existem por aí, reafirmando, a seu modo, a experiência coletiva. Mas são grandes tendências, tão grandes que podem estar presentes até nas contratendências — como, por exemplo, nas festas *rave*, que reagrupam as pessoas desgarradas, mas para que cada qual possa viver o seu delírio individual.

Como essas novas tendências estão afetando o juiz?

4. O juiz dos novos tempos

De certo modo, o juiz continua na linha de montagem — mas o seu trabalho mudou tanto quanto o dos operários da Fiat.

Hoje, na fábrica pós-fordista, a linha de montagem ainda produz mercadorias em massa, mas em pequenos lotes, variados e cambiantes. E de forma muito mais veloz. Além disso, ela nunca se satisfaz: cobra performances crescentes.

Do mesmo modo, o juiz. Ele deve se mostrar ágil, rápido, *decidido*. E como as matérias primas que ele utiliza — a lei e o fato — são cada vez mais heterogêneas, as circunstâncias o obrigam a se atualizar picotadamente, em tempo real e sem profundidade — mais ou menos como faz quando assiste ao jornal da TV.

No entanto, se o juiz é obrigado a acelerar, nem por isso deixa de pagar multa pelo excesso de velocidade: são cada vez mais frequentes os casos de doenças ligadas à ansiedade, às preocupações e ao esforço mental.[16] Ele tem pressa, é mais pragmático, e não só por isso — mas também porque vive muito mais o presente — já não alimenta as mesmas utopias.

Mas se ele tem pressa, é também porque todos têm pressa, e por isso valorizam a pressa, ou medem o valor das coisas pela pressa. A Justiça do Trabalho, especialmente, tem pressa. Só por ser um órgão do Estado ela já estaria vivendo uma crise de legitimidade; mas como o próprio trabalho humano por conta alheia tem sido ainda mais depreciado, ela também se deprecia, e o modo mais simples de resgatar a legitimidade — em sintonia com a pós-modernidade — é mostrar números, bater recordes, dar show.

É claro que a preocupação com o tempo também se explica — e se justifica — pela percepção de que uma sentença tardia é sempre injusta. Mas essa própria percepção talvez tenha se tornado mais viva a partir do momento em que todos ficaram com pressa, ou com mais pressa, até mesmo para dançar ou trocar os canais da TV.

---

(11) Para usar uma expressão da mesma autora acima citada (vide nota n. 7).
(12) MAFFESOLI, M. *L'instant éternel*: le retour du tragique dans les sociétés postmodernes. Paris: Le Livre de Poche, 2000, *passim*.
(13) AUTOR? *Il diritto al presente*: globalizzazione e tempo delle istituzioni. Bologna: Il Mulino, 2002, *passim*.
(14) Em sentido contrário, por exemplo, o já citado Maffesoli.
(15) LIPOVETSKY, Gilles. *L'ère du vide*: essais sur l'individualisme contemporain. Paris: Gallimard, 1996.
(16) Nesse sentido, Sebastião Geraldo de Oliveira e Jorge L. Souto Maior falam em "direito à desconexão".

Por outro lado, se o juiz continua no cárcere, parece que seu espaço se alarga. Ou talvez possamos dizer que ele estende suas mãos por entre as grades, ávido por tocar o mundo, como às vezes vemos fazer — de forma tão dramática — os presidiários comuns, em nossas superlotadas cadeias. Se antes acompanhava os acordes de uma sinfonia, com pouca área de manobra, o juiz hoje improvisa, como no jazz ou no chorinho.

Esse direito produzido pelo juiz — *direito judiciário* — é mais móvel, mais rente à vida, mais rápido, e assim melhor sintonizado com um tempo em que o presente está em alta; e isso talvez explique, também, a chamada "judicialização dos conflitos". É um direito construído não só de forma mais pragmática, com um olhar na realidade, mas de modo mais criativo, com suporte na Constituição — pois é nela exatamente que se encontram as grandes declarações de direitos, especialmente *humanos*, com suas (também grandes) abertura e fluidez.[17]

Mas se as dimensões do cárcere se ampliam, é também porque as liberdades são melhor aceitas e as certezas menos firmes. Além disso, como eu lembrava, a realidade se tornou muito mais multiforme e cambiante, pondo em crise as pretensões uniformizadoras da lei. A própria apologia do novo também conspira contra as regras — que se mostram rígidas e tendem a envelhecer depressa. E assim, por uma razão ou por outra, elas já não conseguem cumprir tão bem o seu papel, pelo menos em linha reta: presas em sua camisa de força, pedem socorro aos princípios.[18]

Quais seriam as consequências para o juiz? De um modo geral, seriam positivas?

Parece que sim. Hoje, não apenas a evolução natural do pensamento jurídico, mas a própria ânsia de mais liberdade e igualdade lhe abrem um espaço inédito, que, como notamos, remete-o de forma recorrente à Constituição — já agora não tão distante, nas alturas, mas lembrada a cada vez que se interpreta a regra, mesmo a mais simples. Esse alargamento da função judicante acaba se refletindo, curiosamente, até fora da sala de audiências — onde o juiz, sem deixar de ser o que é, desliza com facilidade dos congressos jurídicos às manifestações políticas ou às entrevistas nos jornais.

Desse modo, se um juiz do trabalho — apesar da crise das utopias — sentir-se ainda tocado pela *velha chama*, e quiser de algum modo lutar o bom combate, terá ao seu dispor um arsenal quase inédito. Inversamente, porém, se o mesmo juiz, ao escolher a carreira, tiver se deixado levar menos pelo sonho de um novo mundo que por seus próprios sonhos de consumo, também terá um vasto material à sua disposição.

É que as mesmas razões que o levam hoje a privilegiar os princípios conspiram a favor de uma releitura dos próprios princípios — que pode se tornar tão aberta, tão livre, a ponto de inverter o seu sentido original. É o que acontece, por exemplo, quando se diz que para proteger o trabalhador é preciso proteger a fonte de trabalho, o que implica, em última análise, desproteger o trabalhador... No limite, a mesma liberdade de interpretação, conjugada com um olhar enviesado da realidade, pode levá-lo a questionar a própria essência — protetora — do Direito do Trabalho, reduzindo-o, na prática, a um simples ramo do Direito Civil.

É claro que sempre se pode dizer que entre os vários sentidos da norma há sempre uma interpretação *ótima*, que atende de forma melhor às prescrições da Constituição. Mas nem sempre, ou quase nunca, os significados das palavras são unívocos — e menos ainda num documento que é jurídico sem deixar de ser político, e que tenta compatibilizar um ideal de humanismo com um sistema em si mesmo desumano. Assim, pelo menos em alguma medida, a interpretação pode escapar dos critérios mais rígidos e racionais — e a sentença, como dizia Couture, valerá o que valer o juiz.

No plano do Processo, a economia de regras — velha e sábia opção da CLT — funciona hoje, mais do que nunca, como um convite à criação. Ao mesmo tempo, o juiz do trabalho vai encurtando a distância que o separava do juiz criminal, *procurando* mais do que *esperando*, seja por idealismo, seja para atender às exigências da estatística.[19]

Outro elemento dos novos tempos que influi na prática dos tribunais é a questão da igualdade. Ainda que o juiz continue em cima de seu estrado e seja objeto de tantas reverências, vem diminuindo a distância que o separa dos advogados e mesmo das partes. Em geral, pode-se dizer que sua postura é mais simples; e ele já não se constrange em se mostrar como gente.

Por outro lado, até que ponto aquela obsessão pelo novo não afetará o juiz?

Por mais austero que ainda pareça, ele próprio quer se manter jovem no corpo e na alma; e não é improvável que o mesmo sentimento — que a todos invade — induza-o a olhar com mais simpatia as mudanças na lei, mesmo as que destoam do caráter progressista do Direito do Trabalho.

---

(17) FERRARESE, Maria Rosaria. *Op. cit.*, passim.
(18) FERRARESE, Maria Rosaria. *Op. cit.*, passim. O enfraquecimento das regras tem gerado reações opostas, como a tendência à criminalização de tudo. Talvez se possa dizer o mesmo quanto à super-vigilância de todos sobre todos.
(19) Um exemplo paradigmático desse novo modelo de juiz é o colega Jorge Luiz Souto Maior.

Aliás, com frequência, a idade tem sido usada pelos meios de comunicação para deslegitimar a própria CLT.

Mas também a afirmação dos valores hedonistas, do "direito de viver bem a vida" pode afetá-lo, seja quando o autoriza a se defender do estresse ou a se realizar de forma mais plena — o que pode, certamente, também melhorar a qualidade de suas sentenças — seja para ajudá-lo a justificar suas eventuais negligências. Também aqui, como dizia Couture, tudo dependerá do homem.

5. O juiz e o direito

Como o Direito do Trabalho tem reagido a essas mudanças?

Bem e mal, eu diria.

É que o próprio Direito do Trabalho — hoje, mais do que nunca — parece dividido.

De um lado, temos as normas tipicamente trabalhistas, que incorporam desigualdades jurídicas para compensar — ainda que em parte — as desigualdades sociais e econômicas existentes. Exatamente em razão dessa sua finalidade, são normas que implicam, em geral, distribuição de renda — como as que regulam o salário ou a jornada de trabalho.

De outro lado, temos as normas de origem civilista, que na verdade dizem respeito a práticas que extrapolam a relação de emprego. Elas também pretendem defender liberdades e igualdades, e podem até distribuir alguma renda, se bem que *por tabela*, em forma de indenizações. Mas sua lógica é outra. Não concedem "superioridade jurídica para compensar a inferioridade econômica".[20] As igualdades e liberdades que defendem são da mesma natureza das que existem em outros ramos do Direito. É o caso, por exemplo, das discriminações ou dos assédios.

Assim, de um lado, justiça distributiva; de outro, justiça comutativa. Ora, a face *trabalhista* do Direito está em crise; a face *civilista* em ascensão. E esta abre uma espécie de crédito para aquela, parecendo compensar — e na verdade mascarando — o processo de flexibilização.

E se — por todas essas razões — o Direito do Trabalho flutua; se as regras perdem consistência; e se até os princípios podem oferecer respostas contraditórias, as opções do juiz podem se tornar menos precisas, mais inseguras, ou mesmo ambivalentes. E então, nos momentos críticos, para se livrar do estresse, ele pode se sentir tentado em voltar à simples literalidade da lei, nem sempre suficiente para os novos desafios.

Aliás, é importante notar, também, como a ênfase no princípio da liberdade individual pode ter alguma relação com essa valorização do acordo, que hoje transita da audiência trabalhista à criminal, passando pelos termos de ajuste de conduta e pelos seus equivalentes na fiscalização do trabalho. Por extensão, essa tendência também pode levar o juiz, sem perceber, a legitimar o contrato *formal* de trabalho, abstraindo-se do princípio da primazia da realidade.

6. O que propor?

Fromm[21] usa o mito do Paraíso para ilustrar a nossa relação com a liberdade. Diz ele que quando Adão come a maçã, *desobedecendo*, assume a verdadeira dimensão humana. Pela primeira vez ele pensa, decide e faz. A partir daí, a cada novo passo, está condenado a escolher, com todos os riscos e possibilidades que as escolhas trazem. E não tem como voltar atrás: dois anjos, com espadas flamejantes, guardam as portas do Paraíso.

Hoje, mais do que ontem, o juiz se vê diante de escolhas. Sua função de julgar, possivelmente, é mais angustiosa e estressante. Mas na mesma medida é mais desafiadora e importante.

É verdade, como eu dizia, que mesmo hoje ele pode se defender de vários modos, seja aplicando mecanicamente a letra da lei ou a jurisprudência, seja valorizando as formas sobre os conteúdos, seja "arquivando" os autos diante da mais irrelevante nulidade, seja aplicando de ofício a prescrição ou mesmo reduzindo o conceito de subordinação, para absolver o réu em situações fronteiriças. Com esses e outros artifícios poderá não só garantir as estatísticas como aumentar, pelo menos no sentido material, sua "qualidade de vida". Mas isso certamente não o fará orgulhoso de si mesmo, por mais que o nosso mundo se tenha tornado tão pragmático e hedonista.

O que fazer, então?

Tanto quanto os problemas, são inúmeras as possibilidades para aperfeiçoar a função judicante. Vejamos apenas algumas delas.

Não sou dos que pensam que a CLT deva se manter sempre como está, mesmo porque ela própria já está impregnada de alterações, e o mundo à sua volta está explodindo. Mas também não sou dos que pensam que o nível de proteção ao trabalhador deva diminuir um centímetro que seja, mesmo porque — em que pese a conjuntura atual brasileira — a tendência dos novos tempos parece ser a de aumentar crescentemente as disparidades sociais.

Em teoria, um processo de reforma da CLT poderia vir, é claro, por via legislativa, mas tenho minhas dúvidas sobre os seus resultados no contexto atual. Pode acontecer

---

(20) A frase é de Gallart Folch (referência???).
(21) FROMM, Eric. *O medo à liberdade*. Rio de Janeiro: Zahar, (s.d.), p. 30 e segs.

que nesse jogo a correlação de forças se revele mais favorável aos interesses do capital que aos do trabalho, e nesse caso, naturalmente, o melhor seria deixarmos as coisas como estão.

Trata-se, é claro, de um raciocínio pragmático, como aliás convém aos novos tempos. Mas nem por isso — eu quero crer — antidemocrático. Como sabemos, os vícios do processo legislativo impedem com frequência que a vontade popular se expresse com fidelidade no Congresso Nacional.

Para que as forças se equilibrem, seria preciso — entre outras coisas — criar mecanismos de sustento da ação sindical, como tem defendido, historicamente, a nossa Anamatra.[22] Mas o próprio movimento sindical também teria de se reformular, virando-se quase pelo avesso, não só para eliminar os seus próprios vícios, como para se valer, estrategicamente, das transformações concretas do mundo e das novas subjetividades. Além disso, penso que seria preciso criar mecanismos mais efetivos de consulta e participação popular — envolvendo inclusive movimentos sociais informais — na medida em que se trata de matéria que interessa a um universo ainda imenso de pessoas.

Assim, pelo menos por ora, talvez seja melhor contar com o legislador apenas lateralmente, e aprofundar o processo de reconstrução do direito pelo juiz. Isso significa, na prática, não só continuar valorizando, crescentemente, os princípios, como assentar alguns dogmas que dificultem sua eventual inversão ou distorção.

Aliás, se o nosso tempo, como vimos, conspira contra as regras, pelo menos uma delas poderia ser criada, ao menos em alguma súmula: a da prevalência dos princípios. A positivação de uma norma como essa, embora quase redundante, poderia legitimar e fortalecer a atuação de um juiz interessado em defender o Direito do Trabalho.

E como a construção da sentença passa pelas partes, democratizando-se, é preciso que elas de fato tenham condições iguais de influência. E isso exige uma Justiça mais simples, mais despojada, o mais livre possível de seus símbolos de autoridade, e o mais próxima possível das pessoas comuns.

Quanto ao olhar do juiz, eu diria que deve se voltar, com simpatia, para o sindicato em geral e para as ações coletivas em particular. Como eu notava e todos nós sabemos, o sindicato perdeu força, e sem ele o Direito do Trabalho dificilmente conseguirá cumprir o seu papel — especialmente num contexto de globalização, reestruturação produtiva e neoliberalismo. Quanto às ações coletivas, além de reforçar os laços de solidariedade, podem reduzir o número de demandas e (com isso) as pressões por celeridade.

No que diz respeito à própria celeridade, talvez fosse o caso de tentar — também por outras vias[23] — retardar a sua marcha. E talvez devamos também inverter as prioridades: sentenças mais curtas e simples, em troca de instruções mais longas e cuidadosas.

Outro passo interessante seria ampliar o leque das garantias de emprego. Adotar a tese — que não é inédita — da nulidade da despedida quando o empregador retalia o empregado que procurou a Justiça. E seguir a doutrina de autores como Souto Maior, no sentido de que toda dispensa arbitrária deve conduzir à reintegração.

É claro que existem muitas outras pequenas estratégias, que os operadores jurídicos em plena atividade conhecem muito melhor do que eu. Mas de um modo geral, e concluindo, eu diria que as oportunidades que se abrem ao novo juiz são pelo menos tão grandes quanto os riscos — e isso vale não só para sua prática profissional como para sua realização como pessoa e como cidadão. Afinal, um juiz que cumpre sua verdadeira missão terá mais possibilidades de se sentir — como convém, também, ao nosso tempo — um pouco mais leve, livre e feliz[24].

Referências bibliográficas

AUTOR? *Il diritto al presente*: globalizzazione e tempo delle istituzioni. Bologna: Il Mulino, 2002.

COUTURE, Eduardo. *Introdução ao Estudo do Processo Civil*. Rio de Janeiro: José Konfino, 1951.

FERRARESE, Maria Rosaria. *Op. cit.*,

FROMM, Eric. *O medo à liberdade*. Rio de Janeiro: Zahar, (s.d.).

GRANDIN, Greg. *Fordlândia*: ascensão e queda da cidade esquecida de Henry Ford na selva. Rio de Janeiro: Rocco, 2010.

LIPOVETSKY, Gilles. *L'ère du vide*: essais sur l'individualisme contemporain. Paris: Gallimard, 1996.

MAFFESOLI, M. *L'instant éternel*: le retour du tragique dans les sociétés postmodernes. Paris: Le Livre de Poche, 2000.

NASSIF, Elaine N. *Conciliação Judicial e Indisponibilidade de Direitos: paradoxos da "justiça menor" no Processo Civil e Trabalhista*. São Paulo: LTr, 2005.

RODRIGUES, Ruy Zoch. Uma inversão de sentido da demanda judicial, a partir das motivações inconscientes das partes. *In*: ZIMERMAN, David; COLTRO, Antonio Carlos Mathias (Coord.). *Aspectos Psicológicos na Prática Jurídica*. São Paulo: Millennium, 2010.

---

(22) Associação Nacional dos Magistrados da Justiça do Trabalho.

(23) Uma possibilidade seria a abertura de um diálogo mais direto (e inteligível) com a sociedade.

(24) Pondera o já citado amigo Jorge Luiz Souto Maior que o juiz comprometido com a justiça também pode se sentir angustiado, exatamente por não poder realizar o que desejaria fazer. Já o alienado não sentirá essa frustração, exatamente por ser alienado. No final das contas, talvez seja o caso de concluir que o juiz alienado viverá – como diz o poema – "em brancas nuvens", ao passo que, para o juiz *de verdade*, a frustração e a felicidade caminharão lado a lado, alternando-se, como se uma fosse o preço da outra. Ainda assim, valerá a pena? Eu diria que sim.

Entre Perguntas e Respostas: O Trabalho do Advogado

José Caldeira Brant Neto e *Matheus Campos Caldeira Brant*

Fomos convidados, meu pai e eu, a escrever um breve artigo sobre nossas experiências na advocacia, a minha curtíssima e superficial e a dele vasta e profunda. O confronto entre uma carreira iniciante e uma carreira já longa e bem-sucedida foi o mote do tema que teve a rara felicidade de não unicamente propor que registrássemos, pedantemente, as impressões de cada um sobre ser advogado, mas o que do diálogo entre as duas perspectivas pudesse resultar.

Pensando nisso e já prevendo a resistência do meu pai em escrever artigos acadêmicos — não obstante redigir belas peças processuais e proferir igualmente admiráveis sustentações orais e palestras, sempre que é convidado a escrever algo para um livro, esquiva-se —, imaginei que se eu elaborasse para ele algumas perguntas resolveria as duas questões, afinal estaríamos diante, efetivamente, de um diálogo de gerações, de percepções, com a vantagem de que meu pai só teria o trabalho de pensar sobre as perguntas e respondê-las.

Matheus: Você já se imaginou fazendo outra coisa, outra profissão? Começo com essa pergunta porque, intuitivamente, pensei que para falarmos sobre sua vida de advogado o melhor seria começarmos falando de sua vida de não advogado. Assim, o que você gosta de fazer quando não está trabalhando com o Direito? Indo além, o que na sua vida pessoal, familiar, social você identifica como sendo proveniente da sua vida profissional e vice-versa, ou seja, onde estão as interseções das vidas pessoal e profissional e em que medida uma influencia a outra, levando em conta principalmente a natureza social e política de sua advocacia voltada que é para a defesa dos trabalhadores e de sindicatos? Acho que ao iluminarmos aspectos do nosso cotidiano que não ficam tão explícitos talvez consigamos entrever aquilo que, não obstante tenha grande relevância em nosso trabalho e mesmo determine algumas de nossas ações, acaba passando despercebido...

José Caldeira: Na verdade, eu nem tive tempo ou mesmo oportunidade para pensar em outra atividade ou outra profissão. Isso porque eu vivo tão intensamente a advocacia que nem cheguei a me imaginar fazendo outra coisa. Nem mesmo as dificuldades financeiras, as desilusões com as teses sustentadas ou as decisões injustas chegaram a me abalar de forma a levar-me a pensar em mudar de profissão. Quando não estou trabalhando, gosto muito de ouvir música e bater papo com os amigos sorvendo uma boa cerveja e, para distrair, por mais estranho que possa parecer, adoro ler jurisprudência. A maior contribuição que a atividade profissional trouxe para a minha vida familiar e social foi o exercício da tolerância, a paciência para ouvir, o respeito à intimidade, a solidariedade nas alegrias e tristezas de cada um e o reconhecimento de que a vida é feita de alternâncias, conquistas e derrotas.

Matheus: Você se sente vocacionado para a advocacia? O que seria ter vocação para advogar? Li outro dia uma entrevista do escritor suíço Alain de Botton na qual ele dizia que o sentido da vida — se há algum — seria algo próximo de se encontrar uma ocupação na vida que possa ao mesmo tempo lhe garantir os meios para sua subsistência, sem exigir grandes dificuldades em sua execução, proporcionando, na maioria das vezes, até mesmo certo prazer e, eu acrescentaria ainda, que essa atividade desfrute de relevância e de reconhecimento social. O que você acha disso? A advocacia em sua vida consegue contemplar essas dimensões?

José Caldeira: A vocação é um chamamento da alma. Não escolhi o Direito por vocação, mas em razão da circunstância de ter estudado em seminário onde fiz o curso clássico, que nos direciona para a área das ciências humanas e, talvez, para agradar o meu pai que era tabelião e que não teve a chance de fazer o curso de Direito. Apesar disso, identifiquei-me muito bem com a profissão. Trabalho com prazer. Tenho orgulho de ser advogado e gosto muito do que faço. Eu vejo na advocacia um excelente instrumento de solução dos conflitos sociais e profissionais. Infelizmente, a nossa formação acadêmica e prática quase sempre nos leva a uma posição de litigância, como se a nossa sobrevivência profissional dependesse de um incremento da litigiosidade.

Matheus: O fato de você advogar predominantemente na Justiça do Trabalho e, em razão disso, lidar diariamente com questões relacionadas ao trabalho humano o leva a pensar sobre o seu próprio trabalho como advogado? Ou ao contrário, o fato de já vivenciar tanto o trabalho de terceiros por meio da defesa dos interesses dos seus clientes faz com que, paradoxalmente, você pense pouco em seu próprio trabalho como se através do instituto da representação processual você se identificasse de tal forma com seu representado que quase assumisse como sua a voz dele, a vontade dele, a história e a vida dele misturando-se com ele qual um ator e sua personagem? Parece, aliás, que esse possível paralelo entre o trabalho do advogado e o trabalho do ator que estou sugerindo aqui ganha contornos mais claros quando se atenta para a identidade entre as expressões utilizadas tanto em um campo como no outro, como é o caso do próprio conceito de representação acima mencionado e também do conhecido jargão que, precisamente, substitui a palavra "trabalhar em" por "atuar em" determinada causa. O que você pensa sobre isso? Quando você está fazendo uma audiência ou sustentação oral ou ainda uma reunião negocial, você sente que desempenha um "papel", assume uma identidade própria, diferente daquela do seu dia a dia no convívio familiar, social?

José Caldeira: Uma coisa bastante curiosa é que eu me diferencio muito entre o ser profissional e o ser social. No exercício da profissão, chego a ser radical em determinadas questões e intransigente em outras, embora na vida social a condescendência seja o meu traço mais forte. Na profissão, luto com todas as forças na defesa dos meus clientes, já na vida privada, social e familiar, sou, como dizem no interior, um "mão aberta". Não ligo muito para a defesa do meu próprio patrimônio. Acho que este aspecto tem reflexo na profissão, onde a última coisa que me preocupa, de verdade, é a verba honorária. Talvez porque também aprendi que ela é sempre consequência do trabalho bem desenvolvido.

Matheus: Ainda sobre esse jogo de identificações, de assunção de papéis, você não acha que essa dinâmica é uma via de mão dupla, ou seja, se por um lado o advogado se coloca no lugar de seu cliente na defesa de seus interesses, dialeticamente, por outro lado, o cliente também não se enxerga em seu advogado projetando nele desejos, vontades suas? Pergunto isso porque sempre que estou assistindo ou "atuando" em alguma audiência me parece que acontecem muito mais coisas do que o mero desenrolar de um processo legal... Parece-me que há nuances que abarcam e mesmo extrapolam esse tal jogo de papéis, o que exige do advogado muito mais do que o conhecimento jurídico para desempenhar seu trabalho de forma satisfatória. Pensando sobre isso, me ocorreu um interessante texto do professor Márcio Túlio Viana em que ele fala justamente sobre essas sutilezas:

> "Vejo hoje, com vinte e um anos de atraso, que o processo ou o procedimento é algo muito mais intrincado e complexo do que um simples conjunto de regras formais, entre as quais o juiz se movimenta. Não é apenas um composto de prazos, recursos, sentenças, petições. É também o modo de falar, o jeito de ouvir, a forma de olhar; são as vestes talares, o estrado alto, o linguajar rebuscado, o argumento mais hábil. É tudo isso e muito mais: Como as raízes de uma árvore, ele se irradia para além dos papéis, para além da lei e para fora da sala de audiências. Se o que não está nos autos não está no mundo, o que está no mundo está sempre nos autos."[1]

José Caldeira: É verdade. O professor Márcio Túlio tem razão. Mas não é só o processo. Tudo na vida tem ou pode ter um significado maior do que os atos simples e cotidianos da convivência social, da etiqueta, do relacionamento humano, social e familiar. Com o tempo a gente consegue compreender melhor a angústia, a aflição e até a ganância e a incompreensão do cliente. O advogado é o depositário das esperanças do cliente. Daí o cuidado extremo em não abafar os sonhos, mas também não criar expectativas falsas. Por outro lado, a insatisfação e a desilusão do cliente com a solução do conflito não podem afetar o equilíbrio emocional do advogado. Fazem parte do processo.

Matheus: Como você lida com esses aspectos enumerados pelo professor Márcio Túlio? Na prática, em que medida a observação e o diálogo com tais detalhes auxilia em sua "atuação"? Como o advogado deve trabalhar o conhecimento jurídico em face dessas outras dimensões extraprocessuais? Por que em nossas faculdades de Direito pouco se fala sobre isso, concentrando-se a atenção no ensino de leis e doutrinas?

José Caldeira: As questões "extraprocesssuais" não vêm em nenhum manual. A sua percepção depende da experiência, sensibilidade e formação humanística de cada um. Por isso não me parece adequado exigir-se das faculdades de Direito a inserção de tal questão, como matéria específica na grade de disciplinas. Mas as faculdades devem ter a preocupação, através de uma formação multidisciplinar, de alertar os estudantes para estes aspectos da vida profissional. Aliás, as escolas de Direito ensinam muito como litigar e não como solucionar conflitos. E para solucionar conflitos é imprescindível o conhecimento ou ao menos noções sobre estas questões "extraprocessuais".

Matheus: Você advoga há mais de 40 anos tanto na área de Direito coletivo do trabalho como na área de Direito individual do trabalho, sempre na defesa do trabalhador. Como enxerga essa dualidade entre um ramo e outro do Direito do trabalho? Antes, você não acha que tal separação é um tanto artificial sendo que na prática ambas as áreas se relacionam de maneira mais imbricada? Tal interseção se revelaria, por exemplo, na existência da possibilidade de demissão sem justa causa do trabalhador (Direito individual) e sua consequente reticência em participar de movimentos coletivos como a greve (Direito coletivo), afinal, antes garantir o emprego do que colocá-lo em risco para reivindicar um aumento salarial. Ou, num outro sentido, haveria igualmente entrelaçamento entre esses ramos nos casos em que determinado sindicato, não cumprindo eficazmente sua função de proteção dos interesses de sua categoria (Direito coletivo), não fiscaliza

---

(1) VIANA, Márcio Túlio. Discriminação: Márcio Túlio Viana e Luiz Otávio Linhares Renault (Coords.). São Paulo: LTr, 2000. p. 274.

devidamente a rescisão contratual de certo trabalhador, colocando em risco direitos individuais seus?

José Caldeira: Eu sou da geração civilista, que aprendeu a lidar com o direito privado, o direito individual, deixando o social em segundo plano. Hoje a nossa Constituição da República assegura que nenhum direito individual deve se sobrepor ao coletivo. Por isso é que acho que o Direito coletivo do trabalho foi desprezado durante décadas. Parece-me evidente que, ao se desenvolver e proteger o Direito coletivo, estamos assegurando os direitos individuais de uma maneira mais eficiente e efetiva. Para a sociedade, entendo eu, é melhor a proteção coletiva contra a dispensa arbitrária do que a proteção individual para assegurar a indenização pecuniária por uma dispensa arbitrária.

Matheus: Você começou a advogar em 1970, sendo que antes já trabalhava como estagiário no Sindicato dos Metalúrgicos de BH/Contagem. Em primeiro lugar, o que mudou e o que não mudou de lá pra cá em termos da vida prática do advogado, ao elaborar peças processuais, fazer carga em processos, fazer audiências etc., considerando não só o aparecimento e a disseminação dos computadores como também mais recentemente o processo digital? Em segundo lugar, no que diz respeito ao significado da profissão para sociedade, a maneira como esta enxerga o advogado e o modo como o próprio advogado se enxerga, e por fim, quanto às mudanças de ordem estrutural e política no judiciário brasileiro, tendo em vista o advento da Constituição Federal de 1988 e a valorização da carreira jurídica em concursos públicos.

José Caldeira: Mudou muito. Para melhor e para pior. No exercício da profissão, o elevado número de processos, serventuários, advogados, juízes e desembargadores, se de um lado foi um imperativo para atender à exigência da celeridade processual, piorou muito o relacionamento pessoal, o bate papo, o contar "estórias", a troca de experiências. De outro lado, a tecnologia e a informática facilitaram muito a atividade profissional. Aliás, este desenvolvimento foi fundamental para tornar viável a atividade judiciária, após a Constituição da República de 1988, que despertou em cada um de nós a vontade de exercer o direito de cidadão. E a vida é um processo. Não tem retrocesso. Segue adiante, deixando para trás as lamúrias e o saudosismo, sem dó nem piedade. Chegou agora o processo eletrônico. Vou parar de advogar? Não. Já fiz o meu cursinho, comprei um "*scanner*" e vou em frente. Merece ser destacado ainda que, com a extinção da representação classista na Justiça do Trabalho, houve uma valorização desta Justiça, até então considerada como "mercado persa", e, consequentemente, a advocacia trabalhista também passou a ser mais valorizada, não só socialmente, mas até mesmo junto à própria OAB.

Matheus: Por fim, o que você diria para mim e para colegas que como eu estão começando esta vida profissional na advocacia e ora nos deparamos com suas belezas, ora com suas dificuldades, ora nos apegamos a uma certa vontade romântica de ajudar a sociedade a ser mais justa, ora a vida real nos mostra que a injustiça faz parte da natureza humana e das sociedades que ela criou e que não será o Direito e menos ainda o advogado que vai sozinho dar a solução para isso?

José Caldeira: Para os que estão começando eu exorto a começar sempre. Dia após dia. Acho fundamental desenvolver o sentimento de prazer pelo trabalho. Gostar de trabalhar ou atuar. Aprimorar-se, sempre, na formação acadêmica e prática, mas sem se esquecer do relacionamento interpessoal. Em nossa profissão, seja ela qual for, o importante é contribuir, de forma ética, para o aprimoramento das relações sociais, buscando o desenvolvimento de nosso país, para que possamos desfrutar, com paz e tranquilidade, as conquistas, frutos de nosso trabalho.

Referências bibliográficas

VIANA, Márcio Túlio. *Discriminação*: Márcio Túlio Viana e Luiz Otávio Linhares Renault (Coords.). São Paulo: LTr, 2000.

O Que é Ser Auditora Fiscal do Trabalho

Margarida Barreto de Almeida

— Ô Dona, a senhora não pode entrar aí não!

Confesso que mesmo após dezesseis anos exercendo o cargo de auditora fiscal do trabalho ainda me sinto um pouco embaraçada com esse primeiro contato com o empregador e com o ambiente de trabalho. Sempre fico em dúvida se a melhor estratégia é me identificar logo, como determina o Regulamento da Inspeção do Trabalho (art. 12), ou ir logo fazendo a inspeção física no local de trabalho, como esse mesmo regulamento excetua.

Além disso, ser chamada de "*dona*" me incomoda bastante. Respiro fundo, abandonando a sensação incômoda de ser repreendida (e de ter sido chamada de *dona*), e me apresento.

— Boa tarde, senhor Geraldo! — identifico-o pelo crachá que ele carrega pendurado ao pescoço. — Desculpe-me por não ter me identificado imediatamente. Eu sou "fiscal do Ministério do Trabalho"[1] — digo-lhe mostrando a minha credencial, agora achando que o vocativo "*dona*" soava menos injurioso, já que provinha de um trabalhador humilde.

Apresentar a identificação de auditora fiscal do trabalho me desperta uma agradável sensação. Acho que é orgulho. Não porque seja um cargo público de destaque, mas porque se trata de um profissional simpático, que vai ao amparo dos mais fracos. Acho que, no fim das contas, profissionalmente, acabei me tornando a personificação do que meu pai já me advertira desde criança: "é sempre melhor torcer para o lado mais fraco".

— A senhora tem hora marcada? — pergunta ele, zeloso com a sua função de porteiro.

— Não, senhor Geraldo! Eu não preciso agendar a hora de realizar a inspeção — esclareço a ele, que parece ter imediatamente entendido o porquê da "visita" surpresa.

Boa parte das informações sobre o contexto das relações e do ambiente do trabalho pode ser facilmente adulterada ou encoberta. Por essa razão, o auditor fiscal do trabalho deve aproveitar o momento surpresa da fiscalização para desvendar e apreender — ou se aproximar ao máximo — da *verdade dos fatos*. É que, passado esse primeiro momento, haverá, quase sempre, a interferência deliberada para descaracterizá-lo e os trabalhadores serão orientados a não falar a verdade ou a se esconderem, sob a ameaça, velada ou não, da demissão. Por isso, o elemento surpresa é, quase sempre, essencial ao sucesso da ação fiscal.

— Aguarde um momento. Vou avisar que a senhora está aqui.

Enquanto ele me anuncia, resolvo não esperar. Pego o meu caderninho e começo a fazer o meu trabalho, conversando com os trabalhadores, anotando as condições de trabalho, avaliando o ambiente de trabalho, para evitar que ele seja maquiado, descaracterizado. Este é o momento mais rico, mais generoso, mas, também, o mais difícil do meu trabalho.

É o contato com o ambiente de trabalho que nos diferencia dos outros operadores do Direito do Trabalho. Somos os únicos em contato direto com o mundo do trabalho e, portanto, em melhores condições de conhecer suas deficiências, suas características para, a partir daí, apresentar soluções e, sobretudo, punir os infratores. Conhecemos a realidade por intermédio dos nossos próprios olhos, e não por intermédio dos *olhos do processo*[2].

Mas esse foco privilegiado, a par de nos diferenciar, também torna a nossa atividade mais difícil. Não porque exija grande percuciência científica ou um raciocínio excepcional, mas porque não prescinde de um bom controle emocional, ou, em outras palavras, de um bom equilíbrio. Ter contato direto com a exploração do ser humano, muitas vezes a níveis degradantes, desperta em nós sensações contraditórias. Uma nos compelindo a agir para pacificar os sentimentos contraditórios que a visão incômoda da injustiça nos provoca; a outra, mais conscienciosa, nos compelindo a atuar racionalmente, buscando os fundamentos legais e observando nossas limitações pessoais, profissionais e institucionais.

É como disse um colega de trabalho, Jairo Bandeira, "ser auditor fiscal do trabalho é saber conciliar as emoções e o conhecimento".

Penso no poema de um amigo (NASSOS/2012) que retrata bem essa sensação ambígua:

> Acontece algo na mente
> Ela viaja pra trás
> Ela viaja pra frente
> Ela olha e mente
> Ela escuta e reflete
> Ela crente sente, sente.

---

[1] A auditoria fiscal do trabalho já foi denominada fiscalização do trabalho e internacionalmente recebe a designação de inspeção do trabalho.

[2] Essa condição de observadores diretos da realidade do trabalho nos torna "agentes de progresso social", segundo a Organização Internacional do Trabalho.

— Olá, bom dia! Eu sou *fiscal* do Ministério do Trabalho e preciso te fazer algumas perguntas para realizar o meu trabalho, tudo bem? — disse eu, apresentando a minha credencial e observando que o meu primeiro entrevistado estava manuseando uma prensa sem o dispositivo de segurança necessário.

Antes que ele respondesse, continuei.

— Qual o seu nome completo, por favor?

— Antônio da Silva — disse ele.

— Só "Antônio da Silva"? — perguntei, repetindo a segunda pergunta mais frequente no início das entrevistas.

— Antônio da Silva Carneiro dos Santos — disse ele desconfiado.

— Qual a sua função aqui, senhor Antônio? — continuo a entrevista sem deixar de observar o que estava acontecendo no ambiente a minha volta, para que os fatos reais não me escapem.

— Por que a senhora está me fazendo essas perguntas *dona*? É alguma pesquisa?

Outra vez o *dona*! Mas, neste caso, o que mais me incomodou não foi o vocativo, mas a pergunta, que, aliás, é muito recorrente. Por que será que os trabalhadores não conhecem a fiscalização do trabalho? Afinal, somos os aplicadores do Direito mais próximos deles! Será que essa empresa nunca foi fiscalizada? Ou será que nossas ações padecem da eficácia e visibilidade necessárias?

— É uma fiscalização, meu senhor! Vou verificar se todos os seus direitos estão sendo observados, por isso gostaria que você me respondesse a algumas perguntas — digo-lhe e logo ganho a sua simpatia.

— Ah tá! Agora estou entendendo... Sou torneiro mecânico — disse ele, e eu logo comecei a divagar se, porventura, ele também queria ser presidente.

Saio do meu devaneio e continuo.

— O senhor é registrado, ou melhor, *fichado*, senhor Antônio?

— Ainda não. Comecei a trabalhar aqui ontem!

A lealdade do trabalhador a seu empregador é muito maior do que a que pregam por aí, reflito. Em dezesseis anos de profissão, já entrevistei centenas de trabalhadores que começaram a trabalhar "ontem" ou que estavam começando naquele mesmo dia, ou, ainda, que estavam apenas "fazendo um teste". Mas depois, com as perguntas que se encadeiam e com a análise dos documentos, consigo detectar que o "ontem" costuma ter uma extensão temporal muito superior a 24 horas, às vezes até de anos.

— Sei! O senhor já fez o exame médico admissional, senhor Antônio? Por que não está usando equipamento de proteção individual?

E assim prossigo com as perguntas, sobre a jornada de trabalho, os intervalos de descanso, o salário, o exercício da atividade, o fornecimento e o uso do EPI etc., anotando tudo e sempre observando o ambiente de trabalho e os fatos que se desenrolam ao meu redor.

Passo ao segundo empregado.

— Olá, tudo bem? Eu sou *fiscal* do Ministério do Trabalho e gostaria de te fazer algumas perguntas. Qual o seu nome completo, por favor?

Tenho que ser mais rápida nas entrevistas, antes que o ambiente de trabalho se altere. Felizmente, trata-se de uma empresa pequena, com cerca de vinte empregados, como pude avaliar logo na minha chegada. Quando a empresa é pequena dá para fazer uma boa inspeção, mesmo estando sozinha, porque, entre o início e o fim da primeira visita, não há tempo hábil para a descaracterização das evidências e para adulteração do ambiente de trabalho.

— José Maria Caetano — disse ele se identificando.

— Tudo bem, *Zé Maria*? Qual a sua função aqui? — formulo a mesma pergunta que fiz ao entrevistado anterior.

— Eu sou caldeireiro, trabalho aqui, mas sou *fichado* em outra empresa — diz ele antecipando-se ao que seria a minha próxima pergunta.

E prossegue, sentindo confiança em mim:

— Eu exerço a mesma função do Wanderlei — diz ele apontando para o colega —, mas ele é *fichado* aqui e recebe mais do que eu. Isso é certo, *dona*?

A essa altura já não estou mais nem aí para o *dona*; assumo a postura de professora (quase mãe) e faço uma síntese breve dos seus direitos trabalhistas, de forma que ele possa me entender, sem deixar, contudo, de refletir sobre o imbróglio da terceirização e de suas teorias reducionistas e expansionistas. A propósito, quem defende a sua expansão deveria fazer uma incursão profunda no mundo do trabalho terceirizado. Por certo, mudariam de ideia.

— Você trabalha nessa situação há muito tempo, *Zé Maria*?

— Mais ou menos um ano — responde ele, afirmando ainda que sempre prestou serviços ali.

E sem que eu fizesse mais perguntas, prosseguiu dizendo que fazia muitas horas extras e que não recebia por elas; que não era fornecido o EPI para os empregados terceirizados;

que ele só tinha meia hora para almoçar e voltar ao serviço; que ali não colocavam papel higiênico no banheiro (o trabalhador tinha que levar o próprio *rolo*), entre outras queixas, que anoto em meu caderninho.

Nossa! Não colocam papel higiênico no banheiro? Como assim?

Há dezesseis anos, quando comecei a fiscalizar, essa teria sido a minha reação. O que eu não sabia, àquela época, é que eu iria deparar com situações tão alarmantes de degradação da condição humana no ambiente de trabalho que eu me tornaria um pouco *imunizada* contra outras menos graves (não fornecer papel higiênico não é tão grave quanto não fornecer água potável, ou cercear a liberdade, ou fornecer alimento estragado provocando doenças generalizadas, por exemplo). Isso não é bom! Penso que todo auditor fiscal do trabalho deveria fazer um exercício mental diuturno para se resguardar contra eventual perda da sensibilidade contra situações de descumprimento da lei menos precarizantes, especialmente aquelas que nos são apresentadas somente por meio de uma visão sistêmica do Direito, mas que corroem a estrutura, os pilares do Direito do Trabalho.

Volto a minha fiscalização atual. Observo que o ruído ali dentro era excessivo e que a maioria dos trabalhadores não usava protetor auricular. Se continuarem assim, em breve, vários acumularão perda auditiva e terão de se afastar do trabalho, nos braços da Previdência Social. Como é que as autoridades públicas não percebem essa equação tão básica e investem no controle prévio da saúde e segurança no ambiente do trabalho? Dessa forma, protegeriam os trabalhadores, salvando vidas, e, reflexamente, desonerariam a Previdência Social[3].

Isso me lembrou de um fato engraçado, para não dizer trágico. Certa vez, fazendo uma entrevista com um empregado que trabalhava em ambiente com alto nível de ruído (acima de 90 decibéis-dB)[4], perguntei se ele apresentava alguma perda auditiva. Ele me respondeu em um tom de voz bem elevado: "O quê? Fala mais alto que eu não estou ouvindo...".

Prossigo, no meu interrogatório e na minha inspeção sobre o ambiente do trabalho, tudo muito rapidamente para evitar que do ambiente fosse suprimido o seu verdadeiro caráter. No início da minha sexta entrevista, já um pouco rouca devido à necessidade de elevar o tom da minha voz para compensar o ruído elevado e tendo já colacionado várias informações e observado que as reclamações dos trabalhadores se repetiam, fui interrompida pelo empregador que, ofegante, se apresentou, interrompendo-me.

— Bom dia, minha senhora! Meu nome é Augusto, sou o *dono* desta empresa. Em que posso ajudá-la?

— Bom dia, senhor Augusto! Eu sou auditora fiscal do trabalho e, como a legislação me autoriza, estou fazendo uma inspeção na sua empresa — digo-lhe apresentando a minha credencial.

Fiquei na expectativa de sua reação. Alguns empregadores costumam ser grosseiros, outros simpáticos e outros posam de indiferentes. Mas nenhum, com certeza, independentemente da reação inicial, gosta da visita de um fiscal.

Certa vez, um empregador me perguntou se eu tinha um mandato, porque eu estava invadindo a "casa" dele. Achei o fato engraçado na hora, mas, depois, refletindo sobre o assunto, percebi que deve ser assim mesmo que o mau empregador se sente: invadido na sua privacidade, naquilo que ele não gostaria que fosse descoberto, tampouco fiscalizado.

Felizmente, o senhor Augusto era um homem educado, diferentemente de vários com quem já tive contato. Em fiscalizações rurais, por exemplo, quando os auditores fiscais não estão acompanhados da polícia, os empregadores costumam ser extremamente reativos e, às vezes, violentos[5].

— Senhor Augusto, vou notificá-lo para a apresentação de vários documentos necessários à auditoria, mas antes vou terminar a verificação física do ambiente de trabalho. O senhor, por gentileza, poderia já ir providenciando a apresentação dos cartões de ponto, do livro de registro de empregados e do livro de inspeção do trabalho, para que eu possa analisá-los tão logo eu acabe de fazer a inspeção aqui.

---

(3) Existe uma relação direta entre a fiscalização das condições de trabalho, especialmente no que diz respeito ao cumprimento das normas de saúde e segurança no trabalho, e os benefícios previdenciários pagos em decorrência de doenças ocupacionais ou acidentes de trabalho. Nos últimos anos, o número de acidentes de trabalho no Brasil vem crescendo assustadoramente. Enquanto em 2001 foram pouco mais de 340 mil acidentes de trabalho, em 2007 este número subiu para 653 mil ocorrências (se considerados os acidentes sem CAT), com um aumento de 92% no número de acidentes de trabalho. Somente em 2007 foram registradas 2,8 mil mortes por acidentes de trabalho em todo o Brasil, o que perfaz um total de quase oito mortes diárias. Segundo dados do Governo Federal, os acidentes e doenças do trabalho custam, anualmente, R$ 10,7 bilhões aos cofres da Previdência Social, por meio do pagamento do auxílio-doença, auxílio-acidente e aposentadorias.

(4) Norma Regulamentadora n. 15 (NR-15).

(5) O assassinato dos auditores fiscais do trabalho em Unaí/MG é o retrato da violência apontada.

— Vou providenciá-los! A senhora pode ficar à vontade. Aqui eu pago tudo em dia, não tem nada de errado.

Sem analisar nenhum documento ainda, eu já havia constatado uma série de irregularidades (manter empregado sem registro, jornada excessiva, não conceder intervalos para repouso e alimentação, não fornecer ou não assegurar o uso do equipamento de proteção individual adequado, não prover as máquinas da proteção adequada, entre outros), e ele falava que não tinha nada de errado. É, no mínimo, intrigante este comportamento.

Lesionar trabalhadores, suprimindo-lhes os direitos trabalhistas, é hábito corriqueiro nas relações de trabalho e, embora o Direito do Trabalho seja imperativo, suas normas são reiteradamente descumpridas, sem que haja uma significativa reprovação social contra a conduta de quem as descumpre.

Como disse o professor Márcio Túlio Viana, certa vez, se alguém entrasse em uma padaria e roubasse um pão, todo mundo que presenciasse a cena gritaria *pega ladrão*! E todos, por certo, censurariam a atitude do sujeito infrator (sanção social). Mas *roubar* direitos trabalhistas não gera reproche social; ninguém sai gritando pela rua "pega o ladrão de horas extras, o ladrão de saúde e segurança dos trabalhadores".

Situações como a encontrada na empresa do senhor Augusto são rotineiramente enfrentadas pela inspeção do trabalho. Constata-se uma insubmissão expressiva dos empregadores aos preceitos normativos trabalhistas, visto que confrontantes com um sentimento social arraigado de menor valia do Direito do Trabalho. Penso que se houvesse um investimento maior no controle preventivo do seu cumprimento, por intermédio da inspeção do trabalho, a situação poderia ser outra, porquanto não se pode esperar o cumprimento espontâneo de uma legislação cuja afirmação tem sido reiteradamente desequilibrada, assimétrica, despudoradamente iníqua.

A iniquidade despudorada não a encontrei escancarada na empresa do senhor Augusto, mas já me confrontei com ela em várias outras fiscalizações, infelizmente. Alguns dizem que se trata de uma chaga social, o que remete a uma ideia de situação posta, imodificável. Não posso aceitar isso, todavia.

Acho que todo auditor fiscal do trabalho tem o desejo de, um dia, dizer que a regra da nossa sociedade é a da justiça social, e não o inverso. E situações como a encontrada na Fazenda Tabuleiro, na Bahia, onde o grupo móvel de fiscalização do trabalho resgatou 259 trabalhadores submetidos à condição análoga a de escravo, dormindo em barracos de lona, no chão batido (muitos sem colchões), alimentando-se de comida estragada, submetidos à vigilância armada, deixariam de existir e de ouriçar as emoções de quem as assiste e combate.

Transcrevo um dos depoimentos colhidos na ação fiscal, da trabalhadora Maria Simoneide de Jesus, admitida em 12.7.2003 e interrogada em 27.8.2003, para demonstrar o que eu digo:

"Que foi contratada em Luiz Eduardo Magalhães/BA para trabalhar catando raiz, juntamente com sua mãe. Que tem 15 anos de idade e está grávida de 3 meses. Que trabalha todos os dias da semana, sem folga semanal. Que está alojada em barraco de lona, sem banheiro, nem instalação sanitária, fazendo suas necessidades no mato; que não recebeu IPI, se quiser tem que comprar. Que presenciou o gato ameaçar e bater em um trabalhador chamado Edinaldo, pois este tinha ido reclamar do serviço e ia se retirar do local de trabalho. Que o gato foi em seu encalço e lhe bateu, xingando-o com palavras de baixo calão e lhe deferiu dois murros nas costas, obrigando-o a voltar a trabalhar, sob ameaça. Que os trabalhadores que vêm de outro lugar e que não suportam o serviço e querem retornar não podem, pois o gato os obriga a trabalhar para quitar o custo gasto com a alimentação e o transporte. Que apesar de grávida nunca fez pré-natal. Que até a presente data nada recebeu de salário, trabalhando até agora pela comida."

Ou o do empregado Jean Marcos de Souza Lima, também trabalhador da Fazenda Tabuleiro, que havia sofrido queimaduras graves nos membros superiores e inferiores, dois dias antes de a fiscalização chegar ao local do trabalho:

"Que foi contratado pelo gato Ludovico na cidade de Luiz Eduardo Magalhães/BA, chegando na Fazenda Tabuleiro no dia 8.8.2003; ... que o serviço de cata de raiz seria remunerado à base de R$ 12,00 (doze reais) por dia, livre de refeição; que, todavia, ainda não recebeu salário na Fazenda Tabuleiro; que trabalha de segunda a domingo e, se por qualquer razão deixar de trabalhar, tem que pagar R$ 12,00 por dia pelas refeições; que ao atear fogo em uma coivara (monte de raízes e galhos), o depoente teve sua mão e perna direita queimadas; que isso aconteceu na segunda-feira, dia 25.8.2003, não tendo atendimento médico até a data de hoje; que comunicou o acidente ao Gauchinho, que é o gerente do gato Ludovico, ou gatinho, que disse que iria providenciar atendimento ao depoente e nada fez; que o atendimento que recebeu nesta data decorreu única e exclusivamente da chegada da fiscalização; que o médico que atendeu o depoente disse que, se ele demorasse mais uns três dias, ele iria perder sua mão; que, mesmo após o acidente, o depoente teve que trabalhar, pois do contrário teria que pagar pela refeição recebida do gato; que os membros queimados estavam doendo demasiadamente, tanto que o depoente caiu no chão por ter ficado zonzo; que o sol batia no local queimado, o que somado ao calor da queima da coivara causava uma dor insuportável; ... que a comida fornecida pelo gato era apenas suportável; que já encontrou bichos na carne fornecida pelo gato; que não poderia deixar a Fazenda Tabuleiro quando quisesse, pois não tinha dinheiro nem transporte disponível; que para ir embora deveria andar longo trecho de terra e depois pagar sua passagem de ônibus; que sabia da existência de armas no alojamento, como, por exemplo, o revólver calibre 38 e o rifle calibre 22; que o gato Ludovico anda armado com o referido revólver o tempo todo; ... que as necessidades fisiológicas eram feitas no mato, inclusive pelas empregadas mulheres; que os banhos eram tomados no pequeno banheiro de lona preta improvisado; que dormia em um colchão tomado emprestado de um amigo; que o gato Ludovico vende colchões e cobertas aos empregados por R$ 25,00 cada; que alguns trabalhadores dormem no chão por não terem colchão; que se via obrigado a adquirir produtos alimentícios da cantina do gato, em função da péssima qualidade da comida fornecida pelo mesmo; que a água utilizada para banho, comida e bebida era trazida por um trator do tipo pipa e depositada em caixas-d'água; ... que os alojamentos eram precários, sendo feitos de lona preta sobre varas tiradas no próprio local, sem calçamento."

Situações como as da Fazenda Tabuleiro (caso real), ou da empresa do senhor Augusto (caso fictício), são encontradas no dia a dia da inspeção do trabalho. Enfrentá-las é o nosso mister, porquanto não somos (nem podemos ser) meros espectadores dessa realidade iníqua. Mas o fazemos inundados de sentimentos, ainda que represados pelo crivo legal.

Não temos forças para, sozinhos, mudar essa realidade triste, mas, posso garantir, fazemos muito. Mudá-la depende de uma conjunção maior de forças que ultrapassa a competência da inspeção do trabalho ou o somatório dos esforços dos auditores fiscais do trabalho.

No entanto posso dizer com segurança: eu faço a minha parte. E sou auditora fiscal do trabalho com muito orgulho!

O Que é Ser Estagiária na Justiça do Trabalho

Lorena Carolina Silva Couto Ventura

No início do 7º período do curso de Direito da Universidade FUMEC, participei de um processo seletivo para concorrer à vaga de estagiário no Tribunal Regional do Trabalho da 3ª Região, que, conforme art. 6º, do Ato Regulamentar n. 11, de 27.11.2008 do Egrégio Tribunal, "*o ingresso de estudantes no Programa de Estágio se dará, unicamente, por seleção realizada pelas instituições de ensino conveniadas, quando acionadas pela Coordenação do Programa, com observância aos critérios preestabelecidos pelo Tribunal Regional do Trabalho da 3ª Região*"[1].

Através de uma média 7 exigida nas disciplinas de Direito Processual Civil, Direito do Trabalho e Direito Processual do Trabalho, ou equivalentes, quando já concluídas e estando o aluno matriculado, com frequência regular, em curso de educação superior, entre o quinto e o último semestre do curso, de acordo com o art. 5º, I, do referido Ato Regulamentar, fui selecionada para participar do Programa de Estágio do TRT da 3ª Região em setembro de 2010.

Após o cumprimento das normas exigidas pela faculdade e pelo próprio Tribunal para regularização do estágio através da celebração do Termo de Compromisso, tive conhecimento das atividades que seriam desenvolvidas durante o meu período probatório como estagiária, que sinteticamente foram apresentadas como: Análise de processo (Introdução e conhecimento das técnicas de análise do processo; verificação dos pressupostos e condições da ação; verificação dos pressupostos de admissibilidade dos recursos e contato com temas objeto da controvérsia) e Pesquisa (Estudos dos casos através de pesquisa doutrinária e jurisprudencial), ambas visando ao aprimoramento dos conhecimentos teóricos e práticos forenses.

Ao receber o Termo de Compromisso e após uma primeira leitura das atividades apresentadas, não percebi a imensidão do conhecimento que me esperava e a oportunidade de estagiar na Justiça do Trabalho, pois estava iniciando o estudo da matéria trabalhista na faculdade e ainda não tinha maturidade suficiente para entender o que seria atuar com os casos práticos e vivenciar a realidade das partes envolvidas nos processos, já que até aquele momento apenas tinha contato com os exemplos apresentados pelos professores na faculdade.

Desenvolvendo o contato com os processos e casos apresentados, comecei a entender a importância da Justiça do Trabalho na sociedade e na vida dos trabalhadores, percebi que atrás dos papéis dos diversos processos havia pessoas que buscavam minimizar um dano sofrido ou reivindicar um direito lesado, e que o judiciário atua como um instrumento de alcance dos hipossuficientes à manutenção da dignidade almejada, possibilitando um sentimento de igualdade em uma sociedade tão desnivelada.

Nas análises dos processos, conheci a separação dos ritos procedimentais e o nível de urgência de cada um deles, o procedimento sumaríssimo para as causas mais ocorrentes e com um lapso temporal reduzido para ser analisado, e o procedimento ordinário para causas mais extensas e complexas que consumiam um tempo maior para serem solucionadas, mas ambos possuíam o mesmo nível de responsabilidade e atenção, visto que trabalhadores buscavam o que lhes era garantido de direito.

Em seguida comecei a identificar e conhecer algumas peças processuais utilizadas no Processo do Trabalho, como os recursos ordinários, embargos de declaração, petições iniciais, contestações, sentenças, acórdãos, agravos de petição, e distinguir os requisitos utilizados no Processo do Trabalho e no Processo Civil.

As leituras e pesquisas diárias possibilitaram uma soma no meu vocabulário, o contato com as redações das peças processuais e decisões proferidas e permitiram uma amplitude na fala e na escrita, bem como uma maior identificação nos erros ocorrentes do português.

O conhecimento adquirido durante o estágio permitiu um alto nível nas notas das provas aplicadas na faculdade e facilidade na matéria ministrada pelos professores, pois ao iniciar o estágio ainda não tinha contato com o Direito do Trabalho nem com o Processo do Trabalho e somando o aprendizado diário na Justiça do Trabalho com a matéria aplicada em sala tive um alto aproveitamento na faculdade, não somente nas matérias trabalhistas como também nas demais matérias aplicadas, já que consegui aprimorar a técnica de estudo e aproveitar o que havia aprendido.

O estudo dos casos expostos permitiu um aprendizado diário dos institutos do Direito do Trabalho e regras do Processo do Trabalho, no entanto alguns desses institutos concentraram minha atenção, como por exemplo o acidente de trabalho. Em diversos momentos fiquei sensibilizada com os acontecimentos registrados nos processos, as

---

(1) BRASIL. Tribunal Regional do Trabalho da 3ª Região. Ato Regulamentar n. 11, 27/11/2008 (ARG 11/2008). Disponível em: <http://www2.trt3.jus.br/cgi-bin/om_isapi.dll?clientID=334153&Consultar=Consultar&E1=ato%20regulamentar%2011&infobase=integratrt03.nfo&querytemplate=QqPalavra&record={FD}&recordswithhits=on&softpage=Document42>. Acesso em: 18 set. 2012.

imprudências, a ausência de preparação técnica e de conhecimento do instrumento utilizado no trabalho que chegaram a gerar a perda de uma vida no ambiente do trabalho, como também o instituto do assédio moral, o qual aguçou uma pesquisa para maior conhecimento e acabou se tornando o tema da minha monografia (Trabalho de Conclusão de Curso — TCC), porquanto o ambiente de trabalho e suas condições, em determinados casos, se tornou um dos principais fatores originários desse assédio que é capaz de atingir a vítima tão gravemente a ponto de gerar uma incapacidade mental e laboral.

Nesses casos e atuando como estagiária na Justiça do Trabalho pude sentir por determinado tempo a dificuldade que o julgador enfrenta ao se deparar com uma situação de morte ou mesmo de assédio moral que pode o sensibilizar, mas pela ética da profissão deve seguir os passos traçados pela norma garantindo o devido processo legal para ambas as partes, sem manifestar o seu sentimento pela perda gerada e julgando estritamente pelas provas contidas no processo.

Mas durante o tempo estagiado tive o privilégio de atuar com excelentes servidores, juízes e desembargadores que permitiram o aprimoramento dos ensinamentos teóricos obtidos na faculdade, diante do complemento da aplicação experimental realizada na Justiça do Trabalho. No entanto a regra seria a aplicação prática dos conhecimentos acadêmicos transmitidos para a atuação no local do estágio, apesar disso a minha experiência na Justiça do Trabalho foi diferente, pois ao iniciar o estágio no TRT da 3ª Região estava começando o estudo do Direito do Trabalho e diferentemente dos meus colegas de sala tive um contato antecipado e conjunto com o Direito e Processo do Trabalho, que me permitiu um estudo integrado e uma visão ampliada dessas matérias, gerando um aprendizado com muita qualidade.

O resultado dessa experiência foi a minha aprovação no Exame de Ordem com aproveitamento de 80% (oitenta por cento) da prova e enorme satisfação para mim e minha família, pois o estágio foi primordial para o conhecimento adquirido e a facilidade na resolução das questões abertas e da peça prático-profissional aplicada pela OAB.

Com o tempo curto, mas, ao mesmo tempo, grandioso de atuação na Justiça do Trabalho, compreendi que o estágio não se simplifica na contratação de uma mão de obra fácil e de baixo custo para os contratantes, pelo contrário, foi fácil notar que o estágio é de suma importância quando proporciona aos estudantes um aperfeiçoamento dos conhecimentos teóricos e práticos, que são capazes de desenvolver a aprendizagem social, profissional e até mesmo cultural do aluno, produzindo assim um profissional habilitado e com qualificação para atuar no mercado de trabalho.

Nesse sentido, Amauri Mascaro Nascimento aponta a importância do estágio para o futuro profissional do estudante e para o próprio país:

> É fundamental o estágio para o desenvolvimento econômico-cultural de um país, principalmente um país emergente como o Brasil, que envia todos os esforços possíveis para dar um salto de qualidade que tem como ponto de partida a sua preoucpração com a educação, voltada esta para a efitiva utilidade profissional, que pressupõe não apenas o conhecimento teórico, mas o domínio das exigências que resultam da realidade do exercício das profissões. (NASCIMENTO, 2008. p. 487)

Ainda, o ensinamento de Lélia Guimarães Carvalho Ribeiro sobre a necessidade do estágio na formação do estudante:

> O objetivo principal da formação experimental é dar ao futuro profissional do Direito a devida orientação e complementação pragmáticas das aulas teóricas, a fim de que no dia do exercício da profissão, o bacharel em Direito saiba como requerer, arrazoar ou se posicionar dentro do processo como um hábil patrocinador da demanda do seu cliente.
>
> [...]
>
> O estagiário tem um papel bastante significativo no seio da sociedade, pois são eles futuros profissionais que estarão prestando serviços à Administração da Justiça, com vistas ao social, à coletividade e ao bom exercício do Direito. (RIBEIRO, 1992. p. 102)

Por isso, Raphael Jacob Brolio afirma que:

> A ideia central do estágio é criar uma espécie de elo entre o ensino e um ofício. É nesse sentir que tanto a educação quanto o trabalho são direitos sociais, ditos fundamentais. Ao lado de saúde, moradia, segurança, entre outros, ocupam o rol meramente exemplificativo do art. 6º, da Lei Maior. (BROLIO, 2009. p. 367)

E mais:

> Educação e trabalho caminham juntos, sendo indispensáveis a qualquer sociedade e, por estarem inseridos na mesma capitulação legal da Lei Maior (art. 6º), devem conviver harmonicamente. (BROLIO, 2009. p. 368)

Portanto posso afirmar que ser estagiário na Justiça do Trabalho é atuar em benefício da sociedade e ter dignidade enquanto estudante, porque durante essa fase da vida tem-se um sentimento de hipossuficiência e insegurança, mas com o exercício regular do estágio é possível almejar mais para o futuro profissional e pessoal. Logo, ser estagiário na Justiça do Trabalho é ser digno consigo mesmo e com toda a coletividade.

Referências bibliográficas

BRASIL. Tribunal Regional do Trabalho da 3ª Região. Ato Regulamentar n. 11, 27/11/2008 (ARG 11/2008). Disponível em: <http://www2.trt3.jus.br/cgi-bin/om_isapi.dll?clientID=334153&Consultar=Consultar&E1=ato%20regulamentar%2011&infobase=integratrt03.nfo&querytemplate=QqPalavra&record={FD}&recordswithhits=on&softpage=Document42>. Acesso em: 18 set. 2012.

BROLIO, Raphael Jacob Breves notas sobre a constitucionalidade da nova Lei do estágio (Lei n. 11.788/2008). *Revista de Direito do Trabalho* (São Paulo), São Paulo, v. 35, n. 133, p. 366-372, jan./mar. 2009.

NASCIMENTO, Amauri Mascaro. *Curso de direito do trabalho*: história e teoria geral do direito do trabalho: relações individuais e coletivas. 23. ed. rev. e atual., São Paulo: Saraiva, 2008.

RIBEIRO, Lélia Guimarães Carvalho. O estagiário na Justiça do Trabalho. *Revista do Ministério Público do Trabalho*, [S.l.], v. 2, n. 4, p. 101-108 (1992:set).

O Que é Ser Perito na Justiça do Trabalho

Carlos Rafael Godinho Delgado

Os profissionais liberais das áreas de medicina, engenharia e contabilidade têm, na Justiça do Trabalho, uma oportunidade de atuação profissional e ampliação de sua participação no mercado de trabalho, sendo certo que, de um modo geral, a busca pelo trabalho digno e a realização profissional são horizontes sempre perseguidos por todos os trabalhadores.

É despiciendo afirmar que, no momento em que se colocam à disposição da Justiça do Trabalho, a grande maioria dos profissionais liberais não tem a exata noção da responsabilidade e da magnitude da atuação como auxiliar técnico na aplicação do Direito do Trabalho "que tem por objetivo regular as relações individuais e coletivas entre empregados e empregadores, à luz dos princípios que informaram o seu surgimento, com a finalidade básica de trazer progresso, paz, segurança e justiça entre o capital e o trabalho para uma sociedade em permanente mudança"[1].

A formação acadêmica dos profissionais que atuam como auxiliares técnicos na Justiça do Trabalho não tem contribuído, de forma efetiva, para o entendimento e a percepção da importância do trabalho realizado. Via de regra, os profissionais técnicos — o que, atualmente e infelizmente, caminha para incluir os profissionais da área médica — têm sua formação acadêmica desvinculada da realidade sociológica e não inteiramente compromissada com a paz e com a justiça social.

No entanto a atuação como perito na Justiça do Trabalho, com certeza, enraíza nos profissionais técnicos (no caso, médicos e engenheiros) a preocupação latente com a questão já levantada, em 1700, pelo médico italiano *Bernardino Ramazzini*, considerado o Pai da Medicina do Trabalho:

Não só nos tempos antigos, mas também na nossa época, os governos bem constituídos têm criado leis para conseguirem um bom regime de trabalho, pelo que é justo que a arte médica se movimente em favor daqueles que a jurisprudência considera de tanta importância, e empenhe-se, como até agora tem feito, em cuidar da saúde dos operários, para que possam, com a segurança possível, praticar o ofício a que se destinaram.[2]

Mesmo publicada há mais de 300 anos, a obra de Bernardino Ramazzini tem sua atualidade evidenciada por estudiosos e pesquisadores da área de higiene ocupacional. Segundo René Mendes:

Uma área em que Ramazzini deixou sua indelével contribuição foi a da sistematização e classificação das doenças segundo a natureza e o grau de nexo com o trabalho. Com efeito, ao descrever as 'Doenças dos Mineiros', Ramazzioni entendeu que '... o múltiplo e variado campo semeado de doenças para aqueles que necessitam ganhar salário e, portanto, terão de sofrer males terríveis em consequência do ofício que exercem, prolifera (...) devido a duas causas principais: a primeira, e a mais importante, é a natureza nociva da substância manipulada, o que pode produzir doenças especiais pelas exalações danosas, e poeiras irritantes que afetam o organismo humano; a segunda é a violência que se faz à estrutura natural da máquina vital, com posições forçadas e inadequadas do corpo, o que pouco a pouco pode produzir grave enfermidade.[3]

A realidade ainda hoje verificada nas condições de trabalho e prestação de serviço no Brasil, com a qual os peritos que atuam na Justiça do Trabalho, mormente das áreas médicas e de engenharia, têm contato permanente, possibilita aos profissionais técnicos entender, e não esquecer, a advertência feita pelo professor Aroldo Plínio Gonçalves:

... a penosa caminhada de uma sociedade, que ainda não resolveu problemas de ordem vital para a maioria de seus membros, desperta, nos estudiosos mais conscientes da dignidade reconhecida a cada ser humano pelo Direito, a indignação por sabê-lo existente e por vê-lo, não obstante, negado.[4]

Do mesmo modo, os procedimentos de pesquisa e análise técnica das condições de trabalho, das doenças profissionais e dos acidentes de trabalho acabam por determinar nos auxiliares técnicos o entendimento da preocupação do legislador em atuar

... para garantir o ambiente de trabalho saudável, de modo a assegurar que o exercício do trabalho não prejudique outro direito humano fundamental: o

---

(1) RENAULT, Luiz Otávio Linhares. Que é Isto – O Direito do Trabalho? *In:* PIMENTA, J. R. F. *et al* (Coords.). *Direito do Trabalho:* evolução, crise, perspectivas. São Paulo: LTr, 2004. p. 18.

(2) RAMAZZINI, Bernardino. *As doenças dos trabalhadores*. 3. ed. São Paulo: FUNDACENTRO, 2000. p. 21.

(3) MENDES, René. A atualidade de Ramazzini, 300 anos depois. *In:* RAMAZZINI, Bernardino. *As doenças dos trabalhadores*. 3. ed. São Paulo: FUNDACENTRO, 2000. p. 282.

(4) GONÇALVES, Aroldo Plínio *apud* OLIVEIRA, Sebastião Geraldo de. *Proteção jurídica à saúde do trabalhador*. São Paulo: LTr, 1996. p. 45.

direito à saúde, complemento inseparável do direito à vida.[5]

O trabalho atribuído aos auxiliares técnicos de investigação dos acidentes do trabalho e das doenças profissionais, que envolve a definição das causas da ocorrência e a determinação, quando aplicável em cada caso, da culpa ou do nexo trabalho-doença evidencia, a cada momento, a necessidade premente de se estabelecer nos ambientes e nas rotinas de prestação de serviço, de forma efetiva e eficiente, a linguagem da prevenção.

Nesse sentido, Álvaro Zocchio assinala que:

> Além de ser uma obrigação legal para a empresa, a segurança do trabalho é também uma atividade de valor técnico, administrativo e econômico para a organização e de inestimável benefício para os empregados, suas famílias e para a sociedade. Paradoxalmente, no entanto, não tem acompanhado, em muitas empresas, a evolução tecnológica aplicada às áreas operacionais. Ou não tem conseguido a desejável integração no contexto técnico e administrativo da empresa.[6]

O estudo das causas dos acidentes de trabalho — lamentáveis ocorrências que determinam a existência de uma legião de mutilados e um sem-número de elementos que comprometem a qualidade e a dignidade de vida dos trabalhadores envolvidos e de suas famílias — via de regra aponta para fatores previsíveis e já exaustivamente abordados nos estudos prevencionistas[7]. Nos termos de Márcio Túlio Viana:

> A constrição para o trabalho, cada vez maior, é revelada por novas doenças — como a LER, para não falar nas mortes por excesso de fadiga, no Japão batizadas de kiroshi. 'Poucos trabalhando muito' — poderia ser o slogan do empresário moderno.[8]

Como ensina o professor João Cândido de Oliveira, tecnologista da Fundacentro e professor da Faculdade de Ciências Médicas de Minas Gerais:

> ... dos diversos elementos que compõem um programa de gestão de Segurança e Saúde no Trabalho — SST, os três aqui apontados — cultura, ferramentas e objetivos –, se avaliados conforme a importância, sem dúvida, os aspectos culturais representam, de longe, o que há de mais significativo, facilitando, inibindo ou inviabilizando seu sucesso (...). Por mais elaborado que seja um programa de SST e por melhores que sejam as ferramentas por ele disponibilizadas para o diagnóstico e a solução dos riscos do trabalho, se não houver disposição e participação compromissada de todos os envolvidos em suas ações, especialmente do corpo gerencial da empresa, os resultados por ele produzidos serão limitados, tanto do ponto de vista quantitativo, quanto qualitativo. Pior do que os parcos resultados na correção dos riscos do trabalho é o baixo desempenho na manutenção das medidas corretivas porventura implementadas.[9]

Embora os dados estatísticos de Acidentes de Trabalho de 2010 divulgados pelo Ministério da Previdência Social indiquem, em comparação com os dos anos de 2009 e 2008, uma pequena redução no número de acidentes de trabalho registrados, o número de óbitos registrou crescimento de 2009 para 2010[10]. Essa constatação estatística mantém latente a preocupação com as condições de trabalho e torna "praticamente impossível 'anestesiar' a consciência, comemorar os avanços tecnológicos (...) e desviar o olhar dessa ferida social aberta, ainda mais com tantos dispositivos legais e princípios jurídicos entronizando com nitidez a dignificação do trabalho"[11].

Dessa forma, ser perito na Justiça do Trabalho é ter o privilégio de poder participar, mesmo que de forma singela, da aplicação do Direito do Trabalho e da luta diária pela garantia do direito à qualidade e à saúde no trabalho.

Além dos elementos acima citados, que são percebidos e vivenciados diariamente pelos auxiliares técnicos, a importância do trabalho pericial é registrada de diversas

---

(5) OLIVEIRA, Sebastião Geraldo de. *Op. cit.*, p. 105.

(6) ZOCCHIO, Álvaro. *Prática da Prevenção de Acidentes*. 7. ed. São Paulo: Atlas, 2002. p. 37.

(7) No caso específico das condições de segurança de máquinas e equipamentos industriais, o referencial técnico em muito avançou com a nova redação dada pela Portaria n. 197, de 17.12.2010, à NR-12 – *SEGURANÇA NO TRABALHO EM MÁQUINAS E EQUIPAMENTOS*, Portaria n. 3.214/78.

(8) VIANA, Márcio Túlio. A Proteção Social do Trabalhador no Mundo Globalizado. *In*: PIMENTA, J. R. F. *et al* (Coords.). *Direito do Trabalho: evolução, crise, perspectivas*. São Paulo: LTr, 2004. p. 164-165.

(9) OLIVEIRA, João Cândido de. Disponível no portal *"TRABALHO SEGURO"* do *PROGRAMA NACIONAL DE PREVENÇÃO DE ACIDENTES DE TRABALHO* do TST.

(10) Dados também disponíveis no portal *"TRABALHO SEGURO"* do *PROGRAMA NACIONAL DE PREVENÇÃO DE ACIDENTES DE TRABALHO* do TST.

(11) OLIVEIRA, Sebastião Geraldo de. *Op. cit.*, p. 217.

formas nos procedimentos jurídicos. No caso específico da perícia médica envolvendo acidentes de trabalho,

> ... a prova pericial está para o processo acidentário como a confissão para o processo penal: é a rainha das provas. É indispensável não só à confirmação do nexo com o trabalho, mas sobretudo quanto à constatação ou não da incapacidade laborativa e seu grau. (...) O perito é um auxiliar do juiz. Este continua sendo o peritus peritorum, podendo e devendo renovar a perícia se assim o entender ...[12]

No mesmo sentido, cumpre lembrar que "eminentemente técnica é a prova necessária ao desate da pretensão, a qual não vincula o Juízo, mas certamente tem o condão de fornecer subsídios para a formação de seu convencimento"[13], e que quando apresentada desprovida de rigorosa fundamentação e de total obediência aos parâmetros técnicos legais, ou quando extrapola as determinações do Juízo, é considerada imprestável. No entanto aos peritos judiciais é possibilitado, no campo da formação humana e profissional, o privilégio de ir além das questões meramente técnicas, considerando a habitual atuação junto aos trabalhadores — e seus empregadores — diretamente nos ambientes de prestação de serviço, o contato com os diversos profissionais das áreas técnicas, de produção e de prestação de serviços, bem como o salutar e dignificante convívio profissional com aqueles que integram as diversas instâncias da Justiça do Trabalho.

Por fim, parafraseando Sir Issac Newton[14], não é possível aos profissionais técnicos que atuam como peritos trabalhar sem o horizonte da máxima qualidade, seriedade e compromisso moral na prestação dos serviços, uma vez que devem se apoiar na referência ética, profissional, social, moral e histórica de todos aqueles que fazem a Justiça do Trabalho.

Referências bibliográficas

MENDES, René. A atualidade de Ramazzini, 300 anos depois. *In:* RAMAZZINI, Bernardino. *As doenças dos trabalhadores.* 3. ed. São Paulo: FUNDACENTRO, 2000.

MONTEIRO, A. L.; BERTAGNI, R. F. S. *Acidentes do Trabalho e Doenças Ocupacionais.* 3. ed. São Paulo: Saraiva, 2005.

OLIVEIRA, João Cândido de. Disponível no portal *"TRABALHO SEGURO"* do *PROGRAMA NACIONAL DE PREVENÇÃO DE ACIDENTES DE TRABALHO* do TST.

OLIVEIRA, Sebastião Geraldo de. *Proteção jurídica à saúde do trabalhador.* São Paulo: LTr, 1996.

PIMENTA, J. R. F. *et al* (Coords.). *Direito do Trabalho:* evolução, crise, perspectivas. São Paulo: LTr, 2004.

RAMAZZINI, Bernardino. *As doenças dos trabalhadores.* 3. ed. São Paulo: FUNDACENTRO, 2000.

RENAULT, Luiz Otávio Linhares. Que é Isto — O Direito do Trabalho? *In:* PIMENTA, J. R. F. *et al* (Coords.). *Direito do Trabalho:* evolução, crise, perspectivas. São Paulo: LTr, 2004.

VIANA, Márcio Túlio. A Proteção Social do Trabalhador no Mundo Globalizado. *In:* PIMENTA, J. R. F. *et al* (Coords.). *Direito do Trabalho:* evolução, crise, perspectivas. São Paulo: LTr, 2004.

ZOCCHIO, Álvaro. *Prática da Prevenção de Acidentes.* 7. ed. São Paulo: Atlas, 2002.

---

(12) MONTEIRO, A. L.; BERTAGNI, R. F. S. *Acidentes do Trabalho e Doenças Ocupacionais.* 3. ed. São Paulo: Saraiva, 2005. p. 122-123.

(13) Sentença proferida pela exma. juíza do Trabalho dra. Martha Halfeld Furtado de Mendonça Schmidt, no Processo n. 0000618-39.2011.503.0037 (ref. item *"Adicional de Insalubridade/Periculosidade"*).

(14) Em carta para Robert Hooke, o grande matemático e físico Sir Isaac Newton (1642-1727) afirmou: "Se eu vi mais (do que você e Descartes), é porque me coloquei sobre os ombros de gigantes."

O Que é Ser Procuradora do Trabalho

Lutiana Nacur Lorentz

> *"Examine o que parece habitual.*
> *Não aceite o óbvio como coisa natural,*
> *pois em tempo de desordem,*
> *de confusão organizada,*
> *de arbitrariedade consciente,*
> *de humanidade desumanizada,*
> *nada deve parecer natural, nada deve*
> *parecer impossível de mudar.*
> *Estranhe o que não for estranho.*
> *Tome por inexplicável o habitual.*
> *Sinta-se perplexo ante o quotidiano.*
> *Trate de achar um remédio para o abuso,*
> *mas não se esqueça de que o abuso é sempre a regra."*
>
> (Eugen Berthold Friedrich Brecht)

1. Introdução

O objetivo deste artigo é discorrer sobre as principais áreas de atuação do Ministério Público do Trabalho (MPT) no seu cotidiano, os principais desafios para a consecução dos objetivos que a Constituição Federal lhe conferiu, suscitar um debate crítico dos pressupostos destes desafios e também uma visão geral do Ministério Público Brasileiro (MPB) e, de forma específica, das funções do procurador(a) do Trabalho.

2. A atuação do Ministério Público do Trabalho e seus principais desafios

Inicialmente, é preciso fazer a diferenciação entre os cargos de procurador(a), de promotor(a) e de auditor(a) fiscal e das instituições do Ministério Público do Trabalho — MPT, do Ministério do Trabalho e Emprego — MTE, do Ministério Público Estadual, etc. para que confusões terminológicas recorrentes não ocorram, como o episódio do advogado que, representando uma empresa intimada em um Inquérito Civil, conduzido pelo membro do MPT, que dirigiu-se à procuradora do Trabalho inicialmente como "delegada de polícia" (afinal tratava-se de inquérito...), recusada tal terminologia pela procuradora presente, retificou o pronome de tratamento para Sra. "Fiscal", e, mais uma vez, também recusada esta terminologia por ela, concluiu que o melhor era mesmo chamá-la logo de juíza do Trabalho... Isto para nem discorrer sobre o fato de que vários estudantes de universidades de Direito, quando perguntados sobre as funções do MPT, prontamente respondem sobre as atuações do Ministério do Trabalho e Emprego... Bom, também há diversos episódios de trabalhadores desempregados que se dirigem ao MPT e, quando perguntados pelo servidor qual denúncia desejam fazer, eles prontamente explicam que não querem denunciar, querem é arrumar logo um emprego... E assim surge um dos primeiros desafios ao MPT (dos mais simples, porém não bizantino), que é a falta de legitimação ou reconhecimento social da sua existência pura e simples e, ainda mais, de sua atuação específica, fato, em grande parte, explicado pelo caráter adversatório da fortíssima ideologia[1] trabalhada pelo ultraliberalismo de desprestígio do trabalho e do emprego e, por decorrência, também de menos valia dos órgãos que zelam pelos Direitos Sociais Constitucionais, notadamente pelo Direito e Processo do Trabalho.

Neste sentido, no regime capitalista-burguês houve um período de Estado de Bem-Estar Social, capitaneado pela doutrina J. Maynard Keynes do pós-guerra, mas depois houve sua crise, no final da década de 70 na Europa e 90 no Brasil, por motivos econômicos, políticos, sociais, tecnológicos, o trabalho e, sobretudo, o emprego passaram (e passam) por uma fortíssima tentativa de redução de direitos (encoberta sob o eufemismo pomposo de "flexibilização") e têm sofrido, em dimensão ideológica, uma forte desvalorização, pelos motivos que serão agora analisados. Neste sentido, após os chamados "anos de ouro" do capitalismo, o final da década de 70, na Europa e noventa no Brasil, foram marcadas por mudanças políticas, econômicas, tecnológicas, ideológicas e jurídicas que abalaram o Estado de Bem-Estar Social (*Welfare State*), que em síntese foram: em dimensão política, a queda da ameaça comunista simbolizada em 1989 pela queda do muro de Berlim, pondo fim a este contraponto capitalista; em dimensão econômica, o aumento do capital especulativo (com uso preponderante do trabalho morto (máquinas); em dimensão tecnológica a substituição da técnica Taylorista-Fordista pela Toyotista (Ohnista[2], criada

---

(1) MÉSZÁROS, István. *Filosofia, ideologia e ciência social — ensaios de afirmação e negação*. São Paulo: Boitempo, 2008. p. 157-166 e sobretudo em MÉSZÁROS, István. *O poder da ideologia*. São Paulo: Boitempo, 2004. p. 20-90.

(2) A produção Ohnista ou Toyotista, foi idealizada pelo então vice-presidente da Toyota, Tachii Ohno, que empregava as seguintes técnicas: enxugamento ao máximo dos empregados da empresa, através do emprego da terceirização tanto interna, quanto externa, com o escopo de diminuir gastos com pessoal e precarizar, reduzir, direitos; emprego da técnica "Just in Time", ou seja, o produto só é fabricado a partir dos pedidos, o que evita gastos com estoques (no Brasil a consequência foi à criação do "banco de horas", art. 59, § 2º, da CLT); criação de uma fábrica não mais hierarquizada, dividida entre a alta gerência produtiva e todos os demais empregados, chamados de "chão de fábrica", e sim de uma fábrica "horizontalizada", criando a falsa sensação que os empregados se auto dirigem, quando, na verdade, eles

no Japão, em 1945, por Tachii Ohno, vice-presidente da Toyota e trazida para o ocidente de 1975-80 (registre-se que, infelizmente, a técnica do Volvismo[3] não logrou sustentar-se, em âmbito mundial[4]), com enxugamento da fábrica, terceirização, "*Just in time*", desemprego em massa, subemprego, emprego das técnicas como os CCQs, Kanban e Kaizem (competição entre times de empregados, ou como queiram os arautos do Toyotismo "autocontrole operário"), com a consequente criação de múltiplas clivagens operárias, fragmentação de seus interesses, roupagens jurídicas e fragilização sindical.

Em dimensão ideológica, verifica-se um culto sem precedentes ao individualismo, o fetichismo ao consumo (ismo), com alto índice de obsolescência de mercadorias (seja planejado, seja adquirido) e, ideologicamente, a figura do consumidor permanentemente insatisfeito. De outra feita, há uma desvalorização da figura do trabalho e do emprego, criação de figuras do trabalho terceirizado, precarizado, subempregado e também do trabalho escravo com pouco índice de reprovação social, até porque difundiu-se a ideia que é preferível trabalhar sem garantias trabalhistas (infelizmente, até como escravo!) a ficar desempregado... Neste sentido Viana[5].

Finalmente, na dimensão jurídica, o que se verifica é um rebaixamento de direitos trabalhistas na atual fase do capitalismo, que atende ao nome de "flexibilização" (pomposo eufemismo que, na verdade, tenta encobrir sua real significação de corte, ou redução de direitos dos empregados e trabalhadores) o que faz com que autores como Delgado[6], Baylos[7] e Bihr[8] preconizem a necessidade de repúdio ao Estado Neoliberal (ou Ultraliberal) e defesa do trabalho humano através do fortalecimento do Direito do Trabalho, fazendo-se mais necessária do que nunca esta intervenção Estatal, sobretudo com vistas à proteção das minorias discriminadas, dos explorados e superexplorados para implementar os requisitos do Estado Democrático de Direito.

Sobre o tema da semântica (MPT e procurador(a) do Trabalho), cabem também algumas clarificações: em âmbito de CF/88, art. 128, I e II há previsão de existência (inclusive pelo STF[9]) dos Ministérios Públicos comuns: o Ministério Público da União — MPU, composto por quatro ramos (Ministério Público do Trabalho — MPT, Ministério Público Federal — MPF, Ministério Público do DF e Territórios — MPDFT e o Ministério Público Militar — MPM) e dos Ministérios Públicos Estaduais. Além disto, por interpretação do art. 130, da CF/88 o STF validou a criação por leis do Ministério Público especial — MPs dos Tribunais de Contas Estaduais e do MP do Tribunal de Contas — TCs da União[10] (ressalte-se que TCs não são órgãos do poder Judiciário, art. 92, da CF/88) e que vários MPs dos TCs foram incorporados e estes Tribunais respectivos[11]. Além disso, os MPs dos TCs não são órgãos independentes como o MPU e os MPs Estaduais, sendo que estes têm funções extrajudiciais e judiciais e aqueles têm função exclusivamente extrajudicial, perante o TC respectivo, geralmente com funções opinativas.

As terminologias de cada MP variam, sendo que não há uniformidade sequer entre os ramos do MPU: os membros do MPT ingressam na carreira como procurador do Trabalho, depois de promovidos se tornam procuradores regionais do Trabalho e, por fim, como última promoção se tornam subprocuradores-gerais do Trabalho. No MPF a terminologia é mais ou menos a mesma, variando a semântica de "trabalho" para "república", o ingresso se dá como procurador da República, que promovido se torna procurador regional da República e, novamente promovido, torna-se, subprocuradores-gerais da República, arts.

---

trabalham em uma espécie de frenética competição entre times (ao "time" vencido sobra o desemprego e ao vencedor a manutenção do emprego, por ora...). Tudo isto afetou o movimento sindical, fragilizando-o e enfraquecendo-o.

(3) NUNES, Rogério da Silva; CAIXETA, Douglas Rafael Almeida; AZEVEDO, Paola; CAROBREZ, Bruno Gonçalves. A experiência sócio-técnica no ambiente de produção: uma discussão acerca do Volvismo. *Revista Adm. UFSM*, Santa Maria, v. 2, n. 2, p. 235-249, maio/ago. 2009.

(4) DELGADO, Gabriela Neves. *Terceirização:* paradoxo do Direito do Trabalho contemporâneo. São Paulo: LTr, 2004. p. 92-96

(5) VIANA, Márcio Túlio. A proteção social do trabalhador no mundo globalizado – o Direito do Trabalho no limiar do século XXI. *Revista LTr*, São Paulo, vol. 63, n. 7, jul. 1999.

(6) DELGADO, Mauricio Godinho. *Capitalismo, trabalho e emprego – entre o paradigma da destruição e os caminhos da reconstrução*. São Paulo: LTr, 2006. p. 13-16, 74 e 129-140.

(7) BAYLOS, Antonio. *Direito do Trabalho:* modelo para armar. Trad. Flávio Benites e Cristina Schultz. São Paulo: LTr, 1999. p. 142-149.

(8) BIHR, Alain. *Du "grand soir" a "l'alternative"*. Le mouvement ouvrier europée crise (da grande noite à alternativa. O movimento operário européu em crise). Paris: Les Éditions Ouvrières, 1991. Coleção Mundo do Trabalho. Ed. Brasileira, São Paulo: Boitempo, 1998. p. 69, 105-163 e 247.

(9) STF, ADI n. 2884- RJ, relator Ministro Celso de Melo, *apud* Ministério Público junto aos Tribunais de Contas, Processo 0.00.000.000004/2005-19, relatora Conselheira Janice Ascari e Interessada Luciana Ribeiro Caivipos, Revista do CNMP – Série Especial: principais decisões de 2005 a 2011, v. 2, n. 3, p. 11-28, ano 2012.

(10) TCU, Lei n. 8.443/1992.

(11) LC n. 178/2000, do Estado do Rio Grande do Norte.

43, VI a VII, 66/70, 85, VI a VIII e arts.107/112, da LC n. 75/93. Porém, no próprio MPU as terminologias do MPDFT e do MPM são diferentes dos anteriores: o ingresso na carreira ocorre no cargo de promotores, sendo que no MPDFT o ingresso na carreira se dá como promotor de Justiça Adjunto, que após se torna promotor de Justiça e após se torna procurador de Justiça. No âmbito do MPM o ingresso se dá como promotor da Justiça Militar, que após promoção se torna procurador da Justiça Militar, que após promoção final se tornam subprocuradores-Gerais da Justiça Militar, arts.118, VI e VIII, 140/145, 153/154, 175/178, da LC n. 75/93. Nos MPs Estaduais, o ingresso ocorre como promotor de Justiça, que após promoção se torna, procurador de Justiça, arts. 4,71/74 da LC n. 34/94 e Lei n. 8.625/93 do Estado de MG. Simples não?

As diferenças entre o Ministério Público do Trabalho e o Ministério do Trabalho e Emprego (MTE) são principalmente em dimensões subjetivas e objetivas. Em dimensão subjetiva a diferença entre o MPT e o MTE é que aquele, conforme já descrito, é um dos quatro ramos do Ministério Público da União (MPU) (sendo que o MP não pertence nem ao poder executivo, nem legislativo, nem judiciário, sendo independente, art. 127, CF/88) e este é parte da Administração Pública Federal (Poder Executivo). Em dimensão objetiva, as atuações dos dois são distintas, o MPT atua com independência perante o executivo (e demais poderes) na defesa judicial e extrajudicial da ordem jurídica trabalhista, do regime democrático e de interesses metaindividuais e individuais (laborais e correlatos) indisponíveis e o MTE atua somente em âmbito extrajudicial de fiscalização das normas de proteção ao trabalho (arts. 626/642, da CLT); ocorrendo ilícitos pode ser lavrado AI — Auto de Infração, com aplicação de multas etc.), mas o MTE possui poder de polícia (que o MPT não tem). A propósito, os membros do MPT são Procuradores(as) do Trabalho (no primeiro patamar da carreira) e do MTE são na base da carreira auditores fiscais do Trabalho — AFTs, a chefia em cada Estado é denominada Superintendentes Regionais do Trabalho, a chefia superior do MTE é do ministro do Trabalho que, por sua vez, se subordina ao presidente da República (como chefe do Executivo Federal).

Outros empecilhos de imensa gravidade (estes mais complexos do que o primeiro) concernem ao tema meio ambiente laboral, que ocasiona milhões de mortes[12] e acidentes de trabalho gravíssimos no Brasil, sendo que amiúde ocorre emprego de máquinas sem proteção em partes móveis (causando amputação de membros, dedos, braços, etc. de empregados), uso de agrotóxicos em lavouras, sem concessão de EPIs aos empregados, ou até com a bizarra prática de "pulverização da lavoura e dos empregados" etc. Além disto, a legislação federal do Brasil, infelizmente, ainda não baniu o uso de substâncias cancerígenas, como o amianto (ou asbesto), sendo seu terceiro maior produtor do mundo, causando morte e doenças gravíssimas em milhões de empregados, o que têm sido objeto tanto de tentativa de alegação de inconstitucionalidades (pelo sistema concreto de controle) pelo MPT quanto de medidas maiores de proteção (embora não resolvam o problema, apesar do proselitismo — falso — empresário e de seu fortíssimo "lobby"). Ressalte-se que o problema do uso do amianto tem um viés de gravidade tão forte que na Itália os donos da Eternit[13] (transnacional que uso o produto aqui e lá) foram condenados a quinze anos de prisão e o amianto foi banido de vários países da Europa, inclusive com base em recomendações da OIT e da OMS. Além disso, as perícias são vitais para consecução das ações do MPT para sanear o meio ambiente laboral, mas, em regra, os peritos judiciais estão acostumados com a realização de perícias individuais (amiúde reparatórias dos danos já causados) e não no meio ambiente laboral como um todo, metaindividual (muitas vezes preventivas, ou pelo menos reparatórias do meio ambiente laboral, para saná-lo como um todo).

Outro grande desafio do MPT é atuação na defesa de menores não só como órgão agente, ao suprir a incapacidade "ad processum" quando ajuizaram ações na Justiça do Trabalho, sem representação e também nas suas ações de defesa de direitos metaindividuais para coibir o trabalho proibido de menores[14], no geral, e nas "associações de caridade" que são mantidas apenas para contratação de milhares "guardas mirins". A seara do labor proibido de crianças e adolescentes é permeada por grande crueza nas relações sociais e há uma franca oposição mediática do Estado Ultraliberal à atuação do MPT, afinal, segundo

---

(12) O Brasil já "ostentou" o incômodo título de campeão mundial de acidentes de trabalho, na década de 70 e atualmente ainda detém altos índices mundiais. In: OLIVEIRA, Sebastião Geraldo de. Indenização por acidentes do trabalho ou doença ocupacional. 4. ed. São Paulo: LTr, 2008. p. 27-33. De acordo com dados do INSS, 503,9 mil pessoas foram vítimas de acidentes de trabalho, segundo o anuário de 2006, sendo que a situação no meio rural é mais grave. In: MELO, Raimundo Simão. Direito ambiental do trabalho e a saúde do trabalhador. 3. ed. São Paulo: LTr, 2008. p. 55-56.

(13) MARTINS, Rodrigo. A verdade oculta no telhado – saúde – terceiro maior produtor de amianto, o Brasil ignora os malefícios do mineral. Carta Capital. 2012, ano XVII, n. 715, p. 34-38, 19 set. 2012.

(14) MENDES, Alessandra. Minas Gerais "resgata" 50 mil trabalhadores mirins em 2 anos. Hoje em Dia, MG, 22 set. 2012, p. 3. Estima-se que no Brasil cerca de 157 mil menores entre cinco a treze anos, em 2009, trabalhavam só em MG.

os arautos da mídia (acrítica e dominante), é melhor qualquer trabalho do que sua miséria, marginalidade, mendicância, ou prostituição (aliás, "mutatis mutandis" este também é argumento usado de forma recorrente como refratário a atuação do MPT na seara de meio ambiente laboral, de combate às cooperativas fraudentas, à terceirização ilegal etc.).

Voltando ao tema do labor de menor, há até o adágio popular: "entre o trabalho do menor e a fome, fico com o trabalho", como se só houvesse estas duas respostas maniqueístas, sendo que na verdade a solução para este falso dilema é outro, porque o melhor para a criança e o adolescente não é nem o trabalho, nem a fome, mas sim o lar, a família e notadamente a escola. Além disso, o trabalho do menor, travestido de "piedade caridosa" (o trabalho infantil doméstico frequentemente é encoberto com afeto, "como se fosse da família"), quase sempre esconde a sua pura e simples exploração (o pagamento a menor das chamadas "meias forças"[15]), sem quaisquer garantias legais (CPTS, FGTS, salário mínimo etc.) e expostos a toda a sorte de abusos. Certamente que os bons propósitos destes empregadores seriam mais alcançados se, em vez de contratarem menores pagando valores menores, contratassem maiores (quiçá, até seus pais) com salários maiores (e com cumprimento dos direitos). Os defensores do trabalho infantojuvenil também fazem menoscabo da limitação e proibição constitucional do labor de menores, arts. 7º, XXXIII, 227, § 3º, da CF/88, dos princípios constitucionais (Princípio da Proteção Integral, do Melhor Interesse, da Absoluta Prioridade e do Interesse Público Primário[16]), em dimensão infraconstitucional na CLT, arts. 402-441 e Lei n. 11.788, de 25.9.2008, na Lei n. 8.069, de 13.7.1990 e nas fontes internacionais, Pacto San José da Costa Rica, de 1969, do qual o Brasil é signatário, a Convenção n. 136, de 1971, da OIT[17], Conv. n. 138, de 1973, da OIT[18], a Recomendação nº 146, de 1973[19], a Conv. Internacional dos Direitos da Criança (ONU,1989) e a Conv. n. 182, de 1997, sobre "As Piores Formas de Trabalho Infantil"[20],

---

(15) Sobre as "meias forças" recomenda-se dois clássicos da filmografia da história do Direito do Trabalho em dimensão mundial: *Daens:* um grito de justiça, Drama, 1 DVD, 138 minutos, 1992, Diretor Stijn Coninx e "Germinal", direção Claude Berri,1 DVD, 160 minutos, 1993.

(16) O Princípio da Proteção Integral é sistematizado na doutrina de CAVALLIERI, A. Direito do Menor: um direito novo. Revista da Faculdade de Direito da UFMG, Belo Horizonte, ano XXVII, n. 21, p. 384-440, maio 1979. *Apud* MOURA COELHO, Bernardo Leôncio. As alterações no contrato de aprendizagem: considerações sobre a Lei n. 10.097/2000: *Genesis*, Curitiba, n. 98, p. 178, fev. 2001, em seu espectro geral, como a proteção à criança e ao adolescente como seres em formação não só nas situações de conflito (concepção antes adotada pelo vetusto Código de Menores de 1979), mas também em toda e qualquer situação, preferencialmente, em situações de prevenção. Outro ponto de relevância deste princípio e que o difere do código de 1979 é que os menores não são mais considerados como meros objetos passivos do assistencialismo alheio e sim agentes e detentores de direitos revestidos de exigibilidade. Este princípio foi adotado explicitamente como regra pelo art. 227 da CF/1988, no que tange a questão específica do trabalho, porque elegeu como metas principais da sociedade democrática a vedação a exploração do trabalho do menor, art. 7º, inciso XXXIII, CF/88.

O Princípio da Absoluta Prioridade. *In:* CURY, Munir (Coord.). *Estatuto da Criança e do Adolescente comentado*. 8. ed. São Paulo: Malheiros, 2006. p. 40-41, define, em dimensão geral, ser dever não apenas do Estado, mas também da família e de toda a sociedade dar preferência total e em qualquer circunstância não só à proteção, mas também prevenção para realização dos direitos dos menores, através, inclusive, de sua participação, neste sentido também a CF/88, no âmbito do trabalho, adotou a regra constitucional do art. 227, *caput* e § 3º, I e na Lei n. 8.069/90, art. 4º, parágrafo único, alíneas "b", "c" e "d".

O Princípio do Melhor Interesse, consoante preleciona PEREIRA, Tânia Silva (Coord.). *O melhor interesse da criança: um debate interdisciplinar.* São Paulo: Renovar, 2000. p. 1-102, consagra a prevalência dos interesses que são mais consentâneos com aqueles que a Constituição, de 1988 escolheu para os menores, ainda que em tensão com os interesses imediatos escolhidos pelos pais, ou até pelos próprios menores. Mais uma vez, a CF/88 também adotou este princípio também como regra, no que concerne ao trabalho de menores, porque mesmo que os empregadores, os pais ou os próprios menores (empregados) optem em trabalhar estes últimos premidos, amiúde (e infelizmente) pelas necessidades alimentares mais comezinhas, este Princípio escolheu que o mais adequado aos menores não é trabalhar e sim estudar e brincar, ou se maiores de 14 (quatorze) a 16 (dezesseis) anos podem até trabalhar (embora na visão desta autora o mais adequado fosse o cumprimento da prioridade dos mesmos estudarem, o que inclusive foi adotado na dimensão sistêmica da Constituição, arts. 212 e 227).

(17) Com aprovação pelo Brasil, Dec. Leg. n. 76/92, ratificada em 24.3.1993, promulgada em 27.9.1994 (Decreto n. 1253) e vigência em 24.3.1994, que proibiu o trabalho do menor com benzeno, exceto o trabalho do aprendiz, desde houvesse supervisão médica. *In:* SÜSSEKIND, Arnaldo. *Convenções da OIT*. 2. ed. São Paulo: LTr, 1998. p. 332.

(18) Ratificada pelo Brasil através do Decreto-lei n. 179, em 14.12.1999 e promulgada pelo Decreto n. 3.298, de 1999, com vigência em 28.6.2002, que proibiu o labor de pessoas em torno de 15 (quinze) anos, excepcionalmente aos 14 (quatorze) anos, ou a patamares até inferiores aos 12 (doze anos) dependendo do tipo, do local de trabalho e da situação econômica do país ratificador destas normas; portanto, trata-se esta de uma convenção flexível.

(19) O importante, porém, é que pela convenção, a idade mínima de trabalho do menor deve ser progressivamente aumentada e neste sentido o Brasil já adotou restrição à aplicação da Convenção utilizando-se da faculdade inserida no art. 5º, itens 1 e 3, em comento, com relação ao trabalho de menores em minas, pedreiras, construções, serviços de eletricidade etc.

(20) Convenção n. 182/97 ratificada pelo Brasil através do Decreto-lei n. 178, de 14.12.1999, promulgada com o Decreto n. 3.597, de 12.9.2000, com vigência em 2.2.2001.Para consulta mais pormenorizada sobre normas internacionais acerca do tema "proteção ao trabalho de criança e adolescente" cf.: NASCIMENTO, Nilton de Oliveira. *Manual do trabalho do menor.* São Paulo: LTr, 2003. p. 44-49.

sendo que foi regulamentada pelo Decreto n. 6.481, de 12.6.2008, incluindo no anexo como piores formas de trabalho infantil no Brasil (Lista TIP). Todo este arcabouço legal (nacional e internacional) forma o microssistema da criança e do adolescente[21].

Neste sentido, a Constituição determinou não só que o Estado, a sociedade (incluindo-se empregadores e empregados) e as famílias velem por cumprimento e aplicação de medidas proibitivas para o labor de menores em desconformidade com o modelo legal e também pela aplicação de medidas positivas, notadamente a aplicação dos recursos tributários em prol da educação, art. 212, da CF/88[22] e da legislação infraconstitucional que o ECA chamou de "Políticas Sociais Básicas", art. 86. Neste sentido, os entes federativos adotaram algumas bolsas para dar condições para que os menores possam deixar o trabalho, tal como o Programa de Erradicação do Trabalho Infantil — PETI, o Programa Bolsa-Família — PBF, Lei n.10.836, de 9.1.2004, que acabou incorporando o antigo programa Bolsa-Escola, Lei n. 10.219, de 11.4.2001 (embora, na visão desta autora, os valores concedidos por estes programas são pífios e não fazem previsão de obrigatoriedade de dupla jornada escolar, ou integral, até porque poucas escolas públicas a fornecem, e não se prestam ao fim colimado, necessitando de urgente revisão) e também a inclusão de verbas na Lei do Orçamento Anual e Plano Plurianual. É justamente aqui que surge um grande obstáculo à atuação do MPT: é que para a maior parte da doutrina e jurisprudência (embora esta autora não concorde, com base, inclusive em doutrina minoritária[23], porém muito consistente) estas atribuições de ações positivas, ou implementações de Políticas Sociais Básicas, não seriam nem de atribuição (ou competência, como queiram) do MPT e muito menos de competência da Justiça do Trabalho, notadamente após a ADI n. 3.395/6, do STF, que restringiu a aplicação do art. 114, I, da CF/88. Assim, a atribuição do MPT ficaria apenas na seara da erradicação do trabalho dos menores (atuações proibitivas), porém as políticas públicas garantidoras do sustento, educação dos mesmos (políticas públicas pressupostos para erradicação do trabalho de menores), ficariam a cargo de outros MPs. Assim, o trabalho do menor é considerado um "problema social", sendo um problema de todos, logo, de ninguém...

No que concerne à atuação do MPT no viés do combate a todas as formas de discriminação no trabalho, de gênero, cor, estado civil, pessoas com deficiência – PCDs[24], idade etc. um dos maiores empecilhos ocorre porque a discriminação no Brasil (notadamente a de cor), frequentemente, é negada (o mito da democracia racial brasileira ainda persiste), dificultando sua prova, porém é recomendável o uso da prova oral (de empregados que já tenham sido dispensados da empresa) e também o uso para prova estatística, como presunção, no mínimo. No que tange à contratação de PCDs (habilitados ou reabilitados) e a sua não discriminação[25], há outro desafio que surge nas frequentes alegações patronais de que não há PCDs que queiram trabalhar na seara privada, porém, muitas vezes, investigando-se melhor, o que é verificado é que os pré-requisitos para admissão deles foram objeto de super exigência empresária, ou há órgãos oficiais que poderiam enviar listas de PCDs que queiram trabalhar (INSS etc.) que não foram sequer consultados e também há a opção de contratá-los como aprendizes, o que pela Lei n. 12.470/2011, arts. 20/22, não acarreta perda de BPC — Benefício de Prestação Continuada —, logo, a oferta desta mão de obra torna-se maior.

Outro obstáculo à autuação do MPT situa-se dentro do próprio MP, explique-se, é que dentre os quatro ramos

---

(21) TEPEDINO, Gustavo. O Código Civil, os chamados microssistemas e a Constituição: premissas para uma reforma legislativa. In: Problemas de Direito Civil. Rio de Janeiro: Renovar, 2001. p. 1 e seg.; TEPEDINO assevera que o termo microssistema é utilizado para denominar a atual crise de fontes normativas, em oposição ao monossistema vigorante no século XIX que era capaz de agregar todas as regras sociais em um só código (o Código Civil).

(22) "Art. 212. A União aplicará, anualmente, nunca menos de dezoito, e os Estados, o Distrito Federal e os Municípios vinte e cinco por cento, no mínimo, da receita resultante de impostos, compreendida a proveniente de transferências, na manutenção e desenvolvimento do ensino..." (Negritos Nossos)

(23) SILVA NETO, Manoel Jorge. Controle de políticas públicas na Justiça do Trabalho. Boletim Científico da Escola Superior do Ministério Pública da União, Brasília, n. 27, ano 7, fls. 243/268, abr./jun. 2008 e MOUSINHO, Ileana Neiva. A ação civil pública com pedido de implementação de políticas públicas. Revista do Ministério Público do Trabalho do Rio Grande do Norte, Natal, n. 7, p. 61-89, jul. 2007.

(24) LORENTZ, Lutiana Nacur. A Norma da igualdade e o trabalho das pessoas portadoras de deficiência. São Paulo: LTr, out. 2006. p. 86-140. Ressalte-se que a expressão anteriormente usada pela CF/88 "Pessoas Portadoras de Deficiência" foi alterada em virtude da "Convenção Internacional Sobre os Direitos das Pessoas com Deficiência", aprovada pela Assembleia Geral da ONU, pela Resolução A/61/611, em 6.12.2006 e promulgada no Brasil pelo Decreto n. 6949, de 25.8.2009, que adotou nova expressão, "Pessoa com Deficiência" – PCD (porque "portar" da expressão anterior, remete a doenças, como HIV etc. e, além disto, caracterizaria uma situação provisória, que não é o caso das deficiências, que, em regra, são permanentes) e esta Convenção entrou na legislação pátria já com status de emenda constitucional, art. 5, § 3º, CF/88 (EC n. 45/2004).

(25) RODRIGUEz, Américo Plá. Princípios de Direito do Trabalho. 3. ed. São Paulo: LTr, 2000. p. 445-453 e DA SILVA, Luis de Pinho. Principiologia do Direito do Trabalho. 2. ed. São Paulo: LTr, 1999. p. 165.

do MPU, o MPT é o que proporcionalmente tem a pior infraestrutura de todos, tanto de verbas quanto de apoio de servidores, e também há a possibilidade (sempre há!) da absorção de argumentos da ideologia ultraliberal por seus membros.

Finalmente, outro desafio à atuação do MPT é o verdadeiro "rosário de preliminares" usado judicialmente contra suas ações para que o Poder Judiciário não chegue a apreciar o mérito da causa, que, infelizmente, muitas vezes são acolhidas, sendo digno de louvor, neste sentido, a maior inclusão de matérias sobre Direito Processual do Trabalho e Civil no tema de direitos metaindividuais e ações coletivas, nos certames para o cargo de juiz do Trabalho, porque estas ações também promovem a celeridade, efetividade e economia processual tão almejados.

3. Conclusão

Os desafios para atuação do MPT são muitos, e vários deles têm como gênese os pressupostos do Estado Ultraliberal (de vieses político, econômico, tecnológico, ideológico e jurídico) que objetivam promover um recuo retilíneo do Direito do Trabalho no Brasil, quiçá até sua eliminação (ou (re)incorporação ao Direito Civil?). Além disso, há vários outros empecilhos, às suas atuações na seara no meio ambiente do trabalho, de combate a todas as formas de discriminação no trabalho, no combate ao trabalho de menores proibido, às terceirizações ilícitas, às atuações de cooperativas intermediárias e exploradoras de mão de obra, combate à admissão de empregados sem concurso (e "terceirizados" em atividade-fim), nas empresas públicas e sociedades de economias mistas, etc. Somados a estes empecilhos externos, há também os internos concernentes aos vieses de distribuição de orçamento e servidores no âmbito do MPU, proporcionalmente, francamente desfavorável ao MPT.

Não se pode negar artificiosamente esses empecilhos e desafios, pelo revés, esse debate tem de ser suscitado, travado aberta e democraticamente para busca de soluções que possam construir um MPT mais forte, por decorrência, uma sociedade mais justa, com direitos trabalhistas mais eficazes, quiçá menos (e não tão) distantes dos nossos melhores ideais, ou pelo menos mais perto de um patamar mínimo civilizatório para todos os empregados, como preconizado por Delgado[26]. As dificuldades são grandes, portanto, a vontade de mudar de vários agentes sociais e, em especial, dos membros do MPT deve ser maior e para que estes não sejam (também) e, além de tudo, vítimas das armadilhas da ideologia, devem "desconfiar do óbvio", como já prelecionava B. Brecht.

---

(26) DELGADO, Mauricio Godinho. *Democracia e Justiça*. São Paulo: LTr, 2003. p. 2-50.

Referências bibliográficas

ALVES, Giovanni. *A condição de proletariado — a precariedade do trabalho no capitalismo global*. Londrina: Praxis, 2009.

BAYLOS, Antonio. *Direito do Trabalho*: modelo para armar. Trad. Flávio Benites e Cristina Schultz. São Paulo: LTr, 1999.

BIHR, Alain. *Du "grand soir" a "l'alternative"*. Le mouvement ouvrier européé crise (da grande noite à alternativa. O movimento operário européu em crise). Paris: Les Éditions Ouvrières, 1991. Coleção Mundo do Trabalho. Ed. Brasileira, São Paulo: Boitempo, 1998.

CURY, Munir (Coord.). *Estatuto da criança e do adolescente comentado*. 8. ed. São Paulo: Malheiros, 2006

DA SILVA, Luis de Pinho. *Principiologia do Direito do Trabalho*. 2. ed. São Paulo: LTr, 1999

DELGADO, Gabriela Neves. *Terceirização*: paradoxo do direito do trabalho contemporâneo. São Paulo: LTr, 2003.

DELGADO, Mauricio Godinho. *Capitalismo, trabalho e emprego — entre o paradigma da destruição e os caminhos da reconstrução*. São Paulo: LTr, 2006.

_____. *Democracia e Justiça*. São Paulo: LTr, 2003

FONSECA, Bruno Gomes Borges da. Microssistema processual para tutela de Direitos Coletivos. *Revista do Ministério Público do Trabalho*, Brasília, v. 18, n. 35, mar. 2008

FREITAS JÚNIOR, Roberto Mendes de. *Direitos da criança e adolescente e do idoso- doutrina e legislação*. Belo Horizonte: Del Rey, 2006.

LIBERATI, Wilson Donizeti.*Comentários ao Estatuto da criança e do adolescente.*9. ed. São Paulo: Malheiros, abr. 2006.

LORENTZ, Lutiana Nacur. *A norma da igualdade e o trabalho das pessoas portadoras de deficiência*. São Paulo: LTr, 2006.

MARTINS, Rodrigo. A verdade oculta no telhado — saúde — terceiro maior produtor de amianto, o Brasil ignora os malefícios do mineral. *Carta Capital*, 2012, ano XVII, n. 715, p. 34-38, 19 set. 2012.

MELO, Raimundo Simão de. *Direito ambiental do trabalho e a saúde do trabalhador*. 3. ed. São Paulo: LTr, 2008.

MENDES, Alessandra. Minas Gerais "resgata" 50 mil trabalhadores mirins em 2 anos. *Hoje em Dia*, MG, 22 set. 2012, p. 03.

MÉSZÁROS, István. *O poder da ideologia*. São Paulo: Boitempo, 2004.

MÉSZÁROS, István. *Filosofia, ideologia e ciência social — ensaios de afirmação e negação*. São Paulo: Boitempo, 2008.

MINHARRO, Erotilde Ribeiro dos Santos. *A criança e o adolescente no Direito do Trabalho*. São Paulo: LTr, 2003.

Ministério Público junto aos Tribunais de Contas, Processo 0.00.000.000004/2005-19, relatora Conselheira Janice Ascari e Interessada Luciana Ribeiro Caivipos, *Revista do CNMP*, Série Especial: principais decisões de 2005 a 2011, v. 2, n. 3, p. 11-28, ano 2012.

MOURA COELHO, Bernardo Leôncio. As alterações no contrato de aprendizagem: considerações sobre a Lei n. 10.097/2000. *Genesis*, Curitiba, n. 98, p.178, fev. 2001.

MOUSINHO, Ileana Neiva. A ação civil pública com pedido de implementação de políticas públicas. *Revista do Ministério Público do Trabalho do Rio Grande do Norte*, Natal, n. 7, jul. 2007.

NUNES, Rogério da Silva; CAIXETA, Douglas Rafael Almeida; AZEVEDO, Paola; CAROBREZ, Bruno Gonçalves. A Experiência Sócio-Técnica no Ambiente de Produção: Uma Discussão Acerca do Volvismo. *Revista Adm. UFSM*, Santa Maria, v. 2, n. 2, p. 235-249, maio/ago. 2009.

OLIVEIRA, Sebastião Geraldo de. *Indenização por acidentes do trabalho ou doença ocupacional*. 4. ed. São Paulo: LTr, 2008.

PEREIRA, Tânia Silva (Coord.). *O melhor interesse da criança:* um debate interdisciplinar. São Paulo: Renovar, 2000.

RODRIGUEz, Américo Plá. *Princípios de Direito do Trabalho*. 3. ed. São Paulo: LTr, 2000.

SILVA NETO, Manoel Jorge. Controle de políticas públicas na Justiça do Trabalho. *Boletim Científico da Escola Superior do Ministério Pública da União*, Brasília, n. 27, ano 7, fls. 243/268, abr./jun. 2008.

SÜSSEKIND, Arnaldo. *Convenções da OIT*. 2. ed. São Paulo: LTr, 1998.

TEPEDINO, Gustavo. O Código Civil, os chamados microssistemas e a Constituição: Premissas para uma Reforma Legislativa. *In:* Problemas de Direito Civil, Rio de Janeiro, Renovar, 2001

VIANA, Márcio Túlio. A Proteção Social do Trabalhador no Mundo Globalizado — O Direito do Trabalho no Limiar do Século XXI. *Revista LTr*, São Paulo, vol. 63, n. 7, jul. 1999.

Filmografia:

"Daens: um grito de justiça", diretor Stijn Coninx, 1 DVD, 138 minutos, 1992.

"Germinal", diretor Claude Berri, 1 DVD, 160 minutos, 1993.

O Que é Ser Servidor da Justiça do Trabalho

Rubens Goyatá Campante

Uma das peculiaridades dos seres humanos é a de possuírem, concomitantemente, uma dimensão individual e uma dimensão coletiva. Na vida de cada pessoa encontram-se tanto as determinações e os influxos do meio externo, que aninham o indivíduo em uma inescapável rede de convivências estruturadas, quanto a originalidade inerente de cada um, que faz com que todo ser humano que vive, viveu e viverá não encontre outro absolutamente idêntico.

Escrever sobre o que é ser um servidor da Justiça do Trabalho envolve a percepção dessas dimensões individual e coletiva, e da articulação entre ambas. Na trajetória de vida de cada um, por mais comezinha que seja, pulsa a influência de contextos sociais, econômicos, políticos, culturais. É um interessante exercício intelectual compreender uma trajetória de vida remetendo-se a esses contextos mais amplos – sem justificar, contudo, o desprezo à dimensão individual de cada um.

Tentaremos efetuar tal exercício recuperando a trivial trajetória de vida do autor desse artigo, um rapaz de classe média que se encontrava, no início da década de 1990, em uma situação profissional complicada: recém-formado em Comunicação Social pela Universidade Federal de Minas Gerais, as oportunidades de emprego em sua área eram escassas e, quando existentes, precárias e mal-remuneradas, em sua ampla maioria. O país atravessava, desde a década anterior, uma grave crise econômica, fruto do esgotamento, por causas internas e externas, do modelo de desenvolvimento estimulado pelo Estado, que vigorara desde a década de 1930 e trouxera, além da modernização das condições de vida material do país, ganhos fantásticos para as elites, sobras para as classes médias e migalhas para os pobres e miseráveis – ou seja, fizera o país mais rico e moderno como um todo, porém mais desigual internamente. A inflação persistente, o baixo crescimento econômico, o estrangulamento generalizado na oferta de empregos, a dificuldade na construção de perspectivas pessoais, tudo isso era o resultado palpável e doloroso para a população, nas décadas de 1980 e 1990, dessa falência do modelo econômico estatal-desenvolvimentista e concentrador de renda que vigorara até então.

Havia, ainda, outro complicador, de origem sócio-demográfica. O *boom* populacional brasileiro das décadas de 1960 e 1970 lançara no já retraído mercado de trabalho do início dos anos 1990 uma massa de jovens à procura do particularmente difícil primeiro emprego. Nesse contexto, o concurso público configurava-se como boa (por vezes única) opção. Aos 20 e poucos anos, desejoso de uma atividade profissional que lhe proporcionasse independência financeira, e decepcionado com as condições de trabalho na carreira em que se formara, o jovem presta o concurso e é nomeado servidor do Tribunal Regional do Trabalho da 3ª Região. Nunca imaginara, até poucos meses antes de se inscrever para o concurso, que seria um servidor da Justiça do Trabalho, mas aquela lhe pareceu, dentro das circunstâncias, uma boa opção.

Como funcionário da Justiça do Trabalho, o rapaz encontrou algumas boas amizades, acolhimento e certa segurança profissional e financeira, que lhe permitiria, nos anos seguintes, constituir e criar sua família. Mas não a realização profissional. Trabalhando na área administrativa, que se ocupa das chamadas "atividades-meio" do Poder Judiciário, isto é, das atividades de apoio e suporte à função precípua deste poder, de prestação jurisdicional à sociedade, foram-lhe incumbidas tarefas "burocráticas". Tarefas fundamentais para o bom funcionamento da instituição, mas que para ele — e para tantos outros — se afiguravam repetitivas, mesquinhas, enfadonhas. Viu-se imerso no processo que o filósofo Karl Marx definiu como "alienação do trabalho", que leva à despersonalização, à impotência, à impressão de falta de sentido no que se faz.

O trabalho, afirmou Marx, "é a condição de existência do homem, independente de todas as formas de sociedade, eterna necessidade natural de mediação do metabolismo entre homem e natureza e, portanto, necessidade da vida humana"[1]. Como uma das características definidoras do ser humano, o trabalho tem suas potencialidades apontadas tanto para a liberdade e a auto-construção quanto para a opressão e a alienação. É o meio pelo qual o homem se diferencia dos animais, passa a construir suas sociedades e sua história, e tem aberta a possibilidade de realização individual. Mas é também o fundamento das diferenças e da dominação entre as classes sociais, da sistematização dessa situação no Estado e de sua justificativa nas ideologias de classe. O trabalho torna-se alienado, segundo Marx, quando seu produto não pertence ao trabalhador que o gerou, ou quando este se engaja nele apenas por um imperativo de sobrevivência, ou quando não há identificação do trabalhador com o que produz. Todas essas condições estavam presentes para o servidor em questão. Daí sua sensação de falta de identificação e integração.

---

(1) MARX, Karl. *O capital*: crítica da Economia Política. Vol 1, Livro primeiro: o processo de produção do capital. São Paulo: Nova Cultural, 1996. p. 161.

O servidor prestou outro vestibular na UFMG e começou a estudar Direito, na esperança de que isso o ajudasse a se sentir mais integrado na instituição em que trabalhava. O resultado não foi o esperado. Ressentiu-se do que lhe pareceu um excesso de formalismo e individualismo do Direito brasileiro, que o descredencia a perceber e lidar com a realidade de estruturas sociais que oprimem a maioria da população. O Direito é um dos mais nobres e interessantes ramos do conhecimento e atuação humana, e tem potencialidades fabulosas de contribuição para o desenvolvimento e a justiça social, mas que no Brasil não se realizariam a contento. Essas características que minam o potencial humano do Direito no Brasil, o formalismo, o individualismo e o elitismo, não são uma exclusividade pátria, são tendências gerais do sistema jurídico ocidental, mas que, aqui, encontram-se exacerbadas. Como tendências estruturais, elas se desenvolveram por motivos históricos, e não devem, portanto, ser imputadas, como "culpa", a tal e qual indivíduo ou mesmo a um suposto "pendor subjetivo" do conjunto de juristas brasileiros.

O formalismo e o individualismo jurídicos evoluíram como reação a um sistema jurídico pré-moderno e pré-burguês marcado pela assistematicidade, pelo casuísmo, pela arbitrariedade, pela hegemonia do privilégio e do localismo sobre a lei geral e estatal, pela pouca distinção entre Direito e administração política. Foram dois influxos poderosos que atuaram no sentido da superação desse sistema antigo através da racionalização e formalização jurídica. O influxo burguês e o estatal-burocrático. Segundo Max Weber,

> Nossa moderna racionalização ocidental do Direito foi o resultado da ação conjunta de dois poderes. Por um lado, o interesse capitalista por um Direito, e sobretudo, por um procedimento jurídico estritamente formal e, portanto, o mais calculável possível em seu funcionamento (....). Por outro lado, o racionalismo burocrático dos poderes políticos absolutistas com seu interesse por uma codificação sistemática e uniforme do Direito, que seria utilizado por uma burocracia racionalmente treinada e que aspirava a oportunidades de promoção interlocalmente homogêneas. Onde faltou sequer *uma* dessas duas forças não surgiu um sistema jurídico moderno[2]

Errático e arbitrário, o antigo Direito travava a expansão do capitalismo e prejudicava a burguesia, interessada no ganho material por meio da "exploração racional e calculável do trabalho humano formalmente livre", como Weber define o capitalismo moderno[3]. Não podia haver previsibilidade econômica num sistema jurídico confuso e casuísta. Por sua vez, os príncipes absolutistas desejavam centralizar a administração e, para isso, necessitavam por ordem na barafunda de leis particulares, jurisdições especiais e privilégios de notáveis locais e de instituições diversas que se contrapunham ao poder central. Os príncipes contavam, nessa empreitada, com o auxílio de uma burocracia de juristas interessados no *status* e nas oportunidades de carreira que um sistema jurídico racionalizado propiciava. Assim, foi uma série de alianças eventuais, *ad hoc* (e não sem atritos) entre burguesia e poder estatal-burocrático que racionalizou, a partir do século XVIII, o Direito ocidental transformando-o num ordenamento que privilegiava o procedimentalismo formal e que se proclamava estritamente neutro em termos políticos.

Um ordenamento que sepultara o paternalismo autoritário e hierárquico do regime aristocrático e introduzira direitos subjetivos até então inexistentes e, por isso, importantes no contexto da época, mas de sentido essencialmente burguês (defesa da propriedade, dos contratos, do investimento econômico, etc) e, destarte, limitados. A limitação e o formalismo dos direitos civis e políticos trazidos pelo capitalismo *laissez-faire* fez com que para os trabalhadores e desfavorecidos o elitismo aristocrático fosse, na prática, substituído pelo elitismo burguês, malgrado o discurso universalista de liberdade e igualdade. Mas, num segundo momento, democratas e socialistas partiram desses primeiros direitos subjetivos e desse discurso de igualdade e liberdade para denunciar o individualismo excessivo do regime burguês e a falácia de sua neutralidade política e para expandir os direitos civis e políticos e inaugurar os direitos sociais.

Ou seja, foi o influxo burguês, com o fundamental aporte posterior das lutas sociais e democráticas, o responsável pela introdução dos direitos subjetivos dos cidadãos no ordenamento jurídico ocidental. Já o influxo estatal-burocrático não tinha, por princípio e por definição, tendência a se preocupar e proteger direitos subjetivos, fossem burgueses ou populares. A centralização jurídico-administrativa e a uniformização de carreiras e procedimentos jurídicos não trazem automaticamente uma maior proteção à cidadania. "A solução dos conflitos de acordo com uma administração fixa não implica necessariamente a existência de 'direitos subjetivos' garantidos", lembra Weber[4].

Pois bem, no Brasil, o formalismo jurídico *não* se estruturou a partir de uma reação a um sistema jurídico

---

(2) WEBER, Max, *Ensayos sobre sociologia de la religión, vol I*. Madrid: Taurus Humanidades, 1987, pg. 431-432. Tradução minha.
(3) *Ibidem*, p. 15.
(4) WEBER, Max. *Economia y sociedad*. Ciudad de Mexico: Fondo de Cultura Economica, 1999. p. 628. Tradução minha.

pré-existente errático e arbitrário, como se deu nos países centrais do Ocidente. E apoiou-se bem mais no influxo burocrático-estatal que no influxo burguês, tão importante naqueles países, tão débil aqui, assim como débil foi o influxo democrático e socialista. E, na medida em que foram os estímulos burgueses, a princípio, e as lutas democráticas e sociais, posteriormente, os responsáveis históricos pela proteção aos direitos subjetivos, tais direitos ficaram, entre nós, mais vulneráveis ainda[5], aumentando, assim, as consequências excludentes e elitistas do individualismo e do excesso de procedimentalismo jurídico[6].

Não se deve, porém, negar os elementos reais de renovação do Direito no Brasil, de uma nova postura que, sem descurar dos cuidados técnicos e formais, abre-se para os problemas sociais substantivos. Prova disso é uma pesquisa coordenada, há mais de 15 anos, pelo sociólogo Luiz Werneck Vianna com os magistrados brasileiros que mostra que 83% dos consultados concordam com a afirmação de que o Poder Judiciário não é neutro e que em suas decisões o magistrado deve interpretar a lei no sentido de aproximá-las dos processos sociais e substantivos, e assim influir na mudança social[7]. Ou seja, o Direito brasileiro encontra-se em um inegável processo de reestruturação democrática, malgrado lidar com uma herança histórica elitista. E o servidor poderia ter percebido e aproveitado esses elementos renovadores, certamente presentes no curso, caso não se encontrasse na situação de aguda insatisfação profissional que o levava a demandar algo marcantemente novo e diferente de seu ambiente de trabalho e reduzia seu grau de tolerância aos elementos de conservadorismo com que se deparou. O que ocorreu, porém, foi que, já não se identificando com o lugar em que trabalhava, passou a não se identificar com o lugar em que estudava. Abandonou o Direito e ingressou na pós-graduação na área de ciências sociais, concluindo o mestrado e doutorado em Ciências Políticas e Sociologia, respectivamente. Alcançou, assim, a satisfação e a identificação intelectual que buscava.

Mais ainda: na pós-graduação começou a compreender melhor — sob um ponto de vista mais amplo, não apenas como servidor da área administrativa da Justiça trabalhista às voltas com problemas pessoais de satisfação profissional — a instituição em que veio a trabalhar. A dissertação de mestrado, dedicada ao estudo comparativo de dois autores clássicos das ciências sociais brasileiras, Raymundo Faoro e Oliveira Viana, permitiu que, por meio da análise da vida e da obra deste último[8], percebesse a importância da Justiça e do Direito do Trabalho não só no âmbito propriamente jurídico mas para a própria sociedade brasileira, como um todo. Obviamente não lhe escapava a relevância atual e imediata dos serviços prestados pela Justiça do Trabalho na solução rápida e eficiente das controvérsias trabalhistas que lhe chegavam aos milhares. Mas percebeu foi mais que isso: o profundo significado histórico que a Justiça e o Direito do Trabalho têm tido, desde sua implantação, no Brasil, que extrapola o âmbito jurídico para se projetar em importantes desdobramentos econômicos, sociais, políticos e mesmo culturais.

---

(5) Vulnerabilidade potencializada pelo pesadíssimo legado sistêmico da escravidão, transmudada, na República, em uma desigualdade social das mais agudas do planeta. É sintomático, a esse respeito, o fato de que nosso Código Civil, previsto na Constituição de 1824, tenha demorado quase 100 anos para nascer, só tendo sido editado em 1916. Certo, houve, nesse ínterim, outros diplomas reguladores das relações pessoais, como os Códigos Criminal e de Processo Criminal, e o Código Comercial. Mas a dificuldade para se formalizar, em termos de Direito Civil, o peculiar *status* social do escravo e o descaso para com as relações privadas e os direitos subjetivos da população em geral estão refletidos nessa dilação de quase 100 anos em editar um instrumento básico garantidor e normatizador dos direitos individuais como o Código Civil.

(6) Ressalte-se que o formalismo e o procedimentalismo jurídicos, particularmente no âmbito processual, são absolutamente necessários enquanto vetores de sistematicidade e previsibilidade do Direito e escudos contra voluntarismos que, mesmo os bem-intencionados (e muitos não o são), podem ter consequências nefastas fora do curto prazo. O que se critica é o *excesso* de formalismo, que supõe que o Direito seja puramente técnico, alienado das grandes questões éticas e sociais.

(7) BURGOS, Marcelo Baumann; CARVALHO, Maria Alice Resende de; MELO, Manuel Palácios Cunha; VIANNA, Luiz Werneck. *Corpo e alma da magistratura brasileira*. Rio de Janeiro: Revan, 1997.

(8) Um dos mais respeitados intelectuais de sua época, admirado inclusive pelo próprio Getúlio Vargas, Viana foi fundamental para o justrabalhismo brasileiro. Na década de 1930 ele foi crucial na defesa da implantação de uma Justiça do Trabalho *federal*, para escapar às oligarquias locais e estaduais, *acessível e célere*, em oposição ao elitismo e ao formalismo do judiciário brasileiro, *com representação classista*, para viabilizar a participação e amadurecimento cívicos das classes sociais e sinalizar a equidistância do estado em relação a elas, e *conciliadora*, tendo em vista o ideal organicista e anti-esquerdista de neutralização dos conflitos sociais em prol da coletividade nacional. De 1932 a 1940, como consultor jurídico direto de três Ministros do Trabalho, Viana foi o responsável pela elaboração de várias leis trabalhistas e redator do projeto de lei que regulamentou e estruturou, conforme previa a Constituição de 1934, a Justiça do Trabalho. O legado trabalhista de Vargas que Viana ajudou a construir foi contraditório: progressista no âmbito do direito individual do trabalho, autoritário e conservador no campo do direito coletivo do trabalho, ao colocar os sindicatos obreiros sob a rígida tutela estatal. Vale ressaltar, em primeiro lugar, que Viana queria que essa tutela estatal valesse também para as representações patronais. Foi vencido e retirado do Ministério. Esse desequilíbrio no tratamento das associações obreiras e patronais desfigurou não só o princípio justrabalhista do equilíbrio, pela ação estatal, da relação originariamente assimétrica entre trabalho e capital, como a própria caracterização do sistema trabalhista brasileiro como "corporativo", pois o corporativismo estatal-autoritário acabou valendo só para os trabalhadores.

A compreensão desse significado se solidificou definitivamente quando o servidor passou a trabalhar no Centro de Memória do TRT da 3ª Região. Em meados da década de 1990, quando o Direito e especialmente a Justiça do Trabalho tornaram-se alvos sistemáticos de ataques das forças neoliberais então em voga, vários Tribunais Regionais do Trabalho passaram a estruturar órgãos dedicados a recuperar, narrar e significar a trajetória histórica de seus regionais e da Justiça do Trabalho de forma geral. Ou seja, uma das respostas à crítica neoliberal, que acusava a Justiça do Trabalho de "velharia autoritária", cujo "paternalismo" seria responsável pelo baixo dinamismo e pela informalidade do mercado de trabalho brasileiro, foi a de mostrar, por meio de sua história, que sua herança e seu significado para o país eram bem mais complexos que essa avaliação canhestra e preconceituosa. O trabalho no Centro de Memória do TRT da 3ª Região permitiu-lhe aprofundar um pouco mais sobre a questão laboral no Brasil e compreender que a sociedade brasileira tem realizado, desde a abolição da escravidão, um feito notável: o de ir superando a pesada herança de ter sido construída sobre a degradação absoluta do trabalho, transformando-se em uma sociedade que valoriza o trabalho. Certamente essa transformação não está completa, e o processo de valorização social do trabalho ainda deixa a desejar sob vários aspectos, mas uma visão histórica permite perceber o quanto já se caminhou nesse sentido. O Brasil já possui uma tradição de proteção social ao trabalho, malgrado os problemas e carências desta. Tradição para a qual a Justiça do Trabalho deu sua contribuição, e que tem funcionado como um elemento importante na tarefa, também ainda em aberto, de construção de um Estado de Bem-Estar Social.

E ao formar a consciência a respeito de tudo isso, o servidor veio a compreender, então, que o Direito no Brasil possui importantes contrapontos e exceções à sua herança histórica de individualismo, elitismo e formalismo excessivo, e que o Direito e a Justiça do Trabalho constituem um elemento fundamental desse contraponto.

Essa espécie de "reencontro" do servidor com sua instituição, permitindo-lhe compreender a relevância da mesma (além de exercer atividades menos alienantes e mais satisfatórias) não elidiu, contudo, alguns problemas inerentes à sua categoria ocupacional, tanto no âmbito específico dos servidores do Poder Judiciário quanto na esfera do funcionalismo público no Brasil.

O Poder Judiciário brasileiro ainda é permeado internamente por relações de trabalho bastante hierárquicas. Como no caso do formalismo jurídico, o problema da hierarquia no Judiciário é de excesso, não da hierarquia em si, que certamente tem sua justificativa e funcionalidade. Mas, em excesso, ela destrói tanto a responsividade dos chefes, ou seja, a necessidade de dialogar e prestar contas de suas ações, quanto a responsabilidade dos subordinados, ou seja, o compromisso e identificação com a instituição e a autodisciplina. O resultado é a perda de legitimidade da própria hierarquia, sustentada só pelo poder – sustentação bem mais precária que quando o mando/obediência são lastreados na crença disseminada em sua justeza, necessidade e razoabilidade. Porém, assim como o conservadorismo jurídico, o excesso de hierarquia no Poder Judiciário tem se suavizado. É o que constata, esperançoso, o servidor com base em sua experiência de mais de 15 anos como funcionário da Justiça do Trabalho e principalmente nas conversas e entrevistas realizadas no Centro de Memória do TRT mineiro.

Já em relação ao funcionalismo público em geral, não contamos com imagem muito positiva junto à população. O serviço público brasileiro abrange, na administração pública direta, o Poder Executivo em nível federal, estadual e municipal, o Poder Legislativo nos mesmos níveis e o Poder Judiciário federal e estadual; e na administração pública indireta as Fundações, Autarquias, Empresas Públicas e Sociedades de Economia Mista distribuídas pelos três níveis da federação. Nesse imenso e variado universo trabalham, segundo dados de 2010 do Ministério do Trabalho e Emprego, 8.923.380 servidores e empregados públicos. A administração pública responde, assim, por 20,25% dos 44.068.355 de empregos formais do país. A avaliação predominante na opinião pública é que se trata de trabalhadores privilegiados. Será?

Os trabalhadores da administração pública podem, grosso modo, ser divididos em três grupos.

Há um primeiro grupo, diminutíssimo, ínfima porção do total, e que tem diminuído cada vez mais, de funcionários realmente privilegiados, que recebem vantagens absurdas e vencimentos altíssimos. Alguns desses privilegiados possuem meios de majorar seus próprios salários, por se encontrarem, via de regra, em posições de comando na estrutura da administração; outros são servidores não concursados, que ocupam cargos de chefia com inexplicáveis remunerações por conta de indicações políticas e relações pessoais de compadrio. O segundo grupo de funcionários ocupa carreiras bem estruturadas, de certa tradição na administração pública brasileira, em que se ingressa por concorridos concursos públicos, carreiras que são nichos de competência e meritocracia e que remuneram de forma digna, mas jamais excessiva ou abusiva, seus servidores e em troca lhes cobra dedicação e profissionalismo. Somam um número bem maior que o do primeiro grupo, mas ainda assim não constituem a maioria dos servidores públicos. Esta é composta, infelizmente, de funcionários mal pagos, que enfrentam condições de trabalho ruins ou péssimas, que não recebem estímulo algum para se aperfeiçoar na profissão. Um largo grupo que inclui carreiras fundamentais para o bem estar dos cidadãos, como as de profissionais da saúde, da educação, da segurança pública, entre outras, que deveriam ser reconhecidas e valorizadas se o objetivo político prevalecente fosse realmente o de que o Estado brasileiro oferecesse serviços de qualidade à população.

A realidade desmente, portanto, o suposto privilégio dos funcionários do Estado como um todo, mas na opinião pública continua a predominar tal percepção. Isso se explica pela crítica disseminada ao Estado que tem prevalecido entre nós e que respinga em seus funcionários.

Engendrou-se, nas últimas décadas, a ideia de que o Estado é a causa principal das mazelas do Brasil. Seria um Estado inchado, pesado, tendencialmente corrupto, parasitário da sociedade. O Brasil é um país de desigualdades e privilégios, com boa parte da população submetida a grandes sacrifícios. A revolta contra os privilégios e os sacrifícios toma, em boa medida, a forma de uma revolta contra o Estado, mais especificamente, contra a face subjetiva, perceptível, desse Estado: os "políticos ladrões" e, em menor medida, os funcionários públicos "privilegiados". Na verdade, a questão do Estado, no Brasil, é bem mais complexa que essa interpretação reducionista e subjetivista faz crer. O ressentimento contra o Estado brasileiro pode ter pertinência mas é completamente mal focado. Desconsidera que o poder público também foi, mesmo que de forma excepcional, vetor de modernização e progresso social, e, mais importante, que *pode e deve sê-lo*.

Afinal, nas nações modernas, democráticas e capitalistas, o Estado possui as funções cruciais de organizar o arcabouço jurídico-político que permite o funcionamento da economia de mercado, e de, ao mesmo tempo, neutralizar as distorções e desigualdades socialmente disruptivas deste padrão econômico e implantar o desenvolvimento e a justiça social. Esse seria o Estado verdadeiramente moderno e democrático. A questão é que, no Brasil, historicamente, a incisiva atuação do Estado em prol do capitalismo não trouxe a correção das desigualdades sociais, mas aguçou-as, na medida em que fez da elite a grande beneficiária do progresso econômico. Esse padrão tem mudado, mas lenta e timidamente.

Ainda se faz presente quando se analisa um ponto crucial na relação de um Estado com a sociedade que ele representa: a maneira como ele se financia, retirando recursos, basicamente por via fiscal, da sociedade e a maneira como gerencia e retorna à mesma tais recursos sob a forma de disponibilização de bens e serviços. A estrutura tributária brasileira é socialmente injusta: pesa mais sobre o consumo dos pobres e a renda dos assalariados que sobre a propriedade e a renda dos ricos. Já os gastos e serviços disponibilizados pelo poder público em nosso país, seu fundamental sentido coletivo e universal se esfuma pela predominância da despesa financeira de rolagem da dívida pública[9], pelo desperdício e ineficiência administrativa e pela corrupção. Some-se a isso o modelo tantas vezes promíscuo de relação entre o Estado e o grande capital, na forma de concessões, monopólios, incentivos fiscais, tráfico de influências, omissões na aplicação de sanções legais e no estabelecimento de políticas públicas e outros quejandos e percebe-se que, no Brasil, o Estado é, como já foi dito, uma espécie de Robin Hood às avessas: tira dos humildes e dá aos poderosos. Esta é a grande e verdadeira perversão do nosso Estado.

Mas a opinião pública culpa, majoritariamente, os "políticos ladrões" e os "funcionários públicos privilegiados" pelas mazelas nacionais. Sem dúvida alguns deles existem, e precisam ser combatidos, mas não constituem o fulcro dos problemas do país. A própria questão da corrupção, tão em voga, objeto do clamor da mídia e da opinião pública pedindo cadeia para os políticos corruptos (algo que realmente não se vê no país e deveria acontecer), é superdimensionada, em termos econômicos, e, sobretudo, desfocada, em termos socioculturais e políticos. Superdimensionada porque o rombo no orçamento público ocasionado pela corrupção pode ser expressivo mas não é maior que aquele derivado do desperdício com a ineficiência administrativa e da malversação de recursos com uma dívida estatal que nada traz à coletividade[10]. Não que a corrupção seja desimportante, pois, a par do problema econômico, ela representa uma verdadeira lesão no tecido social e na estrutura política de um país — a corrupção,

---

(9) No orçamento da União para 2012 aprovado pelo Congresso e sancionado pela presidente, cujo montante é de R$ 2.150.458.867.507,00 (dois trilhões, cento e cinquenta bilhões, quatrocentos e cinquenta e oito milhões, oitocentistos e sessenta e sete mil e quinnhentos e sete reais), o valor destinado à dívida pública, correspondente à rubrica Juros e Amortizações da Dívida, abocanha a maior parte, nada menos que 47,9%, ou R$ 1.014.737.844.451,00 (1 trilhão, 14 bilhões, setecentos e trinta e sete milhões, oitocentos e quarenta e quatro mil e quatrocentos e cinquenta e um reais). Fonte: <http://www.camara.gov.br/internet/comissao/index/mista/orca/orcamento/br2012/rel_final/vol4/02.pdf>.

(10) Segundo o relatório da FIESP "Corrupção: custos econômicos e propostas de combate", o Brasil perde com a corrupção, anualmente, entre 51,4 e 84,5 bilhões de reais. Já o desperdício no gasto público, mensurado em estudo da CGU, atinge nada menos que 25% do mesmo. Como só os gastos da União neste ano, descontado o montante destinado à dívida, situam-se no patamar de 1 trilhão de reais, essa porcentagem significa algo em torno de 250 bilhões de reais, 3 a 5 vezes mais com o que se estima perder com a corrupção. Fontes: <http://www.fiesp.com.br/competitividade/downloads/custoeconomicodacorrupcao-final.pdf.http://www.sinditamaraty.org.br/post.php?x=2390>.

além de dissipar dinheiro público, atenta perigosamente contra a solidariedade coletiva que é o cimento sociocultural de uma nação.

Mas é nesse sentido que o clamor anticorrupção está desfocado: ao se concentrar somente nos políticos alivia-se a responsabilidade que cabe à iniciativa privada e, de forma difusa, à própria sociedade. Nesta, a maioria dos brasileiros tende a enxergar e criticar no outro, e não em si, os comportamentos públicos desviantes. Aliás, nem estão culturalmente preparados a identificar a dimensão pública de certos comportamentos que julgam estritamente privados. Nossa cultura, além de ferozmente individualista, não estimula a capacidade de autocrítica pessoal — boa parte das pessoas, então, mesmo que pratique pequenas e grandes transgressões, sempre imputa ao "outro", os problemas coletivos do país. E o Estado, e sua face subjetivada dos "políticos ladrões" e "funcionários privilegiados", acaba sendo esse grande "outro" para uma população que, dispondo de parcos recursos educacionais e cognitivos, simplifica e personaliza questões complexas e estruturais como o da corrupção[11].

Simplificação e personalização insufladas pela mídia, porque, ao fazê-lo, os proprietários dos grandes veículos de comunicação, integrantes da elite nacional, escamoteiam a questão fundamental do Estado no Brasil que é a sua captura e instrumentalização por essa elite. Além disso, a mídia, em decorrência de uma situação que mescla paradoxalmente o aumento da detecção e denúncia[12] dos casos de corrupção às dificuldades em se punir judicialmente os corruptos[13], tem extrapolado sua necessária função de informar a sociedade para se arvorar no papel de "justiceira", com aspas bem merecidas, pois, além de não ter os meios formais e legais para tal, ainda usa seletivamente, conforme seus interesses políticos, os escândalos de corrupção, divulgando-os ou acobertando-os de acordo com sua conveniência.

Não é da conveniência da mídia, por exemplo, divulgar amplamente que a impunidade judicial da corrupção não beneficia somente os políticos mas também a iniciativa privada. Sim, pois sem cair, é claro, na mesma generalização injusta que imputa a desonestidade a todo político, e ressalvando, portanto, as boas intenções da maioria dos empresários, é importante lembrar que grande parte dos casos de corrupção tem uma ponta nos agentes do estado e outra nas empresas. A mídia, entretanto, tão ciosa da moralidade quanto se trata de acusar os agentes públicos, lembra-se pouco disso[14].

Em suma, a corrupção é, sim, um problema sério, mas é uma consequência e manifestação de algo mais sério e mais amplo ainda: a privatização do Estado brasileiro pela elite. Mas isso não é conveniente ser veiculado para o grosso da população e nem esta teria capacidade de compreender plenamente. Culpem-se, então, somente os políticos e funcionários públicos!

Sem muito respaldo junto à população, os funcionários públicos costumam sofrer, ainda, com seu os gerentes que seu patrão — o povo — elege. Inúmeros governantes tratam o funcionalismo com o maior descaso possível. Os funcionários públicos ficam a mercê dos governantes de plantão por não possuírem data-base de reajuste salarial e por estes se recusarem, inúmeras vezes, a negociar com os sindicatos de trabalhadores. Além disso, o direito de greve dos servidores públicos, reconhecido pela Constituição de 1988 e remetido à necessária regulação por lei ordinária, não mereceu até hoje tal regulação pelo Legislativo[15]. Assim, malgrado a estabilidade no emprego (que existe

---

(11) Esse pendor cultural tem raízes históricas e sociais, e não ontológicas e individuais. Quer dizer, esse comportamento não é fruto de uma espécie de "essência" ou "caráter" nacional, mas de contingências históricas, sujeitas a mudanças, embora lentas. Tampouco seria razoável imputá-lo a deficiências de caráter das pessoas particularmente consideradas. Na verdade, várias vezes o contexto social joga os brasileiros em uma situação em que, mesmo não gostando de transgredir, vêem-se instados a tal para "não bancar o bobo de não fazer o que todos fazem e ficar para trás". Quando isso acontece está-se operando o ciclo vicioso da lesão na solidariedade social acima referida. A lógica e a visão social subjacentes a essa postura são limitadas e imediatistas, mas rompê-las, individualmente, nem sempre é fácil.

(12) Graças ao incremento da atuação de instituições como a Polícia Federal, a Receita Federal, a Controladoria Geral da União, o Ministério Público, certas ONGs e associações civis e os próprios meios de comunicação.

(13) Devido a distorções como o foro privilegiado aos políticos e ao excesso de formalismo garantista de nosso sistema jurídico.

(14) A mídia praticamente não divulgou, por exemplo, o Projeto de Lei n. 6.826/2010, de autoria do Poder Executivo, que muda a forma de julgamento das empresas nos casos de denúncia de corrupção. O projeto acaba com a responsabilidade subjetiva das empresas, transformando-a em responsabilidade objetiva. Pela norma da responsabilidade subjetiva, o funcionário de uma empresa pode até ser *flagrado* em ato de corrupção e a mesma não ser punida, pois há que se provar que ele agiu a mando da empresa e não por conta própria. As empresas alegam a 2ª opção, embora seja óbvio que isso raramente acontece. O formalismo garantista, quase sempre beneficiando o poder e não a justiça, impede a obtenção da prova de que o empregado agiu a mando e de que a empresa teria o "ânimo" de corromper; o máximo que acontece é a firma ser considerada inidônea, pela Lei de Licitações, ficando proibida de prestar novos serviços ao Poder público. Mesmo essa proibição, porém, costuma ser driblada por meio de sucessivas liminares que permitem a participação nas licitações. A nova regra proposta da responsabilidade objetiva permite punir a empresa que objetivamente se beneficiou de ato lesivo, independentemente de se comprovar sua "vontade" corruptora. O projeto tramita a passos lentos na Câmara.

(15) Em 2007, o Supremo Tribunal Federal, em resposta a mandado de injunção de sindicatos de servidores públicos, determinou que fossem aplicadas a estes, "no que couber" as regras da Lei n. 7.783/89 que disciplinam a greve na iniciativa privada. Como há diferentes interpretações

para que a continuidade administrativa não seja comprometida pelas periódicas mudanças político-eleitorais), os servidores públicos tem, muitas vezes, uma boa dose de insegurança quanto às condições de salário e de trabalho, que oscilam ao sabor das crises políticas e econômicas.

Ser funcionário do Tribunal Regional do Trabalho de Minas Gerais significa costurar seu percurso e sua experiência profissional, e mesmo pessoal, sobre o tecido de todos esses contextos sociais, culturais, políticos e econômicos em uma trama às vezes difícil, às vezes agradável, como todas as tramas da vida. O que importa, ao final, é que o balanço seja positivo no sentido de nossa formação como seres humanos — no caso deste servidor certamente o é.

Referências bibliográficas

BRASIL. CÂMARA DOS DEPUTADOS. *Orçamento 2012*. Disponível em: <http://www.camara.gov.br/internet/comissao/index/mista/orca/orcamento/br2012/rel_final/vol4/02.pdf>.

_____. FEDERAÇÃO DAS INDÚSTRIAS DO ESTADO DE SÃO PAULO. Competitividade — custo econômico da corrupção. Disponível em: <http://www.fiesp.com.br/competitividade/downloads/custoeconomicodacorrupcao-final.pdf>.

BURGOS, Marcelo Baumann; CARVALHO, Maria Alice Resende de; MELO, Manuel Palácios Cunha; VIANNA, Luiz Werneck. *Corpo e alma da magistratura brasileira*. Rio de Janeiro: Revan, 1997.

MARX, Karl. *O capital*: crítica da Economia Política. Vol 1. Livro primeiro: o processo de produção do capital. São Paulo: Nova Cultural, 1996.

SINDICATO NACIONAL DOS SERVIDORES DO MINISTÉRIO DAS RELAÇÕES EXTERIORES. Disponível em: <http://www.sinditamaraty.org.br/post.php?x=2390>.

WEBER, Max, *Ensayos sobre sociologia de la religión*. vol. I. Madrid: Taurus Humanidades, 1987.

WEBER, Max. *Economia y sociedad*. Ciudad de Mexico: Fondo de Cultura Economica, 1999.

---

jurisprudenciais para "o que cabe" da lei dos celetistas para os servidores públicos, a lacuna normativa não foi inteiramente sanada, e com isso prevalece a lei do mais forte nos embates entre governos e servidores – quase sempre os primeiros.

Parte 7
O Novo Código de Processo Civil: Impactos no Processo do Trabalho

As Ações Coletivas e o Incidente de Resolução de Demandas Repetitivas do Novo Código de Processo Civil

Adriana Campos de Souza Freire Pimenta

Quando o tema é processo coletivo, o enfoque deve, necessariamente, ser diverso daquele relativo ao processo individual, já que não estamos tratando apenas de cumulação subjetiva.

Em sede de processo coletivo, em que os direitos discutidos são difusos, coletivos ou individuais homogêneos e em relação aos quais o ordenamento jurídico brasileiro estabelece em *numerus clausus* a legitimidade para sua defesa, estaremos diante de hipóteses de substituição processual *lato sensu*, aqui inserida também a ação civil pública.

A substituição processual não se confunde, todos sabemos, com a representação ou a cumulação subjetiva ativa ou passiva.

A primeira é exercida por um advogado que pedirá direito alheio e em nome alheio e, no que tange à cumulação subjetiva, ou litisconsórcio, pode ser ativa ou passiva, ou seja, dizer respeito ao autor ou ao réu, conforme disposto no art. 46 do CPC atual[1].

Com relação à substituição processual, há uma faculdade legal, concedida à determinados entes, para postularem, em nome próprio, direito alheio.

Está prevista no art. 6º do CPC, hoje ainda em vigor, e no art. 18 do NCPC e, conforme lá disposto, necessita da autorização legal para ser permitida, dada a exceção que veicula[2].

No caso da substituição processual sindical, a autorização se encontra no próprio Texto Constitucional, notadamente em seu art. 8º, III[3].

A substituição processual é o meio através do qual é instaurado e desenvolvido o processo coletivo, o qual se desenvolveu, principalmente, após a Constituição Federal de 1988, valendo destacar ainda a lei que regulamenta a ação civil pública (Lei n. 7.347/85) e o Código de Defesa do Consumidor (Lei n. 8.078/90)[4].

O seu paradigma, por definição, difere daquele do processo individual. O interesse tutelável aqui é o interesse METAINDIVIDUAL[5], ou seja, os conflitos solucionados interessam à sociedade como um todo, a uma categoria ou a um número expressivo de indivíduos, conforme se trate de interesse difuso, coletivo ou individual homogêneo, cuja definição legal consta do art. 81, parágrafo único, do CDC[6].

---

(1) "Art. 46. Duas ou mais pessoas podem litigar, no mesmo processo, em conjunto, ativa ou passivamente, quando:
   I – entre elas houver comunhão de direitos ou de obrigações relativamente à lide;
   II – os direitos ou as obrigações derivarem do mesmo fundamento de fato ou de direito;
   III – entre as causas houver conexão pelo objeto ou pela causa de pedir;
   IV – ocorrer afinidade de questões por um ponto comum de fato ou de direito" (CPC, ainda em vigor: Lei n. 5.869, de 11 de janeiro de 1973).
   "Art. 113. Duas ou mais pessoas podem litigar, no mesmo processo, em conjunto, ativa ou passivamente, quando:
   I – entre elas houver comunhão de direitos ou de obrigações relativamente à lide;
   II – entre as causas houver conexão pelo pedido ou pela causa de pedir;
   III – ocorrer afinidade de questões por ponto comum de fato ou de direito" (Novo CPC: Lei n. 13.105, de 16 de março de 2015).

(2) "Art. 6º Ninguém poderá pleitear, em nome próprio, direito alheio, salvo quando autorizado por lei" (CPC, ainda em vigor: Lei n. 5.869, de 11 de janeiro de 1973).
   "Art. 18. Ninguém poderá pleitear direito alheio em nome próprio, salvo quando autorizado pelo ordenamento jurídico.
   Parágrafo único. Havendo substituição processual, o substituído poderá intervir como assistente litisconsorcial" (Novo CPC: Lei n. 13.105, de 16 de março de 2015).

(3) "Art. 8º É livre a associação profissional ou sindical, observado o seguinte:
   [...]
   III – ao sindicato cabe a defesa dos direitos e interesses coletivos ou individuais da categoria, inclusive em questões judiciais ou administrativas;".

(4) Ressalte-se, porém que a Ação Popular regulamentada pela Lei n. 4.717 de 29 de junho de 1965 já garantia a qualquer cidadão o direito de pleitear a anulação ou declaração de nulidade de atos lesivos ao patrimônio público.

(5) Sobre este tema, *vide* obra nossa: PIMENTA, Adriana Campos de Souza Freire. *Substituição processual sindical*, São Paulo: LTr, 2011.

(6) "Art. 81. A defesa dos interesses e direitos dos consumidores e das vítimas poderá ser exercida em juízo individualmente, ou a título coletivo.
Parágrafo único. A defesa coletiva será exercida quando se tratar de:
I – interesses ou direitos difusos, assim entendidos, para efeitos deste código, os transindividuais, de natureza indivisível, de que sejam titulares pessoas indeterminadas e ligadas por circunstâncias de fato;

Neste sentido, o Ministro do Tribunal Superior do Trabalho e Professor *José Roberto Freire Pimenta*[7]:

> Paralelamente, nas últimas décadas têm sido cada vez mais veiculadas demandas, no âmbito do Poder Judiciário trabalhista, com conteúdo e pretensões essencialmente metaindividuais, que não mais correspondem aos tradicionais dissídios individuais trabalhistas e que versam sobre novos direitos (difusos e coletivos em sentido estrito) de enorme relevância social e inegáveis dimensão e significado constitucionais. Exatamente por serem indivisíveis e de difícil, se não impossível, mensuração econômica, impossibilitando que sejam efetivamente tutelados através dos clássicos provimentos judiciais condenatórios, repressivos e ressarcitórios, passam eles a exigir novos tipos de decisões judiciais, agora de natureza inibitória e mandamental e que, por isso mesmo, sejam capazes de propiciar a tutela específica dos direitos materiais vindicados.

Isto porque tais lesões se repetem. Impossível negar isso: são os produtos lançados com defeito no mercado, que acabam nos famosos *recall*; o desrespeito generalizado aos consumidores com os contratos leoninos de adesão; a destruição constante do meio-ambiente; os empregados que trabalham em ambientes sabidamente insalubres ou os que fazem infinitas horas extras e, por vezes, nem as recebem; os numerosos acidentes de trabalho que quase sempre poderiam ter sido evitados e tantas outras.

Já não podemos falar apenas em normas-regra, em direito positivo. Não, se o objetivo for assegurar a fruição de direitos fundamentais, constitucionalmente previstos e não usufruídos, na prática, por todos os cidadãos.

As leis já existem há algum tempo — algumas delas bem antigas, como a CLT — e o que se busca é a efetividade das mesmas, ou seja, que alterem efetivamente a realidade.

Os princípios constitucionais, por sua vez, são muito importantes, na medida em que consagram na Norma Fundamental os principais valores da sociedade e também a eles o legislador, o administrador público e os próprios particulares devem se submeter.

Assim, norma é um gênero, do qual são espécies as regras e os princípios, como demonstra a Professora *Raquel Melo Urbano de Carvalho*, ponderando que[8]:

> As normas, como gênero, compreendem os princípios e as regras. As regras caracterizam-se pela concretude e viabilidade de aplicação direta, enquanto os princípios qualificam-se pela abertura, abstração e necessidade de atividade mediadora prévia à sua concretização. Em ambos, encontra-se a força normativa inerente às diretrizes ou preceitos integrantes de um determinado sistema jurídico. Isto porque ambos se formulam com a ajuda de expressões deônticas fundamentais, como mandamento, permissão e proibição. Os princípios, sendo norma, têm, assim como as regras, aplicação imediata em casos concretos. No entanto, somente aos princípios reconhece-se a forma normogenética porquanto apenas estes são fundamento e dão origem às regras. Não se trata, portanto, de meros valores dispostos no ordenamento, mas de normas das quais resultam prescrições de comportamentos e que repercutem na formação das demais normas jurídicas.

Em processo coletivo, portanto, busca-se a eficácia da norma para todos ou para todo um grupo, sendo assim, relevantíssimo, o enfoque da eficácia horizontal da norma, ou seja, entre os cidadãos: patrão e empregado, dono de terras e população ribeirinha do córrego que passa nas terras do primeiro, comerciante e comprador.

Estamos em sede de direitos fundamentais de segunda ou terceira geração em que, ao contrário dos direitos fundamentais de primeira geração, não se buscam, apenas, garantias diante do Estado, como liberdade e igualdade, mas, sim, prestações positivas do Estado que assegurem melhores condições de vida a todos os cidadãos e a eliminação dos denominados *vazios de tutela* pela extensão, aos direitos metaindividuais, da proteção jurisdicional antes assegurada apenas aos direitos subjetivos tradicionais, de natureza estritamente individual.

Sobre a evolução os direitos fundamentais e a superação histórica do paradigma liberal individualista, ensina o Ministro do Tribunal Superior do Trabalho e Professor *Mauricio Godinho Delgado*[9]:

II – interesses ou direitos coletivos, assim entendidos, para efeitos deste código, os transindividuais, de natureza indivisível de que seja titular grupo, categoria ou classe de pessoas ligadas entre si ou com a parte contrária por uma relação jurídica base;

III – interesses ou direitos individuais homogêneos, assim entendidos os decorrentes de origem comum."

(7) PIMENTA, José Roberto Freire. A tutela metaindividual dos direitos trabalhistas: uma exigência constitucional. In: PIMENTA, José Roberto Freire; BARROS, Juliana Augusta Medeiros; FERNANDES, Nadia Soraggi (Coords.). *Tutela Metaindividual Trabalhista*. A defesa coletiva dos direitos dos trabalhadores em juízo. São Paulo: LTr, 2009, p. 9-50.

(8) CARVALHO, Raquel Melo Urbano de. *Curso de direito administrativo, parte geral, intervenção do estado na estrutura da administração*. Salvador: JusPodivm, 2008. p. 31.

(9) DELGADO, Mauricio Godinho. As funções do Direito do Trabalho no Capitalismo e na Democracia. In: DELGADO, Mauricio Godinho, DELGADO, Gabriela Neves. *Constituição da República e direitos fundamentais – dignidade da pessoa humana, justiça social e direito do trabalho*. São Paulo: LTr, 2012. p. 74-75.

A primeira inovação decisiva, apta a deflagar um significativo processo de mudança no caráter e papéis de todo o Direito, residiu no surgimento do Direito do Trabalho e, a seu lado, o Direito de Seguridade Social (esse, inicialmente, como simples Direito Previdenciário), a partir dos finais do século XIX. A afirmação da Democracia que esses dois ramos expressam seria dinâmica de largo impacto em toda a realidade jurídica existente.

A segunda inovação decisiva iria ocorrer, logo em seguida, com o Direito constitucional. De fato, nesse contexto de democratização do Direito, importante mudança ocorreu no Direito Constitucional ao longo do século XX. Dois momentos fundamentais destacaram-se no tocante a essa mudança.

Em um primeiro instante, ao superar o paradigma liberalista, patrimonial e individualista, que foi preponderante em seu nascimento em fins do século XVIII, durante as chamadas revoluções burguesas. Tal superação verificou-se por meio da inevitável incorporação das dimensões sociais do mundo jurídico, fenômeno ocorrido a partir de finais da segunda década do século XX. De fato, notáveis textos constitucionais surgidos nessa época, como a Constituição do México de 1917 e a Constituição da Alemanha de 1919, trouxeram para dentro do Direito Constitucional os ramos jurídicos trabalhista e de seguridade social, rompendo com a natureza excludente, patrimonial, individualista e elitista das matrizes constitucionais vindas do século XVIII.

Em um segundo instante, demarcado a partir de fins da Segunda Guerra Mundial e décadas subsequentes, com a criação de novo paradigma constitucional, do Estado Democrático de Direito, em cujo núcleo passa a ocupar posição central a pessoa humana e sua dignidade, subordinando a sociedade civil, inclusive o mercado econômico, e a sociedade política a tal direção preponderante.

A terceira inovação decisiva ocorreria com o subsequente surgimento de dois novos segmentos jurídicos claramente inspirado na matriz aberta pelo Direito do Trabalho. Trata-se do Direito do Consumidor e do Direito Ambiental, os quais foram capitaneados pelo Direito do Trabalho, o importante gênero da efetiva modernidade no mundo contemporâneo, o Direito Social.

A quarta inovação decisiva despontada desenvolveu-se no núcleo dos próprios ramos jurídicos tradicionais, fenômeno que iria se demarcar ao longo das décadas finais do século XX e início do século XXI. Induzidos pelo novo paradigma do Estado Democrático de Direito, ramos jurídicos tradicionais iriam sofrer modificações, em direção a uma visão mais social da normativa jurídica e respeito mais manifesto à pessoa humana e sua dignidade.

A eficácia horizontal desses direitos fundamentais, que é conceituada por *Carlos Henrique Bezerra Leite* como aquela que "decorre do reconhecimento de que as desigualdades estruturantes não se situam apenas na relação entre o Estado e os particulares, como também entre os próprios particulares"[10], também é muito importante.

As leis emanadas do Estado estão sendo suficientes para que um cidadão não explore o outro? Bastam para que cada um, efetivamente, usufrua daquilo que lhe é assegurado pelo direito positivo? Ou não?

O processo coletivo tem por objetivo assegurar a eficácia do direito positivo com alcance metaindividual para a sociedade — entendida esta como toda a coletividade, como um grupo ligado por uma relação jurídica ou como um conjunto de indivíduos, conforme se trate de direito difuso, coletivo ou individual homogêneo — e, para tanto, vale-se de princípios próprios.

E, quais seriam os princípios do processo coletivo? Por quais normas deve se pautar o aplicador do direito para que se alcance a efetividade dos direitos fundamentais, num país como o nosso, com tantas desigualdades, apesar da crescente riqueza?

A professora *Ada Pelegrini Grinover*[11] desenvolve o tema, afirmando que "existem princípios que assumem feição diversa no processo individual e no coletivo".

E, a seguir, os enumera:

Princípio do acesso à justiça: o qual, "no processo coletivo transmuda-se em princípio de interesse de uma coletividade, formada por centenas, milhares e, às vezes, milhões de pessoas"; razão pela qual "abre os esquemas da legitimação, prevendo a titularidade da ação por parte do denominado "representante adequado", portador em juízo de interesses e direitos de grupos, categorias, classes de pessoas.

Princípio da universalidade da jurisdição: que "assume dimensão distinta no processo coletivo, pois é por intermédio

---

(10) BEZERRA LEITE, Carlos Henrique. Eficácia horizontal dos direitos fundamentais na relação de emprego. *Revista LTr* 75-01/24-29.
(11) GRINOVER, Ada Pellegrini. *Direito processual coletivo*. Disponível em: <http://www.ufrnet.br/~tl/otherauthorsworks/grinover_direito_processual_coletivo_principios.pdf>. Acesso em: 8 ago. 2014.

deste que as massas têm a oportunidade de submeter aos tribunais as novas causas, que pelo processo individual não tinham sequer como chegar à justiça. O tratamento coletivo de interesses e direitos comunitários é que efetivamente abre as portas à universalidade da jurisdição."

Princípio de participação: "Há, assim, no processo coletivo, em comparação com o individual, uma participação maior pelo processo, e uma participação menor no processo: menor, por não ser exercida individualmente, mas a única possível num processo coletivo, onde o contraditório se exerce pelo chamado representante adequado".

Princípio da ação: "Sob esse ponto de vista, processo individual e processo coletivo parecem idênticos, mas há, no Anteprojeto de Código Brasileiro de Processos Coletivos, iniciativas que competem ao juiz para estimular o legitimado a ajuizar a ação coletiva, mediante a ciência aos legitimados da existência de diversos processos individuais versando sobre o mesmo bem jurídico."

Princípio do impulso oficial: "a soma de poderes atribuídos ao juiz do processo coletivo é incomensuravelmente maior. Trata-se da *defining function* do juiz, de que fala o direito norte-americano para as *class actions*."

Princípio da economia: "No Anteprojeto de Código Brasileiro de Processos Coletivos o que se tem em mente, para a identificação dos fenômenos acima indicados, não é o pedido, mas o bem jurídico a ser protegido; pedido e causa de pedir serão interpretados extensivamente; e a diferença de legitimados ativos não será empecilho para o reconhecimento da identidade dos sujeitos. Isso significa que as causas serão reunidas com maior facilidade e que a litispendência terá um âmbito maior de aplicação."

Princípio da instrumentalidade das formas: "O princípio geral do processo coletivo — capaz de transmitir-se ao processo individual — é muito claro, nesse campo: observado o contraditório e não havendo prejuízo à parte, as formas do processo devem ser sempre flexibilizadas."

Em suma, como destaca Elton Venturi, tratando também dos princípios do processo coletivo[12], a interpretação pragmática é essencial, quando se trata das normas de processo coletivo:

A importância da interpretação pragmática é tanto maior quando se percebe a excelência do modelo processual coletivo brasileiro, que, sem exagero, pode ser considerado como um dos mais aperfeiçoados entre os dos países que adotam sistemas de tutela coletiva. Se assim é, diante da aparente suficiência legislativa, a responsabilidade pelo fracasso da tutela coletiva passa a ser imputável não mais comodamente ao legislador, mas sim à doutrina e, sobretudo, ao Poder Judiciário, personagem que protagoniza o papel decisivo nos rumos do sistema processual coletivo no Brasil[13].

Com efeito, é muito bom o conjunto de leis relativas ao processo coletivo — Ação Civil Pública, Código de Defesa do Consumidor, o próprio Código de Processo Civil (art. 461 do CPC em vigor e 497 e seguintes do NCPC), além da Norma Constitucional, é claro —, que se constitui num verdadeiro microssistema.

Deve o aplicador do Direito procurar, através desta interpretação pragmática, extrair desses referidos diplomas legais o maior alcance possível na busca da tutela dos direitos metaindividuais, de forma a alcançarmos a efetividade dos direitos fundamentais, notadamente, os sociais, para a maior parte dos nossos cidadãos.

Ressalte-se que a evolução da jurisprudência dos Tribunais Superiores retrata isso: aos poucos foi se dando ao processo coletivo um alcance mais ampliado.

Aqui, é importante destacar a significativa atuação do Ministério Público, de um modo geral, e, em sede de Processo do Trabalho, do Ministério Púbico do Trabalho, com base na Constituição de 1988, notadamente, nos arts. 127, *caput*, e 129, III, da CF/88[14].

A provocação do Poder Judiciário pelos jurisdicionados, pelos corpos intermediários[15] e pelo Ministério Público importaram nesta evolução jurisprudencial.

---

(12) VENTURI, Elton. *Processo civil coletivo*. A tutela jurisdicional dos direitos difusos, coletivos e individuais homogêneos no Brasil. Prospectivas de um Código Brasileiro de Processos Coletivos. São Paulo: Malheiros, 2007. p. 133-161, destaca como princípios do processo coletivo: inafastabilidade da prestação jurisdicional coletiva, tutela jurisdicional coletiva diferenciada, princípio do devido processo social, absoluta instrumentalidade da tutela coletiva e interpretação pragmática.

(13) Ibidem, p. 158-159.

(14) "Art. 127. O Ministério Público é instituição permanente, essencial à função jurisdicional do Estado, incumbindo-lhe a defesa da ordem jurídica, do regime democrático e dos interesses sociais e individuais indisponíveis.
[...]
Art. 129. São funções institucionais do Ministério Público:
III – promover o inquérito civil e a ação civil pública, para a proteção do patrimônio público e social, do meio ambiente e de outros interesses difusos e coletivos;".

(15) A denominação corpos intermediários, significando os sindicatos, associações etc., é utilizada por CLAUS, Ben-Hur Silveira. *Substituição processual trabalhista, uma elaboração teórica para o instituto*. São Paulo: LTr, 2003. p. 35-36, *in verbis*: "A afirmação do individualismo,

Em relação à substituição processual sindical, a título de exemplo, como já tivemos a oportunidade de escrever[16], a referida evolução é visível.

O TST tinha interpretação bem restritiva acerca do instituto, consolidada no então Enunciado e posterior Súmula n. 310[17], hoje felizmente revogada.

Contudo, a partir da decisão do Supremo Tribunal Federal, bastante ampliativa, no julgamento do RE n. 210.029, publicado em 16.11.2005, tendo como relator o *Ministro Carlos Mário Velloso* e como Relator final o *Ministro Joaquim Barbosa* os Tribunais Superiores, e, especificamente, o Tribunal Superior do Trabalho, passaram a dar ao instituto um alcance bem maior.

Eis o teor da decisão do Supremo Tribunal Federal:

"PROCESSO CIVIL. SINDICATO. ART. 8º, III, DA CONSTITUIÇÃO FEDERAL. LEGITIMIDADE. SUBSTITUIÇÃO PROCESSUAL. DEFESA DE DIREITOS COLETIVOS OU INDIVIDUAIS. RECURSO CONHECIDO E PROVIDO.

O art. 8º, III da Constituição Federal estabelece a legitimidade extraordinária dos sindicatos para defender em juízo os interesses coletivos ou individuais dos integrantes da categoria que representam.

Essa legitimidade extraordinária é ampla, abrangendo a liquidação e a execução dos créditos reconhecidos aos trabalhadores.

Por se tratar de típica hipótese de substituição processual, é desnecessária qualquer autorização dos substituídos.

Recurso conhecido e provido."

Merecem ser citadas, para demonstrar a clara mudança de paradigma e de sentido experimentada pela jurisprudência do Tribunal Superior do Trabalho, as recentes alterações da Súmula n. 219 e da OJ n. 130 da SDI 2, assim ementadas:

"Súmula n. 219 – HONORÁRIOS ADVOCATÍCIOS. HIPÓTESE DE CABIMENTO (nova redação do item II e inserido o item III à redação) – Res. n. 174/2011, DEJT divulgado em 27, 30 e 31.5.2011

I – Na Justiça do Trabalho, a condenação ao pagamento de honorários advocatícios, nunca superiores a 15% (quinze por cento), não decorre pura e simplesmente da sucumbência, devendo a parte estar assistida por sindicato da categoria profissional e comprovar a percepção de salário inferior ao dobro do salário mínimo ou encontrar-se em situação econômica que não lhe permita demandar sem prejuízo do próprio sustento ou da respectiva família. (ex-Súmula n. 219 – Res. n. 14/1985, DJ 26.9.1985).

---

como ideologia da era moderna nascente, pressupunha o rompimento com a sociedade medieval, que se caracterizava como uma ordem natural de relações sociais referidas ao princípio comunitário. Ao proscrever os corpos sociais intermediários que povoavam a estrutura da sociedade medieval, a Lei *Le Chapelier* simbolizava aquela viragem histórica, consubstanciando a radical preeminência que a modernidade atribui ao individualismo enquanto concepção pela qual se orientaria a ordem emergente".

A eliminação dos corpos intermediários pela via legislativa pode nos parecer, hoje demasiadamente artificial, mas pode ser compreendida, naquele contexto, a partir das circunstâncias de que o *ancien regime*, contra o qual lutara a burguesia, estava estruturado mediante formações intermediárias. (...) A nova postura metodológica que surge no Direito, na segunda metade do século XX, vai orientar-se no sentido de subordinar o direito processual à realização efetiva do direito material mais precisamente, vai em busca de resgatar, agora com maior empenho, a natureza instrumental do processo como ferramenta útil e vinculada – útil, porque vinculada – à efetividade do direito material e da realização da justiça, onde cada um vem a juízo pleitear os direitos que entende cabíveis, normalmente o autor da ação (legitimado ad causam) coincide com o titular do direito material pleiteado."

(16) PIMENTA, Adriana Campos de Souza Freire. *Substituição processual sindical, op.cit.*

(17) "N. 310 SUBSTITUIÇÃO PROCESSUAL. SINDICATO (cancelamento mantido) – Res. n. 121/2003, DJ 19, 20 e 21.11.2003 e republicada DJ 25.11.2003

I – O art. 8º, inciso III, da Constituição da República não assegura a substituição processual pelo sindicato.

II – A substituição processual autorizada ao sindicato pelas Leis ns. 6.708, de 30.10.1979, e 7.238, de 29.10.1984, limitada aos associados, restringe-se às demandas que visem os reajustes salariais previstos em lei, ajuizadas até 03.07.1989, data em que entrou em vigor a Lei n. 7.788/1989.

III – A Lei n. 7.788/1989, em seu art. 8º, assegurou, durante sua vigência, a legitimidade do sindicato como substituto processual da categoria.

IV – A substituição processual autorizada pela Lei n. 8.073, de 30.07.1990, ao sindicato alcança todos os integrantes da categoria e é restrita às demandas que visem à satisfação de reajustes salariais específicos resultantes de disposição prevista em lei de política salarial.

V – Em qualquer ação proposta pelo sindicato como substituto processual, todos os substituídos serão individualizados na petição inicial e, para o início da execução, devidamente identificados pelo número da Carteira de Trabalho e Previdência Social ou de qualquer documento de identidade.

VI – É lícito aos substituídos integrar a lide como assistente litisconsorcial, acordar, transigir e renunciar, independentemente de autorização ou anuência do substituto.

VII – Na liquidação da sentença exequenda, promovida pelo substituto, serão individualizados os valores devidos a cada substituído, cujos depósitos para quitação serão levantados através de guias expedidas em seu nome ou de procurador com poderes especiais para esse fim, inclusive nas ações de cumprimento.

VIII – Quando o sindicato for o autor da ação na condição de substituto processual, não serão devidos honorários advocatícios. Histórico: Súmula cancelada – Res. n. 119/2003, DJ 1º.10.2003. Redação original – Res. n. 1/1993, DJ 6, 10 e 12.3.1993."

II – É cabível a condenação ao pagamento de honorários advocatícios em ação rescisória no processo trabalhista.

III – São devidos os honorários advocatícios nas causas em que o ente sindical figure como substituto processual e nas lides que não derivem da relação de emprego."

Histórico:

Súmula alterada – Res. n. 137/2005, DJ 22, 23 e 24.8.2005
Súmula n. 219 – Honorários advocatícios. Hipótese de cabimento (incorporada a Orientação Juris-prudencial n. 27 da SBDI-2)

(...)

II – É incabível a condenação ao pagamento de honorários advocatícios em ação rescisória no processo trabalhista, salvo se preenchidos os requisitos da Lei n. 5.584/1970. (ex-OJ n. 27 da SBDI-2 – inserida em 20.9.2000)

Súmula mantida – Res. n. 121/2003, DJ 19, 20 e 21.11.2003

Redação original – Res. n. 14/1985, DJ 19.09.1985 e 24, 25 e 26.09.1985

N. 219 – Honorários advocatícios. Hipótese de cabimento

Na Justiça do Trabalho, a condenação em honorários advocatícios, nunca superiores a 15%, não decorre pura e simplesmente da sucumbência, devendo a parte estar assistida por sindicato da categoria profissional e comprovar a percepção de salário inferior ao dobro do mí-nimo legal, ou encontrar-se em situação econômica que não lhe permita demandar sem pre-juízo do próprio sustento ou da respectiva família.

"OJ-SDI2-130 – AÇÃO CIVIL PÚBLICA. COMPETÊNCIA. LOCAL DO DANO. LEI N. 7.347/1985, ART. 2º. CÓDIGO DE DEFESA DO CONSUMIDOR, ART. 93 (redação alterada na sessão do Tribunal Pleno realizada em 14.9.2012) – Res. n. 186/2012, DEJT divulgado em 25, 26 e 27.9.2012

I – A competência para a Ação Civil Pública fixa-se pela extensão do dano.

II – Em caso de dano de abrangência regional, que atinja cidades sujeitas à jurisdição de mais de uma Vara do Trabalho, a competência será de qualquer das varas das localidades atingidas, ainda que vinculadas a Tribunais Regionais do Trabalho distintos.

III – Em caso de dano de abrangência suprarregional ou nacional, há competência concorrente para a Ação Civil Pública das Varas do Trabalho das sedes dos Tribunais Regionais do Trabalho.

IV – Estará prevento o juízo a que a primeira ação houver sido distribuída."

Histórico:

Redação original – DJ 04.05.2004

130 – Ação civil pública. Competência territorial. Extensão do dano causado ou a ser reparado. Aplicação analógica do art. 93 do código de defesa do consumidor (DJ 4.5.2004). Orientação Jurisprudencial da SBDI-2 *Para a fixação da competência territorial em sede de ação civil pública, cumpre tomar em conta a extensão do dano causado ou a ser reparado, pautando-se pela incidência analógica do art. 93 do Código de Defesa do Consumidor. Assim, se a extensão do dano a ser reparado limitar-se ao âmbito regional, a competência é de uma das varas do trabalho da capital do estado; se for de âmbito supra-regional ou nacional, o foro é o do Distrito Federal.*

Verifica-se que isso também se deu em relação a outros direitos fundamentais, no próprio Supremo Tribunal Federal.

É o caso do direito à educação, que, nós sabemos, ainda não é acessível a todos em nosso país, mas que passou a ser concretizado de forma mais efetiva, como bem exemplifica a seguinte decisão de nossa mais alta Corte de Justiça:

"RECURSO EXTRAORDINÁRIO — CRIANÇA DE ATÉ SEIS ANOS DE IDADE — ATENDIMENTO EM CRECHE E EM PRÉ-ESCOLA — EDUCAÇÃO INFANTIL — DIREITO ASSEGURADO PELO PRÓPRIO TEXTO CONSTITUCIONAL (CF, ART. 208, IV) — COMPREENSÃO GLOBAL DO DIREITO CONSTITUCIONAL À EDUCAÇÃO — DEVER JURÍDICO CUJA EXECUÇÃO SE IMPÕE AO PODER PÚBLICO, NOTADAMENTE AO MUNICÍPIO (CF, ART. 211, § 2º) — RECURSO IMPROVIDO — A educação infantil representa prerrogativa constitucional indisponível, que, deferida às crianças, a estas assegura, para efeito de seu desenvolvimento integral, e como primeira etapa do processo de educação básica, o atendimento em creche e o acesso à pré-escola (CF, art. 208, IV). — Essa prerrogativa jurídica, em consequência, impõe, ao Estado, por efeito da alta significação social de que se reveste a educação infantil, a obrigação constitucional de criar condições objetivas que possibilitem, de maneira concreta, em favor das "crianças de zero a seis anos de idade" (CF, art. 208, IV), o efetivo acesso e atendimento em creches e unidades de pré-escola, sob pena de configurar-se inaceitável omissão governamental, apta a frustrar, injustamente, por inércia, o integral adimplemento, pelo Poder Público, de prestação estatal que lhe impôs o próprio texto da Constituição Federal. — A educação infantil, por qualificar-se como direito fundamental de toda criança, não se expõe, em seu processo de concretização, a avaliações meramente discricionárias da Administração Pública, nem se subordina a razões de puro pragmatismo governamental. — Os Municípios — que atuarão, prioritariamente, no ensino fundamental e na educação infantil (CF, art. 211, § 2º) — não poderão demitir-se do mandato constitucional, juridicamente vinculante, que lhes foi outorgado pelo art. 208, IV, da Lei Fundamental da República, e que representa fator de limitação da discricionariedade político-administrativa dos entes municipais, cujas opções, tratando-se do atendimento das crianças em creche (CF, art. 208, IV), não podem ser exercidas de modo a comprometer, com apoio em juízo de simples conveniência ou de mera oportunidade, a eficácia desse direito básico de índole social. – Embora resida, primariamente, nos Poderes Legislativo e Executivo, a prerrogativa de formular e executar políticas públicas, revela-se possível, no entanto, ao Poder Judiciário, determinar, ainda que em bases excepcionais, especialmente nas hipóteses de políticas públicas definidas pela própria Constituição, sejam estas implementadas pelos órgãos estatais inadimplentes, cuja omissão — por importar em descumprimento dos encargos político-jurídicos que sobre eles incidem em caráter mandatório – mostra-se apta a comprometer a eficácia e a integridade de direitos sociais e culturais impregnados de estatura constitucional. A questão pertinente à "reserva do possível". Doutrina. (RE 410715 AgR / SP – SÃO PAULO AG.REG.NO RECURSO EXTRAORDINÁRIO – Relator Celso de Mello – DJ 3.2.2006).

Exatamente por isso, institutos e questões processuais clássicos como legitimação, representatividade adequada, coisa julgada, pedido, causa de pedir, litispendência, preclusões, ônus da prova, competência, devem passar a ser tratadas de forma diversa quando cotejamos o processo individual com o processo coletivo[18].

Embora não seja este o tema central deste artigo, merece ser citada a este respeito *Ada Pellegrini Grinover*[19], que pondera:

> Sem sombra de dúvida, pode-se afirmar que o processo coletivo alicerça-se em institutos fundamentais próprios, totalmente diversos de muitos dos institutos fundamentais do direito processual individual.
>
> [...]
>
> A análise dos princípios gerais do direito processual, aplicados aos processos coletivos, demonstrou a feição própria e diversa que eles assumem, autorizando a afirmação de que o processo coletivo adapta os princípios gerais às suas particularidades. Mais vistosa ainda é a diferença entre os institutos fundamentais do processo coletivo em comparação com os do individual.
>
> Tudo isso autoriza a conclusão a respeito do surgimento e da existência de um novo ramo do Direito Processual, o Direito Processual Coletivo, contando com princípios revisitados e institutos fundamentais próprios e tendo objeto bem definido: a tutela jurisdicional dos interesses ou direitos difusos, coletivos e individuais homogêneos.

E, como já enfatizamos, entendemos que nosso microssistema, composto pela lei que regulamenta a ação civil pública (Lei n. 7.347/85) e pelo Código de Defesa do Consumidor (Lei n. 8.078/90), além das normas-regra e normas-princípio constitucionais é bastante ampliativo e permite assegurar a efetividade aos direitos fundamentais.

Contudo, mesmo assim, há um movimento em busca de um diploma legal que consolide o processo coletivo, quer na seara trabalhista, quer na seara comum, embora, até hoje, sem muito êxito.

Na seara trabalhista, foi criado pelo Governo Lula o Fórum Nacional do Trabalho — FNT[20] para implantar as reformas sindical e trabalhista, com a participação de representantes de trabalhadores, empregadores e governo.

O Fórum Nacional do Trabalho, em fevereiro de 2005, aprovou o Anteprojeto de Lei da Reforma Sindical (Proposta de Emenda à Constituição), que trata de forma exaustiva de questões como a substituição processual estabelecida pelo art. 8º, III da CF/88, regulamentando várias questões processuais.

O Anteprojeto de Lei da Reforma Sindical, no entanto, ainda não foi apreciado pelo Congresso Nacional, não havendo qualquer indicação concreta de quando e se o será.

Outro projeto de lei que merece destaque é o de número 5.139/09, de iniciativa do Presidente da República, que disciplina a ação civil pública — alterando a legislação vigente — para a tutela de interesses difusos, coletivos e individuais homogêneos.

O referido projeto foi elaborado por uma comissão de juristas constituída no âmbito do Ministério da Justiça e cuidava de questões importantes, tais como: ampliação dos direitos tuteláveis pela ação civil pública; rol de legitimados para propor as ações coletivas; competência; criação de dois Cadastros Nacionais para acompanhamento de Inquéritos Civis e Compromissos de Ajustamento de Conduta; suspensão dos processos individuais, priorizando a tramitação numa ação coletiva e com posterior habilitação do autor individual na fase da execução e cobrança; coisa julgada; aperfeiçoamento do Sistema de Execução das Tutelas Coletivas, além de outros.

Ocorre que a Comissão de Constituição e Justiça e de Cidadania da Câmara – CCJ, em 17.3.2010, rejeitou, por 17 votos a 14, esse Projeto de Lei n. 5139/09.

Apesar de ter sido apresentado recurso à Mesa Diretora para que o projeto pudesse ser apreciado pelo plenário da Câmara dos Deputados[21], referida rejeição pela CCJ dificulta, em muito, o seu sucesso.

Por fim, há também o anteprojeto de Código Brasileiro de Processos Coletivos, com redação da Professora *Ada*

---

(18) Sobre o tema, consultar: BEZERRA LEITE, Carlos Henrique. *Ação civil pública*: nova jurisdição trabalhista metaindividual e legitimação do Ministério Público. São Paulo: LTr, 2001; MANCUSO, Rodolfo de Camargo. *Jurisdição Coletiva e coisa julgada – teoria geral das ações coletivas*. 2. ed. São Paulo: Revista dos Tribunais, 2007.

(19) GRINOVER, Ada Pellegrini. *Op. cit.*.

(20) Fórum Nacional do Trabalho. Fonte: Ministério do Trabalho e Emprego. Disponível em: <http://portal.mte.gov.br/fnt/>. Acesso em: 8 ago. 2014.

(21) Disponível em: <http://www.camara.gov.br/proposicoesWeb/fichadetramitacao?idProposicao=432485>. Acesso em: 8 ago. 2014.

Pellegrini Grinover[22], cuja última versão data de dezembro de 2005 e foi depositada no Ministério da Justiça.

Considerando-se que os diplomas anteriores ainda não lograram êxito em sua aprovação, novidade existe no novo CPC que, diferentemente do microssistema que regulamenta o processo coletivo e dos diplomas retrocitados, tem uma perspectiva diversa em relação à solução de lides repetitivas.

Enquanto o microssistema vigente e os diplomas que foram sendo construídos — aqueles acima citados — tratam a questão sob o prisma das lesões metaindividuais, como também já enfatizamos aqui, o novo Código de Processo Civil (Lei n. 13.105, de 16 de março de 2015), no CAPÍTULO VIII, denominado "DO INCIDENTE DE RESOLUÇÃO DE DEMANDAS REPETITIVAS" (arts. 976/987), busca atender ao paradigma constitucional da solução dos processos num prazo razoável[23], sob a perspectiva de impedir que demandas semelhantes, individuais ou coletivas se repitam, assoberbando ainda mais o Poder Judiciário.

Eis o teor dos artigos a disciplinar o tema[24]:

"Art. 976. É cabível a instauração do incidente de resolução de demandas repetitivas quando houver, simultaneamente:

I – efetiva repetição de processos que contenham controvérsia sobre a mesma questão unicamente de direito;

II – risco de ofensa à isonomia e à segurança jurídica.

§ 1º A desistência ou o abandono do processo não impede o exame de mérito do incidente.

§ 2º Se não for o requerente, o Ministério Público intervirá obrigatoriamente no incidente e deverá assumir sua titularidade em caso de desistência ou de abandono.

§ 3º A inadmissão do incidente de resolução de demandas repetitivas por ausência de qualquer de seus pressupostos de admissibilidade não impede que, uma vez satisfeito o requisito, seja o incidente novamente suscitado.

§ 4º É incabível o incidente de resolução de demandas repetitivas quando um dos tribunais superiores, no âmbito de sua respectiva competência, já tiver afetado recurso para definição de tese sobre questão de direito material ou processual repetitiva.

§ 5º Não serão exigidas custas processuais no incidente de resolução de demandas repetitivas.

Art. 977. O pedido de instauração do incidente será dirigido ao presidente de tribunal:

I – pelo juiz ou relator, por ofício;

II – pelas partes, por petição;

III – pelo Ministério Público ou pela Defensoria Pública, por petição.

Parágrafo único. O ofício ou a petição será instruído com os documentos necessários à demonstração do preenchimento dos pressupostos para a instauração do incidente.

Art. 978. O julgamento do incidente caberá ao órgão indicado pelo regimento interno dentre aqueles responsáveis pela uniformização de jurisprudência do tribunal.

Parágrafo único. O órgão colegiado incumbido de julgar o incidente e de fixar a tese jurídica julgará igualmente o recurso, a remessa necessária ou o processo de competência originária de onde se originou o incidente.

Art. 979. A instauração e o julgamento do incidente serão sucedidos da mais ampla e específica divulgação e publicidade, por meio de registro eletrônico no Conselho Nacional de Justiça.

§ 1º Os tribunais manterão banco eletrônico de dados atualizados com informações específicas sobre questões de direito submetidas ao incidente, comunicando-o imediatamente ao Conselho Nacional de Justiça para inclusão no cadastro.

§ 2º Para possibilitar a identificação dos processos abrangidos pela decisão do incidente, o registro eletrônico das teses jurídicas constantes do cadastro conterá, no mínimo, os fundamentos determinantes da decisão e os dispositivos normativos a ela relacionados.

§ 3º Aplica-se o disposto neste artigo ao julgamento de recursos repetitivos e da repercussão geral em recurso extraordinário.

Art. 980. O incidente será julgado no prazo de 1 (um) ano e terá preferência sobre os demais feitos, ressalvados os que envolvam réu preso e os pedidos de habeas corpus.

Parágrafo único. Superado o prazo previsto no caput, cessa a suspensão dos processos prevista no art. 982, salvo decisão fundamentada do relator em sentido contrário.

Art. 981. Após a distribuição, o órgão colegiado competente para julgar o incidente procederá ao seu juízo de admissibilidade, considerando a presença dos pressupostos do art. 976.

Art. 982. Admitido o incidente, o relator:

I – suspenderá os processos pendentes, individuais ou coletivos, que tramitam no Estado ou na região, conforme o caso;

---

(22) Disponível em: <http://www.pucsp.br/tutelacoletiva/download/cpbc_versao24_02_2006.pdf>. Acesso em: 8 ago. 2014.

(23) "Art. 5º Todos são iguais perante a lei, sem distinção de qualquer natureza, garantindo-se aos brasileiros e aos estrangeiros residentes no País a inviolabilidade do direito à vida, à liberdade, à igualdade, à segurança e à propriedade, nos termos seguintes:
[...]
LXXVIII – a todos, no âmbito judicial e administrativo, são assegurados a razoável duração do processo e os meios que garantam a celeridade de sua tramitação."

(24) Disponível em: <http://www.planalto.gov.br/ccivil_03/_Ato2015-2018/2015/Lei/L13105.htm>. Acesso em: 9 abr. 2015.

II – poderá requisitar informações a órgãos em cujo juízo tramita processo no qual se discute o objeto do incidente, que as prestarão no prazo de 15 (quinze) dias;

III – intimará o Ministério Público para, querendo, manifestar-se no prazo de 15 (quinze) dias.

§ 1º A suspensão será comunicada aos órgãos jurisdicionais competentes.

§ 2º Durante a suspensão, o pedido de tutela de urgência deverá ser dirigido ao juízo onde tramita o processo suspenso.

§ 3º Visando à garantia da segurança jurídica, qualquer legitimado mencionado no art. 977, incisos II e III, poderá requerer, ao tribunal competente para conhecer do recurso extraordinário ou especial, a suspensão de todos os processos individuais ou coletivos em curso no território nacional que versem sobre a questão objeto do incidente já instaurado.

§ 4º Independentemente dos limites da competência territorial, a parte no processo em curso no qual se discuta a mesma questão objeto do incidente é legitimada para requerer a providência prevista no § 3º deste artigo.

§ 5º Cessa a suspensão a que se refere o inciso I do *caput* deste artigo se não for interposto recurso especial ou recurso extraordinário contra a decisão proferida no incidente.

Art. 983. O relator ouvirá as partes e os demais interessados, inclusive pessoas, órgãos e entidades com interesse na controvérsia, que, no prazo comum de 15 (quinze) dias, poderão requerer a juntada de documentos, bem como as diligências necessárias para a elucidação da questão de direito controvertida, e, em seguida, manifestar-se-á o Ministério Público, no mesmo prazo.

§ 1º Para instruir o incidente, o relator poderá designar data para, em audiência pública, ouvir depoimentos de pessoas com experiência e conhecimento na matéria.

§ 2º Concluídas as diligências, o relator solicitará dia para o julgamento do incidente.

Art. 984. No julgamento do incidente, observar-se-á a seguinte ordem:

I – o relator fará a exposição do objeto do incidente;

II – poderão sustentar suas razões, sucessivamente:

a) o autor e o réu do processo originário e o Ministério Público, pelo prazo de 30 (trinta) minutos;

b) os demais interessados, no prazo de 30 (trinta) minutos, divididos entre todos, sendo exigida inscrição com 2 (dois) dias de antecedência.

§ 1º Considerando o número de inscritos, o prazo poderá ser ampliado.

§ 2º O conteúdo do acórdão abrangerá a análise de todos os fundamentos suscitados concernentes à tese jurídica discutida, sejam favoráveis ou contrários.

Art. 985. Julgado o incidente, a tese jurídica será aplicada:

I – a todos os processos individuais ou coletivos que versem sobre idêntica questão de direito e que tramitem na área de jurisdição do respectivo tribunal, inclusive àqueles que tramitem nos juizados especiais do respectivo Estado ou região;

II – aos casos futuros que versem idêntica questão de direito e que venham a tramitar no território de competência do tribunal, salvo revisão na forma do art. 986.

§ 1º Não observada a tese adotada no incidente, caberá reclamação.

§ 2º Se o incidente tiver por objeto questão relativa a prestação de serviço concedido, permitido ou autorizado, o resultado do julgamento será comunicado ao órgão, ao ente ou à agência reguladora competente para fiscalização da efetiva aplicação, por parte dos entes sujeitos a regulação, da tese adotada.

Art. 986. A revisão da tese jurídica firmada no incidente far-se-á pelo mesmo tribunal, de ofício ou mediante requerimento dos legitimados mencionados no art. 977, inciso III.

Art. 987. Do julgamento do mérito do incidente caberá recurso extraordinário ou especial, conforme o caso.

§ 1º O recurso tem efeito suspensivo, presumindo-se a repercussão geral de questão constitucional eventualmente discutida.

§ 2º Apreciado o mérito do recurso, a tese jurídica adotada pelo Supremo Tribunal Federal ou pelo Superior Tribunal de Justiça será aplicada no território nacional a todos os processos individuais ou coletivos que versem sobre idêntica questão de direito.

É um esforço, não restam dúvidas, de solução mais rápida das numerosíssimas controvérsias, de idêntico objeto que, nos últimos anos, têm assoberbado todas as instâncias do Poder Judiciário brasileiro.

Contudo, as questões que aqui suscitamos, num primeiro contato com o tema, são as seguintes: haveria um choque dessa visão com o microssistema que regulamenta o processo coletivo? Essa inovação não importaria, na verdade, numa tentativa de congelar a jurisprudência, concentrando sua produção nos órgãos de cúpula do Poder Judiciário? Seria esta a melhor solução para se atender ao paradigma constitucional da duração razoável do processo?

Pois bem: em relação ao primeiro questionamento estamos convictos de que a resposta é negativa.

As ações coletivas *lato sensu*, na dicção de *Mancuso*[25], contrapõem "segmentos sociais e econômicos: madeireiras e ambientalistas; consumidores e fabricantes; contribuintes e fisco; correntistas e bancos."

Os direitos metaindividuais ou transindividuais, aqui entendidos como difusos, coletivos e individuais homogêneos, buscam garantir aos membros da sociedade, a um grupo ou a um conjunto de cidadãos — no caso da

---

(25) MANCUSO, Rodolfo de Camargo. *Op. cit.*, p. 62.

Justiça do Trabalho, de empregados — isonomia no acesso à justiça, na medida em que também se evita a prolação de decisões contraditórias sobre a mesma questão controvertida e transforma-se uma igualdade apenas processual formal em uma igualdade real, democratizando referido acesso[26].

Isto porque aqueles cidadãos que, agindo individualmente, não teriam a mesma representatividade, substituídos pelos corpos intermediários ou pelo Ministério Público, passam a tê-la.

Esta não é a perspectiva do instituto "DO INCIDENTE DE RESOLUÇÃO DE DEMANDAS REPETITIVAS".

Como ponderam *Andrea Carla Barbosa* e *Diego Martinez Fervenza Cantoario*[27], em artigo sobre o mencionado instituto, não há aqui as hipóteses dos arts. 103 e 104 do CDC[28] de coisa julgada *erga omnes*, existente nas ações coletivas em que se discutem direitos individuais homogêneos, até porque, no incidente de resolução de demandas repetitivas, apenas a questão de direito será solucionada conjuntamente e somente em relação a ela fica vinculado o juízo, as demais matérias serão apreciadas em sentenças diversas daquela proferida na lide principal.

Afirmam eles que:

> Não se trata de agregar em uma só várias demandas, a fim de sejam todas apreciadas de uma só vez pelo órgão jurisdicional *ad quem* competente. O incidente não é uma ação coletiva, apesar de produzir efeitos, esses sim, coletivos. Coletivos porque afetam a uma constelação de pessoas que se veem envolvidas em litígios que giram em torno daquela mesma questão jurídica objeto do incidente. A decisão do Tribunal está dotada de eficácia que se pode vislumbrar para o incidente verdadeira força precedente vinculante. Força coletiva, pois.[29]

E, mais adiante, diferenciam o incidente de resolução de demandas repetitivas das ações coletivas:

> A diferença é de todo fundamental. A decisão do incidente não é título executivo judicial. Não pode ser executada diretamente. A decisão da ação coletiva poderá, a depender do resultado da ação. A projeção *erga omnes*, no incidente, é só da razão de decidir, sentada no incidente. É só a compreensão da questão jurídica que vincula e não a decisão da ação paradigma em si.
>
> Daí, extrai-se outra distinção significativa. Enquanto nas ações coletivas a projeção *erga omnes* da coisa julgada só se fará em caso de o resultado favorável ao universo de substituídos, no incidente haverá vinculação ao entendimento do tribunal, qualquer que seja ele: favorável ou desfavorável para os indivíduos envoltos na mesma controvérsia de direito.
>
> [...]
>
> No incidente, o que vincula é o próprio precedente que dali se origina. A projeção *erga omnes* não é dos efeitos da coisa julgada, mas da *ratio decidendi*.
>
> [...]

---

(26) PIMENTA, Adriana Campos de Souza Freire. *Substituição processual sindical*, op.cit.

(27) BARBOSA, Andrea Carla, CANTOARIO, Diego Martinez Fervenza. O incidente de resolução de demandas repetitivas no projeto de Código de Processo Civil: apontamentos iniciais. In: FUX, Luiz (Coord.). *O novo processo civil brasileiro – direito em expectativ.*, Rio de Janeiro: Gen, Editora Forense, 2011.

(28) "Art. 103. Nas ações coletivas de que trata este código, a sentença fará coisa julgada:

I – *erga omnes*, exceto se o pedido for julgado improcedente por insuficiência de provas, hipótese em que qualquer legitimado poderá intentar outra ação, com idêntico fundamento valendo-se de nova prova, na hipótese do inciso I do parágrafo único do art. 81;

II – *ultra partes*, mas limitadamente ao grupo, categoria ou classe, salvo improcedência por insuficiência de provas, nos termos do inciso anterior, quando se tratar da hipótese prevista no inciso II do parágrafo único do art. 81;

III – *erga omnes*, apenas no caso de procedência do pedido, para beneficiar todas as vítimas e seus sucessores, na hipótese do inciso III do parágrafo único do art. 81.

§ 1º Os efeitos da coisa julgada previstos nos incisos I e II não prejudicarão interesses e direitos individuais dos integrantes da coletividade, do grupo, categoria ou classe.

§ 2º Na hipótese prevista no inciso III, em caso de improcedência do pedido, os interessados que não tiverem intervindo no processo como litisconsortes poderão propor ação de indenização a título individual.

§ 3º Os efeitos da coisa julgada de que cuida o art. 16, combinado com o art. 13 da Lei n. 7.347, de 24 de julho de 1985, não prejudicarão as ações de indenização por danos pessoalmente sofridos, propostas individualmente ou na forma prevista neste código, mas, se procedente o pedido, beneficiarão as vítimas e seus sucessores, que poderão proceder à liquidação e à execução, nos termos dos arts. 96 a 99.

§ 4º Aplica-se o disposto no parágrafo anterior à sentença penal condenatória.

Art. 104. As ações coletivas, previstas nos incisos I e II do parágrafo único do art. 81, não induzem litispendência para as ações individuais, mas os efeitos da coisa julgada *erga omnes* ou *ultra partes* a que aludem os incisos II e III do artigo anterior não beneficiarão os autores das ações individuais, se não for requerida sua suspensão no prazo de trinta dias, a contar da ciência nos autos do ajuizamento da ação coletiva."

(29) BARBOSA, Andrea Carla; CANTOARIO, Diego Martinez Fervenza. *Op. cit.*, p. 492.

Então, à luz de tudo que foi exposto, pode-se agora responder a indagação inicial: as ações coletivas que versem sobre direitos individuais homogêneos serão suplantadas pelo incidente? Acreditamos que não. Eis as razões:

(1) como a decisão do incidente não se constitui em título executivo judicial, serão necessárias ainda, dependendo do eu for assentado no tribunal, o ajuizamento de ações tendentes à satisfação da pretensão de direito material passível de ser acolhida;

(2) pode ser que alguns dos titulares da pretensão reconhecida não tenham condições econômicas de demandar, por si mesmos, em prol da satisfação do direito material, o que se constitui em odioso obstáculo ao acesso à justiça;

(3) logo, em assim sendo, por intermédio das ações coletivas podem ser suplantados tais obstáculos, o que justifica sua permanência[30].

No mesmo sentido, *Aluisio de Castro Mendes e Roberto de Aragão Ribeiro Rodrigues*[31], que terminam por concluir que o incidente de resolução de demandas repetitivas não afeta o microssistema que regulamenta as ações coletivas, notadamente em relação àquelas em que se discutem direitos individuais homogêneos:

> Por outro lado, não se pode desconsiderar que os mecanismos processuais das ações repetitivas, apesar de sua adequação à tutela dos direitos individuais homogêneos, também possuem uma limitação, que consiste na imprescindibilidade de ajuizamento de ações individuais, fator que inviabilizaria a proteção dos denominados danos de bagatela.

Assentada a premissa de que tanto os mecanismos representativos das ações coletivas como aqueles regidos pela lógica do julgamento por amostragem dos processos seriados possuem limitações na função de tutela dos direitos individuais homogêneos, sustentamos a coexistência harmônica entre eles, mesmo após o advento do incidente de resolução de demandas repetitivas, apontado como a grande novidade do Projeto de novo Código de Processo Civil e que passará a ser analisado a seguir[32].

Outro ponto que merece destaque é que, buscando, sem dúvida alguma, prestigiar os princípios da celeridade e da segurança processuais, o incidente acaba por engessar a jurisprudência, na medida em que "julgado o incidente, a tese jurídica será aplicada: I – a todos os processos individuais ou coletivos que versem sobre idêntica questão de direito e que tramitem na área de jurisdição do respectivo tribunal, inclusive àqueles que tramitem nos juizados especiais do respectivo Estado ou região", nos termos do art. 985, *caput*, e inciso I, do NCPC.

E, mais adiante, o art. 987, do NCPC, em seu § 2º determina que "§ 2º Apreciado o mérito do recurso, a tese jurídica adotada pelo Supremo Tribunal Federal ou pelo Superior Tribunal de Justiça será aplicada no território nacional a todos os processos individuais ou coletivos que versem sobre idêntica questão de direito."

A propósito desse possível engessamento, *José Roberto Freire Pimenta*, tratando das súmulas vinculantes[33], numa passagem que bem se encaixa ao presente estudo, há algum tempo, já ponderava:

> Por outro lado, não se percebe como a adoção das súmulas com efeito vinculante poderia diminuir o número de recursos repetitivos e protelatórios, pois a parte que desejar procrastinar o andamento do feito continuará recorrendo, mesmo contra as decisões que as tenham aplicado. Afinal, uma simples análise dos casos que hoje tramitam pelos Tribunais intermediários e superiores de nosso país revelará que sua grande maioria consiste de processos em que a parte recorrente não conta, razoavelmente, com nenhuma chance de êxito — o que certamente é de conhecimento, pelo menos, de seus advogados. Em outras palavras, recorre-se hoje, em boa parte dos casos, não para obter a reforma das decisões das instâncias inferiores, mas sim porque o sistema processual vigente confere aos recorrentes ganhos secundários mas compensadores (como um significativo adiamento de um desfecho que se sabe será negativo, mas com ônus adicionais sobre o valor da condenação inferiores a qualquer aplicação equivalente no mercado financeiro) — problema que as súmulas vinculantes não solucionarão, a menos que

---

(30) *Ibidem*, p. 502-504.

(31) MENDES, Aluisio Gonçalves de Castro Mendes; RODRIGUES, Roberto de Aragão Ribeiro. Reflexões sobre o incidente de resolução de demandas repetitivas previsto no projeto de novo código de processo civil. *Revista de Processo*, ano 37, n. 211, p. 191-208, set. 2012.

(32) *Ibidem*, p. 193-194.

(33) PIMENTA, José Roberto Freire. *Súmulas com efeito vinculante:* uma abordagem crítica. Disponível em: <http://www.trt3.jus.br/escola/download/revista/rev_54/Jose_Pimenta.pdf>. Acesso em: 8 ago. 2014.

Ver também, do mesmo autor: Súmulas vinculantes: uma reapreciação crítica. In: VIANA, Márcio Túlio; RENAULT, Luiz Otávio Linhares; FATTINI, Fernanda Carolina; FABIANO, Isabela Márcia de Alcântara; BENEVIDES, Sara Costa (Coords.). *O que há de novo em direito do trabalho – homenagem a Alice Monteiro de Barros e Antônio Álvares da Silva.* 2. ed. São Paulo: LTr, 2012. p. 459-478.

as decisões que as aplicarem sejam absolutamente irrecorríveis.

Esta última solução ou alternativamente a aplicação de sanções processuais ou patrimoniais contra o recorrente, tornando tais súmulas indiscutíveis pelas partes, as elevaria a uma estatura que nem a lei ou a Constituição hoje têm, transformando-as numa espécie de superdireito. Isto, por sua vez, impossibilitaria seu reexame pelos tribunais intermediários (os quais, por sua vez, não teriam como propor sua revisão). E aqui se vê outra grave consequência das súmulas com efeitos vinculantes: o esvaziamento, na prática, dos Tribunais de Justiça e Alçada, na esfera estadual, e dos Tribunais Regionais Federais, do Trabalho e Eleitorais, no âmbito federal, que ficariam numa espécie de limbo (situados, de um lado, entre os juízes de primeiro grau obrigados a aplicar as súmulas com efeitos vinculantes sem que as partes tivessem interesse de recorrer dessas decisões pela impossibilidade prática de sua reforma e, de outro, os Tribunais Superiores, únicos constitucionalmente investidos do poder de aprovar aquelas novas regras gerais e abstratas de direito).

No mesmo sentido e tratando, especificamente, do incidente de resolução de demandas repetitivas, *Aluisio Gonçalves de Castro Mendes* e *Roberto de Aragão Ribeiro Rodrigues*[34], no texto já citado, enfrentam o tema, acrescentando que esse efeito semelhante ao de uma súmula vinculante poderia ensejar discussões acerca da constitucionalidade do incidente, mormente se a decisão emanar de tribunal de segunda instância e, mais ainda, se estiver referida decisão em dissonância com o entendimento dos tribunais superiores:

> De fato, a prolação de tais tipos de decisão, que, conforme sustentado no tópico anterior, poderia, na prática, vir a produzir efeitos semelhantes aos de uma súmula vinculante, poderia dar ensejo a questionamentos quanto à constitucionalidade do instituto, notadamente, quando exaradas por tribunais de segunda instância, quando ainda pendente de revisão pelas instâncias superiores. Demais disso, existe o grave problema da possibilidade de coexistência de enunciados díspares proferidos, a depender, evidentemente, se se está a tratar da justiça estadual ou federal, acerca de idêntica questão de direito.

Fixadas tais premissas, e considerando que o incidente tem por um de seus principais escopos a uniformização jurisprudência, a qual, parece não haver dúvida, deve ser buscada no âmbito mais amplo possível, entendemos como salutar esta facilitação da subida da discussão acerca da tese jurídica comum às demandas repetitivas ao STJ e ao STF. Além da pacificação da questão jurídica em âmbito nacional, revela-se de todo recomendável o encaminhamento da discussão aos tribunais superiores.

O Instituto em comento tem seus méritos, asseveramos uma vez mais, na medida em que se propõe a solucionar de uma só vez questões jurídicas repetitivas. Contudo, sua ótica não é a metaindividual.

Luiz Guilherme Marinoni e *Daniel Mitidiero* estudaram o incidente sob essa perspectiva afirmando que[35]:

> É bem intencionada sua previsão, na medida em que visa a promover a segurança jurídica, a confiança legítima, a igualdade e a coerência da ordem jurídica mediante julgamento em bloco e fixação de tese a ser observada por todos os órgãos do Poder Judiciário na análise da questão apreciada. É improvável, contudo, que consiga atenuar a carga de trabalho da jurisdição. A simplificação do procedimento para julgamento das demandas repetitivas não implica desaparecimento das causas das estatísticas do Judiciário, nem tem o condão de evitar, em regra, o ajuizamento de demandas para obtenção da tutela do direito pelos interessados. Para promover esses objetivos em especial, talvez, fosse o caso de insistir no aperfeiçoamento do nosso sistema de tutela coletiva dos direitos — na linda das *class actions* estadunidenses, cujos resultados nessa direção contam com o sólido testemunho da história a seu favor.

A menção que fazem os autores supra às *class actions* ocorre porque, nos Estados Unidos da América, as ações em que se discutem direitos individuais homogêneos têm um tratamento diverso daquele dado pelos arts. 103 e 104 do nosso Código de Defesa do Consumidor – CDC, aqui já mencionados, ainda mais abrangente em relação aos efeitos da coisa julgada.

É o que nos ensina *Kazuo Watanabe*[36]:

> A terceira categoria de *class action* — prevista na *Rule* 23(b)(3), que se destina à postulação de indenização de danos por lesões individuais, seria correspondente

---

(34) MENDES, Aluisio Gonçalves de Castro; RODRIGUES, Roberto de Aragão Ribeiro. Op. cit., p. 204.
(35) MARINONI, Luiz Guilherme; MITIDIERO, Daniel. *O projeto do CPC – crítica e proposta*. 2. tir. São Paulo: Revista dos Tribunais, 2010. p. 178.
(36) WATANABE, Kazuo. XIII World Congress of Procedural law. In: GRINOVER, Ada Pellegrini; WATANABE, Kazuo; MULLENIX, Linda. *Os processos coletivos nos países de civil law e common law – uma análise de direito comparado*. São Paulo: Revista dos Tribunais, 2007, p. 301-308.

à ação coletiva para a tutela de direitos individuais homogêneos do sistema de *civil law*.

Nessa modalidade de *class action*, os membros do grupo têm direito à notificação (*notice*) e à oportunidade de auto-exclusão (*opt out*) da ação coletiva. A coisa julgada, seja negativo ou positivo o resultado da ação, será *erga omnes*, mas a ela não ficam sujeitos os membros do grupo que tiverem exercido o direito de exclusão da demanda (*opt out*).

Em geral, entre os países de *common law*, é adotado o regime da eficácia vinculante a todos os membros do grupo, portanto eficácia *erga omnes*, das sentenças proferidas em *common issues*, o que impede a repropositura da mesma demanda.

Contudo, temos que lidar com o ordenamento jurídico brasileiro e aqui, mesmo em sede de direitos individuais homogêneos, não se poderia pensar no esvaziamento das ações coletivas[37] diante do incidente de resolução de demandas repetitivas.

Isto porque, mesmo os individuais homogêneos, que são sempre divisíveis, sendo eles direitos de terceira geração, ditos meta ou transindividuais, surgem "dessa nova perspectiva do Direito, em que os limites entre o público e o privado estão diluídos"[38].

Assim, em tais ações coletivas são discutidas questões que, embora digam respeito a um conjunto determinável de cidadãos, importam na efetivação de direitos fundamentais ou até na implantação ou discussão de políticas públicas[39], pelo que afastar o microssistema de processo coletivo ou entender o instituto de resolução de demandas repetitivas como uma alternativa às ações coletivas não nos parece a interpretação desejável e nem a mais correta que se possa dar a ele.

Quando falamos em ações coletivas no qual, além da celeridade processual, prioriza-se a efetividade do direito material, não podemos pensar num juiz passivo que apenas decide o que as partes lhe trazem e conforme a jurisprudência dominante. Definitivamente, não.

Como pondera *Sérgio Cruz Arenhart* (e como já tivemos a oportunidade de enfatizar, aqui e em outras obras[40]), estudando as ações coletivas e o controle das políticas públicas pelo Poder Judiciário, o Juiz não é mero aplicador do direito posto, limitando-se a desempenhar o papel, típico do liberalismo, de "boca da lei", tendo se tornado, no âmbito do Estado Democrático de Direito, um "verdadeiro agente político, que interfere diretamente nas políticas públicas". E destaca que "se assim ocorre no plano individual, com muito maior ênfase este papel é sentido em ações coletivas." Na medida que "as ações coletivas trabalham, costumeiramente, com interesses relevantes defendidos por ambos os polos da relação processual"[41].

Outro destaque que merece ser feito, respondendo ao nosso questionamento anterior acerca de ser o referido incidente de resolução de demandas repetitivas a melhor solução para se atender ao paradigma da celeridade processual, é que o fato do NCPC prever, em seu art. 982, retrotranscrito, a suspensão dos processos semelhantes pendentes, talvez torne referida celeridade questionável, a exemplo do que hoje já ocorre com o instituto da repercussão geral, previsto no art. 543-A do CPC, hoje em vigor (Lei n. 5869, de 11 de janeiro de 1973), no âmbito do Supremo Tribunal Federal[42] ou com o recurso representativo da controvérsia em relação ao Superior Tribunal

---

(37) Sobre o tema: SILVA, Larissa Clare Pochmann da. *Incidente de resolução de demandas repetitivas:* tutela coletiva ou padronização do processo? Disponível em: <http://www4.jfrj.jus.br/seer/index.php/revista_sjrj/article/view/285/261>. Acesso em: 20 nov. 2012.

(38) SMANIO, Gianpaolo Poggio. *Interesses Difusos e Coletivos.* São Paulo: Atlas, p. 6.

(39) PIMENTA, Adriana Campos de Souza Freire. A Judicialidade dos Direitos Sociais. *Revista do Tribunal Regional do Trabalho 3ª Região*, v. 48, n. 78, p. 45-63, 2009.

(40) Sobre o tema: PIMENTA, Adriana Campos de Souza Freire Pimenta. Substituição processual sindical e efetividade dos direitos fundamentais sociais: uma visão prospectiva. *Revista do Tribunal Superior do Trabalho*, v. 78, p. 24-41, 2012; e *Substituição Processual Sindical, op. cit.*.

(41) ARENHART, Sérgio Cruz. As ações coletivas e o controle das políticas públicas pelo Poder Judiciário. In: MAZZEI, Rodrigo; NOLASCO, Rita Dias (Coords.). *Processo civil coletivo.* São Paulo: Quartier Latin, 2005. p. 505-506.

(42) "Art. 543-A. O Supremo Tribunal Federal, em decisão irrecorrível, não conhecerá do recurso extraordinário, quando a questão constitucional nele versada não oferecer repercussão geral, nos termos deste artigo.

§ 1º Para efeito da repercussão geral, será considerada a existência, ou não, de questões relevantes do ponto de vista econômico, político, social ou jurídico, que ultrapassem os interesses subjetivos da causa.

§ 2º O recorrente deverá demonstrar, em preliminar do recurso, para apreciação exclusiva do Supremo Tribunal Federal, a existência da repercussão geral.

§ 3º Haverá repercussão geral sempre que o recurso impugnar decisão contrária a súmula ou jurisprudência dominante do Tribunal.

§ 4º Se a Turma decidir pela existência da repercussão geral por, no mínimo, 4 (quatro) votos, ficará dispensada a remessa do recurso ao Plenário.

§ 5º Negada a existência da repercussão geral, a decisão valerá para todos os recursos sobre matéria idêntica, que serão indeferidos liminarmente, salvo revisão da tese, tudo nos termos do Regimento Interno do Supremo Tribunal Federal.

de Justiça (art. 543-C — Lei n. 5.869, de 11 de janeiro de 1973)[43], em que os processos permanecem represados nos tribunais *a quo* aguardando o exame de tais questões pelos tribunais competentes.

Em resumo, em que pese a alteração em comento ter seu mérito na direção do princípio constitucional da celeridade, inscuplido no art. 5º, LXXVIII da Constituição Federal de 1988 e também da segurança jurídica e embora não se discuta o sabido aumento do número de processos tramitando nos tribunais, não se pode dar a ele a dimensão de afastar o microssistema do processo coletivo, inscuplido na Constituição Federal de 1988, na Lei da Ação Civil Pública e no Código de Defesa do Consumidor para, numa perspectiva errônea, tratar apenas os efeitos e não as causas reais do problema, que passam pelo número exagerado de recursos e por aqueles que com isso se beneficiam.

Referências bibliográficas

ARENHART, Sérgio Cruz. As ações coletivas e o controle das políticas públicas pelo Poder Judiciário. In: MAZZEI, Rodrigo; NOLASCO, Rita Dias (Coords.). *Processo civil coletivo*. São Paulo: Quartier Latin, 2005.

BARBOSA, Andrea Carla; CANTOARIO, Diego Martinez Fervenza. O incidente de resolução de demandas repetitivas no projeto de Código de Processo Civil: apontamentos iniciais. In: FUX, Luiz (Coord.). *O novo processo civil brasileiro — direito em expectativa*. Rio de Janeiro: Gen, Editora Forense, 2011.

BEZERRA LEITE, Carlos Henrique. *Ação civil pública*: nova jurisdição trabalhista metaindividual e legitimação do Ministério Público. São Paulo: LTr, 2001.

CARVALHO, Raquel Melo Urbano de. *Curso de direito administrativo, parte geral, intervenção do estado na estrutura da administração*, Salvador: Editora JusPodivm, 2008.

CLAUS, Ben-Hur Silveira. *Substituição processual trabalhista, uma elaboração teórica para o instituto*, São Paulo: LTr, 2003.

DELGADO, Mauricio Godinho. As funções do Direito do Trabalho no Capitalismo e na Democracia. In: DELGADO, Mauricio Godinho; DELGADO, Gabriela Neves. *Constituição da República e direitos fundamentais — dignidade da pessoa humana, justiça social e direito do trabalho*, São Paulo: LTr, 2012.

GRINOVER, Ada Pellegrini. *Direito processual coletivo*. Disponível em: <http://www.ufrnet.br/~tl/otherauthorsworks/grinover_direito_processual_coletivo_principios.pdf>. Acesso em: 8 ago. 2014.

_____. Eficácia horizontal dos direitos fundamentais na relação de emprego. *Revista LTr* 75-01/24-29.

MANCUSO, Rodolfo de Camargo. *Jurisdição Coletiva e coisa julgada — teoria geral das ações coletivas*. 2. ed. São Paulo: Revista dos Tribunais, 2007.

MARINONI, Luiz Guilherme, MITIDIERO, Daniel. *O projeto do CPC — crítica e proposta*. 2. tir. São Paulo: Revista dos Tribunais, 2010.

MENDES, Aluisio Gonçalves de Castro Mendes, RODRIGUES, Roberto de Aragão Ribeiro. Reflexões sobre o incidente de resolução de demandas repetitivas previsto no projeto de novo Código de Processo Civil. *Revista de Processo*, ano 37, 211, p. 191-208, set. 2012.

---

§ 6º O Relator poderá admitir, na análise da repercussão geral, a manifestação de terceiros, subscrita por procurador habilitado, nos termos do Regimento Interno do Supremo Tribunal Federal.

§ 7º A Súmula da decisão sobre a repercussão geral constará de ata, que será publicada no Diário Oficial e valerá como acórdão."

(43) "Art. 543-C. Quando houver multiplicidade de recursos com fundamento em idêntica questão de direito, o recurso especial será processado nos termos deste artigo.

§ 1º Caberá ao presidente do tribunal de origem admitir um ou mais recursos representativos da controvérsia, os quais serão encaminhados ao Superior Tribunal de Justiça, ficando suspensos os demais recursos especiais até o pronunciamento definitivo do Superior Tribunal de Justiça.

§ 2º Não adotada a providência descrita no § 1º deste artigo, o relator no Superior Tribunal de Justiça, ao identificar que sobre a controvérsia já existe jurisprudência dominante ou que a matéria já está afeta ao colegiado, poderá determinar a suspensão, nos tribunais de segunda instância, dos recursos nos quais a controvérsia esteja estabelecida.

§ 3º O relator poderá solicitar informações, a serem prestadas no prazo de quinze dias, aos tribunais federais ou estaduais a respeito da controvérsia.

§ 4º O relator, conforme dispuser o regimento interno do Superior Tribunal de Justiça e considerando a relevância da matéria, poderá admitir manifestação de pessoas, órgãos ou entidades com interesse na controvérsia.

§ 5º Recebidas as informações e, se for o caso, após cumprido o disposto no § 4º deste artigo, terá vista o Ministério Público pelo prazo de quinze dias.

§ 6º Transcorrido o prazo para o Ministério Público e remetida cópia do relatório aos demais Ministros, o processo será incluído em pauta na seção ou na Corte Especial, devendo ser julgado com preferência sobre os demais feitos, ressalvados os que envolvam réu preso e os pedidos de *habeas corpus*.

§ 7º Publicado o acórdão do Superior Tribunal de Justiça, os recursos especiais sobrestados na origem:

I – terão seguimento denegado na hipótese de o acórdão recorrido coincidir com a orientação do Superior Tribunal de Justiça; ou

II – serão novamente examinados pelo tribunal de origem na hipótese de o acórdão recorrido divergir da orientação do Superior Tribunal de Justiça.

§ 8º Na hipótese prevista no inciso II do § 7º deste artigo, mantida a decisão divergente pelo tribunal de origem, far-se-á o exame de admissibilidade do recurso especial.

§ 9º O Superior Tribunal de Justiça e os tribunais de segunda instância regulamentarão, no âmbito de suas competências, os procedimentos relativos ao processamento e julgamento do recurso especial nos casos previstos neste artigo."

PIMENTA, Adriana Campos de Souza Freire. A Judicialidade dos Direitos Sociais. *Revista do Tribunal Regional do Trabalho da 3ª Região*, v. 48, n. 78, p. 45-63, 2009.

_____. *Substituição processual sindical*. São Paulo: LTr, 2011.

_____. Substituição processual sindical e efetividade dos direitos fundamentais sociais: uma visão prospectiva. *Revista do Tribunal Superior do Trabalho*, v. 78, p. 24-41, 2012.

PIMENTA, José Roberto Freire. A tutela metaindividual dos direitos trabalhistas: uma exigência constitucional. In: PIMENTA, José Roberto Freire; BARROS, Juliana Augusta Medeiros; FERNANDES, Nadia Soraggi (Coords.). *Tutela Metaindividual Trabalhista*. A defesa coletiva dos direitos dos trabalhadores em juízo. São Paulo: LTr, 2009.

_____. *Súmulas com efeito vinculante*: uma abordagem crítica. Disponível em: <http://www.trt3.jus.br/escola/download/revista/rev_54/Jose_Pimenta.pdf>. Acesso em: 8 ago. 2014.

_____. Súmulas vinculantes: uma reapreciação crítica. In: VIANA, Márcio Tulio; RENAULT, Luiz Otávio Linhares; FATTINI, Fernanda Carolina; FABIANO, Isabela Márcia de Alcântara; BENEVIDES, Sara Costa (Coords.). *O que há de novo em direito do trabalho — homenagem a Alice Monteiro de Barros e Antônio Álvares da Silva*. 2. ed. São Paulo: LTr, 2012. p. 459/478.

SILVA, Larissa Clare Pochmann da. *Incidente de resolução de demandas repetitivas:* tutela coletiva ou padronização do processo? Disponível em: <http://www4.jfrj.jus.br/seer/index.php/revista_sjrj/article/view/285/261>. Acesso em: 8 ago. 2014.

SMANIO, Gianpaolo Poggio. *Interesses Difusos e Coletivos*. São Paulo: Atlas.

VENTURI, Elton. *Processo civil coletivo*. A tutela jurisdicional dos direitos difusos, coletivos e individuais homogêneos no Brasil. Prospectivas de um Código Brasileiro de Processos Coletivos. São Paulo: Malheiros, 2007.

WATANABE, Kazuo. XIII World Congress of Procedural law. In: GRINOVER, Ada Pellegrini; WATANABE, Kazuo; MULLENIX, Linda. *Os processos coletivos nos países de civil law e common law — uma análise de direito comparado*. São Paulo: Revista dos Tribunais, 2007. p. 301-308.

Anteprojeto de Código Brasileiro de Processos Coletivos. Disponível em: <Disponível em: http://www.pucsp.br/tutelacoletiva/download/cpbc_versao24_02_2006.pdf>. Acesso em: 8 ago. 2014.

Fórum Nacional do Trabalho. Fonte: Ministério do Trabalho e Emprego. Disponível em: <http://www.mte.gov.br> Acesso em 8 ago. 2014.

A Coletivização de Demandas na Lei n. 13.105/2015 (Novo CPC)

Elaine Noronha Nassif

Ao Prof. Aroldo Plínio

Aceitei com júbilo o honroso convite de escrever em homenagem ao Prof. Aroldo Plínio, querido Professor, de quem tive o privilégio de ser aluna e de conhecer, por meio de sua Técnica Processual e Teoria do Processo[1], a obra daquele que fora seu mestre e viria também a ser meu, o Professor Elio Fazzalari, da Università La Sapienza de Roma.

Por meio de suas aulas, sempre estimulantes, e da sua obra, permanentemente nova, o Prof. Aroldo Plínio me incentivou a estudar o italiano e a mergulhar nas obras dos processualistas daquele país. Culminou assim, mesmo sem o saber, por me levar a traduzir as "Istituzione de Diritto Processuale[2].

E ao traduzir o Prof. Fazzalari, deparei-me com uma teoria geral do processo renovada, profundamente democrática e adequada à tutela dos direitos contemporâneos. Ela refaz conceitos fundantes da tradicional teoria pandectista e individualista que vigoraram desde a famosa prolusão de Bologna, de Chiovenda.

É por meio de Fazzalari que se descortina o processo como um procedimento realizado em contraditório com igual paridade de armas. As partes são os destinatários da decisão. O juiz não está acima das partes, nem a relação jurídica que se estabelece se resume a esses atores. É a situação que legitima a participação de todos os atores que devem ser chamados a atuar na formação da decisão judicial. Há um vínculo estrito entre democracia e processo, sendo este a base por meio da qual aquela se realiza. Nesse diapasão, o processo legislativo e os administrativos que se realizem por meio de contraditório também entram na categoria de processo. Todos os demais procedimentos realizados sem contraditório são meros procedimentos, tais como os inquéritos.

O Prof. Aroldo pode ser medido por muitas qualidades, dentre elas, a de envolver habilmente seus pupilos no prazer do conhecimento, pelo conhecimento, para o conhecimento, no prazer do exercício da crítica e da pesquisa científica. Sou-lhe grata por isso, Prof. Aroldo, e rendo-lhe minhas sinceras homenagens, com essas palavras de agradecimento.

Objetivos deste trabalho

Os organizadores desta obra destinaram-me o tema do Processo Coletivo.

Como sabemos, o *Projeto de Lei do Código de Processo Coletivo*, o PL 5.139/2009 não foi aprovado pela Comissão de Constituição e Justiça da Câmara dos Deputados, em 2010, mas dele encontramos resquícios no recém aprovado Novo Código de Processo Civil (PLS 166/2009), convertido por sanção presidencial na Lei 13.105, de 16 de março de 2015, com sete vetos.

Com vistas a adequar o tamanho da empreitada ao espaço disponível nesta obra, vamos nos concentrar na alteração da atual sistemática, que vem sendo tentada desde 2004, encontrando agora terreno fértil, pelo menos em parte, exceto no que tange ao veto ao art. 333 que tratou da conversão das ações individuais em coletivas e as consequências destas medidas para a efetividade de direitos e interesses sociais indisponíveis na Justiça do Trabalho.

Antes disso, porém, façamos um pequeno escorço histórico, para contextualização e compreensão da evolução dessa discussão no Congresso Nacional.

Histórico do Processo Coletivo no Brasil

O Brasil possui um minissistema de processos coletivos, formado pela Lei da Ação Popular, a Lei da Ação Civil Pública e pelo Código de Defesa do Consumidor.

Em 2004, o Instituto Iberoamericano de Direito Processual, do qual participam notáveis processualistas Brasileiros, os mesmos que inspiraram a criação desse minissistema, aprovou um Código Modelo de Processos Coletivos para Iberoamérica, o qual inspirou a elaboração de um Anteprojeto de Código Brasileiro de Processos Coletivos.

O Anteprojeto do Código de Processo Coletivo (que aqui denominaremos doravante, CPCol) teve origem na Secretaria de Reforma do Judiciário, do Ministério da Justiça, que, informalmente, criou uma Comissão de Estudos para sua elaboração, oficializando-a por meio da Portaria n. 2.481, de 9 de dezembro de 2008.

A Comissão foi composta por professores, advogados, magistrados da justiça comum federal e estadual, promotores

---
(1) GONÇALVES, Aroldo Plínio. *Técnica processual e teoria do processo*. Rio de Janeiro: Aide, 1992.
(2) FAZZALARI, Elio. *Istituzione di Diritto Processuale*. Padova: CEDAM, 1996.

e procuradores de justiça e federais, mas *não* teve sequer um membro do Ministério Público do Trabalho[3].

A Professora Ada Pellegrini Grinover relatou a tramitação do projeto da seguinte forma[4]:

> Muitos *lobbies* trabalharam contra o projeto, frequentemente com argumentos falaciosos: **um inexistente reforço dos Poderes do Ministério Público**, a ampliação do objeto da tutela coletiva (que, ao contrário se enquadra na expressão da lei vigente: outros direitos difusos e coletivos), a extensão da legitimidade ativa (que permanece exatamente a mesma, sendo apenas melhor detalhada) o desequilíbrio entre a posição do autor coletivo e do demandado (que é mais equilibrada, como se vê pelo regime da coisa julgada na tutela de interesses ou direitos individuais homogêneos). A batalha redundou na rejeição do projeto na Comissão de Constituição e Justiça, mas houve recurso do relator e de outros deputados, acompanhado de pedido aos membros da Comissão elaboradora do Anteprojeto, para que a matéria fosse reapreciada pelo plenário. (grifos nossos)[5]

O referido Projeto angariou a aprovação do Conselho Nacional dos Procuradores Gerais do Ministério Público, através de Nota Técnica informando que:

> O Conselho Nacional dos Procuradores-Gerais do Ministério Público dos Estados e da União (CNPG) vem, publicamente, manifestar sua posição favorável à provação do substitutivo do Deputado Antônio Carlos Biscaia, relator na Comissão de Constituição e Justiça da Câmara dos Deputados do Projeto de Nova Lei da Ação Civil Pública (PL n. 5.139/09 – Câmara dos Deputados), [...].

Os motivos que levaram à rejeição daquele Projeto de Código de Processo Coletivo podem ser resumidos pelo seguinte trecho do voto vencedor, da lavra do Deputado José Carlos Aleluia:

> Quanto ao mérito, no entanto, o projeto não prospera. A proposta cria processo em que o réu recebe tratamento desigual de um juiz que terá liberdade para tomar partido sempre e somente em favor do autor, inclusive alterando a ordem das fases processuais, e concedendo liminares (e antecipações de tutela) sem que o autor as tenha pedido e sem que tenha sido dada oportunidade de defesa ao réu.
>
> Outro ponto de preocupação: se o réu for uma empresa e fizer acordo com o Ministério Público, poderá sofrer intervenção, ter sua direção impedida de mandar na empresa e, em seu lugar, outras pessoas passarão a decidir por ela. O projeto não impõe qualquer limite a essa interferência. Não diz sua finalidade nem por quanto tempo pode durar.
>
> As ações coletivas foram criadas, entre outras coisas, para diminuir o número de ações sobre a mesma matéria. Mas o projeto, tal como está, acaba por alimentar mais ações: a ação coletiva pode conviver com ações individuais, sendo, assim, apenas mais uma, em vez de ser algo que resolva o litígio por todas.
>
> Ademais, o projeto dá excessivo poder ao Ministério Público e à Defensoria Pública, sendo crime a não apresentação de documentos eventualmente solicitados por esses órgãos.
>
> Em suma, a proposição não resolve os problemas do modelo atual das ações civis públicas, gera insegurança jurídica em escala inimaginável, fomenta a ida irresponsável a juízo para a defesa de interesses coletivos sem qualquer garantia de que esses interesses estejam sendo bem representados, e expõe toda a economia, toda a sociedade e todos os indivíduos ao risco de se tornarem réus numa ação em que serão tratados como párias, do começo ao seu longínquo fim.[6]

O advento do Projeto do Novo Código de Processo Civil

Quando ainda tramitava o Projeto do CPCol na Câmara dos Deputados, o Presidente do Senado, José Sarney, encomendou um Projeto de Novo Código de Processo Civil

---

[3] Referida Comissão era presidida pelo Secretário da Reforma do Judiciário, Rogério Favretto, e tinha como relator, Luiz Manoel Gomes Júnior e por membros, Ada Pellegrini Grinover, Alexandre Lipp João, Aluisio Gonçalves de Castro Mendes, André da Silva Ordacy, Anízio Pires Gavião Filho, Antônio Augusto de Aras, Antônio Carlos Gidi, Athos Gusmão Carneiro, Consuelo Yatsuda Moromizato Yoshida, Elton Venturi, Fernando da Fonseca Gajardoni, Gregório Assagra de Almeida, Haman de Moraes e Cordova. João Ricardo dos Santos Costa, José Adonis Caloou de Araújo Sá, José Augusto Garcia de Souza, Luiz Philippe Vieira de Mello Filho, Luiz Rodrigues Wambier, Petrônio Calmon Filho, Ricardo Pippi Schmidt e Sérgio Cruz Arenhart.

[4] GRINOVER, Ada Pellegrini. O Projeto da Lei Brasileira sobre processos coletivos. In: GOZZOLLI, Maria Clara *et al.* (Coords.). *Em defesa de um Novo Sistema de Processos Coletivos*. São Paulo: Saraiva, 2010. p. 24.

[5] Esclareça-se que neste trabalho tomaremos por referência o anteprojeto que foi proposto pela comissão indicada pelo Ministério da Justiça, conforme portaria transcrita.

[6] Parecer vencedor do Deputado José Aleluia DEM-BA. Disponível em: <http://www.camara.gov.br/proposicoesWeb/prop_mostrarintegra?codteor=754582&filename=Tramitacao-PL+5139/2009>. O não atendimento a requisições do MP já constitui crime, nos termos do art. 10 da Lei n. 7.347/85 – recusa, retardamento ou omissão de dados técnicos indispensáveis à Propositura da ACP.

a uma comissão de juristas[7] por ele nomeada e dirigida pelo Ministro Luiz Fux, do STF. Esta comissão logrou entregar, após 6 seis meses de intensos trabalhos, o Projeto de Lei ao Senado Federal, que lá ingressou recebendo o numero PLS n. 166/2009. Em 22.12.2010 o projeto saiu do Senado e seguiu para a Câmara dos Deputados, onde recebeu o numero PL n. 8.046/2010.

O Projeto de novo CPC foi encomendado visando enfatizar dois aspectos considerados prioritários no contexto atual: dar efetividade ao princípio da celeridade processual (garantia da duração razoável do processo) e ao princípio da segurança jurídica (isonomia jurídica)[8].

Para enfrentar esses dois aspectos (tempo x segurança), desafios clássicos do processo, a Comissão identificou como causas da morosidade o excesso de formalidades, a litigiosidade advinda da horizontalidade da cidadania e a prodigalidade do sistema recursal brasileiro.

A Comissão observou[9] que o elevado numero de ações que tramita na justiça comum advém do contencioso de massa que está individualizado, as chamadas ações pseudo individuais[10], ou seja, há milhares de ações individuais versando, em verdade, sobre direitos individuais homogêneos.

Constatou também que a insegurança jurídica e desconfiança no judiciário advém da existência de decisões conflitantes para idênticas matérias. Estas decisões conflitantes, por sua vez, derivam da livre convicção do juiz, da independência funcional, da liberdade de interpretar e decidir juridicamente segundo uma consciência própria, jamais positivada, desafiando o próprio Estado de Direito, que está fundado em leis escritas, em vez de em convicções pessoais. Por outro lado a isonomia de setores inteiros da economia ficou ameaçada em vista da proposição de causas contra alguns ao invés de todos os pertencentes ao mesmo setor. Centrou-se, pois, a Comissão, em propor soluções processuais para este estado de coisas.

A Comissão criou então a proposta de incidente de resolução de demandas repetitivas, que, indubitavelmente, substitui a proposta de legitimação da ação coletiva por pessoa individual com representatividade adequada, com igual produção de efeitos, que constava anteriormente do Projeto de Código de Processo Coletivo, tendo sido um dos motivos de sua rejeição. É o que veremos.

PROJETOS PARALELOS – IDEIAS COMUNS: Código de Processo Coletivo (CPCol) X Código de Processo Civil (CPC)

O objetivo do CPCol era o seguinte, conforme relatado pela Prof. Ada:

Na revisitação da técnica processual, foram pontos importantes do Anteprojeto a reformulação do sistema de preclusões sempre na observância do contraditório, a reestruturação dos conceitos de pedido e causa de pedir — a serem interpretados extensivamente – e de **conexão, continência e litispendência** — que devem levar em conta a identidade do bem jurídico a ser tutelado; o enriquecimento da coisa julgada, com a previsão do julgado "*secundum eventum probationis*, a **ampliação dos esquemas de legitimação**, para garantir maior acesso à justiça, mas com a paralela observância dos requisitos que configuram a denominada "**representatividade adequada**" e põem em realce o necessário aspecto social da tutela dos interesses e direitos difusos, coletivos e individuais homogêneos, colocando a proteção dos direitos fundamentais de terceira geração a salvo de uma indesejada banalização.

Alguns desses aspectos rejeitados foram endereçados ao Projeto do Novo Código de Processo Civil. São eles, a instituição de um poder instrutório do judiciário com flexibilização procedimental, acoplados à coletivização das demandas individuais por meio do incidente de resolução de demandas repetitivas (art. 935 do PLS n. 166/2009, 976 a 987 da Lei n. 13.105/15).

Com efeito, todos os caminhos levam à titularização individual da demanda coletiva, ou à coletivização da demanda individual com potencial coletivo. Se no CPCol a legitimação individual para a ação coletiva *latu sensu* se dava por meio da comprovação da representatividade adequada do candidato a representante, no Novo CPC, qualquer um pode ser este representante da coletividade, mesmo sem representatividade adequada, posto haver

---

(7) Ato n. 379, de 30 de setembro de 2009. A Comissão era composta pelos professores: Luiz Fux, Teresa Arruda Alvim Wambier, Adroaldo Furtado Fabrício, Humberto Theodoro Junior, Paulo Cesar Pinheiro Carneiro, Jóse Roberto dos Santos Bedaque, José Miguel Garcia Medina, Bruno Dantas, Jansen Fialho de Almeida, Benedito Cerezzo Pereira Filho, Marcus Vinícius Furtado Coelho e Elpídio Donizetti Nunes.

(8) À época da elaboração do novo CPC, o Projeto de Código de Processo Coletivo já tramitava e enfrentava dificuldades na sua aprovação perante a Comissão de Constituição e Justiça CCJ/CD.

(9) Aparentemente não houve pesquisa de campo que auxiliasse na quantificação deste volume de ações pseudo individuais, versando questões de massa.

(10) SANTANA, Agatha Gonçalves. Ensaio sobre ações pseudocoletivas e pseudoindividuais e a defesa de um sistema de direito processual coletivo. In: DIDIER JR., Fredie; MOUTA, José Henrique, MAZZEI, Rodrigo. *Tutela Jurisdicional Coletiva*. 2. série. Cidade?: Juspodivm, 2012.

para o juízo instrutório, flexibilidade procedimental ampla e irritual.

O critério da "representatividade adequada" estava previsto no art. 20 do CPCol, *in verbis*:

> Art. 20. São legitimados concorrentemente à ação coletiva ativa:
>
> I – qualquer pessoa física, para a defesa dos interesses ou direitos difusos, desde que o juiz reconheça sua representatividade adequada, demonstrada por dados como:
>
> a) a credibilidade, capacidade e experiência do legitimado;
>
> b) seu histórico na proteção judicial e extrajudicial dos interesses ou direitos difusos e coletivos;
>
> c) sua conduta em eventuais processos coletivos em que tenha atuado;
>
> II – o membro do grupo, categoria ou classe, para a defesa dos interesses ou direitos coletivos, e individuais homogêneos, desde que o juiz reconheça sua representatividade adequada, nos termos do inciso I deste artigo;

Uma vez reconhecida a representatividade adequada, estabelecia-se uma conexão das ações individuais com o mesmo objeto da ação coletiva, ficando aquelas suspensas até sentença na ação coletiva, conforme previa o art. 38 do CPCol.

Este dispositivo foi rejeitado pelo Congresso Nacional, sob o seguinte fundamento:

> O autor não corre risco algum ao mover a ação: não paga custas, não paga pela prova a ser feita no curso da ação nem paga honorários, se vencido. Mais: praticamente quaisquer duas pessoas podem ir a juízo, apresentarem-se como representantes de um grupo ou até mesmo de toda a sociedade brasileira e pedirem, por exemplo, a paralisação de uma iniciativa do poder público por ofensa ao meio-ambiente. Não há requisitos para que alguém se apresente em juízo como representante de uma classe. Basta formalizar parcamente uma associação e defender, perante um juiz parcial e complacente, que sua causa é relevante.

Coletivização de demandas no Novo CPC e o veto ao art. 333

Em 16 de março de 2015 foi sancionada a Lei n. 13.105, instituindo o Novo Código de Processo Civil, com alguns vetos, um dos quais incidente sobre o art. 333 que versava sobre a conversão de ação individual em ação coletiva. O art. 333 da Lei n. 13.105/15, vetado, tem a seguinte redação:

> Atendidos os pressupostos da relevância social e da dificuldade de formação do litisconsórcio, o juiz, a requerimento do Ministério Público ou da Defensoria Pública, ouvido o autor, poderá converter em coletiva a ação individual que veicule pedido que:
>
> I – tenha alcance coletivo, em razão da tutela de bem jurídico difuso ou coletivo, assim entendidos aqueles definidos pelo art. 81, parágrafo único, incisos I e II, da Lei n. 8.078, de 11 de setembro de 1990 (Código de Defesa do Consumidor), e cuja ofensa afete, a um só tempo, as esferas jurídicas do indivíduo e da coletividade;
>
> II – tenha por objetivo a solução de conflito de interesse relativo a uma mesma relação jurídica plurilateral, cuja solução, por sua natureza ou por disposição de lei, deva ser necessariamente uniforme, assegurando-se tratamento isonômico para todos os membros do grupo.
>
> § 1º Além do Ministério Público e da Defensoria Pública, podem requerer a conversão os legitimados referidos no art. 5º da Lei n. 7.347, de 24 de julho de 1985, e no art. 82 da Lei n. 8.078, de 11 de setembro de 1990 (Código de Defesa do Consumidor).
>
> § 2º A conversão não pode implicar a formação de processo coletivo para a tutela de direitos individuais homogêneos.
>
> § 3º Não se admite a conversão, ainda, se:
>
> I – já iniciada, no processo individual, a audiência de instrução e julgamento; ou
>
> II – houver processo coletivo pendente com o mesmo objeto; ou
>
> III – o juízo não tiver competência para o processo coletivo que seria formado.
>
> § 4º Determinada a conversão, o juiz intimará o autor do requerimento para que, no prazo fixado, adite ou emende a petição inicial, para adaptá-la à tutela coletiva.
>
> § 5º Havendo aditamento ou emenda da petição inicial, o juiz determinará a intimação do réu para, querendo, manifestar-se no prazo de 15 (quinze) dias.
>
> § 6º O autor originário da ação individual atuará na condição de litisconsorte unitário do legitimado para condução do processo coletivo.
>
> § 7º O autor originário não é responsável por qualquer despesa processual decorrente da conversão do processo individual em coletivo.
>
> § 8º Após a conversão, observar-se-ão as regras do processo coletivo.
>
> § 9º A conversão poderá ocorrer mesmo que o autor tenha cumulado pedido de natureza estritamente individual, hipótese em que o processamento desse pedido dar-se-á em autos apartados.
>
> § 10. O Ministério Público deverá ser ouvido sobre o requerimento previsto no *caput*, salvo quando ele próprio o houver formulado.

O veto foi adequado, a nosso ver, até porque o incidente de demandas repetitivas já é portadora de um conteúdo semelhante.

De outro lado, foi mantido o art. 139 do Novo CPC, que a nosso ver respeita satisfatoriamente o minissistema existente e não converte o judiciário em órgão instrutor e julgador, ao mesmo tempo.

Vejamos:

Art. 139. O juiz dirigirá o processo conforme as disposições deste Código, incumbindo-lhe:

[...]

X - quando se deparar com diversas demandas individuais repetitivas, oficiar o Ministério Público, a Defensoria Pública e, na medida do possível, outros legitimados a que se referem o art. 5º da Lei n. 7.347, de 24 de julho de 1985, e o art. 82 da Lei n. 8.078, de 11 de setembro de 1990, para, se for o caso, promover a propositura da ação coletiva respectiva.

Incidente de demandas repetitivas

Tanto no CPCol quanto no Projeto de CPC, houve a tentativa de ampliar desmesuradamente o instituto da ação coletiva. Vejamos, a propósito, o incidente de demandas repetitivas.

Segundo este incidente, o juiz, as partes (autor, réu) o Ministério Público ou a Defensoria Pública — sendo ela parte ou não na ação — poderia pedir ao Presidente do Tribunal, que uma determinada ação individual ou coletiva fosse declarada paradigma para todas as outras versando sobre a mesma questão jurídica. Vale dizer, é preciso que o requerente demonstrasse a existência de demandas repetitivas, que haja risco de ofensa ao princípio da isonomia e da segurança jurídica, e que a matéria já nao seja objeto de recurso repetitivo aceito com repercussão geral nos tribunais superiores.

Daí submete-se o incidente ao órgão que conforme Regimento Interno do Tribunal, for o responsável pela uniformização de jurisprudência. Se admitido o incidente, suspendem-se todas as ações com o mesmo tema.

Era o que dispunha o art. 930 do Projeto, e o que agora dispõem os arts. 976 a 978 da Lei n. 13.105/15.

Cumpre-nos aqui especular sobre certas implicações deste incidente para o processo coletivo na Justiça do Trabalho e no Ministério Público do Trabalho.

Comecemos pelo inquérito civil público, que cuja instauração antecede a propositura ACP. Supondo-se que determinada questão objeto de inquérito civil público venha a ser admitida em incidente de resolução de demandas repetitivas, não haverá motivos para se prosseguir com o ele. Praticamente a instrução deverá ser feita nos autos judiciais no qual inserta a matéria.

Esse deslocamento, todavia, nao garantirá condições de o parquet conduzir a investigação, o que passará para as mãos do judiciário, na pessoa do relator responsável pelo caso, a mesma que relatará, levará a julgamento e julgará. Trata-se de hipertrofiar o poder judiciário.

Com efeito, na ação que veicula a questão jurídica em discussão, o MP teria somente a função de órgão interveniente (pareceirista). Haveria um natural deslocamento da investigação para o judiciário, enquanto para o Ministério Público do trabalho, um deslocamento de sua atuação de órgão agente (inquirente, acusador) para o interveniente (pareceirista), com evidente retrocesso na sua evolução.

Veja-se, ademais, que ocorreria uma supressão de instância. O juiz de primeira instância não julgará sobre a questão jurídica. Ele poderá ser consultado a se manifestar. Os tribunais superiores sim, se manifestariam de forma definitiva, se forem acionados por via do recurso especial (STJ), extraordinário (STF), ou de revista (TST), nas estritas hipóteses de seu cabimento. É o que consta da Lei n. 13.105/15.

Agora, pensemos em uma ação civil pública em tramitação, concomitante com uma ação individual. Com a admissão do incidente na ação individual, a ação civil pública ficaria suspensa, como todas as demais ações pseudoindividuais, e as provas nela contidas ou que seriam nela produzidas, ficam também dependendo das diligências a serem produzidas no curso do incidente.

Como sabemos, na Justiça do Trabalho existe o *jus postulandi*. Isso faz com que haja a possibilidade de o "representante" de toda a sociedade sobre uma determinada questão jurídica possa ser até mesmo um reclamante ou reclamado que tenha ingressado em juízo sem advogado, ou seja, pleiteando a questão de uma forma inadequada. Esse reclamante que representaria toda uma coletividade não necessitaria apresentar sequer os requisitos da "representatividade adequada", que trazidos das "*class actions*", estavam previstos no Projeto de Código de Processo Coletivo PL 5.139/2009.

Considerando que o requerimento do incidente era bastante simples, seria possível que ele fosse admitido mesmo sem advogado. Ou entra em cena a Defensoria Pública. Observe-se como o Ministério Público vai sendo posto de lado. Mesmo que se argumentasse que ele passaria a ter advogado ou defensoria, é difícil que este pudesse ter mais informações do que as previstas em lei para serem disponibilizadas ao parquet durante o curso do inquérito civil público.

Causa espécie a vontade dos defensores desse mecanismo, em colocar a ação civil pública em situação de inferioridade relativamente a uma ação individual. Vale dizer que a questão da legitimação é muito importante para a defesa do direito coletivo *lato sensu*, coisa que não passou desapercebida ao constituinte originário.

É como se o Ministério Público pudesse ser realmente removido da titularidade da ação coletiva ou da ação civil pública, sem prejuízo para a própria qualidade dos julgamentos coletivos. Não se exige nenhuma qualificação, nem da ação nem do autor e réu que vão representar toda a coletividade por meio de sua ação paradigma.

A Constituição criou todo um aparato para dar ao MP todas as condições para o mister de proteger a ordem jurídica.

A instrução e julgamento da ação paradigma pelo relator

É importante ter em conta a questão temporal inserta no art. 983 da Lei n. 13.105/15. Este artigo parte do princípio de que é possível construir um entendimento em 15 dias ouvindo as diversas parcelas da sociedade que se interessem por um determinado tema, ou por meio de audiência pública.

Além de se tratar de um tempo exíguo para finalidade que se pretende — um verdadeiro mini processo legislativo — não é crível que todas essas parcelas da sociedade estejam conectadas dia e noite com o judiciário para virem se manifestar em questão que possa lhes interessar.

A divulgação "ampla", por maior que seja, certamente beneficiará somente a parcela organizada da sociedade, pronta a se fazer ouvir e sentir, aumentando, por evidente, a hipossuficiência processual de quem não está preparado para expor ou financiar quem possa por ele expor os problemas advindos de determinada interpretação judicial.

Pensa-se, ainda, nos pedidos que circulam nas ações trabalhistas. Diferentemente das ações cíveis, eles não tem uma única razão de pedir. Eles são variadíssimos, os pedidos. Difícil imaginar-se uma ação paradigma cuja *ratio decidendi* possa servir a todos os pedidos de uma única ação trabalhista.

Então por que suspendê-la integralmente? Sem contar os inevitáveis erros em suspender o que não se deve e não suspender o que deveria ser suspenso, gerando inumeráveis tipos de expedientes processuais.

O PLS n. 166/2009 previa medidas de urgência durante a suspensão da ação, o que não ficou claro no texto final sancionado. Em direito do trabalho, muitas questões são de urgência, dado seu relacionamento com o caráter alimentar dos salários. Com a suspensão, certamente, haverá uma pressão para que as hipóteses de medidas de urgência sejam alargadas.

Sobre a celeridade processual esperada com o incidente (duração razoável do processo), o Projeto previa sua resolução em 6 (seis) meses, podendo ser prorrogado com justificativa do relator. A Lei n. 13.105/15 ampliou para 12 meses (um ano). Sabemos que na Justiça do Trabalho em seis meses o processo de conhecimento já tramitou, na quase totalidade dos casos, no primeiro grau, podendo-se dizer que este prazo não configura uma redução, mas uma ampliação.

Cumpre lembrar que o problema nevrálgico das ações coletivas que versam sobre direitos individuais homogêneos na justiça do trabalho não está na legitimação ou na celeridade da fase de conhecimento, mas sim, na execução, principalmente, quando não concedida a antecipação dos efeitos da tutela.

Magistratura investigativa e julgadora

O papel do Judiciário, nesse panorama, também já não será o mesmo. Em tempos de crise positivista, é natural encontrarmos judiciários hipertrofiados.

Conforme vimos tanto no art. 935 do PLS n. 166/2009, convertido no art. 982 do CPC, tanto quanto no anterior CPCol, para além de sua função julgadora e para além de sua função criadora do direito (dado o *non liquet*, os mandados de injunção e as fontes *soft* — orientações, precedentes e súmulas) há na espreita da tramitação de todas estas iniciativas, a tentativa de levar o judiciário a exercer, também, o protagonismo na instrução do feito, na investigação dos fatos, com ampla flexibilidade procedimental, sobrepondo-se à parte à técnica processual e ao papel investigativo do Ministério Público. Tal papel tem sido amplamente utilizado na seara penalista, com um indesejável uso político da justiça com uso dos meios de comunicação, e uma condenação antecipada de qualquer ordem de fatos e julgamentos, a exemplo dos acontecimentos recentes envolvendo Lava Jato e outros nem tanto privilegiados pela opinião pública.

Mesmo nos países em que a carreira do Ministério Público e da Magistratura é a mesma, como a Itália, é proibido a quem investiga, julgar, pois são atividades incompatíveis com a imparcialidade.

O efeito vinculante dos julgamentos das ações paradigmas

Na esteira do quanto vimos até aqui importa notar que no Novo CPC, o incidente de resolução de demandas repetitivas faz parte do conjunto de medidas tendentes a garantir decisões iguais aos jurisdicionados com causas iguais (isonomia) — art. 985, I, da Lei n. 13.105.

Para evitar a coexistência de decisões diametralmente opostas para causas iguais, a comissão institui um sistema de vinculações, o que é plenamente defensável em vista da extensa criação individual do direito pelos mais variados matizes, que confundem os jurisdicionados e levam ao descrédito na instituição.

Entretanto, no que tange as demandas que versam sobre direitos individuais homogêneos, ou mesmo as que em seu conjunto se avizinhem de matéria coletiva ou difusa, a forma de se chegar ao texto vinculante está destituída de um processo cujas garantias sigam as que garantem imparcialidade, com segregação de funções entre julgador e instrutor.

Não há previsão de pena para o juiz que descumprir (medida correcional) a decisão da ação paradigma, ou a jurisprudência do tribunal, mas ele responderá, eventualmente, por não segui-la, caso a parte prejudicada entre com reclamação perante os Tribunais superiores e esta venha a ser julgada procedente.

Conclusão

Pode parecer um raciocínio maniqueísta, mas é bastante evidente que o Novo CPC contornou a rejeição do Projeto de Código de Processo Coletivo, trazendo para o seu bojo, de uma forma muito hábil e criativa, a ampliação da legitimação ativa para as ações coletivas *lato sensu*, com a introdução do incidente de resolução de demandas repetitivas.

Não se quer desmerecer suas intenções, por um lado, nem deixar de ver que ele significa uma perda de espaço institucional para o Ministério Público, por outro lado, ao deixar de ser o representante da coletividade em determinada ação coletiva, para ser um seu coadjuvante, um interveniente.

Sabemos que o Ministério Público do Trabalho tem sua história recente umbilicalmente ligada ao seu desempenho nas ações coletivas *lato sensu*, e que o grande desafio era aperfeiçoar a fase de execuções. Mas a sistemática geral segue um padrão para todo o judiciário, independentemente das causas a que se destine.

O protagonismo do judiciário doravante se acentua, com a criação de um minissistema legislativo para culminar a instrução processual com um enunciado geral, sendo que a referida instrução será precedida não de provas documentais, testemunhais ou periciais, mas de manifestações e audiências públicas, das quais se pretende obter uma contribuição mais oral do que formal, mas subjetiva do que objetiva, sobre determinados assuntos, mesmo que sem observância da paridade de armas, ou seja da oportunizaçao de meios para que as partes possam igualmente participar do iter processual e sem qualquer segregação de funções entre quem instrui e quem julga, deixando resvalar para um papel coadjuvante, pareceirista e sem qualquer relevância, o Ministério Público, esvaziando-o do seu papel inquisitorial e principal nas ações coletivas.

Referências Bibliográficas

BRASIL. CÂMARA DOS DEPUTADOS. *Parecer vencedor do Deputado José Aleluia DEM-BA*. Disponível em: <http://www.camara.gov.br/proposicoesWeb/prop_mostrarintegra?codteor=754582&filename=Tramitacao-PL+5139/2009>.

FAZZALARI, Elio. *Istituzione di Diritto Processuale*. Padova: CEDAM, 1996.

GONÇALVES, Aroldo Plínio. *Técnica processual e teoria do processo*. Rio de Janeiro: Aide, 1992.

GRINOVER, Ada Pellegrini. Disponível em: <http://www.tex.pro.br/tex/component/content/article/8785>. Acesso em: 6 set. 2012.

_____. O Projeto da Lei Brasileira sobre processos coletivos. In: GOZZOLLI, Maria Clara *et al* (Coords.). *Em defesa de um Novo Sistema de Processos Coletivos*. São Paulo: Saraiva, 2010.

SANTANA, Agatha Gonçalves. Ensaio sobre ações pseudocoletivas e pseudoindividuais e a defesa de um sistema de direito processual coletivo. In: DIDIER JR., Fredie; MOUTA, José Henrique, MAZZEI, Rodrigo. *Tutela Jurisdicional Coletiva*. 2. Série. ?Cidade?: Juspodivm, 2012.

O Direito Civil, o Direito do Trabalho e o CPC Renovado: Caminhos que se Cruzam[1]

Elaine Noronha Nassif e Márcio Túlio Viana

1. As palavras que se estranham

Diz uma velha frase, atribuída a Afonso Arinos: "*Liberdade, igualdade, fraternidade — palavras que se surpreendem de estarem juntas...*"

Surpresa igual, provavelmente, sentiram o Direito Civil e o Direito do Trabalho, quando — em fins do século XIX — viram-se em pé de igualdade pela primeira vez, opondo-se e compondo-se entre si.

De fato, tanto o Direito Civil como o Direito do Trabalho, cada qual a seu modo, deram ao capitalismo sua base jurídica e também ideológica; e, no entanto, desde o começo, cada um se mostrava quase o avesso do outro.

Embora com certo exagero, essa dualidade inspirou uma frase famosa, segundo a qual a igualdade seria, para o Direito Civil, "o ponto de partida", e para o Direito do Trabalho, "a meta de chegada".

O exagero se deve ao fato de que, na verdade, o Direito do Trabalho nunca pretendeu a igualdade plena, pois ela implicaria romper com um sistema do qual *ele é filho* — um filho rebelde, mas não desnaturado. O que o Direito do Trabalho sempre perseguiu, por isso, foi a igualdade *possível*.

Quanto ao Direito Civil, talvez possamos dizer que não persegue, propriamente, uma "meta de chegada", mas a gestão cotidiana de liberdades individuais por ele mesmo instituídas.

Assim, normas imperativas de um lado, dispositivas de outro. Enquanto o Direito do Trabalho reconhecia desigualdades reais para compensar o desequilíbrio econômico-social[2], o Direito Civil basicamente refletia e reforçava a ideia da igualdade formal e da ordem existente.

É certo que no centro de um e de outro estava (e está) a figura do contrato. Mas o contrato *de trabalho* traz as cores da subordinação, o que abala a própria convicção de que seja mesmo o que diz ser[3]; e o seu principal sujeito — o empregado — não deixa de ter, no fundo, algo de objeto, o que também traz arrepios à tradição civilista.

A grosso modo, se retomarmos o lema da Revolução Francesa, talvez possamos dizer que o Direito Civil, especialmente em sua versão clássica, preferia enfatizar a liberdade e a igualdade formal — deixando para o Direito do Trabalho a fraternidade e um pouco de igualdade real.

Mas essa divisão meio a meio também poderia ser, por seu turno, fracionada. E assim teríamos, de uma parte, o Direito *Individual* do Trabalho, garantindo em alguma medida a igualdade real; e de outra o Direito *Coletivo* do Trabalho, construído pela fraternidade — ou solidariedade — entre os trabalhadores.

Por outro lado, as palavras que falam da origem do Direito do Trabalho também surpreendem as que descrevem o nascimento do Direito Comum. É que, como sabemos, quem construiu, basicamente, as normas trabalhistas, não foram os que detinham as rédeas do poder, mas aqueles que o poder oprimia. Nesse sentido, o Direito Coletivo, construído pela comunhão de lutas e identidades, foi também veículo de construção do próprio Direito Individual.

Tiros, mortes, bombas, pancadas e ameaças estão presentes ao longo da história do Direito do Trabalho, em proporção imensamente maior que na evolução do Direito Civil. E não é de se estranhar. Afinal, enquanto o Direito Civil pode ser *usado* da mesma forma por qualquer cidadão[4], o Direito do Trabalho serve a dois universos bem definidos, bem destacados, atuando como anteparo ao choque profundo e sem fim entre o capital e o trabalho, vale dizer, entre os que têm e os que não têm os meios de produção.

---

(1) Os **itens de 1 a 5** deste texto, escritos por Marcio Tulio Viana, foram publicados originalmente sob o título: "Direito Civil x Direito do Trabalho: caminhos que se cruzam", na obra coletiva "Trabalho e Justiça Social: um tributo a Mauricio Godinho Delgado", organizada por Daniela Muradas *et alii* (Coord.) e editada em 2014 pela LTr, São Paulo. O **item 6** foi escrito por Elaine Noronha Nassif.

(2) Se o diagnóstico da "questão social" foi expresso muito bem numa frase de Lacordaire – "*entre o fraco e o forte, entre o rico e o pobre, é a liberdade que oprime, é a lei que liberta*" –, a terapêutica foi resumida na elegante fórmula de Galart Folch – "*superioridade jurídica para compensar a inferioridade econômica*".

(3) Entre os autores modernos que retomam essa discussão, cf. especialmente Baracat, Eduardo Milléo. A boa fé no contrato de trabalho. São Paulo: LTr, 1998. *passim*.

(4) Naturalmente, nós nos referimos aqui ao aspecto formal dos dois ramos jurídicos. Um café no bar da esquina custa custa o mesmo para o pobre e o rico, mas apenas o empregado tem direito ao salário mínimo, enquanto só o patrão tem a seu dispor o poder diretivo. No Direito Civil, as posições jurídicas podem variar (hoje sou proprietario, amanhã sou inquilino), enquanto no Direito do Trabalho isso dificilmente acontece.

O papel da classe operária na construção das normas protetivas está bem presente na greve, verdadeira metáfora da revolução e do conformismo[5]. Carnelutti a chamou certa vez de "direito contra direito". Ainda assim, o Estado teve de aceitá-la, fosse para domá-la, como a um potro bravio, fosse por ter sido, em alguma medida, também domado por ela. Mas a greve, mais que um direito, é "processo de criação de direitos"[6]. E também aqui o Direito do Trabalho mostra sua face rebelde — subversiva, mesmo — quebrando o monopólio estatal de ditar leis, através do acordo e da convenção coletiva.

E por ter sido construído assim, pela da pressão dos pobres, nada mais natural que o Direito do Trabalho fosse chamado, no início, de "Direito Operário". Essas palavras, que em si mesmas também traziam um paradoxo, não descreviam apenas o sujeito a ser protegido — quase sempre um trabalhador de fábrica — mas *a própria norma* que o protegia, e que tal como ele se mostrava simples, de pés no chão, rente à vida.

2. As práticas diferentes

Mesmo entre nós não foi muito diferente. Ao criar a CLT, Vargas não apenas respondia as pressões emergentes da classe operária, mas tratava de evitá-las no futuro. De resto — e o que é mais importante — as normas que o país importava, um tanto ou quanto artificialmente, traziam traços de sangue dos trabalhadores europeus. Assim, fosse por uma razão ou por outra, o nosso Direito nasceu também *Operário*.

Como não poderia deixar de ser, o Processo do Trabalho refletiu a mesma origem do Direito Material, com sua tônica na conciliação, na celeridade e na simplicidade, ideais que hoje o Processo Civil incorpora com grande aparato e sem *citar a fonte*. Até mesmo a Justiça do Trabalho, por mais morosa e pomposa que possa parecer ao cidadão comum, sempre foi muito mais ágil, criativa e modesta que a Justiça Civil.

Na verdade, os próprios advogados *civilistas* costumam ser diferentes dos *trabalhistas* — especialmente os que defendem empregados. Os primeiros, habituados ao formalismo maior da Justiça Comum, tendem a se apresentar também mais formais. Entre os últimos, por várias razões, parecem ser mais numerosos os jovens e as mulheres, assim como — no outro ponto da linha — muitos profissionais que já cruzaram a meia idade, mas que por algum motivo *não deram certo*, e assim transitam de juiz em juiz com suas velhas pastas, seus paletós amassados e suas barbas por fazer, vivendo das migalhas de minguados acordos.

Analogamente, podemos dizer que o objeto do Direito do Trabalho — ou seja, o trabalho por conta alheia, subordinado, em geral prestado por pessoas pobres — contamina os sujeitos que o tocam. Por mais que isso tenha mudado com os tempos, até hoje o juiz, o advogado, o estagiário, o procurador, o servidor, o demandante, o professor e até mesmo o fórum, o livro de doutrina, a disciplina jurídica, as editoras trabalhistas e a própria CLT carregam em alguma medida a marca operária, que — aos olhos da sociedade — é a marca de uma vida e de um trabalho de *segunda classe*.

Mas não são essas, possivelmente, as únicas razões da distância entre o Direito Civil e o Direito do Trabalho, em termos de prestígio e força — dentro ou fora da área jurídica. Outras razões podem ser encontradas no modo positivista de se ver o Direito em geral, e na percepção de seu papel na sociedade.

Nesse sentido, observa Supiot que até à época da Declaração de Filadélfia, em 1944, os direitos sociais viviam sob o descaso ou a suspeita da doutrina conservadora. Afinal, superando a ideia do Direito como ciência pura, sem compromisso com a justiça, os novos juristas pareciam vê-lo como uma espécie de arte; em outras palavras, não mais apenas um "sistema de normas que não podiam ser desobedecidas", mas "um conjunto de objetivos a atender"[7]. Tidas quase como "falsos direitos", ou direitos pela metade, muitas das normas sociais tendiam a ser consideradas apenas programáticas, virtualmente sem força normativa. E essa marca de origem talvez nunca tenha deixado completamente de existir.

Com o passar do tempo, porém, à semelhança de um sistema de vasos comunicantes, Direito Civil e Direito do Trabalho foram se contaminando mutuamente. Na verdade, essas misturas refletiam o metabolismo do próprio sistema, que passou a se horizontalizar, a terceirizar, a pejotizar, a quarterizar, a criar — mesmo à margem da lei — contratos de trabalho como se fossem contratos civis, de prestação de serviços, procurando o lucro fácil sem se onerar com os meios que levam a ele.

De outro lado, do ventre do Direito Civil, brotaram leis como as do inquilinato e, mais tarde, as do consumidor, incorporando traços daquele mesmo espírito tutelar e

---

(5) Revolução enquanto se movimenta na liberdade, negando não só a subordinação, mas o próprio trabalho, e conformismo enquanto repropõe a vida na fábrica, ou seja, o trabalho subordinado.

(6) A expressão é de Washington L. da Trindade (*O superdireito nas relações de trabalho*. Salvador: Editora Distribuidora de Livros Salvador, 1982. *passim*).

(7) SUPIOT, Alain. *L'esprit de Philadelphie:* la justice sociale face au marché total. Paris: Seuil, 2010. p. 118-119.

intervencionista das normas trabalhistas; ao passo que o Direito do Trabalho se tornava — por razões diferentes, como vimos — sempre mais permeável a direitos tipicamente civis, baseados na igualdade formal e na liberdade individual.

Um exemplo clássico desses implantes, no campo trabalhista, é a norma da equiparação salarial. Embora a discriminação, no caso, parta do empregador, a regra tem natureza antes comutativa que distributiva; toma em consideração dois trabalhadores entre si, e não o trabalhador em face de quem os explora.

Mais recentemente, esse processo de mistura se tornou ainda mais importante.

3. As tendências que se opõem

No que diz respeito ao seu conteúdo *civilista*, o Direito do Trabalho se expande; não se flexibiliza, não recua, não transige. Ao contrário, parece cada vez mais forte e coerente. É o caso, por exemplo, do combate às discriminações, assedios ou invasões de privacidade.

Mas é preciso notar que só por vias transversas ele cumpre, aqui, o seu próprio ideal de repartição de riquezas[8], pois o foco de luz que o atrai já não é o mesmo que ilumina as normas típicas de proteção.

Movimento inverso acontece, no entanto, quando se trata de outros tipos de normas — estas, sim, *trabalhistas* em sentido próprio, destinadas a reduzir a mais valia, distribuindo melhor as riquezas. Aqui, embora ainda possa ensaiar um ou outro passo à frente, o Direito do Trabalho recua ou no mínimo estremece, abalado pelas pressões que acompanham cada novo surto de crise.

Esse duplo fenômeno tem causas econômicas, políticas e ideológicas, mas também se relaciona com os novos modos de pensar e de sentir. Em tempos pós-modernos, marcados pela radicalização das ideias e aspirações de liberdade e igualdade, o homem se torna avesso a regras, ignora as hierarquias, questiona as instituições, hipervaloriza o contrato.

Além disso, como vivemos também um profundo processo de subjetivação, todos nós nos sentimos muito mais sensíveis a temas como discriminações, assédios e invasões de privacidade. E, na medida em que isso acontece, as normas que coíbem essas condutas também avançam para além do Direito Civil, invadindo, como dizíamos, as fronteiras do Direito do Trabalho.

O próprio neoliberalismo entra em sintonia com essas emoções, ao ressuscitar suas receitas de mercado autorregulado, autonomia da vontade e competição generalizada. Dentro desse contexto, o Direito do Trabalho fala em flexibilizar — exatamente o verbo que as pessoas, hoje, mais conjugam em suas vidas — e a política exige um Estado mínimo, o que soa aos nossos ouvidos como um Estado menos impositivo, mais aberto, mais libertário; uma verdadeira música.

E, já que os sentimentos mais íntimos parecem coincidir com as ideias gerais, tudo então interage e se potencializa, reforçando-se mutuamente. Assim como acontece com os discursos em favor de um Direito mais flexível e de um Estado menos interventor, toda a lógica neoliberal parece atender aos desejos de liberdade e igualdade, antes restrito — em termos de intensidade e no plano concreto — a minorias como artistas, filósofos, poetas e *hippies*. Daí a sua força de atração e o seu inigualável charme.

Se fosse outro o nosso enfoque, poderíamos avançar alguns passos nessa discussão, lembrando, por exemplo, que também são elementos pós-modernos a maquiagem, o disfarce, a aparência, o *show*. Ou poderíamos, talvez, citar o velho Millor Fernandes, que ao longo dos anos 1960, na antiga revista *"O Cruzeiro"*, encantava semanalmente seus leitores com uma página de deliciosas charges, sob o título de *"As aparências enganam..."*.

Mas o nosso tema é mais restrito. Assim, voltando à ele, parece-nos interessante notar que essas ideias e emoções pós-modernas podem estar presentes — no fundo da cena — até mesmo quando os autores do nosso tempo enfatizam a importância dos princípios, em detrimento das regras, pois isso significa dar mais liberdade e poder ao intérprete, sobretudo ao intérprete-juiz[9].

Assim, o fenômeno que hoje atinge o Direito do Trabalho é ambivalente: as pressões o tensionam de formas diferentes e contrárias, para cima e para baixo, para frente e para trás, o que o leva a repetir, curiosamente, os mesmos movimentos da linha de montagem toyotista.[10]

Já o Direito Civil vive outro tipo de dualidade. Tanto as suas normas típicas (como aquelas já referidas, ligadas à discriminação etc.) avançam em forma e em força, como

---

(8) A propósito desse importante papel do Direito do Trabalho, cf. DELGADO, Mauricio Godinho. *Curso de Direito do Trabalho*. São Paulo: LTr, 2012; e SOUTO MAIOR, Jorge Luiz. *Curso de Direito do Trabalho*. vol. I. Parte I. São Paulo: LTr, 2011. *passim*.

(9) Anota Ferrarese que a tendência em favor de um Direito assim, mais *soft*, eleva a um patamar inédito a Constituição, na medida em que ela é reduto do geral, do político, do principiológico. (FERRARESE, M. R. *Il diritto al presente*: globalizzazione e tempo delle istituzioni. Bologna: Il Mulino, 2002. *passim*).

(10) Nessa linha, segundo autores como Coriat, o fluxo de materiais desce do monte para o vale, enquanto as informações sobre as necessidades de cada segmento sobem do vale para o monte (CORIAT, Benjamin. Penser à l'envers. Paris: C. Bourgois, 1991. *passim*).

suas normas de natureza protetiva (como as que se dirigem ao consumidor) se mantêm firmes.

Quanto às primeiras, a tendência se explica pelas mesmas razões que as fizeram invadir o Direito do Trabalho. Como dizíamos, elas atendem — hoje, mais do que nunca — aos sentimentos e pensamentos da sociedade pós-moderna, ajustando-se ao movimento libertário geral (inclusive da economia) e o fortalecendo.

Quanto às segundas, a tendência talvez se explique pelo fato — já observado — de que o Direito Civil, ao contrário do que sucede com o Direito do Trabalho, serve a gregos e troianos — embora mais a gregos que a troianos, se pensarmos nos primeiros como *vencedores*.[11]

Em resumo, o mesmo contexto que impulsionou para frente aqueles direitos ligados à personalidade — inclusive lhes assegurando maior proteção constitucional — pressiona para trás os direitos trabalhistas. Como diriam os chineses, *yin* e *yang* andam juntos outra vez.

4. De volta ao cárcere do juiz

O juiz hoje se move com muito mais liberdade do que antes no direito positivo, transformando-se, de fato, num *operador* do Direito — com todos os significados (médicos, inclusive) que essa expressão, tão criticada, pode nos sugerir.

Tempos atrás, ensinava Eduardo Couture, num pequeno-grande livro, que

> *O juiz é um homem que se move dentro do direito como o prisioneiro dentro de seu cárcere. Tem liberdade para mover-se e nisso atua sua vontade; o direito, entretanto, lhe fixa limites muito estreitos, que não podem ser ultrapassados. O importante, o grave, o verdadeiramente transcendental do direito não está no cárcere, isto é, nos limites, mas no próprio homem*[12].

De algumas décadas para cá, o cárcere do juiz se ampliou; ele pode dar passos mais largos, alcança espaços inéditos, inventa movimentos que antes pareciam impossíveis. Às vezes, como costumam fazer os presos — em fotos tão trágicas, exibidas nos jornais — ele enfia as mãos por entre as grades; e toca o mundo proibido, *de fora dos autos*, conhecendo o que antes não sabia e nesse ponto se rebelando contra o próprio cárcere.

Como dizíamos, a valorização dos princípios sobre as regras expressam bem essa tendência. Ela abre espaços quase inéditos à interpretação, e sob esse aspecto — para além de seus fundamentos teóricos — talvez responda aos anseios libertários *do próprio juiz*, que não são diferentes, basicamente, de seus anseios como homem comum, quando elege um canal de TV ou prefere certo relógio entre cem outros modelos na vitrine.

Essa liberdade maior — bem ao gosto dos novos tempos — pode ser usada para transformar a sociedade de forma positiva, mesmo porque nem tudo na pós-modernidade é mau, como nem tudo na modernidade foi bom. Mas também é possível, infelizmente, usá-la em sentido destruidor, mesmo com suporte em velhos e sólidos princípios: basta interpretá-los ao avesso, como às vezes tem sido feito[13], usando-se a mesma liberdade acrescida.

Escreve Eric Fromm[14], valendo-se do mito bíblico, que o primeiro ato realmente humano foi a desobediência: ao comer a maçã, Adão afirmou sua vontade, e a partir de então se viu condenado a andar sempre para diante, escolhendo, a cada passo, o seu caminho. Ainda que tentasse voltar, não poderia fazê-lo: dois anjos, com espadas flamejantes, guardam as portas do Paraíso.

Hoje, talvez mais do que nunca, o juiz *escolhe* — e ao fazê-lo assume, querendo ou não, o seu minúsculo (mas tão importante) grão de responsabilidade pelo que acontece no mundo.

No entanto, nem sempre essa liberdade maior costuma ser exercida. Às vezes, o peso da massificação, da produtividade e das exigências de eficiência o levam a delegar suas funções a serventuários, assessores e até estagiários, para se dedicar apenas às audiências, limitando-se, praticamente, ao seu aspecto exterior de juiz. Ao mesmo tempo, tantas vezes, a jurisprudência vai sendo recortada e colada, nem sempre com atenção às peculiaridades de cada caso.

5. O processo civil e a conciliação

Há não muitos anos, era comum o advogado ou juiz do Cível referir-se à Justiça do Trabalho — pejorativamente — como um "balcão de negócios". As tentativas de conciliação pareciam algo *não jurídico*, um verdadeiro "mercado persa", como também se costumava dizer.

---

(11) Queremos dizer, com isso, que um operário ou um engenheiro "usa" o mesmo direito para tomar um café, embora, naturalmente, o direito de propriedade seja "usado" de forma maior por quem detém o poder econômico. Outra observação, também simples, é a de que as posições jurídicas se misturam e se invertem com muito mais frequência no Direito Civil que no Direito do Trabalho: hoje sou credor, amanhã posso ser devedor (de uma obrigação civil), mas dificilmente passarei de operário a empresário, ou vice e versa.

(12) COUTURE, Eduardo. *Introdução ao Estudo do Processo Civil*. Rio de Janeiro: José Konfino, 1951. p. 87.

(13) É o que se vê, por exemplo, na ideia de que, para proteger o empregado, é preciso proteger a fonte de emprego, o que significa, quase sempre, desproteger o empregado. Outros autores chegam a negar a própria existência do princípio protetor, o que também implica, na prática, afirmar o seu contrário.

(14) FROMM, Eric. *O medo à liberdade*. São Paulo: Zahar, [s.d.]. p. 37-38.

De algum tempo para cá, como num doce castigo, não só a Justiça Civil como até mesmo a Justiça Penal aderiram — não sem um certo constrangimento — à mesma prática dos acordos. Mais do que isso, aliás, a busca de conciliação se tornou quase obsessiva, em todos os ramos do Judiciário, envolvendo desde pequenas causas até precatórios. E é também nessa linha que transitam as novas regras do CPC.

A razão mais óbvia dessa tendência é a busca de maior celeridade e efetividade. Mas a razão *dessa própria busca* transcende as questões processuais, nutrindo-se também de alguns elementos — já mencionados — da pós-modernidade, que envolvem a crise positivista.

De fato, num tempo que celebra mais do que nunca as liberdades e as igualdades formais, todas as instituições — como dizíamos — se desgastam aos olhos da sociedade; e o Estado, naturalmente, não foge à regra, menos ainda o Estado-juiz, autoritário e solene.

No caso da Justiça *do Trabalho*, a crise é ainda maior, na medida em que o próprio trabalho por conta alheia se desvaloriza de vários modos — veja-se, por exemplo, a incidência, até nos países de ponta, do trabalho escravo — e o ideário neoliberal pressiona contra os direitos sociais.

Ora, para recuperar esse *déficit* de legitimidade — e não tendo como mostrar a qualidade de suas decisões — a Justiça tenta responder com números. E a conciliação favorece as estatísticas, na medida em que aumenta o número de causas resolvidas e abre espaço para que as outras sejam resolvidas em menos tempo. Além disso, há ainda a já mencionada tendência à contratualização de tudo — e o acordo judicial traz dentro dele a semente do contrato.

A mediação se insere no mesmo contexto. Enquanto o Processo Civil a enfatiza e fortalece, aumentam as pressões para que ela invada o campo trabalhista.

Na verdade, o juiz conciliador já vem sendo, muitas vezes, mediador — pois as funções com frequência se misturam e se confundem. Como certa feita escrevemos[15], a conciliação costuma ser — na prática — algo *mais* do que conciliação. Transita da conciliação à mediação e de lá para a arbitragem. Pois quantas vezes não se vê o juiz interferindo e inventando uma terceira proposta, ou seja, *mediando*? E não acontece — em ocasiões menos frequentes, é verdade — de as próprias partes lhe pedirem uma sugestão, aceitando até *a priori* o seu *arbitramento*?

Outras vezes, é o próprio conteúdo do acordo que escapa aos limites legais. Já então, o juiz concilia, medeia ou arbitra não o conflito aparente, mas o subjacente: o da empregada com mágoas do patrão, o do patrão que é parente do empregado, o da mulher que se viu assediada e tenta agora dar o troco, *assediando* judicialmente o assediador...[16] Daí a virtude do acordo quando abre possibilidade da fala — e inversamente sua deficiência quando a tolhe.

As comissões de conciliação prévia já sinalizavam a mesma tendência, embora, na aparência, também apenas concilie. Mas nesse caso é preciso fazer nova distinção, pois enquanto na esfera civil as relações de poder são apenas casualmente assimétricas[17], no campo do trabalho a desigualdade entre as partes compõe a própria regra do jogo. E isso faz daquelas comissões uma oportunidade para a precarização *legal* dos direitos que a própria lei vai criando.

Na esfera coletiva, a mesma tendência à negociação justificou uma tentativa de substituição do *legislado* pelo *negociado*, primeiro através de uma PEC, depois mediante um projeto de lei. Agora, a tentativa renasce, embutida — como Cavalo de Troia — na proposta de organizações nos locais de trabalho.

6. O outro lado da moeda

Voltemos ao juiz. Para recuperar a segurança jurídica no sistema, elaborou-se o novo CPC, aprovado em 17 de dezembro de 2014 no Congresso Nacional. A tônica do sistema é o advento de uma disciplina judiciária. Por meio dela o juiz estará encarcerado, desta feita não mais na letra da lei, mas na letra da jurisprudência dos tribunais. E este novo encarceramento consiste na obediência ao que já tiver sido decidido nos tribunais regionais e nos tribunais superiores.

Vejamos: o sistema positivista, cujas referências primordiais são as codificações iniciadas com Napoleão, veio para romper com a tradição. Após a Revolução francesa, dizia-se — para conter o hábito jurídico de julgar conforme a tradição local — que o juiz era escravo da lei. O juiz se fazia escravo da lei para romper com a tradição imposta pelas classes que anteriormente dominavam o direito: os senhores de terras, a nobreza, o clero.

E era importante que o fosse. Se prevalecesse a tradição, todas as decisões judiciais refletiriam uma continuidade imóvel do passado, e não projetariam as regras ideais

---

(15) VIANA, Marcio Tulio. Os paradoxos da conciliação: quando a ilusão da igualdade formal esconde mais uma vez a desigualdade real. In: *Revista do TRT da 3ª Região*, Belo Horizonte, TRT 3ª da Região, jun. 2007.

(16) Nesse sentido, observou-me certa vez a querida colega Graça Maria Borges de Freitas, da 3ª Região, que o conflito pode estar todo na pessoa e não no objeto.

(17) O que não significa que sejam raras: queremos dizer apenas é que podem ser ou não assimétricas.

para a nova classe dominante, a burguesia. Para que fosse obedecida, a nova classe dominante politicamente — a burguesia — necessitava de um sistema escrito em que o aplicador da norma não julgasse conforme a tradição, mas conforme o que dizia aquele direito escrito, a lei. O próprio contrato — expressão da vontade das partes — se curvou ao seu império.

Temos sempre a sensação de que a revolução burguesa foi um avanço. Em certo sentido, é verdade. Mas para as mulheres, não tanto — pelo menos àquela época. As mulheres na França, por exemplo, que antes podiam gerir seus negócios e eram, geralmente, as matriarcas poderosas das grandes famílias monárquicas, foram impedidas de exercer o comércio.

Pode parecer que fosse o inverso, pois onde estaria a igualdade se as mulheres não tinham os mesmos poderes e direitos que os homens? Mas lá estão, no Código Napoleônico de 1904, as proibições para atividade econômica mulheres, exceto as viúvas e por motivo estrito de sobrevivência, e ainda assim desde que atuassem muito discretamente, amparadas por homens importantes que lhes dessem suporte político. Foi assim, por exemplo, que *Veuve Clicquot* se safou de ter que ficar no ostracismo destinado as damas da corte.

Mudar os costumes, só mesmo encarcerando o juiz na literalidade da lei. Nunca contra a lei. Nunca para além ou para aquém, mas, exatamente aquilo que ela dizia. E também encarcerando-o no estrito princípio da demanda. Só assim estaria garantido o futuro do domínio político da burguesia.

Esse futuro projetado na lei durou bem duzentos anos. Até que o muro caiu. O pensamento hegemônico se fez. O futuro não só chegou, mas foi ultrapassado pelo presente, hipertrofiado. O ritmo do presente, frenético, imediato, totalizador, superou o ritmo do processo de elaboração das leis. Os juízes foram obrigados a enfrentar questões não regulamentadas, por força do *non liquet*. Deu-se um grande período de criatividade e uma inevitável aproximação com o sistema *common law*.

Daí a mudança, de volta à tradição. A tradição é o direito ditado pelo judiciário. Súmulas genéricas, reguladoras, abstratas, que efetivamente fixam o direito. E serão elas que governarão o Judiciário desde a primeira instância, reunindo forçosamente os processos, os recursos, a interpretação sobre o direito. O direito que dá segurança e celeridade ao judiciário. Que é exigido pela nova classe dominante. A classe que especula, que dirige o capital financeiro, que financia campanhas políticas em todo o mundo e que dita normas aos bancos centrais, reguladores das crises capitalistas. Calcula-se, ao todo, com as fusões e incorporações, 147 empresas comandando 40% da renda mundial.

Desde que a revolução tecnológica, nas comunicações, nos transportes, permitiu a globalização da economia, com a concentração exacerbada de capital e na fusão de empresas fornecedoras de produtos e serviços atendendo a todo o mundo, o Judiciário assumiu — como dizíamos — um papel que até certo ponto o remete ao período anterior à Revolução Francesa: um formador de precedentes, preso à coerência dos julgados anteriores, próximo do que foi o *common law*. Claro que respeitadas as diferenças de época, mas de forma bastante coerente com um planeta em que as riquezas privadas são maiores que as públicas.

Assim, a uniformização de jurisprudência ganha grande relevo. A jurisprudência dos tribunais, orientações jurisprudenciais, direito jurisprudencial, disciplina judiciária, acórdãos paradigmas, precedentes, ementas, súmulas, convenções, contratos individuais, acordos judiciais, termos de ajustamento, cláusulas arbitrais... Tudo isso terá muito mais relevo após a entrada em vigor do novo CPC, com previsão para março de 2016 (um ano após sua publicação).

Com essa alteração, coloca-se um freio no juiz Hércules, no juiz inventivo, na argumentação jurídica, na postura de vanguarda, com o objetivo declarado de garantir isonomia, segurança e celeridade.

Na verdade, a vanguarda nunca foi pensada para o Judiciário — criado para garantir a superestrutura do sistema. Pois o sistema não tolera um Judiciário que avance sobre os negócios, e busque distribuir a renda por meio de direitos trabalhistas, direitos humanos, princípios. De todo modo, valerá o que sua cúpula disser. E em que pese, na esfera trabalhista, essa cúpula ter assumido, nos últimos anos, uma postura mais progressista, não se sabe o que virá mais tarde, já que a tendência das cortes mais altas, de um modo geral, tem sido, historicamente, a de respaldar as relações de poder. Não tardará que sua legitimidade seja questionada, evidentemente. Mas, na medida em que se fizer mais azeitado para as questões econômicas, o Judiciário poderá também neutralizar as críticas a respeito de seu poder — tão grande e, no entanto, sem crivo das urnas.

As agências que medem a confiança de um país na ótica dos investidores internacionais, a verdadeira classe dominante, pressionam nesse sentido. Isso pode ser apenas uma falácia, mas, convenhamos, bastante coerente com a nova ordem mundial.

Apesar de suas misturas e contradições — ou talvez também em função delas — os que detêm as rédeas do poder no mundo pós-moderno buscam desesperadamente coerências. Modulações são toleradas. Mas não incoerências. Nessa ótica, nem políticos — do Executivo ou do Legislativo — nem o Judiciário conseguirão atender àqueles interesses econômicos globais se não forem previsíveis, e portanto, totalmente coerentes.

A coletivização das demandas e dos recursos repetitivos, com a suspensão de todas e todos que tiverem o mesmo objeto — mesmo que reunindo num mesmo pacote questões fáticas diversas, o que inevitavelmente acontecerá — garantirá essa previsibilidade desejada pelo mercado, do qual — nos fazem crer os economistas — todos dependem.

Assim, repetindo, a criação do direito se dará no topo da pirâmide do Poder Judiciário, e não mais nas suas bases. A criação inclui regras gerais e abstratas, que entrarão também naquelas funções. E inclui também a investigação de situações de relevância nacional, ou de repercussão geral, trazendo ainda para os tribunais superiores o poder de investigar questões coletivizadas, como faz o Ministério Público. Tudo isso o transformará, provavelmente, num superpoder da República, tendência que já se revela a cada dia.

Nesse novo processo criativo, a instrumentalidade dá lugar à formalidade processual. A materialidade das discussões é o que interessa ao novo núcleo de poder.

Os operadores do direito deslocarão suas atenções dos códigos para o estudo de técnicas somente conhecidas nos países de *common law*. Extrair a *ratio decidendi* de um precedente para contestar que sua ação seja sobrestada ou julgada conforme o precedente invocado pela parte contrária; distinguir *opter dictum*, dissecar precedentes judiciais e saber de cor precedentes ou súmulas de tribunais — regionais e superiores. Invocar o caso *Caio* contra *Júpiter* pode ser um exemplo.

O papel da dogmática e da doutrina também há de se alterar. Será inevitável que se passe a criticar, a comentar ou a estudar os *cases*, os julgamentos, os precedentes, e a doutrina será pautada pela jurisprudência.

A outra tônica do novo CPC é o enfoque na celeridade processual. Para este fim, copiou o Direito Processual do Trabalho, com o mesmo rito, em primeira instância, e promoveu algumas modificações, uma das quais a do exame da admissibilidade do recurso pela instância *ad quem*.

No entanto, não obstante as medidas processuais que visem obstruir dilações indevidas, o principal protagonista da celeridade é o controle do tempo pelo processo judicial eletrônico — com a indefectível participação das partes na composição das informações estatísticas de que o Judiciário necessita para atingir as *metas*.

Não se trata mais nem de fazer justiça, nem de promover longas argumentações sobre o direito. Agora tem início a corrida para respostas rápidas ao rítmo da nova economia mundial. Ou pelo menos é isso que se pretende.

O processo eletrônico também substitui as reformas mecânicas no gerenciamento das secretarias, pois o sistema gerencia tudo, para que práticas que se incorporaram no cotidiano dos cartórios sem qualquer funcionalidade possam ser racionalizadas ou banidas, fazendo desaparecer as pilhas de fascículos empoeirados nas estantes sempre insuficientes das varas e dos tribunais. Com ela desaparecerá também o próprio sentido do cartório. Tudo muito limpo. Sem gente.

Direito civil, Direito do Trabalho, Direito Processual do Trabalho, Direito Processual Civil, todos esses, caminhos que prometem um direito jurisprudencial criador de precedentes normativos que se tornam paradigmas de ações conexas em busca da oferta de serviços jurisdicionais idealmente seguros e céleres, e flexíveis somente na modulação proporcional que as cúpulas consentirem.

E a conciliação continuará a convidar os grandes devedores a pagarem menos nas execuções, e assim mesmo quando for possível localizá-los no redemoinho das fusões de capital.

Nesse novo contexto, poderá a Justiça do Trabalho continuar atuando — ou atuar de forma mais positiva — como "instrumento de transformação social?"[18]

É uma pergunta cuja resposta também caberá formalmente às cúpulas, mas que talvez possa sofrer variações a partir das pressões informais das bases.

7. Referências bibliográficas

CORIAT, Benjamin. *Penser à l'envers*. Paris: C. Bourgois, 1991.

COUTURE, Eduardo. *Introdução ao Estudo do Processo Civil*. Rio de Janeiro: José Konfino, 1951.

DELGADO, Mauricio Godinho. *Curso de Direito do Trabalho*. São Paulo: LTr, 2012.

FERRARESE, Maria Rosaria. *Il diritto al presente*: globalizzazione e tempo delle istituzioni. Bologna: Il Mulino, 2002.

FROMM, Eric. O medo à liberdade. São Paulo: Zahar, [s.d.].

SOUTO MAIOR, Jorge Luiz. *O Direito do Trabalho como instrumento de transformação social*. São Paulo: LTr, 2002.

_____. *Curso de Direito do Trabalho*. vol. I. Parte I. São Paulo: LTr, 2011.

SUPIOT, Alain. *L'esprit de Philadelphie*: la justice sociale face au marché total. Paris: Seuil, 2010.

TRINDADE, Washington L. da *O superdireito nas relações de trabalho*. Salvador: Distribuidora de Livros Salvador, 1982.

---

(18) Para lembrar o título de um belo livro de Jorge Luiz Souto Maior.

O Novo Código de Processo Civil: Perspectivas Tópicas de Interface com o Direito Processual do Trabalho[1]

Daniela Muradas Reis

O tempo de uma nova codificação processual civil (Lei n. 13.105, de 16 de março de 2015) estimula novos debates sobre inovações e impactos do direito processual comum e sua interface com outros ramos processuais.

No caso do Direito Processual do Trabalho, são condições enunciadas pela Consolidação das leis do Trabalho para a aplicação dos preceitos do ramo geral na solução de controvérsias no âmbito das relações de trabalho: a existência de uma lacuna na legislação processual trabalhista e a compatibilidade do preceito civilista com os princípios norteadores do processo de natureza especial. Incorporou-se, portanto, à matriz processual trabalhista o primado da adaptabilidade processual, para atender a finalidade de realização dos direitos fundamentais sociais.

Nas palavras de Marinoni:

> A compreensão desse direito depende da adequação da técnica processual a partir das necessidades do direito material. Se a efetividade requer a adequação e adequação deve trazer a efetividade, o certo é que os dois conceitos podem ser decompostos para melhor explicar a necessidade de adequação da técnica às diferentes situações do direito substancial.[2]

A adaptabilidade procedimental traz consigo o suposto de que o resultado da atividade jurisdicional deve contribuir para a efetividade do ordenamento jurídico trabalhista e para a pacificação social dos naturais conflitos entre o capital e trabalho, não podendo ser concebido o processo do trabalho como um fim em si mesmo, mas quanto as relevantes dimensões sociais e políticas.

Na visão de Dinamarco, o processo é teleologicamente ordenado para atender a fins jurídicos, sociais e políticos. Relativamente à última dimensão, o processualista adverte:

> São, fundamentalmente, três aspectos: primeiro, afirmar a capacidade estatal de decidir imperativamente (poder), sem a qual ele mesmo se sustentaria, nem teria como cumprir os fins que o legitimam, nem haveria razão de ser para seu ordenamento jurídico, posição positivada do seu poder e dele próprio; segundo, concretizar o culto ao valor liberdade, com isso limitando e fazendo observar os contornos do poder e do seu exercício, para a dignidade dos indivíduos as quais ele se exerce; finalmente assegurar a participação dos cidadãos por si mesmo ou através de associações, nos destinos da sociedade política. Poder (autoridade) e liberdade são dois polos de um equilíbrio que mediante o exercício da jurisdição o Estado procura manter; participação é um valor democrático inalienável, para a legitimidade do processo político. Pois a missão jurisdicional tem a missão institucionalizada de promover a efetividade desses três valores fundamentais no Estado e na Democracia, para a estabilidade das instituições.[3]

Neste sentido podemos destacar, exemplificadamente, duas inovações de máxima relevância e que contribuirão para a pacificação de conflitos trabalhistas atendendo aos nobres cânones do Estado Democrático de Direito: os dispositivos que consagram o *amicus curiae* e o que contempla o princípio da aptidão para a prova, normas que promoverão, por aplicação analógica, grandes avanços no ramo processual do trabalho.

Dispõe o art. 138 do Novo Código de Processo Civil:

> O juiz ou o relator, considerando a relevância da matéria, a especificidade do tema objeto da demanda ou a repercussão social da controvérsia, poderá, por decisão irrecorrível, de ofício ou a requerimento das partes ou de quem pretenda manifestar-se, solicitar ou admitir a participação de pessoa natural ou jurídica, órgão ou entidade especializada, com representatividade adequada, no prazo de 15 (quinze) dias de sua intimação.

O alcance geral da figura do *amicus curiae* ampliará o raio de intérpretes das normas do ordenamento jurídico, circunscritos ao tradicional círculo de operadores/intérpretes oficias, engendrando no processo hermenêutico *elemento pluralista da sociedade*.

Na trilha dos ensinamentos de Peter Härbele, *"Todo aquele que vive no contexto regulado por uma norma e que vive com este contexto é, indireta ou, até mesmo diretamente,*

---

(1) Os apontamentos do presente texto foram apresentados à Comissão Especial do Comissão Especial do Projeto do novo Código de Processo Civil, em palestra proferida no dia 22.11.2011 em Audiência Pública no Congresso Nacional.

(2) MARINONI, Luiz Guilherme. *O direito à tutela jurisdicional efetiva na perspectiva da teoria dos direitos fundamentais*. Disponível em: <http://egov.ufsc.br/portal/sites/default/files/anexos/15441-15442-1-PB.pdf>. Acesso em: 14 maio 2015.

(3) DINAMARCO, Cândido Rangel. *Instrumentalidade do Processo*. 6. ed. São Paulo: Malheiros, 1998. p. 168.

intérprete dessa norma"⁽⁴⁾. Assim, a participação ativa do destinatário da norma quebra o monopólio da interpretação por operadores tradicionais e oficias, figurando como medida de adequação às exigências de uma sociedade democrática e plural e que se faz presente também como mecanismo legitimador do processo hermenêutico institucionalizado.

O ordenamento jurídico brasileiro já contempla o *amicus curiae*, com notas de especialidade, nos processos de competência da Comissão de Valores Mobiliários — CVM (art. 31 da Lei n. 6.385/76 e Lei n. 6.616/78) e mediante a intervenção da procuradoria nos procedimentos do Conselho Administrativo de Defesa Econômica — CADE — na trilha do art. 89 da Lei. n. 8.884/94.

No terreno hermenêutico constitucional, a ideia de sociedade aberta dos intérpretes da constituição encontra-se plenamente contemplada em nosso ordenamento, tanto no controle concentrado de constitucionalidade [Ações Diretas de Inconstitucionalidade, Ação Declaratória de Constitucionalidade — ADPF] como no controle difuso de constitucionalidade. Natural e desejável, portanto, a sua aplicação às demais normas do sistema.

Em visão expansionista da aplicação do instituto, encontra-se, também, a possibilidade de manifestação em todas as instâncias julgadoras.

> Entendeu-se que os requisitos que impõem a manifestação do *amicus curiae* no processo, se existem, estarão presentes desde o primeiro grau de jurisdição, não se justificando que a possibilidade de sua intervenção ocorra só nos Tribunais Superiores. Evidentemente, todas as decisões devem ter a qualidade que possa proporcionar a presença do *amicus curiae*, não só a última delas.⁽⁵⁾

Havemos também de enaltecer outro mérito do projeto: a consagração expressa e genérica do princípio da aptidão para a prova.

Assim dispõe o art. 373 da Lei n. 13.105/15:

> O ônus da prova incumbe:
>
> I – ao autor, quanto ao fato constitutivo de seu direito;
>
> II – ao réu, quanto à existência de fato impeditivo, modificativo ou extintivo do direito do autor.
>
> § 1º Nos casos previstos em lei ou diante de peculiaridades da causa relacionadas à impossibilidade ou à excessiva dificuldade de cumprir o encargo nos termos do *caput* ou à maior facilidade de obtenção da prova do fato contrário, poderá o juiz atribuir o ônus da prova de modo diverso, desde que o faça por decisão fundamentada, caso em que deverá dar à parte a oportunidade de se desincumbir do ônus que lhe foi atribuído.

No quadro jurídico anterior, o relevante princípio jurídico caracterizava-se pela especialidade e excepcionalidade; sendo aplicável, à guisa de exemplo, nas relações consumeristas.

O princípio da aptidão para a prova, generalizado pelo novo Código Processual Civil, permitirá ao juiz a inversão do ônus da prova, quando verificada a hipossuficiência probatória de uma das partes, independentemente do prévio reconhecimento legislativo de uma posição de vulnerabilidade.

Trata-se de importante medida de quebra do formalismo abstrato que deflui do princípio da igualdade e isonomia processual. Afinal, as relações privadas nem sempre se pautam pela igual oportunidade de reconstrução fática no processo e, por isso, a máxima relevância desta proposta. A sociedade plural, marcada por diversas relações assimétricas, supõe não sermos todos iguais e a inversão do ônus da prova manifesta-se como instrumento que engendra as naturais desigualdades sociais nas relações processuais. A norma também sobrepõe sobre as regras formais o princípio da justiça, entregando ao juiz autoridade para alterar a responsabilidade pela produção da prova em favor daquela parte que não tem aptidão para produzi-la. Reforça, portanto, operacionalmente, o direito do cidadão a uma decisão justa.

Para o jurisdicionado trabalhista, o acolhimento deste princípio reveste-se ainda de importância capital.

De fato, em linha de princípio, o eixo retificador das desigualdades de capacidade probatória já fora consagrado no processo do trabalho. Prescreve o art. 852-D da CLT que:

> O juiz dirigirá o processo com liberdade para determinar as provas a serem produzidas, considerado o ônus probatório de cada litigante, podendo limitar ou excluir as que considerar excessivas, impertinentes ou protelatórias, bem como para apreciá-las e dar especial valor às regras de experiência comum ou técnica.

A distribuição equânime do ônus da prova em tudo se afina com o princípio da finalidade social, princípio informador do processo do Trabalho⁽⁶⁾.

---

(4) HÄBERLE, Peter. *Hermenêutica Constitucional – a Sociedade Aberta dos Intérpretes da Constituição:* Constituição para e Procedimental da Constituição. Trad. Gilmar Ferreira Mendes. Porto Alegre: Sérgio Antônio Fabris, 1997. p. 15.

(5) ANTEPROJETO DO NOVO CÓDIGO DE PROCESSO CIVIL. Comissão de Juristas instituída pelo Ato do Presidente do Senado Federal n. 379, de 2009, destinada a elaborar Anteprojeto de Novo Código de Processo Civil, exposição de motivos, p. 23.

(6) Nas palavras de Humberto Theodoro Júnior, "o primeiro e mais importante princípio que informa o processo do trabalho, distinguindo-o do processo civil, é o da finalidade social, de cuja observância decorre uma quebra do princípio da isonomia entre as partes, pelo menos em relação à sistemática tradicional do direito formal". (THEODORO JUNIOR, Humberto. Os princípios do Direito Processual Civil e o Processo do Trabalho. In: BARROS, Alice Monteiro (Coord.). *Compendio de Direito Processual do Trabalho.* São Paulo: LTr, 2002. p. 62).

Contudo, em vasto e atual repertório de decisões da Justiça do Trabalho encontram-se soluções de conflitos avessas ao princípio da aptidão para a prova, lastreadas na distribuição estática e formalista do ônus da prova prevista nos arts. 818 da Consolidação das Leis do Trabalho e o 333 do antigo Código de Processo Civil.

A ausência de uma regra expressa que possibilite a inversão do ônus da prova e o fato de a desoneração probatória estar consagrada em preceito afeto ao procedimento sumaríssimo trabalhista estão dentre as razões da resistência de acolhimento do relevante princípio jusprocessual na Justiça do Trabalho.

Assim, a previsão do princípio, em norma geral, afasta a tendência reducionista da aplicação do princípio. Espera-se que a nova regra possa ser assimilada, *incontinenti*, pela jurisprudência trabalhista com força no princípio da subsidiariedade (art. 769 da CLT) e da sua absoluta coerência com os princípios juslaborais.

Por outro lado, dentre os diversos aspectos que suscitam debate na oportunidade de se discutir o novo Código de Processo Civil, dois aspectos merecem ser destacados em sua incongruência com a sistemática jusprocessual trabalhista: o incidente de desconsideração da personalidade jurídica e à improcedência liminar do pedido por acolhimento de ofício da prescrição.

O tema da desconsideração da personalidade jurídica, cujas hipóteses de cabimento e alcance estão esquadrinhadas pelas disposições de direito material, conta com significativa inovação na nova legislação processual comum, que confere prévia oportunidade ao terceiro para contestar a responsabilidade pessoal do sócio por haveres societários, com quebra de longa tradição jurídica, pela qual os direitos fundamentais processuais de ampla defesa e contraditório seriam contemplados em caráter diferido, mediante o incidente de embargos de terceiros.

No novo procedimento, arts. 133 a 137, dispositivos sem correspondentes no antigo diploma legal, mediante à iniciativa das partes ou do Ministério Público, nos processos em que lhe cabe atuar, pode-se requerer a desconsideração da personalidade jurídica, inclusive a desconsideração inversa, com suspensão do processo, salvo se a pretensão estiver formulada na petição inicial.

Relativamente à iniciativa, a previsão de expresso requerimento das partes ou Ministério Público afina-se com o senso da desconsideração da personalidade jurídica prevista na legislação civil (parágrafo único do art. 50, CC/02).

Todavia, o princípio da demanda talvez não venha a se harmonizar com situações outras de desconsideração da personalidade jurídica, tais como as previstas no Código de Defesa do Consumidor, na Lei Antitruste, bem como na legislação ambiental, cuja oficialidade decorreria do substrato justificador da medida – proteção ao vulnerável, no caso da lei consumerista – e em respeito aos interesses públicos maiores perseguidos no campo da concorrência e da legislação ambiental.

Na Justiça do Trabalho a desconsideração da personalidade jurídica de ofício é uma realidade e decorre do impulso oficial creditado à Justiça Especializada (art. 765 da CLT), criando, em relação ao crédito trabalhista a responsabilidade das pessoas físicas (sócios) responsáveis pelo empreendimento quando a personalidade jurídica ou a insuficiência de seus bens tornam-se um obstáculo à satisfação do crédito de natureza alimentar. Esta posição coaduna-se com a premissa originária da *dignidade humana*, um dos fundamentos em que se assenta a República brasileira, e decorre da aplicação dos critérios adotados pelo art. 28, § 5º, do CDC em detrimento da previsão genérica do art. 50 do Código Civil, pelo necessário diálogo das fontes[7], que sacrifica os critérios formais de solução de antinomias (no particular, em detrimento do critério de especialidade/generalidade) em prol da coerência do sistema e da proteção da pessoa humana vulnerável.

É de se ressaltar, em outra perspectiva de análise, ser preocupação do novo diploma legal a efetividade do direito ao contraditório e à ampla defesa com a previsão de um incidente específico, assinalando um prazo de 15 dias aos sócios para manifestação acerca da desconsideração da personalidade jurídica pretendida.

Contudo, havemos de compreender que, sem risco de prejuízo à ampla defesa, podemos, a um só tempo, efetivar o princípio da duração razoável do processo e prevenir os riscos de fraude à credores.

Rememore-se, em primeiro plano, que a desconsideração da personalidade jurídica pleiteada na fase cognitiva do processo, permite a oportunidade de defesa e contraditório aos sócios em sede de defesa, bem como através de outros meios e recursos que decorrem do devido processo legal,

---

(7) O *dialogue des sources* permite a aplicação "simultânea, coerente, coordenada das plúrimas fontes legislativas convergentes. 'Diálogo' porque há influências recíprocas, 'diálogos' porque há aplicação conjunta de duas normas ao mesmo tempo e ao mesmo caso, seja complementarmente, seja subsidiariamente, seja permitindo a opção voluntária das partes sobre a fonte prevalente (especialmente em matéria de convenções internacionais e leis-modelos), ou mesmo permitindo uma opção por uma das leis em conflito abstrato. Uma solução flexível e aberta, de interpenetração, ou mesmo a solução mais favorável ao mais fraco da relação (tratamento diferente dos diferentes)". (MARQUES, Cláudia Lima. Diálogo entre o Código de Defesa do Consumidor e o novo Código Civil: do "diálogo das fontes" no combate às cláusulas abusivas. *Revista de Direito do Consumidor*, n. 45, ano 12, p. 73-74, jan./mar. 2003).

razões que sabiamente embalaram a exclusão de cabimento do incidente específico.

Todavia, no campo da desconsideração da personalidade jurídica pretendida em fase de execução, a tradicional forma de resistência à pretensão decorria da oposição dos embargos de terceiros, natural meio de insurgência à excussão do patrimônio do sócio, o que racionalizava o procedimento para circunscrever incidente apenas em situação de controvérsia.

Logo, *data maxima venia*, o incidente de desconsideração da personalidade militou na contramão das premissas norteadoras da reforma processual (simplificação, agilidade, redução de formalismos etc...). Trata-se de medida não razoável, inútil e protelatória.

Além disso, muito embora as novas disposições processuais civis venham estipular que, acolhido o pedido de desconsideração, a alienação ou oneração de bens dos sócios será ineficaz em relação ao requerente, a caracterização da fraude à execução, com pressuposto na litispendência, oportunizará discussões sobre trespasses e\ou gravames anteriores à citação do sócio.

Observe que, em estrita correspondência com a caracterização legal hodierna do instituto, a fraude à execução decorre de disposição/oneração patrimonial (alienação ou oneração de bem) na pendência de demanda proposta contra a pessoa jurídica, da qual eventual condenação seja capaz de reduzi-lo à insolvência.

Ora, se no período de discussão incidental decorrente de pedido de desconsideração da personalidade jurídica os sócios ainda não integram a relação processual principal, a oneração ou alienação de bens ocorrida no período não caracterizaria (ao menos no plano de uma interpretação literal) a fraude à execução, exigindo dos credores a propositura da ação pauliana, para repelir a fraude perpetrada. Tal circunstância, ao contrário do que se espera, agudiza o formalismo, o burocratismo e a delonga do processo, além de propiciar resíduo de injustiça incontornável quando o devedor se utilizar do expediente em questão para esquivar-se da responsabilidade civil ou trabalhista já categorizada.

Portanto, o incidente de desconsideração da personalidade jurídica institucionaliza a possibilidade de prejuízo aos credores e atenta contra a razoável duração do processo, contrariando, portanto, os vetores maiores da nova legislação e, sobretudo, em hipóteses de desconsideração da personalidade jurídica acolhidas pelo ordenamento jurídico que prescindem do elemento abusivo, tais como a confusão patrimonial (art. 50, CC/02) e situações de obstáculo ao ressarcimento de prejuízos causados aos credores (art. 28, § 5º, CDC). Demais, não nos parece ser o novo incidente aplicável na seara jusprocessual trabalhista, considerando que o tempo do processo urge em face da natureza alimentar dos créditos trabalhistas, .

A oportunidade de aprovação de um novo Código de Processo Civil também enseja a discussão de aspecto já existente na legislação processual civil e que decorreu de reformas pontuais na legislação vigente: a decretação da prescrição de ofício, hoje contemplada pelo art. 219, § 5º, do CPC.

Registre-se que a magistratura do trabalho tende, majoritariamente, a não aplicar este dispositivo da legislação processual civil, por incompatibilidade com o princípio da finalidade social e considerando a peculiar natureza das parcelas trabalhistas[8].

Contudo, cumpre-me denunciar um paradoxo legislativo decorrente de situação inconciliável da legislação civil de regência da matéria com o projeto ora discutido. Isso porque o art. 191 do Código Civil prevê a possibilidade da renúncia tácita da prescrição já consumada. A renúncia tácita da prescrição decorre de prática de condutas incompatíveis com a prescrição já operada. Se o prescribente não argui a prescrição, discutindo o mérito da dívida reivindicada, pratica ato incompatível com a perda da exigibilidade já reconhecida pelo ordenamento jurídico e, portanto, se decretada de ofício a prescrição, especialmente na hipótese do art. 307, § 1º, do projeto (improcedência liminar do pedido) que dispensa a manifestação das partes, não se permitirá, ao menos no plano de uma discussão judicial, configurar a hipótese prevista na legislação civil.

Trata-se em última instância de um verdadeiro retrocesso e que retoma, de certa maneira, postulados já superados em nosso sistema jurídico, especialmente quanto ao objeto da prescrição, uma vez que a prescrição implica tão somente a perda de um atributo do direito subjetivo violado, qual seja, a pretensão, e não do direito de ação. A nova norma trai, uma vez mais, os avanços científicos e legislativos, o princípio de justiça e, especialmente, o da liberdade humana.

Assim, a improcedência liminar do pedido, tal qual prevista há de ser discutida considerando os avanços legislativos e deve, em todo o caso, ser precedida da manifestação das partes[9].

---

(8) DELGADO, Mauricio Godinho. A prescrição na Justiça do Trabalho – novos desafios. *Revista do Tribunal Superior do Trabalho*, TST/Magister, Brasília/Porto Alegre, v. 74, n. 1. p. 47-60, jan./mar. 2008.

(9) "A escorreita aplicação do § 5º do art. 219 depende, em todo e qualquer caso, da incidência do princípio do contraditório na acepção que a doutrina mais recente tem dado a ele, qual seja, de cooperação, de colaboração, de um princípio que, por definição, coloca lado a lado, na

Em conclusão, ressalte-se que o novo Código de Processo Civil embala-se pelo vetor de comprometimento do processo com a realização de valores constitucionais. Nesse sentido, havemos de reconhecer o mérito do diploma legal em afinar senso de racionalização processual, de sua celeridade, com a permeabilidade do processo decisório aos atores sociais não oficiais. Igualmente o projeto, em quebra da tradicional visão formal e abstrata, reconhece ser a sociedade marcada por assimetrias sociais, estabelecendo medidas de reequilíbrio no âmbito processual. Contudo, dentro do mesmo espírito, algumas de suas disposições, inaplicáveis ao processo do trabalho, por quebra da funcionalidade e organicidade e por representarem verdadeiros retrocessos aos postulados científicos e atual quadro da sistemática processual do trabalho.

Referências bibliográficas

BUENO, Cássio Scarpinella. *A nova etapa da reforma do Código de Processo Civil*. v. 2. 2. ed. São Paulo: Saraiva, 2006.

DELGADO, Mauricio Godinho. A prescrição na Justiça do Trabalho — novos desafios. *Revista do Tribunal Superior do Trabalho*, TST/Magister, Brasilia/Porto Alegre, v. 74, n.1. p. 47-60, jan./mar. 2008.

DINAMARCO, Cândido Rangel. *Instrumentalidade do Processo*. 6. ed. São Paulo: Malheiros, 1998.

HÄBERLE, Peter. *Hermenêutica Constitucional — a Sociedade Aberta dos Intérpretes da Constituição:* Constituição para e Procedimental da Constituição. Trad. Gilmar Ferreira Mendes. Porto Alegre: Sérgio Antônio Fabris, 1997.

MARINONI, Luiz Guilherme. *O direito à tutela jurisdicional efetiva na perspectiva da teoria dos direitos fundamentais*. Disponível em: <http://egov.ufsc.br/portal/sites/default/files/anexos/15441-15442-1-PB.pdf>. Acesso em: 14 maio 2015.

MARQUES, Cláudia Lima. Diálogo entre o Código de Defesa do Consumidor e o novo Código Civil: do "diálogo das fontes" no combate às cláusulas abusivas. *Revista de Direito do Consumidor*, n. 45, ano 12, jan./mar. 2003.

THEODORO JUNIOR, Humberto. *Os princípios do Direito Processual Civil e o Processo do Trabalho*. In: BARROS, Alice Monteiro (Coord.). Compendio de Direito Processual do Trabalho. São Paulo: LTr, 2002.

---

atividade jurisdicional, autor, réu e o magistrado. Não se pode confundir 'aplicação de ofício' de uma dada regra de processo civil (aqui o § 5º do art. 219) com a sua aplicação independentemente de prévia oitiva das partes a quem sua aplicação interessa bem de perto." (BUENO, Cássio Scarpinella. *A nova etapa da reforma do Código de Processo Civil*. v. 2. 2. ed. São Paulo: Saraiva, 2006. p. 124).

O Novo CPC e o Incidente de Resolução de Demandas Repetitivas

Dierle Nunes

1. Nota introdutória – O homenageado

O presente texto é uma singela homenagem do autor a um dos mais representativos expoentes da ciência processual mineira e nacional: o Prof. Titular da Vetusta Casa de Afonso Pena (UFMG), Aroldo Plínio Gonçalves.

Sua profundidade e consciência crítica sempre foram uma luz no ambiente processual brasileiro, lastreado, prioritariamente, em concepções ultrapassadas da socialização processual; tão presentes ainda no discurso pátrio.

No ambiente constitucional pós-1988, seu já célebre estudo "Técnica processual e teoria do processo" permitiu um salto epistemológico na compreensão do "processo" que ofertou parte dos primeiros grandes passos à compreensão realmente democrática do direito processual.

Fica aqui nossa homenagem, admiração e agradecimento a um dos maiores juristas que este país já produziu.

2. Considerações iniciais e cisão cognitiva

O Novo Código de Processo Civil (Novo CPC), Lei n. 13.105/2015, traz no seu bojo uma importantíssima inovação que merece ser conhecida e aplicada em conformidade com o processo constitucional e com as normas fundamentais que o novo texto dimensiona em seu bojo[1]: o incidente de resolução de demandas repetitivas ou IRDR.

Como o próprio nome informa se trata de uma técnica introduzida com a finalidade de auxiliar no dimensionamento da litigiosidade repetitiva **mediante uma cisão da cognição**[2] através do "procedimento-modelo" ou "procedimento-padrão", ou seja, um incidente no qual "são apreciadas somente questões comuns a todos os casos similares, deixando a decisão de cada caso concreto para o juízo do processo originário",[3] que aplicará o padrão decisório em consonância com as peculiaridades fático-probatórias de cada caso.[4]

Nestes termos, a parte "comum" será dimensionada pelo tribunal de segundo-grau mediante ampla cognição (art. 983, *caput*), audiência pública para obtenção de subsídios argumentativos (art. 983, § 1º) e análise panorâmica "de todos os fundamentos suscitados concernentes à tese jurídica discutida, sejam favoráveis ou contrários" (art. 984, § 2º). Uma vez dimensionado no acórdão os fundamentos determinantes padronizáveis das causas repetitivas, caberá ao juízo de primeiro-grau aplicá-los dialogicamente.

Apesar do dissenso interpretativo existente, pela própria **natureza de incidente, o IRDR trata de técnica de procedimento-padrão,** igualmente ao sistema alemão, não se vislumbrando, com o devido respeito à opiniões em contrário, a possibilidade de enxergá-lo como técnica de causa-piloto (como os recursos extraordinários) sem cisão cognitiva.

Em assim sendo, o julgamento no tribunal dar-se-á na parte padronizável, sob pena de se inviabilizar a instauração do incidente em relação a processos em primeiro-grau (art. 977, I), eis que o IRDR limita-se a matéria jurídica (art. 976, I), de modo que a análise de fatos e provas ficará sob a competência do juízo de aplicação, na etapa final prevista no art. 985, que a seguir explicaremos.

Vislumbre-se, ainda, que a legitimidade da defensoria e do órgão de execução do MP para instauração do incidente, em processos que não serão necessariamente de temáticas coletivas, reforçam o entendimento de se tratar de procedimento-modelo.

Ademais, a atribuição de competência originária para julgamento integral em incidente (como causa piloto e desprovido da cisão cognitiva), sem previsão constitucional poderia gerar impugnações decorrentes da avocação pelo tribunal de processos, além da patente inconstitucionalidade, sem olvidar o problema da suspensão de processos em primeiro-grau em fase na qual a cognição estaria incipiente.

---

(1) Para a devida compreensão das normas fundamentais e da interpretação do Novo CPC cf. THEODORO JR., Humberto; NUNES, Dierle; BAHIA, Alexandre; PEDRON, Flávio. *Novo Código de Processo Civil:* Fundamentos e sistematização. 2. ed. Rio de Janeiro: GEN Forense, 2015.

(2) NUNES, Dierle; PATRUS, Rafael Dilly. Uma breve notícia sobre o procedimento-modelo alemão e sobre as tendências brasileiras de padronização decisória: um contributo para o estudo do incidente de resolução de demandas repetitivas brasileiro. In: FREIRE, Alexandre *et al* (Orgs.). *Novas tendências do Processo Civil.* Salvador: JusPodivm, 2013.

(3) CABRAL, Antônio Passo. A escolha da causa-piloto nos Incidentes de Resolução de Processos Repetitivos. In: WAMBIER, Teresa Arruda Alvim (Coord.). *Revista de Processo,* São Paulo, Revista dos Tribunais, ano 39, v. 231, p. 2.013, maio 2014.

(4) NUNES, Dierle; PATRUS, Rafael Dilly. *Uma breve notícia sobre o procedimento-modelo alemão e sobre as tendências brasileiras de padronização decisória. Cit.*

Poder-se-ia enxergar no parágrafo único do art. 978[5] a alusão de se tratar de causa-piloto, no entanto, o que a norma dimensiona é uma regra de competência e de prevenção para julgamento de todos os casos afetados.

3. Vedação da padronização decisória preventiva

É evidente que o IRDR deverá ser levado a sério pelos Tribunais de Justiça e Tribunais Regionais Federais, de modo que a nova técnica auxilie na melhoria quantitativa e, especialmente, **qualitativa** de seus julgamentos, uma vez que o CPC/2015 cria pressupostos normativos interpretativos que imporão, em definitivo, a necessidade do respeito à uma teoria normativa da comparticipação (cooperação) tendo o contraditório como influência e não surpresa como base.[6]

Ao se partir destes pressupostos e ao se analisar a redação final submetida à sanção em 24 de fevereiro de 2015, se percebe a *erradicação da possibilidade da padronização decisória preventiva*, criticada pela doutrina ao longo da tramitação legislativa,[7] que permitiria a instauração do procedimento *antes mesmo da ocorrência de divergência interpretativa*, de modo que nos primeiros casos repetitivos recebidos *o Judiciário o afetaria como repetitivo e o julgaria com parcos argumentos, antes mesmo da ocorrência do salutar dissenso argumentativo.*[8]

Para tanto, o art. 976, determina como requisitos cumulativos para a instauração do IRDR "**a efetiva repetição de processos** que contenham controvérsia sobre a mesma questão unicamente de direito e o risco de ofensa à isonomia e à segurança jurídica."

Não se poderá instaurar o incidente, assim, antes da demonstração de **efetiva repetição**, para a qual uma relevante indicação será a pendência de recursos (e/ou processos) no Tribunal[9] ou a identificação de divergência demonstrada a partir de julgamentos ocorridos em causas envolvendo pretensões isomórficas.

Não se cogita na lei brasileira de um número mínimo de processos repetitivos para se autorizar[10] o uso do incidente, mas isto não significa que um número irrisório[11] de casos permita a sua instauração. É necessária a demonstração **do efetivo dissenso interpretativo e não um dissenso potencial, sob pena de se instaurar a possibilidade da vedada padronização preventiva**, o que é corroborado pela já aludida necessidade de enfrentamento "de todos os fundamentos suscitados concernentes à tese jurídica discutida" (art. 984, § 2º).

Outro aspecto relevante, como lembra com precisão Volpe Camargo, é que "diferentemente das ações civis coletivas, das quais não se admite veicular pretensões que envolvam tributos, contribuições previdenciárias, o

---

(5) Art. 978. O julgamento do incidente caberá ao órgão indicado pelo regimento interno dentre aqueles responsáveis pela uniformização de jurisprudência do tribunal. Parágrafo único. O órgão colegiado incumbido de julgar o incidente e de fixar a tese jurídica julgará igualmente o recurso, a remessa necessária ou o processo de competência originária de onde se originou o incidente.

(6) THEODORO JR., Humberto; NUNES, Dierle; BAHIA, Alexandre; PEDRON, Flávio. *Novo Código de Processo Civil:* fundamentos e sistematização. Rio de Janeiro: GEN Forense, 2015.

(7) CUNHA, Leonardo José Carneiro. Anotações sobre o incidente de resolução de demandas repetitivas previsto no projeto do novo Código de Processo Civil. *Revista de Processo*, São Paulo, RT, março 2011, v. 193. NUNES, Dierle. Precedentes, padronização decisória preventiva e coletivização. In: WAMBIER, Teresa Arruda Alvim Wambier Teresa (Org.). *Direito jurisprudencial*. São Paulo: RT, 2012. NUNES, Dierle José Coelho. Padronizar decisões pode empobrecer o discurso jurídico. *Revista Consultor Jurídico*. Disponível em: <http://www.conjur.com.br/2012-ago-06/dierle-nunes-padronizar-decisoes-empobrecer-discurso-juridico>.

(8) Como se pontuou ao longo da tramitação legislativa: "No entanto, a atual sistemática do código reformado e do Projeto de novo CPC viabilizam a utilização de julgados com finalidade preventiva toda vez que se perceber a possibilidade de profusão de demandas. Nestes termos, ao receber uma das primeiras demandas ou recursos, *o Judiciário o afetaria como repetitivo e o julgaria com parcos argumentos, antes mesmo da ocorrência do salutar dissenso argumentativo*. [...] Padrões decisórios não podem empobrecer o discurso jurídico, nem tampouco serem formados sem o prévio dissenso argumentativo e um contraditório dinâmico, que imporia ao seu prolator buscar o esgotamento momentâneo dos argumentos potencialmente aplicáveis à espécie. Não se trata de mais um julgado, mas de uma decisão que deve implementar uma interpretação idônea e panorâmica da temática ali discutida. Seu papel deve ser o de uniformizar e não o de prevenir um debate." NUNES, Dierle. Precedentes, Padronização decisória preventiva e Coletivização – Paradoxos do sistema jurídico Brasileiro: Uma abordagem Constitucional democrática. In: WAMBIER, Teresa Arruda Alvim. *Direito Jurisprudencial*. São Paulo: RT, 2012. p. 245-276. NUNES, Dierle José Coelho. Padronizar decisões pode empobrecer o discurso jurídico. *Revista Consultor Jurídico* (São Paulo. Online), v. 1, p. 1-2, 2012.

(9) Neste sentido Enunciado n. 344 do FPPC: A instauração do incidente pressupõe a existência de processo pendente no respectivo tribunal. *(Grupo: Precedentes)*

(10) No direito estrangeiro se fala de um mínimo de 10 casos, número que no direito brasileiro seria irrisório em face de nossas atuais cifras de repetição. No sistema ingles cf. LÉVY, Daniel de Andrade. O incidente de resolução de demandas repetitivas no anteprojeto do Novo Código de Processo Civil – exame à luz da Group Litigation Order britânica. *Revista de Processo*, São Paulo: RT, n. 196, ano 36, p. 165-206, jun. 2011). No sistema alemão: CABRAL, Antonio do Passo. O novo procedimento-modelo (*Musterverfahren*) Alemão: uma alternativa às ações coletivas. *Revista de Processo*, São Paulo, RT, v. 147, p. 134, maio 2007).

(11) Discutível nestes termos o conteúdo do Enunciado n. 87 do Fórum Permanente de Processualistas Civis (87. A instauração do incidente de resolução de demandas repetitivas não pressupõe a existência de grande quantidade de processos versando sobre a mesma questão,

Fundo de Garantia por Tempo de Serviço (FGTS) ou outros fundos de natureza institucional (art. 1º, parágrafo único, da Lei n. 7.347, de 24.7.1985), o incidente não contém qualquer limitação de matérias passíveis de gerar a sua instauração."[12]

4. IRDR e sua principal inspiração legislativa – KapMug

Mas para conhecer adequadamente o IRDR, necessitamos analisar um pouco de sua matriz normativa de inspiração.

Como é sabido, a principal referência estrangeira na qual se baseia o IRDR é o procedimento-modelo (*Musterverfahren*) alemão. Assim, revisitar o instituto daquele país[13] nos permite contribuir na compreensão de nosso novo instituto.

A lei que introduziu o procedimento-modelo no sistema processual alemão (*Kapitalanleger-Musterverfahrengesetz — KapMuG*) foi editada em 2005. Foi concebida, de início, como um instrumento restrito aos litígios no campo do mercado de capitais, sendo proposta como lei experimental, destinada a perder sua eficácia com o exaurimento do prazo de cinco anos (em novembro de 2010, portanto). Antes disso, porém, a técnica foi incorporada ao ZPO (*Zivilprozessordnung*). Técnica similar foi ampliada em 2008 na Alemanha, quando da ocorrência de mais de 20 casos idênticos envolvendo a assistência e previdência social (*Sozialgerichtsgesetz*).[14]

A origem da *KapMuG* diz respeito ao caso *Deutsche Telekom* (*DT*), empresa com mais de três milhões de acionistas na Alemanha. Em função de suposta veiculação de informações equivocadas a respeito da extensão do patrimônio da sociedade em duas circulares de ofertas de ações (em 1999 e 2000), milhares de investidores ditos lesados (aproximadamente 15 mil), representados por mais de setecentos e cinquenta advogados diferentes, propuseram demandas contra a *DT* perante a corte distrital de Frankfurt, foro da sede da bolsa de valores em que os prospectos circularam. O conjunto das ações representava valor superior a cento e cinquenta milhões de euros.[15]

Depois de quase três anos sem que uma única audiência fosse designada, parte dos demandantes apresentou queixas constitucionais (*Verfassungsbeschwerde*) perante o Tribunal Constitucional Federal (*Bundesverfassungsgericht*), sob a alegação de negativa de acesso à justiça.

O Tribunal rejeitou as queixas, mas reconheceu a necessidade de a corte distrital agilizar a tramitação dos procedimentos instaurados.[16] Nesse contexto, o *legislador reagiu* com a edição da lei de procedimento-modelo para o mercado de capitais (*KapMuG*), objetivando facilitar o tratamento das causas propostas no caso *Deustche Telekom*. Perceba-se que os números que induziram a reação legislativa alemã são ínfimos comparados aos números das litigiosidades brasileiras.[17]

A ideia da lei alemã era simples, mas também ousada: introduzir no bojo do processo judicial um expediente **incidental** com a pretensão de estabelecer, a partir do julgamento de um procedimento-modelo, um padrão decisório, de acordo com o qual todos os demais casos repetitivos seriam posteriormente examinados e julgados. Era, como se pensou, a solução mais adequada, dentro dos parâmetros da ordem processual alemã, vinculada ao *civil law*.[18]

5. Estrutura trifásica do incidente

Como já dito, o procedimento-modelo constitui incidente interlocutório, não configurando uma ação autônoma e **exatamente nestes termos** estruturamos nosso IRDR,

---

mas preponderantemente o risco de quebra da isonomia e de ofensa à segurança jurídica. Grupo: Recursos Extraordinários e Incidente de Resolução de Demandas Repetitivas), sob pena de negativa de vigência ao teor do art. 973, I, que exige *a efetiva repetição de processos. Salvo se sua interpretação for no sentido de verificação do efetivo dissenso interpretativo.*

(12) VOLPE CAMARGO, Luiz Henrique. O incidente de resolução de demandas repetitivas no projeto de novo CPC. In: FREIRE, Alexandre *et al* (Org.). *Novas tendências de processo civil*. Salvador: Juspodivm, 2015. v. 4. (no prelo) No mesmo sentido o Enunciado n. 88 do Fórum Permanente de Processualistas civis: "Não existe limitação de matérias de direito passíveis de gerar a instauração do incidente de resolução de demandas repetitivas e, por isso, não é admissível qualquer interpretação que, por tal fundamento, restrinja seu cabimento. *(Grupo: Recursos Extraordinários e Incidente de Resolução de Demandas Repetitivas)*

(13) Para comentários dos dispositivos da lei alemã, *cfr.* WOLF, Christian; VORWERK, Volkert; *Kapitalanleger-Musterverfahrengesetz (KapMuG)*. Universität Hannover, 2007.

(14) Introduzido pela Lei que altera a Gesetz zur Änderung des Sozialgerichtsgesetzes und des Arbeitsgerichtsgesetzes de 26.3.2008 (BGBl. I S. 444) m.W.v. em 1º.4.2008.

(15) NUNES, Dierle; PATRUS, Rafael Dilly. *Uma breve notícia sobre o procedimento-modelo alemão e sobre as tendências brasileiras de padronização decisória*. Cit.

(16) BVerfG, 27 jul. 2004, 57 NJW 3320 (2004).

(17) NUNES, Dierle; PATRUS, Rafael Dilly. *Uma breve notícia sobre o procedimento-modelo alemão e sobre as tendências brasileiras de padronização decisória*. Cit.

(18) A respeito dos propósitos da lei na Alemanha, *cfr.* MÖLLERS, Thomas M.J.; WEICHERT, Tilman. *Das Kapitalanleger-Musterverfahrensgesetz*. 58 NJW 2737, 2005.

que nos moldes do art. 977 será dirigido Presidente do TJ ou TRF "com os documentos necessários à demonstração do preenchimento dos pressupostos para a instauração do incidente". Em face da adoção do *formalismo democrático e primazia do mérito*[19] no CPC/2015 a inadmissão do IRDR "por ausência de qualquer de seus pressupostos de admissibilidade não impede que, uma vez presente o pressuposto antes considerado inexistente, seja o incidente novamente suscitado" (art. 976, 3º) e "a desistência ou o abandono da causa não impede o exame do mérito do incidente" (art. 976, § 1º).

É importante ressaltar, de início, que o procedimento-modelo alemão só pode ser instaurado mediante requerimento de um ou mais demandantes nas causas repetitivas. Não é possível, por conseguinte, que a corte distrital o inicie de ofício.[20] **No IRDR brasileiro**, o pedido de instauração pode ser realizado pelas partes, pelo MP, pela defensoria pública e **também de ofício** pelo juiz ou relator (art. 977, I).

O *KapMuG* engendrou procedimento que compreende três fases distintas:[21] 1. Eleição da causa representante; 2. Processamento da demanda perante o tribunal, com realização de audiências, produção de provas, e decisão resolvendo as questões de fato e de direito envolvidas na controvérsia; e 3. Julgamento posterior de todas as outras causas, sobrestadas em primeira instância, que *serão decididas com base na decisão-modelo* prolatada pelo tribunal estadual.

Perceba-se a já aludida cisão da cognição[22] na qual o padrão decisório será um *principium* de julgamento pelo juízo de origem cujos processos estão sobrestados, impedindo-se a promoção de uma aplicação mecânica do julgado. Trata-se, em tese, de um procedimento simples, mas que precisa enfrentar alguns problemas, *mormente no que diz respeito à observância do contraditório e da ampla defesa.*[23]

O sistema do IRDR brasileiro também é trifásico, o que gerará a necessidade doutrinária de dimensionamento *do como* se proceder a escolha, aplicando-se subsidiariamente o critério normativo dos recursos repetitivos (causas que *contenham abrangente argumentação e discussão a respeito da questão a ser decidida — art. 1.036, § 6º*) com a análise da *amplitude do contraditório além da representatividade dos sujeitos do processo das causas escolhidas,*[24] que preferencialmente devem ser em número suficiente que permita uma abordagem panorâmica do litígio repetitivo.

Neste sentido, a contribuição alemã, já indicada em outra sede, pode nos auxiliar uma vez que lá os critérios usualmente utilizados na eleição são: "a) a amplitude da demanda proposta; b) a abrangência de tratamento do maior número de questões fáticas e jurídicas, ou mesmo, um eventual acordo entre os litigantes. A princípio, é importante que a demanda proposta pelo autor-representante cubra a maioria dos aspectos envolvidos na controvérsia."[25]

No CPC/2015, a instauração dos processos modelos será sucedida da mais ampla e específica divulgação e publicidade, por meio de registro eletrônico no Conselho Nacional de Justiça, de modo similar ao procedimento-modelo tedesco.[26]

Haverá suspensão dos processos pendentes, individuais ou coletivos, que tramitam no estado ou na região (art.982, I), sendo que a mesma será comunicada "aos órgãos jurisdicionais competentes" (art. 982, § 1º); algo similar ao modelo estrangeiro inspirador.[27]

---

(19) THEODORO JR., Humberto; NUNES, Dierle; BAHIA, Alexandre; PEDRON, Flávio. *Novo Código de Processo Civil:* fundamentos e sistematização. Cit.

(20) STÜRNER, Michael. *Model Case Proceedings in the Capital Markets – Tentative Steps Towards Group Litigation in Germany*. 26 CIV. JUST. Q. 250, 253, 2007, p. 257.

(21) BÄLZ, Moritz; BLOBEL, Felix. Collective Litigation German Style – The Act on Model Proceedings in Capital Market Disputes. In: *Conflict Of Laws In A Globalized World* 126, 132, 2007, p. 135-138.

(22) NUNES, Dierle; PATRUS, Rafael Dilly. *Uma breve notícia sobre o procedimento-modelo alemão e sobre as tendências brasileiras de padronização decisória*. Cit.

(23) BRAUN, Franz; ROTTER, Klaus. *Der Diskussionsentwurf zum KapMuG – Verbesserter Anlegerschutz?* 4 Zeitschrift FüR Bank – Und Kapitalmarktrecht [BKR] 296, 2004.

(24) Cf. Conjugando ambas as ideias, vemos que, em um processo originário em que tenha havido uma ampla participação, com audiências públicas, intervenção de *amicus curiae*, vários sujeitos debatendo e controvertendo as argumentações uns dos outros, é evidente que o contraditório mais operoso apresentará ao Tribunal julgador do incidente um material mais qualificado para a decisão, reduzindo ainda as necessidades de mecanismos para mitigar o déficit de contraditório no curso do próprio incidente. CABRAL, Antônio do Passo. *A escolha das causa-piloto no incidente de resolução demandas repetitivo*. Cit., p. 210

(25) NUNES, Dierle; PATRUS, Rafael Dilly. *Uma breve notícia sobre o procedimento-modelo alemão e sobre as tendências brasileiras de padronização decisória*. Cit.

(26) HESS, Burkhard. Musterverfahren im Kapitalmarktrecht. *26 Zeitschrift für Wirtschaftsrecht* [ZIP] 1713, 2005, p. 1.715.

(27) Para uma análise do escopo do processo e da noção de economia processual na Alemanha, *cfr.* GRUNSKY, Wolfgang. *Zivilprozessrecht*. Academia Iuris, 2008. p. 1-5.

Uma advertência relevante é que este texto do art. 982, § 1º divulgado em 24.2.2015 não foi aquele aprovado no Senado Federal em 17.12.2014, que dizia no art. 979, § 1º que tal competência seria comunicada "aos juízes diretores dos fóruns de cada comarca ou seção judiciária, por ofício", fato que representa um odioso atentado ao devido processo legislativo que se espera seja ceifado antes da análise de sanção ou veto.

Pontue-se que os interessados poderão requerer a continuidade do processo demonstrando a distinção.[28]

Na segunda fase do IRDR do CPC/2015, o relator poderá requisitar informações a órgãos em cujo juízo tramita processo no qual se discute o objeto do incidente, que as prestarão no prazo de quinze dias (art. 983, II), intimará o Ministério Público para, querendo, manifestar-se no prazo de quinze dias (art. 983, III), ouvirá as partes e os demais interessados, inclusive pessoas, órgãos e entidades com interesse na controvérsia, no prazo comum de quinze dias e poderá designar data para, em audiência pública, ouvir depoimentos de pessoas com experiência e conhecimento na matéria (art. 983, § 1º). No julgamento, após a oitiva oral dos interessados, como já pontuado supra, o conteúdo do acórdão abrangerá a análise de todos os fundamentos suscitados concernentes à tese jurídica discutida, sejam favoráveis ou contrários (art. 984, § 2º).

Na terceira fase, em face da já explicada cisão cognitiva, a tese jurídica será aplicada a todos os processos individuais ou coletivos que versem sobre idêntica questão de direito e que tramitem na área de jurisdição do respectivo tribunal, inclusive àqueles que tramitem nos juizados especiais do respectivo estado ou região e aos casos futuros que versem idêntica questão de direito e que venham a tramitar no território de competência do tribunal, salvo revisão (art. 985).

Pontue-se que não observada a tese adotada no incidente, caberá reclamação e se o incidente tiver por objeto questão relativa a prestação de serviço concedido, permitido ou autorizado, o resultado do julgamento será comunicado ao órgão, ao ente ou à agência reguladora competente para fiscalização da efetiva aplicação, por parte dos entes sujeitos a regulação, da tese adotada (art. 985, § 2º). Esta determinação final se dá, evidentemente, pela percepção do deficit de fiscalidade que passamos no Brasil.[29]

E aqui, cabe uma preocupação extraída do procedimento alemão quanto à eficácia de tal decisão, uma vez ser necessário atentar para o que estabelece o importante § 16.2 do *KapMuG*, que determina que o julgamento-modelo afetará o autor-representante e os demais demandantes, mas estes estarão vinculados na medida de sua participação no procedimento. **Isso significa que, com fulcro no princípio do contraditório, cuja materialidade encontra forte guarida na jurisprudência consolidada do Tribunal Constitucional Federal, os demandantes que se incorporarem muito tardiamente ou que não participarem da causa não estarão vinculados à decisão-modelo.**[30]

O legislador alemão mostrou-se bastante preocupado com a proteção substantiva às garantias das partes envolvidas; por tal razão, só se submeterão à autoridade do julgamento os demandantes que tiverem a efetiva oportunidade de influenciar a decisão no procedimento. Para tanto, o interessado deverá demonstrar o impedimento de auxiliar na formação do julgado e/ou a inconsistência (negligência) do litigante padrão.

Este norte interpretativo ganha maior concretude no sistema do Novo CPC em face da adoção expressa da concepção dinâmica do contraditório (art. 10) e da fundamentação estruturada das decisões (art. 489), especialmente quando se percebe o uso do *microssistema de litigiosidade repetitiva*[31] por litigantes habituais que estrategicamente buscam forjar padrões decisórios favoráveis às suas pretensões.

Caberá, assim, à doutrina a demonstração dos limites de eficácia do julgamento do IRDR pelo Tribunal aos casos repetitivos, sem esvaziamento do contraditório, e da necessidade de obediência estrita à fundamentação comparativa para aplicação da "tese jurídica" melhor compreendidos como "fundamentos determinantes", indicada

---

(28) *Enunciado n. 348 do Fórum Permanente de Processualistas Civis:* Os interessados serão intimados da suspensão de seus processos individuais, podendo requerer o prosseguimento ao juiz ou tribunal onde tramitarem, demonstrando a distinção entre a questão a ser decidida e aquela a ser julgada no incidente de resolução de demandas repetitivas, ou nos recursos repetitivos. *(Grupo: Precedentes)*

(29) Como pontuado em outra sede: "Se já sabemos que o Poder Público e os bancos [3] são os maiores litigantes brasileiros seria mais que imperativo ampliar-se os órgãos e instrumentos de sua fiscalização. As agências reguladoras deveriam ser reestruturadas e, em especial, os diálogos institucionais entre os poderes constituídos deveriam ser fomentados e aprimorados. Na verdade tanto uns como outros acabam por transferir para o Judiciário questões de relacionamento com os cidadãos ou os clientes (respectivamente), se desonerando do custo de manutenção de serviços de atendimento, e, logo, onerando o Judiciário."NUNES, Dierle. Sistema processual brasileiro pouco se preocupa com as causas. *Revista Conjur*: <http://www.conjur.com.br/2015-fev-06/dierle-nunes-sistema-processual-preocupa-causas>.

(30) NUNES, Dierle; PATRUS, Rafael Dilly. *Uma breve notícia sobre o procedimento-modelo alemão e sobre as tendências brasileiras de padronização decisória*. Cit.

(31) THEODORO JR., Humberto; NUNES, Dierle; BAHIA, Alexandre; PEDRON, Flávio. *Novo Código de Processo Civil:* fundamentos e sistematização. Cit.

pelo CPC/2015, impondo-se a comparação das premissas dos casos em discussão (*ratione decidendi*), sem se permitir uma aplicação mecânica do padrão (tese). Afinal, cabe ao tribunal julgar casos e não somente teses[32] no sentido pobre que usualmente são aplicados.

Por fim, cabe destacar o cabimento de recursos extraordinários, nos moldes do art. 987 CPC-2015, inclusive com a peculiar legitimidade do *amicus curiae* (art. 138, § 3º) em recorrer para mudança do precedente (*ratio decidendi* — fundamentos determinantes), independentemente de sucumbência.

6. Considerações finais

Recordando-se, por fim, ressalva antes apresentada de modo geral para os precedentes mas que é aplicável integralmente para os fundamentos determinantes extraídos das decisões do IRDR: "o caráter normativo da *ratio decidendi* não exime, portanto, o intérprete do precedente de nele selecionar os fatos relevantes a serem extraídos para comporem a norma que servirá de ponto de partida para casos futuros. O enunciado universal não está pronto e acabado no precedente, aguardando que alguém o aplique sem maiores dificuldades em um caso análogo. A sua elaboração depende, substancialmente, da seleção dos fatos considerados relevantes para o deslinde da controvérsia, e isto constitui tarefa dos participantes do diálogo processual, que debaterão sobre a aplicabilidade de determinado precedente com base naquilo que deve e não deve ser considerado relevante, inexistindo fórmula apriorística para resolver esta questão. [...] Constata-se, assim, que devemos, ao usar precedentes, aprender a utilizar padrões de identificação que nos promova extrair dos mesmos seu(s) fundamento(s) determinante(s) a ser(em) passível(eis) de aplicação em hipóteses adequadas em aplicação analógica. Isso significa que o uso do direito jurisprudencial não se limita à mera transcrição mecânica de ementas, trechos de votos ou enunciados de súmula, escolhidos em consonância com o interesse de confirmação do aplicador, de acordo com suas preferências,[33] é preciso promover uma reconstrução de toda a história institucional do julgamento do caso, desde o seu *leading case*, para que evitemos o clima de *self service* insano, ao gosto do intérprete, que vivenciamos na atualidade."[34] (destacamos)

Não se trata o IRDR, então, e nem pode ser interpretado assim, como um mecanismo de submissão hierárquica dentro do judiciário, mas sim de implementação dialógica do direito jurisprudencial.

E, apesar dos discutíveis resultados práticos do *primo alemão* de nosso IRDR, naquele país, não podemos receber nosso novo instituto com preconceito ou pessimismo pela diferença brutal dos números e das litigiosidade entre os dois países.

O IRDR, instaurado em conjunto com outros institutos do novo *microssistema de litigiosidade repetitiva*,[35] precisa ser recebido, entendido e aplicado em conformidade com os pressupostos normativos comparticipativos expressamente presentes no CPC/2015, de modo a promover a melhoria do trato da litigiosidade serial em nosso país.

Cabe a todos nós recebê-lo com o olhar democratizante que o delineou de modo a suplantar o uso mecanicista do direito jurisprudencial e, assim, esperamos que o IRDR, juntamente com outras técnicas, aprimorem o trato dos direitos dos cidadãos, verdadeiros protagonistas do novo sistema processual.

6. Referências bibliográficas

BÄLZ, Moritz; BLOBEL, Felix. Collective Litigation German Style — The Act on Model Proceedings in Capital Market Disputes. In: *Conflict of Laws in a Globalized World*, 126, 132, 2007, p. 135-138.

BAHIA, Alexandre Gustavo Melo Franco. Os recursos extraordinários e a co-originalidade dos interesses público e privado no interior do processo: reformas, crises e desafios à jurisdição desde uma compreensão procedimental do Estado Democrático de direito. In: CATTONI DE OLIVEIRA, Marcelo A.; MACHADO, Felipe D. Amorim (Coords.). *Constituição e processo*: a contribuição do processo no constitucionalismo democrático brasileiro. Belo Horizonte: Del Rey, 2009.

BRAUN, Franz; ROTTER, Klaus. *Der Diskussionsentwurf zum KapMuG — Verbesserter Anlegerschutz?* 4 Zeitschrift FüR Bank — Und Kapitalmarktrecht [BKR] 296, 2004.

CABRAL, Antonio do Passo. O novo procedimento-modelo (musterverfahren) Alemão: uma alternativa às ações coletivas. *Revista de Processo*, São Paulo, RT, v. 147, maio, 2007.

CABRAL, Antônio Passo. A escolha da causa-piloto nos Incidentes de Resolução de Processos Repetitivos. In: WAMBIER, Teresa Arruda Alvim (Coord.). *Revista de Processo*, São Paulo, Revista dos Tribunais, ano 39, v. 231, p. 2.013, maio 2014.

---

(32) BAHIA, Alexandre Gustavo Melo Franco. Os recursos extraordinários e a co-originalidade dos interesses público e privado no interior do processo: reformas, crises e desafios à jurisdição desde uma compreensão procedimental do Estado Democrático de direito. In: CATTONI DE OLIVEIRA, Marcelo A.; MACHADO, Felipe D. Amorim (Coords.). *Constituição e processo*: a contribuição do processo no constitucionalismo democrático brasileiro. Belo Horizonte: Del Rey, 2009. p. 366.

(33) NUNES, Dierle; BAHIA, Alexandre. Processo e república: uma relação necessária. *Revista Justificando*, disponível em: <http://migre.me/mbYh3>.

(34) NUNES, Dierle. HORTA, André Frederico. Precedentes: *Significados e impossibilidade de aplicação* self service. Disponível em: <http://justificando.com/2014/10/30/precedentes-significados-e-impossibilidade-de-aplicacao-self-service/>.

(35) THEODORO JR., Humberto; NUNES, Dierle; BAHIA, Alexandre; PEDRON, Flávio. *Novo Código de Processo Civil*: fundamentos e sistematização. *Cit*.

CUNHA, Leonardo José Carneiro. Anotações sobre o incidente de resolução de demandas repetitivas previsto no projeto do novo Código de Processo Civil. *Revista de Processo*, São Paulo, RT, março 2011, v. 193.

LÉVY, Daniel de Andrade. O incidente de resolução de demandas repetitivas no anteprojeto do Novo Código de Processo Civil — exame à luz da Group Litigation Order britânica. *Revista de Processo*, São Paulo, RT, n. 196, ano 36, p. 165-206, jun. 2011.

GRUNSKY, Wolfgang. *Zivilprozessrecht*. Munchen: Academia Iuris, 2008.

HESS, Burkhard. Musterverfahren im Kapitalmarktrecht. *26 Zeitschrift für Wirtschaftsrecht* [ZIP] 1.713, 2005.

MÖLLERS, Thomas M. J.; WEICHERT, Tilman. *Das Kapitalanleger-Musterverfahrensgesetz*. 58 NJW 2.737, 2005.

NUNES, Dierle; PATRUS, Rafael Dilly. Uma breve notícia sobre o procedimento-modelo alemão e sobre as tendências brasileiras de padronização decisória: um contributo para o estudo do incidente de resolução de demandas repetitivas brasileiro. In: FREIRE, Alexandre *et al* (Orgs.). *Novas tendências do Processo Civil*. Salvador: Editora JusPodivm, 2013.

NUNES, Dierle. Precedentes, padronização decisória preventiva e coletivização. In: Arruda Alvim Wambier, Teresa (Org.). *Direito jurisprudencial*. São Paulo: RT, 2012.

NUNES, Dierle. Padronizar decisões pode empobrecer o discurso jurídico. *Revista Consultor Jurídico*. Disponível em: <http://www.conjur.com.br/2012-ago-06/dierle-nunes-padronizar-decisoes-empobrecer-discurso-juridico>.

NUNES, Dierle José Coelho. Padronizar decisões pode empobrecer o discurso jurídico. *Revista Consultor Jurídico*. (São Paulo. Online), v. 1, p. 1-2, 2012.

NUNES, Dierle. Sistema processual brasileiro pouco se preocupa com as causas. *Revista Conjur*. Disponível em: <http://www.conjur.com.br/2015-fev-06/dierle-nunes-sistema-processual-preocupa-causas>.

NUNES, Dierle; BAHIA, Alexandre. Processo e república: uma relação necessária. *Revista Justificando*. Disponível em: <http://migre.me/mbYh3>.

NUNES, Dierle. HORTA, André Frederico. Precedentes: *Significados e impossibilidade de aplicação* self service. Disponível em: <http://justificando.com/2014/10/30/precedentes-significados-e-impossibilidade-de-aplicacao-self-service/>.

STÜRNER, Michael. *Model Case Proceedings in the Capital Markets — Tentative Steps Towards Group Litigation in Germany*. 26 CIV. JUST. Q. 250, 253, 2007.

THEODORO JR., Humberto; NUNES, Dierle; BAHIA, Alexandre; PEDRON, Flávio. *Novo Código de Processo Civil:* Fundamentos e sistematização. Rio de Janeiro: GEN Forense, 2015.

VOLPE CAMARGO, Luiz Henrique. O incidente de resolução de demandas repetitivas no projeto de novo CPC. In: FREIRE, Alexandre *et al* (Orgs.). *Novas tendências de processo civil*. Salvador: Juspodivm, 2015. v. 4. *(no prelo)*

WOLF, Christian; VORWERK, Volkert. *Kapitalanleger-Musterverfahrengesetz (KapMuG)*. Universität Hannover, 2007.

Parte 8
Páginas de Um Mestre: Entrelaçando Presente e Futuro

Processo Civil e Processo do Trabalho: Possibilidades e Limites da Aplicação Subsidiária

Aroldo Plínio Gonçalves

"A Justiça não é uma estátua de pedra, rígida e fria, mas uma mulher cheia de malícias, que age de formas diferentes, mesmo quando o método parece igual."
Marcio Túlio Viana

1. Delimitação do tema

O Direito Processual Civil e o Direito Processual do Trabalho são ramos autônomos do Direito Público.

A comparação entre eles demonstra que há institutos jurídicos que são comuns a ambos os ramos, há institutos jurídicos semelhantes, em ambos, há institutos jurídicos em um dos ramos sem correspondência no outro, e há institutos jurídicos que disciplinam de modo diferente questões processuais semelhantes.

Essas questões têm provocado diversas indagações quanto às possibilidades e os limites da atuação do Magistrado, na aplicação do Direito Processual do Trabalho com recurso às normas e aos institutos do Direito Processual Civil.

Uma das indagações que tem se tornado recorrente, nos dias atuais, forma-se em torno das inovações introduzidas por meio de amplas reformas do Direito Processual Civil, que ensejaram maior agilidade no processo e na satisfação do crédito judicialmente reconhecido.

O Direito Processual do Trabalho não experimentou reformas semelhantes, oferecendo, ainda, à aplicação do direito material, antigos institutos contemporâneos do advento da CLT.

Essa realidade tem sido propícia às interrogações dessa ordem:

Pode o Juiz abandonar normas e institutos do Direito Processual do Trabalho para aplicar à lide normas e institutos do Direito Processual Civil, mais condizente com o princípio da celeridade e de outros que presidem o Processo do Trabalho?

Tem o Juiz o poder de escolha da norma processual, para, entre a do Direito Processual Civil e a do Direito Processual do Trabalho, aplicar a que entende mais próxima à realidade contemporânea e mais eficaz à concretização da Justiça?

A aplicação da norma processual de um ramo do Direito Processual a outro é uma questão de preferência do julgador?

Por outro lado, interroga-se se as questões suscitadas escapam ao foro subjetivo das escolhas, por encerrar um problema de cumprimento de dever funcional do Juiz, que não é um mero intérprete do Direito, mas o agente estatal no exercício da função jurisdicional.

Este trabalho se propõe a oferecer uma contribuição às reflexões desenvolvidas sobre esses temas e a buscar uma resposta fundamentada às questões expostas, com o auxílio das conquistas já sedimentadas em estudos concernentes à Jurisdição, à Teoria das Fontes, às Lacunas e aos Métodos de Integração.

2. A jurisdição comum – civil e penal, e as jurisdições especiais

O Direito Processual pode ser definido como o conjunto de princípios e normas que regem o exercício da jurisdição e seu instrumento de manifestação: o processo[1]. No estudo da jurisdição está, portanto, uma importante chave para a compreensão da divisão dos ramos do Direito Processual e para a delimitação dos campos do Direito Processual comum e dos Direitos Processuais especiais.

Em suas admiráveis lições, LIEBMAN recorda a remota origem do termo empregado para designar a atividade dos Órgãos do Poder Judiciário na atuação do Direito, expressão que significa a aplicação do Direito ao caso concreto.

Essa atividade, conforme diz:

> *"chama-se, desde tempos imemoriais, jurisdição (iurisdictio)."*[2]

Em torno das definições de jurisdição teceram-se grandes debates, com as célebres contribuições de CHIOVENDA, que colocava no centro do conceito a *"atuação da vontade da lei"*, e de CARNELUTTI, que concebia a jurisdição como *"a justa composição das lides"*, dando à palavra lide a conotação de litígio e entendendo que nela *"está sempre implícita uma injustiça"*[3].

Quer se acrescente ou se exclua a necessidade da realização da justiça na composição da lide, a jurisdição é

---

(1) GONÇALVES, Aroldo Plínio. *Técnica Processual e Teoria do Processo.* 2. ed. Belo Horizonte: Del Rey, 2012. p. 41-48.
(2) LIEBMAN, Enrico Tullio. *Manual de Direito Processual Civil.* vol. I. Trad. Cândido Rangel Dinamarco. Rio de Janeiro: Forense, 1984. p. 3.
(3) CARNELUTTI, Francesco. *Como se faz um Processo.* Rio de Janeiro: Minelli, 2002. p. 33-35.

atividade do Estado, cuja finalidade é a de solucionar os conflitos pela aplicação do Direito ao caso concreto, o que se faz por meio do processo.

Na doutrina jurídica, encontram-se, frequentemente, as expressões jurisdição ordinária, jurisdição extraordinária, jurisdição comum, jurisdição especial, Justiça comum, Justiça especial, Direito Processual comum, Direito Processual especial.

A jurisdição extraordinária, que se contrapõe à jurisdição ordinária, diferentemente das outras mencionadas, é exercida por órgão que não pertence ao Poder Judiciário.

É extraordinária, por exemplo, a jurisdição que as disposições do art. 52, incisos I e II, da Constituição da República, atribuem ao Senado Federal, para processar e julgar as pessoas mencionadas naqueles preceitos.

A jurisdição ordinária, comum ou especial, é a jurisdição do Poder Judiciário.

A jurisdição ordinária é exercida em matéria civil e penal, pelos órgãos que compõem a Justiça comum, que, no Brasil, em razão do regime federativo, compreende a Justiça Federal, a Justiça dos Estados, do Distrito Federal e dos Territórios.

A distinção entre matéria civil e matéria penal possibilita a aplicação, no âmbito da Justiça comum, do Direito Processual Civil e do Direito Processo Penal.

Ao lado da jurisdição comum, ou ordinária, na organização do Poder Judiciário brasileiro, foram instituídas as chamadas jurisdições especiais, exercidas pelas Justiças especiais: a do Trabalho, a Eleitoral e a Militar.

As atividades jurisdicionais, em cada uma delas, se regem pelo Direito Processual do Trabalho, pelo Direito Processual Eleitoral, pelo Direito Processual Militar.

É nesse quadro que se pode falar em Direito comum e em Direito Processual comum, em Direito especial e em Direito Processual especial.

Como assinala DINAMARCO:

Tanto no âmbito da jurisdição civil quanto da penal, costuma-se fazer a distinção entre jurisdição comum e jurisdição especial. Essas subclassificações têm por critério aproximativo a natureza das normas jurídico--substanciais com base nas quais os conflitos serão julgados. Assim como o direito penal militar é direito especial em relação ao direito penal comum, também

o direito do trabalho é direito especial em relação ao direito civil.[4]

Fazendo a correlação entre as Justiças especiais e o Direito Processual, DINAMARCO assevera:

Cada Justiça é um sistema fechado e finito, composto de elementos indicados em números clausus pela Constituição Federal e que são os órgãos judiciários predispostos ao exercício da jurisdição nas causas e nos graus ali estabelecidos.

(...)

Os processos conduzidos pelas justiças especiais são regidos por ramos do Direito Processual especial — Direito Processual do Trabalho, Direito Processual Penal Militar, Direito Processual Eleitoral.[5]

A jurisdição ordinária civil é ampla, e a ela pertencem todas as matérias não expressamente excluídas pelo ordenamento jurídico, que são a matéria penal, sujeita à jurisdição ordinária penal e as matérias sujeitas às jurisdições especiais.

O Direito Processual Civil é o Direito Processual comum em matéria não penal. Em matéria penal, o Direito Processual comum é o Direito Processual Penal.

A jurisdição ordinária civil é a geral, assim considerada porque abrange todas as matérias não expressamente excluídas pelas normas do sistema jurídico.

Nas palavras de LIEBMAN:

Os seus limites podem ser indicados apenas negativamente, por exclusão da matéria penal de um lado e das matérias sujeitas às jurisdições especiais, de outro.[6]

A matéria das causas alcançada pelo Direito Processual Civil dá-se por exclusão.

Uma lide civil não é sempre a que apresenta controvérsia referente ao âmbito do Direito Civil e que deve ser resolvida com normas do Direito Civil.

As normas do Direito Processual Civil aplicam-se aos litígios sobre relações jurídicas atinentes à matéria de Direito Civil e de Direito Empresarial, de Direito Agrário, de Direito Administrativo, de Direito Tributário, de Direito Constitucional, e outros ramos, abrangendo conteúdos de Direito Público e de Direito Privado.

Para se encontrar a lide que se coloca sob as normas do Direito Processual Civil, procede-se por eliminação.

Excluem-se as que constituem objeto de jurisdições especiais: do Trabalho, Militar e Eleitoral.

---

(4) DINAMARCO, Cândido Rangel. *Instituições de Direito Processual Civil*. vol I. São Paulo: Malheiros, p. 330.
(5) DINAMARCO, *op. cit.*, p. 383.
(6) LIEBMAN, *Manual de Direito Processual Civil*. vol. I. Trad. Cândido Rangel Dinamarco. Rio de Janeiro: Forense, 1984. p.14.

Esse procedimento leva à lide de direito comum, que pode ser civil ou penal.

Se se puder excluir a matéria penal, surge a lide que tem natureza civil.

Discorrendo sobre as matérias compreendidas no âmbito da jurisdição civil, reguladas por normas do Código de Processo Civil e pelas leis extravagantes de natureza processual civil, BARBOSA MOREIRA ressalta o seu caráter residual e a razão que faz do Direito Processual Civil um Direito Processual comum.

Conforme diz:

> *Fora do campo do processo civil ficam o processo penal, o processo trabalhista e o processo eleitoral, regidos por leis próprias. O conceito de processo civil é, por assim dizer, residual, e não exclui certa heterogeneidade das matérias a cujo respeito, no seu âmbito, se exerce a atividade judicial. Convém assinalar que mesmo os ramos do direito processual estranhos ao civil, como acima citados, admitem como fontes subsidiárias as normas processuais civis, desde que compatíveis com a índole especial de cada um daqueles tipos de processos. Pode-se afirmar, portanto, que o direito processual civil assume no sistema brasileiro o papel de direito processual comum.*[7]

As afirmações do eminente Professor são esclarecedoras, mas deve se ter em mente que elas referem-se à matéria não penal, porque também o Direito Processual Penal assume o papel de Direito Processual comum em relação ao Direito Processual Militar.

As breves considerações sobre a jurisdição mostram que, à medida em que foram se separando da jurisdição comum, as jurisdições especiais foram organizando a sua Justiça e as normas processuais especiais que regem a sua atuação, que se dá pelo processo.

3. A delimitação dos campos do direito processual civil e do direito processual do trabalho

O Direito Processual Civil é o conjunto de princípios e normas que regem o exercício da jurisdição e o processo, nas lides de natureza civil, ressalvadas as que estão sujeitas às jurisdições especiais.

O art. 1º, do Código de Processo Civil dispõe:

> Art. 1º A jurisdição civil, contenciosa e voluntária, é exercida pelos juízes, em todo o território nacional, conforme as disposições que este Código estabelece.

A jurisdição civil, como visto, não é a que destina-se, exclusivamente, à aplicação do Direito Civil.

Ela se chama civil por oposição à penal e abrange as causas de direito empresarial, administrativo, agrário, fiscal, e de outras matérias para as quais o sistema jurídico não tenha instituído um processo diverso.

A referência feita pelo citado artigo à jurisdição civil, como abrangente da contenciosa e voluntária, é imprecisa e defeituosa.

O que o Código chama de jurisdição voluntária não constitui atividade jurisdicional e não se expressa por meio do processo[8].

Constitui atividade administrativa, que se exerce por meio de mero procedimento, do qual está ausente a lide e o contraditório.

O Direito Processual Civil não se esgota no Código de Processo Civil, que sistematiza as suas normas, mas compreende, também, a legislação extravagante, como a do Mandado de Segurança, da Ação Civil Pública, da Ação Popular, dos Juizados Especiais Cíveis, disciplinados na Lei n. 9.099, de 26.9.1995, entre outras.

Abrange toda legislação de índole processual que não se refira à matéria sujeita à jurisdição penal e às jurisdições especiais, que, no sistema jurídico brasileiro são a do trabalho, a eleitoral e a militar.

De igual modo, o Direito Processual do Trabalho contém princípios e normas que regem o exercício da jurisdição especial do trabalho e o processo do trabalho.

Suas normas estão sistematizadas na Consolidação das Leis do Trabalho — CLT e se estendem, também, pela legislação extravagante, de índole processual e matéria sujeita à jurisdição especial do trabalho, como, por exemplo, a Lei n. 5.584, de 26.6.1970.

O Direito Processual Civil e o Direito Processual do Trabalho submetem-se aos princípios constitucionais da prestação da jurisdição, do contraditório, da ampla defesa, do devido processo legal, da fundamentação das decisões[9]. Ambos possuem alguns princípios e normas de

---

(7) BARBOSA MOREIRA, José Carlos. As Bases do Direito Processual Civil. In: *Temas de Direito Processual* (Primeira Série). 2. ed. Saraiva: 1988. p. 3-4.

(8) V. BARBI, Celso Agrícola. *Comentários ao Código de Processo Civil*. vol I. 7. ed. Rio de Janeiro: Forense, 1992. p. 10-13; ARRUDA ALVIM. *Manual de Direito Processual Civil*, 1985-1986. p. 1-15.

(9) Quanto aos princípios do Direito Processual do Trabalho, v. ALMEIDA, Isis. *Manual de Direito Processual do Trabalho*. 5. ed. São Paulo: LTr, p. 36-86; NASCIMENTO, Amauri Mascaro. *Curso de Direito Processual do Trabalho*. 13. ed. São Paulo: Saraiva, 1992. p. 58-66.

conteúdos praticamente idênticos, como, por exemplo, o princípio dispositivo, que exige a iniciativa da parte na busca da tutela jurisdicional (com exceção da previsão do art. 856, da CLT, que trata do Dissídio Coletivo suscitado pelo Presidente do Tribunal Regional do Trabalho em caso de greve), o princípio inquisitório, que confere ao Juiz a liberdade de impulsionar o processo, da oralidade, da celeridade processual, da instrumentalidade das formas, que impede a pronúncia da nulidade quando o ato alcança a sua finalidade e não há prejuízo, da não *reformatio in peius*, do convencimento racional do Juiz.

Possuem princípios e normas que, embora compareçam nos dois campos, são mais abrangentes ou mais acentuados no Direito Processual do Trabalho, como, por exemplo, o da oralidade, o do *jus postulandi exercido pela própria parte*, restrito no Direito Processual Civil às causas submetidas ao Juizado Especial Civil (art. 9º, da Lei n. 9.099/95), o da conciliação.

Possuem princípios próprios e específicos, como o da concentração, no Direito Processual do Trabalho que preconiza a irrecorribilidade das decisões interlocutórias, enquanto prevalece a recorribilidade, no Direito Processual Civil.

A menção que se faz aos princípios é apenas exemplificativa.

É necessário ressaltar que, no âmbito do Direito Processual Civil, há modelos diferenciados de processos e nem todos os processos sujeitos à jurisdição ordinária civil compartilham dos mesmos princípios.

Nos processos dos Juizados Especiais Cíveis, por exemplo, em que os princípios da simplicidade, da oralidade, da economia processual, da informalidade e da celeridade se tornaram critérios de julgamento, conforme previsto no art. 2º, da Lei n. 9.099/1995, há normas específicas para o cumprimento da sentença e para os recursos cabíveis, que seguem a disciplina da lei especial e não a do Código de Processo Civil.

4. A disciplina do direito processual do trabalho na CLT

A CLT ainda utiliza a denominação antiga pela qual se designava o ramo do Direito que põe em movimento a jurisdição e cuida da disciplina do processo.

A antiga denominação Direito Judiciário Civil foi, há muito, substituída por Direito Processual Civil, e, nessa trilha, no campo doutrinário, emprega-se a expressão Direito Processual do Trabalho.

Com a terminologia original, de 1943, a CLT trata do "Direito Judiciário do Trabalho" no Título X, que compreende 8 Capítulos, e cuja matéria é assim distribuída:

I – Disposições Preliminares;
II – Processo em geral;
III – Dissídios individuais;
IV – Dissídios Coletivos;
V – Execução;
VI – Recursos;
VII – Aplicação de penalidades;
VIII – Disposições finais.

Essa matéria está contida nas disposições dos arts. 763 a 910, da CLT.

A disciplina processual da CLT não é extensa. Ao contrário, é bem restrita, limitando-se a cento e quarenta e sete artigos.

A que se encontra na legislação extravagante também é bem sucinta.

Naturalmente, não se pretende deter na análise de cada um dos artigos, o que escaparia ao propósito inicialmente delineado.

Para o objetivo exposto, interessa mais imediatamente uma análise, ainda que breve, do sentido e do alcance das normas do art. 763, que define a fonte principal do Processo do Trabalho, e o art. 769, que trata das lacunas do Processo do Trabalho e da fonte supletiva, a ser aplicada no procedimento de integração.

O art. 763, da CLT, assim dispõe:

> Art. 763. O processo da Justiça do Trabalho, no que concerne aos dissídios individuais e coletivos e à aplicação de penalidades, reger-se-á em todo o território nacional, pelas normas estabelecidas neste Título.

Nesse preceito, a CLT estabeleceu como fonte principal do Direito Processual do Trabalho as normas específicas e especiais de seu Título X, quer se trate da regência dos dissídios individuais ou da disciplina dos dissídios coletivos.

O art. 769, da CLT, preceitua:

> Art. 769. Nos casos omissos, o direito processual comum será fonte subsidiária do direito processual do trabalho, exceto naquilo em que for incompatível com as normas deste Título.

O dispositivo legal indica o meio pelo qual devem ser preenchidas as lacunas do Direito Processual do Trabalho.

A CLT elegeu, no art. 763, suas normas processuais como fonte principal na regência do Processo do Trabalho e, no art. 769, indicou o Direito Processual comum, que, por exclusão da matéria penal é o Direito Processual Civil, como fonte subsidiária, naquilo que não seja incompatível com suas normas processuais, para a solução dos casos omissos.

O sentido e o alcance das duas disposições do Direito Processual do Trabalho, citadas, assim como a extensão de sua obrigatoriedade, bem como as balizas de seus limites, surgem, claramente, quando se busca compreendê-los com o auxílio das aquisições da Teoria das Fontes do Direito.

5. A fonte subsidiária na teoria das fontes

Em uma definição simplificada, pode-se dizer que fontes são modos e formas de produção e de manifestação do Direito.

A doutrina jurídica usa a metáfora "fonte" para significar procedimentos e fenômenos distintos e reúne vários critérios para definir e classificar as fontes do Direito.

A palavra fonte é, geralmente, utilizada para designar as formas pelas quais o direito positivo se manifesta ou o processo de criação do Direito, quer se trate das normas gerais ou das normas individualizadas, inclusive as produzidas pelo processo de aplicação das normas genéricas ao caso concreto.

Na Teoria do Direito, fala-se em fontes formais, como os fatos idôneos a levar à criação da norma do Direito positivo, em fontes materiais ou reais, que são os elementos da realidade social que determinam o conteúdo das normas, e em fontes históricas, que designam os antigos repositórios do Direito.

Do ponto de vista clássico, as fontes formais compreendem a legislação (ou, simplesmente, a lei), o costume jurídico, a jurisprudência e a doutrina, embora, haja autor que sustente que a doutrina é, na verdade, fonte material do Direito.

Citam-se, ainda, entre as fontes do Direito, a analogia, embora ela seja somente um procedimento que consiste na aplicação da lei feita para um caso a um caso semelhante e não previsto, tratando-se, portanto, da aplicação da própria lei, os princípios gerais do direito e a equidade.

Por aplicação de outros critérios, as classificações e as terminologias se multiplicam, como as que consideram as fontes em relação ao Estado e as classificam em estatais (como a legislação), infra-estatais (como os acordos coletivos de trabalho), supra-estatais (como os costumes e os Tratados Internacionais) e extra-estatais (como, por exemplo, os estatutos e regulamentos de grupos e instituições sociais e o Direito eclesiástico).

A Teoria do Direito trabalha, também, com uma hierarquia das fontes em geral e das fontes legisladas, em que se ordenam, no ápice, a fonte primária e principal, a fonte preponderante, e, após, em posição subordinada, as fontes secundárias, também denominadas acessórias, subsidiárias, supletivas, cuja função é justamente de suprir, de preencher, de colmatar as lacunas verificadas na fonte principal[10].

A escala hierárquica das fontes varia, nos ordenamentos jurídicos, conforme se trate de Direito pertencente ao sistema de Direito escrito, ou ao sistema da *Common Law*.

O ordenamento jurídico brasileiro pertence ao sistema de direito escrito, no qual prevalece o primado da lei, e a ele se aplica a hierarquia das fontes, na qual se preserva o papel preponderante da lei, a escala das fontes legisladas e fontes subsidiárias são invocadas para suprir lacunas na lei.

6. As fontes do direito processual do trabalho

O Direito Processual do Trabalho tem como fonte principal as Leis, em cuja hierarquia despontam, no grau mais alto, as leis constitucionais, situando-se nos graus inferiores as leis infraconstitucionais — a lei ordinárias e os decretos-leis recepcionados pela ordem constitucional, os Decretos, os Regimentos Internos dos Tribunais.

A essa relação, acrescenta-se a fonte subsidiária legislada: o Direito Processual Civil, e as Súmulas da Jurisprudência Predominante, as Orientações Jurisprudenciais, os Precedentes do Tribunal Superior do Trabalho.

Quando integrados ao Direito positivo, são também fontes secundárias as Convenções da Organização Internacional do Trabalho e os Tratados Internacionais.

Alguns autores ainda invocam os costumes, embora sejam raras e remotas as possibilidades de que eles interfiram como fonte no Direito Processual.

Em sede doutrinária, não é raro encontrar-se, por referência ao art. 8º, da CLT, a menção à analogia, à equidade e os princípios gerais do Direito, como fontes do Direito Processual do Trabalho.

Não se deve, entretanto, confundir as fontes do Direito do Trabalho, que são as mencionadas no art. 8º, da CLT, com as fontes do Direito Processual do Trabalho.

Assim estabelece o art. 8º:

> Art. 8º As autoridades administrativas e a Justiça do Trabalho, na falta de disposições legais ou contratuais, decidirão, conforme o caso, pela jurisprudência, por analogia, por equidade e outros princípios e normas gerais de direito, principalmente do direito do trabalho, e, ainda, de acordo com os usos e costumes, o direito comparado, mas sempre de maneira que nenhum interesse de classe ou particular prevaleça sobre o interesse público.

---

(10) PEREIRA, Caio Mário da Silva. *Instituições de Direito Civil*. vol. 1. Rio de Janeiro: Forense, 2004. p. 55-59.

Parágrafo único. O direito comum será fonte subsidiária do direito do trabalho, naquilo em que não for incompatível com os princípios fundamentais deste.

A leitura atenta do citado artigo mostra que ele não contém norma de natureza processual.

Suas disposições referem-se ao conteúdo das decisões, portanto, ao direito material, ou substancial, aplicado.

Anote-se, também, que o art. 8º, da CLT, refere-se às atividades das Autoridades administrativas e da Justiça do Trabalho, que têm atribuições e funções distintas, não possuindo, as primeiras, competência jurisdicional.

Mesmo que as Autoridades administrativas, no exercício do poder de fiscalizar a observância da legislação trabalhista, sejam competentes para aplicar multas, a última palavra sobre a legalidade e a licitude do resultado dessa atribuição, em caso de conflito, caberá sempre ao Poder Judiciário, no exercício da função jurisdicional.

A jurisprudência, a analogia, a equidade, os princípios gerais do Direito, principalmente do Direito do Trabalho, os usos e costumes, o direito comparado, na dicção do citado artigo, são fontes secundárias, que podem ser invocadas para cobrir as lacunas da lei ou das normas contratuais, na esfera do direito material do trabalho.

Ressalve-se que as fontes do Direito do Trabalho vão além da enumeração da CLT e a sua hierarquia é menos rígida do que a do Direito comum[11].

De todo modo, o parágrafo único, do art. 8º, ao preconizar que o Direito comum será fonte subsidiária do Direito do Trabalho, completando o *caput* do artigo, fortalece ainda mais o convencimento de que os meios previstos naquele dispositivo, para suprir a falta de disposições legais e contratuais, são fontes secundárias do Direito material do Trabalho, e não do Direito Processual do Trabalho.

7. O Direito Processual Civil como fonte subsidiária do Direito Processual do Trabalho

No art. 769, da CLT, o Direito Processual comum é expressamente nomeado como fonte subsidiária do Direito Processual do Trabalho.

Como visto acima, a expressão Direito Processual comum, deslocada de seu contexto, poderia significar o Direito Processual Civil ou o Direito Processual Penal.

No contexto do art. 769, da CLT, a expressão é usada na acepção de Direito Processual Civil, de vez que trata de aplicação, pelo órgão jurisdicional, de direito material que não se insere na órbita do Direito Penal.

No rol das fontes supletivas do Direito Processual do Trabalho, o Direito Processual Civil é a mais importante, tanto porque participa da natureza das fontes legisladas quanto pelo grau de elaboração que já alcançou e da proximidade de seus institutos com os do Direito Processual do Trabalho.

Não se pode deixar de assinalar que ambos tratam da mesma realidade que diz respeito ao exercício da jurisdição e ao processo, embora as normas de direito material civis e trabalhistas, aplicadas pela atuação da função jurisdicional, por meio do processo, se destinem à regência de realidades distintas.

Os doutrinadores, às vezes, buscam o fundamento da aplicação supletiva do Direito Processual Civil ao Direito Processual do Trabalho no princípio da subsidiariedade.

Todavia, o Direito Processual comum é referido na própria lei como fonte subsidiária, o que significa que sua aplicação para suprir as lacunas se legitima pela própria disposição legal da CLT, na qual tem o seu fundamento.

Em outras palavras, a sua força, como fonte subsidiária ou supletiva, deriva diretamente da lei, e não da força dos princípios gerais ou especiais do Direito.

A aplicação do Direito Processual Civil ao Processo do Trabalho, nos termos previstos no art. 769, da CLT, pressupõe a lacuna ("nos casos omissos", diz a lei) e a compatibilidade com as normas processuais sistematizadas no Título X, da CLT.

Obviamente, se as normas do Direito Processual Civil contrariarem as disposições do Direito Processual do Trabalho a aplicação subsidiária se tornará um verdadeiro contra-senso, com a criação de verdadeiras antinomias no Direito.

8. O problema das lacunas

A existência de casos omissos no Direito Processual do Trabalho é a primeira condição para que o Juiz se socorra do Direito Processual Civil, para assegurar o desenvolvimento do processo.

Está, portanto, diante do problema das lacunas.

A admissão da existência de lacunas, na Teoria Jurídica, importa na aceitação da incompletude do ordenamento jurídico.

Como o legislador não pode tudo prever, ou como pode ele, por diversos motivos, deixar de legislar sobre certos aspectos da realidade, é possível que o ordenamento jurídico não contenha resposta para todos os casos que se apresentem à decisão do julgador; é possível que para

---

(11) V. DELGADO, Maurício Godinho. *Curso de Direito do Trabalho*. 7. ed. São Paulo: LTr, 2008. p. 177.

determinada pretensão não haja procedimento previsto, ou que a prática de determinado ato pela parte ou pelo juiz não componha a cadeia do procedimento em conformidade com o modelo legal do processo.

Entre as várias definições de lacunas e várias propostas para resolver o problema da incompletude do ordenamento jurídico, a doutrina já divulgou e sedimentou, por diversas formas, o brocardo que diz que "*se há lacunas na lei, não há lacunas no Direito*", ou, em outras palavras, a lei pode conter lacunas, mas o Direito não as contém.

Tal assertiva assinala, em última análise, que não há verdadeiras lacunas no ordenamento jurídico quando este oferece ao intérprete e ao Juiz os meios de preencher os seus vazios.

Merece, ainda, referência a teoria que caracteriza a lacuna não pela falta de norma para resolver o caso concreto, mas pela falta de critérios válidos para se decidir qual das normas existentes deve ser aplicada.

Dentre as várias classificações de lacunas, tem adquirido importância crescente a que as divide em lacunas reais e lacunas ideológicas.

A classificação, devida sobretudo aos trabalhos de BRUNETTI, encontrou ampla divulgação na doutrina de NORBERTO BOBBIO, que assim a expõe.

> *Entende-se também por "lacuna" a falta não já de uma solução, qualquer que seja ela, mas de uma solução satisfatória, ou, em outras palavras, não já a falta de uma norma, mas a falta de uma norma justa, isto é, de uma norma que se desejaria que existisse, mas que não existe. Uma vez que essas lacunas derivam não da consideração do ordenamento jurídica como ele é, mas da comparação entre o ordenamento jurídico como ele é e como deveria ser, foram chamadas de "ideológicas", para distinguí-las daquelas que eventualmente se encontrassem no ordenamento jurídico como ele é, e que se podem chamar de "reais". Podemos também enunciar a diferença desse modo: as lacunas ideológicas são lacunas de* iure condendo *(de direito a ser estabelecido), as lacunas reais são de* iure condito *(do direito já estabelecido).*[12]

As lacunas ideológicas surgem, como visto, da comparação entre um ordenamento existente e o seu tipo ideal, ou, um ramo, um instituto, uma categoria jurídica, ou mesmo um conceito existente comparado com o que se entende que deveria ser.

Elas aparecem quando a solução para o caso existe, mas é tida por inexistente porque considerada injusta.

As reais são as lacunas verdadeiramente presentes, quando falta, na norma jurídica, a solução para o caso concreto.

As lacunas são, ainda, classificadas em próprias e impróprias.

As lacunas próprias são as existentes dentro do sistema.

As impróprias são assim concebidas pela existência de casos não regulamentados, como, por exemplo, a conduta que se acredita que devesse ser sancionada, mas não encontra tipificação na lei, ou a pretendida aplicação de sanção que não encontra previsão na cadeia dos atos processuais.

Como elucida BOBBIO, o que distingue as duas espécies de lacunas é que as próprias podem ser eliminadas pelo intérprete, enquanto as impróprias só podem ser eliminadas por meio da formulação de novas normas, tarefa que compete ao legislador[13].

O preenchimento das lacunas se dá por métodos que a doutrina, utilizando a terminologia cunhada por CARNELUTTI, denomina de autointegração, no qual se empregam as fontes do mesmo sistema, e de heterointegração, no qual se buscam fontes exteriores ao sistema jurídico, ou fontes diversas da dominante no sistema.

9. A aplicação do Direito no Direito Processual Civil e no Direito Processual do Trabalho

No ordenamento jurídico brasileiro, ao Juiz não é lícito proferir o *non liquet*.

O Julgador pode se equivocar na aplicação do Direito, mas não pode deixar de prestar a jurisdição.

O Juiz não pode deixar de julgar, e deve julgar os casos que lhe são apresentados com base em norma do sistema jurídico.

Nesse sentido, o art. 126, do Código de Processo Civil, estabelece:

> Art. 126. O juiz não se exime de sentenciar ou despachar alegando lacuna ou obscuridade da lei. No julgamento da lide caber-lhe-á aplicar as normas legais; não as havendo, recorrerá à analogia, aos costumes e aos princípios gerais de direito.

Essa disposição, que proíbe o Juiz de se eximir de julgar e que exige que o julgamento se baseie em norma e em recursos consagrados no sistema jurídico, encontra paralelo no art. 4º, da Lei de Introdução ao Código Civil, que trata das lacunas e dos meios adotados para seu preenchimento.

---

(12) BOBBIO, Norberto. *Teoria do Ordenamento Jurídico*. São Paulo: Polis; Brasília: Editora Universidade de Brasília, 1989. p. 140.
(13) BOBBIO, *op. cit.*, p. 144.

Encontra, também, correlação no art. 8º, da CLT, que se remete às fontes que deverão fundar a decisão, em caso de lacunas, indicando a jurisprudência, a analogia, a equidade, os princípios e normas gerais de direito, principalmente do direito do trabalho, os usos e costumes, o direito comparado, e, como fonte subsidiária, o Direito Civil, quando não for incompatível com os princípios fundamentais do Direito do Trabalho.

Entretanto, é necessário ressaltar que as normas de direito material que indicam e delimitam as fontes que devem ser aplicadas nas decisões não se confundem com as normas de natureza processual.

Há relações, e não identidade, entre o direito processual, enquanto disciplina o exercício da jurisdição e do processo, considerado como o procedimento que se realiza em contraditório na preparação do provimento, e o direito material ou substancial, que é exatamente o concretizado pelo provimento, enquanto ato imperativo estatal.

O fato de o Juiz ser obrigado a decidir as controvérsias que lhe são apresentadas com base em normas do sistema jurídico não significa que ele possa escolher as normas processuais que irá aplicar no curso do procedimento preparatório do provimento.

O Magistrado, como órgão da jurisdição, não pode exercer uma faculdade de escolha que não possui.

Não se pode ignorar que, no Direito do Trabalho, tem ampla aceitação a tese da prevalência da norma mais favorável, aferida com base na teoria da acumulação ou na teoria do conglomerado[14].

Não cabe, todavia, o transplante dessas teorias para o campo do Processo.

As normas processuais são imperativas e esse caráter deve ser sublinhado, porquanto o exercício jurisdicional é o exercício de uma função e de um poder estatal, que se exerce com a participação das partes.

Para que a competência para julgar, que importa no exercício de um poder autorizado por normas jurídicas, se cumpra no quadro legal, é preciso que a função jurisdicional se exerça nos limites das normas jurídicas instituídas para sua disciplina, a fim de que a aplicação do Direito não se confunda com um ato meramente arbitrário.

10. O suprimento das lacunas no Direito Processual Civil e no Direito Processual do Trabalho

Com o auxílio das construções jurídicas apresentadas acima, embora sucintamente, podem-se encontrar as respostas para as indagações postas no início deste estudo.

Não é lícito ao Juiz transplantar uma norma processual feita para disciplinar o exercício de uma jurisdição para outra jurisdição diversa, sem autorização de norma do sistema.

Não pode o Juiz abandonar um instituto do Direito Processual do Trabalho ou as normas que regem as etapas do Processo do Trabalho, para aplicar instituto ou normas do Direito Processual Civil.

Se o fizer, o Magistrado não estará aplicando o Direito Processual Civil como fonte subsidiária, mas, sim, como fonte principal.

Estará, desse modo, invertendo a teoria das fontes, para mudar a sua hierarquia.

No sistema jurídico brasileiro, as fontes legisladas são hierarquizadas.

Para a aplicação subsidiária do Direito Processual Civil, o primeiro requisito é a existência da lacuna.

Não basta, portanto, que o instituto do Direito Processual Civil seja harmônico e compatível com os princípios do Direito Processual do Trabalho, para que tenha aplicação no processo do trabalho.

Se o Julgador abandonar o instituto do Direito do Trabalho existente para aplicar o instituto do Direito Processual Civil, por considerá-lo mais adequado, por ensejar maior celeridade, por ser mais condizente com os princípios do Direito do Trabalho, estará, por certo, criando uma lacuna que não existe no Direito positivo, estará declarando, ainda que tacitamente, uma lacuna ideológica, que, como se viu, baseia-se na comparação do direito existente com o direito ideal.

É preciso não perder de vista a necessária separação entre normas de direito processual e normas de direito material.

Assim, se é possível dizer que o direito material do trabalho protege o hipossuficiente, a mesma afirmação, apesar de abalizadas opiniões em contrário[15], não pode ser feita no campo do exercício da jurisdição e do processo.

O Direito Processual do Trabalho pode conter normas que sejam mais compatíveis com a posição das partes, como, por exemplo, a das consequências do não comparecimento do Reclamante ou do Reclamado à audiência inaugural, ou a da distribuição do ônus da prova.

É uma opção lógica da legislação, no equilíbrio da atuação das partes, no processo, quando ela puder ser afetada por circunstâncias extraprocessuais.

---

(14) BARROS, Alice Monteiro de. *Curso de Direito do Trabalho*. 4. ed. São Paulo: LTr, 2008. p. 129-132.
(15) ALMEIDA, Isis, *op. cit.*, p. 27.

Sempre que houver a intenção de se promover, no processo, o equilíbrio que falta nas relações sociais, a providência deve vir consagrada em lei, para compor um modelo de processo destinado a todos os jurisdicionados.

Contudo, se o exercício da jurisdição devesse se fazer para beneficiar uma das partes, sem apoio em norma jurídica preexistente na cadeia do procedimento, aplicável ao caso por designação do próprio ordenamento jurídico, ter-se-á quebrado um princípio de natureza constitucional, que é a observância do contraditório, com a participação das partes em simétrica paridade, na busca de uma decisão favorável, dentro do modelo legal do processo.

Ter-se-á quebrado, simultaneamente, as exigências da impessoalidade e da imparcialidade do Juiz, no exercício da jurisdição.

A transposição das normas do Direito Processual Civil ao Processo do Trabalho, sem a observância da existência de lacunas, da natureza subsidiária e da compatibilidade, torna o processo do trabalho deformado e esgarçado.

Onde se admite a existência de duas normas antinômicas da mesma hierarquia, o intérprete, ou o Juiz, está, sem dúvida, diante da possibilidade de uma escolha.

Mas, quando se trata de normas de diferentes hierarquias, porque situadas em diferentes escalões das fontes do Direito, a mencionada transposição rompe a unidade e o equilíbrio do sistema.

Essa ruptura, agravada pela inobservância do princípio da impessoalidade e da imparcialidade, traz incontáveis prejuízos para o ordenamento jurídico e para os jurisdicionados.

11. Conclusão

Ao Juiz não cabe recriar o sistema jurídico, segundo seus valores pessoais.

No exercício da jurisdição, ele deve observar o dever de imparcialidade, atuando de acordo com o modelo legal de processo e com as normas processuais.

A esse propósito, é oportuno recordar a sempre preciosa lição de DINAMARCO:

> *Os mais destacados desdobramentos da impessoalidade da atividade jurisdicional são o dever de imparcialidade do juiz e a indelegabilidade da jurisdição.*
>
> *O Estado-de-direito atua, inclusive sub specie jurisdictionis, com obediência às regras e princípios de justiça que ele mesmo consagrou em fórmulas residentes na Constituição e na lei, sendo inadmissível que um agente seu, mero ocupante passageiro de um cargo, pudesse sobrepor seus sentimentos ou seus próprios interesses a esses critérios objetivamente estabelecidos de forma legítima e impessoal (supra, n. 81). Tal é a conexão entre o dever de imparcialidade e o caráter impessoal do exercício da jurisdição.*[16]

A participação equitativa das partes no processo e a independência e imparcialidade do Órgão da jurisdição estão no cerne dos Direitos com pretensão à universalidade, como se lê no art. 10, da Declaração Universal dos Direitos Humanos, de 1948:

> Art. 10. Todos, em plena igualdade, têm direito a que sua causa seja ouvida, equitativamente e em público, por um tribunal independente e imparcial, que decidirá sobre os seus direitos e as suas obrigações, ou sobre qualquer acusação penal, que lhes seja feita.

A independência e imparcialidade dos julgadores são garantias de que a participação da parte na preparação do provimento não será um mero jogo ou um simulacro de justiça, mas a verdadeira participação dos jurisdicionados na concretização do Direito construído pela sociedade, do qual são eles os verdadeiros destinatários.

Referências bibliográficas

ALMEIDA, Isis. *Manual de Direito Processual do Trabalho*. 5. ed. São Paulo: LTr, 1993.

ARRUDA ALVIM. *Manual de Direito Processual Civil*. 2. ed. São Paulo: Revista dos Tribunais, 1985-1986.

BARBI, Celso Agrícola. *Comentários ao Código de Processo Civil*. vol. I. 7. ed. Rio de Janeiro: Forense, 1992.

BARBOSA MOREIRA, José Carlos. *Temas de Direito Processual, Primeira Série*. 2. ed. São Paulo: Saraiva, 1988.

BARROS, Alice Monteiro de. *Curso de Direito do Trabalho*. 4. ed. São Paulo: LTr, 2008.

BOBBIO, Norberto. *Teoria do Ordenamento Jurídico*. São Paulo: Polis; Brasília: Editora Universidade de Brasília, 1989.

CARNELUTTI, Francesco. *Como se faz um Processo*. Rio de Janeiro: Minelli, 2002.

CINTRA, Antônio Carlos de Araújo; GRINOVER, Ada Pellegrini; DINAMARCO, Cândido Rangel. *Teoria Geral do Processo*. 7. ed. São Paulo: Revista dos Tribunais, 1990.

DELGADO, Mauricio Godinho. *Curso de Direito do Trabalho*. 7. ed. São Paulo: LTr, 2008.

DINAMARCO, Cândido Rangel. *Instituições de Direito Processual Civil*. vol. I. 6. ed. São Paulo: Malheiros, 2009.

GONÇALVES, Aroldo Plínio. *Técnica Processual e Teoria do Processo*. 2. ed. Belo Horizonte: Del Rey Editora 2012.

LIEBMAN, Enrico Tullio. *Manual de Direito Processual Civil*. vol. I. Rio de Janeiro: Forense, 1984.

MARQUES, José Frederico. *Manual de Direito Processual Civil*. São Paulo: Saraiva, 1985-1986.

NASCIMENTO, Amauri Mascaro. *Curso de Direito Processual do Trabalho*. 13. ed. São Paulo: Saraiva, 1992.

PEREIRA, Caio Mário da Silva. *Instituições de Direito Civil*. vol. 1. Rio de Janeiro: Forense, 2004.

---

(16) DINAMARCO, Cândido Rangel. *Instituições de Direito Processual Civil*. vol I. São Paulo: Malheiros, p. 337.

Projeto Gráfico e Editoração Eletrônica: Peter Fritz Strotbek
Projeto de Capa: Fabio Giglio
Impressão: Orgrafic